DICIONÁRIO
FILOSÓFICO

VOLTAIRE

DICIONÁRIO
FILOSÓFICO

TRADUÇÃO
IVONE C. BENEDETTI

SÃO PAULO 2020

Copyright © 2020, Editora WMF Martins Fontes Ltda.,
São Paulo, para a presente edição.

Todos os direitos reservados. Este livro não pode se reproduzido, no todo ou em parte, nem armazenado em sistemas eletrônicos recuperáveis nem transmitido por nenhuma forma ou meio eletrônico, mecânico ou outros, sem a prévia autorização por escrito do Editor.

1ª edição 2020

Tradução do francês
IVONE C. BENEDETTI

Tradução do latim
ZÉLIA CARDOSO DE ALMEIDA

Tradução do italiano
CARLO DASTOLI

Acompanhamento editorial
Fernanda Alvares
Revisões
Lúcia Leal Ferreira
Daniela Lima
Richard Sanches
Produção gráfica
Geraldo Alves
Capa
Gisleine Scandiuzzi
Paginação
Renato Carbone

Dados Internacionais de Catalogação na Publicação (CIP)
(Câmara Brasileira do Livro, SP, Brasil)

Voltaire, 1694-1778.
   Dicionário filosófico / Voltaire ; tradução Ivone C. Benedetti. – São Paulo : Editora WMF Martins Fontes, 2020.

   Título original: Dictionnaire philosophique.
   ISBN 978-85-469-0287-3

   1. Filosofia – Dicionários I. Título.

19-29592   CDD-103

Índices para catálogo sistemático:
1. Filosofia : Dicionários 103

Cibele Maria Dias – Bibliotecária – CRB-8/9427

Todos os direitos desta edição reservados à
Editora WMF Martins Fontes Ltda.
Rua Prof. Laerte Ramos de Carvalho, 133 01325-030 São Paulo SP Brasil
Tel. (11) 3293-8150 e-mail: info@wmfmartinsfontes.com.br
http://www.wmfmartinsfontes.com.br

ÍNDICE

Apresentação, Maria das Graças de Souza VII
Do coordenador ao leitor, Acrísio Tôrres XI
Nota sobre a edição XIX

Dicionário filosófico 1

ÍNDICE

O *DICIONÁRIO FILOSÓFICO* DE VOLTAIRE: UM "LIVRO INFERNAL"

Combato à esquerda e à direita. Para uns, carrego meu fuzil com sal; para outros, com balas bem grandes. Depois de lutar, dou risadas!

Voltaire, carta a D'Alembert, *Correspondência*

O século XVIII foi uma era de dicionários. Étiemble, no prefácio que escreveu para o *Dicionário filosófico* de Voltaire[1], calcula que durante o século XVIII foram publicados na França mais de 150 dicionários. A ambição de ordenar, classificar e difundir os saberes, própria do Iluminismo, encontra nesse gênero de escrita um instrumento eficaz. Podemos destacar, para começar, o *Dicionário histórico e crítico* de Pierre Bayle, cuja primeira edição é de 1697, que teve uma segunda edição logo no início do século XVIII, em 1702, e que foi muito lido durante toda a época das Luzes. Não se trata aqui de um dicionário de línguas, mas de uma obra que descreve e contesta fatos, ideias e coisas, pelos métodos filológicos e históricos, numa perspectiva crítica, e que não desdenha intervir nas polêmicas da época.

Também merecem destaque o *Dicionário Trevoux*, dos jesuítas, editado pela primeira vez em 1704 e reeditado até 1771; na Inglaterra, o *Dicionário universal das artes e ciências*, de John Harris, de 1704, com cinco edições até 1736; a *Cyclopedia, ou Dicionário universal de artes e ciências*, de Ephraim Chambers, de 1728, que teve cinco edições até 1742; e, finalmente, a grande enciclopédia francesa, a *Enciclopédia, ou Dicionário razoado das ciências, artes e ofícios*, de Diderot e D'Alembert, cuja publicação se deu entre 1751 e 1772.

Voltaire escreveu vários verbetes para a *Enciclopédia* de Diderot e D'Alembert, e teve um papel importante na defesa da obra no momento em que o Conselho de Estado proibiu sua publicação. Para Voltaire, o êxito da *Enciclopédia* significava o triunfo da razão contra a ignorância, a tolice e o preconceito. Ele tinha na verdade uma única restrição ao empreendimento de Diderot e D'Alembert: seus 17 volumes de textos e mais os volumes de ilustrações eram excessivos para os leitores. Assim, quando se põe a escrever seu *Dicionário filosófico*, ele quer um livro cujos verbetes sejam rápidos, picantes, provocativos, de modo que o leitor seja levado a refletir a partir de sua leitura. Pretende examinar todos os assuntos sob o crivo da crítica racional. Foi assim que escreveu seu *Dicionário filosófico portátil*, que o leitor poderia ter à mão a qualquer hora para se instruir e que, a partir da primeira edição em 1764, com 73 verbetes, foi progressivamente aumentado nas duas edições de 1765 e chegou, na de 1769, a 118 verbetes e mais seis seções suplementares. Em 1764, quando sai a primeira edição, Voltaire já tem 70 anos e trabalha obstinadamente na obra, que ele mesmo chama, com muita ironia, de "livro infernal".

De que matérias trata o *Dicionário*? Pode-se dizer: de tudo. Religião, moral, política, costumes, história, artes, filosofia, tudo pode ser submetido à análise e à crítica. Mas não há dúvida de que o grande interesse de Voltaire se volta para as questões ligadas à crítica da religião ou, mais precisamente, à crítica da religião cristã.

---

1. Paris: Garnier, 1967, p. VI.

Durante os anos 1730, Voltaire, em Cirey, juntamente com sua companheira, Madame de Châtelet, lia todas as manhãs a Bíblia e estudava o livro de Dom Calmet sobre as Escrituras intitulado *Comentário literal*. Madame de Châtelet havia mesmo redigido um longo exame dos dois Testamentos, que não chegou a ser publicado. O manuscrito assinala as contradições entre os evangelhos, que reaparecerão nos textos de Voltaire. A correspondência de Voltaire, por sua vez, traz cada vez mais alusões a suas leituras da Bíblia. O que leva esse casal libertino a ler a Bíblia em seu refúgio? É certo que essas leituras preparam a grande ofensiva de Voltaire contra o cristianismo, que aparecerá em vários livros a partir dos anos 1760, dentre os quais se destaca o *Dicionário filosófico*.

A crítica de Voltaire ao Antigo Testamento se dá em três frentes: em primeiro lugar, a Bíblia deixa de ser uma história santa; os textos perdem o privilégio de possuir uma inspiração sobrenatural; assim, ela deve ser submetida à crítica como qualquer relato histórico. Por exemplo: Moisés não poderia ser o autor do Pentateuco, como diz a tradição, pois nos livros que o compõem (Gênesis, Êxodo, Levítico, Números e Deuteronômio) são narrados fatos posteriores a sua morte. As contradições, as interpolações são indícios da falta de autenticidade da obra. Em segundo lugar, o Deus do Antigo Testamento não é virtuoso. Em muitas passagens ele se conduz de maneira cruel, ordena assassinatos, matanças, raptos, mentiras, incestos, adultérios, vinganças. Os patriarcas são em sua maioria mentirosos, debochados, violentos, e ainda assim recebem a proteção divina. Finalmente, os fatos relatados são absolutamente inverossímeis: uma serpente que fala, o dilúvio universal, um povo inteiro andando pelo deserto durante 40 anos, Jonas que sobrevive três dias no ventre de uma baleia, tudo isso não passa de extravagância e de quimera.

O Novo Testamento, por sua vez, está povoado de coisas inacreditáveis: o dogma da encarnação é absolutamente inaceitável; Jesus foi um camponês da Judeia que quis fundar uma seita onde já havia muitas outras; após sua morte, seus discípulos espalharam o boato de sua ressurreição. Os povos estavam tão acostumados à superstição que não foi difícil fazê-los crer nessas novas fantasias. Essa credulidade dos povos e o fanatismo dos apóstolos, a narrativa de supostos milagres, arrastaram multidões para a nova seita.

Não é de estranhar que o livro de Voltaire tenha sido imediatamente destinado à fogueira e queimado junto ao corpo de La Barre, que havia sido condenado à morte por blasfêmia. Três anos após a primeira edição, o religioso Dom Louis Chaudon publicou o seu *Dicionário antifilosófico*, no qual destaca a figura de Voltaire como o mais perigoso dos apóstolos da impiedade.

Curiosamente, para combater Voltaire, Chaudon utiliza as mesmas armas do livro que pretende criticar. O *Dicionário antifilosófico* tem a mesma estrutura em verbetes e até retoma praticamente os mesmos títulos dos verbetes de Voltaire, praticamente na mesma sequência, mas, é evidente, com o conteúdo completamente modificado ou invertido. O *Dicionário* de Chaudon é o *Dicionário* de Voltaire às avessas. No verbete "Perseguição" ele chega a conclamar os poderes públicos a reprimir os filósofos: "Que eles sejam presos, que sejam tirados das vistas do mundo que querem perturbar com seus escritos." Além das fortes imprecações, não existe nenhuma novidade nas argumentações de Chaudon em defesa do cristianismo, e Voltaire nunca se deu ao trabalho de responder a suas críticas.

A técnica do dicionário portátil foi também utilizada por outro apologista cristão, o abade Nonotte, que, em 1772, publica seu *Dicionário portátil da religião*, no qual, em suas palavras, "se estabelecem todos os pontos da religião atacados pelos incrédulos e no qual se responde a todas as suas objeções". A forma da obra em verbetes pretende "contentar a avidez e a curiosidade do leitor, evitar o cansaço e o tédio, e resolver de imediato as dúvidas". É a técnica da filosofia a serviço da antifilosofia.

Na verdade, Voltaire nunca levou a sério as críticas de Nonotte, como, aliás, de quase todos os seus adversários. No texto intitulado *Honestidades literárias*, de 1767, as respostas de Voltaire às críticas de Nonotte estão entremeadas de observações irônicas e maldosas sobre a pessoa do adversário: "mais amante do dinheiro que da verdade"; "moleque da literatura"; "associado a um bando de velhacos que lançam de longe seu lixo sobre os que cultivam as letras com sucesso". Ai de quem mexia com o velho patriarca de Ferney!

Com tudo isso, Voltaire não é um ateu. À imagem da divindade da tradição judaico-cristã (e também de divindades de outras tradições, cuja crítica também está presente no *Dicionário*), ele opõe outra, a de um deus que não exige cerimônias, nem clero, nem dogmas, que não exige o sacrifício da razão, que é guardião e protetor do mundo, que não divide os homens mas os reúne, e que só espera que sejamos justos uns com os outros. No verbete "Deus", do *Dicionário*, escrito em forma de diálogo, cabe ao personagem Dondindac expor o deísmo de Voltaire, segundo o qual a natureza inteira atesta a existência de um ser supremo, criador do mundo e dos homens, que deu aos homens a noção de justiça e que recompensa a virtude e pune os vícios. Não é necessária nenhuma revelação para alcançar essas verdades; basta o exercício da razão. A crítica voltairiana da religião assim incidirá sobre a própria ideia de revelação, sobre os dogmas inconcebíveis inventados tardiamente pelo cristianismo, sobre a própria noção de divindade dos cristãos, que deformam a verdadeira natureza de Deus.

Ao final do *Sermão dos cinquenta*, publicado em 1762, Voltaire escreve uma prece ao Ser Supremo nos seguintes termos:

> Que este grande Deus que me escuta, este Deus que certamente não pode ter nascido de uma virgem, nem ter sido morto numa cruz, nem ser comido num pedaço de pão, nem ter inspirado livros cheios de demência e de horror, que este Deus criador de todos os mundos possa ter piedade da seita dos cristãos que o blasfemam! Que ele possa trazer de volta a religião santa e natural e espalhar suas bênçãos sobre os esforços que fazemos para que ele seja adorado! Amém!

Mas a crítica de Voltaire incide também sobre os costumes eclesiásticos, sobre as práticas dos padres cristãos, e então o tom compassivo do *Sermão dos cinquenta* dá lugar, no *Dicionário filosófico*, a um tom bem mais ostensivo, para não dizer ameaçador. Em um dos primeiros verbetes, "Abade", Voltaire realiza uma sátira feroz dos homens da religião, que só pensam na riqueza e no poder. O verbete se encerra com a seguinte passagem: "aproveitastes [senhores] dos tempos de ignorância, superstição e demência, para nos despojardes de nossas propriedades e nos espezinhardes, para engordardes com a substância dos infelizes: tremei, pois o dia da razão está chegando".

Maria das Graças de Souza[2]

---

2. Livre-docente e professora de filosofia da Universidade de São Paulo, aposentada em 2015, é membro do Conselho Executivo da Société Internationale d'Études du Dixhuitième Siècle e do Diversitas – núcleo de estudos sobre diversidades, intolerâncias e conflitos, da USP.

DO COORDENADOR AO LEITOR

Foi grande, inestimável a colaboração de Voltaire com Diderot e D'Alembert na *Encyclopédie* em artigos sobre literatura, filosofia, arte, religião, direito, crítica etc. Escreveu-os em estilo simples, claro, pois pensava como Vauvenargues ser a clareza "a boa-fé dos filósofos". No *Dicionário filosófico ou A razão pelo alfabeto*, agora em edição integral, em língua portuguesa, Voltaire combate sem tréguas a superstição, o fanatismo[1], os milagres, a tolice, ainda tão enraizados no século XVIII, o "século de Voltaire". Foi um incansável defensor da justiça, da tolerância[2], na defesa de vítimas de horripilantes erros judiciários e de fanatismos religiosos, Calas, Sirven, La Barre... No *affaire* Calas, antes de conseguir anular a monstruosa sentença, disse Voltaire não lhe ter escapado dos lábios "um único sorriso que não me increpasse como crime".

Mas quando e onde Voltaire teve a ideia, a iniciativa do *Dicionário filosófico*? Em *Pensamento vivo de Voltaire*, diz André Maurois: "A ideia veio a Voltaire durante um jantar com o rei da Prússia (Frederico II)." No *avertissement* de Beuchot para a edição de 1878, *Oeuvres complètes* de Voltaire (Garnier, Paris), menciona o ano de 1751 como a data de composição dos primeiros artigos do *Dicionário filosófico*: "Adão", "Abraão" etc. No texto, Beuchot cita M. Collini, secretário de Voltaire, que indica a data de 1752, tendo o plano da obra sido concebido em Potsdam. Escreveu: "Em 28 de setembro, ele se deitou muito preocupado; disse-me que, durante um jantar com o rei, muitos haviam ficado maravilhados com a ideia de um *Dicionário filosófico* [...]. Inicialmente, pensei que tal projeto não passasse de uma brincadeira engenhosa, inventada para animar o jantar; mas Voltaire, dedicado e apaixonado pelo trabalho, começou no dia seguinte."[3]

Numa carta de 1752 a Frederico II, rei da Prússia, diz Voltaire: "Alteza, ponho a vossos pés Abraão e um Catálogo."[4] Em carta a Voltaire, de 1752, diz Frederico II: "Li seu primeiro artigo (Abraão), que é muito bom." Nova carta de Frederico II, em seguida, prova que havia recebido novos artigos, pois observa: "Se continuar nesse ritmo, o *Dicionário* será terminado dentro em pouco. O artigo sobre a Alma que recebi está muito benfeito, e o sobre o Batismo está ainda melhor. Parece que o acaso lhe faz dizer coisas que são resultado de meditação. Uma vez que o *Dicionário* tenha sido impresso, não lhe aconselho ir a Roma; mas que importa Roma, Sua Santidade, a Inquisição e todos os chefes limitados por ordens não religiosas que se manifestarão contra vós?" Em 1764, foi publicado o *Dictionnaire philosophique portatif*[5], que muitas vezes é chamado por Voltaire somente pelo nome de *Portatif*.

---

1. Ver Voltaire, *O túmulo do fanatismo*. São Paulo: Martins Fontes, 2006.
2. Ver id., *Tratado sobre a tolerância*. São Paulo: Martins Fontes, 2004.
3. Beuchot, *Mon séjour auprès de Voltaire*, apud *avertissement*.
4. "Abraão", primeiro artigo do *Dicionário*, e *Le Catalogue des écrivains du siècle de Louis XIV*.
5. Em Carta a Damilaville de 13 de julho de 1764.

Em Potsdam, 1751, na corte de Frederico II, da Prússia, diz Beuchot[6], Voltaire escreveu os primeiros *articles*, "Adão", "Abraão" etc., mas somente em 1764 publicou o *Dictionnaire philosophique portatif*. Foi o primeiro livro de bolso da história, e Voltaire assim o justificou: "Livros grandes estão fora de moda." Na novidade editorial, uma razão do sucesso, mas a razão do êxito extraordinário do *Portatif* está no conteúdo, que nutria intelectualmente os descontentes com a ordem social, e estes eram milhares, milhares. Tornara-se o *Portatif* um poderoso instrumento revolucionário, "uma arma", diz Denis Huisman[7]. Trava Voltaire com toda energia o seu combate literário e filosófico. Trabalha, desde a ideia de Potsdam, a sua obra mais importante, o *Dicionário filosófico*, no qual está a eterna mensagem de Voltaire para todas as gerações.

No *Dicionário filosófico*, o grande filósofo não poupa flechadas contra a superstição, o fanatismo, a intolerância, a injustiça, os milagres, a tolice etc. Natural tenha dito Paul Valéry, no célebre *discours* na Sorbonne, de 1944: "Voltaire vive, Voltaire dura: ele é indefinidamente atual." Jornalista por vocação[8], polemista ardente, Locke, Hume etc. rasgaram-lhe uma estrada que ele, como ninguém, soube percorrer e iluminar. No *Dicionário*, Voltaire ataca todos os seus inimigos, aqueles a quem atribui todos os males do mundo, a superstição, o fanatismo, a religião, entendida como dogma absolutista, opressor do livre pensamento, da investigação livre e da razão. No entanto, para evitar os anátemas do catolicismo oficial, atribui o *Dicionário* como nascido da pena de autores diversos, não apenas da dele.

Desse modo, os *articles* mais fortes, audaciosos, eram atribuídos a pensadores inventados por Voltaire. Precaução útil, pois o *Dicionário filosófico*, condenado na Sorbonne, foi queimado na fogueira com La Barre, mas o filósofo não foi chamado a tribunal, já que fingia-se acreditar no caráter coletivo da crítica, corrosiva obra do espírito das Luzes. Malgrado, é estranho!, foram muitos os esforços de Voltaire para persuadir os próprios amigos de que não era o autor do *Portatif*, e que essa obra "*est de plusieurs mains*". Em carta a Damilaville, de 13 de julho de 1764, diz Voltaire: "Querido irmão, Deus me livre de ter a menor participação no *Dictionnaire philosophique portatif*. Li alguns trechos que me cheiram a heresia. Mas, uma vez que se interessa por obras ímpias para refutá-las, procurarei alguns exemplares e os enviarei assim que tiver oportunidade."

Há simulada, sutil ironia na última frase, acima, de Voltaire a Damilaville. Em carta a D'Argental, de 30 de julho de 1764, escreve Voltaire: "O carteiro parte; mal tenho tempo de dizer a meu anjo que o *Portatif* nunca foi meu, que eu o abandono e que tal assunto de certa forma envenena minha pobre velhice, que era bem agradável." E pede a proteção de D'Argental: "Mantenha-me, mais do que nunca, sob a sombra de suas asas." Em 14 de setembro de 1764, renova a D'Argental: "Divinos anjos, devem ter recebido um amontoado de ideias trágicas." Na expressão "divinos anjos" estão incluídos os amigos mais próximos de Voltaire: D'Alembert, Diderot, Damilaville, Thieriot... E acrescenta a D'Argental: "Permitam-me falar-lhes de um conjunto de ideias em prosa: trata-se de um *Dictionnaire philosophique portatif*, que me é atribuído, mas que eu jamais haveria feito."

Em 29 de agosto de 1764, Voltaire escreve a D'Alembert: "Falemos um pouco de nossos negócios. Li, por uma graça divina, o tal *Dicionário* de Satã, do qual me havia falado. Se eu tivesse conhecido na gráfica de Belzebu, pediria encarecidamente que me fornecessem um exemplar, pois tal leitura me deu um prazer dos diabos." Em carta à marquesa du Deffant, de 21 de setembro de 1764, escreve Voltaire: "Eu desejaria não haver nascido, caso me acusassem de ter escrito o *Portatif*, pois, ainda que tal obra me pareça tão verdadeira quanto audaciosa, embora emane a *moral* mais pura, os homens são tão bestiais, tão mesquinhos, e os devotos, tão fanáticos,

---

6. Loc. cit.
7. *Dicionário das obras filosóficas*. Martins Fontes, 2000.
8. Voltaire, *Conselhos a um jornalista*. Martins Fontes, 2006.

que eu seria certamente perseguido." E acrescenta: "Tal obra, que acredito ser extremamente útil, nunca será minha; não a enviei a ninguém; chego a ter medo de encomendar alguns exemplares para mim mesmo. Assim que eu tiver exemplares, farei com que cheguem a vós; mas de que maneira? Não tenho ideia. Todos os pacotes grandes ficam presos no correio. Os ministros não gostam que enviemos sob seu nome coisas pelas quais possam ser repreendidos; é preciso esperar que apareça algum viajante."

Numa carta a madame d'Épinai, de 25 de setembro de 1764, escreve Voltaire: "Um dos nossos irmãos, senhora, que eu suspeito ser o profeta boêmio[9], escreveu-me uma carta afirmando desejar exemplares de um livro diabólico (o *Dictionnaire*), no que eu ficaria muito contrariado por ter a menor participação." E continua Voltaire: "Minha própria consciência ficaria inquieta em contribuir com as vendas dessa obra de Satã; mas como é tão doce condenar-se por vós, senhora, e, sobretudo, com vós, não há nada que eu não faça para servi-la. Mandarei procurar alguns exemplares em Genebra, pois aqueles heréticos sumiram com todos com avidez. A cidade de Calvino tornou-se a cidade dos filósofos; nunca se fez tamanha revolução no espírito humano como a que vemos hoje. É algo surpreendente que quase todas as pessoas comecem a acreditar que possamos ser homens honestos sem sermos absurdos; isso me faz sangrar o coração."

Foi inútil o esforço de Voltaire junto aos seus melhores amigos de que não era o autor do *Dictionnaire philosophique portatif*. Talvez negar a autoria da obra a esses amigos e amigas fosse apenas uma forma de divertir-se o filósofo. No entanto, crescia a reação dos inimigos de Voltaire, sobretudo a reação do clero. Em carta a Damilaville de 29 de setembro de 1764, Voltaire continua a negar, mesmo aos amigos mais caros, a autoria da obra. Escreve: "Querido irmão, a tempestade ataca por todos os lados o *Portatif*." Na época, não era mais ainda que um pequeno volume. E continua Voltaire: "Que barbaridade atribuírem a mim um livro burlesco composto de citações de São Jerônimo, Santo Ambrósio, Santo Agostinho, Clemente de Alexandria, de Tatien, de Tertullien, d'Origène etc.! Não é absurdo suspeitar que um pobre homem de letras tenha lido alguns desses autores?"

Na carta a Damilaville, Voltaire atribui a "autoria" do *Portatif* a M. Dubut: "O livro é reconhecido por ser de um certo Dubut, aprendiz de teologia da Holanda." E lastima: "Veja só! Estava tranquilamente entretido com a tragédia de *Pedro, o Cruel*, da qual já havia avançado quatro atos, quando essa notícia funesta veio atrapalhar meu descanso. Joguei ao fogo o maldito *Portatif* que acabara de comprar, assim como a tragédia de Pedro, e todos os meus livros; e decidi não me envolver em outras coisas além da agricultura pelo resto da minha vida." E insiste sobre o "autor" do *Portatif*: "Eu lhe digo e lhe repito que esse maldito livro será funesto para os irmãos, se continuarem com a injustiça de atribuí-lo a mim. Sabemos como é feita a calúnia. Veja seu estilo, diz ele; não o reconhece nesse trecho de frase? Ah! quem lhe disse que o sr. Dubut não poderia ter o mesmo estilo que eu? É assim tão raro encontrar dois autores que apresentem o mesmo senso artístico em suas obras? É permitido perseguir um pobre inocente só porque se acredita ter reconhecido sua maneira de escrever? A calúnia aborda assuntos nos quais não tem a menor razão [...] ela continuará perseguindo os filósofos enquanto puder." No final da carta, apela a Damilaville: "Meu querido irmão, use, então, sua eloquência para se opor a tais furores. Na verdade, os filósofos estão interessados em rechaçar acusações dessa natureza."

Não só aos amigos mais caros, Damilaville, "*mon cher frère*", D'Alembert, "*mon cher philosophe*", D'Argental, "*mon divin ange*", queixa-se Voltaire da imputação de que era o autor do *Portatif*. Em carta de 22 de outubro de 1764, ao duc de Richelieu, "*mon héros*", escreve: "Há no mundo alguns exemplares de um livro infernal intitulado *Dictionnaire philosophique portatif*. Tal livro repulsivo ensina, do início ao fim, a se aniquilar diante de Deus, a praticar a virtude e a

---

9. Refere-se a Grimm, autor do *Petit Prophète de Boehmischbroda*, 1753.

acreditar que dois e dois são quatro. Alguns devotos, como os Pompignan, o atribuem a mim, mas me fazem demasiada honraria. Ele não é meu; e, se sou um gaio-azul, não me enfeito com plumas de pavão. Há ainda um outro livro bem mais diabólico e muito difícil de encontrar: trata-se do célebre *Discours de l'empereur Julien contre les galiléens ou chrétiens*, muito bem traduzido em Berlim pelo marquês d'Argens, e enriquecido com comentários muito curiosos. E, uma vez que se interessa por tais abominações para refutá-las, me esforçarei para contribuir para suas boas obras, encomendando a Berlim um exemplar para lhe enviar, se assim me ordenar."

Mais frequentes foram as cartas de Voltaire a D'Alembert, negando ser o autor do *Dicionário filosófico*. Em 7 de setembro de 1764, escreve-lhe: "De fato, li o tal *Dicionário* diabólico; ele me atemorizou assim como fez a você; porém, o apogeu de minha indignação é o fato de existirem cristãos tão indignos de tal nome a ponto de suspeitarem que sou o autor de uma obra tão anticristã. Veja só! Mal consegui colocar as mãos em um exemplar! Dizem que o irmão Damilaville tem quatro e que um deles é para você. Consola-me saber que uma produção tão abominável caia somente em boas mãos. Quem seria mais capaz do que você de refutar com apenas duas palavras todos os seus vãos sofismas? Você ao menos expressará seu ponto de vista com força e com a energia que normalmente põe em suas reflexões e em suas boas palavras; mas, se não desejar escrever a favor da boa causa, pelo menos destruiria a malvada dizendo o que pensa. Seus discursos valem, ao menos, por todos os escritos dos Santos Padres." No final, pede Voltaire: "Eu lhe imploro que divulgue que não tive a menor participação no *Portatif*."

Nova carta a D'Alembert, de 19 de setembro de 1764. Teme: "Encontra-se tanta moral no diabólico *Dicionário* que temo que a obra e seu autor sejam agredidos pelos inimigos da moral e da literatura." Reafirma: "Trata-se de uma compilação de obras feita por várias mãos, conforme já deve ter percebido. Não sei por que razão alguns se obstinam em crer que sou eu o autor de tal obra. O maior favor que poderia me fazer é afirmar, de sua posição no paraíso, que não tive participação alguma nessa obra infernal que, acima de tudo, foi extremamente mal impressa e apresenta inúmeros erros ridículos." E continua: "Há três ou quatro pessoas que afirmam que apoiei a boa causa, que continuarei na luta até a morte contra os grandes tolos. Essas boas almas me bendizem e me colocam no mau caminho. É trair seus irmãos colocá-los em semelhante situação; é necessário agir em união e não com demasiada devoção. Decerto não estão prestando serviço nem à verdade e tampouco a mim ao me atribuírem tal obra. Se por acaso encontrar algum pedante de alta ou baixa estirpe, peço encarecidamente que lhe diga que jamais terá o prazer de me condenar em meu próprio nome, e que renego qualquer *Dicionário*, até mesmo aquele presente na *Bíblia*, escrito por Dom Calmet. Creio que haja poucos exemplares de tal abominação alfabética em Paris e que eles não se encontram em mãos perigosas, mas se houver o menor perigo eu lhe peço que me advirta a fim de que eu desabone a obra em todos os jornais públicos com minha candura e inocência usuais."

Na carta a D'Alembert, de 2 de outubro de 1764, o motivo todo é o *Portatif*. Escreve Voltaire: "Primeiramente, meu caro e grande filósofo, eu lhe imploro mais uma vez que afirme, de sua posição no paraíso, que seu irmão não teve a menor participação no *Portatif*, pois seu irmão jura e sustenta que jamais produziu tal infâmia e é preciso acreditar nisso, fazendo-se desnecessário que os irmãos sejam perseguidos. Não se trata de mentira oficiosa o que proponho a meu irmão, trata-se de um clamor oficioso o serviço essencial de dizer que tal livro, o qual renego, não é meu de forma alguma; portanto, não se faz necessário armar-se de calúnias e perseguições." E, concluindo, escreve: "*Ut ut est*, eu lhe assevero, meu caro filósofo, que jamais seria o autor de tal *Portatif*, trata-se de uma rapsódia, um conjunto de vários textos independentes de diversos autores. Sei a que ponto estão irritados com esse livro. Os Fréron e os Pompignan dizem que ele é obra minha e, por consequência, os homens de bem devem afirmar que não o é. Ninguém pode estimar ou amar você mais que eu." E conclui: "Acabei de saber que tempestades se levantam contra o *Portatif*. A situação é muito séria. A obra de um tal Dubut, um proponente que jamais existiu; mas por que imputá-la a mim?"

Negando a autoria do *Portatif*, Voltaire cita até Mateus, 22, "*quia non sum autor hujus libri*". Em 4 de outubro de 1764, D'Alembert escreve a Voltaire. Parece divertir-se: "Meu caro mestre, você não gostaria de forma alguma de ser o autor de tal abominação alfabética que corre o mundo, sendo o grande escândalo dos Garasses do nosso século. Tem toda a razão de não querer ser suspeito de ter escrito tal obra infernal e não vejo com que fundamento poderíamos imputá-lo a você. Como você mesmo disse, é evidente que a obra foi feita por diversas mãos; de minha parte, reconheci pelo menos quatro, as de Belzebu, Astarte, Lúcifer e Asmodeu, pois o doutor angélico[10], em seu *Tratado sobre os anjos e os diabos*, provou muito bem que são quatro pessoas diferentes e que Asmodeu não é consubstancial com Belzebu ou com qualquer um dos outros." E continua: "Além disso, uma vez que são necessários três pobres cristãos[11] para produzir o *Jornal Cristão* (pois estão todos igualmente comprometidos com essa edificante missão), não vejo por que seriam necessários menos do que três ou quatro pobres diabos para produzir um *Dicionário* diabólico. Até mesmo o impressor é um pobre diabo, pois certamente não sabia o que estava fazendo, tanto que a obra foi muito mal impressa. Então fique tranquilo, meu caro e ilustre confrade, e, acima de tudo, não vá fazer como Léonard de Pourceaugnac, que afirma: 'Não fui eu'[12], antes mesmo que pensem em acusá-lo. Além disso, parece-me que o autor, quem quer que seja, não tem nada a temer; os pedantes de baixa estirpe não têm reconhecimento social; e os pedantes de alta estirpe foram plantar favas."[13]

Tratando do *Portatif*, continua D'Alembert: "A obra, ainda que pouco comum, passa de mãos em mãos sem causar estrondo ou escândalo; as pessoas a leem, sentem prazer com a leitura e fazem o sinal da cruz para impedir que o prazer seja demasiado grande e, assim, tudo se passa tranquilamente. Há, entretanto, uma senhora que, tendo ficado ofendida pelo fato de o autor não lhe ter enviado uma cópia da obra, afirma tratar-se de um texto póstumo de Fontenelle, pois, ao falar de amor, o autor diz (com muita precisão, do meu ponto de vista) que o amor é o 'tecido da natureza que a imaginação enfeitou'. De minha parte, acharia a frase muito boa e até mesmo o abade Trublet concordaria comigo. Eu não mencionarei o nome de tal senhora, mas você a conhece bem e, depois de Fréron, você é a pessoa que ela mais estima."[14] Em 10 de outubro de 1764, escreve D'Alembert a Voltaire, ainda sobre as preocupações do filósofo com a imensa repercussão do *Portatif*: "Ilustre mestre, você me parece muito alarmado por pouca coisa; já me esforcei para lhe confirmar por meio de minha última carta[15] e lhe repito que, até o presente momento, não vejo razão para se inquietar. Que provas terão de que você seja o autor de tal produção diabólica? E que provas poderiam ter? Baseados em quais fundamentos podem atribuí-la a você? Você me comunicou que um pequeno ministro postulante, chamado Dubut, seria o autor de tal abominação; em lugar do pequeno ministro Dubut, eu havia imaginado o grande diabo Belzebu; eu bem desconfiava que tal nome contivesse 'Bu', e vejo que tinha toda a razão."

E D'Alembert argumenta sobre Dubut, a quem Voltaire atribui a autoria do *Portatif*: "Se ele só pode afirmar que a obra não é sua, você não tem por que se afligir; 'eu te respondo', como Crispin[16], 'que de uma boca tão grande' isso é possível de se esperar. Como já lhe disse, é eviden-

---

10. São Tomás de Aquino.
11. Os abades Trublet, Joannet e Dinourt.
12. *Monsieur de Pourceaugnac*, ato II, cena V.
13. Os membros do Parlamento costumavam passar as férias em suas propriedades rurais.
14. Trata-se da marquesa du Deffant.
15. Carta de 4 de outubro de 1764.
16. Na obra de *Le Deuil*, comédia de Hauteroche, cena 1.

te que tal produção das trevas ou é obra de um diabo em três pessoas, ou de uma pessoa em três diabos. Falando seriamente, eu não percebo que tal abominação alfabética cause tanto escândalo como você imagina, e não vejo ninguém tencionando arrancar os próprios olhos diante de tal ocasião, conforme prescrito pelo Evangelho[17] em semelhante caso. Além disso, os pedantes de alta estirpe[18], os únicos que devem ser temidos em tais circunstâncias, foram encontrar seus confrades estúpidos e, quando retornaram de suas choças, o mal já será muito antigo para dele se ocuparem. Eles não disseram nada a *Saul*, que diacho quer que eles digam a Dubut?" No final da carta, D'Alembert se refere ao *Dicionário* de Bayle, sobre o qual Voltaire, parece-lhe, enganara-se a respeito de críticas dele a essa obra: "Você criou uma disputa sem motivo (*une querele de Suisse*) quanto ao *Dicionário* de Bayle; primeiramente, eu não disse uma palavra sequer, 'Teria sido feliz se tivesse respeitado mais a religião e os bons costumes!' Ninguém no mundo se enganaria neste ponto [...]. Se eu quisesse, encontraria um equivalente para aquilo pelo que me reprova em numerosas obras, nas quais certamente não o desaprova, e até mesmo no *Dicionário* de Dubut, por mais que lhe pareça infernal tal qual o parece a mim."

Na nova carta a D'Alembert, de 12 de outubro de 1764, quatro dias depois da de seu caro filósofo, "*mon cher philosophe*", alude Voltaire a alguns *articles* do *Dictionnaire philosophique portatif*, atribuindo-lhes "autores" que não ele. Escreve: "Meu caro filósofo, já não se pode mais rir; desta vez, faz-se necessário que eu lhe escreva com seriedade. Com certeza a perseguição se armará de armas de fogo e punhais se o livro em questão for denunciado. Já falaram sobre ele ao rei como sendo um livro perigoso, e o rei falou sobre isso no mesmo tom com o presidente Hénault. Alguns o atribuem a mim e podem agir contra mim tanto quanto contra o livro. É bem verdade que se trata de uma obra feita a diversas mãos. O artigo 'Apocalipse' é inteiramente de um tal sr. Abauzit, tão vangloriado por Jean-Jacques; creio já lhe haver dito isso. Creio também já ter lhe comunicado, e que você já o soubesse por outras fontes, que o sr. Abauzit é o patriarca dos arianos em Genebra. Seu manuscrito, *Tratado sobre o apocalipse*, tem circulado há um bom tempo entre os adeptos do arianismo. Em uma expressão, é de conhecimento público que o artigo 'Apocalipse' é de autoria dele."

E continua Voltaire: "O 'Messias' é inteiramente do sr. Polier, o primeiro pastor de Lausanne. Ele enviou tal texto juntamente com vários outros a Briasson, o qual ainda deve ter o original que se destinava à *Encyclopédie*. O 'Inferno' é, em parte, do bispo de Glocester, Warburton. A 'Idolatria' ainda deve estar com Briasson, ou nas mãos de Diderot, tendo sido enviada para a *Encyclopédie*. Há páginas quase inteiras copiadas praticamente palavra por palavra da obra *Mélanges de littérature*, que foi impressa sob o meu nome. Assim, torna-se evidente que o *Dicionário filosófico* foi feito por diversas mãos. Algumas pessoas juntaram os materiais, e posso ter participado dessa atividade, com o único propósito de tirar uma numerosa família da mais terrível miséria. O pai possuía uma pequena gráfica e realizou seu trabalho de impressor de forma detestável; contudo, uma edição muito melhor está sendo feita na Holanda, dizem que acrescida de vários textos e que se espera que esteja correta."

No final da carta, Voltaire convida D'Alembert a colaborar no *Dicionário*: "Se você desejar contribuir com um ou dois artigos, embelezaria a compilação, torná-la-ia mais útil e guardaríamos o mais profundo segredo sobre tal fato. Uma mão como a sua deve servir para destruir os monstros da superstição e do fanatismo, e, quando se pode fazer tal serviço pelos homens sem se comprometer, creio que somos obrigados a fazê-lo por nossa própria consciência. Ouso pedir-lhe tal trabalho como um grande favor, e peço o restante em nome da justiça. Nada é mais verdadeiro do que tudo o que lhe disse sobre o *Portatif*. Sua voz será ouvida, e, quando disser que tal

---

17. Mateus, V, 29; Marcos, IX, 116.
18. Os conselheiros do Parlamento.

compilação é obra de diversas mãos, não somente acreditarão em você, como verão que não é somente um homem que ataca a hidra do fanatismo, mas que filósofos de diversos países e que seguem diferentes correntes se reúnem para combatê-la. A própria reflexão será útil à causa da razão, tão indignamente perseguida por velhacos ignorantes, abandonada de forma tão covarde pela maioria de seus adeptos, mas que ao final deve triunfar. Peço que me diga se Diderot não seria o autor de um livro singular, intitulado *Sobre a natureza*. Adeus, meu caro filósofo. Defenda a causa da verdade e a de seu amigo. Que penitência mais justa e mais bela poderia fazer em relação às duas linhas cruéis que lhe escaparam contra Pierre Bayle? De quem mais poderia se esperar consolo senão de nossos irmãos e, sobretudo, de um irmão como você?"

Numa longa nota ao artigo "Messias"[19], do *Dicionário filosófico* (edição Garnier, Paris, 1878), G. Avenel esclarece que Voltaire havia assegurado o sucesso da *Encyclopédie* ao lhe proporcionar "a força de sua colaboração". Era o ano de 1755, quando se decretou a suspensão da grande obra. Em 1764, perdurava ainda a suspensão. Então, chegara a Paris um exemplar do *Portatif*, sem o nome do autor. "É ele! É seu estilo!", exclamaram os amigos de Voltaire. Formou-se a tempestade. Propôs-se o procurador-geral lavrar a denúncia contra Voltaire; o bispo de Orléans enfureceu-se, e o rei prometeu fazer que examinassem o livro imputado ao filósofo. Temeu Voltaire ser obrigado a fugir. Temeu sobretudo que a reação contra o *Dicionário* aumentasse a ponto de impedir o reaparecimento da *Enciclopédia*[20]. Escreve ao censor Marin protestando contra "a calúnia". Escreve e pede aos amigos D'Alembert, D'Argental, Damilaville, marquesa du Deffant, madame d'Épinai etc. que digam que o *Portatif* não é dele, como se lê nas cartas referidas. Nesse sentido, também recorreu a Richelieu, influente na corte, a Praslin, que promete falar do assunto na academia. E eis que o rei, a corte, o conselho, a academia tomam o partido de Voltaire e se apaziguam. Não se deu o mesmo no Parlamento.

Não tardou para que o Parlamento de Paris condenasse o *Dicionário filosófico*, de Voltaire, e o fizesse queimar na fogueira com o jovem cavaleiro de La Barre. Escreveu Louis Moland, em *avertissement*, para a edição das obras completas de Voltaire, de 1878 (Garnier, Paris): "Ele foi passar uma temporada para se tranquilizar nas termas de Rolle, na Suíça. Ele sonhava em encontrar um refúgio na cidade de Clèver, sob a proteção do rei da Prússia, e em levar consigo Diderot, D'Alembert e os enciclopedistas. Mas ele não demorará a recuperar o controle sobre si mesmo. A indignação restituirá seu ânimo. No mesmo ano, 1766, ele endereçou a *Relação da morte do cavaleiro de La Barre* ao célebre autor do livro *Dos delitos e das penas*, Beccaria, e, mais tarde, assim que Luís XVI subiu ao trono, escreveu o *Grito do sangue inocente*." E continua Moland: "O *Dicionário filosófico* continua a aparecer em diversos formatos e a aumentar de volume de edição em edição. Até hoje, é uma das obras de Voltaire mais lidas pelas classes populares. Da mesma forma, nas salas de leitura das bibliotecas públicas, conforme muitos administradores de tais estabelecimentos me asseguram, é um dos livros mais requisitados em comunicação, o qual deve ser publicado novamente com a maior rapidez possível." E acrescenta Moland: "Até essa época, Voltaire havia se dedicado somente a combates leves contra o cristianismo. Com o *Dicionário filosófico*, começa uma verdadeira guerra."

Por último, um paralelo entre duas apreciações bem distanciadas no tempo, mas não extremas, sobre o *Dicionário filosófico*, de Voltaire: a primeira análise, longa e diligente, é de Condorcet, do século XVIII, que escreveu *Vie de Voltaire*, incluída na edição das *Oeuvres complètes* de Voltaire (Garnier, Paris, 1878). Escreve Condorcet: "Enfim, ele lançou-se à empreitada de reunir sob a forma de um dicionário todas as ideias, todos os pontos de vista que se lhe ofereciam sobre os mais diversos objetos de sua reflexão, isto é, sobre a universalidade quase completa dos aconte-

---

19. Nota 1, de G. Avenel e Beuchot.
20. Carta a D'Alembert, de 29 de setembro de 1764.

cimentos humanos. Nessa compilação, modestamente intitulada de *Questões aos amadores sobre a Enciclopédia*, ele trata de teologia e de gramática, de física e de literatura, cada uma a seu turno; discute ora sobre pontos da antiguidade, ora sobre questões de política, de legislação, de direito público."

E acrescenta Condorcet: "Seu estilo, sempre vivaz e mordaz, manifesta sobre tais objetos diversos um *charme* do qual, até aquele momento, só ele conhecia o segredo, e que nasce sobretudo do abandono com o qual, cedendo a seus primeiros movimentos, adaptando seu estilo menos aos objetos do que à disposição momentânea de seu espírito, ora manifesta o ridículo sobre objetos que parecem inspirar somente o horror, para logo depois, envolto pela energia e sensibilidade de sua alma, trovejar fortemente contra os abusos dos quais acaba de escarnecer. Em outro trecho, irrita-se contra o mau gosto, mas percebe que sua indignação deve ser reservada para interesses maiores, e acaba rindo-se de sua própria cólera. Por vezes, interrompe uma discussão sobre moral ou política para fazer uma observação acerca de literatura e, no meio de uma lição sobre gosto, deixa escapar algumas máximas oriundas de uma filosofia profunda, ou se interrompe para dedicar ao fanatismo ou à tirania um ataque terrível e repentino."

Na análise mais recente, observa bem Denis Huisman[21] que o *Dicionário filosófico*, de Voltaire, aborda assuntos de extrema diversidade, como religião, sociedade, justiça, política, história, filosofia, metafísica, estética etc., e continua, como já dizia Louis Moland, no *avertissement* para a edição das *Oeuvres complètes* de Voltaire (Garnier, Paris, 1878), *"un ouvrage de combat"*. Esses *articles* "são panfletos brilhantes, às vezes de extrema virulência contra a superstição, o fanatismo, a injustiça, o despotismo, a intolerância, a fatuidade humana." E acrescenta Huisman: "A religião é o principal alvo do autor, que não lhe poupa nenhuma das críticas mais fortes. Não há mais textos sagrados, pois todos podem ser alvo da crítica histórica." Tanto que, observa Huisman: "Os artigos dedicados a assuntos bíblicos – e, de 'Abraão' a 'Salomão', eles são bem numerosos – atacam veementemente contradições e inconsequências do Antigo e do Novo Testamento."

Huisman continua: "Todas as religiões reveladas são humanas, demasiado humanas, e o cristianismo não constitui exceção. No artigo 'Convulsões', lê-se, na ironia do filósofo: 'E nós ainda ousamos, depois disso, escarnecer dos lapões, dos samoiedos e dos negros!' Voltaire atém-se à religião natural, ao deísmo de Newton. No artigo 'Ateísmo', lê-se: 'O mundo é sem dúvida uma máquina admirável; portanto, há no mundo uma admirável inteligência.' Mas não cabe à inteligência humana sondar os atributos da divindade. No artigo 'Deus', lê-se: 'Como! Não sabes o que é um espírito? Não digas nada: de que me serviria isso? Porventura me faria mais justo? Seria eu melhor marido, melhor pai, melhor senhor, melhor cidadão?' Como se vê, a moral prevalece, em valor, sobre a religião, que deve servi-la e que só foi instituída por ela. Essa moral ordena aos homens que vivam em paz, justiça e liberdade." Enfim, para Denis Huisman, o *Dicionário filosófico* é "um monumento das Luzes francesas" e, em suas páginas, concentra "toda a força e a ironia acerca de um dos maiores escritores do século". E conclui: "Esses textos, mesmo hoje, nada perderam de sua força e de sua utilidade."

ACRÍSIO TÔRRES[22]

---

21. Op. cit.
22. Acrísio Tôrres (1931-2016) coordenou o projeto "Voltaire Vive" para esta editora e foi professor da Universidade de Brasília (UnB).

NOTA SOBRE A EDIÇÃO

A tradução desta edição do *Dicionário filosófico* de Voltaire tem como base a edição de 1878, publicada pela Editora Garnier, em quatro volumes, nas *Obras completas* do filósofo francês.

Optou-se aqui por traduzir apenas o texto e as notas de Voltaire que constam no original francês, sem levar em conta acréscimos, comentários e notas mas mantendo supressões, chamadas de seção sem texto e ausência de pontuação da edição citada. As notas de tradução são seguidas de (N. da T.).

A (A)

Teremos poucas questões para formular sobre esta primeira letra de todos os alfabetos. Esse verbete da *Enciclopédia*, mais necessário do que se acreditaria, é de César Dumarsais, que só era bom gramático porque estava imbuído de uma dialética muito profunda e nítida. A verdadeira filosofia diz respeito a tudo, exceto à fortuna. Esse sábio, que era pobre, e cujo Elogio encabeça o sétimo volume da *Enciclopédia*, foi perseguido pelo autor de *Marie à la Coque*[1], que era rico; e, sem a generosidade do conde de Lauraguais, teria morrido na mais extrema miséria. Aproveitemos a ocasião para dizer que a nação francesa nunca foi mais honrada do que em nossos dias por essas ações de verdadeira grandeza, realizadas sem ostentação. Vimos vários ministros de Estado incentivar talentos na indigência e pedir segredo. Colbert os recompensava, mas com o dinheiro do Estado; Fouquet, com o dinheiro da depredação. Aqueles de quem falo deram de seu próprio bolso; por isso, estão acima de Fouquet, tanto em termos de nascimento quanto em termos de dignidades e gênio. Como não dizemos seus nomes, não devem agastar-se. Que o leitor perdoe essa digressão que começa nossa obra. Ela vale mais do que o que diremos sobre a letra *A*, tão bem estudada pelo falecido sr. Dumarsais e por aqueles que suplementaram seu trabalho. Não falaremos das outras letras, mas remetemos à *Enciclopédia*, que diz tudo o que é preciso sobre esse assunto.

Começamos a substituir a letra *o* pela letra *a* em *français, française, anglais, inglaise* e em todos os imperfeitos, como *il employait, il octroyait, il ployait* etc.; a razão não é evidente? Não é preciso escrever como se fala na medida do possível? Não será uma contradição escrever *oi* e pronunciar *ai*? Antigamente dizíamos *je croyois, j'octroyois, j'employois, je ployois*: quando, por fim, abrandamos esses sons bárbaros, não pensamos em reformar a ortografia, e a linguagem desmente continuamente a escrita.

Mas, quando precisavam rimar em versos os *ois* que pronunciávamos *ais*, os autores ficavam bem embaraçados. Por exemplo, todos diziam *français* na conversação e nos discursos públicos, mas, como o costume vicioso de rimar para os olhos e não para os ouvidos se introduzira entre nós, os poetas se acreditaram obrigados a rimar *françois* a *lois, rois, exploits*; e assim os mesmos acadêmicos que acabavam de pronunciar *français* num discurso pronunciavam *françois* em versos. Encontra-se num poema de Pierre Corneille, sobre a passagem do Reno, bem pouco conhecido:

> *Quel spectacle d'effroi, grand Dieu! si toutefois*
> *Quelque chose pouvoit effrayer des François.*
> [Que espetáculo de terror, ó Deus! Se é que
> Algo pode aterrorizar os franceses.]

---

1. Refere-se a Marguerite-Marie Alacoque, aqui grafado *"à la coque"* (na casca – o ovo). (N. da T.)

O leitor pode observar que efeito produziriam hoje esses versos, caso pronunciássemos, como no tempo de Francisco I, *pouvait* com *o*; que cacofonia produziriam *effroi, toutefois, pouvoit, françois*.

No tempo em que nossa língua mais se aperfeiçoava, Boileau dizia:

Qu'il s'en prenne à sa muse allemande en françois;
Mais laissons Chapelain pour la dernière fois.
[Que ele se avenha com sua musa alemã em francês;
Mas deixemos Chapelain pela última vez.]

Hoje, que todos dizem *français*, esse verso do próprio Boileau pareceria um tanto alemão.

Finalmente nos livramos desse mau costume de escrever a palavra *français* como se escreve *Saint François*. É preciso tempo para reformar a maneira de escrever todas as palavras com as quais os olhos sempre enganam os ouvidos. Ainda escreveis *je croyois*; e, se pronunciásseis *je croyois*, articulando os dois *o*, ninguém vos suportaria. Por que então, já que poupais nossos ouvidos, não poupais também nossos olhos? Por que não escreveis *je croyais*, uma vez que *je croyois* é absolutamente bárbaro?

Ensinais a língua francesa a um estrangeiro; ele começa por se surpreender porque pronunciais *je croyais, j'octroyais, j'employais*; pergunta por que suavizais a pronúncia da última sílaba, e não a da anterior; por que, na conversação, não dizeis *je crayais, j'emplayais* etc.

Respondeis – e deveis responder – que não existe graça nem variedade em fazer um ditongo suceder o outro. Dizeis que a última sílaba, cujo som permanece nos ouvidos, deve ser mais agradável e melodiosa que as outras, e é a variedade na pronúncia dessas sílabas que constitui o encanto da prosódia.

O estrangeiro replicará: "Deveríeis mostrar na escrita o que me mostrais na conversação. Não estais vendo que me deixais muito confuso quando escreveis de um modo e pronunciais de outro?"

As mais belas línguas, sem dúvida, são aquelas em que as mesmas sílabas sempre têm pronúncia uniforme: assim é a língua italiana. Não está repleta de letras que somos obrigados a eliminar; esse é o grande vício do inglês e do francês. Quem acreditaria, por exemplo, que a palavra inglesa *handkerchief* se pronuncia *ankicher*? E que estrangeiro imaginaria que *paon* e *Laon* se pronunciam em francês *pan* e *Lan*? Os italianos se desfizeram da letra *h* no início das palavras, porque nessa posição elas não têm som algum, e livraram-se inteiramente da letra *x*, porque já não a pronunciam: por que não os imitamos? Já nos esquecemos que a escrita é a pintura da voz?

Dizeis *anglais, portugais, français*, mas dizeis *danois, suédois*: como adivinharei essa diferença, se só aprendo vossa língua nos livros? E, quando pronunciais *anglais* e *portugais*, por que pondes *o* em um e *a* em outro? Por que não tendes o mau hábito de escrever *portugois*, assim como tendes o mau hábito de escrever *anglois*? Em suma, não parece evidente que o melhor método é escrever sempre com *a* aquilo que se pronuncia com *a*?

A [verbo *avoir*]

A, terceira pessoa do presente do indicativo do verbo *avoir* [ter]. Decerto é um defeito um verbo só ter uma letra, e dizer-se *il a raison, il a de l'esprit* [ele tem razão, ele tem humor], assim como se diz *il est à Paris, il est à Lyon* [ele está em Paris, ele está em Lyon].

Hodieque manent vestigia ruris.
[E hoje ainda permanecem vestígios da rusticidade.]
(Hor., 1. II, ep. I, v. 160.)

Il a eu [ele teve] chocaria horrivelmente os ouvidos, caso não estivéssemos acostumados; vários escritores usam com frequência esta frase: *la différence qu'il y a;la distance qu'il y a entre eux* [a diferença que há entre eles; a distância que há entre eles]; haverá algo que seja ao mesmo tempo tão lânguido e tão rude? Não seria fácil evitar essa imperfeição da linguagem, dizendo simplesmente *la distance, la différence entre eux* [a distância, a diferença entre eles]? De que servem esse *qu'il* e esse *y*, que tornam o discurso seco e prolixo, reunindo assim os maiores defeitos?

Não caberá, principalmente, evitar o encontro dos dois *a*? *Il va à Paris, il a Antoine en aversion* [ele vai a Paris; ele tem ódio de Antoine]. Três e quatro *a* são insuportáveis; *il va à Amiens, et de là à Arques* [ele vai a Amiens, e de lá a Arques].

A poesia francesa condena esse choque de vogais.

Gardez qu'une voyelle, à courir trop hâtée,
Ne soit d'une voyelle en son chemin heurtée.
[Cuidai para que uma vogal, correndo apressada,
Não seja por outra vogal em seu caminho empurrada.]

Os italianos foram obrigados a permitir-se esse encontrão de sons que destrói a harmonia natural, esses hiatos, esses bocejos que os latinos tinham o cuidado de evitar. Petrarca não vê dificuldade alguma em dizer:

Movesi'l vecchierel canuto e *bianco*
Del dolce loco, ov' ha sua età fornita.
[Parte o ancião com seus cabelos brancos
do doce lugar onde passou sua vida.]
(Pet., I, s. 14)

Ariosto disse:

Non sa quel che sia Amor...
Dovea fortuna alla cristiana fede...
Tanto girò che venne a una riviera...
Altra aventura al buon Rinaldo accadde...
[Não sabe o que é o Amor...
À fé cristã devia a sorte...
Tanto vagou que chegou a uma ribeira...
Outra aventura espera o bom Rinaldo...]

Essa infeliz cacofonia é necessária em italiano, porque a maioria das palavras dessa língua termina em *a, e, i, o, u*. O latim, que possui uma infinidade de terminações, não podia admitir semelhante colisão de vogais, e a língua francesa, nesse aspecto, é ainda mais circunspecta e mais severa que o latim. Raramente se vê em Virgílio uma vogal seguida de uma palavra que comece por vogal; isso só ocorre pouquíssimas vezes, quando é preciso exprimir alguma conturbação,

Arma amens capio...
[Enlouquecido, eu apanho as armas...]
(*En.*, II, 314)

ou quando dois espondeus pintam um lugar vasto e deserto,

Et Neptuno Aegeo.
[E a Netuno Egeu.]
(*En.*, III, 74)

Homero, é verdade, não se sujeitava a essa regra da harmonia, que rejeita o encontro de vogais, sobretudo de *a*; as sutilezas da arte ainda não eram conhecidas em seu tempo, e Homero estava acima dessas sutilezas; mas seus versos mais harmoniosos são os compostos de uma reunião feliz de vogais e consoantes. É o que Boileau recomenda já no primeiro canto da *Arte poética*.

A letra *A* em quase todas as nações tornou-se letra sagrada, por ser a primeira; os egípcios somaram essa superstição a tantas outras: esse é o motivo pelo qual os gregos de Alexandria a chamavam de *hier'alpha*; e, como *ômega* era a última letra, as palavras *alfa* e *ômega* significaram o complemento de todas as coisas. Essa foi a origem da cabala e de várias misteriosas demências.

As letras serviam de cifra e de notas musicais; imaginai a grande quantidade de conhecimentos secretos que isso produziu: *a*, *b*, *c*, *d*, *e*, *f*, g eram os sete céus. A harmonia das esferas celestes era composta das sete primeiras letras, e um acróstico explicava tudo na venerável antiguidade.

ABADE (Abbé)

Aonde vai, senhor abade? etc. Acaso sabeis que abade significa pai? Se vos tornardes abade, prestareis serviço ao Estado; sem dúvida fareis a melhor obra de que um homem é capaz; de vós nascerá um ser pensante. Há nessa ação algo de divino.

Mas, se fordes "senhor abade" apenas porque fostes tonsurado, porque usais cabeção e mantéu, e por esperardes um benefício simples, não mereceis o nome de abade.

Os antigos monges deram esse nome ao superior que elegiam. O abade era seu pai espiritual. Como os nomes mudam de significado com o tempo! O abade espiritual era um pobre que dirigia vários outros pobres: mas, depois disso, os pobres pais espirituais passaram a ter duzentas, quatrocentas mil libras de renda; e continua havendo ainda hoje pobres pais espirituais na Alemanha que têm um regimento de guarda.

Um pobre que fez juramento de ser pobre e que, por conseguinte, é soberano! Já se disse e é preciso repetir mil vezes: isso é intolerável. As leis reclamam desse abuso, a religião se indigna com ele, e os verdadeiros pobres sem roupa e comida erguem aos céus gritos, diante da porta do senhor abade.

Mas ouço os senhores abades da Itália, da Alemanha, de Flandres, de Borgonha dizendo: "Por que não acumularemos bens e honras? Por que não seremos príncipes? Os bispos o são. Originariamente, eram pobres como nós e enriqueceram; elevaram-se; um deles se tornou superior aos reis; deixai-nos imitá-los na medida do possível."

Tendes razão, senhores, podeis invadir a terra; ela pertence ao mais forte ou ao mais hábil, que dela se apodera; aproveitastes dos tempos de ignorância, superstição e demência, para nos despojardes de nossas propriedades e nos espezinhardes, para engordardes com a substância dos infelizes: tremei, pois o dia da razão está chegando.

ABADIA (Abbaye)

Primeira seção

É uma comunidade religiosa regida por um abade ou uma abadessa.

O substantivo abade, *abbas* em latim e em grego, *abba* em sírio e caldeu, vem do hebraico *ab*, que quer dizer pai. Os doutores judeus assumiam esse título por orgulho; por isso, Jesus dizia a seus discípulos[2]: "Não chameis ninguém na terra de pai, pois só tendes um pai que está no céu."

Embora são Jerônimo se tenha insurgido contra os monges de seu tempo[3], que, apesar da proibição do Senhor, davam ou recebiam o título de abade, o sexto concílio de Paris[4] decide que, se os abades são pais espirituais e engendram filhos espirituais para o Senhor, tem-se razão para chamá-los de abades.

Segundo esse decreto, se alguém mereceu o título de abade, foi sem dúvida são Bento, que, em 529, fundou no Monte Cassino, no reino de Nápoles, sua regra eminentíssima em sabedoria e discrição, bem como grave e clara em termos de discurso e estilo. São essas as próprias palavras do papa são Gregório[5], que não deixa de fazer menção ao singular privilégio com que Deus dignou-se gratificar aquele santo fundador: todos os beneditinos que morrem no Monte Cassino são salvos. Portanto, não é de surpreender que esses monges contem dezesseis mil santos canonizados em sua ordem. As beneditinas afirmam até que são advertidas da aproximação da morte por algum ruído noturno a que dão o nome de *pancadas de são Bento*.

É de se acreditar que aquele santo abade não esquecera de si mesmo ao pedir a Deus a salvação da alma de seus discípulos. Por conseguinte, no sábado 21 de março de 543, véspera do domingo da Paixão, que foi o dia de sua morte, dois monges, um no mosteiro e outro longe, tiveram a mesma visão. Viram um caminho atapetado e iluminado por uma infinidade de tochas, que, partindo do mosteiro, se estendiam para o leste até o céu. Nele se mostrava uma figura venerável que lhes perguntou para quem era aquele caminho. Eles disseram que não sabiam. E ele acrescentou: "É por onde Bento, o bem-amado de Deus, subiu ao céu."

Uma ordem na qual a salvação da alma era tão garantida logo se difundiu pelos outros países, cujos soberanos se deixavam convencer[6] de que, para garantir um lugar no paraíso, bastava tornar-se bom amigo deles, e que era possível resgatar as injustiças mais gritantes e os crimes mais hediondos por meio de doações para as igrejas. Para só falar da França, lê-se nas *Gestas do rei Dagoberto*, fundador da abadia de Saint-Denis, perto de Paris[7], que esse príncipe, ao morrer, foi condenado no julgamento de Deus, e que um santo eremita chamado João, que morava nas costas do mar da Itália, viu sua alma acorrentada num barco, enquanto alguns diabos que a supliciavam com pancadas a conduziam para a Sicília, onde deviam precipitá-la nos abismos do monte Etna; que são Dionísio apareceu de repente num globo luminoso, precedido de raios e relâmpagos, e, pondo em fuga aqueles espíritos malignos, arrebatou a pobre alma das garras do mais obstinado, levando-a para o céu em triunfo.

Carlos Martel, ao contrário, foi condenado em corpo e alma, por ter dado abadias como recompensa a seus capitães, que, apesar de laicos, passaram a ostentar o título de abades, assim como algumas mulheres casadas tiveram a partir de então o título de abadessas e possuíam abadias de moças. Um santo bispo de Lyon, chamado Eucher, quando orava, foi arrebatado em espírito e levado por um anjo ao inferno, onde viu Carlos Martel e ficou sabendo, pelo anjo, que aquele príncipe fora condenado ao fogo eterno em corpo e alma por obra dos santos cujas igrejas ele havia despojado. Santo Eucher escreveu essa revelação a Bonifácio, bispo de Mogúncia, e a Fulrad, arquicapelão de Pepino, o Breve, pedindo-lhes que abrissem o túmulo de Carlos Martel,

---

2. Mateus, cap. XXIII, v. 9. (N. de Voltaire)
3. Liv. II, sobre a *Epístola aos Gálatas*. (N. de Voltaire)
4. Liv. I, cap. XXXVII. (N. de Voltaire)
5. Diálogo, liv. II, cap. VIII. (N. de Voltaire)
6. Mézerai, t. I, p. 225. (N. de Voltaire)
7. Cap. XXXVII. (N. de Voltaire)

para verem se o corpo estava lá. O túmulo foi aberto; o fundo estava todo queimado, e lá só se encontrou uma grande serpente, que saiu com uma fumaça malcheirosa.

Bonifácio[8] fez a gentileza de escrever a Pepino, o Breve, e a Carlomano todas as circunstâncias da danação de seu pai; e como Luís, o Germânico, se apoderara em 858 de alguns bens eclesiásticos os bispos da assembleia de Créci lembraram-lhe, numa carta, de todas as particularidades daquela terrível história, acrescentando que tinham tomado conhecimento delas por anciãos dignos de fé, que haviam sido testemunhas oculares dos fatos.

São Bernardo, primeiro abade de Clairvaux em 1115, tivera revelação semelhante, de que todos aqueles que recebessem o hábito de suas mãos seriam salvos. No entanto, o papa Urbano II, numa bula do ano 1092, dando à abadia de Monte Cassino o título de cabeça de todos os mosteiros, porque daquele lugar a venerável religião da ordem monástica se difundira do seio de Bento tal como uma fonte do paraíso, o imperador Lotário confirmou-lhe essa prerrogativa com uma ordem régia de 1137, que dá ao mosteiro de Monte Cassino a preeminência de poder e glória sobre todos os mosteiros já existentes ou que viessem a ser fundados em todo o universo, desejando que os abades e os monges de toda a cristandade lhe prestassem honras e reverência.

Pascoal II, numa bula de 1113, dirigida ao abade de Monte Cassino, expressa-se nos seguintes termos: "Verificamos que vós, assim como todos os vossos sucessores, sendo superior de todos os abades, tendes assento em toda e qualquer assembleia de bispos ou príncipes, e que, nos julgamentos, dais vossa opinião antes de todos os outros de vossa ordem." Por isso, como o abade de Cluny ousasse qualificar-se de *abade dos abades* num concílio realizado em Roma no ano 1116, o chanceler do papa decidiu que essa distinção cabia ao abade de Monte Cassino; o abade de Cluny contentou-se com o título de abade cardeal, por ele obtido de Calisto II, título que o abade da Trindade de Vendôme e alguns outros depois se arrogaram.

O papa João XX, em 1326, chegou a conceder ao abade de Monte Cassino o título de bispo, cujas funções exerceu até 1367; mas, como Urbano V houve por bem retirar-lhe essa dignidade, ele passou a se intitular simplesmente nos atos: "Patriarca da santa religião, abade do santo mosteiro de Cassino, chanceler e capelão-mor do império romano, abade dos abades, chefe da hierarquia beneditina, chanceler colateral do reino da Sicília, conde e governador de Campânia, da Terra di Lavoro e da província marítima, príncipe da paz."

Com uma parte de seus subalternos, mora em San Germano, cidadezinha ao pé de Monte Cassino, numa casa espaçosa onde todos os que por lá passam, desde o papa até o último dos mendigos, são recebidos, alojados, alimentados e tratados de acordo com seu estado. O abade todos os dias visita todos os seus hóspedes, que às vezes atingem o número de trezentos. Santo Inácio, em 1538, ali foi hospedado, mas se alojou em Monte Cassino numa casinha chamada Albanetta, a seiscentos passos da abadia, a leste. Foi lá que compôs seu célebre *Institutum*; isso levou um dominicano a dizer, numa obra latina intitulada *A rola da alma*, que Inácio morou alguns meses naquela montanha de contemplação e que, tal como outro Moisés e outro legislador, fabricou as segundas tábuas das leis religiosas, que nada ficam devendo às primeiras.

Na verdade, esse fundador dos jesuítas não encontrou nos beneditinos a mesma complacência que são Bento encontrara, ao chegar a Monte Cassino, da parte de são Martinho eremita, que lhe cedeu o lugar que era seu e retirou-se no Monte Mársico, perto da Carníola; ao contrário, o beneditino Ambrósio Cajetan, numa polpuda obra feita expressamente, pretendeu reivindicar os jesuítas para a ordem de são Bento.

A lassidão que sempre reinou no mundo, mesmo no clero, já levara são Basílio a imaginar, no século IV, reunir numa regra os solitários que se haviam dispersado pelos desertos para seguir a lei; mas, como veremos no verbete Coleta, os regulares nem sempre foram assim: quanto ao

---

8. Mézerai, t. I, p. 331. (N. de Voltaire)

clero secular, vejamos como são Cipriano falava dele no século III[9]. Vários bispos, em vez de exortar os outros e de lhes dar o exemplo, negligenciando os assuntos de Deus, cuidavam de assuntos temporais, largavam o púlpito, abandonavam seu povo e passeavam por outras províncias para frequentar as feiras e enriquecer-se com o comércio. Não socorriam os irmãos que morriam de fome; queriam ter dinheiro em abundância, usurpar terras por meio de artifícios e extrair grandes lucros das usuras.

Carlos Magno, num escrito no qual redige aquilo que queria propor ao parlamento de 811, assim se expressa[10]: "Queremos conhecer os deveres dos eclesiásticos, para só lhes pedirmos aquilo que lhes é permitido, e para que eles só nos peçam o que devemos conceder. Pedimos que eles nos expliquem com clareza o que chamam de deixar o mundo, e de que modo podem ser distinguidos aqueles que o deixam daqueles que permanecem: se é apenas pelo fato de não portarem armas e de não serem publicamente casados; se deixou o mundo aquele que não cessa todos os dias de aumentar seus bens por todos os tipos de meios, prometendo o paraíso e ameaçando com o inferno, valendo-se do nome de Deus ou de algum santo para convencer os simples a despojar-se de seus bens e a deles privar seus herdeiros legítimos, que, assim, reduzidos à pobreza, passam a acreditar que é permitido cometer crimes, como o latrocínio e a pilhagem; se deixar o mundo é ceder à paixão de adquirir a ponto de corromper com dinheiro falsas testemunhas para obter os bens alheios, e procurar defensores e prebostes cruéis, interessados e sem temor a Deus."

Finalmente, pode-se julgar os costumes dos regulares por um sermão de 1493 em que o abade Trithemius diz a seus confrades: "Vós, senhores abades, que sois ignorantes e inimigos da ciência da salvação, que passais os dias inteiros nos prazeres impudicos, na embriaguez e no jogo, que sois tão apegados aos bens da terra, o que respondereis a Deus e a vosso fundador são Bento?"

O mesmo abade não deixa de afirmar que, de direito[11], um terço de todos os bens dos cristãos pertence à ordem de são Bento, e que, se ela não tem esses bens, foi por ter sido roubada. Ela é tão pobre agora – acrescenta – que só tem cem milhões em ouro como renda. Trithemius não diz a quem pertencem as outras duas partes, mas, como em seu tempo ele só contava quinze mil abadias de beneditinos, além dos pequenos conventos da mesma ordem, e como no século XVII já havia trinta e sete mil delas, está claro, pela regra de proporção, que aquela santa ordem deveria possuir hoje dois terços e meio dos bens da cristandade, não fossem os funestos progressos da heresia dos últimos séculos.

Para cúmulo da infelicidade, desde a concordata firmada em 1515 entre Leão X e Francisco I, uma vez que o rei da França nomeia para quase todas as abadias de seu reino, o maior número delas foi dado na forma de comenda a seculares tonsurados. Esse uso, pouco conhecido na Inglaterra, levou D. F. Gregory a dizer com humor, em 1694, achando que o abade Gallois era um beneditino[12]: "O bom pai acha que voltamos àqueles tempos lendários em que um monge podia dizer o que bem entendesse."

Segunda seção

Quem foge do mundo é sábio; quem se consagra a Deus é digno de respeito. O tempo talvez tenha corrompido uma instituição tão santa.

No Egito, os terapeutas judeus foram sucedidos pelos monges, *idiotai, monoi*. *Idiota* então significava apenas *solitário*: logo criaram um corpo, o que é o contrário de solitário, mas não é

---

9. *De lapsis*. (N. de Voltaire)
10. *Capit. interrog.*, p. 478, t. VII; *Conc.*, p. 1.184. (N. de Voltaire)
11. Fra-Paolo, *Traité des bénéfices*, p. 31. (N. de Voltaire)
12. *Transactions philosophiques*. (N. de Voltaire)

idiota na acepção comum desse termo. Cada sociedade de monges elegeu seu superior, pois tudo era feito por maioria de votos nos primeiros tempos da Igreja. Procurava-se voltar à liberdade primitiva da natureza humana, escapando por devoção ao tumulto e à escravidão inseparáveis dos grandes impérios. Cada sociedade de monges escolheu seu pai, seu *abba*, seu abade, embora se leia no Evangelho[13]: "Não chameis ninguém de pai."

Nem os abades nem os monges foram sacerdotes nos primeiros séculos. Iam aos bandos ouvir missa na aldeia mais próxima. Esses bandos tornaram-se consideráveis; chegou a haver mais de cinquenta mil monges no Egito, conforme se diz.

São Basílio, que começou monge e depois foi bispo de Cesareia, na Capadócia, criou um código para todos os monges no século IV. Essa regra de são Basílio foi adotada no oriente e no ocidente. Só se conheciam os monges de são Basílio; em todos os lugares, eles eram ricos; imiscuíam-se em todos os assuntos; contribuíram para as revoluções do império.

Só era conhecida praticamente essa ordem, quando, no século VI, são Bento estabeleceu um poder novo em Monte Cassino. Gregório, o Grande, afirma em seus diálogos[14] que Deus lhe deu um privilégio especial, graças ao qual todos os beneditinos que morriam em Monte Cassino seriam salvos. Por conseguinte, o papa Urbano II, numa bula de 1092, investiu o abade de Monte Cassino como dirigente de todos os mosteiros do mundo. Pascoal II deu-lhe o título de *abade dos abades*. Ele se intitula *patriarca da santa religião, chanceler colateral do reino da Sicília, conde e governador da Campânia, príncipe da paz* etc. etc. etc.

Todos esses títulos seriam poucos, se não fossem respaldados por riquezas imensas.

Não faz muito tempo, recebi uma carta de um de meus correspondentes da Alemanha; a carta começa com estas palavras: "Os abades príncipes de Kemptem, Elvangen, Eudertl, Murbach, Berglesgaden, Vissemburgo, Prum, Stablo e Corvey, bem como os outros abades que não são príncipes, usufruem, juntos, cerca de novecentos mil florins de rendas, que perfazem dois milhões e cinquenta mil libras de vossa França no dia de hoje. Daí concluo que Jesus Cristo não vivia à larga como eles."

Respondi-lhe: "Cavalheiro, deveis admitir que os franceses são mais devotos que os alemães na proporção de 4 16/41 por um; pois nossos únicos benefícios consistoriais dos monges, ou seja, aqueles que pagam anatas ao papa, montam a nove milhões de renda, a quarenta e nove libras e dez soldos o marco, arredondando; e nove milhões estão para dois milhões e cinquenta mil libras assim como um está para 4 16/41. Daí concluo que não são suficientemente ricos, e que precisariam ter dez vezes mais. Tenho a honra de ser etc."

Ele me respondeu com a seguinte cartinha: "Meu caro senhor, não vos entendo; assim como eu, deveis achar que nove milhões de vossa moeda são um pouco demais para aqueles que fazem voto de pobreza; e desejais que eles tenham noventa! Peço-vos a bondade de explicar-me esse enigma."

Tive a honra de responder-lhe imediatamente: "Meu caro senhor, era uma vez um jovem a quem propuseram casar-se com uma mulher de sessenta anos, que lhe daria todos os bens por testamento; ele respondeu que ela não era bastante velha." O alemão entendeu meu enigma.

É preciso saber que em 1575[15] foi proposto no conselho de Henrique III, rei da França, a promoção a comendas seculares de todas as abadias de monges, entregando-se as comendas aos funcionários da corte e do exército; mas, como ele depois foi excomungado e assassinado, esse projeto não logrou.

O conde de Argenson, ministro da guerra, quis em 1750 estabelecer pensões sobre os benefícios em favor dos cavaleiros da ordem militar de são Luís; nada era mais simples, justo e útil; não

---

13. Mateus, XXIII, 9. (N. de Voltaire)
14. Liv. II, cap. VIII. (N. de Voltaire)
15. Chopin, *De sacra Politia*, liv. VI. (N. de Voltaire)

teve êxito. No entanto, na época de Luís XIV, a princesa de Conti possuía a abadia de Saint-Denis. Antes de seu reinado, os seculares possuíam benefícios; o duque de Sully, huguenote, tinha uma abadia.

O pai de Hugo Capeto só era rico graças às suas abadias, e era chamado de Hugo, o abade. Davam-se abadias às rainhas como alfinetes. Ogine, mãe de Louis d'Outremer, abandonou o filho porque ele a privara da abadia de Sainte-Marie de Laon, para dá-la à sua mulher Gerberge. Há exemplos de tudo. Cada um tenta pôr usos, inovações, leis antigas revogadas, renovadas, mitigadas, títulos de propriedade verdadeiros ou supostos, o passado, o presente, o futuro a serviço de sua ganância pelos bens deste mundo; mas isso é sempre feito para a maior glória de Deus. Que se consulte o *Apocalipse* de Méliton do bispo de Belley.

ABECÊ ou ALFABETO (ABC ou Alphabet)

Se o sr. Dumarsais ainda estivesse vivo, nós lhe perguntaríamos o nome do alfabeto. Solicitamos aos eruditos que trabalham na *Enciclopédia* que nos digam por que o alfabeto não tem nome em nenhuma língua europeia. *Alfabeto* significa apenas *AB*, e *AB* não significa nada, ou no máximo indica dois sons, e esses dois sons não têm relação alguma um com o outro. *Beta* não é formado de *Alfa*; um é o primeiro, o outro é o segundo; e ninguém sabe por quê.

Ora, como se explica que não existam termos para exprimir a porta de todas as ciências? O conhecimento dos números, a arte de contar, não se chamam *um-dois*; e o rudimento da arte de expressar os pensamentos não é designado por nenhuma expressão própria na Europa.

O alfabeto é a primeira parte da gramática; quem domina a língua árabe, da qual não tenho a mínima noção, poderá informar se essa língua que, conforme dizem, tem oitenta palavras para significar cavalo, teria alguma para significar alfabeto.

Repito que não sei chinês mais do que árabe; no entanto, li num pequeno vocabulário chinês[16] que essa nação sempre adotou duas palavras para exprimir o catálogo, a lista de caracteres de sua língua: um é *ho-tu*, e a outra é *haipien*; não temos nem *ho-tu* nem *haipien* em nossas línguas ocidentais. Os gregos não foram mais espertos do que nós: diziam alfabeto. Sêneca, o filósofo, vale-se da frase grega para designar um velho como eu que faz perguntas sobre gramática; chama-o *Skedon analphabetos*. Ora, esse alfabeto foi recebido pelos gregos dos fenícios, nação chamada de *povo letrado* pelos próprios hebreus, quando estes foram estabelecer-se tão tarde perto deles.

É de se crer que os fenícios, ao comunicarem seus caracteres aos gregos, prestaram-lhes um grande serviço, porque os livraram do embaraço da escrita egíptica que Cécrope lhes trouxera do Egito: os fenícios, na qualidade de negociantes, facilitavam tudo; e os egípcios, na qualidade de intérpretes dos deuses, dificultavam tudo.

Imagino um mercador fenício, que aportara na Acaia, dizendo a um grego também mercador: "Meus caracteres não apenas são fáceis para escrever, traduzindo o pensamento e os sons da voz, como também exprimem nossas dívidas ativas e passivas. Meu *aleph*, que preferis pronunciar *alfa*, vale uma onça de prata; *beta* vale duas; *ro* vale cem; *sigma* vale duzentas. Eu vos devo duzentas onças: pago-vos um *ro* e fico devendo um *ro*: assim faremos depressa nossas contas."

Os mercadores provavelmente foram os responsáveis pelo estabelecimento da sociedade entre os homens, suprindo suas necessidades; e, para negociar, é preciso entender-se.

Os egípcios só comerciaram bem mais tarde; tinham horror ao mar: era o seu *Tífon*. Os tírios foram navegadores desde tempos imemoriais: interligaram os povos que a natureza separara e

---

16. Primeiro volume de *Histoire de la Chine*, de Duhalde. (N. de Voltaire)

repararam os males nos quais as revoluções deste globo haviam mergulhado grande parte do gênero humano. Os gregos, por sua vez, foram levar seu comércio e seu alfabeto cômodo para outros povos, que o modificaram um pouco, tal como os gregos haviam modificado o dos tírios. Quando seus mercadores, que a partir de então foram vistos como semideuses, foram estabelecer na Cólquida um comércio de pele, chamada *velino de ouro*, transmitiram suas letras aos povos daquela região, que as conservaram e alteraram. Não adotaram o alfabeto dos turcos aos quais estão submetidos, jugo do qual espero que se livrem, graças à imperatriz de Rússia.

É bem verossímil (não digo verdadeiro, Deus me livre!) que nem Tiro, nem o Egito, nem nenhum habitante asiático das proximidades do Mediterrâneo tenham transmitido seu alfabeto aos povos da Ásia oriental. Se os tírios ou mesmo os caldeus que habitavam às margens do Eufrates tivessem, por exemplo, transmitido seu método aos chineses, restariam alguns vestígios disso; eles teriam os sinais das vinte e duas, vinte e três ou vinte e quatro letras. Mas, ao contrário, têm sinais de todas as palavras que compõem sua língua; e, segundo dizem, têm oitenta mil sinais: esse método nada tem em comum com o de Tiro. É setenta e nove mil, novecentas e setenta e seis vezes mais erudito e complicado que o nosso. Some-se a essa prodigiosa diferença o fato de eles escreverem de cima para baixo, e de os tírios e os caldeus escreverem da direita para a esquerda; os gregos e nós, da esquerda para a direita.

Se examinarmos os caracteres tártaros, indianos, siameses e japoneses, não veremos a menor analogia com o alfabeto grego e fenício.

No entanto, todos esses povos, somando-se também os hotentotes e os cafres, pronunciam mais ou menos como nós as vogais e as consoantes, porque têm a faringe feita essencialmente do mesmo modo, assim como um camponês de Grisons tem a garganta feita como a da prima-dona da Ópera de Nápoles. A diferença que faz daquele campônio um barítono rude, desafinado e insuportável e daquela cantora um tiple de rouxinol é tão imperceptível, que nenhum anatomista pode percebê-la. É como o cérebro de um idiota, que se parece como duas gotas de água com o cérebro de um grande gênio.

Quando dissemos que os mercadores de Tiro ensinaram seu abecê aos gregos, não afirmamos que eles ensinaram os gregos a falar. Os atenienses provavelmente já se expressavam melhor que os povos da Baixa Síria: tinham uma garganta mais flexível; suas palavras eram um conjunto mais feliz de vogais, consoantes e ditongos. A linguagem dos povos da Fenícia, ao contrário, era rude e grosseira: eram *Shafiroth, Astaroth, Shabaoth, Chammaim, Chotihet, Thopheth*; temos aí o que bastaria para pôr em fuga nossa cantora da Ópera de Nápoles. Imaginemos os romanos de hoje, conservando o antigo alfabeto etrusco, recebendo mercadores holandeses que lhes trouxessem o alfabeto que utilizam atualmente. Todos os romanos fariam muito bem em adotar seus caracteres, mas se absteriam de falar a língua batava. Foi precisamente isso que o povo de Atenas fez com os marujos de Caftor, chegados de Tiro ou de Berith: os gregos adotaram seu alfabeto, mais útil do que o do *Misraim,* que é o Egito, e descartaram seu patoá.

Filosoficamente falando e abstraindo respeitosamente todas as conclusões que possam ser extraídas dos livros sagrados, do qual por certo não trataremos aqui, a língua primitiva não é uma quimera divertida?

Que diríeis de alguém que quisesse descobrir qual foi o grito primitivo de todos os animais, e de que modo, passada uma multidão de séculos, os carneiros começaram a balir, os gatos a miar, os pombos a arrulhar, os pintarroxos a chilrear? Todos eles se entendem perfeitamente bem em seus próprios idiomas, e muito melhor que nós. O gato não deixa de acorrer aos miados bem articulados e variados da gata; é maravilhoso ver em Mirebalais uma égua levantar as orelhas, dar coices no chão e ficar agitada ao ouvir os zurros inteligíveis de um asno. Cada espécie tem sua língua. A dos esquimós e dos algonquinos não foi a mesma do Peru. Não houve língua primitiva nem alfabeto primitivo, tanto quanto não houve carvalhos primitivos nem capim primitivo.

ABECÊ ou ALFABETO 11

Vários rabinos afirmam que a língua-mãe era o samaritano; outros garantiram que era o baixo-bretão: nessa incerteza, sem ofender os habitantes de Quimper e de Samaria, podemos não admitir nenhuma língua-mãe.

Não poderíamos, sem ofender ninguém, supor que o alfabeto começou com gritos e exclamações? As criancinhas dizem por si mesmas *ha he*, quando veem um objeto que as impressiona; *hi hi*, quando choram; *hu hu*, quando zombam; *ai*, quando alguém lhes bate; e não devemos bater-lhes.

A exemplo dos dois meninos que o rei do Egito, Psamético (que não é palavra egípcia), mandou criar para saber qual era a língua primitiva, é quase impossível que elas comecem a gritar *boca boca* para ganhar comida.

Não há grande distância entre as exclamações formadas por vogais, que são tão naturais para as crianças quanto o coaxar para as rãs, e a formação de um alfabeto completo. Toda mãe deve dizer ao filho equivalentes de *vem, olha, toma, cala-te, aproxima-te, vai embora*: essas palavras não são representativas de nada, nada descrevem, mas se fazem entender com um gesto.

Desses rudimentos informes, há um caminho imenso para chegar à sintaxe. Fico assombrado quando penso que, apenas com a palavra *vem*, um dia se deveria chegar a dizer: "Eu teria vindo, mamãe, com muito prazer, e teria obedecido às vossas ordens, que sempre me serão caras, caso, ao acorrer a vosso pedido, eu não tivesse caído sentado e um espinho de vosso jardim não tivesse penetrado em minha perna esquerda."

À minha imaginação assombrada afigura-se terem sido necessários muitos séculos para ajustar essa frase e muitos outros séculos para reproduzi-la. Caberia aqui dizer, ou tentar dizer, como se exprimem e se pronunciam em todas as línguas do mundo *pai, mãe, dia, noite, terra, água, beber, comer* etc.; mas é preciso evitar o ridículo na medida do possível.

Os caracteres alfabéticos, que representavam simultaneamente nome e número das coisas, datas de acontecimentos e ideias, logo se tornaram misteriosos para aqueles mesmos que haviam inventado esses signos. Caldeus, sírios e egípcios atribuíram algo de divino à combinação das letras e à maneira de pronunciá-las. Acreditaram que os substantivos tinham significados por si mesmos e que encerravam uma força e uma virtude secreta. Chegavam ao ponto de afirmar que o substantivo que significava *poder* era poderoso por sua própria natureza, que aquele que significava *anjo* era angelical; que aquele que dava a ideia de Deus era divino. Essa ciência dos caracteres entrou necessariamente para a magia: não há operação mágica sem as letras do alfabeto.

Essa porta de todas as ciências passou a ser a porta de todos os erros; os magos de todas as nações a utilizaram para entrar no labirinto que haviam construído, onde os outros homens não tinham permissão para entrar. A maneira de pronunciar consoantes e vogais tornou-se o mais profundo dos mistérios, frequentemente o mais terrível. Houve uma maneira de pronunciar Jeová, nome de Deus entre os sírios e os egípcios, que fazia um homem cair morto na hora.

São Clemente de Alexandria conta[17] que Moisés fez o rei do Egito Nekefr cair morto imediatamente, ao lhe sussurrar esse nome ao ouvido; e que, em seguida, o ressuscitou pronunciando a mesma palavra. São Clemente de Alexandria é minucioso, ele cita seu autor: é o erudito Artapan; quem poderia negar o testemunho de Artapan?

Nada retardou mais o progresso do espírito humano do que essa profunda ciência do erro, nascida entre os asiáticos com a origem das verdades. O universo foi embrutecido pela própria arte que deveria esclarecê-lo.

Encontra-se um grande exemplo disso em Orígenes, Clemente de Alexandria, Tertuliano etc. Orígenes, sobretudo, diz expressamente[18]: "Se, invocando Deus ou jurando em seu nome, ele for chamado de Deus de Abraão, Isaque e Jacó, com esses nomes se farão coisas com tal natureza e

---

17. *Stromata* ou *Seleções*, liv. I. (N. de Voltaire)
18. *Orígenes contra Celso*, nº 202. (N. de Voltaire)

força, que os demônios se submeterão àqueles que os pronunciarem; mas, se for chamado por outro nome, tal como *Deus do mar estrondoso*, *Deus suplantador*, esses nomes não terão virtude: o nome *Israel* traduzido para o grego nada conseguirá operar; mas quem o pronunciar em hebraico com as outras palavras necessárias realizará um esconjuro."

O mesmo Orígenes diz estas palavras notáveis: "Existem nomes que naturalmente têm virtude: tais nomes são os utilizados pelos sábios egípcios, pelos magos da Pérsia, pelos brâmanes da Índia. Aquilo que se chama *magia* não é uma arte vã e quimérica, como afirmam os estoicos e os epicuristas: os nomes *Sabaoth* e *Adonai* não foram feitos para seres criados, mas pertencem a uma teologia misteriosa que remete ao Criador; dela provém a virtude desses nomes, quando dispostos e pronunciados de acordo com as regras etc."

Pronunciando-se letras segundo o método mágico, obrigava-se a Lua a descer na Terra. Virgílio deve ser perdoado por ter acreditado nessas inépcias e por ter falado seriamente nelas em sua oitava égloga (verso 69):

Carmina vel cœlo possunt deducere lunam.
[Com palavras se faz a Lua descer na Terra.]

Enfim, o alfabeto foi a origem de todos os conhecimentos do homem e de todas as suas tolices.

ABELHAS (Abeilles)

As abelhas podem parecer superiores à raça humana, porque de sua substância produzem uma substância útil, enquanto de todas as nossas secreções não há uma só que seja boa para algo, e não há uma só que não torne o gênero humano desagradável.

O que me encantou nos enxames que saem da colmeia é que eles são muito mais dóceis que nossas crianças ao saírem do colégio. As jovens abelhas então não picam ninguém, ou só o fazem raramente e em casos extraordinários. Deixam-se apanhar, e podemos devolvê-las tranquilamente, com a mão desprotegida, à colmeia que lhes é destinada; mas, assim que na nova casa aprendem a conhecer seus interesses, tornam-se semelhantes a nós, fazem guerra. Vi abelhas muito tranquilas sair durante seis meses para trabalhar num prado vizinho coberto de flores que lhes convinham. Alguém foi capinar o prado, elas saíram furiosas da colmeia, precipitaram-se sobre o capinador que lhes roubava os bens e o puseram em fuga.

Não sei quem disse primeiro que as abelhas têm um rei. Provavelmente não foi a um republicano que essa ideia acudiu. Não sei quem lhes deu depois uma rainha em lugar do rei, nem quem foi o primeiro que supôs que essa rainha era uma *Messalina*, que tinha um serralho prodigioso, que passava a vida a fazer amor e partos, que punha e acomodava cerca de quarenta mil ovos por ano. Foram mais longe e afirmaram que ela punha três espécies diferentes, rainhas, escravos chamados *zangões* e empregadas chamadas *operárias*; o que não está muito de acordo com as leis costumeiras da natureza.

Acreditou-se que um físico, aliás grande observador, inventou, há alguns anos, a máquina de assar frangos, já inventada há cerca de quatro mil anos pelos egípcios, não considerando a extrema diferença entre nosso clima e o do Egito; dizem também que esse físico inventou, além disso, o reino das abelhas com uma rainha, mãe de três espécies.

Vários naturalistas haviam repetido essas invenções; apareceu um homem que, possuindo seiscentas colmeias, achou que examinava melhor sua propriedade do que aqueles que, não tendo abelhas, copiaram volumes sobre essa república industriosa que não conhecemos muito melhor do que a das formigas. Esse homem é o sr. Simon, que não se gaba de nada, escreve de maneira bem simples, mas que, como eu, colhe mel e cera. Tem olhos melhores que eu, sabe mais do que o sr. prior de Jonval e do que o sr. conde do *Spectacle de la Nature* [Espetáculo da natureza]; ele examinou suas abelhas durante vinte anos; garante que zombaram de nós, e que não há uma só palavra verdadeira em tudo o que foi repetido em tantos livros.

Afirma que, de fato, há em cada colmeia uma espécie de rei e de rainha que perpetuam essa raça real e governam suas obras; ele os viu, desenhou-os, e compara a pretensa abelha rainha com seu serralho às *Mil e uma noites* e à história da rainha de Axum.

Há também a raça dos zangões, que não tem relação alguma com a primeira, e por fim a grande família das abelhas operárias, que são machos e fêmeas e formam o corpo da república. As abelhas fêmeas depositam seus ovos nas células que construíram.

De que modo a rainha sozinha poderia pôr e acomodar quarenta ou cinquenta mil ovos, um após o outro? O sistema mais simples quase sempre é o verdadeiro. No entanto, procurei várias vezes esse rei e essa rainha, e nunca tive a felicidade de vê-los. Alguns observadores garantiram-me que viram a rainha cercada de sua corte; um deles a carregou, com suas seguidoras, sobre o braço nu. Não fiz essa experiência, mas carreguei na mão as abelhas de um enxame que saía da colmeia-mãe, sem que elas me picassem. Há gente que não acredita na reputação de que as abelhas são malvadas, e carregam enxames inteiros sobre o peito e o rosto.

Virgílio só cantou sobre as abelhas os erros de seu tempo. Bem podia ser que esse rei e essa rainha não passassem de uma ou duas abelhas a voarem por acaso à frente das outras. É claro que, quando vão sugar as flores, deve haver algumas mais diligentes; mas que haja uma verdadeira realeza, uma corte, uma administração, é coisa que me parece mais do que duvidosa.

Várias espécies de animais se agrupam e convivem. Houve quem comparasse carneiros e touros a reis, porque muitas vezes um desses animais caminha à frente: essa preeminência impressionou os olhos. Esqueceram-se de que, frequentemente também, o carneiro e os touros caminham atrás.

Se existe alguma aparência de realeza e corte, é no galo; ele chama suas galinhas, deixa cair, para elas, o grão que tem no bico; ele as defende e as conduz; não suporta que outro rei compartilhe seu pequeno Estado; nunca se afasta de seu serralho. Essa é uma imagem da verdadeira realeza, mais evidente num galinheiro do que na colmeia.

Lê-se nos Provérbios atribuídos a Salomão "que há quatro coisas que são as menores da terra e são mais sábias que os sábios: as formigas, pequeno povo que prepara seu alimento durante a colheita; as lebres, povo fraco que dorme sobre pedras; os gafanhotos, que, não tendo rei, viajam em bandos; os lagartos, que trabalham com as próprias mãos e moram nos palácios dos reis." Ignoro por que Salomão esqueceu as abelhas, que parecem ter um instinto bem superior ao das lebres, que não dormem sobre pedras, a menos que se trate da região pedregosa da Palestina, e ao dos lagartos, cujo gênio ignoro. Além do mais, sempre vou preferir uma abelha a um gafanhoto.

Alguém nos escreve que uma sociedade de físicos práticos, na Lusácia[19], acaba de fazer alguns ovos de abelhas eclodir numa colmeia, para onde foram transportados quando estavam em forma de larvas. Eles crescem, desenvolvem-se nesse novo berço, que se torna sua pátria; de lá só saem para ir sugar flores: não há temor de perdê-los, como frequentemente se perdem enxames quando expulsos da colmeia-mãe. Se esse método puder vir a ser executado com facilidade, será muito útil: mas, no trato dos animais domésticos, assim como na cultura dos frutos, há mil invenções mais engenhosas do que proveitosas. Todo método deve ser fácil para ser de uso comum.

Em todos os tempos as abelhas propiciaram descrições, comparações, alegorias e fábulas à poesia. A famosa fábula das abelhas de Mandeville fez grande furor na Inglaterra; aqui está um pequeno resumo:

---

19. Em alemão, Lausitz. (N. da T.)

ABELHAS

Les abeilles autrefois
Parurent bien gouvernées;
Et leurs travaux et leurs rois
Les rendirent fortunées.
Quelques avides bourdons
Dans les ruches se glissèrent:
Ces bourdons ne travaillèrent,
Mais ils firent des sermons.
Ils dirent dans leur langage:
"Nous vous promettons le ciel;
Accordez-nous en partage
Votre cire et votre miel."
Les abeilles qui les crurent
Sentirent bientôt la faim;
Les plus sottes en moururent.
Le roi d'un nouvel essaim
Les secourut à la fin.
Tous les esprits s'éclairèrent;
Ils sont tous désabusés:
Les bourdons sont écrasés,
Et les abeilles prospèrent.
[*As abelhas outrora*
Pareciam bem governadas;
Seus trabalhos e seus reis
As tornaram afortunadas.
Alguns ávidos zangões
Nas colmeias se infiltraram:
Tais zangões não trabalharam,
Mas só fizeram sermões.
Disseram em sua língua:
"Prometemos-vos o céu;
Dai-nos por compensação
Vossa cera e vosso mel."
As abelhas, que acreditaram,
Logo passaram fome;
As mais tolas até morreram.
O rei de um novo enxame
Socorreu-as no fim.
As mentes se esclareceram;
Perderam-se as ilusões:
Estão mortos os zangões,
E as abelhas prosperam.]

Mandeville vai bem mais longe; afirma que as abelhas não podem viver à vontade numa colmeia grande e poderosa, sem muitos vícios. Nenhum reino e nenhum Estado – diz ele – podem prosperar sem vícios. Retirai a vaidade das grandes damas, e já não haverá belas manufaturas de seda, operários e operárias de mil tipos; grande parte da nação será reduzida à mendicidade. Retirai a avareza dos negociantes, e as frotas inglesas serão aniquiladas. Despojai os artistas da inveja, e a emulação cessará; voltaremos à ignorância e à grosseria.

Ele chega até a dizer que mesmo os crimes são úteis, porque servem para que se crie uma boa legislação. Um salteador de estrada dá muito dinheiro àquele que o denuncia, àqueles que o prendem, ao carcereiro que o guarda, ao juiz que o condena, ao carrasco que o executa. Por fim, se não houvesse ladrões, os serralheiros morreriam de fome.

É bem verdade que a sociedade bem governada tira proveito de todos os vícios; mas não é verdade que esses vícios são necessários à felicidade do mundo. Fazem-se ótimos remédios com venenos, mas não são os venenos que nos fazem viver. Reduzida assim a seu justo valor, a fábula das abelhas poderia vir a ser uma obra de moral útil.

ABRAÃO (Abraham)

Primeira seção

Não devemos dizer nada sobre o que é divino em Abraão, pois a Escritura já disse tudo. Devemos tocar com mão respeitosa mesmo aquilo que se refere ao profano, à geografia, à ordem dos tempos, dos costumes e dos usos: pois, como tais usos e costumes estão ligados à história sagrada, são riachos que parecem conservar algo da divindade de sua fonte.

Abraão, embora tenha nascido às margens do Eufrates, configura uma grande época para os ocidentais, mas não para os orientais, apesar de, entre estes, ser tão respeitado quanto entre nós. Os maometanos só têm cronologia segura a partir de sua hégira.

A ciência dos tempos, absolutamente perdida nos lugares onde ocorreram os grandes acontecimentos, chegou finalmente aos nossos climas, onde tais fatos eram ignorados. Discutimos sobre todas as coisas que ocorreram às margens do Eufrates, do Jordão e do Nilo; e aqueles que hoje são senhores do Nilo, do Jordão e do Eufrates usufruem sem discutir.

Em se tratando da grande época de Abraão, diferimos em sessenta anos sobre seu nascimento. Vejamos as contas segundo os registros.

"Tera[20] viveu setenta anos e gerou Abraão, Naor e Arã.

"E Tera[21], depois de viver duzentos e cinco anos, morreu em Harã.

"O Senhor disse a Abraão[22]: 'Sai de tua terra, de tua parentela e da casa de teu pai, para a terra que te mostrarei. E far-te-ei uma grande nação.'"

Para começar, parece evidente, pelo texto, que, se Tera teve Abraão com setenta anos e morreu com duzentos e cinco anos, e se Abraão saiu da Caldeia imediatamente após a morte do pai, sua idade era exatamente cento e trinta e cinco anos ao sair de sua terra. É mais ou menos o que pensa santo Estêvão[23] em seu discurso aos judeus; mas o Gênese também diz:

"Abraão[24] tinha setenta e cinco anos quando saiu de Harã."

Esse é o tema da principal disputa sobre a idade de Abraão, pois existem muitas outras. Como Abraão tinha, ao mesmo tempo, a idade de cento e trinta e cinco anos e de apenas setenta e cinco? São Jerônimo e santo Agostinho dizem que essa dificuldade é inexplicável. Dom Calmet, que confessa que esses dois santos não puderam resolver tal problema, acredita deslindar facilmente o nó dizendo que Abraão era o filho mais novo de Tera, embora o Gênese diga que ele é o primeiro, portanto, o mais velho.

---

20. Gênese, cap. XI, v. 26. (N. de Voltaire)
21. *Ibid.*, cap. XI, v. 32. (N. de Voltaire)
22. *Ibid.*, cap. XII, v. 1. (N. de Voltaire)
23. Atos dos apóstolos, cap. VII. (N. de Voltaire)
24. Gênese, cap. XII, v. 4. (N. de Voltaire)

O Gênese diz que Abraão nasceu quando o pai tinha setenta anos; e Calmet, que tinha cento e trinta. Tal conciliação foi novo tema de discussões.

Na incerteza em que nos deixam o texto e o comentário, a melhor solução é adorar sem discussão.

Não existe época naqueles tempos antigos que não tenha produzido uma multidão de opiniões diferentes. Segundo Moréri, tínhamos setenta sistemas cronológicos sobre a história ditada por Deus. A partir de Moréri surgiram cinco novas maneiras de conciliar os textos da Escritura: assim, temos tantas disputas sobre Abraão quantos são os anos que lhe são atribuídos no texto para a saída de Harã. E desses setenta e cinco sistemas, não existe nenhum que informe ao certo o que é essa cidade ou aldeia de Harã, nem em que lugar ficava. Que fio nos conduzirá nesse labirinto de controvérsias desde o primeiro versículo até o último? A resignação.

O Espírito Santo não quis ensinar cronologia, física nem lógica; quis fazer de nós homens tementes a Deus. Se nada podemos entender, só podemos ser submissos.

Também é difícil explicar como Sara, mulher de Abraão, era sua irmã. Abraão diz categoricamente ao rei de Gerar, Abimeleque, que havia raptado Sara devido à sua grande beleza aos noventa anos e grávida de Isaque: "Ela é realmente minha irmã, já que é filha de meu pai, mas não de minha mãe; e fiz dela minha mulher[25]."

O Antigo Testamento não diz como Sara era irmã do marido. Dom Calmet, dotado de discernimento e sagacidade notória, diz que ela podia ser sua sobrinha.

Nesse caso, provavelmente não se tratava de incesto entre os caldeus, nem entre os persas, seus vizinhos. Os costumes mudam segundo os tempos e os lugares. Pode-se supor que Abraão, filho do idólatra Tera, ainda fosse idólatra quando se casou com Sara, fosse ela sua irmã ou sua sobrinha.

Vários Padres da Igreja desculpam menos Abraão por ter dito a Sara no Egito[26]: "Quando os egípcios te virem, matar-me-ão e te guardarão em vida. Dize, peço-te, que és minha irmã, para que me vá bem por tua causa." Ela tinha então apenas sessenta e cinco anos. Assim, como vinte e cinco anos depois ela teve por amante o rei de Gerar, com vinte e cinco anos a menos podia inspirar alguma paixão no faraó do Egito. De fato, aquele faraó a raptou, assim como ela foi depois raptada por Abimeleque, rei de Gerar, no deserto.

Abraão recebera de presente, na corte do faraó, "muitos bois[27], ovelhas, vacas, jumentos, camelos, cavalos, servos e servas". Esses presentes, que são consideráveis, provam que os faraós já eram grandes reis. A região do Egito, portanto, já era muito povoada. Mas, para torná-la habitável, para construir cidades, eram necessárias obras imensas, desviar para muitos canais as águas do Nilo que inundavam o Egito todos os anos, durante quatro ou cinco meses, ficando depois estagnada sobre o solo; fora preciso erigir essas cidades vinte pés pelo menos acima dos canais. Obras tão consideráveis pareciam demandar milhares de séculos.

Há praticamente apenas quatrocentos anos entre o dilúvio e o tempo em que situamos a viagem de Abraão ao Egito. Os egípcios deviam ser bem engenhosos e incansáveis no trabalho, para em tão pouco tempo terem inventado as artes e todas as ciências, dominado o Nilo e modificado toda a face da região. Provavelmente até já estivessem construídas várias grandes pirâmides, pois, um pouco mais tarde, se vê que a arte de embalsamar os mortos estava aperfeiçoada, e as pirâmides nada mais eram que os túmulos nos quais se depositavam os corpos dos príncipes com as mais augustas cerimônias.

A opinião sobre essa grande antiguidade das pirâmides é verossímil, visto que trezentos anos antes, ou seja, cem anos depois da época hebraica do dilúvio de Noé, os asiáticos haviam cons-

---

25. Gênese, XX. 12. (N. de Voltaire)
26. *Id*., XII, 12-13. (N. de Voltaire)
27. *Id*., XII, 16. (N. de Voltaire)

truído, nas planícies de Sinar, uma torre que deveria chegar aos céus. São Jerônimo, em seu comentário sobre Isaías, diz que essa torre já tinha quatro mil passos de altura quando Deus desceu para destruir a obra.

Suponhamos que esses passos sejam apenas de dois pés e meio: isso faz mil pés; por conseguinte, a torre de Babel era vinte vezes mais alta que as pirâmides do Egito, com apenas cerca de quinhentos pés. Ora, que prodigiosa quantidade de ferramentas teria sido necessária para erguer tal edifício! Todas as artes deviam ter concorrido para tanto. Os comentadores concluem que os homens daquele tempo eram incomparavelmente maiores, mais fortes e mais industriosos do que os de nossas nações modernas.

É isso o que se pode observar a respeito de Abraão no que se refere às artes e às ciências.

Em relação à sua pessoa, é verossímil que tenha sido um homem considerável. Era reivindicado por persas e caldeus. A antiga religião dos magos chamava-se, desde tempos imemoriais, *Kish-Ibrahim*, *Milat-Ibrahim*: todos convêm que a palavra *Ibrahim* é exatamente Abraão; pois nada era mais comum entre os asiáticos, que raramente escreviam as vogais, do que trocar *i* por *a* e *a* por *i* na pronúncia.

Chegou-se a afirmar que Abraão era o Brama dos indianos, cuja noção chegara até os povos do Eufrates, que comerciavam desde tempos imemoriais na Índia.

Os árabes o viam como o fundador de Meca. Maomé, no seu Alcorão, sempre vê nele o mais respeitável de seus predecessores. Vejamos como fala dele na terceira sura, ou capítulo: "Abraão não era judeu nem cristão; era um muçulmano ortodoxo; não era do número daqueles que dão companheiros a Deus."

A temeridade do espírito humano chegou ao extremo de imaginar que os judeus só se disseram descendentes de Abraão em tempos bem posteriores, quando tiveram, finalmente, domicílio fixo na Palestina. Eram estrangeiros, odiados e desprezados pelos vizinhos. Segundo se diz, quiseram dar-se alguma importância, fazendo-se passar por descendentes de Abraão, reverenciado em grande parte da Ásia. A fé que devemos ter nos livros sagrados dos judeus dirime todas essas dificuldades.

Alguns críticos não menos atrevidos fazem outras objeções sobre o contato imediato que Abraão teve com Deus, sobre seus combates e suas vitórias.

O Senhor lhe apareceu depois que ele saiu do Egito e lhe disse: "Levanta agora teus olhos para as bandas do norte e do oriente e do sul e do ocidente; toda essa terra que vês eu te darei a ti e à tua semente para sempre, até o fim dos séculos, *in sempiternum*, para todo o sempre."[28]

O Senhor, num segundo juramento, prometeu-lhe "tudo o que vai do Nilo ao Eufrates."[29]

Esses críticos perguntam como Deus pôde prometer aquele território imenso que os judeus nunca possuíram, e como Deus pôde lhes dar *para todo o sempre* a pequena parte da Palestina de onde foram expulsos há tanto tempo.

O Senhor acrescenta ainda a essas promessas que a descendência de Abraão será tão numerosa quanto a poeira do chão. "Se alguém puder contar o pó da terra, também a tua semente será contada."[30]

Nossos críticos insistem e dizem que não há hoje na superfície da terra quatrocentos mil judeus, ainda que estes sempre tenham visto o casamento como um dever sagrado, e seu maior objetivo tenha sido o povoamento.

Responde-se a essas dificuldades que a Igreja, substituta da sinagoga, é a verdadeira raça de Abraão, e que, de fato, ela é muito numerosa.

---

28. Gênese, cap. XIII, v. 14 e 15. (N. de Voltaire)
29. *Ibid.*, cap. XV, v. 18. (N. de Voltaire)
30. *Ibid.*, cap. XIII, v. 16. (N. de Voltaire)

É verdade que ela não possui a Palestina, mas pode vir a possuí-la um dia, tal como a conquistou já no tempo do papa Urbano II, na primeira cruzada. Em suma, quando olhamos o Antigo Testamento com os olhos da fé, tal como uma figura do Novo, tudo está ou será realizado, e a fraca razão deve calar-se.

Ainda se opõem objeções quanto à vitória de Abraão perto de Sodoma; dizem não ser concebível que um estrangeiro, que ia levar seu gado pastar nas cercanias de Sodoma, tenha vencido, com trezentos e dezoito guardadores de bois e carneiros, "um rei de Pérsia, um rei de Ponto, o rei de Babilônia, o rei das nações"; e que os tenha perseguido até Damasco, que fica a mais de cem milhas de Sodoma.

No entanto, tal vitória não é impossível; veem-se exemplos disso nos tempos heroicos; o braço de Deus não era curto. Vede Gedeão, que, com trezentos homens armados de trezentas bilhas e trezentos candeeiros, desbarata um exército inteiro. Vede Sansão, que, sozinho, mata mil filisteus a golpes de queixada de asno.

As histórias profanas também fornecem exemplos semelhantes. Trezentos espartanos detiveram por um momento o exército de Xerxes no desfiladeiro de Termópilas. É verdade que, com exceção de um único, que fugiu, todos foram mortos, com seu rei Leônidas, e Xerxes teve a covardia de enforcá-lo, em vez de lhe erigir a estátua merecida. É também verdade que aqueles trezentos lacedemônios, que guardavam uma passagem escarpada que dois homens mal podiam escalar ao mesmo tempo, eram cobertos por um exército de dez mil gregos distribuídos em postos vantajosos, no meio dos rochedos de Ossa e de Pélion; também cabe notar que havia quatro mil deles nas próprias cercanias das Termópilas.

Esses quatro mil pereceram depois de longos combates. Pode-se dizer que, estando num lugar menos inexpugnável que o dos trezentos espartanos, conquistaram ainda maior glória, ao se defenderem mais a descoberto do exército persa, que os estraçalhou. Por isso, no monumento erigido depois, no campo de batalha, fez-se menção a essas quatro mil vítimas; e hoje só se fala dos trezentos.

Ação ainda mais memorável e bem menos celebrada é a de cinquenta suíços que em Morgarten desbarataram todo o exército do arquiduque Leopoldo da Áustria, composto de vinte mil homens. Sozinhos, desmontaram toda a cavalaria a pedradas lançadas do alto de um rochedo e deram tempo para que mil e quatrocentos helvécios chegassem de três pequenos cantões e concluíssem a derrota do exército.

Essa batalha de Morgarten é mais bonita que a das Termópilas, porque é mais bonito vencer que ser vencido. Os gregos eram dez mil bem armados, sendo impossível enfrentar cem mil persas numa região montanhosa. É mais que provável que somente uns trinta mil persas combateram, mas, neste caso, mil e quatrocentos suíços desbaratam um exército de vinte mil homens. A desproporção numérica aumenta ainda mais a proporção da glória... Aonde nos levou Abraão!

Essas digressões divertem quem as faz e às vezes quem as lê. Todos, aliás, se admiram quando veem grandes batalhões derrotados por pequenos.

Segunda seção

Abraão é um nome célebre na Ásia Menor e na Arábia, tal como Tot para os egípcios, o primeiro Zoroastro na Pérsia, Hércules na Grécia, Orfeu na Trácia, Odin para as nações nórdicas e tantos outros mais conhecidos não só pela celebridade quanto pela veracidade histórica. Falo aqui apenas da história profana, pois, no que diz respeito à dos judeus, nossos mestres e inimigos, aos quais devotamos crença e ódio, como sua história foi claramente escrita pelo Espírito Santo, votamos-lhe os sentimentos que devemos. Aqui só nos referimos aos árabes; eles se gabam de descender de Abraão por via de Ismael; acreditam que esse patriarca construiu Meca e que morreu nessa cidade. O fato é que a raça de Ismael foi infinitamente mais favorecida por Deus do que a de Jacó. Ambas, na verdade, produziram ladrões; mas os ladrões árabes foram prodigiosamente superiores aos ladrões judeus. Os descendentes de Jacó só conquistaram um território pequeníssimo, que perderam; e os descendentes de Ismael conquistaram uma parte da Ásia, da Europa e da África; estabeleceram um império mais vasto do que o dos romanos e expulsaram os judeus de suas cavernas, que eles chamavam de terra da promissão.

A julgarmos as coisas apenas pelos exemplos de nossa história moderna, seria muito difícil que Abraão tivesse sido pai de duas nações tão diferentes; consta que ele nasceu na Caldeia e que era filho de um oleiro pobre, que ganhava a vida a fazer pequenos ídolos de barro. É pouco verossímil que o filho daquele oleiro tenha ido fundar Meca, a quatrocentas léguas dali, no trópico, atravessando desertos impraticáveis. Se tivesse sido um conquistador, teria ido provavelmente para a bela região da Assíria; se não tiver passado de um pobretão, tal como é retratado, não terá fundado reinos fora de sua terra.

O Gênese relata que ele tinha setenta e cinco anos quando saiu da região de Harã depois da morte do pai, Tera, o oleiro; mas o mesmo Gênese diz também que, tendo gerado Abraão com setenta anos, esse Tera viveu até duzentos e cinco anos, e depois Abraão saiu de Harã; isso parece querer dizer que a partida ocorreu depois da morte do pai.

Ou o autor não sabe expor bem a sua narrativa, ou então está claro, pelo próprio Gênese, que Abraão tinha cento e trinta e cinco anos quando saiu da Mesopotâmia. Foi de uma região chamada idólatra para outra também idólatra, chamada Siquém, na Palestina. Por que foi lá? Por que deixou as margens férteis do Eufrates por uma região tão distante, estéril e pedregosa como a de Siquém? A língua caldeia devia ser bem diferente da de Siquém, e este não era um lugar de comércio: Siquém dista mais de cem léguas da Caldeia; é preciso atravessar desertos para atingi-la, mas Deus queria que ele fizesse essa viagem, queria mostrar-lhe a terra que seus descendentes deveriam ocupar vários séculos depois dele. Ao espírito humano custa entender as razões de tal viagem.

Assim que chega à pequena região montanhosa de Siquém, a fome o expulsa. Vai para o Egito com a mulher, à procura de sustento. Há duzentas léguas entre Siquém e Mênfis; será natural ir pedir trigo tão longe, em terras cuja língua não se entende? Estranhas viagens essas, feitas por alguém que tem quase cento e quarenta anos.

Leva para Mênfis a mulher Sara, extremamente jovem, quase criança em comparação com ele, pois ela tinha apenas sessenta e cinco anos. Como era muito bonita, ele resolveu tirar proveito de sua beleza. Diz a ela: "Finge que és minha irmã, para que me façam o bem por tua causa." Deveria ter-lhe dito: "Finge que és minha filha." O rei se apaixonou pela jovem Sara e deu ao seu pretenso irmão grande número de ovelhas, bois, jumentos, jumentas, camelos, servos e servas: isso prova que o Egito, já então, era um reino muito poderoso, avançado e, por conseguinte, muito antigo; prova também que se recompensavam regiamente os irmãos que iam oferecer irmãs aos reis de Mênfis.

A jovem Sara tinha noventa anos quando Deus lhe prometeu que Abraão, que tinha então cento e sessenta, lhe daria um filho no ano vindouro.

Abraão, que gostava de viajar, foi para o horrível deserto de Cades com a mulher grávida, sempre jovem e bonita. Um rei daquele deserto não deixou de se apaixonar por Sara, tal como ocorrera com o rei do Egito. O pai dos crentes pregou a mesma mentira que usara no Egito: apresentou a mulher como irmã, e desse negócio também obteve ovelhas, bois, servos e servas. Pode-se dizer que esse Abraão ficou riquíssimo graças à mulher. Os comentadores escreveram vários volumes prodigiosos para justificar a conduta de Abraão e conciliar a cronologia. Portanto, cabe remeter o leitor a esses comentários. Eles são compostos de espíritos sutis e delicados, excelentes metafísicos, gente sem preconceitos e de modo algum pedante.

De resto, o nome *Bram*, *Abram*, era famoso na Índia e na Pérsia; vários doutos afirmam até que era o mesmo legislador que os gregos chamavam de Zoroastro. Outros dizem que era o Brama dos indianos, o que não está demonstrado.

Mas o que parece muito razoável a vários estudiosos é que Abraão era caldeu ou persa: os judeus, com o passar do tempo, gabaram-se de ser descendentes dele, tal como os francos descendem de Heitor, e os bretões, de Tubal. É indubitável que a nação judaica era uma horda bem moderna; que só muito tarde se estabeleceu nas proximidades da Fenícia; que estava cercada de povos antigos; que adotou a língua destes; que tomou deles até o nome de Israel, que é caldeu, segundo até testemunho do judeu Flávio Josefo. Sabe-se que adotou mesmo os nomes dos anjos dos babilônios; que, enfim, deu a Deus os nomes de Eloí, Eloá, Adonai, Jeová ou Hiao, de acordo com os fenícios.

Provavelmente só conheceu o nome Abraão ou Ibrahim por intermédio dos babilônios, pois a antiga religião de todas as regiões, desde o Eufrates até o Oxo[31], era chamada *Kish-Ibrahim, Milat-Ibrahim*. Isso é confirmado por todas as pesquisas feitas naqueles lugares pelo estudioso Hyde.

Os judeus, portanto, fizeram com a história e com a lenda antiga aquilo que seus adeleiros fazem com roupas velhas: reformam-nas e vendem-nas como novas, pelo preço mais alto que conseguem.

Exemplo singular da estupidez humana é termos considerado os judeus, durante tanto tempo, como uma nação que ensinara tudo aos outros, ao passo que seu próprio historiador Josefo admite o contrário.

É difícil penetrar as trevas da antiguidade, mas é evidente que todos os reinos da Ásia eram muito prósperos antes que a horda errante de árabes chamados judeus tomasse posse de um pequeno rincão, antes de ter uma cidade, leis e religião fixa. Portanto, quando se veem antigos ritos ou opiniões estabelecidos tanto no Egito ou na Ásia quanto entre os judeus, é bem natural pensarmos que aquele povo pequeno, novo, ignorante e grosseiro, sempre privado das artes, tenha copiado como pôde a nação antiga, próspera e industriosa.

É com base nesse princípio que se deve julgar a Judeia, Biscaia, Cornualha, Bérgamo – terra de *Arlequim* – etc.: sem dúvida a triunfante Roma nada imitou de Biscaia, Cornualha e Bérgamo, e é preciso ser muito ignorante ou embusteiro para dizer que os judeus ensinaram os gregos. (*Artigo extraído de Fréret*.)

Terceira seção

Não se deve acreditar que Abraão tenha sido conhecido apenas pelos judeus: ele é reverenciado em toda a Ásia e até nos confins da Índia. Esse nome, que significa *pai de um povo* em várias línguas orientais, foi dado a um habitante da Caldeia, do qual várias nações se gabaram de descender. A preocupação de árabes e judeus em estabelecer sua ascendência nesse patriarca não permite que os maiores céticos duvidem de que tenha havido um Abraão.

Segundo os livros hebreus, ele era filho de Tera, enquanto os árabes dizem que Tera seria seu avô, ao passo que Azar era seu pai: nisso foram seguidos por vários cristãos. Entre os intérpretes há quarenta e duas opiniões sobre o ano no qual Abraão veio ao mundo, e eu não arriscarei uma quadragésima terceira; parece mesmo, pelas datas, que Abraão viveu sessenta anos mais do que o texto lhe dá; mas esses erros de cronologia não destroem a verdade de um fato, e, mesmo que o livro que fala de Abraão não fosse sagrado como a lei, nem por isso esse patriarca deixaria de existir; os judeus faziam uma distinção entre livros escritos por homens, aliás inspirados, e livros particularmente inspirados. A história deles, apesar de vinculada à sua lei, não era a própria lei. De fato, como acreditar que Deus tivesse ditado falsas datas?

Fílon, o Judeu, e Suidas relatam que Tera, pai ou avô de Abraão, que morava em Ur, na Caldeia, era um homem pobre que ganhava a vida a fazer pequenos ídolos, sendo ele mesmo idólatra.

---

31. Antigo nome do rio Amudária. (N. da T.)

Se é assim, a antiga religião dos sabeus, que não tinham ídolos e veneravam o céu, talvez ainda não estivesse estabelecida na Caldeia; ou, se ela dominava numa parte daquela região, a idolatria podia perfeitamente dominar ao mesmo tempo na outra. Parece que naquele tempo cada pequeno povoado tinha sua religião. Todas eram permitidas, e todas se misturavam pacificamente, da mesma maneira que cada família tinha, em casa, seus usos particulares. Labão, sogro de Jacó, tinha ídolos. Cada pequeno povo achava bom que o povo vizinho tivesse seus deuses e limitava-se a acreditar que o seu era o mais poderoso.

A Escritura diz que o Deus dos judeus, que lhes destinava a terra de Canaã, ordenou a Abraão que saísse das terras férteis da Caldeia e fosse para a Palestina, prometendo-lhe que com sua semente todas as nações da terra seriam abençoadas. Cabe aos teólogos explicar, pela alegoria e pelo misticismo, como todas as nações podiam ser abençoadas por uma semente da qual não descendiam; e esse sentido místico respeitável não é objeto de uma investigação puramente crítica. Algum tempo depois dessas promessas, a família de Abraão foi afligida pela fome e mudou-se para o Egito, a fim de obter trigo: singular destino o dos hebreus, que sempre foram para o Egito premidos pela fome; pois Jacó para lá mandou depois seus filhos, pela mesma razão.

Abraão, que era bem velho, fez essa viagem com Sara, sua mulher, que contava sessenta e cinco anos; ela era belíssima, e Abraão temia que os egípcios, impressionados por seus encantos, o matassem para usufruir daquela rara beleza: propôs-lhe apresentar-se como sua irmã etc. A natureza humana devia ter então um vigor que o tempo e a indolência depois enfraqueceram; assim pensavam todos os antigos: chegou-se a afirmar que Helena tinha setenta anos quando foi raptada por Páris. O que Abraão previra aconteceu: a juventude egípcia achou sua mulher atraente, apesar dos sessenta e cinco anos; o próprio rei se apaixonou por ela e a levou para seu serralho, embora lá houvesse, provavelmente, mulheres mais jovens; mas o Senhor castigou o rei e todo o seu serralho com grandes pragas. O texto não diz como o rei soube que aquela beldade perigosa era mulher de Abraão; mas, afinal, ficou sabendo e a devolveu.

A beleza de Sara haveria de ser inalterável, porquanto vinte e cinco anos depois, grávida aos noventa anos e viajando com o marido para as terras de um rei da Fenícia chamado Abimeleque, foi obrigada por Abraão, que não se corrigira, a apresentar-se como sua irmã. O rei fenício foi tão sensível quanto o rei do Egito: Deus apareceu em sonho àquele Abimeleque e o ameaçou de morte se ele tocasse em sua nova amante. Convenhamos que o comportamento de Sara era tão estranho quanto a durabilidade de seus atrativos.

A estranheza dessas aventuras provavelmente era a razão que impedia os judeus de terem em suas histórias a mesma espécie de fé que tinham no Levítico. Não havia um único ponto de sua lei no qual não acreditassem, mas o histórico não exigia o mesmo respeito. Em relação àqueles antigos livros, eram como os ingleses, que acatavam as leis de santo Eduardo, mas nem todos acreditavam cegamente que santo Eduardo tivesse curado escrófulas; eram como os romanos, que, mesmo obedecendo às suas primeiras leis, não eram obrigados a acreditar no milagre da peneira cheia de água, do navio puxado para a margem pelo cinto de uma vestal, da pedra cortada por uma navalha etc. Por isso, o historiador Josefo, muito apegado a seu culto, dá aos leitores a liberdade de acreditar naquilo que quiserem dos antigos prodígios que relata; por isso, os saduceus tinham permissão de não acreditar nos anjos, embora se fale de anjos com tanta frequência no Antigo Testamento; mas aqueles saduceus não tinham a permissão de deixar de observar as festas, as cerimônias e as abstinências prescritas.

Essa parte da história de Abraão, ou seja, suas viagens para o Egito e para a Fenícia, prova que havia grandes reinos já estabelecidos enquanto a nação judaica existia numa única família; que já havia leis, pois sem elas um grande reino não pode subsistir; que, por conseguinte, a lei de Moisés, que é posterior, não pode ser a primeira. Não é necessário que uma lei seja a mais antiga de todas para ser divina, e Deus, sem dúvida, é o senhor dos tempos. É verdade que às fracas luzes de nossa razão parece mais coerente que Deus, tendo uma lei para ditar, a tivesse ditado de início a todo o gênero humano; mas, se está provado que ele se comportou de maneira diferente, não cabe a nós interrogá-lo.

O restante da história de Abraão está sujeito a grandes dificuldades. Deus, que lhe aparece amiúde e faz com ele vários tratos, enviou-lhe um dia três anjos, quando ele estava no vale de Mambré; o patriarca deu-lhes pão, um bezerro, manteiga e leite. Os três espíritos jantaram e, depois do jantar, mandaram chamar Sara, que tinha assado pão. Um dos anjos, que o texto chama de Senhor, o Eterno, promete a Sara que em um ano ela terá um filho. Sara, que tinha então noventa e quatro anos e cujo marido estava perto dos cem anos, começou a rir da promessa: prova de que admitia sua decrepitude, prova de que, segundo a própria Escritura, a natureza humana não era então muito diferente do que é hoje. No entanto, aquela mesma decrépita, ao ficar grávida, seduz no ano seguinte o rei Abimeleque, como já vimos. Sem dúvida, quem considerar naturais essas histórias precisará ter uma espécie de entendimento totalmente contrário ao nosso; se não for assim, será preciso ver cada episódio da vida de Abraão como um milagre, ou então acreditar que tudo não passa de uma alegoria; seja qual for a alternativa, tem-se uma grande dificuldade. Por exemplo, que interpretação podemos dar à promessa que Deus faz a Abraão de dar a ele e à sua descendência todas as terras de Canaã que nunca aquele caldeu possuiu? Aí está uma das dificuldades impossíveis de resolver.

Parece espantoso que Deus, depois de fazer Isaque nascer de uma mulher de noventa e cinco anos e de um pai centenário, tenha ordenado ao pai que matasse aquela mesma criança que ele lhe dera contrariando todas as expectativas. Essa ordem estranha de Deus parece mostrar que, no tempo em que essa história foi escrita, os sacrifícios de vítimas humanas estavam em uso entre os judeus, tal como foram de uso em outras nações, conforme testemunho de Jeftá. Mas pode-se dizer que a obediência de Abraão, que estava pronto a sacrificar o filho ao Deus que lho dera, é uma alegoria da resignação que o homem deve ter perante as ordens do Ser supremo.

Tem-se, sobretudo, uma observação bem importante sobre a história desse patriarca, visto como o pai dos judeus e dos árabes. Seus principais filhos são Isaque, nascido de sua mulher por um favor miraculoso da providência, e Ismael, nascido de sua serva. Em Isaque é abençoada a raça do patriarca; no entanto, Isaque é o pai de uma nação infeliz e desprezível, que por muito tempo foi escrava e que por mais tempo ainda esteve dispersa. Ismael, ao contrário, é pai dos árabes, que acabaram por fundar o império dos califas, um dos mais poderosos e extensos do universo.

Os muçulmanos têm grande veneração por Abraão, que chamam Ibrahim. Aqueles que acreditam estar ele enterrado em Hebron para lá se dirigem em peregrinação; aqueles que acreditam estar seu túmulo em Meca, ali o reverenciam.

Alguns antigos persas acreditaram que Abraão era o mesmo que Zoroastro. Ocorreu-lhe o mesmo que ocorreu à maioria dos fundadores das nações orientais, aos quais se atribuíam diferentes nomes e diferentes aventuras; mas, segundo texto da Escritura, parece que ele era um daqueles árabes errantes que não tinham residência fixa.

Vemos que ele nasce em Ur, na Caldeia, vai para Harã, depois Palestina, Egito, Fenícia e, por fim, é obrigado a comprar um sepulcro em Hebron.

Uma das mais notáveis circunstâncias de sua vida é que, com a idade de noventa e nove anos, não tendo ainda gerado Isaque, é circuncidado, junto a seu filho Ismael e a todos os seus servos. Ao que tudo indica, tomara essa ideia dos egípcios. É difícil descobrir a origem de semelhante operação. O que parece mais provável é que ela tenha sido inventada para prevenir os abusos da puberdade. Mas por que cortar o prepúcio quando se tem cem anos de idade?

Por outro lado, afirma-se que só os sacerdotes do Egito eram antigamente distinguidos por esse costume. Segundo uso antigo na África e em parte da Ásia, os indivíduos mais santos apresentavam seu membro viril às mulheres que encontrassem, para que elas o beijassem. No Egito, levava-se em procissão o *phallum*, que era um grande priapo. Os órgãos da reprodução eram vistos como algo nobre e sagrado, como um símbolo do poder divino; jurava-se em nome deles, e alguém que fizesse um juramento punha a mão nos *testículos*; este nome talvez provenha desse antigo costume, pois significa *testemunhas*, visto que outrora eles serviam de testemunho e penhor. Quando Abraão mandou seu servo pedir Rebeca ao filho Isaque, o servo pôs a mão nas partes genitais de Abraão, o que foi traduzido pela palavra *coxa*.

Vê-se por aí como os costumes daquela alta antiguidade diferiam em tudo dos nossos. Para um filósofo, não é mais espantoso que outrora se tenha jurado por essa parte do que seria se jurassem pela cabeça, e não é espantoso que aqueles que quisessem se distinguir dos outros homens pusessem um sinal nessa parte reverenciada.

O Gênese diz que a circuncisão foi um pacto entre Deus e Abraão, acrescentando expressamente que deverá ser morto aquele que não seja circuncidado na casa. No entanto, não se diz se Isaque foi circuncidado, e não se fala mais de circuncisão até o tempo de Moisés.

Acabaremos este verbete com outra observação: Abraão teve de Sara e de Agar dois filhos, cada um pai de uma grande nação, e de Cetura teve seis filhos, que se estabeleceram na Arábia; mas sua descendência não foi célebre.

ABUSO (Abus)

Vício ligado a todos os usos, a todas as leis, a todas as instituições humanas; sua descrição pormenorizada não caberia em nenhuma biblioteca.

Os abusos governam os Estados.

… Optimus ille est,
Qui minimis urgetur…
[…O melhor é aquele
sobre o qual pesam [defeitos] menores…]
(Hor., *Sát.* I, 3, 68-69.)

Pode-se dizer a chineses, japoneses e ingleses: "Vosso governo está repleto de abusos que não corrigis." Os chineses responderão: "Subsistimos como povo há cinco mil anos, e talvez sejamos hoje a nação menos desventurada da terra, porque somos a mais tranquila." Os japoneses dirão algo parecido. Os ingleses dirão: "Somos poderosos no mar e estamos à vontade na terra. Em dez mil anos talvez aperfeiçoemos nossos usos. O grande segredo é continuar sendo melhor que os outros com abusos enormes."

Aqui só falaremos de *appel comme d'abus* [recursos contra abusos eclesiásticos].

É um erro acreditar que Pierre de Cugnières, *chevalier ès lois* [cavalheiro em leis], advogado do rei no parlamento de Paris, tenha recorrido contra tais abusos em 1330, no reinado de Filipe de Valois. A fórmula *appel comme d'abus* só foi introduzida no final do reinado de Luís XII. Pierre de Cugnières fez o que pôde para corrigir o abuso das usurpações eclesiásticas de que se queixavam os parlamentos, todos os juízes seculares e todos os senhores altos justiceiros; mas não conseguiu.

O clero não deixava de ter motivos de queixas contra os grandes senhores, que, afinal, não passavam de tiranos ignorantes, que haviam corrompido toda a justiça; e estes viam os eclesiásticos como tiranos que sabiam ler e escrever.

Por fim, o rei convocou as duas partes em seu palácio, e não em sua corte do parlamento, como diz Pasquier; o rei sentou-se em seu trono, cercado dos pares, dos grandes barões e dos altos funcionários que compunham seu conselho.

Compareceram vinte bispos; os grandes senhores queixosos apresentaram seus memorandos; o arcebispo de Sens e o bispo de Autun falaram pelo clero. Não consta qual foi o orador do parlamento e dos grandes senhores. Parece verossímil que o discurso do advogado do rei tenha sido um resumo das alegações das duas partes. Também é possível que ele tenha falado pelo parlamento e pelos grandes senhores, e que o chanceler tenha resumido as alegações de ambas as partes. Seja como for, seguem abaixo as queixas dos barões e do parlamento, redigidas por Pierre de Cugnières:

I. Quando um laico intimava um clérigo, que não era nem mesmo tonsurado, mas apenas graduado, perante o juiz régio ou senhorial, o juiz eclesiástico comunicava aos juízes leigos que não deviam prosseguir, sob pena de excomunhão e multa.

II. A jurisdição eclesiástica intimava os laicos a comparecer perante ela em todas as suas contestações com os clérigos, em questões de sucessão, empréstimo e todas as matérias civis.

III. Os bispos e os abades estabeleciam notários nas próprias terras dos laicos.

IV. Excomungavam quem não pagasse suas dívidas a clérigos; e, se o juiz laico não obrigasse tal pessoa a pagar, excomungavam o juiz.

V. Quando o juiz secular prendia um ladrão, precisava enviar ao juiz eclesiástico os objetos roubados, caso contrário seria excomungado.

VI. Um excomungado não podia obter absolvição sem pagar uma multa arbitrária.

VII. Os juízes eclesiásticos anunciavam a todo lavrador e trabalhador braçal que seria danado e privado de sepultura, caso trabalhasse para um excomungado.

VIII. Os mesmos juízes se arrogavam o direito de fazer inventários nos próprios domínios do rei, a pretexto de saberem escrever.

IX. Exigiam pagamento para conceder a um recém-casado a liberdade de deitar-se com a mulher.

X. Apoderavam-se de todos os testamentos.

XI. Declaravam danado todo morto que não tivesse feito testamento, porque nesse caso nada teria deixado para a Igreja; e, para lhe permitirem pelo menos as honras das exéquias, faziam em seu nome um testamento cheio de legados à Igreja.

Havia sessenta e seis queixas mais ou menos semelhantes.

Pierre Roger, arcebispo de Sens, falou com erudição: era um homem considerado de grande gênio, que depois foi papa com o nome de Clemente VI. Começou afirmando que não falava para ser julgado, mas para julgar seus adversários e instruir o rei de seu dever.

Disse que Jesus Cristo, sendo Deus e homem, tivera poder temporal e espiritual; e que, por conseguinte, os ministros da Igreja, que lhe haviam sucedido, eram os juízes natos de todos os homens, sem exceção. Aí está como se expressou:

Sers Dieu dévotement,
Baille-lui largement,
Révère sa gent dûment,
Rends-lui le sien entièrement.
[Serve a Deus devotadamente,
Provê-lhe de bens largamente,
Reverencia sua gente devidamente,
Devolve-lhe o que é seu inteiramente.]

Essas rimas produziram ótimo efeito. (Ver *Libellus Bertrandi cardinalis*, tomo I das Liberdades da Igreja galicana.)

Petrus Bertrandi, bispo de Autun, expôs mais pormenores. Garantiu que, como a excomunhão era sempre proferida apenas para pecados mortais, o culpado devia fazer penitência, e que a melhor penitência era dar dinheiro à Igreja. Alegou que os juízes eclesiásticos eram mais capazes de ditar a justiça do que os juízes régios ou senhoriais, porque haviam estudado as decretais, que os outros ignoravam.

Mas seria possível responder-lhe que os bailios e os prebostes do reino deviam ser obrigados a ler as decretais para não as observar nunca.

Aquela grande assembleia para nada serviu; o rei acreditava ser necessário poupar o papa, que nascera em seu reino, estava instalado em Avignon e era inimigo mortal do imperador Luís de Baviera. A política, em todos os tempos, manteve os abusos de que a justiça se queixava. Ficou no parlamento apenas uma lembrança indelével do discurso de Pierre de Cugnières. Aquele tribunal consolidou-se no uso que já adquirira de se opor às pretensões clericais; sempre se recorria ao parlamento das sentenças dos juízes eclesiásticos, e, aos poucos, esse procedimento passou a ser chamado de *appel comme d'abus*.

Por fim, todos os parlamentos do reino concordaram em deixar a disciplina eclesiástica por conta da Igreja, julgando todos os homens indistintamente, segundo as leis do Estado e observando as formalidades prescritas pelas ordenanças.

ABUSO DAS PALAVRAS (Abus des mots)

Os livros, como as conversações, raramente nos dão ideias precisas. Nada é mais comum que ler e conversar inutilmente.

Cabe repetir aqui o que Locke tanto recomendou: *Definam os termos*.

Uma senhora comeu demais e não fez exercício, está doente; o médico diz que há nela um humor pecante, impurezas, obstruções e vapores, prescrevendo-lhe uma droga para lhe purificar o sangue. Que ideia nítida podem dar todas essas palavras? A doente e os pais, que escutam, não as entendem mais que o médico. Antigamente, receitava-se uma decocção de plantas quentes ou frias em segundo e terceiro grau.

Um jurisconsulto, em seu instituto criminal, anuncia que a inobservância dos feriados e dos domingos é um crime de lesa-majestade divina em segundo grau. *Majestade divina* dá a ideia do mais enorme dos crimes, do mais medonho dos castigos; que é isso? Faltar às vésperas, o que pode acontecer com o homem mais honesto do mundo.

Em todas as discussões sobre a liberdade, um argumentador quase sempre entende uma coisa, e seu adversário, outra. Chega um terceiro que não entende nem o primeiro nem o segundo, e não é entendido por eles.

Nas discussões sobre a liberdade, um tem na cabeça o poder de agir; o outro, o poder de querer; o último, o desejo de executar; os três ficam correndo, cada um em seu círculo, e nunca se encontram.

O mesmo acontece nas polêmicas sobre a graça. Quem pode compreender sua natureza, suas operações, a suficiência que não é suficiente, e a eficácia à qual se resiste?

Durante dois mil anos pronunciaram-se as palavras *forma substancial* sem que se tivesse a menor noção sobre elas. Foram substituídas por naturezas plásticas, sem nenhum lucro.

Um viajante é impedido por um rio; pergunta onde há vau a um aldeão que ele enxerga de longe, em sua frente: "Pela direita", grita o camponês; ele toma a direita e se afoga; o outro corre e diz: "Ei, infeliz; eu não disse que fosse pela sua direita, mas pela minha."

O mundo está cheio desses mal-entendidos. Como um norueguês, lendo esta fórmula: *servidor dos servidores de Deus*, descobrirá que quem está falando é bispo dos bispos e rei dos reis?

No tempo em que os fragmentos de Petrônio faziam grande furor na literatura, Meibomius, grande erudito de Lubeck, leu numa carta impressa de outro erudito de Bolonha: "Temos aqui um

Petrônio integral; vi-o com meus próprios olhos e com admiração", *habemus hic Petronium integrum, quem vidi meis oculis, non sine admiratione*. Logo viaja para a Itália, corre para Bolonha, vai conversar com o bibliotecário Capponi e lhe pergunta se é verdade que em Bolonha eles têm o Petrônio integral. Capponi responde-lhe que isso é coisa notória há muito tempo. "Posso ver esse Petrônio? Tenha a bondade de mostrá-lo. – Nada é mais fácil", diz Capponi. Leva-o à igreja, onde repousa o corpo de são Petrônio. Meibomius toma a posta e foge.

Se o jesuíta Daniel tomou um abade guerreiro, *martialem abbatem*, pelo abade Marcial, cem historiadores incorreram em maiores enganos. O jesuíta Dorléans, em suas *Revoluções da Inglaterra*, usava indiferentemente Northampton e Southampton, só trocando o norte pelo sul.

Termos metafóricos, tomados em sentido próprio, algumas vezes decidiram a opinião de dezenas de nações. Todos conhecem a metáfora de Isaías (XIV, 12): "Como caíste do céu, estrela de luz que te erguias pela manhã?" Todos imaginaram que esse discurso se dirigia ao diabo. E, como a palavra hebraica que corresponde a estrela de Vênus foi traduzida pela palavra *Lucifer* em latim, o diabo a partir de então sempre se chamou Lúcifer.

Muito se escarneceu da *Carte du Tendre*[32] da srta. Scudéry. Os amantes embarcam no rio de Ternura; janta-se em Ternura à margem de Estima, ceia-se em Ternura à margem de Inclinação, dorme-se em Ternura à margem de Desejo; no dia seguinte todos se encontram em Ternura à margem de Paixão e, por fim, em Ternura à margem de Ternura[33]. Essas ideias podem ser ridículas, sobretudo quando são Clélias, Horácios Cocles e romanos austeros e agrestes que viajam; mas esse mapa mostra, pelo menos, que o amor tem muitos alojamentos diferentes. Essa ideia leva a ver que a mesma palavra não significa a mesma coisa, que é prodigiosa a diferença entre o amor de Tarquínio e o de Celadonte, entre o amor de David por Jônatas, que era mais forte que o das mulheres, e o amor do abade Desfontaines pelos pequenos limpadores de chaminé.

O exemplo mais singular desse abuso de palavras, desses equívocos voluntários, desses mal-entendidos que causaram tantas desavenças, é o King-Tien da China. Alguns missionários da Europa se altercam violentamente em torno do significado dessa palavra. A corte de Roma envia um francês chamado Maigrot, por ela transformado em bispo imaginário de uma província da China, para julgar essa pendência. Aquele Maigrot não sabia uma só palavra de chinês: o imperador digna-se a mandar dizer-lhe o que entende por King-Tien; Maigrot não quer acreditar no que ouve e faz Roma condenar o imperador da China.

Não é possível esgotar o assunto abuso das palavras. Em história, moral, jurisprudência, medicina, mas sobretudo em teologia, cuidado com os equívocos.

Boileau não errava quando fez uma sátira sobre esse nome; podia ter feito melhor; mas há versos dignos dele que são citados todos os dias:

Lorsque chez tes sujets l'un contre l'autre armés,
Et sur un Dieu fait homme au combat animés,
Tu fis dans une guerre et si vive et si longue
Périr tant de chrétiens, martyrs d'une diphtongue.

[Quando entre teus súditos, um contra o outro armados,
Por causa de um Deus feito homem ao combate animados,
Fizeste numa guerra tão viva e tão longa
Morrer tantos cristãos, mártires de um ditongo.]

---

32. Tradução literal: mapa da ternura. (N. da T.)
33. No mapa, os acidentes geográficos têm nomes como Orgulho, Indiferença etc. No caso acima, Estima, Inclinação e Desejo são rios. (N. da T.)

ACADEMIA (Académie)

As academias estão para as universidades assim como a maturidade está para a infância, como a arte de bem falar está para a gramática, como a polidez está para as primeiras lições de civilidade. As academias, por não serem mercenárias, devem ser absolutamente livres. Assim foram as academias da Itália, assim são a Academia Francesa e, sobretudo, a Sociedade Real de Londres.

A Academia Francesa, que se autoconstituiu, na verdade recebeu cartas patentes de Luís XIII, mas sem nenhum salário; por conseguinte, sem nenhuma sujeição. Isso incentivou os principais homens do reino e até príncipes a solicitar admissão em seu ilustre corpo. A Sociedade de Londres teve a mesma vantagem.

O célebre Colbert, que era membro da Academia Francesa, incumbiu alguns de seus confrades de compor inscrições e divisas para os prédios públicos. Aquela pequena assembleia, da qual depois participaram Racine e Boileau, logo se tornou uma academia à parte. Pode-se datar de 1663 o estabelecimento dessa Academia das Inscrições, hoje chamada de *Academia de Letras*, e o da Academia das Ciências pode ser datado de 1666. São dois estabelecimentos que devemos ao mesmo ministro, que contribuiu de tantas formas para o esplendor do século de Luís XIV.

Quando, depois da morte de Jean-Baptiste Colbert e do marquês de Louvois, o conde de Pontchartrain, secretário de Estado, recebeu o departamento de Paris, encarregou o abade Bignon, seu sobrinho, de dirigir as novas academias. Imaginaram-se postos honorários, que não exigiam ciência alguma e não tinham remuneração; postos remunerados, que exigiam trabalho e se distinguiam desagradavelmente dos postos honorários; postos de associados sem remuneração e postos de alunos, título ainda mais desagradável que depois foi abolido.

A Academia de Letras foi constituída nas mesmas bases. Ambas passaram a depender imediatamente do secretário de Estado e da distinção revoltante entre honorários, remunerados e alunos.

O abade Bignon ousou propor o mesmo regulamento para a Academia Francesa, de que era membro. Foi recebido com indignação unânime. Os menos opulentos da Academia foram os primeiros que rejeitaram suas ofertas e preferiram a liberdade e a honra a remunerações.

O abade Bignon, que, com a louvável intenção de fazer o bem, não havia considerado devidamente a nobreza de sentimentos de seus confrades, não voltou a pôr os pés na Academia Francesa; reinou nas outras, enquanto o conde de Pontchartrain esteve no poder. Chegava a resumir as dissertações lidas nas sessões públicas, embora seja preciso ter erudição profundíssima e ampla para dar conta imediatamente de uma dissertação sobre pontos espinhosos de física e matemática; foi considerado um mecenas. Esse costume de resumir os discursos acabou, mas a dependência continuou.

A palavra academia tornou-se tão célebre que, quando estabeleceu sua Ópera em 1672, Lulli, que era uma espécie de favorito, teve o privilégio de inserir nas patentes que se tratava de uma "Academia Real de Música, e que os fidalgos e as damas podiam ali cantar sem perda da dignidade". Não concedeu a mesma honra a dançarinos e dançarinas; apesar disso, o público manteve o hábito de ir à Ópera, e nunca à Academia de Música.

Sabe-se que a palavra *academia*, tomada aos gregos, significava originariamente sociedade, escola de filosofia de Atenas, que se reunia num jardim legado por *Academus*.

Os italianos foram os primeiros que instituíram tais sociedades depois do renascimento das letras. A Academia da Crusca é do século XVI. Depois disso houve academias em todas as cidades onde as ciências eram cultivadas.

Esse título foi tão prodigalizado na França, que durante alguns anos foi concedido a assembleias de jogadores antigamente chamadas de *espeluncas*. Dizia-se *academias de jogo*. Os jovens que aprendiam equitação e esgrima em escolas destinadas a essas artes eram chamados *academistas*, e não *acadêmicos*.

O título de *acadêmico* foi consagrado pelo uso para os literatos das três academias, a francesa, a das ciências e a das inscrições.

A Academia Francesa prestou grandes serviços à língua.

A Academia das Ciências foi utilíssima, por não adotar nenhum sistema e por ter publicado descobertas e novos ensaios.

A Academia das Inscrições cuidou das pesquisas sobre os monumentos da antiguidade e, há alguns anos, publicou trabalhos muito instrutivos.

É dever ditado pela probidade pública que os membros das três academias se respeitem mutuamente nas coletâneas que tais sociedades imprimem. O menosprezo por essa polidez necessária é raríssimo. Essa grosseria em nossos dias só pôde ser reprovada no abade Foucher[34], da Academia das Inscrições, que, enganando-se num trabalho sobre Zoroastro, quis apoiar sua confusão com expressões que antigamente eram muito usadas nas escolas, mas que a etiqueta proscreveu; mas o corpo não é responsável pelos erros dos membros.

A Sociedade de Londres nunca assumiu o título de *academia*.

Nas províncias, as academias produziram notáveis vantagens. Propiciaram o nascimento da emulação, obrigaram ao trabalho, acostumaram os jovens a boas leituras, dissiparam a ignorância e os preconceitos de algumas cidades, inspiraram a polidez e, na medida do possível, eliminaram o pedantismo.

Contra a Academia Francesa quase só se escreveram pilhérias frívolas e insípidas. A comédia dos *Acadêmicos*, de Saint-Évremond, teve algum sucesso em seu tempo; mas prova de seu pouco mérito é que ninguém mais se lembra dela, ao passo que as boas sátiras de Boileau são imortais. Não sei por que Pellisson diz que a comédia dos *Acadêmicos* tem algo de farsa. Parece-me que é um simples diálogo sem intriga e sem sal, tão sem graça quanto o *sir Politick* e a comédia das *Óperas*, bem como quase todas as obras de Saint-Évremond, que, com exceção de quatro ou cinco peças, não passam de futilidades em estilo pretensioso e cheio de antíteses.

ADÃO (Adam)

Primeira seção

Falou-se e escreveu-se tanto sobre Adão, sua mulher, os pré-adamitas etc.; os rabinos proferiram tantos devaneios sobre Adão, e é tão aborrecido repetir o que os outros já disseram, que arriscaremos aqui sobre Adão uma ideia bastante nova; pelo menos ela não se encontra em nenhum autor antigo, em nenhum Padre da Igreja, em nenhum pregador, teólogo, crítico ou escoliasta de meu conhecimento. É o profundo segredo guardado sobre Adão em toda a terra habitável, com exceção da Palestina, até o tempo em que os livros judeus começaram a ser conhecidos na Alexandria, quando foram traduzidos para o grego no tempo de um dos ptolomeus. Mesmo assim, eram pouquíssimo conhecidos; os livros volumosos eram raríssimos e caros; além disso, os judeus de Jerusalém ficaram tão encolerizados com os judeus de Alexandria, fizeram-lhes tantas admoestações por terem traduzido sua Bíblia em língua profana, disseram-lhes tantas injúrias, clamaram tão alto ao Senhor, que os judeus alexandrinos esconderam sua tradução o máximo que puderam. Ela foi tão secreta, que nenhum autor grego ou romano fala dela até o tempo do imperador Aureliano.

Ora, em sua resposta a Ápion (liv. I, cap. IV), o historiador Josefo admite que os judeus durante muito tempo não tiveram nenhum comércio com as outras nações. Diz ele: "Habitamos um território afastado do mar; não nos dedicamos ao comércio; não nos comunicamos com outros

---

34. Ver *Mercure de France*, junho, julho e agosto, 1769. (N. de Voltaire)

povos [...] Seria de surpreender que nossa nação, situada tão longe do mar e dando a impressão de nada escrever, tivesse sido tão pouco conhecida?"[35]

É de se perguntar como Josefo podia dizer que sua nação dava a impressão de nada escrever, quando tinha vinte e dois livros canônicos, sem contar o *Targum de Onkelos*. Mas é preciso considerar que vinte e dois volumes pequenos eram pouquíssimo em comparação com a imensa quantidade de livros conservados na biblioteca de Alexandria, dos quais metade foi queimada na guerra de César.

É indubitável que os judeus tinham escrito e lido pouquíssimo; que eram profundamente ignorantes em astronomia, geometria, geografia e física; que nada sabiam da história dos outros povos, e que só começaram a instruir-se em Alexandria. Sua língua era uma mistura bárbara de antigo fenício e caldeu corrompido. Era tão pobre, que faltavam vários modos na conjugação dos verbos.

Ademais, não comunicando seus livros nem seus títulos a nenhum estrangeiro, ninguém na terra, exceto eles, jamais ouvira falar de Adão, Eva, Abel, Caim, Noé. Só Abraão foi conhecido dos povos orientais com o passar dos tempos; mas nenhum povo antigo admitia que esse Abraão ou Ibrahim constituísse o tronco do povo judeu.

São tais os segredos da Providência, que o pai e a mãe do gênero humano sempre foram inteiramente ignorados pelo gênero humano, a tal ponto que os nomes de Adão e Eva não se encontram em nenhum antigo autor da Grécia, de Roma, da Pérsia, da Síria e nem mesmo dos árabes, até os tempos de Maomé. Deus dignou-se permitir que os títulos da grande família do mundo só fossem conservados na parte menor e mais infeliz da família.

Como é possível que Adão e Eva tenham sido desconhecidos de todos os seus filhos? Como não se encontra no Egito e em Babilônia nenhum vestígio, nenhuma tradição de nossos primeiros pais? Por que Orfeu, Lino e Tamíris não falam do assunto? Pois, se tivessem dito alguma palavra a respeito, essa palavra provavelmente teria sido relatada por Hesíodo e sobretudo por Homero, que falam de tudo, exceto dos autores da raça humana.

Clemente de Alexandria, que transcreve tantos testemunhos da antiguidade, não teria deixado de citar um trecho no qual se fizesse menção a Adão e Eva.

Eusébio, em sua *História universal*, pesquisou até os testemunhos mais suspeitos; ele teria ressaltado um menor indício, a menor verossimilhança em favor de nossos primeiros pais.

Está, portanto, demonstrado que eles sempre foram inteiramente ignorados pelas nações.

Na verdade, entre os brâmanes, no livro intitulado *Yajurveda*, encontra-se o nome de Adimo e o de Procriti, sua mulher. Se Adimo se parece um pouco com o nosso Adão, os indianos responderão: "Somos um grande povo estabelecido às margens do Indo e do Ganges vários séculos antes que a horda hebraica se dirigisse para as margens do Jordão. Egípcios, persas e árabes vinham buscar sabedoria e especiarias em nosso país, quando judeus eram desconhecidos pelo restante dos homens. Não podemos ter extraído nosso Adimo de seu Adão. Nossa Procriti não se parece em nada com Eva; aliás, a história das duas é inteiramente diferente.

"Ademais, os *Vedas*, de que o *Yajurveda* é comentário, é visto entre nós como dotado de uma antiguidade maior que a dos livros judeus, e os *Vedas* são ainda uma lei nova dada aos brâmanes mil e quinhentos anos depois de sua primeira lei, chamada Shasta ou Shasta-bad."

Tais são, mais ou menos, as respostas que os brâmanes de hoje muitas vezes deram aos capelães dos navios mercantes que iam falar-lhes de Adão e Eva, Abel e Caim, enquanto os negociantes da Europa iam, armados, comprar-lhes especiarias, destruir-lhes o país.

---

35. Os judeus eram muito conhecidos dos persas, porque se dispersaram pelo seu império; depois, passaram a ser conhecidos pelos egípcios, porque fizeram o comércio de Alexandria; pelos romanos, porque tinham sinagogas em Roma. Mas, apesar de viverem em meio às nações, sempre foram separados por suas instituições. Não comiam com os estrangeiros e só muito tarde transmitiram seus livros. (N. de Voltaire)

O fenício Sanconiaton, que certamente vivia antes do tempo em que situamos Moisés[36] e é citado por Eusébio como autor autêntico, atribui dez gerações à raça humana, tal como faz Moisés, até o tempo de Noé; e nessas dez gerações não fala de Adão, de Eva, nem de nenhum de seus descendentes; nem sequer de Noé.

Vejamos os nomes dos primeiros homens, segundo a tradução grega feita por Fílon de Biblos: Éon, Genos, Fox, Liban, Usu, Halieu, Crisor, Tecnites, Agrove, Amina. Essas são as dez primeiras gerações.

Não se vê o nome de Noé nem o de Adão em nenhuma das antigas dinastias do Egito; não são encontrados entre os caldeus: em resumo, a terra inteira calou sobre eles.

Convenhamos que tal reticência não tem outro exemplo. Todos os povos se atribuíram origens imaginárias, e nenhum chegou perto da origem verdadeira. Não se pode entender como o pai de todas as nações foi ignorado por tanto tempo: seu nome devia ter corrido de boca em boca, de um extremo do mundo ao outro, segundo o curso natural das coisas humanas.

Devemos humilhar-nos diante dos decretos da Providência, que permitiu esse esquecimento tão espantoso. Tudo foi misterioso e oculto naquela nação dirigida pelo próprio Deus, que preparou o caminho para o cristianismo e foi a oliveira brava na qual foi enxertada a oliveira cultivada. Os nomes dos autores do gênero humano, ignorados pelo gênero humano, estão entre os maiores mistérios.

Ouso afirmar que foi preciso um milagre para tapar assim os olhos e os ouvidos de todas as nações, para destruir nelas todos os monumentos, todas as lembranças de seu primeiro pai. O que teriam pensado e dito César, Antônio, Crasso, Pompeu, Cícero, Marcelo e Metelo se um pobre judeu, vendedor do bálsamo, lhes dissesse: "Todos descendemos de um mesmo pai chamado Adão"? Todo o senado romano teria exclamado: "Mostra-nos nossa árvore genealógica." Então o judeu teria desfiado suas dez gerações até Noé, até o segredo da inundação de todo o globo. O senado teria perguntado quantas pessoas havia na arca para alimentar todos os animais durante dez meses inteiros e durante o ano seguinte, que não pôde produzir alimento algum. O cerceador de moedas teria dito: "Éramos oito, Noé e a mulher, seus três filhos, Sem, Cam e Jafé, com as respectivas esposas. Toda essa família descendia de Adão em linha direta."

Cícero provavelmente teria pedido informações sobre seus grandes monumentos, sobre os testemunhos incontestáveis que Noé e seus filhos tivessem deixado de nosso pai comum; toda a terra, depois do dilúvio, teria ecoado para sempre os nomes de Adão e Noé, um pai e o outro restaurador de todas as raças. Seus nomes teriam sido pronunciados por todos, assim que se começasse a falar; estariam em todos os pergaminhos, assim que se começasse a escrever; na porta de cada casa, assim que se começasse a construir; em todos os templos, em todas as estátuas. "Como! Conhecíeis tão grande segredo e o ocultastes! – É porque somos puros, e vós sois impuros", responderia o judeu. O senado romano teria rido ou mandado fustigá-lo: a tal ponto são os homens apegados a seus preconceitos!

Segunda seção

A piedosa sra. de Bourignon estava segura de que Adão fora hermafrodita, tal como os primeiros homens do divino Platão. Deus lhe revelara esse grande segredo; mas, como não tive as

---

36. O que leva muitos eruditos a pensar que Sanconiaton é anterior ao tempo no qual situamos Moisés é o fato de não falar deste. Ele escrevia em Berota. Essa cidade fica próxima à região onde os judeus se haviam estabelecido. Se Sanconiaton tivesse sido posterior ou contemporâneo, não teria omitido os espantosos prodígios com que Moisés inundou o Egito, certamente teria feito menção ao povo judeu, que espalhava fogo e sangue por sua pátria. Eusébio, Júlio, o Africano, santo Efrém, todos os padres gregos e siríacos teriam citado um autor profano que desse testemunho do legislador hebreu. Eusébio, sobretudo, que reconhece a autenticidade de Sanconiaton e traduz fragmentos seus, teria traduzido tudo o que dissesse respeito a Moisés. (N. de Voltaire)

mesmas revelações, não falarei do assunto. Os rabinos judeus leram os livros de Adão; sabem o nome de seu preceptor e de sua segunda mulher; mas, como não li esses livros de nosso primeiro pai, nada direi sobre o assunto. Algumas inteligências ocas, sapientíssimas, espantam-se quando leem nos *Vedas* dos antigos brâmanes que o primeiro homem foi criado na Índia etc., que se chamava Adimo, nome este que significa engendrador, e que sua mulher se chamava Procriti, que significa vida. Dizem que a seita dos brâmanes é incontestavelmente mais antiga que a dos judeus; que os judeus só puderam escrever muito tarde na língua cananeia, pois só muito tarde se estabeleceram na pequena região de Canaã; dizem que os indianos sempre foram inventores, e os judeus sempre foram imitadores; os indianos, sempre engenhosos; os judeus, sempre grosseiros; dizem que é bem difícil Adão, que era ruivo e tinha cabelos, ser pai de negros, que são pretos como breu e têm lã preta na cabeça. Que não dirão eles? Quanto a mim, nada digo; entrego essas pesquisas ao reverendo padre Berruyer, da sociedade de Jesus; é o maior inocente que já conheci. Queimaram seu livro como sendo o livro de alguém que queria ridicularizar a Bíblia, mas posso garantir que não tinha nenhum ardil em mente. (*Extraído da carta do cavaleiro de R***.*)

Terceira seção

Já não vivemos num século em que se estuda seriamente se Adão teve a ciência infusa ou não; aqueles que durante muito tempo discutiram essa questão não tinham ciência infusa nem adquirida.

É tão difícil saber em que época foi escrito o livro do Gênese em que se fala de Adão quanto saber a data dos *Vedas*, do *Hanscrit* e de outros antigos livros asiáticos. É importante notar que os judeus não tinham permissão para ler o primeiro capítulo do Gênese antes dos vinte e cinco anos de idade. Muitos rabinos viram a formação de Adão e Eva e sua aventura como uma alegoria. Todas as antigas nações famosas imaginaram alegorias semelhantes; e, por estranha coincidência, que caracteriza a fraqueza de nossa natureza, todas quiseram explicar a origem do mal moral e do mal físico com ideias mais ou menos semelhantes. Caldeus, indianos, persas e egípcios também explicaram assim essa mistura de bem e mal que parece ser apanágio de nosso globo. Os judeus saídos do Egito, grosseiros como eram, tinham ouvido falar da filosofia alegórica dos egípcios. Depois, mesclaram esses poucos conhecimentos com os conhecimentos extraídos dos fenícios e dos babilônios em longuíssima escravidão: mas, como é natural e comum que um povo grosseiro imite grosseiramente a imaginação de um povo civilizado, não é de surpreender que os judeus tenham imaginado uma mulher formada da costela de um homem; o espírito de vida insuflado da boca de Deus no rosto de Adão; o Tigre, o Eufrates, o Nilo e o Oxo como rios que têm a mesma nascente num jardim; e a proibição de comer um fruto como proibição que produz a morte e o mal físico e moral. Imbuídos da ideia difundida entre os antigos de que a serpente é um animal muito astucioso, não tiveram dificuldade em atribuir-lhe inteligência e fala.

Não custou àquele povo, que então habitava um pequeno recanto da terra e achava que esta era comprida, estreita e achatada, acreditar que todos os homens provêm de Adão, não podendo saber que os negros, cuja conformação é diferente da nossa, habitavam vastos territórios. Estava ele bem longe de adivinhar a América.

De resto, é bem estranho o fato de o povo judeu ter permissão para ler o Êxodo, no qual há tantos milagres que surpreendem a razão, enquanto não lhes era permitida, antes dos vinte e cinco anos, a leitura do primeiro capítulo do Gênese, no qual tudo deve ser necessariamente milagre, pois que se trata da criação. Talvez fosse por causa da maneira singular como o autor se expressa já no primeiro versículo: "No princípio, os deuses fizeram o céu e a terra"; pode ter havido o temor de que os jovens judeus aproveitassem a ocasião para adorar vários deuses. Talvez fosse porque, tendo Deus criado o homem e a mulher no primeiro capítulo para refazê-los no segundo, não se quisesse expor essa aparência de contradição ao olhar da juventude. Talvez fosse porque se diz que "os deuses fizeram o homem à sua imagem", e essas expressões mostravam aos judeus um Deus excessivamente corpóreo. Talvez fosse porque se diz que Deus retirou uma costela de Adão para com ela formar a mulher, e que os jovens desajuizados, palpando-se as costelas e percebendo que não lhes faltava nenhuma, poderiam ter desconfiado de alguma infidelidade do autor. Talvez fosse porque Deus, que sempre passeava ao meio-dia pelo jardim do Éden, zomba de Adão depois de sua queda, e esse tom zombeteiro pudesse inspirar na juventude o gosto pelo gracejo. Por fim, cada linha desse capítulo fornece razões bem plausíveis para a proibição de sua leitura; mas, com base nisso, não entendemos muito bem como os outros capítulos eram permitidos. Surpreendente também é que os judeus só podiam ler esse capítulo aos vinte e cinco anos. Parece que ele devia ser apresentado primeiro à infância, que aceita tudo sem exame, mais do que à juventude, que já se arroga o direito de julgar e de rir. Também pode ser que os judeus de vinte e cinco anos, já preparados e fortalecidos, recebessem melhor esse capítulo, cuja leitura poderia ter revoltado as almas mais tenras.

Não falaremos aqui da segunda mulher de Adão, chamada Lilith, que os antigos rabinos lhe deram; convenhamos que se sabem pouquíssimas histórias de sua família.

ADORAR (Adorer)

Culto de latria. Canção atribuída a Jesus Cristo. Dança sagrada. Cerimônias

Não constituirá um grande defeito de algumas línguas modernas o fato de se usar a mesma palavra para o Ser supremo e para uma moça? Às vezes saímos de um sermão em que o pregador só falou de adorar Deus em espírito e verdade. Dali se vai à Ópera, onde só se fala "do encantador objeto que adoro, e dos belos traços cuja sedução o herói adora".

Os gregos e os romanos pelo menos não incidiram nessa profanação extravagante. Horácio não diz que adora Lálage. Tibulo não adora Délia. O próprio termo *adoração* só está em Petrônio.

Se algo pode escusar nossa indecência é que em nossas óperas e em nossas canções se fala frequentemente dos deuses da fábula. Os poetas disseram que suas Philis são mais adoráveis que essas falsas divindades, e ninguém podia censurá-los por isso. Aos poucos, fomos nos acostumando a essa expressão, a tal ponto que se passou a tratar do mesmo modo o Deus de todo o universo e uma cantora da Ópera Cômica, sem que se percebesse o ridículo disso.

Mas é melhor desviar o olhar dessas coisas e dirigi-lo para a importância de nosso tema.

Não existe nação civilizada que não renda culto público de adoração a Deus. É verdade que na Ásia e na África não se obriga ninguém a ir à mesquita ou ao templo do lugar; ali se vai quando se tem vontade. Essa afluência poderia até servir para reunir os espíritos dos homens e para torná-los mais dóceis em sociedade. No entanto, às vezes estes foram vistos a engalfinhar-se no próprio asilo consagrado à paz. Os fervorosos inundaram de sangue o templo de Jerusalém, no qual assassinaram seus irmãos. Algumas vezes sujamos nossas Igrejas de carnificinas.

No verbete China, veremos que o imperador é o primeiro pontífice, e que lá o culto é augusto e simples. Em outros lugares, é simples sem ser majestoso, tal como entre os protestantes da Europa e na América inglesa.

Em outros países, ao meio-dia é preciso acender tochas de cera, que eram abominadas nos primeiros tempos. O convento de religiosas, cujos círios fossem abolidos, bradaria que a luz da fé fora extinta, e que o mundo iria se acabar.

A Igreja anglicana é um meio-termo entre as pomposas cerimônias romanas e a secura dos calvinistas.

Cantos, dança e tochas eram cerimônias essenciais às festas sagradas de todo o Oriente. Quem tiver lido sobre o assunto saberá que os antigos egípcios andavam em torno de seus templos cantando e dançando. Não havia instituição sacerdotal entre os gregos sem cantos e danças. Os hebreus tomaram esse costume dos vizinhos; Davi cantava e dançava diante da arca.

São Mateus fala de um cântico entoado por Jesus Cristo e pelos apóstolos depois da Páscoa[37]. Esse cântico, que chegou até nós, não foi posto no cânone dos livros sagrados; mas encontram-se fragmentos dele na 237ª carta de santo Agostinho ao bispo Ceretius... Santo Agostinho não diz que esse hino não foi cantado; não reprova sua letra: só condena os priscilianistas, que admitiam esse hino em seu Evangelho com base na interpretação errônea que lhe davam, por ele considerada ímpia. Eis aqui o cântico tal como se encontra parceladamente no próprio Agostinho:

Quero desatar e ser desatado.
Quero salvar e ser salvo.
Quero engendrar e ser engendrado.
Quero cantar, *dançai todos de alegria*.
Quero chorar, batei-vos no peito.
Quero ornar e ser ornado.
Sou a lâmpada para ti que me vês.
Sou a porta para quem bater.
Vós que vedes o que faço, não demonstreis as minhas ações.
Sempre enganei com a palavra e nunca fui enganado.

Mas, seja qual for a discussão despertada por esse cântico, é certo que o canto era empregado em todas as cerimônias religiosas. Maomé encontrou esse culto estabelecido entre os árabes. Também está estabelecido na Índia. Não parece estar em uso entre os letrados da China. Em todos os lugares as cerimônias têm alguma semelhança e alguma diferença; mas adora-se Deus em toda a terra. Infelizes daqueles que não o adoram como nós e laboram em erro, seja no dogma, seja nos ritos; estão sentados à sombra da morte; mas, quanto maior a sua desdita, mais devem ser lastimados e suportados.

É mesmo de grande consolo para nós que todos os maometanos, indianos, chineses e tártaros adorem um Deus único; nisso são nossos irmãos. Sua fatal ignorância de nossos mistérios sagrados só pode inspirar em nós terna compaixão por nossos irmãos desgarrados. Não passa por nossa mente ideia alguma de perseguição, que só serviria para torná-los irreconciliáveis.

Visto que um Deus único é adorado em toda a terra conhecida, será cabível que aqueles que o reconhecem por pai estejam sempre a mostrar-lhe o espetáculo de seus filhos a detestar-se, amaldiçoar-se, perseguir-se e massacrar-se por argumentos?

Não é fácil explicar ao certo o que os gregos e os romanos entendiam por adorar: se adoravam os faunos, os silvanos, as dríadas, as náiadas, assim como se adoravam os doze grandes deuses. Não é verossímil que Antínoo, o menino de Adriano, fosse adorado pelos novos egípcios com o mesmo culto dedicado a Serápis; está comprovado que os antigos egípcios não adoravam cebolas e crocodilos como adoravam Ísis e Osíris. Vemos sempre esse equívoco, que confunde tudo. A cada palavra é preciso dizer: "O que entendeis por isso?" Sempre cumpre repetir: *Defini os termos*[38].

---

37. *Hymno dicto*. São Mateus, cap. XXVI, v. 39. (N. de Voltaire)
38. Ver verbete Alexandre. (N. de Voltaire)

Será verdade que Simão, chamado o *Mago*, foi adorado pelos romanos? Verdade mesmo é que ele foi absolutamente ignorado.

São Justino, em sua *Apologia* (*Apolog.*, n⁰ˢ 26 e 56), tão desconhecida em Roma quanto o tal Simão, diz que aquele deus tinha uma estátua às margens do Tibre, ou melhor, perto do Tibre, entre as duas pontes, com inscrição: *Simoni deo sancto*. Santo Irineu e Tertuliano afirmam a mesma coisa: mas a quem afirmam? A pessoas que nunca tinham ido a Roma; a africanos, alóbrogos, sírios e alguns habitantes de Sichem. Certamente não haviam visto aquela estátua, cuja inscrição é *Semo sanco deo fidio*, e não *Simoni sancto deo*.

Deviam pelo menos consultar Dionísio de Halicarnasso, que, em seu quarto livro, fala dessa inscrição. *Semo sanco* era uma antiga palavra sabina, que significa semi-homem e semideus. Encontra-se em Tito Lívio (liv. VIII, cap. XX): *Bona Semoni sanco censuerunt consecranda*. Esse deus era um dos mais antigos já reverenciados em Roma; foi consagrado por Tarquínio, o Soberbo, e considerado o deus das alianças e da boa-fé. Para ele era sacrificado um boi, sobre cuja pele se escrevia o tratado firmado com os povos vizinhos. Tinha ele um templo ao lado do templo de Quirino. Ora lhe apresentavam oferendas com o nome de pai *Semo*, ora com o nome de *Sancus fidius*. Por isso, Ovídio diz em seus *Fastos* (Ovid. *F.* IV, 213-214):

Quaerebam nonas Sanco, Fidiove referrem,
An tibi, Semo pater.
[Eu me perguntava se deveria atribuir as nonas a
Sanco, ou a Fídio / ou a ti, venerável Semão.]

Essa é a divindade romana que durante tantos séculos foi tomada por Simão, o Mago. São Cirilo de Jerusalém não duvidava disso, e santo Agostinho, em seu primeiro livro das *Heresias*, diz que o próprio Simão, o Mago, mandou erigir para si aquela estátua com a de sua Helena, por ordem do imperador e do senado.

Essa estranha fábula, cuja falsidade era tão fácil reconhecer, foi continuamente associada à outra fábula, segundo a qual são Pedro e esse Simão compareceram juntos, diante de Nero; receberam um desafio que consistia em verificar quem ressuscitaria mais depressa um morto que era parente próximo de Nero e quem se elevaria mais nos ares; consta que Simão se elevou com a ajuda de diabos num carro de fogo; que são Pedro e são Paulo o derrubaram do alto com suas preces, que ele caiu e quebrou-se as pernas, morrendo por esse motivo; Nero, então, irritado, teria mandado matar são Paulo e são Pedro.

Abdias, Marcelo e Hegesipo relataram essa história com detalhes um pouco diferentes: Arnóbio, são Cirilo de Jerusalém, Severo Sulpício, Filastro, santo Epifânio, Isidoro de Damietta, Máximo de Turim e vários outros autores, sucessivamente, difundiram esse erro. Este foi adotado de modo geral, até que, por fim, se encontrou em Roma uma estátua de *Semo sancus deus fidius*, e o estudioso P. Mabillon desenterrou um daqueles antigos monumentos com a seguinte inscrição: *Semoni sanco deo fidio*.

Contudo, é indubitável que houve um Simão que os judeus acreditaram ser mago, assim como é indubitável que houve um Apolônio de Tiana. Também é verdade que aquele Simão, nascido na pequena região de Samaria, reuniu alguns mendigos e os convenceu de que era enviado de Deus, com a virtude de Deus. Batizava tal como os apóstolos batizavam e provocava cismas.

Os judeus de Samaria, sempre inimigos dos judeus de Jerusalém, ousaram opor esse Simão a Jesus Cristo, reconhecido pelos apóstolos e pelos discípulos, todos da tribo de Benjamin ou da tribo de Judá. Ele batizava como eles, mas acrescentava fogo ao batismo de água, e dizia que havia sido previsto por são João Batista, com estas palavras[39]: "Aquele que deve vir depois de mim é mais poderoso que eu, ele vos batizará no Espírito Santo e no fogo."

Simão acendia, acima da pia batismal, uma pequena chama com nafta do lago Asfaltite. Sua facção foi bem grande, mas é de duvidar que seus discípulos o tenham adorado: são Justino é o único que acredita nisso.

Menandro[40] se dizia, tal como Simão, enviado de Deus e salvador dos homens. Todos os falsos messias, sobretudo Barcoquebas, assumiam o título de enviados de Deus; mas o próprio Barcoquebas não exigia adoração. Em geral não se divinizam homens vivos, a menos que esses homens sejam Alexandre ou imperadores romanos que o ordenem expressamente a escravos: mesmo assim, não o fazem por uma adoração propriamente dita; é uma veneração extraordinária, uma apoteose antecipada, uma bajulação tão ridícula quanto as que são prodigalizadas a Otávio por Virgílio e Horácio.

ADORMECIDOS (OS SETE) (Dormants [les sept])

Imaginou a fábula que certo Epimênides ficou adormecido durante vinte e sete anos e que, ao acordar, ficou espantado ao ver que os netos estavam casados e perguntavam qual era seu nome, ao saber que os amigos estavam mortos e que a cidade e os costumes dos habitantes haviam mudado. Era esse um belo campo para a crítica e um tema engraçado de comédia. A lenda tomou de empréstimo todas as características da fábula e as aumentou.

O autor da *Lenda dourada*, no século XIII, não foi o primeiro que, em vez de um adormecido, falou em sete, bravamente transformados em sete mártires. Colheu essa história edificante em Gregório de Tours, escritor veraz, que a colheu de Sigeberto, que a colheu de Metafrasto, que a colheu de Nicéforo. É assim que a verdade vai chegando, de mão em mão.

O reverendo padre Pedro Ribadeneira, da Companhia de Jesus, repisa também essa *Lenda dourada* em sua célebre *Flor dos santos*, a que se faz menção no *Tartufo* de Molière. Ela foi traduzida, ampliada e enriquecida com talhos-doces pelo reverendo padre Antoine Girard, da mesma sociedade; nada lhe falta.

Alguns curiosos talvez sintam mais prazer em ver a prosa do reverendo padre Girard:

"No tempo do imperador Décio, a Igreja foi vítima de furiosa e espantosa borrasca. Entre os cristãos, tomaram-se sete irmãos, jovens, bem-dispostos e graciosos, filhos de um cavaleiro de Éfeso, chamados Maximiano, Maria, Martiniano, Dionísio, João, Serapião e Constantino. O imperador começou tirando-lhes a faixa dourada... Eles se esconderam numa caverna; o imperador mandou murar a entrada da caverna para fazê-los morrer de fome."

Imediatamente os sete adormeceram e só despertaram depois de dormirem cento e setenta e sete anos.

O padre Girard, nem imaginando que se trate de *um conto da carochinha*, prova sua autenticidade com os argumentos mais comprobatórios: e, ainda que não se tivesse nenhuma outra prova além dos nomes dos sete dorminhocos, bastaria essa; a ninguém ocorre dar nomes a pessoas que nunca existiram. Os sete adormecidos não podiam ser enganados nem enganadores. Por isso, não é para contestar essa história que falamos dela, mas apenas para notar que não há um único acontecimento fabuloso da antiguidade que não tenha sido retificado pelos antigos legendários. Toda a história de Édipo, Hércules e Teseu neles se encontra adaptada à sua maneira. Inventaram pouco, mas aperfeiçoaram muito.

---

39. Mateus, cap. III, v. 11. (N. de Voltaire)
40. Aqui não se trata do poeta cômico nem do retórico, mas de um discípulo de Simão, o Mago, que se tornou entusiasta e charlatão como seu mestre. (N. de Voltaire)

Confesso candidamente que não sei de onde Nicéforo tirou essa bela história. Imagino que da tradição de Éfeso, pois a caverna dos sete adormecidos e a igrejinha a eles dedicada ainda existem. Os pobres gregos menos despertos vão lá fazer suas devoções. O cavaleiro Ricaut e vários outros viajantes ingleses viram aqueles dois monumentos, mas não fizeram lá suas devoções.

Terminemos este pequeno verbete com o raciocínio de Abbadie: "Esses são *memoriais* instituídos para celebrar para sempre o episódio dos sete adormecidos; nenhum grego nunca duvidou dele em Éfeso; esses gregos não podem ter sido enganados; não podem ter enganado ninguém: logo, a história dos sete adormecidos é incontestável."

ADULTÉRIO (Adultère)

Não devemos essa expressão aos gregos. Eles chamavam o adultério de μοιχεία, com o que os latinos fizeram seu *mæchus*, que nós não afrancesamos. Não a devemos nem à língua siríaca nem à hebraica, jargão do siríaco, que chamava o adultério de *nyuph*. Adultério significava em latim "alteração, adulteração, uma coisa tomada por outra, crime de falsificação, chaves falsas, contratos falsos, assinatura falsa; *adulteratio*". Por isso, aquele que se metesse na cama de outro foi chamado *adulter*, tal como uma chave falsa que se enfia na fechadura alheia.

Foi assim que, por antífrase, chamaram de *coccyx*, cuco, o pobre marido em cuja casa um estranho fosse pôr ovos. Plínio, o Naturalista, disse[41]: *Coccyx ova subdit in nidis alienis; ita plerique alienas uxores faciunt matres*, "O cuco põe seus ovos no ninho dos outros pássaros; assim, muitos romanos tornam mães as mulheres de seus amigos". A comparação não é muito justa. Como *coccyx* significa cuco, nós criamos o *cocu*[42]. Quantas coisas devemos aos romanos! Mas como se altera o sentido de todas as palavras! O *cocu*, segundo a boa gramática, deveria ser o conquistador, mas é o marido. Veja-se a canção de Scarron[43].

Alguns doutos afirmaram que devemos aos gregos o emblema dos cornos, e que eles designavam com o título de bode, αἴξ[44], o esposo de uma mulher lasciva como cabra. De fato, chamavam de *filho de cabra* os bastardos que nossa canalha chama de *filho da puta*. Mas aqueles que quiserem instruir-se a fundo deverão saber que nossos cornos vêm das cornetas[45] das damas. Os bons burgueses consideravam que o marido que se deixava enganar e governar por sua insolente mulher era portador de cornos, *cocu* [cornudo], *cornard* [corno]. Por essa razão, *cocu*, *cornard* e *sot*[46] eram sinônimos. Em uma de nossas comédias, encontra-se este verso:

Elle? elle n'en fera qu'un sot, je vous assure.
[Ela? Ela o fará de bobo, garanto.]

---

41. Liv. X, cap. IX. (N. de Voltaire)
42. Marido traído. (N. da T.)
43. Tous les jours une chaise
    Me coûte un écu,
    Pour porter à l'aise
    Votre chien de cu,
    A moi, pauvre cocu [Todos os dias uma cadeira / Me custa uma moeda, / Para levar à vontade / a meu pobre marido traído]. (N. de Voltaire)
44. Ver verbete Bode. (N. de Voltaire)
45. No sentido de "utensílio em forma de semicírculo, feito de tecido consistente, outrora usado em penteados femininos". Em francês, além desse sentido, a palavra *cornette* também designa a mulher traída. (N. da T.)
46. Bobo. (N. da T.)

Isso quer dizer: ela fará dele um cornudo. E na *Escola de mulheres* (I, I):

Épouser une sotte est pour n'être point sot.
[Desposar uma boba para não ser bobo.]

Bautru, que era muito espirituoso, dizia: "Os Bautrus são cornudos, mas não são bobos."

A boa sociedade nunca usa esses termos baixos e nunca sequer pronuncia a palavra *adultério*. Não se diz: "A senhora duquesa está cometendo adultério com o senhor cavaleiro; a senhora marquesa está mantendo um mau comércio com o senhor padre." Diz-se: "Nesta semana o senhor padre é amante da senhora marquesa." Quando as damas falam com as amigas sobre seus adultérios, dizem: "Confesso que tenho gosto por *ele*." Antigamente confessavam que sentiam alguma estima; mas, desde que uma burguesa se acusou ao confessor de ter estima por um conselheiro, e o confessor perguntou: "Senhora, quantas vezes ele a estimou?", as damas de qualidade passaram a não estimar ninguém, e pouco frequentam o confessionário.

As mulheres de Lacedemônia, segundo dizem, não conheciam confissão nem adultério. É bem verdade que Menelau experimentara o que Helena sabia fazer. Mas Licurgo restabeleceu a ordem devolvendo as mulheres comuns, quando os maridos queriam emprestá-las, e as mulheres consentiam. Todos podem dispor de seus bens. Nesse caso, os maridos não precisavam ter medo de criar em casa uma criança estranha. Todas as crianças pertenciam à república, e não a uma casa em particular; assim, não se injustiçava ninguém. O adultério só é um mal quando é roubo; mas ninguém rouba o que lhe é dado. Certo marido pedia com frequência a um jovem bonito, bem-feito e vigoroso que tivesse a bondade de gerar um filho em sua mulher. Plutarco conservou-nos, em seu velho estilo, a canção que os lacedemônios cantavam quando Acrotato ia deitar-se com a mulher do amigo:

Allez, gentil Acrotatus, besognez bien Kélidonide,
Donnez de braves citoyens à Sparte.
[Vai, gentil Acrotato, fornica bem Quelidônida,
Dá bravos cidadãos a Esparta.]

Os lacedemônios, portanto, tinham razão quando diziam que o adultério era impossível entre eles.

Não é o que ocorre em nossas nações, cujas leis são todas baseadas no teu e no meu.

Um dos maiores aborrecimentos do adultério é que a senhora às vezes zomba do marido com o amante; o marido desconfia; ninguém gosta de ser ridicularizado. Na burguesia ocorreu com frequência a mulher roubar o marido para dar ao amante; as brigas de casais chegam a extremos cruéis: felizmente são pouco conhecidas na boa sociedade.

A maior injustiça, o maior mal é dar a um pobre homem filhos que não são seus, onerá-lo com um fardo que ele não precisa carregar. Com isso, viram-se raças de herói inteiramente abastardadas. As mulheres de Astolfo e Giocondo, por gosto depravado, por fraqueza do momento, geraram filhos com um anão disforme, com um lacaiozinho sem generosidade e espírito. Corpos e almas se ressentiram. Os maiores nomes de alguns países da Europa tiveram macaquinhos como herdeiros. Estes mantêm em sua sala principal retratos de seus pretensos antepassados, que mediam seis pés de altura, eram belos, bem-feitos, e usavam espatas que a raça de hoje mal conseguiria erguer. Um emprego importante é possuído por um homem que não tem direito algum a ele, cujo peso não pode ser sustentado por seu coração, sua cabeça, seus braços.

Há algumas províncias na Europa onde as moças fazem amor à vontade e depois se tornam esposas bem-comportadas. É exatamente o contrário na França; aqui as moças são encerradas em conventos, onde até agora lhes foi dada uma educação ridícula. Suas mães, para consolá-las, dão-lhes a esperança de que serão livres quando se casarem. Mal viveram um ano com o marido, todos se apressam a conhecer os segredos de sua sedução. Uma jovem só vive, come, passeia, vai ao teatro com outras mulheres, que têm seus casos regulares; se ela não tiver um amante como as outras, será chamada de *desemparceirada*; sente-se envergonhada por isso; não ousa se mostrar.

Os orientais fazem o contrário de nós. Oferecem moças com a garantia de que são virgens pela fé de um circassiano. São desposadas e trancadas por precaução, tal como trancamos nossas filhas. Naqueles países ninguém brinca com as senhoras e seus maridos; ninguém faz canções; nada que se assemelhe a nossas frias pilhérias sobre cornos e corneações. Lastimamos as grandes damas da Turquia, da Persa, das Índias; mas elas são cem vezes mais felizes nos serralhos do que nossas moças nos conventos.

Entre nós às vezes acontece que um marido descontente, não querendo abrir um processo criminal contra a mulher por motivo de adultério (o que seria considerado uma barbaridade), limita-se a obter a separação de corpos e bens.

Cabe aqui inserir o resumo de um memorando escrito por um homem de bem que se encontra nessa situação; vejamos suas queixas: não serão justas?

Memorando de um magistrado
escrito por volta do ano 1764

Um importante magistrado de uma cidade da França tem a infelicidade de ter uma mulher que foi pervertida por um padre antes do casamento e que, a partir de então, cobriu-se de opróbrio com escândalos públicos: ele teve a moderação de separar-se dela sem estardalhaço. Esse homem, com quarenta anos, vigoroso e de aspecto agradável, tem necessidade de uma mulher; é escrupuloso demais para tentar seduzir a esposa de outro, e teme também o comércio com alguma moça ou alguma viúva que lhe servisse de concubina. Nesse estado preocupante e doloroso, segue abaixo o resumo das queixas que faz à sua Igreja.

Minha esposa é criminosa, e o punido sou eu. Preciso de outra mulher para consolar-me a vida e a própria virtude; a seita a que pertenço recusa-me isso; proíbe-me o casamento com uma moça honesta. As leis civis de hoje, infelizmente baseadas no direito canônico, privam-me dos direitos da humanidade. A Igreja me reduz a procurar prazeres que ela mesma reprova, ou compensações vergonhosas que ela condena; quer forçar-me a ser criminoso.

Faço um exame de todos os povos da terra; não há um só, com exceção do povo católico romano, para o qual o divórcio e um novo casamento não sejam de direito natural.

Que inversão da ordem fez que entre os católicos seja virtude suportar o adultério, e tenha o dever de ficar sem mulher aquele que foi indignamente ultrajado pela sua?

Por que um laço apodrecido é indissolúvel, apesar da grande lei adotada pelo código: *quidquid ligatur dissolubile est*? Permitem-me a separação de corpo e bens, e não me permitem o divórcio. A lei pode privar-me da mulher e deixa-me um nome que se chama *sacramento*! Já não gozo o casamento, mas estou casado. Que contradição! Que escravidão! E sob que leis nascemos!

O mais estranho é que essa lei de minha Igreja é diretamente contrária às palavras que essa mesma Igreja acredita terem sido pronunciadas por Jesus Cristo[47]: "Quem repudiou sua mulher (exceto por adultério) pecará se tomar outra."

Não analisarei se os pontífices de Roma tiveram ou não o direito de violar a seu bel-prazer a lei daquele que consideram seu mestre; se, quando um Estado precisa de um herdeiro, é lícito repudiar aquela que não pôde dá-lo. Não procurarei saber se uma mulher turbulenta, atacada de

---

47. Mateus, cap. XIX, v. 9. (N. de Voltaire)

demência, homicida ou envenenadora não deve ser repudiada tanto quanto uma adúltera; limito-me à triste situação que me atinge: Deus permite que eu me case de novo, e o bispo de Roma não mo permite!

O divórcio foi corrente entre os católicos sob todos os imperadores; foi corrente em todos os Estados desmembrados do império romano. Quase todos os reis da França, que chamamos *primeira raça*, repudiaram suas mulheres para tomarem outras. Por fim, apareceu certo Gregório IX, inimigo dos imperadores e dos reis, que, por um decreto, transformou o casamento num jugo inelutável; sua decretal tornou-se lei da Europa. Quando os reis quiseram repudiar uma mulher adúltera segundo a lei de Jesus Cristo, não puderam fazê-lo; foi preciso buscar pretextos ridículos. Luís, o Jovem, para obter seu infeliz divórcio de Eleonora de Guyenne[48], foi obrigado a alegar um parentesco inexistente. O rei Henrique IV, para repudiar Margarida de Valois, pretextou uma causa ainda mais falsa, um vício de consentimento. Precisou mentir para obter legitimamente um divórcio.

Como! Um soberano pode abdicar da coroa, mas sem permissão do papa não poderá abdicar da mulher! Será possível que homens, aliás esclarecidos, tenham ficado atolados durante tanto tempo nessa absurda servidão!

Que nossos sacerdotes e nossos monges renunciem às mulheres ainda admito; é um atentado contra a população, é uma infelicidade para eles; mas merecem a infelicidade que criaram para si mesmos. Foram vítimas dos papas, que quiseram tê-los como escravos, soldados sem família e sem pátria, vivendo unicamente para a Igreja: mas eu, magistrado, que sirvo o Estado durante todo o dia, à noite preciso de uma mulher, e a Igreja não tem o direito de privar-me de um bem que Deus me concede. Os apóstolos eram casados, José era casado, e eu também quero ser. Se eu, alsaciano, dependo de um sacerdote que mora em Roma, se esse sacerdote tem o bárbaro poder de me privar de uma mulher, então que me torne eunuco para cantar *misereres* em sua capela.

Memorando para as mulheres

Manda a equidade que, depois de transcrever esse memorando a favor dos maridos, também seja apresentada ao público uma defesa das mulheres casadas, submetida à junta de Portugal por certa condessa de Arcira. Segue abaixo o seu resumo:

O Evangelho proibiu o adultério a meu marido tanto quanto a mim; ele será danado como eu, nada é mais certo. Depois de cometer vinte infidelidades, de dar meu colar a uma de minhas rivais e meus brincos a outra, não pedi aos juízes que lhe raspassem os cabelos, que o encerrassem num mosteiro e me dessem seus bens. E eu, por tê-lo imitado uma única vez, por ter feito com o mais belo jovem de Lisboa aquilo que ele fez todos os dias impunemente com as mais tolas macacas da corte e da cidade, preciso responder no banco dos réus diante de bacharéis que cairiam a meus pés se ficássemos frente a frente em meu gabinete; na audiência o meirinho deverá cortar meus cabelos, que são os mais bonitos do mundo; serei trancada com religiosas que não têm senso comum, serei privada de meu dote e de minha convenção matrimonial, meus bens serão todos dados ao néscio de meu marido para ajudá-lo a seduzir outras mulheres e a cometer novos adultérios.

Pergunto se isso é justo, se não é evidente que foram os cornudos que fizeram as leis.

Às minhas queixas respondem que devo dar-me por feliz porque não sou lapidada nas portas da cidade pelos cônegos, pelos frequentadores de paróquia e por todo o povo. Era o que se fazia na primeira nação da terra, nação eleita, nação dileta, a única que tinha razão quando todas as outras estavam erradas.

---

48. Eleonora de Aquitânia. (N. da T.)

Respondo a esses bárbaros que, quando a pobre mulher adúltera foi apresentada por seus acusadores ao mestre da antiga e da nova lei, ele não mandou lapidá-la; ao contrário, reprovou aquela injustiça, zombou deles escrevendo na terra com o dedo, citou-lhes o antigo provérbio hebraico: "Atire a primeira pedra aquele que de vós não tiver pecado"; então todos se retiraram, os mais velhos primeiro, porque, quanto mais idade tinham, mais adultérios haviam cometido.

Os doutores em direito canônico replicam que essa história da mulher adúltera só é contada no Evangelho de são João, onde foi inserida posteriormente. Leontius e Maldonatus garantem que ela só se encontra num único exemplar grego antigo; que nenhum dos vinte e três primeiros comentadores falou dela. Orígenes, são Jerônimo, são João Crisóstomo, Teofilato e Nono não a conhecem. Ela não está na Bíblia siríaca, não está na versão de Úlfila.

É isso o que dizem os advogados de meu marido, que gostariam não só de me raspar os cabelos como também de me lapidar.

Mas os advogados que me defenderam dizem que Amônio, autor do século III, considerou verdadeira essa história, e que são Jerônimo, embora a rejeite em alguns lugares, a adota em outros; que, em suma, ela é autêntica hoje. Parto daí e digo a meu marido: "Se o senhor não tiver pecados, mande raspar-me a cabeça, mande prender-me, fique com meus bens; mas, se tiver cometido mais pecados que eu, cabe a mim raspar sua cabeça, mandar prendê-lo, apoderar-me de sua fortuna. Por uma questão de justiça, as coisas devem ser iguais."

Meu marido replica que é meu superior e meu chefe, que sua estatura é maior que a minha em mais de uma polegada, que tem pelos como um urso; que, por conseguinte, devo-lhe tudo, e ele não me deve nada.

Mas eu pergunto se a rainha Ana da Inglaterra não é chefe de seu marido. Se seu marido, o príncipe de Dinamarca, que é seu grande almirante, não lhe deve total obediência. E se ela não mandaria condenar o homenzinho na corte dos pares em caso de infidelidade. Portanto, está claro que as mulheres só não mandam punir os homens quando não são mais fortes que eles.

Continuação do capítulo sobre o adultério

Para julgar validamente um processo de adultério, seria preciso que doze homens e doze mulheres fossem os juízes, com um hermafrodita que tivesse voto de Minerva em caso de empate.

Mas há casos estranhos, sobre os quais não cabe pilhéria e que não nos cabe julgar. É o caso da aventura contada por santo Agostinho em seu sermão da pregação de Jesus Cristo na montanha.

Septímio Acindino, procônsul da Síria, mandou prender em Antioquia um cristão que não pudera pagar ao fisco uma libra de ouro, de que fora taxado, ameaçando-o de morte, caso não pagasse. Um homem rico promete os dois marcos à mulher daquele infeliz, desde que ela ceda a seus desejos. A mulher corre contar tudo ao marido; este lhe suplica que lhe salve a vida às expensas dos direitos que tem sobre ela, direitos que põe em suas mãos. Ela obedece; mas o homem, que lhe deve dois marcos de ouro, a engana e lhe dá um saco cheio de terra. O marido, que não pode pagar o fisco, vai ser conduzido à morte. O procônsul fica sabendo daquela infâmia; paga pessoalmente a libra de ouro ao fisco e dá aos esposos cristãos a propriedade da qual foi retirada a terra posta no saco que foi dado à mulher.

Está claro que, em vez de ultrajar o marido, ela se submeteu à sua vontade; não só lhe obedeceu, como também lhe salvou a vida. Santo Agostinho não ousa decidir se ela é culpada ou virtuosa, teme condená-la.

O mais estranho, na minha opinião, é Bayle pretender ser mais severo que santo Agostinho. Condena acerbamente a pobre mulher. Isso seria inconcebível, se não soubéssemos até que ponto quase todos os escritores permitem que a pluma lhes desminta o coração, a facilidade com que sacrificam o próprio sentimento ao temor de enfurecer algum pedante que possa prejudicá-lo, a que ponto alguém pode estar tão pouco de acordo consigo mesmo.

Le matin rigoriste, et le soir libertin,
L'écrivain qui d'Éphèse excusa la matrone
Renchérit tantôt sur Pétrone,
Et tantôt sur saint Augustin.
[De manhã rigorista, à noite libertino,
O escritor que de Éfeso escusou a matrona
Ora cita Petrônio,
Ora santo Agostinho.]

Reflexão de um pai de família

Acrescentaremos apenas algumas palavras sobre a educação contraditória que damos a nossas filhas. Nós as criamos com o desejo imoderado de agradar, damos-lhes lições sobre isso: a natureza trabalharia muito bem sem nós, mas lhe somamos todos os refinamentos da arte. Quando elas estão perfeitamente adestradas, nós as punimos caso elas ponham em prática a arte que acreditamos ter-lhes ensinado. O que diríeis de um professor de dança que ensinasse seu ofício a um aprendiz durante dez anos e que quisesse quebrar-lhe as pernas quando o encontrasse a dançar com outro?

Não seria o caso de somar este verbete ao que trata das contradições?

ADVOGADOS (Avocats)

Sabe-se que Cícero só se tornou cônsul, ou seja, primeiro homem do universo então conhecido, porque fora advogado. César foi advogado. Não é o que ocorre com mestre Le Dain, advogado do parlamento de Paris, apesar do seu discurso *em termos cartoriais*, contra mestre Huerne, que defendera os comediantes *socorrendo-se de uma literatura agradável e interessante*. César defendeu causas em Roma com um estilo diferente do de mestre Le Dain, antes de ter a ideia de vir nos subjugar e mandar Ariovisto para a forca.

Como valemos infinitamente mais que os antigos romanos, conforme se demonstrou num belo livro intitulado *Paralelo entre os antigos romanos e os franceses*: na parte das Gálias que habitamos, precisamos dividir em várias pequenas porções os talentos que os romanos reuniam. O mesmo homem, entre eles, era advogado, áugure, senador e guerreiro. Entre nós, um senador é um jovem burguês que compra por certa taxa um ofício de conselheiro, seja no tribunal de apelação, seja no tribunal da ajuda, seja na jurisdição da gabela, segundo suas faculdades; e assim está empregado para o resto da vida, repimpando-se em seu círculo, do qual nunca sai, e acreditando desempenhar importante papel no globo.

Advogado é aquele que, não tendo fortuna suficiente para comprar algum desses brilhantes ofícios para os quais estão voltados os olhos do universo, estuda durante três anos as leis de Teodósio e de Justiniano para conhecer os costumes de Paris e, finalmente, obtendo registro, tem o direito de advogar por dinheiro, se tiver voz forte.

Durante o tempo do grande Henrique IV, um advogado pediu mil e quinhentos escudos por ter defendido uma causa; o valor foi considerado excessivamente alto para o tempo, para o advogado e para a causa; todos os advogados então foram depositar o barrete no cartório, que mais tarde inspirou mestre Le Dain, e esse episódio causou consternação geral em todos os advogados de Paris.

Convenhamos que então a honra, a dignidade de ser patrono e a grandeza decorrente da defesa dos oprimidos eram tão conhecidas quanto a eloquência. Quase todos os franceses eram beócios, exceto certo De Thou, certo Sully, certo Malherbe e aqueles bravos capitães que auxiliavam o grande Henrique e não puderam defendê-lo das mãos de um beócio endiabrado pelo fanatismo dos beócios.

Mas, quando, com o tempo, a razão recobrou seus direitos, a honra recobrou os seus; vários advogados franceses se tornaram dignos de serem senadores romanos. Por que se tornaram desinteressados e patriotas ao se tornarem eloquentes? Porque as belas-artes elevam a alma; a cultura do espírito em tudo enobrece o coração.

O episódio eternamente memorável dos Calas é grande exemplo disso. Quatorze advogados de Paris se reúnem vários dias, sem interesse algum, para examinar se um homem supliciado na roda a duzentas léguas de lá morreu inocente ou culpado. Dois deles, em nome de todos, protegem a memória do morto e as lágrimas da família. Um dos dois consome dois anos inteiros a combater por ela, a socorrê-la e a levá-la à vitória.

Generoso Beaumont! Os séculos futuros saberão que o fanatismo togado assassinou juridicamente um pai de família, mas a filosofia e a eloquência vingaram e honraram sua memória.

AFIRMAÇÃO POR JURAMENTO (Affirmation par serment)

Nada diremos aqui sobre a afirmação com a qual os cientistas se expressam com tanta frequência. É lícito afirmar e decidir apenas em geometria. Em todas as outras questões cabe imitar o doutor Métaphraste de Molière. "Bem que poderia ser – a coisa é exequível – não é impossível – vamos ver." Adotemos o *talvez* de Rabelais, o *que sei eu* de Montaigne, o *non liquet* dos romanos, a *dúvida* da Academia de Atenas, nas coisas profanas, claro, pois para as coisas sagradas sabe-se bem que não é permitido duvidar.

Nesse verbete do *Dicionário enciclopédico*, está escrito que os primitivos, chamados *quakers* na Inglaterra, dão fé em justiça com base numa única afirmação, sem serem obrigados a prestar juramento.

Mas os pares do reino têm o mesmo privilégio; os pares seculares afirmam em nome de sua honra, e os pares eclesiásticos, pondo a mão sobre o coração; os *quakers* obtiveram a mesma prerrogativa durante o reinado de Carlos II: é a única seita que tem essa honra na Europa.

O chanceler Cowper quis obrigar os *quakers* a jurar como os outros cidadãos; aquele que estava na sua liderança disse-lhe com seriedade: "Meu amigo chanceler, deves saber que nosso Senhor Jesus Cristo, nosso Salvador, proibiu-nos fazer afirmações de outra maneira que não seja por *ya, ya, no, no*. Ele disse expressamente: 'Proíbo-vos de jurar pelo céu, porque é o trono de Deus; pela terra, porque é o escabelo de seus pés; por Jerusalém, porque é a cidade do grande rei; pela cabeça, porque não podeis dispor de nenhum de seus cabelos, nem branco nem preto.' Isso é peremptório, meu amigo; e não vamos desobedecer a Deus para agradar a ti e a teu parlamento."

"Impossível falar melhor", respondeu o chanceler; "mas deveis saber que certo dia Júpiter ordenou que todas as bestas de carga se deixassem ferrar: os cavalos, os mulos e até os camelos obedeceram incontinente; só os asnos resistiram; alegaram tantas razões, zurraram durante tanto tempo, que Júpiter, que era bom, lhes disse finalmente: 'Senhores asnos, rendo-me às vossas súplicas; não sereis ferrados; mas, no primeiro passo em falso, levareis cem pauladas.'"

Convenhamos que os *quakers*, até agora, nunca deram um passo em falso.

AGAR (Agar)

Quem larga uma namorada, uma concubina, uma amante deveria pelo menos propiciar-lhe um destino tolerável, caso contrário será visto entre nós como um homem desonesto.

Dizem que Abraão era muito rico quando estava no deserto de Gerar, embora não tivesse nem um palmo de terra própria. Sabemos com certeza que ele desafiou os exércitos de quatro grandes reis com trezentos e dezoito guardadores de carneiros.

Portanto, deveria ter dado pelo menos um rebanhozinho à sua amante Agar, quando a mandou para o deserto. Falo aqui apenas de acordo com as leis do mundo e sempre reverencio os caminhos incompreensíveis que não são os nossos.

Eu, portanto, teria dado uns carneiros, umas cabras, um belo bode à minha antiga namorada Agar, uns pares de roupas para ela e para nosso filho Ismael, uma boa burra para a mãe, um lindo burrico para o filho, um camelo para carregar sua tralha e pelo menos dois domésticos para acompanhá-los e impedir que fossem devorados por lobos.

Mas o pai dos crentes deu apenas um cântaro com água e um pão à pobre amante e ao filho, quando os expôs no deserto.

Alguns ímpios afirmaram que Abraão não era um pai muito extremoso, que quis matar o bastardo de fome e cortar o pescoço de seu filho legítimo.

Mas, repito, esses caminhos não são os nossos; dizem que a pobre Agar foi para o deserto de Bersabé. Não existia deserto de Bersabé. Esse nome só ficou conhecido muito tempo depois; mas é uma bagatela, nem por isso o fundo da história é menos autêntico.

É verdade que a descendência de Ismael, filho de Agar, se vingou da descendência de Isaque, filho de Sara, para cujo favorecimento foi expulso. Os sarracenos, descendentes em linha direta de Ismael, apoderaram-se de Jerusalém, que pertencia por direito de conquista à descendência de Isaque. Eu preferiria que os sarracenos descendessem de Sara, pois a etimologia ficaria mais clara; está aí uma genealogia que caberia em nosso Moréri. Afirma-se que a palavra sarraceno vem de *sarac*, ladrão. Não acredito que algum povo se tenha chamado um dia ladrão; quase todos o foram, mas raramente alguém assume essa qualidade. Sarraceno descendente de Sara parece-me soar melhor aos ouvidos.

AGOSTINHO (Augustin)

Não é como bispo, doutor e Padre da Igreja que tratarei aqui de santo Agostinho, nativo de Tagasta; é na qualidade de homem. Tratarei o assunto aqui de um ponto de vista físico, que diz respeito ao clima da África.

Parece-me que santo Agostinho tinha cerca de quatorze anos quando seu pai, que era pobre, o levou consigo para os banhos públicos. Dizem que era contrário ao costume e às conveniências o pai tomar banho com o filho[49]; e o próprio Bayle faz essa observação. Sim, os patrícios em Roma, os cavaleiros romanos, não se banhavam com os filhos nas termas públicas; mas será de acreditar que o povo pobre, indo aos banhos por um vintém, fosse escrupuloso observador das regras de conduta dos ricos?

O homem opulento deitava-se em cama de marfim e prata, sobre tapetes de púrpura, sem lençóis, com a concubina; sua mulher, em outro aposento perfumado, deitava-se com o amante. Os filhos, os preceptores e os criados tinham quartos separados; mas o povo dormia misturado, em casebres. Não se observavam muitos requintes na cidade de Tagasta, na África. O pai de Agostinho levava o filho aos banhos dos pobres.

Esse santo conta que o pai o viu num estado de virilidade que lhe causou alegria realmente paterna, levando-o a esperar logo vir a ter netos *in ogni modo*; como de fato os teve.

Aquele homem apressou-se mesmo a ir contar a novidade a santa Mônica, sua mulher.

---

49. *Valério Máximo*, liv. II, cap. I, nº 7. (N. de Voltaire)

Quanto a essa puberdade prematura de Agostinho, não caberá atribuí-la ao uso antecipado do órgão da procriação? São Jerônimo fala de uma criança de dez anos de que uma mulher abusava, com quem concebeu um filho (*Epistola ad Vitalem*, t. III).

Santo Agostinho, que era uma criança muito libertina, tinha o espírito tão pronto quanto a carne. Diz ele[50] que, com apenas vinte anos, aprendeu geometria, aritmética e música sem mestre.

Isso não provará duas coisas: que na África, hoje chamada por nós *Barbaria*, os corpos e os espíritos são mais avançados do que entre nós?

Essas vantagens preciosas de santo Agostinho levaram a crer que Empédocles não estava tão errado quando considerava o fogo como o princípio da natureza. Ele é ajudado, mas por subalternos: é um rei que põe em ação todos os seus súditos. É verdade que ele às vezes inflama talvez demais a imaginação de seu povo. Não foi sem razão que Siface diz a Juba, no *Catão* de Addison, que o Sol, que puxa seu carro sobre as cabeças africanas, põe mais colorido em suas faces, mais fogo em seus corações, e que as damas de Zama são muito superiores às pálidas beldades da Europa, que a natureza só plasmou pela metade.

Onde estão, em Paris, Estrasburgo, Ratisbona e Viena os jovens que aprendem aritmética, matemática e música sem socorro algum, e são pais aos quatorze anos?

Provavelmente não é fábula que Atlas, príncipe da Mauritânia, chamado *Filho do Céu* pelos gregos, tenha sido um célebre astrônomo, tenha mandado construir uma esfera celeste como a que existe na China há tantos séculos. Os antigos, que expressavam tudo por meio de alegorias, compararam esse príncipe com a montanha de mesmo nome, porque seu cume se eleva até as nuvens; e as nuvens foram chamadas de céu por todos os homens que só julgaram as coisas com base no que lhes transmitem seus olhos.

Aqueles mesmos mouros cultivaram as ciências com sucesso e ensinaram a Espanha e a Itália durante mais de cinco séculos. As coisas mudaram muito. O país de santo Agostinho já não passa de um refúgio de piratas. A Inglaterra, a Itália, a Alemanha e a França, que estavam mergulhadas na barbárie, cultivam as artes melhor do que os árabes jamais fizeram.

Queremos, portanto, neste verbete, mostrar apenas como este mundo é um quadro mutável. Agostinho devasso torna-se orador e filósofo. Progride no mundo; passa a ser professor de retórica; converte-se em maniqueísta; do maniqueísmo passa ao cristianismo. Faz-se batizar com um de seus filhos bastardos chamado Deodato; torna-se bispo; torna-se Padre da Igreja. Seu sistema sobre a graça é respeitado durante mil e cem anos como artigo de fé. Ao cabo de mil e cem anos, alguns jesuítas encontram um meio de obter o anátema para o sistema de santo Agostinho palavra por palavra, por trás dos nomes Jansênio, Saint-Cyran, Arnauld, Quesnel[51]. Perguntamos se essa revolução em seu gênero não é tão grande quanto a revolução da África, e se existe alguma coisa permanente sobre a terra.

AGRICULTURA (Agriculture)

Não é concebível que os antigos, que cultivavam a terra tão bem como nós, pudessem imaginar que todos os grãos com que semeavam a terra precisavam morrer e apodrecer antes de germinar e produzir. Bastava que tivessem tirado a semente da terra ao cabo de dois ou três dias, e o veriam saudável, um pouco inchado, com a raiz para baixo e a cabeça para cima. Depois de algum tempo teriam distinguido o broto, os filetes brancos das raízes, a matéria leitosa que constituirá a farinha, seus dois invólucros, suas folhas. No entanto, bastou que algum filósofo grego ou

---

50. *Confissões*, liv. IV, cap. XVI. (N. de Voltaire)
51. Ver Graça. (N. de Voltaire)

bárbaro ensinasse que toda geração vem da corrupção, para que ninguém mais duvidasse: e esse erro, o maior e o mais tolo de todos os erros, porque o mais contrário à natureza, estava em todos os livros escritos para a instrução do gênero humano.

Por isso, os filósofos modernos, audazes demais porque mais esclarecidos, abusaram de suas luzes para criticar duramente Jesus, nosso salvador, e são Paulo, seu perseguidor transformado em apóstolo, por terem dito que o grão precisava apodrecer na terra para germinar, que ele precisava morrer para renascer; tais filósofos disseram que é o cúmulo do absurdo querer provar o novo dogma da ressurreição com uma comparação tão falsa e ridícula. Houve quem ousasse dizer, na *História crítica de Jesus Cristo*, que tamanhos ignorantes não eram feitos para ensinar os homens, e que aqueles livros, por tanto tempo desconhecidos, só serviam para o populacho mais vil.

Os autores dessas blasfêmias não pensaram que Jesus Cristo e são Paulo se dignariam falar a linguagem comum; que, podendo ensinar as verdades da física, só ensinavam as da moral; que seguiam o exemplo do respeitável autor do Gênese. De fato, no Gênese, o Espírito Santo conforma-se, em cada linha, às ideias mais grosseiras do povo mais grosseiro; a sabedoria eterna não desceu à terra para instituir academias de ciências. É o que sempre respondemos àqueles que criticam tantos erros físicos em todos os profetas e em tudo aquilo que foi escrito entre os judeus. Todos sabem que religião não é filosofia.

De resto, três quartos da terra vivem sem nosso trigo, sem o qual afirmamos que ninguém pode viver. Se os habitantes voluptuosos das cidades soubessem quanto trabalho custa seu pão, ficariam assustados.

Livros pseudônimos sobre economia geral

Seria difícil acrescentar algo àquilo que é dito de útil na *Enciclopédia* nos verbetes Agricultura, Grão, Fazenda etc. Observarei apenas que, no verbete Grão, sempre se supõe que o marechal de Vauban é o autor de *Dîme royale* [Dízimo régio]. É um erro no qual incidiram quase todos aqueles que escreveram sobre economia. Somos, então, obrigados a reapresentar aquilo que já dissemos alhures.

"Bois-Guillebert resolveu primeiro imprimir *Dîme royale* com o nome de *Testament politique du maréchal de Vauban* [Testamento político do marechal de Vauban]. Esse Bois-Guillebert, autor de *Détail de la France* [Particularidades da França], em dois volumes, não deixava de ter seus méritos: tinha grande conhecimento das finanças do reino; mas a paixão por criticar todas as operações do grande Colbert levou-o longe demais; julgou-se que era um homem muito instruído que sempre se perdia, alguém que fazia projetos e exagerava os males do reino, propondo maus remédios. O pequeno sucesso desse livro no ministério levou-o a tomar a decisão de pôr seu *Dîme royale* sob o abrigo de um nome respeitado: tomou o nome do marechal de Vauban, e não podia fazer escolha melhor. Quase toda a França ainda acredita que o projeto desse *Dîme royale* é daquele marechal tão zeloso do bem público; mas o engano é fácil de perceber.

"Bois-Guillebert é traído pelos louvores que faz a si mesmo no prefácio; ele louva demais seu livro *Détail de la France*; não é verossímil que o marechal fizesse tantos elogios a um livro tão cheio de erros; percebe-se nesse prefácio um pai a louvar o filho para fazer que um de seus bastardos seja aceito."

O número daqueles que atribuíram a nomes respeitados suas ideias sobre governo, economia, finanças, táticas etc. é considerável. O abade de Saint-Pierre, que podia prescindir dessa trapaça, não deixou de atribuir a quimera de sua Paz perpétua ao duque de Borgonha.

O autor do *Financier citoyen* [Financeiro cidadão] sempre cita o pretenso *Testament politique de Colbert* [Testamento político de Colbert], obra completamente impertinente, fabricada por

Gatien de Courtilz. Alguns ignorantes[52] ainda citam os testamentos políticos do rei da Espanha, Filipe II, do cardeal Richelieu, de Colbert, de Louvois, do duque de Lorena, do cardeal Alberoni e do marechal de Belle-Isle. Fabricaram até o testamento político de Mandrin.

A *Enciclopédia*, no verbete Grão, transcreve estas palavras de um livro intitulado *Vantagens e desvantagens da Grã-Bretanha*, obra bem superior a todas as que acabamos de citar.

"Se percorrermos algumas províncias da França, veremos não só que várias de suas terras permanecem incultas, terras que poderiam produzir trigo e alimentar animais, mas também que as terras cultivadas não rendem proporcionalmente à sua boa qualidade, porque o lavrador carece de meios para bem aproveitá-las...

"Não foi sem verdadeira alegria que observei no governo da França um vício de consequências tão extensas, do que felicitei minha pátria; mas não pude abster-me de sentir, ao mesmo tempo, como teria sido formidável o seu poder se ela tivesse tirado proveito das vantagens que tais posses e tais homens lhe oferecem. *O sua si bona norint* [Ó se conhecessem seus bens!]"

Ignoro se esse livro por ventura não seria de um francês que, passando-se por inglês, acreditou que este deveria dar graças a Deus pelo fato de os franceses lhe parecerem pobres, mas, ao mesmo tempo, se trai ao desejar que sejam ricos e ao exclamar com Virgílio: "Oh, se conhecessem seus bens!" Mas, seja francês ou inglês, não é verdade que as terras da França não rendem proporcionalmente à sua boa qualidade. É grande o costume de concluir o geral a partir do particular. A crer-se nos nossos livros novos, a França não seria mais fértil do que a Sardenha e os pequenos cantões suíços.

Exportação de grãos

O mesmo verbete Grão também contém esta reflexão: "Os ingleses frequentemente sofriam grandes carestias das quais nos aproveitávamos graças à liberdade de comércio de nossos grãos, durante o reinado de Henrique IV e de Luís XIII, bem como nos primeiros tempos do reinado de Luís XIV."

Mas, infelizmente, a saída de grãos foi proibida em 1598, no reinado de Henrique IV. A proibição continuou durante o reinado de Luís XIII e durante todo o reinado de Luís XIV. Só se podia vender trigo fora do reino mediante petição apresentada ao conselho, que julgava da utilidade ou do perigo da venda, ou melhor, que se remetia ao intendente da província. Foi só em 1764 que o conselho de Luís XV, mais esclarecido, tornou livre o comércio do trigo, com as restrições convenientes nos anos ruins.

Do grande e do pequeno cultivo

No verbete Fazenda, que é um dos melhores dessa grande obra, distinguem-se o grande e o pequeno cultivo. O grande é feito com cavalos; o pequeno, com bois; o pequeno cultivo, que se estende pela maior parte das terras da França, é visto como um trabalho quase estéril, como um esforço vão de indigência.

Essa ideia, em geral, não me parece verdadeira. O cultivo com cavalos não é muito melhor que o feito com bois. Existem compensações entre os dois métodos que os tornam perfeitamente iguais. Parece-me que os antigos nunca empregaram cavalos para lavrar a terra; pelo menos só se fala em bois em Hesíodo, Xenofonte, Virgílio e Columela. O cultivo com bois só é tacanho e pobre quando proprietários em dificuldades fornecem bois ruins e mal alimentados a meeiros sem recursos que cultivam mal. Esse meeiro, que nada arrisca, porque nada forneceu, nunca uti-

---

52. Ver Anedotário, Anedotas (N. de Voltaire)

liza os adubos e os tratos de que a terra precisa; ele não se enriquece e empobrece o patrão: essa é, infelizmente, a situação em que se encontram vários pais de família.

O serviço dos bois é tão rendoso quanto o dos cavalos, porque, embora lavrem mais devagar, conseguem trabalhar mais dias sem se estafar; sua alimentação é muito mais barata; não são ferrados, seus arreios são menos dispendiosos, podem ser revendidos ou engordados para o corte: assim, vivos ou mortos, são vantajosos; o mesmo não se pode dizer dos cavalos.

Por fim, os cavalos só podem ser empregados nas regiões onde a aveia é muito barata, motivo pelo qual sempre há quatro a cinco vezes menos plantações feitas com cavalos do que com bois.

Arroteamentos

No verbete Arroteamento, são consideradas apenas as ervas daninhas e vorazes que devem ser arrancadas de um campo para deixá-lo em condições de ser semeado.

A arte de arrotear não se limita a esse método corrente e sempre necessário. Consiste em tornar férteis terras ingratas que nunca deram nada. Existem muitas dessa natureza, como os terrenos pantanosos ou de terra argilosa ou gredosa, nas quais é tão inútil semear quanto em rochedos. Quanto às terras pantanosas, só devemos incriminar a preguiça e a extrema pobreza, quando não são fertilizadas.

Os solos puramente argilosos ou de gesso, ou apenas de areia, são rebeldes a qualquer cultivo. Existe apenas um segredo, que é o de transportar para eles terra boa durante anos inteiros. Essa é uma empresa que só convém a homens riquíssimos; o lucro só se iguala à despesa depois de muitíssimo tempo, se é que algum dia se aproxima desta. Depois de se levar terra móvel, é preciso misturá-la com a ruim, estrumá-la muito, transportar mais terra e, sobretudo, semeá-la com grãos que, em vez de devorar o solo, lhe transmitam nova vida.

Alguns particulares fizeram essas experiências; mas só caberia a um soberano mudar assim a natureza de um vasto terreno, instalando uma cavalaria que consumiria a forragem extraída das cercanias. Seriam necessários regimentos inteiros. Essa despesa, se feita no reino, não desperdiçaria nenhum vintém, e, com o passar do tempo, haveria um grande terreno a mais conquistado à natureza. O autor deste verbete fez essa experiência em pequena escala e teve sucesso.

Trata-se de uma empresa do porte comparável à dos canais e das minas. Mesmo que a despesa de um canal não fosse compensada pelos direitos que ele propicia, eles ainda assim constituiriam uma prodigiosa vantagem para o Estado.

Ainda que os custos de exploração de uma mina de prata, cobre, chumbo ou estanho, ou mesmo de carvão mineral, excedesse o produto, a exploração seria muito útil: pois o dinheiro gasto permite que os operários vivam, circula pelo reino, e o metal ou o mineral extraído é uma riqueza nova e permanente. Seja lá o que se faça, sempre cabe voltar à fábula do bom velhinho, que levou seus filhos a acreditar que havia um tesouro em seus campos; eles revolveram toda a herdade para procurá-lo, e perceberam que o trabalho é um tesouro.

A pedra filosofal da agricultura seria semear pouco e colher muito. O *Grand Albert* [Grande Albert], o *Petit Albert* [Pequeno Albert] e a *Maison rustique* [Casa rústica] ensinam doze segredos para realizar a multiplicação do trigo, que devem ser postos ao lado do método para gerar abelhas a partir de couro de touro, e ao lado dos ovos de galo do qual provêm basiliscos. A quimera da agricultura é acreditar que se obriga a natureza a fazer mais do que pode. Seria o mesmo que contar o segredo de fazer uma mulher gerar dez crianças, quando só pode gerar duas. Tudo que se deve fazer é cuidar bem dela durante a gravidez.

O método mais seguro de colher um pouco mais de grão do que de ordinário é utilizar um semeador. Essa manobra, por meio da qual, simultaneamente, se semeia, grada e recobre, evita os estragos provocados pelo vento, que às vezes espalha as sementes, e pelos pássaros, que as devoram. Trata-se de uma vantagem que, certamente, não é de se desprezar.

Ademais, a semente é lançada e espaçada com mais regularidade na terra; tem mais liberdade para expandir-se; pode produzir caules mais fortes e um pouco mais de espigas. Mas o semeador não convém para todos os tipos de terreno nem para todos os lavradores. É preciso que o solo seja uniforme e sem pedras, e que o lavrador tenha boas condições financeiras. O semeador custa bastante; e custa ainda mais o seu conserto, quando ele se estraga. Exige dois homens e um cavalo; muitos lavradores só têm bois. Essa máquina útil deve ser empregada por cultivadores ricos e emprestada aos pobres.

Da grande proteção devida à agricultura

Que fatalidade faz que a agricultura seja realmente reverenciada apenas na China? Todo ministro de Estado da Europa deve ler com atenção o memorando abaixo, apesar de ser de um jesuíta. Ele nunca foi contradito por nenhum outro missionário, não obstante o ciúme profissional que sempre medrou entre eles. Esse memorando é inteiramente condizente com todos os relatórios que temos daquele vasto império.

"No começo da primavera chinesa, ou seja, no mês de fevereiro, o tribunal dos matemáticos, que recebera a ordem de examinar qual seria o dia conveniente para a cerimônia da lavoura, determinou o dia 24 da undécima lua, e o tribunal dos ritos anunciou esse dia ao imperador num memorial, em que o mesmo tribunal dos ritos marcava aquilo que Sua Majestade devia fazer a fim de preparar-se para tal festa.

"Segundo esse memorial, 1º o imperador deve nomear as doze pessoas ilustres que devem acompanhá-lo e lavrar depois dele, a saber, três príncipes e nove presidentes das cortes soberanas. Se alguns dos presidentes fossem velhos demais ou inválidos, o imperador nomearia seus assessores para substituí-los.

"2º Essa cerimônia não consiste apenas em lavrar a terra, para incentivar a imitação de seu exemplo; também encerra um sacrifício que o imperador, como grande pontífice, oferece a Chang-ti, pedindo-lhe a abundância para seu povo. Ora, como preparação para esse sacrifício, ele precisa jejuar e manter-se continente durante os três dias anteriores[53]. A mesma precaução deve ser tomada por todos aqueles que são nomeados para acompanhar Sua Majestade, sejam eles príncipes ou outros, mandarins das letras ou mandarins de guerra.

"3º Na véspera dessa cerimônia, Sua Majestade escolhe alguns senhores de primeira qualidade e os envia à sala de seus ancestrais, para se prosternarem diante da tabuinha e avisá-los, como se ainda estivessem vivos[54], de que no dia seguinte será oferecido o grande sacrifício.

"Aí está em poucas palavras aquilo que o memorial do tribunal dos ritos marcava para a pessoa do imperador. Declarava também os preparativos que os diferentes tribunais estavam encarregados de fazer. Um deve preparar aquilo que se usa nos sacrifícios. Outro deve escrever as palavras que o imperador recita ao fazer o sacrifício. Um terceiro deve mandar carregar e montar as tendas nas quais o imperador jantará, se tiver ordenado que se leve uma refeição. Um quarto deve reunir quarenta ou cinquenta veneráveis anciãos, lavradores profissionais, que estejam presentes quando o imperador lavrar a terra. Também são chamados uns quarenta lavradores mais jovens para dispor a charrua, atrelar os bois e preparar os grãos que devem ser semeados. O imperador semeia cinco tipos de grão, considerados os mais necessários à China, sob os quais estão compreendidos todos os outros; frumento, arroz, milhete, fava e uma outra espécie de milhete chamada *cacleang*.

---

53. Só isso já não basta para destruir a insensata calúnia, difundida no Ocidente, de que o governo chinês é ateu? (N. de Voltaire)
54. Diz o provérbio: "Comportai-vos com os mortos como se eles estivessem vivos." (N. de Voltaire)

"Esses foram os preparativos: no vigésimo quarto dia da lua, Sua Majestade foi com toda a corte em trajes de cerimônia para o lugar destinado a oferecer a Chang-ti o sacrifício da primavera, com o qual se suplica que os bens da terra cresçam e sejam conservados. Por esse motivo se faz a oferenda antes de pôr a mão na charrua...

"O imperador ofereceu o sacrifício e, depois disso, desceu com os três príncipes e os nove presidentes que deviam lavrar com ele. Vários grandes senhores carregavam os cofres preciosos que encerravam os grãos que deveriam ser semeados. Toda a corte assistiu em silêncio. O imperador tomou a charrua e, lavrando, abriu várias idas e vindas; quando largou a charrua, um príncipe de sangue passou a conduzi-la e a lavrar. E assim por diante.

"Depois de lavrar em diferentes lugares, o imperador semeou os diferentes grãos. Na ocasião não se lavra o campo inteiro; mas nos dias seguintes os lavradores profissionais terminam de lavrar.

"Naquele ano havia quarenta e quatro velhos lavradores e quarenta e dois mais jovens. A cerimônia terminou com uma recompensa que o imperador mandou dar-lhes."

A esse relatório da mais bela, porque mais útil, de todas as cerimônias cabe acrescentar um edito do mesmo imperador Yong-Tching. Ele concede recompensas e honras a quem arrotear terrenos incultos de quinze a oitenta arpentos, pelos lados da Tartária, pois não há terrenos incultos na China propriamente dita; e aquele que arrotear oitenta arpentos se tornará mandarim da oitava ordem.

Que devem fazer nossos soberanos da Europa ao saberem de tais exemplos? *Admirar e envergonhar-se, mas sobretudo imitar*.

P.S. Li recentemente um livrinho sobre artes e ofícios, no qual observei coisas úteis e agradáveis; mas o que ele diz sobre a agricultura se parece bastante com a maneira como o assunto é tratado por vários parisienses que nunca viram uma charrua. O autor fala de um agricultor feliz que, no lugar mais delicioso e fértil da terra, cultivava um campo *que lhe rendia cem por cento*.

Ele não sabia que o terreno que rendesse apenas cem por cento não só não cobriria uma única despesa do cultivo, como também arruinaria para sempre o lavrador. Para que uma propriedade possa dar pequeno lucro, é preciso que renda pelo menos quinhentos por cento. Felizes parisienses, usufruí nossos trabalhos e fazei julgamentos sobre a ópera cômica![55]

ALCORÃO, ou CORÃO (Alcoran, ou Le Koran)

Primeira seção

Esse livro governa despoticamente toda a África setentrional, do monte Atlas ao deserto de Barca, todo o Egito, as costas do oceano Etíope no espaço de seiscentas léguas, a Síria, a Ásia Menor, todos os países que circundam o mar Negro e o mar Cáspio, com exceção do reino de Astracã, todo o império do Industão, toda a Pérsia, grande parte da Tartária e, em nossa Europa, Trácia, Macedônia, Bulgária, Sérvia, Bósnia, toda a Grécia, o Épiro e quase todas as ilhas até o pequeno estreito de Otranto, onde terminam todas essas imensas possessões.

Nessa prodigiosa extensão de países não há um só maometano que tenha tido a felicidade de ler nossos livros sagrados, e pouquíssimos literatos entre nós conhecem o Alcorão. Quase sempre temos uma ideia ridícula dele, apesar das pesquisas de nossos verdadeiros cientistas.

Estas são as primeiras linhas desse livro:

"Louvemos a Deus, soberano de todos os mundos, Deus de misericórdia, soberano do dia da justiça; és tu que adoramos, só de ti esperamos proteção. Conduze-nos pelas vias retas, pelas vias daqueles que cumulaste com tuas graças, não pelas vias dos objetos de tua cólera e daqueles que se desgarraram de ti."

---

55. Ver Trigo. (N. de Voltaire)

Essa é a introdução, após a qual veem-se três letras, *A, L, M*, que, segundo o erudito Sale, não são entendidas, pois cada comentador as explica à sua maneira; mas, segundo a opinião mais comum, significam: *Allah, Latif, Magid*, Deus, graça, glória.

Maomé continua, e é o próprio Deus que lhe fala. Eis suas próprias palavras:

"Este livro não admite dúvida, ele é a direção dos justos que creem nas profundezas da fé, que observam os tempos das preces, que espalham como esmolas aquilo que nos dignamos dar-lhes, que estão convencidos da revelação que desceu até ti e foi enviada aos profetas antes de ti. Que os fiéis tenham firme confiança na vida por vir; que sejam dirigidos por seu senhor, e serão felizes.

"Quanto aos incrédulos, nada mudará se os advertires ou não; eles não acreditam: o selo da infidelidade está sobre seu coração e seus ouvidos; as trevas cobrem seus olhos; punição terrível os espera.

"Alguns dizem: Acreditamos em Deus e no último dia; mas, no fundo, não creem. Imaginam que enganam o Eterno; enganam-se a si mesmos sem saber; a fraqueza está no coração deles, e Deus aumenta essa fraqueza etc."

Dizem que essas palavras têm cem vezes mais energia em árabe. De fato, o Alcorão ainda hoje é tido como o livro mais elegante e mais sublime jamais escrito nessa língua.

Imputamos ao Alcorão uma infinidade de tolices que nunca ali estiveram[56].

Foi principalmente contra os turcos convertidos ao maometismo que nossos monges escreveram tantos livros, quando não era possível responder de outro modo aos conquistadores de Constantinopla. Nossos autores, muitíssimo mais numerosos que os janízaros, não tiveram muito trabalho em pôr nossas mulheres de seu lado: convenceram-nas de que Maomé não as via como animais inteligentes; que elas eram todas escravas pelas leis do Alcorão; que não possuíam nenhum bem neste mundo, e que, no outro, não tinham participação alguma no paraíso. Tudo isso é de uma falsidade evidente; e em tudo isso se acreditou firmemente.

No entanto, bastaria ler a segunda e a quarta sura[57], ou capítulo do Alcorão, para mudar de ideia; neles, se encontrariam as leis abaixo; são também traduzidas por Du Ryer, que ficou muito tempo em Constantinopla, por Maracci, que nunca foi lá, e por Sale, que viveu vinte e cinco anos entre os árabes.

Regulamentos de Maomé sobre as mulheres

I

"Não desposeis mulheres idólatras a não ser que se tornem crentes. Uma criada muçulmana vale mais que a maior dama idólatra."

II

"Aqueles que fazem voto de castidade e têm mulher devem esperar quatro meses para decidir-se. As mulheres se comportam com os maridos assim como os maridos com elas."

III

"Podeis divorciar-vos duas vezes de vossa mulher; mas, na terceira, se a repudiardes, será para sempre; ou a conservais com humanidade, ou a mandais embora com bondade. Não vos é permitido ficar com nada que lhe destes."

---

56. Ver verbete Arot e Marot. (N. de Voltaire)
57. Contando a introdução como um capítulo. (N. de Voltaire)

IV

"As mulheres honestas são obedientes e atenciosas, mesmo na ausência do marido. Se forem bem comportadas, evitai brigar com elas; e, se houver briga, tomai um árbitro de vossa família e outro da família dela."

V

"Tomai uma mulher, ou duas, ou três, ou quatro, e nunca mais que isso. Mas, se houver o risco de não poderdes agir equitativamente com várias, tomai apenas uma. Dai-lhes um dote conveniente; cuidai bem delas e sempre deveis falar com elas amigavelmente…"

VI

"Não vos é permitido herdar de vossas mulheres contra a vontade delas, nem impedir que se casem com outro depois do divórcio, para tomardes posse de seu dote, a menos que elas se tenham declarado culpadas de algum crime.

"Se quiserdes deixar vossa mulher para tomardes outra, quando lhe tiverdes dado o valor de um talento como casamento, não tomeis nada dela."

VII

"Tendes a permissão de desposar escravas, mas é melhor que vos abstenhais."

VIII

"Uma mulher repudiada é obrigada a amamentar o filho durante dois anos, e o pai é obrigado, durante esse tempo, a dar um sustento digno, segundo sua condição. Se a criança for desmamada antes de dois anos, será preciso o consentimento do pai e da mãe. Se fordes obrigado a confiá-la a uma ama estrangeira, deveis pagá-la razoavelmente."

Aí está o suficiente para reconciliar as mulheres com Maomé, que não as tratou com tanta dureza como se diz. Não pretendemos justificar sua ignorância nem sua impostura, mas não podemos condená-lo em sua doutrina de um único Deus. Só estas palavras da sura 122, "Deus é único, eterno, não engendra, não é engendrado, nada é semelhante a ele", essas palavras, repito, submeteram-lhe o oriente mais do que sua espada.

De resto, esse Alcorão de que falamos é uma coletânea de revelações ridículas e de pregações vagas e incoerentes, mas de leis muito boas para a região onde ele vivia, leis que ainda são seguidas sem atenuações ou mudanças feitas por intérpretes maometanos ou por novos decretos.

Maomé teve como inimigos não só os poetas de Meca, mas principalmente os doutores. Estes ergueram contra ele os magistrados, que emitiram um mandado de prisão contra ele, por estar devidamente atestado que ele dissera que é preciso adorar a Deus, e não às estrelas. Como se sabe, essa foi a fonte de sua grandeza. Quando perceberam que não era possível arruiná-lo, e que seus escritos ganhavam favor, espalhou-se pela cidade que ele não era seu autor, ou que, pelo menos, era ajudado na composição das folhas ora por um erudito judeu, ora por um erudito cristão; supondo-se que então houvesse eruditos.

Do mesmo modo, entre nós, já se criticou mais de um prelado por ter mandado monges compor seus sermões e orações fúnebres. Havia um padre Hércules que fazia os sermões de certo bispo; e, quando se ia a esses sermões, dizia-se: "Vamos ouvir os trabalhos de Hércules."

Maomé responde a essa imputação em seu capítulo XVI, por ocasião de uma grande asneira que ele dissera ao pregar, asneira que havia sido veementemente apontada. Vejamos como ele se safa.

52 ALCORÃO, ou CORÃO

"Quando leres o Alcorão, dirige-te a Deus, para que ele te proteja de Satã (...) ele só tem poder sobre aqueles que o tomaram por mestre, e dão companheiros a Deus.

"Quando substituo no Alcorão um versículo por outro (e Deus sabe a razão dessas mudanças), alguns infiéis dizem: *Forjaste esses versículos*; mas eles não sabem distinguir o verdadeiro do falso: seria preferível que dissessem que o Espírito Santo me trouxe esses versículos da parte de Deus com a verdade (...) Outros dizem com mais malícia: "Existe certo homem trabalhando com ele na composição do Alcorão"; mas como esse homem a quem atribuem minhas obras poderia ensinar-me, se fala uma língua estrangeira, enquanto a língua na qual o Alcorão está escrito é o árabe mais castiço?"

Aquele que, segundo afirmavam, trabalhava[58] com Maomé era um judeu chamado Bensalen ou Bensalon. Não é muito verossímil que um judeu tivesse ajudado Maomé a escrever contra os judeus; mas a coisa não é impossível. Dissemos depois que quem trabalhava no Alcorão com Maomé era um monge. Uns lhe davam o nome de Bohaira; outros, de Sergius. É engraçado que esse monge tenha um nome latino e um nome árabe.

Quanto às belas disputas teológicas que surgiram entre os muçulmanos, não me meto, cabe ao mufti decidir.

Grande questão é saber se o Alcorão é eterno ou se foi criado; os muçulmanos rígidos acreditam que seja eterno.

Na sequência da história de Calcondilo, imprimiu-se *O triunfo da cruz*, e nesse *Triunfo* se diz que o Alcorão é ariano, sabeliano, carpocraciano, cerdonita, maniqueísta, donatista, origenista, macedonita e ebionita. Maomé, porém, não era nada disso; estava mais para jansenista, pois o fundo de sua doutrina é o decreto absoluto da predestinação gratuita.

Segunda seção

Aquele Maomé, filho de Abdala, era um charlatão sublime e audaz. Diz ele em seu décimo capítulo: "Quem, senão Deus, pode ter composto o Alcorão? Bradam: 'Foi Maomé quem forjou esse livro.' Pois bem; que tentem escrever um só capítulo semelhante, pedindo a ajuda de quem bem quiserem." No décimo sétimo exclama: "Glória àquele que transportou seu servidor durante a noite do templo sagrado de Meca ao de Jerusalém!" É uma viagem bem grande, mas está longe da viagem que ele fez naquela mesma noite de planeta em planeta e das belas coisas que viu.

Afirmava que havia quinhentos anos de caminho de um planeta a outro, e que ele fendeu a Lua em duas partes. Seus discípulos, que coligiram solenemente versículos de seu Alcorão depois de sua morte, retiraram essa viagem celeste. Temiam o escárnio dos filósofos. Era escrúpulo demais. Podiam ter confiado nos comentadores, que teriam sabido explicar muito bem o itinerário. Os amigos de Maomé deviam saber por experiência que o maravilhoso é a razão do povo. Os sábios contradizem em segredo, e o povo lhes cala a boca. Mas, apesar da retirada do itinerário dos planetas, ficaram algumas palavrinhas sobre a aventura da Lua, não se consegue cuidar de tudo.

O Alcorão é uma rapsódia sem nexo, ordem ou arte; no entanto, dizem que esse livro enfadonho é belíssimo; remeto-me aos árabes, segundo os quais ele está escrito com uma elegância e uma pureza da qual ninguém se aproximou depois. É um poema, ou uma espécie de prosa rimada, que contém seis mil versos. Não existe poeta cuja pessoa e cuja obra tenham feito tanto sucesso. Discutiu-se entre os muçulmanos se o Alcorão é eterno, ou se Deus o criara para ditá-lo a Maomé. Os doutores decidiram que ele é eterno; tinham razão, essa eternidade é muito mais bonita que a outra opinião. Com o vulgo, sempre é preciso tomar a decisão mais incrível.

Os monges que se insurgiram contra Maomé e lhe atribuíram tantas tolices afirmaram que ele não sabia escrever. Mas como imaginar que um homem que havia sido negociante, poeta, legis-

---

58. Ver *Alcorão* de Sale, p. 223. (N. de Voltaire)

lador e soberano não soubesse assinar o nome? Seu livro, embora ruim para nosso tempo e para nós, era ótimo para seus contemporâneos, e sua religião, ainda melhor. Cabe admitir que ele subtraiu quase toda a Ásia à idolatria. Ensinou a unidade de Deus; declamava com veemência contra aqueles que lhe dão sócios. Nele, a usura com estrangeiros é proibida; a esmola é ordenada. A prece é de uma necessidade absoluta; a resignação perante os decretos eternos é o grande móbil de tudo. Seria difícil que uma religião tão simples e sábia, ensinada por um homem sempre vitorioso, deixasse de subjugar uma parte da terra. De fato, os muçulmanos fizeram tantos prosélitos com a palavra quanto com a espada. Converteram à sua religião os indianos e até os negros. Os próprios turcos, que os venceram, se submeteram ao islamismo.

Maomé deixou em sua lei muitas coisas que encontrou estabelecidas entre os árabes: circuncisão, jejum, viagem a Meca, que era de uso quatro mil anos antes dele, e abluções, tão necessárias à saúde e à higiene numa região tórrida onde a roupa íntima era desconhecida; por fim, a ideia de um juízo final, que os magos sempre haviam afirmado e que chegara até aos árabes. Dizem que, como ele anunciasse que ressuscitaríamos completamente nus, Aisha, sua mulher, achou a coisa impudica e perigosa. Ele lhe disse: "Ora, querida, nessa hora ninguém vai ter vontade de rir." Segundo o Alcorão, um anjo deverá pesar homens e mulheres numa grande balança. Essa ideia também é extraída dos magos. Destes também foi roubada a ponte estreita, pela qual é preciso passar depois da morte, bem como o *janat*, onde os eleitos muçulmanos encontrarão banhos, apartamentos bem mobiliados, boas camas e huris com grandes olhos negros. Também é verdade que ele diz que todos esses prazeres dos sentidos, tão necessários para quem ressuscitará com sentidos, não chegarão perto do prazer da contemplação do Ser Supremo. Ele tem a humildade de admitir em seu Alcorão que ele mesmo não irá para o paraíso por seu próprio mérito, mas pela pura vontade de Deus. É também por essa pura vontade divina que ele ordena que a quinta parte dos despojos fique sempre com o profeta.

Não é verdade que ele exclui as mulheres do paraíso. Nada indica que um homem tão hábil tenha desejado brigas com essa metade do gênero humano que conduz a outra. Abulfeda conta que um dia uma velha o importunou, perguntando-lhe o que era preciso fazer para ganhar o paraíso: "Minha amiga", disse ele, o "paraíso não é feito para as velhas." A pobre mulher começou a chorar, e o profeta, para consolá-la, disse: "Não haverá velhas porque elas rejuvenescerão." Essa doutrina consoladora é confirmada no quinquagésimo quarto capítulo do Alcorão.

Ele proibiu o vinho, porque um dia alguns de seus seguidores chegaram bêbados às orações. Permitiu a pluralidade das mulheres, conformando-se nesse ponto ao uso imemorial dos orientais.

Em resumo, suas leis civis são boas; seu dogma é admirável naquilo que tem de condizente com o nosso; mas os meios são medonhos: embuste e assassinato.

O embuste é escusável, porque, conforme se diz, os árabes contavam antes dele cento e vinte e quatro mil profetas, e não havia grande mal em aparecer mais um. Acresce que, segundo dizem, os homens têm necessidade de ser enganados. Mas como justificar um homem que diz: "Creia que falei com o anjo Gabriel, ou pague-me um tributo"?

É bem preferível um *Confúcio*, o primeiro mortal que não teve revelação! Que só usa a razão, e não a mentira e a espada. Vice-rei de uma grande província, faz a moral e as leis florescerem; desfavorecido e pobre, ele as ensina, praticando-as na grandeza e na humilhação; torna a virtude apreciável; tem como discípulo o mais antigo e sábio dos povos.

O conde de Boulainvilliers, que tinha gosto por Maomé, por mais que gabe os árabes, não pode esconder que eram um povo formado por bandidos; antes de Maomé, roubavam adorando as estrelas; com Maomé, roubavam em nome de Deus. Segundo dizem, tinham a simplicidade dos tempos heroicos; mas o que são os séculos heroicos? Eram tempos em que se matava por um poço e uma cisterna, como se faz hoje por uma província.

Os primeiros muçulmanos foram animados por Maomé com a sanha do entusiasmo. Nada é mais terrível do que um povo que, nada tendo para perder, combate ao mesmo tempo por espírito de rapina e de religião.

É verdade que não havia muita fineza em seus procedimentos. No contrato do primeiro casamento de Maomé consta que, como Cadisha está enamorada dele, e ele também enamorado dela, houve-se por bem uni-los. Mas haverá tanta simplicidade em lhe ter composto uma genealogia na qual se diz que ele descende diretamente de Adão, tal como se disse, mais tarde, de algumas casas da Espanha e da Escócia? A Arábia tinha seu Moreri e seu *Mercure Galant*.

O grande profeta amargou a desgraça comum a tantos maridos; depois disso, não há quem possa se queixar. Sabe-se o nome daquele que foi alvo dos favores de sua segunda mulher, a bela Aisha; chamava-se Assan. Maomé comportou-se com mais grandeza que César, que repudiou a mulher, dizendo que a mulher de César não podia ser suspeita. O profeta nem sequer quis suspeitar da sua; fez um capítulo do Alcorão descer do céu para afirmar que sua mulher era fiel. Esse capítulo estava escrito desde toda a eternidade, assim como os outros.

Maomé é admirado porque, de mercador de camelos que era, se tornou pontífice, legislador e monarca; porque submeteu a Arábia, que nunca se submetera antes dele; porque foi responsável pelos primeiros abalos do império romano do Oriente e do império dos persas. Eu o admiro também por ter mantido a paz em casa, entre suas mulheres. Ele mudou a face de uma parte da Europa, da metade da Ásia, de quase toda a África, e pouco faltou para que sua religião subjugasse o universo.

Do que dependem as revoluções! Fosse um pouco mais forte a pedrada que ele recebeu na primeira batalha, e o destino do mundo seria outro.

Seu genro Ali afirmou que, quando foi preciso inumar o profeta, ele foi encontrado num estado que não é muito comum aos mortos, e sua viúva Aisha exclamou: "Se eu soubesse que Deus faria essa graça ao defunto, teria acudido no mesmo instante." Seria possível dizer sobre ele: *Decet imperatorem stantem mori* [Convém que o comandante morra de pé].

Nunca a vida de um homem foi escrita com mais detalhes do que a dele. As mínimas particularidades de sua vida eram sagradas; conhecem-se contas e nomes de tudo o que lhe pertencia, nove espadas, três lanças, três arcos, sete couraças, três escudos, doze mulheres, um galo branco, sete cavalos, duas mulas, quatro camelos, sem contar a égua Al-Borak, com a qual subiu ao céu; mas era emprestada: pertencia ao anjo Gabriel.

Todas as suas palavras foram guardadas. Ele dizia que "o prazer dado pelas mulheres o tornava mais fervoroso na prece". De fato, por que não dizer *benedicite* e dar *graças* na cama como na mesa? Uma bela mulher bem vale uma ceia. Também se afirma que ele era um grande médico; portanto, não lhe faltava nada para enganar os homens.

ALEGORIAS (Allégories)

Um dia, Júpiter, Netuno e Mercúrio, viajando pela Trácia, entraram no palácio de certo rei chamado Hirieu, que lhes ofereceu lauto banquete. Os três deuses, depois de jantarem muito bem, perguntaram se lhe podiam ser úteis em alguma coisa. O homem, que já não podia ter filhos, disse-lhes que ficaria muito grato se eles tivessem a bondade de lhe fazer um menino. Os três deuses mijaram sobre um couro de boi recém-esfolado e de lá nasceu Órion, donde se criou uma constelação conhecida na mais alta antiguidade. Essa constelação era chamada Órion pelos antigos caldeus; o livro de Jó fala dela; mas, afinal, não se entende como a urina de três deuses pôde produzir um menino. É difícil que Dacier e Saumaise vejam nessa bela história uma alegoria razoável, a menos que dela infiram que nada é impossível aos deuses, pois que fazem crianças mijando.

Havia na Grécia dois jovens mandriões aos quais um oráculo recomendou que tomassem cuidado com o *melampígio*: um dia, Hércules os apanhou e os prendeu pelos pés na ponta de sua maça, suspendendo-os às costas, com a cabeça para baixo, como um par de coelhos. Eles então viram o traseiro de Hércules. *Melampígio* significa *traseiro preto*. "Ah!, disseram, o oráculo se realizou, aí está o *traseiro preto*." Hércules começou a rir e os soltou. Por mais que Saumaise e Dacier façam, também desta vez pouco sentido moral conseguirão extrair dessas fábulas.

Entre os pais da mitologia houve gente que só tinha imaginação; mas a maioria misturou muito humor a essa imaginação. As nossas academias e os nossos criadores de divisas – os mesmos que compõem legendas para as fichas do tesouro régio – nunca encontrarão alegorias mais verdadeiras, agradáveis e engenhosas do que as das nove Musas, de Vênus, das Graças, do Amor e tantas outras que serão a delícia e o ensinamento de todos os séculos, como já se observou alhures.

Cumpre admitir que a antiguidade quase sempre se explicou por alegorias. Os primeiros Padres da Igreja, considerados platônicos em sua maioria, imitaram esse método de Platão. É verdade que os criticam por terem às vezes levado um pouco longe demais esse gosto por alegorias e alusões.

São Justino, em sua *Apologética* (apolog. I, nº 55), diz que o sinal da cruz está marcado nos membros do homem; quando ele estende os braços, é uma cruz perfeita, e o nariz forma uma cruz no rosto.

Segundo Orígenes, em sua explicação do Levítico, a gordura das vítimas significa a Igreja, e a cauda é o símbolo da perseverança.

Santo Agostinho, em seu sermão sobre a diferença e a concordância das duas genealogias, explica a seus ouvintes por que são Mateus, apesar de contar quarenta e duas gerações, só apresenta quarenta e uma. Diz ele que se deve contar Jeconias duas vezes, porque Jeconias foi de Jerusalém a Babilônia. Ora, essa viagem é a pedra angular; e a pedra angular é a primeira do lado de um muro e também a primeira do lado do outro muro: pode-se contar duas vezes essa pedra; assim, pode-se contar Jeconias duas vezes. Acrescenta que só nos devemos deter no número quarenta, nas quarenta e duas gerações, porque esse número quarenta significa vida. Dez representa a bem-aventurança, e dez multiplicado por quatro, que representa os quatro elementos e as quatro estações, dão quarenta.

Em seu quinquagésimo terceiro sermão, as dimensões da matéria têm propriedades espantosas. A largura é a dilatação do coração; o comprimento, a longanimidade; a altura, a esperança; a profundidade, a fé. Assim, além dessa alegoria, contam-se quatro dimensões da matéria em vez de três.

É claro e indubitável – diz ele em seu sermão sobre o salmo VI – que o número quatro figura o corpo humano, por causa dos quatro elementos e das quatro qualidades: quente, frio, seco e úmido; e, assim como o número quatro se relaciona com o corpo, o três se relaciona com a alma, porque é preciso amar a Deus com um amor triplo, de todo o nosso coração, de toda a nossa alma e de todo o nosso espírito. O *quatro* tem relação com o Antigo Testamento; *três*, com o Novo. Quatro e três fazem o número de sete dias, e o oitavo é o dia do Juízo.

Não se pode negar que nessas alegorias reina uma afetação pouco conveniente à verdadeira eloquência. Os Padres da Igreja, que às vezes empregam essas figuras, escreviam num tempo e em lugares em que quase todas as artes degeneravam; o gênio e a erudição deles se dobravam às imperfeições do século; e santo Agostinho não é menos respeitável por haver pago esse tributo ao mau gosto da África e do século IV.

Esses defeitos hoje não desfiguram os discursos de nossos pregadores. Não que ousemos preferi-los aos Padres da Igreja; mas o século atual é preferível aos séculos nos quais eles escreviam. A eloquência, que se corrompia cada vez mais, para só ser restabelecida nos nossos últimos tempos, depois deles incidiu em excessos bem maiores; só se falava de modo ridículo entre todos os povos bárbaros até o século de Luís XIV. Que se vejam todos os antigos sermonários; estão bem aquém das peças dramáticas da Paixão que eram representadas no palácio de Borgonha. Mas naqueles sermões bárbaros sempre se encontra o gosto pela alegoria, que nunca se perdeu. O famoso Menot, que vivia no tempo de Francisco I, foi quem mais honrou o estilo alegórico. Disse ele: "Os homens da justiça são como o gato incumbido de guardar o queijo para que este não seja roído pelos ratos; uma única dentada do gato fará mais estragos no queijo do que vinte ratos."

Vejamos outro *tópos* bem curioso: "Os lenhadores, na floresta, cortam galhos grandes e pequenos, e com eles fazem feixes; assim, nossos eclesiásticos, com dispensas de Roma, amontoam grandes e pequenos benefícios. O chapéu de cardeal está crivado de bispados, e os bispados, crivados de abadias e priorados; e tudo está crivado de diabos. É preciso que todos esses bens da Igreja passem pelos três cordões da *Ave Maria*. Pois o *benedicta tu* consiste em grandes abadias de beneditinos; *in mulieribus* são senhor e senhora; e *fructus ventris* são banquetes e comilanças."

Os sermões de Barlette e Maillard são todos feitos segundo esse modelo; eram proferidos metade em mau latim e metade em mau francês. Os sermões na Itália seguiam o mesmo gosto; era pior ainda na Alemanha. Dessa mistura monstruosa nasceu o estilo macarrônico: é a obra-prima da barbárie. Essa espécie de eloquência, digna dos huronianos e iroqueses, manteve-se até o tempo de Luís XIII. O jesuíta Garasse, um dos inimigos mais insignes do senso comum, nunca pregou de outro modo. Comparava o célebre Théophile a um *veau* [vitelo], porque Viaud era o sobrenome de Théophile. E dizia: "Mas a carne de vitelo serve para assar e cozer, enquanto a tua só serve para queimar."

É grande a distância entre todas essas alegorias empregadas por nossos bárbaros e as de Homero, Virgílio e Ovídio; e tudo isso prova que, se ainda restam alguns godos e vândalos que desprezam as fábulas antigas, eles não têm nenhuma razão.

ALEXANDRE (Alexandre)

Só é lícito falar de Alexandre para dizer coisas novas e destruir as fábulas históricas, físicas e morais com que se desfigurou a história do único grande homem que já se viu entre os conquistadores da Ásia.

Quando refletimos um pouco sobre Alexandre, que, na idade fogosa dos prazeres e na embriaguez das conquistas, construiu mais cidades do que as que foram destruídas por todos os outros triunfadores da Ásia; quando pensamos que quem transformou o comércio do mundo foi um jovem, achamos bem estranho que Boileau o trate de louco e salteador de estradas, propondo ao lugar-tenente de polícia La Reynie que o mande prender ou enforcar.

Heureux si de son temps, pour cent bonnes raisons,
La Macédoine eût eu des petites-maisons.
[Feliz se em seu tempo, por cem boas razões,
A Macedônia tivesse hospícios.]
(*Sat.* VIII, v. 109-110)

Qu'on livre son pareil en France à La Reynie,
Dans trois jours nous verrons le phénix des guerriers
Laisser sur l'échafaud sa tête et ses lauriers.
[Que alguém parecido, na França, seja entregue a La Reynie,
Em três dias veremos o fênix dos guerreiros
Deixar no cadafalso a cabeça e os louros.]
(*Sat.* XI, v. 82-84)

Esse pedido, apresentado na corte do palácio ao lugar-tenente de polícia, não deveria ser deferido, nem segundo os costumes de Paris, nem segundo o direito das gentes. Alexandre teria *arguído* que, tendo sido eleito capitão-general da Grécia em Corinto e tendo sido encarregado, nessa qualidade, de vingar a pátria de todas as invasões dos persas, ele nada mais fizera além de seu dever ao destruir o império daqueles, e que, tendo sempre somado magnanimidade à maior coragem, tendo respeitado a mulher e as filhas de Dario, suas prisioneiras, ele não mereceria, de modo algum, ser preso ou enforcado, e que, em todos os casos, recorreria da sentença do sr. de La Reynie ao tribunal do mundo inteiro.

Rollin afirma que Alexandre tomou a famosa cidade de Tiro para favorecer os judeus, que não gostavam dos tírios. No entanto, é verossímil que Alexandre tivesse também outras razões, e que um capitão atilado não deixaria Tiro dominando o mar quando ele fosse atacar o Egito.

Alexandre decerto amava e respeitava muito Jerusalém, mas parece que não se deveria dizer que "os judeus deram um raro exemplo de fidelidade, digno do único povo que então conhecia o verdadeiro Deus, recusando víveres a Alexandre, porque haviam prestado juramento de fidelidade a Dario". Sabe-se muito bem que os judeus sempre se revoltaram contra seus soberanos em todas as ocasiões, pois um judeu não deveria servir sob nenhum rei profano.

Se recusaram, imprudentemente, contribuir com o vencedor, não foi para se mostrarem escravos fiéis de Dario; a lei deles lhes ordenava expressamente que abominassem todas as nações idólatras: seus livros estão cheios de execrações contra elas e de tentativas reiteradas de sacudir o jugo. Se recusaram dar contribuições, foi porque os samaritanos, seus rivais, as haviam pago sem dificuldade, e eles acreditaram que Dario, mesmo vencido, tinha ainda força suficiente para defender Jerusalém de Samaria.

Nada é mais falso do que dizer que os judeus eram então *o único povo que conhecia o verdadeiro Deus*, como faz Rollin. Os samaritanos adoravam o mesmo Deus, mas em outro templo; tinham o mesmo Pentateuco dos judeus, até em caracteres hebraicos, ou seja, tírios, que os judeus haviam perdido. O cisma entre Samaria e Jerusalém era, em pequena escala, igual ao cisma entre gregos e latinos. O ódio era igual dos dois lados, com o mesmo fundo religioso.

Alexandre, depois de se apoderar de Tiro por meio daquele famoso dique que ainda causa admiração em todos os guerreiros, foi punir Jerusalém, que não estava distante de sua rota. Os judeus, conduzidos por seu sumo sacerdote, foram humilhar-se diante dele e dar-lhe dinheiro, pois é só com dinheiro que se aplacam os conquistadores irritados. Alexandre aplacou-se; eles se tornaram súditos de Alexandre assim como de seus sucessores. Essa é a história verdadeira e verossímil.

Rollin repete uma história estranha, contada cerca de quatrocentos anos depois da expedição de Alexandre pelo historiador-romancista, o exagerado Flaviano Josefo (liv. II, cap. VIII), que pode ser perdoado por gabar em todas as ocasiões a sua infeliz pátria. Rollin, portanto, assim como Josefo, diz que, quando o sumo sacerdote Jaddus se prosternou diante de Alexandre, este, vendo o nome de Jeová gravado numa lâmina de ouro presa ao gorro de Jaddus e entendendo perfeitamente o hebraico, prosternou-se por sua vez e adorou Jaddus. Como esse excesso de civilidade espantasse Parmênion, Alexandre lhe disse que conhecia Jaddus havia muito tempo; que este lhe aparecera dez anos antes, com as mesmas vestes e o mesmo gorro, quando ele sonhava com a conquista da Ásia, conquista na qual ele não pensava então; que aquele mesmo Jaddus o exortara a transpor o Helesponto, garantindo-lhe que seu Deus marcharia à cabeça dos gregos e que o Deus dos judeus o tornaria vitorioso sobre os persas.

Essa história da carochinha ficaria bem na narrativa dos *Quatro filhos de Aymon*[59] e de *Robert le Diable*[60], mas cai mal na história de Alexandre.

---

59. Personagens lendárias da canção de gesta *Renaud de Montauban* (século XII); guerreavam contra Carlos Magno montados no cavalo Bayard. (N. da T.)
60. Ópera em cinco atos de Meyerbeer: Robert, duque da Normandia, banido por seus crimes, refugiou-se na Sicília; seu escudeiro Bertram (na realidade, seu próprio pai, mas também uma encarnação de Satã) seguiu-o para continuar a trabalhar por sua danação. (N. da T.)

Seria utilíssima para a juventude uma *História antiga* bem redigida: seria de se desejar que ela não fosse estragada às vezes com tais absurdos. O episódio de Jaddus seria respeitável e estaria imune a qualquer crítica, se fosse possível encontrar pelo menos algum vestígio dela nos livros sagrados; mas, como estes não fazem a menor menção a ela, é lícito mostrar o seu ridículo.

Não se pode duvidar que Alexandre tenha submetido a parte das Índias situada aquém do Ganges, tributária dos persas. Holwell, que permaneceu trinta anos entre os brâmanes de Benares e das regiões vizinhas, aprendendo não só a língua moderna daquele povo, mas também sua antiga língua sagrada, garante que seus anais atestam a invasão de Alexandre, que eles chamam de *Mahadukoit Kounha*, grande bandido, grande assassino. Aqueles povos pacíficos não podiam dar-lhe outro nome, e é de se acreditar que não deram outros cognomes aos reis da Persa. Esses mesmos anais dizem que Alexandre entrou na região deles pela província hoje chamada de Kandahar, e é provável que houvesse algumas fortalezas naquela fronteira.

A seguir, Alexandre desceu o rio Zombodipo, que os gregos chamaram de *Sind*. Não se encontra na história de Alexandre um único nome indiano. Os gregos nunca designaram pelo próprio nome nenhuma cidade, nenhum príncipe asiático. Acreditavam que desonrariam a língua grega, se a sujeitassem a uma pronúncia que lhes parecia bárbara, se chamassem de Mênfis a cidade de *Moph*.

O sr. Holwell diz que os indianos nunca conheceram Poro nem Taxiles; de fato, esses não são nomes indianos. No entanto, a acreditar-se em nossos missionários, ainda existem senhores patanes que afirmam descender de Poro. Pode ser que esses missionários lhes tenham lisonjeado essa origem, e que esses senhores a tenham adotado. Não existe país na Europa onde a baixeza não tenha inventado, e a vaidade não tenha admitido, genealogias mais quiméricas.

Se Flaviano Josefo contou uma fábula ridícula sobre Alexandre e um pontífice judeu, Plutarco, que escreveu muito tempo depois de Josefo, parece não ter poupado fábulas sobre esse herói. Ele foi ainda mais longe do que Quinto Cúrcio; ambos afirmam que Alexandre, ao marchar para a Índia, desejou ser adorado não só pelos persas, mas também pelos gregos. A questão é saber o que Alexandre, os persas, os gregos, Quinto Cúrcio e Plutarco entendiam por *adorar*.

Cumpre nunca perder de vista a grande regra de definir os termos.

Se entendermos por *adorar* invocar um homem como uma divindade, oferecer-lhe incensos e sacrifícios, erigir-lhe altares e templos, está claro que Alexandre não exigiu nada disso. Se, sendo vencedor e senhor dos persas, quis ser saudado à persa, quis que as pessoas se prosternassem diante dele em certas ocasiões e o tratassem, enfim, como um rei da Pérsia, que ele era, nada existe aí que não seja razoável e comum.

Os membros dos parlamentos da França falam ajoelhados ao rei quando este ali jurisdiciona; o terceiro estado fala ajoelhado nos estados gerais. Serve-se de joelhos vinho ao rei da Inglaterra. Vários reis da Europa são servidos de joelhos em sua sagração. Só de joelhos se fala ao grão-mogol, ao imperador da China, ao imperador do Japão. Os colaus chineses de ordem inferior ajoelham-se diante dos colaus de ordem superior; adora-se o papa, beijam-lhe o pé direito. Nenhuma dessas cerimônias nunca foi vista como uma adoração no sentido rigoroso, como um culto de latria.

Assim, tudo o que se disse sobre a pretensa adoração exigida por Alexandre baseia-se num equívoco.[61]

Foi Otávio, cognominado *Augusto*, que se fez realmente adorar, no sentido mais estrito. Erigiram-lhe templos e altares; houve sacerdotes de Augusto. Horácio lhe diz categoricamente (HOR., *Ep*. II, 1, 16):

Jurandasque tuum per nomen ponimus aras.
[Erguemos altares para que se fizessem juramentos, por meio de teu nome.]

---

61. Ver Abuso das palavras. (N. de Voltaire)

Aí está um verdadeiro sacrilégio de adoração; e não consta que alguém tenha reclamado.

Mais difíceis de conciliar parecem ser as contradições sobre o caráter de Alexandre, para quem não saiba que os homens, sobretudo os chamados heróis, frequentemente são muito diferentes de si mesmos, e que a vida e a morte dos melhores cidadãos e a sorte das províncias mais de uma vez dependeram da boa ou da má digestão de um soberano, bem ou mal aconselhado.

Mas como conciliar fatos improváveis, relatados de maneira contraditória? Uns dizem que Calístenes foi executado e posto na cruz por ordem de Alexandre, por não ter desejado ver nele a qualidade de filho de Júpiter. Mas a cruz não era suplício usado entre os gregos. Outros dizem que ele morreu muito tempo depois, em ótima forma. Ateneu afirma que ele era carregado numa gaiola de ferro como um pássaro, sendo nela devorado por vermes. Quem puder que deslinde a verdade em todas essas narrativas.

Existem aventuras que Quinto Cúrcio supõe terem ocorrido numa cidade e Plutarco em outra; e essas duas cidades distam quinhentas léguas uma da outra. Alexandre pula armado e sozinho do alto de uma muralha de uma cidade por ele sitiada: essa cidade ficava ao lado de Kandahar, segundo Quinto Cúrcio, e perto da foz do Indo, segundo Plutarco.

Quando chegou às costas de Malabar ou às margens do Ganges (tanto faz, só há cerca de novecentas milhas de um lugar ao outro), mandou prender dez filósofos indianos, que os gregos chamavam de *gimnosofistas* e que estavam nus como macacos. Fez-lhes perguntas dignas do *Mercure Galant* de Visé, prometendo-lhes seriamente que aquele que desse resposta pior seria o primeiro enforcado, e que, depois, os outros seguiriam de acordo com sua categoria.

Isso lembra Nabucodonosor, que queria de qualquer maneira matar seus magos, caso estes não adivinhassem um dos sonhos que ele havia esquecido; lembra também o califa das *Mil e uma noites*, que precisava estrangular sua mulher assim que ela terminasse sua história. Mas quem conta essa bobagem é Plutarco, e ela deve ser respeitada: ele era grego.

Pode-se pôr essa história ao lado da história do envenenamento de Alexandre por Aristóteles: pois Plutarco diz que se ouviu de certo Agnotêmis que este ouvira o rei Antígono dizer que Aristóteles enviara uma garrafa de água de Nonácris, cidade da Arcádia; que essa água era tão fria, que matava imediatamente aqueles que a bebessem; que Antípatro mandou essa água num casco de mulo; que ela chegou fresquinha a Babilônia; que Alexandre a bebeu e morreu ao cabo de seis dias de uma febre ininterrupta.

É verdade que Plutarco duvida dessa anedota. Tudo o que se pode dizer de certo é que Alexandre, com a idade de vinte e quatro anos, conquistara a Pérsia com três batalhas; que ele tinha tanto gênio quanto valor; que transformou a face da Ásia, da Grécia, do Egito e a do comércio do mundo; que, por fim, Boileau não deveria zombar tanto dele, visto que, ao que parece, Boileau não fez tanto em tão pouco tempo[62].

ALEXANDRIA (Alexandrie)

Mais de vinte cidades têm o nome de Alexandria, todas construídas por Alexandre e seus capitães, que se tornaram reis. Essas cidades são monumentos de glória, bem superiores às estátuas que a servidão erigiu ao poder a partir de então; mas a única dessas cidades que chamou a atenção de todo o hemisfério, por sua grandeza e suas riquezas, foi aquela que se tornou a capital do Egito. Não passa de um monte de ruínas. Sabe-se muito bem que metade da cidade foi restabelecida em outro lugar, na costa. A torre do Farol, que era uma das maravilhas do mundo, já não existe.

A cidade sempre foi muito próspera no tempo dos Ptolomeus e dos romanos. Não degenerou sob o poder dos árabes; os mamelucos e os turcos, que a conquistaram uns após os outros com o

---
62. Ver verbete História. (N. de Voltaire)

restante do Egito, não a deixaram perecer. Os próprios turcos conservaram-lhe um resto de grandeza; ela só caiu quando a passagem do cabo da Boa Esperança abriu para a Europa o caminho das Índias e modificou o comércio mundial, que Alexandre havia modificado e que se havia modificado muitas vezes antes de Alexandre.

O que se deve notar nos alexandrinos sob todas as dominações são: a industriosidade aliada à leviandade e ao amor pelas novidades, aplicadas ao comércio e a todos os trabalhos que o fazem prosperar, o espírito contencioso e polemista, com pouca coragem, a superstição e a devassidão; tudo isso nunca se modificou.

A cidade foi povoada por egípcios, gregos e judeus que, pobres antes, passaram a ser ricos graças ao comércio. A opulência introduziu na cidade as belas-artes, o gosto pela literatura e, por conseguinte, o gosto pela disputa.

Os judeus construíram um templo magnífico, como o que tinham em Bubástis; traduziram seus livros para o grego, que se tornara a língua oficial. Os cristãos tiveram grandes escolas. Foram tão vivas as animosidades entre os egípcios nativos, os gregos, os judeus e os cristãos, que eles, sem cessar, acusavam-se uns aos outros perante o governador; e essas brigas não eram seu menor quinhão. Até sedições foram frequentes e sangrentas. Houve uma durante o império de Calígula, na qual os judeus, que exageram em tudo, dizem que os ciúmes religiosos e comerciais lhes custaram cinquenta mil homens, mortos pelos alexandrinos.

O cristianismo, estabelecido por Pantene, Orígenes e Clemente, e admirado graças aos costumes destes, degenerou a tal ponto que passou a ser apenas um espírito de partido. Os cristãos adquiriram os costumes dos egípcios. A avidez pelo ganho sobrepujou a religião, e todos os habitantes, divididos, só estavam de acordo no que se referia ao amor pelo dinheiro.

Esse é o assunto da famosa carta do imperador Adriano ao cônsul Serviano, transcrita por Vopisco:

"Vi o Egito que tanto gabas, meu caro Serviano; conheço-o de cor. Aquela nação é leviana, incerta e volúvel. Os adoradores de Serápis tornam-se cristãos; os que estão à testa da religião de Cristo se tornam devotos de Serápis. Não há arquirrabino judeu, não há samaritano, não há sacerdote cristão que não seja astrólogo, adivinho ou dono de banhos (ou seja, alcoviteiro). Quando o patriarca grego[63] vai ao Egito, uns querem que ele adore Serápis, outros, Cristo. Todos são muito sediciosos, vãos e iníquos. A cidade é comercial, opulenta e povoada; ninguém lá é ocioso. Uns sopram vidro, outros fabricam papel[64]; parecem ter todos os ofícios, e de fato têm. Nem mesmo a gota nos pés e nas mãos pode torná-los ociosos. Os cegos trabalham; o dinheiro é um deus que cristãos, judeus e todos os homens servem igualmente etc."

Aí está o texto latino dessa carta:

Adriani epistola ex libris Phlegontis liberti ejus prodita.

ADRIANUS AUG. SERVIANO COS. S.

Ægyptum quam mihi laudabas, Serviane charissime, totam didici, levem, pendulam, et ad omnia famae momenta volitantem. Illi qui Serapin colunt christiani sunt; et devoti sunt Serapi, qui se Christi episcopos dicunt. Nemo illic archisynagogus Judaeorum, nemo Samarites, nemo

---

63. Traduzimos aqui *patriarcha*, termo grego, com as palavras *patriarca grego*, porque ele só pode convir ao hierofante dos principais mistérios gregos. Os cristãos só começaram a conhecer a palavra *patriarca* no século V. Os romanos, os egípcios e os judeus não conheciam esse título. (N. de Voltaire)
64. Em sua tradução, Voltaire omite o trecho *alii liniphiones sunt*, outros tecem linho. (N. da T.)

*christianorum presbyter, non mathematicus, non aruspex, non aliptes. Ipse ille patriarcha, quum Ægyptum venerit, ab aliis Serapidem adorare, ab aliis cogitur Christum. Genus hominum seditiosissimum, vanissimum, injuriosissimum: civitas opulenta, dives, fœcunda, in qua nemo vivat otiosus. Alii vitrum conflant; ab aliis charta conficitur; alii liniphiones sunt (*tecem o linho*); omnes certe cujuscumque artis et videntur et habentur. Podagrosi quod agant habent; habent caeci quod faciant; ne chiragrici quidem apud eos otiosi vivunt. Unus illis deus est; hunc christiani, hunc Judaei, hunc omnes venerantur et gentes, etc."* Vopiscus in SATURNINO.

Essa carta de um imperador tão conhecido pela inteligência e pelo valor mostra que os cristãos, assim como os outros, se tinham corrompido naquela cidade do luxo e das disputas; mas os costumes dos primeiros cristãos não tinham degenerado totalmente e, embora eles tivessem a infelicidade de estar há muito tempo divididos em diferentes seitas que se detestavam e acusavam mutuamente, os mais violentos inimigos do cristianismo eram obrigados a admitir que em seu seio se encontravam as almas mais puras e elevadas; estas existem ainda hoje nas cidades mais devassas e mais insensatas que Alexandria.

ALMA (Âme)

Primeira seção

Alma é um termo vago e indeterminado que exprime um princípio desconhecido com efeitos conhecidos, que sentimos em nós. Essa palavra corresponde à *anima* dos latinos, ao πνεῦμα [pneûma] dos gregos, ao termo que foi utilizado por todas as nações para exprimir aquilo que elas não entendiam melhor que nós.

No sentido próprio e literal do latim e das línguas dele derivadas, significa *aquilo que anima*. Assim, falou-se em alma de homens, animais e, às vezes, de plantas, para designar seu princípio de vegetação e de vida. Pronunciando-se essa palavra, sempre se teve uma ideia confusa, como quando se diz no Gênese: "Deus soprou no rosto do homem um sopro de vida" e "Ele se tornou alma vivente" e "A alma dos animais está no sangue" e "Não mateis sua alma" etc.

Assim, a alma era vista, em geral, como origem e causa da vida, a própria vida. Por isso, todas as nações conhecidas imaginaram, durante muito tempo, que tudo morre com o corpo. Se é que se pode deslindar alguma coisa no caos das histórias antigas, parece que pelo menos os egípcios foram os primeiros que distinguiram inteligência de alma: com eles os gregos aprenderam a distinguir também seu νοῦς [noûs] e seu πνεῦμα. Os latinos, seguindo esse exemplo, distinguiram *animus* e *anima*; e nós, por fim, também temos nossa *alma* e nosso *entendimento*. Mas aquilo que é princípio de nossa vida e aquilo que é princípio de nossos pensamentos são coisas diferentes? E é o mesmo ser? Aquilo que nos faz digerir e aquilo que nos dá sensações e memória se assemelharão àquilo que nos animais é causa da digestão e causa de sensações e memória?

Aí está o eterno objeto das polêmicas entre os homens; digo eterno, pois, não tendo nenhuma noção primitiva da qual possamos partir em nosso exame, só podemos ficar para sempre num labirinto de dúvidas e fracas conjecturas.

Não temos o menor degrau onde possamos pôr o pé para chegar ao mais ligeiro conhecimento daquilo que nos faz viver e daquilo que nos faz pensar. E como teríamos? Seria preciso ter visto a vida e o pensamento entrar num corpo. Um pai sabe como produziu o filho? Uma mãe sabe como o concebeu? Alguém já pôde adivinhar como age, vigia e dorme? Alguém sabe como seus membros obedecem à sua vontade? Já descobriu por qual arte suas ideias se traçam no cérebro e saem sob seu comando? Frágeis autômatos movidos pela mão invisível que nos dirige no palco do mundo, quem de nós pôde perceber o cordão que nos conduz?

Ousamos pôr em discussão se a alma inteligente é *espírito* ou *matéria*; se foi criada antes de nós; se sai do nada ao nascermos; se, depois de nos ter animado um dia na terra, vive na eternidade. Essas indagações parecem sublimes; que são elas? Perguntas que cegos fazem a outros cegos: O que é luz?

Quando queremos conhecer grosseiramente um pedaço de metal, nós o levamos ao fogo num crisol. Mas teremos algum crisol para pôr a alma? Ela é *espírito*, diz alguém. Mas o que é espírito? Ninguém sabe nada de seguro: é uma palavra tão vazia de sentido, que somos obrigados a dizer aquilo que o espírito não é, já que não podemos dizer o que ele é. A alma é *matéria*, diz outro. Mas o que é matéria? Dela só conhecemos algumas aparências e algumas propriedades: e nenhuma dessas propriedades, nenhuma dessas aparências parece ter a menor relação com o pensamento.

É alguma coisa diferente da matéria, dizeis? Mas que prova tendes? Dizeis isso porque a matéria é divisível e figurável, enquanto o pensamento não o é? Mas quem vos disse que os primeiros princípios da matéria são divisíveis e figuráveis? É bem verossímil que não o sejam; seitas inteiras de filósofos afirmam que os elementos da matéria não têm forma nem extensão. Exclamais com ar triunfante: O pensamento não é madeira, pedra, areia nem metal; portanto, o pensamento não pertence à matéria. Frágeis e atrevidos argumentadores! A gravitação não é madeira, areia, metal nem pedra; o movimento, a vegetação e a vida tampouco o são; no entanto, à matéria se dão vida, vegetação, movimento e gravitação. Dizer que Deus não pode tornar pensante a matéria é dizer a coisa mais insolentemente absurda que já se ousou proferir nas escolas privilegiadas da demência. Não temos certeza de que Deus assim tenha feito; temos apenas certeza de que pode fazê-lo. Mas o que importa tudo o que se disse e se dirá sobre a alma? Que importa se ela foi chamada de entelequia, quintessência, chama ou éter; se ela foi considerada universal, incriada, transmigrante etc.?

Que importam, nessas questões inacessíveis à razão, essas ficções de nossas imaginações incertas? Que importa se os Padres da Igreja dos quatro primeiros séculos acreditaram que a alma é corpórea? Que importa se Tertuliano, numa contradição que lhe é familiar, decidiu que ela é, ao mesmo tempo, corporal, figurada e simples? Temos milhares de testemunhos de ignorância e nem um só que nos dê algum clarão de verossimilhança.

Como então somos bastante ousados para afirmar o que é alma? Sabemos com certeza que existimos, sentimos, pensamos. Quando queremos dar um passo além, caímos num abismo de trevas; e nesse abismo ainda temos a louca temeridade de discutir se essa alma, da qual não temos a menor ideia, é feita antes de nós ou conosco, se é perecível ou imortal.

O verbete Alma e todos os verbetes que dizem respeito à metafísica devem começar com uma submissão sincera aos dogmas indubitáveis da Igreja. Sem dúvida, a revelação vale mais que qualquer filosofia. Os sistemas põem em ação a inteligência, mas a fé a ilumina e guia.

Por acaso, não pronunciamos com frequência palavras das quais temos uma ideia muito confusa ou das quais nem sequer temos ideia? A palavra *alma* não estará nesse caso? Quando a palheta ou a ventaneira de um fole se avaria, e o ar que entrou no fole sai por algum furo aberto na ventaneira e já não é comprimido contra as duas testeiras, saindo sem força em direção ao fogo que deve atiçar, as criadas dizem: A alma do fole está furada. Elas não sabem mais que isso, e essa questão não perturba a sua tranquilidade.

O jardineiro fala da *alma das plantas* e as cultiva muito bem sem saber o que entende por esse termo.

O *luthier* põe, avança ou recua a *alma de um violino* sob o cavalete, entre o tampo e o fundo do instrumento; um pedacinho de madeira a mais ou a menos lhe dá ou lhe retira uma alma harmoniosa.

Temos várias manufaturas nas quais os operários dão a qualificação de *alma* a suas máquinas. Nunca os ouvimos discutir sobre essa palavra; não é o que ocorre com os filósofos.

A palavra *alma* entre nós significa, em geral, aquilo que anima. Nossos antepassados celtas davam à sua alma o nome de *seel*, com que os ingleses fizeram a palavra *soul*, os alemães, *seel*;

provavelmente, os antigos teutões e os antigos bretões não tiveram polêmicas nas universidades por causa dessa expressão.

Os gregos distinguiam três tipos de almas: ψυχή, que significava *alma sensitiva, alma dos sentidos*; por isso o *Amor*, filho de *Afrodite*, sentiu tanta paixão por *Psique*, e *Psique* o amou tanto; πνεῦμα, sopro que transmitia vida e movimento a toda a máquina, por nós traduzido como *spiritus*, espírito, palavra vaga à qual já se deram mil acepções diferentes; por fim, νοῦς, *inteligência*.

Possuíamos, portanto, três almas, sem termos a mais leve noção de nenhuma delas. Santo Tomás de Aquino[65] admite essas três almas na qualidade de peripatético e distingue cada uma dessas três almas em três partes.

Ψυχὴ ficava no peito; πνεῦμα espalhava-se por todo o corpo; νοῦς ficava na cabeça. Não existe outra filosofia em nossas escolas até a atualidade, e coitado daquele que confunda uma dessas almas com a outra.

Nesse caos de ideias havia, porém, um fundamento. Os homens tinham percebido que, em suas paixões de amor, cólera e medo, surgiam movimentos em suas entranhas. O fígado e o coração foram sede das paixões. Quando pensamos profundamente, sentimos um esforço nos órgãos da cabeça: portanto, a alma intelectual está no cérebro. Sem respiração, não há vegetação, não há vida: portanto, a alma vegetativa está no peito, que recebe o sopro do ar.

Quando os homens viam em sonho parentes e amigos mortos, era preciso procurar saber o que lhes aparecera. Não era o corpo, que havia sido consumido numa fogueira ou engolido pelo mar e devorado pelos peixes. No entanto, era alguma coisa, conforme pensavam; pois eles os haviam visto; o morto havia falado; o sonhador o havia interrogado. Teria ele conversado em sonho com o ψυχὴ, o πνεῦμα ou o νοῦς? Imaginou-se um fantasma, uma figura diáfana: era οκια, era δκίμων, sombra, manes, almazinha de ar e fogo, extremamente sutil, que errava sabe-se lá por onde.

Com o passar do tempo, quando se quis aprofundar a coisa, tomou-se por certo que essa alma era corpórea; e toda a antiguidade não concebeu outra ideia sobre ela. Por fim, veio Platão, que sutilizou tanto essa alma, que se desconfiou que ele não a separava inteiramente da matéria: mas esse foi um problema sem solução até que a fé nos veio esclarecer.

Em vão os materialistas citam alguns Padres da Igreja que não se exprimiam com exatidão. Santo Irineu diz[66] que a alma nada mais é que o sopro da vida, que só é incorpórea em comparação com o corpo mortal e que conserva a imagem do homem para ser reconhecida.

Em vão Tertuliano assim se exprime: "A corporalidade da alma reluz no Evangelho[67]. *Corporalitas animae in ipso Evangelio relucescit*." Pois, se a alma não tivesse corpo, a imagem da alma não teria a imagem do corpo.

Em vão fala ele da visão de uma santa que havia visto uma alma muito brilhante, da cor do ar.

Em vão Taciano diz expressamente[68]: Ψυχὴ μὲν οὖν ἡ τῶν ἀνθρώτων πολυμερής ἐστι: a alma do homem é composta de várias partes.

Em vão se alega santo Hilário, que em tempos posteriores diz[69]: "Nada há de criado que não seja corpóreo, nem no céu, nem na terra, nem entre os visíveis, nem entre os invisíveis: tudo é formado de elementos, e as almas, habitando um corpo ou dele saindo, têm sempre uma substância corporal."

Em vão santo Ambrósio dizia no século VI[70]: "Nada conhecemos que não seja material, exceto a única e venerável Trindade."

---

65. *Somme de saint Thomas*, edição de Lyon, 1738. (N. de Voltaire)
66. Liv. V, cap. VI e VII. (N. de Voltaire)
67. *Oratio ad Graecos*, cap. XXIII. (N. de Voltaire)
68. *De anima*, cap. VII. (N. de Voltaire)
69. Santo Hilário sobre são Mateus, p. 633. (N. de Voltaire)
70. Sobre Abraão, liv. II, cap. VIII. (N. de Voltaire)

O corpo da Igreja inteira decidiu que a alma é imaterial. Esses santos haviam incidido num erro então universal; eram homens, mas não se enganaram sobre a imortalidade, porque ela é anunciada de modo evidente nos Evangelhos.

Nós temos uma necessidade tão evidente da decisão da Igreja infalível sobre esses pontos de filosofia porque não temos, por nós mesmos, nenhuma noção suficiente daquilo que se chama *espírito puro* e daquilo que se chama *matéria*. Espírito puro é uma expressão que não nos dá ideia alguma; e só conhecemos a matéria por alguns fenômenos. Nós a conhecemos tão pouco, que a chamamos *substância*; ora, a palavra *substância* quer dizer *aquilo que está por baixo*; mas esse *por baixo* nos será eternamente oculto, esse *por baixo* é o segredo do Criador; e esse segredo do Criador está em toda parte. Não sabemos nem como recebemos a vida, nem como a damos, nem como crescemos, nem como digerimos, nem como dormimos, nem como pensamos, nem como sentimos.

A grande dificuldade é compreender como um ser, seja ele qual for, tem pensamentos.

Segunda seção
Das dúvidas de Locke sobre a alma

O autor do verbete Alma na *Enciclopédia* seguiu escrupulosamente Jaquelot; mas Jaquelot não ensina nada. Ele se insurge também contra Locke, porque o modesto Locke disse[71]: "Talvez nunca sejamos capazes de saber se um ser material pensa ou não, pela simples razão de nos ser impossível descobrir, pela contemplação de nossas próprias ideias, *sem revelação*, se Deus não deu a algum aglomerado de matéria, disposta do modo como ele achou adequado, o poder de perceber e pensar; ou se ele somou e uniu à matéria assim disposta alguma substância imaterial que pensa. Pois, em relação a nossas noções, não nos é mais difícil conceber que Deus pode, se quiser, acrescentar à nossa ideia da matéria a faculdade de pensar do que compreender que ele a ela soma outra substância com a faculdade de pensar; pois ignoramos em que consiste o pensamento, e a que espécie de substância esse ser onipotente houve por bem conferir esse poder, que só poderia ser criado em virtude do bel-prazer e da bondade do criador. Não vejo a contradição que pode haver em Deus, ser pensante, eterno e onipotente, dar, se quiser, alguns graus de sentimento, percepção e pensamento a certos aglomerados de matéria criada e insensível que ele tenha reunido como achar adequado."

Isso era falar como homem profundo, religioso e modesto[72].

Sabe-se quantas polêmicas ele teve de amargar por causa dessa opinião, que pareceu arriscada, mas que na realidade era apenas consequência da convicção que tinha da onipotência de Deus e da fraqueza do homem. Ele não dizia que a matéria pensa, mas sim que não sabemos o suficiente sobre o assunto para demonstrar que é impossível a Deus acrescentar o dom do pensamento ao ser desconhecido chamado *matéria*, depois de lhe ter concedido o dom da gravitação e o do movimento, que também são incompreensíveis.

Locke sem dúvida não era o único com essa opinião: assim pensava toda a antiguidade, que, vendo o ser como uma matéria muito sutil, garantia, por conseguinte, que a matéria pode sentir e pensar.

---

71. Tradução [fr.] de Coste, liv. IV, cap. III, § 6. (N. de Voltaire)
72. Ver o discurso preliminar do sr. d'Alembert (que também fazia parte do tomo I de *Mélanges de littérature* etc.)
    "Pode-se dizer que ele criou a metafísica mais ou menos como Newton criara a física. Para conhecer nossa alma, suas ideias e afeições, ele não estudou os livros, porque estes teriam ensinado mal; limitou-se a descer nas profundezas de si mesmo e, depois de, por assim dizer, contemplar-se por muito tempo, apenas apresentou em seu *Tratado do entendimento humano* o espelho no qual ele se havia visto. Em suma, ele reduziu a metafísica àquilo que ela deve ser, a física experimental da alma." (N. de Voltaire)

Era o que pensava Gassendi, como se vê em suas objeções a Descartes. Diz ele: "É verdade que sabeis que pensais; mas ignorais que espécie de substância sois, vós que pensais. Assim, embora a operação do pensamento vos seja conhecida, o principal de vossa essência vos está oculto; e não sabeis qual é a natureza dessa substância que tem como uma das operações pensar. Pareceis um cego que, sentindo o calor do Sol, acreditasse ter uma ideia clara e distinta desse astro, porque, se alguém lhe perguntasse o que é o Sol, ele poderia responder: "É uma coisa que aquece etc."

O mesmo Gassendi, em sua *Filosofia de Epicuro*, repete várias vezes que não tem nenhuma evidência matemática da pura espiritualidade da alma.

Descartes, em uma de suas cartas à princesa palatina Elisabeth, diz: "Confesso que apenas com a razão natural podemos fazer muitas conjecturas sobre a alma e ter consoladoras esperanças, mas nenhuma certeza." Nisso Descartes combate em suas cartas aquilo que afirma em seus livros; contradição muito comum.

Por fim, vimos que todos os Padres da Igreja dos primeiros séculos, acreditando que a alma é imortal, também acreditavam que ela é material; achavam que para Deus é tão fácil conservar quanto criar. Diziam: "Deus a fez pensante e a conservará pensante."

Malebranche provou muito bem que não temos nenhuma ideia por nós mesmos, e que os objetos são incapazes de nos dar ideias: daí conclui que vemos tudo em Deus. No fundo, é o mesmo que fazer de Deus o autor de todas as nossas ideias, pois com que veríamos nele, se não tivéssemos instrumentos para ver? E esses instrumentos só ele segura e dirige. Esse sistema é um labirinto em que um caminho levaria ao espinosismo, outro ao estoicismo e outro ao caos.

Depois de muito discutirmos sobre o espírito e a matéria, sempre acabamos por não nos entendermos. Nenhum filósofo conseguiu levantar, com suas próprias forças, esse véu que a natureza estendeu sobre todos os primeiros princípios das coisas; eles discutem, e a natureza age.

Terceira seção
Alma dos animais e algumas ideias vazias

Antes do estranho sistema que supõe os animais como puras máquinas sem nenhuma sensação, os homens nunca haviam imaginado nos bichos uma alma imaterial; e ninguém tinha levado a temeridade ao extremo de dizer que uma ostra possui alma espiritual. Todos concordavam em paz que os bichos tinham recebido de Deus sentimento, memória e ideias, e não um espírito puro. Ninguém abusara do dom de raciocinar a ponto de dizer que a natureza deu aos bichos todos os órgãos do sentimento para que eles não tivessem sentimento. Ninguém dissera que gritam quando feridos e fogem quando perseguidos, sem sentir dor nem medo.

Ninguém negava então a onipotência de Deus; ele pudera comunicar à matéria organizada dos animais prazer, dor, lembrança e a combinação de algumas ideias; pudera dar a vários deles, como o macaco, o elefante e o cão de caça, o talento de aperfeiçoar-se nas artes que lhes são ensinadas; não só pudera dotar quase todos os animais carniceiros do talento de guerrear melhor na velhice experiente do que na juventude excessivamente confiante; não só, digo eu, pudera, mas fizera; o universo era testemunha.

Pereira e Descartes disseram ao universo que ele se enganava, que Deus fizera trapaças, dando aos animais todos os instrumentos da vida e da sensação, para que eles não tivessem sensação nem vida propriamente dita. Mas não sei que pretensos filósofos, para responder à quimera de Descartes, entregaram-se à quimera oposta; deram generosamente um espírito puro aos sapos e aos insetos:

In vitium ducit culpae fuga...
[A possibilidade de subtrair-se à culpa leva ao crime...]
(Hor., *De Art poet.*)

Entre essas duas loucuras – uma que retira o sentimento aos órgãos do sentimento e outra que aloja um espírito puro num percevejo –, imaginou-se um meio-termo; é o instinto: o que é instinto? Oh, oh! É uma forma substancial; é uma forma plástica; um não sei quê: é instinto. Eu seria de vossa opinião enquanto chamásseis a maioria das coisas de *não sei quê*, enquanto começásseis e acabásseis com *não sei*; mas, quando afirmásseis, eu diria o que disse Prior em seu poema sobre as vaidades do mundo:

> *Osez-vous assigner, pédants insupportables,*
> *Une cause diverse à des effets semblables?*
> *Avez-vous mesuré cette mince cloison*
> *Qui semble séparer l'instinct de la raison?*
> *Vous êtes mal pourvus et de l'un et de l'autre.*
> *Aveugles insensés, quelle audace est la vôtre!*
> *L'orgueil est votre instinct. Conduirez-vous nos pas*
> *Dans ces chemins glissants que vous ne voyez pas?*
> [Ousais atribuir, pedantes insuportáveis,
> Causas diversas a efeitos semelhantes?
> Acaso medistes a tênue divisão
> Que parece separar o instinto da razão?
> Estais mal aquinhoados de ambos.
> Cegos insensatos, que audácia a vossa!
> O orgulho é vosso instinto. Conduzireis nossos passos
> Nos resvaladouros que não enxergais?]

O autor do verbete Alma na *Enciclopédia* assim se explica: "Imagino a alma dos animais como uma substância imaterial e inteligente, mas de que espécie? Deve ser, ao que me parece, um princípio ativo que tem sensações e nada mais que isso [...] Se refletirmos sobre a natureza da alma dos animais, esta não nos fornece nada de seu fundo que nos leve a crer que sua espiritualidade a salvará do aniquilamento."

Eu não entendo como alguém imagina uma substância imaterial. Imaginar alguma coisa é criar uma imagem dessa coisa; e até agora ninguém pôde pintar o espírito. Suponho que, com a palavra *imagino*, o autor pretende dizer *concebo*; quanto a mim, confesso que não o concebo. Concebo ainda menos que uma alma espiritual seja aniquilada, porque não concebo nem a criação nem o nada; porque nunca assisti ao conselho de Deus; porque nada sei sobre o princípio das coisas.

Se quero provar que a alma é um ser real, interrompem-me dizendo que é uma faculdade. Se afirmo que é uma faculdade, e que tenho a faculdade de pensar, respondem que me engano; que Deus, o senhor eterno de toda a natureza, faz tudo em mim e dirige todas as minhas ações e todos os meus pensamentos; que, se eu produzisse meus pensamentos, saberia os que teria daqui a um minuto; que nunca sei; que não passo de um autômato com sensações e ideias, necessariamente dependente e, nas mãos do Ser supremo, infinitamente mais submetido a ele do que a argila ao oleiro.

Portanto, confesso minha ignorância; confesso que quatro mil volumes de metafísica não nos ensinarão o que é nossa alma.

Um filósofo ortodoxo dizia a um filósofo heterodoxo: "Como pudestes imaginar que a alma é mortal por sua natureza e eterna pela pura vontade de Deus? – Por minha experiência – diz o outro. – Como! Morrestes? – Sim, frequentes vezes. Tinha epilepsia na juventude e garanto que ficava perfeitamente morto durante várias horas. Nenhuma sensação, nem sequer uma lembrança a partir do momento em que caía. Hoje em dia me acontece a mesma coisa quase todas as noites.

Nunca sinto com precisão o momento em que adormeço; meu sono é absolutamente sem sonhos. Só por conjectura posso imaginar quanto tempo dormi. Fico morto normalmente seis das vinte e quatro horas. Um quarto de minha vida."

O ortodoxo então assevera que continua pensando durante o sono, sem saber como. O heterodoxo responde: "Acredito, pela revelação, que na outra vida continuarei pensando; mas garanto que nesta raramente penso."

O ortodoxo não se enganava ao afirmar a imortalidade da alma, pois a fé e a razão demonstram essa verdade; mas podia enganar-se ao afirmar que alguém adormecido continua pensando.

Locke confessava francamente que nem sempre pensava enquanto dormia. Outro filósofo disse: "É próprio do homem pensar, mas essa não é sua essência."

Deixemos cada homem com a liberdade e o consolo de procurar-se e perder-se em suas ideias.

No entanto, é bom saber que em 1730 um filósofo sofreu forte perseguição por ter admitido, como Locke, que seu entendimento não está em ação em todos os momentos do dia e da noite, assim como ele não usa em todos os momentos os braços e as pernas. Foi perseguido não só pela ignorância dos tribunais, mas também pela ignorância maliciosa de alguns pretensos literatos. Aquilo que na Inglaterra produzira algumas discussões filosóficas produziu na França as mais covardes atrocidades; um francês foi vítima de Locke.

Sempre houve na lama de nossa literatura vários desses miseráveis que venderam a pluma e fizeram intrigas contra seus próprios benfeitores. Essa observação é bem estranha ao verbete Alma: mas caberia perder a oportunidade de assustar aqueles que se tornam indignos do nome de homem de letras, que prostituem o pouco de espírito e consciência que têm por vil interesse, por uma política quimérica, gente que trai os amigos para bajular tolos, que mói em segredo a cicuta que o ignorante poderoso e mau quer servir a cidadãos úteis?

Alguma vez na verdadeira Roma alguém denunciou Lucrécio aos cônsules, por ter posto em versos o sistema de Epicuro? Cícero, por ter escrito várias vezes que depois da morte não sentimos dor? Plínio e Varrão foram acusados por terem ideias pessoais sobre a divindade? A liberdade de pensar foi ilimitada entre os romanos. Os espíritos duros, invejosos e tacanhos, que se esforçaram por esmagar entre nós essa liberdade, mãe dos nossos conhecimentos e primeira mola do entendimento humano, pretextaram perigos quiméricos. Não pensaram que os romanos, que levavam essa liberdade muito mais longe que nós, nem por isso deixaram de nos vencer e legislar sobre nós, e que as disputas de escola têm tanta relação com o governo como o tonel de Diógenes tinha relação com as vitórias de Alexandre.

Essa lição vale uma lição sobre a alma: talvez tenhamos mais oportunidades de voltar a ela.

Por fim, mesmo adorando Deus com toda a nossa alma, confessemos nossa profunda ignorância sobre essa alma, sobre essa faculdade de sentir e pensar, que recebemos de sua bondade infinita. Admitamos que nossos fracos raciocínios nada podem subtrair nem somar à revelação e à fé. Concluamos, enfim, que devemos empregar essa inteligência, cuja natureza é desconhecida, para aperfeiçoar as ciências que são objeto da *Enciclopédia*, assim como os relojoeiros usam molas em seus relógios sem saber o que é mola.

Quarta seção
Sobre a alma e nossas ignorâncias

Com base em nossos conhecimentos admitidos, ousamos questionar se a alma é criada antes de nós, se vem do nada para o nosso corpo? Com que idade ela foi colocar-se entre a bexiga e os intestinos *caecum* e *rectum*? Trouxe ou recebeu destes algumas ideias, e quais são essas ideias? Depois de nos ter animado alguns momentos, sua essência é viver depois de nós na eternidade, sem a intervenção de Deus? Sendo ela espírito, e sendo espírito também Deus, terão ambos uma natureza semelhante[73]? Essas questões parecem sublimes: e o que são? Questões de cegos de nascença sobre a luz.

O que nos ensinaram todos os filósofos antigos e modernos? Uma criança é mais sensata que eles; ela não pensa naquilo que não pode conceber.

Como é triste, direis, para nossa curiosidade insaciável, para nossa sede inesgotável de bem-estar, ignorar-nos assim! Concordo, e existem coisas ainda mais tristes; mas responderei:

Sors tua mortalis, non est mortale quod optas.
[Teus destinos são de homem, e teus desejos, de um deus.]
(OVID., *Met.*, II, 56)

Mais uma vez parece que a natureza de todo princípio das coisas é o segredo do Criador. Como os ares transportam sons? Como se formam os animais? Como alguns de nossos membros obedecem constantemente às nossas vontades? Que mão põe ideias em nossa memória, nesta as guarda como num registro, e dela as retira, ora quando queremos, ora quando não? Nossa natureza, a natureza do universo, a natureza da menor das plantas, tudo para nós está mergulhado num abismo de trevas.

O homem é um ser que age, sente e pensa: é tudo o que sabemos sobre ele; não nos é dado conhecer nem o que nos torna sencientes e pensantes, nem o que nos faz agir, nem o que nos faz ser. A faculdade agente é tão incompreensível para nós quanto a faculdade pensante. A dificuldade está menos em conceber como esse corpo de lama tem sentimentos e ideias do que em conceber como um ser, seja ele qual for, tem ideias e sentimentos.

Veja-se, de um lado, a alma de Arquimedes e, de outro, a de um imbecil: são da mesma natureza? Se a essência delas é pensar, elas pensam sempre, independentemente do corpo, que não pode agir sem elas. Se elas pensam por sua própria natureza, a espécie de uma alma que não pode formular uma regra de aritmética será a mesma da alma que mediu os céus? Se o que fez Arquimedes pensar foram os órgãos do corpo, por que meu idiota, que é mais bem constituído que Arquimedes, é mais vigoroso, digere e cumpre todas as suas funções orgânicas melhor que ele, não pensa? Direis que é porque seu cérebro não é tão bom. Mas essa é uma suposição, pois nada sabeis sobre isso. Nunca se encontraram diferenças entre os cérebros sadios que foram dissecados; é até muito provável que o cerebelo de um idiota esteja em melhor estado que o de Arquimedes, que o cansou prodigiosamente, que poderia estar desgastado e diminuído.

Cabe concluir então o que já concluímos, que somos ignorantes sobre todos os primeiros princípios. Assim como os ignorantes que se fazem de sabidos estão muito abaixo dos macacos.

Brigai agora, coléricos argumentadores; processai-vos uns aos outros; dizei injúrias, pronunciai vossas sentenças, vós que não sabeis uma palavra sobre a questão.

Quinta seção
Do paradoxo de Warburton sobre a imortalidade da alma

Warburton, editor e comentador de Shakespeare e bispo de Glocester, usando da liberdade inglesa e abusando do costume de proferir injúrias contra os adversários, compôs quatro volumes

---

73. Sem dúvida não era essa a opinião de santo Agostinho, que, no livro VIII da *Cidade de Deus*, assim se expressa: "Que se calem aqueles que não ousaram, na verdade, dizer que Deus é um corpo, mas acreditaram que nossa alma é de natureza igual à dele. Eles não foram impressionados pela extrema mutabilidade de nossa alma, que não é lícito atribuir a Deus."

"Cedant et illi quos quidem puduit dicere Deum corpus esse, verumtamen ejusdem naturae, cujus ille est, animos nostros esse putaverunt. Ita non eos movet tanta mutabilitas animae, quam Dei naturae tribuere nefas est." (N. de Voltaire)

ALMA 69

para provar que a imortalidade da alma nunca foi anunciada no Pentateuco e para concluir, dessa prova, que a missão de Moisés, por ele chamada de *Legation*, é divina. Vejamos o resumo de seu livro, apresentado por ele mesmo, nas páginas 7 e 8 do primeiro volume:

"1º A doutrina de uma vida futura, de recompensas e castigos após a morte, é necessária a toda sociedade civilizada.

"2º Todo o gênero humano (e é nisso que ele se engana), especialmente as mais sábias e instruídas nações da antiguidade, é concorde em acreditar nessa doutrina e em ensiná-la.

"3º Ela não pode ser encontrada em nenhum lugar da lei de Moisés; logo, a lei de Moisés é um original divino. Provarei isso com os dois silogismos abaixo:

Primeiro silogismo
"Toda religião e toda sociedade que não tenham a imortalidade da alma como princípio só pode ser sustentada por uma providência extraordinária; a religião judaica não tinha a imortalidade da alma como princípio; logo, a religião judaica era sustentada por uma providência extraordinária.

Segundo silogismo
"Todos os antigos legisladores disseram que uma religião que não ensine a imortalidade da alma só pode ser sustentada por uma providência extraordinária; Moisés instituiu uma religião que não se fundou na imortalidade da alma; logo, Moisés acreditava que sua religião era mantida por uma providência extraordinária."

Mais extraordinária ainda é essa asserção de Warburton, por ele colocada em letras capitais à testa de seu livro. Com frequência ele foi criticado pela extrema temeridade e pela má-fé com que ousa dizer que todos os antigos legisladores acreditaram que uma religião não baseada em penas e recompensas depois da morte só pode ser sustentada por uma providência extraordinária; não existe um único deles que tenha jamais dito isso. Warburton nem sequer se preocupa em dar um exemplo em seu livro enorme, recheado de imensa quantidade de citações, todas estranhas ao assunto. Ele se enterrou debaixo do amontoado de autores gregos e latinos, antigos e modernos, para que ninguém penetrasse até ele, atravessando enorme quantidade de envoltórios. Quando, enfim, a crítica vasculhou até o fundo, ele ressuscitou dentre todos esses mortos para cumular de ultrajes todos os seus adversários.

É verdade que, quase no fim do quarto volume, depois de ter percorrido mil labirintos e de se chocar com todos os que encontrou pelo caminho, ele chega, finalmente, à grande questão que havia deixado para trás. Recorre ao livro de Jó, que entre os estudiosos é considerado obra de um árabe, e quer provar que Jó não acreditava na imortalidade da alma. Em seguida, explica a seu modo todos os textos da Escritura por meio dos quais se quis combater seu pensamento.

Tudo o que se deve dizer a respeito é que, se ele tivesse razão, não caberia a um bispo ter essa razão. Ele deveria perceber que seria possível extrair consequências perigosas demais de suas palavras[74]. Mas nada acontece por acaso neste mundo; esse homem, que se tornou delator e per-

---

74. E, de fato, foram extraídas essas consequências perigosas. Alguém lhe disse: "A crença na alma imortal é necessária ou não. Se não é necessária, por que Jesus Cristo a anunciou? Se necessária, por que Moisés não fez dela a base de sua religião? Ou Moisés tinha conhecimento desse dogma, ou não o tinha. Se o ignorava, era indigno de ditar leis. Se o conhecia e escondia, que nome merece? Para qualquer lado que nos voltemos, caímos num abismo que um bispo não deveria abrir. Vossa dedicatória aos livre-pensadores, vossas brincadeiras sem graça com eles e vossas baixezas para com milorde Hardwich não vos salvarão do opróbrio com que vossas contradições contínuas vos cobriram; e aprendereis que, quando dizemos coisas audazes, devemos dizê-las com modéstia." (N. de Voltaire)

seguidor, só se tornou bispo graças à proteção de um ministro de Estado, imediatamente depois de fazer seu livro.

Em Salamanca, Coimbra ou Roma, ele teria sido obrigado a retratar-se e pedir perdão. Na Inglaterra, tornou-se par do reino com cem mil libras de renda; quantia suficiente para polir seus costumes.

Sexta seção
Da necessidade da revelação

O maior benefício de que somos devedores ao *Novo Testamento* é a revelação da imortalidade da alma. Portanto, foi em vão que esse Warburton quis lançar fumaça sobre essa importante verdade, afirmando continuamente em sua *Legation* de Moisés que "os antigos judeus não tinham conhecimento algum desse dogma necessário, e os saduceus não o admitiam no tempo de Nosso Senhor Jesus Cristo".

Ele interpreta à sua maneira as próprias palavras que teriam sido pronunciadas por Jesus Cristo[75]: "Não lestes a palavra que Deus vos disse: Eu sou o Deus de Abraão, o Deus de Isaque e o Deus de Jacó? Ele não é o Deus dos mortos, mas dos vivos." Ele dá à parábola do mau rico um sentido contrário ao dado por todas as Igrejas. Sherlock, bispo de Londres, e vinte outros estudiosos refutaram-no. Os próprios filósofos ingleses o censuraram por acharem escandaloso um bispo anglicano manifestar uma opinião tão contrária à Igreja anglicana: e esse homem, depois disso, tem a coragem de tratar outras pessoas de ímpios; assemelha-se à personagem Arlequim, na comédia do *Dévaliseur de maisons* [ladrão de casas], que, depois de jogar os móveis pela janela, ao ver um homem levando alguns daqueles móveis, gritou a todo pulmão: Pega ladrão!

É preciso abençoar a revelação da imortalidade da alma e das penas e recompensas depois da morte principalmente porque a vã filosofia dos homens sempre duvidou dela. O grande César não acreditava nela; explicou-o claramente perante o senado quando, para impedir que matassem Catilina, alegou que a morte privava o homem de todos os sentimentos, que tudo morria com ele; e ninguém refutou essa opinião.

O império romano estava dividido entre duas grandes seitas principais: a de Epicuro, que afirmava que a divindade é inútil ao mundo e que a alma perece com o corpo, e a dos estoicos, que via a alma como uma parcela da Divindade, alma que, após a morte, se reunia à sua origem, ao grande todo do qual emanara. Assim, acreditando que a alma fosse mortal, ou acreditando-a imortal, todas as seitas se uniam para zombar das penas e recompensas após a morte.

Restam-nos ainda centenas de documentos dessa crença dos romanos. E, em virtude desse sentimento profundamente gravado em todos os corações, tantos heróis e tantos cidadãos romanos simples mataram-se sem o menor escrúpulo; não ficavam esperando que um tirano os livrasse dos carrascos.

Nem mesmo as pessoas mais virtuosas e mais convencidas da existência de um Deus esperavam recompensas ou temiam penas. Como veremos no verbete Apócrifo, Clemente, que foi papa e santo, começou por duvidar daquilo que os primeiros cristãos diziam sobre outra vida, consultando são Pedro em Cesareia. Estamos bem distantes de acreditar que são Clemente tenha escrito essa história que lhe atribuem; mas ela mostra a necessidade que o gênero humano tinha de uma revelação precisa. O que pode surpreender é o fato de um dogma tão repressor e salutar ter deixado entregues a crimes tão horríveis homens que têm tão pouco tempo para viver e se veem premidos entre duas eternidades.

---

75. São Mateus, cap. XXII, v. 31 e 32. (N. de Voltaire)

Sétima seção
Almas de idiotas e monstros

Uma criança malformada nasce absolutamente imbecil, não tem ideias e vive sem ideias; já se viram algumas dessa espécie. Como definir esse animal? Alguns doutores disseram que é algo entre o homem e a besta; outros disseram que tais crianças têm alma sensitiva, mas não alma intelectual. Elas comem, bebem, dormem, vigiam, têm sensações; mas não pensam.

Para tal criança haverá outra vida, ou não há? A questão foi proposta, mas ainda não foi inteiramente resolvida.

Alguns disseram que essa criatura deve ter alma, porque seu pai e sua mãe têm alma. Mas, com esse raciocínio, seria possível provar que, se ela tivesse vindo ao mundo sem nariz, dever-se-ia considerar que ela tinha nariz porque seu pai e sua mãe o tinham.

Uma mulher dá à luz, o filho não tem queixo, a testa é afundada e um tanto escura, o nariz é afilado e pontudo, os olhos são redondos, o rosto tem razoável semelhança com o de uma cotovia; no entanto, o restante do corpo é feito como o nosso. Os pais o batizam atendendo à opinião majoritária. Decide-se que ele é um ser humano e possui alma imortal. Mas, se essa figurinha ridícula tivesse unhas pontudas, bico em vez de boca, seria declarada monstro, não teria alma e não seria batizada.

Sabe-se que em Londres, em 1726, uma mulher dava à luz a cada oito dias um coelhinho. Ninguém discutia que se devia recusar o batismo àquela criança, apesar da loucura epidêmica que durante três semanas tomou conta de Londres, onde se acreditava que, de fato, aquela pobre embusteira gerava coelhos silvestres. O cirurgião que a assistia, chamado Saint-André, jurava que nada era mais verdadeiro, e acreditavam nele. Mas que razão tinham os crédulos para negar uma alma aos filhos daquela mulher? Ela tinha alma, seus filhos deviam ser providos de alma também; quer tivessem mãos, quer tivessem patas, quer tivessem nascido com focinho ou rosto, o Ser supremo não pode ter concedido o dom do pensamento e da sensação a um pequeno não sei quê, nascido de uma mulher, com figura de coelho, bem como a um pequeno não sei quê com figura de homem? A alma que estava prestes a alojar-se no feto daquela mulher voltaria de mãos vazias?

Locke observa muito bem a respeito dos monstros que não se deve atribuir a imortalidade ao exterior de um corpo; que a forma aí não influi. Essa imortalidade, diz ele, depende tanto da forma do rosto ou do peito quanto da maneira como a barba está feita ou o traje está cortado.

Ele pergunta qual é a justa medida de deformidade pela qual se pode reconhecer que uma criança tem alma ou não; qual é o grau preciso no qual se deve declarar que se trata de monstro sem alma.

Também se pergunta o que seria uma alma que só tivesse ideias quiméricas. Existem algumas que não estão muito longe disso. São merecedoras? Desmerecedoras? Que fazer com seu espírito puro?

Que pensar de uma criança com duas cabeças, porém muito bem-feita de corpo? Uns dizem que ela tem duas almas porque está munida de duas glândulas pineais, dois corpos calosos, dois *sensorium commune*. Outros respondem que ninguém pode ter duas almas se tem um só peito e um umbigo.

Por fim, foram tantas as questões sobre essa pobre alma humana que, se fosse preciso expor todas elas, esse exame de sua própria pessoa lhe causaria o tédio mais insuportável. Ocorreria aquilo que aconteceu com o cardeal de Polignac num conclave. Seu ecônomo, cansado de nunca conseguir fazê-lo acertar suas contas, viajou até Roma e aproximou-se da janelinha da célula do cardeal, carregado de um imenso calhamaço. Levou cerca de duas horas lendo. Por fim, percebendo que ninguém respondia, passou a cabeça pela janela. Havia quase duas horas, o cardeal fora embora. Nossa alma partirá antes que seus ecônomos lhe façam o relatório: mas sejamos justos diante de Deus, por mais ignorantes que sejamos, nós e nossos ecônomos.

Vede em *Lettres de Memmius* [Cartas de Memmius] aquilo que dissemos sobre a alma (*Mélanges*, ano 1771).

Oitava seção

Devo confessar que, quando examinei o infalível Aristóteles, o doutor evangélico e o divino Platão, considerei todos esses epítetos como apelidos. Só vi em todos os filósofos que falaram da alma humana cegos cheios de temeridade e tagarelice, esforçando-se por convencer de que têm olhos de águia, e outros curiosos e loucos que acreditam em tudo o que eles dizem e também imaginam que enxergam alguma coisa.

Não hesitarei em pôr Descartes e Malebranche no rol desses mestres do erro. O primeiro afirma que a alma do homem é uma substância cuja essência é pensar, que ela pensa sempre, e que, no ventre da mãe, se ocupa com belas ideias metafísicas e belos axiomas gerais, para esquecê-los em seguida.

Quanto ao padre Malebranche, está completamente convencido de que vemos tudo em Deus; encontrou partidários, pois as fábulas mais audazes são exatamente as mais aceitas pela frágil imaginação dos homens. Vários filósofos, portanto, escreveram o romance da alma; por fim, foi um sábio que, modestamente, escreveu sua história. Farei um resumo dessa história, segundo o que concebi. Sei muito bem que nem todos concordarão com as ideias de Locke: é bem possível que Locke tenha razão, ao contrário de Descartes e Malebranche, e que esteja errado, ao contrário da Sorbonne; falo segundo as luzes da filosofia, e não segundo as revelações da fé.

Só me cabe pensar humanamente; os teólogos decidem divinamente, é coisa bem diferente: a razão e a fé são de natureza contrária. Enfim, aí vai um pequeno resumo de Locke, que eu censuraria caso fosse teólogo, que adoto por um momento como hipótese, como conjectura de simples filosofia, humanamente falando. A questão é saber o que é alma.

1º A palavra *alma* é uma dessas palavras que todos pronunciam sem entender; só entendemos as coisas das quais temos alguma ideia: não temos ideia da alma, do espírito; portanto, não a entendemos.

2º Houvemos por bem chamar de alma a faculdade de sentir e pensar, tal como chamamos de vida a faculdade de viver, e de vontade a faculdade de querer.

A seguir, surgiram os polemistas e disseram: O homem é composto de matéria e espírito: a matéria é extensa e divisível; o espírito não é extenso nem divisível; logo, dizem eles, é de outra natureza. É uma reunião de seres que não são feitos um para o outro, que Deus une, malgrado sua natureza. Vemos pouco o corpo, não vemos nada da alma; ela não tem partes: logo, é eterna; ela tem ideias puras e espirituais: logo, não as recebe da matéria; tampouco as recebe de si mesma: logo Deus lhe dá as ideias; logo, ao nascer, ela traz as ideias de Deus e do infinito, bem como todas as ideias gerais.

Sempre humanamente falando, respondo a esses senhores que eles são bem instruídos. Primeiro, dizem que existe alma; depois, aquilo que ela deve ser. Pronunciam a palavra matéria e em seguida decidem com clareza o que ela é. Quanto a mim, digo: não conheceis o espírito nem a matéria. Como espírito, só podeis imaginar a faculdade de pensar; como matéria, só podeis entender certo conjunto de qualidades, cores, extensões, solidez; e decidistes dar a isso o nome de matéria, e designastes os limites da matéria e da alma antes de estardes seguros da existência de ambas.

Quanto à matéria, ensinais seriamente que nela só existem extensão e solidez; quanto a mim, digo modestamente que ela é capaz de muitíssimas propriedades que nem vós nem eu conheceremos. Dizeis que a alma é indivisível e eterna; e supondes o que está em causa. Sois mais ou menos como o professor de colégio que, nunca tendo visto um relógio na vida, tivesse de repente nas mãos um relógio inglês de repetição. Esse homem, bom peripatético, fica impressionado com a precisão com que os ponteiros dividem e marcam o tempo, e ainda mais espantado porque um botão, quando premido pelo dedo, soa precisamente a hora que o ponteiro está marcando. Meu filósofo não deixa de acreditar que nessa máquina há uma alma a governá-la e a conduzir suas molas. Demonstra eruditamente sua opinião por meio da comparação com os anjos que movimentam as esferas celestes, e em aula faz os alunos defender belas teses sobre a alma dos relógios. Um de seus alunos abre o relógio e nele se veem molas; apesar disso, continua-se a defender o sistema da alma dos relógios, que é tido como demonstrado. Sou o aluno que abre o relógio chamado homem, e, em vez de definir atrevidamente o que não entendemos, tento examinar gradativamente aquilo que queremos conhecer.

Tomemos uma criança que acaba de nascer e acompanhemos passo a passo os progressos de seu entendimento. Tendes a bondade de ensinar-me que Deus teve o trabalho de criar uma alma para alojá-la naquele corpo quando ele tem cerca de seis semanas; que essa alma, ao chegar, está provida de ideias metafísicas, conhecendo com bastante clareza, portanto, o espírito, as ideias abstratas e o infinito; sendo, em suma, uma pessoa muito instruída. Mas, infelizmente, sai do útero numa ignorância crassa; passam-se dezoito meses e ela só conhece a teta da ama; e, quando essa alma tem a idade de vinte anos e querem fazê-la lembrar-se de todas as ideias científicas que tinha quando se uniu ao corpo, ela frequentemente está tão tapada que não consegue conceber nenhuma. Há povos inteiros que nunca tiveram uma única dessas ideias. Na verdade, em que pensavam as almas de Descartes e de Malebranche quando imaginaram tais devaneios? Acompanhemos, pois, a ideia da criancinha, sem nos determos nas imaginações dos filósofos.

No dia em que a mãe deu à luz a criança e sua alma, nasceram na casa um cão, um gato e um canário. Ao cabo de dezoito meses, faço do cão um excelente caçador; com um ano, o canário entoa uma ária; o gato, ao cabo de seis semanas, já faz todas as suas traquinices; e a criança, ao cabo de quatro anos, não sabe nada. Eu, homem grosseiro, testemunha dessa prodigiosa diferença, nunca tendo visto uma criança, acredito de início que o gato, o cão e o canário são criaturas inteligentíssimas, e que a criancinha é um autômato. Contudo, pouco a pouco, percebo que essa criança tem ideias, memória; que tem as mesmas paixões daqueles animais; e então admito que, como eles, é uma criatura razoável. Ela me comunica diferentes ideias por meio de algumas palavras que aprendeu, assim como meu cão, por meio de latidos diversificados, me dá exatamente a conhecer suas diversas necessidades. Percebo que, com a idade de seis ou sete anos, a criança combina em seu pequeno cérebro quase tantas ideias quantas meu cão de caça combina no seu; por fim, com a idade, ela atinge um número infinito de conhecimentos. Então, que devo pensar dela? Deverei acreditar que ela é de uma natureza totalmente diferente? Não, pois vemos de um lado um imbecil e, de outro, um Newton; no entanto, afirmais que são de uma mesma natureza, e que só há diferença para mais ou para menos. A fim de estar mais seguro da verossimilhança de minha opinião provável, examino o cachorro e a criança enquanto dormem e estão acordados. Submeto-os a uma sangria extrema, e então suas ideias parecem escoar-se com o sangue. Nesse estado, eu os chamo, e eles não me respondem; e, se eu tirar mais algumas onças de sangue, minhas duas máquinas, que antes tinham ideias em grande número e paixões de toda espécie, já não têm nenhum sentimento. Examino em seguida meus dois animais enquanto dormem: percebo que o cão, depois de comer demais, tem sonhos; ele caça, late perseguindo a presa. Meu homenzinho, no mesmo estado, fala com a amante e faz amor em sonho. Se ambos tiverem comido moderadamente, nenhum deles sonha; enfim, percebo que sua faculdade de sentir, perceber e exprimir ideias foi-se desenvolvendo neles aos poucos e também se enfraquece gradualmente. Percebo neles cem vezes mais relações do que as que encontro entre certo homem inteligente e outro absolutamente imbecil. Que opinião então terei de sua natureza? A mesma que todos os povos imaginaram, antes que a política egípcia tivesse imaginado a espiritualidade e a imortalidade da alma. Eu desconfiaria até, com muitos indícios, que Arquimedes e uma toupeira são da mesma espécie, embora de um gênero diferente; assim como um carvalho e um grão de mostarda são formados pelos mesmos princípios, embora um seja uma árvore muito grande e outro seja uma plantinha. Pensaria que Deus deu porções de inteligência a porções de matéria organizada para pensar: acreditaria que a matéria tem sensações proporcionais à sutileza de seus sentidos: que são eles que as tornam proporcionais à medida de nossas ideias; acreditaria que a ostra tem menos sensações e sentidos, porque, tendo a alma presa à sua concha, cinco sentidos lhe seriam inúteis. Há muitos animais que só têm dois sentidos; nós temos cinco, o que é pouquíssimo: é de se crer que em outros mundos haja outros animais que usufruem de vinte ou trinta sentidos, e que outras espécies ainda mais perfeitas tenham sentidos infinitos.

Parece-me que essa é a maneira mais natural de raciocinar, ou seja, adivinhando e desconfiando. Certamente, deve ter passado muito tempo antes que os homens se tornassem bastante engenhosos para imaginar um ser desconhecido que é nós, que faz tudo em nós, que não é totalmente nós e vive depois de nós. Por isso, só gradualmente se chegou a conceber uma ideia tão ousada. Primeiramente, a palavra *alma* significou vida e foi comum para nós e para os outros animais; depois, nosso orgulho criou para nós uma alma à parte e nos fez imaginar uma forma substancial para as outras criaturas. Esse orgulho humano pergunta o que é então esse poder de perceber e sentir, ao qual dá o nome de *alma* no homem e de *instinto* no bruto. Responderei a essa pergunta quando os físicos me tiverem ensinado o que é *som*, *luz*, *espaço*, *corpo*, *tempo*. Direi, segundo o espírito do sábio Locke: A filosofia consiste em parar quando a tocha da física nos falta. Observo os efeitos da natureza, mas confesso que não concebo mais do que vós os primeiros princípios. O que sei é apenas que não devo atribuir a várias causas, sobretudo a causas desconhecidas, aquilo que posso atribuir a uma causa conhecida; ora, posso atribuir a meu corpo a faculdade de pensar e de sentir: portanto, não devo procurar essa faculdade de pensar e de sentir em outra coisa chamada *alma* ou *espírito*, da qual não posso ter a menor ideia. Essa afirmação vos faz protestar: achais então que é irreligião ousar dizer que o corpo pode pensar? Mas que diríeis, responderia Locke, se sois vós mesmos culpados de irreligião, vós que ousais limitar o poder de Deus? Que homem na terra pode afirmar, sem incidir em absurda impiedade, que é impossível a Deus dar sentimento e pensamento à matéria? Fracos e ousados que sois, dizeis que a matéria não pensa, porque não concebeis que uma matéria, seja ela qual for, pense.

Grandes filósofos, que decidis sobre o poder de Deus, e dizeis que Deus pode fazer um anjo de uma pedra, não vedes que, segundo vós mesmos, nesse caso Deus só daria à pedra o poder de pensar? Pois, se a matéria da pedra não permanecesse, já não se teria uma pedra, ter-se-ia uma pedra aniquilada e um anjo criado. Para onde quer que olheis, sois obrigados a admitir duas coisas, vossa ignorância e o poder imenso do Criador: vossa ignorância que se revolta contra a matéria pensante; e o poder do Criador, ao qual isso sem dúvida não é impossível.

Vós, que sabeis que a matéria não perece, negareis a Deus o poder de conservar nessa matéria a mais bela qualidade com que ele a ornou! A extensão subsiste bem sem corpo graças a ele, pois há filósofos que acreditam no vácuo; os acidentes subsistem bem sem a substância para os cristãos que acreditam na transubstanciação. Segundo dizeis, Deus não pode fazer aquilo que implique contradição. Seria preciso saber mais do que sabeis sobre tais coisas: por mais que façais, nunca sabereis outra coisa senão que sois corpo e que pensais. Muitas pessoas, que aprenderam na escola a não duvidar de nada, que tomam seus silogismos por oráculos, e suas superstições por religião, veem Locke como um ímpio perigoso. Esses supersticiosos estão para a sociedade como os covardes para um exército: têm e transmitem o pânico. É preciso ter piedade e dissipar seu medo; precisam saber que não serão as opiniões dos filósofos que causarão mal à religião. Está atestado que a luz vem do Sol, e que os planetas giram em torno desse astro: não se lê com menos edificação na Bíblia que a luz foi feita antes do Sol, e que o Sol foi parado sobre a aldeia de Gabaon. Está demonstrado que o arco-íris é necessariamente formado pela chuva: nem por isso se deixa de respeitar o texto sagrado, segundo o qual Deus pôs seu arco nas nuvens, depois do dilúvio, como sinal de que não haveria mais inundações.

Por mais que o mistério da Trindade e o da Eucaristia contradigam as demonstrações conhecidas, não deixam de ser reverenciados pelos filósofos católicos, que sabem que as coisas da razão e da fé são de natureza diferente. A nação dos antípodas foi condenada pelos papas e pelos concílios; e os papas reconheceram os antípodas e para eles levaram essa mesma religião cristã cuja destruição se acreditava segura, caso se pudesse encontrar um só homem que, como se dizia então, tivesse a cabeça para baixo e os pés para cima em relação a nós, e que, como diz o pouquíssimo filósofo santo Agostinho, tivesse caído do céu.

De resto, repito mais uma vez que, ao escrever com liberdade, não me torno fiador de nenhuma opinião; não sou responsável por nada. Entre esses sonhos talvez haja raciocínios e até alguns devaneios aos quais eu daria preferência; mas não há nenhum que eu não sacrificaria de imediato pela religião e pela pátria.

Nona seção

Suponhamos uma dúzia de bons filósofos numa ilha, onde sempre só viram vegetais. É muito difícil encontrar essa ilha e, sobretudo, doze bons filósofos, mas, enfim, permita-se essa ficção. Eles admiram a vida que circula nas fibras das plantas, vida que parece desaparecer para, em seguida, renovar-se; e, não sabendo muito bem como as plantas nascem, alimentam-se e crescem, dão a isso o nome de *alma vegetativa*. "Que entendeis por alma vegetativa? alguém lhes diz. – É uma palavra, respondem, que serve para expressar o impulso desconhecido por meio do qual tudo isso ocorre. – Mas não estais vendo, diz um mecânico, que tudo isso ocorre de maneira bem natural por pesos, alavancas, rodas e polias? – Não, dirão nossos filósofos: há nessa vegetação coisa diferente dos movimentos comuns; há um poder secreto que todas as plantas têm de atrair o suco que as nutre; e esse poder, que não é explicável por mecânica alguma, é um dom que Deus deu à matéria, cuja natureza nem vós nem eu entendemos."

Depois de discutirem bastante, nossos argumentadores descobrem finalmente os animais. "Oh, oh! dizem eles depois de longo exame, aqui estão seres organizados como nós! Incontestavelmente, eles têm memória, e muitas vezes mais do que nós. Têm nossas paixões; têm conhecimento; dão a entender todas as suas necessidades; perpetuam a espécie como nós." Nossos filósofos dissecam alguns desses seres; encontram um coração e um cérebro. "Como! dizem eles, o autor dessas máquinas, que nada faz em vão, teria dado a elas todos os órgãos do sentimento para que elas não tivessem sentimento? Seria absurdo pensar uma coisa dessas. Nelas certamente há algo que também chamamos *alma*, por falta de termo melhor, algo que tem sensações e certa medida de ideias. Mas esse princípio, qual é? Será algo absolutamente diferente da matéria? Um espírito puro? Um ser intermediário entre a matéria, que pouco conhecemos, e o espírito puro, que não conhecemos? Uma propriedade dada por Deus à matéria organizada?"

Fazem então experiências com insetos e minhocas; cortam-nos em diversas partes e ficam espantados ao verem que, depois de algum tempo, surgem cabeças em todas aquelas partes cortadas; o mesmo animal se reproduz e extrai da própria destruição aquilo com que se multiplica. Terão eles várias almas a esperarem que cortemos a cabeça do primeiro tronco, para animarem aquelas partes reproduzidas? Eles se assemelham às árvores, que dão novos ramos e se reproduzem a partir de mudas; essas árvores terão várias almas? Não parece; portanto, é bem provável que a alma desses bichos seja de espécie diferente daquela que chamávamos *alma vegetativa* nas plantas; é uma faculdade de ordem superior, que Deus dignou-se dar a certas porções de matéria: é uma nova prova de seu poder; é um novo motivo de adoração.

Um homem violento e mau argumentador ouve essas palavras e diz: "Sois uns celerados: vosso corpo deveria ser queimado pelo bem de vossa alma; pois negais a imortalidade da alma do homem." Nossos filósofos se entreolham assustados; um deles responde com delicadeza: "Por que nos queimar tão depressa? Com base em que pudestes pensar que temos a ideia de que vossa alma cruel é mortal? – Com base naquilo que acreditais, responde o outro, que Deus deu aos brutos, organizados como nós, a faculdade de ter sentimentos e ideias. Ora, a alma dos bichos perece com eles; logo, acreditais que a alma dos homens também perece."

O filósofo responde: "Não estamos absolutamente seguros de que aquilo que chamamos de alma nos animais pereça com eles; sabemos muito bem que a matéria não perece, e acreditamos possível que Deus tenha posto nos animais algo que sempre terá, se Deus quer, a faculdade de ter ideias. Não garantimos, nem de longe, que as coisas sejam assim, pois não cabe aos homens ser tão confiantes; mas não ousamos limitar o poder de Deus. Dizemos ser muito provável que os bichos, que são matéria, receberam dele um pouco de inteligência. Todos os dias descobrimos propriedades da matéria, ou seja, presentes de Deus sobre os quais antes não tínhamos ideias. Tínhamos de início definido a matéria como uma substância extensa; em seguida, reconhecemos ser preciso acrescentar-lhe a solidez; algum tempo depois foi preciso admitir que essa matéria tem uma força a que se dá o nome de *força de inércia*: depois disso ficamos assombrados por sermos obrigados a admitir que a matéria gravita.

"Quando quisemos levar mais longe as nossas investigações, fomos forçados a reconhecer seres que se assemelham à matéria em alguma coisa, mas não têm os outros atributos de que a matéria é dotada. O fogo elementar, por exemplo, age sobre nossos sentidos como os outros corpos; mas não tende a um centro como eles: ao contrário, foge ao centro em linhas retas de todos os lados. Não parece obedecer às leis da atração e da gravitação, tal como os outros corpos. A óptica tem mistérios que dificilmente poderíamos explicar, a não ser ousando supor que os traços de luz se interpenetram. Há certamente alguma coisa na luz que a distingue da matéria conhecida: a luz parece um ser intermediário entre os corpos e outras espécies de ser que ignoramos. É bem provável que essas outras espécies sejam um meio que conduz a outras criaturas, havendo assim uma cadeia de substâncias que se elevam ao infinito.

Usque adeo quod tangit idem est, tamen ultima distant!
[Elas (as cores do arco-íris) são iguais no momento em que se tocam; entretanto são diferentes quando se distanciam ao máximo]

"Essa ideia parece-nos digna da grandeza de Deus, se é que alguma coisa é digna dela. Entre essas substâncias, ele decerto pôde escolher uma para alojar em nosso corpo, a chamada *alma humana*; os livros santos que lemos ensinam que essa alma é imortal. A razão concorda com a revelação: porque como uma substância qualquer pereceria? Todo modo se destrói; o ser fica. Não podemos conceber a criação de uma substância, não podemos conceber sua aniquilação; mas não ousamos afirmar que o senhor absoluto de todos os seres não possa dar também sentimentos e percepções ao ser que chamamos *matéria*. Estais seguro de que a essência de vossa alma é pensar, e nós não estamos assim tão seguros: pois, quando examinamos um feto, custa-nos acreditar que sua alma tenha tido muitas ideias debaixo de sua coifa; e duvidamos muito de que, mergulhados em sono pleno e profundo, em letargia completa, tenhamos alguma vez feito meditações. Assim, parece-nos que o pensamento bem poderia não ser a essência do ser pensante, mas um presente que o Criador deu aos seres que chamamos *pensantes*; e tudo isso suscita em nós a desconfiança de que, se quisesse, ele poderia dar esse presente a um átomo, conservar para sempre esse átomo e seu presente, ou destruí-lo a seu bel-prazer. A dificuldade não consiste tanto em adivinhar como a matéria poderia pensar quanto em adivinhar como uma substância qualquer pensa. Só tendes ideias porque Deus teve a bondade de vo-las dar: por que desejais impedi-lo de dá-las a outras espécies? Acaso seríeis tão intrépido a ponto de ousar acreditar que vossa alma é precisamente do mesmo gênero das substâncias que se aproximam mais da Divindade? Tudo indica que elas são de uma ordem bem superior, e que, por conseguinte, Deus dignou-se dar-lhes um modo de pensar infinitamente mais belo; assim como ele concedeu uma medida modesta de ideias aos animais, que são de uma ordem inferior a vós. Ignoro como vivo, como dou vida, e quereis que eu saiba como tenho ideias: a alma é um relógio que Deus nos deu para governar; mas não nos disse de que é composta a mola desse relógio.

"Haverá algo em tudo isso de que se possa inferir que nossa alma é mortal? Mais uma vez, pensamos como vós sobre a imortalidade que a fé anuncia; mas acreditamos que somos ignorantes demais para afirmar que Deus não tem o poder de conceder pensamento ao ser que queira. Limitais o poder do Criador, que não tem limites, e nós o estendemos tanto quanto se estende sua existência. Perdoai-nos por acreditá-lo onipotente, assim como vos perdoamos por restringirdes seu poder. Deveis saber de tudo aquilo que ele pode fazer, e nós nada sabemos. Vivamos como irmãos, adoremos em paz nosso Pai comum; vós, com vossas almas sapientes e audazes; nós, com nossas almas ignorantes e tímidas. Temos um só dia para viver: que o vivamos tranquilamente, sem brigarmos por dificuldades que serão esclarecidas na vida imortal que começará amanhã."

O bruto, nada tendo de bom para replicar, falou muito tempo e zangou-se muito. Nossos pobres filósofos passaram algumas semanas a ler história; e, depois de terem lido bastante, disseram o seguinte àquele bárbaro, tão indigno de ter alma imortal:

"Meu amigo, lemos que em toda a antiguidade as coisas corriam tão bem quanto em nosso tempo; que havia até maiores virtudes, e que os filósofos não eram perseguidos por causa das opiniões que tinham: por que então quereis fazer-nos mal pelas opiniões que não temos? Dizemos que toda a antiguidade acreditava na matéria eterna. Aqueles que viram que ela foi criada deixaram em paz os outros. Pitágoras fora galo; seus pais, porcos; e ninguém achou o que criticar; sua seita foi prezada e reverenciada por todos, exceto pelos vendedores de carne assada e de favas.

"Os estoicos reconheciam um Deus, mais ou menos como aquele que foi tão temerariamente admitido depois pelos espinosistas; o estoicismo, porém, foi a seita mais fecunda em virtudes heroicas, e a que tinha mais crédito.

"Os epicuristas faziam deuses que se assemelhavam a nossos cônegos, cuja divindade era sustentada pela boa disposição, deuses que tomavam em paz seu néctar e sua ambrosia, sem se meterem em nada. Os epicuristas ensinavam atrevidamente a materialidade e a mortalidade da alma. Nem por isso deixaram de ser considerados: eram admitidos em todos os empregos, e seus átomos recurvados nunca fizeram mal algum ao mundo.

"Os platônicos, a exemplo dos gimnosofistas, não nos davam a honra de acreditar que Deus se tivesse dignado a fazer-nos pessoalmente. Segundo eles, Deus delegara essa tarefa a seus funcionários, a gênios que, nesse ofício, cometeram muitas burradas. O Deus dos platônicos era um excelente operário, que neste mundo empregou aprendizes bem medíocres. Os homens nem por isso deixaram de reverenciar a escola de Platão.

"Em suma, entre os gregos e os romanos, havia tantas seitas quantas eram as maneiras de pensar sobre Deus, a alma, o passado e o futuro: nenhuma dessas seitas foi perseguidora. Todas se enganavam, o que muito nos amofina; mas todas eram pacíficas, o que muito nos confunde; o que nos condena; o que nos mostra que a maioria dos argumentadores de hoje são uns monstros, e que os da antiguidade eram homens. Cantava-se publicamente no teatro de Roma:

Post mortem nihil est, ipsaque mors nihil.
[Nada existe após a morte, a própria morte nada é.]

"Esses sentimentos não tornavam os homens melhores nem piores; tudo estava sob controle, tudo transcorria normalmente, enquanto os Titos, os Trajanos e os Marcos Aurélios governavam a terra como deuses benfazejos.

"Passando dos gregos e dos romanos para as nações bárbaras, observemos apenas os judeus. Apesar de supersticioso, cruel e ignorante, aquele povo miserável honrava os fariseus, que admitiam a fatalidade do destino e a metempsicose; também respeitava os saduceus, que negavam absolutamente a imortalidade da alma e a existência dos espíritos, baseados na lei de Moisés, que nunca falara de penas e recompensas após a morte. Os essênios, que também acreditavam na fatalidade e nunca sacrificavam vítimas no templo, eram ainda mais reverenciados que os fariseus e os saduceus. Nenhuma de suas opiniões jamais perturbou o governo. No entanto, haveria aí motivos para que se matassem, queimassem e exterminassem reciprocamente, caso quisessem. Ó miseráveis homens! Mirai-vos nesses exemplos. Pensai e deixai pensar. Esse é o consolo de nossos fracos espíritos nesta vida breve. Como! Recebeis com gentileza um turco que acredita que Maomé viajou para a Lua, evitais desagradar o paxá Bonneval e quereis esquartejar vosso irmão porque ele acredita que Deus poderia dar inteligência a toda e qualquer criatura?"

Assim falou um dos filósofos; um outro acrescentou: "Acreditai, nunca se deve temer que alguma opinião filosófica possa prejudicar à religião de um país. Por mais que sejam contrários a nossas demonstrações, nossos mistérios não deixam de ser reverenciados por nossos filósofos cristãos, que sabem que os objetos da razão e os da fé são de natureza diferente. Nunca os filósofos criarão uma seita religiosa; por quê? Porque eles não têm entusiasmo. Que o gênero humano seja dividido em vinte partes; haverá dezenove compostas daqueles que trabalham com as mãos, e nunca saberão se houve algum Locke no mundo. Na vigésima parte restante, haverá pouquíssimos que leem! E, entre os que leem, haverá vinte que leem romances contra um que estuda filosofia. O número daqueles que pensam é excessivamente pequeno, e esses não têm em mente conturbar o mundo.

"Quem são aqueles que levaram o facho da discórdia para sua pátria? Pomponazzi, Montaigne, Levayer, Descartes, Gassendi, Bayle, Espinosa, Hobbes, o lorde Shaftesbury, o conde de Boulainvilliers, o cônsul Maillet, Toland, Collins, Fludd, Woolston, Bekker, o autor disfarçado com o nome de Jacques Massé, o autor de *Espion turc* [Espião turco], o das *Cartas persas*, o das *Cartas judias*, o dos *Pensamentos filosóficos* etc.? Não, na maioria foram os teólogos, que, começando com a ambição de se tornar chefes de seita, logo passaram a ter também a ambição de ser chefes de partido. Mas que digo? Todos os livros de filosofia moderna, juntos, nunca farão no mundo tanto barulho quanto o que foi feito outrora pela disputa dos franciscanos sobre a forma de suas mangas e de seus capuzes."

Décima seção
Sobre a antiguidade do dogma da imortalidade da alma (Fragmento)

O dogma da imortalidade da alma é a ideia mais consoladora e, ao mesmo tempo, mais repressora que o espírito humano conseguiu receber. Entre os egípcios, essa bela filosofia era tão antiga quanto as pirâmides: antes deles, era conhecida pelos persas. Relatei alhures essa alegoria do primeiro Zoroastro, citada no *Sadder*, na qual Deus mostrou a Zoroastro um lugar de castigo, tal como o *dardarot* ou o *keron* dos egípcios, o *hades* e o *tártaro* dos gregos, que traduzimos imperfeitamente em nossas línguas modernas com a palavra *inferno*, *subterrâneo*. Deus mostrou a Zoroastro, nesse lugar de castigos, todos os maus reis. Havia um que não tinha um dos pés: Zoroastro perguntou por quê; Deus respondeu que aquele rei só fizera uma boa ação na vida, ao aproximar com um pontapé um cocho que não estava suficientemente perto de um pobre asno que morria de fome. Deus pusera o pé daquele malvado no céu; o restante do corpo estava no inferno.

Essa fábula, que nunca é demais repetir, mostra a antiguidade da opinião de que existe uma outra vida. Os indianos estavam convencidos disso, e a metempsicose o prova. Os chineses reverenciavam as almas dos ancestrais. Todos esses povos haviam fundado poderosos impérios muito tempo antes dos egípcios. Essa é uma importantíssima verdade que acredito já ter provado pela própria natureza do solo do Egito. Os terrenos mais favoráveis devem ter sido cultivados em primeiro lugar; o solo do Egito era o menos praticável de todos, pois fica submerso quatro meses por ano: foi só depois da realização de imensas obras, portanto depois de um espaço de tempo prodigioso, que se conseguiu erigir cidades não inundáveis pelo Nilo.

Por conseguinte, aquele império tão antigo era menos antigo do que os impérios da Ásia; e em todos se acreditava que a alma subsiste após a morte. É verdade que todos aqueles povos, sem exceção, consideravam que a alma é uma forma etérea e leve, uma imagem do corpo; a palavra grega que significa *sopro* só foi inventada bem mais tarde pelos gregos. Mas, enfim, não se pode duvidar que uma parte de nós mesmos era vista como imortal. Os castigos e as recompensas em outra vida eram o grande fundamento da antiga teologia.

Ferecides foi o primeiro grego que acreditou na existência eterna das almas, e não o primeiro, como se disse, que afirmou a sobrevivência da alma ao corpo. Ulisses, muito tempo antes de Ferecides, vira as almas dos heróis nos infernos; mas o sistema segundo o qual as almas são tão antigas quanto o mundo nasceu no oriente e foi trazido para o ocidente por Ferecides. Não acredito que tenhamos entre nós um único sistema que não seja encontrado entre os antigos: foi com os escombros da antiguidade que erigimos todos os nossos edifícios modernos.

Décima primeira seção

Seria ótimo se enxergássemos nossa alma. *Conhece-te a ti mesmo* é um excelente preceito, mas só cabe a Deus pô-lo em prática: quem mais, além dele, pode conhecer sua própria essência?

Chamamos de alma aquilo que anima. Não sabemos muito mais, graças aos limites de nossa inteligência. Três quartos do gênero humano não vão mais longe e não se embaraçam com o ser pensante; o outro quarto procura; ninguém achou nem achará.

Pobre pedante, vês uma planta a vegetar, e dizes *vegetação*, ou até *alma vegetativa*. Observas que os corpos têm e transmitem movimento, e dizes *força*: vês que teu cão de caça aprende seu ofício contigo, e bradas *instinto*, *alma sensitiva*; tens ideias coerentes, e dizes *espírito*.

Mas, por favor, que entendes por essas palavras? Aquela flor vegeta; mas haverá algum ser real que se chama *vegetação*? Aquele corpo empurra outro, mas possuirá em si um ser distinto que se chama *força*? Aquele cão te traz uma perdiz, mas haverá um ser que se chama *instinto*? Acaso não ririas de algum argumentador (mesmo que ele fosse o preceptor de Alexandre) que te dissesse: Todos os animais vivem, logo dentro deles existe um ser, uma forma substancial, que é a vida?

Se uma tulipa pudesse falar e te dissesse: Minha vegetação e eu somos dois seres evidentemente unidos, não zombarias da tulipa?

Vejamos primeiramente o que sabes e aquilo de que tens certeza: andas com os pés, digeres com o estômago, sentes com todo o corpo e pensas com a cabeça. Vejamos se somente a tua razão pôde dar-te luzes suficientes para concluíres sem ajuda sobrenatural que tens alma.

Os primeiros filósofos, tanto caldeus como egípcios, disseram: É preciso que haja em nós algo que produza nossos pensamentos; esse algo deve ser sutilíssimo, um sopro, fogo, éter, quintessência, um leve simulacro, uma enteléquia, um número, uma harmonia. Enfim, segundo o divino Platão, é um composto do *mesmo* e do *outro*. São átomos que pensam em nós, disse Epicuro após Demócrito. Mas, meu amigo, como um átomo pensa? Admite que não sabes.

A opinião à qual devemos aderir sem dúvida é a de que a alma é um ser imaterial; mas, certamente, não concebeis o que é esse ser imaterial. – Não, respondem os eruditos, mas sabemos que sua natureza é pensar. – E como o sabeis? – Sabemos, porque ele pensa. – Oh! Erudito! Temo que sejais tão ignorantes quanto Epicuro; a natureza de uma pedra é cair, porque ela cai; mas eu pergunto quem a faz cair.

Sabemos, prosseguem, que pedra não tem alma. – Concordo, também penso assim. – Sabemos que uma negação e uma afirmação não são divisíveis, não são partes da matéria. – Sou de vossa opinião. Mas a matéria, aliás desconhecida para nós, possui qualidades que não são materiais, que não são divisíveis; ela tem gravitação para um centro, que Deus lhe deu. Ora, essa gravitação não tem partes, não é divisível. A força motriz dos corpos não é um ser composto de partes. A vegetação, a vida e o instinto dos corpos organizados tampouco são seres à parte, seres divisíveis; tampouco podeis dividir em duas partes a vegetação de uma rosa, a vida de um cavalo, o instinto de um cão, assim como não podeis dividir em duas partes uma sensação, uma negação, uma afirmação. Vosso belo argumento, extraído da indivisibilidade do pensamento, portanto, não prova nada.

O que chamais então de alma? Que ideia tendes dela? Por vós mesmos não podeis, sem revelação, admitir outra coisa em vós senão um poder de sentir e pensar que vos é desconhecido.

Agora, dizei-me com sinceridade: esse poder de sentir e pensar é o mesmo que vos faz digerir e andar? Admitis que não, pois, por mais que vosso entendimento dissesse a vosso estômago: *digere*, ele não o faria, caso estivesse doente; em vão vosso ser imaterial ordenaria a vossos pés que andassem, pois eles ficariam parados se sofressem de gota.

Os gregos sentiram muito bem que o pensamento muitas vezes não tem relação com a atividade de nossos órgãos; admitiram para esses órgãos uma alma animal, e, para os pensamentos, uma alma mais fina, mais sutil, um voῦς.

Mas eis que essa alma do pensamento, em mil ocasiões, tem controle sobre a alma animal. A alma pensante ordena às mãos que elas segurem, e elas seguram. Ela não diz ao coração que ele deve palpitar, ao sangue, que deve circular, ao quilo, que deve formar-se; tudo isso acontece sem ela: aí estão duas almas bem enleadas, que mandam pouquíssimo em casa.

Ora, essa primeira alma animal certamente não existe, nada mais é que o movimento dos órgãos. Cuidado, homem! Com tua fraca razão não tens provas de que a outra alma existe. Só podes sabê-lo por meio da fé. Nasceste, vives, ages, pensas, vigias, dormes, sem saberes como. Deus te deu a faculdade de pensar, assim como te deu todo o resto; e, se ele não viesse ensinar-te, em momentos marcados por sua providência, que tens uma alma imaterial e imortal, prova alguma terias disso.

Vejamos os belos sistemas que tua filosofia fabricou a respeito dessas almas.

Um diz que a alma do homem é parte da substância de Deus; o outro, que ela é parte do grande todo; um terceiro, que ela está criada desde toda a eternidade; um quarto, que ela é feita, e não criada; outros garantem que Deus as forma à medida da necessidade, e que elas chegam no momento da cópula; alojam-se nos animálculos seminais, brada alguém; não, diz outro, elas vão morar nas trompas de Falópio. Estais todos errados, diz outro ainda; a alma espera seis semanas para que o feto se forme, e então toma posse da glândula pineal; mas, se encontra um falso germe, afasta-se, à espera de melhor ocasião. A última opinião é a de que sua morada fica no corpo caloso; esse é o posto que lhe é designado por La Peyronie; só mesmo o primeiro cirurgião do rei da França poderia dispor assim do alojamento da alma. No entanto, seu corpo caloso não teve o mesmo sucesso do cirurgião.

Santo Tomás, em sua questão 75 e seguintes, diz que a alma é uma forma *subsistente per se*, que ela é una, que sua essência difere de seu poder, que há três almas *vegetativas*, a saber, a *nutritiva*, a *aumentativa* e a *generativa*; que a memória das coisas espirituais é espiritual, e a memória das corporais é corporal; que a alma racional é uma forma "imaterial quanto às operações e material quanto ao ser". Santo Tomás escreveu duas mil páginas com essa força e essa clareza; por isso, é o anjo da escola.

Não se criou um número menor de sistemas sobre a maneira como essa alma sentirá quando deixar o corpo com o qual sentia; como ela ouvirá sem ouvidos, sentirá cheiros sem nariz e tocará sem mãos; que corpo tomará depois, se aquele que tinha com dois anos ou com oitenta; como o *eu*, identidade da mesma pessoa, subsistirá; como a alma de um homem que se tornou imbecil com a idade de quinze anos e morreu imbecil com a idade de setenta retomará o fio das ideias que tinha na puberdade; por qual truque uma alma cuja perna foi cortada na Europa e que perdeu um braço na América encontrará essa perna e esse braço, que, tendo sido transformados em legumes, terão entrado no sangue de algum outro animal. Não terminaríamos, se quiséssemos expor todas as extravagâncias que a pobre alma humana imaginou sobre si mesma.

O mais estranho é que nas leis do povo de Deus não se diz uma só palavra sobre a espiritualidade e a imortalidade da alma, nada no Decálogo, nada no Levítico nem no Deuteronômio.

O certo, o indubitável é que Moisés em nenhum momento propõe aos judeus recompensas e penas em outra vida, nunca fala da imortalidade de suas almas, não lhes dá esperanças sobre o céu, não os ameaça com os infernos; tudo é temporal.

Antes de morrer, diz ele em seu Deuteronômio: "Se, depois de terdes filhos e netos, prevaricardes, sereis eliminados desta terra e reduzidos a um pequeno número nas nações.

"Sou um Deus ciumento, que pune a iniquidade dos pais até a terceira e a quarta geração.

"Honrai pai e mãe para viverdes muito tempo.

"Tereis o que comer e nada vos faltará.

"Se seguirdes deuses estrangeiros, sereis destruídos...

"Se obedecerdes, tereis chuva na primavera; e, no outono, trigo, azeite, vinho e feno para vossos animais, para comerdes e vos embriagardes.

"Ponde essas palavras em vosso coração, em vossas mãos, entre vossos olhos, escrevei-as em vossas portas, para que vossos dias se multipliquem.

"Fazei o que vos ordeno, sem nada pôr nem tirar.

"Se surgir um profeta que preveja coisas prodigiosas, se sua previsão for verdadeira e vir a acontecer, e se ele vos disser: 'Sigamos deuses estrangeiros'..., matai-o imediatamente, e que todo o povo o atinja depois de vós.

"Quando o Senhor vos entregar as nações, matai tudo, sem poupar um só homem, e não tenhais piedade de ninguém.

"Não consumais aves impuras, como a águia, o grifo, o ixíon etc.

"Não consumais animais que ruminam e cuja unha não seja fendida, como camelo, lebre, porco-espinho etc.

"Se observardes todos os preceitos, sereis benditos na cidade e nos campos; os frutos de vosso ventre, de vossa terra, de vossos animais serão benditos...

"Se não observardes todos os preceitos e todas as cerimônias, sereis malditos na cidade e nos campos... Conhecereis a fome, a pobreza, morrereis de miséria, frio, pobreza, febre; tereis ronha, sarna, fístula... tereis úlceras nos joelhos e nas pernas.

"O estrangeiro vos emprestará a juros, e não lhe emprestareis a juros... porque não tereis servido ao Senhor.

"E comereis o fruto de vosso ventre, e a carne de vossos filhos e de vossas filhas etc."

É evidente que, em todas essas promessas e ameaças, nada há que não seja temporal, e não se encontra uma só palavra sobre a imortalidade da alma e sobre a vida futura.

Vários comentadores ilustres acreditaram que Moisés estava perfeitamente a par desses dois grandes dogmas; e o provam com as palavras de Jacó, que, acreditando ter seu filho sido devorado pelas feras, dizia em sua dor: "Descerei com meu filho no fosso, *in infernum* (Gênese, cap. XXXVII, vers. 35), no inferno", ou seja, morrerei, pois meu filho morreu.

Provam-no também com trechos de Isaías e de Ezequiel; mas os hebreus aos quais Moisés falava não podiam ter lido Ezequiel nem Isaías, que só vieram vários séculos depois.

É inútil discutir sobre os sentimentos secretos de Moisés. O fato é que nas leis públicas ele nunca falou de uma vida futura, limitando todos os castigos e todas as recompensas ao tempo presente. Se conhecia a vida futura, por que não expôs expressamente esse dogma? E, se não a conheceu, qual era o objeto e a amplitude de sua missão? Essa é uma pergunta feita por várias grandes personalidades; estas respondem que o Mestre de Moisés e de todos os homens se reservava o direito de explicar aos judeus, em seu tempo, uma doutrina que eles não estavam em condições de entender quando viviam no deserto.

Se Moisés tivesse anunciado o dogma da imortalidade da alma, uma grande escola dos judeus não o teria combatido sempre. Essa grande escola dos saduceus não teria sido autorizada no Estado; os saduceus não teriam ocupado os primeiros cargos; não teriam sido extraídos grandes pontífices de sua comunidade.

Parece que foi só depois da fundação de Alexandria que os judeus se dividiram em três seitas: fariseus, saduceus e essênios. O historiador Josefo, que era fariseu, diz no livro XIII (cap. IX) de suas antiguidades que os fariseus acreditavam na metempsicose; os saduceus acreditavam que a alma perece com o corpo; os essênios, diz ainda Josefo, consideravam a alma imortal: segundo eles, as almas desciam de forma aérea nos corpos, vindas da mais alta região do ar; aos corpos são trazidas por uma atração violenta e, depois da morte, aquelas que pertenceram a gente de bem ficam além do oceano, num lugar onde não há calor nem frio, nem vento nem chuva. As almas dos maus vão para um clima totalmente contrário. Essa era a teologia dos judeus.

O único que devia instruir todos os homens veio condenar essas três seitas; mas, sem ele, nunca poderíamos ter conhecido nada de nossa alma, pois os filósofos nunca tiveram nenhuma ideia determinada sobre ela, e Moisés, único verdadeiro legislador do mundo antes do nosso, Moisés, que falava com Deus face a face, deixou os homens numa ignorância profunda sobre essa grande questão. Portanto, faz apenas mil e setecentos anos que se tem certeza da existência da alma e de sua imortalidade.

Cícero só tinha dúvidas; seu neto e sua neta puderam conhecer a verdade com os primeiros galileus que foram para Roma.

Mas, antes daquele tempo e a partir de então, em todo o restante da terra onde os apóstolos não penetraram, cada um precisava dizer à sua alma: Quem és? De onde vieste? Que fazes? Para onde vais? És não sei quê, que pensa e sente, e, ainda que sentisses e pensasses durante cem mil milhões de anos, nunca saberias mais por tuas próprias luzes, sem o socorro de um Deus.

Ó homem! Esse Deus te deu o entendimento para bem te conduzires, e não para penetrares na essência das coisas que ele criou.

Assim pensou Locke e, antes de Locke, Gassendi e, antes de Gassendi, uma multidão de sábios; mas nós temos bacharéis que sabem tudo o que esses grandes homens ignoravam.

Cruéis inimigos da razão ousaram insurgir-se contra essas verdades reconhecidas por todos os sábios. Levaram a má-fé e a impudência ao ponto de imputar aos autores desta obra a afirmação de que alma é matéria. Sabeis muito bem, perseguidores da inocência, que dissemos exatamente o contrário. Deveis ter lido estas mesmas palavras contra Epicuro, Demócrito e Lucrécio: "Meu amigo, como um átomo pensa? Admite que não sabes." Sois, portanto, caluniadores.

Ninguém sabe o que é o ser chamado *espírito*, ao qual dais esse nome material, que significa *vento*. Todos os primeiros Padres da Igreja acreditaram que a alma é corpórea. Para nós, seres limitados, é impossível saber se nossa inteligência é substância ou faculdade: não podemos conhecer a fundo nem o ser extenso, nem o ser pensante, ou o mecanismo do pensamento.

Ao lado dos respeitáveis Gassendi e Locke, bradamos que nada sabemos por nós mesmos sobre os segredos do Criador. Acaso sois deuses para saberdes tudo? Repetimos que não podemos conhecer a natureza e a destinação da alma a não ser por revelação. Como! Essa revelação não vos basta? Só podeis mesmo ser inimigos dessa revelação em nome da qual falamos, pois perseguis aqueles que tudo esperam dela e só acreditam nela.

Dizemos que nos remetemos à palavra de Deus; e vós, inimigos da razão e de Deus, vós, que blasfemais contra ambos, tratais a humilde dúvida e a humilde submissão do filósofo como o lobo trata o cordeiro nas fábulas de Esopo; vós lhe dizeis: Falaste mal de mim no ano passado, por isso sugarei teu sangue. A filosofia não se vinga; ela ri em paz de vossos vãos esforços; ela esclarece silenciosamente os homens, que quereis embrutecer para torná-los semelhantes a vós.

ALMANAQUE (Almanach)

Não é importante saber se *almanaque* vem dos antigos saxões, que não sabiam ler, ou dos árabes, que de fato eram astrônomos e conheciam um pouco a trajetória dos astros, enquanto os povos do ocidente estavam mergulhados numa ignorância igual à sua barbárie. Limito-me aqui a uma pequena observação.

Que um filósofo indiano embarque em Meliapur e venha a Bayonne: suponho que esse filósofo tenha bom-senso, o que, segundo dizem, é raro nos eruditos da Índia; suponho que esteja isento dos preconceitos de escola, o que era raro em todo lugar há alguns anos, e que não creia nas influências dos astros; suponho que encontre um tolo sob nossos céus, o que não seria tão raro.

Nosso tolo, para deixá-lo a par de nossas artes e de nossas ciências, dá-lhe de presente um *Almanach de Liège* [Almanaque de Liège], composto por Matthieu Laensberg, e o *Messager boiteux* [Mensageiros coxo], de Antoine Souci, astrólogo e historiador, impresso todos os anos em Basileia, com saída de vinte mil exemplares em oito dias. Lá se vê uma bela figura de homem cercada dos signos do zodíaco, com indicações seguras a demonstrarem que Balança preside as nádegas, Carneiro, a cabeça, Peixes, os pés, e assim por diante.

Cada dia da Lua nos ensina quando devemos tomar bálsamo de vida do sr. Le Lièvre ou pílulas do sr. Keyser, ou então pendurar no pescoço um *sachet* do boticário Arnoult, fazer uma sangria, cortar as unhas, desmamar os filhos, plantar, semear, viajar ou calçar sapatos novos. O indiano, atentando para essas lições, fará bem se disser a seu guia que não ficará com seus almanaques.

Se o imbecil que guia o nosso indiano lhe mostrar algumas de nossas cerimônias reprovadas por todos os sábios e toleradas por consideração e desprezo ao populacho, o viajante que vir essas momices seguidas de uma dança de tamborim não deixará de sentir dó de nós; achará que somos uns loucos bem engraçados e nada cruéis. Escreverá ao presidente do grande colégio de Benares que não temos senso comum, mas, se Sua Paternidade tiver a bondade de nos enviar pessoas esclarecidas e discretas, será possível fazer alguma coisa conosco, mediante a graça de Deus.

Foi precisamente isso o que fizeram nossos primeiros missionários, sobretudo são Francisco Xavier, com os povos da península da Índia. Enganaram-se muito mais ainda em relação aos usos, às ciências, às opiniões, aos costumes e ao culto dos indianos. É muito interessante ler os relatórios que escreveram. Qualquer estátua para eles é o diabo, qualquer reunião é um sabá, qualquer figura simbólica é um talismã, qualquer brâmane é um feiticeiro; e sobre tais coisas fazem lamentações infindáveis. Esperam que "a messe seja abundante". Acrescentam, com uma metáfora pouco congruente, "que trabalharão eficazmente na vinha do Senhor", num país onde nunca se viu vinho. É mais ou menos assim que cada nação julgou não só povos distantes, mas também seus vizinhos.

Os chineses são tidos como os mais antigos fazedores de almanaques. O mais subido direito do imperador da China é mandar seu calendário a vassalos e vizinhos. Não o aceitando, estes cometeriam uma insolência pela qual não deixaria de haver guerra, tal como havia guerra na Europa aos senhores que recusavam homenagem.

Enquanto só temos doze constelações, os chineses têm vinte e oito, cujos nomes não têm a mínima relação com os nossos; prova evidente de que eles nada tomaram ao zodíaco caldeu que adotamos; mas, embora tenham toda uma astronomia há mais de quatro mil anos, parecem-se a Matthieu Laensberg e Antoine Souci nas belas predições e nos segredos para a saúde com que recheiam seu *Almanaque imperial*. Dividem o dia em dez mil minutos e sabem com exatidão que minuto é favorável ou aziago. Quando o imperador Kang-hi quis encarregar os missionários jesuítas de fazer o Almanaque, dizem que estes inicialmente se eximiram, devido às superstições extravagantes com que é preciso enchê-lo[76]. "Acredito muito menos que os senhores nas superstições, disse-lhes o imperador; façam apenas um bom calendário e deixem que meus especialistas ponham todas as suas tolices."

O engenhoso autor da *Pluralidade dos mundos* (5ª noite) zomba dos chineses, que, segundo diz, veem mil estrelas cair ao mesmo tempo no mar. É bem verossímil que o imperador Kang-hi zombasse disso tanto quanto Fontenelle. Ao que tudo indica, algum *Messager boiteux* da China divertiu-se a falar daqueles fogos-fátuos como o povo, e a tomá-los por estrelas. Cada país tem suas tolices. Toda a antiguidade fez o Sol pôr-se no mar; nele pusemos estrelas durante muito tempo. Acreditamos que as nuvens tocavam o firmamento, que o firmamento era duríssimo e continha um reservatório de água. Não faz muito tempo que se sabe nas cidades que as filandras da Virgem, tantas vezes encontradas nos campos, são filandras de aranha. Não zombemos de ninguém. Pensemos que os chineses tinham astrolábios e globos antes que soubéssemos ler; e que, se não levaram tão longe a sua astronomia, foi pelo mesmo respeito aos antigos que devotamos a Aristóteles.

Consola saber que o povo romano, *populus late rex*, nesse aspecto esteve muitíssimo abaixo de Matthieu Laensberg, do *Messager boiteux* e dos astrólogos da China, até o tempo em que Júlio César reformou o ano romano, que recebemos dele e por isso ainda chamamos de *Calendário Juliano*, embora não tenhamos calendas, e ele mesmo tenha sido obrigado a reformá-lo.

Os primeiros romanos tinham de início um ano de dez meses, que perfaziam trezentos e quatro dias: não era solar nem lunar, era apenas bárbaro. A seguir, criou-se o ano romano de trezentos e cinquenta e cinco dias; outra conta errada, que se corrigiu como foi possível, e se corrigiu tão mal, que no tempo de César as festas de verão eram celebradas no inverno. Os generais romanos sempre venciam; mas não sabiam em que dia venciam.

César reformou tudo; parecia governar o céu e a terra.

Não sei por que tipo de condescendência pelos costumes romanos, ele começou o ano num tempo em que não começa, ou seja, oito dias depois do solstício de inverno. Todas as nações do império romano se submeteram a essa inovação. Os egípcios, que tinham o poder de ditar a lei quando o assunto era almanaque, também a acataram; mas nenhum desses diferentes povos mudou nada na distribuição de suas festas. Os judeus, tal como os outros, festejaram suas luas novas, seu *phasé* ou *paska*, no décimo quarto dia da lua de março, que se chama *lua vermelha*; essa época ocorria frequentemente em abril; seu Pentecostes, cinquenta dias depois de *phasé*; a festa das cornetas ou trombetas, no primeiro dia de julho; a dos tabernáculos, no dia quinze do mesmo mês; e a do grande *sabá*, sete dias depois.

Os primeiros cristãos seguiram o cômputo do império; contaram por calendas, nonas e idos, tal como seus senhores; acataram o ano bissexto, que ainda temos, que foi preciso corrigir no século XVI de nossa era, e que será preciso corrigir algum dia; mas se adaptaram aos judeus na celebração de suas grandes festas.

Determinaram de início sua Páscoa no décimo quarto dia da lua vermelha, até que o concílio de Niceia a fixou no domingo seguinte. Os que a festejavam no décimo quarto dia foram declarados hereges, e os dois lados se enganaram nos cálculos.

---

76. Ver os padres Duhalde e Parennin. (N. de Voltaire)

As festas de Nossa Senhora substituíram, na medida do possível, as luas novas ou neomênias; o autor do calendário romano diz[77] que a razão disso está no versículo dos cânticos *pulchra ut luna*, bela como a Lua. Mas por essa razão suas festas deviam ocorrer aos domingos, pois há no mesmo versículo *electa ut sol*, eleita como o Sol.

Os cristãos também guardaram Pentecostes. Foi ele fixado, como o dos judeus, precisamente cinquenta dias depois da Páscoa. O mesmo autor afirma que as festas dos padroeiros substituíram as dos tabernáculos.

Acrescenta que a festa de são João só foi posta em 24 de junho porque então os dias começam a diminuir, e porque são João, falando de Jesus Cristo, disse: "É preciso que ele cresça, e eu diminua. *Oportet illum crescere, me autem minui*."

O mais estranho – já observado alhures – é a antiga cerimônia de acender fogueira no dia de são João, que é o tempo mais quente do ano. Afirmou-se que se tratava de antiquíssimo costume, para lembrar o primeiro abrasamento da terra, enquanto não vem um segundo.

O mesmo autor do calendário garante que a festa da Assunção foi posta no dia 15 do mês de augusto, por nós chamado de agosto, porque o Sol está então no signo de Virgem.

Também certifica que são Matias é festejado no mês de fevereiro por ter sido intercalado entre os doze apóstolos, como se intercala um dia em fevereiro nos anos bissextos.

Essas fantasias astronômicas talvez fossem motivo de riso para o indiano de que falamos acima; contudo, o autor era o professor de matemática do delfim filho de Luís XIV, aliás engenheiro e oficial de grande apreço.

O pior de nossos calendários é sempre colocar equinócios e solstícios onde não estão; dizer, o Sol entra em Carneiro, quando não entra; seguir a antiga rotina errônea.

Um almanaque do ano passado nos engana neste ano, e todos os nossos calendários são almanaques dos séculos passados.

Por que dizer que o Sol está em Carneiro, quando está em Peixes? Por que não fazer pelo menos o que se faz nas esferas celestes, em que se distinguem os signos verdadeiros dos antigos signos, que se tornaram falsos?

Teria sido conveniente não só começar o ano no ponto preciso do solstício de inverno ou do equinócio da primavera, mas também pôr todos os signos em seu verdadeiro lugar. Pois, demonstrado que o Sol corresponde à constelação de Peixes quando se diz que está em Carneiro, e que em seguida ele estará em Aquário e, sucessivamente, em todas as constelações seguintes na época do equinócio da primavera, caberia fazer já aquilo que será obrigatório fazer um dia, quando o erro, crescendo, se tornar mais ridículo. É o que ocorre com centenas de erros visíveis. Nossos filhos os corrigirão, é o que se diz; mas vossos pais diziam o mesmo de vós. Por que então não vos corrigis? Vede, na grande *Enciclopédia*, Ano, Calendário, Precessão dos Equinócios e todos os verbetes referentes a esses cálculos. São feitos por mão de mestre.

ALQUIMISTA (Alchimiste)

Esse *al* enfático põe o alquimista tão acima do químico comum quanto o ouro que ele compõe acima dos outros metais. A Alemanha ainda está cheia de gente que procura a pedra filosofal, como se procurou a água da imortalidade na China e a fonte da Juventude na Europa. São conhecidas na França algumas pessoas que se arruinaram nessa busca.

O número dos que acreditaram nas transmutações é prodigioso; o número de trapaceiros foi proporcional ao dos crédulos. Vimos em Paris o sr. Dammi, marquês de Conventiglio, que arrancou centenas de luíses de vários nobres para lhes fazer render dois ou três escudos de ouro.

---

77. Ver Calendário romano. (N. de Voltaire)

A melhor trapaça que já se fez em alquimia foi a de um rosa-cruz que foi visitar Henrique I, duque de Bouillon, da casa de Turenne, príncipe soberano de Sedan, por volta do ano 1620. Disse-lhe: "Não tendes uma majestade proporcional à vossa coragem; quero tornar-vos mais rico que o imperador. Só posso ficar dois dias em vossos Estados; preciso ir a Veneza realizar a grande assembleia dos irmãos: que tudo fique em segredo. Mandai buscar litargírio no primeiro boticário de vossa cidade; sobre ele despejai um único grão do pó vermelho que vos dou; levai tudo ao crisol e em menos de quinze minutos tereis ouro."

O príncipe fez a operação e a repetiu três vezes diante do virtuoso. Antes disso, aquele homem mandara comprar todo o litargírio que havia nos boticários de Sedan, e em seguida o havia revendido, misturado a algumas onças de ouro. Ao partir, o adepto presenteou com todo o pó transmutante o duque de Bouillon.

O príncipe não duvidou que, tendo feito três onças de ouro com três grãos, faria cem mil onças com trezentos mil grãos, e que, por conseguinte, em uma semana se tornaria possuidor de trinta e sete mil e quinhentos marcos, sem contar o que faria depois. Precisaria de três meses pelo menos para fazer aquele pó. O filósofo tinha pressa de partir; não lhe restava mais nada, havia dado tudo ao príncipe; precisava de moeda corrente para reunir em Veneza os adeptos da filosofia hermética. Tratava-se de um homem muito moderado em desejos e despesas; só pediu vinte mil escudos para a viagem. O duque de Bouillon, envergonhado com tão pouco, deu-lhe quarenta mil. Depois de esgotado todo o litargírio de Sedan, não fez mais ouro; não voltou a ver o seu filósofo e perdeu quarenta mil escudos.

Todas as pretensas transmutações alquímicas foram feitas mais ou menos dessa maneira. Transformar uma produção da natureza em outra é uma operação um tanto difícil, como, por exemplo, converter ferro em prata, pois isso demanda duas coisas que não estão em nosso poder: anular o ferro e criar a prata.

Ainda existem filósofos que acreditam nas transmutações, porque viram água transformar-se em pedra. Não quiseram ver que a água, ao evaporar, depositou a areia de que estava carregada, e a areia, aproximando essas partículas, converteu-se numa pequena pedra friável, que, precisamente, era apenas a areia que estava na água.

É preciso desconfiar da própria experiência. Não poderíamos dar um exemplo mais recente e impressionante do que o episódio ocorrido em nossos dias, narrado por uma testemunha ocular. O resumo que ela deu é o seguinte: "É preciso ter sempre em mente o provérbio espanhol: *De las cosas mas seguras, la mas segura es dudar*; das coisas mais seguras, a mais segura é duvidar etc."

No entanto, não se deve rechaçar todas as pessoas dadas a mistérios, todas as novas invenções. Esses virtuosos são como as peças de teatro: em mil, pode-se encontrar uma boa.

ALTANEIRO (Hauteur)

Gramática, moral

Se soberbo é pejorativo, altaneiro constitui ora boa, ora má qualidade, de acordo com o lugar, com a ocasião e com aqueles com quem se está tratando. O mais belo exemplo de nobreza altaneira e oportuna é a de Popílio, que traçou um círculo em torno de um poderoso rei da Síria e lhe disse: "Não saireis deste círculo sem satisfazer à república, ou sem atrair sua vingança." Um cidadão comum que fizesse isso seria impudente. Popílio, que representava Roma, punha toda a grandeza de Roma em seu procedimento e podia até ser um homem modesto.

Há modos generosos de ser altaneiro; e o leitor dirá que esses são os mais estimáveis. O duque de Orléans, regente do reino, instado pelo sr. Sum, enviado da Polônia, a não receber o rei Estanislau, respondeu: "Dize a vosso senhor que a França sempre foi asilo de reis."

O modo altaneiro com que Luís XIV às vezes tratou seus inimigos é de outro tipo, menos sublime.

Aqui não podemos deixar de notar o que o padre Bouhours diz sobre o ministro de Estado Pompônio: "Ele tinha uma alma altaneira e firme que nada conseguia dobrar." Luís XIV, num memorando escrito de próprio punho, diz que aquele ministro não tinha firmeza nem dignidade.

Muitas vezes a palavra *hauteur* [altura, elevação] foi empregada no estilo de exaltação, *les hauteurs de l'esprit humain* [a nobreza do espírito humano]; e, no estilo simples, *il a eu des hauteurs* [ele assumiu ar de superioridade], *il s'est fait des ennemis par ses hauteurs* [ele fez inimigos por sua arrogância].

Aqueles que se aprofundaram no coração humano dirão mais sobre esse pequeno verbete.

ALTARES (Autels)
Templos, ritos, sacrifícios etc.

É universalmente reconhecido que os primeiros cristãos não tiveram templos, altares, círios, incensos, água benta, nem nenhum dos ritos que a prudência dos pastores instituiu depois, segundo os tempos, os lugares e, sobretudo, a necessidade dos fiéis.

São vários os testemunhos de Orígenes, Atenágoras, Teófilo, Justino e Tertuliano de que os primeiros cristãos abominavam templos e altares. Não só porque não podiam obter do governo, nos primórdios, permissão para construir templos, mas também porque tinham real aversão por tudo o que parecesse ter a menor relação com as outras religiões. Esse horror persistiu durante duzentos e cinquenta anos. Isso é demonstrado por Minúcio Félix, que vivia no século III. Diz ele aos romanos: "Achais que escondemos o que adoramos porque não temos templos nem altares. Mas que simulacro erigiremos a Deus, se o próprio homem é o simulacro de Deus? Que templo lhe construiremos, se o mundo, que é sua obra, não pode contê-lo? Como encerrar o poder de tal majestade numa única casa? Não será melhor consagrar-lhe um templo em nosso espírito e em nosso coração?" (cap. XXXII).

Os cristãos, portanto, só passaram a ter templos no começo do reinado de Diocleciano. A Igreja era então muito numerosa. Precisava-se de decorações e ritos, que até então teriam sido inúteis e até perigosos a um rebanho fraco, por muito tempo quase desconhecido e considerado apenas uma pequena seita de judeus dissidentes.

Está claro que, no tempo em que eram confundidos com judeus, não podiam obter permissão para ter templos. Os judeus, que pagavam alto preço por suas sinagogas, se oporiam; eram eles inimigos mortais dos cristãos, e eram ricos. Não cabe dizer, como Toland, que então os cristãos faziam de conta que desprezavam os templos e os altares, tal como a raposa dizia que as uvas estavam verdes demais.

Essa comparação parece tão injusta quanto ímpia, pois todos os primeiros cristãos de tantos países diferentes foram unânimes em afirmar que o verdadeiro Deus não precisa de templos e altares.

A Providência, pondo em ação as causas segundas, quis que eles construíssem um templo soberbo em Nicomédia, residência do imperador Diocleciano, assim que passaram a ter a proteção daquele príncipe. Construíram outros em outras cidades, mas ainda abominavam círios, incensos, água lustral, trajes pontificais: todo esse aparato imponente, a seu ver, não passava de marca distintiva do paganismo. Adotaram esses usos pouco a pouco, durante o reinado de Constantino e de seus sucessores; e esses usos mudaram com frequência.

Hoje, no ocidente, as mulheres bondosas que aos domingos assistem a missa baixa em latim, oficiada com o auxílio de algum menino, imaginam que esse rito foi observado desde todos os tempos, que nunca houve outro, e que o costume de reunir-se em outros países para orar a Deus em comunidade é diabólico e recente. As missas baixas são, sem sombra de dúvida, respeitabilíssimas, porque autorizadas pela Igreja. Não são de modo algum antigas; mas nem por isso deixam de exigir nossa veneração.

Talvez não haja hoje uma única cerimônia que tenha sido de uso no tempo dos apóstolos. O Espírito Santo sempre se adaptou aos tempos. Inspirava os primeiros discípulos em casebres paupérrimos: comunica hoje suas inspirações em São Pedro de Roma, que custou duzentos milhões: igualmente divino no casebre e no soberbo edifício de Júlio II, Leão X, Paulo III e Sixto V[78].

ALTIVEZ (Fierté)

Altivez é uma daquelas palavras que tanto podem ser empregadas em sentido pejorativo quanto em sentido favorável.

É pejorativa quando significa vaidade arrogante, altaneira, orgulhosa, desdenhosa; é quase um elogio quando significa elevação de uma alma nobre.

É um justo elogio num general que marcha com altivez ao encontro do inimigo. Os escritores louvaram a altivez das atitudes de Luís XIV: deveriam ter se contentado em observar a sua nobreza.

A altivez da alma, sem soberba, é um mérito compatível com a modéstia. Só a altivez nas atitudes e nas maneiras choca; desagrada até nos reis.

A altivez exterior, em sociedade, é expressão de orgulho: a altivez interior, na alma, é grandeza.

As nuances são tão delicadas, que espírito altivo é censura, mas alma altiva é elogio; isto porque por espírito altivo se entende alguém que pensa de maneira arrogante sobre si mesmo, e por alma altiva entende-se sentimentos elevados.

A altivez que se mostra no exterior é a tal ponto um defeito, que os pequenos que louvam servilmente os grandes por esse defeito são obrigados a abrandá-lo, ou melhor, a exaltá-lo com um epíteto: *a nobre altivez*. Ela não é simplesmente vaidade, que consiste em valorizar-se com pequenas coisas; não é presunção, que se acredita capaz de grandes coisas; não é desdém, presente em quem soma ao alto conceito sobre si mesmo o desprezo pelos outros; mas alia-se intimamente com todos esses defeitos.

Essa palavra foi usada em prosa e verso, principalmente nas óperas, para exprimir a severidade do pudor: em toda parte se encontra *vã altivez, severa altivez*.

Os poetas talvez tivessem mais razão do que acreditavam. A altivez de uma mulher não é simplesmente pudor severo, amor ao dever, mas reflete o alto valor que seu amor-próprio atribui à sua beleza.

Foi dito algumas vezes *altivez do pincel*, para exprimir toques livres e ousados.

AMAZONAS (Amazones)

Muitas vezes se ouviu falar de mulheres vigorosas e audazes que combatem como homens; a história as menciona; pois, sem falar de Semíramis, Tômiris e Pentesileia, que talvez sejam fabulosas, é certo que havia muitas mulheres nos exércitos dos primeiros califas.

Mas era sobretudo na tribo dos homeritas que uma espécie de lei ditada pelo amor e pela coragem fazia que nas batalhas as esposas socorressem e vingassem os maridos, e as mães os filhos.

Quando o célebre capitão Derar lutava na Síria contra os generais do imperador Heráclio, no tempo do califa Abu-Becre, sucessor de Maomé, Pedro, que comandava em Damasco, em suas incursões prendera várias muçulmanas com algum butim; ele as conduzia a Damasco: entre as cativas estava a irmã do próprio Derar. A história árabe de Alvakedi, traduzida por Ockley, conta

---

78. Ver, no verbete Igreja, a seção intitulada *Sobre a Igreja primitiva* etc. (N. de Voltaire)

que ela era belíssima, e que Pedro se apaixonou por ela; ele a poupava na marcha e evitava longos percursos a suas prisioneiras. Estas acampavam numa vasta planície sob tendas guardadas por tropas um pouco distanciadas. Caulah (esse era o nome da irmã de Derar) propõe a uma de suas companheiras, chamada Oserra, livrar-se do cativeiro; convence-a de que é melhor morrer do que ser vítima da lubricidade dos cristãos; o mesmo entusiasmo muçulmano toma conta de todas aquelas mulheres; elas se armam das estacas guarnecidas de ferro das tendas e de suas facas, uma espécie de punhal que usam na cintura, e formam um círculo, tal como as vacas se encostam umas nas outras, formando uma roda e apresentando os chifres aos lobos que as atacam. Pedro no começo limitou-se a rir; avança para as mulheres, e é recebido a golpes de estacas de ferro; durante muito tempo ele hesita em usar a força; no fim se decide, e os sabres já tinham sido empunhados, quando Derar chega, põe os gregos em fuga e liberta a irmã e todas as cativas.

Nada mais se assemelha àqueles tempos chamados *heroicos*, cantados por Homero; são os mesmos combates singulares à testa dos exércitos, e os combatentes frequentemente se falam durante muito tempo antes de entrarem em luta; é provavelmente isso o que justifica Homero.

Tomé, governador da Síria, genro de Heráclio, ataca Serjabil numa surtida de Damasco; antes, faz uma prece a Jesus Cristo. Depois, diz a Serjabil: "Injusto agressor, não resistirás a Jesus, meu Deus, que combaterá pelos vingadores de sua religião.

– Proferes uma mentira ímpia, responde-lhe Serjabil. Jesus, perante Deus, não é maior que Adão; Deus o extraiu do pó: deu-lhe a vida tal como a outro homem e, depois de tê-lo deixado algum tempo na terra, levou-o para o céu."[79]

Depois de tais discursos, o combate começa; Tomé atira uma flecha que vai ferir o jovem Aban, filho de Saib, ao lado do valente Serjabil; Aban cai e expira: a notícia voa até sua jovem esposa, que estava unida a ele havia apenas alguns dias. Ela não chora; não emite um só grito, mas corre ao campo de batalha, com a aljava nos ombros e duas flechas nas mãos; ao desferir a primeira, lança ao chão o porta-estandarte dos cristãos; os árabes apoderam-se dele gritando *Allah achar*; a segunda vaza um olho de Tomé, que se refugia ensanguentado na cidade.

A história árabe está cheia desses exemplos; mas não diz que tais mulheres guerreiras queimavam o mamilo direito para atirar melhor; muito menos diz que viviam sem homens; ao contrário, expunham-se nas batalhas por seus maridos ou amantes, do que se deve concluir que, em vez de se fazerem críticas a Ariosto e a Tasso por terem introduzido tantas amantes guerreiras em seus poemas, seria melhor louvá-los por terem pintado costumes verdadeiros e interessantes.

De fato, no tempo da loucura das cruzadas houve mulheres cristãs que compartilharam fadigas e perigos com os maridos: esse entusiasmo alcançou tal ponto, que as genovesas resolveram entrar para as cruzadas e formar na Palestina batalhões de saias e toucados; fizeram uma promessa da qual foram exoneradas por um papa mais sábio do que elas.

Margarida de Anjou, mulher do desventurado Henrique VI, rei da Inglaterra, em guerra mais justa deu mostras de um valor heroico; combateu pessoalmente em dez batalhas, para libertar o marido. A história não tem exemplo comprovado de coragem maior e mais constante numa mulher.

Ela fora precedida pela célebre condessa de Montfort, na Bretanha. "Aquela princesa, diz Argentré, era muito mais virtuosa do que o natural de seu sexo; valente como nenhum homem, montava e manejava o cavalo melhor do que qualquer escudeiro; combatia corpo a corpo; corria, lutava em meio a uma tropa de cavaleiros como o mais valente capitão; combatia no mar e em terra com a mesma segurança etc."

Era vista a percorrer, de espada em punho, seus Estados invadidos pelo adversário Carlos de Blois. Não só resistiu a dois assaltos na brecha de Hennebon, armada da cabeça aos pés, como também se precipitou sobre o campo inimigo, seguida de quinhentos homens, e o incendiou, reduzindo-o a cinzas.

---

79. Essa é a crença dos maometanos. A doutrina dos cristãos basilidianos fazia tempo que era corrente na Arábia. Os basilidianos diziam que Jesus Cristo não fora crucificado. (N. de Voltaire)

Os feitos de Joana d'Arc, tão conhecida com o nome de *Donzela de Orléans*, são menos espantosos do que os de Margarida d'Anjou e da condessa de Montfort. Como essas duas princesas foram criadas na indolência das cortes, e Joana d'Arc no rude exercício dos trabalhos dos campos, era mais estranho e bonito trocar a corte do que a choupana pelas batalhas.

A heroína que defendeu Beauvais talvez seja superior à que venceu o cerco de Orléans; ela combateu tão bem quanto esta e não se gabou de ser donzela nem inspirada. Em 1472, quando o exército de Borgonha sitiou Beauvais, Jeanne Hachette, à testa de várias mulheres, resistiu por muito tempo a um assalto, arrebatou o estandarte que um oficial dos inimigos estava para fincar na brecha, lançou o porta-estandarte no fosso e deu tempo para que as tropas do rei chegassem e socorressem a cidade. Seus descendentes foram isentados da talha: pequena e vergonhosa recompensa. As mulheres e as moças de Beauvais se sentem mais lisonjeadas por precederem os homens na procissão do dia do aniversário. Toda marca pública de honra encoraja o mérito, e a isenção da talha apenas prova que se deve sujeição a essa servidão pela infelicidade do nascimento.

A srta. de La Charce, da casa La Tour du Pin Gouvernet, em 1692, pôs-se à frente das comunas do Delfinado e rechaçou os Barbets, que as estavam invadindo. O rei deu-lhe uma pensão, tal como dá a um bravo oficial. A ordem militar de são Luís ainda não tinha sido instituída.

Quase não há nação que não se glorifique por ter semelhantes heroínas; o número delas não é grande; a natureza parece ter dado outra destinação às mulheres. Embora raro, já houve mulheres que se alistaram como soldados. Em resumo, cada povo teve suas guerreiras; mas o reino das amazonas às margens do Termodonte não passa de ficção poética, como quase tudo o que a antiguidade conta.

AMÉRICA (Amérique)

Visto que ninguém se cansa de criar sistemas sobre a maneira como a América foi povoada, não nos cansemos de dizer que aquele que fez moscas nascer naqueles climas também fez que ali nascessem homens. Por mais vontade que tenhamos de discutir, não podemos negar que o Ser supremo, que vive em toda a natureza, fez nascer a quarenta e oito graus de latitude animais de dois pés, sem penas, cuja pele é uma mistura de branco e encarnado, com longas barbas tirantes ao ruivo; negros sem barba na altura do equador, na África e nas ilhas, outros negros com barbas nas mesmas latitudes, uns com lã na cabeça, outros com crina; e, no meio deles, animais totalmente brancos, que não têm crina nem lã, mas seda branca.

Não entendemos bem o que poderia ter impedido Deus de pôr em outro continente uma espécie de animal de um mesmo gênero, que tenha cor de cobre na mesma latitude em que esses mesmos animais são pretos na África e na Ásia, e absolutamente imberbes e sem pelos na mesma latitude em que os outros são barbudos.

A que ponto nos leva o furor dos sistemas, aliado à tirania do preconceito! Vemos esses animais; admitimos que Deus pode tê-los posto onde estão, e não queremos admitir que os pôs. As mesmas pessoas que não opõem nenhuma dificuldade para admitir que os castores são originários do Canadá afirmam que os homens só podem ter chegado lá de barco, e que o México só pode ter sido povoado por alguns descendentes de Magogue. Seria o mesmo que dizer que, se há homens na Lua, eles só podem ter sido levados por Astolfo, em seu hipogrifo, quando ele foi buscar o bom-senso de Orlando, encerrado numa garrafa.

Se, no tempo dele, a América tivesse sido descoberta e em nossa Europa houvesse homens suficientemente sistemáticos para afirmar, tal como o jesuíta Lafitau, que os caraíbas descendem dos habitantes de Caria, e que os huronianos vêm dos judeus, ele faria muito bem em trazer para esses argumentadores a garrafa com seu bom-senso, que decerto estaria na Lua com a garrafa do amante de Angélica.

A primeira coisa que se faz quando se descobre uma ilha povoada no oceano Índico ou no mar do Sul é dizer: De onde veio essa gente? Mas, quanto às árvores e às tartarugas do lugar, ninguém hesita em acreditar que são nativas: como se para a natureza fosse mais difícil fazer homens do que tartarugas. O que pode servir de desculpa para esse sistema é quase não haver ilha nos mares da América e da Ásia onde se tenham encontrado saltimbancos, escamoteadores, charlatães, embusteiros e imbecis. Foi provavelmente isso o que levou a pensar que tais animais são da mesma raça que nós.

AMIZADE (Amitié)

Há muito tempo se falou do templo da Amizade, e sabe-se que ele foi pouco frequentado.

En vieux langage on voit sur la façade
Les noms sacrés d'Oreste et de Pylade,
Le médaillon du bon Pirithoüs,
Du sage Achate et du tendre Nisus,
Tous grands héros, tous amis véritables:
Ces noms sont beaux; mais ils sont dans les fables.
[Em velha linguagem se veem na fachada
Os nomes sagrados de Orestes e Pílades,
O medalhão do bom Pirítoo,
Do sábio Acates e do terno Niso,
Todos grandes heróis, todos amigos leais:
Esses nomes são belos; mas estão nas fábulas.]

Sabe-se que amizade não se impõe, assim como o amor e a estima. "Ama o próximo" significa "Socorre o próximo", mas não "Ouve com prazer a sua conversa, mesmo que ele seja maçante, confia-lhe teus segredos, mesmo que ele seja linguarudo, empresta-lhe dinheiro, mesmo que ele seja esbanjador".

Amizade é casamento da alma, e esse casamento está sujeito ao divórcio. É um contrato tácito entre duas pessoas sensíveis e virtuosas. Digo *sensíveis*, porque um monge ou um solitário pode não ser malvado e viver sem conhecer a amizade. Digo *virtuosas*, pois os malvados só têm cúmplices, os voluptuosos têm companheiros de devassidão, os interesseiros têm sócios, os políticos reúnem facciosos, o comum dos homens ociosos tem relações, os príncipes têm cortesões; os homens virtuosos só têm amigos.

Cetego era cúmplice de Catilina, e Mecenas, cortesão de Otávio; mas Cícero era amigo de Ático.

Que contém esse contrato entre duas almas afetuosas e honestas? As obrigações são mais fortes e mais fracas, segundo os graus de sensibilidade e o número de serviços prestados etc.

O entusiasmo pela amizade foi mais forte entre os gregos e os árabes do que entre nós[80]. Os contos que esses povos imaginaram sobre a amizade são admiráveis; não os temos semelhantes. Somos um pouco secos em tudo. Não vejo nenhum grande tratado de amizade em nossos romances, em nossa história, em nosso teatro.

Entre os judeus só se fala de amizade a propósito de Jônatas e Davi. Diz-se que Davi o amava com um amor mais forte que o amor às mulheres: mas também se diz que Davi, depois da morte do amigo, despojou e levou à morte Mefibosete, seu filho.

---

80. Ver o verbete Árabes. (N. de Voltaire)

A amizade era um aspecto da religião e da legislação entre os gregos. Os tebanos tinham o regimento dos amantes[81]: belo regimento! Alguns o tomaram por um regimento de não conformistas; enganam-se: tomam um acessório vergonhoso pelo principal honesto. A amizade entre os gregos era prescrita pela lei e pela religião. A pederastia, infelizmente, era tolerada pelos costumes: não se deve imputar à lei abusos indignos.

AMOR (Amour)

Há tantos tipos de amor, que não sabemos a quem recorrer para defini-lo. Chama-se ousadamente de *amor* um capricho de dias, uma relação sem afeição, um sentimento sem estima, momices de chichisbéus, hábito frio, fantasia romanesca, um gostar seguido de pronto desgostar: esse nome é dado a quimeras.

Se alguns filósofos quiserem examinar a fundo esse assunto pouco filosófico, que meditem no banquete de Platão, no qual Sócrates, amante honesto de Alcibíades e Agatão, conversa com eles sobre a metafísica do amor.

Lucrécio fala do assunto mais como físico; Virgílio segue os passos de Lucrécio: *amor omnibus idem* [o amor é o mesmo para todos].

É o estofo da natureza que a imaginação bordou. Queres ter uma ideia do amor? Olha os pardais do teu jardim; olha os pombos; contempla o touro quando é levado à novilha; olha aquele cavalo altivo que dois lacaios conduzem à égua pacata que o espera e desvia a cauda para recebê-lo; vê como os olhos dele brilham; ouve seus relinchos; contempla aqueles saltos, aqueles empinos, as orelhas eretas, a boca que se abre em pequenas convulsões, as ventas dilatadas, o sopro inflamado que delas sai, a crina a erguer-se e flutuar, o movimento impetuoso com que ele se lança sobre o objeto que a natureza lhe destinou; mas não tem inveja e pensa nas vantagens da espécie humana: elas compensam no amor todas as vantagens que a natureza deu aos animais, força, beleza, ligeireza, rapidez.

Existem mesmo animais que não conhecem o gozo. Os peixes escamados são privados desse prazer: a fêmea lança no limo milhões de ovos; o macho, encontrando-os, passa por sobre eles e os fecunda com seu sêmen, sem se preocupar em saber a que fêmea pertencem.

A maioria dos animais que se acasalam usufrui prazer com um só sentido; assim que esse apetite é satisfeito, tudo se extingue. Nenhum animal, além de ti, conhece o beijo: todo o teu corpo é sensível; teus lábios, sobretudo, gozam uma volúpia incansável; e esse prazer só pertence à tua espécie; enfim, podes entregar-te ao amor o tempo todo, e os animais têm um tempo fixado. Se refletires sobre essas vantagens, dirás como o conde de Rochester: "O amor, numa terra de ateus, faria adorar a Divindade."

Assim como os homens receberam o dom de aperfeiçoar tudo o que a natureza lhes dá, também aperfeiçoaram o amor. O asseio e os cuidados pessoais tornam a pele mais delicada, aumentam o prazer do tato; e a atenção com a saúde torna mais sensíveis os órgãos da volúpia. Todos os outros sentimentos em seguida entram no sentimento do amor, tal como metais que se amalgamam com o ouro: a amizade e a estima vêm em seu socorro; os talentos do corpo e do espírito são outros tantos elos.

Nam facit ipsa suis interdum foemina factis,
Morigerisque modis, et mundo corpore cultu
Ut facile insuescat secum vir degere vitam.
(LUCRÉCIO, IV, 1274-76)

---
81. Ver verbete Amor socrático. (N. de Voltaire)

On peut, sans être belle, être longtemps aimable.
L'attention, le goût, les soins, la propreté,
Un esprit naturel, un air toujours affable,
Donnent à la laideur les traits de la beauté.
[Mesmo quem não é bela pode ser amada por muito tempo.
A atenção, o gosto, os cuidados, o asseio,
A naturalidade, a afabilidade,
Dão à fealdade traços da beleza.]

O amor-próprio, sobretudo, encerra todos esses laços. Aplaudimos nossa escolha, e a multidão de ilusões é o ornamento da obra cujos fundamentos a natureza lançou.

É isso o que tens acima dos animais; mas, se usufruis tantos prazeres que eles ignoram, quantas tristezas sentes, de que os animais não têm ideia! O mais terrível para ti é que a natureza envenenou em três quartos da terra os prazeres do amor e as fontes da vida com uma doença pavorosa à qual só o homem está sujeito e que só nele infecta os órgãos da geração.

Não ocorre com essa peste o mesmo que ocorre com tantas outras doenças provenientes de nossos excessos. Não foi a devassidão que a introduziu no mundo. Frineia, Laís, Flora e Messalina não foram atacadas por ela; ela nasceu nas ilhas onde os homens viviam na inocência e de lá se disseminou pelo velho mundo.

Se algum motivo há para se acusar a natureza de desprezar sua própria obra, de contradizer seus planos, de agir contra seus objetivos, é esse flagelo detestável que enodoou a terra de horror e torpeza. Será esse o melhor dos mundos possíveis? Como! Se César, Antônio e Otávio não tiveram essa doença, não seria possível que ela deixasse de matar Francisco I? Não, dizem, as coisas estavam assim ordenadas da melhor maneira: gostaria de acreditar; mas é triste para aqueles a quem Rabelais dedicou seu livro.

Os filósofos eróticos frequentemente discutiram se Heloísa pode ter realmente amado Abelardo depois que ele se tornou monge e castrado. Uma dessas qualidades prejudicava muito a outra.

Mas, consolai-vos, Abelardo, fostes amado; a raiz da árvore cortada conserva um resto de seiva; a imaginação ajuda o coração. Temos prazer à mesa, mesmo não comendo. Será isso o amor? Será uma simples lembrança? Será amizade? É um não sei quê composto de tudo isso. É um sentimento confuso que se assemelha às paixões fantásticas que os mortos conservavam nos Campos Elíseos. Os heróis que em vida haviam brilhado na corrida de carros conduziam, depois da morte, carros imaginários. Orfeu acreditava estar ainda cantando. Heloísa vivia convosco ilusões e suplementos. Ela vos acariciava às vezes com mais prazer porque prometera no Paracleto deixar de amar-vos, e suas carícias eram mais preciosas porque culpadas. Uma mulher dificilmente se apaixona por um eunuco, mas pode conservar a paixão pelo amante que se tornou eunuco, desde que ele ainda seja digno de ser amado.

O mesmo não ocorre, senhoras, com o amante que envelheceu em serviço: a aparência não subsiste; as rugas assustam; os sobrolhos brancos repugnam; os dentes faltantes enojam; os achaques afugentam; tudo que se pode fazer é ter a virtude de ser enfermeira e suportar aquilo que se amou. É enterrar um morto.

AMOR A DEUS (Amour de Dieu)

As disputas sobre o amor a Deus acenderam tantos ódios quanto nenhuma outra polêmica teológica. Jesuítas e jansenistas bateram-se durante cem anos para saberem quem amava Deus de modo mais conveniente e quem afligiria mais seu próximo.

Quando o autor de *Telêmaco*, que começava a gozar de grande crédito na corte de Luís XIV, quis que se amasse a Deus de uma maneira que não era a mesma do autor das *Orações fúnebres*, este, que era um grande briguento, lhe declarou guerra e fez que ele fosse condenado na ex-cidade de Rômulo, onde Deus era aquilo que mais se amava depois da dominação, das riquezas, do ócio, do prazer e do dinheiro.

Se a sra. Guyon conhecesse a história da velhinha que carregava um escalfador para queimar o paraíso e uma bilha de água para apagar o inferno, a fim de que Deus não fosse amado por outras razões que não ele mesmo, talvez não tivesse escrito tanto. Teria sentido que não podia dizer nada de melhor. Mas amava a Deus e os discursos arrevesados com tanta cordialidade, que foi presa quatro vezes por motivo de ternura: tratamento rigoroso e injusto. Por que punir como criminosa uma mulher cujo único crime era fazer versos no estilo do abade Cotin e prosa no gosto de Polichinelo? É estranho que o autor do *Telêmaco* e dos frios amores de Eucáris tenha dito em suas *Máximas dos santos*, de acordo com o bem-aventurado Francisco de Sales: "Quase não tenho desejos; mas, se tivesse de renascer, não teria nenhum. Se Deus viesse a mim, eu também iria a ele; se ele não quisesse vir a mim, eu ficaria parado e não iria até ele."

É em torno dessa frase que gira todo o seu livro. São Francisco de Sales não foi condenado, mas Fénelon foi. Por quê? Porque Francisco de Sales não tinha um inimigo figadal na corte de Turim, e Fénelon tinha um em Versalhes.

O que se escreveu de mais sensato sobre essa controvérsia mística talvez esteja na sátira de Boileau sobre o amor a Deus, ainda que essa não seja sua melhor obra.

Qui fait exactement ce que ma loi commande,
A pour moi, dit ce Dieu, l'amour que je demande.
[Quem faz exatamente o que minha lei manda,
Tem por mim – diz esse Deus – o amor que eu demando.]
(*Ép*. XII, v. 208-209)

Se é preciso passar dos espinhos da teologia para os da filosofia, que são menos compridos e pontudos, parece claro que se pode amar um objeto sem nenhum retorno, sem nenhuma mistura de amor-próprio interesseiro. Não podemos comparar as coisas divinas às terrestres, o amor a Deus a outro amor. Faltam, precisamente, infinitos degraus para nos erguermos de nossas inclinações humanas a esse amor sublime. No entanto, como não nos vale nenhum outro ponto de apoio senão a terra, precisamos extrair nossas comparações da terra. Vemos uma obra-prima de pintura, escultura, arquitetura, poesia ou eloquência, ouvimos uma música que nos encanta os ouvidos e a alma: admiramos e amamos sem que tenhamos em troca a menor vantagem, é um sentimento puro; chegamos até às vezes a sentir veneração, amizade pelo autor, e, se ele estivesse por perto, nós o beijaríamos.

É mais ou menos a única maneira com que podemos explicar nossa profunda admiração e as efusões de nosso coração pelo eterno arquiteto do mundo. Vemos a obra com um assombro mesclado de respeito e anulação, e nosso coração se eleva o máximo possível em direção ao obreiro.

Mas que sentimento é esse? Algo vago e indeterminado, uma comoção que em nada se assemelha a nossas afeições ordinárias; uma alma mais sensível que outra, mais despreocupada, talvez tão tocada pelo espetáculo da natureza que gostaria de se lançar para o Mestre Eterno que a formou. Tal afeição do espírito, uma atração tão forte poderá ser alvo de censura? Pode-se condenar o terno arcebispo de Cambrai? Apesar das expressões de são Francisco de Sales que transcrevemos, ele se restringia à asserção de que se pode amar o autor unicamente pela beleza de suas obras. De que heresia podia ele ser censurado? Foi prejudicado pelas extravagâncias de estilo de uma dama de Montargis e por algumas expressões pouco comedidas de sua parte.

Onde estava o mal? Pouco se sabe hoje. Aquela controvérsia extinguiu-se, como tantas outras. Se cada polemista fizesse a bondade de pensar: Daqui a alguns anos ninguém mais se preocupará com as minhas polêmicas, polemizava-se muito menos. Ah! Luís XIV! Luís XIV! Cumpria deixar dois homens de gênio sair da esfera de seus talentos a ponto de escreverem o que já se escreveu de mais obscuro e tedioso em vosso reino.

Para pôr fim a seus debates,
Bastava deixá-los estar.

Observemos em todas essas questões de moral e história as cadeias invisíveis, as molas desconhecidas por meio das quais todas as ideias que nos perturbam a mente e todos os acontecimentos que envenenam nossos dias são interligados, chocam-se e formam nossos destinos. Fénelon morre no exílio por ter mantido duas ou três conversas místicas com uma mulher um tanto extravagante. O cardeal de Bouillon, sobrinho do grande Turenne, é perseguido por não ter perseguido em Roma o arcebispo de Cambrai, seu amigo: é obrigado a sair da França e perde toda a sua fortuna.

Graças a esse mesmo encadeamento, o filho de um procurador de Vire encontra, numa dúzia de frases obscuras de um livro impresso em Amsterdam, material para encher de vítimas todas as masmorras da França; no fim, dessas mesmas masmorras sai um grito cujo eco lança por terra toda uma sociedade hábil e tirânica, fundada por um louco ignorante.

AMOR SOCRÁTICO (Amour socratique)

Se o amor a que se deu o nome de *socrático* e *platônico* tiver sido um sentimento honesto, cabe aplaudi-lo; se tiver sido devasso, devemos envergonhar-nos pela Grécia.

Como explicar que um vício destruidor do gênero humano, caso fosse generalizado, que um atentado infame contra a natureza, seja tão natural? Parece ser esse o último grau da corrupção premeditada; no entanto, é o quinhão ordinário daqueles que ainda não tiveram tempo de ser corrompidos. Entrou em corações jovens, que não conheceram a ambição, a fraude nem a sede de riquezas. É a juventude cega que, por um instinto mal definido, se precipita nessa desordem ao sair da infância, bem como no onanismo[82].

A inclinação recíproca de um sexo pelo outro se manifesta cedo; mas, apesar do que se disse sobre as africanas e as mulheres do sul da Ásia, essa inclinação geralmente é muito mais forte no homem do que na mulher; essa é uma lei que a natureza estabeleceu para todos os animais; é sempre o macho que assedia a fêmea.

Os jovens machos da nossa espécie, criados juntos, sentindo essa força que a natureza começa a infundir neles e não encontrando o objeto natural de seu instinto, voltam-se para aquilo que se lhe assemelha. Muitas vezes um rapaz, pelo frescor da tez, pela vivacidade das cores e pela doçura dos olhos, assemelha-se durante dois ou três anos a uma bela jovem; se é amado, é porque a natureza se engana; presta-se homenagem ao sexo, dando-se atenção àquilo que tem a beleza dele, e, quando a idade desvanece essa semelhança, cessa a confusão.

> ... *Citraque juventam*
> *Aetatis breve ver et primos carpere flores.*
> [... e antes que a juventude
> colha a breve primavera da vida e as primeiras flores.]
> (Ovid., *Met.* X, 84-85)

---

82. Ver verbetes Onan, Onanismo. (N. de Voltaire)

Não ignoramos que esse engano da natureza é muito mais comum nos climas amenos do que nos gelos setentrionais, porque naqueles o sangue é mais aceso, e a ocasião, mais frequente: por isso, o que parece uma fraqueza no jovem Alcibíades é uma abominação repugnante num marujo holandês e num vivandeiro moscovita.

Não tolero que digam que os gregos autorizaram essa licenciosidade[83]. Cita-se o legislador Sólon por ter dito em dois versos ruins:

Tu chériras un beau garçon,
Tant qu'il n'aura barbe au menton.[84]
[Amarás um belo menino,
Até que a barba lhe cubra o queixo.]

Mas, sinceramente, Sólon era legislador quando fez esses dois versos ridículos? Era jovem então, e, depois que a devassidão se tornou bem-comportada, ele não pôs tal infâmia entre as leis de sua república. Cabe acusar Teodoro de Bèze de ter pregado a pederastia em sua Igreja, porque na juventude fez versos para o jovem Candide e disse:

Amplector hunc et illam.
[Sou por ele, sou por ela.]

Caberá dizer que, depois de cantar amores vergonhosos na juventude, na idade madura ele teve a ambição de comandar um partido, de pregar a reforma, de conquistar um nome. *Hic vir, et ille puer* [Homem este, e menino aquele].

Abusa-se do texto de Plutarco que, em suas tagarelices, no *Diálogo do amor*, põe na boca de um interlocutor a afirmação de que as mulheres *não são dignas do verdadeiro amor*[85]; mas outro interlocutor defende as mulheres como deve. Tomou-se a objeção pela decisão.

É certo – tanto quanto pode ser certo o conhecimento da antiguidade – que o amor socrático não era um amor infame: foi o nome *amor* que causou o engano. Aquilo a que se dava o nome de *amantes de um jovem* era precisamente aquilo que entre nós é conhecido como *pajens* de nossos príncipes, meninos de companhia, jovens ligados à educação de uma criança nobre, compartilhando com ela os mesmos estudos, os mesmos trabalhos militares; instituição guerreira e santa de que se abusou como se abusou das festas noturnas e das orgias.

A tropa dos amantes instituída por Laio era uma tropa invencível de jovens guerreiros comprometidos por juramento a dar a vida uns pelos outros; a disciplina antiga nunca teve nada de mais belo.

Não adiantou Sexto Empírico e outros dizerem que o vício era recomendado pelas leis da Pérsia. Que citem o texto da lei; que mostrem o código dos persas e, mesmo que lá estivesse essa abominação, eu não acreditaria; diria que não é verdade, pelo fato de ser impossível. Não, não é da natureza humana fazer uma lei que contradiga e ultraje a natureza, uma lei que aniquilaria o gênero humano se fosse observada à risca. Mas mostrarei a antiga lei dos persas, redigida no *Sadder*. Diz-se, no artigo ou porta 9, que *não existe pecado maior*. Em vão um escritor moderno quis justificar Sexto Empírico e a pederastia; as leis de Zoroastro, que ele não conhecia, são um testemu-

---

83. Um escritor moderno chamado Larcher, repetidor de colégio, num libelo cheio de erros de todos os tipos e da crítica mais grosseira, ousa citar sabe-se lá que livreco no qual Sócrates é chamado de *sanctus pederastes*. Nesse horror, não foi acompanhado pelo abade Foucher, mas esse abade, não menos grosseiro, cometeu erro maior ainda no que se refere a Zoroastro e aos antigos persas. Foi veementemente repreendido por um erudito em línguas orientais. (N. de Voltaire)
84. Tradução [fr.] de Amyot. (N. de Voltaire)
85. Ver verbete Mulher. (N. de Voltaire)

nho irrepreensível de que esse vício nunca foi recomendado pelos persas. É como se disséssemos que ele é recomendado pelos turcos. Estes o cometem ousadamente, mas as leis o punem.

Quanta gente entendeu certos usos vergonhosos e tolerados em determinado país como as leis daquele país! Sexto Empírico, que duvidava de tudo, devia ter duvidado dessa jurisprudência. Se tivesse vivido em nossos dias e tivesse visto dois ou três jovens jesuítas abusar de alguns escolares, teria o direito de dizer que esse jogo é permitido pelas constituições de Inácio de Loyola?

Tomo a liberdade de falar aqui do amor socrático do reverendo padre Polycarpe, carmelita da cidadezinha de Gex, que, em 1771, ensinava religião e latim a uma dúzia de jovens escolares. Era, ao mesmo tempo, confessor e regente deles, e assumiu junto a eles uma novíssima função. Ninguém poderia ter mais ocupações espirituais e temporais. Tudo foi descoberto: ele fugiu para a Suíça, país bem distante da Grécia.

Esses divertimentos foram bem comuns entre preceptores e escolares[86]. Os monges encarregados de educar a juventude sempre foram um tanto dados à pederastia. É a consequência necessária do celibato ao qual esses coitados estão condenados.

Os nobres turcos e persas, segundo dizem, confiam a educação de seus filhos a eunucos: estranha alternativa para um pedagogo, ser castrado ou sodomita.

O amor entre rapazes era tão comum em Roma, que ninguém se preocupava em punir essa torpeza, em que quase todos incidiam candidamente. Otávio Augusto, assassino devasso e covarde, que ousou exilar Ovídio, achou ótimo que Virgílio cantasse Alexis; Horácio, seu outro favorito, fazia pequenas odes para Ligurino. Horácio, que louvava Augusto por ter reformado os costumes, propunha igualmente em suas sátiras um rapaz e uma moça[87]; mas a antiga lei *Scantinia*, que proibia a pederastia, continuou existindo: o imperador Filipe a pôs de novo em vigor e expulsou de Roma os rapazinhos que exerciam o ofício. Mesmo tendo estudantes maliciosos e licenciosos como Petrônio, Roma teve professores como Quintiliano. Vede que precauções ele toma no capítulo *Preceptor* para conservar a pureza da primeira juventude: *Carendum non solum crimine turpitudinis, sed etiam suspicione* [É preciso estar livre não só da acusação de torpeza mas também da suspeita]. Enfim, não acredito que tenha havido jamais nenhuma nação civilizada que tenha ditado leis[88] contra os costumes.

AMOR-PRÓPRIO (Amour-propre)

Nicole, em seus *Ensaios de moral*, compostos depois de dois ou três mil volumes de moral (Tratado da caridade, cap. II), diz que "por meio dos suplícios da roda e dos patíbulos que estabelecemos em comum, reprimimos os pensamentos e os propósitos tirânicos do amor-próprio de cada indivíduo".

---

86. Ver verbete Petrônio. (N. de Voltaire)
87. *Ancilla aut verna est praesto puer, impetus in quem / Continuo fiat* [Empregada ou doméstica é um pequeno escravo a serviço, contra quem um ímpeto de contínuo se faça]. Horácio, liv. I, sát. II. (N. de Voltaire)
88. Os senhores não conformistas deveriam ser condenados a apresentar todos os anos à polícia um filho de sua lavra. O ex-jesuíta Desfontaines esteve a ponto de ser queimado em praça pública por ter abusado de alguns pequenos saboianos limpadores de chaminé; foi salvo por protetores. Era preciso uma vítima: queimou-se Deschaufours em seu lugar. Essa é incrível; *est modus in rebus*: as penas devem ser proporcionais aos delitos. Que teriam dito César, Alcibíades, Nicomedes, rei da Bitínia, Henrique III, rei da França, e tantos outros reis? Quando queimaram Deschaufours, basearam-se nos *Estabelecimentos de são Luís*, escritos em francês novo no século XV. "Se alguém for suspeito de *b*..., deverá ser levado ao bispo; e, se isso for provado, deverá ser queimado, e todos os seus bens serão do barão etc." São Luís não diz o que se deve fazer com o barão, caso o barão seja suspeito, *e se isso for provado*. Cabe observar que, pela palavra *b*..., são Luís entendia os hereges, que então não eram chamados por outro nome. Um equívoco levou à fogueira em Paris o fidalgo loreno Deschaufours. Despréaux teve motivos para fazer uma sátira contra o equívoco; ela causou muito mais mal do que se acredita. (N. de Voltaire)

Não analisarei se existem patíbulos em comum, tal como se têm em comum prados, bosques e uma bolsa, nem se se reprimem pensamentos com rodas, mas me parece muito estranho que Nicole tenha confundido o roubo e o assassinato com amor-próprio. Cabe distinguir um pouco melhor os matizes. Quem dissesse que Nero mandou assassinar a mãe por amor-próprio e que Cartouche tinha muito amor-próprio não se expressaria com muita correção. O amor-próprio não é uma perversidade, é um sentimento natural a todos os seres humanos; está muito mais próximo da vaidade do que do crime.

Um mendigo das cercanias de Madri pedia esmola nobremente, e um transeunte lhe disse: "Não tem vergonha dessa atividade infame se pode trabalhar? – Senhor, respondeu o pedinte, estou pedindo esmolas, não conselhos"; depois, deu as costas com toda a dignidade castelhana. Era um mendigo altivo aquele; sua vaidade estava ferida por pouca coisa. Pedia esmolas por amor a si mesmo e não suportava a repreensão por outro amor a si mesmo.

Um missionário que viajava pela Índia encontrou um faquir carregado de correntes e nu como um macaco; deitado de bruços, deixava-se açoitar pelos pecados de seus compatriotas indianos, que lhe davam alguns vinténs da terra. "Quanta renuncia a si mesmo! dizia um dos espectadores. – Renuncia a mim mesmo! – respondeu o faquir; fiquem sabendo que me deixo chicotear neste mundo para devolver-lhes as chicotadas no outro, quando os senhores forem cavalos, e eu, cavaleiro."

Portanto, aqueles que disseram que o amor de nós mesmos é a base de todos os nossos sentimentos e de todas as nossas ações tiveram grande confirmação na Índia, na Espanha e em toda a terra habitável: e, assim como ninguém escreve para provar aos homens que eles têm rosto, não é necessário provar-lhes que têm amor-próprio. Esse amor-próprio é o instrumento de nossa conservação; assemelha-se ao instrumento da perpetuação da espécie: é necessário, nós o prezamos, dá-nos prazer e precisamos escondê-lo.

AMPLIFICAÇÃO (Amplification)

Há quem diga que é uma bela figura de retórica; talvez houvesse mais razão em chamá-la de *defeito*. Quem diz tudo o que deve dizer não amplifica; e, quando disse tudo, se amplifica, diz demais. Apresentar aos juízes uma boa ou má ação sob todos os seus aspectos não é amplificar, mas acrescentar, exagerar e entediar.

Vi outrora nos colégios a concessão de prêmios de amplificação. Era realmente ensinar a arte de ser prolixo. Talvez fosse melhor dar prêmios a quem condensasse seu pensamento e assim aprendesse a falar com mais energia e força; mas, ao se evitar a amplificação, é de se temer a secura.

Vi professores ensinar que certos versos de Virgílio são uma amplificação; por exemplo, estes (*Eneida*, liv. IV, v. 522-529):

Nox erat, et placidum carpebant fessa soporem
Corpora per terras, silvaeque et saeva quierant
Aequora; quum medio volvuntur sidera lapsu;
Quum tacet omnis ager, pecudes, pictaeque volucres;
Quaeque lacus late liquidos, quaeque aspera dumis
Rura tenent, somno positae sub nocte silenti
Lenibant curas, et corda oblita laborum:
At non infelix animi Phoenissa.

Aqui está uma tradução livre desses versos de Virgílio, todos tão difíceis de traduzir pelos poetas franceses, com exceção do sr. Delille.

Les astres de la nuit roulaient dans le silence;
Éole a suspendu les haleines des vents;
Tout se tait sur les eaux, dans les bois, dans les champs;
Fatigué des travaux qui vont bientôt renaître,
Le tranquille taureau s'endort avec son maître;
Les malheureux humains ont oublié leurs maux;
Tout dort, tout s'abandonne aux charmes du repos;
Phénisse veille et pleure!
[Os astros da noite rolavam no silêncio;
Éolo suspendeu o sopro dos ventos;
Tudo se cala sobre as águas, nos bosques, nos campos;
Cansado dos trabalhos que em breve renascerão,
O touro tranquilo adormece com o dono;
Os infelizes humanos esqueceram seus males;
Tudo dorme, tudo se entrega ao encanto do repouso;
Fenícia [Dido] vigia e chora!]

Se a longa descrição do reinado do sono em toda a natureza não criasse um contraste admirável com a cruel preocupação de Dido, esse trecho não passaria de amplificação pueril; são as palavras *at non infelix animi Phoenissa* que constituem o seu encanto.

A bela ode de Safo, que pinta todos os sintomas do amor, tendo sido traduzida com felicidade em todas as línguas cultas, provavelmente não seria tão tocante se Safo tivesse falado de outra, e não de si mesma: essa ode poderia então ser vista como uma amplificação.

A descrição da tempestade no primeiro livro da *Eneida* não é uma amplificação: é uma imagem verdadeira de tudo o que ocorre numa tempestade; não há nenhuma ideia repetida, e a repetição é o vício de tudo aquilo que não passa de amplificação.

O mais belo papel já encenado no teatro em qualquer língua é o de Fedra. Quase tudo o que ela diz seria uma amplificação cansativa, caso uma outra falasse da paixão de Fedra (ato I, cena III).

Athènes me montra mon superbe ennemi.
Je le vis, je rougis, je pâlis à sa vue.
Un trouble s'éleva dans mon âme éperdue.
Mes yeux ne voyaient plus, je ne pouvais parler;
Je sentis tout mon corps et transir et brûler;
Je reconnus Vénus et ses feux redoutables,
D'un sang qu'elle poursuit tourments inévitables.
[Atenas me mostrou meu soberbo inimigo.
Eu o vi, enrubesci, empalideci ao vê-lo.
Uma perturbação nasceu em minha alma confusa.
Meus olhos já não viam, eu não podia falar;
Senti todo o meu corpo transir e queimar;
Reconheci Vênus e suas chamas temíveis,
As ações que ela exerce, tormentos inevitáveis.]

Está bem claro que, se Atenas lhe mostrou seu soberbo inimigo Hipólito, ela viu Hipólito. Se enrubesceu e empalideceu ao vê-lo, foi por estar perturbada. Seria um pleonasmo, uma redundância ociosa numa estranha que contasse o amor de Fedra; mas quem conta é Fedra, apaixonada e envergonhada de sua paixão; seu coração está transbordante, tudo lhe escapa.

100 AMPLIFICAÇÃO

Ut vidi, ut perii, ut me malus abstulit error!
(*Ecl.* VIII, 44)
Je le vis, je rougis, je pâlis à sa vue.

Será possível imitar melhor Virgílio?

Mes yeux ne voyaient plus, je ne pouvais parler;
Je sentis tout mon corps et transir et brûler;

Será possível imitar melhor Safo? Esses versos, embora imitados, fluem com naturalidade; cada palavra emociona e penetra as almas sensíveis; não é uma amplificação, é a obra-prima da natureza e da arte.

Vejamos o que, na minha opinião, é um exemplo de amplificação numa tragédia moderna, que, aliás, tem grandes belezas.

Tideu está na corte de Argos, apaixonado por uma irmã de Electra; lastima o amigo Orestes e seu pai; está dividido entre sua paixão por Electra e o propósito de punir o tirano. Em meio a tantos cuidados e preocupações, faz a seu confidente uma longa descrição de uma tempestade que ele enfrentou muito tempo atrás.

Tu sais ce qu'en ces lieux nous venions entreprendre;
Tu sais que Palamède, avant que de s'y rendre,
Ne voulut point tenter son retour dans Argos
Qu'il n'eût interrogé l'oracle de Délos.
À de si justes soins on souscrivit sans peine:
Nous partîmes, comblés des bienfaits de Tyrrhène.
Tout nous favorisait; nous voguâmes longtemps
Au gré de nos désirs, bien plus qu'au gré des vents;
Mais, signalant bientôt toute son inconstance,
La mer en un moment se mutine et s'élance;
L'air mugit, le jour fuit, une épaisse vapeur
Couvre d'un voile affreux les vagues en fureur;
La foudre, éclairant seule une nuit si profonde,
À sillons redoublés ouvre le ciel et l'onde,
Et, comme un tourbillon embrassant nos vaisseaux,
Semble en source de feu bouillonner sur les eaux.
Les vagues, quelquefois nous portant sur leurs cimes,
Nous font rouler après sous de vastes abîmes,
Où les éclairs pressés, pénétrant avec nous,
Dans des gouffres de feu semblaient nous plonger tous;
Le pilote effrayé, que la flamme environne,
Aux rochers qu'il fuyait lui-même s'abandonne.
À travers les écueils, notre vaisseau poussé,
Se brise et nage enfin sur les eaux dispersé.
[Sabes o que vínhamos fazer neste lugar;
Sabes que Palamedes, antes de aqui vir,
Não quis intentar o retorno a Argos
Sem antes interrogar o oráculo de Delos.
A tão justos cuidados cedemos sem custo:

Partimos, cobertos dos favores de Tirreno.
Tudo nos favorecia; vogamos muito tempo
Ao sabor de nossos desejos, bem mais que ao sabor dos ventos;
Mas, logo mostrando toda a sua inconstância,
O mar em um instante se enfurece e arremete;
O ar ruge, o dia foge, um espesso vapor
Cobre com véu medonho as vagas em furor;
Só os raios iluminam a noite profunda,
E em sulcos dobrados abrem o céu e as águas,
E, como um turbilhão a estreitar nossos navios,
Parecem, como fonte de fogo, borbotar sobre as águas.
As vagas, carregando-nos às vezes em suas cristas,
Fazem-nos rolar depois sob vastos abismos,
Em que os relâmpagos apressados, penetrando conosco,
Em voragens de fogo pareciam imergir-nos;
O piloto assustado, cercado pela chama,
Entrega-se aos rochedos de que antes fugia.
Através dos escolhos, nosso barco impelido
Quebra-se e disperso nada, enfim, sobre as águas.]

Nessa descrição talvez se veja o poeta que quer surpreender os ouvintes com o relato de um naufrágio, e não a personagem que quer vingar o pai do amigo e matar o tirano de Argos, alguém que está dividido entre o amor e a vingança.

Quando uma personagem esquece de si e quer ser absolutamente poeta, deve então embelezar esse defeito com versos mais corretos e elegantes.

Ne voulut point tenter son retour dans Argos
Qu'il n'eût interrogé l'oracle de Délos.

Esse modo familiar de falar só raramente deve entrar na poesia nobre. *Je ne voulus point aller à Orléans que je n'eusse vu Paris.* Essa frase, ao que me parece, só é admitida na liberdade da conversação.

À de si justes soins on souscrivit sans peine.

Cedemos a vontades, ordens e desejos; não acredito que alguém ceda a *cuidados*.

... nous voguâmes longtemps
Au gré de nos désirs, bien plus qu'au gré des vents

Além da afetação e de uma espécie de jogo de palavras entre *ao sabor dos desejos* e *ao sabor dos ventos*, existe aí uma contradição evidente. Toda a tripulação *cede* sem custo *aos justos cuidados* de interrogar o oráculo de Delos. Os desejos dos navegantes, portanto, eram de ir a Delos; logo, não vogavam ao sabor de seus desejos, pois o sabor dos ventos os afastava de Delos, segundo Tideu.

Se o autor quis dizer, ao contrário, que Tideu vogava ao sabor de seus desejos tanto quanto ao sabor dos ventos e até mais, expressou-se mal. *Bem mais que ao sabor dos ventos* significa que os ventos não secundavam os seus desejos e o afastavam da rota. "Fui favorecido nesse assunto pela metade do conselho, bem mais do que pela outra" significa, em todos os países, que a metade do conselho foi favorável a mim, e a outra, contrária. Mas, se eu disser: "A metade do conselho opinou ao sabor de meus desejos, e a outra ainda mais", quero dizer que fui secundado por todo o conselho e que uma parte me favoreceu ainda mais que a outra.

"Tive sucesso com a plateia bem mais do que com os conhecedores" quer dizer que os conhecedores me condenaram.

É preciso que a dicção seja pura e sem equívocos. O confidente de Tideu podia ter-lhe dito: Não vos entendo; se o vento vos levou a Delos e a Epidauro, que fica em Argólida, essa era exatamente a vossa rota, e não deveis ter *vogado muito tempo*. Vai-se de Samos a Epidauro em menos de três dias com um bom vento leste. Se enfrentastes uma tempestade, não vogastes ao sabor de vossos desejos; aliás, deveríeis antes ter informado o público de que vínheis de Samos. Os espectadores querem saber de onde vindes e o que quereis. A longa descrição rebuscada de uma tempestade me desvia desses objetivos. É uma amplificação que parece ociosa, embora apresente grandes imagens.

La mer ... signalant bientôt toute son inconstance

Toda a inconstância que o mar mostra não parece uma expressão conveniente a um herói, que deve divertir-se pouco com esses rebuscamentos. Esse mar que *se enfurece e arremete em um instante*, depois de mostrar *toda a sua inconstância*, interessará para a situação presente de Tideu, totalmente ocupado com a guerra? Caberá a ele divertir-se dizendo que o mar é inconstante, proferindo lugares-comuns?

L'air mugit, le jour fuit; une épaisse vapeur
Couvre d'un voile affreux les vagues en fureur.

Os ventos dissipam os vapores, não os adensam; mas, ainda que fosse verdade que um vapor espesso tivesse coberto as vagas enfurecidas com um *véu medonho*, esse herói, cheio de desgraças presentes, não deve demorar-se nesse prelúdio de tempestade, nessas circunstâncias que só cabem ao poeta. *Non erat his locus.*

La foudre, éclairant seule une nuit si profonde,
À sillons redoublés ouvre le ciel et l'onde,
Et, comme un tourbillon embrassant nos vaisseaux,
Semble en source de feu bouillonner sur les eaux.

Não haverá aí uma verdadeira amplificação um pouco empolada demais? Um relâmpago que abre as águas e o céu em sulcos; que ao mesmo tempo é um turbilhão de fogo, a estreitar um navio e a borbotar, não terá algo de pouquíssimo natural, de pouquíssimo verdadeiro, sobretudo na boca de um homem que deve expressar-se com uma simplicidade nobre e tocante, sobretudo passados vários meses do perigo?

Cristas de vagas, que fazem rolar sob abismos relâmpagos apressados, e voragens de fogo parecem expressões um tanto pomposas, toleráveis numa ode, e que Horácio reprovava com tanta razão na tragédia (*Arte poét.*, v. 97):

Projicit ampullas et sesquipedalia verba.

Le pilote effrayé, que la flamme environne,
Aux rochers qu'il fuyait lui-même s'abandonne.

Alguém pode entregar-se aos ventos; mas me parece que ninguém se entrega aos rochedos.

... notre vaisseau poussé
... nage ... dispersé

Um navio não nada disperso; Virgílio disse, não sobre um navio, mas sobre homens que naufragaram (VIRGÍLIO, *En*. I, 122):

Apparent rari nantes in gurgite vasto.
[Aparecem alguns homens, nadando no vasto mar profundo.]

Aí a palavra *nadar* está no seu lugar. Os destroços de um barco flutuam, não nadam. Desfontaines traduziu assim esse belo verso da *Eneida*: *À peine un petit nombre de ceux qui montaient le vaisseau purent se sauver à la nage* [Apenas um pequeno número dos que estavam a bordo pôde salvar-se nadando].

Isso é traduzir Virgílio em estilo jornalístico. Onde está o vasto sorvedouro pintado pelo poeta, *gurgite vasto*? Onde o *apparent rari nantes*? Não é com essa secura que se deve traduzir a *Eneida*: é preciso traduzir imagem por imagem, beleza por beleza. Fazemos essa observação para ajudar os iniciantes. Eles precisam ser advertidos de que Desfontaines apresenta apenas o esqueleto informe de Virgílio, assim como é preciso dizer-lhes que a descrição da tempestade por Tideu está errônea e fora de lugar. Tideu devia discorrer com tristeza sobre a morte do amigo, e não sobre a vã descrição de uma tempestade.

Apresentamos essas reflexões apenas no interesse da arte, e não para atacar o artista.

... Ubi plura nitent in carmine, non ego paucis
Offendar maculis.
[... Quando muitas coisas brilham num poema, não sou eu quem
ofenderá com poucas manchas.]
(HORÁCIO, *Arte poét*.)

Em nome da beleza, perdoam-se os erros.

Quando fiz tais críticas, tentei justificar cada palavra que criticava. Os satíricos limitam-se ao gracejo, aos chistes, ao dito picante, mas quem quer instruir-se e esclarecer os outros é obrigado a discutir tudo com maior escrúpulo.

Várias pessoas de bom gosto, entre as quais o autor do *Telêmaco*, viram como amplificação a narrativa da morte de Hipólito em Racine. As longas narrativas estavam na moda então. A vaidade dos atores quer fazer-se ouvida. Tinha-se para com eles essa complacência, que foi muito criticada. O arcebispo de Cambrai afirma que, depois da catástrofe de Hipólito, Terâmenes não poderia ter forças para falar tanto tempo; que ele se demora muito na descrição dos *chifres ameaçadores* do monstro, em suas *escamas amareladas* e em seu *dorso recurvado*; que deveria dizer, com voz entrecortada: "Hipólito morreu: um monstro o matou; eu vi."

Não pretendo defender as escamas amareladas e o dorso recurvado, mas, em geral, essa crítica frequente parece-me injusta. Querem que Terâmenes diga apenas: "Hipólito morreu: eu vi, está consumado."

É exatamente isso o que ele diz, e com menos palavras... "Hipólito já não existe." O pai grita; Terâmenes recobra os sentidos apenas para dizer:

AMPLIFICAÇÃO

J'ai vu des mortels périr le plus aimable;
[Vi perecer o mais estimável dos mortais;]

e acrescenta este verso tão necessário, tocante e desesperador para Teseu:

Et j'ose dire encor, seigneur, le moins culpable.
[E ouso dizer também, senhor, o menos culpado.]

A gradação é plenamente observada, as nuances se fazem sentir uma após outra.

O pai entristecido pergunta "que Deus lhe arrebatou o filho, que raio repentino...". E ele não tem coragem de terminar; fica mudo em sua dor; espera o relato fatal; o público também fica à espera. Terâmenes precisa responder; pedem-lhe pormenores, ele precisa dá-los.

Compete a quem faz Mentor e todas as suas personagens discorrer por tanto tempo, às vezes até a saciedade, calar a boca de Terâmenes? Que espectador iria querer deixar de ouvi-lo, de usufruir o prazer doloroso de saber das circunstâncias da morte de Hipólito? Quem gostaria que fossem retirados quatro versos? O que se tem no caso não é a vã descrição de uma tempestade inútil para a peça, não é uma amplificação mal escrita: é a elocução mais pura e tocante; enfim, é Racine.

Racine é censurado pelo *héros expiré* [herói expirado]. Que miserável futilidade gramatical! Por que não dizer *héros expiré*, tal como se diz: *il est expiré*; *il a expiré*! [ele expirou]. Devemos agradecer Racine por ter enriquecido a língua à qual deu tantos encantos, dizendo sempre apenas o que deve, enquanto os outros dizem tudo o que podem.

Boileau foi quem primeiro observou a amplificação viciosa da primeira cena de *Pompeu*.

Quand les dieux étonnés semblaient se partager
Pharsale a décidé ce qu'ils n'osaient juger.
Ces fleuves teints de sang, et rendus plus rapides
Par le débordement de tant de parricides;
Cet horrible débris d'aigles, d'armes, de chars,
Sur ces champs empestés confusément épars;
Ces montagnes de morts, privés d'honneurs suprêmes,
Que la nature force à se venger eux-mêmes,
Et dont les troncs pourris exhalent dans les vents
De quoi faire la guerre au reste des vivants etc.
[Quando os deuses surpresos pareciam dividir-se
Farsália decidiu o que eles não ousavam julgar.
Esses rios tintos de sangue, que correm mais rápidos
Pelo transbordamento de tantos parricídios;
Esses horríveis destroços de águias, de armas, de carros,
Nos campos pestíferos confusamente esparsos;
Essas montanhas de mortos, privados das honras supremas,
Que a natureza obriga a vingar-se,
Cujos troncos putrefatos exalam aos ventos
O bastante para travar guerra contra o resto dos viventes etc.]

Esses versos empolados são sonoros: surpreenderam durante muito tempo a multidão que, mal saindo da grosseria e, mais ainda, da insipidez em que ficara mergulhada tantos séculos, surpreendia-se e entusiasmava-se ao ouvir versos harmoniosos e ornados de grandes imagens. Não se sabia o suficiente para sentir o extremo ridículo de um rei do Egito a falar como um estudante de retórica de uma batalha travada além do Mediterrâneo, numa província que ele não conhece, entre estrangeiros que ele deve odiar. Que querem dizer deuses que não ousaram julgar entre o genro e o sogro, mas que julgaram segundo os acontecimentos, única maneira pela qual deveriam julgar? Ptolomeu fala de rios nas proximidades de um campo de batalha onde não havia rios. Pinta aqueles pretensos rios que se tornaram rápidos devido ao transbordamento de regicídios, horríveis escombros de hastes que portavam figuras de águias, carroças quebradas (pois não se conheciam então carros de guerra), enfim, troncos putrefatos que se vingam e travam guerras contra os vivos. Está aí o discurso mais arrevesado que já se pôde apresentar num teatro. No entanto, foram vários anos para abrir os olhos do público e levá-lo a sentir que basta retirar esses versos para se ter uma abertura de cena perfeita.

A amplificação, a declamação e a exageração foram em todos os tempos defeitos dos gregos, com exceção de Demóstenes e Aristóteles.

O próprio tempo pôs o selo da aprovação quase universal em trechos poéticos absurdos, por estarem misturados a traços deslumbrantes que espalhavam seu fulgor sobre eles; porque os poetas que vieram depois não trabalharam melhor; porque os primórdios informes de toda arte sempre têm mais reputação do que a arte aperfeiçoada; porque o primeiro que tocou violino foi visto como um semideus, enquanto Rameau só teve inimigos; porque, em geral, os homens raramente julgam por si mesmos, mas seguem a corrente, e o gosto refinado é quase tão raro quanto os talentos.

Entre nós, hoje, na maioria das vezes, os sermões, as orações fúnebres, os discursos solenes e as arengas em certas cerimônias são amplificações enfadonhas, lugares-comuns centenas de vezes repetidos. Todos esses discursos precisariam ser muito raros para serem um pouco suportáveis. Por que falar quando nada de novo se tem para dizer? Está na hora de pôr um freio nessa extrema intemperança e, por conseguinte, terminar esse verbete.

ANAIS (Annales)

Quantos povos subsistiram muito tempo e subsistem ainda sem anais! Em toda a América, ou seja, na metade do nosso globo, só havia anais no México e no Peru, mesmo assim não muito antigos. E cordõezinhos cheios de nós não são livros que possam entrar em grandes minúcias.

Três quartos da África nunca tiveram anais; e ainda hoje, nas nações mais avançadas – aquelas mesmas que mais usaram e abusaram da arte de escrever –, é possível contar pelo menos até agora noventa e nove por cento de seres humanos que não sabem o que aconteceu em tais nações mais de quatro gerações antes deles, e que mal conhecem o nome de um bisavô. Quase todos os habitantes dos burgos e das aldeias estão nesse caso: pouquíssimas famílias têm títulos de suas posses. Quando surgem processos sobre os limites de um campo ou de um prado, o juiz decide com base no relato dos anciãos: o título é a posse. Alguns grandes acontecimentos são transmitidos de pais para filhos e se alteram inteiramente ao passarem de boca em boca; eles não têm outros anais.

Vejam-se as aldeias de nossa Europa tão civilizada, esclarecida, cheia de bibliotecas imensas, que hoje parece gemer sob uma montanha enorme de livros. No máximo dois homens por aldeia, uma pela outra, sabem ler e escrever. A sociedade não perde nada com isso. Todas as obras são executadas: constrói-se, planta-se, semeia-se, colhe-se, tal como se fazia nos tempos mais remotos. O lavrador não tem tempo de lamentar que não lhe tenham ensinado a passar algumas horas do dia a ler. Isso prova que o gênero humano não tinha necessidade de monumentos históricos para cultivar as artes realmente necessárias à vida.

Não é de espantar que tantos povos careçam de anais, mas sim que três ou quatro nações tenham conservado anais que remontam a cinco mil anos aproximadamente, depois de tantas revoluções que puseram a terra de pernas para o ar. Não resta uma única linha dos antigos anais egípcios, caldeus e persas; nem dos anais dos latinos e dos etruscos. Os únicos anais um pouco antigos são os indianos, os chineses e os hebraicos[89].

Não podemos chamar de *anais* fragmentos históricos vagos e mal costurados, sem data alguma, sem continuação, coerência ou ordem; são enigmas propostos pela antiguidade à posteridade, que nada entende deles.

Não ousamos garantir que Sanconiaton, que, segundo se diz, viveu antes do tempo que se atribui a Moisés[90], tenha composto anais. Ele terá, provavelmente, limitado suas pesquisas à sua cosmogonia, como fez mais tarde Hesíodo na Grécia. Propomos essa opinião apenas como dúvida, pois só escrevemos para nos instruir, e não para ensinar.

Mas o que merece mais atenção é que Sanconiaton cita os livros do egípcio Tot, que, diz ele, vivera oitocentos anos antes. Ora, Sanconiaton escrevia provavelmente no século em que situamos as aventuras de José no Egito.

Costumamos situar a época da promoção do judeu José ao posto de primeiro-ministro do Egito no ano 2300 da criação.

Se os livros de Tot foram escritos oitocentos anos antes, foram então escritos no ano 1500 da criação. Sua data, portanto, era de cento e cinquenta e seis anos antes do dilúvio. Logo, eles teriam sido gravados em pedra e teriam sido salvos da inundação universal.

Outra dificuldade é que Sanconiaton não fala do dilúvio, e nunca se citou nenhum autor egípcio que tenha falado dele. Mas essas dificuldades se esvaem diante do Gênese inspirado pelo Espírito Santo.

Não pretendemos aqui afundar no caos que oitenta autores quiseram deslindar, inventando cronologias diferentes; aqui nos limitamos ao Antigo Testamento. Perguntamos apenas se no tempo de Tot se escrevia em hieróglifos ou em caracteres alfabéticos;

Se a pedra ou o tijolo já tinham sido trocados pelo velino ou por algum outro material;

Se Tot escreveu anais ou apenas uma cosmogonia;

Se havia já algumas pirâmides construídas no tempo de Tot;

Se o Baixo Egito já era habitado;

Se já tinham sido feitos canais para receber as águas do Nilo;

Se os caldeus já haviam ensinado as artes aos egípcios, se os caldeus as haviam recebido dos brâmanes.

Há quem tenha resolvido todas essas questões. Era como dizia certa vez um homem espirituoso e de bom-senso sobre um grave doutor: "Esse homem só pode ser um grande ignorante, pois responde a tudo o que lhe perguntam."

ANATAS (Annates)

A esse verbete do *Dicionário enciclopédico*, doutamente tratado, como todos os assuntos de jurisprudência daquela grande e importante obra, pode-se acrescentar que o fato de a época do

---

89. Ver verbete História. (N. de Voltaire)
90. Diz-se (ver verbete Adão) que, se Sanconiaton tivesse vivido no tempo de Moisés ou depois dele, o bispo de Cesareia, Eusébio, que cita vários de seus fragmentos, sem dúvida teria citado aqueles nos quais se fizesse menção a Moisés e aos espantosos prodígios que haviam assombrado a natureza. Sanconiaton não teria deixado de falar deles; Eusébio teria dado destaque ao seu testemunho, teria provado a existência de Moisés por meio do depoimento autêntico de um erudito seu contemporâneo, de um homem que escrevia numa região onde os judeus se assinalavam todos os dias por meio de milagres. Eusébio nunca cita Sanconiaton no que se refere às ações de Moisés. Portanto, Sanconiaton escrevera antes. É o que se presume, mas com a desconfiança que todos devem ter em sua opinião, exceto quando ousa afirmar que dois e dois são quatro. (N. de Voltaire)

estabelecimento das anatas ser incerta é prova de que a cobrança da anata não passa de usurpação, de costume extorsivo. Tudo o que não está baseado numa lei autêntica é abuso. Todo abuso deve ser corrigido, a menos que a correção seja mais perigosa que o próprio abuso. A usurpação começa por tomar posse pouco a pouco: a equidade e o interesse público bradam e reclamam. Vem a política, que ajusta como pode a usurpação com a equidade, e o abuso permanece.

A exemplo dos papas, em várias dioceses, bispos, capítulos e arquidiáconos estabeleceram anatas sobre as cúrias. Essa exação chama-se *droit de déport* [direito de abdicação] na Normandia. Como a política não tinha nenhum interesse em manter tal pilhagem, sua cobrança foi abolida em vários lugares; mas subsiste em outros, tanto é verdade que o culto ao dinheiro é o primeiro dos cultos!

Em 1409, no concílio de Pisa, o papa Alexandre V renunciou expressamente às anatas; Carlos VII as condenou por meio de um edito do mês de abril de 1418; o concílio de Basileia declarou-os simoníacos, e a pragmática sanção os aboliu de novo.

Francisco I, observando um tratado particular que fizera com Leão X, não inserido na concordata, permitiu que o papa arrecadasse esse tributo, que, durante o reinado desse príncipe, lhe rendeu cem mil escudos do tempo, segundo cálculo feito então por Jacques Cappel, advogado-geral do parlamento de Paris.

Os parlamentos, as universidades, o clero e a nação inteira reclamavam contra essa exação; Henrique II, cedendo finalmente à grita de seu povo, reformou a lei de Carlos VII, por meio de um edito de 5 de setembro de 1551.

A proibição de pagar a anata foi reiterada ainda por Carlos IX na reunião dos estados gerais em Orléans no ano de 1560. "Atendendo a parecer de nosso conselho e observando decretos dos santos concílios, antigas ordenanças de nossos reis predecessores e decisões de nossas cortes de parlamento, ordenamos que cessem todos e quaisquer transportes de ouro e prata para fora de nosso reino e o pagamento de tributos eclesiásticos, na forma de anatas, vacantes e outros; a pena para os contraventores é de quatro vezes o valor em questão."

Essa lei, promulgada na assembleia geral da nação, parecia ser irrevogável, mas, dois anos depois, o mesmo príncipe, subjugado pela corte de Roma então muito poderosa, restabeleceu aquilo que a nação inteira e ele mesmo haviam revogado.

Henrique IV, que não temia nenhum perigo, mas temia Roma, confirmou as anatas num edito de 22 de janeiro de 1596.

Três célebres jurisconsultos, Dumoulin, Lannoy e Duaren, escreveram com veemência contra as anatas, que chamavam de *verdadeira simonia*. Se, por falta de pagamento, o papa recusasse bulas, Duaren aconselhava a Igreja galicana a imitar a Igreja da Espanha, que, no décimo segundo concílio de Toledo, incumbiu o arcebispo daquela cidade de aprovisionar os prelados nomeados pelo rei, diante de alguma recusa do papa.

É princípio dos mais corretos do direito francês, consagrado pelo artigo 14 de nossas liberdades[91], que o bispo de Roma não tem direito algum sobre o temporal dos benefícios, e que ele só usufrui das anatas por permissão do rei. Mas essa permissão não deverá ter um termo? De que nos servem nossas luzes, se conservamos nossos abusos?

O cálculo das somas que foram pagas e ainda são pagas ao papa é espantoso. O procurador-geral Jean de Saint-Romain observou que, no tempo de Pio II, como vinte e dois episcopados ficaram vacantes na França durante três anos, foi preciso mandar para Roma cento e vinte mil escudos; que, como sessenta e uma abadias ficaram também vacantes, pagou-se soma semelhante à corte de Roma; que, mais ou menos na mesma época, também se pagou àquela corte, como provisões de priorados, deados e outras dignidades sem crossa, cem mil escudos; que, para cada

---

91. Ver verbete Liberdade; palavra imprópria para designar direitos naturais e imprescritíveis. (N. de Voltaire)

cúria, houvera pelo menos uma promessa de benefício que fora vendida por vinte e cinco escudos, além de uma infinidade de dispensas cujo cálculo montava a dois milhões de escudos. O procurador-geral Saint-Romain vivia no tempo de Luís XI. Imagine-se a quanto essas somas montariam hoje. Imagine-se quanto deram os outros Estados. Imagine-se se a república romana, no tempo de Luculo, arrancou mais ouro e prata das nações vencidas pelas armas do que os papas e os padres arrancaram dessas mesmas nações usando a pluma.

Suponhamos que o procurador-geral Saint-Romain tenha errado em metade, o que é bem difícil; assim mesmo restaria uma soma bastante considerável para que tenhamos o direito de contar com a câmara apostólica e de lhe pedir restituição, visto que tanto dinheiro nada tem de apostólico.

ANATOMIA (Anatomie)

A anatomia antiga está para a moderna assim como os antigos mapas grosseiros, do século XVI, que só representavam os lugares principais e, mesmo assim, infielmente desenhados, estão para as cartas topográficas de nossos dias, nas quais encontramos até os mínimos arbustos existentes no local.

Desde Vesálio até Bertin fazem-se novas descobertas no corpo humano; podemos gabar-nos de ter penetrado até a linha que separa para sempre as tentativas dos homens e os segredos impenetráveis da natureza.

Interrogai Borelli sobre a força exercida pelo coração quando se dilata, na diástole: ele dirá que ela é igual a um peso de cento e oitenta mil libras, e depois faz um desconto de alguns milhares. Interrogai Keil, e ele vos confirmará que essa força é de apenas cinco onças. Vem Jurin, decide que eles se enganam e faz novo cálculo; mas aparece um outro e diz que Jurin também se enganou. A natureza zomba de todos eles e, enquanto estes discutem, ela cuida de nossa vida: faz o coração contrair-se e dilatar-se por meios que o espírito humano não consegue descobrir.

Desde Hipócrates se discute o modo como ocorre a digestão; uns dão ao estômago sucos digestivos, outros lhos recusam. Os químicos fazem do estômago um laboratório. Hecquet faz dele um moinho. Felizmente, a natureza nos faz digerir sem precisarmos saber seu segredo. Ela nos dá apetites, gostos e aversões por certos alimentos, e a causa disso jamais poderemos saber.

Dizem que nosso quilo já se encontra formado nos próprios alimentos, numa perdiz assada. Mas, se todos os químicos juntos puserem perdizes numa retorta, nada extrairão que se assemelhe a uma perdiz nem ao quilo. Devemos confessar que digerimos assim como recebemos a vida, como a damos, como dormimos, como sentimos, como pensamos, sem saber como. Nunca é demais repeti-lo.

Temos bibliotecas inteiras sobre a reprodução; mas ninguém ainda sabe que força produz a intumescência na parte masculina.

Fala-se de um suco nervoso que confere sensibilidade a nossos nervos: mas esse suco ainda não pôde ser descoberto por nenhum anatomista.

Os espíritos animais, de tão grande reputação, ainda estão por descobrir-se.

O médico nos manda tomar remédios e não sabe como eles nos purgam.

A maneira como se formam nossos cabelos e unhas nos é tão desconhecida quanto a maneira como temos ideias. O mais vil excremento confunde todos os filósofos.

Winslow e Lémeri amontoam dissertações sobre a reprodução dos mulos; os cientistas se dividem; o asno, altivo e tranquilo, sem se meter na briga, enquanto isso subjuga sua égua e lhe dá um belo mulo, sem que Lémeri e Winslow desconfiem que arte faz esse mulo nascer com orelhas de asno e corpo de cavalo.

Borelli diz que o olho esquerdo é muito mais forte que o direito. Hábeis físicos defenderam a tese do olho direito contra ele.

Vossius atribuía a cor dos negros a uma doença. Ruysch fez melhores descobertas ao dissecá-los e retirar deles, com uma habilidade sem-par, o corpo mucoso reticular, que é preto; e, apesar disso, ainda existem físicos que acreditam em negros originalmente brancos. Mas o que é um sistema contradito pela natureza?

Boerhaave garante que o sangue presente nas vesículas dos pulmões é *comprimido, expulso, calcado, quebrado, atenuado*.

Lecat diz que nada disso é verdade. Atribui a cor vermelha do sangue a um fluido cáustico, e há quem negue o seu fluido cáustico.

Uns fazem dos nervos um canal pelo qual passa um fluido invisível, enquanto outros fazem deles um violino cujas cordas são pinçadas por um arco que nunca se vê.

A maioria dos médicos atribui as regras das mulheres à pletora do sangue. Terenzoni e Vieussens acreditam que a causa dessas evacuações está num espírito vital, no frêmito dos nervos, enfim, na necessidade de amar.

Procurou-se até a causa da sensibilidade, e chegou-se até a encontrá-la na trepidação dos membros semianimados. Acreditou-se que as membranas do feto são irritáveis, e essa ideia foi veementemente combatida.

Este diz que a palpitação de um membro cortado é o *tom* que o membro conserva. Aquele outro diz que é *elasticidade*; um terceiro a chama de *irritabilidade*. A causa todos ignoram, todos estão à porta do último asilo onde a natureza se recolhe; ela nunca se mostra a eles, e eles adivinham na antecâmara dela.

Felizmente, essas questões são estranhas à medicina útil, que só se baseia na experiência, no conhecimento do temperamento do doente, em remédios muito simples oportunamente ministrados; o resto é pura curiosidade e muitas vezes charlatanice.

Se alguém a quem servimos caranguejos, que eram cinzentos antes do cozimento e se tornaram vermelhos no caldeirão, achasse que só deveria comê-los quando soubesse com exatidão como ficaram vermelhos, então nunca comeria caranguejos na vida.

ANEDOTÁRIO, ANEDOTAS (Ana, Anecdotes)

Se pudéssemos acarear Suetônio com os criados-graves dos doze Césares, será que eles estariam sempre de acordo? E, em caso de discussão, quem não apostaria nos criados-graves contra o historiador?

Entre nós, quantos livros há baseados apenas em boatos, tal como a física foi baseada apenas em quimeras repetidas de século em século até nossos tempos!

Aqueles que se comprazem em transcrever à noite, em seu gabinete, aquilo que ouviram durante o dia deveriam, tal como santo Agostinho, fazer um livro de retratações no fim do ano.

Alguém conta ao auditor-mor L'Estoile que Henrique IV, caçando em Créteil, entrou sozinho numa taberna onde alguns homens da lei de Paris jantavam num entressolho. O rei, que não se deixou conhecer, mas que devia ser muito conhecido, pede à taberneira que lhes pergunte se o aceitam em sua mesa, ou se lhe cedem uma parte do assado em troca de dinheiro. Os parisienses respondem que têm assuntos particulares para tratar em conjunto, que seu jantar será breve, e pedem desculpas ao desconhecido.

Henrique IV chama seus guardas e manda açoitar ignominiosamente os convivas, para, segundo L'Estoile, "ensinar-lhes a ser, de outra vez, mais corteses para com fidalgos".

Alguns autores, que em nossos dias se puseram a escrever a vida de Henrique IV, copiam L'Estoile sem nenhuma análise e transcrevem essa anedota; e, o que é pior, nunca deixam de elogiá-la como uma bela ação de Henrique IV.

No entanto, o fato não é verdadeiro nem verossímil; e, em vez de merecer elogios, essa ação de Henrique IV teria sido a mais ridícula, covarde, tirânica e imprudente que ele pudesse ter cometido.

Primeiramente, não é verossímil que em 1602 Henrique IV, que tinha uma fisionomia tão marcante e se mostrava a todos com tanta afabilidade, fosse desconhecido em Créteil, ao lado de Paris.

Em segundo lugar, L'Estoile, em vez de verificar essa história não pertinente, diz que a ouviu de um homem que a ouvira do sr. de Vitry. Portanto, não passa de boato.

Em terceiro lugar, seria bem covarde e odioso punir de maneira infamante cidadãos reunidos para tratar de negócios, pessoas que certamente não haviam cometido nenhuma falta quando se recusaram a dividir seu jantar com um desconhecido muito indiscreto, que poderia facilmente achar o que comer na mesma taberna.

Em quarto lugar, essa ação tão tirânica e indigna de um rei ou de qualquer outro homem honesto, tão punível pelas leis em todo o país, teria sido imprudente, além de ridícula e criminosa; teria tornado Henrique IV execrável para toda a burguesia de Paris, que ele tinha tanto interesse em conquistar.

Portanto, não cabia enodoar a história com um conto tão medíocre; não cabia desonrar Henrique IV com uma anedota tão impertinente.

Num livro intitulado *Anecdotes littéraires* [Anedotas literárias], impresso por Durand em 1752, com privilégio, encontra-se na página 183 do tomo III: "Como os amores de Luís XIV haviam sido representados na Inglaterra, esse príncipe quis mandar representar também os amores do rei Guilherme. O abade Brueys foi encarregado pelo sr. de Torcy de fazer a peça; esta, apesar de aplaudida, não foi representada, porque aquele que era objeto dela morreu naquele ínterim."

Há tantas mentiras absurdas quantas são as palavras dessas poucas linhas. Nunca foram representados os amores de Luís XIV no teatro de Londres. Luís XIV nunca foi tão pequeno a ponto de encomendar uma comédia sobre os amores do rei Guilherme. O rei Guilherme nunca teve amante; não era dessa fraqueza que o acusavam. O marquês de Torcy nunca falou com o abade Brueys. Nunca pode ter feito a este ou a qualquer outra pessoa uma proposta tão indiscreta e pueril. O abade Brueys nunca fez a comédia em questão. Acredite-se nas anedotas depois disso.

No mesmo livro se diz que "Luís XIV ficou tão contente com a ópera *Ísis*, que fez o conselho baixar um decreto que autorizaria os homens de condição a cantar na Ópera mediante pagamento, sem prejuízo da fidalguia. Esse decreto foi registrado no parlamento de Paris".

Nunca houve tal declaração registrada no parlamento de Paris. O que há de verdadeiro é que Lulli obteve em 1672, muito tempo antes da ópera *Ísis*, ordens régias que autorizavam o estabelecimento de sua Ópera, e incluiu em suas cartas que "os fidalgos e as damas podiam cantar naquele teatro sem prejuízo para a fidalguia". Mas não houve declaração registrada[92].

Lê-se na *Histoire philosophique et politique du commerce dans les deux Indes* [História filosófica e política do comércio nas duas Índias], tomo IV, página 66, que há razões para crer que "Luís XIV só tinha vasos de guerra para conquistar admiração por castigar Gênova e Argel". Isso é escrever e julgar a esmo; é contradizer a verdade com ignorância; é insultar Luís XIV sem razão: aquele monarca tinha cem vasos de guerra e sessenta mil marinheiros já em 1678; e o bombardeio de Gênova é de 1684.

De todos os anedotários, o que mais merece ser incluído no rol das mentiras impressas, sobretudo das mentiras insípidas, é o *Segraisiana*. Foi compilado por um copista de Segrais, seu doméstico, e impresso muito tempo após a morte do patrão.

---

92. Ver no verbete Arte dramática aquilo que se refere à Ópera. (N. de Voltaire)

ANEDOTÁRIO, ANEDOTAS

O *Menagiana*, revisto por La Monnoye, é o único no qual se encontram coisas instrutivas.

Nada é mais comum na maioria de nossos livrinhos novos do que ver velhos chistes atribuídos a nossos contemporâneos; inscrições e epigramas feitos por certos príncipes, atribuídos a outros.

Consta nessa mesma *Histoire philosophique etc.*, tomo I, página 68, que, depois que os holandeses expulsaram os portugueses de Malaca, o capitão holandês perguntou ao comandante português quando ele voltaria; a isso o vencido respondeu: "Quando vossos pecados forem maiores que os nossos." Essa resposta já fora atribuída a um inglês no tempo do rei da França, Carlos VII, e antes a um emir sarraceno na Sicília: de resto, essa resposta é mais de capuchinho que de político. Não foi por serem os franceses mais pecadores que os ingleses que estes lhes tomaram o Canadá.

O autor dessa mesma *Histoire philosophique etc.* conta seriamente, no tomo V, página 197, uma historieta inventada por Steele e inserida no *Spectateur*, que ele quer impingir como uma das causas reais das guerras entre os ingleses e os selvagens. Aí vai a historieta que Steele opõe à historieta muito mais engraçada da matrona de Éfeso. Trata-se de provar que os homens não são mais constantes que as mulheres. Mas, em *Petrônio*, a matrona de Éfeso só tem uma fraqueza divertida e perdoável, ao passo que o mercador Inkle, no *Spectateur*, é culpado da ingratidão mais odiosa.

O jovem viajante Inkle está a ponto de ser apanhado pelos caraíbas no continente americano, mas não se diz onde nem quando. A jovem Jarika, bela caraíba, salva-lhe a vida e acaba fugindo com ele para Barbados. Assim que chegam lá, Inkle vai vender sua benfeitora no mercado. "Ah, ingrato! Ah, bárbaro! diz Jarika; queres vender-me, estou grávida de ti! – Estás grávida? respondeu o mercador inglês; melhor, venderei mais caro."

Aí está o que nos apresentam como uma história verdadeira para a origem de uma longa guerra. O discurso que uma moça de Boston dirige aos juízes que a condenavam à correção pela quinta vez, por ter dado à luz um quinto filho, é uma brincadeira, um panfleto do ilustre Franklin; e essas palavras são transcritas na mesma obra como peça autêntica. Quantos contos ornaram e desfiguraram toda a história!

Num livro que provocou muito estardalhaço, no qual se encontram reflexões verdadeiras e profundas, lê-se que o padre Malebranche é autor de *Prémotion physique* [Premoção física]. Essa inadvertência atrapalha vários leitores que gostariam de adquirir a *Prémotion physique* do padre Malebranche e a procuram em vão.

Consta nesse livro que Galileu descobriu a razão pela qual as bombas não conseguiam elevar a água acima de trinta e dois pés. É exatamente o que Galileu não descobriu. Ele percebeu que o peso do ar fazia a água subir, mas não conseguiu saber por que o ar deixava de agir acima de trinta e dois pés. Foi Torricelli quem adivinhou que uma coluna de ar equivale a trinta e dois pés de água e a vinte e sete polegadas de mercúrio mais ou menos.

O mesmo autor, mais ocupado a pensar do que a citar com correção, afirma que foi feito o seguinte epitáfio para Cromwell:

Ci-gît le destructeur d'un pouvoir légitime,
Jusqu'à son dernier jour favorisé des cieux,
   Dont les vertus méritaient mieux
   Que le sceptre acquis par un crime.
Par quel destin faut-il, par quelle étrange loi,
Qu'à tous ceux qui sont nés pour porter la couronne,
   Ce soit l'usurpateur qui donne
L'exemple des vertus que doit avoir un roi?
[Aqui jaz o destruidor de um poder legítimo,
Até o último dia favorecido pelos céus,

Cujas virtudes tinham mais merecimento
Que o cetro conquistado pelo crime.
Por qual destino é mister, por qual estranha lei,
Que de todos os que nasceram para usar a coroa,
É o usurpador quem dá
O exemplo de virtude que o rei deve dar?]

Esses versos nunca foram feitos para Cromwell, mas para o rei Guilherme. Não é um epitáfio, são versos para serem postos ao pé do retrato do monarca. Não há *aqui jaz*; o que há é: "Esse foi o destruidor de um poder legítimo." Nunca ninguém na França foi bastante tolo para dizer que Cromwell fora exemplo de todas as virtudes. Seria possível atribuir-lhe valor e gênio; mas o nome *virtuoso* não foi feito para ele.

No *Mercure de France* do mês de setembro de 1669, atribui-se a Pope um epigrama feito de improviso sobre a morte de um famoso usurário. Esse epigrama é reconhecido há duzentos anos na Inglaterra como de autoria de Shakespeare. Foi realmente feito de improviso por aquele célebre poeta. Um agente de câmbio chamado Jean Dacombe, vulgo *dez por cento*, perguntou-lhe brincando que epitáfio ele lhe faria quando morresse. Shakespeare respondeu:

Ci-gît un financier puissant,
Que nous appelons dix pour cent;
Je gagerais cent contre dix
Qu'il n'est pas dans le paradis.
Lorsque Belzébut arriva
Pour s'emparer de cette tombe,
On lui dit: "Qu'emportez-vous là?
– Eh! c'est notre ami Jean Dacombe."
[Aqui jaz um financista poderoso,
Que chamamos de dez por cento;
Eu apostaria cem contra dez
Que ele não está no paraíso.
Quando Belzebu chegou
Para apoderar-se desta tumba,
Alguém perguntou: "Que leva aí?
– Ah! É nosso amigo Jean Dacombe."]

Acaba-se de renovar essa antiga brincadeira.

Je sais bien qu'un homme d'église,
Qu'on redoutait fort en ce lieu,
Vient de rendre son âme à Dieu;
Mais je ne sais si Dieu l'a prise.
[Sei muito bem que um homem de igreja,
Muito temido neste lugar,
Há pouco entregou a alma a Deus;
Não sei porém se Deus a pegou.]

Há centenas de facécias e contos que giram o mundo há trinta séculos. Recheiam-se os livros de máximas que são dadas como novas, mas que se encontram em Plutarco, Ateneu, Sêneca, Plauto e toda a antiguidade.

Trata-se de enganos inocentes e comuns; mas as falsidades voluntárias, as mentiras históricas que maculam a glória dos príncipes e a reputação dos cidadãos comuns são delitos sérios.

De todos os livros engrossados com falsas anedotas, aquele no qual as mentiras mais absurdas são amontoadas com mais impudência é a compilação das pretensas *Mémoires de madame de Maintenon* [Memórias de madame de Maintenon]. O fundo é verdadeiro; o autor tinha algumas cartas daquela dama, que lhe haviam sido entregues por uma pessoa criada em Saint-Cyr. Essas poucas verdades foram afogadas num romance de sete volumes.

É nessa obra que o autor retrata Luís XIV suplantado por um de seus criados-graves; é nela que ele impinge cartas da srta. Mancini, depois condestável Colonne, a Luís XIV. É nela que se atribui a essa sobrinha do cardeal Mazarino, numa carta ao rei, as seguintes palavras: "Obedeceis a um padre; não sois digno de mim se gostais de servir. Amo-vos como a meus próprios olhos, mas amo ainda mais a vossa glória." Sem dúvida o autor não tinha o original dessa carta.

Em outro lugar se diz que "A srta. de La Vallière se atirava de *négligé* num sofá, onde ficava a pensar no amante. Muitas vezes o dia a encontrava sentada numa cadeira, acotovelada na mesa, com olhar fixo e a alma presa ao mesmo objeto no êxtase do amor. Pensando unicamente no rei, naquele momento ela talvez se queixasse da vigilância dos espiões de Henriette e da severidade da rainha-mãe. Ligeiro rumor a tira do devaneio; ela recua de surpresa e medo. Luís cai a seus pés. Ela quer fugir, ele a detém; ela ameaça, ele a tranquiliza; ela chora, ele lhe enxuga as lágrimas."

Tal descrição hoje em dia não seria admitida no mais insosso romance feito apenas para camareiras.

Depois da revogação do edito de Nantes, encontra-se um capítulo intitulado *État du cœur* [Estado do coração]. Mas a esses ridículos seguem-se calúnias grosseiras contra o rei, seu filho, seu neto, contra o duque de Orléans, seu sobrinho, todos os príncipes do sangue, os ministros e os generais. É assim que a audácia, animada pela fome, produz monstros[93].

Nunca é demais prevenir os leitores contra esse mar de libelos atrozes que inundou a Europa durante tanto tempo.

Anedota duvidosa de Du Haillan

Du Haillan afirma, num de seus opúsculos, que Carlos VIII não era filho de Luís XI. Essa talvez seja a razão secreta pela qual Luís XI negligenciou sua educação e sempre o manteve afastado de si. Carlos VIII não se parecia com Luís XI nem em alma nem em corpo. Por fim, a tradição podia servir de desculpa para Du Haillan; mas essa tradição era muito duvidosa, como todas.

A dessemelhança entre pais e filhos prova menos a ilegitimidade do que a semelhança prova o contrário. O fato de Luís XI ter odiado Carlos VIII nada prova. Tão mau filho podia facilmente ser mau pai.

Mesmo que doze Du Haillan me garantissem que Carlos VIII nascera de outro, e não de Luís XI, eu não deveria acreditar cegamente. O leitor prudente deve, parece-me, pronunciar-se como os juízes: *is pater est quem nuptiae demonstrant*.

Anedota sobre Carlos V

Carlos V se deitara com sua irmã Margarida, governadora dos Países Baixos? Terá enganado dom João da Áustria, irmão intrépido do prudente Filipe II? Não temos provas disso, tanto quanto não as temos dos segredos de alcova de Carlos Magno, que, segundo se diz, deitou-se com todas

---

93. Ver verbete História. (N. de Voltaire)

as suas filhas. Por que então afirmar? Se a Santa Escritura não me garantisse que as filhas de Ló tiveram filhos do próprio pai, e que Tamar os teve de seu sogro, eu hesitaria muito em acusá-las. É preciso ser discreto.

Outra anedota mais duvidosa

Escreveu-se que a duquesa de Montpensier concedera seus favores ao monge Jacques Clément, para incentivá-lo a assassinar seu rei. Teria sido mais hábil prometê-los do que concedê-los. Mas não é assim que se estimula um padre fanático ao regicídio; deve-se mostrar-lhe o céu, e não uma mulher. Seu prior Bourgoin era bem mais capaz de convencê-lo do que a maior beldade da terra. Não havia cartas de amor em seu bolso quando ele matou o rei, mas histórias de Judite e de Aod, todas rasgadas e encardidas à força de serem lidas.

Anedota sobre Henrique IV

Jean Chastel e Ravaillac não tiveram cúmplices; seu crime fora o crime do tempo; o grito da religião foi seu único cúmplice. Publicou-se com frequência que Ravaillac viajara para Nápoles, e que o jesuíta Alagona predissera em Nápoles a morte do rei, o que é repetido ainda por não sei qual Chiniac. Os jesuítas nunca foram profetas; se fossem, teriam previsto sua destruição; mas, ao contrário, aqueles coitados sempre afirmaram que durariam até o fim dos séculos. Nunca se deve jurar nada.

A abjuração de Henrique IV

Por mais que o jesuíta Daniel diga, em sua árida e incorreta História da França, que Henrique IV, antes de abjurar, era católico havia muito tempo, eu acreditaria mais no próprio Henrique IV do que no jesuíta Daniel. Sua carta à bela Gabrielle, "É amanhã que dou o salto perigoso", prova pelo menos que ele tinha ainda no coração coisa diferente do catolicismo. Se seu grande coração tivesse sido desde muito tempo penetrado pela graça eficaz, ele talvez tivesse dito à amante: "Esses bispos me edificam"; mas disse: "Essa gente me enfada." Essas palavras são de um bom catecúmeno?

Não constituem motivo de ceticismo as cartas daquele grande homem a Corisande d'Andouin, condessa de Grammont; elas existem ainda no original. O autor de *Ensaio sobre os costumes e o espírito das nações* transcreve várias dessas cartas interessantes. Eis aqui alguns trechos curiosos:

"Todos esses envenenadores são papistas. – Descobri um assassino para mim. – Os pregadores romanos pregam alto e bom som que só se deve ter um luto. Eles advertem todo bom católico de que devem mirar-se no exemplo (do envenenamento do príncipe de Condé); e sois dessa religião! – Se eu não fosse huguenote, me tornaria turco."

É difícil, depois desses testemunhos do próprio punho de Henrique IV, ficar realmente convencido de que ele foi católico de coração.

Outro erro sobre Henrique IV

Outro historiador moderno de Henrique IV acusa o duque de Lerma do assassinato desse herói. Diz ele que é "a opinião mais consistente". É evidente que é a opinião menos consistente. Nunca se falou disso na Espanha, e na França só o continuador do presidente de Thou deu algum crédito a essas suspeitas vagas e ridículas. Se o duque de Lerma, primeiro-ministro, tiver contratado Ravaillac, pagou-o muito mal. Aquele infeliz estava quase sem dinheiro quando foi apanhado. Se o duque de Lerma o tivesse seduzido ou mandado seduzir, com a promessa de uma recompensa proporcional ao atentado, sem dúvida Ravaillac o teria denunciado, bem como a seus emissários, no mínimo para se vingar. Ele citou o nome do jesuíta Aubigny, ao qual apenas mostrara uma faca; por que teria poupado o duque de Lerma? Obstinação bem estranha essa, de não acreditar no que Ravaillac disse durante o interrogatório e sob tortura. Caberá insultar uma grande casa espanhola, sem o menor indício de prova?

É justamente assim que se escreve a história.

A nação espanhola não recorre com frequência a crimes vergonhosos; os grandes da Espanha tiveram em todos os tempos uma altivez generosa que não lhes permitiu rebaixar-se a tanto.

Se Filipe II ofereceu um prêmio pela cabeça do príncipe de Orange, teve pelo menos o pretexto de punir um súdito rebelde, assim como o parlamento de Paris ofereceu cinquenta mil escudos pela cabeça do almirante Coligny e, depois, pela do cardeal Mazarino. Essas proscrições públicas eram devidas ao horror das guerras civis. Mas como o duque de Lerma se teria dirigido secretamente a um miserável como Ravaillac?

Erro sobre o marechal de Ancre

O mesmo autor diz que "o marechal de Ancre e sua mulher foram, por assim dizer, fulminados por um raio". Um, na verdade, foi fulminado a tiros, e a outra foi queimada na qualidade de bruxa. Um assassinato e uma sentença de morte proferida contra a mulher de um marechal da França, açafata da rainha, que tinha fama de feiticeira, não honram a cavalaria nem a jurisprudência do tempo. Mas não sei por que o historiador se expressa com as seguintes palavras: "Se aqueles dois miseráveis não fossem cúmplices da morte do rei, mereceriam no mínimo os mais rigorosos castigos [...] É indubitável que, enquanto o rei ainda vivia, Concini e sua mulher tinham com a Espanha relações contrárias aos desígnios daquele príncipe."

Nada disso é indubitável; nem mesmo verossímil. Eles eram florentinos; o grão-duque de Florença fora quem primeiro reconhecera Henrique IV. Nada lhe causava mais temor do que o poder da Espanha na Itália. Concini e a mulher não tinham crédito no tempo de Henrique IV. Se tivessem urdido alguma trama com o conselho de Madri, só poderia ter sido pela rainha: portanto, isso é acusar a rainha de ter traído seu marido. E, repetimos, não é lícito inventar tais acusações sem prova. Como! Um escritor em sua água-furtada poderá proferir uma difamação que causaria calafrios nos juízes mais esclarecidos do reino, se a ouvissem nos tribunais!

Por que chamar um marechal da França e sua mulher, açafata da rainha, de *dois miseráveis*? O marechal de Ancre, que arregimentara um exército às suas expensas para lutar contra os rebeldes, merecerá um qualificativo que só cabe a Ravaillac, a Cartouche, aos ladrões públicos, aos caluniadores públicos?

É incontestável que basta um fanático para cometer um regicídio sem nenhum cúmplice. Damiens não tinha cúmplices. Repetiu quatro vezes no interrogatório que cometeu o crime por *princípio religioso*. Posso dizer que, conhecendo os convulsionários como conheci, vi mais de vinte que seriam capazes de cometer semelhante horror, tal a atrocidade de sua demência! A religião mal-entendida é uma febre que, na primeira oportunidade, se transforma em sanha. É próprio do fanatismo inflamar as cabeças. Quando o fogo que faz essas cabeças supersticiosas ferver derruba algumas chispas numa alma insensata e atroz, quando um ignorante furioso acredita que está imitando santamente Fineias, Aod, Judite e semelhantes, esse ignorante tem mais cúmplices do que pensa. Muita gente o incitou ao regicídio sem saber. Algumas pessoas proferem palavras indiscretas e violentas; um doméstico as repete, amplificando-as, *enfunestando-as*, como dizem os italianos; um Chastel, um Ravaillac, um Damiens as colhem; aqueles que as pronunciaram não desconfiam do mal que fizeram. São cúmplices involuntários; mas não houve complô nem instigação. Em suma, conhece muito mal o espírito humano quem ignora que o fanatismo torna o populacho capaz de tudo.

Anedota sobre o homem da máscara de ferro

O autor do *Século de Luís XIV* foi quem primeiro falou do homem da máscara de ferro numa história verídica. Foi por estar bem a par daquela história que assombra o atual século, assombrará a posteridade, e que é verdadeira. Foi ele enganado sobre a data da morte daquele desconhecido tão singularmente desventurado. Seu enterro foi feito em Saint-Paul no dia 3 de março de 1703, e não em 1704.

Ele fora aprisionado primeiro em Pignerol antes de ir para as ilhas de Sainte-Marguerite e depois para a Bastilha, sempre sob a guarda do mesmo homem, aquele Saint-Mars que o viu morrer. O padre Griffet, jesuíta, transmitiu ao público o diário da Bastilha, que dá fé das datas. Obteve com facilidade o diário, pois tinha a delicada função de confessar prisioneiros da Bastilha.

O homem da máscara de ferro é um enigma que todos querem desvendar. Uns dizem que era o duque de Beaufort; mas o duque de Beaufort foi morto pelos turcos defendendo Cândia, em 1669; e o homem da máscara de ferro estava em Pignerol em 1662. Aliás, como poderiam ter prendido o duque de Beaufort no meio de seu exército? Como poderiam tê-lo transferido para a França sem que ninguém soubesse? E por que o puseram na prisão? E por que a máscara?

Outros sonharam que era o conde de Vermandois, filho natural de Luís XIV, morto publicamente de varíola, em 1683, no exército, tendo sido enterrado na cidade de Arras[94].

Em seguida se imaginou que o duque de Monmouth, cuja cabeça o rei Jaime mandou cortar publicamente em Londres, no ano de 1685, era o homem da máscara de ferro. Ele precisaria ter ressuscitado e mudado a ordem do tempo; precisaria ter posto o ano 1662 em lugar de 1685; e o rei Jaime, que nunca perdoava ninguém e por isso mereceu todas as suas desgraças, precisaria ter perdoado o duque de Monmouth e em seu lugar mandado matar um homem que se parecesse perfeitamente com ele. Teria sido preciso encontrar esse sósia que faria a gentileza de se deixar decapitar em público para salvar o duque de Monmouth. Toda a Inglaterra precisaria ter-se enganado; depois, o rei Jaime precisaria ter instado o rei Luís XIV a ter a bondade de lhe servir de sargento e carcereiro. A seguir, Luís XIV, tendo feito esse favorzinho ao rei Jaime, não teria deixado de demonstrar a mesma consideração pelo rei Guilherme e pela rainha Ana, com os quais esteve em guerra, e teria conservado zelosamente, junto a esses dois monarcas, sua dignidade de carcereiro, com a qual o rei Jaime o honrara.

Dissipadas todas essas ilusões, resta saber quem era aquele prisioneiro que estava sempre mascarado, com que idade morreu e com que nome foi enterrado. Está claro que, se só o deixavam ir para o pátio da Bastilha e só o autorizavam a falar com o médico usando máscara, era por medo de que em seus traços alguém reconhecesse alguma semelhança demasiado impressionante. Ele podia mostrar a língua, mas nunca o rosto. Quanto à idade, ele mesmo disse ao boticário da Bastilha, poucos dias antes de morrer, que acreditava ter cerca de sessenta anos; isso me foi dito várias vezes pelo sr. Marsolan, cirurgião do marechal de Richelieu, e depois pelo duque de Orléans, regente, genro desse boticário.

Por fim, por que lhe dar um nome italiano? Era sempre chamado de Marchiali! Quem escreve este verbete talvez saiba mais do que o padre Griffet, e não dirá mais nada.

---

94. Nas primeiras edições desta obra, dissemos que o duque de Vermandois foi enterrado na cidade de Aire. Era engano.
    Mas, fosse Arras ou Aire, a verdade é que ele morreu de varíola e recebeu magníficas exéquias. Só um louco imaginaria que em seu lugar se enterrou um tronco, que Luís XIV encomendou missa solene para esse tronco e que, para ajudar a convalescença de seu próprio filho, ele o mandou tomar ar na Bastilha pelo resto da vida, com uma máscara de ferro no rosto. (N. de Voltaire)

Adendo do editor

É surpreendente ver tantos eruditos e tantos escritores cheios de talento e sagacidade atormentar-se para adivinhar quem poderia ter sido o famoso máscara de ferro, sem que se lhes apresentasse a ideia mais simples, natural e verossímil. Admitido o fato do modo relatado pelo sr. de Voltaire, com suas circunstâncias, alçando-se a existência de um prisioneiro de espécie tão singular ao nível das verdades históricas mais comprovadas, parece que nada é mais fácil do que conceber quem era aquele prisioneiro, parecendo até mesmo difícil que possa haver duas opiniões sobre esse assunto. O autor deste verbete teria comunicado mais cedo as suas impressões, se não acreditasse que essa ideia já teria ocorrido a muitas outras pessoas e se não estivesse convencido de que não valeria a pena apresentar como descoberta algo que, na sua opinião, salta aos olhos de todos aqueles que leem essa história.

No entanto, como há algum tempo esse acontecimento divide as opiniões, e como, recentemente, se publicou uma carta na qual se pretende provar que aquele célebre prisioneiro era um secretário do duque de Mântua (o que não é possível conciliar com os fortes sinais de respeito que o sr. de Saint-Mars demonstrava pelo prisioneiro), o autor acreditou estar no dever de finalmente dizer o que pensa há vários anos. Essa conjectura talvez ponha fim a qualquer outra pesquisa, a não ser que o segredo seja desvendado por aqueles que podem ser seus depositários, de modo que dirima todas as dúvidas.

Não nos dilataremos a refutar aqueles que imaginaram que o prisioneiro podia ser o conde de Vermandois, o duque de Beaufort ou o duque de Monmouth. O erudito e judicioso autor desta última opinião refutou muito bem os outros; mas, essencialmente, só respaldou a sua na impossibilidade de encontrar na Europa algum outro príncipe cuja detenção fosse da maior importância ignorar. O sr. de Sainte-Foix tem razão, caso pretenda falar apenas de príncipes cuja existência era conhecida; mas por que ninguém ainda pensou em supor que o máscara de ferro poderia ter sido um príncipe desconhecido, criado às ocultas, cuja existência importava ser totalmente ignorada?

O duque de Monmouth não era um príncipe de tamanha importância para a França; e não se entende o que poderia ter levado esse poder, pelo menos depois da morte desse duque e da morte de Jaime II, a manter tanto segredo em torno de sua detenção, caso ele tivesse realmente sido o máscara de ferro. É pouco provável também que os srs. de Louvois e de Saint-Mars tivessem demonstrado pelo duque de Monmouth o profundo respeito que o sr. de Voltaire afirma terem eles demonstrado pelo máscara de ferro.

O autor conjectura que, da maneira como o sr. de Voltaire contou o fato, esse célebre historiador está convencido tanto quanto ele da suspeita que, segundo diz, manifestará, mas que o sr. de Voltaire, sendo francês, não quis – acrescenta – publicar, sobretudo depois de ter dito o suficiente para que não fosse difícil decifrar o enigma. Aí vai – continua ainda ele – a solução do enigma, na minha opinião.

"O máscara de ferro era, provavelmente, um irmão mais velho de Luís XIV, cuja mãe tinha o gosto pela roupa fina em que se baseia o sr. de Voltaire. Foi lendo as memórias daquele tempo, que relatam essa história sobre a rainha, que, lembrando-me daquele mesmo gosto do máscara de ferro, desconfiei ainda mais de que ele fosse seu filho, fato este do qual todas as outras circunstâncias me haviam já persuadido.

"Sabe-se que Luís XIII desde muito tempo não morava com a rainha; que o nascimento de Luís XIV só foi devido a um feliz acaso habilmente montado; acaso que obrigou absolutamente o rei a dormir na mesma cama com a rainha. Vejamos, portanto, como acredito que as coisas se tenham passado.

"A rainha poderá ter imaginado que, por sua culpa, Luís XIII não tinha herdeiros. O nascimento do máscara de ferro lhe teria mostrado a verdade. O cardeal, a quem ela terá feito confidências sobre o fato, terá sabido, por mais de uma razão, tirar proveito do segredo; terá imaginado um modo de fazer que os acontecimentos fossem úteis a ele e ao Estado. Convencido, por esse exemplo, de que a rainha podia dar filhos ao rei, a trama que produziu o acaso de um único leito para o rei e para a rainha foi armada como consequência. Mas a rainha e o cardeal, igualmente compenetrados da necessidade de ocultar de Luís XIII a existência do máscara de ferro, terão decidido criá-lo em segredo. Esses fatos terão sido segredos para Luís XIV até a morte do cardeal Mazarino.

"Mas o monarca, sabendo então que tinha um irmão, um irmão mais velho que sua mãe não podia renegar, irmão que, aliás, talvez tivesse traços fisionômicos marcantes, capazes de denunciar sua origem, refletindo que aquela criança nascida durante o casamento não podia, sem grandes inconvenientes e sem um escândalo horrível, ser declarada ilegítima depois da morte de Luís XIII, o monarca terá julgado que não poderia lançar mão de um meio mais prudente e justo do que aquele que empregou para garantir sua própria tranquilidade e o sossego do Estado: meio que o eximia de cometer uma crueldade que a política teria visto como necessária a um monarca menos consciencioso e menos magnânimo do que Luís XIV.

"Parece-me, prossegue o autor, que, quanto mais conhecemos a história daquele tempo, mais nos deve surpreender a reunião de todas as circunstâncias que depõem a favor dessa suposição."

Anedota sobre Nicolas Fouquet, superintendente das finanças

É verdade que esse ministro teve muitos amigos quando caiu em desgraça, e que eles perseveraram até seu julgamento. É verdade que o chanceler que presidia aquele julgamento tratou o ilustre cativo com excessiva dureza. Mas não era Michel Letellier, como se imprimiu em algumas edições do *Século de Luís XIV*; era Pierre Séguier. Essa confusão entre ambos é um erro que deve ser corrigido.

O mais notável é que não se sabe onde morreu esse célebre superintendente: não que importe sabê-lo, pois, como sua morte não causou nenhum acontecimento, está na categoria de todas as coisas indiferentes; mas esse fato prova até que ponto ele estava esquecido no fim da vida, como a consideração que se busca com tanto zelo vale tão pouco; como são felizes aqueles que querem viver e morrer desconhecidos. Essa ciência seria mais útil do que a ciência das datas.

Pequena anedota

Pouco importa que o Pierre Broussel para o qual foram feitas barricadas fosse conselheiro-escrivão. O fato é que ele comprou um cargo de conselheiro-escrivão porque não era rico, e esses ofícios custavam menos que os outros. Tinha filhos e não era clérigo como se poderia imaginar[95]. Não conheço nada mais inútil do que saber essas minúcias.

Anedota sobre o testamento atribuído ao cardeal de Richelieu

O padre Griffet quer de todas as maneiras que o cardeal de Richelieu tenha escrito um mau livro: nada mais normal; tantos estadistas escreveram livros. Mas é uma bela paixão combater tanto tempo para tentar provar que, segundo o cardeal de Richelieu, *os espanhóis nossos aliados*, governados tão venturosamente por um Bourbon, "são merecedores do inferno, e tornam as Índias merecedoras do inferno". – O *Testament du cardinal de Richelieu* [Testamento do cardeal de Richelieu] não era testamento de um homem educado.

"A França tinha melhores portos no Mediterrâneo do que toda a monarquia espanhola." – Esse testamento era exagerado.

---

95. *Clerc* significa clérigo, mas também escrivão. (N. da T.)

"Para ter cinquenta mil soldados, é conveniente arregimentar cem mil." – Esse testamento joga dinheiro pelas janelas.

"Quando se estabelece um novo imposto, aumenta-se o pagamento dos soldados." – O que nunca aconteceu na França nem em lugar algum.

"A talha deve ser paga pelos parlamentos e pelas outras cortes superiores." – Meio infalível de ganhar seus corações e tornar respeitável a magistratura.

"Deve-se obrigar a nobreza a servir e alistar-se na cavalaria." – Para conservar melhor todos os seus privilégios.

"Como de cada trinta milhões retidos, em cerca de *sete* o reembolso deve ser feito *pela quinta parte*, a retenção ocorrerá em sete anos e meio no gozo." – De tal maneira que, de acordo com o cálculo, cinco por cento em sete anos e meio fariam cem francos, ao passo que só fazem trinta e sete e meio: se entendermos por "quinta parte" a quinta parte do capital, os cem francos serão reembolsados em cinco anos justos. A conta não bate; o testador calcula mal.

"Gênova era a cidade mais rica da Itália." – Gostaria que tivesse sido.

"É preciso ser bem casto." – O testador se parece com certos pregadores. Faça o que eu digo, e não o que eu faço.

"É preciso dar uma abadia à Sainte-Chapelle de Paris." – Coisa importante na crise que a Europa vivia então, da qual ele não fala.

"O papa Bento XI deu tanto trabalho aos franciscanos, que se gabavam da pobreza, com referência aos rendimentos da ordem de são Francisco, que eles se inflamaram a tal ponto que lhe declararam guerra através de seus livros." – Coisa mais importante e erudita ainda, sobretudo quando se confunde João XXII com Bento XI e quando, num testamento político, não se fala da maneira como é preciso conduzir a guerra contra o Império e a Espanha, nem dos meios de obter a paz, nem dos perigos presentes, nem dos recursos, nem das alianças, nem dos generais, nem dos ministros que é preciso empregar, nem mesmo do delfim, cuja educação importava tanto ao Estado; enfim, de nenhum assunto do ministério.

Admito do fundo do coração que alguém onere – se quiser – a memória do cardeal de Richelieu com essa obra infeliz, cheia de anacronismos, ignorâncias, cálculos ridículos, falsidades reconhecidas, da qual qualquer funcionário um pouco inteligente teria sido incapaz; que se faça esforço para convencer de que o maior ministro foi o mais ignorante, enfadonho e extravagante de todos os escritores. Isso pode dar algum prazer a todos aqueles que detestam sua tirania.

É até bom para a história do espírito humano que se saiba que aquela obra detestável foi elogiada durante mais de trinta anos, enquanto se acreditava que era de um grande ministro.

Mas não se deve trair a verdade para dar a crer que o livro é do cardeal de Richelieu. Não se deve dizer "que se encontrou uma continuação do primeiro capítulo do testamento político, corrigida em vários pontos pelo próprio punho do cardeal de Richelieu", porque isso não é verdade. Ao cabo de cem anos encontrou-se um manuscrito intitulado *Narration succinte* [Narração sucinta]; essa narração sucinta não tem relação alguma com o testamento político. No entanto, teve-se o ardil de mandar imprimi-la como primeiro capítulo do Testamento com notas.

Em relação às notas, não se sabe qual é sua autoria.

O que se sabe é que o pretenso testamento só teve eco no mundo trinta e oito anos depois da morte do cardeal; que ele só foi impresso quarenta e dois anos depois de sua morte; que nunca se viu o original assinado por ele; que o livro é péssimo e não merece que se fale muito tempo dele.

Outras anedotas

Carlos I, desventurado rei da Inglaterra, será mesmo o autor do famoso livro Εἰκὼν βασιλική? Aquele rei teria posto um título grego em seu livro?

O conde de Moret, filho de Henrique IV, ferido na escaramuça de Castelnaudary, viveu mesmo até 1693 com o nome do eremita irmão João Batista? Que prova se tem de que aquele eremita era filho de Henrique IV? Nenhuma.

Jeanne d'Albret de Navarra, mãe de Henrique IV, casou-se de fato depois da morte de Antoine, fidalgo denominado Goyon, morto na noite de São Bartolomeu? Teve mesmo um filho que pregava em Bordeaux? Esse fato se encontra com muitos pormenores nas observações sobre a *Resposta* de Bayle às *perguntas de um provincial*, in-fólio, página 689.

Marguerite de Valois, esposa de Henrique IV, terá tido dois filhos em segredo, durante o casamento? Seria possível encher volumes com tais curiosidades.

Valerá mesmo a pena fazer tantas pesquisas para descobrir coisas tão inúteis para o gênero humano? Façamos o possível para curar a escrófula, a gota, as pedras, os cálculos e milhares de doenças crônicas ou agudas. Busquemos remédios contra as doenças da alma, não menos funestas e não menos mortais; trabalhemos para aperfeiçoar as artes, diminuir as desgraças da espécie humana, e deixemos de lado os Anedotários, as Anedotas, as Histórias curiosas de nosso tempo, os *Novos versos escolhidos* tão mal escolhidos, citados o tempo todo no *Dicionário de Trévoux*, e as coletâneas de pretensos chistes etc.; deixemos as Cartas de um amigo a outro amigo, as Cartas anônimas e as Reflexões sobre a nova tragédia etc. etc. etc.

Leio num livro novo que Luís XIV isentou de talhas todos os recém-casados durante cinco anos. Não encontrei esse fato em nenhuma coleção de editos, em nenhum memorial do tempo.

Leio no mesmo livro que o rei da Prússia ordena o pagamento de cinquenta escudos a todas as moças grávidas. Na verdade, não haveria melhor modo de aplicar o dinheiro e incentivar a reprodução; mas não acredito que essa prodigalidade régia seja verdadeira; pelo menos não o vi.

Anedota ridícula sobre Teodorico

Segue uma anedota mais antiga que me cai nas mãos e me parece bem estranha. Lê-se numa história cronológica da Itália que o grande Teodorico, ariano, homem que se costuma pintar como tão sábio, "tinha entre seus ministros um católico de quem gostava muito, que ele achava digno de toda a sua confiança. Tal ministro acredita que gozará cada vez mais do favor de seu senhor se abraçar o arianismo; e Teodorico imediatamente manda decapitá-lo, *dizendo*: 'Se esse homem não foi fiel a Deus, como será fiel a mim, que sou apenas homem?'".

O compilador não perde a ocasião de dizer que esse episódio muito honra a maneira como Teodorico pensava a religião.

Eu tenho a honra de pensar a religião melhor que o ostrogodo Teodorico, assassino de Símaco e Boécio, pois sou bom católico, enquanto Teodorico era ariano. Mas declararia esse rei digno de ser amarrado como louco, caso tivesse cometido o desvario atroz de que o louvam. Como! Mandar imediatamente cortar a cabeça de seu ministro favorito, porque esse ministro afinal abraçava sua opinião! Como um adorador de Deus, que passa da opinião de Atanásio à opinião de Ário e Eusébio, é infiel a Deus? Ele era no máximo infiel a Atanásio e seus partidários num tempo em que o mundo estava dividido entre atanasianos e eusebianos. Mas Teodorico não devia vê-lo como homem infiel a Deus, por ter rejeitado o termo *consubstancial* depois de tê-lo admitido. Mandar cortar a cabeça do favorito com base numa razão dessas certamente é ação do louco mais malvado, do tolo mais bárbaro que já existiu.

Que falaríeis de Luís XIV se ele tivesse mandado decapitar imediatamente o duque de La Force, porque o duque de La Force tivesse deixado o calvinismo e abraçado a religião de Luís XIV?

Anedota sobre o marechal de Luxemburgo

Abro neste momento uma história da Holanda e fico sabendo que o marechal de Luxemburgo, em 1672, fez o seguinte discurso a suas tropas: "Ide, meus filhos, pilhai, roubai, matai, violentai; e, se houver algo mais abominável, não deixeis de fazê-lo, para que eu veja que não me enganei quando vos escolhi como os mais bravos dos homens."

Sem dúvida, aí está um belo discurso: ele não é mais verdadeiro que os de Tito Lívio; mas não é do estilo dele. Para completar a desonra da tipografia, essa bela peça se encontra em dicionários novos, que não passam de imposturas em ordem alfabética.

Anedota sobre Luís XIV

É um engano do *Abrégé chronologique de l'histoire de France* [Compêndio cronológico da história da França] afirmar que Luís XIV, depois da paz de Utrecht, que ele devia à Inglaterra, depois de nove anos de infelicidades, depois das grandes vitórias que os ingleses haviam obtido, tenha dito ao embaixador da Inglaterra: "Sempre mandei em casa e às vezes na casa dos outros; não me obriguem a lembrá-lo." Já disse alhures que esse discurso estaria muito deslocado e errado em relação aos ingleses e teria exposto o rei a uma resposta esmagadora. O próprio autor me confessou que o marquês de Torcy, que sempre esteve presente a todas as audiências do conde de Stairs, embaixador da Inglaterra, sempre desmentiu essa anedota. Sem dúvida não é ela verdadeira nem verossímil, e só ficou nas últimas edições do livro porque havia sido ali posta na primeira. Esse erro não deslustra de modo algum uma obra aliás muito útil, em que todos os grandes acontecimentos, apresentados na ordem mais cômoda possível, são de veracidade reconhecida.

Todas essas historietas com que se desejou ornar a história na verdade a desonram; infelizmente, quase todas as antigas histórias pouco passam de historietas. Malebranche, nesse aspecto, tinha razão ao dizer que dava tanta importância à história quanto às novidades de seu bairro.

Carta do sr. de Voltaire sobre várias anedotas

Acreditamos dever terminar este verbete sobre anedotas com uma carta do sr. de Voltaire ao sr. Damilaville, filósofo intrépido, que apoiou mais do que ninguém seu amigo sr. de Voltaire na catástrofe memorável de Calas e Sirven. Aproveitamos a oportunidade para homenagear na medida do possível a memória desse cidadão, que numa vida obscura mostrou virtudes que dificilmente se encontram entre celebridades. Ele fazia o bem pelo próprio bem, esquivando-se dos homens brilhantes e servindo os infelizes com zelo e entusiasmo. Nunca homem algum teve mais coragem na adversidade e na morte. Era amigo íntimo dos srs. Voltaire e Diderot. Eis a carta em questão:

"Castelo de Ferney, 7 de maio de 1762.

"Que acaso, caro amigo, te levou a ler algumas páginas de *Année Littéraire* de mestre Aliboron? Em casa de quem encontraste essas fantasias? Parece-me que não costumas andar em má companhia. O mundo está inundado pelas bobagens desses foliculários que mordem porque têm fome e ganham o pão a dizer injúrias mesquinhas.

"Esse pobre Fréron[96], pelo que ouvi dizer, é como essas miseráveis das ruas de Paris, que são toleradas durante algum tempo pelo serviço que prestam a jovens desocupados e internadas em asilos três ou quatro vezes por ano, de onde saem para retomar o primeiro ofício.

....

96. O foliculário de que se fala é o mesmo que, expulso da ordem dos jesuítas, compôs libelos para viver, enchendo tais libelos de anedotas pretensamente literárias. Aí vai uma sobre ele:

Carta do sr. Royou, advogado no parlamento da Bretanha, cunhado do referido Fréron

"Terça-feira pela manhã, 6 de março de 1770.

"Fréron casou-se com minha irmã há três anos, na Bretanha: meu pai deu vinte mil libras de dote. Ele dissipou o dote com mulheres e causou desgosto à minha irmã. Depois disso, mandou-a para Paris, no cesto do coche,

"Li as folhas que me enviaste. Não me espanta que mestre Aliboron grite um pouco sob as chicotadas que lhe dei. Desde que me diverti imolando esse moleque para riso público em todos os teatros da Europa, é justo que ele se queixe um pouco. Nunca o vi, Deus me livre. Escreveu-me longa carta há cerca de vinte anos. Eu ouvira falar de seus costumes, por conseguinte não lhe dei resposta. Essa é a origem de todas as calúnias que, segundo dizem, ele proferiu contra mim em suas folhas. Que fique em paz; os condenados têm liberdade de proferir injúrias contra os juízes que os condenaram.

"Não sei que comédia italiana é essa que ele me imputa, intitulada *Quando me casarão*?. É a primeira vez que ouço falar dela. Trata-se de uma mentira absurda. Quis Deus que eu fizesse peças de teatro para pagar meus pecados; mas nunca fiz farsas italianas. Risca isso de tuas anedotas.

"Não sei como uma carta que escrevi a milorde Littleton e respectiva resposta foram cair nas mãos desse Fréron, mas posso garantir que ambas são inteiramente falsificadas. Julga por ti mesmo: envio-te os originais.

"Esses senhores foliculários se parecem com trapeiros que andam catando lixo para fazer papel.

"Não serão motivo também de bela anedota, bem digna do público, uma carta minha ao professor Haller e uma carta do professor Haller para mim! E que ideia foi essa de o sr. Haller divulgar minhas cartas e as suas? E que ideia é essa de um foliculário imprimi-las e falsificá-las para ganhar cinco soldos? Segundo ele, eu as escrevo do castelo de Tourney, onde nunca morei.

"Essas impertinências divertem por um momento os jovens ociosos e, no momento seguinte, caem no eterno esquecimento em que caem todas as ninharias destes tempos.

"A anedota do cardeal de Fleury sobre o *quemadmodum* que Luís XIV não entendia é verdadeira. Só a incluí no *Século de Luís XIV* porque tinha certeza dela, e não incluí a do *nycticorax*, porque não tinha certeza. Trata-se de uma velha história que me contavam na infância, quando estava no colégio dos jesuítas, para me mostrarem a superioridade do padre de La Chaise sobre o capelão-mor da França. Afirmava-se que o capelão-mor, interrogado sobre o significado de *nycticorax*, disse que era um capitão do rei Davi, e que o reverendo padre La Chaise garantiu que era uma coruja; pouco importa. E importa-me pouquíssimo se alguém cantarola durante quinze minutos num latim ridículo um *nycticorax* grosseiramente musicado.

"Não pretendi criticar Luís XIV por não saber latim; ele sabia governar, sabia promover a prosperidade de todas as artes, e isso valia mais do que entender Cícero. Aliás, essa ignorância do latim não era culpa sua, pois na juventude aprendeu sozinho italiano e espanhol.

"Não sei por que o homem a quem o foliculário atribui palavras me critica por citar o cardeal de Fleury e diverte-se a dizer *que gosto de citar grandes nomes*. Como sabes, meu caro amigo, meus grandes nomes são os de Newton, Locke, Corneille, Racine, La Fontaine, Boileau. Se o nome Fleury fosse grande para mim, seria o nome do abade Fleury, autor dos discursos patrióticos e eruditos que salvaram do esquecimento sua história eclesiástica, e não do cardeal de Fleury, que conheci muito bem antes que se tornasse ministro, e que, quando se tornou um, mandou para o exílio um dos homens mais respeitáveis da França, o abade Pucelle, e impediu benignamente, durante todo o seu ministério, que fossem defendidas as quatro famosas proposições nas quais se baseia a liberdade francesa nos assuntos eclesiásticos.

---

fazendo-a dormir sobre palha no percurso. Fui correndo pedir explicações àquele infeliz. Ele fingiu arrepender-se. Mas, visto que atuava como espião, sabedor de que, na qualidade de advogado, eu tomara partido nas conturbações da Bretanha, acusou-me ao sr. de... e obteve uma carta régia para me prender. Veio pessoalmente com esbirros à rua Noyers, numa segunda-feira às dez horas da manhã, mandou que me acorrentassem, sentou-se ao meu lado num fiacre e ficou segurando a ponta do grilhão... etc."

Aqui não julgamos os dois cunhados. Temos a carta original. Consta que esse Fréron não deixou de falar de religião e virtude em suas folhas. Que se procure o seu vendedor de vinhos. (N. de Voltaire)

"Só conheço como grandes homens aqueles que prestaram grandes serviços ao gênero humano.

"Quando reuni material para escrever *O século de Luís XIV*, precisei de fato consultar generais, ministros, capelães, camareiras e camareiros. O cardeal de Fleury havia sido capelão-mor e informou-me pouquíssimas coisas. O sr. marechal de Villars deu-me muitas informações durante quatro ou cinco anos, como bem sabes; e eu não disse tudo o que ele teve a bondade de me informar.

"O sr. duque de Antin pôs-me a par de várias anedotas, que vendi pela mesma moeda.

"O sr. de Torcy foi quem primeiro me informou, com uma única linha à margem de meu questionário, que Luís XIV nunca participou do famoso testamento do rei da Espanha, Carlos II, que mudou a face da Europa.

"Não é lícito escrever uma história contemporânea, sem fazer consultas assíduas e sem confrontar todos os testemunhos. Há fatos que vi com meus olhos, outros que vi com olhos melhores. Disse a mais exata verdade sobre as coisas essenciais.

"O rei que estava no trono fez-me publicamente essa justiça: acredito ter-me enganado pouco com pequenas anedotas, às quais dou pouca importância; não passam elas de divertimento. Os grandes acontecimentos instruem.

"O rei Estanislau, duque de Lorena, deu-me testemunho autêntico de que eu havia falado de todas as coisas importantes ocorridas no reinado de Carlos XII, herói imprudente, como se eu tivesse sido testemunha ocular.

"No que se refere às pequenas circunstâncias, deixo-as por conta de quem queira; elas me preocupam tanto quanto a história dos quatro filhos Aymon.

"Dou o mesmo valor a quem não conhece uma anedota inútil e a quem a conhece.

"E já que queres ficar a par de ninharias e de coisas ridículas, digo-te que teu infeliz foliculário se engana quando afirma que minha peça foi representada no teatro de Londres, antes de ter estreado no de Paris com Jérôme Carré. A tradução, ou melhor, a imitação da comédia da *Escocesa* e de Fréron, feita pelo sr. George Colman, só foi representada no teatro de Londres em 1766 e impressa em 1767 por Beket e de Honte. Teve tanto sucesso em Londres quanto em Paris, porque em todos os países ama-se a virtude de Lindane e Freeport e detestam-se foliculários que rabiscam papel e mentem por dinheiro. Foi o ilustre Garrick quem compôs o epílogo. O sr. George Colman fez-me a honra de mandar-me sua peça; intitula-se: *The English Merchant* [O mercador inglês].

"É muito engraçado que em Londres, São Petersburgo, Viena, Gênova, Parma e até na Suíça todos tenham igualmente ridicularizado Fréron. Não era a sua pessoa que se atacava; ele afirma que a *Escocesa* só teve sucesso em Paris porque nessa cidade ele é detestado. Mas a peça teve sucesso em Londres e em Viena, onde ele é desconhecido. Ninguém atacava *Pourceaugnac*, quando *Pourceaugnac* fez a Europa rir.

"Aí estão anedotas literárias bem confirmadas; mas garanto que são as verdades mais inúteis que já foram ditas. Meu amigo, um capítulo de Cícero, *De Officiis* e *De Natura deorum*, um capítulo de Locke, uma *Carta provincial*, uma boa fábula de La Fontaine, versos de Boileau e de Racine: essas são coisas que devem ocupar um verdadeiro literato.

"Gostaria de saber que utilidade haverá para o público no estudo feito pelo foliculário, para saber se moro num castelo ou numa casa de campo. Li numa das quatrocentas brochuras escritas contra mim por meus companheiros de pluma que a sra. duquesa de Richelieu certo dia me presenteou com uma carruagem muito bonita e com dois cavalos cinzentos malhados de branco, que isso desagradou muito o sr. duque de Richelieu. E em torno disso se construiu uma longa história. O mais interessante é que, naquele tempo, o sr. duque de Richelieu não tinha mulher.

"Outros imprimem meu *Portefeuille retrouvé* [Pasta recuperada]; outros, minhas cartas ao sr. B. e à sra. B., a quem nunca escrevi; e, nessas cartas, sempre anedotas.

"Por acaso não acabam de editar pretensas Cartas da rainha Cristina, de Ninon Lenclos etc. etc.? Os curiosos enchem suas bibliotecas de tolices, e um dia algum erudito pago por um livreiro as valoriza como sendo documentos preciosos da história. Que confusão! Que pena! Que vergonha para a literatura! Que perda de tempo!"

Seria facílimo escrever um polpudo volume sobre essas anedotas; mas em geral se pode afirmar que elas se parecem com os velhos títulos dos monges. Em cada mil, havia oitocentos falsos. Mas tanto os velhos títulos em pergaminho quanto as novas anedotas impressas por Pierre Marteau são feitos para ganhar dinheiro.

Anedota curiosa sobre o padre Fouquet, ex-jesuíta
(Esse trecho foi parcialmente inserido em *Cartas judias*)

Em 1723, o padre Fouquet, jesuíta, voltou para a França, vindo da China, onde passara vinte e cinco anos. Por controvérsias religiosas, suas relações com seus confrades estavam estremecidas. Ele levara para a China um Evangelho diferente do deles e trazia para a Europa relatórios contra eles. Dois letrados da China haviam feito a viagem em sua companhia. Um deles morreu no navio; o outro veio para Paris com o padre Fouquet. Este devia acompanhar o letrado a Roma, como testemunha da conduta daqueles bons padres na China. A coisa era secreta.

Fouquet e seu letrado se alojaram na casa professa, situada na rua Saint-Antoine, em Paris. Os reverendos padres foram informados das intenções de seu confrade. O padre Fouquet soube também incontinente das intenções dos reverendos padres; não perdeu um minuto e partiu na mesma noite de diligência para Roma.

Os reverendos padres tiveram o mérito de sair no seu encalço. Apanharam apenas o letrado. O pobre rapaz não sabia uma palavra de francês. Os bons padres foram falar com o cardeal Dubois, que então precisava deles. Disseram ao cardeal que tinham entre eles um jovem que ficara louco e precisava ser internado.

O cardeal que, por interesse, devia tê-lo protegido apenas com base nessa acusação, emitiu imediatamente uma ordem régia, coisa de que um ministro às vezes é liberalíssimo.

O intendente foi prender o louco que lhe haviam indicado; encontrou um homem que fazia reverências diferentes das francesas, que falava como se cantasse e estava com ar de espanto. Lamentou muito que ele tivesse sido vítima da demência, mandou amarrá-lo e o enviou para Charenton, onde foi açoitado, tal como o abade Desfontaines, duas vezes por semana.

O letrado chinês não entendia aquela maneira de receber estrangeiros. Tinha passado dois a três dias em Paris; achava estranhíssimos os costumes dos franceses; viveu dois anos a pão e água entre loucos e padres punidores. Achou que a nação francesa era composta de duas espécies de pessoas: uma que dançava, enquanto a outra açoitava a espécie dançante.

Por fim, ao cabo de dois anos, o ministério mudou; foi nomeado um novo intendente. O magistrado começou sua administração indo visitar as prisões. Viu os loucos de Charenton. Depois de conversar com eles, perguntou se não faltava mais ninguém para ver. Disseram-lhe que havia ainda um pobre infeliz, mas que ele não falava língua que alguém entendesse.

Um jesuíta que acompanhava o magistrado disse que a loucura daquele homem era nunca responder em francês, que dele não se tiraria nada, e que o aconselhava a não se dar o trabalho de mandar chamá-lo.

O ministro insistiu. O infeliz foi trazido à sua presença; ele se jogou aos pés do intendente, que mandou buscar os intérpretes do rei para interrogá-lo; falaram-lhe em espanhol, latim, grego e inglês; ele sempre dizia *Kanton, Kanton*. O jesuíta garantia que ele era possesso.

O magistrado, que outrora ouvira dizer que existe uma província da China chamada Cantão, imaginou que aquele homem talvez fosse de lá. Mandou chamar um intérprete das missões estrangeiras, que arranhava chinês; tudo foi descoberto; o magistrado não soube o que fazer, e o jesuíta, o que dizer. O sr. duque de Bourbon já era então primeiro-ministro; contaram-lhe tudo;

mandou dar dinheiro e roupas ao chinês e o enviaram de volta a seu país, de onde não é de se acreditar que muitos letrados venham jamais para nos ver.

Teria sido mais político ficar com ele e tratá-lo bem do que mandá-lo para a China falar de sua péssima opinião sobre a França.

Outra anedota sobre um jesuíta chinês

Os jesuítas da França, missionários secretos na China, há cerca de trinta anos roubaram aos pais uma criança de Cantão e a trouxeram para Paris, criando-a no convento da rua Saint-Antoine. Esse menino se tornou jesuíta com a idade de quinze anos e ficou mais dez anos na França. Conhece perfeitamente francês e chinês e é bastante culto. O sr. Bertin, inspetor-geral e depois secretário de Estado, mandou-o de volta à China em 1763, depois da abolição dos jesuítas.

Ele se chama Ko: assina *Ko, o jesuíta*.

Em 1772, havia quatorze jesuítas franceses em Pequim, entre os quais estava o irmão Ko, que ainda mora na casa dos jesuítas.

O imperador Kien-Long conservou com ele aqueles monges da Europa na qualidade de pintores, gravuristas, relojoeiros, mecânicos, com a proibição expressa de jamais discutir religião e causar a menor conturbação no império.

O jesuíta Ko mandou para Paris manuscritos de sua composição intitulada: *Dissertação sobre história, ciências, artes, usos e costumes dos chineses, pelos missionários de Pequim*. Esse livro está editado e é encontrado atualmente em Paris na livraria Nyon.

O autor desanca todos os filósofos da Europa, na página 271. Dá o nome de ilustre mártir de Jesus Cristo a um príncipe tártaro que os jesuítas haviam seduzido, e que o finado imperador Yong-tching exilara.

Esse Ko se gaba de fazer muitos neófitos; é um espírito ardente, capaz de perturbar mais a China do que os jesuítas já perturbaram o Japão.

Afirma-se que um nobre russo, indignado com a insolência jesuítica que se estende aos confins do mundo, mesmo depois da extinção dessa sociedade, quer fazer chegar a Pequim, ao presidente do tribunal dos ritos, um excerto em chinês dessa dissertação, para que seja possível revelar quem são o referido Ko e os outros jesuítas que trabalham com ele.

ANEL DE SATURNO (Anneau de Saturne)

Esse fenômeno surpreendente, porém não mais do que os outros, esse corpo sólido e luminoso que cerca o planeta Saturno, iluminando-o e sendo por ele iluminado, seja pelo fraco reflexo dos raios solares, seja por alguma causa desconhecida, antigamente era um mar, a acreditar-se num sonhador que se dizia filósofo[97]. Esse mar, de acordo com ele, endureceu; converteu-se em terra ou rocha; gravitava outrora para dois centros, e hoje gravita para um só.

Como inventas, meu sonhador! Como metamorfoseias água em rocha! Ovídio não era nada perto de ti. Que maravilhoso poder tens sobre a natureza! Essa imaginação não desmente tuas outras ideias. Ó comichão de dizer coisas novas! Ó paixão pelos sistemas! Ó loucuras do espírito humano! Se no *Grande dicionário enciclopédico* se falou desse devaneio, foi decerto para mostrar como ele é ridículo; não fosse assim, as outras nações teriam todo o direito de dizer: "Vejam o uso que os franceses fazem das descobertas dos outros povos!" Huygens descobriu o anel de Saturno e calculou sua aparência. Hooke e Flamsteed os calcularam como ele. Um francês descobriu que esse corpo sólido já foi oceano circular, e esse francês não é Cyrano de Bergerac.

---

97. Maupertuis. (N. de Voltaire)

ANGLICANOS (Anglicans)

ANIMAIS (Bêtes)

Que lástima, que pobreza dizer que os animais são máquinas privadas de conhecimento e sentimento, que sempre realizam suas operações da mesma maneira, que nada aprendem, nada aperfeiçoam etc.!

Como! O pássaro que faz o ninho em semicírculo quando o prende a um muro, que o constrói em quarto de círculo quando o põe num canto, e em círculo sobre uma árvore, esse pássaro faz tudo do mesmo modo? O cão de caça que disciplinaste durante três meses não sabe mais coisas ao cabo desse período do que sabia antes das tuas lições? O canário ao qual ensinas uma ária repete-a no mesmo instante? Não levas um tempo considerável a ensiná-lo? Não vês que ele erra e se corrige?

Só porque estou falando contigo achas que tenho sentimento, memória e ideias? Pois bem! Se eu não falar, e me vires entrar em casa com ar aflito, procurar um papel com preocupação, abrir a escrivaninha onde me lembro de tê-lo posto, encontrá-lo e lê-lo com alegria, acharás que tive sentimentos de aflição e prazer, que tenho memória e conhecimento.

Faze então o mesmo juízo sobre o cão que perdeu o dono, que o procurou por todos os caminhos com lamentos dolorosos, que entra em casa agitado, inquieto, que desce, sobe, vai de quarto em quarto e encontra, afinal, o dono que ele ama, demonstrando-lhe alegria com latidos ternos, saltos e carícias.

Os bárbaros prendem esse cão, que sobrepuja prodigiosamente o homem em amizade, amarram-no sobre uma mesa, dissecam-no vivo para te mostrar as veias mesaraicas. Descobres nele os mesmos órgãos de sentimento que há em ti. Responde, maquinista, a natureza arranjou todas as molas do sentimento nesse animal para que ele não sinta? Ele tem nervos para ser impassível? Não suponhas essa contradição impertinente na natureza.

Mas os mestres da escola perguntam o que é a alma dos animais. Não entendo essa pergunta. Uma árvore tem a faculdade de receber nas fibras a seiva que circula, de deitar brotos de folhas e frutos; alguém perguntará o que é a alma dessa árvore? Ela recebeu esses dons; o animal recebeu os do sentimento, da memória e de certo número de ideias. Quem fez todos esses dons? Quem deu todas essas faculdades? Aquele que fez a erva dos campos crescer e a terra gravitar em torno do Sol.

As almas dos animais são formas substanciais, disse Aristóteles; e depois de Aristóteles a escola árabe; e depois da escola árabe a escola angélica; e depois da escola angélica a Sorbonne; e depois da Sorbonne mais ninguém no mundo.

As almas dos animais são materiais, bradam outros filósofos. Esses não tiveram mais sucesso que os outros. Em vão lhes perguntaram o que é alma material; deverão convir que se trata de matéria que tem sensação; mas quem lhe deu essa sensação? É uma alma material, ou seja, matéria que dá sensação à matéria; e não saem desse círculo.

Escutai outros animais a raciocinar sobre os animais; a alma deles é um ser espiritual que morre com o corpo: mas que prova tendes disso? Que ideia tendes desse ser espiritual, que, na verdade, tem sentimento, memória e certa medida de ideias e combinações, mas nunca conseguirá saber o que uma criança de seis anos sabe? Com base em que fundamento imaginais que esse ser, que não é corpo, perece com o corpo? Maiores animais são os que afirmaram que essa alma não é corpo nem espírito. Eis aí um belo sistema. Só podemos entender por espírito algo desconhecido que não é corpo; assim, o sistema desses senhores se resume a isto: a alma dos animais é uma substância que não é nem corpo nem algo que não é corpo.

De onde podem provir tantos erros contraditórios? Do hábito que os homens sempre tiveram de examinar o que é uma coisa antes de saberem se ela existe. A ventaneira, a válvula do fole, é chamada de alma do fole. O que é essa alma? É um nome que dei a uma válvula que, abaixando-se, deixa o ar entrar e, elevando-se, impele-o por um tubo, quando movimento o fole.

Aí não existe uma alma distinta da máquina. Mas o que movimenta o fole dos animais? Como já disse, aquilo que movimenta os astros. O filósofo que disse *Deus est anima brutorum* tinha razão; mas devia ter ido mais longe.

ANJO (Ange)

Primeira seção
Anjos dos indianos, dos persas etc.

O autor do verbete Anjo, na *Enciclopédia*, diz que "todas as religiões admitiram a existência dos anjos, ainda que a razão natural não a demonstre".

Não temos outra razão, senão a natural. O que é sobrenatural está acima da razão. Caberia dizer (se não me engano) que várias religiões, e não *todas*, reconheceram a existência de anjos. As religiões de Numa, do sabismo, dos druidas, da China, dos citas, dos antigos fenícios e dos antigos egípcios não admiram a existência de anjos.

Entendemos por essa palavra ministros de Deus, seus representantes, seres intermediários entre Deus e os homens, enviados para nos transmitir suas ordens.

Hoje, em 1772, faz exatamente quatro mil, oitocentos e setenta e oito anos que os brâmanes se gabam de ter recebido sua primeira lei sagrada escrita, intitulada *Shasta*, mil e quinhentos anos antes de sua segunda lei, denominada *Vedas*, que significa *palavra de Deus*. O *Shasta* contém cinco capítulos: o primeiro, *De Deus e de seus atributos*; o segundo, *Da criação dos anjos*; o terceiro, *Da queda dos anjos*; o quarto, *De sua punição*; o quinto, *De seu perdão, e da criação do homem*.

É útil notar, primeiramente, a maneira como esse livro fala de Deus.

Primeiro capítulo do *Shasta*

"Deus é uno; criou tudo; é uma esfera perfeita sem começo nem fim. Deus conduz toda a criação por uma providência geral resultante de um princípio determinado. Não deves procurar descobrir a essência e a natureza do Eterno nem as leis pelas quais ele governa; tal empresa é vã e criminosa; basta que dia e noite contemples sua sabedoria, seu poder e sua bondade em suas obras."

Depois de termos pago a esse início do *Shasta* o tributo de admiração que lhe devemos, vejamos a criação dos anjos.

Segundo capítulo do *Shasta*

"O Eterno, absorto na contemplação de sua própria existência, resolveu, na plenitude dos tempos, comunicar sua glória e sua essência a seres capazes de sentir e compartilhar sua bem-aventurança, bem como de servir a sua glória. O Eterno quis, e eles passaram a ser. Formou-os em parte de sua essência, capazes de perfeição e imperfeição, segundo a vontade deles.

"O Eterno criou primeiro Birma, Vixnu e Xiva; em seguida, Mozazor e toda a multidão dos anjos. O Eterno deu preeminência a Birma, a Vixnu e a Xiva. Birma foi o príncipe do exército angelical; Vixnu e Xiva foram seus auxiliares. O Eterno dividiu o exército angelical em vários grupos e a cada um deu um dirigente. Eles adoraram o Eterno, em torno de seu trono, cada um no grau designado. Houve harmonia nos céus. Mozazor, dirigente do primeiro grupo, entoou o cântico de louvor e adoração ao Criador e a canção de obediência a Birma, sua primeira criatura; e o Eterno se rejubilou em sua nova criação."

Cap. III – Da queda de parte dos anjos

"Desde a criação do exército celeste, a alegria e a harmonia cercaram o trono do Eterno durante mil anos, multiplicados por mil anos, e teriam durado até que o tempo deixasse de existir, caso a inveja não tivesse se apoderado de Mozazor e de outros príncipes dos grupos angelicais. Entre eles estava Raabon, o primeiro em dignidade depois de Mozazor. Esquecidos da felicidade de sua criação e de seus deveres, rejeitaram o poder de perfeição e exerceram o poder de imperfeição. Fizeram o mal em face do Eterno; desobedeceram-lhe e recusaram-se a submeter-se ao representante de Deus e a seus associados Vixnu e Xiva; disseram: 'Queremos governar', e, sem temer o poder e a cólera de seu criador, disseminaram seus princípios sediciosos no exército celestial. Seduziram os anjos e arrastaram grande multidão na rebelião, que se afastou do trono do Eterno; e a tristeza tomou conta dos espíritos angelicais fiéis, e a dor ficou conhecida pela primeira vez no céu."

Cap. IV – Castigo dos anjos culpados

"O Eterno, cuja onisciência, cuja presciência e cuja influência se estendem sobre todas as coisas, exceto sobre a ação dos seres que ele criou livres, viu com dor e cólera a defecção de Mozazor, Raabon e dos outros dirigentes dos anjos.

"Misericordioso em sua cólera, enviou Birma, Vixnu e Xiva para repreendê-los por seu crime e fazê-los voltar a cumprir seu dever; mas, confirmando seu espírito de independência, eles persistiram na revolta. O Eterno então ordenou a Xiva que marchasse contra eles, armado da onipotência, para precipitá-los do lugar *eminente* ao lugar de *trevas*, no *Andera*, para lá serem punidos durante mil anos, multiplicados por mil anos."

Resumo do quinto capítulo

Ao cabo de mil anos, Birma, Vixnu e Xiva solicitaram a clemência do Eterno para os delinquentes. O Eterno dignou-se livrá-los da prisão do *Andera* e deixá-los em estado de provação durante grande número de revoluções do Sol. Houve ainda rebeliões contra Deus nesse tempo de penitência.

Foi num desses períodos que Deus criou a terra; os anjos penitentes nela passaram por várias metempsicoses; uma das últimas foi sua transformação em vacas. Por isso, as vacas se tornaram sagradas na Índia. Por fim, eles foram metamorfoseados em homens. Desse modo, o sistema indiano sobre os anjos é precisamente o sistema do jesuíta Bougeant, que afirma que os corpos dos animais são habitados por anjos pecadores. O que os brâmanes haviam inventado seriamente foi imaginado por Bougeant mais de quatro mil anos depois, por brincadeira; desde que essa brincadeira não fosse um resquício de superstição misturada ao espírito sistemático, o que ocorre frequentemente.

Essa é a história dos anjos entre os antigos brâmanes, história que eles ensinam ainda há cerca de cinquenta séculos. Nossos mercadores, que praticaram o comércio na Índia, nunca a conheceram; nossos missionários tampouco; e os brâmanes, que nunca foram edificados na ciência nem nos costumes, não lhes comunicaram seus segredos. Foi preciso que um inglês, chamado Holwell, morasse trinta anos em Benares, às margens do Ganges, antiga escola dos brâmanes, que aprendesse a antiga língua sagrada do *hanscrit* e que lesse os antigos livros da religião indiana, para enriquecer finalmente nossa Europa com esses conhecimentos singulares; foi o que ocorreu com Sale, que ficou muito tempo na Arábia e nos deu uma tradução fiel do Alcorão, bem como esclarecimentos sobre o antigo sabismo, ao qual sucedeu a religião muçulmana; foi também o que ocorreu com Hyde, que pesquisou durante vinte anos, na Pérsia, tudo o que se refere à religião dos magos.

Sobre os anjos dos persas

Os persas tinham trinta e um anjos. O primeiro de todos, que é servido por outros quatro anjos, chama-se Bahaman; cuida de todos os animais, exceto do homem, sobre o qual Deus se reservou jurisdição direta.

Deus preside o dia no qual o Sol entra em Carneiro, e esse é um dia de *sabbat*; isso nos prova que a festa do *sabbat* era observada entre os persas em tempos antiquíssimos.

O segundo anjo preside o oitavo dia e chama-se Debadur.

O terceiro é Kur, que depois, provavelmente, foi convertido em Ciros; é o anjo do Sol.

O quarto chama-se Ma e preside a Lua.

Assim, cada anjo tem seu distrito. Foi entre os persas que se reconheceu pela primeira vez a doutrina do anjo da guarda e do anjo mau. Acredita-se que Rafael era o anjo da guarda do império persa.

Dos anjos entre os hebreus

Os hebreus não conheceram a queda dos anjos até os primeiros tempos da era cristã. Foi então que essa doutrina secreta dos antigos brâmanes deve ter chegado até eles: pois foi nessa época que se escreveu o livro atribuído a Enoque, referente aos anjos pecadores expulsos do céu.

Enoque devia ser um autor muito antigo, pois, segundo os judeus, viveu na sétima geração antes o dilúvio: mas, visto que Sete, mais antigo ainda que ele, deixara livros para os hebreus, estes podiam gabar-se de ainda ter livros de Enoque. Vejamos, portanto, o que esse Enoque escreveu, segundo eles:

"Como seu número crescera prodigiosamente, os homens tiveram muitas belas filhas; os anjos, os brilhantes, *Egregori*, enamoraram-se delas e foram arrastados a muitos erros. Eles se animaram entre si e disseram: 'Vamos escolher mulheres entre as filhas dos homens da terra.' Semiaxas, seu príncipe, disse: 'Temo que ouseis realizar vossos desígnios, e que só eu seja acusado do crime.' Todos responderam: 'Juramos realizar nossos desígnios e submeter-nos ao anátema, se falharmos.' Uniram-se, por juramento, e fizeram imprecações. Seu número era de duzentos. Partiram juntos, no tempo de Jared, e foram para a montanha chamada Hermonim, por causa de seu juramento. Estes são os nomes dos principais: Semiaxas, Atarcuf, Araciel, Chobahiel, Sampsich, Zaciel, Farmar, Tausael, Samiel, Tiriel, Jumiel.

"Estes e os outros tomaram mulheres no ano mil cento e setenta da criação do mundo. Dessa união nasceram três gêneros de homens, os gigantes, os *Nafelim* etc."

O autor desse fragmento escreveu num estilo que parece pertencer aos primeiros tempos; é a mesma ingenuidade. Ele não deixou de dar nome às personagens; não se esquece das datas; não há reflexões nem máximas: é o antigo estilo oriental.

Percebe-se que essa história está baseada no sexto capítulo do Gênese: "Naquele tempo, havia gigantes na terra, pois, como os filhos de Deus haviam conhecido as filhas dos homens, estas geraram os poderes do século."

O livro de Enoque e o Gênese estão concordes quanto ao acasalamento dos anjos com as filhas dos homens e quanto à raça dos gigantes que dele nasceu; mas nem Enoque nem livro algum do Antigo Testamento fala da guerra dos anjos contra Deus, da derrota deles, de sua queda no inferno, nem de seu ódio ao gênero humano.

Quase todos os comentadores do Antigo Testamento dizem unanimemente que, antes do cativeiro de Babilônia, os judeus não conheceram o nome de nenhum anjo. Aquele que apareceu para Manoá, pai de Sansão, não quis dizer seu nome.

Quando os três anjos apareceram para Abraão, e este mandou cozinhar um bezerro inteiro para os regalar, aqueles também não lhe disseram seus nomes. Um disse: "Virei visitar-te, se Deus me der vida, no ano que vem, e Sara, tua mulher, terá um filho."

Dom Calmet vê grande relação entre essa história e a fábula que Ovídio conta em seus *Fastos*, sobre Júpiter, Netuno e Mercúrio, que, jantando em casa do velho Hirieu, viram-no aflito por não poder fazer filhos; urinaram então sobre o couro do bezerro que Hirieu lhes havia servido e ordenaram a Hirieu que enterrasse aquele couro regado com a urina celeste e o deixasse debaixo da terra durante nove meses. Ao cabo de nove meses, Hirieu desenterrou o couro e encontrou uma criança a quem deu o nome de Oríon, que atualmente está no céu. Calmet diz até que os termos usados pelos anjos ao falarem com Abraão podem ser assim traduzidos: "Nascerá um filho de vosso bezerro."

Seja como for, os anjos não disseram a Abraão como se chamavam; tampouco o disseram a Moisés; e só vemos o nome de Rafael em Tobias, no tempo do cativeiro. Todos os outros nomes de anjos são extraídos, evidentemente, dos caldeus e dos persas. Rafael, Gabriel, Uriel etc. são persas e babilônios. Nem mesmo o nome Israel deixa de ser caldeu. O erudito judeu Fílon diz isso expressamente na narrativa de sua missão junto a Calígula (prefácio).

Não repetiremos aqui o que foi dito alhures sobre os anjos.

Saber se os gregos e os romanos admiram os anjos

Havia muitos deuses e semideuses para que não houvesse outros seres subalternos. Mercúrio cumpria as incumbências de Júpiter; Íris, as de Juno; no entanto, eles também admitiram a existência de gênios e demônios. A doutrina dos anjos da guarda foi posta em versos por Hesíodo, contemporâneo de Homero. Vejamos como ele se exprime no poema sobre *Os trabalhos e os dias*:

Dans les temps bienheureux de Saturne et de Rhée,
Le mal fut inconnu, la fatigue ignorée;
Les dieux prodiguaient tout: les humains satisfaits,
Ne se disputant rien, forcés de vivre en paix,
N'avaient point corrompu leurs moeurs inaltérables.
La mort, l'affreuse mort, si terrible aux coupables,
N'était qu'un doux passage, en ce séjour mortel,
Des plaisirs de la terre aux délices du ciel.
Les hommes de ces temps sont nos heureux génies,
Nos démons fortunés, les soutiens de nos vies;
Ils veillent près de nous; ils voudraient de nos coeurs
Écarter, s'il se peut le crime et les douleurs etc.

[Nos tempos bem-aventurados de Saturno e de Reia,
O mal era desconhecido, a fadiga ignorada;
Os deuses tudo prodigalizavam: os seres humanos satisfeitos
Não disputavam nada, havendo de viver em paz,
Não tinham corrompido seus costumes inalteráveis.
A morte, a horrorosa morte, tão terrível para os culpados,
Era suave passagem, nesta morada mortal,
Dos prazeres da terra para as delícias do céu.
Os homens daqueles tempos são nossos felizes gênios,

Nossos demônios venturosos, sustento de nossa vida;
Eles velam junto a nós; e de nossos corações
Gostariam de afastar, se pudessem, crime, dores etc.]

Quanto mais nos aprofundamos na antiguidade, mais percebemos como as nações modernas foram extraindo, uma após outra, riquezas em minas hoje quase abandonadas. Os gregos, que durante muito tempo foram tidos como inventores, haviam imitado o Egito, que copiara os caldeus, que deviam quase tudo aos indianos. A doutrina dos anjos da guarda, que Hesíodo tão bem cantara, foi depois sofisticada nas escolas; foi o máximo que puderam fazer. Cada homem recebeu seu gênio bom e ruim, assim como cada um teve sua estrela.

Est genius, natale comes qui temperat astrum.
[É o gênio, companheiro desde o nascimento, quem regula o astro.]
(HOR., *Ep.* II, 2, 187)

Sócrates, como se sabe, teve um anjo bom, mas deve ter sido o mau que o orientou. Só pode ser muito mau o anjo que obriga um filósofo a correr de casa em casa dizendo às pessoas, por meio de perguntas e respostas, que o pai, a mãe, o preceptor e o menino são ignorantes e imbecis. O anjo da guarda, nesse caso, deve ter muito trabalho para poupar seu protegido da cicuta.

De Marco Bruto só se conhece o anjo mau, que lhe apareceu antes da batalha de Filipos.

Segunda seção

A doutrina dos anjos é uma das mais antigas do mundo; é anterior à doutrina da imortalidade da alma: isso não é de estranhar. É preciso ter filosofia para acreditar imortal a alma do homem mortal; basta imaginação e fraqueza para inventar seres superiores a nós, seres que nos protegem ou nos perseguem. No entanto, não parece que os antigos egípcios tivessem alguma noção sobre esses seres celestes, revestidos por um corpo etéreo, ministros das ordens de um Deus. Foram os antigos babilônios os primeiros que admiraram essa teologia. Os livros hebreus falam dos anjos já no primeiro livro do Gênese; mas o Gênese só foi escrito quando os caldeus já eram uma nação poderosa, e foi só no cativeiro da Babilônia, mais de mil anos depois de Moisés, que os judeus aprenderam os nomes de Gabriel, Rafael, Miguel, Uriel etc., que eram dados aos anjos. É estranhíssimo que, sendo as religiões judaica e cristã baseadas na queda de Adão, e estando essa queda baseada na tentação do anjo mau, do diabo, não se diga uma única palavra no Pentateuco sobre a existência dos anjos maus e menos ainda sobre sua punição e sua permanência no inferno.

A razão dessa omissão é evidente: deve-se ao fato de que os anjos maus só ficaram conhecidos pelos judeus durante o cativeiro da Babilônia; foi então que se começou a falar em Asmodeu, que Rafael foi acorrentar no Alto Egito; foi então que os judeus ouviram falar de *Satã*. Essa palavra *Satã* era caldeia, e o livro de Jó, habitante da Caldeia, é o primeiro que faz menção a ela.

Os antigos persas diziam que Satã era um gênio que travara guerra contra as *Dives* e as *Peris*, ou seja, as fadas.

Assim, segundo as regras ordinárias da probabilidade, seria lícito àqueles que usam a razão acreditar que foi dessa teologia que se extraiu a ideia presente entre judeus e cristãos de que os anjos maus haviam sido expulsos do céu, e que seu príncipe tentara Eva na forma de serpente.

Afirmou-se que Isaías (em seu capítulo XIV, v. 12) tinha essa alegoria em mente quando disse: *Quomodo cecidisti de coelo, Lucifer, qui mane oriebaris?* – Como caíste do céu, astro de luz, que te levantavas pela manhã?

Foi esse versículo latino, traduzido de Isaías, que valeu ao diabo o nome de Lúcifer. Ninguém pensou que Lúcifer significa "aquele que espalha a luz". Pensou-se ainda menos nas palavras de Isaías. Ele fala do rei de Babilônia destronado e, por meio de uma figura comum, diz: "Como caíste dos céus, astro brilhante?"

Nada indica que Isaías tenha desejado estabelecer, com essa figura de retórica, a doutrina dos anjos precipitados no inferno: por isso, foi praticamente só no tempo da primitiva Igreja cristã que os padres e os rabinos se esforçaram por estimular essa doutrina, para salvar o que havia de incrível na história de uma serpente que seduziu a mãe dos homens e que, condenada por essa má ação a caminhar sobre o ventre, desde então foi inimiga do homem, que continua tentando esmagá-la, enquanto esta continua tentando mordê-lo. Substâncias celestes precipitadas no abismo, que de lá saem para perseguir o gênero humano, pareceram ser coisa das mais sublimes.

Não se pode provar, por nenhum raciocínio, que esses poderes celestes e infernais existem; mas também não seria possível provar que não existem. Certamente não há contradição alguma em reconhecer a existência de substâncias benfazejas e malignas, que não sejam da natureza de Deus nem da natureza dos homens; mas não basta que uma coisa seja possível para acreditar-se nela.

Os anjos que presidiam as nações entre os babilônios e os judeus são precisamente o que eram os deuses para Homero; seres celestiais subordinados a um ser supremo. A imaginação que produziu uns provavelmente produziu os outros. O número dos deuses inferiores cresceu com a religião de Homero. O número dos anjos foi aumentando entre os cristãos com o passar do tempo.

Os autores conhecidos com o nome de Dionísio, o Areopagita, e Gregório I fixaram o número dos anjos em nove coros em três hierarquias: a primeira, dos *serafins*, *querubins* e *tronos*; a segunda, das *dominações*, *virtudes* e *potestades*; a terceira, dos *principados*, *arcanjos* e *anjos*; estes últimos conferem denominação a todo o restante. Só mesmo a um papa é permitido assim regrar as fileiras do céu.

Terceira seção

Anjo, em grego, *enviado*; não ficaremos muito mais instruídos se soubermos que os persas tinham *Peris*, os hebreus, *Malakim*, e os gregos, os seus *Daimonoi*.

Mas o que talvez nos torne mais bem instruídos será saber que uma das primeiras ideias dos homens sempre foi colocar seres intermediários entre eles e a Divindade: são os demônios, os gênios que a antiguidade inventou; o homem sempre fez os deuses à sua imagem. Via-se que os príncipes transmitiam suas ordens por meio de mensageiros; portanto, a Divindade envia também seus arautos: Mercúrio e Íris eram correios, mensageiros.

Os hebreus, único povo conduzido pela própria Divindade, no início não deram nomes aos anjos que Deus se dignava enviar-lhes; tomaram de empréstimo os nomes que eram dados pelos caldeus, quando a nação judia ficou cativa na Babilônia; Miguel e Gabriel são denominados pela primeira vez por Daniel, escravo naquelas nações. O judeu Tobias, que vivia em Nínive, conheceu o anjo Rafael, que viajou com seu filho para ajudá-lo a obter o dinheiro que lhe era devido pelo judeu Gabael.

Nas leis dos judeus, ou seja, no Levítico e no Deuteronômio, não se faz a menor menção à existência dos anjos, muito menos de seu culto; por isso, os saduceus não acreditavam em anjos.

Mas, nas histórias dos judeus, fala-se muito deles. Esses anjos eram corpóreos; tinham asas nas costas, assim como os gentios fizeram de conta que Mercúrio as tinha nos calcanhares; às vezes escondiam as asas debaixo das vestes. Como não teriam corpo, se comiam e bebiam, e se os habitantes de Sodoma quiseram cometer o pecado da pederastia com os anjos que foram à casa de Ló?

A antiga tradição judaica, segundo Ben Maimon, admite dez graus, dez ordens de anjos. 1. Os *chaios acodesh*, puros e santos. 2. Os *ofamin*, rápidos. 3. Os *oralim*, fortes. 4. Os *chasmalim,* chamas. 5. Os *seraphim*, centelhas. 6. Os *malakim*, anjos, mensageiros, representantes. 7. Os *eloim*, deuses ou juízes. 8. Os *ben eloim*, filhos dos deuses. 9. Os *cherubim,* imagens. 10. Os *ychim*, animados.

A história da queda dos anjos não se encontra nos livros de Moisés; o primeiro testemunho dessa queda é o do profeta Isaías, que, apostrofando o rei de Babilônia, exclama: "Onde está o cobrador de tributos? Até os ciprestes e os cedros se alegraram com sua queda; como caíste do céu, ó Hellel, estrela da manhã?" *Hellel* foi traduzido pela palavra latina *Lucifer* e, depois, por motivos alegóricos, deu-se o nome de Lúcifer ao príncipe dos anjos que travaram guerra no céu; por fim, esse nome, que significa *fósforo* e *aurora*, transformou-se no nome do diabo.

A religião cristã está baseada na queda dos anjos. Aqueles que se revoltaram foram retirados das esferas que habitavam e precipitados no inferno, no centro da terra, tornando-se diabos. Um diabo tentou Eva na forma de serpente e danou o gênero humano. Jesus veio resgatar o gênero humano e triunfar sobre o diabo, que ainda nos tenta. No entanto, essa tradição fundamental só se encontra no livro apócrifo de Enoque e ainda assim de maneira completamente diferente da tradição transmitida.

Santo Agostinho, em sua centésima nona carta, não encontra nenhuma dificuldade em atribuir corpos sutis e ágeis aos anjos bons e maus. O papa Gregório I reduziu a nove coros, nove hierarquias ou ordens, os dez coros dos anjos reconhecidos pelos judeus.

Os judeus tinham em seu templo dois querubins, cada um com duas cabeças, uma de boi e outra de águia, com seis asas. Nós hoje os pintamos com a imagem de uma cabeça voadora, com duas asinhas abaixo das orelhas. Pintamos anjos e arcanjos na forma de crianças com duas asas nas costas. Quanto aos tronos e às dominações, ainda não tivemos a ideia de pintá-los.

Santo Tomás, na questão CVIII, art. 2º, diz que os tronos estão tão próximos de Deus quanto os querubins e os serafins porque é sobre eles que Deus se senta. Scot contou mil milhões de anjos. Como a antiga mitologia dos gênios bons e maus passou do oriente para a Grécia e Roma, nós acatamos essa opinião, admitindo para cada ser humano um anjo bom e um anjo mau: um o assiste e o outro o prejudica desde que ele nasce até quando morre; mas não sabemos se esses anjos bons e maus passam continuamente de um posto para outro, ou se são substituídos por outros. Consulte-se sobre o assunto a *Suma* de santo Tomás.

Não se sabe com precisão onde os anjos ficam, se no ar, no vácuo, nos planetas: Deus não quis que fôssemos disso informados.

ANTIGOS E MODERNOS (Anciens et modernes)

O grande processo entre antigos e modernos ainda não terminou; está sobre a mesa, desde a idade de prata que sucedeu à idade de ouro. Os homens sempre afirmaram que os bons e velhos tempos valiam muito mais que os tempos presentes. Nestor, na *Ilíada*, querendo se insinuar como sábio conciliador no espírito de Aquiles e de Agamêmnon, começa dizendo: "Vivi outrora com homens que valiam mais que vós; não, nunca vi e nunca verei personagens tão grandes como Drias, Ceneu, Exádio, Polifemo igual aos deuses etc."

A posteridade vingou Aquiles do mau cumprimento de Nestor, louvado em vão por aqueles que só louvam o antigo. Ninguém já conhece Drias; pouco se ouviu falar de Exádio e de Ceneu; e, quanto a Polifemo igual aos deuses, sua reputação não é muito boa, a menos que parecer-se com a divindade seja ter um grande olho na testa e comer homens crus.

Lucrécio não hesita em dizer que a natureza degenerou (liv. II, v. 1160-62):

Ipsa dedit dulces foetus et pabula laeta
Quae nunc vix nostro grandescunt aucta labore;
Conterimusque boves, et vires agricolarum etc.

La nature languit; la terre est épuisée;
L'homme dégénéré, dont la force est usée,
Fatigue un sol ingrat par ses boeufs affaiblis.
[A natureza esmorece; a terra está esgotada;
O homem degenerado, com forças definhadas,
Lavra um solo ingrato com bois enfraquecidos.]

A antiguidade está repleta de elogios a outra antiguidade mais remota.

Les hommes, en tout temps, ont pensé qu'autrefois
De longs ruisseaux de lait serpentaient dans nos bois;
La lune était plus grande, et la nuit moins obscure;
L'hiver se couronnait de fleurs et de verdure;
L'homme, ce roi du monde, et roi très fainéant,
Se contemplait à l'aise, admirait son néant,
Et, formé pour agir, se plaisait à rien faire etc.
[Os homens, em todos os tempos, acreditaram que outrora
Compridos rios de leite serpeavam em nossos bosques;
A Lua era maior, e a noite menos escura;
O inverno se coroava de flores e verdura;
O homem, rei do mundo, e rei bem preguiçoso,
Contemplava-se à vontade, admirava seu nada,
E, formado para agir, comprazia-se a não fazer nada etc.]

Horácio combate esse preconceito com finura e força em sua bela epístola a Augusto[98]. Diz ele: "Haverão nossos poemas de ser como nossos vinhos, que, quanto mais velhos, são mais apreciados?" E diz em seguida[99]:

Indignor quidquam reprehendi, non quia crasse
Compositum illepideve putetur, sed quia nuper;
Nec veniam antiquis, sed honorem et praemia posci.
....
Ingeniis non ille favet plauditque sepultis[100]*;*
Nostra sed impugnat; nos nostraque lividus odit etc.

Vi esse trecho assim imitado, em versos familiares:

Rendons toujours justice au beau.
Est-il laid pour être nouveau?
Pourquoi donner la préférence

---

98. Epíst. I. v. 34, liv. II. (N. de Voltaire)
99. *Ibid.*, v. 76-78. (N. de Voltaire)
100. *Ibid.*, v. 88, 89. (N. de Voltaire)

Aux méchants vers du temps jadis?
C'est en vain qu'ils sont applaudis;
Ils n'ont droit qu'à notre indulgence.
Les vieux livres sont des trésors,
Dit la sotte et maligne envie.
Ce n'est pas qu'elle aime les morts:
Elle hait ceux qui sont en vie.
[Façamos sempre justiça ao belo.
É ele feio por ser novo?
Por que dar preferência
A maus versos dos tempos idos?
Em vão são eles aplaudidos;
Só têm direito à nossa indulgência.
Os velhos livros são tesouros,
Diz a tola e maligna inveja.
Não o diz por amar os mortos
Mas por odiar os vivos.]

O douto e talentoso Fontenelle assim se expressa sobre o assunto:

"Toda a questão da preeminência entre antigos e modernos, se bem entendida, se reduz a saber se as árvores existentes outrora em nossos campos eram maiores que as de hoje. Caso tenham sido, Homero, Platão e Demóstenes não podem ser igualados nestes últimos séculos; mas, se nossas árvores forem tão grandes quanto as de outrora, podemos igualar-nos a Homero, Platão e Demóstenes.

"Esclareçamos esse paradoxo. Se os antigos tinham mais inteligência que nós, é porque os cérebros daquele tempo eram mais bem configurados, formados de fibras mais firmes ou mais delicadas, tinham mais espíritos animais; mas, em virtude de que os cérebros daquele tempo teriam sido mais bem configurados? As árvores, portanto, também teriam sido maiores e mais belas; pois, se a natureza era então mais jovem e mais vigorosa, as árvores, tanto quanto os cérebros humanos, deveriam ter sentido esse vigor e essa juventude" (*Digression sur les anciens et les modernes* [Digressão sobre os antigos e os modernos], tomo IV, edição de 1742).

Com a vênia do ilustre acadêmico, não está aí o cerne da questão. Não se trata de saber se a natureza pôde produzir em nossos dias grandes gênios e boas obras como os da antiguidade grega e latina, mas sim de saber se nós os temos de fato. Não é impossível que na floresta de Chantilly haja carvalhos altos como os que havia na floresta de Dodona; mas suponhamos que os carvalhos de Dodona tivessem falado; nesse caso, está claro que teriam grande vantagem sobre os nossos, que provavelmente nunca falarão.

Lamotte, homem inteligente e talentoso, que mereceu aplausos de vários tipos, assumiu numa ode cheia de versos felizes a defesa dos modernos. Eis uma de suas estrofes:

Et pourquoi veut-on que j'encense
Ces prétendus dieux dont je sors?
En moi la même intelligence
Fait mouvoir les mêmes ressorts.
Croit-on la nature bizarre,
Pour nous aujourd'hui plus avare
Que pour les Grecs et les Romains?
De nos aînés mère idolâtre,

N'est-elle plus que la marâtre
Du reste grossier des humains?
[E por que desejam que eu incense
Os pretensos deuses de que provenho?
Em mim a mesma inteligência
Faz mover as mesmas molas.
Será a natureza excêntrica,
Mais avara hoje para nós
Do que para gregos e romanos?
De nossos ancestrais mãe idólatra,
Não será ela a madrasta
Do restante grosseiro dos humanos?]

Seria possível responder-lhe: Estimai vossos antepassados sem os adorar. Tendes inteligência e força, como Virgílio e Horácio; mas talvez não seja a mesma inteligência de modo absoluto. Talvez eles tivessem um talento superior ao vosso e o exercessem numa língua mais rica e harmoniosa que as línguas modernas, que são uma mistura de horrível jargão dos celtas e latim degradado.

A natureza não é excêntrica; mas poderia ter dado aos atenienses um chão e um céu mais apropriados que a Vestefália e que Limousin à formação de certos gênios. Também poderia ser que o governo de Atenas, ajudando o clima, tivesse posto na cabeça de Demóstenes alguma coisa que o ar de Clamart e Grenouillère e o governo do cardeal Richelieu não puseram na cabeça de Omer Talon e de Jérôme Bignon.

Alguém então respondeu a Lamotte com a estrofezinha abaixo:

Cher Lamotte, imite et révère
Ces dieux dont tu ne descends pas.
Si tu crois qu'Horace est ton père,
Il a fait des enfants ingrats.
La nature n'est point bizarre;
Pour Danchet elle est fort avare;
Mais Racine en fut bien traité;
Tibulle était guidé par elle;
Mais pour notre ami La Chapelle[101]*,*
Hélas! qu'elle a peu de bonté!
[Caro Lamotte, imita e venera
Esses deuses dos quais não descendes.
Se crês que Horácio é teu pai,
Ele teve filhos ingratos.
A natureza não é excêntrica;
Para Danchet ela é bem avara:
Mas Racine foi bem tratado;
Tibulo era guiado por ela;
Mas para nosso amigo La Chapelle,
Ai! É bem pouca a sua bondade.]

---

101. Esse La Chapelle era um recebedor-geral das finanças que traduziu mediocremente Tíbulo; mas quem jantava em sua casa achava ótimos os seus versos. (N. de Voltaire)

Essa controvérsia, portanto, é uma questão de fato. A antiguidade terá sido mais rica em grandes monumentos de todo tipo, até o tempo de Plutarco, do que os séculos modernos desde o tempo dos Medici até Luís XIV, inclusive?

Os chineses, mais de duzentos anos antes de nossa era, construíram aquela grande muralha que não pôde salvá-los da invasão dos tártaros. Os egípcios, três mil anos antes, haviam sobrecarregado o chão com suas espantosas pirâmides, com base de cerca de noventa mil pés quadrados. Ninguém duvida de que, se quiséssemos empreender hoje essas obras inúteis, seria fácil conseguir, gastando rios de dinheiro. A grande muralha da China é um monumento do medo; as pirâmides são monumentos da vaidade e da superstição. Ambas são prova da grande paciência nos povos, mas não de um gênio superior. Nem os chineses nem os egípcios teriam conseguido fazer uma só estátua como as que nossos escultores criam hoje.

Sobre o cavaleiro Temple

O cavaleiro Temple, que assumiu a tarefa de rebaixar todos os modernos, afirma que em arquitetura estes nada têm de comparável aos templos da Grécia e de Roma; mas, sendo inglês, deveria convir que a Igreja de São Pedro é incomparavelmente mais bonita do que o Capitólio.

É interessante a segurança com a qual ele afirma que nada há de novo em nossa astronomia, nada no conhecimento do corpo humano, a não ser, talvez, diz ele, a circulação do sangue. O amor por sua opinião, baseada em seu extremo amor-próprio, leva-o a esquecer a descoberta dos satélites de Júpiter, das cinco Luas e do anel de Saturno, da rotação do Sol em torno de seu eixo, o cálculo da posição de três mil estrelas, as leis dadas por Kepler e Newton aos orbes celestes, as causas da precessão dos equinócios e centenas de outros conhecimentos cuja possibilidade os antigos nem sequer imaginavam.

As descobertas da anatomia também são numerosas. Um novo universo em miniatura, descoberto com o microscópio, não era levado em conta pelo cavaleiro Temple, que fechava os olhos para as maravilhas de seus contemporâneos e só os abria para admirar a antiga ignorância.

Chega a ponto de lastimar-nos por já não termos nenhum resquício da magia dos indianos, dos caldeus e dos egípcios; e por essa magia ele entende um profundo conhecimento da natureza, por meio do qual eles produziam milagres; mas não cita nenhum, porque realmente nunca os houve. E diz: "Onde a sedução daquela música que encantava tantas vezes homens e animais, peixes, pássaros, serpentes, modificando-lhes a natureza?"

Esse inimigo de seu tempo acredita piamente na fábula de Orfeu e, ao que tudo indica, nunca ouviu a bela música da Itália nem a da própria França, que realmente não encantam serpentes, mas sim os ouvidos dos conhecedores.

O mais estranho é que, apesar de ter cultivado as letras toda a vida, não raciocina melhor sobre nossos bons autores do que raciocina sobre nossos filósofos. Vê Rabelais como um grande homem. Cita *Les Amours des Gaules* [Os amores das varas] como uma de nossas melhores obras. Contudo, era um homem culto, um homem da corte, enfim alguém com muito engenho, um embaixador, que fizera profundas reflexões sobre tudo o que vira. Tinha grandes conhecimentos: um preconceito basta para pôr a perder todo esse mérito.

Sobre Boileau e Racine

Boileau e Racine, ao escreverem a favor dos antigos, contra Perrault, foram mais hábeis que o cavaleiro Temple. Abstiveram-se de falar de astronomia e física. Boileau limita-se a justificar Homero contra Perrault, mas resvalando habilmente para os defeitos do poeta grego e para o cochilo que Horácio lhe censura. Ele só se esmera em ridicularizar Perrault, o inimigo de Homero. Perrault entende mal um trecho ou traduz mal um trecho que entende? Aí vem Boileau aproveitando a pequena vantagem, caindo sobre ele como inimigo temível, tratando-o de ignorante, de escritor medíocre: podia perfeitamente ocorrer que Perrault se enganasse com frequência, mas que muitas vezes tivesse razão no que se refere a contradições, repetições, à uniformidade dos combates, às longas arengas em meio a batalhas, às indecências e inconsequências da conduta dos deuses no poema, enfim no que diz respeito a todos os erros nos quais, segundo ele, o grande poeta havia incorrido. Em suma, Boileau zombou de Perrault muito mais do que justificou Homero.

Da injustiça e da má-fé de Racine na controvérsia com Perrault, a respeito de Eurípides, e das infidelidades de Brumoy

Racine usa o mesmo artifício; pois era no mínimo tão ardiloso quanto Boileau. Embora, ao contrário deste, não tivesse feito seu cabedal com sátiras, sentia prazer em vexar os inimigos por causa de pequenos enganos perdoáveis que estes haviam cometido com referência a Eurípides, sentindo-se ao mesmo tempo muito superior ao próprio Eurípides. Zomba o máximo que pode de Perrault e seus partidários por causa da crítica a *Alceste* de Eurípides, porque aqueles senhores haviam sido, infelizmente, enganados por uma edição errônea de Eurípides, tomando algumas réplicas de Admeto por réplicas de Alceste; mas isso não impede que Eurípides estivesse errado sob todos os aspectos, na maneira como faz Admeto falar com o pai. Repreende-o duramente por não ter morrido por ele.

"Como! responde-lhe o rei, seu pai, a quem diriges discurso tão altivo? A algum escravo da Lídia ou da Frígia? Ignoras que nasci livre e tessalonicense? (Belo discurso para um rei e um pai!) Tu me ultrajas como o último dos homens. Que lei diz que os pais devem morrer pelos filhos? Neste mundo cada um está para si. Cumpri minhas obrigações para contigo. Que mal te fiz? Pedi que morresses por mim? A luz é preciosa para ti; e não o será para mim? [...] Acusas-me de covardia. [...] Covarde és tu, que não te envergonhaste de levar tua mulher a salvar tua vida morrendo por ti [...]. Tem cabimento tratares de covardes aqueles que se recusam a fazer por ti o que tu mesmo não tiveste coragem de fazer? [...] Segue meu conselho e cala-te. [...] Amas a vida, e os outros não a amam menos. [...] Podes estar certo de que, se me injuriares outra vez, ouvirás de mim palavras duras que não serão mentiras."

O coro toma então a palavra: "Basta, já é demais das duas partes: chega, velho, chega de maltratar teu filho com palavras."

Seria melhor – parece-me – que o coro repreendesse veementemente o filho por ter falado com tanta brutalidade ao próprio pai, censurando-o com crueza por não ter morrido.

Todo o restante da cena segue no mesmo estilo.

FERES, ao filho
Falas contra teu pai, sem teres sido por ele ultrajado.

ADMETO
Oh! Percebi que gostais de viver muito tempo.

FERES
E tu? Não estás levando ao túmulo aquela que morreu por ti?

ADMETO
Ah! O mais infame dos homens, é a prova de tua covardia.

FERES
Pelo menos não poderás dizer que ela morreu por mim.

ADMETO
Oxalá estivesses num estado em que precisasses de mim!

O PAI
Melhor ainda: casa-te com várias mulheres, para que elas morram e te façam viver mais tempo.

Depois dessa cena, um criado vem falar da chegada de Hércules. Diz: "É um estrangeiro, que abriu a porta sozinho e logo se sentou à mesa; está zangado porque não lhe servem depressa a comida, enche a taça de vinho a toda hora, bebe grandes goles de vinho tinto e palhete e não para de beber e cantar canções horríveis, que mais parecem uivos, sem se preocupar com o rei e sua mulher, que nós choramos. Deve ser algum malandro esperto, um vagabundo, um assassino."

Pode ser bem estranho confundir Hércules com um malandro esperto; não menos estranho é Hércules, amigo de Admeto, ser desconhecido na casa. Mais estranho ainda é Hércules ignorar a morte de Alceste, no exato momento em que a estão levando para o túmulo.

Gosto não se discute; mas não há dúvida de que tais cenas não seriam toleradas por nós nem no teatro de saltimbancos.

Brumoy, que nos deu o *Théâtre des grecs* [Teatro dos gregos] e não traduziu Eurípides com fidelidade escrupulosa, faz o que pode para justificar a cena de Admeto com o pai; imagine-se a interpretação que ele dá.

Primeiro, diz que "os gregos nunca viram por que criticar essas coisas que, em nossa opinião, são indecências e horrores; assim, é preciso convir que elas não são exatamente como as imaginamos; em suma, as ideias mudaram".

Pode-se responder que as ideias das nações civilizadas nunca mudaram no que se refere ao respeito que os filhos devem aos pais.

Acrescenta ele: "Quem pode duvidar que as ideias mudaram em diferentes séculos no que se refere a questões morais mais importantes?"

Responde-se que não existem questões mais importantes.

"Um francês, continua ele, é insultado; o pretenso bom-senso francês exige que ele se exponha aos riscos do duelo, que mate ou morra para salvar a honra."

Responde-se que não se trata apenas do pretenso bom-senso francês, mas do bom-senso de todas as nações da Europa, sem exceção.

"Não se percebe muito bem como esse preceito parecerá ridículo daqui a dois mil anos e com que apupos teria sido recebido no tempo de Eurípides."

Esse preceito é cruel e fatal, mas não ridículo; e não teria sido recebido com nenhum apupo no tempo de Eurípides. Havia muitos exemplos de duelos entre os gregos e os asiáticos. Já no começo do primeiro livro da *Ilíada*, vê-se Aquiles desembainhando metade da espada; e estava pronto a lutar com Agamêmnon, se Minerva não tivesse vindo agarrá-lo pelos cabelos e obrigá-lo a devolver a espada à bainha.

Plutarco relata que Efestião e Cratero duelaram, e que Alexandre os separou. Quinto Cúrcio conta[102] que outros dois oficiais de Alexandre duelaram diante deste; um estava totalmente armado, enquanto o outro, que era atleta, estava armado apenas de um pau, e este venceu o adversário.

Além disso, que relação existe, se me permitem, entre um duelo e as repreensões de amor excessivo à vida e de covardia, feitas mutuamente por Admeto e o pai Feres?

Só darei esse exemplo da cegueira de tradutores e comentadores: pois, se Brumoy, o mais imparcial de todos, se perdeu nesse ponto, que esperar dos outros? Mas, se Brumoy e Dacier es-

---

102. Quinto Cúrcio, liv. IX. (N. de Voltaire)

tivessem aqui, eu gostaria de lhes perguntar se acham muito picante o discurso de Polifemo em Eurípides: "Não temo o raio de Júpiter. Não sei se esse Júpiter é um deus mais intrépido e forte que eu. Pouco me importo com ele. Se ele faz chover, fecho-me em minha caverna; lá devoro um novilho assado ou algum animal selvagem; depois me estiro; engulo um grande pote de leite; desfaço meu saio e produzo certo ruído que bem equivale ao do trovão."

Os escoliastas não devem ter nariz muito fino, se não sentirem nojo desse ruído que Polifemo produz quando come bem.

Dizem que a plateia de Atenas ria dessa pilhéria, e que "os atenienses nunca riram de uma tolice". Como! Todo o populacho de Atenas tinha mais espírito que a corte de Luís XIV? E o populacho não é o mesmo em todo lugar?

Não é que Eurípides não contenha belezas, e Sófocles ainda mais; mas ambos têm bem mais defeitos. Ousaríamos dizer que as belas cenas de Corneille e as tocantes tragédias de Racine estão acima das tragédias de Sófocles e Eurípides assim como estes dois gregos estão acima de Téspis. Racine percebia bem sua extrema superioridade sobre Eurípides, mas elogiava esse poeta grego para humilhar Perrault.

Molière, em suas boas peças, é tão superior ao puro mas frio Terêncio e ao farsante Aristófanes quanto ao histrião Dancourt.

Portanto, há gêneros nos quais os modernos são muito superiores aos antigos, e outros há, em pequeníssimo número, nos quais nós somos inferiores a eles. A isso se reduz toda a polêmica.

Algumas comparações entre obras célebres

Querem a razão e o gosto – parece-me – que se distinga no antigo como no moderno o bom e o ruim, que frequentemente estão lado a lado.

Deve-se sentir com emoção este verso de Corneille, pois semelhante a ele não se encontra um único em Homero, Sófocles nem Eurípides:

Que vouliez-vous qu'il fît contre trois? – Qu'il mourût.
[Que queríeis que ele fizesse contra três? – Que morresse.]

E, com a mesma sagacidade e a mesma justiça, devem ser reprovados os versos que seguem.

Admirando o sublime quadro da última cena de *Rodoguna*, os impressionantes contrastes das personagens e a força do colorido, o homem de gosto verá por quantos erros essa situação terrível é introduzida, que inverossimilhanças a prepararam, até que ponto Rodoguna desmentiu seu próprio caráter e por quais caminhos toscos foi preciso passar para chegar a essa grande e trágica catástrofe.

Esse mesmo juiz imparcial não deixará de fazer justiça à artificiosa e fina contextura das tragédias de Racine, as únicas que talvez tenham sido bem urdidas do começo ao fim, desde Ésquilo até o grande século de Luís XIV. Ele será tocado pela elegância contínua, pela pureza de linguagem, pela verdade dos caracteres, que só se encontra nele; pela grandeza sem empolamento, que só é grandeza; pela naturalidade que nunca se transvia em vãs declamações, em disputas de sofistas, em pensamentos falsos e rebuscados, frequentemente expressos em solecismos; em arrazoados de retórica, mais apropriados a escolas provincianas do que à tragédia.

O mesmo homem verá em Racine fraqueza e uniformidade em alguns caracteres; galanteria e às vezes até coqueteria; declarações de amor que têm mais de idílio e elegia do que de grande paixão teatral. Lamentará encontrar, em mais de um trecho muito bem escrito, apenas uma elegância que agrada, e não uma torrente de eloquência que empolga; ficará agastado por sentir uma emoção apenas fraca e limitar-se a aprovar, quando desejaria que seu espírito se maravilhasse e seu coração se dilacerasse.

E assim julgará os antigos, não pelo nome, não pelo tempo em que viviam, mas por suas próprias obras; o que deve agradar não são os três mil anos, mas a coisa como tal. Se um dárico tiver sido mal cunhado, que me importa se ele representa o filho de Histaspes? A moeda de Varin é mais recente, porém infinitamente mais bonita.

Se o pintor Timantes viesse hoje expor seu quadro do sacrifício de Ifigênia, pintado com quatro cores, ao lado dos quadros do Palais-Royal, e nos dissesse: "Gente dotada de engenho me garantiu, na Grécia, que velar o rosto de Agamêmnon foi um artifício admirável, para que sua dor não se igualasse à de Clitemnestra, e para que as lágrimas de pai não desonrassem a majestade de monarca", encontraria conhecedores que lhe responderiam: "É um rasgo de engenho, mas não um traço de pintor: um véu sobre a cabeça de vossa personagem principal produz um efeito medonho num quadro; malograstes em vossa arte. Vede a obra-prima de Rubens, que soube exprimir no rosto de Maria de Médici a dor do parto, o abatimento, a alegria, o sorriso e a ternura, não com quatro cores, mas com todas as tintas da natureza. Se queríeis que Agamêmnon ocultasse um pouco o rosto, ele deveria tê-lo feito com as próprias mãos pousadas na fronte e nos olhos, e não com um véu que os homens nunca usaram, que é desagradável à vista, além de pouco pitoresco, porque oposto ao traje: deveríeis então deixar à mostra lágrimas que o herói quer ocultar; deveríeis exprimir em seus músculos as convulsões de uma dor que ele quer sobrepujar; deveríeis pintar nessa atitude a majestade e a desesperança. Sois grego, e Rubens é belga; mas o belga é superior."

De um trecho de Homero

Um florentino, literato, de espírito justo e gosto refinado, foi ter um dia à biblioteca de milorde Chesterfield em companhia de um professor de Oxford e de um escocês que gabava o poema de Fingal, composto, segundo ele, na língua do país de Gales, que é ainda, em parte, a língua dos baixos bretões.

"Como é bela a antiguidade! exclamava; há cerca de dois mil anos, o poema de Fingal passa de boca em boca, chegando até nós sem nunca ter sido alterado; tal é a força das belezas verdadeiras sobre o espírito dos homens." Então foi lida para a assembleia esta introdução de Fingal.

"Cuchulainn estava sentado perto da muralha de Tura, sob a árvore da folha agitada; sua lança repousava contra um rochedo coberto de musgo, seu escudo estava a seus pés sobre a relva. Sua memória era ocupada pelas lembranças do grande Conlach, herói morto por ele na guerra. Manannân, filho de Llyr, Manannân, sentinela do oceano, aparece diante dele.

"Levanta-te, diz ele, levanta-te, Cuchulainn; vejo os navios de Suaran, os inimigos são numerosos, vários heróis avançam sobre as vagas negras do mar.

"Cuchulainn de olhos azuis replica: 'Manannân, filho de Llyr, continuas temendo; teus temores multiplicam o número dos inimigos. Talvez seja o rei das montanhas desertas que vem em meu socorro nas planícies de Ullin. – Não, diz Manannân, é o próprio Suaran; ele é alto como um rochedo de gelo: vi sua lança, ela é como um alto pinheiro desgalhado pelos ventos; seu escudo é como a Lua que se ergue; estava sentado no rio sobre um rochedo, parecia uma nuvem a cobrir uma montanha etc.'

"– Ah! Eis o verdadeiro estilo de Homero, diz então o professor de Oxford; o que mais me agrada, porém, é que vejo nele a sublime eloquência hebraica. Parece-me estar lendo trechos daqueles belos cânticos.

"Governarás as nações com uma vara de ferro, tu os espatifarás como um vaso de oleiro[103].

---

103. Salmo II, 9. (N. de Voltaire)

"E quebrarás os dentes dos maus[104].

"A terra tremeu; os fundamentos das montanhas estremeceram, abalaram-se quando o Senhor entrou em cólera contra as montanhas e lançou granizo e brasas ardentes[105].

"Ele armou uma tenda para o Sol, qual jovem esposo saindo de seu quarto[106].

"Deus, quebra-lhes os dentes na boca; demole os dentes desses leões; que passem como a água que escorre! Depois ele ajustou seu arco para ceifá-los; eles serão engolidos vivos em sua cólera, antes que os espinhos fiquem altos como uma ameixeira[107].

"Ao anoitecer, as nações retornam, famintas como cães; e tu, Senhor, zombarás delas, e as reduzirás a nada[108].

"A montanha do Senhor é uma montanha coagulada; por que olhar os montes coagulados? O Senhor disse: lançarei Bashan; eu o lançarei no mar, para que teu pé fique tingido de sangue, e a língua de teus cães lamba o sangue[109].

"Abre bem a boca, e eu a encherei[110].

"Faze as nações girar como em turbilhão, como a palha diante da face do vento, como fogo que queima a floresta, como uma chama que abrasa as montanhas; tu as persegues com tua tempestade, e tua cólera as confundirá[111].

"Ele julgará as nações, ele as encherá de ruínas; e quebrará a cabeça de várias na terra[112].

"Bem-aventurados aqueles que pegarem teus filhos e os arremessarem contra a rocha! etc. etc. etc.[113]"

O florentino, depois de ouvir com muita atenção os versículos dos cânticos recitados pelo doutor e os primeiros versos de Fingal berrados pelo escocês, confessou que não se sentia muito tocado por todas aquelas figuras asiáticas, e que preferia muito mais o estilo simples e nobre de Virgílio.

O escocês empalideceu de cólera ao ouvir tais palavras; o doutor de Oxford deu de ombros apiedado; mas milorde Chesterfield incentivou o florentino com um sorriso de aprovação.

O florentino, animado, sentindo apoio, disse:

"– Senhores, nada é mais fácil do que exagerar a natureza; nada é mais difícil do que imitá-la. Sou, de algum modo, um daqueles que na Itália se chamam *improvisatori*; falaria oito dias seguidos em versos nesse estilo oriental, sem o menor trabalho, porque nada custa ser empolado em versos negligentes e carregados de epítetos, que são quase sempre os mesmos; pouco custa amontoar combates e pintar quimeras.

– Quem? O senhor! disse o professor. O senhor faria um poema épico de improviso?

– Não um poema épico razoável e em versos corretos como Virgílio, replicou o italiano, mas um poema no qual eu me entregasse a todas as minhas ideias, sem me preocupar com nenhuma regularidade.

– Pois eu o desafio, disseram o escocês e o oxfordiano.

– Pois bem! Deem-me um tema, replicou o florentino."

Milorde Chesterfield deu-lhe o tema *Príncipe negro*, vencedor da batalha de Poitiers, que deu a paz depois da vitória.

---

104. Salmo III, 8. (N. de Voltaire)
105. Salmo XVII, 7 e 12. (N. de Voltaire)
106. Salmo XVIII, 6. (N. de Voltaire)
107. Salmo LVII, 7-10. (N. de Voltaire)
108. Salmo LVIII, 15 e 9. (N. de Voltaire)
109. Salmo LXVII, 16,17, 23 e 24. (N. de Voltaire)
110. Salmo LXXX, 11. (N. de Voltaire)
111. Salmo LXXXII, 14-16. (N. de Voltaire)
112. Salmo CIX, 6. (N. de Voltaire)
113. Salmo CXXXVI, 9. (N. de Voltaire)

O improvisador recolheu-se e começou assim:

"Musa de Albion, gênio que presidis os heróis, cantai comigo, não a cólera vã do homem implacável com amigos e inimigos; não heróis favorecidos pelos deuses sem razão; não o sítio de uma cidade que não foi tomada; não os feitos extravagantes do fabuloso Fingal, mas as vitórias verídicas de um herói modesto e bravo, que agrilhoou reis e respeitou inimigos vencidos.

"Jorge, Marte da Inglaterra, já descera do alto empíreo, montado no ginete imorredouro diante do qual fogem os mais feros cavalos do Limousin, qual ovelhas a balir e tenros cordeiros a precipitar-se para o abrigo do aprisco, diante de um lobo terrível que saísse das brenhas da floresta, com olhos faiscantes, pelos ouriçados, goela espumejante, ameaçando rebanhos e pastor com a fúria de seus dentes ávidos de carnificina.

"Martinho, célebre protetor dos habitantes da fértil Touraine, Genoveva, doce divindade dos povos que se abeberam nas águas do Sena e do Marne, Dionísio, que carregou a própria cabeça nos braços diante de mortais e imortais, todos tremiam ao ver o soberbo Jorge atravessar o vasto seio dos ares. Tinha a cabeça coberta com um capacete de ouro ornado de diamantes que pavimentavam outrora as praças públicas da Jerusalém celeste, quando esta apareceu aos mortais durante quarenta revoluções diárias do astro da luz e de sua irmã inconstante, que empresta doce claridade às noites sombrias.

"Na mão, traz a lança aterrorizante e sagrada com que o semideus Miguel, executor das vinganças do Altíssimo, derrubou nos primeiros dias do mundo o eterno inimigo do mundo e do Criador. As mais belas plumas dos anjos que assistem ao redor do trono, despegadas dos ombros imortais destes, flutuavam sobre seu capacete, em torno do qual volitam o terror, a guerra homicida, a vingança impiedosa e a morte, que põe fim a todas as calamidades dos infelizes mortais. Semelhava um cometa que, no percurso veloz, transpõe as órbitas dos astros assombrados, deixando atrás de si riscos de uma luz pálida e terrível, que anunciam aos fracos seres humanos a queda de reis e nações.

"Detém-se às margens do rio Charente, e o estrépito de suas armas imortais ressoa até a esfera de Júpiter e Saturno. Dá dois passos e chega às paragens onde o filho do magnânimo Eduardo esperava o filho do intrépido Filipe de Valois."

O florentino continuou nesse tom durante mais quinze minutos. As palavras lhe saíam da boca, como diz Homero, mais cerradas e abundantes do que as nevascas de inverno; no entanto, suas palavras não eram frias; pareciam-se mais às rápidas centelhas a escaparem de uma forja inflamada, quando os ciclopes batem os raios de Júpiter na bigorna retumbante.

Seus dois antagonistas foram finalmente obrigados a pedir-lhe que se calasse, confessando que era mais fácil do que acreditavam esbanjar imagens gigantescas, invocar a ajuda dos céus, da terra e dos infernos; mas sustentaram que o máximo da arte era misturar o terno, o comovente e o sublime.

"– Por exemplo, disse o oxfordiano, haverá algo mais moral e ao mesmo tempo mais voluptuoso do que Júpiter deitar-se com a mulher no monte Ida?"

Milorde Chesterfield tomou então a palavra:

"– Senhores, peço desculpas por me meter na discussão; entre os gregos talvez fosse muito interessante um deus deitar-se com a mulher numa montanha; mas não percebo o que pode haver nisso de picante e sedutor. Concordo que o lenço que os comentadores e os imitadores houveram por bem chamar de *cinto de Vênus* é uma imagem cativante; mas nunca entendi que se tratasse de um sonífero, nem como Juno imaginava receber as carícias do senhor dos deuses para fazê-lo dormir. Aí está um deus muito engraçado, que dorme com tão pouco! Juro que, quando era jovem, eu não adormecia com tanta facilidade. Não sei se é nobre, agradável, interessante, espirituoso e decente fazer Juno dizer a Júpiter: 'Se quiseres absolutamente acariciar-me, vamos para o céu, para o teu apartamento, feito por Vulcano, com uma porta que se fecha tão bem que nenhum dos deuses poderá entrar.'

"Também não entendo como o Sono, a quem Juno pede que adormeça Júpiter, pode ser um deus tão desperto. Ele vai num instante das ilhas de Lemnos e Imbros ao monte Ida: é bonito partir de duas ilhas ao mesmo tempo; de lá, ele sobe num pinheiro, vai correndo aos navios dos gregos, procura Netuno, encontra-o, conjura-o a dar a vitória naquele dia ao exército dos gregos, volta voando para Lemnos. Nunca vi nada mais agitado que esse Sono.

"Por fim, se é absolutamente necessário deitar-se com alguém num poema épico, confesso que gosto mil vezes mais dos encontros de Alcina com Ruggero e de Armida com Rinaldo.

"Venha cá, meu caro florentino, ler esses dois cantos admiráveis de Ariosto e de Tasso."

O florentino não se fez de rogado. Milorde Chesterfield ficou encantado. O escocês, entrementes, relia Fingal, o professor de Oxford relia Homero, e todos estavam contentes.

Concluiu-se afinal que bem-aventurado é aquele que, liberto de todos os preconceitos, é sensível ao mérito dos antigos e dos modernos, aprecia suas belezas, conhece suas deficiências e os perdoa.

ANTIGUIDADE (Antiquité)

Primeira seção

Alguém já viu em alguma aldeia Pierre Aoudri e sua mulher Péronelle querendo ir à frente dos vizinhos na procissão? "Nossos avós, dizem eles, badalavam os sinos antes que aqueles que andam ao nosso lado hoje fossem sequer proprietários de um estábulo."

A vaidade de Pierre Aoudri, de sua mulher e dos vizinhos não se baseia em conhecimentos maiores que esse. Os ânimos se aquecem. A briga é importante; trata-se da honra. É preciso ter provas. Um erudito que canta no coro da igreja descobre uma velha panela de ferro enferrujada, com a marca de um *A*, primeira letra do sobrenome do caldeireiro que fez a panela. Pierre Aoudri fica convencido de que era um capacete de seus ancestrais.

Assim, César descendia de um herói e da deusa Vênus. Essa é a história das nações; esse é, guardadas as devidas proporções, o conhecimento da antiguidade mais remota.

Os eruditos da Armênia *demonstram* que o paraíso terrestre era lá. Profundos suecos *demonstram* que ele ficava às margens do lago Vener, e que este, sem dúvida, é resquício dele. Uns espanhóis também *demonstram* que ele ficava em Castela, enquanto japoneses, chineses, tártaros, indianos, africanos e americanos são uns infelizes porque nem sabem que houve um dia um paraíso terrestre na cabeceira dos rios Pison, Gheon, Tigre e Eufrates, ou então, na cabeceira dos rios Guadalquivir, Guadiana, Duero e Ebro; pois com Pison [*Phison*] se faz facilmente *Phaetis*; e de *Phaetis*, faz-se Bétis, que é o Guadalquivir. O Gheon é, claramente, o Guadiana, que começa com *G*. O Ebro, que fica na Catalunha, é incontestavelmente o Eufrates, que tem *E* como letra inicial.

Mas aparece um escocês e *demonstra*, por sua vez, que o jardim do Éden ficava em Edimburgo, que manteve o nome; e é de se crer que, em alguns séculos, essa opinião fará sucesso.

Todo o globo já foi queimado, diz alguém versado na história antiga e moderna; pois li num jornal que na Alemanha encontraram carvão bem preto a cem pés de profundidade, entre montanhas cobertas de bosques; desconfia-se até que havia carvoeiros no local.

A aventura de Faetonte mostra bem que tudo ferveu, até o fundo do mar. O enxofre do monte Vesúvio prova irrefutavelmente que as margens do Reno, do Danúbio, do Ganges, do Nilo e do grande rio Amarelo nada mais são que enxofre, nitro e óleo de guaiaco, que só esperam o momento certo de explodir e reduzir a terra a cinzas, como já ocorreu. A areia sobre a qual andamos é prova evidente de que o universo foi vitrificado, e que nosso globo realmente não passa de uma bola de vidro, tal como nossas ideias.

Mas, se o fogo transformou nosso globo, a água produziu revoluções mais belas. Pois estais vendo que o mar, cujas marés sobem até oito pés em nossos climas, produziu montanhas com dezesseis a dezessete mil pés de altura. Isso é tão verdadeiro, que alguns estudiosos que nunca estiveram na Suíça ali encontraram um grande navio petrificado, com toda a mastreação, no monte São Gotardo[114], ou no fundo de um precipício, não se sabe bem onde; mas é certo que estava lá. Portanto, na origem, os homens eram peixes. *Quod erat demonstrandum.*

Para nos aprofundarmos numa antiguidade menos antiga, falemos do tempo em que a maioria das nações bárbaras deixou suas terras para procurar outras que não valiam muito mais. É verdade – se é que existe alguma verdade na história antiga – que houve bandidos gauleses que foram pilhar Roma do tempo de Camilo. Outros bandidos das Gálias, segundo dizem, haviam passado pela Ilíria para ir contratar os serviços de assassinos para outros assassinos que ficavam pelos lados da Trácia; trocaram sangue por pão e em seguida se estabeleceram em Galácia. Mas quem eram esses gauleses? Eram de Berry e Anjou? Provavelmente foram gauleses que os romanos chamavam de cisalpinos, e que nós chamamos de transalpinos, montanheses esfomeados, vizinhos dos Alpes e do Apenino. Os gauleses do Sena e do Marne não sabiam então se Roma existia ou não, e não podiam ter a ideia de transpor o monte Cenis, como fez depois Aníbal, para ir roubar os guarda-roupas dos senadores romanos, cujos únicos móveis então eram uma toga de um tecido cinzento ruim, ornada de uma faixa cor de sangue de boi; dois pequenos botões de marfim, ou melhor, de osso de cão, nos braços de uma cadeira de madeira; e, na cozinha, um pedaço de toucinho ranço.

Os gauleses, que morriam de fome, não encontrando o que comer em Roma, foram procurar fortuna mais adiante, assim como fizeram os romanos depois, quando devastaram tantas regiões, uma após outra; assim como fizeram, em seguida, os povos do Norte, quando destruíram o império romano.

E quem nos ensina um pouco sobre essas emigrações? Os romanos, por meio de algumas linhas que escreveram ao acaso: pois, quanto a celtas, galeses e gauleses, gente que se pretende apresentar como eloquente, esses e seus bardos[115] não sabiam então ler nem escrever.

Mas inferir daí que os gauleses ou celtas, conquistados por algumas legiões de César, em seguida por uma horda de godos, a seguir por uma horda de borgonheses e finalmente por uma horda de sicambros, comandados por certo Clodovico, tenham antes subjugado a terra inteira e dado nomes e leis à Ásia, isso me parece demais: a coisa não é matematicamente impossível; e, se for *demonstrada*, rendo-me; seria bem pouco gentil recusar aos galeses o que se concede aos tártaros.

Segunda seção
Da antiguidade dos usos

Quais eram os mais loucos e os loucos mais antigos, nós, os egípcios, os sírios ou outros povos? O que significava o nosso visco de carvalho? Quem foi o primeiro a consagrar um gato? Ao que tudo indica, aquele que estava mais incomodado pelos ratos. Que nação dançou primeiro sob ramos de árvores em honra aos deuses? Qual delas fez primeiro procissões e pôs malucos com guizos à frente dessas procissões? Quem passeou um Priapo pelas ruas e o pôs nas portas à guisa de aldrava? Que árabe teve a ideia de dependurar as calcinhas da mulher à janela no dia seguinte ao das núpcias?

Todas as nações dançaram outrora para a lua nova: combinaram fazê-lo? Não, assim como não combinaram regozijar-se com o nascimento de um filho nem chorar ou fingir chorar pela morte do pai. Todo homem se sente muito contente por rever a Lua depois de tê-la perdido durante algumas noites. Existem centenas de usos que são tão naturais a todos os seres humanos, que não se pode dizer que foram ensinados pelos bascos aos frígios nem pelos frígios aos bascos.

---

114. Ver Telliamed e todos os sistemas forjados sobre essa bela descoberta. (N. de Voltaire)
115. Bardos, *bardi*; *recitantes carmina bardi*; eram os poetas dos filósofos galeses. (N. de Voltaire)

Usaram-se água e fogo nos templos; esse costume introduziu-se sozinho. Os sacerdotes não querem ficar com as mãos sujas o tempo todo. Precisa do fogo para cozer as carnes imoladas e para queimar alguns gravetos resinosos, alguns incensos que combatam o odor do matadouro sacerdotal.

Mas as cerimônias misteriosas que se tem tanta dificuldade de entender, os usos que a natureza não ensina, em que lugar, quando, onde e por que foram inventados? Quem os transmitiu aos outros povos?

Não parece verossímil que tenha ocorrido ao mesmo tempo a um árabe e a um egípcio a ideia de cortar o prepúcio do filho, nem que um chinês e um persa tenham imaginado ao mesmo tempo castrar menininhos.

Não terá ocorrido a dois pais ao mesmo tempo, em lugares diferentes, a ideia de matar o filho para satisfazer a Deus. Certamente é preciso que umas nações tenham transmitido a outras suas loucuras sérias, ridículas ou bárbaras.

É essa antiguidade que gostamos de vasculhar para descobrir, se possível, o primeiro insensato e o primeiro celerado que perverteram o gênero humano.

Mas como saber se Jeúde, na Fenícia, foi o inventor dos sacrifícios de sangue humano, ao imolar seu filho?

Como ter certeza de que Licáon foi quem primeiro comeu carne humana, se não se sabe quem foi o primeiro a ter a ideia de comer galinhas?

Procura-se a origem das antigas festas. A mais antiga e bela é a dos imperadores da China, que lavram e semeiam com os principais mandarins[116]. A segunda é a das tesmofórias de Atenas. Celebrar ao mesmo tempo a agricultura e a justiça, mostrar como ambas são necessárias, somar o freio das leis à arte, que é a fusão de todas as riquezas, nada há de mais sábio, piedoso e útil.

Há velhas festas alegóricas que se encontram em toda a parte, tal como as da renovação das estações. Não é necessário que uma nação tenha vindo de longe para ensinar a outra que se pode dar demonstrações de alegria e de amizade aos vizinhos no dia de ano-novo. Esse foi um costume de todos os povos. As saturnais dos romanos são mais conhecidas que as dos alóbrogos e dos pictos porque nos ficaram muitos textos e monumentos romanos, e não temos nenhum dos outros povos da Europa ocidental.

A festa de Saturno era a festa do tempo; ele tinha quatro asas: o tempo passa depressa. Seus dois rostos representavam, evidentemente, o ano que acaba e o ano que começa. Os gregos diziam que ele havia devorado o pai e que devoraria os filhos; não há alegoria mais clara: o tempo devora o passado e o presente, e devorará o futuro.

Por que buscar vãs e tristes explicações para uma festa tão universal, alegre e conhecida? Se examinarmos bem a antiguidade, não veremos nenhuma festa anual triste; ou, pelo menos, se começam com lamentações, terminam com danças, risos e bebidas. Caso se chore Adoni ou Adonai, que chamamos de Adônis, este logo ressuscita, e todos se alegram. O mesmo ocorre nas festas de Ísis, Osíris e Hórus. Os gregos fazem o mesmo para Ceres e Prosérpina. Festejava-se com alegria a morte da serpente Píton. Dia de festa e dia de alegria eram a mesma coisa. Essa alegria era apenas mais entusiasmada nas festas de Baco.

Não vejo uma única comemoração geral de um acontecimento infeliz. Os instituidores de festas não teriam senso comum, caso tivessem estabelecido em Atenas a celebração da batalha perdida em Queroneia, e em Roma, a da batalha de Canas.

Assim se perpetuava a lembrança daquilo que podia encorajar os homens, e não daquilo que podia inspirar neles covardia e desesperança. Isso é tão verdadeiro, que se imaginaram fábulas para ter o prazer de instituir festas. Castor e Pólux não tinham combatido pelos romanos nas

---

116. Ver verbete Agricultura. (N. de Voltaire)

proximidades do lago Regilo, mas os sacerdotes diziam isso depois de trezentos ou quatrocentos anos, e todo o povo dançava. Hércules não libertara a Grécia de uma hidra de sete cabeças, mas cantava-se Hércules e sua hidra.

Terceira seção
Festas instituídas sobre quimeras

Não sei se em toda a antiguidade houve uma única festa baseada em fato verídico. Já observamos alhures até que ponto são ridículos os escoliastas que dizem magistralmente: Esse é um antigo hino feito em honra de Apolo, que visitou Claro; portanto, Apolo foi a Claro. Construiu-se uma capela para Perseu; portanto, ele libertou Andrômeda. Pobres coitados! Melhor dizer: Portanto, não houve Andrômeda.

Ora! Que será então da sapiente antiguidade que precedeu as olimpíadas? Será o que é, um tempo desconhecido, um tempo perdido, um tempo de alegorias e mentiras, um tempo desprezado pelos sábios e profundamente discutido pelos tolos que se comprazem a nadar no *vazio* como os átomos de Epicuro.

Em todo lugar havia dias de penitência, dias de expiação nos templos: mas esses dias nunca foram chamados por alguma palavra que correspondesse à palavra festa. Toda festa era consagrada ao divertimento, e isso é tão verdadeiro, que os sacerdotes egípcios jejuavam na véspera para comer melhor no dia seguinte: costume que nossos monges conservaram. Sem dúvida houve cerimônias lúgubres; os gregos não iam dançando enterrar o filho ou levá-lo para a fogueira; era uma cerimônia pública, mas certamente não era uma festa.

Quarta seção
Da antiguidade das festas que se afirma terem sido todas lúgubres

Gente engenhosa e profunda, escavadores de antiguidades que saberiam dizer como a terra era feita há cem mil anos, caso o gênio pudesse sabê-lo, afirmou que os homens, reduzidos a pequeníssimo número, em nosso continente e no outro, ainda assustados com as inúmeras revoluções que este triste globo havia amargado, perpetuaram a lembrança de suas desgraças com comemorações funestas e lúgubres. Dizem eles: "Toda festa foi um dia de horror, instituído para fazer os homens lembrar-se de que seus pais foram destruídos pelo fogo saído dos vulcões, por rochas caídas das montanhas, pela irrupção dos mares, pelos dentes e pelas garras das feras, pela fome, pela peste, pelas guerras."

Logo, não somos feitos como os homens de então. Nunca houve tanto regozijo em Londres como depois da peste e do incêndio da cidade inteira no reinado de Carlos II.

Fizemos canções quando os massacres da noite de São Bartolomeu ainda não tinham terminado. Foram conservadas pasquinadas feitas no dia seguinte ao assassinato de Coligny; imprimiu-se em Paris: *Passio domini nostri Gaspardi Colignii secundum Bartholomaeum*.

Milhares de vezes o sultão que reina em Constantinopla fez seus castrados e suas odaliscas dançar em salões tintos do sangue de seus irmãos e de seus vizires.

O que se faz em Paris no dia em que se fica sabendo da derrota numa batalha e da morte de centenas de bravos oficiais? Corre-se à Ópera e à Comédia.

O que se fazia enquanto a mulher do marechal de Ancre estava sendo imolada na praça da Grève pela barbárie de seus perseguidores, enquanto o marechal de Marillac estava sendo arrastado para o suplício numa carroça, em decorrência de um papel assinado por lacaios togados na antecâmara do cardeal Richelieu; quando um intendente dos exércitos, um estrangeiro que derramara o sangue pelo Estado, condenado pelos brados de seus inimigos encarniçados, ia para o cadafalso numa carreta de lixo com uma mordaça; quando um jovem de dezenove anos, cheio de candor, coragem e modéstia, mas muito imprudente, era conduzido ao mais medonho dos suplícios? Cantavam-se canções satíricas.

Assim é o homem, ou pelo menos o homem das margens do Sena. Assim foi ele em todos os tempos, pela mesma razão por que os coelhos têm pelos e as cotovias, penas.

Quinta seção
Da origem das artes

Como! Gostaríamos de saber qual era precisamente a teologia de Tot, de Zerdust, de Sanconiaton, dos primeiros brâmanes, e ignoramos quem inventou a lançadeira! O primeiro tecelão, o primeiro pedreiro, o primeiro ferreiro decerto foram grandes gênios, mas nada se guardou deles. Por quê? Porque nenhum deles inventou uma arte aperfeiçoada. Aquele que escavou um carvalho para atravessar um rio não fez galeras; aqueles que arranjaram pedras brutas com travessas de madeira não imaginaram as pirâmides; tudo se faz gradualmente, e a glória não é de ninguém.

Tudo se fez às apalpadelas até o que alguns filósofos, com a ajuda da geometria, ensinaram os homens a proceder com correção e segurança.

Pitágoras, ao voltar de suas viagens, precisou mostrar aos operários a maneira de fazer um ângulo reto que fosse perfeitamente reto[117]. Tomou três réguas, uma de três pés, uma de quatro e outra de cinco e fez um triângulo retângulo. Além disso, percebeu-se que o lado 5 possibilitava um quadrado que era justamente o dobro dos quadrados produzidos pelos lados 4 e 3; método importante para todas as obras regulares. Foi esse famoso teorema que ele trouxe da Índia; sobre ele, dissemos alhures[118] que era conhecido muito tempo antes na China, segundo relato do imperador Kang-hi. Fazia tempo que, antes de Platão, os gregos haviam aprendido a duplicar o quadrado apenas com essa figura geométrica.

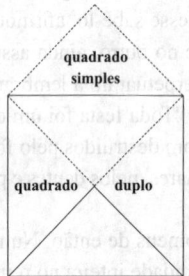

Arquitas e Eratóstenes inventaram um método para duplicar um cubo, o que era impraticável para a geometria comum e honraria Arquimedes.

Arquimedes descobriu a maneira de calcular corretamente a quantidade de liga misturada ao ouro, e trabalhava-se com ouro havia séculos, sem que se pudesse descobrir a fraude dos operários. A vigarice existiu muito tempo antes da matemática. As pirâmides, construídas em ângulo reto, correspondentes exatamente aos quatro pontos cardeais, mostram que a geometria era conhecida no Egito desde tempos imemoriais; no entanto, está provado que o Egito era um país novo.

---

117. Ver Vitrúvio, liv. IX. (N. de Voltaire)
118. *Ensaio sobre os costumes*. (N. de Voltaire)

Sem a filosofia, estaríamos pouco acima dos animais que cavam tocas ou elevam montículos para morar, que nessas habitações preparam alimentos e cuidam dos filhotes, com a vantagem, sobre nós, de nascerem vestidos.

Vitrúvio, que viajara para a Gália e a Espanha, diz que ainda em seu tempo as casas eram construídas com uma espécie de taipa, eram cobertas de palha ou ripa de carvalho, e que os povos não conheciam o uso da telha. Qual foi a época de Vitrúvio? A época de Augusto. As artes mal haviam começado a ser conhecidas pelos espanhóis, que tinham minas de ouro e prata, e pelos gauleses, que haviam lutado dez anos contra César.

O mesmo Vitrúvio informa que, na opulenta e engenhosa Marselha, que comerciava com tantas nações, os tetos eram feitos de terra gorda modelada com palha.

Informa que os frígios cavavam suas habitações na terra. Eles fixavam estacas em torno de um fosso e uniam suas pontas; depois, erguiam a terra em volta. Os huronianos e os algonquinos estão mais bem instalados. Isso não dá uma grande ideia daquela Troia construída pelos deuses nem do magnífico palácio de Príamo.

Apparet domus intus, et atria longa patescunt;
Apparent Priami et veterum penetralia regum.
[A casa aparece em seu interior e os amplos átrios se desvendam;
aparecem os aposcutos de Príamo e dos antigos reis.
(VÍRG., *En*. II, 483-484)

Mas também o povo não mora como os reis: vemos choupanas perto do Vaticano e de Versalhes. Além disso, a indústria dos povos decai e se reergue em consequência das muitas revoluções.

Et campos ubi Troja fuit...
[E os campos, onde estava Troia...]
(VÍRG., *En*. III, 11)

Temos nossas artes, a antiguidade teve as suas. Hoje em dia, não saberíamos fazer um trirreme; mas construímos navios que comportam cem canhões.

Não conseguimos erigir obeliscos inteiriços com cem pés de altura, mas nossos meridianos são mais corretos.

Desconhecemos o bisso, mas os tecidos de Lyon valem o bisso.

O Capitólio era admirável; mas a Igreja de São Pedro é muito maior e mais bonita.

O Louvre é uma obra-prima em comparação com o palácio de Persépolis, cuja situação e cujas ruínas são testemunho de um vasto monumento de rica barbárie.

A música de Rameau provavelmente vale tanto quanto a de Timóteo, e não existe quadro apresentado em Paris, no salão de Apollon, que não seja melhor que as pinturas desenterradas em Herculano[119].

ANTITRINITÁRIOS (Anti-trinitaires)

São hereges que poderiam não apresentar-se como cristãos. No entanto, reconhecem Jesus como Salvador e mediador, mas ousam afirmar que nada é mais contrário à reta razão do que aquilo que se ensina entre os cristãos, no que se refere à trindade das pessoas numa única essência divina, em que a segunda é engendrada pela primeira, e a terceira procede das duas outras.

---
119. Ver verbete Antigos e modernos. (N. de Voltaire)

ANTITRINITÁRIOS

Que essa doutrina ininteligível não se encontra em nenhum lugar da Escritura.

Que não se pode apresentar nenhum trecho que a autorize e ao qual se possa, sem de alguma maneira trair o espírito do texto, dar um sentido mais claro, natural e conforme às noções comuns e às verdades primitivas e imutáveis.

Que afirmar, como fazem seus adversários, que na essência divina há várias *pessoas* distintas, e que o Eterno não é o único Deus verdadeiro, mas que é preciso acrescentar o Filho e o Espírito Santo, é introduzir na Igreja de Jesus Cristo um erro grosseiro e perigoso, pois isso é favorecer abertamente o politeísmo.

Que existe contradição em dizer que não há mais que um Deus, e no entanto há *três pessoas*, cada uma das quais é realmente Deus.

Que essa distinção, um em essência e três em pessoas, nunca esteve na Escritura.

Que ela é manifestamente falsa, pois é indubitável que não há menos *essências* que *pessoas*, nem *pessoas* que *essências*.

Que as três pessoas da Trindade são ou três substâncias diferentes, ou acidentes da essência divina, ou essa essência sem distinção.

Que no primeiro caso têm-se três deuses.

Que, no segundo, tem-se Deus composto de acidentes, adoram-se acidentes e metamorfoseiam-se acidentes em pessoas.

Que, no terceiro, é inútil e sem fundamento dividir um sujeito indivisível e distinguir em *três* aquilo que não é distinto em si.

Que quem disser que as três *personalidades* não são substâncias diferentes na essência divina nem acidentes dessa essência terá dificuldade em convencer-se de que elas são alguma coisa.

Que não se deve acreditar que os *trinitários* mais rígidos e resolutos têm alguma ideia clara da maneira como as três *hipóstases* subsistem em Deus, sem dividir sua substância e, por conseguinte, sem a multiplicar.

Que o próprio santo Agostinho, depois de propor sobre o assunto mil raciocínios falsos e tenebrosos, foi obrigado a confessar que sobre ele nada se podia dizer que fosse inteligível.

Em seguida, citam o trecho daquele padre, na realidade bem estranho: "Quando se pergunta o que são as *três*, a linguagem dos homens é deficiente e faltam termos para exprimi-las: no entanto, dizemos *três pessoas*, não para dizermos alguma coisa, mas porque é preciso falar e não ficar mudo." *Dictum est tamen tres personae, non ut illud diceretur, sed ne taceretur* (*De Trinit.*, liv. V, cap. IX).

Muitos teólogos modernos não esclareceram melhor essa matéria.

Que, quando alguém lhes pergunta o que eles entendem pela palavra *pessoa*, eles explicam dizendo que é uma certa distinção incompreensível, em virtude da qual se distingue, numa natureza única em número, um Pai, um Filho e um Espírito Santo.

Que a explicação por eles dada aos termos *engendrar* e *proceder* não é mais satisfatória, pois se reduz a dizer que esses termos marcam certas relações incompreensíveis que existem entre as três pessoas da Trindade.

Que se pode concluir daí que o cerne da questão entre os ortodoxos e eles consiste em saber se há em Deus três distinções das quais não se tem nenhuma ideia, e entre as quais há relações de que também não se tem ideia alguma.

De tudo isso eles concluem que seria mais sábio limitar-se à autoridade dos apóstolos, que nunca falaram da Trindade, e banir para sempre da religião todos os termos que não estão nas Escrituras, tais como *Trindade, pessoa, essência, hipóstase, união hipostática e pessoal, encarnação, geração, processão*, além de muitos outros termos semelhantes, que, sendo absolutamente desprovidos de sentido, pois não têm na natureza nenhum ser real representativo, só podem ensejar no entendimento noções falsas, vagas, obscuras e incompletas. (Extraído em grande parte do verbete Unitários, da *Enciclopédia*, verbete cuja autoria é do abade Bragelogne.)

Acrescentaremos a este verbete aquilo que diz dom Calmet em sua dissertação sobre o trecho da epístola de João Evangelista: "Há três que dão testemunho na terra: o espírito, a água e o sangue; e esses três são um. E há três que dão testemunho no céu: o Pai, o Verbo e o Espírito; e esses três são um." Dom Calmet admite que esses dois trechos não estão em nenhuma Bíblia antiga; e, de fato, seria bem estranho que são João tivesse falado da Trindade numa carta e não tivesse dito uma única palavra sobre ela em seu Evangelho. Não se vê nenhum vestígio desse dogma nos evangelhos canônicos nem nos apócrifos. Todas essas razões e muitas outras poderiam desculpar os antitrinitários, desde que os concílios o decidissem. Mas, como os hereges não fazem caso dos concílios, não se sabe o que fazer para confundi-los. Limitemo-nos a crer e a desejar que eles creiam[120].

ANTROPÓFAGOS (Anthropophages)

Primeira seção

Falamos de amor. É duro passar de gente que se beija para gente que se come. Nada é mais verdadeiro do que afirmar que houve antropófagos; foram encontrados na América; talvez ainda existam antropófagos por lá, e os ciclopes não eram os únicos que na antiguidade às vezes se alimentavam de carne humana. Juvenal (sát. XV, v. 83) conta que entre os egípcios, povo tão sábio, tão afamado por suas leis, povo tão devoto que adorava crocodilos e cebolas, os tentiritas comeram um de seus inimigos que caíra em suas mãos; não conta essa história por ter ouvido dizer; o crime foi cometido quase que diante de seus olhos; estava ele então no Egito, a pouca distância de Têntira. Cita, nessa ocasião, os gascões e os saguntinos, que antigamente se alimentavam da carne de seus compatriotas.

Em 1725 quatro selvagens foram trazidos do Mississipi para Fontainebleau; tive a honra de conversar com eles; havia entre eles uma mulher de lá, a quem perguntei se já tinha comido homens; respondeu-me inocentemente que sim. Mostrei-me um tanto escandalizado; ela se desculpou, dizendo que era preferível comer inimigo morto a deixar que ele seja devorado pelos bichos, e que os vencedores merecem a preferência. Nós matamos nossos vizinhos com ou sem formação de batalha, e por recompensa mais vil trabalhamos para a culinária de corvos e vermes. Aí é que está o horror; aí é que está o crime; depois de sermos mortos, que importa se somos comidos por um soldado ou por um corvo e um cão?

Respeitamos mais os mortos que os vivos. Seria preciso respeitar os dois. As chamadas nações civilizadas tiveram motivos para não assar seus inimigos vencidos no espeto; porque, se fosse permitido comer vizinhos, logo se passaria a comer compatriotas; e isso seria um grande inconveniente para as virtudes sociais. Mas as nações civilizadas nem sempre foram civilizadas: durante muito tempo todas foram selvagens, e, no número infinito de revoluções pelas quais este globo passou, o gênero humano foi ora numeroso, ora raro. Ocorreu aos homens aquilo que hoje ocorre a elefantes, leões e tigres, cuja espécie diminuiu muito. Nos tempos em que os territórios eram pouco povoados, os homens tinham pouca arte, eram caçadores. O hábito de alimentar-se daquilo que matavam fez que esses homens tratassem os inimigos como cervos e javalis. Foi a superstição que levou a imolar vítimas humanas; foi a necessidade que levou a comê-las.

Que crime é maior? Reunir-se piedosamente para mergulhar uma faca no coração de uma jovem enfeitada de fitas, em honra da Divindade, ou comer um homem desprezível que matamos em defesa própria?

No entanto, temos mais exemplos de moças e rapazes sacrificados do que de moças e rapazes devorados; quase todas as nações conhecidas sacrificaram rapazes e moças. Os judeus os imola-

---

120. Ver verbete Trindade. (N. de Voltaire)

vam. A isso se dava o nome de anátema; era um verdadeiro sacrifício; e, no vigésimo primeiro capítulo do Levítico, encontra-se a ordem de não poupar as almas viventes que tenham sido consagradas; mas em nenhum lugar se prescreve que devem ser comidas; existe apenas a ameaça: Moisés, como vimos, diz aos judeus que, se eles não observarem suas cerimônias, não só terão sarna, como também as mães comerão seus filhos. É verdade que, no tempo de Ezequiel, os judeus deviam ter o costume de comer carne humana, pois no capítulo XXXIX ele prediz que Deus os fará comer não só os cavalos dos inimigos, mas também os cavaleiros e os outros guerreiros. E, de fato, por que os judeus não teriam sido antropófagos? Teria sido a única coisa que faltaria ao povo de Deus para ser o povo mais abominável da terra.

Segunda seção

Em *Ensaio sobre os costumes e o espírito das nações*, lê-se este trecho singular:
"Herrera afirma que os mexicanos comiam as vítimas humanas imoladas. A maioria dos primeiros viajantes e missionários diz que os brasileiros, os caraíbas, os iroqueses, os huronianos e alguns outros povos comiam os prisioneiros de guerra; e não viam esse fato como um uso de alguns indivíduos, mas como um uso da nação. Tantos autores antigos e modernos falaram de antropófagos, que é difícil negá-los... Povos caçadores, como os brasileiros e canadenses, ilhéus, como os caraíbas, que nem sempre tinham subsistência garantida, podem ter sido às vezes antropófagos. A fome e a vingança os habituaram a esse alimento, e, quando vemos, nos séculos mais civilizados, o povo de Paris devorando os restos ensanguentados do marechal de Ancre e o povo de Haia comendo o coração do grande pensionário Witt, não deve surpreender-nos que um horror passageiro entre nós tenha sido duradouro entre os selvagens.

"Os livros mais antigos que temos não nos permitem duvidar que a fome tenha impelido os homens a esse excesso... O profeta Ezequiel, segundo alguns comentadores[121], promete aos hebreus, da parte de Deus[122], que, se eles se defenderem bem contra o rei da Pérsia, terão para comer

---

121. Ezequiel, cap. XXXIX. (N. de Voltaire)
122. Eis as razões daqueles que afirmaram que Ezequiel, nesse trecho, se dirige aos hebreus de seu tempo, assim como aos outros animais carniceiros, pois sem dúvida os judeus de hoje não o são, e foi a Inquisição que agiu como carniceira para com eles. Dizem que parte dessa apóstrofe diz respeito aos animais selvagens, e que a outra é para os judeus. A primeira parte é assim concebida:
"Dize a tudo que corre, a todos os pássaros, a todos os animais dos campos: Reuni-vos, apressai-vos, acorrei para a vítima que vos imolo, a fim de comerdes sua carne e beberdes seu sangue. Comereis a carne dos fortes, bebereis o sangue dos príncipes da terra e dos carneiros e dos cordeiros e dos bodes e dos touros e das aves e de todas as gorduras."
Isso só pode dizer respeito às aves de rapina e às feras. Mas a segunda parte parece ter sido dirigida aos próprios hebreus: "Vós vos saciareis à minha mesa com o cavalo e o forte cavaleiro, bem como com todos os guerreiros, diz o Senhor, e porei minha glória nas nações etc."
É mais do que certo que os reis da Babilônia tinham citas em seus exércitos. Esses citas bebiam sangue nos crânios dos inimigos vencidos e comiam seus cavalos e às vezes carne humana. É bem possível que o profeta faça alusão a esse costume bárbaro, ameaçando os citas com o tratamento que estes dispensavam aos inimigos.
O que torna verossímil essa conjectura é a palavra *mesa*. *Comereis à minha mesa o cavalo e o cavaleiro*. Não há indícios de que esse discurso tenha sido dirigido aos animais, que alguém lhes tenha falado em sentar-se à mesa. Esse seria o único lugar da Escritura em que se teria empregado uma figura tão surpreendente. O senso comum nos diz que não se deve dar a uma palavra uma acepção que nunca lhe foi dada em nenhum livro. Essa é uma poderosíssima razão para justificar os escritores que acreditaram serem animais os designados pelos versículos 17 e 18, e serem judeus os designados pelos versículos 19 e 20. Além disso, as palavras *porei minha glória nas nações* só podem ser dirigidas aos judeus, e não aos pássaros; isso parece decisivo. Não formulamos juízo sobre essa discussão, mas notamos com pesar que nunca houve atrocidades mais horríveis na terra do que as que houve na Síria, durante mil e duzentos anos quase consecutivos. (N. de Voltaire)

a carne de cavalo e a carne do cavaleiro. Marco Polo, ou Marco Paulo, diz que em seu tempo, numa parte da Tartária, os magos ou os sacerdotes (era a mesma coisa) tinham o direito de comer a carne dos criminosos condenados à morte. É de virar o estômago; mas o quadro do gênero humano deve produzir esse efeito com frequência.

"Como povos que sempre estiveram separados podem ter-se reunido nesse horrível costume? Caberá acreditar que ele não é tão absolutamente oposto à natureza humana como parece? Sem dúvida, é raro, mas sem dúvida existe.

"Não se sabe que os tártaros e os judeus tenham comido com frequência os seus semelhantes. A fome e o desespero, nos cercos de Sancerre e Paris, durante nossas guerras de religião, obrigaram mães a alimentar-se da carne dos filhos. O piedoso Las Casas, bispo de Chiapas, diz que esse horror só foi cometido na América por alguns povos que ele visitou. Dampierre garante que nunca conheceu antropófagos, e que hoje talvez não haja nem dois pequenos povos que pratiquem esse horrível costume."

Américo Vespúcio diz, em uma de suas cartas, que os brasileiros ficaram muito surpresos quando lhes disseram que os europeus não comiam seus prisioneiros de guerra havia muito tempo.

Os gascões e os espanhóis outrora cometeram essa barbárie, conforme conta Juvenal em sua décima quinta sátira (v. 83). O mesmo Juvenal foi testemunho de semelhante abominação no Egito durante o consulado de Júnio: surgiu uma rixa entre os habitantes de Têntira e Ombo; houve luta, e um habitante de Ombo caiu nas mãos dos tentiritas; estes mandaram cozê-lo e o comeram até os ossos. Mas ele não diz que se tratava de um uso corrente; ao contrário, fala como se se tratasse de um furor pouco comum.

O jesuíta Charlevoix, que conheci muito, e que era um homem muito veraz, conta, em sua *Histoire du Canada* [História do Canadá], país onde viveu trinta anos, que todos os povos da América setentrional eram antropófagos, pois observa como coisa muito extraordinária o fato de os acadianos não comerem gente em 1711.

O jesuíta Bréboeuf conta que, em 1640, o primeiro iroquês convertido, certo dia, estando infelizmente bêbado, foi apanhado pelos huronianos, que eram então inimigos dos iroqueses. O prisioneiro, batizado pelo padre Bréboeuf com o nome de Joseph, foi condenado à morte. Submeteram-no a infindáveis tormentos, que ele aguentou sempre cantando, segundo o costume do lugar. Acabaram por cortar-lhe um pé, uma mão e a cabeça; depois, os huronianos puseram todos os seus membros no caldeirão, todos comeram e ofereceram um pedaço ao padre Bréboeuf[123].

Charlevoix, em outro lugar, fala de vinte e dois huronianos comidos pelos iroqueses. Portanto, não se pode duvidar que a natureza humana não tenha atingido em vários lugares esse extremo grau de horror; e esse execrável costume deve ser de grande antiguidade, pois lemos na Santa Escritura que os judeus são ameaçados de comer os filhos, caso não obedeçam às suas leis. Diz-se aos judeus[124] "que eles não só terão sarna e que suas mulheres se entregarão a outros, como também que eles comerão suas filhas e seus filhos na angústia e na devastação; que disputarão seus filhos para deles se alimentarem; que o marido não desejará dar à mulher um pedaço do filho, dizendo que não tem o suficiente para si".

É verdade que críticos ousados afirmam que o Deuteronômio só foi composto depois do cerco feito a Samaria por Benadade, cerco durante o qual, segundo se diz no quarto livro dos Reis, as mães comeram os filhos. Mas esses críticos, referindo-se ao Deuteronômio como um livro escrito depois do cerco de Samaria, apenas confirmam aquela terrível aventura. Outros afirmam que ela não pode ter ocorrido conforme é narrada no quarto Livro dos reis. Lá se diz[125] que, quando o rei de Israel passava pelo muro ou sobre o muro de Samaria, uma mulher lhe disse: "Salvai-me,

---

123. Ver carta de Bréboeuf e a *História de Charlevoix*. (N. de Voltaire)
124. Deuteronômio, cap. XXVIII, v. 53. (N. de Voltaire)
125. Cap. VI, v. 26 ss. (N. de Voltaire)

senhor rei", e ele respondeu: "Se o teu Deus não quer te salvar, como poderei salvar-te? Com os produtos da eira de trigo ou do lagar?" E o rei disse: "Que queres?", e ela respondeu: "Rei! Uma mulher me disse: 'Dá teu filho, e nós o comeremos hoje, e amanhã comeremos o meu.' Então cozinhamos meu filho e o comemos; eu lhe disse hoje: 'Dá teu filho e nós o comeremos, mas ela escondeu seu filho.'"

Esses críticos afirmam não ser verossímil que, estando o rei Benadade sitiando Samaria, o rei Jorão tenha passado tranquilamente pelo muro ou sobre o muro, para julgar causas entre samaritanos. Ainda menos verossímil é que duas mulheres não se tenham contentado com uma criança para dois dias. Havia o suficiente para alimentá-las por pelo menos quatro dias; mas, seja lá como raciocinem, é de se crer que os pais e as mães comeram seus filhos durante o cerco de Samaria, conforme se prediz expressamente no Deuteronômio.

A mesma coisa ocorreu no cerco de Jerusalém por Nabucodonosor[126]; também isso fora previsto por Ezequiel[127].

Jeremias exclama em suas lamentações[128]: "Haverão as mulheres de comer seus filhinhos, que não são maiores que a mão?" E em outro lugar[129]: "As mães compadecidas cozeram seus filhos com suas próprias mãos e os comeram." Também é possível citar essas palavras de Baruc: "O homem comeu a carne de seu filho e de sua filha[130]."

Esse horror é repetido com tanta frequência, que só pode ser verdadeiro; finalmente, conhecemos a história narrada por Josefo[131], daquela mulher que se alimentou da carne do filho quando Tito sitiou Jerusalém.

O livro atribuído a Enoque, citado por são Judas, diz que os gigantes nascidos do comércio entre os anjos e as filhas dos homens foram os primeiros antropófagos.

Na oitava homilia atribuída a são Clemente, são Pedro, que nela é posto a falar, diz que os filhos daqueles mesmos gigantes beberam sangue humano e comeram a carne de seus semelhantes. Daí resultaram – acrescenta o autor – doenças até então desconhecidas; monstros de todas as espécies nasceram na terra; foi então que Deus resolveu afogar o gênero humano. Tudo isso mostra como era universal a opinião reinante sobre a existência dos antropófagos.

O que se põe são Pedro a dizer na homilia de são Clemente tem evidente relação com a fábula de Licáon, uma das mais antigas da Grécia, que se encontra no primeiro livro das *Metamorfoses* de Ovídio.

A *Narrativa das Índias e da China*, feita no século VIII por dois árabes e traduzida para o francês pelo abade Renaudot, não é um livro no qual se deva acreditar sem exame: seria descabido; mas não cabe rejeitar tudo o que os dois viajantes dizem, sobretudo quando sua narrativa é confirmada por outros autores que mereceram algum crédito. Afirmam eles que no mar das Índias há ilhas povoadas por negros que comiam gente. Chamam-nas de ilhas *Ramni*. O geógrafo da Núbia as denomina *Rammi*, tal como a *Biblioteca oriental* de Herbelot.

Marco Polo, que não lera a narrativa desses dois árabes, diz a mesma coisa quatrocentos anos depois. O arcebispo Navarrete, que viajou por aqueles mares, confirma esse depoimento: *Los europeos que cogen, es constante que vivos se los van comiendo* [Os europeus que eles pegam, é frequente que os vão comendo vivos].

Texeira afirma que os javaneses se alimentavam de carne humana, e que só haviam abandonado esse costume abominável fazia duzentos anos. Acrescenta que só conheceram costumes mais brandos quando esposaram o maometismo.

---

126. Liv. IV dos Reis, cap. XXV, v. 3. (N. de Voltaire)
127. Ezequiel, cap. V, v. 10. (N. de Voltaire)
128. Lament., cap. II, v. 20. (N. de Voltaire)
129. Cap. IV, v. 10. (N. de Voltaire)
130. Cap. II, v. 3. (N. de Voltaire)
131. Liv. VII, cap. VIII. (N. de Voltaire)

Dizem o mesmo do reino de Pegu, dos cafres e de vários povos da África. Marco Polo, que acabamos de citar, diz que em algumas hordas tártaras, quando um criminoso era condenado à morte, faziam uma refeição com ele: *Hanno costoro un bestiale e orribile costume, che quando alcuno è giudicato a morte, lo tolgono e cuocono e mangian'selo* [Têm estes um costume bestial e horrível, ou seja, quando alguém é condenado à morte, eles o cortam e cozinham e o comem].

O mais extraordinário e mais incrível é que os dois árabes atribuem aos próprios chineses o que Marco Polo afirma sobre alguns tártaros, "que, em geral, os chineses comem todos aqueles que foram mortos". Esse horror está tão distante dos costumes chineses quanto é possível imaginar. O padre Parennin o refutou, dizendo que não merece refutação.

No entanto, cabe observar que o século VIII, época em que aqueles árabes descreveram sua viagem, foi um dos séculos mais funestos para os chineses. Duzentos mil tártaros transpuseram a grande muralha, pilharam Pequim e espalharam horribilíssima desolação. É bem verossímil que então tenha havido grande fome. A China era tão povoada quanto é hoje. Pode ser que no pequeno povoado alguns miseráveis tenham comido corpos de mortos. Que interesse teriam aqueles árabes de inventar uma fábula tão repulsiva? Como quase todos os viajantes, talvez tenham tomado um exemplo particular por um costume do país.

Mas não é preciso ir buscar exemplos tão longe; temos um em nossa pátria, na própria província em que escrevo. É relatado por nosso conquistador, por nosso amo, Júlio César[132]. Estava ele sitiando Alésia, em Auxois, e os sitiados, decididos a defender-se até o último homem, mas carecendo de víveres, reuniram um grande conselho, e um dos comandantes, chamado Critognato, propôs que se comessem todas as crianças, uma após outra, para sustentar as forças dos combatentes. Sua proposta foi posta em votação. E não é só isso; Critognato, em seu discurso, disse que os ancestrais deles já haviam recorrido a esse tipo de alimentação na guerra contra os teutões e os cimbros.

Terminaremos com o testemunho de Montaigne. Ele fala do que lhe foi dito pelos companheiros de Villegagnon, que voltava do Brasil, e daquilo que ele vira na França. Afirma que os brasileiros comiam os inimigos mortos na guerra; mas leia-se o que ele acrescenta[133]: "Onde está a barbárie maior em comer um homem morto do que em cozê-lo escrupulosamente, fazê-lo ser morto por cães e porcos, qual fato de recente memória, não ocorrido entre inimigos antigos, mas entre vizinhos e concidadãos; e, o que é pior, a pretexto de devoção e religião?" Quantas cerimônias para um filósofo como Montaigne! Então, se Anacreonte e Tibulo tivessem nascido iroqueses, teriam comido gente?... Ai de nós!

Terceira seção

Muito bem! Temos dois ingleses que fizeram a volta ao mundo. Descobriram que a Nova Holanda é uma ilha maior que a Europa, e que lá os homens ainda se comem uns aos outros, como na Nova Zelândia. De onde provém essa raça, supondo-se que exista? Descenderá dos antigos egípcios, dos antigos povos da Etiópia, dos africanos, dos indianos, dos abutres ou dos lobos? Que distância vai de Marco Aurélio e Epicteto aos antropófagos da Nova Zelândia! No entanto, têm todos os mesmos órgãos, são os mesmos homens. Já falei dessa propriedade da raça humana: é bom dizer mais algumas palavras.

Vejamos as próprias palavras de são Jerônimo em uma de suas cartas: *Quid loquor de caeteris nationibus, quum ipse adolescentulus in Gallia viderim Scotos, gentem britannicam, humanis vesci carnibus; et quum per sylvas porcorum greges, et armentorum pecudumque reperiant, pas-*

---

132. *Bell. Gall.*, liv. VII. (N. de Voltaire)
133. Liv. I, cap. XXX. (N. de Voltaire)

torum nates et foeminarum papillas solere abscindere, et has solas ciborum delicias arbitrari! – Que vos direi das outras nações, pois eu mesmo, na juventude, vi na Gália escoceses que, podendo alimentar-se de porcos e de outros animais nas florestas, preferiam cortar as nádegas de rapazes e as tetas das moças! Para eles, eram os alimentos mais deliciosos.

Pelloutier, que pesquisou tudo o que mais podia honrar os celtas, não deixou de contradizer são Jerônimo, afirmando que haviam zombado dele. Mas Jerônimo fala sério; fala do que viu. Pode-se discutir com respeito com um Padre da Igreja sobre aquilo que ele ouviu dizer; mas sobre o que ele viu com seus próprios olhos é demais. Seja como for, o mais certo é desconfiar de tudo, até daquilo que nós mesmos vimos.

Mais algumas palavras sobre a antropofagia. Encontram-se num livro que teve bastante sucesso entre pessoas de bem mais ou menos as seguintes palavras:

No tempo de Cromwell, uma cirieira de Dublin vendia excelentes velas feitas com gordura de ingleses. Depois de algum tempo, um de seus fregueses se queixou de que suas velas já não eram tão boas. "Senhor", disse ela, "é porque os ingleses estão em falta."

Pergunto quem era mais culpado: os que assassinavam ingleses ou a pobre mulher que fazia velas com o sebo deles? Também pergunto que crime é maior: cozer um inglês para o jantar ou fazer velas com ele para iluminar a ceia? O grande mal, parece-me, é nos matarem. Pouco importa se, depois de mortos, servimos de assado ou de vela; nenhum homem de bem achará ruim ser útil depois de morto.

ANTROPOMORFITAS (Anthropomorphites)

Segundo se diz, era uma pequena seita do século IV de nossa era, mas é, na verdade, a seita de todos os povos que tiveram pintores e escultores. Assim que se aprendeu a desenhar e a talhar figuras, fez-se a imagem da Divindade.

Os egípcios, se consagravam gatos e bodes, esculpiam Ísis e Osíris; esculpiu-se Baal na Babilônia, Hércules em Tiro, Brama na Índia.

Os muçulmanos não pintaram Deus como homem. Os guebros não tiveram imagem do Grande Ser. Os árabes sabeus não deram figura humana às estrelas; os judeus não a deram a Deus em seu templo. Nenhum desses povos cultivava a arte do desenho; e, se Salomão pôs figuras de animais em seu templo, é provável que os tenha mandado esculpir em Tiro; mas todos os judeus falaram de Deus como homem.

Embora não tivessem simulacros, parece que fizeram de Deus um homem em todas as ocasiões. Ele desce no Éden, passeia todos os dias ao meio-dia, fala com suas criaturas, fala com a serpente, faz-se ouvir por Moisés na sarça ardente, só se deixa ver por trás no alto da montanha, mas lhe fala face a face, como de amigo para amigo.

No próprio Alcorão, Deus é sempre visto como um rei. No capítulo XII, dão-lhe um trono acima das águas. Ele mandou um secretário escrever esse Alcorão, tal como os reis mandam escrever suas ordens. Enviou esse Alcorão a Maomé por meio do anjo Gabriel, tal como os reis transmitem suas ordens por meio dos grandes oficiais da coroa. Em resumo, embora no Alcorão Deus seja declarado *não engendrador e não engendrado*, há sempre um pequeno resquício de antropomorfismo.

Sempre se pintou Deus com uma grande barba na Igreja grega e na latina[134].

---

134. Ver no verbete Emblema os versos de Orfeu e de Xenófanes. (N. de Voltaire)

APARÊNCIA (Apparence)

Todas as aparências enganam? Nossos sentidos nos foram dados apenas para nos iludir continuamente? Tudo é erro? Viveremos num sonho, cercados de sombras quiméricas?

Vemos o Sol pôr-se no horizonte quando ele já está abaixo. Ainda não nasceu, e nós o vemos aparecer. Aquela torre quadrada nos parece redonda. Uma vareta mergulhada na água nos parece curva.

Olhamos nossa imagem no espelho, e ela está por trás dele; mas não está por trás nem na frente. Um vidro, que, ao tato e à visão, se mostra tão liso e uniforme, não passa de um amontoado desigual de asperezas e cavidades. A pele mais fina e branca nada mais é que uma rede ouriçada, cujas aberturas são incomparavelmente mais amplas que o tecido, encerrando um número infinito de pelinhos. Por essa rede passam incessantemente certos licores, e dela saem exalações contínuas, que cobrem toda a sua superfície. O que chamamos *grande* é pequeníssimo para um elefante, e o que chamamos *pequeno* é um mundo para os insetos.

O mesmo movimento que seria rápido para uma tartaruga seria lentíssimo para os olhos de uma águia. Aquele rochedo, impenetrável para o ferro de nossos instrumentos, é um crivo perfurado, que tem mais orifícios do que matéria, com milhares de caminhos de largura prodigiosa que conduzem a um centro onde se alojam multidões de animais que podem acreditar-se senhores do universo.

Nada é como nos parece, nada está no lugar onde acreditamos que esteja.

Vários filósofos, cansados de ser sempre enganados pelos corpos, afirmaram, por despeito, que os corpos não existem, e que real é só nosso espírito. Podiam ter concluído também que todas as aparências são falsas, e que, como a natureza da alma é tão desconhecida quanto a matéria, de fato não existe espírito nem corpo.

Essa desesperança de conhecer talvez seja a razão de certos filósofos chineses terem dito que o nada é o princípio e o fim de todas as coisas.

Essa filosofia destrutiva dos seres era muito conhecida no tempo de Molière. O doutor Marphurius representa toda essa escola, quando ensina a Sganarelle que "não se deve dizer *eu vim*, mas sim *parece que vim*: e pode parecer, mas não ser verdade".

Mas agora uma cena de comédia não é uma razão, embora às vezes valha mais; e muitas vezes há tanto prazer em procurar a verdade quanto em zombar da filosofia.

Não vedes a rede, as cavidades, os filamentos, as desigualdades e as exalações dessa pele branca e fina que idolatrais. Animais milhares de vezes menores que um ácaro discernem todos esses objetos que vos escapam. Nela tais animais se alojam, dela se nutrem, por ela passeiam como por um vasto território; e aqueles que estão no braço direito ignoram que existe gente de sua espécie no braço esquerdo. Se tivésseis a infelicidade de ver o que eles veem, essa pele sedutora vos horrorizaria.

A harmonia de um concerto que ouvis deliciado deve produzir sobre certos animais o efeito de um trovão apavorante e talvez os mate. Só vemos, tocamos, ouvimos e sentimos as coisas da maneira como devemos senti-las.

Tudo é proporcional. As leis da óptica, que nos fazem ver na água o objeto onde ele não está e quebram uma linha reta, decorrem das mesmas leis que fazem o Sol parecer ter um diâmetro de dois pés, embora ele seja um milhão de vezes maior que a terra. Para vê-lo em sua dimensão verdadeira, seria preciso ter um olho que reunisse os seus raios num ângulo tão grande quanto o seu disco, o que é impossível. Nossos sentidos, portanto, ajudam muito mais do que enganam.

Movimento, tempo, dureza, moleza, dimensões, afastamento, aproximação, força, fraqueza e aparências, seja qual for seu gênero, tudo é relativo. E quem fez essas relações?

APARIÇÃO (Apparition)

Não é raro uma pessoa, sob forte emoção, ver o que não existe. Em 1726, uma mulher, acusada em Londres de ser cúmplice do assassinato do marido, negava o fato; alguém sacode as roupas do morto diante de seus olhos; sua imaginação aterrorizada faz que ela veja o próprio marido; ela se lança a seus pés e quer abraçá-lo. Diz aos jurados que viu o marido.

Não é de surpreender que Teodorico tenha visto na cabeça de um peixe que lhe serviam a cabeça de Símaco, que ele assassinara, ou mandara executar injustamente (o que dá na mesma).

Carlos IX, depois da noite de São Bartolomeu, via mortos e sangue, não em sonho, mas nas convulsões de seu espírito perturbado, que procurava em vão conciliar o sono. Isso foi confirmado por seu médico e por sua aia. Visões fantásticas são muito frequentes nas febres altas. Não se imagina ver, vê-se de fato. O fantasma existe para aquele que tem percepção dele. Se o dom da razão, concedido à máquina humana, não viesse corrigir essas ilusões, todas as imaginações excitadas viveriam numa exaltação quase contínua, e seria impossível curá-las.

É principalmente nesse estado intermediário entre a vigília e o sono que um cérebro inflamado vê objetos imaginários e ouve sons que ninguém pronunciou. O pavor, o amor, a dor e o remorso são os pintores que traçam os quadros nas imaginações conturbadas. O olho, abalado durante a noite por um golpe no epicanto, vendo estrelas, não passa de fraca imagem das exaltações de nosso cérebro.

Nenhum teólogo duvida de que a vontade do Senhor da Natureza tenha às vezes juntado a essas causas naturais a sua divina influência. O Antigo e o Novo Testamento são evidentes testemunhos. A Providência dignou-se utilizar essas aparições e visões em favor do povo judeu, que era então o seu povo eleito.

Pode ser que com o transcorrer dos tempos algumas almas, piedosas na verdade, mas enganadas por seu entusiasmo, acreditaram receber de uma comunicação íntima com Deus aquilo que só extraíam de sua imaginação exaltada. É então que se precisa do conselho de um homem de bem, sobretudo de um bom médico.

As histórias das aparições são inúmeras. Afirma-se que foi acreditando numa aparição que são Teodoro, no começo do século IV, foi incendiar o templo de Amasea e o reduziu a cinzas. É bem provável que Deus não lhe tivesse ordenado essa ação, em si tão criminosa, na qual vários cidadãos morreram, expondo todos os cristãos a uma justa vingança.

A aparição de santa Potamiana para são Basilides pode ter sido permitida por Deus; dela nada resultou que perturbasse o Estado. Não se negará que Jesus Cristo pode ter aparecido a são Vitor; mas que são Bento tenha visto a alma de são Germano de Cápua levada para o céu por anjos, e que dois monges tenham visto a alma de são Bento andando por um tapete que ia do céu ao monte Cassino, é mais difícil de acreditar.

Também se pode duvidar, sem ofender nossa augusta religião, de que santo Euquério foi levado por um anjo ao inferno, onde viu a alma de Carlos Martel; e de que um santo ermitão da Itália viu diabos acorrentando a alma de Dagoberto num barco e dando-lhe chicotadas: pois, afinal, não seria fácil explicar com clareza como uma alma anda por um tapete, como é acorrentada num barco e chicoteada.

Mas é perfeitamente possível que alguns cérebros exaltados tenham tido semelhantes visões; existem milhares de exemplos disso ao longo dos séculos. É preciso ser bem esclarecido para distinguir, em meio a esse número prodigioso de visões, as que vêm realmente de Deus e as que são produzidas apenas pela imaginação.

O ilustre Bossuet conta, em *Oraison funèbre de la princesse palatine* [Oração fúnebre da princesa palatina], duas visões que agiram poderosamente sobre essa princesa e determinaram toda a sua conduta nos últimos anos de vida. Devemos crer nessas visões celestiais, pois elas são vistas como tais pelo facundo e sapiente bispo de Meaux, que penetrou em todas as profundezas da teologia e até se propôs levantar o véu com que o Apocalipse está coberto.

Diz ele, portanto, que a princesa palatina, depois de emprestar cem mil francos à rainha da Polônia, sua irmã, de vender o ducado de Rhételois por um milhão, de casar vantajosamente suas filhas, sendo feliz de acordo com o mundo, mas duvidando infelizmente das verdades da religião católica, foi chamada de volta à convicção e ao amor a essas verdades inefáveis por duas visões. A primeira foi um sonho, no qual um cego de nascença disse-lhe que não tinha nenhuma ideia da luz, e que é preciso acreditar nos outros em relação às coisas que não podemos conceber. A segunda foi uma violenta lesão das meninges e das fibras do cérebro num acesso de febre. Ela viu uma galinha correndo atrás de um de seus pintinhos, que um cão abocanhava. A princesa palatina arrebata o pintinho ao cão, e uma voz lhe grita: "Devolvei-lhe o pintinho; se o privardes de alimentação, ele será mau guarda. – Não, exclamou a princesa, não devolverei nunca."

Esse pintinho era a alma de Ana de Gonzaga, princesa palatina; a galinha era a Igreja; o cão era o diabo. Ana de Gonzaga, que nunca devia devolver o pintinho ao cão, era a graça eficaz.

Bossuet declamava essa oração fúnebre às religiosas carmelitas do *faubourg* Saint-Jacques, em Paris, diante de toda a casa Condé; e lhes disse estas palavras memoráveis: "Escutai e tratai de não ouvir com desprezo a ordem das advertências divinas e a conduta da graça."

Os leitores, portanto, devem ler essa história com o mesmo respeito que aqueles ouvintes demonstraram ao ouvi-la. Esses efeitos extraordinários da Providência são como os milagres dos santos canonizados. Esses milagres devem ser confirmados por testemunhas irrepreensíveis. Ora! Que testemunha mais legal poderíamos ter das aparições e das visões da princesa palatina do que aquele que dedicou a vida à distinção entre verdade e aparência? Ele combateu com vigor as religiosas de Port-Royal na questão do formulário; combateu Paul Ferri na questão do catecismo; o ministro Claude na questão das variações da Igreja; o doutor Dupin na questão da China; o padre Simon na questão do entendimento do texto sagrado; o cardeal Sfondrato na questão da predestinação; o papa na questão dos direitos da Igreja galicana; o arcebispo de Cambrai na questão do amor puro e desinteressado. Não se deixava seduzir por nomes, títulos, reputação, nem pela dialética dos adversários. Ele relatou esse fato: logo, acreditou nele. Acreditemos como ele, apesar das zombarias feitas. Adoremos os segredos da Providência, mas desconfiemos dos desvios da imaginação, que Malebranche chamava de *a louca da casa*. Pois as duas visões atribuídas à princesa palatina não são dadas a qualquer um.

Jesus Cristo apareceu a santa Catarina de Siena; casou-se com ela; deu-lhe uma aliança. Essa aparição mística é respeitável, porque confirmada por Raimundo de Cápua, geral dos dominicanos, que a confessava, e até pelo papa Urbano VI. Mas é rejeitada pelo douto Fleury, autor da *História eclesiástica*. E a moça que hoje se gabasse de ter contraído tal matrimônio poderia contar com um lugar no hospício como presente de núpcias.

A aparição da madre Angélique, abadessa de Port-Royal, à irmã Dorothée é relatada por um homem de grande peso no chamado partido *jansenista*; é o sr. Dufossé, autor de *Mémoires de Pontis* [Memórias de Pontis]. A madre Angélique, muito depois de morrer, foi sentar-se na igreja de Port-Royal, em seu antigo lugar, com a crossa na mão. Mandou que lhe trouxessem a irmã Dorothée, a quem contou terríveis segredos. Mas o testemunho desse Dufossé não equivale ao de Raimundo de Cápua e ao do papa Urbano VI, que, no entanto, não foram válidos.

Aquele que acaba de escrever esse pequeno trecho leu em seguida os quatro volumes do abade Lenglet sobre as aparições e não acredita estar no dever de colher algo de lá. Ele está convencido de todas as aparições confirmadas pela Igreja; mas tem algumas dúvidas sobre as outras, até que sejam autenticamente reconhecidas. Franciscanos e jacobinos, jansenistas e molinistas, todos tiveram suas aparições e seus milagres[135].

Iliacos intra muros peccatur et extra.
[Peca-se entre os muros de Troia e fora.]
(HORÁCIO, liv. I, ep. ii)

---

135. Ver os verbetes Visão e Vampiros. (N. de Voltaire)

APELAÇÃO COMO ABUSO (Appel comme d'abus)

Ver Abuso.

ÁPIS (Apis)

O boi Ápis[136] era adorado em Mênfis como deus, como símbolo ou como boi? É de se crer que os fanáticos vissem nele um deus; os sábios, um simples símbolo; e que o povo tolo adorasse um boi. Cambises fez bem em matar esse boi com suas próprias mãos, quando conquistou o Egito? Por que não? Mostrava aos imbecis que se podia pôr o deus deles no espeto, sem que a natureza se armasse para vingar o sacrilégio. Os egípcios foram muito elogiados. Conheço poucos povos mais miseráveis; deve ter havido sempre em seu caráter e em seu governo um vício radical que tenha feito deles sempre vis escravos. Admito que em tempos quase desconhecidos eles tenham conquistado a terra; mas, nos tempos históricos, foram subjugados por todos aqueles que tenham desejado dar-se esse trabalho: por assírios, gregos, romanos, árabes, mamelucos, turcos, enfim por todo o mundo, exceto por nossos cruzados, já que a inépcia destes era maior que a covardia dos egípcios. Foi a milícia dos mamelucos que venceu os franceses. Talvez só haja duas coisas aceitáveis nessa nação: a primeira é que os adoradores do boi nunca quiseram obrigar os adoradores do macaco a mudar de religião; a segunda é que eles sempre fizeram pintinhos nascer em fornos.

São muito gabadas as suas pirâmides; mas trata-se de monumentos de um povo escravo. Toda a nação deve ter sido obrigada a trabalhar, pois sem isso não teria sido possível construir aquelas tremendas massas. Para que serviam? Para conservar numa pequena câmara a múmia de algum príncipe, ou de algum governador, ou de algum intendente, múmia que deveria ser reanimada pela alma ao cabo de mil anos.

Mas, se esperavam essa ressurreição dos corpos, por que lhes retirar o cérebro antes de os embalsamar? Os egípcios deveriam ressuscitar sem miolos?

APOCALIPSE (Apocalypse)

Primeira seção

Justino, o Mártir, que escrevia por volta do ano 270 de nossa era, foi quem primeiro falou do Apocalipse; ele o atribui ao apóstolo João Evangelista: em seu diálogo com Trífon (nº 80), este judeu lhe pergunta se ele não acredita que Jerusalém deve ser restabelecida um dia. Justino responde-lhe que acredita, assim como todos os cristãos que pensam corretamente. Diz ele: "Há entre nós certa pessoa chamada João, um dos doze apóstolos de Jesus; ele previu que os fiéis passarão mil anos em Jerusalém."

Esse reinado de mil anos foi uma opinião acatada durante muito tempo pelos cristãos. Tal período gozava de grande crédito entre os gentios. As almas dos egípcios retomavam o corpo ao cabo de mil anos; as almas do purgatório, em Virgílio, eram provadas durante esse mesmo espaço de tempo, *et mille per annos*. A nova Jerusalém de mil anos deveria ter doze portas, em homenagem aos doze apóstolos; sua forma deveria ser quadrada; o comprimento, a largura e a altura deveriam ser de doze mil estádios, ou seja, quinhentas léguas, de tal modo que as casas teriam também quinhentas léguas de altura. Teria sido muito desagradável morar no último andar; mas, enfim, é o que se diz no capítulo XXI do Apocalipse.

---

136. Ver verbete Boi. (N. de Voltaire)

APOCALIPSE

Embora Justino tenha sido o primeiro que atribuiu o Apocalipse a são João, algumas pessoas rejeitaram seu testemunho, visto que nesse mesmo diálogo com o judeu Trífon ele diz que, segundo relato dos apóstolos, Jesus Cristo, ao descer no Jordão, fez as águas do rio ferver e as inflamou; isso, porém, não se encontra em nenhum escrito dos apóstolos.

O mesmo são Justino cita com confiança os oráculos das sibilas; além disso, afirma que viu os restos das celas do farol do Egito, onde ficaram internados os setenta e dois intérpretes, no tempo de Herodes. O testemunho de um homem que teve a infelicidade de ver aquelas celas parece indicar que é ele que deveria ficar lá internado.

Santo Irineu, que veio depois e também acreditava no reinado de mil anos, afirma que um velho lhe disse que são João escrevera o Apocalipse. Mas santo Irineu foi repreendido por ter escrito que só deve haver quatro Evangelhos, porque no mundo só há quatro partes e quatro ventos cardeais, e Ezequiel só viu quatro animais. A esse raciocínio dá o nome de demonstração. Convenhamos que a maneira como Irineu demonstra é igual à maneira como Justino vê.

Clemente de Alexandria, em seus *Electa*, só fala de um Apocalipse de são Pedro, ao qual dava grande importância. Tertuliano, um dos grandes partidários do reinado de mil anos, não só afirma que são João predisse essa ressurreição e esse reinado de mil anos na cidade de Jerusalém, como também afirma que essa Jerusalém já começava a formar-se no ar; que todos os cristãos da Palestina e até mesmo os pagãos a tinham visto durante quarenta dias seguidos pela madrugada; mas, infelizmente, a cidade desaparecia assim que alvorecia.

Orígenes, em seu prefácio sobre o Evangelho de são João e em suas homilias, cita os oráculos do Apocalipse, mas também cita os oráculos das sibilas. Contudo, são Dionísio de Alexandria, que escrevia em meados do século III, diz, num de seus fragmentos conservados por Eusébio[137], que quase todos os doutores rejeitavam o Apocalipse por ser um livro destituído de razão; que esse livro não foi composto por são João, mas por certo Cerinto, que se valera de um grande nome para dar mais peso a seus devaneios.

O concílio de Laodiceia, realizado em 360, não incluiu o Apocalipse entre os livros canônicos. Era bem estranho que Laodiceia, uma das Igrejas às quais o Apocalipse era dedicado, rejeitasse um tesouro a ela destinado, e que o bispo de Éfeso, que estava presente no concílio, também rejeitasse esse livro de são João, enterrado em Éfeso.

Estava visível para todos os olhos que são João se remexia na cova, fazendo a terra subir e descer continuamente. No entanto, as mesmas pessoas que estavam seguras de que são João não estava bem morto também estavam seguras de que ele não fizera o Apocalipse. Mas aqueles que torciam pelo reinado de mil anos ficaram inabaláveis em sua opinião. Sulpício Severo, em sua *História sagrada*, livro 9, chama de insensatos e ímpios aqueles que não aceitavam o Apocalipse. Por fim, depois de muitas oposições de concílio a concílio, a opinião de Sulpício Severo prevaleceu. Esclarecido o assunto, a Igreja decidiu que o Apocalipse é incontestavelmente de são João; assim, não há apelação.

Cada comunhão cristã atribuiu a si mesma as profecias contidas nesse livro; os ingleses nele viram as revoluções da Grã-Bretanha; os luteranos, as conturbações da Alemanha; os protestantes da França, o reinado de Carlos IX e a regência de Catarina de Médici: todos estavam com a razão. Bossuet e Newton comentaram o Apocalipse, mas, no fim das contas, as declamações eloquentes de um e as sublimes descobertas do outro foram motivo de maior honra para eles do que esses comentários.

Segunda seção

Assim, dois grandes homens – mas de grandezas bem diferentes – comentaram o Apocalipse no século XVII: Newton, a quem semelhante estudo era pouco adequado, e Bossuet, a quem tal

---

137. *História da Igreja*, liv. VII, cap. XXV. (N. de Voltaire)

empresa se adequava mais. Ambos, com seus comentários, deram muitas armas aos inimigos; e, como já se disse, o primeiro consolou a raça humana da superioridade que tinha sobre ela, e o outro deu motivo de regozijo a seus inimigos.

Católicos e protestantes explicaram o Apocalipse a seu favor, e cada um deles nele encontrou exatamente o que convinha a seus interesses. Acima de tudo, fizeram maravilhosos comentários sobre a grande besta de sete cabeças e dez chifres, com pelo de leopardo, pés de urso, goela de leão e força de dragão; para vender e comprar, era preciso ter o caráter e o número da besta; e esse número era 666.

Bossuet descobre que essa besta era, evidentemente, o imperador Diocleciano, fazendo um acróstico com o seu nome. Grócio acreditava que era Trajano. Um cura de São Sulpício, chamado La Chétardie, conhecido por estranhas aventuras, prova que a besta era Juliano. Jurieu prova que a besta é o papa. Um pregador demonstrou que é Luís XIV. Um bom católico demonstrou que é Guilherme, rei da Inglaterra. Não é fácil pôr toda essa gente de acordo.

Houve vivas discussões sobre as estrelas que caíam do céu na Terra e sobre o Sol e a Lua, que tiveram um terço escurecido ao mesmo tempo.

Houve vários pontos de vista sobre o livro que o anjo fez o autor do Apocalipse comer, livro que foi doce para a boca e amargo para o ventre. Jurieu afirmava que os livros de seus adversários estavam ali designados, e os outros lhe devolviam o argumento.

Houve muita controvérsia sobre este versículo: "Ouvi uma voz no céu como a voz dos oceanos, como o ribombar de forte trovão; e a voz que ouvi era como o canto de harpistas tocando suas harpas." Está claro que é melhor respeitar o Apocalipse do que comentá-lo.

Camus, bispo de Belley, mandou imprimir, no século passado, um polpudo livro contra os monges, livro que foi resumido por um monge que largara a batina; recebeu o título de *Apocalipse* porque revelava os defeitos e os perigos da vida monástica; *Apocalipse de Melitão*, porque Melitão, bispo de Sardes, no século II, fora considerado profeta. A obra desse bispo nada tem das obscuridades do Apocalipse de são João; nunca se falou com mais clareza. O bispo se parece com aquele magistrado que dizia a um promotor: "O senhor é um falsário, um vigarista. Não sei se me explico."

O bispo de Belley calcula, em seu *Apocalipse* ou *Revelação*, que em seu tempo havia noventa e oito ordens de monges que recebiam rendas ou eram mendicantes, que viviam às expensas dos povos, sem corresponder com serviço algum, sem se ocupar com nenhum trabalhinho leve. Contava seiscentos mil monges na Europa. O cálculo é um pouco exagerado; mas é certo que o número de monges era um bocado grande.

Garante ele que os monges são os inimigos dos bispos, dos curas e dos magistrados.

Que, dos privilégios concedidos aos franciscanos, o sexto privilégio é a garantia da salvação, por mais horrível que tenha sido o crime cometido[138], desde que se ame a ordem de são Francisco.

Que os monges se parecem com os macacos[139]: quanto mais sobem, mais se enxerga seu traseiro.

Que a palavra *monge*[140] se tornou tão infame e execrável, que é vista pelos próprios monges como grande injúria, como o maior ultraje que lhes possam fazer.

O prezado leitor, seja ele quem for, ministro ou magistrado, é convidado a ler com atenção este pequeno trecho do livro de nosso bispo[141].

"Imaginai o convento do Escorial ou do monte Cassino, onde os cenobitas têm todas as comodidades necessárias, úteis, agradáveis, supérfluas e superabundantes, pois têm cento e cinquenta mil, quatrocentos mil, quinhentos mil escudos de renda; e julgai se o senhor abade tem motivos ou não para autorizar a sesta a quem bem entender.

---

138. P. 89. (N. de Voltaire)
139. P. 105. (N. de Voltaire)
140. P. 101. (N. de Voltaire)
141. P. 160 e 161. (N. de Voltaire)

"Por outro lado, imaginai um artesão e um lavrador que só tenham os próprios braços como valimento, responsáveis por uma grande família, que trabalhem como um mouro todos os dias de todas as estações para alimentá-la com o pão ganho com suor e lágrimas; depois, fazei a comparação para saber qual das duas condições tem preeminência em termos de pobreza."

Aí está um trecho do *Apocalipse episcopal* que não precisa de comentários: só falta um anjo para encher a taça com o vinho dos monges e matar a sede dos agricultores que lavram, semeiam e colhem para os mosteiros.

Mas esse prelado fez apenas uma sátira, em vez de um livro útil. Sua dignidade impunha-lhe dizer o bem e o mal. Competia-lhe admitir que os beneditinos deram ótimas obras, que os jesuítas prestaram grandes serviços às letras. Competia-lhe abençoar os irmãos da Caridade e os irmãos da Redenção dos cativos. O primeiro dever é ser justo. Camus entregava-se demais à imaginação. São Francisco de Sales aconselhou-o a fazer romances moralistas; mas ele abusou do conselho.

APÓCRIFOS (Apocryphes)

Da palavra grega que significa "oculto"

Observa-se oportunamente no *Dicionário enciclopédico* que as divinas Escrituras podiam ser ao mesmo tempo sagradas e apócrifas: sagradas porque indubitavelmente ditadas por Deus; apócrifas porque ocultadas às nações e mesmo ao povo judeu.

Que eram ocultadas às nações antes da tradução grega feita na Alexandria na época dos Ptolomeus é verdade reconhecida por todos. Josefo, na resposta dada a Ápion, depois da morte deste, confessa esse fato[142]; e sua confissão não deixa de ter peso, embora ele pretenda reforçá-la com uma fábula. Diz ele em sua história[143] que, como todos os livros judeus são divinos, nenhum historiador e nenhum poeta estrangeiro jamais ousaram falar deles. E, imediatamente depois de garantir que nunca ninguém ousou expressar-se sobre as leis judaicas, acrescenta que o historiador Teopompo, apenas por ter o intuito de inserir algo dela em sua história, ficou louco por obra de Deus durante trinta dias; depois, sendo informado em sonho de que estava louco apenas porque quisera conhecer as coisas divinas e transmiti-las aos profanos, pediu perdão a Deus, que restabeleceu a sua sanidade mental.

Josefo, no mesmo lugar, também relata que um poeta chamado Teodeto, por ter dito algumas palavras sobre os judeus em suas tragédias, ficou cego, e Deus lhe devolveu a visão depois que ele fez penitência.

Quanto ao povo judeu, é indubitável que houve tempos nos quais ele não pôde ler as divinas Escrituras, pois no quarto Livro dos reis[144] e no segundo dos Paralipômenos [Crônicas][145] se diz que durante o reinado de Josias elas não eram conhecidas, e que se encontrou por acaso um único exemplar num cofre do sumo sacerdote Helcias ou Helquias.

As dez tribos que foram dispersas por Salmanasar nunca reapareceram; e os livros, se é que elas os tinham, perderam-se junto. As duas tribos que foram escravizadas em Babilônia e voltaram ao cabo de setenta anos já não tinham seus livros, ou pelo menos eles eram raros e defeituosos, pois Esdras foi obrigado a restabelecê-los. Mas esses livros, embora fossem apócrifos durante o cativeiro de Babilônia, ou seja, ocultos, desconhecidos do povo, continuavam sagrados; traziam o selo da Divindade; eram, como todos concordam, o único monumento de verdade existente na terra.

---

142. Liv. I, cap. IV. (N. de Voltaire)
143. Liv. XII, cap. II. (N. de Voltaire)
144. Cap. XXII, v. 8. (N. de Voltaire)
145. Cap. XXXIV, v. 14. (N. de Voltaire)

164 APÓCRIFOS

Hoje chamamos de *apócrifos* os livros que não merecem crédito algum, tantas são as mudanças às quais as línguas estão expostas. Católicos e protestantes concordam em tratar de apócrifos, nesse sentido, e rejeitar:

A Prece de Manassés, rei de Judá, que está no quarto Livro dos reis;

Terceiro e quarto Livro dos Macabeus;

Quarto Livro de Esdras;

embora sejam incontestavelmente escritos por judeus; mas nega-se que seus autores tenham sido inspirados por Deus, tal como os outros judeus.

Os outros livros judeus, rejeitados apenas pelos protestantes e, por conseguinte, vistos como não inspirados por Deus, são:

Livro da Sabedoria, embora escrito no mesmo estilo dos Provérbios;

Eclesiástico, embora também do mesmo estilo;

Os dois primeiros Livros dos Macabeus, embora escritos por um judeu; mas não acreditam que esse judeu tenha sido inspirado por Deus;

Tobias, embora de fundo edificante. O judicioso e profundo Calmet afirma que uma parte desse livro foi escrita por Tobias pai e a outra, por Tobias filho, enquanto um terceiro autor acrescentou a conclusão do último capítulo, segundo a qual o jovem Tobias morreu com a idade de noventa e nove anos, e que seus filhos o *enterraram alegremente*.

O mesmo Calmet, no fim de seu prefácio, assim se expressa[146]: "Nem essa história em si mesma nem a maneira como é contada contêm de alguma maneira o caráter de fábula ou ficção. Se coubesse rejeitar todas as histórias da Escritura nas quais se encontram o maravilhoso e o extraordinário, qual seria o livro sagrado que se poderia conservar?..."

Judite, embora o próprio Lutero declare que "esse livro é belo, bom, santo, útil, é o discurso de um santo poeta e de um profeta animado pelo Espírito Santo, que nos instrui etc.[147]".

Na verdade, é difícil saber em que época ocorreu a aventura de Judite e onde estava situada a cidade de Betúlia. Também se discutiu muito sobre o grau de santidade da ação de Judite; mas, como o livro foi declarado canônico no concílio de Trento, não há o que discutir.

Baruc, embora escrito no estilo de todos os outros profetas.

Ester. Os protestantes só rejeitam alguns acréscimos depois do capítulo X; mas aceitam todo o restante do livro, embora não se saiba quem era o rei Assuero, personagem principal dessa história.

Daniel. Os protestantes retiram a aventura de Suzana e dos netos na fornalha; mas conservam o sonho de Nabucodonosor e sua convivência com as bestas.

Da vida de Moisés, livro apócrifo de grande antiguidade

O antigo livro que contém a vida e a morte de Moisés parece ter sido escrito na época do cativeiro de Babilônia. Foi então que os judeus começaram a conhecer os nomes que os caldeus e os persas davam aos anjos.

É então que se veem os nomes de Zinguiel, Samael, Tsakon, Lakah e muitos outros aos quais os judeus não haviam feito nenhuma menção.

O livro da morte de Moisés parece posterior. Sabe-se que os judeus tinham várias biografias antiquíssimas de Moisés, além de outros livros independentemente do Pentateuco. Neles seu nome era Moni, e não Moisés; afirma-se que *mo* significava *água*, e *ni*, a partícula *de*. Também recebeu o nome geral Melk; também lhe foram dados os nomes Joakim, Adamosi, Thetmosi; acima de tudo, acreditou-se tratar-se da mesma personagem que Máneton chama Osarsif.

---

146. Prefácio de Tobias. (N. de Voltaire)
147. Lutero, no prefácio alemão ao livro de Judite. (N. de Voltaire)

Alguns desses velhos manuscritos hebraicos foram resgatados da poeira dos gabinetes dos judeus por volta do ano 1517. O estudioso Gilbert Gaulmin, que dominava a língua deles com perfeição, traduziu-os para o latim por volta de 1635. Em seguida, foram impressos e dedicados ao cardeal Bérulle. Os exemplares tornaram-se extremamente raros.

Nunca o rabinismo, o gosto pelo maravilhoso e a imaginação oriental se mostraram com mais excesso.

Fragmento da vida de Moisés

Cento e trinta anos depois do estabelecimento dos judeus no Egito e sessenta anos depois da morte do patriarca José, o faraó teve um sonho dormindo. Um velho segurava uma balança: num dos pratos estavam todos os habitantes do Egito e no outro havia uma criancinha, e essa criança pesava mais do que todos os egípcios juntos. O faraó logo chama os seus *shotim*, seus sábios. Um dos sábios diz: "Majestade! Essa criança é um judeu que um dia fará muito mal ao vosso reino. Mandai matar todos os filhos dos judeus e salvareis vosso império, se é que se pode contradizer as determinações do destino."

O faraó gostou do conselho: mandou chamar as parteiras e ordenou-lhes que estrangulassem todos os meninos nascidos de judias... Havia no Egito um homem chamado Amram, filho de Kehat, marido de Jocebed, irmã de seu irmão. Essa Jocebed deu-lhe uma filha chamada Maria, que significa *perseguida*, porque os egípcios descendentes de Cam perseguiam os israelitas descendentes, evidentemente, de Sem. Jocebed em seguida deu à luz Aarão, que significa *condenado à morte*, porque o faraó condenara à morte todas as crianças judias. Aarão e Maria foram preservados pelos anjos do Senhor, que os alimentaram nos campos e os devolveram aos pais quando atingiram a adolescência.

Por fim, Jocebed teve um terceiro filho: era Moisés, que, por conseguinte, tinha quinze anos menos que o irmão. Foi abandonado no Nilo. A filha do faraó o encontrou enquanto se banhava, alimentou-o e o adotou como filho, ainda que não fosse casada.

Três anos depois, o faraó seu pai tomou uma nova mulher e ofereceu um grande banquete; a mulher estava à sua direita, e a filha, à sua esquerda com o pequeno Moisés. A criança, brincando, tomou-lhe a coroa e a pôs sobre sua própria cabeça. Balaão, o mago, eunuco do rei, lembrou-se então do sonho de Sua Majestade e disse: "Essa é a criança que algum dia vos fará tanto mal; o espírito de Deus está nele. O que ele acaba de fazer é prova de que já tem ideia de vos destronar. É preciso matá-lo imediatamente." O faraó gostou muito da ideia.

Estavam para matar o pequeno Moisés quando Deus mandou, imediatamente, seu anjo Gabriel disfarçado de oficial do faraó; este lhe disse: "Senhor, não se deve matar uma criança inocente que ainda não tem idade de entendimento; só pôs vossa coroa na cabeça porque não tem juízo. Basta oferecer-lhe um rubi e uma brasa; se escolher a brasa, está claro que é um imbecil e que não oferecerá perigo; mas, se apanhar o rubi, será sinal de que é ardiloso, e então é preciso matá-lo."

Imediatamente, traz um rubi e uma brasa; Moisés não deixa de apanhar o rubi; mas o anjo Gabriel, com ligeira manobra, põe a brasa no lugar da pedra preciosa. Moisés levou a brasa à boca e queimou-se a língua de maneira tão horrível, que ficou gago para o resto da vida; essa é a razão pela qual o legislador dos judeus nunca pôde articular as palavras.

Moisés tinha quinze anos e era o favorito do faraó, quando um hebreu foi queixar-se de que um egípcio o havia surrado depois de se deitar com sua mulher. Moisés matou o egípcio. O faraó ordenou que cortassem a cabeça de Moisés. O carrasco golpeou, mas Deus transformou imediatamente o pescoço de Moisés em coluna de mármore e enviou o anjo Miguel, que em três dias levou Moisés para fora das fronteiras.

O jovem hebreu recebeu asilo de Necano, rei de Etiópia, que estava em guerra com os árabes. Necano nomeou-o seu general de exército e, depois da morte de Necano, Moisés foi eleito rei e casou-se com a viúva. Mas Moisés, envergonhado de casar-se com a mulher de seu senhor, não ousou conhecê-la e pôs uma espada no leito, entre ele e a rainha. Ficou quarenta anos com ela sem a tocar. A rainha, irritada, convocou finalmente os estados do reino da Etiópia, queixou-se de que Moisés não lhe fazia nada e concluiu que era preciso expulsá-lo e pôr no trono o filho do falecido rei.

Moisés fugiu para o reino de Midiã e refugiou-se junto ao sacerdote Jetro. Esse sacerdote achou que faria grande fortuna se devolvesse Moisés ao faraó do Egito e começou por mandar enfiá-lo numa enxovia, onde foi deixado a pão e água. Moisés engordou a olhos vistos em sua masmorra. Jetro ficou muito admirado. Não sabia que sua filha Zípora se apaixonara pelo prisioneiro e lhe levava pessoalmente perdizes e codornas, com excelente vinho. Concluiu que Deus protegia Moisés e não o entregou ao faraó.

Entrementes, o sacerdote Jetro quis casar a filha; tinha no jardim uma árvore de safira na qual estava gravado o nome de Jaho ou Jeová. Mandou divulgar pela região que daria a filha a quem conseguisse arrancar a árvore de safira. Os pretendentes de Zípora apresentaram-se: nenhum deles conseguiu sequer fazer a árvore balançar. Moisés, que só tinha setenta e sete anos, arrancou-a de uma vez, sem o menor esforço. Casou-se com Zípora, de quem logo teve um belo filho chamado *Gerson*.

Um dia, passeando, encontrou-se com Deus (que se chamava antes Sadai e então se chamava Jeová) numa moita, e Deus lhe ordenou que fizesse milagres na corte do faraó: ele partiu com a mulher e o filho. Pelo caminho, encontraram um anjo, cujo nome não se diz, que ordenou a Zípora que circuncidasse o pequeno Gerson com uma faca de pedra. Deus enviou Aarão para o caminho, mas Aarão achou péssimo que seu irmão tivesse desposado uma medianita; ele a tratou de p... e tratou o pequeno Gerson de bastardo; mandou-os de volta para a sua terra pelo caminho mais curto.

Aarão e Moisés, portanto, foram sozinhos para o palácio do faraó. A porta do palácio era guardada por dois leões de tamanho descomunal. Balaão, um dos magos do rei, vendo que os dois irmãos se aproximavam, soltou os dois leões, mas Moisés os tocou com sua vara, e os dois leões, humildemente prosternados, lamberam os pés de Aarão e de Moisés. O rei, admiradíssimo, mandou os dois peregrinos apresentar-se a todos os seus magos. Era ver quem faria mais milagres.

O autor conta aí as dez pragas do Egito de modo semelhante ao que é narrado no Êxodo. Acrescenta apenas que Moisés cobriu todo o Egito com piolhos, até a altura de um côvado, e que mandou para o Egito leões, lobos, ursos e tigres, que entravam em todas as casas, embora as portas estivessem trancadas, e comiam todas as crianças.

Segundo esse autor, não foram os judeus que fugiram pelo mar Vermelho, mas sim o faraó que fugiu por esse caminho com seu exército; os judeus correram atrás dele, as águas se separaram à direita e à esquerda para vê-los combater; todos os egípcios, exceto o rei, foram mortos na praia. Então o rei, percebendo que o adversário era duro, pediu perdão a Deus. Miguel e Gabriel foram enviados e o transportaram para a cidade de Nínive, onde reinou por quatrocentos anos.

Da morte de Moisés

Deus dissera ao povo de Israel que só sairia do Egito se encontrasse o túmulo de José. Moisés o encontrou e o carregou nos ombros através do mar Vermelho.

Deus lhe disse que se lembraria dessa boa ação e o assistiria na morte.

Depois que Moisés fez cento e vinte anos, Deus lhe anunciou que era preciso morrer e que ele não tinha mais que três horas de vida. O anjo mau Samael ouviu a conversa. Assim que passou a primeira hora, começou a rir porque logo se apoderaria da alma de Moisés, e Miguel começou a chorar. "Não te alegres, bicho ruim, disse o anjo bom ao mau; Moisés vai morrer, mas temos Josué em seu lugar."

Passadas as três horas, Deus ordenou a Gabriel que fosse buscar a alma do moribundo. Gabriel recusou-se, Miguel também. Deus, diante da recusa daqueles dois anjos, voltou-se para Zinguiel. Este também não quis obedecer. Disse: "Eu, que fui seu preceptor, não vou matar meu discípulo." Então Deus, zangado, disse ao anjo mau Samael: "Então vai tu buscar a alma dele, malvado." Samael, muito alegre, puxa a espada e precipita-se sobre Moisés. O moribundo levanta-se furioso, com os olhos faiscando e lhe diz: "Como, patife! Vais ousar matar-me a mim, que quando era pequeno pus a coroa do faraó sobre minha cabeça, que aos oitenta anos fiz milagres, que tirei do Egito sessenta milhões de pessoas, que cortei o mar Vermelho em dois, que venci dois reis tão grandes que no tempo do dilúvio a água só lhes chegava ao meio da perna! Vai embora, velhaco, sai da minha frente imediatamente."

Essa altercação durou mais uns minutos. Gabriel, nesse ínterim, preparou uma padiola para transportar a alma de Moisés; Miguel, um manto de púrpura; Zinguiel, uma sotaina. Deus pôs suas duas mãos sobre o peito dele e levou sua alma.

É a essa história que o apóstolo são Judas faz alusão em sua Epístola, quando diz que o arcanjo Miguel disputou o corpo de Moisés com o diabo. Como esse fato só se encontra no livro que acabo de citar, é evidente que são Judas o lera, e que o via como um livro canônico.

A segunda história da morte de Moisés é também uma conversa com Deus. Não é menos engraçada nem menos curiosa que a outra. Vejamos algumas linhas desse diálogo.

MOISÉS – Senhor, rogo-vos que me deixeis entrar na terra prometida e lá ficar por pelo menos dois ou três anos.
DEUS – Não. Meu decreto diz que não entrarás.
MOISÉS – Que pelo menos me levem lá depois que eu morrer.
DEUS – Não, nem morto nem vivo.
MOISÉS – Ai! Meu Deus, sois tão clemente com vossas criaturas, que perdoais duas ou três vezes, e a mim, que cometi apenas um pecado, não me perdoais!
DEUS – Não sabes o que dizes; cometeste seis pecados... Lembro-me de ter jurado tua morte ou a ruína de Israel: um desses dois juramentos precisa cumprir-se. Se quiseres viver, Israel perecerá.
MOISÉS – Senhor, é muito hábil de vossa parte, segurais a corda pelas duas pontas. Que Moisés pereça, e não uma única alma de Israel.

Depois de várias conversas desse tipo, o eco da montanha disse a Moisés: "Só tens cinco horas de vida." Ao cabo de cinco horas, Deus mandou chamar Gabriel, Zinguiel e Samael. Deus prometeu a Moisés enterrá-lo e levou sua alma.

Quando pensamos que quase toda a terra se enfatuou com lendas semelhantes, que serviram para a educação do gênero humano, achamos bem razoáveis as fábulas de Pilpay, Lokman e Esopo.

Livros apócrifos da nova lei

Cinquenta Evangelhos, todos bem diferentes entre si: deles só nos restam quatro inteiros, o de Tiago, o de Nicodemo, o da infância de Jesus e o do nascimento de Maria. Dos outros só temos fragmentos e breves notícias.

O viajante Tournefort, enviado por Luís XIV à Ásia, informa que os georgianos conservaram o Evangelho da infância, que lhes foi provavelmente transmitido pelos armênios (Tournefort, carta XIX).

Nos primórdios, vários desses Evangelhos, hoje reconhecidos como apócrifos, foram citados como autênticos e até mesmo citados como únicos. Encontram-se nos Atos dos apóstolos estas palavras proferidas por são Paulo[148]: "Devemos lembrar-nos das palavras do senhor Jesus, pois ele disse: 'Melhor dar que receber.'"

São Barnabé, ou melhor, são Barnabás, põe as seguintes palavras na boca de Jesus Cristo em sua Epístola católica[149]: "Devemos resistir à iniquidade e odiá-la... Quem quiser ver-me e chegar ao meu reino deverá seguir-me nas aflições e nas dores."

São Clemente, em sua segunda Epístola aos coríntios, põe na boca de Jesus Cristo estas palavras: "Se estiverdes reunidos em meu seio e não seguirdes meus mandamentos[150], eu vos rejeitarei e direi: Retirai-vos de mim, não vos conheço; retirai-vos de mim, artífices de iniquidade."

Em seguida ele atribui essas palavras a Jesus Cristo: "Mantende casta a vossa carne e imaculado o selo, para receberdes a vida eterna[151]."

Nas Constituições apostólicas, que são do século II, encontram-se estas palavras: "Jesus Cristo disse: 'Sede agentes de câmbio honestos.'"

Há muitas citações semelhantes, nenhuma extraída dos quatro Evangelhos reconhecidos na Igreja como os únicos canônicos. A maioria é extraída do Evangelho segundo os hebreus, traduzido por são Jerônimo e hoje considerado apócrifo.

São Clemente, o Romano, diz em sua segunda Epístola: "Ao perguntarem ao Senhor quando viria seu reino, ele respondeu: 'Quando dois fizerem um, quando o que está fora estiver dentro, quando o macho for fêmea e quando não houver fêmea nem macho.'"

Essas palavras são extraídas do Evangelho segundo os egípcios, e o texto é transcrito na íntegra por são Clemente de Alexandria. Mas em que pensavam o autor do Evangelho egípcio e são Clemente? As palavras que ele cita são injuriosas a Jesus Cristo; levam a crer que ele não acreditava no advento de seu reino. Dizer que uma coisa acontecerá "quando dois fizerem um, quando o macho for fêmea" equivale a dizer que nunca acontecerá. É como quando dizemos: "No dia de são Nunca, nas calendas gregas"; esse trecho é bem mais rabínico que evangélico.

Também houve Atos dos apóstolos apócrifos: são citados por santo Epifânio[152]. Nesses Atos consta que são Paulo era filho de pai e mãe idólatras, e que se tornou judeu para casar-se com a filha de Gamaliel; que, tendo sido recusado ou descobrindo que ela não era virgem, aliou-se aos discípulos de Jesus. É uma blasfêmia contra são Paulo.

Dos outros livros apócrifos dos séculos I e II

I

Livro de Enoque, sétimo homem depois de Adão; faz menção à guerra dos anjos rebeldes sob o comando de Semexia contra os anjos fiéis, conduzidos por Miguel. O motivo da guerra era usufruir as filhas dos homens, como se diz no verbete Anjo[153].

II

Atos de santa Tecla e são Paulo, escritos por um discípulo chamado João, ligado a são Paulo. É nessa história que Tecla escapa dos perseguidores para ir encontrar-se com são Paulo, disfarçada de homem. É nela que ela batiza um leão, mas essa aventura foi retirada depois. É nela que se

---

148. Cap. XX, v. 35. (N. de Voltaire)
149. N°s 4 e 7. (N. de Voltaire)
150. Nº 4. (N. de Voltaire)
151. Nº 8. (N. de Voltaire)
152. Cap. XXX, §16. (N. de Voltaire)
153. Existe outro livro de Enoque entre os cristãos da Etiópia, que Peiresc, conselheiro do parlamento da Provença, trouxe para a França com grandes custos; é de outro impostor. Até na Etiópia! (N. de Voltaire)

encontra o retrato de são Paulo: *Statura brevi, calvastrum, cruribus curvis, surosum, superciliis junctis, naso aquilino, plenum gratia Dei* [De baixa estatura, calvo, de pernas arqueadas, estacado, de supercílios ligados, de nariz aquilino, cheio da graça de Deus].

Embora essa história tenha sido recomendada por são Gregório de Nazianzo, por santo Ambrósio e por são João Crisóstomo etc., não goza de nenhuma consideração junto aos outros doutores da Igreja.

III

Pregação de Pedro. Também chamado Evangelho, a Revelação de Pedro. São Clemente de Alexandria fala dele com muitos elogios; mas logo se percebeu que era de um falsário que assumira o nome do apóstolo.

IV

Atos de Pedro, obra não menos falsa.

V

Testamento dos doze patriarcas. Não se sabe se esse livro é de um judeu ou de um cristão. É bem provável, porém, que seja de um cristão dos primeiros tempos, pois, no Testamento de Levi, diz-se que no fim da sétima semana surgirão sacerdotes dados à idolatria, *bellatores, avari, scribae iniqui, impudici, puerorum corruptores et pecorum* [belicosos, avarentos, escribas iníquos, corruptores de meninos e de ovelhas]; que então haverá um novo sacerdócio; que os céus se abrirão; que a glória do Altíssimo e o espírito do entendimento e da santificação se erguerão sobre esse novo sacerdote. Isso parece profetizar Jesus Cristo.

VI

Carta de Abgar, pretenso rei de Édessa, a Jesus Cristo, e a Resposta de Jesus Cristo ao rei Abgar. Acredita-se que no tempo de Tibério havia um toparca de Édessa, que deixara de servir os persas para servir os romanos; mas sua correspondência epistolar foi considerada uma quimera por todos os bons críticos.

VII

Atos de Pilatos, Cartas de Pilatos a Tibério sobre a morte de Jesus Cristo. Vida de Prócula, mulher de Pilatos.

VIII

Atos de Pedro e Paulo, onde se lê a história da briga de são Pedro com Simão, o Mago: essa história foi escrita por Abdias, Marcel e Hegesipo. São Pedro primeiro compete com Simão para saber quem ressuscitará um parente do imperador Nero, que acabava de morrer: Simão o ressuscita pela metade, e são Pedro conclui a ressurreição. Simão então voa pelos ares, são Pedro o derruba, e o mago quebra as pernas. O imperador Nero, irritado com a morte de seu mago, manda crucificar são Pedro de cabeça para baixo e cortar a cabeça a são Paulo, que era aliado de são Pedro.

IX

Atos do bem-aventurado Paulo, apóstolo e doutor das nações. Nesse livro, são Paulo mora em Roma, dois anos depois da morte de são Pedro. O autor diz que, quando Paulo foi decapitado, de sua cabeça saiu leite, em vez de sangue, e que Lucina, mulher devota, mandou enterrá-lo a vinte milhas de Roma, no caminho para Óstia, em sua casa de campo.

X

Atos do bem-aventurado apóstolo André. O autor conta que santo André foi pregar na cidade dos mirmidões, e que lá batizou todos os cidadãos. Um jovem, chamado Sóstrato, da cidade de Amazea, que pelo menos é mais conhecida do que a dos mirmidões, veio dizer ao bem-aventurado André: "Sou tão belo, que minha mãe concebeu paixão por mim; horrorizei-me com esse crime execrável e fugi; minha mãe, enfurecida, acusa-me perante o procônsul da província de ter desejado violentá-la. Nada posso responder, pois preferiria morrer a acusar minha mãe." Enquanto falava, os guardas do procônsul foram prendê-lo. Santo André acompanhou o menino perante o juiz e defendeu-o: a mãe não se comoveu; acusou o próprio santo André de ter induzido o menino àquele crime. O procônsul imediatamente ordena que santo André seja jogado no rio; mas o apóstolo faz uma súplica a Deus, ocorre um grande tremor de terra, e a mãe morre fulminada.

Depois de várias aventuras desse tipo, o autor faz santo André ser crucificado em Patras.

XI

Atos de são Tiago, o Maior. O autor diz que o pontífice Abiatar o condenou à morte em Jerusalém; ele batiza o escrivão antes de ser crucificado.

XII

Atos de são João Evangelista. O autor conta que em Éfeso, onde são João era bispo, Drusila, convertida por ele, não quis mais saber da companhia do marido Andronico e se recolheu numa tumba. Um jovem chamado Calímaco, apaixonado por ela, insistiu algumas vezes naquela tumba, tentando fazê-la ceder à sua paixão. Drusila, instada pelo marido e pelo apaixonado, desejou morrer e conseguiu. Calímaco, informado de sua perda, fica ainda mais enlouquecido de amor; suborna um doméstico de Andronico, que tinha as chaves da tumba, e para lá vai; despe a amada da mortalha e exclama: "O que não quiseste conceder-me viva, tu me concederás morta." E, no terrível arroubo de demência, sacia seus desejos naquele corpo inanimado. No mesmo instante sai uma serpente do túmulo: o jovem cai desfalecido, e a serpente o mata; faz o mesmo com o criado cúmplice e enrola-se em seu corpo. São João chega com o marido; os dois ficam admirados por encontrarem Calímaco ainda vivo. São João ordena que a serpente se vá, e a serpente obedece. Pergunta ao jovem como ressuscitou; Calímaco responde que um anjo lhe apareceu e disse: "Precisavas morrer para ressuscitares cristão." Imediatamente, pediu o batismo e suplicou a são João que ressuscitasse Drusila. Assim que o apóstolo realizou esse milagre, Calímaco e Drusila lhes suplicaram a bondade de ressuscitar também o criado. Este, que era um pagão obstinado, depois de voltar à vida, declarou que preferia remorrer a ser cristão; e, de fato, remorreu incontinente. Diante disso, são João disse que árvore ruim sempre dá maus frutos.

Aristodemo, grão-sacerdote de Éfeso, embora impressionado com tal prodígio, não quis converter-se; disse a são João: "Permiti que vos envenene, e, se não morrerdes, eu me converterei." O apóstolo aceita a proposta: mas quis que, antes, Aristodemo envenenasse dois efésios condenados à morte. Aristodemo logo lhes ofereceu veneno; eles morreram imediatamente. São João tomou o mesmo veneno, que não lhe fez mal algum. Ressuscitou os dois mortos, e o sumo sacerdote se converteu.

Quando são João atingiu a idade de noventa e sete anos, Jesus Cristo apareceu-lhe e disse-lhe: "Está na hora de vires a meu festim com teus irmãos." E logo depois o apóstolo adormeceu em paz.

XIII

História dos bem-aventurados irmãos Tiago, o Menor, Simão e Judas. Esses apóstolos estão na Pérsia e ali executam coisas tão incríveis quanto as que o autor conta sobre santo André.

XIV

Atos de são Mateus, apóstolo e evangelista. São Mateus vai para a Etiópia, para a grande cidade de Nadaver; ressuscita o filho da rainha Candace e funda Igrejas cristãs.

XV

Atos do bem-aventurado Bartolomeu na Índia. Bartolomeu vai primeiro para o templo de Astarot. Essa deusa proferia oráculos, curando todas as doenças; Bartolomeu ordena que ela se cale e faz adoecer todos aqueles que ela havia curado. O rei Polímio discute com ele; o demônio declara diante do rei que ele está vencido. São Bartolomeu sagra o rei Polímio bispo das Índias.

XVI

Atos do bem-aventurado Tomé, apóstolo da Índia. São Tomé entra na Índia por outro caminho, faz muitos mais milagres que são Bartolomeu; por fim, é martirizado e aparece para Xiphoro e Susani.

XVII

Atos do bem-aventurado Filipe. Ele foi pregar na Cítia. Queriam que ele oferecesse sacrifícios a Marte, mas ele faz um dragão sair do altar e devorar os filhos dos sacerdotes; morreu em Hierápolis, com oitenta e sete anos. Não se sabe que cidade é essa; havia várias com esse nome. Segundo consta, todas essas histórias foram escritas por Abdias, bispo de Babilônia, e traduzidas por Júlio Africano.

XVIII

A esse abuso das Santas Escrituras soma-se outro, menos revoltante, que não falta ao respeito para com o cristianismo, como aqueles que acabamos de apresentar ao leitor. São as liturgias atribuídas a são Tiago, são Pedro e são Marcos, cuja falsidade foi demonstrada pelo douto Tillemont.

XIX

Fabricius inclui entre os escritos apócrifos a Homilia atribuída a santo Agostinho, Sobre a maneira como se formou o Símbolo: mas decerto não afirma que o Símbolo, que dizemos dos apóstolos, é menos sagrado e menos verdadeiro por isso. Consta nessa Homilia, em Rufino e em Isidoro que dez dias depois da ascensão, estando os apóstolos reunidos e encerrados por medo dos judeus, Pedro disse: *Creio em Deus Pai todo-poderoso*; André: *E em Jesus Cristo, seu Filho*; Tiago: *Que foi concebido pelo Espírito Santo*; e que, assim, cada apóstolo pronunciou um artigo, e o Símbolo foi inteiramente concluído.

Como essa história não está nos Atos dos apóstolos, estamos eximidos de acreditar nela; mas não eximidos de acreditar no Símbolo, cuja substância foi ensinada pelos apóstolos. A verdade não pode ser vítima dos falsos ornamentos que quiseram dar-lhe.

XX

Constituições apostólicas. Incluem-se hoje no rol dos apócrifos as Constituições dos santos apóstolos, que antes se dizia terem sido redigidas por são Clemente, o Romano. A leitura de alguns capítulos basta para mostrar que os apóstolos não tiveram participação alguma nessa obra.

No capítulo IX, ordena-se que as mulheres só se lavem na nona hora.

No primeiro capítulo do segundo livro, deseja-se que os bispos sejam doutos; mas no tempo dos apóstolos não havia hierarquia, não havia bispos ligados a uma única Igreja. Eles iam instruindo de cidade em cidade, de povoado em povoado; chamavam-se *apóstolos*, e não *bispos*; acima de tudo, não se gabavam de erudição.

No capítulo II desse segundo livro, consta que um bispo só deve ter "uma mulher que cuide bem de sua casa"; isso só serve para provar que, no fim do século I e no começo século II, quando a hierarquia começou a estabelecer-se, os padres eram casados.

Em quase todo o livro, os bispos são vistos como juízes dos fiéis, e sabe-se muito bem que os apóstolos não tinham nenhuma jurisdição.

No capítulo XXI se diz que é preciso ouvir as duas partes; isso supõe uma jurisdição estabelecida.

No capítulo XXVI se diz: "O bispo é vosso príncipe, vosso rei, vosso imperador, vosso Deus na terra." Essas expressões são muito fortes para a humildade dos apóstolos.

No capítulo XXVIII: "Nos festins dos ágapes é preciso dar ao diácono o dobro daquilo que se dá a uma velha; ao padre, o dobro daquilo que se dá ao diácono, porque eles são os conselheiros do bispo e a coroa da Igreja. O leitor receberá uma porção em honra dos profetas, assim como o cantor e o porteiro. Os laicos que quiserem receber alguma coisa deverão se dirigir ao bispo por intermédio do diácono."

Os apóstolos nunca usaram termo algum que correspondesse a *laico* e marcasse alguma diferença entre profanos e sacerdotes.

No capítulo XXXIV: "É preciso reverenciar o bispo como um rei, honrá-lo como um mestre, dar-lhe vossos frutos, as obras de vossas mãos, vossas primícias, vossos dízimos, vossas economias, os presentes que recebestes, vosso trigo, vosso vinho, vosso óleo, vossa lã e tudo o que tendes." Esse artigo é demais.

No capítulo LVII: "Que a Igreja seja longa, que esteja voltada para o oriente, que se assemelhe a uma nave, que o trono do bispo fique no meio; que o leitor leia os livros de Moisés, de Josué, dos Juízes, dos Reis, das Crônicas, de Jó etc."

No capítulo XVII do livro III: "O batismo é dado pela morte de Jesus; o óleo, pelo Espírito Santo. Quando somos mergulhados na pia, morremos; quando saímos, ressuscitamos. *O pai é o Deus de tudo*; Cristo é filho único de Deus, filho dileto e senhor de glória. O santo sopro é *Paracleto* enviado de Cristo, doutor que ensina, pregador de Cristo."

Essa doutrina hoje seria expressa em termos mais canônicos.

No capítulo VII do livro V, citam-se versos das sibilas sobre o advento de Jesus e sua ressurreição. Foi a primeira vez que os cristãos forjaram versos de sibilas, o que continuou por mais de trezentos anos.

No capítulo XXVIII do livro VI, a pederastia e o coito com animais são proibidos para os fiéis.

No capítulo XXIX, diz-se "que um marido e uma mulher estão puros quando saem do leito, mesmo que não se lavem".

No capítulo V do livro VIII, encontram-se estas palavras: "*Deus todo-poderoso*, dá ao bispo, por teu Cristo, a participação no Espírito Santo."

No capítulo VI: "Recomendai-vos apenas a Deus por Jesus Cristo", o que não exprime bem a divindade de Nosso Senhor.

No capítulo XII, está a constituição de Tiago, irmão de Zebedeu.

No capítulo XV o diácono deve pronunciar em voz alta: "Inclinai-vos diante de Deus por Jesus Cristo." Essas expressões não são hoje muito corretas.

XXI

Cânones apostólicos. O cânone VI ordena que nenhum bispo ou padre deve separar-se da mulher pretextando motivos religiosos; caso se separe, será excomungado; se perseverar, será expulso.

O cânone VII ordena que nenhum padre se imiscua jamais em assuntos seculares.

O cânone XIX prescreve que aquele que se casar com duas irmãs não será admitido no clero.

Os cânones XXI e XXII prescrevem que os eunucos podem ser admitidos no clero, exceto aqueles que tenham mutilado sua própria genitália. Orígenes foi sacerdote, apesar dessa lei.

O cânone LV diz que o bispo, o padre, o diácono ou o clérigo que comer carne na qual ainda haja sangue será destituído.

É bem evidente que esses cânones não podem ter sido promulgados pelos apóstolos.

XXII

Os reconhecimentos de são Clemente a Tiago, irmão do Senhor, em dez livros, traduzidos para o grego e o latim por Rufino.

Esse livro começa com uma dúvida sobre a imortalidade da alma: *Utrumne sit mihi aliqua vita post mortem; an nihil omnino postea sim futurus*? [Acaso me haveria outra vida após a morte? ou nada absolutamente tenha de haver em seguida?][154] São Clemente, inquietado por essa dúvida e desejando saber se o mundo é eterno ou se foi criado, se existem tártaro, Flegetonte, Ixíon e Tântalo etc. etc., quis ir ao Egito e aprender necromancia; mas, tendo ouvido falar de são Barnabé, que pregava o cristianismo, foi encontrar-se com ele no oriente, na época em que Barnabé celebrava uma festividade judaica. Em seguida, encontrou são Pedro em Cesareia, com Simão, o Mago, e Zaqueu. Discutiram, e são Pedro contou-lhe tudo o que ocorrera desde a morte de Jesus. Clemente tornou-se cristão, mas Simão continuou mago.

Simão apaixonou-se por uma mulher que tinha o nome de Lua e, enquanto esperava para casar-se com ela, propôs a são Pedro, Zaqueu, Lázaro, Nicodemo, Dositeu e vários outros que entrassem no rol de seus discípulos. Dositeu começou respondendo com uma paulada; mas o pau atravessou o corpo de Simão, como se atravessasse a fumaça; Dositeu então o adorou e tornou-se seu lugar-tenente; depois disso, Simão casou-se com sua amante e afirmou que ela era a própria Lua descida do céu para casar-se com ele.

Não vale a pena ir adiante com os Reconhecimentos de são Clemente. Cabe apenas observar que no livro IX se fala dos chineses com o nome de *Seres*, como os mais justos e sábios dos homens; depois deles, vêm os brâmanes, aos quais o autor faz a justiça que toda a antiguidade lhes fez. O autor cita-os como modelos de sobriedade, brandura e justiça.

XXIII

Carta de são Pedro a são Tiago, e a carta de são Clemente ao mesmo são Tiago, irmão do Senhor, que dirigia a santa Igreja dos hebreus em Jerusalém e todas as Igrejas. A carta de são Pedro nada contém de curioso, mas a de são Clemente é notável; afirma ele que são Pedro o declarou bispo de Roma e seu coadjutor antes de morrer; que lhe impôs as mãos e mandou-o sentar-se numa cátedra episcopal, na presença de todos os fiéis. Disse: "Não deixes de escrever a meu irmão Tiago assim que eu morrer."

Essa carta parece provar que não se acreditava então que são Pedro tivesse sido suplicado, pois essa carta atribuída a são Clemente provavelmente teria feito menção ao suplício de são Pedro. Ela também prova que Cleto e Anacleto não eram contados entre os bispos de Roma.

XXIV

Homilias de são Clemente, em número de dezenove. Em sua primeira Homilia, ele conta aquilo que já dissera nos *Reconhecimentos*, que fora procurar são Pedro com são Barnabé em Cesareia, para saber se a alma é imortal e se o mundo é eterno.

---

154. Nº XVII e exórdio. (N. de Voltaire)

Lê-se na segunda Homilia, nº 38, um trecho bem mais extraordinário; é o próprio são Pedro quem fala do Antigo Testamento e assim se exprime:

"A lei escrita contém algumas coisas falsas contra a lei de Deus, criador do céu e da terra: foi o que o diabo fez por boa causa, e isso também aconteceu pelo julgamento de Deus, a fim de descobrir aqueles que ouviam com prazer o que está escrito contra ele etc. etc."

Na sexta Homilia, são Clemente encontra Ápion, o mesmo que escrevera contra os judeus no tempo de Tibério; diz a Ápion que está apaixonado por uma egípcia e pede-lhe que escreva uma carta em seu nome à sua pretensa amada, para convencê-la, graças ao exemplo de todos os deuses, de que é preciso fazer amor. Ápion escreve a carta, e são Clemente escreve a resposta em nome da egípcia; depois disso, discute a natureza dos deuses.

XXV

Duas Epístolas de são Clemente aos coríntios. Não parece justo arrolar essas epístolas entre os apócrifos. O que pode ter levado alguns estudiosos a não reconhecê-las é o fato de nelas se falar da "fênix da Arábia que vive quinhentos anos e se queima no Egito na cidade de Heliópolis". Mas pode muito bem ocorrer que são Clemente tenha acreditado nessa fábula na qual tantos outros acreditavam, e que tenha escrito cartas aos coríntios.

Admite-se que havia então uma grande disputa entre a Igreja de Corinto e a de Roma. A Igreja de Corinto, que dizia ter sido fundada antes, era dirigida em comunidade; quase não havia distinção entre os padres e os seculares, muito menos entre padres e bispo; todos tinham igual faculdade deliberativa; pelo menos é isso o que dizem vários estudiosos. São Clemente diz aos coríntios em sua primeira Epístola: "Vós, que lançastes os fundamentos da sedição, deveis submeter-vos aos padres, corrigir-vos por meio da penitência, dobrar os joelhos de vosso coração e aprender a obedecer." Não é de surpreender que um bispo de Roma tenha usado essas expressões.

É na segunda Epístola que se encontra também esta resposta de Jesus Cristo, que já mencionamos, ao lhe perguntarem quando viria seu reino dos céus. Disse ele: "Quando dois fizerem um, quando o que está fora estiver dentro, quando o macho for fêmea e quando não houver macho nem fêmea."

XXVI

Carta de santo Inácio, o Mártir, à Virgem Maria e Resposta da Virgem a santo Inácio

A Maria que gerou Cristo, seu devoto Inácio

"Deveis consolar-me, a mim que sou neófito e discípulo de vosso João; ouvi dizer várias coisas admiráveis de vosso Jesus e fiquei assombrado. Desejo de todo o coração ser instruído em tais coisas por vós, que sempre vivestes com ele em familiaridade e que sabeis todos os seus segredos. Passai bem e confortai os neófitos que estão comigo, vosso e por vós, *Amém*."

Resposta da Virgem Santa, a Inácio, seu discípulo dileto

Humilde serva de Jesus Cristo

"Tudo o que aprendeste com João é verdade, acredita e persiste, mantém teu voto de cristão, conforma teus costumes e tua vida ao cristianismo; irei com João visitar-te e visitar aqueles que estão contigo. Mantém-te firme na fé, age como homem; que a severidade da perseguição não te perturbe, mas que teu espírito se fortaleça e exulte em Deus, teu Salvador, *Amém*."

Consta que essas cartas são do ano 116 de nossa era; mas nem por isso são menos falsas e menos absurdas: chegariam a constituir um insulto à nossa santa religião, caso não tivessem sido escritas com um espírito de simplicidade que pode ensejar o perdão.

XXVII

Fragmentos dos apóstolos. Neles se encontra este trecho: "Paulo, homem de baixa estatura, de nariz aquilino e rosto angelical, instruído no céu, disse a Plantila, romana, antes de morrer: 'Adeus, Plantila, plantinha de salvação eterna; conhece tua nobreza, és mais branca que a neve, estás alistada entre os soldados de Cristo, és herdeira do reino celeste.'" Isso não merecia ser refutado

XXVIII

Onze Apocalipses, atribuídos aos patriarcas e profetas, a são Pedro, Cerinto, santo Tomás, santo Estêvão protomártir, dois a são João, diferentes do canônico, e três a são Paulo. Todos esses Apocalipses foram eclipsados pelo de são João.

XXIX

Visões, Preceitos e Similitudes de Hermas.

Hermas parece ser do fim do século I. Aqueles que tratam seu livro de apócrifo são obrigados a fazer justiça à sua moral. Ele começa dizendo que seu pai adotivo vendera uma filha em Roma. Hermas reencontrou essa moça depois de vários anos e, segundo diz, amou-a como irmã; viu-a um dia a banhar-se no Tibre, estendeu-lhe a mão e a puxou do rio, dizendo-se em seu íntimo: "Como eu seria feliz se tivesse uma mulher semelhante a ela na beleza e nos costumes!"

Imediatamente o céu se abriu, e ele viu de repente aquela mesma mulher, fazendo-lhe uma reverência do alto do céu e dizendo-lhe: "Bom-dia, Hermas." Aquela mulher era a Igreja cristã. Deu-lhe muitos bons conselhos.

Um ano depois, o espírito o transportou para o mesmo lugar onde vira aquela bela mulher, que no entanto era velha; mas sua velhice era fresca, e ela só era velha porque tinha sido criada no começo do mundo, e o mundo havia sido feito para ela.

O livro dos Preceitos contém menos alegorias, mas o das Similitudes contém muitas.

"Um dia, quando jejuava – diz Hermas – e estava sentado numa colina, dando graças a Deus por tudo o que ele fizera por mim, um pastor veio sentar-se ao meu lado e me disse:

– Por que vieste aqui tão cedo?

– Porque estou em estação – respondi-lhe.

– O que é estação? – perguntou o pastor.

– É um jejum.

– Que jejum é esse?

– É meu costume.

– Ora – replicou o pastor –, não sabes o que é jejuar: isso de nada serve a Deus; eu te ensinarei o que é o verdadeiro jejum agradável a Divindade[155]. Teu jejum nada tem em comum com a justiça e a virtude. Serve a Deus de coração puro, guarda seus mandamentos, não admitas em teu coração nenhum desejo culposo. Se sempre tiveres o temor a Deus diante de teus olhos, se te abstiveres do mal, esse será o verdadeiro jejum, o grande jejum que Deus te agradecerá."

Essa piedade filosófica e sublime é um dos mais singulares monumentos do século I. O mais estranho, porém, é que no fim das Similitudes o pastor lhe dá moças afáveis, *valde affabiles*, castas

---

155. Similit. 5ª, liv. III. (N. de Voltaire)

e industriosas, para cuidar de sua casa, e declara que ele não poderá cumprir os mandamentos de Deus sem aquelas moças, que claramente representam as virtudes.

Mas não convém alongar essa lista; ela seria imensa se quiséssemos entrar em todas as minúcias. Terminaremos com as Sibilas.

XXX

As Sibilas. O que houve de mais apócrifo em toda a Igreja primitiva foi a prodigiosa quantidade de versos atribuídos às antigas sibilas a favor dos mistérios da religião cristã. Diodoro da Sicília[156] só reconhece uma, apanhada em Tebas pelos Epígonos e levada para Delfos antes da guerra de Troia. Dessa sibila, ou seja, dessa profetisa, logo foram feitas dez. A de Cumes era a que tinha mais crédito entre os romanos, e a sibila Eritreia, entre os gregos.

Como todos os oráculos eram proferidos em versos, nenhuma sibila deixava de fazê-los; e, para conferir maior autoridade a esses versos, algumas vezes eles foram feitos em acrósticos. Vários cristãos que não eram muito zelosos em relação à ciência não só deturparam o sentido dos antigos versos supostamente escritos pelas sibilas, como também fizeram alguns, e, o que é pior, em acrósticos. Não pensaram que esse artifício trabalhoso do acróstico em nada se assemelha à inspiração e ao entusiasmo de uma profetisa. Quiseram apoiar a melhor das causas com a fraude mais canhestra. Assim, fizeram maus versos gregos, cujas letras iniciais significavam em grego, *Jesus, Cristo, Filho, Salvador*; e esses versos diziam que "com cinco pães e dois peixes ele alimentaria cinco mil pessoas no deserto e, juntando os pedaços que sobrassem, encheria doze cestos".

O reinado de mil anos e a nova Jerusalém celeste, que Justino vira no ar durante quarenta noites, não deixaram de ser previstos pelas sibilas.

Lactâncio, no século IV, recolheu quase todos os versos atribuídos às sibilas e os considerou provas convincentes. Essa opinião foi tão autorizada e se manteve durante tanto tempo, que ainda cantamos hinos nos quais o testemunho das sibilas se soma às previsões de Davi:

Solvet saeclum in favilla,
Teste David cum sibylla.
[Dissolverá em cinzas
Sendo testemunha Davi com a sibila.]

Não nos dilataremos na lista desses erros ou dessas fraudes: poderíamos transcrever mais de cem, pois o mundo foi sempre composto de enganadores e de gente que gosta de ser enganada. Mas não busquemos uma erudição tão perigosa. Uma grande verdade aprofundada vale mais do que a descoberta de mil mentiras.

Todos esses erros, toda a grande quantidade de livros apócrifos não puderam prejudicar a religião cristã, porque ela, como se sabe, está fundada em verdades inabaláveis. Essas verdades são respaldadas por uma Igreja militante e triunfante à qual Deus deu o poder de ensinar e reprimir. Ela une em vários países a autoridade espiritual e a temporal. Prudência, força e riqueza são seus atributos; e, embora esteja dividida, embora suas divisões a tenham ensanguentado, pode ser comparada à república romana, sempre agitada por discórdias civis, mas sempre vitoriosa.

APÓSTATA (Apostat)

Os estudiosos ainda discutem se o imperador Juliano era de fato apóstata e se alguma vez foi realmente cristão.

---

156. *Diodore*, liv. IV. (N. de Voltaire)

Ainda não tinha seis anos quando o imperador Constâncio, que era mais bárbaro ainda que Constantino, mandou matar seu pai, seu irmão e sete primos-irmãos seus. Escapou por um triz da chacina, com o irmão Galo, mas sempre foi tratado com muita dureza por Constâncio. Durante muito tempo sua vida foi ameaçada; logo assistiu ao assassinato, por ordem do tirano, do irmão que lhe restava. Os sultões turcos mais bárbaros nunca superaram – lamento ter de admitir – as crueldades e os embustes da família Constantina. O estudo foi o único consolo de Juliano desde a mais tenra juventude. Via em segredo os mais ilustres filósofos, que eram da antiga religião de Roma. É bem provável que só tenha adotado a religião de seu tio Constâncio para evitar o assassinato. Juliano foi obrigado a esconder sua inteligência, tal como fizera Bruto no tempo de Tarquínio. Devia ser menos cristão ainda porquanto seu tio o obrigara a ser monge e a exercer a função de leitor na Igreja. Raramente se abraça a religião do perseguidor, sobretudo quando este quer dominar consciências.

Uma outra probabilidade é que em nenhuma de suas obras ele diz que foi cristão. Nunca pede perdão aos pontífices da antiga religião. Em suas cartas fala como se tivesse continuado ligado ao culto do senado. Nem mesmo está confirmado que ele tenha praticado as cerimônias do tauróbolo, que podia ser visto como uma espécie de expiação, nem que tivesse desejado lavar com sangue de touro aquilo que se chamava, de modo tão infeliz, mancha do batismo. Era uma devoção pagã que, aliás, não provaria mais do que a adesão aos mistérios de Ceres. Em suma, nem seus amigos nem seus inimigos relatam nenhum fato, nenhuma afirmação que possa provar que ele alguma vez tenha acreditado no cristianismo, e que tenha passado dessa crença sincera à crença nos deuses do império.

Assim sendo, aqueles que não o tratam de apóstata parecem ser desculpáveis.

Com o aperfeiçoamento da crítica saudável, todos hoje admitem que o imperador Juliano era um herói e um sábio, um estoico igual a Marco Aurélio. Condenam-se seus erros, admitem-se suas virtudes. Hoje se pensa como Prudêncio, seu contemporâneo, autor do hino *Salvete, flores martyrum* [Salve, flores de mártires]. Ele diz sobre Juliano:

Ductor fortissimus armis,
Conditor et legum celeberrimus; ore manuque
Consultor patriae: sed non consultor habendae
Relligionis; amans tercentum millia divum.
Perfidus ille Deo, quamvis non perfidus orbi.
[Comandante fortíssimo nas armas,
Criador também celebérrimo de leis; pela boca e pela mão
Consultor da pátria: mas não consultor da religião que deve ser mantida;
Que ama em número indefinido o divino.
Pérfido ele a Deus, embora não pérfido ao mundo.]
(*Apoteos.*, v. 450-454)

Fameux par ses vertus, par ses lois, par la guerre,
Il méconnut son Dieu, mais il servit la terre.
[Famoso pelas virtudes, pelas leis, pela guerra,
Renegou seu Deus, mas serviu a terra.]

Seus detratores reduzem-se a ridicularizá-lo, mas ele tinha mais inteligência do que aqueles que zombam dele. Um historiador o critica, baseado em são Gregório de Nazianzo, *por ter usado barba comprida demais*. – Mas, meu amigo, se a natureza lhe deu barba comprida, por que desejarias que ele a usasse curta? – *Ele balançava a cabeça*. – Segura melhor a tua. *Seu andar era precipitado*. – Lembra-te do abade Aubignac, pregador do rei, apupado na comédia, que zomba do andar e do jeito do grande Corneille. Ousarías ter a esperança de ridicularizar o marechal de

Luxemburgo porque sua marcha era defeituosa e sua compleição, irregular? Ele marchava muito bem contra o inimigo. Deixemos que o ex-jesuíta Patouillet e o ex-jesuíta Nonotte etc. chamem o imperador Juliano de *apóstata*. Ei, patifes! O sucessor dele, que era cristão e tinha o nome de Joviano, chamava-o *divus Julianus*.

Tratemos esse imperador tal como ele nos tratou[157]. Dizia ele, e enganava-se: "Não devemos odiá-los, mas lastimá-los; já são bastante infelizes por errarem na coisa mais importante."

Tenhamos por ele a mesma compaixão, pois estamos seguros de que a verdade está do nosso lado.

Ele fazia justiça a seus súditos, façamos justiça à sua memória. Alguns alexandrinos se enfurecem com um bispo cristão, homem ruim, é verdade, eleito por uma intriga de celerados. Era filho de um pedreiro, chamado Jorge Biordos. Seus costumes eram mais vis que seu nascimento: ele unia a perfídia mais covarde à ferocidade mais brutal, e a superstição a todos os vícios; era avaro, caluniador, perseguidor, impostor, sanguinário, sedicioso e detestado por todas as facções; enfim, os habitantes o mataram a pauladas. Vede a carta que o imperador Juliano escreveu aos alexandrinos sobre esse motim popular. Vede como ele fala em tom de pai e juiz.

"Em vez de trazerdes a mim o conhecimento de vossos ultrajes, vós vos deixastes levar pela cólera, entregando-vos aos mesmos excessos que reprovais em vossos inimigos! Jorge merecia ser tratado assim; mas não cabia a vós serdes seus executores. Tendes leis, cabia pedir justiça etc."

Ousaram macular Juliano com o infame nome de *intolerante* e *perseguidor*, ele que queria extirpar a perseguição e a intolerância. Relede sua carta cinquenta e dois e respeitai sua memória. Não será ele já bastante infeliz por não ter sido católico e por arder no inferno com a multidão incontável daqueles que não foram católicos, sem que o insultemos a ponto de acusá-lo de intolerância?

Dos globos de fogo
Que, segundo se afirma, saíram da terra para impedir a reconstrução do templo de Jerusalém, no tempo do imperador Juliano

É bem provável que, quando Juliano resolveu guerrear na Pérsia, precisasse de dinheiro: mais provável ainda é que os judeus lhe tenham dado dinheiro para obter a permissão de reconstruir seu templo, parcialmente destruído por Tito, e do qual restavam os alicerces, uma muralha inteira e a torre *Antonia*. Mas será também provável que sobre as obras e os operários tenham caído globos de fogo, fazendo-os interromper os trabalhos?

Não haverá flagrante contradição naquilo que os historiadores contam?

1º Como é possível que os judeus começassem por destruir (como se diz) os alicerces do templo que eles queriam e deviam reconstruir no mesmo lugar? O templo devia ficar, necessariamente, na montanha Moriá. Lá Salomão o havia edificado; lá Herodes o havia reedificado com muito mais solidez e magnificência, depois de ter erguido um belo teatro em Jerusalém e um templo a Augusto em Cesareia. As pedras usadas na fundação daquele templo, ampliado por Herodes, tinham até vinte e cinco pés de comprimento, segundo relato de Josefo. Seria possível que os judeus fossem tão insensatos, no tempo de Juliano, para quererem derrubar aquelas pedras que estavam tão bem preparadas para receber o restante do edifício, sobre as quais se viu, depois, os maometanos construir sua mesquita[158]? Quem terá sido jamais tão louco e estúpido para privar-se assim, por tão alto preço e com trabalho extremo, da maior vantagem que pôde encontrar diante dos olhos e em suas mãos? Nada é mais incrível.

---

157. Carta LII do imperador Juliano. (N. de Voltaire)
158. Omar, quando tomou Jerusalém, mandou construir uma mesquita sobre os próprios alicerces do templo de Herodes e de Salomão; esse novo templo foi consagrado ao mesmo Deus que Salomão havia adorado antes de ser idólatra, ao Deus de Abraão e Jacó, que Jesus Cristo adorara quando foi a Jerusalém, Deus que os muçulmanos reconhecem. Esse templo ainda existe: nunca foi inteiramente demolido, mas nem judeus nem cristãos têm permissão para entrar nele; só entrarão quando os turcos forem expulsos. (N. de Voltaire)

2º Como teriam nascido erupções de chamas do seio daquelas pedras? Pode ser que tenha ocorrido um tremor de terra nos arredores; eles são frequentes na Síria; mas daí a dizer que grandes pedaços de pedra vomitaram turbilhões de fogo! Não caberá colocar esse conto entre todos os outros da antiguidade?

3º Se esse prodígio ou esse tremor de terra – que não é prodígio – tivesse realmente ocorrido, o imperador Juliano não teria falado sobre ele na carta em que diz que teve a intenção de reconstruir o templo? Não se teria tirado proveito de seu testemunho? Ao contrário, não será infinitamente provável que ele tenha mudado de ideia? A carta contém estas palavras: "Que dirão os judeus de seu templo, que foi destruído três vezes e ainda não foi reconstruído? Não é uma crítica que lhes faço, pois eu mesmo desejei reerguer suas ruínas; falo apenas para mostrar a extravagância de seus profetas, que enganavam velhas imbecis." – *Quid de templo suo dicent, quod, quum tertio sit eversum, nondum ad hodiernam usque diem instauratur? Haec ego, non ut illis exprobrarem, in medium adduxi, ut pote qui templum illud tanto intervallo a ruinis excitare voluerim; sed ideo commemoravi, ut ostenderem delirasse prophetas istos quibus cum stolidis aniculis negotium erat.*

Não estará evidente que o imperador, dando atenção às profecias judias, de que o templo seria reconstruído mais belo do que nunca, e de que todas as nações ali iriam adorar, acreditasse ser seu dever revogar a permissão para se reerguer o edifício? A probabilidade histórica, portanto, segundo as próprias palavras do imperador, seria a de que, odiando, infelizmente, os livros judeus, assim como os nossos, ele tivesse desejado fazer os profetas judeus passar por mentirosos.

O abade La Bletterie, historiador do imperador Juliano, não entende como o templo de Jerusalém foi destruído três vezes. Diz ele[159] que, ao que parece, Juliano conta como terceira destruição a catástrofe ocorrida em seu reinado. Interessante destruição essa das pedras de um antigo alicerce que não se conseguiu remover! Como esse escritor não conseguiu perceber que o templo construído por Salomão, reconstruído por Zorobabel, destruído inteiramente por Herodes, reerguido pelo próprio Herodes com tanta magnificência e arruinado, finalmente, por Tito, perfaz com clareza três templos destruídos? A conta está certa. Não há motivo para caluniar Juliano[160].

O abade La Bletterie o calunia quando diz que ele só tinha[161] "virtudes aparentes e vícios reais". Mas Juliano não era hipócrita, nem avaro, nem embusteiro, nem mentiroso, nem ingrato, nem covarde, nem bêbado, nem devasso, nem preguiçoso, nem vingativo. Quais eram então seus vícios?

4º Eis, finalmente, a arma temível que é usada para convencer de que das pedras saíram globos de fogo. Amiano Marcelino, autor pagão insuspeito, foi quem disse. Seja. Mas esse Amiano também disse que, quando o imperador quis sacrificar dez bois a seus deuses pela sua primeira vitória sobre os persas, nove caíram no chão antes de serem oferecidos ao altar. Conta cem predições, cem prodígios. Caberá acreditar nele? Caberá acreditar em todos os milagres ridículos que Tito Lívio conta?

E quem disse que o texto de Amiano Marcelino não foi falsificado? Teria sido a primeira vez que se cometeria essa fraude?

Espanta-me que não tenhais feito menção às cruzinhas de fogo que todos os operários viram em seus respectivos corpos quando foram deitar-se. Esse episódio teria combinado muito bem com vossos globos de fogo.

O fato é que o templo dos judeus não foi reconstruído e não o será, pelo que se presume. É melhor ficar por aí e não procurar prodígios inúteis. *Globi flammarum*, globos de fogo, não saem da pedra nem da terra. Amiano e aqueles que o citaram não eram físicos. Que o abade La Bletterie observe a fogueira de são João e verá que as chamas sempre sobem em pontas ou em ondas, e nunca em globos: só isso basta para destruir a tolice de ele defender com uma crítica pouco judiciosa e uma altivez revoltante.

---

159. P. 399. (N. de Voltaire)
160. Juliano podia até contar quatro destruições do templo, pois Antíoco Eupátor mandou derrubar todas as suas paredes. (N. de Voltaire)
161. Prefácio de La Bletterie. (N. de Voltaire)

De resto, a coisa tem pouca importância. Nada existe nela que diga respeito à fé e aos costumes: e aqui nós só buscamos a verdade histórica[162].

APÓSTOLOS (Apôtres)

Depois do verbete Apóstolo da *Enciclopédia*, que é igualmente douto e ortodoxo, pouca coisa há que dizer; mas frequentemente se pergunta: Os apóstolos eram casados? Tinham filhos? O que foi feito desses filhos? Os apóstolos existiram? Escreveram? Onde morreram? Foram responsáveis por algum distrito? Exerceram um ministério civil? Tinham jurisdição sobre os fiéis? Eram bispos? Tinham alguma hierarquia, ritos, cerimônias?

I

Os apóstolos eram casados?

Existe uma carta atribuída a santo Inácio, o Mártir, na qual se encontram estas palavras decisivas: "Lembro-me de vossa santidade, assim como de Elias, Jeremias, João Batista, dos discípulos escolhidos, Timóteo, Tito, Evódio, Clemente, que viveram em castidade; mas não reprovo os outros bem-aventurados que se ligaram pelo casamento, e desejo ser considerado digno de Deus, seguindo as pegadas deles em Seu reino, a exemplo de Abraão, Isaque, Jacó, José, Isaías, dos outros profetas como Pedro e Paulo, bem como dos outros apóstolos que foram casados" (*Epist. ad Philadelphienses*).

Alguns estudiosos afirmaram que o nome de são Paulo foi interpolado nessa carta famosa; no entanto, Turriano e todos os que viram as cartas de santo Inácio em latim na biblioteca do Vaticano confirmam que o nome de são Paulo nelas se encontra. E Barônio[163] não nega que esse trecho esteja em alguns manuscritos gregos: *Non negamus in quibusdam graecis codicibus*, mas afirma que tais palavras foram acrescentadas por gregos modernos.

Havia na antiga biblioteca de Oxford um manuscrito de cartas de santo Inácio em grego, nas quais essas palavras constavam. Não sei se foi queimado, com muitos outros livros, na tomada de Oxford por Cromwell[164]. Resta ainda uma em latim na mesma biblioteca; as palavras *Pauli et apostolorum* estão apagadas, mas de tal maneira que é fácil ler os antigos caracteres.

É certo que esse trecho existe em várias edições dessas cartas. Essa discussão sobre o casamento de são Paulo talvez seja frívola. Que importa saber se ele foi casado ou não, se os outros apóstolos foram casados? Basta ler sua primeira Epístola aos coríntios[165], para provar que ele podia ser casado, tal como os outros: "Não teremos o direito de comer e beber em vossa casa? Não teremos o direito de levar nossa mulher, nossa irmã, como os outros apóstolos e os irmãos do Senhor, como Cefas? Só Barnabé e eu não teríamos esse direito? Quem serviu alguma vez no exército às próprias custas?[166]"

Está claro, por esse trecho, que todos os apóstolos eram casados, inclusive são Pedro. E são Clemente de Alexandria declara[167] categoricamente que são Paulo tinha mulher.

---

162. Ver verbete Juliano. (N. de Voltaire)
163. 3º *Baronius*, anno 57. (N. de Voltaire)
164. Ver Cotelier, t. II, p. 242. (N. de Voltaire)
165. Cap. IX, v. 5, 6 e 7. (N. de Voltaire)
166. Quem? Os antigos romanos, que não tinham soldo, os gregos, os tártaros, destruidores de tantos impérios, os árabes e todos os povos conquistadores. (N. de Voltaire)
167. *Stromat.*, liv. III. (N. de Voltaire)

A disciplina romana mudou; mas isso não impede que houvesse outro uso nos primeiros tempos.

II

Dos filhos dos apóstolos

Tem-se pouco conhecimento sobre as famílias deles. São Clemente de Alexandria diz que Pedro teve filhos[168]; que Filipe teve filhas e as casou.

Os Atos dos apóstolos citam são Filipe, cujas quatro filhas profetizavam[169]. Acredita-se que houve uma casada, e é santa Hermíone.

Eusébio conta que Nicolau[170], escolhido pelos apóstolos para cooperar no santo ministério com santo Estêvão, tinha uma mulher belíssima, de quem sentia ciúme. Como os apóstolos censurassem o seu ciúme, ele se emendou, levou-lhes a mulher e disse: "Estou pronto a cedê-la; que quem a quiser se case com ela." Os apóstolos não aceitaram a proposta. Teve um filho e algumas filhas dessa mulher.

Cléofas, segundo Eusébio e santo Epifânio, era irmão de são José e pai de são Tiago, o Menor, e de são Judas, que ele tivera de Maria, irmã da Virgem Santa. Assim, o apóstolo são Judas era primo-irmão de Jesus Cristo.

Hegesipo, citado por Eusébio, diz que dois dos netos de são Judas foram apresentados ao imperador Domiciano[171] como descendentes de Davi e com direito incontestável ao trono de Jerusalém. Domiciano, temendo que eles se valessem desse direito, interrogou-os pessoalmente; eles mostraram sua genealogia, e o imperador lhes perguntou que fortuna tinham; eles responderam que possuíam trinta e nove arpentos de terra, pelas quais pagavam tributo, e que trabalhavam para viver. O imperador perguntou-lhes quando chegaria o reino de Jesus Cristo: eles disseram que seria no fim do mundo. Depois disso, Domiciano deixou-os em paz; isso provaria que ele não era perseguidor.

Aí está, se não me engano, tudo o que se sabe sobre os filhos dos apóstolos.

III

Onde os apóstolos viveram? Onde morreram?

Segundo Eusébio[172], Tiago, cognominado o Justo, irmão de Jesus Cristo, foi quem primeiro ocupou o *trono episcopal* da cidade de Jerusalém; essas são palavras suas. Assim, segundo ele, o primeiro bispado foi o de Jerusalém, supondo-se que os judeus conhecessem a palavra *bispo*. De fato, parecia verossímil que o irmão de Jesus fosse o primeiro depois dele, e que a cidade onde ocorrera o milagre de nossa salvação fosse a metrópole do mundo cristão. Quanto a *trono episcopal*, trata-se de um termo que Eusébio utiliza por antecipação. Sabe-se que então não existia trono nem sé.

Eusébio acrescenta, de acordo com são Clemente, que os outros apóstolos não contestaram que essa honra coubesse a são Tiago. Eles o elegeram imediatamente após a ascensão. Diz ele que "o Senhor, após a ressurreição, dera o dom da ciência a Tiago, cognominado o Justo, a João e a Pedro"; palavras bem notáveis. Eusébio menciona Tiago em primeiro lugar; João, em segundo; Pedro só

---

168. *Stromat.*, liv. VII; e Eusébio, liv. III, cap. XXX. (N. de Voltaire)
169. Atos, cap. XXI, v. 9. (N. de Voltaire)
170. Eusébio, liv. III, cap. XXIX. (N. de Voltaire)
171. Eusébio, liv. III, cap. XX. (N. de Voltaire)
172. Eusébio, liv. II, cap. I. (N. de Voltaire)

aparece em último lugar: parece justo que o irmão e o discípulo dileto de Jesus passem à frente daquele que o renegou. A Igreja grega inteira e todos os reformadores perguntam onde está a primazia de Pedro. Os católicos romanos respondem: "Embora não mencionado em primeiro lugar pelos Padres da Igreja, está em primeiro lugar nos Atos dos apóstolos." Os gregos e os outros replicam que ele não foi o primeiro bispo, e a discussão continuará enquanto existirem essas Igrejas.

São Tiago, aquele primeiro bispo de Jerusalém, irmão do Senhor, continuou observando a lei mosaica. Ele era recabita, nunca se barbeava, andava descalço, ia prosternar-se no templo dos judeus duas vezes por dia e era cognominado *Oblia* (que significa *o Justo*) pelos judeus. Por fim, recorreram a ele para saber quem era Jesus Cristo[173], mas, como respondesse que Jesus era "o Filho do homem sentado à direita de Deus, que viria nas nuvens", recebeu muitas pauladas. É de são Tiago, o Menor, que acabamos de falar.

São Tiago, o Maior, era seu tio, irmão de são João Evangelista, filho de Zebedeu e de Salomé[174]. Consta que Agripa, rei dos judeus, mandou decapitá-lo em Jerusalém.

São João ficou na Ásia e dirigiu a Igreja de Éfeso, onde, segundo se diz, foi enterrado[175].

Santo André, irmão de são Pedro, trocou a escola de são João Batista pela de Jesus Cristo. Não há consenso sobre onde pregou: se entre os tártaros ou se em Argos; mas, para resolver a questão, alguém disse que foi no Épiro. Ninguém sabe onde ele foi martirizado, nem se foi. Os atos de seu martírio são mais que suspeitos para os estudiosos; os pintores sempre o representaram com uma cruz em aspa, à qual se deu seu nome; trata-se de um uso que prevaleceu, mas não se conhece sua origem.

São Pedro pregou aos judeus dispersos no Ponto, em Bitínia, na Capadócia, em Antioquia, em Babilônia. Os Atos dos apóstolos não falam de sua viagem a Roma. O próprio são Paulo não faz nenhuma menção a ele em suas cartas escritas dessa capital. São Justino é o primeiro autor respeitado que falou dessa viagem, sobre a qual os estudiosos não entram em acordo. Santo Ireneu, depois de são Justino, diz expressamente que são Pedro e são Paulo vieram para Roma e entregaram o comando a são Lino. Aí está outro problema. Se eles nomeiam são Lino para cuidar da sociedade cristã nascente em Roma, significa que não a dirigiam, e que não ficaram naquela cidade.

A crítica lançou sobre esse assunto uma chuva de incertezas. A opinião de que são Pedro veio a Roma no tempo de Nero e de que ocupou a cátedra pontifical durante vinte e cinco anos é insustentável, pois Nero só reinou treze anos. A cátedra de madeira embutida na Igreja em Roma não pode ter pertencido a são Pedro; a madeira não dura tanto; e não é verossímil que são Pedro tenha ensinado naquela cadeira como se estivesse numa escola totalmente estabelecida, pois está comprovado que os judeus de Roma eram inimigos mortais dos discípulos de Jesus Cristo.

O maior problema, talvez, é que são Paulo, em sua epístola escrita de Roma aos colossenses[176], afirma categoricamente que ele só foi ajudado por Aristarco, Marcos e por um outro que tinha o nome de Jesus. Essa objeção pareceu insolúvel para os maiores eruditos.

Em sua epístola aos gálatas, ele diz[177] "que obrigou Tiago, Cefas e João, que eram considerados colunas", a reconhecer também como colunas a ele e a Barnabé. Se ele coloca Tiago antes de Cefas, este, portanto, não era o dirigente. Felizmente, essas controvérsias não comprometem o fundo de nossa santa religião. Tendo são Pedro ido a Roma ou não, nem por isso Jesus Cristo deixa de ser filho de Deus e da Virgem Maria, nem por isso deixa de ter ressuscitado; nem por isso deixa de ter recomendado humildade e pobreza, coisas negligenciadas, é verdade, mas sobre as quais não se discute.

---

173. Eusébio, Epifânio, Jerônimo, Clemente de Alexandria. (N. de Voltaire)
174. Eusébio, liv. II, IX. (N. de Voltaire)
175. Eusébio, liv. III, cap. XXX. (N. de Voltaire)
176. Cap. IV, v. 10 e 11. (N. de Voltaire)
177. Cap. II, v. 9. (N. de Voltaire)

Nicéforo Calisto, autor do século XIV, diz que Pedro "era miúdo, alto e ereto; tinha o rosto longo e pálido, barba e os cabelos bastos, curtos e crespos, olhos pretos, nariz comprido, mais achatado que pontudo". É assim que dom Calmet traduz esse trecho. Veja-se o seu *Dicionário da Bíblia*.

São Bartolomeu, palavra esta que é uma corruptela de *Bar-Ptolemaios*[178], filho de Ptolomeu. Os Atos dos apóstolos informam que ele era galileu. Eusébio afirma que ele foi pregar na Índia, na Arábia Feliz, na Pérsia e na Abissínia. Acredita-se que era o mesmo que Natanael. Atribuem-lhe um evangelho, mas o que se diz sobre sua vida e sua morte é bastante incerto. Afirmou-se que Astíages, irmão de Polêmon, rei da Armênia, mandou esfolá-lo vivo; mas essa história é considerada fabulosa por todos os bons críticos.

São Filipe, a acreditar-se nas lendas apócrifas, viveu oitenta e sete anos e morreu pacatamente no tempo de Trajano.

São Tomé Dídimo. Orígenes, citado por Eusébio, diz que ele foi pregar para os medas, os persas, os caramanienses, os bactrianos e os magos, como se os magos tivessem sido um povo. Acrescenta que ele batizou um dos magos que haviam ido a Belém. Os maniqueístas afirmavam que um homem que dera um bofetão em são Tomé foi devorado por um leão. Alguns autores portugueses garantem que ele foi martirizado em Meliapur, na península da Índia. A Igreja grega acredita que ele pregou na Índia, e que seu corpo foi levado de lá para Édessa. O que leva alguns monges a crer também que ele foi para a Índia é o fato de se ter encontrado, nas costas de Ormo, no fim do século XV, algumas famílias nestorianas estabelecidas por um mercador de Mozul, chamado Tomé. A lenda conta que ele construiu um palácio magnífico para um rei da Índia, chamado Condafer; mas os eruditos rejeitam todas essas histórias.

São Matias. Sobre ele não se conhece nenhuma particularidade. Sua vida só foi escrita no século XII por um monge da abadia de são Matias de Trier, que afirmava tê-la conhecido por um judeu que a traduzira do hebraico para o latim.

São Mateus. A acreditar-se em Rufino, Sócrates e Abdias, ele pregou e morreu na Etiópia. Segundo Heracleão, viveu muito tempo e morreu de morte natural, mas Abdias diz que Hirtaco, rei da Etiópia, irmão de Égipo, querendo casar-se com sua sobrinha Ifigênia e não conseguindo autorização de são Mateus, mandou que o decapitassem e incendiou a casa de Ifigênia. Aquele a quem devemos o Evangelho mais circunstanciado que temos merecia historiador melhor que Abdias.

São Simão Cananeu, que costuma ser festejado com são Judas. Ignora-se sua vida. Os gregos modernos dizem que ele foi pregar na Líbia e, de lá, na Inglaterra. Outros dizem que foi martirizado na Pérsia.

São Tadeu ou Lebeu, o mesmo que são Judas, que os judeus, em são Mateus[179], chamam de irmão de Jesus Cristo e que, segundo Eusébio, era seu primo-irmão. Todas essas relações, na maioria incertas e vagas, não nos esclarecem sobre a vida dos apóstolos. Mas, se há pouco para nossa curiosidade, muito há para nossa instrução.

Dos quatro Evangelhos escolhidos entre os cinquenta e quatro que foram compostos pelos primeiros cristãos, há dois que não foram feitos pelos apóstolos[180].

São Paulo não foi um dos doze apóstolos, e no entanto foi ele que mais contribuiu para o estabelecimento do cristianismo. Era o único letrado entre eles. Tinha estudado na escola de Gamaliel. O próprio Festo, governador de Judeia, reprova sua excessiva sapiência; e, não poden-

---

178. Nome grego e hebraico, o que é estranho, levando a crer que tudo foi escrito por judeus helenistas, longe de Jerusalém. (N. de Voltaire)
179. Mateus, cap. XIII, v. 55. (N. de Voltaire)
180. Os evangelistas são Marcos e são Lucas não eram apóstolos. (N. de Voltaire)

do compreender as sublimidades de sua doutrina, diz-lhe[181]: "És louco, Paulo; o excesso de letras levou-te à loucura." – *Insanis, Paule; multae te litterae ad insaniam convertunt.*

Ele se qualifica como *enviado*, na sua primeira Epístola aos coríntios[182]; "Não serei livre? Não serei apóstolo? Não terei visto Nosso Senhor? Não sois minha obra em Nosso Senhor? Mesmo não sendo apóstolo em relação aos outros, sou apóstolo em relação a vós... Serão eles ministros de Cristo? Mesmo que me acusem de impudência, sou mais ministro."

De fato é possível que ele tenha visto Jesus quando estudava em Jerusalém no tempo de Gamaliel. Pode-se dizer, porém, que essa não era uma razão que autorizasse seu apostolado. Ele não pertencera ao grupo de discípulos de Jesus; ao contrário, tinha-os perseguido; fora cúmplice da morte de santo Estêvão. É surpreendente que ele não prefira justificar seu apostolado voluntário com o milagre que depois Jesus Cristo fez por ele, com a luz celestial que lhe apareceu ao meio-dia, derrubando-o do cavalo, e com sua ascensão ao terceiro céu.

Santo Epifânio cita Atos dos apóstolos[183] que se acredita terem sido compostos pelos cristãos chamados *ebionitas* ou *pobres*, atos esses que foram rejeitados pela Igreja; são muito antigos, é verdade, mas cheios de ultrajes contra são Paulo.

Lá se diz que são Paulo nasceu em Tarso de pais idólatras; "*utroque parente gentili procreatus*"; e, indo para Jerusalém, onde ficou algum tempo, quis casar-se com a filha de Gamaliel; que, com esse intuito, tornou-se prosélito judeu e submeteu-se à circuncisão; mas que, não conquistando essa virgem (ou descobrindo que não era virgem), foi movido pela cólera a escrever contra a circuncisão, o sabá e toda a lei.

Quumque Hierosolymam accessisset, et ibidem, aliquandiu mansisset, pontificis filiam ducere in animum induxisse, et eam ob rem proselytum factum, atque circumcisum esse; postea quod virginem eam non accepisset, succensuisse, et adversus circumcisionem, ac sabbatum, totamque legem, scripsisse [Todas as vezes em que se tivesse aproximado de Jerusalém e ali mesmo por algum tempo tivesse permanecido, levou no espírito a filha do pontífice, e por isso foi feito prosélito, e foi circuncidado; depois porque a não tivesse recebido virgem, indignou-se, escreveu tanto contra a circuncisão como contra o sábado e contra toda lei].

Essas palavras injuriosas mostram que aqueles primeiros cristãos, denominados *pobres*, ainda estavam vinculados ao sabá e à circuncisão, prevalecendo-se da circuncisão de Jesus Cristo e de sua observância do sabá; que eram inimigos de são Paulo; que o viam como um intruso que queria subverter tudo. Em resumo, eram hereges; por conseguinte, esforçavam-se por difundir a difamação sobre seus inimigos, arroubo muito comum ao espírito partidário e supersticioso.

São Paulo trata-os de falsos apóstolos, de falsários, e cobre-os de injúrias[184]; chama-os de *cães* em sua carta aos habitantes de Filipos[185].

São Jerônimo afirma[186] que ele nascera em Giscala, vilarejo da Galileia, e não em Tarso. Outros contestam sua qualidade de cidadão romano, porque então não havia cidadão romano nem em Tarso, nem em Giscala, e Tarso só foi colônia romana uns cem anos depois. Mas é preciso acreditar nos Atos dos apóstolos, que são inspirados pelo Espírito Santo e devem sobrepujar o testemunho de são Jerônimo, por mais erudito que este fosse.

Tudo o que se refere a são Pedro e a são Paulo é interessante. Se Nicéforo nos deu o retrato de um, os Atos de santa Tecla, que, embora não canônicos, são do primeiro século, forneceram-nos o retrato do outro. Segundo dizem esses Atos, ele era de pequena estatura, calvo, tinha coxas tortas,

---

181. Atos, cap. XXVI, v. 24. (N. de Voltaire)
182. I. aos coríntios, cap. IX, v. 1 ss. (N. de Voltaire)
183. Heresias, liv. XXX, § 6. (N. de Voltaire)
184. II. aos coríntios, cap. XI, v. 13. (N. de Voltaire)
185. Cap. III, v. 2. (N. de Voltaire)
186. São Jerônimo, *De Scripteribus ecclesiasticis*, cap. v. (N. de Voltaire)

pernas grossas, nariz aquilino, sobrancelhas unidas e estava cheio da graça do Senhor. *Statura brevi* etc.

De resto, esses Atos de são Paulo e de santa Tecla foram compostos, segundo Tertuliano, por um asiático, discípulo do próprio Paulo, que de início lhes deu o nome do apóstolo, motivo pelo qual foi repreendido e até mesmo deposto, ou seja, excluído da assembleia, pois, como a hierarquia ainda não estava estabelecida, não existia deposição propriamente dita.

IV

Qual era a disciplina sob a qual viviam os apóstolos e os primeiros discípulos?

Parece que eram todos iguais. A igualdade era o grande princípio de essênios, recabitas, terapeutas, dos discípulos de João e sobretudo de Jesus Cristo, que a recomenda mais de uma vez.

São Barnabé, que não era um dos doze apóstolos, vota com eles. São Paulo, que era ainda menos apóstolo, escolhido por Jesus em vida, não só é igual a eles, como também tem uma espécie de ascendência; ele repreende rudemente são Pedro.

Entre eles não se vê nenhum superior quando estão reunidos. Ninguém preside, nem mesmo por turnos. No início, não se chamam de bispos. São Pedro dá o nome de bispo, ou um epíteto equivalente, apenas a Jesus Cristo, que ele chama de *guarda de almas*[187]. Esse nome de *guarda*, *bispo*, é dado em seguida, indiferentemente, aos anciãos, que chamamos de *sacerdotes*; mas não há nenhuma cerimônia, nenhuma dignidade, nenhuma marca distintiva de preeminência.

Os anciãos estão encarregados de distribuir as esmolas. Os mais jovens são eleitos por votação[188], *para cuidarem das mesas*; seu número é sete, o que, evidentemente, comprova a ocorrência de refeições na comunidade.

De jurisdição, poder, comando e punição não se vê vestígio algum.

É verdade que Ananias e Safira foram condenados à morte por não terem dado todo o seu dinheiro a são Pedro, por terem ficado com uma pequena parte pensando em prover às suas necessidades prementes; por não terem confessado o que fizeram; por terem corrompido, com uma pequena mentira, a santidade de suas doações: mas não foi são Pedro que os condenou. É verdade que ele adivinha a falta de Ananias; repreende-o, dizendo[189]: "Mentiste para o Espírito Santo", e Ananias cai morto. Em seguida Safira chega, e Pedro, em vez de adverti-la, faz-lhe perguntas, o que parece uma atitude de juiz. Faz que ela caia numa cilada quando lhe diz: "Mulher, dize-me, por quanto vendeste teu campo?" A mulher responde como o marido. É surpreendente que ela, chegando ao lugar, não tenha sabido da morte do marido, que ninguém a tenha avisado; que ela não tenha visto na assembleia o pavor e o tumulto que tal morte deve ter causado e, sobretudo, o medo mortal de que a justiça aparecesse para informar-se daquela morte como sendo um homicídio. É estranho que os gritos daquela mulher não tenham ecoado pela casa, e que ela tenha sido interrogada tranquilamente como num tribunal severo, onde os meirinhos mantêm todos em silêncio. Mais espantoso ainda é que são Pedro lhe tenha dito: "Mulher, estás vendo os pés daqueles que levaram teu marido para a terra? Eles para lá te levarão." E no mesmo instante a sentença é executada. Nada se parece mais com a audiência criminosa de um juiz despótico.

Mas cabe considerar que são Pedro, aí, nada mais é que órgão de Jesus Cristo e do Espírito Santo; que foi para estes que Ananias e sua mulher mentiram, e foram estes que os puniram com morte súbita; que se trata de um milagre feito para amedrontar todos aqueles que, devendo dar seus bens à Igreja e dizendo que os deram, ficam com alguma coisa para usos profanos. O judicioso dom Calmet mostra como os Padres da Igreja e os comentadores diferem quanto à salvação daqueles dois primeiros cristãos, cujo pecado consistia numa simples omissão, porém dolosa.

---

187. Epístola I, cap. II, v. 25. (N. de Voltaire)
188. Atos, cap. VI, v. 2. (N. de Voltaire)
189. Atos, cap. V, v. 3. (N. de Voltaire)

Seja como for, o certo é que os apóstolos não tinham jurisdição, poder ou autoridade além da persuasão, que é a primeira de todas e na qual todas as outras se baseiam.

Aliás, por essa história, parece que os cristãos viviam em comunidade.

Quando dois ou três deles se reuniam, Jesus Cristo estava entre eles. Todos podiam receber igualmente o Espírito. Jesus era o único e verdadeiro superior para eles; e lhes dissera[190]: "Não chameis ninguém de pai na terra, pois tendes apenas um pai, que está no céu. Não desejeis que vos chamem de mestres, porque só tendes um mestre, e sois todos irmãos; nem desejeis que vos chamem doutores, pois vosso único doutor é Jesus.[191]"

No tempo dos apóstolos não havia nenhum rito, nenhuma liturgia, nenhuma hora marcada para reunir-se, nenhuma cerimônia. Os discípulos batizavam os catecúmenos; sopravam-lhes na boca para introduzir o Espírito Santo com o sopro[192], assim como Jesus Cristo soprara sobre os apóstolos, assim como se sopra ainda hoje, em várias igrejas, na boca da criança quando lhe é administrado o batismo. Tais foram os primórdios do cristianismo. Tudo era feito por inspiração, entusiasmo, como entre os terapeutas e os judaítas, se é permitido comparar um momento das sociedades judaicas, que passaram a ser reprovadas, a sociedades conduzidas por Jesus Cristo, do alto do céu, onde está sentado à direita do pai.

O tempo trouxe mudanças necessárias; a Igreja, ampliando-se, fortalecendo-se, enriquecendo-se, precisou de novas leis.

AR (Air)

Primeira seção

Contam-se quatro elementos, quatro espécies de matéria, sem que se tenha noção completa da matéria. Mas que são os elementos desses elementos? O ar se transforma em fogo, em água, em terra? Existe ar?

Alguns filósofos ainda duvidam; será razoável duvidar como eles? Nunca se duvidou de que andamos sobre a terra, de que bebemos água, de que o fogo nos ilumina, aquece e queima. Nossos sentidos nos advertem dessas coisas, mas nada nos dizem sobre o ar. Não sabemos por meio deles se respiramos os vapores do globo ou uma substância diferente desses vapores. Os gregos chamavam de *atmosfera* o envoltório que nos envolve, a esfera das exalações; e nós adotamos essa palavra. Haverá entre essas exalações contínuas alguma outra espécie de matéria que tenha propriedades diferentes?

Os filósofos que negaram a existência do ar dizem que é inútil admitir um ser que nunca se vê e cujos efeitos são facilmente explicados pelos vapores que saem do seio da Terra.

Newton demonstrou que o corpo mais duro tem menos matéria do que poros. Exalações contínuas escapam em grande quantidade de todas as partes de nosso globo. Um cavalo jovem e vigoroso, que volte suado para a cavalariça em tempos de inverno, é cercado por uma atmosfera mil vezes menos considerável do que aquela que penetra e circunda o nosso globo por efeito de sua própria transpiração.

Essa transpiração, essas exalações, esses vapores inúmeros escapam incessantemente por poros inumeráveis e também têm poros. É esse movimento contínuo em todos os sentidos que forma e destrói sem cessar vegetais, minerais, metais e animais.

---

190. Mateus, cap. XXIII, v. 8, 9 e 10. (N. de Voltaire)
191. Ver o verbete Igreja. (N. de Voltaire)
192. João, cap. XX, v. 22. (N. de Voltaire)

Isso levou muitos a pensar que o movimento é essencial à matéria, pois não há uma só partícula na qual não haja movimento contínuo. E, se o poder formador eterno, que preside a todos os globos, é o autor de todo movimento, esse poder quis pelo menos que esse movimento nunca perecesse. Ora, o que é sempre indestrutível pareceu essencial, assim como a extensão e a solidez pareceram essenciais. Essa ideia, se for errônea, é perdoável, pois só o erro malicioso e de má-fé não merece indulgência.

Mas, quer esse movimento seja considerado essencial, quer não, é indubitável que as exalações de nosso globo se elevam e caem de volta sem descanso a mil, dois mil, três mil pés acima de nossas cabeças. Do monte Atlas ao cume do monte Taurus, qualquer pessoa pode ver todos os dias a formação de nuvens sob seus pés. Ocorreu milhares de vezes a viajantes verem-se acima do arco-íris, de relâmpagos e de trovões.

O fogo que se espalha pelo interior do globo, esse fogo oculto na própria água e no gelo, é provavelmente a fonte imperecível dessas exalações, desses vapores de que estamos continuamente envoltos. Eles criam um céu azul quando o tempo está sereno e quando estão bastante altos e rarefeitos para enviar-nos apenas raios azuis, tal como delgadas folhas de ouro, expostas aos raios do sol num quarto escuro. Esses vapores, impregnados de enxofre, formam os trovões e os relâmpagos. Comprimidos e depois dilatados por essa compressão nas entranhas da terra, escapam em vulcões, formam e destroem pequenas montanhas, arrasam cidades, abalam às vezes uma grande parte do globo.

Esse mar de vapores no qual nadamos, que nos ameaça o tempo todo e sem o qual não poderíamos viver, comprime de todos os lados o nosso globo e seus habitantes com tal força, que é como se tivéssemos sobre nossa cabeça um oceano de trinta e dois pés de profundidade; e cada ser humano suporta cerca de vinte mil libras.

Razões daqueles que negam o ar

Dito isso, os filósofos que negam o ar alegam: Por que atribuiremos a um elemento desconhecido e invisível efeitos que são continuamente produzidos por exalações visíveis e palpáveis?

O ar é elástico, segundo dizem: mas só os vapores da água são elásticos, e muitas vezes mais. Aquilo que se costuma chamar *elemento ar*, pressionado num tubo, projeta uma esfera a pequeníssima distância; mas numa bomba a vapor das construções de York, em Londres, os vapores produzem um efeito cem vezes mais violento.

E continuam: nada se diz do ar que possa ser dito dos vapores do globo; estes pesam como ele, insinuam-se como ele, acendem o fogo com o seu sopro, dilatam-se e condensam-se da mesma maneira.

A grande objeção que se faz contra o sistema das exalações do globo é que elas perdem elasticidade na bomba a vapor quando são resfriadas, ao passo que o ar, segundo se diz, é sempre elástico. Mas, em primeiro lugar, não é verdade que a elasticidade do ar está sempre em ação; sua elasticidade é nula quando se supõe que ele esteja em equilíbrio, e, não fosse isso, não haveria vegetal e animal que não estourasse e se despedaçasse, caso o ar que se supõe estar neles mantivesse sua elasticidade. Os vapores não atuam quando estão em equilíbrio; é a dilatação deles que produz os seus grandes efeitos. Em resumo, tudo aquilo que se atribui ao ar parece pertencer, segundo esses filósofos, às exalações de nosso globo.

Se alguém lhes mostra que o fogo se apaga quando não é alimentado pelo ar, respondem que isso é um engano, que uma tocha precisa dos vapores secos e elásticos para alimentar sua chama, que ela se apaga sem esse socorro, ou que se apaga quando esses vapores são excessivamente gordurosos, sulfurosos, grosseiros e sem elasticidade. Se lhes objetamos que o ar às vezes é pestilencial, o que devemos dizer é "exalações": elas carregam consigo partículas de enxofre, vitríolo, arsênico e todas as plantas nocivas. Quando se diz: *O ar é puro neste lugar*, significa: *Este lugar não é paludoso*; não há plantas nem minérios perniciosos cujas partículas sejam exaladas continuamente nos corpos dos animais. Não é o pretenso elemento ar que torna tão insalubre a zona rural de Roma; são as águas estagnadas, são os antigos canais que, abertos debaixo da terra por todos os lados, se transformaram no receptáculo de todos os bichos venenosos. É de lá que se exala continuamente um veneno mortal. Que se vá a Frescati, e já não se tem o mesmo terreno, já não são as mesmas exalações.

Mas por que o suposto elemento ar mudaria de natureza em Frescati? Dizem que, na zona rural de Roma, ele se carrega dessas exalações funestas e que, como elas não existem em Frescati, lá ele se torna mais salubre. Mas, repetindo, uma vez que tais exalações existem, uma vez que as vemos elevar-se à noite como nuvens, qual a necessidade de atribuí-las a outra causa? Elas sobem pela atmosfera, nelas se dissipam, mudam de forma; o vento, de que são a primeira causa, as carrega e separa; elas se atenuam, tornam-se salutares, deixando de ser letais.

Outra objeção é que esses vapores, essas exalações, se encerradas num vaso de vidro, prendem-se às paredes e caem, o que nunca acontece com o ar. Mas quem disse que, se as exalações úmidas caem no fundo desse vidro, não haverá um número incomparavelmente maior de vapores secos e elásticos que se mantêm no interior desse vaso? Dizeis que o ar fica purificado depois da chuva. Mas temos o direito de afirmar que o que se purifica são as exalações terrestres, que as mais grosseiras e aquosas, voltando à terra, deixam as mais secas e finas acima de nossas cabeças, e que essas subidas e descidas alternadas mantêm o jogo contínuo da natureza.

Essa é uma parte das razões que podem ser alegadas a favor da opinião de que o elemento ar não existe. Existem algumas bem especiosas, que no mínimo podem suscitar dúvidas; mas essas dúvidas sempre cederão à opinião comum. Não achamos demais quatro elementos. Se nos reduzissem a três, nos sentiríamos pobres. Sempre diremos o *elemento ar*. Os pássaros sempre voarão pelo ar, nunca pelos vapores. Sempre diremos: *O ar está ameno*; *o ar está sereno*, e nunca: *Os vapores estão amenos, estão serenos.*

Segunda seção
Vapores, exalações

Sou como certos hereges: eles começam propondo modestamente algumas dificuldades e acabam por negar com audácia alguns grandes dogmas.

Primeiro relatei com ingenuidade os escrúpulos daqueles que duvidam da existência do ar. Hoje estou mais audaz, ouso considerar a existência do ar como uma coisa pouco provável.

1ª Desde que relatei a opinião que admite apenas vapores, fiz o que pude para enxergar o ar, e só vi vapores cinzentos, esbranquiçados, azuis, negruscos, a cobrirem todo o meu horizonte; nunca me mostraram ar puro. Sempre perguntei por que se admite uma matéria invisível e impalpável de que nunca se teve nenhum conhecimento.

2ª Sempre me responderam que o ar é elástico. Mas que é elasticidade? É a propriedade que um corpo fibroso tem de voltar ao estado do qual foi retirado com força. Se curvarmos um ramo de árvore, ele voltará a endireitar-se; a mola de aço que apertamos distende-se por si mesma: propriedade tão comum quanto a atração e a direção do ímã, também desconhecida. Mas, segundo dizeis, o elemento ar é elástico de maneira completamente diferente. Ele ocupa um espaço prodigiosamente maior do que aquele no qual o encerramos, do qual ele escapa. Alguns físicos afirmaram que o ar pode dilatar-se na proporção de um para quatro mil[193]; outros disseram que uma bolha de ar pode expandir-se quarenta e seis bilhões de vezes.

Eu perguntaria então o que aconteceria com ele? De que serviria? Que força teria essa partícula de ar em meio a bilhões de partículas de vapores que exalam da terra e de bilhões de intervalos que as separam?

3ª Se existe ar, ele haverá de nadar no mar imenso dos vapores que nos envolvem, que tocamos com os dedos e com os olhos. Ora, as partes de um ar assim interceptadas, assim mergulhadas e errantes nessa atmosfera, poderiam ter algum efeito, algum uso?

4ª Ouvimos uma música num salão iluminado por centenas de velas; não há um único ponto desse espaço que não esteja preenchido por esses átomos de cera, de luz e de ligeira fumaça. Se queimarmos incensos, não haverá um só ponto desse espaço onde os átomos desses incensos não penetrem. As exalações contínuas dos corpos dos espectadores e dos músicos, do pavimento, das janelas e do teto também ocupam esse salão: que sobrará para vosso pretenso elemento ar?

5ª Como esse ar pretenso, disperso nesse salão, poderá fazer-nos ouvir e distinguir simultaneamente os diversos sons? As terças, quintas e oitavas etc. da música precisarão ferir partes do ar que também sejam terças, quintas e oitavas? Cada nota emitida pelas vozes e pelos instrumentos encontrará partes de ar cifradas que arremetam aos nossos ouvidos? É a única maneira de explicar a mecânica da audição por meio do ar. Mas que suposição! De boa-fé, deveremos acreditar que o ar contenha uma infinidade de dó, ré, mi, fá, sol, lá, si, dó, e que os envie até nós sem se enganar? Nesse caso, não seria preciso que cada partícula de ar, impressionada ao mesmo tempo por todos os sons, fosse apropriada para repetir um único som e enviá-lo aos ouvidos? Mas para onde remeteria todos os outros que também a tivessem impressionado?

Portanto, não há como atribuir ao ar a mecânica que opera os sons; será preciso procurar alguma outra causa, e podemos apostar que nunca a encontraremos.

6ª A que foi reduzido Newton? No fim de sua *Óptica*, ele supôs que "as partículas de uma substância densa, compacta e fixa, aderentes por atração, dificilmente rarefeitas por extremo calor, transformam-se em ar elástico".

Tais hipóteses, que ele parecia admitir para distrair-se, não valiam seus cálculos e experiências. Como substâncias duras se transformam num elemento? Como o ferro se transforma em ar? Confessemos nossa ignorância sobre os princípios das coisas.

7ª De todas as provas alegadas em favor do ar, a mais especiosa é a de que, se ele for retirado, morreremos; mas essa prova nada mais é que uma suposição daquilo que se está discutindo. Dizeis que morremos quando somos privados de ar, e nós dizemos que morreremos com a privação dos vapores salutares da terra e das águas. Calculais o peso do ar, e nós, o peso dos vapores. Dais elasticidade a um ser que não vedes, e nós a damos a vapores que vemos distintamente na bomba a vapor. Vós refrescais vossos pulmões com ar, e nós, com exalações dos corpos que nos circundam etc.

Permiti então que acreditemos em vapores; achamos ótimo que sejais do partido do ar, e nós só pedimos tolerância.

O ar ou a região dos vapores não carreia a peste

Acrescentarei ainda uma pequena reflexão: é que nem o ar, se é que há, nem os vapores são veículo da peste. Nossos vapores, nossas exalações nos dão bastantes doenças. O governo pouco se preocupa com a drenagem dos pântanos, e com isso perde mais do que pensa: essa negligência dissemina a morte por regiões consideráveis. Mas, quanto à peste propriamente dita, a peste nativa do Egito, a peste do carbúnculo, a peste que matou cerca de setenta mil pessoas no ano de

---

193. Ver Musschenbroeck, capítulo sobre o ar. (N. de Voltaire)

1720 em Marselha, essa verdadeira peste nunca é trazida pelos vapores ou por aquilo a que dão o nome de *ar*; isso é tão verdadeiro, que ela é detida com um simples fosso: com linhas, é possível traçar-lhe um limite que ela nunca transpõe.

Se o ar ou as exalações a transmitissem, um vento de sudeste a teria feito voar depressa de Marselha a Paris. É nas roupas e nos móveis que a peste se conserva; é daí que ela ataca as pessoas. Foi trazida de Saida, antiga Sidon, para Marselha num fardo de algodão. O Conselho de Estado proibiu que os marselheses saíssem da área que lhes foi demarcada, sob pena de morte, e a peste não se comunicou para fora: *Non procedes amplius.*

As outras doenças contagiosas produzidas pelos vapores são inúmeras. As vítimas sois vós, infeliz povinho que habita Paris! Falo ao pobre povo que mora junto aos cemitérios. As exalações dos mortos enchem continuamente o Hôtel-Dieu[194]: e esse Hôtel-Dieu, que se tornou hotel da morte, infecta o braço de rio em cujas margens está situado. Esse povinho não lhe dá atenção, e um décimo dele é sacrificado todos os anos; essa barbárie persiste na cidade dos jansenistas, dos financistas, dos espetáculos, dos bailes, dos livros e das mulheres da vida.

Do poder dos vapores

São esses vapores que produzem as erupções vulcânicas e os tremores de terra, que elevam o monte Nuovo, que fazem a ilha de Santorino sair do fundo do mar Egeu, que alimentam e destroem nossas plantas. Terras, mares, rios, montanhas, animais, tudo é perfurado; este globo é o tonel das Danaidas, através do qual tudo entra, tudo passa e tudo sai sem interrupção.

Falam-nos de um éter, de um fluido secreto; mas isso não me diz respeito; não o vi nem mexi, nunca o senti; para mim, é como a matéria sutil de René, e o espírito reitor de Paracelso.

Meu espírito reitor é a dúvida, e eu sou da opinião de são Tomé, que só acreditava vendo.

ÁRABES (Arabes)

E, por acaso, o livro de Jó

Se alguém quiser conhecer a fundo a antiguidade árabe, é de se presumir que não ficará sabendo mais do que sabe sobre a antiguidade Auvergne e de Poitou. No entanto, é certo que os árabes eram alguma coisa muito tempo antes de Maomé. Os próprios judeus dizem que Moisés se casou com uma moça árabe, e seu sogro Jetro parece ter sido alguém de muito bom-senso.

Meka ou Meca foi considerada, não sem motivo, uma das mais antigas cidades do mundo; e o que prova sua antiguidade é a impossibilidade de que alguma outra causa, que não a superstição, tenha levado a construir uma cidade naquele lugar: ela está num deserto arenoso, sua água é salobra, e lá se morre de fome e sede. A região, a algumas milhas para o oriente, é a mais deliciosa da terra, muito irrigada e fértil. Lá sim, caberia construir, e não em Meca.

Mas basta que um charlatão, um vigarista, um falso profeta deite devaneios, para que Meca se transforme num lugar sagrado, encontro das nações vizinhas. Foi assim que se construiu o templo de Júpiter Âmon no meio da areia etc. etc.

A Arábia se estende do deserto de Jerusalém a Áden ou Éden, a quinze graus de latitude, em linha reta do nordeste ao sudeste. É um território imenso, com cerca de três vezes o tamanho da Alemanha. É bem possível que seus desertos de areia tenham sido trazidos pelas águas do mar, e que seus golfos marítimos tenham sido terras férteis outrora.

---

194. Grande hospital de Paris. (N. da T.)

O que parece depor a favor da antiguidade dessa nação é que nenhum historiador diz que ela foi subjugada; nem mesmo por Alexandre, nem por nenhum rei da Síria, nem pelos romanos. Os árabes, ao contrário, subjugaram centenas de povos, desde o Indo até o Garona; e, tendo em seguida perdido suas conquistas, retiraram-se para suas terras, sem se misturarem com outros povos.

Como nunca foram subjugados nem miscigenados, é mais do que provável que tenham conservado costumes e linguagem; por isso, o árabe é, de algum modo, a língua-mãe de toda a Ásia, até a Índia e até as regiões habitadas pelos citas, supondo-se que haja realmente línguas-mãe; mas só há línguas dominantes. O espírito deles não mudou; eles ainda fazem *Mil e uma noites*, como faziam no tempo em que imaginavam um *Bach* ou *Bachus* atravessando o mar Vermelho com três milhões de homens, mulheres e crianças; detendo o Sol e a Lua; fazendo brotar fontes de vinho com uma varinha que se transformava em serpente quando ele queria.

Uma nação assim isolada, cujo sangue não tem misturas, não pode mudar de caráter. Os árabes que moram nos desertos sempre foram um pouco ladrões. Os que moram nas cidades sempre gostaram de fábulas, poesia e astronomia.

Diz-se no *Prefácio histórico do Alcorão* que, quando tinham um bom poeta numa de suas tribos, as outras tribos não deixavam de enviar representantes para felicitar aquela à qual Deus fizera a graça de dar um poeta.

As tribos se reuniam todos os anos por meio de representantes num lugar chamado *Ocad*, onde se recitavam versos mais ou menos como se faz em Roma no jardim da academia das Arcadas; e esse costume durou até Maomé. Em seu tempo cada um afixava seus versos na porta do templo de Meca.

Labid, filho de Rabia, era considerado o Homero de Meca; mas, vendo o segundo capítulo do Alcorão, afixado por Maomé, lançou-se aos seus pés, dizendo: "Ó Mohamed, filho de Abdala, filho de Motaleb, filho de Achem, sois maior poeta que eu; sois decerto o profeta de Deus."

Assim como os árabes do deserto eram ladrões, os de Maden, de Naid, de Sanaa eram generosos. Qualquer um era desonrado se recusasse socorro a um amigo.

Em sua coletânea de versos intitulada *Tograid*, conta-se que um dia, no pátio do templo de Meca, três árabes discutiam sobre a generosidade e a amizade e não conseguiam chegar a um acordo sobre quem merecia a preferência daqueles que davam então os maiores exemplos dessas virtudes. Uns defendiam Abdala, filho de Giafar, tio de Maomé; outros, Kaís, filho de Saad; outros, Arabad, da tribo de As. Depois de discutirem muito, combinaram mandar um amigo de Abdala falar com ele, um amigo de Kaís falar com Kaís, e um amigo de Arabad falar com Arabad, para pô-los à prova, e depois voltar e fazer seu relato à assembleia.

O amigo de Abdala foi correndo ter com ele, e lhe disse: "Filho do tio de Maomé, estou viajando e careço de tudo." Abdala estava montado em seu camelo carregado de ouro e seda; apeou o mais depressa que pôde e lhe deu o camelo, voltando a pé para casa.

O segundo foi falar com o amigo Kaís, filho de Saad. Kaís ainda estava dormindo; um de seus domésticos perguntou ao viajante o que desejava. O viajante respondeu que era amigo de Kaís e precisava de socorro. O doméstico disse: "Não quero acordar meu amo, mas aqui estão sete mil moedas de ouro; é só o que temos agora em casa; tomai também um camelo no estábulo, com um escravo; acredito que isso vos bastará até chegardes em casa." Quando Kaís acordou, zangou-se muito com o doméstico, por não ter dado mais.

O terceiro foi falar com o amigo Arabad da tribo de As. Arabad era cego e estava saindo de casa, apoiado em dois escravos para orar a Deus no templo de Meca; assim que ouviu a voz do amigo, disse-lhe: "Meus únicos bens são meus dois escravos; peço-te que fique com eles e os venda; vou para o templo como puder, com o meu bastão."

Os três, voltando à assembleia, contaram fielmente o que lhes acontecera. Foram feitos muitos elogios a Abdala, filho de Giafar, a Kaís, filho de Saad, e a Arabad, da tribo de As; mas a preferência coube a Arabad.

ÁRABES

Os árabes têm vários contos dessa espécie. Nossas nações ocidentais não os têm; nossos romances não são feitos nesse gosto. Temos vários que só versam sobre vigarices, como os de Boccaccio, *Gusman de Alfarache, Gil Blas* etc.

Está claro que pelo menos os árabes tinham ideias nobres e elevadas. Os maiores estudiosos das línguas orientais acreditam que o livro de Jó, que é antiquíssimo, foi escrito por um árabe da Idumeia. A prova mais clara e indubitável disso é que o tradutor hebreu deixou em sua tradução mais de cem palavras árabes que ele, aparentemente, não entendia.

Jó, o herói da peça, não pode ter sido hebreu; pois, no quadragésimo segundo capítulo, diz que, recobrando sua antiga posição, dividiu seus bens com igualdade entre filhos e filhas; o que é diretamente contrário à lei hebraica.

É bem possível que, se esse livro tivesse sido escrito depois do tempo em que se diz que Moisés viveu, o autor, que fala de tantas coisas e não poupa exemplos, teria falado de algum dos espantosos prodígios realizados por Moisés e conhecidos sem dúvida por todas as nações da Ásia.

No primeiro capítulo, Satã aparece diante de Deus e pede-lhe permissão para afligir Jó. Não se conhece Satã no Pentateuco; essa palavra era caldeia. Nova prova de que o autor árabe estava próximo da Caldeia.

Acreditou-se que ele podia ser judeu porque no décimo segundo capítulo o tradutor hebreu pôs Jeová em lugar de El, ou Baal, ou Sadai. Mas qual é a pessoa um pouco instruída que não saiba que a palavra Jeová era comum a fenícios, sírios, egípcios e a todos os povos das regiões vizinhas?

Prova maior ainda, à qual não se pode contestar, é o conhecimento de astronomia, que salta aos olhos no livro de Jó. Fala-se das constelações que chamamos[195] de Arcturo, Órion, Híadas, e até das constelações *do Sul, que estão ocultas*. Ora, os hebreus não tinham conhecimento algum da esfera, não tinham sequer termo para expressar a astronomia; e os árabes sempre foram famosos por essa ciência, assim como os caldeus.

Parece, pois, muito bem provado que o livro de Jó não pode ser de um judeu e é anterior a todos os livros judeus. Fílon e Josefo são argutos demais para contá-lo no cânone hebreu: é incontestavelmente uma parábola, uma alegoria árabe.

E não é tudo: dele se extraem conhecimentos dos usos do velho mundo, sobretudo da Arábia[196]. Fala-se do comércio das Índias, comércio que os árabes fizeram em todos os tempos e do qual os judeus nem sequer ouviram falar.

Percebe-se que a arte de escrever era muito cultivada, e que já se faziam livros volumosos[197].

Não se pode negar que o comentador Calmet, por mais profundo que seja, fere todas as regras da lógica ao afirmar que Jó anuncia a imortalidade da alma e a ressurreição do corpo quando diz[198]: "Sei que Deus, que é vivo, terá piedade de mim, que me erguerei um dia de meu esterqueiro, que minha pele voltará, que voltarei a ver Deus em carne. Por que dizeis agora: 'Persigamo-lo, busquemos palavras contra ele?' Serei poderoso então, temei minha espada, temei minha vingança, sabei que há justiça."

Será possível entender essas palavras como outra coisa senão a esperança da cura? A imortalidade da alma e a ressurreição dos corpos no último dia são verdades tão indubitavelmente anunciadas no Novo Testamento, tão claramente provadas pelos Padres da Igreja e pelos concílios, que não é preciso atribuir seu primeiro conhecimento a um árabe. Esses grandes mistérios não são explicados em nenhum lugar do Pentateuco hebreu; como o seriam num único versículo de Jó e, além de tudo, de maneira tão obscura? Calmet tem tanta razão para ver a imortalidade da

---

195. Cap. IX, v. 9. (N. de Voltaire)
196. Cap. XXVIII, v. 16 etc. (N. de Voltaire)
197. Cap. XXXI, v. 35 e 36. (N. de Voltaire)
198 Jó, cap. XIX, v. 25 ss. (N. de Voltaire)

alma e a ressurreição nos discursos de Jó quanto para ver varíola na doença que o atacou. Nem a lógica nem a física estão de acordo com esse comentador.

De resto, como esse livro alegórico de Jó é manifestamente árabe, cabe dizer que não tem método, correção nem precisão. Mas talvez seja o monumento mais precioso e antigo dos livros já escritos aquém do Eufrates.

ARANDA (Aranda)

Direitos régios, jurisprudência, Inquisição

Embora os nomes próprios não sejam contemplados em nossas questões enciclopédicas, nossa sociedade literária acreditou-se no dever de abrir uma exceção para o conde de Aranda, presidente do conselho supremo da Espanha e capitão-general de Castela Nova, que começou a cortar as cabeças da hidra da Inquisição.

Seria mesmo justo que um espanhol livrasse a terra desse monstro, visto que um espanhol o fizera nascer. Na verdade, foi um santo, são Domingos, o *encouraçado*[199], que, iluminado do alto e acreditando piamente que a Igreja católica, apostólica e romana só poderia ser sustentada por monges e carrascos, lançou as fundações da Inquisição no século XIII, submetendo a ela reis, ministros e magistrados; mas às vezes ocorre que um grande homem seja mais que um santo nas questões puramente civis, que digam respeito de modo direto à majestade das coroas, à dignidade do conselho dos reis, aos direitos da magistratura, à segurança dos cidadãos.

A consciência, o foro íntimo (como a chama a Universidade de Salamanca), é de outra espécie; ela nada tem em comum com as leis do Estado. Os inquisidores e os teólogos devem orar a Deus pelos povos; e os ministros e os magistrados, nomeados pelos reis para os povos, devem julgar.

Um soldado bígamo foi preso por causa desse delito pelo auditor da guerra, no começo do ano de 1770, e o Santo Ofício alegou que lhe cabia julgar aquele soldado; o rei da Espanha decidiu então que a causa seria unicamente da competência do tribunal do conde de Aranda, capitão-general, por meio de uma decisão solene, proferida em 5 de fevereiro do mesmo ano.

Da decisão consta que o reverendíssimo arcebispo de Farsália, cidade que pertence aos turcos, inquisidor-geral dos espanhóis, deve observar as leis do reino, respeitar as jurisdições régias, manter-se em seus limites e não se pôr a prender súditos do rei.

Não se pode fazer tudo ao mesmo tempo; Hércules não conseguiu limpar em um dia os estábulos do rei Augias. Os estábulos da Espanha estavam cheios de imundícies asquerosas há mais de quinhentos anos; era uma lástima ver cavalos tão belos, altivos, ligeiros, corajosos, briosos ter como palafreneiros uns monges que lhes comprimiam a boca com um morso infame, deixando-os chafurdar na lama.

O conde de Aranda, excelente escudeiro, começou pondo a cavalaria espanhola em outro pé, e os estábulos de Augias logo estarão limpíssimos.

---

199. Seria preciso pesquisar para saber se, no tempo de são Domingos, os pecadores eram obrigados a usar o sambenito, se esse sambenito não era uma camisola bendita que ganhavam em troca do dinheiro que lhe tomavam. Mas, aqui retirados em meio à neve, ao pé do monte Crapack, que separa a Polônia da Hungria, contamos com uma biblioteca medíocre.

A carência de livros na qual penamos neste monte Crapack onde estamos também nos impede de verificar se são Domingos assistiu na qualidade de inquisidor à batalha de Muret, se na qualidade de pregador ou na de oficial voluntário; e se o título de *encouraçado* lhe foi dado assim como ao eremita Domingos: acredito que ele estava na batalha de Muret, mas que não portou armas. (N. de Voltaire)

Esta poderia ser a oportunidade de dizer algumas palavrinhas sobre os bons tempos da Inquisição, porque é uso dos dicionários, quando se fala da morte das pessoas, fazer menção a seu nascimento e a suas dignidades; mas os pormenores serão encontrados no verbete Inquisição[200], assim como a interessante remissão dada por são Domingos.

Note-se apenas que o conde de Aranda mereceu o reconhecimento da Europa inteira, ao lixar as garras e limar os dentes do monstro.

Bendito seja o conde de Aranda.

ARARAT (Ararat)

Montanha da Armênia, na qual parou a arca de Noé. Durante muito tempo se discutiu a universalidade ou não do dilúvio, se ele inundou toda a terra, sem exceção, ou se apenas toda a terra então conhecida. Os que acreditaram que se tratava apenas dos pequenos povos então existentes basearam-se na inutilidade de afogar terras não povoadas, e essa razão pareceu bastante plausível. Nós nos limitamos ao texto da Escritura, sem pretender explicá-lo. Mas tomamos mais liberdade com Berose, antigo autor caldeu, cujos fragmentos foram conservados por Abideno e são citados em Eusébio; estão transcritos literalmente por George le Syncelle.

Percebe-se por esses fragmentos que os orientais que margeiam o Ponto Euxino antigamente viam a Armênia como morada dos deuses. Foi nisso que os gregos os imitaram. Colocaram os deuses no monte Olimpo. Os homens sempre transportam as coisas humanas para as divinas. Os príncipes construíam suas cidadelas nas montanhas: portanto, era lá que os deuses também tinham sua morada; logo elas deviam ser sagradas. O nevoeiro oculta à visão o cume do monte Ararat: logo, os deuses se ocultavam naquele nevoeiro e às vezes se dignavam aparecer aos mortais quando o tempo estava bonito.

Um deus daquele país, que se acredita ser Saturno, apareceu um dia para Xisutrus, décimo rei da Caldeia, segundo cálculos de Africano, Abideno e Apolodoro. Esse deus lhe disse: "No dia quinze do mês de *Oesi*, o gênero humano será destruído pelo dilúvio. Guarda com cuidado todos os vossos escritos em Sipara, cidade do Sol, para que a memória das coisas não se perca. Constrói um barco; embarca com parentes e amigos; põe nele pássaros e quadrúpedes; enche-o de provisões, e, quando te perguntarem: 'Aonde vais com esse barco?', responde: 'Até os deuses, para pedir-lhes que favoreçam o gênero humano.'"

Xisutrus construiu o barco, que tinha dois estádios de largura e cinco de comprimento, ou seja, sua largura era de duzentos e cinquenta passos geométricos, e o comprimento, de seiscentos e vinte e cinco. Esse barco, que devia navegar pelo mar Negro, era mau veleiro. Chegou o dilúvio. Quando o dilúvio acabou, Xisutrus soltou alguns de seus pássaros, que, não encontrando o que comer, voltaram para o barco. Alguns dias depois soltou de novo seus pássaros, que voltaram com lama nas patas. Por fim, não voltaram. Xisutrus fez o mesmo: saiu do barco, que estava empoleirado numa montanha da Armênia, e nunca mais foi visto; os deuses o levaram embora.

Nessa fábula provavelmente existe algo de histórico. O Ponto Euxino transbordou e inundou alguns terrenos. O rei da Caldeia correu para consertar o estrago. Em Rabelais temos contos não menos ridículos, baseados em algumas verdades. Os antigos historiadores são, na maioria dos casos, Rabelais sérios.

---

200. O leitor que quiser saber mais sobre a jurisprudência da Inquisição poderá consultar o reverendo padre Ivonet, o doutor Cuchalon e, sobretudo, Magister Grillandus, belo nome para um inquisidor!

E vós, reis da Europa, príncipes, soberanos, repúblicas, lembrai-vos para sempre de que os monges inquisidores se intitularam *inquisidores pela graça de Deus*! (N. de Voltaire)

Quanto ao monte Ararat, afirmou-se que era uma das montanhas da Frígia, que tinha um nome correspondente ao nome *arca*, por estar cercada por três rios.

Há dezenas de opiniões sobre essa montanha. Como chegar à verdade? Aquilo que os monges armênios chamam hoje de *Ararat* era, segundo eles, uma das fronteiras do paraíso terrestre, paraíso do qual restam poucos vestígios. É um amontoado de rochedos e precipícios cobertos por neves eternas. Tournefort foi ali procurar plantas por ordem de Luís XIV; disse que "as cercanias são horríveis, e a montanha mais ainda; que encontrou neves de quatro pés de espessura, totalmente cristalizadas; que por todos os lados há precipícios alcantilados".

O viajante Jean Struys afirma que lá também esteve. A acreditar-se nele, subiu até o cume, para curar um eremita afligido por uma hérnia[201]. Diz ele: "Sua ermida era tão distante de terra, que só chegamos depois de sete dias, e a cada dia fazíamos cinco léguas." Se, nessa viagem, ele tivesse subido sempre, esse monte Ararat teria trinta e cinco léguas de altura. No tempo da guerra dos gigantes, quando se punham alguns Ararats uns sobre os outros, ter-se-ia chegado à Lua comodamente. Jean Struys diz também que o eremita por ele curado lhe deu de presente uma cruz feita com a madeira da arca de Noé; Tournefort não teve tanta sorte.

ARDOR (Ardeur)

Como o *Dicionário enciclopédico* só falou de ardores da urina e do ardor do cavalo, parece cabível citar também outros ardores: o do fogo e o do amor. Nossos poetas franceses, italianos e espanhóis falam muito dos ardores dos amantes; a ópera quase nunca passou sem ardores *perfeitos*. Eles são muito menos *perfeitos* nas tragédias; mas há sempre muitos ardores.

O *Dicionário de Trévoux* diz que ardor em geral significa *paixão amorosa*. Cita como exemplo estes versos:

C'est de tes jeunes yeux que mon ardeur est née.
[Foi de teus jovens olhos que meu ardor nasceu.]

Seria difícil transcrever verso pior. Cabe notar aqui que esse dicionário é fecundo em citações de versos detestáveis. Ele extrai todos os seus exemplos de não sei que nova antologia de versos, entre os quais seria dificílimo encontrar um bom. Dá como exemplo de uso da palavra *ardor* estes dois versos de Corneille:

Une première ardeur est toujours la plus forte;
Le temps ne l'éteint point, la mort seule l'emporte.
[O primeiro ardor é sempre o mais forte;
O tempo não o extingue e só o leva a morte.]

e este de Racine:

Rien ne peut modérer mes ardeurs insensées.
[Nada pode moderar meus ardores insanos.]

Se os compiladores desse *Dicionário* tivessem gosto, teriam dado como exemplo de bom uso da palavra *ardor* este excelente trecho de *Mitridates* (ato IV, cena V):

---

201. *Voyage de Jean Struys*, in-4º, p. 208. (N. de Voltaire)

J'ai su par une longue et pénible industrie,
Des plus mortels venins prévenir la furie.
Ah! qu'il eût mieux valu, plus sage et plus heureux,
Et repoussant les traits d'un amour dangereux,
Ne pas laisser remplir d'ardeurs empoisonnées
Un coeur déjà glacé par le froid des années!
[Eu soube, com longa e penosa indústria,
Dos mais mortais venenos prevenir a fúria.
Ah! Melhor, mais sábio e ditoso teria sido,
Se rechaçando os dardos de um amor perigoso,
Não deixasse encher de ardores venenosos
Um coração já gelado pelo frio dos anos!]

É assim que se pode conferir nova energia a uma expressão ordinária e fraca. Mas para aqueles que só falam em *ardeur* [ardor] para rimar com *coeur* [coração], que falam de seu vivo ardor ou de seu terno ardor, somando a tudo isso *alarmes* [alarmes] ou *charmes* [encantos] que lhes custaram tantas *larmes* [lágrimas], que, depois de organizarem todas essas mediocridades em doze sílabas, acham que fizeram versos, que, depois de terem escrito mil e quinhentas linhas cheias desses termos ociosos, acreditam ter feito uma tragédia, esses precisam ser remetidos à nova antologia de versos ou à coletânea em doze volumes das melhores peças de teatro, entre as quais não se encontra nenhuma que possa ser lida.

ARGEL (Alger)

A filosofia é o principal objeto deste dicionário. Não é como geógrafos que falaremos de Argel, mas para fazer notar que o primeiro propósito de Luís XIV, quando tomou as rédeas do Estado, foi livrar a Europa cristã das contínuas incursões dos corsários de Barbaria[202]. Esse projeto prenunciava uma grande alma. Ele queria chegar à glória por todos os caminhos. Pode até causar espécie que, com o espírito ordeiro que introduziu em sua corte, nas finanças e nos negócios, ele tivesse não sei que gosto pela antiga cavalaria, que o levava a cometer ações generosas e brilhantes, até com um quê de romanesco. É mais que certo que Luís XIV herdara da mãe muito da galanteria espanhola nobre e delicada, da grandeza, da paixão pela glória e da altivez que vemos nos antigos romances. Falava de bater-se com o imperador Leopoldo, tal como os cavaleiros em busca de aventuras. Sua pirâmide erigida em Roma, as prerrogativas que angariou para si e a ideia de ter um porto junto a Argel para coibir sua pirataria eram do mesmo gênero. A isso também era estimulado pelo papa Alexandre VII; e o cardeal Mazarino, antes de morrer, lhe inspirara tais propósitos. Durante muito tempo até cogitara ir a essa expedição pessoalmente, a exemplo de Carlos V; mas não tinha vasos de guerra suficientes para executar tão grande empresa, quer pessoalmente, quer por intermédio de seus generais. Ela foi infrutuosa e assim devia ser. Pelo menos aguerriu sua marinha e fez esperar dele algumas daquelas ações nobres e heroicas às quais a política ordinária não estava acostumada, tais como o socorro desinteressado aos venezianos sitiados em Cândia e aos alemães premidos pelos exércitos otomanos em São Gotardo.

Os detalhes dessa expedição à África perdem-se no mar de guerras felizes ou infelizes travadas com política ou imprudência, com equidade ou injustiça. Mencionemos apenas esta carta escrita há alguns anos por ocasião das piratarias de Argel.

202. Ver *Expédition de Gigeri*, de Pellisson. (N. de Voltaire)

"É triste, senhor, que não tenhais dado ouvidos às propostas da ordem de Malta, que, mediante um subsídio modesto de cada Estado cristão, se oferecia para livrar os mares dos piratas de Argel, Marrocos e Túnis. Os cavaleiros de Malta seriam então, realmente, os defensores da cristandade. Os argelinos atualmente só têm dois vasos de cinquenta canhões, cinco de cerca de quarenta, mais quatro de trinta canhões; o resto não deve ser contado.

"É vergonhoso ver todos os dias suas pequenas embarcações roubar nossos navios mercantes em todo o Mediterrâneo. Eles cruzam o mar, chegando até Canárias e Açores.

"Suas milícias, compostas de um aglomerado de nações, antigos mauritanos, antigos númidas, árabes, turcos, negros até, embarcam quase sem equipamento em xavecos de dezoito a vinte canhões: infestam todos os nossos mares como abutres à espera da presa. Se veem um vaso de guerra, fogem; se veem um navio mercante, apoderam-se dele; nossos amigos e parentes, homens e mulheres, tornam-se escravos, e é preciso ir suplicar humildemente aos bárbaros que se dignem receber nosso dinheiro para nos devolverem seus cativos.

"Alguns Estados cristãos têm a vergonhosa prudência de tratar com eles e de lhes fornecer armas, com as quais nos despojam. Negociam com eles como mercadores, e eles negociam como guerreiros.

"Nada seria mais fácil do que reprimir suas ladroeiras; mas isso não é feito. Quantas coisas que seriam úteis e fáceis são absolutamente negligenciadas! A necessidade de reduzir esses piratas é reconhecida nos conselhos de todos os príncipes, e ninguém toma a iniciativa. Quando os ministros de várias cortes por acaso se reúnem e falam do assunto, é como a reunião para saber quem põe o guizo no gato.

"Os religiosos da redenção dos cativos constituem a mais bela instituição monástica; mas é vergonhosa para nós. Os reinos de Fez, Argel e Túnis não têm *marabus da redenção dos cativos*. Isso porque eles prendem muitos de nossos cristãos, e nós poucos muçulmanos prendemos.

"Apesar disso, são mais apegados à sua religião do que nós à nossa, pois nunca nenhum turco e nenhum árabe se tornaram cristãos, enquanto entre eles há milhares de renegados que até os servem em suas expedições. Certo italiano chamado Pelegini era general das galeras de Argel em 1712. O miramolim, o bei e o dei têm cristãs em seus serralhos; e entre nós só duas moças turcas têm amantes em Paris.

"A milícia regular de Argel consiste em apenas doze mil homens de tropas; mas todo o restante é de soldados, o que dificulta tanto a conquista daquela região. No entanto, os vândalos os subjugaram com facilidade, e nós não ousamos atacá-los! etc."

ARIANISMO (Arianisme)

Todas as grandes controvérsias teológicas durante mil e duzentos anos foram gregas. Que teriam dito Homero, Sófocles, Demóstenes e Arquimedes, se tivessem presenciado esses sutis ergotismos que custaram tanto sangue?

Ário tem a honra, ainda hoje, de ser considerado inventor de uma opinião, assim como Calvino é visto como o fundador do calvinismo. A vaidade de ser cabeça de seita é a segunda de todas as vaidades deste mundo; pois, segundo se diz, a primeira é a vaidade dos conquistadores. No entanto, nem Calvino nem Ário têm a triste glória da invenção.

Fazia muito tempo que se discutia a Trindade, quando Ário entrou na controvérsia, na polemizadora cidade de Alexandria, onde Euclides não conseguira tornar os espíritos tranquilos e justos. Nunca houve povo mais frívolo que os alexandrinos; nem mesmo os parisienses chegam perto deles.

Só se podia mesmo estar discutindo acaloradamente a Trindade, pois o patriarca autor da *Crônica de Alexandria*, conservada em Oxford, garante que havia dois mil sacerdotes na defesa do partido que Ário abraçou.

Citemos aqui, para a comodidade do leitor, aquilo que Ário diz num pequeno livro que não é possível ter em mãos.

"Eis uma questão incompreensível que, há mais de mil e seiscentos anos, aguçou a curiosidade, a sutileza sofística, o rancor, o espírito de cabala, o furor de dominar, a sanha de perseguir, o fanatismo cego e sanguinário, a credulidade bárbara, produzindo mais horrores do que a ambição dos príncipes que, no entanto, produz tantos. Jesus é Verbo? Se é Verbo, emanou de Deus no tempo ou antes do tempo? Se é emanado de Deus, é coeterno e consubstancial com ele, ou é de uma substância semelhante? É distinto dele ou não? É feito ou engendrado? Pode engendrar? Tem paternidade, ou tem virtude produtiva sem paternidade? O Espírito Santo é feito ou engendrado, produto ou procedente do Pai, ou procedente do Filho, ou procedente de ambos? Pode engendrar, pode produzir? Sua hipóstase é consubstancial com a hipóstase do Pai e do Filho? E como, tendo precisamente a mesma natureza e a mesma essência do Pai e do Filho, pode não fazer as mesmas coisas que fazem as duas pessoas que são ele mesmo?

"Essas questões, tão acima da razão, certamente precisavam ser decididas por uma Igreja infalível.

"Sofisticava-se, sofismava-se, odiava-se, excomungava-se entre os cristãos por alguns desses dogmas inacessíveis ao espírito humano, antes dos tempos de Ário e de Atanásio. Os gregos egípcios eram gente hábil, cortavam um fio de cabelo em quatro: mas, dessa vez, só o cortaram em três. Alexandros, bispo de Alexandria, tem a ideia de pregar que Deus, sendo necessariamente individual e simples, uma mônada em todo o rigor da palavra, é uma mônada trina.

"O padre Arious, que chamamos de Ário, fica escandalizado com a mônada de Alexandros; explica a coisa de modo diferente; sofisma em parte como o sacerdote Sabellious, que sofismara como o frígio Praxeas, grande sofismador. Alexandros reúne rapidamente um pequeno concílio de gente da sua opinião e excomunga seu padre. Eusébios, bispo de Nicomédia, toma o partido de Arious, e a Igreja pega fogo.

"O imperador Constantino era um bandido, admito, um parricida que afogara a mulher num banho, degolara o filho, assassinara o sogro, o cunhado e o sobrinho, não nego; um homem inchado de orgulho e mergulhado nos prazeres, concordo; um tirano detestável, assim como seus filhos, *transeat*; mas tinha bom-senso. Ninguém chega ao império, ninguém subjuga todos os rivais sem raciocinar corretamente.

"Quando viu deflagrada a guerra civil dos cérebros escolásticos, enviou o célebre bispo Ózio com cartas dissuasórias às duas partes beligerantes[203]. 'Sois dementes, disse ele expressamente em sua carta, pois brigais por coisas que não entendeis. É indigno da seriedade de vossos ministérios fazer tanta bulha em torno de um assunto tão insignificante.'

"Constantino não entendia por *assunto insignificante* o que diz respeito à Divindade, mas a maneira incompreensível com que se tentava explicar a natureza da Divindade. Segundo o patriarca árabe que escreveu a *História da Igreja de Alexandria*, Ózio teria dito mais ou menos o seguinte, ao entregar a carta do imperador:

---

203. Um professor da Universidade de Paris, chamado Lebeau, que escreveu a *História do Baixo Império*, abstém-se de transcrever a carta de Constantino como é de fato e como é transcrita pelo erudito autor do *Dicionário das heresias*. "Aquele bom príncipe", diz ele, animado por ternura paterna, "concluía nestes termos: 'Devolvei-me dias serenos e noites tranquilas.'" Transcreve os cumprimentos de Constantino aos bispos, também deveria transcrever as críticas. O epíteto *bom príncipe* convém a Tito, Trajano, Marco Antonino, Marco Aurélio e até a Juliano, o filósofo, que só derramou sangue dos inimigos do império, prodigalizando o seu, e não a Constantino, o mais ambicioso, vaidoso, voluptuoso, pérfido e sanguinário dos homens. Isso não é escrever história, é desfigurá-la. (N. de Voltaire)

"'Meus irmãos, o cristianismo mal começa a gozar a paz, e vós o mergulhareis numa discórdia eterna. O imperador tem motivos para vos dizer que brigais por assunto muito insignificante. Sem dúvida, se o objeto da disputa fosse essencial, Jesus Cristo, que todos reconhecemos como nosso legislador, teria falado dele; Deus não teria enviado seu filho à terra se não fosse para nos ensinar o catecismo. Tudo o que ele não nos disse expressamente é obra dos homens, que têm o erro como quinhão. Jesus vos ordenou o amor, e começais por desobedecer-lhe quando vos odiais, incitando a discórdia no império. Só o orgulho dá origem às disputas, e Jesus, vosso mestre, ordenou que fôsseis humildes. Nenhum de vós poderá saber se Jesus é feito ou engendrado. E que importa a sua natureza, desde que a vossa seja a de ser justos e razoáveis? Que há de comum entre uma vã ciência de palavras e a moral que deve conduzir vossas ações? Vós encheis a doutrina de mistérios, vós que sois feitos para fortalecer a religião por meio da virtude. Quereis acaso que a religião cristã não passe de um amontoado de sofismas? Cristo terá vindo para isso? Acabai com as disputas; adorai, edificai, humilhai-vos, alimentai os pobres, apaziguai as brigas de famílias, em vez de escandalizar o império inteiro com vossas discórdias.'

"Ózio falava a contumazes. Reuniu-se um concílio de Niceia e houve uma guerra civil espiritual no império romano. Essa guerra provocou outras e, de século em século, houve perseguições mútuas até nossos dias."

O mais triste foi que a perseguição começou assim que o concílio terminou; mas Constantino, quando o instalou, ainda não sabia a que lado aderir, nem sobre quem desencadearia a perseguição. Ele não era cristão[204], embora estivesse à cabeça dos cristãos; na época, o batismo apenas já constituía o cristianismo, e ele não era batizado; acabava até de mandar reconstruir o templo da Concórdia em Roma. Para ele decerto era indiferente se quem tinha razão era Alexandre de Alexandria, Eusébio de Nicomédia ou o sacerdote Ário; está evidente, pela carta acima citada, que ele sentia profundo desprezo por aquela controvérsia.

Mas ocorreu então o que se vê e se verá para sempre em todas as cortes. Os inimigos daqueles que depois foram chamados de arianos acusaram Eusébio de Nicomédia de ter-se, outrora, aliado a Licínio contra o imperador. Disse Constantino em sua carta à Igreja de Nicomédia: "Tenho provas disso, pelos padres e diáconos de seu séquito que prendi etc."

Assim, portanto, desde o primeiro grande concílio, a intriga, a cabala e a perseguição se estabelecem com o dogma, mas sem conseguir enfraquecer sua santidade. Constantino deu as capelas daqueles que não acreditavam na consubstancialidade àqueles que acreditavam, confiscou para si os bens dos dissidentes e valeu-se de seu poder despótico para exilar Ário e seus partidários, que então já não eram os mais fortes. Consta até que, valendo-se de sua autoridade privada, condenou à morte qualquer um que deixasse de queimar as obras de Ário; mas isso não é verdade. Constantino, por mais pródigo que fosse de sangue humano, não levou a crueldade ao excesso de demência absurda que consiste em mandar seus carrascos assassinar quem tivesse um livro herege, enquanto deixava vivo o heresiarca.

Logo tudo muda na corte; vários bispos inconsubstanciais, eunucos e mulheres intercederam por Ário e obtiveram a revogação da ordem régia. É o que vimos ocorrer várias vezes em nossas cortes modernas em ocasiões semelhantes.

O célebre Eusébio, bispo de Cesareia, conhecido por suas obras, que não são escritas com grande discernimento, acusava veementemente Eustáquio, bispo de Antioquia, de ser sabeliano; e Eustáquio acusava Eusébio de ser ariano. Reuniu-se um concílio em Antioquia; Eusébio ganhou a causa; Eustáquio foi deposto; a sé de Antioquia foi oferecida a Eusébio, que não desgostou; os dois lados armaram-se um contra o outro; esse foi o prelúdio das guerras de controvérsia. Constantino, que exilara Ário por não acreditar que o Filho era consubstancial, exila Eusébio por acreditar nisso: tais reviravoltas são comuns.

---

204. Ver Visão de Constantino. (N. de Voltaire)

Santo Atanásio era então bispo de Alexandria; não quis receber Ário na cidade; este fora enviado pelo imperador. Disse "que Ário era excomungado; que um excomungado não devia ter casa nem pátria; que não podia comer nem dormir em lugar algum; e que mais vale obedecer a Deus do que aos homens". Imediatamente, há um novo concílio em Tiro e novas ordens régias. Atanásio é deposto pelos padres de Tiro e exilado em Trier pelo imperador. Assim, Ário e Atanásio, seu maior inimigo, são condenados consecutivamente por um homem que ainda não era cristão.

As duas facções empregaram com igualdade o artifício, a fraude e a calúnia, segundo antigo e eterno uso. Constantino deixou que disputassem e cabalassem; tinha outras ocupações. Foi nessa época que aquele *bom príncipe* mandou assassinar o filho, a mulher e o sobrinho, o jovem Licínio, esperança do império, que ainda não tinha doze anos.

A facção de Ário sempre foi vitoriosa no reinado de Constantino. A facção oposta não se envergonhou de escrever que um dia são Macário, um dos mais ardentes seguidores de Atanásio, sabendo que Ário estava a caminho da catedral de Constantinopla, seguido de vários de seus confrades, suplicou a Deus com tanto ardor que vexasse aquele heresiarca, que Deus não pôde resistir à súplica de Macário, e imediatamente todas as tripas de Ário lhe saíram pelo ânus, o que é impossível; mas, enfim, Ário morreu.

Constantino o seguiu um ano depois, em 337 de nossa era. Consta que morreu de lepra. O imperador Juliano, em seus *Césares*, diz que o batismo recebido por aquele imperador algumas horas antes de morrer não cura ninguém dessa doença.

Como seus filhos reinaram depois dele, a bajulação dos povos romanos, transformados em escravos havia muito tempo, foi levada a tal ponto, que os da antiga religião fizeram dele um deus, e os da nova, um santo. Durante muito tempo sua festa foi celebrada com a de sua mãe.

Depois que ele morreu, os conflitos ocasionados apenas pela palavra *consubstancial* agitaram o império com violência. Constâncio, filho e sucessor de Constantino, imitou todas as crueldades do pai e realizou concílios como ele; esses concílios se anatematizaram reciprocamente. Atanásio correu a Europa e a Ásia para apoiar seu partido. Os eusebianos o massacraram. Exílios, prisões, tumultos, chacinas e assassinatos marcaram o fim do reinado de Constâncio. O imperador Juliano, inimigo mortal da Igreja, fez o que pôde para devolver a paz à Igreja e não conseguiu. Joviano e, depois dele, Valentiniano deram inteira liberdade de consciência, mas as duas facções só a entenderam como liberdade de exercer ódio e furor.

Teodósio declarou-se pelo concílio de Niceia; mas a imperatriz Justina, que reinava na Itália, na Ilíria e na África como tutora do jovem Valentiniano, proscreveu o grande concílio de Niceia; e logo os godos, os vândalos e os borgonheses, que se espalhavam por tantas províncias, encontrando nelas estabelecido o arianismo, abraçaram-no para governar os povos conquistados pela própria religião desses mesmos povos.

Mas, como a fé de Niceia fora acatada pelos gauleses, Clóvis, seu vencedor, acatou sua comunhão pela mesma razão por que os outros bárbaros haviam professado a fé ariana.

O grande Teodorico, na Itália, manteve a paz entre os dois partidos; e, por fim, a fórmula niceense prevaleceu no ocidente e no oriente.

O arianismo ressurgiu em meados do século XVI, favorecido por todas as controvérsias religiosas que dividiam então a Europa; mas reapareceu armado com força nova e maior incredulidade. Quarenta fidalgos de Vicenza fundaram uma academia, na qual se estabeleceram apenas os dogmas que pareceram necessários para ser cristão. Jesus foi reconhecido como Verbo, Salvador e juiz, mas foram negadas sua divindade, sua consubstancialidade e até a Trindade.

Seus principais dogmatizadores foram Lélio Socino, Ochino, Parota, Gentilis. Servet juntou-se a eles. Todos conhecem sua desditosa disputa com Calvino; durante algum tempo mantiveram uma troca de injúrias por cartas. Servet foi bastante imprudente para passar por Genebra, numa viagem que fazia para a Alemanha. Calvino foi bastante covarde para mandar prendê-lo e bastante bárbaro para condená-lo a queimar em fogo brando, ou seja, ao mesmo suplício do qual Calvino escapara por um triz na França. Quase todos os teólogos de então eram, intermitentemente, perseguidores ou perseguidos, algozes ou vítimas.

O mesmo Calvino pediu em Genebra a morte de Gentilis. Encontrou cinco advogados que assinaram a declaração de que Gentilis merecia morrer nas chamas. Tais horrores são dignos daquele abominável século. Gentilis foi posto na prisão e ia ser queimado como Servet; foi, porém, mais arguto que o espanhol: retratou-se, fez ridículos louvores a Calvino e foi salvo. Mas quis a sua desdita que ele, logo em seguida, não tendo tratado suficientemente bem um bailio do cantão de Berna, fosse preso como ariano. Algumas testemunhas afirmaram que ele dissera que as palavras *trindade*, *essência* e *hipóstase* não se encontravam na Santa Escritura; e, com base nesse depoimento, os juízes, que não sabiam mais do que ele o que é hipóstase, o condenaram, sem raciocinar, a perder a cabeça.

Fausto Socino, sobrinho de Lélio Socino, e seus companheiros foram mais felizes na Alemanha; penetraram na Silésia e na Polônia, lá fundaram igrejas; escreveram, pregaram, tiveram sucesso: mas, com o tempo, como sua religião era despojada de quase todos os mistérios, sendo seita filosófica pacífica mais do que seita militante, eles foram abandonados; os jesuítas, que tinham mais crédito, os perseguiram e dispersaram.

O que resta dessa seita na Polônia, na Alemanha e na Holanda mantém-se no anonimato e na tranquilidade. A seita reapareceu na Inglaterra com mais força e brilho. Foi abraçada pelo grande Newton e por Locke; Samuel Clarke, célebre cura de Saint-James, autor de um bom livro sobre a existência de Deus, declarou-se ariano alto e bom som; e seus discípulos são muito numerosos. Nunca ia à sua paróquia no dia em que se recitava o *símbolo* de santo Atanásio. No percurso dessa obra podem-se ver as sutilezas que todos esses obstinados, mais filósofos que cristãos, opõem à pureza da fé católica.

Embora tenha havido um grande rebanho de arianos em Londres entre os teólogos, as grandes verdades matemáticas descobertas por Newton e a sabedoria metafísica de Locke ocuparam mais os espíritos. As controvérsias sobre a consubstancialidade pareceram muito insípidas aos filósofos. Ocorreu com Newton na Inglaterra o mesmo que ocorreu com Corneille na França; esqueceram-se *Pertarito*, *Teodoro* e o conjunto de seus versos; só se pensou em *Cina*. Newton foi visto como o intérprete de Deus no cálculo das fluxões, nas leis da gravitação, na natureza da luz. Ao morrer, foi carregado pelos pares e pelo chanceler do reino para junto dos túmulos dos reis, mais reverenciado que eles. Servet, que, segundo se diz, descobriu a circulação do sangue, fora queimado em fogo lento numa cidadezinha dos alóbrogos, dominada por um teólogo da Picardia.

ÁRIOS (Arius)

Ver Arianismo.

ARISTEU (Aristée)

Haverão de sempre querer enganar os homens tanto nas coisas indiferentes como nas mais sérias! Um pretenso Aristeu quer fazer acreditar que mandou traduzir o Antigo Testamento em grego, para uso de Ptolomeu Filadelfo, assim como o duque de Montausier realmente encomendou o comentário dos melhores autores latinos para uso do delfim, que deles não fazia uso algum.

A acreditar-se nesse Aristeu, Ptolomeu morria de vontade de conhecer as leis judaicas; e, para conhecer essas leis, que o mais ínfimo judeu de Alexandria lhe teria traduzido por cem escudos, ele se propôs enviar uma embaixada solene ao grão-sacerdote dos judeus de Jerusalém, libertar cento e vinte mil escravos judeus que seu pai Ptolomeu Sóter aprisionara na Judeia e dar a cada um cerca de quarenta escudos de nossa moeda para ajudá-los a fazer a viagem agradavelmente; isso perfaz catorze milhões e quatrocentas mil libras nossas.

Ptolomeu não se limitou a essa liberalidade inaudita. Como decerto era muitíssimo devoto ao judaísmo, enviou ao templo de Jerusalém uma grande mesa de ouro maciço, enriquecida de pedras preciosas; e teve o cuidado de mandar gravar nessa mesa o mapa do Meandro, rio da Frígia[205]; o percurso desse rio estava indicado por rubis e por esmeraldas. Imagina-se como aquele mapa do Meandro devia encantar os judeus. Sobre a mesa havia dois imensos vasos de ouro ainda mais bem trabalhados; ele deu mais trinta vasos de ouro e uma infinidade de vasos de prata. Nunca se pagou tão caro por um livro; seria possível ter toda a biblioteca do Vaticano por preço mais módico.

Eleazar, pretenso grão-sacerdote de Jerusalém, enviou-lhe, por sua vez, embaixadores que só entregaram uma carta escrita com letras de ouro em belo velino. Era uma ação digna de judeus dar um pedaço de pergaminho por trinta milhões.

Ptolomeu ficou tão contente com o estilo de Eleazar, que derramou lágrimas de alegria.

Os embaixadores jantaram com o rei e com os principais sacerdotes do Egito. Quando foi preciso abençoar a mesa, os egípcios cederam essa honra aos judeus.

Com aqueles embaixadores chegaram setenta e dois intérpretes, seis de cada uma das doze tribos; todos haviam aprendido grego com perfeição em Jerusalém. É pena, realmente, que daquelas doze tribos dez estejam absolutamente perdidas, tendo desaparecido da face da terra há tantos séculos; mas o grão-sacerdote Eleazar as encontrara expressamente para mandar tradutores a Ptolomeu.

Os setenta e dois intérpretes ficaram fechados na ilha de Faros; cada um deles fez sua tradução à parte, em setenta e dois dias. E todas as traduções eram parecidas, palavra por palavra: é a isso que se dá o nome de *tradução dos setenta*, que devia ser chamada tradução dos *setenta e dois*.

O rei, assim que recebeu os livros, adorou-os, tão bom judeu era ele! Cada intérprete recebeu três talentos de ouro e, além disso, foram enviados ao grande sacrificador, para pagar seu pergaminho, dez leitos de prata, uma coroa de ouro, incensórios e taças de ouro, um vaso de trinta talentos de prata, ou seja, com um peso de aproximadamente sessenta mil escudos, com dez túnicas de púrpura e cem peças de tecidos de belíssimo linho.

Quase todo esse belo inventário é fielmente relatado pelo historiador Josefo, que nunca exagerou em nada. São Justino vai além: diz que foi ao rei Herodes que Ptolomeu se dirigiu, e não ao grão-sacerdote Eleazar. Segundo ele, dois embaixadores foram enviados por Ptolomeu a Herodes; isso é carregar no maravilhoso, pois se sabe que Herodes nasceu muito tempo depois do reinado de Ptolomeu Filadelfo.

Não vale a pena notar aqui a profusão de anacronismos que reina nesses romances e em todos os seus semelhantes, a infinidade de contradições e os enormes erros nos quais o autor judeu incide a cada frase; no entanto, durante séculos essa fábula foi tida como verdade incontestável; e, para pôr mais à prova a credulidade humana, cada autor que a citava somava ou subtraía à sua maneira; de modo que, a crer-se nessa aventura, é preciso crer nela de cem maneiras diferentes. Uns riem desses absurdos de que as nações se abeberaram, outros choram essas imposturas; a multidão infinita de mentiras faz Demócritos e Heráclitos.

ARISTÓTELES (Aristote)

Não se deve acreditar que o preceptor de Alexandre, escolhido por Filipe, tenha sido um pedante e um teimoso. Filipe sem dúvida era bom juiz, pois era muito instruído e rivalizava com Demóstenes em eloquência.

---

205. No entanto, pode ser que não se tratasse de um mapa do curso do Meandro, mas aquilo que em grego se chamava *meandro*, um ornamento entrelaçado de pedras preciosas. Era, de qualquer modo, um belíssimo presente. (N. de Voltaire)

De sua lógica

A lógica de Aristóteles, sua arte de raciocinar, é estimável porque está relacionada com os gregos, que se exercitavam continuamente em argumentos capciosos; e seu mestre Platão era menos isento desse defeito do que qualquer outro.

Vejamos, por exemplo, o argumento com o qual Platão prova a imortalidade da alma no *Fédon*: "Não dizes que a morte é o contrário da vida? – Sim. – E que uma nasce da outra? – Sim. – Então, o que nasce do vivo? – O morto. – E o que nasce do morto? – O vivo. – Portanto, é dos mortos que nascem todas as coisas vivas. Logo, as almas ficam nos infernos depois da morte."

Seria preciso ter regras seguras para desfazer essa espantosa confusão, com a qual a reputação de Platão fascinava os espíritos.

Seria necessário demonstrar que Platão atribuía um sentido suspeito a todas as suas palavras.

O morto não nasce do vivo; mas o homem vivo deixou de estar em vida.

O vivo não nasce do morto; mas nasceu de um homem vivo que depois morreu.

Por conseguinte, vossa conclusão, de que todas as coisas vivas nascem das mortas, é ridícula. Dessa conclusão extraís outra, que não está de modo algum contida nas premissas: "Logo, as almas ficam nos infernos depois da morte."

Antes seria preciso provar que os corpos mortos ficam nos infernos, e que a alma acompanha os corpos mortos.

Não há uma só palavra em vosso argumento que tenha a menor correção. Seria preciso dizer: O que pensa não tem partes, o que não tem partes é indestrutível; logo, se o que pensa em nós não tem partes, é indestrutível.

Ou então: O corpo morre porque é divisível; a alma não é divisível; logo, não morre. Nesse caso, pelo menos seríeis entendido.

Isso ocorre com todos os raciocínios capciosos dos gregos. Um mestre ensina retórica ao discípulo, com a condição de que o discípulo o pague na primeira causa que ganhar.

O discípulo não pretende pagar nunca. Intenta um processo contra seu mestre; e lhe diz: Nunca te deverei nada, pois, se perder a causa, só deveria pagar-te depois de ganhá-la; e, se a ganho, minha demanda é a de não te pagar.

O mestre responde ao argumento, dizendo: Se perderes, pagarás; e, se ganhares, pagarás, pois nosso acerto é o de que me pagarás depois que ganhares a primeira causa.

É evidente que tudo isso gira em torno de um equívoco. Aristóteles ensina eliminá-lo pondo no argumento os termos necessários.

Só se deve pagar no vencimento;
O vencimento no caso é uma causa ganha.
Ainda não houve causa ganha;
Logo, ainda não houve vencimento;
Logo, o discípulo não deve ainda nada.

Mas *ainda* não significa *nunca*. O discípulo, portanto, impetrava um processo ridículo.

O mestre, por seu lado, não tinha direito de exigir coisa alguma, pois ainda não havia vencimento.

Ele precisaria esperar que o discípulo intentasse alguma outra causa.

Se um povo vencedor estipula que só devolverá ao povo vencido a metade de seus navios; se os manda serrar ao meio e, assim, devolve a metade justa, afirmando ter cumprido o trato, é evidente que se tem um equívoco criminoso.

Portanto, Aristóteles, com as regras de sua *lógica*, prestou grande serviço ao espírito humano prevenindo todos os equívocos; pois são estes que criam todos os mal-entendidos em filosofia, em teologia e nos negócios.

A malfadada guerra de 1756 teve como pretexto um equívoco sobre a Acádia.

É verdade que o bom-senso natural e o hábito de raciocinar prescindem das regras de Aristóteles. Um homem que tenha ouvidos e voz afinados pode perfeitamente cantar sem as regras da música; mas é melhor conhecê-las.

De sua física

É difícil entendê-la; no entanto, é mais que provável que Aristóteles fosse entendido no assunto, e que fosse entendido em seu tempo. O grego é língua estrangeira para nós. Já não se atribuem hoje às mesmas palavras as mesmas ideias.

Por exemplo, quando ele diz no capítulo VII que os princípios dos corpos são *a matéria, a privação e a forma*, parece que está dizendo uma enorme asneira; mas não é. A matéria, segundo ele, é o primeiro princípio de tudo, o sujeito de tudo, indiferente a tudo. A forma lhe é essencial para tornar-se alguma coisa. A privação é o que distingue um ser de todas as coisas que não estão nele. À matéria é indiferente tornar-se roseira ou pereira. Mas, quando é pereira ou roseira, fica privada de tudo o que a tornaria prata ou chumbo. Essa verdade talvez não valha a pena ser enunciada; mas, afinal, nada existe aí que não seja inteligível e nada que não seja pertinente.

O ato daquilo que está em potência parece ridículo, mas não é tampouco. A matéria pode tornar-se tudo o que se queira: fogo, terra, água, vapor, metal, mineral, animal, árvore, flor. É só isso que a expressão *ato em potência* significa. Assim, não havia nada de ridículo nos gregos em dizer que o movimento é um ato de potência, pois a matéria pode ser movida. E é bem possível que Aristóteles entendesse com isso que o movimento não é essencial à matéria.

Aristóteles deve necessariamente ter feito péssima física; e foi isso o que ele teve em comum com todos os filósofos, até o tempo em que gente como Galileu, Torricelli, Guericke, Drebbel, Boyle e a Academia del Cimento começaram a fazer experiências. A física é uma mina na qual só se pode descer com máquinas que os antigos nunca conheceram. Ficaram à beira do abismo e raciocinaram sobre o que ele continha sem o ver.

Tratado de Aristóteles sobre os animais

Suas *Investigações sobre os animais*, ao contrário, foram o melhor livro da antiguidade, porque Aristóteles usou seus próprios olhos. Alexandre lhe forneceu todos os animais raros da Europa, da África e da Ásia. Esse foi um dos frutos de suas conquistas. Nisso, esse herói gastou somas que assustariam todos os tesoureiros reais de hoje; é isso que deve imortalizar a glória de Alexandre, de quem já falamos.

Em nossos dias, o herói que tenha a infelicidade de fazer guerra mal pode dar algum incentivo às ciências; precisará tomar dinheiro emprestado de algum judeu e consultar continuamente almas judias para fazer a substância de seus súditos escoar para seu cofre das Danaides, de onde sai um instante depois por centenas de aberturas. Alexandre mandava à casa de Aristóteles elefantes, rinocerontes, tigres, leões, crocodilos, gazelas, águias, avestruzes. E nós, quando por acaso alguém traz um animal raro às nossas feiras, vamos admirá-lo por vinte soldos; e ele morre antes que possamos conhecê-lo.

Do mundo eterno

Aristóteles declara expressamente em seu livro sobre o *Céu*, capítulo XI, que o mundo é eterno; era essa a opinião de toda a antiguidade, exceto dos epicuristas. Ele admitia um Deus, um primeiro motor; e o define[206] como *uno, eterno, imóvel, indivisível, sem qualidades*.

Devia, portanto, ver o mundo emanado de Deus como a luz emanada do Sol, que é tão antiga quanto esse astro.

Em relação às esferas celestes, ele é tão ignorante quanto todos os outros filósofos. Copérnico ainda não nascera.

De sua metafísica

Deus, por ser o primeiro motor, faz a alma mover-se; mas o que é Deus para ele, e o que é a alma? A alma é uma enteléquia. Mas que quer dizer entelequia?[207] Diz ele: é um princípio e um ato, uma potência nutritiva, senciente e racional. Isso não quer dizer outra coisa, senão que temos a faculdade de nos alimentar, sentir e raciocinar. O como e o porquê são um pouco difíceis de entender. Os gregos não sabiam o que é entelequia mais do que os tupinambás e nossos doutores sabem o que é alma.

De sua moral

A moral de Aristóteles, como todas as outras, é muito boa; pois não há duas morais. As de Confúcio, Zoroastro, Pitágoras, Aristóteles, Epicteto e Marco Antonino são absolutamente as mesmas. Deus pôs em todos os corações o conhecimento do bem, com alguma inclinação para o mal.

Aristóteles diz que é preciso três coisas para ser virtuoso: natureza, razão e hábito; nada é mais verdadeiro. Se não houver um bom natural, a virtude será muito difícil; a razão o fortalece, e o hábito torna as ações honestas tão familiares quanto um exercício diário ao qual nos acostumamos.

Ele enumera todas as virtudes, entre as quais não deixa de incluir a amizade. Distingue a amizade entre iguais, parentes, hóspedes e amantes. Entre nós já não se conhece a amizade nascida dos direitos de hospitalidade. O que entre os antigos era o sagrado vínculo da sociedade para nós não passa de uma conta de taberneiro. E, quanto aos amantes, é raro hoje pôr-se virtude no amor. Acredita-se que não se deve nada a uma mulher à qual se prometeu tudo mil vezes.

É triste que nossos primeiros doutores quase nunca tenham incluído a amizade no rol das virtudes, quase nunca tenham recomendado a amizade; ao contrário, pareceram inspirar-se frequentemente na inimizade. Pareciam-se aos tiranos, que temem as associações.

É também com muita razão que Aristóteles põe todas as virtudes entre os extremos opostos. Talvez tenha sido o primeiro que lhes atribuiu essa posição.

Ele diz expressamente que a piedade é o meio-termo entre o ateísmo e a superstição.

De sua retórica

É provavelmente sua *Retórica* e sua *Poética* que Cícero e Quintiliano têm em mente. Cícero, em seu livro sobre o *Orador*, diz: *Ninguém teve mais ciência, sagacidade, invenção e discernimento*; Quintiliano chega a louvar não só a amplidão de seus conhecimentos, como também a suavidade de sua elocução, *eloquendi suavitatem*.

---

206. Liv. VII, cap. XII. (N. de Voltaire)
207. Liv. II, cap. II. (N. de Voltaire)

Aristóteles quer que o orador seja instruído em leis, finanças, tratados, praças de guerra, guarnições, víveres, mercadorias. Os oradores dos parlamentos da Inglaterra, das dietas da Polônia, dos Estados da Suécia, dos *pregadi* de Veneza etc. não acharão inúteis essas lições de Aristóteles; mas talvez sejam inúteis para outras nações.

Ele quer que o orador conheça as paixões humanas, bem como os costumes e os humores de cada condição.

Não creio que haja uma só sutileza da arte que lhe escape. Recomenda sobretudo que se deem exemplos quando se fala de negócios públicos: nada produz mais efeito sobre o espírito humano.

Bem se vê, pelo que diz sobre o assunto, que ele escrevia sua *Retórica* muito tempo antes que Alexandre fosse nomeado capitão-general da Grécia contra o grande rei.

Quem tivesse de provar, diz ele, para os gregos que é de seu interesse opor-se aos cometimentos do rei da Pérsia e impedir que ele se torne senhor do Egito deveria começar por lembrar que Dario Oco só decidiu atacar a Grécia depois que o Egito caiu em seu poder; faria notar que Xerxes teve a mesma conduta. Não se deve duvidar, acrescentaria ele, que Dario Codomano faça o mesmo. Não deveis tolerar que ele se apodere do Egito.

Chega a ponto de permitir, nos discursos perante as grandes assembleias, parábolas e fábulas. Elas sempre empolgam a multidão; relata algumas muito engenhosas, da mais alta antiguidade, como a do cavalo que implorou socorro do homem para vingar-se do cervo e tornou-se escravo por ter procurado um protetor.

Pode-se observar que no segundo livro, em que trata dos argumentos do mais ao menos, cita um exemplo que mostra bem qual era a opinião da Grécia, e provavelmente da Ásia, sobre a extensão do poder dos deuses.

Diz ele: "Se é verdade que nem mesmo os deuses podem saber tudo, por mais esclarecidos que sejam, muito menos podem os homens." Esse trecho mostra, evidentemente, que então não se atribuía onisciência à Divindade. Não se concebia que os deuses pudessem saber o que não existe: ora, como o futuro não existe, parecia-lhes impossível conhecê-lo. Essa é a opinião dos socinianos de hoje; mas voltemos à *Retórica* de Aristóteles.

O que ressaltarei mais em seu capítulo sobre a *elocução* e a *dicção* é o bom-senso com que ele condena os que querem ser poetas em prosa. Defende o patético, mas condena o empolamento; proscreve os epítetos inúteis. De fato, Demóstenes e Cícero, que observaram seus preceitos, nunca afetaram estilo poético em seus discursos. Diz Aristóteles que o estilo deve ser sempre adequado ao tema.

Nada está mais deslocado do que falar poeticamente de física e esbanjar figuras e ornamentos quando o necessário é método, clareza e verdade. É charlatanismo de quem quer impingir falsos sistemas com um vão rumor de palavras. Os pobres de espírito se deixam levar por esse engodo, e os espíritos brilhantes o desdenham.

Entre nós, a oração fúnebre tomou conta do estilo poético em prosa; mas, como esse gênero consiste quase totalmente na exageração, parece válido que ele extraia ornamentos da poesia.

Os autores de romances às vezes se permitiram essa licença. La Calprenède foi o primeiro, acredito, que transpôs assim os limites das artes e abusou dessa facilidade. O autor de *Telêmaco* encontrou benevolência graças a Homero, que ele imitava sem conseguir fazer versos, e graças ainda mais à sua moral, na qual ele supera de longe Homero, que não tem nenhuma. Mas o que lhe valeu mais sucesso foi a crítica à altivez de Luís XIV e à dureza de Louvois, que se acreditou perceber em *Telêmaco*.

Seja como for, nada prova mais o grande senso e o bom gosto de Aristóteles do que o fato de ter ele atribuído um lugar a cada coisa.

Poética

Onde encontrar em nossas nações modernas um físico, um geômetra, um metafísico, um moralista mesmo que tenha sabido falar de poesia? Estes estão esmagados pelos nomes de Homero, Virgílio, Sófocles, Ariosto, Tasso e de todos os que encantaram a terra com as produções harmoniosas de seu gênio. Não sentem suas belezas, ou, se sentem, gostariam de aniquilá-las.

Que ridículo Pascal dizer: "Assim como se diz *beleza poética*, dever-se-ia dizer *beleza geométrica* e *beleza medicinal*. No entanto, não se diz; e a razão é saber-se bem qual é o objeto da geometria e qual é o objeto da medicina; mas não se sabe em que consiste o deleite que é objeto da poesia. Não se sabe o que é esse modelo natural que se deve imitar; e, na falta desse conhecimento, foram inventados alguns termos estranhos, *século de ouro, maravilhas de nossos dias, fatal loureiro, belo astro* etc. E dá-se a esse jargão o nome de *beleza poética*."

É fácil perceber como esse texto de Pascal é deplorável. Sabe-se que nada há de belo num remédio nem nas propriedades de um triângulo, e que só chamamos de *belo* aquilo que nos causa na alma e nos sentidos prazer e admiração.

Assim raciocina Aristóteles: e Pascal nesse caso raciocina bem mal. *Fatal loureiro* e *belo astro* nunca foram belezas poéticas. Se quisesse saber o que é, bastaria ler em Malherbe (1iv. VI, estâncias a Duperrier):

Le pauvre en sa cabane, où le chaume le couvre,
Est soumis à ses lois;
Et la garde qui veille aux barrières du Louvre
N'en défend pas nos rois.
[O pobre em sua cabana, coberta de colmo,
Está sob suas leis;
E a guarda a vigiar nas barreiras do Louvre
Dele não defende nossos reis.]

Bastaria ler em Racan (ode ao conde de Bussy):

Que te sert de chercher les tempêtes de Mars,
Pour mourir tout en vie au milieu des hasards
Où la gloire te mène?
Cette mort qui promet un si digne loyer,
N'est toujours que la mort, qu'avecque moins de peine
L'on trouve en son foyer.

Que sert à ces galants ce pompeux appareil,
Dont ils vont dans la lice éblouir le soleil
Des trésors du Pactole?
La gloire qui les suit, après tant de travaux,
Se passe en moins de temps que la poudre qui vole
Du pied de leurs chevaux.
[De que vale buscares as tempestades de Marte,
Para morreres no auge da vida em meio a perigos
A que a glória te leva?
Essa morte que promete tão digno galardão
Não passa de morte, que com menos penar
Encontramos no lar.

De que vale aos galantes o pomposo aparato,
Com que vão na liça ofuscar o sol
Dos tesouros do Pactolo?
A glória que os segue, após tantos trabalhos,
Acaba em menos tempo que a poeira levantada
Pelas patas de seus cavalos.]

Bastaria, sobretudo, ler os grandes momentos de Homero, Virgílio, Horácio, Ovídio etc.

Nicole escreveu contra o teatro, de que não tinha o menor laivo, e nisso foi secundado por certo Dubois, que era tão ignorante quanto ele em belas-letras.

Até mesmo Montesquieu, que, em seu divertido livro *Cartas persas,* tem a vaidadezinha de acreditar que Homero e Virgílio nada são em comparação com alguém que imite com espírito e sucesso o *Siamois* de Dufresny, enchendo seu livro com ousadias, sem as quais não seria lido. Diz ele: "O que são os poemas épicos? Não sei; desprezo os líricos na mesma medida que valorizo os trágicos." No entanto, não deveria desprezar tanto Píndaro e Horácio. Aristóteles não desprezava Píndaro.

Descartes, na verdade, fez para a rainha Cristina um pequeno divertimento em versos, digno de sua matéria canelada.

Malebranche não distingue o *qu'il mourût*[208] de Corneille de um verso de Jodelle ou de Garnier.

Quem, além de Aristóteles, traça as regras da tragédia com a mesma mão com que escreve as da dialética, da moral e da política, e com a qual levantou, o máximo que pôde, o grande véu da natureza!

Foi no capítulo quarto de sua *Poética* que Boileau hauriu estes belos versos:

Il n'est point de serpent ni de monstre odieux
Qui par l'art imité ne puisse plaire aux yeux;
D'un pinceau délicat l'artifice agréable
Du plus affreux objet fait un objet aimable:
Ainsi pour nous charmer, la Tragédie en pleurs
D'Oedipe tout sanglant fit parler les douleurs.
[Não há serpente nem monstro odioso
Que pela arte imitada deixe de agradar aos olhos;
Dum pincel delicado o artifício agradável
Do mais medonho objeto faz um objeto amável:
Assim, para nos encantar, a Tragédia a chorar
De Édipo ensanguentado fez as dores falar.]

Vejamos o que diz Aristóteles: "A imitação e a harmonia produziram a poesia... vemos com prazer, num quadro, animais medonhos, homens mortos ou morrendo que só com tristeza e pavor veríamos na natureza. Quanto mais bem imitados, mais satisfação nos causam."

Esse quarto capítulo da *Poética* de Aristóteles está quase inteiro em Horácio e Boileau. As leis que apresenta nos capítulos seguintes são, ainda hoje, as de nossos bons autores, excetuando-se o que diz respeito aos coros e à música. Sua ideia de que a tragédia foi instituída para purgar as paixões foi muito combatida; mas, se ele quiser dizer, como acredito, que se pode domar um amor incestuoso vendo a desdita de Fedra, que se pode reprimir a cólera vendo o triste exemplo de Ajax, então já não há dificuldade alguma.

---

208. *Que morresse.* Ver comentários de Voltaire no verbete Antigos e modernos, p. 140. (N. da T.)

O que esse filósofo recomenda expressamente é que haja sempre heroísmo na tragédia e ridículo na comédia. É uma regra que se começa hoje, talvez em demasia, a deixar de observar.

ARMAS, EXÉRCITOS (Armes, Armées)

É muito digno de consideração que tenha havido e haja ainda na terra sociedades sem exércitos. Os brâmanes, que por muito tempo governaram quase todo o grande Quersoneso da Índia, os chamados primitivos *quakers*, que governam a Pensilvânia, alguns pequenos povos da América, alguns outros do centro da África, os samoiedos, os lapões e os kamchadales nunca marcharam em formação de batalha para destruir os vizinhos.

Os brâmanes foram os mais consideráveis de todos esses povos pacíficos; sua casta, que é tão antiga e subsiste ainda, diante da qual todas as instituições são novas, é um prodígio que não se sabe admirar. Seu modo de vida e sua religião sempre se uniram no sentido de nunca se derramar sangue, nem o dos mais ínfimos animais. Com um regime desses, é fácil ser subjugado; eles foram, e não mudaram.

Os pensilvanianos nunca tiveram exército e abominam a guerra.

Vários povos da América não sabiam o que é um exército antes que os espanhóis fossem exterminá-los. Os habitantes das costas do mar Glacial ignoram armas, deuses de exércitos, batalhões e esquadrões.

Além desses povos, sacerdotes e religiosos não portam armas em nenhum país, pelo menos quando são fiéis à sua instituição.

Foi só entre os cristãos que se viram sociedades religiosas estabelecidas para combater, como templários, cavaleiros de são João, cavaleiros teutônicos, cavaleiros porta-gládios. Essas ordens religiosas foram instituídas por imitação dos levitas, que combateram como as outras tribos judias.

Exércitos e armas não foram os mesmos na antiguidade. Os egípcios quase nunca tiveram cavalaria; esta teria sido bem inútil num país entrecortado por canais, inundado durante cinco meses e lamacento outros cinco. Os habitantes de grande parte da Ásia usaram quadrigas de guerra. Fala-se disso nos anais da China. Confúcio diz[209] que, ainda em seu tempo, cada governador de província fornecia ao imperador mil carros de guerra de quatro cavalos. Os troianos e os gregos combatiam em carros de dois cavalos.

A cavalaria e os carros foram desconhecidos pela nação judia num território montanhoso, em que o primeiro rei só tinha jumentas quando foi eleito. Trinta filhos de Jair, príncipes de trinta cidades, segundo diz o texto[210], montavam cada um num asno. Saul, depois rei de Judá, só tinha jumentas; e os filhos de Davi fugiram em mulas quando Absalão matou seu irmão Amnom. Absalão montava apenas uma mula na batalha que travou contra as tropas de seu pai; isso prova, segundo as histórias judias, que se começava então a usar éguas na Palestina, ou então que já se era rico o bastante para comprar mulas dos países vizinhos.

Os gregos usaram pouco a cavalaria; foi principalmente com a falange macedônica que Alexandre ganhou as batalhas com que sujeitou a Pérsia.

Foi a infantaria romana que subjugou a maior parte do mundo. César, na batalha de Farsália, só tinha mil homens de cavalaria.

Não se sabe em que época os indianos e os africanos começaram a pôr elefantes para marchar à frente de seus exércitos. Não deixa de surpreender ver os elefantes de Aníbal transpor os Alpes, o que era muito mais difícil do que hoje.

---

209. *Confucius*, liv. III, parte I. (N. de Voltaire)
210. Juízes, cap. X, v. 4. (N. de Voltaire)

ARMAS, EXÉRCITOS

Durante muito tempo foram discutidas as formações dos exércitos romanos e gregos, bem como suas armas e suas evoluções.

Cada um apresentou seu plano das batalhas de Zama e de Farsália.

O comentador Calmet, beneditino, mandou imprimir três polpudos volumes do *Dicionário da Bíblia*, nos quais, para explicar melhor os mandamentos de Deus, inseriu centenas de gravuras em que se veem planos de batalha e cercos em talho-doce. O Deus dos judeus era o Deus dos exércitos, mas Calmet não era seu secretário: só pode ter sabido por revelação como os exércitos dos amalecitas, dos moabitas, dos sírios e dos filisteus foram organizados para os dias de matança geral. Aquelas estampas de carnificina, desenhadas a esmo, encareceram o livro em cinco ou seis luíses de ouro e não o tornaram melhor.

Grande questão é saber se os francos, que o jesuíta Daniel chama de franceses por antecipação, usavam flechas em seus exércitos, se tinham elmos e couraças.

Supondo-se que fossem para o combate quase nus e, como se diz, armados apenas de um machadinho de carpinteiro, uma espada e uma faca, a conclusão é que os romanos, senhores das Gálias, tão facilmente vencidos por Clóvis, haviam perdido todo o seu antigo valor, e os gauleses preferiram tornar-se súditos de um pequeno número de francos a um pequeno número de romanos.

Os trajes de guerra mudaram em seguida, assim como tudo muda.

Nos tempos dos cavaleiros, escudeiros e pajens, só se conheceu a cavalaria na Alemanha, na França, na Itália, na Inglaterra e na Espanha. Os cavaleiros andavam cobertos de ferro, assim como os cavalos. Os infantes eram servos que exerciam mais as funções de sapadores que de soldados. Mas os ingleses sempre tiveram peões que eram bons arqueiros, e, em grande parte, foi isso que lhes deu a vitória em quase todas as batalhas.

Quem poderia acreditar que hoje os exércitos quase só fazem experiências de física? Um soldado ficaria bem admirado se algum cientista lhe dissesse: "Meu amigo, és melhor maquinista que Archimedes. À parte, foram preparadas cinco partes de salitre, uma parte de enxofre, uma parte de *carbo ligneus*. Teu salitre dissolvido, bem filtrado, bem evaporado, bem cristalizado, bem agitado, bem seco, incorporou-se com o enxofre purificado, de bela cor amarela. Esses dois ingredientes, misturados com carvão moído, formaram grandes esferas usando-se um pouco de vinagre ou uma dissolução de sal amoníaco ou urina. Essas esferas foram reduzidas *in pulverem pyrium* num moinho. O efeito dessa mistura é uma dilatação na proporção aproximada de quatro mil para um: e o chumbo que fica no teu cano produz outro efeito, que é produto de sua massa multiplicada por sua velocidade.

"Quem primeiro adivinhou grande parte desse segredo da matemática foi um beneditino chamado Roger Bacon. Quem o descobriu por inteiro foi outro beneditino alemão chamado Schwartz, no século XIV. Assim, é a dois monges que deves a arte de ser excelente matador, se atirares corretamente e se a pólvora for boa.

"Em vão Ducange afirmou que, em 1338, os registros da câmara das contas de Paris fazem menção a uma nota paga por pólvora: não acredites, trata-se de *artillerie*, nome dado às antigas máquinas de guerra e às novas.

"A pólvora levou a esquecer inteiramente o fogo grequês, de que os mouros ainda faziam algum uso. E és tu, finalmente, o depositário de uma arte que não só imita o trovão, como também é muito mais terrível que ele."

Essas palavras ditas a um soldado seriam veracíssimas. Dois monges, de fato, mudaram a face da terra.

Antes que os canhões fossem conhecidos, as nações hiperbóreas haviam subjugado quase todo o hemisfério e ainda poderiam voltar, como lobos famintos, para devorar as terras que haviam sido antes devoradas por seus ancestrais.

Em todos os exércitos eram a força física, a agilidade, uma espécie de furor sanguinário e o engalfinhamento entre homens que decidiam a vitória e, por conseguinte, o destino dos Estados. Homens intrépidos tomavam cidades com escadas. No tempo da decadência do império romano, não havia muito mais disciplina nos exércitos do Norte do que entre os animais carniceiros quando se precipitam sobre a presa.

Hoje uma única praça-forte de fronteira, munida de canhão, deteria os exércitos de Átila e Gêngis-Cã.

Há não muito tempo, viu-se um exército russo vitorioso consumir-se inutilmente diante de Küstrin, que não passa de uma pequena fortaleza num pântano.

Nas batalhas, os homens mais fracos de corpo podem vencer os mais robustos, com uma artilharia bem dirigida. Na batalha de Fontenoy, bastaram alguns canhões para fazer retroceder toda a coluna inglesa que já dominava o campo de batalha.

Os combatentes já não se aproximam um do outro: o soldado já não tem o ardor, o entusiasmo que duplica no calor da ação, quando se combate corpo a corpo. A força, a habilidade e a própria têmpera das armas são inúteis. Uma vez apenas, numa guerra, se utiliza a baioneta na ponta do fuzil, embora ela seja a mais terrível das armas.

Numa planície muitas vezes cercada de redutos munidos de canhões de grosso calibre, dois exércitos avançam em silêncio; cada batalhão leva canhões de campanha; as primeiras linhas atiram uma contra a outra, e uma depois da outra. São vítimas que se expõem, uma a uma, às detonações. Muitas vezes, nas alas, veem-se esquadrões continuamente expostos aos tiros de canhão, enquanto esperam ordens do general. Os primeiros que se cansam dessa manobra, que não dá ensejo algum à impetuosidade da coragem, debandam e abandonam o campo de batalha. Vão chamar-lhes a atenção, se isso for possível, a algumas milhas de distância. Os inimigos vitoriosos sitiam cidades que às vezes lhes custam mais tempo, homens e dinheiro do que várias batalhas. Os progressos raramente são rápidos; e, ao cabo de cinco ou seis anos, as duas partes, igualmente esgotadas, são obrigadas a firmar a paz.

Assim, no fim das contas, a invenção da artilharia e o novo método estabeleceram entre as potências uma igualdade que põe o gênero humano a salvo das antigas devastações, tornando as guerras menos funestas, embora elas continuem sendo prodigiosamente funestas.

Os gregos em todos os tempos, os romanos até o tempo de Sila e os outros povos do ocidente e do Setentrião nunca tiveram exército permanente, continuamente pago; todo burguês era soldado e se alistava em tempo de guerra. Era precisamente como hoje na Suíça. Percorrei a Suíça inteira, e não encontrareis um único batalhão, exceto no tempo das revistas; e, se ela entra em guerra, veem-se de repente oitenta mil soldados em armas.

Os que usurparam o poder supremo desde Sila sempre tiveram tropas permanentes pagas com o dinheiro dos cidadãos para manter os cidadãos submetidos, mais do que para subjugar as outras nações. Até o bispo de Roma paga um pequeno exército. Quem imaginaria, no tempo dos apóstolos, que o servidor dos servidores de Deus teria regimentos, e em Roma?

O que mais se teme na Inglaterra é o *great standing army*, um grande exército permanente.

Os janízaros fizeram a grandeza dos sultões, mas também os estrangularam. Os sultões teriam evitado a corda, se em lugar desses grandes corpos tivessem estabelecido pequenos corpos.

A lei da Polônia é que haja um exército; mas ele pertence à república que o paga, quando esta pode ter um.

AROT E MAROT (Arot et Marot)

E uma breve revisão do Alcorão

Este verbete pode servir para mostrar como os homens mais doutos podem enganar-se e para desenvolver algumas verdades úteis. Vejamos o que se diz de *Arot* e *Marot* no *Dicionário enciclopédico*.

"São os nomes de dois anjos que o impostor Maomé disse terem sido enviados por Deus para ensinar os homens e ordenar-lhes que se abstivessem do assassinato, dos falsos julgamentos e de todas as espécies de excesso. Esse falso profeta acrescenta que uma belíssima mulher, convidando os dois anjos para comer em sua casa, serviu-lhes vinho, e eles, aquentados pelo vinho, solicitaram seu amor; que ela fingiu assentir à sua paixão, desde que eles antes lhe ensinassem as palavras com as quais eles diziam ser possível subir facilmente ao céu; que ela, depois de saber deles o que havia perguntado, não quis cumprir a promessa, e então foi alçada ao céu, onde, narrando a Deus o que ocorrera, foi transformada em estrela da manhã, que se chama *Lúcifer* ou *Aurora*, e os dois anjos foram severamente punidos. Foi então – segundo Maomé – que Deus aproveitou a ocasião para proibir aos homens o uso do vinho" (ver Alcorão).

De nada adiantaria ler todo o Alcorão, pois lá não se encontraria uma só palavra desse conto absurdo e dessa pretensa razão de Maomé ter proibido o consumo do vinho a seus seguidores. Maomé só proscreveu o uso do vinho na segunda e na quinta sura, ou capítulo: "Eles te interrogarão sobre o vinho e sobre os licores fortes, e responderás que é um grande pecado.

"Não se deve imputar aos justos que creem e que realizam boas obras a culpa de beber vinho e jogar jogos de azar antes que os jogos de azar fossem proibidos."

Todos os maometanos confirmam que seu profeta só proibiu o vinho e os licores com o objetivo de manter a saúde e de prevenir brigas: no clima tórrido da Arábia, o uso de qualquer licor fermentado sobe facilmente à cabeça e pode destruir a saúde e a razão.

A fábula de Arot e Marot, que desceram do céu e quiseram deitar-se com uma mulher árabe depois de beberem vinho com ela, não está em nenhum autor maometano. Só se encontra entre as imposturas que vários autores cristãos, mais indiscretos que esclarecidos, publicaram contra a religião muçulmana, por um zelo que não condiz com a ciência. Os nomes Arot e Marot não estão em nenhum lugar do Alcorão. É certo Sylburgius que, num velho livro que ninguém lê, diz que ele anatematiza os anjos Arot e Marot, Safa e Merwa.

Notai, caro leitor, que Safa e Merwa são dois pequenos morros próximos a Meca; assim, nosso douto Sylburgius confundiu duas colinas com dois anjos. Foi assim que agiram, quase sem exceção, todos os que entre nós escreveram sobre o maometismo, até o momento em que o sábio Réland nos transmitiu ideias claras sobre a crença muçulmana, e o sapiente Sale, depois de ficar vinte e quatro anos pelos lados da Arábia, nos esclareceu enfim com uma tradução fiel do Alcorão e com um instrutivo prefácio.

O próprio Gagnier, por mais que fosse professor de línguas orientais em Oxford, divertiu-se a impingir-nos algumas falsidades sobre Maomé, como se houvesse necessidade da mentira para sustentar a verdade de nossa religião contra esse falso profeta. Expõe em pormenores a viagem de Maomé pelos sete céus montado na égua Alborac; ousa até citar a sura ou capítulo LIII; mas nem nessa sura LIII nem em nenhuma outra se fala dessa pretensa viagem ao céu.

É Abulfeda quem, mais de setecentos anos depois de Maomé, conta essa estranha história. Segundo diz, é extraída de antigos manuscritos que circularam no tempo do próprio Maomé. Mas é óbvio que não são de Maomé, porque, depois de sua morte, Abu-Becre reuniu todas as folhas do Alcorão em presença de todos os chefes das tribos, e na coleção só foi inserido o que pareceu autêntico.

Ademais, não apenas o capítulo referente à viagem ao céu não está no Alcorão, mas é de estilo bem diferente e pelo menos cinco vezes mais longo que qualquer um dos capítulos reconhecidos. Que se lhe comparem todos os capítulos do Alcorão, e se verá prodigiosa diferença. Vejamos como começa:

"Certa noite, adormeci entre as colinas de Safa e Merwa. A noite estava muito escura e negra, mas tão tranquila, que não se ouviam cães ladrar nem galos cantar. De repente, o anjo Gabriel apareceu em minha frente na forma com que Deus altíssimo o criou. Sua tez era branca como a neve; seus cabelos, loiros, trançados de modo admirável, caíam-lhe em cachos sobre os ombros;

tinha ele uma fronte majestosa, clara e serena, os dentes belos e luzidios e as pernas da cor do amarelo da safira; seus trajes eram inteiramente tecidos de pérolas e fio de ouro puríssimo. Tinha na testa uma lâmina na qual estavam escritas duas linhas brilhantes e refulgentes de luz; na primeira havia estas palavras: *Não há Deus, senão Deus*; e na segunda, estas: *Maomé é o apóstolo de Deus*. Vendo-o, fui o mais assombrado e confuso de todos os homens. Avistei em torno dele setenta mil caçoletas ou bolsinhas cheias de almíscar e de açafrão. Ele tinha quinhentos pares de asas, e de uma asa à outra havia a distância de quinhentos anos de caminho.

"Foi nesse estado que Gabriel se mostrou a meus olhos. Tocou-me e disse-me: 'Levanta-te, homem adormecido.' Fui tomado pelo pavor e comecei a tremer; disse-lhe acordando sobressaltado: 'Quem és? – Que Deus te seja misericordioso. Sou teu irmão Gabriel, respondeu-me. – Ó, meu caro e bem-amado Gabriel, disse-lhe eu, peço-te perdão. É a revelação de algo novo ou alguma ameaça aflitiva que vens anunciar? – É algo novo, respondeu; levanta-te, meu querido e bem-amado. Põe o manto nos ombros; precisarás dele, pois deverás visitar teu Senhor esta noite.' Enquanto isso, Gabriel me tomou pela mão, fez-me levantar e, fazendo-me montar na égua Alborac, conduziu-me pessoalmente pela brida etc."

Para os muçulmanos está claro que esse capítulo, que não tem autenticidade alguma, foi imaginado por Abu Horaira, que, segundo consta, era contemporâneo do profeta. Que diriam se um turco viesse hoje insultar nossa religião e dizer-nos que contamos entre nossos livros consagrados as *Cartas de são Paulo a Sêneca* e as *Cartas de Sêneca a são Paulo*, os *Atos de Pilatos*, a *Vida da mulher de Pilatos*, as *Cartas do pretenso rei Abgar a Jesus Cristo* e a *resposta de Jesus Cristo a esse régulo*, a *História do desafio de são Pedro a Simão, o Mago*, as *Predições das Sibilas*, o *Testamento dos doze patriarcas* e tantos outros livros dessa espécie?

Responderíamos a esse turco que ele está muito mal informado, e que nenhuma dessas obras é considerada autêntica entre nós. O turco nos dará a mesma resposta, quando, para vexá-lo, nós lhe criticarmos a viagem de Maomé aos sete céus. Dirá que não passa de uma fraude devota dos últimos tempos, e que essa viagem não está no Alcorão. Evidentemente, não comparo aqui a verdade com o erro, o cristianismo com o maometismo, o Evangelho com o Alcorão; mas comparo falsa tradição com falsa tradição, abuso com abuso, ridículo com ridículo.

Esse ridículo foi tão longe, que Grócio imputa a Maomé a afirmação de que as mãos de Deus são frias; de que sabe disso porque as tocou; de que Deus é carregado de liteira; de que na arca de Noé o rato nasceu do excremento do elefante, e o gato, do bafo do leão.

Grócio critica Maomé por ter imaginado que Jesus fora alçado ao céu, em vez de suportar o suplício. Não pensa que comunidades inteiras de primeiros cristãos *hereges* difundiram essa opinião, que se conservou na Síria e na Arábia até Maomé.

Quantas vezes se repetiu que Maomé acostumara um pombo a vir comer grãos em sua orelha, e que impingia a seus seguidores que aquele pombo vinha falar-lhe da parte de Deus?

Já não bastará estarmos persuadidos da falsidade de sua seita, que a fé nos tenha convencido irrefutavelmente da verdade da nossa, para não perdermos tempo a caluniar os maometanos, que estão estabelecidos do monte Cáucaso ao monte Atlas, e dos confins do Épiro aos extremos da Índia? Escrevemos incessantemente maus livros contra eles, e eles não sabem disso. Gritamos que a religião deles só foi adotada por tantos povos porque agrada aos sentidos. Onde há sensualidade quando se ordena abstinência de vinho e licores, por nós usados com tamanho excesso, quando se prescreve a ordem indispensável de todos os anos dar aos pobres dois e meio por cento do que se ganha, de jejuar com grande rigor, de nos primeiros tempos da puberdade passar por uma operação dolorosa, de fazer, por areias áridas, uma peregrinação que às vezes é de quinhentas léguas, e de orar a Deus cinco vezes por dia, mesmo guerreando?

Mas, dizem, é-lhes permitido ter quatro esposas neste mundo, e, no outro, terão mulheres celestes. Grócio diz com suas próprias palavras: "É preciso ser dotado de um espírito muito aturdido para admitir devaneios assim grosseiros e imundos."

Convimos com Grócio que os maometanos esbanjaram devaneios. Um homem que recebia continuamente os capítulos de seu Alcorão das mãos do anjo Gabriel era pior que um sonhador: era um impostor, que tinha muita coragem para sustentar suas seduções. Mas decerto nada havia de aturdido nem de imundo em reduzir para quatro o número indeterminado de mulheres que príncipes, sátrapas, nababos e *omrahs* do oriente alimentavam em seus serralhos. Dizem que Salomão tinha setecentas mulheres e trezentas concubinas. Os árabes e os judeus podiam casar-se com duas irmãs; Maomé foi quem primeiro proibiu esses casamentos na sura ou capítulo IV. Onde está a imundície?

Em relação às mulheres celestiais, onde está a imundície? Evidentemente, nada há de imundo no casamento, que reconhecemos ser ordenado na terra e abençoado por Deus. O mistério incompreensível da reprodução humana é o selo do Ser eterno. A marca mais estimável de seu poder foi criar o prazer e, por meio desse prazer, perpetuar todos os seres sensíveis.

Se consultarmos simplesmente a razão, ela nos dirá que é possível que o Ser eterno, que nada faz em vão, não nos fará renascer em vão com nossos órgãos. Não será indigno da majestade suprema alimentar nosso estômago com frutos deliciosos, se ele nos faz renascer com estômago. Nossas Santas Escrituras ensinam que no princípio Deus pôs o primeiro homem e a primeira mulher num paraíso de delícias. Eles viviam então num estado de inocência e glória, sendo incapazes de padecer as doenças e a morte. É lá mais ou menos onde ficarão os justos depois da ressurreição, quando serão durante a eternidade aquilo que foram nossos primeiros pais durante alguns dias. Portanto, é preciso perdoar aqueles que acreditaram que, já que temos um corpo, esse corpo será continuamente satisfeito. Nossos Padres da Igreja não tiveram ideia diferente sobre a Jerusalém celeste. Santo Irineu diz[211] que cada cepo de vinha dará dez mil ramos, cada ramo, dez mil cachos, e cada cacho, dez mil uvas etc.

Vários Padres da Igreja acreditaram que, no céu, os bem-aventurados gozariam de todos os seus sentidos. Santo Tomás[212] diz que o sentido da visão ficará infinitamente aperfeiçoado, que o mesmo ocorrerá com todos os elementos, que a superfície da terra será diáfana como o vidro; a água, como o cristal; o ar, como o céu; o fogo, como os astros.

Santo Agostinho, em sua *Doutrina cristã*[213], diz que o sentido da audição fruirá o prazer dos sons, do canto e do discurso.

Um de nossos grandes teólogos italianos, chamado Plazza, em sua *Dissertação sobre o paraíso*[214], informa que os eleitos nunca pararão de tocar violão e cantar; segundo dizem, terão três *nobrezas*, três *vantagens*; prazeres sem titilação, carícias sem langor, volúpias sem excesso: *Tres nobilitates, illecebra sine titillatione, blanditia sine mollitudine, et voluptas sine exuberantia.*

Santo Tomás garante que o olfato dos corpos gloriosos será perfeito, e que a umidade não o enfraquecerá: *In corporibus gloriosis erit odor in sua ultima perfectione, nullo modo per humidum repressus*[215]. Grande número de outros doutores trata a fundo essa questão.

Suarez, em sua *Sabedoria*, assim se exprime sobre o sabor: "Não é difícil para Deus fazer que algum humor sápido aja no órgão do paladar e o afete intencionalmente." *Non est Deo difficile facere ut sapidus humor sit intra organum gustus, qui sensum illum possit intentionaliter afficere*[216].

Por fim, são Próspero, resumindo tudo, afirma que os bem-aventurados serão saciados sem fastio, e que gozarão de saúde sem doenças: *Saturitas sine fastidio, et tota sanitas sine morbo*[217].

---

211. Liv. V, cap. XXXIII. (N. de Voltaire)
212. *Comentário sobre o Gênese*, t. II, liv. IV. (N. de Voltaire)
213. Cap. II e III, nº 149. (N. de Voltaire)
214. *Suplemento*, part. III, quest. 84. (N. de Voltaire)
215. P. 506. (N. de Voltaire)
216. Liv. XVI, cap. XX. (N. de Voltaire)
217. Nº 232. (N. de Voltaire)

Portanto, não é de surpreender que os maometanos tenham admitido o uso dos cinco sentidos em seu paraíso. Dizem eles que a primeira beatitude será a união com Deus: ela não exclui o resto.

O paraíso de Maomé é uma fábula; mas, repetimos, não há contradição nem imundície.

A filosofia requer ideias nítidas e precisas; Grócio não as tinha. Ele citava muito, expunha raciocínios aparentes, cuja falsidade não pode resistir a um exame minucioso.

Seria possível escrever um livro volumoso com todas as acusações injustas que foram feitas contra os maometanos. Eles subjugaram uma das maiores e mais belas partes da terra. Teria sido mais bonito expulsá-los do que injuriá-los.

A imperatriz da Rússia hoje nos dá um grande exemplo; ela os priva de Azov e Taganrok, da Moldávia, da Valáquia e da Geórgia; amplia suas conquistas até as muralhas de Erzerum; envia contra eles, num cometimento inédito, frotas que partem dos confins do mar Báltico e outras que cobrem o Ponto Euxino; mas, em seus manifestos, não diz que um pombo vinha falar ao ouvido de Maomé.

ARTE DRAMÁTICA (Art dramatique)

Obras dramáticas, tragédia, comédia, ópera

Panem et circenses é a divisa de todos os povos. Em vez de matar todos os caraíbas, talvez coubesse seduzi-los com espetáculos, funâmbulos, truques de escamoteadores e música. Teriam sido facilmente subjugados. Há espetáculos para todas as condições humanas; o populacho quer que lhe falem aos olhos, e muita gente de condição superior é povo. As almas cultas e sensíveis querem tragédias e comédias.

Essa arte começou em todos os países com carroças de Téspis; em seguida vieram os Ésquilos, e logo se teve o orgulho de contar com os Sófocles e os Eurípides; depois disso, tudo degenerou: é a marcha do espírito humano.

Não falarei aqui do teatro dos gregos. Na Europa moderna há mais comentários sobre esse teatro do que obras dramáticas feitas por Eurípides, Sófocles, Ésquilo, Menandro e Aristófanes; começo com a tragédia moderna.

É aos italianos que devemos a tragédia, assim como devemos o renascimento de todas as artes. É verdade que eles começaram já no século XIII, ou talvez antes, com farsas infelizmente extraídas do Antigo e do Novo Testamento, indigno abuso que logo passou para a Espanha e a França: era uma imitação viciosa das experiências feitas por são Gregório de Nazianzo nesse gênero, para opor um teatro cristão ao teatro pagão de Sófocles e Eurípides. São Gregório de Nazianzo inseriu alguma eloquência e alguma dignidade nessas peças; os italianos e seus imitadores só inseriram mediocridades e bufonarias.

Por fim, mais ou menos em 1514, o prelado Trissino, autor do poema épico intitulado *L'Italia liberata da' Gothi*, apresentou sua tragédia *Sophonisbe*, primeira que se viu na Itália, mas sem impropriedades. Observaram-se as unidades de lugar, tempo e ação. Foram introduzidos os coros dos antigos. Nada faltava, a não ser o gênio. Era uma longa declamação. Mas, para a época em que foi feita, pode ser vista como um prodígio. Essa peça foi representada em Vicenza, e a cidade construiu expressamente um teatro magnífico. Todos os literatos daquele belo século acorreram às representações e prodigalizaram os aplausos merecidos por aquela estimável empresa.

Em 1516, o papa Leão X honrou com sua presença a peça *Rosamunda* de Rucellai: todas as tragédias criadas então em profusão não continham impropriedades, eram escritas com pureza e naturalidade; o estranho, porém, é que quase todas foram um tanto frias: isso mostra como é difícil o diálogo em versos, como a arte de dominar o coração é concedida a poucos gênios: mesmo o *Torrismundo* de Tasso foi ainda mais insípido que as outras peças.

Foi só com o *Pastor fido* de Guarini que conhecemos cenas enternecedoras, que nos arrancam lágrimas e que guardamos de cor, mesmo sem querer; por isso se diz *guardar de cor*; pois o que toca o coração se grava na memória.

O cardeal Bibiena, muito tempo antes, restabeleceu a verdadeira comédia, tal como Trissino devolveu a verdadeira tragédia aos italianos.

A partir do ano 1480[218], quando todas as outras nações da Europa chafurdavam na absoluta ignorância de todas as artes estimáveis, quando tudo era bárbaro, aquele prelado representava a sua *Calandra*, peça de intriga, de um cômico verdadeiro, na qual só se reprovam costumes um tanto licenciosos demais, tal como na *Mandrágora* de Maquiavel.

Só os italianos, portanto, tiveram domínio do teatro durante cerca de um século, tal como o tiveram da eloquência, da história, da matemática, de todos os gêneros de poesia e de todas as artes nas quais o gênio dirige a mão.

Os franceses, como se sabe, só tiveram miseráveis farsas durante os séculos XV e XVI inteiros.

Os espanhóis, por mais engenhosos que sejam, por mais grandeza de espírito que tenham, conservaram até nossos dias o detestável costume de introduzir as mais baixas bufonarias nos assuntos mais sérios; um único exemplo ruim, dado uma vez, é capaz de corromper toda uma nação, e o hábito se converte em tirania.

Do teatro espanhol

Os *autos sacramentales* desonraram a Espanha durante muito mais tempo do que os *Mystères de la Passion* [Mistérios da Paixão], os *Actes des saints* [Atos dos santos], as *Moralités* [Moralidades], a *Mère sotte* [Mãe tola] conspurcaram a França. Esses *autos sacramentales* eram representados em Madri há pouquíssimo tempo. Só Calderón fez mais de duzentos.

Uma de suas peças mais famosas, publicada em Valladolid, sem data, que tenho diante dos olhos, é a *Devoção da missa*. Os atores são um rei maometano de Córdoba, um anjo cristão, uma mulher da vida, dois soldados bufões e o diabo. Um desses dois bufões se chama Pascual Vivas e está apaixonado por Aminta. Tem como rival Lélio, soldado maometano.

O diabo e Lélio querem matar Vivas e acreditam que vão tirar proveito da coisa, porque ele está em pecado mortal: mas Pascual toma a decisão de encomendar uma missa no teatro, e de oficiá-la. O diabo perde então todo o seu poder sobre ele.

Durante a missa, trava-se a batalha, e o diabo fica muito admirado por ver Pascual em pleno combate, ao mesmo tempo que reza a missa. "Ai de mim!, diz ele, sei muito bem que um corpo não pode estar em dois lugares ao mesmo tempo, a não ser no sacramento, ao qual ele é tão devoto." Mas o diabo não sabia que o anjo cristão assumira a figura do bom Pascual Vivas e combatera por ele durante o ofício divino.

O rei de Córdoba é vencido, como se pode imaginar; Pascual se casa com sua vivandeira, e a peça termina com um elogio à missa.

Em qualquer outro lugar, tal espetáculo teria sido uma profanação que a Inquisição teria punido cruelmente; mas, na Espanha, era uma edificação.

Em outro auto sacramental, Jesus Cristo, de peruca, e o diabo, com um chapéu de dois bicos, discutem sobre a controvérsia, esmurram-se e acabam dançando juntos uma sarabanda.

Várias peças desse tipo acabam com estas palavras: *Ite, comedia est*.

Outras peças, numerosíssimas, não são sacramentais; são tragicomédias e até tragédias: uma é *A criação do mundo*; outra, *Os cabelos de Absalão*. Representaram-se: *O Sol submetido ao homem, Deus bom pagador, O despenseiro de Deus, a Devoção aos mortos*. E todas essas peças são intituladas *La famosa comedia*.

---

218. *N.B.* Não em 1520, como diz o filho do grande Racine em seu *Tratado da poesia*. (N. de Voltaire)

Quem imaginaria que nesse abismo de grosserias insípidas houvesse de tempos em tempos rasgos geniais e uma espécie de agitação teatral que pode divertir e até interessar?

Talvez algumas dessas peças bárbaras não estejam muito distantes das de Ésquilo, nas quais se punha em cena a religião dos gregos, tal como ocorreu com a religião cristã na França e na Espanha.

De fato, o que significa Vulcano acorrentar Prometeu num rochedo, por ordem de Júpiter? O que são a Força e a Valentia, que servem de carrascos a Vulcano, senão um *auto sacramentale* grego? Se Calderón introduziu tantos diabos no teatro de Madri, Ésquilo não terá posto fúrias no teatro de Atenas? Se Pascual Vivas oficia a missa, acaso não se vê uma velha pitonisa a realizar todas as suas cerimônias sagradas na tragédia *As Eumênides*? A semelhança parece-me bem grande.

Os temas trágicos não foram tratados pelos espanhóis de maneira diferente com que trataram os autos sacramentais; é a mesma impropriedade, a mesma indecência, a mesma extravagância. Sempre houve um ou dois bufões em peças de temas trágicos. Eles estão até em *El Cid*. Não é de admirar que Corneille os tenha omitido.

Todos conhecem o *Heráclio* de Calderón, intitulado *Tudo é mentira e tudo é verdade*, anterior em aproximadamente vinte anos ao *Heráclio* de Corneille. A enorme demência dessa peça não impede que nela despontem vários trechos eloquentes e alguns momentos de grande beleza. É o que ocorre, por exemplo, com estes quatro versos admiráveis que Corneille traduziu com tanta felicidade:

Mon trône est-il pour toi plus honteux qu'un supplice?
O malheureux Phocas! ô trop heureux Maurice!
Tu recouvres deux fils pour mourir après toi,
Et je n'en puis trouver pour régner après moi!
[Meu trono é para ti mais vergonhoso que um suplício?
Ó infeliz Focas! Ó feliz Maurício!
Recobras dois filhos para morrer depois de ti,
E eu não encontro um para reinar depois de mim!]
(*Heráclio*, ato IV, cena IV)

Lope de Vega não só precedeu Calderón em todas as extravagâncias de um teatro grosseiro e absurdo, como também as encontrara estabelecidas. Lope de Vega, apesar de indignado com essa barbárie, a ela se submetia. Seu objetivo era o de agradar um povo ignorante, amante do falso maravilhoso, desejoso de que lhe falassem aos olhos mais do que à alma. Vejamos como o próprio Vega se explica em sua obra *A arte nova de fazer comédias nestes tempos*.

Les Vandales, les Goths, dans leurs écrits bizarres,
Dédaignèrent le goût des Grecs et des Romains:
Nos aïeux ont marché dans ces nouveaux chemins,
   Nos aïeux étaient des barbares[219].
L'abus règne, l'art tombe, et la raison s'enfuit:
   Qui veut écrire avec décence,
   Avec art, avec goût, n'en recueille aucun fruit,

---

219. "Mas como le servieron muchos barbaros
   Que enseñaron el bulgo a sus rudezas?" (N. de Voltaire)

Il vit dans le mépris, et meurt dans l'indigence[220].
Je me vois obligé de servir l'ignorance,
  D'enfermer sous quatre verrous[221]
  Sophocle, Euripide, et Térence.
J'écris en insensé, mais j'écris pour des fous.
....
Le public est mon maître, il faut bien le servir;
Il faut pour son argent lui donner ce qu'il aime.
  J'écris pour lui, non pour moi-même,
  Et cherche des succès dont je n'ai qu'à rougir.
[Os vândalos, os godos, em seus extravagantes escritos,
Desdenharam o gosto de gregos e romanos:
Nossos avós trilharam esses novos caminhos,
  Nossos avós eram bárbaros.
O abuso reina, a arte cai, e a razão foge:
  Quem quer escrever com decência,
Com arte, com gosto, não colhe fruto algum,
Vive desprezado, morre na indigência.
Sou obrigado a servir a ignorância,
  A trancafiar com sete chaves
    Sófocles, Eurípides e Terêncio.
Escrevo como néscio, mas escrevo para loucos.
....
O público é meu senhor, preciso servi-lo;
Preciso, por sua paga, dar-lhe o que ele aprecia.
  Escrevo para ele, e não para mim mesmo,
Buscando o sucesso que só me faz corar.]

Na verdade, a depravação do gosto espanhol não penetrou na França; mas havia um vício radical muito maior, que era o tédio; e esse tédio era resultado das longas declamações sem concatenação, sem nexo, sem intriga, sem interesse, numa língua ainda não formada. Hardy e Garnier só escreveram mediocridades num estilo insuportável; e essas mediocridades foram representadas em tablados em vez de teatros.

Do teatro inglês

O teatro inglês, ao contrário, foi muito animado, porém no gosto espanhol; nele, a bufonaria se somou ao horror. Toda a vida de um homem foi tema de uma tragédia: os atores passavam de Roma e Veneza a Chipre; a mais vil canalha aparecia no palco com príncipes, e esses príncipes frequentemente falavam como a canalha.

Olhei rapidamente uma edição de Shakespeare, feita pelo sr. Samuel Johnson. Vi que nela são tratados como *gente pobre de espírito* os estrangeiros que se admiram porque nas peças desse grande Shakespeare "um senador romano banca o bufão, e um rei é representado como bêbado".

Não quero imaginar que o sr. Johnson esteja fazendo brincadeira de mau gosto e que aprecie demasiadamente o vinho; mas acho um tanto extravagante o fato de incluir a bufonaria e a bebe-

---

220. "Muere sin fama é galardon." (N. de Voltaire)
221. "Encierro los preceptos con seis llaves etc." (N. de Voltaire)

deira entre as belezas do teatro trágico; a razão por ele apresentada não é menos singular. Diz ele: "O poeta desdenha as distinções acidentais de condições e países, tal como o pintor que, contente por pintar a figura, dispensa o panejamento." A comparação seria mais justa se ele falasse de um pintor que, diante de um motivo nobre, introduzisse grotescos ridículos, pintasse, na batalha de Arbela, Alexandre Magno montado num asno, e a mulher de Dario bebendo com a ralé numa taberna.

Não há pintores assim hoje na Europa; e, se os houvesse entre os ingleses, então lhes seria aplicável este verso de Virgílio:

Et penitus toto divisos orbe Britannos.
[E os britanos completamente separados de todo o mundo.]
(VÍRG., *Buc.* I, 67.)

Pode-se consultar a tradução exata dos três primeiros atos do *Júlio César* de Shakespeare, no segundo tomo das obras de Corneille.

É ali que Cássio diz que César *pedia bebida quando tinha febre*; é ali que um remendão diz a um tribuno *que quer parecer-se com ele*; é ali que se ouve César exclamar *que sempre se faz injustiça justamente*; é ali que se diz que o perigo e ele nasceram do mesmo ventre, e que ele é o mais velho; que o perigo sabe muito bem que César é mais perigoso que ele, e que tudo o que o ameaça sempre anda às suas costas.

Lede a bela tragédia *O mouro de Veneza*. Vereis na primeira cena que a filha de um senador "está sendo coberta pelo mouro, e que do acasalamento nascerão cavalos berberes". Era assim que se falava então no teatro trágico de Londres. O gênio de Shakespeare não podia ser discípulo dos costumes e do espírito do tempo.

Cena traduzida da Cleópatra *de Shakespeare*[222]

Cleópatra, decidindo morrer, chama um camponês que vem carregando um cesto debaixo do braço; nele está a serpente pela qual ela quer ser picada.

CLEÓPATRA

Tens aí aquela minhoquinha do Nilo, que mata sem dor?

O CAMPONÊS

Tenho, mas não gostaria que a tocásseis, pois sua picada é imortal; todos os que morrem dela nunca mais voltam.

CLEÓPATRA

Lembras-te de alguém morto por ela?

O CAMPONÊS

Muita gente, homens e mulheres. Ouvi falar de uma ontem mesmo: era uma mulher bem honesta, mas um pouco dada à mentira, coisa que as mulheres só deveriam fazer por caminhos honestos. Nossa! Como ela morreu depressa da picada da cobra! Sentiu uma dor! Deu ótimas informa-

---

222. Trata-se da cena II do ato V. (N. da T.)

ções sobre a minhoca; mas quem acreditar em tudo o que as pessoas dizem nunca será salvo pela metade do que dizem; é preciso ficar com o pé atrás. Essa minhoca é muito estranha.

CLEÓPATRA

Podes ir, adeus.

O CAMPONÊS

Espero que façais bom proveito da minhoca.

CLEÓPATRA

Adeus.

O CAMPONÊS

Minha senhora, estai certa de que essa minhoca vos tratará da melhor maneira possível.

CLEÓPATRA

Bom, bom, vai embora.

O CAMPONÊS

Bom, só se deve confiar na minha minhoca[223] quando ela está em boas mãos: pois, na verdade, essa minhoca é bem perigosa.

CLEÓPATRA

Não te preocupes, eu vou tomar cuidado.

O CAMPONÊS

Então está ótimo: não lhe deis comida, por favor; juro que não vale a pena alimentá-la.

CLEÓPATRA

E ela não vai comer nada?[224]

O CAMPONÊS

Não deveis pensar que sou tão simplório que não saiba que nem mesmo o diabo comeria uma mulher: sei muito bem que mulher é manjar dos deuses, desde que o diabo não a sirva como molho; mas, pelos céus, esses diabos filhos da p... dão muito trabalho aos deuses com suas mulheres; pois, de cada dez mulheres que eles fazem, o diabo estraga cinco.

CLEÓPATRA

Ótimo; vai embora, adeus.

223. No original inglês: "*the* worm is not to be trusted but..." (N. da T.)
224. No original inglês: "Will it eat me?" Isso esclarece a resposta do camponês. (N. da T.)

O CAMPONÊS

Estou indo, boa noite. Fazei bom proveito da minhoca.

Cena traduzida da tragédia Henrique V
(ato V, cena II)

HENRIQUE

Belle Catherine, très belle[225]*.*
Vous plairait-il d'enseigner à un soldat les paroles
Qui peuvent entrer dans le cœur d'une damoiselle,
Et plaider son procès d'amour devant son gentil cœur[226]*?*

PRINCESA CATARINA

Vossa Majestade está zombando de mim, não sei falar o vosso inglês[227].

HENRIQUE

Oh! Bela Catarina, se amas forte e firme com teu coração francês, terei grande prazer em ouvir-te a confessá-lo em tua algaravia, com tua língua francesa: *me goûtes-tu, Catô?*[228]

CATARINA

Pardonnez-moi[229], não entendo o que quer dizer *vous goûter*[230].

HENRIQUE

Goûter é parecer[231]. Um anjo se te assemelha, Catô; pareces um anjo.

CATARINA

a uma espécie de dama de honra que está perto dela.
Que dit-il? que je suis semblable à des anges[232]*?*

DAMA DE HONRA

Oui, vraiment, sauf votre honneur, ainsi dit-il[233]*.*

---

225. Em versos ingleses. (N. de Voltaire)
226. Bela Catarina, muito bela. / Gostarias de ensinar a um soldado as palavras / Que podem entrar no coração de uma donzela, / E defender seu processo de amor perante seu gentil coração? [No original inglês: Fair Katharine, and most fair. / Will you vouchsafe to teach a soldier terms / Such as will enter at a lady's ear / And plead his love-suit to her gentle heart?] (N. da T.)
227. Em prosa inglesa. (N. de Voltaire)
228. Em prosa. (N. de Voltaire) – Na verdade, o original é inglês: "Do you like me, Kate?" E a resposta dela é: "I cannot tell vat is 'like me.'" Ao que ele replica: "An angel is like you, Kate, and you are like an angel." (N. da T.)
229. Em prosa. (N. de Voltaire)
230. No original inglês: "I cannot tell vat is 'like me.'" (N. da T.)
231. Segundo o sr. Renouard, essas três palavras não existem em inglês. (N. de Voltaire)
232. Em francês. (N. de Voltaire) – "O que diz ele? Que sou semelhante a anjos?" (N. da T.)
233. Em francês. (N. de Voltaire) – "Sim, de fato, com o devido respeito, é o que está dizendo." (N. da T.)

HENRIQUE

É o que digo, cara Catarina, e não me envergonho de confirmar[234].

CATARINA

Ah, bon Dieu! les langues des hommes sont pleines de tromperies[235].

HENRIQUE

Que diz ela, minha bela, que as línguas dos homens estão cheias de fraudes[236]?

DAMA DE HONRA

Sim[237], que as línguas dos homens é cheia de fraude, isto é, dos príncipes[238].

HENRIQUE

A princesa é a melhor inglesa. Juro, Catô, meus suspiros se ajustam bem a vosso entendimento; fico feliz por não poderes falar melhor o inglês: pois, se pudesses, perceberias que sou um rei simples, acharias que vendi minha fazenda para comprar uma coroa. Não é de meu feitio falar miúdo em questões de amor. Digo com franqueza: amo-te. Se insistires para que diga mais, ponho a perder minha corte. Queres? Responde. Responde, bate palmas, e o negócio está fechado. Que dizes, lady?[239]

CATARINA

Sauf votre honneur[240], mim entender bem.

HENRIQUE

Acredita, se quisesses que eu rimasse ou dançasse para te agradar, Catô, eu ficaria em maus lençóis; pois para versos não tenho palavras nem medida; e, para a dança, minha força não está na medida certa; mas tenho boa medida de força; conseguiria ganhar uma mulher no jogo do eixo[241], ou no da carniça.

Parece que essa é uma das cenas mais estranhas das tragédias de Shakespeare; mas na mesma peça há uma conversa entre a princesa da França, Catarina, e uma de suas damas de honra inglesas que ganha de longe de tudo o que acabamos de expor.

Catarina está aprendendo inglês; pergunta como se diz *pé* e *saia*. A dama de honra responde que *pé* é *foot,* e saia é *coun*, pois então se pronunciava *coun*, e não *gown*. Catarina entende essas palavras de maneira um tanto singular; repete-as à francesa[242] e fica envergonhada. Diz ela em francês: "Ah!

---

234. Em inglês. (N. de Voltaire)
235. "Meu Deus! As línguas dos homens estão cheias de enganos." (N. da T.)
236. Em inglês. (N. de Voltaire)
237. Em mau inglês. (N. de Voltaire)
238. No original inglês: "Oui, dat de tongues of de mans is be full of deceits: dat is de princess." (N. da T.)
239. Em inglês. (N. de Voltaire)
240. *Me understand well*. (N. de Voltaire)
241. No original inglês: "by vaulting into my saddle with / my armour on my back". (N. da T.)
242. *Foot* assemelha-se a *foutre* (foder) e *coun*, a *con* (vulva). (N. da T.)

São palavras impudicas, e não para as damas de honra. Não gostaria de repetir essas palavras para todos, diante dos senhores da França." E as repete com pronúncia ainda mais enérgica.

Tudo isso foi representado durante muito tempo no teatro de Londres, diante da corte.

Sobre o mérito de Shakespeare

Mais extraordinário do que tudo o que acabamos de ler é que Shakespeare é um gênio. Os italianos, os franceses e os literatos de todos os outros países, que não passaram algum tempo na Inglaterra, o consideram apenas um truão, um farsante muito inferior a Arlequim, o mais mísero bufão que já divertiu o populacho. No entanto, é nesse mesmo homem que encontramos trechos capazes de elevar a imaginação e penetrar no coração. É a verdade e a própria natureza que falam uma linguagem própria, sem mistura alguma de arte. É o sublime, e o autor não o procurou.

Quando, na tragédia *A morte de César*, Bruto censura Cássio pelos roubos que seus sequazes fizeram na Ásia com sua permissão, diz-lhe: "Lembra-te dos idos de março; lembra-te do sangue de César. Nós o derramamos porque ele era injusto. Quem deu os primeiros golpes, quem primeiro puniu César por ter favorecido os bandidos da república sujaria as mãos com a corrupção!"

César, tomando, enfim, a resolução de ir ao senado, onde será assassinado, fala deste modo: "Os tímidos morrem mil vezes antes de morrerem; o corajoso só experimenta a morte uma vez. De tudo o que já me surpreendeu, nada me admira mais do que o medo. E, se a morte é inevitável, que venha."

Bruto, na mesma peça, depois de tramar a conspiração, diz: "Desde que falei com Cássio pela primeira vez, o sono me foge; entre um propósito terrível e o momento de sua execução, o intervalo é um sonho pavoroso. A morte e o gênio parlamentam na alma. Esta fica conturbada; seu âmago é teatro de uma guerra civil."

Não devemos omitir aqui este belo monólogo de Hamlet, que está na boca de todos, e foi imitado em francês com as adaptações exigidas pela língua de uma nação excessivamente escrupulosa no que diz respeito às conveniências.

> *Demeure, il faut choisir de l'être et du néant.*
> *Ou souffrir ou périr, c'est là ce qui m'attend.*
> *Ciel, qui voyez mon trouble, éclairez mon courage.*
> *Faut-il vieillir courbé sous la main qui m'outrage,*
> *Supporter ou finir mon malheur et mon sort?*
> *Qui suis-je? qui m'arrête? et qu'est-ce que la mort?*
> *C'est la fin de nos maux, c'est mon unique asile;*
> *Après de longs transports, c'est un sommeil tranquille.*
> *On s'endort, et tout meurt. Mais un affreux réveil*
> *Doit succéder peut-être aux douceurs du sommeil.*
> *On nous menace, on dit que cette courte vie*
> *De tourments éternels est aussitôt suivie.*
> *O mort! moment fatal! affreuse éternité,*
> *Tout cœur à ton seul nom se glace épouvanté.*
> *Eh! qui pourrait sans toi supporter cette vie,*
> *De nos prêtres menteurs bénir l'hypocrisie,*
> *D'une indigne maîtresse encenser les erreurs,*
> *Ramper sous un ministre, adorer ses hauteurs,*
> *Et montrer les langueurs de son âme abattue*
> *A des amis ingrats qui détournent la vue?*

La mort serait trop douce en ces extrémités;
Mais le scrupule parle, et nous crie: "Arrêtez";
Il défend à nos mains cet heureux homicide,
Et d'un héros guerrier fait un chrétien timide.
[É preciso escolher entre o ser e o nada.
Sofrer ou perecer, é isso o que me espera.
Céu, que vês minha dor, mostra-me a coragem.
Deverei envelhecer curvado sob a mão que me ultraja,
Suportar ou pôr fim à minha dor e a meu destino?
Quem sou eu? Quem me detém? O que é a morte?
É o fim de nossos males, é meu único asilo;
Depois de demoradas emoções, é um sono tranquilo.
Dormimos, e tudo morre. Mas um despertar medonho
Deve suceder talvez às doçuras do sono.
Ameaçam-nos, dizem que esta vida breve
Por tormentos eternos é logo seguida.
Ó morte! Momento fatal! Medonha eternidade,
Todo coração, ouvindo teu nome, gela de terror.
Mas, sem ti, quem poderia suportar esta vida,
De nossos padres mentirosos abençoar a hipocrisia,
De uma indigna amante incensar os erros,
Rastejar sob um ministro, adorar suas alturas,
E mostrar o langor de nossa alma abatida
A amigos ingratos que desviam o olhar?
A morte seria bem doce nesse momento extremo;
Mas o escrúpulo nos fala e grita: "Para";
E priva nossas mãos desse feliz homicídio,
E de um herói guerreiro faz um tímido cristão.]

O que se pode concluir desse contraste entre grandeza e baixeza, entre razões sublimes e loucuras grosseiras, enfim, de todos os contrastes que acabamos de ver em Shakespeare? Que ele teria sido um poeta perfeito, se tivesse vivido no tempo de Addison.

Addison

Esse homem célebre, que vicejou no tempo da rainha Ana, talvez seja, entre todos os escritores ingleses, quem mais soube permitir que o gênio fosse conduzido pelo gosto. Ele tinha correção de estilo, uma imaginação sábia na expressão, tinha elegância, força e naturalidade nos versos e na prosa. Amigo das conveniências e das regras, desejava que a tragédia fosse escrita com dignidade; e assim é composto o seu *Catão*.

Desde o primeiro ato, têm-se versos dignos de Virgílio e sentimentos dignos de Catão. Não há teatro na Europa onde a cena entre Juba e Siface não tenha sido aplaudida como obra-prima de perspicácia, de bom desenvolvimento das personagens, de belos contrastes e de linguagem pura e nobre. A Europa literária, que conhece as traduções dessa peça, aplaude os rasgos filosóficos de que está repleto o papel de Catão.

Os versos que esse herói da filosofia e de Roma pronuncia no quinto ato, quando se apresenta tendo sobre a mesa uma espada desembainhada e lendo o *Tratado de Platão sobre a imortalidade da alma*, foram traduzidos há muito tempo para o francês; cabe transcrevê-los aqui.

Oui, Platon, tu dis vrai, notre âme est immortelle;
C'est un Dieu qui lui parle, un Dieu qui vit en elle.
Eh! d'où viendrait sans lui ce grand pressentiment,
Ce dégoût des faux biens, cette horreur du néant?
Vers des siècles sans fin je sens que tu m'entraînes;
Du monde et de mes sens je vais briser les chaînes,
Et m'ouvrir, loin d'un corps dans la fange arrêté,
Les portes de la vie et de l'éternité.
L'éternité! quel mot consolant et terrible!
O lumière! ô nuage! ô profondeur horrible!
Que suis-je? ou suis-je? où vais-je? et d'où suis-je tiré?
Dans quels climats nouveaux, dans quel monde ignoré
Le moment du trépas va-t-il plonger mon être?
Où sera cet esprit qui ne peut se connaître?
Que me préparez-vous, abîmes ténébreux?
Allons, s'il est un Dieu, Caton doit être heureux.
Il en est un sans doute, et je suis son ouvrage.
Lui-même au coeur du juste il empreint son image.
Il doit venger sa cause, et punir les pervers.
Mais comment? dans quel temps? et dans quel univers?
Ici la Vertu pleure et l'Audace l'opprime;
L'Innocence à genoux y tend la gorge au Crime;
La Fortune y domine, et tout y suit son char.
Ce globe infortuné fut formé pour César.
Hâtons-nous de sortir d'une prison funeste.
Je te verrai sans ombre, ô vérité céleste!
Tu te caches de nous dans nos jours de sommeil;
Cette vie est un songe, et la mort un réveil.
[Sim, Platão, tens razão, nossa alma é imortal;
Um Deus lhe fala, um Deus vive nela.
Não fosse ele, de onde viria este forte pressentimento,
Esta repulsa aos falsos bens, este horror ao nada?
Para séculos sem fim sinto que tu me arrastas;
Do mundo e dos sentidos eu quebrarei as cadeias,
E, longe do corpo encalhado na lama, abrirei
As portas da vida e da eternidade.
Eternidade! Palavra consoladora e terrível!
Ó luz! Ó brumas! Ó profundeza horrível!
Quem sou? Onde estou? Aonde vou? Donde vim?
Em que climas novos, em que mundo ignorado
O momento da morte vai mergulhar meu ser?
Onde estará esse espírito que não pode se conhecer?
Que me preparais, abismos tenebrosos?
Ora, se é um Deus, Catão deve ser feliz.
E é, sem dúvida, e eu sou sua obra.
Ele, no coração do justo, imprime sua imagem.
Deve defender sua causa e punir os perversos.
Mas como? Em que tempo? E em que universo?

Aqui a Virtude chora, e a Audácia oprime;
A Inocência de joelhos oferece o pescoço ao Crime;
A Fortuna domina, e tudo segue seu carro.
Este globo desditoso foi formado por César.
Urge sair de uma prisão funesta.
Eu te verei sem sombra, ó verdade celeste!
Tu te escondes de nós em nossos dias de sono;
Esta vida é um sonho, e a morte, o despertar.]

A peça teve o grande sucesso merecido por suas belezas de pormenores, sucesso assegurado pelas discórdias da Inglaterra, às quais essa tragédia era, além de tudo, uma evidente alusão. Mas, passada a conjuntura dessas alusões, como os versos eram apenas belos, as máximas eram apenas nobres e justas, e a peça era fria, o que ficou foi praticamente apenas a frieza. Nada é mais belo que o segundo canto de Virgílio; mas, que seja recitado no teatro, e o teatro se enfada: é preciso que haja paixões, diálogo vivo, ação. E logo voltamos às impropriedades grosseiras mas cativantes de Shakespeare.

Sobre a boa tragédia francesa

Omito aqui tudo o que é medíocre; a multidão de nossas tragédias fracas é espantosa; são cerca de cem volumes: é uma fonte inesgotável de tédio.

Nossas boas peças, ou pelo menos as que, mesmo não sendo boas, têm cenas excelentes, reduzem-se a uma vintena, no máximo; no entanto, ouso dizer que esse pequeno número de obras admiráveis está acima de tudo o que já se fez no gênero, sem excetuar Sófocles e Eurípides.

É tão difícil reunir num mesmo lugar heróis da antiguidade, fazê-los falar em versos franceses, só permitir que digam o que devem ter dito, só deixá-los entrar e sair em momento oportuno, arrancar lágrimas por eles, dar-lhes uma linguagem encantadora que não seja empolada nem familiar, ser sempre decente e sempre interessante, que tal obra é um prodígio, e surpreende que na França haja vinte prodígios dessa espécie.

Entre essas obras-primas, não será cabível dar preferência às que falam ao coração, e não às que só falam ao intelecto? Quem quiser apenas provocar admiração poderá levar a dizer: "É belo!"; mas não arrancará lágrimas. Quatro ou cinco cenas de bom raciocínio, muito bem pensadas, majestosamente escritas atraem uma espécie de veneração; mas é um sentimento que passa logo, deixando a alma tranquila. Esses trechos são belíssimos, e até fazem um gênero que os antigos nunca conheceram: não é o bastante, é preciso mais do que beleza. É preciso ir dominando o coração gradualmente, comovê-lo, confrangê-lo e unir a essa magia as regras da poesia e todas as regras do teatro, que são quase inúmeras.

Vejamos que peça poderíamos propor à Europa, algo que reunisse todas essas vantagens.

Os críticos não permitirão que apresentemos *Fedra* como o modelo mais perfeito, embora o papel de Fedra constitua, de ponta a ponta, o que de mais tocante e elaborado já se escreveu. Eles repetirão que o papel de Teseu é fraco demais, que Hipólito é francês demais, que Arícia é pouco trágica demais, que Terâmenes é condenável demais por proferir máximas de amor para seu pupilo; todos esses defeitos, na verdade, são ornados por uma linguagem tão pura e tocante, que deixam de apresentar-se como defeitos quando leio a peça; mas tentemos encontrar alguma à qual não se possa fazer nenhuma censura justa.

Não será ela *Ifigênia em Áulida*? Desde o primeiro verso sinto-me interessado e emocionado; minha curiosidade é excitada já pelos versos pronunciados por um simples oficial de Agamêmnon, versos harmoniosos, versos encantadores, versos que nenhum poeta fazia então.

A peine un faible jour vous éclaire et me guide:
Vos yeux seuls et les miens sont ouverts dans l'Aulide.
Auriez-vous dans les airs entendu quelque bruit?
Les vents nous auraient-ils exaucés cette nuit?
Mais tout dort, et l'armée, et les vents, et Neptune.
[É fraca a luz que vos ilumina e me guia:
Só vossos olhos e os meus estão abertos em Áulida.
Acaso ouvistes pelos ares algum rumor?
Os ventos nos terão atendido esta noite?
Mas tudo dorme: o exército, os ventos, Netuno.]
(Ato I, cena I)

Agamêmnon, mergulhado na dor, não responde a Árcade, não o ouve; diz para si mesmo, suspirando:

Heureux qui, satisfait de son humble fortune,
Libre du joug superbe où je suis attaché,
Vit dans l'état obscur où les dieux l'ont caché!
[Feliz de quem, satisfeito com sua humilde fortuna,
Livre do jugo soberbo a que estou preso,
Vive no estado obscuro em que os deuses o esconderam!]
(Ato I, cena I)

Que sentimentos; que versos felizes; que voz da natureza!
Não posso abster-me de me interromper por um momento para informar as nações que um juiz da Escócia, que teve a bondade de ensinar regras de poesia e de bom gosto em seu país, declara em seu capítulo vinte e um, *Das narrações e das descrições*, que não gosta deste verso:
Mais tout dort, et l'armée, et les vents, et Neptune.
Se soubesse que esse verso é imitado de Eurípides, talvez gostasse dele; mas prefere a resposta do soldado na primeira cena de *Hamlet:*

Não ouvi nenhum rato trotar.

"Isso sim é natural, diz ele; é assim que um soldado deve responder." Sim, senhor juiz, numa tropa, mas não numa tragédia: deveis saber que os franceses, com quem vos irritais, admitem o simples, mas não o baixo e o grosseiro. É preciso ter muita segurança quanto à qualidade do próprio gosto antes de oferecê-lo como lei; lastimo os demandantes, se julgardes no tribunal como julgais versos. Mas deixemos logo essa vossa audiência e voltemos a *Ifigênia*.
Haverá algum homem de bom-senso e coração sensível que deixe de ouvir a narrativa de Agamêmnon com um misto de êxtase, piedade e temor, que não sinta os versos de Racine penetrar até o fundo de sua alma? O interesse, a inquietação e o receio aumentam a partir da terceira cena, quando Agamêmnon se encontra entre Aquiles e Ulisses.
O medo, alma da tragédia, redobra na cena seguinte. É Ulisses que quer convencer Agamêmnon e imolar Ifigênia para atender aos interesses da Grécia. Essa personagem, Ulisses, é odiosa; mas, com uma arte admirável, Racine sabe torná-la interessante.

Je suis père, seigneur, et faible comme un autre;
Mon cœur se met sans peine en la place du vôtre;

Et, frémissant du coup qui vous fait soupirer,
Loin de blâmer vos pleurs, je suis près de pleurer.
[Sou pai, senhor, e fraco como qualquer outro;
Meu coração põe-se sem custo no lugar do vosso;
E, fremindo com o golpe que vos faz suspirar,
Não vos censuro o pranto, e estou para chorar.]
(Ato I, cena V)

Já no primeiro ato Ifigênia está condenada à morte, Ifigênia, que se orgulha com tanta razão de casar-se com Aquiles: vai ser sacrificada no mesmo altar onde deve dar a mão ao enamorado.

Nubendi tempore in ipso.
[No próprio momento do matrimônio.]
(Lucr. I, 98)

....

Tantum relligio potuit suadere malorum!
[Tão grande número de crimes pode a religião aconselhar!]
(Lucr. I, 101)

Segundo ato de Ifigênia

É com habilidade digna de si mesmo que Racine, no segundo ato, introduz Erifila antes de Ifigênia. Se a bem-amada de Aquiles tivesse aparecido antes, não poderíamos suportar sua rival Erifila. Essa personagem é absolutamente necessária à peça, pois determina o seu desfecho; constitui mesmo o seu nó; é ela que, sem saber, inspira suspeitas cruéis em Clitemnestra e justos ciúmes em Ifigênia; e, com uma arte ainda mais admirável, o autor sabe despertar interesse pela própria Erifila. Ela sempre foi infeliz, não conhece os pais, foi capturada na pátria em cinzas: um oráculo funesto a perturba; e, para cúmulo, sente uma paixão involuntária por aquele mesmo Aquiles de quem é prisioneira.

Dans les cruelles mains par qui je fus ravie,
Je demeurai longtemps sans lumière et sans vie.
Enfin mes tristes yeux cherchèrent la clarté;
Et, me voyant presser d'un bras ensanglanté,
Je frémissais, Doris, et d'un vainqueur sauvage
Craignais[243] *de rencontrer l'effroyable visage.*
J'entrai dans son vaisseau, détestant sa fureur,
Et toujours détournant ma vue avec horreur.
Je le vis: son aspect n'avait rien de farouche;
Je sentis le reproche expirer dans ma bouche,
Je sentis contre moi mon cœur se déclarer,
J'oubliai ma colère, et ne sus que pleurer.
[Nas mãos cruéis que me arrebataram,
Fiquei muito tempo sem luz e sem vida.
Por fim meus tristes olhos buscaram a claridade;

---

243. Alguns puristas afirmaram que deveria ser *je craignais*; ignoram as felizes liberdades da poesia; o que constitui negligência em prosa frequentemente é beleza em verso. Racine se expressa com elegância exata, elegância que ele nunca sacrifica ao calor do estilo. (N. de Voltaire)

E, vendo-me premida por um braço ensanguentado,
Estremeci, Dóris, e de um vencedor selvagem
Temia encontrar o rosto abominável.
Entrei em seu navio, detestando-lhe o furor,
E sempre desviando o olhar com horror.
Eu o vi: seu aspecto nada tinha de feroz;
Senti a censura expirar em minha boca,
Senti contra mim meu coração declarar-se,
Esqueci minha cólera, e só pude chorar.]
(Ato II, cena I)

Convenhamos que não se faziam tais versos antes de Racine; não só ninguém sabia o caminho do coração, como quase ninguém conhecia as sutilezas da versificação, arte de infringir a medida:

Je le vis: son aspect n'avait rien de farouche.

Ninguém conhecia essa feliz mistura de sílabas longas e breves e de consoantes seguidas de vogais, que fazem um verso fluir com tanta moleza e entrar em ouvidos sensíveis e afinados com tanto prazer.

Que efeito emocionante e prodigioso causa em seguida a entrada de Ifigênia! Ela corre para junto do pai diante do olhar de Erifila, do pai que acabou tomando, por fim, a resolução da sacrificá-la; cada palavra dessa cena é uma punhalada no coração. Ifigênia não diz coisas exageradas, como em Eurípides, *eu gostaria de ficar louca* (ou bancar a *louca*) *para te alegrar, para te agradar.* Tudo é nobre na peça francesa, mas de uma simplicidade comovente; e a cena acaba com estas palavras terríveis: *Lá estarás, minha filha.* Sentença de morte, depois da qual nada mais há que dizer.

Afirma-se que essas palavras comoventes estão em Eurípides; andam o tempo todo repetindo isso. Não, elas não estão. Num século como o nosso, é preciso desfazer-se da teimosia nociva de sempre querer valorizar o teatro antigo dos gregos e desvalorizar o teatro francês. Vejamos o que está em Eurípides.

IFIGÊNIA

Papai, tu me farás morar em outro lugar? Quer dizer: vais-me casar em outro lugar?

AGAMÊMNON

Deixa-te disso; não convém a uma moça saber essas coisas.

IFIGÊNIA

Papai, volta o mais cedo possível depois de concluíres a tua empresa.

AGAMÊMNON

Antes preciso oferecer um sacrifício.

IFIGÊNIA

Mas isso é incumbência dos sacerdotes.

AGAMÊMNON

Tu saberás, pois estarás bem perto, no lavatório.

IFIGÊNIA

Papai, vamos fazer um coro em volta do altar?

AGAMÊMNON

Acho que és mais feliz que eu; mas isso não te importa; dá-me a mão e um beijo triste, pois deves ficar tanto tempo longe de teu pai. Ó que pescoço! Que faces! Que cabelos loiros! Quanta dor me causam a cidade dos frígios e Helena! Já não consigo falar, pois choro demais ao te abraçar. E tu, filha de Leda, desculpa-me se o amor paterno me comove demais, quando preciso dar minha filha a Aquiles.

Em seguida, Agamêmnon informa Clitemnestra sobre a genealogia de Aquiles, e Clitemnestra pergunta se as núpcias de Peleu e de Tétis foram feitas no fundo do mar.

Brumoy disfarçou o máximo que pôde esse diálogo, tal como falseou quase todas as peças que traduziu; mas vamos dizer a verdade e julgar se esse trecho de Eurípides se aproxima do texto de Racine.

Verra-t-on à l'autel votre heureuse famille?

AGAMÊMNON

Hélas!

IFIGÊNIA

Vous vous taisez!

AGAMÊMNON

Vous y serez, ma fille.
[Veremos no altar a vossa família feliz?

AGAMÊMNON

Ai!

IFIGÊNIA

Vós vos calais!

AGAMÊMNON

Lá estarás, minha filha.]
(Ato II, cena II)

De que maneira, depois dessa sentença de morte, que Ifigênia não entende, mas que o leitor ouve com tanta emoção, poderá ainda haver cenas tocantes no mesmo ato e até *coups de théâtre* importantes? Na minha opinião, esse é o máximo da perfeição.

Terceiro ato

Depois de alguns incidentes naturais bem preparados, incidentes que concorrem para fortalecer o entrecho da peça, Clitemnestra, Ifigênia e Aquiles esperam alegres o momento das núpcias; Erifila está presente, e o contraste entre sua dor e a alegria da mãe e dos dois enamorados aumenta a beleza da situação. Árcade aparece, enviado por Agamêmnon; vem dizer que tudo está pronto para celebrar as felizes núpcias. Mas que golpe! Que momento medonho!

Il l'attend à l'autel... pour la sacrifier.
[Ele a espera no altar... para sacrificá-la.]
(Ato III, cena V)

Aquiles, Clitemnestra, Ifigênia e Erifila exprimem então, num único verso, todos os seus diferentes sentimentos, e Clitemnestra ajoelha-se aos pés de Aquiles.

Oubliez une gloire importune.
Ce triste abaissement convient à ma fortune.
....
C'est vous que nous cherchions sur ce funeste bord;
Et votre nom, seigneur, la conduit à la mort.
Ira-t-elle, des dieux implorant la justice,
Embrasser leurs autels parés pour son supplice?
Elle n'a que vous seul. Vous êtes en ces lieux
Son père, son époux, son asile, ses dieux.
[Esquecei uma glória importuna.
Este triste rebaixamento convém à minha fortuna.
....
Éreis vós que procurávamos neste funesto momento;
E vosso nome, senhor, a conduz para a morte.
Irá ela, implorando a justiça dos deuses,
Abraçar os altares preparados para seu suplício?
Ela só conta convosco. Sois neste lugar
Seu pai, seu esposo, seu asilo, seus deuses.]
(Ato III, cena V)

Ó verdadeira tragédia! Ó beleza de todos os tempos e de todas as nações! Infelizes dos bárbaros que não sentissem até o fundo do coração esse mérito prodigioso!

Sei que a ideia dessa situação está em Eurípides; mas nele ela está como o mármore na pedreira, e é Racine que construiu o palácio.

Coisa extraordinária, mas bem digna dos comentadores, que sempre são um pouco inimigos de sua pátria, é que o jesuíta Brumoy, em seu *Discurso sobre o teatro dos gregos*, faz a seguinte crítica[244]: "Suponhamos que Eurípides viesse do outro mundo e assistisse à representação da *Ifigênia* do sr. Racine... não ficaria revoltado por ver Clitemnestra aos pés de Aquiles, que a levanta, além de mil outras coisas, tanto pelo que diz respeito aos nossos costumes, que nos parecem mais polidos que os da antiguidade, quanto pelo que diz respeito às conveniências? etc."

---

244. P. 11 da edição in-4º (N. de Voltaire)

Notai com atenção, leitores, que Clitemnestra se lança aos pés de Aquiles em Eurípides, e nem sequer se diz que Aquiles a levanta.

Quanto às *mil outras coisas, pelo que diz respeito aos nossos costumes*, Eurípides se conformaria aos usos da França, e Racine aos da Grécia.

Depois dessa, confie-se na inteligência e na justiça dos comentadores.

Quarto ato

Uma vez que, nessa tragédia, o interesse vai crescendo de cena em cena, e tudo caminha de perfeição em perfeição, a grande cena entre Agamêmnon, Clitemnestra e Ifigênia é ainda superior a tudo o que vimos. No teatro, nada produz maior efeito do que personagens que de início guardam a dor no fundo da alma para depois deixar que irrompam todos os sentimentos que a diliceram; ficamos divididos entre a piedade e o horror: de um lado, temos Agamêmnon que, esmagado pela tristeza, vem pedir a filha para conduzi-la ao altar, pretextando entregá-la ao herói a quem está prometida. E Clitemnestra responde-lhe com voz entrecortada:

S'il faut partir, ma fille est toute prête:
Mais vous, n'avez-vous rien, seigneur, qui vous arrête?

AGAMÊMNON

Moi, madame?

CLITEMNESTRA

Vos soins ont-ils tout préparé?

AGAMÊMNON

Calchas est prêt, madame, et l'autel est paré;
J'ai fait ce que m'ordonne un devoir légitime.

CLITEMNESTRA

Vous ne me parlez point, seigneur, de la victime.
[Se cumpre partir, minha filha está pronta:
Mas vós, senhor, nada há que vos detenha?

AGAMÊMNON

A mim, senhora?

CLITEMNESTRA

Vossos cuidados tudo prepararam?

AGAMÊMNON

Calcas está pronto, senhora, e o altar, aprestado;
Fiz o que me ordena um legítimo dever.

CLITEMNESTRA

Mas, senhor, da vítima vós não falais.]
(Ato IV, cena III)

As palavras *da vítima vós não falais* certamente não estão em Eurípides. Todos conhecem a sublimidade do restante da cena, não a sublimidade declamatória, não a sublimidade dos pensamentos rebuscados ou das expressões gigantescas, mas daquilo que uma mãe desesperada tem de mais penetrante e terrível, daquilo que uma jovem princesa, sentindo toda a sua desdita, tem de mais tocante e nobre; depois disso, Aquiles, em outra cena, dá mostras da fúria, da indignação e das ameaças de um herói irritado, sem que Agamêmnon perca a dignidade; e aí estava o mais difícil.

Nunca Aquiles foi mais Aquiles do que nessa tragédia. Os estrangeiros não poderão dizer dele o que dizem de Hipólito, Xifares, Antíoco, rei de Comagena, e até de Bajazet; eles os chamam de sr. Bajazet, sr. Antíoco, sr. Xifares, sr. Hipólito; e, admito, não estão errados. Essa fraqueza de Racine é um tributo que ele pagou aos costumes de seu tempo, à galanteria da corte de Luís XIV, ao gosto pelos romances que haviam infestado a nação, aos próprios exemplos de Corneille, que nunca compôs uma só tragédia na qual não pusesse amor, fazendo dessa paixão a principal mola propulsora da tragédia de *Polieuto*, confessor e mártir, e da tragédia de *Átila*, rei dos hunos, e de santa Teodora, que é prostituída.

Só há poucos anos ousou-se na França produzir tragédias profanas sem galanteria. A nação estava tão acostumada a essa sensaboria, que no começo do século atual recebeu-se com aplausos uma *Electra* apaixonada, um quarteto formado por dois amantes e duas amantes no mais terrível dos temas da antiguidade, enquanto a *Electra* de Longepierre era vaiada, não só porque tinha declamações à antiga, mas também porque nela não se falava de amor.

No tempo de Racine e até recentemente, as personagens essenciais do teatro eram o *apaixonado* e a *apaixonada*, tal como no teatro de feira se têm *Arlequim* e *Colombina*. Um ator era aceito por representar todos os apaixonados.

Aquiles ama Ifigênia, e deve mesmo amá-la; ele a vê como sua mulher; mas é muito mais feroz e violento do que terno; ama como Aquiles deve amar, fala como teria falado em Homero, caso este fosse francês.

Quinto ato

O sr. Luneau de Boisjermain, que fez uma edição de Racine com comentários, gostaria que a catástrofe de *Ifigênia* aparecesse como ação em cena. Diz ele: "Só lamentamos uma coisa: é que Racine não tenha composto sua peça numa época como hoje, em que o teatro estivesse desimpedido da multidão de espectadores que invadia, antigamente, o local da cena; o poeta não teria deixado de pôr em ação a catástrofe que só apresentou como narrativa. Teríamos visto, de um lado, um pai consternado, uma mãe desvairada, vinte reis na expectativa, o altar, a fogueira, o sacerdote, a faca, a vítima; e que vítima! Do outro, Aquiles ameaçador, o exército *amotinado*, o sangue de todas as partes pronto a derramar-se; Erifila teria então chegado; Calcas tê-la-ia apontado como único objeto da cólera celeste, e essa princesa, empunhando o cutelo sagrado, teria expirado imediatamente sob os golpes *dados* por ela mesma."

Essa ideia parece plausível à primeira vista. De fato, é motivo para um belo quadro, porque num quadro só se pinta um instante; mas seria bem difícil que, em cena, essa ação, que deve durar alguns momentos, deixasse de se tornar fria e ridícula. Sempre me pareceu evidente que o espetáculo constituído pelo violento Aquiles de espada desembainhada, mas sem lutar, por vinte heróis na mesma atitude, como personagens de tapeçaria, e por Agamêmnon, rei dos reis, sem se impor a ninguém, imóvel em meio ao tumulto, seria muito parecido com o círculo da rainha de cera pintado por Benoît.

Il est des objets que l'art judicieux
Doit offrir à l'oreille, et reculer des yeux.

[Há objetos que a arte judiciosa
Deve oferecer aos ouvidos e afastar dos olhos.]
(BOILEAU, III, 53-4)

Acresce que a morte de Erifila deixaria frios os espectadores, em vez de comovê-los. Se é que é lícito derramar sangue em cena (sobre o que tenho algumas dúvidas), só se deve matar personagens que despertem interesse. Só então o coração do espectador realmente se comove, precipita-se adiante do golpe que será desferido, sangra com o ferimento; é com dor que nos comprazemos a ver Zaíra cair sob o punhal de Orosmano, que a idolatra. Quem quiser que mate o que ama, mas não uma pessoa indiferente; o público ficará indiferente a essa morte: ninguém gosta de Erifila. Racine fez uma Erifila suportável até o quarto ato; mas, assim que a vida de Ifigênia está em perigo, Erifila é esquecida e logo odiada: ela não produziria mais efeito do que a corça de Diana.

Mandaram dizer-me, faz pouco tempo, que em Paris se experimentou encenar o espetáculo sugerido pelo sr. Luneau de Boisjermain, e que não houve sucesso. Deve-se saber que uma narração escrita por Racine é superior a todas as ações teatrais.

Atalia

Começarei dizendo que em *Atalia* a catástrofe está admiravelmente em ação, que nela se dá o reconhecimento mais interessante; cada ator representa um grande papel. Atalia não é morta em cena; o filho dos reis é salvo e reconhecido rei: todo o espetáculo arrebata os espectadores.

Faria aqui um elogio a essa peça, obra-prima do espírito humano, se todas as pessoas de gosto da Europa não estivessem concordes em preferi-la a quase todas as outras peças. Pode-se condenar o caráter e a ação do grão-sacerdote Joad; sua conspiração e seu fanatismo podem ser um péssimo exemplo; nenhum soberano, desde o Japão até Nápoles, gostaria de ter um tal pontífice; ele é facioso, insolente, entusiasta, inflexível e sanguinário; engana indignamente sua rainha; leva sacerdotes a matar aquela mulher de oitenta anos, que certamente não queria atentar contra a vida do jovem Joás, *que ela queria criar como seu próprio filho*.

Admito que, pensando nesse acontecimento, podemos detestar a pessoa do pontífice; mas admiramos o autor, submetemo-nos sem dificuldade a todas as ideias que apresenta, só pensamos e sentimos de acordo com ele. O tema, aliás respeitável, não permite as críticas que poderiam ser feitas caso se tratasse de um tema inventado. O espectador supõe, com Racine, que Joad tem o direito de fazer tudo o que faz; e, posto esse princípio, é de convir que a peça é o que temos de mais perfeitamente dirigido, de mais simples e sublime. O que aumenta ainda mais o mérito dessa obra é que, de todos os temas, esse era o mais difícil de tratar.

Escreveu-se com algum fundamento que Racine imitou, nessa peça, vários trechos da tragédia *La Ligue*, escrita pelo conselheiro de Estado Matthieu, historiógrafo da França no tempo de Henrique IV, escritor que fazia não poucos versos em seu tempo. Constance diz na tragédia de Matthieu:

Je redoute mon Dieu, c'est lui seul que je crains.
....
On n'est point délaissé quand on a Dieu pour père.
Il ouvre à tous la main, il nourrit les corbeaux;
Il donne la pâture aux jeunes passereaux,
Aux bêtes des forêts, des prés et des montagnes:
Tout vit de sa bonté.
[Temo meu Deus, só dele tenho medo.]

....

Ninguém está abandonado quando tem Deus como pai.
A todos estende ele a mão, alimenta os corvos;
Dá de comer aos jovens pardais,
Aos bichos das florestas, dos prados, das montanhas:
Tudo vive de sua bondade.]

Racine diz:

Je crains Dieu, cher Abner, et n'ai point d'autre crainte.
[Temo a Deus, caro Abner, e não tenho outro temor.]
(*Atalia*, ato I, cena I)

Dieu laissa-t-il jamais ses enfants au besoin?
Aux petits des oiseaux il donne leur pâture,
Et sa bonté s'étend sur toute la nature.
[Deus acaso deixa seus filhos à míngua?
Dá de comer aos filhotes dos pássaros,
E sua bondade se estende a toda a natureza.]
(Ato II, cena VII)

O plágio parece evidente, e no entanto não é plágio: nada é mais natural do que ter as mesmas ideias sobre o mesmo tema. Aliás, Racine e Matthieu não foram os primeiros que expressaram pensamentos cujo fundo se encontra em vários trechos das Escrituras.

Sobre as obras-primas trágicas francesas

O que ousaríamos apresentar entre essas obras-primas reconhecidas como tais na França e nos outros países, depois de *Ifigênia* e *Atalia*? Apresentaríamos grande parte de *Cina*, as cenas superiores dos *Horácios*, de *El Cid*, de *Pompeu*, de *Polieuto*; o fim de *Rodoguna*; o papel perfeito e inimitável de Fedra, que supera todos os papéis, o de Acomato, belo também em seu gênero; os quatro primeiros atos de *Britânico*; *Andrômaca* inteira, com exceção de uma cena de pura coqueteria; os papéis inteiros de Roxana e Mônimo, admiráveis em seus gêneros opostos; trechos realmente trágicos em algumas outras peças; mas, depois de dezenas de boas tragédias, em mais de quatro mil, que temos? Nada. Melhor assim. Já dissemos alhures: o belo deve ser raro, senão deixa de ser belo.

Comédia

Ao falar da tragédia, não ousei dar regras: é maior o número de boas dissertações do que de boas peças; e, se algum jovem de talento quiser conhecer as regras importantes dessa arte, bastará ler o que Boileau disse sobre o assunto em sua *Arte poética* e compenetrar-se de suas palavras; digo o mesmo da comédia.

Dispenso a teoria e não irei muito além do histórico. Só pergunto por que os gregos e os romanos fizeram todas as suas comédias em versos, e por que os modernos só as fazem em prosa. Será porque aqueles são muito mais difíceis que esta, e os homens em tudo querem resultados sem trabalho? Fénelon fez seu *Telêmaco* em prosa porque não sabia fazê-lo em versos.

O abade Aubignac, que, sendo pregador do rei, acreditava ser o homem mais eloquente do reino e, por ter lido a *Poética* de Aristóteles, acreditava ser mestre de Corneille, fez uma tragédia em prosa, cuja representação não pôde ser concluída, e que nunca foi lida por ninguém.

Lamotte, deixando-se convencer de que seu intelecto estava infinitamente acima de seu talento para a poesia, pediu perdão ao público por se ter rebaixado a fazer versos. Produziu uma ode em prosa e uma tragédia em prosa: riram dele. O mesmo não ocorreu com a comédia; Molière escreveu seu *Avarento* em prosa para depois transcrevê-lo em versos; mas pareceu tão bom, que os atores quiseram representá-lo tal como estava, e depois ninguém ousou tocá-lo.

Ao contrário, o *Convidado de pedra*, que de forma tão despropositada foi chamado de *O banquete de pedra*, foi versificado depois da morte de Molière por Thomas Corneille, e é sempre representado desse modo.

Acredito que ninguém terá a ideia de versificar *George Dandin*. A linguagem é tão ingênua e engraçada, tantas frases dessa peça se converteram em provérbios, que, se versificadas, parece que se estragariam.

Talvez não seja descabido pensar que há uma graça de prosa e uma graça de versos. Alguns bons casos para a conversação se tornariam insípidos em rimas, enquanto outros só dão certo rimados. Acredito que o sr. e a sra. condessa de Sottenville e a sra. condessa de Escarbagnas não seriam tão engraçados se rimassem. Mas nas grandes peças cheias de retratos, máximas e narrativas, cujas personagens têm caracteres fortemente desenhados, tais como *O misantropo*, *Tartufo*, *Escola de mulheres*, *Escola de maridos*, *As sabichonas*, *O jogador*, os versos me parecem absolutamente necessários; sempre fui da opinião de Michel Montaigne, que diz que "a frase, premida pelos pés numerosos da poesia, irrompe mais bruscamente e me fere com um sobressalto mais intenso".

Não repetiremos aqui o que tanto se disse sobre Molière; sabe-se bem que em suas boas peças ele é superior aos cômicos de todas as nações antigas e modernas. Despréaux disse (*Epístola* VII, 33-38):

Mais sitôt que d'un trait de ses fatales mains
La Parque l'eut rayé du nombre des humains,
On reconnut le prix de sa muse éclipsée.
L'aimable Comédie, avec lui terrassée,
En vain d'un coup si rude espéra revenir,
Et sur ses brodequins ne put plus se tenir.
[Mas assim que, com um gesto de suas mãos fatais,
A Parca o riscou da lista dos mortais,
Reconheceu-se o preço de sua musa eclipsada.
A gentil Comédia, com ele derrubada,
Em vão do rude golpe esperou recobrar-se,
E sobre seus coturnos não pôde sustentar-se.]

Put plus é um tanto rude para os ouvidos; mas Boileau tinha razão.

A partir de 1673, ano em que a França perdeu Molière, não se viu uma única peça suportável até *Jogador*, do tesoureiro de França Regnard, que foi representada em 1697; e convenhamos que, depois de Molière, só ele fez boas comédias em versos. A única peça de caracteres que tivemos depois dele foi *O glorioso*, de Destouches, na qual todas as personagens foram geralmente aplaudidas, exceto, infelizmente, a do *Glorioso*, que é o protagonista da peça.

Como nada é mais difícil do que provocar o riso em gente séria, limitamo-nos, enfim, a criar comédias romanescas que eram menos um retrato fiel do ridículo e mais tentativas de tragédias burguesas: foi uma espécie espúria que, não sendo cômica nem trágica, evidenciava a impotência para fazer tragédias e comédias. Essa espécie, porém, tinha um mérito: o de despertar o interesse; e despertar o interesse é certeza de sucesso. Alguns autores somaram ao talento exigido por esse gênero o talento de disseminar versos felizes pela sua peça. Vejamos como esse gênero foi introduzido.

Algumas pessoas costumavam divertir-se num castelo a representar comediazinhas aparentadas às farsas que chamamos *parades*[245]: fez-se uma no ano 1732, cuja personagem principal era o filho de um negociante de Bordeaux, homem simplório e marinheiro rude que, acreditando ter perdido a mulher e o filho, estava a caminho de Paris para casar-se de novo, depois de longa viagem pela Índia.

Sua mulher era uma impertinente que fora fazer-se de grande dama na capital, comer grande parte dos bens adquiridos pelo marido e casar o filho com uma senhorita de alta condição. O filho, muito mais impertinente que a mãe, assumia uns ares de fidalgo que mais se mostravam no grande desprezo que votava à mulher, modelo de virtude e razão. Essa jovem o esmagava com bons procedimentos, sem se queixar; pagava suas dívidas secretamente quando ele perdia no jogo e mandava-lhe presentinhos galantes usando nomes falsos. Esse procedimento tornava o jovem ainda mais fátuo; o marinheiro volta no fim da peça e põe ordem em tudo.

Uma atriz de Paris chamada srta. Quinault, moça muito talentosa, vendo a farsa, imaginou que seria possível fazer uma comédia muito interessante, de um gênero totalmente novo para os franceses, expondo em cena o contraste entre um jovem que acreditasse ser ridículo amar a própria mulher e uma esposa respeitável que forçasse o marido a acabar por amá-la publicamente. Insistiu para que o autor fizesse uma que observasse as regras e fosse escrita com nobreza; mas, diante de sua recusa, pediu permissão para oferecer o tema ao sr. de La Chaussée, jovem que versejava muito bem e tinha correção de estilo. Isso valeu ao público *Le préjugé à la mode* [O preconceito na moda]. (Em 1735.)

Essa peça, depois das de Molière e de Regnard, era bem fria; lembrava esses homens pesados que dançam mais com correção do que com graça. O autor quis misturar humor e bons sentimentos: introduziu dois marqueses, que ele achou cômicos, mas que eram apenas forçados e insípidos. Um diz ao outro:

Si la même maîtresse est l'objet de nos voeux,
L'embarras de choisir la rendra trop perplexe.
Ma foi, marquis, il faut avoir pitié du sexe.
[Se a mesma amante é objeto de nossos desejos,
A dificuldade de escolher a tornará perplexa.
Nossa! Marquês, tenhamos dó do sexo.]
(*Le Préjugé à la mode*, ato III, cena V)

Não é assim que falam as personagens de Molière. A partir daí se baniu a comicidade da comédia. Foi substituída pelo patético: dizia-se que era por bom gosto, mas era por esterilidade.

Não que duas ou três cenas patéticas não possam produzir ótimo efeito. Existem exemplos disso em Terêncio e também em Molière; mas, depois delas, é preciso voltar à pintura ingênua e engraçada dos costumes.

Só se trabalha no estilo da comédia lacrimejante porque esse gênero é mais fácil; mas a própria facilidade o degrada: em resumo, os franceses deixaram de saber rir.

Quando a comédia foi assim desfigurada, a tragédia também foi: criaram-se peças bárbaras, e o teatro decaiu; mas pode reerguer-se.

---

245. Espécie de entremez. (N. da T.)

Sobre a ópera

O estabelecimento da tragédia e da ópera na França se deve a dois cardeais, pois foi no tempo de Richelieu que Corneille realizou seu aprendizado entre os cinco autores aos quais aquele ministro encomendava dramas cujo plano ele concebia, introduzindo muitas vezes grande número de péssimos versos de sua lavra; foi ele também que, perseguindo *El Cid*, teve a felicidade de inspirar em Corneille o nobre despeito e a generosa obstinação que o levaram a compor as admiráveis cenas dos *Horácios* e de *Cina*.

O cardeal Mazarino trouxe ao conhecimento dos franceses uma ópera que de início foi apenas ridícula, apesar de não ser obra do ministro.

Foi em 1647 que ele trouxe pela primeira vez uma companhia inteira de músicos italianos, cenaristas e orquestra: representou-se no Louvre a tragicomédia musicada *Orfeu*, com versos italianos: o espetáculo enfadou toda Paris. Pouquíssima gente entendia italiano, quase ninguém entendia de música, e todos odiavam o cardeal: aquela festa, que custou muito dinheiro, foi vaiada; e, logo depois, os engraçados da época "compuseram o grande balé e o *branle* da fuga de Mazarino, dançado no teatro da França por ele mesmo e seus seguidores". Essa foi sua única recompensa por ter desejado agradar à nação.

Antes dele houvera balés na França desde o começo do século XVI, e nesses balés sempre havia alguma música executada por uma ou duas vozes, às vezes acompanhadas por coros, que nada mais eram que cantochão gregoriano. As filhas de Aqueloo, as sereias, haviam cantado em 1582 nas bodas do duque de Joyeuse; mas eram sereias estranhas.

O cardeal Mazarino não se intimidou com o insucesso de sua ópera italiana, e, quando se tornou todo-poderoso, trouxe de volta seus músicos italianos, que cantaram *Le Nozze di Peleo e di Tetide*, em três atos, no ano de 1654. Luís XIV dançou; a nação ficou encantada ao ver seu rei, jovem, de altura majestosa e aparência adorável e nobre, dançar em sua capital depois de ter sido dela expulso; mas a ópera do cardeal nem por isso deixou de enfadar Paris pela segunda vez.

Mazarino persistiu; em l660 mandou chamar o *signor* Cavalli, que apresentou na grande galeria do Louvre a ópera *Xerxes* em cinco atos: os franceses bocejaram mais do que nunca; acreditaram-se livres da ópera italiana com a morte de Mazarino, que em 1661 deu ensejo a mil epitáfios ridículos e quase ao mesmo número de canções compostas contra ele quando ainda estava vivo.

No entanto, os franceses, naquele tempo, também queriam ter uma ópera em sua língua, embora não houvesse um único homem no país que soubesse fazer um trio ou tocar razoavelmente violino; e, no ano de 1659, certo abade Perrin, que acreditava fazer versos, e certo Cambert, que cuidava dos doze violinos da rainha-mãe, chamados *música de França*, apresentaram na aldeia de Issy uma pastoral que, em termos de tédio, ganhava de coisas como *Hercole amante* e *Le Nozze di Peleo*.

Em 1669, o mesmo abade Perrin e o mesmo Cambert se associaram a um marquês de Sourdeac, grande maquinista que não era absolutamente louco, mas cuja razão era muito peculiar e que se arruinou nessa empresa. O início pareceu promissor; representou-se primeiro *Pomona*, em que se falava muito de maçãs e alcachofras.

A seguir, foi representada a obra *Les Peines et les Plaisirs de l'Amour* [As dores e os prazeres do amor]; por fim, Lulli, primeiro violino da *Mademoiselle*[246], tornou-se superintendente musical do rei e passou a tomar conta do jogo de pela que arruinara o marquês de Sourdeac. O abade Perrin, inarruinável, consolou-se em Paris a fazer elegias e sonetos e até a traduzir a *Eneida* de Virgílio em versos que ele dizia serem heroicos. Vejamos como ele traduz, por exemplo, estes dois versos do quinto livro da *Eneida* (v. 480):

---

246. Duquesa de Montpensier. (N. da T.)

Arduus, effractoque illisit in ossa cerebro,
Sternitur, exanimisque tremens procumbit humi bos.

Dans ses os fracassés enfonce son éteuf,
Et tout tremblant, et mort, en bas tombe le boeuf.
[Nos ossos despedaçados mergulha a bola,
E, trêmulo e morto, cai o boi.]

Seu nome é encontrado com frequência nas *Sátiras* de Boileau, que cometia um grande erro em vexá-lo, pois não se deve zombar nem de quem faz coisas boas nem de quem faz coisas péssimas, e sim de quem é medíocre, mas se considera gênio e se faz de importante.

Quanto a Cambert, deixou a França por despeito e foi executar sua música detestável entre os ingleses, que a acharam excelente.

Lulli, que logo passou a ser chamado de *monsieur de Lulli*, associou-se espertamente a Quinault, cujo mérito ele sentia; mas este nunca foi chamado de *monsieur de Quinault*. Apresentou em seu jogo de pela de Bélair, em 1672, *Les Fêtes de l'Amour et de Bacchus* [As festas do amor e de Baco], obra composta por esse poeta estimável; mas nem os versos nem a música foram dignos da reputação que adquiriram depois; os conhecedores apenas apreciaram uma tradução da ode encantadora de Horácio (Hor., *O.* III, 9, 1-4)]:

Donec gratus eram tibi,
Nec quisquam potior brachia candidae
    Cervici juvenis dabat,
Persarum vigui rege beatior.
[Enquanto eu te agradava
e nenhum outro jovem mais prestigioso
    colocava os braços ao redor de teu alvo pescoço,
vicejei, mais feliz do que os reis dos persas.]

Essa ode, realmente, está traduzida de forma muito graciosa em francês, mas a música é um tanto langorosa.

Houve bufonarias nessa ópera, assim como em *Cadmus* e em *Alceste*. Esse mau gosto reinava então na corte e nos balés, e as óperas italianas estavam cheias de arlequinadas. Quinault não desdenhou rebaixar-se até estas mediocridades:

Tu fais la grimace en pleurant,
Je ne puis m'empêcher de rire.
....
Ah! vraiment, je vous trouve bonne,
Est-ce à vous, petite mignonne,
De reprendre ce que je dis?
....
Mes pauvres compagnons, hélas!
Le dragon n'en a fait qu'un fort léger repas.
....
Le dragon étendu! Ne fait-il point le mort?
[Fazes careta para chorar,
Não posso deixar de rir.

....
Ah! Realmente, eu te acho ótima,
Mas terás direito, minha pequena,
De repreender o que digo?

....
Meus pobres companheiros, ai!
O dragão fez com eles um ligeiríssimo repasto.

....
O dragão deitado! Não se finge de morto?]

Mas, nas óperas *Alceste* e *Cadmus*, Quinault soube inserir trechos admiráveis de poesia. Lulli houve-se razoavelmente, adaptando seu gênio ao da língua francesa; aliás, como era muito engraçado, trocista, hábil, interesseiro e bom cortesão, logo benquisto pelos poderosos, ao passo que Quinault era dócil e modesto, ficou com toda a glória para si. Levou a crer que Quinault era seu empregado poeta, guiado por ele, que, sem ele, só seria conhecido por meio das *Sátiras* de Boileau. Quinault, com todo o seu mérito, passou então a ser vítima das injúrias de Boileau e da proteção de Lulli.

Contudo nada é mais belo nem mais sublime que este coro dos sequazes de Plutão em *Alceste* (ato IV, cena III):

Tout mortel doit ici paraître.
   On ne peut naître
   Que pour mourir.
De cent maux le trépas délivre:
   Qui cherche à vivre,
   Cherche à souffrir.
....
   Est-on sage
De fuir ce passage?
   C'est un orage
   Qui mène au port...
   Plaintes, cris, larmes,
   Tout est sans armes
   Contre la mort.

[Todo mortal deve aparecer por aqui.
   Ninguém pode nascer
   Senão para morrer.
De cem males a morte nos livra:
   Quem procura viver
   Procura sofrer.
....
   Será sábio
Fugir dessa passagem?
   É uma tormenta
   Que leva ao porto...
   Choro, gritos, lágrimas,
   Nada tem armas
   Contra a morte.]

A fala de Hércules a Plutão parece digna da grandeza do tema (ato IV, cena V):

Si c'est te faire outrage
D'entrer par force dans ta cour,
   Pardonne à mon courage,
   Et fais grâce à l'amour.
[Se é fazer-te ultraje
Entrar à força em tua corte,
   Perdoa-me a coragem,
   E faze graça ao amor.]

A encantadora tragédia *Átis*, as belezas nobres, delicadas ou ingênuas, disseminadas pelas peças seguintes, deveriam ter enaltecido a glória de Quinault, mas apenas aumentaram a de Lulli, que foi visto como o deus da música. De fato, ele tinha o raro talento da declamação: logo percebeu que em língua francesa, única que tem a vantagem de contar com rimas femininas e masculinas, era preciso declamar em música de modo diferente do que se faz em italiano. Lulli inventou o único recitativo que convinha à nação, e esse recitativo não podia ter outro mérito além do de apresentar fielmente as palavras. Também precisava de atores, formou-os; era Quinault que muitas vezes os ensaiava, mostrando-lhes o espírito do papel e a alma do canto. Boileau (*Sátira* X, 141-42) diz que os versos de Quinault eram

... Lieux communs de morale lubrique,
Que Lulli réchauffa des sons de sa musique.
[... Lugares-comuns de moral lúbrica,
Que Lulli aqueceu com os sons de sua música.]

Ao contrário, era Quinault que aquecia Lulli. O recitativo só será bom se os versos forem bons: tanto isso é verdade que, depois da época desses dois homens feitos um para o outro, houve na ópera apenas cinco ou seis cenas toleráveis de recitativo.

As arietas de Lulli eram muito fracas; tratava-se de barcarolas de Veneza. Para essas pequenas árias, cabiam cançonetas de amor tão lânguidas quanto as notas. Lulli primeiro compunha as árias de todos aqueles divertimentos; o poeta lhes submetia as palavras. Lulli forçava Quinault a ser insípido; mas os trechos realmente poéticos de Quinault certamente não eram "lugares-comuns de moral lúbrica". Quantas odes de Píndaro haverá que sejam mais soberbas e harmoniosas que esta estrofe da ópera *Prosérpina?* (ato I, cena I):

Les superbes géants, armés contre les dieux,
Ne nous donnent plus d'épouvante;
Ils sont ensevelis sous la masse pesante
Des monts qu'ils entassaient pour attaquer les cieux.
Nous avons vu tomber leur chef audacieux
   Sous une montagne brûlante:
Jupiter l'a contraint de vomir à nos yeux
Les restes enflammés de sa rage mourante;
   Jupiter est victorieux,
Et tout cède à l'effort de sa main foudroyante.
   Goûtons dans ces aimables lieux
   Les douceurs d'une paix charmante.

[Os soberbos gigantes, armados contra os deuses,
Já não nos causam temor;
Estão enterrados sob a massa pesada
Dos montes que empilhavam para atacar os céus.
Vimos tombar seu chefe audacioso
    Sob a montanha ardente:
Júpiter o obrigou a vomitar ante nós
Os restos flamejantes de sua raiva moribunda;
    Júpiter venceu,
E tudo cede à força de sua mão fulminante.
    Desfrutemos nestas amenas paragens
    O sossego de uma paz deleitável.]

Por mais que o advogado Brossette dissesse, a ode sobre a tomada de Namur, "com seus montes de lanças, corpos mortos, torres, tijolos", é tão ruim quanto são bem-feitos os versos de Quinault. O severo autor da *Arte poética*, tão superior em seu gênero, deveria ser mais justo com um homem também superior no seu; homem, aliás, gentil em sociedade, homem que nunca ofendeu ninguém, e que humilhou Boileau ao não lhe responder.

Por fim, o quarto ato de *Roland* e toda a tragédia de *Armida* foram obras-primas do poeta; e o recitativo do músico parece mesmo aproximar-se dele. Trata-se da mais bela homenagem já prestada a Ariosto e Tasso, dos quais as duas óperas foram extraídas.

Do recitativo de Lulli

Deve-se saber que essa melodia era então, mais ou menos, a da Itália. Os apreciadores ainda têm alguns motetos de Carissimi que seguem precisamente o mesmo gosto. É uma espécie de cantata latina que, se não me engano, foi composta pelo cardeal Delphini:

Sunt breves mundi rosae,
Sunt fugitivi flores;
Frondes veluti annosae,
Sunt labiles honores.
Velocissimo cursu
Fluunt anni;
Sicut celeres venti,
Sicut sagittae rapidae,
Fugiunt, evolant, evanescunt.
Nil durat aeternum sub coelo.
Rapit omnia rigida sors;
Implacabili, funesto telo
Ferit omnia livida mors.
Est sola in coelo quies,
Jucunditas sincera,
Voluptas pura,
Et sine nube dies, etc.
[As rosas do mundo são efêmeras,
As flores são fugidias;
As frondes, mesmo antigas,

São ornatos perecíveis.
Numa carreira velocíssima
Os anos correm;
Assim como os céleres ventos,
Assim como as rápidas setas,
Eles fogem, voam, se desvanecem,
Nada dura eternamente sob o céu.
A sorte inflexível tudo arrebata;
Com seu dardo implacável, funesto,
A lívida morte fere todas as coisas.
Só há descanso no céu,
Beleza verdadeira,
Prazer puro
E dia sem nuvens.]

Beaumavielle cantava amiúde esse moteto, e eu o ouvi mais de uma vez na voz de Thévenard; nada parecia mais semelhante a certos trechos de Lulli. Essa melodia requer alma, precisa de atores, e hoje só se precisa de cantores; o verdadeiro recitativo é uma declamação com notação, mas não há notação para a ação e o sentimento.

Se uma atriz, pronunciando o *r* um tanto gutural e adoçando a voz, cantasse com gestos afetados:

Traître! attends... je le tiens... je tiens son cœur perfide.
    Ah! je l'immole à ma fureur.
[Traidor! Espera... Eu o retenho... Retenho seu coração pérfido.
    Ah! Eu o imolo a meu furor.]
(*Armide*, v. 5)

não se teria Quinault nem Lulli; e, retardando um pouco o andamento, ela poderia cantar com as mesmas notas:

Ah! je les vois, je vois vos yeux aimables,
    Ah! je me rends à leurs attraits.
[Ah! Eu os vejo, vejo vossos olhos adoráveis,
    Ah! Eu me rendo a seu encanto.]

Pergolesi exprimiu com música imitativa estes belos versos do *Artaxerxes* de Metastasio:

Vo solcando un mar crudele
Senza vele,
E senza sarte.
Freme l'onda, il ciel s'imbruna,
Cresce il vento, e manca l'arte;
E il voler della fortuna
Son costretto a seguitar, etc.
[Vou sulcando um mar cruel
Sem velas
E sem enxárcia.
Freme a onda, o céu se tolda,

Cresce o vento e falta arte;
E a vontade da fortuna
Sou forçado a acompanhar.]

Pedi a uma das mais famosas *virtuoses* que me cantasse essa famosa ária de Pergolesi. Esperava a fremir o *mar crudele*, o *freme l'onda*, o *cresce il vento*; preparava-me para o horror de uma tempestade; ouvi uma voz suave a gorjear com graça o sopro imperceptível de doces zéfiros.

Na *Enciclopédia,* no verbete Expressão, que é de um péssimo autor de algumas óperas e comédias, leem-se estas estranhas palavras: "Em geral, a música vocal de Lulli nada mais é, repetimos, que puro recitativo e não tem, por si mesma, nenhuma expressão do sentimento que as palavras de Quinault pintaram. Esse fato é tão claro, que, no mesmo canto que por muito tempo acreditamos cheio de expressão forte, bastará pôr palavras com sentido totalmente contrário, e esse canto poderá ser aplicado às novas palavras tão bem, pelo menos, quanto as antigas. Sem falarmos aqui do primeiro coro do prólogo de *Amadis*, em que Lulli exprimiu *despertemos* como seria cabível exprimir *adormeçamos*, tomaremos como exemplo e prova um de seus trechos de maior fama.

"Comecemos por ler os versos admiráveis que Quinault põe na voz da cruel, da bárbara Medusa (*Perseu,* ato III, cena I):

Je porte l'épouvante et la mort en tous lieux;
Tout se change en rocher à mon aspect horrible;
Les traits que Jupiter lance du haut des cieux
N'ont rien de si terrible
Qu'un regard de mes yeux.
[Levo pavor e morte a todos os lugares;
Tudo se torna pedra diante de meu semblante horrível;
As flechas que Júpiter lança do alto dos céus
Nada têm de tão terrível
Como um olhar de meus olhos.]

"Não há quem não sinta que o canto que fosse a expressão verdadeira dessas palavras não poderia servir para outras, que tivessem sentido absolutamente contrário; ora, o canto que Lulli destina à horrível Medusa, nesse trecho e em todo esse ato, é tão agradável, logo tão pouco adequado ao tema, contrário ao real sentido, que serviria muito bem para exprimir o retrato feito de si mesmo pelo Amor triunfante. Apresentamos aqui, para resumir, a paródia desses cinco versos, com o canto. Pode-se ter certeza de que a paródia do resto da cena, fácil de se fazer, serviria de demonstração tão clara quanto essa."

Quanto a mim, estou convencido do contrário do que se afirma; consultei ouvidos muito educados, e não percebo em absoluto que se possa pôr *allégresse et la vie*, em lugar de *je porte l'épouvante et la mort*, a menos que se diminua o andamento, enfraquecendo e deturpando essa música com uma expressão adocicada, e que alguma atriz ruim estrague o canto do músico.

Digo o mesmo da palavra *despertemos*, que não se poderia substituir por *adormeçamos*, a não ser com um intuito premeditado de ridicularizar tudo; não posso adotar a impressão de outra pessoa, contrariando a minha.

Acrescento que se tinha senso comum no tempo de Luís XIV tal como hoje; e teria sido impossível que toda a nação não percebesse que Lulli expressara *pavor e morte* como *alegria e vida*, e o despertar como adormecer.

Basta ver como Lulli musicou *dormons, dormons tous* [durmamos, durmamos todos], para se convencer da injustiça que lhe foi feita. E aqui cabe dizer:

Il meglio è l'inimico del bene.
[O melhor é inimigo do bom.]

ARTE POÉTICA (Art poétique)

O sábio quase universal, o homem realmente genial, que soma filosofia e imaginação, diz em seu excelente verbete Enciclopédia estas palavras notáveis: "Se excetuarmos Perrault e alguns outros, cujo mérito o versificador Boileau não estava em condições de apreciar etc." (f. 636).

Esse filósofo, com razão, faz justiça a Claude Perrault, douto tradutor de Vitrúvio, homem útil em mais de um setor, a quem se devem a bela fachada do Louvre e outros grandes monumentos; também é preciso fazer justiça a Boileau. Se ele não tivesse passado de versificador, mal seria co-

---

247. Levo alegria e vida a todos os lugares; / Tudo se anima e se inflama diante de meu semblante amável; / As luzes que o Sol lança do alto dos céus / Nada têm de comparável com os olhares de meus olhos. (N. da T.)

nhecido. Não faria parte do pequeno número de grandes homens que farão o século de Luís XIV passar para a posteridade. Suas últimas *Sátiras*, suas belas *Epístolas* e sobretudo sua *Arte poética* são obras-primas de razão e poesia, *sapere est principium et fons*. A arte do versificador, na verdade, é de uma dificuldade prodigiosa, sobretudo em nossa língua, em que os versos alexandrinos caminham dois a dois, em que é raro evitar a monotonia, na qual é absolutamente preciso rimar, em que as rimas agradáveis e nobres são pouquíssimo numerosas, em que uma palavra fora de lugar e uma sílaba dura estragam um pensamento bem formulado. É como dançar na corda com peias; mas um imenso sucesso nessa parte da arte nada será se vier só.

A *Arte poética* de Boileau é admirável, porque ele sempre diz coisas verdadeiras e úteis de modo agradável, porque ele sempre dá o preceito e o exemplo, porque é variada, porque o autor, sem nunca atentar contra a pureza da língua,

... Sabe, com voz leve,
Passar do grave ao ameno, do engraçado ao sério.
(I, 75-76)

O que prova seu mérito para todas as pessoas de bom gosto é que seus versos são conhecidos de cor; e o que deve agradar os filósofos é que ele quase sempre tem razão.

E como já falamos da preferência que se pode dar às vezes aos modernos, e não aos antigos, ousaríamos presumir aqui que a *Arte poética* de Boileau é superior à de Horácio. O método certamente é fator de beleza num poema didático; Horácio não o tem. Não lhe fazemos uma censura, pois seu poema é uma epístola familiar aos Pisões, e não uma obra que observe regras, como as *Geórgicas*; mas esse é um mérito a mais em Boileau, mérito que os filósofos devem levar em conta.

A *Arte poética* latina não parece nem de longe tão elaborada quanto a francesa. Horácio fala quase sempre no tom livre e familiar de suas outras epístolas. Tem-se extrema justeza intelectual, o gosto é refinado, os versos são felizes e cheios de sal, mas frequentemente sem nexo, às vezes destituídos de harmonia; não se trata da elegância e da correção de Virgílio. A obra é ótima, e a de Boileau parece ainda melhor; e, se excetuarmos as tragédias de Racine, que têm o mérito superior de tratar as paixões e de superar todas as dificuldades do teatro, a *Arte poética* de Despréaux sem dúvida é o poema que mais honra a língua francesa.

Seria triste se os filósofos fossem inimigos da poesia. A literatura precisa ser como a casa de Mecenas... *est locus unicuique suus* [cada um tem seu próprio lugar].

O autor das *Cartas persas*, tão fáceis de fazer e entre as quais há algumas belíssimas e outras ousadíssimas, umas medíocres, outras frívolas; esse autor, dizia eu, aliás muito recomendável, como nunca soube fazer versos, embora tivesse imaginação e muitas vezes estilo, desincumbe-se dizendo que "despeja-se o desprezo a mancheias sobre a poesia, e a poesia lírica é uma harmoniosa extravagância etc.". E é assim que muitas vezes procuram alguns rebaixar os talentos que não poderiam ombrear. Não podemos atingi-los, diz Montaigne, vinguemo-nos deles a difamá-los. Mas Montaigne, predecessor e mestre de Montesquieu em imaginação e filosofia, pensava de modo bem diferente sobre a poesia.

Se Montesquieu fosse tão justo quanto era inteligente, teria pressentido, a contragosto, que várias de nossas belas odes e de nossas boas óperas valem infinitamente mais que as brincadeiras de Riga em Usbeck, imitadas do *Siamois* de Dufresny, e que os detalhes daquilo que ocorre no serralho de Usbeck em Ispahan.

Falaremos mais dilatadamente sobre essas injustiças muito frequentes no verbete Crítica.

ARTES, BELAS-ARTES (Arts, Beaux-Arts)

(Verbete dedicado ao rei de Prússia)

Majestade,

O pequeno círculo de apreciadores, uma parte do qual trabalha nestas rapsódias no monte Crapack, não vos falará da arte da guerra. É uma arte heroica, como se diz, abominável. Se nela houvesse beleza, nós vos diríamos, sem sofrermos objeções, que sois o homem mais belo da Europa.

Entendemos por belas-artes: a eloquência, na qual vos assinalastes na qualidade de historiador de vossa pátria, único historiador brandeburguês que já se leu; a poesia, que vos valeu divertimento e glória quando tivestes a bondade de compor versos franceses; a música, na qual fostes tão bem-sucedido, que duvidamos que depois de vós Ptolomeu Aulete ousasse tocar flauta, e Aquiles, lira.

Em seguida vêm as artes nas quais o espírito e a mão são quase igualmente necessários, tais como a escultura, a pintura, todas as obras dependentes do desenho e sobretudo a relojoaria, que vemos como uma bela-arte desde que estabelecemos manufaturas no monte Crapack.

Conheceis, majestade, os quatro séculos das artes: quase tudo nasceu na França e se aperfeiçoou no reinado de Luís XIV; depois, várias dessas mesmas artes, exiladas da França, foram embelezar e enriquecer o restante da Europa no tempo fatal da destruição do célebre edito de Henrique IV, enunciado como *irrevogável* e tão facilmente revogado. Assim, o maior mal que Luís XIV pôde fazer a si mesmo constituiu o bem dos outros príncipes, contrariando sua intenção; e o que dissestes em vossa história de Brandeburgo é prova disso.

Se esse monarca só tivesse ficado conhecido pelo banimento de seiscentos a setecentos mil cidadãos úteis, por sua incursão na Holanda, da qual foi logo obrigado a sair, por sua *grandeza que o prendia à margem*[248], enquanto suas tropas atravessavam o Reno a nado; se só tivéssemos como monumento de sua glória os prólogos de suas óperas seguidos pela batalha de Hochstedt, sua pessoa e seu reinado fariam má figura na posteridade. Mas toda a multidão das belas-artes, encorajada por seu gosto e por sua munificência, seus benefícios derramados em profusão sobre tantos letrados estrangeiros, o comércio nascente sob sua orientação em seu reino, o estabelecimento de centenas de manufaturas, a construção de centenas de belas cidadelas e de admiráveis portos, a união dos dois mares por meio de obras imensas etc., tudo isso obriga a Europa a olhar com respeito para Luís XIV e seu século.

Aqueles grandes homens, únicos em todos os gêneros, que a natureza produziu então na mesma época, tornaram aqueles tempos eternamente memoráveis. O século foi maior que Luís XIV, mas a glória daquele recaiu sobre este.

A emulação das artes mudou a face da Terra desde o sopé dos Pirineus até as geleiras do Arcangel. Quase não há príncipe na Alemanha que não tenha feito estabelecimentos úteis e gloriosos.

Que fizeram os turcos pela glória? Nada. Devastaram três impérios e vinte reinos, mas uma única cidade da antiga Grécia sempre terá mais reputação que todos os otomanos juntos.

Vede o que tem sido feito nos anos recentes em Petersburgo, que vi como charco no começo do século em que estamos. Todas as artes para lá acorreram, ao passo que se extinguiram na pátria de Orfeu, Lino e Homero.

A estátua que a imperatriz da Rússia erige a Pedro, o Grande, fala das margens do Neva a todas as nações; e diz: Estou à espera da estátua de Catarina. Mas ela deverá ser posta diante da vossa etc.

---

248. Boileau, *Passage du Rhin*. (N. de Voltaire)

O fato de as artes serem novas não prova que o globo seja novo

Todos os filósofos acreditaram que a matéria é eterna; mas as artes parecem novas. Nem mesmo a arte de fazer o pão é recente. Os primeiros romanos comiam papa; e aqueles conquistadores de tantas nações nunca conheceram moinhos de vento nem de água. Essa verdade parece, à primeira vista, contradizer a antiguidade do globo como ele é, ou então pressupõe terríveis transformações nesse globo. Invasões bárbaras não podem aniquilar artes que se tornaram necessárias. Suponhamos um exército de negros que chegasse até nós como gafanhotos, vindos das montanhas de Cobonas, com monomotapas, *monoemugis*, *nossegueses*, *maracates*; que tivesse atravessado a Abissínia, a Núbia, o Egito, a Síria, a Ásia Menor e toda a Europa; que tivesse subvertido tudo, saqueado tudo; sempre sobrariam alguns padeiros, alguns sapateiros, alguns alfaiates, alguns carpinteiros: as artes necessárias subsistiriam; só o luxo seria aniquilado. Foi o que se viu na queda do império romano: a própria arte da escrita tornou-se rara; quase todas as artes que contribuem para os prazeres da vida só renasceram muito tempo depois. Todos os dias inventamos novas dessas artes.

No fundo, de tudo isso não se pode concluir nada contra a antiguidade do globo. Pois, suponhamos que uma invasão de bárbaros tivesse destruído inteiramente até mesmo a arte de escrever e de fazer pão; suponhamos ainda mais, que só há dez anos tivéssemos pão, penas, tinta de escrever e papel; o país que conseguisse subsistir dez anos sem comer pão e sem escrever seus pensamentos poderia passar um século e cem mil séculos sem esses recursos.

Está claro que o homem e os outros animais podem perfeitamente subsistir sem padeiros, romancistas e teólogos; prova disso é toda a América, prova disso são três quartos de nosso continente.

O fato de as artes serem novas entre nós não prova, portanto, que o globo é novo, como afirmava Epicuro, um de nossos predecessores em devaneios; Epicuro, que supunha que, por acaso, os átomos eternos, declinando, haviam formado um dia a nossa terra. Pomponazzi dizia: "Se il mondo non è eterno, per tutti santi è molto vecchio."[249]

Dos pequenos inconvenientes ligados às artes

Aqueles que manipulam chumbo e mercúrio ficam sujeitos a cólicas perigosas e a tremores nervosos muito desagradáveis. Os que se valem de penas e tinta de escrever são atacados por uns parasitas dos quais é preciso continuamente livrar-se: esses parasitas são alguns ex-jesuítas que fazem libelos. Não conheceis, majestade, essa raça de animais; ela é expulsa de vossos Estados, assim como dos da imperatriz da Rússia, do rei da Suécia e do rei da Dinamarca, meus outros protetores. O ex-jesuíta Paulian e o ex-jesuíta Nonotte, que, como eu, cultivam as belas-artes, não deixam de me perseguir, nem mesmo no monte Crapack; esmagam-me sob o peso de seu crédito e sob o peso de seu gênio, que é ainda maior. Se vossa majestade não se dignar socorrer-me contra esses grandes homens, serei aniquilado.

ÁRVORE-DE-VELAS (Arbre à suif)

Na América, chama-se de *candle-berry-tree*, ou *bay-berry-tree*, ou *árvore-de-velas*, uma espécie de urze cuja baga produz uma gordura própria para fazer velas. Cresce em abundância em terrenos baixos e bem irrigados; parece que gosta das costas marítimas.

---

249. Se o mundo não é eterno, por todos os santos é muito velho. (N. da T.)

Esse arbusto fica coberto de bagas das quais parece ressumar uma substância branca e farinhosa; são colhidas no fim do outono, quando maduras; quando postas num caldeirão cheio de água fervente, a gordura se funde e vem para a superfície da água: essa parte gordurosa, depois de fria, é posta numa vasilha; assemelha-se a sebo ou cera; sua cor costuma ser verde-encardida. Depois de purificada, o verde se torna muito bonito. Esse sebo é mais caro do que o sebo comum, mas custa menos que a cera. Para fazer velas, frequentemente é misturado ao sebo comum; nesse caso, não estão tão sujeitas ao derretimento. Os pobres costumam utilizar esse sebo vegetal, que eles mesmos colhem, enquanto o outro precisaria ser comprado.

Desse modo também é feito um sabão e sabonetes de odor bastante agradável.

Os médicos e os cirurgiões o usam para ferimentos.

Um negociante de Filadélfia mandou esse sebo para os países católicos da América, na esperança de com ele produzir muitas velas, mas os padres se recusaram a usá-lo.

Na Carolina também é usado para a produção de uma espécie de lacre.

Por fim, indica-se a raiz do mesmo arbusto para a fluxão das gengivas, remédio esse muito usado pelos selvagens.

Em relação à cirieira, ou à árvore-de-cera, é bastante conhecido. Quantas plantas úteis a todo o gênero humano a natureza prodigalizou nas Índias orientais e ocidentais! Só a quinquina vale mais do que as minas do Peru, que só serviram para tornar mais cara a vida na Europa.

ASFALTO (Asphalte)

Lago Asfaltite, Sodoma

Palavra caldeia que significa uma espécie de betume. Existe em grande quantidade na região irrigada pelo Eufrates; nossos climas o produzem, mas de péssima qualidade. É encontrado na Suíça; tencionou-se cobrir com ele a cúpula de dois pavilhões construídos ao lado de uma porta de Genebra: a cobertura não durou um ano; a mina foi abandonada, mas com esse betume pode-se revestir o fundo dos corpos d'água, misturando-lhe pez; talvez um dia venha a ter maior serventia.

O verdadeiro asfalto é aquele que se extraía das cercanias de Babilônia, com o qual se afirma que o fogo greguês era composto.

Vários lagos estão cheios de asfalto ou de um betume semelhante, assim como outros são impregnados de nitro. Há um grande lago de nitro no deserto do Egito, que se estende desde o lago Méris até a entrada do Delta; não tem outro nome, senão lago de Nitro.

O lago Asfaltite, conhecido com o nome de Sodoma, durante muito tempo foi famoso pelo seu betume, mas hoje em dia os turcos já não o usam, seja porque sua mina, que fica debaixo da água, diminuiu, seja porque sua qualidade se alterou; ou então porque é muito difícil extraí-lo do fundo do lago. Dele às vezes se desprendem partes oleosas e até grandes massas que vêm à tona; elas são recolhidas, misturadas e vendidas para a produção do bálsamo de Meca. Talvez seja tão bom, pois todos os bálsamos usados para cortes são igualmente eficazes, ou seja, não servem para nada por si mesmos. A natureza não espera a aplicação de um bálsamo para fornecer sangue e linfa, e para formar uma nova carne que repare aquela que se perdeu num ferimento. Os bálsamos de Meca, da Judeia e do Peru só servem para impedir a ação do ar, para cobrir o ferimento, e não para curá-lo; óleo não produz pele.

Flávio Josefo, que era da região, diz[250] que em seu tempo o lago de Sodoma não tinha peixes, e que sua água era tão leve, que os corpos mais pesados não conseguiam ir ao fundo. Ao que tudo indica, ele queria dizer *tão pesada*, em vez de *tão leve*. Parece que não tinha feito a experiência.

---

250. Liv. IV, cap. XXVII. (N. de Voltaire)

É possível, afinal, que uma água parada, impregnada de sais e de material compacto, tornando-se assim mais pesada que um corpo de igual volume, como o de um animal ou de um homem, o obrigue a flutuar. O erro de Josefo consiste em atribuir uma causa falsa a um fenômeno que pode ser veracíssimo.

Quanto à carência de peixes, é de se acreditar. O asfalto não parece adequado à sua alimentação; no entanto, é verossímil que nem tudo seja asfalto no lago, que tem vinte e três ou vinte e quatro léguas de comprimento e, recebendo na fonte as águas do Jordão, também deve receber os peixes desse rio; mas também pode ser que o Jordão não os forneça, e talvez só se encontrem peixes no lago superior de Tiberíades.

Josefo acrescenta que as árvores que crescem às margens do mar Morto produzem frutos de belíssima aparência, mas que se pulverizam assim que os mordemos. Isso não é tão provável e poderia levar a crer que Josefo não esteve no local, ou que exagerou, segundo seu costume e de seus compatriotas. Parece que nada deve produzir frutos mais belos e melhores do que um solo sulfuroso e salgado, tal como o de Nápoles, de Catânia e de Sodoma.

A Santa Escritura fala de cinco cidades engolidas pelo fogo do céu. A física, nesse caso, testemunha em favor do Antigo Testamento, embora este não precise daquela e nem sempre eles estejam de acordo. Existem exemplos de tremores de terra, acompanhados por trovões, que destruíram cidades mais consideráveis que Sodoma e Gomorra.

Mas, como o rio Jordão desemboca necessariamente num lago sem saída, esse mar Morto, semelhante ao mar Cáspio, deve ter existido enquanto houve um Jordão; portanto, essas cinco cidades não podem ter existido nunca no lugar onde fica esse lago de Sodoma. Por isso, a Escritura não diz em absoluto que aquele terreno foi transformado em lago; diz o contrário: "Deus fez chover enxofre e fogo do céu; e Abraão, levantando-se pela manhã, olhou Sodoma e Gomorra e toda a terra em volta, e só viu cinzas a subirem como a fumaça de uma fornalha[251]."

Portanto, as cinco cidades – Sodoma, Gomorra, Seboim, Adama e Segor – só podiam estar situadas na costa do mar Morto. É de se perguntar como, num deserto tão inabitável como o de hoje, onde só se encontram algumas hordas de ladrões árabes, podia haver cinco cidades tão opulentas que viviam mergulhadas nas delícias e mesmo em prazeres infames que constituem o ápice do refinamento da devassidão associada à riqueza: pode-se responder que a região então era bem melhor.

Outros críticos dirão: como cinco cidades podiam subsistir na extremidade de um lago cuja água não era potável antes de sua ruína? A própria Escritura diz que tudo era asfalto antes do abrasamento de Sodoma. Diz ela[252]: "Havia muitos poços de betume no vale dos bosques, e os reis de Sodoma e Gomorra fugiram e tombaram naquele lugar."

Também se faz outra objeção. Isaías e Jeremias dizem[253] que Sodoma e Gomorra nunca serão reconstruídas; mas Estêvão, o Geógrafo, fala de Sodoma e Gomorra nas costas do mar Morto. Na *História dos concílios* encontram-se bispos de Sodoma e de Segor.

Pode-se responder a essa crítica, dizendo que Deus pôs naquelas cidades reconstruídas habitantes menos pecadores; pois então não havia bispos *in partibus*.

Mas, dirão, que água pode matar a sede desses novos habitantes? Todos os poços são salobros: encontram-se asfalto e um sal corrosivo assim que se começa a escavar.

Responde-se que alguns árabes ainda lá moram, e que eles podem estar habituados a beber água ruim; que Sodoma e Gomorra, no Baixo Império, eram míseros povoados, e que naquele tempo houve muitos bispos cuja diocese não passava de uma aldeia pobre. Pode-se dizer também que os colonos daquelas aldeias preparavam o asfalto e com ele faziam útil comércio.

---

251. Gênese, cap. XIX. (N. de Voltaire)
252. Gênese, cap. XIV, 10. (N. de Voltaire)
253. Isaías, cap. XIII, 20; Jeremias cap. XLIX, 18; e i, 40. (N. de Voltaire)

Aquele deserto árido e tórrido, que se estende de Segor até o território de Jerusalém, produz bálsamo e aromas, pela mesma razão por que fornece nafta, sal corrosivo e enxofre.

Afirma-se que naquele deserto se formam petrificações com uma rapidez surpreendente. É isso que torna plausível, segundo alguns físicos, a petrificação de Edite, mulher de Ló.

Mas consta que essa mulher, "olhando para trás, foi transformada em estátua de sal"; portanto, não se trata de uma petrificação natural realizada pelo asfalto e pelo sal: trata-se de evidente milagre. Flávio Josefo diz[254] que viu essa estátua. São Justino e santo Irineu falam do assunto como se fosse um prodígio que persistisse ainda em seu tempo.

Tais testemunhos foram vistos como fábulas ridículas. No entanto, é naturalíssimo que alguns judeus tivessem se divertido a esculpir algum montículo de asfalto para formar alguma figura grosseira, e que se tivesse dito: Esta é a mulher de Ló. Vi bacias muito bem-feitas de asfalto, que poderão durar muito tempo; mas convenhamos que santo Irineu vai um pouco mais longe quando diz[255]: "A mulher de Ló ficou em Sodoma, não mais em carne corruptível, mas como estátua de sal permanente, mostrando por suas partes naturais os efeitos ordinários." – *Uxor remansit in Sodomis, jam non caro corruptibilis, sed statua salis semper manens, et per naturalia ea quae sunt consuetuedinis hominis ostendens.*

Santo Irineu não parece expressar-se com toda a correção de um bom naturalista, quando diz que a mulher de Ló já não é de carne corruptível, mas tem regras.

No *Poema de Sodoma*, cuja autoria é atribuída a Tertuliano, a expressão é ainda mais enérgica:

Dicitur, et vivens alio sub corpore, sexus
Mirifice solito dispungere sanguine menses.

É o que um poeta do tempo de Henrique II traduziu, com seu estilo gaulês:

La femme à Loth, quoique sel devenue,
Est femme encor, car elle a sa menstrue.
[A mulher de Ló, embora em sal transformada,
É mulher ainda, pois fica menstruada.]

A terra dos aromas foi também a terra das fábulas. Foi nos recantos da Arábia Pétrea, naqueles desertos, que os antigos mitologistas afirmam que Mirra, neta de uma estátua, fugiu depois de ter-se deitado com seu pai, tal como as filhas de Ló com o seu, e que ela foi metamorfoseada na árvore que produz mirra. Outros profundos mitologistas garantem que ela fugiu para a Arábia Feliz, e essa opinião é tão defensável quanto a outra.

Seja como for, nenhum de nossos viajantes ainda teve a ideia de examinar o solo de Sodoma, seu asfalto, seu sal, suas árvores e seus frutos; de pesar e analisar a água do lago, de ver se os materiais especificamente mais pesados que a água comum flutuam e de nos fazer um relato fiel da história natural da região. Nossos peregrinos de Jerusalém não se preocupam em ir fazer tais investigações: aquele deserto ficou infestado de árabes nômades que fazem incursões em Damasco, refugiam-se nas cavernas das montanhas e ainda se subtraem à repressão da autoridade do paxá de Damasco. Assim, os curiosos ficam muito pouco informados sobre tudo o que diz respeito ao lago Asfaltite.

É bem triste para os doutos que, entre todos os sodomistas que temos, não se tenha encontrado um só que nos desse noções sobre sua capital.

---

254. *Antiq.*, liv. I, cap. II. (N. de Voltaire)
255. Liv. IV, cap. II. (N. de Voltaire)

ASMODEU (Asmodée)

Nenhum homem versado na antiguidade ignora que os judeus só conheceram os anjos por intermédio de persas e caldeus, durante o cativeiro. Foi lá que, segundo dom Calmet, aprenderam que existem sete anjos principais diante do trono do Senhor. Aprenderam também os nomes dos diabos. Aquele que denominamos Asmodeu chama-se Hashmodai ou Chamadai. Diz Calmet[256]: "Sabe-se que há diabos de vários tipos: uns são príncipes e senhores demônios; outros, subalternos e súditos."

Como podia ser tão forte aquele Hashmodai para torcer o pescoço de sete jovens que se casaram, sucessivamente, com a bela Sara, nativa de Rages, a quinze léguas de Ecbátana? Os medas deviam ser sete vezes mais maniqueístas que os persas. O bom princípio dá um marido a essa moça, e eis que o mau princípio, Hashmodai, rei dos demônios, destrói sete vezes seguidas a obra do princípio benfazejo.

Mas Sara era judia, filha de Raguel, o Judeu, e estava cativa em Ecbátana. Como um demônio meda tinha tanto poder sobre corpos judeus? Foi o que levou a acreditar que Asmodeu-Chamadai também era judeu; que era a antiga serpente sedutora de Eva; que gostava apaixonadamente das mulheres; que ora as enganava, ora matava seus maridos por um excesso de amor e ciúme.

De fato, o livro de Tobias nos leva a crer, na versão grega, que Asmodeu estava apaixonado por Sara: ὅτι δαιμόνιον φιλεῖ αὐτήν. Toda a antiguidade douta era da opinião de que os gênios, bons ou maus, tinham uma queda especial por nossas donzelas, e as fadas, por nossos rapazes. A própria Escritura, ajustando-se à nossa fraqueza e dignando-se adotar a linguagem vulgar, diz figuradamente que "os filhos de Deus[257], vendo que as filhas dos homens eram belas, tomaram por mulheres as que escolheram".

Mas o anjo Rafael, que conduz o jovem Tobias, apresenta-lhe uma razão mais digna de seu ministério e mais apta a esclarecer aquele que está guiando. Diz-lhe que os sete maridos de Sara só ficaram entregues à crueldade de Asmodeu porque a tinham desposado apenas pelo prazer, tal como cavalos e mulos. Diz ele[258]: "É preciso guardar a continência com ela durante três dias e com ela orar a Deus."

Parece que diante de tal instrução não se precisa de nenhum outro recurso para expulsar Asmodeu; mas Rafael acrescenta que é preciso o coração de um peixe assado sobre brasas. Por que então não se empregou mais tarde esse segredo infalível para expulsar o diabo do corpo das moças? Por que os apóstolos, enviados expressamente para expulsar demônios, nunca puseram um coração de peixe na grelha? Por que não se lançou mão desse expediente no caso de Marthe Brossier, das religiosas de Loudun, das amantes de Urbain Grandier, de La Cadière e do frei Girard, bem como no caso de mil outros possessos, no tempo em que havia possessos?

Os gregos e os romanos, que conheciam tantas poções para despertar o amor, também tinham uma para curar o amor; usavam ervas e raízes. O *agnus castus* foi muito famoso; os modernos obrigaram algumas jovens religiosas a usá-lo, mas sobre elas ele produziu pouco efeito. Faz tempo Apolo queixava-se a Dafne que, apesar de ser médico, ainda não tinha provado fórmula que curasse do amor.

Hei mihi! quod nullis amor est medicabilis herbis.[259]
D'un incurable amour remèdes impuissants.[260]
[De incurável amor remédios impotentes.]

---

256. Dom Calmet, *Dissertação sobre Tobias*, p. 205. (N. de Voltaire)
257. Gênese, cap. VI, 2. (N. de Voltaire)
258. Cap. VI, v. 16, 17 e 18. (N. de Voltaire)
259. Ovídio, *Met.*, liv. I, v. 523. (N. de Voltaire)
260. Racine, *Fedra*, I, III. (N. de Voltaire)

Usava-se fumaça de enxofre; mas Ovídio, que era um grande mestre, declara que essa receita é inútil.

> *Nec fugiat vivo sulphure victus amor.*[261]
> *Le soufre, croyez-moi, ne chasse point l'amour.*
> [O enxofre, acreditai, não expulsa o amor.]

A fumaça de coração ou de fígado de peixe foi mais eficaz contra Asmodeu. O reverendo padre dom Calmet preocupa-se muito com isso e não pode entender como essa fumigação podia agir sobre um espírito; mas podia tranquilizar-se, lembrando-se de que todos os antigos davam corpos a anjos e demônios. Eram corpos sutilíssimos, corpos tão leves quanto as pequenas partículas que se elevam de um peixe assado. Esses corpos se assemelhavam à fumaça, e fumaça de peixe grelhado agia sobre eles por simpatia.

Não só Asmodeu fugiu, como também Gabriel foi acorrentá-lo no Alto Egito, onde ainda está. Fica numa gruta junto à cidade de Saata ou Taata. Paul Lucas viu-o e falou com ele. Se essa serpente é cortada em pedaços, imediatamente todos os fragmentos se unem, e nem parece. Dom Calmet cita o testemunho de Paul Lucas: também preciso citá-lo. Acredita-se que será possível unir a teoria de Paul Lucas à dos vampiros, na primeira compilação que o abade Guyon publicar.

ASNO (Âne)

Gostaríamos de acrescentar alguma coisa ao verbete Asno da *Enciclopédia*, no que se refere ao asno de Luciano, que se transformou em ouro nas mãos de Apuleio. O mais engraçado da aventura, porém, está em Luciano; e o engraçado é que uma mulher se apaixonou por aquele senhor quando ele era asno, e não o quis mais depois que ele passou a ser homem. Essas metamorfoses eram muito comuns em toda a antiguidade. O asno de Sileno falou, e os doutos acharam que ele se explicara em árabe: era provavelmente um homem transformado em asno pelo poder de Baco; pois sabe-se que Baco era árabe.

Virgílio fala da metamorfose de Méris em lobo como de coisa muito comum.

> *... Saepe lupum fieri, et se condere silvis*
> *Moerim...*
> (*Ecl.* VIII, v. 97-98)

> *Méris devenu loup se cacha dans les bois.*
> [Méris, transformado em lobo, escondeu-se nos bosques.]

Essa doutrina das metamorfoses teria derivado das velhas fábulas do Egito, segundo as quais os deuses se transformaram em animais na guerra contra os gigantes?

Os gregos, grandes imitadores e grandes enriquecedores das fábulas orientais, metamorfosearam quase todos os deuses em homens ou em animais, para possibilitar-lhes melhores resultados em seus desígnios amorosos.

Se os deuses se transformavam em touros, cavalos, cisnes e pombas, por que não se teria descoberto o segredo de realizar a mesma operação em homens?

Vários comentadores, esquecendo o respeito que deviam às Santas Escrituras, citaram o exemplo de Nabucodonosor transformado em boi; mas aquele era um milagre, uma vingança

---

261. *De Rem. Amor.*, v. 260. (N. de Voltaire)

divina, uma coisa inteiramente fora da esfera da natureza, que não devia ser examinada com olhos profanos, que não pode ser objeto de nossas investigações.

Outros estudiosos, não menos indiscretos talvez, prevaleceram-se daquilo que é relatado no *Evangelho da infância*. Uma jovem, no Egito, entrou no quarto de algumas mulheres e lá viu um mulo coberto com um xairel de seda, tendo no pescoço um pingente de ébano. As mulheres o beijavam e davam-lhe comida aos prantos. O mulo era o próprio irmão daquelas mulheres. Uns magos o haviam privado da forma humana; e o Senhor da natureza logo a devolveu.

Embora esse evangelho seja apócrifo, só a veneração pelo nome que contém nos impede de dissecar essa aventura. Ela deve servir apenas para mostrar como as metamorfoses estavam em moda em quase toda a Terra. Os cristãos que compuseram esse evangelho provavelmente tinham boa-fé. Não pretendiam compor um romance; contavam com simplicidade o que tinham ouvido dizer. A Igreja, que depois rejeitou esse evangelho, bem como outros quarenta e nove, não acusou seus autores de impiedade e prevaricação; aqueles autores obscuros falavam ao populacho de acordo com os preconceitos de seu tempo. A China talvez fosse o único país isento dessas superstições.

A aventura dos companheiros de Ulisses, transformados em animais por Circe, era muito mais antiga que o dogma da metempsicose anunciado na Grécia e na Itália por Pitágoras.

Em que se baseiam certas pessoas, quando dizem que não há erro universal que não seja abuso de alguma verdade? Dizem elas que só existem charlatães porque existem médicos de verdade, e que se acreditou nos falsos prodígios por causa dos verdadeiros[262].

Mas havia testemunhos seguros de que alguns homens haviam sido transformados em lobos, bois, cavalos ou asnos? Esse erro universal, portanto, só tinha como princípio o amor pelo maravilhoso e a inclinação natural para a superstição.

Basta uma opinião errônea para encher o universo de fábulas. Um doutor indiano vê que os animais têm sentimento e memória: conclui que têm alma. Os homens também têm. O que acontece com a alma do homem depois da morte? O que acontece com a alma do animal? É mister que se alojem em algum lugar. Vão para o primeiro corpo que começa a formar-se. A alma de um brâmane se aloja no corpo de um elefante, a alma de um asno se aloja no corpo de um bramanezinho. Esse é o dogma da metempsicose estabelecido com base num simples raciocínio.

Mas é grande a distância entre este e o dogma da metamorfose. Já não é a alma sem morada que procura um abrigo; é um corpo transformado em outro corpo, enquanto a alma continua a mesma. Ora, certamente não temos na natureza nenhum exemplo de semelhante lance de ilusionista.

Procuremos saber qual pode ser a origem de uma opinião tão extravagante e generalizada. Algum dia, terá um pai dito ao filho, que vivia a chafurdar na devassidão e na ignorância: "És um porco, um cavalo, um burro"; em seguida, terá ele posto o filho de castigo, com um capuz de burro na cabeça; alguma criada da vizinhança terá dito que o jovem fora transformado em burro como castigo pelas faltas cometidas? Terão as vizinhas repetido a história a outras vizinhas, e, de boca em boca, terão essas histórias, acompanhadas de mil circunstâncias, corrido mundo? Um equívoco terá enganado toda a Terra?

Cabe então admitir aqui mais uma vez, com Boileau, que o equívoco foi pai da maioria de nossas asneiras.

Acrescentemos a isso o poder da magia, reconhecido como incontestável em todas as nações; e já não haverá motivo algum de espanto[263].

Mais uma palavra sobre os asnos. Na Mesopotâmia, diziam que eram guerreiros, e Mervan, o vigésimo primeiro califa, foi cognominado *asno* devido a seu denodo.

---

262. Ver *Remarques sur les pensées de Pascal*. (N. de Voltaire)
263. Ver verbete Magia. (N. de Voltaire)

O patriarca Fócio relata, no excerto da vida de Isidoro, que Amônio tinha um asno muito entendido em poesia, que largava a manjedoura para ouvir versos.

A fábula de Midas é melhor que o conto de Fócio.

Do asno de ouro de Maquiavel

É pouco conhecido o asno de Maquiavel. Os dicionários que falam dele dizem que é uma obra da juventude; mas parece que foi da maturidade, pois fala das desditas que ele amargou antes e ainda durante muito tempo. A obra é uma sátira aos contemporâneos. O autor vê muitos florentinos: um transformado em gato, outro em dragão, este em cão que late para a Lua, aquele em raposa que não se deixa apanhar. Cada caráter é pintado com o nome de um animal. As facções dos Médici e de seus inimigos provavelmente estão representadas; e quem tivesse a chave daquele apocalipse cômico conheceria a história secreta do papa Leão X e das agitações de Florença. É poema cheio de moral e filosofia. Acaba com ótimas reflexões de um porcalhão, que fala mais ou menos assim ao homem:

Animaux à deux pieds, sans vêtements, sans armes,
Point d'ongle, un mauvais cuir, ni plume, ni toison,
Vous pleurez en naissant, et vous avez raison:
Vous prévoyez vos maux; ils méritent vos larmes.
Les perroquets et vous ont le don de parler.
La nature vous fit des mains industrieuses;
Mais vous fit-elle, hélas! des âmes vertueuses?
Et quel homme en ce point nous pourrait égaler?
L'homme est plus vil que nous, plus méchant, plus sauvage:
Poltrons ou furieux, dans le crime plongés,
Vous éprouvez toujours ou la crainte ou la rage.
Vous tremblez de mourir, et vous vous égorgez.
Jamais de porc à porc on ne vit d'injustices.
Notre bauge est pour nous le temple de la paix.
Ami, que le bon Dieu me préserve à jamais
De redevenir homme et d'avoir tous tes vices!

[Animais de dois pés, sem roupas nem armas,
nenhum casco, couro ruim, nada de plumas nem lã,
Chorais ao nascer e tendes razão:
Prevedes vossos males, que bem merecem lágrimas.
Vós e os papagaios tendes o dom da fala.
A natureza vos fez com mãos industriosas;
Mas vos terá feito almas virtuosas?
E que homem nesse ponto nos poderia igualar?
O homem é mais vil, malvado e selvagem que nós:
Covardes ou furiosos, no crime imersos,
Estais sempre sentindo medo ou raiva.
Temeis morrer e vos matais.
Nunca se viu injustiça de porco para porco.
Para nós o chiqueiro é o templo da paz.
Amigo, que Deus me livre para sempre
De voltar a ser homem e ter os teus vícios!]

Esse é o original da sátira do homem feita por Boileau e da fábula dos companheiros de Ulisses, escrita por La Fontaine. Mas é bem provável que La Fontaine e Boileau não tivessem ouvido falar do asno de Maquiavel.

Do asno de Verona

Compete ser veraz e não enganar o leitor. Não sei ao certo se o asno de Verona ainda existe em todo o seu esplendor, porque não o vi; mas os viajantes que o viram, há quarenta ou cinquenta anos, são concordes em dizer que suas relíquias estavam encerradas no ventre de um asno artificial, feito expressamente para tanto; que estava sob a guarda de quarenta monges do convento de Nossa Senhora dos Órgãos de Verona, e que era carregado em procissão duas vezes por ano. Era uma das relíquias mais antigas da cidade. Dizia a tradição que aquele asno, que carregara[264] Nosso Senhor quando ele entrou em Jerusalém, não quis mais viver naquela cidade; que havia caminhado sobre o mar, endurecido como seu chifre; que fizera caminho por Chipre, Rodes, Cândia, Malta e Sicília; que dali saíra para ficar em Aquileia; e que, finalmente, se estabeleceu em Verona, onde viveu muito tempo.

O que ocasionou essa fábula foi o fato de a maioria dos asnos ter uma espécie de cruz preta no dorso. Tudo indica que houve algum velho asno nas cercanias de Verona, no qual o populacho notou uma cruz mais bonita do que a de seus confrades: alguma mulher bondosa não terá deixado de dizer que se tratava do asno que servira de montaria à entrada em Jerusalém; fizeram magníficos funerais para o asno. Estabeleceu-se a festa de Verona; que passou de Verona para outros países; foi celebrada principalmente na França; cantou-se a prosa do asno na missa.

> *Orientis partibus*
> *Adventavit asinus*
> *Pulcher et fortissimus.*
> [Das bandas do oriente chegou um burro belo e muito forte.]

Uma moça que representava a Virgem Maria indo para o Egito montava num burro, e, com uma criança nos braços, guiava uma longa procissão. O padre, no fim da missa[265], em vez de dizer *Ite, missa est*, zurrava três vezes a plenos pulmões; e o povo respondia em coro.

Temos livros sobre a festa do asno e sobre a festa dos loucos; podem ser úteis à história universal do pensamento humano.

ASSASSINO, ASSASSINATO (Assassin, Assassinat)

Primeira seção

Corruptela da palavra *Ehissessin*. Nada é mais comum àqueles que viajam para terras distantes do que ouvir mal, repetir mal e escrever mal em sua própria língua aquilo que entenderam mal numa língua absolutamente estrangeira, enganando-se e enganando em seguida os seus compatriotas. O erro se estabelece de boca em boca e de pluma em pluma: são necessários séculos para destruí-lo.

No tempo das cruzadas havia um povinho infeliz de montanheses, habitante das cavernas que ficavam à beira do caminho para Damasco. Tais bandoleiros elegiam um chefe ao qual davam o

---

264. Ver *Mission*, t. 1, p. 101-2. (N. de Voltaire)
265. Ver *Ducange* e *Essai sur les Moeurs et l'Esprit des Nations*, cap. XLV e LXXXII; ver também verbete Calendas. (N. de Voltaire)

título de *Chik Elchassissin*. Afirma-se que essa palavra honorífica *chik* ou *chek* na origem significa *velho*, tal como, entre nós, o título *senhor* vem de *senior*, velho, e a palavra *graf, conde*, quer dizer *velho* entre os alemães: pois antigamente quase todos os povos entregavam o comando civil aos anciãos. Em seguida, visto que o comando se tornou hereditário, os títulos *chik, graf, senhor, conde* foram dados a crianças; e os alemães chamam um menino de quatro anos de *senhor conde*, ou seja, *senhor velho*.

Os cruzados deram ao velho dos montanheses árabes o nome de *velho da montanha*, imaginando que fosse um grande príncipe, porque ordenara que na estrada matassem e roubassem um certo conde de Montferrat e alguns outros senhores cruzados. Aqueles povos foram chamados de *assassinos*, e seu *chik* foi chamado de *rei do vasto território dos assassinos*. Esse vasto território contém cinco a seis léguas de comprimento por duas a três de largura no Anti-Líbano, região horrível, cheia de rochedos, como quase toda a Palestina, mas entrecortada por prados bastante agradáveis, que alimentam numerosos rebanhos, conforme atestam todos quantos viajaram de Alepo a Damasco.

O *chik*, ou o velho daqueles assassinos, só podia ser um chefete de bandidos, pois havia então um sultão de Damasco que era muito poderoso.

Nossos romancistas do tempo, tão quiméricos quanto os cruzados, tiveram a ideia de escrever que o grande príncipe dos assassinos, em 1236, temendo que o rei da França, Luís IX, do qual ele nunca ouvira falar, assumisse o comando de uma cruzada e fosse arrebatar-lhe os Estados, enviou dois grandes senhores de sua corte, das cavernas do Anti-Líbano a Paris, para assassinar esse rei; mas, no dia seguinte, informado da generosidade e da amabilidade daquele príncipe, mandou por alto-mar dois outros senhores com uma contraordem, suspendendo o assassinato: digo alto-mar porque aqueles dois emires, enviados para matar Luís, e os outros dois, enviados para salvar-lhe a vida, só podiam fazer a viagem embarcando em Jope, que estava então em poder dos cruzados, o que redobra o maravilhoso do cometimento. Os dois primeiros só podiam ter encontrado um navio de cruzados pronto para transportá-los amigavelmente, e os outros dois também.

Centenas de autores, porém, relataram essa aventura um após o outro, embora Joinville, contemporâneo, que foi ao local, não diga uma só palavra sobre o assunto.

É justamente assim que se escreve a história.

Os jesuítas Maimbourg e Daniel, além de dezenas de outros jesuítas, bem como Mézerai, embora não seja jesuíta, repetem esse absurdo. O abade Velli, em sua *História da França*, se compraz a reproduzi-lo na íntegra e sem discussão nem exame, com base na palavra de certo Guilherme de Nangis, que escrevia cerca de sessenta anos depois dessa bela aventura, num tempo em que só se compilava a história a partir de boatos.

Se só fossem escritas as coisas verdadeiras e úteis, a imensidão de nossos livros de história ficaria reduzida a pouquíssimo.

Durante seiscentos anos repisou-se o conto do velho da montanha, que inebriava de volúpia jovens eleitos em seus jardins deliciosos, fazendo-os acreditar que estavam no paraíso para depois mandá-los assassinar reis nos confins do mundo, com o fito de merecerem um paraíso eterno.

Vers le levant, le Vieil de la Montagne
Se rendit craint par un moyen nouveau:
Craint n'était-il pour l'immense campagne
Qu'il possédât, ni pour aucun monceau
D'or ou d'argent; mais parce qu'au cerveau
De ses sujets il imprimait des choses

Qui de maint fait courageux étaient causes.
Il choisissait entre eux les plus hardis,
Et leur faisait donner du paradis
Un avant-goût à leurs sens perceptible
(Du paradis de son législateur).
Rien n'en a dit ce prophète menteur,
Qui ne devînt très croyable et sensible
À ces gens-là. Comment s'y prenait-on?
On les faisait boire tous de façon
Qu'ils s'enivraient, perdaient sens et raison.
En cet état, privés de connaissance,
On les portait en d'agréables lieux,
Ombrages frais, jardins délicieux.
Là se trouvaient tendrons en abondance,
Plus que maillés, et beaux par excellence,
Chaque réduit en avait à couper.
Si se venaient joliment attrouper
Près de ces gens, qui, leur boisson cuvée,
S'émerveillaient de voir cette couvée,
Et se croyaient habitants devenus
Des champs heureux qu'assigne à ses élus
Le faux Mahom. Lors de faire accointance,
Turcs d'approcher, tendrons d'entrer en danse,
Au gazouillis des ruisseaux de ces bois,
Au son des luths accompagnant les voix
Des rossignols: il n'est plaisir au monde
Qu'on ne goûtât dedans ce paradis
Les gens trouvaient en son charmant pourpris
Les meilleurs vins de la machine ronde,
Dont ne manquaient encor de s'enivrer,
Et de leurs sens perdre l'entier usage.
On les faisait aussitôt reporter
Au premier lieu. De tout ce tripotage
Qu'arrivait-il? ils croyaient fermement
Que, quelque jour, de semblables délices
Les attendaient, pourvu que hardiment,
Sans redouter la mort ni les supplices,
Ils fissent chose agréable à Mahom,
Servant leur prince en toute occasion.
Par ce moyen leur prince pouvait dire
Qu'il avait gens à sa dévotion,
Déterminés, et qu'il n'était empire
Plus redouté que le sien ici-bas.
[Dos lados do levante, o Velho da Montanha
Foi temido por um motivo novo:
Não foi temido pelos imensos campos
Que possuía, nem por nenhum monte
De ouro ou prata; mas porque no cérebro

De seus súditos imprimia coisas
Que de muitos feitos corajosos eram causa.
Escolhia entre eles os mais ousados,
E do paraíso lhes propiciava
Um antegozo perceptível a seus sentidos
(Do paraíso de seu legislador).
Nada disse aquele profeta mentiroso,
Que não se tornasse crível e sensível
Para aquela gente. E o que se fazia?
A todos se dava bebida, de modo
Que se embriagavam, perdiam sentido e razão.
E nesse estado, privados de conhecimento,
Eram levados a lugares agradáveis,
Sombras frescas, jardins deliciosos.
Lá se encontravam raparigas em abundância,
Como se apanhadas com rede, e belas por excelência,
Cada reduto as tinha a mancheias.
E assim elas iam lindamente agrupar-se
Junto àqueles homens, que, passada a bebedeira,
Maravilhavam-se de ver tal ninhada,
E acreditavam-se habitando
Campos felizes destinados a seus eleitos
Pelo falso Maomé. Então todos se familiarizavam,
Os turcos se aproximavam, e as raparigas dançavam,
Tendo ao fundo o murmúrio dos riachos do bosque,
O som dos alaúdes a acompanhar as vozes
Dos rouxinóis: não há prazer no mundo
Que se deixasse de provar naquele paraíso
Aqueles homens encontravam na encantadora morada
Os melhores vinhos da terra
Com que nunca deixavam de embriagar-se,
E dos sentidos perder todo o domínio.
De imediato eram levados de volta
Ao primeiro lugar. De toda essa mixórdia
Que sucedia? Acreditavam eles piamente
Que, algum dia, semelhantes delícias
Os esperavam, desde que com ousadia,
Sem temerem a morte nem os suplícios,
Fizessem algo agradável a Maomé,
Servindo seu príncipe em qualquer ocasião.
Desse modo seu príncipe podia dizer
Que tinha homens de sua devoção,
Determinados, e que não havia império
Mais temível que o seu neste mundo.]

Tudo isso é ótimo num conto de La Fontaine, de versos fraquinhos; e há centenas de anedotas históricas que só teriam sido boas assim.

Segunda seção

Como o assassinato, depois do envenenamento, é o crime mais covarde e passível de punição, não é de espantar que em nossos dias ele tenha encontrado um defensor num homem cuja razão singular nem sempre andou de acordo com a razão dos outros homens.

Num romance intitulado *Emílio*, ele faz de conta que educa um jovem fidalgo, ao qual evita dar a educação que se recebe na Escola Militar, bem como ensinar línguas, geometria, tática, fortificações e história de seu país: ele está bem distante de lhe inspirar amor a seu rei e à sua pátria; limita-se a fazer dele um auxiliar de marceneiro. Deseja que aquele fidalgo marceneiro, ao receber uma bofetada e uma afronta, em vez de devolvê-las e lutar, *assassine prudentemente seu homem*. É verdade que Molière, brincando em *Amor pintor*, diz que *assassinar é mais seguro*; mas o autor do romance afirma que isso é o mais razoável e honesto. Diz isso seriamente, e, na imensidão de seus paradoxos, é essa uma das três ou quatro coisas que ele diz em primeiro lugar. O mesmo espírito de sabedoria e decência que o leva a dizer que um preceptor deve acompanhar amiúde o discípulo aos locais de prostituição[266] leva-o a decidir que esse discípulo deve ser um assassino. Assim, a educação dada por Jean-Jacques a um fidalgo consiste em manejar a plaina e em merecer o grande remédio[267] e a corda.

Duvidamos que os pais de família se apressem a confiar seus filhos a tais preceptores. Parece-nos que o romance *Emílio* se afasta um tanto das máximas de Mentor em *Telêmaco*; mas também se deve convir que nosso século se afastou em tudo do grande século de Luís XIV.

Felizmente, não encontrareis no *Dicionário enciclopédico* tais horrores insanos. Nele se vê frequentemente uma filosofia que parece ousada: mas não essa tagarelice atroz e extravagante que dois ou três loucos chamaram de *filosofia*, e que duas ou três damas chamavam de *eloquência*.

ASSEMBLEIA (Assemblée)

Termo geral que cabe ao profano, ao sagrado, à política, à sociedade, ao jogo, à reunião de pessoas por via das leis; enfim a todas as ocasiões em que haja várias pessoas juntas.

Essa expressão previne todas as disputas orais e todas as significações injuriosas por meio das quais os homens têm o costume de designar as sociedades às quais não pertencem.

A assembleia legal dos atenienses era chamada *igreja*[268].

Como essa palavra, entre nós, foi consagrada à convocação dos católicos num mesmo lugar, não damos o nome de *igreja* à assembleia dos protestantes: dizia-se *uma tropa de huguenotes*; mas, como a polidez exclui termos odientos, passou-se a usar a palavra *assembleia*, que não choca ninguém.

Na Inglaterra, a Igreja dominante dá o nome de assembleia, *meeting*, às Igrejas de todos os não conformistas.

A palavra *assembleia* é a que mais convém quando se pede a várias pessoas, em número razoavelmente grande, que queiram perder tempo em alguma casa na qual se prestam homenagens, se jogue, se converse, se jante, se dance etc. Se o número de pessoas a quem se faz esse pedido for pequeno, então não se tem *assembleia*; tem-se um encontro de amigos, e os amigos nunca são numerosos.

Em italiano as assembleias se chamam *conversazione, ridotto*. A palavra *ridotto* é propriamente o que entendemos por *réduit* [reduto]; mas, como entre nós *réduit* se tornou termo depre-

---

266. *Emílio*, t. III, p. 261 (liv. IV). (N. de Voltaire)
267. Mercúrio, usado para a cura de doenças venéreas. (N. da T.)
268. Ver Igreja. (N. de Voltaire)

ciativo, os gazeteiros traduziram *ridotto* por *redoute* [local de festas]. Lia-se, entre as notícias importantes da Europa, que vários senhores da maior consideração tinham ido tomar chocolate em casa da princesa Borghese, e que houvera um *redoute*. Avisava-se a Europa de que haveria *redoute* na terça-feira seguinte em casa de sua excelência a marquesa de Santafior.

Mas percebeu-se que, ao se transmitirem notícias de guerra, era-se obrigado a falar dos verdadeiros redutos, que de fato podem não ser nada *redutíveis* e expelem tiros de canhão. Esse termo não convinha aos *ridotti pacifici*; e assim se voltou à palavra *assembleia*, única conveniente.

Algumas vezes se usou a palavra *encontro*, mas esta é mais adequada aos pequenos grupos, principalmente a duas pessoas.

ASTROLOGIA (Astrologie)

A astrologia poderia apoiar-se em fundamentos melhores que a magia: pois, embora ninguém tenha visto duendes, lêmures, fadas, gênios, demônios, nem cacodemônios, muitas vezes se viram previsões de astrólogos que deram certo. Se, de dois astrólogos consultados sobre a vida de uma criança e sobre o tempo, um disser que a criança vai chegar à idade adulta, e o outro, que não, se um anunciar chuva, e o outro, tempo bom, está claro que haverá um profeta.

O grande mal dos astrólogos é que o céu mudou desde que foram estabelecidas as regras da arte. O Sol, que, no equinócio, estava em Carneiro nos tempos dos argonautas, hoje está em Touro; e os astrólogos, para grande prejuízo de sua arte, atribuem hoje a uma casa do Sol o que visivelmente pertence a outra. No entanto, isso ainda não é prova suficiente contra a astrologia. Os mestres da arte se enganam; mas isso não demonstra que a arte não pode existir.

Não há absurdo em dizer: Esta criança nasceu no quarto crescente, em período tempestuoso, quando tal estrela nascia, sua constituição foi fraca, e sua vida, infeliz e breve, o que constitui o quinhão comum aos maus temperamentos; ao contrário, aquela outra nasceu com lua cheia, com o Sol em plena força, em tempos serenos, quando tal estrela nascia; sua constituição foi boa, a vida, longa e feliz. Se essas observações se repetissem e se mostrassem corretas, ao cabo de alguns milhares de séculos a experiência poderia vir a constituir uma arte da qual seria difícil duvidar: ter-se-ia pensado, com alguma veracidade, que os homens são como as árvores e os legumes, que devem ser plantados e semeados só em certas estações. De nada serviria atacar os astrólogos dizendo: Meu filho nasceu em tempos felizes, mas morreu no berço; o astrólogo responderia: É frequente que as árvores plantadas na estação conveniente pereçam; respondi o que havia nos astros, mas não respondi sobre o vício de conformação que o senhor comunicou ao seu filho: a astrologia só funciona quando alguma causa não se opõe ao bem que os astros podem fazer.

Também não se teria sucesso em desacreditar a astrologia dizendo: De duas crianças nascidas no mesmo minuto, uma foi rei, e a outra não passou de tesoureiro da paróquia; pois seria fácil defender-se mostrando que o camponês fez fortuna quando se tornou tesoureiro, assim como o príncipe, ao se tornar rei.

E, se alguém alegar que um bandido que Sisto V mandou enforcar tinha nascido ao mesmo tempo que Sisto V, que, de porcariço virou papa, os astrólogos dirão que houve um engano de alguns segundos, e que, pela regra, é impossível que a mesma estrela dê a tiara e o patíbulo. Logo, só depois que uma carrada de experiências desmentiu as previsões, os homens perceberam que a arte é ilusória; mas, antes de se desenganarem, foram crédulos durante muito tempo.

Um dos mais famosos matemáticos da Europa, chamado Stoffler, que teve sucesso nos séculos XV e XVI e trabalhou durante muito tempo na reforma do calendário proposto ao concílio de Constança, predisse um dilúvio universal para o ano 1524. Esse dilúvio deveria ocorrer no mês de fevereiro: nada mais plausível; pois Saturno, Júpiter e Marte se encontravam então em conjunção no signo de Peixes. Todos os povos da Europa, da Ásia e da África que ouviram falar da previsão ficaram consternados. Todo o mundo ficou à espera do dilúvio, a despeito do arco-íris. Vários autores da época relatam que os habitantes das províncias marítimas da Alemanha se apressaram a vender suas terras por preços vis àqueles que tinham mais dinheiro e não eram tão crédulos. Todos se muniam de barcos, como se fossem arcas. Um doutor de Toulouse, chamado Auriol, mandou construir uma grande arca para si, sua família e seus amigos; as mesmas precauções foram tomadas em grande parte da Itália. Por fim, chegou o mês de fevereiro, e não caiu uma só gota de água: nunca mês algum foi mais seco, e nunca os astrólogos ficaram mais embaraçados. No entanto, não ficaram desanimados nem foram desprezados entre nós: quase todos os príncipes continuaram a consultá-los.

Não tenho a honra de ser príncipe; mas o célebre conde de Boulainvilliers e um italiano chamado Colonna, que tinha muita fama em Paris, me predisseram que eu morreria infalivelmente com a idade de trinta e dois anos. Tive a espertezza de enganá-los já em cerca de trinta anos, pelo que lhes peço humildemente perdão.

ASTRONOMIA (Astronomie)

E algumas reflexões sobre a astrologia

O sr. Duval, que, se não me engano, foi bibliotecário do imperador Francisco I, explicou a maneira como o instinto, na infância, lhe deu as primeiras ideias da astronomia. Estava contemplando a Lua, que, baixando para o poente, parecia tocar as últimas árvores de um bosque, e não duvidou de que a encontraria atrás daquelas árvores; correu até lá e ficou admirado por vê-la atrás do horizonte.

Nos dias seguintes, a curiosidade o obrigou a acompanhar a trajetória do astro, e ele ficou mais surpreso ainda quando o viu erguer-se e pôr-se em horas diferentes.

As formas diferentes que ia assumindo de semana a semana e o seu desaparecimento total durante algumas noites chamaram ainda mais sua atenção. A única coisa que uma criança podia fazer era observar e admirar: já era muito; não se encontra uma em dez mil que tenha essa curiosidade e essa perseverança.

Estudou como pôde durante um ano inteiro, sem outro livro senão o céu, e sem outro mestre senão seus olhos. Percebeu que as estrelas não mudavam de posição entre si. Mas, como o brilho da estrela Vênus atraísse seu olhar, ela lhe pareceu ter uma trajetória particular, mais ou menos como a Lua; observou-a todas as noites: ele deixou de enxergá-la durante muito tempo, até que voltou a vê-la, por fim, transformada em estrela da manhã, em lugar da estrela da tarde.

A trajetória do Sol, que de mês em mês se erguia e se punha em lugares diferentes do céu, não lhe escapou; ele marcou os solstícios com duas estacas, sem saber o que eram solstícios.

Parece-me ser possível aproveitar esse exemplo para ensinar astronomia a crianças de dez a doze anos, com muito mais facilidade do que teve essa criança extraordinária de que falo para aprender sozinha seus primeiros elementos.

Em primeiro lugar, para uma mente bem dotada pela natureza, é um espetáculo fascinante ver que as diferentes fases da lua nada mais são que as fases de uma esfera em torno da qual se ponha a girar uma tocha que ora deixa à mostra um quarto, ora uma metade, e que a deixa invisível quando se põe um corpo opaco entre este e a esfera. Foi o que fez Galileu, quando explicou os verdadeiros princípios da astronomia diante do doge e dos senadores de Veneza na torre de São Marcos; demonstrou tudo aos olhos.

De fato, não só uma criança, mas também um adulto que só tenha visto as constelações em mapas, tem muita dificuldade para reconhecê-las quando as procura no céu. A criança entenderá muito bem, em pouco tempo, as causas da trajetória aparente do Sol e da revolução diária das estrelas fixas.

Reconhecerá, sobretudo, as constelações com a ajuda destes quatro versos latinos, compostos por um astrônomo há cerca de cinquenta anos, e que não são suficientemente conhecidos:

Delta aries, Perseum taurus, geminique capellam,
Nil cancer, plaustrum leo, virgo comam atque bootem,
Libra anguem, anguiferum fert scorpius, Antinoum arcus,
Delphinum caper, amphora equos, Cepheida pisces.
[O carneiro mostra um delta; o touro, Perseu, os gêmeos, uma cabrinha;
O caranguejo, nada; o leão, a carreta; a viagem, a cabeleira e o boeiro;
A balança, uma serpente; o escorpião, o serpentário; o arco, antínoo;
O capricórnio, um golfinho; a ânfora, cavalos; os peixes, Andrômeda.]

Os sistemas de Ptolomeu e de Ticho-Brahe não merecem menção, pois são falsos: só podem servir para explicar alguns trechos dos antigos autores que tenham relação com os erros da antiguidade; por exemplo, no segundo livro de *Metamorfoses* de Ovídio, o Sol diz a Faetonte (versos 70, 72, 73):

Adde quod assidua rapitur vertigine coelum,
....
Nitor in adversum, nec me, qui caetera, vincit
Impetus, et rapido contrarius evehor orbi.

Un mouvement rapide emporte l'empyrée:
Je résiste moi seul, moi seul je suis vainqueur;
Je marche contre lui dans ma course assurée.
[Um movimento rápido empolga o empíreo:
Só eu resisto, só eu triunfo;
Marcho contra ele em meu curso seguro.]

Essa ideia de um primeiro móvel que punha a girar um pretenso firmamento em vinte e quatro horas com um movimento impossível, e do Sol arrastado por esse primeiro móvel, mas avançando insensivelmente do ocidente para o oriente com um movimento próprio, sem causa alguma, só podia deixar perplexo um jovem iniciante.

Basta-lhe saber que, girando a Terra sobre si mesma e em torno do Sol, ou perfazendo o Sol a sua revolução em um ano, as aparências são mais ou menos as mesmas, e em astronomia somos obrigados a julgar com os olhos antes de examinar as coisas fisicamente.

Logo ficará conhecendo a causa dos eclipses da Lua e do Sol, e o motivo pelo qual eles não ocorrem todos os meses. De início lhe parecerá que, como o Sol se encontra a cada mês em oposição ou em conjunção com a Lua, nós deveríamos ter um eclipse de Lua e um de Sol a cada mês. Mas, tão logo souber que esses dois astros não se movem num mesmo plano e raramente estão na mesma linha em relação à Terra, deixará de se surpreender.

Será fácil explicar-lhe como foi possível prever os eclipses, conhecendo-se a linha circular na qual se realizam o movimento aparente do Sol e o movimento real da Lua. É só lhe dizer que os observadores souberam, por experiência e por cálculo, quantas vezes os dois astros se encontraram precisamente na mesma linha em relação à Terra em dezenove anos e algumas horas, e que depois disso esses astros parecem recomeçar a mesma trajetória; de modo que, com as correções necessárias às pequenas desigualdades que ocorriam nesses dezenove anos, era possível prever com precisão em que dia, hora e minuto haveria um eclipse de Lua ou de Sol. Esses primeiros elementos entram facilmente na cabeça de uma criança que tenha algum discernimento.

Nem mesmo a precessão dos equinócios a assustará. Bastará dizer-lhe que o Sol pareceu avançar continuamente em sua trajetória anual um grau em setenta e dois anos em direção ao oriente, que é o que Ovídio queria dizer com este verso que citamos:

... *Contrarius evehor orbi.*
[... Minha trajetória é contrária ao movimento dos céus.]

Assim, Carneiro, no qual o Sol entrava antigamente no começo da primavera, está hoje no lugar em que estava Touro; e todos os almanaques erram ao continuarem, por um respeito ridículo à antiguidade, a situar a entrada do Sol em Carneiro no primeiro dia da primavera.

Quando se começa a dominar alguns princípios de astronomia, o melhor que se tem para fazer é ler as *Instituições* do sr. Lemonnier e todos os verbetes do sr. d'Alembert na *Enciclopédia*, referentes a essa ciência. Reunidos, constituiriam o tratado mais completo e claro que já tivemos.

O que acabamos de dizer sobre a mudança ocorrida no céu e a entrada do Sol em constelações diferentes das que ele ocupava antigamente era o argumento mais forte contra as pretensas regras da astrologia judiciária. No entanto, não parece que se tenha dado valor a essa prova antes do nosso século para destruir tal extravagância universal, que por muito tempo infectou o gênero humano e ainda está muito em voga na Pérsia.

Segundo o almanaque, uma pessoa nascida quando o Sol está no signo de Leão deveria ser necessariamente corajosa; mas, infelizmente, teria nascido na verdade sob o signo de Virgem; assim, seria preciso que Gauric e Michel Morin tivessem modificado todas as regras de sua arte.

O mais engraçado é que todas as leis da astrologia eram contrárias às leis da astronomia. Os miseráveis charlatães da antiguidade e seus tolos discípulos, que foram tão bem acolhidos e pagos por todos os príncipes da Europa, só falavam de Marte e Vênus estacionários e retrógrados. Os que tinham Marte estacionário deviam ser sempre vencedores; Vênus estacionária tornava todos os amantes felizes; nascer com Vênus retrógrada era o pior que podia acontecer. Mas o fato é que os astros nunca foram retrógrados nem estacionários; bastaria um pequeno conhecimento de óptica para demonstrá-lo.

Como então é possível que, a despeito da física e da geometria, essa ridícula quimera da astrologia tenha dominado até nossos dias, a ponto de termos visto homens que, apesar de se distinguirem por seus conhecimentos e, sobretudo, pela profundidade em história, se obstinaram durante toda a vida num erro tão desprezível? Mas era um erro antigo, e é isso o que basta.

Egípcios, caldeus e judeus haviam feito previsões sobre o futuro: logo, hoje também se pode prever o futuro. Encantavam-se serpentes, invocavam-se espectros; logo, hoje se podem invocar espectros e encantar serpentes. Basta saber com bastante precisão a fórmula que era usada. Se já não se fazem previsões, não é por culpa da arte, mas dos artistas. Michel Morin morreu levando seu segredo. É assim que os alquimistas falam da pedra filosofal: Se não a encontramos hoje, é porque ainda não chegamos ao ponto; mas é indubitável que ela está na Clavícula de Salomão; e, com essa grande certeza, mais de duzentas famílias se arruinaram na Alemanha e na França.

Digressão sobre a astrologia impropriamente denominada Judiciária

Não é de admirar, portanto, que a Terra inteira foi enganada pela astrologia. O mau raciocínio: "Há falsos prodígios, logo os há verdadeiros" não é próprio nem de filósofos nem de pessoas que tenham conhecido o mundo.

"Se for falso e absurdo, terá o crédito da multidão": essa máxima é mais verdadeira.

Menos admiração ainda causa o fato de que tantas pessoas, aliás situadas bem acima do vulgo, tantos príncipes e papas, que não se teriam deixado enganar no menor de seus interesses, tenham sido tão ridiculamente seduzidos por essa impertinência da astrologia. Eram muito orgulhosos e ignorantes. As estrelas só existiam para eles: o restante do universo era da canalha, com a qual as estrelas não se misturavam. Pareciam com aquele príncipe que, com medo de um cometa, respondeu seriamente àqueles que não o temiam: "Falais à vontade; não sois príncipes."

O famoso duque Valstein foi um dos mais apaixonados por essa quimera. Dizia-se príncipe e, por conseguinte, achava que o zodíaco havia sido formado expressamente para ele. Não sitiava nenhuma cidade, não travava nenhuma batalha sem ter antes se aconselhado com o céu; mas, como aquele grande homem era muito ignorante, investira do comando desse conselho um embusteiro italiano chamado Giovanni Battista Segni, para o qual mantinha uma carruagem de seis cavalos, dando-lhe o valor de vinte mil libras das nossas como pensão. Giovanni Battista Segni nunca conseguiu prever que Valstein seria assassinado por ordem de seu gracioso soberano Fernando II, e que ele, Segni, voltaria a pé para a Itália.

É evidente que do futuro só se pode saber algo por meio de conjecturas. Essas conjecturas podem ser tão fortes que se aproximam da certeza. Alguém vê uma baleia engolir um menino: pode apostar dez mil contra um que ele será devorado; mas não terá certeza absoluta, após as aventuras de Hércules, Jonas e Orlando *furioso*, que ficaram tanto tempo no ventre de um peixe.

Nunca é demais repetir que Alberto Magno e o cardeal de Ailly fizeram o horóscopo de Jesus Cristo. Evidentemente, leram nos astros quantos diabos ele expulsaria do corpo dos possessos e de que tipo de morte acabaria seus dias; mas, infelizmente, esses dois doutos astrólogos só disseram as coisas depois que aconteceram.

Veremos alhures que, numa seita tida por cristã, acredita-se que à inteligência suprema só é possível ver o futuro por meio de uma *suprema conjectura*; pois, como o futuro não existe, segundo eles, é uma contradição em termos ver presente aquilo que não é.

ATEÍSMO (Athéisme)

Primeira seção
Da comparação tão frequente entre ateísmo e idolatria

Parece-me que no *Dicionário enciclopédico* não se refuta com a veemência cabível as opiniões do jesuíta Richeome sobre ateus e idólatras, opinião defendida outrora por santo Tomás, são Gregório de Nazianzo, são Cipriano e Tertuliano; opinião que Arnóbio expunha com muita veemência quando dizia aos pagãos: "Não vos envergonheis de nos censurar o desprezo que temos por vossos deuses; não será muito mais justo não acreditar em Deus algum do que lhes imputar ações infames?"; opinião expressa muito tempo antes por Plutarco, que diz "preferir que se diga que não existe Plutarco ao ouvir dizer: 'existe um Plutarco inconstante, colérico e vingativo'"; opinião, finalmente, ratificada por todos os esforços da dialética de Bayle.

É esse o fundo da controvérsia, trazido à tona de maneira bastante impressionante pelo jesuíta Richeome, tornando-se ainda mais especioso na maneira como Bayle lhe dá ênfase.

"Há dois porteiros na porta de uma casa; alguém lhes pergunta: 'Pode-se falar com o seu senhor?' '– Ele não está', responde um. '– Ele está, responde outro, mas ocupado a falsificar moeda, lavrar falsos contratos, fazer punhais e venenos, para destruir aqueles que não levaram à realização de seus desígnios'. O ateu se parece com o primeiro porteiro; o pagão, com o outro. Portanto, está claro que o pagão ofende mais a Divindade do que o ateu."

Com a permissão do padre Richeome e mesmo de Bayle, não é aí que está o cerne da questão. Para que se pareça com os ateus, o primeiro porteiro não deverá dizer: "Meu senhor não está", mas sim: "Não tenho senhor; aquele que afirmais ser meu senhor não existe; meu colega é um tolo, pois diz que o nosso senhor está ocupado a criar venenos e a afiar punhais para assassinar aqueles que executaram suas vontades." Um ser como esse não existe no mundo.

Richeome, portanto, raciocinou mal; e Bayle, em seus discursos um tanto prolixos, se excedeu a ponto de honrar Richeome com comentários bem descabidos.

Plutarco parece expressar-se bem melhor quando diz preferir as pessoas que afirmam que não existe Plutarco àquelas que declaram que Plutarco é um homem insociável. De fato, que lhe importa se disserem que ele não está no mundo? Mas importa-lhe muito se alguém denegrir a sua reputação. Não é isso o que ocorre com o Ser supremo.

Plutarco ainda não toca o verdadeiro objeto de que é preciso tratar. Não se trata de saber quem mais ofende o Ser supremo, se quem o nega ou quem o desfigura: é impossível saber, a não ser por revelação, se Deus é ofendido pelos vãos discursos que os homens proferem sobre ele.

Os filósofos, sem pensar, quase sempre incidem nas ideias do vulgo, ao suporem que Deus está cioso de sua glória, encolerizado, que gosta de se vingar e toma figuras de retórica por ideias reais. O que realmente interessa ao universo inteiro é saber se não vale mais a pena, pelo bem de todos os homens, admitir um Deus recompensador e vingador, que recompense as boas ações ocultas e castigue os crimes secretos, do que não admitir Deus algum.

Bayle demora-se a relatar todas as infâmias imputadas pela fábula aos deuses da antiguidade; seus adversários lhe respondem com lugares-comuns que nada significam: os partidários de Bayle e seus inimigos quase sempre combateram sem se encontrar. Todos concordam que Júpiter era adúltero, Vênus, impudica, Mercúrio, embusteiro; mas, ao que me parece, não é isso o que caberia considerar: dever-se-ia distinguir as *Metamorfoses* de Ovídio da religião dos antigos romanos. É mais que certo que nunca houve entre eles nem entre os gregos templo algum dedicado a Mercúrio embusteiro, a Vênus impudica, a Júpiter adúltero.

O deus que os romanos chamavam de *Deus optimus, maximus*, Deus boníssimo, imenso, não tinha a reputação de incentivar Clódio a se deitar com a mulher de César, nem César a ter comércio homossexual com o rei Nicomedes.

Cícero não diz que Mercúrio incitou Verres a roubar a Sicília, embora Mercúrio, na fábula, tivesse roubado as vacas de Apolo. A verdadeira religião dos antigos era que Júpiter, *boníssimo* e *justíssimo*, e os deuses secundários puniam o perjúrio com os infernos. Por isso, os romanos durante muito tempo foram os mais religiosos cumpridores de juramentos. A religião, portanto, foi utilíssima aos romanos. Em hipótese alguma se ordenava acreditar nos dois ovos de Leda, na transformação da filha de Ínaco em vaca, no amor de Apolo por Jacinto.

Portanto, não se deve dizer que a religião de Numa desonrava a Divindade. Por isso, discutiu-se muito tempo em torno de uma quimera, o que acontece vezes sem conta.

Pergunta-se também se um povo de ateus pode subsistir; parece-me ser preciso fazer a distinção entre o povo propriamente dito e uma sociedade de filósofos acima do povo. É verdade que em todo lugar o populacho precisa de freios fortes, e, se Bayle tivesse precisado governar tão somente quinhentos a seiscentos camponeses, não teria deixado de lhes anunciar um Deus recompensador e punidor. Mas Bayle não teria falado desse deus aos epicuristas, que era gente rica, amante do repouso, cultivadora de todas as virtudes sociais, sobretudo da amizade, gente que se esquivava do embaraço e do perigo dos assuntos públicos, levando, enfim, vida cômoda e inocente. Parece que assim a discussão está encerrada, no que se refere à sociedade e à política.

Quanto aos povos inteiramente selvagens, já dissemos que não devem ser considerados ateus nem teístas. Perguntar-lhes qual é sua crença equivaleria a perguntar se são por Aristóteles ou por Demócrito: nada conhecem; são tão ateus quanto peripatéticos.

Mas podemos insistir e dizer: Vivem em sociedade e não têm Deus; logo, pode-se viver em sociedade sem religião.

Nesse caso, responderei que os lobos vivem assim, e que não constitui sociedade uma reunião de bárbaros antropófagos, como supondes que são; e ainda perguntarei se, quando emprestais dinheiro a alguém de vossa sociedade, gostaríeis que vosso devedor, vosso procurador, vosso notário e vosso juiz não acreditassem em Deus.

Segunda seção
Sobre os ateus modernos. Razões dos adoradores de Deus

Somos seres inteligentes; ora, seres inteligentes não podem ter sido criados por um ser bruto, cego e insensível: sem dúvida há alguma diferença entre as ideias de Newton e excrementos de mulo. A inteligência de Newton, portanto, provinha de outra inteligência.

Quando vemos uma bela máquina, dizemos que há um bom construtor de máquinas, e que este tem excelente entendimento. O mundo é sem dúvida uma máquina admirável; portanto, há no mundo uma admirável inteligência, seja lá onde ela estiver. Esse argumento é velho, e nem por isso ruim.

Todos os corpos vivos são compostos de alavancas e polias que agem segundo as leis da mecânica; por fluidos que as leis da hidrostática põem perpetuamente a circular; e, quando pensamos que todos esses seres têm sentimentos que não mantêm nenhuma relação com sua organização, ficamos atônitos.

O movimento dos astros e o de nossa pequena Terra em torno do Sol ocorrem em virtude das leis da matemática mais profunda. Como Platão, que não conhecia nenhuma dessas leis, o eloquente mas quimérico Platão, que dizia que a Terra está fundada num triângulo equilátero, e a água, num triângulo retângulo, o estranho Platão, segundo o qual só pode haver cinco mundos porque só há cinco corpos regulares, dizia eu: como Platão, que nem sabia a trigonometria esférica, teve gênio bastante belo e instinto bastante feliz para chamar Deus de *eterno geômetra*, para sentir que existe uma inteligência formadora? O próprio Espinosa o admite. É impossível lutar contra essa verdade, que nos cerca e nos preme de todos lados.

Razões dos ateus

No entanto, conhecia alguns teimosos para os quais não existe inteligência formadora, o movimento formou, por si mesmo, tudo o que vemos e o que somos. Dizem eles com audácia: "A combinação deste universo era possível, pois existe; logo, era possível que o movimento sozinho a organizasse. Tomemos quatro astros apenas, Marte, Vênus, Mercúrio e a Terra; pensemos, para começar, no lugar onde estão, abstraindo todo o resto, e vejamos quantas probabilidades existem de que apenas o movimento os ponha nesses respectivos lugares. Temos apenas vinte e quatro chances nessa combinação, ou seja, vinte e quatro contra uma de que esses astros não se encontrem onde estão uns em relação aos outros. Somemos a esses quatro globos o de Júpiter; haverá cento e vinte chances contra uma de que Júpiter, Marte, Vênus, Mercúrio e nosso globo não se situem nas mesmas posições em que os vemos.

Acrescentemos Saturno: haverá setecentas e vinte chances contra uma de se colocarem esses seis grandes planetas na posição que mantêm entre si, segundo suas distâncias dadas. Logo, está demonstrado que em setecentos e vinte lances só o movimento pôde pôr esses seis planetas principais na ordem em que estão.

Tomemos em seguida todos os astros secundários, todas as suas combinações, todos os seus movimentos, todos os seres que vegetam, vivem, sentem, pensam e agem em todos os globos, e só teremos de aumentar o número de chances: multipliquemos esse número por toda a eternidade, até o número que nossa fraqueza chama de *infinito*, e sempre haverá uma unidade a favor da formação do mundo, do modo como ele é, apenas pelo movimento: logo, é possível que em toda a eternidade apenas o movimento da matéria tenha produzido o universo inteiro tal como ele existe. É até necessário que na eternidade essa combinação ocorra. Assim, dizem eles, não só é possível que o mundo seja como é graças apenas ao movimento, como também é impossível que ele não seja desse modo após combinações infinitas.

Resposta

Toda essa suposição parece-me prodigiosamente quimérica, por duas razões: a primeira é que neste universo há seres inteligentes, e não poderíeis provar a possibilidade de o movimento sozinho produzir a inteligência; a segunda é que, conforme vós mesmos confessais, há infinitas chances contra uma de que uma causa inteligente formadora anime o universo. Quando estamos sozinhos diante do infinito, somos bem pobres.

Mais uma vez, o próprio Espinosa admite essa inteligência; é a base do seu sistema. Não o lestes, mas deveis lê-lo. Por que quereis ir mais longe que ele e, por tolo orgulho, mergulhar vossa fraca razão num abismo ao qual Espinosa não ousou descer? Acaso não percebeis a loucura extrema que é dizer que uma causa cega faz o quadrado de uma revolução de um planeta ser sempre o quadrado das revoluções dos outros planetas, assim como o cubo de sua distância é o cubo das distâncias dos outros em relação ao centro comum? Ou os astros são grandes geômetras, ou o eterno geômetra ordenou os astros.

Mas onde está o eterno geômetra? Em um só lugar ou em todos os lugares, sem ocupar espaço? Não sei. Foi com sua própria substância que ordenou todas as coisas? Não sei. Será ele imenso sem quantidade e sem qualidade? Não sei. Só sei que é preciso adorá-lo e ser justo.

Nova objeção de um ateu moderno

Será possível dizer que as partes dos animais estão configuradas segundo as necessidades deles? Quais são essas necessidades? Conservação e multiplicação. Ora, será de espantar que, entre as combinações infinitas produzidas pelo acaso, só puderam subsistir aquelas que tinham órgãos próprios para a alimentação e a continuação da espécie? Todas as outras não tiveram de, necessariamente, desaparecer?

Resposta

Esse discurso, repisado a exemplo de Lucrécio, é refutado ao se considerar a sensação dada aos animais e a inteligência dada ao homem. De que modo combinações *produzidas pelo acaso* produziriam essa sensação e essa inteligência (como acabamos de dizer no parágrafo anterior)? Sim, sem dúvida, os membros dos animais são feitos para todas as suas necessidades com uma arte incompreensível, e isso não tendes a desfaçatez de negar. E nada dizeis. Sentis que nada tendes que responder a esse grande argumento que a natureza tem contra vós. A disposição da asa de uma mosca, os órgãos de uma lesma são coisas que bastam para vos derrubar.

Objeção de Maupertuis

Os físicos modernos nada mais fizeram além de ampliar esses pretensos argumentos, chegando às vezes às raias da minúcia e da indecência. Encontrou-se Deus nas rugas da pele do rinoceronte: podia-se, com o mesmo direito, negar sua existência por causa da carapaça da tartaruga.

Resposta

Que raciocínio! A tartaruga, o rinoceronte e todas as diferentes espécies provam igualmente, em suas variedades infinitas, a mesma causa, o mesmo desígnio, o mesmo objetivo, que são a conservação, a reprodução e a morte. A unidade se encontra nessa infinita variedade; a carapaça e a pele prestam igual testemunho. Como! Negar Deus porque a carapaça não se parece com o couro! E alguns jornalistas fizeram pródigos elogios a essas inépcias, elogios que não fizeram a Newton e a Locke, ambos adoradores da Divindade com conhecimento de causa!

Objeção de Maupertuis

De que servem a beleza e a adequação na construção da serpente? Dizem que ela pode ter usos que ignoramos. Cabe calar, portanto, pelo menos, e não admirar um animal que só conhecemos pelo mal que faz.

Resposta

Calai-vos também, pois não concebeis a utilidade dela mais que eu; e cabe admitir que tudo é admiravelmente proporcional nos répteis.

Há os que são peçonhentos, vós mesmo o fostes. Que se tem aí nada mais é que a arte prodigiosa que formou serpentes, quadrúpedes, pássaros, peixes e bípedes. Essa arte é manifesta. Perguntais por que a serpente é nociva. E vós, por que fostes nocivo tantas vezes? Por que fostes perseguidor, crime este que é o maior dos crimes de um filósofo? Questão diferente é a do mal moral e do mal físico. Há muito tempo se pergunta por que há tantas serpentes e tantos homens ruins, piores que as serpentes. Se as moscas pudessem raciocinar, queixar-se-iam a Deus da existência das aranhas; mas admitiriam aquilo que Minerva admitiu a respeito de Aracne, na fábula: que ela tece maravilhosamente a sua teia.

Portanto, é preciso absolutamente reconhecer uma inteligência inefável que o próprio Espinosa admitia. É preciso convir que ela resplandece no mais vil inseto assim como nos astros. E, em relação ao mal moral e físico, que dizer e que fazer? Consolar-se com a alegria do bem físico e moral, adorando o Ser Eterno que fez um e permitiu o outro.

Mais uma palavra sobre esse artigo. O ateísmo é o vício de algumas pessoas inteligentes, e a superstição, o vício dos tolos; mas os embusteiros o que são? Embusteiros.

Acreditamos que não podemos fazer coisa melhor do que transcrever aqui alguns versos cristãos feitos por ocasião de um livro de ateísmo intitulado *Sobre os três impostores*, que certo sr. de Trawsmandorf alegava ter descoberto.

Terceira seção
Das injustas acusações e da justificação de Vanini

Antigamente quem conhecesse o segredo de uma arte corria o risco de ser considerado feiticeiro; toda nova seita era acusada de matar crianças em seus mistérios; e todo filósofo que se afastasse do jargão da escola era acusado de ateísmo pelos fanáticos e embusteiros, sendo condenado pelos tolos.

Anaxágoras ousa afirmar que o Sol não é conduzido por Apolo montado numa quadriga: é chamado de ateu, sendo obrigado a fugir.

Aristóteles é acusado de ateísmo por um sacerdote; e, não podendo obter a punição de seu acusador, retira-se em Cálcis. Mas a morte de Sócrates é o que de mais odioso tem a história da Grécia.

Aristófanes (homem que os comentadores admiram por ser grego, esquecendo-se de que Sócrates também era grego), Aristófanes foi quem primeiro acostumou os atenienses a considerar Sócrates ateu.

Esse poeta cômico, que não é cômico nem poeta, não teria sido admitido entre nós para apresentar suas farsas nem na feira Saint-Laurent; parece-me ele muito mais baixo e desprezível do que Plutarco pinta. Vejamos o que o sábio Plutarco diz sobre esse farsista: "A linguagem de Aristófanes reflete um miserável charlatão: são falas vis e repugnantes; não é engraçado nem para o povo e é insuportável para as pessoas que têm discernimento e honra; não se pode suportar a sua arrogância, e as pessoas de bem detestam a sua malignidade."

Aí está, diga-se de passagem, o Tabarin que a sra. Dacier, admiradora de Sócrates, ousa admirar: foi esse o homem que preparou de longe o veneno com que os juízes infames levaram à morte o homem mais virtuoso da Grécia.

Os curtidores, os sapateiros e as costureiras de Atenas aplaudiram uma farsa na qual se representava Sócrates a erguer-se no ar dentro de um cesto e a anunciar que Deus não existe, gabando-se de ter roubado um manto ensinando filosofia. Um povo inteiro, cujo mau governo autorizava licenças tão infames, bem merecia aquilo que lhe aconteceu: tornar-se escravo dos romanos e ser hoje escravo dos turcos. Os russos, que a Grécia teria outrora chamado de *bárbaros* e que a protegem hoje, não teriam envenenado Sócrates nem condenado Alcibíades à morte.

Transponhamos o espaço de tempo que nos separa da república romana. Os romanos, bem mais sábios que os gregos, nunca perseguiram nenhum filósofo por suas opiniões. Não é o que ocorre entre os povos bárbaros que sucederam ao império romano. A partir do momento que tem controvérsias com os papas, o imperador Frederico II é acusado de ateísmo, sendo-lhe imputada a autoria do livro *Sobre os três impostores*, em conjunto com o seu chanceler de Vineis.

Nosso grande chanceler de L'Hospital declara-se contrário às perseguições e logo é acusado de ateísmo[269], *Homo doctus, sed verus atheus* [homem douto, mas verdadeiro ateu]. Um jesuíta que é tão inferior a Aristófanes quanto Aristófanes é inferior a Homero, um infeliz cujo nome se tornou ridículo entre os próprios fanáticos, o jesuíta Garasse, em suma, encontra *ateístas* por toda a parte; é assim que denomina todos aqueles contra os quais investe. Chama Teodoro de Bèze de ateísta; foi ele que induziu o público em erro no que se refere a Vanini.

O fim desditoso de Vanini não desperta em nós a indignação e a piedade despertadas pelo fim de Sócrates, porque Vanini não passava de um pedante estrangeiro sem mérito; mas, afinal, Vanini não era ateu como se afirmou: ele era exatamente o contrário.

Era um pobre padre napolitano, pregador e teólogo de ofício, polemista extremado sobre quididades e universais, *et utrum chimera bombinans in vacuo possit comedere secundas intentiones* [e se a quimera, zumbindo no vácuo, poderia engolir segundas intenções]. Mas de resto não havia nele pendor para o ateísmo. Sua noção de Deus é teologia normal e aprovada. "Deus é seu princípio e seu fim, pai deste e daquele, não precisando nem deste nem daquele; eterno sem estar no tempo, presente em toda parte sem estar em lugar algum. Para ele não há passado nem futuro; ele está em toda parte e fora de tudo, governando tudo e tendo tudo criado; é imutável, infinito e sem partes; seu poder é sua vontade etc." Isso não é exatamente filosofia, mas sim teologia da mais aprovada.

Vanini gabava-se de renovar a bela opinião de Platão, abraçada por Averróis, de que Deus criara uma cadeia de seres, desde o menor até o maior, e que o último elo está preso a seu trono eterno; ideia, na verdade, mais sublime que verdadeira, mas que está tão distante do ateísmo quanto o ser do nada.

Ele viajou para fazer fortuna e polemizar, mas, infelizmente, a polêmica é o caminho oposto da fortuna; com ela granjeamos tantos inimigos irreconciliáveis quantos são os doutos ou pedan-

---

269. *Commentarium rerum gallicarum*, liv. XXVIII. (N. de Voltaire)

tes contra os quais argumentamos. Não foi outra a fonte da infelicidade de Vanini; o ardor e a grosseria com que polemizava valeram-lhe o ódio de alguns teólogos; e, mantendo uma controvérsia com certo Francon, ou Franconi, que era amigo de seus inimigos, este não perdeu a oportunidade de acusá-lo de ser ateu e de ensinar o ateísmo.

Esse Francon ou Franconi, ajudado por algumas testemunhas, teve a barbárie de sustentar, na acareação, aquilo que havia afirmado. Vanini, posto na berlinda, interrogado sobre o que pensava da existência de Deus, respondeu que adorava, assim como a Igreja, um Deus em três pessoas. E, pegando uma palha no chão, disse: "Basta esta palha para provar que existe um criador." Então, proferiu um belíssimo discurso sobre a vegetação e o movimento e sobre a necessidade de um Ser Supremo, sem o qual não haveria movimento nem vegetação.

O juiz-presidente Grammont, que estava então em Toulouse, relata esse discurso em sua *História de França*, hoje tão esquecida; e esse mesmo Grammont, por um preconceito inconcebível, afirma que Vanini dizia tudo aquilo por *vaidade ou por temor, e não por persuasão interior*.

Em que poderá estar baseado esse julgamento temerário e atroz do juiz Grammont? É evidente que, com fundamento na resposta de Vanini, este devia ser absolvido da acusação de ateísmo. Mas o que aconteceu? Aquele infeliz padre estrangeiro também mexia com medicina: encontrou-se um grande sapo vivo, que ele conservava em casa dentro de um vaso cheio de água; foi o que bastou para o acusarem de feiticeiro. Afirmou-se que aquele sapo era o deus por ele adorado; atribuiu-se um sentido ímpio a vários trechos de seus livros, o que é muito fácil e comum, tomando-se objeções por respostas, interpretando-se com maldade alguma frase vaga, envenenando-se alguma expressão inocente. Por fim, a facção que o perseguia arrancou dos juízes a sentença que condenou aquele infeliz à morte.

Para justificar essa morte, era preciso acusar aquele desventurado daquilo que havia de mais terrível. O mínimo, muito mínimo, Mersenne levou a demência a ponto de publicar que Vanini *partira de Nápoles com doze apóstolos seus para converter todas as nações ao ateísmo*. Que devoção! Como um pobre padre poderia ter doze homens a seu serviço? Como poderia ter convencido doze napolitanos a fazer uma viagem cara para difundir por todo lugar essa doutrina revoltante pondo em perigo a própria vida? Um rei seria suficientemente poderoso para pagar doze pregadores de ateísmo? Ninguém, antes do padre Mersenne, fizera declaração tão absurda. Mas, depois dele, ela foi repetida, infestando jornais e dicionários históricos; e o mundo, que gosta do extraordinário, acreditou nessa fábula sem maiores exames.

O próprio Bayle, em seus *Pensamentos diversos*, fala de Vanini como ateu: usa seu exemplo para apoiar seu paradoxo de que *uma sociedade de ateus pode subsistir*; garante que Vanini era homem de costumes muito regrados, e que foi mártir de sua opinião filosófica. Engana-se nesses dois pontos. O padre Vanini nos informa em seus *Diálogos*, feitos como imitação de Erasmo, que ele teve uma amante chamada Isabelle. Era livre em seus textos e em sua conduta; mas não era ateu.

Um século depois de sua morte, o douto La Croze e aquele que assumiu o nome de Philalète quiseram justificá-lo; mas, como ninguém se interessa pela memória de um infeliz napolitano, péssimo autor, quase ninguém leu essas apologias.

O jesuíta Hardouin, mais douto que Garasse e não menos temerário, em seu livro intitulado *Athei detecti*, acusa de ateísmo Descartes, Arnauld, Pascal, Nicole e Malebranche: felizmente, não tiveram o destino de Vanini.

Quarta seção

Cabe dizer algumas palavras sobre a questão moral discutida por Bayle, a saber, *se uma sociedade de ateus poderia subsistir*. Note-se, em primeiro lugar, nesse assunto, qual é a enorme contradição nessa controvérsia: aqueles que se insurgiram contra a opinião de Bayle com mais veemência, aqueles que refutaram com mais injúrias a possibilidade de existir uma sociedade de ateus afirmaram depois, com a mesma intrepidez, que o ateísmo é a religião do governo da China.

Sem dúvida, enganaram-se quanto ao governo chinês; só precisariam ler os editos dos imperadores daquele vasto país, para ver que esses editos são sermões, e que sempre se fala do Ser Supremo, governador, punidor e recompensador.

Mas, ao mesmo tempo, não se enganaram menos sobre a impossibilidade de uma sociedade de ateus; e não sei como o sr. Bayle pôde esquecer-se de um exemplo evidente, que poderia tornar vitoriosa a sua causa.

Por que uma sociedade de ateus parece impossível? Porque se acha que homens sem freios nunca poderiam viver juntos, que as leis não têm poder nenhum contra os crimes secretos, que é preciso um Deus vingador para punir neste mundo ou no outro os malvados que escapem à justiça humana.

As leis de Moisés, é verdade, não ensinavam a existência de uma vida futura, não ameaçavam com castigos depois da morte, não ensinavam aos primeiros judeus a imortalidade da alma; mas os judeus, em vez de serem ateus, de se acreditarem imunes à vingança divina, eram os mais religiosos de todos os homens. Não só acreditavam na existência de um Deus eterno, como também acreditavam que ele estava sempre presente entre eles; temiam ser punidos pessoalmente, por meio de suas mulheres, de seus filhos, em sua descendência até a quarta geração: esse freio era muito poderoso.

Mas, entre os gentios, várias seitas não contavam com freio algum, e os céticos duvidavam de tudo; os acadêmicos suspendiam seu juízo sobre todas as coisas; os epicuristas estavam convencidos de que a Divindade não podia imiscuir-se nos assuntos humanos, e, no fundo, não admitiam nenhuma divindade. Estavam convictos de que a alma não é uma substância, mas uma faculdade que nasce e perece com o corpo; por conseguinte, não tinham nenhum jugo além da moral e da honra. Os senadores e os cavaleiros romanos eram verdadeiros ateus, pois os deuses não existiam para homens que não os temiam nem esperavam nada deles. O senado romano, portanto, era realmente uma assembleia de ateus no tempo de César e de Cícero.

Esse grande orador, em seu discurso para Cluêncio, diz a todo o senado reunido: "Que mal lhe faz a morte? Rejeitamos todas as fábulas ineptas sobre os infernos: o que então a morte lhe tirou? Nada, a não ser a sensação das dores."

César, amigo de Catilina, querendo salvar a vida do amigo contra esse mesmo Cícero, acaso não lhe objeta que mandar matar um criminoso não é puni-lo, que a morte *nada é*, que é apenas o fim de nossos males, que é um momento mais feliz que fatal? Cícero e todo o senado não se rendem a essas razões? Portanto, está claro que os vencedores e os legisladores do universo conhecido constituíam uma sociedade de homens que nada temiam dos deuses, que eram verdadeiros ateus.

Bayle examina em seguida se a idolatria é mais perigosa que o ateísmo; se é crime maior não acreditar na Divindade do que ter opiniões indignas sobre ela: nisso, compartilha a visão de Plutarco; acredita que mais vale não ter opinião alguma do que ter má opinião; mas, em que pese Plutarco, é evidente que era infinitamente melhor para os gregos temer Ceres, Netuno e Júpiter do que não temer absolutamente nada. Está claro que a santidade dos juramentos é necessária, e que se deve confiar mais em quem acha que um falso juramento será punido do que em quem acha que pode fazer um falso juramento com impunidade. É indubitável que, numa cidade civilizada, é infinitamente mais útil ter uma religião, mesmo ruim, do que não ter nenhuma.

Parece, portanto, que Bayle deveria examinar qual é mais perigoso: o fanatismo ou o ateísmo. O fanatismo certamente é mil vezes mais funesto, pois o ateísmo não inspira paixão sanguinária, mas o fanatismo sim; o ateísmo não se opõe aos crimes, mas o fanatismo os provoca. Suponhamos, tal como o autor de *Commentarium rerum gallicarum*, que o chanceler L'Hospital fosse ateu; ele só fez leis sábias e só aconselhou moderação e concórdia; os fanáticos cometeram os massacres da noite de São Bartolomeu. Hobbes foi considerado ateu: levou vida tranquila e inocente; os fanáticos de seu tempo inundaram de sangue a Inglaterra, a Escócia e a Irlanda. Espinosa não só era ateu, como também ensinou o ateísmo: sem dúvida não foi ele que participou do assassinato jurídico de Barneveldt; não foi ele que dilacerou os dois irmãos de Wit e os comeu grelhados.

Os ateus, na maioria, são eruditos audaciosos e perplexos que raciocinam mal e, não podendo compreender a criação, a origem do mal e outras dificuldades, recorreram à hipótese da eternidade das coisas e da necessidade.

Os ambiciosos e voluptuosos não têm quase tempo de raciocinar e abraçar um mau sistema; têm outra coisa para fazer, e não comparar Lucrécio com Sócrates. É assim que caminham as coisas entre nós.

Não era o que ocorria com o senado de Roma, quase todo composto de ateus na teoria e na prática, ou seja, não acreditavam na Providência nem em vida futura; aquele senado era uma assembleia de filósofos, voluptuosos e ambiciosos, todos muito perigosos, que puseram a república a perder. O epicurismo subsistiu no tempo dos imperadores: os ateus do senado tinham sido facciosos nos tempos de Sila e César; nos tempos de Augusto e Tibério foram ateus escravos.

Não gostaria de ter de lidar com um príncipe ateu, que tivesse interesse em mandar que me triturassem num pilão: estou certo de que eu seria triturado. E, se eu fosse soberano, não gostaria de ter de lidar com cortesãos ateus, cujo interesse fosse envenenar-me: eu precisaria tomar antídoto todos os dias. Portanto, é absolutamente necessário para os príncipes e os povos que a ideia de um Ser Supremo, criador, governador, recompensador e punidor, esteja profundamente gravada nas mentes.

Há povos ateus, diz Bayle em seus *Pensamentos sobre os cometas*. Os cafres, os hotentotes, os tupinambás e muitas outras pequenas nações não têm Deus: não o negam nem o afirmam; nunca ouviram falar dele. Se lhes disserem que existe um deus, eles acreditarão facilmente; se lhes disserem que tudo é feito pela natureza das coisas, acreditarão também. Imputar-lhes o ateísmo é o mesmo que dizer que são anticartesianos; não são nem favoráveis nem contrários a Descartes. São verdadeiras crianças; e uma criança não é ateia nem deísta; não é nada.

Que conclusão tiraremos disso? Que o ateísmo é um monstro perniciosíssimo naqueles que governam; que também o é nos homens de gabinete, mesmo que sua vida seja inocente, porque de seu gabinete eles podem chegar até aqueles que estão no poder; que, embora não seja tão funesto quanto o fanatismo, quase sempre é fatal para a virtude. Acrescentemos, sobretudo, que há menos ateus hoje do que nunca, desde que os filósofos reconheceram que não há nenhum ser que vegete sem germe, nenhum germe sem desígnio etc., e que o trigo não vem da podridão.

Alguns geômetras não filósofos rejeitaram as causas finais, mas os verdadeiros filósofos as admitem; e, como disse um autor conhecido, um catequista anuncia Deus às crianças, e Newton o demonstra aos sábios.

Se há ateus, quem é responsável por isso, a não ser os tiranos mercenários das almas, que, ao nos revoltarem contra suas vigarices, obrigam alguns espíritos fracos a negar o Deus que tais monstros desonram? Quantas vezes os sanguessugas do povo levaram os cidadãos esmagados a se revoltarem contra seu próprio rei?[270]

Homens que engordam com nossa substância apregoam: Convencei-vos de que uma jumenta falou; acreditai que um peixe engoliu um homem e o devolveu depois de três dias são e salvo na margem; não duvideis de que o Deus do universo ordenou a um profeta judeu que comesse merda (Ezequiel), e a outro que comprasse duas prostitutas e tivesse filhos da p... (Oseias) (essas são as próprias palavras atribuídas ao Deus de verdade e pureza); acreditai em centenas de coisas visivelmente abomináveis ou matematicamente impossíveis: caso contrário, o Deus de misericór-

---

270. Ver verbete Fraude. (N. de Voltaire)

dia vos queimará não só durante milhões de bilhões de séculos no fogo do inferno, mas durante toda a eternidade, tenhais corpo ou não.

Essas inconcebíveis asneiras revoltam espíritos fracos e temerários, bem como espíritos fortes e ponderados. Dizem eles: Nossos mestres nos pintam Deus como o mais insano e bárbaro de todos os seres: logo, não há Deus; mas deveriam dizer: Logo, nossos mestres atribuem a Deus os seus absurdos e furores; logo, Deus é o contrário daquilo que eles anunciam; logo, Deus é tão sábio e bom quanto eles dizem que é demente e malvado. É assim que se explicam os sábios. Mas, se algum fanático os ouvir, apresentará denúncia contra eles a um magistrado beleguim de padres; e esse beleguim ordenará que sejam queimados em fogo lento, acreditando assim vingar e imitar a majestade divina, que na verdade está ultrajando.

ATEU (Athée)

Primeira seção

Houve muitos ateus entre os cristãos; hoje eles são em número bem menor. O que à primeira vista pode parecer um paradoxo, e com melhor exame parecerá verdade, é que a teologia frequentemente lançou as pessoas no ateísmo e a filosofia dele as retirou. Realmente, cabia perdoar os homens que antigamente duvidavam da Divindade, se os únicos que a anunciavam discordavam sobre a natureza dela. Quase todos os primeiros Padres da Igreja apresentavam um Deus corpóreo; os que vieram depois, apesar de não lhe darem extensão, alojavam-no numa parte do céu: segundo alguns, ele criara o mundo no tempo; segundo outros, criara o tempo; aqueles lhe davam um filho semelhante a ele mesmo; estes não admitiam que o filho fosse semelhante ao pai. Discordava-se sobre a maneira como uma terceira pessoa derivava das outras duas.

Discutia-se se o filho tinha sido composto de duas pessoas na terra. Assim, sem se perceber, a questão consistia em saber se havia na Divindade cinco pessoas, contando-se duas para Jesus Cristo na terra e três no céu; ou quatro pessoas, contando-se Cristo na terra como apenas uma; ou três pessoas, vendo-se Cristo apenas como Deus. Discordava-se sobre sua mãe, sobre a descida ao inferno e ao limbo, sobre a maneira como se comia o corpo do homem-Deus e como se bebia o sangue do homem-Deus, sobre a graça, sobre seus santos e sobre tantos outros assuntos. Quando se viam os confidentes da Divindade tão pouco de acordo uns com os outros, proferindo anátemas uns contra os outros, de século em século, mas todos de acordo na sede imoderada de riquezas e grandeza; quando, por outro lado, se prestava atenção ao número prodigioso de crimes e desgraças de que a terra estava infestada, vários deles causados pelas próprias controvérsias daqueles mestres da alma, deve-se convir que parecia lícito ao homem razoável duvidar da existência de um ser tão estranhamente anunciado e ao homem sensível imaginar que um Deus que tivesse feito livremente tantos infelizes não podia existir.

Suponhamos, por exemplo, um físico do século XV que lesse, na *Suma* de santo Tomás, as seguintes palavras: *Virtus coeli, loco spermatis, sufficit cum elementis et putrefactione ad generationem animalium imperfectorum* – A virtude do céu, em lugar do esperma, com os elementos e com a putrefação, basta para a geração dos animais imperfeitos. E esse físico teria raciocinado: Se a podridão, com os elementos, basta para fazer animais informes, ao que tudo indica com um pouco mais de podridão e um pouco mais de calor também haveria animais mais completos. A virtude do céu aí não passa de virtude da natureza. Portanto, assim como Epicuro e santo Tomás, pensarei que os homens podem ter nascido do limo da terra e dos raios do sol: assim mesmo essa é uma origem bem nobre para seres tão infelizes e malvados. Por que admitiria eu um Deus criador que só me apresentam por meio de tantas ideias contraditórias e revoltantes? Mas, finalmente, nasceu a física, e com ela a filosofia. Então se reconheceu claramente que o limo do Nilo não forma nem um único inseto, nem uma única espiga de trigo: foi forçoso reconhecer em todo lugar germes, relações, meios e uma correspondência espantosa entre todos os seres. Foram observados os raios de luz que partem do Sol para ir iluminar os globos e o anel de Saturno a trezentos milhões de léguas e vir para a terra formar dois ângulos opostos no olho de um ácaro, pintando a natureza em sua retina. Ao mundo foi dado um filósofo que descobriu por quais leis simples e sublimes todos os globos celestes caminham pelo abismo do espaço. Assim, a obra do universo, ao ser mais bem conhecida, mostra um operário, e tantas leis sempre constantes provaram a existência de um legislador. A filosofia sã, portanto, destruiu o ateísmo, ao qual a teologia obscura dava armas.

Só restou um recurso ao pequeno número de espíritos difíceis que, impressionando-se mais com as pretensas injustiças[271] de um Ser supremo do que com sua sabedoria, se obstinaram a negar esse primeiro motor. Disseram: A natureza existe desde toda a eternidade; tudo está em movimento na natureza, logo tudo se transforma continuamente. Ora, se tudo se transforma para sempre, segue-se que todas as combinações possíveis devem ocorrer; logo, a combinação presente de todas as coisas pode ter sido o único efeito desse movimento e dessa transformação eterna. Tomemos seis dados; na verdade, há uma chance contra 46.655 de obtermos seis vezes seis; mas em 46.655 a chance é sempre igual. Assim, na infinidade dos séculos, não é impossível uma das infinitas combinações, tal como o arranjo presente do universo.

Houve gente, aliás muito razoável, seduzida por esse argumento; mas tais pessoas não consideram que o infinito está contra elas, e que certamente o infinito não está contra a existência de Deus. Também devem pensar que, se tudo se transforma, as mínimas espécies de coisas não deveriam ser imutáveis, como são há muito tempo. Tais pessoas não têm pelo menos uma razão para explicar por que não se formam novas espécies todos os dias. Ao contrário, é muito provável que uma mão poderosa, superior a essas transformações contínuas, detenha todas as espécies nos limites que ela lhes prescreveu. Assim, o filósofo que reconhece um Deus tem a seu favor uma carrada de probabilidades que equivalem à certeza, e o ateu só tem dúvidas. Podem ser muito ampliadas as provas que destroem o ateísmo na filosofia.

É evidente que, em moral, vale mais a pena reconhecer a existência de um Deus do que não a admitir. Sem dúvida é do interesse de todos os homens que haja uma Divindade que castigue o que a justiça humana não pode reprimir; mas também está claro que valeria mais a pena não reconhecer a existência de Deus do que adorar um deus bárbaro ao qual se sacrifiquem homens, como se fez em tantas nações.

Essa verdade se torna indubitável diante de um exemplo impressionante. Os judeus, sob a orientação de Moisés, não tinham noção alguma de imortalidade da alma e de outra vida. Seu legislador só lhes anunciou, da parte de Deus, recompensas e penas puramente temporais; para eles, portanto, o que importava era só viver. Ora, Moisés ordena aos levitas que matem vinte e três mil irmãos seus, por terem feito um bezerro de ouro ou dourado; em outra ocasião, são massacrados vinte e quatro mil, por terem mantido relações com as moças do lugar, e doze mil são condenados à morte porque alguns deles quiseram segurar a arca que estava para cair: com todo o respeito pelos decretos da Providência, pode-se afirmar humanamente que, para aqueles cinquenta e nove mil homens, que não acreditavam em outra vida, valia mais a pena ser absolutamente ateus e continuar vivos do que morrer em nome do Deus que acatavam.

É mais que certo que não se ensina ateísmo nas escolas dos letrados da China; mas muitos desses letrados são ateus, porque medianamente filósofos. Ora, não há dúvida de que seria melhor viver com eles em Pequim, usufruindo a amenidade de seus costumes e de suas leis, do que ficar exposto, em Goa, a gemer agrilhoado nas prisões da Inquisição, para de lá sair coberto de uma túnica impregnada de enxofre, com diabos desenhados, e morrer nas chamas.

---

271. Ver Bem (*Do bem e do mal físico e moral*). (N. de Voltaire)

Logo, quem afirma que uma sociedade de ateus poderia subsistir tem razão, pois são as leis que conformam a sociedade; e esses ateus, sendo, aliás, filósofos, podem levar vida ponderada e feliz à sombra dessas leis: certamente viverão em sociedade com mais facilidade que os fanáticos supersticiosos. Povoai uma cidade com Epicuros, Simonides, Protágoras, Desbarreaux, Espinosas; povoai outra cidade com jansenistas e molinistas: em qual delas achais que haverá mais conturbações e controvérsias? O ateísmo, se considerado apenas em relação a esta vida, seria muito perigoso num povo feroz: noções falsas da Divindade não seriam menos perniciosas. A maioria dos poderosos do mundo vive como se fossem ateus: quem quer que tenha vivido e enxergado sabe que o conhecimento da existência de um Deus, sua presença e sua justiça não exercem a mínima influência sobre as guerras, os tratados e os objetos de ambição, interesse e prazeres em que absorvem todo o seu tempo; no entanto, não os vemos transgredir grosseiramente as regras estabelecidas na sociedade: é muito mais agradável passar a vida perto deles do que com supersticiosos e fanáticos. É verdade que espero mais justiça de quem crê em algum Deus do que de quem não crê; mas só espero azedume e perseguições do supersticioso. Ateísmo e fanatismo são dois monstros que podem devorar e dilacerar a sociedade; mas o ateu, em seu erro, mantém a razão que lhe apara as garras, enquanto o fanático é atingido por uma loucura contínua que aguça as suas[272].

Segunda seção

Na Inglaterra, como em todos os outros lugares, houve e ainda há muitos ateus por princípio: pois somente jovens pregadores sem experiência e muito mal informados sobre o que ocorre no mundo podem afirmar que não pode haver ateus; na França conheci alguns que eram ótimos físicos, e confesso ter ficado bem surpreso ao ver que alguns homens que decifram tão bem as forças da natureza se obstinem em não reconhecer a mão que comanda de modo tão visível a ação dessas forças.

Parece-me que um dos princípios que os conduzem ao materialismo é a crença de que o mundo é infinito e pleno, e de que a matéria é eterna: só podem ser esses os princípios que os confundem, pois quase todos os newtonianos que conheci, admitindo o vácuo e a matéria finita, admitem por conseguinte um Deus.

De fato, se é infinita, como tantos filósofos – e o próprio Descartes – afirmaram, a matéria tem por si mesma um atributo do Ser supremo; se o vácuo é impossível, a matéria existe necessariamente; se ela existe necessariamente, existe eternamente: logo, nesses princípios é possível prescindir de um Deus criador, fabricador e conservador da matéria.

Sei muito bem que Descartes e a maioria das escolas que acreditam no pleno e na matéria indefinida admitiram um Deus; mas isto porque os homens quase nunca raciocinam e se conduzem segundo seus princípios.

Se os homens raciocinassem de modo consequente, Epicuro e seu apóstolo Lucrécio deveriam ter sido os mais fervorosos defensores da Providência que combatiam; pois, admitindo o vácuo e a matéria finita – verdade esta que apenas entreviam –, seguir-se-ia necessariamente que a matéria não é o ser necessário, existente por si mesmo, pois não é indefinida. Portanto, eles tinham em sua própria filosofia, em contradição consigo mesmos, uma demonstração de que há um outro Ser supremo, necessário e infinito, que fabricou o universo. A filosofia de Newton, que admite e prova a matéria finita e o vácuo, prova também, por demonstração, um Deus.

Por isso, considero os verdadeiros filósofos como apóstolos da Divindade; são necessários para cada espécie de homem: o catequista de paróquia diz às crianças que Deus existe; mas Newton o prova aos sábios.

---

272. Ver Religião. (N. de Voltaire)

Em Londres, depois das guerras de Cromwell no tempo de Carlos II, e em Paris, depois das guerras dos Guises no tempo de Henrique IV, muitos se gabavam de ateísmo; os homens, depois de passarem dos excessos da crueldade aos dos prazeres e depois de se corromperem sucessivamente na guerra e no ócio, só têm raciocínios medíocres; depois, quanto mais se estudou a natureza, mais se conheceu seu autor.

Ouso acreditar que, de todas as religiões, o teísmo é a mais difundida no universo: é a religião dominante na China; é a seita dos sábios entre os maometanos; e de dez filósofos cristãos oito têm essa opinião; ela penetrou até mesmo nas escolas de teologia, nos claustros e no conclave: é uma espécie de seita, sem associação, culto ou cerimônias, sem disputas e sem fervor, que se expande pelo universo sem ter sido pregada. O teísmo encontra-se no meio de todas as religiões, como o judaísmo: o mais estranho é que um, sendo o cúmulo da superstição, abominado pelos povos e desprezado pelos sábios, é tolerado em toda parte a preço de dinheiro; e o outro, sendo o oposto da superstição, desconhecido pelo povo e abraçado apenas pelos filósofos, só tem exercício público na China. Não há país da Europa onde haja mais teístas do que a Inglaterra. Várias pessoas perguntam se eles têm religião ou não.

Há duas espécies de teísta:

Os que acreditam que Deus fez o mundo sem ditar regras do bem e do mal ao homem; é claro que esses só devem ser chamados de filósofos.

Há os que creem que Deus deu uma lei natural ao homem, e é indubitável que esses têm uma religião, embora não adotem culto exterior. Em relação à religião cristã, estes são inimigos pacíficos que ela traz em seu seio: eles renunciam a ela sem pensar em destruí-la.

Todas as outras seitas querem dominar; são como corpos políticos que desejam alimentar-se da substância dos outros corpos e erguer-se sobre a ruína destes: só o teísmo foi sempre tranquilo. Nunca se viram teístas fazendo intrigas em nenhum Estado.

Houve em Londres uma sociedade de teístas que se reuniram durante algum tempo junto ao templo Voer; tinham um livrinho de leis; a religião, sobre a qual já se escreveram tantos e polpudos volumes, nesse livro não enchia duas páginas. Seu principal axioma era o seguinte princípio: A moral é a mesma para todos os homens; logo, vem de Deus; o culto é diferente; logo, é obra dos homens.

O segundo axioma era que, como os homens são todos irmãos e reconhecem o mesmo Deus, é execrável que irmãos persigam irmãos por demonstrarem de maneira diferente o amor que têm ao pai da família. Segundo eles, que homem de bem mataria o irmão mais velho ou mais novo porque um tivesse cumprimentado o pai comum à chinesa, e o outro, à holandesa, principalmente se na família não estiver perfeitamente decidido de que maneira o pai quer ser reverenciado? Parece que quem assim agisse seria antes um mau irmão do que um bom filho.

Sei muito bem que essas máximas levam diretamente ao "dogma abominável e execrável da tolerância"; por isso, simplesmente transcrevo as coisas. Eximo-me de ser controversista. Convenhamos, porém, que, se as diferentes seitas que dividiram os cristãos tivessem demonstrado essa moderação, a cristandade teria sido conturbada por menos desordens, sacudida por menos revoluções e banhada por menos sangue.

Cabe-nos lastimar os teístas por combaterem nossa santa revelação. Mas por que razão tantos calvinistas, luteranos, anabatistas, nestorianos, arianos, partidários de Roma, inimigos de Roma, foram tão sanguinários, bárbaros e infelizes, perseguindo e sendo perseguidos? Porque eram *povo*. Por que razão os teístas, mesmo se enganando, nunca fizeram mal aos homens? Porque são *filósofos*. A religião cristã custou à humanidade mais de dezessete milhões de seres humanos, contando apenas um milhão por século, tanto os que pereceram nas mãos dos carrascos da justiça quanto os que morreram nas mãos de outros carrascos que recebiam soldo e travavam batalhas, tudo para a salvação da alma do próximo e para a maior glória de Deus.

Conheci quem se surpreendesse com o fato de que uma religião tão moderada quanto o teísmo, que parece tão condizente com a razão, nunca se tenha difundido entre o povo.

Em meio ao vulgo graúdo e miúdo, veem-se piedosas verdureiras, devotas vendedoras, molinistas duquesas, escrupulosas costureiras que se deixariam queimar pelo anabatismo; santos cocheiros de fiacre que defendem totalmente os interesses de Lutero ou Ário; mas, afinal, em meio a esse povo não se veem teístas: é que o teísmo deve ser menos chamado de religião do que de sistema filosófico, e o vulgo graúdo e miúdo não é filósofo.

Locke era um teísta declarado. Causou-me espécie ler no capítulo das Ideias Inatas, desse grande filósofo, que os homens têm ideias diferentes sobre a justiça. Se assim fosse, a moral não seria a mesma, a voz de Deus não se faria ouvir entre os homens: não haveria religião natural. Quero crer, como ele, que há nações onde se come o pai e onde se presta serviço amigo dormindo com a mulher do vizinho; mas, se isso for verdade, nada impede que a lei "Não faças a outrem o que não gostarias que te fizessem" não seja lei geral; pois come-se o pai quando ele está velho, não consegue se arrastar e poderia ser comido pelos inimigos; ora, convenhamos, que pai não preferiria propiciar uma boa refeição ao filho a fornecê-la ao inimigo de sua nação? Além do mais, quem come o pai espera um dia ser comido pelos filhos.

Se alguém presta serviço ao vizinho dormindo com a mulher dele, é porque o vizinho não pode ter filhos e quer ter um; pois, não fosse isso, ficaria muito zangado. Nesses dois casos e em todos os outros, subsiste a lei natural "Não faças a outrem o que não gostarias que te fizessem". Todas as outras regras tão diversas e variadas se remetem a essa. Portanto, quando diz que os homens não têm ideias inatas e nutrem ideias diferentes sobre o justo e o injusto, o sábio metafísico Locke não está afirmando que Deus não tenha dado a todos os homens o instinto do amor-próprio que os conduz necessariamente[273].

ÁTOMOS (Atomes)

Epicuro, grande gênio e homem tão respeitável por seus costumes, que mereceu ser defendido por Gassendi e, depois de Epicuro, Lucrécio, que obrigou a língua latina a exprimir as ideias filosóficas e (o que granjeou a admiração de Roma) a exprimi-las em versos, Epicuro e Lucrécio, dizia eu, admitiram os átomos e o vácuo: Gassendi defendeu essa doutrina, e Newton a demonstrou. Em vão um resto de cartesianismo propugnava o pleno; em vão Leibnitz, que de início adotara o sistema racional de Epicuro, Lucrécio, Gassendi e Newton, mudou de opinião sobre o vácuo, quando teve uma rixa com Newton, seu mestre: o pleno é hoje visto como uma quimera. Boileau, que era homem de grande senso, disse com muita razão (*Epístola V*, v. 31-32):

Que Rohault vainement sèche pour concevoir
Comment, tout étant plein, tout a pu se mouvoir.
[Que Rohault pene em vão para conceber
Como, se tudo é pleno, tudo pôde se mover.]

O vácuo é reconhecido: os corpos mais duros são vistos como crivos; e assim são de fato. Admitem-se átomos, princípios indivisíveis, inalteráveis que constituem a imutabilidade dos elementos e das espécies; que fazem o fogo ser sempre fogo, quer o percebamos, quer não, a água ser sempre água, a terra ser sempre terra, fazendo que os germes imperceptíveis que formam o homem não formem um pássaro.

---

273. Ver verbetes Amor-próprio, Ateísmo e Teísmo deste *Dicionário*; *Profession de foi des théistes* (*Mélanges*, ano 1768) e *Lettres de Memmius à Cicerón* (*Mélanges*, ano 1771). (N. de Voltaire)

Epicuro e Lucrécio já haviam estabelecido essa verdade, embora afogada em erros. Lucrécio, ao falar dos átomos, diz (liv. I, v. 575):

Sunt igitur solida pollentia simplicitate.
Le soutien de leur être est la simplicité.
[O sustento de seu ser é a simplicidade.]

Sem esses elementos de natureza imutável, é de se crer que o universo não passaria de um caos; e nisso Epicuro e Lucrécio parecem verdadeiros filósofos.

Seus interstícios, que foram tão ridicularizados, nada mais são que o espaço não resistente no qual, segundo demonstração de Newton, os planetas percorrem suas órbitas em tempo proporcional às suas respectivas áreas: assim, ridículos não eram os interstícios de Epicuro, mas sim seus adversários.

Mas quando, em seguida, Epicuro diz que seus átomos declinaram por acaso no vácuo, que essa declinação formou por acaso os homens e os animais; que os olhos por acaso se encontraram no alto da cabeça, e os pés, nas extremidades das pernas, que as orelhas não foram dadas para ouvir, mas que, uma vez que a declinação dos átomos compôs fortuitamente orelhas, então os homens as utilizaram fortuitamente para ouvir: essa demência, que se chamava *física*, foi considerada ridícula com toda a razão.

Os verdadeiros filósofos, portanto, há muito tempo vêm fazendo uma distinção entre aquilo que Epicuro e Lucrécio têm de bom e suas quimeras baseadas na imaginação e na ignorância. As mentes mais submissas adotaram a criação no tempo, e as mais ousadas admitiram a criação desde todos os tempos; ambas acataram com fé um universo extraído do nada; outras, não conseguindo compreender essa física, acreditaram que todos os seres são emanações do Grande Ser, do Ser Supremo e universal, mas todos rejeitaram o concurso fortuito dos átomos; todos reconheceram que o acaso é uma palavra vazia de sentido. O que chamamos *acaso* só é e só pode ser a causa ignorada de um efeito conhecido. Como, então, se explica que ainda se acusem os filósofos de pensar que o arranjo prodigioso e inefável desse universo seja produção do concurso fortuito dos átomos, efeito do acaso? Nem Espinosa nem ninguém disseram esse absurdo.

No entanto, o filho do grande Racine diz, em seu poema sobre a religião (Ch. I, v. 113-118):

O toi qui follement fais ton Dieu du hasard,
Viens me développer ce nid qu'avec tant d'art,
Au même ordre toujours architecte fidèle,
A l'aide de son bec, maçonne l'hirondelle:
Comment, pour élever ce hardi bâtiment,
A-t-elle en le broyant arrondi son ciment?
[Ó tu, que insanamente fazes teu Deus do acaso,
Vem desenvolver esse ninho que, com tanta arte,
A cotovia constrói com o bico,
Sempre na mesma ordem, qual arquiteta fiel:
Como, para erigir esse ousado edifício,
Pôde ela triturar e arredondar o cimento?]

Esses versos, sem dúvida, são pura perda de tempo: ninguém faz seu Deus do acaso; ninguém nunca disse "que uma cotovia, triturando e arredondando seu cimento, erigiu seu ousado edifício por acaso". Ao contrário, diz-se "que ela faz seu ninho segundo as leis da necessidade", que é o oposto do acaso. O poeta Rousseau incide no mesmo erro em uma epístola àquele mesmo Racine:

> *De là sont nés, Épicures nouveaux,*
> *Ces plans fameux, ces systèmes si beaux,*
> *Qui, dirigeant sur votre prud'homie*
> *Du monde entier toute l'économie,*
> *Vous ont appris que ce grand univers*
> *N'est composé que d'un concours divers*
> *De corps muets, d'insensibles atomes,*
> *Qui, par leur choc, forment tous ces fantômes*
> *Que détermine et conduit le hasard,*
> *Sans que le ciel y prenne aucune part.*
> [Daí nasceram, novos Epicuros,
> Planos famosos, sistemas tão belos,
> Que, dirigindo com base em vossa sabedoria
> Do mundo inteiro toda a economia,
> Vos ensinaram que esse grande universo
> Só é composto do concurso diverso
> De corpos mudos, de insensíveis átomos,
> Que, chocando-se, formam todos os fantasmas
> Que o acaso determina e conduz,
> Sem que o céu em nada participe.]

Onde esse versejador encontrou "esses planos famosos de novos Epicuros, que, com base em sua sabedoria, conduzem do mundo inteiro toda a economia"? Onde viu "que esse grande universo é composto de um concurso diverso de corpos mudos", se existem tantos com eco e voz? Onde viu "os insensíveis átomos que formam fantasmas conduzidos pelo acaso"? Exprimir-se assim é não conhecer seu século, nem filosofia, nem poesia, nem sua própria língua. Eis aí um filósofo engraçado! O autor dos epigramas sobre a sodomia e a bestialidade haveria de escrever tão magistralmente e tão mal sobre assuntos de que nada entendia e acusar filósofos de uma libertinagem de espírito que não tinham?

Mas voltemos aos átomos. A única questão discutida hoje consiste em saber se o autor da natureza formou partes primordiais não passíveis de divisão, para servirem de elementos inalteráveis; ou se tudo se divide continuamente, transformando-se em outros elementos. O primeiro sistema parece explicar tudo; o segundo, nada, pelo menos até agora.

Se os primeiros elementos das coisas não fossem indestrutíveis, no fim um elemento poderia devorar todos os outros, transformando-os em sua própria substância. Provavelmente foi isso o que levou Empédocles a imaginar que tudo provém do fogo, e que tudo seria destruído pelo fogo.

Sabe-se que Robert Boyle, a quem a física tanto deveu no século passado, foi enganado pela falsa experiência de um químico que o levou a acreditar que transformara água em terra. Não era nada disso. Boerhaave, depois, revelou o erro por meio de experiências mais bem-feitas; mas, antes de fazer essa descoberta, Newton, enganado por Boyle, assim como Boyle fora enganado por seu químico, acreditara que os elementos podiam transformar-se uns nos outros; e isso o levou a crer que o globo perdia sempre um pouco de sua umidade e progredia rumo à seca; assim, Deus seria um dia obrigado a pôr de novo mãos à obra: *manum emendatricem desideraret* [desejaria uma mão que pudesse corrigir].

Leibnitz protestou muito contra essa ideia e, provavelmente, teve razão dessa vez contra Newton. *Mundum tradidit disputationi eorum* [Entregou-lhes o universo para suas discussões.] (*Ecl.* III, 11).

Mas, apesar dessa ideia de que a água pode transformar-se em terra, Newton acreditava nos átomos indivisíveis e indestrutíveis, assim como Gassendi e Boerhaave, o que parece difícil de conciliar à primeira vista; pois, se a água se transformasse em terra, seus elementos se teriam dividido e perdido.

Essa questão faz parte de uma outra questão famosa, sobre a matéria divisível ao infinito. A palavra *átomo* significa *não dividido*, sem partes. Ele é dividido pelo pensamento; pois, se fosse dividido realmente, deixaria de ser átomo.

Pode-se dividir um grão de ouro em dezoito milhões de partes visíveis; um grão de cobre, dissolvido no espírito de sal amoníaco, mostrou aos olhos mais de vinte e dois bilhões de partes; mas, quando se chega ao último elemento, o átomo escapa ao microscópio, e passa a ser dividido apenas pela imaginação.

Ocorre com átomo divisível ao infinito o que ocorre com algumas proposições de geometria. Pode-se fazer uma infinidade de curvas passar entre o círculo e sua tangente: sim, supondo-se que esse círculo e essa tangente sejam linhas sem espessura; mas não existe isso na natureza.

Afirma-se também que as assímptotas se aproximarão sem nunca se tocarem; mas para isso se supõe que essas linhas são comprimento sem espessura, seres racionais.

Assim, representa-se a unidade por uma linha; em seguida, dividem-se essa unidade e essa linha em tantas frações quantas se queira: mas essa infinidade de frações será sempre apenas a unidade e a linha.

Não está rigorosamente demonstrado que o átomo é indivisível; mas parece provado que ele é indiviso pelas leis da natureza.

AUGÚRIO (Augure)

Não deverá estar possuído pelo demônio da etimologia quem diga, como Pezron e outros, que a palavra romana *augurium* vem das palavras célticas *au* e *gur*? *Au*, de acordo com esses eruditos, devia significar *fígado* para bascos e baixos-bretões, porque *asu*, que, segundo dizem, significava *esquerdo*, também devia designar o fígado, que fica à direita, e *gur* queria dizer *homem*, ou então *amarelo* ou *vermelho*, nessa língua céltica de que não nos resta nenhum documento. Isso é que é raciocinar com pujança.

A curiosidade absurda (pois é preciso chamar as coisas por seus nomes) foi tão exagerada, que se chegou a extrair do caldeu e do hebraico certas palavras teutônicas e célticas. Bochart não falha nunca. Antigamente admiravam-se essas pedantes extravagâncias. É de se ver com que confiança esses homens geniais provaram que às margens do Tibre foram adotadas expressões do linguajar dos selvagens de Biscaia. Afirma-se até que esse linguajar era um dos primeiros idiomas da língua primitiva, da língua-mãe de todas as línguas faladas no universo inteiro. Só falta dizer que os diferentes gorjeios dos pássaros provêm do chalreio dos dois primeiros papagaios, com que todas as outras espécies de pássaros foram produzidas.

A loucura religiosa dos augúrios na origem se baseou em observações muito naturais e sábias. Os pássaros migrantes sempre indicaram as estações; chegam aos bandos na primavera e vão-se no outono. O cuco só é ouvido nos dias bonitos, parece que são atraídos por tais dias; as andorinhas, quando renteiam o chão, prenunciam chuva; cada clima tem seu pássaro, que, na verdade, é seu áugure.

Entre os observadores provavelmente havia embusteiros que convenceram os tolos de que havia algo de divino nesses animais, e que o voo deles pressagiava nossos destinos, que estavam escritos sob as asas de um pardal com tanta clareza quanto nas estrelas.

Os comentadores da história alegórica e interessante de José, vendido pelos irmãos e que se tornou primeiro-ministro do faraó do Egito por ter explicado um de seus sonhos, inferem que

José era entendido na ciência dos augúrios com base no que o intendente de José é encarregado de dizer a seus irmãos[274]: "Por que roubastes a taça de prata de meu senhor, na qual ele bebe e com a qual tem costume de tomar augúrios?" José, chamando os irmãos, lhes diz: "Como pudestes fazer isso? Não sabeis que ninguém é semelhante a mim na ciência dos augúrios?"

Judá, em nome dos irmãos[275], admite que "José é um grande adivinho; que é inspirado por Deus; Deus encontrou a iniquidade de vossos servidores". Tomavam José então por um senhor egípcio. É evidente, pelo texto, que acreditavam que o deus dos egípcios e dos judeus revelara àquele ministro o roubo de sua taça.

Temos então os augúrios e a adivinhação claramente estabelecidos no Gênese, e tão bem estabelecida está a adivinhação que é proibida em seguida no Levítico, onde se diz[276]: "Não comereis nada onde haja sangue; não observareis augúrios nem sonhos; não arredondareis o corte dos cabelos; não cortareis a barba."

Quanto à superstição de ver o futuro em taças, essa perdura; chama-se *ver no copo*. Não se pode ter experimentado nenhuma profanação, voltar-se para o oriente, pronunciar *abraxa per dominum nostrum* [com Abraxas por nosso senhor]; depois, veem-se num copo cheio de água todas as coisas que se queiram. Costuma-se escolher crianças para essa operação; precisam ter cabelos; cabeça raspada ou cabeça com peruca não consegue ver nada no copo. Essa brincadeira estava muito na moda na França durante a regência do duque de Orléans e ainda mais em tempos anteriores.

Os áugures sumiram com o império romano; os bispos só conservaram o báculo augural, que se chama *crossa* e era marca distintiva da dignidade dos áugures; e o símbolo da mentira transformou-se no da verdade.

Os diferentes tipos de adivinhação eram inúmeros; vários foram conservados até nossos tempos. Essa curiosidade de ler o futuro é uma doença que só a filosofia pode curar, pois as almas fracas que ainda praticam todas essas pretensas artes da adivinhação, os loucos que se dedicam ao diabo, submetem a religião a essas profanações que a ultrajam.

Observação digna de sábios é que Cícero, que era do colégio dos áugures, fez um livro expressamente para zombar dos áugures; mas também não deixaram de observar que Cícero, no fim do livro, diz que é preciso "destruir a superstição, e não a religião. Pois, acrescenta, a beleza do universo e a ordem das coisas celestes nos obrigam a reconhecer uma natureza eterna e poderosa. Cumpre manter a religião que está unida ao conhecimento dessa natureza, extirpando todas as raízes da superstição; pois é um monstro que persegue e oprime, para onde quer que nos voltemos. O encontro de um pretenso adivinho, um presságio, uma vítima imolada, um pássaro, um caldeu, um haruspício, um relâmpago, um trovão, um acontecimento que por acaso se coadune com o que foi previsto, tudo perturba e preocupa. O próprio sono, que deveria levar ao esquecimento de sofrimentos e de pavores, só serve para duplicá-los com imagens funestas".

Cícero acreditava estar falando apenas a alguns romanos, mas falava a todos os homens e a todos os séculos.

A maioria dos poderosos de Roma não acreditava mais em áugures do que os papas Alexandre VI, Júlio II e Leão X acreditavam em Nossa Senhora de Loreto e no sangue de são Januário. No entanto, Suetônio conta que Otávio, cognominado *Augusto*, teve a fraqueza de acreditar que um peixe que saíra do mar nas costas de Áccio pressagiava vitória na batalha. Acrescenta que, encontrando em seguida um asneiro, perguntou-lhe o nome do asno, e, como o asneiro respondesse que o asno se chamava *Nicolau*, que significa *vencedor dos povos*, Otávio já não duvidou da vitória; e, a seguir, mandou erigir estátuas de bronze ao asneiro, ao asno e ao peixe pulador. Garante até que essas estátuas foram postas no Capitólio.

---

274. Gênese, cap. XLIV, v. 5 s. (N. de Voltaire)
275. *Ibid.*, v. 16. (N. de Voltaire)
276. Lev., cap. XIX, v. 26 e 27. (N. de Voltaire)

É bem provável que aquele tirano esperto estivesse zombando das superstições dos romanos, e que o asno, o asneiro e o peixe não passassem de brincadeira. No entanto, pode muito bem ser que, mesmo desprezando todas as tolices do vulgo, ele tivesse guardado algumas para si. O bárbaro e dissimulado Luís XI tinha fé viva na cruz de Saint-Lô. Quase todos os príncipes, exceto os que tiveram tempo de ler, e de ler bem, sempre têm um resquício de superstição.

AUGUSTO OTÁVIO (Auguste Octave)

Dos costumes de Augusto

Os costumes só podem ser conhecidos por meio dos fatos, e é preciso que esses fatos sejam incontestáveis. É notório que esse homem, tão imoderadamente elogiado por ter sido o restaurador dos costumes e das leis, foi durante muito tempo um dos mais infames devassos da república romana. Seu epigrama sobre Fúlvia, feito depois dos horrores das proscrições, demonstra que ele tinha tanto desprezo pelas conveniências nas expressões quanta era a barbárie de sua conduta:

> *Quod futuit Glaphyram Antonius, hanc mihi poenam*
> *Fulvia constituit, se quoque uti futuam.*
> *Fulviam ego ut futuam! Quid si me Manius oret*
> *Poedicem, faciam? non puto, si sapiam.*
> *Aut futue, aut pugnemus, ait. Quid? quod mihi vita*
> *Cnarior est ipsa mentula, signa canant.*
> [Porque Antônio transou com Gláfira, Fúlvia determinou
> Para mim este castigo: que eu transasse com ela.
> Como eu poderia transar com Fúlvia! Se Mânio me pedisse que eu
> Transasse com ele, eu faria isso? Acho que não, se é que eu tenho juízo.
> Ou transas ou briguemos, disse ela. E agora? Já que para mim
> Mais precioso que a vida é meu próprio pau, que soem as trombetas.]

Esse abominável epigrama é um dos mais fortes testemunhos da infâmia dos costumes de Augusto. Sexto Pompeu repreende suas fraquezas infames: *Effeminatum insectatus est* [Acusava-o de ser afeminado]. Antônio, antes do triunvirato, declarou que César, tio-avô de Augusto, só não o adotara como filho porque lhe servira em seus prazeres: *adoptionem avunculi stupro meritum* [de ter merecido a adoção do tio, graças a uma infância].

Lúcio César fez-lhe a mesma censura e até afirmou que sua baixeza fora tanta, que ele vendera o corpo a Hírcio por valor considerável. Sua impudência depois chegou ao extremo de arrebatar a mulher de um cônsul ao próprio marido durante um banquete; passou algum tempo com ela num aposento vizinho e em seguida a levou de volta à mesa, sem que ele, ela ou o marido se envergonhassem disso (Suet., *Otávio*, cap. LXIX).

Temos também uma carta de Antônio a Augusto, escrita com estas palavras: *Ita valeas, uti tu, hanc epistolam quum leges, non inieris Tertullam, aut Terentillam, aut Rufillam, aut Salviam Titisceniam, aut omnes. Anne, refert, ubi, et in quam arrigas?* [Oxalá tu estejas bem, quando leres esta carta, e não tenhas transado com Tertula, ou com Terentila, ou com Rufila, ou com Sálvia Titiscênia, ou com todas as outras. Que importa onde e com quem levantes teu pau?] Não ousamos traduzir essa carta licenciosa.

Nada é mais conhecido que aquele escandaloso festim de cinco companheiros seus de prazer, com seis das principais mulheres de Roma. Estavam todos vestidos de deuses e deusas, imitando todas as impudicícias inventadas nas fábulas.

Dum nova divorum coenat adulteria.
[Enquanto ele ceia, ocorrem novos adultérios dos deuses.]
(SUET., *Aug.* 70.)

Por fim, ele foi publicamente mencionado no teatro com este verso famoso:

Viden' ut cinoedus orbem digito temperet?
[O dedo de um vil cigano governa o universo.]
(*Ibid.*, 68.)

Quase todos os autores latinos que falaram de Ovídio alegam que Augusto só teve a insolência de exilar esse cavaleiro romano, que era homem muito mais honesto que ele, porque fora surpreendido por ele em relação incestuosa com a própria filha Júlia, que ele só baniu por ciúme. Isso é verossímil, sobretudo porque Calígula proclamava alto e bom som que sua mãe nascera do incesto de Augusto e Júlia; é o que diz Suetônio na vida de Calígula (Suetônio, *Calígula*, cap. XXIII).

Sabe-se que Augusto repudiara a mãe de Júlia no próprio dia em que esta a dera à luz; e que no mesmo dia raptou Lívia ao marido, grávida de Tibério, outro monstro que lhe sucedeu. Esse é o homem a quem Horácio dizia (*Ep.* II, 1, 2-3):

Res italas armis tuteris, moribus ornes,
Legibus emendes, etc.
[Defendas os empreendimentos itálicos com as armas, os honres com os bons costumes,
Os aperfeiçoes com as leis...]

É difícil deixar de ficar indignado quando se lê, no início das *Geórgicas*, que Augusto é um dos maiores deuses, e que não se sabe que lugar ele ocupará um dia no céu, se reinará nos ares, se será protetor das cidades ou se aceitará o império dos mares.

An deus immensi venias maris, ac tua nautae
Numina sola colant, tibi serviat ultima Thule.
[Ou talvez te tornes o deus do mar imenso e teus marinheiros te cultuem
Como a única divindade, e Tule, a última (das terras), se renda a ti.]
(VÍRG., *G.* I, 29.)

Ariosto fala com muito mais sensatez, assim como com mais graça, quando diz, em seu admirável canto XXXV, estr. XXVI:

Non fu si santo nè benigno Augusto,
Come la tuba di Virgilio suona;
L'aver avuto in poesia buon gusto,
A proscrizione iniqua gli perdona, etc.
[Augusto não foi tão santo nem benigno,
Como canta a tuba de Virgílio;
O bom gosto que teve em poesia,
Da proscrição iníqua o poupa.]

Tyran de son pays, et scélérat habile,
Il mit Pérouse en cendre et Rome dans les fers;

Mais il avait du goût, il se connut en vers:
Auguste au rang des dieux est placé par Virgile.
[Tirano de sua terra e celerado esperto,
Reduziu Perúsia a cinzas e Roma passou à espada;
Mas tinha gosto, entendia de versos:
Augusto é posto entre os deuses por Virgílio.]

Das crueldades de Augusto

Assim como a devassidão de Augusto foi duradoura e desenfreada, sua enorme crueldade foi tranquila e premeditada. Era em meio a festins e festas que ordenava proscrições; estas atingiram cerca de trezentos senadores, dois mil cavaleiros e mais de cem pais de família obscuros, porém ricos, cujo único crime era a fortuna. Otávio e Antônio só não os mandaram matar porque queriam ficar com o dinheiro deles; e nisso não diferiram em nada dos salteadores de estrada que mandamos morrer na roda.

Otávio, imediatamente antes da guerra de Perúsia, deu a seus soldados veteranos todas as terras dos cidadãos de Mântua e Cremona. Assim recompensava o assassinato com a depredação.

É mais que certo que o mundo foi assolado do Eufrates aos confins da Espanha por um homem sem pudor, fé, honra e probidade, um homem hipócrita, ingrato, avaro, sanguinário, tranquilo no crime e que, numa república bem administrada, teria sido condenado ao suplício extremo no primeiro dos crimes que cometeu.

No entanto, ainda se admira o governo de Augusto, porque durante esse período Roma sentiu o gosto da paz, dos prazeres e da abundância. Sêneca diz sobre ele: *Clementiam non voco lassam crudelitatem.* – Não chamo de clemência o cansaço da crueldade.

Acredita-se que Augusto se tornou mais brando quando o crime deixou de lhe ser necessário e, vendo que era senhor absoluto, seu único interesse passou a ser o de parecer justo. Mas parece-me que ele sempre foi mais impiedoso que clemente; porque, depois da batalha de Áccio, mandou matar o filho de Antônio aos pés da estátua de César e cometeu a barbaridade de mandar cortar a cabeça do jovem Cesário, filho de César e Cleópatra, que ele mesmo havia reconhecido como rei do Egito.

Um dia, suspeitando que o pretor Gálio Quinto fora à audiência com um punhal sob a toga, ordenou que ele fosse torturado em sua presença, e, indignado por ouvir aquele senador chamá-lo de tirano, arrancou-lhe pessoalmente os olhos, a acreditar-se em Suetônio.

Sabe-se que César, seu pai adotivo, teve grandeza suficiente para perdoar quase todos os seus inimigos; mas não sei se Augusto perdoou um único. Duvido muito de sua pretensa clemência para com Cina. Tácito e Suetônio nada dizem desse episódio. Suetônio, que fala de todas as conspirações tramadas contra Augusto, não teria deixado de falar da mais famosa. A singularidade de um consulado dado a Cina como preço da mais negra perfídia não teria escapado a todos os historiadores da época. Dião Cássio só fala disso depois de Sêneca; e esse trecho de Sêneca mais parece declamação do que verdade histórica. Ademais, Sêneca situa essa cena na Gália, e Dião, em Roma. Há aí uma contradição que acaba por destruir qualquer verossimilhança do episódio. Nenhuma de nossas histórias romanas, compiladas à pressa e sem seleção, discutiu esse fato interessante. A história de Laurent Échard pareceu errônea e truncada aos homens esclarecidos: o espírito de análise raramente serve de orientação aos escritores.

Pode ser que Cina fosse considerado suspeito ou culpado de alguma inconfidência por Augusto e que, depois do esclarecimento, Augusto lhe tivesse concedido a honra inútil do consulado; mas não é nada provável que Cina tenha desejado tomar o poder supremo por meio de conspiração, pois nunca comandara nenhum exército, não se apoiara em nenhum partido, não era, enfim, homem considerável no império. Não há indício de que um simples cortesão subalterno tenha cometido a loucura de querer suceder a um soberano que estava consolidado no poder havia vinte anos e tinha herdeiros; também não é provável que Augusto o tenha tornado cônsul imediatamente após a conspiração.

Se o episódio de Cina for verdadeiro, Augusto só pode tê-lo perdoado a contragosto, vencido pelas razões ou pelas instâncias de Lívia, que ganhara grande ascendência sobre ele e o convencera – segundo diz Sêneca – de que o perdão seria mais útil que o castigo. Portanto, foi só por motivos políticos que uma vez se viu nele um ato de clemência; certamente não foi por generosidade.

Como se pode contar a favor de um bandido enriquecido e consolidado no poder o fato de gozar em paz o fruto de suas rapinas e de não assassinar todos os dias os filhos e os netos dos proscritos, quando eles estavam de joelhos diante dele e o adoravam? Augusto foi um político prudente, depois de ter sido um bárbaro; mas é de notar que a posteridade nunca lhe deu o nome de *Virtuoso* como a Tito, a Trajano e aos Antoninos. Ele introduziu até mesmo um costume nas saudações que eram feitas aos imperadores quando assumiam o poder: os votos de ser mais feliz que Augusto e melhor que Trajano.

Portanto, hoje é lícito ver Augusto como um monstro perspicaz e feliz.

Louis Racine, filho do grande Racine e herdeiro de uma parcela de seu talento, parece exceder-se um pouco quando diz em suas Reflexões sobre a poesia que "Horácio e Virgílio mimaram Augusto, que esgotaram sua arte a envenenar Augusto com louvores". Essas expressões poderiam levar a crer que os elogios prodigalizados com tanta baixeza por aqueles dois grandes poetas corromperam o belo natural daquele imperador. Mas Louis Racine sabia muito bem que Augusto era um homem muito malvado, indiferente ao crime e à virtude, que se valia tanto dos terrores daquele quanto das aparências desta, atento unicamente a seu próprio interesse, ensanguentando e pacificando a terra, empregando as armas e as leis, a religião e os prazeres apenas para ser o senhor, sacrificando tudo a si mesmo. Louis Racine mostra apenas que Virgílio e Horácio foram almas servis.

Infelizmente, tem muita razão quando reprova Corneille por ter dedicado *Cina* ao financista Montauron e por ter dito àquele recebedor: "O que o senhor tem de comum com Augusto é sobretudo a generosidade com que…"; pois, afinal, embora Augusto tenha sido o mais malvado dos cidadãos romanos, convenhamos que o primeiro dos imperadores, o senhor, o pacificador, o legislador da terra então conhecida nunca deveria ser posto no nível de um financista, preposto de um inspetor-geral na Gália.

O mesmo Louis Racine, ao condenar com razão o rebaixamento de Corneille e a covardia do século de Horácio e Virgílio, ressalta maravilhosamente um trecho de *Petit Carême* [Pequena Quaresma] de Massillon: "É tão culpado quem falta à verdade para com os reis quanto quem lhes falta com a fidelidade; a adulação deveria ser punida com a mesma pena que a revolta."

Padre Massillon, com a devida vênia, essa declaração é bem oratória, predicatória e exagerada. A Liga e a Fronda, se não me engano, causaram mais mal que os prólogos de Quinault. Não há meio de condenar Quinault à roda, como um rebelde. Padre Massillon, *est modus in rebus*; e é isso o que mais faz falta a todos os autores de sermões.

AUSTERIDADES (Austérités)

Mortificações, flagelações

O fato de alguns homens seletos, amantes do estudo, se terem unido depois de milhares de catástrofes ocorridas no mundo, de terem tratado de adorar a Deus e regrar os tempos do ano, como se diz que fizeram os antigos brâmanes e magos, é sem dúvida bom e honesto. Puderam ser um exemplo para o resto da terra graças à vida frugal; conseguiram abster-se de toda e qualquer bebida inebriante, bem como do comércio com suas mulheres, quando celebravam festas. Devem ter-se vestido com modéstia e decência. Se doutos, os outros homens os consultaram; se justos, foram respeitados e amados; mas a superstição, a indigência e a vaidade não terão logo ocupado o lugar das virtudes?

O primeiro louco que se flagelou publicamente para apaziguar os deuses não terá dado origem aos sacerdotes da deusa de Síria, que se flagelavam em sua honra; aos sacerdotes de Ísis, que faziam o mesmo em certos dias; aos sacerdotes de Dodona, chamados sálios, que se feriam; aos sacerdotes de Belona, que se infligiam golpes de sabre; aos sacerdotes de Diana, que se ensanguentavam a varadas; aos sacerdotes de Cibele, que se tornavam eunucos; aos faquires da Índia, que se enchiam de correntes? A esperança de obter generosas esmolas não terá contribuído para essas austeridades?

Os mendigos que incham as pernas com titímalo e se cobrem de úlceras para arrancar alguns trocados aos transeuntes não terão alguma relação com os energúmenos da antiguidade que se enfiavam pregos nas nádegas e vendiam aqueles santos pregos aos devotos do lugar?

Por fim, a vaidade não terá contribuído também para essas mortificações públicas que chamavam a atenção da multidão? Flagelo-me, mas é para expiar vossas faltas; ando nu, mas é para reprovar o fasto de vossos trajes; alimento-me de ervas e caracóis, mas é para corrigir em vós o vício da gula; prendo um aro de ferro em meu pênis, mas é para vos envergonhar de vossa lascívia. Respeitai-me como homem dileto dos deuses, homem que granjeará os favores deles para vós. Quando estiverdes acostumados a respeitar-me, não vos custará obedecer-me: serei vosso senhor em nome dos deuses; e, se algum de vós transgredir então a menor de minhas vontades, mandarei que seja empalado, para apaziguar a cólera celeste.

Se os primeiros faquires não pronunciaram essas palavras, é bem provável que as tivessem gravadas no fundo do coração.

Essas austeridades medonhas talvez tenham sido a origem dos sacrifícios humanos sangrentos. Gente que derramava o próprio sangue em público à força de varadas, que se cortava os braços e as coxas para ganhar consideração, facilmente levou selvagens imbecis a acreditar que era preciso sacrificar aos deuses aquilo que se tivesse de mais querido, que era preciso imolar a própria filha para ter bons ventos, precipitar o filho do alto de um rochedo para não ser atacado pela peste, jogar uma filha no Nilo para ter, infalivelmente, boa colheita.

Essas superstições asiáticas, entre nós, produziram flagelações, imitadas dos judeus[277]. Seus devotos se flagelavam e ainda se flagelam reciprocamente, como faziam outrora os sacerdotes da Síria e do Egito[278].

Entre nós, os abades flagelariam seus monges, e os confessores, seus penitentes dos dois sexos. Santo Agostinho escreveu a Marcelino, o tribuno, "que é preciso chicotear os donatistas tal como os professores fazem com os escolares".

Afirma-se que foi só no século X que os monges e as religiosas começaram a flagelar-se em certos dias do ano. O costume de dar o flagelo aos pecadores como penitência estabeleceu-se tão bem, que o confessor de são Luís lhe dava com frequência o flagelo. Henrique II da Inglaterra foi flagelado pelos cônegos de Cantuária[279]. Raimundo, conde de Toulouse, foi flagelado com a corda no pescoço por um diácono, na porta da igreja de Santo Egídio, diante do legado Millon, como já vimos.

---

277. Ver Confissão. (N. de Voltaire)
278. Ver *Apuleii Metam.*, liv. XI. (N. de Voltaire)
279. Em 1209. (N. de Voltaire)

Os capelães do rei da França Luís VIII[280] foram condenados pelo legado do papa Inocêncio III a ir nas quatro grandes festas até as portas da catedral de Paris apresentar varas aos cônegos para serem flagelados, como expiação do crime do rei seu senhor, que aceitara a coroa da Inglaterra que o papa lhe retirara, depois de a ter dado, em virtude de seu pleno poder. A impressão era até a de que o papa estava sendo muito indulgente por não mandar flagelar o próprio rei e por se limitar a ordenar, sob pena de danação, que ele pagasse à câmara apostólica seus rendimentos de dois anos.

É desse antigo uso que provém ainda o costume de armar, em São Pedro de Roma, os grandes penitencieiros com varinhas compridas, em lugar de varas, com as quais dão golpes leves nos penitentes prosternados. Foi assim que o rei da França, Henrique IV, recebeu varadas nas nádegas, dadas pelos cardeais Ossat e Duperron. Tanto isso é verdade, que podemos dizer que mal saímos da barbárie, na qual ainda temos uma perna afundada até o joelho!

No começo do século XIII, constituíram-se na Itália confrarias de penitentes, em Perugia e Bolonha. Os jovens, quase nus, com um punhado de varas em uma das mãos e um pequeno crucifixo na outra, flagelavam-se pelas ruas. As mulheres os olhavam através das gelosias das janelas e se flagelavam em seus quartos.

Esses flagelantes inundaram a Europa: ainda são vistos em grande número na Itália, na Espanha[281] e na própria França, em Perpignan. No começo do século XVI era muito comum os confessores flagelarem seus penitentes nas nádegas. Uma história dos Países Baixos, escrita por Meteren[282], conta que um franciscano chamado Adriacem, grande pregador de Bruges, flagelava suas penitentes completamente nuas.

O jesuíta Edmond Auger, confessor de Henrique III[283], obrigou aquele príncipe infeliz a pôr-se à cabeça dos flagelantes.

Em vários conventos de monges e religiosas a flagelação é feita nas nádegas. Daí resultam às vezes estranhas impudicícias, sobre as quais é preciso lançar um véu, para não envergonhar aquelas que usam um véu sagrado, cujo sexo e cuja profissão merecem a maior consideração[284].

AUTORES (Auteurs)

Autor é um nome genérico que, como o nome de todas as outras profissões, pode significar bom e ruim, respeitável ou ridículo, útil e agradável ou inútil mixórdia.

Esse nome é tão comum a coisas diferentes, que se diz igualmente *autor da natureza*, *autor das canções de Pont-Neuf* ou *autor da Année littéraire*.

Acreditamos que o autor de uma boa obra deve abster-se de três coisas: título hierárquico, epístola dedicatória e prefácio. Os outros devem abster-se de uma quarta: escrever.

Quanto ao título, se ele fizer questão de pôr seu nome, o que frequentemente é muito perigoso, é preciso que o faça pelo menos com modéstia; ninguém gosta de ver uma obra piedosa, que deve encerrar lições de humildade, escrita por *Excelentíssimo Senhor* ou *Reverendíssimo Monsenhor Fulano de Tal, conselheiro do rei em seus conselhos, bispo e conde da cidade tal*. O leitor, que é sempre ladino e muitas vezes se entedia, gosta muito de ridicularizar os livros anunciados com tanta pompa. Todos se lembram então que o autor de *Imitação de Jesus Cristo* não lhe apôs seu nome.

---

280. Em 1223. (N. de Voltaire)
281. *Histoire des flagellants*, p. 198. (N. de Voltaire)
282. Meteren, *Historia Belgica*, anno 1570. (N. de Voltaire)
283. De Thou, liv. XXVIII. (N. de Voltaire)
284. Ver Expiação. (N. de Voltaire)

Mas os apóstolos, direis, punham seus nomes em suas obras. Isso não é verdade; eles eram modestos demais. Nunca o apóstolo Mateus intitulou seu livro de Evangelho de são Mateus: é uma homenagem que lhe foi prestada depois. O próprio são Lucas, que coligia o que ouvira dizer e dedica seu livro a Teófilo, não o intitula Evangelho de Lucas. Apenas são João se nomeia no Apocalipse; e isso levou à suspeita de que esse livro era de Cerinto, que teria tomado o nome de João para conferir autoridade à sua produção.

Seja lá o que tenha ocorrido nos séculos passados, parece-me bem audaz neste século o autor encabeçar suas obras com seu nome e seus títulos. Os bispos nunca deixam de fazê-los; e nos volumosos in-quarto que nos dão com o título de *Mandamentos* observam-se, de saída, seus brasões com belas glandes ornadas de borlas; em seguida, se diz alguma palavra sobre a humildade cristã, e essa palavra às vezes é seguida de injúrias atrozes contra aqueles que são de outra comunhão ou de outra facção. Aqui só falamos dos pobres autores profanos. O duque de La Rochefoucauld não acrescentou a seus *Pensamentos* o título *Exmo. Sr. Duque de La Rochefoucauld, par de França* etc.

Várias pessoas acham ruim que uma compilação na qual haja belíssimos textos seja anunciada por Exmo. Senhor etc., ex-professor da Universidade, doutor em teologia, reitor, preceptor dos filhos do Exmo. Sr. Duque de..., membro de uma academia e até de duas. Tantas dignidades não melhoram o livro. Todos desejariam que ele fosse mais curto, mais filosófico, menos entulhado de velhas fábulas: quanto a títulos e situação social, ninguém se preocupa com isso.

A epístola dedicatória frequentemente foi apresentada apenas pela baixeza interesseira à vaidade desdenhosa.

De là vient cet amas d'ouvrages mercenaires;
Stances, odes, sonnets, épîtres liminaires,
Où toujours le héros passe pour sans pareil,
Et, fût-il louche et borgne, est réputé soleil.
[Daí provém esse monte de obras mercenárias;
Estâncias, odes, sonetos, epístolas preliminares,
Em que o herói é sempre visto como alguém sem-par,
E, mesmo vesgo ou zarolho, é considerado um sol.]

Quem acreditaria que Rohault, autodenominado físico, em sua dedicatória ao duque de Guise, diz-lhe que seus ancestrais "conservaram, a expensas de seu próprio sangue, as verdades políticas, as leis fundamentais do Estado e os direitos dos soberanos"? Henrique de Guise e o duque de Mayenne ficariam um tanto surpresos se alguém lhes lesse essa epístola. E o que diria Henrique IV?

Ninguém sabe que a maioria das dedicatórias, na Inglaterra, foi feita a troco de dinheiro, tal como, entre nós, os capuchinhos vêm oferecer verduras, para que lhe demos de beber.

Os literatos da França desconhecem hoje esse vergonhoso aviltamento; e nunca tiveram tanta nobreza de espírito, com exceção de alguns infelizes que se dizem *literatos*, assim como os pinta--monos se gabam de exercer a profissão de Rafael, assim como o cocheiro de Vertamont era poeta.

Os prefácios são outro escolho. O *eu* é detestável, dizia Pascal. Falai de vós o menos possível, pois deveis saber que o amor-próprio do leitor é tão grande quanto o vosso. Este nunca vos perdoará por quererdes condená-lo a estimar-vos. Cabe a vosso livro falar por si, se conseguir ser lido na multidão.

"Os ilustres sufrágios com que minha peça foi honrada deveriam dispensar-me de responder a meus adversários. Os aplausos do público..." Tudo isso deve ser riscado, acreditai; não tivestes sufrágios ilustres, vossa peça está fadada ao esquecimento.

"Alguns críticos alegam que há ações demais no terceiro ato, e que a princesa descobre tarde demais, no quarto ato, os sentimentos amorosos que nutre por seu enamorado; a isso respondo que…" Não respondas nada, meu amigo, pois ninguém falou nem falará de tua princesa. Tua peça malogrou porque é enfadonha e escrita em versos insossos e bárbaros; teu prefácio é uma prece pelos mortos, mas não os ressuscitará.

Outros certificam a Europa inteira de que ninguém entendeu seu sistema sobre os compossíveis, os supralapsários, a diferença que se deve estabelecer entre hereges macedonianos e hereges valentinianos. Mas, realmente, acho que ninguém te entende, pois ninguém te lê.

Estamos afogados nessa mixórdia e nessas repetições contínuas, em romances insípidos que copiam velhos romances, em sistemas novos baseados em antigos devaneios, em historietas extraídas de histórias gerais.

Quereis ser autor, quereis fazer um livro? Pensai que ele deve ser novo e útil, ou pelo menos infinitamente agradável.

O quê! Dos confins de vossa província me assassinareis com mais um volume in-quarto para ensinar-me que um rei deve ser justo, e que Trajano era mais virtuoso que Calígula! Mandareis imprimir os sermões que fizeram dormir vossa cidadezinha desconhecida! Reunis todas as nossas histórias para delas extrair a vida de um príncipe sobre quem não tendes nenhuma novidade!

Se tiverdes escrito uma história de vosso tempo, não duvideis de que sempre haverá algum dissecador de cronologia, algum comentador de gazeta que vos corrigirá quanto a alguma data, algum nome de batismo, algum esquadrão que situastes mal, a trezentos passos do lugar onde de fato foi postado. Então, tratai de corrigir-vos depressa.

Se algum ignorante, algum foliculário se puser a criticar a torto e a direito, podeis desmascará-lo; mas raramente deveis dizer seu nome, para não sujar vossos escritos.

Alguém ataca vosso estilo? Nunca deveis responder; só cabe à vossa obra responder.

Alguém diz que estais doente? Limitai-vos a passar bem, sem querer provar para o público que tendes saúde perfeita; e, acima de tudo, lembrai-vos de que o público se preocupa pouquíssimo em saber se passais bem ou mal.

Centenas de autores compilam para ganhar o pão, e dezenas de foliculários fazem resenhas, críticas, apologias, sátiras sobre essas compilações, com o intuito de também ganhar o pão, porque não têm ofício. Toda essa gente, às sextas-feiras, vai pedir permissão ao intendente de Paris para vender suas drogas. A audiência deles segue-se imediatamente à das mulheres da vida, que nem sequer os olham, porque sabem que são péssimos fregueses.

Saem de lá com uma permissão tácita de venda e distribuição por todo o reino de *historietas, coletâneas de provérbios, biografia do bem-aventurado são Francisco Régis, a tradução de um poema alemão,* as *novas descobertas sobre as enguias,* uma *nova antologia de versos,* um *sistema sobre a origem dos sinos,* o *amor dos sapos.* Um livreiro compra a produção por dez escudos; destes, os autores dão cinco ao foliculário do pedaço, com a condição de falar bem dela em suas gazetas. O foliculário pega o dinheiro e fala todo o mal que pode sobre tais *opúsculos.* Os lesados vão queixar-se ao judeu que sustenta a mulher do foliculário; todos se esmurram no boticário *Lelièvre;* a cena acaba com o foliculário no Fort-l'Evêque; a isso se dá o nome de *autor!*

Esses coitados se dividem em dois ou três bandos e saem esmolando como monges mendicantes; mas, como não fizeram votos, a sociedade dura poucos dias; traem-se uns aos outros como padres à cata do mesmo benefício, embora não tenham nenhum benefício para esperar; a isso se dá o nome de *autor!*

A infelicidade dessas pessoas decorre do fato de seus pais não lhes terem ensinado nenhuma profissão: é um grande defeito da moderna polícia. Todo homem do povo que possa instruir o filho num ofício útil e não o faça merece punição. O filho de um pedreiro se torna jesuíta aos dezessete anos. É expulso da sociedade de Jesus aos vinte e quatro, porque o desregramento de seus costumes é gritante demais. E ei-lo sem sustento; torna-se foliculário; infesta a baixa literatura e passa a ser alvo de desprezo e horror da própria canalha; a isso se dá o nome de *autor*!

Autor de verdade é aquele que logra uma arte verdadeira, seja ela epopeia, tragédia, comédia, história ou filosofia; que ensinou ou encantou a humanidade. Os outros, de que falamos, estão para os literatos assim como os vespões estão para os pássaros.

Cita-se, comenta-se, critica-se, negligencia-se, esquece-se, mas, acima de tudo, despreza-se em geral o autor que só é autor.

E, por falar em citar autores, vou divertir-me aqui contando um erro singular do reverendo padre Viret, franciscano, professor de teologia. Ele leu em *Filosofia da história* do bom abade Bazin, que "nunca autor algum citou nenhum trecho de Moisés antes de Longino, que viveu e morreu no tempo do imperador Aureliano". Imediatamente, o zelo de são Francisco se inflama: Viret brada que isso não é verdade; que vários escritores falaram da existência de um Moisés; que o próprio Josefo falou muito dele, e o abade Bazin é um ímpio que quer destruir os sete sacramentos. Mas, prezado padre Viret, antes deveríeis buscar informações sobre o que quer dizer a palavra *citar*. Há muita diferença entre fazer menção a um autor e citar um autor. Falar de um autor, fazer menção a um autor é dizer: "Ele viveu, escreveu em tal época." Citá-lo é transcrever algum de seus trechos: "Como disse Moisés no Êxodo, como escreveu Moisés no Gênese." Ora, o abade Bazin afirma que nenhum escritor estrangeiro e até nenhum dos profetas judeus nunca citou nenhum trecho de Moisés, ainda que este seja um autor divino. Padre Viret, na verdade, sois um autor bem maldoso; mas pelo menos por este pequeno parágrafo haverão de saber que fostes autor.

Os autores mais férteis que se teve na França foram os inspetores-gerais das finanças. Seria possível fazer dez alentados volumes com suas declarações, desde o reinado de Luís XIV apenas. Os parlamentos algumas vezes fizeram a crítica dessas obras; nelas se encontraram afirmações errôneas, contradições: mas que bons autores não são censurados?

AUTORIDADE (Autorité)

Miseráveis humanos, quer useis toga verde, turbante, túnica preta ou sobrepeliz, manto e volta, nunca busqueis usar a autoridade onde só caiba a razão, ou sereis vilipendiados por todos os séculos como os mais impertinentes de todos os homens, alvo do ódio público como os mais injustos de todos.

Já vos falaram cem vezes do insolente absurdo com que condenastes Galileu, e eu vos falarei disso pela centésima primeira; quero que esse acontecimento seja lembrado para todo o sempre; que seja gravado na porta de vosso Santo Ofício:

Aqui sete cardeais, assistidos por irmãos menores, mandaram para a prisão o grande pensador da Itália, com a idade de setenta anos; submeteram-no a jejum de pão e água, porque ele instruía o gênero humano, enquanto eles eram uns ignorantes.

Ali se proferiu uma sentença favorável às categorias de Aristóteles, instituindo-se com sabedoria e equanimidade a pena das galés para quem quer que ousasse ter opinião diferente da do estagirita, cujos livros haviam sido outrora queimados por dois concílios.

Mais longe, uma faculdade, que não tem grandes faculdades, baixou um decreto contra as ideias inatas e depois outro a favor das ideias inatas, sem que a referida faculdade fosse sequer informada por seus bedéis sobre o que é ideia.

Em escolas vizinhas, intentou-se ação judiciária contra a circulação do sangue.

Abriu-se processo contra a inoculação, e as partes foram intimadas a comparecer.

Na alfândega dos pensamentos foram apreendidos vinte e um volumes *in-folio*, nos quais se dizia, maldosa e proditoriamente, que os triângulos sempre têm três ângulos, que os pais são mais velhos que o filho, que Rea Sílvia perdeu a virgindade antes de parir, e que farinha não é folha de carvalho.

Em outro ano, o processo foi julgado: *Utrum chimera bombinans in vacuo possit comedere secundas intentiones* [Acaso uma quimera, sussurrando no vácuo, poderia dissipar as segundas intenções?], e decidiu-se pela resposta afirmativa.

Por conseguinte, todos se acreditaram muito superiores a Arquimedes, Euclides, Cícero e Plínio, pavoneando-se pelos arredores da Universidade.

AVAREZA (Avarice)

Avarities, amor habendi, desejo de ter, avidez, cobiça.

A avareza, propriamente dita, é o desejo de acumular, seja em grãos, seja em bens móveis ou imóveis, seja em curiosidades. Já havia avaros antes que se inventasse a moeda.

Não chamamos de *avaro* o homem que tenha vinte e quatro cavalos de carruagem e só empreste dois ao amigo; também não é chamado de avaro aquele que, tendo duas mil garrafas de vinho de Borgonha destinadas à sua mesa, não nos envia meia dúzia, mesmo sabendo que precisamos delas. Se esse homem nos mostrar diamantes que valham cem mil escudos, não nos passará pela cabeça exigir que ele nos presenteie com um de cinquenta luíses; acharemos que é um homem magnificente, mas não avaro.

Não é visto pelo povo como avaro aquele que, nas finanças, na provisão dos exércitos e nos grandes cometimentos, ganhe dois milhões por ano e, atingindo finalmente uma riqueza de quarenta e três milhões, sem contar as casas em Paris e seu mobiliário, gaste com sua mesa cinquenta mil escudos por ano e, às vezes, empreste dinheiro a juros de cinco por cento. Esse mesmo homem, no entanto, terá experimentado durante toda a vida a sede da posse; o demônio da cobiça tê-lo-á perpetuamente atormentado: terá acumulado dinheiro até o último dia de sua vida. Essa paixão, sempre satisfeita, nunca é chamada *avareza*. Tais pessoas não gastam nem um décimo de sua renda, mas têm a reputação de serem generosas e de viverem no luxo.

Um pai de família que, tendo vinte mil libras de renda, só gaste cinco ou seis e acumule economias para estabelecer os filhos é considerado pelos vizinhos "avarento, pão-duro, mão-fechada, mofino, unha de fome, guardonho, tenaz, sovina"; dão-lhe todos os nomes injuriosos que é possível imaginar.

No entanto, esse bom burguês é muito mais honrado que o Creso de que acabo de falar; proporcionalmente, gasta três vezes mais. Mas vejamos que razão estabelece tão grande diferença entre suas reputações.

Os homens só odeiam aquele que chamam de *avaro* porque nada há para se ganhar com ele. O médico, o boticário, o comerciante de vinho, o merceeiro, o correeiro e algumas senhoritas ganham muito com nosso Creso, que é o verdadeiro avaro. Mas não há o que fazer com nosso burguês econômico e parcimonioso; por isso, enchem-no de maldições.

Os avaros que se privam do necessário são alvo de Plauto e Molière.

Um grande avaro, meu vizinho, dizia há não muito tempo: "Ninguém gosta de nós, pobres ricos." Ó Molière, Molière.

AVIGNON (Avignon)

Avignon e seu condado são exemplos históricos daquilo que o abuso da religião, a ambição, o embuste e o fanatismo podem fazer. Aquela pequena região, depois de mil vicissitudes, no século XII passara ao domínio da casa dos condes de Toulouse, descendentes de Carlos Magno por via matrilinear.

Raimundo VI, conde de Toulouse, cujos avós tinham sido os principais heróis das cruzadas, foi despojado de seus territórios por uma cruzada que os papas moveram contra ele. A causa da cruzada era a vontade de possuir seus bens; o pretexto era que, em várias de suas cidades, os cidadãos pensavam mais ou menos como se pensa há mais de duzentos anos na Inglaterra, na Suécia, na Dinamarca, em três quartos da Suíça, na Holanda e em metade da Alemanha.

Não era essa uma razão para se dar, em nome de Deus, os territórios do conde de Toulouse ao primeiro ocupante e para se matar e queimar seus súditos com um crucifixo na mão e uma cruz branca nas costas. Tudo o que nos contam sobre os povos mais selvagens não chega perto das barbáries cometidas nessa guerra, chamada *santa*. A atrocidade ridícula de algumas cerimônias religiosas sempre acompanhou esses excessos horrendos. Sabe-se que Raimundo VI foi arrastado a uma igreja de Santo Egídio diante de um legado chamado Millon, de peito nu, sem meias nem sandálias, com uma corda no pescoço, que ia sendo puxada por um diácono, enquanto outro diácono o flagelava, um terceiro diácono cantava um *miserere* com monges, e o legado jantava.

Essa é a origem primeira do direito dos papas sobre Avignon.

O conde Raimundo, que se submetera à flagelação para conservar seus territórios, sofreu essa ignomínia à toa. Precisou defender com as armas aquilo que acreditara poder conservar com um punhado de varas: viu suas cidades em cinzas e morreu em 1213 em meio às vicissitudes de cruentíssima guerra.

Seu filho Raimundo VII não estava sob suspeita de heresia como o pai; mas, sendo filho de um herege, devia ser despojado de todos os bens, em virtude das decretais: era a lei. A cruzada, portanto, persistiu contra ele. Foi excomungado nas igrejas, aos domingos e em dias de festas, ao som dos sinos e com círios apagados.

Um legado que estava na França, durante a minoridade de são Luís, levantava dízimos para sustentar essa guerra em Languedoc e Provença. Raimundo defendia-se com coragem, mas as cabeças de hidra do fanatismo renasciam a todo momento para devorá-lo.

Por fim, o papa desejou a paz, porque todo o seu dinheiro estava sendo gasto na guerra.

Raimundo VII foi assinar o tratado diante do portal da catedral de Paris. Foi obrigado a pagar dez mil marcos de prata ao legado, dois mil à abadia de Cîteaux, quinhentos à abadia de Clairvaux, mil à de Grand-Selve, trezentos à de Belleperche, tudo para a salvação de sua alma, como está especificado no tratado. Era assim que a Igreja sempre negociava.

É bem notável que, no instrumento daquela paz, o conde de Toulouse sempre ponha o legado antes do rei. "Juro e prometo ao legado e ao rei observar de boa-fé todas essas coisas, fazer que meus vassalos e súditos as observem etc."

Não era só isso; cedeu ao papa Gregório IX o condado Venaissin, além do Ródano, e a suserania de setenta e três castelos aquém do Ródano. O papa adjudicou essa multa com um ato particular, não desejando que, num instrumento público, a confissão de ter exterminado tantos cristãos para obter os bens alheios aparecesse de maneira muito gritante. Exigia, aliás, aquilo que Raimundo não podia lhe dar sem o consentimento do imperador Frederico II. As terras do conde, à esquerda do Ródano, eram um feudo imperial. Frederico II nunca ratificou essa extorsão.

Como Afonso, irmão de são Luís, era casado com a filha daquele infeliz príncipe e não tinha filhos, todos os territórios de Raimundo VII em Languedoc foram reunidos à coroa da França, conforme fora estipulado no contrato de casamento.

O condado Venaissin, que fica em Provença, fora devolvido com magnanimidade pelo imperador Frederico II ao conde de Toulouse. Sua filha Joana, antes de morrer, o transmitira por testamento a Carlos de Anjou, conde de Provença e rei de Nápoles.

AVIGNON

Filipe, o Ousado, filho de são Luís, premido pelo papa Gregório X, deu o condado de Venaissin à Igreja romana em 1274. Convenhamos que Filipe, o Ousado, dava então o que não lhe pertencia, que aquela cessão era absolutamente nula, e nunca ato nenhum foi mais contrário a todas as leis.

O mesmo se pode dizer da cidade de Avignon. Joana de França, rainha de Nápoles, descendente do irmão de são Luís, acusada, com fortes indícios, de ter mandado estrangular o marido, quis ter a proteção do papa Clemente VI, que estava então domiciliado na cidade de Avignon, domínio de Joana. Esta era condessa de Provença. Os provençais, em 1347, fizeram-na jurar sobre o Evangelho que não venderia nenhuma de suas soberanias. Mal acabara de fazer esse juramento, foi vender Avignon ao papa. O ato autêntico só foi assinado em 14 de junho de 1348; nele se estipulou, como preço de venda, a soma de oitenta mil florins de ouro. O papa a declarou inocente da morte do marido, mas não pagou. Nunca ocorreu a quitação de Joana. Ela reclamou quatro vezes, juridicamente, contra essa venda ilusória.

Assim, pois, sempre se considerou que Avignon e o condado haviam sido desmembrados de Provença por um ato de rapina que se tornava ainda mais manifesto por se ter desejado cobri-lo com o véu da religião.

Quando Luís XI adquiriu Provença, a aquisição foi feita segundo todos os seus direitos, que ele quis defender em 1464, como se vê em uma carta de João de Foix àquele monarca. Mas as intrigas da corte de Roma sempre tiveram tanto poder, que os reis da França condescenderam em deixá-la usufruir daquela pequena província. Nunca reconheceram nos papas uma posse legítima, mas simples usufruto.

No tratado de Pisa firmado por Luís XIV em 1664 com Alexandre VII, consta que "serão removidos todos os obstáculos para que o papa possa usufruir Avignon como antes". O papa, portanto, só teve aquela província como os cardeais têm pensões do rei, e essas pensões são amovíveis.

Avignon e o condado sempre foram um problema para o governo da França. Aquela pequena região era refúgio de todos os arruinados e contrabandistas. Por isso, causava grandes prejuízos, e o papa pouco proveito tirava.

Luís XIV reassumiu duas vezes seus direitos, mais para castigar o papa do que para reunir Avignon e o condado à sua coroa.

Por fim, Luís XV fez justiça à sua dignidade e a seus súditos. A conduta indecente e grosseira do papa Rezzonico, Clemente XIII, obrigou-o a restaurar os direitos de sua coroa em 1768. Aquele papa agira como se estivesse no século XIV, e provaram-lhe que se estava no século XVIII, com os aplausos da Europa inteira.

Quando o general encarregado de transmitir as ordens do rei entrou em Avignon, foi diretamente ao apartamento do legado, sem se anunciar, e lhe disse: "Monsenhor, o rei toma posse de sua cidade."

É grande a distância entre isso e a história de um conde de Toulouse flagelado por um diácono durante o jantar de um legado. As coisas, como se vê, mudam com o tempo.

B

BABEL (Babel)

Primeira seção

Para os orientais, Babel significava *Deus pai, poder de Deus, porta de Deus,* de acordo com a maneira como esse nome era pronunciado. Por esse motivo, Babilônia significou cidade de Deus, cidade santa. Cada capital de cada nação era a cidade de Deus, a cidade sagrada. Os gregos as chamavam *Hierápolis,* e houve mais de trinta com esse nome. Torre de Babel, portanto, significava *torre do Deus pai.*

Josefo, na verdade, diz que Babel significava *confusão.* Calmet, de acordo com outros, diz que *Bilba,* em caldeu, significa *confusa,* mas todos os orientais tinham opinião contrária. A palavra *confusão* seria uma estranha origem para a capital de um vasto império. Por isso, prefiro Rabelais, segundo o qual Paris foi outrora chamada *Lutécia* por causa das coxas brancas das mulheres.

Seja como for, os comentadores se atormentaram muito para saber até que altura os homens tinham elevado aquela famosa torre de Babel. São Jerônimo lhe atribui vinte mil pés. O antigo livro judeu intitulado *Jacult* lhe atribuía oitenta e um mil. Paulo Lucas viu seus restos, e é bom enxergar como ele. Mas essas dimensões não são a única dificuldade que se apresentou aos doutos.

Houve quem quisesse saber como os filhos de Noé[1], "tendo partilhado entre si as ilhas das nações, estabelecendo-se em diversas regiões, cada uma com sua língua, suas famílias e seu povo", todos os homens passaram a encontrar-se em seguida "na planície de Sinar para ali construir uma torre, dizendo[2]: Tornemos célebre o nosso nome antes de sermos dispersados por toda a terra".

O Gênese fala das nações fundadas pelos filhos de Noé. Procurou-se saber como os povos da Europa, da África e da Ásia foram todos parar em Sinar, todos com uma mesma língua e uma mesma vontade.

A Vulgata situa o dilúvio no ano 1656 da criação do mundo, e a construção da torre de Babel é situada em 1771, ou seja, cento e quinze anos depois da destruição do gênero humano, enquanto Noé ainda estava vivo.

Os seres humanos, portanto, multiplicaram-se com prodigiosa celeridade; todas as artes renasceram em pouquíssimo tempo. Se pensarmos no grande número de ofícios diferentes que é preciso empregar para erigir uma torre tão alta, ficaremos impressionados com obra tão prodigiosa.

Há bem mais: Abraão, segundo a Bíblia, nasceu cerca de quatrocentos anos depois do dilúvio, e já se via uma sequência de reis poderosos no Egito e na Ásia. Por mais que Bochart e os outros doutos enchem seus volumosos livros de sistemas e palavras fenícias e caldeias que não entendem, por mais que confundam Trácia com Capadócia, Grécia com Creta e a ilha de Chipre com

---

1. Gênese, cap. X, v. 5. (N. de Voltaire)
2. Gênese, cap. XI, v. 2 e 4. (N. de Voltaire)

Tiro, continuam nadando num mar de ignorância que não tem fundo nem margem. Perderiam menos tempo se admitissem que Deus nos deu, há vários séculos, os livros sagrados para nos tornar melhores, e não para nos tornar geógrafos, cronologistas e etimologistas.

Babel é Babilônia: segundo os historiadores persas[3], foi fundada por um príncipe chamado Tamurath. O único conhecimento que se tem de sua história antiga consiste nas observações astronômicas de mil novecentos e três anos, enviadas por Calístenes, por ordem de Alexandre, a seu preceptor Aristóteles. A essa certeza se soma uma probabilidade extrema que quase chega a ser certeza: uma nação que contava com uma série de observações celestes, feitas desde cerca de dois mil anos, constituía um só corpo e formava uma potência considerável vários séculos antes da primeira observação.

É triste que nenhum dos cálculos dos antigos autores profanos concorde com nossos autores sagrados, e que nenhum nome dos príncipes que reinaram depois das diferentes épocas atribuídas ao dilúvio tenha sido conhecido por egípcios, sírios, babilônios e gregos.

Não menos triste é o fato de não ter restado na terra, entre os autores profanos, nenhum vestígio da torre de Babel: nada dessa história de confusão das línguas se encontra em livro algum: essa aventura tão memorável foi tão desconhecida para o universo inteiro quanto os nomes Noé, Matusalém, Caim, Abel, Adão e Eva.

Esse problema espicaça a nossa curiosidade. Heródoto, que tanto viajou, não fala de Noé, Sem, Reú, Sale, Nemrod. O nome Nemrod é desconhecido por toda a antiguidade profana: só alguns árabes e persas modernos fizeram menção a Nemrod, ao falsificarem os livros dos judeus. Para nos conduzir nessas ruínas antigas, só nos resta a fé na Bíblia, que, ignorada por todas as nações do universo durante tantos séculos, felizmente é um guia infalível.

Heródoto, que misturou fábulas demais a algumas verdades, afirma que em seu tempo, que era o tempo do maior poderio dos persas, soberanos de Babilônia, todas as cidadãs daquela cidade imensa eram obrigadas a ir uma vez na vida ao templo de Milita, deusa que ele acredita ser a mesma que Afrodite ou Vênus, para prostituir-se com estrangeiros; e a lei lhes ordenava receber dinheiro, como tributo sagrado que se pagava à deusa.

Esse conto das *Mil e uma noites* parece-se com o que Heródoto narra na página seguinte, segundo o qual Ciro dividiu o rio da Índia em trezentos e sessenta canais, todos com desembocadura no mar Cáspio. Que diríeis de Mézeray, se ele nos contasse que Carlos Magno dividiu o Reno em trezentos e sessenta canais que desembocassem no Mediterrâneo, e que todas as senhoras de sua corte eram obrigadas a ir uma vez na vida apresentar-se na igreja de Santa Genoveva e prostituir-se por dinheiro com todos os que por lá passassem?

Cabe notar que tal fábula é ainda mais absurda no século de Xerxes, quando Heródoto vivia, do que no de Carlos Magno. Os orientais eram mil vezes mais ciumentos que os francos e os gauleses. As mulheres de todos os grandes senhores eram cuidadosamente guardadas por eunucos. Esse uso provinha de tempos imemoriais. Mesmo na história judia se lê que, quando aquela pequena nação quis ter um rei como todas as outras[4], Samuel, para dissuadi-la e conservar sua autoridade, diz que "um rei os tiranizará, que cobrará dízimo sobre as vinhas e o trigo para dá-lo a seus eunucos". Os reis cumprem essa previsão, pois se diz, no terceiro Livro dos reis, que o rei Acabe tinha eunucos, e, no quarto, que Jorão, Jeú, Joaquim e Zedequias também os tinham.

Muito tempo antes, no Gênese, fala-se dos eunucos do faraó[5], e se diz que Putifar, a quem José foi vendido, era eunuco do rei. Portanto, está claro que em Babilônia havia uma multidão de

---

3. Ver *Bibliothèque orientale*. (N. de Voltaire)
4. Reis, liv. I, cap. VIII, v. 15; liv. III, cap. XXII, v. 9; liv. IV, cap. VIII, v. 6; cap. IX, v. 32; cap. XXIV, v. 12; cap. XXV, v. 19. (N. de Voltaire)
5. Gênese, cap. XXXVII, v. 36. (N. de Voltaire)

eunucos para guardar as mulheres. Logo, não lhes era imposto o dever de ir deitar-se com o primeiro que aparecesse, por dinheiro. Babilônia, a cidade de Deus, não era, pois, um vasto b..., como se afirmou.

Esses contos de Heródoto, assim como todos os outros contos desse estilo, hoje são desacreditados por todas as pessoas de bem; a razão fez tamanhos progressos que nem mesmo as velhas e as crianças acreditam mais nessas tolices: *Non est vetula quae credat; nec pueri credunt, nisi qui nondum aere lavantur.*

Em nossos dias só houve um homem que, desligado de seu século, quis justificar a fábula de Heródoto. Essa infâmia parece-lhe simplíssima. Ele quer provar que as princesas babilônicas se prostituíam por devoção com o primeiro que aparecesse porque, como está dito na Santa Escritura, os amonitas faziam os filhos passar pelo fogo, apresentando-os a Moloque; mas esse costume de algumas hordas bárbaras, essa superstição de fazer as crianças passar pelas chamas ou mesmo de queimá-las em fogueiras, em honra a sabe-se lá que Moloque, esses horrores iroqueses de um pequeno povo infame terão alguma relação com uma prostituição tão inacreditável na nação mais ciumenta e civilizada de todo o oriente conhecido? O que ocorre entre os iroqueses será, entre nós, prova dos usos da corte da Espanha ou da França?

Ele cita também como prova a festa das lupercais entre os romanos, "durante a qual, diz ele, jovens de qualidade e magistrados respeitáveis corriam nus pela cidade com um chicote na mão, com o qual batiam em mulheres de qualidade que se lhes apresentavam desavergonhadamente, na esperança de obter assim um parto mais feliz".

Em primeiro lugar, não consta que os romanos de qualidade corressem nus: Plutarco, ao contrário, em suas notas sobre os costumes romanos, diz expressamente que eles se cobriam da cintura para baixo.

Em segundo lugar, pela maneira como se expressa o defensor dos *costumes infames*, parece que as senhoras romanas levantavam a roupa para receberem chicotadas no ventre nu, o que é absolutamente falso.

Em terceiro lugar, essa festa das lupercais não tem nenhuma relação com a pretensa lei de Babilônia, que ordena às mulheres e filhas do rei, dos sátrapas e dos magos a vender-se e prostituir-se por devoção.

Quem não conhecer o espírito humano nem os costumes das nações, quem tiver a infelicidade de se limitar a compilar trechos de velhos autores, quase todos em contradição, precisará expor suas opiniões com modéstia; é preciso saber duvidar, sacudir a poeira da escola e nunca se expressar com insolência ultrajante.

Heródoto, Ctésias ou Diodoro de Sicília relatam um fato; seu texto está escrito em grego: logo, o fato é verdadeiro. Essa maneira de raciocinar não é a de Euclides; causa grande surpresa no século em que vivemos, mas nem todos os espíritos se corrigirão tão depressa, e haverá sempre mais gente que compila do que gente que pensa.

Nada diremos aqui sobre a confusão das línguas ocorrida de repente, durante a construção da torre de Babel. É um milagre narrado na Santa Escritura. Não explicamos nem sequer examinamos milagre algum: acreditamos neles com fé viva e sincera, assim como acreditaram todos os autores da grande obra da *Enciclopédia*.

Diremos apenas que a queda do império romano produziu mais confusão e mais línguas novas do que a queda da torre de Babel. Desde o reinado de Augusto até mais ou menos o tempo de Átila, Clodovico e Gondebaldo, durante seis séculos, *terra erat unius labii*, a terra conhecida tinha uma única *língua*. Falava-se latim do Eufrates ao monte Atlas. As leis sob as quais viviam centenas de nações eram escritas em latim, e o grego servia de diversão; o linguajar bárbaro de cada província era apenas para o populacho. Discursava-se em latim nos tribunais da África, tal como em Roma. Um habitante de Cornualha partia para a Ásia Menor certo de que seria entendido ao longo de todo o caminho. Esse foi pelo menos um bem que a rapacidade dos romanos fizera aos homens. Era-se cidadão de todas as cidades, tanto às margens do Danúbio quanto do Guadalquivir. Hoje, um bergamasco que viaje para os pequenos cantões suíços, dos quais está separado apenas por uma montanha, precisa de intérprete, como se estivesse na China. Esse é um dos maiores flagelos da vida.

Segunda seção

A vaidade sempre erigiu grandes monumentos. Foi por vaidade que os homens construíram a bela torre de Babel: "Vamos construir uma torre cujo ápice toque o céu e tornemos célebre o nosso nome antes de sermos dispersados por toda a terra." Esse cometimento se deu no tempo de certo Faleg, que contava o bondoso Noé como quinto antepassado. A arquitetura e todas as artes que a acompanham, como se vê, haviam feito grandes progressos em cinco gerações. São Jerônimo, o mesmo que viu faunos e sátiros, viu tanto quanto eu a torre de Babel; mas garante que ela tinha vinte mil pés de altura. É pouca coisa. O antigo livro *Jacult*, escrito por um dos mais doutos judeus, demonstra que sua altura era de oitenta e um mil pés judeus; não há quem não saiba que o pé judeu tinha mais ou menos o comprimento do pé grego. Essa dimensão é bem mais verossímil que a de Jerônimo. Essa torre ainda existe, mas já não é tão alta. Vários viajantes verazes a viram: eu, que não a vi, não falarei dela, assim como não falo de Adão, meu avô, com quem não tive a honra de conversar. Mas consultai o reverendo padre dom Calmet, homem de espírito fino e profunda filosofia; ele explicará. Não sei por que se diz no Gênese que Babel significa confusão; pois *Ba* significa pai nas línguas orientais, e *Bel* significa Deus; Babel significa a cidade de Deus, cidade santa. Os antigos davam esse nome a todas as suas capitais. Mas é incontestável que Babel quer dizer confusão, seja porque os arquitetos tenham ficado confusos depois de erguerem sua obra até oitenta e um mil pés judeus, seja porque as línguas se confundiram; evidentemente, foi a partir daí que os alemães deixaram de entender os chineses, pois está claro, segundo o douto Bochart, que o chinês é, na origem, a mesma língua que o alto-alemão.

BACO (Bacchus)

De todas as personagens verdadeiras ou fabulosas da antiguidade profana, Baco é a mais importante para nós, não digo em virtude da bela invenção que todo o universo, com exceção dos judeus, lhe atribuiu, mas pela prodigiosa semelhança de sua história fabulosa com as aventuras verídicas de Moisés.

Segundo os antigos poetas, Baco nasceu no Egito; foi exposto no Nilo, daí ser chamado de Mises pelo primeiro Orfeu, o que quer dizer, em antigo egípcio, *salvo das águas*, conforme afirmam aqueles que entendiam o antigo egípcio que não se entende mais. Foi criado nas proximidades de uma montanha da Arábia, chamada Nisa, que se acreditou ser o monte Sina. Conta-se que uma deusa ordenou-lhe que fosse destruir uma nação bárbara; que ele atravessou o mar Vermelho a pé com uma multidão de homens, mulheres e crianças. De outra vez, o rio Oronte suspendeu suas águas para a direita e para a esquerda, a fim de deixá-lo passar; o Hidaspes fez o mesmo. Ele ordenou ao Sol que parasse; dois raios luminosos lhe saíam da cabeça. Fez brotar uma fonte de vinho ao bater no chão com seu tirso; gravou suas leis em duas tábuas de mármore. Só lhe faltou afligir o Egito com dez pragas para ser cópia perfeita de Moisés.

Acredito que Vossius foi quem primeiro estabeleceu esse paralelo. O bispo de Avranches, Huet, levou esse paralelo tão longe quanto Vossius; mas acrescenta, em sua *Demonstração evangélica*, que não só Moisés é Baco, como também é Osíris e Tífon. E não para no meio do caminho; Moisés, segundo ele, é Esculápio, Anfião, Apolo, Adônis e o próprio Priapo. É muito engraçado que Huet, para provar que Moisés é Adônis, se baseie no fato de que ambos guardaram carneiros:

Et formosus oves ad flumina pavit Adonis.
[Adônis e Moisés guardaram carneiros.]
(Virg., *Églog.* X, v. 18)

Sua prova de que ele é Priapo consiste em que às vezes Priapo era pintado com um asno, e os judeus, entre os gentios, eram vistos como adoradores de um asno. Apresenta outra prova que não é canônica: o bastão de Moisés podia ser comparado ao cetro de Priapo[6]: *Sceptrum tribuitur Priapo, virga Mosi*. Essas demonstrações não são como as de Euclides.

Não falaremos aqui dos Bacos mais modernos, tal como aquele que precedeu em duzentos anos a guerra de Troia, festejado pelos gregos como um dos filhos de Júpiter, encerrado em sua coxa.

Limitamo-nos àquele que, segundo consta, nasceu nos confins do Egito e fez tantos prodígios. Nosso respeito pelos livros sagrados judeus não nos permite duvidar de que egípcios, árabes e, em seguida, gregos quiseram imitar a história de Moisés: a única dificuldade consistirá em saber como puderam ficar informados dessa história incontestável.

No que se refere aos egípcios, é bem provável que nunca tenham escrito os milagres de Moisés, que os cobririam de vergonha. Se tivessem dito alguma palavra sobre eles, o historiador Josefo e Fílon não teriam deixado de prevalecer-se dessas palavras. Josefo, em sua resposta a Ápion, sente-se no dever de citar todos os autores do Egito que fizeram menção a Moisés, e não encontra nenhum que relate um único desses milagres. Nenhum judeu jamais citou algum autor egípcio que tenha dito uma só palavra sobre as dez pragas do Egito, sobre a travessia miraculosa do mar Vermelho etc. Portanto, não pode ser entre os egípcios que se encontrou motivo para fazer esse paralelo escandaloso entre o divino Moisés e o profano Baco.

É mais que evidente que, se um único autor egípcio tivesse dito alguma palavra sobre os grandes milagres de Moisés, toda a sinagoga de Alexandria, toda a polemizadora Igreja daquela famosa cidade teriam citado essa palavra triunfantemente, cada uma à sua maneira. Atenágoras, Clemente e Orígenes, que dizem tantas coisas inúteis, teriam transcrito milhares de vezes tal trecho necessário: ele teria sido o argumento mais forte de todos os Padres da Igreja. Mas todos guardaram profundo silêncio; logo, nada tinham para dizer. Além disso, como se explica que nenhum egípcio tenha falado dos feitos de um homem que mandou matar todos os primogênitos das famílias do Egito, que ensanguentou o Nilo e afogou no mar o rei e todo o exército etc. etc. etc.?

Todos os nossos historiadores admitem que certo Clodovico, um sicambro, subjugou a Gália com um punhado de bárbaros: os ingleses são os primeiros a dizer que os saxões, os dinamarqueses e os normandos chegaram, um após outro, para exterminar uma parte de sua nação. Se não tivessem admitido tais fatos, a Europa inteira os apregoaria. O universo deveria apregoar também os prodígios espantosos de Moisés, Josué, Gedeão, Sansão e tantos profetas: o universo, porém, calou-se. Ó profundidade! Por um lado, está claro que tudo isso é verdade, pois tudo isso se encontra na Santa Escritura aprovada pela Igreja; por outro, é incontestável que nenhum povo nunca falou disso. Cabe-nos adorar a Providência, submeter-nos a ela.

Os árabes, que sempre amaram o maravilhoso, são provavelmente os primeiros autores das fábulas inventadas sobre Baco, logo adotadas e embelezadas pelos gregos. Mas, como árabes e gregos teriam ido buscá-las entre os judeus? Sabe-se que os hebreus não comunicaram seus livros

---

6. *Démonstration évangélique*, p. 79, 87 e 110. (N. de Voltaire)

a ninguém até o tempo dos Ptolomeus; consideravam sacrilégio essa comunicação, e o próprio Josefo, para justificar essa obstinação em ocultar o Pentateuco do restante da terra, diz, como já observamos, que Deus punira todos os estrangeiros que haviam ousado falar das histórias judias. A acreditar-se nele, o historiador Teopompo, pela simples intenção de mencioná-las em sua obra, ficou louco durante trinta dias, e o poeta trágico Teodeto ficou cego por ter feito alguém pronunciar o nome dos judeus em uma de suas tragédias. Essas são as desculpas dadas por Flávio Josefo, em sua resposta a Ápion, para explicar o motivo de a história judaica ter ficado desconhecida durante tanto tempo.

Esses livros eram tão prodigiosamente raros, que se encontrou um único exemplar no tempo do rei Josias, e esse exemplar tinha ficado esquecido durante muito tempo no fundo de um baú, segundo relata Safã, escriba do pontífice Helcias, que o levou ao rei.

Essa aventura, de acordo com o quarto Livro dos reis, ocorreu seiscentos e vinte e quatro anos antes de nossa era, quatrocentos anos depois de Homero, na época mais próspera da Grécia. Os gregos então mal sabiam que havia hebreus no mundo. O cativeiro dos judeus em Babilônia aumentou ainda mais a ignorância destes acerca de seus próprios livros. Esdras precisou restaurá-los ao cabo de setenta anos, e já fazia mais de quinhentos anos que a fábula de Baco corria a Grécia.

Se os gregos tivessem ido buscar fábulas na história judaica, teriam tomado fatos mais interessantes para o gênero humano. As aventuras de Abraão, Noé, Matusalém, Sete, Enoque, Caim, Eva e sua funesta serpente, da árvore do conhecimento, tudo isso foi totalmente desconhecido para eles em todos os tempos; e só tiveram um vago conhecimento do povo judeu muito tempo depois da revolução feita por Alexandre na Ásia e na Europa. O historiador Josefo admite formalmente tais coisas. Vejamos como se expressa já no começo de sua resposta a Ápion, que (diga-se de passagem) já tinha morrido quando ele lhe respondeu, pois Ápion morreu no tempo do imperador Cláudio, e Josefo escreveu no do imperador Vespasiano:

[7]"Como a região que habitamos está distante do mar, não nos dedicamos ao comércio e não temos comunicação com as outras nações. Limitamo-nos a cultivar nossas terras, que são muito férteis, e trabalhamos principalmente para educar bem nossos filhos, porque nada nos parece mais necessário do que instruí-los no conhecimento de nossas santas leis e numa verdadeira piedade que lhes inspire o desejo de observá-las. Essas razões, somadas àquilo que disse e a esse modo de vida que nos é próprio, mostram que nos séculos passados não tivemos comunicação com os gregos, como tiveram os egípcios e os fenícios... Haverá então motivo de surpresa no fato de nossa nação, não estando próxima do mar, não sendo afeita a escrever e vivendo da maneira como eu disse, ter sido pouco conhecida?"

Depois de uma confissão tão autêntica do escritor judeu mais obstinado na honra de sua nação, percebe-se a impossibilidade de os antigos gregos terem extraído dos livros sagrados dos hebreus a fábula de Baco ou qualquer outra fábula, tal como o sacrifício de Ifigênia, o do filho de Idomeneu, os trabalhos de Hércules, a aventura de Eurídice etc. A quantidade de antigas narrativas semelhantes é prodigiosa. De que modo os gregos apresentaram como fábulas o que os hebreus apresentaram como história? Seria em virtude do dom da invenção? Seria por facilidade de imitação? Seria porque as belas almas se encontram? Enfim, Deus permitiu; isso deve bastar. Que importa se árabes e gregos disseram as mesmas coisas que os judeus? Devemos ler o Antigo Testamento apenas para nos preparar para o Novo, sem buscar num e noutro nada mais que lições de benevolência, moderação, indulgência e verdadeira caridade.

---

7. Resposta de Josefo. Tradução francesa de Arnaud d'Andilly, cap. V. (N. de Voltaire)

BACON (FRANCIS)
E A ATRAÇÃO (De François Bacon, et de l'attraction)

Primeira seção

O maior serviço que Francis Bacon prestou à filosofia talvez tenha sido o de adivinhar a atração.

Dizia ele em fins do século XVI, no seu livro *Novo método de saber*:

"É preciso saber se não haveria uma espécie de força magnética que atua entre a Terra e as coisas pesadas, entre a Lua e o oceano, entre os planetas... Os corpos graves só podem ser empurrados para o centro da Terra ou ser mutuamente atraídos; e, neste último caso, é evidente que, quanto mais os corpos se aproximam da terra ao caírem, com mais força se atraem... É preciso fazer uma experiência para saber se o mesmo relógio de pêndulo andará mais depressa no alto de uma montanha ou no fundo de uma mina. Se a força dos pesos diminuir no alto da montanha e aumentar na mina, tudo indicará que a Terra tem verdadeira atração."

Cerca de cem anos depois, essa atração, essa gravitação, essa propriedade universal da matéria, essa causa que mantém os planetas em órbita, que age no Sol e dirige uma palha para o centro da Terra, foi descoberta, calculada e demonstrada pelo grande Newton; mas que sagacidade a de Bacon de Verulam, que desconfiou disso quando ninguém ainda pensava no assunto!

Não se tem aí a matéria sutil produzida por chanfraduras de pequenos dados que giravam outrora em torno de seu próprio eixo, ainda que tudo fosse pleno; não se tem aí a matéria globulosa formada por esses dados, nem a matéria canelada. Essas coisas grotescas foram aceitas durante algum tempo pelos curiosos: era um péssimo romance; não só tiveram sucesso como Ciro e Faramundo, mas também foram abraçadas como verdades por pessoas que procuravam pensar. Com exceção de Bacon, Galileu, Toricelli e um pequeníssimo número de sábios, na época só havia cegos em física.

Aqueles cegos trocaram as quimeras gregas por quimeras de turbilhões e matéria canelada; e, finalmente, descobertas e demonstradas a atração, a gravitação e suas leis, houve quem bradasse qualidades ocultas. Ora! Acaso todos os principais móbiles da natureza não são para nós qualidades ocultas? As causas do movimento, do impulso, da procriação, da imutabilidade das espécies, do sentimento, da memória, do pensamento, não serão ocultas?

Bacon desconfiou, Newton demonstrou a existência de um princípio até então desconhecido. É preciso que os homens se limitem a isso, enquanto não se tornam deuses. Newton foi bastante sábio, ao demonstrar as leis da atração, dizendo que lhes ignorava a causa. Acrescentou que talvez fosse uma impulsão, talvez uma substância leve e prodigiosamente elástica, espalhada na natureza. Ao que tudo indica, com esses *talvez*, tentava domar os espíritos enfurecidos pela palavra *atração* e por uma propriedade da matéria que atua sobre todo o universo sem tocar em nada.

Quem primeiro ousou dizer (pelo menos na França) que é impossível que a impulsão seja a causa desse grande e universal fenômeno explicou-se da seguinte maneira, numa época em que os turbilhões e a matéria sutil ainda estavam muito na moda:

"Vemos o ouro, o chumbo, o papel e a pluma cair com a mesma velocidade e chegar ao fundo do recipiente ao mesmo tempo, na máquina pneumática.

"Aqueles que ainda defendem o pleno de Descartes e os pretensos efeitos da matéria sutil não podem apresentar nenhuma boa razão para esse fato, pois os fatos são escolhos para eles. Se tudo fosse pleno, mesmo convindo que pudesse então haver movimento (o que é absolutamente impossível), essa pretensa matéria sutil encheria completamente o recipiente, sua quantidade seria igual à da água ou do mercúrio que ali se tivesse posto: ela pelo menos se oporia a essa descida tão rápida dos corpos; resistiria a esse grande pedaço de papel, de acordo com a superfície desse papel, e deixaria a esfera de ouro ou chumbo cair muito mais depressa; mas essas quedas ocorrem no mesmo instante; logo, não há nada no recipiente que resista; logo, essa pretensa matéria sutil não pode produzir nenhum efeito sensível nesse recipiente; logo, há outra força que produz o peso.

"Em vão se diria que resta matéria sutil no recipiente, pois a luz o penetra. Há uma diferença: a luz que está nesse vaso de vidro certamente não ocupa nem cem milésimos dele; mas a matéria imaginária dos cartesianos, segundo eles, deveria encher o recipiente com mais exatidão do que se o supuséssemos cheio de ouro; pois há muito vazio no ouro, coisa que não admitem em sua matéria sutil.

"Ora, nessa experiência, a moeda de ouro, que pesa cem mil vezes mais que o pedaço de papel, desceu com a mesma rapidez que o papel; logo, a força que a fez descer atuou cem mil vezes mais sobre ela do que sobre o papel, assim como será preciso cem vezes mais força de meu braço para mexer cem libras do que para mexer uma; logo, esse poder que produz a gravitação atua na razão direta da massa dos corpos: ela atua de tal modo sobre a massa dos corpos, e não segundo as superfícies, que um pedaço de ouro em pó desce na máquina pneumática com a mesma rapidez que a mesma quantidade de ouro laminado. A figura do corpo não muda em nada a sua gravidade; esse poder de gravitação atua, portanto, sobre a natureza interna dos corpos, e não em razão das superfícies.

"A essas verdades incontestáveis só se pôde responder com uma suposição quimérica, como a dos turbilhões. Afirma-se que a pretensa matéria sutil, que enche todo o recipiente, não pesa. Estranha ideia, que aqui se torna absurda, pois, no caso presente, não se trata de uma matéria que não pesa, mas de uma matéria que não resiste. Toda matéria resiste graças à sua força de inércia; logo, se o recipiente estivesse cheio, a matéria que o enchesse, fosse ela qual fosse, resistiria infinitamente; isso parece rigorosamente demonstrado.

"Esse poder não reside na pretensa matéria sutil. Essa matéria seria um fluido; todo fluido atua sobre os sólidos em razão de suas superfícies; assim, o navio, apresentando menos superfície na proa, fende o mar, que resistiria a seus flancos. Ora, quando a superfície de um corpo é o quadrado de seu diâmetro, a solidez desse corpo é o cubo desse mesmo diâmetro; o mesmo poder não pode atuar ao mesmo tempo em razão do cubo e do quadrado; logo, o peso, a gravitação não é efeito desse fluido. Ademais, é impossível que essa pretensa matéria sutil tenha, por um lado, força bastante para precipitar um corpo da altura de cinquenta e quatro mil pés em um minuto (pois essa é a queda dos corpos), e, por outro, seja impotente para impedir que o levíssimo pêndulo de madeira suba de vibração em vibração na máquina pneumática, cujo espaço, conforme se supõe, essa matéria imaginária preencheria exatamente. Portanto, eu ousaria afirmar que, se algum dia se descobrisse uma impulsão que fosse a causa da atração de um corpo para um centro, em suma, a causa da gravitação, da atração universal, essa impulsão seria de uma natureza completamente diferente daquela que conhecemos."

Essa filosofia, no início, foi muito mal recebida; mas há gente que choca à primeira vista e com a qual depois todos se acostumam.

A contradição é útil, mas o autor de *Espetáculo da natureza* não terá exagerado um pouco nesse serviço prestado ao espírito humano, quando, no fim de sua *História do céu*, quis ridicularizar Newton e trazer de volta os turbilhões, seguindo os passos de um escritor chamado Privat de Molières?

Segundo ele[8], "seria melhor ficar quieto do que exercer laboriosamente a geometria calculando e medindo ações imaginárias, que não nos ensinam nada etc."

No entanto, sabe-se muito bem que Galileu, Kepler e Newton ensinaram alguma coisa. Essas palavras do sr. Pluche não estão muito distantes daquilo que o sr. Algarotti conta em *Neutonianismo per le dame*, de um bravo italiano que dizia: "E vamos tolerar que um inglês nos ensine?"

---

8. Tomo II, p. 299. (N. de Voltaire)

Pluche vai mais longe[9], brinca; pergunta de que modo um homem, num canto da igreja Nossa Senhora de Paris, não é atraído e colado ao muro.

Huygens e Newton, portanto, terão demonstrado em vão, por meio do cálculo da ação das forças centrífugas e centrípetas, que a Terra é um pouco achatada nos polos? Vem um Pluche e nos diz tranquilamente[10] que as terras só devem ser mais altas na região do equador para que "os vapores se elevem mais no ar, e os negros da África não sejam queimados pelo ardor do Sol".

Convenhamos que aí está uma razão bem engraçada. Tratava-se então de saber se, pelas leis matemáticas, o grande círculo do equador terrestre ultrapassa o círculo do meridiano em 1,178, e querem nos convencer de que, se a coisa for assim, isso não ocorre em virtude da teoria das forças centrais, mas unicamente para que os negros tenham cerca de cento e setenta e oito gotas de vapor sobre suas cabeças, enquanto os habitantes do Spitzberg só terão cento e setenta e sete.

O mesmo Pluche, continuando com suas brincadeiras de colégio, diz exatamente estas palavras: "Se a atração pôde alargar o equador..., o que impedirá de perguntar se não foi a atração que tornou saliente a parte da frente do globo ocular e lançou no centro do rosto do ser humano o pedaço de cartilagem que se chama *nariz*?"

O pior é que *História do céu* e *Espetáculo da natureza* contêm ótimas coisas para os iniciantes; e os erros ridículos, apresentados ao lado de verdades úteis, podem facilmente desorientar os espíritos ainda não formados.

Segunda seção

BACON (ROGER) (Bacon, Roger)

Acredita-se que Roger Bacon, famoso monge do século XIII, era um grande homem, que dominava a verdadeira ciência, porque foi perseguido e condenado à prisão em Roma por ignorantes. É um grande preconceito a seu favor, admito; mas acaso todos os dias não se veem charlatães solenemente condenados por outros charlatães e loucos obrigados a acertar contas com outros loucos? Este mundo, durante muito tempo, foi semelhante aos hospícios, no quais aquele que se acredita Pai Eterno anatematiza aquele que se acredita Espírito Santo; e mesmo hoje essas aventuras não são lá muito raras.

Entre as coisas que o tornaram recomendável, cabe primeiramente citar sua prisão e, depois, a nobre ousadia com que disse que todos os livros de Aristóteles só serviam para a fogueira; e isso num tempo em que os escolásticos respeitavam Aristóteles muito mais do que os jansenistas respeitam santo Agostinho. No entanto, Roger Bacon fez alguma coisa melhor que a *Poética*, a *Retórica* e a *Lógica* de Aristóteles? Essas três obras imortais provam indubitavelmente que Aristóteles era um gênio grande, belo, penetrante, profundo e metódico, e que só era mau físico porque era impossível explorar os filões da física quando faltavam instrumentos.

Roger Bacon, em sua melhor obra, na qual trata da luz e da visão, por acaso se expressa com maior clareza do que Aristóteles, quando diz: "A luz faz por via de multiplicação sua espécie luminosa, e essa ação é chamada unívoca e conforme ao agente; há outra multiplicação equívoca, pela qual a luz engendra o calor, e o calor, a putrefação"?

Esse Roger, aliás, diz que se pode prolongar a vida com espermacete, aloé e carne de dragão, mas que é possível tornar-se imortal com a pedra filosofal. Pode-se imaginar que, com esses belos segredos, ele também dominava todos os da astrologia judiciária, sem exceção: assim, garante categoricamente, em seu *Opus majus*, que a cabeça do homem está submetida às influências de

---

9. *Ibid.*, p. 300. (N. de Voltaire)
10. *Ibid.*, p. 319. (N. de Voltaire)

Carneiro; o pescoço, às de Touro; os braços, ao poder de Gêmeos etc. Chega a provar essas belas coisas pela experiência e elogia muito um grande astrólogo de Paris, que, segundo diz, impediu um médico de pôr um emplastro na perna de um doente, porque o Sol estava então no signo de Aquário, e Aquário é mortal para as pernas nas quais se aplicam emplastros.

Opinião bastante difundida é a de que nosso Roger foi o inventor da pólvora. É certo que em seu tempo já se estava a caminho dessa horrível descoberta, pois observo sempre que o espírito inventivo é de todos os tempos, e, por mais que os doutores, aqueles que governam espíritos e corpos, sejam dotados de profunda ignorância, por mais que imponham o reino dos mais insanos preconceitos, por menos senso comum que tenham, sempre haverá gente obscura, artistas animados por um instinto superior, para inventar coisas admiráveis, sobre a quais, depois, os eruditos raciocinam.

Vejamos, palavra por palavra, o famoso trecho de Roger Bacon sobre a pólvora; está em *Opus majus*, página 474, edição de Londres: "O fogo greguês dificilmente se apaga, pois a água não o apaga. E há certos fogos cuja explosão provoca tamanho ruído, que, se fossem acesos subitamente à noite, uma cidade e um exército não conseguiriam resistir-lhe: os trovões não lhe seriam comparáveis. Alguns há que deslumbram tanto a visão, que os relâmpagos lhe causam menor perturbação: acredita-se que foi por meio de tais artifícios que Gedeão espalhou o terror no exército dos medianitas. E temos prova disso na brincadeira de crianças que se faz no mundo inteiro. Enfia-se salitre com força numa bolinha da espessura de uma polegada; esta estoura com ruído tão violento, que supera o troar do trovão, dando origem a exalação de fogo maior que a do raio." Parece evidente que Roger Bacon só conhecia a experiência comum de se pôr uma bolinha cheia de salitre no fogo. Ainda se está longe da pólvora, sobre a qual Roger não fala em lugar algum, mas que logo foi inventada.

O que mais me surpreende é que ele não conhecia a direção da agulha imantada, que em seu tempo começava a ser conhecida na Itália; mas, em compensação, conhecia muito bem o segredo da varinha de aveleira[11] e muitas outras coisas semelhantes, de que trata em sua *Dignidade da arte experimental*.

No entanto, apesar desse número espantoso de absurdos e quimeras, deve-se convir que aquele Bacon era homem admirável para seu século. Que século! Direis: século do governo feudal e dos escolásticos. Imaginai samoiedos e ostíacos que tivessem lido Aristóteles e Avicena: esses éramos nós.

Roger sabia um pouco de geometria e óptica, e por isso foi visto em Roma e Paris como feiticeiro. Contudo, só sabia o que está no árabe Al-hazen; pois naquele tempo tudo o que se sabia era por intermédio dos árabes. Eram eles os médicos e os astrólogos de todos os reis cristãos. O bobo da corte era sempre da nação; mas o doutor era árabe ou judeu.

Transportai esse Bacon para o tempo em que vivemos; provavelmente seria um grande homem. Era ouro coberto pelas imundícies do tempo em que vivia: hoje, esse ouro seria depurado.

Pobres humanos que somos! Quantos séculos foram necessários para se adquirir um pouco de razão!

BAJULAÇÃO (Flatterie)

Não vejo nenhum monumento de bajulação na alta antiguidade; nenhuma bajulação em Hesíodo nem em Homero. Seus cantos não são dirigidos a nenhum grego investido de alguma dignidade, ou à senhora sua mulher, como os cantos das *Estações* de Thomson, que são dedicados a algum rico, e como tantas epístolas em versos, esquecidas, são dedicadas na Inglaterra a homens ou mulheres de alta estima, com um pequeno elogio e os brasões do patrocinador ou patrocinadora à testa da obra.

---

11. Usada em rabdomancia. (N. da T.)

Não há bajulação em Demóstenes. Esse modo de pedir esmolas com harmonia, se não me engano, começa com Píndaro. Não é possível estender a mão com mais ênfase.

Entre os romanos, parece-me que a grande bajulação data de depois de Augusto. Júlio César mal teve tempo de ser bajulado. Não nos resta nenhuma epístola dedicatória a Sila, Mário, Carbão, nem às respectivas mulheres ou amantes. Quero crer que foram feitos maus versos para Luculo e Pompeu, mas, graças a Deus, não os temos.

Belo espetáculo é ver Cícero, igual a César em dignidade, falar diante deste como advogado de um rei da Bitínia e da Armênia Menor, chamado Dejótaro, acusado de lhe ter armado emboscadas e até de ter desejado assassiná-lo. Cícero começa confessando que está atônito em sua presença. Chama-o de vencedor do mundo, *victorem orbis terrarum*. Bajula-o; mas essa adulação ainda não chega à baixeza; resta-lhe algum pudor.

É com Augusto que já não se tem medida. O senado lhe faz uma apoteose em vida. Essa bajulação transforma-se em tributo ordinariamente pago aos imperadores seguintes; passa a ser um estilo. Ninguém mais pode ser bajulado quando aquilo que a adulação tem de mais extremo se transforma naquilo que há de mais comum.

Na Europa, não tivemos grandes monumentos de bajulação até Luís XIV. Seu pai, Luís XIII, foi pouquíssimo festejado; só se fala dele em uma ou duas odes de Malherbe. Na verdade, segundo o costume, ele o chama de *o maior dos reis*, tal como os poetas espanhóis se referem ao rei da Espanha, e os poetas ingleses laureados, ao rei da Inglaterra; mas a melhor parte dos louvores sempre é dirigida ao cardeal Richelieu.

Son âme toute grande est une âme hardie,
Qui pratique si bien l'art de nous secourir
Que, pourvu qu'il soit cru, nous n'avons maladie
Qu'il ne sache guérir.[12]
[Sua alma tão grande é uma alma audaz,
Que pratica tão bem a arte de nos acudir,
Que, se nele crermos, não teremos doença
Que ele não saiba curar.]

Quanto a Luís XIV, houve um verdadeiro dilúvio de bajulações. Ele não parecia ser aquele que, segundo dizem, ficou afogado debaixo das pétalas de rosas que lhe jogavam. Ao contrário, prosperou mais ainda.

A bajulação, quando tem pretextos plausíveis, pode não ser tão perniciosa quanto se diz. Às vezes serve de incentivo para grandes feitos; mas seu excesso é vicioso, tal como ocorre com a sátira.

La Fontaine diz e afirma ter dito na esteira de Esopo:

On ne peut trop louer trois sortes de personnes:
Les dieux, sa maîtresse, et son roi.
Ésope le disait; j'y souscris quant à moi:
Ce sont maximes toujours bonnes.
[Nunca é demais louvar três tipos de pessoas:
Os deuses, a amante e o rei.
Dizia Esopo, e eu assino embaixo:
São máximas sempre boas.]
(Liv. I, fábula XIV)

---

12. Ode de Malherbe (*au roi allant châtier la rébellion des Rochellois*). Mas por que Richelieu não curava Malherbe da doença de fazer versos tão medíocres? (N. de Voltaire)

Esopo não disse nada disso e, ao que saibamos, nunca bajulou nenhum rei nem nenhuma concubina. Não se deve crer que os reis se sintam lisonjeados com todas as lisonjas que lhe fazem. A maioria não chega até eles.

Tolice muito comum é aquela dos oradores que se esfalfam a louvar um príncipe que nunca saberá disso. O cúmulo do opróbrio foi Ovídio ter louvado Augusto assinando *de Ponto*.

O cúmulo do ridículo poderia ser encontrado nos cumprimentos que os pregadores fazem aos reis quando têm a felicidade de representar diante de Sua Majestade. *Ao reverendíssimo, reverendíssimo padre Gaillard, pregador do rei*: Ah! reverendo padre, só pregas para o rei? És como o macaco da Feira, que só pulava para ele?

BANCARROTA (Banqueroute)

Conheciam-se poucas bancarrotas na França antes do século XVI. A razão disso é que não havia banqueiros. Lombardos e judeus emprestavam contra penhor a juros de dez por cento: comerciava-se dinheiro vivo. O câmbio e as remessas para países estrangeiros eram segredos ignorados por todos os juízes.

Não que muita gente deixasse de se arruinar; mas a isso não se dava o nome de *bancarrota*; em francês, dizia-se *déconfiture*, palavra mais suave aos ouvidos. Na região de Bolonha, usava-se a palavra *rompture*, mas *rompture* não soa tão bem.

As bancarrotas nos vêm da Itália, *bancorotto, bancarotta, gambarotta e la giustizia non impicar*. Cada negociante tinha seu banco na praça do câmbio; e, quando fazia maus negócios e se declarava *fallito*, entregando seus bens aos credores contanto que ficasse com boa parte para si, estava livre e era considerado mui gentil-homem. Nada havia que lhe dizer, seu banco estava quebrado, *banco rotto, banca rotta*; em algumas cidades, podia até ficar com todos os seus bens e frustrar os credores, desde que se sentasse com o traseiro nu sobre uma pedra, diante de todos os comerciantes. Era uma derivação branda do antigo provérbio romano *solvere aut in aere aut in cute*, pagar com o dinheiro ou com a pele. Mas esse costume já não existe; os credores preferiram o dinheiro ao traseiro de um falido.

Na Inglaterra e em outros países, é nos jornais que alguém se declara falido. Sócios e credores se reúnem em virtude dessa notícia, que é lida nos cafés, e arranjam-se como podem.

Visto que, entre as bancarrotas, muitas são fraudulentas, foi preciso puni-las. Se levadas perante a justiça, são vistas por todos como roubo, e os culpados, condenados a penas ignominiosas.

Não é verdade que na França se instituiu a pena de morte para os bancarroteiros sem distinção. As simples falências não implicam pena alguma: os bancarroteiros fraudulentos foram submetidos à pena de morte nos estados de Orléans, no tempo de Carlos IX, e nos estados de Blois, em 1576; mas esses editos, ratificados por Henrique IV, só foram cominatórios.

É muito difícil provar que alguém se desonrou de propósito e cedeu voluntariamente todos os seus bens aos credores para enganá-los. Na dúvida, os juízes se limitaram a pôr o infeliz no pelourinho ou a mandá-lo para as galeras, ainda que, de ordinário, os banqueiros sejam péssimos forçados.

Os bancarroteiros foram tratados de maneira muito favorável no último ano do reinado de Luís XIV e durante a regência. O triste estado a que o interior do reino foi reduzido, a multidão de comerciantes que não podiam ou que não queriam pagar, a quantidade de títulos não vendidos ou invendáveis, o medo da paralisação do comércio, tudo isso obrigou o governo, em 1715, 1716, 1718, 1721, 1722 e 1726, a mandar suspender todos os processos contra todos aqueles que estivessem em falência. As discussões desses processos foram remetidas aos juízes cônsules; trata-se de uma jurisdição de comerciantes peritos nesses casos, mais apta a entrar nas minúcias do comércio do que os parlamentos, que sempre se ocuparam mais das leis do reino que de finanças.

Como o Estado estava então em bancarrota, teria sido por demais duro punir os pobres burgueses bancarroteiros.

Depois disso, tivemos homens consideráveis como bancarroteiros fraudulentos, mas esses não foram punidos.

Um literato de meu conhecimento perdeu oitenta mil francos com a bancarrota de um magistrado *importante*, que recebera vários milhões líquidos na partilha da sucessão do senhor seu pai, e que, além da *importância* de seu cargo e de sua pessoa, possuía *importante* dignidade na corte. Apesar disso tudo, morreu, e o senhor seu filho, que também havia comprado um cargo *importante*, apoderou-se dos melhores títulos.

O literato lhe escreveu, não duvidando de sua lealdade, mesmo porque aquele homem tinha dignidade de homem da lei. O *importante* mandou-lhe dizer que sempre protegeria os literatos, fugiu e nada pagou.

BANCO (Banque)

Banco é uma troca de papel por moeda em espécie etc.

Há bancos particulares e bancos públicos.

Os bancos particulares consistem em letras de câmbio que um particular nos dá para receber nosso dinheiro no lugar indicado. O primeiro fica com meio por cento, e seu correspondente, a cujo endereço vamos, também fica com meio por cento quando nos paga. Aquele primeiro ganho é convencionado entre eles sem avisar o portador.

O segundo ganho, muito mais considerável, ocorre sobre o valor das moedas. Esse ganho depende da inteligência do banqueiro e da ignorância de quem entrega dinheiro. Os banqueiros conversam entre si numa língua particular, como os químicos; e o não iniciado nesses mistérios é sempre logrado por ela. Eles dizem, por exemplo: Remetemos de Berlim para Amsterdam; o *incerto* pelo *certo*; o câmbio está alto; está em trinta e quatro, trinta e cinco; e com esse jargão quem acredita entendê-los perde seis ou sete por cento; de modo que, se fizer cerca de quinze viagens a Amsterdam, remetendo sempre seu dinheiro por letras de câmbio, essa pessoa descobrirá, no fim, que seus dois banqueiros ficarão com tudo o que ele tem. É isso o que costuma produzir grandes fortunas para todos os banqueiros. Se alguém perguntar o que é o *incerto* pelo *certo*, a resposta é:

Os escudos de Amsterdam têm preço fixo na Holanda, e seu preço varia na Alemanha. Cem escudos ou patagões da Holanda, dinheiro de banco, são cem escudos de sessenta soldos cada um: é preciso partir daí e ver o que os alemães lhes dão por esses cem escudos.

Damos ao banqueiro da Alemanha 130, 131 ou 132 Reichstaler etc., e aí está o incerto: por que 131 ou l32 Reichstaler? Porque se considera que o título da moeda da Alemanha é mais fraco que o da Holanda.

Supõe-se que receberemos peso por peso e título por título; por isso, precisaremos dar na Alemanha um número maior de escudos, porque os damos com título inferior.

Por que ora 132, ora 133 escudos, ou às vezes 136? Porque a Alemanha trouxe mais mercadorias da Holanda que de costume: a Alemanha é devedora, e então os banqueiros de Amsterdam exigem maior lucro; abusam da necessidade em que se está; e, quando se quer sacar dinheiro deles, só dão o dinheiro cobrando altíssimo preço. Os banqueiros de Amsterdam dizem aos banqueiros de Frankfurt ou de Berlim: Os senhores nos devem e ainda por cima sacam dinheiro de nós; deem-nos então cento e trinta e seis escudos para cada cem patagões.

Mas aí só temos metade do mistério. Deposito em Berlim mil trezentos e sessenta escudos; vou para Amsterdam com uma letra de câmbio de mil escudos ou patagões. O banqueiro de Amsterdam me diz: O senhor quer dinheiro corrente ou dinheiro de banco? Respondo que não entendo essa linguagem e peço-lhe que faça o melhor. Acredite, diz ele, o melhor é ficar com dinheiro corrente. Não me custa acreditar.

Acredito receber o valor daquilo que depositei em Berlim; por exemplo, acho que, se eu devolvesse imediatamente a Berlim o dinheiro que ele dá, não perderia nada; não é nada disso: perco também nessa hora, e vejamos como. Aquilo que se chama dinheiro de banco na Holanda é considerado o dinheiro depositado em 1609 na caixa pública, no Banco Geral. Os patagões depositados foram recebidos a sessenta soldos da Holanda e valiam setenta e três soldos. Todos os pagamentos vultosos são feitos em notas contra o banco de Amsterdam; assim, eu devia receber setenta e três soldos nesse banco por uma nota de um escudo; vou até lá ou negocio minha nota e só recebo sessenta e dois soldos e meio, ou sessenta e dois soldos, por meu patagão de banco; é pelo trabalho daqueles senhores ou para aqueles que descontam minha nota: isso se chama *ágio*, da palavra italiano *agio, ajuda*; então me ajudam a perder um soldo por escudo, e meu banqueiro também me ajuda mais ao me poupar o trabalho de ir procurar os cambistas; faz-me perder dois soldos, dizendo-me que o ágio está muito alto, que o dinheiro está muito caro; ele me rouba, e eu o agradeço.

É assim que funciona o banco dos negociantes, de um extremo ao outro da Europa.

O banco de um Estado é de outro tipo: ou se trata de dinheiro depositado por particulares por motivo de segurança, sem auferir lucro, como se fez em Amsterdam em 1609, e em Rotterdam em 1636, ou se trata de uma companhia autorizada que recebe o dinheiro dos particulares a fim de aplicá-lo em seu proveito, pagando juros aos depositantes. É o que se pratica na Inglaterra, onde o banco autorizado pelo parlamento paga quatro por cento aos proprietários.

Na França, desejou-se estabelecer um banco do Estado segundo esse modelo em 1717. O objetivo era pagar com as notas desse banco todas as despesas correntes do Estado, receber os impostos no momento do pagamento e quitar todas as letras, dar sem desconto algum todo o dinheiro que fosse sacado contra o banco, tanto pelos reinícolas quanto por estrangeiros, obtendo-se assim maior crédito. Essa operação na realidade substituía as moedas, ao se fabricarem notas na medida apenas do dinheiro corrente no reino, e os triplicava, se, fazendo notas no dobro das moedas existentes, se tivesse o cuidado de fazer os pagamentos em tempo determinado; pois, como a caixa ganharia crédito, todos nela poriam seu dinheiro, e levar-se-ia o crédito a triplicar, ou até mais, como ocorreu na Inglaterra. Vários homens de finanças, vários grandes banqueiros, com inveja do sr. Law, inventor desse banco, quiseram matá-lo ao nascer; uniram-se com negociantes holandeses e sacaram todo o seu fundo em oito dias. O governo, em vez de fornecer novos fundos para os pagamentos, único meio de sustentar o banco, decidiu punir a má vontade de seus inimigos, fazendo, por meio de um edito, a moeda subir um terço acima de seu valor; de tal modo que, quando os agentes holandeses vieram receber os últimos pagamentos, só lhes pagaram em dinheiro dois terços reais de suas letras de câmbio. Mas já tinham pouco para retirar; os golpes mais fortes já tinham sido dados; o banco estava esgotado; essa alta do valor nominal da moeda acabou por desacreditá-lo. Essa foi a primeira época da derrubada do famoso sistema de Law. Desde então, não houve mais banco público na França; e o que não acontecera na Suécia, em Veneza, na Inglaterra e na Holanda, nos tempos mais desastrosos, aconteceu na França em meio à paz e à abundância.

Todos os bons governos percebem as vantagens de um banco do Estado; no entanto, a França e a Espanha não os têm; cabe aos que estão à frente desses reinos fazer que a razão neles penetre.

BANIMENTO (Bannissement)

Banimento por tempo determinado ou por toda a vida, pena à qual se condenam os delinquentes ou aqueles que alguém queira levar a acreditar que o são.

Há não muito tempo, as jurisdições baniam de sua alçada pequenos ladrões, pequenos falsários, pequenos agressores. O resultado era que eles se tornavam grandes ladrões, grandes falsários e assassinos em outra jurisdição. É como se jogássemos nos campos de nossos vizinhos as pedras que estivessem incomodando os nossos.

Aqueles que escreveram sobre direito das gentes atormentaram-se muito para saber ao certo se alguém que foi banido de sua pátria ainda é de sua pátria. É mais ou menos como se perguntássemos se um jogador expulso da mesa de jogo ainda é jogador.

Se, por direito natural, é permitido a todo homem escolher sua pátria, quem perdeu o direito de cidadania pode, com mais razão, escolher uma pátria nova para si; mas poderá empunhar armas contra seus ex-concidadãos? Há mil exemplos disso. Quantos protestantes franceses, naturalizados na Holanda, na Inglaterra e na Alemanha, serviram contra a França e contra exércitos nos quais estavam seus parentes e seus próprios irmãos! Os gregos que estavam nos exércitos do rei de Pérsia fizeram guerra aos gregos seus ex-compatriotas. Já se viram suíços a serviço da Holanda atirar em suíços que estavam a serviço da França. É bem pior do que lutar contra os que nos baniram; pois, afinal, parece menos desonesto puxar a espada para vingar-se que empunhá-la por dinheiro.

BARAQUE E DÉBORA (Barac et Débora)

E, por acaso, sobre os carros de guerra

Não pretendemos discutir aqui em que tempo Baraque foi comandante do povo judeu; por que, sendo comandante, deixou que seu exército fosse comandado por uma mulher; se essa mulher, chamada Débora, tinha se casado com Lapidote; se ela era parente ou amiga de Baraque, ou mesmo sua filha ou sua mãe; nem em que dia ocorreu a batalha do Tabor na Galileia, entre essa Débora e o capitão Sísera, general dos exércitos do rei Jabim, Sísera este que comandava, pelos lados da Galileia, um exército de trezentos mil infantes, dez mil cavaleiros e três mil carros armados em guerra, a se acreditar no historiador Josefo[13].

Nem sequer falaremos daquele Jabim, rei de uma aldeia chamada Azor, que tinha mais tropas que o Grão-Turco. Lamentamos muito o destino de seu grão-vizir Sísera, que, perdendo a batalha na Galileia, pulou de seu carro puxado por quatro cavalos e fugiu a pé, para correr mais depressa. Foi pedir hospitalidade a uma santa mulher judia, que lhe deu leite e lhe cravou uma grande cavilha na cabeça, quando ele adormeceu. Ficamos muito revoltados com isso; mas não é disso que trataremos: queremos falar dos carros de guerra.

Foi ao pé do monte Tabor, nas proximidades do rio Cison, que ocorreu a batalha. O monte Tabor é uma montanha escarpada, cujos ramos um pouco menos elevados se estendem por grande parte da Galileia. Entre essa montanha e os rochedos vizinhos existe uma pequena planície coberta de grandes seixos, impraticável para as evoluções da cavalaria. Essa planície mede de quatrocentos a quinhentos passos. É de se crer que o capitão Sísera não tenha disposto ali os seus trezentos mil homens em formação de batalha; seus três mil carros dificilmente teriam sido manobrados naquele lugar.

É de se crer que os hebreus não tivessem carros de guerra numa região afamada unicamente por seus asnos; mas os asiáticos os usavam em suas grandes planícies.

Confúcio diz categoricamente[14] que, desde tempos imemoriais, os vice-reis das províncias da China eram obrigados a fornecer ao imperador mil carros de guerra cada um, com quatro cavalos atrelados.

---
13. *Antiq. jud.*, liv. V. (N. de Voltaire)
14. Liv. III. (N. de Voltaire)

Os carros deviam ser usados muito tempo antes da guerra de Troia, pois Homero não diz que fosse invenção nova; mas esses carros não eram armados como os da Babilônia; nem as rodas nem o eixo eram providos de ferros cortantes.

Essa invenção deve ter sido, de início, amedrontadora nas grandes planícies, sobretudo quando os carros eram numerosos e corriam com impetuosidade, munidos de longas lanças e de foices; mas, depois que as pessoas se acostumaram, parece que se tornou tão fácil evitar o choque, que eles deixaram de ser usados em toda a terra.

Na guerra de 1741, propôs-se renovar e corrigir essa antiga invenção.

Um ministro de Estado mandou construir um desses carros, que foi experimentado. Afirmava-se que, em grandes planícies como as de Lutzen, seria possível usá-los com vantagem, escondendo-os atrás da cavalaria, cujos esquadrões se abririam para deixá-los passar e os seguiriam depois que passassem. Os generais consideraram que essa manobra seria inútil e até perigosa, num tempo em que o canhão sozinho ganha as batalhas. Foi replicado que o exército que tivesse carros de guerra precisaria, para protegê-los, do mesmo número de canhões que o exército inimigo teria para destroçá-los. Acrescentou-se que esses carros ficariam inicialmente a salvo dos canhões, atrás dos batalhões ou esquadrões, que estes se abririam para permitir que tais carros corressem com impetuosidade, e que esse ataque inesperado poderia produzir efeito prodigioso. Os generais nada objetaram a essas razões, mas não quiseram voltar a jogar essa nova versão do jogo dos persas.

BARBA (Barbe)

Todos os naturalistas garantem que a secreção que produz a barba é a mesma que perpetua a espécie humana. Dizem que os eunucos não têm barba porque lhes foram retiradas as duas garrafas nas quais se elaborava o licor procriador que deveria, ao mesmo tempo, formar gente e barba. Dizem também que a maioria dos impotentes não têm barba, pela razão de lhes faltar esse licor, que deve ser bombeado por vasos absorventes, unir-se à linfa nutriente e fornecer-lhe pequenos bulbos de pelos sob o queixo, nas bochechas etc. etc.

Há homens peludos da cabeça aos pés, como macacos; afirma-se que esses são os mais dignos de propagar a espécie, os mais vigorosos, os mais dispostos a tudo; e frequentemente prestam-lhes honras em demasia, assim como a certas damas que são um tanto peludas e têm aquilo que se chama uma *bela palatina*. O fato é que os homens e as mulheres são peludos da cabeça aos pés; loiras ou morenas, morenos ou loiros, dá tudo na mesma. Apenas as palmas das mãos e as plantas dos pés são absolutamente sem pelo. A única diferença, sobretudo em nossos climas frios, é que os pelos das senhoras, sobretudo das loiras, são mais finos, mais macios, mais imperceptíveis. Há também muitos homens com pele que parece bem lisa; mas há outros que, de longe, seriam confundidos com ursos, caso tivessem um rabinho.

Essa afinidade constante entre o pelo e o licor seminal quase não pode ser contestada em nosso hemisfério. Pode-se apenas perguntar por que os eunucos e os impotentes, apesar de não terem barba, têm cabelos: a cabeleira seria de gênero diferente da barba e dos outros pelos? Não teria ela analogia alguma com esse licor seminal? Os eunucos têm sobrancelhas e cílios; aí está mais uma exceção. Isso poderia prejudicar a opinião dominante de que a origem da barba está nos testículos. Há sempre algumas dificuldades que simplesmente paralisam as suposições mais bem estabelecidas. Os sistemas são como os ratos, que podem passar por dezenas de buraquinhos, mais encontram finalmente dois ou três nos quais não cabem.

Há um hemisfério inteiro que parece depor contra a união fraterna entre barba e sêmen. Os americanos de todas as regiões, de todas as cores e de todas as estaturas não têm barba no queixo nem pelo algum no corpo, exceto as sobrancelhas e os cabelos. Tenho declarações jurídicas de homens que estiveram lá e conviveram, conversaram e combateram com trinta nações da América setentrional; afirmam que nunca viram um pelo sequer no corpo deles, e zombam, como devem, dos escritores que, copiando-se uns aos outros, dizem que os americanos só não têm pelos porque os arrancam com pinças; como se Cristóvão Colombo, Fernando Cortez e outros conquistadores tivessem enchido seus navios com aquelas pequenas pinças usadas por nossas damas para arrancar suas penugens e as tivessem distribuído em todos os recantos da América.

Acreditei durante muito tempo que os esquimós eram exceção à lei geral do Novo Mundo, mas disseram-me que eles são imberbes como os outros. No entanto, fazem-se filhos no Chile, no Peru e no Canadá, tanto quanto em nosso continente barbudo. Na América, a virilidade não está vinculada a pelos que puxem para o preto ou para o amarelo. Há, portanto, uma diferença específica entre aqueles bípedes e nós, assim como seus leões, que não têm crina, não são da mesma espécie dos nossos leões africanos.

É de notar que os orientais variaram na consideração que têm pela barba. O casamento, entre eles, sempre foi e ainda é a época da vida na qual já não se raspa o queixo. Traje longo e barba impõem respeito. Os ocidentais quase sempre mudaram de trajes e, ousamos dizer, de queixo. Usou-se bigode no tempo de Luís XIV até aproximadamente o ano 1672. No reinado de Luís XIII, usava-se uma barbicha pontuda. Henrique IV a usava quadrada. Carlos V, Júlio II e Francisco I puseram novamente em voga, na corte, a barba larga que havia muito tempo não estava na moda. Os togados de então, por gravidade e respeito pelos usos de seus pais, barbeavam-se, enquanto os cortesãos, de gibão e mantel, usavam a barba mais comprida que podiam. Os reis então, quando queriam mandar algum togado em missão, pediam que seus confrades permitissem que ele deixasse a barba crescer, sem que fosse alvo de zombarias na câmara de contas ou de apelação. Isso é o que basta sobre barbas.

BATALHÃO (Bataillon)

Ordem militar

A quantidade de homens com que foram sucessivamente compostos os batalhões mudou desde a impressão da *Enciclopédia*; e ainda serão modificados os cálculos segundo os quais, para determinado número de homens, devem ser encontrados os lados do quadrado, os meios de encher ou esvaziar esse quadrado, bem como transformar um batalhão num triângulo, por imitação do *cuneus* dos antigos, que, no entanto, não eram um triângulo. É isso o que já está no verbete Batalhão, na *Enciclopédia*; e só acrescentaremos algumas observações sobre as propriedades ou sobre os defeitos dessa ordem militar.

O método de formar os batalhões com três fileiras lhes confere, segundo vários oficiais, uma frente extensa demais e flancos fraquíssimos: a flutuação, consequência necessária dessa frente extensa, impede que o batalhão avance rapidamente sobre o inimigo; e a fraqueza de seus flancos o expõe a ataques todas as vezes que os flancos deixem de ser apoiados ou protegidos; então ele é obrigado a pôr-se em formação quadrada, tornando-se quase imóvel: segundo dizem, esses são seus defeitos.

Suas vantagens, ou melhor, sua única vantagem é o poder de fogo, porque todos os homens que o compõem podem atirar; mas acredita-se que essa vantagem não compensa os defeitos, sobretudo entre os franceses.

O modo de travar guerra hoje é completamente diferente do que se fazia antigamente. Põe-se um exército em formação de batalha para ser alvo de milhares de tiros de canhão; a seguir, os homens avançam um pouco mais para dar e receber tiros de fuzil, e o exército que se cansar primeiro da barulheira perde a batalha. A artilharia francesa é muito boa, mas o fogo de sua infantaria raramente é superior e com muita frequência é inferior ao das outras nações. Pode-se dizer sem faltar à verdade que a nação francesa ataca com maior impetuosidade, e que é muito difícil resistir a seu choque. O mesmo homem que, imóvel, não consegue suportar pacientemente tiros de canhão e chega mesmo a ter medo deles voará para a refrega, irá com raiva, perderá a vida ou calará o canhão; foi o que se viu tantas vezes. Todos os grandes generais julgaram do mesmo modo os franceses. Citar fatos conhecidos seria aumentar inutilmente este verbete; sabe-se que o marechal de Saxe queria reduzir todas as questões a questões de posição. Por essa mesma razão, diz Folard, "os franceses vencerão os inimigos se forem deixados em cima; mas nada valem quando se faz o contrário."

Afirmou-se que seria preciso enfrentar o inimigo com baionetas, e, para fazê-lo com mais vantagem, seria preciso pôr os batalhões numa frente menos extensa e aumentar sua profundidade; seus flancos ficariam mais seguros, sua marcha, mais rápida, e seu ataque, mais forte. (Esse verbete é do sr. D.P., oficial do estado-maior.)

Adendo

Note-se que a ordem, a marcha e as evoluções dos batalhões, mais ou menos como se usa fazer hoje em dia, foram restabelecidas na Europa por um homem que não era militar, Maquiavel, secretário de Florença. Batalhões com três, quatro, cinco fileiras; batalhões que marcham para o inimigo; batalhões quadrados para não sofrerem baixas após serem desbaratados; batalhões de quatro fileiras cobertos por outros em coluna; batalhões com cavalaria nos flancos: tudo é dele. Ele ensinou à Europa a arte da guerra: fazia-se guerra havia muito tempo, mas não se conhecia sua arte.

O grão-duque quis que o autor de *Mandrágora* e *Clítias* comandasse as manobras de suas tropas de acordo com seu novo método. Maquiavel esquivou-se; não quis que os oficiais e os soldados zombassem de um general que usava manto preto: os oficiais exercitaram as tropas em sua presença, e ele se restringiu a dar conselhos.

Interessantes são todas as qualidades que ele exige na escolha de um soldado. Exige, em primeiro lugar, *gagliardia*, e essa galhardia significa *vigor alerta*; quer olhos vivos e confiantes, nos quais haja até alegria, pescoço nervoso, peito largo, braços musculosos, flancos arredondados, pouca barriga, pernas e pés magros: sinais de agilidade e força.

Mas quer, sobretudo, que o soldado tenha honra, e quer que seja pela honra que o conduzam. Diz ele: "A guerra corrompe demais os costumes"; e lembra o provérbio italiano que diz: "A guerra forma ladrões, e a paz os manda para a forca."

Maquiavel faz pouco caso da infantaria francesa; e convenhamos que até a batalha de Rocroy ela foi muito ruim. Homem estranho esse Maquiavel; divertia-se a fazer versos, comédias, a mostrar de seu gabinete a arte de matar com regras, e a ensinar aos príncipes a arte de conspirar, assassinar e envenenar, se fosse o caso: grande arte que o papa Alexandre VI e seu bastardo César Borgia praticavam maravilhosamente, sem precisarem dessas lições.

Observemos que em todas as obras de Maquiavel, sobre temas tão diferentes, não há uma só palavra que torne desejável a virtude, uma só palavra que fale do coração. Trata-se de uma observação que já se fez sobre o próprio Boileau. É verdade que ele não leva a amar a virtude, mas a pinta como necessária.

BATISMO (Baptême)
Palavra grega que significa "imersão"

Primeira seção

Não falamos do batismo como teólogos; não passamos de pobres literatos, nunca entramos no santuário.

Os indianos, desde tempos imemoriais, mergulhavam e mergulham ainda no Ganges. Os homens, que sempre se guiaram pelos sentidos, imaginaram que o que lavava o corpo também lavava a alma. Havia grandes tinas nos subterrâneos dos templos do Egito para os sacerdotes e os iniciados.

> *Ah! nimium faciles qui tristia crimina caedis*
>   *Fluminea tolli posse putatis aqua.*
> (Ovid., *Fast.*, II, 45, 46)

O velho Boudier, com a idade de oitenta anos, traduziu comicamente esses dois versos:

> *C'est une drôle de maxime*
> *Qu'une lessive efface un crime.*
> [Preceito engraçado, esse,
> De que uma lixívia apaga um crime.]

Como todo signo é indiferente por si mesmo, Deus dignou-se consagrar esse costume no povo hebreu. Batizavam-se todos os estrangeiros que fossem estabelecer-se na Palestina; eram chamados *prosélitos domiciliados*.

Não eram obrigados a receber a circuncisão, mas apenas a abraçar os sete preceitos das leis de Noé e a não oferecer sacrifícios a nenhum Deus dos estrangeiros. Os prosélitos de justiça eram circuncidados e batizados; também se batizavam as mulheres prosélitas, nuas, na presença de três homens.

Os judeus mais devotos vinham receber o batismo das mãos dos profetas mais venerados pelo povo. Por esse motivo iam todos até são João, que batizava no Jordão.

O próprio Jesus Cristo, que nunca batizou ninguém, dignou-se receber o batismo de João. Esse uso, por ter sido, durante muito tempo, um acessório da religião judaica, foi investido de nova dignidade, de novo valor por nosso próprio Salvador; passou a ser o principal rito e o selo do cristianismo. No entanto, os quinze primeiros bispos de Jerusalém foram todos judeus; os cristãos da Palestina conservaram por muito tempo a circuncisão; os cristãos de são João nunca receberam o batismo de Cristo.

Várias outras sociedades cristãs aplicaram ao batizado um cautério com ferro incandescente, e foram determinadas a essa espantosa operação por estas palavras de são João Batista, relatadas por são Lucas: "Batizo pela água, mas aquele que virá depois de mim batizará pelo fogo."

Os seleucienses, os herminianos e alguns outros adotavam esse costume. As palavras *batizará pelo fogo* nunca foram explicadas. Há várias opiniões sobre o batismo de fogo de que falam são Lucas e são Mateus. A mais verossímil, talvez, é que se tratava de uma alusão ao antigo costume dos devotos da deusa da Síria, que, depois de serem mergulhados na água, imprimiam-se caracteres no corpo com ferro candente. Tudo era superstição nos miseráveis homens; e Jesus substituiu essas superstições ridículas por uma cerimônia sagrada, por um símbolo eficaz e divino[15].

---

15. Esses estigmas eram impressos principalmente no pescoço e no punho, para mostrar-se melhor, por meio dessas marcas aparentes, que se era iniciado e se pertencia à deusa. Ver o capítulo da deusa da Síria, escrito por um ini-

Nos primeiros séculos do cristianismo, nada era mais comum do que esperar a agonia para receber o batismo. O exemplo do imperador Constantino é forte prova disso. Santo Ambrósio ainda não havia sido batizado quando se tornou bispo de Milão. Logo se aboliu o costume de esperar a morte para mergulhar no banho sagrado.

Do batismo dos mortos

Batizavam-se também os mortos. Esse batismo é confirmado por este trecho de são Paulo em sua Epístola aos coríntios: "Se não se ressuscita, que farão aqueles que recebem o batismo para os mortos?" Aí está um fato. Ou se batizavam os mortos, ou o batismo era recebido em seu nome, assim como mais tarde se receberam indulgências para livrar do purgatório as almas de amigos e parentes.

Santo Epifânio e são Crisóstomo informam que em algumas sociedades cristãs, principalmente entre os marcionitas, punha-se um vivo debaixo da cama de um morto; perguntava-se se queria ser batizado; o vivo respondia que sim; então pegava-se o morto, e este era mergulhado numa tina. Esse costume logo foi condenado: são Paulo faz menção a ele, mas não o condena; ao contrário, usa-o como argumento irretorquível para provar a ressurreição.

Do batismo por aspersão

Os gregos sempre conservaram o batismo por imersão. Os latinos, no fim do século VIII, ao estenderem sua religião pelas Gálias e pela Germânia, vendo que a imersão podia levar as crianças à morte em regiões frias, passaram a usar a simples aspersão; e isso lhes valeu frequentes anátemas da Igreja grega.

Perguntou-se a são Cipriano, bispo de Cartago, se estavam realmente batizados aqueles cujo corpo havia sido apenas aspergido. Ele responde, em sua septuagésima sexta carta, que várias Igrejas não acreditam que tais aspergidos sejam cristãos; quanto a ele, acha que são cristãos, mas que têm uma graça infinitamente menor do que aqueles que foram mergulhados três vezes, segundo o uso.

Uma pessoa se tornava iniciada entre os cristãos assim que era mergulhada; antes desse momento, era-se apenas catecúmeno. Para ser iniciado, era preciso ter responsáveis, cauções que recebiam um nome correspondente ao de *padrinhos*, para que a Igreja se certificasse da fidelidade dos novos cristãos e os mistérios não fossem divulgados. Foi por isso que, nos primeiros séculos, os gentios geralmente estavam tão mal informados sobre os mistérios dos cristãos quanto estes estavam sobre os mistérios de Ísis e de Ceres Eleusina.

Cirilo de Alexandria, em seu escrito contra o imperador Juliano, assim se exprime: "Falaria de batismo, caso não temesse que meu discurso chegasse até aqueles que não são iniciados." Não havia então nenhum culto que não tivesse seus mistérios, suas associações, seus catecúmenos, seus iniciados, seus professos. Cada seita exigia novas virtudes e recomendava a seus penitentes

---

ciado e inserido em Luciano. Plutarco, em seu tratado sobre a superstição, diz que essa deusa provocava úlceras na batata das pernas de quem comesse carnes proibidas. Isso pode ter alguma relação com o Deuteronômio, que, depois de proibir que se comesse ixíon, grifo, camelo, enguia etc., diz (cap. XXVII, v. 35): "Se não observardes esses mandamentos, sereis malditos etc. [...] O Senhor vos dará úlceras malignas nos joelhos e nas panturrilhas." Assim, na Síria a mentira vivia à sombra da verdade hebraica, que por sua vez deu lugar a uma verdade mais luminosa.

O batismo pelo fogo, ou seja, o uso desses estigmas, era usado em quase todos os lugares. Lê-se em Ezequiel (cap. IX, v. 6): "Matai tudo, velhos, crianças, mulheres, exceto os que estiverem marcados." Ver no Apocalipse (cap. VII, v. 3, 4): "Não façais dano à terra, ao mar e às árvores, até que tenhamos marcado com o selo a fronte dos servos de Deus. E o número dos marcados era cento e quarenta e quatro mil." (N. de Voltaire)

uma nova vida, *initium novae vitae*, donde a palavra *iniciação*. A iniciação dos cristãos e das cristãs consistia em ser mergulhados nus numa tina de água fria; a remissão de todos os pecados estava vinculada a esse signo. Mas a diferença entre o batismo cristão e as cerimônias gregas, sírias, egípcias e romanas era a mesma que há entre a verdade e a mentira. Jesus Cristo era o grão--sacerdote da nova lei.

A partir do século II, começou-se a batizar crianças; era natural que os cristãos desejassem dar aos filhos esse sacramento, sem o qual eles seriam danados. Concluiu-se, afinal, que ele devia ser administrado ao cabo de oito dias, porque, entre os judeus, essa era a idade da circuncisão. A Igreja grega ainda adota esse uso.

Aqueles que morriam na primeira semana estavam danados, segundo os Padres da Igreja mais rigorosos. Mas Pedro Crisólogo, no século V, imagina o *limbo*, espécie de inferno mitigado, mais propriamente beira do inferno, subúrbio do inferno, para onde vão as criancinhas que morreram sem batismo e onde os patriarcas ficavam antes da descida de Jesus Cristo aos infernos. De modo que a opinião de que Jesus Cristo descera ao limbo, e não ao inferno, prevaleceu a partir daí.

Discutiu-se se um cristão nos desertos da Arábia podia ser batizado com areia. Respondeu-se que não. Se era possível batizar com água de rosas. Decidiu-se que devia ser com água pura; mas que era possível usar água lodosa. Percebe-se que toda essa disciplina dependeu da prudência dos primeiros pastores que a estabeleceram.

Os anabatistas e algumas outras comunhões que estão fora da grei acreditaram que não se devia batizar, iniciar ninguém, sem conhecimento de causa. Dizem eles: obrigais alguém a prometer que será da sociedade cristã, mas uma criança não pode comprometer-se com nada. Vós lhe dais um responsável, um padrinho, mas esse é um abuso de antigo uso. Essa precaução era conveniente no início do estabelecimento. Quando desconhecidos, homens e mulheres feitas, adultos, vinham apresentar-se aos primeiros discípulos para serem aceitos na sociedade, participar das esmolas, havia necessidade de uma caução de sua fidelidade; era preciso garantir-se; eles juravam que ficariam de vosso lado; mas uma criança é um caso diametralmente oposto. Muitas vezes crianças batizadas por gregos em Constantinopla foram em seguida circuncidadas por turcos; cristão aos oito dias, muçulmano aos treze anos, traiu os juramentos de seu padrinho. Essa é uma das razões que os anabatistas podem alegar; mas essa razão, que seria válida na Turquia, nunca foi admitida em países cristãos, onde o batismo garante o estado de um cidadão. Cada um deve conformar-se às leis e aos ritos de sua pátria.

Os gregos rebatizam os latinos que passam de uma de nossas comunhões latinas para a comunhão grega; no século passado, era costume que esses catecúmenos pronunciassem as seguintes palavras: "Escarro sobre meu pai e sobre minha mãe que fizeram que eu fosse mal batizado." Esse costume talvez ainda dure e durará por muito tempo nas províncias.

Ideias dos unitaristas rígidos sobre o batismo

"É evidente para qualquer um que queira raciocinar sem preconceito que o batismo não é marca de graça concedida nem selo de aliança, mas simples marca de profissão de fé;

"Que o batismo não é necessário, nem por necessidade de preceito, nem por necessidade de meio;

"Que não foi instituído por Jesus Cristo, e que o cristão pode prescindir dele, sem que isso lhe acarrete nenhum inconveniente;

"Que não se devem batizar as crianças, os adultos, e nenhum ser humano em geral;

"Que o batismo podia ser útil, quando do nascimento do cristianismo, para aqueles que saíam do paganismo, para tornar pública sua profissão de fé, sendo sua marca autêntica; mas hoje ele é absolutamente inútil e totalmente indiferente." (Extraído do *Dicionário enciclopédico*, verbete Unitaristas.)

Segunda seção

O batismo, como imersão na água, aspersão, purificação pela água, é antiquíssimo. Estar limpo era estar puro perante os deuses. Nenhum sacerdote nunca ousou aproximar-se dos altares com nenhuma imundície no corpo. A tendência natural a transportar para a alma o que pertence ao corpo levou facilmente a crer que as lustrações e as abluções eliminavam as manchas da alma assim como eliminam as das vestes; e, lavando-se o corpo, acreditou-se lavar a alma. Daí provém o antigo costume de banhar-se no Ganges, cujas águas seriam sagradas, segundo a crença; daí provêm as lustrações tão frequentes em todos os povos. As nações orientais que habitam terras quentes foram as mais religiosamente apegadas a esses costumes.

Entre os judeus, havia a obrigação de banhar-se depois de uma ejaculação, quando se tocava um animal impuro, quando se tocava num morto e em muitas outras ocasiões.

Quando os judeus recebiam um estrangeiro convertido à sua religião, batizavam-no depois de circuncidá-lo; se fosse mulher, era simplesmente batizada, ou seja, mergulhada na água diante de três testemunhas. Considerava-se que essa imersão conferia um novo nascimento, uma nova vida à pessoa batizada; ela se tornava ao mesmo tempo judia e pura; as crianças nascidas antes desse batismo não tinham parte na herança dos irmãos que nascessem depois delas de um pai e de uma mãe assim regenerados: desse modo, entre os judeus, ser batizado e renascer eram a mesma coisa, e essa ideia ficou vinculada ao batismo até nossos dias. Assim, João, o precursor, quando começou a batizar no Jordão, apenas continuou um uso imemorial. Os sacerdotes da lei não lhe pediram contas desse batismo como se fosse novidade; mas o acusaram de arrogar-se um direito que só cabia a eles, assim como os sacerdotes católicos romanos teriam o direito de queixar-se se um leigo se ingerisse a rezar missa. João fazia uma coisa lícita, mas não a fazia licitamente.

João quis ter discípulos, e os teve. Dirigiu uma seita entre o povo miúdo, e foi isso que lhe custou a vida. Parece mesmo que Jesus, de início, era um de seus discípulos, pois foi batizado por ele no Jordão, e João lhe enviou gente de sua seita algum tempo antes de morrer.

O historiador Josefo fala de João, mas não fala de Jesus; isso é prova incontestável de que João Batista, em seu tempo, tinha muito mais reputação do que aquele que ele batizou. Era seguido por grande multidão, conforme diz o célebre historiador, e os judeus pareciam dispostos a fazer tudo o que ele lhes ordenava. Parece, por esse trecho, que João era não só um chefe de seita, mas um chefe de partido. Josefo acrescenta que Herodes ficou preocupado. De fato, ele se tornou temível para Herodes, que acabou por mandar matá-lo; mas Jesus só se envolveu com os fariseus: por isso Josefo faz menção a João como homem que incitara os judeus contra o rei Herodes, como um homem que, por seu fervor, se tornara criminoso de Estado; ao passo que Jesus, não se aproximando da corte, foi ignorado pelo historiador Josefo.

A seita de João Batista continuou sendo muito diferente da disciplina de Jesus. Vê-se, em Atos dos apóstolos, que, vinte anos depois do suplício de Jesus, Apolo de Alexandria, apesar de convertido ao cristianismo, só conhecia o batismo de João e não tinha noção alguma do Espírito Santo. Vários viajantes, entre outros Chardin, o mais credenciado de todos, dizem que na Pérsia ainda há discípulos de João, que são chamados *sabis*, batizam-se em seu nome e reconhecem Jesus como profeta, mas não como Deus.

No que se refere a Jesus, recebeu o batismo, mas não o conferiu a ninguém; seus apóstolos batizavam os catecúmenos ou os circuncidavam, segundo a ocasião; é o que fica evidente da operação de circuncisão que Paulo fez em Timóteo, seu discípulo.

Parece também que, quando os apóstolos batizaram, foi sempre apenas em nome de Jesus Cristo. Os Atos dos apóstolos nunca fazem menção a ninguém batizado em nome do Pai, do Filho e do Espírito Santo: isso pode levar a crer que o autor dos Atos dos apóstolos não conhecia o Evangelho de Mateus, no qual se diz: "Ide ensinar todas as nações e batizai-as em nome do Pai, do Filho e do Espírito Santo." A religião cristã ainda não ganhara forma: o próprio Símbolo, chamado *Símbolo dos apóstolos*, só foi criado depois deles; e isso é coisa de que ninguém duvida. Pela Epístola de Paulo aos coríntios, vê-se um costume bem singular, introduzido então, que consistia em batizar os mortos; mas logo a Igreja nascente reservou o batismo apenas para os vivos: de início só se batizavam os adultos; muitas vezes se esperava até cinquenta anos e até a última doença, para ser possível levar ao outro mundo a virtude íntegra de um batismo ainda recente.

Hoje se batizam todas as crianças: só os anabatistas reservam essa cerimônia para a idade adulta; eles se mergulham de corpo inteiro na água. Quanto aos *quakers*, que compõem uma sociedade muito numerosa na Inglaterra e na América, não fazem uso do batismo: baseiam-se no fato de que Jesus Cristo não batizou nenhum de seus discípulos e gabam-se de ser cristãos como se era cristão no tempo de Jesus Cristo; o que estabelece prodigiosa diferença entre eles e as outras comunhões.

Adendo importante

O imperador Juliano, o filósofo, em sua imortal *Sátira dos Césares*, põe as seguintes palavras na boca de Constâncio, filho de Constantino: "Quem se sentir culpado de estupro, assassinato, roubo, sacrilégio e de todos os crimes mais abomináveis, assim que for lavado por mim com esta água, ficará límpido e puro."

De fato, foi essa fatal doutrina que levou os imperadores cristãos e os poderosos do império a diferir seu batismo até a hora da morte. Acreditava-se haver descoberto o segredo de viver criminoso e morrer virtuoso. (Extraído do sr. Boulanger.)

Outro adendo

Que estranha ideia, extraída da lavanderia, de que uma vasilha de água limpa todos os crimes! Hoje, quando batizadas, as crianças – que, de acordo com uma ideia não menos absurda, foram todas supostas criminosas – estão salvas até que atinjam a idade da razão e possam tornar-se pecadoras. Matai-as então o mais depressa possível, para que tenham o paraíso garantido. Essa consequência é tão justa, que houve uma seita devota que saía a envenenar ou matar todas as criancinhas recém-batizadas. Aqueles devotos raciocinavam perfeitamente. Diziam: "Fazemos o maior bem possível a esses pequenos inocentes; nós os impedimos de ser malvados e infelizes nesta vida e lhes damos a vida eterna." (Do sr. abade Nicaise.)

BAYLE (Bayle)

Mas será possível que Louis Racine tenha tratado Bayle de *coração cruel* e *homem medonho* numa epístola a Jean-Baptiste Rousseau, pouco conhecida, apesar de publicada?

Compara Bayle, cuja profunda dialética mostrou a falsidade de tantos sistemas, a Mário sentado sobre as ruínas de Cartago:

Ainsi, d'un oeil content, Marius, dans sa fuite,
Contemplait les débris de Carthage détruite.
[Assim, com olhos contentes, Mário, a fugir,
 Contemplava as ruínas de Cartago destruída.]

Aí está uma similitude bem pouco semelhante, como diz Pope, *simile unlike*. Mário não havia destruído Cartago como Bayle destruiu maus argumentos. Mário não via aquelas ruínas com prazer, mas sim compenetrado de uma dor taciturna e nobre ao contemplar a vicissitude das coisas humanas, dando esta memorável resposta: "Dize ao procônsul da África que viste Mário sobre as ruínas de Cartago."[16]

Perguntamos em que Mário pode parecer-se com Bayle.

Admitimos que Louis Racine dê o nome de *coração medonho* e *homem cruel* a Mário, a Sila, aos três triúnviros etc. etc. etc.; mas a Bayle! *Detestável prazer, coração cruel, homem medonho*! Essas palavras não deveriam ser postas na sentença proferida por Louis Racine contra um filósofo que só pode ser acusado de ter pesado as razões de maniqueístas, paulicianos, arianos, eutiquianos e adversários. Louis Racine não ditava penas proporcionais aos delitos. Devia lembrar-se de que Bayle combateu Espinosa, filósofo demais, e Jurieu, que não era filósofo nenhum. Devia respeitar os costumes de Bayle e aprender a raciocinar com ele. Mas era jansenista, ou seja, sabia as palavras da língua do jansenismo e as empregava a esmo.

Seria chamado com razão de *cruel* e *medonho* o homem poderoso que mandasse seus escravos, sob pena de morte, ir fazer uma colheita de trigo onde tivesse semeado cardo; que desse comida demais a uns e deixasse outros morrer de fome; que matasse o filho mais velho para deixar grande herança ao mais novo. Isso é ser medonho e cruel, Louis Racine! Afirma-se que esse é o Deus de teus jansenistas, mas não acredito.

Ó gente facciosa! Gente atacada de icterícia! Sempre vereis tudo amarelo.

E a quem o herdeiro não pensador de um pai que tivesse cem vezes mais gosto que filosofia dirigiria sua infeliz epístola devota contra o virtuoso Bayle? A Rousseau, poeta que pensava menos ainda, a um homem cujo principal mérito consistia em epigramas que revoltam a honestidade mais indulgente, a um homem que se esmerava em pôr em rimas ricas a sodomia e a bestialidade, que traduzia ora um salmo, ora um lixo como *Moyen de parvenir* [Meio de alcançar], para quem era indiferente cantar Jesus Cristo ou Giton. Tal era o apóstolo a quem Louis Racine denunciava Bayle como celerado. Que motivo teria levado o irmão de Fedra e Ifigênia a cair em tão prodigiosa extravagância? O motivo é que Rousseau fizera versos para os jansenistas, que ele acreditava então dignos de crédito.

Foi tamanha a raiva facciosa que se desencadeou sobre Bayle, que não se ouve nenhum dos cães que uivaram contra ele ladrar contra Lucrécio, Cícero, Sêneca, Epicuro, nem contra tantos filósofos da antiguidade. Eles não gostam de Bayle, que é concidadão deles, pertence ao século deles; a glória dele os irrita. Lê-se Bayle, mas não se lê Nicole: essa é a origem do ódio jansenista. Lê-se Bayle, mas não se leem o reverendo padre Croiset nem o reverendo padre Caussin: essa é a origem do ódio jesuítico.

Em vão um parlamento da França lhe fez a maior honra ao validar seu testamento, a despeito da severidade da lei: a demência facciosa não conhece nem honra nem justiça. Portanto, não inseri este verbete para elogiar o melhor dos Dicionários, elogio que assentaria tão bem neste, mas do qual Bayle não tem necessidade: escrevi para, se for possível, tornar odioso e ridículo o espírito de facção.

---

16. Parece que essas célebres palavras estão acima do pensamento de Lucano (*Farsália*, liv. II, 91):

> ... *Solatia fati*
> *Carthago Mariusque tulit, pariterque jacentes,*
> *Ignovere Diis.*

"Cartago e Mário, deitados sobre a mesma areia, consolaram-se e perdoaram os deuses." Mas não estão contentes, nem em Lucano nem na resposta do romano. (N. de Voltaire)

BDÉLIO (Bdellium)

Muitos se atormentaram para saber o que é esse bdélio que se encontrava às margens do Píson, rio do paraíso terrestre, "que corre nas terras de Hévila, onde vem o ouro". Calmet, compilando, relata que[17], segundo vários compiladores, bdélio é carbúnculo, mas também poderia ser cristal; em seguida, que é goma de uma árvore da Arábia; depois, avisa que são alcaparras. Muitos outros garantem que são pérolas. Só mesmo as etimologias de Bochart podem esclarecer essa questão. Eu gostaria que todos esses comentadores tivessem visitado o local.

O excelente ouro que se extrai daquela região mostra com evidência, segundo Calmet, que se trata da região de Cólquida: o tosão de ouro é prova disso. Pena que as coisas tenham mudado tanto depois. A Mingrélia, região tão famosa pelos amores de Medeia e Jasão, produz hoje tanto ouro e bdélio quanto touros que lançam fogo e chama e dragões que guardam tosões: tudo muda neste mundo; e, se não cultivarmos bem nossas terras, e se o Estado continuar endividado, viraremos Mingrélia.

BEBER À SAÚDE (Boire à la santé)

De onde vem esse costume? Será tão antigo quanto o costume de beber? Parece natural beber vinho para a própria saúde, mas não para a saúde alheia.

O *propino* dos gregos, adotado pelos romanos, não significava: bebo para o bem de vossa saúde, mas sim: bebo diante de vós para beberdes; convido-vos a beber.

Na alegria de um banquete, bebia-se para festejar a amante, e não para que ela tivesse boa saúde. Veja-se em Marcial (liv. I, ep. LXXII):

Naevia sex cyathis, septem Justina bibatur.
Six coups pour Névia, sept au moins pour Justine.
[Seis tragos por Névia, pelo menos sete por Justina]

Os ingleses, que se gabaram de restabelecer vários costumes da antiguidade, bebem à honra das damas: é aquilo que eles chamam de *tostar*; e entre eles constitui tema de grandes discussões o fato de uma mulher ser ou não *tostável*, ser ou não digna de ser *tostada*.

Em Roma bebia-se pelas vitórias de Augusto, pelo retorno de sua saúde. Dião Cássio conta que, depois da batalha de Áccio, o senado decretou que nas refeições lhe seriam feitas libações no segundo prato. Estranho decreto. É mais provável que a bajulação tivesse introduzido voluntariamente essa baixeza. Seja como for, lê-se em Horácio (liv. IV, od. v):

Hinc ad vina redit laetus, et alteris
Te mensis adhibet deum:
Te multa prece, te prosequitur mero
Defuso pateris; et laribus tuum
Miscet numen, uti Graecia Castoris,
Et magni memor Herculis.
Longas o utinam, dux bone, ferias
Praestes Hesperiae! dicimus integro
Sicci mane die; dicimus uvidi
Quum sol Oceano subest.

---

17. Notas sobre o cap. II do Gênese. (N. de Voltaire)

Sois le dieu des festins, le dieu de l'allégresse;
Que nos tables soient tes autels.
Préside à nos jeux solennels,
Comme Hercule aux jeux de la Grèce.
Seul tu fais les beaux jours, que tes jours soient sans fin!
C'est ce que nous disons en revoyant l'aurore,
Ce qu'en nos douces nuits nous redisons encore,
Entre les bras du dieu du vin.[18]
[Sê o deus dos festins, o deus da alegria;
Que nossas mesas sejam teus altares.
Preside a nossos jogos solenes,
Como Hércules aos jogos da Grécia.
Só tu fazes belos os dias, que teus dias sejam sem fim!
É o que dizemos revendo a aurora,
Aquilo que em nossas noites amenas repetimos,
Nos braços do deus do vinho.]

Parece-me que não é possível entender mais expressamente aquilo que entendemos pelas palavras: "Bebemos à saúde de Vossa Majestade."

Provavelmente daí proveio, nas nações bárbaras, o uso de beber à saúde dos convivas: uso absurdo, pois mesmo que esvaziássemos quatro garrafas não lhes faríamos o menor bem; e o que quer dizer *beber à saúde do rei*, senão aquilo que acabamos de ver?

O *Dicionário de Trévoux* adverte que "não se bebe à saúde dos superiores em sua presença". Que seja, para a França e a Alemanha; mas na Inglaterra esse costume é consagrado. É menor a distância entre um homem e outro em Londres do que em Viena.

Sabe-se da grande importância que há na Inglaterra em se beber à saúde de um príncipe que tenha pretensões ao trono: é declarar-se seu partidário. Custou caro a mais de um escocês e de um irlandês beber à saúde dos Stuarts.

Todos os *whigs* bebiam, depois da morte do rei Guilherme, não à sua saúde, mas à sua memória. Um *tory* chamado Brown, bispo de Cork, na Irlanda, grande inimigo de Guilherme, disse que poria uma rolha em cada garrafa esvaziada à glória desse monarca, porque *cork* em inglês significa *rolha*. Não se limitou a esse insípido jogo de palavras; em 1702, escreveu uma brochura (são os mandamentos do país) para mostrar aos irlandeses que é sacrilégio atroz beber à saúde dos reis e, sobretudo, à *memória* deles; pois se trata de uma profanação destas palavras de Jesus Cristo: "Bebei todos; fazei isso em minha memória."

O mais espantoso é que esse bispo não foi o primeiro que concebeu essa demência. Antes dele, o presbiteriano Prynne escrevera um alentado volume contra o costume ímpio de beber à saúde dos cristãos.

Finalmente, houve certo Jean Geré, cura da paróquia de Sainte-Foi, que publicou "a divina poção para conservar a saúde espiritual por meio do tratamento da doença inveterada de beber à saúde, com argumentos claros e sólidos contra esse costume criminoso, tudo para satisfação do público; a pedido de um digno membro do parlamento, no ano da graça de 1648".

Nosso reverendo padre Garasse, nosso reverendo padre Patouillet e nosso reverendo padre Nonotte nada têm de superior a essas profundidades inglesas. Brigamos muito tempo com aqueles nossos vizinhos para saber quem seria o melhor.

---

18. Dacier traduziu *sicci* e *tividi* como em nossas preces da noite e da manhã. (N. de Voltaire)

BEIJO (Baiser)

Peço desculpas aos jovens e às jovens, mas talvez eles não encontrem aqui aquilo que procuram. Este verbete só se dirige aos eruditos e às pessoas sérias, aos quais o beijo não convém.

Fala-se demais em beijos nas comédias do tempo de Molière. Champagne, em sua comédia *La Mère coquette* [A mãe coquete] de Quinault, pede beijos a Laurette; e ela diz:

Tu n'es donc pas content? vraiment c'est une honte;
Je t'ai baisé deux fois.
[Então não estás contente? Realmente, é uma vergonha;
Já te beijei duas vezes.]

Champagne responde:

Quoi; tu baises par compte?
[Como! Teus beijos têm conta?]
(Ato I, cena I)

Os lacaios sempre pediam beijos às criadas; havia beijos em cena. De modo geral, isso era muito insípido e insuportável, principalmente nos atores desprezíveis, que davam nojo.

Se o leitor quer beijos, que vá buscá-los no *Pastor fido*; nele, há um coro inteiro em que só se fala de beijos[19]; e a peça baseia-se apenas num beijo que Mirtillo deu um dia na bela Amarilli, na brincadeira de cabra-cega, *un bacio molto saporito*.

....
19. Baci pur bocca curiosa e scaltra
O seno, o fronte, o mano: unqua non fia
Che parte alcuna in bella donna baci,
Che baciatrice sia
Se non la bocca; ove l'un'alma e l'altr
Corre e si bacia anch'ella, e con vivaci
Spiriti pellegrini
Dà vita al bel tesoro
De'bacianti rubini etc.
[Que beije mesmo uma boca curiosa e sagaz / oh seio, oh fronte, oh mão: que nunca aconteça / que em parte alguma beije uma linda mulher / que possa devolver os beijos / senão na boca; onde uma alma e a outra / também corre e se beija, com Espíritos / vivos e peregrinos / dá vida ao belo tesouro / dos lábios feitos rubis etc.]
(Ato II.)

Existe alguma semelhança nestes versos franceses, cujo autor ignoro:

De cent baisers, dans votre ardente flamme,
Si vous pressez belle gorge entre beaux bras,
C'est vainement; ils ne les rendent pas.
Baisez la bouche, elle répond à l'âme.
L'âme se colle aux lèvres de rubis,
Aux dents d'ivoire, à la langue amoureuse;
Âme contre âme alors est fort heureuse,
Deux n'en font qu'une, et c'est un paradis.
[De cem beijos, em vossa ardente chama, / Se estreitais bela garganta entre belos braços, / É inútil; não os dão. / Beijai a boca, ela responde à alma. / A alma se cola aos lábios de rubi, / Aos dentes de marfim, à língua amorosa; / Alma contra alma então é muito feliz, / Duas formam apenas uma, e é um paraíso] (N. de Voltaire)

BEIJO

É conhecido o capítulo sobre os beijos, no qual Giovanni della Casa, arcebispo de Benevento, diz que é possível beijar-se da cabeça aos pés. Lamenta os narigões, que só com dificuldade se aproximam, e aconselha às senhoras de nariz comprido que tenham amantes de nariz chato.

O beijo era uma maneira muito comum de cumprimentar-se na antiguidade. Plutarco conta que os conjurados, antes de matarem César, beijaram-lhe o rosto, a mão e o peito. Tácito diz que, quando seu sogro Agrícola voltou de Roma, Domiciano o recebeu com um beijo frio, não lhe disse nada e o deixou vexado na multidão. O subalterno que não podia cumprimentar o superior com um beijo aplicava a boca na própria mão e lhe enviava o beijo, que era correspondido da mesma maneira, caso se quisesse. Esse sinal era usado até mesmo para adorar os deuses. Jó, em sua *Parábola*[20], que talvez seja o mais antigo de nossos livros conhecidos, diz que "ele não adorou o Sol e a Lua como os outros árabes, que não levou a mão à boca ao olhar para esses astros".

No ocidente, só restou desse uso tão antigo a regra de civilidade *pueril* e *inocente*, ensinada às crianças ainda em algumas pequenas cidadezinhas, de beijar a mão direita quando lhe dão algum doce.

Era coisa horrível trair beijando; é isso que torna o assassinato de César ainda mais odioso. Conhecemos bem os beijos de Judas; eles ficaram proverbiais.

Joabe, um dos capitães de Davi, com muita inveja de Amasa, outro capitão, diz-lhe[21]: "Bom dia, meu irmão"; com uma das mãos segurou o queixo de Amasa para beijá-lo e com a outra puxou a espada e o assassinou com um só golpe tão terrível, que todas as suas entranhas saíram do corpo.

Não se encontra nenhum beijo nos outros assassinatos tão frequentemente cometidos entre os judeus, exceto, talvez, os beijos que Judite deu no capitão Holofernes, antes de decapitá-lo na cama, enquanto ele dormia; mas a isso não se faz menção; a coisa é apenas verossímil.

Numa tragédia de Shakespeare, chamada *Otelo*, esse Otelo, que é negro, dá dois beijos na mulher antes de estrangulá-la. Isso parece abominável às pessoas de bem, mas alguns partidários de Shakespeare dizem que é a bela natureza, sobretudo num negro.

Quando assassinados, Giovanni Galeazzo Sforza (na catedral de Milão, no dia de Santo Estêvão), os dois Médicis (na igreja da Reparata), o almirante Coligny, o príncipe de Orange, o marechal de Ancre, os irmãos de Witt e tantos outros pelo menos não foram beijados.

Havia entre os antigos algo de simbólico e sagrado vinculado ao beijo, pois beijavam-se as estátuas dos deuses e suas barbas, quando os escultores os esculpiam com barba. Os iniciados se beijavam nos mistérios de Ceres, em sinal de concórdia.

Os primeiros cristãos e as primeiras cristãs beijavam-se na boca em seus ágapes. Esta palavra significava *refeição de amor*. Trocavam o santo beijo, o beijo da paz, o beijo de irmão e irmã, ἅγιον φίλημα. Esse uso durou mais de quatro séculos, sendo afinal abolido devido às suas consequências. Foram esses beijos de paz, esses ágapes de amor, esses nomes *irmão* e *irmã* que durante muito tempo atraíram para os cristãos, que eram pouco conhecidos, as acusações de dissipação que os sacerdotes de Júpiter e as sacerdotisas de Vesta lhes faziam. Lê-se em Petrônio e em outros autores profanos que os dissolutos se chamavam *irmão* e *irmã*. Acreditou-se que entre os cristãos os mesmos nomes significavam as mesmas infâmias. Eles serviram inocentemente para difundir essas acusações no império romano.

Houve no início dezessete sociedades cristãs diferentes, assim como houve nove delas entre os judeus, contando as duas espécies de samaritanos. As sociedades que se gabavam de ser mais ortodoxas acusavam as outras das impurezas mais inconcebíveis. O termo *gnóstico*, que de início foi tão honroso e significava *sapiente*, *esclarecido*, *puro*, passou a ser um termo que causava horror e desprezo, uma acusação de heresia. Santo Epifânio, no século III, afirmava que, para começar, homens e mulheres se acariciavam e depois trocavam beijos muito impudicos, que

---

20. Jó, cap. XXXI. (N. de Voltaire)
21. II Liv. dos reis, cap. XX, 9, 10. (N. de Voltaire)

avaliavam o grau de sua fé pela volúpia desses beijos; que o marido dizia à mulher ao lhe apresentar um jovem iniciado: *Faz o ágape com meu irmão*; e eles faziam o ágape.

Não ousamos repetir aqui, na casta língua francesa, aquilo que santo Epifânio acrescenta em grego[22]. Diremos apenas que aquele santo talvez tenha sido ludibriado, que se deixou arrebatar demais pelo fervor, e que nem todos os hereges são tremendos devassos.

Os pietistas, querendo imitar os primeiros cristãos, hoje trocam beijos de paz ao saírem da assembleia e chamam-se de *irmão* e *irmã*; foi o que me disse, há vinte anos, uma pietista muito bonita e humana. O antigo costume era beijar na boca; os pietistas o conservaram zelosamente.

Não havia outra maneira de cumprimentar as damas na França, na Alemanha, na Itália e na Inglaterra; era direito dos cardeais beijar as rainhas na boca, mesmo na Espanha. É de estranhar que não tenham tido a mesma prerrogativa na França, onde as mulheres sempre tiveram mais liberdade do que em qualquer outro lugar; mas *cada lugar tem suas cerimônias*, e não há uso tão generalizado ao qual o acaso e o hábito não tenham dado alguma exceção. Teria sido incivil e afrontoso uma dama honesta, ao receber a primeira visita de um senhor, não o beijar na boca, a despeito do bigode. "É um costume desagradável e injurioso para as damas, diz Montaigne, ter de oferecer os lábios a qualquer um que tenha três pajens em seu séquito, por mais repugnante que ele seja." Esse costume, porém, era o mais antigo do mundo.

Se era desagradável uma boca jovem e bonita colar-se por polidez a uma boca envelhecida e feia, era grande o perigo que havia entre bocas frescas e vermelhas de vinte a vinte e cinco anos; e foi isso o que levou à abolição da cerimônia do beijo nos mistérios e nos ágapes. Foi isso que levou os orientais a trancar as mulheres, para que elas só beijassem os pais e os irmãos; costume imposto por muito tempo na Espanha pelos árabes.

Eis o perigo: há um nervo do quinto par que vai da boca ao coração, e daí para baixo; a tal ponto a natureza preparou tudo com requintado esmero! As pequenas glândulas dos lábios, seu tecido esponjoso, suas papilas aveludadas, sua pele fina, acariciante, produzem um sentimento delicioso e voluptuoso, que não deixa de ter analogia com uma parte mais oculta e mais sensível ainda. O pudor pode ser ferido por um beijo demoradamente saboreado entre dois pietistas de dezoito anos.

É de notar que a espécie humana, as rolinhas e os pombos são os únicos que conhecem os beijos; daí proveio, entre os latinos, a palavra *columbatim*, que nossa língua não conseguiu traduzir. Não existe nada de que não se tenha abusado. O beijo, destinado pela natureza à boca, foi prostituído muitas vezes em membranas que não pareciam feitas para esse uso. Sabe-se de que foram acusados os templários.

Não podemos tratar honestamente por mais tempo esse assunto interessante, embora Montaigne diga: "É preciso falar sem pudor: nós pronunciamos ousadamente matar, ferir, trair, e disso só ousaríamos falar entre dentes."

---

22. Aqui está sua tradução literal em latim: *Postquam enim inter se permixti fuerunt per scortationis affectum, insuper blasphemiam suam in coelum extendunt. Et suscipit quidem muliercula, itemque vir, fluxum a masculo in proprias suas manus; et stant ad coelum intuentes; et immunditiam in manibus habentes, precantur nimirum stratiotici quidem et gnostici appellati, ad patrem, ut aiunt, universorum, offerentes ipsum hoc quod in manibus habent, et dicunt: Offerimus tibi hoc donum corpus Christi. Et sic ipsum edunt assumentes suam ipsorum immunditiam, et dicunt: Hoc est corpus Christi, et hoc est pascha. Ideo patiuntur corpora nostra, et coguntur confiteri passionem Christi. Eodum vero modo etiam de fœmina; ïbi contigerit ipsam in sanguinis fluxu esse, menstruum collectum ab ipsa immunditia sanguinem acceptum in communi edunt; et hic est (inquiunt) sanguis Christi.*

    Como santo Epifânio teria acusado de torpezas tão execráveis a mais sábia das primeiras sociedades cristãs, se ela não tivesse dado motivo para essas acusações? Como ousou acusá-los, se eram inocentes? Ou santo Epifânio era o mais extravagante dos caluniadores, ou aqueles gnósticos eram os dissolutos mais infames e ao mesmo tempo os mais detestáveis hipócritas da terra. Como conciliar tais contradições? Como salvar o berço de nossa Igreja triunfante dos horrores de tal escândalo? Sem dúvida, nada é mais propício a nos fazer meditar, a nos fazer sentir nossa extrema miséria. (N. de Voltaire)

BEKKER (Bekker)
Ou do *Mundo encantado*, do diabo, do livro de Enoque e dos feiticeiros

Esse Baltazar Bekker, homem bondoso, grande inimigo do inferno eterno, do diabo e ainda mais da precisão, causou grande estardalhaço em seu tempo com alentado livro sobre *o Mundo encantado* (1694, 4 volumes in-12).

Certo Jacques-Georges de Chaufepié, pretenso continuador de Bayle, garante que Bekker aprendeu grego em Groninga. Niceron tem boas razões para acreditar que foi em Franeker. Tem-se muitas dúvidas e muito trabalho para elucidar esse ponto da história.

O fato é que, no tempo de Bekker, ministro do santo Evangelho (como se diz na Holanda), o diabo ainda tinha um crédito prodigioso entre os teólogos de todos os tipos, em meados do século XVII, a despeito de Bayle e das grandes inteligências que começavam a esclarecer o mundo. A feitiçaria, as possessões e tudo o que está ligado a essa bela teologia estavam em voga em toda a Europa e muitas vezes tinham consequências funestas.

Não fazia um século ainda que o próprio rei Jaime, cognominado por Henrique IV de *Mestre Jaime*, grande inimigo da comunhão romana e do poder papal, mandara imprimir sua *Demonologia* (que livro para um rei!); e nessa *Demonologia* Jaime reconhece feitiços, íncubos e súcubos; admite o poder do diabo e do papa, que, segundo ele, tem o direito de expulsar Satã do corpo dos possessos, assim como os outros sacerdotes. Nós mesmos, nós, infelizes franceses que nos gabamos hoje de ter recuperado um pouco de bom-senso, em que horrível cloaca de barbárie estúpida estávamos mergulhados então! Não havia um só parlamento, um só presidial que não estivesse ocupado a julgar feiticeiros; não havia um só grave jurisconsulto que não escrevesse doutos trabalhos sobre as possessões do diabo. A França ressoava com os tormentos infligidos pelos juízes nas torturas a pobres imbecis que eram levados a acreditar que haviam estado no sabá e eram levados à morte sem piedade, em meio a suplícios horrorosos. Católicos e protestantes estavam igualmente infectados por essa absurda e horrível superstição, pretextando-se que em um dos Evangelhos dos cristãos se diz que os discípulos haviam sido enviados para expulsar os diabos. Era um dever sagrado interrogar moças sob tortura, para fazê-las confessar que haviam dormido com Satã; que esse Satã se fizera amar na forma de bode, que tinha o pênis na parte de trás. Todas as particularidades dos encontros desse bode com nossas moças eram descritas minuciosamente nos processos criminais daquelas infelizes. Acabavam elas sendo queimadas, quer confessassem, quer negassem; e a França não passava de um vasto teatro de carnificinas jurídicas.

Tenho nas mãos uma coletânea desses processos infernais, feita por um conselheiro da grande câmara do parlamento de Bordeaux, chamado de Lancre, impressa em 1613 e dirigida ao exmo. Sillery, chanceler da França, sem que o exmo. Sillery tenha jamais pensado em esclarecer aqueles infames magistrados. Seria preciso começar por esclarecer o próprio chanceler. O que era a França então? Uma contínua noite de São Bartolomeu, desde o massacre de Vassy até o assassinato do marechal de Ancre e de sua inocente esposa.

Pois não é que em Genebra, em 1652, no tempo desse mesmo Bekker, se mandou para a fogueira uma pobre moça chamada Michelle Chaudron, depois de a convencerem de que era bruxa?

Vejamos o teor exato dos autos dessa estupidez medonha, que não é o último monumento dessa espécie:

"Michelle encontrou o diabo ao sair da cidade; o diabo deu-lhe um beijo, recebeu suas homenagens e imprimiu no lábio superior e no mamilo direito dela a marca que costuma aplicar a todas as pessoas que reconhece como suas favoritas. Esse selo do diabo é uma pequena marca que torna a pele insensível, conforme afirmam todos os jurisconsultos demonógrafos.

"O diabo ordenou a Michelle Chaudron que enfeitiçasse duas moças. Ela obedeceu a seu senhor prontamente. Os pais das moças a acusaram juridicamente de satanismo; as moças foram interrogadas e acareadas com a culpada. Declararam que sentiam continuamente um formigamento em certas partes do corpo, e que estavam possuídas. Foram chamados os médicos, ou pelo menos aqueles que então eram tidos como médicos. Estes visitaram as moças; procuraram no corpo de Michelle o selo do diabo, que nos autos é chamado de *marcas satânicas*. Nele enfiaram uma agulha comprida, o que já era uma tortura dolorosa. O sangue brotou, e Michelle demonstrou, com seus gritos, que as marcas satânicas não tornam a pele insensível. Os juízes, não vendo prova completa de que Michelle Chaudron fosse bruxa, mandaram interrogá-la sob tortura, o que infalivelmente produz essas provas: aquela infeliz, cedendo à violência dos tormentos, confessou afinal tudo o que queriam.

"Os médicos procuraram novamente a marca satânica. Encontraram-na num pequeno sinal preto em uma das coxas. Ali enfiaram a agulha; os tormentos do interrogatório haviam sido tão horríveis, que a pobre criatura, expirando, mal sentiu a agulhada; não gritou: assim, o crime foi atestado; mas, como os costumes começavam a abrandar-se, ela só foi queimada depois de enforcada e estrangulada."

Todos os tribunais da Europa cristã ainda se ressentem de tais sentenças. Essa imbecilidade bárbara durou tanto tempo, que em nossos dias, em Würzburg, na Francônia, ainda se queimou uma bruxa em 1750: e que bruxa! Uma jovem de qualidade, abadessa de um convento: nos nossos dias e no império de Maria Teresa da Áustria!

Tais horrores, de que a Europa se encheu durante tanto tempo, determinaram o bom Bekker a combater o diabo. Por mais que lhe dissessem, em prosa e verso, que fazia mal em atacá-lo, visto que se parecia muito com ele, já que era de uma feiura terrível, nada o deteve: ele começou negando absolutamente o poder de Satã e atreveu-se até a dizer que ele não existe. Dizia: "Se existisse diabo, ele se vingaria da guerra que faço contra ele."

Bekker não raciocinava muito bem quando dizia que o diabo o puniria, caso existisse. Seus confrades ministros tomaram as dores de Satã e depuseram Bekker.

Car l'hérétique excommunie aussi...
Au nom de Dieu, Genève imite Rome,
Comme le singe est copiste de l'homme.
[Pois o herege excomunga também...
Em nome de Deus, Genebra imita Roma,
Como o macaco arremeda o homem.]

Bekker entra no assunto já no segundo volume. Segundo ele, a serpente que seduziu nossos primeiros pais não era um diabo, mas uma serpente de verdade; assim como o asno de Balaão era um asno de verdade e como a baleia que engoliu Jonas era uma baleia real. Tanto era uma serpente de verdade, que toda a sua espécie, que antes caminhava com os pés, foi condenada a rastejar sobre o ventre. Nunca serpente alguma nem animal algum foi chamado de *Satã* ou *Belzebu* ou *diabo* no Pentateuco. Nunca se fala em Satã.

O holandês destruidor de Satã na verdade admite anjos; mas ao mesmo tempo garante que não se pode provar pela razão que eles existem: e, *se existem*, diz ele em seu capítulo oitavo do segundo volume, "é difícil dizer o que são. A Escritura nunca diz o que são, em termos do que isso concerne à natureza, ou em que consiste o ser de um espírito... A Bíblia não é feita para os anjos, mas para os homens. Jesus não foi feito anjo para nós, mas homem."

Se Bekker tem tantos escrúpulos no que se refere aos anjos, não é de surpreender que o tenha em relação aos diabos; e é muito interessante observar todas as contorções a que submete sua inteligência para se prevalecer dos textos que lhe parecem favoráveis e esquivar-se daqueles que lhe são contrários.

Faz tudo o que pode para provar que o diabo não teve participação alguma nas aflições de Jó, e nisso ele é mais prolixo do que os próprios amigos daquele santo homem.

São fortes os indícios de que ele só foi condenado devido ao despeito sentido pelos que perderam o tempo a lê-lo; estou convencido de que o próprio diabo, se tivesse sido obrigado a ler o *Mundo encantado* de Bekker, nunca o teria perdoado por ter sido tão prodigiosamente entediado.

Um dos maiores problemas desse teólogo holandês é explicar as seguintes palavras: "Jesus foi transportado em espírito ao deserto, para ser tentado pelo diabo, pelo *Knath-bull*." Não existe texto mais claro. Um teólogo pode escrever contra Belzebu tanto quanto quiser; mas, necessariamente, terá de admiti-lo, para depois explicar os textos difíceis como puder.

Pois quem quiser saber precisamente o que é o diabo deverá informar-se com o jesuíta Schotus; ninguém fala do assunto mais demoradamente: ele é bem pior que Bekker.

Se consultarmos apenas a história, veremos que a antiga origem do diabo está na doutrina dos persas: Arimã, o mau princípio, corrompe tudo o que o bom princípio faz de salutar. Entre os egípcios, Tífon faz todo o mal que pode, enquanto *Oshireth*, que chamamos Osíris, faz, com *Isheth* ou Ísis, todo o bem de que é capaz.

Antes dos egípcios e dos persas[23], Mozazor entre os indianos revoltara-se contra Deus e se transformara no diabo; mas, por fim, Deus o perdoou. Se Bekker e os socinianos tivessem conhecimento dessa história da queda dos anjos indianos e de sua reabilitação, teriam tirado proveito dela para defender sua opinião de que o inferno não é perpétuo e para dar a esperança de graça aos danados que lessem seus livros.

Somos obrigados a admitir que os judeus nunca falaram da queda dos anjos no Antigo Testamento; mas fala-se disso no Novo.

Na época do estabelecimento do cristianismo, atribuiu-se a Enoque, sétimo homem depois de Adão, um livro referente ao diabo e associados. Enoque diz que o comandante dos anjos rebeldes era Semiazas; que Araciel, Atarcuf e Sampsich eram seus lugares-tenentes; que os capitães dos anjos fiéis eram Rafael, Gabriel, Uriel etc., mas não diz que a guerra ocorreu no céu; ao contrário, lutou-se numa montanha da terra, e a luta foi por causa de mulheres. São Judas cita esse livro em sua Epístola: "Deus guardou nas trevas, acorrentados até o grande dia do juízo, os anjos que degeneraram de sua origem e abandonaram sua própria morada. Malditos sejam os que seguiram as pegadas de Caim, sobre os quais profetizou Enoque, sétimo homem depois de Adão."

São Pedro, em sua segunda Epístola, alude ao livro de Enoque, expressando-se assim: "Deus não poupou os anjos que pecaram, mas os lançou no tártaro com cabos de ferro."

Era difícil que Bekker resistisse a trechos tão categóricos. No entanto, ele foi ainda mais inflexível no que se refere aos diabos do que aos anjos: não se deixou subjugar pelo livro de Enoque, sétimo homem depois de Adão; afirmou que não há diabos nem livro de Enoque. Diz que o diabo era uma imitação da antiga mitologia, que não passa de coisa requentada, e nós não passamos de plagiários.

Pode-se perguntar hoje por que chamamos Lúcifer de *espírito maligno*, que a tradução hebraica e o livro atribuído a Enoque chamam de Semiaxas, ou, se quiserem, Semexiah. É que entendemos melhor latim que hebraico.

Encontrou-se em Isaías uma parábola contra um rei da Babilônia. O próprio Isaías lhe dá o nome de *parábola*. No décimo quarto capítulo, diz ao rei da Babilônia: "Na tua morte explodem gritos de alegria; os ciprestes se rejubilaram; teus prepostos não virão nos cobrar a talha. Como tua alteza desceu ao túmulo, apesar dos sons de tuas liras? Como te deitaste com os vermes e as larvas? Como caíste do céu, estrela da manhã, Helel? Tu que subjugavas as nações foste precipitado por terra!"

---

23. Ver Brâmanes. (N. de Voltaire)

A palavra caldeia hebraizada *Helel* foi traduzida por *Lúcifer*. Essa estrela da manhã, essa estrela de Vênus, foi então o diabo, Lúcifer caído do céu e precipitado no inferno. É assim que as opiniões se estabelecem e muitas vezes uma só palavra, uma só sílaba mal-entendida, uma letra mudada ou suprimida foram origem da crença de todo um povo. Da palavra Soractes fez-se santo Orestes; da palavra Rabboni fez-se na França *saint* Raboni, que fazia os maridos ciumentos tornar-se bons ou morrer no mesmo ano; de Semo sancus fez-se são Simão, o mago. Os exemplos são inúmeros.

Mas seja o diabo a estrela de Vênus ou o Semiaxas de Enoque ou o Satã dos babilônios ou o Mozazor dos indianos ou o Tífon dos egípcios, Bekker tem razão ao dizer que não lhe devia ser atribuído o enorme poder de que o acreditamos investido até os últimos tempos. Já é demais ter-lhe imolado uma mulher de qualidade em Würzburg, Michelle Chaudron, o cura Gaufridi, a mulher do marechal de Ancre e mais de cem mil feiticeiros em mil e trezentos anos nos Estados cristãos. Se Baltazar Bekker tivesse se limitado a aparar as garras do diabo, teria sido muito bem recebido; mas o cura que quer aniquilar o diabo perde o curado.

BELO (Beau)

Já que citamos Platão com referência ao amor, por que não o citaríamos com referência ao belo, visto que o belo se faz amar? Talvez haja a curiosidade de saber como um grego falava do belo há mais de dois mil anos.

"O homem, expiado nos mistérios sagrados, quando vê um belo rosto decorado com uma forma divina, ou então alguma espécie incorpórea, sente de início um frêmito secreto e certo temor respeitoso; olha essa figura como uma divindade... quando a influência da beleza entra em sua alma pelos olhos, ele se aquece: as asas de sua alma são aspergidas; perdem a dureza conservada por seu germe; liquefazem-se; esses germes inchados nas raízes de suas asas esforçam-se por sair por toda a espécie da alma" (pois a alma tinha asas antigamente) etc.

Quero crer que nada é mais belo do que esse discurso de Platão; mas não nos dá ideias nítidas sobre a natureza do belo.

Perguntai a um sapo o que é beleza, o grande belo, o *tò kalón*. Ele responderá que é sua sapa, com dois olhões redondos, salientes da cabecinha, uma boca larga e achatada, uma barriga amarela, costas castanhas. Interrogai um negro da Guiné; o belo para ele é uma pele preta, oleosa, olhos fundos, nariz esborrachado.

Interrogai o diabo; ele dirá que o belo é um par de chifres, quatro garras e um rabo. Consultai enfim os filósofos, e eles responderão com uma algaravia; precisam de alguma coisa que se coadune com o arquétipo do belo em essência, com o *tò kalón*.

Certo dia, estava assistindo a uma tragédia ao lado de um filósofo. "Como isso é belo! dizia ele. – O que vê de belo nisso? disse eu. – É que o autor atingiu o seu objetivo, respondeu." No dia seguinte, tomou um remédio que lhe fez bem. "Ele atingiu o seu objetivo, disse-lhe eu; esse é um belo remédio!" Ele entendeu que não se pode dizer que um remédio é belo, e que, para se dar a alguma coisa o nome *beleza*, é preciso que ela cause admiração e prazer. Ele admitiu que aquela tragédia lhe havia inspirado esses dois sentimentos, e que lá estava o *tò kalón*, o belo.

Fizemos uma viagem à Inglaterra: ali se representava a mesma peça, perfeitamente traduzida; fez todos os espectadores bocejar. "Oh, oh! disse ele, o *tò kalón* não é o mesmo para os ingleses e para os franceses." Concluiu, depois de muita reflexão, que o belo frequentemente é muito relativo, assim como aquilo que é decente no Japão é indecente em Roma, e o que está na moda em Paris não está em Pequim; ele se livrou do trabalho de compor um longo tratado sobre o belo.

Há ações que o mundo inteiro acha belas. Dois oficiais de César, inimigos mortais um do outro, fazem-se um desafio, não para se descobrir quem derramará o sangue do outro atrás de uma moita em terça ou em quarta, como entre nós, mas para saber quem defenderá melhor o acampamento dos romanos, que os bárbaros vão atacar. Um dos dois, depois de rechaçar os inimigos, está prestes a sucumbir; o outro corre para socorrê-lo, salva-lhe a vida e coroa sua vitória.

Um amigo devota a vida ao amigo, um filho, ao pai... o algonquino, o francês e o chinês dirão que isso é muito *belo*, que tais ações lhes dão prazer, que as admiram.

Dirão o mesmo das grandes máximas da moral; desta que é de Zoroastro: "Se tiveres dúvida quanto à justiça de uma ação, abstém-te"; desta que é de Confúcio: "Esquece as injúrias, não esqueças nunca os benefícios."

O negro de olhos redondos, e nariz achatado, que não dará às damas de nossas cortes o nome de *belas*, dará esse nome, sem hesitar, a essas ações e essas máximas. Até mesmo o malvado reconhecerá a beleza das virtudes que ele não ousa imitar. O belo que só impressiona os sentidos, a imaginação, aquilo que se chama espírito, portanto, muitas vezes é incerto; o belo que fala ao coração não. Encontrareis um mundo de gente que vos dirá que nada viu de belo em três quartos da *Ilíada*; mas ninguém negará que o devotamento de Codro por seu povo é belo, supondo-se que seja verídico.

O frei Attiret, jesuíta, nativo de Dijon, estava empregado como desenhista na casa de campo do imperador Kang-hi, a alguns lis de Pequim.

Esta casa de campo, disse ele em uma de suas cartas ao sr. Dassaut, é maior do que a cidade de Dijon; está dividida em mil corpos de apartamentos, numa mesma linha; cada um desses palácios tem seus pátios, seus canteiros, seus jardins, suas águas; cada fachada é ornada de ouro, vernizes, pinturas. No vasto recinto do parque foram erigidas colinas de vinte até sessenta pés de altura. Os pequenos vales entre elas são irrigados por uma infinidade de canais que vão reunir-se ao longe, formando lagoas e mares. É possível vogar nesses mares em barcos envernizados e dourados, de doze a treze toesas de comprimento por quatro de largura. Esses barcos contêm salões magníficos; e as margens desses canais, desses mares e dessas lagoas são cobertas de casas construídas em estilos diferentes. Cada casa é provida de jardins e cascatas. Vai-se de um vale ao outro por aleias sinuosas, ornadas de pavilhões e grutas. Nenhum vale é semelhante ao outro; o maior de todos é cercado de uma colunata, atrás da qual há construções douradas. Todos os apartamentos dessas casas têm a mesma magnificência do exterior; todos os canais têm pontes a intervalos regulares; essas pontes são margeadas por balaustradas de mármore branco, esculpidas em baixo-relevo.

No centro do grande mar foi erigido um rochedo, e sobre esse rochedo, um pavilhão quadrado, onde se contam mais de cem apartamentos. Daquele pavilhão quadrado avistam-se todos os palácios, todas as casas e todos os jardins daquele conjunto imenso: há mais de quatrocentos.

Quando o imperador dá alguma festa, todos esses edifícios são iluminados em um instante, e de cada casa saem fogos de artifício.

Não é só isso; no fim daquilo que se denomina *mar*, fica uma grande feira mantida pelos oficiais do imperador. Vários navios partem do grande mar para chegar à feira. Os cortesãos disfarçam-se de comerciantes e de operários de todas as espécies: um mantém um café, outro, uma taberna; um exerce a função de trapaceiro, outro, de guarda a correr atrás dele. O imperador, a imperatriz e todas as damas da corte vão negociar tecidos; os falsos comerciantes as enganam o máximo que podem. Dizem que é uma vergonha brigar tanto por causa de preço, que são maus fregueses. Suas Majestades respondem que estão diante de embusteiros; os comerciantes se zangam e querem ir embora: os outros os acalmam; o imperador compra tudo e rifa o que comprou por toda a sua corte. Mais adiante, há espetáculos de todas as espécies.

Quando frei Attiret veio da China para Versalhes, achou-o pequeno e triste. Uns alemães que se extasiavam a percorrer os bosquetes surpreendiam-se sem saber por que frei Attiret era tão difícil de contentar. Aí está mais uma razão que me determina a não fazer um tratado do *belo*.

BEM (Bien)

Do bem e do mal, físico e moral

Aí está uma questão das mais difíceis e importantes. Trata-se de toda a vida humana. Seria bem mais importante encontrar um remédio para nossos males, mas ele não existe, e estamos reduzidos a procurar tristemente a origem deles. É sobre essa origem que se discute desde Zoroastro, e, ao que tudo indica, já se discutia antes dele. Foi para explicar essa mistura de bem e mal que se imaginaram os dois princípios, Aúra-Masda, autor da luz, e Arimã, autor das trevas; a caixa de Pandora, os dois tonéis de Júpiter, a maçã ingerida por Eva e tantos outros sistemas. O primeiro dos dialéticos, não o primeiro dos filósofos, o ilustre Bayle, mostrou como é difícil para os cristãos, que admitem um único Deus, bom e justo, responder às objeções dos maniqueístas que reconheciam dois deuses, um bom e outro mau.

O fundo do sistema dos maniqueístas, por mais antigo que seja, não deixava de ser razoável. Teria sido preciso estabelecer lemas geométricos para ousar chegar a este teorema: "Há dois seres necessários, ambos supremos, ambos infinitos, ambos igualmente poderosos; os dois travaram uma guerra e afinal chegaram a um acordo: um derramaria sobre este pequeno planeta todos os tesouros de sua beneficência, e o outro, todo o abismo de sua malignidade." Com essa hipótese, em vão explicam a causa do bem e do mal; a fábula de Prometeu a explica melhor, mas toda e qualquer hipótese que só sirva para justificar as coisas sem estar fundamentada em princípios seguros deve ser rejeitada.

Os doutores cristãos (abstraindo-se a revelação, que faz acreditar em tudo) não explicam melhor a origem do bem e do mal do que os seguidores de Zoroastro.

Quando dizem: Deus é pai extremoso, Deus é rei justo, quando acrescentam a ideia de infinito ao amor, à bondade e à justiça humana que conhecem, logo incidem na mais terrível contradição. Como esse soberano, que tem a plenitude infinita da justiça que conhecemos, como um pai que tem afeição infinita pelos filhos, como esse ser infinitamente poderoso pôde formar criaturas à sua imagem para, no instante seguinte, deixá-las expostas à tentação de um ser maligno, deixá-las sucumbir, para deixar morrer aqueles que ele criou imortais, para inundar a posteridade dessas criaturas de infelicidades e crimes? E não falamos aqui de uma contradição que parece ainda mais revoltante para nossa fraca razão. Como Deus, resgatando em seguida o gênero humano com a morte de seu filho único, ou melhor, como o próprio Deus feito homem e morrendo pelos homens, entrega ao horror das torturas eternas quase todo esse gênero humano pelo qual morreu? Está claro que, se olharmos esse sistema apenas como filósofo (sem o socorro da fé), ele será monstruoso e abominável. Faz de Deus a própria malícia, malícia infinita, que cria seres pensantes para torná-los eternamente infelizes; ou faz dele a própria impotência e imbecilidade, que não pôde prever nem impedir as infelicidades de suas criaturas. Mas neste verbete não se pretende falar do mal eterno; trata-se aqui apenas dos bens e dos males que sentimos nesta vida. Nenhum dos doutores de tantas Igrejas que se combatem em torno dessa questão conseguiu convencer nenhum sábio.

Não se concebe como Bayle, que manejava com tanta força e precisão as armas da dialética, limitou-se a expor a argumentação[24] de um maniqueísta, um calvinista, um molinista e um sociniano; por que não expôs a argumentação de um homem racional? Por que o próprio Bayle não se expôs? Teria dito bem melhor do que nós aquilo que arriscaremos aqui.

Um pai que mata os filhos é um monstro; um rei que faz seus súditos cair numa armadilha para ter um pretexto de entregá-los a suplícios é um tirano execrável. Se concebeis em Deus a mesma bondade que exigis de um pai, a mesma justiça que exigis de um rei, não há recurso para

---

24. Ver em Bayle os verbetes Maniqueístas, Marcionitas, Paulicianos. (N. de Voltaire)

inocentar Deus: dando-lhe sabedoria e bondade infinitas, vós o tornais infinitamente odioso; levais a desejar que ele não exista, dais armas ao ateu, e o ateu sempre terá o direito de vos dizer: É melhor não reconhecer Divindade alguma do que imputar-lhe precisamente aquilo que puniríeis nos homens.

Começaremos, portanto, dizendo: Não cabe a nós dar atributos humanos a Deus, não cabe a nós fazer Deus à nossa imagem. Justiça humana, bondade humana, sabedoria humana, nada disso pode convir-lhe. Por mais que se estendam essas qualidades ao infinito, sempre serão qualidades humanas com limites dilatados; é como se déssemos a Deus solidez infinita, movimento infinito, redondez, divisibilidade infinitas. Esses atributos não podem ser dele.

A filosofia ensina que este universo deve ter sido organizado por um ser incompreensível, eterno, existente por sua própria natureza; mas, repetimos, a filosofia não ensina quais são os atributos dessa natureza. Sabemos o que ele não é, mas não o que é.

Não há bem nem mal para Deus, nem em física nem em moral.

O que é o mal físico? De todos os males, o maior decerto é a morte. Vejamos se seria possível o homem ser imortal.

Para que um corpo como o nosso fosse indissolúvel, imperecível, não poderia ser composto de partes; não poderia nascer, alimentar-se e crescer; não poderia passar por mudança alguma. Bastará examinar todas essas questões, bastará que o leitor as estenda à vontade, para ver-se que a afirmação do homem imortal é contraditória.

Se nosso corpo organizado fosse imortal, o dos animais também seria: ora, está claro que em pouco tempo o globo não bastaria para alimentar tantos animais; esses seres imortais, que só subsistem renovando o corpo com alimentos, pereceriam, portanto, por não poderem renovar-se; tudo isso é contraditório. Seria possível dizer muito mais; mas todo leitor realmente filósofo verá que a morte é necessária a tudo o que nasceu, que a morte não pode ser nem erro de Deus, nem mal, nem injustiça, nem castigo para o homem.

O homem nascido para morrer só podia ser subtraído às dores com a morte. Para que uma substância organizada e dotada de sentimentos nunca sentisse dor, seria preciso que todas as leis da natureza mudassem, que a matéria deixasse de ser divisível, que não houvesse gravidade nem ação, nem força; que um rochedo pudesse cair sobre um animal sem o esmagar, que a água não pudesse sufocá-lo, que o fogo não pudesse queimá-lo. O homem impassível, portanto, é tão contraditório quanto o homem imortal.

Esse sentimento de dor era necessário para nos advertir de que devemos conservar-nos e para nos dar os prazeres possibilitados pelas leis gerais às quais tudo está submetido.

Se não sentíssemos dor, seríamos feridos a todo instante sem percebermos. Sem o começo da dor, não cumpriríamos nenhuma função da vida, não a comunicaríamos, não teríamos prazer algum. A fome é um começo de dor que nos adverte de que devemos alimentar-nos; o tédio, uma dor que nos obriga a nos ocupar; o amor, uma necessidade que se torna dolorosa quando não satisfeita. Todo desejo, em suma, é uma necessidade, uma dor começada. A dor, portanto, é o primeiro motor de todas as ações dos animais. Todo animal dotado de sentimento deve estar sujeito à dor, se a matéria é divisível. Logo, a dor era tão necessária quanto a morte. Por isso, não pode ser erro da Providência, nem malefício, nem punição. Se só tivéssemos visto sofrimento nos brutos, não acusaríamos a natureza; se num estado impassível fôssemos testemunhas da morte lenta e dolorosa das pombas sobre as quais se precipita um gavião que devora à vontade as suas entranhas, não fazendo este nada mais do que nós mesmos fazemos, não nos ocorreria reclamar; mas com que direito nossos corpos estarão menos sujeitos a ser dilacerados do que os dos brutos? Será por termos inteligência superior à deles? Mas o que há de comum, nesse caso, entre a inteligência e uma matéria divisível? Algumas ideias a mais ou a menos num cérebro devem ou podem impedir que o fogo nos queime e que um rochedo nos esmague?

O mal moral, sobre o qual se escreveram tantos volumes, no fundo, não passa de mal físico. Esse mal moral nada mais é que um sentimento doloroso causado por um ser organizado a outro ser organizado. A rapina, os ultrajes etc. são um mal apenas porque causam mal. Ora, como não podemos fazer nenhum mal a Deus, está claro, pelas luzes da razão (independentemente da fé, que é outra coisa), que não existe mal moral em relação ao Ser Supremo.

Assim como o maior dos males físicos é a morte, o maior dos males morais é sem dúvida a guerra: esta arrasta atrás de si todos os crimes: calúnias nas declarações, perfídias nos tratados, rapina, devastação, dor e morte em todas as suas formas.

Tudo isso é mal físico para o homem e não é mal moral em relação a Deus, assim como não o é a raiva dos cães que se mordem. Lugar-comum falso e inconsistente é constituído pela afirmação de que só os homens se matam mutuamente; lobos, cães, gatos, galos, codornas etc. brigam entre si, espécie contra espécie; as aranhas caseiras se entredevoram: todos os machos lutam pelas fêmeas. Essa guerra é consequência das leis da natureza, dos princípios que estão no sangue deles; tudo está inter-relacionado, tudo é necessário.

A natureza deu ao homem cerca de vinte e dois anos de vida, ou seja, considerando-se mil crianças nascidas em um mês, umas morrem no berço, outras vivem até trinta anos, outras até cinquenta e algumas até oitenta; fazendo-se um cálculo médio, chega-se ao resultado de aproximadamente vinte e dois anos para cada uma.

Que importa para Deus se morremos na guerra ou de febre? A guerra ceifa menos vidas que a varíola. O flagelo da guerra é passageiro, enquanto o da varíola reina sempre em toda a terra acompanhando tantos outros; e todos os flagelos estão de tal modo combinados, que a regra dos vinte e dois anos de vida é sempre constante, em geral.

O homem ofende a Deus quando mata o próximo, dizeis. Se assim é, os dirigentes das nações são criminosos horríveis, pois invocando Deus mandam matar uma multidão prodigiosa de semelhantes, por interesses vis que seria melhor deixar de lado. Mas como ofendem a Deus? (Raciocinando apenas como filósofo) tal como os tigres e os crocodilos o ofendem; sem dúvida não é a Deus que eles atormentam, é a seu próximo; é só em relação ao próprio homem que o homem pode ser culpado. Um salteador de estradas não poderia assaltar Deus. Que importa ao Ser Eterno se um pouco de metal amarelo está nas mãos de Jerônimo ou de Boaventura? Temos desejos necessários, paixões necessárias, leis necessárias para reprimi-los; e, enquanto, em nosso formigueiro, brigamos por um punhado de palha para um dia, o universo marcha para sempre graças a leis eternas e imutáveis, às quais está submetido o átomo que chamamos Terra.

BEM, SOBERANO BEM (Bien, Souverain bien)

Primeira seção
Da quimera do soberano bem

Felicidade é uma ideia abstrata composta de algumas sensações de prazer. Platão, que escrevia melhor do que raciocinava, imaginou seu *mundo arquetípico*, ou seja, seu mundo original, suas ideias gerais sobre belo, bem, ordem, justo, como se houvesse seres eternos chamados *ordem*, *bem*, *belo*, *justo*, dos quais derivassem as cópias ruins daquilo que nos parece aqui justo, belo e bom.

Foi, portanto, depois dele que os filósofos procuraram o soberano bem, tal como os químicos procuram a pedra filosofal; mas o soberano bem não existe, assim como não existe o soberano quadrado ou o soberano carmesim: há cores carmesins, há quadrados, mas não há ser geral que assim se chame. Essa maneira quimérica de raciocinar estragou a filosofia durante muito tempo.

Os animais sentem prazer quando cumprem todas as funções às quais foram destinados. A felicidade que se imagina seria uma sequência ininterrupta de prazeres: tal série é incompatível com nossos órgãos e com nossa destinação. Há grande prazer em comer e beber; prazer maior se encontra na união dos dois sexos; mas está claro que, se o homem comesse sempre ou vivesse sempre no êxtase do gozo, seus órgãos não poderiam atendê-lo; é também evidente que ele não poderia cumprir as destinações da vida, e nesse caso o gênero humano pereceria de prazer.

Passar continuamente, sem interrupção, de um prazer a outro também é outra quimera. É preciso que a mulher que concebeu dê à luz, o que é dor; é preciso que o homem fenda a madeira e talhe a pedra, o que não é prazer.

Se dermos o nome de *felicidade* a alguns prazeres disseminados por esta vida, haverá de fato felicidade; se dermos esse nome a um prazer sempre permanente ou a uma fila contínua e variada de sensações deliciosas, a felicidade não será feita para este globo terrestre: é preciso procurá-la em outro lugar.

Se chamarmos de *felicidade* uma situação humana, como riqueza, poder, reputação etc., não será menor o engano. Há carvoeiros mais felizes que soberanos. Se alguém perguntasse a Cromwell se ele teve mais contentamento quando era *protector* do que quando ia à taberna na juventude, ele provavelmente responderia que o tempo de sua tirania não foi o mais cheio de prazeres. Quantas burguesas feias vivem mais satisfeitas do que Helena e Cleópatra!

Mas há uma pequena observação para se fazer aqui; quando dizemos: É provável que este homem seja mais feliz que aquele, que um jovem almocreve tenha grandes vantagens sobre Carlos V, que uma comerciante de modas esteja mais satisfeita que uma princesa, devemos limitar-nos ao provável. Há fortes indícios de que um almocreve saudável tenha mais prazer do que Carlos V corroído pela gota; mas pode perfeitamente acontecer que Carlos V, de muletas, rememore com tanto prazer que manteve um rei da França e um papa prisioneiros, que sua sorte valha muito mais que a de um jovem almocreve vigoroso.

Certamente só cabe a Deus, a um ser que enxergasse dentro de todos os corações, decidir qual é o homem mais feliz. Há um único caso em que alguém pode afirmar que seu estado no momento é pior ou melhor do que o estado do vizinho: é o caso da rivalidade, e o momento é o da vitória.

Suponhamos que Arquimedes tenha um encontro à noite com a amante. Nomentano tem o mesmo encontro à mesma hora. Arquimedes aparece à porta dela, mas esta se fecha para ele e se abre para seu rival, que tem uma excelente ceia, durante a qual não deixa de zombar de Arquimedes, usufruindo a seguir de sua amante, enquanto o outro fica na rua, exposto ao frio, à chuva e ao granizo. É indubitável que Nomentano tem o direito de dizer: Esta noite sou mais feliz que Arquimedes, tenho mais prazer que ele; mas deverá acrescentar: Supondo-se que Arquimedes só esteja preocupado com a tristeza de não ter uma boa ceia, de ser desprezado e enganado por uma bela mulher e de ser suplantado por seu rival, preocupado com o mal que lhe causam a chuva, o granizo e o frio. Pois, se o filósofo da rua refletir que nem uma mulher dissoluta nem a chuva devem perturbar-lhe a alma, se estiver preocupado com algum belo problema e se descobrir a proporção do cilindro e da esfera, poderá sentir um prazer cem vezes maior que o de Nomentano.

Portanto, é só no caso do prazer e da dor atual que se pode comparar o destino de duas pessoas, abstraindo-se todo o resto. É indubitável que aquele que usufrui os favores da amante é mais feliz no momento da fruição do que o rival que, desprezado, se lamenta. Uma pessoa sadia que coma uma boa perdiz sem dúvida passa por um momento preferível ao daquele que está sendo atormentado por uma cólica; mas não se pode ir além disso com segurança; não se pode avaliar o ser de uma pessoa com o de outra; ninguém tem balança para pesar desejos e sensações.

Começamos este verbete com Platão e seu soberano bem e o terminaremos com Sólon e com estas grandes palavras que tiveram tanto sucesso: "Ninguém deve ser chamado feliz antes de morrer." Esse axioma, no fundo, não passa de uma puerilidade, como tantos apotegmas consagrados na antiguidade. O momento da morte nada tem de comum com a sorte que se teve durante a vida; pode perecer de morte violenta e infame aquele que até aí usufruiu todos os prazeres de que a natureza humana é capaz. É muito possível e comum que um homem feliz deixe de sê-lo: quem duvida disso? Mas nem por isso deixou de ter seus momentos felizes.

O que querem dizer então essas palavras de Sólon? Que nada garante aquele que tem prazer hoje de tê-lo amanhã? Nesse caso, é uma verdade tão incontestável quanto trivial, que não valia a pena ser dita.

Segunda seção

O bem-estar é raro. O soberano bem neste mundo não poderia ser visto como soberanamente quimérico? Os filósofos gregos discutiram longamente, como era costume, essa questão. Não imaginareis, caro leitor, mendigos a raciocinar sobre a pedra filosofal?

Ó soberano bem! Que palavra! Teria valido mais a pena perguntar o que é soberano azul, soberano guisado, soberano andar, soberano ler etc.

Cada um põe seu bem onde pode, tem o bem que pode, a seu modo e em medida bem pequena.

Quid dem? quid non dem? renuis tu quod jubet alter...
Castor gaudet equis, ovo prognatus eodem
Pugnis etc.
Castor veut des chevaux, Pollux veut des lutteurs:
Comment concilier tant de goûts, tant d'humeurs?
[Castor quer cavalos, Pólux quer lutadores:
Como conciliar tantos gostos, tantos humores?]

O maior bem é aquele que deleita com tanta intensidade, que nos deixa totalmente impotentes para sentir outra coisa, assim como o maior mal é aquele que chega ao ponto de nos privar de todos os sentimentos. Esses são os dois extremos da natureza humana, e esses dois momentos são breves.

Não há nem extremas delícias nem extremos tormentos que possam durar a vida toda: soberano bem e soberano mal são quimeras.

Temos a bela fábula de Crantor; aos jogos olímpicos compareçam a Riqueza, a Volúpia, a Saúde e a Virtude; cada uma delas reivindica o pomo. A Riqueza diz: Eu sou o soberano bem, pois comigo se compram todos os bens; a Volúpia diz: O pomo cabe a mim, pois todos pedem riqueza só para me obter; a Saúde afirma: Sem mim não há volúpia, e a riqueza é inútil; por fim, a Virtude defende que está acima das outras três, porque com ouro, prazeres e saúde o homem pode tornar-se muito miserável caso se comporte mal. A Virtude ganhou o pomo.

A fábula é bem engenhosa; teria sido ainda mais engenhosa se Crantor tivesse dito que o soberano bem é o conjunto das quatro rivais reunidas: virtude, saúde, riqueza e volúpia; mas essa fábula não resolve nem pode resolver a questão absurda do soberano bem. A virtude não é um bem: é um dever; é de um gênero diferente, de uma ordem superior. Nada tem que ver com as sensações dolorosas ou agradáveis. Uma pessoa virtuosa, com cálculos e gota, sem apoio, sem amigos, privada do necessário, perseguida, acorrentada por um tirano voluptuoso e saudável, é muito infeliz; e o perseguidor insolente que acaricie uma nova amante num leito de púrpura é muito feliz. Direis que o sábio perseguido é preferível ao indigno perseguidor; direis que gostais daquele e detestais este; mas deveis admitir que o sábio em ferros se encoleriza. O sábio que não concordar com isso vos engana, é um charlatão.

BEM, TUDO ESTÁ BEM (Bien, tout est bien)

Suplico-vos, senhores, explicar-me o *tudo está bem*, pois não o entendo.

Por acaso significa *tudo está arrumado*, *tudo está em ordem*, segundo a teoria das forças móveis? Nesse caso, entendo e admito.

Ou quereis dizer que todos estão bem, que há com o que viver e ninguém sofre? Sabeis perfeitamente que isso é falso.

Será vossa ideia que as calamidades lamentáveis que afligem a terra estão *bem* em relação a Deus e o alegram? Não acredito nesse horror, nem vós tampouco.

Por favor, explicai-me o *tudo está bem*. Platão, o argumentador, dignou-se delegar a Deus a liberdade de fazer cinco mundos, pela razão, segundo diz, de que só há cinco corpos sólidos regulares em geometria: tetraedro, cubo, hexaedro, dodecaedro, icosaedro. Mas por que restringir assim o poder divino? Por que não lhe permitir a esfera, que é mais regular ainda, e até o cone, a pirâmide de várias faces, o cilindro etc.?

Segundo ele, Deus escolheu necessariamente o melhor dos mundos possíveis; esse sistema foi abraçado por vários filósofos cristãos, embora pareça repugnar ao dogma do pecado original: pois nosso globo, depois dessa transgressão, já não é o melhor dos globos; era antes: poderia, portanto, ser ainda, e muita gente acredita que ele é o pior dos globos, em vez de ser o melhor.

Leibniz, em sua *Teodiceia*, acatou a linha de Platão. Vários leitores se queixaram de que não entendem nem um nem outro; quanto a nós, depois de lermos os dois mais de uma vez, confessamos nossa ignorância, segundo nosso costume; e, como o Evangelho nada nos revelou sobre essa questão, ficamos nas trevas sem remorsos.

Leibniz, que fala de tudo, falou também do pecado original; e, como todos os autores de sistemas fazem caber em seu plano tudo o que pode contradizê-lo, ele imaginou que a desobediência a Deus e as infelicidades espantosas que a seguiram eram parte integrante do melhor dos mundos, dos ingredientes necessários de toda a felicidade possível. *Calla, calla, señor don Carlos: todo che se haze es por su ben* [Cale-se, cale-se, sr. dom Carlos: tudo o que se faz é por seu bem].

Como! Ser expulso de um lugar de delícias, onde se teria vivido para sempre, caso não se tivesse comido uma maçã! Como! Criar na miséria filhos miseráveis e criminosos, que sofrerão tudo, que farão os outros sofrer tudo! Como! Passar por todas as doenças, sentir todas as tristezas, morrer na dor e, para consolo, ser queimado na eternidade dos séculos! Esse quinhão é mesmo o que havia de melhor? Isso não é nada *bom* para nós; como pode ser bom para Deus?

Leibniz sentia que não havia o que responder: por isso, escreveu livros volumosos nos quais não se entendia.

Negar que existe mal é coisa que pode ser dita entre risos por um Luculo saudável em meio a um bom jantar com os amigos e a amante no salão de Apolo; mas, se puser a cabeça pela janela, verá infelizes; se tiver febre, será infeliz.

Não gosto de citar; essa tarefa, em geral, é espinhosa; deixa-se de lado o que vem antes e o que vem depois do lugar citado, correndo-se o risco de entrar em disputas. Mas preciso citar Lactâncio, Padre da Igreja, que em seu capítulo XIII, sobre a cólera de Deus, põe as seguintes palavras na boca de Epicuro: "Ou Deus quer eliminar o mal deste mundo e não pode, ou pode e não quer; ou não pode nem quer; ou, enfim, quer e pode. Querer e não poder é impotência, o que é contrário à natureza de Deus; poder e não querer é maldade, o que também é contrário à sua natureza; não querer e não poder é ao mesmo tempo maldade e impotência; se quer e pode (única hipótese que convém a Deus), por que então há mal na terra?"

O argumento é forte; por isso, Lactâncio responde muito mal, dizendo que Deus quer o mal, mas nos deu a sabedoria com a qual se adquire o bem. Convenhamos que essa resposta é bem fraca em comparação com a objeção; pois supõe que Deus só podia dar a sabedoria produzindo o mal; além disso, que bela sabedoria temos!

A origem do mal sempre foi um abismo cujo fundo ninguém conseguiu enxergar. Foi isso o que obrigou tantos filósofos e legisladores antigos a recorrer a dois princípios, um bom e outro mau. Tífon era o mau princípio entre os egípcios, Arimã, entre os persas. Os maniqueístas, como se sabe, adotaram essa teologia; mas, como toda essa gente nunca falou com o bom nem com o mau princípio, não devemos acreditar na sua palavra.

Entre os absurdos de que este mundo está cheio e que podem ser incluídos entre os nossos males, não é dos menores absurdos a suposição de dois seres onipotentes a lutarem para ver qual dos dois contribuiria mais para este mundo e a fazerem um tratado como os dois médicos de Molière: Prescreve-me o emético, e eu te prescrevo a sangria.

Basilides, depois dos platônicos, afirmou já no primeiro século da Igreja que Deus dera a seus últimos anjos a incumbência de fazer nosso mundo; e esses anjos, não sendo hábeis, fizeram as coisas tais como as vemos. Essa fábula teológica é pulverizada pela terrível objeção de que não está na natureza de um Deus onipotente e infinitamente sábio fazer um mundo ser construído por arquitetos que não entendem do ofício.

Simão, que percebeu a objeção, previne-a dizendo que o anjo que comandou a oficina foi condenado por ter realizado tão mal a sua obra; mas o fato de tal anjo queimar no inferno não nos cura.

A aventura de Pandora entre os gregos não responde melhor à objeção. A caixa onde se encontram todos os males e em cujo fundo permanece a esperança é, na verdade, uma alegoria encantadora; mas essa Pandora só foi feita por Vulcano para se vingar de Prometeu, que fizera um homem com lama.

Os indianos não chegaram a solução melhor; Deus, ao criar o homem, deu-lhe uma droga que lhe garantia saúde permanente; o homem carregou seu burro com a droga; o burro teve sede, e a serpente lhe indicou uma nascente; e, enquanto o burro bebia, a serpente roubou a droga.

Os sírios imaginaram que o homem e a mulher, criados no quarto céu, resolveram comer uma torta, em vez da ambrosia que era seu manjar natural. A ambrosia era exalada pelos poros; mas, depois de comerem a torta, foi preciso defecar. O homem e a mulher pediram a um anjo que lhes ensinasse onde era a latrina. O anjo disse: "Estão vendo aquele planetinha, do tamanho de coisa nenhuma, que fica a uns sessenta milhões de léguas daqui? Lá é a privada do universo; cheguem lá o mais depressa possível." Para lá foram, e lá foram deixados; desde então, nosso mundo passou a ser o que é.

Sempre se perguntará aos sírios por que Deus permitiu que o homem comesse a torta e nos ocorresse quantidade tão espantosa de males.

Passo rapidamente desse quarto céu a milorde Bolingbroke, para não me entediar. Esse homem, que decerto tinha grande gênio, deu ao célebre Pope seu plano do *tudo está bem*, que se encontra, palavra por palavra, nas *Obras póstumas* de milorde Bolingbroke, que milorde Shaftesbury havia antes inserido em suas *Características*. Se lerdes em Shaftesbury o capítulo *sobre os moralistas*, vereis as seguintes palavras:

"Há muito que responder a essas queixas sobre os defeitos da natureza. Como saiu ela tão impotente e defeituosa das mãos de um ser perfeito? Mas eu nego que ela seja defeituosa... Sua beleza resulta das contrariedades, e a concórdia universal nasce de um combate perpétuo... É preciso que cada ser seja imolado a outros: os vegetais aos animais, os animais à terra... e as leis do poder central e da gravitação, que dão peso e movimento aos corpos celestes, não serão invalidadas por amor a um animal insignificante que, por mais protegido que seja por essas mesmas leis, logo será por elas reduzido a pó."

Bolingbroke, Shaftesbury e Pope, que põe em prática os dois primeiros, não resolvem a questão melhor que os outros: o *tudo está bem* deles quer dizer apenas que tudo é dirigido por leis imutáveis; quem não sabe disso? Não nos ensinais nada quando observais, depois de todas as crianças, que a mosca nasceu para ser comida pela aranha, a aranha, pela andorinha, a andorinha, pelo picanço-real, o picanço-real, pela águia, a águia, para ser morta pelo homem, os homens, para se matarem uns aos outros e para serem comidos pelos vermes, depois pelos diabos, pelo menos mil por um.

Aí está uma ordem nítida e constante entre os animais de todas as espécies; há ordem por toda parte. Quando se forma um cálculo na minha bexiga, tem-se uma mecânica admirável: sucos petrosos passam pouco a pouco para meu sangue, filtram-se nos rins, passam pelos ureteres e depositam-se na minha bexiga, reunindo-se graças a uma excelente atração newtoniana; forma-se a pedra, que cresce; sofro males mil vezes piores que a morte, graças ao mais belo arranjo do mundo; um cirurgião, que aperfeiçoou a arte inventada por Tubal-Caim, vem enfiar-me um ferro agudo e cortante no períneo, agarra minha pedra com suas pinças, ela se quebra sob seus esforços por um mecanismo necessário; e pelo mesmo mecanismo morro em meio a tormentos medonhos: *tudo isso está bem*, tudo isso é consequência evidente dos princípios físicos inalteráveis; estou de acordo, e sabia disso tanto quanto vós.

Se fôssemos insensíveis, nada haveria que reclamar dessa física. Mas não é disso que se trata; perguntamos se não há males sensíveis e de onde eles vêm. "Não há males, diz Pope em sua quarta epístola sobre o *Tudo está bem*; se há males particulares, eles compõem o bem geral."

Aí está um singular bem geral, composto da pedra, da gota, de todos os crimes, de todos os sofrimentos, da morte e da danação.

A queda do homem é o emplastro que pomos em todas essas doenças particulares do corpo e da alma, que chamais de *saúde geral*; mas Shaftesbury e Bolingbroke ousaram atacar o pecado original; Pope não fala dele; está claro que o sistema deles solapa a religião cristã em seus fundamentos e não explica nada em absoluto.

No entanto, esse sistema foi aprovado recentemente por vários teólogos, que admitem de bom grado os contrários; a propósito, não cabe invejar alguém pelo seu consolo de raciocinar como pode sobre o dilúvio de males que nos inunda. É justo conceder aos doentes desenganados o direito de comerem o que quiserem. Chegou-se até a afirmar que esse sistema é consolador. Diz Pope: "Deus vê com o mesmo olhar a morte do herói e do pardal, a ruína de um átomo ou de mil planetas, a formação de uma bolha de sabão ou de um mundo."

Admito que aí está um consolo engraçado; não vedes um grande lenitivo na ordenação de milorde Shaftesbury, segundo o qual Deus não irá destruir suas leis eternas por um animal tão insignificante quanto o homem? Cumpre admitir pelo menos que esse animal insignificante tem o direito de gritar humildemente e de procurar compreender, gritando, por que essas leis eternas não são feitas para o bem-estar de cada indivíduo.

Esse sistema do *Tudo está bem* só representa o autor de toda a natureza como um rei poderoso e malfazejo, que não se preocupa quando algo custa a vida de quatrocentos ou quinhentos mil homens, enquanto os outros arrastam seus dias na penúria e nas lágrimas, desde que ele cumpra seus desígnios.

Logo, a opinião do melhor dos mundos possíveis, em vez de consolar, é desesperadora para os filósofos que a abraçam. A questão do bem e do mal continua sendo um caos impenetrável para aqueles que buscam de boa-fé; é um jogo intelectual para aqueles que argumentam: estes são uns forçados brincando com seus grilhões. O povo não pensante, por sua vez, lembra os peixes transportados do rio para um reservatório: ninguém duvida de que está lá para ser comido na quaresma; por isso, nada sabemos em absoluto, por nós mesmos, sobre as causas de nosso destino.

Podemos pôr no fim de quase todos os capítulos de metafísica as duas letras dos juízes romanos quando estes não entendiam uma causa, L. N., *non liquet*, não está claro. Cabe-nos, acima de tudo, impor silêncio aos celerados que, esmagados como nós pelo peso das calamidades humanas, somam-lhes o furor da calúnia. Cabe-nos menosprezar suas execráveis imposturas, recorrendo à fé e à Providência.

Alguns polemizadores afirmaram que não está na natureza do Ser dos seres a possibilidade de as coisas serem diferentes do que são. Esse é um sistema cruel; não sei o suficiente sobre ele para sequer ousar examiná-lo.

BEM-AVENTURANÇA (Félicité)
Dos diferentes empregos desse termo

Bem-aventurança é o estado permanente, pelo menos por algum tempo, de uma alma contente; e esse estado é bem raro.

A felicidade vem de fora.

Pode-se ter felicidade sem ser feliz: um homem teve a felicidade de escapar de uma cilada, e, às vezes, é até mais infeliz por isso; não se pode dizer que ele experimentou a bem-aventurança.

Há ainda diferença entre *uma* felicidade e *a* felicidade, diferença que a palavra *bem-aventurança* não admite.

Uma felicidade é um acontecimento feliz: a felicidade, tomada de modo indefinido, significa uma sucessão desses acontecimentos.

O prazer é um sentimento agradável e passageiro: a felicidade, considerada como sentimento, é uma sucessão de prazeres; a prosperidade, uma sucessão de acontecimentos felizes; a bem-aventurança é um gozo íntimo da própria prosperidade.

O autor de *Synonymes* diz que "a felicidade é para os ricos, a bem-aventurança para os sábios, a beatitude para os pobres de espírito"; mas a felicidade mais parece do que é de fato o quinhão dos ricos, e a bem-aventurança é um estado do qual se fala mais do que se sente.

Essa palavra, em prosa, quase não é usada no plural, pela razão de ser um estado de alma, assim como tranquilidade, sabedoria, repouso; no entanto, a poesia, que se eleva acima da prosa, permite que se diga em *Polieuto*:

Où leurs félicités doivent être infinies.
[Em que suas bem-aventuranças devem ser infinitas.]
(Ato IV, cena V)
Que vos félicités, s'il se peut, soient parfaites!
[Que vossas bem-aventuranças, se possível, sejam perfeitas!]
(Zaïre, I, I)

As palavras, quando passam do substantivo para o verbo, raramente têm o mesmo significado. *Felicitar* emprega-se com mais frequência em lugar de *congratular* do que para dizer *tornar feliz*; nem mesmo significa congratular-se com alguém por causa de sua *felicidade*: significa simplesmente *cumprimentar* alguém por seu sucesso, por um acontecimento agradável; é usado em lugar de *congratular* por ter pronúncia mais suave e sonora.

BENS DA IGREJA (Biens d'Église)

Primeira seção

O Evangelho proíbe àqueles que queiram atingir a perfeição amealhar tesouros e conservar seus bens temporais. [25]*Nolite thesaurizare vobis thesauros in terra.* – [26]*Si vis perfectus esse, vade, vende quæ habes, et da pauperibus.* – [27]*Et omnis qui reliquerit domum vel fratres, aut sorores, aut patrem, aut matrem, aut uxorem, aut filios, aut agros, propter nomen meum, centuplum accipiet,*

---

25. Mat., cap. VI, v. 19. (N. de Voltaire)
26. *Idem*, cap. XIX, v. 21. (N. de Voltaire)
27. *Ibid.*, v. 29. (N. de Voltaire)

et vitam aeternam possidebit. [Não ajunteis para vós tesouros na terra... Se queres ser perfeito, vai, vende o que tens e dá aos pobres... E todo aquele que tiver deixado sua casa, ou seus irmãos, ou irmãs, ou o pai, ou a mãe, ou a esposa, ou os filhos, ou suas terras, por causa do meu nome, receberá o cêntuplo e possuirá a vida eterna.]

Os apóstolos e seus primeiros sucessores não recebiam nenhum bem imóvel: só aceitavam o preço deles; e, depois de terem retirado o necessário para sua subsistência, distribuíam o resto entre os pobres. Safira e Ananias não deram seus bens a são Pedro, mas os venderam e lhe levaram seu valor: *Vende quae habes, et da pauperibus*[28]. [Vende o que tens e dá aos pobres].

A Igreja possuía já consideráveis bens de raiz no fim do século III, pois Diocleciano e Maximiniano decretaram seu confisco em 302.

Assim que subiu ao trono dos Césares, Constantino autorizou a dotação das igrejas como se fazia com os templos da antiga religião; e desde então a Igreja adquiriu terras ricas. São Jerônimo queixava-se disso numa de suas cartas a Eustóquio: "Quando os virdes abordar com um ar doce e santificado as ricas viúvas que encontram, acreditareis que suas mãos se estendem para dar-lhes bênçãos; mas, ao contrário, é para receber o preço de sua hipocrisia."

Os santos padres recebiam sem pedir. Valentiniano I acreditou-se no dever de proibir os eclesiásticos de receber bens de viúvas e mulheres por meio de testamento ou outros. Essa lei, que se encontra no *Código Teodosiano*, foi revogada por Marciano e por Justiniano.

Justiniano, para favorecer os eclesiásticos, proibiu os juízes, em sua novela XVIII, capítulo XI, de anular os testamentos feitos em favor da Igreja, mesmo quando não observassem as formalidades prescritas pelas leis.

Anastácio estatuíra em 491 que os bens da Igreja prescreveriam em quarenta anos. Justiniano inseriu essa lei em seu código[29]; mas esse príncipe, que mudava continuamente a jurisprudência, estendeu essa prescrição para cem anos. Então alguns eclesiásticos, indignos da profissão que exerciam, falsificaram títulos de propriedade[30]; tiraram do baú velhos testamentos que eram nulos segundo as antigas leis, mas válidos segundo as novas. Os cidadãos eram despojados de seu patrimônio por fraude. As posses, que até então tinham sido consideradas sagradas, foram invadidas pela Igreja. Por fim, o abuso foi tão gritante, que o próprio Justiniano foi obrigado a restabelecer as disposições da lei de Anastácio, com sua novela CXXXI, capítulo VI.

Os tribunais franceses adotaram por muito tempo o capítulo XI da novela XVIII, quando os legados feitos à Igreja só tinham por objeto somas de dinheiro ou títulos mobiliários; mas, a partir da ordenança de 1735, os legados piedosos deixaram de ter esse privilégio na França.

Quanto aos imóveis, quase todos os reis da França desde Filipe, o Ousado, proibiram as igrejas de os adquirir sem sua permissão; no entanto, a mais eficaz de todas as leis é o edito de 1749, redigido pelo chanceler d'Aguesseau. Desde esse edito, a Igreja não pode receber nenhum imóvel, seja por doação, seja por testamento, seja por troca, sem cartas patentes do rei registradas no parlamento.

Segunda seção

Os bens da Igreja, durante os cinco primeiros séculos de nossa era, foram regidos por diáconos que faziam sua distribuição aos clérigos e aos pobres. Essa comunhão deixou de existir a partir do fim do século V; os bens da Igreja passaram a ser divididos em quatro partes: uma era dada aos bispos, outra aos clérigos, uma outra à fábrica e a quarta era destinada aos pobres.

---

28. Mat., XIX, 21. (N. de Voltaire)
29. Cód., tit. *De Fund. patrimon.* (N. de Voltaire)
30. Cód. leg. XXIV, *De sacrosanctis Ecclesiis*. (N. de Voltaire)

Logo depois dessa partilha, os bispos sozinhos se atribuíram as quatro parcelas; por essa razão, o clero inferior em geral é muito pobre.

O parlamento de Toulouse proferiu uma sentença em 18 de abril de 1651, que ordenava que no prazo de três dias os bispos de sua jurisdição deviam prover a alimentação dos pobres; passado esse tempo seria confiscado um sexto de todos os frutos que os bispos auferissem nas paróquias da referida jurisdição etc.

Na França, a Igreja não aliena validamente seus bens sem grandes formalidades e se não houver vantagem na alienação. Considera-se que, sem nenhum título de propriedade, os bens da Igreja podem prescrever sempre que houver posse de quarenta anos; mas, se aparecer um título, e este for vicioso, ou seja, se não estiverem cumpridas todas as suas formalidades, o adquirente e seus herdeiros nunca poderão gozar da prescrição; donde a máxima: *Melius est non habere titulum, quam habere vitiosum* [É melhor não ter um título do que ter um título desonrado]. Essa jurisprudência fundamenta-se na presunção de má-fé do adquirente cujo título não está em ordem, e, segundo os cânones, para o possuidor de má-fé nunca ocorre prescrição. Mas não se deveria presumir que aquele que não tem títulos é usurpador? Pode-se afirmar que a falta de uma formalidade que se desconhecia é presunção de má-fé? Caberá despojar o possuidor com base nessa presunção? Caberá julgar que o filho que encontrou um domínio na herança de seu pai o possui de má-fé, porque o seu ancestral que adquiriu o domínio não cumpriu uma formalidade?

Os bens da Igreja, necessários à manutenção de uma ordem respeitável, não são de natureza diferente da dos bens da nobreza e do terceiro estado: todos deveriam estar sujeitos às mesmas regras. Hoje estamos nos aproximando, na medida do possível, dessa jurisprudência equitativa.

Parece que os sacerdotes e os monges, que aspiram à perfeição evangélica, nunca deveriam participar de processos:[31]*Et ei qui vult tecum judicio contendere, et tunicam tuam tollere, dimitte ei et pallium* [E àquele que deseja disputar contigo em juízo e tomar tua túnica, entrega-lhe também o manto.]

São Basílio provavelmente pretende falar desse trecho quando diz[32] que no Evangelho há uma lei expressa que proíbe os cristãos de participarem de processos. Salviano entendeu do mesmo modo esse trecho: [33]*Jubet Christus nib ne litigemus, nec solum jubet... sed in tantum hoc jubet ut ea ipsa nos de quibus lis est relinquere jubeat, dummodo litibus exuamur* [Cristo ordena que não litigemos... não só ordena mas a tal ponto o ordena que estaria ordenando que abandonássemos as próprias questões a respeito das quais existe litígio, e desse modo nos livrássemos dos litígios.]

O quarto concílio de Cartago também reiterou suas proibições: *Episcopus nec provocatus de rebus transitoriis litiget* [Que o bispo não dispute, nem provocado, sobre questões transitórias].

Mas, por outro lado, não é justo que um bispo renuncie a seus direitos; é homem, deve gozar do bem que os homens lhe deram; não deve ser roubado só porque é sacerdote. (Estas duas seções são do sr. Christin, célebre advogado do parlamento de Besançon, que angaria uma reputação imortal em sua terra, ao defender a abolição da servidão).

Terceira seção
Da pluralidade dos benefícios, das abadias em comenda e dos monges que têm escravos

Trata-se da pluralidade de gordos benefícios, arcebispados, episcopados, abadias, de trinta, quarenta, cinquenta ou sessenta mil florins, bem como da pluralidade de mulheres; é um direito que só cabe aos poderosos.

---

31. Mat., cap. V, v. 40. (N. de Voltaire)
32. Homel. *De legend. graec.* (N. de Voltaire)
33. *De gubern. Dei*, livro III, p. 47, edição de Paris, 1645. (N. de Voltaire)

BENS DA IGREJA

Um príncipe do império, o mais jovem de sua casa, seria bem pouco cristão se só tivesse um episcopado; precisa de quatro ou cinco deles para confirmar sua catolicidade. Mas um pobre cura, que não tem do que viver, mal consegue obter dois benefícios; pelo menos isso é muito raro.

O papa que dizia observar a regra e ter um único benefício, com o qual se sentia contente, tinha toda a razão.

Afirmou-se que certo Ebruíno, bispo de Poitiers, foi o primeiro que teve ao mesmo tempo uma abadia e um episcopado. O imperador Carlos, o Calvo, foi quem lhe deu esses dois presentes. A abadia era de Saint-Germain-des-Près lez Paris. Era um bom bocado, mas não tão bom quanto hoje.

Antes desse Ebruíno, vemos muita gente da Igreja de posse de várias abadias.

Alcuíno, diácono, favorito de Carlos Magno, possuía ao mesmo tempo as abadias de Saint-Martin de Tours, Ferrières, Comeri e algumas outras. Não havia abadia que bastasse: pois assim quem é santo edifica mais almas; e quem tem a infelicidade de ser um secular honesto vive de maneira mais agradável.

Pode ser que desde aqueles tempos esses abades fossem comanditários, pois não podiam rezar missa em sete ou oito lugares ao mesmo tempo. Carlos Martel e Pepino, seu filho, que tinham tomado para si tantas abadias, não eram abades regulares.

Qual é a diferença entre um abade comanditário e um abade que se chama *regular*? A mesma que existe entre um homem que tem cinquenta mil escudos de renda para divertir-se e um homem que tem cinquenta mil escudos para governar.

Não que não seja lícito aos abades regulares divertir-se também. Vejamos como se expressava sobre essa doce alegria João Tritêmio em um de seus sermões, diante de uma convocação de abades beneditinos:

Neglecto superum cultu, spretoque tonantis
Imperio, Baccho indulgent Venerique nefandae etc.

Aqui vai uma tradução, ou melhor, uma imitação feita por uma boa alma, algum tempo depois de João Tritêmio:

Ils se moquent du ciel et de la Providence;
Ils aiment mieux Bacchus et la mère d'Amour;
Ce sont leurs deux grands saints pour la nuit et le jour.
Des pauvres à prix d'or ils vendent la substance.
Ils s'abreuvent dans l'or; l'or est sur leurs lambris;
L'or est sur leurs catins, qu'on paye au plus haut prix;
Et, passant mollement de leur lit à la table,
Ils ne craignent ni lois, ni rois, ni dieu, ni diable.
[Zombam do céu e da Providência;
Preferem Baco e a mãe de Amor;
São esses seus dois grandes santos da noite e do dia.
Vendem o sustento dos pobres a peso de ouro.
Abeberam-se no ouro; o ouro está em suas paredes;
O ouro está em suas putas, que custam altíssimo preço;
E, passando molemente da cama à mesa,
Não temem leis, nem reis, nem deus, nem diabo.]

João Tritêmio, como se vê, estava de péssimo humor. Poderiam responder-lhe o que César disse antes dos idos de março: "Não temo os voluptuosos, temo os argumentadores magros e pálidos." Os monges que cantam o *Pervigilium Veneris* nas matinas não são perigosos: os monges argumentadores, pregadores e cabaladores causaram muito mais mal do que todos aqueles dos quais fala João Tritêmio.

Os monges foram tão maltratados pelo célebre bispo de Belley quanto haviam sido pelo abade Tritêmio. Aquele lhes aplica, em sua *Apocalipse de Melitão*, as seguintes palavras de Oseias: "Vacas gordas que frustrais os pobres, que dizeis incessantemente: Trazei, e beberemos; o Senhor jurou, em seu santo nome, que chegam os dias que virão contra vós; tereis ranger de dentes e falta de pão em todas as vossas casas."

A profecia não se realizou; mas o espírito civilizador que se espalhou por toda a Europa, impondo limites à cupidez dos monges, inspirou-lhes mais decência.

É preciso convir, a despeito de tudo o que se escreveu contra seus abusos, que entre eles sempre houve homens eminentes em ciência e virtude; que, se fizeram grandes males, também prestaram grandes serviços, e, em geral, devemos lastimá-los mais do que condená-los.

Quarta seção

Todos os abusos grosseiros que perduraram na distribuição dos benefícios do século X ao XIII já não subsistem hoje; e, embora sejam inseparáveis da natureza humana, são muito menos revoltantes porque cobertos pela decência. Um Maillard já não diria hoje no púlpito: *O domina, quae facitis placitum domini episcopi etc.* – Ó, senhora, que dais prazer ao senhor bispo! Se alguém perguntar como uma criança de dez anos recebeu um benefício, responderão que a senhora sua mãe era muito íntima do senhor bispo.

Já não se ouve mais no púlpito um franciscano Menot bradar: "Duas crossas, duas mitras, *et adhuc non sunt contenti*."

"Entre vós, senhoras, que dais ao senhor bispo o prazer que sabeis e depois dizeis: Ó! Ó! Ele ajudará meu filho, será um dos mais bem providos da Igreja."

Isti protonotarii, qui habent illas dispensas ad tria, immo in quindecim beneficia, et sunt simoniaci et sacrilegi, et non cessant arripere beneficia incompatibilia: idem est eis. Si vacet episcopatus, pro eo habendo dabitur unus grossus fasciculus aliorum beneficiorum. Primo accumulabuntur archidiaconatus, abbatiae, duo prioratus, quatuor aut quinque praebendae, et dabuntur haec omnia pro compensatione. – Se esses protonotários, que têm dispensas para três ou até quinze benefícios, são simoníacos e sacrílegos, e se esses benefícios incompatíveis não param de ser concedidos, tanto faz para eles. Se um benefício se torna vacante, para obtê-lo dá-se um punhado de outros benefícios, um arquidiaconato, abadias, dois priorados, quatro ou cinco prebendas, e tudo isso para servir de compensação.

O mesmo pregador, em outro lugar, assim se expressa: "De cada quatro litigantes que se encontram no palácio, sempre há um monge; e, se lhes perguntarmos o que fazem lá, um *clericus* responderá: 'Nosso capítulo se revoltou contra o deão, o bispo e os oficiais, e eu vou ao encalço desses senhores para cuidar do assunto. – E tu, senhor monge, que fazes aqui? – Estou pleiteando uma abadia de oitocentas libras de renda para meu senhor. – E tu, monge branco? – Pleiteio um pequeno priorado para mim. – E vós, mendigos, que não tendes terras nem lavouras, viestes aqui passear? – O rei nos outorgou sal, madeira e outras coisas: mas essas coisas nos são negadas por seus funcionários.' Ou então: 'O cura Fulano, por avareza e inveja, quer impedir o sepultamento e o cumprimento da última vontade de alguém que morreu nos últimos dias, de tal modo que somos obrigados a recorrer ao tribunal.'"

É verdade que este último abuso, que ecoa por todos os tribunais da Igreja católica romana, não está erradicado.

Existe outro, mais funesto ainda: é o de permitir que os beneditinos, os bernardos e os próprios cartuxos tenham bens de mão-morta e escravos. Distinguem-se, sob a dominação deles, em várias províncias da França e da Alemanha:

Escravidão da pessoa,
Escravidão dos bens,
Escravidão da pessoa e dos bens.

Escravidão da pessoa consiste na incapacidade de dispor de seus bens a favor de seus filhos, desde que estes não tenham vivido sempre com o pai na mesma casa e comido na mesma mesa. Então tudo pertence aos monges. Os bens de um habitante do monte Jura, posto nas mãos de um notário de Paris, tornam-se em Paris mesmo posse daqueles que originariamente haviam abraçado a pobreza evangélica no monte Jura. O filho pede esmolas na porta da casa que seu pai construiu, e os monges, em vez de lhe darem essa esmola, arrogam-se até o direito de não pagar os credores do pai e de considerar nulas as dívidas que tiveram como hipoteca a casa da qual se apoderam. Em vão a viúva se lança a seus pés para obter uma parte de seu dote: esse dote, esses créditos, esse bem paterno, tudo pertence de direito divino aos monges. Os credores, a viúva, os filhos, todos morrem na mendicância.

Escravidão real é a que afeta uma habitação. Quem ocupar uma casa no império desses monges e lá ficar por um ano e um dia se tornará seu servo para sempre. Houve exemplos de negociantes franceses, pais de família, que, atraídos por negócios àquela região bárbara, alugaram casas durante um ano e morreram em seguida em sua pátria, em outra província da França; a viúva e os filhos, mais tarde, tiveram a surpresa de ver meirinhos chegando para apoderar-se de seus móveis, com *cartas auxiliatórias*, vendê-los em nome de Saint-Claude e expulsar uma família inteira da casa paterna.

Escravidão mista é aquela que, sendo composta dos dois tipos acima, consiste naquilo que a rapacidade já inventou de mais execrável, coisa que os bandidos nem mesmo ousariam imaginar.

Portanto, há povos cristãos gemendo numa tripla escravidão sob o jugo de monges que fizeram voto de humildade e pobreza! Todos perguntam como os governos toleram essas contradições fatais: isso ocorre porque os monges são ricos, e seus escravos são pobres; porque os monges, para conservarem seus direitos de Átila, dão presentes aos prepostos, às amantes daqueles que poderiam interpor sua autoridade para reprimir tal opressão. O forte sempre esmaga o fraco; mas por que haverão os monges de ser os mais fortes?

Que horrível estado o de um monge cujo convento é rico! A comparação contínua que ele faz entre sua servidão e sua miséria com o império e a opulência do abade, do prior, do procurador, do secretário, do ecônomo etc., dilacera-lhe a alma na igreja e no refeitório. Ele amaldiçoa o dia em que proferiu seus votos imprudentes e absurdos; desespera; gostaria que todos os homens fossem infelizes como ele. O talento que porventura ele tiver para contradizer as escrituras será empregado na falsificação de títulos de propriedade para agrado do vice-prior, na opressão dos camponeses que tiverem a inimaginável desdita de ser vassalos de um convento: tornando-se bom falsário, ele atingirá altos cargos; e, como é muito ignorante, morrerá na dúvida e na raiva.

BET-SHEMESH (Bethsamès, ou Bethshemesh)

Dos cinquenta mil e setenta judeus mortos de morte súbita por terem olhado a arca; dos cinco ânus de ouro pagos pelos filisteus e da incredulidade do doutor Kennicott

Os mundanos talvez se admirem por verem essa palavra como título de um verbete; mas só nos dirigimos aos doutos e lhes pedimos instruções.

Bet-Shemesh era uma aldeia pertencente ao povo de Deus, situada duas milhas ao norte de Jerusalém, segundo os comentadores.

Os fenícios, vencendo os judeus no tempo de Samuel e roubando-lhes a arca da aliança na batalha em que mataram trinta mil homens, foram severamente punidos pelo Senhor[34]. *Percussit eos in secretiori parte natium... et ebullierunt villae et agri... et nati sunt mures, et facta est confusio mortis magna in civitate.* Palavra por palavra: "Atingiu-os na parte mais secreta das nádegas... e as granjas e os campos ferveram, e nasceram ratos, e grande confusão de morte se fez na cidade."

Como os profetas dos fenícios ou filisteus os advertiram de que não poderiam livrar-se daquele flagelo se não dessem ao Senhor cinco ratos de ouro e cinco ânus de ouro, devolvendo-lhe a arca dos judeus, aqueles cumpriram essa ordem e, atendendo à ordem expressa de seus profetas, devolveram a arca com os cinco ratos e os cinco ânus, numa carroça puxada por duas vacas, cada uma das quais amamentava seu bezerro, vacas que não eram conduzidas por ninguém.

Aquelas duas vacas levaram sozinhas a arca e os presentes para Bet-Shemesh; seus habitantes aproximaram-se e quiseram olhar a arca. Essa liberdade foi punida com mais severidade do que a profanação dos fenícios. O Senhor puniu com a morte súbita setenta pessoas do povo e cinquenta mil homens do populacho.

O reverendo doutor Kennicott, irlandês, publicou em 1768 um comentário francês sobre essa aventura e o dedicou a Sua Grandeza o bispo de Oxford. Intitula-se, no cabeçalho desse comentário, "doutor em teologia, membro da Sociedade Real de Londres, da Academia Palatina, da Academia de Gotinga e da Academia das Inscrições de Paris". Só sei que ele não é da Academia das Inscrições de Paris: talvez seja seu correspondente. Sua vasta erudição pode tê-lo enganado; mas os títulos não influem na coisa.

Avisa o público que sua brochura é vendida em Paris, por casas Saillant e Molini; em Roma, por Monaldini; em Veneza, por Pasquali; em Florença, por Cambiagi; em Amsterdam, por Marc-Michel Rey; em Haia, por Gosse; em Leiden, por Jaquau; em Londres, por Béquet, que recebem assinaturas.

Afirma provar em sua brochura, chamada em inglês *pamphlet*, que o texto da Escritura está corrompido. Que ele nos permita não compartilhar de sua opinião. Quase todas as Bíblias estão de acordo nestas expressões: setenta homens do povo e cinquenta da plebe: *De populo septuaginta viros, et quinquaginta millia plebis.*

O reverendo doutor Kennicott diz ao reverendo milorde bispo de Oxford que "antigamente havia muitos preconceitos a favor do texto hebraico, mas, há dezessete anos, Sua Grandeza e ele largaram os preconceitos, depois da leitura meditada desse capítulo".

Não nos parecemos com o doutor Kennicott; e, quanto mais lemos esse capítulo, mais respeitamos os caminhos do Senhor, que não são os nossos.

Kennicott diz: "É impossível que um leitor de boa-fé não se sinta admirado e afetado pelo espetáculo de mais de cinquenta mil homens destruídos numa única aldeia, ainda mais cinquenta mil homens que tratavam da colheita."

Admitimos que isso pressuporia cerca de cem mil pessoas pelo menos na aldeia. Mas poderá o doutor esquecer que o Senhor prometera a Abraão que sua posteridade se multiplicaria como a areia do mar?

E acrescenta: "Judeus e cristãos não tiveram escrúpulos em expressar sua repugnância a dar fé a essa destruição de cinquenta mil e setenta homens."

Respondemos que somos cristãos e que não sentimos repugnância alguma *a dar fé* a tudo que está nas Santas Escrituras. Responderemos, tal como o reverendo padre dom Calmet, que, se fosse

---

34. Liv. de Samuel, ou I Liv. dos reis, cap. V, v. 6. (N. de Voltaire)

preciso "rejeitar tudo o que há de extraordinário e fora do alcance de nosso espírito, seria preciso rejeitar toda a Bíblia". Estamos convencidos de que os judeus, conduzidos que eram por Deus, só deviam viver eventos marcados pelo selo da Divindade, absolutamente diferentes daquilo que ocorre aos outros homens. Ousamos mesmo afirmar que a morte daqueles cinquenta mil e setenta homens é uma das coisas menos surpreendentes do Antigo Testamento.

Somos tomados por admiração ainda mais respeitosa quando a serpente de Eva e o asno de Balaão falam, quando a água das cataratas, com a chuva, sobe quinze côvados acima de todas as montanhas, quando se veem as pragas do Egito e seiscentos e trinta mil judeus combatentes a fugir a pé, atravessando o mar aberto e suspenso; quando Josué detém o Sol e a Lua ao meio-dia; quando Sansão mata mil filisteus com uma queixada de asno... Tudo é milagre, sem exceção, naqueles tempos divinos; e temos o mais profundo respeito por todos esses milagres, por esse mundo antigo que não é nosso mundo, por essa natureza que não é nossa natureza, por um livro divino que nada pode ter de humano.

Mas o que nos espanta é a liberdade tomada pelo sr. Kennicott de chamar de *deístas* e *ateus* aqueles que, reverenciando a Bíblia mais que ele, são de opinião diferente da sua. Não é de acreditar que um homem com semelhantes ideias seja da Academia das Inscrições e Medalhas. Talvez seja da Academia de Bedlam, a mais antiga e mais numerosa de todas, cujas colônias se estendem por toda a terra.

BIBLIOTECA (Bibliothèque)

Uma grande biblioteca tem de bom o fato de assustar quem a contempla. Duzentos mil volumes desanimam qualquer um que seja tentado a publicar; mas esse, infelizmente, logo pensa: "Ninguém lê todos esses livros, e eu posso ser lido." Compara-se à gota de água que se queixava de ser confundida e ignorada no oceano: um gênio ficou com pena dela e fez que fosse engolida por uma ostra; ela se transformou na mais bela pérola do oriente e veio a ser o principal ornamento do trono do Grão-Mogol. Aqueles que não são compiladores, imitadores, comentadores, dissecadores de frases, críticos improvisados, enfim, aqueles que não tiveram a piedade de um gênio continuarão sempre como gotas de água.

Nosso homem, portanto, trabalha no fundo de sua casinhola com a esperança de se tornar pérola.

É verdade que, nessa imensa coleção de livros, há cerca de cento e noventa e nove mil que nunca serão lidos, pelo menos de imediato; mas pode-se ter necessidade de consultar alguns uma vez na vida. É grande vantagem para quem queira instruir-se poder ter nas mãos, no palácio dos reis, o volume e a página que procura, sem precisar esperar nem um minuto. É uma das mais nobres instituições. Nunca houve gasto mais magnífico e útil.

A biblioteca pública do rei da França é a mais bela do mundo, menos pelo número e pela raridade dos volumes do que pela facilidade e pela polidez com que os bibliotecários os emprestam a todos os estudiosos. Essa biblioteca é, sem sombra de dúvida, o monumento mais precioso que existe na França.

Essa quantidade espantosa de livros não deve assustar. Já se observou que Paris contém cerca de setecentos mil homens, que ninguém pode conviver com todos, e que cada um escolhe três ou quatro amigos. Assim, não devemos nos queixar da grande quantidade de livros como não nos queixamos da quantidade de cidadãos.

Alguém que queira instruir-se um pouco sobre o seu ser e não tenha tempo para perder, encontra-se em embaraços. Gostaria de ler ao mesmo tempo Hobbes, Espinosa, Bayle (que escreveu contra eles), Leibniz (que discutiu com Bayle), Clarke (que discutiu com Leibniz), Malebranche (que difere de todos eles), Locke (que, segundo dizem, confundiu Malebranche), Stillingfleet (que se acredita ter vencido Locke), Cudworth (que acredita estar acima de todos eles, porque ninguém o entende). Morrer-se-ia de velhice antes de folhear a centésima parte dos romances metafísicos.

É bem fácil ter livros antiquíssimos, tal como se procuram antigas medalhas. É isso o que honra uma biblioteca. Os livros mais antigos do mundo são os cinco *Kings* dos chineses, o *Shastabad* dos brâmanes, do qual o sr. Holwell nos deu a conhecer trechos admiráveis, aquilo que pode restar do antigo Zoroastro, os fragmentos de Sanconiaton que Eusébio nos conservou e contêm caracteres de remotíssima antiguidade. Não falo do Pentateuco, que está acima de tudo o que se poderia dizer.

Temos também a oração do verdadeiro Orfeu, que o hierofante recitava nos antigos mistérios dos gregos. "Andai pelo caminho da justiça, adorai o único senhor do universo. Ele é uno; único por si mesmo. Todos os outros lhe devem a existência; ele age neles e por eles. Vê tudo e nunca foi visto por olhos mortais." Já falamos disso.

São Clemente de Alexandria, o mais douto dos Padres da Igreja, ou melhor, o único douto na antiguidade profana, quase sempre lhe dá o nome de Orfeu de Trácia, de Orfeu teólogo, para distingui-lo daqueles que escreveram depois com o seu nome. Dele, cita estes versos, que têm tanta relação com a fórmula dos mistérios[35]:

Lui seul il est parfait; tout est sous son pouvoir.
Il voit tout l'univers, et nul ne peut le voir.
[Só ele é perfeito; tudo está em seu poder.
Ele vê todo o universo, e ninguém o pode ver.]

Nada mais temos de Museu nem de Lino. Alguns pequenos trechos desses predecessores de Homero ornariam qualquer biblioteca.

Augusto constituiu a chamada biblioteca *Palatina*. Era presidida pela estátua de Apolo. O imperador a ornou com os bustos dos melhores autores. Havia vinte e nove grandes bibliotecas públicas em Roma. Agora há mais de quatro mil bibliotecas consideráveis na Europa. Escolhei o que vos convém e tentai não vos entediar[36].

BILA, BASTARDOS (Bala, Batards)

Bila, serva de Raquel, e Zelfa, serva de Lia, deram, cada uma, dois filhos ao patriarca Jacob; e deve-se notar que eles herdaram como filhos legítimos, tanto quanto os outros oito filhos varões que Jacob teve das duas irmãs Lia e Raquel. É verdade que todos só tiveram uma bênção por herança, ao passo que Guilherme, o Bastardo, herdou a Normandia.

Teodorico, bastardo de Clóvis, herdou a melhor parte das Gálias, invadida por seu pai.

Vários reis da Espanha e de Nápoles foram bastardos.

Na Espanha, os bastardos sempre herdaram. O rei Henrique de Transtamara não foi visto como rei ilegítimo, embora fosse filho ilegítimo; e essa raça de bastardos, fundida na casa da Áustria, reinou na Espanha até Filipe V.

A raça de Aragão, que reinava em Nápoles no tempo de Luís XII, era bastarda. O conde de Dunois assinava: Bastardo de Orléans, e por muito tempo foram conservadas cartas do duque da Normandia, rei da Inglaterra, assinadas: *Guilherme, o Bastardo*.

---

35. *Stromata*, liv. V. (N. de Voltaire)
36. Ver Livros. (N. de Voltaire)

Na Alemanha, não ocorre o mesmo: lá querem raças puras; os bastardos nunca herdam feudos e não têm estado. Na França, há muito tempo, o bastardo de um rei não pode ser padre sem dispensa de Roma; mas não tem dificuldades para ser príncipe, desde que o rei o reconheça como filho de seu pecado, nem que ele seja bastardo adulterino de pai e mãe. O mesmo ocorre na Espanha. O bastardo de um rei da Inglaterra não pode ser príncipe, mas pode ser duque. Os bastardos de Jacob não foram duques nem príncipes; não tiveram terras, pela razão de que o pai deles não as tinha; mas depois foram chamados de *patriarcas*, como quem dissesse arquipais.

Houve quem perguntasse se os bastardos dos papas podiam ser papas. É verdade que o papa João XI era bastardo do papa Sérgio III e da famosa Marozia; mas exemplo não é lei. (Ver no verbete Lei como todas as leis e todos os usos se contradizem.)

BISPO (Évêque)

Samuel Ornik, nativo de Basileia, era, como se sabe, um jovem muito agradável; aliás, sabia de cor o Novo Testamento em grego e alemão. Seus pais o fizeram viajar com a idade de vinte anos. Foi encarregado de trazer livros ao coadjutor de Paris, no tempo da Fronda. Chega à porta do arcebispado, e o suíço lhe diz que monsenhor não está recebendo ninguém. "Companheiro, diz Ornik, está sendo rude com os compatriotas; os apóstolos deixaram que todos se aproximassem, e Jesus Cristo queria que deixassem vir a ele os pequeninos. Nada vou pedir a seu senhor; ao contrário, venho trazer-lhe algo. – Entre então, disse-lhe o suíço."

Fica esperando uma hora numa primeira antecâmara. Como era muito ingênuo, entabulou conversa com um criado, que adorava dizer tudo o que sabia sobre seu patrão. "Ele deve ser riquíssimo, disse Ornik, para ter essa multidão de pajens e lacaios que vejo a correr pela casa. – Não sei quanto ele recebe de renda, responde o outro; mas eu o ouvi dizendo a Joly e ao abade Charier que suas dívidas já atingem dois milhões. Ornik diz: – Vai precisar vasculhar a garganta de algum peixe para pagar seu tesoureiro. Mas que senhora é essa que está saindo de um gabinete? – É a sra. de Pomereu, uma de suas amantes. – De fato ela é muito linda; mas nunca li que os apóstolos tivessem tal companhia no quarto pela manhã. Ah! Veja só: acho que o cavalheiro vai dar audiência. – Diga Sua Grandeza, monsenhor. – Ai! Pois não." Ornik saúda Sua Grandeza e lhe apresenta seus livros. É recebido com um sorriso muito amável. Dizem-lhe duas palavras e monta-se numa carruagem, escoltado por cinquenta cavaleiros. Ao subir, monsenhor deixa cair a bainha de uma arma. Ornik fica muito espantado ao ver que monsenhor carrega um estojo de penas tão grande no bolso. "Não está vendo que é do seu punhal? diz o tagarela. Todos levam regularmente o punhal quando vão ao parlamento. – Eis aí uma maneira engraçada de oficiar, diz Ornik." E vai embora muito admirado.

Percorre a França e edifica-se de cidade em cidade; dali, passa para a Itália. Quando está nas terras do papa, fica conhecendo um daqueles bispos de mil escudos de renda, que andava a pé. Ornik era muito honesto; oferece-lhe um lugar em sua *cambiatura*. "Deve estar indo consolar algum doente, monsenhor. – Não, estava indo à casa do meu senhor. – Seu senhor! Deve ser Jesus Cristo? – Não, é o cardeal Azolino; sou o capelão dele. Ele me paga salários bem medíocres; mas me prometeu um cargo junto a dona Olímpia, cunhada favorita *di nostro signore*. – Como! O senhor é pago por um cardeal? Acaso não sabe que não havia cardeais no tempo de Jesus Cristo e de são João? – Será possível! exclama o prelado italiano. – É a mais pura verdade; o senhor leu isso no Evangelho. – Nunca li o Evangelho, replicou o bispo; só conheço o ofício de Nossa Senhora. – Pois, como estava dizendo, não havia cardeais nem bispos; e, quando houve bispos, os padres eram quase iguais a eles, segundo afirma Jerônimo em vários lugares. – Virgem Santa! diz o italiano. Eu não sabia; e papas? – Também não." O bom bispo benzeu-se; acreditou estar com o espírito maligno e saltou fora da *cambiatura*.

BLASFÊMIA (Blasphème)

É uma palavra grega que significa *atentado à reputação*. *Blasphemia* encontra-se em Demóstenes. Segundo Ménage, deu origem à palavra francesa *blâmer* [censurar]. Na Igreja grega a palavra *blasfêmia* era empregada apenas para significar *injúria a Deus*. Os romanos nunca empregam essa expressão, aparentemente por não acreditarem que se possa ofender a honra de Deus como se ofende a dos homens.

Quase não tem sinônimos. *Blasfêmia* não contém a ideia de *sacrilégio*. Pode-se dizer que um homem que invoca o nome de Deus em vão, no arroubo da cólera, faz aquilo que se chama *praguejar*: é um blasfemador; mas não se diz: é um sacrílego. Sacrílego é aquele que jura em falso sobre o Evangelho, que usa de rapacidade com as coisas consagradas, que destrói altares, que mancha as mãos com o sangue dos sacerdotes.

Os grandes sacrilégios sempre foram punidos com a morte em todas as nações, sobretudo os sacrilégios com derramamento de sangue.

O autor dos *Instituts au droit criminel* [Institutos no direito criminal] enumera, entre os crimes de lesa-majestade divina, na segunda categoria, a inobservância dos dias santos e dos domingos. Deveria acrescentar inobservância acompanhada de evidente desprezo, pois a simples negligência é um pecado, mas não um sacrilégio, como diz ele. É absurdo pôr na mesma categoria, como faz esse autor, a simonia, o rapto de uma religiosa e o esquecimento de comparecer às vésperas num dia santo. É esse um grande exemplo dos erros nos quais incidem os juristas que, não tendo sido convidados a fazer leis, metem-se a interpretar as leis do Estado.

As blasfêmias proferidas na embriaguez, na cólera, nos excessos da devassidão, no calor de uma conversação indiscreta foram submetidas pelos legisladores a penas muito mais leves. Por exemplo, o advogado que já citamos diz que as leis da França condenam os simples blasfemadores a uma multa na primeira vez, que dobra na segunda, triplica na terceira, quadruplica na quarta. O culpado é posto no pelourinho na quinta reincidência, outra vez no pelourinho na sexta, e o lábio superior é cortado com um ferro quente; e, na sétima vez, cortam-lhe a língua. Faltaria acrescentar que esse é um decreto de 1666.

As penas são quase sempre arbitrárias: é um grande defeito na ciência das leis. Mas esse defeito abre uma porta para a clemência, para a compaixão; e essa compaixão é estritamente justa: pois seria horrível punir um arroubo da juventude como se punem envenenadores e parricidas. Uma sentença de morte para um delito que merece apenas uma correção não passa de assassinato cometido com o gládio da justiça.

Não caberia, acaso, notar aqui que o que foi blasfêmia num país muitas vezes foi piedade em outro?

Um mercador de Tiro, aportado em Canopo, pode ter ficado muito escandalizado ao ver que para uma cerimônia eram levados cebolas, gatos, bodes; pode ter falado de forma indecente de *Ísis*, *Osíris* e *Hórus*; talvez tenha dado as costas e não se tenha ajoelhado para assistir à procissão dos órgãos genitais humanos em tamanho grande. Talvez tenha dito o que pensava durante o jantar e até mesmo cantado alguma canção na qual os marinheiros tírios escarneciam os absurdos egípcios. Alguma criada de taberna talvez o tenha ouvido; sua consciência não lhe permite encobrir tamanho crime. Ela corre denunciar o culpado ao primeiro *shoen*[37], que carrega a imagem da verdade sobre o peito, e sabe-se como a imagem da verdade é feita. O tribunal dos *shoen* ou *shotim* condena o blasfemador tírio a uma morte medonha e confisca seu navio. Esse mercador era considerado em Tiro uma das pessoas mais devotas da Fenícia.

---

37. Sacerdote egípcio. (N. da T.)

BLASFÊMIA

Numa vê que sua pequena horda de romanos é um bando de flibusteiros latinos que roubam a torto e a direito tudo o que encontram: bois, carneiros, galinhas, mulheres. Diz a eles que falou com a ninfa Egéria numa caverna, e que ela lhe ditou leis da parte de Júpiter. Os senadores, a princípio, o tratam como blasfemador e ameaçam atirá-lo da rocha Tarpeia de cabeça para baixo. Numa consegue partidários poderosos. Convence alguns senadores, que vão com ele até a gruta de Egéria. Ela lhes fala; converte-os. Eles convertem o senado e o povo. Imediatamente, o blasfemador já não é Numa. Esse nome é dado apenas àqueles que duvidam da existência da ninfa.

Para nós, é triste que aquilo que é blasfêmia em Roma, em Nossa Senhora do Loreto, no recinto dos cônegos de San-Gennaro seja piedade em Londres, em Amsterdam, em Estocolmo, em Berlim, em Copenhague, em Berna, na Basileia, em Hamburgo. É ainda mais triste que no mesmo país, na mesma cidade, na mesma rua, as pessoas se tratem reciprocamente de blasfemadoras.

Mas que digo? Dos dez mil judeus que vivem em Roma, não há um único que não veja o papa como o chefe dos blasfemadores; reciprocamente, os cem mil cristãos que moram em Roma, em lugar dos dois milhões de jovianos[38] que a lotavam no tempo de Trajano, acreditam firmemente que os judeus se reúnem aos sábados nas sinagogas para blasfemar.

Um franciscano dá, sem dificuldade, o título de blasfemador ao dominicano, que diz que a Virgem Santa nasceu em pecado original, ainda que os dominicanos tenham uma bula papal que lhes permite ensinar em conventos a concepção maculada, e que, além dessa bula, tenham a seu favor a declaração expressa de santo Tomás de Aquino.

A origem primeira da cisão ocorrida em três quartos da Suíça e numa parte da Baixa Alemanha foi uma discussão na catedral de Frankfurt, entre um franciscano cujo nome ignoro e um dominicano chamado Vigan.

Os dois estavam bêbados, segundo o uso daqueles tempos. O bêbado franciscano, que estava pregando, agradeceu a Deus, em seu sermão, pelo fato de não ser jacobino, jurando que era preciso exterminar os jacobinos blasfemadores que acreditavam na Virgem Santa nascida em pecado mortal e libertada do pecado apenas pelos méritos de seu filho; o bêbado jacobino disse-lhe bem alto: "Mentira! Blasfemador é você!" O franciscano desce do púlpito, com um grande crucifixo de ferro na mão, e desfere no adversário cem golpes de crucifixo, deixando-o quase morto no chão.

Foi para vingar esse ultraje que os dominicanos fizeram muitos milagres na Alemanha e na Suíça. Afirmavam que estavam provando sua fé com aqueles milagres. Por fim, acharam um meio de imprimir, em Berna, os estigmas de Nosso Senhor Jesus Cristo em um de seus irmãos leigos chamado Jetser: fora a Virgem Santa em pessoa que realizara a operação; mas ela tomou de empréstimo a mão do subprior, que, por sua vez, tomara uma roupa de mulher e circundara a cabeça com uma auréola. O pobre irmãozinho leigo, todo ensanguentado sobre o altar dos dominicanos de Berna, exposto à veneração do povo, acabou gritando que os outros eram assassinos e sacrílegos; os monges, para acalmá-lo, trataram de dar-lhe o mais depressa possível a comunhão, com uma hóstia polvilhada de um sublimado corrosivo: o excessivo azedume o fez cuspir fora a hóstia[39].

Os monges, então, o acusaram ao bispo de Lausanne de ter cometido um sacrilégio horrível. Os berneses, indignados, por sua vez, acusaram os monges; quatro deles foram queimados em Berna, em 31 de maio de 1509, na porta de Marsilly.

E assim termina essa abominável história, graças à qual os berneses acabaram por escolher uma religião, ruim para nossos olhos católicos, mas na qual eles ficaram livres de franciscanos e jacobinos.

---

38. Adoradores de Júpiter. (N. de Voltaire)
39. Ver *Les voyages de Bunet*, bispo de Salisbury; *L'Histoire des dominicains de Bune*, por Abraham Puchat, professor em Lausanne, *Le Procès-verbal de la condamnation des dominicains*; e *L'Original du procès*, mantido na biblioteca de Berna. O mesmo fato é relatado no *Essai sur les Mœurs et l'Esprit des nations*, cap. CXXIX. Poderia estar em todo lugar! Ninguém o conhecia na França há vinte anos. (N. de Voltaire)

A quantidade de semelhantes sacrilégios é incrivelmente grande. É a isso que leva o sectarismo.

Os jesuítas afirmaram durante cem anos que os jansenistas eram blasfemadores e o provaram por meio de mil ordens régias. Os jansenistas responderam, em mais de quatro mil volumes, que os blasfemadores eram os jesuítas. O escritor das *Gazettes ecclésiastiques* [Gazetas eclesiásticas] afirma que todas as pessoas de bem blasfemam contra ele; e, do alto de sua água-furtada, ele blasfema contra todas as pessoas de bem do reino. O editor do gazeteiro blasfema contra ele e reclama que morre de fome. Seria melhor ser polido e bem-comportado.

Coisa notável e consoladora é que nunca, em nenhum país do mundo, nem entre os idólatras mais loucos, ninguém foi jamais considerado blasfemador por ter reconhecido um Deus supremo, eterno e onipotente. Certamente não foi pelo reconhecimento dessa verdade que fizeram Sócrates beber cicuta, pois o dogma de um Deus supremo era anunciado em todos os mistérios da Grécia. O que levou Sócrates à perdição foi uma facção. Ele foi acusado a esmo de não reconhecer os deuses secundários: foi com base nessa acusação que o trataram de blasfemador.

Os primeiros cristãos foram acusados de blasfêmia pela mesma razão, mas os partidários da antiga religião do império, os jovianos, que condenavam a blasfêmia nos primeiros cristãos, acabaram por ser, eles mesmos, condenados como blasfemadores no governo de Teodósio II.

Dryden disse:

This side to day and the other to morrow burns,
And they are all God's almighty in their turns

Tel est chaque parti, dans sa rage obstiné,
Aujourd'hui condamnant, et demain condamné
[Tal é cada partido, em seu ódio obstinado,
Que quem condena um dia em outro é condenado]

BODE (Bouc)

Bestialidade, feitiçaria

As honras de todas as espécies que a antiguidade prestou aos bodes seriam bem espantosas, se alguma coisa pudesse espantar aqueles que estão um pouco familiarizados com o mundo antigo e moderno. Os egípcios e os judeus muitas vezes designaram reis e comandantes com a palavra *bode*. Encontra-se em Zacarias[40]: "O furor do Senhor irritou-se com os pastores do povo, com os bodes; ele os visitará. Ele visitou seu rebanho em casa de Judá, e dele fez seu corcel de combate."

"Saí da Babilônia, diz Jeremias aos comandantes do povo, sede os bodes à cabeça do rebanho."[41]

Isaías, nos capítulos X e XIV, utilizou o termo *bode,* que foi traduzido para o francês por *prince* [príncipe].

Os egípcios foram além de chamar seus reis de *bodes*; consagraram um bode em Mendes, e dizem até que o adoraram. Pode muito bem ter ocorrido que o povo tomasse um emblema por uma divindade; é o que ocorre com muita frequência.

Não é provável que os *shoen* ou *shotim* do Egito, ou seja, os sacerdotes, tenham ao mesmo tempo imolado e adorado bodes. Sabe-se que tinham seu bode *Hazazel,* que eles precipitavam

---

40. Cap. X, v. 3. (N. de Voltaire)
41. Cap. L, v. 8. (N. de Voltaire)

ornado e coroado de flores, para a expiação do povo, e que os judeus adotaram essa cerimônia e até o próprio nome *Hazazel,* assim como adotaram vários outros ritos do Egito.

Mas os bodes receberam uma honra ainda mais singular; consta que no Egito várias mulheres deram, com bodes, o mesmo exemplo dado por Pasífae com seu touro. Heródoto conta que, quando estava no Egito, uma mulher manteve publicamente essa relação abominável no nomo de Mendes: diz ele que ficou muito espantado, mas não diz que a mulher foi punida.

O mais estranho ainda é que Plutarco e Píndaro, que viveram em séculos tão distantes um do outro, concordem em dizer que se ofereciam mulheres ao bode consagrado[42]. Isso revolta a natureza. Píndaro diz, ou dizem que ele diz:

Charmantes filles de Mendès,
Quels amants cueillent sur vos lèvres
Les doux baisers que je prendrais?
Quoi! Ce sont les maris des chèvres!
[Encantadoras moças de Mendes,
Que amantes colhem em vossos lábios
Os doces beijos que eu teria?
Como! Os maridos das cabras!]

Os judeus não deixaram de copiar tais abominações. Jeroboão instituiu sacerdotes para servir seus bezerros e seus bodes[43]. O texto hebreu fala expressamente em *bodes.* Mas o que ultrajou a natureza humana foi o brutal desvio de algumas judias que se apaixonaram por bodes e de judeus que se acasalaram com cabras. Foi preciso uma lei expressa para reprimir essa horrível torpeza. Essa lei foi ditada no Levítico[44], no qual é afirmada várias vezes. Primeiramente há uma proibição eterna de oferecer sacrifícios aos animais com os quais se tenha fornicado. Em seguida, há outra proibição: às mulheres é vedado prostituir-se com animais[45], e aos homens é vedado profanar-se com o mesmo crime. Por fim, dispõe-se que[46] quem se tornar culpado dessa torpeza será morto com o animal de que tiver abusado. O animal é considerado tão criminoso quanto o homem e a mulher; e diz-se que o sangue deles recairá sobre eles.

É principalmente a bodes e cabras que se referem essas leis, que, infelizmente, se tornaram necessárias para o povo hebreu. Foi com bodes e cabras, *asirim,* que, segundo consta, os judeus se prostituíram: *asiri,* um bode e uma cabra; *asirim,* bodes e cabras. Essa fatal depravação era comum em vários países quentes. Os judeus então erravam por um deserto onde praticamente só é possível criar cabras e bodes. Sabe-se muito bem como esse excesso foi comum entre os pastores da Calábria e em várias outras regiões da Itália. O próprio Virgílio fala disso em sua terceira écloga: o

Novimus et qui te, transversa tuentibus hircis
[Conhecemos também aquele que tu (viste) sob o olhar oblíquo dos bodes]

é muito bem conhecido.

Não param por aí essas abominações. O culto do bode foi estabelecido no Egito e nas areias de uma parte da Palestina. Acreditava-se que era possível fazer feitiços com bodes, faunos e alguns outros monstros aos quais sempre se atribuía cabeça de bode.

---

42. M. Larcher, do colégio Mazarin, aprofundou muito essa matéria. (N. de Voltaire)
43. Liv. II, *Paralip.,* cap. XI, v. 15. (N. de Voltaire)
44. Levít., cap. XVII, v. 7. (N. de Voltaire)
45. Cap. XVIII, v. 23. (N. de Voltaire)
46. Cap. XX, v. 15 e 16. (N. de Voltaire)

A magia, a feitiçaria, logo passou do oriente para o ocidente e espalhou-se por toda a terra. Entre os romanos chamava-se *sabbatum* a espécie de feitiçaria que vinha dos judeus, confundindo-se assim o seu dia sagrado com seus segredos infames. Foi assim que ser feiticeiro e ir ao sabá acabou dando no mesmo para as nações modernas.

Aldeãs miseráveis, enganadas por patifes e ainda mais pela fraqueza de sua própria imaginação, acreditavam que, depois de proferirem a palavra *abraxa* e de se esfregarem um unguento de bosta de vaca misturada com pelo de cabra, iam para o sabá durante o sono montadas num cabo de vassoura, que lá adoravam um bode, e ele as possuía.

Essa opinião era universal. Todos os doutos afirmavam que o diabo se metamorfoseava em bode. É o que se pode ver nas *Disquisições* de Del Rio e em cem outros autores. O teólogo Grillandus, um dos grandes promotores da Inquisição, citado por Del Rio[47], diz que os feiticeiros dão ao bode o nome de Martinetto[48]. Garante que uma mulher que se entregara a Martinetto montava nas suas costas e era transportada num instante pelos ares até um lugar chamado *nogal de Benevento*.

Houve livros nos quais se escreviam os mistérios dos feiticeiros. Vi um em cujo cabeço havia um bode muito mal desenhado e uma mulher ajoelhada atrás dele. Na França, esses livros eram chamados *Grimoires* [Livros de magia]; em outro lugares, *Alfabeto do diabo*. O que vi era apenas um in-quarto escrito em caracteres quase indecifráveis, mais ou menos como os do *Almanach du berger* [Almanaque do pastor].

A razão e uma educação melhor teriam bastado para extirpar tais extravagâncias da Europa; mas, em lugar da razão, usaram-se suplícios. Se os pretensos feiticeiros tiveram seus livros de feitiço, os juízes tiveram seu código dos feiticeiros. O jesuíta Del Rio, doutor em Lovaina, mandou imprimir suas *Disquisições mágicas* em 1599: ele garante que todos os hereges são feiticeiros e recomenda frequentemente que sejam submetidos à tortura. Não duvida que o diabo se transforme em bode e conceda seus favores a todas as mulheres que lhe são apresentadas[49]. Cita vários juristas chamados demonógrafos[50], segundo os quais Lutero nasceu de um bode e de uma mulher. Garante que, em 1595, uma mulher deu à luz em Bruxelas uma criança que o diabo nela havia gerado disfarçado de bode, e que ela foi punida; mas não diz com qual suplício.

Quem mais se aprofundou na jurisprudência da feitiçaria foi certo Boguet, juiz de última instância de uma abadia de Saint-Claude do Franco-Condado. Explica todos os suplícios aos quais condenou bruxas e feiticeiros: seu número é considerável. Quase todas essas bruxas teriam dormido com o bode.

Já dissemos que mais de cem mil supostos feiticeiros foram executados na Europa. Somente a filosofia curou enfim os homens dessa abominável quimera e ensinou aos juízes que não devem queimar os imbecis[51].

BOI ÁPIS (SACERDOTES DO) (Boeuf Apis)

Heródoto conta que Cambises, depois de matar o deus boi com suas próprias mãos, mandou chicotear os sacerdotes; teria cometido um erro, caso aqueles sacerdotes fossem boa gente que se tivesse limitado a ganhar o pão no culto de Ápis, sem molestar os cidadãos; mas, se tivessem sido

---

47. Del Rio, p. 190. (N. de Voltaire)
48. Paulus Grillandus, teólogo italiano do século XVI. Seu demônio também recebia o nome de Maestrino. (N. da T.)
49. P. 180. (N. de Voltaire)
50. P. 181. (N. de Voltaire)
51. Ver Bekker. (N. de Voltaire)

perseguidores, se tivessem forçado as consciências, se tivessem estabelecido alguma espécie de inquisição e violado o direito natural, Cambises teria cometido outro erro: o de não mandar enforcá-los[52].

BOURGES (Bourges)

Nossas questões não versam quase sobre geografia; mas permitam-nos marcar com algumas palavras nossa admiração no que se refere à cidade de Bourges. O *Dicionário de Trévoux* afirma que "é uma das mais antigas da Europa, antiga sede do império das Gálias, que deu reis aos celtas".

Não quero refutar a antiguidade de nenhuma cidade nem de nenhuma família. Mas terá havido algum império das Gálias? Os celtas tinham reis? Esse furor da antiguidade é uma doença que não será curada tão cedo. As Gálias, a Germânia e o Norte de antigo só têm o solo, as árvores e os animais. Quem quiser antiguidades que se dirija à Ásia, e ainda é pouco. Os homens são antigos; os monumentos, novos: é isso o que temos em vista em vários verbetes.

Se fosse um bem real ter nascido numa área fechada por pedras ou madeira mais antiga que outra, seria razoável remontar a fundação da cidade natal ao tempo da guerra dos gigantes; mas, como nessa vaidade não há a menor vantagem, é preciso desfazer-se dela. Era só isso o que eu tinha para dizer sobre Bourges.

BRÂMANES, BRAMES (Brachmanes, Brames)

Amigo leitor, observai em primeiro lugar que o padre Thomassin, um dos homens mais eruditos de nossa Europa, diz que a palavra *brâmane* deriva da palavra judia *barac*, com C, supondo-se que os judeus tivessem C. Esse *barac* significava, diz ele, *fugir*, e os brâmanes fugiam das cidades, supondo-se que então houvesse cidades.

Ou, se preferis, brâmane vem de *barak,* com K, que quer dizer *abençoar* ou então *orar.* Mas por que os biscainhos não teriam chamado os brames com a palavra *bran,* que significava uma coisa que não quero dizer? Eles tinham tanto direito de fazê-lo quanto os hebreus. Eis aí uma estranha erudição. Se a rejeitamos inteiramente, saberemos menos e saberemos melhor.

Não será verossímil que os brâmanes sejam os primeiros legisladores da terra, os primeiros filósofos, os primeiros teólogos?

Os poucos documentos que nos restam da antiga história acaso não constituirão forte presunção em favor deles, já que os primeiros filósofos gregos iam aprender matemática com eles, e que as curiosidades mais antigas, recolhidas pelos imperadores da China, são todas indianas, conforme comprovam as relações na coleção de Duhalde?

Falaremos em outro lugar do *Shasta*; é o primeiro livro de teologia dos brâmanes, escrito cerca de mil e quinhentos anos antes dos seus *Vedas,* e anterior a todos os outros livros.

Seus anais não fazem menção a nenhuma guerra travada por eles em tempo algum. As palavras *armas, matar, mutilar* não são encontradas nem nos fragmentos do *Shasta,* que temos, nem no *Yajurveda,* nem no *Karma-Veda.* Posso pelo menos garantir que não as vi nestas duas últimas coletâneas; e o mais estranho é que o *Shasta,* que fala de uma conspiração no céu, não faz menção a nenhuma guerra na grande península cercada pelo Indo e pelo Ganges.

Os hebreus, que foram conhecidos tão tarde, nunca citam os brâmanes; eles só conheceram a Índia depois das conquistas de Alexandre e de se estabelecerem no Egito, do qual falaram tanto mal.

---

52. V. Ápis. (N. de Voltaire)

Só se encontra o nome da Índia no livro de Ester e no de Jó, que não era hebreu[53]. Percebe-se um singular contraste entre os livros sagrados dos hebreus e os dos indianos. Os livros indianos só anunciam paz e mansidão, proíbem matar os animais; os livros hebreus só falam em matar, massacrar homens e animais, trucida-se tudo em nome do Senhor; é uma coisa completamente diferente.

É, incontestavelmente, dos brâmanes que recebemos a ideia da queda dos seres celestes revoltados contra o soberano da natureza; foi daí, provavelmente, que os gregos extraíram a fábula dos Titãs. Também foi daí que os judeus tomaram a ideia da revolta de Lúcifer, no século I de nossa era.

Como aqueles indianos poderiam ter suposto uma revolta no céu se não tivessem visto nenhuma na terra? Tal salto da natureza humana à natureza divina é pouco concebível. Em geral, vai-se do conhecido ao desconhecido.

Só se imagina uma guerra de gigantes depois de ter visto alguns homens mais robustos que os outros tiranizar seus semelhantes. Os primeiros brâmanes só poderiam ter passado por discórdias violentas ou pelo menos tê-las visto entre seus vizinhos, para imaginá-las no céu.

Não deixa de ser um fenômeno muito espantoso que uma sociedade humana, que nunca guerreou, tenha inventado uma espécie de guerra travada nos espaços imaginários, ou num globo distante do nosso, ou naquilo que se chama *firmamento*, *empíreo*[54]. Mas é preciso ter o cuidado de notar que, nessa revolta dos seres celestes contra seu soberano, não houve ferimentos, derramamento de sangue celeste, montanhas imprevistas, anjos cortados em dois, tal como no poema sublime e grotesco de Milton.

Segundo o *Shasta*, trata-se apenas de uma desobediência formal às ordens do Altíssimo, uma conspiração que Deus pune, confinando os anjos rebeldes numa vasta região de trevas chamada *Andera* durante o tempo de um manvantara inteiro. Um manvantara dura quatrocentos e vinte e seis milhões de nossos anos. Mas Deus dignou-se perdoar os culpados ao cabo de cinco mil anos, e seu *Andera* não passou de um purgatório.

Com eles, fez *Mhurd*, homens, e os pôs em nosso globo com a condição de não comerem animais, e de não se acasalarem com os machos de sua nova espécie, sob pena de retornar ao *Andera*.

Esses são os principais artigos da fé dos brâmanes, que durou sem interrupção desde tempos imemoriais até nossos dias: parece-nos estranho que entre eles um pecado tão grave quanto comer um frango fosse o de cometer sodomia.

Essa é apenas uma pequena parte da antiga cosmogonia dos brâmanes. Seus ritos e seus templos provam que para eles tudo era alegoria; eles representam a virtude com o emblema de uma mulher de dez braços a combater os dez pecados mortais figurados como monstros. Nossos missionários não deixaram de interpretar essa imagem da virtude como a imagem do diabo e, assim, afirmar que o diabo é adorado na Índia. Nosso convívio com esses povos sempre serviu apenas para nos enriquecer e caluniá-los.

A metempsicose dos brâmanes

A doutrina da metempsicose vem de uma antiga lei de alimentar-se de leite de vaca e de legumes, frutas e arroz. Parecia horrível aos brâmanes matar e comer a própria ama de leite: a seguir, passou-se a ter o mesmo respeito pelas cabras, pelas ovelhas e por todos os outros animais; acreditavam que eles eram animados por aqueles anjos decaídos que concluíam a purificação de suas faltas nos corpos dos animais, assim como nos dos homens. A natureza do clima auxiliou essa lei, ou melhor, foi sua origem: uma atmosfera tórrida exige uma alimentação refrescante e inspira horror ao nosso costume introduzir cadáveres em nossas entranhas.

---

53. Ver Jó. (N. de Votaire)
54. Ver Céu material. (N. de Voltaire)

A opinião de que os animais têm alma foi geral em todo o oriente, e encontramos vestígios dela em nossos antigos livros sagrados. Deus, no Gênese[55], proíbe os homens de comer *carne com sangue e alma*. É o que se lê no texto hebreu: "Vingarei o sangue de vossas almas das garras dos animais e das mãos dos homens."[56] Diz no Levítico[57]: "A alma da carne está no sangue." Faz mais; faz um pacto solene com os homens e com todos os animais[58], o que pressupõe inteligência nos animais.

Em tempos muito posteriores, o Eclesiastes diz formalmente[59]:"Deus mostra que o homem é semelhante aos animais: pois os homens morrem como os animais, a condição de ambos é igual; assim como o homem morre, o animal também morre. Ambos respiram da mesma maneira: o homem nada tem mais que o animal."

Jonas, quando vai pregar em Nínive, ordena jejum aos homens e aos animais.

Todos os autores antigos atribuem conhecimento aos animais, tanto em livros sagrados quanto em profanos: e, em vários, eles falam. Portanto, não é de espantar que os brâmanes, e os pitagóricos depois deles, acreditassem que as almas passam sucessivamente pelos corpos dos animais e dos homens. Por conseguinte, convenceram-se, ou pelo menos disseram, que as almas dos anjos rebeldes, para concluírem seu purgatório, pertenciam ora a animais, ora a homens: numa parte de seu romance, o jesuíta Bougeant imagina que os diabos são espíritos postos em corpos de animais. Assim, em nossos dias, do lado do ocidente, um jesuíta renova, sem saber, um artigo de fé dos mais antigos sacerdotes orientais.

Sobre homens e mulheres que se ateiam fogo entre os brâmanes

Os brâmanes de hoje, que são iguais aos brâmanes antigos, conservaram, como se sabe, esse horrível costume. Como se explica que, para um povo que não derrama o sangue dos homens nem o dos animais, o mais belo ato de devoção ainda consista em atear-se fogo em público? A superstição, que alia todos os contrários, é a única fonte desse sacrifício medonho: costume muito mais antigo que as leis de qualquer outro povo conhecido.

Os brâmanes afirmam que Brama, seu grande profeta, filho de Deus, desceu entre eles e teve várias mulheres; que, quando morreu, uma de suas mulheres, a que mais o amava, lançou-se sobre sua pira para unir-se a ele no céu. Essa mulher terá mesmo se queimado viva, assim como se diz que Pórcia, mulher de Brutus, engoliu brasas para unir-se a seu marido? Ou será essa uma fábula inventada pelos sacerdotes? Terá havido um Brama que de fato se apresentou como profeta e filho de Deus? É de se crer que houve um Brama, assim como depois se viram Zoroastros e Bacos. A fábula apoderou-se de sua história, o que sempre fez em todos os lugares.

Visto que a mulher do filho de Deus se queimou viva, cumpre que senhoras de condição mais humilde façam o mesmo. Mas como poderão reencontrar seus maridos que se tornaram cavalos, elefantes ou gaviões? Como identificar precisamente o animal que é animado pelo defunto? Como reconhecê-lo e continuar sendo sua mulher? Essa dificuldade não embaraça os teólogos hindus; eles encontram facilmente distinções, soluções *in sensu composito, in sensu diviso*. A metempsicose só se aplica às pessoas comuns; para as outras almas eles têm uma doutrina mais sublime. Essas almas, quando são as dos anjos outrora decaídos, estão se purificando; as das mulheres que se imolam são beatificadas e reencontram seus maridos purificados: enfim, os sacerdotes têm razão, e as mulheres se queimam vivas.

---

55. Cap. IX, v. 4. (N. de Voltaire)
56. Gênese, cap. IX, v. 5. (N. de Voltaire)
57. Cap. XVII, v. 14. (N. de Voltaire)
58. Gênese, cap. IX, v. 10. (N. de Voltaire)
59. Cap. III, v. 19. (N. de Voltaire)

Há mais de quatro mil anos esse terrível fanatismo está estabelecido num povo pacífico, que acredita cometer um crime quando mata uma cigarra. Os sacerdotes não podem obrigar uma viúva a queimar-se viva, pois a lei invariável é que esse devotamento seja absolutamente voluntário. A honra é concedida primeiramente à mulher mais antiga do morto: cabe a ela descer à pira; se ela não toma essa iniciativa, a segunda se apresenta, e assim por diante. Conta-se que certa vez dezessete mulheres queimaram-se vivas ao mesmo tempo na pira de um rajá; mas esses sacrifícios tornaram-se bem raros: a fé abrandou-se desde que os maometanos passaram a governar grande parte do país, e que os europeus começaram a negociar na outra.

Contudo, praticamente não há governante em Madras e Pondichéry que não tenha visto alguma indiana perecer voluntariamente nas chamas. Holwell conta que uma jovem viúva de dezenove anos, de rara beleza, mãe de três filhos, queimou-se viva diante da sra. Russel, mulher do almirante que se encontrava na bacia de Madras: ela não cedeu às súplicas, às lágrimas de todos os presentes. A sra. Russel exortou-a, em nome de seus filhos, a não os deixar órfãos; a indiana respondeu-lhe: "Deus, que os fez nascer, cuidará deles." Em seguida, fez todos os preparativos, acendeu com sua própria mão o fogo da pira e consumou seu sacrifício com a mesma serenidade com que uma de nossas religiosas acende velas.

Shernoc, negociante inglês, ao ver um dia uma dessas admiráveis vítimas, jovem e digna de ser amada, descendo para a pira, tirou-a de lá à força, quando ela estava para acender o fogo, e, ajudado por alguns ingleses, raptou-a e com ela se casou. O povo viu essa ação como o mais horrível sacrilégio.

Por que os maridos nunca se queimaram vivos para reencontrar suas mulheres? Por que um sexo naturalmente fraco e tímido sempre teve essa força frenética? Será porque a tradição não fala de nenhum homem que tenha desposado alguma filha de Brama, ao passo que fala de uma indiana casada com o filho desse deus? Será por serem as mulheres mais supersticiosas que os homens? Será por ser sua imaginação mais fraca, mais branda, mais afeita à dominação?

Os antigos brâmanes às vezes se queimavam vivos para evitar os incômodos e os males da velhice, e sobretudo para ser admirados. Calan ou Calanus talvez não se tivesse posto numa fogueira sem o prazer de ser observado por Alexandre. O cristão renegado Pellegrinus queimou-se em público pela mesma razão por que os loucos, entre nós, às vezes se vestem de armênio para atrair os olhares do populacho.

Não haverá porventura alguma infeliz mescla de vaidade nesse medonho sacrifício das mulheres indianas? Se fosse baixada uma lei segundo a qual elas só deveriam queimar-se diante de uma única dama de companhia, talvez esse abominável costume fosse destruído para sempre.

Cabe acrescentar uma palavra; uma centena de indianas, no máximo, ofereceu esse triste espetáculo; nossas inquisições, nossos loucos atrozes que se diziam juízes, fizeram morrer nas chamas mais de cem mil irmãos nossos, entre homens, mulheres, crianças, por coisas que ninguém entendia. Podemos lamentar e condenar os brâmanes; mas não devemos deixar de enxergar como somos miseráveis.

Realmente, esquecemos uma coisa essencial neste pequeno verbete sobre os brâmanes: é que seus livros sagrados estão cheios de contradições. Mas o povo não os conhece, e os doutos têm soluções prontas, sentidos figurados e figurantes, alegorias, tipos, declarações expressas de Birma, de Brama e de Vixnu, que calariam a boca de qualquer argumentador.

BUFÃO, BURLESCO (Bouffon, burlesque)

Comicidade popular

Foi bem sutil aquele primeiro escoliasta que disse que a origem da palavra *bufão* foi o nome de um pequeno sacrificador de Atenas, chamado Bufo; segundo consta, teria largado o trabalho e

356 BUFÃO, BURLESCO

fugido, para nunca mais ser visto. Como o areópago não podia puni-lo, imitou grosseiramente um processo para o sacerdote. Conta-se que essa farsa, que era representada todos os anos no templo de Júpiter, chamava-se *bufonaria*. Essa historieta não parece muito séria. Bufão não era nome próprio; *bouphonos* significa *imolador de bois*. E brincadeira entre os gregos nunca se chamou *bouphonia*. Essa cerimônia, por mais frívola que pareça, pode ter uma origem séria, humana, digna dos verdadeiros atenienses.

Uma vez por ano, o sacrificador subalterno, ou melhor, o algoz sagrado, quando prestes a imolar um boi, fugia como se estivesse apavorado, para lembrar aos homens que, em tempos mais sábios e felizes, só se ofereciam aos deuses flores e frutos, e que a barbárie de imolar animais inocentes e úteis só foi introduzida quando surgiram sacerdotes desejosos de cevar-se desse sangue e viver às expensas dos povos. Essa ideia nada tem de bufo.

A palavra *bufão* já existe há muito tempo entre os italianos e os espanhóis; significava *mimus*, *scurra*, *joculator*; mimo, farsista, saltimbanco. Ménage, na esteira de Saumaise, diz que ela deriva de *bocca infiata*, boca inflada; e, de fato, um bufão sempre deve ter rosto redondo e ser bochechudo. Os italianos dizem *buffone magro*, bufão magro, para falar de um mau comediante, que não faz ninguém rir.

Bufão, *bufonaria* pertencem à comicidade popular, ao teatro ambulante, ao palhaço, a tudo o que pode divertir o populacho. Foi assim que as tragédias começaram, para vergonha da inteligência humana. Téspis foi bufão antes de Sófocles ser um grande homem.

Nos séculos XVI e XVII, as tragédias espanholas e inglesas foram todas rebaixadas com bufonarias repugnantes[60].

As cortes foram ainda mais desonradas pelos bufões do que o teatro. A crosta de barbárie era tão espessa, que os homens já não sabiam apreciar prazeres discretos.

Boileau (*Art poétique*, cap. III, 393-400) disse sobre Molière:

C'est par là que Molière, illustrant ses écrits,
Peut-être de son art eût remporté le prix
Si, moins ami du peuple, en ses doctes peintures
Il n'eût point fait souvent grimacer ses figures,
Quitté pour le bouffon l'agréable et le fin,
Et sans honte à Térence allié Tabarin.
Dans ce sac ridicule où Scapin s'enveloppe
Je ne reconnais plus l'auteur du Misanthrope.
[É por isso que Molière, ilustrando o que escreve,
Talvez de sua arte tivesse ganho o maior prêmio
Se, menos amigo do povo, em suas doutas pinturas
Não tivesse posto um esgar nos seus rostos,
(Não tivesse) deixado o agradável e o fino em favor do bufão,
E sem escrúpulos unido Tabarin a Terêncio.
Nesse saco ridículo em que Scapin se embrulha
Já não reconheço o autor do *Misantropo*.]

Mas cabe considerar que Rafael dignou-se pintar grotescos. Molière não teria descido tanto se só tivesse como espectadores Luís XIV, Condé, Turenne, o duque de La Rochefoucauld, Montausier, Beauvilliers, damas de Montespan e de Thiange; mas também trabalhava para o povo de Paris, que ainda não estava livre da crosta; os burgueses gostavam da farsa grosseira e pagavam

---
60. Ver Arte dramática. (N. de Voltaire)

por ela. Os *Jodelets* de Scarron[61] estavam na moda. Quem quiser ser superior a seu século primeiro é obrigado a pôr-se no nível de seu século; e, afinal, todos gostamos às vezes de rir. O que é a *Batracomiomaquia*, atribuída a Homero, senão uma bufonaria, um poema burlesco?

Essas obras não dão reputação, e podem diminuir a reputação de que se goza.

O bufão nem sempre está no estilo burlesco. *Le Médecin malgré lui* [Médico à força] e *Les Fourberies de Scapin* [As artimanhas de Scapin] não são do estilo dos *Jodelets* de Scarron. Molière não procura termos de gíria como Scarron; suas personagens mais popularescas não fazem palhaçadas; a bufonaria está na coisa, e não na expressão. O estilo burlesco é o que se vê em *Don Japhet d'Arménie* [Dom Japhet d'Armênia].

Du bon père Noé j'ai l'honneur de descendre,
Noé qui sur les eaux fit flotter sa maison,
Quand tout le genre humain but plus que de raison.
Vous voyez qu'il n'est rien de plus net que ma race,
Et qu'un cristal auprès paraîtrait plein de crasse.
[Do bom velho Noé tenho a honra de descender,
Noé que sobre as águas pôs sua casa a flutuar,
Quando todo o gênero humano bebeu mais do que devia.
Vedes que não há nada mais nítido que minha raça,
E que um cristal perto dela pareceria estar sujo.]
(Ato I, cena II)

Para dizer que quer passear, ele diz que *vai exercer sua virtude caminhante*. Para dar a entender que não podemos falar com ele, diz:

Vous aurez avec moi disette de loquèle.
[Tereis comigo carência de loquela.]
(Ato I, cena II)

Quase todo ele é jargão de vadios, linguagem de mercado; ele é até inventor nessa linguagem.

Tu m'as tout compissé, pisseuse abominable.
[Mijou-me todo, mijona abominável.]
(Ato IV, cena XII)

Finalmente, a grosseria de sua baixeza chega a ponto de se cantar em cena:

Amour nabot,
Qui du jabot
De don Japhet
As fait
Une ardente fournaise
[...]
Et dans mon pis

---

61. *Jodelet* é uma comédia de Paul Scarron, em que o lacaio desempenha papel principal. (N. da T.)

> *As mis*
> *Une essence de braise.*
> [Amor nanico,
> Que dos bofes
> De dom Japhet
> Fizeste
> Ardente fornalha
> [...]
> E em meus peitos
> Puseste
> Uma essência de brasa.]
> (Ato IV, cena V)

E foram tais infâmias representadas durante mais de um século em alternância com *Le Misanthrope* [O misantropo], assim como vemos passar pela rua ora um magistrado, ora um trapeiro.

O *Virgile travesti* [Virgílio travestido] segue mais ou menos esse gosto; nada, porém, é mais abominável que *Mazarinade* [Mazarinada]:

> *Mais mon Jules n'est pas César;*
> *C'est un caprice du hasard,*
> *Qui naquit garçon et fut garce,*
> *Qui n'était né que pour la farce.*
> [...]
> *Tous tes desseins prennent un rat*
> *Dans la moindre affaire d'État.*
> *Singe de prélat de Sorbonne,*
> *Ma foi, tu nous la bailles bonne:*
> *Tu n'es à ce cardinal duc*
> *Comparable qu'en aqueduc.*
> *Illustre en ta partie honteuse,*
> *Ta seule braguette est fameuse.*
> [...]
> *Va rendre compte au Vatican*
> *De tes meubles mis à l'encan.*
> [...]
> *D'être cause que tout se perde,*
> *De tes caleçons pleins de merde.*
> [Mas meu Júlio não é César;
> É um capricho do acaso,
> Nasceu rapaz e é rapariga,
> Nasceu apenas para a farsa.
> [...]
> Tuas intenções goraram
> Por uma coisinha de nada.
> Arremedo de prelado da Sorbonne,
> Caramba! Essa não dá para engolir!
> Com aquele cardeal duque
> Só te pareces no aqueduto.
> Ilustre em tuas partes pudendas,

Só tua braguilha é famosa.
[...]
Presta contas ao Vaticano
Dos teus móveis leiloados.
[...]
De causares tantas perdas,
De tuas ceroulas cheias de merda.]

Essas imundícies dão engulhos, e o resto é tão execrável que não ousamos transcrever. Esse homem era digno do tempo da Fronda. Nada talvez seja mais extraordinário do que a consideração de que gozou em vida, sem contar o que ocorreu em sua casa depois que ele morreu.

Começou-se dando o nome de poema burlesco ao *Lutrin* [Atril] de Boileau; mas só o seu assunto era burlesco; o estilo era agradável e fino, às vezes até heroico.

Os italianos tinham outra espécie de burlesco, bem superior ao nosso: o de Aretino, o do arcebispo La Casa, de Berni, de Mauro, de Dolce. A decência muitas vezes é sacrificada em nome da comicidade; mas as palavras obscenas geralmente são banidas. O *Capitolo del forno* do arcebispo La Casa na verdade se baseia num assunto que leva abades Desfontaines a Bicêtre e Deschaufours à praça da Grève[62]; no entanto, não há uma só palavra ofensiva a ouvidos castos: é preciso adivinhar.

Três ou quatro ingleses sobressaíram nesse gênero: Butler, em seu *Hudibras*, que é a ridicularização da guerra civil provocada pelos puritanos; o doutor Garth, na *Querela entre boticários e médicos*[63]; Prior, em sua *História da alma*[64], em que ele escarnece com muito humor de seu motivo; Philippe, em sua peça do *Brillant Schelling*.

Hudibras está para Scarron assim como um homem de bem está para um cantor dos cabarés de Courtille. O herói de *Hudibras* era uma personagem muito real que fora capitão dos exércitos de Fairfax e de Cromwell: chamava-se cavaleiro Samuel Luke.

O poema de Garth sobre os médicos e os boticários tem um estilo menos burlesco que o de *Lutrin* de Boileau: nele há muito mais imaginação, variedade, ingenuidade etc. do que no *Lutrin*; o mais impressionante é que sua profunda erudição é embelezada pela finura e pela graça. Começa mais ou menos assim:

Muse, raconte-moi les débats salutaires
Des médecins de Londres et des apothicaires.
Contre le genre humain si longtemps réunis,
Quel dieu pour nous sauver les rendit ennemis?
Comment laissèrent-ils respirer leurs malades,
Pour frapper à grands coups sur leurs chers camarades?
Comment changèrent-ils leur coiffure en armet,
La seringue en canon, la pilule en boulet?
Ils connurent la gloire; acharnés l'un sur l'autre,
Ils prodiguaient leur vie, et nous laissaient la nôtre
[Musa, conta-me os debates salutares
Entre médicos de Londres e boticários.

---

62. Voltaire alude aqui à pederastia. Desfontaines era inimigo de Voltaire. Em *Mélanges II*, Voltaire diz que ele se intitula "homem de bons costumes" porque só passou alguns dias em Bicêtre (uma prisão, na época) e que anda sempre com um lacaio, "mas não diz se esse lacaio vai à frente ou atrás". Deschaufours foi condenado à fogueira por pederastia, e a execução ocorreu na praça da Grève. (N. da T.)
63. Trata-se do poema *The Dispensary*, de Samuel Garth. (N. da T.)
64. Matthew Prior. O título original do poema é *Alma*, or *The Progress of the Mind*. (N. da T.)

Contra a espécie humana há muito reunidos,
Qual deus, para salvar-nos, os faz inimigos?
Como deixam eles seus doentes em vida,
Para dar grandes surras em seus camaradas?
Como foi que trocaram toucados por elmos,
Seringas por canhões, pílulas por balas?
Conheceram a glória engalfinhando-se
E enquanto perdiam a vida poupavam a nossa.]

Prior, que foi plenipotenciário na França antes da paz de Utrecht, fez-se de mediador entre os filósofos que brigam por causa da alma. Seu poema tem o estilo de *Hudibras*, o que se chama *doggerel rhymes*: é o *stilo Bernesco* dos italianos.

A primeira grande questão é saber se a alma está por inteiro em tudo, ou se ela está alojada atrás do nariz e dos dois olhos sem sair de seu nicho. Segundo este último sistema, Prior a compara ao papa, que fica sempre em Roma, de onde envia seus núncios e seus espiões para ficar sabendo o que anda acontecendo pela cristandade.

Prior, depois de zombar de vários sistemas, propõe o seu. Ele observa que o animal bípede recém-nascido mexe os pés o máximo que pode quando se faz a asneira de enfaixá-lo; por aí ele conclui que a alma entra pelos pés; que, por volta dos quinze anos, ela já subiu até o meio do corpo; que depois ela vai até o coração, em seguida até a cabeça, saindo pelos pés juntos quando a vida do animal termina.

No fim desse poema singular, cheio de versos engenhosos e de ideias finas e engraçadas, encontramos este verso encantador de Fontenelle:

Il est des hochets pour tout âge.
[Há brinquedos para todas as idades.]

Prior deseja que o destino lhe dê brinquedos para a velhice:

Give us playthings for our old age.

É certo que Fontenelle não tomou esse verso de Prior, nem Prior de Fontenelle: a obra de Prior antecede a de Fontenelle em vinte anos, e Fontenelle não sabia inglês.

O poema termina com esta conclusão:

Je n'aurai point la fantaisie
D'imiter ce pauvre Caton,
Qui meurt dans notre tragédie
Pour une page de Platon.
Car, entre nous, Platon m'ennuie.
La tristesse est une folie
Être gai, c'est avoir raison.
Çà, qu'on m'ôte mon Cicéron,
D'Aristote la rapsodie,
De René la philosophie;
Et qu'on m'apporte mon flacon.
[Não terei a pretensão
De imitar o pobre Catão,
Que morre em nossa tragédia

Por uma página de Platão.
Pois, cá entre nós, Platão me entedia.
A tristeza é uma loucura
Ser alegre é ter mente sã.
Levem Cícero daqui,
De Aristóteles a rapsódia,
De René a filosofia;
E venha lá minha garrafa.]

É preciso distinguir bem em todos esses poemas o divertido, o leve, o natural e o familiar, do grotesco, do bufão, do baixo e, sobretudo, do forçado. Esses matizes são deslindados pelos conhecedores, aqueles que, com o tempo, vão construindo o destino das obras.

La Fontaine algumas vezes desceu ao estilo burlesco.

Autrefois carpillon fretin
Eut beau prêcher, il eut beau dire,
On le mit dans la poêle à frire.
[Uma vez o filhote de carpa
Em vão suplicou, em vão falou,
E na frigideira terminou.]
(Fábula X do livro IX)

Ele chama os lobinhos de *senhores lobatos*. Fedro nunca utiliza esse estilo em suas fábulas; mas tampouco tem a graça e a ingênua brandura de La Fontaine, embora tenha mais precisão e pureza.

BULA (Bulle)

Essa palavra designa o sinete ou selo de ouro, prata, cera ou chumbo, posto em um documento ou título qualquer. O chumbo pendente dos rescritos expedidos pela cúria romana tem, de um lado, a cabeça de são Pedro à direita e a de são Paulo à esquerda. No verso, leem-se o nome do papa reinante e o ano de seu pontificado. A bula é escrita sobre pergaminho. Na saudação, o papa assume apenas o título de *servidor dos servidores de Deus*, segundo estas santas palavras de Jesus a seus discípulos[65]: "Aquele que, entre vós, quiser ser o primeiro será vosso servidor."

Alguns hereges afirmam que, com essa fórmula humilde na aparência, os papas exprimem uma espécie de sistema feudal graças ao qual a cristandade se submete a um chefe que é Deus, cujos grandes vassalos, são Pedro e são Paulo, são representados pelo pontífice, seu servidor, e os vavassalos são todos os príncipes seculares, sejam eles imperadores, reis ou duques.

Baseiam-se, provavelmente, na famosa bula *in Coena Domini*, que um cardeal diácono lê publicamente em Roma todos os anos, no dia da ceia, ou quinta-feira santa, diante do papa, acompanhado dos outros cardeais e dos bispos. Depois dessa leitura, Sua Santidade lança uma tocha acesa na praça pública, para marca de anátema.

Essa bula se encontra na página 714, tomo I do *Bulário*, impresso em Lyon em 1763, e na página 118 da edição de 1727. A mais antiga é de 1536. Paulo III, sem explicar a origem dessa cerimônia, diz que é um antigo costume dos soberanos pontífices publicar essa excomunhão na quinta-feira santa, para conservar a pureza da religião cristã e manter a união dos fiéis. Ela contém vinte e quatro parágrafos, nos quais esse papa excomunga:

---

65. Mateus, cap. XX, v. 27. (N. de Voltaire)

1º Os hereges, seus fautores e aqueles que leem seus livros;

2º Os piratas, sobretudo aqueles que ousam incursionar nos mares do soberano pontífice;

3º Aqueles que impõem novas peagens em suas terras;

10º Aqueles que, de alguma maneira, impedem a execução das cartas apostólicas, quer estas concedam graças, quer ditem penas;

11º Os juízes laicos que julguem os eclesiásticos e os citem em seus tribunais, quer tais tribunais se chamem audiência, chancelaria, conselho ou parlamento;

15º Todos aqueles que escreveram ou publicaram, escreverão ou publicarão editos, regulamentos e pragmáticas pelos quais a liberdade eclesiástica, os direitos do papa e os da Santa Sé sejam feridos ou restringidos, mesmo que em pequeno grau, tácita ou expressamente;

14º Os chanceleres e conselheiros ordinários ou extraordinários de qualquer rei ou príncipe, os presidentes das chancelarias, dos conselhos ou dos parlamentos, bem como os procuradores-gerais que evoquem a si as causas eclesiásticas ou impeçam a execução das cartas apostólicas, ainda que com o pretexto de impedir alguma violência.

No mesmo parágrafo o papa reserva apenas a si mesmo a absolvição dos referidos chanceleres, conselheiros, procuradores-gerais e outros excomungados, que só poderão ser absolvidos depois de revogarem publicamente suas sentenças e de retirá-las dos registros;

20º Por fim, o papa excomunga aqueles que tiverem a presunção de dar a absolvição aos excomungados acima; e, para que ninguém possa alegar ignorância, ordena:

21º Que essa bula seja publicada e afixada na porta da basílica do príncipe dos apóstolos e na porta de são João de Latrão;

22º Que todos os patriarcas, primazes, arcebispos e bispos, em virtude da santa obediência, tornem essa bula solenemente pública, pelo menos uma vez por ano.

24º Declara que, se alguém ousar contrariar a disposição da bula, deverá saber que incorrerá na indignação de Deus todo-poderoso e na dos bem-aventurados apóstolos são Pedro e são Paulo.

As outras bulas posteriores, também chamadas *in Coena Domini*, não passam de amplificações dessa. O artigo 21, por exemplo, da bula de Pio V, do ano 1567, acrescenta ao parágrafo 3º da bula de que acabamos de falar que todos os príncipes que imponham novos tributos aos seus Estados, seja qual for a natureza desses tributos, ou então que aumentem os tributos antigos, se não tiverem obtido a aprovação da Santa Sé, serão excomungados *ipso facto*.

A terceira bula *in Coena Domini*, de 1610, contém trinta parágrafos, nos quais Paulo V ratifica as disposições das duas anteriores.

A quarta e última bula *in Coena Domini*, que se encontra no *Bulário*, é de 1º de abril de 1627. Urbano VIII nela anuncia que, a exemplo de seus predecessores, para manter inviolavelmente a integridade da fé, da justiça e da tranquilidade pública, lança mão do gládio espiritual da disciplina eclesiástica para excomungar naquele dia, em que se comemora a ceia do Senhor:

1º Os hereges;

2º Aqueles que recorrem do papa ao futuro concílio; e o resto, como nas três primeiras.

Diz-se que a bula lida naquele momento é de data mais recente e recebeu alguns adendos.

A *História de Nápoles*, de Giannone, mostra as desordens que os eclesiásticos provocaram naquele reino e as vexações que exerceram sobre todos os súditos do rei, a ponto de lhes recusar a absolvição e os sacramentos, na tentativa de obrigá-los a acatar aquela bula, que por fim acaba de ser solenemente proscrita, tanto na Lombardia austríaca quanto nos Estados da imperatriz-rainha, nos do duque de Parma e alhures[66].

---

66. O papa Ganganelli, informado das resoluções de todos os príncipes católicos e vendo que os povos cujos olhos haviam sido arrancados por seus predecessores começavam a abrir um deles, não publicou essa famosa bula na quinta-feira santa do ano de 1770. (N. de Voltaire)

No ano 1580, o clero da França aproveitou o período de férias do parlamento de Paris para levar a público a mesma bula *in Coena Domini*. Mas o procurador-geral opôs-se, e a *chambre des vacations*, presidida pelo célebre e infeliz Brisson, proferiu em 4 de outubro uma decisão que ordenava que todos os governadores se informassem quais eram os arcebispos, os bispos e os vigários-gerais que tinham recebido aquela bula ou uma cópia dela com o título *Litterae processus*, e qual deles havia enviado a bula para a publicação; ordenava que sua publicação fosse impedida, se ainda não tivesse sido feita, que os exemplares fossem apreendidos e enviados para a câmara; caso tivesse sido publicada, que os arcebispos, bispos ou seus vigários-gerais fossem intimados a comparecer perante a câmara e a responder à acusações do procurador-geral; entrementes, que seus benefícios fossem confiscados e entregues ao rei; que se proibisse o impedimento à execução daquela decisão, sob pena de ser punido como inimigo do Estado e criminoso de lesa-majestade; ordenava-se a impressão da decisão, dando-se fé às cópias colacionadas por notários como se fossem o próprio original.

Com isso o parlamento apenas imitava timidamente o exemplo de Filipe, o Belo. A bula *Ausculta, Fili*, de 5 de dezembro de 1301, foi-lhe enviada por Bonifácio VIII, que, depois de exortar aquele rei a ouvi-lo com docilidade, dizia: "Deus nos estabeleceu sobre os reis e os reinos para arrancar, destruir, arruinar, dissipar, edificar e plantar em seu nome e por sua doutrina. Não vos deixeis persuadir de que não tendes superior, de que não estais submetido ao chefe da hierarquia eclesiástica. Quem assim pensa é insano; e quem o defende obstinadamente é infiel, está separado do rebanho do bom pastor." Em seguida, o papa entrava em pormenores sobre o governo da França, chegando a fazer repreensões ao rei por causa da mudança da moeda.

Filipe, o Belo, mandou queimar essa bula em Paris e publicar ao som de trombetas essa execução por toda a cidade, no domingo, 11 de fevereiro de 1302. O papa, num concílio que realizou em Roma no mesmo ano, fez grande alarde e proferiu grandes ameaças contra Filipe, o Belo, mas sem executá-las. Considera-se apenas como obra desse concílio a famosa decretal *Unam sanctam*, cujo teor segue abaixo:

"Acreditamos e professamos uma Igreja santa, católica e apostólica, fora da qual não há salvação; reconhecemos também que ela é única, que é um só corpo e só tem uma cabeça, e não duas, como se fosse um monstro. Essa única cabeça é Jesus Cristo, tendo como vigários são Pedro e seu sucessor. E quem disser – sejam gregos ou outros – que não está submetido a esse sucessor deverá admitir que não é ovelha de Jesus Cristo, pois este disse (João, cap. X, v. 16) que *só existe um rebanho e um pastor*.

"Ficamos sabendo que nessa Igreja e sob sua autoridade há dois gládios, o espiritual e o temporal; mas um deve ser empregado pela Igreja e pela mão do pontífice; o outro, para a Igreja e pela mão dos reis e guerreiros, segundo a ordem ou a permissão do pontífice. Ora, é preciso que um gládio se submeta ao outro, ou seja, o poder temporal ao espiritual; caso contrário, não se coordenariam como devem, de acordo com o apóstolo (Rom., cap. XIII, v. I). Segundo o testemunho da verdade, o poder espiritual deve instituir e julgar o temporal; e assim se verifica em relação à Igreja a profecia de Jeremias (cap. I, v. 10): *Eu te estabeleci sobre as nações e os reinos etc.*"

Filipe, o Belo, por sua vez, reuniu os estados-gerais; as comunas, na petição que apresentaram àquele monarca, expressavam-se nestes termos: "É abominável ouvir que esse Bonifácio entende mal, como um búlgaro (sem o *l* e o *a*, trocando-se o *o* por *e*), as palavras da espiritualidade (em são Mateus, cap. XVI, v. 19): *O que for atado na terra será atado ao céu*, como se isso significasse que, caso ele prendesse um homem numa prisão temporal, Deus o prenderia no céu."

Clemente V, sucessor de Bonifácio VIII, revogou e anulou a odiosa decisão da bula *Unam sanctam*, que estende o poder dos papas sobre o poder temporal dos reis e condena como hereges aqueles que não reconheçam esse poder quimérico. Na verdade, é a pretensão de Bonifácio que deve ser vista como heresia, de acordo com o princípio dos teólogos: "Quem prega contra a regra da fé é herege, não apenas negando o que a fé ensina, como também estabelecendo como de fé aquilo que não o é" (Joan. maj. m. 3, sent. dist. 37, q. 26).

Antes de Bonifácio VIII, outros papas já se haviam arrogado, em bulas, os direitos de propriedade sobre diferentes reinos. Todos conhecem a bula em que Gregório VII diz a um rei da Espanha: "Quero que saibais que o reino da Espanha, pelas antigas ordenanças eclesiásticas, foi dado como propriedade a são Pedro e à Santa Igreja Romana."

O rei da Inglaterra, Henrique II, pediu ao papa Adriano IV permissão para invadir a Irlanda; o papa deu-lhe a permissão, contanto que ele impusesse a cada família da Irlanda uma taxa de um *carolus* para a Santa Sé e que ele mantivesse aquele reino como feudo da Igreja romana: "Pois, escreve ele, não se deve duvidar de que todas as ilhas nas quais Jesus Cristo, sol da justiça, se ergueu, ilhas que receberam os ensinos da fé cristã, cabem de direito a são Pedro e pertencem à sagrada e Santa Igreja Romana."

Bulas da cruzada e da composição

Se disséssemos a um africano ou a um asiático sensato que, na parte de nossa Europa onde alguns homens proibiram outros de comer carne aos sábados, o papa dá permissão de comer carne por meio de uma bula, mediante dois reais de prata, enquanto outra bula permite ficar com o dinheiro roubado, que diriam esse asiático e esse africano? Concordariam pelo menos que cada país tem seus usos, e que neste mundo, seja lá que nome se dê às coisas, seja lá que disfarce lhes demos, tudo se faz por dinheiro.

Há duas bulas com o nome espanhol *Cruzada*: uma, do tempo de Isabel e de Fernando; outra, do tempo de Filipe V.

A primeira vende permissão para se comer aos sábados aquilo que se chama *grosura* [miúdos]: *entranhas, fígado, rins, testículos, moela, moleja de vitela, bofe, fressuras, redanho, cabeça, pescoço, parte de cima das asas, pés*.

A segunda bula, ditada pelo papa Urbano VIII, dá permissão de se comer gordura animal durante toda a quaresma e absolve todos os crimes, exceto o de heresia.

Essas bulas não só são vendidas, como também se ordena que sejam compradas; e elas custam mais, com muita razão, no Peru e no México do que na Espanha. Lá são vendidas por uma piastra. É justo que os países produtores de ouro e prata paguem mais que os outros.

O pretexto dessas bulas é fazer guerra aos mouros. As mentes intratáveis não entendem qual é a relação entre fressuras e uma guerra contra os africanos; e acrescentam que Jesus Cristo nunca ordenou que se travasse guerra aos maometanos sob pena de excomunhão.

A bula que permite ficar com os bens alheios é chamada de *bula da composição*. Seus direitos foram reconhecidos, e ela rendeu durante muito tempo somas honestas em toda a Espanha, na região de Milão, na Sicília e em Nápoles. Os adjudicatários encarregam os monges mais eloquentes de pregar essa bula. Os pecadores que roubaram o rei, o Estado ou os particulares vão procurar esses pregadores, confessam-se com eles, dizem como seria triste ter de devolver tudo. Oferecem cinco, seis e às vezes sete por cento aos monges, para ficarem com o resto sem peso na consciência; e, feita a composição, recebem a absolvição.

Um irmão pregador, autor de *Viagem à Espanha e à Itália*, impresso em Paris, com privilégio, por Jean-Baptiste de l'Épine, assim se expressa sobre essa bula[67]: "Acaso não é gracioso ficar quite por preço tão razoável, a não ser que se roube mais e se tenha necessidade de soma maior?"

---

67. T. V, p. 210. (N. de Voltaire)

Bula Unigenitus

A bula *in Coena Domini* indignou todos os soberanos católicos, que acabaram por proscrevê-la em seus Estados; mas a bula *Unigenitus* só perturbou a França. Na primeira, eram atacados os direitos dos príncipes e dos magistrados da Europa, e eles defenderam esses direitos. Na outra, só se proscreviam alguns princípios de moral e de piedade; ninguém se preocupou com ela, exceto as partes interessadas nesse caso passageiro; mas logo essas partes interessadas encheram toda a França. Tudo começou com uma polêmica entre jesuítas todo-poderosos e restos de Port-Royal esmagado.

O padre do Oratório, Quesnel, refugiado na Holanda, dedicara um comentário sobre o Novo Testamento ao cardeal de Noailles, então bispo de Châlons-sur-Marne. Esse bispo o aprovou, e a obra teve o sufrágio de todos aqueles que leem esse tipo de livro.

Certo Le Tellier, jesuíta, confessor de Luís XIV, inimigo do cardeal de Noailles, quis humilhá-lo, provocando a condenação por Roma daquele livro que lhe era dedicado, ao qual ele dava grande importância.

Aquele jesuíta, filho de um procurador de Vire, na baixa Normandia, era dotado de todos os recursos da profissão de seu pai. Não bastava comprometer o cardeal de Noailles junto ao papa; ele quis levá-lo à desgraça perante o rei, seu senhor. Para atingir esses intentos, mandou que seus emissários compusessem contra ele cartas pastorais que foram assinadas por quatro bispos. Também escreveu a minuta de algumas cartas ao rei e lhes pediu que as assinasse.

Essas manobras, que teriam sido punidas em todos os tribunais, tiveram sucesso na corte; o rei se indispôs com o cardeal; a sra. de Maintenon o abandonou.

Foi uma sequência de intrigas em que todos quiseram se imiscuir de um extremo ao outro do reino; quanto mais a França sofria em meio a uma guerra funesta, mais os espíritos se inflamavam numa disputa teológica.

Durante esses movimentos, Le Tellier fez que o próprio Luís XIV pedisse a Roma a condenação do livro de Quesnel, do qual aquele monarca nunca leu nem uma página. Le Tellier e mais dois jesuítas, chamados Doucin e Lallemant, extraíram cento e três frases para que o papa Clemente XI condenasse; a corte de Roma retirou duas, para ter pelo menos a honra de parecer julgar por si mesma.

O cardeal Fabroni, encarregado da questão, nas mãos dos jesuítas, mandou que a bula fosse redigida por um franciscano chamado irmão Palerno, um capuchinho chamado Elio, pelo barnabita Terrovi e o servita Castelli, e mesmo um jesuíta chamado Alfaro.

O papa Clemente XI deixou-os à vontade; só queria agradar o rei da França, com quem se indispusera fazia muito tempo ao reconhecer o arquiduque Carlos, depois imperador, como rei da Espanha. Para satisfazer o rei, aquilo só lhe custava um pedaço de pergaminho selado com chumbo, num caso que ele desprezava.

Clemente XI não se fez de rogado; enviou a bula e ficou muito admirado ao saber que em quase toda a França ela havia sido recebida com assobios e vaias. "Como assim! dizia ele ao cardeal Carpegno. Pedem-me essa bula com insistência, eu a faço de coração, e todo o mundo ri dela!"

De fato, todo o mundo ficou surpreso de ver um papa que, em nome de Jesus Cristo, condenava como herética, com cheiro de heresia, malsoante e ofensiva a ouvidos piedosos a seguinte frase: "É bom ler livros religiosos aos domingos, sobretudo as Santas Escrituras"; e mais esta: "O medo de uma excomunhão injusta não nos deve impedir de cumprir nosso dever."

Os próprios partidários dos jesuítas estavam alarmados com essa censura, mas não ousavam falar. Os homens sábios e desinteressados escandalizavam-se, e o restante da nação achava aquilo ridículo.

Le Tellier triunfou pelo menos até a morte de Luís XIV; era abominado, mas governava. Não houve nada que aquele infeliz deixasse de tentar para depor o cardeal de Noailles, mas aquele desordeiro foi exilado depois da morte de seu penitente. O duque de Orléans, em sua regência, apaziguou essas polêmicas rindo delas. Depois disso, elas ainda despediram algumas chispas, mas afinal foram esquecidas, provavelmente para sempre. Já basta que tenham durado mais de meio século. Assim mesmo, felizes dos homens que são divididos apenas por tolices que não provocam derramamento de sangue humano!

BULEVAR OU BOULEVARD (Boulevert ou Boulevart)

De *boulevart*, fortificação, muralha. Belgrado é o *boulevart* do império otomano no lado da Hungria. Quem acreditaria que essa palavra, na origem, só significava *boule* [jogo de bola]? O povo de Paris jogava bola no gramado da muralha; aquele gramado era chamado de *verde*. *On boulait sur le vert* [Jogava-se bola no verde]. Por isso, os ingleses, cuja língua é uma cópia da francesa em quase todas as palavras que não sejam saxônicas, chamaram esse jogo de bola de *bowling--green*, o verde do jogo de bola. Os franceses retomaram deles aquilo que lhes haviam emprestado. Depois deles passaram a chamar de *boulingrins*, sem conhecerem a força da palavra, os canteiros de grama que passaram a introduzir em seus jardins.

Ouvi uma vez algumas burguesas dizer que iam passear no *boulevert*, e não no *boulevart*. Alguém riu delas, e quem riu estava errado. Mas, em tudo, o que prevalece é o uso; e todos os que têm razão mas contrariam o uso são vaiados ou condenados.

BÚLGAROS (Bulgares ou boulgares)

Visto que se falou de búlgaros no *Dicionário enciclopédico*, alguns leitores talvez fiquem contentes em saber quem era aquela gente estranha que, por parecer tão malvada, foi chamada de *herege*; mais tarde, na França, o seu nome foi dado aos não conformistas que não dispensam às damas toda a atenção que lhes devem: é assim que, hoje, esses senhores são chamados de *Boulgares* [búlgaros], mas sem o *l* e o *a,* trocando-se o *o* por *e*[68].

Os antigos búlgaros nunca imaginariam que algum dia, nos mercados de Paris, o povo usaria seu nome na conversação familiar para interpelar-se mutuamente, sempre acrescentando epítetos que enriquecem a língua.

Esses povos, na origem, eram hunos estabelecidos às margens do Volga; e, de vólgaros, fez-se facilmente búlgaros.

Em fins do século VII, fizeram incursões na região do Danúbio, tal como todos os povos que habitavam a Sarmácia; invadiram o império romano, tal como os outros, passaram pela Moldávia, pela Valáquia, onde os russos, seus antigos compatriotas, tiveram vitórias militares em 1769, sob o império de Catarina II.

Depois de transporem o Danúbio, estabeleceram-se numa parte da Dácia e da Mésia, dando seu nome às regiões ainda chamadas de Bulgária. Sua dominação estendeu-se até o monte Hemo e ao Ponto Euxino.

O imperador Nicéforo, sucessor de Irene, no tempo de Carlos Magno, foi bastante imprudente para marchar contra eles depois de ter sido vencido pelos sarracenos; foi vencido também pelos búlgaros. O rei deles, chamado Crom, cortou-lhe a cabeça e com seu crânio fez uma taça na qual bebia às refeições, segundo o costume desses povos e de quase todos os hiperbóreos.

---

68. A palavra *bugre*, francês *bougre*, vem do baixo-latim *bulgarus*; de início, a palavra *bougre* foi usada para designar os hereges da região e, depois, para designar os homossexuais passivos. (N. da T.)

Conta-se que no século IX certo Bogoris, que travava guerra contra a princesa Teodora, mãe e tutora do imperador Miguel, ficou tão encantado com a resposta dessa imperatriz à sua declaração de guerra, que se tornou cristão.

Os búlgaros, que não eram tão complacentes, revoltaram-se contra ele; mas, quando Bogoris lhes mostrou uma cruz, todos quiseram ser imediatamente batizados. É assim que se explicam os autores gregos do Baixo Império, e é isso o que dizem a partir daí os nossos compiladores.

E é justamente assim que se escreve a história.

Segundo dizem, Teodora era uma princesa muito religiosa, que até passou os últimos anos da vida num convento. Tinha tanto amor pela religião católica grega, que mandou matar, por meio de diversos suplícios, cem mil homens acusados de maniqueísmo[69]. Diz o modesto continuador de Échard: "Era [o maniqueísmo] a mais ímpia, detestável, perigosa e abominável de todas as heresias. As censuras eclesiásticas eram armas fracas demais contra gente que não reconhecia a Igreja."

Afirma-se que os búlgaros, vendo que todos os maniqueístas estavam sendo mortos, passaram a ter certo pendor pela religião deles, acreditando ser ela a melhor, por ser perseguida; mas isso é muito sutil para búlgaros.

O grande cisma manifestou-se mais do que nunca naquele tempo entre a Igreja grega, sob o patriarca Fócio, e a Igreja latina, sob o papa Nicolau I. Os búlgaros tomaram o partido da Igreja grega. Provavelmente foi desde então que passaram a ser tratados de hereges no ocidente, acrescentando-lhes o belo epíteto com que são ornados ainda hoje.

O imperador Basílio, em 871, enviou-lhes um pregador chamado Pedro da Sicília, para protegê-los da heresia do maniqueísmo; e acrescenta-se que, tão logo o ouviram, tornaram-se maniqueístas. Pode ser que aqueles búlgaros, que bebiam no crânio dos inimigos, não fossem ótimos teólogos, mas Pedro da Sicília não ficava atrás.

É interessante que aqueles bárbaros, que não sabiam ler nem escrever, tenham sido vistos como hereges sagazes, com os quais era muito perigoso discutir. Certamente tinham mais o que fazer, além de entrar em controvérsias, visto que travaram guerra sangrenta contra os imperadores de Constantinopla durante quatro séculos seguidos e até sitiaram a capital do império.

No começo do século XIII, como o imperador Aleixo quisesse ser reconhecido pelos búlgaros, o rei deles, Joanico, respondeu que nunca seria seu vassalo. O papa Inocêncio III não deixou de aproveitar a oportunidade para anexar o reino da Bulgária. Mandou ao rei Joanico um legado para sagrá-lo rei, afirmando conferir-lhe o reino, que só deveria reportar-se à Santa Sé.

Estava-se no período mais violento das cruzadas; o búlgaro, indignado, fez aliança com os turcos, declarou guerra ao papa e a seus cruzados, aprisionou o pretenso imperador Balduíno, mandou que lhe cortassem os braços, as pernas e a cabeça, e com o crânio fez uma taça à maneira de Crom. Foi o que bastou para que os búlgaros passassem a ser abominados em toda a Europa: não era preciso chamá-los de *maniqueístas*, nome que então se dava a todos os hereges, pois maniqueísta, patarano e valdense eram todos a mesma coisa. Brindava-se com esses nomes qualquer um que não quisesse se submeter à Igreja romana.

A palavra *búlgaro*, da maneira como era pronunciada na França, passou a ser uma injúria vaga e indeterminada, aplicada a qualquer um que tivesse costumes bárbaros ou corrompidos. Por isso, no reinado de São Luís, frei Robert, grande inquisidor, que era um celerado, foi juridicamente acusado de ser búlgaro pelas comunas da Picardia. Filipe, o Belo, deu esse epíteto a Bonifácio VIII[70].

---

69. *Histoire romaine,* pretensamente traduzida de Laurent Échard, tomo II, p. 242. (N. de Voltaire)
70. Ver Bula (N. de Voltaire)

Esse termo depois mudou de significado nas fronteiras da França; passou a ser um termo amistoso. Nada era mais comum em Flandres, há quarenta anos, do que dizer de um jovem bem-feito: *C'est un joli boulgare*; um homem bom era um búlgaro.

Quando Luís XIV foi conquistar Flandres, os flamengos diziam ao vê-lo: "Nosso governador é um *búlgaro* bem sem graça em comparação com esse aí."

É o que basta sobre a etimologia dessa bela palavra.

CABAÇA (Calebasse)

Esse fruto, do tamanho das nossas abóboras, cresce na América nos galhos de uma árvore que tem a altura dos nossos maiores carvalhos.

Assim, Matthieu Garo[1], que acredita ter errado, na Europa, ao achar ruim que as abóboras rastejassem pelo chão e não ficassem dependuradas no alto das árvores, teria razão no México. Também teria razão na Índia, onde os coqueiros são altíssimos. Isso prova que nunca devemos tirar conclusões apressadas. *Deus faz bem o que faz*, sem dúvida; mas não pôs as abóboras no chão em nossos climas para que elas deixassem de cair do alto e esmagassem o nariz de Matthieu Garo.

A cabaça aqui só servirá para mostrar que é preciso desconfiar de toda ideia de que tudo foi feito para o homem. Há quem afirme que a relva é verde só para alegrar a vista. No entanto, tudo leva a crer que a relva teria sido feita mais para os animais que a comem do que para o homem, a quem a grama e os trevos são bastante inúteis. Se a natureza produziu as árvores a favor de alguma espécie, é difícil dizer a qual delas deu preferência: as folhas e mesmo o córtex alimentam uma multidão prodigiosa de insetos; os pássaros comem seus frutos, moram em seus ramos, neles compõem o industrioso artifício de seus ninhos, e os rebanhos repousam sob sua sombra.

O autor de *O espetáculo da natureza* afirma que o mar só tem fluxos e refluxos para facilitar a largada e o aportamento de nossos navios. Parece que Matthieu Garo raciocina melhor ainda: o Mediterrâneo, no qual há tantos navios, mas que só tem maré em três ou quatro lugares, destrói a opinião daquele filósofo.

Gozemos tudo o que temos e deixemos de acreditar que somos o fim e o centro de tudo. E, sobre essa máxima, aí vão quatro versinhos de um geômetra; ele os calculou um dia em minha presença: não são pomposos:

Homme chétif, la vanité te point.
Tu te fais centre: encor si c'était ligne!
Mais dans l'espace à grand'peine es-tu point.
Va, sois zéro: ta sottise en est digne.
[Homem mesquinho, a vaidade te pontua.
Fazes-te centro: se ainda fosse linha!
Mas no espaço a muito custo és *ponto*.
Vai, sê *zero*: disso é digna tua tolice.]

CADEIA DOS SERES CRIADOS (Chaîne des êtres créés)

Essa gradação de seres que se elevam desde o mais leve átomo até o Ser Supremo, essa escala infinita causa admiração. Mas, quando se olha atentamente, esse grande fantasma se desvanece, como outrora todas as aparições fugiam de manhã, com o canto do galo.

---

1. Ver fábula de Matthieu Garo, em La Fontaine, livro IX, fábula V, *Le Gland e La Citrouille*. (N. de Voltaire)

A imaginação se compraz de início ao ver a passagem imperceptível da matéria bruta à matéria organizada, das plantas aos zoófitos, desses zoófitos aos animais, destes ao homem, do homem aos gênios, dos gênios revestidos de pequeno corpo aéreo a substâncias imateriais; por fim, mil ordens diferentes dessas substâncias, que de belezas a perfeições se elevam até Deus. Essa hierarquia agrada muito à boa gente que acredita ver o papa e seus cardeais seguidos de arcebispos e bispos, vindo depois os curas, os vigários, os simples padres, os diáconos e os subdiáconos; depois aparecem os monges, e a marcha é encerrada pelos capuchinhos.

Mas talvez haja um pouco mais de distância entre Deus e suas mais perfeitas criaturas do que entre o santo padre e o deão do sagrado colégio: esse deão pode tornar-se papa, porém o mais perfeito dos gênios criados pelo Ser Supremo pode tornar-se Deus? Não haverá o infinito entre Deus e ele?

Essa cadeia, essa pretensa gradação também não existe nos vegetais e nos animais; prova disso é que há espécies de plantas e de animais que são destruídas. Já não temos *múrex*. Os judeus eram proibidos de comer *grifo* e *ixíon*; essas duas espécies provavelmente desapareceram deste mundo, diga o que disser Bochart: onde então há cadeia?

Mesmo que não tivéssemos perdido algumas espécies, é óbvio que elas podem ser destruídas. Os leões e os rinocerontes começam a ficar muito raros. Se o resto do mundo tivesse imitado os ingleses, já não haveria lobos na face da terra.

É provável que tenha havido raças de homens que já não se encontram. Mas eu gostaria que elas tivessem subsistido, tal como os brancos, os negros e os cafres, aos quais a natureza deu um avental de pele, pendente do ventre até a metade da coxa, e os samoiedos, cujas mulheres têm um mamilo de belo ébano etc.

Não haverá um nítido vazio entre o macaco e o homem? Não será fácil imaginar um animal de dois pés, sem plumas, que fosse inteligente mas não usasse a palavra nem tivesse nossa aparência, que pudéssemos domesticar, que respondesse aos nossos sinais e nos servisse? E entre essa nova espécie e a espécie do homem, não se poderiam imaginar outras?

Para além do homem, colocais no céu, divino Platão, uma sequência de substâncias celestes; nós acreditamos em algumas dessas substâncias, porque é isso o que a fé nos ensina. Mas vós, que razão tendes para acreditar nisso? Ao que tudo indica, não falastes ao gênio de Sócrates; e o bom Er, que ressuscitou de propósito para vos ensinar os segredos do outro mundo, nada vos ensinou sobre essas substâncias.

A pretensa cadeia não é menos interrompida no universo sensível.

Que gradação existe, por favor, entre vossos planetas! A Lua é quarenta vezes menor que o nosso globo. Se viajardes da Lua, no vácuo, vereis Vênus: ela é mais ou menos do tamanho da Terra. De lá, ireis para Mercúrio: este gira numa elipse muito diferente do círculo que é percorrido por Vênus; é vinte e sete vezes menor que nós; o Sol, um milhão de vezes maior; Marte, cinco vezes menor: este tem órbita de dois anos; Júpiter, seu vizinho, de doze; Saturno, de trinta; além do mais, Saturno, o mais distante de todos, não é tão grande quanto Júpiter. Onde está a pretensa gradação?

Ademais, como quereis que em grandes espaços vazios haja uma cadeia que interliga tudo? Se houvesse, certamente seria a cadeia que Newton descobriu; é ela que faz todos os globos do mundo planetário gravitarem uns para os outros, nesse vazio imenso.

Platão admiradíssimo! Temo que só tenhas contado fábulas, e que sempre só tenhas falado em sofismas.

Platão! Fizeste muito mais mal do que acreditas. Como aconteceu isso? perguntará alguém; não o direi.

CADEIA OU GERAÇÃO DOS ACONTECIMENTOS
(Chaîne ou Génération des événements)

Dizem que o presente gera o futuro. Os acontecimentos são encadeados uns aos outros por uma fatalidade invencível: em Homero, o destino é superior até a Júpiter. Esse senhor dos deuses e dos homens declara francamente que não pode impedir seu filho Sarpédon de morrer na hora marcada. Sarpédon nascera no momento em que precisava nascer, e não podia nascer em outro; não podia morrer em nenhum outro lugar, senão diante de Troia; não podia ser enterrado em outro lugar, senão na Lícia; seu corpo, no momento marcado, devia produzir legumes que se transformariam no sustento de alguns lícios; seus herdeiros deveriam instaurar uma nova ordem em seus Estados; essa nova ordem devia influir sobre os reinos vizinhos, daí resultaria um novo arranjo de guerra e paz com os vizinhos dos vizinhos da Lícia: assim, de uma coisa a outra, o destino de toda a Terra dependeu da morte de Sarpédon, que dependia do rapto de Helena, e esse rapto estava necessariamente ligado ao casamento de Hécuba, que, remontando a outros acontecimentos, estava ligado à origem das coisas.

Se um único desses fatos tivesse sido arranjado de maneira diferente, teria resultado outro universo; ora, não era possível que o universo atual não existisse; portanto, não era possível que Júpiter salvasse a vida de seu filho, por mais que fosse Júpiter.

Esse sistema da necessidade e da fatalidade foi inventado em nossos dias por Leibniz, segundo dizem, com o nome de *razão suficiente*; contudo, é bem antigo: não é de hoje que não existe efeito sem causa, e que, frequentemente, uma causa mínima produz efeitos máximos.

Milorde Bolingbroke confessa que as briguinhas da sra. Marlborough com a sra. Masham lhe deram ensejo de escrever o tratado particular da rainha Ana com Luís XIV; esse tratado levou à paz de Utrecht; essa paz de Utrecht consolidou o poder de Filipe V no trono da Espanha. Filipe V tomou Nápoles e a Sicília à casa da Áustria; o príncipe espanhol, que é hoje rei de Nápoles, evidentemente deve seu reino a *milady* Masham: e não o teria obtido e talvez nem tivesse nascido se a duquesa de Marlborough tivesse sido mais complacente com a rainha da Inglaterra. Sua existência em Nápoles dependia de uma tolice a mais ou a menos na corte de Londres.

Examinemos as situações de todos os povos do universo; elas são, assim, estabelecidas com base numa sequência de fatos que parecem não estar ligados a nada, mas estão ligados a tudo. Tudo é engrenagem, polia, corda, mola, nessa imensa máquina.

O mesmo ocorre na ordem física. O vento que sopra dos confins da África e dos mares austrais carrega uma parte da atmosfera africana, que cai como chuva nos vales dos Alpes: essas chuvas fecundam nossas terras; nosso vento do norte, por sua vez, envia nossos vapores para os negros: fazemos bem à Guiné, e a Guiné nos faz bem. A cadeia se estende de um extremo ao outro do universo.

Mas me parece que se abusa de maneira estranha da verdade desse princípio. Dele se conclui que não existe o menor átomo cujo movimento não tenha influenciado o arranjo atual do mundo inteiro; que não há o menor acidente, seja entre os homens, seja entre os animais, que não constitua um elo essencial da grande cadeia do destino.

Convenhamos: todo efeito tem, evidentemente, sua causa, se remontarmos de causa em causa no abismo da eternidade; mas nem toda causa tem seu efeito, se descermos até o fim dos séculos. Todos os acontecimentos são produzidos uns pelos outros, concordo: se o passado gerou o presente, o presente gera o futuro; tudo tem pai, mas nem tudo tem filhos. Aqui ocorre precisamente o que ocorre com uma árvore genealógica: como se sabe, cada família remonta a Adão, mas na família há muita gente que morreu sem deixar descendentes.

Há uma árvore genealógica dos acontecimentos deste mundo. É incontestável que os habitantes das Gálias e da Espanha descendem de Gomer, e os russos, de Magogue, seu irmão caçula;

encontramos essa genealogia em tantos alentados volumes! Com base nisso, não se pode negar que o grão-turco, que também descende de Magogue, lhe deva a obrigação de ter sido derrotado em 1769 pela imperatriz da Rússia, Catarina II. Essa aventura, evidentemente, está ligada a outras grandes aventuras. Mas não entendo por que o fato de Magogue ter escarrado à direita ou à esquerda, junto ao monte Cáucaso, o fato de ter dado duas voltas em torno de um poço, ou três, o fato de ter dormido do lado esquerdo ou do direito teria influenciado muito os acontecimentos atuais.

Devemos pensar que nem tudo é pleno na natureza, conforme Newton demonstrou, e que nem todo movimento se comunica de um elemento a outro, até dar a volta ao mundo, como ele também demonstrou. Quem jogar na água um corpo de densidade semelhante calculará com facilidade que, ao cabo de algum tempo, o movimento desse corpo e o movimento que ele comunicou à água são anulados: o movimento perde-se e repousa; logo, o movimento que pode ter sido produzido por Magogue ao escarrar num poço não pode ter influenciado aquilo que ocorre hoje na Moldávia e na Valáquia; logo, os acontecimentos presentes não são filhos de todos os acontecimentos passados: eles têm suas linhas diretas, mas mil pequenas linhas colaterais não lhes servem para nada. Repetindo, todo ser tem um pai, mas nem todo ser tem filhos[2].

CALENDAS (Kalendes)

A festa da Circuncisão, que a Igreja celebra em 1º de janeiro, tomou o lugar de outra, chamada festa das Calendas, dos asnos, dos loucos, dos inocentes, segundo a diferença de lugares e de dias em que era realizada. Na maioria das vezes, era nas festas de Natal, da Circuncisão ou da Epifania.

Na catedral de Rouen, havia no dia de Natal uma procissão em que alguns eclesiásticos escolhidos representavam os profetas do Antigo Testamento que predisseram o nascimento do Messias; e o que pode ter dado nome à festa foi o fato de que Balaão aparecia montado numa burra; mas, como o poema de Lactâncio e o livro das *promessas*, com o nome de são Próspero, dizem que Jesus, na manjedoura, foi reconhecido pelo boi e pelo asno, segundo o trecho de Isaías[3]: "O boi reconheceu seu dono, e o asno, a manjedoura de seu Senhor" (circunstância que o Evangelho e os antigos Padres não notaram), é mais provável que a festa do asno tenha recebido esse nome por causa dessa opinião.

De fato, o jesuíta Teophile Raynaud confirma que no dia de santo Estêvão cantava-se uma prosa do asno, que também era chamada prosa dos loucos, e que no dia de são João se cantava outra chamada prosa do boi. Na biblioteca do capítulo de Sens conserva-se um manuscrito em velino, com miniaturas nas quais são representadas as cerimônias da festa dos loucos. O texto contém sua descrição; essa prosa do asno também está lá; era cantada por dois coros que, a intervalos e como refrão, imitavam o zurro desse animal. Vejamos a exata descrição dessa festa.

Elegia-se nas catedrais um bispo ou um arcebispo dos loucos, e sua eleição era confirmada por meio de todos os tipos de histrionices que serviam de sagração. Esse bispo oficiava pontificalmente e dava bênçãos ao povo, perante o qual usava mitra, crossa e até a cruz arquiepiscopal. Nas igrejas que respondiam diretamente à Santa Sé, elegia-se um papa dos loucos, que oficiava com todos os paramentos do papado. Todo o clero assistia à missa, uns vestidos de mulher, outros vestidos de bufão ou mascarados de um modo grotesco e ridículo. Não contentes por cantarem no coro canções licenciosas, comiam e jogavam dados sobre o altar, ao lado do celebrante. Quando a missa terminava, saíam correndo, pulando e dançando pela igreja, cantando, proferindo pa-

---

2. Ver verbete Destino. (N. de Voltaire)
3. Cap. I, v. 3. (N. de Voltaire)

lavras obscenas e fazendo poses indecentes até quase ficarem nus; em seguida, deixavam-se arrastar pelas ruas em carroças cheias de lixo, que era jogado na população reunida em torno deles. Os mais libertinos entre os seculares misturavam-se ao clero para também representar alguma personagem louca em hábitos eclesiásticos.

Essa festa também era celebrada nos mosteiros de monges e religiosas, conforme relata Naudé[4] em sua queixa a Gassendi de 1645, em que conta que em Antibes, no convento dos franciscanos, os religiosos padres e o guardião não iam ao coro no dia dos Inocentes. Os irmãos leigos ocupavam seus lugares nesse dia e realizavam uma espécie de ofício, usando paramentos sacerdotais rasgados e pelo avesso. Seguravam os livros de cabeça para baixo, fingindo ler com lentes em que os vidros eram substituídos por cascas de laranja, e murmuravam palavras confusas, gritando ou fazendo contorções extravagantes.

No segundo registro da igreja de Autun do secretário *Rotarii*, que termina em 1416, relata-se, sem especificar o dia, que na festa dos loucos conduzia-se um asno com uma capa de cardeal no lombo, cantando-se: "He, majestade asno, he, he!"

Du Cange transcreve uma sentença dos juízes eclesiásticos de Viviers contra certo Guillaume que, eleito bispo louco em 1406, recusou-se a participar das solenidades e a pagar as despesas costumeiras em semelhante ocasião.

Enfim, os registros de Saint-Étienne de Dijon, em 1521, dão fé, sem dizer o dia, de que os vigários corriam pelas ruas com pífaros, tambores e outros instrumentos, levando lanternas diante do primeiro chantre dos loucos, a quem cabia a principal honra da festa. Mas o parlamento daquela cidade, com uma sentença de 19 de janeiro de 1552, proibiu a celebração dessa festa, já condenada por alguns concílios e, sobretudo, por uma carta circular de 12 de março de 1444, enviada a todo o clero do reino pela Universidade de Paris. Essa carta, que se encontra na sequência das obras de Pedro de Blois, diz que o clero achava essa festa tão bem ideada e tão cristã, que os que queriam a sua abolição eram vistos como excomungados; e o doutor da Sorbonne, Jean Deslyons, em seu discurso contra o paganismo das aclamações do dia de Reis, quando os reis bebem, diz que um doutor em teologia afirmou publicamente em Auxerre, no fim do século XV, que "a festa dos loucos não era menos aprovada por Deus do que a festa da Imaculada Conceição da Virgem, além de ser de grande antiguidade na Igreja".

CANTO, MÚSICA, MELOPEIA, MÍMICA, DANÇA
(Chant, musique, mélopée, gesticulation, saltation)

Questões relacionadas a esses assuntos

Um turco entenderia que temos uma espécie de canto para o primeiro de nossos mistérios, quando o celebramos em música; outra espécie, que chamamos *moteto*, no mesmo templo; uma terceira espécie, no teatro de ópera; uma quarta, no de opereta?

E nós podemos imaginar como os antigos sopravam em suas flautas, recitavam em seus teatros, com a cabeça coberta por enorme máscara, e como sua declamação era notada?

As leis em Atenas eram promulgadas mais ou menos como, em Paris, cantamos uma ária do Pont-Neuf. O pregoeiro público cantava um edito acompanhado por lira.

É assim que se apregoa em Paris, *La rose et le bouton*[5] num tom, *velhas passamanarias de prata à venda* em outro; mas, nas ruas de Paris, dispensa-se a lira.

---

4. O sr. La Roque chama o autor de Mathurin de Neuré. Ver *Mercure* de setembro de 1738, p. 1955 ss. (N. de Voltaire)
5. Pantomima de Marie-Élisabeth-Anne Boubert. Tradução literal: *A rosa e o botão*. (N. da T.)

Depois da vitória de Queroneia, Filipe, pai de Alexandre, pôs-se a cantar o decreto por meio do qual Demóstenes o havia feito declarar a guerra, batendo o compasso com o pé. Estamos bem distantes de cantar pelas esquinas os nossos editos sobre as finanças e sobre o imposto de dois soldos por libra[6].

É muito provável que a melopeia considerada por Aristóteles, em sua *Poética*, como parte essencial da tragédia, fosse um canto uniforme e simples, como o canto daquilo a que se dá o nome de prefácio na missa, que, na minha opinião, é o canto gregoriano, e não o ambrosiano, mas que é uma verdadeira melopeia.

Quando os italianos ressuscitaram a tragédia no século XVI, a narrativa era uma melopeia, mas esta não podia ter notações: pois quem pode cifrar inflexões de voz que equivalem à oitava, à décima sexta parte de tom? Aprendia-se de cor. Esse uso entrou na França quando os franceses começaram a constituir um teatro, mais de um século depois dos italianos. A *Sophonisbe* de Mairet era cantada como a de Trissino, porém de modo mais grosseiro; pois tinha-se então a garganta um tanto rude em Paris, tal como o espírito. Todos os papéis dos atores, mas sobretudo das atrizes, eram notados de cor, por tradição. A srta. Beauval, atriz do tempo de Corneille, Racine e Molière, recitou-me, há uns sessenta e tantos anos, o começo do papel de Emília em *Cina*, tal como havia sido interpretado nas primeiras apresentações, por Beaupré.

Essa melopeia assemelhava-se à declamação de hoje muito menos do que nossa narrativa moderna se assemelha à maneira como lemos jornais.

Não há melhor maneira de descrever essa espécie de canto, essa melopeia do que compará-la ao admirável recitativo de Lulli, criticado pelos adoradores das semicolcheias, que não têm conhecimento algum do espírito de nossa língua e querem ignorar os recursos que essa melodia fornece a um ator engenhoso e sensível.

A melopeia teatral morreu com a atriz Duclos, que, tendo por único mérito a bela voz, mas sem espírito nem alma, acabou tornando ridículo aquilo que havia sido admirado em des Oeillets e Champmêlé.

Hoje a tragédia é representada com secura: não fosse ela aquecida pelo patético do espetáculo e da ação, seria muito insípida. Nosso século, recomendável por outras coisas, é o século da secura.

Será verdade que entre os romanos um ator recitava e outro fazia os gestos?

Não foi por equívoco que o abade Dubos imaginou esse modo engraçado de declamar. Tito Lívio, que nunca perde a oportunidade de nos informar sobre os usos e costumes dos romanos, sendo nisso mais útil que o engenhoso e satírico Tácito, Tito Lívio, dizia eu, informa[7] que Andrônico, ficando rouco ao cantar nos intermédios, conseguiu fazer que outro cantasse, enquanto ele dançava, nascendo aí o costume de dividir os intermédios entre dançarinos e cantores. *Dicitur cantum egisse magis vigente motu quum nihil vocis usus impediebat*. Ele expressou o canto com a dança; *cantum egisse magis vigente motu*, com movimentos mais vigorosos.

Mas a narrativa da peça não foi dividida entre um ator que só gesticulasse e outro que só declamasse. Isso teria sido não só ridículo como também impraticável.

A arte das pantomimas, representação sem fala, é bem diferente; vimos exemplos impressionantes dessa arte; mas ela só pode agradar quando se representa uma ação marcada, um acontecimento teatral que se desenhe facilmente na imaginação do espectador. Pode-se representar Orosmano matando Zaíra e suicidando-se; Semíramis a arrastar-se ferida pelos degraus do túmulo de Nino e a estender os braços para o filho. Não há necessidade de versos para exprimir essas situações por gestos, ao som de uma sinfonia lúgubre e terrível. Mas como dois mímicos poderão retratar a dissertação de Máximo e de Cina sobre os governos monárquicos e populares?

---

6. Imposto indireto que incidia sobre o valor do objeto em questão. (N. da T.)
7. Liv. VII. (N. de Voltaire)

A respeito da interpretação teatral entre os romanos, o abade Dubos diz que os dançarinos, nos intermédios, estavam sempre de toga. A dança exige uma indumentária mais leve. Em Vaud, conserva-se preciosamente uma grande sala de banhos construída pelos romanos, cujo piso é de mosaico. Esse mosaico, que não está degradado, representa dançarinos vestidos exatamente como os dançarinos da Ópera de Paris. Não fazemos essas observações para apontar erros em Dubos; não há mérito algum no acaso de ter visto aquele monumento antigo, que ele não viu; aliás, é possível ter espírito consistente e justo em enganar-se num trecho de Tito Lívio.

CÃO (Chien)

Parece que a natureza deu o cão ao homem para sua defesa e seu prazer. De todos os animais, é o mais fiel e o melhor amigo que o homem pode ter.

Parece que há várias espécies diferentes de cães. Como imaginar que um galgo se origina de um cão-d'água, se não tem o pelo, as pernas, o peitoral, a cabeça, as orelhas, a voz, o faro e o instinto daquele? Alguém que só tivesse visto cães-d'água ou *spaniel* e visse um galgo pela primeira vez acreditaria mais estar diante de um cavalinho nanico do que de um animal da raça *spaniel*. É bem provável que cada raça tenha sido sempre o que é, com exceção da mestiçagem de algumas, em pequeno número.

É espantoso que o cão tenha sido declarado imundo na lei judaica, assim como o ixíon, o grifo, a lebre, o porco e a enguia; para isso deve ter havido alguma razão física ou moral que não conseguimos ainda descobrir.

Tudo o que se conta sobre a sagacidade, a obediência, a amizade e a coragem dos cães é prodigioso e verdadeiro. O filósofo militar Ulloa garante[8] que no Peru os cães espanhóis reconhecem as pessoas de raça indígena, que as perseguem e mordem; que os cães peruanos fazem o mesmo com os espanhóis. Esse fato parece provar que ambas as espécies de cão ainda conservam o ódio que lhes foi inspirado no tempo do descobrimento, e que cada raça sempre briga por seus donos com o mesmo apego e valor.

Por que então a palavra *cão* se tornou injúria? Costuma-se dizer, carinhosamente, *meu canarinho*, *meu pombinho*, *meu coelhinho*; diz-se até *meu gatinho*, embora esse animal seja traiçoeiro. E quem se zanga chama os outros de *cachorro*! Os turcos, mesmo quando não estão zangados, dizem, com um misto de horror e desprezo, *cachorros cristãos*. O populacho inglês, quando vê passar alguém que, pelo porte, pela roupa e pela peruca, tenha jeito de ter nascido às margens do Sena ou do Loire, costuma chamá-lo de *French dog*, cachorro francês. Essa figura de retórica não é polida e parece injusta.

O delicado Homero introduz o divino Aquiles dizendo ao divino Agamêmnon que ele é *impudente como um cão*. Isso poderia justificar o populacho inglês.

Os mais zelosos partidários do cão precisam admitir que esse animal tem audácia nos olhos, que vários são ranzinzas e às vezes mordem desconhecidos, quando os toma por inimigos de seus donos, tal como as sentinelas atiram nos transeuntes que se aproximem demais da contraescarpa. Essas são, provavelmente, as razões que transformaram o epíteto *cão* em injúria; mas não ousamos afirmar com certeza.

Por que o cão foi adorado ou reverenciado (como se queira) entre os egípcios? Segundo se diz, porque o cão avisa o homem. Plutarco informa que[9], depois que Cambises matou o boi Ápis e mandou colocá-lo no espeto, nenhum animal ousou comer os restos deixados pelos convivas,

---

8. *Voyage d'Ulloa au Pérou*, livro VI. (N. de Voltaire)
9. Plutarco, capítulo de *Ísis* e de *Osíris*. (N. de Voltaire)

tão profundo era o respeito por Ápis; mas o cão não foi tão escrupuloso, engoliu um pedaço do deus. Os egípcios ficaram escandalizados, como se pode imaginar, e Anúbis perdeu muito de seu crédito.

No entanto, o cão conservou a honra de continuar no céu, com o nome de grande e pequeno cão. Constantemente tivemos dias caniculares.

Mas de todos os cães, Cérbero foi o de maior reputação; tinha três fauces. Já observamos que tudo era em triplo: Ísis, Osíris e Hórus; as três primeiras divindades egipcíacas; os três irmãos, deuses do mundo grego, Júpiter, Netuno e Plutão; as três parcas; as três fúrias; os três juízes do inferno; as três fauces do cão de lá.

Percebemos aqui, com pesar, que omitimos o verbete *gato*; mas nos consolamos remetendo à sua história. Observaremos apenas que não há gatos nos céus, como há cabras, caranguejos, touros, carneiros, águias, leões, peixes, lebres e cães. Mas, em compensação, o gato foi consagrado, reverenciado ou adorado em culto de dulia em algumas cidades, e talvez em culto de latria por algumas mulheres.

CARÁTER (Caractère)

Da palavra grega que significa *impressão, gravura*. É o que a natureza gravou dentro de nós.

Podemos mudar de caráter? Sim, desde que mudemos de corpo. Pode ser que um homem que nasceu desordeiro, inflexível e violento, ao ter uma apoplexia na velhice, se torne uma criançola chorona, tímida e pacata. Seu corpo já não é o mesmo. Mas, enquanto seus nervos, seu sangue e sua medula oblonga estiverem no mesmo estado, seu natural não mudará mais do que o instinto de um lobo e de uma fuinha.

O autor inglês de *Dispensary*, pequeno poema muito superior aos *Capitoli* italianos e talvez até ao *Lutrin* de Boileau, disse muito bem, parece-me:

Un mélange secret de feu, de terre et d'eau
Fit le cœur de César et celui de Nassau.
D'un ressort inconnu le pouvoir invincible
Rendit Slone impudent et sa femme sensible[10].

[Uma mescla secreta de fogo, terra e água
Fez o coração de César e o de Nassau.
O poder invencível de uma ação ignota
Fez Slone impudente e sua mulher sensível.]

O caráter é formado de nossas ideias e nossos sentimentos: ora, é mais do que certo que não nos damos sentimentos nem ideias; portanto, nosso caráter não pode depender de nós.

Se dependesse, não haveria ninguém que não fosse perfeito.

Não podemos nos dar gostos e talentos; por que nos daríamos qualidades?

Quem não reflete acredita-se mestre de tudo; quem reflete vê que não é mestre de nada.

Quereis mudar absolutamente o caráter de um homem? Purgai-o todos os dias com diluentes de sangue até matá-lo. Carlos XII, quando teve uma febre infecciosa a caminho de Bender, já não era o mesmo homem. Fazia-se com ele o que se queria, como se fosse uma criança.

Se tenho um nariz atravessado e dois olhos de gato, posso ocultá-los com uma máscara. Terei mais poder sobre o caráter que me foi dado pela natureza?

---

10. Trata-se de uma adaptação de Voltaire. (N. da T.)

Um homem que nasceu violento, colérico, apresenta-se diante de Francisco I, rei da França, para queixar-se de uma injustiça sofrida; o semblante do príncipe, a postura respeitosa dos cortesãos, o próprio lugar onde ele está causam uma impressão poderosa sobre esse homem; ele abaixa maquinalmente os olhos, sua voz rude abranda-se, ele apresenta humildemente o seu pedido, parecendo até que nasceu tão calmo quanto aqueles cortesãos (ao menos naquele momento), em meio dos quais chega a sentir-se desconcertado; mas, se Francisco I for conhecedor de fisionomias, verá facilmente em seus olhos baixos, mas iluminados por uma chama sombria, nos músculos tensos de seu rosto, nos lábios apertados, que aquele homem não é tão calmo como é obrigado a parecer. Aquele homem acompanha-o a Pavia, é preso com ele, levado com ele a uma prisão de Madri: a majestade de Francisco I já não exerce sobre ele o mesmo poder; ele se familiariza com o objeto de seu respeito. Um dia, ao tirar as botas do rei, puxa-as de mau jeito: o rei, amargurado com sua desventura, irrita-se; o homem manda o rei às favas e joga suas botas pela janela.

Sexto Quinto nascera petulante, teimoso, altivo, impetuoso, vingativo e arrogante: esse caráter parece abrandado quando passa pelas provas de seu noviciado. Ele começa a gozar de algum crédito em sua ordem, irrita-se com um guarda, enche-o de murros; é inquisidor em Veneza, exerce seu cargo com insolência; torna-se cardeal, é tomado *dalla rabia papale*: essa raiva se sobrepõe ao seu natural; ele enterra na obscuridade a sua pessoa e o seu caráter; finge-se de humilde e moribundo; é eleito papa: esse momento devolve à mola que a política havia reprimido toda a elasticidade por muito tempo contida; ele é o mais feroz e despótico dos soberanos.

Naturam expellas furca, tamen usque recurret.
[Embora com um forcado expulses a natureza, todavia esta sempre voltará a aparecer.]
(Horácio, liv. I, ep. IX)

Chassez le naturel, il revient au galop.
[Expulsai a natureza, e ela volta a galope.]
(Destouches, *Glorieux,* ato III, cena V)

A religião e a moral são um freio à força da natureza; mas não podem destruí-la. Um beberrão num claustro, limitado a beber meio quartilho de cidra a cada refeição, não se embriagará, mas não deixará de gostar de vinho.

A idade enfraquece o caráter; é uma árvore que produz apenas alguns frutos degenerados, mas sempre da mesma natureza; ela se enche de nós e de musgo, torna-se carunchosa, mas será sempre carvalho ou pereira. Se pudéssemos mudar nosso caráter, ou adotar um, seríamos senhores da natureza. Podemos atribuir-nos alguma coisa? Acaso não recebemos tudo? Tentai animar o indolente com uma atividade constante, arrefecer com a apatia a alma ardente do impetuoso, inspirar gosto por música e poesia em quem não tem gosto nem ouvido, e não tereis mais sucesso do que se tentásseis dar a visão a um cego de nascença. Podemos aperfeiçoar, abrandar, esconder o que a natureza pôs em nós; mas nós não pomos nada.

Alguém diz a um camponês: "Há peixes demais nesse viveiro, eles não prosperarão; há gado demais nesses pastos, faltará capim, ele vai emagrecer." Ocorre que depois dessa exortação os lúcios comem metade das carpas desse homem, e os lobos devoram metade de seus carneiros; o resto engorda. Ele se sentirá feliz com sua economia? És esse camponês; uma de tuas paixões devorou as outras, e acreditas que triunfaste sobre ti mesmo. Acaso não nos parecemos quase todos com aquele velho general de noventa anos, que, ao deparar com alguns jovens oficiais que faziam um pouco de desordem com algumas moças, diz encolerizado: "Senhores, é esse o exemplo que vos dou?"

CARIDADE (Charité)

Casas de caridade e beneficência, hopitais etc.

Cícero fala em vários lugares da caridade universal, *charitas humani generis*; mas não se sabe que a administração e a assistência pública dos romanos tivessem estabelecido casas de caridade nas quais os pobres e os doentes fossem atendidos às expensas do poder público. Havia uma casa para os estrangeiros no porto de Óstia, que se chamava *Xenodochium*. São Jerônimo faz essa justiça aos romanos. Os hospitais para os pobres parecem ter sido desconhecidos na antiga Roma. Havia lá um costume mais nobre, que consistia em fornecer grãos ao povo. Havia trezentos e vinte e sete celeiros imensos em Roma. Com essa liberalidade contínua, não havia necessidade de hospitais, não havia necessitados.

Não era possível fundar casas de caridade para crianças abandonadas; ninguém abandonava filhos, e os senhores cuidavam dos filhos de seus escravos. Não era vergonha uma moça do povo dar à luz. As famílias mais pobres, alimentadas pela república e depois pelos imperadores, tinham garantida a subsistência de seus filhos.

A palavra *casa de caridade* supõe, nas nossas nações modernas, uma indigência que não pôde ser prevenida pela forma de nossos governos.

A palavra *hospital*, que lembra a palavra *hospitalidade*, traz à memória uma virtude célebre entre os gregos, que já não existe; mas também exprime uma virtude bem superior. É grande a diferença entre alojar, alimentar, curar todos os infelizes que apareçam e receber em casa dois ou três viajantes em cuja casa o anfitrião também tem o direito de ser recebido. A hospitalidade, afinal, não passava de troca. Os hospitais são monumentos de beneficência.

É verdade que os gregos conheciam hospitais com o nome de *Xenodokia* para estrangeiros, *Nozocomeia*, para os doentes, e *Ptôkia*, para os pobres. Lê-se em Diógenes de Laércio, com referência a Bíon, este trecho: "Ele sofreu muito com a indigência daqueles que estavam encarregados de cuidar dos doentes."

A hospitalidade entre particulares chamava-se *Idioxenia*; entre os estrangeiros, *Proxenia*. Por isso se chamava *Proxenos* aquele que recebia estrangeiros e os mantinha em casa em nome de toda a cidade; mas essa instituição parece ter sido raríssima.

Hoje, na Europa, praticamente não há cidade sem hospitais. Os turcos os têm, e até mesmo para os animais, o que parece ser o extremo da caridade. Seria melhor esquecer os animais e cuidar mais dos homens.

Essa prodigiosa quantidade de casas de caridade prova, evidentemente, uma verdade à qual não se dá suficiente atenção: o homem não é tão mau quanto se diz; e, apesar de todas as suas falsas opiniões, apesar dos horrores da guerra, que o transformam em fera, pode-se acreditar que esse animal é bom, e que só é malvado quando enfurecido, assim como os outros animais: o mal é que ele é irritado com excessiva frequência.

O número de casas de caridade da Roma moderna é quase igual ao número de arcos de triunfo e outros monumentos de conquista da Roma antiga. A mais considerável dessas casas é um banco que faz empréstimos com penhor a dois por cento e vende os objetos caso o devedor não os retire no tempo estipulado. Essa casa é chamada de *archiospedale*, arqui-hospital. Dizem que quase sempre há dois mil doentes, o que constituiria a quinquagésima parte dos habitantes de Roma só para essa casa, sem contar as crianças que são ali criadas e os peregrinos que nela se alojam. A quantos cálculos será preciso dar desconto?

Acaso não se publicou em Roma que o hospital da Trindade alojara e alimentara durante três dias quatrocentos e quarenta mil e quinhentos peregrinos, bem como vinte e cinco mil e quinhentas peregrinas, no jubileu do ano 1600? O próprio Misson não terá dito que o hospital da Annunziata, em Nápoles, possui uma renda de dois milhões da nossa moeda?

Afinal, pode ser que uma casa de caridade, fundada para receber peregrinos, que em geral não passam de vagabundos, seja, antes, um incentivo à preguiça do que um ato de humanidade. Mas realmente humano é o fato de que em Roma há cinquenta casas de caridade de todas as espécies. Essas casas de caridade, de beneficência, são tão úteis e respeitáveis quanto são inúteis e ridículas as riquezas de alguns mosteiros e de algumas capelas.

É bonito dar pão, roupas, remédios, socorro de todos os tipos aos irmãos; mas que necessidade tem um santo de ouro e diamantes? Que benefício auferem os homens do fato de Nossa Senhora de Loreto ter um tesouro mais belo que o sultão dos turcos? Loreto é uma casa de vaidade, não de caridade.

Londres, contando-se as escolas de caridade, tem tantas casas de beneficência quanto Roma.

O mais belo monumento de beneficência que já se erigiu é o hospital dos Inválidos, fundado por Luís XIV.

De todos os hospitais, o que recebe diariamente mais pobres doentes é o Hôtel-Dieu de Paris. Com frequência, ali se encontram de quatro a cinco mil doentes ao mesmo tempo. Nesses casos, a multidão prejudica a própria caridade. Trata-se, ao mesmo tempo, do receptáculo de todas as horríveis misérias humanas e do templo da verdadeira virtude, que consiste em socorrê-las.

Seria bom ter em mente amiúde o contraste entre uma festa em Versalhes, uma ópera de Paris, em que se reúnem todos os prazeres e todas as magnificências com tanta arte, e um hospital onde todas as dores, todos os pesares e a morte se amontoam com tanto horror. É assim que se compõem as grandes cidades.

Graças a uma política admirável, as volúpias e o luxo acabam sendo úteis à miséria e à dor. Os espetáculos de Paris pagaram, no prazo de um ano, um tributo de mais de cem mil escudos ao hospital.

Nesses estabelecimentos de caridade, os inconvenientes muitas vezes superaram as vantagens. Prova dos abusos ligados a essas casas é que os infelizes para ali transportados têm medo delas.

O Hôtel-Dieu, por exemplo, estava muito bem localizado antigamente, no meio da cidade, perto do Episcopado. Fica muito mal localizado quando a cidade é grande demais, quando quatro ou cinco doentes se amontoam em cada leito, quando um infeliz passa escorbuto para o vizinho, do qual recebe sífilis, e uma atmosfera empestada dissemina as doenças incuráveis e a morte, não só naquele asilo destinado a devolver a vida aos homens, como também em grande parte da cidade ao redor.

A inutilidade e até o perigo da medicina nesse caso estão demonstrados. Se já é tão difícil um médico conhecer e curar uma doença de um cidadão bem cuidado em sua casa, que dizer daquela multidão de males complicados, acumulados uns sobre os outros num lugar pestífero?

Em todos os tipos de coisas, em geral, quanto mais numerosos somos, piores ficamos.

O sr. de Chamousset, um dos melhores cidadãos e das pessoas mais atentas ao bem público, calculou, com dados fidedignos, que dos doentes do Hôtel-Dieu morre um quarto; do hospital da Caridade, um oitavo; dos hospitais de Londres, um nono; dos de Versalhes, um trigésimo.

No grande e famoso hospital de Lyon, que durante muito tempo foi um dos mais bem administrados da Europa, só morria um décimo quinto dos doentes por ano.

Frequentemente se propôs dividir o Hôtel-Dieu de Paris em vários hospitais mais bem situados, mais ventilados, mais salutares; faltou dinheiro para essa empresa.

Curtæ nescio quid semper abest rei.
[Sempre falta um não sei quê a sua fortuna insuficiente.]
(Hor., liv. III, od. XXIV)

Mas ele nunca falta quando se trata de ir matar homens nas fronteiras: só falta quando é preciso salvá-los. No entanto, o Hôtel-Dieu de Paris recebe mais de um milhão de rendas, que aumentam a cada ano, e os parisienses o dotaram prodigamente.

Não podemos deixar de notar aqui que Germain Brice, em sua *Descrição de Paris*, ao falar de alguns legados deixados pelo primeiro presidente de Bellièvre na sala do Hôtel-Dieu chamada Saint-Charles, diz: "É preciso ler aquela bela inscrição gravada em letras de ouro numa grande placa de mármore, composição de Olivier Patru, da Academia Francesa, um dos maiores talentos de seu tempo, autor de defesas preciosíssimas: 'Tu, que entras neste santo lugar, sejas quem fores, só verás em quase toda parte frutos da caridade do grande Pompônio. Os brocados de ouro e prata e os belos móveis que outrora ornavam seus aposentos, graças a uma feliz metamorfose, servem agora às necessidades dos doentes. Esse homem divino, que foi o ornamento e as delícias de seu século, em pleno combate com a morte, pensou no alívio dos aflitos. O sangue de Bellièvre mostrou-se em todas as ações de sua vida. A glória de suas embaixadas é bem conhecida etc.'"

O útil Chamousset fez coisa melhor que Germain Brice e Olivier Patru, um dos maiores talentos do tempo; aqui está o plano com cujos custos ele se propôs arcar, com uma sociedade responsável.

Os administradores do Hôtel-Dieu estimavam o valor de cinquenta libras por doente, morto ou curado. O sr. de Chamousset e sua companhia ofereciam-se para gerir por apenas cinquenta libras por doente curado. Os mortos não entravam nos cômputos e ficavam por sua conta.

A proposta era tão boa, que não foi aceita. Temia-se que ele não pudesse cumpri-la. Todo abuso que se queira reformar é patrimônio daqueles que têm mais crédito que os reformadores.

Coisa não menos singular é que só o Hôtel-Dieu tem o privilégio de vender carne na quaresma para ficar com a renda, e tem perdas. O sr. de Chamousset ofereceu um negócio no qual o Hôtel-Dieu sairia ganhando: recusaram e mandaram embora o açougueiro sob suspeita de ter lhe dado orientação.

Ainsi chez les humains, par un abus fatal,
Le bien le plus parfait est la source du mal.
[Assim, entre os humanos, por um abuso fatal,
O bem mais perfeito é fonte do mal.]
(*Henriade*, canto V, 43-44)

CARLOS IX (Charles IX)

Dizem que Carlos IX, rei da França, era um bom poeta. É certo que seus versos eram admiráveis enquanto ele vivia. Brantôme, na verdade, não diz que esse rei era o melhor poeta da Europa, mas garante que "fazia quadras mui gentis e prestas, de improviso, sem pensar, como várias que vi... quando fazia mau tempo, de chuva ou de extremo calor, mandava ele chamar os senhores poetas ao seu gabinete, e lá passava o tempo com eles etc.".

Se tivesse passado todo o tempo assim e, principalmente, se tivesse feito bons versos, não teria havido a noite de São Bartolomeu, ele não teria disparado da janela com uma carabina contra seus próprios súditos, como se fossem perdizes. Achais impossível que um bom poeta seja bárbaro? Quanto a mim, estou convencido disso.

Atribuem-lhe estes versos, feitos em seu nome para Ronsard:

Ta lyre qui ravit par de si doux accords,
Te soumet les esprits dont je n'ai que les corps;
Le maître elle t'en rend, et te sait introduire
Où le plus fier tyran ne peut avoir d'empire.
[Tua lira, que encanta com tão doces acordes,
A ti sujeita os espíritos dos quais só tenho os corpos;

Torna-te senhor deles e sabe introduzir-te
Onde não pode imperar o mais fero tirano.]

Esses versos são bons, mas são dele? Não serão de seu preceptor? Aí vão alguns de sua régia imaginação, que são um pouco diferentes:

Il faut suivre ton roi qui t'aime par sus tous,
Pour les vers qui de toi coulent braves et doux;
Et crois, si tu ne viens me trouver à Pontoise,
Qu'entre nous adviendra une très-grande noise.
[Deves seguir teu rei, que te ama acima de todos,
Pelos versos que de ti emanam bravos e doces;
E crê, se não vieres ver-me em Pontoise,
Entre nós haverá grande desavença.]

O autor da noite de São Bartolomeu bem poderia ter feito esses. Os versos de César sobre Terêncio são escritos com um pouco mais de talento e gosto. Irradiam a urbanidade romana. Os de Francisco I e Carlos IX ressentem-se da grosseria gaulesa. Quisera Deus que Carlos IX tivesse feito mais versos, mesmo ruins! A aplicação constante às artes amáveis abranda os costumes.

Emollit mores, nec sinit esse feros.
[Suaviza-lhes os costumes e não permite que sejam violentos.]
(Ovíd., II, *de Ponto*, IX, 48)

De resto, a língua francesa só começou a polir-se um pouco muito tempo depois de Carlos IX. Vejam-se as cartas que nos restaram de Francisco I. *Tudo está perdido, exceto a honra* é de um digno cavaleiro, mas eis aqui uma que não é de Cícero nem de César.

Tout à steure ynsi que je me volois mettre o lit est arrivé Laval, qui m'a aporté la sereteneté du lèvement du siège.
[Agora há pouco, quando eu queria deitar, chegou Laval, que me deu certeza da suspensão do cerco.]

Temos algumas cartas de Luís XIII, que não são mais bem escritas. Não se exige que um rei escreva cartas como Plínio nem que faça versos como Virgílio; mas ninguém está dispensado de falar bem sua língua. Foi pessimamente criado todo príncipe que escreve como uma camareira.

CARNE, CARNE PROIBIDA, CARNE PERIGOSA
(Viande, viande défendue, viande dangereuse)

Breve exame dos preceitos judeus, cristãos e dos antigos filósofos

Viande [carne] decerto vem de *victus*, o que nutre, o que sustenta a vida: de *victus* fez-se *viventia*; de *viventia, viande*. Essa palavra deveria aplicar-se a tudo o que se come; mas, pela bizarrice de todas as línguas, prevaleceu o uso de negar essa denominação ao pão, aos laticínios, ao arroz, aos legumes, às frutas, ao peixe, e de atribuí-la apenas aos animais terrestres. Isso parece contrário a toda razão; porém é o apanágio de todas as línguas e dos que as fizeram.

Alguns dos primeiros cristãos tiveram escrúpulos em comer aquilo que fora oferecido aos deuses, qualquer que fosse sua natureza. São Paulo não aprovou esses escrúpulos. Escreve aos coríntios[11]: "Não é o que comemos que nos torna agradáveis a Deus. Se comermos, não progrediremos; se não comermos, não sofreremos atraso." Exorta apenas a não alimentar-se de carnes imoladas aos deuses, diante dos irmãos que poderiam escandalizar-se com isso. Depois disso, não se entende por que trata tão mal são Pedro e o repreende por ter comido com os gentios carnes proibidas. Aliás, nos Atos dos apóstolos vemos que são Pedro estava autorizado a comer de tudo, indiferentemente, pois viu um dia o céu aberto, e uma grande toalha descia pelos quatro cantos do céu até a terra; estava coberta de todas as espécies de animais quadrúpedes terrestres, de todas as espécies de pássaros e répteis (ou animais que nadam), e uma voz gritou-lhe: Mata e come.[12]

Observe-se que, na época, a quaresma e os dias de jejum não tinham sido instituídos. Tudo sempre foi feito gradualmente. Podemos dizer aqui, para consolo dos fracos, que a briga de são Pedro com são Paulo não deve nos assustar. Os santos são homens. Paulo começara como carcereiro e mesmo carrasco dos discípulos de Jesus. Pedro renegara Jesus, e vimos que a Igreja nascente, padecente, militante e triunfante sempre foi dividida, desde os ebionitas até os jesuítas.

Acredito que os brâmanes, tão anteriores aos judeus, poderiam muito bem ter sido divididos também; mas, enfim, foram os primeiros que impuseram a lei de não comer nenhum animal. Como acreditavam que as almas passavam e repassavam dos corpos humanos para os dos animais, não queriam comer seus parentes. Talvez sua melhor razão fosse o temor de habituar os homens à matança e de lhes inspirar costumes ferozes.

Sabe-se que Pitágoras, que estudou geometria e moral com eles, abraçou essa doutrina humana e a levou para a Itália. Seus discípulos a observaram durante muito tempo: os célebres filósofos Plotino, Jâmblico e Porfírio a recomendaram e até a praticaram, embora seja bastante raro fazer o que se prega. A obra de Porfírio sobre a abstinência de carne, escrita em meados de nosso século III e muito bem traduzida para o francês pelo sr. Burigni, é muito estimada pelos doutos; mas não fez mais discípulos entre nós do que o livro do médico Hecquet. Em vão Porfírio propõe com modelos os brâmanes e os magos persas da primeira geração, que abominavam o costume de introduzir em suas entranhas as entranhas das outras criaturas; hoje só é seguido pelos trapistas. O texto de Porfírio é endereçado a um de seus antigos discípulos chamado Firmo, que, conforme se diz, se tornou cristão para ter a liberdade de comer carne e beber vinho.

Repreende Firmo, dizendo que quem se abstém de carne e de licores fortes conserva a saúde da alma e do corpo, vive mais e com mais inocência. Todas essas são reflexões de um teólogo escrupuloso, filósofo rígido, alma doce e sensível. Lendo-o, tem-se a impressão de que aquele grande inimigo da Igreja é um dos Padres da Igreja.

Não fala de metempsicose, mas vê os animais como nossos irmãos, porque animados como nós, porque dotados dos mesmos princípios de vida, porque dotados de ideias, sentimentos, memória e atividades como nós. Só lhes falta a palavra; se a tivessem, ousaríamos matá-los e comê-los? Ousaríamos cometer esses fratricídios? Que bárbaro poderia assar um cordeiro, se esse cordeiro nos exortasse com um discurso comovente a não sermos, ao mesmo tempo, assassinos e antropófagos?

Esse livro prova pelo menos o que houve entre os gentios filósofos de austera virtude; mas eles não puderam prevalecer contra os carniceiros e os glutões.

É de notar que Porfírio faz um belíssimo elogio dos essênios. Estava imbuído de veneração por eles, embora eles às vezes comessem carne. Competia-se então para saber quem era mais virtuoso: essênios, pitagóricos, estoicos e cristãos. Quando as seitas são constituídas apenas por um pequeno rebanho, seus costumes são puros; elas degeneram assim que se tornam poderosas.

---

11. Aos coríntios, cap. VIII. (N. de Voltaire)
12. Atos, cap. X. (N. de Voltaire)

La gola, il dado e l'oziose piume
Hanno dal mondo ogni virtù sbandita.
[A gula, o jogo e a pluma ociosa
Baniram do mundo toda virtude.]

CARRASCO (Bourreau)

Parece que essa palavra não deveria sujar um dicionário de artes e ciências; no entanto, está ligada à jurisprudência e à história. Nossos grandes poetas não desdenharam usá-la com frequência nas tragédias; Clitemnestra, em *Ifigênia*, diz a Agamêmnon:

Bourreau de votre fille, il ne vous reste enfin
Que d'en faire à sa mère un horrible festin.
[Carrasco de vossa filha, agora só vos resta
Com ela fazer para a mãe um horrível festim.]
(Ato IV, cena IV)

É uma palavra usada alegremente em comédia: Mercúrio diz em *Anfitrião* (ato I, cena II):

Comment! bourreau, tu fais des cris!
[Como! Carrasco, tu gritas!]

O jogador diz (ato IV, cena XIII):

... Que je chante, bourreau!
[Que eu cante, carrasco.]

E os romanos tomavam a liberdade de dizer:

Quorsum vadis, carnifex?
[Para que lado vais, algoz?]

O *Dicionário enciclopédico*, na palavra Executor, pormenoriza todos os privilégios do carrasco de Paris; mas um autor novo foi mais longe[13]. Num romance sobre educação, que não é de Xenofonte nem é *Telêmaco*, ele afirma que o monarca deve dar sem hesitação a filha do carrasco em casamento ao herdeiro presuntivo da coroa, desde que essa moça seja bem-educada e tenha *muitas compatibilidades com o jovem príncipe*. É pena que não se tenham estipulado o dote que seria dado à moça nem as honras que deveriam ser prestadas ao pai no dia das núpcias.

Por *compatibilidade* não se poderia ter levado mais longe a moral profunda, as novas regras da honestidade pública, os belos paradoxos, as máximas divinas, com que esse autor regalou nosso século. Sem dúvida ele teria sido por *compatibilidade* um dos pajens... das bodas. Teria feito o epitálamo da princesa e não teria deixado de celebrar os subidos feitos do pai. Então a recém-casada teria dado beijos acres, pois o mesmo escritor introduz em outro romance, intitulado *Heloísa*, um jovem suíço que contraiu em Paris uma dessas doenças cujo nome não se pronuncia e disse à sua suíça: "Guarda teus beijos, eles são muito acres."

---

13. Romance intitulado *Emílio*, livro V. (N. de Voltaire)

Ninguém acreditará, algum dia, que tais obras têm uma espécie de voga. Isso não honraria nosso século, caso ela durasse. Os pais de família logo concluíram que não seria honesto casar seus primogênitos com filhas de carrascos, por mais *compatibilidade* que pudessem perceber entre o pretendente e a pretendida.

Est modus in rebus, sunt certi denique fines,
Quos ultra citraque nequit consistere rectum.
[Existe uma medida nas coisas, existem limites certos, em suma,
Além ou aquém dos quais não é possível encontrar o que é direito.]
(HOR., liv. I, sát. I.)

CARTESIANISMO (Cartésianisme)

Pode-se ver no verbete Aristóteles que esse filósofo e seus seguidores usaram palavras incompreensíveis para dizer coisas inconcebíveis. "Enteléquias, formas substanciais, espécies intencionais."

Essas palavras, afinal, significavam apenas a existência das coisas cuja natureza e feitura ignoramos. O que faz uma roseira produzir rosas e não damascos, o que determina um cão a correr atrás de uma lebre, o que constitui as propriedades de cada ser, isso foi chamado de *forma substancial*; o que nos faz pensar foi chamado *enteléquia*; o que nos dá a visão de um objeto foi chamado de *espécie intencional*: nem por isso sabemos mais, hoje, sobre o fundo das coisas. As próprias palavras *força*, *alma*, *gravitação* não nos permitem conhecer o princípio e a natureza da força, nem da alma, nem da gravitação. Conhecemos suas propriedades e, provavelmente, nos limitaremos a isso enquanto formos homens.

O essencial é utilizar com vantagem os instrumentos que a natureza nos deu, sem penetrar na estrutura íntima do princípio desses instrumentos. Arquimedes utilizava admiravelmente o impulso, e não sabia o que é o impulso.

A verdadeira física consiste, portanto, em determinar bem todos os efeitos. Conheceremos as causas primeiras quando formos deuses. Temos a capacidade de calcular, pesar, medir, observar: essa é a filosofia natural; quase todo o resto é quimera.

O mal de Descartes foi, em sua viagem à Itália, não ter consultado Galileu, que calculava, pesava, media, observava; que inventara o compasso geométrico, descobrira o peso da atmosfera, os satélites de Júpiter e a rotação do Sol em torno de seu eixo.

O mais estranho é que ele nunca tenha citado Galileu e, ao contrário, tenha citado o jesuíta Scheiner, plagiário e inimigo de Galileu[14], que denunciou esse grande homem à Inquisição e, com isso, cobriu a Itália de opróbrio, ao passo que Galileu a cobria de glória.

Os erros de Descartes são:

1º Ter imaginado três elementos que não eram nada evidentes, depois de ter dito que não se devia acreditar em nada sem evidência;

2º Ter dito que sempre há uniformemente movimento na natureza: o que se demonstrou ser falso;

3º Que a luz não vem do Sol, e que é transmitida a nossos olhos num instante: sua falsidade foi provada por experiências de Roëmer, Molineux e Bradley, e até pela simples experiência do prisma;

4º Ter admitido o universo pleno, no qual, segundo ficou demonstrado, qualquer movimento seria impossível, e que um pé cúbico de ar pesaria tanto quanto um pé cúbico de ouro;

---

14. *Princípios* de Descartes, terceira parte, p. 159. (N. de Voltaire)

5º Ter suposto um torvelinho imaginário em pretensos glóbulos de luz para explicar o arco-íris;

6º Ter imaginado um pretenso turbilhão de matéria sutil que carrega a Terra e a Lua paralelamente ao equador, fazendo que os corpos caiam segundo uma linha tendente ao centro da Terra, ao passo que ficou demonstrado que, a admitir-se a hipótese desse turbilhão imaginário, todos os corpos cairiam segundo uma linha perpendicular ao eixo da Terra;

7º Ter suposto que os cometas que se movem do oriente para o ocidente e do norte para o sul são empurrados por turbilhões que se movem do ocidente para o oriente;

8º Ter suposto que, no movimento de rotação, os corpos mais densos vão para o centro, e os mais sutis, para a circunferência: o que contraria todas as leis da natureza;

9º Ter desejado basear esse romance em suposições mais quiméricas que o próprio romance; ter suposto, contra todas as leis da natureza, que esses turbilhões não se confundiriam;

10º Ter considerado que esses turbilhões são a causa das marés e das propriedades do ímã;

11º Ter suposto que o mar tem um curso contínuo, que o leva do oriente ao ocidente;

12º Ter imaginado que a matéria de seu primeiro elemento, misturada com a do segundo, forma o mercúrio, que, por meio desses dois elementos, escorre como a água e é tão compacto quanto a Terra;

13º Que a Terra é um sol coberto de uma crosta;

14º Que sob todas as montanhas há grandes cavidades que recebem a água do mar e formam as nascentes;

15º Que as minas de sal vêm do mar;

16º Que as partes de seu terceiro elemento compõem vapores que formam metais e diamantes;

17º Que o fogo é produzido por um combate entre o primeiro e o segundo elemento;

18º Que os poros do ímã estão cheios da matéria estriada, traspassada pela matéria sutil que vem do polo boreal;

19º Que a cal viva se inflama, quando sobre ela se joga água, porque o primeiro elemento expulsa o segundo elemento dos poros da cal;

20º Que as carnes digeridas no estômago passam por uma infinidade de orifícios para uma grande veia que as leva ao fígado; o que é inteiramente contrário à anatomia;

21º Que o quilo, depois de formado, adquire forma de sangue no fígado; o que não é menos falso;

22º Que o sangue é dilatado no coração por um fogo sem luz;

23º Que as pulsações dependem de onze películas que abrem e fecham as entradas dos quatro vasos nas duas concavidades do coração;

24º Que, quando o fígado é apertado por seus nervos, as partes mais sutis do sangue sobem imediatamente para o coração;

25º Que a alma se aloja na glândula pineal do cérebro. Mas, como só há dois pequenos filamentos nervosos que terminam nessa glândula, e como foram dissecados alguns indivíduos nos quais ela estava absolutamente ausente, ela foi situada nos corpos estriados, nas *nates*[15], nos *testes*[16], no infundíbulo, em todo o cerebelo. Em seguida, Lancisi e, depois dele, La Peyronie, deram-lhe por habitação o corpo caloso. O autor engenhoso e erudito que redigiu para a *Enciclopédia* o excelente parágrafo Alma, marcado com um asterisco, diz com razão que já não se sabe onde colocá-la;

---

15. Em latim: nádegas. Com esse nome, os anatomistas designaram os dois tubérculos quadrigêmeos superiores do tronco cerebral (cf. Littré-Gilbert, *Dictionnaire de Médecine*. Paris: J. B. Baillière et fils, 1908). (N. da T.)

16. Em latim: testículos. Com esse nome, os anatomistas designaram os dois tubérculos quadrigêmeos posteriores do tronco cerebral (cf. Littré-Gilbert, *Dictionnaire de Médecine*. Paris: J. B. Baillière et fils, 1908). (N. da T.)

26º Que o coração é formado pelas partes da semente[17] que se dilata. Sem dúvida isso vai além do que os homens podem saber: seria preciso ter visto a semente dilatar-se, e o coração formar-se;

27º Por fim, sem ir mais longe, basta notar que seu sistema sobre os animais, por não se fundar em nenhuma razão física, nem em nenhuma razão moral, nem em nada de verossímil, foi com razão rejeitado por todos os que raciocinam e por todos os que só têm sentimento.

Convenhamos que não houve uma única novidade na física de Descartes que não constituísse erro. Não que lhe faltasse gênio; ao contrário, é porque ele só consultou esse gênio, sem consultar a experiência e a matemática: era ele um dos maiores geômetras da Europa, e deixou de lado a geometria para só crer na imaginação. Portanto, só substituiu o caos de Aristóteles por outro caos. Com isso, atrasou em mais de cinquenta anos os progressos da inteligência humana. Seus erros eram mais condenáveis porque, para orientar-se no labirinto da física, ele tinha um fio que Aristóteles não podia ter, o fio das experiências, as descobertas de Galileu, Torricelli, Guericke etc. e, sobretudo, sua própria geometria.

Já se notou que várias universidades condenaram em sua filosofia justamente as coisas que eram verdadeiras, adotando todas as que eram falsas. Hoje, de todos esses falsos sistemas e todas as ridículas controvérsias que se seguiram, só resta uma lembrança confusa, que se extingue dia a dia. A ignorância às vezes ainda preconiza Descartes, mesmo porque essa espécie de amor-próprio que se chama *nacional* tenta sustentar sua filosofia. Gente que nunca leu Descartes nem Newton afirmou que Newton lhe devia todas as suas descobertas. É mais que certo, porém, que não há, em todos os edifícios imaginários de Descartes, uma única pedra sobre a qual Newton tenha construído. Ele nunca o seguiu, explicou, refutou; só o conhecia. Certo dia, quis ler um livro dele, e, à margem de sete ou oito páginas, escreveu *error* e não o releu. Esse volume esteve muito tempo nas mãos do sobrinho de Newton.

O cartesianismo foi moda na França; mas as experiências de Newton sobre a luz e seus princípios matemáticos não podem ser moda, tanto quanto as demonstrações de Euclides.

É preciso falar a verdade; é preciso ser justo; filósofo não é francês, inglês nem florentino: é de todos os países. Não se parece com a duquesa de Marlborough, que, numa febre terçã, não queria tomar quinquina, porque na Inglaterra era chamada de *pó dos jesuítas*.

O filósofo, prestando homenagem ao gênio de Descartes, passa por cima das ruínas de seus sistemas.

E, principalmente, o filósofo vota à execração pública e ao desprezo eterno os perseguidores de Descartes, que ousaram acusá-lo de ateísmo, ele que esgotara toda a sagacidade de seu espírito a buscar novas provas da existência de Deus. Lede o trecho de Thomas em *Elogio a Descartes,* em que ele pinta de maneira tão enérgica o infame teólogo chamado Voëtius, que caluniou Descartes, assim como o fanático Jurieu caluniou Bayle etc. etc. etc.; como Patouillet e Nonotte caluniaram certo filósofo, como o vinagreiro Chaumeix e Fréron caluniaram a *Enciclopédia*; como se calunia todos os dias. E quisera Deus que só se caluniasse!

CASAMENTO (Mariage)

Primeira seção

Conheci um polemista que dizia: "Obrigai vossos súditos a casar-se o mais cedo possível; isentai-os de impostos no primeiro ano, e que seus impostos sejam divididos entre os da mesma idade que sejam solteiros.

---

17. Esperma. (N. da T.)

"Quanto mais homens casados houver, menos crimes haverá. Observai os registros assustadores de vossos arquivos criminais: vereis cem solteiros enforcados ou mortos na roda, contra um pai de família.

"O casamento torna o homem mais virtuoso e mais moderado. O pai de família, quando prestes a cometer um crime, muitas vezes é impedido pela mulher, que, por ter sangue menos quente, é mais branda, mais compassiva, mais avessa ao roubo e ao assassinato, mais temerosa, mais religiosa.

"O pai de família não quer sentir vergonha diante de seus filhos. Teme deixar-lhes o opróbrio por herança.

"Casai vossos soldados, e eles deixarão de desertar. Ligados à família, também se ligarão à pátria. Um soldado solteiro muitas vezes não passa de um vagamundo, a quem dá na mesma servir o rei de Nápoles e o rei do Marrocos.

"Os guerreiros romanos eram casados; combatiam por suas mulheres e seus filhos; e escravizaram as mulheres e as crianças das outras nações."

Um grande político italiano, que, aliás, conhecia muito as línguas orientais – coisa muito rara em nossos políticos –, dizia-me quando eu era jovem: "*Caro figlio*, lembra-te que os judeus sempre tiveram uma única boa instituição: a abominação da virgindade. Se aquele pequeno povo de atravessadores supersticiosos não tivesse visto o casamento como a primeira lei do homem, se entre eles houvesse conventos de religiosas, aquele povo estaria irremediavelmente perdido."

Segunda seção

O casamento é um contrato do direito das gentes, que os católicos romanos transformaram em sacramento.

Mas sacramento e contrato são duas coisas bem diferentes: a um estão vinculados efeitos civis; ao outro, as graças da Igreja.

Assim, o contrato, quando em conformidade com o direito das gentes, deve produzir todos os efeitos civis. A ausência do sacramento só deve produzir a privação das graças espirituais.

Essa foi a jurisprudência de todos os séculos e de todas as nações, exceto dos franceses. Esse foi até mesmo o ponto de vista dos Padres da Igreja mais acreditados.

Percorrei os códigos Teodosiano e Justiniano: não encontrareis nenhuma lei que proscreva casamentos de pessoas de outra crença, mesmo quando contraídos com católicos.

É verdade que Constâncio – aquele filho de Constantino tão cruel quanto o pai – proibiu que os judeus se casassem com mulheres cristãs, sob pena de morte[18], e que Valentiniano, Teodósio e Arcádio fizeram a mesma proibição, impondo as mesmas penas, às mulheres judias. Mas essas leis já não eram observadas no tempo do imperador Marciano; e Justiniano as rejeitou em seu código. Aliás, só foram feitas contra os judeus, e nunca se pensou em aplicá-las aos casamentos de pagãos ou hereges com seguidores da religião dominante.

Consultai santo Agostinho[19], e ele vos dirá que no seu tempo não eram vistos como ilícitos os casamentos entre fiéis e infiéis, porque nenhum texto do Evangelho os havia condenado: *Quae matrimonia cum infidelibus, nostris temporibus, jam non putantur esse peccata; quoniam in Novo Testamento nihil inde praeceptum est, et ideo aut licere creditum est, aut velut dubium derelictum* [Os matrimônios com os infiéis, em nossos dias, já não são considerados ilícitos, uma vez que no Novo Testamento nada é preceituado a esse respeito; e daí ou se crê que sejam lícitos ou que seriam como algo dúbio, deixado de lado].

Agostinho também diz que esses casamentos muitas vezes provocam a conversão do esposo herege. Cita o exemplo de seu próprio pai, que abraçou a religião cristã porque sua mulher, Mônica,

---

18. Código Teod., tít. *de Judaeis*, lei VI. (N. de Voltaire)
19. Liv. *de fide et operib.*, cap. XIX, n. 35. (N. de Voltaire)

professava o cristianismo. Clotilde, com a conversão de Clóvis, e Teodelinda, com a de Agilulfo, rei dos lombardos, foram mais úteis à Igreja do que se tivessem desposado príncipes ortodoxos.

Consultai a declaração do papa Bento XIV, de 4 de novembro de 1741, e lereis estas exatas palavras: *Quod vero spectat ad ea conjugia quae ... absque forma a Tridentino statuta contrahuntur a catholicis cum haereticis, sive catholicus vir haereticam feminam in matrimonium ducat, sive catholica femina haeretico viro nubat; ... si forte aliquod hujus generis matrimonium, Tridentini forma non servata, ibidem contractum jam sit, aut in posterum ... contrahi contingat, declarat sanctitas sua matrimonium hujus modi, alio non concurrente ... impedimento, validum habendum esse, ... sciens ... (conjux catholicus) se istius matrimonii vinculo perpetuo ligatum iri* [Isso, sem dúvida, se refere àqueles casamentos que [...] a partir da regra estabelecida pelo Concílio de Trento, são contraídos por católicos com hereges, quer um homem católico despose uma mulher herege, quer uma mulher católica se case com um homem herege [...]; se, por acaso, um casamento dessa espécie, não tendo sido observada a regra do Concílio de Trento, já tenha sido contraído, ou futuramente [...] venha a ser contraído, declara Sua Santidade que um matrimônio nessas bases, não havendo outro impedimento [...] concomitante, deva ser tido por válido [...], tomando ciência [...] (o cônjuge católico) de que ele será ligado pelo vínculo perpétuo desse matrimônio].

Que espantoso contraste faz que as leis francesas sejam na matéria mais severas que as da Igreja? A primeira lei que estabeleceu esse rigorismo na França foi o edito de Luís XIV, do mês de novembro de 1680. Esse edito merece ser transcrito:

"Luís etc. Visto que os cânones dos concílios condenaram os casamentos entre católicos e hereges como escândalo público e profanação do sacramento, consideramos ainda mais necessário impedi-los no futuro porque reconhecemos que a tolerância desses casamentos expõe os católicos à tentação contínua de perversão etc. Por esses motivos etc., é de nossa vontade e agrado que no futuro nossos súditos da religião católica, apostólica e romana não possam, sob nenhum pretexto, contrair casamento com os da pretensa religião reformada, declarando que tais casamentos não serão validamente contraídos, e que os filhos dele decorrentes serão ilegítimos."

É bem esquisito basear-se nas leis da Igreja para anular casamentos que a Igreja nunca anulou. Vê-se nesse edito a confusão entre sacramento e contrato civil: foi essa confusão a fonte das estranhas leis francesas sobre o casamento.

Santo Agostinho aprovava os casamentos dos ortodoxos com os hereges, pois esperava que o esposo católico convertesse o outro; e Luís XIV os condena temendo que o heterodoxo perverta o fiel!

Existe no Franco-Condado uma lei mais cruel: é um edito do arquiduque Alberto e de sua esposa Isabel, de 20 de dezembro de 1599, que proíbe os católicos de casar-se com hereges, sob pena de confisco de corpos e de bens[20].

O mesmo edito impõe a mesma pena contra os culpados de comer carne de carneiro na sexta-feira e no sábado. Que leis e que legisladores!

A que senhores, grande Deus, entregais o universo!

Terceira seção

Se nossas leis reprovam os casamentos de católicos com pessoas de religião diferente, pelo menos concederão efeitos civis aos casamentos entre franceses protestantes?

Hoje, no reino, há um milhão de protestantes[21]; no entanto a validade de seu casamento ainda é um problema nos tribunais.

---

20. Antigas ordenanças do Franco-Condado, liv. V, tít. XVIII. (N. de Voltaire)
21. É um exagero. (N. de Voltaire)

Esse é mais um caso em que nossa jurisprudência está em contradição com as decisões da Igreja e consigo.

Na declaração papal citada na seção anterior, Bento XIV decide que os casamentos entre protestantes, contraídos segundo seus ritos, não são menos válidos do que se tivessem sido contraídos de acordo com as formas estabelecidas pelo Concílio de Trento, e que o consorte que se torna católico não pode romper esse laço para formar outro com uma pessoa de sua nova religião[22].

Barach-Levi, judeu de nascimento e originário de Haguenau, casara-se com Mendel-Cerf, da mesma cidade e da mesma religião.

Esse judeu veio a Paris em 1752 e batizou-se. Em 13 de maio de 1754, intimou a mulher, em Haguenau, a vir morar com ele em Paris. Em outra intimação, consentiu que a mulher, ao vir morar com ele, continuasse na seita judia.

A essas intimações Mendel-Cerf respondeu que não queria voltar a morar com ele, e requeria que, segundo as formas do judaísmo, ele impetrasse o divórcio, para que ela pudesse casar-se com outro judeu.

Essa resposta não contentou Levi; ele não impetrou o divórcio, mas fez que a mulher fosse citada perante o juiz eclesiástico de Estrasburgo, que, em sentença de 7 de novembro de 1754, o declarou livre para se casar na Igreja com uma mulher católica.

Munido dessa sentença, o judeu cristianizado veio à diocese de Soissons e ali contraiu noivado com uma moça de Villeneuve. O vigário recusou-se a publicar os banhos. Levi apresentou-lhe as intimações que fizera à sua mulher, a sentença do juiz eclesiástico de Estrasburgo e um certificado do secretário do bispado da mesma cidade, atestando que em todos os tempos, na diocese, se permitira que os judeus batizados se casassem com católicos, e que esse uso fora sempre reconhecido pelo conselho soberano de Colmar.

Mas esses documentos não pareceram suficientes ao vigário de Villeneuve. Levi foi obrigado a comparecer perante o juiz eclesiástico de Soissons.

Esse juiz, ao contrário do de Estrasburgo, não achou que o casamento de Levi com Mendel-Cerf fosse nulo ou dissolúvel. Em sua sentença de 5 de fevereiro de 1756, declarou indeferido o pedido do judeu. Este recorreu da sentença ao parlamento de Paris, onde só teve como contraditor o ministério público; mas, em 2 de janeiro de 1758, a sentença foi confirmada, e Levi foi novamente proibido de contrair qualquer casamento enquanto Mendel-Cerf vivesse.

Eis, portanto, um casamento contraído entre franceses judeus, segundo ritos judeus, declarado válido pela primeira corte do reino.

Mas alguns anos depois a mesma questão foi julgada de modo diferente por outro parlamento, em relação a um casamento contraído entre dois franceses protestantes que haviam sido casados em presença de seus pais por um ministro de sua religião. O esposo protestante mudara de religião, assim como o esposo judeu; e, depois de ter passado a um segundo casamento com uma católica, o parlamento de Grenoble confirmou esse segundo casamento e declarou nulo o primeiro.

Se da jurisprudência passarmos à legislação, veremos que ela é obscura em relação a essa matéria importante como a tantas outras.

----

22. *Quod attinet ad matrimonia ab haereticis inter se [...] celebrata, non servata forma per Tridentinum praeque quaeque in posterum contrahentur, dummodo non aliud obstiterit canonicum impedimentum, [...] sanctitas sua statuit pro validis habenda esse; adeoque si contingat utrumque conjugem ad catholicae Ecclesiae sinum se recipere, eodem quo antea conjugali vinculo ipsos omnino teneri, etiam si mutuus consensus coram parocho catholico non renovetur* [O que se refere aos matrimônios de hereges, celebrados entre eles, não sendo observada a regra estabelecida pelo Concílio de Trento, e aos que serão contraídos posteriormente, contanto que nada se tenha oposto ao impedimento canônico [...]. Sua Santidade estabeleceu que seriam considerados como válidos; dessa forma ocorre então que cada um dos cônjuges é recebido no seio da Igreja católica e, do mesmo modo que antes, eles são totalmente ligados pelo vínculo conjugal; além disso, que o consenso mútuo não seja renovado diante de um pároco católico]. (N. de Voltaire)

Por um decreto do conselho de 15 de setembro de 1685, foi dito "que os protestantes[23] poderiam casar-se, desde que em presença do principal oficial de justiça, e as publicações que deviam preceder esses casamentos seriam feitas na sede real mais próxima do lugar de residência de cada um dos protestantes que quisessem casar-se, e apenas com audiência".

Esse decreto não foi revogado pelo edito que, três semanas depois, revogou o edito de Nantes.

Mas, a partir da declaração de 14 de maio de 1724, redigida pelo cardeal de Fleury, os juízes não quiseram mais presidir aos casamentos dos protestantes nem permitir em suas audiências a publicação de seus banhos.

O artigo XV dessa lei dita que as formas prescritas pelos cânones sejam observadas nos casamentos, tanto dos conversos quanto de todos os outros súditos do rei.

Acreditou-se que essa expressão genérica *todos os outros súditos* incluísse os protestantes e os católicos, e, com base nessa interpretação, foram anulados os casamentos entre protestantes que não tivessem sido celebrados de acordo com as formalidades canônicas.

No entanto, parece que, como os casamentos entre protestantes foram autorizados outrora por uma lei expressa, para anulá-los hoje seria necessária uma lei expressa que contivesse essa pena. Aliás, o termo *conversos*, mencionado na declaração, parece indicar que o termo seguinte só se refere aos católicos. Por fim, quando a lei civil é obscura ou equívoca, os juízes não deverão julgar segundo o direito natural e o direito das gentes?

Não resultará do que acabamos de ler que, muitas vezes, as leis precisam ser reformadas, e os príncipes precisam consultar um conselho mais instruído, não ter ministros eclesiásticos e desconfiar muito dos cortesãos de batina, que têm o título de confessores do rei?

CATECISMO CHINÊS (Catéchisme chinois)

OU COLÓQUIOS DE CU-SU, DISCÍPULO DE CONFÚCIO, COM O PRÍNCIPE KOU, FILHO DO REI DE LOW, TRIBUTÁRIO DO IMPERADOR CHINÊS NHANVAN, 417 ANOS ANTES DE NOSSA ERA
(Traduzido para o latim pelo padre Fouquet, doravante ex-jesuíta. O manuscrito está na biblioteca do Vaticano, nº 42-759)

Primeiro colóquio

KOU

Que devo entender quando me dizem que devo adorar o céu (Chang-ti)?

CU-SU

Não é o céu material que enxergamos; pois esse céu nada mais é que ar, e esse ar é composto de todas as exalações da terra: seria uma insensatez bem absurda adorar vapores.

KOU

No entanto isso não me surpreenderia. Parece-me que os homens cometeram loucuras ainda maiores.

---

23. Não é engraçado que na França o próprio conselho tenha dado aos protestantes o nome de *religionários*, como se só eles tivessem religião, e os outros não passassem de papistas governados por decretos e bulas? (N. de Voltaire)

CU-SU

É verdade; mas estais destinado a governar; deveis ser sábio.

KOU

Há muitos povos que adoram o céu e os planetas?

CU-SU

Os planetas não são mais que terras como a nossa. A Lua, por exemplo, faria tanto bem em adorar nossa areia e nossa lama quanto nós em nos ajoelharmos diante da areia e da lama da Lua.

KOU

O que significa dizer: céu e terra, subir ao céu, ser digno do céu?

CU-SU

Uma enorme tolice; não existe céu; cada planeta é cercado por sua atmosfera, como de uma casca, e gira no espaço em torno de seu sol. Cada sol é o centro de vários planetas que viajam continuamente em torno dele: não existe alto nem baixo, subida nem descida. Percebeis que, se os habitantes da Lua dissessem que se sobe à Terra, que é preciso tornar-se digno da Terra, estariam dizendo uma extravagância. Assim também nós, pronunciamos palavras que não têm sentido quando dizemos que é preciso tornar-se digno do céu; é como se disséssemos: é preciso tornar-se digno do ar, digno da constelação do dragão, digno do espaço.

KOU

Acho que vos compreendo; só devemos adorar o Deus que fez o céu e a terra.

CU-SU

Sem dúvida; é preciso adorar Deus apenas. Mas, quando dizemos que ele fez o céu e a terra, estamos dizendo, piamente, uma coisa bem banal. Pois, se entendemos por céu o espaço prodigioso no qual Deus acendeu tantos sóis e pôs para girar tantos mundos, será muito mais ridículo dizer *céu e terra* do que dizer *montanhas e um grão de areia*. Nosso globo é infinitamente menor que um grão de areia em comparação com os milhões de bilhões do universo, diante dos quais desaparecemos. Tudo o que podemos fazer é unir nossa voz débil à voz dos seres inumeráveis que prestam homenagem a Deus no abismo da vastidão.

KOU

Então nos enganaram quando nos disseram que Fo desceu do quarto céu e apareceu como elefante branco.

CU-SU

Esses são contos que os bonzos criam para as crianças e as velhas: nós só devemos adorar o autor eterno de todos os seres.

KOU

Mas como um ser pôde fazer os outros?

CU-SU

Olhai aquela estrela; ela está a um bilhão e quinhentos milhões de *lis* de nosso pequeno globo; dela partem raios que formarão em vossos olhos dois ângulos de vértices iguais; eles formam os mesmos ângulos nos olhos de todos os animais: não haverá aí um nítido desígnio? Não haverá aí uma lei admirável? Ora, quem faz uma obra, senão um operário? Quem faz leis, senão um legislador? Há, portanto, um operário, um legislador eterno.

KOU

Mas quem fez esse operário? E como é ele feito?

CU-SU

Meu príncipe, ontem passeava perto do vasto palácio que o rei, vosso pai, construiu. Ouvi dois grilos, e um dizia ao outro: "Olhe só que edifício assombroso. – Sim, disse o outro, por mais glorioso que eu seja, admito que alguém mais poderoso que os grilos fez aquele prodígio; mas não tenho ideia desse ser; sei que ele existe, mas não sei o que ele é."

KOU

Eu vos digo que sois um grilo mais instruído que eu; e o que me agrada em vós é que não afirmais saber o que ignorais.

Segundo colóquio

CU-SU

Concordais, então, que há um ser todo-poderoso, existente por si mesmo, supremo artífice de toda a natureza?

KOU

Sim; mas, se ele existe por si mesmo, nada pode limitá-lo, e ele está em todo lugar; existe, portanto, em toda a matéria, em todas as partes de mim?

CU-SU

Por que não?

KOU

Então eu seria uma parte da Divindade?

CU-SU

Talvez não seja uma consequência. Este pedaço de vidro é penetrado de todos os lados pela luz; mas ele mesmo é luz? Não passa de areia e nada mais. Tudo está em Deus, sem dúvida; o que anima tudo deve estar em todo lugar. Deus não é como o imperador da China, que mora no seu palácio e envia suas ordens por colaus. Se ele existe, é necessário que sua existência encha todo o espaço e todas as suas obras; e, se ele está em vós, é como uma advertência contínua a não fazerdes nada de que possais enrubescer diante dele.

KOU

O que devemos fazer para ousar olhar-nos assim sem repugnância e vergonha diante do Ser supremo?

CU-SU

Ser justo.

KOU

Que mais?

CU-SU

Ser justo.

KOU

Mas a seita de Laokium diz que não há justo nem injusto, nem vício nem virtude.

CU-SU

A seita de Laokium diz por acaso que não há saúde nem doença?

KOU

Não, ela não comete tão grande erro.

CU-SU

O erro de pensar que não existe saúde da alma nem doença da alma, nem virtude nem vício, é tão grande quanto esse e mais funesto. Os que dizem que tudo é igual são monstros: alimentar um filho é o mesmo que esmagá-lo sobre uma rocha, socorrer a mãe é o mesmo que mergulhar um punhal em seu coração?

KOU

Assim me assustais; detesto a seita de Laokium, mas há tantos matizes no justo e no injusto! Muitas vezes ficamos em dúvida. Que homem sabe precisamente o que é permitido ou o que não o é? Quem poderá marcar com segurança os limites que separam o bem e o mal? Que regra me dareis para discerni-los?

CU-SU

A de Confúcio, meu mestre: "Vive do modo como gostaríeis de ter vivido ao morreres; trata teu próximo como queres que ele te trate."

KOU

Essas máximas, confesso, devem ser o código do gênero humano; mas que me importará ter vivido bem quando morrer? Que ganharei com isso? Esse relógio, depois que for destruído, ficará feliz por ter soado bem as horas?

CU-SU

Esse relógio não sente, não pensa, não pode ter remorsos; e vós tendes remorsos quando vos sentis culpado.

KOU

Mas se, depois de cometer vários crimes, eu chegar a não sentir mais remorsos?

CU-SU

Então precisareis ser reprimido; e tende a certeza de que, entre os homens que não gostam de ser oprimidos, haverá alguns que vos privarão das condições de cometer novos crimes.

KOU

Assim Deus, que está neles, permitirá que sejam maus depois de ter permitido que eu o fosse?

CU-SU

Deus vos deu a razão: não deveis abusar, nem vós, nem eles. Não sereis infeliz apenas nesta vida, e quem vos disse que não seríeis infeliz em outra?

KOU

E quem vos disse que há outra vida?

CU-SU

Na dúvida, deveis comportar-vos como se houvesse.

KOU

Mas e se eu tiver certeza de que não há?

CU-SU

Deixo de ser vosso súdito.

Terceiro colóquio

KOU

Estais me incitando, Cu-su. Para que eu possa ser recompensado ou punido quando não mais existir, será preciso que subsista em mim alguma coisa que sinta e pense depois de mim. Ora, como antes de nascer nada de mim tinha sentimento nem pensamento, por que os haveria depois de minha morte? O que poderia ser essa parte incompreensível de mim mesmo? O zumbido daquela abelha ficará depois que a abelha não existir? A vegetação desta planta subsistirá depois que a planta for arrancada? Vegetação não é por acaso uma palavra que usamos para significar a maneira inexplicável como o Ser supremo quis que a planta extraísse os sucos da terra? Alma, também, é uma palavra inventada para exprimir fraca e obscuramente o que impele nossa vida. Todos os animais se movem; e esse poder de mover-se é chamado *força ativa*; mas não há um ser distinto que seja essa força. Temos paixões; essa memória, essa razão, não são, certamente, coisas à parte; não são seres existentes em nós; não são pessoinhas que tenham uma existência particular;

são palavras genéricas, inventadas para fixar nossas ideias. A alma, que significa nossa memória, nossa razão, nossas paixões, portanto, não passa de uma palavra. Quem faz o movimento na natureza? Deus. Quem faz as plantas vegetar? Deus. Quem faz o movimento nos animais? Deus. Quem faz o pensamento do homem? Deus.

Se a alma humana fosse uma pessoinha encerrada em nosso corpo, que dirigisse seus movimentos e suas ideias, acaso isso não implicaria que no eterno artífice do mundo há alguma impotência e que ele é um artesão indigno de si mesmo? Por que ele não teria sido capaz de fazer autômatos que tivessem em si mesmos o dom do movimento e do pensamento? Vós me ensinastes grego, vós me fizestes ler Homero; considero Vulcano um ferreiro divino, quando faz tripés de ouro que vão por si sós ao conselho dos deuses; mas esse Vulcano me pareceria um miserável charlatão se ocultasse no corpo desses tripés algum de seus moços para movê-lo sem que ninguém o percebesse.

Há frios sonhadores que consideraram uma bela imaginação a ideia de que os planetas são girados por gênios que os empurram sem cessar; mas Deus não foi reduzido a esse miserável recurso: em suma, por que pôr dois motores numa obra quando basta um? Não ousareis negar que Deus tem o poder de animar o ser pouco conhecido que chamamos *matéria*; por que então se serviria de outro agente para animá-lo?

Há bem mais: seria essa a alma que dais tão liberalmente a nosso corpo? De onde vem ela? Quando viria? O Criador do universo precisaria estar continuamente à espreita do acasalamento de homens e mulheres, para observar atentamente o momento em que um germe sai do corpo de um homem e entra no corpo de uma mulher, para rapidamente fazer uma alma voar para dentro desse germe? E, se esse germe morre, o que ocorrerá com essa alma? Ela terá sido criada inutilmente ou esperará outra ocasião?

Admito que essa é uma estranha ocupação para o senhor do mundo; e ele precisará não só vigiar continuamente a copulação da espécie humana, como também precisará fazê-lo com todos os animais, pois todos têm, como nós, memória, ideias, paixões; e, se é necessário ter uma alma para formar esses sentimentos, essa memória, essas ideias, essas paixões, será preciso que Deus trabalhe perpetuamente a forjar almas para elefantes, porcos, corujas, peixes e bonzos?

Que ideia me daríeis do arquiteto de tantos milhões de mundos, que seria obrigado a fazer continuamente centros de ação invisíveis para perpetuar sua obra?

Eis aí uma pequeníssima parte das razões que podem levar-me a duvidar da existência da alma.

CU-SU

Raciocinais de boa-fé; e esse sentimento virtuoso, mesmo que errôneo, seria agradável ao Ser supremo. Podeis vos enganar, mas não procurais vos enganar, e por isso sois escusável. Mas percebei que só me propusestes dúvidas, e que essas dúvidas são tristes. Admiti verossimilhanças mais consoladoras: é duro ser aniquilado; tende a esperança de viver. Sabeis que o pensamento não é matéria, sabeis que ele não tem relação alguma com a matéria; por que então vos seria tão difícil acreditar que Deus pôs em vós um princípio divino que, não podendo ser dissolvido, não pode estar sujeito à morte? Ousaríeis dizer que é impossível terdes uma alma? Não, sem dúvida: e, se é possível, não será muito verossímil que tenhais uma alma? Poderíeis rejeitar um sistema tão belo e necessário ao gênero humano? E algumas dificuldades vos levariam a desistir?

KOU

Gostaria de aceitar esse sistema, mas gostaria que ele me fosse provado. Não sou capaz de acreditar quando não tenho evidências. Sempre me impressionou essa grande ideia de que Deus fez tudo, de que está em tudo, de que penetra tudo, que dá movimento e vida a tudo; e, se ele está em todas as partes de meu ser, assim como está em todas as partes da natureza, não entendo que necessidade tenho de uma alma. Que tenho eu a ver com esse pequeno ser subalterno, se sou animado pelo próprio Deus? De que me serviria essa alma? Não somos nós que nos damos nossas ideias, pois as temos quase sempre sem querer; temos ideias quando estamos adormecidos; tudo se faz em nós sem que tenhamos participação. De nada adiantaria a alma dizer ao sangue e aos espíritos animais: Correi deste modo, peço-vos por favor; eles andariam sempre da maneira como Deus prescreveu. Prefiro ser a máquina de um Deus cuja existência me seja demonstrada a ser a máquina de uma alma da qual duvido.

CU-SU

Pois bem! Se Deus mesmo vos anima, nunca profaneis com crimes esse Deus que há em vós; e, se ele vos deu uma alma, que essa alma não o ofenda jamais. Em ambos os sistemas tendes uma vontade; sois livre; ou seja, tendes o poder de fazer o que quiserdes: utilizai esse poder para servir a Deus, que vos deu esse poder. É bom que sejais filósofo, mas é necessário que sejais justo. E o sereis ainda mais quando acreditardes ter uma alma imortal.

Respondei, por favor: não é verdade que Deus é a soberana justiça?

KOU

Sem dúvida; e, se fosse possível que ele deixasse de sê-lo (o que é uma blasfêmia), eu mesmo gostaria de agir com equidade.

CU-SU

Não é verdade que vosso dever será recompensar as ações virtuosas e punir as criminosas quando estiverdes no trono? Gostaríeis que Deus não fizesse o que vós mesmo sois obrigado a fazer? Sabeis que há e sempre haverá nesta vida virtudes infelizes e crimes impunes; portanto, é necessário que o bem e o mal encontrem julgamento em outra vida. Foi essa ideia tão simples, tão natural, tão geral, que estabeleceu em tantas nações a crença na imortalidade de nossa alma e da justiça divina que a julga depois que ela abandonou seu despojo mortal. Haverá algum sistema mais razoável, mais adequado à Divindade e mais útil ao gênero humano?

KOU

Por que então várias nações não abraçaram esse sistema? Sabeis que temos em nossa província cerca de duzentas famílias de antigos sinus[24], que outrora habitaram uma parte da Arábia Pétrea; nem elas nem seus ancestrais jamais acreditaram na alma imortal; eles têm seus *cinco Livros* assim como nós temos nossos *cinco Kings*; li sua tradução: suas leis, necessariamente semelhantes às de todos os outros povos, ordenam-lhes respeitar seus pais, não roubar, não mentir, não cometer o adultério nem o homicídio; mas essas mesmas leis não falam nem de recompensas nem de castigos em outra vida.

CU-SU

Se essa ideia ainda não está desenvolvida nesse pobre povo, certamente se desenvolverá um dia. Mas que nos importa uma naçãozinha infeliz, se os babilônios, os egípcios, os indianos e todas as nações civilizadas receberam esse dogma salutar? Se estivésseis doente, rejeitaríeis um remédio aprovado por todos os chineses, com o pretexto de que alguns bárbaros das montanhas não quiseram usá-lo? Deus vos deu a razão, e ela vos diz que a alma deve ser imortal: portanto, é Deus mesmo que vos diz isso.

---

24. São os judeus das dez tribos que, ao se dispersarem, penetraram até a China; lá são chamados *sinus*. (N. de Voltaire)

KOU

Mas como poderei ser recompensado ou punido quando já não for eu, quando já não tiver nada do que constituiu minha pessoa? É somente graças à minha memória que sou sempre eu mesmo: se perco a memória em minha última doença, depois que eu morrer, será preciso que um milagre me devolva essa memória, me faça voltar à existência que perdi?

CU-SU

Isso significa que, se um príncipe tivesse assassinado toda a sua família para reinar, se tivesse tiranizado seus súditos, estaria livre para dizer a Deus: Não fui eu, perdi a memória, o Senhor se engana, já não sou a mesma pessoa. Acreditais que Deus se contentaria com esse sofisma?

KOU

Pois bem, rendo-me; queria fazer o bem por mim mesmo, fá-lo-ei também para agradar ao Ser supremo; acreditava suficiente que minha alma fosse justa nesta vida, terei esperança de que ela seja feliz em outra. Percebo que essa opinião é boa para os povos e para os príncipes, mas o culto de Deus me embaraça.

Quarto colóquio

CU-SU

O que achais chocante em nosso *Chu-king*, primeiro livro canônico, tão respeitado por todos os imperadores chineses? Lavrais um campo com vossas mãos régias para dar exemplo ao povo, e ofereceis as primícias ao Chang-ti, ao Tien, ao Ser supremo; fazeis sacrifícios quatro vezes por ano; sois rei e pontífice; prometeis a Deus que fareis todo o bem que estiver em vosso poder: o que há de repugnante nisso?

KOU

Não encontro o que contestar; sei que Deus não precisa de nossos sacrifícios nem de nossas preces; mas nós precisamos fazê-los; seu culto não é estabelecido para ele, mas para nós. Gosto muito de rezar, mas não quero que minhas preces sejam ridículas: pois, se eu bradar que "a montanha de Chang-ti é uma montanha gorda, e que não se deve olhar para montanhas gordas", se eu fizer o Sol fugir e secar a Lua, essa algaravia será agradável ao Ser supremo, útil a meus súditos e a mim?

Não posso, de modo algum, tolerar a demência das seitas que nos cercam: de um lado, vejo Lao-tse, concebido por sua mãe através da união do céu com a terra, cuja gestação durou oitenta anos. Na sua doutrina do aniquilamento e do despojamento universal não tenho fé maior do que tenho nos cabelos brancos com os quais ele nasceu e na vaca preta na qual ele montou para ir pregar sua doutrina.

O deus Fo não me impõe maior fé, embora seu pai tenha sido um elefante branco, e ele prometa vida imortal.

O que mais me desagrada é que tais devaneios são continuamente pregados pelos bonzos que seduzem o povo para governá-lo; eles se tornam respeitáveis graças às mortificações que revoltam a natureza. Uns se privam durante toda a vida dos alimentos mais saudáveis, como se só conseguíssemos agradar a Deus com um mau regime; outros metem o pescoço numa golilha, da qual às vezes se tornam muito dignos, enfiam-se pregos nas coxas, como se suas coxas fossem tábuas, e o povo os segue em multidão. Se um rei baixa algum edito que lhes desagrade, eles dizem friamente que aquele edito não está no comentário do deus Fo, e que mais vale obedecer a Deus do que aos homens. Como remediar uma doença popular tão extravagante e perigosa? Sabeis que a tolerância é o princípio do governo da China e de todos os da Ásia; mas essa indulgência não será funesta, quando expõe um império ao risco de ser tumultuado por opiniões fanáticas?

CU-SU

Que o Chang-ti me livre de querer extinguir em vós esse espírito de tolerância, essa virtude tão respeitável, que está para as almas como a permissão de comer está para o corpo! A lei natural permite que cada um acredite no que quiser, assim como se alimente do que quiser. Um médico não tem o direito de matar seus pacientes porque eles não observaram a dieta que ele prescreveu. Um príncipe não tem o direito de mandar enforcar os súditos que não pensem como ele; mas tem o direito de impedir conturbações, e, se for sábio, terá facilidade em extirpar as superstições. Sabeis o que aconteceu a Daon, sexto rei de Caldeia, há cerca de quatro mil anos?

KOU

Não, não sei; faríeis o favor de ensinar-me?

CU-SU

Os sacerdotes caldeus tiveram a ideia de adorar as solhas do Eufrates; afirmavam que uma famosa solha chamada *Oanes* outrora lhes ensinara teologia, que aquela solha era imortal, que ela tinha três pés de comprimento e um pequeno crescente no rabo. Por respeito a essa *Oanes* era proibido comer solhas. Surgiu uma grande controvérsia entre os teólogos para saber se a solha *Oanes* tinha láctea ou ovas. As duas facções se excomungaram reciprocamente e várias vezes chegaram às vias de fato. Vejamos o que o rei Daon fez para pôr fim a essa desordem.

Ordenou um jejum rigoroso de três dias aos dois partidos, e depois mandou chamar os partidários da solha com ovas, que assistiram a seu jantar: mandou servir uma solha de três pés, na qual fora posto um pequeno crescente na cauda. "É esse o vosso deus? perguntou aos doutores. – Sim, majestade, responderam eles, pois tem um crescente na cauda." O rei mandou abrir a solha, que tinha a mais bela láctea do mundo. "Estais vendo, disse ele, que este não é o vosso deus, pois ele tem láctea." E a solha foi comida pelo rei e por seus sátrapas, para grande satisfação dos teólogos das ovas, pois viam que haviam fritado o deus de seus adversários.

Logo depois mandou chamar os doutores do partido contrário: mostrou-lhe um deus de três pés de comprimento que tinha ovas e um crescente na cauda; eles garantiram que aquele era o deus *Oanes*, e que ele tinha láctea: ele foi frito como o outro, e reconheceu-se que tinha ovas. Então os dois partidos eram igualmente tolos, e, como ainda estavam em jejum, o bom rei Daon lhes disse que tinha umas solhas para lhes dar para o jantar; e eles as comeram gulosamente, tanto as que tinham ovas quanto as que tinham láctea. A guerra civil terminou, todos abençoaram o bom rei Daon, e os cidadãos, desde então, serviram-se no jantar das solhas que bem entenderam.

KOU

Gosto muito do rei Daon e prometo imitá-lo na primeira oportunidade que se apresentar. Sempre impedirei, na medida do possível (sem cometer violência contra ninguém), que se adorem Fos e solhas.

Sei que no Pegu e no Tonquim há pequenos deuses e pequenos sacerdotes que fazem a Lua descer no minguante e predizem claramente o futuro, ou seja, enxergam claramente o que não existe, pois o futuro não existe. Impedirei, sempre que puder, que os sacerdotes venham à minha casa confundir o futuro com o presente e fazer a Lua descer.

Que pena que haja seitas a irem de cidade em cidade deitando fantasias, assim como os charlatães vendem suas drogas. Que vergonha para a inteligência humana que pequenas nações acreditem que a verdade está só com elas, e que o vasto império da China está entregue ao erro! O Ser eterno não seria tão somente o Deus da ilha Formosa ou da ilha Bornéu? Teria ele abandonado o restante do universo? Meu caro Cu-su, ele é o pai de todos os homens; permite que todos comam solhas; a mais digna homenagem que lhe possamos prestar é sermos virtuosos: um coração puro é o mais belo de todos seus templos, como dizia o grande imperador Hiao.

Quinto colóquio

CU-SU

Já que amais a virtude, como a praticareis quando fordes rei?

KOU

Não sendo injusto com meus vizinhos nem com meus povos.

CU-SU

Não é suficiente deixar de praticar o mal, fareis o bem; alimentareis os pobres ocupando-os em trabalhos úteis, e não favorecendo o ócio; embelezareis as estradas; abrireis canais; ergueries edifícios públicos; fomentareis todas as artes; recompensareis o mérito de todas as espécies; perdoareis as faltas involuntárias.

KOU

É o que chamo não ser injusto; esses são os deveres.

CU-SU

Pensais como um verdadeiro rei: mas há o rei e o homem, a vida pública e a vida privada. Logo vos casareis: quantas mulheres pretendeis ter?

KOU

Creio que umas doze me bastarão; um número maior poderia roubar-me uma parte do tempo destinado aos negócios. Não gosto desses reis que têm setecentas mulheres e trezentas concubinas, além de milhares de eunucos para servi-las. Essa mania dos eunucos, sobretudo, me parece um grande ultraje à natureza humana. Perdoo no máximo que capem galos, que assim ficam mais saborosos; mas ninguém ainda pôs eunucos no espeto. Para que serve a sua mutilação? O dalai-lama tem cinquenta deles para cantar em seu pagode. Gostaria muito de saber se o Chang-ti se deleita ao ouvir as vozes claras desses cinquenta castrados.

Também acho muito ridículo haver bonzos que não se casam; eles se gabam de ser mais sábios que os outros chineses: pois bem! Então, que gerem filhos sábios. Eis aí uma maneira agradável de homenagear Chang-ti, não o privando de adoradores! Está aí um modo singular de servir o gênero humano, ou seja, dando o exemplo de como aniquilar o gênero humano. O bom lama chamado *Stelca ed isant Errepi*[25] queria dizer que "todo sacerdote deveria fazer o máximo de filhos que pudesse"; e dava o exemplo, tendo sido muito útil em seu tempo. Por mim, ordenarei o casamento de todos os lamas e bonzos, todas as lamesas e bonzesas que tiverem vocação para essa santa obra: desse modo serão certamente melhores cidadãos, e com isso acredito que farei um grande bem ao reino de Low.

---

25. *Stelca ed isant Errepi* significa, em chinês, (abade) Castel de Saint-Pierre. (N. de Voltaire)

CU-SU

Oh! que bom príncipe teremos! Fazeis-me chorar de alegria. Não vos contentareis em ter mulheres e súditos, pois, afinal, não se pode passar o dia inteiro a fazer editos e filhos: provavelmente tereis amigos?

KOU

Já os tenho, e dos bons, que me advertem de meus defeitos; e eu tomo a liberdade de repreender os deles; eles me consolam, eu os consolo: a amizade é o bálsamo da vida, melhor que o bálsamo do químico Éreville e até que as mezinhas do grande Lanourt. Espanta-me que não se tenha feito da amizade um preceito de religião: tenho vontade de inseri-la em nosso ritual.

CU-SU

Não, não deveis fazê-lo: a amizade é bastante sagrada em si mesma; nunca deverá ser uma obrigação; o coração deverá ser livre e, além disso, se fizerdes da amizade um preceito, um mistério, um rito, uma cerimônia, haverá mil bonzos que, pregando e escrevendo suas fantasias, tornarão a amizade ridícula; não se deve expor a amizade a essa profanação.

Mas como sereis com vossos inimigos? Confúcio recomenda amá-los em vinte lugares: isso não vos parece um pouco difícil?

KOU

Amar os inimigos! Oh, meu Deus! nada é mais comum.

CU-SU

Como o entendeis?

KOU

Acredito que como deve ser entendido. Aprendi a arte da guerra com o príncipe de Décon contra o príncipe de Vis-Brunck[26]: sempre que um de nossos inimigos era ferido e caía em nossas mãos, nós o tratávamos como se ele fosse nosso irmão; muitas vezes demos nosso próprio leito aos inimigos feridos e aprisionados, e nos deitamos perto deles sobre peles de tigres estendidas no chão; nós mesmos os servimos: que mais quereis? Que os amemos como se ama uma amante?

CU-SU

Estou muito edificado com tudo o que me dizeis, e gostaria que todas as nações vos ouvissem: pois me garantem que há povos tão impertinentes que ousam dizer que não conhecemos a verdadeira virtude, que nossas boas ações não passam de esplêndidos pecados, que precisamos das lições de seus talapões para aprendermos bons princípios. Pobres infelizes! Foi só ontem que aprenderam a ler e escrever, e já têm a pretensão de ensinar seus mestres.

---

26. É incrível como, invertendo Décon e Vis-Brunck, que são nomes chineses, encontramos Condé e Brunsvick, tanta é a celebridade dos grandes homens em toda a terra! (N. de Voltaire)

Sexto colóquio

CU-SU

Não repetirei todos os lugares-comuns que correm entre nós há cinco ou seis mil anos sobre todas as virtudes. Existem algumas que servem apenas para nós mesmos, como a prudência para conduzir nossa alma, a temperança para governar nosso corpo: esses são preceitos de política e saúde. As verdadeiras virtudes são as úteis à sociedade, tal como a fidelidade, a magnanimidade, a beneficência, a tolerância etc. Graças aos céus, não existe nenhuma velha entre nós que deixe de ensinar todas essas virtudes a seus netinhos: é o rudimento de nossa juventude, tanto no campo quanto na cidade; mas há uma grande virtude que começa a ficar sem uso, e isso me deixa agastado.

KOU

Qual é? Dizei logo; tratarei de reanimá-la.

CU-SU

É a hospitalidade; essa virtude tão social, esse elo sagrado entre os homens começou a relaxar-se desde que passamos a ter tabernas. Essa perniciosa instituição chegou-nos, segundo dizem, com certos selvagens do ocidente. Esses miseráveis, ao que tudo indica, não têm casa para acolher os viajantes. Que prazer receber na grande cidade de Low, na bela praça de Honchan, na casa Ki, um generoso estrangeiro chegado de Samarcanda, para quem eu me torno, a partir desse momento, um homem sagrado, sendo ele obrigado por todas as leis divinas e humanas a receber-me em sua casa quando eu viajar para a Tartária, e ser meu amigo íntimo!

Os selvagens de que vos falo só recebem os estrangeiros em troca de dinheiro em casebres repugnantes; vendem caro essa acolhida infame; e, com isso, quero dizer que esses pobres coitados acreditam estar acima de nós, que se gabam de ter uma moral mais pura. Têm a pretensão de dizer que seus pregadores pregam melhor que Confúcio; que, por fim, são eles que devem ensinar-nos a justiça, porque vendem mau vinho à beira das estradas, suas mulheres andam como loucas pelas ruas e dançam enquanto as nossas cultivam bichos-da-seda.

KOU

Acho a hospitalidade coisa muito boa e a pratico com prazer, mas temo o abuso. Há gente do Grão-Tibete que mora muito mal, que gosta de correr e viajaria por nada pelos quatro cantos do mundo, mas, quando vamos ao Grão-Tibete gozar do direito à hospitalidade, não encontramos cama nem comida; isso pode levar a desistir da polidez.

CU-SU

O inconveniente é pequeno; é fácil solucioná-lo só recebendo pessoas bem recomendadas. Não existe virtude que não tenha seus perigos, e é porque os têm que é belo praticá-las.

Como é sábio e santo nosso Confúcio! Não há virtude alguma que ele não inspire; a felicidade dos homens está ligada a cada uma de suas sentenças; eis aqui uma que me vem à memória, é a quinquagésima terceira:

"Retribui o bem com o bem, e não te vingues jamais das injúrias."

Que máxima, que lei os povos do ocidente poderiam opor a moral tão pura? Em quantos lugares Confúcio recomenda a humildade! Se essa virtude fosse praticada, nunca haveria discórdias na terra.

KOU

Li tudo o que Confúcio e os sábios dos séculos anteriores escreveram sobre a humildade, mas me parece que nunca deram uma definição muito exata dela: talvez haja pouca humildade em ousar repreendê-los, mas pelo menos tenho a humildade de confessar que não os entendi. Dizei-me o que pensais a respeito.

CU-SU

Obedecerei humildemente. Acredito que a humildade é a modéstia da alma: pois a modéstia exterior é apenas civilidade. A humildade não pode consistir em negarmos a nós mesmos a superioridade que possamos ter adquirido sobre outro. Um bom médico não pode fingir que não sabe mais do que seu paciente delirante; quem ensina astronomia precisa admitir que tem mais conhecimentos que seus discípulos; ele não pode impedir-se de acreditar nisso, mas não deve impingi-lo aos outros. Humildade não é abjeção; é o corretivo do amor-próprio, assim como a modéstia é o corretivo do orgulho.

KOU

Pois bem! É no exercício de todas essas virtudes e no culto a um Deus simples e universal que quero viver, longe das quimeras dos sofistas e das ilusões dos falsos profetas. O amor ao próximo será minha virtude no trono, e o amor a Deus a minha religião. Desprezarei o deus Fo, Lao-tse e Vixnu, que se encarnou tantas vezes entre os indianos, bem como Samonocodom, que desceu do céu para empinar pipa entre os siameses, e os camis, que chegaram da Lua ao Japão.

Pobre do povo que é suficientemente imbecil e bárbaro para achar que há um Deus somente para a sua província! É uma blasfêmia. A luz do Sol ilumina todos os olhos, e a luz de Deus não iluminaria apenas uma pequena e mesquinha nação num dos cantos deste globo! Que horror, que asneira! A Divindade fala ao coração de todos os homens, e os laços da caridade devem uni-los de um extremo ao outro do universo.

CU-SU

Ó sábio Kou! Falastes como um homem inspirado pelo próprio Chang-ti; sois um digno príncipe. Fui vosso doutor, e vós vos tornastes o meu.

CATECISMO DO HORTELÃO (Catéchisme du jardinier)

OU COLÓQUIO ENTRE O PAXÁ TUCTAN E O HORTELÃO KARPOS

TUCTAN

Pois bem, meu amigo Karpos, vendes caro teus legumes; mas eles são bons... Qual é tua religião atual?

KARPOS

Juro, senhor paxá, que não sei bem o que vos dizer. Quando nossa pequena ilha de Samos pertencia aos gregos, lembro-me que me obrigavam a dizer que *agion pneûma* não passava de produto do *tou patrou*; faziam-me rezar ereto sobre minhas duas pernas, com as mãos cruzadas, e me proibiam o leite na quaresma. Os venezianos chegaram, e meu vigário veneziano me obrigou a dizer que o *agion pneûma* vem do *tou patrou* e do *tou viou*, permitiu que eu bebesse leite e me fez rezar de joelhos. Os gregos voltaram e expulsaram os venezianos, e então foi preciso largar o *tou viou* e o creme de leite. Vós, por fim, expulsastes os gregos, e eu vos ouço gritar *Alla illa Alla* com todos os pulmões. Já não sei direito o que sou; amo a Deus de todo o coração e vendo meus legumes até que razoavelmente.

TUCTAN

Tens belíssimos figos.

KARPOS

Senhor paxá, eles estão a vosso dispor.

TUCTAN

Dizem também que tens uma bela filha.

KARPOS

Sim, senhor paxá; mas ela não está a vosso dispor.

TUCTAN

Por quê, miserável?

KARPOS

É que sou um homem direito: tenho permissão de vender figos, mas não de vender minha filha.

TUCTAN

E qual lei não te permite vender esse fruto?

KARPOS

A lei de todos os hortelãos direitos; a honra da minha filha não é minha, é dela: não é uma mercadoria.

TUCTAN

Então não és fiel a teu paxá?

KARPOS

Muito fiel nas coisas justas, enquanto fordes meu senhor.

TUCTAN

Mas e se teu papai grego tramasse uma conspiração contra mim, e te ordenasse em nome do *tou patrou* e do *tou viou* a entrar na conjura, não o obedecerias por devoção?

KARPOS

Eu? De jeito nenhum! Passaria bem longe.

TUCTAN

E por que te recusarias a obedecer ao teu papai grego numa ótima oportunidade?

KARPOS

É que vos prestei juramento de obediência, e sei muito bem que o *tou patrou* não ordena conspirações.

TUCTAN

Folgo em saber. Mas e se porventura os teus gregos retomassem a ilha e me expulsassem, continuarias fiel a mim?

KARPOS

Ei! Como é que eu poderia continuar fiel a vós, se já não seríeis meu paxá?

TUCTAN

E o juramento que prestaste, que fim teria?

KARPOS

O fim dos meus figos, que não comeríeis mais. Não é verdade (com todo o respeito) que, se morrêsseis, nesta hora em que vos falo, eu já não vos deveria nada?

TUCTAN

A suposição é incivil, mas a coisa é verdadeira.

KARPOS

Então! Se fôsseis expulso, é como se tivésseis morrido, pois teríeis um sucessor ao qual eu precisaria fazer outro juramento. Poderíeis exigir de mim uma fidelidade que não vos serviria para nada? É como se vós, não podendo comer meus figos, quisésseis impedir-me de vendê-los aos outros.

TUCTAN

Arrazoas bem: tens então os teus princípios?

KARPOS

Sim, a meu modo; são poucos, mas me bastam; e, se tivesse mais, me atrapalhariam.

TUCTAN

Estou curioso para conhecer teus princípios.

KARPOS

É, por exemplo, ser bom marido, bom pai, bom vizinho, bom súdito e bom hortelão; não vou além disso, e confio na misericórdia de Deus.

TUCTAN

E acreditas que ele terá misericórdia comigo, que sou governador da tua ilha?

KARPOS

Como posso saber? Como vou adivinhar o que Deus faz com os paxás? Esse é um assunto entre ele e vós; não me meto nisso de jeito nenhum. O que eu imagino é que, se fordes um paxá tão honesto como eu sou hortelão honesto, Deus vos tratará muito bem.

TUCTAN

Por Maomé! Estou muito contente com este idólatra. Adeus, meu amigo; que Alá vos proteja e guarde!

KARPOS

Muito obrigado. Teos tenha piedade de vós, senhor paxá!

CATECISMO DO JAPONÊS (Catéchisme du japonais)

INDIANO

É verdade que antigamente os japoneses não sabiam cozinhar, que submeteram seu reino ao grande-lama, que esse grande-lama decidia soberanamente o que deviam comer e beber, que de vez em quando vos mandava um pequeno lama para recolher tributos, e que em troca ele vos dava um sinal de proteção feito com os dois primeiros dedos e o polegar?

JAPONÊS

Ai! É a mais pura verdade. Imaginai que todos os postos de *canusi*[27], que são os grandes cozinheiros de nossa ilha, eram outorgados pelo lama, e só eram outorgados pelo amor de Deus. Além disso, cada casa de nossos seculares pagava uma onça de prata por ano a esse grande cozinheiro do Tibete. E a única compensação que ele nos dava eram uns pratinhos bem ruins que se chamam *restos*[28]. E quando lhe dava na veneta de fazer alguma coisa nova, como guerrear contra os povos do Tangut, arrecadava novas contribuições entre nós. Nossa nação queixava-se com frequência, mas sem nenhum resultado; e cada queixa acabava até por ser um pouco mais cara. Por fim, o amor, que torna tudo melhor, livrou-nos dessa servidão. Um de nossos imperadores desentendeu-se com o grande-lama por causa de uma mulher; mas convenhamos que as pessoas mais úteis para nós, nessa questão, foram nossos *canusi*, em outras palavras palocipes[29]; é a eles que devemos a libertação do jugo; conto como foi.

O grande-lama tinha uma mania engraçada: achava que sempre tinha razão; nosso dairi e nossos *canusi* queriam pelo menos ter razão às vezes. O grande-lama achou absurda essa pretensão; nossos *canusi* não arredaram pé e romperam de uma vez por todas com ele.

INDIANO

Pois bem! A partir de então vós certamente vivestes felizes e tranquilos?

---
27. Os *canusi* são os antigos sacerdotes do Japão. (N. de Voltaire)
28. Relíquias, do latim *reliquiae*, que signifia *restos*. (N. de Voltaire)
29. *Pauxcospie* [no orig.], anagrama de *épiscopaux*. (N. de Voltaire)

JAPONÊS

Nada disso! Nós nos perseguimos, dilaceramos e devoramos mutuamente por mais de dois séculos. Nossos *canusi* queriam em vão ter razão; faz só cem anos que eles são razoáveis. Por isso, desde então podemos nos considerar sem receio uma das nações mais felizes da terra.

INDIANO

Como podeis ter tanta felicidade, a ser verdade o que me disseram, que tendes doze facções culinárias em vosso império? Deveis ter doze guerras civis por ano.

JAPONÊS

Por quê? Se há doze mestres-cucas, cada um com uma receita diferente, vamos nos degolar ao invés de jantar? Ao contrário, cada um come à tripa forra com o cozinheiro que mais lhe agrade.

INDIANO

É verdade que gosto não se discute; mas se discute, e a briga esquenta.

JAPONÊS

Depois de se discutir muito por muito tempo e de ver que todas essas brigas só servem para ensinar os homens a prejudicar-se, acaba-se optando pela tolerância mútua, e isso, sem a menor dúvida, é o melhor que se pode fazer.

INDIANO

E quem são, dizei-me, esses mestres-cucas que partilham vossa nação na arte de comer e beber?

JAPONÊS

Há primeiramente os breuhes[30], que nunca vos darão chouriço nem toucinho; dedicam-se à antiga cozinha; preferem morrer a lardear um frango: aliás, são grandes calculadores; e, se houver uma onça de prata para dividir entre eles e os outros onze cozinheiros, eles logo pegam a metade para si, e o resto deixam para quem souber contar melhor.

INDIANO

Acredito que não comeis com essa gente.

JAPONÊS

Não. Depois há os pispatas que, em certos dias da semana e até durante um tempo considerável do ano, prefeririam cem vezes mais gastar cem escudos para comer rodovalhos, trutas, linguados, salmões e esturjões a alimentar-se com um cozido de carne de vitela, que não chegaria a custar quatro soldos.

Quanto a nós outros, *canusi* adoramos carne de boi e certo doce que em japonês se chama *pudding*. De resto, todos concordam que nossos cozinheiros são infinitamente mais sabidos que os

---

30. Vemos com frequência que os breuhes são os hebreus; *et sic de coeteris*. (N. de Voltaire)

dos pispatas. Ninguém elaborou mais que nós o *garum*[31] dos romanos, ninguém conheceu melhor as cebolas do antigo Egito, a pasta de gafanhotos dos primeiros árabes, a carne de cavalo dos tártaros; e há sempre alguma coisa para aprender nos livros dos *canusi* comumente chamados *palocipes*.

Não vos falarei daqueles que só comem à *Terluo,* nem daqueles que praticam o regime de *Vincalo*, nem dos banataístas, nem dos outros; mas os *quekars* merecem atenção especial. São os únicos convivas que nunca vi bêbados ou blasfemando. É muito difícil enganá-los, mas eles nunca vos enganarão. Parece que a lei de amar o próximo como a si mesmo foi feita só para essa gente: pois, na verdade, como é que um bom japonês pode se gabar de amar o próximo como a si mesmo se, por um pouco de dinheiro, mete-lhe uma bala nos miolos ou se, com um cris de quatro dedos de largura, o degola segundo os ditames da guerra? E se expõe também a ser degolado e a receber balaços: assim, pode-se dizer com mais precisão que ele odeia seu próximo como a si mesmo. Os *quekars* nunca tiveram esse frenesi; dizem que os pobres seres humanos são vasos de argila, feitos para durar pouquíssimo, e que não vale a pena irem por puro prazer arrebentar-se uns contra os outros.

Admito que, se não fosse *canusi*, não me desagradaria ser *quekar*. E vós deveis admitir que não há como brigar com cozinheiros tão pacíficos. Há outros, muito numerosos, que se chamam diastes; esses oferecem jantar a todo o mundo, indiferentemente, e em casa deles sois livre para comer tudo o que quiserdes, atoucinhado, lardeado, sem toucinho, sem lardo, com ovos, com óleo, perdizes, salmão, vinho rosado, vinho tinto; tudo isso lhes é indiferente; se fizerdes alguma prece a Deus antes ou depois do jantar, e até simplesmente antes do almoço, e se fordes honesto, eles rirão convosco do grande-lama, a quem isso não fará mal algum, e também de Terluo, de Vincalo e de Menno etc. Basta que nossos diastes admitam que nossos *canusi* são muito exímios na cozinha e, principalmente, que nunca falem em diminuir nossos rendimentos, e então viveremos juntos em muita paz.

INDIANO

Mas, afinal, haverá de existir uma cozinha dominante, a cozinha do rei.

JAPONÊS

Admito; mas, depois de comer muito bem, o rei do Japão deve estar de bom humor, e não deve impedir a digestão de seus bons súditos.

INDIANO

Mas e se alguns teimosos quiserem comer, nas barbas do rei, linguiças que o rei odeie; se quatro ou cinco mil deles se reunirem armados de grelhas para cozinhar suas linguiças; e se insultarem os que não comem linguiça?

JAPONÊS

Então precisam ser punidos como bêbados que perturbam a tranquilidade dos cidadãos. Já tomamos medidas contra esse perigo. Só quem come regiamente tem direito aos altos cargos do Estado: todos os outros podem cear a seu bel-prazer, mas estão excluídos dos cargos. A formação de quadrilhas é soberanamente proibida e imediatamente punida, sem remissão; todas as brigas à mesa são cuidadosamente reprimidas, segundo o preceito de nosso grande cozinheiro japonês que escreveu na língua sagrada, Suti raho Cus flac:

---

31. Salmoura de peixe. (N. da T.)

Natis in usum lœtitiæ scyphis
Pugnare Thracum est...
(HORÁCIO, liv. I, ode XXVII)

o que quer dizer: A ceia é feita para a alegria recatada e honesta, e não devemos nos atirar copos na cabeça um do outro.

Com essas máximas vivemos felizes; nossa liberdade está segura sob nossos *taicosema*; nossas riquezas aumentam, temos duzentos juncos de linha e somos o terror de nossos vizinhos.

INDIANO

Por que o bom versificador Recina, filho daquele poeta indiano Recina[32], tão terno, exato, harmonioso, eloquente, disse numa obra didática em rimas, intitulada *A Graça* e não *As Graças*:

O Japão, onde a luz outrora brilhou tanto,
Hoje é a soma infeliz de visões insensatas?[33]

JAPONÊS

O próprio Recina de que falais é um grande visionário. Esse pobre indiano ignora que fomos nós que lhe ensinamos o que é luz; que, se na Índia conhecem hoje a verdadeira trajetória dos planetas, é a nós que o devem; que só nós ensinamos aos homens as leis primitivas da natureza e o cálculo do infinito; que – para descer a coisas de uso mais comum – foi só conosco que o povo daquele país aprendeu a fazer juncos em proporções matemáticas; que a nós devem até as meias feitas à máquina, com que se cobrem as pernas! Será possível que nós, inventores de tantas coisas admiráveis e úteis, não passamos de loucos, e que um homem que versejou as fantasias alheias seja o único ser sensato? Ele que nos deixe com a nossa cozinha e, se quiser, que faça versos sobre assuntos mais poéticos.

INDIANO

Mas que quereis! Ele tem os preconceitos de seu país, os de seu partido, os seus próprios.

JAPONÊS

Preconceitos demais para o meu gosto.

CATECISMO DO PÁROCO (Catéchisme du curé)

ARISTÃO

Pois bem! Meu caro Teótimo, quereis então ser vigário rural?

---

32. Esse indiano Recina, dando fé aos sonhadores de seu país, acreditou que só era possível fazer bons molhos quando Brama, por uma vontade especial, ensinasse em pessoa o molho a seus favoritos; que havia um número infinito de cozinheiros impossibilitados de fazer um bom ensopado com a firme vontade de ter sucesso, e que Brama os privava dos meios de fazê-lo por pura malícia. No Japão não se acredita em semelhante impertinência, e considera-se verdade incontestável a seguinte máxima japonesa: *God never acts by partial will, but by general laws* [Deus nunca age por vontade parcial, mas por leis gerais]. (N. de Voltaire)
33. Os versos do filho de Racine referem-se à Inglaterra. São os seguintes: *L'Angleterre, où jadis brilla tant de lumière, / Recevant aujourd'hui toutes religions, / N'est plus qu'un triste amas de folles visions* [tradução livre: A Inglaterra onde outrora brilhava tanta luz, / Recebendo hoje todas as religiões, / Não é mais que um triste amontoado de loucas visões]. (N. da T.)

TEÓTIMO

Sim, dão-me uma pequena paróquia, que prefiro a uma grande. Tenho uma porção limitada de inteligência e atividade; certamente não poderia orientar setenta mil almas, visto que só tenho uma; um grande rebanho me atemoriza, mas poderei fazer algum bem a um pequeno rebanho. Estudei suficiente jurisprudência para impedir, no que me for possível, que meus pobres paroquianos se arruínem em processos. Sei bastante medicina para indicar-lhes remédios simples quando eles estiverem doentes. Tenho conhecimentos suficientes de agricultura para lhes dar às vezes conselhos úteis. O senhor do lugar e sua mulher são pessoas decentes que não são carolas e me ajudarão a fazer o bem. Tenho orgulho de dizer que viverei feliz, e que ninguém será infeliz comigo.

ARISTÃO

Não vos incomoda o fato de não terdes mulher? Seria um grande consolo; seria muito bom, depois de pregar, cantar, confessar, comungar, batizar, enterrar, consolar doentes, apaziguar brigas, passar o dia a servir o próximo, encontrar em casa uma mulher meiga, agradável e honesta, que cuidasse de vossa roupa e de vossa pessoa, que vos alegrasse na saúde, que vos tratasse na doença, que vos desse lindos filhos cuja boa educação fosse útil ao Estado. Lamento que vós, que servis os homens, estejais privado de uma consolação tão necessária aos homens.

TEÓTIMO

A Igreja grega tem o cuidado de incentivar os padres a casar-se; a Igreja anglicana e as protestantes têm a mesma sabedoria; a Igreja romana tem sabedoria contrária, preciso submeter-me. Hoje, com o progresso do espírito filosófico, um concílio talvez criasse leis mais favoráveis à humanidade. Mas, enquanto isso não acontece, preciso conformar-me às leis presentes: é penoso, eu sei, mas tanta gente que valia mais que eu se submeteu, então não devo reclamar.

ARISTÃO

Sois sapiente e tendes eloquência prudente; como pretendeis pregar aos camponeses?

TEÓTIMO

Como pregaria a reis. Falarei sempre de moral, nunca de controvérsia; Deus me livre de aprofundar-me na graça concomitante, na graça eficaz, à qual todos resistem, na suficiente, que não satisfaz; de estudar se os anjos que comeram com Abraão e com Ló tinham corpo ou se fizeram de conta que comiam; se o diabo Asmodeu estava efetivamente apaixonado pela mulher do jovem Tobias; para que montanha Jesus Cristo foi carregado por outro diabo; e se Jesus Cristo mandou dois mil diabos, ou somente dois diabos, para o corpo de dois mil porcos etc. etc.! Há muitas coisas que meu auditório não entenderia, nem eu. Vou procurar fazer gente de bem, e ser homem de bem; mas não farei teólogos, e serei teólogo o mínimo que puder.

ARISTÃO

Oh! meu bom pároco! Quero comprar uma casa de campo em vossa paróquia. Dizei-me, por favor, como vos comportareis na confissão.

TEÓTIMO

A confissão é uma coisa excelente, um freio para os crimes, inventada na antiguidade mais remota; as pessoas se confessavam na celebração de todos os antigos mistérios; nós imitamos e santificamos essa sábia prática: ela é muito boa para levar os corações ulcerados de ódio a perdoar, e para fazer pequenos gatunos devolver o que porventura roubaram ao próximo. Mas tem alguns inconvenientes. Há muitos confessores indiscretos, sobretudo entre os monges, que às vezes ensinam às raparigas mais besteiras do que todos os rapazes da aldeia poderiam ensinar. Nada de pormenores na confissão; não é um interrogatório judicial, é a admissão das faltas, que um pecador reconhece diante do Ser supremo, confiando-se a outro pecador, que, por sua vez, também vai reconhecer as suas. Esse reconhecimento salutar não é feito para satisfazer a curiosidade de um homem.

ARISTÃO

E as excomunhões, vós as usareis?

TEÓTIMO

Não; há rituais nos quais se excomungam rameiras, feiticeiros e comediantes. Não fecharei a entrada da igreja às rameiras, mesmo porque elas nunca lá vão. Não excomungarei os feiticeiros, porque não existe feiticeiro; e, quanto aos comediantes, visto que recebem pensão do rei e autorização do magistrado, cuidarei de não os difamar. Confesso-vos até, como o faria a um amigo, que gosto da comédia, desde que não fira os bons costumes. Adoro o *Misantropo* e todas as tragédias em que haja moral. O senhor de minha aldeia promove em seu castelo a representação de algumas dessas peças, que é feita por jovens de talento: essas representações inspiram a virtude por meio do atrativo do prazer; elas formam o gosto, ensinam a falar bem e a pronunciar bem. Nada vejo nelas que não seja inocente e até mesmo muito útil; tenho a intenção de assistir às vezes a esses espetáculos para instruir-me, mas em camarote com rótula, para não escandalizar os fracos.

ARISTÃO

Quanto mais me revelais vossos sentimentos, mais vontade sinto de tornar-me vosso paroquiano. Há uma questão muito importante que me apoquenta. Que fareis para impedir que os camponeses se embebedem nos dias de festas? Essa é sua maneira de festejá-los. Vemos alguns que são vencidos por um veneno líquido, com a cabeça inclinada para os joelhos, as mãos pendentes, sem enxergar, sem escutar, reduzidos a um estado bem inferior ao dos brutos, levados pelas mulheres chorosas a casa, a cambalear, incapazes de trabalhar no dia seguinte e muitas vezes doentes e embrutecidos para o resto da vida. Vemos outros, enfurecidos pelo vinho, provocando brigas sangrentas, batendo e apanhando, arrematando às vezes com um assassinato essas cenas medonhas que são a vergonha da espécie humana. Convenhamos que o Estado perde mais súditos em festas do que em batalhas; como podereis diminuir em vossa paróquia um abuso tão execrável?

TEÓTIMO

Eu sei o que fazer; permitirei, insistirei até, que eles cultivem seus campos nos dias de festas após a missa, que rezarei bem cedinho. É a ociosidade do feriado que os leva às tavernas. Os dias úteis não são dias de devassidão e assassinatos. O trabalho moderado contribui para a saúde do corpo e da alma; além disso, esse trabalho é necessário ao Estado. Suponhamos cinco milhões de homens que produzam por dia dez soldos, um pelo outro, numa conta bem camarada; esses cinco milhões de homens ficam inúteis trinta dias por ano; portanto, são trinta vezes cinco milhões de moedas de dez soldos que o Estado perde em mão de obra. Ora, Deus certamente nunca ordenou essa perda nem a bebedeira.

ARISTÃO

Assim conciliareis a prece e o trabalho: Deus ordena ambas as coisas. Servireis a Deus e ao próximo. Mas, nas disputas eclesiásticas, que partido adotareis?

TEÓTIMO

Nenhum. Ninguém jamais discute a virtude, porque ela vem de Deus: briga-se por opiniões, que vêm dos homens.

ARISTÃO

Oh! Meu bom pároco! Meu bom pároco!

CAUSAS FINAIS (Causes finales)

Primeira seção

Virgílio diz (*Eneida*, VI, 727):

Mens agitat molem, et magno se corpore miscet.
L'esprit régit le monde; il s'y mêle, il l'anime.
[O espírito rege o mundo; mistura-se a ele e o anima.]

Virgílio bem o disse, e Benedito Espinosa[34], que não tem a clareza de Virgílio nem o seu valor, é obrigado a reconhecer uma inteligência que a tudo preside. Se a tivesse negado diante de mim, eu lhe teria dito: "Benedito, és louco; tens uma inteligência e a negas; e a quem a negas?"

Em 1770, tem-se um homem muito superior a Espinosa em alguns aspectos, que tem de eloquência o que o judeu holandês tem de secura; menos metódico, mas cem vez mais claro; talvez também geômetra, sem atribuir a marcha ridícula da geometria a um assunto metafísico e moral: é o autor do *Sistema da natureza*; adotou o nome de Mirabaud, secretário da Academia Francesa. Infelizmente, nosso bom Mirabaud não era capaz de escrever uma página do livro de nosso temível adversário. Vós todos, que vos quereis valer de vossa razão e instruir-vos, deveis ler este eloquente e perigoso trecho do *Sistema da natureza* (parte II, cap. V, pp. 153 ss.):

"Afirma-se que os animais nos fornecem uma prova convincente de uma causa poderosa para sua existência; dizem que a harmonia admirável de suas partes, que se ajudam mutuamente, a fim de cumprir suas funções e manter o conjunto, são sinais da existência de um obreiro que une poder e sabedoria. Não podemos duvidar do poder da natureza; ela produz todos os animais que vemos, por meio de combinações da matéria, que está em ação contínua; a harmonia das partes desses mesmos animais é uma consequência das leis necessárias de sua natureza e de sua combinação; quando essa harmonia cessa, o animal necessariamente se destrói. Que é feito então da sabedoria, da inteligência[35] ou da bondade da suposta causa a que se dava a honra de tão gabada harmonia? Esses animais tão maravilhosos, que dizem ser obra de um Deus imutável, acaso não se alteram sem cessar e não terminam sempre por se destruir? Onde está a sabedoria, a bondade,

---

34. Ou melhor, Baruch; pois se chamava Baruch, como se diz por lá. Assinava B. Espinosa. Alguns cristãos, bem pouco instruídos, não sabendo que Espinosa deixara o judaísmo, mas não abraçara o cristianismo, entenderam esse B como a primeira letra de Benedictus, Benedito. (N. de Voltaire)
35. Haverá menos inteligência, porque as gerações se sucedem? (N. de Voltaire)

a previdência, a imutabilidade[36] de um obreiro que só parece preocupado em desarranjar e quebrar as molas das máquinas que nos são anunciadas como obras-primas de seu poder e de sua habilidade? Se não pode fazer coisa diferente[37], esse Deus não é livre nem onipotente. Se muda de vontade, não é imutável. Se permite que as máquinas que ele tornou sensíveis sintam dor, não tem bondade[38]. Se não conseguiu tornar suas obras mais sólidas, é porque lhe faltou habilidade. Ao vermos que os animais, assim como todas as outras obras da Divindade, se destroem, não podemos nos abster de concluir que tudo o que a natureza faz é necessário e não passa de uma consequência de suas leis, ou então o obreiro que a faz agir é desprovido de plano, poder, constância, habilidade e bondade.

"O homem, que se considera a obra-prima da Divindade, pode oferecer, mais que qualquer outra produção, a prova da incapacidade ou da malícia[39] de seu pretenso autor. Nesse ser sensível, inteligente, pensante, que se acredita objeto constante da predileção divina, e que constrói seu Deus segundo seu próprio modelo, vemos apenas uma máquina mais móvel, mais frágil, mais sujeita a desarranjos devido à sua complicação, que é maior do que a dos seres mais grosseiros. Os animais desprovidos de nossos conhecimentos, as plantas que vegetam e as pedras desprovidas de sentimento em muitos aspectos são seres mais favorecidos que o homem; são pelo menos isentos das dores espirituais, dos tormentos do pensamento, das tristezas devoradoras de que este frequentemente é vítima. Quem não gostaria de ser um animal ou uma pedra sempre que se lembra da perda irreparável de um objeto amado[40]? Não valeria mais ser uma massa inanimada que ser um supersticioso inquieto que não faz mais que tremer aqui embaixo sob o jugo de seu Deus, e que prevê mais tormentos infinitos numa vida futura? Os seres desprovidos de sentimento, vida, memória e pensamento não são afligidos pela ideia do passado, do presente e do futuro; não acreditam correr o perigo de tornar-se eternamente infelizes por terem raciocinado mal, como tantos seres favorecidos, que acreditam que o arquiteto do mundo construiu só para eles o universo.

"E que não nos digam que não podemos ter ideia de uma obra sem ter ideia de um obreiro distinto de sua obra. *A natureza não é uma obra*: ela sempre existiu por si mesma[41], e em seu seio tudo se faz; ela é uma oficina imensa provida de materiais, e faz os instrumentos que utiliza para agir: todas as suas obras são efeitos de sua energia e dos agentes ou causas que ela constrói, que ela encerra, que ela põe em ação. Elementos eternos, incriados, indestrutíveis, sempre em movimento, que se combinam de maneiras diversas, fazem eclodir todos os seres e fenômenos que vemos, todos os efeitos bons ou maus que sentimos, a ordem ou a desordem, que só distinguimos pelos diferentes modos como somos afetados; em resumo, todas as maravilhas sobre as quais meditamos e raciocinamos. Para tanto, esses elementos só precisam de suas próprias propriedades, separadas ou reunidas, bem como do movimento que lhes é essencial, não sendo necessário recorrer a um obreiro desconhecido para arranjá-las, afeiçoá-las, combiná-las, conservá-las e dissolvê-las.

"Mas, supondo-se por um instante que seja impossível conceber o universo sem um obreiro que o tenha construído e que vele por sua obra, onde poremos esse obreiro?[42] Dentro ou fora do universo? Ele é matéria ou movimento? Ou só espaço, o nada ou o vácuo? Em todos esses casos,

---

36. Há imutabilidade de desígnio quando se vê imutabilidade de efeito. Ver Deus. (N. de Voltaire)
37. Ser livre é fazer sua vontade. Se ele opera, ele é livre. (N. de Voltaire)
38. Ver *Resposta* nos verbetes Ateísmo e Deus. (N. de Voltaire)
39. Se ele é malicioso, não é incapaz; e, se é capaz, o que compreende poder e sabedoria, não é malicioso. (N. de Voltaire)
40. O autor incide aqui numa inadvertência a que estamos todos sujeitos. Dizemos frequentemente: preferiria ser pássaro ou quadrúpede a ser homem, com as tristezas que devo suportar. Mas, quando dizemos tais coisas, não pensamos que estamos desejando ser aniquilados; pois, se formos outro, já nada mais teremos de nós mesmos. (N. de Voltaire)
41. Pressupõe-se o que está em questão, e isso é muito comum em quem cria sistemas. (N. de Voltaire)
42. Caberá a nós encontrar um lugar para ele? É a ele que cabe designar o nosso. Ver *Resposta*. (N. de Voltaire)

ou ele não seria nada, ou estaria contido na natureza e submetido a suas leis. Se está na natureza, acredito ver nela apenas matéria em movimento, e devo concluir daí que o agente que a move é corpóreo e material, e que por conseguinte está sujeito a dissolver-se. Se esse agente está fora da natureza, não faço a menor ideia[43] do lugar que ele ocupa, nem de um ser imaterial, nem do modo como um espírito sem extensão pode agir sobre a matéria de que está separado. Esses espaços ignotos, que a imaginação colocou além do mundo visível, não existem para um ser que mal enxerga seus pés[44]: o poder ideal que os habita só pode afigurar-se a meu espírito quando minha imaginação combina ao acaso as cores fantásticas que ela é sempre obrigada a tomar do mundo onde estou; nesse caso, apenas reproduzirei em ideia o que meus sentidos tiverem realmente percebido; e esse Deus, que tento distinguir da natureza e colocar fora de seu campo, sempre voltará a ele necessariamente e contra a minha vontade.

"Sempre haverá quem insista, dizendo que, se mostrarmos uma estátua ou um relógio a um selvagem que nunca os tivesse visto, ele não poderia deixar de reconhecer que tais coisas são obras de algum agente inteligente, mais hábil e mais engenhoso que ele: conclui-se daí que nós também somos obrigados a reconhecer que a máquina do universo, que o homem, que os fenômenos da natureza, são obras de um agente cuja inteligência e cujo poder ultrapassam em muito os nossos.

"Respondo, em primeiro lugar, que não podemos duvidar que a natureza é muito poderosa e muito engenhosa[45]; admiramos seu engenho sempre que nos surpreendemos com os efeitos amplos, variados e complicados que encontramos nas suas obras sobre as quais nos damos o trabalho de meditar: no entanto, ela não é nem mais nem menos engenhosa em uma de suas obras do que nas outras. Tampouco entendemos como pôde produzir tanto uma pedra e um metal quanto uma cabeça organizada como a de Newton. Chamamos de *engenhoso* o homem que pode fazer coisas que nós não podemos fazer. A natureza pode tudo; e, se uma coisa existe, é uma prova de que ela pôde fazê-la. Assim, é sempre relativamente a nós mesmos que julgamos a natureza engenhosa; nós a comparamos então a nós mesmos, e como gozamos de uma qualidade que chamamos *inteligência*, com a qual produzimos obras nas quais mostramos nosso engenho, concluímos que as obras da natureza que nos causam mais admiração não lhe pertencem, mas são devidas a um obreiro inteligente como nós, cuja inteligência nos parece proporcional à admiração que suas obras produzem em nós, ou seja, à nossa fraqueza e à nossa própria ignorância."[46]

Encontrareis a resposta a esses argumentos nos verbetes Ateísmo e Deus, bem como na seção seguinte, escrita muito tempo antes do *Sistema da natureza*.

Segunda seção

Se um relógio não é feito para mostrar as horas, admito então que as causas finais são quimeras; e acharei ótimo que me chamem de *causa-finalista*, ou seja, de imbecil.

Todas as peças da máquina deste mundo, porém, parecem feitas uma para a outra. Alguns filósofos mostram zombar das causas finais, rejeitadas por Epicuro e Lucrécio. Parece-me, porém, que deveríamos zombar de Epicuro e de Lucrécio. Eles dizem que o olho não é feito para enxergar, mas que nos servimos dele para esse uso quando percebemos que os olhos assim podiam ser usados. De acordo com eles, a boca não é feita para falar, para comer, o estômago para digerir, o coração para receber o sangue das veias e enviá-lo para as artérias, os pés para andar,

---

43. Sois feito para ter ideias de tudo, e não vedes nessa natureza uma inteligência admirável? (N. de Voltaire)
44. Ou o mundo é infinito, ou o espaço é infinito, escolhei. (N. de Voltaire)
45. *Poderosa e engenhosa*; isso me basta. Quem é suficientemente poderoso para construir o homem e o mundo é Deus. Admitis Deus sem querer. (N. de Voltaire)
46. Se somos tão ignorantes, como ousaremos afirmar que tudo se faz sem Deus? (N. de Voltaire)

os ouvidos para ouvir. Essas pessoas, no entanto, admitiam que os alfaiates faziam roupas para vesti-las, e que os pedreiros faziam casas para alojá-las, mas ousavam negar à natureza, ao grande Ser, à Inteligência universal, o que atribuíam a todos seus mais ínfimos operários.

Certamente não se deve abusar das causas finais. Já fizemos notar que, em *Espetáculo da natureza*, é vã a afirmação do senhor prior de que as marés são dadas ao oceano para que os navios entrem com mais facilidade nos portos e para impedir que a água do mar apodreça. Em vão ele diria que as pernas são feitas para usar botas, e os narizes, para apoiar óculos.

Para termos certeza do fim verdadeiro para o qual uma causa age, é preciso que esse efeito seja de todos os tempos e de todos os lugares. Não houve navios em todos os tempos e em todos os mares; assim, não se pode dizer que o oceano foi feito para os navios. Percebe-se como seria ridículo afirmar que a natureza trabalhou todo o tempo para ajustar-se às invenções de nossas artes arbitrárias, todas elas surgidas tão tardiamente; mas é bem evidente que os narizes, se não foram feitos para os óculos, foram feitos para o olfato, e que os narizes existem desde que os homens passaram a existir. Assim também as mãos, que não foram dadas para favorecer os luveiros, são visivelmente destinadas a todos os usos que o metacarpo, as falanges de nossos dedos e os movimentos do músculo circular do punho nos possibilitam.

Cícero, que duvidava de tudo, não duvidava das causas finais.

Parece bem difícil, sobretudo, que os órgãos da geração não sejam destinados a perpetuar as espécies. Esse mecanismo é bem admirável, mas a sensação que a natureza somou a esse mecanismo é mais admirável ainda. Epicuro devia admitir que o prazer é divino, e que esse prazer é uma causa final, pela qual são produzidos ininterruptamente seres sensíveis que não podem ter dado a si mesmos a sensação.

Esse Epicuro era um grande homem para seu tempo; viu o que Descartes negou, o que Gassendi afirmou, o que Newton demonstrou: que não há movimento sem vácuo. Concebeu a necessidade dos átomos para servir de partes constituintes às espécies invariáveis: essas são ideias muito filosóficas. Principalmente, nada era mais respeitável que a moral dos verdadeiros epicuristas: consistia ela em afastar-se dos negócios públicos, incompatíveis com a sabedoria, e na amizade, sem a qual a vida é um fardo; mas o resto da física de Epicuro não parece mais admissível do que a matéria estriada de Descartes. Afirmar que não há desígnio algum na natureza parece-me que é querer vedar-se os olhos e embotar o entendimento; e, se há desígnio, há uma causa inteligente, existe um Deus.

Há quem objete com as irregularidades do globo, os vulcões, as planícies de areias movediças, algumas pequenas montanhas afundadas e outras formadas por tremores de terra etc. Mas do fato de as rodas de vossa carruagem terem pegado fogo segue-se, por acaso, que vossa carruagem não foi feita expressamente para vos levar de um lugar a outro?

As cadeias de montanhas que coroam os dois hemisférios e mais de seiscentos rios que, do sopé desses rochedos, correm até os mares; todos os riachos que descem desses mesmos reservatórios, engrossando os rios, depois de terem fertilizado os campos; os milhares de nascentes que partem da mesma fonte, e das quais se abeberam o gênero animal e o vegetal: tudo isso não parece efeito de um caso fortuito e de uma declinação de átomos, assim como a retina que recebe os raios de luz, o cristalino que os refrata, a bigorna, o martelo, o estribo, o tímpano do ouvido que recebe os sons, os caminhos do sangue em nossas veias, a sístole e a diástole do coração, esse balanceiro da máquina que faz a vida.

Terceira seção

Mas, dizem, se Deus fez, visivelmente, uma coisa com certa finalidade, haverá de assim ter feito todas as coisas. É ridículo admitir a Providência num caso e negá-la nos outros. Tudo o que está feito foi previsto, foi arranjado. Não há arranjo sem objeto, não há efeito sem causa: portanto, tudo é resultado, produto de uma causa final; logo, é tão verdadeiro dizer que o nariz foi feito para segurar óculos e que os dedos foram feitos para serem enfeitados com anéis quanto dizer que os ouvidos foram formados para ouvir sons e os olhos, para receber a luz.

Dessa objeção nada resulta, parece-me, a não ser que tudo é efeito próximo ou remoto de uma causa final geral; que tudo é consequência das leis eternas.

As pedras, em todo lugar e a qualquer tempo, não constroem; nem todos os narizes apoiam óculos; nem todos os dedos têm anéis; nem todas as pernas são cobertas por meias de seda. O bicho-da-seda, portanto, não foi feito para cobrir minhas pernas, precisamente como vossa boca foi feita para comer e vosso traseiro para ir à latrina. Logo, há efeitos imediatos produzidos pelas causas finais e efeitos (muito numerosos) que são produtos remotos dessas causas.

Tudo o que diz respeito à natureza é uniforme, imutável, é obra imediata do Mestre: foi ele quem criou as leis graças às quais a Lua contribui com três quartos da causa do fluxo e do refluxo do oceano, enquanto o Sol contribui com um quarto; foi ele quem imprimiu um movimento de rotação ao Sol, graças ao qual esse astro envia em sete minutos e meio raios de luz para os olhos dos homens, dos crocodilos e dos gatos.

Mas, se depois de muitos séculos resolvemos inventar tesouras e espetos, tosar com as primeiras a lã dos carneiros e com os últimos pô-los para assar, a fim de comê-los, que mais podemos inferir, senão que Deus nos fez de tal modo que um dia nos tornaríamos, necessariamente, industriosos e carniceiros?

Os carneiros, sem dúvida, não foram absolutamente feitos para serem cozidos e comidos, visto que várias nações se abstêm desse horror. Os homens não foram criados essencialmente para se massacrarem, pois os brâmanes e os respeitáveis primitivos que chamamos de *quakers* não matam ninguém; mas a massa com que somos moldados muitas vezes produz massacres, assim como produz calúnias, vaidades, perseguições e impertinências. Não significa isso que a formação do homem seja precisamente a causa final de nossos furores e de nossas asneiras: pois uma causa final é universal e invariável em todos os tempos e em todos os lugares; mas nem por isso os horrores e os absurdos da espécie humana deixam de fazer parte da ordem eterna das coisas. Quando batemos nosso trigo, o mangual é a causa final da separação do grão. Mas, se esse mangual, ao bater meu trigo, esmaga mil insetos, isso não ocorre por minha vontade determinada, nem por acaso: é porque os insetos estavam daquela vez debaixo do meu mangual, e lá deveriam estar.

É consequência da natureza das coisas que um homem seja ambicioso, que às vezes arregimente outros homens, que seja vencedor ou vencido, mas nunca se poderá dizer: O homem foi criado por Deus para ser morto na guerra.

Os instrumentos que a natureza nos deu nem sempre podem ser causas finais em movimento. Os olhos, dados para a visão, nem sempre estão abertos; cada sentido tem seu tempo de repouso. Há até sentidos que nunca usamos. Por exemplo, uma infeliz imbecil, encerrada num claustro com quatorze anos, fecha para sempre a porta por onde deveria sair uma nova geração; mas a causa final nem por isso deixa de subsistir; voltará a agir assim que ela ficar livre.

CELTAS (Celtes)

Entre aqueles que têm tempo, recursos e coragem o bastante para pesquisar a origem dos povos, houve quem acreditasse ter encontrado a origem de nossos celtas, ou pelo menos quisesse levar a crer tê-la encontrado: essa ilusão era o único prêmio de todos os seus enormes trabalhos; não é coisa de se invejar.

Pelo menos quando quiserdes saber algo sobre os hunos (embora eles não mereçam muito ser conhecidos, pois não prestaram nenhum serviço ao gênero humano), encontrareis algumas vagas notas sobre aqueles bárbaros entre os chineses, o povo mais antigo das nações conhecidas, depois dos indianos. Sabereis por eles que durante certo tempo os hunos iam devastar, qual lobos famintos, regiões consideradas ainda hoje como lugares de exílio e horror. Trata-se de ciência bem triste e miserável. Decerto vale mais a pena cultivar uma arte útil em Paris, em Lyon e em Bordeaux do que estudar seriamente a história dos hunos e dos ursos; mas, afinal, somos auxiliados nessas pesquisas por alguns arquivos da China.

Quanto aos celtas, não há arquivos; sua história antiga não é mais conhecida do que a dos samoiedos e a das terras austrais.

Tudo o que sabemos sobre nossos ancestrais nos foi transmitido pelas poucas palavras que Júlio César, seu conquistador, se dignou dizer sobre eles. Ele começa seus *Comentários* distinguindo todas as Gálias em belgas, aquitanenses e celtas.

Daí alguns estudiosos arrogantes concluíram que os celtas eram os citas, e nesses citas-celtas incluíram toda a Europa. Mas por que não toda a terra? Por que parar no meio de um caminho tão belo?

Não deixaram de nos dizer que Jafé, filho de Noé, assim que saiu da arca, veio povoar de celtas todos estes vastos territórios, governando-os maravilhosamente bem. Contudo, alguns autores mais modestos relacionam a origem de nossos celtas com a torre de Babel, com a confusão das línguas, com Gomer, de quem ninguém nunca ouviu falar, até tempos recentíssimos em que alguns ocidentais leram o nome Gomer numa péssima tradução da *Septuaginta*.

E é justamente assim que se escreve a história.

Bochart, em sua *Cronologia sagrada* (que cronologia!), assume atitude bem diferente: transforma aquelas inúmeras hordas de celtas em colônia egípcia, hábil e facilmente conduzida por Hércules das férteis margens do Nilo às florestas e charcos da Germânia, para onde decerto aqueles colonos levaram todas as artes, a língua egípcia e os mistérios de Ísis, ainda que nunca se tenha conseguido encontrar o menor vestígio disso.

Parece-me ter feito descobertas ainda melhores quem disse que os celtas das montanhas do Delfinado eram chamados *cotienses* por causa do nome do seu rei, Cótio; os berichões, do nome do rei Betrich; os *welches*, ou gauleses, do nome do rei Valo; os belgas, de Balgen, que quer dizer rabugento.

Origem ainda mais bonita é dos celtas-panônios, da palavra latina *pannus*, pano, visto que, conforme dizem, vestiam-se de velhos retalhos mal costurados, muito semelhantes à roupa de Arlequim. Mas a melhor origem, sem sombra de dúvida, é a torre de Babel.

Ó bravos e generosos compiladores, que tanto escrevestes sobre hordas de selvagens que não sabiam ler nem escrever, admiro vossa laboriosa tenacidade! E vós, pobres celtas-*welches*, permiti que vos diga, assim como aos hunos, que gente que não teve o menor laivo de artes úteis ou agradáveis não merece nossas pesquisas, tal como os porcos e os asnos que habitaram suas terras.

Dizem que éreis antropófagos: mas quem não era?

Falam-me de vossos druidas, que eram sacerdotes sapientíssimos: veja-se então o verbete Druidas.

CENSO (Dénombrement)

Primeira seção

Os mais antigos censos que a história legou são os dos israelitas. Esses são indubitáveis, porque extraídos dos livros judeus.

Não acreditamos que se deva contar como censo a fuga dos israelitas, em número de seiscentos mil homens a pé, porque o texto não os especifica tribo por tribo[47]; acrescenta que uma tropa inumerável de pessoas reunidas juntou-se a eles: trata-se apenas de uma narrativa.

O primeiro censo circunstanciado é o que se vê no livro *Vaiedaber*, que chamamos Números[48]. Conforme recenseamento do povo feito por Moisés e Aarão no deserto, contando-se todas as tribos, com exceção da de Levi, chegou-se a seiscentos e três mil e quinhentos e cinquenta homens em condições de portar armas; somando-se a tribo de Levi, que se supunha ser numericamente igual às outras, uma pela outra, chega-se a seiscentos e cinquenta e três mil e novecentos e trinta e cinco homens, aos quais cabe acrescentar um número igual de velhos, mulheres e crianças, o que perfaz dois milhões e seiscentas e quinze mil e setecentas e quarenta e duas pessoas que saíram do Egito.

Quando Davi, a exemplo de Moisés, ordenou o recenseamento de todo o povo[49], chegou-se a oitocentos mil guerreiros das tribos de Israel e a quinhentos mil da tribo de Judá, segundo o Livro dos reis; mas, segundo os Paralipômenos (Crônicas)[50], contaram-se um milhão e cem mil guerreiros em Israel e menos de quinhentos mil em Judá.

O Livro dos reis exclui formalmente Levi e Benjamim; e o livro Paralipômenos (Crônicas) não os conta. Portanto, se somarmos essas duas tribos às outras, guardadas as devidas proporções, o total de guerreiros será de um milhão novecentos e vinte mil. É muito para o pequeno país da Judeia, metade do qual é composta de rochedos e cavernas. Mas era um milagre.

Não cabe a nós tentar entender as razões pelas quais o soberano árbitro dos reis e dos povos pune Davi por essa operação que ele mesmo havia ordenado a Moisés. Cabe-nos ainda menos procurar saber por que, estando Deus irritado com Davi, o punido foi o povo, por ter sido contado. O profeta Gade ordenou ao rei, da parte de Deus, que escolhesse a guerra, a fome ou a peste; Davi aceitou a peste, da qual morreram setenta mil judeus em três dias.

Santo Ambrósio, em seu livro da *Penitência*, e santo Agostinho, em seu livro contra Fausto, reconhecem que o orgulho e a ambição haviam levado Davi a fazer aquele censo. A opinião deles tem grande peso, e só podemos submeter-nos à sua decisão, apagando todas as enganosas luzes de nosso espírito.

A Escritura relata um novo censo no tempo de Esdras[51], quando a nação judia voltou do cativeiro. *Toda aquela multidão*, dizem unanimemente Esdras e Neemias[52], "sendo como um só homem, montava a quarenta e duas mil, trezentas e sessenta pessoas". Denominam todas essas pessoas por famílias, e contam o número de judeus de cada família e o número dos sacerdotes. Não só há nesses dois autores diferenças entre os números e os nomes das famílias, como também se vê um erro de cálculo em ambos. Pelo cálculo de Esdras, em vez de quarenta e dois mil homens, depois de todas as somas, chega-se a apenas vinte e nove mil, oitocentos e dezoito; pelo de Neemias, trinta e um mil e oitenta e nove.

Quanto a esse aparente engano, é preciso consultar os comentadores, sobretudo dom Calmet, que, somando a uma dessas duas contas o que falta à outra e somando também o que falta a ambas, resolve toda a dificuldade. Faltam aos cálculos de Esdras e de Neemias, comparados por Calmet, dez mil setecentos e setenta e sete pessoas; mas elas são encontradas nas famílias que não puderam dar sua genealogia: aliás, se havia algum erro de copista, esse erro não poderia prejudicar a veracidade do texto divinamente inspirado.

---

47. Êxodo, cap. XII, v. 37 e 38. (N. de Voltaire)
48. Números, cap. I. (N. de Voltaire)
49. Liv. II dos Reis, cap. XXIV. (N. de Voltaire)
50. Liv. I dos Paralipômenos, cap. XXI, v. 5. (N. de Voltaire)
51. Liv. I de Esdras, cap. II, v. 61. (N. de Voltaire)
52. Liv. II de Esdras, que é a história de Neemias, cap. VIII, v. 66. (N. de Voltaire)

É de se crer que os grandes reis vizinhos da Palestina tinham feito os censos de seus povos na medida do possível. Heródoto apresenta o cálculo de todos aqueles que seguiram Xerxes[53], mas sem incluírem a sua armada. Ele conta um milhão e setecentos mil homens e afirma que, para chegar a esse cálculo, eles eram obrigados a passar em divisões de dez mil por uma área cercada que só podia conter esse número de homens muito apertados. Esse método é bem deficiente, pois, apertando um pouco menos, cada divisão de dez mil homens poderia acabar apresentando apenas oito a nove mil. Além do mais, esse método não é absolutamente guerreiro; teria sido muito mais fácil chegar ao total mandando que os soldados marchassem por fileiras e filas.

Cumpre também observar como era difícil alimentar um milhão e setecentos mil homens no território grego que ele ia conquistar. Seria possível duvidar desse número, da maneira de contá-lo, das chicotadas no Helesponto e do sacrifício de mil bois feito a Minerva por um rei persa, que não a conhecia e só venerava o Sol como único símbolo da Divindade.

O censo de um milhão e setecentos mil homens, aliás, não foi completo, segundo admite o próprio Heródoto, pois Xerxes levou também consigo todos os povos da Trácia e da Macedônia, que, diz Heródoto, ele obrigou a segui-lo pelo caminho, ao que tudo indica para matar mais depressa o seu exército de fome. Portanto, devemos fazer aqui aquilo que os homens prudentes fazem quando leem todas as histórias antigas e até modernas: suspender o juízo e duvidar muito.

O primeiro censo que temos de uma nação profana é o que foi feito por Sérvio Túlio, sexto rei de Roma. Segundo Tito Lívio, chegou-se a oitenta mil combatentes, todos cidadãos romanos. Isso pressupõe trezentos e vinte mil cidadãos pelo menos, com velhos, mulheres e crianças, a que se devem somar pelo menos vinte mil domésticos, tanto escravos quanto livres.

Ora, é razoável duvidar de que o pequeno Estado romano contivesse essa multidão. Rômulo reinara (supondo-se que possa ser chamado de rei) apenas sobre cerca de três mil bandidos reunidos num pequeno burgo entre as montanhas. Aquele burgo era o pior solo da Itália. Todo o seu território não tinha três mil passos de perímetro. Sérvio era o sexto chefe ou rei daquele povoamento nascente. A regra de Newton, que é indubitável para os reinos eletivos, atribui a cada rei vinte e um anos de reinado, contradizendo assim todos os antigos historiadores, que nunca observaram a ordem dos tempos e não deram nenhuma data precisa. Os cinco reis de Roma devem ter reinado cerca de cem anos.

Certamente não está na ordem da natureza o fato de um solo ingrato, que não tinha cinco léguas de comprimento por três de largura, que devia ter perdido muitos habitantes em suas guerrinhas quase contínuas, poder ser povoado por trezentas e quarenta mil almas. Não há nem metade disso no mesmo território no qual Roma é hoje a metrópole do mundo cristão, onde a afluência de estrangeiros e embaixadores de tantas nações deve servir para povoar a cidade, onde o ouro escoa da Polônia, da Hungria, da metade da Alemanha, da Espanha e da França por milhares de canais para a bolsa da dataria, devendo facilitar ainda mais o povoamento, caso outras razões o impedissem.

A história de Roma só foi escrita mais de quinhentos anos depois de sua fundação. Não seria de surpreender que os historiadores tivessem dado liberalmente oitenta mil guerreiros a Sérvio Túlio, em vez de oito mil, por falso zelo pela pátria. O zelo teria sido maior e mais verdadeiro se eles tivessem confessado a fraqueza de sua república nos seus primórdios. É mais bonito partir de tão pequena origem e elevar-se a tamanha grandeza do que ter contado com o dobro dos soldados de Alexandre para conquistar cerca de quinze léguas de território em quatrocentos anos.

O censo sempre foi feito apenas para os cidadãos romanos. Afirma-se que no tempo de Augusto seu número era de quatro milhões e sessenta e três mil, no ano 29 antes de nossa era, segundo Tillemont, que é bastante exato; mas ele cita Dião Cássio, que não é.

---

53. *Heródoto*, liv. VII, ou *Polímnia*. (N. de Voltaire)

Laurent Échard só admite um censo de quatro milhões, cento e trinta e sete mil homens, no ano 14 de nossa era. O mesmo Échard fala de um censo geral do império no primeiro ano da mesma era, mas não cita nenhum autor romano e não especifica nenhum cálculo do número de cidadãos. Tillemont não fala absolutamente nada sobre esse censo.

Tácito e Suetônio foram citados, mas inoportunamente. O censo de que Suetônio fala não foi um censo de cidadãos, foi apenas uma lista das pessoas às quais o poder público fornecia trigo.

Tácito, no livro II, só fala de um censo estabelecido somente nas Gálias, para arrecadar mais tributos por cabeça. Augusto nunca fez censo dos outros súditos de seu império, porque em outros locais não se pagava a capitação que ele quis estabelecer na Gália.

Tácito diz[54] que "Augusto tinha um memorando escrito de próprio punho, que continha as rendas do império, as frotas, os reinos tributários". Não fala de censo.

Dião Cássio especifica um censo[55], mas não apresenta nenhum número.

Josefo, em suas *Antiguidades*, diz[56] que no ano 759 de Roma (tempo que corresponde ao décimo primeiro ano de nossa era), Cirênio, estabelecido então como governador da Síria, pediu uma lista de todos os bens dos judeus, o que causou revolta. Isso não tem nenhuma relação com um censo geral e prova apenas que aquele Cirênio só foi governador da Judeia (que era então uma pequena província da Síria) dez anos depois do nascimento de nosso Salvador, e não na época de seu nascimento.

É isso, parece-me, o que se pode coligir de importante nos profanos em relação aos censos atribuídos a Augusto. Se os levarmos em conta, Jesus Cristo terá nascido durante o governo de Varo, e não durante o de Cirênio; não teria havido censo universal. Mas são Lucas, cuja autoridade deve prevalecer sobre Josefo, Suetônio, Tácito, Dião Cássio e todos os escritores de Roma, afirma categoricamente que houve um censo universal de toda a terra, e que Cirênio era governador da Judeia. Por isso, precisamos remeter-nos unicamente a ele, sem nem mesmo procurar conciliá-lo com Flávio Josefo ou com qualquer outro historiador.

De resto, nem o Novo Testamento nem o Antigo nos foram dados para esclarecer questões históricas, mas para anunciar verdades salutares, diante das quais todos os acontecimentos e todas as opiniões deviam desvanecer-se. É sempre isso que respondemos aos falsos cálculos, às contradições, aos absurdos, aos enormes erros de geografia, cronologia, física e mesmo de senso comum, com que, segundo nos dizem os filósofos incessantemente, a Santa Escritura está cheia: e nós não paramos de lhes dizer que a questão aqui não é de razão, mas sim de fé e piedade.

Segunda seção

No que se refere ao censo dos povos modernos, os reis hoje não temem que algum dr. Gade lhes venha propor, da parte de Deus, fome, guerra ou peste, para puni-los por terem desejado saber quantos são. Nenhum deles sabe.

Conjectura-se, adivinha-se, sempre com diferença de alguns milhões de homens.

Calculei o número de habitantes que compõem o império da Rússia em vinte e quatro milhões, com base nos documentos que me foram enviados; mas não garanti essa avaliação, pois sei de pouquíssimas coisas às quais daria minha garantia.

Imaginei que a Alemanha possuísse o mesmo número de pessoas, somando os húngaros. Se me enganei em um milhão ou dois, todos sabem que isso é uma bagatela em semelhante caso.

Peço perdão ao rei da Espanha, se só lhe concedo sete milhões de súditos em nosso continente. É bem pouco; mas *don* Ustariz, empregado do ministério, não lhe dá mais que isso.

---

54. *Anais*, liv. I, cap. II. (N. de Voltaire)
55. Liv. XLIII. (N. de Voltaire)
56. Josefo, liv. XVIII, cap. I. (N. de Voltaire)

Contam-se nove a dez milhões de seres livres, aproximadamente, nos três reinos da Grã-Bretanha.

Calcula-se na França de dezesseis a vinte milhões. Isso é prova de que o dr. Gade não tem o que censurar ao ministério da França. Quanto às capitais, as opiniões ainda estão dividas. Paris, segundo alguns, tem setecentos mil habitantes e, segundo outros, quinhentos mil. O mesmo ocorre com Londres, Constantinopla e Cairo.

Quanto aos súditos do papa, lotarão o paraíso, mas seu número é medíocre na terra. Por quê? Porque são súditos do papa. Será que Catão, o Censor, poderia imaginar que os romanos chegassem a tanto?[57]

CERIMÔNIAS, TÍTULOS, PREEMINÊNCIA ETC.
(Cérémonies, titres, prééminence etc.)

Todas essas coisas, que seriam inúteis e até bem impertinentes no estado de pura natureza, são utilíssimas no estado de nossa natureza corrompida e ridícula.

Os chineses, entre todos os povos, foram os que levaram mais longe o uso das cerimônias: é certo que elas servem para acalmar o espírito, tanto quanto para entediá-lo. Os mariolas, os carroceiros chineses, ao menor problema que causem nas ruas, são obrigados a ficar de joelhos um na frente do outro, para pedir perdões mútuos, segundo fórmula prescrita. Isso previne injúrias, murros, assassinatos; eles têm tempo para acalmar-se, e depois se ajudam mutuamente.

Quanto mais livre é um povo, menor é o número de cerimônias, de títulos pomposos, de demonstrações de nulificação diante do superior. Chamava-se Cipião de Cipião, César de César; com o passar do tempo, passou-se a chamar os imperadores de vossa majestade, vossa divindade.

Os títulos de são Pedro e são Paulo eram Pedro e Paulo. Seus sucessores deram-se reciprocamente o título de vossa santidade, que nunca vemos nos Atos dos apóstolos nem nos textos dos discípulos.

Lemos na *História da Alemanha* que o delfim da França, que depois foi Carlos V, foi falar com o imperador Carlos IV em Metz e ficou atrás do cardeal de Périgord.

Depois houve um tempo em que os chanceleres tiveram precedência aos cardeais e depois os cardeais passaram à frente dos chanceleres.

Na França os pares precederam os príncipes de sangue e andavam todos segundo a ordem de pariato até a sagração de Henrique III.

Antes desse período, a dignidade do pariato era tão eminente, que na cerimônia da sagração de Elisabete, esposa de Carlos IX em 1571, descrita por Simon Bouquet, almotacé de Paris, consta que "as damas e as donzelas da rainha, entregando à dama de honra o pão, o vinho e o círio com dinheiro para a oferenda, coisas que deveriam ser apresentadas à rainha pela referida dama de honra, esta dama de honra, por ser duquesa, ordenou às damas que fossem levar pessoalmente a oferenda às princesas etc.". Essa dama de honra era a condestável de Montmorency.

A poltrona, a cadeira, a banqueta, a mão direita e a mão esquerda, durante vários séculos, foram importantes objetos da política e ilustres temas de disputas. Acredito que a antiga etiqueta referente às poltronas vem do fato de que em casa de nossos avós bárbaros havia uma poltrona no máximo, e essa poltrona só era usada quando se estava doente. Ainda há províncias da Alemanha e da Inglaterra nas quais a poltrona é chamada de *cadeira de doentes*.

Muito tempo depois de Átila e Dagoberto, quando o luxo se introduziu nas cortes e os poderosos da terra tiveram duas ou três poltronas em seus lares, sentar-se em um desses tronos era

---

57. Ver verbete População. (N. de Voltaire)

uma bela distinção; e alguns senhores castelães narravam como, tendo viajado a meia légua de seus domínios para cortejar algum conde, fora recebido numa poltrona de braços.

Vê-se em *Mémoires de Mademoiselle de Montpensier* [Memórias da srta. de Montpensier] que aquela augusta princesa passou um quarto da vida nas angústias mortais das disputas em torno de cadeiras. Em certos aposentos, seria indicado sentar-se em cadeira, banqueta ou simplesmente não se sentar? Era isso o que intrigava toda uma corte. Hoje os costumes são mais uniformes; os canapés e as *chaises longues* são usados pelas damas, sem embaraços para a sociedade.

Quando o cardeal Richelieu tratou do casamento de Henriette da França e Carlos I com os embaixadores da Inglaterra, as negociações estiveram a ponto de ser suspensas por causa de dois ou três passos a mais que os embaixadores exigiam junto a uma porta, e o cardeal meteu-se na cama para dirimir a questão. A história conservou cuidadosamente essa preciosa circunstância. Acredito que, se alguém tivesse proposto a Cipião que se metesse no entre dois lençóis para receber a visita de Aníbal, ele teria achado essa cerimônia muito engraçada.

A marcha das carruagens e os lugares de deferência também foram provas de grandeza, fontes de pretensões, disputas e combates durante um século inteiro. Chegou-se a considerar insigne vitória fazer uma carruagem passar à frente da outra. Os embaixadores que passeavam pelas ruas mais pareciam estar disputando um prêmio nos circos de Roma; e, quando um ministro da Espanha conseguia fazer um cocheiro português recuar, enviava um correio a Madri para informar o rei, seu senhor, daquela grande vantagem.

Nossa história nos diverte contando dezenas de brigas e trocas de socos na disputa pela precedência: o parlamento contra os clérigos do bispo, na pompa fúnebre de Henrique IV; a câmara das contas contra o parlamento na catedral, quando Luís XIII entregou a França à Virgem Maria; o duque de Épernon na igreja de Saint-Germain contra o guarda dos selos du Vair. Na igreja de Nossa Senhora de Paris, os presidentes das *Chambres des enquêtes* [Câmaras de Sindicâncias] esmurraram Savare, deão dos conselheiros da *Grand'chambre* [Câmara Suprema], para fazê-lo sair de seu lugar de honra (a tal ponto as honrarias são a alma dos governos monárquicos!); e foi preciso mandar quatro guardas agarrar o presidente Barillon, que batia no pobre deão como um louco. Não vemos tais contestações no areópago nem no senado romano.

Quanto mais bárbaros são os países, ou quanto mais fracas são as cortes, mais vige o cerimonial. O verdadeiro poder e a verdadeira polidez desdenham a vaidade.

É de se crer que, afinal, será abandonado o costume que certos embaixadores às vezes ainda têm de se arruinar para sair em procissão pelas ruas com algumas carruagens alugadas, restauradas e redouradas, precedidas de alguns lacaios a pé. A isso se dá o nome de entrada solene; é bem engraçado entrar solenemente numa cidade sete ou oito meses depois de se ter chegado lá.

Essa importante questão do *puntiglio*, que constitui a grandeza dos romanos modernos, essa ciência do número de passos que devem ser dados para se acompanhar um *monsignore* até a porta, da abertura de uma cortina até a metade ou por inteiro, de se andar por um aposento para a direita ou para a esquerda, essa grande arte, que os Fábios e os Catões nunca teriam adivinhado, começa a declinar, e os caudatários dos cardeais queixam-se de que tudo prenuncia decadência.

Um coronel francês estava em Bruxelas um ano depois da tomada daquela cidade pelo marechal de Saxe e, não sabendo o que fazer, quis ir à assembleia da cidade. "Ela ocorre em casa de uma princesa, disseram-lhe. Que seja, respondeu o outro, que importa? – Mas é que lá só vão príncipes: o senhor é príncipe? – Ora, ora, disse o coronel, são príncipes bonzinhos; no ano passado havia uma dúzia deles na minha antecâmara, quando tomamos a cidade, e eram todos muito gentis."

Relendo Horácio, notei este verso numa epístola a Mecenas (I, ep. VII): *Te, dulcis amice, revisam*: irei ver-te, querido amigo. Esse Mecenas era a segunda pessoa do império romano, ou seja, um homem mais considerável e mais poderoso do que é hoje o maior monarca da Europa.

Relendo Corneille, notei que numa carta ao grande Scudéri, governador de Notre-Dame de la Garde, ele se expressa assim a respeito do cardeal Richelieu: "*Monsieur le cardinal* [Senhor cardeal], vosso senhor e meu." Talvez tenha sido a primeira vez que alguém falou assim de um ministro, desde que há ministros, reis e bajuladores no mundo. O mesmo Pierre Corneille, autor de *Cina*, dedica humildemente esse *Cina* ao *sieur* [senhor] de Montauron, tesoureiro do rei, que ele compara sem cerimônia a Augusto. Lamento que ele não tenha chamado Montauron de *monseigneur*.

Conta-se que um velho oficial que conhecia pouco o protocolo da vaidade, escrevendo ao marquês de Louvois como *monsieur*, e não recebendo resposta, escreveu-lhe como *monseigneur*, mas nem assim obteve resposta, porque o ministro ainda tinha o *monsieur* gravado no coração. Por fim, ele escreveu: *A meu Deus, meu Deus Louvois*; e no começo da carta pôs: *Meu Deus, meu Criador*. Tudo isso não provará que os romanos dos bons tempos eram grandes e modestos, e que nós somos pequenos e fúteis?

"Como está passando, caro amigo?, perguntava um duque e par a um fidalgo. – A vosso dispor, meu caro amigo, respondeu o outro"; e a partir desse momento teve seu caro amigo como inimigo implacável. Um nobre de Portugal conversava com um nobre da Espanha e lhe dizia a todo momento: "Vossa Excelência." O castelhano respondia: "*Vuestra cortesia, vuestra merced*", título que se dá às pessoas que não os têm. O português, ofendido, passou a chamar o espanhol de *Vossa cortesia*; o outro então passou a tratá-lo de *excelência*. No fim, o português, cansado, disse: "Por que sempre me trata de cortesia quando eu o trato de excelência, e por que me trata por *vossa excelência* quando eu digo *vossa cortesia*? – Porque todos os títulos para mim são iguais, respondeu humildemente o castelhano, desde que não haja nada de igual entre mim e o senhor."

Em nossos climas setentrionais da Europa, a vaidade dos títulos só se introduziu quando os romanos travaram conhecimento com a sublimidade asiática. Em sua maioria, os reis da Ásia eram e ainda são primos-irmãos do Sol e da Lua: seus súditos nunca ousam ter pretensões a essa aliança; e o governador de província que se intitula *Moscada de consolo* e *Rosa de prazer* seria empalado caso se dissesse parente remotíssimo da Lua e do Sol.

Constantino, ao que me parece, foi o primeiro imperador romano que cumulou a humildade cristã com uma página de nomes pomposos. É verdade que antes dele já se chamava imperador de *deus*, mas a palavra *deus* nada significava então que se aproximasse daquilo que entendemos hoje. *Divus Augustus, divus Trajanus* queriam dizer santo Augusto, santo Trajano. Acreditava-se que fazia parte da dignidade do império romano a ida aos céus da alma de seu dirigente, depois da morte; e muitas vezes se dava o título de santo, *divus*, ao imperador, como antecipação da herança. É mais ou menos por essa razão que os primeiros patriarcas da Igreja cristã se chamavam todos *vossa santidade*. Davam-lhes essa denominação para lembrá-los daquilo que deveriam ser.

Às vezes a própria pessoa assume títulos muito humildes, contanto que venha a receber outros muitíssimo honrosos. Um abade que se intitula *irmão* exige que seus monges o chamem de *monsenhor*. O papa se autodenomina *servidor dos servidores* de Deus. Um bom padre de Holstein certo dia escreveu ao papa Pio IV: *A Pio IV, servidor dos servidores de Deus*; em seguida, foi a Roma pleitear sua causa, e a Inquisição o pôs na prisão para que aprendesse a escrever.

Antigamente, só o imperador tinha o título de *majestade*. Os outros reis eram chamados *vossa alteza, vossa serenidade, vossa graça*. Na França, Luís XI foi o primeiro que passou a ser comumente chamado de *majestade*, título não menos conveniente à dignidade de um grande reino hereditário do que a um principado eletivo. Mas o termo *alteza* foi usado para os reis da França muito tempo depois dele; e ainda se veem cartas a Henrique III, nas quais lhe é dado esse título. Os estados de Orléans não quiseram que a rainha Catarina de Médici fosse chamada *majestade*. Mas, aos poucos, essa denominação prevaleceu. O nome é indiferente; só o poder não é.

A chancelaria alemã, sempre invariável em seus nobres usos, afirma até nossos dias que se devem tratar todos os reis como *serenidade*. No famoso tratado de Vestefália, em que a França e a Suécia ditaram leis ao santo império romano, os plenipotenciários do imperador nunca apresentaram memorandos latinos nos quais sua *sagrada majestade imperial* deixasse de tratar com os *sereníssimos reis da França e da Suécia*; mas, por sua vez, os franceses e os suecos não deixavam de afirmar que suas *sagradas majestades da França e da Suécia* tinham muitas queixas contra o *seraníssimo imperador*. Afinal, no tratado tudo ficou igual de parte a parte. Os grandes soberanos, desde então, passaram a ser vistos como todos iguais pela opinião dos povos; e aquele que vencesse os vizinhos teria preeminência na opinião pública.

Filipe II foi a primeira *majestade* na Espanha: pois a *serenidade* de Carlos V só se tornou *majestade* por causa do império. Os filhos de Filipe II foram as primeiras *altezas* e em seguida foram *altezas reais*. O duque de Orléans, irmão de Luís XIII, só em 1631 assumiu o título de *alteza real*, enquanto o príncipe de Condé assumiu o de *alteza seraníssima*, que os duques de Vendôme não ousaram arrogar-se. O duque de Savoia foi então *alteza real* e em seguida se tornou *majestade*. O grão-duque de Florença fez coisa semelhante, com exceção da *majestade*; e por fim o czar, que era conhecido na Europa apenas com o nome de grão-duque, declarou-se *imperador* e foi reconhecido como tal.

Antigamente só havia dois marqueses na Alemanha, dois na França, dois na Itália. O marquês de Brandeburgo tornou-se *rei*, e *grande rei*; mas hoje nossos marqueses italianos e franceses são de uma espécie um pouco diferente.

Se um burguês italiano tiver a honra de oferecer um jantar ao legado de sua província, e se o legado, ao beber, lhe disser: *Senhor marquês, à vossa saúde*, ei-lo marquês – e seus filhos também – para todo o sempre. Se um provinciano francês, cujo único bem seja a quarta parte de alguma pequena castelania arruinada em sua aldeia, for a Paris, e se lá fizer (ou parecer fazer) alguma fortuna, passará a intitular-se em seus documentos oficiais: *Alto e poderoso senhor, marquês e conde*; e seu filho será para o notário: *Altíssimo e poderosíssimo senhor*; e, como essa pequena ambição não prejudica o governo e a sociedade civil, ninguém se preocupa com ela. Alguns senhores franceses gabam-se de ter *barões* alemães em suas cavalariças; alguns senhores alemães dizem que têm *marqueses* franceses em suas cozinhas; há não muito tempo um estrangeiro, em Nápoles, tornou seu cocheiro *duque*. Nisso, o costume é mais forte que a autoridade monárquica. Quem for um pouco conhecido em Paris será *conde* ou *marquês* quando bem entender; quem for togado ou financista e receber do rei um marquesado bem real nem por isso será algum dia *senhor marquês*. O célebre Samuel Bernard era mais *conde* que quinhentos *condes* que vemos por aí, gente que não possui quatro arpentos de terra; o rei convertera suas terras de Coubert em genuíno condado. Caso ele se fizesse anunciar, numa visita, como *conde Bernard*, todos teriam morrido de rir. Na Inglaterra, é exatamente o contrário. Se o rei dá a um negociante o título de *conde* ou *barão*, esse negociante recebe sem dificuldade, de toda a nação, o nome que lhe é devido. As pessoas da mais elevada origem e o próprio rei o chamam de *Milord*, o equivalente ao francês *monseigneur*. É o que ocorre também na Itália: há o protocolo dos *monsignori*. O próprio papa lhes dá esse título. O médico dele é *monsignore*, e ninguém reclama.

Na França, o *monseigneur* é um problema terrível. Antes do cardeal Richelieu, um bispo não passava de *meu reverendíssimo padre em Deus*.

Antes de 1635, não só os bispos não se monsenhorizavam, como também não tratavam aos cardeais de *monseigneur*. Esses dois costumes foram introduzidos por um bispo de Chartres, que foi de murça e roquete chamar o cardeal Richelieu de *monseigneur*; diante do quê, Luís XIII disse, a se acreditar nas memórias do arcebispo de Toulouse, Montchal: "Esse chartrense iria beijar o traseiro do cardeal e enfiaria o nariz lá dentro, até o que o outro dissesse: Chega."

Foi só a partir daí que os bispos passaram a tratar-se, reciprocamente, de *monseigneur*.

Essa empresa não enfrentou nenhuma reação do público. Mas como se tratava de um título novo que os reis não tinham dado aos bispos, em editos, declarações, ordenanças e em tudo o que emana da corte, eles continuaram a ser chamados apenas de *sieurs*; e os *messieurs* do conselho sempre só escrevem a bispos como *monsieurs*.

Os duques e os pares tiveram mais trabalho para tomar posse do *monseigneur*. A grande nobreza e aquilo a que se dá o nome de alta magistratura recusam-lhe pura e simplesmente essa distinção. O auge do sucesso do orgulho humano é alguém receber títulos de honra daqueles que acreditam ser-lhe iguais; mas é bem difícil chegar-se a esse ponto: por toda parte se encontra orgulho a combater o orgulho.

Quando os duques exigiram que os pobres fidalgos lhes escrevessem como *monseigneur*, os magistrados de barrete pediram o mesmo a advogados e procuradores. Sabe-se de um magistrado desses que não quis deixar que o sangrassem, porque o cirurgião perguntou: "*Monsieur*, em que braço desejais que vos sangre?" Houve um velho conselheiro da *grand'chambre* que usou de maior franqueza. Um advogado lhe disse: *Monseigneur, monsieur* seu secretário... O conselheiro o interrompeu imediatamente: "O senhor disse três tolices em três palavras: não sou *monseigneur*, meu secretário não é *monsieur*, e é meu *escrevente*."

Para terminar esse grande processo da vaidade, será preciso que algum dia todos sejam *monseigneur* na nação; assim como todas as mulheres antigamente eram *mademoiselles* e atualmente são *madames*. Na Espanha, quando um mendigo encontra um pedinte, diz: "Senhor, *vossa cortesia* tomou seu chocolate?" Essa maneira polida de expressar-se eleva a alma e conserva a dignidade da espécie.

César e Pompeu chamavam-se César e Pompeu no senado; mas aquela gente não sabia viver. Acabavam suas cartas com *vale*, adeus. Nós, há sessenta anos, éramos *afeiçoados servidores*; passamos a ser *mui humildes e obedientes*; e atualmente *temos a honra de sê-lo*. Lastimo nossos descendentes: terão grande dificuldade para embelezar ainda mais essas belas fórmulas.

O duque de Épernon, primeiro dos gascões em altivez, mas não o primeiro entre os homens de Estado, escreveu antes de morrer ao cardeal Richelieu e terminou a carta com *vosso mui humilde e obediente*; mas, lembrando-se de que o cardeal só lhe destinara um *mui afeiçoado*, ele mandou um mensageiro especial alcançar a carta, que já havia partido, reescreveu-a, assinou *mui afeiçoado* e morreu assim no leito de honra.

Já dissemos em outro lugar grande parte dessas coisas. É bom acusá-las, para corrigir pelo menos alguns perus que passam a vida a pavonear-se.

CERTO, CERTEZA (Certain, Certitude)

Estou certo; tenho amigos; minha fortuna é segura; meus pais nunca me abandonarão; terei justiça; minha obra é boa, será bem recebida; quem me deve me pagará; meu amante será fiel, ele jurou; o ministro vai me promover, ele prometeu ao passar por mim: essas são palavras que uma pessoa um pouco vivida risca de seu dicionário.

Quando os juízes condenaram Langlade, Lebrun, Calas, Sirven, Martin, Montbailli e tantos outros, que depois foram reconhecidos como inocentes, eles estavam certos, ou deveriam estar, de que todos aqueles desafortunados eram culpados; contudo, enganaram-se.

Há duas maneiras de enganar-se, de julgar mal, de ficar cego: a de errar como homem inteligente e a de decidir como um tolo.

Os juízes se enganaram como homens inteligentes no caso de Langlade, ficaram cegos com aparências que podiam deslumbrar; não examinaram o bastante as aparências contrárias; usaram a inteligência para se acreditarem certos de que Langlade cometera um roubo que ele certamente não havia cometido; e, com base nessa pobre certeza incerta do espírito humano, um fidalgo foi submetido à tortura ordinária e extraordinária, depois levado de volta sem socorro para uma masmorra e condenado às galés, onde morreu; sua mulher foi presa em outra masmorra com a filha de sete anos, que depois se casou com um conselheiro do mesmo parlamento que condenara o pai às galés e a mãe ao banimento.

É claro que os juízes não teriam pronunciado essa sentença se não estivessem *certos* dela. No entanto, já na época da sentença, várias pessoas sabiam que o roubo fora cometido por um padre chamado Gagnat, associado a um salteador de estradas; e a inocência de Langlade só foi reconhecida depois de sua morte.

Também tinham *certeza*, quando, numa sentença de primeira instância, condenaram à morte na roda o inocente Lebrun que, por sentença proferida após seu recurso, foi submetido a grandes torturas, que lhe causaram a morte.

O exemplo dos Calas e dos Sirven é bem conhecido; o de Martin é menos. Era ele um bom agricultor das proximidades de Bar en Lorraine. Um bandido rouba-lhe o capote e com ele vai assassinar na estrada um viajante que ele sabia estar carregado de ouro e cujo trajeto havia observado. Martin é acusado; seu capote depõe contra ele; os juízes encaram esse indício como uma certeza. Nem a conduta passada do prisioneiro, nem a numerosa família que ele mantinha com virtude, nem o pouco dinheiro que foi encontrado com ele, probabilidade extrema de que não roubara o morto, nada pôde salvá-lo. O juiz subalterno vê o rigor como coisa meritória. Condena o inocente à roda, e, por uma fatalidade infeliz, a sentença é confirmada em Tournelle. O velho Martin é despedaçado vivo afirmando-se inocente em nome de Deus até o último suspiro. Sua família se dispersa; seus poucos bens são confiscados. Mal seus membros esmagados são expostos à beira da estrada, o assassino que cometera o homicídio e o roubo é preso por outro crime; na roda, à qual é ele também condenado, confessa que é o único culpado do crime pelo qual Martin sofreu a tortura e a morte.

Montbailli, que dormia com a mulher, é acusado de, com ela, ter matado a mãe, que morrera, evidentemente, de apoplexia: o conselho de Arras condena Montbailli à morte na roda, e sua mulher à fogueira. A inocência dos dois é reconhecida, mas só depois que Montbailli morreu na roda.

Deixamos aqui de lado essa multidão de aventuras funestas que nos fazem deplorar a condição humana; mas deploremos pelo menos a pretensa *certeza* que os juízes acreditam ter quando proferem semelhantes sentenças.

Não existe certeza nenhuma enquanto for física ou espiritualmente possível que a coisa seja diferente. O quê! É preciso uma demonstração para ousar afirmar que a superfície de uma esfera é igual a quatro vezes a área de seu grande círculo, e não há necessidade de demonstração para arrebatar a vida a um cidadão por meio de um suplício atroz!

Se a desdita da humanidade é tanta, que somos obrigados a contentar-nos com probabilidades extremas, é preciso pelo menos consultar a idade, a posição, a conduta do acusado, o interesse que ele pode ter tido para cometer o crime, o interesse de seus inimigos em arruiná-lo; cada juiz precisa pensar: "A posteridade, a Europa inteira não condenarão esta minha sentença? Dormirei tranquilo com as mãos tingidas do sangue inocente?"

Passemos desse horrível quadro a outros exemplos de uma certeza que conduz diretamente ao erro.

"Por que te enches de correntes, fanático e infeliz marabuto? Por que puseste em tua miserável virgem um grosso anel de ferro? – É que estou certo de que um dia serei levado ao primeiro paraíso, ao lado do grande profeta. – Ai! meu amigo, vem comigo para as tuas vizinhanças, no monte Athos, e verás três mil maltrapilhos certos de que irás para o abismo que fica sob a ponte estreita, e que eles irão todos para o primeiro paraíso."

"Para, miserável viúva malabar! Não acredites nesse louco que te convenceu de que serás reunida a teu marido nas delícias de outro mundo, desde que te queimes viva na sua pira. – Não, não me queimarei; estou certa de que viverei nas delícias com meu esposo; foi meu brâmane quem o disse."

CERTO, CERTEZA

Tomemos certezas menos atrozes, que tenham um pouco mais de verossimilhança.

"Que idade tem seu amigo Christophe? – Vinte e oito anos; vi seu contrato de casamento, sua certidão de batismo, conheço-o desde a infância; ele tem vinte e oito anos, tenho certeza, estou certo disso."

Mal acabo de ouvir a resposta desse homem tão seguro do que diz e de outros vinte que confirmam a mesma coisa, fico sabendo que, por razões secretas e por manobras singulares, a certidão de batismo de Christophe foi antedatada. Aqueles com quem falei ainda não sabem disso, porém continuam tendo certeza do que não existe.

Se perguntásseis à Terra inteira, antes do tempo de Copérnico "O Sol nasceu? O Sol se pôs hoje?", todos teriam respondido: "Temos plena certeza disso." Estavam certos e estavam errados.

Os sortilégios, as adivinhações e as obsessões foram por muito tempo a coisa mais certa do mundo para todos os povos. Que quantidade inumerável de pessoas viu todas aquelas lindas coisas, quantos estavam certos delas! Hoje essa certeza está um pouco abalada.

Um jovem que começa a estudar geometria vem visitar-me; ainda não passou da definição dos triângulos. Pergunto-lhe: "Não estais certo de que os três ângulos de um triângulo são iguais a dois retos?" Ele me responde que não só não está certo disso, com também não tem ideia clara sobre essa afirmação: eu a demonstro, ele fica então certíssimo daquilo, e assim continuará por toda a vida.

Aí está uma certeza bem diferente das outras: aquelas não passavam de probabilidades, e essas probabilidades, depois de examinadas, transformaram-se em erros; mas a certeza matemática é imutável e eterna.

Existo, penso, sinto dor; tudo isso é tão certo quanto uma verdade geométrica? Sim, por mais duvidante que eu seja, admito que sim. Por quê? É que essas verdades são provadas pelo mesmo princípio de que uma coisa não pode ser e não ser ao mesmo tempo. Não posso, ao mesmo tempo, existir e não existir, sentir e não sentir. Um triângulo não pode, ao mesmo tempo, ter cento e oitenta graus, que são a soma de dois ângulos retos, e não os ter.

A certeza física de minha existência, de meu sentimento, e a certeza matemática são, pois, de mesmo valor, embora sejam de gêneros diferentes.

Não ocorre o mesmo com a certeza baseada nas aparências ou em relatos unânimes que nos fazem.

Como!, dizeis-me, não estais certo de que Pequim existe? Não tendes em casa tecidos de Pequim? Pessoas de diferentes países, de diferentes opiniões, que escreveram violentamente umas contra as outras, apregoando todas a verdade de Pequim, não vos asseguraram a existência dessa cidade? Respondo que é extremamente provável que houvesse então uma cidade de Pequim, mas não gostaria de apostar minha vida na existência dessa cidade; e que, quando quiserem, apostarei minha vida em que os três ângulos de um triângulo são iguais a dois ângulos retos.

No *Dicionário enciclopédico* imprimiu-se uma coisa muito engraçada; afirma-se ali que um homem deveria ficar tão seguro, tão certo de que o marechal de Saxe ressuscitou, caso toda Paris o dissesse, quanto está seguro de que o marechal de Saxe venceu a batalha de Fontenoy, visto que toda Paris o diz. Percebei, por favor, como esse raciocínio é admirável. Acredito em toda Paris quando ela me diz uma coisa moralmente possível, portanto devo acreditar em toda Paris quando ela me diz uma coisa moral e fisicamente impossível.

Aparentemente o autor desse verbete queria rir, e outro autor, que se extasia no fim desse verbete e escreveu contra ele, também queria rir[58].

Quanto a nós, que só empreendemos este pequeno *Dicionário* para fazer perguntas, estamos bem longe da *certeza*.

---

58. Ver verbete Certeza do *Dicionário enciclopédico*. (N. de Voltaire)

CÉSAR (César)

Não consideraremos aqui, em César, o marido de tantas mulheres e a mulher de tantos homens; o vencedor de Pompeu e dos Cipiões; o escritor satírico que ridiculariza Catão; o ladrão do tesouro público que lançou mão do dinheiro dos romanos para sujeitar os romanos; o triunfador clemente que perdoava os vencidos; o homem culto que reformou o calendário; o tirano e o pai da pátria, assassinado por amigos e pelo filho bastardo. Será somente na qualidade de descendente dos pobres bárbaros subjugados por ele que considerarei esse homem único.

Ninguém passará por uma única cidade da França, da Espanha, das margens do Reno, da costa da Inglaterra na direção de Calais, sem encontrar gente boa a se gabar de ter César entre os seus. Os burgueses de Douvres estão convencidos de que César construiu o castelo deles; e os burgueses de Paris acreditam que o grande Châtelet é uma de suas belas obras. Mais de um nobre paroquial na França mostra alguma velha torre que lhe serve de pombal, a dizer que foi César quem providenciou alojamento para seus pombos. Cada província disputa com a vizinha a honra de ter sido a primeira chicoteada por César: foi por este caminho, não, foi por este outro que ele passou para vir nos massacrar, acariciar nossas mulheres e nossas filhas, para nos impor leis por meio de intérpretes e para roubar o pouquíssimo dinheiro que tínhamos.

Os indianos são mais sábios; como vimos, sabem confusamente que um grande bandido, chamado Alexandre, passou por lá depois de outros bandidos, e eles quase nunca falam do assunto.

Um antiquário italiano, passando há alguns anos por Vannes, na Bretanha, ficou admiradíssimo ao ouvir os eruditos de Vannes orgulhar-se da permanência de César na cidade. Disse: "Decerto os senhores têm alguns monumentos daquele grande homem?

"Sim, respondeu o mais notável; mostraremos o lugar onde aquele herói mandou enforcar todo o senado de nossa província, em número de seiscentos homens. Uns ignorantes, encontrando uma centena de vigas no canal de Kerantrait, em 1755, publicaram nos jornais que eram restos de uma ponte de César; mas eu lhes provei, em minha dissertação de 1756, que eram os postes aos quais aquele herói mandara amarrar nosso parlamento. Onde estão as cidades da Gália que podem dizer o mesmo? Temos o testemunho do grande César em pessoa: diz ele, em seus *Comentários*, que *somos inconstantes* e *preferimos a liberdade à servidão*. Acusa-nos[59] da insolência de tomar dos romanos reféns que lhes havíamos entregue, e de não querermos devolvê-los, a não ser que eles nos devolvessem os nossos. Ele nos ensinou a viver.

"Fez ele muito bem, replicou o erudito; seu direito era incontestável. Mesmo assim, disputavam com ele esse direito: pois, quando venceu os suíços emigrantes, em número de trezentos e sessenta e oito mil, dos quais não restaram mais de cento e dez mil, os senhores sabem que ele teve uma entrevista na Alsácia com Ariovisto, rei germânico ou alemão, e que aquele Ariovisto lhe disse: 'Vim pilhar as Gálias, e não vou tolerar que outro a venha pilhar.' Depois disso, aqueles bons germanos, que tinham vindo para devastar o país, puseram nas mãos de suas bruxas dois cavaleiros romanos, embaixadores de César; e as bruxas foram queimá-los e oferecê-los como sacrifício a seus deuses, mas César chegou para libertá-los com uma vitória. Convenhamos que o direito era igual dos dois lados; e Tácito tem razão quando faz tantos elogios aos costumes dos antigos alemães."

Essa conversa deu origem a uma acalorada polêmica entre os eruditos de Vannes e o antiquário. Vários bretões não entendiam onde estava a virtude dos romanos, ao enganar todas as nações das Gálias uma após outra, ao utilizá-las para sua própria ruína, ao massacrar um quarto delas e reduzir os outros três quartos à servidão.

Replicou o antiquário: "Ah! Nada é mais belo: tenho no bolso uma medalha que parece cunhada ontem; representa o triunfo de César no Capitólio: é uma das mais bem conservadas." Mostrou

---

59. *De Bello gallico*, lib. III. (N. de Voltaire)

a medalha. Um bretão meio rude pegou a medalha e a jogou no rio. E disse: "Quem me dera afogar assim todos os que se valem do poder e do engenho para oprimir os outros homens! Roma outrora nos enganou, desuniu, massacrou, agrilhoou. E Roma hoje ainda dispõe de vários benefícios nossos. Será possível que tenhamos sido uma terra de obedientes durante tanto tempo e de tantas maneiras?"

Só acrescentarei uma palavra à conversa do antiquário italiano com o bretão: é que Perrot d'Ablancourt, tradutor dos *Comentários de César*, em sua dedicatória ao grande Condé, disse estas palavras: "Não vos parece, *monseigneur*, estar lendo a vida de um filósofo cristão?" Filósofo cristão, César! Espanta-me que não o tenham santificado. Os fazedores de dedicatórias dizem belas coisas, e bem oportunas!

CÉU DOS ANTIGOS (Ciel des anciens)

Se um bicho-da-seda desse o nome de *céu* à pequena lanugem que circunda seu casulo, estaria raciocinando exatamente como todos os antigos, dando o nome de *céu* à atmosfera, que, como diz muito bem o sr. de Fontenelle em seus *Mundos*, é a lanugem de nosso casulo.

Os vapores que saem de nossos mares e de nossa terra, formando as nuvens, os meteoros[60] e os trovões, foram vistos inicialmente como a morada dos deuses. Em Homero, os deuses descem sempre em nuvens de ouro; por isso, os pintores os pintam ainda hoje sentados numa nuvem. Como é possível sentar-se em água? Era justo que o senhor dos deuses ficasse mais à vontade que os outros: destinaram-lhe uma águia para carregá-lo, visto que a águia voa mais alto que os outros pássaros.

Os antigos gregos, vendo que os senhores das cidades residiam em cidadelas, no alto de alguma montanha, julgaram que os deuses também poderiam ter uma cidadela, e a situaram na Tessália, no monte Olimpo, cujo cume às vezes fica oculto entre nuvens; de modo que seu palácio e o céu ficavam no mesmo nível.

As estrelas e os planetas, que parecem pregados à abóbada azul de nossa atmosfera, tornaram-se depois moradas dos deuses; sete deles tiveram um planeta cada um, os outros se alojaram onde puderam: o conselho-geral dos deuses ocorria numa grande sala à qual se chegava pela Via Láctea; pois era preciso que os deuses tivessem uma sala no ar, já que os homens tinham sedes administrativas na terra.

Quando os Titãs, espécie de animais que ficava entre os deuses e os homens, declararam guerra justa àqueles deuses, para reivindicar uma parte de sua herança do lado paterno, já que eram filhos do céu e da terra, puseram apenas duas ou três montanhas umas sobre as outras, esperando que fossem suficientes para assenhorear-se do céu e do castelo do Olimpo.

Neve foret terris securior arduus aether,
Affectasse ferunt regnum coeleste gigantes,
Altaque congestos struxisse ad sidera montes.
(Ovíd., *Met.*, I, 151-153)

On attaqua le ciel aussi bien que la terre;
Les géants chez les dieux osant porter la guerre,
Entassèrent des monts jusqu'aux astres des nuits.
[Atacaram o céu e a terra;
Os gigantes ousaram guerrear contra os deuses
E empilharam montes até os astros das noites.]

---

60. No sentido de "fenômeno óptico ou acústico que se produz na atmosfera terrestre, como o vento, a chuva, o arco-íris etc.", *Dicionário Houaiss*. (N. da T.).

Há, porém, seiscentos milhões de léguas entre aqueles astros e muito mais entre várias estrelas e o monte Olimpo.

Virgílio (egl. v, 57) não acha dificuldade para dizer:

Sub pedibusque videt nubes et sidera Daphnis.
Daphnis voit sous ses pieds les astres et les nues.
[Dafne vê sob seus pés os astros e as nuvens.]

Mas onde estava Dafne?

Na Ópera e em obras mais sérias, descem deuses em meio a ventos, nuvens e trovões, ou seja, faz-se Deus passear nos vapores de nosso pequeno globo. Essas ideias nos parecem grandiosas, porque são proporcionais à nossa fraqueza.

Essa física de crianças e velhas era prodigiosamente antiga: no entanto, acredita-se que os caldeus tinham ideias quase tão justas quanto nós a respeito daquilo que se chama *céu*; punham o Sol no centro de nosso mundo planetário, a uma distância de nosso globo mais ou menos como a que identificamos: diziam que a Terra e alguns planetas giravam em torno desse astro; é o que ensina Aristarco de Samos; é mais ou menos o sistema do mundo que Copérnico aperfeiçoou depois; mas os filósofos guardavam o segredo para si, a fim de serem mais respeitados pelos reis e pelo povo, ou então para não serem perseguidos.

A linguagem do erro é tão familiar aos homens, que ainda chamamos de *céu* os nossos vapores e o espaço que vai da Terra à Lua; dizemos *subir ao céu*, assim como dizemos que o Sol dá a volta, mesmo sabendo que não dá. Provavelmente somos céu para os habitantes da Lua, e cada planeta põe seu céu no planeta vizinho.

Se alguém perguntasse a Homero para que céu fora a alma de Sarpedão e onde estava a de Hércules, Homero teria ficado bem confuso: teria respondido com versos harmoniosos.

Que certeza se teria de que a alma aérea de Hércules se sentia mais à vontade em Vênus e Saturno do que em nosso globo? Teria ficado no Sol? Aquela fornalha não parece lugar confortável. Afinal, o que os antigos entendiam por céu? Nada sabiam; bradavam sempre *céu e terra*; é como se bradássemos infinito e átomo. Não há céu propriamente dito; há uma quantidade prodigiosa de globos que giram no espaço vazio, e nosso globo gira como os outros.

Os antigos acreditavam que ir para os céus era subir: mas não se sobe de um globo a outro; os globos celestes estão ora acima, ora abaixo de nosso horizonte. Assim, suponhamos que Vênus, depois de vir para Pafo, voltasse para seu planeta quando este tivesse se posto: a deusa Vênus não subiria em relação a nosso horizonte, mas desceria, e deveríamos dizer nesse caso *descer ao céu*. Mas os antigos não pretendiam tanta sutileza; tinham noções vagas, incertas, contraditórias sobre tudo o que se referia à física. Foram escritos volumes imensos para se saber o eles pensavam sobre muitas questões dessa espécie. Duas palavras teriam bastado: *não pensavam*. Sempre é preciso excetuar um pequeno número de sábios, mas estes chegaram tarde; poucos expuseram seus pensamentos e, quando o fizeram, os charlatães da terra os mandaram para o céu pelo caminho mais curto.

Um escritor que, se não me engano, se chama Pluche pretendeu fazer de Moisés um grande físico; outro, antes, conciliara Moisés e Descartes, publicando o *Cartesius mosaïzans*; segundo ele, Moisés fora o primeiro inventor dos turbilhões e da matéria sutil, mas sabe-se bem que Deus, que fez de Moisés um grande legislador, um grande profeta, não quis fazê-lo professor de física; Moisés ensinou aos judeus os seus deveres e não lhes ensinou uma só palavra de filosofia. Calmet, que compilou muito e nunca raciocinou, fala do sistema dos hebreus; mas aquele povo grosseiro estava muito longe de ter um sistema; não tinha sequer escola de geometria; o próprio nome lhes era desconhecido; sua única ciência era o ofício de comerciante e a usura.

Em seus livros encontram-se algumas ideias duvidosas, incoerentes e dignas de um povo bárbaro sobre a estrutura do céu. Seu primeiro céu era o ar; o segundo, o firmamento, onde estavam pregadas as estrelas: esse firmamento era sólido, de gelo, e continha as águas superiores, que escaparam daquele reservatório por portas, eclusas, cataratas, no tempo do dilúvio.

Acima desse firmamento, ou dessas águas superiores, ficava o terceiro céu, ou empíreo, para onde são Paulo foi arrebatado. O firmamento era uma espécie de meia abóbada que abraçava a terra. O Sol não dava a volta num globo que eles não conheciam. Depois de chegar ao ocidente, voltava ao oriente por um caminho desconhecido; e, se deixava de ser visto, era – como diz o barão de Foeneste – porque voltava durante a noite.

Ademais, os hebreus tinham tomado essas fantasias de empréstimo a outros povos. A maioria das nações, com exceção da escola dos caldeus, achava que o céu era sólido; a terra, fixa e imóvel, era um terço mais longa do oriente para o ocidente do que do sul para o norte: daí provêm as expressões longitude e latitude, que adotamos. Percebe-se que, segundo essa opinião, era impossível haver antípodas. Por isso, santo Agostinho diz que a ideia de haver antípodas é *absurda*; e Lactâncio, que já citamos, diz expressamente: "Haverá gente suficientemente insensata para acreditar que há homens cuja cabeça fique abaixo dos pés? etc."

São Crisóstomo exclama em sua décima quarta homilia: "Onde estão aqueles que afirmam que os céus são móveis, e que sua forma é circular?"

Lactâncio diz também no livro III de suas *Instituições*: "Poderia provar-vos com muitos argumentos que é impossível que o céu faça o giro da Terra."

O autor de *Spectacle de la nature* [Espetáculo da natureza] poderá dizer ao senhor cavaleiro, se quiser, que Lactâncio e são Crisóstomo eram grandes filósofos; a resposta será que eles eram grandes santos, e que não é necessário ser bom astrônomo para ser santo. Todos acreditarão que estão no céu, mas será preciso admitir que não se sabe em que parte do céu precisamente.

CÉU MATERIAL (Ciel matériel)

As leis da óptica, baseadas na natureza das coisas, determinaram que de nosso globo víssemos sempre o céu material como se estivéssemos em seu centro, embora estejamos bem longe de ser centro;

Que sempre o víssemos como uma abóbada abatida, embora não haja outra abóbada senão a de nossa atmosfera, que não é abatida;

Que sempre víssemos os astros rodando por essa abóbada, como que num mesmo círculo, embora só haja cinco planetas principais, dez luas e um anel, que se movem tal como nós pelo espaço;

Que nosso Sol e nossa Lua se nos mostrassem sempre maiores em um terço no horizonte do que no zênite, embora estejam mais próximos do observador no zênite do que no horizonte.

Vejamos o efeito produzido, necessariamente, pelos astros sobre nossos olhos:

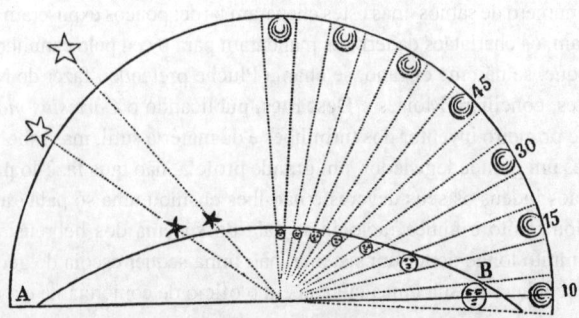

"Essa figura representa mais ou menos a proporção em que Sol e a Lua devem ser percebidos na curva AB e como os astros devem parecer mais próximos uns dos outros na mesma curva."

1º São tais as leis da óptica, é tal a natureza de nossos olhos, que, primeiramente, o céu material, as nuvens, a Lua, o Sol, que está tão longe, os planetas, que em seu apogeu estão ainda mais longe, todos os astros situados em distâncias ainda mais imensas, cometas, meteoros, tudo deve nos aparecer nessa abóbada abatida composta da nossa atmosfera.

2º Para complicar menos essa verdade, observemos aqui apenas o Sol, que parece percorrer o círculo A B.

No zênite ele deve parecer menor do que quando está quinze graus abaixo; trinta graus abaixo, parece ainda maior; no horizonte, parece maior ainda; de tal modo que suas dimensões, no céu inferior, decrescem na proporção de suas alturas, na seguinte progressão:

No horizonte 100
A quinze graus 68
A trinta graus 50
A quarenta e cinco graus 40

Suas dimensões aparentes na abóbada abatida são como suas alturas aparentes; o mesmo ocorre com a Lua e com qualquer cometa[61].

3º Esse efeito não é causado apenas pelo hábito, pela interposição das terras, pela refração da atmosfera. Malebranche e Régis discutiram muito um com o outro, mas Robert Smith foi quem fez o cálculo.

4º Observem-se as duas estrelas, que, situadas a prodigiosa distância uma da outra e em profundezas muito diferentes na imensidade do espaço, são consideradas aqui como se estivessem no círculo que o Sol parece percorrer. Nós as vemos distantes uma da outra no grande círculo, aproximando-se no pequeno graças às mesmas leis.

É assim que vemos o céu material. É em virtude dessas regras invariáveis da óptica que vemos os planetas ora retrógrados, ora estacionários; eles não são nada disso. Se estivéssemos no Sol, veríamos todos os planetas e os cometas a girarem regularmente em torno dele nas elipses que Deus lhes destina. Mas estamos no planeta Terra, num recanto onde não podemos gozar todo esse espetáculo.

Portanto, não devemos condenar os erros de nossos sentidos, como Malebranche; as leis constantes da natureza, emanadas da vontade imutável do Todo-Poderoso e adequadas à constituição de nossos órgãos, não podem ser erros.

Só podemos ver as aparências das coisas, e não as coisas mesmas. Tampouco estamos errados, quando o Sol, obra de Deus, astro um milhão de vezes maior que aTerra, nos parece achatado e com dois pés de largura, assim como quando num espelho convexo, obra de nossas mãos, vemos uma pessoa com o tamanho de algumas polegadas.

Os magos caldeus foram os primeiros que usaram a inteligência que Deus lhes deu para medir e situar os globos celestes, mas outros povos mais grosseiros não os imitaram.

Esses povos infantis e selvagens imaginaram a Terra achatada e suspensa no ar, não sei como, por seu próprio peso; o Sol, a Lua e as estrelas, a avançarem continuamente sobre uma cambota sólida que foi chamada de *placa*, *firmamento*; essa cambota continha águas e tinha portas a intervalos; as águas saíam por essas portas para umedecer a Terra.

Mas como o Sol, a Lua e todos os astros renascem depois de terem "morrido"? Ninguém sabia. O céu tocava a Terra achatada; não havia maneira de o Sol, a Lua e as estrelas voltarem por

---

61. Ver a óptica de Robert Smith. (N. de Voltaire)

debaixo da Terra e irem erguer-se no oriente depois de terem desaparecido no ocidente. É verdade que aqueles ignorantes tinham razão por acaso, ao não conceberem o Sol e as estrelas fixas a girarem em torno da Terra. Mas estavam bem longe de imaginar um sol imóvel, com a Terra e seu satélite girando em torno dele no espaço, assim como os outros planetas. Era maior a distância que havia entre suas fábulas e o verdadeiro sistema do universo do que a distância entre as trevas e a luz.

Acreditavam que o Sol e as estrelas voltavam por caminhos desconhecidos, depois de se terem descansado do percurso pelo mar Mediterrâneo, mas não se sabia exatamente em que lugar. Não havia outra astronomia, no próprio tempo de Homero, que é tão novo: pois os caldeus mantinham sua ciência em segredo, para impor mais respeito aos povos. Homero diz várias vezes que o Sol mergulha no oceano (e esse oceano ainda é o Nilo); é lá que ele se refaz, no frescor das águas, durante a noite, do esgotamento do dia; depois disso, ele vai até o lugar em que deve nascer, por caminhos desconhecidos para os mortais. Essa ideia se parece muito com a do barão de Foeneste, que diz que, se não vemos o Sol quando ele volta, "é porque volta à noite".

A maioria dos povos da Síria e os gregos, conhecendo um pouco a Ásia e uma pequena parte da Europa e não tendo noção alguma de tudo o que fica ao norte do Ponto Euxino e ao sul do Nilo, estabeleceram que a terra é mais longa que larga em um terço; por conseguinte, o céu que tocava a terra e a abraçava também era mais longo que largo. Daí nos vieram os graus de longitude e latitude, cujos nomes sempre conservamos, ainda que a coisa tenha sido reformada.

O livro de Jó, escrito por um árabe antigo que tinha algum conhecimento de astronomia, pois fala das constelações, assim se expressa: "Onde estáveis quando lancei os fundamentos da terra? Quem mediu suas dimensões? Sobre que bases se sustentam? Quem assentou sua pedra angular?"

Um simples escolar responderia hoje: A terra não tem pedra angular, nem base, nem fundamento; quanto às suas dimensões, nós as conhecemos muito bem, porque desde Magalhães até Bougainville vários navegantes deram a volta ao mundo.

O mesmo escolar silenciaria o declamador Lactâncio e todos aqueles que disseram, antes e depois, que a terra está assentada na água, e que o céu não pode estar abaixo da terra; que, por conseguinte, é ridículo e ímpio desconfiar que haja antípodas.

É curioso ver com que desdém e piedade Lactâncio vê todos os filósofos que, havia quatrocentos anos, começavam a conhecer a trajetória aparente do Sol e dos planetas, a redondez da Terra, a liquidez, a não resistência dos céus, através dos quais os planetas percorriam suas órbitas etc. Ele procura saber[62] por "qual caminho os filósofos chegaram a esse extremo da loucura, que consiste em transformar a Terra numa bola e circundar essa bola com céu".

Esses raciocínios são dignos de todos os outros que ele faz sobre as sibilas.

Nosso escolar diria a todos aqueles doutores: Sabei que não existem céus sólidos colocados uns sobre os outros, como vos disseram; que não há círculos reais nos quais os astros correm sobre uma pretensa placa; que o Sol é o centro de nosso mundo planetário; que a Terra e os planetas giram em torno dele no espaço, não traçando círculos, mas sim elipses. Sabei que não existe em cima nem embaixo, mas que os planetas e os cometas tendem todos para o Sol, seu centro, e que o Sol tende para eles, numa gravitação eterna.

Lactâncio e os outros tagarelas ficariam bem admirados se vissem o sistema do mundo como ele é.

---

62. Lactâncio, liv. III, cap. XXIV. E o clero da França, reunido solenemente em 1770, no século XVIII, citava seriamente como Padre da Igreja esse Lactâncio, de quem os alunos da escola de Alexandria teriam zombado em seu tempo, caso se tivessem dignado lançar o olhar sobre suas lengalengas. (N. de Voltaire)

CHARLATÃO (Charlatan)

O verbete Charlatão do *Dicionário enciclopédico* está cheio de verdades úteis, agradavelmente enunciadas. O senhor cavaleiro de Jaucourt ali discorreu sobre o charlatanismo em medicina.

Tomaremos aqui a liberdade de acrescentar-lhe algumas reflexões. O domicílio dos médicos é nas grandes cidades; quase não há médicos no campo. É nas grandes cidades que estão os doentes ricos: a vida de prazeres, os excessos da mesa, as paixões causam suas doenças. Dumoulin, não o jurisconsulto, mas o médico, que era tão bom profissional quanto o outro, disse ao morrer que deixava dois grandes médicos depois dele: a dieta e a água dos rios.

Em 1728, no tempo de Lass (que era o mais famoso dos charlatães de primeira marca), um outro charlatão, chamado Villars, disse a alguns amigos que seu tio, que vivera quase cem anos e só morrera por sofrer um acidente, deixara-lhe o segredo de uma água que podia facilmente prolongar a vida até cento e cinquenta anos, desde que a pessoa fosse sóbria. Quando via um enterro passar, dava de ombros com compaixão, dizendo: "Se o defunto tivesse bebido minha água, não estaria onde está." Os amigos que ele abasteceu generosamente com sua água, e que observaram um pouco o regime prescrito, sentiram-se bem e a receitaram. Ele então vendia a garrafa a seis francos; a saída foi prodigiosa. Era água do Sena com um pouco de nitro. Os que a tomaram e se submeteram a algum regime, sobretudo os que tinham nascido com um bom temperamento[63], em poucos dias passaram a ter saúde perfeita. Aos outros ele dizia: "É vossa culpa se não estais inteiramente curados. Fostes imoderados e incontinentes: corrigi-vos desses dois vícios e vivereis cento e cinquenta anos pelo menos." Alguns se corrigiram; a fortuna desse bom charlatão aumentou tanto quanto sua reputação. O abade de Pons, entusiasta, punha-o bem acima do marechal de Villars, dizendo: "Aquele mata homens, mas vós lhes dais a vida."

Ficou-se, por fim, sabendo que a água de Villars não passava de água de rio: ninguém mais quis saber dela, e todos procuraram outros charlatães.

A verdade é que ele fizera o bem, e a única censura que lhe cabia era a de ter vendido água do Sena um pouco caro demais. Induzia as pessoas à temperança e nisso era superior ao boticário Arnoult, que recheou a Europa de seus saquinhos contra a apoplexia, sem recomendar virtude alguma.

Conheci um médico de Londres chamado Brown que praticava sua arte nas ilhas Barbados. Tinha um engenho de açúcar e uns pretos; alguém lhe roubou uma quantia considerável de dinheiro; ele reuniu seus pretos: "Meus amigos, disse-lhes, a grande serpente me apareceu durante a noite; disse-me que o ladrão teria neste momento uma pena de papagaio na ponta do nariz." O culpado leva imediatamente a mão ao nariz. "Foste tu que me roubaste, diz o senhor; a grande serpente acaba de me dizer isso", e assim recuperou seu dinheiro. Não se pode condenar uma charlatanice dessas; mas é preciso que se esteja tratando com pretos.

Cipião, o primeiro africano, aquele grande Cipião, bem diferente, aliás, do médico Brown, gostava de levar seus soldados a acreditar que ele era inspirado pelos deuses. Essa grande charlatanice estava em uso havia muito tempo. Podemos censurar Cipião por valer-se dela? Ele talvez tenha sido o homem que mais honrou a república romana; mas por que os deuses lhe inspiraram a não prestar contas?

Numa fez melhor; ele precisava impor regras a bandidos e a um senado que era a parte dos bandidos mais difícil de governar. Se tivesse proposto suas leis à assembleia das tribos, os assassinos de seu predecessor lhe teriam criado mil dificuldades. Recorre então à deusa Egéria, que lhe dá pandectas da parte de Júpiter; ele é obedecido sem oposição e reina feliz. Suas instituições são boas, seu charlatanismo faz bem; mas, se algum inimigo secreto tivesse descoberto o ardil, se

---

63. No sentido de equilíbrio dos humores no corpo. (N. da T.)

alguém dissesse: "Vamos acabar com esse espertalhão que prostitui o nome dos deuses para enganar os homens", ele correria o risco de ser mandado para o céu fazer companhia a Rômulo.

É provável que Numa tenha avaliado muito bem tudo, e que tenha enganado os romanos para o bem deles mesmos, com uma habilidade conveniente ao tempo, ao lugar, ao espírito dos primeiros romanos.

Maomé esteve vinte vezes a ponto de malograr; mas, por fim, logrou com os árabes de Medina, e todos acreditaram que ele era amigo íntimo do anjo Gabriel. Quem hoje anunciasse em Constantinopla que é o favorito do anjo Rafael – muito superior a Gabriel em hierarquia –, e que é o único em quem se deve acreditar, seria empalado em praça pública. Os charlatães precisam saber escolher bem o momento.

Não haveria um pouco de charlatanismo em Sócrates, com seu demônio familiar e com a declaração precisa de Apolo, que o proclamou o mais sábio de todos os homens? Como Rollin, em sua história, pode raciocinar de acordo com esse oráculo? Como não mostra à juventude que aquilo era pura charlatanice? Sócrates escolheu mal o momento. Cem anos antes talvez tivesse governado Atenas.

Todos aqueles que encabeçaram alguma escola filosófica foram um pouco charlatães: mas os maiores de todos foram os que aspiraram à dominação. Cromwell foi o mais terrível de todos os nossos charlatães. Apareceu exatamente no único tempo em que podia lograr: no tempo de Elizabeth ele teria sido enforcado, no de Carlos II só teria sido ridículo. Apareceu no tempo em que todos estavam fartos dos reis; e seu filho, no tempo em que todos estavam cansados de um protetor.

Da charlatanice das ciências e da literatura

As ciências dificilmente passariam sem charlatanice. Todos querem impor suas opiniões: o doutor sutil quer eclipsar o doutor angélico; o doutor profundo quer reinar sozinho. Cada um constrói seu sistema de física, metafísica, teologia escolástica: leva quem valorizar mais a sua mercadoria. E assim tereis agentes para gabá-la, tolos para acreditar em vós, protetores para apoiar-vos.

Haverá charlatanice maior que a de pôr as palavras no lugar das coisas e querer que os outros acreditem naquilo em que nem vós mesmo acreditais?

Um estabelece turbilhões de matéria sutil, ramificada, globulosa, estriada, canelada; outro, elementos de matéria que não são matéria e uma harmonia preestabelecida que faz o relógio do corpo soar quando o ponteiro do relógio da alma a mostra. Essas quimeras encontram partidários durante alguns anos. Quando essas drogas saem de moda, novos energúmenos sobem ao palco ambulante: banem os germes do mundo, dizem que o mar produziu as montanhas e que os homens outrora foram peixes.

Quanta charlatanice já se pôs na história, ora causando admiração com prodígios, ora afagando a maldade humana com sátiras, ora lisonjeando famílias de tiranos com infames elogios?

A infeliz espécie dos que escrevem para viver é charlatã de outra maneira. O pobre que não tem profissão, teve a infelicidade de ir ao colégio e acredita que sabe escrever vai cortejar um livreiro e pede-lhe emprego. O livreiro sabe que a maioria das pessoas domiciliadas gosta de ter pequenas bibliotecas, que precisa de resumos e títulos novos; encomenda ao escritor um resumo de *História de Rapin Thoiras*, um resumo de *História da Igreja*, uma *Coletânea de chistes* extraída de *Ménagiana*, um *Dicionário dos grandes homens*, em que se põe um pedante desconhecido ao lado de Cícero, e um *sonettiero* da Itália ao lado de Virgílio.

Outro livreiro encomenda romances ou traduções de romances. E diz a seu operário: "Se vos faltar imaginação, extraí algumas aventuras em *Cyrus*, em *Gusman d'Alfarache*, em *Memórias secretas de um homem de qualidade*, ou *de uma mulher de qualidade*; do total, fareis um volume de quatrocentas páginas a vinte soldos a folha."

Outro livreiro dá jornais e almanaques de dez anos atrás a um homem de gênio. "Deveis fazer um excerto de tudo isso e entregar-me daqui a três meses com o nome de *História fiel do tempo*, do senhor cavaleiro de três estrelas, tenente da marinha, funcionário do Ministério dos Assuntos Estrangeiros."

Desse tipo de livro há cerca de cinquenta mil na Europa; e tudo é aceito, como o segredo para branquear a pele, escurecer os cabelos e a panaceia universal.

CHINA (De la Chine)

Primeira seção

Observamos alhures como é temerário e canhestro disputar com uma nação como a China os títulos autênticos que lhe cabem. Não temos nenhuma família na Europa cuja antiguidade seja tão bem comprovada como a do império da China. Imaginemos um erudito maronita do monte Atos que contestasse a nobreza dos Morosini, Tiepolo e outras antigas casas de Veneza, dos príncipes da Alemanha, dos Montmorency, Châtillon, Talleyrand da França, pretextando que deles não se fala nem em santo Tomás, nem em são Boaventura. Esse maronita seria visto como homem de bom-senso ou boa-fé?

Não sei que letrados de nossos climas se assustaram com a antiguidade da nação chinesa. Mas essa não é, aqui, uma questão de escolástica. Deixemos que todos os letrados chineses, todos os mandarins, todos os imperadores reconheçam *Fo-hi* como um dos primeiros que deram leis à China, cerca de dois mil e quinhentos ou seiscentos anos antes de nossa era. Convenhamos que é preciso haver povos antes de haver reis. Convenhamos que é preciso um tempo prodigioso para que um povo numeroso, depois de inventar as artes necessárias, se reúna para escolher um dirigente. Se alguém não convier, não importa. Acreditaremos sempre, sem essa pessoa, que dois e dois são quatro.

Numa província do ocidente, chamada outrora Céltica, levou-se o gosto pela singularidade e pelo paradoxo a ponto de se dizer que os chineses não passavam de uma colônia do Egito, ou então, se quiserem, da Fenícia. Acreditou-se provar, como se provam tantas coisas, que um rei do Egito, chamado Menés pelos gregos, era o rei da China, *Yu*, e que Atoés era *Ki*, com a troca de apenas algumas letras; e foi assim que se raciocinou.

Os egípcios às vezes acendiam tochas durante a noite; os chineses acendem lanternas: logo, os chineses são, evidentemente, uma colônia do Egito. O jesuíta Parennin, que viveu vinte e cinco anos na China e dominava tanto a língua quanto as ciências chinesas, refutou todas essas invencionices com polidez, mas com desprezo. Todos os missionários, todos os chineses aos quais se contou que nos confins do ocidente se fazia a reforma do império da China, só puderam rir. O padre Parennin respondeu um pouco mais seriamente. Dizia ele que vossos egípcios, ao que tudo indica, passaram pela Índia para ir povoar a China. A Índia, então, era povoada ou não? Se era, teria deixado passar um exército estrangeiro? Se não era, os egípcios não teriam ficado na Índia? Teriam penetrado por desertos e montanhas impraticáveis até a China, para ir lá fundar colônias, ao passo que podiam estabelecê-las com tanta facilidade nas margens férteis do Indo e do Ganges?

Os compiladores de uma história universal, editada na Inglaterra, quiseram assim despojar os chineses de sua antiguidade, porque os jesuítas eram os primeiros que haviam propiciado o conhecimento da China. Aí está, decerto, uma boa razão para dizer a toda uma nação: *mentistes*.

Ao que me parece, há uma reflexão bem importante para se fazer sobre os testemunhos que Kong-fu-tse, que chamamos Confúcio, dá a respeito da antiguidade de sua nação: é que Confúcio não tinha interesse algum em mentir; não bancava o profeta; não se dizia inspirado; não ensinava uma religião nova; não recorria a truques; não bajulava o imperador sob cuja autoridade vivia, nem sequer fala dele. É, enfim, o único dos instituidores do mundo que não se fez seguir por mulheres.

Conheci um filósofo que tinha apenas o retrato de Confúcio no desvão de seu gabinete: abaixo, pôs estes quatro versos:

De la seule raison salutaire interprète,
Sans éblouir le monde, éclairant les esprits,
Il ne parla qu'en sage, et jamais en prophète;
Cependant on le crut, et même en son pays.
[Intérprete apenas da razão salutar,
Iluminando os espíritos sem ofuscar o mundo,
Falou só como sábio, nunca como profeta;
Mas foi acreditado, mesmo em sua terra.]

Li os livros dele com atenção; fiz alguns excertos; neles encontrei a moral mais pura, sem nenhum indício de charlatanismo. Viveu ele seiscentos anos antes de nossa era. Suas obras foram comentadas pelos maiores eruditos da nação. Se tivesse mentido, se tivesse criado uma cronologia falsa, se tivesse falado de imperadores que não houvessem existido, não teria surgido alguém numa nação instruída para reformar a cronologia de Kong-fu-tse? Um único chinês quis contradizê-lo e foi universalmente vilipendiado.

Aqui não vale a pena opor o monumento da grande muralha da China aos monumentos das outras nações, que nunca chegaram a seus pés; nem repetir que as pirâmides do Egito não passam de massas inúteis e pueris em comparação com aquela grande obra; nem falar de trinta e dois eclipses calculados na antiga crônica da China, dos quais vinte e oito foram confirmados pelos matemáticos da Europa; nem mostrar como o respeito dos chineses por seus ancestrais garante a existência desses mesmos ancestrais; nem repisar como esse mesmo respeito prejudicou entre eles os progressos da física, da geometria e da astronomia.

Sabe-se bem que eles são ainda hoje o que éramos todos há cerca de trezentos anos, argumentadores ignorantes. Os chineses mais instruídos se parecem com um de nossos eruditos do século XV que dominasse seu Aristóteles. Mas alguém pode ser péssimo físico e excelente moralista. Por isso, foi na moral, na economia política, na agricultura e nas artes necessárias que os chineses se aperfeiçoaram. Nós lhes ensinamos todo o resto; mas nessa parte devemos ser seus discípulos.

Da expulsão dos missionários da China

Falando em termos humanos, independentemente dos serviços que os jesuítas pudessem prestar à religião cristã, não foi uma atitude infeliz a de chegarem de tão longe para levar a discórdia e a perturbação ao reino mais vasto e mais civilizado da terra? Não terão abusado demais da indulgência e da bondade dos povos orientais, sobretudo depois da torrente de sangue derramado por culpa deles no Japão? Cena medonha cujas consequências aquele império acreditou poder prevenir apenas fechando seus portos a todos os estrangeiros.

Os jesuítas haviam obtido do imperador da China, Kang-hi, permissão para ensinar o catolicismo; usaram-na para ensinar à pequena parcela do povo orientada por eles que não se podia servir a outro senhor, senão aquele que ocupava o lugar de Deus na terra e residia na Itália, às margens de um riacho chamado Tibre; que qualquer outra opinião religiosa, qualquer outro culto, era abominável aos olhos de Deus, que puniria para a eternidade quem não acreditasse nos jesuítas; que o imperador Kang-hi, benfeitor deles, que não conseguia pronunciar Cristo porque os chineses não têm a letra R, seria danado para todo o sempre; que o imperador Yong-tching, seu filho, seria danado sem misericórdia; que todos os ancestrais dos chineses e dos tártaros já o eram; que seus descendentes o seriam, assim como todo o restante da terra; e que os reverendos padres jesuítas sentiam uma compaixão realmente paternal pela danação de tantas almas.

Conseguiram persuadir três príncipes de sangue tártaro. No entanto, o imperador Kang-hi morreu em fins de 1722. Deixou o império para seu quarto filho, Yong-tching, que se celebrizou no mundo inteiro pela justiça e pela sabedoria de seu governo, pelo amor aos súditos e pela expulsão dos jesuítas.

Começaram por batizar os três príncipes e várias pessoas de sua casa: aqueles neófitos tiveram a infelicidade de desobedecer ao imperador em alguns pontos referentes apenas ao serviço militar. Nesse ínterim, explodiu a indignação de todo o império contra os missionários; todos os governadores das províncias, todos os *ko-laos*, apresentaram queixas contra eles. As acusações chegaram a tal ponto que os três príncipes discípulos dos jesuítas foram acorrentados.

É evidente que a dureza desse tratamento não se deveu ao fato de terem sido batizados, pois os próprios jesuítas admitem, em suas cartas, que eles mesmos não enfrentaram violência alguma e até foram admitidos em audiência com o imperador, que os honrou com alguns presentes. Está, portanto, provado que o imperador Yong-tching não era um perseguidor, e se os príncipes foram trancafiados numa prisão na Tartária, enquanto seus catequistas eram tão bem tratados, tem-se a prova indubitável de que eram prisioneiros de Estado, e não mártires.

O imperador logo cedeu, diante do clamor de toda a China; pedia-se a expulsão dos jesuítas, tal como depois, na França e em outros países, se pediu sua abolição. Todos os tribunais da China queriam que fossem expedidos imediatamente para Macao, visto como lugar separado do império, cuja possessão foi mantida para os portugueses, com presença de uma guarnição chinesa.

Yong-tching teve a bondade de consultar os tribunais e os governadores, para saber se haveria algum perigo em fazer conduzir todos os jesuítas para a província de Cantão. Enquanto a resposta não chegava, chamou três jesuítas à sua presença e lhes disse estas palavras, que o padre Parennin repete com muita boa-fé: "Na província de Fo-Kien, vossos europeus queriam anular nossas leis[64] e estavam perturbando nossos povos; os tribunais trouxeram esse caso perante mim; precisei restabelecer a ordem; está em jogo o interesse do império... Que diriam os senhores se eu mandasse para a sua terra uma tropa de bonzos e de lamas para pregar a lei deles? Como os receberiam?... Se os senhores conseguiram enganar meu pai, não pensem que podem enganar-me... Querem que os chineses se tornem cristãos, é exigência da lei que pregam, sei muito bem; mas então que será de nós? Súditos de seus reis. Os cristãos só acreditam nos senhores; em tempos de conturbação, não ouviriam outra voz. Sei que hoje em dia nada há para temer; mas, quando os navios chegarem com milhares, então poderia haver desordem.

"Ao norte, a China faz fronteira com o reino dos russos, que não é desprezível; ao sul, estão os europeus e seus reinos, que são ainda mais consideráveis[65]; a oeste, os príncipes da Tartária, com quem estamos em guerra há oito anos... Laurence Lange, companheiro do príncipe Ismailoff, embaixador do czar, pedia permissão para que os russos estabelecessem feitorias em todas as províncias; a permissão só foi dada para Pequim, nos limites de Kalkas. Permito que fiquem também aqui e em Cantão, desde que não deem motivos para reclamações; se derem, não os deixarei aqui nem em Cantão."

As casas e as igrejas dos jesuítas foram demolidas em todas as outras províncias. Por fim as reclamações se multiplicaram. O que mais causava queixas era o fato de enfraquecerem o respeito pelos pais nas crianças, que deixavam de prestar as honras devidas aos ancestrais; o de reunirem

---

64. O papa já havia nomeado um bispo lá. (N. de Voltaire)
65. Yong-tching refere-se às possessões dos europeus na Índia. (N. de Voltaire)

indecentemente os jovens de ambos os sexos em lugares afastados, a que davam o nome de *igrejas*; o de mandarem as moças ajoelhar-se entre suas pernas e falar-lhes baixinho nessa posição. Nada parecia mais monstruoso à delicadeza chinesa. O imperador Yong-tching até se dignou advertir os jesuítas: depois disso, mandou a maioria dos missionários para Macao, mas com gentilezas e atenções de que talvez só os chineses sejam capazes.

Manteve em Pequim alguns jesuítas matemáticos, entre os quais o mesmo Parennin de que acabamos de falar; este, dominando perfeitamente o chinês e o tártaro, servira amiúde de intérprete. Vários jesuítas se esconderam em províncias distantes; outros, em Cantão mesmo; os chineses fecharam os olhos.

Por fim, quando o imperador Yong-tching morreu, seu filho e sucessor Kien-Lung acabou de contentar a nação, mandando para Macao todos os missionários disfarçados que foi possível encontrar no império. Um edito solene proibiu-lhes a entrada para sempre. Se aparece algum, pedem-lhe civilizadamente que vá exercer seus talentos em outro lugar. Nada de tratamento duro, nada de perseguição. Garantiram-me que em 1760 um jesuíta de Roma foi para Cantão e, denunciado por um agente dos holandeses, foi mandado de volta pelo *ko-lao*, governador de Cantão, levando de presente uma peça de seda, provisões e dinheiro.

Sobre o pretenso ateísmo da China

Já examinamos várias vezes essa acusação de ateísmo, feita por nossos teólogos do ocidente contra o governo chinês[66] do outro lado do mundo; é sem dúvida o último excesso de nossas loucuras e de nossas contradições pedantescas. Ora se afirmava em uma de nossas faculdades que os tribunais ou parlamentos da China são idólatras, ora que não reconhecem divindade; esses argumentadores às vezes levavam o furor a ponto de afirmar que os chineses eram ao mesmo tempo ateus e idólatras.

No mês de outubro de 1700, a Sorbonne declarou heréticas todas as declarações de que o imperador e os *ko-laos* acreditam em Deus. Foram feitos polpudos volumes nos quais se demonstrava, segundo o modo teológico de se demonstrar, que os chineses só adoravam o céu material.

Nil præter nubes et coeli numen adorant.
[Nada adoram, exceto as nuvens e o poder divino do céu.]

Mas, se adoravam esse céu material, era porque lá estava o deus deles. Pareciam-se com os persas, que, segundo dizem, adoraram o Sol; pareciam-se com os antigos árabes, que adoravam as estrelas; portanto, não eram nem fabricadores de ídolos, nem ateus. Mas um doutor não olha as coisas de tão perto quando, de seu feudo, resolve declarar que uma proposição é herética e malsoante.

Aquela pobre gente, que em 1700 fazia tanto estardalhaço por causa do céu material dos chineses, não sabia que em 1689 os chineses, firmando a paz com os russos em Niptchou[67], que é o limite entre os dois impérios, erigiram, em 8 de setembro, um monumento de mármore sobre o qual foram gravadas em língua chinesa e em latim estas palavras memoráveis:

"Se alguém tiver algum dia a ideia de reacender o fogo da guerra, suplicamos ao Senhor soberano de todas as coisas, conhecedor dos corações, que puna esses pérfidos etc."[68]

---

66. Ver *Siècle de Louis XIV*, cap. XXXIX; no *Essai sur les Mœurs et l'Esprit des nations*, cap. II etc. (N. de Voltaire)
67. Nertchinsk. (N. da T.)
68. Ver *História da Rússia sob Pedro I*, escrita com base nas Memórias enviadas pela imperatriz Elisabete. (N. de Voltaire)

Bastaria saber um pouco de história moderna para pôr fim a essas disputas ridículas; mas quem acha que o dever de um homem consiste em comentar santo Tomás e Escoto não se rebaixa a buscar informações sobre o que ocorre nos maiores impérios da terra.

Segunda seção

Na China, vamos procurar terras, como se não as tivéssemos; tecidos, como se carecêssemos deles; uma ervazinha para fazer infusão na água, como se não tivéssemos símplices em nossos climas. Como recompensa, queremos converter os chineses: zelo muito louvável, mas não se deve contestar a antiguidade deles e dizer-lhes que são idólatras. Seria cabível, por acaso, que um capuchinho, depois de ter sido bem recebido num castelo dos Montmorency, quisesse convencê-los de que eles são nobres novos como os secretários do rei, e acusá-los de idolatria por ter encontrado no castelo duas ou três estátuas de condestáveis pelos quais se tivesse profundo respeito?

O célebre Wolf, professor de matemática da universidade de Hall, proferiu um dia um ótimo discurso em louvor à filosofia chinesa; louvou aquela antiga espécie de homem, que difere de nós na barba, nos olhos, no nariz, nas orelhas e no raciocínio; louvou, dizia eu, os chineses por adorarem um Deus supremo e amarem a virtude; fazia essa justiça aos imperadores da China, aos *ko-laos*, aos tribunais e aos letrados. A justiça feita aos bonzos é de uma espécie diferente.

Cumpre saber que Wolf atraía para Hall um milhar de estudantes de todas as nações. Havia na mesma universidade um professor de teologia chamado Lange, que não atraía ninguém; esse homem, no desespero de congelar de frio, sozinho, em seu auditório, quis com razão acabar com o professor de matemática e, como é costume em seus semelhantes, não deixou de acusá-lo de não crer em Deus.

Alguns escritores da Europa, que nunca tinham ido à China, afirmaram que o governo de Pequim é ateu. Wolf louvara os filósofos de Pequim, logo Wolf era ateu; a inveja e o ódio nunca fazem melhores silogismos. Esse argumento de Lange, defendido por uma cabala e por um protetor, foi considerado concludente pelo rei do país, que enviou um dilema formal ao matemático: esse dilema oferecia-lhe a escolha de sair de Hall em vinte e quatro horas ou de ser enforcado. E, como Wolf raciocinava muito bem, optou por ir embora; sua aposentadoria custou ao rei duzentos ou trezentos mil escudos por ano, que aquele filósofo trazia ao reino graças à afluência de seus discípulos.

Esse exemplo deve mostrar aos soberanos que nunca se deve dar ouvidos à calúnia e sacrificar um grande homem ao furor de um parvo. Voltemos à China.

Que ideia é essa nossa de, nestas paragens ocidentais, ficar discutindo com sanha e torrentes de injúrias, para saber se houve catorze príncipes ou não antes de Fo-hi, imperador da China, e se aquele Fo-hi viveu três mil ou dois mil e novecentos anos antes de nossa era? Suponhamos que dois irlandeses tivessem a ideia de brigar em Dublin para saber quem era, no século XVII, o dono das terras que ocupo hoje; não parece evidente que deveriam dirigir-se a mim, já que sou eu que estou de posse dos arquivos? Na minha opinião, é isso o que acontece com os primeiros imperadores da China; é preciso dirigir-se aos tribunais do país.

Quem quiser que discuta sobre os catorze príncipes que reinaram antes de Fo-hi; essa bela discussão só servirá para provar que a China era muito povoada então e que lá reinavam leis. Agora, pergunto se uma nação reunida, que tem leis e príncipes, não pressupõe prodigiosa antiguidade. Imagine-se quanto tempo é preciso para que o concurso singular de circunstâncias leve à descoberta de ferro nas minas, para que ele seja empregado na agricultura, para que se inventem a lançadeira e todas as outras artes.

Aqueles que fazem filhos a poder de penadas imaginaram um cálculo muito engraçado. O jesuíta Pétau, por meio de um belo cômputo, atribui à terra, no período que corresponde a duzentos e oitenta e cinco anos depois do dilúvio, cem vezes mais habitantes do que se ousa supor atualmente. Cumberland e Whiston fizeram cálculos igualmente cômicos; essa boa gente só precisava consultar os registros de nossas colônias na América para ficar bem admirada, ao saber como o gênero humano se multiplica pouco e frequentemente diminui em vez de aumentar.

Nós, que somos de ontem, nós, descendentes dos celtas, que acabamos de desbravar as florestas de nossos territórios selvagens, devemos deixar que chineses e indianos gozem em paz o belo clima e a antiguidade que têm. Acima de tudo, devemos deixar de chamar de idólatras o imperador da China e o subá de Deccan. Não devemos ser fanáticos quanto ao mérito chinês: a constituição daquele império é, na verdade, a melhor que existe no mundo, a única baseada no poder paterno; a única na qual um governador de província é punido quando, ao sair do cargo, não tem as aclamações do povo; a única que instituiu prêmios para a virtude, enquanto em todos os outros lugares as leis se limitam a punir o crime; a única que levou seus vencedores a adotar suas leis, enquanto estamos ainda sujeitos aos costumes de burgúndios, francos e godos, que nos dominaram. Mas devemos admitir que o povinho, governado por bonzos, é tão velhaco quanto o nosso; que lá se vende tudo muito caro aos estrangeiros, tal como entre nós; que, nas ciências, os chineses ainda estão num ponto em que estávamos há duzentos anos; que, como nós, eles têm mil preconceitos ridículos; que acreditam em talismãs, na astrologia judiciária, como nós acreditamos durante muito tempo.

Devemos também admitir que eles ficaram admirados com nosso termômetro, com nossa maneira de congelar líquidos com salitre e com todas as experiências feitas por Toricelli e Otto de Guericke, assim como nos admiramos quando vimos essas brincadeiras de física pela primeira vez; acrescente-se que seus médicos não curam as doenças mortais mais do que os nossos, e que a natureza sozinha cura as doenças benignas na China tal como aqui; mas nada disso impede que os chineses, há quatro mil anos, quando não sabíamos ler, conhecessem todas as coisas essencialmente úteis de que nos gabamos hoje.

A religião dos letrados, repetimos, é admirável. Não há superstições, lendas absurdas, dogmas que insultam a razão e a natureza, aos quais os bonzos dão mil sentidos diferentes, porque não têm nenhum. O culto mais simples pareceu-lhes o melhor há mais de quarenta séculos. Eles são aquilo que acreditamos terem sido Sete, Enoque e Noé; limitam-se a adorar um Deus como todos os sábios da terra, enquanto na Europa as pessoas se dividem entre Tomás e Boaventura, Calvino e Lutero, Jansênio e Molina.

CÍCERO (Cicéron)

É no tempo da decadência das belas-artes na França, no século dos paradoxos e no aviltamento da literatura e da filosofia perseguida que querem estigmatizar Cícero; e que homem tenta desonrar sua memória? Um de seus discípulos; um homem que, como ele, dedica seu ministério à defesa dos acusados; um advogado que estudou a eloquência com esse grande mestre; é um cidadão que, tal como Cícero, parece animado pelo mesmo amor ao bem público.

Num livro intitulado *Canais navegáveis*, repleto de opiniões patrióticas e grandiosas, mais que executáveis, causa espécie a leitura desta filípica contra Cícero, que nunca mandou abrir nenhum canal:

"O traço mais glorioso da história de Cícero é a ruína da conjuração de Catilina; mas, examinando bem, ela só causou alvoroço em Roma na medida em que ele se esmerou em dar-lhe importância. O perigo estava mais nos seus discursos do que na coisa. Aquele era um cometimento de homens embriagados, fácil de desmantelar. Nem o chefe nem os cúmplices haviam tomado a menor providência para garantir o sucesso do crime. Surpreendentes nesse estranho caso foram apenas o aparato com que o cônsul carregou todas as suas medidas e a facilidade com que se permitiu que ele sacrificasse a seu amor-próprio tantos rebentos das mais ilustres famílias.

"Aliás, a vida de Cícero está cheia de lances vergonhosos; a venalidade de sua eloquência só se comparava à pusilanimidade de sua alma. Quando não era o interesse que lhe comandava a língua, eram o medo ou a esperança. O desejo de conseguir apoio levava-o à tribuna para defender sem pudor homens mais desonrados, cem vezes mais perigosos que Catilina. Entre seus clientes, vemos quase apenas bandidos, e, num lance singular da justiça divina, ele recebeu a morte das mãos de um daqueles miseráveis que sua arte subtraíra aos rigores da justiça humana."

Examinando bem, a conjuração de Catilina provocou em Roma mais do que *alvoroço*; mergulhou-a na maior perturbação e no maior perigo. Só terminou com uma batalha tão sangrenta que não há exemplo igual de carnificina e poucos exemplos há de uma coragem tão intrépida. Todos os soldados de Catilina, depois de matarem a metade do exército de Petreio, foram mortos, sem exceção; Catilina pereceu traspassado sobre um monte de mortos, e todos foram encontrados com o rosto voltado contra o inimigo. Não era um cometimento tão fácil de desmantelar; era ajudado por César; e ensinou a César como conspirar depois com mais sucesso contra a pátria.

"Cícero defendia sem pudor homens mais desonrados, cem vezes mais perigosos que Catilina."

Como quando, na tribuna, defendia a Sicília contra Verres, e a república romana contra Antônio? Como quando despertava a clemência de César para com Ligário e o rei Dejótare? Ou como quando obteve o direito de cidadania para o poeta Árquias? Ou como quando, em sua bela oração em favor da lei Manília, arrebatou todos os sufrágios dos romanos em favor do grande Pompeu?

Defendeu Milo, assassino de Clódio; mas Clódio merecera aquele fim trágico com sua fúria. Clódio estava implicado na conjuração de Catilina; Clódio era seu mais mortal inimigo; sublevara Roma contra ele e o punira por ter salvo Roma; Milo era seu amigo.

Como?! Só em nossos dias alguém ousa dizer que Deus puniu Cícero por ter defendido um tribuno militar chamado Popílio Lena, e que, por castigo dos céus, foi assassinado por esse mesmo Popílio Lena! Ninguém sabe se Popílio Lena era culpado ou não do crime de que Cícero o defendeu; mas todos sabem que aquele monstro foi culpado da mais horrível ingratidão, da mais infame ganância e da mais detestável barbárie, ao assassinar seu benfeitor para ganhar o dinheiro de três monstros como ele. Estava reservado ao nosso século o desejo de mostrar o assassinato de Cícero como um ato da justiça divina. Nem os triúnviros teriam ousado. Todos os séculos anteriores detestaram e deploraram sua morte.

Cícero é censurado por se ter gabado demasiadamente de ter salvo Roma e amado demais a glória. Mas seus inimigos queriam destruir essa glória. Uma facção tirânica o condenava ao exílio e destruía sua casa, porque ele salvara todas as casas de Roma do incêndio que Catilina preparava. Podemos e até mesmo devemos gabar nossos serviços quando ninguém os reconhece e, sobretudo, quando eles são vistos como crime.

Todos admiram Cipião por só ter respondido a seus acusadores com estas palavras: "Foi neste dia que venci Aníbal; vamos dar graças aos deuses." E foi seguido por todo o povo ao Capitólio, e nossos corações o seguem ainda quando lemos essa passagem da história, embora, afinal, ele devesse ter prestado contas, em vez de safar-se com palavras de efeito.

Cícero foi igualmente admirado pelo povo romano no dia do término de seu consulado, quando, obrigado a fazer os juramentos costumeiros, se preparava para discursar ao povo como de hábito e foi impedido de fazê-lo pelo tribuno Metelo, que queria ultrajá-lo. Cícero começara com esta palavra: *Juro*; o tribuno interrompeu-o e declarou que ele não tinha permissão para discursar. Ergueu-se um grande bulício. Cícero parou um momento e, dando mais força à sua voz nobre e sonora, disse apenas estas palavras: "Juro que salvei a pátria." A assembleia, encantada, exclamou: "Nós juramos que ele disse a verdade." Esse foi o mais belo momento de sua vida. É assim que se deve amar a glória.

Não sei onde li estes versos ignorados:

Romains, j'aime la gloire et ne veux point m'en taire;
Des travaux des humains c'est le digne salaire:
Ce n'est qu'en vous servant qu'il la faut acheter;
Qui n'ose la vouloir n'ose la mériter.
[Romanos, amo a glória e não me calo;
Dos trabalhos humanos é a digna paga:
É só a vos servir que se deve obtê-la;
Quem não ousa querê-la não ousa merecê-la.]

Pode-se desprezar Cícero quando se considera sua conduta no governo da Cilícia, então uma das mais importantes províncias do império romano, visto que confinava com a Síria e com o império dos partas? Laodiceia, uma das mais belas cidades do oriente, era sua capital: essa província era tão próspera quanto agora está degradada sob o governo dos turcos, que nunca tiveram um Cícero.

Começa por proteger Ariobárzanes, rei da Capadócia, e recusa os presentes que esse rei quer oferecer-lhe. Os partas vêm atacar Antioquia em plena paz; Cícero voa para lá, alcança os partas depois das marchas forçadas pelo monte Taurus; põe seu exército em debandada e o persegue na fuga; Ósaces, seu general, é morto com parte de seu exército.

De lá, corre para Pendenissum, capital de um país aliado dos partas, e a toma; submete essa província. Volta-se imediatamente contra os povos chamados tiburanianos: vence-os, e suas tropas lhe outorgam o título de imperador, que ele conservou por toda a vida. Teria obtido em Roma as honras do triunfo não fosse a oposição de Catão, que obrigou o senado a decretar apenas festejos públicos e agradecimentos aos deuses, quando era a Cícero que deviam agradecer.

Quem tiver em mente a equidade, o desinteresse de Cícero em seu governo, sua atividade, sua afabilidade, duas virtudes tão raramente compatíveis, os benefícios que prodigalizou aos povos de que era soberano absoluto, dificilmente deixará de estimar tal homem.

Quem pensar que foi esse mesmo romano quem primeiro introduziu a filosofia em Roma, que suas *Tusculanas* e seu livro sobre a *Natureza dos deuses* são as duas obras mais belas já escritas pela sabedoria apenas humana, e que seu *Tratado sobre os deveres* é o mais útil que temos em matéria de moral, terá ainda mais dificuldade para desprezar Cícero. Lamentemos os que não o leem, lamentemos ainda mais os que não lhe fazem justiça.

Ao detrator francês podemos opor os versos do espanhol Martial, em seu epigrama contra Antônio (liv. V, epig. 69):

Quid prosunt sacrae pretiosa silentia linguae?
   Incipient omnes pro Cicerone loqui.

Ta prodigue fureur acheta son silence,
Mais l'univers entier parle à jamais pour lui.
[Teu pródigo furor obteve seu silêncio,
Mas o universo inteiro fala para sempre em seu favor.]

Vede, sobretudo, o que diz Juvenal (sat. VIII, 244):

Roma patrem patriae Ciceronem libera dixit.
[Roma livre aclamou Cícero como pai da pátria.]

CIRCUNCISÃO (Circoncision)

Quando Heródoto conta o que lhe foi dito pelos bárbaros que visitava, só conta tolices; e é o que faz a maioria de nossos viajantes: por isso, não exige que acreditem nele, quando fala da aventura de Giges e Candaulo; de Arião, carregado por um golfinho; e do oráculo que, consultado para se saber o que Creso estava fazendo, respondeu que estava cozinhando uma tartaruga num pote coberto; e do cavalo de Dario, que, relinchando antes de todos, declarou rei o seu mestre, além de mil outras fábulas apropriadas a divertir crianças e a ser compiladas por retóricos; mas, quando fala do que viu, dos costumes dos povos que estudou, de suas antiguidades que consultou, fala a adultos.

Diz ele no livro de Euterpe: "Parece que os habitantes da Cólquida são originários do Egito: julgo por mim mesmo, e não por ouvir dizer, pois descobri que na Cólquida era bem maior a lembrança que se tinha dos antigos egípcios do que no Egito a que se tinha dos antigos costumes da Cólquida.

"Esses habitantes das margens de Ponto Euxino afirmavam que eram uma colônia estabelecida por Sesóstris; quanto a mim, acreditaria que sim não apenas porque são bronzeados e têm cabelos crespos, mas porque os povos da Cólquida, do Egito e da Etiópia são os únicos da terra que sempre se fizeram circuncidar: pois os fenícios e os habitantes da Palestina afirmam que aprenderam a circuncisão com os egípcios. Os sírios que hoje habitam as margens do Termodonte e do Patênio, e seus vizinhos macrões afirmam que há não muito tempo adotaram esse costume do Egito; é por isso, principalmente, que são reconhecidos como de origem egípcia.

"No que se refere à Etiópia e ao Egito, como essa cerimônia é muito antiga nessas duas nações, não saberia dizer qual das duas copiou a circuncisão da outra: no entanto, é provável que os etíopes a tenham copiado dos egípcios, assim como, ao contrário, os fenícios aboliram o uso de circuncidar os recém-nascidos depois que passaram a ter mais comércio com os gregos."

É evidente, por esse trecho de Heródoto, que vários povos copiaram a circuncisão do Egito; mas nenhuma nação nunca afirmou ter recebido a circuncisão dos judeus. A quem se pode então atribuir a origem desse costume, à nação da qual outras cinco ou seis confessam tê-la copiado ou a uma outra nação bem menos poderosa, menos comerciante, menos guerreira, escondida num recanto da Arábia Pétrea, que nunca comunicou nenhum de seus usos a povo algum?

Os judeus dizem que outrora foram recebidos por caridade no Egito; não será provável que o pequeno povo tenha imitado um uso do grande povo, e que os judeus tenham copiado alguns costumes de seus senhores?

Clemente de Alexandria conta que Pitágoras, viajando ao Egito, foi obrigado a submeter-se à circuncisão para ser admitido em seus mistérios; portanto, era absolutamente necessário ser circuncidado para fazer parte do número de sacerdotes do Egito. Aqueles sacerdotes já existiam quando José chegou ao Egito; o governo era muito antigo, e as cerimônias antigas do Egito eram observadas com a mais escrupulosa exatidão.

Os judeus afirmam que ficaram por duzentos e cinco anos no Egito; dizem que não se fizeram circuncidar durante esse espaço de tempo: está claro que, durante duzentos e cinco anos, os egípcios não imitaram a circuncisão dos judeus; acaso a teriam imitado depois que os judeus lhes roubaram todos os vasos que lhes haviam sido emprestados e fugiram para o deserto com a presa, segundo seu próprio testemunho? Um senhor adotará a principal marca da religião de seu escravo ladrão e fugitivo? Isso não é coisa da natureza humana.

Diz-se, no livro de Josué, que os judeus foram circuncidados no deserto: "Livrei-vos daquilo que constituía vosso opróbrio entre os egípcios." Ora, que opróbrio poderia ser esse para gente que se encontrava entre os povos da Fenícia, os árabes e os egípcios, senão aquele que os tornava desprezíveis para aquelas três nações? Como livrá-los daquele opróbrio? Livrando-os de um pouco de prepúcio: não é esse o sentido natural desse trecho?

O Gênese diz que Abraão fora circuncidado antes; mas Abraão viajou para o Egito, que havia muito era um reino próspero, governado por um rei poderoso; nada impede que num reino tão antigo a circuncisão fosse estabelecida. Ademais, a circuncisão de Abraão não teve prosseguimento; seus descendentes só foram circuncidados no tempo de Josué.

Ora, antes de Josué, os israelitas, segundo eles mesmos admitem, imitaram muitos costumes dos egípcios; imitaram-nos em vários sacrifícios, em várias cerimônias, como nos jejuns que eram observados nas vésperas das festividades de Ísis, nas abluções, no costume de tosar a cabeça dos sacerdotes; o incenso, o candelabro, o sacrifício da vaca vermelha, a purificação com hissopo, a abstinência de carne de porco, o horror a utensílios de cozinha dos estrangeiros, tudo confirma que o pequeno povo hebreu, apesar de sua aversão pela grande nação egípcia, adotara uma infinidade de usos de seus antigos senhores. Aquele bode Hazazel, que era enviado para o deserto, carregado dos pecados do povo, era imitação visível de uma prática egípcia; os rabinos mesmos admitem que a palavra Hazazel não é hebraica. Nada impede, portanto, que os hebreus tenham imitado os egípcios na circuncisão, como faziam seus vizinhos árabes.

Não é extraordinário que Deus, que santificou o batismo, tão antigo entre asiáticos, tenha também santificado a circuncisão, não menos antiga entre os africanos. Já notamos que ele se esmera em conceder suas graças aos signos que se digna escolher.

De resto, desde quando passou a ser circuncidado sob o comando de Josué, o povo judeu conservou esse costume até nossos dias; os árabes também sempre foram fiéis a ele, mas os egípcios, que, nos primeiros tempos, circuncidavam meninos e meninas, deixaram depois de submeter as meninas a essa operação e, no fim, restringiram-na aos sacerdotes, aos astrólogos e aos profetas. É o que Clemente de Alexandria e Orígenes nos informam. De fato, não se sabe que os Ptolomeus tenham jamais sofrido circuncisão.

Os autores latinos que tratam os judeus com tão profundo desprezo que os chamam *curtus apella* [circunciso libidinoso], por zombaria, *credat Judaeus apella*, *curti Judaei* [que o judeu Apela creia, os judeus circuncisos], não dão epítetos desses aos egípcios. Todo o povo do Egito é hoje circuncidado, mas por outra razão: porque o maometismo adotou a antiga circuncisão da Arábia.

É essa circuncisão árabe que passou para os etíopes, que ainda circuncidam meninos e meninas.

Deve-se admitir que essa cerimônia da circuncisão parece bem estranha à primeira vista; mas deve-se notar que em todos os tempos os sacerdotes do oriente se consagraram a suas divindades por meio de marcas especiais. Os sacerdotes de Baco eram marcados com uma folha de hera, feita com uma punção. Luciano diz que os devotos da deusa Ísis se imprimiam caracteres no punho e no pescoço. Os sacerdotes de Cibele tornavam-se eunucos.

Ao que tudo indica, os egípcios, que reverenciavam o instrumento da procriação, carregando sua imagem pomposamente em suas procissões, imaginaram oferecer a Ísis e a Osíris, pelos quais tudo era engendrado na terra, uma pequena parte do membro por meio do qual aqueles deuses haviam desejado que o gênero humano se perpetuasse. Os antigos costumes orientais são tão prodigiosamente diferentes dos nossos, que nada deve parecer extraordinário a quem tiver um pouco de leitura. Os parisienses se surpreendem quando lhes dizem que os hotentotes retiram um testículo de seus filhos. Os hotentotes talvez se surpreendessem se soubessem que os parisienses ficam com os dois.

CIRO (Cyrus)

Vários doutos e Rollin, na esteira deles, num século em que se cultiva a razão, garantiram-nos que Javã, supostamente pai dos gregos, era neto de Noé. Acredito, assim como acredito que Perseu foi fundador do reino de Pérsia, e Niger da Nigrícia. Uma de minhas tristezas é que os gregos nunca tenham conhecido esse Noé, o verdadeiro autor de sua raça. Já consignei alhures meu espanto e minha dor com o fato de que Adão, o pai de todos nós, tenha sido absolutamente ignorado por todos, desde o Japão até o estreito Le Maire, exceto por um pequeno povo que, por sua vez, só ficou conhecido muito tarde. A ciência das genealogias é decerto muito segura, mas bem difícil.

Não é sobre Javã, nem sobre Noé, nem sobre Adão que recaem hoje minhas dúvidas; é sobre Ciro; e não procuro saber qual das fábulas contadas sobre Ciro é preferível, se a de Heródoto ou a de Ctésias, ou se a de Xenofonte ou a de Diodoro, ou a de Justino, pois todas se contradizem. Não pergunto por que todos se obstinam a dar o nome de Ciro a um bárbaro que se chamava Kosru, e os nomes de Cirópolis, Persépolis, a cidades que nunca se deram esses nomes.

Ponho de lado tudo o que se disse do grande Ciro, até o romance que tem esse nome, até as viagens que o escocês Ramsay o fez fazer. Peço apenas algumas instruções aos judeus sobre esse Ciro de quem falaram.

Observo de início que nenhum historiador jamais disse uma palavra dos judeus na história de Ciro, e que os judeus são os únicos que ousam fazer menção de si mesmos ao falarem desse príncipe.

Parecem-se de algum modo com certas pessoas que, sobre uma ordem de cidadãos superior a elas, diziam: "Nós conhecemos os senhores, mas os senhores não nos conhecem." O mesmo ocorre com Alexandre em relação aos judeus. Nenhum historiador de Alexandre misturou o nome de Alexandre com o dos judeus; mas Josefo não deixa de dizer que Alexandre foi apresentar seus respeitos a Jerusalém; que adorou não sei que pontífice judeu chamado Jaddus, que outrora lhe predissera em sonhos a conquista da Pérsia. Todos os pequenos se empertigam; os grandes pensam menos em sua grandeza.

Quando Tarik veio conquistar a Espanha, os vencidos lhe disseram que haviam previsto aquilo. O mesmo se diz a Gêngis, a Tamerlão, a Maomé II.

Deus me livre de querer comparar as profecias judias a todos os ledores de buena-dicha que fazem a corte aos vitoriosos e lhes predizem o que lhes aconteceu. Noto apenas que os judeus produzem testemunhos de sua nação sobre Ciro cerca de cento e sessenta anos antes que ele viesse ao mundo.

Encontra-se em Isaías (cap. XLV, 1): "Eis o que o Senhor diz a Ciro, que é meu Cristo, que tomei pela mão para submeter-lhe as nações, para pôr os reis em fuga, para abrir as portas diante dele: andarei diante de vós; humilharei os grandes; romperei os cofres; dar-vos-ei o dinheiro escondido, para saberdes que sou o Senhor etc."

A alguns doutos custa engolir que o Senhor gratifique com o nome de seu Cristo um profano da religião de Zoroastro. Ousam dizer que os judeus fizeram como todos os fracos que adulam os poderosos, que impingiram predições em favor de Ciro.

Esses doutos não respeitam nem Daniel nem Isaías. Tratam todas as profecias atribuídas a Daniel com o mesmo desprezo que são Jerônimo mostrou pela aventura de Suzana, pela do dragão de Belus e pelas três crianças da fornalha.

Esses doutos não parecem bastante compenetrados de estima pelos profetas. Vários deles até afirmam que é metafisicamente impossível ver o futuro com clareza; que há uma contradição formal em ver o que não é; que o futuro não existe e, por conseguinte, não pode ser visto; que as fraudes desse tipo são inumeráveis em todas as nações; que é preciso desconfiar de tudo na história antiga.

Acrescentam que, se já houve alguma predição formal, essa é a da descoberta da América em Sêneca, o Trágico (*Medeia,* II ato, cena III):

> ... *Venient annis*
> *Saecula seris quibus Oceanus*
> *Vincula rerum laxet, et ingens*
> *Pateat tellus etc.*

[Em anos futuros virá
Um tempo em que o Oceano
Afrouxará os vínculos das coisas
E a terra imensa se exporá.]

As quatro estrelas do polo antártico são anunciadas ainda mais claramente em Dante. No entanto, ninguém teve a ideia de considerar Sêneca e Dante Alighieri adivinhos.

Estamos bem distantes de pensar como esses sábios, limitamo-nos a ser extremamente circunspectos em relação aos profetas de nossos dias.

Quanto à história de Ciro, é realmente muito difícil saber se ele morreu de boa morte ou se Tomíris mandou cortar-lhe a cabeça. Mas desejo – confesso – que os doutos que cortam o pescoço de Ciro tenham razão. Não é nada ruim que esses ilustres salteadores de estrada, que saem por aí pilhando e ensanguentando a terra, sejam um pouco castigados de vez em quando.

Ciro sempre esteve fadado a tornar-se assunto de romance. Xenofonte começou, e Ramsay, infelizmente, acabou. Por fim – para ver que triste destino espera os heróis –, Danchet fez uma tragédia de Ciro.

Essa tragédia é totalmente ignorada. A *Ciropédia* de Xenofonte é mais conhecida, porque é de um grego. As *Viagens de Ciro* são muito menos conhecidas, embora tenham sido publicadas em inglês e em francês, com esbanjamento de erudição.

O engraçado do romance intitulado *Viagens de Ciro* é que se encontra um Messias em todo lugar, em Mênfis, em Babilônia, em Ecbátana, em Tiro e em Jerusalém, assim como em Platão e no Evangelho. O autor, depois de ser *quaker*, anabatista, anglicano e presbiteriano, veio tornar-se fenelonista em Cambrai junto ao ilustre autor do *Telêmaco*. Tornando-se depois preceptor do filho de um grande senhor, acreditou-se feito para instruir o universo e para governá-lo; por conseguinte, dá aulas a Ciro para que este se torne o melhor rei do universo e o teólogo mais ortodoxo.

Essas duas qualidades raras parecem bem incompatíveis.

Leva-o à escola de Zoroastro e depois à do jovem judeu Daniel, o maior filósofo que já existiu: pois ele não só explicava todos os sonhos (que é a finalidade da ciência humana), mas adivinhava tudo o que os outros tinham feito; e isso ninguém mais conseguiu até hoje. Era de se esperar que Daniel apresentasse a bela Suzana ao príncipe, era a marcha natural do romance; mas não apresentou.

Ciro, em compensação, tem longas conversas com o grande rei Nabucodonosor, no tempo em que ele era boi; e Ramsay faz Nabucodonosor ruminar como teólogo profundíssimo.

E alguém ainda se espanta se o príncipe para quem essa obra foi composta não a lia e preferia caçar ou ir à Ópera!

CISMA (Schisme)

No grande *Dicionário enciclopédico* foi inserido tudo o que dissemos do grande cisma dos gregos e dos latinos no *Ensaio sobre os costumes e o espírito das nações*. Não queremos nos repetir.

Mas, pensando que cisma significa dilaceração, e que a Polônia está dilacerada, só podemos reiterar nosso pesar por essa doença fatal, particular aos cristãos. Essa doença, que já descrevemos bastante, é uma espécie de raiva que se faz sentir inicialmente nos olhos e na boca: olhamos com olhar inflamado aquele que não pensa como nós; dizemos-lhe as injúrias mais atrozes. A raiva passa depois para as mãos; escrevemos coisas que manifestam a transmissão dos humores ao cérebro. Temos convulsões de endemoninhados, desembainhamos a espada e nos batemos com sanha até a morte. A medicina até agora não pôde encontrar remédio para essa doença, a mais cruel de todas: apenas a filosofia e o tempo podem curá-la.

Só entre os poloneses hoje o contágio de que falamos causa estragos. É de se crer que essa doença horrível nasceu entre eles com a *plika*[69]. São duas doenças da cabeça, e bem funestas. A limpeza pode curar a *plika*; só a sabedoria pode extirpar o cisma.

Dizem que esses dois males eram desconhecidos entre os sármatas no tempo em que eram pagãos. A *plika* hoje só ataca o populacho; mas todos os males nascidos do cisma hoje devoram os maiorais da república.

A origem desse mal está na fertilidade de suas terras, que produzem muito trigo. É bem triste que a bênção do céu os tenha tornado tão infelizes. Algumas províncias afirmaram que era imprescindível pôr levedura no pão; mas a maior parte do reino obstinou-se em acreditar que há certos dias do ano em que a massa fermentada é mortal[70].

Eis aí uma das primeiras origens do cisma ou da dilaceração da Polônia; a disputa azedou o sangue. A isso se somaram outras causas.

Uns, nas convulsões dessa doença, imaginaram que o Espírito Santo procede do Pai e do Filho; outros bradaram que só procede do Pai. Os dois partidos – chama-se um romano, e o outro, dissidente – olharam-se mutuamente como pestíferos; mas, devido a um estranho sintoma desse mal, os pestíferos dissidentes sempre quiseram aproximar-se dos católicos, e os católicos nunca quiseram aproximar-se deles.

Não há doença que não varie muito. A dieta, que se acredita tão salutar, foi tão perniciosa a essa nação, que, ao sair de uma, no mês de junho de 1768, as cidades de Uman, Zablotin, Tetiu, Zilianka e Zafran foram destruídas num banho de sangue, e mais de duzentos mil doentes pereceram miseravelmente.

De um lado, o império da Rússia e, do outro, o império da Turquia enviaram cem mil cirurgiões munidos de lancetas, bisturis e todos os instrumentos próprios a cortar membros gangrenados; mas a doença só fez recrudescer. A contaminação do cérebro pelos humores foi tão furiosa[71], que uns quarenta doentes se reuniram para dissecar o rei, que não tinha sido atacado pelo mal, que tinha o cérebro e todas as partes nobres bem sadias, conforme observamos no verbete Superstição. Acredita-se que, se as coisas tivessem ficado em suas mãos, ele poderia ter curado a nação; mas uma das características dessa doença tão cruel é o temor da cura, tal como o temor que os raivosos têm da água.

Temos cientistas segundo os quais esse mal chegou, antigamente, da Palestina, e que os habitantes de Jerusalém e de Samária foram atacados durante muito tempo por ele. Outros acreditam que a primeira sede dessa peste foi o Egito, que os cães e os gatos, lá muitíssimo considerados, tornando-se raivosos, comunicaram a raiva do cisma à maioria dos egípcios, que tinham cabeça fraca.

Observa-se, sobretudo, que os gregos que foram ao Egito, tais como Timeu de Locres e Platão, ficaram com o cérebro um pouco perturbado; mas não era raiva nem peste propriamente ditas: era uma espécie de delírio que só dificilmente se percebia, e que frequentemente se ocultava sob não sei que aparência de razão. Mas, como os gregos, com o tempo, levaram o mal para as nações do ocidente e do Setentrião, a má disposição dos cérebros de nossos infelizes países fez que a ligeira febre de Timeu de Locres e de Platão se transformasse num contágio espantoso, a que os médicos ora dão o nome de intolerância, ora de perseguição, ora de guerra de religião, ora de raiva, ora de peste.

---

69. *Plica polonica*, "Doença observada sobretudo na Polônia e na Rússia, caracterizada pela aglomeração dos cabelos e às vezes de todo o sistema piloso. O couro cabeludo torna-se doloroso ao toque ou é afetado por forte prurido; um suor malcheiroso, que parece sair de toda a superfície da cabeça, coagula-se e seca formando crostas... Essa doença é devida à miséria e à falta de higiene; os cabelos, emaranhados pela poeira e pela gordura, servem de habitat a numerosos parasitas..." *Dictionnaire de Médecine*, Littré, Paris, 1908, ver *Plique*. (N. da T.)
70. Alusão à querela do pão comum, com o qual os russos comungam, e ao pão ázimo, dos poloneses do rito de Roma. (N. de Voltaire)
71. Assassinato do rei da Polônia cometido em Varsóvia. (N. de Voltaire)

Vimos os estragos que esse flagelo assustador fez na terra. Vários médicos se apresentaram em nossos dias para arrancar esse mal horrível pela raiz. Mas não é incrível? Há faculdades de medicina inteiras em Salamanca, Coimbra, na Itália e até em Paris que afirmam que o cisma, a dilaceração, é necessário ao homem; que os maus humores se escoam pelos ferimentos que ele faz; que o entusiasmo, um dos primeiros sintomas do mal, exalta a alma e produz ótimas coisas; que a tolerância está sujeita a mil inconvenientes; que, se todos fossem tolerantes, os grandes gênios não teriam esse impulso, que produziu tantas belas obras teológicas; que a paz é um grande mal para o Estado, porque a paz traz prazeres, e os prazeres, com o tempo, poderiam abrandar a nobre ferocidade que forma os heróis; que, se, em vez de guerra, os gregos tivessem feito um tratado de comércio com os troianos, não haveria Aquiles, Heitor nem Homero, e o gênero humano teria estagnado na ignorância.

Essas razões são fortes, concordo; peço tempo para responder.

CLÉRIGO (Clerc)

Talvez houvesse mais alguma coisa para dizer sobre essa palavra, mesmo depois do *Dicionário de Ducange* e da *Enciclopédia*. Podemos, por exemplo, observar que todos eram tão instruídos nos séculos X e XI, que se criou um costume com força de lei, na França, na Alemanha e na Inglaterra, de indultar todo criminoso condenado que soubesse ler: tão necessário era ao Estado um homem com essa erudição.

Guilherme, o Bastardo, conquistador da Inglaterra, para lá levou esse costume. Chamava-se benefício de clerezia, *beneficium clericorum aut clergicorum*.

Já observamos mais de uma vez que velhos usos, perdidos em outros lugares, são encontrados na Inglaterra, assim como se encontravam na ilha de Samotrácia os antigos mistérios de Orfeu. Ainda hoje esse benefício de clerezia subsiste entre os ingleses com toda a sua força para os crimes cometidos sem premeditação e para os roubos sem antecedentes que não ultrapassem quinhentas libras esterlinas. O criminoso que sabe ler pede o benefício de clerezia, que não pode ser recusado. O juiz, que, pela antiga lei, era considerado iletrado, ainda recorre ao capelão da prisão, que apresenta um livro ao condenado. Em seguida pergunta ao capelão: "*Legit?* Sabe ler?" O capelão responde: "*Legit ut clericus*, lê como um clérigo"; então, basta fazer uma marca de ferro quente na palma da mão do criminoso. Teve-se o cuidado de espalhar gordura sobre ela: o ferro fumega e produz um assobio sem causar nenhuma dor no paciente considerado clérigo.

Do celibato dos clérigos

Costuma-se perguntar se nos primeiros séculos da Igreja o casamento era permitido aos clérigos e a partir de quando foi proibido.

Verifica-se que os clérigos, ao invés de serem obrigados a observar o celibato na religião judaica, eram estimulados a casar-se, não só pelo exemplo de seus patriarcas, mas também pela vergonha decorrente de não deixar posteridade.

No entanto, nos tempos que precederam as últimas desditas dos judeus, surgiram seitas de rigoristas essênios, judaístas, terapeutas e herodianos; em algumas, como as dos essênios e dos terapeutas, os mais devotos não se casavam. Essa continência era uma imitação da castidade das vestais instituídas por Numa Pompílio, da filha de Pitágoras, que instituiu um convento, das sacerdotisas de Diana, da pítia de Delfos e, mais antigamente, de Cassandra e de Crises, sacerdotisas de Apolo, e até mesmo das sacerdotisas de Baco.

Os sacerdotes de Cibele não só faziam voto de castidade, como também, para não violarem seus votos, tornavam-se eunucos.

Plutarco, em sua oitava questão "Simposíaca", diz que há colégios de sacerdotes no Egito que renunciam ao casamento.

Os primeiros cristãos, embora fizessem promessa de levar vida tão pura quanto a dos essênios e dos terapeutas, não viam o celibato como virtude. Vimos que quase todos os apóstolos e seus discípulos eram casados. São Paulo escreve a Tito[72]: "Escolhei para sacerdote aquele que só tenha uma mulher com filhos fiéis e não acusados de luxúria."

Diz a mesma coisa a Timóteo[73]: "Que o diácono seja marido de uma única mulher."

Ele parece dar tanta importância ao casamento, que na mesma epístola a Timóteo diz[74]: "A mulher que tiver prevaricado se salvará se gerar filhos."

O que aconteceu no famoso concílio de Niceia no que se refere ao assunto dos padres casados merece grande atenção. Alguns bispos, segundo relato de Sozomenes e de Sócrates[75], propuseram uma lei que proibisse os bispos e os padres de tocar em suas mulheres, mas são Pafúncio, o mártir, bispo de Tebas, Egito, opôs-se veementemente, dizendo que "deitar-se com a própria mulher é castidade"; e sua opinião foi acatada pelo concílio.

Suidas, Gelásio, Ciziceno, Cassiodoro e Nicéforo Calixto contam exatamente a mesma coisa.

O concílio apenas proibiu os eclesiásticos de ter agapetas, associadas, além de suas próprias mulheres, com exceção de suas mães, irmãs, tias e velhas acima de qualquer suspeita.

A partir daquele tempo, o celibato passou a ser recomendado sem ser ordenado. São Jerônimo, votado à solidão, de todos os Padres da Igreja foi quem fez os maiores elogios ao celibato dos padres: no entanto, defendeu ardentemente Cartério, bispo da Espanha, que se casara duas vezes. Disse ele: "Se eu quisesse indicar todos os bispos que tiveram segundas núpcias, acharia mais bispos do que os presentes no concílio de Rimíni[76]. – *Tantus numerus congregabitur ut Riminensis synodus superetur.*"

Os exemplos de clérigos casados que viviam com a mulher são inúmeros. Sidônio, bispo de Clermont em Auvergne no século V, casou-se com Papianila, filha do imperador Avito; e a casa de Polignac afirmava descender dele. Simplício, bispo de Bourges, teve dois filhos de sua mulher paládia.

São Gregório de Nazianzo era filho de outro Gregório, bispo de Nazianzo, e de Nona, de quem esse bispo teve três filhos, a saber, Cesário, Gorgônia e o santo.

Encontra-se no decreto romano, cânone Ósio, uma longa lista de bispos filhos de padres. O próprio papa Ósio era filho do subdiácono Estêvão, e o papa Bonifácio I era filho do padre Jocondo. O papa Félix III era filho do padre Félix e veio a ser um dos avós de Gregório, o Grande. João II teve como pai o padre Projectus; Agapeto, o padre Gordiano. O papa Silvestre era filho do papa Hormidas. Teodoro I nasceu do casamento de Teodoro, patriarca de Jerusalém, o que deveria reconciliar as duas Igrejas.

Por fim, depois de mais de um concílio que tratou inutilmente do celibato que deveria sempre acompanhar o sacerdócio, o papa Gregório VII excomungou todos os padres casados, fosse para tornar a Igreja mais respeitável com uma disciplina mais rigorosa, fosse para vincular mais estreitamente à corte de Roma os bispos e os padres dos outros países que não tivessem outra família além da Igreja.

---

72. Epístola a Tito, cap. I, v. 6. (N. de Voltaire)
73. I Epístola a Timóteo, cap. III, v. 2. (N. de Voltaire)
74. I Epístola a Timóteo, cap. II, v. 15. (N. de Voltaire)
75. Sozomenes, liv. I. Sócrates, liv. I. (N. de Voltaire)
76. Epístola LXVII a Oceanus. (N. de Voltaire)

Essa lei não foi estabelecida sem grandes controvérsias.

É notável que o concílio de Basileia, depois de depor, pelo menos em palavras, o papa Eugênio IV, elegeu Amadeu de Savoia; como vários bispos objetaram que aquele príncipe fora casado, Eneias Silvio, depois papa com o nome de Pio II, defendeu a eleição de Amadeu com estas palavras: "*Non solum qui uxorem habuit, sed uxorem habens potest assumi.* – Pode ser papa não só quem foi casado, mas também quem o é."

Esse Pio II era coerente. Convido a ler suas Cartas à amante na coletânea de suas obras. Ele estava convencido de que é loucura querer fraudar a natureza, e que é preciso guiá-la, sem procurar anulá-la[77].

Seja como for, desde o concílio de Trento não se discute mais o celibato dos clérigos na Igreja Católica Romana; fica-se apenas na vontade.

Todas as confissões protestantes separaram-se de Roma nessa questão.

Na Igreja grega, que se estende hoje das fronteiras da China ao cabo de Matapan, os padres casam-se uma vez. Em todos os lugares os usos variam, a disciplina muda conforme os tempos e os locais. Aqui apenas narramos, nunca polemizamos.

Dos clercs du secret,
Que depois se tornaram secretários de Estado e ministros

Os *clercs du secret* [clérigos do segredo], clérigos do rei, que depois se tornaram secretários de Estado na França e na Inglaterra, eram na origem notários do rei; em seguida, passaram a ser chamados *secrétaires des commandements* [secretários de comando]. Quem nos diz isso é o sábio e laborioso Pasquier. Estava bem informado, pois tinha diante de si os registros da câmara de contas, que em nossos dias foram consumidos por um incêndio.

Na infeliz paz de Cateau-Cambresis em 1558, um clérigo de Filipe II ganhara o título de *secretário de Estado*, L'Aubépine, que era *secrétaire des commandements* do rei de França e seu notário, depois também ganhou o título de *secretário de Estado*, para que as dignidades fossem iguais, ainda que as vantagens da paz não o fossem.

Na Inglaterra, antes de Henrique VIII, só havia um secretário do rei, que apresentava em pé os memorandos e as petições ao conselho. Henrique VIII criou mais dois e lhes deu os mesmos títulos e as mesmas prerrogativas que havia na Espanha. Os grandes senhores então não aceitavam esses postos, mas, com o tempo, eles se tornaram tão consideráveis que os pares do reino e os generais dos exércitos para eles foram indicados. Assim, tudo muda. Na França nada resta do governo de Hugo, cognominado *Capeto*, assim como na Inglaterra nada resta da administração de Guilherme, cognominado *o Bastardo*.

CLIMA (Climat)

Hic segetes, illic veniunt felicius uvae:
Arborei foetus alibi atque injussa virescunt
Gramina. Nonne vides, croceos ut Tmolus odores,
India mittit ebur, molles sua thura Sabaei?
At Chalybes nudi ferrum, virosaque Pontus
Castorea, Eliadum palmas Epirus equarum?
(*Geórgicas*, I, 54 ss.)

---

77. Ver verbete Onam, onanismo. (N. de Voltaire)

CLIMA

Aqui precisamos recorrer à tradução do sr. abade Delille, cuja elegância em tantos pontos iguala o mérito da dificuldade superada.

Ici sont des vergers qu'enrichit la culture,
Là règne un vert gazon qu'entretient la nature;
Le Tmole est parfumé d'un safran précieux;
Dans les champs de Saba l'encens croît pour les dieux;
L'Euxin voit le castor se jouer dans ses ondes;
Le Pont s'enorgueillit de ses mines profondes;
L'Inde produit l'ivoire; et dans ses champs guerriers
L'Épire pour l'Élide exerce ses coursiers.

[Aqui são vergéis enriquecidos pelo cultivo,
Lá reina um verde relvado que a natureza mantém;
O Tmolo é perfumado por um açafrão precioso;
Nos campos da Sabeia o incenso cresce para os deuses;
O Euxino vê o castor a brincar em suas ondas;
O Ponto se orgulha de suas minas profundas;
A Índia produz o marfim; e em seus campos guerreiros
O Épiro para a Élida exercita seus corcéis.]

É certo que o solo e a atmosfera marcam seu império sobre todas as produções da natureza, começando do homem e terminando nos cogumelos.

No grande século de Luís XIV, o engenhoso Fontenelle disse:

"Poder-se-ia acreditar que a zona tórrida e as duas zonas glaciais não são muito propícias às ciências. Até agora estas não ultrapassaram o Egito e a Mauritânia, de um lado, e a Suécia, de outro. Talvez não tenha sido por acaso que se mantiveram entre o monte Atlas e o mar Báltico. Não se sabe se esses são os limites que a natureza lhes impôs e se ainda se pode ter a esperança de ver grandes autores lapões ou negros."

Chardin, um daqueles viajantes que raciocinam e se aprofundam, vai ainda mais longe que Fontenelle ao falar da Pérsia[78]. "A temperatura dos climas quentes, diz ele, debilita o espírito e o corpo, dissipando o fogo necessário à imaginação para a invenção. Nesses climas não se é capaz de longas vigílias nem da intensa aplicação que gera as obras das artes liberais e mecânicas etc."

Chardin não se lembrava que Sadi e Lokman eram persas.

Não percebia que Arquimedes era da Sicília, onde o calor é mais forte que em três quartos da Pérsia. Esquecia que Pitágoras, outrora, aprendera geometria com os brâmanes.

O abade Dubos sustentou e desenvolveu o máximo que pôde essa opinião de Chardin.

Cento e cinquenta anos antes deles, Bodin a transformara na base de seu sistema, em sua *República* e em seu *Método da história*: diz ele que a influência do clima é o princípio do governo dos povos e de sua religião.

Diodoro da Sicília teve essa opinião muito tempo antes que Bodin.

O autor do *Espírito das leis*, sem citar ninguém, levou essa ideia ainda mais longe que Dubos, Chardin e Bodin. Certa parte da nação acreditou que ele era o seu inventor e o tratou como criminoso. É assim que essa parte da nação é feita. Sempre há gente que tem mais entusiasmo que inteligência.

A quem afirma que a atmosfera é responsável por tudo poderíamos perguntar por que o imperador Juliano diz, em seu *Misopogon*, que o que lhe agradava nos parisienses eram a seriedade de caráter e a severidade dos costumes; e por que os parisienses, sem nenhuma mudança do cli-

---

78. Chardin, cap. VII. (N. de Voltaire)

ma, são hoje crianças gracejadoras, que o governo chicoteia rindo, crianças que, no momento seguinte, riem de seus disciplinadores, ridicularizando-os com canções satíricas.

Por que os egípcios, retratados como ainda mais sérios que os parisienses, são hoje o povo mais indolente, frívolo e covarde, depois de terem, segundo dizem, conquistado toda a terra por simples prazer, quando sobre eles reinava um rei chamado Sesóstris?

Por que, em Atenas, já não há Anacreonte, Aristóteles, Zêuxis?

Por que motivo Roma, em vez de Cícero, Catão e Tito Lívio, tem cidadãos que não ousam falar e um populacho de mendigos embrutecidos, cuja suprema felicidade é, de vez em quando, ter azeite barato e assistir à passagem das procissões?

Cícero brinca muito quando fala dos ingleses em suas cartas. Pede a seu irmão Quinto, lugar-tenente de César, que lhe diga se encontrou grandes filósofos entre eles, na expedição da Inglaterra. Nem desconfiava que um dia aquele país pudesse produzir matemáticos que ele nunca poderia entender. No entanto, o clima não mudou; e o céu de Londres é tão nebuloso quanto era então.

Tudo muda nos corpos e nas mentes com o tempo. Pode ser que um dia os americanos venham ensinar artes aos povos da Europa.

O clima tem algum poder; o governo, cem vezes mais; a religião, unida ao governo, mais ainda.

Influência do clima

O clima influi sobre a religião no que se refere a cerimônias e usos. Nenhum legislador terá dificuldade em fazer os indianos banhar-se no Ganges em certas fases da Lua: é um grande prazer para eles. Seria apedrejado se propusesse o mesmo banho aos povos que habitam às margens do Dvina, em Arkhangelsk. Quem proibir o consumo de porco a um árabe, que teria lepra se comesse essa carne péssima e nojenta em seu país, será obedecido com alegria. Quem fizer a mesma proibição a um habitante da Vestfália correrá o risco de apanhar.

A abstinência do vinho é um bom preceito religioso na Arábia, onde os sucos de laranja e limão são necessários à saúde. Maomé talvez não tivesse proibido o vinho na Suíça, sobretudo antes de sair para um combate.

Há usos puramente fantasiosos. Por que os sacerdotes do Egito imaginaram a circuncisão? Não foi pela saúde. Cambises, que os tratou como mereciam, a eles e a seu boi Ápis, os cortesãos de Cambises, os soldados de Cambises não haviam cortado um pedaço do prepúcio e passavam muito bem. A razão do clima não influi sobre as partes genitais dos sacerdotes. Os prepúcios eram oferecidos a Ísis, provavelmente como se ofereciam, em todos os lugares, as primícias dos frutos da terra. Era oferecer as primícias do fruto da vida.

As religiões sempre giraram em torno de dois eixos, observância e crença: a observância depende em grande parte do clima; a crença não. Será possível impor um dogma com a mesma facilidade no equador e no círculo polar. Ele será rejeitado na Batávia e nas Órcades, enquanto será defendido com unhas e dentes em Salamanca. Isso não depende do solo e da atmosfera, mas apenas da opinião, rainha inconstante do mundo.

Certas libações de vinho serão de preceito num país que o produza; não ocorrerá a nenhum legislador instituir na Noruega mistérios sagrados que não possam ser realizados sem vinho.

Será expressamente estipulado que se queime incenso no átrio de um templo onde se matem animais para homenagear a Divindade e servir de jantar aos sacerdotes. Esse matadouro chamado *templo* seria um lugar abominavelmente infecto caso não fosse purificado continuamente: e, sem o socorro dos aromas, a religião dos antigos teria provocado a peste. Chegava-se a ornar o interior dos templos com grinaldas de flores para tornar o ar mais ameno.

Ninguém sacrificará uma vaca na região tórrida da península das Índias, porque em campos áridos esse animal, que nos fornece o leite necessário, é muito raro, tem carne ressequida, coriácea e pouquíssimo nutritiva; os brâmanes comeriam muito mal. Ao contrário, a vaca lá se tornará sagrada, em vista da raridade e da utilidade.

Só se deve entrar descalço no templo de Júpiter-Âmon, onde o calor é excessivo: mas precisará estar bem calçado quem queira fazer suas devoções em Copenhague.

Não é o que ocorre com o dogma. Acreditou-se no politeísmo em todos os climas; é tão fácil a um tártaro da Crimeia quanto a um habitante de Meca reconhecer um Deus único, incomunicável, não engendrado e não engendrador. É mais pelo dogma que pelos ritos que uma religião se propaga de um clima a outro. O dogma da unidade de Deus passa depressa de Medina ao monte Cáucaso; então o clima cede à opinião.

Os árabes disseram aos turcos: "Circuncidávamos na Arábia mesmo não sabendo muito bem por quê; era moda antiga dos sacerdotes egípcios oferecer a Oshireth ou Osíris um pedacinho daquilo que tinham de mais precioso. Adotamos esse costume três mil anos antes de nos tornarmos maometanos. Sereis circuncisos como nós; sereis obrigados, como nós, a deitar-vos com uma de vossas mulheres todas as sextas-feiras e a dar dois e meio por cento de vossos rendimentos aos pobres, todos os anos. Só bebemos água e sucos; qualquer bebida inebriante é proibida entre nós; elas são perniciosas na Arábia. Abraçareis esse regime, mesmo adorando vinho, mesmo que ele vos seja muitas vezes necessário às margens do Fase e do Araxes. Enfim, se quiserdes ir para o céu e conseguir lá uma boa posição, tomai o caminho de Meca."

Os habitantes do norte do Cáucaso submetem-se a essas leis e desposam em toda a sua extensão uma religião que não era feita para eles.

No Egito, o culto emblemático dos animais sucedeu aos dogmas de Tot. Os deuses dos romanos depois foram compartilhar o Egito com cães, gatos e crocodilos. A religião romana foi sucedida pelo cristianismo; este foi inteiramente expulso pelo maometismo, que talvez venha a ceder o lugar a uma religião nova.

Em todas essas vicissitudes, o clima não tem participação: o governo faz tudo. Aqui só consideramos as causas segundas, sem erguer olhos profanos para a Providência que os dirige. A religião cristã, que nasceu na Síria e recebeu suas principais contribuições em Alexandria, habita hoje os países onde antes se adoravam Teutates, Irminsul, Frida e Odin.

Há povos cuja religião não foi feita nem pelo clima nem pelo governo. Que causa levou o norte da Alemanha, a Dinamarca, três quartos da Suíça, a Holanda, a Inglaterra, a Escócia e a Irlanda a afastar-se da comunhão romana?... A pobreza. As indulgências e a libertação do purgatório eram vendidas por preço alto demais a almas cujos corpos tinham então pouquíssimo dinheiro. Os prelados e os monges engoliam toda a renda das províncias. Desejou-se uma religião mais barata. Por fim, depois de vinte guerras civis, achou-se que a religião do papa era ótima para os nobres, e a protestante, para os cidadãos. O tempo mostrará quem deverá sobrepujar pelos lados do mar Egeu e do Ponto Euxino, a religião grega ou a religião turca.

COERÊNCIA, COESÃO, ADERÊNCIA
(Cohérence, cohésion, adhésion)

Força em virtude da qual as partes dos corpos se mantêm unidas. É fenômeno comuníssimo e desconhecidíssimo. Newton zomba dos átomos recurvados com que se quis explicar a *coerência*: pois faltaria saber por que são recurvados e por que coerem.

Não trata melhor quem explicou a *coesão* com o repouso: "É uma qualidade oculta", diz ele.

Recorre a uma atração; mas essa atração, que pode existir e não está demonstrada, não será uma qualidade oculta? A grande atração dos globos celestes está demonstrada e calculada. A dos corpos aderentes é incalculável: ora, como admitir uma força imensurável que seria da mesma natureza da força que se mede?

No entanto, está demonstrado que a força de atração age sobre todos os planetas e sobre todos os corpos graves, proporcionalmente à sua solidez: logo, age sobre todas as partículas da matéria; logo, é bem provável que, residindo em cada parte em relação ao todo, ela também resida em cada parte em relação à continuidade; logo, a coerência pode ser efeito da atração. Essa opinião parece admissível até que se descubra outra melhor; e o melhor não é fácil de descobrir.

COLETA (Quête)

Contam-se noventa e oito ordens monásticas na Igreja; sessenta e quatro têm rendas e trinta e quatro vivem de coleta, "sem nenhuma obrigação (segundo dizem) de trabalhar, física ou espiritualmente, para ganhar a vida, mas apenas para evitar o ócio; e, na qualidade de senhores diretos de todo o mundo e de participantes na soberania de Deus no império do universo, têm o direito de viver à custa do público, só fazendo o que lhes agradar".

São essas as próprias palavras que se leem num livro muito curioso intitulado: *Os felizes sucessos da piedade*; as razões alegadas pelo autor não são menos convincentes. Diz ele: "Desde que o cenobita consagrou a Jesus Cristo o direito de servir-se dos bens temporais, o mundo só possui algo quando ele recusa; e ele vê reinos e senhorias como usos que sua liberalidade deixou como feudo. É isso o que o torna senhor do mundo, possuindo tudo como domínio direto, porque, passando à posse de Jesus Cristo pelo voto, e o possuindo, ele não toma parte, de nenhum modo, em sua soberania. A vantagem que o religioso tem sobre o príncipe é não precisar de armas para cobrar o que o povo deve a seu exercício: já possui o amor do povo antes de receber as liberalidades, e seu império se estende mais sobre os corações do que sobre os bens."

Foi Francisco de Assis que, em 1209, imaginou essa nova maneira de viver de coleta; mas vejamos o que dita a sua regra[79]: "Os irmãos aos quais Deus deu talento trabalharão fielmente, de tal modo que evitem o ócio sem extinguir o espírito da oração; e, como recompensa de seu trabalho, terão atendidas as suas necessidades físicas, para si e para seus irmãos, segundo a humildade e a pobreza; mas não receberão dinheiro. Os irmãos que nada tiverem de seu, nem casa nem lugar para morar, nem outra coisa, mas que se virem como estrangeiros neste mundo, esses irão com confiança pedir esmola."

Observemos, com o judicioso Fleury, que, se os inventores das novas ordens mendicantes não fossem, na maioria, canonizados, poderíamos desconfiar de que se deixaram seduzir pelo amor-próprio e quiseram distinguir-se pelo refinamento. Mas, sem prejuízo para sua santidade, podemos ousar atacar suas luzes; e o papa Inocêncio III tinha razão em opor dificuldades para aprovar o novo Instituto de São Francisco; mais dificuldades ainda teve o concílio de Latrão, ocorrido em 1215, para proibir novas religiões, ou seja, novas ordens ou congregações.

No entanto, como no século XIII todos estavam preocupados com as desordens que tinham diante dos olhos, com a ganância, o luxo, a vida indolente e voluptuosa do clero, que se observava nos mosteiros que viviam de rendas, causou tão grande impressão essa renúncia à posse de bens temporais em particular e em comum, que, no capítulo geral reunido por são Francisco perto de Assis em 1219, havia mais de cinco mil irmãos menores que, acampados em campo aberto, não sentiram falta de nada, graças à caridade das cidades vizinhas. De todas as cidades acorriam eclesiásticos, leigos, nobres e gente do povo, não só para fornecer as coisas mais necessárias, como também para servi-los com suas próprias mãos, com uma santa emulação de humildade e caridade.

São Francisco, em seu testamento, proibira expressamente seus discípulos de pedir ao papa qualquer privilégio e de dar qualquer explicação à sua regra; mas, quatro anos depois de sua

---

79. Cap. V e VI. (N. de Voltaire)

morte, num capítulo reunido em 1230, eles obtiveram do papa Gregório IX uma bula que declarava que eles não eram obrigados a observar aquele testamento e também explicava a regra em vários artigos. Assim, o trabalho manual, tão recomendado na Escritura e tão bem praticado pelos primeiros monges, tornou-se odioso; e a mendicância, odiosa antes, tornou-se honrosa.

Por isso, trinta anos depois da morte de são Francisco, já se observava um relaxamento extremo nas ordens por ele fundadas. Como prova disso citaremos apenas o testemunho de são Boaventura, que não pode ser suspeito. Está na carta por ele escrita em 1257, quando era geral da ordem, a todos os provinciais e guardiães. Essa carta está em seus opúsculos, tomo II, página 352. Ele se queixa da enorme quantidade de coisas para as quais eles pediam dinheiro, da ociosidade de diversos irmãos, de sua vida errante, de sua impertinência nos pedidos, das grandes construções que erguiam, enfim de sua avidez por sepulturas e testamentos. São Boaventura não foi o único que se insurgiu contra esses abusos, pois Camus, bispo de Belley, observa que somente a ordem dos menoritas passou por mais de vinte e cinco reformas em quatrocentos anos. Diremos algumas palavras sobre cada um dos motivos dessas reclamações, que tantas reformas ainda não conseguiram erradicar.

Os irmãos mendicantes, pretextando caridade, metiam-se em todos os tipos de assuntos públicos e particulares. Tomavam conhecimento dos segredos das famílias e se encarregavam da execução dos testamentos; eram nomeados para negociar a paz entre cidades e príncipes. Os papas, sobretudo, gostavam de lhes dar incumbências, por serem gente sem compromissos, que viajava por meios baratos e lhes era inteiramente devotada; às vezes até os empregavam em cobranças.

Coisa mais estranha, porém, é o tribunal da Inquisição, do qual eles se encarregaram. Sabe-se que, naquele tribunal odioso, há captura de criminosos, prisão, tortura, condenações, confiscos, penas infamantes e frequentemente físicas, exercidas pelo braço secular. Decerto é muito estranho ver religiosos que fazem profissão da mais profunda humildade e da pobreza mais estrita transformar-se de repente em juízes criminais, com meirinhos e agregados armados, ou seja, guardas e tesouros à sua disposição, tornando-se terríveis para toda a terra.

Mencionamos de passagem o desprezo aos trabalhos manuais, que atrai o ócio entre os mendicantes como entre quaisquer outros religiosos. Daí provém a vida errante que são Boaventura critica em seus confrades; estes, diz ele, vivem à custa de seus anfitriões e escandalizam, em vez de edificar. A impertinência dos pedidos leva a temer a sua presença tanto quanto a de ladrões. De fato, essa impertinência é uma espécie de violência à qual poucos sabem resistir, sobretudo diante de pessoas cujo hábito e cuja profissão suscitam respeito; aliás, essa é uma consequência natural da mendicância, pois, afinal, é preciso viver. No início, a fome e as outras necessidades prementes fazem vencer o pudor de uma educação honesta; e, transposta essa barreira, tem-se como meritório e honroso ser mais capaz do que qualquer outro para obter esmolas.

A grandeza e a originalidade das construções, acrescenta o mesmo santo, incomodam os amigos que nos sustentam, expondo-nos aos maus-tratos dos homens. Esses irmãos, disse também Pierre Desvignes, que, na origem de sua religião, pareciam desprezar a glória do mundo, voltam ao luxo que abandonaram; não tendo nada, possuem tudo e são mais ricos que os próprios ricos. Todos conhecem estas palavras que Dufresny disse a Luís XIV: "Majestade, nunca olho para o novo Louvre sem exclamar: Soberbo monumento da magnificência de um dos maiores reis que, com seu nome, encheu a terra; palácio digno de nossos monarcas, estaríeis terminado, se vos tivessem dado a uma das quatro ordens mendicantes para abrigar seus capítulos e alojar seu geral."

Quanto à sua avidez por sepulturas e testamentos, Matthieu Pâris a descreveu nestes termos: Eles tomam o cuidado de assistir a morte dos poderosos, em detrimento dos pastores ordinários; são ávidos de ganhos e extorquem testamentos secretos; só recomendam sua ordem e a preferem a todas as outras. Sauval conta também que em 1502 Gilles Dauphin, geral dos franciscanos, em consideração aos benefícios que sua ordem recebera dos integrantes do parlamento de Paris, enviou aos presidentes, conselheiros e escrivães uma permissão para que fossem enterrados com hábito de franciscano. No ano seguinte, gratificou com uma autorização semelhante os prebostes dos comerciantes e almotacés, bem como os principais funcionários da cidade. Não se deve considerar essa permissão uma simples cortesia, se for verdade que são Francisco desce regularmente ao purgatório todos os anos, para de lá tirar as almas daqueles que morreram com o hábito de sua ordem, como garantiam esses religiosos.

Vejamos um fato que não será despropositado aqui. L'Estoile, em suas *Memórias*, ano 1577, conta que uma moça muito bonita, disfarçada de homem, atendendo pelo nome de Antoine, foi descoberta e presa no convento dos franciscanos de Paris. Ela servia, entre outros, o irmão Jacques Berson, que era chamado criança de Paris, e o franciscano de belas mãos. Esses reverendos padres diziam que acreditavam tratar-se realmente de um rapaz. Ela se safou com algumas chicotadas, para grande prejuízo de sua castidade, pois dizia que era casada e que, por devoção, servira aqueles bons religiosos durante dez ou doze anos, sem que sua honra jamais tivesse sido afetada. Ela talvez acreditasse isentar-se, depois da morte, de uma longa permanência no purgatório; isso L'Estoile não disse.

O mesmo bispo de Belley, que já citamos, afirma que uma única ordem de mendicantes custa trinta milhões em ouro por ano, para custeio de roupas e alimentos de seus monges, sem contar o extraordinário; de modo que não existe príncipe católico que cobre tanto de seus súditos quanto os cenobitas mendicantes, que estão em seus Estados, exigem de seus povos. Que ocorrerá se somarmos a isso as outras trinta e três ordens? Veremos, diz ele, que as trinta e quatro juntas tiram mais dos povos cristãos do que o montante das rendas das sessenta e quatro ordens cenobitas e de bens de todos os outros eclesiásticos. Convenhamos que isso diz tudo.

CONCÍLIOS (Conciles)

Primeira seção
Assembleia de eclesiásticos convocada para resolver dúvidas ou questões sobre matérias de fé ou disciplina

O costume de fazer concílios não era desconhecido pelos seguidores da antiga religião de Zerdusht, que chamamos Zoroastro[80]. Por volta do ano 200 de nossa era, o rei da Pérsia Ardeshir-Babecan reuniu quarenta mil padres para consultá-los sobre dúvidas que ele tinha em relação ao paraíso e ao inferno, que eles chamam geena, termo que os judeus adotaram durante seu cativeiro da Babilônia, assim como os nomes dos anjos e dos meses. O mais célebre dos magos, Erdaviraf, depois de beber três copos de um vinho soporífero, teve um êxtase que durou sete dias e sete noites, durante o qual sua alma foi transportada para Deus. Voltando desse arrebatamento, fortaleceu a fé do rei, contando o grande número de maravilhas que vira no outro mundo e mandando transcrevê-las.

Sabe-se que Jesus foi chamado Cristo, palavra grega que significa *ungido*, e sua doutrina chamou-se *cristianismo*, ou então evangelho, ou seja, boa-nova, porque num dia[81] de sabá, ao entrar, segundo seu costume, na sinagoga de Nazaré, onde fora criado, aplicou a si mesmo esta passagem de Isaías[82] que acabava de ler: "O espírito do Senhor está sobre mim, porque ele me encheu de

---

80. Hyde, *Religion des Persans*, cap. XXI. (N. de Voltaire)
81. Lucas, cap. IV, v. 16. (N. de Voltaire)
82. Isaías, cap. LXI, v. I; Lucas, cap. IV, v. 18. (N. de Voltaire)

sua unção e enviou-me para pregar o evangelho aos pobres." É verdade que todos os da sinagoga o expulsaram da cidade e o levaram até o cume da montanha sobre a qual ela se situava, para precipitá-lo de lá[83], e que seus parentes chegaram para resgatá-lo: pois diziam e diziam-lhes que ele perdera o juízo. Ora, não é menos certo que Jesus declarou constantemente[84] que não viera para destruir a lei ou os profetas, mas para cumpri-los.

No entanto, como nada deixou por escrito[85], seus primeiros discípulos se dividiram sobre a famosa questão de necessidade ou não de circuncidar os gentios e de lhes ordenar que observassem a lei mosaica[86]. Os apóstolos e os padres reuniram-se, portanto, em Jerusalém para examinar o caso e, depois de muito conferenciarem, escreveram aos irmãos gentios, que estavam em Antioquia, na Síria e na Cilícia, uma carta cujo resumo é o seguinte: "Pareceu bom ao Espírito Santo e a nós não vos impor outro encargo além destes, que são necessários: abster-vos das carnes imoladas aos ídolos, do sangue e da carne estufada e da fornicação."

A decisão desse concílio não impediu[87] que Pedro, que estava em Antioquia, só parasse de comer com os gentios quando da chegada de vários circuncisos, que vinham da parte de Tiago. Mas Paulo, vendo que ele não se comportava direito segundo a verdade do Evangelho, pôs-se em confronto com ele e disse-lhe diante de todos[88]: "Se vós, que sois judeu, viveis como os gentios, e não como os judeus, por que obrigais os gentios a judaizar-se?" Pedro, de fato, vivia como os gentios desde que, num êxtase[89], vira o céu aberto e, de seus quatro cantos, descer à terra uma espécie de grande toalha, na qual havia todas as espécies de animais terrestres de quatro patas, répteis e pássaros do céu; e ele ouviu uma voz que lhe dizia: "Levantai-vos, Pedro, matai e comei."

O próprio Paulo, que repreendia Pedro com tanta veemência por usar aquela dissimulação para levar a crer que ainda observava a lei, valeu-se em Jerusalém de fingimento semelhante[90]. Ao ser acusado de ensinar aos judeus que viviam entre os gentios a renunciar a Moisés, foi purificar-se no templo durante sete dias, para que todos soubessem que era falso o que dele se dizia, e que continuava a observar a lei; isso foi feito a conselho de todos os padres reunidos com Tiago, os mesmos que haviam decidido, com o Espírito Santo, que aquela observância legal não era necessária.

A partir daí os concílios foram distinguidos em particulares e gerais. Os particulares são de três espécies: nacionais, convocados pelo príncipe, pelo patriarca ou pelo primaz; provinciais, reunidos pelo metropolitano ou pelo arcebispo; e diocesanos, ou sínodos celebrados pelos bispos. O decreto seguinte é extraído de um desses concílios ocorridos em Mâcon. "Todo laico que encontrar pelo caminho um padre ou um diácono lhe oferecerá o ombro para apoiar-se; se ambos, o laico e o padre, estiverem a cavalo, o laico deverá parar e saudar reverentemente o padre; se o padre estiver a pé, e o laico a cavalo, o laico descerá e só voltará a montar quando o eclesiástico estiver a certa distância. Quem não o fizer se exporá à pena do interdito pelo tempo que aprouver ao metropolitano."

A lista dos concílios ocupa mais de dezesseis páginas in-fólio no *Dicionário de Moréri*; aliás, como os autores não entraram em acordo quanto ao número de concílios gerais, limitamo-nos aqui ao resultado dos oito primeiros que foram reunidos por ordem dos imperadores.

Quando dois padres de Alexandria quiseram saber se Jesus era Deus ou criatura, não foram só os bispos e os padres que brigaram: povos inteiros se dividiram; a desordem chegou a tal pon-

---

83. Marcos, cap. III, v. 21. (N. de Voltaire)
84. Mateus, cap. V, v. 17. (N. de Voltaire)
85. São Jerônimo, sobre o cap. XLIV, v. 29 de Ezequiel. (N. de Voltaire)
86. Atos, cap. XV, v. 5. (N. de Voltaire)
87. Gál., cap. II, v. 11-12. (N. de Voltaire)
88. Gál., cap. II, v. 14. (N. de Voltaire)
89. Atos, cap. X, v. 10-13. (N. de Voltaire)
90. Atos, cap. XXI, v. 23. (N. de Voltaire)

to que os pagãos, de camarote, ridicularizavam o cristianismo. O imperador Constantino começou por escrever nestes termos ao bispo Alexander e ao padre Ário, autores da divisão: "Essas questões, que não são necessárias e que só provêm da ociosidade inútil, podem ser discutidas para exercitar o espírito, mas não devem ser levadas aos ouvidos do povo. Se estais divididos por tão pequena questão, não é justo que governeis segundo vossos pensamentos tão grande multidão do povo de Deus. Essa conduta é baixa e pueril, indigna de padres e de homens sensatos. Não o digo para vos obrigar a concordar inteiramente com respeito a essa questão frívola, seja ela qual for. Podeis conservar a unidade com uma diferença particular, desde que essas diversas opiniões e essas sutilezas se mantenham secretas, no fundo do pensamento."

O imperador, depois de saber do pouco efeito de sua carta, resolveu, a conselho dos bispos, convocar um concílio ecumênico – ou seja, de toda a terra habitável – e escolheu para sede da assembleia a cidade de Niceia, em Bitínia. Lá se encontraram dois mil e quarenta e oito bispos, todos, segundo relato de Eutíquio[91], tinham sentimentos e opiniões diferentes[92]. Aquele príncipe, depois de ter a paciência de ouvi-los discutir o assunto, ficou muito surpreso de ver entre eles tão pouca unanimidade; e o autor do prefácio árabe daquele concílio diz que as atas daquelas discussões enchiam quarenta volumes.

O número prodigioso de bispos não parecerá incrível, se prestarmos atenção ao que diz Usser, citado por Selden[93], ou seja, que são Patrício, no século V, fundou trezentas e sessenta e cinco igrejas e ordenou número igual de bispos, o que prova que então cada igreja tinha seu bispo, ou seja, seu diretor. É verdade que, pelo cânone XIII do concílio de Ancira, se percebe que os bispos das cidades fizeram tudo o que foi possível para eliminar as ordenações de bispos de aldeia e reduzi-los à condição de simples padres.

No concílio de Niceia foi lida uma carta de Eusébio de Nicomédia, que manifestamente continha a heresia e punha a descoberto a conspiração do partido de Ário. Nela dizia, entre outras coisas, que, se Jesus fosse reconhecido como filho de Deus incriado, seria preciso também reconhecê-lo como consubstancial ao Pai. Foi por isso que Atanásio, diácono de Alexandria, convenceu os Padres da Igreja a deter-se na palavra consubstancial, que fora rejeitada como imprópria pelo concílio de Antioquia, reunido contra Paulo de Samosata; mas é porque ele a entendia de maneira grosseira, como se implicasse divisão, assim como se diz que várias moedas são feitas de um mesmo metal; os ortodoxos, porém, explicaram tão bem o termo consubstancial, que o próprio imperador entendeu que ele não encerrava nenhuma ideia corporal, que não significava divisão alguma da substância do Pai, absolutamente imaterial e espiritual, e que cabia entendê-lo de maneira divina e inefável. Mostraram também a injustiça dos arianos ao rejeitarem essa palavra pretextando que ela não está na Escritura, eles que empregavam tantas palavras que lá não estão, dizendo que o filho de Deus era tirado do nada e não existira desde sempre.

Então Constantino escreveu duas cartas ao mesmo tempo, para tornar públicas as decisões do concílio e levá-las ao conhecimento daqueles que não o tivessem presenciado. A primeira, dirigida às Igrejas em geral, diz em muitas palavras que a questão da fé foi examinada e tão bem esclarecida que não restou nenhuma dificuldade. Na segunda, diz a várias Igrejas, mas à de Alexandria em particular: "O que trezentos bispos decidiram nada mais é que a sentença do Filho único de Deus: o Espírito Santo declarou a vontade de Deus por meio desses grandes homens por ele inspirado; portanto, que ninguém duvide, que ninguém discorde; mas voltai todos de boa vontade ao caminho da verdade."

Os escritores eclesiásticos não estão de acordo quanto ao número de bispos que subscreveram o concílio. Eusébio conta apenas duzentos e cinquenta; Eustátio de Antioquia, citado por Teodoreto, duzentos e setenta; santo Atanásio, em sua *Epístola aos solitários*, trezentos, como Constan-

---

91. *Annales d'Alexandrie*, p. 440. (N. de Voltaire)
92. Selden, *des Origines d'Alexandrie*, p. 76. (N. de Voltaire)
93. *Ibid.*, p. 86. (N. de Voltaire)

tino; mas, em sua carta aos africanos, fala de trezentos e dezoito. Esses quatro autores, porém, são testemunhas oculares, muito dignas de fé.

Esse número de trezentos e dezoito, que o papa[94] são Leão chama de misterioso, foi adotado pela maioria dos Padres da Igreja. Santo Ambrósio garante[95] que o número de trezentos e dezoito bispos foi uma prova da presença do Senhor Jesus em seu concílio de Niceia, porque a cruz designa trezentos, e o nome de Jesus, dezoito. Santo Hilário, ao defender a palavra consubstancial aprovada no concílio de Niceia, ainda que condenada cinquenta e cinco anos antes no concílio de Antioquia, assim raciocina[96]: "Oitenta bispos rejeitaram a palavra consubstancial, mas trezentos e dezoito a aceitaram. Ora, este último número, para mim, é um número santo, pois é o número de homens que acompanhavam Abraão quando, vencendo os reis ímpios, foi abençoado por aquela que é a figura do sacerdócio eterno." Por fim, Selden[97] conta que Doroteu, metropolitano de Monembase, dizia que houvera precisamente trezentos e dezoito padres naquele concílio, porque decorreram trezentos e dezoito anos desde a encarnação. Todos os cronologistas situam esse concílio no ano 325 da era vulgar, mas Doroteu subtrai sete anos para encaixar a sua comparação: mas isso é uma bagatela; aliás, só se começou a contar os anos a partir da encarnação de Jesus no concílio de Lestines, no ano 743. Dionísio, o Pequeno, imaginara essa época em seu ciclo solar do ano 526, e Beda o usara em sua *História eclesiástica*.

De resto não é de surpreender que Constantino tenha adotado a opinião daqueles trezentos ou trezentos e dezoito bispos que sustentavam a divindade de Jesus, se atentarmos para o fato de que Eusébio de Nicomédia, um dos principais chefes do partido ariano, fora cúmplice da crueldade de Lucínio nos massacres dos bispos e na perseguição aos cristãos. É o próprio imperador que o acusa na carta particular que escreveu à Igreja de Nicomédia. Diz ele: "Mandou espiões contra mim durante as conturbações, e só lhe faltou empunhar armas a favor do tirano. Tenho disso provas nos padres e nos diáconos seus seguidores que prendi. Durante o concílio de Niceia, com que zelo e impudência defendeu, contra o testemunho de sua consciência, o erro condenado por todos os lados, ora implorando minha proteção, para que, sendo condenado por tão grande crime, não acabasse privado do seu cargo! Assediou-me e aliciou-me vergonhosamente, e aprovou tudo como quis. Além disso, vede o que fez há pouco com Teógnides."

Constantino refere-se à fraude de Eusébio de Nicomédia e Teógnides de Niceia ao subscreverem. Na palavra *omousios* inseriram um iota que formava *omoiousios*, ou seja, semelhante em substância, ao passo que o primeiro significa da mesma substância. Vê-se por aí que aqueles bispos cederam ao temor de serem depostos e banidos, pois o imperador ameaçara de exílio os que não queriam subscrever. Por isso, o outro Eusébio, bispo de Cesareia, aprovou a palavra consubstancial, depois de tê-la combatido no dia anterior.

No entanto, Teonas de Marmárica e Segundo de Ptolemaica continuaram obstinadamente ligados a Ário, e, como o concílio os condenou com Ário, Constantino os exilou e declarou, num edito, que seria punido com a morte quem fosse condenado por ter ocultado algum escrito de Ário em vez de queimá-lo. Três meses depois, Eusébio de Nicomédia e Teógnides também foram exilados nas Gálias. Conta-se que, subornando quem guardava as atas do concílio por ordem do imperador, eles haviam apagado suas subscrições e passaram a pregar publicamente que não se deve acreditar que o Filho é consubstancial ao Pai.

Felizmente, para substituir suas assinaturas e conservar o número misterioso de trezentos e dezoito, teve-se a ideia de pôr o livro, no qual estavam aquelas atas divididas por sessões, sobre

---

94. Carta CXXXII. (N. de Voltaire)
95. Liv. I, cap. IX, *da Fé*. (N. de Voltaire)
96. P. 393 do *Sínodo*. (N. de Voltaire)
97. P. 80. (N. de Voltaire)

o túmulo de Crisanto e de Misônio, que haviam morrido durante o concílio; lá todos passaram a noite em orações, e, no dia seguinte, viu-se que os dois bispos haviam assinado[98].

Foi com um expediente mais ou menos semelhante que os padres do mesmo concílio fizeram a distinção entre livros autênticos da Escritura e os apócrifos[99]: pondo-os todos misturados sobre o altar, os apócrifos caíram ao chão.

Dois outros concílios, reunidos no ano 359 pelo imperador Constâncio, um com mais de quatrocentos bispos em Rímini e outro com mais de cento e cinquenta em Seleucia, rejeitaram, depois de longos debates, a palavra *consubstancial*, já condenada por um concílio de Antioquia, conforme dissemos; mas esses concílios são reconhecidos apenas pelos socinianos.

Os Padres de Niceia ficaram tão ocupados com a consubstancialidade do Filho que, sem fazerem menção alguma à Igreja em seu símbolo, limitaram-se a dizer: "Cremos também no Espírito Santo." Esse esquecimento foi reparado no segundo concílio geral convocado em Constantinopla, no ano 381, por Teodósio. Lá o Espírito Santo foi declarado Senhor e vivificante, procedente do Pai, adorado e glorificado com o Pai e o Filho, falando por meio dos profetas. A seguir, a Igreja latina quis que o Espírito Santo procedesse também do Filho, e o *filioque* foi acrescentado ao símbolo, inicialmente na Espanha, em 447, e depois na França, no concílio de Lyon, em 1274, e por fim em Roma, a despeito das reclamações dos gregos contra essa inovação.

Estabelecida a divindade de Jesus, era natural dar à sua mãe o título de mãe de Deus; no entanto, o patriarca de Constantinopla, Nestório, afirmou, em seus sermões, que isso seria justificar a loucura dos pagãos, que davam mães a seus deuses. Teodósio, o Jovem, para decidir essa grande questão, convocou o terceiro concílio geral em Éfeso, no ano 431, onde Maria foi reconhecida como mãe de Deus.

Outra heresia de Nestório, também condenada em Éfeso, era a de reconhecer duas pessoas em Jesus. Isso não impediu que o patriarca Flaviano reconhecesse, depois, duas naturezas em Jesus. Um monge chamado Eutiques, que já havia muito bradara contra Nestório, para contradizer melhor os dois, garantiu que Jesus só tinha uma natureza. Dessa vez o monge se enganou. Embora sua opinião tivesse sido defendida em 449, a pauladas, num concorrido concílio em Éfeso, Eutiques não deixou de ser anatematizado dois anos depois pelo quarto concílio geral que o imperador Marciano convocou na Calcedônia, onde duas naturezas foram atribuídas a Jesus.

Restava saber quantas vontades Jesus deveria ter, com uma pessoa e duas naturezas. O quinto concílio geral, que, em 553, por ordem de Justiniano, acalmou as contestações referentes à doutrina de três bispos, não teve tempo de começar a tratar desse importante assunto. Foi só em 680 que o sexto concílio geral, também convocado em Constantinopla por Constantino Pogonatos[100], nos ensinou que Jesus tem precisamente duas vontades, e esse concílio, ao condenar os monotelistas que só admitiam uma, não excluiu do anátema o papa Honório I, que, numa carta transcrita por Baronius[101], dissera ao patriarca de Constantinopla: "Professamos uma única vontade em Jesus Cristo. Não entendemos que os concílios e a Escritura nos autorizem a pensar de outro modo; quanto a saber se, devido às obras de divindade e de humanidade que nele há, devemos entender uma ou duas operações, essa é incumbência dos gramáticos, e pouco importa." Assim, Deus permitiu que a Igreja grega e a Igreja latina nada tivessem que censurar-se nesse aspecto. Assim como o patriarca Nestório fora condenado por ter reconhecido duas pessoas em Jesus, o papa Honório foi condenado, por sua vez, por só ter professado uma vontade em Jesus.

O sétimo concílio geral, ou segundo de Niceia, foi convocado em 787 por Constantino, filho de Leão e de Irene, para restabelecer a adoração das imagens. Cabe dizer que dois concílios de

---

98. Nicéforo, liv. VIII, cap. XXIII. *Baronius* e *Aurelius Peruginus* sobre o ano 325. (N. de Voltaire)
99. *Conciles de Labbe*, tomo I, p. 84. (N. de Voltaire)
100. Pogonatos significa *barbudo*. Na próxima seção, Voltaire se referirá a ele como Constantino, o Barbudo. (N. da T.)
101. Sobre o ano 636. (N. de Voltaire)

Constantinopla, o primeiro em 730, sob o imperador Leão, e o outro vinte e quatro anos depois, sob Constantino Coprônimo, haviam tomado a decisão de proscrever as imagens, em conformidade com a lei mosaica e com o uso dos primeiros séculos do cristianismo. Por isso, o decreto de Niceia, em que se diz que quem não prestar às imagens dos santos culto e adoração, como à Trindade, será julgado anátema, enfrentou oposições já de início: os bispos que quiseram impô-lo em 789, num concílio de Constantinopla, foram de lá expulsos por soldados. O mesmo decreto também foi rejeitado com desprezo em 794 pelo concílio de Frankfurt e pelos livros carolinos que Carlos Magno publicou. Mas, por fim, o segundo concílio de Niceia foi confirmado em Constantinopla sob o governo do imperador Miguel e de Teodora, sua mãe, em 842, por concorrido concílio que anatematizou os inimigos das imagens santas. É notável que foram duas mulheres, as imperatrizes Irene e Teodora, que protegeram as imagens.

Passemos ao oitavo concílio geral. No tempo do imperador Basílio, Fócio, ordenado em lugar de Inácio, patriarca de Constantinopla, promoveu a condenação da Igreja latina, no que se refere ao *filioque* e outras práticas, num concílio ocorrido em 866; mas, como Inácio foi reintegrado no ano seguinte (em 23 de novembro), outro concílio depôs Fócio; e em 869 os latinos, por sua vez, condenaram a Igreja grega num concílio chamado por eles de oitavo concílio geral, enquanto os orientais deram esse nome a outro concílio, que dez anos depois anulou o que fora feito pelo anterior e reintegrou Fócio.

Esses quatro concílios ocorreram em Constantinopla; os outros, chamados de gerais pelos latinos, tiveram apenas a participação de bispos do ocidente, e os papas, por meio de falsas decretais, tiveram a insensibilidade de arrogar-se o direito de convocá-los. O último, reunido em Trento de 1545 a 1563, não serviu nem para trazer de volta os inimigos do papado, nem para subjugá-los. Seus decretos sobre a disciplina não foram acatados por quase nenhuma nação católica, e seu único efeito foi mostrar a verdade destas palavras de são Gregório de Nazianzo[102]: "Nunca vi concílio com um bom final e que não tenha aumentado os males, em vez de curá-los. O amor pela disputa e a ambição reinam mais do que se pode dizer em toda assembleia de bispos."

No entanto, em vista da decisão do concílio de Constança, em 1415, segundo a qual um concílio geral recebe autoridade imediata de Jesus Cristo, à qual todas as pessoas, seja qual for sua condição social e sua posição, são obrigadas a obedecer no que se refere à fé, bem como em vista da decisão do concílio de Basileia, que confirmou esse decreto, considerando-o artigo de fé e afirmando que ninguém pode desprezá-lo sem renunciar à salvação da alma, em vista disso tudo, percebe-se até que ponto estão todos interessados em submeter-se aos concílios.

Segunda seção
Relação dos concílios gerais

Assembleia, conselho de Estado, parlamento, estados gerais, antigamente era tudo a mesma coisa entre nós. Ninguém escrevia em celta, germânico nem espanhol em nossos primeiros séculos. O pouco que se escrevia era concebido em língua latina por alguns clérigos; toda e qualquer assembleia de *leudes*, *herren, ricos-hombres* ou prelados era expressa pela palavra *concilium*. Por isso é que nos séculos VI, VII e VIII encontramos tantos concílios que, precisamente, nada mais eram que conselhos de Estado.

Aqui só falaremos dos grandes concílios chamados *gerais* tanto pela Igreja grega quanto pela latina; foram chamados *sínodos* em Roma como no oriente nos primeiros séculos, pois os latinos tomaram de empréstimo aos gregos os nomes e as coisas.

---

102. Carta LV. (N. de Voltaire)

Em 325, grande concílio na cidade de Niceia, convocado por Constantino. A fórmula da decisão é: "Cremos em Jesus consubstancial ao Pai, Deus de Deus, luz de luz, engendrado e não feito. Cremos também no Espírito Santo."[103]

No suplemento, chamado *appendix*, diz-se que os padres do concílio, querendo distinguir os livros canônicos dos apócrifos, puseram todos sobre o altar, e os apócrifos caíram sozinhos.

Nicéforo garante[104] que dois bispos, Crisanto e Misônio, mortos durante as primeiras sessões, ressuscitaram para assinar a condenação de Ário e remorreram imediatamente depois.

Barônio sustenta o fato[105], mas Fleury não toca no assunto.

Em 359, o imperador Constâncio reúne o grande concílio de Rímini e de Seleucia, com seiscentos bispos e um número prodigioso de padres. Esses dois concílios, em concordância, desfazem tudo o que o concílio de Niceia fez e proscrevem a consubstancialidade. Por isso, foi considerado depois um falso concílio.

Em 381, por ordem do imperador Teodósio, grande concílio em Constantinopla, com cento e cinquenta bispos, que anatematizaram o concílio de Rímini. Foi presidido por são Gregório de Nazianzo[106]; o bispo de Roma envia representantes. Acrescenta-se ao símbolo de Niceia: "Jesus Cristo encarnou pelo Espírito Santo e da virgem Maria. – Foi crucificado por nós sob Pôncio Pilatos. – Foi sepultado e ressuscitou no terceiro dia, segundo as Escrituras. – Está sentado à direita do Pai. Cremos também no Espírito Santo, senhor vivificante que procede do Pai."

Em 431, grande concílio de Éfeso, convocado pelo imperador Teodósio II. Nestório, bispo de Constantinopla, que perseguira violentamente todos os que não abraçavam sua opinião sobre questões de teologia, enfrentou perseguições por sua vez, por ter afirmado que a santa virgem Maria, mãe de Jesus Cristo, não era mãe de Deus, porque, segundo dizia, se Jesus Cristo era o verbo filho de Deus consubstancial ao pai, Maria não podia ser ao mesmo tempo a mãe de Deus pai e de Deus filho. São Cirilo insurgiu-se veementemente contra ele. Nestório pediu um concílio ecumênico; obteve-o. Nestório foi condenado, mas Cirilo foi deposto por uma comissão do concílio. O imperador revogou tudo o que fora feito naquele concílio, depois permitiu nova reunião. Os representantes de Roma chegaram muito tarde. Os tumultos aumentaram, o imperador mandou prender Nestório e Cirilo. Por fim, ordenou a todos os bispos que voltassem para suas respectivas igrejas, e não houve conclusão alguma. Foi esse o famoso concílio de Éfeso.

Em 449, grande concílio, também em Éfeso, apelidado depois de *o latrocínio*. Os bispos eram em número de cento e trinta. Foi presidido por Dióscoro, bispo de Alexandria. Houve dois representantes da Igreja de Roma e vários abades. Cuidava-se de saber se Jesus Cristo tinha duas naturezas. Os bispos e os monges do Egito bradaram que *era preciso rasgar em dois todos aqueles que dividissem Jesus Cristo em dois*. As duas naturezas foram anatematizadas. Chegou-se às vias de fato em pleno concílio, assim como ocorrera no pequeno concílio de Cirta, em 355, e no pequeno concílio de Cartago.

Em 451, grande concílio de Calcedônia, convocado por Pulquéria, que se casou com Marciano, com a condição de que ele fosse apenas seu primeiro súdito. São Leão, bispo de Roma, que tinha grande crédito, aproveitando-se das conturbações que a polêmica das duas naturezas provocava no império, presidiu o concílio por meio de seus legados; é o primeiro exemplo disso que

---

103. Ver verbete Arianismo. (N. de Voltaire)
104. Liv. VIII, cap. XXIII. (N. de Voltaire)
105. Tomo IV, nº 82. (N. de Voltaire)
106. Ver a carta de são Gregório de Nazianzo a Procópio; diz ele: "Temo os concílios, nunca vi nenhum que fizesse mais mal do que bem e que tivesse um bom final: o espírito de disputa, a vaidade e a ambição dominam; quem quiser reformar os maus se expõe a ser acusado sem os corrigir."
   Esse santo sabia que os padres dos concílios são homens. (N. de Voltaire)

temos. Mas os padres do concílio, temendo que a Igreja do ocidente pretendesse, com esse exemplo, a superioridade sobre a do oriente, decidiram, no vigésimo oitavo cânone, que a sede de Constantinopla e a de Roma tivessem as mesmas vantagens e os mesmos privilégios. Essa foi a origem da longa inimizade que reinou e ainda reina entre as duas Igrejas.

Esse concílio de Calcedônia estabeleceu as duas naturezas e uma única pessoa.

Nicéforo conta[107] que nesse mesmo concílio cada um dos bispos, depois de longa discussão a respeito das imagens, pôs sua opinião por escrito no túmulo de santa Eufêmia e passou a noite a rezar. No dia seguinte, os bilhetes ortodoxos foram encontrados na mão da santa, e os outros, a seus pés.

Em 553, grande concílio em Constantinopla, convocado por Justiniano, que era entendido em teologia. O assunto eram três pequenos escritos diferentes que hoje não são conhecidos. Foram chamados de *três capítulos*. Também se discutiam algumas passagens de Orígenes.

O bispo de Roma, Vigílio, quis comparecer em pessoa, mas Justiniano mandou prendê-lo. Foi presidido pelo patriarca de Constantinopla. Não houve ninguém da Igreja latina, porque então o grego já não era entendido no ocidente, que se tornara totalmente bárbaro.

Em 680, mais um concílio geral em Constantinopla, convocado pelo imperador Constantino, o Barbudo. É o primeiro concílio solicitado pelos latinos *in trullo*, porque foi realizado num salão do palácio imperial. O próprio imperador o presidiu. À sua direita estavam os patriarcas de Constantinopla e de Antioquia; à sua esquerda, os representantes de Roma e de Jerusalém. Decidiu-se que Jesus Cristo tinha duas vontades. Condenou-se o papa Honório I como monotelista, ou seja, que queria que Jesus Cristo só tivesse uma vontade.

Em 787, segundo concílio de Niceia, convocado por Irene em nome do imperador Constantino, seu filho, de quem mandou arrancar os olhos. Seu marido, Leão, abolira o culto às imagens, por ser contrário à simplicidade dos primeiros séculos e favorecer a idolatria: Irene o restabeleceu; falou pessoalmente no concílio. Foi o único dirigido por uma mulher. Dois legados do papa Adriano IV estiveram presentes, mas não falaram porque não entendiam grego: foi o patriarca Tarásio que fez tudo.

Sete anos depois, os francos, ouvindo dizer que um concílio realizado em Constantinopla ordenara a adoração das imagens, por ordem de Carlos, filho de Pepino, chamado depois *Carlos Magno*, reuniram um concílio bastante numeroso em Frankfurt. Nele o segundo concílio de Niceia foi qualificado como "sínodo impertinente e arrogante, ocorrido na Grécia para adorar pinturas".

Em 842, grande concílio em Constantinopla, convocado pela imperatriz Teodora. Culto das imagens solenemente estabelecido. Os gregos ainda têm uma festa em honra a esse grande concílio, que se chama ortodoxia. Teodora não o presidiu.

Em 861, grande concílio em Constantinopla, composto de trezentos e dezoito bispos, convocado pelo imperador Miguel. Santo Inácio foi deposto como patriarca de Constantinopla, e elegeu-se Fócio.

Em 866, outro grande concílio em Constantinopla, onde o papa Nicolau I é deposto por contumácia e excomungado.

Em 869, outro grande concílio em Constantinopla, onde Fócio é excomungado e deposto por sua vez, enquanto santo Inácio é reintegrado.

Em 879, outro grande concílio em Constantinopla, em que Fócio, já reintegrado, é reconhecido como verdadeiro patriarca pelos legados do papa João VIII. Chama-se de conciliábulo o grande concílio ecumênico em que Fócio fora deposto.

O papa João VIII declara como Judas todos os que dizem que o Espírito Santo procede do Pai e do Filho.

Em 1122 e 1123, grande concílio em Roma, realizado na igreja de são João de Latrão pelo papa Calixto II. Foi o primeiro concílio geral convocado por um papa. Os imperadores do ociden-

---

107. Liv. XV, cap.V. (N. de Voltaire)

te quase já não tinham autoridade, e os imperadores do oriente, premidos pelos maometanos e pelos cruzados, só realizavam pequenos concílios medíocres.

De resto, não se sabe muito bem o que é Latrão. Alguns pequenos concílios já haviam sido convocados em Latrão. Dizem uns que era uma casa construída por certo Latranus, no tempo de Nero; outros, que é a própria igreja de são João, construída pelo bispo Silvestre.

Os bispos, nesse concílio, queixaram-se muito dos monges. Diziam: "Eles possuem igrejas, terras, castelos, dízimos, oferendas de vivos e mortos; só falta nos tirarem o báculo e o anel." Os monges continuaram com suas posses.

Em 1139, outro grande concílio de Latrão, convocado pelo papa Inocêncio II; dizem que havia mil bispos. É muito. Os dízimos eclesiásticos foram declarados de *direito divino*, e foram excomungados os laicos que os possuíam.

Em 1179, outro grande concílio de Latrão, presidido pelo papa Alexandre III; houve trezentos e dois bispos latinos e um abade grego. Os decretos foram todos disciplinares. Foi proibida a pluralidade dos benefícios.

Em 1215, último concílio geral de Latrão, presidido por Inocêncio III; quatrocentos e doze bispos, oitocentos abades. Já nesse tempo, que era o tempo das cruzadas, os papas haviam estabelecido um patriarca latino em Jerusalém e um em Constantinopla. Esses patriarcas compareceram ao concílio. Esse grande concílio disse que "Deus, depois de dar aos homens a doutrina salutar por meio de Moisés, fez seu filho nascer de uma virgem para mostrar o caminho mais claramente; que ninguém pode ser salvo fora da Igreja católica".

A palavra *transubstanciação* ficou conhecida depois desse concílio. Nele ficou proibido o estabelecimento de novas ordens religiosas, mas, desde então, foram formadas oitenta delas.

Foi nesse concílio que Raimundo, conde de Toulouse, foi despojado de todas as suas terras.

Em 1245, grande concílio em Lyon, cidade imperial. Inocêncio IV leva o imperador de Constantinopla, João Paleólogo, que se senta a seu lado. Nele, o papa depõe o imperador Frederico II, por *felonia*; dá um chapéu vermelho aos cardeais, signo da guerra contra Frederico. Essa foi a origem de trinta anos de guerras civis.

Em 1274, outro concílio geral em Lyon. Quinhentos bispos, setenta grandes abades e mil pequenos. O imperador grego Miguel Paleólogo, para ter a proteção do papa, envia seu patriarca grego Teófanes e um bispo de Niceia para se reunir em seu nome com a Igreja latina. Mas esses bispos são renegados pela Igreja grega.

Em 1311, o papa Clemente V indica um concílio geral na pequena cidade de Vienne no Delfinado. Nele abole a ordem dos Templários. Ordena-se queimar begardos, beguinos e beguinas, uma espécie de hereges aos quais se imputava tudo o que havia sido imputado outrora aos primeiros cristãos.

Em 1414, grande concílio de Constança, convocado finalmente por um imperador que reassume seus direitos. É Sigismundo. Nele se depõe o papa João XXIII, condenado por vários crimes. Manda-se para a fogueira Jan Hus e Jerônimo de Praga, condenados por contumácia.

Em 1431, grande concílio de Basileia, no qual se depõe em vão o papa Eugênio IV, que foi mais esperto que o concílio.

Em 1438, grande concílio em Ferrara, transferido para Florença, onde o papa excomungado excomunga o concílio e declara que este cometeu crime de lesa-majestade. Fez-se ali uma reunião fingida com a Igreja grega, esmagada pelos sínodos turcos que eram realizados de sabre em punho.

Não dependeu do papa Júlio II o fato de seu concílio de Latrão, em 1512, não ser considerado ecumênico. Tal papa excomungou solenemente o rei de França, Luís XII, pôs a França em interdito, citou todo o parlamento da Provença a comparecer perante ele, excomungou todos os filósofos, porque a maioria ficara ao lado de Luís XII. Apesar disso, esse concílio não recebeu o título de *latrocínio* como o de Éfeso.

Em 1537, concílio de Trento, convocado inicialmente pelo papa Paulo III para Mântua e depois para Trento, em 1545; terminou em dezembro de 1563, sob o pontificado de Pio IV. Os príncipes católicos o acataram no referente ao dogma e dois ou três no referente à disciplina.

Acredita-se que doravante não haverá mais concílios gerais do que reunião dos estados gerais na França e na Espanha.

Há no Vaticano um belo quadro com a lista dos concílios gerais. Nele só estão inscritos os concílios aprovados pela corte de Roma: cada um põe o que quer em seus arquivos.

Terceira seção

Todos os concílios são infalíveis, sem dúvida: pois são compostos de homens.

É impossível que as paixões, as intrigas, o espírito de disputa, o ódio, o ciúme, o preconceito, a ignorância reinem nessas assembleias.

Mas por que – dirão alguns – tantos concílios se opuseram uns aos outros? Foi para exercitar nossa fé; todos tiveram razão, cada um em seu tempo.

Hoje os católicos romanos só acreditam nos concílios aprovados no Vaticano; e os católicos gregos só acreditam nos aprovados em Constantinopla. Os protestantes zombam de ambos, e assim todos devem estar contentes.

Aqui só falaremos dos grandes concílios; os pequenos não valem a pena.

O primeiro é o de Niceia. Reuniu-se em 325 da nossa era, depois que Constantino escreveu e enviou por meio de Ósio esta bela carta ao clero um tanto briguento de Alexandria: "Vós vos desentendeis por um assunto bem tênue. Essas sutilezas são indignas de gente sensata." Procurava-se saber se Jesus era criado ou incriado. Isso nada tinha a ver com a moral, que é o essencial. Não é porque Jesus está no tempo, ou antes do tempo, que se deve deixar de ser um homem de bem. Depois de muitas altercações, decidiu-se que o Filho era tão antigo quanto o Pai e *consubstancial* com o Pai. Essa decisão é quase incompreensível, mas por isso mesmo é mais sublime. Dezessete bispos protestam contra a decisão, e uma antiga crônica de Alexandria, conservada em Oxford, diz que dois mil padres protestaram também; mas os prelados não fazem muito caso dos simples padres, que costumam ser pobres. Seja como for, não se falou nada sobre a Trindade nesse primeiro concílio. A fórmula diz: "Cremos em Jesus consubstancial ao Pai, Deus de Deus, luz de luz, engendrado e não feito; cremos também no Espírito Santo." O Espírito Santo, convenhamos, foi tratado com bastante cortesia.

No suplemento do concílio de Niceia consta que os padres, muito preocupados em saber quais eram os livros apócrifos do Antigo e do Novo Testamento, puseram todos eles de cambulhada sobre um altar, e os livros que deviam ser rejeitados caíram ao chão. Pena que em nossos dias se tenha perdido essa ótima receita.

Depois do primeiro concílio de Niceia, composto de trezentos e dezessete bispos infalíveis, ocorreu outro em Rímini; dessa vez o número dos infalíveis foi quatrocentos, sem contar um alentado destacamento em Seleucia de cerca de duzentos. Esses seiscentos bispos, depois de quatro meses de polêmicas, privaram unanimemente Jesus da sua *consubstancialidade*. Depois ela lhe foi devolvida, mas não pelos socinianos: assim tudo vai bem.

Um dos grandes concílios foi o de Éfeso, em 431; o bispo de Constantinopla, Nestório, grande perseguidor de hereges, foi condenado, por sua vez, como herege, por ter afirmado que, na verdade, Jesus era Deus, mas que sua mãe não era absolutamente mãe de Deus, porém mãe de Jesus. Foi são Cirilo que promoveu a condenação de Nestório; mas os partidários de Nestório promoveram a deposição de são Cirilo no mesmo concílio, o que deixou o Espírito Santo bastante embaraçado.

Notai com cuidado aqui, leitor, que o Evangelho nunca disse uma palavra sobre a consubstancialidade do Verbo, nem sobre a honra que Maria tivera por ser mãe de Deus, tampouco sobre outras controvérsias que provocaram a reunião de concílios infalíveis.

Eutiques era um monge que muito bradara contra Nestório, cuja heresia supunha nada menos que duas pessoas em Jesus, o que é assustador. O monge, para contradizer melhor seu adversário, garante que Jesus só tinha uma natureza. Certo Flaviano, bispo de Constantinopla, assegurou-lhe que é absolutamente necessário que haja duas naturezas em Jesus. Convoca-se um numeroso concílio em Éfeso, em 449, que foi realizado à força de pauladas, tal como o pequeno concílio de Cirta, em 355, e certa conferência de Cartago. A natureza de Flaviano foi assim arrebentada, atribuindo-se duas naturezas a Jesus. No concílio de Calcedônia, em 451, Jesus foi reduzido a uma natureza.

Omito concílios que se reuniram por ninharias e passo ao sexto concílio geral de Constantinopla, que se reuniu para saber com certeza se Jesus – que, depois de só ter uma natureza durante algum tempo, agora tinha duas – também tinha duas vontades. Percebe-se que isso é muito importante para agradar a Deus.

Esse concílio foi convocado por Constantino, o Barbudo, assim como todos os outros haviam sido convocados pelos imperadores precedentes: os legados do bispo de Roma ficaram à esquerda; os patriarcas de Constantinopla e de Antioquia ficaram à direita. Não sei se os caudatários de Roma supõem que a esquerda é o lugar de honra. Seja como for, Jesus saiu do caso com duas vontades.

A lei mosaica proibira imagens. Os pintores e escultores não enriqueceram entre os judeus. Não se percebe que Jesus nunca teve quadros, exceto talvez o de Maria, pintado por Lucas. Mas, enfim, Jesus Cristo não recomenda em lugar algum que se adorem imagens. Os cristãos, porém, as adoraram em fins do século IV, quando se familiarizaram com as belas-artes. O abuso chegou a tal ponto no século VIII, que Constantino Coprônimo reuniu em Constantinopla um concílio de trezentos e vinte bispos, que anatematizaram o culto às imagens, qualificando-o como idolatria.

A imperatriz Irene, a mesma que depois mandou arrancar os olhos do filho, convocou o segundo concílio de Niceia em 787: a adoração das imagens foi restabelecida. Quer-se hoje justificar esse concílio, dizendo-se que tal adoração era um culto de *dulia*, e não de *latria*.

Mas, seja de latria, seja de dulia, Carlos Magno, em 794, reuniu em Frankfurt um outro concílio que qualificou de idólatra o segundo de Niceia. O papa Adriano IV para lá enviou dois legados e não o convocou.

O primeiro grande concílio convocado por um papa foi o primeiro de Latrão, em 1139; foram cerca de mil bispos, mas quase nada se fez, a não ser anatematizar quem dizia que a Igreja era rica demais.

Outro concílio de Latrão, em 1179, reunido pelo papa Alexandre III, em que os cardeais, pela primeira vez, sobrepujaram os bispos, só tratou de disciplina.

Outro grande concílio de Latrão foi em 1215. Nele o papa Inocêncio III despojou o conde de Toulouse de todos os seus bens, em virtude da excomunhão. É o primeiro concílio que falou em *transubstanciação*.

Em 1245, concílio geral de Lyon, cidade então imperial, na qual o papa Inocêncio IV excomungou o imperador Frederico II e, por conseguinte, o depôs, lançando-lhe um interdito de água e fogo[108]: foi nesse concílio que os cardeais ganharam um chapéu vermelho, para lembrar-lhes que era preciso banhar-se no sangue dos partidários do imperador. Esse concílio foi a causa da destruição da casa de Suábia e de trinta anos de anarquia na Itália e na Alemanha.

---

108. Asilo ou acolhida. (N. da T.)

Concílio geral em Vienne, Delfinado, em 1311, no qual é abolida a ordem dos Templários, cujos principais membros haviam sido condenados aos mais horríveis suplícios, com base em acusações não provadas.

Em 1414, grande concílio de Constança, que teve a satisfação de depor o papa João XXIII, condenado por mil crimes, e onde Jan Hus e Jerônimo de Praga foram queimados por terem sido contumazes, visto que a contumácia é um crime bem maior que o assassinato, o rapto, a simonia e a sodomia.

Em 1431, grande concílio de Basileia, não reconhecido em Roma, porque nele foi deposto o papa Eugênio IV, que não se deixou depor.

Os romanos contam como concílio geral o quinto concílio de Latrão, em 1512, convocado contra Luís XII, rei da França, pelo papa Júlio II; mas, quando esse papa guerreiro morreu, esse concílio virou fumaça.

Por fim, temos o grande concílio de Trento, que não é acatado na França nas questões disciplinares; mas nas questões de dogma ele é incontestável, pois o Espírito Santo chegava a Trento, vindo de Roma, todas as semanas, na mala do correio, a crer-se no que diz *fra* Paolo Sarpi; mas *fra* Paolo Sarpi cheirava um pouco a heresia.

CONFISCO (Confiscation)

Já se observou muito bem no *Dicionário enciclopédico*, verbete Confisco, que o fisco, seja ele público, régio, senhorial, imperial, desleal, era um cestinho de junco ou vime, no qual se punha, antigamente, o pouco dinheiro que se conseguisse receber ou extorquir. Hoje usamos sacos; fisco régio é saco régio.

Princípio adotado em vários países da Europa é que quem confisca o corpo confisca os bens. Esse costume está estabelecido principalmente nos lugares onde o costume tem valor de lei, e uma família inteira é punida em todos os casos pelo erro de um único homem.

Confiscar o corpo não é pôr o corpo de um homem no cesto de seu senhor suserano; na linguagem bárbara dos tribunais, é tornar-se senhor do corpo de um cidadão, seja para lhe tirar a vida, seja para condená-lo a penas tão longas quanto a vida: é possível apoderar-se de seus bens caso ele morra ou evite a morte fugindo.

Assim, não basta matar um homem por causa de seus crimes; também é preciso matar seus filhos de fome.

Devido ao rigor dos costumes, em vários lugares são confiscados os bens daquele que se afastou voluntariamente das misérias da vida; e seus filhos são reduzidos à mendicância porque o pai morreu.

Em algumas províncias católicas romanas, os pais de família são condenados às galés perpétuas por uma sentença arbitrária[109], seja por ter dado guarida a um predicador, seja por ter ouvido seu sermão em alguma caverna ou algum deserto: então, a mulher e os filhos são obrigados a mendigar o pão.

Essa jurisprudência, que consiste em subtrair o alimento aos órfãos e em dar a um homem os bens de outro, foi desconhecida durante todo o tempo da república romana. Sila a introduziu em suas proscrições. Convenhamos que uma rapinagem inventada por Sila não era exemplo que se deveria seguir. Por isso, essa lei, que parecia ditada apenas pela desumanidade e pela cobiça, não foi observada por César, nem pelo bom imperador Trajano, nem pelos Antoninos, cujo nome todas as nações ainda pronunciam com respeito e amor. Finalmente, com Justiniano, o confisco

---

109. Ver edito de 1724, 14 de maio, publicado por solicitação do cardeal Fleury e revisto por ele. (N. de Voltaire)

passou a viger apenas para o crime de lesa-majestade. Como a maioria dos acusados desse crime era constituída por poderosos, parece que Justiniano só ordenou o confisco por ganância. Parece também que, nos tempos da anarquia feudal, os príncipes e os senhores das terras, não sendo muito ricos, procuravam aumentar seu tesouro com a condenação de súditos, e que se quis auferir renda do crime. Como, entre eles, as leis eram arbitrárias e a jurisprudência romana, ignorada, os costumes extravagantes cruéis prevaleceram. Mas hoje, que o poder dos soberanos se baseia em riquezas imensas e garantidas, seu tesouro não precisa inchar com os frágeis destroços de uma família infeliz. Em geral são entregues ao primeiro que os peça. Mas será lícito um cidadão engordar com os restos do sangue de outro cidadão?

O confisco não é admitido nos países onde o direito romano está estabelecido, com exceção da jurisdição do parlamento de Toulouse. Não é admitido em algumas regiões regidas pelo direito consuetudinário, tal como a de Bourbon, Berry, Maine, Poitou e da Bretanha, onde pelo menos se respeitam os imóveis. Foi estabelecido outrora em Calais, e os ingleses o aboliram quando passaram a ser os senhores ali. É estranho que os habitantes da capital vivam sob uma lei mais rigorosa que a das pequenas cidades: isso ocorre porque a jurisprudência foi muitas vezes estabelecida ao acaso, sem regularidade nem uniformidade, como quem constrói choupanas numa aldeia.

Veja-se como o promotor Omer Talon falou em pleno parlamento no mais belo século da França, em 1673, a respeito dos bens de certa srta. de Canillac, que haviam sido confiscados. Que o leitor preste atenção a esse discurso; não tem o estilo das Orações de Cícero, mas é curioso.

CONFISSÃO (Confession)

Só o arrependimento dos pecados pode valer como inocência. Para parecer que nos arrependemos deles, precisamos começar por confessá-los. A confissão, portanto, é quase tão antiga quanto a sociedade civil.

Havia confissão em todos os mistérios do Egito, da Grécia, da Samotrácia. Na *Vida de Marco Aurélio* conta-se que, quando ele quis associar-se aos mistérios de Elêusis, confessou-se ao hierofante, embora fosse o homem que menos precisava de confissão no mundo.

Essa cerimônia podia ser muito salutar; também podia ser muito perigosa: é o destino de todas as instituições humanas. É conhecida a resposta daquele espartano que um hierofante queria convencer a confessar-se: "A quem devo confessar minhas faltas? A Deus ou a ti? – A Deus, responde o sacerdote. – Então, retira-te, homem" (Plutarco, *Ditos notáveis dos lacedemônios*).

É difícil dizer em que tempo essa prática se estabeleceu entre os judeus, que imitaram muitos ritos de seus vizinhos. A *Mishnah*, que é a coletânea das leis judias[110], diz que muitas vezes as pessoas se confessavam pondo a mão sobre um bezerro do sacerdote, o que se chamava *confissão dos bezerros*.

Diz-se na mesma *Mishnah*[111] que todo acusado que fora condenado à morte ia confessar-se diante de testemunhas num lugar apartado, alguns momentos antes do suplício. Caso se sentisse culpado, devia dizer: "Que minha morte expie todos os meus pecados." Caso se sentisse inocente, pronunciava: "Que minha morte expie meus pecados, exceto aquele de que me acusam."

No dia da festa que entre os judeus se chamava expiação solene[112], os judeus devotos se confessavam uns aos outros, especificando seus pecados. O confessor recitava três vezes treze pala-

---

110. *Mishnah*, t. II, p. 394. (N. de Voltaire)
111. T. IV, p. 134. (N. de Voltaire)
112. *Sinagoga judaica*, cap. XXXV. (N. de Voltaire)

vras do salmo LXXVII, o que dá trinta e nove; enquanto fazia isso, ia dando trinta e nove chicotadas no confessando, que, por sua vez, também as dava no sacerdote; depois disso, os dois saíam de lá empatados. Dizem que essa cerimônia ainda é celebrada.

Verdadeiras multidões iam confessar-se a são João, devido à reputação de sua santidade, assim como iam batizar-se com ele, no batismo de justiça, segundo o antigo uso; mas ninguém diz que são João dava trinta e nove chicotadas em seus penitentes.

A confissão então não era um sacramento; por várias razões. A primeira é que a palavra *sacramento* era então desconhecida; essa razão dispensa de deduzir as outras. Os cristãos tomaram a confissão dos ritos judeus, e não dos mistérios de Ísis e Ceres. Os judeus confessavam-se aos seus camaradas, e os cristãos também. Depois, pareceu mais conveniente que esse direito coubesse aos padres. Os ritos e as cerimônias só se estabeleceram com o tempo. Era quase impossível que não restasse nenhum vestígio do antigo uso dos laicos, ou seja, o de se confessarem uns aos outros:

Vede abaixo, *Se os laicos e as mulheres* etc.

No tempo de Constantino, a confissão das faltas públicas era de início feita publicamente.

No século V, depois do cisma de Novato e de Novaciano, foram designados penitencieiros para absolver os que tivessem incorrido em idolatria. Essa confissão aos padres penitencieiros foi abolida pelo imperador Teodósio[113]. Quando uma mulher confessou em voz alta ao penitencieiro de Constantinopla que havia dormido com o diácono, a indiscrição causou tanto escândalo e conturbação em toda a cidade[114], que Nectário permitiu que todos os fiéis se aproximassem da santa mesa sem confissão, dando ouvidos apenas à sua consciência para comungar. É por isso que são João Crisóstomo, sucessor de Nectário, diz ao povo em sua quinta homilia: "Confessai-vos continuamente a Deus; não vos exibo num teatro com vossos companheiros de ofício religioso para mostrar-lhes vossas faltas. Mostrai a Deus vossas chagas, e pedi-lhe os remédios; confessai vossos pecados àquele que não os repreende diante dos homens. Em vão as esconderíeis daquele que conhece todas as coisas etc."

Consta que a confissão auricular só começou no ocidente por volta do século VII, e que foi instituída pelos abades, que exigiram que os monges fossem duas vezes por ano confessar-lhes todas as suas faltas. Foram tais abades que inventaram a fórmula: "Absolvo-te no que puder e no que precisares." Parece que seria mais respeitoso para com o Ser supremo, e mais justo: "Que ele perdoe tuas faltas e as minhas!"

O bem que a confissão fez foi obter às vezes restituições de pequenos furtos. O mal foi às vezes, nos tumultos políticos, ter forçado os penitentes a ser francamente recalcitrantes e sanguinários. Os padres guelfos negavam absolvição aos gibelinos, e os padres gibelinos bem que evitavam absolver os guelfos.

Lénet, conselheiro de Estado, conta em suas *Memórias* que, para conseguir que os povos da Borgonha se sublevassem em favor do príncipe de Condé, preso em Vincennes por Mazarino, só precisou "soltar os padres nos confessionários". Fala deles como se fossem cães raivosos que podiam insuflar a raiva da guerra civil no segredo do confessionário.

Durante o sítio de Barcelona, os monges negaram a absolvição a todos os que permaneciam fiéis a Filipe V.

Na última revolução de Gênova, todas as consciências eram advertidas de que não haveria salvação da alma para quem não empunhasse as armas contra os austríacos.

Esse remédio salutar em todos os tempos virou veneno. Os assassinos dos Sforzas, dos Médici, dos príncipes de Orange, dos reis da França preparavam-se para os assassinatos com o sacramento da confissão.

---

113. Sócrates, liv. V. Sozomeno, liv. VII. (N. de Voltaire)
114. De fato, como essa indiscrição teria causado escândalo público, se tivesse sido secreta? (N. de Voltaire)

Luís XI e La Brinvilliers confessavam-se quando haviam cometido algum grande crime, e confessavam-se com frequência, assim como os glutões tomam remédio para terem mais apetite.

Da revelação da confissão

A resposta do jesuíta Coton a Henrique IV durará mais que a ordem dos jesuítas: "Revelaríeis a confissão de um homem decidido a assassinar-me? – Não; mas me poria entre vós e ele."

A máxima do padre Coton nem sempre foi seguida. Há em alguns países segredos de Estado que o público desconhece, para os quais as revelações das confissões contribuem muito. Sabe-se, por meio de confessores oficiais, dos segredos dos prisioneiros. Alguns confessores, para conciliarem interesse e sacrilégio, usam um singular artifício. Não contam exatamente o que o prisioneiro lhes disse, mas o que ele não lhes disse. Se, por exemplo, forem encarregados de saber se um acusado tem como cúmplice um francês ou um italiano, dirão à pessoa que os emprega: O prisioneiro jurou que nenhum italiano foi informado de suas intenções. Por aí se julga que o culpado é o francês sob suspeita.

Bodin assim se exprime em seu *Livro da república*[115]: "Por isso, não se deve dissimular se ficar claro que o culpado conjurou contra a vida do soberano ou até mesmo se quis conjurar. Foi o que ocorreu com um fidalgo da Normandia, que confessou a um religioso que quisera matar o rei Francisco I. O religioso advertiu o rei, que mandou o fidalgo ao tribunal do parlamento, onde foi condenado à morte, conforme fiquei sabendo pelo sr. Canaye, advogado no parlamento."

O autor deste verbete foi quase testemunha de uma revelação ainda mais forte e singular.

É conhecida a traição do jesuíta Daubenton a Filipe V, rei da Espanha, cujo confessor ele era. Por entender pouco de política, julgou que deveria prestar contas dos segredos de seu penitente ao duque de Orléans, regente do reino, e teve a imprudência de lhe escrever o que não deveria ter confiado a ninguém de viva voz. O duque de Orléans enviou sua carta ao rei da Espanha; o jesuíta foi expulso e morreu algum tempo depois. É um fato comprovado.

Não deixa de ser muito difícil decidir formalmente em que caso se deve revelar a confissão, pois, caso se decida que é para o crime de lesa-majestade humana, será fácil estender muito esse crime de lesa-majestade e levá-lo até o contrabando de sal e de musselina, visto que esse delito ofende precisamente as majestades. Com mais razão caberá revelar os crimes de lesa-majestade divina; e isso pode incluir até faltas mínimas, como não comparecer às vésperas e ao lausperene.

Portanto, seria muito importante determinar bem as confissões que devem ser reveladas e as que devem ser silenciadas; mas tal decisão seria também muito perigosa. Quantas coisas é preciso aprofundar!

Pontas, que decide em três volumes in-fólio todos os possíveis casos de consciência dos franceses e que é ignorado pelo restante da terra, diz que em ocasião alguma se deve revelar a confissão. Os parlamentos decidiram o contrário. Em quem acreditar? Em Pontas ou nos guardiães das leis do reino, que velam pela vida dos reis e pela salvação do Estado[116]?

Se os laicos e as mulheres foram confessores e confessoras

Assim como, pela antiga lei, os laicos se confessavam uns aos outros, pela nova lei os laicos tiveram esse direito durante muito tempo, graças ao uso. Para prová-lo, basta citar o célebre Joinville, que diz expressamente que "o condestável de Chipre confessou-se a ele, e que ele lhe deu a absolvição segundo o direito que tinha de fazê-lo".

---

115. *Livre de la république*, liv. IV, cap. VII. (N. de Voltaire)
116. Ver Pontas, verbete Confessor. (N. de Voltaire)

Santo Tomás assim se exprime em sua *Summa*[117]: *"Confessio ex defectu sacerdotis laïco facta sacramentalis est quodam modo.* – A confissão feita a um laico na falta de um sacerdote é sacramental de algum modo." Lê-se na *Vie de saint Burgundofare*[118] [Vida de santo Burgundofare] e na *Règle d'un inconnu* [Regra de um desconhecido] que as religiosas confessavam à sua abadessa os pecados mais graves. A *Règle de Saint Donat* [Regra de são Donato][119] ordena que as religiosas revelem três vezes por dia suas faltas à superiora. Os *Capitulaires de nos rois*[120] [Capitulares de nossos reis] dizem que as abadessas precisam ser privadas do direito que se arrogaram, contrariando o costume da santa Igreja de abençoar e impor as mãos: o que parece significar absolver e supõe a confissão dos pecados. Marcos, patriarca de Alexandria, pergunta a Balsamão, famoso canonista grego de seu tempo, se deve ser concedida às abadessas a permissão de ouvir confissões; e Balsamão responde negativamente. Temos no direito canônico um decreto do papa Inocêncio III que prescreve aos bispos de Valencia e de Burgos, na Espanha, que impeçam certas abadessas de abençoar suas religiosas, de confessá-las e de pregar em público. Diz ele: "Embora a bem-aventurada virgem Maria tenha sido superior a todos os apóstolos em dignidade e mérito, não foi a ela, mas aos apóstolos, que o Senhor confiou as chaves do reino dos céus."

Esse direito era tão antigo que já estava estabelecido nas *Règles de Saint Bazile*[121] [Regras de são Basílio]. Permite que as abadessas confessem suas religiosas em conjunto com um padre.

O padre Martène, em seus *Rites de l'Église*[122] [Ritos da Igreja], concorda que as abadessas confessaram por muito tempo suas freiras, mas acrescenta que eram tão curiosas que foi preciso privá-las desse direito.

O ex-jesuíta chamado Nonotte deve confessar-se e fazer penitência, não por ter sido um dos maiores ignorantes que já rabiscaram um papel, pois isso não é pecado, não por ter dado o nome de *erro* a verdades que ele não conhecia, mas sim por ter caluniado com a mais estúpida insolência o autor deste verbete e por ter chamado seu irmão de *raca*, negando todos esses fatos e muitos outros de que ele não sabia sequer uma palavra. Tornou-se digno da *geena do fogo*; é de esperar que ele peça perdão a Deus por suas enormes tolices: nós não pedimos a morte do pecador, mas sua conversão.

Durante muito tempo se discutiu por que três homens bastante famosos, nesta pequena parte do mundo onde a confissão é de uso, morreram sem esse sacramento: são o papa Leão X, Pellisson e o cardeal Dubois.

Este cardinal permitiu que seu períneo fosse aberto pelo bisturi de La Peyronie: mas podia ter-se confessado e comungado antes da operação.

Pellisson, protestante até a idade de quarenta anos, convertera-se para ser *maître des requêtes* [referendário] e para receber benefícios.

Quanto ao papa Leão X, vivia tão ocupado com assuntos temporais, quando foi surpreendido pela morte, que não teve tempo de pensar nas espirituais.

Recibos de confissão

Nos países protestantes as confissões são feitas a Deus, e nos países católicos aos homens. Os protestantes dizem que não é possível enganar Deus, ao passo que se diz aos homens aquilo que se quer. Como nunca tratamos de controvérsias, não entraremos no mérito dessa antiga discussão.

---

117. Terceira parte, p. 255, edição de Lyon, 1738. (N. de Voltaire)
118. Mabil., caps. VIII e XIII. (N. de Voltaire)
119. Cap. XXIII. (N. de Voltaire)
120. Liv. I, cap. LXXVI. (N. de Voltaire)
121. T. II, p. 453. (N. de Voltaire)
122. T. II, p. 39. (N. de Voltaire)

Nossa sociedade literária é composta de católicos e protestantes, reunidos pelo amor às letras. As polêmicas eclesiásticas não devem semear cizânia em seu seio.

Baste-nos a bela resposta daquele grego de que já falamos, aquele que um sacerdote queria confessar nos mistérios de Ceres: "É a Deus ou a ti que devo falar? – A Deus. – Retira-te então, homem!"

Na Itália e nos países observantes, todos, sem distinção, devem confessar-se e comungar-se. Se carregais pecados enormes, também tendes grandes penitencieiros para vos absolver. Se vossa confissão nada vale, azar o vosso. Tereis por preço módico um recibo impresso mediante o qual comungareis, e todos esses recibos são postos num cibório; é a regra.

Em Paris não eram conhecidos esses recibos ao portador, quando, por volta de 1750, um arcebispo de Paris teve a ideia de introduzir uma espécie de banco espiritual para extirpar o jansenismo e para fazer triunfar a bula *Unigenitus*. Ordenou que se negasse a extrema-unção e o viático a todo e qualquer doente que não exibisse um recibo de confissão assinado por um padre constitucionário.

Significava negar os sacramentos a nove décimos de Paris. Diziam-lhe em vão: "Pensai bem no que fazeis: ou esses sacramentos são necessários para que a pessoa não seja condenada, ou é possível salvar-se sem eles com a fé, a esperança, a caridade, as boas obras e os méritos de nosso Salvador. Se for possível salvar-se sem esse viático, vossos recibos são inúteis. Se os sacramentos são absolutamente necessários, estais condenando todos aqueles que privais deles; fazeis queimar por toda a eternidade de seiscentas a setecentas mil almas, supondo-se que vivais tempo suficiente para enterrá-las: isso é uma violência; acalmai-vos e deixai que cada um morra como pode."

Ele não respondeu a esse dilema, e persistiu. É horrível usar para atormentar os homens a religião que deveria consolá-los. O parlamento, que tem o grande poder de polícia, ao ver a sociedade conturbada, opôs decretos aos mandamentos, segundo o costume. A disciplina eclesiástica não quis ceder à autoridade legal. A magistratura precisou empregar a força e enviar esbirros para garantir que os parisienses se confessassem, comungassem e enterrassem como queriam.

Com aquele excesso ridículo de que ainda não se tinha exemplo, os ânimos se acirraram; houve intrigas na corte, como se estivesse em causa algum cargo de coletor-mor ou a desgraça de um ministro. O reino foi conturbado de ponta a ponta. Nas causas sempre acabam entrando incidentes que não fazem parte de seu mérito: a confusão foi tanta que todos os membros do parlamento e o próprio arcebispo foram exilados.

Esses recibos de confissão teriam dado origem a uma guerra civil em tempos anteriores; mas no nosso felizmente só produziram agitação civil. O espírito filosófico, que nada mais é que a razão, tornou-se para os homens de bem o único antídoto contra essas doenças epidêmicas.

CONQUISTA (Conquête)

Resposta a um consulente sobre essa palavra

Quando os silesianos e os saxões dizem: "Fomos conquistados pelo rei da Prússia", isso não quer dizer: "O rei da Prússia nos agradou", mas apenas: "Ele nos subjugou."

Mas quando uma mulher diz: "Fui *conquistada* pelo senhor abade, pelo senhor cavaleiro", isso também quer dizer: "Ele me subjugou": ora, ninguém pode subjugar uma dama sem que lhe agrade; mas também a dama não pode ser subjugada sem ter agradado ao cavalheiro; assim, segundo todas as regras da lógica, e ainda mais da física, quando a dama é conquistada por alguém, essa expressão implica, evidentemente, que cavalheiro e dama se agradam mutuamente: eu conquistei aquele senhor significa: ele me ama; fui *conquistada* por ele quer dizer: nós nos amamos.

Tascher, nessa importante questão, dirigiu-se a um homem desinteressado, que não foi conquistado por nenhum rei nem por nenhuma dama, e que apresenta seus respeitos a quem teve a bondade de consultá-lo.

CONSCIÊNCIA (Conscience)

Primeira seção
Da consciência do bem e do mal

Locke demonstrou (se é que é permitido usar esse termo em moral e metafísica) que não temos ideias inatas nem princípios inatos; e foi obrigado a demonstrá-lo demoradamente, porque então o erro contrário era universal.

Daí se segue, evidentemente, que temos a maior necessidade de que nos ponham boas ideias e bons princípios na cabeça, tão logo possamos fazer uso da faculdade do entendimento.

Locke aduz o exemplo dos selvagens, que matam e comem seu próximo sem nenhum peso na consciência, assim como o dos soldados cristãos bem criados, que, nas cidades tomadas de assalto, pilham, chacinam e violentam não só sem remorsos, mas até com um prazer encantado, com honra, glória e aplausos de todos os camaradas.

É indubitável que nos massacres da noite de São Bartolomeu e nos autos de fé, nos santos atos de fé da Inquisição, nenhuma consciência de assassino jamais se reprovou por ter massacrado homens, mulheres e crianças, por ter provocado desfalecimentos e mortes, em meio a torturas, de gente infeliz cujo único crime era celebrar a Páscoa de modo diferente dos inquisidores.

Disso tudo resulta que não temos outra consciência além daquela que nos é inspirada pelo tempo, pelo exemplo, por nosso temperamento, por nossas reflexões.

O homem não nasceu com princípio algum, mas com a faculdade de recebê-los todos. Seu temperamento o tornará mais inclinado à crueldade ou à brandura; seu entendimento o fará compreender um dia que o quadrado de doze é cento e quarenta e quatro, que ele não deve fazer aos outros o que não gostaria que lhe fizessem; mas não entenderá essas verdades por si mesmo na infância; não entenderá a primeira e não sentirá a segunda.

A criança selvagem que tiver fome e for servida pelo pai com um pedaço de outro selvagem pedirá mais no dia seguinte, sem imaginar que não deve tratar o próximo de maneira diferente da maneira como gostaria de ser tratada. Faz aquilo de modo maquinal e invencível, contrariamente ao que essa eterna verdade ensina.

A natureza proveu a esse horror; deu ao homem a disposição à piedade e o poder de compreender a verdade. Esses dois presentes de Deus são o fundamento da sociedade civilizada. Esse é o motivo de sempre ter havido poucos antropófagos; é o que torna a vida um pouco tolerável nas nações civilizadas. Os pais e as mães dão aos filhos uma educação que os torna logo sociáveis; e essa educação lhes dá uma consciência.

Uma religião pura e uma moral pura, inspiradas desde cedo, afeiçoam de tal modo a natureza humana que, a partir dos sete anos mais ou menos até dezesseis ou dezessete anos, ninguém pratica uma má ação sem que a consciência o reprove. Em seguida, vêm as paixões violentas que combatem a consciência e às vezes a abafam. Durante o conflito, os homens atormentados por tais sofrimentos consultam outros homens em algumas ocasiões, assim como nas doenças consultam aqueles que parecem saudáveis.

Foi isso o que produziu os casuístas, ou seja, gente que decide casos de consciência. Um dos mais sábios casuístas foi Cícero, em seu livro *Sobre os deveres*, ou seja, os deveres do homem. Nele, examina as questões mais delicadas, mas, muito tempo antes dele, Zoroastro parece ter orientado as consciências com o mais belo dos preceitos: "Se duvidares se uma ação é boa ou má, abstém-te" (Porta XXX). Falamos disso em outro lugar.

Segunda seção
Se um juiz deve julgar de acordo com sua consciência ou de acordo com as provas

Tomás de Aquino, sois um grande santo, um grande teólogo e não há dominicano que tenha por vós mais veneração que eu. Mas decidistes em vossa *Summa* que um juiz deve proferir sua sentença de acordo com as alegações e as pretensas provas contra um acusado cuja inocência lhe é perfeitamente conhecida. Afirmais que os depoimentos das testemunhas, que só podem ser falsos, e as provas resultantes do processo, que são impertinentes, devem impor-se ao testemunho de seus próprios olhos. Ele viu o crime ser cometido por outro, e, em vossa opinião, deve em sã consciência condenar o réu quando sua consciência lhe diz que esse réu é inocente.

Segundo o que dizeis, se o próprio juiz tivesse cometido o crime em causa, a sua consciência deveria obrigá-lo a condenar o homem falsamente acusado desse mesmo crime.

Em sã consciência, grande santo, creio que vos enganastes da maneira mais absurda e mais horrível: é pena que, conhecendo tão bem o direito canônico, tenhais conhecido tão mal o direito natural. O primeiro dever de um magistrado é ser justo, antes de ser formalista: se, em virtude das provas, que nunca são mais que probabilidades, eu condenasse um homem cuja inocência me fosse demonstrada, achar-me-ia tolo e assassino.

Felizmente, todos os tribunais do universo pensam diferentemente de vós. Não sei se Farinacius e Grillandus têm vossa opinião. Seja como for, se um dia deparardes com Cícero, Ulpiano, Triboniano, Dumoulin, o chanceler de l'Hôpital, o chanceler d'Aguesseau, pedi-lhes perdão pelo erro em que incidistes.

Terceira seção
Da consciência enganosa

O que de melhor talvez já tenha sido dito sobre essa questão importante está no livro cômico de *Tristram Shandy*, escrito por um vigário chamado Sterne, o segundo Rabelais da Inglaterra; assemelha-se àquelas pequenas sátiras da antiguidade que encerravam essências preciosas.

Dois velhos capitães pagos a meio-soldo, assistidos pelo doutor Slop, fazem as perguntas mais ridículas. Nessas perguntas, os teólogos da França não são poupados. Eles insistem especialmente numa Dissertação apresentada à Sorbonne por um cirurgião, que pede permissão para batizar as crianças no ventre das mães, por meio de uma cânula que ele introduzirá apropriadamente no útero, sem ferir a mãe nem a criança.

Finalmente pedem a um cabo que lhes leia um antigo sermão sobre a consciência, composto por esse mesmo vigário Sterne.

Entre vários quadros, superiores aos de Rembrandt e ao *crayon* de Callot, ele pinta um homem do mundo que passa os dias gozando os prazeres da mesa, do jogo e da devassidão, sem fazer nada que a alta sociedade possa reprovar-lhe, por conseguinte não se reprovando em nada. Sua consciência e sua honra o acompanham aos espetáculos, ao jogo e principalmente quando ele paga com prodigalidade a moça que ele sustenta. Em serviço, pune severamente os pequenos gatunos do povo comum; vive alegremente e morre sem o menor remorso.

O doutor Slop interrompe o leitor para dizer que isso é impossível na Igreja anglicana, e que só pode ocorrer entre papistas.

Por fim, o vigário Sterne cita o exemplo de Davi, que, conforme diz, ora tem uma consciência delicada e esclarecida, ora uma consciência muito dura e tenebrosa.

Quando pode matar seu rei numa caverna, limita-se a cortar um pedaço de sua veste: essa é a consciência delicada. Passa um ano inteiro sem sentir o menor remorso pelo adultério que cometeu com Betsabé e pelo assassinato de Urias: essa é a mesma consciência endurecida e desprovida de luz.

Assim é, diz ele, a maioria dos homens. Admitimos, como o vigário, que os poderosos do mundo se enquadram frequentemente nesse caso: a torrente de prazeres e de negócios os empolga; eles não têm tempo para ter consciência; esta é boa para o povo, que quase não a tem quando se trata de ganhar dinheiro. Por isso, é muito bom despertar com frequência a consciência de costureiras e dos reis com uma moral que possa impressioná-los; mas, para causar essa impressão, é preciso falar melhor do que se fala hoje em dia.

Quarta seção
Liberdade de consciência (Traduzido do alemão)

Não acatamos todo este parágrafo, mas, como há algumas verdades, acreditamos que não deveríamos omiti-lo; e não nos encarregamos de justificar o que nele possa haver de pouco comedido e demasiadamente duro.

O capelão do príncipe de***, príncipe que é católico romano, ameaçava um anabatista de expulsá-lo dos cantões do príncipe: dizia-lhe que só há três seitas autorizadas no império; que ele, anabatista, que pertencia à quarta, não era digno de viver nas terras daquele senhor; por fim, como a conversa ficasse acalorada, o capelão ameaçou o anabatista de mandar enforcá-lo.

"Pior para Sua Alteza, respondeu o anabatista; sou um grande manufatureiro; emprego duzentos operários; trago duzentos mil escudos por ano para seus Estados; minha família irá estabelecer-se em outro lugar; o príncipe sairá perdendo.

– E se o príncipe mandar enforcar teus duzentos operários e tua família? retrucou o capelão. E se ele der a tua manufatura a bons católicos?

– Pois eu o desafio a fazê-lo, disse o velho. Ninguém dá uma manufatura como se dá uma granja, porque não se dá a indústria. Seria muito mais insensato do que se ele mandasse matar todos os seus cavalos só porque um deles tivesse te lançado ao chão e porque és um mau escudeiro. O interesse do príncipe não é que eu coma pão com ou sem levedura: é que eu dê comida a seus súditos, e que eu aumente seus proventos com meu trabalho. Sou um homem honesto, e, se tivesse tido a infelicidade de não ter nascido assim, minha profissão me obrigaria a tornar-me honesto, pois nas empresas de negócios não é como nas empresas da corte e nas tuas; nelas, não há sucesso sem probidade. Que te importa se fui batizado na chamada idade da razão, enquanto tu foste batizado sem saber? Que te importa se adoro Deus à maneira de meus pais? Se seguisses tuas belas máximas, se tivesses o poder na mão, irias de um extremo ao outro do universo, mandando enforcar, a teu bel-prazer, o grego que não acredita que o Espírito procede do Pai e do Filho; todos os ingleses, todos os holandeses, dinamarqueses, suecos, islandeses, prussianos, hanoverianos, saxões, holsteinenses, hessenianos, württembergueses, berneses, hamburgueses, cossacos, valáquios, russos, que não acreditam que o papa é infalível; todos os muçulmanos que acreditam num só Deus, e os indianos, cuja religião é mais antiga que a judaica, bem como os letrados chineses, que há quatro mil anos servem um Deus único sem superstição e sem fanatismo? Então é isso que farias se fosses o senhor?

– Claro, disse o monge; pois devora-me o zelo pela casa do Senhor: *Zelus domus suae comedit me*.

– Ah! Diz aí, prezado capelão, retrucou o anabatista, és dominicano, jesuíta ou diabo?

– Sou jesuíta, respondeu o outro.

– Ei! Meu amigo, se não és diabo, por que dizes coisas tão diabólicas?

– É que o reverendo padre reitor me mandou dizê-las.

– E quem mandou o reverendo padre reitor dizer essa abominação?
– O provincial.
– E quem mandou o provincial?
– O nosso geral, e tudo para agradar a um senhor maior que ele."

Deuses da terra, que com três dedos descobristes o segredo de vos tornardes senhores de grande parte do gênero humano, se no fundo do coração admitis que vossas riquezas e vosso poder não são essenciais à salvação da vossa da alma e à nossa, gozai-as com moderação. Não queremos tirar-vos a mitra, a tiara; mas não nos esmagueis. Gozai e deixai-nos em paz; separai vossos interesses dos interesses dos reis e deixai-nos com nossas manufaturas.

CONSELHEIRO OU JUIZ (Conseiller ou juge)

BARTOLOMÉ

O quê?! Há dois anos fazíeis o colégio e agora já sois conselheiro do tribunal de Nápoles?

GERONIMO

Sou, sim. É um arranjo de família: custou-me pouco.

BARTOLOMÉ

Então vos tornaste bem douto durante esse tempo em que não vos vi?

GERONIMO

Matriculei-me algumas vezes na escola de direito, onde me ensinavam que o direito natural é comum aos homens e aos animais, e que o direito das gentes só é para a gente. Falavam-me do edito do pretor, mas já não há pretores; das funções dos edis, e já não há edis; do poder dos senhores sobre os escravos, e já não há escravos. Quase nada sei das leis de Nápoles, mas aqui estou eu, juiz.

BARTOLOMÉ

Não vos assusta ter de decidir a sorte das famílias, e não vos envergonha ser tão ignorante?

GERONIMO

Se fosse douto, talvez me envergonhasse mais. Ouço os doutos dizer que quase todas as leis se contradizem; que o que é justo em Gaeta é injusto em Ótranto; que na mesma jurisdição perde-se na segunda instância o mesmo processo que se ganha na terceira. Tenho sempre em mente este belo discurso de um advogado veneziano: "*Illustrissimi signori, l'anno passato avete giudicato cosi; e questo anno nella medesima lite avete giudicato tutto il contrario: e sempre ben* [Ilustríssimos senhores, no ano passado julgastes assim; neste ano, julgastes a mesma lide de modo totalmente contrário: e sempre bem]."

O pouco que li de nossas leis muitas vezes me pareceu bem embaralhado. Acho que, se as estudasse durante quarenta anos, ficaria confuso durante quarenta anos: apesar disso, estudo-as; mas acredito que com bom-senso e equidade é possível ser muito bom magistrado, sem ser profundamente douto. Não conheço melhor juiz que Sancho Pança: no entanto, ele não sabia uma palavra do código da ilha de Barataria. Não procurarei conciliar Cujas e Camillo De Curtis: eles não são meus legisladores. Não conheço outras leis senão aquelas que têm a sanção do soberano. Quando forem claras, eu as seguirei fielmente; quando forem obscuras, seguirei as luzes de minha razão, que são as de minha consciência.

BARTOLOMÉ

Raciocinais tão bem que me dais vontade de ser ignorante. Mas como vos saireis nos assuntos de Estado, de finanças, de comércio?

GERONIMO

Graças a Deus quase não nos metemos com isso em Nápoles. Uma vez, o marquês de Capri, nosso vice-rei, quis nos consultar sobre as moedas: falamos do *aes grave* [bronze pesado] dos romanos, e os banqueiros riram de nós. Durante um período de carestia, reuniram-nos para controlar o preço do trigo: ficamos reunidos seis semanas, enquanto se morria de fome. Por fim, consultaram dois robustos lavradores e dois bons mercadores de trigo, e no dia seguinte havia nos mercados mais pão do que se precisava.

Cada um deve preocupar-se com seu ofício; o meu é julgar as contestações, e não criá-las: minha tarefa é bem grande.

CONSEQUÊNCIA (Conséquence)

Qual é nossa natureza, e o que é nosso mísero espírito? Como?! É possível então que alguém deduza as consequências mais corretas, mais luminosas e não tenha senso comum? Nada mais verdadeiro. O louco de Atenas, que achava que eram seus todos os navios que aportavam no Pireu, conseguia calcular admiravelmente o valor da carga daqueles navios e o número de dias que eles levavam de Smirna ao Pireu.

Vimos imbecis que faziam cálculos e raciocinavam de modo bem mais espantoso. Então não eram imbecis – direis. Com vossa licença: eram. Fundavam todo o seu edifício num princípio absurdo; desfiavam quimeras regularmente. Um homem pode andar muito bem e perder-se; então, quanto melhor andar, mais se perderá.

O Fo dos indianos tinha como pai um elefante que se dignou gerar um filho numa princesa indiana, que deu à luz o deus Fo pelo lado esquerdo. Essa princesa era a própria irmã de um imperador das Índias: portanto, Fo era o sobrinho do imperador; e os netos do elefante e do monarca eram primos-irmãos; portanto, segundo as leis do Estado, quando a descendência do imperador se extinguisse, os sucessores seriam os descendentes do elefante. Admitido o princípio, não pode haver melhor conclusão.

Dizem que o elefante divino tinha nove pés de altura. Presumirás com razão que a porta de sua estrebaria devia ter mais de nove pés, para que ele pudesse entrar confortavelmente. Comia cinquenta libras de arroz por dia, vinte e cinco libras de açúcar e bebia vinte e cinco libras de água. Com tua aritmética, concluirás que ele engolia trinta e seis mil e quinhentas libras por ano; impossível contar melhor. Mas teu elefante existiu? Era cunhado do imperador? A mulher dele deu à luz um filho pelo lado esquerdo? É isso o que precisaria ser visto. Vinte autores que viviam na Cochinchina escreveram sobre ele, um após o outro; deverias confrontar esses vinte autores, pesar seus testemunhos, consultar os antigos arquivos, ver se os registros mencionam esse elefante, examinar se não se trata de uma fábula a que alguns impostores tiveram interesse em dar crédito. Partiste de um princípio extravagante para tirar conclusões justas.

O que falta aos homens é menos a lógica do que a fonte de lógica. Não se trata de dizer: seis navios que me pertencem têm cada um duzentos tonéis; o tonel pesa duas mil libras; portanto, tenho um milhão e duzentas mil libras de mercadorias no porto do Pireu. A grande questão é saber se esses navios são teus. Esse é o princípio de que depende tua fortuna; as contas vêm depois.

Um ignorante fanático e consequente muitas vezes é um homem que deve ser reprimido. Ele terá lido que Fineas, num arroubo de santo zelo, ao encontrar um judeu deitado com uma madianita, matou os dois e foi imitado pelos levitas, que massacraram todos os casais de madianitas e judeus. Sabe que seu vizinho católico deita-se com sua vizinha huguenote; matará os dois sem dúvida nenhuma: não é possível agir de modo mais consequente. Qual é o remédio para essa doença horrível da alma? É acostumar as crianças desde cedo a não admitir nada que contradiga a razão; nunca lhes contar histórias de assombrações, fantasmas, feiticeiros, possuídos, prodígios ridículos. Uma moça de imaginação delicada e sensível ouve falar de possessões; fica doente dos nervos, tem convulsões, acredita-se possessa. Vi uma dessas morrer devido à revolução que essas abomináveis histórias provocaram em seus órgãos[123].

CONSPIRAÇÕES CONTRA OS POVOS
(Conspirations contre les peuples)
OU PROSCRIÇÕES

CONSTANTINO (Constantin)

Primeira seção
Do século de Constantino

Entre os séculos que se seguiram ao de Augusto, terá razão quem distinguir o de Constantino. Ficou célebre para sempre, devido às grandes mudanças que provocou no mundo. É verdade que começou trazendo de volta a barbárie: não só faltavam Cíceros, Horácios e Virgílios, como não havia Lucanos e Sênecas; nenhum historiador sábio e exato: vemos apenas sátiras suspeitas ou panegíricos ainda mais arriscados.

Os cristãos começavam então a escrever história; mas não tomavam Tito Lívio nem Tucídides por modelo. Os seguidores da antiga religião do império não escreviam com mais eloquência nem com mais verdade. Os dois lados, inspirados um contra o outro, não examinavam escrupulosamente as calúnias com que se acusavam os adversários. Por isso é que o mesmo homem ora é visto como um deus, ora como um monstro.

A decadência em todas as coisas e nas mínimas artes mecânicas, assim como na eloquência e na virtude, começou depois de Marco Aurélio. Fora ele o último imperador daquela seita estoica que elevava o homem acima de si mesmo, tornando-o duro consigo e compassivo com os outros. A partir da morte daquele imperador realmente filósofo, só houve tirania e confusão. Os soldados muitas vezes dispunham do império. O senado incorreu em tal desprezo que, no tempo de Galiano, uma lei proibiu expressamente que os senadores fossem à guerra. Sabe-se que, ao mesmo tempo, trinta dirigentes de facções assumiram o título de *imperador*, em trinta províncias do império. Em meados do século III, os bárbaros já se estabeleciam de todos os lados sobre aquele império destroçado. No entanto, ele subsistiu apenas graças à disciplina militar que construíra.

Durante todos esses tumultos, o cristianismo ia-se estabelecendo gradualmente, sobretudo no Egito, na Síria e nas costas da Ásia Menor. O império romano admitia todos os tipos de religião,

---

123. Ver verbete Espírito, seção IV, e verbete Fanatismo, seção II. (N. de Voltaire)

bem como todos os tipos de seitas filosóficas. Permitia-se o culto de Osíris, e até mesmo os judeus tinham grandes privilégios, apesar de suas revoltas; mas os povos se sublevaram frequentemente nas províncias contra os cristãos. Os magistrados os perseguiam, e muitas vezes obtiveram contra eles editos emanados dos imperadores. Não deve espantar esse ódio geral de que inicialmente o cristianismo foi alvo, enquanto tantas outras religiões eram toleradas. É que nem os egípcios, nem os judeus, nem os adoradores da deusa da Síria e de tantos outros deuses estrangeiros declaravam guerra aberta aos deuses do império. Não se insurgiam contra a religião dominante; mas um dos primeiros deveres dos cristãos era exterminar o culto aceito no império. Os sacerdotes dos deuses reclamavam ao verem que os sacrifícios e as oferendas diminuíam; o povo, sempre fanático e sempre apaixonado, sublevava-se contra os cristãos: entretanto, vários imperadores os protegeram. Adriano proibiu expressamente que fossem perseguidos. Marco Aurélio ordenou que não sofressem perseguições por causa de religião. Caracala, Heliogábalo, Alexandre, Filipe e Galiano deram--lhes total liberdade; até o século III, tiveram igrejas públicas muito frequentadas e ricas, e sua liberdade foi tão grande que fizeram dezesseis concílios naquele século. Como o caminho para os altos cargos era vedado aos primeiros cristãos, quase todos de condição obscura, eles se lançaram ao comércio, e alguns amealharam grandes riquezas. Esse é o recurso de todas as sociedades que não podem ter cargos no Estado: foi o que fizeram os calvinistas na França, todos os não conformistas na Inglaterra, os católicos na Holanda, os armênios na Pérsia, os banianos na Índia e os judeus em todo o mundo. No entanto, no fim a tolerância foi tão grande, e os usos do governo tão brandos, que os cristãos passaram a ser admitidos em todos os cargos honrosos e a ter todas as dignidades. Não ofereciam sacrifícios aos deuses do império; ninguém se incomodava se eles iam aos templos ou se deixavam de ir; entre os romanos havia liberdade absoluta em relação ao exercício da religião; ninguém nunca foi obrigado a cumpri-lo. Os cristãos, portanto, gozavam da mesma liberdade que os outros: tanto é verdade que eles obtiveram cargos honrosos, dos quais foram privados em 303 por Diocleciano e Galério, na perseguição de que falaremos.

Cabe adorar a Providência em todos os seus caminhos, mas eu me limito, segundo vossas ordens, à história política.

Sobre o governo de Probo, por volta do ano 278, Manes criou uma religião nova em Alexandria. Aquela seita era composta dos antigos princípios dos persas e de alguns dogmas do cristianismo. Probo e seu sucessor Caro deixaram Manes e os cristãos em paz. Numeriano deu-lhes inteira liberdade. Diocleciano protegeu os cristãos e tolerou os maniqueístas durante doze anos; mas, em 296, baixou um edito contra os maniqueístas e os proscreveu como inimigos do império ligados aos persas. Os cristãos não foram incluídos no edito; ficaram tranquilos durante o governo de Diocleciano e professaram abertamente sua religião em todo o império, até os dois últimos anos do reinado desse príncipe.

Para terminar o esboço do quadro que me pedis, preciso descrever como era então o império romano. Apesar de todos os abalos interinos e externos, apesar das incursões dos bárbaros, ele compreendia tudo o que hoje é possuído pelo sultão dos turcos, exceto a Arábia; tudo o que hoje é possuído pela casa da Áustria na Alemanha e todas as províncias da Alemanha até o Elba; a Itália, a França, a Espanha, a Inglaterra e a metade da Escócia; toda a África até o deserto de Dara e mesmo as ilhas Canárias. Tantos países eram submetidos a seu jugo por exércitos menos consideráveis do que os que a Alemanha e a França hoje em dia mobilizam quando estão em guerra.

Esse grande poderio consolidou-se e até aumentou de César a Teodósio, tanto por meio de leis, da administração pública e das boas obras, quanto pelas armas e pelo terror. É também de espantar que nenhum daqueles povos conquistados, ao começarem a governar-se por si mesmos, conseguiu construir estradas, erguer anfiteatros e banhos públicos como os que os conquistadores lhes haviam dado. Regiões inteiras, que hoje são quase bárbaras e desertas, eram povoadas e bem administradas: entre estas, Épiro, Macedônia, Tessália, Ilíria, Panônia e, sobretudo, a Ásia Menor e as costas da África; mas também faltava muito para que a Alemanha, a França e a Inglaterra fossem o que são hoje. Esses três Estados são os que mais ganharam com a possibilidade de governar-se por si mesmos; e ainda foram necessários quase doze séculos para que esses reinos chegassem ao estado de prosperidade em que os vemos; mas é preciso admitir que todo o resto perdeu muito ao passar a ser governado por outras leis. As ruínas da Ásia Menor e da Grécia, o despovoamento do Egito e a barbárie da África comprovam hoje a grandeza romana. O grande número de cidades prósperas que vicejavam naqueles países foi substituído por aldeias míseras; e o próprio solo tornou-se estéril nas mãos dos povos embrutecidos.

Segunda seção

Não falarei aqui da confusão que agitou o império a partir da abdicação de Diocleciano. Depois de sua morte houve seis imperadores ao mesmo tempo. Constantino venceu-os todos, mudou a religião e o império e foi autor não só dessa grande revolução, mas de todas as que ocorreram a partir de então no ocidente. Queríeis saber qual era seu caráter: perguntai-o a Juliano, Zózimo, Sozomeno e Vítor; eles vos dirão que no início ele agiu como grande príncipe e, depois, como ladrão público, e que na última parte de sua vida foi voluptuoso, fraco e esbanjador. Pintá-lo-ão sempre como ambicioso, cruel e sanguinário. Perguntai a Eusébio, Gregório de Nazianzo e Lactâncio; estes dirão que era um homem perfeito. Entre esses dois extremos, só os fatos verificados poderão fazer-vos chegar à verdade. Tinha um padrasto, obrigou-o a enforcar-se; tinha um cunhado, mandou estrangulá-lo; tinha um sobrinho de doze a treze anos, mandou degolá-lo; tinha um filho mais velho, mandou decapitá-lo; tinha uma mulher, mandou afogá-la no banho. Um velho autor gaulês diz *que gostava de despachar o pessoal da casa.*

Se a todas essas questões domésticas se juntar o fato de que, quando esteve às margens do Reno, caçando algumas hordas de francos que moravam naquelas plagas, prendeu os seus reis – que provavelmente eram da família de nosso Faramundo e de nosso Clódio, o Cabeludo – e os expôs às feras para divertir-se, podereis inferir de tudo isso, sem medo de errar, que ele não era dos homens mais tratáveis do mundo.

Examinemos agora os principais acontecimentos de seu reinado. Seu pai, Constâncio Cloro, estava nos confins da Inglaterra, onde assumira por alguns meses o título de imperador. Constantino estava em Nicomédia, com o imperador Galério, e pediu-lhe permissão de ir encontrar o pai, que estava doente; Galério não opôs obstáculo algum: Constantino partiu com o correio do império, que então se chamava *veredarii*. Pode-se dizer que era tão perigoso ser cavalo de posta quanto ser da família de Constantino, pois mandava cortar os jarretes de todos os cavalos depois de usá-los, com medo de que Galério revogasse a permissão que dera e o fizesse voltar a Nicomédia. Encontrou o pai moribundo e fez o pequeno número de tropas romanas que estava então na Inglaterra reconhecê-lo como imperador.

A eleição de um imperador romano feita em York por cinco ou seis mil homens não devia parecer muito legítima a Roma: faltava pelo menos a fórmula do *senatus populusque romanus*. O senado, o povo e os guardas pretorianos elegeram por consenso unanime Maxêncio, filho do césar Maximiano Hércules, que já era césar e irmão da Fausta, com quem Constantino se casara e que depois mandou afogar. Aquele Maxêncio é chamado de tirano e usurpador por nossos historiadores, que estão sempre ao lado dos venturosos. Ele era protetor da religião pagã em oposição a Constantino, que já começava a declarar-se favorável aos cristãos. Pagão e vencido, só podia mesmo ser um homem abominável.

Eusébio diz que Constantino, quando ia para Roma combater Maxêncio, viu nas nuvens tanto o seu exército como a grande insígnia dos imperadores, chamada *Labarum*, encimada por um *P* latino, ou um grande *R* grego, com uma cruz de santo André e duas palavras gregas que significavam: *Com isto vencerás*. Alguns autores afirmam que esse sinal lhe apareceu em Besançon, outros dizem que em Colônia, outros ainda em Trier e alguns em Troyes. É estranho que o céu se tenha expressado em grego em todas essas regiões. Pareceria mais natural às fracas luzes dos homens que esse sinal aparecesse na Itália no dia da batalha, mas então a inscrição deveria ser em latim. Um douto estudioso da história antiga, chamado Loisel, refutou essa história, mas foi tratado como criminoso.

No entanto, seria possível considerar que aquela não era uma guerra de religião, que Constantino não era um santo, que morreu sob suspeita de ser ariano, depois de ter perseguido os ortodoxos, e assim não se teria interesse evidente em afirmar esse prodígio.

Depois de sua vitória, o senado apressou-se a adorar o vencedor e detestar a memória do vencido. Todos correram a despojar o arco do triunfo de Marco Aurélio para ornar o de Constantino; foi-lhe erigida uma estátua de ouro, coisa que só se fazia para os deuses; ele a aceitou, apesar do *Labarum*, e também aceitou o título de *grande pontífice*, que conservou por toda a vida. Sua primeira preocupação, segundo Zonaro e Zózimo, foi exterminar toda a família do tirano e seus principais amigos; depois disso, assistiu humanamente aos espetáculos e aos jogos públicos.

O velho Diocleciano, então, morria em seu retiro de Salona[124]. Constantino poderia não ter se apressado tanto para derrubar suas estátuas em Roma; poderia ter se lembrado de que aquele imperador esquecido fora benfeitor de seu pai, e que ele lhe devia o império. Vencedor de Maxêncio, faltava livrar-se de Licínio, seu cunhado, augusto como ele; e Licínio pensava em livrar-se de Constantino, se pudesse. No entanto, como o conflito entre os dois ainda não se mostrara, em 313 os dois juntos baixaram, em Milão, o famoso edito de liberdade de consciência. Diziam: "Damos a todos a liberdade de seguir a religião que quiserem, para atrairmos as bênçãos do céu sobre nós e sobre todos os nossos súditos; declaramos que damos aos cristãos a faculdade livre e absoluta de observar sua religião; está claro que todos os outros terão a mesma liberdade, para manter a tranquilidade de nosso reino." Seria possível escrever um livro sobre tal edito, mas não quero arriscar nem duas linhas.

Constantino ainda não era cristão. Licínio, seu colega, tampouco. Havia mais um imperador ou tirano para exterminar: era um pagão convicto, chamado Maximino. Licínio o combateu antes de combater Constantino. O céu lhe foi mais favorável do que ao próprio Constantino, pois este só vira a aparição de um estandarte, enquanto Licínio viu a de um anjo. Esse anjo ensinou-lhe uma prece com a qual ele venceria com certeza o bárbaro Maximino. Licínio a transcreveu, fez seu exército recitá-la três vezes e obteve vitória completa. Se esse Licínio, cunhado de Constantino, tivesse reinado venturosamente, só se falaria de seu anjo, mas, como Constantino mandou enforcá-lo, depois de degolar seu jovem filho, e se tornou senhor absoluto de tudo, só se fala do *Labarum* de Constantino.

Acredita-se que mandou matar seu filho mais velho, Crispo, e sua mulher, Fausta, no mesmo ano em que reuniu o concílio de Niceia. Zózimo e Sozomeno afirmam que, como os sacerdotes dos deuses lhe dissessem que não havia expiação para tão grandes crimes, ele então fez profissão pública do cristianismo e demoliu vários templos no oriente. Não é muito verossímil que os pontífices pagãos tivessem perdido tão bela oportunidade de atrair para si seu grande pontífice, que os estava abandonando. Contudo, não é impossível que tenha deparado com alguns mais severos; em todo lugar há homens difíceis. O mais estranho é que Constantino cristão não tenha feito nenhuma penitência de seus assassinatos. Foi em Roma que cometeu essa barbárie, e, a partir de então, sua permanência em Roma tornou-se-lhe odiosa; saiu de lá para nunca mais voltar e foi fundar Constantinopla. Como ousa ele dizer num de seus rescritos que transferiu a sede do impé-

---

124. Ou Solin, antiga capital da Dalmácia, nos arredores da atual Split, na Croácia. (N. da T.)

rio para Constantinopla *por ordem de Deus*? Não será isso valer-se impudentemente da Divindade e dos homens? Se Deus lhe tivesse dado alguma ordem, não lhe teria ordenado que não assassinasse mulher e filho?

Diocleciano já dera o exemplo, com a transferência do império para as costas da Ásia. O fasto, o despotismo e os costumes asiáticos ainda amedrontavam os romanos, por mais corrompidos e escravizados que estivessem. Os imperadores ainda não tinham ousado ordenar que lhe beijassem os pés em Roma nem introduzir uma multidão de eunucos em seus palácios; na Nicomédia, Diocleciano começou a pôr a corte romana em pé de igualdade com a dos persas, e em Constantinopla Constantino concluiu essa obra. A partir de então Roma definhou na decadência. O antigo espírito romano declinou com ela. Assim, Constantino fez ao império o maior mal que poderia ter feito.

De todos os imperadores esse foi, sem contestação, o mais absoluto. Augusto deixara uma imagem de liberdade; Tibério e até mesmo Nero haviam tratado com habilidade o senado e o povo romano: Constantino não poupou ninguém. Primeiro, consolidou seu poder em Roma, dobrando aqueles altivos pretorianos que se acreditavam senhores dos imperadores. Separou inteiramente a toga da espada. Os depositários das leis, esmagados então pelo poder militar, já não passavam de jurisconsultos escravos. As províncias do império passaram a ser governadas de modo totalmente novo.

O grande objetivo de Constantino era ser senhor de tudo; dominou na Igreja assim como no Estado. Convocou e abriu o concílio de Niceia, entrou no meio dos Padres da Igreja todo coberto de pedras preciosas, com o diadema na cabeça, ocupou o primeiro posto, exilou indiferentemente Ário e Atanásio. Punha-se à cabeça do cristianismo sem ser cristão: pois naquele tempo não era cristão quem não fosse batizado: ele não passava de catecúmeno. Até mesmo o uso de esperar a aproximação da morte para mergulhar na água da regeneração começava a ser abolido para os particulares. Se Constantino, adiando seu batismo até a hora da morte, acreditou que poderia fazer tudo impunemente na esperança de uma expiação integral, foi triste para o gênero humano que tal opinião tivesse sido posta na cabeça de um homem todo-poderoso.

CONTRADIÇÕES (Contradictions)

Primeira seção

Quanto mais se vê este mundo, mais se vê que está cheio de contradições e inconsequências. A começar pelo grão-turco: manda cortar todas as cabeças de que não gosta, e raramente consegue conservar a própria.

Se do grão-turco passarmos ao santo padre, veremos que ele confirma a eleição de imperadores, tem reis como vassalos, mas não é mais poderoso que um duque de Savoia. Expede ordens para a América e para a África, e não conseguiria destituir de um privilégio a república de Lucca. O imperador é rei dos romanos, mas o direito de seu rei consiste em estender a mão ao papa e dar-lhe o que lavar na missa.

Os ingleses servem seu monarca de joelhos, mas o depõem, aprisionam e o mandam para o cadafalso.

Homens que fazem voto de pobreza conseguem, em virtude desse voto, até duzentos mil escudos de renda, e, em consequência de seu voto de humildade, são soberanos despóticos. Em Roma condena-se em alto e bom som a pluralidade de benefícios com a cura de almas, e todos os dias se concedem bulas a um alemão para cinco ou seis bispados ao mesmo tempo. Dizem que é porque os bispos alemães não têm cura de almas. O chanceler da França é a primeira pessoa do Estado: não pode comer com o rei, pelo menos até agora, e um coronel, que é apenas fidalgo, tem essa honra. Uma intendente é rainha na província e burguesa na corte.

Queimam-se em praça pública os culpados do pecado de não conformidade, e explica-se austeramente em todos os colégios a segunda égloga de Virgílio, com a declaração de amor de Córidon ao belo Aléxis: *Formosum pastor Corydon ardebat Alexin* [O pastor Córidon ardia pelo formoso Aléxis], mostrando-se às crianças que, embora Aléxis seja loiro e Amintas seja moreno, bem que Amintas poderia ter a preferência.

Se um pobre filósofo, que não pensa a mal, resolve pôr a Terra para girar ou imaginar que a luz vem do Sol, ou então supor que a matéria poderia muito bem ter outras propriedades além daquelas que conhecemos, é acusado de impiedade e de perturbar o repouso público, enquanto se traduz, *ad usum Delphini*, as *Tusculanas* de Cícero e Lucrécio, que são dois cursos completos de irreligião.

Os tribunais já não acreditam em possessos, todos riem dos feiticeiros, mas queimaram Gaufridi e Grandier por sortilégio, e, por último, metade de um parlamento queria condenar ao fogo um religioso acusado de enfeitiçar uma jovem de dezoito anos, assoprando nela[125].

O cético filósofo Bayle foi perseguido até na Holanda. La Mothe Le Vayer, mais cético e menos filósofo, foi preceptor do rei Luís XIV e do irmão do rei. Ao mesmo tempo que a efígie de Gourville era enforcada em Paris, ele era ministro da França na Alemanha.

O famoso ateu Espinosa viveu e morreu tranquilo. Vanini, que só tinha escrito contra Aristóteles, foi queimado como ateu: ele tem a honra, devido a essa qualidade, de constituir um verbete nas histórias dos literatos e em todos os dicionários, imensos arquivos de mentiras e de um pouco de verdade: se abrirdes esses livros, vereis que Vanini não só ensinava publicamente o ateísmo em seus escritos, como também que doze professores de sua seita saíram com ele de Nápoles para fazer prosélitos no resto do mundo; se depois abrirdes os livros de Vanini, ficareis surpresos de lá só encontrar provas da existência de Deus. Eis aqui o que se lê em seu *Amphitheatrum*, obra igualmente condenada e ignorada: "Deus é seu princípio e seu termo, sem fim e sem começo, não precisa de um nem de outro, e é pai de todo começo e de todo fim; existe desde sempre, mas em tempo algum; para ele, o passado não foi, e o futuro não virá; ele reina em todo lugar sem estar em um lugar; imóvel sem parar, rápido sem movimento; ele é tudo, e está fora de tudo; está em tudo, mas sem ser encerrado; fora de tudo, mas sem ser excluído de coisa alguma; bom, mas sem qualidade; inteiro, mas sem partes; imutável variando todo o universo; sua vontade é seu poder; simples, nada tem em si de puramente possível, tudo nele é real; é o primeiro, o meio, o último ato; por fim, sendo tudo, está acima de todos os seres, fora deles, neles, além deles, e para sempre diante e atrás deles." Foi depois de tal profissão de fé que declararam Vanini ateu. Com base em que ele foi condenado? Com base no simples depoimento de certo Francon. Em vão seus livros depunham a seu favor. Um único inimigo custou-lhe a vida e sujou seu nome na Europa.

O pequeno livro *Cymbalum mundi*, que não passa de fria imitação de Luciano e que não tem a mais leve, a mais distante relação com o cristianismo, também foi condenado às chamas. Mas Rabelais foi impresso com privilégio, deixando-se tranquilamente em curso o *Espião turco* e até mesmo as *Cartas persas*, livro leve, engenhoso e ousado, no qual há uma carta inteira a favor do suicídio e uma outra na qual se encontram exatamente estas palavras: "Se supusermos uma religião", outra na qual se diz expressamente que os bispos não têm "outras funções além de dispensar do cumprimento da lei" e, finalmente, outra em que se diz que o papa é um mágico que faz todo o mundo acreditar que três são apenas um, que o pão que se come não é pão etc.

O abade de Saint-Pierre, homem que pode ter-se enganado com frequência, mas que sempre só escreveu em vista do bem público e cujas obras eram chamadas de *sonhos de um bom cidadão* pelo cardeal Dubois, o abade de Saint-Pierre, repito, foi excluído da Academia Francesa por unanimidade porque, numa obra de política, preferiu o estabelecimento dos conselhos sob a regência aos gabinetes dos secretários de Estado que governavam no tempo de Luís XIV e por ter dito que

---

125. É o processo do padre Girard e de La Cadière. Nada desonrou tanto a humanidade. (N. de Voltaire)

as finanças haviam sido desastrosamente administradas no fim daquele glorioso reinado. O autor das *Cartas persas* só falara de Luís XIV, em seu livro, para dizer que aquele rei era um "mágico que fazia seus súditos acreditar que papel era dinheiro; que ele só gostava do governo turco; que preferia um homem que lhe dava o guardanapo ao homem que lhe ganhara batalhas; que dera uma pensão a um homem que fugira duas léguas, e um governo a um homem que fugira quatro; que ele estava impotente diante da pobreza"; embora na mesma *Carta* se diga que as suas finanças são inesgotáveis. Aí está, ainda uma vez, tudo o que esse autor, em seu único livro então conhecido, disse sobre Luís XIV, protetor da Academia Francesa; e esse livro é o único título com base no qual o autor foi efetivamente admitido na Academia Francesa. Pode-se acrescentar ainda, para cúmulo da contradição, que essa sociedade o aceitou por ter sido ridicularizada por ele. Pois de todos os livros nos quais se ri à custa dessa Academia, pouquíssimos há nos quais ela seja mais maltratada do que nas *Cartas persas*. Veja-se a carta na qual se diz: "Os que compõem esse corpo não têm outras funções além de palavrear o tempo todo. O elogio vem colocar-se como que por si mesmo nesse falatório eterno etc." Depois de ter sido assim tratada por ele, essa sociedade o louvou, quando de sua recepção, pelo talento de pintar retratos fiéis.

Gostaria de continuar a examinar as contradições encontradas no império das letras, mas seria preciso escrever a história de todos os doutos e de todos os eruditos; assim também, se eu quisesse expor em pormenores as contradições existentes na sociedade, precisaria escrever a história do gênero humano. Um asiático que viajasse à Europa poderia muito bem achar que somos pagãos. Os dias da semana na França têm os nomes de Marte, Mercúrio, Júpiter, Vênus; as bodas de Cupido e Psique estão pintadas na casa dos papas; mas, principalmente, se esse asiático visse nossa ópera, não duvidaria de que se trata de uma festa em honra dos deuses do paganismo. Se ele se informasse um pouco mais exatamente sobre nossos costumes, ficaria bem mais espantado; veria que na Espanha uma lei severa proíbe que qualquer estrangeiro tenha a menor participação indireta no comércio da América, e no entanto os estrangeiros, por meio de agentes espanhóis, ali fazem um comércio de cinquenta milhões por ano, de modo que a Espanha só pode enriquecer violando a lei, que subsiste e continua desprezada. Veria que, em outro país, o governo fez prosperar uma companhia das Índias, e que os teólogos declararam criminoso perante Deus o dividendo das suas ações. Veria que se compra o direito de julgar os homens, o de comandar a guerra, o de participar do conselho; não poderia compreender por que se diz nas patentes que outorgam tais postos que eles foram concedidos graciosamente e sem suborno, enquanto a quitação do pagamento é anexada às cartas de provisão. Nosso asiático não haveria de se surpreender se visse que os comediantes são pagos pelos soberanos e excomungados pelos padres? Perguntaria por que um general de divisão plebeu, que ganhou batalhas[126], é submetido à talha como um camponês, enquanto um almotacé é nobre como os Montmorency? Por que, enquanto são proibidos os espetáculos regulares, durante a semana consagrada à edificação se permite que os saltimbancos ofendam os ouvidos menos delicados? Veria que quase sempre nossos usos estão em contradição com nossas leis, e, se viajarmos para a Ásia, encontraremos mais ou menos as mesmas incompatibilidades.

Os homens são igualmente loucos em todos os lugares; foram fazendo leis à medida da necessidade, como quem conserta brechas em muralhas. Aqui os filhos mais velhos tiraram tudo o que podiam dos mais novos, acolá os mais novos partilham em pé de igualdade. Ora a Igreja ordena o duelo, ora o amaldiçoa. Excomungam-se alternadamente partidários e inimigos de Aristóteles, os que usam cabelos compridos e os que os usam curtos. Só temos no mundo lei perfeita para regrar uma espécie de loucura, que é o jogo. As regras do jogo são as únicas que não admitem exceção nem relaxamento, variedade nem tirania. Um lacaio que jogue lansquenê com um rei é pago sem dificuldade quando ganha, enquanto alhures a lei é um gládio com o qual o mais forte corta em pedacinhos o mais fraco.

---

126. Esse costume ridículo foi abolido finalmente em 1751. Os generais de divisão foram declarados nobres como os almotacés. (N. de Voltaire)

No entanto, este mundo sobrevive como se tudo estivesse bem organizado; a irregularidade é própria de nossa natureza; nosso mundo político é como nosso globo: uma coisa informe que se conserva sempre. Seria loucura querer que as montanhas, os mares e os rios fossem traçados como belas figuras regulares; seria ainda mais loucura pedir aos homens uma sabedoria perfeita: seria querer dar asas a cães, chifres a águias.

Segunda seção
Exemplos extraídos da história, da Santa Escritura, de vários escritores, do famoso padre Meslier, de um pregador chamado Antoine etc.

Acabamos de mostrar as contradições de nossos usos, costumes e leis: não dissemos o bastante.

Tudo foi feito, sobretudo na Europa, como a roupa de Arlequim; seu senhor não tinha pano, e, quando precisou vesti-lo, pegou velhos retalhos de todas as cores: Arlequim ficou ridículo, mas vestido.

Onde está o povo cujas leis e cujos usos não se contradizem? Haverá contradição mais impressionante e ao mesmo tempo mais respeitável que o santo império romano? Em que ele é santo? Em que é império? Em que é romano?

Os alemães são uma brava nação que nem os germânicos nem os trajanos conseguiram subjugar inteiramente. Todos os povos germânicos que habitavam além do Elba sempre foram invencíveis, ainda que mal armados; foi em parte daqueles climas sombrios que saíram os vingadores do mundo. Em vez de tornar-se império romano, a Alemanha serviu para destruí-lo.

Aquele império se refugiara em Constantinopla, quando um alemão, um austrasiano, foi de Aix-la-Chapelle a Roma, para despojar definitivamente os césares gregos daquilo que lhes restava na Itália. Tomou o nome de césar, de *imperator*, mas nem ele nem seus sucessores jamais ousaram residir em Roma. Aquela capital não pode gabar-se nem queixar-se de que, depois de Augústulo, último excremento do império romano, algum césar tenha vivido e sido enterrado dentro de seus muros.

É difícil que o império seja *santo*, porque professa três religiões, das quais duas são declaradas ímpias, abomináveis, danáveis e danadas pela corte de Roma, que toda a corte imperial considera soberana nesses casos.

Não é certamente romano, pois o imperador não tem casa em Roma.

Na Inglaterra, serve-se aos reis de joelhos. A máxima constante é que o rei nunca pode agir mal: *The king can do no wrong*. Somente seus ministros podem errar; ele é infalível em suas ações assim como o papa em seus juízos. Tal é a lei fundamental, a lei sálica da Inglaterra. No entanto, o parlamento julga seu rei Eduardo II, derrotado e aprisionado por sua mulher: declara-se que ele cometeu todos os erros do mundo e que perdeu todos os direitos à coroa. William Trussel vai à sua prisão prestar-lhe o seguinte cumprimento:

"Eu, William Trussel, procurador do parlamento e de toda a nação inglesa, revogo a homenagem que te foi feita outrora, deixo de ser teu súdito, privo-te do poder real e doravante não te devemos obediência."[127]

O parlamento julga e condena o rei Ricardo II, filho do grande Eduardo III. Trinta e uma acusações são aduzidas contra ele, entre as quais há duas bem singulares: que tomara dinheiro emprestado e não pagara, e que dissera na presença de testemunhas que era senhor da vida e dos bens de seus súditos.

O parlamento depõe Henrique VI, que cometera um erro crasso, mas de outra espécie, o de ser imbecil.

O parlamento declara que Eduardo IV é traidor e confisca todos os seus bens; depois o leva de volta ao trono quando se torna venturoso.

---

127. Rapin Thoiras não traduziu literalmente esse ato. (N. de Voltaire)

Quanto a Ricardo III, esse realmente errou, mais do que todos os outros: era um Nero, mas um Nero corajoso; e o parlamento só declarou seus erros depois que ele foi morto.

A câmara que representa o povo da Inglaterra imputou a Carlos I mais erros do que ele tinha e o condenou à morte. O parlamento julgou que James II cometera enormes erros, sobretudo o de ter fugido. Declarou o trono vacante, ou seja, o depôs.

Hoje Junius[128] escreve ao rei da Inglaterra, dizendo que esse monarca erra por ser bom e sábio. Se tudo isso não for contradição, não sei onde será possível encontrá-la.

Das contradições em alguns ritos

Depois dessas grandes contradições políticas, que se dividem em cem mil pequenas contradições, não pode haver contradições maiores que as de alguns de nossos ritos. Detestamos o judaísmo; não faz quinze anos ainda se queimavam judeus. Nós os vemos como assassinos de nosso Deus, e nos reunimos todos os domingos para salmodiar cânticos judeus: se não os recitamos em hebraico é porque somos ignorantes. Mas os quinze primeiros bispos, padres, diáconos e rebanhos de Jerusalém, berço da religião cristã, sempre recitaram os salmos judeus no idioma judaico da língua siríaca; e até o tempo do califa Omar, quase todos os cristãos, de Tiro a Alepo, oravam nesse idioma judeu. Hoje, quem recitasse os salmos no modo como foram compostos, que os cantasse na língua judaica, incorreria na suspeita de ser circuncidado e judeu: seria queimado como tal, ou pelo menos o teria sido há vinte anos, embora Jesus Cristo tenha sido circuncidado, embora os apóstolos e os discípulos tenham sido circuncidados. Deixo de lado todo o fundo de nossa santa religião, tudo o que é objeto de fé, tudo o que deve ser considerado apenas como submissão temerosa; só tenho em vista a casca, só toco nos usos; pergunto se alguma vez houve algo mais contraditório.

Das contradições nos afazeres e nos homens

Se alguma sociedade literária quiser fazer um dicionário das contradições, inscrevo-me para compor vinte volumes in-fólio.

O mundo só vive de contradições; o que seria preciso fazer para as abolir? Reunir todos os estados do gênero humano. Mas, da maneira como os homens são feitos, seria mais uma contradição se eles entrassem em acordo. Se reuníssemos todos os coelhos do universo, não haveria duas opiniões diferentes entre eles.

Só conheço duas espécies de seres imutáveis na terra: os geômetras e os animais; são eles guiados por duas regras invariáveis: a demonstração e o instinto; os geômetras, ainda, tiveram algumas divergências, mas os animais nunca variaram.

Das contradições nos homens e nos afazeres

Os contrastes, as claridades e as sombras com que os homens públicos são representados na história não são contradições, são retratos fiéis da natureza humana.

Todos os dias Alexandre é condenado e admirado, assassino de Clito, mas vingador da Grécia, vencedor dos persas e fundador de Alexandria;

César, o devasso, que rouba o tesouro público de Roma para sujeitar sua pátria, mas cuja clemência se iguala ao valor, e cuja inteligência se iguala à coragem;

Maomé, impostor, bandido, mas o único legislador religioso com coragem, capaz de fundar um grande império;

---

128. Pseudônimo de um escritor que publicou uma série de cartas no *The London Public Advertiser*, de 1769 a 1772. (N. da T.)

CONTRADIÇÕES

O entusiasta Cromwell, hipócrita no próprio fanatismo, assassino de seu rei em forma jurídica, mas também político profundo e guerreiro valoroso.

Mil contrastes muitas vezes se apresentam juntos, e esses contrastes estão na natureza; não são mais surpreendentes que um dia bonito seguido por uma tempestade.

Das contradições aparentes nos livros

Nos escritos, sobretudo nos livros sagrados, é preciso distinguir diligentemente as contradições aparentes das reais. No Pentateuco diz-se que Moisés era o mais brando dos homens e mandou matar vinte e três mil hebreus que haviam adorado o bezerro de ouro, mais vinte e quatro mil que, como ele, ou haviam desposado ou frequentavam mulheres madianitas; sábios comentadores, porém, provaram irrefutavelmente que Moisés era de natureza dulcíssima, e que só executara os castigos de Deus quando mandou massacrar aqueles quarenta e sete mil israelitas culpados, como já vimos.

Certos críticos atrevidos acreditaram perceber uma contradição na narrativa em que se diz que Moisés transformou todas as águas do Egito em sangue, e que os magos do Faraó em seguida realizaram o mesmo prodígio, sem que o Êxodo ponha nenhum intervalo entre o milagre de Moisés e a operação mágica dos encantadores.

Em primeiro lugar, parece impossível aqueles magos transformarem em sangue o que já se tornara sangue; mas essa dificuldade pode ser superada supondo-se que Moisés tivesse permitido que as águas voltassem à sua primeira natureza, para permitir que o faraó tivesse tempo de voltar para casa. Essa suposição é bem plausível, principalmente porque, se o texto não a favorece expressamente, também não lhe é contrário.

Os mesmos incrédulos perguntam como, se todos os cavalos tinham sido mortos pelo granizo na sexta praga, o faraó pôde perseguir a nação judaica com cavalaria. Mas essa contradição é apenas aparente, pois o granizo, que matou todos os cavalos que estavam nos campos, não pôde cair sobre os que estavam nos estábulos.

Uma das maiores contradições que se acreditou encontrar na história dos Reis é a carência total de armas ofensivas e defensivas entre os judeus quando Saul apareceu, comparada ao exército de trezentos e trinta mil combatentes que Saul conduziu contra os amonitas, que sitiavam Jabes-Gileade.

De fato, conta-se que então[129] e mesmo depois dessa batalha não havia uma só lança, uma só espada em todo o povo hebreu; que os filisteus impediam os hebreus de forjar espadas e lanças; que os hebreus eram obrigados a procurar os filisteus para afiar a relha de seus arados[130], enxadões, machados e podões.

Essa confissão parece provar que os hebreus eram pouquíssimos, e que os filisteus eram uma nação poderosa, vitoriosa, que subjugava os israelitas e que os tratava como escravos; que, por fim, não seria possível que Saul tivesse reunido trezentos e trinta mil combatentes etc.

O reverendo padre dom Calmet diz[131] que é de se crer "que há um pouco de exagero no que se diz aqui sobre Saul e Jônatas"; mas esse homem douto esquece que os outros comentadores atribuem as primeiras vitórias de Saul e de Jônatas a um daqueles milagres evidentes com que Deus se dignou brindar com tanta frequência o seu pobre povo. Jônatas, apenas com seu escudeiro, matou de início vinte inimigos: e os filisteus, assustados, voltaram suas armas uns contra os outros. O autor do Livro dos reis diz positivamente[132] que aconteceu como que um milagre de Deus, *accidit quasi miraculum a Deo*. Portanto, aí não há contradição.

---

129. I. Reis, cap. XIII, v. 22. (N. de Voltaire)
130. Cap. XIII, v. 19, 20 e 21. (N. de Voltaire)
131. Nota de dom Calmet sobre o versículo 19. (N. de Voltaire)
132. Cap. XIV, v. 15. (N. de Voltaire)

488 CONTRADIÇÕES

Os inimigos da religião cristã, os Celsos, os Porfírios, os Julianos, esgotaram toda a sagacidade de sua inteligência nessa matéria. Alguns autores judeus prevaleceram-se de todas as vantagens que lhes dava a superioridade de seus conhecimentos na língua hebraica para esclarecer essas contradições aparentes; até foram seguidos por cristãos, tais como *milord* Herbert, Wollaston, Tindal, Toland, Collins, Shaftesbury, Woolston, Gordon, Bolingbroke e vários autores de diversos países. Fréret, secretário perpétuo da Academia de Belas-Letras da França, o douto Leclerc mesmo e Richard Simon (do Oratório) acreditaram perceber algumas contradições que podiam ser atribuídas aos copistas. Uma multidão de críticos quis fazer um levantamento e corrigir contradições que lhes pareceram inexplicáveis.

Num livro perigoso e feito com muita arte[133] lê-se: "São Mateus e são Lucas apresentam genealogias diferentes de Jesus Cristo, e quem acreditar que são diferenças ligeiras, atribuíveis a lapsos ou distrações, poderá convencer-se com seus próprios olhos lendo Mateus, cap. I, e Lucas, cap. III: verá que numa há quinze gerações a mais que na outra: que a partir de Davi elas se separam absolutamente; que se reúnem em Salatiel, mas que depois de seu filho se separam de novo para só se reunirem outra vez em José.

"Na mesma genealogia, são Mateus cai ainda numa contradição manifesta, pois diz que Osias era pai de Jônatas, e nos Paralipômenos[134], livro I, cap. III, v. 11 e 12, encontram-se três gerações entre eles, a saber: Joás, Amazias e Azarias, dos quais Lucas e Mateus não falam. Ademais, essa genealogia nada tem a ver com a de Jesus, visto que, segundo nossa lei, José não tivera nenhum comércio com Maria."

Para responder a essa objeção feita desde o tempo de Orígenes e repetida de século em século, é preciso ler *Julius Africanus*. Eis aqui as duas genealogias conciliadas na tabela seguinte, que se encontra na Biblioteca dos Autores Eclesiásticos.

DAVI

Salomão e seus descendentes, relacionados por são Mateus.		Natã e seus descendentes, relacionados por são Lucas.
	ESTHA	
Matã, primeiro marido.		Melqui, ou melhor, Matatias, segundo marido.
Jacó, filho de Matã, primeiro marido.	Sua mulher comum, cujo nome não se sabe; casada primeiramente com Heli, de quem não tem filhos, e depois com Jacó, seu irmão.	Heli.
José, filho natural de Jacó.		Filho de Heli, segundo a lei

Há outra maneira de conciliar as duas genealogias, de acordo com santo Epifânio.
Segundo ele, Jacó, que descende de Salomão, é pai de José e de Cleofas.
José tem, da primeira mulher, seis filhos: Tiago, Josué, Simeão, Judas, Maria e Salomé.
Depois se casa com a virgem Maria, mãe de Jesus, filha de Joaquim e Ana.

---

133. *Analyse de la religion chrétienne*, p. 22, atribuído a Saint-Évremond. (N. de Voltaire)
134. I Livro das Crônicas. (N. da T.)

Há várias outras maneiras de explicar essas duas genealogias. Veja-se a obra de dom Calmet, intitulada *Dissertation où l'on essaye de concilier saint Matthieu avec saint Luc sur la généalogie de Jésus-Christ* [Dissertação em que se tenta conciliar são Mateus com são Lucas sobre a genealogia de Jesus Cristo].

Os mesmos doutos incrédulos cuja única ocupação é comparar datas, examinar livros e medalhas, confrontar os antigos autores e procurar a verdade com a prudência humana, que, com sua ciência, perdem a simplicidade da fé, desaprovam são Lucas por contradizer os outros Evangelhos e por se enganar no que diz sobre o nascimento do Salvador. Vejamos como se explica temerariamente o autor da *Analyse de la religion chrétienne* [Análise da religião cristã] (p. 23):

"São Lucas diz que Cirênio governava a Síria quando Augusto mandou fazer o recenseamento de todo o império. Veremos quantos erros evidentes se encontram nessas poucas palavras. 1º Tácito e Suetônio, os mais exatos de todos os historiadores, não dizem uma só palavra sobre o pretenso recenseamento de todo o império, o que sem dúvida teria sido um acontecimento bem singular, pois nunca houve nenhum no governo de nenhum imperador; pelo menos nenhum autor diz que houve. 2º Cirênio só apareceu na Síria dez anos depois do tempo indicado por Lucas; então, ela era governada por Quintílio Varo, conforme narra Tertuliano, o que é confirmado pelas medalhas."

Deve-se, portanto, convir que nunca houve recenseamento em todo o império romano, e que só houve um censo de cidadãos romanos, segundo o uso. Pode ser que os copistas tenham escrito *recenseamento* em vez de *censo*. Quanto a Cirênio, que os copistas transcreveram Quirino, é certo que não era governador da Síria no tempo do nascimento de nosso Salvador, e que o governador era então Quintílio Varo, mas é muito natural que Quintílio Varo tenha enviado à Judeia esse mesmo Cirênio que lhe sucedeu, dez anos depois, no governo da Síria. Não se deve dissimular que essa explicação ainda deixa algumas dificuldades.

Primeiramente, o censo feito no tempo de Augusto não tem relação com a época do nascimento de Jesus Cristo.

Em segundo lugar, os judeus não estavam incluídos nesse censo. José e sua esposa não eram cidadãos romanos. Maria, portanto, não precisava sair de Nazaré, que fica no extremo da Judeia, a algumas milhas do monte Tabor, no meio do deserto, para ir dar à luz em Belém, que fica a oitenta milhas de Nazaré.

Mas pode muito bem ter ocorrido que Quirino ou Cirênio tenha sido mandado a Jerusalém por Quintílio Varo para impor um tributo por cabeça, e que José e Maria tenham recebido ordem do magistrado de Belém de ir apresentar-se para pagar o tributo no burgo de Belém, lugar de seu nascimento: aí nada há que seja contraditório.

Os críticos podem tentar invalidar essa solução, mostrando que só Herodes impunha tributos; que na época os romanos nada arrecadavam na Judeia; que Augusto deixava que Herodes fosse senhor absoluto em sua terra, intermediando o tributo que aquele idumeu pagava ao império. Mas, em caso de necessidade, é possível arranjar-se com um príncipe tributário, e mandar-lhe um intendente para, em acordo com ele, estabelecer a nova taxa.

Não diremos aqui, como tantos outros, que os copistas cometeram muitos erros, e que há mais de dez mil erros na versão que temos. Preferimos dizer, assim como os doutores e os mais esclarecidos, que os Evangelhos nos foram dados para nos ensinar a viver santamente, e não a criticar sapientemente.

Essas supostas contradições produziram um efeito bem terrível sobre o infeliz Jean Meslier, vigário de Étrépigny e de But en Champagne: esse homem – virtuoso, é verdade, e muito caridoso, mas sombrio e melancólico –, não tendo quase outros livros além da Bíblia e dos de alguns Padres da Igreja, leu-os com uma atenção que lhe foi fatal: ele não foi suficientemente dócil, ele, que devia ensinar a docilidade a seu rebanho. Viu as contradições aparentes e fechou os olhos para a conciliação. Acreditou ver contradições medonhas entre Jesus, que nascera judeu e depois foi reconhecido como Deus; entre esse Deus conhecido inicialmente como filho de José, carpinteiro, e irmão de Tiago, mas descido de um empíreo que não existe, para destruir o pecado na terra, mas deixando-a coberta de crimes; entre esse Deus nascido de um humilde artesão, e descendente de Davi por parte de um pai que não era seu pai; entre o criador de todos os mundos e o neto da adúltera Betsabé, da impudente Ruth, da incestuosa Tamar, da prostituta de Jericó e da mulher de Abraão, raptada por um rei do Egito, raptada depois com a idade de noventa anos.

Meslier expõe com uma impiedade monstruosa todas essas pretensas contradições que o impressionaram, cuja solução teria visto com tanta facilidade se tivesse o espírito um pouco mais dócil. Por fim, como sua tristeza aumentasse com a solidão, teve a infelicidade de sentir horror pela santa religião que devia pregar e amar; e, só dando ouvidos à sua razão fascinada, abjurou o cristianismo com um testamento hológrafo, do qual deixou três cópias ao morrer, em 1732. O resumo desse testamento foi publicado várias vezes, e é um escândalo bem cruel. Um vigário que pede perdão a Deus e a seus paroquianos, ao morrer, por lhes ter ensinado dogmas cristãos! Um pároco caridoso que execra o cristianismo, porque vários cristãos são maus, o fasto de Roma o revolta e as dificuldades dos livros santos o irritam! Um pároco que fala do cristianismo como Porfírio, Jâmblico, Epicteto, Marco Aurélio, Juliano! E tudo isso quando está prestes a comparecer perante Deus! Que golpe funesto para ele e para aqueles que podem ser desgarrados por seu exemplo!

Foi assim que o infeliz pregador Antoine, enganado pelas contradições aparentes que acreditou enxergar entre a nova lei e a antiga, entre a oliveira cultivada e a oliveira selvagem, teve a infelicidade de abandonar a religião cristã pela religião judia, e, mais ousado que Jean Meslier, preferiu morrer a retratar-se.

Pelo testamento de Jean Meslier, percebe-se que foram sobretudo as contradições aparentes dos Evangelhos que perturbaram o espírito daquele infeliz pastor, aliás dotado de uma virtude rígida que só podemos olhar com compaixão. Meslier fica profundamente impressionado pelas duas genealogias que parecem em conflito; ele não vira a conciliação; revolta-se, desilude-se, ao ver que são Mateus faz o pai, a mãe e o filho irem ao Egito depois de receberem a homenagem dos três magos, ou reis do oriente, enquanto o velho Herodes, temendo ser destronado por uma criança que acaba de nascer em Belém, manda chacinar todas as crianças da região para evitar essa revolução. Meslier admira-se que nem são Lucas nem são João nem são Marcos falem desse massacre. Fica confuso quando vê que são Lucas diz que José, a bem-aventurada virgem Maria e Jesus, nosso Salvador, ficaram em Belém e que depois vão para Nazaré. Deveria ver que a santa família podia ir primeiro ao Egito e, algum tempo depois, a Nazaré, sua pátria.

Se somente são Mateus fala dos três magos e da estrela que os conduziu dos confins do oriente a Belém, bem como do massacre das crianças, e os outros evangelistas não falam dessas coisas, também não contradizem são Mateus; silêncio não é contradição.

Se os três primeiros evangelistas, são Mateus, são Marcos e são Lucas, dizem que Jesus Cristo viveu apenas três meses desde seu batismo na Galileia até seu suplício em Jerusalém; e, se são João diz que viveu três anos e três meses, é fácil aproximar são João dos outros três evangelistas, pois ele não diz expressamente que Jesus Cristo pregou na Galileia durante três anos e três meses, e isso é apenas inferido de suas narrativas. Tem cabimento renunciar à religião com base em simples induções, em simples razões de controvérsia, em dificuldades de cronologia?

Meslier diz que é impossível conciliar são Mateus e são Lucas, quando o primeiro diz que Jesus, ao sair do deserto, foi para Cafarnaum, e o segundo, para Nazaré.

São João diz que quem primeiro se ligou a Jesus Cristo foi André; os outros três evangelistas dizem que foi Simão Pedro.

Meslier também afirma que eles se contradizem quanto ao dia em que Jesus celebrou a Páscoa, quanto à hora do suplício, o lugar, o momento de sua aparição, de sua ressurreição. Está convencido de que livros que se contradizem não podem ser inspirados pelo Espírito Santo; mas não é dogma de fé que o Espírito Santo inspirou todas as sílabas; ele não conduziu a mão de todos os copistas, deixou que as segundas causas agissem: já fez muito em nos revelar os principais mistérios e depois instituir uma Igreja para os explicar. Todas essas contradições, tantas vezes criticadas nos Evangelhos com tão grande azedume, são totalmente esclarecidas pelos sábios comentadores; não prejudicam: ao contrário, explicam-se umas pelas outras, prestando-se socorro mútuo nas concordâncias e na harmonia dos quatro Evangelhos.

E, se há várias dificuldades que não podem ser explicadas, profundezas que não podem ser compreendidas, aventuras nas quais não se pode acreditar, prodígios que revoltam a fraca razão humana, contradições que não podem ser conciliadas, é para pôr à prova a nossa fé e tornar mais humilde o nosso espírito.

Contradições nos julgamentos das obras

Algumas vezes ouvi o seguinte, a respeito de um bom juiz, homem de bom gosto: "Esse homem só decide conforme o humor; ontem achava que Poussin é um pintor admirável; hoje, acha que ele é muito medíocre." É que Poussin de fato mereceu grandes elogios e grandes críticas.

Não se contradiz quem fica em êxtase diante das belas cenas de Horácio e de Curiácio, de El Cid e de Ximena, de Augusto e de Cina, e depois vê, com repugnância misturada à mais viva indignação, quinze tragédias seguidas sem nenhum interesse, sem nenhuma beleza, que nem sequer estão escritas em francês.

É o autor que se contradiz: é ele que tem a infelicidade de ser inteiramente diferente de si mesmo. O juiz se contradiria se aplaudisse igualmente o excelente e o detestável. Deve admirar em Homero a pintura das Súplicas a seguirem a Injúria, com os olhos cheios de lágrimas; o cinto de Vênus; os adeuses de Heitor e Andrômaca; o encontro de Aquiles e Príamo. Mas deverá aplaudir do mesmo modo deuses que se dizem injúrias e brigam; a uniformidade dos combates que nada decidem; a brutal ferocidade dos heróis; a ganância que domina quase todos eles; finalmente, um poema que acaba com uma trégua de onze dias, fazendo certamente esperar a continuação da guerra e a tomada de Troia, que, no entanto, não acontecem?

O bom juiz passa muitas vezes da aprovação à desaprovação, por melhor que seja o livro que está lendo.

CONTRA LUCRÉCIO (Anti-Lucrèce)

A leitura de todo o poema do finado sr. cardeal de Polignac reforçou a ideia que tivera quando me foi lido o seu primeiro canto. Ainda me espanta que, em meio às dissipações do mundo e ao espinheiro dos negócios, ele possa ter escrito obra tão longa em versos, em língua estrangeira, ele que mal teria feito quatro bons versos em sua própria língua. Parece-me que muitas vezes reúne a força de Lucrécio à elegância de Virgílio. Admira-me sobretudo a facilidade com que sempre expressa coisas tão difíceis.

É verdadeiro que seu *Contra Lucrécio* talvez seja excessivamente prolixo e pouco variado; mas não é na qualidade de poeta que o examino aqui, e sim como filósofo. Parece-me que alma tão bela quanto a dele deveria fazer mais justiça aos costumes de Epicuro, que, apesar de na verdade ser péssimo físico, sempre foi homem muito honesto, que sempre ensinou a doçura, a temperança, a moderação e a justiça, virtudes estas que seu exemplo ensinava ainda mais.

Vejamos como esse grande homem é apostrofado em *Contra Lucrécio* (liv. I, v. 524 ss.):

Si virtutis eras avidus, rectique bonique
Tam sitiens, quid relligio tibi sancta nocebat?
Aspera quippe nimis visa est? Asperrima certe
Gaudenti vitiis, sed non virtutis amanti.

Ergo perfugium culpae, solisque benignus
Perjuris ac foedifragis, Epicure, parabas.
Solam hominum faecem poteras devotaque furcis
Devincire tibi capita...

Pode-se traduzir esse trecho em francês da seguinte maneira, conferindo-lhe, ouso dizer, um pouco de força:

Ah! si par toi le vice eût été combattu,
Si ton coeur pur et droit eût chéri la vertu!
Pourquoi donc rejeter, au sein de l'innocence,
Un Dieu qui nous la donne, et qui la récompense?
Tu le craignais ce Dieu; son règne redouté
Mettait un frein trop dur à ton impiété.
Précepteur des méchants, et professeur du crime,
Ta main de l'injustice ouvrit le vaste abîme,
Y fit tomber la terre, et le couvrit de fleurs.
[Ah! se por ti o vício tivesse sido combatido,
Se teu coração puro e reto tivesse apreciado a virtude!
Por que, no seio da inocência, rejeitar
Um Deus que no-la dá e recompensa?
Receavas esse Deus; seu reinado tão temido
Punha freio duro demais à tua impiedade.
Preceptor dos maus e professor do crime,
Tua mão da injustiça abriu o vasto abismo,
Nele derrubou a terra, e o cobriu de flores.]

Mas Epicuro podia responder ao cardeal: Tivesse eu a felicidade de conhecer, como tu, o Deus verdadeiro, de ter nascido, como tu, numa religião pura e santa, certamente não teria rejeitado esse Deus revelado cujos dogmas eram necessariamente desconhecidos para meu espírito, mas cuja moral estava em meu coração. Não pude admitir os deuses que o paganismo me anunciava. Era racional demais para adorar divindades nascidas de um pai e de uma mãe, tal como os mortais, divindades que, como eles, travavam guerra. Eu era amigo demais da virtude para não odiar uma religião que ora incitava ao crime pelo exemplo dos próprios deuses, ora vendia a troco de dinheiro a remissão dos mais horríveis malefícios. De um lado, eu via homens insensatos, maculados pelos vícios, procurando tornar-se puros diante dos deuses impuros, e, do outro, ardilosos que se gabavam de justificar os mais perversos, quer os iniciando em mistérios, quer derramando sobre eles, gota a gota, o sangue dos touros, quer mergulhando-os nas águas do Ganges. Via as guerras mais injustas, empreendidas santamente, desde que não se encontrassem manchas no fígado de um carneiro, ou se alguma mulher, com os cabelos emaranhados e os olhos desvairados, pronunciasse palavras cujo sentido nem ela nem ninguém entendia. Por fim, eu via todas as regiões da terra sujas do sangue das vítimas humanas que pontífices bárbaros sacrificavam a deuses bárbaros. Sei que detestei tais religiões. A minha é a virtude. Convidei meus discípulos a não se imiscuírem nos assuntos deste mundo porque estes eram governados de maneira horrível. O verdadeiro epicurista era um homem manso, moderado, justo, amável, de quem nenhuma sociedade tinha por que se queixar, homem que não pagava carrascos para assassinar em público aqueles que não pensassem como ele. Desses termos aos da santa religião que te nutriu, só há um passo. Destruí os falsos deuses; e, tivesse eu vivido contigo, teria conhecido o verdadeiro.

É assim que Epicuro poderia se justificar de seu erro; poderia até mesmo merecer a graça com base no dogma da imortalidade da alma, dizendo: Deveis lastimar-me por ter combatido uma verdade que Deus revelou quinhentos anos depois que nasci. Pensei como todos os primeiros legisladores pagãos do mundo, que ignoravam essa verdade.

Portanto, eu gostaria que o cardeal de Polignac tivesse lastimado Epicuro ao condená-lo; e essa atitude não teria deixado de favorecer sua bela poesia.

Em relação à física, parece-me que o autor perdeu muito tempo e muitos versos a refutar a declinação dos átomos e os outros absurdos que grassam no poema de Lucrécio. É o mesmo que usar artilharia para destruir uma cabana. Por que ainda querer substituir os devaneios de Lucrécio pelos devaneios de Descartes?

O cardeal de Polignac inseriu em seu poema belíssimos versos sobre as descobertas de Newton; mas, infelizmente para ele, combate verdades demonstradas. A filosofia de Newton dificilmente tolera ser discutida em versos, e mal pode ser tratada em prosa; baseia-se integralmente na geometria. O gênio poético não tem domínio sobre ela. Pode-se ornar com belos versos a casca dessas verdades; mas, para aprofundá-las, é preciso cálculo, e não versos.

CONTRASTE (Contraste)

Contraste: oposição de figuras, situações, fortuna, costumes etc. Uma pastora ingênua faz um belo contraste num quadro com uma princesa orgulhosa. O papel do Impostor e o de Cleantes fazem contraste admirável em *Tartufo*.

O pequeno pode contrastar com o grande na pintura, mas não se pode dizer que lhe é contrário. As oposições de cores contrastam; mas também há cores contrárias umas às outras, ou seja, produzem efeito ruim porque chocam os olhos quando postas uma ao lado da outra.

Contraditório é algo que só se pode dizer em dialética. É contraditório que uma coisa seja e não seja, que esteja em vários lugares ao mesmo tempo, que esteja em certo número, em certa grandeza, e não esteja ao mesmo tempo. Uma opinião, um discurso, uma sentença são contraditórios.

As diversas fortunas de Carlos XII foram contrárias, mas não contraditórias: na história, constituem um belo contraste.

É um grande contraste, e são duas coisas bem contrárias; mas não é contraditório que o papa tenha sido adorado em Roma e queimado em Londres no mesmo dia, e que, enquanto era chamado de *vice-Deus* na Itália, tenha sido representado como um porco nas ruas de Moscou, para divertimento de Pedro, o Grande.

Maomé, posto à direita de Deus na metade do globo e danado no outro, é o maior dos contrastes.

Para quem viaja longe de sua terra, tudo é contraste.

O primeiro branco que viu um negro ficou bem admirado; mas o primeiro argumentador que disse que o negro vem de um casal branco me causa bem mais admiração; sua opinião é contrária à minha. Um pintor que represente brancos, negros e oliváceos pode criar belos contrastes.

CONVULSÕES (Convulsions)

Por volta de 1724, no cemitério de Saint-Médard houve muitos milagres: aqui vai um, contado numa canção da sra. duquesa de Maine:

Un décrotteur à la royale,
Du talon gauche estropié,
Obtint pour grâce spéciale

D'être boiteux de l'autre pied.
[Um engraxate de Port-Royal,
Do calcanhar esquerdo estropiado,
Teve a graça especial
De ficar com o outro pé aleijado.]

As convulsões miraculosas, como se sabe, continuaram até que se pôs guarda no cemitério.

*De par le roi, défense à Dieu
De faire miracle en ce lieu.*
[Sua majestade proíbe Deus
De fazer milagres neste lugar.]

Os jesuítas, como se sabe também, não podendo fazer tais milagres desde que o Xavier deles esgotou as graças da Companhia a ressuscitar nove mortos, para contrabalançar o crédito dos jansenistas, tiveram a ideia de mandar gravar uma estampa de Jesus Cristo vestido de jesuíta. Um brincalhão do partido jansenista, como se sabe também, pôs ao pé da estampa:

*Admirez l'artifice extrême
De ces moines ingénieux;
Ils vous ont habillé comme eux,
Mon Dieu, de peur qu'on ne vous aime.*
[Admirai o artifício extremo
Desses monges engenhosos;
Que vos vestiram como eles,
Meu Deus, para serdes amado.]

Os jansenistas, para provarem melhor que Jesus Cristo nunca poderia ter usado o hábito dos jesuítas, encheram Paris de convulsões e atraíram a sociedade para seu pátio. O conselheiro do parlamento, Carré de Montgeron, foi entregar ao rei uma coletânea in-quarto com todos aqueles milagres, atestados por milhares de testemunhas. Com razão, foi posto num castelo, onde tentaram recuperar seu juízo por meio de regimes; mas a verdade sempre se impõe às perseguições: os milagres se perpetuaram trinta anos seguidos, sem interrupção. Todos chamavam às suas casas as irmãs Rose, Illuminée, Promise, Confite: elas se deixavam vergastar, e no dia seguinte nada aparecia; recebiam pauladas no estômago, bem encouraçado e almofadado, sem que sofressem nenhum mal; eram deitadas diante de uma fogueira, com o rosto empomadado e não se queimavam; por fim, como todas as artes se aperfeiçoam, acabaram por enfiar-lhes espadas nas carnes, por crucificá-las. Um famoso mestre-escola chegou a ter a vantagem de ser posto na cruz: tudo isso para convencer as pessoas de que certa bula era ridícula, o que poderia ter sido provado sem tanto custo. No entanto, jesuítas e jansenistas reuniram-se todos contra o *Espírito das leis*, e contra... e contra... e contra... e contra... E nós ousamos, depois disso, rir de lapões, samoiedos e negros, como já dissemos tantas vezes!

CORPO (Corps)

Corpo e matéria são aqui a mesma coisa, embora não haja sinonímia rigorosa. Houve quem, com a palavra *corpo*, também pretendeu dizer espírito. Disseram: espírito significa originariamente *sopro*, e só o corpo pode soprar; logo, espírito e corpo poderiam, no fundo, ser a mesma coisa. Era nesse sentido que La Fontaine dizia ao famoso duque de La Rochefoucauld:

J'entends les esprits corps et pétris de matière.
[Entendo os espíritos como corpos e plasmados de matéria.]
(Fábula XV do livro X)

No mesmo sentido, diz à sra. de La Sablière:

Je subtiliserais un morceau de matière...
Quintessence d'atome, extrait de la lumière,
Je ne sais quoi plus vif et plus mobile encor.
[Sutilizaria um pedaço de matéria...
Quintessência do átomo, extrato da luz,
Não sei o que ainda mais vivo e móvel.]
(Fábula I do livro X)

A ninguém ocorreu espicaçar o bom La Fontaine e acusá-lo com base nessas expressões. Se um pobre filósofo ou mesmo um poeta dissesse coisa igual hoje, quanta gente ficaria feliz, quantos foliculários venderiam seus excertos por doze soldos, quantos patifes, com o único intuito de fazer o mal, lhe imputariam a pecha de filósofo, peripatético, discípulo de Gassendi, aluno de Locke e dos primeiros Padres, amaldiçoado!

Assim como não sabemos o que é espírito, ignoramos o que é corpo: vemos algumas propriedades; mas quem é o sujeito no qual essas propriedades residem? Só há corpos, diziam Demócrito e Epicuro; não há corpos, diziam os discípulos de Zenão de Eleia.

O bispo de Cloyne, Berkeley, foi o último que, por centenas de sofismas capciosos, pretendeu provar que os corpos não existem. Diz ele que não têm cores, odores, calor; essas modalidades estão em nossas sensações, e não nos objetos. Ele podia poupar o trabalho de provar essa verdade, que era bastante conhecida. Mas daí ele passa à extensão e à solidez, que são essências do corpo, e acredita provar que não há extensão numa peça de pano verde, porque esse pano não é realmente verde; essa sensação do verde está apenas em nós: logo, essa sensação de extensão também está apenas em nós. E, depois de assim destruir a extensão, conclui que a solidez a ela associada cai por si mesma, e, assim, nada há no mundo senão nossas ideias. De modo que, segundo esse doutor, dez mil homens mortos por dez mil tiros de canhão não passam, no fundo, de dez mil apreensões de nosso entendimento; e, quando um homem faz um filho em sua mulher, o que se tem é apenas uma ideia que se aloja em outra ideia, da qual nascerá uma terceira ideia.

Bastaria que o sr. bispo de Cloyne não tivesse incidido nesse extremo do ridículo. Ele acredita mostrar que não há extensão, porque um corpo, visto com luneta, lhe pareceu quatro vezes maior do que a olho nu e quatro vezes menor com o uso de outra lente. Daí ele conclui que, como um corpo não pode ter ao mesmo tempo quatro pés, dezesseis pés e um pé de extensão, essa extensão não existe: logo, nada existe. Bastaria que tivesse feito uma medição e dissesse: Seja qual for a extensão que um corpo me pareça ter, ele é extenso nestas medidas.

Teria sido bem fácil perceber que não ocorre com a extensão e com a solidez o que ocorre com sons, cores, sabores, odores etc. Está claro que estas são, em nós, sensações provocadas pela configuração das partes; mas a extensão não é uma sensação. Se esta lenha se apagar, não terei mais calor; se este ar deixar de ser impressionado, deixarei de ouvir; se esta rosa murchar, não terei mais olfato para ela; mas essa madeira, esse ar e essa rosa são extensos sem mim. O paradoxo de Berkeley nem vale a pena ser refutado.

Era assim que gente como Zenão de Eleia e Parmênides argumentava antigamente; e aquela gente era muito espirituosa: provava que uma tartaruga deve ser tão rápida quanto Aquiles, e que não existe movimento; discutia centenas de outras questões assim tão úteis. A maioria dos gregos fez prestidigitação com a filosofia e legou sua banca a nossos escolásticos. O próprio Bayle algumas vezes entrou no bando; bordou teias de aranha como qualquer outro; no verbete Zenão, argumenta contra a extensão divisível da matéria e a contiguidade dos corpos; diz tudo o que um geômetra com seis meses de experiência não teria permissão de dizer.

É bom saber o que levou o bispo Berkeley a esse paradoxo. Há muito tempo, tive algumas conversas com ele; disse-me que a origem de sua opinião estava na sua impossibilidade de conceber o que é esse sujeito que recebe a extensão. E, de fato, triunfa em seu livro quando pergunta a Hilas o que é esse sujeito, esse *substratum*, essa substância. – É o corpo extenso, responde Hilas. Então o bispo, com o nome de Filonous, zomba dele; e o pobre Hilas, percebendo ter dito que a extensão é o sujeito da extensão, ter dito uma tolice, fica muito confuso e confessa que não entende nada; que não existe corpo, que o mundo material não existe, que só existe um mundo intelectual.

Hilas devia dizer apenas a Filonous: nada sabemos sobre o fundo desse sujeito, dessa substância extensa, sólida, divisível, móvel, configurada etc.; não a conheço, como não conheço o sujeito pensante, senciente e volitivo, mas nem por isso esse sujeito deixa de existir, pois tem propriedades essenciais das quais não pode ser despojado.

Somos todos como a maioria das damas de Paris: comem muitíssimo bem, mas não sabem quais são os ingredientes do cozido, assim como nós gozamos os corpos mas não sabemos o que os compõe. De que é feito o corpo? De partes, e essas partes se resolvem em outras partes. O que são essas últimas partes? Sempre corpos; dividimos sem cessar, e nunca avançamos.

Por fim, um sutil filósofo, observando que um quadro é feito de ingredientes, nenhum dos quais, por sua vez, é um quadro, e que uma casa é feita de materiais, nenhum dos quais é uma casa, imaginou que os corpos são construídos com uma infinidade de pequenos seres que não são corpos, e a isso se dá o nome de *mônadas*. Esse sistema não deixa de ter seu lado bom, e, se fosse revelado, eu acreditaria ser ele muito possível; todos esses pequenos seres seriam pontos matemáticos, umas espécies de alma que só estariam à espera de uma veste para meter-se dentro: seria uma metempsicose contínua. Esse sistema vale como qualquer outro; gosto dele tanto quanto da declinação dos átomos, das formas substanciais, da graça versátil e dos vampiros.

CORREIO (Poste)

Antigamente, quem tinha um amigo em Constantinopla e outro em Moscou era obrigado a esperar a volta deles para ficar sabendo das notícias. Hoje, os três amigos, sem saírem de seus respectivos quartos, podem conversar familiarmente por meio de uma folha de papel. É até possível enviar por correio preparados do boticário Arnoult contra a apoplexia, e o recebimento é mais infalível do que a cura.

Se um amigo nosso precisa de dinheiro em Petersburgo e outro em Esmirna, o correio faz o negócio.

Se o senhor estiver em Praga com seu regimento, e sua amante em Bordeaux, poderá ter garantias regulares de sua afeição; por meio dela, ficará sabendo de todas as novidades da cidade, menos as suas próprias infidelidades.

Enfim, o correio é o elo entre todos os negócios e todas as negociações; graças a ele, os ausentes tornam-se presentes; ele é o consolo da vida.

A França, onde essa bela invenção foi renovada em nossos tempos bárbaros, prestou esse serviço a toda a Europa. Por isso, ela nunca corrompeu esse benefício; e nunca o ministério que teve o departamento dos correios abriu as cartas de nenhum indivíduo, exceto quando precisou conhecer o seu conteúdo. Isso não ocorre em outros países, segundo se diz. Afirmou-se que na

Alemanha as cartas, passando por cinco ou seis autoridades diferentes, eram lidas cinco ou seis vezes e que, no fim, o selo ficava tão rasgado, que era obrigatório colocar outro.

O sr. Craigs, secretário de Estado na Inglaterra, nunca quis que se abrissem as cartas em seu gabinete; ele dizia que isso era violar a fé pública, que não é permitido conhecer um segredo que não nos é confiado, que frequentemente é maior o crime de roubar pensamentos do que dinheiro, que essa traição é mais desonesta porque pode ser cometida sem riscos e sem condenação.

Para frustrar a sofreguidão dos curiosos, imaginou-se primeiro escrever parte dos despachos em cifras; mas a parte escrita em caracteres ordinários às vezes servia para revelar a outra. Esse inconveniente levou ao aperfeiçoamento da arte das cifras, que se chama *estenografia*.

A esses enigmas opôs-se a arte de decifrá-los, mas essa arte foi deficiente e inútil. Só se conseguiu fazer algumas pessoas pouco instruídas acreditar que suas cartas haviam sido decifradas, ganhando-se com isso apenas o prazer de dar-lhes preocupações. Tal é a lei das probabilidades, que numa cifra bem-feita há duzentas, trezentas ou quatrocentas probabilidades contra uma de, em cada número, não se adivinhar a sílaba representada.

A aleatoriedade aumenta com a combinação desses números; e a decifração torna-se totalmente impossível quando a cifra é feita com um pouco de arte.

Aqueles que se gabam de decifrar uma carta sem conhecimento dos assuntos nela tratados e sem socorros preliminares são mais charlatães do que aqueles que se gabassem de entender uma língua que não aprenderam.

Quanto àqueles que enviam, com familiaridade, pelo correio uma tragédia em folhas grandes e letras garrafais, acompanhadas por folhas brancas para que nelas escrevamos nossas observações, e quanto àqueles que nos regalam com um primeiro tomo de metafísica enquanto se prepara o segundo, podemos dizer-lhes que eles não têm a discrição necessária, e que em certos países eles correriam o risco de permitir que o ministério ficasse sabendo que são maus poetas e maus metafísicos.

COSTUMES (Coutumes)

Segundo dizem, na França há cento e quarenta e quatro costumagens com força de lei; essas leis são quase todas diferentes. Alguém que viajar por esse país mudará de lei quase tantas vezes quantas mudar de cavalos de posta. A maioria dessas costumagens só começou a ser redigida no tempo de Carlos VII; a grande razão para isso é que, antes, havia pouquíssima gente que sabia escrever. Portanto, escreveu-se uma parte de uma parte dos costumes de Ponthieu; mas essa grande obra só foi terminada pelos picardos no reinado de Carlos VIII. No tempo de Luís XII só havia dezesseis redigidas. Hoje em dia, a jurisprudência está tão aperfeiçoada que quase não há costumagem sem vários comentadores, todos, como é fácil acreditar, com opiniões diferentes. Já existem vinte e seis sobre a costumagem de Paris. Os juízes não sabem a quem dar ouvidos, mas, para seu maior conforto, acaba-se de fazer a costumagem de Paris em versos. Era assim que, antigamente, a sacerdotisa de Delfos proferia seus oráculos.

As medidas são tão diferentes quanto as costumagens; de maneira que aquilo que é verdadeiro nos arrabaldes de Montmartre se torna falso na abadia de Saint-Denis. Deus tenha piedade de nós!

COTOVIA (Alouette)

A palavra francesa *alouette* [cotovia] pode ter alguma utilidade para o conhecimento das etimologias e mostrar que os povos mais bárbaros podem fornecer vocábulos aos povos mais civilizados, quando as duas nações são vizinhas.

A palavra *alouette*, que em francês antigo era *alou*[135], era um termo gaulês, de que os latinos fizeram *alauda*. Suetônio e Plínio estão de acordo nesse ponto. César compôs uma legião de gauleses, à qual deu o nome de *alauda*, cotovia: *Vocabulo quoque gallico alauda appellabatur*. Ela o serviu muito bem nas guerras civis; e César, como recompensa, deu a cidadania romana a cada um daqueles legionários.

Cabe apenas perguntar como os romanos chamavam a *cotovia* antes de lhe darem um nome gaulês; chamavam-na *galerita*. Uma legião de César logo levou esse nome ao esquecimento.

Tais etimologias, assim certificadas, devem ser aceitas; mas, quando um professor árabe quer de todo modo que *aloyau* [lombo] venha do árabe, é difícil acreditar. É uma doença de vários etimologistas querer convencer de que a maioria das palavras gaulesas vieram do hebraico; nada indica que os vizinhos do Loire e do Sena tivessem feito muitas viagens, nos antigos tempos, até os habitantes de Siquém e de Galgala, que não gostavam de estrangeiros, nem que os judeus se tivessem estabelecido em Auvergne e Limousin, a menos que se pretenda que as dez tribos dispersas e perdidas tenham vindo nos ensinar sua língua.

Que enorme perda de tempo e como é ridículo ir buscar no fenício e no caldeu a origem de nossos termos mais comuns e necessários! Um homem imagina que nossa palavra *dôme* [domo] vem do samaritano *doma*, que, segundo dizem, significa *melhor*. Outro sonhador diz que a palavra *badin* [tolo] provém de um termo hebreu que significa *astrólogo*; e o dicionário de Trévoux não perde a oportunidade de elogiar o autor dessa descoberta.

Não é engraçado dizer que a palavra *habitação* vem da palavra hebraica *beth*? Que *kir*, em baixo-bretão, antigamente significava *cidade*? Que o mesmo *kir* em hebraico queria dizer *muro*; que, por conseguinte, os hebreus deram o nome de *cidade* aos primeiros povoados dos baixos-bretões? Seria um prazer ver os etimologistas a escavar nas ruínas da torre de Babel, em busca da antiga linguagem céltica, gaulesa e toscana, se a perda de um tempo consumido de maneira tão mísera não inspirasse piedade.

CRER (Croire)

Como vimos no verbete Certeza, devemos muitas vezes ficar incertos quando estamos certos, e podemos carecer de bom-senso, quando julgamos de acordo com aquilo que se chama *senso comum*. Mas que chamais de *crer*?

Um turco me diz: "Creio que o anjo Gabriel descia frequentemente do empíreo para trazer a Maomé folhas do Alcorão, escritas em letras de ouro sobre velino azul."

Pois bem, Mustafá, com que fundamento tua cabeça raspada crê nessa coisa incrível?

"Com fundamento nas maiores probabilidades de que não me enganaram na narrativa desses prodígios improváveis; com fundamento no fato de que seu sogro Abu-Becre, seu genro Ali, sua filha Fátima, Omar e Osman certificaram a veracidade do fato em presença de cinquenta mil homens, colecionaram todas as folhas, leram-nas diante dos fiéis e garantiram que nenhuma palavra havia sido mudada.

"Com fundamento no fato de que sempre só tivemos um Alcorão que nunca foi contradito por outro Alcorão. No fato de que Deus nunca permitiu que se fizesse a mínima alteração nesse livro.

"Com fundamento no fato de que os preceitos e os dogmas são a perfeição da razão. O dogma consiste na unidade de um Deus para o qual se deve viver e morrer; na imortalidade da alma; nas recompensas eternas dos justos e na punição dos maus, e na missão de nosso grande profeta Maomé, provada por vitórias.

---

135. *Dictionnaire de Ménage*, palavra Alauda. (N. de Voltaire)

"Os preceitos são de ser justo e valente, de dar esmola aos pobres, de nos abstermos da enorme quantidade de mulheres com que os príncipes orientais e, sobretudo, os régulos judeus se casavam sem escrúpulos; de renunciar ao bom vinho de Engaddi e de Tadmor, que aqueles hebreus beberrões tanto gabaram em seus livros; de orar a Deus cinco vezes por dia etc.

"Essa sublime religião foi confirmada pelo mais belo, mais constante e mais comprovado milagre da história do mundo: é que Maomé, perseguido pelos grosseiros e absurdos magistrados escolásticos que decretaram sua prisão, Maomé, obrigado a sair de sua pátria, para ela voltou vitorioso; de seus juízes imbecis e sanguinários ele fez um degrau para seus pés; combateu toda a vida os combates do Senhor; com poucos, sempre venceu os muitos; ele e seus sucessores converteram metade da terra, e, se Deus quiser, um dia converteremos a outra metade."

Nada é mais deslumbrante. No entanto, Mustafá, ao crer com tanta firmeza, sempre sente alguma pequena sombra de dúvida elevar-se em sua alma, quando alguém fala de certos problemas quanto às visitas do anjo Gabriel; sobre a sura ou o capítulo trazido do céu para declarar que o grande profeta não é traído pela mulher; sobre a égua Al-Borak, que o transporta certa noite de Meca a Jerusalém. Mustafá gagueja, dá muitas respostas insuficientes, enrubesce; no entanto, não só diz que crê, mas também que quer levar-vos a crer. Apertais Mustafá; ele fica boquiaberto, com um olhar perdido e vai lavar-se em honra de Alá, começando a ablução pelo cotovelo e terminando-a no dedo indicador.

Mustafá está de fato persuadido, convencido de tudo o que nos disse? Terá absoluta certeza de que Maomé foi enviado por Deus, assim como tem certeza de que a cidade de Istambul existe, assim como tem certeza de que a imperatriz Catarina II mandou uma frota do fundo do mar hiperbóreo aportar no Peloponeso, coisa tão espantosa quanto a viagem de Meca a Jerusalém numa noite, e que essa frota destruiu a dos otomanos perto de Dardanelos?

O fundo do discurso de Mustafá é que ele crê no que não crê. Acostumou-se a pronunciar, como faz o seu mulá, certas palavras que toma por ideias. Crer muitas vezes é duvidar.

Com que fundamento crês nisso? diz Harpagão. – Creio com fundamento no que creio, responde mestre Tiago. A maioria dos homens poderia responder o mesmo.

Crede em mim plenamente, meu caro leitor, não se deve crer ligeiramente.

Mas que diremos daqueles que querem persuadir os outros daquilo em que não creem? E que diremos dos monstros que perseguem seus confrades na humilde e razoável doutrina da dúvida e da desconfiança de si mesmo?

CRIMES (Crimes)

Ou delitos de tempo e de lugar

Por infelicidade, um romano no Egito mata um gato consagrado, e o povo enfurecido pune o sacrilégio esquartejando o romano. Se ele tivesse sido levado ao tribunal, e se os juízes usassem o senso comum, tê-lo-iam condenado a pedir perdão aos egípcios e aos gatos e a pagar uma multa pesada, em dinheiro ou camundongos. Teriam dito que precisamos respeitar as tolices do povo quando não temos força suficiente para corrigi-las.

O venerável chefe da justiça ter-lhe-ia falado mais ou menos assim: "Cada país tem suas impertinências legais e seus delitos de tempo e lugar. Se em Roma, que se tornou soberana da Europa, da África e da Ásia Menor, quisésseis matar um galo sagrado no momento em que lhe estão dando grãos para saber ao certo a vontade dos deuses, seríeis severamente punido. Nós acreditamos que matastes nosso gato por distração. A corte vos faz uma advertência. Ide em paz; sede mais atento."

Coisa a que ninguém dá muita importância é uma estátua no vestíbulo; mas, quando Otávio, cognominado *Augusto*, era senhor absoluto, se algum romano tivesse posto em casa uma estátua de Brutus, teria sido punido como sedicioso. Se no tempo de um imperador reinante algum cidadão tivesse a estátua do seu competidor pelo império, dizia-se que aquele era um crime de lesa-majestade, de alta traição.

Um inglês que não sabe o que fazer vai a Roma; encontra o príncipe Carlos Eduardo em casa de um cardeal; fica muito contente. Ao voltar para a Inglaterra, bebe numa taberna à saúde do príncipe Carlos Eduardo. Pronto: é acusado de *alta* traição. Mas quem foi *altamente* traído, quando, bebendo, ele disse que desejava saúde àquele príncipe? Se ele tiver conjurado para levá-lo ao trono, então será culpado perante a nação; mas até aí não percebemos por que o parlamento, em estrita justiça, pode exigir dele algo mais do que tomar quatro tragos à saúde da casa de Hanover, se tiver bebido dois à saúde da casa de Stuart.

Dos crimes de tempo e lugar que devemos ignorar

Todos sabem bem que é preciso respeitar Nossa Senhora do Loreto, quando se está em Marca de Ancona. Três jovens ali chegam; fazem piadas de mau gosto sobre a casa de Nossa Senhora, que viajou pelo ar, que foi para a Dalmácia, mudou duas ou três vezes de lugar e, por fim, só se acomodou em Loreto. Nossos três desmiolados cantam ao jantar uma canção composta outrora por algum huguenote contra a translação da *santa casa* de Jerusalém para os confins do golfo Adriático. Um fanático fica sabendo por acaso do que ocorreu enquanto jantavam; faz perquirições; procura testemunhas; convence um *monsignore* a soltar uma monitória. Essa monitória alarma as consciências. Todos temem não falar. Rodeiras, maceiros, taberneiros, lacaios, criadas, todos ouviram bem tudo o que não foi dito, viram tudo o que não foi feito: é um clamor, um escândalo assustador em toda a Marca de Ancona. Já se diz a meia légua de Loreto que aqueles jovens mataram Nossa Senhora; uma légua adiante todos garantem que eles atiraram a *santa casa* no mar. Por fim, são condenados. A sentença impõe que primeiro lhes cortarão a mão, depois lhes arrancarão a língua e depois disso os levarão à tortura para saber deles (ao menos por sinais) quantas coplas havia na canção; finalmente, serão queimados vivos em fogo lento.

Um advogado de Milão, que naquele tempo estava em Loreto, pergunta ao juiz principal a que ele teria condenado aqueles jovens se eles tivessem violentado a própria mãe e depois a tivessem matado e comido.

"Oh! oh! respondeu o juiz, há muita diferença: violentar, assassinar e comer o pai e a mãe é apenas um delito contra os homens.

– Por acaso tendes alguma lei expressa, pergunta o milanês, que vos obrigue a sentenciar a tão horrível suplício jovens que mal saíram da infância, por terem zombado indiscretamente da *santa casa*, da qual todos riem com desprezo no mundo inteiro, menos em Marca de Ancona?

– Não, diz o juiz; a sabedoria de nossa jurisprudência deixa tudo a nosso arbítrio.

– Muito bem; deveis então ter o arbítrio de pensar que um desses jovens é neto de um general que derramou seu sangue pela pátria e sobrinho de uma abadessa digna de estima e respeito: essa criança e seus amigos são desmiolados que merecem uma correção paterna. Estais privando o Estado de cidadãos que um dia poderiam servi-lo; sujai-vos com sangue inocente e sois mais cruéis que os canibais. Vós vos tornais execráveis para toda a posteridade. Que motivo teve tanto poder para extinguir em vós a razão, a justiça e a humanidade, e para vos transformar em animais ferozes?"

O infeliz juiz respondeu enfim:

"Tivemos desentendimentos com o clero de Ancona; ele nos acusou de sermos zelosos demais com as liberdades da Igreja lombarda e, portanto, de não termos religião.

– Entendo, diz o milanês, fostes assassinos para parecerdes cristãos."

Ao ouvir essas palavras, o juiz caiu como que fulminado: seus confrades depois perderam os empregos; protestaram, dizendo que lhes faziam injustiça; esqueciam-se da que haviam feito e não percebiam que a mão de Deus estava sobre eles.

Para que sete pessoas se entreguem legalmente à diversão de matar uma oitava a golpes de barra de ferro em público, num teatro; para que gozem do prazer secreto e mal discernido em seu coração de ver como aquele homem padecerá seu suplício, e depois falar sobre isso à mesa, com suas mulheres e seus vizinhos; para que executores que cumprem alegremente esse oficio contem de antemão o dinheiro que vão ganhar; para que o público acorra a esse espetáculo como se fosse à feira etc., é preciso que o crime mereça evidentemente esse suplício do consentimento de todas as nações civilizadas, e que ele seja necessário ao bem da sociedade: pois aqui se trata da humanidade inteira. É preciso, sobretudo, que o ato do delito seja demonstrado não como uma proposição de geometria, mas da melhor maneira que um fato possa ser demonstrado.

Se, contra cem mil probabilidades de culpa do acusado, houver uma única de que ele é inocente, só essa probabilidade deve contrapesar todas as outras.

Se duas testemunhas bastam para levar um homem à forca

Imaginou-se por muito tempo – e ficou o provérbio – que bastam duas testemunhas para levar um homem à forca em sã consciência. Mais um equívoco! Os equívocos então governam o mundo? Lê-se em são Mateus (conforme já notamos): "Bastam duas ou três testemunhas para reconciliar dois amigos"; e, segundo esse texto, foi instituída a jurisprudência criminal, a ponto de se estatuir que é lei divina matar um cidadão com base no depoimento condizente de duas testemunhas que podem ser dois bandidos. Uma multidão de testemunhas condizentes não pode constatar uma coisa improvável negada pelo réu; já o dissemos. Que se deve fazer então nesse caso? Esperar, adiar cem anos o julgamento, como faziam os atenienses.

Relataremos aqui um exemplo impressionante que acaba de ocorrer diante de nossos olhos em Lyon. Uma mulher vê que a filha não volta para casa, por volta das onze horas da noite: percorre as redondezas; desconfia que a vizinha escondeu sua filha; pede-a de volta; acusa a vizinha de tê-la prostituído. Algumas semanas depois, o corpo de uma menina afogada, em estado de putrefação, é encontrado por pescadores no Ródano, em Condrieux. A mulher de que falamos acredita que é sua filha. É convencida pelos inimigos de sua vizinha de que sua filha foi desonrada em casa dela, de que depois a estrangularam e a jogaram no Ródano. Ela também diz isso, grita essas palavras por todo lugar; o populacho as repete. Logo aparece gente que sabe perfeitamente dos mínimos pormenores do crime. Toda a cidade está alvoroçada; todas as bocas bradam vingança. Até aí, nada há de incomum num populacho sem discernimento; mas ocorre algo raro, prodigioso. O próprio filho dessa vizinha, uma criança de cinco anos e meio, acusa a mãe de ter mandado violentar aquela menina infeliz encontrada no Ródano diante de seus olhos, de ter feito cinco homens a segurar enquanto o sexto abusava dela. Ele ouviu as palavras que a menina violentada proferia; descreveu suas atitudes; viu a mãe e aqueles bandidos estrangular aquela desventurada imediatamente depois da consumação do ato. Viu a mãe e os assassinos jogá-la num poço, tirá-la de lá, envolvê-la num lençol; viu aqueles monstros levá-la em triunfo pelas praças, dançar ao redor do cadáver e jogá-lo no Ródano. Os juízes são obrigados a agrilhoar todos os pretensos cúmplices; várias testemunhas depõem contra eles. A criança é ouvida primeiramente; sustenta com a ingenuidade da idade tudo o que disse deles e da mãe. Como imaginar que aquela criança não tenha dito a pura verdade? O crime não é verossímil; mas é menos verossímil que com cinco anos e meio alguém calunie assim a própria mãe, que uma criança repita sempre do mesmo modo todas as circunstâncias de um crime abominável e inaudito, se não tiver sido testemunha ocular, se não tiver ficado muito impressionada com o que viu, se a força da verdade não as arrancar de sua boca.

O povo não vê a hora de deliciar-se com o espetáculo do suplício dos acusados.

Qual é o fim desse estranho processo criminal? Não havia uma só palavra de verdade na acusação. Não havia menina violentada, homens reunidos em casa da mulher acusada, não havia assassinato, nada ocorrera, não houvera o menor ruído. A criança havia sido subornada. E por quem? Coisa estranha, mas verdadeira: por outras duas crianças, filhos dos acusadores. O menino estivera a ponto de levar a mãe à fogueira para ganhar uns doces.

Todas as acusações reunidas eram impossíveis. O tribunal de Lyon, sábio e esclarecido, depois de ceder ao furor público a ponto de procurar as mais abundantes provas favoráveis e desfavoráveis aos acusados, absolveu-os plenamente e por unanimidade.

Outrora, talvez tivessem mandado para a roda e para a fogueira todos aqueles réus inocentes, valendo-se de uma monitória, para terem o prazer de fazer aquilo que se chama *justiça*, que é a tragédia da ralé.

CRIMINAL (Criminel)

Processo criminal

Ações muito inocentes são frequentemente punidas com a morte: foi assim que, na Inglaterra, Ricardo III e Eduardo IV fizeram que os juízes condenassem aqueles que lhes eram suspeitos de infidelidade. Isso não é processo criminal, é assassinato cometido por assassinos privilegiados. O grau supremo da perversidade é fazer as leis servir à injustiça.

Dizem que os atenienses puniam com a morte todo estrangeiro que entrasse na igreja, ou seja, na assembleia do povo. Mas, se esse fosse apenas um curioso, nada havia de mais bárbaro do que matá-lo. No *Espírito das leis*[136] diz-se que usavam desse rigor "porque aquele homem usurpava os direitos da soberania". Mas um francês que, em Londres, entre na câmara dos comuns para ouvir o que estão dizendo não pretende passar-se por soberano. É recebido com bondade. Se algum membro mal-humorado pedir o *Clear the house*, "limpem a câmara", meu viajante a limpará indo embora; não é enforcado. É de se acreditar que, se os atenienses baixaram essa lei transitória, foi num tempo em que se temia que o estrangeiro fosse um espião, e não que se arrogasse os direitos de soberano. Cada ateniense opinava em sua tribo; todos os da tribo se conheciam; um estrangeiro não poderia ir lá dar palpites.

Aqui só falaremos de verdadeiros processos criminais. Entre os romanos todo processo criminal era público. O cidadão acusado dos mais enormes crimes tinha um advogado que o defendia em sua presença, que até fazia perguntas à parte contrária, que discutia tudo diante dos juízes. Eram ouvidas com as portas abertas todas as testemunhas favoráveis ou contrárias, nada era feito em segredo. Cícero defendeu Mílon, que assassinara Clódio em plena luz do dia, diante de mil cidadãos. O mesmo Cícero incumbiu-se da causa de Róscio Amerino, acusado de parricídio. Não ocorria que um só juiz interrogasse em segredo as testemunhas, que de ordinário são gente da ralé, que qualquer um pode obrigar a dizer o que quiser.

Um cidadão romano não era levado à tortura em obediência à ordem arbitrária de outro cidadão romano que tivesse sido investido desse direito cruel por um contrato. Não se cometia esse horrível ultraje à natureza humana na pessoa daqueles que eram considerados os primeiros dos homens, mas apenas na pessoa dos escravos, vistos apenas como homens. Melhor teria sido não empregar a tortura nem sequer contra os escravos[137].

---

136. Liv. II, cap. II. (N. de Voltaire)
137. Ver verbete Tortura. (N. de Voltaire)

A instrução de um processo criminal em Roma era reflexo da magnanimidade e da franqueza da nação.

É mais ou menos o que ocorre em Londres. Lá, não se recusa o socorro de um advogado a ninguém, em nenhum caso; todos são julgados por seus pares. Entre os trinta e seis burgueses jurados, todo cidadão pode recusar doze sem alegar razões, doze alegando; por conseguinte, ele mesmo escolhe os outros doze para serem seus juízes. Esses juízes não podem ir além nem ficar aquém da lei; nenhuma pena é arbitrária, nenhuma sentença pode ser executada sem que se prestem contas ao rei, que pode e deve fazer graça aos que forem dignos dela, e a quem a lei não pode fazer: isso ocorre com bastante frequência. Um homem violentamente ultrajado, que tenha matado o ofensor num ímpeto de cólera perdoável, será condenado pelo rigor da lei e salvo pela misericórdia, que deve ser o papel do soberano.

Note-se muito bem que, nesse país onde as leis são tão favoráveis ao acusado quanto são terríveis para o culpado, a prisão feita com base em denúncia falsa é punida com a exigência de grande reparação e de altíssimas multas impostas ao acusador; além disso, se uma prisão ilegal tiver sido ordenada por um ministro de Estado que atue à sombra da autoridade régia, esse ministro será condenado a pagar dois guinéus por hora do tempo em que o cidadão tenha ficado na prisão.

Procedimentos criminais em algumas nações

Há países onde a jurisprudência criminal foi fundada sobre o direito canônico e até mesmo sobre os procedimentos da Inquisição, embora em tais lugares esse nome seja detestado há muito tempo. Nesses países, o povo continuou numa espécie de escravidão. Um cidadão perseguido pelo representante do rei é primeiramente enterrado numa masmorra, o que já é um verdadeiro suplício para alguém que pode ser inocente. Um único juiz, com seu escrivão, ouve secretamente cada testemunha, uma após a outra.

Comparemos aqui alguns pontos do procedimento criminal dos romanos e o de um país do ocidente que foi outrora província romana.

Entre os romanos, as testemunhas eram ouvidas em público, na presença do réu, que podia responder-lhes, interrogá-las ou deixá-las por conta de um advogado. Esse procedimento era nobre e franco; nele transpirava a magnanimidade romana.

Na França e em vários lugares da Alemanha, tudo é feito secretamente. Essa prática, estabelecida no tempo de Francisco I, foi autorizada pelos comissários que redigiram a ordenança de Luís XIV em 1670: sua causa foi um único mal-entendido.

Lendo o código *de Testibus*, imaginara-se que as palavras *Testes intrare judicii secretum*, significavam que as testemunhas eram interrogadas em segredo. Mas *secretum* significa aqui o gabinete do juiz. *Intrare secretum*, para dizer "falar secretamente", não seria latim. Foi um solecismo que compôs essa parte de nossa jurisprudência.

Os depoentes são ordinariamente gente da ralé, e o juiz, trancado com eles, pode levá-los a dizer tudo o que quiser. Essas testemunhas são ouvidas uma segunda vez, sempre em segredo, no que se chama *récolement*[138]; e, se após o *récolement*, elas se retratam do depoimento que fizeram, ou se os modificarem em circunstâncias essenciais, serão punidas como falsas testemunhas. De modo que, quando um homem simples, que não sabe exprimir-se, mas tem bom coração, percebe que falou demais ou de menos, que entendeu mal o juiz, ou que o juiz o entendeu mal, revoga por espírito de justiça o que disse por imprudência, esse homem é punido como um celerado: assim, ele é frequentemente forçado a sustentar um falso testemunho, só porque teme ser tratado como falsa testemunha.

---

138. Uma espécie de confrontação, em que o primeiro depoimento da testemunha é lido, para verificar se ela confirma seus termos. (N. da T.)

O acusado, se foge, expõe-se a ser condenado, quer o crime tenha sido provado, quer não. Alguns jurisconsultos, é verdade, afirmaram que o contumaz não deve ser condenado, se o crime não tiver sido claramente provado, mas outros jurisconsultos, menos esclarecidos e talvez mais seguidos, foram de opinião contrária; ousaram dizer que a fuga do acusado é prova do crime; que o desprezo demonstrado para com justiça por quem se recusa a comparecer merece o mesmo castigo dado a um culpado. Assim, segundo a seita de jurisconsultos que o juiz acatar, o inocente será absolvido ou condenado.

É um grande abuso que ocorre em jurisprudência acatar como leis as fantasias e os erros, às vezes cruéis, de homens desonrados que impuseram seus sentimentos como leis.

No reinado de Luís XIV, foram baixadas na França duas ordenanças que são uniformes em todo o reino. Na primeira, que tem por objeto o procedimento civil, os juízes são proibidos de condenar em matéria civil à revelia, quando a demanda não é provada; mas na segunda, que regula o procedimento criminal, não se diz que, por falta de provas, o réu será absolvido. Coisa estranha! A lei diz que um homem a quem se pede dinheiro não será condenado à revelia a não ser que a dívida seja comprovada; mas, quando se trata da vida, há uma controvérsia nos tribunais para se saber se o contumaz deve ser condenado ainda que o crime não esteja provado; e a lei não resolve a dificuldade.

Exemplo extraído da condenação de uma família inteira

Eis aqui o que ocorreu a essa infeliz família. No tempo em que confrarias insensatas de pretensos penitentes, com o corpo envolto em túnica branca e o rosto mascarado, haviam erigido numa das principais igrejas de Toulouse um cadafalso soberbo para um jovem protestante homicida de si mesmo, mas que eles afirmavam ter sido assassinado pelo pai e pela mãe por ter abjurado a religião protestante, enquanto toda a família desse protestante reverenciado como mártir estava agrilhoada, e todo um povo embriagado por uma superstição insensata e bárbara esperava com devota impaciência o prazer de ver a morte na roda ou nas chamas de cinco ou seis pessoas de inegável probidade; naquele tempo funesto, digo eu, havia perto de Castres um homem de bem, dessa mesma religião protestante, chamado Sirven, que exercia naquela província a profissão de feudista. Era um pai de família com três filhas. Uma mulher que cuidava da casa do bispo de Castres propõe trazer-lhe a segunda filha de Sirven, chamada Elisabeth, para torná-la católica, apostólica e romana; e de fato a traz; o bispo a encerra em casa de mulheres jesuítas, que são chamadas *damas regentes* ou *damas negras*. Essas damas lhe ensinam o que sabem: acharam que ela tinha a cabeça um pouco dura e lhe impuseram penitências rigorosas para inculcar-lhe verdades que podiam ser-lhe ensinadas com brandura; ela ficou louca; as damas negras a expulsam; ela volta para a casa dos pais; a mãe, ao lhe trocar a camisa, vê que todo o seu corpo está coberto de contusões: a loucura aumenta, transforma-se em furor melancólico; um dia ela foge de casa, enquanto o pai estava a algumas milhas de lá, ocupado em suas funções públicas no castelo de um senhor vizinho. Por fim, vinte dias depois da evasão, em 4 de janeiro de 1761 Elisabeth é encontrada por algumas crianças afogada num poço.

Era precisamente a época em que se faziam os preparativos para o suplício de Calas na roda, em Toulouse. A palavra *filicídio* e – o que é pior – a palavra *huguenote* voavam de boca em boca em toda a província. Ninguém duvidou de que Sirven, a mulher e as duas filhas tivessem afogado a terceira por princípio de religião. Era opinião universal que a religião protestante ordena positivamente aos pais e às mães matar seus filhos que queiram ser católicos. Essa opinião se arraigara tão profundamente na mente dos magistrados, desgraçadamente empolgados então pelo clamor público, que o conselho e a Igreja de Genebra foram obrigados a desmentir esse erro fatal e a enviar ao parlamento de Toulouse um atestado jurídico, em que se dizia que os protestantes não só não matam os filhos, como também os deixam na posse de todos os seus bens, quando deixam sua seita por outra.

Sabe-se que Calas pereceu na roda, apesar desse atestado.

Certo Landes, juiz de aldeia, assistido por alguns diplomados tão doutos quanto ele, apressou-se a dispor tudo para seguir à risca o exemplo que se acabava de dar em Toulouse. Um médico de aldeia, tão esclarecido quanto os juízes, não deixou de garantir, ao examinar o corpo, depois de vinte dias, que a menina havia sido estrangulada e depois jogada no poço. Com base nessa declaração, o juiz decreta a prisão do pai, da mãe e das duas filhas.

A família, apavorada com razão pela tragédia dos Calas e pelos conselhos de amigos, foge imediatamente; saem andando em meio a nevascas, durante um inverno rigoroso e, de montanha em montanha, chegam às montanhas da Suíça. Uma das duas filhas, que era casada e estava grávida, dá à luz antes do termo, nas geleiras.

A primeira notícia que essa família tem quando está em lugar seguro é que o pai e a mãe estão condenados à forca; as duas filhas estão condenadas a ficar junto ao patíbulo durante a execução da mãe e a ser levadas pelo carrasco para fora do território, sob pena de serem enforcadas se voltarem. É assim que se ensina a contumácia.

Esse julgamento era absurdo e abominável. Se o pai, de conluio com a mulher, tivesse estrangulado a filha, seria preciso mandá-lo para a roda, como Calas, e queimar a mãe, pelo menos depois de ter sido estrangulada, porque ainda não se usa condenar mulheres à roda na região desse juiz. Limitar-se à forca em semelhante ocasião era confessar que o crime não estava comprovado, e que, na dúvida, a corda era uma decisão intermediária que se tomava, na falta de provas suficientes a instruírem o processo. Essa sentença feria na mesma medida a lei e a razão.

A mãe morreu de desespero, e toda a família, cujos bens foram confiscados, teria morrido de miséria se não tivesse encontrado socorro.

Paramos aqui para perguntar se há alguma lei e alguma razão que possa justificar tal sentença! Pode-se dizer ao juiz: "Que loucura vos levou a condenar à morte um pai e uma mãe? – É porque fugiram, responde o juiz. – Ah, miserável! Querias que ficassem para saciar teu furor imbecil? Que importa se eles compareçam diante de ti carregados de grilhões para te responderem ou se erguem as mãos aos céus contra ti, longe de teus olhos? Não consegues enxergar, sem eles, a verdade que deve entrar-te pelos olhos? Não podes enxergar que o pai estava a uma légua da filha, no meio de vinte pessoas, quando essa filha infeliz escapou aos braços da mãe? Acaso podes ignorar que toda a família a procurou durante vinte dias e vinte noites? Só respondes a isso com estas palavras: *contumácia, contumácia*. O quê?! Só porque um homem está ausente deve ser condenado à forca, quando sua inocência é evidente! É a jurisprudência de um néscio e de um monstro. E a vida, os bens e a honra dos cidadãos dependerão desse código de iroqueses!"

A família Sirven viveu sua desgraça longe da pátria por mais de oito anos. Finalmente, quando a superstição sanguinária que desonrava Languedoc se abrandou um pouco e as mentes se tornaram mais esclarecidas, aqueles que haviam consolado os Sirven durante seu exílio aconselharam-nos a vir pedir justiça ao próprio parlamento de Toulouse, num momento em que o sangue dos Calas já se esfriara e muitos se arrependiam de tê-lo derramado. Foi feita justiça aos Sirven.

Erudimini, qui judicatis terram.
[Informai-vos, vós que julgais a terra.]
(Salmo II, v. 10)

CRIMINALISTA (Criminaliste)

Nos antros da chicana, chama-se de *grande criminalista* o bárbaro togado que sabe fazer os réus cair na cilada, que mente impudentemente para descobrir a verdade, que intimida testemunhas e as força, sem que elas percebam, a depor contra o réu: se há uma lei antiga e esquecida, baixada em tempos de guerras civis, ele a ressuscita, ele a reivindica em tempos de paz. Descarta e enfraquece tudo o que pode servir para justificar um infeliz; amplifica e agrava tudo o que pode servir para condená-lo; seu arrazoado não é de um juiz, mas de um inimigo. Ele merece ser enforcado em lugar do cidadão que manda para a forca.

CRISTIANISMO (Christianisme)

Primeira seção
Estabelecimento do cristianismo, em seu estado civil e político

Deus nos livre de ousar misturar aqui o divino ao profano! Não sondamos os caminhos da Providência. Como homens, só falamos a homens.

Quando Antônio e, depois, Augusto entregaram a Judeia ao árabe Herodes, que era sua criatura e tributário, esse príncipe, estrangeiro entre os judeus, tornou-se o mais poderoso de todos os seus reis. Teve portos no Mediterrâneo, em Ptolemaida, em Ascalão. Construiu cidades; erigiu um templo ao deus Apolo em Rodes, um templo a Augusto na Cesareia. Construiu de cabo a rabo o de Jerusalém e ergueu-lhe uma fortificadíssima cidadela. A Palestina, em seu reinado, gozou de profunda paz. Por fim, ele foi visto como um messias, por mais bárbaro que fosse em sua família e por mais tirano que fosse de seu povo, cujo patrimônio devorava para custear seus grandes empreendimentos. Só adorava César e foi quase adorado pelos herodianos.

A seita dos judeus espalhara-se havia muito tempo pela Europa e pela Ásia, mas seus dogmas eram inteiramente ignorados. Ninguém conhecia os livros judeus, embora, segundo se diz, vários deles já tivessem sido traduzidos para o grego em Alexandria. Sabia-se dos judeus aquilo que os turcos e os persas sabem hoje dos armênios, que são agentes de comércio, agentes de câmbio. De resto, um turco nunca procura saber se um armênio é eutiquiano, jacobita, cristão joanita ou ariano.

O teísmo da China e os respeitáveis livros de Confúcio, que viveu cerca de seiscentos anos antes de Herodes, eram ainda mais ignorados nas nações ocidentais que os ritos judeus.

Os árabes, que forneciam as mercadorias preciosas da Índia aos romanos, não tinham mais conhecimento da teologia dos brâmanes do que nossos marinheiros que vão para Pondichéry ou Madras. Às mulheres indianas cabia queimar-se sobre o corpo de seus maridos desde tempos imemoriais, e esses sacrifícios espantosos, que ainda estão em uso, eram tão ignorados pelos judeus quanto os costumes da América. Seus livros, que falam de Gog e Magog, nunca falam da Índia.

A antiga religião de Zoroastro era famosa, mas nem por isso muito conhecida no império romano. Sabia-se apenas, de modo geral, que os magos admitiam uma ressurreição, um paraíso, um inferno; e essa doutrina só poderia ter-se infiltrado entre os judeus vizinhos da Caldeia, pois a Palestina era partilhada na época de Herodes entre os fariseus, que começavam a crer no dogma da ressurreição, e os saduceus, que viam essa doutrina com desprezo.

Alexandria, a cidade mais comerciante do mundo inteiro, era povoada por egípcios, que adoravam Serápis e consagravam gatos; por gregos, que filosofavam; por romanos, que dominavam; por judeus, que enriqueciam. Todos esses povos encarniçavam-se para ganhar dinheiro, mergulhar nos prazeres ou no fanatismo, fazer ou desfazer seitas de religião, sobretudo na ociosidade que gozaram depois que Augusto fechou o templo de Jano.

Os judeus estavam divididos em três facções principais: a dos samaritanos dizia ser a mais antiga, porque Samária (então Sebasta) havia subsistido à destruição de Jerusalém e de seu templo pelos reis da Babilônia; mas aqueles samaritanos eram uma mistura de persas e palestinos.

A segunda facção, mais poderosa, era a dos hierosolimitas. Estes, judeus propriamente ditos, detestavam os samaritanos e eram por eles detestados. Seus interesses eram totalmente opostos. Queriam que só se oferecessem sacrifícios no templo de Jerusalém. Uma obrigação dessa atrairia muito dinheiro para a cidade. Era exatamente por essa razão que os samaritanos só queriam oferecer sacrifícios em sua própria casa. Um pequeno povo, numa pequena cidade, pode ter apenas um templo; mas, se esse povo se espalhou por uma área de setenta léguas de comprimento e vinte e três de largura, como ocorreu com o povo judeu, se o seu território é quase tão grande e populoso quanto o Languedoc ou a Normandia, é absurdo só ter uma igreja. Que seria dos habitantes de Montpellier se só pudessem assistir à missa em Toulouse?

A terceira facção era de judeus helenistas, composta principalmente de comerciantes, que exerciam ofícios no Egito e na Grécia. Estes tinham o mesmo interesse que os samaritanos. Onias, filho de um grão-sacerdote judeu, que também queria ser grão-sacerdote, obteve do rei do Egito, Ptolomeu Filométor, e sobretudo de sua mulher Cleópatra, permissão para construir um templo judeu perto de Bubástis. Garantiu à rainha Cleópatra que Isaías predissera que um dia o Senhor teria um templo naquele lugar. Cleópatra, a quem ele deu um belo presente, mandou dizer-lhe que, se Isaías tinha dito, só lhe cabia acreditar. Esse templo recebeu o nome de *Onion*; e Onias, se não foi grão-sacrificador, foi capitão de uma tropa militar. Esse templo foi construído cento e sessenta anos antes de nossa era. Os judeus de Jerusalém sempre detestaram esse Onion, tanto quanto a chamada tradução *Septuaginta*. Chegaram a instituir uma festa de expiação por esses dois pretensos sacrilégios.

Os rabinos de Onion, convivendo com os gregos, tornaram-se mais doutos (à sua moda) que os rabinos de Jerusalém e de Samária; e essas três facções começaram a debater sobre questões controversas, que tornam, necessariamente, o espírito sutil, falso e insociável.

Os judeus egípcios, para se igualarem em austeridade aos essênios e aos judaístas da Palestina, estabeleceram, algum tempo antes do cristianismo, a seita dos terapeutas, que, como eles, consagravam-se a uma espécie de vida monástica e a mortificações.

Essas diferentes sociedades eram imitações dos antigos mistérios egípcios, persas, trácios, gregos, que haviam inundado a terra do Eufrates e do Nilo até o Tibre.

Nos primórdios, os iniciados admitidos nessas confrarias eram pouco numerosos e vistos como homens privilegiados, distintos da multidão; mas, no tempo de Augusto, seu número aumentou consideravelmente; de modo que só se falava de religião dos confins da Síria ao monte Atlas e ao oceano germânico.

Entre tantas seitas e cultos, estabelecera-se a escola de Platão, não só na Grécia, como também em Roma e sobretudo no Egito. Segundo se dizia, Platão extraíra sua doutrina dos egípcios; e estes acreditavam defender seu próprio bem quando preconizavam as ideias-arquétipo platônicas, seu verbo e a espécie de trindade que distinguimos em algumas obras de Platão.

Parece que esse espírito filosófico, disseminado então por todo o ocidente conhecido, deixou escapar pelo menos algumas centelhas de espírito racional em direção à Palestina.

Não há dúvida de que, no tempo de Herodes, discutiam-se os atributos da Divindade, a imortalidade do espírito humano, a ressurreição dos corpos. Os judeus contam que a rainha Cleópatra perguntou-lhes se ressuscitaríamos nus ou vestidos.

Os judeus raciocinavam, portanto, à sua maneira. O exagerado Josefo era muito douto para um militar. Devia haver outros doutos na vida civil, já que um homem de guerra o era. Fílon, seu contemporâneo, teria gozado de grande reputação entre os gregos. Gamaliel, mestre de são Paulo, era um grande polemista. Os autores da *Mishnah* foram polímatas.

O populacho judeu entretinha-se com religião, assim como hoje na Suíça, em Genebra, na Alemanha, na Inglaterra e, sobretudo, em Cévennes vemos os habitantes mais humildes animar as controvérsias. Além disso, há gente da ralé que fundou seitas: Fox na Inglaterra, Muncer na

Alemanha, os primeiros protestantes da França. Por fim, fazendo-se abstração da grande coragem de Maomé, ele não passava de um mercador de camelos.

A todas essas preliminares cabe acrescentar que, no tempo de Herodes, imaginava-se que o mundo estava bem perto de acabar, conforme já observamos[139].

Foi nesse tempo preparado pela divina Providência que o Pai eterno enviou seu Filho para a terra: mistério adorável e incompreensível, no qual não tocaremos.

Dizemos apenas que, nessas circunstâncias, se, por um lado, Jesus pregou uma moral pura, se anunciou um próximo reino dos céus como recompensa dos justos, se teve discípulos fiéis à sua pessoa e às suas virtudes, se essas mesmas virtudes lhe valeram perseguições por parte dos sacerdotes, se a calúnia levou-o a morrer de maneira ignominiosa, por outro lado, sua doutrina, constantemente anunciada por seus discípulos, produziu grande efeito em todo o mundo. Mais uma vez, falo apenas do ponto de vista humano: deixo de lado a grande quantidade de milagres e profecias. Afirmo que o cristianismo teve mais sucesso com sua morte do que teria se ele não tivesse sido perseguido. Todos se surpreendem porque seus discípulos fizeram novos discípulos; eu ficaria bem mais surpreendido se eles não tivessem atraído tanta gente para a sua causa. Setenta pessoas convencidas da inocência de seu prócer, da pureza de seus princípios e da barbárie de seus juízes devem comover muitos corações sensíveis.

Apenas são Paulo, que se tornou inimigo de Gamaliel, seu mestre (fosse qual fosse a razão), devia, humanamente falando, atrair mil fiéis a Jesus, ainda que Jesus não tivesse passado de um homem de bem oprimido. São Paulo era douto, eloquente, veemente, incansável, instruído na língua grega, ajudado por pessoas zelosas, bem mais interessadas que ele em defender a reputação de seu mestre. São Lucas era um grego de Alexandria[140], homem letrado, pois era médico.

O primeiro capítulo de são João é de uma sublimidade platônica que deve ter agradado aos platônicos de Alexandria. E, de fato, naquela cidade logo se formou uma escola fundada por Lucas ou por Marcos (o evangelista ou outro), perpetuada por Atenágoras, Pantenes, Orígenes, Clemente, todos doutos, todos eloquentes. Estabelecida essa escola, era impossível que o cristianismo não fizesse progressos rápidos.

Grécia, Síria e Egito eram os teatros desses famosos antigos mistérios que encantavam os povos. Os cristãos tiveram seus mistérios tanto quanto eles. Cumpria que a iniciação se desse logo, no começo por curiosidade; depois, a curiosidade se tornou persuasão. A ideia do próximo fim do mundo, principalmente, devia induzir os novos discípulos a desprezar os bens efêmeros da terra, que iriam perecer com eles. O exemplo dos terapeutas convidava a uma vida solitária e cheia de mortificações: tudo concorria, portanto, poderosamente para o estabelecimento da religião cristã.

Os diversos rebanhos dessa grande sociedade nascente não podiam, na verdade, viver em concórdia. Cinquenta e quatro sociedades tiveram cinquenta e quatro Evangelhos diferentes, todos secretos como seus mistérios, todos desconhecidos para os gentios, que só conheceram nossos quatro Evangelhos canônicos ao cabo de duzentos e cinquenta anos. Esses diferentes rebanhos, conquanto divididos, reconheciam o mesmo pastor. Ebionitas opostos a são Paulo; nazarenos, discípulos de Himeneos, Alexandros, Hermógenes; carpocratianos, basilidianos, valentinianos, marcionitas, sabelianos, gnósticos, montanistas; cem seitas insurgidas umas contra as outras: todas, fazendo-se censuras mútuas, estavam, porém, unidas em Jesus, invocavam Jesus, viam em Jesus o objeto de seus pensamentos e o prêmio de seus trabalhos.

O império romano, no qual se formaram todas essas sociedades, no início não lhes deu atenção. Em Roma só eram conhecidas com o nome genérico de judeus, com os quais o governo não

---

139. Ver verbete Fim do mundo. (N. de Voltaire)
140. O título do Evangelho siríaco de são Lucas contém: *Evangelho de Lucas, o evangelista, que evangelizou em grego em Alexandria, a grande.* Encontram-se também estas palavras nas Constituições apostólicas: *O segundo bispo de Alexandria foi Avilius, instituído por Lucas.* (N. de Voltaire)

tomava cuidado. Os judeus tinham adquirido com seu dinheiro o direito de comerciar. No tempo de Tibério foram expulsos quatro mil de Roma. O povo os acusou de incendiários de Roma no governo de Nero, ou seja, os novos judeus semicristãos.

Também foram expulsos no tempo de Cláudio, mas, graças ao dinheiro, sempre voltavam. Foram desprezados e tranquilos. Os cristãos de Roma foram menos numerosos que os da Grécia, de Alexandria e da Síria. Os romanos não tiveram Padres da Igreja nem heresiarcas nos primeiros séculos. Quanto mais longe do berço do cristianismo, menos havia doutores e escritores. A Igreja era grega, e tão grega, que não houve um só mistério, um só rito, um só dogma que não tenha sido expresso nessa língua.

Todos os cristãos, fossem gregos, sírios, romanos, egípcios, eram vistos em todos os lugares como meios-judeus. Essa era mais uma razão para que seus livros não fossem comunicados aos gentios, para que eles permanecessem unidos e impenetráveis. Seu segredo era mais inviolavelmente guardado do que o dos mistérios de Ísis e de Ceres. Constituíam uma república à parte, um Estado no Estado. Não havia templos, altares, sacrifícios, cerimônia pública alguma. Elegiam seus superiores secretos por aclamação. Esses superiores, com o nome de anciãos, sacerdotes, bispos, diáconos, administravam o dinheiro comum, cuidavam dos doentes, pacificavam seus litígios. Era uma vergonha, um crime, levar alguma causa aos tribunais, alistar-se na milícia; durante cem anos não houve um só cristão nos exércitos do império.

Assim recolhidos no meio do mundo e desconhecidos mesmo se mostrando, escapavam à tirania dos procônsules e dos pretores e viviam livres em meio à escravidão pública.

Ignora-se o autor do famoso livro intitulado Τῶν ἀποστόλων διαταγάι, Constituições apostólicas, assim como se ignoram os autores dos cinquenta Evangelhos apócrifos, dos Atos de são Pedro, do Testamento dos Doze Patriarcas e de tantos outros escritos dos primeiros cristãos. Mas é provável que essas Constituições sejam do século II. Embora sejam falsamente atribuídas aos apóstolos, são muito preciosas. Por elas fica-se sabendo quais eram os deveres de um bispo eleito pelos cristãos; que respeito estes deviam ter por ele, que tributos deviam pagar-lhe.

O bispo só podia ter uma esposa que cuidasse bem de sua casa: Μιᾶς ἄνδρα γεγενημένον γυναικὸς μονογάμου, καλῶς τοῦ ἰδίου οἴκου προεστῶτα.

Os cristãos ricos eram exortados a adotar os filhos dos pobres. Faziam-se coletas para as viúvas e os órfãos, mas não se recebia dinheiro dos pecadores e era formalmente proibido que os taberneiros fizessem oferendas. Consta que eram vistos como embusteiros. Por isso é que pouquíssimos taberneiros eram cristãos. Isso também impedia os cristãos de frequentar tabernas e os afastava totalmente da companhia dos gentios.

As mulheres, que podiam atingir a dignidade de diaconisas, eram mais apegadas à confraternidade cristã. Eram consagradas; o bispo as ungia de óleo na fronte, assim como outrora haviam sido ungidos os reis judeus. Quantas razões para unir os cristãos com laços indissolúveis.

As perseguições, que sempre foram passageiras, só podiam servir para redobrar o zelo e inflamar o fervor, de tal modo que no tempo de Diocleciano um terço do império já era cristão.

Aí está uma pequena parte das causas humanas que contribuíram para o progresso do cristianismo. Somai-lhes as causas divinas, que estão para estas assim como o infinito está para a unidade, e só poderéis ficar surpresos de uma coisa: que essa religião tão verdadeira não se tenha espalhado de uma só vez pelos dois hemisférios, sem exceção da ilha mais selvagem.

Deus, que desceu em pessoa do céu, que morreu para resgatar todos os homens, para extirpar para sempre o pecado de sobre a face da terra, deixou, porém, a maior parte do gênero humano vítima do erro, do crime e do diabo. Essa parece uma fatal contradição para nossa débil inteligência, mas não nos cabe interrogar a Providência; só podemos anular-nos diante dela.

Segunda seção
Pesquisas históricas sobre o cristianismo

Vários estudiosos manifestaram surpresa por não encontrarem no historiador Josefo nenhum vestígio de Jesus Cristo: pois todos os verdadeiros doutos concordam hoje em dia que o pequeno trecho no qual se fala dele em sua história foi interpolado[141]. O pai de Flávio Josefo, porém, devia ter sido uma das testemunhas de todos os milagres de Jesus. Josefo era de casta sacerdotal, parente da rainha Mariamne, mulher de Herodes: dá todos os pormenores de todas as ações desse príncipe; contudo, não diz uma só palavra sobre a vida nem sobre a morte de Jesus, e esse historiador, que não encobre nenhuma crueldade de Herodes, não fala do massacre de todas as crianças, ordenado por ele, em consequência da notícia de que nascera um rei dos judeus. O calendário grego conta catorze mil crianças chacinadas nessa ocasião.

De todas as ações de todos os tiranos essa é a mais horrível. Não há outro exemplo na história do mundo inteiro.

No entanto, o melhor escritor que os judeus jamais tiveram, o único que goza da consideração de romanos e gregos, não faz menção alguma a esse acontecimento singular e espantoso. Não fala da nova estrela que apareceu no oriente depois do nascimento do Salvador; fenômeno maravilhoso, que não devia escapar ao conhecimento de um historiador tão esclarecido quanto Josefo. Ele também silencia sobre as trevas que cobriram toda a terra, em pleno meio-dia, durante três horas, quando o Salvador morreu, sobre a grande quantidade de túmulos que se abriu naquele momento e sobre a multidão de justos que ressuscitou.

Os doutos não param de manifestar surpresa pelo fato de nenhum historiador romano falar desses prodígios, ocorridos no império de Tibério, diante dos olhos de um governador romano e de uma guarnição romana, que devia ter enviado ao imperador e ao senado um relato circunstanciado do mais miraculoso acontecimento de que os homens jamais ouviram falar. Roma mesmo deveria ter mergulhado durante três horas nas espessas trevas; esse prodígio deveria estar registrado nos fastos de Roma e nos de todas as nações. Deus não quis que essas coisas divinas fossem escritas por mãos profanas.

Os mesmos doutos também encontram algumas dificuldades na história dos Evangelhos. Observam que em Mateus Jesus Cristo diz aos escribas e aos fariseus que todo o sangue inocente que foi derramado sobre a terra deverá cair sobre eles, desde o sangue de Abel, o justo, até Zacarias, filho de Baraque, que eles mataram entre o templo e o altar.

Dizem eles que, na história dos hebreus, não há Zacarias morto no templo antes da vinda do Messias, nem no tempo dele, mas que na história do assédio de Jerusalém, contada por Josefo, se encontra um Zacarias, filho de Baraque, morto no meio do templo pela facção dos zelotes. Está no capítulo XIX do livro IV. Por isso, eles desconfiam que o Evangelho segundo são Mateus foi escrito depois da tomada de Jerusalém por Tito. Mas todas as dúvidas e todas as objeções dessa espécie se desvanecem quando consideramos a diferença infinita que deve haver entre os livros divinamente inspirados e os livros dos homens. Deus quis envolver com uma névoa respeitável e obscura seu nascimento, sua vida e sua morte. Seus caminhos são em tudo diferentes dos nossos.

---

141. Os cristãos, por uma dessas fraudes qualificadas de bem-intencionadas, falsificaram grosseiramente um trecho de Josefo. Impingem àquele judeu tão obstinado em sua religião quatro linhas ridiculamente interpoladas, e, no fim desse trecho, acrescentam: *Era Cristo*. O quê! Se Josefo tivesse ouvido falar de tantos acontecimentos que contrariam a natureza, Josefo teria escrito apenas quatro linhas na história de seu país?! O quê! Aquele judeu obstinado teria dito: *Jesus era o Cristo*? Ei! Se achasses que era *Cristo*, terias sido cristão. Que absurdo fazer Josefo falar como cristão! Como é que existem ainda teólogos suficientemente imbecis ou insolentes para tentar justificar essa impostura dos primeiros cristãos, reconhecidos como forjadores de imposturas cem vezes piores! (N. de Voltaire)

Os doutos também se atormentaram muito devido à diferença entre as duas genealogias de Jesus Cristo. São Mateus diz que o pai de José era Jacó; o de Jacó, Matã; o de Matã, Eleazar. São Lucas, ao contrário, diz que José era filho de Heli; Heli, de Matatias; Matatias, de Levi; Levi, de Melqui etc. Não querem conciliar os cinquenta e seis ancestrais que Lucas dá a Jesus desde Abraão com os quarenta e dois ancestrais diferentes que Mateus lhe dá desde o mesmo Abraão. E ficam tão alvoroçados porque Mateus, ao falar de quarenta e duas gerações, só arrola quarenta e uma.

Também criam dificuldades dizendo que Jesus não é filho de José, mas de Maria. Também manifestam algumas dúvidas sobre os milagres de nosso Salvador, citando santo Agostinho, santo Hilário e outros, que atribuíram às narrativas desses milagres um sentido místico, um sentido alegórico: como à figueira maldita que secou por não ter dado figos, quando não era tempo de figos; aos demônios enviados para os corpos dos porcos, numa região onde não se criavam porcos; à água transformada em vinho no fim de uma ceia em que os convivas estavam já aquecidos. Mas todas essas críticas dos doutos são anuladas pela fé, que com isso só se torna mais pura. O objetivo deste verbete é unicamente seguir o fio histórico e dar uma ideia precisa dos fatos sobre os quais ninguém discute.

Primeiramente, Jesus nasceu sob a vigência da lei mosaica, foi circuncidado segundo essa lei, cumpriu todos os seus preceitos, celebrou todas as suas festividades e só pregou a moral; não revelou o mistério de sua encarnação; nunca disse aos judeus que nascera de uma virgem; recebeu a bênção de João nas águas do Jordão, cerimônia à qual vários judeus se submetiam, mas nunca batizou ninguém; não falou dos sete sacramentos, não instituiu hierarquia eclesiástica enquanto viveu. Escondeu a seus contemporâneos que era filho de Deus, eternamente engendrado, consubstancial com Deus, e que o Espírito Santo procedia do Pai e do Filho. Não disse que sua pessoa era composta de duas naturezas e duas vontades; quis que esses grandes mistérios fossem anunciados aos homens com o passar dos tempos por aqueles que fossem iluminados pelas luzes do Espírito Santo. Enquanto viveu, não se afastou em nada da lei de seus pais, só mostrou aos homens que era um justo amado por Deus, perseguido pelos invejosos e condenado à morte por magistrados predispostos contra ele. Quis que sua santa Igreja, por ele fundada, fizesse todo o resto.

Josefo, no capítulo XII de sua história, fala de uma seita de judeus rigoristas, recém-estabelecida por certo Juda, da Galileia. Diz ele: *Desprezam os males da terra* etc.

É preciso ver em que estado estava então a religião do império romano. Os mistérios e as expiações eram acreditados em quase toda a terra. Os imperadores, é verdade, os nobres e os filósofos não tinham fé alguma naqueles mistérios, mas o povo, que, em matéria de religião, dita a lei aos poderosos, impunha-lhes a necessidade de acatar nas aparências o seu culto. Para agrilhoá-lo, precisam dar a impressão de carregar os mesmos grilhões que ele. O próprio Cícero foi iniciado nos mistérios de Elêusis. O conhecimento de um único Deus era o principal dogma que se anunciava naquelas festividades misteriosas e magníficas. É preciso admitir que as preces e os hinos que nos restaram daqueles mistérios são o que o paganismo tem de mais piedoso e admirável.

Os cristãos, que também adoravam um único Deus, tiveram assim mais facilidade para converter vários gentios. Alguns filósofos da seita de Platão tornaram-se cristãos. Por isso, os Padres da Igreja dos três primeiros séculos foram todos platônicos.

O zelo inconsiderado de alguns não prejudicou as verdades fundamentais. São Justino, um dos primeiros Padres da Igreja, foi censurado por ter dito, em seu *Comentário sobre Isaías*, que os santos gozariam, num reino de mil anos sobre a terra, de todos os bens sensuais. Consideraram que ele cometeu um crime quando disse, em sua *Apologia do cristianismo*, que Deus, depois de fazer a terra, deixou-a aos cuidados dos anjos, que, apaixonando-se pelas mulheres, nelas procriaram filhos, que são os demônios.

Lactâncio e outros Padres da Igreja foram condenados por terem impingido oráculos de sibilas. Ele afirmava que a sibila Eritreia compusera estes quatro versos gregos, cuja explicação literal é a seguinte:

Com cinco pães e dois peixes
Ele alimentará cinco mil homens no deserto;
E, juntando os pedaços que restarem,
Encherá doze cestos.

Os primeiros cristãos também foram censurados por terem impingido alguns versos acrósticos de uma antiga sibila, começando todos com as letras iniciais do nome de Jesus Cristo, todas em ordem. Foram censurados por terem forjado cartas de Jesus Cristo ao rei de Édessa, num tempo em que não havia rei em Édessa; de terem forjado cartas de Maria, cartas de Sêneca a Paulo, cartas e atos de Pilatos, falsos Evangelhos, falsos milagres e mil outras imposturas.

Temos também a história ou o Evangelho da natividade e do casamento da virgem Maria, em que se diz que ela foi levada ao templo, com a idade de três anos, e que subiu os degraus sozinha. Consta que uma pomba desceu do céu para avisar que quem deveria casar-se com Maria seria José. Temos o protoevangelho de Tiago, irmão de Jesus, do primeiro casamento de José. Lá se diz que, quando Maria ficou grávida na ausência do marido, e o marido se queixou, os sacerdotes deram aos dois água de ciúme, e que ambos foram declarados inocentes.

Temos o Evangelho da infância, atribuído a são Tomás. Segundo esse Evangelho, Jesus, com cinco anos de idade, estava brincando com crianças de sua idade a modelar argila, com a qual fazia passarinhos; foi repreendido e então deu vida aos passarinhos, que saíram voando. De outra vez, um menino bateu nele, e ele o fez morrer imediatamente. Temos também em árabe outro Evangelho da infância, que é mais sério.

Temos um Evangelho de Nicodemo. Este parece merecer maior atenção, pois nele se encontram os nomes daqueles que acusaram Jesus a Pilatos: eram os principais da sinagoga, Anás, Caifás, Sumas, Datã, Gamaliel, Judas, Neftalim. Há nessa história coisas bastante conciliáveis com os Evangelhos oficiais e outras que não se encontram em outros lugares. Lê-se que a mulher curada de um fluxo de sangue se chamava Verônica. Sabe-se de tudo o que Jesus fez nos infernos quando para lá desceu.

Temos, além disso, as duas cartas que, supostamente, Pilatos teria escrito a Tibério falando do suplício de Jesus; o mau latim em que estão escritas, porém, revela sua falsidade.

O falso zelo chegou ao ponto de porem em circulação várias cartas de Jesus Cristo. Foi conservada a carta que dizem ter ele escrito a Abgare, rei de Édessa; mas então já não havia rei de Édessa.

Foram forjados cinquenta Evangelhos, depois declarados apócrifos. O próprio são Lucas diz que muitas pessoas os escreveram. Acreditou-se que havia um, chamado Evangelho eterno, sobre o que se diz no Apocalipse, cap. XIV: "Vi um anjo a voar no meio dos céus, carregando o Evangelho eterno." Os franciscanos, abusando dessas palavras, no século XIII, compuseram um Evangelho eterno segundo o qual o reino de Jesus Cristo deveria ser substituído pelo do Espírito Santo; mas nos primeiros séculos da Igreja nunca houve livro algum com esse título.

Também foram forjadas cartas da Virgem Maria, escritas a santo Inácio, o mártir, aos habitantes de Messina e a outros.

Abdias, que sucedeu imediatamente os apóstolos, escreveu a história deles, na qual misturou fábulas tão absurdas que aquelas histórias, com o tempo, ficaram inteiramente desacreditadas; mas no começo tiveram grande divulgação. É Abdias que conta a luta de são Pedro com Simão, o mágico. Havia, de fato, em Roma um mecânico muito hábil, chamado Simão, que não só fazia gente voar nos teatros, como se faz hoje, mas também reproduziu o prodígio atribuído a Dédalo. Construiu asas, voou e caiu como Ícaro: é o que contam Plínio e Suetônio.

Abdias, que estava na Ásia e escrevia em hebreu, afirma que são Pedro e Simão se encontraram em Roma no tempo de Nero. Um jovem, parente próximo do imperador, morreu; toda a corte pediu a Simão que o ressuscitasse. São Pedro, por sua vez, apresentou-se para executar essa operação. Simão pôs em ação todas as regras de sua arte; parecia ter conseguido, pois o morto mexeu a cabeça. "Não é bastante, exclamou são Pedro, o morto precisa falar; que Simão se afaste do leito, e verão se o jovem está vivo." Simão afastou-se, o morto não se mexeu mais, e Pedro devolveu-lhe a vida com uma única palavra.

Simão foi queixar-se ao imperador, dizendo que um miserável galileu se pusera a fazer prodígios maiores que ele. Pedro apresentou-se diante do imperador com Simão, para ver quem era superior em sua arte. "Dize-me o que estou pensando, gritou Simão a Pedro. Pedro respondeu: – Que o imperador me dê um pão de cevada, e verás se sei o que tens na alma." Deram-lhe um pão. Imediatamente Simão fez aparecer dois grandes cães que queriam devorar Pedro. Pedro lhes joga o pão, e, enquanto eles comem, diz: "Pois bem! Então eu não sabia o que estavas pensando? Querias que teus cães me devorassem."

Depois dessa primeira sessão, propôs-se a Simão e a Pedro a competição do voo, e ganharia quem se elevasse mais no ar. Simão começou, são Pedro fez o sinal da cruz, e Simão quebrou as pernas. Esse conto era imitado por aquele que se encontra em *Sepher toldos Jeschut*, no qual se diz que Jesus voou e que Judas, que quis imitá-lo, foi derrubado.

Nero, irritado porque Pedro quebrara as pernas a seu favorito Simão, mandou crucificar Pedro de cabeça para baixo; e é daí que nasce a opinião da passagem de Pedro por Roma, de seu suplício e de seu sepulcro.

Foi esse mesmo Abdias que também fundou a crença de que santo Tomás foi pregar o cristianismo nas Índias, ao rei Gondafer, e que para lá foi como arquiteto.

A quantidade de livros dessa espécie, escritos nos primeiros séculos do cristianismo, é prodigiosa. São Jerônimo e mesmo santo Agostinho afirmam que as cartas de Sêneca e são Paulo são autênticas. Na primeira carta, Sêneca faz votos de que seu irmão Paulo esteja passando bem: *Bene te valere, frater, cupio*. Paulo não fala latim tão bem quanto Sêneca. Diz: "Recebi tuas cartas ontem, com alegria (*litteras tuas hilaris accepi*) e teria respondido imediatamente, se tivesse a presença do jovem que eu vos teria enviado (*si praesentiam juvenis habuissem*)." De resto, essas cartas, que deveriam ser instrutivas, não passam de cumprimentos.

Tantas mentiras forjadas por cristãos pouco instruídos e dotados de um falso zelo não prejudicaram a verdade do cristianismo, não atrapalharam o seu estabelecimento; ao contrário, mostram que a sociedade cristã aumentava a cada dia, e que cada membro queria colaborar com o seu crescimento.

Os Atos dos apóstolos não dizem que os apóstolos convencionaram um *Símbolo*. Se, efetivamente, eles tivessem redigido o Símbolo, o *Credo*, como o que temos, são Lucas não teria omitido em sua história esse fundamento essencial da religião cristã; a substância do *Credo* está esparsa nos Evangelhos, mas os artigos só foram reunidos muito tempo depois.

Nosso Símbolo, em suma, é incontestavelmente a crença dos apóstolos, mas não é uma peça escrita por eles. Rufino, padre de Aquileia, foi o primeiro que falou dele; e uma homilia atribuída a santo Agostinho é o primeiro documento que supõe a maneira como esse *Credo* foi feito. Pedro diz na assembleia: *Creio em Deus-pai todo-poderoso*; André diz: *e em Jesus Cristo*; Tiago acrescenta: *que foi concebido pelo Espírito Santo*; e assim por diante.

Essa fórmula chamava-se *symbolos* em grego, em latim, *collatio*. Cabe apenas notar que o grego diz: *Creio em Deus-pai todo-poderoso, fazedor do céu e da terra*; Πιστεύω εἰς ἕνα θεὸν πατέρα παντοκράτορα, ποιητὴν οὐρανοῦ καὶ γῆς: o latim traduz *fazedor, formador*, por *creatorem*. Mas depois, ao se traduzir o Símbolo no primeiro concílio de Niceia, usou-se *factorem*.

Constantino convocou, reuniu em Niceia, diante de Constantinopla, o primeiro concílio ecumênico, que foi presidido por Ósio. Ficou decidida a grande questão que agitava a Igreja com referência à divindade de Jesus Cristo; uns se prevaleciam da opinião de Orígenes, que diz no capítulo VI contra Celso: "Fazemos nossas preces a Deus por intermédio de Jesus, que fica no meio, entre as naturezas criadas e a natureza incriada, que nos traz a graça de seu pai, e apresenta nossas preces ao grande Deus na qualidade de nosso pontífice." Também se baseavam em vários trechos de são Paulo, alguns dos quais transcritos. Baseavam-se principalmente nestas palavras de Jesus Cristo: "Meu pai é maior que eu"; e viam Jesus como o primogênito da criação, como a pura emanação do Ser Supremo, mas não precisamente como Deus.

Os outros, que eram ortodoxos, alegavam trechos mais condizentes com a divindade eterna de Jesus, como este: "Meu pai e eu somos o mesmo"; palavras que os adversários interpretavam como: "Meu pai e eu temos o mesmo desígnio, a mesma vontade; os meus desejos são os desejos de meu pai." Alexandre, bispo de Alexandria, e, depois dele, Atanásio encabeçavam os ortodoxos, e Eusébio, bispo de Nicomédia, com dezessete outros bispos, o padre Ário e vários outros estavam no lado oposto. A polêmica foi inicialmente violenta, pois santo Alexandre tratou seus adversários de anticristos.

Por fim, depois de muitas discussões, o Espírito Santo decidiu o seguinte, no concílio, pela boca de duzentos e noventa e nove bispos contra dezoito: "Jesus é filho único de Deus, engendrado do Pai, ou seja, da substância do Pai, Deus de Deus, luz de luz, verdadeiro Deus de verdadeiro Deus, consubstancial ao Pai; acreditamos também no Espírito Santo etc." Essa foi a fórmula do concílio. Vê-se, por esse exemplo, como os bispos se impunham aos simples padres. Duas mil pessoas do segundo escalão tinham a opinião de Ário, segundo dois patriarcas de Alexandria, que escreveram a crônica de Alexandria em árabe. Ário foi exilado por Constantino, mas Atanásio também foi logo depois, e Ário foi chamado de volta a Constantinopla. Então são Macário pediu a Deus com tanto ardor que fizesse Ário morrer antes de entrar na catedral, que Deus atendeu à sua prece. Ário morreu quando ia para a igreja em 330. O imperador Constantino chegou ao fim da vida em 337. Pôs seu testamento nas mãos de um padre ariano e morreu nos braços do prócer dos arianos, Eusébio, bispo de Nicomédia, só tendo sido batizado no leito de morte e deixando a Igreja triunfante mas dividida.

Os partidários de Atanásio e os de Eusébio travaram uma guerra cruenta, e aquilo que se chama de arianismo ficou por muito tempo estabelecido em todas as províncias do império.

O filósofo Juliano, cognominado *O Apóstata*, quis acabar com essas divisões, mas não conseguiu.

O segundo concílio geral ocorreu em Constantinopla, em 381. Explicou-se o que o concílio de Niceia não julgara adequado dizer sobre o Espírito Santo; e acrescentou-se à fórmula de Niceia que "o Espírito Santo é Senhor vivificante que procede do Pai, e que é adorado e glorificado com o Pai e o Filho".

Foi só no século IX que a Igreja latina estatuiu por graus que o Espírito Santo procede do Pai e do Filho.

Em 431, o terceiro concílio geral ocorrido em Éfeso decidiu que Maria era realmente mãe de Deus, e que Jesus tinha duas naturezas e uma pessoa. Nestório, bispo de Constantinopla, por desejar que a virgem santa fosse chamada mãe de Cristo, foi declarado Judas pelo concílio, e as duas naturezas foram também confirmadas pelo concílio de Calcedônia.

Falarei brevemente sobre os séculos seguintes, que são bem conhecidos. Infelizmente, nenhuma dessas polêmicas deixou de causar guerras, e a Igreja foi sempre obrigada a combater. Deus permitiu também, para exercitar a paciência dos fiéis, que os gregos e os latinos se dividissem irremediavelmente no século IX; permitiu também que no ocidente houvesse vinte e nove cismas sangrentos para a cátedra de Roma.

Entretanto, a Igreja grega quase inteira e toda a Igreja da África foram escravizadas pelos árabes e depois pelos turcos.

Se há cerca de um bilhão e seiscentos milhões de pessoas na Terra, como afirmam alguns doutos, a santa Igreja romana católica universal possui mais ou menos sessenta milhões, o que constitui mais do que a vigésima sexta parte dos habitantes do mundo conhecido[142].

---

142. Ver *Resumo da história da Igreja cristã* em Igreja. (N. de Voltaire)

CRÍTICA (Critique)

O verbete Crítica, do sr. de Marmontel na *Enciclopédia*, está tão bom, que não seria perdoável apresentar aqui um novo verbete, a não ser tratando de matéria bem diferente com o mesmo título. Falamos aqui da crítica nascida da inveja, que é tão antiga quanto o gênero humano. Há cerca de três mil anos que Hesíodo disse: "O oleiro tem inveja do oleiro, o ferreiro do ferreiro, o músico do músico."

Não pretendemos falar aqui da crítica de escoliastas, que explica mal uma palavra de um antigo autor que antes se entendia muito bem. Não toco nos verdadeiros críticos que deslindaram o que é possível da história e da filosofia antigas. Tenho em vista as críticas assemelhadas à sátira.

Um amante das letras um dia lia Tasso comigo, quando deparou com esta estrofe:

Chiama gli abitator dell' ombre eterne
Il rauco suon della tartarea tromba.
Treman le spaziose atre caverne;
E l'aer cieco a quel rumor rimbomba:
Nè sè stridendo mai dalle superne
Regioni del cielo il folgor piomba;
Nè sì scossa giammai trema la terra
Quando i vapori in sen gravida serra.
[O rouco som da tartárea tromba
Chama os habitantes das eternas sombras.
Tremem as vastas cavernas escuras;
E os ares cegos ressoam a tal rumor:
Nunca com tal estridor das supernas
Regiões do céu o fulgor cai;
Nunca treme a terra tão agitada
Quando, grávida, os vapores no seio encerra.]
(*Jerusalém libertada*, canto IV, estr. 3)

Em seguida, leu ao acaso várias estrofes com a mesma força e harmonia. E exclamou: "Ah! Então é isso o que o vosso Boileau chama de ouropel? É assim então que ele quer rebaixar um grande homem que viveu cem anos antes dele, para melhor elevar outro grande homem que viveu mil e seiscentos anos antes e teria feito justiça a Tasso?[143] – Consolai-vos, digo-lhe eu, tomemos as óperas de Quinault."

Encontramos na abertura do livro motivos para nos irritarmos com a crítica; apareceu o admirável poema *Armide*[144], e encontramos estas palavras:

SIDONIE

La haine est affreuse et barbare,
L'amour contraint les coeurs dont il s'empare
A souffrir des maux rigoureux.
Si votre sort est en votre puissance,
Faites choix de l'indifférence;
Elle assure un repos heureux.

---

143. Trata-se do verso 176 da sátira X de Boileau: [175] *A Malherbe, à Racan, préférer Théophile / Et le clinquant du Tasse à tout l'or de Virgile.* [N. da T.]
144. *Armide* é ópera inspirada no poema de Tasso. A música é de Lully, e o texto, de Quinault. [N. da T.]

ARMIDE

Non, non, il ne m'est pas possible
De passer de mon trouble en un état paisible;
Mon coeur ne se peut plus calmer;
Renaud m'offense trop, il n'est que trop aimable,
C'est pour moi désormais un choix indispensable
De le haïr ou de l'aimer.
[SIDONIE: O ódio é medonho e bárbaro,
O amor obriga os corações de que se apossa
A sofrer males atrozes.
Se tendes nas mãos vossa sorte,
Escolhei a indiferença;
Que garante feliz repouso.
ARMIDA: Não, não, eu não consigo
Passar da perturbação à paz;
Meu coração já não se acalma;
Renaud me ofende muito, e muito me seduz,
Cabe-me agora a escolha indispensável
De odiá-lo ou amá-lo.]
(*Armide*, III ato, cena II)

Lemos toda a peça *Armide*, na qual o gênio do Tasso ganha mais encanto das mãos de Quinault. Pois bem! digo a meu amigo, no entanto é esse Quinault que Boileau sempre tentou mostrar como escritor desprezível; chegou a convencer Luís XIV de que esse escritor gracioso, tocante, patético e elegante não tinha outros méritos além dos que extraía do músico Lully. – Posso imaginar perfeitamente, respondeu meu amigo; Boileau não tinha ciúme do músico, tinha do poeta. – Que confiança se pode ter no julgamento de um homem que, para rimar com um verso que acabava em *aut*, denegria ora Boursault, ora Hénault, ora Quinault, segundo estivesse em boas ou más relações com esses senhores?

Mas, para que não se arrefeça o vosso zelo contra a injustiça, chegai à janela e olhai aquela bela fachada do Louvre, com a qual Perrault se imortalizou: esse homem hábil era irmão de um acadêmico muito douto, com quem Boileau tivera alguma desavença; foi o suficiente para ser tratado de arquiteto ignorante. Meu amigo, depois de meditar um pouco, respondeu suspirando: A natureza humana é assim.

O duque de Sully, em suas Memórias, diz que o cardeal de Ossat e o secretário de Estado Villeroi são maus ministros; Louvois fazia de tudo para não estimar o grande Colbert. – Mas eles não publicaram nada um contra o outro – respondi; o duque de Marlborough não publicou nada contra o conde de Peterborough: essa é uma tolice que costuma estar ligada apenas à literatura, à chicana e à teologia. É pena que *Economies politiques et royales* [Economias políticas e régias] às vezes esteja eivado desse defeito.

Lamotte Houdard era um homem de mérito em mais de um gênero; fez belíssimas estrofes.

Quelquefois au feu qui la charme
Résiste une jeune beauté,
Et contre elle-même elle s'arme
D'une pénible fermeté.
Hélas! cette contrainte extrême
La prive du vice qu'elle aime,

Pour fuir la honte qu'elle hait.
Sa sévérité n'est que faste,
Et l'honneur de passer pour chaste
La résout à l'être en effet.

En vain ce sévère stoïque,
Sous mille défauts abattu,
Se vante d'une âme héroïque
Toute vouée à la vertu:
Ce n'est point la vertu qu'il aime;
Mais son cœur, ivre de lui-même,
Voudrait usurper les autels;
Et par sa sagesse frivole
Il ne veut que parer l'idole
Qu'il offre au culte des mortels.
[Às vezes ao fogo que a encanta
Resiste uma jovem beldade,
E contra si mesma se arma
Com penosa firmeza.
Ai! Com essa injunção extrema
Priva-se do vício que ama,
Para fugir da vergonha que odeia.
Sua severidade é afetada,
E a honra de ser tida por casta
Leva-a a ser casta de fato.

Em vão o severo estoico,
Sob mil defeitos curvado
Gaba-se de uma alma heroica
Toda votada à virtude:
Não é a virtude que ama;
Mas seu coração, ébrio de si,
Quisera usurpar os altares
E com sua frívola prudência
Só quer ornar o ídolo
Que oferece ao culto dos mortais.]
(*L'Amour-propre*, ode ao bispo de Soissons, estr. 5 e 9)

Les champs de Pharsale et d'Arbelle
Ont vu triompher deux vainqueurs,
L'un et l'autre digne modèle
Que se proposent les grands cœurs.
Mais le succès a fait leur gloire;
Et si le sceau de la victoire
N'eût consacré ces demi-dieux,
Alexandre, aux yeux du vulgaire,
N'aurait été qu'un téméraire,
Et César qu'un séditieux.

[Nos campos de Farsália e de Arbela
Triunfaram dois vencedores,
Ambos dignos modelos
Que as grandes coragens copiam.
Mas o sucesso fez sua glória
E, se o selo da vitória
Não tivesse consagrado esses semideuses,
Alexandre, aos olhos do vulgo,
Seria apenas um temerário,
E César, um sedicioso.]
(*La Sagesse du roi supérieure à tous les événements*, estr. 4)

Esse autor era um sábio que mais de uma vez pôs o encanto dos versos a serviço da filosofia. Se tivesse escrito sempre estrofes como essas, seria o primeiro dos poetas líricos; no entanto, enquanto ele fazia esses belos textos um de seus contemporâneos o chamava de:

Certo gansinho, caça de quintal.

Diz sobre Lamotte, em outro lugar:

De seus discursos a tediosa beleza.

E diz em outro:

... Je n'y vois qu'un défaut:
C'est que l'auteur les devait faire en prose.
Ces odes-là sentent bien le Quinault.
[Eu só vejo um defeito:
É que o autor deveria fazê-las em prosa.
Essas odes cheiram a Quinault.]

Persegue-o o tempo todo; o tempo todo critica sua secura e a falta de harmonia.
Teríeis a curiosidade de ver as Odes feitas alguns anos depois por esse mesmo censor que julgava Lamotte como mestre e o denegria como inimigo? Lede.

Cette influence souveraine
N'est pour lui qu'une illustre chaîne
Qui l'attache au bonheur d'autrui;
Tous les brillants qui l'embellissent,
Tous les talents qui l'ennoblissent
Sont en lui, mais non pas à lui.

Il n'est rien que le temps n'absorbe et ne dévore
Et les faits qu'on ignore
Sont bien peu différents des faits non avenus.

La bonté qui brille en elle
De ses charmes les plus doux,
Est une image de celle

Qu'elle voit briller en vous.
Et par vous seule enrichie,
Sa politesse affranchie
Des moindres obscurités,
Est la lueur réfléchie
De vos sublimes clartés.

Ils ont vu par ta bonne foi
De leurs peuples troublés d'effroi
La crainte heureusement déçue,
Et déracinée à jamais
La haine si souvent reçue
En survivance de la paix.
Dévoile à ma vue empressée
Ces déités d'adoption,
Synonymes de la pensée,
Symboles de l'abstraction.

N'est-ce pas une fortune
Quand d'une charge commune
Deux moitiés portent le faix,
Que la moindre le réclame,
Et que du bonheur de l'âme
Le corps seul fasse les frais?
[Essa influência soberana
Para ele é só ilustre cadeia
Que o liga à felicidade alheia;
Todos os brilhantes que a enfeitam,
Todos os talentos que a enobrecem
Estão nele, mas não são dele.

Nada existe que o tempo não absorva e devore
E os fatos que se ignoram
São bem pouco diferentes dos fatos não ocorridos.

A bondade que brilha nela
De seus encantos mais doces
É uma imagem daquela
Que ela vê brilhar em vós.
E só por vós enriquecida,
Sua polidez libertada
Da menor escuridão,
É o clarão refletido
De vossa sublime claridade.

Eles viram por tua boa-fé
De seus povos turbados de medo
O temor felizmente frustrado,
E para sempre desarraigado

O ódio tantas vezes aceito
Como sobrevivência da paz.

Desvenda à minha vista zelosa
Essas deidades de adoção,
Sinônimos do pensamento,
Símbolos da abstração.

Não é uma grande ventura
Quando de um fardo comum
Duas metades carregam o peso,
Que a menor o reclame
E que só o corpo arque
Com a felicidade da alma?]

Sem dúvida não cabia apresentar obras tão detestáveis como modelos a quem era criticado com tanto azedume; melhor teria sido que deixasse seu adversário gozar em paz de seu mérito e ficar com o que se tinha. Mas que fazer? O *genus irritabile vatum* sofre do mesmo mal bilioso que o atormentava outrora. O público perdoa essas fraquezas nas pessoas de talento, porque o público só pensa em divertir-se.

Ele vê, numa alegoria intitulada *Pluton*, juízes condenados a ser esfolados e a sentar-se nos infernos sobre um assento coberto com sua própria pele, em vez de flores-de-lis; o leitor não se preocupa em saber se esses juízes merecem isso ou não; se o queixoso que os cita diante de Plutão está errado ou tem razão. Lê esses versos unicamente por prazer: se lhe dão prazer, não pede mais; se o desagradam, deixa ali a alegoria, e não moveria um dedo para confirmar ou revogar a sentença.

As inimitáveis tragédias de Racine foram todas criticadas, e muito mal; é que eram criticadas por rivais. Os artistas são juízes competentes da arte, é verdade; mas esses juízes competentes estão quase sempre corrompidos.

"Excelente crítico seria o artista que tivesse muita ciência e muito gosto, sem preconceitos e sem inveja. Isso é difícil de encontrar."

Em todas as nações estão todos acostumados a críticas desfavoráveis de todas as obras que têm sucesso. O *Cid* encontrou seu Scudéri, e Corneille foi, muito tempo depois, vexado pelo abade de Aubignac, pregador do rei e autodenominado legislador de teatro; foi autor de uma tragédia ridícula, toda feita em conformidade com as regras que ele mesmo preceituara. Não há nenhum tipo de injúria que ele não diga ao autor de *Cina* e dos *Horácios*. O abade de Aubignac, pregador do rei, deveria era ter pregado contra Aubignac.

Como vimos, nas nações modernas que cultivam as letras, há gente que se estabeleceu como crítico profissional, assim como foram criados os profissionais que examinam a língua dos porcos para saber se os animais que são postos no mercado não estão doentes. Os examinadores de línguas da literatura não acham nenhum autor sadio; fazem dois ou três relatórios por mês de todas as doenças reinantes, dos maus versos feitos na capital e nas províncias, dos romances insípidos que inundam a Europa, dos novos sistemas de física, dos segredos para matar percevejos. Ganham algum dinheiro nesse ofício, sobretudo quando falam mal das boas obras e bem das ruins. Podem ser comparados aos sapos que, segundo dizem, sugam a peçonha da terra para transmiti-la a quem os toca. Houve um, chamado Dennis, que se dedicou a esse ofício durante sessenta anos em Londres, e não deixou de ganhar a vida. O autor que acreditou ser um novo Aretino, achando que se enriqueceria na Itália com sua *frusta letteraria*[145], não fez fortuna.

---

145. Literalmente, chicote literário. Refere-se a Giuseppe Baretti, que manteve em Veneza um jornal com esse nome. Foi grande crítico de Voltaire. (N. da T.)

O ex-jesuíta Guyot-Desfontaines, que abraçou essa profissão ao sair de Bicêtre, juntou algum dinheiro. Quando o magistrado de polícia ameaçou mandá-lo de volta a Bicêtre e lhe perguntou por que se dedicava a trabalho tão odioso, ele respondeu: *Preciso viver*. Atacava os homens mais estimáveis a torto e a direito, sem nem mesmo ter lido e sem saber ler as obras de matemática e física que resenhava.

Um dia interpretou o *Alciphron* de Berkeley, bispo de Cloyne, como um livro contra a religião. Eis como se exprime:

"Falei demais para vos levar a desprezar um livro que degrada tanto o espírito quanto a probidade do autor; é um tecido de sofismas libertinos forjados por prazer para destruir os princípios da religião, da política e da moral."

Em outro lugar, entende a palavra inglesa *cake*, que significa *bolo*, como o gigante *Cacus*. A respeito da tragédia *Morte de César*, diz que Brutus *era um fanático bárbaro, um quaker*. Não sabia que os *quakers* são os homens mais pacíficos que há e que nunca derramam sangue. É com esse cabedal de conhecimentos que tentava ridicularizar os dois escritores mais estimáveis de seu tempo, Fontenelle e Lamotte.

Foi substituído nesse cargo de Zoilo de meia-pataca por outro ex-jesuíta, chamado Fréron, nome que, por si só, se tornou sinônimo de opróbrio. Há não muito tempo, alguém me deu para ler uma dessas folhas que ele infeta de baixa literatura. Diz ele: "O tempo de Maomé II é o tempo da entrada dos árabes na Europa." Que monte de asneiras em poucas palavras!

Qualquer um que tenha uma instrução passável sabe que os árabes sitiaram Constantinopla no reinado do califa Moávia, já no século VII; que conquistaram a Espanha no ano 713 de nossa era, e logo depois uma parte da França, cerca de setecentos anos antes de Maomé II.

Esse Maomé II, filho de Amurat II, não era árabe, mas turco.

Está muito longe de ser o primeiro príncipe turco que entrou na Europa: Orcan, mais de cem anos antes dele, subjugara a Trácia, a Bulgária e uma parte da Grécia.

Como se vê, esse foliculário falava a torto e a direito das coisas mais fáceis de saber, das quais nada sabia. No entanto, insultava a Academia, gente de bem, as melhores obras, com uma insolência que só se iguala a seu absurdo; mas sua desculpa era a mesma de Guyot-Desfontaines: *Preciso viver*. Essa também é a desculpa de todos os malfeitores punidos pela justiça.

Não devemos dar o nome de *críticos* a essa gente. Essa palavra vem de *krites, juiz, avaliador, árbitro*. Crítico significa *bom juiz*. É preciso ser um Quintiliano para ousar julgar as obras de outrem; é preciso pelo menos escrever como Bayle escreveu sua *República das letras*; ele teve alguns imitadores, mas em pequeno número. Os jornais de Trévoux foram desmoralizados por sua parcialidade que chegava ao ridículo e por seu mau gosto.

Às vezes os jornais relaxam, ou o público deixa de gostar deles por puro cansaço, ou os autores não apresentam matérias bastante agradáveis; então, para despertarem o público, os jornais recorrem a um pouco de sátira. Foi isso que levou La Fontaine a dizer:

Todo fazedor de jornal deve tributo ao maligno.

Mas é melhor só pagar tributo à razão e à equidade.

Há outros críticos que esperam o aparecimento de uma boa obra para fazerem depressinha um livro contra ela. Quanto mais o libelista ataca um homem acreditado, maior é a certeza de ganhar algum dinheiro; durante alguns meses é sustentado pela reputação de seu adversário. É o que fazia certo Faydit, que ora escrevia contra Bossuet, ora contra Tillemont, ora contra Fénelon; o que fazia um moleque que se intitula Pierre de Chiniac de La Bastide Duclaux, advogado do parlamento. Cícero tinha três nomes como ele. Depois vêm as críticas contra Pierre de Chiniac, depois as respostas de Pierre de Chiniac a suas críticas. Esses belos livros são acompanhados por um sem-número de brochuras, nas quais os autores fazem o público de juiz entre eles e seus adversários; mas o juiz, que nunca ouviu falar daquele processo, tem grande dificuldade para pronunciar-se. Um quer que o leitor se reporte à sua dissertação inserida no *Journal littéraire*; outro, a seus esclarecimentos feitos no *Mercure*. Este protesta que apresentou uma versão exata de meia linha de Zoroastro e que o entenderam tanto quanto ele entende persa. E dá como tréplica à contracrítica que foi feita de sua crítica um trecho de Chaufepié.

Enfim, não há um único desses críticos que não se creia juiz do universo e não ache que é ouvido pelo universo.

Ei, amigo, e quem sabia que estavas aí?

CROMWELL (Cromwell)

Primeira seção

Pinta-se Cromwell como um homem que foi pérfido toda a vida. Acho difícil acreditar. Acho que ele foi inicialmente entusiasta, e que depois pôs seu fanatismo a serviço da grandeza. Um noviço fervoroso aos vinte anos muitas vezes se transforma num finório esperto aos quarenta. Começa-se simplório e termina-se finório no grande jogo da vida humana. Um homem de Estado toma como capelão um monge criado nas mesquinharias de seu convento, devoto, crédulo, desajeitado, um novato no mundo: o monge instrui-se, forma-se, esmera-se e suplanta o mestre.

Cromwell não sabia se seria eclesiástico ou soldado. Foi ambas as coisas. Em 1622, fez uma campanha no exército do príncipe de Orange, Frederico Henrique, grande homem, irmão de dois grandes homens, e, quando voltou à Inglaterra, pôs-se a serviço do bispo Williams e foi o teólogo de Sua Graça enquanto Sua Graça era tido como amante de sua mulher. Seus princípios eram os dos puritanos; assim, devia odiar de todo o coração os bispos e não amar os reis. Foi expulso da casa do bispo Williams porque era puritano, e aí começou a ter sorte. O parlamento da Inglaterra declarou-se contra a realeza e contra o episcopado; alguns amigos que ele tinha naquele parlamento obtiveram sua nomeação para uma aldeia. Ele só começou a existir nessa época e tinha mais de quarenta anos, sem que ninguém nunca tivesse ouvido falar dele. Por mais que conhecesse a fundo a Santa Escritura, discutisse sobre os direitos dos padres e dos diáconos e fizesse alguns maus sermões e alguns libelos, era ignorado. Vi um sermão seu que é muito insípido, bem parecido com as pregações dos *quakers*; não dá para descobrir vestígios da eloquência persuasiva com a qual depois empolgou os parlamentos. É que, de fato, ele era muito mais afeito aos negócios que à Igreja. Sua eloquência consistia principalmente no tom e no seu aspecto: um gesto daquela mão que ganhara tantas batalhas e matara tantos realistas convencia mais que os períodos de Cícero. É preciso convir que foi seu valor incomparável que o tornou conhecido e permitiu que galgasse os degraus que o levaram ao ápice da grandeza.

Começou por apresentar-se como voluntário que queria fazer fortuna na cidade de Hull, sitiada pelo rei. Realizou belos e felizes cometimentos, pelos quais recebeu do parlamento uma gratificação de aproximadamente seis mil francos. Esse presente, dado pelo parlamento a um aventureiro, mostra que o partido rebelde devia prevalecer. O rei não estava em condições de dar a seus generais o que o parlamento dava a voluntários. Com dinheiro e fanatismo só se pode acabar, a longo prazo, sendo senhor de tudo. Cromwell foi feito coronel. Então seus grandes talentos para a guerra se desenvolveram a tal ponto que, quando o parlamento nomeou o conde de Manchester como general de seus exércitos, nomeou Cromwell como general de divisão, sem que ele tivesse passado pelos outros graus. Nunca homem algum pareceu mais digno de comandar; nunca se viu mais atividade e prudência, mais audácia e mais recursos do que em Cromwell. É ferido na batalha de York, e, enquanto estão pondo o primeiro curativo na sua ferida, ele fica sabendo que seu general Manchester está batendo em retirada, e que a batalha está perdida. Corre até Manchester e o encontra em fuga com alguns oficiais; toma-o pelo braço e lhe diz com ar de confiança e grandeza: "Estais enganado, milorde; não é desse lado que estão os inimigos." Leva-o até perto do campo de batalha, reúne durante a noite mais de doze mil homens, fala-lhes em nome de Deus, cita Moisés, Gideão e Josué, recomeça a batalha ao alvorecer contra o exército real vitorioso e o desbarata inteiramente. Um homem desses só poderia morrer ou tornar-se senhor. Quase todos os oficiais de seu exército eram entusiastas que levavam o Novo Testamento no arção da sela: no exército e no parlamento só se falava em derrubar Babilônia, estabelecer o culto em Jerusalém, destruir o colosso. Cromwell, entre tantos loucos, deixou de ser louco e achou que seria melhor governá-los do que ser por eles governado. Continuava com o hábito de pregar como um inspirado. Imaginai um faquir que na cintura tenha posto um cinturão de ferro por penitência e que em seguida tire esse cinturão para martelar os ouvidos dos outros faquires: esse é Cromwell. Tornou-se tão intrigante quanto era intrépido; associa-se a todos os coronéis do exército e forma, assim, nas tropas uma república que força o generalíssimo a demitir-se. Outro generalíssimo é nomeado; não gosta dele. Ele governa o exército e, com este, governa o parlamento; põe esse parlamento na necessidade de fazê-lo, por fim, generalíssimo. Tudo isso já é muito, mas o essencial é que ele ganha todas as batalhas que trava na Inglaterra, na Escócia, na Irlanda; e não as ganha assistindo aos combates e poupando-se, mas sempre carregando contra o inimigo, reunindo suas tropas, correndo para todos os lados, muitas vezes ferido, matando com suas próprias mãos vários oficiais realistas, como um granadeiro furioso e encarniçado.

No meio dessa guerra medonha Cromwell fazia amor; ia, com a Bíblia debaixo do braço, deitar-se com a mulher do chefe de seu estado-maior, Lambert. Ela amava o conde de Holland, que servia no exército do rei. Cromwell o faz prisioneiro numa batalha e tem o prazer de mandar cortar a cabeça de seu rival. Sua máxima era derramar o sangue de todo e qualquer inimigo importante, no campo de batalha ou pela mão dos carrascos. Aumentou cada vez mais seu poder, ousando cada vez mais abusar dele; a profundidade de seus desígnios em nada diminuía sua impetuosidade feroz. Entra na câmara do parlamento e, pegando seu relógio, jogando-o no chão e despedaçando-o, diz: "Eu vos despedaçarei como este relógio." Volta algum tempo depois, expulsa todos os parlamentares, um depois do outro, fazendo-os desfilar diante de si. Cada um deles, ao passar, é obrigado a fazer-lhe profunda reverência: um deles passa com o chapéu na cabeça; Cromwell tira-lhe o chapéu e o joga no chão, dizendo: "Aprendei a respeitar-me."

Depois de ter ultrajado todos os reis, mandado cortar a cabeça de seu rei legítimo e começado a reinar, enviou seu retrato a uma cabeça coroada: era a rainha Cristina da Suécia. Marvell, famoso poeta inglês, que fazia bons versos latinos, juntou a esse retrato seis versos que seriam proferidos pelo próprio Cromwell. Cromwell corrigiu os dois últimos:

At tibi submittit frontem reverentior umbra,
Non sunt hi vultus regibus usque truces.

O sentido ousado desses seis versos pode ser assim traduzido:

Les armes à la main j'ai défendu les lois;
D'un peuple audacieux j'ai vengé la querelle.
Regardez sans frémir cette image fidèle:
Mon front n'est pas toujours l'épouvante des rois.
[Com as armas em punho defendi as leis;

De um povo audacioso fui à desforra.
Olhai sem temor essa imagem fiel:
Minha fronte nem sempre é o horror dos reis.]

Essa rainha foi a primeira a reconhecê-lo, assim que ele se tornou protetor de três reinos. Quase todos os soberanos da Europa enviaram embaixadores ao *irmão* Cromwell, criado de um bispo, que acabava de mandar ao carrasco um soberano que era parente deles. Porfiaram todos por sua aliança. O cardeal Mazarino, para agradá-lo, expulsou da França os dois filhos de Carlos I, os dois netos de Henrique IV e os dois primos-irmãos de Luís XIV. A França conquistou Dunquerque para ele e mandou-lhe suas chaves. Depois de sua morte, Luís XIV e toda a sua corte usaram luto, exceto *Mademoiselle*, que teve a coragem de comparecer em sociedade usando roupas coloridas e assim foi a única que salvou a honra de sua raça.

Nunca rei nenhum foi mais absoluto que ele. Dizia que gostava mais de governar com o título de *protector* do que com o de *rei*, porque os ingleses sabiam até que ponto se estendiam as prerrogativas de um rei da Inglaterra, mas não sabiam até onde iam as de um *protector*. Mostrava assim conhecer os homens, que são governados pela opinião e cuja opinião depende de um nome. Passara a nutrir profundo desprezo pela religião que servira para enriquecê-lo. Conta-se um caso verídico ocorrido na casa de St. John, que prova o pouco caso que Cromwell fazia desse instrumento que produzira tão grandes efeitos em suas mãos. Certo dia estava bebendo com Ireton, Fleetwood e St. John, bisavô do célebre milorde Bolingbroke, quando quiseram abrir uma garrafa, e o saca-rolhas caiu debaixo da mesa; todos o procuravam, sem achar. Enquanto isso, uma comissão das Igrejas presbiterianas esperava na antecâmara e um meirinho veio anunciá-la. Cromwell disse: "Digam-lhes que estou em retiro e*m busca do Senhor*." Essa era a expressão usada pelos fanáticos quando faziam suas orações. Depois de dispensar desse modo o bando de ministros, disse a seus confidentes estas exatas palavras: "Aqueles tratantes pensam que estamos em busca do Senhor e nós estamos em busca do saca-rolhas."

Quase não há exemplos na Europa de homem que, vindo de tão baixo, tenha subido tanto. Mas o que lhe faltava em absoluto com todos os seus grandes talentos? Fortuna. Teve essa fortuna; mas foi feliz? Viveu pobre e aflito até quarenta e três anos; a partir daí, banhou-se de sangue, passou a vida conturbado e morreu prematuramente aos cinquenta e sete anos. Comparemos a essa vida a vida de Newton, que viveu oitenta e quatro anos, sempre tranquilo, sempre honrado, sempre a luz de todos os seres pensantes, vendo aumentar a cada dia sua nomeada, sua reputação, sua fortuna, sem nunca ter cuidados e remorsos, e veremos quem teve o melhor quinhão.

O curas hominum, o quantum est in rebus inane!
[Oh! preocupações dos homens! Oh! quanta vacuidade existe nas coisas!]
(Pérs., *Sat*. I, v. 1)

Segunda seção

Oliver Cromwell foi visto com admiração pelos puritanos e pelos independentes da Inglaterra; ainda é herói deles; mas Richard Cromwell, seu filho, é o homem que eu admiro.

O primeiro é um fanático que hoje seria vaiado na câmara dos comuns caso proferisse um só dos ininteligíveis absurdos que despejava com tanta confiança diante de outros fanáticos que o ouviam boquiabertos e de olhos arregalados em nome do Senhor. Se dissesse que é preciso buscar o Senhor e combater os combates do Senhor, se introduzisse o jargão judeu no parlamento da Inglaterra, para a eterna vergonha da inteligência humana, seria com mais probabilidade trancado em Bedlam do que escolhido para comandar exércitos.

Ele era bravo, sem dúvida: os lobos também o são; existem até macacos furiosos como tigres. De fanático que era, tornou-se político hábil, ou seja, de lobo tornou-se raposa e, por meio da esperteza, subiu os primeiros degraus nos quais o entusiasmo raivoso do tempo o pusera e que o conduziram até o ápice da grandeza; e o hipócrita caminhou sobre as cabeças dos fanáticos prosternados. Reinou, mas viveu os horrores da inquietude. Não teve dias serenos nem noites tranquilas. Os consolos da amizade e da sociedade nunca chegaram perto dele; morreu antes do tempo, certamente mais merecedor do último suplício do que o rei que ele mandou conduzir de uma janela de seu próprio palácio ao patíbulo.

Richard Cromwell, ao contrário, nascido com um espírito dócil e sábio, recusa-se a ficar com a coroa de seu pai às expensas do sangue de três ou quatro facciosos que ele podia sacrificar à sua ambição. Prefere reduzir-se à vida privada a ser um assassino todo-poderoso. Deixa o cargo de *protector* sem remorsos, para viver como cidadão, livre e tranquilo no campo, onde goza de boa saúde; ali sua alma teve paz durante noventa anos, e ele foi amado pelos vizinhos, de quem foi árbitro e pai.

Leitores, pronunciai-vos. Se tivésseis de escolher entre o destino do pai e o do filho, com qual ficaríeis?

CRONOLOGIA (Chronologie)

Há muito tempo se discute a antiga cronologia, mas haverá alguma?

Seria preciso que cada povoado de considerável importância tivesse possuído e conservado registros autênticos bem comprovados. Mas pouquíssimos povoados sabiam escrever! E do pequeno número de homens que cultivaram essa arte tão rara, terá havido os que se deram ao trabalho de marcar duas datas com exatidão?

Temos, na verdade, em tempos muito recentes, as observações celestes dos chineses e dos caldeus. Remontam apenas a cerca de dois mil anos, mais ou menos, antes de nossa era. Mas, quando os primeiros anais se limitam a informar que houve um eclipse no governo de um príncipe, diz-nos que esse príncipe existiu, mas não o que ele fez.

Ademais, os chineses contam inteiro o ano da morte de um imperador, mesmo que ele tivesse morrido no primeiro dia do ano; seu sucessor data do ano seguinte ao nome de seu predecessor. Não seria possível demonstrar maior respeito pelos ancestrais, mas não se pode calcular o tempo de maneira mais errônea em comparação com nossas nações modernas.

Acresce que os chineses só começam seu ciclo sexagenário, no qual puseram ordem, no imperador Hiao, dois mil, trezentos e cinquenta e sete anos antes de nossa era. Todo o tempo que precede essa época é de uma obscuridade profunda.

Os homens sempre se contentaram com o mais ou menos em tudo. Por exemplo, antes dos relógios, só se sabia mais ou menos a hora do dia e da noite. Quando se construía, as pedras eram talhadas mais ou menos, as madeiras eram mais ou menos esquadradas, os membros das estátuas mais ou menos desbastados: cada um só conhecia mais ou menos seus vizinhos mais próximos, e, apesar da perfeição a que levamos tudo, é assim que se faz ainda na maior parte da terra.

Não deve, portanto, nos espantar se em lugar nenhum existe verdadeira cronologia antiga. O que temos dos chineses é muito, se os compararmos às outras nações.

Nada temos dos indianos nem dos persas, quase nada dos antigos egípcios. Todos os nossos sistemas inventados sobre a história desses povos se contradizem tanto quanto nossos sistemas metafísicos.

As olimpíadas dos gregos só começam setecentos e vinte e oito anos antes de nossa maneira de contar. Se olhamos para aqueles tempos, vemos apenas alguns fachos na noite, como a era de Nabonassar, a guerra da Lacedemônia e de Messênia; ainda se discutem essas épocas.

Tito Lívio não se preocupa em dizer em que ano Rômulo começou seu pretenso reinado. Os romanos, que sabiam como aquela época é incerta, teriam zombado dele, caso a tivesse desejado fixar.

Está provado que os duzentos e quarenta anos atribuídos aos sete primeiros reis de Roma são o cálculo mais falso que existe.

Os quatro primeiros séculos de Roma são absolutamente desprovidos de cronologia.

Se quatro séculos do império mais memorável da terra só constituem um amontoado indigesto de acontecimentos misturados a fábulas, sem quase nenhuma data, que será das pequenas nações fechadas num recanto de terra, que nunca tiveram papel importante no mundo, apesar de todos os seus esforços para substituir com charlatanices e prodígios o que lhes faltava em poder e cultura das artes?

Da vanidade dos sistemas, sobretudo em cronologia

O abade de Condillac prestou grande serviço à inteligência humana, quando mostrou a falsidade de todos os sistemas. Se pudermos esperar encontrar um dia um caminho para a verdade, isso só ocorrerá depois de reconhecermos muito bem todos os que conduzem ao erro. É pelo menos um consolo ficar tranquilo e deixar de buscar, quando vemos que tantos doutos buscaram em vão.

A cronologia é um amontoado de bexigas cheias de vento. Todos os que acreditaram estar andando sobre terreno sólido caíram. Temos hoje oitenta sistemas, nenhum deles verdadeiro.

Os babilônios diziam: "Contamos quatrocentos e setenta e três mil anos de observações celestes." Vem um parisiense e lhes diz: "Vossa conta está certa; vossos anos eram de um dia solar; eles equivalem a mil, duzentos e noventa e sete dos nossos, desde Atlas, rei da África, grande astrônomo, até a chegada de Alexandre à Babilônia."

Mas nunca, diga o que disser o nosso parisiense, nenhum povo contou um dia como um ano; e o povo de Babilônia muito menos que qualquer outro. Só faltava esse recém-chegado de Paris dizer aos caldeus: "Sois uns exagerados, e nossos ancestrais são uns ignorantes; as nações estão sujeitas a revoluções demais para conservar quatro mil, setecentos e trinta e seis séculos de cálculos astronômicos. E quanto ao rei dos mauros, Atlas, ninguém sabe em que tempo viveu. Pitágoras tinha tanta razão em afirmar que fora galo, quanto vós em vos gabar de tantas observações."

O mais ridículo de todas essas cronologias fantásticas é organizar todas as épocas da vida de um homem, sem saber se esse homem existiu.

Lenglet, em sua *Compilation chronologique de l'histoire universelle* [Compilação cronológica da história universal], repete alguns outros e diz que exatamente no tempo de Abraão, seis anos depois da morte de Sara, pouquíssimo conhecida dos gregos, Júpiter, com a idade de sessenta e dois anos, começou a reinar na Tessália; que seu reinado foi de sessenta anos; que se casou com sua irmã Juno; que foi obrigado a ceder as costas marítimas a seu irmão Netuno; que os Titãs travaram guerra contra ele. Mas houve algum Júpiter? É por aí que se deveria começar.

CU (Cul)

Repetiremos aqui o que já dissemos alhures, porque é preciso repetir sempre, até que os franceses se corrijam; é indigno de uma língua tão polida e universal como a deles o emprego tão frequente de uma palavra indecente e ridícula, para expressar coisas comuns que poderiam ser expressas de outra maneira, sem a menor dificuldade.

Por que chamar de *cul-d'âne* [cu de asno] e *cul-de-cheval* [cu de cavalo] as anêmonas-do-mar? Por que, afinal, dar o nome de *cul-blanc* [cu branco] ao trigueiro e *cul-rouge* [cu vermelho] ao picanço? Esse picanço é uma espécie de pássaro verde, e o trigueiro, uma espécie de pardal cinzento. Há um pássaro chamado *fétu-en-cul* [cisco no cu] ou *paille-en-cul* [palha no cu]; haveria cem maneiras de designá-lo com uma expressão muito mais precisa. Não é inconveniente chamar o fundo da popa de *cul-de-vaisseau* [cu do navio]?

Vários autores também chamam de *à-cul* um pequeno fundeadouro, um ancoradouro, uma praia, um areal, uma enseada, onde os barcos se abrigam dos corsários. E há um pequeno *à-cul* em Palo e em Sainte-Marinthée[146].

Usa-se continuamente a palavra *cul-de-lampe* [cu de lâmpada] para referir-se a florões, cartuchos, pingentes, sacadas, bases de pirâmides, molduras, vinhetas.

Algum gravador terá imaginado que esse ornamento se assemelha à base de uma lâmpada; ter-lhe-á dado o nome de *cul-de-lampe* por pressa; os compradores terão repetido essa palavra depois dele. É assim que as línguas se formam. São os artesãos que dão nome a suas obras e seus instrumentos.

Certamente não havia nenhuma necessidade de dar o nome de *cul-de-four* [cu de forno[147]] às abóbadas esféricas, principalmente porque essas abóbadas em nada se assemelham às dos fornos, que são sempre abatidas.

O fundo de uma alcachofra é formado e escavado em linha curva, e o nome *cul* não lhe convém de maneira alguma. Os cavalos às vezes têm uma mancha esverdeada nos olhos, e isso recebe o nome de *cul-de-verre* [cu de vidro[148]]. Outra doença dos cavalos, que é uma espécie de erisipela, recebe o nome de *cul-de-poule* [cu de galinha]. A copa de um chapéu é um *cul-de-chapeau* [cu de chapéu]. Há certos botões com compartimentos[149] chamados de *boutons à cul-de-dé* [botões em cu de dado].

Como houve quem desse o nome de *cul-de-sac* [cu de saco[150]] ao *angiportus* dos romanos? Os italianos adotaram o nome *angiporto*[151] para designar *strada senza uscita* [rua sem saída]. Antigamente, entre nós era dado o nome de impasse ao beco sem saída, nome que é expressivo e sonoro. É de uma vulgaridade enorme o fato de a palavra *cul-de-sac* ter prevalecido.

O termo *culage* foi abolido. Por que todos os outros de que acabamos de falar não o foram? O termo infame *culage* significava o direito que, nos tempos da tirania feudal, vários senhores se arrogavam de ter, segundo seu alvitre, as primícias de todos os casamentos que ocorressem em suas terras. Depois a palavra *culage* foi substituída por *cuissage* [direito de pernada]. Só o tempo pode corrigir todos os modos viciosos de falar.

É triste que em questões de língua, assim como em outros usos mais importantes, seja o populacho que dirija os principais de uma nação.

CURIOSIDADE (Curiosité)

Suave, mari magno turbantibus aequora ventis,
E terra magnum alterius spectare laborem;
Non quia vexari quemquam est jucunda voluptas,

---

146. Viagem à Itália. (N. de Voltaire)
147. Trata-se das abóbadas que em português recebem o nome de *boca de forno* ou *concha*. (N. da T.)
148. Trata-se da catarata. (N. da T.)
149. Trata-se de galões ou borlas. (N. da T.)
150. A palavra *cul-de-sac* é ainda hoje usada para designar ruelas e becos sem saída. A tradução seria *fundo de saco*. (N. da T.)
151. Essa palavra hoje está em desuso com esse sentido. (N. da T.)

CURIOSIDADE

Sed quibus ipse malis careas quia cernere suave est;
Suave etiam belli certamina magna tueri
Per campos instructa, tua sine parte pericli.
Sed nil dulcius est, bene quam munita tenere
Edita doctrina sapientum templa serena,
Despicere unde queas alios, passimque videre
Errare atque viam palantes quaerere vitae,
Certare ingenio, contendere nobilitate,
Noctes atque dies niti praestante labore
Ad summas emergere opes rerumque potiri.
O miseras hominum mentes! o pectora caeca!
(Lucr., liv. II, v. I ss.)

On voit avec plaisir, dans le sein du repos,
Des mortels malheureux lutter contre les flots;
On aime à voir de loin deux terribles armées,
Dans les champs de la mort au combat animées:
Non que le mal d'autrui soit un plaisir si doux;
Mais son danger nous plaît quand il est loin de nous.
Heureux qui, retiré dans le temple des sages,
Voit en paix sous ses pieds se former les orages;
Qui rit en contemplant les mortels insensés,
De leur joug volontaire esclaves empressés,
Inquiets, incertains du chemin qu'il faut suivre,
Sans penser, sans jouir, ignorant l'art de vivre,
Dans l'agitation consumant leurs beaux jours,
Poursuivant la fortune, et rampant dans les cours!
O vanité de l'homme! ô flaibesse! ô misère!
[Vemos com prazer, nos braços do repouso,
Infelizes mortais a lutar contra as ondas;
Gostamos de ver ao longe dois exércitos bravos,
Nos campos da morte em combate animado:
Não que o mal alheio seja prazer tão doce;
Mas seu perigo nos agrada quando visto de longe.
Feliz de quem, em retiro no templo dos sábios,
Vê em paz, a seus pés, armar-se a borrasca;
Quem ri contemplando mortais insensatos,
Por voluntário jugo viver premidos,
Inquietos, incertos do caminho por seguir,
Sem pensar, sem gozar, ignorantes da arte de viver,
Na agitação consumindo seus dias mais belos,
Perseguindo a fortuna, rastejando nas cortes!
Ó vaidade humana! Ó fraqueza! Ó miséria!]

Perdão, Lucrécio, mas desconfio que te enganas aqui em moral, como sempre te enganas em física. Na minha opinião, é só por curiosidade que se corre até a costa para ver um navio submergir sob a tempestade. Isso já me aconteceu, e juro que meu prazer, misturado a preocupação e mal-estar, não foi de modo algum fruto de reflexão; não vinha de uma comparação secreta entre minha segurança e o perigo que corriam aqueles infelizes: eu estava curioso e sensibilizado.

Na batalha de Fontenoy os meninos e as meninas subiam nas árvores da vizinhança para ver gente se matar.

As mulheres mandaram levar cadeiras até um bastião da cidade de Liège para gozar o espetáculo da batalha de Rocoux.

Quando digo: "Feliz de quem vê em paz armar-se a borrasca", minha felicidade era estar tranquilo e procurar a verdade, e não ver o sofrimento de seres pensantes, perseguidos por tê-la buscado, oprimidos por fanáticos ou hipócritas.

Se fosse possível supor um anjo a voar com seis belas asas do alto do empíreo, indo olhar por um respiradouro do inferno os tormentos e as contorções dos condenados, rejubilando-se por não sentir suas inconcebíveis dores, esse anjo teria muito do caráter de Belzebu.

Não conheço a natureza dos anjos porque sou apenas um homem: só os teólogos a conhecem; mas, na qualidade de homem, acredito, por minha própria experiência e pela experiência de meus coirmãos indiscretos, que só corremos aos espetáculos, seja ele de que tipo for, por pura curiosidade. Isso me parece tão verdadeiro, que, por mais que o espetáculo seja admirável, cansamo-nos no fim. O público de Paris quase não vai ver *Tartufo*, que é a obra-prima das obras-primas de Molière. Por quê? Porque foi muitas vezes; já a sabe de cor. O mesmo ocorre com *Andrômaca*.

Perrin Dandin, infelizmente, tem razão quando convida a jovem Isabelle para ir ver como se aplica a tortura; segundo diz, com isso se passam uma hora ou duas. Se essa antecipação do último suplício, muitas vezes mais cruel que o próprio suplício, fosse um espetáculo público, toda a cidade de Toulouse teria acorrido em multidão para contemplar o venerável Calas sofrer em duas ocasiões esses tormentos abomináveis, fundamentados nas conclusões do procurador-geral. Penitentes brancos, cinzentos e negros, mulheres, meninas, mestres da *Académie des jeux floraux*[152], estudantes, lacaios, criadas, mulheres da vida, doutores em direito canônico, todos se apressariam. Em Paris todos se apinhariam para ver passar numa carroça o infeliz general Lally com uma mordaça de seis dedos na boca.

Mas se essas tragédias de canibais, que às vezes são representadas na nação mais frívola e naquela que mais ignora em geral os princípios da jurisprudência e da equidade, se os espetáculos dados por alguns tigres a macacos, como os da noite de São Bartolomeu e seus diminutivos, ocorressem todos os dias, logo todos abandonariam tal país, fugiriam com horror e partiriam para sempre dessa terra infernal onde semelhantes barbáries fossem frequentes.

Quando os meninos e as meninas arrancam as penas aos pardais, fazem-no por puro espírito de curiosidade, assim como quando rasgam as roupas de suas bonecas. É essa paixão apenas que leva tanta gente às execuções públicas, como vimos. "Estranha avidez de ver miseráveis!", disse o autor de uma tragédia. Lembro-me de que estava em Paris quando submeteram Damiens a uma morte das mais requintadas e medonhas que se possa imaginar: todas as janelas que davam para a praça foram alugadas por alto preço pelas damas; a nenhuma delas certamente ocorria a consoladora reflexão de que não lhes estavam atenazando as mamas, que ninguém deitava chumbo fundido e piche fervente em suas chagas, e que quatro cavalos não puxavam seus membros luxados e ensanguentados. Um dos carrascos julgou com mais correção que Lucrécio, pois, quando um dos acadêmicos de Paris quis entrar no recinto para examinar a coisa mais de perto e foi rechaçado pelos esbirros, o carrasco disse: "Deixem esse senhor entrar; ele é um amante dessas coisas." Ou seja: é um curioso, não é por maldade que vem aqui, não é para refletir e saborear o prazer de não estar sendo esquartejado: é unicamente por curiosidade, assim como se vai ver uma experiência de física.

A curiosidade é natural ao homem, aos macacos e aos cãezinhos. Levai convosco um cãozinho na carruagem, e ele sempre porá as patas nas portas para ver o que está acontecendo. Um macaco

---

152. Academia de jogos florais. Concurso literário de Toulouse: tem esse nome porque o prêmio consistia em flores de ouro e de prata. [N. da T.]

remexe tudo, com um ar de quem está considerando tudo. Quanto ao homem, sabeis como é feito; Roma, Londres e Paris passam o tempo todo a perguntar o que há de novo.

CURIOSO (Badaud)

Quem diz que *badaud* vem do italiano *badare*, que significa olhar, parar, perder tempo, diz algo bastante verossímil. Mas seria ridículo dizer, como o *Dicionário de Trévoux*, que *badaud* significa tolo, néscio, ignorante, *stolidus*, *stupidus*, *bardus*, e que vem da palavra latina *badaldus*.

Se esse nome foi dado ao povo de Paris mais do que a qualquer outro, foi unicamente por haver mais gente em Paris do que em outros lugares, por conseguinte mais gente inútil que se aglomera para ver o primeiro objeto com o qual não esteja acostumada, para contemplar um charlatão, duas mulheres do povo trocando injúrias ou algum carroceiro cuja carroça tenha virado, carroça que tais pessoas não desvirarão. Há *badauds* em todo lugar, mas os preferidos são os de Paris.

DANTE (Dante)

Quereis conhecer Dante. Os italianos o chamam de *divino*; mas é uma divindade oculta: pouca gente ouve seus oráculos; ele tem comentadores, e essa talvez seja mais uma razão para ele não ser compreendido. Sua reputação ficará cada vez mais consolidada porque ele quase não é lido. Há dele umas vinte frases famosas que todos sabem de cor: isso basta para poupar o trabalho de examinar o resto.

Esse divino Dante, segundo dizem, foi um homem bastante infeliz. Não acrediteis que ele foi divino em seu tempo nem que foi profeta em sua terra. É verdade que foi prior, não prior de monges, mas prior de Florença, ou seja, um dos senadores.

Nasceu em 1260, a crer-se no que dizem seus compatriotas. Bayle, que escrevia em Rotterdam, *currente calamo*, para seu livreiro, cerca de quatro séculos inteiros depois de Dante, diz que ele nasceu em 1265, e não estimo Bayle nem mais nem menos por ter-se enganado em cinco anos: o importante é não se enganar em questões de gosto e de raciocínio.

As artes começavam então a nascer na pátria de Dante. Florença, como Atenas, estava cheia de espírito, grandeza, leviandade, inconstância e facções. A facção branca gozava de grande crédito: tinha esse nome por causa da *signora Bianca*. O partido oposto intitulava-se *partido dos negros*, para melhor se distinguir dos *brancos*. Esses dois partidos não bastavam aos florentinos. Eles também tinham os *guelfos* e os *gibelinos*. A maioria dos brancos era *gibelina*, do partido dos imperadores, e os negros pendiam para os *guelfos*, ligados aos papas.

Todas essas facções amavam a liberdade, mas faziam de tudo para destruí-la. O papa Bonifácio VIII quis aproveitar-se dessas divisões para aniquilar o poder dos imperadores na Itália. Declarou Carlos de Valois, irmão do rei da França Felipe, o Belo, seu vicário na Toscana. O vicário chegou bem armado, expulsou *brancos* e *gibelinos* e fez-se detestar por *negros* e *guelfos*. Dante era *branco* e *gibelino*; foi dos primeiros expulsos, e sua casa foi arrasada. Pode-se julgar por aí se pelo resto de sua vida ele foi afeiçoado à casa de França e aos papas; apesar disso, dizem que fez uma viagem a Paris, e que, para livra-se do tédio, fez-se teólogo e disputou vigorosamente nas escolas. Acrescenta-se que o imperador Henrique VII nada fez por ele, por mais *gibelino* que ele fosse, que Dante foi então procurar Frederico de Aragão, rei da Sicília, e que voltou tão pobre quanto tinha ido. Ficou reduzido ao marquês de Malaspina e ao grão-cã de Verona. O marquês e o grão-cã não o recompensaram; ele morreu pobre em Ravena, com a idade de cinquenta e seis anos. Foi nesses diversos lugares que compôs sua comédia do inferno, do purgatório e do paraíso; essa mixórdia foi considerada um belo poema épico.

Na entrada do inferno, ele encontrou um leão e uma loba. De repente aparece Virgílio para encorajá-lo; Virgílio lhe diz que nasceu lombardo; é precisamente como se Homero dissesse que nasceu turco. Virgílio oferece-se para fazer a Dante as honras do inferno e do purgatório e para levá-lo até a porta de são Pedro; mas confessa que não poderá entrar com ele.

Entrementes, Caronte atravessa os dois em sua barca. Virgílio conta-lhe que, pouco depois de sua chegada ao inferno, viu um ser poderoso que fora buscar as almas de Abel, Noé, Abraão,

Moisés e Davi. Avançando pelo caminho, descobrem no inferno moradas muito agradáveis: numa estão Homero, Horácio, Ovídio e Lucano; noutra, veem Electra, Heitor, Eneias, Lucrécio, Brutus e o turco Saladino; na terceira, Sócrates, Platão, Hipócrates e o árabe Averróis.

Por fim, aparece o inferno de verdade, onde Plutão julga os condenados. Lá, o viajante reconhece alguns cardeais, alguns papas e muitos florentinos. Tudo isso em estilo cômico? Não. Tudo no gênero heroico? Não. Em que gosto então está escrito esse poema? Num gosto bizarro.

Mas há versos tão felizes e ingênuos que não envelheceram depois de quatrocentos anos e nunca envelhecerão. Um poema, aliás, que põe papas no inferno desperta muito a atenção, e os comentadores esgotam toda a sua sagacidade para determinar com precisão quem são aqueles que Dante danou e não se enganar em matéria tão grave.

Foi fundada uma cátedra, um cargo de leitor para explicar esse autor clássico. Perguntareis como a Inquisição não se opõe. Responderei que a Inquisição na Itália entende pilhérias, sabe muito bem que chistes em versos não podem fazer mal: podereis julgar por esta pequena tradução bem livre de um trecho do canto vinte e três; trata-se de um condenado conhecido do autor. O condenado assim fala:

> *Je m'appelais le comte de Guidon;*
> *Je fus sur terre et soldat et poltron;*
> *Puis m'enrôlai sous saint François d'Assise,*
> *Afin qu'un jour le bout de son cordon*
> *Me donnât place en ta céleste Église;*
> *Et j'y serais sans ce pape félon,*
> *Qui m'ordonna de servir sa feintise,*
> *Et me rendit aux griffes du démon.*
> *Voici le fait. Quand j'étais sur la terre,*
> *Vers Rimini je fis longtemps la guerre,*
> *Moins, je l'avoue, en héros qu'en fripon.*
> *L'art de fourber me fit un grand renom.*
> *Mais quand mon chef eut porté poil grison,*
> *Temps de retraite où convient la sagesse,*
> *Le repentir vint ronger ma vieillesse,*
> *Et j'eus recours à la confession.*
> *O repentir tardif et peu durable!*
> *Le bon saint-père en ce temps guerroyait,*
> *Non le soudan, non le Turc intraitable,*
> *Mais les chrétiens, qu'en vrai Turc il pillait.*
> *Or, sans respect pour tiare et tonsure,*
> *Pour saint François, son froc et sa ceinture:*
> *"Frère, dit-il, il me convient d'avoir*
> *Incessamment Préneste en mon pouvoir.*
> *Conseille-moi, cherche sous ton capuce*
> *Quelque beau tour, quelque gentille astuce,*
> *Pour ajouter en bref à mes États*
> *Ce qui me tente et ne m'appartient pas.*
> *J'ai les deux clefs du ciel en ma puissance.*
> *De Célestin la dévote imprudence*
> *S'en servit mal, et moi, je sais ouvrir*

Et refermer le ciel à mon plaisir.
Si tu me sers, ce ciel est ton partage."
Je le servis, et trop bien; dont j'enrage.
Il eut Préneste, et la mort me saisit.
Lors devers moi saint François descendit,
Comptant au ciel amener ma bonne âme;
Mais Belzébuth vint en poste, et lui dit:
"Monsieur d'Assise, arrêtez: je réclame
Ce conseiller du saint-père, il est mien;
Bon saint François, que chacun ait le sien."
Lors, tout penaud, le bonhomme d'Assise
M'abandonnait au grand diable d'enfer.
Je lui criai: "Monsieur de Lucifer,
Je suis un saint, voyez ma robe grise;
Je fus absous par le chef de l'Église.
– J'aurai toujours, répondit le démon,
Un grand respect pour l'absolution:
On est lavé de ses vieilles sottises,
Pourvu qu'après autres ne soient commises.
J'ai fait souvent cette distinction
A tes pareils; et grâce à l'Italie,
Le diable sait de la théologie."
Il dit, et rit: je ne répliquai rien
A Belzébuth; il raisonnait trop bien.
Lors il m'empoigne, et d'un bras roide et ferme
Il appliqua sur mon triste épiderme
Vingt coups de fouet, dont bien fort il me cuit:
Que Dieu le rende à Boniface Huit!
["Eu me chamava conde Guidon;
Fui na terra soldado e poltrão;
Depois me alistei a são Francisco de Assis,
Para que um dia a ponta de seu cordão
Me desse um lugar na celeste Igreja;
E ficaria sem esse papa desleal,
Que me ordenou obediência à sua hipocrisia,
E me entregou nas garras do demônio.
Eis os fatos. Quando eu estava na terra,
A Rímini fiz muita guerra,
Como herói menos do que como embusteiro.
A arte de enganar deu-me fama.
Mas quando em minha cabeça surgiram as cãs,
Tempo de retiro em que cabe sabedoria,
Os remorsos roeram-me a velhice,
E recorri à confissão.
Remorso tardio e pouco durável!
O santo padre então guerreava,
Não o sultão, não o turco intratável,

Mas os cristãos, que como um turco pilhava.
Ora, sem respeito por tiara e tonsura,
Por são Francisco, seu capuz e seu cinto:
"Irmão, diz ele, convém-me reter
Preneste sempre em meu poder.
Aconselha-me, procura em teu capuz
Algum bom dizer, uma gentil astúcia,
Para somar em breve a meus estados
O que me tenta e não me pertence.
Tenho duas chaves do céu em minhas mãos.
De Celestino a devota imprudência
Usou-as mal, e eu, eu sei abrir
E fechar o céu como quiser.
Se me servires, divido o céu contigo."
Eu o servi muito bem e me dá raiva.
Preneste foi dele, a mim restou a morte.
Então são Francisco desceu até mim,
Esperando aos céus levar minha alma;
Mas Belzebu chegou voando e lhe disse:
"Senhor de Assis, parai: exijo
Esse conselheiro do papa, ele é meu;
Bom são Francisco, a cada um o seu."
Então bem vexado o palerma de Assis
Entregou-me ao grão-diabo do inferno.
Gritei: "Senhor de Lúcifer,
Santo sou, olha minha túnica cinzenta;
Absolveu-me o chefe da Igreja.
– Sempre terei, respondeu o demônio,
Grande respeito pela absolvição:
Nós nos lavamos das velhas besteiras,
Desde que outras não façamos depois.
Amiúde fiz essa distinção
A teus semelhantes; e graças à Itália,
O diabo sabe teologia."
Ele disse e riu: nada repliquei
A Belzebu que tão bem argumentava.
Então ele me agarra e com braço rijo e forte
Aplica em minha triste epiderme
Vinte chicotadas e bem forte me sova:
Que Deus dê em dobro a Bonifácio VIII.]

DAVI (David)

Devemos reverenciar Davi como profeta, rei, ancestral do santo esposo de Maria, como um homem que mereceu a misericórdia de Deus por sua penitência.

Ousarei dizer que o verbete Davi, que valeu tantos inimigos a Bayle, primeiro autor de um dicionário de fatos e reflexões, não merecia a estranha celeuma que houve então. Não era Davi que se queria defender, era Bayle que se queria atacar. Alguns predicadores da Holanda, seus inimigos mortais, ficaram tão cegos de ódio, que o censuraram por louvar papas que ele julgava dignos de louvor e refutar as calúnias contra eles lançadas.

Essa ridícula e vergonhosa injustiça foi assinada por doze teólogos, em 20 de dezembro de 1698, no mesmo consistório no qual fingiam assumir a defesa do rei Davi. Como ousavam manifestar alto e bom som uma paixão covarde que o restante dos homens sempre se esforça por ocultar? Não era apenas o cúmulo da injustiça e do desprezo por todas as ciências; era o cúmulo do ridículo proibir que um historiador fosse imparcial, que um filósofo fosse racional. Um homem apenas não ousaria ser insolente e injusto a esse ponto, mas dez ou doze pessoas reunidas, com alguma espécie de autoridade, são capazes das injustiças mais absurdas. Isso porque umas se apoiam nas outras, e não recai sobre o nome de nenhuma em particular a vergonha da companhia.

Grande prova de que essa condenação a Bayle foi pessoal é o que aconteceu em 1761 ao sr. Hut, membro do parlamento da Inglaterra. Os doutores Chandler e Palmer haviam pronunciado a oração fúnebre ao rei Jorge II e, em seu discurso, o compararam ao rei Davi, segundo o costume da maioria dos predicadores, que acreditam assim lisonjear os reis.

O sr. Hut não viu aquela comparação como um elogio; publicou a famosa dissertação *The Man after God's own Heart*. Nesse escrito, quer mostrar que Jorge II, rei muito mais poderoso que Davi, como não incidira nas mesmas faltas do *melk* judeu e não tivera, por conseguinte, de fazer a mesma penitência, não podia ser a ele comparado.

Ele segue passo a passo os livros dos Reis. Examina toda a conduta de Davi muito mais severamente que Bayle; fundamenta sua opinião no fato de que o Espírito Santo não faz nenhum louvor às ações que podem ser reprovadas em Davi. O autor inglês julga o rei da Judeia unicamente com base nas noções que temos hoje de justo e injusto.

Não pode aprovar que Davi reúna um bando de quatrocentos ladrões, que se faça armar pelo grão-sacerdote Ahimelek com a espada de Golias e que receba os pães consagrados[1].

Que vá à casa do agricultor Nabal para incendiá-la e derramar seu sangue, porque Nabal recusou-se a dar contribuições a seu bando; que Nabal morra poucos dias depois, e Davi se case com a viúva[2].

Reprova sua conduta com o rei Aquis, que possuía cinco ou seis aldeias no recanto de Gate. Davi, então à cabeça de seiscentos bandidos, ia fazer incursões entre os aliados de seu benfeitor Aquis; pilhava tudo, matava todos, velhos, mulheres, crianças de peito. E por que massacrava crianças de peito? Segundo o texto, "por medo de que aquelas crianças levassem a notícia ao rei Aquis"[3].

Entrementes, Saul perde uma batalha contra os filisteus e faz-se matar por seu escudeiro. Um judeu leva essa notícia a Davi, que lhe dá a morte por recompensa[4].

Isbosete sucede a seu pai Saul; Davi é suficientemente forte para declarar-lhe guerra: por fim, Isbosete é assassinado.

Davi apodera-se de todo o reino; surpreende a pequena cidade ou aldeia de Rabá, matando todos os seus habitantes por meio de suplícios bem extraordinários; são eles serrados ao meio, dilacerados com ancinhos de ferro, queimados em fornos de olaria[5].

Depois dessas belas expedições, há uma fome de três anos na região. De fato, pelo modo como se guerreava, as terras deviam ser mal semeadas. Consulta-se o Senhor, perguntando-lhe

---

1. I Reis, cap. XXI e XXII. (N. de Voltaire)
2. *Ibid.*, cap. XXV. (N. de Voltaire)
3. *Ibid.*, cap. XXVII. (N. de Voltaire)
4. II Reis, cap. I. (N. de Voltaire)
5. *Ibid.*, cap. XII. (N. de Voltaire)

por que há fome. A resposta era muito fácil: com certeza porque, numa terra que mal produz trigo, se alguém cozinha os lavradores em fornos de olaria e os serra ao meio, pouca gente sobrará para cultivar a terra; mas o Senhor responde que é porque outrora Saul matara gabaonitas.

O que faz Davi imediatamente? Reúne os gabaonitas e lhes diz que Saul errou muito ao guerrear contra eles; que Saul não era como ele perante o coração de Deus, que ele é justo ao punir sua raça; e lhes dá sete netos de Saul para enforcar, e eles foram enforcados porque havia fome[6].

O sr. Hut faz justiça ao não insistir no adultério com Betsabé e no assassinato de Urias, visto que esse crime foi perdoado a Davi quando ele se arrependeu. O crime é horrível, abominável, mas o Senhor comutou seu pecado, o autor inglês também o comuta.

Na Inglaterra ninguém reclamou do autor; seu livro foi reeditado com a aprovação pública: a voz da equidade faz-se ouvir cedo ou tarde entre os homens. O que parecia temerário há oitenta anos hoje parece simples e razoável, desde que nos mantenhamos nos limites de uma crítica moderada e do respeito devido aos livros divinos.

Aliás, na Inglaterra hoje as coisas não são como outrora. Já não se está no tempo em que um versículo de um livro hebreu, mal traduzido de um jargão bárbaro para outro jargão mais bárbaro ainda, incendiava três reinos. O parlamento tem pouco interesse por um régulo de um pequeno recanto da Síria.

Façamos justiça a dom Calmet; ele não passou dos limites em seu *Dicionário da Bíblia*, no verbete Davi. Diz ele: "Não pretendemos aprovar a conduta de Davi; é de crer que ele só incorreu nesses excessos de crueldade antes de reconhecer o crime que cometera com Betsabé." Acrescentaremos que, provavelmente, ele os reconheceu todos, pois são bem numerosos.

Façamos aqui uma pergunta que nos parece muito importante. Será que não houve engano quanto ao verbete Davi? Trata-se realmente de sua pessoa, de sua glória, do respeito devido aos livros canônicos? O que interessa ao gênero humano não é que o crime nunca seja consagrado? Que importa o nome de quem chacinava as mulheres e os filhos de seus aliados, mandava enforcar os netos de seu rei, mandava serrar ao meio, queimar em fornos, dilacerar com ancinhos cidadãos infelizes? O que julgamos são essas ações, e não as letras que compõem o nome do culpado; o nome não aumenta nem diminui o crime.

Quanto mais se reverencia Davi reconciliado com Deus pelo arrependimento, mais se condenam as crueldades de que ele foi culpado.

Um jovem camponês encontrar um reino enquanto procura asnas é coisa que não ocorre com frequência; um outro camponês curar seu rei de um acesso de loucura tocando harpa é coisa ainda muito rara; mas esse pequeno tocador de harpa tornar-se rei porque encontrou numa esquina um sacerdote de aldeia que lhe jogou uma garrafa de azeite de oliva na cabeça é coisa ainda mais maravilhosa.

Quando e por quem essas maravilhas foram escritas? Nem imagino, mas tenho certeza de que não foi por nenhum Políbio nem por nenhum Tácito.

Não falarei aqui do assassinato de Urias e do adultério de Betsabé: eles são bem conhecidos, e os caminhos de Deus são tão diferentes dos caminhos dos homens que ele permitiu que Jesus Cristo descendesse dessa Betsabé, ainda que fosse purificado por esse santo mistério.

Não pergunto agora como Jurieu teve a insolência de processar o sábio Bayle por não aprovar todas as ações do bom rei Davi; mas pergunto como se tolerou que um homem como Jurieu molestasse um homem como Bayle.

---

6. *Ibid.*, cap. XXI. (N. de Voltaire)

DE CATÃO, DO SUICÍDIO (De Caton, du Suicide)

E do livro do abade de Saint-Cyran que legitima o suicídio

O engenhoso Lamotte exprimiu-se assim sobre Catão numa de suas odes mais filosóficas que poéticas:

> *Caton, d'une âme plus égale,*
> *Sous l'heureux vainqueur de Pharsale*
> *Eût souffert que Rome pliât;*
> *Mais, incapable de se rendre,*
> *Il n'eut pas la force d'attendre*
> *Un pardon qui l'humiliât.*
> [*Amour-propre*, ode ao bispo de Soissons, estrofe 10:
> "Catão, com alma inalterada,
> Ao feliz vencedor de Farsália
> Suportaria que Roma se curvasse;
> Mas, incapaz de render-se,
> Não teve a força de esperar
> Um perdão que o humilharia.]

Acredito que, por nunca se ter alterado, a alma de Catão conservou até o último momento o mesmo amor às leis e à pátria, e preferiu perecer com ela a rastejar sob o jugo de um tirano; morreu como viveu.

Incapaz de render-se! A quem? Ao inimigo de Roma, àquele que roubara à força o tesouro público para atacar seus concidadãos e subjugá-los com seu próprio dinheiro.

Um perdão! Parece que Lamotte Houdard fala de um súdito revoltado que podia obter graça de Sua Majestade com cartas de chancelaria.

> *Malgré sa grandeur usurpée,*
> *Le fameux vainqueur de Pompée*
> *Ne put triompher de Caton.*
> *C'est à ce juge inébranlable*
> *Que César, cet heureux coupable,*
> *Aurait dû demander pardon.*
> [Apesar da grandeza usurpada,
> O famoso vencedor de Pompeu
> Não pôde vencer Catão.
> Era a tal juiz inquebrantável
> Que César, venturoso culpado,
> Deveria ter pedido perdão.]

Parece um tanto ridículo dizer que Catão se matou por *fraqueza*. É preciso ter alma forte para superar assim o instinto mais poderoso da natureza. Essa é às vezes a força dos frenéticos; mas um frenético não é fraco.

O suicídio é vedado entre nós pelo direito canônico. Mas as decretais, que constituem a jurisprudência de parte da Europa, não eram do conhecimento de Catão, Brutus, Cassius, da sublime

Árria, do imperador Óton, de Marco Antônio e de mil heróis da verdadeira Roma, que preferiram a morte voluntária a uma vida que achavam ignominiosa.

Também nós nos matamos; mas o fazemos quando perdemos dinheiro ou no raríssimo excesso de alguma louca paixão por um objeto que não vale nossa morte. Conheci mulheres que se mataram pelos homens mais tolos do mundo. Às vezes as pessoas se matam porque estão doentes, e é nisso que está a fraqueza.

O desencanto com a vida, o cansaço de si mesmo, também é doença que causa suicídios. O remédio seria um pouco de exercício, música, caça, comédia, uma mulher digna de amor. Certos homens que se matam hoje por excesso de melancolia gostariam de continuar vivendo se esperassem oito dias.

Vi quase que com meus próprios olhos um suicídio que merece atenção de todos os médicos. Um homem, que tinha uma profissão séria, de idade madura, conduta regular, sem paixões, que vivia acima da indigência, matou-se no dia 17 de outubro de 1769, deixando por escrito, para o conselho da cidade onde nascera, a apologia de sua morte voluntária, que não se julgou apropriado publicar, pelo medo de encorajar os outros a abandonar uma vida de que se fala tanto mal. Até aí, nada de extraordinário; vemos exemplos desse tipo em todos os lugares. Mas há algo mais impressionante.

O irmão e o pai se haviam matado, ambos na idade dele. Que disposição orgânica secreta, que simpatia, que conjunção de leis físicas fazem o pai e os dois filhos porem fim à própria vida, com o mesmo tipo de morte, exatamente quando chegaram à mesma idade? Será uma doença que se desenvolve numa família, assim como se vê muitas vezes pais e filhos morrendo de varíola, pneumonia ou de outro mal? Três, quatro gerações se tornam surdas, cegas, gotosas ou escorbúticas num momento prefixado.

O físico, esse pai do espiritual, transmite o mesmo caráter de pai para filho durante séculos. Os Ápios foram sempre orgulhosos e inflexíveis; os Catões, sempre severos. Toda a linhagem dos Guises foi audaciosa, temerária, facciosa, plasmada no mais insolente orgulho e na polidez mais sedutora. Desde François de Guise até aquele que, sozinho e sem ser esperado, foi comandar o povo de Nápoles, todos tiveram um semblante, uma coragem e uma maneira de ser superior ao comum dos homens. Vi retratos de corpo inteiro de François de Guise, de Balafré e de seu filho: todos têm seis pés de altura, os mesmos traços, a mesma coragem, a mesma audácia na fronte, nos olhos e na atitude.

Essa continuidade, essa série de seres semelhantes é bem mais notável ainda nos animais; e, se déssemos à perpetuação das belas raças de homens a mesma atenção que várias nações têm para não misturar as raças de seus cavalos e de seus cães de caça, as genealogias viriam escritas nos rostos e se manifestariam nos costumes.

Houve raças de corcundas, de hexadátilos, assim como existem ruivos, remelentos, gente de nariz comprido e de nariz chato.

Mas o fato de a natureza dispor de tal modo os órgãos de toda uma raça, de em certa idade todos os membros dessa família terem disposição para matar-se é um problema que a sagacidade dos anatomistas mais atentos não pode resolver. O efeito é certamente físico; mas uma física oculta. Bolas! Que princípio secreto não é oculto?

Ninguém diz, e não é verossímil, que no tempo de Júlio César e dos imperadores os habitantes da Grã-Bretanha se matassem com a mesma determinação com que o fazem hoje quando têm certos vapores[7] que eles chamam de *spleen*, e que os franceses pronunciam *spline*.

Ao contrário, os romanos, que não tinham *spline*, não viam dificuldade alguma em matar-se. É que eles raciocinavam; eram filósofos, e os selvagens da ilha *Britain* não eram. Hoje, os cidadãos ingleses são filósofos, e os cidadãos romanos não são nada. Por isso, os ingleses deixam a

---

7. No sentido de exalação que se elevaria do sangue e dos diversos humores até o cérebro. Por extensão, seriam doenças supostamente devidas a esses "vapores". O *spleen* era chamado de "vapores ingleses". (N. da T.)

vida orgulhosamente quando lhes dá na veneta. Mas o cidadão romano precisa de uma *indulgentia in articulo mortis*; não sabem viver nem morrer.

O cavaleiro Temple diz que precisa partir quando já não há esperança de ficar agradavelmente. Foi assim que Ático morreu.

As jovens que se afogam e enforcam por amor, portanto, estão erradas: deveriam dar ouvidos à esperança de mudança, que é tão comum em amor quanto em negócios.

Um meio quase seguro de não ceder à vontade de matar-se é ter sempre alguma coisa para fazer. Creech, o comentador de Lucrécio, registrou em seu manuscrito: N.B. *Preciso enforcar-me quando terminar meu comentário*. Cumpriu a palavra para ter o prazer de acabar como seu autor. Se tivesse feito um comentário de Ovídio, teria vivido mais tempo.

Por que temos menos suicídios no campo que na cidade? Porque nos campos só o corpo sofre; na cidade, é o espírito. O lavrador não tem tempo de ficar melancólico. São os ociosos que se matam; aqueles que o povo acha felizes.

Resumirei aqui alguns suicídios ocorridos em meu tempo, alguns dos quais já foram publicados em outras obras. Os mortos podem ser úteis aos vivos.

Relato de alguns suicídios notáveis

Philippe Mordaunt, primo-irmão daquele famoso conde de Peterborough, tão conhecido em todas as cortes da Europa, que se gabava de ser o homem que mais postilhões e reis conhecera no mundo, Philippe Mordaunt, repito, era um jovem de vinte e sete anos, bonito, bem-feito, rico, nascido de sangue ilustre, que podia ter pretensões a tudo, e – o que vale ainda mais – apaixonadamente amado por sua amante. Pois esse Mordaunt cansou-se da vida: pagou suas dívidas, escreveu aos amigos dizendo adeus e até fez versos; são estes os últimos, traduzidos em francês:

L'opium peut aider le sage;
Mais, selon mon opinion,
Il lui faut au lieu d'opium
Un pistolet et du courage.
[O ópio pode ajudar o sábio;
Mas, em minha opinião,
Em vez do ópio ele precisa
De um revólver e coragem.]

Seguiu seus princípios e deu-se cabo com um tiro, sem apresentar outra razão senão a de que sua alma estava cansada de seu corpo, acrescentando que quem está descontente com sua casa precisa sair. Parece até que quis morrer porque estava farto da felicidade.

Richard Smith, em 1726, apresentou um estranho espetáculo ao mundo por razão muito diferente. Richard Smith estava farto de ser realmente infeliz: fora rico e estava pobre; tivera saúde e estava doente. Tinha uma mulher com a qual só podia compartilhar a miséria: um filho no berço era o único bem que lhe restava. Richard Smith e Bridget Smith, de comum acordo, depois de se abraçarem com carinho e de darem o último beijo no filho, começaram por matar aquela pobre criatura, para depois se enforcarem nos montantes da cama. Não vi em lugar algum tanto horror e maior sangue-frio; mas a carta que aqueles infelizes escreveram a seu primo Brindley, antes de morrerem, é tão singular quanto sua morte. Dizem eles: "Acreditamos que Deus nos perdoará etc. Deixamos a vida porque éramos infelizes e sem esperança; e fizemos a nosso filho único o favor de matá-lo, para que ele não se tornasse tão infeliz quanto nós etc." E é notável que essa gente, depois de matar o filho por amor paterno, escreveu a um amigo para recomendar-lhe o gato e o cão. Tudo indica que achavam mais fácil, no mundo, dar felicidade a um gato e a um cão do que a uma criança, e não queriam incomodar o amigo.

Milorde Scarborough abandonou a vida em 1727, com o mesmo sangue-frio com que abandonara seu posto de grande-escudeiro. Na câmara dos pares comentaram que ele apoiava o rei porque tinha um belo cargo na corte. "Senhores, disse ele, para provar que minha opinião não depende de meu posto, demito-me neste instante." Depois, ficou embaraçado entre uma amante que ele amava, mas a quem nada prometera, e uma mulher que ele estimava, mas a quem prometera casamento. Matou-se para livrar-se do embaraço.

Todas essas histórias trágicas, que pululam nos jornais ingleses, levaram a Europa a pensar que na Inglaterra é maior a vontade de matar-se que em outros lugares. Não sei se em Paris não há tantos loucos ou heróis quanto em Londres; se nossos jornais mantivessem um registro exato daqueles que tiveram a demência de querer matar-se e a triste coragem de fazê-lo, talvez, nesse assunto, tivéssemos a infelicidade de fazer frente aos ingleses. Mas nossos jornais são mais discretos: as aventuras dos particulares nunca são expostas à maledicência pública nesses jornais reconhecidos pelo governo.

Tudo o que ouso dizer com certeza é que nunca se deverá temer que essa loucura de matar-se venha a transformar-se em doença epidêmica: a natureza cuidou disso muito bem; a esperança e o medo são as armas poderosas que ela usa para muitas vezes deter a mão do infeliz prestes a ferir-se.

Um dia alguém ouviu o cardeal Dubois dizer-se a si mesmo: *Mata-te! Covarde, não ousarias*.

Dizem que houve países onde foi estabelecido um conselho para permitir que os cidadãos se matassem quando tivessem razões válidas para tanto. Respondo que de duas uma: ou não é verdade, ou aqueles magistrados não tinham muito o que fazer.

O que poderia nos espantar e – creio – merece sério exame é que quase todos os antigos heróis romanos se matavam quando perdiam uma batalha nas guerras civis; e não sei de nenhum comandante do tempo da Liga, nem da Fronda, nem dos tumultos da Itália ou da Inglaterra, que tenha decidido morrer pelas próprias mãos. É verdade que esses comandantes eram cristãos, e que há muita diferença entre os princípios de um guerreiro cristão e os de um herói pagão; no entanto, por que esses homens, que foram retidos pelo cristianismo quando quiseram dar-se a morte, não foram retidos por nada quando quiseram envenenar, assassinar ou mandar executar seus inimigos vencidos nos cadafalsos etc.? Porventura a religião cristã não veda mais esses homicídios do que o suicídio, do qual o Novo Testamento nunca falou?

Os apóstolos do suicídio dizem que é muito lícito sair de casa quando se está cansado dela. Concordo, mas a maioria dos homens prefere deitar-se numa choupana a dormir à luz das estrelas.

Certo dia recebi de um inglês uma carta circular na qual ele propunha um prêmio a quem provasse melhor que é preciso matar-se. Não lhe respondi: não tinha nada para provar-lhe; bastava que ele examinasse se preferia morrer a viver.

Um outro inglês, chamado Bacon Morris, veio visitar-me em Paris, em 1724; estava doente e prometeu-me que se mataria se não estivesse curado em 20 de julho. Consequentemente, deu-me seu epitáfio concebido nestas palavras: *Qui mari et terra pacem quæsivit, hic invenit*. Entregou-me também vinte e cinco luíses para lhe construir um pequeno monumento no fim do *faubourg* Saint-Martin. Devolvi-lhe o dinheiro no dia 20 de julho e fiquei com o epitáfio.

No meu tempo, o último príncipe da casa de Courtenai, muito velho, e o último príncipe do ramo de Lorraine-Harcourt, muito jovem, mataram-se, e quase ninguém falou disso. Essas aventuras causam uma bulha terrível no primeiro dia; e, depois que os bens do morto foram partilhados, não se fala mais no assunto.

Relato a seguir o mais forte de todos os suicídios. Ocorreu em Lyon, no mês de junho de 1770.

Um jovem muito conhecido, bonito, bem-feito de corpo, atraente, talentoso, apaixona-se por uma jovem que os pais lhe recusam. Até aí o que se tem é apenas a primeira cena de uma comédia, mas o que vem depois é uma espantosa tragédia.

O enamorado rompe uma veia ao fazer um esforço. Os médicos dizem que não há remédio: a namorada marca um encontro com ele e leva duas pistolas e dois punhais, pois, se o tiro falhar, os dois punhais poderão servir para vazar-lhes o coração ao mesmo tempo. Abraçam-se pela última vez; aos gatilhos das pistolas estavam atadas fitas cor-de-rosa; o enamorado segura a fita da pistola da namorada; ela segura a fita da pistola do enamorado. Ambos atiram quando um sinal é dado, ambos caem no mesmo instante.

A cidade inteira de Lyon é testemunha disso. Árria e Petus, vós destes o exemplo; mas estáveis condenados por um tirano, ao passo que só o amor imolou essas duas vítimas. Fizeram-lhes este epitáfio

> *A votre sang mêlons nos pleurs,*
> *Attendrissons-nous d'âge en âge*
> *Sur vos amours et vos malheurs;*
> *Mais admirons votre courage.*
> [A vosso sangue unamos nosso pranto,
> Enternecendo-nos de era em era
> Com vosso amor e vossa desdita;
> Mas admiremos vossa coragem.]

Das leis contra o suicídio

Haverá alguma lei civil ou religiosa que declare que é proibido matar-se, sob pena de ser enforcado depois de morto, ou sob pena de ter a alma danada?

É verdade que Virgílio disse:

> *Proxima deinde tenent moesti loca, qui sibi lethum*
> *Insontes peperere manu, lucemque perosi*
> *Projecere animas. Quam vellent œthere in alto*
> *Nunc et pauperiem et duros perferre labores!*
> *Fata obstant, tristique palus innabilis unda*
> *Alligat, et novies Styx interfusa coercet.*
> (VIRGÍLIO, *Eneida*, liv. VI, vv. 434 ss.)

> *Là sont ces insensés, qui, d'un bras téméraire,*
> *Ont cherché dans la mort un secours volontaire,*
> *Qui n'ont pu supporter, faibles et furieux,*
> *Le fardeau de la vie imposé par les dieux.*
> *Hélas! ils voudraient tous se rendre à la lumière,*
> *Recommencer cent fois leur pénible carrière:*
> *Ils regrettent la vie, ils pleurent; et le sort,*
> *Le sort, pour les punir, les retient dans la mort;*
> *L'abîme du Cocyte, et l'Achéron terrible*
> *Met entre eux et la vie un obstacle invincible.*
> [Lá estão os insensatos, que, com mão temerária,
> Buscaram na morte um socorro voluntário,
> Que não suportaram – fracos e furiosos –
> O fardo da vida imposta pelos deuses.
> Queriam todos encontrar a luz,
> Recomeçar cem vezes seu penoso trajeto:
> Sentem falta da vida, choram; e o fado

O fado, a puni-los, os retém na morte;
O abismo de Cocito e o Aqueronte terrível
Põem entre eles e a vida um obstáculo invencível.]

Era essa a religião de alguns pagãos; e, apesar dos problemas que seriam encontrados no outro mundo, era uma honra abandonar este e matar-se, tão contraditórios são os costumes dos homens. Entre nós, o duelo, infelizmente, não é ainda honroso, embora proibido pela razão, pela religião e por todas as leis? Se Catão e César, Antônio e Augusto não se bateram em duelo, não foi por não serem tão bravos como nossos franceses. Se o duque de Montmorency, o marechal de Marillac, de Thou, Cinq-Mars e tantos outros preferiram ser carregados ao último suplício numa carroça, como salteadores de estrada, a matar-se como Catão e Brutus, não foi por não terem tanta coragem quanto aqueles romanos e por não terem aquilo que se chama *honra*. A verdadeira razão é que então não era moda em Paris matar-se em casos semelhantes, e essa moda vigorava em Roma.

As mulheres da costa de Malabar atiram-se vivas na pira dos maridos: terão mais coragem que Cornélia? Não, mas o costume naquele país é que as mulheres se queimem vivas.

Coutume, opinion, reines de notre sort,
Vous réglez des mortels et la vie et la mort.
[Costume, opinião, rainhas de nossa sorte
Regulais dos mortais a vida e a morte.]

No Japão, quando um homem honrado é ultrajado por outro homem honrado, é costume que ele se abra a barriga diante do inimigo, dizendo-lhe: "Faz o mesmo se tens coragem." O agressor ficará desonrado para sempre se não mergulhar, imediatamente, um facão na barriga.

A única religião na qual o suicídio é proibido por lei clara e positiva é o maometismo. Diz a sura IV: "Não vos mateis vós mesmos, pois Deus é misericordioso convosco; e quem se matar por malícia e maldade sem dúvida queimará no fogo do inferno."

Traduzimos palavra por palavra. O texto parece não ter sentido comum, o que não é raro nos textos. Que quer dizer "Não vos mateis vós mesmos, pois Deus é misericordioso"? Talvez se deva entender: Não sucumbais às vossas dores, que Deus pode amenizar; não cometais a loucura de vos matar hoje, porque podeis ser felizes amanhã.

"E quem se mata por malícia e por maldade." Isso é mais difícil explicar. Na antiguidade, a *Fedra* de Eurípides talvez seja o único exemplo de alguém que se tivesse enforcado de propósito, para levar Teseu a acreditar que Hipólito a violara. Em nossos dias, um homem deu-se um tiro na cabeça, depois de arranjar tudo para que as suspeitas recaíssem sobre outro.

Na comédia de George Dandin, a desavergonhada com quem ele se casou ameaça-o de matar-se para que ele seja enforcado. São casos raros: se Maomé os previu, pode-se dizer que enxergava longe.

DECRETAIS (Décretales)

Cartas papais que regulamentam os pontos de doutrina ou disciplina, com força de lei na Igreja latina

Além das decretais verdadeiras, coligidas por Dionísio, o Pequeno, há uma coletânea de falsas, cujo autor é desconhecido; também se desconhece a época. Foi um arcebispo de Mogúncia, chamado Riculfo, que a divulgou na França, em fins do século VIII; ele também levara a Worms uma epístola do papa Gregório, da qual não se ouvira falar; mas disso não ficou vestígio algum, ao passo que as falsas decretais tiveram, como veremos, enorme sucesso durante oito séculos.

Essa coletânea tem o nome de Isidoro Mercator e encerra um número infinito de decretais falsamente atribuídas aos papas desde Clemente I até Sirício, a falsa doação de Constantino, o concílio de Roma no papado de Silvestre, a carta de Atanásio a Marcos, a de Anastácio aos bispos da Germânia e de Borgonha, a de Sixto III aos orientais, a de Leão I sobre os privilégios dos corepíscopos, a de João I ao arcebispo Zacarias, uma de Bonifácio II a Eulália de Alexandria, uma de João III aos bispos da França e de Borgonha, uma de Gregório, contendo um privilégio do mosteiro de Saint-Médard, uma dele a Félix, bispo de Messina, e várias outras.

O objetivo do autor foi ampliar a autoridade do papa e dos bispos. Nesse sentido, estabeleceu-se que os bispos só podem ser julgados definitivamente pelo papa; e repete com frequência a máxima de que não só qualquer bispo, como também qualquer padre, e, em geral, qualquer pessoa oprimida, pode em qualquer circunstância recorrer diretamente ao papa. Afirma também como princípio incontestável que não se pode realizar nenhum concílio, nem mesmo provincial, sem a permissão do papa.

Como essas decretais favoreciam a impunidade dos bispos e, mais ainda, as pretensões ambiciosas dos papas, todos eles se apressaram a adotá-las. Em 861, Rotade, bispo de Soissons, ao ser privado da comunhão episcopal num concílio provincial, devido a uma desobediência, recorre ao papa. Hincmar de Reims, seu metropolitano, apesar desse recurso, faz que ele seja deposto em outro concílio, pretextando que depois daquilo ele havia renunciado ao recurso e se submetera ao julgamento dos bispos.

O papa Nicolau I, informado do caso, escreveu a Hincmar e repreendeu sua conduta. Disse ele: "Devíeis honrar a memória de são Pedro e esperar nosso julgamento, mesmo que Rotade não tivesse recorrido." E, em outra carta sobre o mesmo assunto, ameaça Hincmar de excomunhão caso não reabilite Rotade. Aquele papa fez mais ainda. Quando Rotade foi a Roma, declarou-o absolvido num concílio ocorrido na véspera de Natal, em 864, e o mandou de volta à sua sede com cartas. A carta que ele dirige a todos os bispos das Gálias é digna de nota:

"O que dizeis é absurdo, que Rotade, depois de recorrer à Santa Sé, mudou de linguagem para se submeter de novo a vosso julgamento. Mesmo que o tivesse feito, deveríeis corrigi-lo e ensinar-lhe que não se recorre de um juiz superior a um inferior. Mas, ainda que ele não tivesse recorrido à Santa Sé, não deveríeis, de modo algum, depor um bispo sem nossa participação, em *prejuízo de tantas decretais de nossos predecessores*: pois, se com base no juízo deles são aprovados ou rejeitados os escritos dos outros doutores, muito mais se deve respeitar aquilo que eles escreveram para decidir sobre a doutrina ou a disciplina! Alguns vos dizem que essas decretais não estão no código dos cânones; no entanto, quando esses mesmos as acham favoráveis a suas intenções, utilizam-nas sem distinção e só as rejeitam para diminuir o poder da Santa Sé; pois, se for para rejeitar as decretais dos antigos papas porque não estão no código dos cânones, será preciso rejeitar os escritos de são Gregório e dos outros Padres, e até mesmo as Santas Escrituras."

E continua o papa: "Dizeis que os julgamentos dos bispos não são causas maiores; afirmamos que são maiores porque os bispos ocupam posição maior na Igreja. Direis que apenas as causas dos metropolitanos são maiores? Mas eles não são de ordem diferente dos bispos, e não exigimos testemunhas ou juízes de outra qualidade para uns e para outros: por isso é que desejamos que as causas de uns e de outros nos sejam reservadas. E depois, haverá alguém suficientemente insensato para dizer que é preciso conservar os privilégios de todas as Igrejas, e que só a Igreja romana deve perder os seus?" E conclui, ordenando-lhes que acolham Rotade e o reabilitem.

O papa Adriano II, sucessor de Nicolau I, não parece menos zeloso num caso semelhante, de Hincmar de Laon. Aquele prelado se tornara odioso para o clero e para o povo de sua diocese devido às suas injustiças e violências. Acusado no concílio de Verberie, em 869, presidido por Hincmar de Reims, seu tio e metropolitano, recorreu ao papa e pediu permissão para ir a Roma: esta lhe foi recusada. Apenas se suspendeu o procedimento, e não se passou adiante. Mas, com base em novos motivos de queixas recebidas contra ele pelo rei Carlos, o Calvo, e por Hincmar de Reims, ele foi citado no concílio de Attigny, ao qual compareceu, para logo depois fugir; em seguida, foi citado no concílio de Douzy, onde reiterou seu recurso e foi deposto. O concílio escreveu ao papa uma carta sinodal em 6 de setembro de 871, para pedir-lhe a homologação dos atos que lhe enviava; e, em vez de aquiescer ao julgamento do concílio, Adriano reprovou em termos veementes a condenação de Hincmar, afirmando que, se Hincmar de Laon protestava no concílio que queria defender-se perante a Santa Sé, não se deveria pronunciar nenhuma condenação contra ele. Esses são os termos daquele papa em sua carta aos bispos do concílio e na carta que escreveu ao rei.

Vejamos a vigorosa resposta que Carlos mandou a Adriano: "Vossas cartas dizem: 'Queremos e ordenamos, pela autoridade apostólica, que Hincmar de Laon compareça a Roma, perante nós, apoiado por vosso poder.' Admira-nos que o autor dessa carta tenha concluído que um rei, obrigado a corrigir os malvados e a punir os crimes, deva enviar a Roma um culpado condenado segundo as regras, sobretudo porque, antes de sua deposição, ele foi acusado em três concílios de ações contrárias ao sossego público e, depois de sua deposição, perseverou na desobediência.

"Somos obrigados a escrever também que nós outros reis da França, nascidos de estirpe real, não fomos considerados até o presente como lugares-tenentes de bispos, mas como senhores da terra. E, como dizem são Leão e o concílio romano, os reis e os imperadores que Deus estabeleceu para ter o comando da terra permitiram que os bispos dirimissem suas causas de acordo com suas regulamentações, mas não foram ecônomos dos bispos, e, se folheardes os registros de vossos predecessores, vereis que eles não escreveram aos nossos como acabais de nos escrever."

Em seguida, transcreve duas cartas de são Gregório para mostrar a modéstia com que ele escrevia não só aos reis da França, como também aos exarcas da Itália. E conclui: "Finalmente, peço-vos não mais enviar-me, a mim e aos bispos de meu reino, tais cartas, para que possamos sempre dedicar-lhe a honra e o respeito que lhes convêm." Os bispos do concílio de Douzy responderam ao papa mais ou menos no mesmo tom; e, embora não tenhamos a carta inteira, parece que queriam provar que o recurso de Hincmar não devia ser julgado em Roma, mas na França por juízes delegados em conformidade com os cânones do concílio de Sárdica.

Esses dois exemplos bastam para mostrar como os papas estendiam sua jurisdição, favorecidos por aquelas falsas decretais. E Hincmar de Reims, embora objetasse a Adriano que, não estando transcritas no código canônico, tais decretais não podiam subverter a disciplina estabelecida pelos cânones (o que provocou sua acusação perante o papa João VIII, de não acatar as decretais dos papas), não deixou de mencionar pessoalmente aquelas decretais em suas cartas e em outros opúsculos. Seu exemplo foi seguido por vários bispos. De início foram admitidas aquelas que não eram contrárias aos cânones mais recentes; em seguida, esses escrúpulos se tornaram ainda menores.

Os próprios concílios as usaram. Assim, no concílio de Reims, realizado no ano de 992, os bispos usaram decretais de Anacleto, Júlio, Damásio e outros papas, na causa de Arnoldo. Os concílios seguintes imitaram o de Reims. Os papas Gregório VII, Urbano II, Pascoal II, Urbano III e Alexandre III defenderam os princípios que nelas liam, convencidos de que aquela era a disciplina dos bons tempos da Igreja. Por fim, os compiladores dos cânones, Bucardo de Worms, Ivo de Chartres e Graciano, encheram sua coleção com elas. Quando se começou a ensinar e a comentar publicamente o decreto nas escolas, todos os teólogos polêmicos e escolásticos, bem como todos os intérpretes do direito canônico, empregaram copiosamente aquelas falsas decretais para confirmar os dogmas católicos ou estabelecer a disciplina, enchendo com elas as suas obras.

Foi só no século XVI que surgiram as primeiras suspeitas sobre sua autenticidade. Erasmo e outros duvidaram delas; vejamos quais foram os seus fundamentos:

1º As decretais transcritas na coletânea de Isidoro não estão na de Dionísio, o Pequeno, que só começou a citar as decretais dos papas em Sirício. No entanto, ele nos informa que tomou extremo cuidado ao coligi-las. Assim, elas não poderiam ter-lhe escapado, se existissem nos arquivos da Igreja de Roma, onde ele tinha permanência. Elas foram desconhecidas da Igreja romana, à qual eram favoráveis, e também de toda a Igreja. Os padres e os concílios dos oito primeiros séculos não fizeram nenhuma menção a elas. Ora, como coadunar silêncio tão unânime com sua autenticidade?

2º Essas decretais não têm nenhuma relação com o estado das coisas nos tempos em que se supõe que foram escritas. Nelas não se diz nenhuma palavra sobre os hereges dos três primeiros séculos, nem das outras questões da Igreja, das quais estão cheias as verdadeiras obras de então, o que prova que foram forjadas posteriormente.

3º Suas datas são quase todas falsas. Seu autor, em geral, segue a cronologia do livro pontifical, que, conforme admite Barônio, é muito errônea. Esse é um indício importante de que essa coleção só foi composta depois do livro pontifical.

4º Essas decretais, em todas as citações dos trechos da Escritura, empregam a versão chamada da *Vulgata*, feita ou pelo menos revista e corrigida por são Jerônimo; portanto, são mais recentes que são Jerônimo.

5º Por fim, estão todas escritas num mesmo estilo, que é muito bárbaro e, nesse aspecto, condizente com a ignorância do século VIII; ora, não é verossímil que todos os diferentes papas cujos nomes ostentam tenham tal uniformidade de estilo. Pode-se concluir com segurança que todas essas decretais são de um mesmo punho.

Além dessas razões gerais, cada uma das peças que compõem a coletânea de Isidoro contém em si marcas de falsificação próprias, nenhuma das quais escapou à crítica severa de David Blondel, a quem devemos, principalmente, a clareza que hoje temos sobre essa compilação, que é apenas chamada de *falsas decretais*; mas nem por isso os usos por elas introduzidos deixam de subsistir numa parte da Europa.

DEFLORAÇÃO (Défloration)

Parece que o *Dicionário enciclopédico*, no verbete Defloração, dá a entender que, segundo as leis romanas, não se permitia a execução de uma virgem, a menos que antes ela fosse privada de sua virgindade. Deu-se como exemplo a filha de Sejano, que o carrasco violou na prisão antes de estrangular, para não se expor a censuras por ter estrangulado uma virgem e para atender à lei.

Primeiramente, Tácito não diz que a lei ordenava que nunca se executassem virgens. Tal lei nunca existiu, e, se uma moça de vinte anos, virgem ou não, tivesse cometido um crime capital, teria sido punida tal qual uma velha casada; mas a lei ditava que as crianças não fossem punidas com a morte porque se acreditava que eram incapazes de cometer crimes.

A filha de Sejano era criança, assim como seu irmão, e, se ficaram nas mãos do carrasco devido à barbárie de Tibério e à covardia do senado, isso contrariou todas as leis. Tais horrores não teriam sido cometidos no tempo dos Cipiões e de Catão, o censor. Cícero não teria mandado matar uma filha de Catilina, de sete ou oito anos. Só mesmo Tibério e seu senado poderiam ter assim ultrajado a natureza. O carrasco que cometeu os dois crimes abomináveis de deflorar uma menina de oito anos e depois a estrangular merecia ser um dos favoritos de Tibério.

Felizmente, Tácito não diz que essa execrável execução é verdadeira; diz que a contam, *tradunt*; e deve-se observar bem que ele não diz que a lei proibia infligir a pena capital a uma virgem; diz apenas que a coisa era inaudita, *inauditum*. Que livro imenso poderia ser composto de todos os fatos nos quais se acredita e dos quais se deveria duvidar!

DEJEÇÃO (Déjection)

Excrementos; sua relação com o corpo do homem, com suas ideias e suas paixões

O homem nunca pôde produzir com sua arte nada do que a natureza faz. Ele acreditou que faria ouro e nunca conseguiu fazer nem sequer lama, embora dela seja feito. Mostraram-nos um pato artificial que sabia andar, bicar, mas não conseguiram fazê-lo digerir e formar verdadeiras dejeções.

Que arte poderia produzir uma matéria que, depois de ser preparada pelas glândulas salivares, pelo suco gástrico, pela bile hepática e pelo suco pancreático, depois de formar a caminho um quilo que se transformou em sangue, torna-se por fim esse composto fétido e pútrido que sai pelo reto graças à espantosa força dos músculos?

Sem dúvida existe tanta indústria e poder na formação dessa dejeção repugnante à visão e na preparação dos condutos que servem à sua saída quanto na produção da semente que deu origem a Alexandre, Virgílio e Newton, bem como aos olhos com os quais Galileu viu novos céus. A descarga desses excrementos é tão necessária à vida como a alimentação.

O mesmo artifício os prepara, impele e evacua no homem e nos animais.

Espanta-nos que o homem, com todo o seu orgulho, nasça entre a matéria fecal e a urina, pois essas partes de si mesmo, com maior ou menor grau de elaboração, expulsão ou putrefação, decidem seu caráter e a maioria das ações de sua vida.

Sua merda começa a formar-se no duodeno quando os alimentos saem de seu estômago e se impregnam da bile de seu fígado. Quando ele tem uma diarreia, fica lânguido e pacato, falta-lhe força para ser malvado. Se estiver com prisão de ventre, então as fezes e os enxofres de sua merda introduzem-se no quilo, carregam a acrimônia para o sangue e muitas vezes fornecem ideias atrozes a seu cérebro. Tal homem (e o número deles é grande) só terá cometido crimes devido à acrimônia de seu sangue, que só provém de seus excrementos, pelos quais esse sangue é alterado.

Ó homem, que ousas dizer-te imagem de Deus, dize-me se Deus come e se tem um intestino reto!

Tu, imagem de Deus! E teu coração e teu espírito dependem de excrementos!

Tu, imagem de Deus sobre tua latrina! O primeiro que disse essa impertinência proferiu-a como um ato de extrema burrice ou de extremo orgulho?

Mais de um pensador (como vereis alhures) duvidou de que uma alma imaterial e imortal pudesse vir, sabe-se lá de onde, alojar-se, mesmo que por pouco tempo, entre matéria fecal e urina.

Perguntam eles: que temos nós mais que os animais? Mais ideias, mais memória, a fala e duas mãos hábeis. Quem nos deu tais coisas? Aquele que dá asas aos pássaros e escamas aos peixes. Se somos suas criaturas, como podemos ser sua imagem?

Respondemos a esses filósofos que somos imagem de Deus apenas pelo pensamento. Eles nos replicam que o pensamento é um dom de Deus, que não é, de modo algum, sua pintura; e que nós não somos imagens de Deus de modo algum. Nós os deixamos falar e nos remetemos aos senhores da Sorbonne.

Vários animais comem nossos excrementos, e nós comemos os de vários animais, como tordos, galinholas, verdelhas e calhandras.

Veja-se no verbete Ezequiel por que o Senhor lhe ordenou que comesse merda no pão e depois se limitou a bosta de vaca.

Nós conhecemos o tesoureiro Paparel, que comia as dejeções das vacas leiteiras, mas esse caso é raro, e é o caso em que gosto não se discute.

DELITOS LOCAIS (Délits locaux)

Se percorrermos toda a terra, veremos que o roubo, o assassinato, o adultério e a calúnia são vistos como delitos condenados e reprimidos pela sociedade; mas o que é aprovado na Inglaterra e condenado na Itália deverá ser punido na Itália como um dos atentados contra a humanidade inteira? É isso o que chamo delito local. O que só é criminoso no território cercado por algumas montanhas, ou entre dois rios, não exigirá dos juízes mais indulgência do que os atentados que causam horror a todos os países? Acaso o juiz não deveria dizer a si mesmo: não ousaria punir em Ragusa o que puno em Loreto? Essa reflexão não deveria abrandar em seu coração a dureza que não é nada difícil contrair no longo exercício de seu trabalho?

Todos conhecem as quermesses de Flandres: no século passado chegavam a ostentar uma indecência que revoltaria olhares desacostumados a tais espetáculos.

Vejamos como se festejava o Natal em algumas cidades. Primeiramente, aparecia um jovem seminu, com asas nas costas, que recitava a *Ave Maria* enquanto uma jovem lhe respondia *fiat*; o anjo então a beijava na boca e, em seguida, uma criança fechada dentro de um grande galo de papelão gritava imitando o canto do galo: *Puer natus est nobis*. Um grande boi, mugindo, dizia *ubi*; uma ovelha balia gritando *Belém*. Um asno gritava *hihanus*, para significar *eamus*; uma longa procissão, precedida de quatro bobos com guizos e cetros, detinha a marcha. Ainda hoje restam vestígios dessas devoções populares, que povos mais instruídos tomariam por profanação. Um suíço de mau humor, talvez mais bêbado do que quem desempenhava o papel de boi e de asno, começou a discutir com eles em Lovaina; houve pancadaria: quiseram enforcar o suíço, que escapou por um triz.

O mesmo homem teve violenta briga em Haia, na Holanda, por ter assumido a defesa de Barnaveldt contra um gomarista[8] extremado. Foi preso em Amsterdam por ter dito que os padres são o flagelo da humanidade e a fonte de todos os nossos males. "Mas como! – dizia ele; se a gente acredita que as boas obras podem servir para a salvação da alma, vai para a prisão; se zomba de um galo e de um asno, pode ir para a forca." Essa aventura, por mais burlesca que seja, mostra que podemos ser repreendidos em um ou dois pontos de nosso hemisfério e ser absolutamente inocentes no resto do mundo.

DEMOCRACIA (Démocratie)

O pior dos estados é o estado popular.

Cina assim se explica a Augusto. Mas Máximo também afirma que:

O pior dos estados é o estado monárquico.

Bayle, que mais de uma vez, em seu *Dicionário*, defendeu e atacou, no verbete Péricles pinta um retrato medonho da democracia, sobretudo da de Atenas.

Um republicano, grande amante da democracia, que é um de nossos colaboradores nas "questões", envia-nos sua refutação a Bayle e sua apologia de Atenas. Exporemos suas razões. É privilégio de quem quer que escreva julgar os vivos e os mortos; mas nós mesmos somos julgados por outros, que, por sua vez, também serão julgados; e, de século em século, todas as sentenças são reformadas.

---

8. Corrente teológica do calvinismo holandês, defensora da predestinação (de F. Gomar). (N. da T.)

Bayle, portanto, depois de alguns lugares-comuns, diz exatamente estas palavras: "Procuraríamos em vão na história da Macedônia tanta tirania quanto a que nos mostra a história de Atenas."

Talvez Bayle estivesse descontente com a Holanda quando escreveu isso; e provavelmente meu republicano, que o refuta, está contente com sua cidadezinha democrática, *por ora*.

É difícil pesar numa balança precisa as iniquidades da república de Atenas e as da corte de Macedônia. Ainda hoje censuramos os atenienses por terem banido Címon, Aristides, Temístocles e Alcibíades, por terem condenado à morte Fócion e Sócrates, sentenças estas que assemelham as de alguns de nossos tribunais absurdos e cruéis.

Enfim o que não perdoamos nos atenienses é a morte de seus seis generais vitoriosos, condenados por não terem tido tempo de enterrar seus mortos após a vitória, e por terem sido impedidos de fazê-lo por uma tempestade. Essa sentença, ao mesmo tempo ridícula e bárbara, contém tal caráter de superstição e ingratidão, que as da Inquisição, as que foram proferidas contra Urbain Grandier e contra a marechala de Ancre[9], contra Morin, contra tantos bruxos etc., não são inépcias mais atrozes.

Para desculpar os atenienses, não adianta dizer que, de acordo com Homero, eles acreditavam que as almas dos mortos continuavam errantes para sempre, caso não recebessem as honras da sepultura ou da pira: uma tolice não justifica uma barbárie.

Grande mal, se as almas de alguns gregos ficassem passeando uma semana ou duas à beira do mar! O mal é entregar os vivos ao carrasco, vivos que vos deram a vitória numa batalha, vivos que deveríeis agradecer de joelhos.

Eis aí então os atenienses condenados por terem sido os mais tolos e bárbaros juízes da terra.

Mas agora é preciso pôr na balança os crimes da corte de Macedônia; veremos que essa corte superou de longe Atenas em matéria de tirania e violência.

Em geral não há comparação que se possa fazer entre os crimes dos grandes, que são sempre ambiciosos, e os crimes do povo, que não quer e não pode querer nada além de liberdade e igualdade. Esses dois sentimentos, *liberdade* e *igualdade*, não conduzem diretamente à calúnia, à rapina, ao assassinato, ao envenenamento, à devastação das terras vizinhas etc., mas a grandeza ambiciosa e a febre de poder levam a todos esses crimes em todos os tempos e em todos os lugares.

Vê-se nessa Macedônia, cuja virtude Bayle opõe à de Atenas, um tecido de crimes assustadores durante duzentos anos seguidos.

É Ptolomeu, tio de Alexandre, o Grande, assassinando seu irmão Alexandre para usurpar o reino.

É Filipe, seu irmão, passando a vida a enganar e a violar, e acabando por ser apunhalado por Pausânias.

Olimpíade manda jogar a rainha Cleópatra e seu filho numa tina de bronze fervente. Ela assassina Arideu.

Antígona assassina Êumenes.

Antígono Gonatas, seu filho, envenena o governador da cidadela de Corinto, casa-se com sua viúva, que depois expulsa para apoderar-se da cidadela.

Filipe, seu neto, envenena Demétrio e conspurca toda a Macedônia com assassinatos.

Perseu mata a mulher com suas próprias mãos e envenena o irmão.

Essas perfídias e essas barbáries são famosas na história.

Assim, portanto, durante dois séculos, o furor do despotismo faz da Macedônia o teatro de todos os crimes; e, no mesmo espaço de tempo, vemos o governo popular de Atenas macular-se com cinco ou seis iniquidades judiciárias, cinco ou seis sentenças atrozes, de que o povo sempre se arrependeu, corrigindo-as honradamente. Esse povo pediu perdão a Sócrates depois de sua morte e erigiu-lhe o pequeno templo de *Socrateion*. Pediu perdão a Fócion e erigiu-lhe uma estátua.

---

9. Leonora Galigai, mulher de Concini. (N. da T.)

Pediu perdão aos seis generais condenados de maneira tão ridícula e executados com tanta indignidade. Puseram a ferros o principal acusador, que escapou por um triz da vingança pública. O povo ateniense era, portanto, bom e leviano por natureza. Naquele Estado despótico alguma vez se chorou assim a injustiça de suas sentenças precipitadas?

Bayle, portanto, está errado dessa vez; meu republicano, pois, tem razão. O governo popular, portanto, é em si mesmo menos iníquo, menos abominável que o poder tirânico.

O grande vício da democracia não é certamente a tirania e a crueldade: houve republicanos rudes, selvagens e ferozes; mas não foi o espírito republicano que os fez assim: foi a natureza. A América do Norte era toda de repúblicas. Eram uns ursos.

O verdadeiro vício de uma república civilizada está na fábula turca do dragão de várias cabeças e do dragão de várias caudas. A multidão de cabeças se prejudica, e a multidão de caudas obedece a uma só cabeça que quer devorar tudo.

A democracia parece convir apenas a pequeníssimos países, e ainda assim é preciso que em situação muito propícia. Por menor que seja, cometerá muitos erros, porque será composto de homens. Nele, a discórdia reinará como num convento de monges; mas não haverá noites de São Bartolomeu nem massacres da Irlanda, nem vésperas sicilianas, nem Inquisição, nem condenação às galés por pegar água no mar sem pagar, a menos que se suponha essa república composta de diabos, num recanto do inferno.

Depois de tomar o partido de meu suíço contra o ambidestro Bayle, acrescento:

Que os atenienses foram guerreiros como os suíços e polidos como os parisienses do tempo de Luís XIV;

Que foram bem-sucedidos em todas as artes que exigem gênio e habilidade, tal como os florentinos do tempo dos Médici;

Que foram os mestres dos romanos nas ciências e na eloquência, mesmo no tempo de Cícero;

Que aquele pequeno povo, que mal tinha um território e hoje não passa de um bando de escravos ignorantes, cem vezes menos numerosos que os judeus, que perdeu até o nome, sobrepuja o romano graças à sua antiga reputação que triunfa sobre os séculos e sobre a escravidão.

A Europa viu uma república dez vezes menor que Atenas atrair as atenções durante cento e cinquenta anos, pôr o seu nome ao lado do nome de Roma (no tempo em que Roma ainda comandava os reis), condenar um Henrique soberano da França enquanto absolvia e fustigava outro Henrique, o primeiro homem de seu século; foi no próprio tempo em que Veneza conservava seu antigo esplendor, e a nova república das sete Províncias Unidas surpreendia a Europa e as Índias com seu império e seu comércio.

Esse formigueiro imperceptível não pôde ser esmagado pelo rei demônio do Sul e dominador dos dois mundos, nem pelas intrigas do Vaticano, que moviam os cordéis de metade da Europa. Resistiu pela palavra e pelas armas; e com a ajuda de um picardo que escrevia e de um pequeno número de suíços que combatia, ela afirmou-se, triunfou; pôde dizer *Roma e eu*. Manteve todos os espíritos divididos entre os ricos pontífices sucessores dos Cipiões, *Romanos rerum dominos*, e os pobres habitantes de um rincão de terra por muito tempo ignorado no país da pobreza e do bócio.

Tratava-se então de saber como a Europa pensaria sobre questões que ninguém entendia. Era a guerra do espírito humano. Houve Calvinos, Bèzes, Turretinos, para seus Demóstenes, Platões e Aristóteles.

Reconhecido finalmente o absurdo da maioria das questões de controvérsia que mantinha a Europa atenta, a pequena república voltou-se para o que parece sólido, a aquisição de riquezas. O sistema de *Lass*, mais quimérico e não menos funesto que os dos supralapsários e dos infralapsários[10], fez que enveredassem pela aritmética aqueles que já não conseguiam nomeada em teomoria. Ficaram ricos e não foram mais nada.

---

10. Segundo os supralapsários, a vontade de Deus intervém ativamente para a eleição e a danação; segundo os infralapsários, intervém apenas para a eleição. (N. da T.)

Acredita-se que hoje só haja repúblicas na Europa. Pode ser que me engane, mas creio que disse isso também em algum lugar; teria sido uma grande inadvertência. Os espanhóis encontraram na América a república de Tlascala, muito bem estabelecida. Tudo o que não foi subjugado naquela parte do mundo ainda é república. Só havia em todo o continente dois reinos, quando ele foi descoberto; e isso poderia muito bem provar que o governo republicano é mais natural. É preciso ter-se refinado bem e ter passado por muitas provas, para submeter-se ao governo de um só.

Na África, os hotentotes, os cafres e vários povoados de negros são democracias. Afirma-se que os países onde se vendem mais negros são governados por reis. Trípoli, Tunísia e Argélia são repúblicas de soldados e de piratas. Hoje em dia há outras semelhantes na Índia: os maratas, várias hordas de patanas e os siques não têm reis: elegem chefes quando vão pilhar.

São assim também várias sociedades de tártaros. O próprio império turco foi por muito tempo uma república de janízaros que frequentemente estrangulavam seu sultão quando seu sultão não os mandava dizimar.

Todos os dias se pergunta se um governo republicano é preferível ao de um rei. Os que discutem acabam sempre concordando que é muito difícil governar os homens. Os judeus tiveram Deus mesmo por senhor; vede o que lhes aconteceu: foram quase sempre vencidos e tornaram-se escravos; não achais que hoje fazem bela figura?

DESTINO (Destin)

De todos os livros do ocidente que chegaram até nós, o mais antigo é Homero; é lá que encontramos os costumes da antiguidade profana, heróis grosseiros, deuses grosseiros feitos à imagem do homem; mas é lá que, entre fantasias e inconsequências, encontramos também as sementes da filosofia e sobretudo a ideia de destino, que é senhor dos deuses, assim como os deuses são senhores do mundo.

Quando o magnânimo Heitor quer absolutamente combater o magnânimo Aquiles e, para isso, põe-se a correr com todas as suas forças e dá três voltas na cidade antes de combater, para ter mais vigor; quando Homero compara Aquiles de pés ligeiros, que o persegue, a um homem adormecido; quando a sra. Dacier[11] se extasia de admiração pela arte e pelo grande sentido desse trecho, então Júpiter quer salvar o grande Heitor, que lhe fez tantos sacrifícios, e consulta os destinos; pesa numa balança o destino de Heitor e o de Aquiles[12]: descobre que o troiano deve absolutamente ser morto pelo grego; não pode opor-se a isso, e, a partir desse momento, Apolo, gênio guardião de Heitor, é obrigado a abandoná-lo. Não é que Homero deixe de expressar, sobretudo nesse mesmo lugar, ideias totalmente contrárias, segundo o privilégio de antiguidade, mas, afinal, é ele o primeiro em quem se encontra a noção de destino. Esta, portanto, estava muito em voga no seu tempo.

Os fariseus, pertencentes ao pequeno povo judeu, só adotaram o destino vários séculos depois, visto que esses fariseus, que foram os primeiros letrados entre os judeus, eram muito novos. Em Alexandria, misturaram uma parte dos dogmas dos estoicos às antigas ideias judias. São Jerônimo chega a afirmar que a seita deles não é muito anterior à nossa era vulgar.

Os filósofos nunca precisaram de Homero nem dos fariseus para se convencerem de que tudo se faz por meio de leis imutáveis, de que tudo já está disposto, de que tudo é um efeito necessário. Vejamos como raciocinam.

Ou o mundo subsiste por sua própria natureza, por suas leis físicas, ou um ser supremo o formou de acordo com suas leis supremas: num e noutro caso, essas leis são imutáveis; num e

---

11. Tradutora de Homero no início do século XVIII. (N. da T.)
12. *Ilíada*, liv. XXII. (N. de Voltaire)

noutro caso, tudo é necessário; os corpos pesados tendem para o centro da Terra, sem poder tender a descansar no ar. As pereiras nunca podem dar abacaxis. O instinto de um *spaniel* não pode ser o instinto de um avestruz; tudo está disposto, engrenado e limitado.

O homem só pode ter certo número de dentes, de cabelos e de ideias; chega um tempo em que ele perde necessariamente os dentes, os cabelos e as ideias.

É contraditório que o que foi ontem não tenha sido, que o que é hoje não seja; é também contraditório que o que deve ser possa não dever ser.

Se pudesses desorganizar o destino de uma mosca, não haveria nenhuma razão que pudesse impedir-te de fazer o destino de todas as outras moscas, de todos os outros animais, de todos os homens, de toda a natureza; serias, no fim das contas, mais poderoso que Deus.

Alguns imbecis dizem: Meu médico salvou minha tia de uma doença mortal; permitiu que minha tia vivesse dez anos a mais do que deveria viver. Outros, bancando os capazes, dizem: O homem prudente faz seu próprio destino.

Nullum numen abest, si sit prudentia, sed te
Nos facimus, fortuna, deam, coeloque locamus.
[A fortuna nada é; em vão a adoramos.
A prudência é o deus que devemos implorar.]
(Juvenal, *Sát.* X, v. 365)

Mas muitas vezes o prudente sucumbe a seu destino, em vez de fazê-lo: é o destino quem faz os prudentes.

Profundos estudiosos de política garantem que, se Cromwell, Ludlow, Ireton e mais uns dez parlamentares tivessem sido assassinados oito dias antes de cortarem a cabeça a Carlos I, esse rei poderia ter continuado vivo e morrer na cama: têm razão; podem acrescentar também que, se toda a Inglaterra tivesse sido engolida pelo mar, esse monarca não teria perecido num cadafalso ao lado de Whitehall, ou sala branca; mas as coisas estavam dispostas de tal modo que Carlos devia ter o pescoço cortado.

O cardeal de Ossat certamente era mais prudente que um louco de manicômio, mas não será evidente que os órgãos do douto Ossat eram feitos diferentemente dos de um tresloucado? Assim como os órgãos de uma raposa são diferentes dos de um grou e de uma calhandra.

Teu médico salvou-te a tia, mas certamente nisso não contradisse a ordem da natureza: seguiu-a. Está claro que tua tia não podia evitar nascer em dada cidade, que não podia evitar ter em dado tempo certa doença, que o médico não podia estar em outra cidade que não fosse aquela em que estava, que tua tia devia chamá-lo, que ele devia prescrever-lhe as drogas que a curaram, ou que se acreditou que a curaram, quando a natureza foi seu único médico.

Um camponês acredita que o granizo caiu por acaso sobre sua lavoura, mas o filósofo sabe que não há acaso, e que, pela constituição deste mundo, era impossível que não caísse granizo naquele dia e naquele lugar.

Há gente que, apavorada com essa verdade, concorda com ela pela metade, assim como os devedores que oferecem metade do que devem a seus credores e pedem mora do restante. Tais pessoas dizem que há acontecimentos necessários e outros que não o são. Seria engraçado se uma parte deste mundo fosse previamente disposta e outra não; que uma parte do que acontece tivesse de acontecer, e outra parte do que acontece não tivesse de acontecer. Quando olhamos de perto, vemos que a doutrina contrária à doutrina do destino é absurda; mas há muita gente destinada a raciocinar mal; outras pessoas, a não raciocinar nem um pouco; outras, a processar as que raciocinam.

Alguns dizem: Não acrediteis no fatalismo, pois, se tudo vos parecer inevitável, não trabalhareis para nada, mofareis na indiferença, não amareis as riquezas, as honras nem os louvores; não desejareis adquirir nada, acreditareis que não tendes méritos nem poder; nenhum talento será cultivado, tudo perecerá na apatia.

Nada temei, senhores, sempre teremos paixões e preconceitos, pois é nosso destino estar submetidos aos preconceitos e às paixões; saberemos muito bem que ter méritos e grandes talentos não depende de nós, assim como não depende de nós ter cabelos bem implantados e mão bonita; ficaremos convictos de que não devemos ter vaidade de nada, e no entanto sempre teremos vaidade.

Tenho, necessariamente, a paixão de escrever isto; e tu tens a paixão de me condenar: somos ambos igualmente tolos, igualmente joguetes do destino. Tua natureza é fazer o mal; a minha é amar a verdade e publicá-la, a despeito de ti.

A coruja, que se alimenta de camundongos num casebre, disse ao rouxinol: Para de cantar sob a bela sombra do arvoredo, vem para o meu buraco, para que eu te devore; e o rouxinol respondeu: Nasci para cantar aqui, e para zombar de ti.

Perguntais o que será feito da liberdade. Não vos entendo. Não sei que liberdade é essa de que falais; faz tanto tempo que estais em polêmica sobre sua natureza que, com certeza, não a conheceis. Se quiserdes, ou melhor, se puderdes examinar pacificamente comigo o que ela é, passai à letra L.

DEUS, DEUSES (Dieu, Dieux)

Primeira seção

Nunca é demais avisar que este Dicionário não é feito para repetir o que tantos outros disseram.

O conhecimento de um deus não está marcado em nós pelas mãos da natureza, pois todos os homens teriam a mesma ideia, e nenhuma ideia nasce conosco. Ela não nos chega como a percepção da luz, da terra etc., que recebemos a partir do momento que nossos olhos e nosso entendimento se abrem. É uma ideia filosófica? Não. Os homens admitiram deuses antes de haver filósofos.

De onde então derivou essa ideia? Do sentimento e da lógica natural que se desenvolve com a idade nos homens mais grosseiros. Viram-se os efeitos assustadores da natureza, colheitas e esterilidades, dias serenos e tempestades, bênçãos e flagelos, e sentiu-se a presença de um senhor. Foram necessários chefes para governar sociedades, e foi preciso admitir soberanos desses novos soberanos que a fraqueza humana adotara, seres cujo poder supremo amedrontasse homens que podiam esmagar seus iguais. Os primeiros soberanos, por sua vez, empregaram essas noções para consolidar seu poder. Esses foram os primeiros passos, por isso foi que cada pequena sociedade tinha seu deus. Essas noções eram grosseiras, porque tudo era grosseiro. É muito natural raciocinar por analogia. Uma sociedade submetida a um chefe não negava que o povoado vizinho também tivesse seu juiz, seu capitão; por conseguinte, não podia negar que tivesse também seu deus. Mas, como cada povoado tinha interesse que seu capitão fosse o melhor, também tinha interesse em crer e, por conseguinte, cria que seu deus era o mais poderoso. Donde as antigas fábulas, tão disseminadas por tanto tempo, segundo as quais os deuses de uma nação combatiam contra os deuses de outra. Donde tantas narrativas nos livros hebreus demonstrarem, a todo momento, a opinião dos judeus de que os deuses de seus inimigos existiam, mas que o deus dos judeus lhes era superior.

Entretanto, houve sacerdotes, magos e filósofos ocupados com especulações, nos grandes Estados cuja perfeição social podia comportar homens ociosos.

Alguns deles aperfeiçoaram sua razão a ponto de reconhecerem em segredo um deus único e universal. Assim, embora os antigos egípcios adorassem Osire, Osíris, ou melhor, Osireth (que significa *esta terra é minha*), embora também adorassem outros seres superiores, admitiam um deus supremo, um princípio único, que chamavam *Knef* e cujo símbolo era uma esfera no frontispício do templo.

Com base nesse modelo, os gregos tiveram seu *Zeus*, seu Júpiter, senhor dos outros deuses, que eram apenas aquilo que são os anjos para os babilônios e para os hebreus, e os santos para os cristãos de comunhão romana.

É uma questão mais espinhosa do que se acredita, e muito pouco aprofundada, a de saber se vários deuses de igual poder podiam subsistir ao mesmo tempo.

Não temos nenhuma noção adequada da Divindade, apenas nos arrastamos de suspeita a suspeita, de verossimilhanças a probabilidades. Chegamos a um pequeníssimo número de certezas. Há alguma coisa, portanto, há alguma coisa eterna, pois nada é produzido do nada. Eis aí uma verdade indubitável sobre a qual vosso espírito assenta. Toda obra que nos mostra meios e finalidade anuncia um operário; portanto, esse universo, composto de móbeis e de meios, cada um com sua finalidade, revela um operário muito poderoso, muito inteligente. Eis aí uma probabilidade que chega às raias da certeza; mas esse artesão supremo é infinito? Está em toda parte? Está em um só lugar? Como responder a essas perguntas com nossa inteligência limitada e nossos parcos conhecimentos?

Apenas minha razão prova-me um ser que organizou a matéria deste mundo; mas minha razão é impotente para provar-me que ele fez essa matéria, que ele a extraiu do nada. Todos os sábios da antiguidade, sem exceção alguma, acreditaram que a matéria é eterna e subsistente por si mesma. Tudo o que posso fazer sem o socorro de uma luz superior, portanto, é acreditar que o Deus deste mundo é também eterno e existente por si mesmo, que Deus e a matéria existem pela natureza das coisas. Acaso não existiriam outros deuses e outros mundos? Nações inteiras, escolas muito esclarecidas admitiram dois deuses neste mundo: um como fonte do bem, outro como fonte do mal. Admitiram uma guerra interminável entre duas potências iguais. Evidentemente, é mais fácil que a natureza suporte, na imensidão do espaço, vários seres independentes, cada um como senhor absoluto de seu espaço, do que dois deuses limitados e impotentes neste mundo, dos quais um não pode fazer o bem, e o outro não pode fazer o mal.

Se Deus e a matéria existem desde a eternidade, conforme a antiguidade acreditou, teremos aí dois seres necessários; ora, se há dois seres necessários, pode haver trinta. Só essas dúvidas, que são o germe de uma infinidade de reflexões, servem pelo menos para nos convencer da fraqueza de nosso entendimento. Precisamos confessar nossa ignorância sobre a natureza da Divindade, como fez Cícero. Nunca saberemos mais que ele.

De nada adianta as escolas nos dizerem que Deus é infinito negativamente, e não privativamente, *formaliter et non materialiter*; que é o primeiro, o meio e o último ato; que está em toda parte sem estar em nenhuma; cem páginas de comentários sobre semelhantes definições não podem dar-nos luz alguma. Não temos degraus nem *pontos de apoio* para alçar-nos a tais conhecimentos. Sentimos que estamos nas mãos de um ser invisível: só isso, e não podemos dar mais nem um passo além disso. É temeridade insensata querer adivinhar o que é esse ser, se é extenso ou não, se existe num lugar ou não, como existe, como atua[13].

Segunda seção

Sempre receio enganar-me, mas todos os antigos documentos me mostram com evidência que os antigos povos civilizados reconheciam um Deus supremo. Não há um único livro, uma medalha, um baixo-relevo, uma inscrição em que se fale de Juno, Minerva, Netuno, Marte e outros deuses como ser formador, soberano de toda a natureza. Ao contrário, os mais antigos livros profanos que temos, Hesíodo e Homero, representam *Zeus* como único a lançar seu raio, como único senhor

---

13. Ver verbete Infinito. (N. de Voltaire)

dos deuses e dos homens; ele pune até mesmo os outros deuses; prende Juno a uma corrente; expulsa Apolo do céu.

A antiga religião dos brâmanes, a primeira que admitiu criaturas celestes, a primeira que falou de sua rebelião, explica de maneira sublime a unidade e o poder de Deus, conforme vimos no verbete Anjo.

Os chineses, por mais antigos que sejam, só surgem depois dos indianos! Reconheceram um único Deus desde tempos imemoriais, e nunca tiveram deuses subalternos, gênios ou demônios mediadores entre Deus e os homens, oráculos, dogmas abstratos, disputas teológicas entre os letrados; o imperador foi sempre o primeiro pontífice, a religião foi sempre augusta e simples: foi assim que aquele vasto império, embora subjugado duas vezes, sempre se conservou em sua integridade, submeteu seus vencedores a suas leis e, apesar dos crimes e das desditas associadas à raça humana, ainda é o Estado mais próspero da terra.

Os magos da Caldeia e os sabeístas só reconheciam um Deus supremo e o adoravam nas estrelas, que são sua obra.

Os persas o adoravam no Sol. A esfera posta sobre o frontispício do templo de Mênfis era o emblema de um Deus único e perfeito, chamado *Knef* pelos egípcios.

O título de *Deus optimus maximus* sempre só foi dado a Júpiter pelos romanos.

Hominum sator atque deorum.
[O pai dos homens e dos deuses.]

Nunca é demais repetir essa grande verdade que já indicamos em outro lugar[14].

Essa adoração de um Deus supremo é confirmada desde Rômulo até a destruição inteira do império e de sua religião. Apesar de todas as loucuras do povo que venerava deuses secundários e ridículos, apesar dos epicuristas, que no fundo não reconheciam nenhum, está confirmado que os magistrados e os sábios adoraram, em todos os tempos, um Deus soberano.

No grande número de testemunhos que nos restam dessa verdade, começarei pelo de Máximo de Tiro, que vicejou no tempo dos Antoninos, que eram modelos da verdadeira piedade porque modelos de humanidade. Vejamos suas palavras, em seu discurso intitulado *De Deus segundo Platão*. O leitor que quiser instruir-se tenha a bondade de sopesá-las.

"Os homens tiveram a fraqueza de dar a Deus figura humana, porque nada haviam visto acima do homem; mas é ridículo imaginar, como Homero, que Júpiter ou a suprema divindade tenha sobrancelhas pretas e cabelos dourados, e que não pode sacudi-los sem abalar os céus.

"Quando interrogamos os homens sobre a natureza da Divindade, todas as suas respostas são diferentes. No entanto, em meio a essa prodigiosa variedade de opiniões, encontrareis um mesmo sentimento por toda a terra: é o de que há um só Deus, que é o pai de todos etc."

Depois dessa declaração formal e depois dos discursos imortais de Cícero, dos Antoninos, de Epicteto, que será das declamações que tantos pedantes ignorantes repetem ainda hoje? De que servirão as eternas censuras a um politeísmo grosseiro e a uma idolatria pueril, senão para nos convencer de que quem as faz não tem o mais ligeiro conhecimento da antiguidade sadia? Eles tomaram as fantasias de Homero pela doutrina dos sábios.

Será preciso um testemunho ainda mais forte e expressivo? Encontrá-lo-eis na carta de Máximo de Madaura a santo Agostinho; ambos eram filósofos e oradores, pelo menos disso se gabavam: escreviam livremente; eram amigos, tanto quanto podem ser amigos um homem da antiga religião e um da nova.

Lede a carta de Máximo de Madaura e a resposta do bispo de Hipona.

---

14. O pretenso Júpiter nascido em Creta era apenas uma fábula histórica, ou poética, tal como a fábula dos outros deuses. Jove, depois Júpiter, era a tradução da palavra grega *Zeus*; e *Zeus* era a tradução da palavra fenícia *Jeová*. (N. de Voltaire)

Carta de Máximo de Madaura

"Ora, da existência de um Deus soberano que não tem começo e que, sem ter nada engendrado que lhe seja semelhante, é o pai comum de todas as coisas, quem será suficientemente estúpido e grosseiro para duvidar?

"Seu poder, espalhado por todas as partes do mundo, adoramos com diversos nomes. Assim, ao homenagear separadamente, por meio de diversos tipos de culto, o que é como que seus diversos membros, nós o adoramos por inteiro... Que vos conservem esses deuses *subalternos*, em cujo nome e por meio dos quais, todos nós, que somos mortais sobre a terra, adoramos *o pai comum dos deuses e dos homens*, com diferentes tipos de culto, é verdade, mas que, em sua variedade, são concordes e tendem a um mesmo fim!"

Quem escreveu essa carta? Um númida, um homem da Argélia.

Resposta de Agostinho

"Há em vossa praça pública duas estátuas de Marte: numa ele está nu, na outra, armado, e, junto delas, há uma figura de homem, que, com três dedos voltados para a figura de Marte, refreia essa divindade aziaga para toda a cidade... Sobre o que dizeis, que semelhantes deuses são como os membros do único e verdadeiro Deus, advirto-vos, com toda a liberdade que me destes, a terdes o cuidado de não incidir nessas brincadeiras sacrílegas: pois esse único Deus de que falais, sem dúvida, é aquele que é reconhecido por todos e sobre o qual os ignorantes concordam com os doutos, conforme disseram alguns antigos. Ora, direis que aquele cuja força, para não dizer crueldade, é reprimida pela figura de um homem morto é um membro daquele? Poderia fustigar-vos facilmente com esse assunto, pois bem vedes o que seria possível opor a isso, mas abstenho-me, para não dizerdes que contra vós emprego as armas da retórica, e não as da verdade."[15]

Não sabemos o que significavam as duas estátuas das quais não resta vestígio algum, mas todas as estátuas que enchiam Roma, o Panteão e todos os templos consagrados a todos os deuses subalternos e mesmo aos doze grandes deuses nunca impediram que *Deus optimus maximus, Deus ótimo e imenso*, fosse reconhecido em todo o império.

O mal dos romanos, portanto, foi ignorar a lei mosaica e depois ignorar a lei dos discípulos de nosso Salvador Jesus Cristo, não ter fé, misturar ao culto a um Deus supremo o culto a Marte, Vênus, Minerva, Apolo, que não existiam, e conservar essa religião até o tempo de Teodósio. Felizmente, godos, hunos, vândalos, hérulos, lombardos e francos, que destruíram esse império, submeteram-se à verdade e gozaram uma felicidade que foi negada a Cipião, Catão, Metelo, Emílio, Cícero, Varrão, Virgílio e Horácio[16].

Todos esses grandes homens ignoraram Jesus Cristo, que eles não podiam conhecer, mas não adoraram o diabo, como repetem todos os dias tantos pedantes. Como teriam adorado o diabo, se nunca tinham ouvido falar dele?

De uma calúnia de Warburton contra Cícero, a respeito de um deus supremo

Warburton caluniou Cícero e a antiga Roma[17], assim como seus contemporâneos. Ele nos impinge com atrevimento que Cícero proferiu estas palavras em sua Oração a Flaco: "É indigno da

---

15. Tradução [fr.] de Dubois, preceptor do último duque de Guise. (N. de Voltaire)
16. Ver verbetes Ídolo, Idólatra, Idolatria. (N. de Voltaire)
17. Prefácio da parte II do tomo II de *Légation de Moïse*, p. 91. (N. de Voltaire)

majestade do império adorar um só Deus. – *Majestatem imperii non decuit ut unus tantum Deus colatur*."

Não é incrível? Não há uma só palavra dessas na Oração a Flaco, nem em nenhuma obra de Cícero. Trata-se de algumas perseguições de que acusavam Flaco, que exercera o cargo de pretor na Ásia Menor. Ele era secretamente perseguido pelos judeus, dos quais Roma estava então inundada: pois à força de dinheiro haviam obtido privilégios em Roma, já no tempo em que Pompeu, depois de Crasso, tomara Jerusalém e destruíra seu régulo Alexandre, filho de Aristóbulo. Flaco proibira a entrada de moedas de ouro e prata em Jerusalém, pois elas saíam de lá alteradas, com o que o comércio tinha prejuízos; mandara apreender o ouro para ali levado fraudulentamente. Esse ouro, diz Cícero, ainda está no tesouro; Flaco comportou-se com tanto desinteresse quanto Pompeu.

Em seguida, Cícero, com sua costumeira ironia, profere estas palavras: "Cada país com sua religião; nós temos a nossa. Quando Jerusalém ainda era livre e os judeus viviam em paz, esses mesmos judeus não abominavam menos o esplendor deste império, a dignidade do nome romano, as instituições de nossos ancestrais. Hoje esta nação mostrou, mais do que nunca, pela força de suas armas, o que aquela gente deve pensar do império romano. Ela nos mostrou como é prezada pelos deuses imortais: provou-o ao ser vencida, dispersa, subjugada. – *Sua cuique civitati religio est; nostra nobis. Stantibus Hierosolymis, pacatisque Judaeis, tamen istorum religio sacrorum, a splendore hujus imperii, gravitate nominis nostri, majorum institutis, abhorrebat: nunc vero, hoc magis, quod illa gens quid de imperio nostro sentiret, ostendit armis: quam cara diis immortalibus esset, docuit, quod est victa, quod elocata, quod servata.*" (Cícero, *Oratio pro Flacco*, cap. XXVIII.)

Portanto, é mais falso que nunca que Cícero ou algum romano tenha dito que não convinha à majestade do império reconhecer-se um Deus supremo. Seu Júpiter, o Zeus dos gregos, o Jeová dos fenícios, sempre foi visto como o senhor dos deuses secundários: nunca é demais inculcar essa grande verdade.

Os romanos tomaram de empréstimo aos gregos todos os seus deuses?

Não haveria entre os romanos vários deuses tomados aos gregos?

Por exemplo, eles não podiam ser plagiários quando adoravam Coelum, ao passo que os gregos adoravam Ouranon; quando se dirigiam a Saturnus e a Tellus, ao passo que os gregos se dirigiam a Geia e a Cronos.

Davam o nome de Ceres àquela que os gregos denominavam Deo e Deméter.

Seu Netuno era Poseidon; sua Vênus era Afrodite; sua Juno chamava-se em grego Hera; sua Prosérpina, Core; por fim, seu favorito Marte era Ares; e sua favorita Belona era Enio. Não há um só nome que se assemelhe.

Gregos e romanos pensavam as mesmas coisas, ou uns pegaram dos outros as coisas cujos nomes disfarçavam?

É bastante natural que os romanos, sem consultar os gregos, tenham criado deuses do céu, do tempo, um ser que preside a guerra, a geração, as colheitas, sem ir pedir deuses na Grécia, tal como depois foram pedir leis. Quando encontramos um nome que não se assemelha a nada, parece justo acreditá-lo originário do lugar.

Mas Júpiter, o senhor de todos os deuses, não é porventura uma palavra pertencente a todas as nações, desde o Eufrates até o Tibre? Era *Jow*, *Jovis*, entre os primeiros romanos; Zeus, entre os gregos; Jeová, entre os fenícios, os sírios e os egípcios.

Essa semelhança porventura não parece servir para confirmar que todos esses povos tinham conhecimento do Ser supremo? Conhecimento confuso, é verdade, mas que homem pode tê-lo com clareza?

Terceira seção
Estudo de Espinosa

Espinosa não pode impedir-se de admitir uma inteligência atuante na matéria, que constitui um todo com ela.

Diz ele[18]: "Devo concluir que o Ser absoluto não é pensamento nem extensão, excludentes um do outro, mas que a extensão e o pensamento são os atributos necessários do Ser absoluto."

Nisso ele parece diferir de todos os ateus da antiguidade, como Ocelo Lucano, Heráclito, Demócrito, Leucipo, Estratão, Epicuro, Pitágoras, Diágoras, Zenão de Euleia, Anaximandro e tantos outros. Difere sobretudo no método, que ele hauriu inteiramente na leitura de Descartes, de quem imitou até o estilo.

O que mais causará admiração na multidão que grita: Espinosa! Espinosa! e nunca o leu é a declaração abaixo transcrita. Ele não a faz para deslumbrar os homens, tranquilizar teólogos, ganhar protetores, desarmar algum partido; fala como filósofo, sem se nomear, sem se exibir; exprime-se em latim para ser entendido por pouquíssimas pessoas. Eis aqui sua profissão de fé.

Profissão de fé de Espinosa

"Se eu concluísse também que a ideia de Deus, compreendida na ideia de infinidade do universo[19], me dispensaria da obediência, do amor e do culto, faria um uso ainda mais pernicioso de minha razão, pois é evidente que as leis que recebi, não pela relação nem pela intermediação dos outros homens, mas imediatamente dele, são as leis que a luz natural me faz conhecer como verdadeiros guias de uma conduta racional. Se eu faltasse com a obediência nesse aspecto, estaria pecando não apenas contra o princípio de meu ser e contra a sociedade de meus pares, mas também contra mim mesmo, ao privar-me da mais sólida vantagem de minha existência. É verdade que essa obediência só me compromete com os deveres para com meu estado, e que ela me faz ver todo o resto como práticas frívolas, inventadas supersticiosamente, ou para a utilidade daqueles que as instituíram.

"Em relação ao amor a Deus, essa ideia, ao invés de enfraquecê-lo, só o aumenta como, a meu ver, nenhuma outra o aumentaria, pois ela me dá a conhecer que Deus é íntimo de meu ser; que ele me dá a existência e todas as minhas propriedades; mas que ele mas dá com liberalidade, sem repreensão, sem interesse, sem sujeitar-me a qualquer outra coisa senão à minha própria natureza. Ela elimina o temor, a inquietude, a desconfiança e todos os defeitos de um amor vulgar ou interessado. Faz-me sentir que é um bem que não posso perder, e que possuo melhor quanto mais o conheço e o amo."

Quem escreveu esses pensamentos: o virtuoso e terno Fénelon ou Espinosa? Como dois homens tão opostos um ao outro puderam encontrar-se na ideia de amar a Deus por ele mesmo, com noções de Deus tão diferentes? (Ver Amor a Deus.)

Havemos de convir que ambos tendiam ao mesmo objetivo, um como cristão, o outro como homem que tinha a infelicidade de não o ser: o santo arcebispo, como filósofo convicto de que Deus é distinto da natureza, e o outro, como discípulo desgarrado de Descartes, que imaginava ser Deus a natureza inteira.

O primeiro era ortodoxo, o segundo enganava-se, devo convir, mas ambos tinham boa-fé, ambos eram dignos de apreço em sua sinceridade, assim como em seus costumes brandos e simples, embora, aliás, não tenha havido relação entre o imitador da *Odisseia* e um cartesiano seco e

---
18. P. 13, edição de Poppens. (N. de Voltaire)
19. P. 44. (N. de Voltaire)

armado de argumentos; entre um intelectual da corte de Luís XIV, investido daquilo que se costuma chamar *alta dignidade*, e um pobre judeu desjudaizado, que vivia com trezentos florins de renda[20] na mais profunda obscuridade.

Se entre eles há alguma semelhança, ela está no fato de que Fénelon foi acusado perante o sinédrio da nova lei, e o outro, perante uma sinagoga sem poder e sem razão; mas um se submeteu, e o outro se revoltou.

Do fundamento da filosofia de Espinosa

O grande dialético Bayle refutou Espinosa[21]. Esse sistema, portanto, não é demonstrado como uma proposição de Euclides. Se fosse, não poderia ser combatido. É, pois, no mínimo obscuro.

Sempre desconfiei um pouco que Espinosa, com sua substância universal, seus modos e seus acidentes, entendia coisa diferente da que Bayle entendia, e que, por conseguinte, Bayle pode ter tido razão sem ter desmentido Espinosa. Sempre acreditei, sobretudo, que Espinosa frequentemente não entendia o que ele mesmo dizia, e que essa é a principal razão pela qual ninguém o entendeu.

Parece-me que seria possível derrubar as muralhas do espinosismo por um lado que Bayle desprezou. Espinosa acredita que só pode existir uma única substância; e, em todo o seu livro, parece que ele se baseia no mal-entendido de Descartes, *de que tudo é pleno*. Ora, é tão falso afirmar que tudo é pleno quanto é falso afirmar que tudo é vazio. Está demonstrado hoje em dia que o movimento é tão impossível no pleno absoluto quanto é impossível que, numa balança equilibrada, um peso de duas libras eleve um peso de quatro.

Ora, se todos os movimentos exigem absolutamente espaços vazios, que será da substância única de Espinosa? Como a substância de uma estrela, que é separada de nós por um espaço vazio tão imenso, será precisamente a substância de nossa terra, a substância de mim mesmo[22], a substância de uma mosca devorada por uma aranha?

Talvez eu me engane, mas nunca entendi como Espinosa, que admitia uma substância infinita cujas duas modalidades são o pensamento e a matéria, que admitia a substância, por ele chamada Deus, da qual tudo o que enxergamos é modo ou acidente, pôde, apesar disso, rejeitar as causas finais. Se esse ser infinito e universal pensa, como não teria desígnios? Se tem desígnios, como não teria vontade? Segundo Espinosa, somos modos desse ser absoluto, necessário e infinito. Eu digo a Espinosa: nós temos vontade, nós temos desígnios, nós que nada mais somos que modos: portanto, esse ser infinito, necessário e absoluto não pode ser desprovido deles; logo, ele tem vontade, desígnios e poder.

Sei muito bem que vários filósofos, sobretudo Lucrécio, negaram as causas finais; e sei que Lucrécio, embora pouco depurado, é um grande poeta em suas descrições e em sua moral; mas, em filosofia, ele me parece, confesso, muito abaixo de um porteiro de colégio e de um bedel de paróquia. Afirmar que o olho não é feito para ver, nem o ouvido para ouvir, nem o estômago para digerir não é o mais enorme absurdo, a mais revoltante loucura que já ocorreu ao espírito humano? Por mais dúvidas que eu tenha, essa demência me parece evidente, e o digo.

Quanto a mim, vejo na natureza e nas artes apenas causas finais; e acredito que uma macieira foi feita para dar maçãs, assim como acredito que um relógio foi feito para marcar as horas.

Devo advertir aqui que Espinosa, embora zombe das causas finais em vários pontos de suas obras, reconhece-as mais expressamente do que ninguém em sua primeira parte de *Ser em geral e em particular*.

---

20. Após sua morte, viu-se por suas contas que às vezes ele só gastara quatro soldos e meio num dia para alimentar-se. Não é uma refeição de monges reunidos em capítulo. (N. de Voltaire)
21. Ver verbete Espinosa, *Dicionário de Bayle*. (N. de Voltaire)
22. O que leva Bayle a não utilizar este argumento é o seu desconhecimento das demonstrações de Newton, Keill, Gregori e Halley, de que o vazio é necessário ao movimento. (N. de Voltaire)

Aqui estão suas palavras:

"Que me seja permitido deter-me aqui por um instante[23] para admirar a maravilhosa distribuição da natureza, que, depois de enriquecer a constituição do homem com todos os recursos necessários para prolongar até certo termo a duração de sua frágil existência e para animar o conhecimento que ele tem de si mesmo com o conhecimento de uma infinidade de coisas distantes, parece ter deixado de propósito de lhe dar meios para conhecer bem as coisas de que ele é obrigado a fazer um uso mais comum e mesmo os indivíduos de sua própria espécie. No entanto, considerando-se bem, não se tem aí tanto o efeito de uma denegação quanto o efeito de uma liberalidade extrema, pois, se houvesse algum ser inteligente que pudesse penetrar outro contra a vontade deste, esse ser gozaria de tal vantagem em relação a este, que por isso mesmo seria excluído de sua companhia; ao passo que, no estado presente, cada indivíduo, gozando de si mesmo com plena independência, só se comunica na medida que lhe convém."

Que concluir daí? Que Espinosa se contradiz com frequência; que ele nem sempre tinha ideias claras; que, no grande naufrágio dos sistemas, ele se salvava ora numa tábua, ora noutra; que, por essa fraqueza, ele se parecia com Malebranche, Arnauld, Bossuet, Jean Claude, que se contradisseram algumas vezes em suas polêmicas; que ele era como tantos metafísicos e teólogos. Concluirei que devo desconfiar com mais razão de todas as minhas ideias em metafísica; que sou um animal muito fraco, a andar sobre areias movediças que se furtam continuamente a meus pés, e que talvez não haja nada mais insensato do que alguém acreditar que sempre tem razão.

Sois muito confuso, Baruch[24] Espinosa; mas sereis tão perigoso quanto se diz? Afirmo que não: e minha razão é que sois confuso, escrevestes em mau latim e que na Europa não há dez pessoas que vos leiam de cabo a rabo, embora vos tenham traduzido para o francês. Qual é o autor perigoso? É o autor lido pelos ociosos da corte e pelas senhoras.

Quarta seção
Do *Sistema da natureza*

O autor do *Sistema da natureza* teve a vantagem de ser lido por doutos, ignorantes e mulheres; no estilo, portanto, ele tem méritos que Espinosa não tinha: frequentemente clareza, às vezes eloquência, embora lhe possamos criticar a repetição, a declamação e a contradição, como em todos os outros. Quanto ao fundo das coisas, muitas vezes é preciso desconfiar dos aspectos físicos e morais. Trata-se no caso do interesse do gênero humano. Examinemos, pois, se sua doutrina é verdadeira e útil, e sejamos breves, se pudermos.

"Ordem e desordem não existem etc."[25]

Como?! Do ponto de vista físico, uma criança que nasce cega ou sem as pernas, um monstro não é contrário à natureza da espécie? Não será a regularidade ordinária da natureza que faz a ordem, e a irregularidade que constitui a desordem? Não será um grandíssimo desarranjo, uma desordem funesta, uma criança a quem a natureza deu a fome e obstruiu o esôfago? As evacuações de todos os tipos são necessárias, porém muitas vezes os condutos carecem de orifícios: é imprescindível remediá-lo; essa desordem certamente tem sua causa. Não há efeito sem causa, mas esse é um efeito muito desordenado.

O assassinato de um amigo, de um irmão, não é uma desordem horrível em termos morais? As calúnias de um Garasse, de um Le Tellier, de um Doucin, contra jansenistas, e calúnias dos jansenistas contra jesuítas; as imposturas de Patouillet e Paulian não são pequenas desordens? A noite

---

23. P. 14. (N. de Voltaire)
24. Ele se chama Baruch, e não Benedito, pois nunca foi batizado. (N. de Voltaire)
25. Primeira parte, p. 60 (N. de Voltaire)

de São Bartolomeu, os massacres da Irlanda etc. etc. etc. não são desordens execráveis? Esse crime tem sua causa em paixões, mas o efeito é execrável; a causa é fatal; essa desordem assusta. Falta descobrir, se for possível, a origem dessa desordem, mas ela existe.

"A experiência prova que as matérias que consideramos inertes e mortas adquirem ação, inteligência e vida quando combinadas de certa maneira."[26]

Aí está precisamente a dificuldade. Como um germe chega à vida? O autor e o leitor nada sabem. Por isso, os dois volumes do *Sistema* e todos os sistemas do mundo não serão sonhos?

"Seria preciso definir a vida, o que considero impossível."[27]

Essa definição não é muito fácil, muito comum? A vida não é organização com sentimento? Mas fazer essas duas propriedades depender apenas do movimento da matéria é coisa impossível de provar; e, se não é possível prová-la, por que afirmá-la? Por que dizer alto e bom som: *Sei*, enquanto se diz baixinho: *Não sei*?

"Perguntarão o que é o homem etc."[28]

Esse artigo com certeza não é mais claro que os mais obscuros de Espinosa, e muitos leitores se indignarão com o tom decidido que o autor demonstra, sem nada explicar.

"A matéria é eterna e necessária; mas suas formas e suas combinações são passageiras e contingentes etc."[29]

É difícil entender como, se a matéria é necessária e não existe nenhum ser livre, segundo o autor, haveria alguma coisa contingente. Entende-se por contingência o que pode ser e não ser; mas, se tudo deve ser por necessidade absoluta, toda maneira de ser, que aqui é chamada impropriamente de *contingente*, é de uma necessidade tão absoluta quanto o próprio ser. É aí que nos encontramos outra vez imersos num labirinto onde não se vê saída.

Quando alguém ousa afirmar que não há Deus, que a matéria age por si mesma, por uma necessidade eterna, é preciso demonstrá-lo como se demonstra uma proposição de Euclides, sem o que o sistema se apoiará num talvez. Que fundamento para a coisa que mais interessa o gênero humano!

"Se, de acordo com sua natureza, o homem é obrigado a amar seu bem-estar, será obrigado a amar os meios para atingir esse bem-estar. Seria inútil e talvez injusto esperar que um homem fosse virtuoso se ele só pudesse ser virtuoso sendo infeliz. Uma vez que o vício o torna feliz, ele deverá amar o vício."[30]

A abominação moral dessa máxima é maior do que a falsidade física das outras. Mesmo admitindo como verdade que um homem não pudesse ser virtuoso sem sofrer, seria preciso encorajá-lo a ser virtuoso. É visível que a proposição do autor seria a ruína da sociedade. Aliás, como ele sabe que não se pode ser feliz sem ter vícios? Ao contrário, não estará provado pela experiência que a satisfação de dominá-los é cem vezes maior que o prazer de sucumbir a eles: prazer sempre envenenado, prazer que leva à infelicidade? Quem domina seus vícios adquire tranquilidade, testemunho consolador de sua consciência; quem a eles se entrega perde o sossego e a saúde; põe tudo em risco. Por isso, o próprio autor, em vários lugares, afirma que se deve sacrificar tudo à virtude; e só faz essa proposição para apresentar em seu sistema uma nova prova da necessidade de ser virtuoso.

"Quem com tanta razão rejeita as ideias inatas... deveria ter sentido que essa inteligência inefável que é posta no governo do mundo, cuja existência e cujas qualidades nossos sentidos não podem constatar, é um ser racional."[31]

---

26. P. 69. (N. de Voltaire)
27. P. 78. (N. de Voltaire)
28. P. 80. (N. de Voltaire)
29. P. 82. (N. de Voltaire)
30. P. 152. (N. de Voltaire)
31. P. 167. (N. de Voltaire)

Na verdade, do fato de não termos ideias inatas, como se segue a inexistência de Deus? Essa consequência não é absurda? Haverá alguma contradição em dizer que Deus nos dá ideias por meio de nossos sentidos? Ao contrário, não será evidente que, se ele é um ser todo-poderoso do qual recebemos a vida, nós lhe devemos nossas ideias e nossos sentidos, assim como todo o resto? Antes teria sido preciso provar que Deus não existe, e isso o autor não fez; e nem mesmo tentou fazê-lo ainda até essa página do capítulo X.

Temo cansar os leitores com o exame de todos esses trechos destacados; passo ao fundamento do livro e ao erro espantoso sobre o qual ele erigiu seu sistema. É absolutamente necessário repetir aqui o que já se disse em outros lugares.

História das enguias na qual se baseia o sistema

Por volta do ano 1750, havia na França um jesuíta inglês chamado Needham, disfarçado de secular, que na época trabalhava como preceptor do sobrinho do sr. Dillon, arcebispo de Toulouse. Esse homem fazia experiências de física e sobretudo de química.

Depois de pôr farinha de centeio com esporão em garrafas bem tapadas e caldo de carne de carneiro em outras garrafas, acreditou que seu caldo de carneiro e seu centeio haviam provocado o nascimento de enguias, que até reproduziam logo outras, formando-se assim uma raça de enguias tanto em caldo de carne quanto em grão de centeio.

Um físico bem reputado não duvidou que esse Needham fosse um profundo ateu. Concluiu que, em se fazendo enguias com farinha de centeio, era possível fazer homens com farinha de trigo; que a natureza e a química produziam tudo, e que estava demonstrado que um homem poderia passar-se por Deus formador de todas as coisas.

Essa propriedade da farinha enganou um homem[32], que então infelizmente se perdera em ideias que devem levar a temer pela fraqueza do espírito humano. Ele queria abrir um buraco até o centro da Terra para ver o fogo central, dissecar patagões para conhecer a natureza da alma, untar os doentes de pez-louro para impedi-los de transpirar, exaltar a alma para predizer o futuro. Se acrescentarmos que ele foi ainda mais infeliz ao tentar oprimir dois de seus confrades, tais coisas não honrariam o ateísmo e só serviriam para nos fazer refletir com vergonha.

É bem estranho que alguns homens, negando a existência de um criador, se arroguem o poder de criar enguias.

O mais deplorável é que alguns físicos mais instruídos tenham adotado o ridículo sistema do jesuíta Needham e o tenham somado ao de Maillet, que afirmava que o oceano Atlântico formara os Pireneus e os Alpes, e que os homens eram originariamente golfinhos cuja cauda bifurcada transformou-se em coxas e pernas com o passar dos tempos, conforme já dissemos. Tais produtos da imaginação podem ser postos ao lado das enguias formadas pela farinha.

Não faz muito tempo afirmou-se que em Bruxelas um coelho gerara meia dúzia de coelhinhos com uma galinha.

Ficou demonstrado que aquela transmutação de farinha e caldo de carneiro em enguias era falsa e ridícula; quem demonstrou foi o sr. Spallanzani, que era um observador um pouco melhor que Needham.

Nem havia necessidade de tais observações para demonstrar a extravagância de uma ilusão tão palpável. Bem depressa as enguias de Needham foram encontrar-se com a galinha de Bruxelas.

No entanto, em 1768, o tradutor exato, elegante e judicioso de Lucrécio, deixou-se surpreender a tal ponto que ele, em suas notas do livro VIII, p. 361, não só relata as pretensas experiências de Needham, como também faz tudo o que pode para constatar a sua validade.

---

32. Maupertuis. (N. de Voltaire)

Aí está, portanto, o novo fundamento do *Sistema da natureza*. O autor, já no segundo capítulo, assim se exprime:

"Umedecendo-se farinha com água e pondo-se essa mistura em recipiente fechado, descobre-se ao cabo de algum tempo, com o uso do microscópio, que ela produziu seres organizados, coisa de que se acreditava serem incapazes a farinha e a água. É assim que a natureza inanimada pode passar à vida, que em si mesma nada mais é que um conjunto de movimentos."[33]

Mesmo que essa tolice inaudita fosse verdadeira, não vejo por que, raciocinando-se com rigor, ela provaria que não existe Deus: pois poderia perfeitamente existir um ser supremo, inteligente e poderoso que, depois de formar o Sol e todos os astros, se dignasse formar também animálculos sem germe. Não há aí contradição nos termos. Seria preciso buscar em outro lugar uma prova demonstrativa de que Deus não existe, e é isso o que, sem dúvida, ninguém descobriu nem descobrirá.

O autor trata com desprezo as causas finais, por ser este um argumento repisado; mas esse argumento tão desprezado é de Cícero e de Newton. Só por isso ele poderia causar alguma desconfiança nos ateus. É bem grande o número de sábios que, observando a trajetória dos astros e a arte prodigiosa que reina na estrutura dos animais e dos vegetais, reconhecem uma mão poderosa a operar essas maravilhas contínuas.

O autor afirma que a matéria cega e sem escolha produz animais inteligentes. Produzir sem inteligência seres que são inteligentes! Isso é concebível? Esse sistema estará apoiado em alguma verossimilhança mínima? Uma opinião tão contraditória exigiria provas tão espantosas quanto ela mesma. O autor não dá prova alguma; nunca prova nada e afirma tudo o que diz. Que caos! Que confusão! Mas que temeridade!

Espinosa pelo menos admitia uma inteligência atuante no grande todo que constitui a natureza; nisso havia filosofia. Mas sou obrigado a dizer que não encontro filosofia alguma no novo sistema.

A matéria é extensa, sólida, gravitante, divisível; eu tenho tudo isso, tanto quanto esta pedra. Mas alguém já viu uma pedra senciente e pensante? Se sou extenso, sólido e divisível, devo isso à matéria. Mas tenho sensações e pensamentos: a quem os devo? Não será à água, ao lodo; é verossímil que os devo a alguma coisa mais poderosa que eu. Direis que os devo apenas à combinação dos elementos. Provai-o então; mostrai-me com clareza que uma causa inteligente não pode ter-me dado inteligência. É a isso que estais reduzido.

O autor combate com sucesso o deus dos escolásticos, um deus composto de qualidades discordantes, um deus ao qual são dadas as paixões dos homens, assim como os deuses de Homero, um deus caprichoso, inconstante, vingativo, inconsequente, absurdo; mas não pode combater o Deus dos sábios. Os sábios, contemplando a natureza, admitem um poder inteligente e supremo. Talvez seja impossível à razão humana, destituída do socorro divino, dar um passo adiante.

O autor pergunta onde reside esse ser; e, do fato de ninguém que não seja infinito não poder dizer onde ele reside, conclui que ele não existe. Isso não é filosófico: pois do fato de não podermos dizer onde está a causa de um efeito não devemos concluir que não há causa. Se nunca tivésseis visto artilheiros e vísseis o efeito de uma bateria de canhões, não deveríeis dizer: ela age sozinha, por sua própria virtude.

E acaso bastará que alguém nos diga: Deus não existe, para que acreditemos em sua palavra?

Por fim, sua grande objeção está nos males e nos crimes do gênero humano: objeção tão antiga quanto filosófica; objeção comum, mas fatal e terrível, para a qual não se encontra resposta a não ser na esperança de uma vida melhor. E qual é essa esperança? Dela não podemos ter certeza alguma por meio da razão. Mas ouso dizer que, quando nos provam que um amplo edifício, construído com grande arte, foi erguido por um arquiteto, seja ele qual for, devemos acreditar nesse arquiteto, mesmo que esse edifício esteja tingido de nosso sangue, conspurcado por nossos

---

33. Primeira parte, p. 23. (N. de Voltaire)

crimes e nos esmague em sua queda. Ainda não estou examinando se o arquiteto é bom, se devo ficar satisfeito com seu edifício, se devo sair dele em vez de ficar, se aqueles que estão alojados como eu nessa casa por alguns dias estão contentes com ela: estou examinando apenas se é verdade que há um arquiteto, ou se essa casa, cheia de tão belos apartamentos e de sórdidas cafuas, construi-se sozinha.

Quinta seção
Da necessidade de se crer num ser supremo

O grande objetivo, o grande interesse, parece-me, não é argumentar como metafísico, mas ponderar se, para o bem comum dos animais miseráveis e pensantes que somos, é preciso admitir um Deus recompensador e justiceiro, que nos serve ao mesmo tempo de freio e consolo, ou se devemos rejeitar essa ideia, entregando-nos a nossas calamidades sem esperanças e a nossos crimes sem remorsos.

Hobbes diz que, numa república onde ninguém reconhecesse Deus algum, o cidadão que propusesse um deus seria enforcado.

Aparentemente, com esse estranho exagero, ele imaginava algum cidadão que quisesse dominar em nome de Deus, um charlatão que quisesse tornar-se tirano. Nós imaginamos cidadãos que, sentindo a fraqueza, a perversidade e a miséria humana, procuram um ponto fixo para garantir sua moral, um apoio que os sustenha nos sofrimentos e horrores desta vida.

Desde Jó até nós, um enorme número de homens maldisse a existência; precisamos, portanto, perpetuamente de consolo e esperança. Vossa filosofia nos priva de tais coisas. A fábula de Pandora era melhor, deixava-nos a esperança, enquanto vós a levais embora! A filosofia, segundo vós, não fornece prova alguma de uma felicidade futura. Não, mas vós não tendes nenhuma demonstração do contrário. Pode ser que haja em nós uma mônada indestrutível que sente e pensa, sem que saibamos em absoluto como essa mônada é feita. A razão não se opõe absolutamente a essa ideia, embora a razão apenas não a prove. Essa opinião não terá prodigiosa vantagem sobre a vossa? A minha é útil ao gênero humano; a vossa é funesta, pode – seja lá o que disserdes – encorajar Neros, Alexandres VI, Cartouches; a minha pode reprimi-los.

Marco Antonino e Epicteto acreditavam que sua mônada, qualquer que fosse sua espécie, se uniria à mônada do grande Ser, e eles foram os homens mais virtuosos do mundo.

Na dúvida em que nos encontramos ambos, não vos digo como Pascal: *Ficai com o mais seguro*. Não há nada seguro na incerteza. Não se trata aqui de apostar, mas de examinar: é preciso julgar, e nossa vontade não determina nosso juízo. Não vos proponho acreditar em coisas extravagantes para vos tirar do embaraço; não vos digo: ide a Meca beijar a pedra preta para vos instruirdes; segurai o rabo de uma vaca; usai um escapulário, sede imbecil e fanático para granjear os favores do Ser dos seres. Digo-vos: continuai a cultivar a virtude, a ser benfazejo, a olhar as superstições com horror ou piedade; mas adorai, como eu, o desígnio que se manifesta em toda a natureza e, por conseguinte, o autor desse desígnio, a causa primordial e final de tudo; tende, como eu, a esperança de que nossa mônada, que raciocina sobre o grande Ser eterno, poderá ser feliz graças a esse grande Ser mesmo. Não há nisso contradição. Vós não demonstrais sua impossibilidade, assim como eu não posso vos demonstrar matematicamente que as coisas são assim. Em metafísica, raciocinamos quase sempre com base em probabilidades; nadamos todos num mar cujas costas nunca vimos. Infeliz daquele que se debate ao nadar! Quem puder chegará ao porto; mas aquele que me diz: "nadais em vão, não existe porto" desencoraja-me e me priva de todas as minhas forças.

O que está em jogo na nossa discussão? O consolo de nossa infeliz existência. Quem a consola? Vós ou eu?

Vós mesmo confessais, em alguns pontos de vossa obra, que a crença em um Deus conteve alguns homens à beira do crime: essa confissão me basta. Se essa opinião tivesse impedido apenas dez assassinatos, dez calúnias, dez julgamentos iníquos na terra, considero que a terra inteira deveria abraçá-la.

Dizeis que a religião produziu uma miríade de crimes; dizei "a superstição", que reina em nosso triste globo: ela é a mais cruel inimiga da adoração pura que se deve ao Ser supremo. Cabe-nos detestar esse monstro, que sempre dilacerou o seio de sua mãe: os que o combatem são benfeitores do gênero humano; é uma serpente que se enrosca na religião: é preciso esmagar-lhe a cabeça sem ferir aquela que ela infecta e devora.

Temeis que, "adorando Deus, logo voltemos a ser supersticiosos e fanáticos"; mas não é de se temer que, negando-o, nos entreguemos às paixões mais atrozes e aos crimes mais hediondos? Entre esses dois excessos, não haverá um meio-termo muito razoável? Onde está o asilo entre esses dois escolhos? Em Deus e em leis sábias.

Afirmais que da adoração à superstição só há um passo. Para os espíritos bem formados há o infinito, e hoje eles existem em grande número; estão à cabeça das nações, influenciam os costumes públicos, e de ano em ano o fanatismo, que cobria a terra, vai sendo impossibilitado de continuar em suas detestáveis usurpações.

Responderei mais uma palavra a vossas palavras da página 223. "Se presumirmos relações entre o homem e esse ser inacreditável, caberá erguer-lhe altares, oferecer-lhe presentes etc.; se não concebermos esse ser, precisaremos reportar-nos a sacerdotes que... etc. etc. etc." Grande mal fazer reuniões no tempo das colheitas para agradecer a Deus pelo pão que ele nos deu! Quem falou em oferecer presentes a Deus? Essa ideia é ridícula; mas onde está o mal de encarregar um cidadão, quer o chamemos de *ancião* ou *sacerdote*, de render ações de graças à Divindade em nome dos outros cidadãos, desde que esse sacerdote não seja um Gregório VII que passe por cima da cabeça dos reis, ou um Alexandre VI que macule com um incesto o seio de sua filha, que ele gerou num estupro, e assassine, envenene com a ajuda de um filho bastardo quase todos os príncipes das vizinhanças; desde que numa paróquia esse sacerdote não seja um velhaco que rouba o bolso dos penitentes que ele confessa, empregando esse dinheiro para seduzir as meninas que catequiza; desde que esse sacerdote não seja um Le Tellier, que põe todo um reino em conturbação com artimanhas dignas do pelourinho; um Warburton, que transgride as leis da sociedade publicando documentos secretos de um membro do parlamento para arruiná-lo e que calunia qualquer um que não comungue suas opiniões? Estes últimos casos são raros. O estado do sacerdócio é um freio que força à beneficência.

Um sacerdote tolo provoca desprezo; um mau sacerdote inspira horror; um bom sacerdote, manso, piedoso, sem superstição, caridoso e tolerante é um homem que se deve prezar e respeitar. Temeis o abuso, e eu também. Unamo-nos para preveni-lo, mas não condenemos o uso quando ele é útil à sociedade, quando não é pervertido pelo fanatismo ou pela maldade fraudulenta.

Tenho uma coisa muito importante para vos dizer. Estou convencido de que estais em grande erro, mas também estou convencido de que vos enganais como homem de bem. Quereis que sejamos virtuosos, mesmo sem Deus, embora tenhais dito, com infelicidade, que "se o vício torna o homem feliz, ele deve amar o vício"; proposição medonha que vossos amigos deveriam ter apagado. Em todos os outros momentos inspirais probidade. Essa discussão filosófica só ocorrerá entre vós e alguns filósofos espalhados pela Europa: o restante da terra não ouvirá falar dela; o povo não nos lê. Se algum teólogo quisesse vos perseguir, seria um malvado, seria um imprudente que só serviria para afirmar vossas convicções e criar novos ateus.

Estais errado, mas os gregos não perseguiram Epicuro, os romanos não perseguiram Lucrécio. Estais errado, mas é preciso respeitar vosso gênio e vossa virtude, refutando-vos com todas as forças.

A meu ver, a mais bela homenagem que se pode prestar a Deus é assumir a sua defesa sem cólera, assim como o retrato mais indigno que se pode pintar dele é fazê-lo vingativo e furioso.

Ele é a própria verdade: a verdade é sem paixões. Ser discípulo de Deus é anunciá-lo com um coração manso e um espírito inalterável.

Assim como vós, acho que o fanatismo é um monstro mil vezes mais perigoso que o ateísmo filosófico. Espinosa não cometeu uma única má ação: Chastel e Ravaillac, ambos devotos, assassinaram Henrique IV.

O ateu de gabinete é quase sempre um filósofo tranquilo; o fanático é sempre turbulento; mas o ateu de corte, o príncipe ateu, poderia ser o flagelo do gênero humano. Borgia e quejandos causaram quase tanto mal quanto os fanáticos de Munster e Cévennes: digo os fanáticos dos dois partidos. O mal dos ateus de gabinete é criar ateus de corte. É Quirão quem cria Aquiles; alimenta-o com medula de leão. Um dia Aquiles arrastará o corpo de Heitor em torno das muralhas de Troia e imolará à sua vingança doze cativos inocentes.

Deus nos livre de um sacerdote abominável que despedaça um rei com seu cutelo sagrado, ou daquele que, de elmo na cabeça e couraça nas costas, com a idade de setenta anos, ousa assinar com seus três dedos ensanguentados a ridícula excomunhão de um rei da França, ou de... ou de... ou de...!

Mas que Deus nos defenda também de um déspota colérico e bárbaro que, não crendo em nenhum Deus, fosse um deus para si mesmo, que se tornasse indigno de seu posto sagrado espezinhando os deveres que esse posto impõe, que sacrificasse sem remorsos amigos, pais, servidores e o povo às suas paixões! Esses dois tigres, um tonsurado, outro coroado, são igualmente temíveis. Com que freio poderemos retê-los? Etc. etc.

Se a ideia de um Deus que nossa alma pode atingir fez um Tito, um Trajano, um Antonino, um Marco Aurélio e aqueles grandes imperadores chineses cuja memória é tão preciosa para o segundo mais antigo e mais vasto império do mundo, esses exemplos bastam à minha causa, e minha causa é a de todos os homens.

Acredito que em toda a Europa não haja um só homem de Estado, um só homem um pouco versado nas coisas do mundo, que não tenha o mais profundo desprezo por todas as lendas que derramaram sobre nós em número maior que o das brochuras de hoje. Se a religião já não gera guerras civis, devemos isso à filosofia: as disputas teológicas começam a ser vistas com o mesmo olhar com que se veem as brigas de Gilles e Pierrot nas feiras. Uma usurpação igualmente odiosa e ridícula, baseada por um lado na fraude e por outro na burrice, é minada a cada instante pela razão, que estabelece seu reino. A bula *in Coena Domini*, obra-prima de insolência e loucura, não ousa reaparecer nem mesmo em Roma. Se um regimento de monges promove qualquer mínimo movimento contra as leis do Estado, é reprimido imediatamente. Mas, só porque os jesuítas foram expulsos, haver-se-á de expulsar Deus também? Ao contrário, cabe amá-lo mais.

Sexta seção

No império de Arcádio, Logômaco, magistral de Constantinopla, foi para Cítia e parou no sopé do Cáucaso, nas férteis planícies de Zefirim, nas fronteiras da Cólquida. O bom velho Dondindac estava no seu salão, entre seu grande aprisco e sua vasta granja; estava de joelhos com a mulher, os cinco filhos e as cinco filhas, seus pais e seus lacaios; todos cantavam louvores a Deus depois de uma refeição ligeira. "Que fazes aí, idólatra? diz-lhe Logômaco. – Não sou idólatra, responde Dondindac. – Só podes ser idólatra, diz Logômaco, pois não és grego. Vem cá, dize-me, que estavas cantando nesse teu linguajar bárbaro da Cítia? – Aos ouvidos de Deus todas as línguas são iguais, respondeu o cita; cantávamos seus louvores. – Pois aí está uma coisa extraordinária, retrucou o magistral, uma família cita que faz orações a Deus sem ter sido instruída por nós!" E logo teve início uma conversa entre ele e o cita Dondindac, pois o magistral sabia um pouco de cita, e o outro sabia um pouco de grego. Essa conversa foi encontrada num manuscrito conservado na biblioteca de Constantinopla.

LOGÔMACO

Vejamos se sabes catecismo. Por que oras a Deus?

DONDINDAC

Porque é justo adorar o Ser supremo, do qual recebemos tudo.

LOGÔMACO

Nada mal para um bárbaro! E o que lhe pedes?

DONDINDAC

Agradeço os bens de que gozo e mesmo os males nos quais ele me põe à prova; mas abstenho-me de fazer-lhe pedidos; ele sabe melhor que nós o que necessitamos, e eu, aliás, recearia pedir-lhe bom tempo enquanto meu vizinho pedisse chuva.

LOGÔMACO

Ah! Bem desconfiava que irias dizer alguma tolice. Recomecemos do princípio. Bárbaro, quem te disse que Deus existe?

DONDINDAC

A natureza inteira.

LOGÔMACO

Não é bastante. Que ideia tens de Deus?

DONDINDAC

A ideia de meu criador, meu senhor, que me recompensará se eu fizer o bem e me punirá se fizer o mal.

LOGÔMACO

Ninharias, banalidades! Vamos ao essencial. Deus é infinito *secundum quid*, ou segundo a essência?

DONDINDAC

Não estou entendendo.

LOGÔMACO

Que bicho do mato! Deus está em um lugar, fora de qualquer lugar ou em todos os lugares?

DONDINDAC

Nem imagino... como quiserdes.

LOGÔMACO

Ignorante! Pode Deus fazer que aquilo que foi não tenha sido, e que um pau não tenha duas pontas? Deus vê o futuro como futuro ou como presente? Como ele faz para tirar o ser do nada e para aniquilar o ser?

DONDINDAC

Nunca pensei nessas coisas.

LOGÔMACO

Que bronco! Vamos lá, preciso baixar o nível, adaptar-me. Dize-me, meu amigo, acreditas que a matéria possa ser eterna?

DONDINDAC

Que me importa se ela existir para toda a eternidade ou não? Eu mesmo não existirei por toda a eternidade. De qualquer modo Deus é meu senhor; deu-me a noção de justiça, devo segui-la; não quero ser filósofo, quero ser homem.

LOGÔMACO

É duro lidar com essas cabeças-duras. Vamos passo a passo. O que é Deus?

DONDINDAC

Meu soberano, meu juiz, meu pai.

LOGÔMACO

Não é isso que estou perguntando. Qual é a natureza dele?

DONDINDAC

Ser poderoso e bom.

LOGÔMACO

Mas ele é corpóreo ou espiritual?

DONDINDAC

Como é que eu vou saber?

LOGÔMACO

Como! Não sabes o que é espírito?

DONDINDAC

Nem um pouco: de que me serviria? Eu seria mais justo por causa disso? Seria melhor marido, melhor pai, melhor patrão, melhor cidadão?

LOGÔMACO

Preciso te ensinar impreterivelmente o que é espírito: é, é, é... te digo outra hora.

DONDINDAC

Meu medo é que não me direis o que ele é nem o que ele não é. Permiti que vos faça uma pergunta. Faz tempo vi um de vossos templos: por que pintais Deus barbudo?

LOGÔMACO

É uma pergunta muito difícil, que demanda instruções preliminares.

DONDINDAC

Antes de receber vossas instruções, preciso contar o que me aconteceu um dia. Acabava de construir um caramanchão no fundo de meu jardim; ouvi uma toupeira conversando com um besouro: "Olhe que bela construção, dizia a toupeira; deve ser bem poderosa a toupeira que fez essa obra. – Está brincando, disse o besouro; o arquiteto dessa construção é um besouro genial." Depois disso resolvi nunca mais discutir.

DEVOTO (Dévot)

> *L'Évangile au chrétien ne dit en aucun lieu:*
> *Sois dévot; elle dit: Sois doux, simple, équitable;*
> *Car d'un dévot souvent au chrétien véritable*
> *La distance est deux fois plus longue, à mon avis,*
> *Que du pôle antarctique au détroit de Davis.*
> [O Evangelho ao cristão não diz em lugar nenhum:
> Sê devoto; ela (*sic*) diz: Sê manso, simples, justo;
> Pois entre o devoto e o cristão de verdade
> Muitas vezes a distância é mais longa
> Que do polo antártico ao estreito de Davis.]
> (BOILEAU, *Sát*. XI, v. 112-116)

É bom notar, em nossas Questões, que Boileau é o único poeta que já falou do *Evangelho* no feminino. Não se diz em francês *la sainte Évangile* [a santa Evangelho], mas *le saint Évangile* [o santo Evangelho]. Essas inadvertências escapam aos melhores escritores; só os pedantes triunfam sempre. É fácil pôr as coisas no lugar:

> *L Évangile au chrétien ne dit en aucun lieu:*
> *Sois dévot; mais il dit: Sois doux, simple, équitable*
> [O Evangelho ao cristão não diz em nenhum lugar:
> Sê devoto; mas ele diz: Sê manso, simples, justo.]

Com relação a Davis, não há estreito de Davis, mas um estreito de David. Os ingleses põem um *s* no genitivo, e essa é a origem da confusão. Pois, no tempo de Boileau, ninguém na França aprendia inglês, que hoje é objeto de estudo dos literatos. Foi um habitante do monte Krapac que inspirou nos franceses o gosto por essa língua e, ajudando-os a conhecer a filosofia e a poesia inglesas, foi por isso perseguido por alguns boçais franceses.

Tratemos agora da palavra *devoto*; significa *devotado*; no sentido rigoroso do termo, essa qualificação só deveria caber aos monges e às religiosas que fazem votos. Mas, como no Evangelho não se fala de votos nem de devotos, esse título de fato não deve caber a ninguém. Todos devem ser igualmente justos. O homem que se diz devoto assemelha-se a um plebeu que se diga marquês; arroga-se uma qualidade que não tem. Acredita valer mais que o próximo. Essa tolice é perdoada em mulheres; a fraqueza e a frivolidade delas as tornam escusáveis; essas pobres criaturas passam de um amante a um orientador espiritual com boa-fé; mas não se perdoam tais tolices aos patifes que as orientam, que abusam de sua ignorância, que alicerçam o trono de seu orgulho na credulidade do sexo. Eles criam um pequeno harém místico, composto de sete ou oito velhas beldades subjugadas pelo peso da falta do que fazer, e quase sempre essas súditas pagam tributos a seu novo senhor. Não há mulher jovem sem amante, não há velha devota sem orientador espiritual. Oh! Os orientais são mais sensatos que nós! Nunca um paxá disse: "Jantamos ontem com o agá dos janízaros, que é amante de minha irmã, e com o vigário da mesquita, que é orientador espiritual de minha mulher."

DICIONÁRIO (Dictionnaire)

O método dos dicionários, desconhecido na antiguidade, é de uma utilidade que não se pode contestar, e a *Enciclopédia*, concebida pelos srs. d'Alembert e Diderot, levada a cabo por eles e por seus associados com tanto sucesso, apesar de seus defeitos, é um ótimo testemunho disso. O que se encontra no verbete Dicionário deve bastar: foi feito pela mão do mestre.

Aqui só quero falar de uma nova espécie de dicionário histórico que encerra mentiras e sátiras em ordem alfabética: é o *Dictionnaire historique, littéraire et critique, contenant une idée abrégée de la vie des hommes illustres en tout genre* [Dicionário histórico, literário e crítico, que contém uma ideia abreviada da vida dos homens ilustres em todos os gêneros], impresso em 1758, em seis volumes in-oitavo sem nome do autor.

Os compiladores dessa obra começam declarando que ela foi empreendida "a conselho do autor da *Gazette ecclésiastique* [Gazeta eclesiástica], escritor temível, dizem eles, cuja flecha, já comparada à de Jônatas, nunca voltou para trás e está sempre tinta do sangue dos mortos, da carnificina dos mais valentes: *A sanguine interfectorum, ab adipe fortium sagitta Jonathae nunquam rediit retrorsum*".

Todos convirão sem dificuldade que Jônatas, filho de Saul, morto na batalha de Gelboé, tem uma relação imediata com um convulsionário de Paris que rabiscava as *Nouvelles ecclésiastiques* [Notícias eclesiásticas] numa água-furtada, em 1758.

O autor desse prefácio fala do grande Colbert. Acredita-se de início que se fala do ministro de Estado que tão grandes serviços prestou à França; nada disso, fala-se de um bispo de Montpellier. Queixa-se de que outro dicionário não louvou suficientemente o célebre abade de Asfeld, o ilustre Boursier, o famoso Gennes e o imortal Laborde, e que não disse suficientes injúrias ao arcebispo de Sens Languet e a alguém chamado Fillot, todos gente conhecida, segundo diz ele, da colunas de Hércules ao mar Glacial. Promete que será "vivo, forte e picante, por princípio de religião; que tornará seu rosto mais firme que o rosto de seus inimigos, e sua fronte mais dura que a fronte deles, segundo palavras de Ezequiel".

Declara que aproveitou a contribuição de todos os jornais e anedotários, e termina fazendo votos de que o céu derrame suas bênçãos sobre seu trabalho.

Nessas espécies de dicionário, que não passam de obras partidárias, raramente se encontra o que se procura, e frequentemente o que não se procura. Na palavra *Adônis*, por exemplo, ficamos sabendo que Vênus se apaixonou por ele, mas não há uma só palavra sobre o culto de Adônis ou

Adonai entre os fenícios; nada sobre aquelas festividades tão antigas e célebres, sobre as lamentações seguidas de júbilo, que eram alegorias manifestas, assim como as festividades de Ceres, as de Ísis e de todos os mistérios da antiguidade. Mas, em compensação, encontramos a religiosa Adkichomia, que traduziu em versos os salmos de Davi no século XVI, e Adkichomius, aparentemente parente seu, que escreveu a *Vida de Jesus Cristo* em baixo-alemão.

Pode-se imaginar que todos os pertencentes à facção do redator são cumulados de louvores, e os outros, de injúrias. O autor, ou a pequena horda de autores que alinhavaram esse vocabulário de inépcias, diz que Nicolas Boindin, procurador-geral dos tesoureiros de França, da Academia de Belas-Letras, era poeta e ateu.

Esse magistrado, porém, nunca imprimiu versos e não escreveu nada sobre metafísica nem sobre religião.

Ele acrescenta que Boindin será posto pela posteridade no rol dos Vanini, dos Espinosa e dos Hobbes. Ignora que Hobbes nunca professou o ateísmo, que ele apenas submeteu a religião ao poder soberano, por ele chamado *Leviatã*. Ignora que Vanini não foi ateu, que a palavra ateu nem sequer se encontra na sentença que o condenou; que ele foi acusado de impiedade porque se insurgiu veementemente contra a filosofia de Aristóteles e porque discutiu asperamente e sem comedimento com um conselheiro do parlamento de Toulouse chamado Francon ou Franconi, que teve o mérito de mandá-lo para a fogueira, porque se manda para a fogueira quem se quiser: que o digam a Donzela de Orléans, Michel Servet, o conselheiro Dubourg, a marechala de Ancre, Urbain Grandier, Morin e os livros dos jansenistas. Vede, aliás, a apologia de Vanini feita pelo douto La Croze e o verbete Ateísmo.

O vocabularista trata Boindin de celerado; seus pais queriam processar e obter a punição judicial de um autor que merece o nome que ousa dar a um magistrado, a um cientista digno de estima, mas o caluniador escondia-se por trás de um nome falso, como a maioria dos libelistas.

Imediatamente depois de ter falado de modo tão indigno de um homem respeitável para ele, passa a vê-lo como testemunho irrefragável, visto que Boindin, cujo mau humor era conhecido, deixou um memorando muito mal escrito e muito temerário, no qual acusa Lamotte, o homem mais honesto do mundo, um geômetra e um comerciante de quinquilharias de terem feito os versos infames que provocaram a condenação de Jean-Baptiste Rousseau. Por fim, na lista das obras de Boindin, ele omite de propósito suas excelentes dissertações publicadas na Coletânea da Academia de Belas-Letras, da qual era um membro muito distinto.

O verbete *Fontenelle* não passa de sátira desse engenhoso e douto acadêmico cuja ciência e cujos talentos são estimados pela Europa literária. O autor tem a impudência de dizer que "sua História dos oráculos não honra a sua religião". Se Van Dale, autor de *História dos oráculos*, e seu redator Fontenelle tivessem vivido no tempo dos gregos e da república romana, poder-se-ia dizer com razão que eles eram melhores filósofos do que bons pagãos, mas, com toda boa-fé, que mal causam eles à religião cristã, ao mostrarem que os sacerdotes pagãos eram uns patifes? Não está claro que os autores desse libelo, intitulado *Dicionário*, advogam em causa própria? *Jam proximus ardet Ucalegon*. Mas provar a patifaria dos convulsionários seria insultar a religião cristã? O governo fez mais: puniu-os, sem ser acusado de irreligião.

O libelista acrescenta que desconfia que Fontenelle só cumpriu seus deveres de cristão desprezando o próprio cristianismo. Estranha demência a desses fanáticos que sempre negam aos brados que um filósofo possa ser cristão; seria preciso excomungá-los e puni-los só por isso: pois, sem dúvida, é querer destruir o cristianismo afirmar que é impossível raciocinar bem e acreditar numa religião tão racional e santa.

Des Yveteaux, preceptor de Luís XIII, é acusado de ter vivido e morrido sem religião. Parece que os compiladores não têm nenhuma religião ou, pelo menos, que, violando todos os preceitos da verdadeira religião, estão procurando cúmplices por toda parte.

O galante senhor, autor desses verbetes, se compraz em transcrever todos os maus versos contra a Academia Francesa, bem como anedotas ridículas e falsas. Aparentemente, também por zelo religioso.

Não devo deixar passar a oportunidade de refutar a história absurda que correu mundo e que ele repete de maneira inoportuna no verbete *Abade Gédoyn*, que ele tem grande prazer em arrasar, porque foi jesuíta na juventude, fraqueza passageira, de que o vi arrepender-se durante toda a vida.

O devoto e escandaloso redator do *Dicionário* afirma que o abade Gédoyn dormiu com a célebre Ninon Lenclos, no mesmo dia em que ela completou oitenta anos. Sem dúvida não competia a um padre contar essa aventura num pretenso *Dicionário de homens ilustres*. Tal asneira não é nada verossímil, e posso garantir que nada é mais falso. Antigamente, essa anedota era posta na conta do abade de Châteauneuf, que não se fazia de difícil em matéria de amor e que, conforme se dizia, gozara dos favores de Ninon, quando esta contava sessenta anos, ou melhor, foi ela que gozou dos favores dele. Vi muitas vezes na minha infância o abade Gédoyn, o abade de Châteauneuf e a srta. Lenclos; posso garantir que, com a idade de oitenta anos, o rosto dela trazia as marcas mais medonhas da velhice, que seu corpo tinha todas as debilidades da idade e que ela trazia no espírito as máximas de um filósofo austero.

No verbete *Deshoulières*, o redator afirma ser a sra. Deshoulières que Boileau chama de preciosa na sua sátira contra as mulheres. Nunca ninguém teve menos esse defeito do que a sra. Deshoulières; ela sempre foi considerada mulher do melhor trato, muito simples e agradável na conversação.

O verbete *Lamotte* está cheio de injúrias atrozes contra esse acadêmico, homem estimável, poeta filósofo que compôs obras respeitáveis em todos os gêneros. Por fim, o autor, para vender seu livro em seis volumes, fez-lhe um libelo difamatório.

Seu herói é Carré de Montgeron, que apresentou ao rei uma coletânea dos milagres operados pelos convulsionários no cemitério de Saint-Médard; e seu herói era um tolo que morreu louco.

Seria do interesse do público, da literatura e da razão que esses libelistas fossem entregues à indignação pública, pois a avidez do ganho sórdido poderia despertar imitadores, principalmente porque nada é mais fácil do que copiar livros compostos em ordem alfabética e acrescentar-lhes platitudes, calúnias e injúrias.

Excerto das reflexões de um acadêmico sobre o Dicionário da Academia

Gostaria de ter dado a etimologia natural e incontestável de cada palavra, comparar o uso, as diversas significações, a energia dessa palavra com o uso, as acepções diversas, a força ou a fraqueza do termo que corresponde a essa palavra nas línguas estrangeiras; por fim, citar os melhores autores que fizeram uso dessa palavra, mostrar a maior ou menor extensão que lhe deram, notar se ela é mais própria à poesia do que à prosa.

Por exemplo, observei que *inclemência* do clima é ridículo numa história, porque esse termo *inclemência* tem origem na cólera do céu, que se supõe manifestar-se pela intempérie, pelas perturbações, pelos rigores das estações, pela violência do frio, pela alteração do ar, pelas tempestades, pelas borrascas, pelos vapores pestilenciais etc. Assim, pois, *inclemência*, que é uma metáfora, fica reservada à poesia.

Daria à palavra *impotência* todas as acepções que costuma receber. Mostraria o erro em que incide o historiador que fala da impotência do rei Afonso, sem deixar claro se era a impotência de resistir ao irmão ou a impotência de que o acusava sua mulher.

Tentaria mostrar que os atributos *irresistível* e *incurável* exigiriam grande remanejamento. Quem primeiro disse *impulso irresistível do gênio* fez um achado, porque, de fato, se tratava de um grande gênio que cedera a seu talento, apesar de todos os obstáculos. Os imitadores que aplicaram essa expressão a homens medíocres são plagiários que não sabem usar bem aquilo que furtam.

A palavra *incurável* até agora só foi encaixada num verso pelo industrioso Racine:

De um incurável amor remédios impotentes.
(*Fedra*, ato I, cena III)

É a isso que Boileau dá o nome de *palavras bem achadas*.

A partir do momento que um homem de gênio dá um uso novo a um termo da língua, os copistas não deixam de empregar essa mesma expressão despropositadamente em dezenas de lugares, e nunca dão os créditos ao inventor.

Não acredito que haja uma única palavra bem achada, uma única nova expressão genial em nenhum autor trágico desde Racine, exceto nos últimos anos. Em geral são termos vagos, ociosos, repisados, tão mal colocados que o resultado é um estilo bárbaro; e, para vergonha da nação, essas obras visigóticas e vândalas foram durante algum tempo preconizadas, celebradas, admiradas pelos jornais, nos mercúrios, sobretudo quando protegidas pela senhora não-sei-quê que não entendia nada do assunto. Hoje estamos livres de tais obras, que, com exceção de uma ou duas, foram aniquiladas para sempre.

Não tencionava fazer todas essas reflexões, mas sim dar ao leitor condições de fazê-las.

Na letra *E*, mostraria que são precisamente nossos *ee* mudos, criticados por certo italiano, que conferem deliciosa harmonia a nossa língua. *Empire, couronne, diadème, épouvantable, sensible* [império, coroa, diadema, terrível, sensível]: esse *e* mudo, que fazemos sentir sem articular, deixa nos ouvidos um som melodioso, como o som de um timbre que ainda ressoa quando já deixou de ser tocado. Foi o que respondemos a um literato italiano, que, vindo a Paris para ensinar sua língua, não deveria menoscabar a nossa.

Ele não sentia a beleza e a necessidade de nossas rimas femininas; elas são apenas *ee* mudos. Esse entrelaçamento de rimas masculinas e femininas constitui o encanto de nossos versos.

Semelhantes observações sobre o alfabeto e as palavras poderiam ter alguma utilidade; mas a obra teria ficado longa demais.

DILÚVIO UNIVERSAL (Déluge universel)

Começamos por declarar que acreditamos no dilúvio universal porque ele é narrado nas Santas Escrituras hebraicas transmitidas aos cristãos.

Vemo-lo como um milagre:

1º Porque todos os fatos nos quais Deus digna-se intervir, nos benditos livros, são todos milagres;

2º Porque o oceano não poderia ter-se erguido quinze côvados, ou vinte e um pés e meio, acima das mais altas montanhas, sem deixar o leito seco e sem transgredir ao mesmo tempo todas as leis da gravidade e do equilíbrio dos líquidos, o que, evidentemente, exigia um milagre;

3º Porque, mesmo que ele pudesse chegar à altura proposta, a arca não poderia conter, segundo as leis da física, todos os animais do universo e seu alimento durante tanto tempo, visto que leões, tigres, panteras, leopardos, onças, rinocerontes, ursos, lobos, hienas, águias, gaviões, milhafres, abutres e falcões, e todos os animais carnívoros, que só se alimentam de carne, teriam morrido de fome, mesmo depois de terem comido todas as outras espécies.

Faz tempo, na esteira dos *Pensamentos de Pascal*, editou-se uma dissertação de um comerciante de Rouen, chamado Le Pelletier, na qual ele propõe a maneira de construir um navio onde se possa pôr todos os animais e alimentá-los durante um ano. Percebe-se que esse comerciante nunca cuidou de um galinheiro. Somos obrigados a considerar o sr. Le Pelletier, arquiteto da arca, como um visionário que nada entendia de criação de bichos, e o dilúvio como um milagre digno de adoração, terrível e incompreensível para a fraca razão do sr. Le Pelletier tanto quanto para a nossa;

4º Porque a impossibilidade física de um dilúvio universal, por vias naturais, está rigorosamente demonstrada; vejamos a demonstração.

Todos os mares cobrem metade do globo; se tomarmos uma medida comum de sua profundidade junto às costas e em alto-mar, contaremos quinhentos pés.

Para que eles cobrissem os dois hemisférios apenas em quinhentos pés, seria preciso não só um oceano de quinhentos pés de profundidade sobre toda a terra habitável, como também um outro mar para envolver nosso oceano atual, sem o que as leis da gravidade e dos fluidos fariam escoar essa nova massa de água, com quinhentos pés de profundidade, que a terra estivesse suportando.

Teremos então dois novos oceanos para cobrir apenas em quinhentos pés o globo terrestre.

Supondo que as montanhas tenham apenas vinte mil pés de altura, seria necessário pôr quarenta oceanos de quinhentos pés de altura cada um sobre o outro, para chegar à altura apenas do cume das montanhas altas. Cada oceano superior conteria todos os outros, e o último de todos esses oceanos teria uma circunferência que conteria quarenta vezes a do primeiro.

Para formar essa massa de água, teria sido preciso criá-la do nada. Para retirá-la, teria sido preciso aniquilá-la.

Portanto, o acontecimento do dilúvio é um milagre duplo, o maior milagre que já revelou o poder do eterno soberano de todos os globos.

Surpreende-nos muito que alguns cientistas tenham atribuído a esse dilúvio algumas conchas espalhadas aqui e acolá em nosso continente.

Surpreende-nos ainda mais o que lemos no verbete Dilúvio do *Grande dicionário enciclopédico*; nele se cita um autor que diz coisas tão profundas[34], que as tomaríamos por vazias. É Pluche outra vez; ele prova a possibilidade do dilúvio pela história dos gigantes que travaram guerra contra os deuses.

Briareu, segundo ele, é visivelmente o dilúvio, pois significa *perda da serenidade*; e em que língua significa essa perda? Em hebraico. Mas Briareu é palavra grega, que quer dizer *robusto*. Não é palavra hebraica. Mesmo que, por acaso, o fosse, evitemos imitar Bochart, que faz tantas palavras gregas, latinas e mesmo francesas derivar do idioma hebraico. É certo que os gregos conheciam o idioma judeu tanto quanto a língua chinesa.

O gigante Oto, também em hebraico, segundo Pluche, é *desarranjo das estações*. Mas essa também é uma palavra grega que não significa nada, ao menos que eu saiba; e, mesmo que significasse alguma coisa, que relação teria, se me permite, com o hebraico?

Porfírio é *tremor de terra* em hebraico; mas em grego é *pórfiro*. O dilúvio nada tem a ver com isso.

Mimas é *aguaceiro*; desta vez, aí está uma que pode ter alguma relação com o dilúvio. Mas em grego *mimas* quer dizer *imitador*, *ator*; não há meio de dar tal origem ao dilúvio.

Encélado: outra prova do dilúvio em hebraico, pois, segundo Pluche, é a *nascente do tempo*; mas, infelizmente, em grego é *ruído*.

Efialtes: outra demonstração do dilúvio em hebraico, pois *ephialtes*, que significa *saltador*, *opressor*, *íncubo*, em grego, segundo Pluche é uma *grande massa de nuvens*.

Ora, se os gregos tomaram tudo dos hebreus – que não conheciam –, evidentemente deram a seus gigantes todos esses nomes que Pluche extrai do hebraico como pode; tudo em memória do dilúvio.

---

34. *Histoire du ciel*, t. I, a partir da p. 135. (N. de Voltaire)

Deucalião, segundo ele, significa *enfraquecimento do Sol*. Não é verdade; mas não importa.

É assim que Pluche raciocina; é ele que cita o autor do verbete Dilúvio sem refutá-lo. Estará falando a sério? Zombando? Não faço a menor ideia. Só sei que não são muitos os sistemas dos quais se possa falar sem rir.

Temo que esse verbete do Grande dicionário, atribuído ao sr. Boulanger, seja sério; nesse caso, perguntamos se esse trecho é filosófico. A filosofia se engana tantas vezes que não ousamos condenar o sr. Boulanger.

Ousamos ainda menos perguntar que abismo é esse que se rompeu e que comportas do céu se abriram. Isaac Vossius nega a universalidade do dilúvio[35]; *hoc est pie nugari*. Calmet a sustenta, garantindo que os corpos só pesam no ar porque o ar os comprime. Calmet não era físico, e o peso do ar nada tem a ver com o dilúvio. Limitemo-nos a ler e a respeitar tudo o que está na Bíblia sem compreender uma só palavra.

Não compreendo como Deus criou uma raça para afogá-la e para pôr em seu lugar uma raça mais malvada ainda;

Como sete casais de todas as espécies de animais não imundos vieram dos quatro quartos do globo, com dois casais dos imundos, sem que os lobos comessem as ovelhas no caminho, e sem que os gaviões comessem os pombos etc. etc.;

Como oito pessoas puderam tratar de tantos animais embarcados, alimentá-los e dar-lhes água durante quase dois anos: pois foi preciso esperar mais um ano, depois da cessação do dilúvio, para alimentar todos aqueles passageiros, visto que o capim estava ralo.

Não sou como o sr. Le Pelletier: admiro tudo e não explico nada.

DINHEIRO (Argent)

Palavra que serve para designar o ouro[36]. "Senhor, poderíeis emprestar-me cem luíses de ouro? – Cavalheiro, gostaria do fundo do coração, mas não tenho dinheiro, estou sem dinheiro vivo; o italiano diria: *Signore, non ho di danari*.

Harpagon pergunta a Jacques: "Vais dar-me farta acolhida? – Sim, se me deres muito dinheiro."

Pergunta-se todos os dias qual é o país da Europa mais rico em dinheiro: pretende-se com isso dizer que povo possui mais metais representativos dos objetos de comércio. Pergunta-se pela mesma razão qual é o mais pobre; e então competem umas trinta nações: Vestefália, Limousin, País Basco, Tirol, Valais, Grisões, Ístria, Escócia, Irlanda do Norte, Suíça num pequeno cantão, sobretudo o submetido ao papa.

Os que querem adivinhar quem tem mais hesitam hoje entre a França, a Espanha e a Holanda, que nada tinha em 1600.

Antigamente, nos séculos XIII, XIV e XV, era a província de dataria que tinha, incontestavelmente, mais dinheiro vivo; por isso, era a que mais comerciava. "A quanto vendeis isso?", perguntava-se a um comerciante. Ele respondia: "Custa o preço da parvoíce humana."

Toda a Europa mandava então seu dinheiro para a corte romana, que, em troca, entregava grãos benditos, cera benta, indulgências plenas ou não plenas, dispensas, confirmações, isenções, bênçãos e até excomunhões contra aqueles que não eram muito bem-vistos na corte de Roma nem benquistos pelos pagantes.

Os venezianos não vendiam nada disso; mas faziam comércio com todo o ocidente por Alexandria; só por meio deles se obtinha pimenta e canela. O dinheiro que não ia para a dataria ia

---

35. *Commentaire sur la Genèse,* p. 197 etc. (N. de Voltaire)
36. Encontra-se aí um jogo de palavras, pois em francês *argent* significa *prata* e *dinheiro*. (N. da T.)

para eles, e um pouco para toscanos e genoveses. Todos os outros reinos eram tão pobres em dinheiro vivo, que Carlos VIII foi obrigado a tomar de empréstimo as pedras preciosas da duquesa de Savoia e penhorá-las, para ir conquistar Nápoles e perdê-la em seguida. Os venezianos pagaram exércitos mais fortes que os seus. Um nobre veneziano tinha mais ouro no cofre e mais prata na mesa do que o imperador Maximiliano, cognominado *Pochi danari*.

As coisas mudaram quando os portugueses foram comerciar nas Índias como conquistadores, e os espanhóis subjugaram o México e o Peru com seiscentos ou setecentos homens. Sabe-se que então o comércio de Veneza, o das outras cidades da Itália, tudo caiu. Filipe II, senhor da Espanha, de Portugal, dos Países Baixos, das Duas Sicílias, de Milão, de quinhentas léguas de costas na Ásia e de minas de ouro e prata na América, passou a ser o único rico e, por conseguinte, o único poderoso na Europa. Os espiões que ele tinha, granjeados na França, beijavam de joelhos os dobrões católicos; e o pequeno número de *angelots* e de *carolus* que circulavam pela França não gozava de grande crédito. Afirma-se que a América e a Ásia lhe renderam cerca de dez milhões de ducados. De fato, ele teria comprado a Europa com sua prata, não fosse o ferro de Henrique IV e as frotas da rainha Elisabeth.

O *Dicionário enciclopédico*, no verbete Dinheiro, cita o *Espírito das leis*, onde se diz: "Ouvi várias vezes deplorarem a cegueira dos conselheiros de Francisco I, por ter rechaçado Cristóvão Colombo, que lhe propunha as Índias; na verdade, talvez se tenha feito por imprudência uma coisa bem sábia."

Vemos, pelo enorme poderio de Filipe, que o pretenso conselho de Francisco I não teria feito *coisa tão sábia*. Mas limitemo-nos a observar que Francisco I ainda não tinha nascido quando, segundo se afirma, recusou as ofertas de Cristóvão Colombo; esse genovês aportou na América em 1492, e Francisco I nasceu em 1494, só chegando ao trono em 1515.

Comparemos aqui os rendimentos de Henrique III, de Henrique IV e da rainha Elisabeth com os de Filipe II: os subsídios costumeiros de Elisabeth eram de apenas cem mil libras esterlinas; com o extraordinário, foi, em anos comuns, de cerca de quatrocentas mil; mas ela precisava usar esse excedente para defender-se de Filipe II. Sem extrema economia, estaria perdida, e a Inglaterra com ela.

Os rendimentos de Henrique III montavam, na realidade, a trinta milhões de libras de seu tempo: diante da soma que Filipe II extraía só das Índias, isso estava numa proporção de três para dez; mas um terço desse dinheiro não entrava nos cofres de Henrique III, que era muito pródigo, muito roubado, portanto muito pobre; verifica-se que Filipe II acaba sendo dez vezes mais rico que ele.

Quanto a Henrique IV, não vale a pena comparar seus tesouros com os de Filipe II. Até a paz de Vervins, ele só tinha aquilo que podia tomar de empréstimo ou ganhar na ponta da espada; e viveu como cavaleiro errante até o momento em que se tornou o primeiro rei da Europa.

A Inglaterra tinha sido sempre tão pobre, que o rei Eduardo III foi o primeiro que mandou cunhar moedas de ouro.

Deseja-se saber o que é feito do ouro e da prata que afluem continuamente do México e do Peru para a Espanha. Entram nos bolsos dos franceses, dos ingleses e dos holandeses, que comerciam em Cádiz com nomes espanhóis, enviando para a América a produção de suas manufaturas. Grande parte desse dinheiro vai para as Índias Orientais, para pagar especiarias, algodão, salitre, açúcar-cândi, chá, tecidos, diamantes e bibelôs.

Pergunta-se também o que é feito de todos os tesouros das Índias; respondo que o xá Tamas-Kulikan, ou xá Nadir, roubou todo o tesouro do Grão-Mogol com suas pedrarias. Quereis saber onde estão as pedrarias, o ouro e a prata que o xá Nadir levou da Pérsia? Uma parte foi enterrada durante as guerras civis; a outra foi usada por bandidos para a criação de suas facções. Pois, como bem diz César, "com dinheiro têm-se soldados, e com soldados rouba-se dinheiro".

Vossa curiosidade ainda não está satisfeita; tendes dificuldade para saber onde estão os tesouros de Sesóstris, Creso, Ciro, Nabucodonosor e, sobretudo, Salomão, que, segundo se diz, tinha vinte bilhões e tanto de nossas libras, só para ele, em seu cofre.

Direi que tudo isso está espalhado pelo mundo. Tende certeza de que, no tempo de Ciro, as Gálias, a Germânia, a Dinamarca, a Polônia e a Rússia não tinham um tostão. As coisas se nivelaram com o tempo, menos o que se perdeu em douraduras, o que continua enterrado em Nossa Senhora de Loreto e em outros lugares e o que foi engolido pelo mar *avaro*.

Como viviam os romanos no tempo do grande Rômulo, filho de Marte e de uma religiosa, e no tempo do devoto Numa Pompílio? Tinham um Júpiter de madeira de carvalho mal talhado, cabanas como palácios, um punhado de feno na ponta de um pau como estandarte e nenhuma moeda de prata de doze soldos no bolso. Nossos cocheiros têm relógios de ouro que os sete reis de Roma, Camilo, Mânlio e Fábio não poderiam pagar.

Se, por acaso, a mulher de algum recebedor-geral das finanças pedisse ao intelectual da casa que lhe lesse este capítulo durante sua toalete, sentiria estranho desprezo pelos romanos dos três primeiros séculos e não autorizaria que em sua antecâmara entrasse um Mânlio, um Cúrio ou um Fábio, que chegariam a pé e não teriam ouro para apostar numa partida.

O dinheiro vivo deles era cobre. Este servia ao mesmo tempo como arma e moeda. Lutava-se e contava-se com cobre. Três ou quatro libras de cobre de doze onças pagavam um boi. O necessário era comprado na feira, tal como hoje, e, como em todos os tempos, as pessoas tinham alimentos, roupas e agasalhos. Os romanos, mais pobres que seus vizinhos, os subjugaram e foram aumentando incessantemente seu território no espaço de cerca de quinhentos anos, antes de cunharem moedas como dinheiro.

Os soldados de Gustavo Adolfo, na Suécia, só tinham moedas de cobre por soldo, antes das conquistas externas.

Desde que se tenha um objeto de troca para as coisas necessárias à vida, o comércio sempre ocorre. Não importa se esse objeto de troca consiste em conchas ou papel. O ouro e a prata, com o passar do tempo, só prevaleceram em todos os lugares por serem mais raros.

Foi na Ásia que tiveram início as primeiras cunhagens de moedas desses dois metais, porque a Ásia foi o berço de todas as artes.

Não se fala em moeda na guerra de Troia; ali se pesam ouro e prata. Agamêmnon podia ter um tesoureiro, mas não um tribunal de contas.

O que levou vários eruditos temerários a acreditar que o Pentateuco só foi escrito no tempo em que os hebreus começaram a obter algumas moedas com os vizinhos foi que, em mais de um trecho, se fala de siclos. Diz-se que Abraão, que era estrangeiro e não tinha sequer uma polegada de terra em Canaã, ali comprou um campo e uma caverna para enterrar a mulher, por quatrocentos siclos de prata de lei[37]: *Quadrigentos siclos argenti probatae monetae publicae*. O judicioso dom Calmet avalia essa soma em quatrocentos e quarenta e oito libras, seis soldos e nove denários, segundo os antigos cálculos imaginados bem a esmo, quando cada marco de prata valia vinte e seis libras de câmbio. Mas, como o marco de prata aumentou duas vezes mais, a soma seria hoje de oitocentas e noventa e seis libras.

Ora, como naquele tempo não havia moeda cunhada que correspondesse à palavra *pecunia*, tinha-se uma pequena dificuldade da qual é fácil sair[38].

---

37. Gênese, cap. XXIII, v. 16. (N. de Voltaire)
38. Esses ousados eruditos, que, com esse e outros pretextos, atribuem o Pentateuco a outros, e não a Moisés, baseiam-se também nos testemunhos de são Teodoreto, Mázio etc. Dizem eles: Se são Teodoreto e Mázio afirmam que o livro de Josué não foi escrito por Josué, e nem por isso deixa de ser admirável, não poderíamos acreditar também que o Pentateuco é muito admirável, apesar de não ser de Moisés? Veja-se sobre isso o primeiro livro da *Histoire critique du Vieux Testament* do reverendo padre Simon do Oratório. Mas, seja lá o que tenham dito esses eruditos, está claro que devemos restringir-nos à opinião da Santa Igreja apostólica e romana, única infalível. (N. de Voltaire)

Outra dificuldade é que em certo trecho se diz que Abraão comprou o campo em Hebron e, em outro, se diz que a compra foi em Sichem[39]. Consultem-se a respeito o venerável Beda, Rabano Mauro e Emmanuel Sá.

Poderíamos falar aqui das riquezas deixadas por Davi a Salomão em moeda cunhada. Segundo uns, somavam vinte e um a vinte e dois bilhões de tornesas; segundo outros, vinte e cinco. Não há tesoureiro real nem *tefterdar* do Grão-Turco que possam calcular exatamente o tesouro do rei Salomão. Mas os jovens bacharéis de Oxford e da Sorbonne fazem essa conta de cabeça.

Não falarei das inúmeras aventuras ocorridas ao dinheiro desde que ele começou a ser cunhado, marcado, avaliado, alterado, prodigalizado, trancado, roubado, dinheiro que, em todas as suas transmigrações, nunca deixou de ser o grande amor do gênero humano. É ele tão amado, que todos os príncipes cristãos mantêm uma lei antiga, que consiste em não permitir a saída de ouro e prata dos domínios de seus respectivos reinos. Essa lei supõe uma de duas coisas: ou esses príncipes reinam sobre loucos varridos, que se desfazem de suas moedas em países estrangeiros por puro prazer, ou não se deve pagar dívidas a estrangeiros. Está claro, porém, que ninguém é tão insensato para ficar dando dinheiro sem motivo, e, quando o dinheiro é devido a estrangeiros, cabe pagá-lo em letras de câmbio, em mercadorias ou em espécie. Por isso, essa lei não é obedecida desde que os olhos começaram a abrir-se, e não faz muito tempo que estão abertos.

Haveria muito que dizer sobre a moeda, bem como sobre o aumento injusto e ridículo das peças, que faz um Estado perder de repente somas consideráveis; sobre a refundição e o recunho, com o aumento do valor ideal, que incita todos os vizinhos e todos os inimigos a recunhar nossa moeda e a ganhar às nossas expensas; finalmente, sobre dezenas de outros truques inventados para arruinar-se. Vários livros novos estão cheios de reflexões judiciosas sobre esse assunto. É mais fácil escrever sobre o dinheiro do que ganhá-lo, e aqueles que o ganham riem muito daqueles que só sabem falar dele.

Em geral, a arte de governar consiste em tomar a maior quantidade possível de dinheiro a grande parte dos cidadãos para dá-la à outra.

Pergunta-se se é possível arruinar radicalmente um reino cuja terra em geral seja fértil; responde-se que isso é coisa impraticável, visto que, desde a guerra de 1689 até o fim de 1769, quando escrevemos isto, se fez quase sem interrupção tudo o que foi possível para arruinar irremediavelmente a França, e nunca se conseguiu. É um corpo saudável, que teve febre durante oitenta anos, com recaídas, e, mesmo nas mãos de charlatães, sobreviverá.

Se quiserdes ler um trecho curioso e bem escrito sobre o dinheiro de diferentes países, procurai o verbete Moeda, do sr. cavaleiro de Jaucourt, na *Enciclopédia*; não é possível falar com mais erudição e imparcialidade. É belo aprofundar-se num assunto que se despreza.

DIOCLECIANO (Dioclétien)

Depois de vários reinos fracos ou tirânicos, o império romano teve um bom imperador em Probo, e as legiões o massacraram. Elas elegeram Caro, que foi fulminado por um raio às margens do Tigre, quando guerreava com os persas. Seu filho Numeriano foi proclamado pelos soldados. Os historiadores dizem seriamente que, de tanto chorar a morte do pai, ele quase perdeu a visão e, em plena guerra, foi obrigado a ficar sempre entre quatro cortinas. Seu sogro, chamado Aper, matou-o na cama para subir ao trono; mas um druida, nas Gálias, predissera a Diocleciano, um dos generais do exército, que ele seria imperador imediatamente depois de matar um javali:

---

39. Atos, cap. VII, v. 16. (N. de Voltaire)

ora, em latim javali é *aper*. Diocleciano reuniu o exército, matou Aper com as próprias mãos diante dos soldados e realizou assim a predição do druida. Os historiadores que relatam esse oráculo mereceriam alimentar-se do fruto da árvore que os druidas reverenciavam. O certo é que Diocleciano matou o sogro de seu imperador; esse foi seu primeiro direito ao trono: o segundo é que Numeriano tinha um irmão chamado Carino, que também era imperador e, opondo-se à ascensão de Diocleciano, foi morto por um dos tribunos de seu exército. Foram esses os direitos de Diocleciano ao império. Havia muito tempo não eram outros os direitos.

Era originário da Dalmácia, da pequena cidade de Diocleia, cujo nome herdara. Se for verdade que era filho de lavrador e que, na juventude, fora escravo de um senador chamado Anulino, é esse o melhor elogio que lhe pode ser feito: só podia dever sua ascensão a si mesmo; está bem claro que ele havia granjeado a estima de seu exército, pois sua origem foi esquecida e lhe deram o diadema. Lactâncio, autor cristão, mas um tanto parcial, afirma que Diocleciano era o maior covarde do império. É pouco verossímil que os soldados romanos tenham escolhido um covarde para governá-los, e que esse covarde tenha galgado todos os graus da milícia. O zelo de Lactâncio contra um imperador pagão é muito louvável, mas não é inteligente.

Durante vinte anos, Diocleciano controlou com maestria aquelas ferozes legiões que desfaziam imperadores com a mesma facilidade com que os faziam: essa é mais uma prova, a despeito de Lactâncio, de que ele foi grande príncipe, além de bravo soldado. Com ele, o império logo recuperou seu antigo esplendor. Gauleses, africanos, egípcios e ingleses, sublevados em diversos momentos, voltaram todos a obedecer ao império; os próprios persas foram vencidos. Tanto sucesso fora, administração ainda mais feliz dentro; leis humanas e sábias, que ainda são vistas no Código Justiniano; Roma, Milão, Autun, Nicomédia, Cartago, embelezadas por sua munificência: tudo lhe valeu o respeito e o amor do oriente e do ocidente, a tal ponto que, duzentos e quarenta anos depois de sua morte, ainda se contava e datava a partir do primeiro ano de seu reinado, como se contava antes a partir da fundação de Roma. É isso que se chama *era de Diocleciano*; também é chamada de *era dos mártires*, mas há aí um evidente engano de dezoito anos, pois é certo que ele não perseguiu nenhum cristão durante dezoito anos. Estava tão distante de fazê-lo, que a primeira coisa que fez, ao se tornar imperador, foi dar uma companhia de guardas pretorianos a um cristão chamado Sebastião, que está no catálogo dos santos.

Não teve medo de imperar com um sócio, personificado por um soldado, como ele: Maximiano Hércules, seu amigo. A coincidência de destinos construíra a amizade dos dois. Maximiano Hércules também nascera de pais obscuros e pobres e fora subindo, como Diocleciano, de grau em grau, graças à coragem. Não houve quem deixasse de criticar aquele Maximiano por ter assumido o cognome *Hércules*, e Diocleciano por ter aceito o cognome *Joviano*. Não se presta atenção ao fato de que todos os dias vemos gente da Igreja que se chama Hércules e burgueses chamados César e Augusto.

Diocleciano criou mais dois césares: o primeiro foi outro Maximiano, cognominado Galério, que começara a vida como guardador de rebanhos. Parecia que Diocleciano, o mais altivo e ostentador dos homens, quem primeiro teve a ideia de fazer os súditos beijar-lhe os pés, empregou sua grandeza a pôr no trono dos césares homens nascidos na condição mais abjeta: um escravo e dois camponeses estavam à testa do império, e este nunca foi mais próspero.

O segundo césar que ele criou era de elevado nascimento: Constâncio Cloro, sobrinho-neto do imperador Cláudio II por parte de mãe. O império foi governado por esses quatro príncipes. Essa associação poderia produzir quatro guerras civis por ano; mas Diocleciano soube tão bem ser o cabeça de seus associados, que os obrigou respeitá-lo sempre e até a viver unidos. Aqueles príncipes, que tinham o nome de césares, no fundo não passavam de seus principais súditos: percebe-se que ele os tratava como senhor absoluto, pois, quando o césar Galério, vencido pelos persas, foi à Mesopotâmia prestar-lhe conta de sua derrota, ele o deixou andar uma milha ao lado de seu carro e só lhe concedeu graça depois que ele reparou seu erro e sua má sorte.

Essa reparação ocorreu no ano seguinte, em 297, de maneira bem marcante. Ele venceu o rei da Pérsia pessoalmente. Aqueles reis da Pérsia não se haviam corrigido, depois da batalha de Arbela, do hábito de carregar nos exércitos suas mulheres, filhas e eunucos. Galério, como Alexandre, tomou a mulher e toda a família do rei da Pérsia, tratando-as com o mesmo respeito. A paz foi tão gloriosa quanto a vitória: os vencidos cederam cinco províncias aos romanos, das areias de Palmirena até a Armênia.

Diocleciano e Galério foram para Roma ostentar um triunfo inaudito até então: era a primeira vez que se mostravam ao povo romano a mulher de um rei da Pérsia e seus filhos acorrentados. Todo o império vivia na abundância e na alegria. Diocleciano percorria todas as províncias: ia de Roma ao Egito, à Síria, à Ásia Menor; sua residência ordinária não era em Roma: era na Nicomédia, perto do Ponto Euxino, fosse para vigiar de mais perto os persas e os bárbaros, fosse por gostar de um lugar que ele embelezara.

Foi em meio àquela prosperidade que Galério começou a perseguição contra os cristãos. Por que os deixara em paz até então e por que foram maltratados depois? Diz Eusébio que um centurião da legião Trajana, chamado Marcelo, que servia na Mauritânia, assistindo com sua tropa a uma festa em homenagem à vitória de Galério, jogou ao chão a faixa militar, as armas e o ramo de videira, que era a marca de seu posto, dizendo em voz alta que era cristão e que não queria mais servir pagãos. Essa deserção foi punida com a morte pelo conselho de guerra. Esse é o primeiro exemplo confirmado dessa perseguição tão famosa. É verdade que havia grande número de cristãos nos exércitos do império, e o interesse do Estado exigia que aquela deserção pública não fosse aceita. O fervor de Marcelo era muito meritório, mas nada razoável. Se na festa que estava sendo dada na Mauritânia comia-se a carne oferecida aos deuses do império, a lei não obrigava Marcelo a comê-la; o cristianismo não lhe ordenava que desse exemplo de sedição, e não há lugar no mundo onde não se puna ação tão temerária.

No entanto, a partir da aventura de Marcelo, não parece que os cristãos tenham sido perseguidos até o ano 303. Tinham em Nicomédia uma catedral soberba defronte ao palácio e até muito mais alta. Os historiadores não dizem as razões pelas quais Galério pediu instantemente a Diocleciano que aquela igreja fosse derrubada; mas informam que Diocleciano demorou muito tempo para tomar a decisão: resistiu cerca de um ano. É bem estranho que, depois disso, seja ele chamado *perseguidor*. Finalmente, em 303, a igreja foi derrubada, divulgando-se um edito em virtude do qual os cristãos seriam privados de honras e dignidades. E, visto que eram privados delas, é evidente que as tinham. Um cristão arrancou e rasgou publicamente o edito imperial: aquele não era um ato de religião; era um arroubo de revolta. Portanto, é muito provável que o fervor indiscreto, que não obedecia à prudência, atraiu essa perseguição funesta. Algum tempo depois, o palácio de Galério pegou fogo; os cristãos foram acusados e acusaram Galério de ter ateado fogo em seu palácio para ter um pretexto de caluniá-los. A acusação de Galério parece muito injusta, e a que lhe é feita, não menos, pois, se o edito já estava em vigor, de que novo pretexto precisava ele? Se precisava de alguma nova razão para levar Diocleciano a persegui-los, essa seria apenas mais uma prova da dificuldade que Diocleciano teve para abandonar os cristãos, que ele sempre protegera: isso mostraria claramente que houve necessidade de novos motivos para determiná-lo à violência.

Parece certo que houve muitos cristãos atormentados no império, mas é difícil conciliar com as leis romanas todos aqueles tormentos requintados, mutilações, línguas arrancadas, membros cortados e queimados, além de todos os atentados ao pudor, cometidos publicamente contra a decência pública. Nenhuma lei romana jamais ordenou tais suplícios. Pode ser que a aversão dos povos aos cristãos os tenha arrastado a excessos hediondos; mas em nenhum lugar se lê que tais excessos foram ordenados pelos imperadores ou pelo senado.

É bem provável que a justa dor dos cristãos se expandisse em queixas exageradas. Em *Atos sinceros* conta-se que, quando o imperador estava em Antioquia, o pretor condenou um menino cristão chamado Romano a ser queimado; que alguns judeus presentes àquele suplício começaram a rir com maldade, dizendo: "No passado tivemos três meninos, Sidrac, Misac e Abdenago, que não queimaram na fornalha, mas estes queimam." No mesmo instante, para vergonha dos judeus, uma chuvarada apagou a fogueira, e o menino saiu são e salvo, perguntando: "Afinal, onde está o fogo?" Os *Atos sinceros* acrescentam que o imperador mandou soltá-lo, mas que o juiz ordenou que lhe cortassem a língua. Não é fácil acreditar que um juiz tenha mandado cortar a língua de um menino que o imperador havia perdoado.

O que se segue é mais curioso. Afirma-se que um velho médico cristão, chamado Aristão, que estava com o bisturi pronto, cortou a língua da criança para agradar ao pretor. Logo depois, o pequeno Romano foi levado de volta à prisão. O carcereiro pediu notícias suas: a criança contou demoradamente como um velho médico lhe havia cortado a língua. É de notar que o garoto, antes daquela operação, era extremamente gago, mas depois passou a falar com uma desenvoltura maravilhosa. O carcereiro não perdeu a oportunidade de ir contar o milagre ao imperador. O velho médico foi chamado; jurou que a operação havia sido feita segundo os preceitos do ofício e mostrou a língua da criança, que ele havia conservado apropriadamente numa caixa, como uma relíquia. E disse: "Chamem o primeiro que aparecer, eu lhe corto a língua diante de Vossa Majestade, e vereis se ele consegue falar." A proposta foi aceita. Pegou-se um pobre coitado, a quem o médico cortou exatamente o mesmo tanto de língua que cortara ao menino: o homem morreu imediatamente.

Quero crer que os *Atos* que relatam esse fato sejam tão *sinceros* quanto diz o seu título; mas eles são ainda mais simples que sinceros, e é muito estranho que Fleury, em sua *História eclesiástica*, relate um número tão prodigioso de fatos semelhantes, bem mais apropriados ao escândalo do que à edificação.

Deve-se notar também que naquele ano 303 Diocleciano, que, segundo se diz, teria presenciado toda aquela bela aventura em Antioquia, na verdade estava em Roma e passou todo o ano na Itália. Dizem que foi em Roma, em sua presença, que são Genésio, ator, converteu-se no palco, enquanto representava uma comédia contra os cristãos. Essa comédia mostra bem que o estilo de Plauto e Terêncio já não subsistia. Aquilo que hoje se chama *comédia* ou *farsa italiana* parece ter nascido naquele tempo. São Genésio representava um doente: o médico perguntava o que ele tinha: "*Sinto-me pesado*, diz Genésio. – Queres ser aplainado para ficares mais leve? pergunta o médico. – *Não*, responde Genésio, quero morrer cristão, para ressuscitar com corpo bonito." Então, alguns atores vestidos de sacerdote e exorcista chegam para batizá-lo; naquele momento, Genésio tornou-se cristão de verdade e, em vez determinar a representação, começou a pregar para o imperador e o povo. É também nos *Atos sinceros* que se lê esse milagre.

Sem dúvida houve muitos mártires verdadeiros, mas não é verdade que as províncias estivessem inundadas de sangue, como se imagina. Faz-se menção a cerca de duzentos mártires, nos últimos tempos de Diocleciano, em toda a extensão do império romano, e, pelas cartas do próprio Constantino, verifica-se que Diocleciano participou muito menos da perseguição do que Galério.

Diocleciano ficou doente naquele ano e, sentindo-se enfraquecido, foi o primeiro que deu ao mundo o exemplo de abdicação ao império. Não é fácil saber se essa abdicação foi forçada ou não. O que se sabe é que, recobrando a saúde, viveu mais nove anos, honrado e em paz, em seu retiro de Salona, sua terra natal. Dizia ele que só havia começado a viver no dia em que se retirou e, quando o instaram a voltar ao trono, respondeu que o trono não valia a tranquilidade de sua vida e que sentia mais prazer em cultivar seu jardim do que sentira em governar a terra. Que concluir desses fatos, senão que, com imensos defeitos, ele reinou como grande imperador e terminou a vida como filósofo?

DIODORO DA SICÍLIA E HERÓDOTO
(De Diodore de Sicile, et d'Hérodote)

É justo começar por Heródoto, por ser mais antigo.

Quando Henri Estienne intitulou sua rapsódia cômica de *Apologia de Heródoto*, sabe-se que seu objetivo não era justificar as historinhas daquele pai da História; só queria zombar de nós e mostrar que as torpezas de seu tempo eram piores que as dos egípcios e dos persas. Usou a liberdade de que se valiam todos os protestantes contra os membros da Igreja católica, apostólica e romana. Critica asperamente a devassidão, a ganância e os crimes que são expiados em troca de dinheiro, bem como as indulgências publicamente vendidas em tabernas, as falsas relíquias impingidas por seus monges: chama-os de *idólatras*. Ousa dizer que se os egípcios adoravam gatos e cebolas, como se diz, os católicos adoravam ossos de mortos. Ousa chamá-los, em seu discurso preliminar, de *teófagos* e até de *teokeses*[40]. Temos catorze edições desse livro, pois gostamos das injúrias que nos fazem em grupo, assim como esperneamos quando elas são dirigidas à nossa pessoa e em nosso nome próprio e pessoal.

Henri Estienne, portanto, só usou Heródoto para nos tornar execráveis e ridículos. Nosso objetivo é exatamente o contrário; pretendemos mostrar que as histórias modernas de nossos bons autores, desde Guichardin, são em geral sensatas e verdadeiras na mesma medida em que as de Diodoro e Heródoto são insensatas e fabulosas.

1º O que quer dizer o pai da história já no começo de sua obra? "Os historiadores persas contam que os fenícios foram os autores de todas as guerras. Do mar Vermelho, entraram no nosso etc." Parece que os fenícios teriam embarcado no golfo de Suez, atingido o estreito de Babel-Mandel, costeado a Etiópia, passado o equador, dobrado o cabo das Tormentas (que depois se chamou cabo da Boa Esperança), voltado a subir ao largo entre a África e a América (que é o único caminho), atravessado de novo o equador, saído do oceano e entrado no Mediterrâneo pelas colunas de Hércules: teria sido uma viagem de mais de quatro mil de nossas grandes léguas marítimas, num tempo em que a navegação estava na infância.

2º A primeira coisa que os fenícios fazem é ir em direção de Argos raptar a filha do rei Ínaco; depois disso, os gregos, por sua vez, vão raptar Europa, filha do rei de Tiro.

3º Imediatamente depois, vem Candaulo, rei da Lídia, que, encontrando um de seus soldados da guarda, cujo nome era Giges, lhe diz: "Preciso mostrar-te minha mulher nua"; e mostra mesmo. A rainha, sabendo disso, diz ao soldado com toda a razão: "Precisas morrer ou assassinar meu marido e reinar comigo"; e isso é feito sem dificuldade.

4º Segue-se a história de Órion, carregado pelo mar por um golfinho, dos confins da Calábria até o cabo de Matapan, o que perfaz uma viagem extraordinária de cerca de cem léguas.

5º De conto em conto (e quem não gosta de contos?), chega-se ao oráculo infalível de Delfos, que ora adivinha que Creso está cozinhando um pedaço de cordeiro e uma tartaruga numa forma de cobre, ora prediz que ele será destronado por um mulo.

6º Entre as inimagináveis asneiras de que toda a história antiga abunda, haverá alguma que chegue aos pés da fome que atormentou os habitantes da Lídia durante vinte e oito anos? Aquele povo, que Heródoto descreve como possuidor de uma riqueza em ouro maior que a dos peruanos, em vez de comprar víveres dos estrangeiros, não encontrou outro segredo além de jogar damas e de comer dia sim, dia não, durante vinte e oito anos seguidos.

---

40. Teokeses significa *quem devolve Deus nas fezes*, propriamente *cag... Deus*; essa crítica horrenda, essa injúria aviltante, porém, não assustou o comum dos católicos: prova evidente de que os livros, não sendo lidos pelo povo, não têm influência sobre o povo. (N. de Voltaire)

7º Acaso se conhece algo mais maravilhoso que a história de Ciro? Seu avô, o meda Astíages, que, como se vê, tinha nome grego, sonha uma vez que sua filha Mandane (outro nome grego) inunda toda a Ásia urinando; de outra vez, sonha que de seu útero sai uma videira cujas uvas toda a Ásia come. Com base nisso, o bondoso Astíages ordena a certo Harpago, outro grego, que mande matar seu neto Ciro, pois decerto não há avô que não mande matar toda a sua raça depois de uns sonhos desses. Harpago não obedece. O bom Astíages, que era prudente e justo, manda fazer um guisado com o filho de Harpago e o serve ao pai, segundo o uso dos antigos heróis.

8º Heródoto, bom naturalista e historiador preciso, não perde a oportunidade de dizer que, pelos lados da Babilônia, a terra produzia trezentas espigas de trigo por um. Conheço um lugarzinho que produz três por um. Gostaria de ser transportado para Diarbeck quando os turcos forem expulsos por Catarina II, que também produz ótimo trigo, mas não a trezentos por um.

9º O que sempre me pareceu honesto e edificante em Heródoto é o belo costume religioso estabelecido na Babilônia, do qual já falamos, que consistia em irem todas as mulheres casadas prostituir-se no templo de Milita, em troca de dinheiro, com o primeiro estrangeiro que aparecesse. Contavam-se dois milhões de habitantes naquela cidade: os cultos deviam ficar lotados. É muito verossímil uma lei dessas entre os orientais, que sempre trancafiaram suas mulheres e, mais de dez séculos antes de Heródoto, tiveram a ideia de criar eunucos para cuidarem da castidade de suas mulheres[41]. Paro por aqui; se alguém quiser prosseguir essa enumeração logo chegará a cem.

Tudo o que Diodoro da Sicília diz, sete séculos depois de Heródoto, tem o mesmo vigor em tudo o que diz respeito às antiguidades e à física. O abade Terrasson dizia: "Traduzo o texto de Diodoro com toda a sua torpeza." Às vezes lia trechos em casa do sr. de La Faye e, quando os ouvintes riam, ele dizia: "Precisam ver outra coisa." Ele era exatamente o contrário de Dacier.

O mais belo trecho de Diodoro é a encantadora descrição da ilha Pancaia, *Panchaïca tellus*, celebrada por Virgílio. São aleias de árvores odoríferas, a perder de vista; mirra e incenso para abastecer o mundo inteiro sem se esgotar; nascentes que formam uma infinidade de canais margeados de flores; pássaros desconhecidos em outros lugares, que cantam sob eternas sombras; um templo de mármore de quatro mil pés de comprimento, ornado de colunas e de estátuas colossais etc. etc.

Isso nos traz à memória o duque de La Ferté, que, para gabar o gosto do abade Servien, dizia-lhe um dia: "Ah! Se o senhor visse meu filho, que morreu com quinze anos! Que olhos! Que tez viçosa! Que porte admirável! O Antínoo do Belvedere, perto dele, não passava de bonequinho chinês; além disso, que bons costumes tinha! E pensar que tudo o que já tive de mais belo me foi subtraído!" O abade Servien comoveu-se; o duque de La Ferté, entusiasmando-se com as próprias palavras, também se comoveu, e os dois acabaram chorando; depois disso, confessou que nunca teve nenhum filho.

Certo abade Bazin indicara, com sua costumeira discrição, um outro conto de Diodoro. Era sobre o rei do Egito, Sesóstris, que, provavelmente, não existiu mais do que a ilha Pancaia. O pai de Sesóstris, cujo nome não se diz, no dia em que seu filho nasceu, imaginou fazê-lo conquistar toda a terra assim que atingisse a maioridade. Belo projeto. Para tanto, criou junto dele todos os meninos nascidos no mesmo dia no Egito; e, para torná-los conquistadores, só lhes dava comida depois que eles corressem cento e oitenta estádios, que perfazem cerca de oito de nossas léguas.

---

41. Deve-se notar que Heródoto vivia no tempo de Xerxes, quando a Babilônia estava em seu maior esplendor: os gregos ignoravam a língua caldeia. Ou algum intérprete zombou dele, ou Heródoto zombou dos gregos. Quando os cafés-cantantes de Amsterdam estavam na moda, teria sido possível fazer um estrangeiro acreditar que as principais damas da cidade iam prostituir-se com os marinheiros que voltavam da Índia, para recompensá-los por seus afãs. O mais engraçado de tudo isso é que alguns pedantes gauleses acharam o costume da Babilônia muito verossímil e honesto. (N. de Voltaire)

DIODORO DA SICÍLIA E HERÓDOTO

Quando Sesóstris atingiu a maioridade, partiu com seus corredores para conquistar o mundo. Ainda eram mil e setecentos; provavelmente, metade dos que havia antes tinha morrido, obedecendo aos ditames ordinários da natureza, sobretudo da natureza do Egito, que em todos os tempos foi assolado por uma peste destrutiva, pelo menos uma vez a cada dez anos.

Portanto, deviam ter nascido três mil e quatrocentos meninos no Egito no mesmo dia em que Sesóstris nasceu; e, como a natureza produz quase tantas meninas quanto meninos, naquele dia nasceram cerca de seis mil pessoas, pelo menos. Mas nasce gente todos os dias, e seis mil partos por dia produzem, ao cabo de um ano, dois milhões, cento e noventa mil crianças. Se multiplicarmos por trinta e quatro, segundo a regra de Kerseboum, teremos no Egito mais de setenta e quatro milhões de habitantes, num território que não é tão grande quanto a Espanha ou a França.

Tudo isso pareceu exagerado ao abade Bazin, que conhecia um pouco o mundo e sabia como ele funciona.

Mas certo Larcher, que nunca havia saído do colégio Mazarin, tomou violentamente as dores de Sesóstris e de seus corredores. Afirmou que Heródoto, ao falar aos gregos, não contava em estádios da Grécia, e que os heróis de Sesóstris só corriam quatro léguas para ganhar comida. Cobriu o pobre abade Bazin de injúrias, coisas que nenhum douto com nome terminado em *us* ou *es* jamais proferiu. E não se limitou aos mil e setecentos meninos; chegou a ponto de provar, por meio dos profetas, que as mulheres, as filhas, as sobrinhas dos reis da Babilônia e todas as mulheres dos sátrapas e dos magos iam, por devoção, deitar-se com todos os cameleiros e todos os muleteiros da Ásia, nas aleias do templo da Babilônia, em troca de dinheiro. Tratou de mau cristão, amaldiçoado e inimigo do Estado qualquer um que ousasse defender a honra das senhoras da Babilônia.

Também tomou as dores dos bodes, que costumavam ser alvo dos favores das jovens egípcias. Sua grande razão, dizia, era o fato de estar ligado, pelas mulheres, a um parente do bispo de Meaux, Bossuet, autor de um discurso eloquente sobre a *História não universal*; mas essa não é uma razão peremptória.

Cuidado com as histórias da carochinha de todos os tipos.

Diodoro da Sicília foi o maior compilador desses contos. Aquele siciliano não tinha um caráter da têmpera de seu compatriota, Arquimedes, que procurou e encontrou tantas verdades matemáticas.

Diodoro estuda seriamente a história das Amazonas e de sua rainha Mirina; a história das Górgonas, que combateram contra as Amazonas; a dos Titãs, a de todos os deuses. Aprofunda-se na história de Priapo e do Hermafrodita. Ninguém deu mais detalhes sobre Hércules: esse herói percorre todo o hemisfério, ora a pé e sozinho como um peregrino, ora como um general à testa de um grande exército. Todos os seus trabalhos são ali fielmente discutidos; mas isso não é nada, em comparação com a história dos deuses de Creta.

Diodoro defende Júpiter da censura, que outros severos historiadores lhe fizeram, por ter destronado e mutilado o próprio pai. Vê-se como aquele Júpiter foi combater gigantes, uns em sua ilha, outros na Frígia e depois na Macedônia e na Itália.

Não é omitido nenhum filho que ele teve com sua irmã Juno e com suas favoritas.

Em seguida, vê-se como ele se torna deus, e deus supremo.

É assim que todas as histórias antigas foram escritas. E o mais impressionante é que elas eram sagradas; e, de fato, se não fossem sagradas, nunca teriam sido lidas.

Não é descabido observar que, embora fossem sagradas, eram todas diferentes; e, de província em província, de ilha em ilha, cada uma tinha uma história de deuses, semideuses e heróis que contradizia a de seus vizinhos; mas também o que se deve observar bem é que os povos nunca guerrearam por causa dessa mitologia.

A história honesta de Tucídides, que tem alguns laivos de verdade, começa com Xerxes; mas antes dessa época, quanto tempo perdido!

DIONÍSIO (SÃO), O AREOPAGITA (Denis [Saint], L'Aréopagite)

E o famoso eclipse

O autor do verbete Apócrifo deixou de lado uma centena de obras reconhecidas como tais, obras que, por estarem inteiramente esquecidas, pareciam não merecer entrar em sua lista. Acreditamos que não devíamos omitir são Dionísio, cognominado o *Areopagita*, que, por muito tempo, se afirmou ter sido discípulo de são Paulo e de certo Hieroteu, companheiro de são Paulo, que nunca ninguém conheceu. Dizem que foi sagrado bispo de Atenas pelo próprio são Paulo. Em sua *Vida* está escrito que ele foi fazer uma visita em Jerusalém à Virgem Santa, e que a achou tão bela e majestosa que foi tentado a adorá-la.

Depois de ter dirigido a Igreja de Atenas por muito tempo, foi ter com são João Evangelista em Éfeso e, em seguida, com o papa Clemente em Roma; de lá, foi exercer seu apostolado na França, e, segundo diz a história, "sabendo que Paris era uma cidade rica, populosa, exuberante e como que a capital das outras, ali foi implantar uma cidadela para arrasar o inferno e a infidelidade".

Durante muito tempo foi visto como o primeiro bispo de Paris. Harduíno, um de seus historiadores, acrescenta que em Paris ele foi exposto às feras, mas que, fazendo o sinal da cruz sobre elas, as feras se prostraram a seus pés. Os pagãos parisienses o lançaram então num forno quente; ele saiu de lá fresco e em perfeita saúde. Foi crucificado e, crucificado, pôs-se a pregar do alto da cruz.

Foi levado à prisão com Rústico e Eleutério, seus companheiros. Ali rezou missa; são Rústico serviu de diácono, e Eleutério, de subdiácono. Por fim, os três foram levados a Montmartre e decapitados; depois disso, não rezaram mais missa.

Mas, segundo Harduíno, ocorreu um milagre bem maior: o corpo de são Dionísio ficou de pé, pegou a própria cabeça com as mãos, e os anjos o acompanhavam cantando *Gloria tibi, Domine, alleluia*. Ele levou a cabeça até o lugar onde lhe construíram uma igreja, que é a famosa igreja de Saint-Denis.

Metafrasto, Harduíno, Hincmar, bispo de Reims, dizem que ele foi martirizado com a idade de noventa e um anos; mas o cardeal Barônio provou que ele tinha cento e dez[42], no que é seguido por Ribadeneira, douto autor da *Flor dos santos*. E sobre isso não tomamos partido.

Atribuem-lhe dezessete obras, das quais infelizmente perdemos seis. As onze que nos restam foram traduzidas do grego por João Escoto, Hugo de são Vítor, Alberto, dito o Grande, e vários outros ilustres eruditos.

É verdade que, desde que a crítica sã se introduziu no mundo, passou-se a admitir que todos os livros atribuídos a Dionísio foram escritos por um impostor no ano 362 de nossa era[43], e quanto a isso não restam mais dificuldades.

Do grande eclipse observado por Dionísio

O que mais provocou polêmica entre os estudiosos é aquilo que relata um dos autores desconhecidos da *Vida* de são Dionísio. Afirmou-se que, quando aquele primeiro bispo de Paris estava no Egito, na cidade de Dióspolis, ou No-Âmon, com a idade de vinte e cinco anos, não sendo ainda cristão, foi testemunha, com um de seus amigos, do famoso eclipse solar ocorrido na lua cheia, com a morte de Jesus Cristo; então ele teria exclamado em grego: *Ou Deus padece, ou se aflige com quem padece*.

---

42. Barônio, tomo II, p. 37. (N. de Voltaire)
43. Ver Cave. (N. de Voltaire)

Essas palavras foram relatadas de modos diversos por vários autores; mas, já no tempo de Eusébio de Cesareia, afirmava-se que dois historiadores, um chamado Flégon e outro Talo, fizeram menção a esse eclipse milagroso. Eusébio de Cesareia citou Flégon, mas já não temos suas obras. Conforme se afirma, ele dizia que aquele eclipse ocorreu no quarto ano da ducentésima olimpíada, que seria o décimo oitavo ano de Tibério. Sobre esse episódio há várias interpretações, e pode-se desconfiar de todas, principalmente porque falta saber se no tempo de Flégon ainda se contava por olimpíadas: o que é muito duvidoso.

O importante cálculo interessou todos os astrônomos; Hodgson, Whiston, Gale Maurice e o famoso Halley demonstraram que não houve eclipse solar naquele ano, mas que no primeiro ano da ducentésima segunda olimpíada, em 24 de novembro, ocorreu um que toldou o Sol durante dois minutos à uma e quinze em Jerusalém.

Foi-se ainda mais longe; um jesuíta chamado Greslon afirmou que os chineses haviam conservado em seus anais a lembrança de um eclipse ocorrido mais ou menos nessa época, contrariando a ordem da natureza. Pediu-se aos matemáticos da Europa que fizessem o cálculo. Era muito engraçado pedir a astrônomos que calculassem um eclipse que não havia sido natural. Por fim, ficou comprovado que os anais da China não falam em absoluto sobre esse eclipse.

Depreende-se da história de são Dionísio, o Areopagita, do trecho de Flégon e da carta do jesuíta Greslon que os homens gostam muito de enganar. Mas essa prodigiosa massa de mentiras, em vez de prejudicar a religião cristã, só serve, ao contrário, para provar sua divindade, pois ela se consolidou a cada dia, a despeito de tais mentiras.

DIREITO (Droit)
DIREITO DAS GENTES, DIREITO NATURAL

Primeira seção

Não conheço nada melhor sobre o assunto do que estes versos de Ariosto, canto XLIV (estr. 2):

Fan lega oggi re, papi e imperatori,
Doman saran nimici capitali:
Perchè, qual l'apparenze esteriori,
Non hanno i cor, non han gli animi tali,
Che, non mirando al torto più che al dritto,
Attendon solamente al lor profitto.
[Hoje se aliam reis, papas, imperadores,
Amanhã serão inimigos figadais:
Porque não têm como a aparência exterior
O coração, não têm como ela as intenções;
Pois, não temendo o errado mais que o direito,
Eles só têm em vista o seu proveito.]

Rois, empereurs, et successeurs de Pierre,
Au nom de Dieu signent un beau traité:
Le lendemain ces gens se font la guerre.
Pourquoi cela? C'est que la piété,
La bonne foi, ne les tourmentent guère,
Et que, malgré saint Jacques et saint Matthieu,
Leur intérêt est leur unique dieu.

[Reis, imperadores, sucessores de Pedro;
Em nome de Deus assinam belo pacto:
No dia seguinte essa gente trava guerra.
Por que será? É que a piedade
E a boa-fé não os atormentam,
E, apesar de são Tiago e são Mateus,
Só o interesse deles é seu deus.]

Se só houvesse dois homens na terra, como viveriam juntos? Ajudando-se, prejudicando-se, adulando-se, injuriando-se, espancando-se, reconciliando-se, não podendo um viver sem o outro, nem um com o outro. Fariam o que todos os homens fazem hoje. Homens que têm o dom do raciocínio; sim, mas que também têm o dom do instinto, e sentirão, e raciocinarão, e agirão sempre da maneira para a qual foram destinados pela natureza.

Nenhum Deus desceu em nosso globo para reunir o gênero humano e dizer-lhe: "Ordeno aos negros e aos índios que andem nus e comam insetos.

"Ordeno aos samoiedos que se vistam com pele de rena e comam carne de rena, por mais insípida que seja, com peixe seco e fedido, tudo sem sal. Os tártaros do Tibete acreditarão em tudo o que o dalai-lama disser; e os japoneses acreditarão em tudo o que o dairo disser.

"Os árabes não comerão carne de porco, e os habitantes da Vestfália só se alimentarão de carne de porco.

"Vou passar uma linha do monte Cáucaso ao Egito, e do Egito ao monte Atlas: todos os que morarem a leste dessa linha poderão casar-se com várias mulheres; os que estiverem a oeste só terão uma.

"Se pelos lados do golfo Adriático, de Zara a Polésine, ou pelos lados dos pântanos do Reno e do Meuse, ou pelos lados do monte Jura, ou mesmo na ilha de Albion, ou entre os sármatas ou os escandinavos, algum indivíduo tiver a ideia de tornar outro despótico ou de tornar-se, a si mesmo, despótico, que lhe cortem o pescoço o mais depressa possível, antes que o destino e eu disponhamos de outro modo.

"Se alguém tiver a insolência e a demência de querer estabelecer ou restabelecer uma grande assembleia de homens livres sobre o Mançanarès ou às margens do Propôntida, que seja empalado ou esquartejado por quatro cavalos.

"Todo aquele que fizer suas contas segundo certa regra de aritmética em Constantinopla, no Cairo, em Tafilet, Delhi e Andrinopla será imediatamente empalado sem apelação; e quem ousar contar conforme outra regra em Roma, Lisboa, Madri, na Champagne, na Picardia e às margens do Danúbio, de Ulm a Belgrado, será devotamente queimado vivo enquanto lhe cantam *misereres*.

"O que for justo ao longo do Loire será injusto às margens do Tâmisa: pois minhas leis são universais etc. etc. etc."

Devemos convir que não temos prova bem clara, nem mesmo no *Journal chrétien* [Diário cristão], nem na *Clef du cabinet des princes* [Chave do gabinete dos príncipes], de que algum Deus tenha descido à terra para promulgar esse direito público. No entanto, ele existe: é seguido ao pé da letra tal qual acabamos de enunciar, e sobre esse direito das nações foram compilados, compilados, compilados belíssimos comentários que nunca renderam um só escudo a quem tenha sido arruinado pela guerra, por editos ou por coletores de impostos.

Essas compilações se parecem muito com os *Casos de consciência* de Pontas. Vejamos um caso de lei que deve ser examinado: é proibido matar; todo assassino é punido, a menos que tenha matado em grande companhia e ao som de trombetas; é regra.

No tempo em que ainda havia antropófagos na floresta de Ardenas, um bom aldeão encontrou um antropófago carregando uma criança para comê-la. O aldeão, movido pela piedade, matou o comedor de crianças e livrou o menino, que logo saiu correndo. Dois transeuntes viram de longe o camponês e o acusaram ao preboste de ter cometido um assassinato na estrada. O corpo de delito estava diante dos olhos do juiz, duas testemunhas estavam falando, era preciso pagar cem escudos de honorários ao juiz, a lei era precisa: o camponês foi imediatamente enforcado por ter feito o mesmo que, em seu lugar, teriam feito Hércules, Teseu, Roland e Amadis. Caberia enforcar o preboste que seguiu a lei à risca? E o que foi julgado em audiência plenária? Para resolver mil casos dessa espécie escreveram-se mil volumes.

Puffendorf estabeleceu primeiramente seres morais. Diz[44]: "São certos modos que os seres inteligentes atribuem às coisas naturais ou aos movimentos físicos a fim de dirigir ou de restringir a liberdade das ações voluntárias do homem, para estabelecer alguma ordem, alguma conveniência e alguma beleza na vida humana."

Em seguida, para dar ideias claras aos suecos e aos alemães do que é justo e injusto, observa[45] "que há dois tipos de espaço: um a respeito do qual dizemos que as coisas estão em algum lugar, como por exemplo aqui, ali, e o outro a respeito do qual dizemos que elas existem em certo tempo, como por exemplo hoje, ontem, amanhã. Concebemos também dois tipos de estado moral: um que marca alguma situação moral e que tem alguma conformidade com o lugar natural, e outro que designa certo tempo desde que disso provenha algum efeito moral etc.".

E não é só[46]; curiosamente, Puffendorf distingue os modos morais simples e os modos de avaliação, as qualidades formais e as qualidades operacionais. Qualidades formais são simples atributos, mas as qualidades operacionais devem ser cuidadosamente divididas em originais e derivadas.

No entanto, Barbeyrac comentou essas belas coisas e as ensina nas universidades. Nelas, estão todos divididos entre Grócio e Puffendorf em questões dessa importância. Ide por mim, lede o *De Officiis* de Cícero.

Segunda seção
Direito público

Nada talvez contribua mais para tornar um espírito falacioso, obscuro, confuso e incerto do que a leitura de Grócio, Puffendorf e de quase todos os comentários sobre o direito público.

Nunca se deve fazer um mal esperando-se um bem, diz a virtude, que ninguém escuta. É lícito travar guerra contra uma potência que se torne preponderante demais, diz o *Espírito das leis*.

Quando se adquire direito de usucapião? Os publicistas recorrem aqui ao direito divino e ao direito humano; os teólogos também entram no jogo. Dizem que Abraão e sua semente tinham direito sobre Canaã pois viajara até lá, e Deus lho dera numa aparição. – Mas, sábios mestres, transcorrem quinhentos e quarenta e sete anos, segundo a *Vulgata*, entre Abraão, que comprou uma cova naquelas terras, e Josué, que saqueou uma pequena parte dela. – Não importa, o direito dele era líquido e certo. – Mas e a prescrição aquisitiva?... – Nada de prescrição aquisitiva. – Mas o que ocorreu outrora na Palestina deve servir de regra para a Alemanha e a Itália?... – Sim, pois ele disse. – Que seja então, senhores, não discuto convosco; Deus me livre e guarde!

Os descendentes de Átila estabelecem-se, segundo dizem, na Hungria: em que tempo os antigos habitantes começaram a ser obrigados a considerar-se servos dos descendentes de Átila?

Nossos doutores que escreveram sobre a guerra e a paz são bem profundos; a lhes darmos fé, tudo pertence de direito ao soberano para o qual escrevem: ele nunca alienou nada de seu domí-

---

44. T. I, p. 2, tradução de Barbeyrac, com comentários. (N. de Voltaire)
45. P. 6. (N. de Voltaire)
46. P. 16. (N. de Voltaire)

nio. O imperador deve possuir Roma, a Itália e a França; era a opinião de Bartolo[47]: primeiro, porque o imperador se intitula rei dos romanos; segundo, porque o arcebispo de Colônia é chanceler da Itália, e o arcebispo de Trier é chanceler das Gálias. Ademais, o imperador da Alemanha carrega um globo dourado em sua sagração; portanto, ele é dono do globo da Terra.

Em Roma não há padre que não tenha aprendido em seu curso de teologia que o papa deve ser soberano do mundo, visto estar escrito que, na Galileia, se diz a Simão, filho de Jonas, cognominado Pedro: "És pedra, e sobre essa pedra construirei minha assembleia." Não adiantava dizer a Gregório VII: "Ele está falando só de almas, só do reino celeste. – Maldito danado, respondia ele, ele está falando de coisas terrestres"; e vos danava, e vos mandava para a forca, se podia.

Espíritos ainda mais profundos fortalecem essa razão com um argumento sem réplica: aquele de quem o bispo de Roma se diz vigário declarou que seu reino não é deste mundo; portanto, este mundo deve pertencer ao vigário, visto que o dono renunciou a ele. Quem deve sobrepujar: o gênero humano ou as decretais? As decretais, não há dúvida.

Pergunta-se a seguir se houve alguma justiça em massacrar na América dez ou doze milhões de homens desarmados. Respondem que nada houve de mais justo e santo, pois eles não eram católicos, apostólicos e romanos.

Não faz um século, em todas as declarações de guerra dos príncipes cristãos, sempre se ordenava *dar caça* a todos os súditos do príncipe a quem a guerra era declarada por um arauto vestido de cota de malha com mangas pendentes. Assim, feita a declaração, se um arverno topasse com uma alemã, era obrigado a matá-la, reservando-se o direito de violentá-la antes ou depois.

Vejamos uma questão bem espinhosa para as escolas: convocados os vassalos e os vavassalos para irem matar e morrer na fronteira, os suábios, convencidos de que aquela guerra era a mais horrível injustiça, deviam marchar? Alguns doutores diziam que sim; alguns justos diziam que não: o que diziam os políticos?

Depois de se discutirem bem essas grandes questões preliminares, com as quais soberano algum nunca se preocupou nem se preocupará, foi preciso discutir os direitos respectivos de cinquenta ou sessenta famílias sobre o condado de Alost, sobre a cidade de Orchies, sobre o ducado de Berg e de Juliers, sobre o condado de Tournai, sobre o de Nice, sobre todas as fronteiras de todas as províncias: e o mais fraco sempre perdeu a causa.

Discutiu-se durante cem anos se os duques de Orléans, Luís XII e Francisco I tinham direito ao ducado de Milão em virtude do contrato de casamento de Valentina de Milão, neta do bastardo de um camponês decente chamado Iacopo Muzio: o processo foi julgado pela batalha de Pavia.

Os duques de Savoia, de Lorena e da Toscana também tinham pretensões sobre o território de Milão, mas acreditou-se que em Friuli havia uma família de fidalgos pobres, descendentes em linha reta de Alboim, rei dos lombardos, que tinha direito bem anterior.

Os publicistas escreveram alentados volumes sobre os direitos ao reino de Jerusalém. Os turcos não os fizeram, mas Jerusalém lhes pertence, pelo menos até agora, ano 1770; e Jerusalém não é um reino.

DIREITO CANÔNICO (Droit canonique)

Ideia geral do direito canônico, escrito pelo sr. Bertrand, doravante primeiro pastor da igreja de Berna

"Não pretendemos adotar nem contradizer seus princípios; cabe ao público julgar."

---

47. Bartolo da Sassoferrato (1313-1357). (N. da T.)

DIREITO CANÔNICO

O *direito canônico*, ou *cânone*, segundo as ideias vulgares, é a jurisprudência eclesiástica: é a coletânea dos cânones, das regras dos concílios, dos decretos dos papas e das máximas dos Padres da Igreja.

Segundo a razão, segundo os direitos dos reis e dos povos, a jurisprudência eclesiástica só é e só pode ser a exposição dos privilégios outorgados aos eclesiásticos pelos soberanos que representam a nação.

Se houver duas autoridades supremas, duas administrações que tenham seus direitos separados, uma estará sempre lutando contra a outra: como resultado, haverá, necessariamente, choques perpétuos, guerras civis, anarquia, tirania, desditas cujo quadro medonho nos é apresentado pela história.

Se um sacerdote se tornou soberano, se o dairo do Japão foi rei até o século XVI, se o dalai-lama é soberano no Tibete, se Numa foi rei e pontífice, se os califas foram chefes do Estado e da religião, se os papas reinam em Roma, temos aí provas do que dizemos: então a autoridade não está dividida, só há um poder. Os soberanos da Rússia e da Inglaterra presidem a religião: a unidade essencial de poder é conservada.

Toda religião está no Estado, todo sacerdote está na sociedade civil e todos os eclesiásticos fazem parte do número de súditos do soberano para o qual exercem seu ministério. Se houvesse uma religião que estabelecesse alguma independência em favor dos eclesiásticos, subtraindo-os à autoridade soberana e legítima, essa religião não poderia provir de Deus, autor da sociedade.

Por isso mesmo é evidente que, numa religião que veja em Deus o seu autor, as funções dos ministros, sua pessoa, seus bens, suas pretensões, a maneira de ensinar a moral, de pregar o dogma, de celebrar as cerimônias, as penas espirituais, enfim, tudo o que diz respeito à ordem civil deve ser submetido à autoridade do príncipe e à inspeção dos magistrados.

Se essa jurisprudência constituir uma ciência, seus elementos serão aí encontrados.

Só cabe aos magistrados autorizar os livros admissíveis nas escolas, segundo a natureza e a forma do governo. É assim que o sr. Paul-Joseph Rieger, juiz, ensina judiciosamente direito canônico na universidade de Viena; assim, vemos a república de Veneza examinar e reformar em seus Estados as regras que já não lhe convêm. É desejável que exemplos assim tão sábios sejam afinal seguidos em toda a terra.

Primeira seção
Do ministério eclesiástico

A religião só é instituída para manter os homens dentro da ordem e para fazê-los merecer a bondade de Deus graças à sua virtude. Tudo o que não tender a esse objetivo numa religião deverá ser visto como estranho ou perigoso.

Instrução, exortações, ameaças de penas futuras, promessas de bem-aventurança imortal, preces, conselhos, socorro espiritual: esses são os únicos meios que os eclesiásticos podem usar para tentar tornar os homens virtuosos aqui na terra e felizes para a eternidade.

Qualquer outro meio repugna à liberdade da razão, à natureza da alma, aos direitos inalteráveis da consciência, à essência da religião, à essência do ministério eclesiástico, a todos os direitos do soberano.

Virtude supõe liberdade, assim como o transporte de um fardo supõe força ativa. Na coação não há virtude, e sem virtude não há religião. Torna-me teu escravo, e não serei melhor.

O próprio soberano não tem direito algum de empregar a coação para conduzir os homens à religião, que supõe essencialmente escolha e liberdade. Meu pensamento não está mais submetido à autoridade do que a doença ou a saúde.

Para deslindar todas as contradições de que se enchem os livros sobre o direito canônico e fixar nossas ideias sobre o ministério eclesiástico, procuremos saber, em meio a mil equívocos, o que é Igreja.

Igreja é a assembleia de todos os fiéis que são chamados a orar em comum em certos dias e a praticar boas ações o tempo todo.

Os sacerdotes são pessoas investidas pela autoridade do soberano para dirigir essas orações e todo o culto religioso.

Uma Igreja numerosa não poderia ficar sem eclesiásticos; mas esses eclesiásticos não são a Igreja.

Não é menos evidente que, se os eclesiásticos que estão na sociedade civil tivessem adquirido direitos que acabassem por perturbar ou destruir a sociedade, esses direitos deveriam ser suprimidos.

É ainda mais evidente que, se Deus deu à Igreja prerrogativas ou direitos, esses direitos e essas prerrogativas não poderiam pertencer primitivamente nem ao chefe da Igreja nem aos eclesiásticos, porque eles não são a Igreja, assim como os magistrados não são o soberano, nem num Estado democrático nem numa monarquia.

Por fim, é evidentíssimo que submetidas aos cuidados do clero estão nossas almas, unicamente no que diz respeito às coisas espirituais.

Nossa alma age interiormente; os atos interiores são o pensamento, as vontades, as inclinações, a aquiescência a certas verdades. Todos esses atos estão acima de qualquer coação e só são da alçada do ministério eclesiástico na medida em que ele deve instruir, e nunca mandar.

Essa alma age também exteriormente. As ações exteriores estão submetidas à lei civil. Aí pode haver coação; as penas temporais ou corporais mantêm a lei punindo os infratores.

A docilidade à ordem eclesiástica, por conseguinte, deve sempre ser livre e voluntária: não poderia ser de outro modo. Ao contrário, a submissão à ordem civil pode ser coagida e forçada.

Pela mesma razão, as penas eclesiásticas, sempre espirituais, só atingem aqui na terra aquele que está interiormente convicto de sua falta. As penas civis, ao contrário, acompanhadas de um mal físico, produzem efeitos físicos, quer o culpado reconheça a sua justiça, quer não.

Daí resulta, manifestamente, que a autoridade do clero só é e só pode ser espiritual; que ele não poderia ter nenhum poder temporal; que nenhuma força coativa convém a seu ministério, que seria por ela destruído.

Segue-se também que o soberano, atento a não suportar nenhuma divisão de sua autoridade, não deve permitir nenhuma atividade que ponha os membros da sociedade na dependência exterior e civil de um corpo eclesiástico.

Tais são os princípios incontestáveis do verdadeiro direito canônico, cujas regras e cujas decisões devem sempre ser julgadas segundo essas verdades eternas e imutáveis, fundadas no direito natural e na ordem necessária da sociedade.

Segunda seção
Das posses dos eclesiásticos

Devemos sempre remontar aos princípios da sociedade, que, na ordem civil, assim como na ordem religiosa, são os fundamentos de todos os direitos.

A sociedade em geral é proprietária do território de um país, fonte da riqueza nacional. Uma porção dessa receita nacional é atribuída ao soberano para custear as despesas de administração. Cada particular é possuidor da parte do território e da receita que as leis lhe garantem, e nenhuma posse nem nenhum gozo podem ser subtraídos em tempo algum à autoridade da lei.

DIREITO CANÔNICO

No estado de sociedade, não recebemos nenhum bem, nenhuma posse da natureza apenas, pois renunciamos aos direitos naturais para nos submetermos à ordem civil, que nos garante e nos protege: é da lei que recebemos todas as nossas posses.

Ninguém no mundo tampouco pode receber nada da religião, sejam domínio ou posses, pois seus bens são todos espirituais: as posses do fiel, como verdadeiro membro da Igreja, estão no céu: ali está seu tesouro. O reino de Jesus Cristo, que ele sempre anunciou como próximo, só era e só podia ser desse mundo: nenhuma posse, portanto, pode ser de direito divino.

É verdade que os levitas, sob a lei hebraica, consideravam o dízimo como lei positiva de Deus; mas aquela era uma teocracia, que já não existe, e Deus agia como o soberano da terra. Todas essas leis passaram, e hoje não poderiam ser um título de posse.

Se algum organismo hoje, como o dos eclesiásticos, pretende possuir o dízimo ou qualquer outro bem, como direito divino positivo, precisará comprovar com um título registrado numa revelação divina, expressa e incontestável. Esse título miraculoso, convenhamos, constituiria exceção à lei civil, autorizada por Deus, que diz que "toda pessoa deve ser submissa aos poderes superiores, porque eles são ordenados por Deus e estabelecidos em seu nome".

Na falta de um título desses, um corpo eclesiástico qualquer só pode, portanto, gozar na terra do consentimento do soberano, sob a autoridade das leis civis: será esse o único título de suas posses. Se o clero renunciasse imprudentemente a esse título, já não teria nenhum, e poderia ser despojado por qualquer um que tivesse poder suficiente para tanto. Seu interesse essencial é, pois, depender da sociedade civil, a única que lhe dá o pão.

Pela mesma razão, visto que todos os bens do território de uma nação estão submetidos sem exceção aos encargos públicos para custeio do soberano e da nação, nenhuma posse pode ser isentada a não ser pela lei, e mesmo essa lei é revogável sempre que as circunstâncias venham a mudar. Pedro não poderá ser isentado sem que os encargos de João aumentem. Assim, como a equidade exige proporcionalidade sempre, em oposição a qualquer sobrecarga, o soberano tem a todo instante o direito de examinar as isenções e pôr de novo as coisas na ordem natural e proporcional, abolindo as imunidades outorgadas, toleradas ou extorquidas.

Toda lei que ordenasse que o soberano usasse os bens públicos para garantir a segurança e a conservação dos bens de um particular ou de um organismo, sem que esse organismo ou esse particular contribuísse com os encargos comuns, seria uma subversão das leis.

E digo mais: a quota da contribuição de um particular ou de um organismo qualquer deve ser ajustada proporcionalmente, mas não por ele, e sim pelo soberano ou pelos magistrados, segundo a lei e as formas gerais. Assim, o soberano deve conhecer e pode pedir um relatório dos bens e das propriedades de todo e qualquer organismo, assim como de todo e qualquer particular.

É, pois, também desses princípios imutáveis que devem ser extraídas as regras do direito canônico, no que se refere às propriedades e às rendas do clero.

Os eclesiásticos sem dúvida precisam ter com o que viver dignamente, mas não como membros nem como representantes da Igreja, pois a Igreja, por si mesma, não tem reino nem posses na terra.

Mas, se é justo que os ministros do altar vivam do altar, é natural que eles sejam sustentados pela sociedade, assim como os magistrados e os soldados o são. Portanto, cabe à lei civil designar a pensão proporcional do corpo eclesiástico.

Quando as posses dos eclesiásticos lhes tiverem sido dadas por testamento ou de alguma outra maneira, os doadores não poderão mudar a natureza desses bens, subtraindo-os aos encargos públicos ou à autoridade das leis. Será sempre sob a garantia das leis, sem as quais não poderia haver posse assegurada e legítima, que eles gozarão de tais bens.

É também ao soberano ou aos magistrados, em seu nome, que cabe examinar a qualquer tempo se os rendimentos eclesiásticos são suficientes: se não forem, deverão supri-los com o aumento de pensões, mas, se forem claramente excessivos, caberá a eles dispor do supérfluo para o bem comum da sociedade.

Mas, segundo os princípios do direito vulgarmente chamado *canônico*, que procurou criar um Estado dentro do Estado, um império dentro do império, os bens eclesiásticos são sagrados e intocáveis, porque pertencem à religião e à Igreja: vêm de Deus, e não dos homens.

Em primeiro lugar, esses bens terrenos não poderiam pertencer à religião, que nada tem de temporal. Não são da Igreja, que é o corpo universal de todos os fiéis; da Igreja, que congrega reis, magistrados, soldados e todos os súditos, pois nunca devemos esquecer que os eclesiásticos não constituem a Igreja, assim como os magistrados não constituem o Estado.

Por fim, esses bens provêm de Deus tanto quanto todos os outros bens dele derivam, pois tudo está submetido à sua Providência.

Assim, todo eclesiástico que possua um bem ou uma renda usufrui deles como súdito e cidadão de Estado, sob a única proteção da lei civil.

Um bem que seja coisa material e temporal não poderia ser sagrado nem santo em nenhum sentido, seja próprio, seja figurado. Se dizemos que uma pessoa ou um edifício são sagrados, isso significa que são consagrados, empregados para usos espirituais.

Abusar de uma metáfora para autorizar direitos e pretensões destrutivas de toda a sociedade é um feito de que a história da religião fornece mais de um exemplo, e até exemplos bem singulares de que não me compete aqui tratar.

Terceira seção
Das assembleias eclesiásticas ou religiosas

É certo que nenhum organismo pode formar dentro do Estado nenhuma assembleia pública e regular sem o consentimento do soberano.

As assembleias religiosas para o culto devem ser autorizadas pelo soberano na ordem civil, a fim de que sejam legítimas.

Na Holanda, onde o soberano concede a maior liberdade para isso, assim como ocorre de modo semelhante na Rússia, na Inglaterra, na Prússia, os que querem estabelecer uma Igreja devem obter permissão para tanto, visto que essa Igreja está dentro do Estado, embora não seja a religião de Estado. Em geral, quando um número suficiente de pessoas ou de famílias quer criar certo culto e suas assembleias, os interessados podem, sem dúvida, pedir permissão ao magistrado soberano, e cabe a esse magistrado julgar o pedido. Autorizado o culto, não se pode perturbar a ordem pública nem contra ela pecar. A facilidade que o soberano deu na Holanda para a outorga dessas permissões não provoca desordem alguma; e assim seria em todo lugar se só o magistrado examinasse, julgasse e protegesse.

O soberano tem o direito, a qualquer momento, de saber o que ocorre nas assembleias, de dirigi-las segundo a ordem pública, de corrigir seus abusos e de suprimir as assembleias caso ocorram desordens. Essa inspeção perpétua é parte essencial da administração soberana que toda religião deve reconhecer.

Se no culto houver formulários de orações, cânticos, cerimônias, tudo deverá ser submetido à inspeção do magistrado. Os eclesiásticos podem compor esses formulários, mas cabe ao soberano examiná-los, aprová-los ou corrigi-los se necessário. Assistiu-se a guerras sangrentas por causa de formulários, e elas não teriam ocorrido se os soberanos tivessem conhecido melhor seus direitos.

Os dias de festas também não podem ser estabelecidos sem a participação e o consentimento do soberano, que a qualquer momento pode modificá-los, suprimi-los, reuni-los e regulamentar sua celebração, segundo a demanda do bem público. A multiplicação desses dias de festas sempre acarretará a depravação dos costumes e o empobrecimento de uma nação.

A inspeção da instrução pública feita de viva voz ou por meio de livros litúrgicos cabe por direito ao soberano. Não é ele que ensina, mas cabe a ele verificar como seus súditos são ensinados. Ele deve fazer sobretudo que se ensine a moral, que é tão necessária quanto foram muitas vezes perigosas as disputas em torno do dogma.

Se houver algumas disputas entre os eclesiásticos quanto à maneira de ensinar ou quanto a certos pontos de doutrina, o soberano poderá impor silêncio às duas partes e punir quem desobedecer.

Como as assembleias religiosas não são estabelecidas sob a autoridade soberana para tratar de assuntos políticos, os magistrados devem reprimir os predicadores sediciosos que inflamem a multidão com declamações puníveis: eles são a praga dos Estados.

Todo culto supõe uma disciplina que conserve a ordem, a uniformidade e a decência. Cabe ao magistrado manter essa disciplina e fazer as modificações que o tempo e as circunstâncias possam exigir.

Durante cerca de oito séculos os imperadores do oriente convocaram concílios para acalmar as conturbações, que só aumentaram devido à excessiva atenção que lhes foi dada: o desprezo teria eliminado com mais segurança as vãs disputas que as paixões haviam acendido. Desde a divisão dos Estados do ocidente em diversos reinos, os príncipes deixaram a cargo dos papas a convocação dessas assembleias. Nesse sentido, os direitos do pontífice de Roma são apenas convencionais, e todos os soberanos reunidos podem, a qualquer momento, decidir diferentemente. Nenhum deles em particular é obrigado a submeter seu Estado a nenhum cânone que não tenha examinado e aprovado. Mas, como o concílio de Trento será o último, ao que tudo indica, é inútil trazer à baila todas as questões que poderiam referir-se a algum concílio futuro e geral.

Quanto às assembleias, sínodos ou concílios nacionais, só podem ser convocados quando o soberano os julgar necessários: seus representantes devem presidi-los e dirigir todas as suas deliberações, e caberá a ele dar a sanção aos decretos.

Pode haver assembleias periódicas do clero para a manutenção da ordem, sob a autoridade do soberano; mas o poder civil deve sempre determinar seus pontos de vista, dirigir suas deliberações e fazer executar suas decisões. A assembleia periódica do clero da França outra coisa não é senão uma assembleia de representantes econômicos para todo o clero do reino.

Os votos pelos quais alguns eclesiásticos são obrigados a viver em organismos que obedecem a certa regra, com o nome de *monges* ou *religiosos*, que se multiplicaram prodigiosamente na Europa, também devem ser submetidos ao exame e à inspeção dos magistrados soberanos. Esses conventos, que encerram tanta gente inútil à sociedade e tantas vítimas que lamentam a liberdade perdida, essas ordens que ostentam tantos nomes bizarros, só podem ser estabelecidos num país, e todos os seus votos só podem ser válidos ou obrigatórios depois de terem sido examinados e aprovados em nome do soberano.

A qualquer momento, portanto, o príncipe tem o direito de tomar conhecimento das regras dessas instituições religiosas e de sua conduta; pode reformar essas instituições e aboli-las, se as julgar incompatíveis com as circunstâncias presentes e com o bem real da sociedade.

Os bens e as aquisições desses organismos religiosos também estão submetidos à inspeção dos magistrados, para que estes tomem conhecimento de seu valor e de seu uso. Se a massa dessas riquezas fora de circulação for excessivamente grande, se sua renda ultrapassar demais as necessidades razoáveis dos religiosos, se o emprego da renda for contrário ao bem geral, se essa acumulação estiver empobrecendo os outros cidadãos, em todos esses casos será dever dos magistrados, pais comuns da pátria, diminuir tais riquezas, reparti-las, fazê-las voltar à circulação que constitui a vida de um Estado, empregá-las até em outros usos para o bem da sociedade.

Pelos mesmos princípios, o soberano deve proibir expressamente que alguma ordem religiosa tenha um superior em país estrangeiro: é quase um crime de lesa-majestade.

O soberano pode prescrever as regras de ingresso nessas ordens; pode, segundo os antigos usos, fixar uma idade e impedir que alguém pronuncie votos sem o consentimento expresso dos magistrados. Todo cidadão nasce súdito do Estado e não tem o direito de romper compromissos naturais para com a sociedade, sem a autorização daqueles que a governam.

Se o soberano abolir uma ordem religiosa, esses votos deixarão de ser obrigatórios. O primeiro voto é o de ser cidadão; esse é um juramento primordial e tácito, autorizado por Deus, um voto dentro da ordem da Providência, um voto inalterável e imprescritível, que une o homem em sociedade à pátria e ao soberano. Se assumirmos um compromisso posterior, o primeiro voto será preservado; nada poderá enfraquecer nem suspender a força desse juramento primeiro. Se, pois, o soberano declarar esse último voto – que só pode ter sido condicional e dependente do primeiro – incompatível com o juramento natural, se achar que esse último voto é perigoso para a sociedade e contrário ao bem público, que é a suprema lei, todos estarão a partir daí desvinculados em consciência desse voto. Por quê? Porque a consciência os vinculava primeiramente ao juramento natural e ao soberano. O soberano, nesse caso, não dissolve um voto; declara-o nulo, devolve o homem ao estado natural.

Aí está o suficiente para dissipar todos os sofismas com os quais os canonistas procuraram embaralhar essa questão, tão simples para quem queira ouvir a voz da razão.

Quarta seção
Das penas eclesiásticas

Como nem a Igreja, que é a assembleia de todos os fiéis, nem os eclesiásticos, que são os ministros dessa Igreja, em nome do soberano e sob sua autoridade, têm força coativa, poder executivo nem poder terreno, é evidente que esses ministros da religião só podem infligir penas espirituais. Ameaçar os pecadores com a cólera do céu é a única pena de que um pastor pode fazer uso. Se não quisermos dar o nome de penas a essas censuras ou sermões, os ministros da religião não terão pena alguma para infligir.

Pode a Igreja banir de seu seio aqueles que a desonram ou a perturbam? Grande questão sobre a qual os canonistas não hesitaram em responder afirmativamente. Observemos, em primeiro lugar, que os eclesiásticos não são a Igreja. A Igreja, assembleia na qual os magistrados são soberanos, sem dúvida teria o direito de excluir de suas congregações um pecador escandaloso, depois de tê-lo advertido caridosamente, de maneira reiterada e suficiente. Essa exclusão não pode, nesse caso, acarretar nenhuma pena civil, nenhum mal físico, nem a privação de nenhuma vantagem terrena. Mas aquilo que a Igreja tem direito de fazer, os eclesiásticos, que fazem parte da Igreja, não têm o direito de fazer, a não ser que o soberano o autorize e permita.

Cabe, portanto, também nesse caso, ao soberano vigiar a maneira como esse direito será exercido: vigilância tanto mais necessária quanto mais fácil é abusar dessa disciplina. Por conseguinte, cabe a ele, depois de consultar as regras de apoio e caridade, prescrever as formas e as restrições convenientes: sem isso, qualquer declaração do clero e qualquer excomunhão seriam nulas e sem efeito, mesmo na ordem espiritual. Concluir, da prática dos apóstolos, a maneira de proceder hoje é confundir casos inteiramente diferentes. O soberano não era da religião dos apóstolos, a Igreja ainda não fazia parte do Estado, os ministros do culto não podiam recorrer ao magistrado. Aliás, os apóstolos eram ministros extraordinários como não existem hoje. Se alguém citar outros exemplos de excomunhões lançadas sem a autorização do soberano, que direi? Se alguém me lembrar de coisas que não é possível lembrar sem horror, exemplos mesmo de excomunhões insolentemente lançadas contra soberanos e magistrados, responderei ousadamente que esses atentados são uma rebelião manifesta, uma violação aberta dos deveres mais sagrados da religião, da caridade e do direito natural.

Percebe-se claramente que a excomunhão de pecadores públicos deve ser pronunciada em nome de toda a Igreja, pois se trata apenas da exclusão de alguém desse organismo: assim, ela deve ser pronunciada pelos eclesiásticos sob a autoridade dos magistrados e em nome da Igreja, somente nos casos nos quais se possa presumir que a Igreja inteira, bem informada, a pronunciaria caso pudesse ter como organismo essa disciplina que lhe cabe privativamente.

Acrescentaremos ainda, para dar uma ideia completa da excomunhão e das verdadeiras regras do direito canônico a esse respeito, que essa excomunhão, legitimamente pronunciada por aqueles a quem o soberano, em nome da Igreja, outorgou expressamente tal exercício, só compreende a privação dos bens espirituais na terra. Não poderia ser estendida a outras coisas: tudo o que estivesse além disso seria abusivo e tirânico em maior ou menor grau. Os ministros da Igreja apenas declaram que determinado indivíduo já não é membro da Igreja. Apesar da excomunhão, ele poderá gozar de todos os direitos naturais, de todos os direitos civis, de todos os bens temporais, como homem ou como cidadão. Se o magistrado intervier e, além disso, privar tal homem de um cargo ou de um emprego na sociedade, será essa uma pena civil acrescentada em vista de alguma falta contra a ordem civil.

Suponhamos ainda que os eclesiásticos que pronunciaram a excomunhão tenham sido seduzidos por algum erro ou por alguma paixão (o que sempre pode ocorrer, visto que são homens): aquele que foi assim exposto a uma excomunhão precipitada será justificado por sua consciência perante Deus. A declaração feita contra ele não tem e não pode ter nenhum efeito para a vida futura. Privado da comunhão exterior com os verdadeiros fiéis, ele ainda poderá gozar na terra de todas as consolações da comunhão interior. Justificado por sua consciência, ele nada terá que temer na vida futura do juízo de Deus, que é seu verdadeiro juiz.

Outra grande questão no direito canônico é saber se o clero, se seu chefe, se um organismo eclesiástico qualquer pode excomungar os magistrados ou o soberano, pretextando ou alegando abuso de poder. Essa questão já é em si escandalosa, e a simples dúvida é uma rebelião manifesta. Isso porque o primeiro dever do homem em sociedade é respeitar e fazer respeitar o magistrado. E vós pretenderíeis ter o direito de difamá-lo e aviltá-lo! Quem vos teria dado esse direito tão absurdo quanto execrável? Teria sido Deus, que governa o mundo político por meio dos soberanos, que deseja que a sociedade subsista graças à hierarquia?

Os primeiros eclesiásticos, na aurora do cristianismo, porventura se acharam autorizados a excomungar Tibério, Nero, Cláudio e depois Constâncio, que eram hereges? Como então foi possível tolerar durante tanto tempo pretensões tão monstruosas, ideias tão atrozes e os horríveis atentados delas resultantes: atentados igualmente reprovados pela razão, pelo direito natural e pela religião? Se uma religião ensinasse semelhantes horrores, deveria ser proscrita da sociedade como coisa diretamente oposta à tranquilidade do gênero humano. A grita das nações já se fez ouvir contra essas pretensas leis canônicas, ditadas pela ambição e pelo fanatismo. Cabe esperar que os soberanos, mais instruídos de seus direitos, sustentados pela fidelidade dos povos, finalmente ponham um termo a abusos tão grandes, que causaram tantos males. O autor do *Ensaio sobre os costumes e o espírito das nações* foi quem primeiro ressaltou a atrocidade dos feitos dessa natureza.

Quinta seção
Da vigilância sobre o dogma

O soberano não é o juiz da verdade do dogma: ele pode julgar para si mesmo, como qualquer outro homem, mas precisa tomar conhecimento do dogma em tudo o que diga respeito à ordem civil, seja quanto à natureza da doutrina (se ela tem alguma coisa contrária ao bem público), seja quanto à maneira de propô-la.

Regra geral da qual os magistrados soberanos nunca deveriam afastar-se: nada no dogma merece a atenção da polícia, a não ser o que pode afetar a ordem pública; é a influência da doutrina sobre os costumes que decide sua importância. Qualquer doutrina que tenha apenas uma tênue relação com a virtude não poderá ser fundamental. As verdades apropriadas a tornar os homens mansos, humanos, submissos às leis e obedientes ao soberano são as que interessam ao Estado e provêm, evidentemente, de Deus.

Sexta seção
Vigilância dos magistrados sobre a administração dos sacramentos

A administração dos sacramentos deve estar também submetida à inspeção assídua do magistrado em tudo o que diga respeito à ordem pública.

Em primeiro lugar, concorda-se que o magistrado deve velar sobre a forma dos registros públicos dos casamentos, dos batismos, dos óbitos, sem nenhuma relação com a crença dos diversos cidadãos do Estado.

As mesmas razões de polícia e ordem acaso não exigiriam que houvesse registros exatos, nas mãos do magistrado, de todos os que fazem votos para entrar em claustros, nos países onde os claustros são admitidos?

No sacramento da penitência, o ministro que recusa ou concede absolvição só deve prestar contas de seus juízos a Deus: assim também, o penitente só deve contas a Deus se comunga ou não, e se comunga bem ou mal.

Nenhum pastor pecador pode ter o direito de recusar publicamente, apoiado em sua autoridade pessoal, a eucaristia a outro pecador. Jesus Cristo, que não pecou, não recusou a comunhão a Judas.

A extrema-unção e o viático, demandados pelos doentes, estão submetidos às mesmas regras. O único direito do ministro é fazer exortações ao doente, e o dever do magistrado é cuidar para que o pastor não abuse dessas circunstâncias para oprimir os doentes.

Antigamente, era a Igreja como organismo que convocava seus pastores e lhes conferia o direito de instruir e dirigir o rebanho; hoje, são eclesiásticos que consagram outros para essa tarefa, mas a polícia pública deve exercer vigilância.

Sem dúvida é um grande abuso, introduzido há muito tempo, o costume de conferir ordens sem função; isso é subtrair membros ao Estado sem dá-los à Igreja. O magistrado tem o direito de corrigir esse abuso.

O casamento, na ordem civil, é uma união legítima entre o homem e a mulher para gerar filhos, criá-los e garantir-lhes os direitos de propriedade sob a autoridade da lei. A fim de constatar essa união, ela é acompanhada por uma cerimônia religiosa, vista por uns como um sacramento e por outros como uma prática de culto público: verdadeira logomaquia que não modifica em nada a própria coisa. Portanto, é preciso distinguir duas partes no casamento: o contrato civil, ou compromisso natural, e o sacramento ou a cerimônia sagrada. O casamento pode, portanto, subsistir com todos os seus efeitos naturais e civis, independentemente da cerimônia religiosa. As próprias cerimônias da Igreja só se tornaram necessárias na ordem civil porque o magistrado as adotou. Muito tempo transcorreu sem que os ministros da religião participassem de algum modo na celebração dos casamentos. No tempo de Justiniano, o consentimento das partes na presença de testemunhas, sem nenhuma cerimônia da Igreja, ainda legitimava o casamento entre os cristãos. Foi esse imperador que, em meados do século VI, criou as primeiras leis para que os padres interviessem como simples testemunhas, sem ordenar bênção nupcial. O imperador Leão, que morreu no trono em 886, parece ter sido quem primeiro colocou a cerimônia religiosa no rol das condições necessárias. A própria lei que ele criou comprova que aquela era uma nova instituição.

Da ideia correta que assim temos do casamento resulta em primeiro lugar que a boa ordem e a própria piedade hoje tornam necessárias as formalidades religiosas, adotadas em todas as comunhões cristãs; mas a essência do casamento não pode ser desnaturada, e esse compromisso, que é o principal da sociedade, está sempre submetido, na ordem política, à autoridade do magistrado, e assim deve continuar.

Segue-se daí também que dois esposos criados no próprio culto dos infiéis e dos hereticos não são obrigados a casar-se de novo, caso já se tenham casado de acordo com a lei de sua pátria: cabe ao magistrado, em todos os casos, examinar a coisa.

Hoje em dia o sacerdote é o magistrado que a lei designa livremente em certos países para receber a fé do matrimônio. Está claro que a lei pode modificar ou trocar, como lhe aprouver, a amplitude dessa autoridade eclesiástica.

Os testamentos e os enterros são incontestavelmente da alçada da lei civil e da polícia. Os magistrados nunca deveriam ter tolerado que o clero usurpasse a autoridade da lei nesses dois aspectos. Pode-se ver ainda, em *O século de Luís XIV* e no de *Luís XV*, exemplos impressionantes de intromissão de certos eclesiásticos fanáticos na prática dos sepultamentos. Houve negação de sacramento e de inumação, a pretexto de heresia: barbárie que teria horrorizado os próprios pagãos.

Sétima seção
Jurisdição dos eclesiásticos

O soberano pode, sem dúvida, delegar a um corpo eclesiástico ou a um só sacerdote a jurisdição sobre certos objetos e certas pessoas, com competência adequada à autoridade concedida. Não discuto se foi prudente pôr assim uma parte da autoridade civil nas mãos de um organismo ou de uma pessoa que já tinha autoridade sobre as coisas espirituais. Delegar autoridade terrena àqueles que apenas deviam conduzir os homens ao céu era reunir dois poderes cujo abuso era facílimo; mas é certo, pelo menos, que nenhum homem, na qualidade de eclesiástico, pode ter alguma espécie de jurisdição. Se a tiver, ela será concedida pelo soberano ou usurpada: não há meio-termo. O reino de Jesus Cristo não é deste mundo: ele se recusou a ser juiz na terra; ordenou que se desse a César o que é de César; vedou qualquer dominação a seus apóstolos; só pregou a humildade, a mansidão e a dependência. Os eclesiásticos não podem obter dele poder, autoridade, dominação nem jurisdição no mundo; não podem, portanto, possuir legitimamente nenhuma autoridade, a não ser por concessão do soberano, de quem todo poder deve derivar na sociedade.

Como só do soberano os eclesiásticos recebem alguma jurisdição terrena, segue-se que o soberano e os magistrados devem vigiar o uso que o clero faz de sua autoridade, como já provamos.

Houve um tempo, na infeliz época do governo feudal, no qual os eclesiásticos, em diversos lugares, se assenhorearam das principais funções da magistratura. Limitou-se desse modo a autoridade dos senhores feudais laicos, tão temível para o soberano e dura para os povos; mas uma parte da independência das jurisdições eclesiásticas sobreviveu. Por isso, quando os soberanos serão bastante instruídos ou corajosos para recuperar toda a autoridade usurpada e tantos direitos dos quais tantas vezes se abusou para oprimir os súditos que eles devem proteger?

Foi dessa inadvertência dos soberanos que decorreram os feitos audaciosos de alguns eclesiásticos contra o próprio soberano. A história escandalosa desses grandes atentados está registrada em documentos que não podem ser contestados; e é de se presumir que os soberanos, esclarecidos hoje pelos escritos dos sábios, já não permitirão tentativas que tantas vezes foram acompanhadas ou seguidas por tantos horrores.

DIREITO CANÔNICO

A bula *In Coena Domini*, em especial, ainda é uma prova persistente dos contínuos atentados do clero contra a autoridade soberana e civil etc.[48]

Resumo das tarifas dos direitos

As quantias pagas na França à corte de Roma para a emissão de bulas, dispensas, absolvições etc., tarifas baixadas pelo conselho do rei, em 4 de setembro de 1691, estão integralmente relatadas na instrução de Jacques Le Pelletier, impressa em Lyon no ano 1699, com aprovação e privilégio do rei, em Lyon, gráfica de Antoine Boudet, oitava edição. Foram retirados os exemplares e ficaram as taxas.

1º Para absolvição do crime de apostasia, serão pagas ao papa oitenta libras.

2º O bastardo que quiser ordenar-se pagará pela dispensa vinte e cinco libras; se quiser possuir um benefício simples, pagará mais cento e oitenta libras; se quiser que na dispensa não se faça menção de sua ilegitimidade, pagará mil e cinquenta libras.

3º Dispensa e absolvição de bigamia, mil e cinquenta libras.

4º Dispensa para efeito de julgar criminalmente ou de exercer a medicina, noventa libras.

5º Absolvição de heresia, oitenta libras.

6º Breve de quarenta horas por sete anos, doze libras.

7º Absolvição por ter cometido homicídio em legítima defesa ou sem má intenção, noventa e cinco libras. Os que estiverem em companhia do assassino também deverão pedir absolvição e pagar para isso noventa e cinco libras.

8º Indulgências por sete anos, doze libras.

9º Indulgências perpétuas para uma confraria, quarenta libras.

10º Dispensa de irregularidade ou inabilidade, vinte e cinco libras; se a irregularidade for grande, cinquenta libras.

11º Permissão de ler os livros proibidos, vinte e cinco libras.

12º Dispensa de simonia, quarenta libras; pode aumentar conforme as circunstâncias.

13º Breve para comer carnes proibidas, sessenta e cinco libras.

14º Dispensa de votos simples de castidade ou de religião, quinze libras. Breve declaratório da nulidade da profissão de um religioso ou de uma religiosa, cem libras: se o breve for solicitado dez anos depois da profissão, paga-se o dobro.

Dispensas de matrimônio

Dispensa do quarto grau de parentesco com causa, sessenta e cinco libras; sem causa, noventa libras: com absolvição das intimidades que os noivos tiveram juntos, cento e oitenta libras.

Para os parentes do terceiro ao quarto grau, tanto paternos quanto maternos, a dispensa sem causa é de oitocentas e oitenta libras; com causa, cento e quarenta e cinco libras.

Para os parentes do segundo grau de um lado, e do quarto grau do outro, os nobres pagarão mil, quatrocentas e trinta libras; os não nobres, mil, cento e cinquenta e cinco libras.

Quem quiser casar-se com a irmã da rapariga da qual foi noivo pagará pela dispensa mil, quatrocentas e trinta libras.

Os parentes de terceiro grau, se nobres ou se viverem razoavelmente, pagarão mil, quatrocentas e trinta libras; se o parentesco for tanto do lado do pai quanto do da mãe, duas mil, quatrocentas e trinta libras.

---

48. Ver verbete Bula e, sobretudo, a primeira seção do verbete Poder. (N. de Voltaire)

Os parentes de segundo grau pagarão quatro mil, quinhentas e trinta libras; se a noiva tiver concedido favores ao noivo, pagarão a mais, pela absolvição, duas mil e trinta libras.

Para quem tiver batizado o filho de um ou de outro, a dispensa é de duas mil, setecentas e trinta libras. Quem quiser absolvição de prazeres prematuros deverá pagar a mais mil, trezentas e trinta libras.

Quem tiver usufruído dos favores de uma viúva enquanto o primeiro marido ainda vivia pagará, para desposá-la legitimamente, cento e noventa libras.

Na Espanha e em Portugal, as dispensas de matrimônio são muito mais caras. Os primos-irmãos não as obtêm por menos de dois mil escudos.

Como os pobres não podem pagar taxas tão altas, dão-lhes descontos: é bem melhor conseguir a metade do direito do que ficar sem nada, com a negação da dispensa.

Aqui não estão relacionadas as somas pagas ao papa pelas bulas de bispos, abades etc.: essas são encontradas nos almanaques; mas não se entende com qual autoridade a corte de Roma impõe taxas aos laicos que se casam com suas primas.

DIREITO DE PERNADA, DIREITO DE PRELIBAÇÃO ETC.
(Cuissage ou Culage)

Dião Cássio, aquele bajulador de Augusto, aquele detrator de Cícero (porque Cícero defendera a causa da liberdade), aquele escritor seco e prolixo, aquele gazeteiro dos boatos populares, esse Dião Cássio conta que, para recompensar César de todo o mal que ele havia feito à república, alguns senadores propuseram dar-lhe o direito de deitar-se, com a idade de cinquenta e sete anos, com todas as mulheres que ele se dignasse honrar com seus favores. E entre nós ainda há gente boa o bastante para acreditar nesse disparate. O próprio autor de *O espírito das leis* o toma por verdade e fala como se fosse um decreto que teria sido aprovado no senado romano, não fosse a extrema modéstia do ditador, que se sentiu pouco capaz de cumprir os votos do senado. Mas, se os imperadores romanos não tiveram esse direito por meio de senátus-consulto baseado em plebiscito, é muito provável que o obtiveram graças à cortesia das damas. Homens como Marco Aurélio e Juliano não se valeram desse direito, mas todos os outros o ampliaram o máximo que puderam.

É espantoso que na Europa cristã o costume de tirar a virgindade de uma vassala tenha sido, durante muito tempo, uma espécie de lei feudal ou pelo menos tenha sido visto como um direito costumeiro. A primeira noite das núpcias da filha do camponês pertencia, sem apelação, ao senhor.

Esse direito estabeleceu-se como o direito de andar com um pássaro sobre o punho e de ser incensado na missa. Os senhores, é verdade, não decretaram que as mulheres de seus camponeses lhes pertenceriam; limitaram-se às filhas; a razão disso é plausível. As donzelas são pudicas, é preciso certo tempo para domá-las. A majestade das leis as subjuga de uma vez; as jovens noivas, assim, davam, sem resistência, a primeira noite de suas núpcias ao senhor castelão ou ao barão, sempre que este as julgasse dignas dessa honra.

Consta que essa jurisprudência teve início na Escócia; inclino-me a acreditar: os senhores escoceses tinham sobre seus clãs um poder ainda mais absoluto do que os barões alemães e franceses sobre seus súditos.

É indubitável que abades e bispos se outorgaram essa prerrogativa na qualidade de senhores temporais: e não faz muito tempo que alguns prelados renunciaram a esse antigo privilégio em troca do pagamento de um tributo em dinheiro, ao qual tinham tanto direito quanto à virgindade das donzelas.

Mas deve-se notar que esse extremo de tirania nunca foi aprovado por nenhuma lei pública. O senhor ou prelado que citasse a filha nubente de algum de seus vassalos perante algum tribunal regular, com o intuito de obrigá-la a ir pagar seu tributo, teria decerto perdido a causa, sendo condenado a pagar as custas.

Queremos aproveitar a oportunidade para afirmar que nunca houve povo um pouco civilizado que tivesse instituído leis formais contra os costumes; não acredito que tenha havido um único exemplo disso. Os abusos, quando se estabelecem e são tolerados, entram para o costume; os viajantes os tomam por leis fundamentais. Dizem eles que na Ásia viram santos maometanos imundos que andavam nus e eram beijados por boas devotas em partes que não merecem ser beijadas; mas eu os desafio a encontrar no Alcorão alguma permissão para que mendigos andem nus e sejam beijados em suas vergonhas por mulheres.

Haverá quem mencione, para refutar-me, o falo que os egípcios carregavam em procissão e o ídolo Jaganath dos indianos. Responderei que isso não depõe mais contra os costumes do que o ato de cortar solenemente o prepúcio com a idade de oito anos.

Em algumas de nossas cidades o santo prepúcio foi carregado em procissão; ainda está guardado em algumas sacristias, sem que essa facécia cause a menor revolta nas famílias. Posso até garantir que nenhum concílio, nenhuma decisão de parlamento algum jamais ordenou que se festejasse o santo prepúcio.

Chamo de lei contra os costumes a lei pública que me prive de meus bens, que me tire a mulher para dá-la a outro; e digo que isso é impossível.

Alguns viajantes afirmam que na Lapônia alguns maridos lhes ofereceram a mulher por cortesia: maior cortesia é a minha, de acreditar. Mas garanto que nunca encontraram essa lei no código da Lapônia, assim como não encontraremos nas constituições da Alemanha, nas ordenanças dos reis da França e nos registros do parlamento da Inglaterra nenhuma lei positiva que adjudique o direito de pernada aos barões.

Leis absurdas, ridículas e bárbaras encontram-se em todo lugar; leis contra os costumes, em nenhum.

DIRETOR (Directeur)

Não pretendo falar de diretor de finanças, diretor de hospitais, diretor de obras do rei etc. etc., mas sim do diretor de consciência, pois é ele quem dirige todos os outros; é ele o preceptor do gênero humano. Sabe e ensina o que deve ser feito e o que deve ser omitido em todos os casos possíveis.

Está claro que seria útil que em todas as cortes houvesse um homem *consciencioso* que, consultado sigilosamente pelo monarca em várias ocasiões, lhe dissesse com coragem: *Non licet* [Não é permitido]. Luís, o Justo, não teria começado seu triste e infeliz reinado assassinando seu primeiro-ministro e aprisionando sua mãe. Quantas guerras funestas e injustas bons diretores de consciência nos teriam poupado! Quantas crueldades teriam evitado!

Mas muitas vezes se acredita consultar um cordeiro, e consulta-se uma raposa. Tartufo era o diretor de consciência de Orgon. Gostaria muito de saber quem foi o diretor de consciência que aconselhou a noite de São Bartolomeu.

Não se fala de diretores de consciência nem de confessores no Evangelho. Entre os povos que a nossa cortesia costumeira chama de pagãos, não sabemos que Cipião, Fabrício, Catão, Tito, Trajano e os Antoninos tivessem diretores de consciência. É bom ter um amigo escrupuloso que nos lembre nossos deveres, mas nossa consciência deve ser a diretora de nossas decisões.

Um huguenote ficou muito admirado quando uma senhora católica lhe disse que tinha um confessor para absolvê-la dos pecados e um diretor de consciência para impedir que os cometesse. Disse ele: "Como vosso navio, senhora, pôde fazer água tantas vezes, com dois pilotos tão bons?"

Os doutos observam que não cabe a todos ter um diretor de consciência. Esse encargo, numa casa, é como o dos escudeiros: só cabe às grandes damas. O abade Gobelin, homem chicaneiro e ávido, só "dirigia" a sra. de Maintenon. Os diretores de consciência de Paris muitas vezes atendem quatro ou cinco devotas ao mesmo tempo; ora as indispõem com os maridos, ora com os amantes, e de vez em quando ocupam os postos vacantes.

Por que as mulheres têm diretores de consciência e os homens não? Pela mesma razão pela qual a sra. de La Vallière se tornou carmelita quando foi abandonada por Luís XIV, e o sr. de Turenne, traído pela sra. de Coetquen, não se tornou monge.

São Jerônimo e Rufino, seu antagonista, eram grandes diretores de consciência de mulheres e raparigas; não encontraram um só senador romano, um só tribuno militar para dirigir. Essa gente precisa do *devoto femineo sexu* [devotas do sexo feminino]. Para eles, os homens têm barba demais na cara e, frequentemente, força demais no espírito. Boileau, na sátira às mulheres (sátira X, v. 566-72), fez o retrato de um diretor de consciência:

Nul n'est si bien soigné qu'un directeur de femmes.
Quelque léger dégoût vient-il le travailler;
Une froide vapeur le fait-elle bâiller;
Un escadron coiffé d'abord court à son aide:
L'une chauffe un bouillon, l'autre apprête un remède;
Chez lui sirops exquis, ratafias vantés,
Confitures, surtout, volent de tous côtés, etc.
[Ninguém é mais bem cuidado que um diretor de mulheres.
Se algum ligeiro achaque o atormenta;
Se por algum vapor frio ele boceja;
Um esquadrão de toucado logo o acode:
Uma faz um caldo, outra arranja um remédio;
Em sua casa xaropes finos, licores reputados
Compotas, sobretudo, voam de todo lado etc.]

Esses versos são bons para Brossette. Acredito que ele tivesse algo melhor para nos dizer.

DISTÂNCIA (Distance)

Quem sabe quantos passos há de uma extremidade de sua casa à outra imagina que a natureza lhe ensinou essa distância de repente e que só precisou de um relance para isso, como quando enxergou as cores. Engana-se; ninguém pode conhecer as diferentes distâncias entre objetos a não ser por experiência, comparação, hábito. É por isso que um marujo, vendo um navio que voga longe do seu, dirá sem hesitar a que distância mais ou menos está daquele navio, enquanto o passageiro só poderá ter uma vaga desconfiança a respeito.

Distância nada mais é que uma linha que vai do objeto a nós. Essa linha termina num ponto: só sentimos esse ponto, e, ainda que o objeto esteja a mil léguas ou a um pé, esse ponto é sempre o mesmo a nossos olhos.

Portanto, não temos nenhum meio imediato para perceber a distância de chofre, como sentimos se um corpo é duro ou mole pelo toque, se é doce ou amargo pelo paladar, se, de dois sons, um é grave e outro agudo, pela audição. Pois, com a devida atenção, as partes de um corpo que cedem a meu dedo são a causa mais próxima de minha sensação de moleza; e as vibrações do ar, provocadas pelo corpo sonoro, são a causa mais próxima de minha sensação do som. Ora, se não posso ter assim imediatamente uma ideia de distância, é preciso que eu conheça essa distância por meio de uma outra ideia intermediária; mas preciso pelo menos perceber essa ideia intermediária, pois uma ideia que eu não tivesse certamente não serviria para fazer-me ter outra.

Diz-se que uma casa fica a uma milha de um rio, mas, se não sei onde está esse rio, não sei onde está a casa. Um corpo cede facilmente à pressão de minha mão, e eu concluo de imediato que ele é mole. Um outro resiste; sinto imediatamente sua dureza. Logo, seria preciso que eu sentisse os ângulos formados em meu olho, para concluir de imediato as distâncias dos objetos. Mas a maioria dos homens nem sequer sabe se esses ângulos existem; logo é evidente que esses ângulos não podem ser a causa imediata do nosso conhecimento das distâncias.

Quem ouvisse pela primeira vez na vida o ruído de um canhão ou o som de um concerto não poderia julgar se o canhão foi disparado e o concerto executado a uma légua ou a trinta passos. Só a experiência pode acostumá-lo a julgar a distância que há entre essa pessoa e o lugar de onde parte o ruído. As vibrações e as ondulações do ar levam um som a seus ouvidos, ou melhor, a seu sensório; mas esse ruído não só não informa seu sensório do lugar onde o ruído começa como também não lhe diz como é a forma do canhão ou dos instrumentos musicais. É exatamente isso o que acontece com os raios de luz que partem de um objeto; eles não nos informam onde está esse objeto.

Também não nos dão a conhecer dimensões e formas. Vejo de longe uma pequena torre redonda. Quando avanço, avisto e toco uma grande construção quadrangular. No entanto, o que vejo e toco não é o que via: aquele pequeno objeto redondo que estava em meus olhos não é a grande construção quadrada. Logo, em relação a nós, uma coisa é o objeto mensurável e tangível, outra é o objeto visível. Ouço de meu quarto o ruído de uma carruagem: abro a janela e a vejo; saio e entro nela. A carruagem que ouvi, a carruagem que vi e a carruagem que toquei são três objetos absolutamente diversos de três sentidos meus, que não têm nenhuma relação imediata uns com os outros.

Há muito mais: está demonstrado que, quando vejo um homem a quatro pés de distância, em meu olho se forma um ângulo uma vez maior, pouco mais ou menos, do que quando vejo o mesmo homem a oito pés de distância. No entanto, vejo sempre esse homem do mesmo tamanho. Como minha sensação contradiz assim o mecanismo de meus órgãos? O objeto é realmente uma vez menor em meus olhos, e eu o vejo uma vez maior. Em vão se tenta explicar esse mistério pela trajetória dos raios ou pela forma assumida pelo cristalino em nossos olhos. Seja qual for a hipótese aventada, o ângulo no qual vejo um homem a quatro pés de mim é sempre mais ou menos o dobro do ângulo com que o vejo a oito pés. A geometria nunca resolverá esse problema; a física também é impotente: pois de nada adianta supor que o olho assume nova conformação, que o cristalino avança, que o ângulo aumenta, pois tudo isso ocorrerá do mesmo modo para o objeto que está a oito passos e para o objeto que está a quatro. A proporção será sempre a mesma; se vemos o objeto a oito passos num ângulo da metade do tamanho que ele deve ser, veremos também o objeto a quatro passos num ângulo de metade do tamanho mais ou menos. Logo, nem a geometria nem a física podem explicar essa dificuldade.

Essas linhas e esses ângulos geométricos não são realmente a causa de vermos os objetos no lugar que ocupam nem de os vermos com determinados tamanhos e a certa distância. A alma não leva em conta se uma parte vai ganhar forma embaixo do olho; ela nada relaciona com linhas que não vê. O olho só se abaixa para enxergar o que está perto do chão e ergue-se para ver o que está acima. Tudo isso só poderia ser esclarecido e tornar-se incontestável por algum cego de nascença a quem fosse dado o sentido da visão. Pois se esse cego, no momento em que abrisse os olhos, julgasse distâncias, tamanhos e localizações, seria verdade que os ângulos ópticos, formados de repente em sua retina, seriam as causas imediatas de suas sensações. Por isso, o dr. Berkeley garantia, de acordo com o sr. Locke (e nisso indo até mais longe que Locke), que a localização, o tamanho, a distância e a configuração não seriam de modo algum discernidos pelo cego, cujos olhos recebessem luz de súbito.

Finalmente, em 1729, surgiu o cego de nascença de quem dependia a resolução indubitável dessa questão. O célebre Cheselden, um daqueles famosos cirurgiões que unem habilidade manual a grandes luzes intelectuais, imaginando que seria possível dar a visão àquele cego de nascença por meio da retirada daquilo a que se dá o nome de *catarata*, que, segundo suspeitava, havia se formado em seus olhos quase no momento do nascimento, propôs a operação. Custou ao cego consentir, pois ele não imaginava como o sentido da visão poderia aumentar muito os seus prazeres. Não fosse o desejo que lhe foi inspirado de aprender a ler e a escrever, não teria desejado enxergar. Ele confirmava, com aquela indiferença, que "é impossível ser infeliz devido à privação de bens dos quais não se tem ideia"; importantíssima verdade. Seja como for, a operação foi feita e teve sucesso. Aquele jovem, de mais ou menos catorze anos, viu a luz pela primeira vez. Sua experiência confirmou tudo o que Locke e Berkeley tão bem haviam previsto. Durante muito tempo, ele não distinguiu dimensões, localização e nem mesmo configuração. Um objeto de uma polegada que, posto diante de seu olho, lhe ocultasse uma casa parecia-lhe do tamanho da casa. Tudo o que ele enxergava parecia-lhe primeiramente estar sobre seus olhos, tocando-os como os objetos do tato tocam a pele. No começo, ele não conseguia distinguir com a visão aquilo que, com o tato, julgara redondo daquilo que julgara angular, nem discernir com os olhos se o que suas mãos haviam sentido em situação superior ou inferior estava de fato em cima ou embaixo. Estava tão longe de conhecer as dimensões, que, depois de ter, finalmente, concebido por meio da visão que sua casa era maior que seu quarto, não conseguia conceber como a visão podia dar essa ideia. Foi só ao cabo de dois meses de experiência que conseguiu perceber que os quadros representavam corpos salientes, e quando, depois desse longo titubeio de um sentido novo, sentiu que o que estava representado nos quadros eram corpos, e não apenas superfícies, pôs a mão sobre eles e ficou admirado por não encontrar com as mãos aqueles corpos sólidos cujas representações começava a perceber. Perguntava qual era o sentido enganoso, o tato ou a visão.

Chegou-se, portanto, à conclusão irrevogável de que a maneira como vemos as coisas não é, de modo algum, consequência imediata dos ângulos formados em nossos olhos: pois esses ângulos matemáticos estavam nos olhos daquele homem, como nos nossos, e não lhe serviam de nada sem o socorro da experiência e dos outros sentidos.

O caso do cego de nascença ficou conhecido na França por volta de 1735. O autor de *Elementos de Newton*, que conhecia muito Cheselden, fez menção a essa descoberta importante, mas mal se tomou conhecimento dela. E, mesmo mais tarde, quando em Paris foi feita a mesma operação de catarata num jovem que afirmava não ter visão desde o berço, deixou-se de acompanhar o desenvolvimento diário do seu sentido da visão e a marcha da natureza. O resultado dessa operação perdeu-se para os filósofos.

Como representamos as dimensões e as distâncias? Do mesmo modo como imaginamos as paixões humanas, pelas cores que elas põem no rosto das pessoas e pela alteração que produzem em seus traços. Não há quem não leia de imediato a dor ou a cólera no semblante de outra pessoa. É a língua que a natureza fala a todos os olhos; mas só a experiência ensina essa linguagem. Por isso, só a experiência nos ensina que, quando um objeto está longe demais, nós o vemos de modo confuso e vago. Assim, formamos ideias que depois passam a acompanhar sempre a sensação da visão. Assim, todo aquele que, a dez passos, veja seu cavalo com cinco pés de altura, se vir alguns minutos depois o mesmo cavalo do tamanho de um carneiro, concluirá no mesmo instante, por um juízo involuntário, que o cavalo está muito longe.

É bem verdade que, quando vejo meu cavalo do tamanho de um carneiro, forma-se em meu olho uma imagem menor, um ângulo mais agudo; mas isso é o que acompanha, e não o que causa meu sentimento. Do mesmo modo, a comoção que ocorre em meu cérebro, quando vejo uma pessoa enrubescer de vergonha, é diferente da que ocorre quando a vejo enrubescer de cólera; mas essas impressões diferentes nada me informariam sobre o que ocorre na alma desse homem, não fosse a experiência, única voz que se faz ouvir.

DISTÂNCIA

Em vez de esse ângulo causar de imediato o meu julgamento de que um cavalo grande está muito longe quando o vejo pequeno, o que ocorre a todo momento, ao contrário, é que vejo esse mesmo cavalo igualmente grande a dez, vinte, trinta e quarenta passos, embora o ângulo a dez passos seja duplo, triplo e quádruplo. Se olho de longe, por um buraquinho, um homem postado num telhado, a distância e o pequeno número de raios impedem-me inicialmente de distinguir que é um homem; o objeto parece-me muito pequeno; acredito estar enxergando uma estátua de dois pés de altura no máximo; o objeto se move, julgo que é um homem, e, a partir desse instante, esse homem me parece do tamanho costumeiro. De onde provêm esses dois juízos tão diferentes? Quando acreditei ver uma estátua, a imaginei de dois pés de altura, porque a enxergava de determinado ângulo; nenhuma experiência obrigava minha mente a desmentir os traços impressos em minha retina, mas, assim que julguei que era um homem, a relação estabelecida pela experiência em meu cérebro entre a ideia de um homem e a ideia da altura de cinco a seis pés obrigou-me, sem que eu refletisse naquilo, a imaginar, por meio de um juízo súbito, que estava vendo um homem de determinada altura e a ver de fato essa altura.

De tudo isso é obrigatório concluir que as distâncias, as dimensões e as localizações não são, propriamente, coisas visíveis, ou seja, não são os objetos próprios e imediatos da visão. O objeto próprio e imediato da visão não é outra coisa senão a luz colorida; todo o resto só sentimos com o tempo e por experiência. Aprendemos a enxergar assim como aprendemos a falar e a ler. A diferença é que a arte de enxergar é mais fácil, e a natureza é o mestre de todos.

Os juízos súbitos, quase uniformes, que todas as nossas almas, com certa idade, fazem das distâncias, das dimensões e das localizações levam-nos a pensar que basta abrir os olhos para enxergar da maneira como enxergamos. É um engano; para isso, é preciso o socorro dos outros sentidos. Se os seres humanos só tivessem o sentido da visão, não teriam meio algum de conhecer a extensão em comprimento, largura e profundidade; e um espírito talvez não a conhecesse, a não ser que Deus a revelasse. É muito difícil separar em nosso entendimento a extensão de um objeto das cores desse objeto. Tudo o que vemos sempre é extenso, e daí somos levados a crer que vemos de fato a extensão. Não podemos quase distinguir em nossa alma o amarelo que vemos num luís de ouro da própria moeda de ouro cujo amarelo vemos. Assim também, quando ouvimos alguém pronunciar as palavras *luís de ouro*, não podemos deixar de associar, mas sem querer, a ideia dessa moeda ao som que ouvimos alguém pronunciar.

Se todos os homens falassem a mesma língua, estaríamos sempre dispostos a acreditar que haveria uma conexão necessária entre as palavras e as ideias. Ora, todos os homens têm, no caso, a mesma linguagem em termos de imaginação. A natureza diz a todos: Depois que virdes algumas cores durante certo tempo, vossa imaginação representará para todos, do mesmo modo, os corpos aos quais essas cores parecem associadas. Esse juízo pronto e involuntário que fizerdes será útil durante vossa vida, pois se, para avaliar distâncias, dimensões e localizações, fosse preciso esperar que examinásseis tudo por ângulos e raios visuais, morreríeis antes de saberdes se as coisas de que tendes necessidade estão a dez passos ou a cem milhões de léguas, se elas são do tamanho de um ácaro ou de uma montanha: mais vos serviria ter nascido cegos.

Por isso, talvez seja um grande erro dizermos que nossos sentidos nos enganam. Cada um de nossos sentidos exerce a função para a qual a natureza o destinou. Eles se ajudam mutuamente para enviar à nossa alma, pelas mãos da experiência, a medida dos conhecimentos que nosso ser comporta. Pedimos a nossos sentidos aquilo que eles não são feitos para nos dar. Gostaríamos que nossos olhos nos permitissem conhecer a solidez, as dimensões, a distância etc., mas é preciso que o tato se combine com a visão, e que a experiência os auxilie. Se o padre Malebranche tivesse olhado a natureza por esse lado, talvez tivesse atribuído menos erros a nossos sentidos, que são as únicas fontes de todas as nossas ideias.

Evidentemente, não se deve estender a todos os casos essa espécie de metafísica que acabamos de ver: só devemos recorrer a ela quando a matemática for insuficiente.

DIVINDADE DE JESUS (Divinité de Jésus)

Os socinianos, que são considerados blasfemadores, não reconheciam a divindade de Jesus Cristo. Eles ousam dizer, assim como os filósofos da antiguidade, os judeus, os maometanos e tantas outras nações, que a ideia de um Deus homem é monstruosa, que a distância entre um Deus e o homem é infinita, e que é impossível que o Ser infinito, imenso, eterno, tenha sido contido num corpo perecível.

Tomam a liberdade de citar em seu favor Eusébio, bispo de Cesareia, que na sua *História eclesiástica*, livro I, capítulo XI, declara que é absurdo que a natureza não engendrada, imutável, do Deus todo-poderoso assuma a forma humana. Citam os Padres da Igreja Justino e Tertuliano, que disseram a mesma coisa: Justino em seu *Diálogo com Trifão* e Tertuliano em seu *Discurso contra Praxeas*.

Citam são Paulo, que nunca chama Jesus Cristo de Deus e que com muita frequência o chama de homem. Levam a audácia a ponto de afirmar que os cristãos passaram três séculos inteiros construindo aos poucos a apoteose de Jesus, e que erguiam esse espantoso edifício copiando o exemplo dos pagãos, que divinizaram seres mortais. No início, segundo eles, considerou-se Jesus apenas como um homem inspirado por Deus; em seguida, como uma criatura mais perfeita que as outras. Pouco tempo depois deram-lhe um lugar acima dos anjos, como diz são Paulo. A cada dia sua grandeza crescia. Ele passou a ser uma emanação de Deus produzida no tempo. Não foi o bastante: fizeram-no nascer antes do próprio tempo. Por fim, fizeram-no Deus consubstancial com Deus. Crellius, Voquelsius, Natalis Alexander, Hornebeck apoiaram todas essas blasfêmias com argumentos que espantam os sábios e pervertem os fracos. Foi principalmente Fausto Socino quem espalhou as sementes dessa doutrina na Europa; e em fins do século XVI pouco faltou para que ele estabelecesse uma nova espécie de cristianismo: e já houvera mais de trezentas.

DIVÓRCIO (Divorce)

Primeira seção

No verbete Divórcio da *Enciclopédia* diz-se que, "como o uso do divórcio foi trazido para as Gálias pelos romanos, foi assim que Bissina ou Bazina deixou o rei da Turíngia, seu marido, para seguir Quilderico, que com ela se casou". É como se dissessem que, como os troianos estabeleceram o divórcio em Esparta, Helena repudiou Menelau, de acordo com a lei, para ir embora com Páris para a Frígia.

A fábula agradável de Páris e a fábula ridícula de Quilderico, que nunca foi rei da França e pretensamente raptou Bazina, mulher de Bazino, nada têm em comum com a lei do divórcio.

Também citam Chariberto, régulo da cidadezinha de Lutécia perto de Issy, *Lutetia Parisiorum*, que repudiou a mulher. O abade Velly, em sua *História de França*, diz que esse Chariberto, ou Cariberto, repudiou a mulher Ingoberg para casar-se com Meroflede, filha de um artesão, e depois com Teudegilda, filha de um pastor, que "foi elevada ao primeiro trono do império francês".

Não havia então nem primeiro nem segundo trono entre aqueles bárbaros, que o império romano nunca reconheceu como reis. Não havia império francês.

O império dos francos só começou com Carlos Magno. É muito duvidoso que a palavra *Meroflede* estivesse em uso na língua dos franceses ignorantes, ou gauleses, que era um dialeto do jargão celta: aquele dialeto não tinha expressões tão doces.

Diz-se também que o régulo Quilperico, senhor da província de Soissons, que era chamado *rei de França*, divorciou-se da rainha Andove ou Andovera, pela razão abaixo.

Essa Andovera, depois de dar ao senhor de Soissons três filhos homens, deu à luz uma menina. Os francos eram de algum modo cristãos desde o tempo de Clóvis. Andovera, depois de se restabelecer do parto, levou a filha para ser batizada. Quilperico de Soissons, que, ao que tudo indica, estava bem cansado dela, declarou que era crime irremissível ser madrinha da própria filha, que ela já não podia ser mulher dele segundo as leis da Igreja, e casou-se com Fredegunda; em seguida, expulsou Fredegunda e casou-se com uma visigoda e depois voltou com Fredegunda.

Tudo isso nada tem de legal e não deve ser citado, tanto quanto o que ocorria na Irlanda e nas ilhas Órcades.

O código de Justiniano, que adotamos em vários pontos, autoriza o divórcio, mas o direito canônico, que os católicos adotaram ainda mais, não o permite.

O autor do verbete diz que "o divórcio é praticado nos Estados da Alemanha da confissão de Augsburgo".

Pode-se acrescentar que esse uso é estabelecido em todos os países do Norte, entre todos os protestantes de todas as confissões possíveis e em toda a Igreja grega.

O divórcio é provavelmente da mesma data, mais ou menos, do casamento. Creio, porém, que o casamento é algumas semanas mais velho; ou seja, todos os homens brigam com a mulher ao cabo de quinze dias, batem nela ao cabo de um mês e separam-se dela depois de seis semanas de coabitação.

Justiniano, que coligiu todas as leis feitas antes dele, às quais acrescentou as suas, não só confirma a lei do divórcio, como também a estende, a ponto de estabelecer que toda mulher cujo marido não fosse escravo, mas simplesmente prisioneiro de guerra durante cinco anos, podia, depois de passados cinco anos, contrair outro casamento.

Justiniano era cristão e até teólogo: como então a Igreja derrogou suas leis? Foi quando a Igreja se tornou soberana e legisladora. Os papas não tiveram trabalho para substituir o código por suas decretais no ocidente que estava mergulhado na ignorância e na barbárie. Aproveitaram-se tanto da estupidez dos homens, que Honório III, Gregório IX e Inocêncio III proibiram por meio de bulas que se ensinasse direito civil. Dessa audácia pode-se dizer: é incrível, mas é verdade.

Assim como a Igreja julgou sozinha o casamento, também julgou sozinha o divórcio. Não havia príncipe que se divorciasse e se casasse com outra mulher sem ordem do papa antes de Henrique VIII, rei da Inglaterra, que só prescindiu do papa depois de ter tentado tocar um processo durante muito tempo na corte de Roma.

Esse costume, estabelecido em tempos de ignorância, perpetuou-se nos tempos esclarecidos pela simples razão de existir. Todo abuso se eterniza por si só; é como o estábulo de Augias: é preciso um Hércules para limpá-lo.

Henrique IV só pôde ser pai de um rei da França graças a uma sentença do papa: e, como já notamos, foi preciso não sentenciar um divórcio, mas mentir sentenciando que não houvera casamento.

Segunda seção

DOAÇÕES (Donations)

A república romana, que se apossou de tantos Estados, também deu alguns.
Cipião fez de Massinissa rei da Numídia.
Luculo, Sila e Pompeu deram uma meia dúzia de reinos.
Cleópatra recebeu o Egito de César; Antônio e, depois, Otávio deram o pequeno reino da Judeia a Herodes.
No tempo de Trajano, foi cunhada a famosa medalha *regna assignata*, reinos concedidos.

Cidades, províncias dadas soberanamente a sacerdotes e colégios, para a maior glória de Deus ou dos deuses, é coisa que não se vê em nenhum país.

Maomé e os califas, seus vigários, tomaram muitos Estados para a propagação de sua fé, mas não lhes foi feita nenhuma doação: tudo o que possuíam era pelo Alcorão e pelo sabre.

A religião cristã, que de início foi uma sociedade de pobres, durante muito tempo só viveu de esmolas. A primeira doação é a de Ananias e Safira, sua mulher: foi em dinheiro vivo e não reverteu para os doadores.

Doação de Constantino

A célebre doação de Roma e de toda a Itália ao papa Silvestre, pelo imperador Constantino, foi mantida como parte do credo até o século XVI. Cumpria acreditar que Constantino, quando estava na Nicomédia, foi curado da lepra em Roma pelo batismo que recebeu do bispo Silvestre (embora não fosse batizado) e que, como recompensa, deu imediatamente sua cidade de Roma e todas as suas províncias ocidentais àquele Silvestre. O ato daquela doação, se tivesse sido lavrado pelo doutor da Comédia italiana, não teria sido mais engraçado. Consta também que Constantino declarou cônsules e patrícios todos os cônegos de Roma, *patricios et consules effici*, que segurou pessoalmente a brida da hacaneia na qual montou o novo imperador bispo, *tenentes frenum equi illius*.

Quando se pensa que essa bela história foi uma espécie de artigo de fé na Itália, e que no restante da Europa foi uma opinião reverenciada durante oito séculos, que foram perseguidos como hereges aqueles que dela duvidaram, nada mais poderá causar espanto.

Doação de Pepino

Hoje já não se excomunga ninguém por duvidar que Pepino, o usurpador, doou e pôde doar ao papa o exarcado de Ravena; isso é, no máximo, um mau pensamento, um pecado venial que acarreta pouco prejuízo para o corpo e a alma.

Vejamos o que poderia escusar os jurisconsultos alemães que têm escrúpulos quanto a essa doação.

1º O bibliotecário Anastácio, cujo testemunho é sempre citado, escrevia cento e quarenta anos depois do acontecimento.

2º Não era verossímil que Pepino, periclitante na França e atacado pela Aquitânia, fosse à Itália doar Estados que ele afirmava pertencerem ao imperador que residia em Constantinopla.

3º O papa Zacarias reconhecia o imperador romano-grego como soberano daquelas terras disputadas pelos lombardos e lhe prestara juramento, como se vê nas cartas daquele bispo de Roma, Zacarias, ao bispo de Mogúncia, Bonifácio. Logo, Pepino não podia dar ao papa as terras imperiais.

4º Quando o papa Estêvão II mandou vir do céu uma carta escrita de próprio punho por são Pedro a Pepino, para queixar-se das vexações do rei dos lombardos, Astolfo, são Pedro não diz em absoluto, na carta, que Pepino presenteara o exarcado de Ravena ao papa; e decerto são Pedro não teria deixado de fazê-lo, desde que a coisa tivesse sido duvidosa; ele percebe muito bem seus interesses.

5º Por fim, nunca se viu o documento dessa doação, e, o que é mais importante, nem sequer se ousou forjar um falso. A única prova que se tem são narrativas vagas misturadas a fábulas. Logo, em vez de certezas, o que se tem são escritos absurdos de monges, copiados século após século.

O advogado italiano que, em 1722, escreveu para mostrar que, originariamente, Parma e Piacenza tinham sido concedidas à Santa Sé como território anexo ao exarcado[49] garante que "os imperadores gregos foram despojados com justiça de seus direitos, porque tinham sublevado os

---

49. P. 120, segunda parte. (N. de Voltaire)

povos contra Deus". E em nossos dias se escreve assim! Mas é em Roma. O cardeal Bellarmino vai mais longe. Diz: "Os primeiros cristãos só não suportavam os imperadores porque não eram os mais fortes." A confissão é franca, estou convencido de que Bellarmino tem razão.

Doação de Carlos Magno

No tempo em que a cúria de Roma acreditava precisar de títulos, afirmou que Carlos Magno havia confirmado a doação do exarcado e que a isso somara a Sicília, Veneza, Benevento, Córsega e Sardenha. Mas, como Carlos Magno não possuía nenhum desses Estados, não podia doá-los; e, quanto à cidade de Ravena, está bem claro que ficou com ela, pois em seu testamento faz um legado à sua cidade de Ravena, bem como à sua cidade de Roma. Já é muito que os papas tenham obtido Ravena e a Romanha com o tempo; mas, quanto a Veneza, nada indica que eles imponham na praça São Marcos o diploma que lhes concede sua soberania.

Discutiu-se durante séculos sobre todos esses atos, instrumentos e diplomas. Mas é firme opinião, diz Giannone, aquele mártir da verdade, que todas essas peças foram forjadas no tempo de Gregório VII[50]: *È constante opinione presso i più gravi scrittori, che tutti questi instrumenti e diplomi furono supposti ne' tempi d'Ildebrando* [É opinião constante dos escritores mais sérios, que todos esses instrumentos e diplomas foram supostos no tempo de Hildebrando].

Doação de Benevento pelo imperador Henrique III

A primeira doação confirmada para a Santa Sé de Roma foi a de Benevento; tratou-se de uma troca entre o imperador Henrique III e o papa Leão IX: só faltou uma formalidade: o imperador, que doou Benevento, precisava ser seu dono. Benevento pertencia aos duques de Benevento, e os imperadores greco-romanos reivindicavam seus direitos sobre aquele ducado. Mas a história nada mais é do que a lista daqueles que se arranjaram com o bem alheio.

Doação da condessa Matilde

A doação mais considerável e autêntica foi a de todos os bens da famosa condessa Matilde ao papa Gregório VII. Era ela uma jovem viúva que dava tudo a seu diretor de consciência. Tem-se como indubitável que o ato foi reiterado duas vezes e depois ratificado por seu testamento.

No entanto, resta uma dificuldade. Sempre se acreditou em Roma que Matilde doara todos os seus Estados, todos os seus bens presentes e futuros a seu amigo Gregório VII, num ato solene, em seu castelo de Canossa, no ano de 1077, para consolo de sua alma e da alma dos seus pais. E, para corroborar esse santo instrumento, mostram-nos um segundo instrumento, do ano 1102, no qual se diz que aquela doação foi feita em Roma, que se perdeu e foi reiterada, sempre para consolo de sua alma.

Como um ato tão importante teria sido perdido? A cúria romana será tão negligente? Como aquele instrumento lavrado em Canossa podia ter sido escrito em Roma? O que significam essas contradições? O que está claro é que a alma dos donatários passava muito melhor do que a alma da doadora, que, para se curar, precisava despojar-se de tudo em favor de seus médicos.

Por fim, em 1102, tem-se uma soberana que, por um ato formal, já não pode dispor de nem uma jeira de terra e, a partir desse ato até sua morte, em 1115, ainda se veem doações consideráveis de terras, feitas por aquela mesma Matilde a cônegos e monges. Logo, não tinha doado tudo. Por fim, esse ato de 1102 poderia perfeitamente ter sido forjado, depois de sua morte, por algum homem hábil.

---

50. Liv. IX, cap. III. (N. de Voltaire)

A cúria de Roma somou ainda a todos os seus direitos o testamento de Matilde, que confirmava as suas doações. Os papas nunca apresentaram esse testamento.

Caberia também saber se aquela rica condessa podia dispor de seus bens, que na maioria eram feudos do império.

O imperador Henrique V, seu herdeiro, apoderou-se de tudo, não reconheceu testamento, doações, nem fato nem direito. Os papas, contemporizando, ganharam mais do que os imperadores com o uso da autoridade, e, com o tempo, aqueles césares se tornaram tão fracos, que, no fim, os papas obtiveram dos sucessores de Matilde aquilo que hoje se chama *patrimônio de são Pedro*.

Doação da suserania de Nápoles aos papas

Os fidalgos normandos, que foram os primeiros instrumentos da conquista de Nápoles e da Sicília, cometeram a mais bela proeza de cavalaria de que já se ouviu falar. De quarenta a cinquenta homens apenas libertaram Salerno no momento em que foi tomada por um exército de sarracenos. Outros sete fidalgos normandos, todos irmãos, foram suficientes para expulsar aqueles mesmos sarracenos de toda a região e tomá-la ao imperador grego, que os pagara com ingratidão. É bem natural que os povos cujo valor aqueles heróis haviam reavivado se acostumassem a obedecer-lhes por admiração e reconhecimento.

Esses foram os primeiros direitos à coroa das Duas Sicílias. Os bispos de Roma não podiam doar aqueles Estados como feudo, tanto quanto não podiam fazê-lo com o reino de Butan ou de Caxemira.

Não podiam sequer conceder sua investidura, ainda que esta lhes fosse pedida, pois no tempo da anarquia dos feudos, quando um senhor queria manter seu bem alodial como feudo para receber alguma proteção, só podia dirigir-se ao soberano, ao dirigente do território onde aquele bem estava situado. Ora, certamente o papa não era senhor soberano de Nápoles, da Apúlia e da Calábria.

Muito se escreveu sobre essa pretensa vassalagem, mas nunca ninguém remontou à fonte. Ouso dizer que esse é um defeito de quase todos os jurisconsultos, assim como de todos os teólogos. Cada um extrai, bem ou mal, de um princípio aceito, as consequências mais favoráveis à sua facção. Mas esse princípio será verdadeiro? Aquele primeiro fato, no qual se baseiam, será incontestável? É isso o que eles se eximem de examinar. Parecem-se a nossos antigos romancistas, que supunham que Francus trouxera para a França o elmo de Heitor. Aquele elmo decerto era impenetrável, mas Heitor de fato o teria usado? O leite da Virgem também é muito respeitável, mas as dezenas de sacristias que se gabam de possuir duas pintas desse leite as possuem de fato?

Os homens daquele tempo, que eram malvados e imbecis, não recuavam diante dos maiores crimes e temiam uma excomunhão que os tornasse execráveis para os povos, que eram ainda mais malvados que eles e muito mais tolos.

Roberto Guiscardo e Ricardo, vencedores da Apúlia e da Calábria, foram excomungados pelo papa Leão IX. Tinham sido declarados vassalos do império; mas o imperador Henrique III, descontente com aqueles feudatários conquistadores, obtivera de Leão IX a excomunhão, proferida à testa de um exército de alemães. Os normandos, que não temiam essas maldições como os príncipes da Itália, bateram os alemães e aprisionaram o papa; mas, para impedir que a partir de então os imperadores e os papas os fossem perturbar em seus territórios, ofereceram suas conquistas à Igreja com o nome de *oblata*. Era assim que a Inglaterra pagara *o dinheiro de são Pedro*; foi assim que os primeiros reis da Espanha e de Portugal, ao recuperarem seus Estados dos sarracenos, prometeram à Igreja de Roma duas libras de ouro por ano: Inglaterra, Espanha e Portugal nunca consideraram o papa como seu senhor suserano.

O duque Roberto, oblato da Igreja, também não foi feudatário do papa; não podia ser, pois os papas não eram soberanos de Roma. Aquela cidade era então governada por seu senado, e o bispo só tinha prestígio: o papa era em Roma exatamente o que o eleitor é em Colônia. Há uma diferença prodigiosa entre ser oblato de um santo e ser feudatário de um bispo.

Barônio, em seus *Atos*, relata a pretensa homenagem feita por Roberto, duque da Apúlia e da Calábria, a Nicolau II; mas essa peça é suspeita, como tantas outras: nunca foi vista; nunca esteve em nenhum arquivo. Roberto intitulou-se duque *pela graça de Deus e de são Pedro*, mas certamente *são Pedro* não lhe dera nada, e não era rei de Roma.

Os outros papas, que também não eram mais reis do que são Pedro, receberam sem dificuldade a homenagem de todos os príncipes que se apresentaram para reinar em Nápoles, sobretudo quando aqueles príncipes eram os mais fortes.

Doação da Inglaterra e da Irlanda aos papas, pelo rei João

Em 1213, o rei João, vulgarmente chamado João sem Terra, mais justamente sem virtude, ao ser excomungado, vendo que seu reino estava sob interdito, doou-o ao papa Inocêncio III e a seus sucessores. "Sem ser obrigado por nenhum temor, mas de livre e espontânea vontade e com concordância de meus barões, para a remissão de meus pecados contra Deus e a Igreja, renuncio à Inglaterra e à Irlanda em favor de Deus, de são Pedro, de são Paulo, do papa Inocêncio e de seus sucessores na cátedra apostólica."

Declarou-se feudatário e lugar-tenente do papa; pagou para começar oito mil libras esterlinas em espécie ao legado Pandolfo; prometeu pagar mais mil todos os anos; deu o primeiro ano adiantado ao legado, que pisoteou o dinheiro, e jurou a seus pés que se submetia a perder tudo, caso não pagasse nos vencimentos.

O mais engraçado dessa cerimônia foi o legado ter ido embora com o dinheiro, esquecendo-se de retirar a excomunhão.

Exame da vassalagem de Nápoles e da Inglaterra

Pergunta-se que doação vale mais, se a de Roberto Guiscardo ou a de João sem Terra: ambos tinham sido excomungados; ambos doaram seus Estados a são Pedro e passaram a ser apenas seus rendeiros. Se os barões ingleses se indignaram com o negócio infame feito por seu rei com o papa e o cassaram, os barões napolitanos podiam ter cassado o do duque Roberto; e, se podiam antes, podem hoje.

De duas uma: ou a Inglaterra e a Apúlia eram doadas ao papa segundo a lei da Igreja, ou então segundo a lei dos feudos; ou como se fossem doadas a um bispo, ou como a um soberano. Se doadas como a um bispo, contrariava-se a lei de Jesus Cristo, que com tanta frequência proibia seus discípulos de apoderar-se das coisas, declarando que seu reino não é deste mundo.

Se como a um soberano, tinha-se um crime de lesa-majestade imperial. Os normandos já haviam declarado homenagem ao imperador. Assim, nesse caso, aos papas não cabia direito algum, espiritual ou temporal. Quando o princípio está tão viciado, todos os efeitos também se viciam. Nápoles, portanto, não pertencia ao papa nem à Inglaterra.

Há mais um modo de argumentar contra esse antigo negócio: é o direito das gentes, mais forte que o direito dos feudos. Segundo esse direito das gentes, um soberano não pode pertencer a outro soberano; e a lei mais antiga diz que cada um é rei em sua casa, a menos que seja o mais fraco.

Das doações feitas pelos papas

Os bispos de Roma, se receberam principados, os deram em maior quantidade. Não há um único trono na Europa que não os tenha recebido de presente. Assim que um príncipe conquistava ou apenas queria conquistar um território, os papas lho davam em nome de são Pedro. Às vezes até faziam adiantamentos, e pode-se dizer que deram todos os reinos, exceto o dos céus.

Pouca gente na França sabe que Júlio II deu os Estados do rei Luís XII ao imperador Maximiliano, que não conseguiu tomar posse; e pouco se lembra que Sisto V, Gregório XIV e Clemente VIII estiveram a ponto de fazer uma liberalidade com a França a quem porventura Filipe II escolhesse para marido de sua filha Clara Eugênia.

Quanto aos imperadores, não existe nenhum, desde Carlos Magno, que a cúria de Roma não afirme ter nomeado. Por isso Swift, em seu *Conto do tonel*, diz que milorde Pedro fica totalmente louco, e que Martinho e João, seus irmãos, quiseram trancafiá-lo a pedido de parentes. Relatamos uma temeridade dessas apenas como uma blasfêmia engraçada de um padre inglês contra o bispo de Roma.

Todas essas doações não chegam aos pés das doações das Índias orientais e ocidentais, com que Alexandre VI investiu a Espanha e Portugal em seu pleno poder e autoridade divina: era como doar quase toda a terra. Ele podia até doar os planetas Júpiter e Saturno com seus satélites.

Doações entre particulares

As doações dos cidadãos são tratadas de modo completamente diferente. Os códigos das nações estabelecem unanimemente que ninguém pode doar os bens alheios, assim como ninguém pode tomá-los: é a lei dos particulares.

Na França, a jurisprudência ficou indecisa nesse assunto, como em quase todos os outros, até o ano de 1731, quando o equitativo chanceler d'Aguesseau, concebendo o plano de finalmente uniformizar a lei, deu os primeiros passos dessa grande obra com o edito sobre as *doações*. Este está exarado em quarenta e sete artigos. Mas, ao se desejar uniformizar todas as formalidades referentes às doações, excetuou-se Flandres da lei geral; e, excetuando-se Flandres, esqueceu-se Artois, que deveria gozar da mesma exceção: de modo que, seis anos depois da lei geral, foi-se obrigado a fazer uma lei particular para Artois.

Esses novos editos foram feitos principalmente em vista das doações e dos testamentos, para afastar todos os comentadores que embaralham as leis; assim mesmo já foram feitos dez comentários sobre eles.

O que se pode observar sobre as doações é que elas se estendem muito além dos particulares aos quais se dá um presente. Para cada presente é preciso pagar, aos coletores do poder real, taxas de registros diversos, imposto sobre transmissão de propriedade (juro de um centésimo), direito de dois soldos por libra, direito de oito soldos por libra.

Desse modo, quem doar algo a um cidadão sempre estará sendo bem mais liberal do que imagina: terá o prazer de contribuir para o enriquecimento dos coletores-gerais; mas esse dinheiro não sai do reino, como o que se paga à cúria de Roma.

DOENÇA, MEDICINA (Maladie, Médecine)

Suponhamos que uma bela princesa, que nunca tenha ouvido falar de anatomia, esteja doente porque comeu e dançou demais, dormiu de menos e fez demais tudo o que fazem várias princesas; suponhamos que seu médico lhe diga: "Senhora, para terdes saúde, vosso cérebro e vosso cerebelo precisam distribuir uma medula oblonga bem condicionada pela vossa coluna vertebral até a extremidade do osso sacro de Vossa Alteza, e que essa medula oblonga anime uniformemente quinze pares de nervos à direita e quinze pares à esquerda. Também é preciso que vosso coração se contraia e se dilate com força sempre igual, e que todo o vosso sangue, por ele bombeado para vossas artérias, circule em todas essas artérias e em todas as veias cerca de seiscentas vezes por dia.

"Esse sangue, circulando com uma rapidez que nem o rio Ródano tem, deve depositar, ao passar, o suficiente para formar e absorver continuamente a linfa, a urina, a bile, o líquido espermático de vossa alteza, o suficiente para formar todas as suas secreções, com que irrigar imperceptivelmente vossa pele suave, branca e fresca, que, sem isso, seria amarelo-acinzentada, seca e enrugada como um velho pergaminho.

Princesa

Pois bem, senhor, o rei vos paga para me fazerdes tudo isso; não deixeis de pôr todas as coisas nos devidos lugares, e de fazer-me circular meus líquidos de modo que eu fique contente. Aviso que não quero sofrer nunca.

Médico

Senhora, dai vossas ordens ao autor da natureza. O único poder que põe milhares de planetas e de cometas a correr em torno de milhões de sóis dirigiu o percurso de vosso sangue.

Princesa

Como! Sois médico e não podeis dar-me nada?

Médico

Não, senhora, só podemos tirar. Nada se soma à natureza. Vossos lacaios vos limpam o palácio, mas quem o construiu foi o arquiteto. Se Vossa Alteza comeu gulosamente, posso detergir suas entranhas com cássia, maná e folhinhas de sene; é um verdadeiro rodo que ali introduzo, para empurrar vossas matérias fecais. Se tiverdes um câncer, corto-vos uma mama, mas não posso dar-vos outra. Se tiverdes uma pedra na bexiga, posso livrar-vos dela por meio de um dilatante, e a dor que sentireis será muito menor que a dos homens; corto-vos um pé gangrenado, e andais com o outro. Em resumo, nós outros, médicos, parecemo-nos em tudo com os tira-dentes: eles vos livram de um dente estragado, mas não podem pôr em seu lugar outro que ali fique, por mais charlatães que sejam.

Princesa

Assim me assustais. Achava que os médicos curavam todos os males.

Médico

Curamos infalivelmente todos os males que se curam sozinhos. Isso acontece em geral, com poucas exceções, com doenças internas e com feridas externas. Só a natureza dá cabo daquelas que não são mortais: as que são não encontram recurso na arte.

Princesa

Como! Todos aqueles segredos para purificar o sangue, de que minhas damas de companhia falam, aquele bálsamo da vida do sr. Le Lièvre, os saquinhos do sr. Arnoult, todas as pílulas gabadas por suas camareiras...

Médico

Invencionices para ganhar dinheiro e mimar os doentes, enquanto a natureza age sozinha.

Princesa

Mas há medicamentos específicos.

Médico

Sim, senhora, como há elixir da juventude nos romances.

Princesa

Então, em que consiste a medicina?

Médico

Já vos disse, em arrumar, limpar e manter limpa a casa que não se pode reconstruir.

Princesa

No entanto, há coisas salutares e outras nocivas.

Médico

Adivinhastes todo o segredo. Comei moderadamente o que, por experiência, sabeis que vos faz bem. Só é bom para o corpo o que digerimos. Que remédio vos fará digerir? O exercício. Qual vos reparará as forças? O sono. Qual diminuirá os males incuráveis? A paciência. O que pode modificar uma constituição ruim? Nada. Em todas as doenças violentas só temos a receita de Molière, *saignare, purgare*, e, se quiserem, *clysterium donare*[51]. Não há quarta receita. Tudo isso nada mais é, como vos disse, que limpar uma casa à qual não podemos acrescentar nem mesmo um prego. Toda a arte consiste no a-propósito.

Princesa

Não gabais nem um pouco vossa mercadoria. Sois honesto; se um dia for rainha, farei de vós meu primeiro médico.

Médico

Que vosso primeiro médico seja a natureza. É ela que faz tudo. Olhai todos aqueles que chegaram aos cem anos: nenhum deles era da Faculdade. O rei da França já enterrou uns quarenta médicos seus, tanto dos médicos da corte quanto médicos de bairro e consultores.

Princesa

É verdade. Espero enterrar-vos também."

DOGMAS (Dogmes)

Sabe-se que toda crença ensinada pela Igreja é um dogma que deve ser acatado. É triste que haja dogmas aceitos pela Igreja latina e rejeitados pela Igreja grega. Mas, se falta unanimidade, a caridade a substitui: é sobretudo entre os corações que faz falta a união.

---

51. Sangrar, purgar e aplicar clister. (N. da T.)

Acredito que, a propósito, caberia relatar um sonho que já encontrou acolhida em algumas pessoas pacíficas.

Em 18 de fevereiro de 1763 da nossa era, quando o Sol entrava no signo de Peixes, fui transportado para o céu, como sabem todos os meus amigos. Não foi a égua Al-Borak de Maomé que me serviu de montaria; não foi o carro inflamado de Elias que me serviu de veículo; não fui levado sobre o elefante de Samonocodom, o siamês, nem sobre o cavalo de são Jorge, padroeiro da Inglaterra, nem sobre o porco de santo Antônio: confesso com ingenuidade que minha viagem se deu não sei como.

É fácil imaginar que fiquei deslumbrado, mas ninguém imagina que assisti ao julgamento de todos os mortos. E quem eram os juízes? Eram – não vos aborreçais – todos os que fizeram bem aos homens: Confúcio, Sólon, Sócrates, Tito, os Antoninos, Epicteto, Charron, François de Thou, o chanceler de l'Hôpital; todos grandes homens que, por terem ensinado e praticado as virtudes que Deus exige, parecem ser os únicos no direito de pronunciar suas sentenças.

Não direi em que tronos estavam sentados nem quantos milhões de seres celestes estavam prostrados diante do eterno arquiteto de todos os globos, nem a multidão de habitantes desses globos inumeráveis que compareceu diante dos juízes. Só prestarei conta aqui de algumas pequenas particularidades muito interessantes, que me impressionaram.

Notei que cada morto que defendia sua causa e exibia seus bons sentimentos tinha a seu lado todas as testemunhas de suas ações. Por exemplo, quando o cardeal de Lorena se gabava de que o concílio de Trento adotara algumas de suas opiniões e, como prêmio de sua ortodoxia, pedia a vida eterna, imediatamente apareciam em torno dele vinte cortesãs ou damas da corte, ostentando todas na testa o número de seus encontros com o cardeal. Viam-se aqueles que, com ele, haviam lançado os fundamentos da Liga; todos os cúmplices de seus desígnios perversos vinham circundá-lo.

Diante do cardeal de Lorena estava João Calvino, gabando-se, em seu dialeto grosseiro, de ter dado pontapés no ídolo papal, depois que outros o derrubaram. Dizia: "Escrevi contra a pintura e a escultura, mostrei com toda a clareza que as boas obras não servem para nada e provei que é diabólico dançar o minueto: tirai logo daqui o cardeal de Lorena e ponde-me ao lado de são Paulo."

Enquanto falava, surgiram a seu lado as labaredas de uma fogueira; um espectro assustador, com um rufo espanhol chamuscado à guisa de colarinho, saía do meio das chamas a berrar medonhamente: "Monstro, monstro execrável, treme! Reconhece este Servet que fizeste perecer no mais cruel dos suplícios, porque ele te refutou no modo como três pessoas podem constituir uma única substância." Então todos os juízes ordenaram que o cardeal de Lorena fosse precipitado no abismo, mas que Calvino fosse punido com mais rigor.

Vi uma multidão prodigiosa de mortos dizendo: "Tive fé, tive fé", mas sobre sua fronte estava escrito: "Fiz"; e estavam condenados.

O jesuíta Le Tellier aparecia altivo, com a bula *Unigenitus* na mão. Mas a seu lado elevou-se de repente um monte de duas mil ordens régias. Um jansenista ateou-lhe fogo: Le Tellier foi queimado até os ossos, e o jansenista, que não havia conspirado menos que o jesuíta, teve seu quinhão de queimadura.

Via que à direita e à esquerda chegavam bandos de faquires, talapoins, bonzos, monges de hábitos brancos, negros e cinzentos, todos crentes de que, para cortejar o Ser supremo, era preciso cantar, chicotear-se ou andar nu. Ouvi uma voz terrível a perguntar-lhes: "Que bem fizestes aos homens?" A essa voz sucedeu um lúgubre silêncio; nenhum deles ousou responder, e eles foram todos levados ao manicômio do universo: é um dos maiores edifícios que se pode imaginar.

Um deles gritava: "É nas metamorfoses de Xaca que se deve acreditar"; o outro: "É nas de Samonocodom. – Baco parou o Sol e a Lua, dizia este. – Os deuses ressuscitaram Pélope, dizia aquele. – Eis aqui a bula *in Coena Domini*, dizia um recém-chegado"; e o meirinho dos juízes gritava: "Para o manicômio, para o manicômio!"

Quando todos aqueles processos se esgotaram, ouvi a promulgação desta sentença: "Da parte do eterno, criador, conservador, remunerador, castigador, perdoador etc. etc., comunica-se a todos os habitantes dos cem mil milhões de bilhões de mundos que nos aprouve formar, que nunca julgaremos nenhum dos referidos habitantes quanto às suas ideias vãs, mas unicamente quanto às suas ações, pois tal é nossa justiça."

Confesso que foi a primeira vez que ouvi tal edito: todos os que eu lera no grãozinho de areia onde nasci terminavam com estas palavras: *Pois tal é nossa vontade*.

DRUIDAS (Druides)

(*A cena é no tártaro.*)

AS FÚRIAS *cercadas de serpentes, de chicote na mão*

Vamos, Barbaroquincórix, druida celta, e tu, detestável Calcas, hierofante grego, estes são os momentos de renovar vossos justos suplícios: a hora da vingança soou.

O DRUIDA E CALCAS

Ai! Minha cabeça, minhas ancas, meus olhos, minhas orelhas, minhas nádegas! Perdão, senhoras, perdão.

CALCAS

Duas cobras estão arrancando meus olhos.

O DRUIDA

Uma serpente está entrando em minhas entranhas pelo ânus; estou sendo devorado.

CALCAS

Estou dilacerado: será que meus olhos precisam voltar todos os dias para serem arrancados!

O DRUIDA

Será que minha pele precisa renascer para ser esfrangalhada! Ai! Ui!

TISÍFONA

Isso vai te ensinar, druida sem-vergonha, a dar outra vez a miserável parasita chamada visgo do carvalho como remédio universal. Vais continuar a imolar meninas e meninos a teu deus Teutates? A queimá-los em cestos de vime ao som do tambor?

O DRUIDA

Nunca, nunca, minha senhora; um pouco de caridade.

TISÍFONA

Que nunca tiveste. Coragem, minhas serpentes, mais uma chicotada nesse bendito malandro.

ALETO

Quero que deem uma tremenda tunda nesse tal de Calcas, que vem vindo aí com

Olho fero, ar sombrio e os pelos ouriçados.[52]

---

52. *Iphigénie*, Racine, ato V, última cena. (N. de Voltaire)

CALCAS

Estão me arrancando os pelos, me queimando, ridicularizando, escorchando, empalando.

ALETO

Bandido! Vais matar mais alguma moça em vez de casá-la, tudo só para ter vento?

CALCAS E O DRUIDA

Ai! Que tormento! Que penas! E não se morre!

ALETO E TISÍFONA

Ah! Ah! Estou ouvindo música. Deus me perdoe! É Orfeu; nossas serpentes ficaram mansas como carneiros.

CALCAS

Acabou a dor; que coisa estranha!

O DRUIDA

Voltei a ficar lépido e fagueiro. Oh! Como é grande o poder da boa música! Ei! Quem és tu, homem divino, que curas as chagas e alegras o inferno?

ORFEU

Meus amigos, sou sacerdote como vós; mas nunca enganei ninguém, não matei menino nem menina. Quando eu estava na terra, em vez de levar os outros a odiar os deuses, levava a amá-los; abrandei os costumes dos homens, que vós enfurecestes; executo o mesmo trabalho nos infernos. Encontrei acolá dois sacerdotes bárbaros que estavam levando uma tremenda sova: um deles, no passado, tinha feito picadinho de um rei; o outro tinha mandado cortar a cabeça da própria rainha, na Porte-aux-Chevaux. Acabei com a penitência deles, toquei violino; prometeram-me que, voltando ao mundo, serão honestos.

O DRUIDA E CALCAS

Também prometemos, palavra de sacerdotes.

ORFEU

Sim, mas *passato il pericolo, gabbato il santo*[53].

>   (A cena termina com uma dança de Orfeu, dos condenados
>   e das fúrias, com uma sinfonia muito agradável.)

---

53. Passado o perigo, ri-se do santo. (N. da T.)

E

ECLIPSE (Éclipse)

Durante muito tempo, para a maioria dos povos conhecidos, cada fenômeno extraordinário era visto como presságio de algum acontecimento feliz ou infeliz. Assim, os historiadores romanos não deixaram de observar que o nascimento de Rômulo foi acompanhado por um eclipse do Sol, e que outro eclipse anunciou sua morte, enquanto um terceiro presidiu à fundação da cidade de Roma.

No verbete Visão de Constantino, falaremos do aparecimento da cruz que precedeu o triunfo do cristianismo; e, no verbete Profecias, trataremos da estrela nova que iluminou o nascimento de Jesus: aqui nos limitaremos àquilo que se disse sobre as trevas que cobriram toda a Terra antes que ele entregasse a alma a Deus.

Os escritores gregos e latinos da Igreja citaram como autênticas duas cartas atribuídas a Dionísio, o Areopagita, nas quais ele conta que, quando estava em Heliópolis, no Egito, com seu amigo Apolófano, viram de repente, por volta da sexta hora, a Lua colocar-se abaixo do Sol, causando um grande eclipse; em seguida, aproximadamente na nona hora, eles a viram de novo, abandonando a posição que ocupava para ir colocar-se no lugar oposto do diâmetro. Recorrendo então às regras de Filipe Arideu e examinando a trajetória dos astros, descobriram que o Sol, por vias naturais, não poderia ter sofrido eclipse naquele momento. Ademais, observaram que a Lua, contrariando seu movimento natural, em vez de partir do ocidente para colocar-se sob o Sol, viera do lado do oriente, para depois retornar para o mesmo lado. Foi isso o que levou Apolófano a dizer: "Meu caro Dionísio, essas são mudanças nas coisas divinas"; e a isso Dionísio replicou: "Ou o autor da natureza está sofrendo, ou a máquina do universo logo será destruída."

Dionísio acrescenta que, tendo observado com exatidão a hora e o ano daquele prodígio e comparando tudo isso com o que Paulo lhe disse em seguida, precisou render-se à verdade, e o mesmo fez seu amigo. Foi isso o que levou a acreditar que as trevas sobrevindas quando Jesus Cristo morreu haviam sido causadas por um eclipse sobrenatural, dando motivo a uma opinião que Maldonat diz ser de quase todos os católicos.

De fato, como resistir à autoridade de uma testemunha ocular, esclarecida e desinteressada, uma vez que, conforme se supõe, Dionísio ainda era pagão?

Como essas pretensas cartas de Dionísio só foram forjadas por volta do século V ou VI, Eusébio de Cesareia se limitara a mencionar o testemunho de Flegonte, liberto do imperador Adriano. Esse autor também era pagão e havia escrito a história das olimpíadas em dezesseis livros, desde a origem até o ano 140 da nossa era. Atribuem-lhe a afirmação de que, no quarto ano da ducentésima segunda olimpíada, houve o maior eclipse solar já visto, e o dia se transformou em noite na sexta hora; viam-se as estrelas, e um tremor de terra derrubou vários edifícios da cidade de Niceia, na Bitínia. Eusébio acrescenta que os mesmos acontecimentos são relatados nos antigos documentos dos gregos, segundo os quais teriam ocorrido no décimo oitavo ano de Tibério. Acredita-se que Eusébio pretende falar de Talo, historiador grego, já citado por Justino, Tertuliano e Júlio, o Africano; mas, como nem a obra de Talo nem a de Flegonte chegaram até nós, só podemos aquilatar a exatidão das duas citações pelo raciocínio.

É verdade que o *Chronicon paschale* dos gregos, bem como são Jerônimo, Anastácio, o autor da *Historia miscellanea* e Freculfo de Luxem, entre os latinos, se unem e apresentam o fragmento de Flegonte da mesma maneira, concordando em ler nele o mesmo número que Eusébio. Mas sabe-se que essas cinco testemunhas, mencionadas como unânimes em seu depoimento, traduziram ou copiaram o trecho: não do próprio Flegonte, mas de Eusébio, que o citou primeiro; e João Filoponous, que lera Flegonte, em vez de estar de acordo com Eusébio, difere dele em dois anos. Também seria possível citar Máximo e Madela como pessoas que viveram no tempo em que ainda subsistia a obra de Flegonte; vejamos o resultado. Cinco dos autores citados são copistas ou tradutores de Eusébio. Filoponous, declarando transcrever os próprios termos de Flegonte, oferece segunda leitura; Máximo, uma terceira; Madela, uma quarta; desse modo, não se pode dizer, em absoluto, que transcrevem o trecho da mesma maneira.

Aliás, tem-se uma prova inequívoca da infidelidade de Eusébio em termos de citações. Ele garante que os romanos haviam erigido para Simão, que denominamos o Mago, uma estátua com a seguinte inscrição: "*Simoni deo sancto*, A Simão, deus santo." Teodoreto, santo Agostinho, são Cirilo de Jerusalém, Clemente de Alexandria, Tertuliano e são Justino estão todos de perfeito acordo com Eusébio nesse ponto; são Justino, que diz ter visto tal estátua, informa que ela estava situada entre as duas pontes do Tibre, ou seja, na ilha formada por esse rio. No entanto, essa inscrição, que foi desenterrada em Roma no ano de 1574, no exato lugar indicado por Justino, diz: "*Semoni Sanco deo Fidio*, Ao deus Semo Sancus Fidius." Lemos em Ovídio que os antigos sabinos haviam construído um templo no monte Quirinal para essa divindade, que eles denominavam, indiferentemente, *Semo*, *Sancus*, *Sanctus* ou *Fidius*; encontram-se em Gruter duas inscrições semelhantes; uma delas estava no monte Quirinal, e a outra ainda é vista em Rieti, região dos antigos sabinos.

Por fim, os cálculos dos srs. Hodgson, Halley, Whiston e Gale Morris demonstraram que Flegonte e Talo haviam falado de um eclipse natural ocorrido em 24 de novembro do primeiro ano da ducentésima segunda olimpíada, e não no quarto ano, como afirma Eusébio. Sua grandeza, para Niceia, na Bitínia, segundo Whiston, foi de apenas nove a dez dedos, ou seja, dois terços e meio do disco solar, com início às oito e quinze e fim às dez e quinze. E, entre o Cairo, no Egito, e Jerusalém, segundo o sr. Gale Morris, o Sol ficou totalmente obscurecido durante cerca de dois minutos. Em Jerusalém, o meio do eclipse ocorreu mais ou menos à uma e quinze.

Mas não bastaram os pretensos testemunhos de Dionísio, Flegonte e Talo; nos últimos tempos, recorreu-se também à história da China, no que se refere a um grande eclipse solar que teria ocorrido, contrariando a ordem da natureza, no ano 32 depois de Cristo. A primeira obra na qual se faz menção a isso é uma *História da China*, publicada em Paris, em 1672, pelo jesuíta Greslon. No excerto publicado no *Journal des Savants*, de 2 de fevereiro do mesmo ano, encontram-se estas palavras singulares:

"Os anais da China observam que, no mês de abril do ano 32 de nosso Senhor Jesus Cristo, houve um grande eclipse do Sol que não obedecia à ordem da natureza." E acrescenta: "Assim sendo, esse eclipse poderia muito bem ser o mesmo que ocorreu no tempo da paixão de Jesus Cristo, que morreu no mês de abril, segundo alguns autores. *Por isso*, os missionários da China pediram aos astrônomos da Europa que verificassem se não houve eclipse nesse mês e nesse ano, e se, naturalmente, podia haver; porque, verificada essa circunstância, seria possível extrair dela grandes vantagens para a conversão dos chineses."

Por que pedir aos matemáticos da Europa que fizessem esse cálculo, como se os jesuítas Adam Shâl e Verbiest, que haviam reformado o calendário da China e calculado eclipses, equinócios e solstícios, não tivessem condições de fazê-los. Aliás, como o eclipse de que fala Greslon ocorreu em desobediência ao curso da natureza, como calculá-lo? Além disso, conforme admite o jesuíta Couplet, os chineses inseriram em seus fastos grande número de falsos eclipses; e o chinês Yam-Quemsiam, em sua *Resposta à apologia pela religião cristã*, publicada pelos jesuítas na China, diz categoricamente que esse pretenso eclipse não está marcado em nenhuma história chinesa.

Depois disso, que pensar do jesuíta Tachard, que, na epístola dedicatória de sua primeira *Viagem de Sião*, diz que a sabedoria suprema levou outrora ao conhecimento dos reis e dos povos do oriente o nascimento e a morte de Jesus Cristo por meio de uma nova estrela e de um eclipse extraordinário? Ignoraria ele, porventura, estas palavras de são Jerônimo sobre assunto semelhante[1]: "Essa opinião, apropriada para lisonjear os ouvidos do povo, nem por isso é mais verdadeira?"

Mas o que deveria ter economizado todas essas discussões são as palavras de Tertuliano, de quem já falamos[2], ou seja: o dia seguinte extinguiu-se de repente, quando o Sol estava no meio de sua trajetória; os pagãos acreditaram que se tratava de um eclipse, não sabendo que aquilo fora previsto por Amós nestes termos[3]: "O Sol se porá ao meio-dia, e a luz se esconderá na terra no meio do dia." E acrescenta Tertuliano que esse acontecimento foi negado por aqueles que buscaram sua causa e não puderam descobri-la; mas o fato é certo e será encontrado no registro de vossos arquivos.

Orígenes[4], ao contrário, diz que não é de surpreender que os autores estrangeiros nada digam sobre as trevas de que falam os evangelistas, pois elas só ocorreram nas cercanias de Jerusalém; a Judeia, segundo ele, é designada como toda a terra em mais de um lugar da Escritura. Admite, aliás, que o trecho do Evangelho de Lucas[5] no qual se lia, em seu tempo, que toda a terra foi coberta de trevas devido ao eclipse do Sol fora falsificado por algum cristão ignorante que acreditou assim lançar luzes sobre o texto do evangelista, ou então por algum inimigo mal-intencionado que quisera criar um pretexto para caluniar a Igreja, como se os evangelistas tivessem registrado um eclipse num tempo em que, notoriamente, ele não podia ocorrer. E acrescenta que, de fato, Flegonte disse ter havido um eclipse na época de Tibério; mas, como não diz que ele ocorreu na lua cheia, nada há nisso de maravilhoso.

Essas trevas, continua Orígenes, eram da natureza daquelas que cobriram o Egito no tempo de Moisés, trevas que não foram percebidas no local onde moravam os israelitas. As do Egito duraram três dias, e as de Jerusalém só duraram três horas; as primeiras eram a figura das segundas, e, assim como Moisés ergueu as mãos para o céu e invocou o Senhor, para atrair as trevas ao Egito, também Jesus Cristo, para cobrir de trevas Jerusalém, estendeu as mãos sobre a cruz contra um povo ingrato que gritara: Crucificai-o, crucificai-o.

E aqui cabe exclamar como Plutarco: As trevas da superstição são mais perigosas que as dos eclipses.

ECONOMIA (Économie)

Essa palavra, na acepção ordinária, significa apenas a maneira de administrar os bens; é aplicável a um pai de família e a um superintendente das finanças de um reino. Os diferentes tipos de governo, os conflitos familiares e judiciários, as guerras injustas e malconduzidas, a espada de Temis posta nas mãos dos carrascos para matar inocentes, as discórdias internas, nada disso é objeto da economia.

---

1. Sobre são Mateus, cap. XXVII. (N. de Voltaire)
2. *Apologética*, cap. XXI. (N. de Voltaire)
3. Cap. VIII, v. 9. (N. de Voltaire)
4. Sobre são Mateus, cap. XXVII. (N. de Voltaire)
5. Cap. XXIII, v. 45. (N. de Voltaire)

Não se trata aqui das declamações de políticos que governam um Estado do fundo de seu gabinete, por meio de brochuras.

Economia doméstica

A primeira economia, graças à qual subsistem todas as outras, é a do campo. É ela que fornece as três únicas coisas de que os homens realmente precisam: comida, roupa e abrigo; não existe uma quarta, a menos que seja o aquecimento em regiões frias. As três, bem entendidas, dão saúde, sem a qual nada existe.

Às vezes se fala da vida rural como *vida patriarcal*; mas, em nossos climas, essa vida patriarcal seria impraticável e nos levaria a morrer de frio, fome e miséria.

Abraão vai da Caldeia a Siquém; dali, precisa fazer uma longa viagem por desertos áridos até Mênfis, para comprar trigo. Sempre ponho de lado, respeitosamente, como devo, tudo o que é divino na história de Abraão e de seus filhos; considero aqui apenas a sua economia rural.

Não se vê uma única casa: ele sai da mais fértil região do universo e das cidades onde havia casas cômodas, para ir errar por regiões cuja língua não entendia.

Vai de Sodoma ao deserto de Gerar, sem ter nenhuma residência fixa. Quando manda embora Agar e o filho que teve dela, ainda está num deserto; e só lhe dá um viático, um pedaço de pão e uma bilha de água. Quando vai sacrificar o filho ao Senhor, também está num deserto. Vai pessoalmente cortar madeira para cremar a vítima e põe essa madeira nas costas do filho que deve imolar.

Sua mulher morre num lugar chamado Hebron: não tem de seu nem seis pés de terra para sepultá-la; é obrigado a comprar uma caverna para nela pôr a mulher: esse é o único torrão que jamais possuiu.

No entanto, teve muitos filhos, pois, sem contar Isaque e sua progênie, teve de sua outra mulher, Cetura, com a idade de cento e quarenta anos, segundo os cálculos comuns, cinco filhos varões que se foram rumo à Arábia.

Não consta que Isaque tivesse um único pedaço de terra no lugar onde seu pai morreu: ao contrário, ele vai para o deserto de Gerar com sua mulher Rebeca, para a casa daquele mesmo Abimeleque, rei de Gerar, que se apaixonara por sua mãe.

Aquele rei do deserto ficou tão apaixonado por sua mulher Rebeca, que o marido a apresentou como irmã, assim como Abraão apresentara a mulher Sara como irmã àquele mesmo rei Abimeleque, quarenta anos antes. É um pouco surpreendente o fato de naquela família sempre se apresentar a mulher como irmã, com o fito de ganhar alguma coisa; mas, como esses fatos são consagrados, cabe-nos guardar um silêncio respeitoso.

A Escritura diz que ele enriqueceu e se tornou extremamente poderoso numa terra muito ruim, que se tornou fértil para ele; mas também se diz que ele não tinha água para beber, que se envolveu em grande briga com os pastores do régulo de Gerar por causa de um poço, mas não se sabe que tenha possuído casa própria.

Seus filhos, Esaú e Jacó, não têm mais residência fixa que o pai. Jacó é obrigado a ir tentar a vida na Mesopotâmia, de onde Abraão saíra. Serve sete anos para ter uma das filhas de Labão e mais sete para obter a segunda filha. Foge com Raquel e com o rebanho do sogro, que corre atrás dele. Não é uma fortuna muito consolidada.

Esaú é representado como alguém tão errante quanto Jacó. Nenhum dos doze patriarcas, filhos de Jacó, tem residência fixa, nem lavoura da qual seja proprietário. Descansam em tendas, tal como os árabes beduínos.

É claro que aquela vida patriarcal não convém em absoluto à temperatura de nosso ar. É preciso um bom agricultor, tal como os Pignoux de Auvergne, uma casa saudável voltada para o leste, vastas granjas, não menos vastas cavalariças, estábulos limpos: tudo isso pode montar a cinquenta mil francos pelo menos de nossa moeda atual. É preciso semear todos os anos cem arpentos de trigo, destinar outro tanto a boas pastagens, possuir alguns arpentos de vinha e cerca de cinquenta arpentos para os grãos miúdos e os legumes; uns trinta arpentos de bosques, uma plantação de amoreira, bichos-da-seda e colmeias. Com todas essas vantagens bem administradas, ele sustentará numerosa família com abundância de tudo. Suas terras melhorarão dia a dia; ele enfrentará sem temor as intempéries e o fardo dos impostos, porque uma boa safra recupera os danos causados por duas ruins. Gozará, em sua propriedade, de real soberania, apenas submetida às leis. É esse o estado mais natural, tranquilo e feliz do homem, mas, infelizmente, o mais raro.

O filho desse venerável patriarca, vendo-se rico, logo se revolta com o pagamento da taxa humilhante da talha; infelizmente, aprendeu algum latim: corre para a cidade, compra um cargo que vai isentá-lo dessa taxa e conferir nobreza a seu filho daqui a vinte anos. Vende a propriedade para pagar a vaidade. Uma moça criada no luxo casa-se com ele, desonra-o e o arruína; ele morre na indigência, e seu filho usa libré em Paris.

Essa é a diferença entre a economia do campo e as ilusões das cidades.

A economia na cidade é bem diferente. Quem vive em suas próprias terras não compra quase nada: o solo produz tudo; é possível alimentar sessenta pessoas quase sem perceber. Transportando-se para a cidade os mesmos proventos, compra-se tudo muito caro, e mal se consegue alimentar cinco ou seis domésticos. Um pai de família que viva em suas terras com doze mil libras de renda precisará prestar muita atenção para viver em Paris na mesma abundância com quarenta mil. Essa proporção sempre existiu entre a economia rural e a da capital. Sempre é bom lembrar a interessante carta de sra. de Maintenon à sua cunhada sra. d'Aubigné, da qual tanto se falou; nunca é demais voltar a ela:

"Acredita que conheço Paris bem melhor do que tu; nesse sentido, minha cara irmã, apresento abaixo um plano de despesas que eu adotaria se estivesse fora da corte. Sois doze pessoas: senhor e senhora, três mulheres, quatro lacaios, dois cocheiros, um criado-grave.

Quinze libras de carne a cinco soldos a libra.....	3 libras	15 soldos
Duas peças de assado.....................	2	10
Pão................................	1	10
Vinho...............................	2	10
Lenha..............................	2	10
Frutas..............................	1	10
Velas de sebo.........................	1	10
Velas de cera.........................	1	8
	14 libras	13 soldos

"Conto quatro soldos de vinho para teus quatro lacaios e teus dois cocheiros: é o que a sra. de Montespan dá aos seus. Se tivésseis vinho na adega, só te custaria três soldos: calculo seis para o criado-grave e vinte para vós ambos, que não bebeis por três.

"Calculo uma libra de vela de cera por dia, embora só haja necessidade de meia libra. Calculo dez soldos em vela de sebo; há seis em uma libra, que custa uma libra e dez soldos e dura três dias.

"Calculo duas libras para a lenha, que, no entanto, só será usada três meses no ano, e só há necessidade de duas lareiras.

"Calculo uma libra e dez soldos para as frutas; o açúcar custa apenas onze soldos a libra; só é preciso um quarto de libra para uma compota.

"Calculo duas peças de assado: economiza-se uma quando o senhor ou a senhora janta na cidade; mas também esqueci de uma ave cozida para a sopa. Vivemos com economia. É perfeitamente possível, sem ultrapassar quinze libras, ter uma entrada, seja de embutidos, língua de carneiro, redanho de vitela, perna de carneiro, pirâmide eterna e compota, de que gostas tanto[6].

"Em vista do que observo na corte, minha querida, tuas despesas não devem ultrapassar cem libras por semana: são quatrocentas libras por mês. Suponhamos quinhentas, para que as bagatelas que esqueci não se sintam injustiçadas. Quinhentas libras por mês perfazem:

Em alimentação.	6 000 libras
Em roupas.	1 000
Em aluguel da casa.	1 000
Em salários e roupas de criados.	1 000
Roupas, ópera e magnificências[7] do senhor.	3 000
	12 000 libras

Tudo isso não é bem decente? etc."

O marco de prata valia então mais ou menos a metade do numerário de hoje; todo o absolutamente necessário custava a metade do que custa hoje, e o luxo comum, que se tornou necessário e já não é luxo, custava três a quatro vezes menos do que em nossos dias. Assim, o conde d'Aubigné, com suas doze mil libras de renda, que ele consumia em Paris obscuramente, poderia viver como príncipe em sua terra.

Há em Paris trezentas ou quatrocentas famílias que ocupam a magistratura há um século e cujos proventos são pagos pelo Paço Municipal. Suponhamos que cada uma delas tivesse vinte mil libras de renda: essas vinte mil libras fariam exatamente o dobro do que fazem hoje; assim, tais famílias só têm realmente metade de sua antiga renda. Dessa metade é preciso subtrair outra metade nos tempos inconcebíveis do sistema de Lass. Essas famílias, portanto, só gozam realmente de um quarto da renda que possuíam quando Luís XIV subiu ao trono; e, como o luxo aumentou em três quartos, quase nada sobra para elas, a não ser que tenham obstado à ruína com casamentos ricos, heranças ou alguma atividade secreta; e foi isso o que fizeram.

Em qualquer país, qualquer um que viva de renda e não incremente seus bens numa capital acaba por perdê-los no longo prazo. Os que possuem terras se mantêm porque, como o dinheiro aumenta numericamente, os rendimentos de suas terras aumentam na mesma proporção; mas estes ficam expostos a outra desgraça, e essa desgraça está neles mesmos. Seu luxo e sua falta de atenção, não menos perigosa, os levam à ruína. Eles vendem suas terras a financistas que acumulam e cujos filhos, por sua vez, dissipam tudo. É uma circulação perpétua de ascensão e decadência, tudo por falta de uma economia racional, que consiste apenas em não gastar mais do que se ganha.

Da economia pública

A economia de um Estado é exatamente a economia de uma grande família. Foi isso o que levou o duque de Sully a dar o nome de *Economias* a suas memórias. Todos os outros setores de um governo são mais obstáculo que ajuda à administração do dinheiro público. Tratados que às vezes é preciso firmar a preço de ouro, guerras malogradas são coisas que arruínam um Estado

---

6. Naquele tempo, no auge do reinado de Luís XIV, só se servia prato do meio nos jantares de gala. (N. de Voltaire)
7. Sra. de Maintenon conta dois cocheiros e se esquece de quatro cavalos que, naquele tempo, com a manutenção dos carros, deviam custar cerca de dois mil francos por ano. (N. de Voltaire)

durante muito tempo; mesmo as guerras bem-sucedidas o esgotam. O comércio interceptado e mal-entendido o empobrece mais; os impostos excessivos recrudescem a miséria.

O que é um Estado rico e bem organizado? É aquele onde todo homem que trabalha tem segurança de uma fortuna conveniente à sua condição, a começar pelo rei e a terminar pelo trabalhador braçal.

Tomemos como exemplo o Estado onde o governo das finanças é mais complicado: a Inglaterra. O rei tem quase certeza de que contará sempre com um milhão de libras esterlinas por ano para gastar em sua casa, em sua mesa, com seus embaixadores e seus prazeres. Esse milhão volta inteiro para o povo por meio do consumo: pois, embora os embaixadores gastem seus vencimentos em outros lugares, os ministros estrangeiros gastam seu dinheiro em Londres. Todos os proprietários de terras estão certos de que gozarão de seus rendimentos, subtraídas as taxas impostas por seus representantes no parlamento, ou seja, por eles mesmos.

O comerciante joga um jogo de azar e astúcia contra quase todo o universo, e durante muito tempo não tem certeza se vai casar a filha com um par do reino ou se vai morrer no asilo.

Aqueles que, não sendo negociantes, aplicam sua fortuna precária nas grandes companhias de comércio assemelham-se perfeitamente aos ociosos da França, que compram títulos régios e cuja sorte depende da boa ou má sorte do governo.

Aqueles cuja única profissão é vender e comprar títulos públicos, com base nas notícias boas ou más que se propagam, e de mercadejar o medo e a esperança, ocupam posição acessória, assim como os acionistas; todos são jogadores, exceto o agricultor, que fornece aquilo com que se joga.

Estoura uma guerra, e o governo precisa tomar empréstimos em dinheiro vivo, pois não se pagam armadas e exércitos com promessas. A câmara dos comuns imagina uma taxa sobre a cerveja, o carvão, as chaminés, as janelas, os acres de trigo e de pastagem, a importação etc.

Calcula-se o que esse imposto poderá produzir, mais ou menos; toda a nação fica sabendo dele; um ato do parlamento diz aos cidadãos: Aqueles que quiserem emprestar à pátria receberão quatro por cento de seu dinheiro durante dez anos, ao cabo dos quais serão reembolsados.

Esse mesmo governo cria um fundo de amortização do excedente daquilo que as taxas produzem. Esse fundo deve servir para reembolsar os credores. Chegado o momento do reembolso, dizem-lhes: Querem os senhores os seus fundos ou querem deixá-los a três por cento? Os credores, que acreditam garantido o pagamento, na maioria deixam o dinheiro nas mãos do governo.

Nova guerra, novos empréstimos, novas dívidas; o fundo de amortização está vazio, não se reembolsa nada.

No fim, aquele monte de papel representativo de um dinheiro que não existe subiu até cento e trinta milhões de libras esterlinas, que equivalem a cento e vinte e sete milhões de guinéus no ano de 1770 de nossa era.

Digamos, de passagem, que a França está mais ou menos nesse caso; ela deve, em fundos, cerca de cento e vinte e sete milhões de luíses de ouro. Ora, essas duas somas, montando a duzentos e cinquenta e quatro milhões de luíses de ouro, não existem na Europa. Como pagar? Examinemos primeiro a Inglaterra.

Se cada um pedir de volta o seu dinheiro, a coisa será, evidentemente, impossível, a não ser com pedra filosofal ou alguma multiplicação semelhante. Que fazer? Uma parte da nação emprestou a toda a nação. A Inglaterra deve à Inglaterra cento e trinta milhões de libras esterlinas a juros de três por cento: paga, portanto, dessa módica quantia três milhões e novecentas mil libras esterlinas de ouro por ano. Os impostos são de aproximadamente sete milhões[8]: faltam, portanto, para satisfazer os encargos do Estado, três milhões e cem mil libras esterlinas, com o que se pode, economizando, extinguir aos poucos uma parte das dívidas públicas.

---

8. Isso foi escrito em 1770. (N. de Voltaire)

O banco do Estado, produzindo vantagens imensas para os dirigentes, é útil à nação porque aumenta o crédito, suas operações são conhecidas e porque não poderia produzir mais papel-moeda do que é necessário sem perder esse crédito e arruinar-se. Essa é a grande vantagem de um país comerciante, onde tudo se faz em virtude de uma lei positiva, onde nenhuma operação é oculta, onde a confiança se estabelece com base em cálculos feitos pelos representantes de Estado e examinados por todos os cidadãos. A Inglaterra, diga-se o que se queira, terá sua opulência garantida enquanto tiver terras férteis, rebanhos abundantes e comércio vantajoso.

Se os outros países conseguirem deixar de precisar do seu trigo e voltar contra ela a balança do comércio, poderá ocorrer então uma grande mudança nas fortunas dos particulares; mas a terra continua, a indústria continua, e a Inglaterra, então menos rica em dinheiro, continuará rica em valores renováveis que o solo produz: ela volta ao mesmo estado em que estava no século XVI.

Acontece exatamente com um reino o que acontece com uma propriedade rural e um indivíduo: se a terra é boa, nunca se arruinará; a família que a explora pode ficar reduzida à mendicância, mas o solo prosperará sob a direção de outra família.

Há outros reinos que nunca serão ricos, por mais esforço que se faça: são aqueles que, situados sob climas inclementes, só podem ter o estritamente necessário. Neles, os cidadãos só podem gozar as comodidades da vida trazendo-as do estrangeiro por preços exorbitantes para eles. Imaginemos a Sibéria e o Kamtschatka reunidos, que perfazem quatro vezes a superfície da Alemanha, tendo um Ciro como soberano, um Sólon como legislador, um duque de Sully e um Colbert como superintendente das finanças, um duque de Choiseul como ministro da guerra e da paz, um Anson como almirante, e, apesar do gênio deles, todos morrerão de fome.

Ao contrário, faça-se a França ser governada por um louco sério como Lass, por um louco humorista como o cardeal Dubois, por ministros como os que temos de vez em quando, e poderemos dizer sobre eles o que um senador de Veneza dizia sobre seus confrades ao rei Luís XII, conforme afirmam os contadores de anedotas. Luís XII, encolerizado, ameaçava arruinar a república, e o senador disse: "Eu vos desafio a fazer isso; acho que é impossível: há vinte anos meus confrades fazem todos os esforços imagináveis para destruí-la, e até agora não conseguiram."

Provavelmente nunca houve nada mais extravagante do que criar uma companhia imaginária do Mississippi, que deveria render pelo menos cem por um a qualquer interessado, triplicar de repente o valor numérico das moedas, reembolsar com papel quimérico as dívidas e os encargos do Estado e acabar, por fim, com a proibição louca e tirânica de qualquer cidadão guardar em casa mais de quinhentos francos em ouro ou prata. Como esse cúmulo de extravagância era inédito, a comoção geral foi tão grande quanto deveria ser: todos gritavam que a França estava acabada para sempre. Depois de dez anos, nem parecia que tudo aquilo havia acontecido.

Um país sempre se restabelece por si mesmo, desde que razoavelmente governado: um país ruim só pode enriquecer-se por meio de atividade extrema e bem-sucedida.

A proporção será sempre a mesma entre a Espanha, a França, a Inglaterra propriamente dita e a Suécia. Costuma-se contar em vinte milhões de habitantes a população da França; talvez seja demais; Ustariz só admite sete milhões para a Espanha, e Nichols calcula oito milhões para a Inglaterra; não se atribui uma população de cinco milhões à Suécia. O espanhol (um pelo outro) dispõe anualmente de oitenta de nossas libras para gastar; o francês, melhor agricultor, tem cento e vinte libras; o inglês, cento e oitenta; o sueco, cinquenta. Se considerarmos o holandês, veremos que ele só tem o que ganha, porque não é seu território que o alimenta e veste: a Holanda é uma feira contínua, onde todos têm como única riqueza seu próprio labor e o de seu pai.

Que enorme desproporção entre as fortunas! Um inglês que tenha sete mil guinéus de rendimento absorve a subsistência de mil pessoas. Esse cálculo assusta à primeira vista; mas, no fim do ano, ele repartiu seus sete mil guinéus pela nação, e cada um recebeu mais ou menos o seu quinhão.

Em geral, o homem custa muito pouco à natureza. Na Índia, onde os rajás e os nababos amontoam tantos tesouros, o povo comum vive com dois soldos por dia no máximo.

Os americanos que não vivem sob alguma dominação, como só contam com seus braços, nada gastam; metade da África sempre viveu do mesmo modo, e nós somos superiores a todos aqueles homens em cerca de quarenta escudos por ano apenas; mas esses quarenta escudos fazem uma prodigiosa diferença: são eles que cobrem a terra de belas cidades, e o mar, de navios.

Foi com nossos quarenta escudos que Luís XIV teve duzentos navios e construiu Versalhes; e, enquanto cada indivíduo, um pelo outro, puder gozar de quarenta escudos de renda, o Estado poderá ser próspero.

É evidente que, quanto mais homens e riquezas houver num Estado, mais abusos serão vistos. Os atritos são tão consideráveis nas grandes máquinas, que elas quase sempre se desarranjam. Esses desarranjos causam tal impressão, que na Inglaterra, onde todo cidadão tem permissão para dizer o que pensa, todos os meses aparece algum calculador caridoso para avisar os compatriotas de que tudo está perdido, e de que a nação está irremediavelmente arruinada. Como a permissão para pensar é menor na França, as reclamações são clandestinas; imprime-se furtivamente, mas com grande frequência, a informação de que nunca, nem sequer no tempo dos filhos de Clotário, no do rei João, de Carlos VI, da batalha de Pávia, das guerras civis e da noite de São Bartolomeu, nunca o povo foi tão miserável quanto é hoje.

Quando respondem a essas queixas com uma ordem régia, que não é vista como uma razão muito legítima, mas é bem peremptória, o queixoso foge gritando aos aguazis que eles não vão precisar nem de seis semanas, e que, graças a Deus, morrerão de fome antes desse tempo, como os outros.

Bois-Guillebert, que atribuiu com tanta impudência o seu insano *Dízimo régio* ao marechal de Vauban, afirmava, em seu *Détail de la France* [Detalhe da França], que o grande ministro Colbert já empobrecera o Estado em um bilhão e quinhentos milhões, e que ainda pioraria.

Um calculador de nossos tempos, que parece ter as melhores intenções do mundo, mesmo fazendo questão de que todos se embriaguem depois da missa, afirma que os valores renováveis da França, que constituem os proventos da nação, só montam a cerca de quatrocentos milhões; nisso parece que se engana em apenas um bilhão e seiscentos milhões de libras a vinte soldos a peça, visto que dez marcos de prata em moedas equivalem a quarenta e nove libras. Garante que o imposto para pagar os encargos do Estado só pode ser de setenta e cinco milhões, num momento em que é de trezentos, o que está longe de ser suficiente para quitar as dívidas anuais.

Um único erro em todas essas especulações, cujo número é considerável, assemelha-se aos erros cometidos nas medidas astronômicas tomadas na Terra. Duas linhas correspondem a espaços imensos no céu.

É na França e na Inglaterra que a economia pública é mais complicada. Não se tem ideia de semelhante administração no restante do globo, desde o monte Atlas até o Japão. Há pouco menos de cento e trinta anos começou essa arte de tornar metade da nação devedora da outra, de fazer as fortunas passar de mão em mão com papéis, de tornar o Estado credor do Estado, de transformar em caos aquilo que deveria estar submetido a uma regra uniforme. Esse método estendeu-se à Alemanha e à Holanda. Levou-se tal refinamento ao ponto extremo de se estabelecer um jogo entre o soberano e os súditos; esse jogo se chama loteria. Vossa aposta é feita em dinheiro vivo; se ganhais, tendes dinheiro vivo ou rendas: quem perde não sofre grande prejuízo. O governo, em geral, fica com dez por cento pelo trabalho. Complicam-se essas loterias o máximo possível, para atordoar e seduzir o público. Todos esses métodos foram adotados na Alemanha e na Holanda: quase todo Estado acabou por se endividar. Isso não é muito sensato; mas quem é sensato? Os pequenos, que não têm o poder de se arruinar.

ECONOMIA DE PALAVRAS (Économie de paroles)

Falar por economia

Trata-se de expressão consagrada dos Padres da Igreja e mesmo dos primeiros instituidores de nossa santa religião; significa "falar de acordo com o tempo e com o lugar".

Por exemplo[9], são Paulo, sendo já cristão, vai ao templo dos judeus cumprir os ritos judaicos e mostrar que não deixa de observar a lei mosaica: é reconhecido ao cabo de sete dias e acusado de profanar o templo. Imediatamente, é espancado e arrastado em tumulto: o tribuno da coorte, *tribunus cohortis*[10], chega e manda que o prendam com duas correntes[11]. No dia seguinte, aquele tribuno determina que o sinédrio se reúna e leva Paulo perante aquele tribunal; o grão-sacerdote Ananias começa mandando que ele seja esbofeteado[12], e Paulo o chama de parede caiada[13].

"Ele me deu um bofetão; mas eu disse o que pensava dele."

[14]"Paulo, sabendo que uma parte dos juízes era composta de saduceus e a outra, de fariseus, exclamou: 'Sou fariseu e filho de fariseu; só querem condenar-me devido à esperança e à ressurreição dos mortos.' E, tendo assim falado, Paulo provocou uma discussão entre os fariseus e os saduceus, e a assembleia foi suspensa: pois os saduceus dizem que não há ressurreição, anjos nem espíritos, e os fariseus professam o contrário."

Fica claro, pelo texto, que Paulo não era fariseu, pois era cristão, e que, naquele caso, a questão não era ressurreição, esperança, anjos nem espíritos.

O texto mostra que são Paulo só falava daquele modo para embaraçar igualmente fariseus e saduceus: aquilo era falar por economia, por prudência; era um artifício piedoso, não permitido, talvez, a ninguém que não fosse um apóstolo.

Foi assim que quase todos os Padres da Igreja falaram por economia. São Jerônimo desenvolve admiravelmente esse método em sua quinquagésima quarta carta a Pamáquio. Pesemos suas palavras.

Depois de dizer que há ocasiões em que se deve mostrar um pão e atirar uma pedra, eis como ele continua:

"Lede, por favor, Demóstenes; lede Cícero; e, se os retóricos não vos agradarem, visto que a arte deles consiste em dizer o verossímil, e não o verdadeiro, lede Platão, Teofrasto, Xenofonte, Aristóteles e todos os que, haurindo na fonte de Sócrates, dela extraíram diversos riachos. Haverá neles candor e simplicidade? Que termo, neles, não tem dois sentidos? E que sentido deixam eles de alegar para obter a vitória? Orígenes, Metódio, Eusébio e Apolinário escreveram milhares de versículos contra Celso e Porfírio. Considerai com que artifício, com que sutileza problemática eles combatem o espírito do diabo; não dizem o que pensam, mas sim o que é necessário: *Non quod sentiunt, sed quod necesse est dicunt*.

"Não falo dos autores latinos, como Tertuliano, Cipriano, Minúcio, Vitorino, Lactâncio e Hilário; não quero citá-los aqui; só quero defender-me; limito-me a dar o exemplo do apóstolo são Paulo etc."

---

9. Atos dos apóstolos, cap. XXI. (N. de Voltaire)
10. Na verdade, na milícia romana, não havia tribuno de coorte. É como se, entre nós, falássemos em coronel de uma companhia. Os centuriões comandavam as coortes, e os tribunos, as legiões. Muitas vezes, havia três tribunos numa legião; comandavam alternadamente e se subordinavam uns aos outros. O autor dos Atos provavelmente quis dizer que o tribuno pôs em ação uma coorte. (N. de Voltaire)
11. Cap. XXII. (N. de Voltaire)
12. Para os povos asiáticos, ser esbofeteado constituía punição legal. Ainda hoje, na China e nos países além-Ganges, alguém pode ser condenado a receber uma dúzia de bofetões. (N. de Voltaire)
13. Cap. XXIII, v. 3. (N. de Voltaire)
14. Cap. III, v. 6 ss. (N. de Voltaire)

Santo Agostinho escreveu muitas vezes *por economia*. Ele se adéqua de tal modo aos tempos e aos lugares, que, numa de suas epístolas, confessa que só explicou a Trindade "porque era precioso dizer alguma coisa".

Não que ele duvidasse da santa Trindade, está claro; mas ele percebia como esse mistério é inefável e queria satisfazer a curiosidade do povo.

Esse método sempre foi admitido em teologia. Emprega-se contra os encráticos um argumento que daria ganho de causa aos carpocracianos, e, ao se discordar depois dos carpocracianos, troca-se de armas.

Ora se diz que Jesus só morreu por *vários*, quando se mostra o grande número dos reprovados, ora se afirma que morreu por *todos*, quando se quer patentear a sua bondade universal. Aqui se toma o sentido próprio pelo figurado; ali, o figurado pelo próprio, segundo exija a prudência.

Abuso assim não se admite em justiça. Seria punida a testemunha que falasse defendendo e acusando em alguma causa capital; mas existe uma diferença infinita entre os vis interesses humanos, que exigem a maior clareza possível, e os interesses divinos, que ficam ocultos num abismo impenetrável. Os mesmos juízes que, numa audiência, querem provas indubitáveis, quase demonstrações, no sermão se contentarão com provas morais e mesmo com declamações sem provas.

Santo Agostinho fala *por economia* quando diz: "Creio porque é absurdo; creio porque é impossível." Essas palavras, que seriam extravagantes em qualquer assunto mundano, são respeitabilíssimas em teologia. Elas significam: O que é absurdo e impossível aos olhos mortais não o é aos olhos de Deus; ora, Deus revelou-me esses pretensos absurdos, essas impossibilidades aparentes: logo, devo crer neles.

Não se admitiria que um advogado falasse assim no tribunal. Seria trancafiada no hospício a testemunha que dissesse: Afirmo que o acusado, que estava no berço em Martinica, matou um homem em Paris; e tenho certeza desse homicídio porque ele é absurdo e impossível. Mas a revelação, os milagres e a fé baseada em motivos de crença são uma ordem de coisas completamente diferente.

O mesmo santo Agostinho diz em sua carta cento e cinquenta e três: "Está escrito[15] que o mundo inteiro pertence aos fiéis; e os infiéis não têm um óbolo que lhes pertença legitimamente."

Se, com base nesse princípio, dois depositários vêm dizer-me que são fiéis, e se, nessa qualidade, me levam à falência, a mim, miserável mundano, é indubitável que serão condenados pelo tribunal de Châtelet e pelo parlamento, apesar de toda a economia a que santo Agostinho recorreu para falar.

Santo Irineu afirma[16] que não cabe condenar o incesto das duas filhas de Loth com o pai, nem o de Tamar com o sogro, pela razão de que a Santa Escritura não diz expressamente que essa ação seja criminosa. Essa economia não impedirá que o incesto entre nós seja punido pelas leis. É verdade que, se Deus ordenasse expressamente que as filhas gerassem filhos com o pai, elas não só seriam inocentes, como também se tornariam culpadas se não obedecessem. Nisso está a economia de Irineu; seu objetivo muito louvável é de impor respeito a tudo o que está nas Santas Escrituras hebraicas, mas, como Deus, que as ditou, não fez nenhum elogio às filhas de Loth e à nora de Judá, é lícito condená-las.

Todos os primeiros cristãos, sem exceção, pensavam sobre a guerra como pensavam os essênios e os terapeutas, como pensam e agem hoje os primitivos chamados *quakers*, os outros primitivos chamados *dunkars*, como sempre pensaram e agiram os brâmanes. Tertuliano é quem se

---

15. Isso está escrito nos Provérbios, cap. XVII; mas apenas na tradução dos Setenta, à qual toda a Igreja se reportava então. (N. de Voltaire)
16. Livro IV, cap. XXV. (N. de Voltaire)

expressa com mais veemência sobre esses homicídios legais que nossa abominável natureza tornou necessários[17]: "Não há regra ou uso que possa tornar legítimo esse ato criminoso."

No entanto, depois de garantir que não existe cristão que possa portar armas, diz por economia, no mesmo livro, para intimidar o império romano[18]: "Somos de ontem e enchemos vossas cidades e vossos exércitos."

Isso não era verdade; só foi verdade no tempo de Constâncio Cloro; mas a economia exigia que Tertuliano exagerasse para tornar temível a sua facção.

Com o mesmo intuito, diz ele[19] que Pilatos era cristão de coração. Toda a sua *Apologética* está cheia de semelhantes asserções, que duplicava o fervor dos neófitos.

Terminaremos todos esses exemplos do estilo econômico, que são inúmeros, com este trecho de são Jerônimo em sua polêmica contra Joviniano a respeito das segundas núpcias[20]: "Se os órgãos da reprodução nos homens, o pudendo da mulher, o receptáculo de sua vulva e a diferença dos dois sexos, feitos um para o outro, forem a demonstração de que estão destinados a formar filhos, responderei rapidamente. Daí se seguiria que nunca devemos abdicar ao desejo sensual, para não portarmos em vão membros a ele destinados. Por que um marido se absteria da mulher, por que uma viúva perseveraria na castidade, se nascemos para essa ação, como os outros animais? Em que me prejudicará um homem que se deite com minha mulher? Certamente, se os dentes são feitos para comer e para mandar ao estômago aquilo que trituraram, e se não há mal algum em um homem dar pão à minha mulher, também não haverá mal se ele, sendo mais vigoroso que eu, saciar sua fome de outra maneira e me aliviar de minhas fadigas, visto que a genitália é feita para cumprir sempre o seu destino. – *Quoniam ipsa organa, et genitalium fabrica, et nostra feminarumque discretio, et receptacula vulvae, ad suscipiendos et coalendos foetus condita, sexus differentiam praedicant, hoc breviter respondebo. Nunquam ergo cessemus a libidine, ne frustra hujuscemodi membra portemus. Cur enim maritus se abstineat ab uxore, cur casta vidua perseveret, si ad hoc tantum nati sumus ut pecudum more vivamus? aut quid mihi nocebit si cum uxore mea alius concubuerit? Quomodo enim dentium officium est mandere, et in alvum ea quae sunt mansa transmittere, et non habet crimen, qui conjugi meae panem dederit: ita, si genitalium hoc est officium ut semper fruantur natura sua, meam lassitudinem alterius vires superent; et uxoris, ut ita dixerim, ardentissimam gulam fortuita libido restinguat.*"

Depois desse trecho, é inútil citar outros. Observemos apenas que esse estilo econômico, tão próximo do polêmico, deve ser manejado com a maior circunspecção, e que não cabe aos profanos imitar em suas polêmicas aquilo que os santos arriscaram, tanto no calor de seu fervor, quanto na inocência de seu estilo.

EDUCAÇÃO (Éducation)

Diálogo entre um juiz e um ex-jesuíta

EX-JESUÍTA

Senhor, vede o triste estado a que a bancarrota de dois missionários comerciantes me reduziu. Garanto que não tinha nenhuma relação com frei La Valette e frei Sacy; eu era um pobre padre do

---

17. *Da idolatria*, cap. XXI. (N. de Voltaire)
18. *Ibid.*, cap. XLII. (N. de Voltaire)
19. *Apologética*, cap. XXI. (N. de Voltaire)
20. Liv. I. (N. de Voltaire)

colégio de Clermont, denominado *Louis-le-Grand*; sabia um pouco de latim e de catecismo, que vos ensinei durante seis anos, sem nenhum salário. Mal saístes do colégio, e mal havíeis comprado um cargo de conselheiro no parlamento, depois de fingirdes estudar direito, destes vosso voto para que eu fosse mendigar o pão fora da pátria, ou para que eu fosse reduzido a viver vexado com dezesseis luíses e dezesseis francos por ano, que não bastam para que me vista e alimente, a mim e à minha irmã costureira que está inválida. Todos me disseram que esse desastre ocorrera aos irmãos jesuítas não só devido à bancarrota de La Valette e Sacy, missionários, mas também porque frei La Chaise, confessor, fora desleal, e frei Le Tellier, confessor, fora um perseguidor impudente; mas nunca conheci nenhum dos dois: já estavam mortos quando nasci.

Dizem também que certas disputas entre jansenistas e molinistas sobre a graça versátil e sobre a ciência média contribuíram muito para nos expulsar de casa, mas nunca soube o que era graça. Outrora vos mandei ler Despautério[21] e Cícero, os versos de Commire e de Virgílio, o *Pedagogo cristão* e Sêneca, os *Salmos* de Davi em latim de cozinha e as odes de Horácio à morena Lálage e ao louro Ligurino, *flavam religantis comam*, que prende sua loura cabeleira. Em resumo, fiz o que pude para educar-vos bem, e aí está a minha recompensa!

JUIZ

De fato, com isso me destes uma educação bem engraçada; é verdade que me dei muito bem com o louro Ligurino. Mas, quando fui para o mundo, resolvi falar, e todos zombaram de mim; de nada me adiantava citar as odes a Ligurino e o *Pedagogo cristão*, se nem sabia se Francisco I fora feito prisioneiro em Pavia, nem onde fica Pavia; até mesmo do lugar onde nasci não sabia nada; não conhecia nem as principais leis, nem os interesses da minha pátria: nem uma palavra de matemática, nem uma palavra de boa filosofia; eu sabia latim e bobagens.

EX-JESUÍTA

Eu só podia ensinar-vos o que me ensinaram. Estudei no mesmo colégio até os quinze anos: com essa idade um jesuíta me *engambelou*; virei noviço, aburraram-me durante dois anos e depois puseram-me a ensinar. Não queríeis que vos desse a educação que se dá na Escola Militar, não?

JUIZ

Não, cada um deve aprender bem cedo tudo o que pode fazê-lo sair-se bem na profissão à qual está destinado. Clairaut era filho de um professor de matemática; assim que aprendeu a ler e a escrever, o pai mostrou-lhe sua arte; tornou-se excelente geômetra com doze anos; depois aprendeu latim, que nunca lhe serviu para nada. A famosa marquesa de Châtelet aprendeu latim em um ano, e o sabia muito bem, ao passo que nos mantinham sete anos no colégio para sairmos balbuciando essa língua, sem nunca falarmos fluentemente.

Quanto ao estudo das leis, no qual ingressaríamos depois de vos deixar, era pior ainda. Sou de Paris e me fizeram estudar durante três anos as leis esquecidas da Roma antiga; a lei consuetudinária me bastaria, se em nosso país não houvesse cento e quarenta e quatro costumes diferentes.

Comecei por ouvir meu professor, que primeiro fez a distinção entre a jurisprudência em direito natural e em direito das gentes; segundo ele, o direito natural é comum aos homens e aos animais, enquanto o direito das gentes é comum a todas as nações e sobre ele nenhuma nação está de acordo com seus vizinhos.

....

21. Segundo o dicionário Houaiss, a palavra despautério deriva de Despautère (usada por Voltaire), "nome afrancesado de J. van Pauteren ou talvez latinizado Despauterius (gramático flamengo, 1480?-1520), cuja obra *Comentarii gramatici* (1537), confusa e rica de dislates, foi muito difundida na Europa entre os séculos XVI e XVII". (N. da T.).

Em seguida falaram-me da lei das doze Tábuas, ab-rogada bem depressa entre aqueles mesmos que a haviam criado, do edito do pretor (quando não temos pretor), de tudo o que diz respeito aos escravos (quando não temos escravos domésticos, pelo menos na Europa cristã), ao divórcio (quando o divórcio ainda não é aceito entre nós) etc. etc. etc.

Logo percebi que me atiravam num abismo de onde nunca poderia sair. Vi que me deram uma educação inútil para guiar-me no mundo.

Confesso que minha confusão duplicou quando li nossas ordenanças: são elas suficientes para encher oitenta volumes, e quase todas se contradizem: quando julgo, sou obrigado a recorrer ao pouco de bom-senso e equidade que a natureza me deu, e com esses dois socorros engano-me em quase todas as audiências.

Tenho um irmão que estuda teologia para ser vigário-geral; queixa-se bem mais da educação que recebe: precisa gastar seis anos para estabelecer se há nove coros de anjos e qual é a diferença exata entre um trono e uma dominação; se o rio Pishon do paraíso terrestre ficava à direita ou à esquerda do rio Guihon; se a língua na qual a serpente conversou com Eva é a mesma usada pela burra para falar com Balaão; como Melquisedeque nasceu sem pai nem mãe; em que lugar está Enoque, que não morreu; onde estão os cavalos que transportaram Elias num carro de fogo, depois que ele separou as águas do Jordão com seu manto, e quando ele deverá voltar para anunciar o fim do mundo. Meu irmão diz que todas essas questões o embaraçam muito e ainda não conseguiram arranjar-lhe um canonicato de Notre-Dame, com o qual contávamos.

Como vedes, cá entre nós, a maior parte de nossa educação é ridícula, e a educação que se recebe nas artes e ofícios é infinitamente melhor.

EX-JESUÍTA

Concordo, mas não posso viver com quatrocentos francos, que perfazem vinte e dois soldos e dois denários por dia, enquanto certo homem, cujo pai ia atrás de uma carruagem, tem trinta e seis cavalos em seu estábulo, quatro cozinheiros e nenhum capelão.

JUIZ

Está bem! Dou-vos mais quatrocentos francos de meu bolso: está aí algo que Despautério não ensinou na minha educação.

ÉGLOGA (Églogue)

Parece que não devo acrescentar nada àquilo que o sr. cavaleiro de Jaucourt e o sr. Marmontel disseram sobre a Égloga no *Dicionário enciclopédico*; depois de ler o que escreveram, é preciso ler Teócrito e Virgílio e não fazer églogas. Até agora, entre nós, elas não passaram de madrigais amorosos que mais conviriam a damas de honra da rainha-mãe do que a pastoras.

O engenhoso Fontenelle, tão galante quanto filósofo, que não gostava dos antigos, ridiculariza o máximo que pode o terno Teócrito, mestre de Virgílio; critica nele uma égloga feita inteiramente em estilo rústico; mas cabia somente a ele fazer justos elogios a outras églogas que irradiavam ingênua paixão, expressa com a elegância e a languidez convenientes aos temas.

Existem algumas comparáveis à bela ode de Safo, traduzida em todas as línguas. Como transmitir uma ideia da *Pharmakeutria* imitada por Virgílio e talvez não igualada! Não seria possível ter uma ideia a partir do trecho que vou transcrever, mas trata-se de um esboço que servirá para mostrar a beleza do quadro a todos quantos tenham gosto para decifrar a força do original na própria fraqueza da cópia.

Reine des nuits, dis quel fut mon amour
Comme en mon sein les frissons et la flamme
Se succédaient, me perdaient tour à tour;
Quels doux transports égarèrent mon âme;
Comment mes yeux cherchaient en vain le jour;
Comme j'aimais, et sans songer à plaire!
Je ne pouvais ni parler ni me taire...
Reine des nuits, dis quel fut mon amour.

Mon amant vint. O moments délectables!
Il prit mes mains, tu le sais, tu le vis,
Tu fus témoin de ses serments coupables,
De ses baisers, de ceux que je rendis,
Des voluptés dont je fus enivrée.
Moments charmants, passez-vous sans retour?
Daphnis trahit la foi qu'il m'a jurée.
Reine des cieux, dis quel fut mon amour.
[Rainha das noites, dize qual foi meu amor
Como em meu peito o calafrio e a chama
Se sucediam e me levavam à perdição;
Que doces êxtases me transviaram a alma;
Como meus olhos em vão buscavam o dia;
Como eu amava, sem pensar em agradar!
Eu não podia falar nem calar ...
Rainha das noites, dize qual foi meu amor.

Meu amante veio. Ó momentos deliciosos!
Tomou minhas mãos, tu sabes, tu viste,
Foste testemunha de suas juras culposas,
De seus beijos, dos que lhe dei,
Das volúpias que me embriagaram.
Momentos de encanto, passais sem voltar?
Dafne traiu a fé que me jurou.
Rainha dos céus, dize qual foi meu amor.]

Aí está apenas uma amostra desse Teócrito de que Fontenelle fazia tão pouco-caso. Os ingleses, que nos deram traduções em versos de todos os poetas antigos, também têm uma de Teócrito; é do sr. Fawkes: nela estão todas as graças do original. Não devemos deixar de dizer que está em versos rimados, assim como as traduções inglesas de Virgílio e Homero. Os versos brancos, em tudo o que não é tragédia, nada mais são que o quinhão daqueles que não sabem rimar, como dizia Pope.

Não sei se, depois de falar das églogas que encantaram a Grécia e Roma, seria conveniente citar uma égloga alemã, sobretudo uma égloga cujo tema principal não é o amor: foi escrita numa cidade que acabava de passar para uma dominação estrangeira.

Égloga alemã

HERNAND, DERNIN

DERNIN

Consolons-nous, Hernand, l'astre de la nature
Va de nos aquilons tempérer la froidure;

ÉGLOGA

Le zéphyr à nos champs promet quelques beaux jours;
Nous chanterons aussi nos vins et nos amours.
Nous n'égalerons point la Grèce et l'Ausonie;
Nous sommes sans printemps, sans fleurs et sans génie;
Nos voix n'ont jamais eu ces sons harmonieux
Qu'aux pasteurs de Sicile ont accordés les dieux.
Ne pourrons-nous jamais, en lisant leurs ouvrages,
Surmonter l'âpreté de nos climats sauvages?
Vers ces coteaux du Rhin que nos soins assidus
Ont forcés à s'orner des trésors de Bacchus,
Forçons le dieu des vers, exilé de la Grèce,
A venir de nos chants adoucir la rudesse.
Nous connaissons l'amour, nous connaîtrons les vers.
Orphée était de Thrace; il brava les hivers;
Il aimait; c'est assez: Vénus monta sa lyre.
Il polit son pays; il eut un doux empire
Sur des coeurs étonnés de céder à ses lois.
[Consolemo-nos, Hernand, o astro da natureza
Vai temperar o frio de nossos aquilões;
O zéfiro promete a nossos campos alguns dias bonitos;
Cantaremos também nossos vinhos e nossos amores.
Não igualaremos a Grécia e a Ausônia;
Não temos primavera, flores e gênio;
Nossa voz nunca teve os sons harmoniosos
Que aos pastores da Sicília os deuses concederam.
Não poderemos jamais, lendo suas obras,
Vencer o rigor de nossos climas selvagens?
A estas encostas do Reno que nossos cuidados assíduos
Forçaram a ornar-se dos tesouros de Baco,
Chamemos o deus dos versos, exilado da Grécia,
A fim de abrandar a rudez de nossos cantos.
Conhecemos o amor, conheceremos os versos.
Orfeu era da Trácia; arrostou os invernos;
Amava; é o que basta: Vênus afinou sua lira.
Ele civilizou sua terra; teve um império ameno
Sobre corações perplexos por cederem às suas leis.]

HERNAND

On dit qu'il amollit les tigres de ses bois.
Humaniserons-nous les loups qui nous déchirent?
Depuis qu'aux étrangers les destins nous soumirent,
Depuis que l'esclavage affaissa nos esprits,
Nos chants furent changés en de lugubres cris.
D'un commis odieux l'insolence affamée
Vient ravir la moisson que nous avons semée,
Vient décimer nos fruits, notre lait, nos troupeaux:
C'est pour lui que ma main couronna ces coteaux

Des pampres consolants de l'amant d'Ariane.
Si nous osons nous plaindre, un traitant nous condamne;
Nous craignons de gémir, nous dévorons nos pleurs.
Ah! dans la pauvreté, dans l'excès des douleurs,
Le moyen d'imiter Théocrite et Virgile!
Il faut pour un coeur tendre un esprit plus tranquille.
Le rossignol, tremblant dans son obscur séjour,
N'élève point sa voix sous le bec du vautour.
Fuyons, mon cher Dernin, ces malheureuses rives.
Portons nos chalumeaux et nos lyres plaintives
Aux bords de l'Adigo, loin des yeux des tyrans.
[Dizem que amansou os tigres de seus bosques.
E nós, humanizaremos os lobos que nos laceram?
Desde que aos estrangeiros o destino nos submeteu,
Desde que a escravidão curvou nosso espírito,
Nossos cantos se tornaram lúgubres gritos.
A insolência faminta de um preposto odioso
Vem roubar a messe que nós semeamos,
Vem dizimar nossos frutos, nosso leite, nosso rebanho:
Para ele minhas mãos coroaram estas encostas
Com os pâmpanos consoladores do amante de Ariadne.
Se ousamos nos queixar, um exator nos condena;
Tememos gemer, engolimos o pranto.
Ah! Na pobreza, no extremo das dores,
O meio de imitar Teócrito e Virgílio!
A um coração terno cumpre espírito mais tranquilo.
O rouxinol, a tremer em sua escura morada,
Não ergue a voz sob o bico do abutre.
Fujamos, meu caro Dernin, destas desventurosas margens.
Levemos nossas flautas e nossas liras plangentes
Às margens do Ádige, longe do olhar dos tiranos.]

                                                    E o resto.

EIXO (Axe)

Por que o eixo da Terra não é perpendicular ao equador? Por que está erguido para o norte, e abaixado para o polo sul, numa posição que não parece natural e dá a impressão de decorrer de algum desarranjo ou de um período de um número prodigioso de anos?

Será mesmo verdade que a eclíptica se ergue continuamente num movimento insensível em direção ao equador, e que o ângulo formado por essas duas linhas diminuiu um pouco de dois mil anos para cá?

Será mesmo verdade que a eclíptica já foi perpendicular ao equador, que os egípcios disseram isso, e Heródoto repetiu? Esse movimento da eclíptica perfaria um período de aproximadamente dois milhões de anos: não é isso o que assusta, pois o eixo da Terra tem um movimento imperceptível de cerca de vinte e seis mil anos, o que constitui a precessão dos equinócios, e é tão fácil para a natureza produzir uma rotação de vinte mil séculos quanto uma rotação de duzentos e sessenta séculos.

Engana-se quem diz que os egípcios, segundo Heródoto, tinham uma tradição segundo a qual a eclíptica fora outrora perpendicular ao equador. A tradição da qual Heródoto fala não tem relação com a coincidência entre a linha equinocial e a eclíptica; é outra coisa.

Os pretensos sábios do Egito diziam que o Sol, num período de onze mil anos, se pôs duas vezes no oriente e nasceu duas vezes no ocidente. Mesmo que o equador e a eclíptica tivessem coincidido, mesmo que a Terra tivesse sido uma esfera direita, e em todo lugar os dias fossem iguais às noites, o Sol nem por isso mudaria o poente e o nascente. A Terra teria sempre girado em torno de seu eixo do ocidente para o oriente, como gira hoje. Essa ideia de fazer o Sol se pôr no oriente não passa de quimera digna do cérebro dos sacerdotes do Egito e mostra a profunda ignorância daqueles ilusionistas que tiveram tanta reputação. É preciso pôr esse conto no rol dos sátiros que cantavam e dançavam no séquito de Osíris; dos meninos que só ganhavam comida depois de terem corrido oito léguas, para aprenderem a conquistar o mundo; das duas crianças que gritaram *bec* para pedir pão e assim levaram à descoberta de que a língua frígia foi a primeira que os homens falaram; do rei Psamético, que deu a filha a um ladrão, para recompensá-lo por ter-lhe tomado o dinheiro com habilidade etc. etc.

História antiga, astronomia antiga, física antiga, medicina antiga (com exceção de Hipócrates), geografia antiga, metafísica antiga: tudo isso não passa de absurdo antigo, que deve mostrar a felicidade de se ter nascido mais tarde.

Sem dúvida há mais verdade em duas páginas da *Enciclopédia* sobre a física do que em toda a biblioteca de Alexandria, cuja perda, porém, tanto se lamenta.

ELEGÂNCIA (Élégance)

Essa palavra, segundo alguns, vem de *electus*, eleito. Não se encontra nenhuma outra palavra latina que possa servir-lhe de etimologia: de fato, há escolha em tudo o que é elegante. A elegância é resultado da correção e do encanto.

Usa-se essa palavra em escultura e pintura. Fazia-se a oposição entre *elegans signum* e *signum rigens*: uma figura bem-proporcionada, cujos contornos arredondados eram expressos com languidez, e uma figura demasiado rígida e mal terminada.

A severidade dos antigos romanos deu a essa palavra, *elegantia*, um sentido odioso. Eles viam a elegância de todos os tipos como uma *afetação*, como uma polidez rebuscada, indigna da gravidade dos primeiros tempos: *Vitii, non laudis fuit*, disse Aulo Gélio. Chamavam de elegante mais ou menos aquele que hoje chamamos de petimetre, *bellus homuncio*, e aquilo que os ingleses chamam de *beau*; mas, no tempo de Cícero, quando os costumes receberam o último toque de polidez, *elegans* era sempre um elogio. Cícero utiliza essa palavra em vários lugares para qualificar homens ou discursos polidos; dizia-se então até mesmo refeição elegante, coisa que dificilmente se diria entre nós.

Em francês, esse termo é consagrado, como entre os antigos romanos, à escultura, à pintura, à eloquência e, principalmente, à poesia. Em pintura e escultura, não significa exatamente o mesmo que *graça*.

O termo *graça* é usado em especial para o rosto, e não se diz *um rosto elegante*, como se diz *contornos elegantes*: um motivo é que a graça sempre tem algo de animado, e é no rosto que se mostra a alma; assim, não se diz um passo elegante, porque passo é animado.

A elegância de um discurso não é a eloquência; ela está em outro lugar; não é apenas a harmonia, o número; é a clareza, o número e a escolha das palavras.

Há línguas na Europa nas quais nada é mais raro que um discurso elegante: terminações rudes, consoantes frequentes e verbos auxiliares necessariamente duplicados numa mesma frase ferem até mesmos os ouvidos dos naturais do país.

Um discurso pode ser elegante sem ser bom, visto que a elegância é apenas mérito das palavras; mas um discurso não pode ser bom sem ser elegante.

À poesia a elegância é ainda mais necessária que a eloquência, porque é parte da harmonia tão necessária aos versos.

Um orador pode convencer e até comover sem elegância, sem pureza, sem número: um poema não poderá produzir efeito se não for elegante. Esse é um dos principais méritos de Virgílio; Horácio é bem menos elegante em suas sátiras, em suas epístolas: por isso, é menos poeta, *sermoni propior*.

A grande questão na poesia e na arte oratória é que a elegância nunca deve prejudicar a força; e o poeta, nisso como em todo o resto, tem de superar maiores dificuldades do que o orador, pois, como a harmonia é a base da sua arte, ele não deve permitir-se um encontro de sílabas rudes; às vezes, é preciso até sacrificar um pouco do pensamento à elegância da expressão: esse é um problema que o orador nunca encontra.

Deve-se notar que, ainda que a elegância sempre transmita a impressão de facilidade, nem tudo o que é fácil e natural é elegante. Nada há de tão fácil e natural quanto:

La cigale ayant chanté
[Tendo a cigarra cantado]
Tout l'été,
[No verão]

e,

Maître corbeau, sur un arbre perché...
[Mestre corvo, na árvore empoleirado...]

Por que esses trechos carecem de elegância? Porque essa ingenuidade é desprovida de palavras escolhidas e de harmonia.

Amants, heureux amants, voulez-vous voyager?
Que ce soit aux rives prochaines.
[Amantes, felizes amantes, quereis viajar?
Que seja às margens vizinhas.]
(LA FONTAINE, liv. IX, fábula XI)

e centenas de outras características, além de outros méritos, têm o da elegância.

Raramente se diz que uma comédia está escrita com elegância: a ingenuidade e a agilidade de um diálogo familiar excluem esse mérito que é próprio a qualquer outra poesia.

A elegância pareceria prejudicar a comicidade; ninguém ri de algo que foi dito com elegância: no entanto, a maioria dos versos do *Anfitrião* de Molière, com exceção dos que são pura pilhéria, tem elegância. A causa disso talvez seja a mistura de deuses e homens nessa peça única em seu gênero, bem como os versos irregulares que constituem grande número de madrigais.

Um madrigal deve ser mais elegante do que um epigrama, porque o madrigal tem algo a ver com as estâncias, enquanto o epigrama tem a ver com o cômico: um é feito para expressar sentimentos delicados; o outro, para expressar o ridículo.

No sublime, a elegância não deve ser notada: ela o enfraqueceria. Um louvor à elegância do Júpiter Olímpico de Fídias teria constituído sua sátira; a elegância da Vênus de Praxíteles podia ser observada.

ELIAS E ENOQUE (Élie et Énoch)

Elias e Enoque são duas personagens importantíssimas na antiguidade. São eles os únicos que não provaram a morte e foram transportados para fora do mundo. Certo homem sapientíssimo afirmou que se trata de personagens alegóricas. O pai e a mãe de Elias são desconhecidos. Acredita ele que sua terra, Galaade, outra coisa não quer dizer senão circulação dos tempos; segundo se diz, veio de Galgala, que significa *revolução*. Mas o nome da aldeia de Galgala significava alguma coisa?

A palavra Elias tem visível relação com a palavra *Élios*, sol. O holocausto oferecido por Elias e acendido pelo fogo do céu é uma imagem daquilo que os raios do sol, reunidos, podem fazer. A chuva que cai depois do forte calor também é uma verdade física.

O carro de fogo e os cavalos inflamados que levam Elias para o céu são uma imagem impressionante dos quatro cavalos do sol. O retorno de Elias no fim do mundo parece condizer com a antiga crença de que o Sol viria extinguir-se nas águas, em meio à destruição geral que os homens esperavam: pois quase toda a antiguidade esteve durante muito tempo convencida de que o mundo logo seria destruído.

Não acatamos essas alegorias e nos limitamos àquilo que está escrito no Antigo Testamento.

Enoque é uma personagem tão singular quanto Elias, com a diferença de se dar nome a seu pai e a seu filho no Gênese e de sua família ser conhecida. Orientais e ocidentais celebraram Enoque.

A Santa Escritura, que é sempre nosso guia infalível, ensina que Enoque foi pai de Matusalá ou Matusalém e só viveu na terra trezentos e sessenta e cinco anos, o que pareceu uma vida bem curta para um dos primeiros patriarcas. Diz-se que andou ao lado de Deus e depois desapareceu, porque Deus o levou embora. E diz dom Calmet: "Por isso, os Padres da Igreja e os comentadores em geral afirmam que Enoque ainda está vivo, que Deus o transportou para fora do mundo assim como transportou Elias, e que eles voltarão antes do juízo final para se opor ao Anticristo: Elias pregará aos judeus, e Enoque, aos gentios."

São Paulo, em sua Epístola aos hebreus (que foi contestada), diz expressamente: "Pela fé Enoque foi arrebatado, para não ver a morte; e não foi mais visto, porque o Senhor o transportou."

São Justino, ou aquele que assumiu seu nome, diz que Enoque e Elias estão no paraíso terrestre, à espera do segundo advento de Jesus Cristo.

São Jerônimo, ao contrário, acredita[22] que Enoque e Elias estão no céu. Foi esse mesmo Enoque, sétimo homem depois de Adão, que, segundo se afirma, escreveu um livro citado por são Judas.

Diz Tertuliano[23] que essa obra foi conservada na arca, e que Enoque fez uma cópia dela depois do dilúvio.

É isso o que a Santa Escritura e os Padres da Igreja dizem sobre Enoque; mas os profanos do oriente dizem bem mais. Acreditam, de fato, que houve um Enoque, e que ele foi o primeiro que fez escravos na guerra: ora era chamado de Enoque, ora de Édris; dizem que foi ele quem deu leis aos egípcios com o nome de Tot, que os gregos chamaram Hermes Trismegisto. Atribuíram-lhe um filho chamado Sabi, autor da religião dos sabianos ou sabeus.

Havia uma antiga tradição na Frígia sobre certo Anaque, nome a partir do qual, segundo diziam, os hebreus fizeram Enoque. Os frígios receberam essa tradição dos caldeus ou babilônios, que também reconheciam um Enoque ou Anaque como inventor da astronomia.

Pranteava-se Enoque um dia por ano na Frígia, assim como se pranteava Adôni, ou Adônis, entre os fenícios.

---

22. Jerônimo, *Comentário sobre Amós*. (N. de Voltaire)
23. Liv. I, *De Cultu foeminarum* etc. (N. de Voltaire)

O escritor engenhoso e profundo que acredita ser Elias uma personagem puramente alegórica pensa o mesmo sobre Enoque. Acredita ele que Enoque, Anaque, Anoque, significava *ano*; que os orientais o pranteavam assim como a Adônis, e que se rejubilavam no começo do ano novo;

Que o Jano conhecido em seguida na Itália era o antigo Anaque, ou Anoque da Ásia;

Que, para todos esses povos, Enoque não só significava antigamente o começo e o fim do ano, mas também o último dia da semana;

Que os nomes Ana, João, Januário, Janeiro provieram dessa fonte.

É difícil penetrar nas profundezas da história antiga. Mesmo que chegássemos à verdade tateando, nunca teríamos certeza de ter chegado a ela. Todo cristão deve ater-se absolutamente à Escritura, por mais dificuldade que se tenha para entendê-la.

ELOQUÊNCIA (Éloquence)

(Este verbete foi publicado no grande Dicionário enciclopédico. Nele há alguns acréscimos e – o que vale mais a pena – alguns decréscimos)

A eloquência nasceu antes das regras de retórica, assim como as línguas se formaram antes da gramática. A natureza torna os homens eloquentes nos grandes interesses e nas grandes paixões. Quem está vivamente emocionado vê as coisas com olhos diferentes dos outros homens. Para ele tudo é objeto de comparação rápida e de metáfora: sem acautelar-se, anima tudo e transmite para aqueles que o escutam uma parte de seu entusiasmo. Um filósofo muito esclarecido observou que o próprio povo se expressa por figuras; que nada é mais comum e mais natural do que as construções chamadas *tropos*. Assim, em todas as línguas, "o coração arde, a coragem se acende, os olhos cintilam, o espírito é abatido, dividido, esgotado, o sangue gela, a cabeça gira, fica-se inchado de orgulho, ébrio de vingança": a natureza manifesta-se por toda parte nessas imagens fortes, que se tornam comuns.

É seu instinto que ensina a assumir um ar, um tom, modesto com aqueles de quem precisamos. O desejo natural de cativar nossos juízes e nossos mestres, o ensimesmamento da alma profundamente tocada, que se prepara para expor os sentimentos que a oprimem, são esses os primeiros mestres da arte.

É essa mesma natureza que às vezes inspira começos vivos e animados; uma forte paixão, um perigo iminente de repente ativam a imaginação: assim, um capitão dos primeiros califas, ao ver que os muçulmanos fugiam, gritou: "Para onde correis? Não é desse lado que estão os inimigos." Atribuem-se essas mesmas palavras a vários capitães; a Cromwell, por exemplo. As almas fortes comungam mais em pensamentos do que as almas talentosas. Rasi, capitão muçulmano do tempo de Maomé, vê os árabes apavorados, gritando que seu general Derar foi morto, e diz: "Que importa se Derar está morto? Deus está vivo e vos olha; marchai."

Era um homem bem eloquente aquele marinheiro inglês que decidiu a guerra contra a Espanha em 1740. "Quando os espanhóis, depois de me mutilarem, me puseram diante da morte, recomendei minha alma a Deus e minha vingança à pátria."

A natureza, portanto, faz a eloquência, e alguém disse que os poetas nascem, e os oradores se formam, disse-o quando a eloquência foi forçada a estudar as leis, o gênio dos juízes e o método do tempo: a natureza sozinha só é eloquente por impulso.

Os preceitos sempre vieram depois da arte. Tísias foi o primeiro que coligiu as leis da eloquência, cujas primeiras regras são dadas pela natureza.

Platão depois diz, em seu *Górgias*, que um orador deve ter a sutileza dos dialéticos, a ciência dos filósofos, quase a dicção dos poetas, a voz e os gestos dos maiores atores.

Aristóteles mostra, depois dele, que a verdadeira filosofia é o guia secreto do espírito de todas as artes; aprofundou as fontes da eloquência em seu livro sobre a *Retórica*; mostrou que a dialética é o fundamento da arte de persuadir, e que ser eloquente é saber provar.

Distinguiu os três gêneros: deliberativo, demonstrativo e judiciário. No deliberativo, exortam-se aqueles que deliberam a tomar partido sobre a guerra e a paz, sobre a administração pública etc.; no demonstrativo, mostra-se o que é digno de louvores ou de repreensão; no judiciário, convence-se, absolve-se e condena-se etc. Percebe-se que esses três gêneros frequentemente se interserem.

Em seguida, trata das paixões e dos costumes, que todo orador deve conhecer.

Examina que provas devem ser empregadas nesses três gêneros de eloquência. Por fim, trata a fundo da elocução, sem a qual tudo definha: recomenda as metáforas, desde que justas e nobres; exige sobretudo conveniência e decoro. Todos esses preceitos refletem a justeza esclarecida de um filósofo e a polidez de um ateniense; e, ao ditar as regras da eloquência, ele é eloquente com simplicidade.

Deve-se notar que a Grécia foi o único lugar da terra onde se conheceram as leis da eloquência, porque foi o único onde existiu verdadeira eloquência. A arte grosseira estava em todos os homens: palavras sublimes escaparam à natureza em todos os lugares e em todos os tempos; mas toda uma nação refinada dar tratos à bola, agradar, convencer e comover ao mesmo tempo, isso só os gregos fizeram. Os orientais eram quase todos escravos: é do caráter da servidão exagerar em tudo; assim, a eloquência asiática foi monstruosa. O ocidente era bárbaro no tempo de Aristóteles.

A *eloquência* verdadeira em Roma começou a mostrar-se no tempo dos Gracos e só foi aperfeiçoada no tempo de Cícero. Marco Antônio, o orador, Hortênsio, Cuirão, César e vários outros foram homens eloquentes.

Essa *eloquência* morreu com a república, assim como a de Atenas. Segundo dizem, a eloquência sublime só pertence à liberdade: é que ela consiste em dizer verdades ousadas, em expor razões e retratos fortes. Muitas vezes um senhor não gosta da verdade, teme as razões e prefere um cumprimento delicado a traços largos.

Cícero, depois de dar os exemplos em suas orações, deu os preceitos em seu livro do *Orador*; ele segue quase todo o método de Aristóteles e explica-se com o estilo de Platão.

Distingue o gênero simples, o temperado e o sublime. Rollin seguiu essa divisão em seu *Tratado dos estudos*, e – coisa que Cícero não diz – afirma que "o temperado é um belo rio sombreado por verdes florestas dos dois lados; o simples, uma mesa servida com correção, na qual todos os pratos têm gosto excelente mas não existe nenhum refinamento; que o sublime fulmina e é uma torrente impetuosa que derruba tudo o que lhe resiste".

Sem se sentar a *essa mesa*, sem seguir *esse raio fulminante*, *essa torrente* e *esse rio*, todo homem de bom-senso vê que a *eloquência simples* é a que tem coisas simples para expor, e que a clareza e a elegância são as únicas coisas que lhe convêm. Não é preciso ter lido Aristóteles, Cícero e Quintiliano para sentir que um advogado que começa com um exórdio pomposo para tratar de uma parede-meia é ridículo: no entanto, esse era o vício dos tribunais até meados do século XVII; diziam-se com ênfase coisas triviais. Seria possível compilar volumes com esses exemplos; mas todos se reduzem a estas palavras de um advogado, homem espirituoso que, vendo que seu adversário falava da guerra de Troia e do Escamandro, interrompeu-o dizendo: "*A corte deve observar que meu cliente não se chama* Escamandro, *mas* Michaut."

O gênero sublime só pode ter em vista grandes interesses, tratados em grande assembleia. Dele ainda se encontram vívidos vestígios no parlamento da Inglaterra: temos alguns discursos lá proferidos em 1739, quando se tratava da declaração de guerra à Espanha. O espírito de Demóstenes e de Cícero parece ter ditado várias frases daqueles discursos; mas não passarão para a posteridade como os dos gregos e dos romanos, porque carecem da arte e do encanto da dicção que selam a imortalidade das boas obras.

O gênero temperado é o dos discursos de aparato, das orações públicas, dos cumprimentos estudados, nos quais é preciso cobrir de flores a futilidade da matéria.

Esses três gêneros frequentemente se interserem, assim como os três objetos da eloquência considerados por Aristóteles; e o grande mérito do orador é misturá-los com propriedade.

Na França, a grande eloquência quase não ficou conhecida nos tribunais, porque não angaria honras como em Atenas, em Roma e hoje em Londres, e não tem por objeto grandes interesses públicos: refugiou-se nas orações fúnebres, nas quais têm alguma afinidade com a poesia. Bossuet e, depois, Fléchier parecem ter obedecido àquele preceito de Platão, segundo o qual a elocução de um orador às vezes deve ser como a do poeta.

A eloquência do púlpito foi quase bárbara até o padre Bourdaloue; ele foi um dos primeiros que deram voz à razão.

Os ingleses só vieram mais tarde, conforme admite Burnet, bispo de Salisbury. Eles não conheceram a oração fúnebre; nos sermões, evitaram a veemência, que não lhes pareceu conveniente à simplicidade do Evangelho, e desconfiaram do método das divisões rebuscadas, que o arcebispo Fénelon condena em seus *Diálogos sobre a eloquência*.

Embora nossos sermões girem em torno do objeto mais importante para o homem, neles se encontram poucos trechos notáveis que, como os belos trechos de Cícero e de Demóstenes, se tenham tornado modelos para todas as nações ocidentais. No entanto, para prazer do leitor, diremos aqui o que ocorreu da primeira vez que o sr. Massillon, depois bispo de Clermont, proferiu seu famoso sermão sobre o *pequeno número de eleitos*. Houve um ponto em que um êxtase de emoções tomou conta de todo o auditório; quase todos se ergueram um pouco dos assentos num movimento involuntário; o murmúrio de aclamação e surpresa foi tão forte que perturbou o orador, e aquela perturbação só serviu para aumentar o caráter patético do trecho que lia; ei-lo aqui: "Suponhamos que esta seja a última hora de nós todos, que os céus estão se abrindo sobre nossas cabeças, que o tempo passou, e que a eternidade começou, que Jesus Cristo vai aparecer para nos julgar segundo nossas obras, e que estamos todos aqui para esperar dele a sentença de vida ou de morte eterna; então vos pergunto, aterrorizado como vós, não separando minha sorte da vossa, e pondo-me na mesma situação em que deveremos todos aparecer um dia perante Deus nosso juiz; pergunto-vos: se Jesus Cristo aparecesse já para fazer a terrível separação entre justos e pecadores, acreditais que o maior número se salvaria? Acreditais que o número de justos seria pelo menos igual ao de pecadores? Acreditais que, se fizesse agora o exame das obras do grande número de pessoas que está nesta igreja, ele encontraria pelo menos dez justos entre nós? Encontraria pelo menos um?" (houve várias edições diferentes desse discurso, mas o fundo de todas é o mesmo).

Essa figura, a mais ousada jamais empregada e ao mesmo tempo a mais bem situada, é um dos mais belos textos de eloquência que podemos ler nas nações antigas e modernas; e o restante do discurso não é indigno desse trecho tão notável. Semelhantes obras-primas são raríssimas; aliás, tudo se tornou lugar-comum. Seria preferível que os predicadores que não conseguem imitar esses grandes modelos os aprendessem de cor e os despejassem sobre seu auditório (supondo-se também que tivessem o raríssimo talento da declamação), em vez de pregarem num estilo anêmico coisas tão repisadas quanto úteis.

Há quem pergunte se a eloquência é lícita nos historiadores: a eloquência que lhes é própria consiste na arte de preparar os acontecimentos, em sua exposição sempre elegante, ora viva e veloz, ora demorada e ornada, no retrato verídico e forte dos costumes gerais e das principais personagens, bem como nas reflexões incorporadas naturalmente na narrativa, que não parecem acrescentadas. A eloquência de Demóstenes não convém a Tucídides; uma alocução direta, posta na boca de um herói que nunca a pronunciou, para vários espíritos esclarecidos quase não passa de um belo defeito.

Se, porém, essas licenças pudessem às vezes ser permitidas, eis aqui uma ocasião em que Mézerai, em sua grande História, parece merecer perdão por essa ousadia aprovada pelos antigos;

pois a eles se iguala pelo menos neste trecho: estamos no começo do reinado de Henrique IV, quando aquele príncipe, com pouquíssimas tropas, vê-se acuado perto de Dieppe por um exército de trinta mil homens, e alguém lhe aconselha refugiar-se na Inglaterra. Mézerai supera-se a si mesmo pondo as seguintes palavras na boca do marechal de Biron, aliás, homem de grande gênio, que poderia perfeitamente ter dito uma parte daquilo que o historiador lhe atribui: "Como! Majestade, aconselham que vos façais ao mar, como se não houvesse outro meio de conservar vosso reinado a não ser deixando-o? Se não estivésseis na França, seria preciso transpor todos os riscos e todos os obstáculos para aqui vir: e agora que aqui estais, dizem que deveis partir! E, de acordo com vossos amigos, deveis fazer de livre vontade o que o maior esforço de vossos inimigos não poderia obrigar-vos a fazer! No estado em que estais, sair da França por apenas vinte e quatro horas é banir-se para sempre. O perigo, por outro lado, não é tão grande quanto vos pintam; aqueles que acreditam cercar-nos são os mesmos covardes que prendemos em Paris, ou gente que não vale mais, gente que tem mais conflito entre si do que conosco. Enfim, majestade, estamos na França, aqui devemos ser enterrados: trata-se de um reino, e cumpre ganhá-lo ou perder a vida; e mesmo que não houvesse outra saída para vossa sagrada pessoa a não ser a fuga, sei muito bem que acharíeis mil vezes melhor morrer em pé do que salvar-vos por esse meio. Vossa majestade jamais suportaria ouvir dizer que um cadete da casa de Lorena a fez perder terra firme; muito menos que a viram mendigar à porta de um príncipe estrangeiro. Não, não, majestade, não há coroa nem honra para vós além-mar: se fordes em busca de socorro na Inglaterra, ele vos escapará; se vos apresentardes no porto de La Rochelle como alguém que se salva, lá só encontrareis censuras e desprezo. Não posso acreditar que deveis preferir fiar vossa pessoa à inconstância das ondas e à mercê do estrangeiro a confiar em tantos bravos fidalgos e tantos veteranos soldados prontos a servir-vos de muralhas e escudos; e sou leal demais a Vossa majestade para esconder que, se ela buscasse a segurança em qualquer lugar que não fosse na virtude deles, seriam eles obrigados a buscar a sua própria segurança em outro lado."

Esse discurso produziu efeito melhor porque Mézerai põe na boca do marechal de Biron aquilo que Henrique IV tinha no coração.

Haveria mais que dizer sobre a eloquência, mas os livros já sobre ela falam bastante; e num século esclarecido o gênio, auxiliado pelos exemplos, sabe mais do que aquilo que dizem todos os mestres.

EMBLEMA (Emblème)

Figura, alegoria, símbolo etc.

Tudo é emblema e figura na antiguidade. Começa-se na Caldeia pondo um carneiro, duas cabras e um touro no céu, para marcar as produções da terra na primavera. O fogo é o símbolo da Divindade na Pérsia; o cão celeste adverte os egípcios da inundação do Nilo; a serpente que esconde a cauda na cabeça torna-se imagem da eternidade. A natureza inteira está pintada e disfarçada.

Ainda se encontram na Índia várias daquelas antigas estátuas amedrontadoras e grosseiras de que já falamos, que representam a virtude com dez braços para combater os vícios, que nossos pobres missionários tomaram pelo retrato do diabo, não duvidando de que todos os que não falassem francês ou italiano adoravam o diabo.

O homem de bom-senso que se veja diante de todos esses símbolos da antiguidade e nunca tenha ouvido falar deles não os compreenderá: é uma língua que se precisa aprender.

Os antigos poetas teólogos tiveram a necessidade de dar olhos, mãos e pés a Deus, de anunciá-lo em forma humana.

São Clemente de Alexandria[24] transcreve estes versos de Xenófanes, o colofônio, que são dignos de nossa atenção:

Grand Dieu! quoi que l'on fasse, et quoi qu'on ose feindre,
On ne peut te comprendre, et moins encor te peindre.
Chacun figure en toi ses attributs divers:
Les oiseaux te feraient voltiger dans les airs,
Les boeufs te prêteraient leurs cornes menaçantes,
Les lions t'armeraient de leurs dents déchirantes,
Les chevaux dans les champs te feraient galoper.
[Deus! Por mais que se faça e que se finja,
Ninguém consegue te entender e muito menos te pintar.
Cada um representa em ti seus atributos diversos:
Os pássaros te fariam voltear pelos ares,
Os bois te dariam seus chifres ameaçadores,
Os leões te armariam com suas presas diláceradoras,
Os cavalos pelos campos te fariam galopar.]

Percebe-se por esses versos de Xenófanes que não é de hoje que os homens fazem Deus à sua imagem. O velho Orfeu da Trácia, aquele primeiro teólogo dos gregos, bem anterior a Homero, assim se exprime, segundo o mesmo Clemente de Alexandria:

Sur son trône éternel, assis dans les nuages,
Immobile, il régit les vents et les orages;
Ses pieds pressent la terre; et du vague des airs
Sa main touche à la fois aux rives des deux mers;
Il est principe, fin, milieu de toutes choses.
[Em seu eterno trono, assentado nas nuvens,
Imóvel, ele rege os ventos e as borrascas;
Seus pés premem a terra; e do vazio dos ares
Sua mão toca ao mesmo tempo as costas dos dois mares;
Ele é princípio, fim e meio de todas as coisas.]

Como tudo é figura e emblema, os filósofos, principalmente aqueles que viajaram para a Índia, empregaram esse método; seus preceitos eram emblemas, enigmas.

"Não aticeis o fogo com a espada", ou seja, não irriteis a cólera humana.

"Não se deve pôr a lâmpada sob o alqueire." – Não se deve esconder a verdade aos homens.

"Abstende-vos das favas." – Evitai as assembleias públicas, nas quais se votava com favas brancas ou pretas.

"Não tenhais andorinhas em casa." – Que essa casa não se encha de tagarelas.

"Na tempestade, adorai o eco." – Nos conturbações civis, fugi para o campo.

"Não escrevais na neve." – Não se devem ensinar os espíritos frouxos e fracos.

"Não devoreis vosso coração nem vosso cérebro." – Não vos entregueis à tristeza nem às empresas difíceis demais etc.

Tais são as máximas de Pitágoras, cujo sentido não é difícil compreender.

---

24. *Stromata*, liv. V. (N. de Voltaire)

O mais belo de todos os emblemas é o de Deus, que Timeu de Locres representa com esta ideia: "Círculo cujo centro está em toda parte, e a circunferência em parte alguma." Platão adota esse emblema; Pascal o inseriu entre o material que pretendia usar e que foi intitulado *Pensamentos*.

Em metafísica e moral os antigos disseram tudo. Ou coincidimos com eles, ou os repetimos. Todos os livros modernos desse gênero não passam de repetição.

Quanto mais se avança para o oriente, mais se encontra estabelecido esse uso dos emblemas e das figuras, e também mais afastadas estão essas imagens de nossos usos e costumes.

Principalmente entre indianos, egípcios e sírios estavam consagrados os emblemas que nos parecem mais estranhos. Era lá que se carregava em procissão, com o mais profundo respeito, os dois órgãos da reprodução, os dois símbolos da vida. Rimos disso, ousamos tratar tais povos de idiotas bárbaros, porque eles agradeciam a Deus inocentemente por lhes ter dado o ser. Que diriam eles se nos vissem entrar em nossos templos com o instrumento da destruição no flanco?

Em Tebas, representavam-se os pecados do povo com um bode. Na costa da Fenícia, uma mulher nua com rabo de peixe era o emblema da natureza.

Portanto, não é de surpreender que esse uso dos símbolos tenha penetrado entre os hebreus, quando estes formaram corpo na região do deserto da Síria.

Sobre alguns emblemas na nação judia

Um dos mais belos emblemas dos livros judaicos é este trecho do Eclesiastes:

"Quando as trabalhadoras do moinho forem pouco numerosas e estiverem ociosas, quando aqueles que olhavam pelos buracos se tornarem escuros, quando a amendoeira florir, quando o gafanhoto engordar, quando as alcaparras caírem, quando o cordão de prata se romper, a faixa de ouro se retirar..., e a bilha se quebrar na fonte..."

Isso significa que os velhos perdem os dentes, a visão enfraquece, os cabelos ficam brancos como a flor da amendoeira, os pés incham como gafanhotos, os cabelos caem como as folhas da alcaparreira, eles não são mais capazes de gerar, e é preciso preparar-se para a grande viagem.

O Cântico dos cânticos é (como se sabe) um emblema contínuo do casamento de Jesus Cristo com a Igreja:

"Que ele me dê um beijo de sua boca, pois teus mamilos são melhores que o vinho – que ele ponha sua mão esquerda sob minha cabeça e me abrace com a mão direita – como és bela, querida! Teus olhos são olhos de pomba – teus cabelos são como bandos de cabras, sem contar o que escondes – teus lábios são como uma fitinha de escarlate, tuas faces são como metades de maçãs escarlate, sem contar o que escondes – como teu colo é belo! – Como teus lábios destilam mel! – Meu bem-amado pôs sua mão no buraco, e meu ventre vibrou com seu toque – teu umbigo é como uma taça torneada – teu ventre é como um monte de frumento cercado de lírios – teus dois mamilos são como filhotes gêmeos de cabritos monteses – teu pescoço é como uma torre de marfim – teu nariz é como a torre do monte Líbano – tua cabeça é como o monte Carmelo, tua cintura é a cintura de uma palmeira. Subirei na palmeira e colherei seus frutos. Que faremos com nossa irmãzinha? Ela ainda não tem mamilos. Se é um muro, construiremos em cima uma torre de prata; se é uma porta, nós a fecharemos com madeira de cedro."

Seria preciso traduzir todo o cântico para ver que ele é um emblema de ponta a ponta; o engenhoso dom Calmet, principalmente, demonstra que a palmeira na qual sobe o bem-amado é a cruz à qual foi condenado nosso Senhor Jesus Cristo. Mas convenhamos que uma moral sã e pura ainda é preferível a essas alegorias.

Encontra-se nos livros desse povo uma multidão de emblemas típicos que, apesar de hoje nos causarem aversão, provocando incredulidade e pilhérias, pareciam comuns e simples aos povos asiáticos.

Deus aparece a Isaías, filho de Amós, e lhe diz[25]: "Vai, tira o saco da cintura e as sandálias dos pés; ele assim o fez, andando nu e descalço. E Deus disse: Assim como meu servidor Isaías andou nu e descalço, como um sinal de três anos sobre o Egito e a Etiópia, assim o rei dos assírios levará cativos do Egito e da Etiópia, jovens e velhos, com as nádegas descobertas, para vergonha do Egito."

Isso nos parece bem estranho; mas basta que nos informemos sobre o que ocorre ainda em nossos dias com os turcos, os africanos e na Índia, onde vamos comerciar com tanta sanha e tão pouco sucesso. Ficaremos sabendo que não é raro ver santos absolutamente nus, não só pregando às mulheres, como também permitindo que lhes sejam beijadas as partes naturais com respeito, sem que tais beijos inspirem na mulher e no santo o menor desejo impudico. Veremos às margens do Ganges uma multidão imensa de homens e mulheres nus dos pés à cabeça, com os braços estendidos para o céu, à espera do momento de um eclipse para mergulhar no rio.

O burguês de Paris e de Roma não deve acreditar que o resto da terra é obrigado a viver e a pensar como ele.

Jeremias, que profetizava no tempo de Joaquim, *melk* de Jerusalém[26], a favor do rei da Babilônia, põe-se correntes e cordas no pescoço por ordem do Senhor, e as envia aos reis de Edom, Âmon, Tiro e Sidon, por meio de seus embaixadores, que tinham ido a Jerusalém procurar Sedecias; ordena-lhes que falem desse modo a seus senhores:

"Eis o que diz o Senhor dos exércitos, o Deus de Israel; direis isto a vossos senhores: Fiz a terra, os homens, as bestas de carga que estão na superfície da terra, em minha grande força e em meu braço estendido, e dei a terra àquele que agradou a meus olhos; e agora, portanto, dei todas estas terras a Nabucodonosor, rei da Babilônia, meu servidor; além disso, dei-lhe todos os animais dos campos para que o sirvam. Falei segundo todas essas palavras a Sedecias, rei de Judá, dizendo-lhe: Submete teu pescoço ao jugo do rei da Babilônia; serve-o, a ele e a seu povo e viverás etc."

Por isso Jeremias foi acusado de trair seu rei e sua pátria, bem como de profetizar a favor do inimigo por dinheiro: afirma-se que foi apedrejado.

É evidente que essas cordas e essas correntes eram o emblema daquela servidão à qual Jeremias queria que os outros se submetessem.

Assim, Heródoto conta-nos que um rei dos citas mandou de presente a Dario um pássaro, um rato, uma rã e cinco flechas. Esse emblema significava que, se Dario não fugisse tão rápido como um pássaro, uma rã ou um rato, seria varado pelas flechas dos citas. A alegoria de Jeremias era a alegoria da impotência, e o emblema dos citas era o emblema da coragem.

Foi o que ocorreu com Sexto Tarquínio quando consultou o pai, que chamamos Tarquínio Soberbo, sobre a maneira como deveria se comportar com os gabienses; Tarquínio, que estava passeando em seu jardim, respondeu apenas derrubando as cabeças mais elevadas das papoulas. O filho entendeu e matou os principais cidadãos. Era o emblema da tirania.

Vários eruditos acreditaram que a história de Daniel, do dragão, do fosso com sete leões que todos os dias eram alimentados com duas ovelhas e dois homens, bem como a história do anjo que arrebatou Habacuque pelos cabelos para levar comida a Daniel no fosso dos leões, não passam de alegoria visível, de um emblema da atenção contínua com que Deus vela sobre seus servidores; mas parece-nos mais piedoso acreditar que se trata de uma história verdadeira, como tantas da Santa Escritura, história que expõe sem figuras nem tipos o poder divino, não sendo permitido aos espíritos profanos aprofundar-se. Limitemo-nos aos emblemas, às alegorias verdadeiras indicadas como tais pela Santa Escritura.

---

25. Isaías, cap. XX, v. 2 ss. (N. de Voltaire)
26. Jeremias, cap. XXVII, v. 2 ss. (N. de Voltaire)

[27]"No trigésimo ano, no quinto dia do quarto mês, quando estava no meio dos cativos no rio de Quebar, os céus se abriram, e eu vi as visões de Deus etc. O Senhor dirigiu a palavra a Ezequiel, sacerdote, filho de Buzi, na terra dos caldeus, perto do rio Quebar, e a mão de Deus se fez sobre ele."

Assim Ezequiel começa sua profecia; e, depois de ver um fogo, um turbilhão e, no meio do fogo, as figuras de quatro animais semelhantes a homens, com quatro faces, quatro asas e pés de bezerro, bem como quatro rodas no chão, uma para cada face, e as quatro partes da roda giravam ao mesmo tempo, não desviando quando avançavam etc.

Ele disse[28]: "O espírito entrou em mim e me firmou nos pés; [...] em seguida o Senhor me disse: Filho do homem, come tudo o que encontrares; come este livro e vai falar aos filhos de Israel. Ao mesmo tempo, abri a boca, e ele me fez comer este livro; e o espírito entrou em mim, e eu me aguentei em meus pés, e ele me disse: Vai fechar-te no meio de tua casa. Filho do homem, eis as cadeias que te prenderão etc. E tu, filho do homem[29], pega um tijolo, põe-no diante de ti e traça sobre ele a cidade de Jerusalém etc.

"Toma também uma placa de ferro e põe-na como uma parede de ferro entre ti e a cidade; encara-a firmemente, estarás diante de Jerusalém como se a sitiasses; é um sinal para a casa de Israel."

Depois dessa ordem, Deus lhe ordena que durma trezentos e noventa dias do lado esquerdo pelas iniquidades de Israel, e do lado direito durante quarenta dias, pelas iniquidades da casa de Judá.

Antes de ir adiante, transcreveremos aqui as palavras do judicioso comentador dom Calmet sobre essa parte da profecia de Ezequiel, que é ao mesmo tempo história e alegoria, verdade real e emblema. Eis como esse erudito beneditino se explica:

"Alguns acreditam que tudo isso foi apenas uma visão; que um homem não pode ficar deitado tanto tempo de um mesmo lado, a não ser por milagre; que, como a Escritura não indica que aí tenha havido prodígio, não devemos multiplicar as ações miraculosas sem necessidade; que, se ele ficou deitado aqueles trezentos e noventa dias, isso só ocorreu durante a noite, enquanto o dia era dedicado a seus afazeres. Mas não vemos nenhuma necessidade de recorrer ao milagre, nem de procurar rodeios para explicar o fato de que se fala aqui. Não é impossível, em absoluto, que alguém fique acorrentado e deitado de lado durante trezentos e noventa dias. Todos os dias temos experiências que comprovam essa possibilidade nos prisioneiros, em diversos doentes e em algumas pessoas que têm a imaginação afetada e são acorrentadas como furiosas. Prado relata que viu um louco que ficou acorrentado e deitado, nu, de lado, durante mais de quinze anos. Se tudo isso não passasse de visão, como os judeus do cativeiro teriam entendido o que Ezequiel queria dizer? Como aquele profeta teria executado as ordens de Deus? Portanto, cumpre dizer também que ele não fez a planta de Jerusalém, que não representou o cerco, que não foi amarrado, que não comeu pão de diferentes grãos, a não ser em espírito e ideia."

Cumpre render-se à opinião do erudito Calmet, que é a opinião dos melhores intérpretes. É claro que a Santa Escritura conta o fato como verdade real, e que essa verdade é o emblema, o tipo, a figura de outra verdade.

"Toma[30] frumento, cevada, favas, lentilhas, milhete, ervilhaca; faze pão para os dias em que dormirás de lado. Comerás durante trezentos e noventa dias...; comerás como bolo de cevada e o cobrirás com o excremento que sai do corpo do homem. Os filhos de Israel comerão assim o pão imundo."

---

27. Ezequiel, cap. I. (N. de Voltaire)
28. *Ibid.*, cap. II, v. 2; e cap. III, v. 1 ss. (N. de Voltaire)
29. *Ibid.*, cap. IV, v. 1 ss. (N. de Voltaire)
30. Ezequiel, cap. IV, v. 9 e 12. (N. de Voltaire)

É evidente que o Senhor queria que os israelitas comessem o pão imundo; logo, era preciso que o pão do profeta também fosse imundo. Essa imundície era tão real, que Ezequiel ficou horrorizado. E exclamou[31]: "Ah! Ah! Minha vida (minha alma) ainda não foi poluída etc. E o Senhor lhe disse: Vai, dou-te excremento de boi em vez de excremento de homem, e tu o porás com teu pão."

Era absolutamente preciso, portanto, que aquele alimento fosse sujo, para ser um emblema, um tipo. O profeta, então, pôs excremento de boi com o pão durante trezentos e noventa dias, e isso foi, ao mesmo tempo, uma realidade e uma figura simbólica.

Sobre o emblema de Aolá e Aolibá

A Santa Escritura declara expressamente que Aolá é o emblema de Jerusalém. [32]"Filho do homem, faze conhecer a Jerusalém suas abominações; teu pai era emorita, e tua mãe, hetita." Em seguida o profeta, sem temer interpretações malignas, pilhérias então desconhecidas, fala à jovem Aolá nestes termos:

"Ubera tua intumuerunt, et pilus tuus germinavit; et eras nuda et confusione plena. – Teus seios se intumeceram, despontou o pelo, estavas nua e confusa."

"Et transivi per te, et vidi te; et ecce tempus tuum, tempus amantium; et expandi amictum meum super te, et operui ignominiam tuam. Et juravi tibi, et ingressus sum pactum tecum (ait Dominus Deus), et facta es mihi. – Passei e te vi; estavas na idade do amor, estendi sobre ti o meu manto; cobri tua vergonha. Jurei para ti; fiz um pacto contigo, diz o Senhor, e foste minha."

"Et habens fiduciam in pulchritudine tua fornicata es in nomine tuo; et exposuisti fornicationem tuam omni transeunti, ut ejus fieres. – Mas te fiaste na tua beleza, te prostituíste, prodigalizaste tua devassidão a todos os transeuntes e te entregaste a ele."

"Et aedificasti tibi lupanar, et fecisti tibi prostibulum in cunctis plateis. – E construíste para ti um lupanar, e fizeste um prostíbulo em cada recanto."

"Et divisisti pedes tuos omni transeunti, et multiplicasti fornicationes tuas. – E abriste as pernas para todos os transeuntes, e multiplicaste fornicações."

"Et fornicata es cum filiis Ægypti, vicinis tuis, magnarum carnium; et multiplicasti fornicationem tuam, ad irritandum me. – E fornicaste com os filhos do Egito, teus vizinhos, que tinham grandes membros; e multiplicaste tua fornicação para irritar-me."

O texto de Aolibá, que significa Samaria, é muito mais forte e está bem mais distante das conveniências de nosso estilo.

"Denudavit quoque fornicationes suas, discooperuit ignominiam suam. – E ela desnudou suas fornicações e pôs à mostra a sua torpeza."

"Multiplicavit enim fornicationes suas, recordans dies adolescentiae suae. – Multiplicou suas fornicações, lembrada dos dias da adolescência."

"Et insanivit libidine super concubitum eorum quorum carnes sunt ut carnes asinorum, et sicut fluxus equorum, fluxus eorum. – E ensandeceu de desejo pelos concubinos cujos membros são como os dos asnos e cuja ejaculação é como a dos cavalos."

Essas imagens parecem-nos licenciosas e revoltantes: eram então apenas ingênuas. Há dezenas de exemplos disso no Cântico dos cânticos, modelo de castíssima união. Deve-se observar com atenção que essas expressões, essas imagens são sempre muito sérias, e em nenhum livro daquela remota antiguidade se encontra jamais a menor pilhéria sobre o grande objeto da reprodução. Quando a luxúria é condenada, isso é feito com os termos próprios, mas nunca para incitar à volúpia nem para dar motivo a escárnio. Aquela remota antiguidade nada tem de Marcial, Catulo ou Petrônio.

---

31. Ezequiel, cap. IV, v. 14 e 15. (N. de Voltaire)
32. *Ibid.*, cap. XVI, v. 2 ss. (N. de Voltaire)

Sobre Oseias e alguns outros emblemas

Não é vista como simples visão ou simples figura a ordem categórica dada pelo Senhor ao profeta Oseias para que tomasse uma prostituta[33] e com ela tivesse três filhos. Não se fazem filhos em visões, e não foi em nenhuma visão que teve comércio com Gomer, filha de Ebalaim, da qual teve dois meninos e uma menina. Não foi em nenhuma visão que depois ele tomou uma mulher adúltera obedecendo à ordem expressa do Senhor, dando-lhe quinze moedinhas de prata e uma medida e meia de cevada. A primeira prostituta significava Jerusalém, e a segunda significava Samaria. Mas essas prostituições, esses três filhos, essas quinze moedas de prata e aquela medida e meia de cevada nem por isso deixam de ser coisas reais.

Não foi em nenhuma visão que o patriarca Salmon se casou com a prostituta Raabe, avó de Davi. Não foi em nenhuma visão que o patriarca Judá cometeu incesto com sua nora Tamar, incesto do qual nasceu Davi. Não foi em nenhuma visão que Rute, outra avó de Davi, se deitou com Booz. Não foi em nenhuma visão que Davi mandou matar Urias e raptou Betsabé, de quem nasceu o rei Salomão. Mas, em seguida, todos esses acontecimentos se tornaram emblemas, figuras, quando as coisas que eles figuravam foram realizadas.

Está evidente que de Ezequiel, Oseias, Jeremias e todos os profetas judeus, bem como de todos os livros judeus e de todos os livros que nos falam dos usos caldeus, persas, fenícios, sírios, indianos e egípcios, resulta que os costumes deles não eram os nossos, e que aquele mundo antigo não se parecia em nada com o nosso mundo.

Basta transpor Gibraltar e ir a Meknés para ver que os comportamentos já não são os mesmos; já não se encontram as mesmas ideias: dois pontos do mesmo mar mudaram tudo[34].

ENCANTAMENTO (Enchantement)

Magia, evocação, sortilégio etc.

Não é muito verossímil que todos esses abomináveis absurdos venham, como diz Pluche, das folhagens com que outrora se coroavam as cabeças de Ísis e Osíris. Que relação essa folhagem poderia ter com a arte de encantar serpentes, com a de ressuscitar mortos, a de matar homens com palavras, a de inspirar amor ou a de metamorfosear homens em animais?

Dizem que encantamento, *incantatio*, vem de uma palavra caldeia que os gregos traduziram por *epôde gonoeia*, *cantar produtor*. Incantatio vem da Caldeia! Ora vejam! Bochart[35], sois grande viajante; ides da Itália à Mesopotâmia num piscar de olhos; correis o grande e sábio povo hebreu; trazeis todos os seus livros e todos os seus usos; não sois charlatão.

Grande parte das superstições absurdas não terá origem em coisas naturais? Quase não há animal que não possamos acostumar a atender ao som de uma gaita ou de uma simples corneta para receber comida. Orfeu, ou algum de seus predecessores, tocou ou cantou melhor que os outros pastores. Todos os animais domésticos acorriam quando ouviam sua voz. Logo se passou a supor que os ursos e os tigres também o faziam: dado esse primeiro passo, não foi difícil acreditar que os Orfeus faziam pedras e árvores dançar.

Depois que rochedos e pinheiros são postos a bailar, pouco custa construir cidades em cadência; as pedras de cantaria arranjam-se por si mesmas quando Anfião canta: basta um violino para construir uma cidade e uma trombeta para destruí-la.

---

33. Ver os primeiros capítulos do pequeno profeta Oseias. (N. de Voltaire)
34. Ver verbete Figura. (N. de Voltaire)
35. Samuel Bochart (1599-1667). (N. da T.)

O encantamento das serpentes deve ter uma causa ainda mais sedutora. A serpente não é um animal voraz e dado a atacar. Todos os répteis são tímidos. A primeira coisa que uma serpente faz (pelo menos na Europa), quando vê um homem, é esconder-se num buraco, tal como um coelho e um lagarto. O instinto do homem é correr atrás de tudo o que foge e fugir de tudo o que corre atrás dele, exceto quando está armado, quando percebe que tem força e, principalmente, quando está sendo observado.

A serpente não tem, de modo algum, avidez por sangue e carne, só se alimenta de vegetais e passa um tempo considerável sem comer: quando devora alguns insetos, como fazem os lagartos e os camaleões, prestam-nos serviço.

Todos os viajantes dizem que existem serpentes muito longas e grossas; mas não conhecemos serpentes assim na Europa. Não se conhece homem ou criança que tenha sofrido o ataque de alguma serpente grande ou pequena; os animais só atacam o que querem comer, e os cães só mordem os transeuntes para defender os donos. Que faria uma serpente com uma criancinha? Que prazer teria em mordê-la? Não conseguiria engolir nem seu dedo mindinho. As serpentes mordem, e os esquilos também, mas quando são atacadas.

Quero crer que houve monstros na espécie das serpentes como os houve na dos homens; admito que o exército de Régulo na África se tenha posto em pé de guerra contra um dragão, e que depois houve um normando que lutou com a gárgula; mas todos convirão em que esses casos são raros.

As duas serpentes que vieram de Tenedos expressamente para devorar Laocoonte e dois rapazes de vinte anos, diante de todo o exército troiano, são um belo prodígio, digno de ser transmitido à posteridade em versos hexâmetros e em estátuas que representam Laocoonte como gigante e seus filhos como pigmeus.

Imagino que esse acontecimento devia ocorrer quando tomavam cidades construídas por deuses com um cavalão ordinário de madeira[36], quando os rios corriam para a nascente, quando as águas eram transformadas em sangue, e o Sol e a Lua paravam por qualquer motivozinho.

Tudo o que se contou sobre serpentes era muito provável em lugares onde Apolo descera do céu para matar a serpente Píton.

Elas também foram consideradas muito prudentes. Sua prudência consiste em não correr tanto quanto nós e em deixar-se cortar em pedacinhos.

A mordida das serpentes, sobretudo das víboras, só é perigosa quando uma espécie de raiva provoca a fermentação de um pequeno reservatório de um líquido extremamente acre que elas têm debaixo da gengiva. Afora isso, uma serpente não é mais perigosa que uma enguia.

Várias senhoras domesticaram e criaram serpentes, usaram-nas de enfeite e as enrolaram em torno dos braços.

Os negros da Guiné adoram uma serpente que não faz mal a ninguém.

Há várias espécies desses répteis e algumas são mais perigosas que outras nos países quentes; mas, em geral, a serpente é um animal tímido e dócil; não é raro ver algumas mamando em vacas.

Os primeiros homens que viram gente mais ousada que eles domesticar e alimentar serpentes, atraindo-as com um assobio, como chamamos abelhas, acreditaram que se tratava de feitiçaria. Os psilos e os marsos, que criaram familiaridade com serpentes, também ganharam a reputação de feiticeiros. Caberia aos boticários de Poitou, que seguram víboras pelo rabo, fazer-se respeitar como magos de primeira grandeza.

---

36. O cavalo de madeira era uma máquina semelhante àquilo que mais tarde foi chamado de *áries* ou *aríete* [carneiro]. Era uma estaca comprida que terminava em cabeça de cavalo: foi conservada na Grécia, e Pausânias diz que a viu. (N. de Voltaire)

O encantamento de serpentes foi visto como coisa corriqueira. Mesmo a Santa Escritura, que sempre penetra em nossas fraquezas, dignou-se conformar-se com essa ideia vulgar[37]. "A áspide surda que tapa os ouvidos para não ouvir a voz do encantador."

"Enviarei contra vós serpentes que resistirão aos encantamentos."[38]

"O maledicente é como a serpente que não cede ao encantador."[39]

O encantamento às vezes era suficientemente forte para matar as serpentes. Segundo a antiga física, esse animal era imortal. Se algum campônio encontrasse uma serpente morta no caminho, aquilo só podia ser obra de algum encantador, que a teria despojado do direito à imortalidade:

Frigidus in pratis cantando rumpitur anguis.
[A fria serpente se rompe no prado por meio de um encantamento.]
(VIRGÍLIO, *Églog.* VIII, 71)

Encantamento dos mortos, ou evocação

Encantar um morto, ressuscitá-lo ou limitar-se a evocar sua sombra para falar-lhe eram as coisas mais simples do mundo. É muito comum vermos mortos em sonhos, falarmos com eles e eles responderem. Se os vimos durante o sono, por que não os veremos quando acordados? Bastará ter um espírito de Píton, e, para fazer que esse espírito de Píton aja, bastará ser um enganador e lidar com um espírito fraco: ora, ninguém negará que essas duas coisas sempre foram extremamente comuns.

A evocação dos mortos era um dos mais sublimes mistérios da magia. Ora faziam desfilar diante dos olhos do curioso algum grande vulto negro, movido por molas em algum lugar um tanto escuro; ora o feiticeiro ou a bruxa se limitava a dizer que enxergava a sombra, e sua palavra bastava. A isso se dá o nome de *necromancia*. A famosa pitonisa de Endor sempre foi grande motivo de polêmicas entre os Padres da Igreja. O sábio Teodoreto, em sua questão LXII sobre o livro dos Reis, garante que os mortos tinham o costume de aparecer de cabeça para baixo, e que o que assustou a pitonisa foi o fato de Samuel estar de cabeça para cima.

Santo Agostinho, interrogado por Simpliciano, responde, no segundo livro de suas questões, que ver uma pitonisa evocar uma sombra não é mais extraordinário do que ver o diabo carregar Jesus Cristo para o pináculo do templo e para a montanha.

Alguns doutos, vendo que entre os judeus havia espíritos de Píton, ousaram concluir que os judeus só escreveram muito tarde, e que haviam tomado quase tudo às fábulas gregas; mas essa opinião não é sustentável.

Dos outros sortilégios

Quem é suficientemente hábil para evocar mortos com palavras consegue, com mais razão, matar quem está vivo, ou pelo menos ameaçar, assim como o *Médico à força* diz a Lucas que lhe dará febre. Pelo menos ninguém duvidava de que os feiticeiros conseguiam fazer os bichos morrer; e quem quisesse salvar seu gado precisava vencer um sortilégio com outro. Mas não zombemos dos antigos, nós, pobres coitados recém-saídos da barbárie! Não faz cem anos queimávamos feiticeiros por toda a Europa; e acabam de queimar mais uma bruxa, lá por volta de 1750, em Würtzburg. É verdade que certas palavras e certas cerimônias bastam para matar um rebanho de carneiros, desde que se acrescente arsênico.

---

37. Salmo LVII, v. 5 e 6. (N. de Voltaire)
38. Jeremias, cap. VII, v. 17. (N. de Voltaire)
39. Eclesiastes, cap. X. (N. de Voltaire)

A *História crítica das cerimônias supersticiosas*, escrita por Le Brun, do Oratório, é bem estranha; ele quer combater o caráter ridículo dos sortilégios e ele mesmo cai no ridículo de acreditar no poder deles. Afirma que Marie Bucaille, a bruxa, quando estava na prisão de Valogne, apareceu a algumas léguas de lá, segundo testemunho jurídico do juiz de Valogne. Conta o famoso processo dos pastores de Brie, condenados à forca e à fogueira pelo parlamento de Paris em 1691. Aqueles pastores haviam sido suficientemente estúpidos para acreditar que eram feiticeiros, e bastante malvados para misturar venenos reais a suas feitiçarias imaginárias.

O padre Le Brun protesta[40], dizendo que houve muito de *sobrenatural em seu feito*, e que eles foram enforcados em consequência disso. A sentença do parlamento é totalmente contrária ao que diz o autor. "A corte declara os réus culpados de superstições, impiedades, sacrilégios, profanações e envenenamentos."

A sentença não diz que foram as profanações a causa da morte dos animais: diz que foram os envenenamentos. Pode-se cometer um sacrilégio sem ser feiticeiro, assim como se envenena sem ser feiticeiro.

Outros juízes, é verdade, mandaram queimar o vigário Gaufridi, acreditando piamente que o diabo o fizera aproveitar-se de todas as suas penitentes. O vigário Gaufridi também acreditava que devia aquilo ao diabo; mas isso foi em 1611: era o tempo em que a maioria de nossos provinciais não estava muito acima dos caraíbas e dos negros. Ainda em nossos dias houve alguns dessa espécie, como o jesuíta Girard, o ex-jesuíta Nonotte, o jesuíta Duplessis, o ex-jesuíta Malagrida; mas essa espécie de louco torna-se mais rara a cada dia.

No que se refere à *licanthropia*, ou seja, a lobisomens criados por feitiçaria, bastou que algum jovem pastor, depois de matar um lobo, tenha vestido sua pele e amedrontado algumas velhas, para que a reputação do pastor transformado em lobo se espalhasse por toda a província e, de lá, por outras. Logo Virgílio dirá (*Egl.* VIII, v. 97):

His ego saepe lupum fieri, et se condere silvis
Moerim, saepe animas imis exire sepulcris.

Moeris devenu loup se cachait dans les bois:
Du creux de leurs tombeaux j'ai vu sortir des âmes.
[Méris, transformado em lobo, escondia-se nos bosques:
E vi as almas saindo dos sepulcros.]

Ver um lobisomem é interessante; mas ver almas é mais bonito. Os monges de Monte Cassino não viram a alma de são Bento? Os monges de Tours não viram a de são Martinho? Os monges de Saint-Denis não viram a de Carlos Martel?

Encantamentos para conquistar o amor

Houve-os para moças e rapazes. Os judeus vendiam os seus em Roma e em Alexandria; vendem-nos ainda na Ásia. Encontrareis alguns desses segredos no *Pequeno Alberto*; mas ficareis mais a par se lerdes a defesa escrita por Apuleio quando foi acusado por um cristão, com cuja filha se casara, de tê-la enfeitiçado com filtros. Seu sogro Emiliano afirmava que Apuleio utilizara principalmente certos peixes, pois, visto que Vênus nascera do mar, os peixes deveriam excitar prodigiosamente as mulheres para o amor.

Usavam-se de ordinário verbena, tênias, hipômanes (as secundinas da égua, depois da expulsão do potro), um passarinho que entre nós se chama *hoche-queue*[41], *motacilla* em latim.

---

40. Ver o *Processo dos pastores de Brie*, a partir da p. 516. (N. de Voltaire)
41. Lavandisca ou alvéoloa. (N. da T.)

Mas Apuleio era principalmente acusado de ter usado conchas, patas de caranguejo, ouriços-do-mar, ostras e calamar, que, segundo dizem, tem muito sêmen etc.

Apuleio mostra com bastante clareza qual era o verdadeiro filtro que levara Pudentilla a entregar-se a ele. É verdade que, em seu arrazoado, ele confessa que a mulher certo dia o chamara de *mago*. Diz ele: "Mas e daí?! Se ela tivesse me chamado de *cônsul*, eu seria cônsul por acaso?"

O satirião era considerado por gregos e romanos o filtro mais poderoso de todos; era chamado de *planta afrodísea* e de *raiz de Vênus*. Nós lhe acrescentamos agrião-bravo; é a *eruca* dos latinos[42]: *Et venerem revocans eruca morantem*. Misturamos principalmente um pouco de essência de âmbar. A mandrágora caiu de moda. Alguns velhos debochados usaram cantáridas, que de fato vão para as partes genitais, porém muito mais para a bexiga, escoriando-a e fazendo urinar sangue: foram cruelmente punidos por terem ido longe demais com sua arte.

A juventude e a saúde são os verdadeiros filtros.

O chocolate foi considerado, durante algum tempo, capaz de reanimar o vigor adormecido de nossos petimetres envelhecidos antes do tempo; mas quem tomar vinte xícaras de chocolate nem por isso inspirará mais apetite por sua pessoa.

...*Ut ameris, amabilis esto.*
[Para serdes amado, sede amorável.]
(Ovídio, *A.A.* II, 107)

ENDEMONINHADOS (Démoniaques)

Possuídos pelo demônio, energúmenos, exorcizados, ou melhor, doentes do útero, doença verde, hipocondríacos, epilépticos, cataléticos, curados com os emolientes do sr. Pomme, grande exorcista

Os melancólicos, os epilépticos e as mulheres que sofrem do útero sempre foram tidos por vítimas dos espíritos malignos, dos demônios malfazejos, das vinganças dos deuses. Vimos que esse mal se chamava *doença sagrada*, e que os sacerdotes da antiguidade tomaram conta dessas doenças, visto que os médicos eram grandes ignorantes.

Quando os sintomas eram muito complicados, era porque havia vários demônios no corpo do doente, um demônio do furor, um da luxúria, um da contração, um da rigidez, um da vertigem, um da surdez; e o exorcista, sem a menor dúvida, tinha um demônio da absurdez junto a um do embuste.

Vimos que os judeus expulsavam os diabos do corpo dos possessos com a raiz *barath* e algumas palavras; que nosso Salvador os expulsava por virtude divina, que ele comunicou essa virtude a seus apóstolos, mas que essa virtude está hoje muito debilitada.

Há pouco quiseram reeditar a história de são Paulino. Esse santo viu à abóbada de uma igreja um pobre endemoninhado andando sob a abóbada ou sobre a abóbada, de cabeça para baixo e com os pés para cima, mais ou menos como uma mosca. São Paulino viu muito bem que aquele homem estava possuído; mandou depressa buscar, a algumas léguas de lá, umas relíquias de são Félix de Nola: elas foram aplicadas ao paciente como vesicatórios. O demônio, que segurava o homem contra a abóbada, fugiu logo, e o endemoninhado caiu ao chão.

Podemos duvidar dessa história, conservando o mais profundo respeito pelos verdadeiros milagres; cabe dizer que hoje em dia não curamos assim os endemoninhados. Nós os sangramos, banhamos, purgamos suavemente, damos-lhes emolientes: é assim que o sr. Pomme os trata; e fez mais curas do que os milagres jamais feitos pelos sacerdotes de Ísis e Diana, ou outros.

---

42. Marcial. (N. de Voltaire)

Quanto aos endemoninhados que se dizem possuídos para ganhar dinheiro, em vez de banhos, recebem chicotadas.

Muitas vezes os epilépticos, que tinham as fibras e os músculos dessecados, pesavam menos que um volume igual de água, e sobrenadavam quando eram postos no banho. Todos gritavam: Milagre! E diziam: É um possesso ou um feiticeiro; e iam buscar água benta ou um carrasco. Era uma prova indubitável de que o demônio se tornara senhor do corpo da pessoa flutuante, ou de que ela se entregara a ele. No primeiro caso, era exorcizada; no segundo, queimada.

E assim raciocinamos e agimos durante mil e quinhentos ou mil e seiscentos anos; e ousamos zombar dos cafres! É uma exclamação que nos pode escapar com frequência.

Em 1603, numa cidadezinha do Franco-Condado, uma mulher de qualidade pediu à enteada que lesse as Vidas dos Santos diante de seus pais; a jovem, um pouco instruída demais, mas não sabendo ortografia, substituiu a palavra *vidas* por *histórias*. A madrasta, que a odiava, disse-lhe asperamente: *Por que não lês como está?* A jovem enrubesceu, tremeu, não ousou responder; não quis denunciar a amiga que lhe ensinara a palavra que tem outra ortografia, que ela tivera o pudor de não pronunciar[43]. Um monge, confessor da casa, afirmou que quem lhe ensinara a palavra fora o diabo. A menina preferiu calar-se a justificar-se: seu silêncio foi visto como confissão. A Inquisição a acusou de pacto com o diabo. Ela foi condenada à fogueira, porque tinha muitos bens da mãe e o produto do confisco cabia de direito aos inquisidores: foi a centésima milésima vítima da doutrina dos endemoninhados, dos possuídos, dos exorcismos e dos verdadeiros diabos que reinaram sobre a terra.

ENTUSIASMO (Enthousiasme)

Essa palavra grega significa *emoção visceral, agitação interna*. Terão os gregos inventado essa palavra para expressar os abalos que sentimos nos nervos, a dilatação e o aperto dos intestinos, as violentas contrações do coração, o percurso precipitado dos espíritos de fogo que sobem das entranhas ao cérebro quando somos fortemente afetados?

Ou será que se começou a dar o nome de *entusiasmo*, perturbação das entranhas, às contorções daquela Pítia, que no tripé de Delfos recebia o espírito de Apolo por um lugar que não parece feito para receber corpos?

O que entendemos por entusiasmo? Quantos matizes em nossas afeições! Aprovação, sensibilidade, emoção, perturbação, horror, paixão, êxtase, demência, furor, raiva: são esses todos os estados pelos quais pode passar a pobre alma humana.

Um geômetra assiste a uma tragédia comovente; ele observa apenas que ela é bem dirigida. Um jovem ao lado está comovido e não observa nada; uma mulher chora; outro jovem está tão extasiado que, para sua infelicidade, também vai provocar uma tragédia: contrai a doença do entusiasmo.

O centurião e o tribuno militar, que só viam a guerra como um ofício no qual era possível ganhar uma pequena fortuna, iam para o combate tranquilamente, tal como um telhador sobe ao telhado. César chorava quando via a estátua de Alexandre.

Ovídio só falava de amor com espírito. Safo exprimia o entusiasmo dessa paixão; e, se é verdade que esta lhe custou a vida, foi porque nela o entusiasmo se tornou demência.

O espírito de facção predispõe maravilhosamente ao entusiasmo; não existe facção que não tenha seus energúmenos. Um homem apaixonado que fale com ação tem nos olhos, na voz e nos gestos um veneno sutil que é lançado como um dardo nas pessoas de sua facção. É por essa razão

---

43. *Vie* (vida) e *vit* (pênis) têm a mesma pronúncia. (N. da T.)

que a rainha Elisabeth proibiu que se pregasse seis meses na Inglaterra sem uma permissão assinada por ela, com o fito de conservar a paz no reino.

Santo Inácio, com a mente um tanto inflamada, lê a vida dos Padres da Igreja no deserto, depois de ter lido romances. É então tomado por duplo entusiasmo: torna-se cavaleiro da Virgem Maria, faz a vigília de armas e quer bater-se por sua dama; tem visões; a Virgem lhe aparece e lhe recomenda seu filho: diz-lhe que sua sociedade não deve ter outro nome que não seja o de Jesus.

Inácio comunica seu entusiasmo a outro espanhol chamado Xavier. Este corre às Índias, cuja língua não entende; de lá, vai ao Japão, sem falar japonês; não importa, seu entusiasmo passa para a imaginação de alguns jovens jesuítas que, finalmente, aprendem a língua do Japão. Estes, depois da morte de Xavier, não duvidam de que ele tenha feito mais milagres que os apóstolos, de que tenha ressuscitado pelo menos sete ou oito mortos. Por fim, o entusiasmo se torna tão epidêmico, que eles formam no Japão aquilo que chamam de *cristandade*. Essa cristandade termina numa guerra civil, com cem mil homens massacrados: o entusiasmo então atingiu o último grau, que é o fanatismo; esse fanatismo converteu-se em sanha.

O jovem faquir que olha para a ponta do nariz fazendo suas preces aquece-se gradualmente, até acreditar que, se puser sobre si correntes que pesam cinquenta libras, o Ser supremo lhe será muito grato. Dorme com a imaginação cheia de Brama e não deixa de vê-lo em sonhos. Às vezes até, nesse estado, em que não está adormecido nem desperto, saem centelhas de seus olhos; ele vê Brama resplendente de luz, tem êxtases, e essa doença frequentemente é incurável.

A coisa mais rara é a união de razão e entusiasmo; a razão consiste em ver sempre as coisas como elas são. Aquele que, na embriaguez, vê os objetos em dobro está então privado da razão.

O entusiasmo é exatamente como o vinho: pode provocar tanto tumulto nos vasos sanguíneos e vibrações tão violentas nos nervos, que a razão é totalmente destruída. Pode causar apenas ligeiros abalos, cujo único efeito é dar ao cérebro um pouco mais de atividade: é o que acontece nos grandes impulsos de eloquência, sobretudo na poesia sublime. O entusiasmo racional é dom dos grandes poetas.

Esse entusiasmo racional é a perfeição da arte deles: isso levava a crer, antigamente, que eram inspirados pelos deuses, coisa que nunca se disse sobre outros artistas.

Como o raciocínio pode governar o entusiasmo? É quando o poeta planeja de início a ordem de seu quadro; quem segura o lápis é a razão. Mas, quando ele quer animar suas personagens e dar-lhes o caráter das paixões, a imaginação se aquece, o entusiasmo age: é o ginete que se arrebata na carreira; mas a carreira está regularmente traçada.

O entusiasmo é admitido em todos os gêneros de poesia nos quais entre sentimento; às vezes ele tem lugar até na égloga; prova disso são estes versos da décima égloga de Virgílio (v. 58 ss)

Jam mihi per rupes videor lucosque sonantes
Ire; libet partho torquere cydonia cornu
Spicula: tanquam haec sint nostri medicina furoris,
Aut deus ille malis hominum mitescere discat!
[Já me vejo caminhando no meio das rochas e dos bosques
Sonoros; agrada-me lançar com o arco parto a cidônia
Flecha: como se isso fosse remédio para a minha paixão
Ou se aquele deus aprendesse a abrandar-se com os males dos homens!]

O estilo das epístolas e das sátiras não admite entusiasmo: por isso, ele não é encontrado nas obras de Boileau e de Pope.

Nossas odes, segundo dizem, são verdadeiros cantos de entusiasmo: mas, como entre nós elas não são cantadas, muitas vezes são menos odes do que estâncias ornadas de reflexões engenhosas. Basta examinar a maioria das estâncias da bela *Ode à fortuna*, de Jean-Baptiste Rousseau:

ENTUSIASMO   653

Vous chez qui la guerrière audace
Tient lieu de toutes les vertus,
Concevez Socrate à la place
Du fier meurtrier de Clitus:
Vous verrez un roi respectable,
Humain, généreux, équitable,
Un roi digne de vos autels;
Mais, à la place de Socrate,
Le fameux vainqueur de l'Euphrate
Sera le dernier des mortels.
[Vós, em quem a guerreira audácia
Faz as vezes de todas as virtudes,
Imaginais Sócrates no lugar
Do feroz assassino de Clito:
Vereis um rei respeitável,
Humano, generoso, imparcial,
Um rei digno de vossos altares;
Mas, no lugar de Sócrates,
O famoso vencedor do Eufrates
Será o último dos mortais.]

Esses versos constituem uma breve dissertação sobre o mérito pessoal de Alexandre e de Sócrates: é um sentimento pessoal, um paradoxo. Não é verdade que Alexandre será o último dos mortais. O herói que vingou a Grécia, subjugou a Ásia, pranteou Dario, puniu seus assassinos, respeitou a família do vencido, deu um trono ao virtuoso Abdalônimo, reabilitou Poro e construiu tantas cidades em tão pouco tempo nunca será o último dos mortais.

Tel qu'on nous vante dans l'histoire
Doit peut-être toute sa gloire
A la honte de son rival:
L'inexpérience indocile
Du compagnon de Paul-Émile
Fit tout le succès d'Annibal.
[Quem é gabado na história
Talvez deva toda sua glória
À vergonha do rival:
A inexperiência indócil
Do companheiro de Paulo Emílio
Valeu o sucesso a Aníbal.]

Essa é mais uma reflexão filosófica sem entusiasmo nenhum. Além disso, não é verdade que os erros de Varrão tenham produzido o sucesso de Aníbal: a ruína de Sagunto, a tomada de Turim, a derrota de Cipião, pai do Africano, as vantagens obtidas de Semprônio, a vitória de Trébia, a vitória de Trasimeno e tantas marchas bem pensadas nada têm em comum com a batalha de Canas, na qual Varrão foi vencido, segundo dizem, por erro próprio. Fatos tão desfigurados acaso devem ser mais aprovados numa ode do que numa história?

De todas as odes modernas, aquela em que reina grande entusiasmo, que nunca esmorece e não incide na inverdade nem na empolação, é *Timóteo*, ou festa de Alexandre, de Dryden: ela é vista na Inglaterra como uma obra-prima inimitável, a cujos pés Pope não conseguiu chegar quando quis praticar o mesmo gênero. Essa ode foi cantada; e, tivesse o músico sido digno do poeta, ter-se-ia a obra-prima da poesia lírica.

O mais temível no entusiasmo é a capitulação ao empolado, ao gigantesco, à algaravia. Vejamos um grande exemplo disso na ode sobre o nascimento de um príncipe do sangue real:

> *Où suis-je? quel nouveau miracle*
> *Tient encor mes sens enchantés?*
> *Quel vaste, quel pompeux spectacle*
> *Frappe mes yeux épouvantés!*
> *Un nouveau monde vient d'éclore:*
> *L'univers se reforme encore*
> *Dans les abîmes du chaos;*
> *Et pour réparer ses ruines,*
> *Je vois des demeures divines*
> *Descendre un peuple de héros.*
> [Onde estou? Que novo milagre
> Mantém meus sentidos encantados?
> Que vasto e pomposo espetáculo
> Impressiona-me os olhos assustados!
> Um novo mundo acaba de eclodir
> O universo volta a se formar
> Nos abismos do caos;
> E, para reparar suas ruínas,
> Vejo das moradas divinas
> Descer um povo de heróis.]
> (J.-B. Rousseau, *Ode sur la naissance du duc de Bretagne*)

Aproveitamos esta oportunidade para dizer que há pouco entusiasmo na *Ode sur la prise de Namur* [Ode sobre a tomada de Namur].

O acaso trouxe-me às mãos uma crítica muito injusta ao poema das *Estações*, do sr. de Saint-Lambert, e da tradução das *Geórgicas*, de Virgílio, feita pelo sr. Delille. O autor, decidido a denegrir tudo o que é louvável nos autores vivos e a louvar tudo o que é condenável nos mortos, quer fazer admirar esta estrofe:

> *Je vois monter nos cohortes*
> *La flamme et le fer en main.*
> *Et sur les monceaux de piques,*
> *De corps morts, de rocs, de briques,*
> *S'ouvrir un large chemin.*
> [Vejo subir nossas coortes
> Com a chama e o ferro na mão.
> E sobre os montes de lanças,
> Corpos mortos, rochas, tijolos,
> Abrir um largo caminho.]
> (Boileau, *Ode sur la prise de Namur*)

Ele não percebe que os termos *piques* [lanças] e *briques* [tijolos] produzem efeito desagradabilíssimo; que não é grande o esforço de subir em *tijolos*, e que a imagem dos *tijolos* é muito fraca depois da imagem dos *mortos*; que ninguém sobe em montes de *lanças*, e nunca ninguém amontoou *lanças* para lançar-se ao assalto; que ninguém abre um largo caminho sobre *rochas*; que era preciso dizer: "Vejo nossas coortes abrir um largo caminho através dos destroços dos rochedos, em meio a armas despedaçadas e sobre mortos empilhados"; então teria havido gradação, verdade e uma imagem terrível.

A crítica só foi guiada por seu mau gosto e pela raiva invejosa que devora tantos pequenos autores subalternos. Para arvorar-se de crítico, é preciso ser um Quintiliano, um Rollin; não se pode ter a insolência de dizer isto é bom, aquilo é ruim, sem apresentar provas convincentes. Isso não seria parecer-se com Rollin em seu *Tratado dos estudos*; seria parecer-se com Fréron e, por conseguinte, ser desprezível.

ENVENENAMENTOS (Empoisonnements)

É bom repetir com frequência verdades úteis. Sempre houve menos envenenamentos do que se disse; ocorre com os envenenamentos quase o mesmo que com os regicídios. As acusações foram comuns, e os crimes, raríssimos. Prova disso é que por muito tempo se considerou veneno o que não é. Quantos príncipes se livraram daqueles de quem suspeitavam dando-lhes sangue de touro para beber! Quantos príncipes tomaram sangue de touro para não cair nas mãos dos inimigos! Todos os historiadores antigos falam disso, mesmo Plutarco.

Fui tão embalado com essas histórias na infância, que acabei mandando sangrar um dos meus touros, achando que seu sangue me pertencia, visto que ele havia nascido em meu estábulo (antiga pretensão, cuja validade não discuto aqui): bebi seu sangue tal como Atreu e srta. de Vergy. Fez-me tanto mal quanto o mal que o sangue de cavalo faz aos tártaros e o mal que o chouriço nos faz todos os dias, principalmente quando não está muito gordo.

Por que o sangue do touro seria veneno, se o sangue de bode selvagem é considerado remédio? Os camponeses da minha região todos os dias tomam sangue de boi, que eles chamam de *fricassée*; o sangue de touro não é mais perigoso. Podeis estar certo, caro leitor, de que Temístocles não morreu disso.

Alguns especuladores da corte de Luís XIV acreditaram adivinhar que sua cunhada, Henriqueta da Inglaterra, fora envenenada com pó de diamante, posto numa tigela de morangos, em lugar de açúcar; mas não poderia ser nocivo o pó impalpável de vidro ou diamante, nem o pó de nenhum produto da natureza que não seja venenoso por si mesmo.

Apenas as pontas agudas, cortantes e ativas podem tornar-se venenos violentos. Mead (que pronunciamos Mide), famoso médico de Londres e observador preciso, viu ao microscópio o líquido expelido pelas gengivas das víboras irritadas; afirma ele que sempre encontrou nesse líquido lâminas cortantes e pontiagudas que, em grande número, dilacera e perfura as membranas internas.

A cantarela que, segundo consta, era muito usada pelo papa Alexandre VI e por seu filho bastardo, o duque de Borgia, seria a baba do porco raivoso, quando alguém o suspendia pelos pés, de cabeça para baixo, e o batia por muito tempo até que ele morresse: tratava-se de um veneno tão rápido e violento quanto o da víbora. Um grande boticário assegura que a Tofana, célebre envenenadora de Nápoles, usava principalmente essa receita. Talvez nada disso seja verdade. Essa é uma daquelas ciências que seria bom ignorar.

Os venenos que coagulam o sangue, em vez de dilacerar as membranas, são o ópio, a cicuta, o meimendro, o acônito e vários outros. Os atenienses os refinaram a ponto de matarem com esses venenos, considerados frios, seus compatriotas condenados à morte. Os boticários eram os carrascos da república. Dizem que Sócrates morreu tranquilamente, como se dormisse; custa-me acreditar.

A observação que faço sobre os livros judeus é que naquele povo não se vê ninguém que tenha morrido envenenado. Uma multidão de reis e pontífices morre assassinada; a história daquela nação é uma história de assassinatos e banditismo, mas em um único lugar se diz que alguém se envenenou, e esse alguém não é judeu: era um sírio chamado Lísias, general dos exércitos de Antíoco Epifânio. O segundo livro dos Macabeus diz[44] que ele se envenenou: *vitam veneno finivit*. Mas esses livros dos Macabeus são muito suspeitos. Meu caro leitor, já vos pedi que não acrediteis em nada que seja ligeiro.

O que mais me causaria admiração na história dos costumes dos antigos romanos seria a conspiração das mulheres romanas para matar envenenados não os seus maridos, mas, em geral, os principais cidadãos. Segundo Tito Lívio, isso ocorreu no ano 423 da fundação de Roma; foi, portanto, no tempo da virtude mais austera; foi antes que se ouvisse falar de divórcio, embora o divórcio fosse autorizado; foi quando as mulheres não bebiam vinho, quase nunca saíam de casas, e só o faziam para ir aos templos. Como imaginar que, de repente, elas se tivessem aplicado ao conhecimento dos venenos, que se reunissem para fazê-los e, sem nenhum interesse aparente, passassem assim a matar os principais cidadãos de Roma?

Laurent Échard, em sua compilação resumida, limita-se a dizer que "a virtude das senhoras romanas foi estranhamente desmentida; e que cento e setenta delas, que se haviam dedicado ao ofício de envenenadoras, tentando transformar essa arte em preceitos, foram ao mesmo tempo acusadas, condenadas e punidas".

Tito Lívio não diz com certeza que elas criaram os preceitos dessa arte. Isso significaria que elas mantinham uma escola de venenos, que professaram essa ciência, o que é ridículo. Não fala em cento e setenta professoras do sublimado corrosivo ou do azinhavre. Por fim, não afirma que houve envenenadoras entre as mulheres dos senadores e dos cavaleiros.

O povo era extremamente tolo e argumentador, em Roma como em outros lugares; vejamos quais são as palavras de Tito Lívio:

[45]"O ano 423 foi um ano infeliz; houve mortandade causada pela intempérie do ar ou pela malícia humana. Gostaria de poder afirmar, como alguns autores, que a corrupção do ar causou essa epidemia, em vez de atribuir ao veneno a morte de tantos romanos, como escreveram falsamente alguns historiadores para difamar esse ano."

Portanto, escreveu-se *falsamente*, segundo Tito Lívio, que as mulheres de Roma eram envenenadoras: logo, ele não acredita nisso; mas que interesse tinham aqueles autores para difamar aquele ano? É o que ignoro.

Vou relatar o fato, continua ele, *tal como foi relatado antes de mim*. Não são palavras de um homem convicto. Aliás, esse fato lembra muito uma fábula. Uma escrava acusa cerca de setenta mulheres, entre as quais algumas patrícias, de espalharem a peste em Roma preparando venenos. Algumas das acusadas pedem permissão para ingerir suas drogas e expiram imediatamente. Suas cúmplices são condenadas à morte, mas não se especifica qual foi o tipo de suplício.

Ouso desconfiar que essa historinha, na qual Tito Lívio não acredita, merece ser relegada ao lugar onde se conservava o navio que uma vestal puxara para a costa com o cinto, onde Júpiter em pessoa detivera a fuga dos romanos, onde Castor e Pólux tinham ido combater a cavalo, onde uma pedra fora cortada com uma navalha, onde Simão Barjona, dito Pedro, disputou com Simão, o Mago, para ver quem fazia mais milagres etc.

São poucos os venenos cujas consequências não possam ser prevenidas quando combatidos incontinenti. Não há remédio que não seja veneno quando a dose é grande demais.

Toda indigestão é um envenenamento.

O médico ignorante, ou mesmo instruído, mas desatento, muitas vezes é um envenenador; um bom cozinheiro, sem dúvida, é um envenenador de longo prazo, para quem não é comedido.

Um dia, o marquês de Argenson, ministro de Estado no departamento estrangeiro quando seu irmão era ministro da guerra, recebeu de Londres uma carta de um louco (como as que os minis-

---

44. Cap. X, v. 13. (N. de Voltaire)
45. *Primeira década*, liv. VIII. (N. de Voltaire)

tros recebem a cada posta): aquele louco propunha um método infalível para envenenar todos os habitantes da capital da Inglaterra. "Isso não me diz respeito, disse o marquês de Argenson; essa petição é para meu irmão."

EPIFANIA (Épiphanie)

Visibilidade, aparição, ilustração, refulgência

Não se percebe muito que relação essa palavra pode ter com três reis, ou três magos, que vieram do oriente conduzidos por uma estrela. Ao que tudo indica, foi aquela estrela brilhante que valeu àquele dia o título de *Epifania*.

Pergunta-se de onde vinham aqueles três reis. Em que lugar haviam se encontrado? Consta que um chegava da África: este, portanto, não teria vindo do oriente. Dizem que eram três magos, mas o povo sempre preferiu três reis. Em todo lugar se celebra a festa dos reis; em nenhum, a dos magos. Come-se o bolo de reis, mas não o bolo dos magos. Grita-se *o rei bebe!,* mas não *o mago bebe.*

Aliás, como traziam consigo muito ouro, incenso e mirra, só podiam mesmo ser grandes senhores. Os magos daquele tempo não eram muito ricos. Não era como no tempo do falso Smerdis.

Tertuliano foi o primeiro que garantiu que aqueles três viajantes eram reis. Santo Ambrósio e são Cesário de Arles os consideram reis; e, para provarem, citam estes trechos do salmo LXXI: "Os reis de Társis e das ilhas lhe oferecerão presentes. Os reis da Arábia e de Sabá lhe trarão dádivas." Uns chamaram esses três reis de Magalat, Galgalat, Saraim; outros, de Atos, Satos, Parátoras. Os católicos os conhecem com os nomes de Gaspar, Melquior e Baltasar. O bispo Osorius conta que foi um rei de Cranganor no reino de Calicute que fez aquela viagem com dois magos, e que, ao voltar para sua terra, esse rei construiu uma capela para a Virgem Maria.

Há quem pergunte quanto ouro deram a José e a Maria. Vários comentadores garantem que seus presentes foram riquíssimos. Baseiam-se no *Evangelho da infância*, no qual se diz que José e Maria foram roubados no Egito por Tito e Dumaco. Ora, dizem, não poderiam ter sido roubados, se não tivessem muito dinheiro. Os dois ladrões depois foram enforcados; um foi o bom ladrão, e o outro, o mau. Mas o Evangelho de Nicodemo lhes dá outros nomes: chama-os Dimas e Gestas.

O mesmo *Evangelho da infância* diz que foram magos, e não reis, que vieram a Belém; que, na verdade, foram guiados por uma estrela; mas que, como a estrela desapareceu quando eles estavam no estábulo, um anjo lhes apareceu na forma de estrela para ocupar seu lugar. Esse *Evangelho* garante que essa visita dos três magos havia sido prevista por Zoradasht, que é aquele que chamamos de Zoroastro.

Suarez procurou descobrir o que aconteceu com o ouro presenteado pelos três reis, ou três magos. Afirma que a soma devia ser muito alta, e que três reis não podiam dar um presente medíocre. Diz que todo aquele dinheiro foi dado depois a Judas, que, servindo como mordomo, tornou-se um patife e roubou todo o tesouro.

Todas essas puerilidades não prejudicaram em nada a festa da Epifania, que foi instituída pela Igreja grega, como o nome demonstra, e depois celebrada pela Igreja latina.

EPIGRAMA (Épigramme)

Essa palavra quer dizer, propriamente, *inscrição*; assim, um epigrama devia ser curto. Os epigramas da *Antologia* grega são, na maioria, finos e graciosos; nada têm das imagens grosseiras que Catulo e Marcial esbanjaram, e que Marot e outros imitaram. Vejamos alguns, traduzidos com uma brevidade que muitos acusaram a língua francesa de não possuir. O autor é desconhecido.

Sobre os sacrifícios a Hércules

Un peu de miel, un peu de lait,
    Rendent Mercure favorable;
Hercule est bien plus cher, il est bien moins traitable;
Sans deux agneaux par jour il n'est point satisfait.
On dit qu'à mes moutons ce dieu sera propice.
    Qu'il soit béni! mais entre nous,
    C'est un peu trop en sacrifice:
Qu'importe qui les mange, ou d'Hercule ou des loups?
    [Um pouco de mel e de leite,
        Tornam Mercúrio favorável;
    Hércules é bem mais caro, e bem menos tratável;
    Sem dois cordeiros por dia não se satisfaz.
    Dizem que esse deus será propício a meus carneiros.
        Bentido seja, mas cá entre nós,
        É um pouco demais em sacrifício:
    Que importa quem os come: se Hércules ou os lobos?]

Sobre Laís, que enviou seu espelho ao templo de Vênus

Je le donne à Vénus puisqu'elle est toujours belle;
    Il redouble trop mes ennuis:
Je ne saurais me voir dans ce miroir fidèle
Ni telle que j'étais, ni telle que je suis.
    [Dou-o a Vênus, que continua bela;
        Ele duplica meu aborrecimento:
    Não posso ver-me neste espelho fiel
    Como era antes nem como sou agora.]

Sobre uma estátua de Vênus

Oui, je me montrai toute nue
Au dieu Mars, au bel Adonis,
A Vulcain même, et j'en rougis;
Mais Praxitèle, où m'a-t-il vue?
    [Sim, mostrei-me nua
    Ao deus Marte, ao belo Adônis,
    E até a Vulcano, do que corei;
    Mas Praxíteles, onde me viu?]

Sobre uma estátua de Níobe

Le fatal courroux des dieux
Changea cette femme en pierre;

Le sculpteur a fait bien mieux:
Il a fait tout le contraire.
[A fatal ira dos deuses
Transformou essa mulher em pedra;
O escultor fez melhor ainda:
Transformou pedra em mulher.]

Sobre flores, a uma moça grega, que achavam convencida

Je sais bien que ces fleurs nouvelles
Sont loin d'égaler vos appas;
Ne vous enorgueillissez pas:
Le temps vous fanera comme elles.
[Sei bem que estas flores novas
Nem de longe igualam teus atrativos;
Mas não te envaideças:
Com o tempo fenecerás como elas.]

Sobre Leandro, que nadava para a torre de Hero durante uma tempestade
(*Epigrama imitado de Marcial*)

Léandre, conduit par l'Amour,
En nageant, disait aux orages:
Laissez-moi gagner les rivages,
Ne me noyez qu'à mon retour.
[Leandro, guiado pelo Amor,
A nadar dizia à borrasca:
Deixa-me chegar à praia,
Afoga-me na volta.]

Através da fraqueza da tradução, é fácil entrever a delicadeza e as graças picantes desses epigramas. São eles bem diferentes das grosseiras imagens frequentemente pintadas em Catulo e Marcial!

At nunc pro cervo mentula supposita est.
[Mas aqui, em lugar de um cervo, foi colocado um pau.]
(Marcial, III, 91)

Teque puta cunnos, uxor, habere duos.
[Pensa, esposa, que tens duas bocetas.]
(Marcial, XI, 44)

Marot fez alguns nos quais se encontra toda a amenidade da Grécia.

Plus ne suis ce que j'ai été
Et ne le saurois jamais être;
Mon beau printemps et mon été
Ont fait le saut par la fenêtre.
Amour, tu as été mon maître,

Je t'ai servi sur tous les dieux.
O! si je pouvois deux fois naître,
Comment je te servirois mieux!
[Já não sou o que fui
Nem poderei voltar a ser;
Minha primavera e meu verão
Pularam pela janela.
Amor, foste meu senhor,
Servi-te acima de todos os deuses.
Ó, pudesse eu nascer duas vezes,
E bem melhor te serviria!]

Não fossem a primavera e o verão pulando pela janela, esse epigrama seria digno de Calímaco. Eu não ousaria dizer o mesmo deste rondel, que tantos letrados repetiram tantas vezes:

Au bon vieux temps un train d'amour régnoit
Qui sans grand art et dons se démenoit,
Si qu'un bouquet donné d'amour profonde
C'était donner toute la terre ronde,
Car seulement au coeur on se prenoit;
Et si par cas à jouir on venoit,
Savez-vous bien comme on s'entretenoit?
Vingt ans, trente ans; cela duroit un monde
    Au bon vieux temps.
Or est perdu ce qu'amour ordonnoit[46]*,*
Rien que pleurs feints, rien que changes on n'oit.
Qui voudra donc qu'à aimer je me fonde,
Il faut premier que l'amour on refonde,
Et qu'on la mène ainsi qu'on la menoit
Au bon vieux temps.
[Nos bons e velhos tempos uma maneira de amor reinava
Que sem grande arte e dádivas se agitava,
Assim, dar um buquê com amor profundo
Era dar toda a terra redonda,
Pois só o coração interessava;
E se, por acaso, ao gozo se chegava,
Sabeis quanto tempo a gente se entretinha?
Vinte, trinta anos; durava um mundo
    Nos bons e velhos tempos.
Perdido está o que o amor ordenava,
Nada, senão pranto fingido; nada, senão mudanças temos.
Se alguém quiser então que a amar eu me desfaça,
Primeiro será preciso que o amor se refaça,
E que o vivam como antes era vivido
Nos bons e velhos tempos.]

---

46. É evidente que na época se pronunciavam todos os *oi* rudemente, *prenoit, demenoit, ordonnoit*, e não *ordonnait, démenait, prenait*, já que essas terminações rimavam com *oit*. É ainda evidente que se permitiam os *bocejos*, as interrupções. (N. de Voltaire)

Eu diria, para começar, que esses rondéis, cujo mérito consiste em repetirem-se no fim de duas estrofes as palavras que começam o pequeno poema, são uma invenção gótica e pueril; e gregos e romanos nunca aviltaram a dignidade de suas línguas harmoniosas com essas ninharias difíceis.

A seguir, perguntaria o que é uma *maneira de amor* que reina [*un train d'amour régnoit*], uma maneira *que se agita sem dádivas* [*qui sans dons se démenoit*]. Poderia perguntar se *se por acaso ao gozo se chegava* [*si par cas à jouir on venoit*] são expressões delicadas e agradáveis; se *entreter-se* [*s'entretenoit*] e *desfazer-se a amar* [*qu'à aimer je me fonde*] não são, de algum modo, fruto da barbárie do tempo, que Marot adoça em alguns de seus pequenos poemas.

Acreditaria eu que *refazer* [*refondre*]⁴⁷ o amor é imagem bem pouco conveniente; que, se o *refazemos*, não o *vivemos*; e eu diria, enfim, que as mulheres poderiam replicar a Marot: Por que não o refazes tu mesmo? Que prazer haverá num amor terno e constante, se não houver outro amor?

O mérito dessa pequena obra parece consistir na facilidade ingênua; mas quantas ingenuidades aborrecidas existem em quase todas as obras da corte de Francisco I!

> *Ton vieux couteau, Pierre Martel, rouillé,*
> *Semble ton vit jà retrait et mouillé;*
> *Et le fourreau tant laid où tu l'engaînes,*
> *C'est que toujours as aimé vieilles gaînes.*
> *Quant à la corde à quoi il est lié,*
> *C'est qu'attaché seras et marié.*
> *Au manche aussi de corne connoît-on*
> *Que tu seras cornu comme un mouton.*
> *Voilà le sens, voilà la prophétie*
> *De ton couteau, dont je te remercie.*
> [Tua velha faca, Pierre Martel, enferrujada,
> Parece teu pau já encolhido e molhado;
> E o forro tão feio em que a embainhas,
> É porque sempre amaste velhas bainhas.
> Quanto ao cordão ao qual está presa,
> É que ficarás amarrado e casado.
> Pelo cabo também, feito de chifre,
> Vê-se que serás cornudo como um cabrito.
> Esse é o sentido, a profecia
> De tua faca, que agradeço.]

Será um cortesão o autor de tal epigrama? Será um marinheiro bêbado numa taberna? Marot, infelizmente, fez coisas demais nesse gênero.

Os epigramas que só giram em torno de devassidões de monges e obscenidades são desprezados pelas pessoas de bem; são apreciados apenas por uma juventude desbragada, que se agrada muito mais do tema do que do estilo. Mude-se o objeto, ponham-se outros atores em seu lugar, e o que antes divertia se mostrará em toda a sua fealdade.

---

47. *Refondre*, literalmente, significa *refundir*. *Fondre* é fundir, derreter. Em francês antigo, a forma pronominal equivalia ao português *desfazer-se, desmanchar-se, derreter-se* no sentido de manifestar um sentimento com exagero. (N. da T.)

EPOPEIA (Épopée)

Poema épico

Como *epos* significava *discurso* em grego, o poema épico, portanto, era um discurso; era escrito em versos porque ainda não era costume narrar em prosa. Parece esquisito, mas nem por isso não é verdade. Certo Ferecides é considerado o primeiro grego que utilizou a prosa com regularidade para compor uma história meio verdadeira[48], meio falsa, como foram quase todas na antiguidade.

Orfeu, Lino, Tâmiris e Musaios, predecessores de Homero, só escreveram em versos. Hesíodo, que sem dúvida era contemporâneo de Homero, apresenta em versos a sua *Teogonia* e seu poema *Dos trabalhos*. A harmonia da língua grega convidava tanto à poesia, as máximas encerradas um versos eram tão facilmente retidas pela memória, que as leis, os oráculos, a moral e a teologia, tudo era em versos.

De Hesíodo

Hesíodo utilizou as fábulas que havia muito eram difundidas na Grécia. Percebe-se claramente, pela maneira sucinta como ele fala de Prometeu e Epimeteu, que ele supõe serem essas noções já familiares a todos os gregos. Fala deles só para mostrar que é preciso trabalhar, e que o repouso pusilânime, em que, para outros mitologistas, consistia a felicidade do homem, é um atentado contra as ordens do Ser supremo.

Tentaremos apresentar aqui ao leitor uma imitação de sua fábula de Pandora, mudando alguma coisa nos primeiros versos e adaptando-nos às ideias admitidas desde Hesíodo, pois nenhuma mitologia nunca foi uniforme:

Prométhée autrefois pénétra dans les cieux.
Il prit le feu sacré, qui n'appartient qu'aux dieux.
Il en fit part à l'homme; et la race mortelle
De l'esprit qui meut tout obtint quelque étincelle.
"Perfide! s'écria Jupiter irrité,
Ils seront tous punis de ta témérité."
Il appela Vulcain; Vulcain créa Pandore.

De toutes les beautés qu'en Vénus on adore
Il orna mollement ses membres délicats;
Les Amours, les Désirs, forment ses premiers pas.
Les trois Graces et Flore arrangent sa coiffure,
Et mieux qu'elles encore elle entend la parure.
Minerve lui donna l'art de persuader;
La superbe Junon celui de commander.
Du dangereux Mercure elle apprit à séduire,
A trahir ses amants, à cabaler, à nuire;
Et par son écolière il se vit surpassé.

---

48. Meio verdadeira já é muito. (N. de Voltaire)

Ce chef-d'oeuvre fatal aux mortels fut laissé;
De Dieu sur les humains tel fut l'arrêt suprême:
Voilà votre supplice, et j'ordonne qu'on l'aime.[49]

Il envoie à Pandore un écrin précieux;
Sa forme et son éclat éblouissent les yeux.
Quels biens doit renfermer cette boîte si belle!
De la bonté des Dieux c'est un gage fidèle;
C'est là qu'est renfermé le sort du genre humain.
Nous serons tous des dieux... Elle l'ouvre; et soudain
Tous les fléaux ensemble inondent la nature.
Hélas! avant ce temps, dans une vie obscure,
Les mortels moins instruits étaient moins malheureux;
Le vice et la douleur n'osaient approcher d'eux;
La pauvreté, les soins, la peur, la maladie,
Ne précipitaient point le terme de leur vie.
Tous les coeurs étaient purs, et tous les jours sereins etc.

[Prometeu outrora penetrou nos céus.
Tomou o fogo sagrado que só pertence aos deuses.
Dividiu-o com homem, e a raça mortal
Do espírito que tudo move obteve alguma centelha.
"Pérfido!, exclamou Júpiter irritado,
Serão todos punidos por tua temeridade."
Chamou Vulcano; Vulcano criou Pandora.

De todas as belezas que em Vênus se adoram
Ele ornou com langor seus membros delicados;
Amores e Desejos foram seus primeiros passos.
As três Graças e Flora arranjam-lhe o toucado,
E mais que aquelas ela é hábil no trajar.
Minerva dá-lhe a arte de persuadir;
A soberba Juno, a de comandar.
Do perigoso Mercúrio aprendeu a seduzir,
A trair os amantes, intrigar, lesar;
E por sua estudante ele foi superado.

Essa obra-prima fatal ao mortais foi mandada;
Foi de Deus aos humanos tal sentença suprema:
Esse é vosso suplício, ordeno que o ameis.

Envia a Pandora o estojo precioso;
A forma e o brilho deslumbram a vista.
Que bens conterá uma caixa tão bela!
Da bondade dos deuses é penhor fiel;
Nela está encerrada a sorte do ser humano.
Seremos todos deuses... ela abre; e súbito

---

49. Foram aqui colocados esses versos de Hesíodo, que estão no texto antes da criação de Pandora. (N. de Voltaire)

Todos os flagelos invadem juntos a natureza.
Ai! Antes destes tempos, em vida obscura,
Os mortais menos instruídos eram menos infelizes;
O vício e a dor não se aproximavam deles;
Pobreza, cuidados, medo, doença
Não lhes apressavam o fim da vida.
Os corações eram puros, e os dias, serenos etc.]

Se Hesíodo sempre tivesse escrito assim, seria superior a Homero!

Em seguida, Hesíodo descreve as quatro eras famosas, das quais ele foi o primeiro que falou (pelo menos entre os antigos autores que nos restam). A primeira era foi a que precedeu Pandora, tempo em que os homens viviam com os deuses. A era de ferro é a do cerco de Tebas e de Troia. Diz ele: "Estou na quinta, e gostaria de não ter nascido." Quantos homens oprimidos pela inveja, pelo fanatismo e pela tirania não disseram o mesmo desde Hesíodo!

É no poema sobre *Os trabalhos e os dias* que se encontram provérbios que se perpetuaram, como: "o oleiro tem ciúme do oleiro"; e acrescenta: "o músico do músico, e até o pobre do pobre". É aí que se encontra o original da fábula do rouxinol que caiu nas garras do abutre. O rouxinol canta em vão para abrandá-lo, e o abutre o devora. Hesíodo não conclui que "barriga faminta não tem ouvidos", mas sim que os tiranos não são dobrados pelo talento.

Nesse poema encontram-se cem máximas dignas de Xenofonte e Catão:

Os homens ignoram o prêmio da sobriedade; não sabem que a metade vale mais que o todo. A iniquidade só é perniciosa aos pequenos. – Só a equidade traz prosperidade às cidades. – Muitas vezes um só homem injusto basta para arruinar a pátria. – O malvado que urde a ruína de um homem muitas vezes prepara a sua. – O caminho do crime é curto e fácil. O da virtude é longo e difícil, mas perto do objetivo é delicioso. – Deus pôs o trabalho como sentinela da virtude.

Por fim, seus preceitos sobre a agricultura mereceram ser imitados por Virgílio. Há também belíssimos trechos em sua *Teogonia*. O Amor que desfaz o caos; Vênus, que, nascida no mar das partes genitais de um deus, alimentada em terra e sempre seguida pelo Amor, une o céu, o mar e a terra – são emblemas admiráveis.

Por que então Hesíodo teve menos reputação que Homero? Parece-me que, com mérito igual, Homero deveria ser preferido pelos gregos: cantava suas proezas e suas vitórias sobre os asiáticos, seus eternos inimigos; celebrava todas as casas que reinavam em seu tempo na Acaia e no Peloponeso; escrevia a guerra mais memorável do primeiro povo da Europa contra a nação mais próspera que já foi conhecida na Ásia. Seu poema foi quase o único monumento daquela grande época. Não havia cidade, família que não se acreditasse honrada por encontrar seu nome naqueles arquivos do valor. Há quem chegue a garantir que, muito tempo depois dele, algumas pendências entre cidades gregas, em torno de terrenos limítrofes, foram decididas por versos de Homero. Depois de sua morte, tornou-se juiz das cidades nas quais dizem que pedia esmolas durante a vida. Isso também prova que os gregos tinham poetas muito tempo antes de terem geógrafos.

É espantoso que os gregos, que se honravam tanto com poemas épicos nos quais se imortalizaram os combates de seus ancestrais, não encontrassem ninguém para cantar as jornadas de Maratona, das Termópilas, de Plateia, de Salamina. Os heróis daquele tempo valiam tanto quanto Agamêmnon, Aquiles e Ajax.

Tirteu, capitão, poeta e músico, tal como vimos em nossos dias o rei da Prússia, guerreou e cantou a guerra. Animou os espartanos contra os messênios com seus versos e saiu vitorioso. Mas suas obras se perderam. Não se diz que houve poema épico no século de Péricles; os grandes talentos voltaram-se para a tragédia: assim, Homero ficou sozinho, e sua glória aumentou dia após dia. Vamos à sua *Ilíada*.

Da Ilíada

O que confirma minha opinião de que Homero era da colônia grega estabelecida em Esmirna é a grande quantidade de metáforas e descrições no estilo oriental: a terra que retine sob os pés na marcha do exército, como os raios de Júpiter sobre os montes que cobrem o gigante Tifeu; um vento mais negro que a noite, a voar com as tempestades; Marte e Minerva, seguidos pelo Terror, pela Fuga e pela insaciável Discórdia, irmã e companheira do deus homicida dos combates, que se eleva assim que ela aparece, e, pisando a terra, leva a cabeça orgulhosa no céu: toda a *Ilíada* está cheia dessas imagens; foi o que levou o escultor Bouchardon a dizer: "Quando li Homero, achei que tinha vinte pés de altura."

Seu poema, que não é nada interessante para nós, era, portanto, muito valorizado por todos os gregos.

Seus deuses são ridículos aos olhos da razão, mas não o eram aos olhos do preconceito; e era para o preconceito que ele escrevia.

Rimos e damos de ombros ao vermos deuses injuriando-se, batendo-se, batendo-se com os homens, feridos, sangrando, mas essa era a antiga teologia da Grécia e de quase todos os povos asiáticos. Cada nação, cada pequeno povo tinha sua divindade particular, que o guiava nos combates.

Os habitantes das nuvens e das estrelas, que se supunha viverem nas nuvens, haviam travado uma guerra cruenta. A guerra dos anjos contra os anjos era o fundamento da religião dos brâmanes, de tempos imemoriais. A guerra dos Titãs, filhos do Céu e da Terra, contra os deuses senhores do Olimpo, era o primeiro mistério da religião grega. Tifão, entre os egípcios, combatera contra *Oshireth*, que chamamos Osíris, e o retalhara.

A sra. Dacier, em seu prefácio à *Ilíada*, observa com muita sensatez, após Eustátio, bispo de Tessalônica, e Huet, bispo de Avranches, que cada nação vizinha dos hebreus tinha seu deus dos exércitos. De fato, Jefté acaso não diz aos amonitas[50]: "Possuís justamente o que vosso deus Kemosh vos deu; tolerai, portanto, que tenhamos o que nosso Deus nos dá"?

Acaso não vemos o Deus de Judá vencer nas montanhas[51], mas ser rechaçado nos vales?

Quanto aos homens que lutam contra os imortais, esse também é um lugar-comum; Jacó luta uma noite inteira contra um anjo de Deus. Se Júpiter envia um sonho enganoso ao chefe dos gregos, o Senhor envia um espírito enganoso ao rei Acabe. Esses emblemas eram frequentes e não espantavam ninguém. Homero, portanto, retratou seu século; não podia retratar os séculos seguintes.

Devemos repetir aqui que, em Lamotte, foi um estranho feito degradar Homero e traduzi-lo; mas foi ainda mais estranho abreviá-lo para corrigi-lo. Em vez de exercitar seu próprio gênio tentando copiar os sublimes quadros de Homero, ele quis dar-lhe espírito: é a mania da maioria dos franceses; uma espécie de agudeza que eles chamam *trait*, uma pequena antítese, um ligeiro contraste de palavras lhes bastam. Esse é um defeito no qual Racine e Boileau quase nunca incidiram. Mas quantos autores, quantos homens até geniais se deixaram seduzir por essas puerilidades que dessecam e debilitam todo e qualquer tipo de eloquência!

Eis aqui, pelo que pude julgar, um exemplo impressionante. Fênix, no nono livro, para acalmar a cólera de Aquiles, fala-lhe mais ou menos assim:

Les Prières, mon fils, devant vous éplorées,
Du souverain des dieux sont les filles sacrées;
Humbles, le front baissé, les yeux baignés de pleurs,
Leur voix triste et craintive exhale leurs douleurs.

---

50. Juízes, cap. XI, v. 24. (N. de Voltaire)
51. *Ibid.*, cap. I, v. 19. (N. de Voltaire)

On les voit, d'une marche incertaine et tremblante,
Suivre de loin l'Injure impie et menaçante,
L'Injure au front superbe, au regard sans pitié,
Qui parcourt à grands pas l'univers effrayé.
Elles demandent grâce... et lorsqu'on les refuse,
C'est au trône de Dieu que leur voix vous accuse;
On les entend crier en lui tendant les bras:
Punissez le cruel qui ne pardonne pas;
Livrez ce coeur farouche aux affronts de l'Injure;
Rendez-lui tous les maux qu'il aime qu'on endure;
Que le barbare apprenne à gémir comme nous.
Jupiter les exauce; et son juste courroux
S'appesantit bientôt sur l'homme impitoyable.
[As Súplicas, meu filho, ante vós em prantos,
Do soberano dos deuses são as filhas sagradas;
Humildes, fronte inclinada, olhos banhados de lágrimas,
Sua voz triste e medrosa transpira sua dor.
São vistas, com passo incerto e trêmulo,
Seguir de longe a Injúria ímpia e ameaçadora,
A Injúria, com fronte soberba e olhar sem dó,
Percorrendo a passos largos o universo horrorizado.
Elas pedem graça... e quando lhes recusam,
É ao trono de Deus que sua voz vos acusa;
Ouvem-se seus gritos, elas lhe estendem os braços:
Puni o cruel que não perdoa nunca;
Dai esse coração feroz às afrontas da Injúria;
Devolvei-lhe os males que ele quer impor;
Que o bárbaro aprenda a gemer como nós.
Júpiter as atende, e sua justa cólera
Logo pesa sobre o homem impiedoso.]

Aí está uma tradução fraca, mas bastante exata; e, apesar das injunções da rima e da secura da língua, percebem-se alguns traços dessa grandiosa e tocante imagem, pintada com tanta força no original.

O que faz aquele que quis corrigir Homero? Em dois versos de antíteses ele mutila todo esse quadro:

On irrite les dieux; mais par des sacrifices,
De ces dieux irrités on fait des dieux propices.
[Irritamos os deuses, mas com sacrifícios
De deuses irritados fazemos deuses propícios.]
(LAMOTTE-HOUDARD, *Ilíada*, cap. VI)

Isso não passa de sentença trivial e fria. Sem dúvida o discurso de Fênix é um tanto espichado, mas não era o quadro das Súplicas que devia ser cortado.

Homero tem grandes defeitos; isso é admitido por Horácio, todos os homens de bom gosto concordam: não há um único comentador que seja tão cego que não veja tais defeitos. O próprio Pope, tradutor do poeta grego, diz que "é uma vasta campina, porém bruta, onde se encontram belezas naturais de todas as espécies, mas não dispostas com regularidade como num jardim; é um abundante viveiro que contém as sementes de todos os frutos, uma grande árvore da qual brotam ramos supérfluos que é preciso podar".

A sra. Dacier opta pela vasta campina, pelo viveiro e pela árvore, e não quer cortar nada. Sem dúvida era uma mulher que estava acima de seu sexo e que prestou grandes serviços às letras, assim como seu marido; mas, quando ela se fez homem, fez-se comentador; exacerbou tanto esse papel que nos deu vontade de achar Homero ruim. Obstinou-se tanto, a ponto de ofender o próprio sr. de Lamotte. Escreveu contra ele como um diretor de colégio, e Lamotte respondeu como o faria uma mulher polida e muito espirituosa. Ele traduziu muito mal a *Ilíada*, mas atacou-a muito bem.

Não falaremos aqui da *Odisseia*; diremos alguma coisa quando estivermos em Ariosto.

De Virgílio

Parece-me que o segundo, o quarto e o sexto livro da *Eneida* são tão superiores a todos os poetas gregos e latinos, sem exceção, quanto as estátuas de Girardon são superiores a todas as outras que foram feitas na França antes dele.

Muitas vezes se disse que Virgílio tomou de empréstimo muitos traços de Homero, e que lhe é até inferior em suas imitações; mas não o imitou nesses três cantos de que falo. Neles, ele é autêntico; neles ele é tocante e fala ao coração. Talvez não fosse feito para os terríveis porém cansativos pormenores dos combates. Horácio disse sobre ele, antes do início da *Eneida*:

... *Molle atque facetum*
Virgilio annuerunt gaudentes rure camoenae.
[... Um (estilo) suave
e jovial as camenas, amantes do campo, concederam a Virgílio.]
(HORÁCIO, liv. I, sát. X, verso 44)

Facetum aqui não significa *faceto*, mas agradável. Não sei se não se encontra um pouco dessa molícia venturosa e enternecedora na paixão fatal de Dido. Creio que pelo menos aí se encontre o autor dos versos admiráveis que vemos em suas églogas:

Ut vidi, ut perii, ut me malus abstulit error!
[Assim que te vi, eu me perdi: no mesmo momento uma terrível paixão me arrebatou.]
(VIRGÍLIO, égl. VIII, 41)

Sem dúvida o canto da descida aos infernos não seria deslustrado por estes versos da quarta égloga:

Ille deum vitam accipiet, divisque videbit
Permixtos heroas, et ipse videbitur illis;
Pacatumque reget patriis virtutibus orbem.
[Ele receberá a vida dos deuses e verá os heróis
Misturados às divindades, e ele próprio será visto entre elas;
E com as virtudes de seus antepassados regerá um mundo em paz.]

Acredito reencontrar muitos desses traços simples, elegantes e enternecedores nos três belos cantos da *Eneida*.

Todo o quarto canto está cheio de versos tocantes, que arrancam lágrimas daqueles que têm ouvidos e sentimentos.

Dissimulare etiam sperasti, perfide, tantum
Posse nefas, tacitusque mea decedere terra?
Nec te noster amor, nec te data dextera quondam,
Nec moritura tenet crudeli funere Dido?
[Tu esperaste, pérfido, poder também dissimular tão grande
Crime e partir de minha terra em silêncio?
Não te detiveram meu amor, nem minha mão que um dia te foi dada,
Nem Dido que vai perecer de morte cruel?]
(V, 305-308)

Conscendit furibunda rogos, ensemque recludit
Dardanium, nun hos quaesitum munus in usus.
[Enlouquecida, ela sobe na pira e exibe a espada
Dardânia, o presente desejado, mas não para esse uso.]
(V, 645-647)

Seria preciso transcrever quase todo esse canto, para mostrar todas as suas belezas.

E, no sombrio quadro dos infernos, quantos versos ainda transpiram aquela molícia tocante e nobre ao mesmo tempo!

Ne, pueri, ne tanta animis assuescite bella.
[Não, jovens, não acostumeis vossos espíritos a tão grandes guerras.]
(VI, 832)

Tuque prior, tu, parce, genus qui ducis Olympo;
Projice tela manu, sangris meus,
[E tu, o primeiro sangue meu, tu que trazes tua raça do Olimpo,
Poupa-nos, atira as armas para longe de tua mão,]
(VI, 834-835)

Por fim, sabe-se quantas lágrimas arrancou ao imperador Augusto, a Lívia, a todo o palácio só esta metade de verso:

Tu Marcellus eris...
[Tu serás Marcelo]
(VI, 883)

Homero nunca arrancou lágrimas. O verdadeiro poeta, ao que me parece, é aquele que mexe com a alma e a enternece; os outros são belos falantes. Longe de mim propor essa opinião como regra. *Dou meu parecer,* diz Montaigne, *não como o correto, mas como o meu.*

De Lucano

Se procurais unidade de lugar e ação em Lucano, não a encontrareis; mas onde está ela? Se esperais sentir alguma emoção, algum interesse, não os sentireis nos demorados pormenores de uma guerra cujo fundo é muito árido e cujas expressões são empoladas; mas, se quereis ideias fortes, discursos de coragem filosófica e sublime, só os vereis em Lucano entre os antigos. Não há nada mais grandioso que o discurso de Labieno a Catão, às portas do templo de Júpiter Amão, a não ser a resposta do próprio Catão:

Haeremus cuncti superis; temploque tacente
Nil facimus non sponte Dei...
... Steriles num legit arenas
Ut caneret paucis? mersitne hoc pulvere verum?
Estne Dei sedes nisi terra, et pontus, et aer,
Et coelum, et virtus? Superos quid quaerimus ultra?
Jupiter est quodcumque vides, quocumque moveris.
[Todos nós estamos presos aos deuses,
Nada fazemos se os deuses não o quiserem...
... Acaso ele escolheu areias estéreis
Para comunicar-se com uns poucos? Mergulhou a verdade nesse pó?
Acaso existe outra morada da divindade a não ser a terra, o mar, o ar
E o céu, e a virtude? Por que procuramos os deuses em outra parte?
Júpiter é tudo que vês, tudo que te move.]
(*Farsália*, 1. IX, v. 575-574, 576-580)

Se reunirmos tudo o que os antigos poetas disseram sobre os deuses, veremos que são discursos infantis em comparação com esse trecho de Lucano. Mas, num vasto quadro no qual se veem cem personagens, não basta que haja uma ou duas desenhadas com excelência.

De Tasso

Boileau denegriu o ouropel de Tasso; mas deve-se perdoar se há uma centena de lantejoulas de ouro falso num tecido de ouro puro. Há muitas pedras brutas no grande edifício de mármore erigido por Homero. Boileau sabia disso, sentia isso, mas não o diz. É preciso ser justo.

Remetemos o leitor àquilo que foi dito sobre Tasso no *Ensaio sobre a poesia épica*. Mas cabe dizer aqui que na Itália seus versos são recitados de cor. Em Veneza, se alguém, numa gôndola, recita uma estrofe de *Jerusalém libertada*, na gôndola vizinha alguém lhe responde com a estrofe seguinte.

Se Boileau tivesse ouvido esses concertos, nada teria para replicar.

Tasso é bem conhecido: e não repetirei aqui os elogios e as críticas. Falarei um pouco mais demoradamente sobre Ariosto.

De Ariosto

A *Odisseia* de Homero parece ter sido o primeiro modelo de *Morgante*, de *Orlando enamorado* e de *Orlando furioso*; e – o que nem sempre ocorre – o último desses poemas foi, incontestavelmente, o melhor.

Os companheiros de Ulisses transformados em porcos; os ventos encerrados numa pele de cabra; musicistas com caudas de peixe, que devoram os que delas se aproximam; Ulisses seguindo completamente nu a carruagem de uma bela princesa que acabava de fazer uma grande barrela; Ulisses disfarçado de mendigo pedindo esmolas e matando depois todos os amantes de sua velha mulher, ajudado apenas pelo filho e por dois lacaios: é essa imaginação que deu origem a todos os romances em versos escritos a partir de então segundo esse gosto.

Mas o romance de Ariosto é tão pleno e variado, tão fecundo em belezas de todas as espécies, que mais de uma vez me ocorreu o desejo de recomeçar sua leitura depois de acabar de lê-lo por inteiro. Que encanto tem a poesia natural! Nunca consegui ler um único canto desse poema em nossas traduções em prosa.

O que mais me encantou nessa obra prodigiosa é que o autor, sempre acima de seu assunto, trata-o brincando. Diz as coisas mais sublimes sem esforço e amiúde as arremata com uma brincadeira que não fica deslocada nem rebuscada. É ao mesmo tempo *Ilíada*, *Odisseia* e *Dom Quixote*; pois seu principal cavaleiro errante fica louco como o herói espanhol e é infinitamente mais engraçado. Há bem mais: todos se interessam por Orlando, e ninguém se interessa por dom Quixote, que apenas em Cervantes é representado como um insano, vítima constante da malícia alheia.

O fundo do poema, que reúne tantas coisas, é precisamente o de nosso romance *Cassandre*, que esteve em grande voga entre nós e saiu de voga justamente porque, extenso como o *Orlando furioso*, não tem, porém, nenhuma de suas belezas; e, mesmo que as tivesse em prosa francesa, cinco ou seis estrofes de Ariosto as eclipsariam todas. Esse fundo do poema consiste em que a maioria dos heróis e as princesas que não pereceram durante a guerra se encontram em Paris depois de mil e uma aventuras, assim como as personagens do romance *Cassandre* se encontram em casa de Polêmon.

Há em *Orlando furioso* um mérito desconhecido por toda a antiguidade: o dos exórdios. Cada canto é como um palácio encantado, cujo vestíbulo é sempre composto num gosto diferente, ora majestoso, ora simples, até grotesco. É moral, alegria ou galanteria, sempre com naturalidade e verdade.

Vede apenas este exórdio do canto quarenta e quatro desse poema que contém quarenta e seis cantos, sem ser longo demais; desse poema inteiramente feito de estrofes rimadas, sem ser pesado; desse poema que demonstra a necessidade da rima em todas as línguas modernas; desse poema encantador, que demonstra, sobretudo, a esterilidade e a rusticidade dos poemas épicos bárbaros nos quais os autores se libertaram do jugo da rima porque não tinham força para carregá-lo, como dizia Pope, e como escreveu Louis Racine, que nessa hora teve razão:

Spesso in poveri alberghi, e in picciol tetti etc.

Que foi imitado, mais que traduzido, assim:

L'amitié sous le chaume habita quelquefois;
On ne la trouve point dans les cours orageuses,
Sous les lambris dorés des prélats et des rois,
Séjour des faux serments, des caresses trompeuses,
Des sourdes factions, des effrénés désirs;
Séjour où tout est faux, et même les plaisirs.

Les papes, les césars, apaisant leur querelle,
Jurent sur l'Évangile une paix fraternelle;
Vous les voyez demain l'un de l'autre ennemis;
C'était pour se tromper qu'ils s'étaient réunis:
Nul serment n'est gardé, nul accord n'est sincère;
Quand la bouche a parlé, le coeur dit le contraire.
Du ciel qu'ils attestaient ils bravaient le courroux;
L'intérêt est le dieu qui les gouverne tous.

[A amizade habitou por vezes em casebres;
Não se encontra em cortes borrascosas,
Sob dosséis dourados de reis e de prelados,
Morada de falsas juras, carícias enganosas,
De surdas facções, de avidez desenfreada;
Ali onde tudo é falso, até mesmo os prazeres.

Os papas, os césares, acalmando conflitos,
Juram paz fraterna sobre o Evangelho;
Amanhã os vereis de novo inimigos;
Só para enganar-se tornaram-se aliados:
Juramentos não cumpridos, acordos insinceros;
O que a boca dizia o coração contrariava.
Juravam aos céus e sua ira arrostavam;
O interesse é o deus que todos eles governa.]

Não há ninguém tão bárbaro que ignore que Astolfo foi ao paraíso (canto XXXIV) recuperar a sensatez[52] de Orlando, cuja paixão por Angélica pusera a perder, para devolvê-la devidamente fechada num frasco.

O prólogo do canto trinta e cinco é uma alusão a essa aventura:

Chi salirà per me, madonna, in cielo etc.

Quem não entender italiano poderá ter uma ideia dessas estrofes pela versão francesa:

*Oh! si quelqu'un voulait monter pour moi
Au paradis! s'il y pouvait reprendre
Mon sens commun! s'il daignait me le rendre!...
Belle Aglaé, je l'ai perdu pour toi;
Tu m'as rendu plus fou que Roland même;
C'est ton ouvrage: on est fou quand on aime.
Pour retrouver mon esprit égaré
Il ne faut pas faire un si long voyage.
Tes yeux l'ont pris, il en est éclairé,
Il est errant sur ton charmant visage,
Sur ton beau sein, ce trône des amours;
Il m'abandonne. Un seul regard peut-être,
Un seul baiser peut le rendre à son maître;
Mais sous tes lois il restera toujours.*
[Ah, se alguém subisse para mim
Ao paraíso, para resgatar
O meu engenho! E se mo devolvesse!...
Bela Aglaé, eu o perdi por ti;
E me tornei mais louco que Orlando;
A obra é tua: é louco só quem ama.

---

52. Em italiano a palavra é *ingegno*, que tem acepções bem semelhantes ao nosso *engenho*. Voltaire, porém, usa a expressão *bon sens*, que equivale a *bom-senso*, *sensatez* em português. (N. da T.)

Para encontrar o engenho desgarrado
Não é mister longuíssima viagem.
Ele está em teus olhos, onde é aclarado,
Errando vai sobre teu belo rosto,
Sobre teu belo seio, trono do amor;
E me abandona. Um só olhar talvez,
Um beijo só, e volta ao seu senhor:
Mas sempre ficará sob tua lei.][53]

Esse *molle et facetum* de Ariosto, essa urbanidade, esse aticismo, essa boa brincadeira espalhada por todos os seus cantos não foram traduzidos nem mesmo sentidos por Mirabaud, seu tradutor, que não desconfiou que Ariosto se divertia com tudo o que imaginava. Veja-se apenas o prólogo do canto vinte e quatro:

Chi mette il piè sul' amorosa pania
Cerchi ritrarlo, e non v'inveschi l'ale;
Chè non è in somma amor se non insania,
A giudicio de' savi universale.
E sebben, come Orlando, ognum non smania,
Suo furor mostra a qualche altro segnale;
E qual è di pazzia segno più espresso
Chè per altri voler perder se stesso?

Varj gli effetti son; ma la pazzia
È tutt' una però che li fa uscire.
Gli è come una gran selva, ove la via
Conviene a forza, a chi vi va, fallire;
Chi sù, chi giù, chi quà, chi la travia.
Per concludere in somma, io vi vo' dire:
A chi in amor s'invecchia, oltr' ogni pena
Si convengono i ceppi, e la catena.

Ben mi si potria dir: Frate, tu vai
L'altrui mostrando, e non vedi il tuo fallo.
Io vi rispondo che comprendo assai,
Or che di mente ho lucido intervallo;
Ed ho gran cura (e spero farlo omai)
Di riposarmi, e d'uscir fuor di ballo.
Ma tosto far, come vorrei, nol posso;
Che'l male è penetrato infin all'osso.

---

53. A tradução literal da segunda estrofe de Ariosto seria mais ou menos esta: "P'ra reaver o engenho meu parece / Que não preciso pelo ar voar / Ao círculo da Lua, ao paraíso; / Não acredito que tão alto esteja; / Nos vossos olhos, no sereno rosto, / Nos seios de marfim e de alabastro / Vai ele errando; e eu, com estes lábios, / Os correrei, se achardes que o recobro." (N. da T.)

Eis como Mirabaud traduz seriamente essa brincadeira:

"Quem puser os pés sobre o visco do amor deve tentar tirá-los prontamente e cuidar de não deixar enviscar também suas asas: pois, na opinião unânime dos mais sábios, o amor é uma verdadeira loucura. Embora nem todos os que a ele se entregam se tornem furiosos como Orlando, não existe um só que deixe de mostrar de alguma maneira como sua razão se desgarrou...

"Os efeitos dessa mania são diferentes, mas uma mesma causa os produz; é como uma espessa floresta onde quem entra se perde necessariamente: um toma a direita, outro toma a esquerda; um sobe, outro desce. Enfim, sem falar de todas as outras penas que o amor faz sofrer, ele nos tira também a liberdade e nos agrilhoa.

"Talvez alguém me diga: Ei! Amigo, usa para ti mesmo o conselho que dás aos outros. De fato, agora o meu desígnio é que a razão me aclare; penso em libertar-me de um jugo que pesa sobre mim, e espero conseguir. No entanto, é verdade que, como o mal está tão arraigado, para curá-lo precisarei de muito mais tempo do que desejaria."

Acredito reconhecer mais o espírito de Ariosto nesta imitação feita por um autor desconhecido:

Qui dans la glu du tendre amour s'empêtre,
De s'en tirer n'est pas longtemps le maître;
On s'y démène, on y perd son bon sens;
Témoin Roland et d'autres personnages,
Tous gens de bien, mais fort extravagants:
Ils sont tous fous; ainsi l'ont dit les sages.

Cette folie a différents effets;
Ainsi qu'on voit dans de vastes forêts,
A droite, à gauche, errer à l'aventure
Des pèlerins au gré de leur monture;
Leur grand plaisir est de se fourvoyer,
Et pour leur bien je voudrais les lier.

A ce propos quelqu'un me dira: Frère,
C'est bien prêché; mais il fallait te taire.
Corrige-toi sans sermonner les gens.
Oui, mes amis; oui, je suis très coupable,
Et j'en conviens quand j'ai de bons moments;
Je prétends bien changer avec le temps,
Mais jusqu'ici le mal est incurable.

[Quem se prender no visco do amor
Fugir-lhe não pode um longo tempo;
Debate-se e lá deixa a sensatez;
Prova é Rolando e outras personagens,
Gente de bem, mas muito extravagante:
São todos loucos, bem dizem os sábios.

Loucura que tem efeitos diversos;
Tais como vemos nas vastas florestas,
Errando a esmo, à esquerda e à direita
Peregrinos à mercê da montaria;

Sentem prazer somente em perder-se,
Para seu bem, deviam ser atados.

Em vista disso alguém dirá: Irmão,
Pregaste bem, mas deverias calar-te.
Corrige-te e não venhas com sermões.
Sim, meus amigos, sim, eu sou culpado,
Concordo nas horas de lucidez;
Pretendo mesmo mudar com o tempo,
Mas por enquanto o mal é incurável.]

Quando digo que Ariosto se iguala a Homero na descrição dos combates, bastam-me como prova estes versos:

Suona l'un brando e l'altro, or basso or alto:
Il martel di Vulcano era più tardo
Nella spelonca affumicata, dove
Battea all'incude i folgori di Giove.
(Canto II, estr. 8)

Aspro concento, orribile armonia
D'alte querele, d'ululi e di strida
Della misera gente, che peria
Nel fondo, per cagion della sua guida,
Istranamente concordar s'udia
Col fiero suon della fiamma omicida.
(Canto XIV, estr. 134)

L'alto romor delle sonore trombe,
De' timpani e de' barbari stromenti
Giunti al continuo suon d'archi, di frombe,
Di macchine, di ruote e di tormenti,
E quel di che più par che'l ciel rimbombe,
Gridi, tumulti, gemiti e lamenti,
Rendono un alto suon, ch'a quel s'accorda
Con che i vicin, cadendo, il Nilo assorda.
(Canto XVI, estr. 56)

Alle squallide ripe d'Acheronte
Sciolta dal corpo, più freddo che ghiaccio,
Bestemmiando fuggì l'alma sdegnosa,
Che fu sì altera al mondo e sì orgogliosa.
(Canto XLVI, estr. 140)

Eis aqui uma tradução fraca desses belos versos:

Entendez-vous leur armure guerrière
Qui retentit des coups de cimeterre?
Moins violents, moins prompts sont les marteaux
Qui vont frappant les célestes carreaux,

Quand, tout noirci de fumée et de poudre,
Au mont Etna Vulcain forge la foudre.
....

Concert horrible, exécrable harmonie
De cris aigus et de longs hurlements,
Du bruit des cors, des plaintes des mourants,
Et du fracas des maisons embrasées
Que sous leurs toits la flamme a renversées!
Des instruments de ruine et de mort
Volant en foule et d'un commun effort,
Et la trompette organe du carnage,
De plus d'horreurs emplissent ce rivage
Que n'en ressent l'étonné voyageur
Alors qu'il voit tout le Nil en fureur,
Tombant des cieux qu'il touche et qu'il inonde,
Sur cent rochers précipiter son onde.
....

Alors, alors, cette âme si terrible,
Impitoyable, orgueilleuse, inflexible,
Fuit de son corps et sort en blasphémant,
Superbe encore à son dernier moment,
Et défiant les éternels abîmes
Où s'engloutit la foule de ses crimes.

[Ouvis a sua armadura guerreira
Retinindo aos golpes de cimitarra?
Menos violentos e prontos são os martelos
Que vão batendo os celestes quadrelos,
Quando, coberto de fumo e de pó,
No monte Etna Vulcano forja o raio.
....

Concerto horrível, execrável harmonia
De agudos gritos e longos ululos,
Sons de trombetas, ais de moribundos,
Estrépito de casas incendiadas
Que sob os tetos a chama arrasou!
Os instrumentos de morte e ruína
Voando juntos, em comum esforço,
Mais a trombeta, órgão da matança,
De mais horrores enchem essas margens
Do que percebe o surpreso viajante
Ao enxergar o Nilo enfurecido,
Cair do céu, que ele toca e inunda,
E nos rochedos arrojar as ondas.
....

Então, então, essa alma terrível,
Desapiedada, orgulhosa, inflexível,
Foge do corpo e sai a blasfemar,
Soberba ainda no instante derradeiro,
Desafiando os eternos abismos
Onde se engolfa a chusma de seus crimes.]

Ariosto tem o dom de ir e vir entre essas descrições terríveis e os quadros mais voluptuosos, entre esses quadros e a moral mais sábia. O mais extraordinário é cativar o interesse pelos heróis e pelas heroínas de que ele fala, embora o seu número seja prodigioso. Há quase tantos acontecimentos tocantes em seu poema quantas aventuras grotescas; e seu leitor se acostuma tanto a essa miscelânea que passa de uma coisa a outra sem se surpreender.

Não sei que brincalhão começou a espalhar estas pretensas palavras do cardeal d'Este: "Messer Lodovico, dove avete pigliato tante coglionerie?" [Sr. Lodovico, onde fostes buscar tantos disparates?] O cardeal deveria ter acrescentado: "Dove avete pigliato tante cose divine?" [Onde fostes buscar tantas coisas divinas?] Por isso, na Itália, ele é chamado de *il divino Ariosto*.

Ele foi mestre de Tasso. Armida é feita à imagem de Alcina. A viagem dos dois cavaleiros que vão desencantar Rinaldo é uma absoluta imitação da viagem de Astolfo. É preciso convir também que as fantasias frequentemente encontradas no poema de *Orlando furioso* são bem mais adequadas a um tema no qual se misturam o sério e o jocoso do que ao poema sério de Tasso, cujo tema parecia exigir costumes mais severos.

Em outros tempos, não ousei arrolá-lo entre os poetas épicos; só o considerava o mais importante dos grotescos, mas, relendo-o, percebi que ele é também sublime, além de jocoso, e humildemente quero reparar minha falha. É bem verdade que o papa Leão X publicou uma bula favorável a *Orlando furioso*, declarando excomungados todos aqueles que falassem mal desse poema. Não quero merecer a excomunhão.

Grande vantagem da língua italiana, ou melhor, raro mérito de Tasso e Ariosto, é que poemas tão longos, não só rimados, mas rimados em estâncias, em rimas cruzadas, não cansam os ouvidos, e o poeta quase nunca parece embaraçado.

Trissino, ao contrário, que se livrou do jugo da rima, parece sofrer bem mais injunções, com bem menos harmonia e elegância.

Spencer, na Inglaterra, quis rimar em estâncias o seu poema *The Fairy Queen* [Fada rainha]: foi muito considerado, e ninguém conseguiu ler.

Creio que a rima é necessária a todos os povos cuja língua não tem uma melodia perceptível, marcada por sílabas longas e breves, que não podem empregar os dátilos e os espondeus que produzem um efeito tão maravilhoso em latim.

Sempre lembrarei que perguntei ao célebre Pope por que Milton não rimara o seu *Paraíso perdido*; ele me respondeu: "*Because he could not*, porque ele não podia."

Estou convencido de que a rima, que, por assim dizer, irrita a todo momento o gênio criador, lhe dá tanto a possibilidade de alçar voo quanto motivos para entraves, pois, ao forçá-lo a revolver o pensamento de mil maneiras, obriga-o também a pensar com mais precisão, a exprimir-se com mais correção. Muitas vezes o artista, entregando-se à facilidade dos versos brancos e sentindo no íntimo a pouca harmonia que esses versos produzem, acredita poder suprir a carência com imagens gigantescas que não existem na natureza. Por fim, falta-lhe o mérito de ter superado dificuldades.

Quanto aos poemas em prosa, não sei que monstro é esse. Neles só vejo a impotência de fazer versos. Teria o mesmo gosto se alguém me oferecesse um concerto sem instrumentos. *Cassandre* de La Calprenède, se quiserem, é um poema em prosa, concordo; porém, mais valem dez versos de Tasso.

De Milton

Se Boileau, que nunca ouviu falar de Milton, absolutamente desconhecido em seu tempo, tivesse lido o *Paraíso perdido*, poderia ter dito aquilo que disse sobre Tasso:

Et quel objet enfin à présenter aux yeux
Que le diable toujours hurlant contre les cieux!
[E que objeto enfim apresentar aos olhos
Senão o diabo sempre a urrar contra os céus!]
(BOILEAU, *Arte poética*, III, 205-206)

Um só episódio de Tasso tornou-se tema de um poema inteiro do autor inglês; este amplificou aquilo que o outro lançara discretamente na fatura de seu poema.

Cedo ao desejo de transcrever o que Tasso diz no começo do quarto canto:

Quinci, avendo pur tutto il pensier volto
A recar ne' Cristiani ultima doglia,
Che sia, comanda, il popol suo raccolto
(Concilio orrendo!) entro la regia soglia:
Come sia pur leggiera impresa (ahi stolto!)
Il repugnare alla divina voglia:
Stolto! ch'al ciel s'agguaglia, e in obblio pone,
Come di Dio la destra irata tuone.
[Portanto, ainda que com todo pensamento
Voltado para causar nos Cristãos a última dor,
Que seja, comanda, e seu povo reunido
(Horrível Concílio!) dentro do palácio:
Como ainda seja uma empreitada fácil (ah, insensato!)
Repugnar a vontade divina:
Néscio! Quem se iguala ao céu, e se
Deixa esquecido
A direita de Deus troveja irada.]
(Estr. 2)

Todo o poema de Milton parece baseado nesses versos, que ele chegou a traduzir inteiramente. Tasso não insiste nos mecanismos dessa máquina, única, talvez, que lhe poderia ser dada pela austeridade de sua religião e pelo tema da cruzada. Ele abandona o diabo assim que pode para apresentar sua Armida aos leitores: a admirável Armida, digna da Alcina de Ariosto, que ele imitou. Nele, Belial, Mammon, Belzebu e Satã não se entregam a longos discursos.

Ele não constrói uma sala para os diabos, não cria gigantes para transformá-los em pigmeus, que possam ficar mais à vontade na sala. Não fantasia Satã de alcatraz e de sapo.

Que teriam dito as cortes e os doutos da engenhosa Itália se Tasso, antes de enviar o espírito das trevas para incitar Idraorte, pai de Armida, à vingança, tivesse parado às portas do inferno para conversar com a Morte e o Pecado, se o Pecado lhe dissesse ser sua filha, que ele pariu pela cabeça, se, em seguida, ele se apaixonasse pela filha, se dela tivesse um filho chamado Morte, se a Morte (que se deve supor masculina) se deitasse com o Pecado (que se deve supor feminino) e com ele gerasse uma infinidade de serpentes que entram a toda hora em suas entranhas e delas saem?

Tais encontros, tais gozos aos olhos dos italianos são episódios bem singulares para um poema épico. Tasso desprezou-os e não teve o requinte de transformar Satã em sapo para melhor instruir Armida.

Quanto se falou sobre a guerra entre anjos bons e maus, que Milton copiou da *Gigantomaquia* de Claudiano? Gabriel passa dois cantos inteiros a narrar as batalhas travadas no céu contra Deus e, em seguida, a criação do mundo. Houve quem se queixasse de que esse poema é quase totalmente preenchido de episódios: e que episódios! É Gabriel e Satã trocando injúrias, anjos guerreando-se no céu e travando guerra contra Deus. Há no céu devotos e uma espécie de ateu. Abdiel, Ariel, Arioque e Ramiel combatem Moloque, Belzebu e Nisroque; trocam-se golpes de sabre; um atira na cabeça do outro montanhas inteiras com as árvores que nelas há, com as neves que cobrem seus cumes e com os rios que correm nos seus sopés. Como se vê, aí está a bela e simples natureza!

Luta-se no céu trocando canhonaços; também essa ideia é tomada de Ariosto, mas Ariosto parece manter certo decoro nessa invenção. Foi isso o que repugnou muitos leitores italianos e franceses. Não temos a intenção de impor nosso julgamento; deixamos que cada um sinta repugnância ou prazer, como bem entender.

Pode-se notar aqui que a fábula da guerra dos gigantes contra os deuses parece mais razoável que a dos anjos, se é que a palavra *razoável* se ajusta a tais ficções. Os gigantes da fábula eram, supostamente, filhos do Céu e da Terra, que pediam uma parte de sua herança a deuses aos quais se igualavam em força e poder. Aqueles deuses não haviam criado os Titãs; eram corpóreos como eles. Mas isso não ocorre em nossa religião. Deus é um ser puro, infinito, todo-poderoso, criador de todas as coisas, contra quem suas criaturas não puderam travar guerra nem desfechar montanhas ou tiros de canhão.

Por isso, essa imitação da guerra dos gigantes, essa fábula dos anjos revoltados contra Deus, só se encontra nos livros apócrifos atribuídos a Enoque no século I de nossa era, livros dignos de todas as extravagâncias do rabinismo.

Milton, portanto, descreveu essa guerra. Esbanjou quadros audaciosos. Aqui são anjos cavalgando, ali anjos cortados ao meio por sabres, que se recompõem imediatamente; acolá, é a Morte *levantando o nariz para farejar o cheiro dos cadáveres* que ainda não existem. Alhures bate *com sua maça petrífica no frio e no seco*. Adiante, é o frio, o quente, o seco e o úmido disputando o comando do mundo e *comandando em formação de batalha embriões de átomos*. As questões mais espinhosas da mais rebarbativa escolástica são tratadas em vários lugares nos próprios termos da escola. Diabos no inferno divertem-se a discutir sobre o livre-arbítrio, sobre a predestinação, enquanto outros tocam flauta.

No meio dessas invenções, ele submete a imaginação poética e a restringe a parafrasear em dois cantos os primeiros capítulos do Gênese:

...*God saw the light was good;*
And light from darkness...
Divided: light the day, and darkness night
He named...
[... Deus viu que a luz era boa;
E a luz da escuridão...
Separou: luz, dia, e escuridão, noite
Ele denominou...]
(Liv. VII, 249-252)

Again God said: let there be firmament.
[Mais uma vez Deus disse: que se faça firmamento.]
(Liv. V, 261)

And saw that it was good...
[E viu que era bom...]
(Liv. V, 309)

É respeito que ele mostra pelo Antigo Testamento, esse fundamento de nossa santa religião.

Acreditamos que tínhamos uma tradução exata de Milton, e não a temos. Foram podadas ou inteiramente alteradas mais de duzentas páginas que provariam a verdade do que estou dizendo.

Eis aqui um resumo que extraio do quinto canto:

Depois que Adão e Eva recitam o salmo CXLVIII, o anjo Rafael desce do céu com suas seis asas para visitá-los, e Eva lhe prepara o jantar. "Ela pisa uvas e faz um vinho suave que se chama *mosto*, e, com vários grãos e pirão de pinhões doces, tempera doces cremosos... O anjo lhe diz bom-dia e se vale da santa saudação que usou muito tempo depois para saudar Maria, a segunda Eva: Bom-dia, mãe dos homens, cujo ventre fecundo encherá o mundo com mais filhos do que esses diferentes frutos das árvores de Deus empilhados sobre tua mesa. A mesa era um relvado, com assentos de musgo ao redor, e sobre seu amplo quadrado de um extremo ao outro todo o outono estava empilhado, embora a primavera e o outono dançassem naquele lugar dando-se as mãos. Ficaram algum tempo conversando sem recearem que o jantar se esfriasse[54]. Por fim, nosso primeiro pai começou assim:

"Enviado celeste, tem a bondade de saborear os presentes que nosso nutridor, de quem provêm todos os bens, perfeito e imenso, fez a terra produzir para nossa alimentação e para nosso prazer; alimentos talvez insípidos para naturezas espirituais. Só sei que um pai celeste os dá a todos.

"A isso o anjo respondeu: Aquilo que é dado ao homem, espiritual em parte, por aquele cujos louvores sejam cantados, não é considerado má iguaria pelos espíritos puros; e esses espíritos puros, essas substâncias inteligentes também querem alimentos, assim como deles precisa vossa substância racional. Essas duas substâncias contêm em si todas as faculdades baixas dos sentidos, pelas quais ouvem, veem, cheiram, apalpam, saboreiam e digerem o que saborearam, assimilam suas partes e transformam as coisas corpóreas em incorpóreas, pois, vê bem, tudo o que foi criado precisa ser sustentado e alimentado; os elementos mais grosseiros alimentam os mais puros; a terra dá de comer ao mar; a terra e o mar, ao ar; o ar dá pasto aos fogos etéreos, primeiramente à Lua, que está mais próxima de nós; por isso vemos sobre seu rosto redondo as manchas e os vapores ainda não purificados, ainda não transformados em sua substância. A Lua também exala alimento de seu continente úmido para os globos mais elevados. O Sol, que compartilha sua luz com todos, também recebe de todos, como recompensa, seu alimento em forma de exaltações úmidas, e à noite ceia com o oceano... Embora no céu as árvores da vida deem fruto de ambrosia, embora nossas vinhas deem néctar, embora todas as manhãs passemos por entre os ramos das árvores cobertas de orvalho de mel, embora encontremos o solo coberto de grãos perolados, Deus aqui variou tanto suas dádivas, com novas delícias, que podemos compará-las ao céu. Estai certos de que não serei tão entojado que deixe de prová-los convosco.

"Assim, puseram-se à mesa e atiraram-se às carnes; e o anjo não fez só de conta que comia, não comeu em mistério, segundo a glosa comum dos teólogos, mas com a vivacidade expedita de uma fome muito real, com um calor concoctivo e transubstantivo: o supérfluo do jantar transpira facilmente pelos poros dos espíritos; não é de espantar, visto que o empírico alquimista, com seu fogo de carvão e de fuligem, pode transformar ou acredita poder transformar a espuma do mais grosseiro metal em ouro tão perfeito quanto o da mina.

"Entretanto Eva servia a mesa completamente nua e coroava suas taças com deliciosos licores. Ó inocência! Virtuoso paraíso! Foi então mais que nunca que os filhos de Deus teriam sido escusáveis por se apaixonarem por tal objeto; mas em seus corações o amor reinava sem luxúria. Eles não conheciam o ciúme, inferno dos amantes ultrajados."

Aí está o que os tradutores de Milton não traduziram; é essa a parte da qual suprimiram três quartos e atenuaram todo o resto. Foi o mesmo que se fez quando se traduziram algumas tragédias de Shakespeare; elas estão todas mutiladas e inteiramente irreconhecíveis. Não temos ne-

---

54. Palavra por palavra: *No fear lest dinner cool*. (N. de Voltaire)

nhuma tradução fiel desse célebre autor dramático, além daquela dos três primeiros atos de seu *Júlio César*, publicada na sequência de *Cinna*, na edição de Corneille com comentários.

Virgílio anuncia os destinos dos descendentes de Eneias e os triunfos dos romanos; Milton prediz o destino dos filhos de Adão: é um objeto mais grandioso, mais interessante para a humanidade; é tomar como tema a história universal. No entanto, só trata a fundo a história do povo judeu, nos cantos onze e doze; eis aqui, palavra por palavra, o que ele diz do restante da terra:

"O anjo Miguel e Adão subiram na *visão de Deus*; era a mais alta montanha do paraíso terrestre, de cujo cume se divisava o hemisfério da terra em seu aspecto mais amplo e mais claro. Ela não era mais alta, nem parecia maior do que aquela para cujo cimo o diabo levou o segundo Adão no deserto, a fim de lhe mostrar todos os reinos da terra e sua glória. Os olhos de Adão podiam dominar dali todas as cidades de antiga e moderna nomeada, da sede do mais poderoso império, desde as futuras muralhas de Cambalu, capital do grão-cã do Catai, e de Samarcanda, às margens do Oxo, trono de Tamerlão, a Pequim dos reis da China, e desta a Agra, e desta a Lahore do Grão-Mogol, até Quersonéso de ouro, até a sede do persa em Ecbátana, e depois ao Ispahan, ou até ao czar russo em Moscou, ou ao sultão que veio do Turquestão para Bizâncio. Seus olhos podiam ver o império do Négus até seu último porto Ercoco, e os reinos marítimos de Mombaza, Quiloa, Melinda e Sofala, que se acredita Ofir, até o reino do Congo e de Angola, mais ao sul. Ou então de lá via desde o rio Níger até o monte Atlas, os reinos de Almanzor, de Fez e de Marrocos; Sus, Argel, Tremizen, e de lá à Europa, ao lugar de onde Roma devia governar o mundo. Talvez tenha visto em espírito o rico México, sede de Montezuma, e Cuzco no Peru, mais rica sede de Ataualpa; e Guiana, ainda não despojada, cuja capital é chamada Eldorado pelos espanhóis."

Depois de mostrar tantos reinos a Adão, mostram-lhe logo um hospital; e o autor não deixa de dizer que aquilo é efeito da gula de Eva.

"Viu um lazareto onde jaziam muitos doentes, espasmos medonhos, marcas dolorosas, vômitos, agonia, todas as espécies de febre, convulsões, epilepsias, terríveis catarros, pedras e úlceras nos intestinos, dores de cólicas, frenesis diabólicos, melancolias suspirantes, loucuras lunáticas, atrofias, marasmos, peste que devora de longe, hidropisias, asmas, gripes etc."

Toda essa visão parece uma cópia de Ariosto, pois Astolfo, montado no hipogrifo, vê, voando, tudo o que ocorre nas fronteiras da Europa e em toda a África. Ousamos dizer que a ficção de Ariosto talvez seja mais verossímil do que a de seu imitador, pois, voando, é muito natural ver vários reinos, um após o outro, mas não se pode avistar toda a terra do alto de uma montanha.

Dizem que Milton não conhecia óptica, mas essa crítica é injusta; é lícito fazer de conta que um espírito celeste revele ao pai dos homens os destinos de seus descendentes. Pouco importa que seja do alto de uma montanha ou de outro lugar. A ideia, pelo menos, é grandiosa e bela.

Vejamos como termina esse poema:

A Morte e o Pecado constroem uma grande ponte de pedra ligando o inferno à terra, para sua comodidade e para a de Satã, quando quiserem fazer a viagem. No entanto, Satã voa de volta para os diabos por outro caminho: vai prestar contas a seus vassalos do sucesso de sua empresa; discursa aos diabos, mas é recebido com vaias. Deus o transforma em serpente, e seus companheiros também se tornam serpentes.

Em meio às belezas dessa obra, é fácil reconhecer certo espírito de fanatismo e ferocidade pedantesca, dominante na Inglaterra no tempo de Cromwell, quando todos os ingleses carregavam a Bíblia e a pistola nas mãos. Esses absurdos teológicos, de que o engenhoso Butler, autor de *Hudibras*, tanto zombou, foram tratados seriamente por Milton. Por isso, essa obra foi vista por toda a corte de Carlos II com um horror só comparável ao desprezo votado ao autor.

Milton, durante algum tempo, fora secretário em língua latina do parlamento chamado *rump* ou *rabadilha*. Esse posto foi prêmio por um livro em latim favorável aos matadores do rei Carlos I: livro (deve-se convir) tão ridículo no estilo quanto detestável no assunto; livro em que o autor raciocina mais ou menos como quando, em seu *Paraíso perdido*, põe um anjo a digerir e faz que os excrementos passem por imperceptível transpiração; como quando põe o Pecado a dormir com a Morte; como quando transforma seu Satã em alcatraz e em sapo; como quando faz diabos gigantes e em seguida os transforma em pigmeus, para que possam argumentar mais à vontade e falar de controvérsias etc.

Para quem quiser uma amostra do libelo escandaloso que o tornou tão odioso, aqui vão algumas. Saumaise começara com as seguintes palavras seu livro a favor da casa Stuart contra os regicidas:

"A horrível notícia do regicídio cometido na Inglaterra feriu-nos há pouco os ouvidos e ainda mais os corações."

Milton responde a Saumaise: "Essa horrível notícia deve ter contado com uma espada mais longa que a de são Pedro, que decepou uma orelha de Malco, ou então as orelhas holandesas são bem compridas, para que o golpe tenha chegado de Londres a Haia; pois semelhante notícia só poderia ferir ouvidos de asno."

Depois desse singular preâmbulo, Milton trata como *pusilânimes* e *covardes* as lágrimas que o crime da facção de Cromwell provocara em todos os homens justos e sensíveis. Diz ele: "São lágrimas como as que escorreram dos olhos da ninfa Salmácide, que formaram a nascente cujas águas desvitalizavam os homens, privavam-nos da virilidade, roubavam-lhes a coragem e tornavam-nos hermafroditas." Ora, Saumaise chamava-se Salmasius em latim. Milton diz que ele descende da ninfa Salmácide. Chama-o de *eunuco* e *hermafrodita*, embora hermafrodita seja o contrário de eunuco. Diz-lhe que seu pranto é o de Salmácide, sua mãe, e que esse pranto o tornou infame.

...*Infamis ne quem male fortibus undis*
Salmacis enervet...
[Sálmacis é perigosa uma vez que com suas ondas violentamente fortes
Ela enfraquece...]
(Ovídio, *Met.*, IV, 285-286)

Pode-se imaginar se tal pedante atrabiliário, defensor do maior crime já cometido, podia agradar à corte polida e delicada de Carlos II, aos lordes Rochester, Roscommon, Buckingham, a Waller, Cowley, Congrève e Wycherley. Todos eles sentiram horror pelo homem e pelo poema. Mal se teve notícia da própria existência do *Paraíso perdido*. Ele foi totalmente ignorado na França, tanto quanto o nome de seu autor.

Quem teria ousado falar a Racine, Despréaux, Molière, La Fontaine de um poema épico sobre Adão e Eva? Quando os italianos a conheceram, deram pouca importância a essa obra meio teológica, meio diabólica, em que anjos e diabos falam ao longo de cantos inteiros. Todos quantos sabem de cor Ariosto e Tasso não conseguiram ouvir os sons duros de Milton. Há distância demais entre a língua italiana e a inglesa.

Nunca tínhamos ouvido falar desse poema na França antes que o autor da *Henríada* nos desse uma ideia dele no nono capítulo de seu *Ensaio sobre a poesia épica*. Foi ele o primeiro (se não me engano) que nos deu conhecimento dos poetas ingleses, assim como foi ele o primeiro que explicou as descobertas de Newton e as opiniões de Locke. Mas, quando lhe perguntaram o que achava do gênio de Milton, ele respondeu: "Os gregos recomendavam aos poetas que oferecessem sacrifícios às Graças; Milton os oferece ao diabo."

Pensou-se então em traduzir esse poema épico inglês do qual o sr. de Voltaire falara elogiosamente sob certos aspectos. É difícil saber precisamente quem foi seu tradutor. A tradução é atribuída a duas pessoas que trabalharam juntas, mas pode-se garantir que não a traduziram fielmente. Como já mostramos, basta lançar uma vista-d'olhos no início do poema para convencer-se disso.

"Canto a desobediência do primeiro homem e os funestos efeitos do fruto proibido, a perda de um paraíso e o mal da morte a triunfar na terra, até que um Deus homem venha julgar as nações e nos restabeleça na morada bem-aventurada."

Não há uma só palavra no original que corresponda exatamente a essa tradução. Primeiro cabe considerar que, na língua inglesa, se permitem inversões que raramente suportamos na nossa. Eis aqui, palavra por palavra, o começo desse poema de Milton:

"A primeira desobediência do homem, e o fruto da árvore proibida, cujo sabor trouxe a morte ao mundo, e todas as nossas misérias com a perda do Éden, até que um maior homem nos restabelecesse[55], e recuperasse nossa morada feliz, Musa celeste, aí está o que cabe cantar."

Há trechos belíssimos, sem dúvida, nesse poema singular, e volto sempre à minha grande prova: na Inglaterra, são decorados por qualquer um que se gabe de conhecer um pouco de literatura. Isso ocorre, por exemplo, com o monólogo de Satã, quando, fugindo das profundezas dos infernos e vendo, pela primeira vez, nosso sol saindo das mãos do Criador, exclama:

> *Toi, sur qui mon tyran prodigue ses bienfaits,*
> *Soleil, astre de feu, jour heureux que je hais,*
> *Jour qui fais mon supplice, et dont mes veux s'étonnent,*
> *Toi qui sembles le dieu des cieux qui t'environnent,*
> *Devant qui tout éclat disparaît et s'enfuit,*
> *Qui fais pâlir le front des astres de la nuit;*
> *Image du Très-Haut qui régla ta carrière,*
> *Hélas! j'eusse autrefois éclipsé ta lumière.*
> *Sur la voûte des cieux élevé plus que toi,*
> *Le trône où tu t'assieds s'abaissait devant moi:*
> *Je suis tombé; l'orgueil m'a plongé dans l'abîme.*
> *Hélas! je fus ingrat; c'est là mon plus grand crime.*
> *J'osai me révolter contre mon créateur:*
> *C'est peu de me créer, il fut mon bienfaiteur;*
> *Il m'aimait: j'ai forcé sa justice éternelle*
> *D'appesantir son bras sur ma tête rebelle;*
> *Je l'ai rendu barbare en sa sévérité,*
> *Il punit à jamais, et je l'ai mérité.*
> *Mais si le repentir pouvait obtenir grâce!...*
> *Non, rien ne fléchira ma haine et mon audace;*
> *Non, je déteste un maître, et sans doute il vaut mieux*
> *Régner dans les enfers qu'obéir dans les cieux.*
> [Tu, a quem meu tirano prodigaliza benesses,
> Sol, astro de fogo, luz feliz que odeio,
> Luz que é meu suplício, com que meus olhos se espantam,
> Tu que pareces o Deus dos céus que te rodeiam,
> Perante quem qualquer brilho some e foge,
> Que empalidece a fronte dos astros noturnos;
> Imagem do Altíssimo que ditou o teu curso,
> Ai! Outrora eu teria eclipsado tua luz.

---

55. Há em várias edições: *Restore us, and regain*. Escolhi essa lição como a mais natural. Há no original: *A primeira desobediência do homem etc., cantai, Musas celestes*. Mas essa inversão não pode ser adotada em nossa língua. (N. de Voltaire)

Na abóbada celeste mais alto que ti,
E o trono, em que assentas, mais baixo que eu:
Caí; o orgulho lançou-me no abismo.
Ai! Fui ingrato; eis meu grande crime.
Ousei revoltar-me contra meu criador:
Que além de me criar foi meu benfeitor;
Amava-me: obriguei sua justiça eterna
A estender o braço sobre minha cabeça rebelde;
Tornei-o bárbaro em sua severidade,
Ele pune para sempre, e eu mereci.
Mas, se o arrependimento obtivesse a graça!...
Não, nada dobrará meu ódio e minha audácia;
Não, detesto um senhor, e por certo é melhor
Reinar nos infernos que obedecer nos céus.]

O amor de Adão e Eva é tratado com uma languidez elegante e até enternecedora, inesperada no gênio um tanto duro e no estilo amiúde áspero de Milton.

Da acusação de plágio feita a Milton

Alguns o acusaram de copiar seu poema da tragédia *Adamus exul*, de Grócio, e da tragédia *Sarcotis* do jesuíta Masenius, publicada em Colônia em 1654 e 1661, muito tempo antes que Milton publicasse seu *Paraíso perdido*.

Quanto a Grócio, sabia-se bem na Inglaterra que Milton transportara para seu poema épico inglês alguns versos latinos da tragédia de *Adão*. Isso não é absolutamente ser plagiário, é enriquecer a sua língua com as belezas de uma língua estrangeira. Ninguém acusou Eurípides de plágio por ter imitado num coro de *Ifigênia* o segundo livro da *Ilíada*; ao contrário, todos se agradaram muito dessa imitação, que foi vista como uma homenagem a Homero no teatro de Atenas.

Virgílio nunca sofreu censuras por ter imitado com felicidade, na *Eneida*, uma centena de versos do primeiro poeta grego.

Contra Milton, a acusação foi um pouco mais longe. Um escocês chamado Will. Lauder, muito apegado à memória de Carlos I, insultado por Milton com um furor grosseiro, acreditou-se no direito de denegrir a memória do acusador daquele monarca. Afirmava-se que Milton cometera um embuste infame para privar Carlos I da triste glória de ser o autor de *Eikon Basilikê*, livro prezado pelos realistas durante muito tempo, que, segundo consta, teria sido composto por Carlos I na prisão, para servir de consolo a seu deplorável infortúnio.

Lauder, portanto, por volta do ano 1752, queria começar por provar que Milton não passava de um plagiário, antes de provar que ele agira como um falsário contra a memória do mais infeliz dos reis. Obteve edições do poema *Sarcotis*, e parecia evidente que Milton havia imitado alguns trechos seus, assim como imitara Grócio e Tasso.

Mas Lauder não ficou nisso; desenterrou uma tradução ruim em versos latinos do *Paraíso perdido* do poeta inglês e, juntando vários versos dessa tradução aos versos de Masenius, acreditou tornar assim mais grave a acusação e mais completa a vergonha de Milton. Foi aí que se enganou redondamente; sua fraude foi descoberta. Queria fazer Milton passar por falsário e ele mesmo foi acusado de falsário. Ninguém examinou o poema de Masenius, que então tinha pouquíssimos exemplares na Europa. Toda a Inglaterra, convencida da artimanha do escocês, não precisou de mais nada. O acusador, envergonhado, foi obrigado a desmascarar sua manobra e pedir desculpas.

Depois disso foi publicada uma nova edição de Masenius, em 1757. O público surpreendeu-se com o grande número de belíssimos versos disseminados pela obra. Na verdade, não passa de uma longa declamação de colégio sobre a queda do homem, mas o exórdio, a invocação, a descrição do jardim do Éden, o retrato de Eva e o do diabo são exatamente os mesmos que se encontram em Milton. Há mais: é o mesmo tema, o mesmo enredo, a mesma catástrofe. Se em Milton o diabo quer vingar-se no homem do mal que Deus lhe fez, esse é precisamente o mesmo objetivo que se encontra no jesuíta Masenius; e isso Masenius manifesta em versos talvez dignos do século de Augusto:

... Semel excidimus crudelibus astris,
Et conjuratas involvit terra cohortes.
Fata manent, tenet et superos oblivio nostri;
Indecore premimur, vulgi tolluntur inertes
Ac viles animae, coeloque fruuntur aperto:
Nos, divum soboles, patriaque in sede locandi,
Pellimur exilio, moestoque Acheronte tenemur.
Heu! dolor! et superum decreta indigna! Fatiscat
Orbis, et antiquo turbentur cuncta tumultu,
Ac redeat deforme Chaos; Styx atra ruinam
Terrarum excipiat, fatoque impellat eodem
Et coelum, et coeli cives. Ut inulta cadamus
Turba, nec umbrarum pariter caligine raptam
Sarcoteam, invisum caput, involvamus! ut astris
Regnantem, et nobis domina cervice minantem,
Ignavi patiamur? Adhuc tamen improba vivit!
Vivit adhuc, fruiturque Dei secura favore!
Cernimus! et quicquam furiarum absconditur Orco!
Vah! pudor, aeternumque probrum Stygis! Occidat,
[amens,
Occidat, et nostrae subeat consortia culpae.
Haec mihi secluso coelis solatia tantum
Excidii restant. Juvat hac consorte malorum
Posse frui, juvat ad nostram seducere poenam
Frustra exultantem, patriaque exsorte superbam.
Ærumnas exempla levant; minor illa ruina est,
Quae caput adversi labens oppresserit hostis.
[... Apartamo-nos para sempre dos astros cruéis
E a terra ocultou as coortes conjuradas.
As desgraças permanecem e ela retém os deuses para se esqueçam de nós;
Somos oprimidos vergonhosamente, o povo inerte é arrebatado
E as almas vis se regozijam no céu aberto.
Nós, a descendência dos deuses, que deveríamos estabelecer-nos na casa
De nossos pais, somos exilados e aprisionados pelo triste Aqueronte.
Oh! Dor! Ó indignas ordens dos deuses! Fenda-se
O orbe e que todas as coisas juntas se tumultuem na antiga turbulência
E que retorne o disforme Caos; que o negro Estige
Tome a seu cargo a ruína da terra e lance na mesma desgraça
Tanto o céu como os habitantes do céu. Que nos abatamos,

Multidão inulta, e ocultemos no denso nevoeiro das sombras,
Ó cabeça odiosa, a arrebatada restauração da carne.
Como, ignavos, suportaríamos quem reina nos astros e nos ameaça
Com a sua cerviz dominadora? Ela ainda vive, entretanto, a ímproba.
Vive ainda e desfruta, sem inquietações, do favor do deus.
Vemos: tudo que há de fúrias se esconde no Orco!
Ah! Pudor, eterno ultraje do Estige! Que faça perecer, enlouquecido,
Que faça perecer e leve para o abismo a totalidade de nossa culpa.
Que só restem a mim, afastado dos céus, as consolações
Da queda. Que se ordene que eu possa desfrutar desta consorte
Dos males, que se ordene que, exultante, ela possa partilhar
Inutilmente de nossa pena, soberba, na pátria excluída.
Que os exemplos afastem as desventuras; é menor a desgraça
Que oprimirá a cabeça abalada do inimigo hostil.]
(*Sarcotis*, I, 271 ss.)

Em Masenius e em Milton encontram-se pequenos episódios, ligeiras digressões absolutamente semelhantes; ambos falam de Xerxes, que cobriu o mar com seus navios:

Quantus erat Xerxes, medium dum contrahit orbem
Urbis in excidium!...
[Quão grande era Xerxes, quando reduziu o meio do mundo
Para a ruína da Cidade!...]
(*Sarcotis*, III, 461)

Ambos falam no mesmo tom da torre de Babel, ambos fazem a mesma descrição do luxo, do orgulho, da ganância e da gula.

O que mais convenceu o comum dos leitores do plágio de Milton foi a perfeita semelhança do começo dos dois poemas. Vários leitores estrangeiros, depois de lerem o exórdio, não duvidaram de que todo o restante do poema de Milton fosse copiado de Masenius. É um grande erro, fácil de reconhecer.

Não acredito que o poeta inglês tenha imitado ao todo mais de duzentos versos do jesuíta de Colônia; ouso dizer que ele imitou apenas o que merecia imitação. Esses duzentos versos são muito bonitos; os de Milton também; e o total do poema de Masenius, apesar desses duzentos belos versos, não vale nada.

Molière copiou duas cenas inteiras da ridícula comédia *Le pédant joué* [O pedante enganado], de Cyrano de Bergerac. "Essas duas cenas são boas, dizia ele brincando com amigos; elas me pertencem de pleno direito; estou resgatando um bem." Depois disso seria muito mal recebido quem tratasse de plagiário o autor do *Tartufo* e do *Misantropo*.

É certo que, em geral, no *Paraíso perdido* Milton voou com suas próprias asas ao imitar; e é preciso convir que, se ele imitou tantas características de Grócio e do jesuíta de Colônia, elas se perdem na multidão de coisas originais de Milton; ele continua sendo visto na Inglaterra como um grande poeta.

É verdade que ele deveria ter confessado que traduziu duzentos versos de um jesuíta; mas, no seu tempo, na corte de Carlos II, ninguém se preocupava com jesuítas, nem com Milton, nem com o *Paraíso perdido*, nem com o *Paraíso encontrado*. Tudo isso era escarnecido ou desconhecido.

EQUÍVOCO (Équivoque)

Por não definir os termos e, sobretudo, por falta de precisão em seu espírito, quase todas as leis, que deveriam ser claras como a aritmética e a geometria, são obscuras como logogrifos. Triste prova disso é que quase todos os processos se baseiam no sentido das leis, entendidas quase sempre de modos diferentes por demandantes, advogados e juízes.

Todo o direito público da Europa teve origem em equívocos, a começar pela lei sálica. As filhas não herdam em terras sálicas; mas o que é terra sálica? E a filha não herdará dinheiro vivo, alguma joia legada, que poderá valer mais que a terra?

Os cidadãos de Roma saúdam o austrasiano Karl, filho de Pepino, o Breve, com o nome de *imperator*. O que pretendiam dizer: Nós vos conferimos todos os direitos de Otávio, Tibério, Calígula e Cláudio; nós vos damos todo o território que eles possuíam? Mas não podiam dá-lo porque não eram seus donos, e mal eram donos de sua cidade. Nunca houve expressão mais equívoca; e era tão equívoca que ainda hoje o é.

O bispo de Roma, Leão III, que, segundo dizem, declarou Carlos Magno imperador, entenderia a força dos termos que proferiu? Segundo os alemães, ele entendia que Carlos seria seu senhor; segundo a dataria, ele queria dizer que seria senhor de Carlos Magno.

As coisas mais respeitáveis, sagradas e divinas não terão sido obscurecidas pelos equívocos das línguas?

Pergunta-se a dois cristãos de que religião são; ambos respondem: sou católico. Acredita-se que os dois professam a mesma comunhão: no entanto, um é da grega, o outro, da latina, e os dois são irreconciliáveis. Quem quiser esclarecer-se mais descobrirá que cada um deles entende católico como *universal*, e que, nesse caso, *universal* significou *parte*.

A alma de são Francisco está no céu, no paraíso. Uma dessas palavras significa *ar*; a outra, *jardim*.

Usa-se a palavra *espírito* para expressar vento, extrato, pensamento, álcool retificado, aparição de morto.

O equívoco foi um vício tão necessário de todas as línguas formadas por aquilo que chamamos acaso e hábito que o próprio autor de toda a clareza e de toda a verdade dignou-se condescender com a maneira de falar de seu povo: assim, *heloim* significa, em alguns lugares, *juízes*; em outros, *deuses*; e em outros, *anjos*.

"Tu és Pedro, e sobre essa pedra edificarei minha assembleia" seria um equívoco numa língua e num tema profano; mas essas palavras recebem um sentido divino da boca de quem as pronuncia e do assunto ao qual são aplicadas.

"Sou o Deus de Abraão, Isaque e Jacó; Deus não é Deus dos mortos, mas dos vivos." No sentido ordinário, essas palavras podiam significar: Sou o mesmo Deus que Abraão e Jacó adoraram, assim como a terra que produziu Abraão, Isaque e Jacó também produz seus descendentes; o Sol que brilha hoje é o Sol que iluminava Abraão, Isaque e Jacó; a lei de seus filhos é a lei deles. E isso não significa que Abraão, Isaque e Jacó ainda estivessem vivos. Mas, quando é o Messias que fala, já não há equívoco; o sentido é tão claro quanto divino. É evidente que Abraão, Isaque e Jacó não estão no rol dos mortos, mas vivem na glória, pois esse oráculo é pronunciado pelo Messias; porém era preciso que fosse ele quem dissesse.

Os discursos dos profetas judeus podiam ser equívocos aos olhos dos homens grosseiros que não penetravam seu sentido; mas não o foram para os espíritos esclarecidos pelas luzes da fé.

Todos os oráculos da antiguidade eram equívocos: um prediz a Creso que um poderoso império sucumbirá; mas será o dele? Será o de Ciro? Outro diz a Pirro que os romanos podem vencê-lo, e que ele pode vencer os romanos. É impossível que esse oráculo minta.

Quando Septímio Severo, Pescênio Niger e Clódio Albino disputavam o império, o oráculo de Delfos, consultado (contrariando o jesuíta Baltus, segundo o qual os oráculos já não existiam), respondeu: "O moreno é ótimo, o branco não vale nada, e o africano é aceitável." Percebe-se que havia mais de uma maneira de explicar tal oráculo.

Quando Aureliano consultou o deus de Palmira (também contrariando Baltus), o deus disse que *os pombos temem o falcão*. Fosse lá o que acontecesse, o deus se safaria. O falcão era o vencedor, os pombos eram os vencidos.

Às vezes alguns soberanos empregaram o equívoco tão bem quanto os deuses. Não sei que tirano, tendo jurado para um prisioneiro que não o mataria, ordenou que não lhe dessem comida, dizendo que ele prometera que não o mataria, mas não que contribuiria para deixá-lo vivo[56].

ESCÂNDALO (Scandale)

Sem procurar saber se escândalo era originariamente uma pedra que podia derrubar as pessoas, ou se era uma briga ou uma sedução, atenhamo-nos à sua significação de hoje. Escândalo é uma grave indecência. É palavra aplicada principalmente à gente da Igreja. Os *Contos* de La Fontaine são libertinos; vários trechos de Sanchez, Tambourin e Molina são escandalosos.

Pode-se ser escandaloso na escrita ou na conduta. O assédio dos agostinianos contra a guarda da cidade, no tempo da Fronda, foi escandaloso. A bancarrota do jesuíta Lavalette foi mais que escandalosa. O processo dos reverendos padres capuchinhos de Paris, em 1764, foi um escândalo muito engraçado. Cabe dizer aqui algumas palavras a respeito, para edificação do leitor.

Os reverendos padres capuchinhos brigaram no convento; uns esconderam o dinheiro, outros o pegaram. Até aí, tratava-se apenas de um escândalo particular, uma pedra que só podia derrubar capuchinhos; mas, quando o caso foi levado ao parlamento, o escândalo tornou-se público.

Consta[57] no processo que são necessárias mil e duzentas libras de pão por semana no convento de Saint-Honoré e a mesma proporção de carne, vinho e madeira, e que há quatro arrecadadores oficialmente encarregados de levantar essas contribuições na cidade. Que tremendo escândalo! Mil e duzentas libras de carne e pão por semana para alguns capuchinhos, enquanto tantos artistas vencidos pela velhice e tantas viúvas honestas se expõem todos os dias a morrer de miséria!

[58]O fato de o reverendo padre Dorothée ter obtido três mil libras de renda à custa do convento e, por conseguinte, à custa do público é não só um escândalo enorme, como também um claro roubo, e um roubo cometido contra a classe mais indigente dos cidadãos de Paris; pois são os pobres que pagam a taxa imposta pelos monges mendicantes. A ignorância e a fraqueza do povo o convencem de que só poderá ganhar o céu dando o que lhe é necessário, para que os monges consigam o que lhes é supérfluo.

Só no que diz respeito a essa acusação, portanto, o irmão Dorothée deve ter extorquido vinte mil escudos, pelo menos, aos pobres de Paris, para conseguir mil escudos de renda.

Pensai bem, caro leitor, que tais aventuras não são raras neste século XVIII de nossa era, produtor de tantos livros bons. Já vos disse: o povo não lê. Um capuchinho, um recoleto, um carmelita ou um *picpus*[59], confessando e pregando, são capazes de fazer, sozinhos, mais mal do que o bem que os melhores livros jamais poderão fazer.

Eu ousaria propor às almas bem-nascidas que espalhassem por alguma capital certo número de anticapuchinhos e antirrecoletos, que fossem de casa em casa recomendar aos pais e às mães

---

56. Ver verbete Abuso das palavras. (N. de Voltaire)
57. P. 27 do *Relatório contra irmão Atanásio*, apresentado ao parlamento. (N. de Voltaire)
58. P. 3 do *Relatório contra irmão Atanásio*, apresentado ao parlamento. (N. de Voltaire)
59. Terceira Ordem de são Francisco. (N. da T.)

que fossem virtuosos e guardassem o dinheiro que têm para sustento da família e sustentáculo da velhice; que amassem a Deus de todo o coração e nunca dessem nada aos monges. Mas voltemos à verdadeira significação da palavra *escândalo*.

Naquele processo dos capuchinhos, acusa-se irmão Grégoire de ter gerado um filho na srta. Bras-de-Fer e de tê-la casado depois com Moutard, o sapateiro. Não se diz se o irmão Grégoire deu pessoalmente a bênção nupcial à amante e ao pobre Moutard, com dispensa. Se o fez, aí está o escândalo mais completo que possa haver; encerra fornicação, roubo, adultério e sacrilégio. *Horresco referens*.

Digo primeiro fornicação, porque irmão Grégoire fornicou com Madeleine Bras-de-Fer, que só tinha então quinze anos.

Digo roubo, porque deu babadouros e fitas a Madeleine, e é evidente que roubou o convento para comprá-los, pagar as refeições e as despesas após o parto, bem como o salário da ama de leite.

Digo adultério, porque esse malvado continuou a deitar-se com a sra. Moutard.

Digo sacrilégio, porque confessava Madeleine. E, se ele mesmo casou sua amante com outro, imaginai que homem era esse irmão Grégoire.

Um de nossos colaboradores e cooperadores nesta pequena obra das *Questões filosóficas e enciclopédicas* trabalha num livro de moral sobre os escândalos, contra a opinião do irmão Patouillet. Esperamos que o público possa tirar pronto proveito dela.

ESCOLHA DO ESTILO (Genre de style)

Como o tipo de execução de que o artista deve lançar mão depende do objeto tratado, como o gênero de Le Poussin não é igual ao de Teniers, e a arquitetura de um templo não é igual à de uma casa comum, nem a música de uma ópera trágica é igual à de uma ópera cômica, também cada modo de escrever tem seu estilo próprio em prosa e verso. Sabe-se muito bem que o estilo da história não é o mesmo de uma oração fúnebre, que um despacho de embaixador não deve ser escrito como se escreve um sermão, que a comédia não deve utilizar os expedientes ousados da ode, as expressões patéticas da tragédia, nem as metáforas e as comparações da epopeia.

Cada gênero tem suas nuances diferentes: no fundo, é possível reduzi-los a dois, o simples e o elevado. Esses dois gêneros, que abarcam tantos outros, têm belezas necessárias que lhes são igualmente comuns: essas belezas são a justeza das ideias, sua adequação, a elegância e a propriedade das expressões, a pureza da linguagem. Todo texto, seja qual for sua natureza, exige essas qualidades; as diferenças consistem nas ideias próprias a cada tema, nos tropos. Assim, uma personagem de comédia não terá ideias sublimes nem filosóficas; um pastor de ovelhas não terá as ideias de um conquistador; uma epístola didática não transpirará paixão; e em nenhum desses textos serão empregadas metáforas audaciosas, exclamações patéticas ou expressões veementes.

Entre o simples e o sublime, há vários matizes; e é a arte de escolhê-los que contribui para a perfeição da eloquência e da poesia. Foi graças a essa arte que Virgílio se elevou tantas vezes na égloga. Este verso:

Ut vidi, ut perii, ut me malus abstulit error!
[Assim que te vi, eu me perdi: no mesmo momento uma terrível paixão me arrebatou.]
(Égloga, VIII, 41)

seria tão belo na boca de Dido quanto na de um pastor, porque é natural, veraz e elegante, e o sentimento que encerra condiz com todos os tipos de estados d'alma. Mas este verso:

> *Castaneasque nuces mea quas Amaryllis amabat.*
> [Castanhas e nozes que minha Amarílis apreciava.]
> (Égloga, II, 52)

não conviria a uma personagem heroica, porque tem por objeto coisa pequena demais para um herói.

Não entendemos por pequeno aquilo que é baixo ou grosseiro; pois o baixo e o grosseiro não são gêneros, e sim defeitos.

Esses dois exemplos mostram em que caso é permissível a mistura de estilos e quando não o é. A tragédia pode rebaixar-se, e até o deve; a simplicidade muitas vezes decorre da grandeza, segundo o preceito de Horácio:

> *E tragicus plerumque dolet sermone pedestri.*
> [E o trágico muitas vezes se lamenta em estilo rasteiro.]
> (*De arte poet.*, 95)

Assim, estes dois belos versos de Tito, tão naturais e ternos:

> *Depuis cinq ans entiers chaque jour je la vois,*
> *Et crois toujours la voir pour la première fois.*
> [Todo dia eu a vejo há cinco anos inteiros,
> E acredito estar a vê-la pela vez primeira.]
> (RACINE, *Bérénice*, ato II, cena II)

não estariam deslocados na alta comédia; mas este verso de Antíoco:

> *Dans l'Orient désert quel devint mon ennui!*
> [No Oriente deserto qual não foi o meu enfado!]
> (RACINE, *Bérénice*, ato I, cena IV)

não poderia convir a um amante numa comédia, porque a bela expressão figurada *no Oriente deserto* é de um gênero elevado demais para a simplicidade da comédia. Já observamos, no verbete Espírito, que um autor, que escreveu sobre física e afirma que houve um Hércules físico, acrescenta que "não era possível resistir a um filósofo com aquela força". Outro, que acaba de escrever um livrinho (que ele supõe ser físico e moral) contra a utilidade da inoculação, diz que "se a varíola artificial fosse utilizada, a Morte estaria bem laçada".

Esse defeito provém de uma afetação ridícula. Existe um outro que não passa de efeito da negligência: é misturar ao estilo simples e nobre exigido pela história termos populares e expressões triviais reprovados pelas conveniências. Muitas vezes em Mézerai e até mesmo em Daniel – que, escrevendo muito tempo depois daquele, devia ser mais correto – encontram-se afirmações como estas: "Um general, nesse meio-tempo, não desgrudou do inimigo, não largou mão e liquidou com ele." Não se encontra semelhante baixeza de estilo em Tito Lívio, Tácito, Guichardin e Clarendon.

Observemos aqui que um autor que criou para si um tipo de estilo raramente pode mudá-lo quando muda de objeto. La Fontaine, em suas óperas, emprega o mesmo estilo que lhe é tão natural nos contos e nas fábulas. Benserade põe em sua tradução das *Metamorfoses* de Ovídio o tipo de pilhéria que lhe deu tanto sucesso em madrigais. A perfeição consistiria em sempre saber combinar o estilo com a matéria tratada; mas quem pode ser senhor de seus hábitos e dobrar seu gênio quando quer?

ESCOLIASTA (Scoliaste)

Por exemplo, Dacier e sua ilustre esposa, digam o que disserem, foram tradutores e escoliastas muito úteis. Também era uma das singularidades do grande século o fato de um erudito e sua mulher nos darem a conhecer Homero e Horácio, ensinando-nos os costumes e os usos de gregos e romanos, ao mesmo tempo que Boileau oferecia sua *Arte poética*; Racine, *Iphigénie* e *Athalie*; Quinault, *Atys* e *Armide*; quando Fénelon escrevia seu *Télémaque*, Bossuet declamava suas *Orações fúnebres*, Le Brun pintava, Girardon esculpia, Du Cange escavava as ruínas dos séculos bárbaros para desenterrar tesouros etc. etc.: agradeçamos os Dacier, marido e mulher. Tenho várias perguntas para lhes fazer.

Perguntas sobre Horácio, ao sr. Dacier

Poderíeis, senhor, ter a bondade de me dizer por que, na *Vida de Horácio*, imputada a Suetônio, traduzis a palavra de Augusto *purissimum penem*, por pequeno devasso? Parece-me que os latinos, no linguajar familiar, entendiam por *purus penis* o que os italianos modernos entendem por *buon coglione*, *faceto coglione*, expressão que traduzíamos ao pé da letra no século XVI, quando nossa língua era uma mistura de francês e italiano. *Purissimus penis* não significaria um conviva agradável, um bom companheiro? *Purissimus* exclui devasso. Não que eu queira insinuar com isso que Horácio não foi muito devasso; Deus me livre!

Não sei por que dizeis[60] que uma espécie de guitarra grega, o *barbiton*, antigamente tinha cordas de seda. Tais cordas não teriam produzido som, e os primeiros gregos não conheciam a seda.

Devo dizer-vos uma palavra sobre a quarta ode[61], na qual "a bela Primavera volta com o Zéfiro; Vênus traz de volta o Amor, as Graças, as Ninfas; elas dançam com passo leve e medido sob os doces raios de Diana, que as olha, enquanto Vulcano aquece as forjas dos laboriosos Ciclopes".

Vós traduzis: "Vênus recomeça a dançar sob o clarão da Lua com as Graças e as Ninfas, enquanto Vulcano se apressa a pôr seus Ciclopes a trabalhar."

Dizeis em vossas observações que nunca se viu corte mais bonita que a de Vênus, e que Horácio faz aí uma alegoria muito galante; pois por Vênus ele entende as mulheres; pelas Ninfas, entende as raparigas; e, por Vulcano, entende os tolos que se matam nos cuidados dos afazeres, enquanto suas mulheres se divertem. Mas estais seguro de que Horácio entendeu tudo isso?

Na sexta ode, Horácio diz:

Nos convivia, nos a praelia virginum
Sectis in juvenes unguibus acrium
Cantamus vacui, sive quid urimur,
    Non praeter solitum leves.

"Quanto a mim, esteja eu livre, esteja amando, seguindo minha leviandade costumeira, canto nossos festins e os combates de nossas jovens, que ameaçam os amantes com unhas que não os podem ferir."

Vós traduzis: "Seja lá em que estado estiver, livre ou apaixonado e sempre pronto a mudar, só me divirto a cantar os combates das jovens que se fazem as unhas para melhor arranhar os amantes."

Mas ousarei dizer, senhor, que Horácio não fala em arranhar, e que, quanto melhor cortamos as unhas, menos arranhamos.

---

60. Observações sobre a ode I do livro I. (N. de Voltaire)
61. Ode IV. (N. de Voltaire)

Agora, algo mais curioso do que as moças que arranham. Trata-se de Mercúrio, na décima ode; dizeis ser verossímil que se deu a Mercúrio a qualidade de deus dos ladrões[62] "por relação a Moisés, que ordenou aos hebreus tomar tudo o que pudessem aos egípcios, como observa o erudito Huet, bispo de Avranches, em sua *Demonstração evangélica*".

Assim, segundo vós e esse bispo, Moisés e Mercúrio são os patronos dos ladrões. Mas sabeis quanto zombaram do douto bispo, que fez de Moisés um Mercúrio, um Baco, um Príapo, um Adônis etc. Sem dúvida Horácio nem desconfiava que Mercúrio seria um dia comparado a Moisés nas Gálias.

Quanto a essa ode a Mercúrio, acreditais que é um hino no qual Horácio o adora; e eu, ao contrário, desconfio que ele está zombando.

Acreditais que se deu o epíteto *Liber* a Baco[63] porque os reis se chamavam *Liberi*. Não conheço na antiguidade nenhum rei que tenha assumido esse título. Não seria possível que a liberdade com que os bebedores falam à mesa tenha valido esse epíteto ao deus dos bebedores?

O matre pulchra filia pulchrior.[64]

Vós traduzis: "Bela Tíndaris, só vós podeis arrebatar o prêmio da beleza a vossa encantadora mãe." Horácio diz apenas: "Vossa mãe é bela, e vós mais que ela." Isso me parece mais curto e melhor; mas posso estar enganado.

Horácio, nessa ode, diz que Prometeu, depois de modelar o homem de lodo, foi obrigado a acrescentar-lhe as qualidades dos outros animais, pondo em seu coração a cólera do leão.

Afirmais que isso é imitado de Simônides, segundo quem Deus antes fez o homem e, nada mais tendo para dar à mulher, tomou dos animais tudo o que lhe convinha, deu a umas as qualidades do porco, a outras as da raposa, a estas os talentos do macaco, àquelas os do asno. Sem dúvida Simônides não era galante; Dacier também não.

In me tota ruens Venus
   Cyprum deseruit.[65]

Vós traduzis: "Vênus deixou inteiramente Chipre para vir alojar-se em meu coração."
Não preferis estes versos de Racine:

Ce n'est plus une ardeur dans mes veines cachée,
   C'est Vénus tout entière à sa proie attachée?
[Já não é um ardor que se esconde em mi'as veias,
   Já é Vênus que à presa, inteira, se enleia.]

Dulce ridentem Lalagen amabo,
   Dulce loquentem.[66]

"Amarei Lálage, que fala e ri com tanta graça."
Não preferis a tradução de Safo, feita por Boileau:

---

62. Ode X. (N. de Voltaire)
63. Nota sobre a ode XII. (N. de Voltaire)
64. Ode XIV. (N. de Voltaire)
65. Ode XIX. (N. de Voltaire)
66. Ode XXII. (N. de Voltaire)

Que l'on voit quelquefois doucement lui sourire,
Que l'on voit quelquefois tendrement lui parler?
[Que às vezes se vê docemente a sorrir-lhe,
Que às vezes se vê ternamente a falar-lhe]

Quis desiderio sit pudor aut modus
Tam cari capitis?[67]

Vós traduzis: "Que vergonha poderá haver em chorar um homem que nos era tão caro? etc."

A palavra *vergonha* não traduz aqui *pudor*; *que poderá haver* não é estilo de Horácio. Eu talvez tivesse posto em seu lugar: "Podemos enrubescer por sentir saudade de pessoa tão querida, podemos secar as lágrimas?"

Natis in usum laetitiae scyphis
Pugnare Thracum est.
(Ode XXVII)

Vós traduzis: "É próprio dos trácios lutar com copos [de vidro][68], que foram feitos para a alegria."

Não se bebia em copos de vidro então, e os trácios o faziam muito menos que os romanos.

Não teria sido melhor dizer: "É uma barbárie dos trácios ensanguentar refeições destinadas à alegria?"

Nunc est bibendum, nunc pede libero
Pulsanda tellus.[69]

Vós traduzis: "É agora, meus caros amigos, é preciso beber e, sem nada temer, é preciso dançar com toda a força."

Bater no chão com passo livre em cadência não é dançar com toda a força. A própria expressão não é agradável, nem nobre, nem de Horácio.

Passo por cima de centenas de questões gramaticais que gostaria de ventilar, para pedir contas do *vinho soberbo* de Cécubo. Fazeis questão que Horácio diga:

Tinget pavimentum superbo[70]
  Pontificum potiore coenis.

Vós traduzis: "Inundará seus aposentos com esse vinho que nadará sobre seus ricos pavimentos, com esse vinho que deveria ter sido reservado para os festins dos pontífices."

Horácio não diz nada disso. Como quereis que o vinho com que se faz uma pequena libação no *triclinium*, na sala de jantar, inunde esses aposentos? Por que afirmais que aquele vinho deveria ter sido reservado para os pontífices? Tenho excelentes vinhos de Málaga e das Canárias, mas vos respondo que não os mandaria a meu bispo.

Horácio fala de um pavimento soberbo, de um magnífico mosaico; e vós me falais de um vinho soberbo, de um vinho magnífico! Em todas as edições de Horácio, lê-se: *Tinget pavimentum superbum*, e não *superbo*.

---

67. Ode XXIV. (N. de Voltaire)
68. A palavra usada é *verre*, que em francês pode ser copo ou vidro. (N. da T.)
69. Ode XXXVII. (N. de Voltaire)
70. Liv. II, ode XIV. (N. de Voltaire)

Dizeis que há um grande sentimento religioso em Horácio, ao querer reservar aquele bom vinho somente para os sacerdotes. Acredito, como vós, que Horácio era muito religioso, do que nos dão prova todos os seus versos para os rapazotes; mas acho que ele teria preferido beber aquele bom vinho de Cécubo a reservá-lo para os sacerdotes de Roma.

Motus doceri gaudet ionicos
Matura virgo, et fingitur artubus etc.
(Liv. III, ode VI)

Vós traduzis: "O maior prazer de nossas donzelas núbeis é ensinar as danças lascivas dos jônicos. Para isso elas não têm vergonha de tornar flexíveis os seus membros e de assumir posições indecentes."

Quantas frases para dois versinhos! Ah, meu senhor, posições indecentes! Se há em latim *fingitur artubus*, e não *artibus*, por acaso isso não significará: "Nossas virgens aprendem as danças e os movimentos voluptuosos dos jônicos?" E nada mais.

Topo com esta ode[71], *Horrida tempestas*.

Dizeis que o velho comentador se engana ao pensar que *contraxit coelum* significa *escondeu-nos o céu*; e, para mostrar que ele se enganou, adotais a opinião dele.

Em seguida, quando Horácio introduz o doutor Quirão, preceptor de Aquiles, anunciando a seu discípulo, para dar-lhe coragem, que ele não voltará de Troia:

Unde tibi reditum certo subtemine Parcae
Rupere.
(Epodo XIII)

Vós traduzis: "As Parcas cortaram o fio de vossa vida."

Mas esse fio não está cortado. Será cortado; mas Aquiles ainda não foi morto. Horácio não fala de fio; *Parcae* está aí por *fata*. Isso quer dizer, palavra por palavra: "O destino se opõe a vosso retorno."

Dizeis que "Quirão sabia disso por si mesmo, pois era grande astrólogo".

Não quereis que *dulcibus alloquiis* signifique doces conversas. Que quereis então que signifique? Afirmais peremptoriamente que "nada é mais ridículo, e que Aquiles nunca falava com ninguém". Mas falava com Pátroclo, Fênix, Automedonte, com os capitães tessalônicos. Em seguida imaginais que a palavra *alloqui* significa consolar. Essas contradições podem confundir *studiosam juventutem*.

Em vossas observações sobre a terceira sátira do segundo livro, informais que as sereias tinham esse nome entre os gregos porque *sir* significava *cântico* entre os hebreus. Foi Bochart que vos disse isso? Acreditais que Homero tinha muitas relações com os judeus? Não, não sois daqueles doidos que querem fazer os tolos acreditar que tudo nos vem daquela miserável nação judia, que habitava um território tão pequeno e por muito tempo foi desconhecida para a Europa inteira.

Eu poderia fazer perguntas sobre cada ode e cada epístola; mas assim escreveria um alentado volume. Se algum dia eu tiver tempo, exporei minhas dúvidas, não só sobre essas odes, mas também sobre as *Sátiras*, as *Epístolas* e a *Arte poética*. Mas agora preciso falar com a senhora vossa esposa.

---

71. Liv. V, ode XIII. (N. de Voltaire)

À sra. Dacier, sobre Homero

Minha senhora, sem querer perturbar a paz de vosso lar, direi que vos prezo e respeito ainda mais que vosso marido; pois ele não é apenas tradutor e comentador, e vós sois apenas tradutora e comentadora. É tão bom uma francesa ter possibilitado o conhecimento do mais antigo dos poetas, que vos devemos eterna gratidão.

Começo por observar a prodigiosa diferença entre o grego e nosso *welche*, que se transformou em latim e depois em francês.

Eis aqui vossa elegante tradução do início da *Ilíada*:

"Deusa, cantai a cólera de Aquiles, filho de Peleu; cólera perniciosa que causou tantos males aos gregos e que precipitou no sombrio reino de Plutão as almas generosas de tantos heróis e fez de seus corpos presa dos cães e dos abutres, desde o dia fatal em que um notável litígio dividiu o filho de Atreu e o divino Aquiles: assim os decretos de Júpiter se cumpriam. Que deus os lançou nessas dissensões? O filho de Júpiter e Latona, irritado com o rei que desonrara Crises, seu sacrificador, enviou para o exército uma doença medonha que dizimava os povos; pois Crises, indo até os navios dos gregos, carregado de presentes para resgatar sua filha e levando nas mãos as faixas sagradas de Apolo, com o cetro de ouro, suplicou humildemente aos gregos, sobretudo aos dois filhos de Atreu, generais destes. Filhos de Atreu, disse-lhes ele, e vós, generosos gregos, que os deuses que habitam o Olimpo vos façam a graça de destruir a soberba cidade de Príamo e de vos ver felizes de volta à pátria; mas devolvei-me a filha, ao receberdes estes presentes, e respeitai em mim o filho do grande Júpiter, Apolo, cujos golpes são inevitáveis. Todos os gregos deram a entender, com um murmúrio favorável, que era preciso respeitar o ministro do deus e receber seus ricos presentes. Mas aquele pedido desagradou a Agamêmnon, cego de cólera."

Eis aqui a tradução palavra por palavra, e verso por linha:

La colère chantez, déesse, de piliade Achille,
Funeste, qui infinis aux Akaïens maux apporta,
Et plusieurs fortes âmes à l'enfer envoya
De héros; et à l'égard d'eux, proie les fit aux chiens
Et à tous les oiseaux. S'accomplissait la volonté de Dieu,
Depuis que d'abord différèrent disputants
Agamemnon chef des hommes et le divin Achille.
Qui des dieux par dispute les commit à combattre?
De Latone et de Dieu le fils; car contre le roi étant irrité,
Il suscita dans l'armée une maladie mauvaise, et mouraient les peuples.
[A cólera cantai, deusa, do piliade Aquiles,
Funesta, que infinitos aos akaianos males causou,
E várias fortes almas ao inferno mandou
De heróis; e, quanto a eles, presa os fez dos cães
E de todos os pássaros. Cumpria-se a vontade de Deus,
Desde que, de início, diferiram disputantes
Agamêmnon chefe dos homens e o divino Aquiles.
Que deuses por disputa os levou a combater?
De Latona e de Deus o filho; pois estando irritado com o rei,
Provocou no exército uma doença ruim, e morriam os povos.]

Não há como ir mais longe. Essa amostra basta para mostrar o diferente gênio das línguas e para demonstrar como as traduções literais são ridículas.

Eu poderia perguntar por que falastes do sombrio reino de Plutão e dos abutres, sobre os quais Homero nada diz.

Por que dizeis que Agamêmnon desonrara o sacerdote de Apolo. Desonrar significa tirar a honra: Agamêmnon tirara daquele sacerdote apenas a filha. Parece-me que o verbo ατιμαω aí não significa desonrar, porém desprezar, maltratar.

Por que fazeis o sacerdote dizer: "Que os deuses vos façam a graça de destruir" etc.? Esses termos, *vos façam a graça*, parecem retirados de nosso catecismo. Homero diz: "Que os deuses habitantes do Olimpo vos deem a destruição da cidade de Troia."

[...] Δοῖεν, Ὀλύμπια δώματα ἔχοντες,
Ἐκτέρσαι Πριάμοιο Πόλιν [...]
(*Ilíada*, I, 18-19)

Por que dizeis que todos os gregos deram a entender, com um murmúrio favorável, que era preciso respeitar o ministro dos deuses? Em Homero não se fala em murmúrio favorável. Há, expressamente, que todos disseram: πάντες ἐτευφημήσαν.

Em todos os lugares, ou subtraístes, ou somastes, ou modificastes, e não cabe a mim decidir se fizestes bem ou mal.

De uma coisa estou certo, e com ela não concordastes: é que, se hoje alguém fizesse um poema como o de Homero, seria, não digo apenas vaiado de um extremo ao outro da Europa, mas inteiramente ignorado; no entanto, a *Ilíada* era um poema excelente para os gregos. Vimos como as línguas diferem. Costumes, usos, sentimentos e ideias diferem muito mais.

Se eu ousasse, compararia a *Ilíada* ao livro de Jó; ambos são orientais, muito antigos, igualmente cheios de ficções, imagens e hipérboles. Há em ambos trechos frequentemente citados. Os heróis de ambos os romances fazem questão de falar muito e de repetir-se; os amigos trocam injúrias. Aí estão muitas semelhanças.

Se alguém resolver fazer hoje um poema no gosto de Jó, vereis como será recebido.

Dizeis em vosso prefácio que é impossível pôr Homero em versos franceses; dizei que isso vos é impossível, porque não sois dada à nossa poesia. As *Geórgicas* de Virgílio são bem mais difíceis de traduzir; no entanto, conseguiu-se.

Estou convencido de que temos dois ou três poetas na França que traduziriam bem Homero; mas, ao mesmo tempo, estou plenamente convencido de que não serão lidos se não modificarem, edulcorarem, desbastarem quase tudo. A razão disso, minha senhora, é que precisamos escrever para nosso tempo, e não para os tempos passados. É verdade que nosso frio La Motte edulcorou e desbastou tudo, e também não foi lido. Mas foi porque desnervou tudo.

Um jovem veio nos últimos dias mostrar-me uma tradução de um trecho do livro XXIV da *Ilíada*. Ponho-os aqui diante de vossos olhos, ainda que não sejais grande conhecedora de versos franceses:

L'horizon se couvrait des ombres de la nuit;
L'infortuné Priam, qu'un dieu même a conduit,
Entre, et paraît soudain dans la tente d'Achille.
Le meurtrier d'Hector, en ce moment tranquille,
Par un léger repas suspendait ses douleurs.
Il se détourne; il voit ce front baigné de pleurs,
Ce roi jadis heureux, ce vieillard vénérable
Que le fardeau des ans et la douleur accable,
Exhalant à ses pieds ses sanglots et ses cris,

Et lui baisant la main qui fit périr son fils.
Il n'osait sur Achille encor jeter la vue.
Il voulait lui parler, et sa voix s'est perdue.
Enfin il le regarde, et parmi ses sanglots,
Tremblant, pâle, et sans force, il prononce ces mots:

"Songez, seigneur, songez que vous avez un père..."
Il ne put achever. Le héros sanguinaire
Sentit que la pitié pénétrait dans son coeur.
Priam lui prend les mains. "Ah! prince, ah! mon vainqueur,
J'étais père d'Hector! et ses généreux frères
Flattaient mes derniers jours, et les rendaient prospères.
Ils ne sont plus... Hector est tombé sous vos coups...
Puisse l'heureux Pélée entre Thétis et vous
Prolonger de ses ans l'éclatante carrière!
Le seul nom de son fils remplit la terre entière;
Ce nom fait son bonheur ainsi que son appui.
Vos honneurs sont les siens, vos lauriers sont à lui.
Hélas! tout mon bonheur et toute mon attente
Est de voir de mon fils la dépouille sanglante;
De racheter de vous ces restes mutilés,
Traînés devant mes yeux sous nos murs désolés.
Voilà le seul espoir, le seul bien qui me reste.
Achille, accordez-moi cette grâce funeste,
Et laissez-moi jouir de ce spectacle affreux."

Le héros, qu'attendrit ce discours douloureux,
Aux larmes de Priam répondit par des larmes.
"Tous nos jours sont tissus de regrets et d'alarmes,
Lui dit-il; par mes mains les dieux vous ont frappé.
Dans le malheur commun moi-même enveloppé,
Mourant avant le temps loin des yeux de mon père,
Je teindrai de mon sang cette terre étrangère.
J'ai vu tomber Patrocle; Hector me l'a ravi:
Vous perdez votre fils, et je perds un ami.
Tel est donc des humains le destin déplorable.
Dieu verse donc sur nous la coupe inépuisable,
La coupe des douleurs et des calamités;
Il y mêle un moment de faibles voluptés,
Mais c'est pour en aigrir la fatale amertume."
[O horizonte cobria-se das sombras da noite;
O desventurado Príamo, que um deus conduziu,
Entra e surge de súbito na tenda de Aquiles.
O assassino de Heitor, naquele momento tranquilo,
Com ligeira ceia suspendia suas dores.
Ele se volta; vê aquela fronte banhada de pranto,
Aquele rei outrora feliz, ancião venerável
Que o fardo dos anos e a dor abatem,

Exalando a seus pés soluços e ais,
Beijando-lhe a mão que matara seu filho.
Ainda não ousava sobre Aquiles lançar o olhar.
Queria falar-lhe, e a voz se perdia.
Olha-o enfim, e entre soluços,
Trêmulo e pálido, sem forças, diz isto:

"Pensai, senhor, pensai que tendes um pai..."
Não pôde acabar. O herói sanguinário
Sentiu que a piedade lhe penetrava o coração.
Príamo toma-lhe as mãos. "Ah! príncipe, ah! meu vencedor,
Eu era pai de Heitor!... e seus generosos irmãos
Alegravam meus últimos dias e os tornavam prósperos...
Eles já não vivem... Heitor sucumbiu a vossos golpes...
Possa o feliz Peleu entre Tétis e vós
Prolongar a brilhante carreira de seus anos!
O nome de seu filho encheu a terra inteira;
Nome que faz sua alegria e que lhe dá apoio.
Vossas honras são as suas, vossos louros os dele.
Mas, ai! toda a minha ventura e minha esperança
É ver de meu filho o despojo sangrento
Resgatar de vós seus restos mutilados,
Arrastados ante meus olhos sob nossos muros desolados.
É essa a minha esperança, único bem que me resta.
Aquiles, concedei-me essa graça funesta,
E deixai-me gozar o espetáculo atroz."

O herói, aplacado por tais ditos dolorosos,
Às lágrimas de Príamo com lágrimas respondeu.
"Todos os nossos dias são tecidos de saudades e alarmes,
Disse-lhe; por minhas mãos os deuses vos feriram.
Na desgraça comum, eu mesmo envolto,
Morrendo antes do tempo longe de meu pai,
Tingirei com meu sangue esta terra estrangeira.
Vi Pátroclo tombar; foi Heitor que o levou:
Perdeis vosso filho, eu perco um amigo.
Essa é dos humanos a sina deplorável.
Deus derrama sobre nós a taça inesgotável,
Taça de dores e calamidades;
Mistura um momento de fraca volúpia,
Mas para acerbar seu fatal amargor."]

O jovem me pergunta: Achais que devo continuar? Como! respondi. Sois também pintor! Parece que vejo o velho querendo falar e, de dor, conseguindo apenas pronunciar algumas palavras entrecortadas por suspiros. Isso não está em Homero, mas perdoo. Até mesmo vos sou grato por terdes evitado os dois tonéis, que causariam um mau efeito em nossa língua, e, sobretudo, por terdes encurtado. Sim, sim, continuai. A nação não vos dará quinze mil libras esterlinas, como os ingleses deram a Pope, mas poucos ingleses tiveram coragem de ler toda a sua *Ilíada*.

Acreditais mesmo que, de Versalhes a Perpignan e Saint-Malo, encontrareis muitos gregos que se interessem por Eurítion, outrora morto por Nestor; por Ekopolious, filho de Thalesious, morto por Antilukous; por Simoisious, filho de Athemon, morto por Telamon; e por Pirous, filho de Embrasous, ferido no calcanhar do pé direito? Nossos versos franceses, cem vezes mais difíceis de fazer que os versos gregos, não apreciam esses detalhes. Ouso responder que nenhuma de nossas damas vos lerá; e que será de vós sem elas? Se fossem todas Dacier, vos leriam ainda menos. Não é verdade, minha senhora? Nunca terá sucesso quem não conhecer bem o gosto de seu século e o gênio de sua língua.

ESCRAVOS (Esclaves)

Primeira seção

Por que chamamos de *escravos* aqueles que os romanos chamavam de *servi*, e os gregos, de δουλοι? A etimologia aqui nos falta, e os Bocharts não poderiam fazer essa palavra derivar do hebraico.

O documento mais antigo que temos desse substantivo *escravo* é o testamento de certo Ermangaut, arcebispo de Narbona, que lega ao bispo Fredelão o seu escravo Anaph, *Anaphum slavonium*. Esse Anaph era bem feliz por pertencer a dois bispos seguidos.

Não é inverossímil que, como os eslavônios vieram dos confins setentrionais com tantos povos indigentes e conquistadores, para pilhar aquilo que o império romano arrebatara às nações, sobretudo à Dalmácia e à Ilíria, os italianos tenham chamado de *schiavitù* a desgraça de cair nas suas mãos, e de *schiavi* aqueles que viviam em cativeiro nos novos antros por aqueles habitados.

Tudo o que se pode coligir na confusão da história da Idade Média é que, no tempo dos romanos, nosso universo conhecido se dividia em homens livres e escravos. Quando eslavônios, alanos, hunos, hérulos, lombardos, ostrogodos, visigodos, vândalos, borguinhões, francos e normandos vieram partilhar os despojos do mundo, nada indica que a multidão de escravos tenha diminuído: antigos senhores viram-se reduzidos à servidão; um pequeno número de homens agrilhoou a grande maioria, como se vê nas colônias onde se empregam negros e como se faz de mais de um modo.

Não temos nada nos antigos autores referente aos escravos dos assírios e dos egípcios.

O livro no qual mais se falou em escravos é a *Ilíada*. Primeiro, a bela Criseida é escrava de Aquiles. Todas as troianas, principalmente as princesas, temiam ser escravas dos gregos e acabar fiando para suas mulheres.

A escravidão é tão antiga quanto a guerra, e a guerra é tão antiga quanto a natureza humana.

Estavam todos tão acostumados a essa degradação da espécie, que Epicteto, que sem dúvida valia mais que seu senhor, nunca se espantou de ser escravo.

Nenhum legislador da antiguidade tentou abolir a servidão; ao contrário, os povos mais entusiastas da liberdade – atenienses, lacedemônios, romanos e cartagineses – foram os que ditaram as mais duras leis contra os servos. O direito de vida e de morte sobre eles era um dos princípios da sociedade. Convenhamos que, de todas as guerras, a de Espártaco foi a mais justa, talvez a única justa.

Quem acreditaria que os judeus, formados, ao que parecia, para servirem todas as nações, uma após outra, também tivessem alguns escravos? Afirma-se em suas leis[72] que podiam comprar seus irmãos por seis anos e os estrangeiros para sempre. Dizia-se que os filhos de Esaú deviam ser servos dos filhos de Jacó. Mas depois, com outra economia, os árabes, que se diziam filhos de Esaú, reduziram os filhos de Jacó à escravidão.

---

72. Êxodo, cap. XXI; Levítico, cap. XXV etc.; Gênese, cap. XXVII e XXXII. (N. de Voltaire)

Os Evangelhos não põem na boca de Jesus Cristo uma única palavra que leve o gênero humano de volta à sua liberdade primitiva, para a qual ele parece ter nascido. Nada se diz no Novo Testamento desse estado de opróbrio e de sofrimento ao qual metade do gênero humano estava condenada; nenhuma palavra nos escritos dos apóstolos e dos Padres da Igreja para transformar burros de carga em cidadãos, como se começou a fazer entre nós por volta do século XIII. Quando se fala de escravidão, é da escravidão ao pecado.

É difícil entender como, em são João[73], os judeus podem dizer a Jesus: "Nunca servimos ninguém"; eles, que então eram súditos dos romanos; eles, que haviam sido vendidos no mercado, depois da tomada de Jerusalém; eles, cujas dez tribos escravizadas por Salmanazar haviam desaparecido da face da terra e cujas duas outras tribos foram escravas dos babilônios durante setenta anos; eles, sete vezes reduzidos à servidão em sua terra prometida, segundo suas próprias palavras; eles, que em todos os seus escritos falavam da servidão no Egito, naquele Egito que abominavam e para onde acorreram em multidão para ganhar algum dinheiro, assim que Alexandre se dignou permitir que ali se estabelecessem. O reverendo padre dom Calmet diz que é preciso entender aí *servidão intrínseca,* o que não é menos difícil de compreender.

A Itália, as Gálias, a Espanha e uma parte da Alemanha eram habitadas por estrangeiros que se haviam tornado senhores e por nativos escravizados. Quando Opas, bispo de Sevilha, e o conde Juliano chamaram os mouros maometanos para opor-se aos reis cristãos visigodos que reinavam além dos Pirineus, os maometanos, segundo seu costume, propuseram ao povo que se submetesse à circuncisão ou lutasse, ou então que desse dinheiro e mulheres como tributo. O rei Roderico foi vencido: só se tornaram escravos os aprisionados na guerra; os colonos ficaram com seus bens e sua religião, pagando. Foi o que fizeram os turcos depois na Grécia. Mas impuseram aos gregos um tributo em crianças: os meninos para serem circuncidados e servirem como icoglãs e janízaros; as meninas para serem criadas nos serralhos. Esse tributo depois foi resgatado com dinheiro. Como escravos para o serviço doméstico, os turcos quase só têm aqueles que eles compram dos circassianos, dos mingrélios[74] e dos habitantes da Tartária Menor[75].

Entre os africanos muçulmanos e os europeus cristãos, subsistiu o costume de pilhar e escravizar tudo o que é encontrado à beira-mar. São aves de rapina que se precipitam umas sobre as outras. Argelinos, marroquinos e tunisianos vivem de pirataria. Os religiosos de Malta, sucessores dos religiosos de Rodes, juram que pilharão e agrilhoarão tudo o que encontrarem e que for muçulmano. As galés do papa vão prender argelinos ou são presas nas costas setentrionais da África. Os que se dizem brancos vão comprar negros baratos para revendê-los caro na América. Só os pensilvanianos[76], há pouco, renunciaram solenemente a esse tráfico, que lhes pareceu desonesto.

Segunda seção

Há pouco tempo li no monte Krapack, onde todos sabem que moro, um livro feito em Paris, cheio de humor, paradoxos, ideias e coragem, semelhante em alguns aspectos aos de Montesquieu, escrito contra Montesquieu. Nesse livro prefere-se muito mais a escravidão à domesticidade, sobretudo no estado livre de trabalhador braçal. Nele se lamenta a sorte desses infelizes homens livres, que podem ganhar a vida onde quiserem, com o trabalho para o qual o homem nasceu, que é guardião da inocência e consolador da vida. Diz o autor que ninguém está encarregado de alimentá-los e socorrê-los, ao passo que os escravos eram alimentados e tratados por seus senhores,

---

73. Cap. VIII. (N. de Voltaire)
74. Habitantes de uma região da Cólquida. (N. da T.)
75. Antigo nome de uma região que compreendia aproximadamente a Geórgia e a Ucrânia da atualidade. (N. da T.)
76. *Quakers.* (N. da T.)

assim como os cavalos. Isso é verdade; mas a espécie humana prefere sustentar-se a depender; e os cavalos nascidos nas florestas preferem as florestas aos estábulos.

Ele observa com razão que os operários perdem muitos dias nos quais são proibidos de ganhar a vida; mas isso não ocorre porque são livres, e sim porque temos algumas leis ridículas e um número excessivo de festas.

Diz com muita justiça que não foi a caridade cristã que rompeu as cadeias da servidão, pois essa mesma caridade as atou durante mais de doze séculos[77]; podia acrescentar que os cristãos (os próprios monges), tão caridosos, ainda possuem escravos reduzidos a um estado hediondo, com o nome de *servos de mão-morta* ou *servos de gleba*.

Ele afirma – o que é verdade – que os príncipes cristãos só libertaram os servos por ganância. De fato, foi para receberem o dinheiro amealhado por aqueles infelizes que concederam a manumissão; não lhes deram a liberdade, venderam-na. Foi o imperador Henrique V quem começou; libertou os servos de Espira e de Worms no século XII. Os reis da França o imitaram. Isso prova que o preço era a liberdade, pois aqueles homens grosseiros a compraram muito caro.

Afinal, cabe aos homens sobre cujo estado discutimos decidir que estado preferem. Interrogai o mais vil trabalhador braçal, que se cobre de andrajos, se alimenta de pão preto e dorme sobre palha numa choça entreaberta; perguntai-lhe se gostaria de ser escravo e alimentar-se, vestir-se e dormir melhor; ele não só responderá recuando de horror, como também haverá alguns a quem não ousaríeis fazer tal proposta.

Perguntai depois a um escravo se gostaria de ser alforriado, e vereis o que ele responderá. Só com isso a questão está decidida.

Considerai também que o trabalhador braçal pode tornar-se rendeiro e depois proprietário. Na França, pode até chegar a ser conselheiro do rei, se tiver ganhado algum bem. Na Inglaterra, poderá ser foreiro e nomear um deputado para o parlamento; na Suécia, tornar-se membro dos estados da nação. Essas perspectivas valem mais que a de morrer abandonado num canto do estábulo do senhor.

Terceira seção

Puffendorf diz que a escravidão foi estabelecida "por livre consentimento das partes e por um contrato segundo o qual fazemos algo para que nos deem algo".

Só acreditarei em Puffendorf quando ele me mostrar o primeiro contrato.

Grócio pergunta se um homem que se tornou cativo na guerra tem o direito de fugir (e notai que ele não está falando de um prisioneiro que deu sua palavra de honra). E decide que ele não tem esse direito. Por que não diz também que, se for ferido, não tem o direito de receber curativo? A natureza decide contra Grócio.

Vejamos o que diz o autor de *O espírito das leis*[78], depois de pintar a escravidão dos negros com as tintas de Molière:

"O sr. Perry diz que os moscovitas se vendem facilmente; sei muito bem por quê: é que a liberdade deles nada vale."

O capitão John Perry, inglês que em 1714 escreveu *O estado atual da Rússia*, não diz uma palavra daquilo que *O espírito das leis* o faz dizer. Em Perry só se encontram algumas linhas sobre a escravidão dos russos; são estas: "O czar ordenou que, em todos os seus Estados, ninguém no futuro se diga seu *golup* ou escravo, mas apenas *raab*, que significa *súdito*. É verdade que aquele povo não auferiu disso nenhuma vantagem real, pois ainda hoje é efetivamente escravo."[79]

---

77. Ver seção III. (N. de Voltaire)
78. Livro XV, cap. VI. (N. de Voltaire)
79. P. 228, edição de Amsterdam, 1717. (N. de Voltaire)

O autor de *O espírito das leis* acrescenta que, de acordo com a narrativa de Guillaume Dampier, "todos procuram vender-se no reino de Aceh". Seria um estranho comércio. Nada vi na *Viagem de Dampier* que se aproxime de semelhante ideia. É pena que um homem tão inteligente tenha arriscado tantas coisas e feito citações falsas tantas vezes[80].

Quarta seção
Servos de corpo, servos de gleba, mão-morta etc.

Costuma-se dizer que já não há escravos na França, que é o reino dos francos; que escravo e franco são contraditórios; que aqui todos são tão francos que vários financistas aqui morreram com mais de trinta milhões de francos adquiridos às expensas dos descendentes dos antigos francos, se houver. Feliz da nação francesa por ser tão franca! No entanto, como coadunar tanta liberdade com tantas espécies de servidões, como, por exemplo, a da mão-morta?

Muitas damas de Paris, resplandecentes num camarote da ópera, ignoram que descendem de uma família de Borgonha ou do Bourbonnais, ou então do Franco-Condado, de Marca ou da Auvergne, e que sua família ainda é escrava de mão-morta.

Desses escravos, uns são obrigados a trabalhar três dias da semana para o senhor; os outros, dois. Se não deixarem filhos ao morrer, seus bens pertencerão a esse senhor; se deixarem filhos, o senhor tomará apenas os melhores animais, os melhores móveis, à sua escolha, segundo vários costumes. Segundo outros costumes, se o filho do escravo não estiver na casa da escravidão paterna um ano e um dia após a morte do pai, perderá todos os bens e também será escravo: ou seja, se ele ganhar algum bem com seu trabalho, esse pecúlio pertencerá ao senhor quando ele morrer.

Mas há coisa melhor: um bom parisiense vai ver os pais na Borgonha ou no Franco-Condado, fica um ano e um dia numa casa de um servo por mão-morta e volta para Paris; todos os seus bens, estejam onde estiverem, pertencerão ao senhor das terras, se esse homem morrer sem deixar descendência.

Em vista disso, costuma-se perguntar como o condado de Borgonha recebeu o apelido de *franco* com tal servidão. Provavelmente foi do mesmo modo que os gregos deram às fúrias o nome de Eumênides, *bons corações*.

O mais curioso e consolador de toda essa jurisprudência, porém, é que os monges são senhores da metade das terras de mão-morta.

Se, por acaso, um príncipe da casa real, ou um ministro de Estado, um chanceler, algum de seus secretários, lançasse os olhos sobre este verbete, seria bom que na ocasião se lembrasse de que o rei de França declara à nação, em sua ordenança de 18 de maio de 1731, que "os monges e os beneficiários possuem mais da metade dos bens do Franco-Condado".

O marquês de Argenson, em *Direito público eclesiástico*, no qual teve a melhor parte, diz que em Artois, de cada dezoito charruas, os monges têm treze.

Os monges são chamados *gente de mão-morta* e têm escravos. Remetemos essa posse monacal ao capítulo das contradições.

Quando fizemos algumas modestas admoestações sobre essa estranha tirania de gente que jurou a Deus ser pobre e humilde, responderam-nos: há seiscentos anos eles gozam desse direito; como despojá-los? Nós replicamos humildemente: há trinta ou quarenta mil anos, mais ou menos, as fuinhas costumam comer nossos frangos; mas temos a permissão de destruí-las quando as encontramos.

N. B. É pecado mortal numa cartuxa comer meia onça de carne de carneiro; mas pode-se, sem peso na consciência, comer o sustento de toda uma família. Vi cartuxos de minha vizinhança

---

80. Ver no verbete Leis as grandes mudanças ocorridas depois na Rússia. Ver também alguns enganos de Montesquieu. (N. de Voltaire)

herdar cem mil escudos de um de seus escravos de mão-morta, que amealhara essa fortuna em Frankfurt, no comércio. É verdade que a família despojada teve permissão de ir pedir esmolas na porta do convento, pois é preciso dizer tudo.

Digamos, portanto, que os monges ainda têm cinquenta ou sessenta mil escravos em regime de mão-morta no reino dos francos. Ninguém pensou até agora em reformar essa jurisprudência cristã que acaba de ser abolida nos Estados do rei da Sardenha; mas pensarão nisso. Esperemos apenas alguns séculos, quando as dívidas do Estado estiverem pagas.

ESCRÓFULAS (Écrouelles)

Escrófulas ou alporcas, também chamadas *humores frios*, embora sejam muito cáusticas; uma das doenças quase incuráveis que desfiguram a natureza humana e levam à morte prematura devido às dores e à infecção que causa.

Afirma-se que essa doença foi chamada de divina, porque não estava ao alcance do homem curá-la.

Talvez alguns monges tenham imaginado que os reis, na qualidade de imagens da Divindade, pudessem ter o direito de curar escrofulosos, tocando-os com as mãos que haviam sido ungidas. Mas por que não atribuir, com mais razão, esse privilégio aos imperadores, que tinham dignidade tão superior à dos reis? Por que não o atribuir aos papas, que se diziam senhores dos imperadores e eram coisa bem diferente de simples imagens de Deus, pois eram seus vigários? Existem alguns indícios de que algum cabeça de vento da Normandia, querendo tornar mais respeitável a usurpação de Guilherme, o Bastardo, concedeu-lhe da parte de Deus a faculdade de curar escrófulas com as pontas dos dedos.

E algum tempo depois de Guilherme encontra-se estabelecido esse uso. Não se podia gratificar os reis da Inglaterra com esse dom miraculoso e recusá-lo aos reis da França, seus suseranos. Seria um desrespeito às leis feudais. No fim, afirmou-se que esse direito remontava a santo Eduardo na Inglaterra e a Clóvis na França.

O único testemunho de alguma credibilidade que temos sobre a antiguidade desse uso está nos escritos a favor da casa de Lancaster, de autoria do cavaleiro John Fortescue, do tempo do rei Henrique VI, reconhecido como rei da França, em Paris, quando estava no berço, e, depois, rei da Inglaterra, tendo perdido os dois reinos. John Fortescue, grande chanceler da Inglaterra, diz que desde tempos imemoriais os reis da Inglaterra tinham o costume de tocar as pessoas do povo que sofriam de escrófulas. No entanto, não se percebe que essa prerrogativa os tenha tornado mais sagrados nas guerras da Rosa Vermelha e da Rosa Branca.

As rainhas, que não passavam de mulheres dos reis, não curavam escrófulas, porque suas mãos não haviam sido ungidas como as dos reis; mas Elisabete, rainha por conta própria, e ungida, curava escrófulas sem dificuldade.

Ocorreu uma coisa muito triste com Martorillo, o Calabrês, que chamamos de são Francisco de Paula. O rei Luís XI mandou chamá-lo a Plessis-lès-Tours para curá-lo das sequelas de uma apoplexia; o santo chegou com escrófulas[81]: *Ipse fuit detentus gravi inflatura quam in parte inferiori genae suae dextrae circa guttur patiebatur. Chirurgi dicebant morbum esse scropharum* [Ele havia sido acometido da grave inchação de que padecia na parte inferior da face direita, perto da garganta. Os cirurgiões diziam que era a doença das escrófulas].

O santo não curou o rei, e o rei não curou o santo.

Quando o rei da Inglaterra, Jaime II, foi levado de Rochester a Whitehall, propuseram que o deixassem realizar algum ato de realeza, tal como tocar escrófulas; ninguém se apresentou. Ele

---

81. *Acta sancti Francisci Pauli*, p. 155. (N. de Voltaire)

foi exercer sua prerrogativa na França, em Saint-Germain, onde tocou alguns irlandeses. Sua filha Maria, o rei Guilherme, a rainha Ana e os reis da casa de Brunswick não curaram ninguém. Essa moda sagrada passou quando o raciocínio chegou.

ESPAÇO (Espace)

O que é espaço? *Espaço e vácuo não existem*, dizia Leibniz depois de ter admitido o vácuo: mas, quando o admitia, ainda não tinha brigado com Newton; ainda não discutia com ele sobre o cálculo das derivadas, cujo inventor era Newton. Quando a discussão surgiu, o vácuo e o espaço deixaram de existir para Leibniz.

Felizmente, digam o que disserem os filósofos sobre essas questões insolúveis, quer se defenda Epicuro, Gassendi, Newton, Descartes ou Rohault, as regras do movimento sempre serão as mesmas; todas as artes mecânicas serão exercidas, seja no espaço puro, seja no espaço material.

Que Rohault vainement sèche pour concevoir
Comment, tout étant plein, tout a pu se mouvoir,
[Que Rohault pene em vão para conceber
Como, se tudo é pleno, tudo pôde se mover,]
(BOILEAU, *Ep.* v, 31, 32.)

isso não impedirá que nossos navios cheguem às Índias e que todos os movimentos sejam executados com regularidade; enquanto isso, Rohault vai penando. Dizem: o espaço puro não pode ser matéria nem espírito; ora, só há no mundo matéria e espírito: logo, não há espaço.

Ei! Senhores, quem nos disse que só há matéria e espírito, a nós que conhecemos os dois de modo tão imperfeito? Temos aí uma decisão bem engraçada: "Na natureza só pode haver duas coisas que não conhecemos." Montezuma raciocinava com mais correção na tragédia inglesa de Dryden: "Que vindes dizer-me em nome do imperador Carlos V? Só há dois imperadores no mundo: o do Peru e eu." Montezuma falava de duas coisas que conhecia; mas nós outros falamos de duas coisas sobre as quais não temos nenhuma ideia clara.

Somos átomos engraçados: fazemos Deus como um espírito ao modo do nosso; e, como chamamos de espírito a faculdade que o Ser supremo, universal, eterno e todo-poderoso nos deu de combinar algumas ideias em nosso pequeno cérebro do tamanho de seis dedos no máximo, imaginamos que Deus é um espírito dessa mesma espécie. Sempre Deus à nossa imagem, boa gente!

Mas, e se porventura houvesse milhões de seres que fossem de coisa bem diferente da nossa matéria – da qual só conhecemos a aparência – e de coisa bem diferente de nosso espírito, nosso sopro ideal – do qual não conhecemos absolutamente nada com precisão? E quem poderá garantir que esses milhões de seres não existem? E quem poderá duvidar de que Deus, cuja existência é demonstrada por seus efeitos, não é infinitamente diferente de todos esses seres e que o espaço não é um desses seres?

Estamos bem distantes de dizer, com Lucrécio:

Ergo, praeter inane et corpora, tertia per se
Nulla potest rerum in numero natura referri.
Hors le corps et le vide, il n'est rien dans le monde.
[Fora o corpo e o vazio, nada há no mundo.]

Mas ousaremos acreditar, como ele, que o espaço infinito existe?

Alguém jamais pôde responder a seu argumento: "Lançai uma flecha dos limites do mundo: cairá ela no nada?"

Clarke, que falava em nome de Newton, afirma que "o espaço tem propriedades, é extenso e mensurável; logo, existe"; mas se alguém responder que se põe alguma coisa onde não havia nada, que responderão Newton e Clarke?

Newton vê o espaço como o sensório de Deus. Acredito ter entendido essas palavras grandiosas um dia, pois era jovem; atualmente, não as entendo mais do que suas explicações sobre o Apocalipse. O espaço sensório de Deus, o órgão interior de Deus! Perco-me nele e ele também. Acreditou, de acordo com Locke[82], que era possível explicar a criação supondo-se que Deus, num ato de vontade e poder, tornara o espaço impenetrável. É triste que um gênio como Newton tenha dito coisas tão ininteligíveis.

ESPÍRITO, ENGENHO, AGUDEZA (Esprit)

Primeira seção

Alguém consultou um homem, que tinha algum conhecimento do coração humano, acerca de uma tragédia que devia ser representada: ele respondeu que havia tanto engenho naquela peça, que duvidava de seu sucesso. Como! – dirão – Será isso defeito, em tempos em que todos querem ser engenhosos, em que se escreve só para mostrar que se tem engenho, em que o público aplaude até os pensamentos mais falsos desde que sejam brilhantes? Sim! Provavelmente no primeiro dia haverá aplausos e no segundo, tédio.

O que se chama de engenho ou agudeza ora é uma comparação nova, ora uma alusão fina: aqui, o abuso de uma palavra apresentada num sentido, que se leva a entender em outro; ali, uma relação sutil entre duas ideias pouco comuns: é uma metáfora singular; é a procura daquilo que um objeto não apresenta à primeira vista, mas que de fato está nele; é a arte de reunir duas coisas distantes ou de separar duas coisas que parecem unidas, ou então de as opor; é a arte de só dizer a metade do pensamento para deixar que o adivinhem. Por fim, falaria de todos os diferentes modos de mostrar engenho, se tivesse mais; porém todos esses brilhantes (e não falo de falsos brilhantes) não convêm ou raramente convêm a obras sérias, que devem despertar o interesse. A razão é que, então, o autor aparece, e o público só quer ver o herói. Ora, esse herói está sempre apaixonado ou em perigo. O perigo e as paixões não buscam engenho. Príamo e Hécuba não fazem epigramas quando seus filhos são assassinados em meio às chamas de Troia. Dido não suspira em madrigais quando corre para a pira na qual se imolará. Demóstenes não tem belos pensamentos quando incita os atenienses à guerra; se os tivesse, seria um retórico, ao passo que é um estadista.

A arte do admirável Racine está bem acima daquilo que se chama de *engenho*; mas, se Pirro sempre se exprimisse neste estilo:

Vaincu, chargé de fers, de regrets consumé,
Brûlé de plus de feux que je n'en allumai...
Hélas! fus-je jamais si cruel que vous l'êtes?
[Vencido, agrilhoado, de remorsos consumido,
Ardendo em mais chamas do que as que acendi...
Ai! Fui eu jamais cruel como vós sois?]
(*Andrômaca*, I, IV)

---

82. Essa história é contada pelo tradutor francês do *Ensaio sobre o entendimento humano*, t. IV, p. 175. (N. de Voltaire)

se Orestes não parasse de dizer que *os citas são menos cruéis que Hermíone*, essas duas personagens não comoveriam: todos perceberiam que a verdadeira paixão raramente se entrega a semelhantes comparações, e que há pouca proporção entre as chamas reais que consumiram Troia e os fogos do amor de Pirro; entre os citas que imolam homens e Hermíone que não amou Orestes. Cina (II, I) diz sobre Pompeu:

Il (le ciel) a choisi sa mort pour servir dignement
D'une marque éternelle à ce grand changement;
Et devait cette gloire aux mânes d'un tel homme,
D'emporter avec eux la liberté de Rome.
[Ele (o céu) escolheu sua morte para servir dignamente
De marca eterna a essa grande mudança;
E devia aos manes de tal homem a glória,
De levarem consigo a liberdade de Roma.]

Esse pensamento tem grande esplendor: há nele muito engenho e até mesmo um ar de grandeza que se impõe. Estou certo de que esses versos serão aplaudidos se declamados com o entusiasmo e a arte de um bom ator; mas estou seguro de que a peça *Cina*, toda escrita nesse estilo, nunca seria encenada por muito tempo. De fato, por que o céu deveria dar a Pompeu a honra de tornar os romanos escravos após sua morte? O contrário seria mais verdadeiro: os manes de Pompeu deveriam obter do céu a manutenção eterna da liberdade pela qual se supõe que ele combateu e morreu.

O que seria então uma obra cheia de pensamentos rebuscados e problemáticos? Como são superiores a todas essas ideias brilhantes estes versos simples e naturais:

Cinna, tu t'en souviens, et veux m'assassiner!
....
Soyons amis, Cinna, c'est moi qui t'en convie.
[Cina, tu te lembras e queres assassinar-me!
....
Sejamos amigos, Cina, sou eu que te convido.]

A verdadeira beleza não é constituída pelo que se chama de *engenho*, mas sim pelo sublime e pelo simples.

Quando, em *Rodoguna*, Antíoco diz de sua amante, que o abandona depois de lhe ter feito a proposta indigna de matar sua mãe:

Elle fuit, mais en Parthe, en nous perçant le coeur,
[Foge, mas como um parta, ferindo-nos o coração.]

Antíoco é engenhoso, pois faz um epigrama contra Rodoguna, pois compara engenhosamente as últimas palavras que ela diz ao partir às flechas que os partas lançavam fugindo; mas não é porque a amante vai embora que a proposta de matar sua mãe é revoltante; indo-se ela ou ficando, Antíoco teria o coração ferido do mesmo modo. O epigrama, portanto, é falso; e, se Rodoguna não se fosse, esse mau epigrama já não teria cabimento.

Escolho de propósito esses exemplos nos melhores autores, para que sejam mais marcantes. Não ressalto neles os ditos e os jogos de palavras cuja falsidade é facilmente percebida: não há quem não ria quando, na tragédia *Tosão de ouro*, Hipsipila diz a Medeia (III, IV), aludindo a seus sortilégios:

Je n'ai que des attraits, et vous avez des charmes.
[Só tenho atrativos, e vós tendes encantos.]

Corneille encontrou o teatro e todos os gêneros de literatura infestados com essas puerilidades, que ele raramente se permitiu. Quero falar aqui apenas de criações engenhosas que seriam admitidas em outros lugares, mas são reprovadas pelo gênero sério. Seria possível aplicar a seus autores estas palavras de Plutarco, traduzidas com a feliz ingenuidade de Amyot: "Dizes coisas boas em más horas."

Acode-me à memória um dos ditos mais brilhantes que vi citarem como modelo em muitas obras de bom gosto e mesmo no *Tratado dos estudos* do falecido sr. Rollin. Esse trecho é extraído da bela oração fúnebre do grande Turenne, composta por Fléchier. É verdade que nessa oração Fléchier quase se iguala ao sublime Bossuet, que chamei e ainda chamo de o *único homem eloquente* entre tantos escritores elegantes; mas parece-me que o dito de que falo não foi empregado pelo bispo de Meaux. Ei-lo:

"Poderes inimigos da França, estais vivos, e o espírito de caridade cristã impede-me de expressar o desejo de que morrais etc. Mas estais vivos, e deploro neste púlpito um sábio e virtuoso capitão, cujas intenções eram puras etc."

Uma apóstrofe desse tipo teria convindo a Roma, na guerra civil, depois do assassinato de Pompeu, ou a Londres, depois da morte de Carlos I, porque de fato se tratava dos interesses de Pompeu e de Carlos I. Mas será decente desejar astuciosamente, em púlpito, a morte do imperador, do rei da Espanha e dos eleitores, e comparar a eles o general de um rei inimigo deles? As intenções de um capitão, que só podem ser servir seu príncipe, deverão ser comparadas aos interesses políticos das cabeças coroadas contra as quais ele servia? Que se diria de um alemão que tivesse desejado a morte do rei da França, ao falar da perda do general Merci, cujas intenções eram puras?[83] Por que então esse trecho sempre foi louvado por todos os retóricos? É que a figura é, em si mesma, bela e patética; mas eles não examinaram o fundo e a adequação do pensamento. Plutarco teria dito a Fléchier: "Disseste coisa boa em má hora."

Volto a meu paradoxo, de que todas essas brilhantes aparências, às quais se dá o nome de engenho, não devem encontrar lugar nas grandes obras feitas para instruir ou comover. Direi até que devem ser banidas da ópera. A música exprime paixões, sentimentos, imagens; mas onde estão os acordes que podem traduzir um epigrama? Quinault às vezes era displicente, mas era sempre natural.

De todas as nossas óperas, a mais ornada, ou melhor, sobrecarregada com esse espírito epigramático é o balé *Triunfo das artes*, composto por um homem estimável, que sempre pensou e se exprimiu com agudeza, mas, abusando desse talento, contribuiu um pouco para a decadência das letras, depois dos belos dias de Luís XIV. Nesse balé, em que Pigmaleão anima sua estátua, ele lhe diz (V, IV):

Vos premiers mouvements ont été de m'aimer.
[Vosso primeiro gesto foi de me amar.]

Lembro-me de, na juventude, ter ouvido algumas pessoas admirarem esses versos. Quem não vê que os gestos do corpo da estátua são aí confundidos com as manifestações de sentimento, e que em nenhum sentido essa frase é francesa; que na verdade é um dito espirituoso, uma brinca-

---

83. Fléchier copiara palavra por palavra metade dessa oração fúnebre ao marechal de Turenne da oração que o bispo de Grenoble, Lingendes, fizera para um duque de Savoia. Ora, esse trecho, que era cabível para um soberano, não o é para um súdito. (N. de Voltaire)

deira? Como um homem que tinha tanto engenho não o teve bastante para suprimir esses erros sedutores? Esse mesmo homem, que desprezava Homero e o traduziu, que, ao traduzi-lo, acreditou corrigi-lo, e que, ao abreviá-lo, acreditou torná-lo legível, resolve tornar Homero engenhoso. É ele que, fazendo Aquiles reaparecer reconciliado com os gregos prontos para vingá-lo, o faz gritar a todos os soldados (*Ilíada*, IX):

Que ne vaincra-t-il point? il s'est vaincu lui-même.
[O que não vencerá ele, se venceu a si mesmo?]

É preciso ser muito apaixonado pelos ditos espirituosos para fazer alguém dizer um a cinquenta mil homens.

Os jogos da imaginação, as sutilezas, os ditos de efeito, as agudezas, as expressões vivazes, as pequenas frases cortadas, as liberdades engenhosas que se prodigalizam hoje em dia só convêm às pequenas obras de puro divertimento. A fachada do Louvre de Perrault é simples e majestosa: um escritório pode receber com graça pequenos ornamentos. Pode-se ter o engenho que se queira ou que se possa num madrigal, em versos leves, numa cena de comédia que não seja apaixonada nem ingênua, num cumprimento, num pequeno romance, numa carta, em que nos alegramos para alegrar os amigos.

Longe de mim censurar Voiture por ter sido engenhoso em suas cartas; achei, ao contrário, que não o foi bastante, embora tenha procurado sê-lo sempre. Dizem que os professores de dança fazem mal a reverência, porque querem fazê-la bem demais. Acreditei que Voiture muitas vezes estivesse nesse caso: suas melhores cartas são estudadas; sentimos que ele faz de tudo para encontrar aquilo que nasce naturalmente no conde Antoine Hamilton, na sra. de Sévigné e em tantas outras senhoras que escrevem com menos esforço e melhor essas ninharias que Voiture escreve tão penosamente. Despréaux, que ousou comparar Voiture a Horácio em suas primeiras sátiras, mudou de opinião quando seu gosto amadureceu com a idade. Sei que importa pouquíssimo às lides deste mundo se Voiture é ou não um grande gênio, se ele fez apenas algumas cartas bonitas ou se todas as suas brincadeiras são modelos; mas nós, que cultivamos as artes e as amamos, olhamos sempre com atenção aquilo que é indiferente ao restante do mundo. Para nós, o bom gosto em literatura é como para as mulheres o bom gosto no modo de arrumar-se; e, desde que ninguém faça de sua opinião uma questão de partido, parece-me ser possível dizer com ousadia que em Voiture há poucas coisas excelentes, e que Marot seria facilmente reduzido a poucas páginas.

Não que queiramos destruir sua reputação; ao contrário, queremos saber com justeza o que lhes valeu a reputação que respeitamos e quais são as verdadeiras belezas que tornaram aceitáveis seus defeitos. É preciso saber o que se deve acatar e o que se deve evitar; esse é o verdadeiro fruto do estudo profundo das belas-letras; é o que fazia Horácio quando examinava Lucílio como crítico. Com isso, Horácio fez inimigos; mas esclareceu os próprios inimigos.

Essa vontade de brilhar e de dizer de maneira nova o que os outros disseram é a fonte das expressões novas e dos pensamentos rebuscados. Quem não consegue brilhar com um pensamento quer fazer-se notar por uma palavra. Foi por isso que ultimamente quiseram substituir *agréments* por *amabilités*, *avec négligence* por *négligemment*, *badiner avec les amours* por *badiner les amours*[84]. Há centenas de outras afetações dessa espécie. Se continuássemos assim, a língua de Bossuet, Racine, Pascal, Corneille, Boileau e Fénelon logo se tornaria caduca. Por que evitar uma expressão de uso para introduzir uma que diz precisamente a mesma coisa? Uma

---

84. *Encantos* por *amabilidades* [= caráter do que é amorável, amorabilidade]; *com negligência* por *negligentemente*; *brincar com o amor* por *brincar o amor*. (N. da T.)

palavra nova só é perdoável quando absolutamente necessária, inteligível e sonora. Somos obrigados a criá-las em física; uma nova descoberta, uma nova máquina exigem uma nova palavra: mas fazemos novas descobertas no coração humano? Haverá outras paixões além daquelas que foram manejadas por Racine, roçadas por Quinault? Haverá outra moral evangélica além da do padre Bourdaloue?

Os que acusam nossa língua de não ser suficientemente fecunda devem de fato encontrar esterilidade, mas em si mesmos. *Rem verba sequuntur* [As palavras acompanham as ideias]: quando estamos bem compenetrados de uma ideia, quando um espírito justo e cheio de calor conhece bem seu pensamento, este sai de seu cérebro ornado das expressões convenientes, assim como Minerva saiu armada do cérebro de Júpiter. Por fim, a conclusão de tudo isso é que não se devem rebuscar pensamentos, ditos, expressões, e que a arte, em todas as grandes obras, consiste em bem raciocinar sem excessivos argumentos, em bem pintar sem querer pintar tudo, em comover sem querer estar sempre a excitar as paixões. Dou aqui bons conselhos, sem dúvida. Eu mesmo os seguirei? Infelizmente, não.

Pauci, quos aequus amavit
Jupiter, aut ardens evexit ad aethera virtus,
Dis geniti potuere.
[Poucos descendentes dos deuses, que o benevolente
Júpiter amou, ou cujo ardente valor os levou aos céus,
Puderam (voltar).]
(*Virg.*, *En.* VI. 129-131)

Segunda seção

A palavra *espírito*, quando significa *qualidade da alma*, é um desses termos vagos aos quais todos os que os pronunciam quase sempre atribuem sentidos diferentes: exprime coisa diferente de juízo, gênio, gosto, talento, penetração, capacidade, graça, finura; e deve conter todos esses méritos: poderia ser definida como *razão engenhosa*.

É uma palavra genérica, que sempre precisa de outra palavra que a determine; e quando se diz *Essa é uma obra cheia de espírito*, *um homem cheio de espírito*, há muita razão em se perguntar de quê. O espírito sublime de Corneille não é o espírito exato de Boileau, nem o espírito ingênuo de La Fontaine; e o espírito de La Bruyère, que é a arte de pintar singularmente, não é o de Malebranche, que é imaginação com profundidade.

Quando dizemos que um homem tem *espírito judicioso*, não entendemos tanto que ele tem aquilo que chamamos de inteligência, mas sim uma razão depurada. Espírito firme, viril, corajoso, elevado, baixo, fraco, leviano, meigo, colérico etc. são expressões que indicam *o caráter e a têmpera da alma*, e não têm relação com aquilo que se entende na sociedade com a expressão *ter engenho*.

Na França, o engenho e a agudeza estão muito ligados ao requinte, à sofisticação; contudo, não são exatamente a mesma coisa, pois a expressão *homem de engenho* não pode ser tomada negativamente, enquanto *homem requintado* às vezes é pronunciada ironicamente.

De onde vem essa diferença? É que *homem de engenho* não significa *alto engenho*, *talento marcante*, e *homem requintado* sim. A palavra *homem de engenho* não anuncia nenhuma pretensão, ao passo que *homem requintado* é uma marca: é uma arte que demanda cultura, uma espécie de profissão, que por isso expõe à inveja e ao ridículo.

É nesse sentido que o padre Bouhours teria razão de levar a entender, de acordo com o cardeal Du Perron, que os alemães não tinham pretensões à agudeza, porque então os seus eruditos quase só se preocupavam com obras laboriosas e pesquisas penosas, que não permitiam espalhar flores, esforçar-se por brilhar e misturar o requintado ao douto.

Os que desprezam o gênio de Aristóteles, em vez de limitar-se a condenar sua física, que não podia ser boa, porque desprovida de experiências, ficariam surpresos se vissem que Aristóteles ensinou perfeitamente, em sua *Retórica*, a maneira de dizer as coisas com engenho: ele diz que essa arte consiste em não usar simplesmente a palavra própria que nada diz de novo; mas que é preciso usar uma metáfora, uma figura, cujo sentido seja claro e cuja expressão seja enérgica; e dá vários exemplos, entre outros o que disse Péricles de uma batalha na qual perecera a mais vicejante juventude de Atenas: *O ano foi despojado de sua primavera*.

Aristóteles tem razão de dizer que o novo é necessário.

Teve engenho o primeiro que, com o fito de expressar que os prazeres vêm misturados ao amargor, viu-os como rosas acompanhadas de espinhos; os que o repetiram não o tiveram.

Não é sempre com uma metáfora que nos exprimimos engenhosamente: é com uma construção nova; é deixando adivinhar sem dificuldade uma parte de nosso pensamento: é o que se chama de *agudeza*, *sutileza*; e essa maneira é agradável principalmente porque exercita e valoriza o engenho dos outros.

As alusões, as alegorias e as comparações são um campo vasto de pensamentos engenhosos; os efeitos da natureza, a fábula e a história, quando apresentados à memória, fornecem à imaginação bem dotada expressões que ela emprega oportunamente.

Não será inútil dar exemplos desses diferentes gêneros. Eis aqui um madrigal do sr. de La Sablière, que sempre foi apreciado pelas pessoas de bom gosto:

>*Églé tremble que dans ce jour*
>*L'Hymen, plus puissant que l'Amour,*
>*N'enlève ses trésors sans qu'elle ose s'en plaindre.*
>>*Elle a négligé mes avis:*
>>*Si la belle les eût suivis,*
>>*Elle n'aurait plus rien à craindre.*

>[Egleia teme que nesse dia
>O Himeneu, mais forte que o Amor,
>Lhe roube os tesouros sem que ela ouse queixar-se.
>>Desprezou meus conselhos:
>>Se os tivesse seguido,
>>Agora nada mais temeria.]

Parece-me que o autor não podia esconder nem mostrar melhor o que pensava e receava expressar.

O madrigal seguinte parece mais brilhante e agradável; é uma alusão à fábula:

>*Vous êtes belle, et votre soeur est belle;*
>*Entre vous deux tout choix serait bien doux:*
>>*L'Amour était blond comme vous;*
>>*Mais il aimait une brune comme elle.*

>[És bela, tua irmã é bela;
>Entre vós qualquer escolha seria agradável:
>>O amor era loiro como tu;
>>Mas amava uma morena como ela.]

Aqui está um outro, bem antigo. É de Bertaut, bispo de Séez, e parece superior aos outros dois, porque reúne engenho e sentimento:

> *Quand je revis ce que j'ai tant aimé,*
> *Peu s'en fallut que mon feu rallumé*
> *N'en fît l'amour en mon âme renaître;*
> *Et que mon coeur, autrefois son captif,*
> *Ne ressemblât l'esclave fugitif*
> *A qui le sort fait rencontrer son maître.*
>
> [Quando revi o que tanto amei,
> Por um triz não se reacendeu a chama
> Que faria em minha alma renascer o amor;
> E meu coração, outrora seu cativo,
> Faria parecer o escravo fugitivo
> Que por acaso reencontra o senhor.]

Semelhantes achados agradam a todos e caracterizam o *espírito* delicado de uma nação engenhosa.

A grande questão é saber até que ponto esse espírito deve ser admitido. É claro que, nas grandes obras, ele deve ser empregado com sobriedade, exatamente por ser um ornamento. A grande arte está no ensejo.

O pensamento fino e engenhoso, a comparação justa e elegante são um defeito quando só a razão ou a paixão devem falar, ou então quando é preciso tratar de grandes interesses: nesse caso, tem-se a falsa engenhosidade, o espírito inoportuno; e toda beleza fora de hora deixa de ser beleza.

É um defeito no qual Virgílio nunca incidiu e que às vezes pode ser censurado em Tasso, por mais admirável que ele seja. Esse defeito ocorre porque o autor, cheio demais de ideias, quer mostrar-se quando só deve mostrar suas personagens.

A melhor maneira de conhecer o uso que se deve fazer do engenho é ler o pequeno número de boas obras que existem nas línguas cultas e na nossa.

O *falso engenho* é coisa diferente do *engenho inoportuno*: não é apenas um pensamento falso, pois ele poderia ser falso sem ser engenhoso; é um pensamento falso e rebuscado.

Já observamos que um homem de muito engenho, que traduziu, ou melhor, resumiu Homero em versos franceses, acreditou embelezar o poeta, cujo caráter é a simplicidade, emprestando-lhe ornamentos. A respeito da reconciliação de Aquiles (*Ilíada*, IX), diz ele:

> *Tout le camp s'écria, dans une joie extrême:*
> *Que ne vaincra-t-il point? il s'est vaincu lui-même."*
> [Toda a tropa exclamou, com alegria extrema:
> O que não vencerá ele, se venceu a si mesmo?]

Primeiramente, do fato de sua cólera ter sido domada não se segue em absoluto que o exército não será derrotado; em segundo lugar, porventura todo um exército poderia afinar-se, numa inspiração súbita, e proferir um dito espirituoso?

Se esse defeito choca os juízes de gosto severo, imagine-se como devem revoltar todas as expressões forçadas, todos os pensamentos alambicados que se encontram profusamente em textos apreciáveis sob outros aspectos. Como suportar que num livro de matemática alguém diga: "se Saturno viesse a faltar, o último satélite tomaria seu lugar, porque os grandes senhores sempre afastam de si os seus sucessores"? Como tolerar que alguém diga que Hércules sabia física, e *que não se podia resistir a um filósofo com aquela força*? A vontade de brilhar e surpreender com coisas novas leva a esses excessos.

Essa pequena vaidade produziu os jogos de palavras em todas as línguas, que é a pior espécie de falso engenho.

O falso gosto é diferente do falso engenho, porque este é sempre uma afetação, é o malfeito com esforço, ao passo que o outro muitas vezes é o malfeito sem esforço, o hábito de seguir por instinto um mau exemplo estabelecido.

A intemperança e a incoerência das imaginações orientais é um falso gosto; é mais falta de engenho do que abuso do engenho.

Estrelas caindo, montanhas fendendo-se, rios recuando, o Sol e a Lua dissolvendo-se, comparações falsas e gigantescas, a natureza sempre exagerada, esse é o caráter de tais escritores, porque naqueles lugares, onde nunca se falou em público, a verdadeira eloquência não pôde ser cultivada, e é bem mais fácil ser empolado do que ser correto, fino e delicado.

O falso engenho é precisamente o contrário dessas ideias triviais e empoladas: é a busca cansativa de expressões penetrantes, a afetação de dizer enigmaticamente aquilo que outros já disseram com naturalidade, de aproximar ideias que parecem incompatíveis, de separar o que deve ser reunido, de captar falsas relações, de contrariar as conveniências misturando o jocoso com o sério, o pequeno com o grande.

Terceira seção

[85]Seria supérfluo aqui amontoar citações nas quais se encontra a palavra *espírito*. Será bastante examinar uma de Boileau, transcrita no grande Dicionário de Trévoux: "É próprio dos grandes espíritos, quando começam a envelhecer e a declinar, agradar-se de contos e fábulas." Essa reflexão não é verdadeira. Um grande espírito pode incidir nessa fraqueza, mas isso não é próprio dos grandes espíritos. Nada tem mais capacidade de desencaminhar a juventude do que citar como exemplos os erros dos bons escritores.

Não devemos esquecer de dizer aqui em quantos sentidos diferentes a palavra *espírito* é empregada: não se trata de um defeito da língua; ao contrário, é uma vantagem ter assim raízes que se ramificam em vários galhos.

Espírito de corpo, *de grupo*, para exprimir os usos, a maneira de falar e de comportar-se, os preconceitos de um grupo.

Espírito de partido, que está para o espírito de corpo como as paixões estão para os sentimentos comuns.

Espírito da lei, para distinguir de sua intenção; nesse sentido se disse: "A letra mata, o espírito vivifica."

Espírito de uma obra, para levar a conceber seu caráter e seu objetivo.

Espírito de vingança, para significar desejo e intenção de vingar-se.

Espírito de discórdia, *espírito de revolta* etc.

Num dicionário, citou-se *espírito de polidez*; mas está num autor chamado Bellegarde, que não tem autoridade alguma. É preciso escolher com cuidado escrupuloso autores e exemplos. Não se diz *espírito de polidez*, como se diz *espírito de vingança*, *de dissensão*, *de facção*; porque a polidez não é uma paixão animada por um motivo poderoso que a conduz, ao qual se dá o nome de *espírito* metaforicamente.

Espírito familiar é usado em outro sentido; significa aqueles seres medianeiros, aqueles gênios, aqueles demônios admitidos na antiguidade, como o *espírito de Sócrates* etc.

Espírito às vezes significa a parte mais sutil da matéria: dizemos *espíritos animais*, *espíritos vitais*, para significar o que nunca vimos e o que confere movimento e vida. Esses espíritos, que

---

85. Esta primeira parte, até o parágrafo iniciado por *A palavra* espírito *não é porventura* finaliza a seção anterior. Foi transferida para cá com o intuito de reunir as acepções da palavra francesa *esprit* que em português são traduzíveis por *espírito*, ao contrário das outras, que preferimos traduzir por *engenho* ou *agudeza*. (N. da T.)

acreditamos correr rapidamente nos nervos, provavelmente são um fogo sutil. O doutor Mead, ao que parece, foi o primeiro que apresentou provas dele no prefácio do *Tratado sobre os venenos*.

Espírito, em química, também é um termo que tem várias acepções diferentes, mas sempre significa a parte sutil da matéria.

Em francês, há muita diferença entre *esprit* nesse sentido e *bon esprit* e *bel esprit*[86]. A mesma palavra, em todas as línguas, pode dar ideias diferentes, porque tudo é metáfora, embora o vulgo não o perceba.

A palavra *espírito* não é porventura uma grande prova da imperfeição das línguas, do caos em que ainda estão e da forma aleatória com que quase todas as nossas concepções se guiam?

Os gregos e outras nações houveram por bem chamar de vento, sopro, pneuma (πνευμα) o que entendiam vagamente por respiração, vida, alma. Assim, alma e vento eram, em certo sentido, a mesma coisa na antiguidade; e, se disséssemos que o homem é uma máquina pneumática, só estaríamos traduzindo os gregos. Os latinos os imitaram e usaram a palavra *spiritus*, espírito, sopro. *Anima* e *spiritus* foram a mesma coisa.

O *ruhak* dos fenícios e, segundo afirmam, dos caldeus significava também *sopro* e *vento*.

Quando a Bíblia foi traduzida para o latim, sempre foram usadas, indiferentemente, as palavras sopro, espírito, vento e alma. *Spiritus Dei ferebatur super aquas*. "O vento de Deus, o espírito de Deus era levado sobre as águas."

Spiritus vitae, "sopro da vida, alma da vida".

Inspiravit in faciem ejus spiraculum ou *spiritum vitae*. "E ele soprou sobre sua face um sopro de vida." E segundo o hebraico: "Ele soprou em suas narinas um sopro, um espírito de vida."

Haec quum dixisset, insufflavit et dixit eis: Accipite spiritum sanctum. "Depois de dizer isso, soprou sobre eles e lhes disse: 'Recebei o sopro santo, o espírito santo.'"

Spiritus ubi vult spirat, et vocem ejus audis, sed nescis unde veniat. "O espírito, o vento sopra para onde ele quer, e vós ouvis sua voz (seu ruído); mas não sabeis donde vem."

Há muita distância entre isso e as brochuras publicadas pela *Quai des Augustins* e *Pont-Neuf*, intituladas *Espírito de Marivaux*, *Espírito de Desfontaines* etc.

O que comumente entendemos em francês por *esprit*, *bel esprit*, *trait d'esprit* etc. significa pensamentos engenhosos. Nenhuma outra nação faz tal uso da palavra *spiritus*. Os latinos diziam *ingenium*; os gregos, ευφοα, ou então empregavam adjetivos. Os espanhóis dizem *agudo*, *agudeza*.

Os italianos costumam usar o termo *ingegno*.

Os ingleses valem-se da palavra *wit*, *witty*, cuja etimologia é muito bonita, pois essa palavra antigamente significava *sábio*.

Os alemães dizem *verstandig*; e, quando querem expressar pensamentos engenhosos, vivazes e agradáveis, dizem "rico em sensações", *sinn-reich*. Por isso os ingleses, que conservaram muitas expressões da antiga língua germânica e francesa, dizem *sensible man*.

Assim, quase todas as palavras que expressam ideias de entendimento são metáforas.

Ingegno, *ingenium*, veio daquilo que engendra; *agudeza*, do que é agudo; *sinn-reich*, das sensações; *esprit*, do vento; *wit*, da sabedoria.

Em todas as línguas, o que corresponde a *espírito*, no sentido de engenho, é de vários tipos; quando se diz: "Esse homem tem *espírito* ou *engenho*", tem-se o direito de perguntar de quê.

Girard, em seu útil livro das definições, intitulado *Sinônimos franceses*, conclui assim:

"No trato com as senhoras, é preciso ter engenho ou então um jargão que tenha sua aparência" (isso não é tratá-las com consideração; elas merecem coisa melhor). "A inteligência é adequada no trato com os políticos e os cortesãos."

---

86. *Bon esprit*: sensatez, prudência; homem sensato, prudente, atilado; *bel esprit*, pessoa requintada, culta, refinada. (N. da T.)

Parece-me que a inteligência é necessária em toda parte, e é bem extraordinário ver uma inteligência *adequada*.

"O gênio é apropriado com especuladores e financistas."

Pode ser que me engane, mas o gênio de Corneille era feito para todos os espectadores, o gênio de Bossuet para todos os ouvintes, mais do que para financistas.

Como as palavras que correspondem a *spiritus*, espírito, vento, sopro, deram, necessariamente, a todas as nações a ideia de ar, estas supuseram que nossa faculdade de pensar e agir, o que nos anima, é ar; por isso, nossa alma passou a ser ar sutil.

Daí que os manes, os espíritos, as assombrações e os espectros foram compostos de ar[87].

Por isso dizíamos há não muito tempo: "Apareceu-lhe um espírito; ele tem um espírito familiar; naquele castelo aparecem espíritos", e o populacho ainda diz tais coisas.

Só as traduções dos livros hebreus em mau latim empregaram a palavra *spiritus* nesse sentido.

Manes, *umbrae* e *simulacra* são as expressões de Cícero e Virgílio. Os alemães dizem *geist*; os ingleses, *ghost*; os espanhóis, *duende*, *trasgo*; os italianos parecem não ter um termo que signifique *assombração*, que os franceses dizem *revenant*. Só estes usaram a palavra *espírito*. A palavra própria, para todas as nações, deve ser *fantasma*, *imaginação*, *devaneio*, *tolice*, *embuste*.

Quarta seção
Engenho, espírito, refinamento

Quando uma nação começa a sair da barbárie, procura mostrar o que chamamos de *engenho*.

Assim, nas primeiras tentativas do tempo de Francisco I, vemos em Marot ditos espirituosos e jogos de palavras que hoje seriam intoleráveis.

Romorentin sa perte remémore,
Cognac s'en cogne en sa poitrine blême,
Anjou fait joug, Angoulême est de même.[88]

Essas belas ideias não se apresentam de início para marcar a dor dos povos. Foi preciso muita imaginação para chegar a esse excesso ridículo.

Poderíamos dar vários exemplos de gosto tão degenerado; mas ficaremos só nesse, que é o mais forte de todos.

Na segunda época do engenho humano na França, no tempo de Balzac[89], Mairet, Rotrou e Corneille, era aplaudido todo pensamento que surpreendesse com imagens novas, a que se dava o nome de *engenho*. Foram muito bem recebidos estes versos da tragédia de *Pyrame*:

Ah! voici le poignard qui du sang de son maître
S'est souillé lâchement; il en rougit, le traître.
[Ah, eis o punhal que com o sangue de seu senhor
Sujou-se covardemente; enrubesce o traidor.]

Via-se muita arte em atribuir sentimentos ao punhal, em torná-lo rubro de vergonha por estar tingido do sangue de Píramo e de colorir-se com o sangue que o cobria.

---

87. Ver verbete Alma. (N. de Voltaire)
88. O autor faz trocadilhos com as palavras *Romorentin* e *remémore* (rememora), *Cognac* e *cogne* (bater, chocar-se), *Anjou* e *joug* (jugo), *Angoulême* e *même* (mesmo). (N. da T.)
89. Guez de Balzac. (N. da T.)

Ninguém reclamou de Corneille, quando, em sua tragédia *Andrômeda*, Fineu diz ao Sol:

> *Tu luis, Soleil, et ta lumière*
> *Semble se plaire à m'affliger.*
> *Ah! mon amour te va bien obliger*
> *A quitter soudain ta carrière.*
> *Viens, Soleil, viens voir la beauté*
> *Dont le divin éclat me dompte;*
>   *Et tu fuiras de honte*
>   *D'avoir moins de clarté.*
>
> [Tu luzes, Sol, e tua luz
> Parece gostar de me afligir.
> Ah, meu amor vai obrigar-te
> A sair depressa de teu curso.
> Vem, Sol, vem ver a beldade
> Cujo divino brilho me domina;
>   E fugirás de vergonha
>   Por teres menos claridade.]

O Sol fugindo por ser menos claro que o rosto de Andrômeda equivale ao punhal enrubescido.

Se tais esforços de inépcia caíam no agrado de um público cujo gosto se formou com tanta dificuldade, não é de surpreender que certos rasgos com algum vislumbre de beleza tenham seduzido por muito tempo.

Não só era admirada esta tradução do espanhol:

> *Ce sang qui, tout sorti, fume encore de courroux*
> *De se voir répandu pour d'autres que pour vous;*
> [Esse sangue que, vertido, fumega ainda de raiva
> Porque derramado por outros, e não por vós;]

não só se achava refinamento espirituoso nestes versos de Hipsipila a Medeia, em *Tosão de ouro:*

> *Je n'ai que des attraits, et vous avez des charmes.*
> [Só tenho atrativos, e vós tendes encantos.]

como também não se percebia – e poucos conhecedores percebem ainda – que, no papel respeitável de Cornélia, o autor quase sempre é engenhoso quando só cabe ser doloroso. Essa mulher, cujo marido acaba de ser assassinado, começa seu discurso estudado a César com um *pois*:

> *César, car le destin qui m'outre et que je brave,*
> *Me fait ta prisonnière et non pas ton esclave;*
> *Et tu ne prétends pas qu'il m'abatte le cœur*
> *Jusqu'à te rendre hommage et te nommer seigneur.*
> [César, pois o destino que me revolta e que eu afronto
> Faz-me tua prisioneira e não tua escrava;
> E não pretendes que ele me desalente
> A ponto de prestar-te homenagem e chamar-te senhor.]

Ela se interrompe assim, já na primeira palavra, para dizer uma coisa rebuscada e falsa. Nunca uma cidadã romana foi escrava de um cidadão romano; nunca um romano foi chamado *senhor*; essa palavra *senhor* entre nós não passa de termo respeitoso destinado a encher vazios no teatro.

Fille de Scipion, et pour dire encore plus,
Romaine, mon courage est encore au-dessus.
[Filha de Cipião e, para dizer mais ainda,
Romana, minha coragem é ainda superior.]

Além do defeito, comum em todos os heróis de Corneille, de anunciar-se desse modo, de dizer "sou grande, tenho coragem, admirai-me", há aqui uma afetação bem condenável de falar do próprio nascimento, quando a cabeça de Pompeu acaba de ser apresentada a César. Não é desse modo que se exprime uma aflição verdadeira. A dor não procura dizer *mais ainda*; e o pior é que, querendo dizer mais ainda, ela diz muito menos. Ser romana é sem dúvida menos que ser filha de Cipião e mulher de Pompeu. O infame Septímio, assassino de Pompeu, era romano como ela. Milhares de romanos eram homens bem medíocres; mas ser mulher e filha dos maiores romanos, sim, era uma verdadeira superioridade. Há, portanto, nesse discurso, engenho falso e inoportuno, assim como grandeza falsa e inoportuna.

Em seguida, segundo Lucano, ela diz que devia envergonhar-se de continuar viva:

Je dois rougir pourtant, après un tel malheur,
De n'avoir pu mourir d'un excès de douleur!
[Devo envergonhar-me, porém, depois de tal desgraça,
De não ter morrido de excessiva dor!]

Lucano, depois do belo século de Augusto, buscava engenho, porque começava a decadência; e no século de Luís XIV começou-se a querer demonstrar engenho, porque o bom gosto ainda não estava inteiramente formado, como ocorreu depois.

César, de ta victoire écoute moins le bruit;
Elle n'est que l'effet du malheur qui me suit.
[César, de tua vitória escuta menos o ruído;
Ela é só o efeito da desgraça que me segue.]

Que mau artifício, que ideia falsa e imprudente! César, segundo ela, não deve dar ouvidos ao *ruído* de sua vitória. Ele só venceu em Farsália porque Pompeu casou-se com Cornélia! Quanto trabalho para dizer o que não é verdadeiro nem verossímil nem conveniente nem comovente!

Deux fois du monde entier j'ai causé la disgrâce.
[Duas vezes causei a desgraça do mundo inteiro.]

É o *bis nocui mundo* de Lucano. Esse verso apresenta uma grande ideia. A intenção é surpreender, e nele só falta a verdade. Mas cabe notar que, se esse verso tivesse apenas um vislumbre de verossimilhança e se tivesse escapado aos arroubos da dor, seria admirável; teria então toda a verdade, toda a beleza da conveniência teatral.

Heureuse en mes malheurs si ce triste hyménée
Pour le bonheur de Rome à César m'eût donnée,

> *Et si j'eusse avec moi porté dans ta maison*
> *D'un astre envenimé l'invincible poison!*
> *Car enfin n'attends pas que j'abaisse ma haine:*
> *Je te l'ai déjà dit, César, je suis Romaine;*
> *Et quoique ta captive, un coeur comme le mien,*
> *De peur de s'oublier, ne te demande rien.*
> [Venturosa na desventura, se esse triste himeneu
> Para a ventura de Roma a César me tivesse dado,
> E se comigo eu levasse para a tua casa
> De um astro envenenado a invencível peçonha!
> Pois enfim não esperes que se reduza o meu ódio:
> Eu já te disse, César, eu sou romana;
> E, embora tua cativa, um coração como o meu,
> Para não ter de ceder, nada te pede.]

É outra vez Lucano; em *Farsália* ela desejaria ter-se casado com César e não precisar louvar nenhum de seus maridos:

> *O utinam in thalamos invisi Caesaris issem*
> *Infelix conjux, et nulli laeta marito!*
> [Oh! Oxalá eu tivesse entrado no quarto nupcial do odioso César,
> Esposa infeliz, que não teve alegrias com nenhum marido!]
> (Luc., *Fars.* VIII, 88-89)

Esse sentimento não é natural; é, ao mesmo tempo, gigantesco e pueril, mas pelo menos em Lucano não é a César que Cornélia fala desse modo. Em Corneille, ao contrário, Cornélia fala ao próprio César; diz que desejaria ser sua mulher, para levar à sua casa "a peçonha invencível de um astro envenenado": pois, acrescenta ela, meu ódio não pode reduzir-se, e já te disse que sou romana e não te peço nada. Aí está um raciocínio singular: Gostaria de ter-me casado contigo para te levar à morte; pois não te peço nada.

Acresce também que essa viúva cobre César de injúrias no momento em que César acaba de lastimar a morte de Pompeu e prometer que a vingará.

É certo que, se o autor não quisesse dar engenho a Cornélia, não teria incorrido nessas falhas, que se fazem sentir hoje em dia, depois de terem sido aplaudidas durante tanto tempo. As atrizes já mal conseguem remediá-las com uma altivez estudada e inflexões sedutoras da voz.

Para perceber melhor como o engenho está bem abaixo dos sentimentos naturais, basta comparar Cornélia com ela mesma, quando diz coisas completamente contrárias na mesma tirada:

> *Je dois bien, toutefois, rendre grâces aux dieux*
> *De ce qu'en arrivant je te trouve en ces lieux;*
> *Que César y commande, et non pas Ptolémée.*
> *Hélas! et sous quel astre, ô ciel! m'as-tu formée,*
> *Si je leur dois des voeux de ce qu'ils ont permis*
> *Que je rencontre ici mes plus grands ennemis,*
> *Et tombe entre leurs mains plutôt qu'aux mains d'un prince*
> *Qui doit à mon époux son trône et sa province?*
> [Devo, porém, dar graças aos deuses

De, ao chegar, encontrar-te aqui;
De César ordená-lo, e não Ptolomeu.
Ai! Sob que estrela, ó céu, tu me criaste,
Se lhes devo os votos pelo que permitiram
Se encontro aqui meus maiores inimigos,
E caio em suas mãos, e não nas mãos de um príncipe
Que deve a meu esposo o trono e a província?]

Deixemos de lado o pequeno erro de estilo e consideremos como esse discurso é decente e doloroso; fala ao coração; todo o restante deslumbra o espírito por um momento e depois o revolta.

Estes versos naturais encantam todos os espectadores:

O vous! à ma douleur objet terrible et tendre,
Éternel entretien de haine et de pitié,
Restes du grand Pompée, écoutez sa moitié etc.
[Ó vós! De minha dor alvo terrível e terno,
Motivo eterno de ódio e piedade,
Restos do grande Pompeu, escutai sua metade etc.]
(Ato V, cena I)

É com essas comparações que se forma o gosto e nos acostumamos a só gostar do que é verdadeiro e oportuno[90].

Cleópatra, na mesma tragédia, assim se exprime com sua confidente (ato II, cena I):

Apprends qu'une princesse aimant sa renommée,
Quand elle dit qu'elle aime, est sûre d'être aimée,
Et que les plus beaux feux dont son coeur soit épris
N'oseraient l'exposer aux hontes d'un mépris.
[Sabe que uma princesa, amante de seu nome,
Quando diz que ama está certa de ser amada,
E que as mais belas chamas em que seu coração arde
Não ousariam expô-la à vergonha do desprezo.]

A confidente podia responder-lhe: Senhora, não entendo o que são essas belas chamas de uma princesa que não ousariam expô-la à vergonha; e, quanto a princesas que só dizem que estão amando quando certas de serem amadas, sempre faço o papel de confidente no teatro, e dezenas de princesas já me confessaram suas belas chamas sem terem certeza de nada, principalmente a infanta de *El Cid*.

Podemos ir mais longe. César, o próprio César só fala a Cleópatra para mostrar engenho alambicado:

Mais, ô Dieu! ce moment que je vous ai quittée
D'un trouble bien plus grand à mon âme agitée;
Et ces soins importuns qui m'arrachaient de vous
Contre ma grandeur même allumaient mon courroux;
Je lui voulais du mal de m'être si contraire,

....

90. Ver verbete Gosto. (N. de Voltaire)

> *De rendre ma présence ailleurs si nécessaire;*
> *Mais je lui pardonnais, au simple souvenir*
> *Du bonheur qu'à ma flamme elle fait obtenir;*
> *C'est elle dont je tiens cette haute espérance*
> *Qui flatte mes désirs d'une illustre apparence...*
> *C'était pour acquérir un droit si précieux*
> *Que combattait partout mon bras ambitieux;*
> *Et dans Pharsale même il a tiré l'épée*
> *Plus pour le conserver que pour vaincre Pompée.*
> [Mas, ó Deus! Aquele momento em que vos deixei
> Com comoção maior minha alma agitou;
> E os importunos cuidados que me afastavam de vós
> Contra minha grandeza acendiam-me a ira;
> Queria-lhe mal por me ser tão contrária,
> Por tornar minha presença alhures tão necessária;
> Mas a perdoava assim que me lembrava
> Da ventura que ao meu amor ela proporcionou;
> Foi dela que ganhei essa grande esperança
> Que favorece meus desejos com ilustre aparência...
> Era para ganhar um direito tão precioso
> Que combatia em toda parte meu braço ambicioso;
> E em Farsália mesmo empunhou a espada
> Mais para conservá-lo que para vencer Pompeu.]
> (Ato IV, cena III)

Portanto, César quer mal à sua grandeza por tê-lo afastado um momento de Cleópatra, mas perdoa sua grandeza ao se lembrar que essa grandeza lhe proporcionou a felicidade de seu amor. Ele mantém a grande esperança de uma ilustre aparência, e foi só para adquirir o direito precioso a essa ilustre aparência que seu braço ambicioso travou a batalha de Farsália.

Dizem que essa espécie de engenho, que, cabe dizer, não passa de algaravia, era o espírito do tempo. Foi esse abuso intolerável que Molière proscreveu em suas *Preciosas ridículas*.

Foram esses defeitos, tão frequentes em Corneille, que La Bruyère designou com as seguintes palavras[91]: "Em minha primeira juventude, acreditava que esses trechos eram claros e inteligíveis para os atores, a plateia e a galeria, que seus autores entendiam a si mesmos, e que a culpa era minha se eu nada compreendia. Esse engano dissipou-se." Já ressaltamos em outro lugar a grande afetação em que incorreu La Motte em seu resumo da *Ilíada*, quando fez todo o exército grego dizer ao mesmo tempo, num rasgo de espírito:

> *Tout le camp s'écria, dans une joie extrême:*
> *Que ne vaincra-t-il point? il s'est vaincu lui-même.*
> [Toda a tropa exclamou, com alegria extrema:
> O que não vencerá ele, se venceu a si mesmo?]

Aí está um rasgo de espírito, uma espécie de dito espirituoso e de jogo de palavras, pois do fato de um homem ter dominado sua cólera seguir-se-á que ele vencerá no combate? E como cem mil homens podem, num mesmo instante, afinar-se e dizer um trocadilho ou, se quiserem, um dito espirituoso?

---

91. *Caractères de La Bruyère*, cap. *Ouvrages de l'esprit*. (N. de Voltaire)

Quinta seção

Na Inglaterra, para dizer que um homem tem muito engenho, diz-se que ele tem grandes partes, *great parts*. De onde pode provir essa expressão, que hoje espanta os franceses? Dos próprios franceses. Antigamente, nós, franceses, usávamos essa palavra *parties* comumente nesse sentido. Clélia, Cassandra e nossos outros antigos romances só falam das partes de seus heróis e de suas heroínas, e essas partes são seu engenho. Não seria possível exprimir-se melhor. De fato, quem pode ter tudo? Cada um de nós só tem sua pequena porção de inteligência, memória, sagacidade, profundidade de ideias, capacidade, vivacidade e agudeza. A palavra *parties* é a mais conveniente para seres tão fracos quanto o homem. Os franceses deixaram sumir de seus dicionários uma expressão da qual os ingleses se apoderaram. Os ingleses enriqueceram mais de uma vez à nossa custa.

Vários escritores filósofos espantaram-se porque, embora todos pretendam ter engenho, ninguém ousa gabar-se de tê-lo.

Alguém disse: "A inveja permite que cada um seja panegirista de sua probidade, e não de seu engenho." A inveja permite que façamos a apologia de nossa probidade, e não de nosso engenho: por quê? Porque é necessário ser visto como homem de bem, mas não é necessário ter a reputação de ser homem de engenho.

Já se perguntou se todos os homens nasceram com o mesmo engenho e com as mesmas disposições para as ciências, se tudo depende da educação que recebem e das circunstâncias em que se encontram. Um filósofo, que tinha direito de se acreditar nascido com alguma superioridade, afirmou que os engenhos são iguais: no entanto, sempre se viu o contrário. De quatrocentas crianças criadas juntas sob a orientação dos mesmos mestres, na mesma disciplina, mal saem cinco ou seis que fazem progressos indiscutíveis. O maior número é sempre de medianas, e entre essas medianas há gradações; em suma, os engenhos diferem mais que os rostos.

Sexta seção
Engenho falaz

Temos cegos, zarolhos, caolhos, gente de vistas largas, de vista curta, clara, confusa, fraca ou incansável. Tudo isso é uma imagem bastante fiel de nosso entendimento; mas não conhecemos vista falaz. Não há quase ninguém que tome um galo sempre por um cavalo, ou um penico por uma casa. Por que encontramos com tanta frequência engenhos que acertam em tantas coisas e erram redondamente em coisas importantes? Por que aquele mesmo siamês, que nunca se deixará enganar quando o assunto for contar três rúpias, acredita firmemente nas metamorfoses de Samonocodom? Por qual estranha bizarria homens sensatos se assemelham a dom Quixote, que acreditava enxergar gigantes onde os outros homens só viam moinhos de vento? Dom Quixote ainda merecia mais desculpas que o siamês, crente que Samonocodom veio várias vezes para a terra, e que o turco, convencido de que Maomé pôs metade da Lua na manga: pois dom Quixote, impressionado pela ideia de que deve combater gigantes, pode imaginar que um gigante tenha um corpo do tamanho de um moinho e os braços do comprimento de suas pás; mas de qual suposição pode um homem sensato partir para convencer-se de que metade da Lua coube numa manga e de que um Samonocodom desceu do céu para vir empinar pipa em Sião, cortar uma floresta e fazer passes de mágica?

Os maiores gênios podem equivocar-se sobre um princípio que tenham aceitado sem exame. Newton equivocava-se muito quando comentava o Apocalipse.

Tudo o que certos tiranos da alma desejam é que os homens que eles ensinam tenham engenho falaz. Um faquir cria uma criança que promete muito; leva cinco ou seis anos para meter-lhe na cabeça que o deus Fo apareceu para os homens como elefante branco e convence a criança de que ela será chicoteada durante quinhentos mil anos depois de morrer, se não acreditar nessas metamorfoses. Acrescenta que no fim do mundo o inimigo do deus Fo virá lutar contra essa divindade.

O menino estuda e torna-se um prodígio; argumenta contra as lições do mestre; acha que Fo só podia ter-se transformado em elefante branco porque este é o mais belo dos animais. "Os reis de Sião e de Pegu, diz ele, guerreiam entre si por um elefante branco; certamente, se Fo não tivesse sido escondido nesse elefante, aqueles reis não teriam sido insanos a ponto de lutar pela posse de um simples animal.

"O inimigo de Fo virá desafiá-lo no fim do mundo; certamente esse inimigo será um rinoceronte, pois o rinoceronte briga com o elefante." É assim que, na maturidade, o aluno do faquir raciocina e torna-se um dos luminares da Índia; quanto mais sutil o seu engenho, mais falaz; e depois forma engenhos falazes como ele.

Mostramos a todos esses energúmenos um pouco de geometria, e eles a aprendem com bastante facilidade, mas – coisa estranha! – seu engenho nem por isso se corrige; eles percebem as verdades da geometria, mas ela não os ensina a pesar as probabilidades; eles já estão moldados; raciocinarão ao revés por toda a vida, e isso muito me enfada.

Infelizmente, há muitas maneiras de ter engenho falaz:

1º Não examinar se o princípio é verdadeiro exatamente quando dele se deduzem consequências corretas; essa maneira é comum[92].

2º Extrair consequências falsas de um princípio reconhecido como verdadeiro. Por exemplo, perguntam a um criado se seu patrão está no quarto, e quem o faz é gente que parece ter a intenção de lhe tirar a vida; se ele fosse suficientemente tolo para dizer a verdade, a pretexto de que não se deve mentir, é claro que teria extraído uma consequência absurda de um princípio muito verdadeiro.

O juiz que condenasse aquele que tivesse matado o assassino desse homem, porque o homicídio é proibido, seria iníquo e teria raciocinado mal.

Casos semelhantes subdividem-se em mil matizes diferentes. O espírito sensato, o espírito justo é aquele que os deslinda: por isso já foram vistos tantos julgamentos iníquos; não que o coração dos juízes fosse malvado, mas porque eles não eram suficientemente esclarecidos.

ESSÊNIOS (Esséniens)

Quanto mais uma nação é supersticiosa e bárbara, obstinada na guerra apesar das derrotas, dividida em facções, flutuante entre realeza e sacerdócio, embriagada pelo fanatismo, maior é o número de cidadãos que se unem para viver em paz.

Às vezes, em tempos de peste, algum pequeno cantão abstém-se da comunicação com as grandes cidades. Preserva-se do contágio reinante, mas fica à mercê das outras doenças.

Foi o que se viu com os gimnosofistas nas Índias; foi o que ocorreu com algumas seitas de filósofos entre os gregos; assim foram os pitagóricos na Itália e na Grécia, bem como os terapeutas no Egito; assim são hoje os primitivos chamados *quakers* e os *dunkards* na Pensilvânia; e assim foram, mais ou menos, os primeiros cristãos que viveram juntos longe das cidades.

Nenhuma dessas sociedades conheceu o assustador costume de ligar-se por juramento ao tipo de vida que abraçavam, de prender-se com cadeias perpétuas, de despojar-se religiosamente da natureza humana, cujo primeiro caráter é a liberdade, enfim, de fazer o que chamamos *votos*. Foi são Basílio quem primeiro imaginou esses votos, esse juramento da escravidão. Introduziu um novo flagelo na terra e transformou em veneno o que havia sido inventado como remédio.

---

92. Ver verbete Consequência. (N. de Voltaire)

Havia na Síria sociedades bem semelhantes à dos essênios. Quem diz isso é o judeu Fílon, no *Tratado da liberdade da gente de bem*. A Síria sempre foi supersticiosa e facciosa, sempre oprimida por tiranos. Os sucessores de Alexandre fizeram dela um teatro de horror. Não é de surpreender que, entre tantos infelizes, alguns, mais humanos e sábios que os outros, tenham se afastado da convivência das grandes cidades, para viver em comum numa pobreza honesta, longe dos olhos da tirania.

Houve quem se refugiasse em asilos semelhantes no Egito, durante as guerras civis dos últimos Ptolomeus; e, quando os exércitos romanos subjugaram o Egito, os terapeutas se estabeleceram num deserto junto ao lago Méris.

Parece bem provável que tenha havido terapeutas gregos, egípcios e judeus. Fílon[93], depois de louvar Anaxágoras, Demócrito e os outros filósofos que abraçaram esse tipo de vida, assim se expressa:

"Encontram-se sociedades semelhantes em vários lugares; a Grécia e outras regiões gozam desse consolo; são elas muito comuns no Egito, em cada nomo, principalmente no de Alexandria. As pessoas mais honradas e austeras retiraram-se para as margens do lago Méris, num lugar deserto, mas ameno, que forma suave declive. O ar é muito saudável, e os povoados são numerosos nas vizinhanças do deserto etc."

São, portanto, sociedades que em toda parte tentaram escapar a perturbações e facções, bem como à insolência e à rapacidade dos opressores. Todas, sem exceção, abominaram a guerra: viam-na exatamente do mesmo modo como vemos o roubo e o assassinato cometido por salteadores.

Foi o que ocorreu, mais ou menos, com os letrados que na França se reuniram para fundar a Academia. Fugiam às facções e às crueldades que desolavam o reinado de Luís XIII. Foi o que ocorreu com aqueles que fundaram a Sociedade Real de Londres, enquanto os loucos bárbaros chamados *puritanos* e *episcopais* se massacravam por alguns trechos de três ou quatro velhos livros ininteligíveis.

Alguns estudiosos acreditaram que Jesus Cristo, que se dignou viver algum tempo na pequena cidade de Cafarnaum, em Nazaré e em alguns outros povoados da Palestina, era um daqueles essênios que fugiam do tumulto dos negócios e cultivavam a virtude em paz. Mas não se lê o nome *essênio* nos quatro Evangelhos oficiais, nos evangelhos apócrifos, nos Atos dos apóstolos, nem em suas Epístolas.

Embora não se encontre o nome, encontra-se a semelhança em vários pontos: fraternidade, comunhão de bens, vida austera, trabalho manual, desapego de riquezas e honras e, sobretudo, horror à guerra. Esse distanciamento é tão grande, que Jesus Cristo ordena a dar a outra face quando recebemos uma bofetada, e a dar nossa túnica quando nos roubam o manto. Foi por esse princípio que os cristãos se guiaram durante cerca de dois séculos, sem altares, templos, nem magistratura, exercendo ofícios, levando vida recatada e pacífica.

Seus primeiros escritos demonstram que não lhes era permitido portar armas. Nisso se pareciam perfeitamente com os atuais pensilvanianos, anabatistas e menonitas, que se gabam de seguir o Evangelho ao pé da letra. Pois, embora haja no Evangelho vários trechos que, mal compreendidos, podem inspirar violência, como os mercadores expulsos do átrio do templo a chicotadas, o "obriga-os a entrar", as masmorras nas quais são precipitados os que não fizeram render o dinheiro do senhor a vinte por cento, os que vêm ao festim sem roupa nupcial; embora, dizia eu, todas essas máximas pareçam contrárias ao espírito pacífico, existem tantas outras que ordenam suportar em vez de combater, que não é de surpreender que os cristãos tenham execrado a guerra durante cerca de duzentos anos.

É sobre isso que se baseia a numerosa e respeitável sociedade dos pensilvanianos, bem como as pequenas seitas que a imitam. Se os chamo de *respeitáveis*, não é por sua aversão ao esplendor

---

93. Fílon, *Da vida contemplativa*. (N. de Voltaire)

da Igreja católica. Lamento, como devo, os seus erros. O que respeito neles é a virtude, a modéstia, o espírito pacífico.

O grande filósofo Bayle acaso não estava certo quando disse que um cristão dos primeiros tempos seria péssimo soldado, ou que um soldado seria péssimo cristão?

Esse dilema parece irretorquível; e essa é, parece-me, a diferença entre o antigo cristianismo e o antigo judaísmo.

A lei dos primeiros judeus diz expressamente: Assim que entrardes na terra de que deveis apoderar-vos, passai tudo a ferro e fogo; matai sem piedade velhos, mulheres, crianças de peito; matai até os animais, saqueai tudo, incendiai tudo: quem ordena é vosso Deus. Esse catecismo não é anunciado uma vez, mas vinte; e é sempre observado.

Maomé, perseguido pelos habitantes de Meca, defende-se como um bravo. Obriga seus perseguidores vencidos a pôr-se a seus pés, a tornar-se seus prosélitos; estabelece sua religião pela palavra e pela espada.

Jesus, situado entre a época de Moisés e a de Maomé, num recanto da Galileia, prega perdão às injúrias, paciência, mansidão, sofrimento, é condenado à morte e quer que seus primeiros discípulos morram do mesmo modo.

Pergunto, de boa-fé, se são Bartolomeu, santo André, são Mateus e são Barnabé teriam sido admitidos entre os couraceiros do imperador ou entre os alabardeiros de Carlos XII. O próprio são Pedro, embora tenha cortado a orelha de Malco, teria sido competente como cabo de guerra? São Paulo, acostumado de início à matança e tendo tido a infelicidade de ser um perseguidor sanguinário, talvez fosse o único capaz de se tornar guerreiro. A impetuosidade de seu temperamento e o calor de sua imaginação poderiam ter feito dele um capitão temível. Mas, apesar dessas qualidades, ele não procurou vingar-se de Gamaliel pelas armas. Não fez como Judas, Teudas, Barcoquebas, que arregimentaram tropas; seguiu os preceitos de Jesus, sofreu; e até, conforme se diz, foi decapitado.

Fazer um exército de cristãos era, portanto, nos primeiros tempos, uma contradição nos termos.

Está claro que os cristãos só entraram para as tropas do império quando o espírito que os animava mudou. Nos dois primeiros séculos, tinham horror por templos, altares, velas, incensos e água lustral; Porfírio comparava-os às raposas que dizem: *Estão verdes demais*. Dizia ele: "Se pudésseis ter belos templos resplandecentes de ouro, com gordas rendas para os seus servidores, teríeis paixão por templos. Depois, permitiram-se tudo aquilo que tinham abominado. Assim também, tendo antes detestado o ofício das armas, acabaram depois por ir à guerra. Os cristãos, já no tempo de Diocleciano, eram tão diferentes dos cristãos do tempo dos apóstolos quanto nós somos diferentes dos cristãos do século III.

Não consigo imaginar como um espírito esclarecido e ousado como o de Montesquieu pôde condenar severamente outro gênio bem mais metódico que o dele e combater esta verdade anunciada por Bayle[94], ou seja, que "uma sociedade de verdadeiros cristãos poderia conviver com felicidade, mas se defenderia mal dos ataques dos inimigos".

Segundo Montesquieu, "seriam cidadãos infinitamente cônscios de seus deveres, cumprindo-os com enorme zelo. Perceberiam muito bem os direitos da defesa natural. Quanto mais achassem que deviam à religião, mais achariam dever à pátria. Os princípios do cristianismo, bem gravados no coração, seriam infinitamente mais fortes do que a falsa honra das monarquias, as virtudes humanas das repúblicas e o medo servil dos Estados despóticos".

Evidentemente, o autor de *Espírito das leis* não estava pensando nas palavras do Evangelho quando disse que os verdadeiros cristãos sentiriam muito bem os direitos da defesa natural. Não se lembrava da ordem de dar a própria túnica quando nos roubam o manto e de apresentar a outra

---

94. *Continuation des pensées diverses*, CXXIV. (N. de Voltaire)

face quando nos dão uma bofetada. Aí estão os princípios da defesa natural claramente invalidados. Aqueles que chamamos de *quakers* sempre se recusaram a combater; mas teriam sido esmagados na guerra de 1756, se não tivessem sido socorridos e obrigados a deixar-se socorrer pelos outros ingleses. (Ver Igreja primitiva.)

Não está claro que quem pensa em tudo como mártir lutaria muito mal contra granadeiros? Todas as palavras desse capítulo de *Espírito das leis* me parecem falsas. "Os princípios do cristianismo, bem gravados no coração, seriam infinitamente mais fortes etc." Sim, mais fortes para impedi-los de empunhar a espada, para levá-los a temer o derramamento do sangue do próximo, para fazê-los ver a vida como um fardo, cuja felicidade máxima é livrar-se dele.

Diz Bayle: "Seriam dispensados como ovelhas no meio de lobos, se fossem obrigados a rechaçar corpos veteranos de infantaria ou atacar regimentos de couraceiros."

Bayle estava coberto de razão. Montesquieu não percebeu que, refutando, só estava vendo os cristãos mercenários e sanguinários de hoje, e não os primeiros cristãos. Parece que quis prevenir as injustas acusações que sofreu dos fanáticos, sacrificando Bayle, e não ganhou nada. São dois grandes homens que parecem ter opiniões diferentes, mas teriam a mesma caso tivessem sido igualmente livres.

"A falsa honra das monarquias, as virtudes humanas das repúblicas, o medo servil dos Estados despóticos", nada disso faz soldados, como se afirma em *Espírito das leis*. Quando recrutamos um regimento, e um quarto dele deserta ao cabo de quinze dias, não há um único recrutado que pense na honra da monarquia; eles não sabem o que é isso. As tropas mercenárias da república de Veneza reconhecem o soldo que lhes pagam, e não a virtude republicana, da qual nunca se fala na praça de São Marcos. Em suma, não acredito que haja um único homem na terra que se aliste num regimento por virtude.

Também não é por medo servil que os turcos e os russos se batem com a sanha e o furor de leões e tigres; ninguém tem coragem por medo. Também não foi por devoção que os russos venceram os exércitos de Mustafá. Seria desejável, parece-me, que um homem tão engenhoso tivesse procurado mostrar mais a verdade do que seu engenho. Quem quiser instruir os homens precisa esquecer-se por inteiro e só ter a verdade em mente.

ESTADOS, GOVERNOS (États, gouvernements)

Qual é o melhor?

Até agora não conheci ninguém que tenha governado algum Estado. Não falo dos senhores ministros, que governam de fato, uns durante dois ou três anos, outros durante seis meses, e outros durante seis semanas; falo de todos os outros homens que, jantando ou no gabinete, desenvolvem seu sistema de governo, reformam exércitos, a Igreja, a justiça e as finanças.

O abade de Bourzeis começou a governar a França por volta do ano de 1645, com o nome de cardeal Richelieu, e fez aquele *Testamento político*, no qual diz que quer alistar a nobreza na cavalaria durante três anos, cobrar a talha dos tribunais de contas e dos parlamentos, privar o rei do produto da gabela e, principalmente, que, para entrar em campanha com cinquenta mil homens, é preciso arregimentar cem mil por economia. Afirma que "só a Provença tem um número muito maior de belos portos marítimos do que a Espanha e a Itália juntas".

O abade de Bourzeis não viajou. De resto, em sua obra pululam anacronismos e erros; faz o cardeal Richelieu assinar de uma maneira como ele nunca assinou, assim como o faz falar como nunca falou. Além do mais, dedica um capítulo inteiro a dizer que a razão deve ser a regra de um Estado e a tentar provar essa descoberta. Essa obra das trevas, esse filho espúrio do abade de

Bourzeis durante muito tempo foi considerado filho legítimo do cardeal Richelieu, e todos os acadêmicos, em seus discursos de recepção, não deixavam de louvar desmedidamente essa obra--prima política.

O *sieur* Gatien de Courtilz, vendo o sucesso do *Testamento político* de Richelieu, publicou em Haia o *Testamento de Colbert*, com uma bela carta do sr. Colbert ao rei. Está claro que, se esse ministro tivesse feito semelhante testamento, ele deveria ser proibido; no entanto, o livro foi citado por alguns autores.

Outro maroto, cujo nome ignoro, não perdeu a oportunidade de publicar o *Testamento de Louvois*, que é pior ainda, se é que isso é possível; certo abade de Chevremont também fez um testamento, de Carlos, duque de Lorena. Tivemos *Testamentos políticos* do cardeal Alberoni, do marechal de Belle-Isle e o de Mandrin.

O sr. de Bois-Guillebert, autor de *Détail de France* [Detalhe da França], publicado em 1695, apresentou o projeto inexequível do dízimo régio, com o nome do marechal de Vauban.

Um louco, chamado La Jonchère, que não tinha pão, publicou em 1720 um projeto financeiro em quatro volumes, e alguns tolos citaram essa produção como obra de La Jonchère, tesoureiro--mor, imaginando que um tesoureiro não pudesse escrever um mau livro sobre finanças.

Mas convenhamos que homens sábios e talvez dignos de governar escreveram obras sobre a administração dos Estados, tanto na França quanto na Espanha e na Inglaterra. Seus livros causaram muito bem; não que tenham corrigido os ministros que governavam quando esses livros foram publicados, pois um ministro não se corrige e não pode se corrigir; já está crescido; nada de instruções, nada de conselhos: ele não tem tempo de escutá-los; é carregado pela corrente dos negócios: mas esses bons livros formam os jovens destinados a tais postos; formam os príncipes, e a segunda geração é instruída.

A força e a fraqueza de todos os governos foram objeto de exame acurado nos últimos tempos. Que me diga então aquele que viajou e muito viu e leu em que Estado, em que espécie de governo gostaria de ter nascido. Imagino que um grande senhor rural da França não ficaria triste se tivesse nascido na Alemanha: seria soberano em vez de ser súdito. Um par de França ficaria muito feliz com os privilégios do pariato inglês: seria legislador.

O magistrado e o financista se sentiriam melhor na França do que em qualquer outro lugar.

Mas que pátria escolheria um homem sábio e livre que tivesse fortuna modesta e nenhum preconceito?

Um membro do conselho de Pondichéri, homem culto, estava voltando à Europa por terra com um brâmane, mais instruído que o comum dos brâmanes, e disse:

– O que acha o senhor do governo do grão-mogol?

– Abominável, respondeu o brâmane. Como pode um Estado ser bem governado por tártaros? Os rajás, os *omras* e os nababos estão muito contentes, mas os cidadãos não, e milhões de cidadãos têm algum peso."

O conselheiro e o brâmane atravessaram todo o norte da Ásia discutindo.

– Estou pensando – disse o brâmane – não há uma só república em toda esta vasta parte do mundo.

– Já existiu a república de Tiro – disse o conselheiro –, mas não durou muito. Também houve outra, na Arábia Pétrea, num recanto chamado Palestina, se é que se pode honrar com o nome de república uma horda de ladrões e usurários, governada ora por juízes, ora por umas espécies de rei, ora por grandes pontífices, que se tornou escrava sete ou oito vezes e por fim foi expulsa das terras que havia usurpado.

O brâmane disse:

– Imagino que na face da terra se encontrem pouquíssimas repúblicas. Os homens raramente são dignos de se governarem a si mesmos. Essa felicidade só deve caber a pequenos povos escondidos em ilhas ou entre montanhas, como coelhos que se esquivam aos animais carniceiros mas, com o tempo, são descobertos e devorados."

Quando os dois viajantes chegaram à Ásia Menor, o conselheiro disse ao brâmane:

– Acreditaria o senhor que em certa região da Itália houve uma república que durou mais de quinhentos anos e possuiu esta Ásia Menor, a Ásia, a África, a Grécia, as Gálias, a Espanha e a Itália inteira?

– Ela logo virou monarquia? – perguntou o brâmane.

– Adivinhou – disse o outro – mas essa monarquia caiu, e todos os dias escrevemos belas dissertações para descobrir as causas de sua decadência e de sua queda.

– Não vale a pena – disse o indiano – esse império caiu porque existia. Cumpre que tudo caia; espero que aconteça isso também com o império do grão-mogol.

– A propósito – disse o europeu – o senhor acha que um Estado despótico precisa de mais honra, e uma república, de mais virtude?

O indiano, depois de pedir que ele lhe explicasse o que se entende por honra, respondeu que a honra é mais necessária a uma república, e que há bem mais necessidade de virtude num Estado monárquico. E disse:

– Pois aquele que pretende ser eleito pelo povo não o será se for desonrado; ao passo que, na corte, ele poderá facilmente obter um cargo, porque, segundo a máxima de um grande príncipe, um cortesão, para ter sucesso, não deve ter honra nem humor. No que se refere à virtude, ela é imensamente necessária numa corte para quem ousar dizer a verdade. O homem virtuoso está bem mais à vontade numa república; não precisa bajular ninguém.

O europeu perguntou:

– O senhor acha que as leis e as religiões são feitas para os climas, assim como se precisa de peles em Moscou e gaze em Delhi?

– Acho, sem dúvida, disse o brâmane; todas as leis referentes à física são calculadas para o meridiano em que se vive; um alemão só precisa de uma mulher; um persa, de três ou quatro. Os ritos da religião são da mesma natureza. Se eu fosse cristão, como poderia rezar missa em minha província, onde não há pão nem vinho? Quanto aos dogmas, é outra coisa; o clima não influi. Sua religião não começou na Ásia, de onde foi expulsa? Não existe às costas do mar Báltico, onde era desconhecida?

– Em que Estado, sob qual domínio o senhor preferiria viver? – perguntou o conselheiro.

– Em qualquer lugar, menos em minha pátria – respondeu seu companheiro –; e conheci muitos siameses, tonquineses, persas e turcos que dizem o mesmo.

– Mas, insisto – disse o europeu –, que Estado o senhor escolheria?

O brâmane respondeu:

– Aquele no qual só se obedece às leis.

– É uma velha resposta – disse o conselheiro.

– Nem por isso é ruim – disse o brâmane.

– Onde fica esse país? – perguntou o conselheiro.

O brâmane disse:

– Vai ser preciso procurar.

(Ver verbete Genebra na *Enciclopédia*.)

ESTADOS-GERAIS (États généraux)

Sempre houve esse tipo de reunião na Europa e provavelmente em toda a terra, pois é natural reunir a família para conhecer seus interesses e atender às suas necessidades. Os tártaros tinham sua *cur-ilté*. Os germanos, segundo Tácito, reuniam-se para deliberar. Os saxões e os povos do Norte tiveram seu *Wittenagemoth*. Tudo foram estados-gerais nas repúblicas grega e romana.

Não os vemos entre egípcios, persas e chineses porque só temos fragmentos incompletos de suas respectivas histórias; só conhecemos alguma coisa a partir do momento em que seus reis se tornaram soberanos absolutos, ou pelo menos desde o tempo em que o único contrapeso à autoridade destes era representado pelos sacerdotes.

Quando os comícios foram abolidos em Roma, as guardas pretorianas assumiram seu lugar; soldados insolentes, cobiçosos, bárbaros e covardes formaram a república. Septímio Severo os venceu e expulsou.

Os estados-gerais do império otomano são os janízaros e os *spahis*; em Argel e em Túnis, é a milícia.

O principal e mais interessante exemplo desses estados-gerais é a dieta de Ratisbona, que dura há cem anos, onde têm continuamente assento os representantes do império, os ministros dos eleitores, dos príncipes, dos condes, dos prelados e das cidades imperiais, que são em número de trinta e sete.

Os segundos estados-gerais da Europa são os da Grã-Bretanha. Não estão permanentemente reunidos como a dieta de Ratisbona, mas se tornaram tão necessários, que o rei os convoca todos os anos.

A câmara dos comuns corresponde precisamente aos deputados das cidades admitidas na dieta do império, mas é bem mais numerosa e goza de um poder bem superior. É propriamente a nação. Os pares e os bispos, no parlamento, representam só a si mesmos, ao passo que a câmara dos comuns representa todo o país. Esse parlamento da Inglaterra outra coisa não é senão uma imitação aperfeiçoada de alguns estados-gerais da França.

Em 1355, no tempo do rei João, os três estados foram reunidos em Paris para socorrer o rei João contra os ingleses. Deram-lhe uma soma considerável, a cinco libras e cinco soldos o marco, para que o rei não mudasse seu valor numerário. Estabeleceram o imposto necessário para recolher esse dinheiro e investiram nove comissários para dirigirem a cobrança. O rei prometeu, em seu nome e no de seus sucessores, não fazer, no futuro, nenhuma mudança na moeda.

O que significa prometer em nome próprio e no dos herdeiros? Significa não prometer nada ou dizer: "Nem eu nem meus herdeiros temos o direito de alterar a moeda; somos impotentes para fazer o mal."

Com esse dinheiro, que logo foi arrecadado, constituiu-se facilmente um exército que não impediu que o rei João fosse feito prisioneiro na batalha de Poitiers.

Era preciso prestar contas aos estados-gerais, ao cabo de um ano, do emprego da soma concedida. É o que se faz hoje na Inglaterra com a câmara dos comuns. A nação inglesa conservou tudo o que a nação francesa perdeu.

Os estados-gerais da Suécia têm um costume mais honroso ainda para a humanidade, que não se observa em nenhum povo. Eles admitem em suas assembleias duzentos camponeses que formam um corpo separado dos outros três e dão respaldo à liberdade daqueles que trabalham para alimentar os seres humanos.

Os estados-gerais da Dinamarca tomaram uma resolução totalmente contrária em 1660; renunciaram a todos os seus direitos em favor do rei. Conferiram-lhe um poder absoluto e ilimitado. Mas o mais estranho é que até agora não se arrependeram. Os estados-gerais, na França, não são reunidos desde 1613, e as cortes da Espanha duraram cem anos mais. Foram reunidas ainda em 1712, para confirmar a renúncia de Filipe V à coroa da França. Esses estados-gerais não foram convocados desde então.

ESTILO (Style)

Primeira seção

O estilo das cartas de Guez de Balzac não teria sido ruim para orações fúnebres; e temos textos de física escritos no estilo da poesia épica e da ode. É bom que cada coisa esteja em seu lugar.

Não é que às vezes não haja arte, ou melhor, oportuna naturalidade em misturar algumas características de estilo majestoso em algum assunto que exija simplicidade, em introduzir sutilezas e delicadezas na hora certa, em algum discurso veemente e vigoroso. Mas essas belezas não se ensinam. É preciso inteligência e gosto. Seria difícil dar lições dessas duas coisas.

É estranho que os franceses, desde que tiveram a ideia de começar a escrever, não tenham contado com nenhum livro escrito em bom estilo até o ano de 1656, quando foram publicadas as *Cartas provinciais*. Por que ninguém escreveu história com um estilo conveniente até a *Conspiração de Veneza* do abade de Saint-Réal?

Por que motivo Pellisson foi o primeiro que escreveu com o verdadeiro estilo da eloquência de Cícero, em suas memórias para o superintendente Fouquet?

Portanto, nada é mais difícil e raro do que o estilo conveniente à matéria tratada.

Não devem ser usadas expressões inusitadas e palavras novas em livros de religião, como faz o abade Houtteville; não se deve declamar num livro de física; fazer pilhérias em matemática; é preciso evitar pomposidade e figuras exageradas num arrazoado. Uma pobre burguesa bêbada ou bêbeda morre de apoplexia: dizeis que ela está na região dos mortos; é enterrada: afirmais que seus despojos mortais foram entregues à terra. Se alguém toca no enterro, um som fúnebre se faz ouvir pelo céu. Acreditais imitar Cícero, mas só imitais mestre Joãozinho[95].

Muitas vezes ouvi alguém perguntar se, nas melhores tragédias, não se admitiu com frequência demasiada o estilo familiar, que está tão próximo do estilo simples e ingênuo:

Por exemplo, em *Mitridates*:

Seigneur, vous changez de visage!
[Senhor, vosso rosto mudou!]

isso é simples e até ingênuo. Esse pequeno verso, posto onde está, produz um efeito terrível: tem algo de sublime. Ao passo que as mesmas palavras de Berenice a Antíoco:

Prince, vous vous troublez et changez de visage!
[Príncipe, vós vos perturbais e vosso rosto muda.]

são comuníssimas; é uma transição, e não uma situação.

Nada há de mais simples do que este verso:

Madame, j'ai reçu des lettres de l'armée.
[Senhora, recebi cartas do exército.]
(*Bajazé*, IV, III)

Mas o momento em que Roxana pronuncia essas palavras é terrível. Essa nobre simplicidade é muito frequente em Racine e constitui uma de suas principais belezas.

Mas houve quem reclamasse contra vários versos que pareceram tão somente familiares.

---

95. Maître Petit-Jean, personagem empolada de *Les Plaideurs*, de Racine. (N. da T.)

> *Il suffit; et que fait la reine Bérénice?...*
> *A-t-on vu de ma part le roi de Comagène?*
> *Sait-il que je l'attends? – J'ai couru chez la reine...*
> *Il en était sorti lorsque j'y suis couru.*
> *On sait qu'elle est charmante; et de si belles mains*
> *Semblent vous demander l'empire des humains.*
> *Comme vous je me perds d'autant plus que j'y pense.*
> *Quoi! seigneur, le sultan reverra son visage!*
>   *Mais, à ne point mentir,*
> *Votre amour dès longtemps a dû le pressentir.*
> *Madame, encore un coup, c'est à vous de choisir.*
> *Elle veut, Acomat, que je l'épouse. – Eh bien!*
> *Et je vous quitte. – Et moi, je ne vous quitte pas.*
>   *Crois-tu, si je l'épouse,*
> *Qu'Andromaque en son coeur n'en sera point jalouse?*
> *Tu vois que c'en est fait, ils se vont épouser.*
> *Pour bien faire il faudrait que vous le prévinssiez...*
> *Attendez. – Non, vois-tu, je le nierais en vain.*
> [Basta; e o que faz a rainha Berenice?...
> Alguém falou em meu nome ao rei de Comagena?
> Sabe ele que o espero? – Fui correndo ter com a rainha...
> Ele tinha saído quando cheguei correndo.
> Sabe-se que ela é encantadora; e tão belas mãos
> Parecem pedir-vos o império dos humanos.
> Como vós, quanto mais penso mais me confundo.
> Como! Senhor, o sultão reverá seu rosto!
>   Mas, a bem da verdade,
> Vosso amor há muito deve tê-lo pressentido.
> Senhora, mais um golpe, cabe-vos escolher.
> Ela quer, Acomate, que a despose. – E então!
> Deixo-vos. – Mas eu não vos deixo.
>   Achas que, se eu a desposar,
> Andrômaca, no fundo do coração, não terá ciúmes?
> Tu vês que se acabou; eles vão se casar.
> Para agir bem, deveríeis preveni-lo.
> Esperai. – Não, estás vendo? Eu negaria em vão.]

Encontrou-se grande quantidade de versos como esses, excessivamente prosaicos e de um tom familiar que só é apropriado à comédia. Mas esses versos se perdem na multidão de versos bons; são fios de latão que servem para unir diamantes.

O estilo elegante é tão necessário, que, sem ele, a beleza dos sentimentos se perde. Só ele basta para embelezar os sentimentos menos nobres e menos trágicos.

Quem haveria de acreditar que, entre uma rainha incestuosa e um pai que se torna parricida, seria possível introduzir uma jovem apaixonada que desdenhasse subjugar um amante que já tivera outras amantes e achasse glorioso triunfar sobre a austeridade de um homem que nunca amou nada? No entanto, é isso o que Arícia ousa dizer na tragédia de *Fedra*. Mas diz em versos tão sedutores, que o espectador lhe perdoa esses sentimentos dignos de uma coquete de comédia (ato II, cena I):

Phèdre en vain s'honorait des soupirs de Thésée:
Pour moi, je suis plus fière, et fuis la gloire aisée
D'arracher un hommage à mille autres offert,
Et d'entrer dans un coeur de toutes parts ouvert.
Mais de faire fléchir un courage inflexible,
De porter la douleur dans une âme insensible,
D'enchaîner un captif de ses fers étonné,
Contre un joug qui lui plaît vainement mutiné;
C'est là ce que je veux, c'est là ce qui m'irrite.
Hercule à désarmer coûtait moins qu'Hippolyte,
Et vaincu plus souvent, et plus tôt surmonté,
Préparait moins de gloire aux yeux qui l'ont dompté.
[Fedra em vão se gabava dos suspiros de Teseu.
Eu não, eu sou mais altiva e fujo à glória fácil
De arrancar homenagens feitas a outras mil,
E de entrar num coração aberto de todos os lados.
Mas poder dobrar a coragem inflexível,
Levar a dor a uma alma insensível,
Acorrentar um cativo que os grilhões assombram,
Que em vão se rebela contra um jugo de que gosta;
É isso o que desejo, é isso o que me excita.
Custava menos desarmar Hércules que Hipólito,
Que, mais vezes vencido, mais cedo superado,
Preparava menos glórias aos olhos que o domaram.]

Esses versos não são trágicos; mas nem todos os versos precisam sê-lo; e, se não produzem efeito em cena, encantam na leitura tão somente pela elegância do estilo.

Quase sempre as coisas que dizemos impressionam menos pelo que dizemos do que pela maneira como dizemos; pois os seres humanos têm todos mais ou menos as mesmas ideias sobre o que está ao alcance de todo mundo. A expressão e o estilo fazem toda a diferença. Declarações de amor, ciúmes, rompimentos, reconciliações, tudo isso forma o tecido da maioria de nossas peças de teatro, sobretudo das de Racine, baseadas em pequenos recursos. São poucos os gênios que conseguiram exprimir essas nuances que todos os autores quiseram retratar! O estilo torna singulares as coisas mais comuns, fortalece as mais fracas, confere grandeza às mais simples.

Sem o estilo, é impossível que haja uma única obra boa em qualquer gênero de eloquência e de poesia.

A profusão de palavras é o grande vício do estilo de quase todos os nossos filósofos e antifilósofos modernos. O *Sistema da natureza* é grande exemplo disso. Há nesse livro confuso quatro vezes mais palavras do que o necessário; é em parte por essa razão que ele é tão confuso.

O autor desse livro diz, primeiro[96], que o homem é obra da natureza, que existe na natureza, que não pode sair da natureza nem em pensamento etc.; que, para um ser formado e circunscrito pela natureza, nada existe para além do grande todo de que ele faz parte e cujas influências sente; que, por isso, os seres que supomos acima da natureza ou distintos dela sempre serão quimeras.

Em seguida acrescenta: "Nunca nos será possível ter ideias verdadeiras a respeito." Mas como se pode ter uma ideia, seja ela falsa ou verdadeira, de uma quimera, de uma coisa que não existe? Essas palavras ociosas não têm sentido e só servem para encher uma frase inútil.

---

96. P. 1. (N. de Voltaire)

Acrescenta também que "nunca se poderá ter ideias precisas sobre o lugar que essas quimeras ocupam nem sobre seu modo de agir".

Mas como as quimeras podem ocupar lugar no espaço? Como podem ter modos de agir? Qual seria o modo de agir de uma quimera, que é nada? Quem diz *quimera* diz tudo:

Omne supervacuum pleno de pectore manat.
[Tudo que é supérfluo escapa da mente muito saturada.]
(HORÁCIO, *De arte poet.*, 335)

"O homem deve aprender as leis da natureza[97], submeter-se a essas leis às quais nada pode escapar, consentir em ignorar as causas que para ele estão cercadas com um véu impenetrável."

Essa segunda frase não é, de modo algum, consequência da primeira. Ao contrário, parece contradizê-la visivelmente. Se aprender as leis da natureza, o homem conhecerá aquilo que entendemos como causas dos fenômenos; estas não estão cercadas por um véu impenetrável. Trata-se de expressões triviais que escaparam ao escritor.

"Deve submeter-se sem reclamar aos decretos de uma força universal que não pode voltar atrás sobre seus passos, ou que nunca pode se afastar das regras que sua essência lhe prescreve."

O que é uma força que não volta atrás? Os passos de uma força! E, não contente com essa falsa imagem, ele propõe outra, para quem preferir; e essa outra é uma regra prescrita por uma essência. Quase todo o livro, infelizmente, está escrito nesse estilo obscuro e prolixo.

"Tudo o que o espírito humano inventou sucessivamente para modificar ou aperfeiçoar seu modo de ser não passa de consequência necessária da essência própria do homem e da essência dos seres que agem sobre ele. Todas as nossas instituições, nossas reflexões e nossos conhecimentos só têm por objeto propiciar-nos uma felicidade para a qual nossa própria natureza nos obriga a tender incessantemente. Tudo o que fazemos e pensamos, tudo o que somos e seremos é sempre consequência do fato de a natureza nos ter feito."

Não examinarei aqui o fundo dessa metafísica; não procurarei saber como nossas invenções para modificar nosso modo de ser etc. são efeitos necessários de uma essência que não muda. Limito-me ao estilo. *Tudo o que seremos é sempre:* que solecismo! *Uma consequência do fato de a natureza nos ter feito!* Outro solecismo! Seria preciso dizer: *será sempre consequência das leis da natureza.* Mas ele já disse isso quatro vezes em três páginas.

É muito difícil ter ideias nítidas sobre Deus e a natureza; talvez seja tão difícil ter um bom estilo.

Eis um monumento singular de estilo num discurso que ouvimos em Versalhes no ano de 1745.

Discurso ao rei, proferido pelo sr. Le Camus, primeiro presidente do Tribunal da Ajuda

Majestade,

As conquistas de Vossa Majestade são tão rápidas, que se trata de poupar a crença dos descendentes e de amenizar a surpresa dos milagres, com o fito de que os heróis não se eximam de segui-los, e os povos de acreditá-los.

Não, Majestade, já não é possível que eles duvidem disso quando lerem na história que se viu Vossa Majestade à testa de suas tropas escrevê-las pessoalmente no campo de Marte sobre um tambor; é tê-las gravado para sempre no templo da memória.

Os séculos mais recuados saberão que o inglês, esse inimigo fero e audacioso, esse inimigo enciumado de vossa glória, foi forçado a girar em torno de vossa vitória; que seus aliados foram

---

97. P. 2. (N. de Voltaire)

testemunhas da vergonha deles, e que eles todos correram ao combate apenas para imortalizar o triunfo do vencedor.

Nós não ousamos dizer a Vossa Majestade, por mais amor que ela tenha por seu povo, que só existe um segredo para aumentar nossa felicidade, é diminuir sua coragem, e que o céu nos venderia caro demais seus prodígios se ele nos custasse vossos perigos, ou aqueles do jovem herói que constitui nossas mais caras esperanças.

Segunda seção
Sobre a corrupção do estilo

Em geral as pessoas se queixam de que a eloquência está corrompida, embora tenhamos modelos em quase todos os gêneros. Um dos grandes defeitos deste século, que mais contribui para essa decadência, é a mistura de estilos. Parece-me que nós, autores, não imitamos o suficiente os pintores, que nunca juntam às atitudes de Callot rostos de Rafael. Vejo que às vezes, em textos de história, aliás bem escritos, em boas obras dogmáticas, se usa o tom mais familiar da conversação. Alguém disse uma vez que é preciso escrever como se fala; o sentido dessa lei é que escrevemos com naturalidade. Em cartas toleram-se a irregularidade, a licença de estilo, a incorreção, as pilhérias à toa, porque cartas escritas sem propósito nem arte são colóquios descuidados; mas quem fala ou escreve com respeito deve ater-se ao decoro. Ora, pergunto: a quem se deve mais respeito do que ao público?

Será lícito dizer, em obras de matemática, que o geômetra "que quiser salvar sua alma precisará subir ao céu na perpendicular; que as quantidades que se dissipam caem de cara no chão por terem subido demais; que uma semente que ficou de cabeça para baixo percebe a peça que lhe pregaram e se endireita; que, se Saturno desaparecesse, o seu quinto satélite tomaria seu lugar, e não o primeiro, porque os reis sempre afastam de si os seus herdeiros; que vácuo só existe na bolsa dos arruinados; que Hércules era físico, e que não era possível resistir a um filósofo com aquela força"?

Vários livros estimáveis estão infectados com essa mácula. A origem de um defeito tão comum, ao que me parece, provém da censura de pedantismo que se fez durante muito tempo e com justiça aos autores: *In vitium ducit culpae fuga*. Repetiu-se tanto que é preciso escrever no tom da boa sociedade, que até os autores mais sérios se tornaram jocosos, e, para viver em *boa sociedade* com os leitores, dizem-se coisas de péssima sociedade.

Houve quem quisesse falar de ciência como Voiture falava à srta. Paulet em galanteios, sem saber que o próprio Voiture não captara o verdadeiro gosto desse pequeno gênero no qual foi considerado excelente; pois muitas vezes ele confundia o falso com o delicado, o precioso com o natural. A pilhéria nunca é boa no gênero sério, porque sempre versa apenas sobre um lado dos objetos, que não é o lado que se considera: quase sempre versa sobre relações falsas, equívocos; por isso, quase todos os que fazem da pilhéria uma profissão têm espírito falaz e superficial.

Parece-me que em poesia também não se deve misturar estilos. O estilo de Marot de uns tempos a esta data estragou um pouco a poesia com uma mixórdia de termos chãos e nobres, obsoletos e modernos; em algumas peças de moral, ouvimos os sons do pífaro de Rabelais entre os da flauta de Horácio.

> *Il faut parler français: Boileau n'eut qu'un langage;*
> *Son esprit était juste, et son style était sage.*
> *Sers-toi de ses leçons: laisse aux esprits mal faits*
> *L'art de moraliser du ton de Rabelais.*
> [Cumpre falar francês: Boileau só teve uma linguagem;

Seu espírito era justo, e seu estilo era sábio.
Aproveita suas lições: deixa aos espíritos malfeitos
A arte de moralizar no tom de Rabelais.]

Confesso que fico revoltado quando vejo numa epístola séria as seguintes expressões:

Des rimeurs disloqués, à qui le cerveau tinte,
Plus amers qu'aloès et jus de coloquinte,
Vices portant méchef. Gens de tel acabit,
Chiffonniers, Ostrogoths, maroufles que Dieu fit.

De tous ces termes bas l'entassement facile
Déshonore à la fois le génie et le style.
[Rimadores desconjuntados, de cérebros tinintes
Mais amargos que babosa e sumo de colocinto,
Vícios malditosos. Gente de tal jaez,
Trapeiros, ostrogodos, bargantes que Deus fez.
De todos esses termos o amontoado fácil
Desonra ao mesmo tempo o gênio e o estilo.]

ESTRADAS (Chemins)

Não faz muito tempo que as novas nações da Europa começaram a tornar transitáveis os caminhos, a dar-lhes alguma beleza. Esse é um dos grandes cuidados dos imperadores mongóis e chineses. Mas aqueles príncipes não chegaram nem aos pés dos romanos. As vias Ápia, Aurélia, Flamínia, Emília e Trajana ainda existem. Só os romanos podiam fazer tais caminhos, só eles podiam repará-los.

Bergier, que, aliás, fez um livro útil, insiste muito no fato de que Salomão empregou trinta mil judeus para cortar madeira no Líbano, oitenta mil para edificar seu templo, setenta mil para os carretos e três mil e seiscentos para comandar os trabalhos. Que seja, mas não se tratava de estradas.

Plínio diz que foram empregados trezentos mil homens durante vinte anos para construir uma pirâmide no Egito: quero acreditar, mas aí estão trezentos mil homens bem mal empregados. Os que trabalharam nos canais do Egito, na grande muralha, nos canais e nos caminhos da China; os que construíram as vias do império romano foram ocupados de modo mais vantajoso do que os trezentos mil miseráveis que construíram túmulos pontiagudos para o repouso do cadáver de um egípcio supersticioso.

São bem conhecidas as prodigiosas obras dos romanos, os lagos escavados e desviados, as colinas aplanadas, a montanha perfurada por Vespasiano na via Flamínia, com o comprimento de mil pés, cuja inscrição ainda existe. Pausilipo nem se compara a isso.

Ainda falta muito para que as fundações da maioria de nossas casas sejam tão sólidas quanto as estradas vicinais de Roma; e aquelas vias públicas se estenderam por todo o império, mas não com a mesma solidez: não haveria dinheiro e homens que bastassem.

Quase todos os pavimentos da Itália eram erguidos sobre quatro pés de fundação. Quando se topava com um pântano, ele era aterrado. Caso se chegasse a um trecho montanhoso, este era acrescentado ao caminho por meio de um declive suave. Em vários lugares esses caminhos eram sustentados por muralhas.

Sobre os quatro pés de fundações eram assentadas grandes pedras de cantaria, mármores com a espessura de cerca de um pé e muitas vezes com a largura de dez; eles eram picotados com cinzel, para que os cavalos não escorregassem. Não se sabia o que mais admirar: se a utilidade ou a magnificência.

Quase todas aquelas espantosas construções foram feitas com recursos do tesouro público. César reparou e prolongou a via Ápia com seu próprio dinheiro; mas seu dinheiro era o dinheiro da república.

Que homens eram empregados nesses trabalhos? Escravos, povos dominados, gente das províncias, que não eram cidadãos romanos. Trabalhava-se por corveia, como se faz na França e em outros lugares, mas recebiam uma pequena recompensa.

Augusto foi quem primeiro uniu as legiões ao povo para trabalhar nas estradas das Gálias, da Espanha e da Ásia. Ele abriu caminho pelos Alpes no vale que recebeu seu nome, chamado, por corruptela, pelos piemonteses e franceses de vale de Aosta. Primeiramente, foi preciso submeter todos os selvagens que habitavam aqueles cantões. Vê-se ainda, entre os picos Grande e Pequeno São Bernardo, o arco do triunfo que o senado lhe erigiu depois daquela expedição. Também abriu caminho pelos Alpes por outro lado, que leva a Lyon e, daí, a toda a Gália. Os vencidos nunca fizeram, por si mesmos, o que os vencedores fizeram.

A queda do império romano foi a queda de todas as obras públicas, bem como da civilidade, da arte e da indústria. As estradas desapareceram nas Gálias, exceto alguns trechos calçados que a infeliz rainha Brunilda mandou consertar por um pouco de tempo. Mal se conseguia andar a cavalo por aquelas antigas vias, que já não passavam de abismos de lodo misturado a pedras. Era preciso passar pelos campos lavráveis, e as carroças faziam a custo em um mês o caminho que fazem hoje em uma semana. O pouco comércio que subsistiu limitou-se a alguns panos e tecidos, um pouco de quinquilharia ruim, que era carregada em lombo de mulo para prisões com ameias e a bombardeiras que eram chamadas de *castelos*, situadas em charcos ou no alto das montanhas cobertas de neve.

Quem viajasse durante as más estações, tão longas e inclementes nos climas setentrionais, precisava enfiar-se na lama ou escalar rochedos. Assim foram a Alemanha e a França inteira até meados do século XVII. Todos andavam de botas; pelas ruas de várias cidades da Alemanha andava-se sobre pernas de pau.

Por fim, durante o reinado de Luís XIV, começou a construção das estradas, que as outras nações imitaram. Foi fixada a sua largura em sessenta pés em 1720. São elas margeadas de árvores em vários lugares, até trinta léguas da capital; essa disposição forma uma vista admirável. As vias militares romanas tinham apenas dezesseis pés de largura, mas eram infinitamente mais sólidas. Não era obrigatório repará-las todos os anos, como as nossas. Eram ornadas de monumentos, colunas militares e até de túmulos soberbos, pois na Grécia e na Itália não era permitido transformar cidades e, muito menos, templos em sepulturas; isso teria sido um sacrilégio. Não ocorria o que ocorre em nossas igrejas, onde uma vaidade de bárbaros leva a sepultar, em troca de dinheiro, burgueses ricos que infectam o mesmo lugar aonde se vai adorar a Deus, onde o incenso só parece arder para disfarçar o cheiro dos cadáveres, enquanto os pobres apodrecem no cemitério adjacente, e todos disseminam doenças contagiosas entre os vivos.

Os imperadores foram praticamente os únicos cujas cinzas repousaram em monumentos erigidos em Roma.

As estradas de sessenta pés de largura ocupam espaço demais. São cerca de quarenta pés a mais. A França tem aproximadamente duzentas léguas da foz do Ródano aos confins da Bretanha, o mesmo de Perpignan a Dunquerque. Contando-se a légua em duas mil e quinhentas toesas, temos cento e vinte milhões de pés quadrados só para duas estradas, superfície essa perdida para a agricultura. Essa perda é considerável num país cujas colheitas nem sempre são abundantes.

Tentou-se pavimentar a estrada de Orléans, que não era dessa largura; mas percebeu-se depois que nada era menos cabível para uma estrada percorrida continuamente por grandes carros. Das pedras do calçamento, simplesmente colocadas sobre a terra, umas baixam e outras se erguem, o caminho se torna acidentado e logo intransitável; foi preciso desistir.

Os caminhos cobertos de cascalho e areia exigem novas obras todos os anos. Essas obras prejudicam a agricultura e arruínam o agricultor.

O sr. Turgot, filho do preboste dos mercadores, cujo nome é abençoado em Paris, um dos mais esclarecidos magistrados do reino e dos mais zelosos do bem público, e o benfeitor sr. de Fontette remediaram na medida do possível esse fatal inconveniente nas províncias de Limousin e Normandia.

Houve quem dissesse que, a exemplo de Augusto e Trajano, se deveriam empregar tropas na construção de estradas; mas nesse caso seria preciso aumentar a remuneração do soldado, e um reino que não passava de província do império romano, reino frequentemente endividado, raras vezes pode empreender aquilo que o império romano fazia sem dificuldade.

Sábio costume dos Países Baixos consiste em exigir de todos os meios de transporte um pedágio módico para manutenção das vias públicas. Esse fardo não é pesado. O camponês fica salvo de vexações. As estradas, lá, são um contínuo e agradável passeio.

Os canais são muito mais úteis. Os chineses superam todos os povos nesses monumentos que exigem manutenção contínua. Luís XIV, Colbert e Riquet imortalizaram-se graças ao canal que une os dois mares; ainda não foram imitados. Não é difícil atravessar uma grande parte da França por meio de canais. Nada é mais fácil na Alemanha do que unir o Reno ao Danúbio, mas preferiu-se causar mortes e ruína pela posse de algumas aldeias a contribuir para a felicidade do mundo.

ETERNIDADE (Éternité)

Na juventude, eu admirava todos os raciocínios de Samuel Clarke: gostava de sua pessoa, embora ele fosse um ariano convicto, assim como Newton, e gosto ainda de sua memória porque ele era um homem bom; mas o timbre de suas ideias, que ele imprimira em meu cérebro ainda mole, apagou-se quando esse cérebro ficou um pouco mais forte. Achava eu, por exemplo, que ele combatera tão mal a eternidade do mundo como estabelecera mal a realidade do espaço infinito.

Tenho tanto respeito pelo Gênese e pela Igreja que o adota, que o vejo como única prova da criação do mundo há cinco mil, setecentos e dezoito anos, segundo o cômputo dos latinos, e há sete mil, duzentos e setenta e oito anos, segundo o dos gregos.

Toda a antiguidade acreditou pelo menos na eternidade da matéria, e os maiores filósofos atribuíram a eternidade também à ordem do universo.

Enganaram-se todos, como se sabe; mas é possível crer, sem blasfêmias, que o eterno formador de todas as coisas criou outros mundos além do nosso.

Vejamos o que diz sobre esses mundos e sobre essa eternidade um autor desconhecido, numa pequena página que pode facilmente perder-se e talvez seja bom conservar:

... Foliis tantum ne carmina manda.
[Não confies apenas às folhas as palavras oraculares.]
(VIRGÍLIO, *Eneida*, VI, 74)

Se há neste texto algumas afirmações temerárias, a pequena sociedade que trabalha na redação da coletânea as desautoriza de todo o seu coração.

EUCARISTIA (Eucharistie)

Nessa questão delicada, não falaremos como teólogos. Submetidos de coração e mente à religião na qual nascemos, às leis sob as quais vivemos, não provocaremos controvérsia: esta é inimiga demais de todas as religiões que se gaba de apoiar, de todas as leis que finge explicar e, sobretudo, da concórdia que ela baniu da terra em todos os tempos.

Metade da Europa anatematiza a outra por causa da eucaristia, e derramou-se sangue desde as costas do mar Báltico até o pé dos Pirineus, durante quase duzentos anos, por uma palavra que significa *doce caridade*.

Vinte nações, nessa parte do mundo, abominam o sistema da transubstanciação católica. Bradam que esse dogma é a última manifestação da loucura humana. Comprovam o famoso trecho de Cícero[98], segundo o qual os homens, depois de esgotarem todas as espantosas demências de que são capazes, ainda não tiveram ideia de engolir o deus que adoram. Dizem que, como quase todas as opiniões populares se baseiam em equívocos, em abusos de palavras, os católicos romanos basearam seu sistema da eucaristia e da transubstanciação tão somente num equívoco; tomaram em sentido próprio o que só pode ter sido dito figuradamente, e a terra, há mil e seiscentos anos, tem sido ensanguentada por causa de logomaquias, mal-entendidos.

Seus pregadores, nos púlpitos, seus eruditos, nos livros, e os povos, em seus discursos, repetem incessantemente que Jesus Cristo não tomou seu corpo nas duas mãos para dá-lo de comer a seus apóstolos; que um corpo não pode estar em cem mil lugares ao mesmo tempo, no pão e num cálice; que o pão, que se transforma em excrementos, e o vinho, que se transforma em urina, não podem ser o Deus formador do universo; que esse dogma pode expor a religião cristã ao riso dos mais simples, ao desprezo e à execração do restante do gênero humano.

É isso o que diz gente como Tillotson, Smalridge, Turretino, Claude, Daillé, Amyrault, Mestrezat, Dumoulin, Blondel e a multidão sem-número dos reformadores do século XVI, enquanto o maometano, pacato senhor da África, da mais bela parte da Europa e da Ásia, ri com desdém de nossas polêmicas, e o resto da terra as ignora.

Repito que não entro em controvérsias; creio com fé viva em tudo o que a religião católica apostólica ensina sobre a eucaristia, mesmo não entendendo uma única palavra.

Direi qual é meu objetivo. A questão é refrear os crimes o máximo possível. Os estoicos diziam que traziam Deus no coração; são expressões usadas por Marco Aurélio e Epicteto, que eram os mais virtuosos de todos os homens e, ouso dizer, deuses sobre a terra. Com essas palavras queriam dizer: "Trago Deus em mim", a parte da alma divina, universal, que anima todas as inteligências.

A religião católica vai mais longe; diz aos homens: Tereis fisicamente em vós aquilo que os estoicos tinham metafisicamente. Não procureis saber o que vos dou para comer e beber, ou simplesmente para comer. Acreditai apenas que o que vos dou é Deus; ele está em vosso estômago. Vosso coração não o conspurcaria com injustiças e torpezas? Temos então gente que recebe Deus em seu corpo, em meio a uma cerimônia augusta, à luz de centenas de círios, após ouvir uma música que encantou seus sentidos, ao pé de um altar reluzente de ouro. A imaginação é subjugada, a alma é arrebatada e enternecida. Mal se respira, soltam-se todos os laços terrenos, estabelece-se a união com Deus: ele está em nossa carne e em nosso sangue. Quem ousará, quem poderá cometer depois disso um único pecado, nem que seja em pensamento? Sem dúvida, era impossível imaginar um mistério que mantivesse com mais força os homens na virtude.

No entanto, Luís XI, recebendo Deus em seu corpo, envenena o irmão; o arcebispo de Florença, administrando Deus, e os Pazzi, recebendo Deus, assassinam os Médici na catedral. O

---

98. Ver *Da adivinhação* de Cícero. (N. de Voltaire)

papa Alexandre VI, ao sair da cama de sua filha bastarda, administra Deus a seu bastardo César Borgia, e ambos levam à morte por meio da corda, do veneno e da espada quem quer que possua dois arpentos de terra que lhes convenha.

Júlio II administra e engole Deus; mas, de couraça no corpo e elmo na cabeça, macula-se de sangue e carnificina. Leão X tem Deus no estômago, as amantes nos braços e o dinheiro extorquido pelas indulgências nos cofres seus e da irmã.

Troll, arcebispo de Upsala, manda matar diante de seus olhos os senadores da Suécia, com uma bula do papa na mão. Van Galen, bispo de Münster, guerreia com todos os vizinhos e fica famoso por suas rapinas.

O abade N... está cheio de Deus, só fala de Deus, administra Deus a todas as mulheres imbecis ou loucas cujas consciências consiga dirigir e rouba o dinheiro de seus penitentes.

O que concluir dessas contradições? Que todas essas pessoas não acreditaram realmente em Deus; que acreditaram menos ainda que tinham comido o corpo e bebido o sangue de Deus; que nunca imaginaram Deus em seu estômago; que, se tivessem acreditado de fato nisso, nunca teriam cometido nenhum daqueles crimes premeditados; em suma, que o melhor remédio contra as atrocidades dos homens foi o mais ineficaz. Quanto mais sublime era a ideia, mais rejeitada ela foi pela malícia humana.

Todos os nossos grandes criminosos que governaram e todos aqueles que quiseram extorquir uma pequena parte ao governo não só não acreditaram que estavam recebendo Deus em suas entranhas, como também não acreditaram realmente em Deus; pelo menos apagaram por inteiro a ideia de Deus de sua cabeça. O desprezo pelo sacramento que realizavam e conferiam foi levado ao ponto de desprezar Deus mesmo. Que recurso então nos resta contra a depredação, a insolência, a violência, a calúnia e a perseguição? Convencer da existência de Deus o poderoso que oprime o fraco. Ele não rirá dessa opinião, pelo menos; e, se não acreditou que Deus estava em seu estômago, poderá acreditar que Deus está em toda a natureza. Um mistério incompreensível o tornou refratário: poderá ele dizer que a existência de um Deus remunerador e vingador é um mistério incompreensível? Enfim, se ele não se submeteu à voz de um bispo católico que lhe dizia: Este é Deus, que um homem por mim consagrado pôs em tua boca, resistirá à voz de todos os astros e de todos os seres animados que lhe bradam: Foi Deus que nos fez?

EUFEMISMO (Euphémie)

Encontram-se as seguintes palavras no grande *Dicionário enciclopédico*, quando se trata da palavra *eufemismo*: "As pessoas pouco instruídas acreditam que os latinos não tinham a delicadeza de evitar as palavras obscenas. É um erro."

É essa uma verdade vergonhosa para aqueles respeitáveis romanos. É bem verdade que no senado e nos teatros não se pronunciavam os termos consagrados à devassidão; mas o autor desse verbete esqueceu o epigrama infame de Augusto contra Fúlvia, as cartas de Antônio e as torpezas de Horácio, Catulo e Marcial. O mais estranho é que aquelas grosserias, das quais nunca chegamos perto, estão misturadas em Horácio a lições de moral. É, na mesma página, a escola de Platão com as figuras de Aretino. Esse *eufemismo*, esse abrandamento era bem cínico.

EVANGELHO (Évangile)

Grande questão é saber quais são os primeiros Evangelhos. É indubitável, diga o que disser Abbadie, que nenhum dos primeiros Padres da Igreja, nem mesmo Irineu, cita nenhum trecho dos quatro Evangelhos que conhecemos. Ao contrário, os alogianos e os teodosianos rejeitaram terminantemente o Evangelho de são João, falando dele sempre com desprezo, conforme palavras de santo Epifânio em sua trigésima quarta homilia. Nossos inimigos também observam que não só os mais antigos Padres não citam nossos Evangelhos, como também transcrevem vários trechos que só se encontram nos Evangelhos apócrifos rejeitados pelo cânone.

São Clemente, por exemplo, relata que nosso Senhor, ao ser interrogado sobre o tempo em que seu reino adviria, respondeu: "Será quando dois só forem um, quando o fora se assemelhar ao de dentro e quando não houver macho nem fêmea." Ora, convenhamos que esse trecho não se encontra em nenhum de nossos Evangelhos. Há centenas de exemplos que provam essa verdade; eles podem ser vistos no *Exame crítico* do sr. Fréret, secretário perpétuo da Academia de Belas--Letras de Paris.

O erudito Fabricius deu-se o trabalho de reunir os antigos Evangelhos que o tempo conservou; o de Tiago parece ter sido o primeiro. É certo que ainda goza de muita autoridade em algumas Igrejas do oriente. É chamado de *primeiro Evangelho*. Restam-nos a paixão e a ressurreição, que, segundo consta, foram escritas por Nicodemo. Esse Evangelho de Nicodemo é citado por são Justino e Tertuliano; é nele que se encontram os nomes dos acusadores de nosso Salvador, Anás, Caifás, Sumas, Datã, Gamaliel, Judas, Levi, Neftali: a atenção a esses nomes confere uma aparência de candura à obra. Nossos adversários concluíram que, assim como foram forjados tantos falsos Evangelhos reconhecidos inicialmente como verdadeiros, também podem ter sido forjados aqueles que hoje são objeto de nossa crença. Eles insistem muito na fé dos primeiros hereges que morreram por esses Evangelhos apócrifos. Portanto, segundo dizem, houve falsários, sedutores e seduzidos que morreram pelo erro: então o fato de tantos mártires terem morrido por nossa religião não é prova de sua verdade?

Acrescentam, ademais, que nunca se perguntou aos mártires: Acredita no Evangelho de João ou no de Tiago? Os pagãos não podiam basear interrogatórios em livros que não conheciam: os magistrados puniram alguns cristãos, injustamente, como perturbadores do sossego público, mas nunca os interrogaram sobre nossos quatro Evangelhos. Esses livros só passaram a ser um pouco conhecidos pelos romanos no tempo de Diocleciano, e só tiveram alguma publicidade nos últimos anos desse período. Para um cristão, era crime abominável e irremissível mostrar um Evangelho a um gentio. Prova disso é que não se encontra a palavra Evangelho em nenhum autor profano.

Os socinianos rígidos, portanto, viam os nossos quatro divinos Evangelhos apenas como obras clandestinas, forjadas cerca de um século depois de Jesus Cristo e cuidadosamente ocultadas aos gentios por mais um século; dizem eles que se trata de obras grosseiramente escritas por homens grosseiros, que durante muito tempo só se dirigiram ao populacho de sua facção. Não queremos repetir aqui as suas outras blasfêmias. Essa seita, embora muito disseminada, hoje é tão oculta quanto os primeiros Evangelhos. É muito difícil convertê-los porque eles só creem em sua razão. Os outros cristãos só os combatem com a santa voz das Escrituras: assim, é impossível que as duas partes, que foram sempre inimigas, possam algum dia reconciliar-se.

Quanto a nós, ficaremos sempre inviolavelmente ligados a nossos quatro Evangelhos, com a Igreja infalível; reprovaremos os cinquenta Evangelhos que ela reprovou, não procuraremos saber por que nosso Senhor Jesus Cristo permitiu que fossem feitos cinquenta Evangelhos falsos, cinquenta histórias falsas de sua vida, e nos submeteremos a nossos pastores, que são os únicos na terra iluminados pelo Espírito Santo.

Pelo fato de Abbadie ter incidido num erro grosseiro, quando considerou autênticas as cartas, tão ridiculamente forjadas, de Pilatos a Tibério, bem como a pretensa proposta de Tibério ao senado, de incluir Jesus Cristo no rol dos deuses, enfim, pelo fato de Abbadie ser um mau crítico e um péssimo raciocinador, a Igreja será menos iluminada? Deveremos crer menos nela? Deveremos ser menos submissos a ela?

EXAGERO (Exagération)

É próprio do espírito humano exagerar. Os primeiros escritores aumentaram o tamanho dos primeiros homens, deram-lhes uma vida dez vezes mais longa que a nossa, inventaram que as gralhas viviam trezentos anos, os cervos, novecentos, e as ninfas, três mil. Se Xerxes passa pela Grécia, é seguido por quatro milhões de homens. Se uma nação ganha uma batalha, quase sempre perde poucos guerreiros e mata uma quantidade prodigiosa de inimigos. Talvez seja nesse sentido que se diz nos Salmos: *Omnis homo mendax*.

Todo aquele que faz uma narrativa haverá de ser o mais escrupuloso de todos os homens se não exagerar nem um pouquinho para chamar a atenção. Foi isso o que desacreditou os viajantes, pois todos sempre desconfiam deles. Enquanto um viu um repolho do tamanho de uma casa, o outro viu a panela para cozer esse repolho. Portanto, o que se tem é uma contínua unanimidade de testemunhos válidos que no fim põe o selo da probabilidade nas narrativas extraordinárias.

A poesia, sobretudo, é o campo do exagero. Todos os poetas quiseram atrair a atenção dos homens com imagens impressionantes. Se um deus anda na *Ilíada*, chega ao fim do mundo na terceira pernada. Não valia a pena falar de montanhas que ficassem em seus lugares; era preciso que elas saltassem como cabras ou derretessem como cera.

A ode, em todos os tempos, foi consagrada ao exagero. Por isso, quanto mais filósofa se torna uma nação, menos valor passam a ter as odes entusiásticas, que nada ensinam aos homens.

De todos os gêneros de poesia, o que mais encanta os espíritos instruídos e cultos é a tragédia. Quando a nação ainda não tem o gosto formado, quando ainda está passando da barbárie à cultura, então quase tudo na tragédia é gigantesco e sobrenatural.

Rotrou, que trabalha com gênio exatamente no período dessa passagem, apresentando em 1636 o seu *Hércules moribundo*, começa pondo as seguintes palavras na boca de seu herói (ato I, cena I):

Père de la clarté, grand astre, âme du monde,
Quels termes n'a franchis ma course vagabonde?
Sur quels bords a-t-on vu tes rayons étalés
Où ces bras triomphants ne se soient signalés?
J'ai porté la terreur plus loin que ta carrière,
Plus loin qu'où tes rayons ont porté ta lumière;
J'ai forcé des pays que le jour ne voit pas,
Et j'ai vu la nature au-delà de mes pas.
Neptune et ses Tritons ont vu d'un oeil timide
Promener mes vaisseaux sur leur campagne humide.
L'air tremble comme l'onde au seul bruit de mon nom,
Et n'ose plus servir la haine de Junon.
Mais qu'en vain j'ai purgé le séjour où nous sommes!
Je donne aux immortels la peur que j'ôte aux hommes.
[Pai da claridade, grande astro, alma do mundo,
Que limites não transpôs minha corrida errante?
Em que paragens nas quais teus raios se estendem
Estes braços triunfantes não marcaram presença?
Levei o terror para mais longe que o teu curso,
Para mais longe do que onde teus raios levaram luz;
Submeti regiões aonde o dia não chega,
E vi a natureza para além de meus passos.
Netuno e seus Tritões viram com timidez

Meus navios a singrar sobre seus úmidos campos.
O ar treme como a onda quando ouve meu nome,
E não ousa mais servir o ódio de Juno.
Mas em vão purguei a morada em que estamos!
Dou aos imortais o medo de que livro os homens.]

Por esses versos se vê como estava na moda escrever de maneira exagerada, empolada e forçada; é isso o que deve levar-nos a perdoar Pierre Corneille.

Fazia apenas três anos que Mairet começara a se aproximar da verossimilhança e da naturalidade em sua *Sofonisba*. Ele foi o primeiro na França que não só fez uma peça que obedecia às regras, na qual as três unidades são exatamente observadas, mas que também conhecia a linguagem das paixões e pôs verdade nos diálogos. Nada há de exagerado e de empolado nessa peça. O autor incide num vício contrário: a ingenuidade e a familiaridade, que só convêm à comédia. Essa ingenuidade na época agradou muito.

O primeiro encontro de Sofonisba com Massinissa encantou toda a corte. A faceirice daquela rainha cativa, que quer agradar o vencedor, alcançou prodigioso sucesso. Todos acharam ótimo que uma das acompanhantes de Sofonisba, vendo Massinissa enternecido, dissesse à outra nessa cena: *Companheira, ele está caindo*. Essa tirada cômica está na natureza, e os discursos empolados não; por isso, essa peça ficou mais de quarenta anos em cena.

O exagero espanhol logo retomou o seu lugar na imitação de *El Cid* apresentada por Pierre Corneille, com base em Guillem de Castro e Baptista Diamante, dois autores que tinham tratado desse tema com sucesso em Madri. Corneille não teve medo de traduzir estes versos de Diamante:

> *Su sangre señor que en humo*
> *Su sentimiento esplicava,*
> *Por la boca que la vierté*
> *De verse alli derramada*
> *Por otro que por su rey.*

> *Son sang sur la poussière écrivait mon devoir*
> ....
> *Ce sang qui, tout sorti, fume encor de courroux*
> *De se voir répandu pour d'autres que pour vous.*
> [Seu sangue na poeira escrevia meu dever (...)
> Esse sangue que, derramado, fumega ainda de raiva
> Porque verteu por outro, e não por vós.]

O conde de Gormaz não deixa de também esbanjar exageros quando diz:

> *Grenade et l'Aragon tremblent quand ce fer brille.*
> *Mon nom sert de rempart à toute la Castille.*
> ....
> *Le prince, pour essai de générosité,*
> *Gagnerait des combats marchant à mon côté.*
> [Granada e Aragão tremem quando brilha este ferro.
> Meu nome serve de muralha para toda Castela (...)
> O príncipe, pondo à prova a sua generosidade,
> Ganharia combates marchando a meu lado.]

Essas bravatas não só eram intoleráveis, como também foram expressas num estilo que contrastava enormemente com os sentimentos tão naturais e genuínos de Jimena e Rodrigo.

Todas essas imagens bombásticas só começaram a desagradar os espíritos bem formados quando, finalmente, a polidez da corte de Luís XIV ensinou aos franceses que a modéstia deve ser companheira do valor; que devemos deixar para os outros a incumbência de nos elogiar; que nem os guerreiros, nem os ministros, nem os reis falam com ênfase, e que o estilo bombástico é o contrário do sublime.

Hoje ninguém gosta de ouvir Augusto falar do *império absoluto que exerce sobre todo o mundo*, *de seu poder soberano sobre a terra e as águas*; é sempre com um sorriso que se ouve Emília dizer a Cina (ato III, cena IV):

Pour être plus qu'un roi, tu te crois quelque chose
[Por seres mais que um rei, achas-te importante.]

Nunca houve exagero maior. Não fazia muito tempo que cavaleiros romanos das mais antigas famílias, como Septímio e Aquilas, haviam prestado serviços a Ptolomeu, rei do Egito. O senado de Roma podia crer-se acima dos reis; mas nenhum burguês de Roma podia ter essa pretensão ridícula. Odiava-se a palavra *rei* em Roma, tal como a palavra *senhor*, *dominus*; mas ela não era desprezada. Era tão pouco desprezada, que César a ambicionou e só foi morto porque a quis para si. O próprio Otávio, nessa tragédia, diz a Cina:

Bien plus, ce même jour je te donne Émilie,
Le digne objet des voeux de toute l'Italie,
Et qu'ont mise si haut mon amour et mes soins,
Qu'en te couronnant roi je t'aurais donné moins.
[Além do mais, neste mesmo dia, dou-te Emília,
Digno objeto dos votos de toda a Itália,
Que meu amor e meus cuidados puseram em tais alturas,
Que, se te coroasse rei, bem menos eu te daria.]

O discurso de Emília, portanto, é não só exagerado, como também inteiramente falso.

O jovem Ptolomeu exagera bem mais, quando, falando de uma batalha que não viu, ocorrida a sessenta léguas de Alexandria, descreve "rios tintos de sangue, que se tornaram mais rápidos pelo transbordamento dos regicídios; montanhas de mortos privados das honras supremas, que a natureza obriga a vingar-se pelas próprias mãos, cujos troncos apodrecidos exalam algo capaz de fazer guerra ao restante dos vivos, e a derrota orgulhosa de Pompeu, que acredita que o Egito, apesar da guerra, tendo salvo o céu, poderá salvar a terra e oferecer amparo ao mundo cambaleante".

Não é assim que Racine faz Mitridates falar de uma batalha da qual está saindo:

Je suis vaincu: Pompée a saisi l'avantage
D'une nuit qui laissait peu de place au courage.
Mes soldats presque nus dans l'ombre intimidés,
Les rangs de toutes parts mal pris et mal gardés,
Le désordre partout redoublant les alarmes,
Nous-mêmes contre nous tournant nos propres armes,
Les cris que les rochers renvoyaient plus affreux,
Enfin toute l'horreur d'un combat ténébreux:

Que pouvait la valeur dans ce trouble funeste?
Les uns sont morts, la fuite a sauvé tout le reste;
Et je ne dois la vie, en ce commun effroi,
Qu'au bruit de mon trépas que je laisse après moi.
[Estou vencido: Pompeu tirou vantagem
De uma noite que dava pouco ensejo à coragem.
Meus soldados, quase nus, amedrontados no escuro,
As fileiras por todo lado malformadas, mal guardadas,
A desordem total a redobrar os alarmes,
Nós contra nós mesmos a voltar nossas armas,
Os gritos que os rochedos devolviam mais atrozes,
Enfim todo o horror de um combate tenebroso:
Que poder tinha o valor nessa confusão funesta?
Uns estão mortos, a fuga salvou o resto;
E só devo a vida, em meio a esse terror,
Ao boato de minha morte, que deixo atrás de mim.]
(*Mitridates*, II, III)

Isso é falar como homem. O rei Ptolomeu só falou como poeta empolado e ridículo.

O exagero refugiou-se nas orações fúnebres; sempre esperamos encontrá-lo nelas, e essas obras de eloquência sempre são vistas como declamações: portanto, foi grande mérito de Bossuet saber comover e emocionar num gênero que parece feito para entediar.

EXPIAÇÃO (Expiation)

Dieu fit du repentir la vertu des mortels.
[Deus fez do arrependimento a virtude dos mortais.]

A mais bela instituição da antiguidade talvez fosse aquela cerimônia solene que reprimia os crimes, advertindo que eles devem ser punidos, e aplacava o desespero dos culpados, permitindo que eles resgatassem suas transgressões por meio de penitências. Necessariamente, os remorsos só podem ter prevenido as expiações; pois as doenças são mais antigas que o remédio, e todas as necessidades sempre existiram antes do socorro.

Houve, portanto, antes de todos os cultos, uma religião natural, que perturbou o coração do homem quando, em sua ignorância ou em seus arroubos, ele cometeu ações desumanas. Sempre que, numa briga, um amigo matou o outro, um irmão matou o outro, um amante ciumento e frenético matou aquela sem a qual não podia viver, sempre que o dirigente de uma nação condenou um homem virtuoso, um cidadão útil, houve homens desesperados, desde que fossem sensíveis. Sua consciência os persegue, e esse sem dúvida é o cúmulo da infelicidade. Nesses casos, restam apenas duas possibilidades: reparação ou renitência no crime. Todas as almas sensíveis procuram o primeiro caminho; os monstros enveredam pelo segundo.

Desde que se estabeleceram as religiões, passou a haver expiações; suas cerimônias foram ridículas, pois que relação há entre a água do Ganges e um assassinato? Como um homem reparava um homicídio banhando-se? Já observamos o excesso de demência e o absurdo que existem em imaginar que aquilo que lava o corpo lava a alma e retira as máculas das más ações.

A água do Nilo, depois, passou a ter a mesma virtude que a do Ganges: a essas purificações eram acrescentadas outras cerimônias; admito que estas foram ainda mais descabidas. Os egípcios pegavam dois bodes e sorteavam qual dos dois seria precipitado do alto, carregado das faltas dos pecadores. A esse bode dava-se o nome de Hazazel, o expiatório. Que relação existe, pergunto, entre um bode e o crime de um homem?

É verdade que, depois disso, Deus permitiu que essa cerimônia fosse santificada entre os judeus, nossos pais, que copiaram tantos ritos egipcíacos; mas, sem dúvida, era o arrependimento, e não o bode, que purificava as almas judias.

Consta que Jasão, após matar o cunhado Absirto, vai com Medeia, mais culpada que ele, pedir a absolvição a Circe, rainha e sacerdotisa de Ea, que depois foi considerada uma grande maga. Circe os absolve com um leitão e bolos salgados. Isso pode dar um ótimo prato, mas dificilmente resgataria o sangue de Absirto, nem tornaria Jasão e Medeia mais honestos, a menos que eles demonstrassem arrependimento sincero enquanto comessem seu leitão.

A expiação de Orestes, que vingara o pai matando a mãe, consistiu em ir roubar uma estátua dos tártaros de Crimeia. A estátua devia ser muito malfeita, e nada havia para ganhar com semelhante artefato. Mais tarde encontrou-se saída melhor: inventaram-se os mistérios, e os culpados podiam receber a absolvição submetendo-se a provas penosas e jurando que levariam vida nova. Graças a esse juramento, os recipiendários receberam, em todas as nações, um nome que corresponde a iniciados, *qui ineunt vitam novam*, que iniciam uma nova vida, que entram no caminho da virtude.

Vimos no verbete Batismo que os catecúmenos cristãos só eram chamados *iniciados* depois de batizados.

É indubitável que nesses mistérios as faltas só eram lavadas pelo juramento de ser virtuoso: tanto é verdade que o hierofante, em todos os mistérios da Grécia, ao despedir a assembleia, pronunciava estas duas palavras egípcias, *Koth, ompheth*, "vigiai, sede puros", o que é, ao mesmo tempo, prova de que os mistérios vinham originariamente do Egito e que só foram inventados para tornar os homens melhores.

Os sábios, em todos os tempos, fizeram tudo o que puderam para inspirar a virtude e para não reduzir a fraqueza humana ao desespero; mas também há crimes tão hediondos, que nenhum mistério lhes concedeu expiação. Nero, por mais que fosse imperador, não conseguiu ser iniciado nos mistérios de Ceres. Constantino, segundo Zózimo, não conseguiu obter perdão de seus crimes: estava maculado pelo sangue da mulher, do filho e de todos os parentes mais próximos. Era de interesse do gênero humano que delitos tão graves ficassem sem expiação, para que a absolvição não incitasse a cometê-los, e a abominação universal pudesse, de vez em quando, deter os facínoras.

Os católicos romanos têm expiações chamadas *penitências*. Vimos no verbete Austeridades qual foi o abuso de instituição tão salutar.

De acordo com as leis dos bárbaros que destruíram o império romano, os crimes eram expiados com dinheiro; isso se chamava compor: *Componat cum decem, viginti, triginta solidis*. Custava duzentos soldos do tempo matar um padre, e quatrocentos, um bispo; de modo que um bispo valia exatamente dois padres.

Depois de se compor assim com homens, compunha-se com Deus, quando a confissão foi estabelecida. Por fim, o papa João XII, que fazia dinheiro com tudo, redigiu a tabela de preços dos pecados.

A absolvição de um incesto custava quatro tornesas para um leigo: *Ab incestu pro laico in foro conscientiae turonenses quatuor*. Para o homem e a mulher que tivessem cometido incesto, dezoito tornesas, quatro ducados e nove carlinos. Isso não é justo; se um sozinho paga apenas quatro tornesas, os dois juntos deveriam pagar oito.

A sodomia e a bestialidade são taxadas do mesmo modo, com a cláusula inibitória do título XLIII: isso monta a 90 tornesas, 12 ducados e 6 carlinos: *Cum inhibitione turonenses 90, ducatos 12, carlinos 6* etc.

É bem difícil acreditar que Leão X tivesse tido a imprudência de mandar imprimir essa tabela em 1514, conforme se afirma; mas cabe considerar que então não se mostrava nenhuma centelha das chamas que depois inflamaram os reformadores: a cúria de Roma dormia no leito da credulidade dos povos, negligenciando encobrir suas extorsões com qualquer véu. A venda pública de indulgências, que ocorreu logo depois, mostra que aquela cúria não tomava precaução nenhuma para ocultar as torpezas às quais tantas nações estavam acostumadas. Assim que explodiram as reclamações contra os abusos da Igreja romana, ela fez tudo o que pôde para eliminar a publicação, mas não conseguiu.

Ouso aqui dizer qual é minha opinião sobre essa tabela: acredito que as edições não são fiéis; os preços não são proporcionais, não estão de acordo com os preços alegados por d'Aubigné, avô da sra. de Maintenon, na *Confession de Sanci* [Confissão de Sanci]; ele avalia a virgindade em seis alfonsins, e o incesto com a mãe e com a irmã em cinco alfonsins; essa conta é ridícula. Acredito que havia, de fato, uma tabela estabelecida na câmara da dataria para aqueles que iam pedir absolvição em Roma ou mercadejar dispensas, mas que os inimigos de Roma acrescentaram muitas coisas para torná-la mais odiosa. Consulte-se Bayle nos verbetes Banck, Du Pinet, Drelincourt.

O certo é que essas taxas nunca foram autorizadas por nenhum concílio, que se tratava de um abuso enorme inventado pela ganância e respeitado por aqueles que tinham interesse em não o abolir. Vendedores e compradores eram igualmente recompensados: assim, quase ninguém reclamou, até as conturbações da Reforma. Convenhamos que o conhecimento exato de todas aquelas taxas seria muito útil para a história do espírito humano.

EXTREMO (Extrême)

Tentaremos aqui extrair da palavra *extremo* alguma noção que possa ser útil.

Discute-se todos os dias o que constitui o sucesso na guerra: se a fortuna ou o modo de dirigi-la;

Se, nas doenças, a natureza age mais do que o remédio para curar ou matar;

Se, nas ações judiciais, não é mais vantajoso entrar em acordo quando se tem razão e mover ação quando se está errado;

Se as letras contribuem para a glória ou para a decadência de uma nação;

Se é preciso ou não tornar o povo supersticioso;

Se há algo de verdadeiro em metafísica, história e moral;

Se o gosto é arbitrário, e se há de fato bom e mau gosto etc. etc.

Para decidir de uma vez por todas essas questões, tomemos um exemplo daquilo que há de mais extremo em cada uma; comparemos as duas extremidades opostas e encontraremos a verdade.

Quem quiser saber se o modo de conduzir uma guerra pode decidir infalivelmente o seu resultado deve considerar o caso mais extremo, as situações mais opostas, em que só o modo de dirigi-la determinará infalivelmente o triunfo. O exército inimigo é obrigado a passar por um desfiladeiro profundo entre montanhas; o general sabe disso; faz uma marcha forçada, domina os pontos mais altos e mantém os inimigos presos no desfiladeiro; estes só podem render-se ou morrer. Nesse caso extremo, a fortuna não pode ter participação nenhuma na vitória. Portanto, está demonstrado que a habilidade pode decidir o sucesso de uma campanha militar, e só isso já prova que a guerra é uma arte.

Em seguida, imagine-se uma posição vantajosa, porém menos decisiva; o sucesso não é tão certo, mas continua sendo muito provável. Chega-se assim, gradualmente, até uma perfeita igualdade entre os dois exércitos. Quem decidirá então? A fortuna, ou seja, um acontecimento imprevisto, um general morto quando vai executar uma ordem importante, uma tropa desfeita por causa de um rumor falso, do pânico ou de milhares de outros motivos, casos que a prudência não pode remediar; mas continua indubitável que se trata de uma arte, de uma tática.

Deve-se dizer o mesmo da medicina, arte de operar com a cabeça e as mãos, para devolver a vida àquele que vai perdê-la.

O primeiro que sangrou e purgou oportunamente um apoplético, o primeiro que imaginou mergulhar um bisturi na bexiga para retirar um cálculo e fechar a ferida, o primeiro que conseguiu prevenir a gangrena numa parte do corpo: esses eram, decerto, homens quase divinos, pouco parecidos com os médicos de Molière.

Descendo desse exemplo palpável a experiências menos visíveis e mais equívocas, veremos febres, males de todas as espécies curados sem que fique provado se quem curou foi a natureza ou o médico; vemos doenças cujo desfecho não pode ser adivinhado; dezenas de médicos se enganam; aquele que tem mais inteligência, um golpe de vista mais certeiro, adivinha o caráter da doença. Há, portanto, uma arte, e o homem superior conhece suas sutilezas. Assim, La Peyronie adivinhou que um homem da corte devia ter engolido um osso pontudo que lhe causava uma úlcera e punha em risco a sua vida; assim, Boerhaave adivinhou a causa da doença desconhecida e cruel de um conde de Vassenaar. Portanto, há realmente uma arte da medicina; mas em toda arte há Virgílios e Mévios.

Nas questões de justiça, pode-se tomar uma causa clara, na qual a lei fale com limpidez; uma letra de câmbio está bem-feita e é aceita; em qualquer país o aceitador será condenado a pagá-la. Há, portanto, uma jurisprudência útil, ainda que em milhares de casos os julgamentos sejam arbitrários, para a infelicidade do gênero humano, porque as leis são malfeitas.

Quem quiser saber se as letras fazem bem a uma nação que compare os dois extremos: Cícero e um ignorante grosseiro. Que veja se foi Plínio ou Átila que provocou a decadência de Roma.

Há quem pergunte se a superstição do povo deve ser incentivada; que se examine o que há de mais extremo nessa funesta matéria: a noite de São Bartolomeu, os massacres da Irlanda, as cruzadas; a questão logo é resolvida.

Haverá verdade em metafísica? Observemos, antes de mais nada, os pontos mais surpreendentes e verdadeiros; alguma coisa existe, logo alguma coisa existe desde toda a eternidade. Um Ser eterno existe por si mesmo; esse Ser não pode ser mau nem inconsequente. Precisamos render-nos a essas verdades; quase todo o resto é relegado à polêmica, e o espírito mais justo deslinda a verdade enquanto os outros a procuram nas trevas.

Haverá bom e mau gosto? Comparemos os extremos; vejamos estes versos de Corneille em *Cina* (IV, III):

... Octave,...
... ose accuser le destin d'injustice,
Quand tu vois que les tiens s'arment pour ton supplice,
Et que par ton exemple à ta perte guidés,
Ils violent des droits que tu n'as pas gardés!
[... Otávio, ...
... Ousa acusar de injusto o destino,
Quando vês que os teus se armam para teu suplício,
E guiados por teu exemplo para tua ruína,
Violam direitos que não observaste!]

Comparemos com estes versos de *Othon* (ato II, cena I):

Dis-moi donc, lorsque Othon s'est offert à Camille,
A-t-il été content[99], a-t-elle été facile?
Son hommage auprès d'elle a-t-il eu plein effet?
Comment l'a-t-elle pris, et comment l'a-t-il fait?
[Dize-me: quando Óton se declarou a Camila,
Estava contente, ela foi fácil?
A homenagem dele a ela surtiu efeito?
Como ela reagiu, e o que ele fez?]

Com essa comparação entre dois extremos, logo fica claro que existem bom e mau gosto.

Com todas as coisas ocorre o mesmo que com as cores: os olhos ruins distinguem o branco e o preto; os olhos melhores, mais exercitados, discernem os matizes que estão próximos.

Usque adeo quod tangit idem est: tamen ultima distant.
[Elas (as cores do arco-íris) são iguais no momento em que se tocam;
Entretanto são diferentes quando se distanciam ao máximo.]
(Ovídio, *Metamorfoses*, VI, 67)

EZEQUIEL (Ézéchiel)

Sobre alguns trechos singulares desse profeta e alguns usos antigos

Hoje se sabe muito bem que não se devem julgar os usos antigos pelos modernos: quem quisesse reformar a corte de Alcínoo na *Odisseia* com base na corte do Grão-Turco ou de Luís XIV não seria bem-visto pelos estudiosos; quem censurasse Virgílio por ter representado o rei Evandro coberto de uma pele de urso e acompanhado de dois cães, quando foi receber os embaixadores, seria um mau crítico.

Os costumes dos antigos egípcios e judeus são ainda mais diferentes dos nossos do que os do rei Alcínoo, de sua filha Nausica e do bom Evandro.

Ezequiel, escravo dos caldeus, teve uma visão ao lado do riacho de Kebar que deságua no Eufrates. Não é de admirar que ele tenha visto animais de quatro faces e quatro asas, com patas de bezerro, e rodas que andavam sozinhas e tinham o espírito de vida: esses símbolos são agradáveis à imaginação, mas vários críticos se revoltaram contra a ordem que o Senhor lhe deu, que consistia em comer, durante trezentos e noventa dias, pão de cevada, frumento e milhete coberto de excrementos humanos.

O profeta exclamou: "Eca! Eca! Eca! Minha alma até agora não foi poluída", e o Senhor lhe respondeu: "Então! Eu te dou excremento de boi em vez de excremento de homem, e tu sovarás o teu pão com esse excremento."

Como não é hábito comer tais acepipes no pão, a maioria das pessoas acha esses mandamentos indignos da majestade divina. No entanto, deve-se convir que bosta de vaca e todos os diamantes do Grão-Mogol são perfeitamente iguais, não só aos olhos de um ser divino, como também aos olhos de um verdadeiro filósofo; quanto às razões pelas quais Deus ordenaria tal almoço ao profeta, não nos cabe indagar.

Basta mostrar que esses mandamentos, que nos parecem estranhos, não tiveram essa aparência para os judeus.

---

99. O original diz *contraint*, contrafeito. O texto original é "a-t-il paru contraint?", "pareceu contrafeito?". Esses versos são novamente citados no verbete Gosto, e esse trecho lá aparece como "A-t-il été contraint?". (N. da T.)

EZEQUIEL

É verdade que a sinagoga, no tempo de são Jerônimo, não permitia a leitura de Ezequiel antes dos trinta anos de idade; mas isso ocorria porque, no capítulo XVIII, ele diz que o filho não responderá mais pela iniquidade dos pais, e que não mais se dirá: "Os pais comeram uvas verdes, e os dentes dos filhos estão embotados."

Nisso ele estava em evidente contradição com Moisés, que, no capítulo XXVIII de Números, afirma que os filhos respondem pela iniquidade dos pais até a terceira e a quarta geração.

Ezequiel, no capítulo XX, diz também que o Senhor deu aos judeus *preceitos que não são bons*. Por isso a sinagoga proibia aos jovens uma leitura que podia levar a duvidar da irrefragabilidade das leis de Moisés.

Os sensores de nossos dias admiram-se muito mais com o capítulo XVI de Ezequiel, que relata como o profeta agiu para dar a conhecer os crimes de Jerusalém. Ele introduz o Senhor a falar com uma jovem, e o Senhor diz: "Quando nasceste, ainda não haviam cortado o teu umbigo, ainda não te haviam salgado, estavas nua, tive piedade de ti; cresceste, teu seio se formou, teus pelos apareceram; eu passei e te vi, percebi que era chegado o tempo dos amantes; cobri tua ignomínia; estendi sobre ti o meu manto; foste minha, e eu te lavei, perfumei, vesti e calcei; dei-te um xale de algodão, braceletes, colar; pus pedraria em teu nariz, brincos nas tuas orelhas e uma coroa na tua cabeça etc.

Então, confiando em tua beleza, fornicaste com todos os que passavam... E construíste um lupanar. ... e te prostituíste até nas praças públicas, e abriste as pernas para todos os que passavam... e te deitaste com egípcios e por fim pagaste amantes e lhes deste presentes para que eles se deitassem contigo...; e, pagando, em vez de ser paga, fizeste o contrário das outras mulheres... O provérbio é: *tal mãe, tal filha*; e é o que dizem de ti etc."

Há quem se insurja também contra o capítulo XXIII. Uma mãe tinha duas filhas que perderam a virgindade cedo: a maior se chamava Aolá, e a menor, Aolibá... "Aolá enlouqueceu com jovens senhores, magistrados, cavaleiros; deitou-se com egípcios já na adolescência... Aolibá, sua irmã, fornicou muito mais com oficiais, magistrados e cavaleiros bem-feitos: ela tornou pública a sua torpeza; multiplicou suas fornicações; procurou com entusiasmo os abraços daqueles que têm o membro como de asno, e ejaculam como cavalos..."

Essas descrições, apesar de enfurecerem tantos espíritos débeis, apenas significam as iniquidades de Jerusalém e de Samaria; as expressões que nos parecem libertinas não o eram então. A mesma ingenuidade se mostra sem temor em vários trechos da Escritura. Com frequência se fala em abrir a vulva. Os termos utilizados para descrever a união de Booz com Rute e de Judá com a nora não são indecentes em hebraico, mais seriam em nossa língua.

Quem não tem vergonha de sua nudez não se cobre com véu; como, naquele tempo, alguém enrubesceria ao mencionar a genitália, se quando se prometia alguma coisa punha-se a mão na genitália? Essa era uma marca de respeito, um símbolo de fidelidade, tal como, antigamente entre nós, os senhores castelães punham as mãos entre as dos seus senhores suseranos.

Traduzimos a genitália por coxa. Eliezer põe a mão sob a coxa de Abraão; José põe a mão sob a coxa de Jacó. Esse costume era muito antigo no Egito. Os egípcios estavam tão distantes de associar qualquer ideia de torpeza àquilo que não ousamos mostrar nem nomear, que carregavam em procissão uma grande figura do membro viril chamado *phallum*, para agradecer os deuses por fazerem esse membro servir para a propagação do gênero humano.

Tudo isso prova que as nossas linhas de conduta não são as mesmas dos outros povos. Em que período houve entre os romanos mais polidez do que no tempo de Augusto? No entanto, Horácio não vê problema nenhum em dizer numa peça de moral:

Nec vereor ne, dum futuo, vir rure recurrat.
[Não tenho nenhum receio, enquanto estou transando, de que o marido volte do campo.]
(Liv. I, sát. II, v. 127)

Augusto usa a mesma expressão num epigrama contra Fúlvia.

Aquele que entre nós pronunciasse a palavra correspondente a *futuo* seria visto como um mariola bêbado; essa palavra e várias outras usadas por Horácio e outros autores parecem-nos mais indecentes ainda do que as expressões de Ezequiel. Precisamos livrar-nos de todos os nossos preconceitos quando lemos os antigos autores ou viajamos para nações distantes. A natureza é a mesma em todo lugar; os usos são diferentes.

Um dia, em Amsterdam, conheci um rabino todo orgulhoso desse capítulo, que me disse: "Ah! Meu amigo, nós lhes somos muito gratos por ter o senhor divulgado toda a sublimidade da lei mosaica, a refeição de Ezequiel, suas belas atitudes deitado do lado esquerdo; Aolá e Aolibá são coisas admiráveis; são tipos, meu irmão, tipos que representam que um dia o povo judeu será senhor de toda a terra; mas por que omitiu tantos outros trechos que têm mais ou menos a mesma força? Por que não representou o Senhor a dizer ao sábio Oseias, já no segundo versículo do primeiro capítulo: 'Oseias, toma uma mulher da vida e faz com ela filhos de uma mulher da vida'. Essas são suas próprias palavras. Oseias tomou a mulher, teve com ela um menino, depois uma menina e mais um menino; era um tipo, e esse tipo durou três anos. E não é tudo, diz o Senhor no terceiro capítulo: 'Vai e toma uma mulher que seja não só devassa, mas também adúltera.' Oseias obedece; mas isso lhe custa quinze escudos e um sesteiro e meio de cevada; pois o senhor sabe que na terra prometida havia pouquíssimo frumento. Mas sabe o que tudo isso significa? – Não, disse-lhe eu. – Nem eu, disse o rabino."

Um erudito muito sério aproximou-se e disse que eram ficções engenhosas e cheias de ornamentos. "Ah! respondeu um jovem muito instruído, se quiser ficções, é melhor ler as de Homero, Virgílio e Ovídio. Quem gostar das profecias de Ezequiel merece almoçar com ele."

F

FÁBULA (Fable)

É provável que as fábulas escritas no estilo das atribuídas a Esopo, que são mais antigas que ele, tenham sido inventadas na Ásia pelos primeiros povos subjugados; homens livres nunca teriam necessidade de disfarçar a verdade; em geral, só se pode falar com tiranos por meio de parábolas, e mesmo esse disfarce é perigoso.

Também pode ser que, visto que os homens gostam, naturalmente, de imagens e contos, as pessoas espirituosas se divertiram a criá-los sem outros objetivos quaisquer. Seja como for, é tal a natureza do ser humano, que a fábula é mais antiga que a história.

Entre os judeus, que constituem um pequeno povo bem recente[1] em comparação com a Caldeia e Tiro, seus vizinhos, mas bem antigo em relação a nós, encontram-se fábulas bem semelhantes às de Esopo já nos tempos dos Juízes, ou seja, mil duzentos e trinta e três anos antes de nossa era, se é que se pode confiar nesses cálculos.

Conta-se em Juízes que Gedeão tinha setenta filhos, "saídos dele porque ele tinha várias mulheres", e que, de uma criada, teve outro filho chamado Abimeleque.

Ora, esse Abimeleque esmagou sobre uma mesma pedra sessenta e nove irmãos, segundo o costume; e os judeus, cheios de respeito e admiração por Abimeleque, foram coroá-lo rei sob um carvalho perto da cidade de Bete-Milo, aliás pouco conhecida na história.

Joatão, o irmão mais novo, único que escapou da carnificina (como sempre acontece nas antigas histórias), discursou para os judeus; disse-lhes que as árvores um dia resolveram escolher um rei. Não se entende muito bem como as árvores andam, mas, se falavam, deviam também andar. Dirigiram-se à oliveira e lhe disseram: "Reina." A oliveira respondeu: "Não deixarei de cuidar do meu azeite para reinar sobre vós." A figueira disse que preferia seus figos às peias do poder supremo. A vinha deu preferência a suas uvas. Por fim, as árvores procuraram o arbusto, e o arbusto respondeu: "Reinarei sobre vós, ofereço-vos minha sombra; e, se não a quiserdes, o fogo sairá do arbusto e vos devorará."

É verdade que a fábula peca pelo fundo, porque o fogo não sai do arbusto; mas mostra a antiguidade do uso das fábulas.

A fábula do estômago e dos membros, que serviu para acalmar uma sedição em Roma há cerca de dois mil e trezentos anos, é engenhosa e perfeita. Quanto mais antigas as fábulas, mais alegóricas são.

A antiga fábula de Vênus, contada por Hesíodo, acaso não é uma alegoria da natureza inteira? A semente da geração cai do éter na praia: Vênus nasce dessa espuma preciosa; seu primeiro nome é de amante do órgão da reprodução, *Filometes*: haverá imagem mais clara?

---

1. Está provado que o pequeno povo hebreu só chegou à Palestina numa época em que Canaã já tinha muitas cidades poderosas: Tiro, Sidon, Berito. Consta que Josué destruiu Jericó e a cidade das letras, dos arquivos e das escolas, chamada Quiriate Sefer; logo, os judeus então não passavam de estrangeiros que assolavam povos civilizados. (N. de Voltaire)

Essa Vênus é a deusa da beleza; a beleza deixa de ser digna de amor quando anda sem as Graças; a beleza dá origem ao Amor; o Amor tem setas que atingem os corações; usa uma faixa que esconde os defeitos daquilo que se ama; tem asas, chega depressa e foge também depressa.

A sabedoria é concebida no cérebro do senhor dos deuses com o nome de Minerva; a alma do homem é um fogo divino que Minerva mostra a Prometeu; este usa tal fogo divino para animar o homem.

É impossível não perceber nessas fábulas um quadro vivo da natureza inteira. A maioria das outras fábulas é constituída por corruptelas de histórias antigas ou por criações da imaginação. Com as antigas fábulas ocorre o mesmo que se observa com nossos contos modernos: há algumas que são morais e encantadoras, enquanto outras são insípidas.

As fábulas dos antigos povos engenhosos foram grosseiramente imitadas por povos grosseiros; exemplo disso são as de Baco, Hércules, Prometeu, Pandora e tantas outras; eram a diversão do mundo antigo. Os bárbaros, ouvindo falar delas confusamente, introduziram-nas em sua mitologia selvagem; em seguida, ousaram dizer: "Fomos nós que as inventamos." Ai! Pobres povos ignorados e ignorantes, que nunca conhecestes nenhuma arte agradável ou útil, que nunca ouvistes sequer a palavra geometria, podeis dizer que inventastes alguma coisa? Não soubestes descobrir verdades nem mentir com habilidade.

A mais bela fábula dos gregos é de Psique. A mais engraçada foi a da matrona de Éfeso.

A mais bela dos modernos foi a da Loucura, que, arrancando os olhos do Amor, é condenada a servir-lhe de guia.

Todas as fábulas atribuídas a Esopo são emblemas, instruções para os fracos, para que estes se protejam dos fortes na medida do possível. Todas as nações com alguma cultura as adotaram. La Fontaine foi quem as tratou de modo mais agradável: existem cerca de oitenta fábulas dele que são obras-primas de ingenuidade, graça e finura, às vezes até de poesia; essa é mais uma das vantagens do século de Luís XIV: a existência de um La Fontaine. Ele descobriu tão bem o segredo de ser lido, quase sem o buscar, que na França teve mais reputação que o próprio inventor dessas fábulas.

Boileau nunca o incluiu entre os que honravam aquele grande século: a razão ou o pretexto para isso foi que ele nunca inventara nada. O que podia desculpar Boileau era o grande número de erros de língua e de incorreções de estilo, faltas estas que La Fontaine poderia ter evitado, e aquele crítico severo não podia perdoar. É a cigarra que, havendo cantado todo o verão, foi-se gritar de fome à porta de sua vizinha formiga e lhe disse que "a pagará antes de agosto, palavra de animal, com juros e principal"; a quem a formiga responde: "Cantavas? Muito me alegra. Pois dança agora."

É o lobo, que, vendo a marca da coleira do cão, disse-lhe: "Não queria por esse preço nem mesmo um tesouro"; como se os tesouros fossem úteis aos lobos.

Era a "raça escravelha, que está no quartel de inverno como a marmota".

Era o astrólogo que levou um tombo, e lhe disseram: "Que tonto, achas que pode ler em cima da cabeça?" Na verdade, Copérnico, Galileu, Cassini e Halley leram perfeitamente bem em cima da cabeça; e o melhor astrônomo do mundo pode levar um tombo e não ser tonto.

A astrologia judiciária, na verdade, é uma charlatanice ridícula; mas esse ridículo não consistia em olhar para o céu: consistia em acreditar ou querer levar a acreditar que se lê aquilo que não se lê. Várias dessas fábulas, por serem mal escolhidas ou mal escritas, podiam merecer de fato a censura de Boileau.

Nada é mais insípido do que a mulher afogada, que, segundo dizem, precisa ser procurada rio acima porque sempre foi do contra.

O tributo dos animais, enviado ao rei Alexandre, é uma fábula que nem por ser antiga é boa. Os animais não mandam dinheiro a reis; e não ocorre a nenhum leão roubar dinheiro.

Um sátiro que recebe um homem em casa não deve mandá-lo embora porque ele sopra nos dedos por ter frio e porque, pegando *a tigela com os dentes*, sopra a sopa porque está muito quente. O homem estava coberto de razão, e o sátiro era um tolo. Aliás, ninguém pega tigela com os dentes.

Mamãe caranguejo repreende a filha por não andar reta, e a filha responde que a mãe anda torta: essa não pareceu uma fábula agradável.

O bosque e o pato, em sociedade comercial com o morcego, têm "balcões, corretores e agentes, pagam juros e principal e têm beleguins à porta": essa é uma fábula que não tem veracidade, naturalidade nem graça.

Um arbusto que sai de sua terra com um morcego para ir comerciar é uma dessas invencionices frias e sem naturalidade, que La Fontaine não devia adotar.

Uma casa cheia de cães e gatos "que convivem como primos e brigam por uma panela de sopa" parece coisa indigna de um homem de bom gosto.

A história da pega tagarela é ainda pior; a águia diz à pega que não pode ficar em sua companhia porque ela fala demais. Com base nisso, La Fontaine observa que na corte é preciso *ter duas caras*.

O que significa a história do milhafre que é apresentado por um passarinheiro a um rei e puxa o nariz deste com as garras?

A história do macaco que se casou com uma moça parisiense e a surrava é um conto ruim que contaram a La Fontaine e ele teve a má ideia de pôr em versos.

Tais fábulas e algumas outras poderiam justificar Boileau: pode até ser que La Fontaine não soubesse distinguir suas más fábulas das boas.

A sra. De La Sablière chamava La Fontaine de *fabuleiro*, que dava fábulas como um castanheiro dá castanhas. É verdade que ele só tinha um estilo, e escrevia uma ópera no mesmo estilo com que falava de *Janot Lapin* e de *Raminagrobis*[2]. Diz ele na ópera de *Dafne*:

J'ai vu le temps qu'une jeune fillette
Pouvait sans peur aller au bois seulette:
Maintenant, maintenant les bergers sont loups.
Je vous dis, je vous dis: "Filles, gardez-vous."
[Conheci o tempo em que uma mocinha
Podia ir sem medo ao bosque sozinha:
Agora, porém, os pastores são lobos.
Eu vos digo, vos digo: "Mocinhas, cuidado."]

Jupiter vous vaut bien;
Je ris aussi quand l'Amour veut qu'il pleure:
Vous autres dieux, n'attaquez rien,
Qui, sans vous étonner, s'ose défendre une heure.
[...]
Que vous êtes reprenante,
Gouvernante!
[Não sois inferior a Júpiter;
Eu rio mesmo quando o Amor quer o choro:
Vós, que sois deuses, nada atacais
Que não vos surpreenda se ousa defender-se uma hora.
(...) Como sois gritona,
mandona.]

---

2. Duas personagens da fábula *O gato, a doninha e o coelho*. (N. da T.)

Apesar de tudo isso, Boileau devia fazer justiça ao mérito do *bonhomme* (como o chamava) e ficar encantado, assim como todo o público, com o estilo de suas boas fábulas.

O sr. La Fontaine não nasceu para ser inventor; não era um escritor sublime, um homem de gosto infalível, um dos principais gênios do grande século; além disso, é um defeito de se notar nele o fato de não falar corretamente a sua língua: nesse aspecto, muito inferior a Fedra; mas é um homem único nos excelentes trechos que nos deixou, e o número deles é grande; estão na boca de todos aqueles que tiveram uma educação honesta; contribuem até para a formação dessas pessoas; terão grande posteridade; convêm a todos os homens, a todas as idades; e os de Boileau só convêm aos literatos.

Sobre alguns fanáticos que quiseram proscrever as fábulas antigas

Entre os chamados *jansenistas* houve uma pequena seita de cabeças duras e vazias, que quis proscrever as belas fábulas da antiguidade, substituir Ovídio por são Próspero, Horácio por Santeul. Se tivessem sido seguidos, os pintores teriam deixado de representar Íris no arco-íris e Minerva com sua égide, e passariam a representar Nicole e Arnauld combatendo os jesuítas e os protestantes; a sra. Perrier curada de uma doença dos olhos por um espinho da coroa de Jesus Cristo vinda de Jerusalém para Port-Royal; o conselheiro Carré de Montgeron apresentando a Luís XV a *Coletânea das convulsões de saint Médard*; e santo Ovídio ressuscitando menininhos.

Do ponto de vista dessa gente austera, Fénelon não passava de um idólatra que introduzia o menino Cupido em casa da ninfa Eucáris, a exemplo do poema ímpio chamado *Eneida*.

Pluche, no fim de sua fábula sobre o céu, intitulada *História*, faz uma longa dissertação para provar que é vergonhoso ter nas tapeçarias figuras extraídas das *Metamorfoses* de Ovídio; e que Zéfiro e Flora, Vertumna e Pomona deveriam ser banidos dos jardins de Versalhes[3]. Exorta a Academia de Belas-Letras a opor-se a esse mau gosto; diz que só ela é capaz de restabelecer as belas-letras.

Esta é uma pequena apologia da fábula que apresentamos a nosso caro leitor, para imunizá-lo contra o mau humor daqueles inimigos das belas-artes.

Outros rigoristas, mais severos que sábios, quiseram proscrever recentemente a antiga mitologia, como coletânea de contos pueris, indignos da gravidade reconhecida de nossos costumes. Contudo, seria triste queimar Ovídio, Homero, Hesíodo, todas as nossas belas tapeçarias, nossos quadros e nossas óperas: muitas fábulas, afinal, têm muito mais filosofia do que esses senhores. Se agraciam os contos familiares de Esopo, por que eliminar essas fábulas sublimes que foram respeitadas pelo gênero humano e contribuíram para a sua instrução? A elas se mistura muita insipidez, mas o que não tem mistura? Todos os séculos adotarão a caixa de Pandora, em cujo fundo se encontra o consolo do gênero humano; os dois tonéis de Júpiter, que vertem incessantemente o bem e o mal; a nuvem abraçada por Ixíon, emblema e castigo do ambicioso; a morte de Narciso, que é a punição do amor-próprio. Haverá algo mais sublime do que Minerva, divindade da sabedoria, formada na cabeça do senhor dos deuses? Haverá algo mais verdadeiro e agradável do que a deusa da beleza, obrigada a nunca ficar sem as Graças? As deusas das artes, todas filhas da Memória, acaso não nos advertem tanto quanto Locke que sem memória não podemos fazer o menor julgamento, não podemos ter a menor centelha de intelecto? As flechas do Amor, sua faixa, sua infância, Flora acariciada por Zéfiro etc. não são emblemas claros da natureza inteira? Essas fábulas sobreviveram às religiões que as consagravam; os templos dos deuses do Egito, da Grécia e de Roma já não existem, mas Ovídio subsiste. É possível destruir os objetos da credulidade, mas não os do prazer; amaremos para sempre essas imagens verazes e ridentes. Lucrécio não acreditava nesses deuses da fábula, mas celebrava a natureza com o nome de Vênus.

---

3. *Histoire du ciel*, t. II, p. 398. (N. de Voltaire)

> *Alma Venus, coeli subter labentia signa*
> *Quae mare navigerum, quae terras frugiferentes*
> *Concelebras, per te quoniam genus omne animantum*
> *Concipitur, visitque exortunt lumina solis etc.*
> (Lucrécio, I, 2-5)

> *Tendre Vénus, âme de l'univers,*
> *Par qui tout naît, tout respire et tout aime;*
> *Toi dont les feux brûlent au fond des mers,*
> *Toi qui régis la terre et le ciel même etc.*
> [Terna Vênus, alma do universo,
> Por quem tudo nasce, respira e ama;
> Tu, cujo fogo queima no fundo dos mares,
> Tu, que reges a terra e até mesmo o céu etc.]

Se a antiguidade, em suas trevas, tivesse se limitado a identificar a Divindade nessas imagens, haveria muita coisa para reprovar? A alma produtora do mundo era adorada pelos sábios; ela governava os mares com o nome de Netuno; os ares, sob o emblema de Juno; os campos, sob o de Pã. Era a divindade dos exércitos com o nome de Marte; todos os seus atributos eram animados: Júpiter era o único deus. A cadeia de ouro com a qual puxava os deuses inferiores e os homens era uma imagem impressionante da unidade de um ser soberano. O povo enganava-se; mas que nos importa o povo?

Todos os dias se pergunta por que os magistrados gregos e romanos permitiam que as mesmas divindades adoradas nos templos fossem ridicularizadas no teatro. Essa é uma suposição falsa: ninguém zombava dos deuses no teatro, mas das tolices atribuídas a esses deuses por aqueles que corromperam a antiga mitologia. Os cônsules e os pretores achavam bom que se tratasse com humor, em cena, a aventura dos dois sósias, mas não teriam tolerado que diante do povo se atacasse o culto a Júpiter e Mercúrio. É assim que milhares de coisas aparentemente contraditórias na verdade não o são. Vi no teatro de uma nação culta e inteligente aventuras extraídas da *Lenda dourada*: haverá motivo nisso para se dizer que essa nação permite que se insultem símbolos religiosos? Não é de temer que alguém se torne pagão por ter ouvido em Paris a ópera *Prosérpina*, ou por ter visto em Roma as núpcias de Psique pintadas num palácio do papa por Rafael. A fábula forma o gosto e não torna ninguém idólatra.

As belas fábulas da antiguidade ainda têm a grande vantagem sobre a história de apresentarem uma moral compreensível: são lições de virtude; e quase toda a história é uma sucessão de crimes. Júpiter, na fábula, desce na terra para punir Tântalo e Licáon; mas, na história, nossos Tântalos e Licáons são deuses na terra. Báucis e Filêmon conseguem que sua cabana seja transformada em templo; nossos Báucis e Filêmons veem o coletor de talhas vender suas panelas, que em Ovídio os deuses transformam em vasos de ouro.

Sei como a história pode instruir-nos, sei como ela é necessária; mas na verdade é preciso ajudá-la muito para poder extrair dela regras de conduta. Aqueles que só conhecem a política pelos livros devem lembrar-se sempre destes versos de Corneille:

> *Ces exemples récents suffiraient pour m'instruire,*
> *Si par l'exemple seul on se devait conduire; ...*
> *Quelquefois l'un se brise où l'autre s'est sauvé,*
> *Et par où l'un périt, un autre est conservé.*
> [Esses exemplos recentes bastariam para instruir-me,
> Caso só pelo exemplo tivéssemos de conduzir-nos; ...

Às vezes um perece onde o outro se salvou,
E pelo mesmo motivo que um se perde o outro é conservado.]
(*Cina*, ato II, cena I)

Henrique VIII, tirano de parlamentos, ministros, mulheres, consciências e bolsas, vive e morre em paz; o bom e bravo Carlos I perece num cadafalso. Nossa admirável heroína Margarida de Anjou trava em vão doze batalhas em pessoa contra os ingleses, súditos de seu marido: Guilherme III expulsa Jaime II da Inglaterra sem travar batalha alguma. Em nossos dias vimos a família imperial da Pérsia ser assassinada, e estrangeiros tomar o seu trono. Para quem só olha os acontecimentos, a história parece acusar a Providência, enquanto as belas fábulas morais a justificam. Está claro que nelas se encontra o útil e o agradável: aqueles que, neste mundo, não são uma coisa nem outra bradam contra elas. Que bradem, enquanto lemos Homero e Ovídio, assim como Tito Lívio e Rapin-Thoyras. O gosto dita as preferências; o fanatismo dita as exclusões.

Tous les arts sont amis, ainsi qu'ils sont divins:
Qui veut les séparer est loin de les connaître.
L'histoire nous apprend ce que sont les humains,
   La fable ce qu'ils doivent être.
[Todas as artes são amigas, assim como são divinas:
Quem quer separá-las está longe de conhecê-las.
A história ensina como são os humanos,
   A fábula, aquilo que devem ser.]

FACÇÃO (Faction)

O que se entende por essa palavra

Como vem do latim *facere*, a palavra *facção* é empregada para significar feito de armas pelo soldado em seu posto; quadrilhas ou tropas de combatentes; facções verdes, azuis, vermelhas e brancas.

A principal acepção desse termo significa *partido insurreto num Estado*. O termo *partido*, por si mesmo, nada tem de odioso; o termo *facção* sempre é odioso.

Um grande homem e um medíocre podem facilmente ter partidários na corte, no exército, na cidade, em literatura.

Pode-se ter partidários pelo próprio mérito, pelo entusiasmo e pelo número dos amigos que se tenha, mesmo não sendo chefe de partido.

O marechal de Catinat, pouco considerado na corte, criou um grande partido no exército sem ter a intenção de fazê-lo.

Um chefe de partido é sempre um chefe de facção: assim foram o cardeal de Retz, Henrique, duque de Guise e tantos outros.

Um partido insurreto, quando ainda fraco, quando não domina todo o Estado, não passa de facção.

A facção de César logo se tornou um partido dominante que engoliu a república.

Quando o imperador Carlos VI disputava a Espanha com Filipe V, havia um partido nesse reino, e, por fim, não houve mais do que uma facção. No entanto, ainda se pode dizer *partido de Carlos VI*.

Isso não acontece com os particulares. Durante muito tempo Descartes teve partidários na França; não se pode dizer que teve uma facção.

Assim, há palavras que são sinônimos em vários casos e deixam de sê-lo em outros.

FÁCIL (Facile)

(Gramática)

Fácil não significa apenas uma coisa feita com facilidade, mas também aquilo que parece ser fácil. O pincel de Correggio é fácil. O estilo de Quinault é muito mais fácil que o de Despréaux, assim como o estilo de Ovídio sobrepuja com facilidade o estilo de Pérsio.

Essa facilidade em pintura, música, eloquência e poesia consiste numa naturalidade feliz, que não admite nenhum rebuscamento e pode prescindir de força e profundidade. Assim, os quadros de Paolo Veronese têm aparência mais fácil e menos acabada que os de Michelangelo. As sinfonias de Rameau são superiores às de Lulli e parecem menos fáceis. Bossuet é mais verazmente eloquente e mais fácil do que Fléchier. Rousseau, em suas epístolas, não tem, com poucas ressalvas, a facilidade e a veracidade de Despréaux.

O comentador de Despréaux diz que esse poeta preciso e laborioso tinha ensinado ao ilustre Racine como fazer versos com dificuldade, e os que parecem fáceis são os que foram feitos com mais dificuldade.

É verdade que muitas vezes custa exprimir-se com clareza: é verdade que se pode chegar à naturalidade com grande esforço; mas também é verdade que um gênio bem-sucedido muitas vezes produz belezas fáceis sem nenhuma dificuldade, e que o entusiasmo vai bem mais longe que a arte.

Os trechos apaixonados de nossos bons poetas saíram, em sua maioria, prontos de sua pluma e parecem mais fáceis porque, de fato, foram compostos sem trabalho; a imaginação então concebe e pare com facilidade. Não é o que acontece com nossas obras didáticas; é aí que se precisa de arte para parecer fácil. Há, por exemplo, muito menos facilidade do que profundidade no admirável *Ensaio sobre o homem*, de Pope.

Podem-se fazer facilmente péssimas obras que nada terão de afetado, que parecerão fáceis; esse é o dom daqueles que têm o malfadado hábito de compor. É nesse sentido que uma personagem da antiga comédia, que chamamos de italiana, diz a outra:

Tu fazes muito bem versos muito ruins.

O termo *fácil* é injurioso para uma mulher e, na sociedade, às vezes é elogioso para um homem; muitas vezes é um defeito num estadista. Os costumes de Ático eram fáceis; era o mais adorável dos romanos. A fácil Cleópatra entregou-se a Antônio tão facilmente quanto a César. O fácil Cláudio deixou-se governar por Agripina. *Fácil*, no que diz respeito a Cláudio, não passa de eufemismo; a palavra própria é *fraco*.

Homem fácil é, em geral, alguém que se rende facilmente à razão, às admoestações, um coração que se deixa dobrar pelas súplicas; fraco é aquele que deixa que alguém tenha excessiva autoridade sobre ele.

FACULDADE (Faculté)

Acaso todos os poderes do corpo e do entendimento não são faculdades e, o que é pior, faculdades ignoradas, qualidades ocultas, a começar pelo movimento, cuja origem ninguém descobriu?

Quando o diretor da faculdade de medicina, em *Doente imaginário*, pergunta a Tomás Diafoirus *quare opium facit dormire* [por que o ópio faz dormir?], Tomás responde de maneira muito pertinente *quia est in eo virtus dormitiva, cujus est natura sensus assoupire*, porque há no ópio uma faculdade dormitiva que faz adormecer. Os maiores físicos não podem dizer coisa muito melhor.

O sincero cavaleiro de Jaucourt confessa, no verbete Sono, que sobre a causa do sono só é possível formular simples conjecturas. Um outro Tomás, mais reverenciado do que Diafoirus, não respondeu de modo diferente desse bacharel de comédia a todas as perguntas que formula em seus volumes imensos.

No verbete Faculdade do grande *Dicionário enciclopédico*, diz-se que, "uma vez estabelecida a faculdade vital no princípio inteligente que nos anima, concebemos facilmente que essa faculdade, excitada pelas impressões que o sensório vital transmite à parte do sensório comum, determina o influxo alternativo do suco nervoso nas fibras motoras dos órgãos vitais, para fazer que esses órgãos se contraiam alternadamente".

Isso equivale precisamente à resposta do jovem médico Tomás: *Quia est in eo virtus alternativa quae facit alternare* [Porque existe nele uma propriedade alternativa que faz alternar]. E aquele Tomás Diafoirus tem pelo menos o mérito de ser mais conciso.

A faculdade de mexer o pé quando queremos, a de rememorar o passado, a de usar os cinco sentidos, todas essas faculdades, em suma, não são do tipo *Diafoirus*?

Mas e o pensamento, dizem os que sabem o segredo, o pensamento, aquilo que distingue o homem do resto dos animais!

Sanctius his animal, mentisque capacius altae.
(OVÍDIO, *Metamorfoses*, I, 76)

Cet animal si saint, plein d'un esprit sublime.
[Esse santo animal, cheio de espírito sublime.]

Tão santo quanto se queira; é aí que Diafoirus triunfa mais do que nunca. Todos, no fundo, respondem: *Quia est in eo virtus pensativa quae facit pensare*. Ninguém nunca saberá que mistério o faz pensar.

Essa questão, portanto, se estende a tudo na natureza. Não sei se exatamente nesse abismo se encontraria uma prova da existência do Ser supremo. Há um segredo que envolve o princípio que impulsiona todos os seres, a começar do seixo das praias, para terminar no anel de Saturno e na Via Láctea. Ora, como pode haver um segredo sem que ninguém saiba? Haverá de existir um ser que esteja a par.

Alguns eruditos, para esclarecer nossa ignorância, dizem que é preciso criar sistemas, e que, no fim, descobriremos o segredo; mas procuramos tanto sem encontrar nada, que, no fim, acabamos por nos cansar. É a filosofia preguiçosa, bradam eles. Não, é o repouso natural das pessoas que correram inutilmente: e, afinal, é melhor filosofia preguiçosa do que teologia turbulenta e quimera metafísica.

FALSIDADE (Fausseté)

Falsidade é o contrário de verdade. Não é, propriamente, mentira, na qual existe sempre intenção.

Quando se diz que cem mil pessoas morreram no terremoto de Lisboa, não se tem uma mentira, mas uma falsidade.

Falsidade quase sempre é mais que erro; a falsidade diz mais respeito a fato; o erro, a opiniões.

É errado crer que o Sol gira em torno da Terra; é falso afirmar que Luís XIV ditou o testamento de Carlos II.

A falsidade de um ato é crime maior do que a simples mentira; ela indica uma impostura jurídica, um roubo cometido com a pluma.

Alguém tem falsidade intelectual quando toma tudo do lado errado; quando, não considerando o objeto inteiro, atribui a um lado do objeto aquilo que é próprio do outro, e esse vício de julgamento nele se transformou em hábito.

Existe falsidade no coração quando a pessoa se acostuma a lisonjear e a ostentar sentimentos que não tem; essa falsidade é pior do que a dissimulação, e é o que os latinos chamavam de *simulatio*.

Há muitas falsidades nos historiadores, erros nos filósofos, mentiras em quase todos os escritos polêmicos e ainda mais nos satíricos.

Os intelectos falsos são insuportáveis; os corações falsos são abomináveis.

FALSIDADE DAS VIRTUDES HUMANAS
(Fausseté des vertus humaines)

Depois que o duque de La Rochefoucauld escreveu seus pensamentos sobre o amor-próprio, pondo a descoberto essa mola propulsora do homem, certo senhor do Oratório, chamado *Espírito*, escreveu um livro capcioso, intitulado *Da falsidade das virtudes humanas*. Esse sr. *Espírito* diz que não há virtude, mas, por benevolência, termina cada capítulo remetendo à caridade cristã. Por isso, segundo o sr. *Espírito*, Catão, Aristides, Marco Aurélio e Epicteto não eram pessoas de bem; gente de bem só pode ser encontrada entre os cristãos. Entre os cristãos, só há virtude entre os católicos; entre os católicos, também era preciso excetuar os jesuítas, inimigos dos oratorianos: portanto, a virtude praticamente só se encontrava entre os inimigos dos jesuítas.

Esse sr. *Espírito* começa dizendo que prudência não é virtude; e a razão disso é que ela frequentemente se engana. É como se disséssemos que César não foi um grande comandante porque sofreu uma derrota em Dirráquio.

Se o sr. *Espírito* tivesse sido filósofo, não teria visto a prudência como virtude, mas como talento, como qualidade útil, benéfica; pois um celerado pode ser muito prudente; conheci alguns dessa espécie. Ó mania de afirmar que

A *virtude* é só nossa e de nossos amigos!

O que é virtude, meu amigo? É fazer o bem: faze-nos um bem, e isso basta. Nós te dispensaremos do motivo. Como! Na tua opinião, não há nenhuma diferença entre o juiz de Thou e Ravaillac? Entre Cícero e aquele Popílio, cuja vida ele salvou, e que lhe cortou a cabeça por dinheiro? E declararás que Epicteto e Porfírio são uns marotos, por não terem seguido nossos dogmas? Essa insolência é revoltante. Paro por aqui, senão vou ficar com raiva.

FANATISMO (Fanatisme)

Primeira seção

É o efeito de uma falsa consciência que sujeita a religião aos caprichos da imaginação e aos desregramentos das paixões.

Em geral, provém do fato de os legisladores terem tido visão estreita demais, ou então de terem sido transpostos os limites prescritos. Suas leis eram feitas para uma sociedade seleta. Estendidas pelo zelo a todo um povo e transportadas pela ambição de um clima para outro, elas deveriam mudar e adaptar-se às circunstâncias de lugares e pessoas. Mas o que aconteceu? Certos espíritos, com um caráter mais ajustado ao caráter do pequeno rebanho para o qual elas haviam sido feitas, receberam-nas com o mesmo ardor, tornaram-se seus apóstolos e até mártires, em vez de desistirem de uma só vírgula. Os outros, ao contrário, menos ardentes ou mais apegados aos preconceitos de sua educação, lutaram contra o novo jugo e só consentiram em abraçá-lo com atenuantes; daí vem o cisma entre rigoristas e mitigados, todos furiosos, uns pela servidão e os outros pela liberdade.

Imaginemos uma imensa rotunda, um panteão com mil altares; no meio do domo, imaginemos um devoto de cada seita, extinta ou viva, aos pés da Divindade que ele cultua a seu modo, com todas as formas bizarras que a imaginação já pôde criar. À direita, está um contemplativo deitado numa esteira, de umbigo para cima, à espera de que a luz celeste venha inundar sua alma. À esquerda, está um energúmeno prostrado a bater a testa no chão, para de lá fazer sair a abundância. Ali, um saltimbanco dançando sobre a tumba daquele que ele invoca. Aqui, um penitente imóvel e mudo como a estátua diante da qual se humilha. Um exibe o que o pudor esconde, porque Deus não se envergonha de sua semelhança; outro esconde com panos até o rosto, como se o artífice tivesse horror de sua obra. Um outro dá as costas ao sul, porque lá está o vento do demônio; outro ainda estende os braços para o oriente, onde Deus mostra sua face radiante. Moças aos prantos mortificam a carne ainda inocente, para apaziguar o demônio da concupiscência com meios capazes de irritá-lo; outras, numa postura completamente oposta, solicitam a cópula da Divindade. Um jovem, para mortificar o instrumento da virilidade, prende-o com anéis de ferro com peso proporcional às suas forças; um outro mata a tentação na fonte, com uma amputação de todo desumana e dependura no altar os despojos de seu sacrifício.

Saem todos do templo e, imbuídos do deus que os agita, vão espalhar o terror e a ilusão sobre a face da terra. Dividem o mundo entre si, e logo se deflagra o incêndio em seus quatro cantos; os povos dão ouvidos, e os reis tremem. Esse império que o entusiasmo de uma só pessoa exerce sobre a multidão que a vê e ouve, o ardor que os espíritos reunidos se comunicam, todos esses movimentos tumultuosos, aumentados pela perturbação de cada indivíduo, em pouco tempo tornam a vertigem generalizada. Basta que um povo encantado siga alguns impostores para que a sedução multiplique seus prodígios, e todo o mundo ficará desvairado para sempre. O espírito humano, se sai uma vez das trilhas luminosas da natureza, nunca mais a elas volta; fica errando ao redor da verdade, sem dela encontrar nada além de vislumbres que, misturando-se às falsas claridades de que a superstição a cerca, terminam por mergulhá-la nas trevas.

É terrível ver como a opinião de que o céu pode ser apaziguado com o massacre, depois de introduzida, disseminou-se universalmente por quase todas as religiões, e como foram multiplicadas as razões desse sacrifício, para que ninguém pudesse escapar ao cutelo. Ora são inimigos que precisam ser imolados a Marte, o exterminador: os citas matam em seus altares o seu centésimo prisioneiro, e por esse costume da vitória pode-se ter uma ideia da justiça da guerra; por isso outros povos só faziam guerra para fornecer vítimas aos sacrifícios, de tal modo que estes, tendo sido de início instituídos, ao que parece, para expiar os horrores da guerra, depois acabaram servindo para justificá-los.

Ora são homens justos que um deus bárbaro quer como vítimas: os getas disputam entre si a honra de levar a Zamólxis os votos da pátria. Aquele que por felicidade for sorteado para o sacrifício é lançado sobre dardos em riste: se receber um golpe mortal ao cair sobre as lanças, será de bom augúrio para o sucesso da negociação e para o mérito da pessoa deputada; mas, se sobreviver ao ferimento, é um malvado com que Deus não se importa.

Ora são crianças a quem os deuses pedem de volta a vida que acabam de dar: justiça faminta do sangue da inocência, diz Montaigne. Ora é o sangue mais querido: os cartagineses imolavam seus próprios filhos a Saturno, como se o tempo não os devorasse com bastante presteza. Ora é o sangue mais belo: aquela mesma Améstris que mandou enterrar doze homens vivos para obter de Plutão, com essa oferenda, uma vida mais longa, aquela mesma Améstris sacrifica também a essa insaciável divindade quatorze crianças das principais casas da Pérsia, porque os sacrificadores sempre disseram aos homens que eles deviam oferecer ao altar o que tinham de mais precioso. Era com base nesse princípio que, em algumas nações, eram imolados os primogênitos e em outras eles eram resgatados com oferendas mais úteis aos ministros do sacrifício. Provavelmente foi isso que autorizou, na Europa, a prática secular de votar as crianças ao celibato desde a idade de cinco anos e de enclausurar os irmãos do príncipe herdeiro, assim como os matam na Ásia.

Ora é o sangue mais puro: não haverá acaso índios que exerçam hospitalidade para com todos os homens e veem como mérito matar todo estrangeiro virtuoso e sábio que passe por sua casa, para que suas virtudes e seus talentos fiquem com eles? Ora é o sangue mais sagrado: entre a maioria dos idólatras, são os sacerdotes que exercem a função de carrascos no altar; e entre os siberianos matam-se os sacerdotes, para mandá-los orar no outro mundo em intenção do povo.

Mas há outros furores e outros espetáculos. Da Europa à Ásia passa-se por um caminho inundado do sangue dos judeus, que se matam com suas próprias mãos para não caírem sob a espada de seus inimigos. Essa epidemia despovoa metade do mundo habitado: reis, pontífices, mulheres, crianças e velhos, tudo cede à vertigem sagrada que durante dois séculos leva à morte nações inumeráveis sobre o túmulo de um Deus de paz. Foi então que se viram oráculos mentirosos, eremitas guerreiros, monarcas nos púlpitos e prelados nos campos de batalha; todos os estados perdidos num populacho insano; montanhas e mares transpostos; propriedades legítimas abandonadas em prol de conquistas que já não eram a terra prometida; costumes corrompidos sob um céu estrangeiro; príncipes que, depois de despojarem seus reinos para resgatar terras que nunca lhes pertenceram, acabam por arruiná-las para seu resgate pessoal; milhares de soldados que, desencaminhados por vários comandantes, já não reconhecem nenhum e apressam sua derrota com a deserção; e essa doença só acaba para dar lugar a um contágio ainda mais horrível.

O mesmo espírito de fanatismo alimentava o furor das conquistas distantes: mal a Europa reparara suas perdas, e a descoberta de um novo mundo vinha apressar a ruína do nosso. Em obediência às terríveis palavras "ir e conquistar", a América foi devastada, e seus habitantes, exterminados; a África e a Europa esgotaram-se em vão para repovoá-la; como o veneno do ouro e do prazer degenerou os homens, o mundo viu-se deserto e ameaçado de tornar-se mais deserto a cada dia devido às guerras contínuas deflagradas em nosso continente pela ambição de ampliar domínios com aquelas ilhas estrangeiras.

Somemos a isso os milhares de escravos que o fanatismo fez, seja na Ásia, onde a incircuncisão era uma pecha de infâmia, seja na África, onde chamar-se cristão era crime, seja na América, onde o pretexto do batismo asfixiou a humanidade. Somemos os milhares de homens que pereceram nos cadafalsos durante os séculos de perseguição, nas guerras civis pela mão de seus concidadãos ou por suas próprias mãos, devido a mortificações excessivas. Percorramos a superfície da terra e, depois de vermos de relance tantos estandartes desfraldados em nome da religião – na Espanha contra os mouros, na França contra os turcos, na Hungria contra os tártaros –, tantas ordens militares fundadas para a espadeiradas converter os infiéis e entrematar-se aos pés do altar que deviam defender, desviemos o olhar desse tribunal medonho, erigido sobre o corpo dos inocentes e dos infelizes para julgar os vivos como Deus julgará os mortos, mas com uma balança bem diferente.

Em resumo, todos os horrores de quinze séculos repetidos várias vezes num único, povos indefesos mortos aos pés dos altares, reis apunhalados ou envenenados, um vasto Estado reduzido à metade por seus próprios cidadãos, a nação mais belicosa e a mais pacífica separada de si mesma, o gládio desembainhado entre pai e filho, usurpadores, tiranos, algozes, parricidas e sacrílegos, violando todas as convenções divinas e humanas por espírito de religião: essa é a história do fanatismo e seus feitos.

Segunda seção

Se essa expressão ainda está ligada à sua origem, é apenas por um fio bem tênue.

Fanaticus era um título honroso; significava *ecônomo* ou *benfeitor de um templo*. Os estudiosos da antiguidade, como diz o *Dicionário de Trévoux*, encontraram inscrições segundo as quais romanos consideráveis assumiam o título de *fanaticus*.

Na oração de Cícero *pro domo sua*, há um trecho em que a palavra *fanaticus* me parece difícil de explicar. O sedicioso e devasso Clódio, que mandara Cícero para o exílio, por ter salvo a república, não se limitou a pilhar e demolir as casas desse grande homem, mas, para que Cícero nunca pudesse voltar à sua casa de Roma, mandou consagrar o terreno, e os sacerdotes nele construíram um templo à Liberdade, ou melhor, à escravidão na qual César, Pompeu, Crasso e Clódio mantinham então a república: é assim que a religião, em todos os tempos, serviu para perseguir os grandes homens!

Quando, afinal, foi chamado de volta, em tempos mais felizes, Cícero discursou diante do povo para obter que o terreno lhe fosse devolvido e que sua casa fosse reconstruída às expensas do povo romano. Eis como ele se exprime em seu discurso contra Clódio (*Oratio pro domo sua*, cap. XL):

Adspicite, adspicite, pontifices, hominem religiosum, et... monete eum, modum quemdam esse religionis: nimium esse superstitiosum non oportere. Quid tibi necesse fuit anili superstitione, homo fanatice, sacrificium, quod alienae domi fieret, invisere?

[Examinai, pontífices, examinai o homem religioso e aconselhai-o sobre certo modo de ser da religião: que não convém ser excessivamente supersticioso. De que te serviu, homem fanático, presenciar um sacrifício, próprio de uma superstição de mulher velha, que se realizaria para uma casa alheia?]

A palavra *fanaticus* significará aí insano fanático, impiedoso fanático, abominável fanático, como a entendemos hoje? Ou significará piedoso, consagrador, religioso, devoto serventuário dos templos? Essa palavra é aí uma injúria ou um elogio irônico? Não sei o suficiente para decidir, mas vou traduzir:

"Olhai, pontífices, olhai esse religioso, ... avisai-o de que a própria religião tem seus limites, que não convém ser tão rigoroso. Que necessidade tínheis, consagrador e fanático, de superstições de velhas, para assistir a um sacrifício feito numa casa alheia?"

Cícero faz aí alusão aos mistérios da boa deusa, que Clódio profanara ao se esgueirar disfarçado de mulher com uma velha, para entrar na casa de César e dormir com a mulher dele: evidentemente, é uma ironia.

Cícero chama Clódio de religioso; portanto, a ironia deve ser mantida em todo esse trecho. Utiliza termos honrosos para fazer sentir com mais eficácia a vergonha de Clódio. Parece-me, portanto, que emprega a palavra *fanático* como palavra honrosa, como palavra que traz em si a ideia de consagrador, pio e zeloso ecônomo de um templo.

A partir de então foi possível dar esse nome àqueles que se acreditavam inspirados pelos deuses.

*Les dieux à leur interprète
Ont fait un étrange don:*

FANATISMO

Ne peut-on être prophète
Sans qu'on perde la raison?
[Os deuses a seu intérprete
Deram um estranho dom:
Ninguém pode ser profeta
E não perder a razão?]

O mesmo *Dicionário de Trévoux* diz que as antigas crônicas da França chamam Clóvis de *fanático* e *pagão*. Haverá o leitor de desejar que essas crônicas sejam designadas. Não encontrei esse epíteto de *Clóvis* nos poucos livros que tenho no monte Krapack, onde moro.

Por fanatismo entende-se hoje um desvario religioso tenebroso e cruel. É uma doença mental que se contrai como a varíola. Os livros a transmitem muito menos que as assembleias e os discursos. Raramente a inflamação provém da leitura, pois então é possível assentar os ânimos. Mas, quando um homem ardente e de imaginação forte fala a imaginações fracas, seus olhos lançam chamas, e essas chamas se transmitem; a entoação e os gestos abalam os nervos dos ouvintes. Ele brada: "Deus vos está vendo, sacrificai o que é apenas humano; combatei os combates do Senhor": e todos vão combater.

O fanatismo está para a superstição como o delírio está para a febre, como a fúria para a raiva.

Quem tem êxtases e visões, quem toma sonhos por realidade e imaginações por profecias é um fanático noviço muito promissor; logo poderá estar matando por amor a Deus.

Bartolomeu Diaz foi um fanático professo. Tinha um irmão em Nuremberg, João Diaz, que ainda não passava de entusiasta luterano, plenamente convicto de que o papa é o anticristo, com o sinal da besta. Bartolomeu, mais plenamente convicto de que o papa é Deus na terra, parte de Roma para ir converter ou matar o irmão: assassina-o; aí está um perfeito: e nós fizemos justiça a esse Diaz.

Polieuto, que, num dia de solenidade, vai ao templo derrubar e quebrar estátuas e ornamentos, é um fanático menos horrível que Diaz, mas não menos tolo. Os assassinos do duque Francisco de Guise, de Guilherme, príncipe de Orange, do rei Henrique III, do rei Henrique IV e de tantos outros eram energúmenos que sofriam da mesma doença raivosa de Diaz.

O maior exemplo de fanatismo é o dos burgueses de Paris que correram para assassinar, degolar, defenestrar, despedaçar, na noite de São Bartolomeu, seus concidadãos que não iam à missa. Guyon, Patouillet, Chaudon, Nonotte e o ex-jesuíta Paulian não passam de fanáticos de esquina, miseráveis com quem ninguém se preocupa: mas num dia de São Bartolomeu fariam grandes coisas.

Há fanáticos de sangue-frio: são os juízes que condenam à morte os que não cometeram outro crime senão o de não pensar como eles; e esses juízes são ainda mais culpados e dignos da execração do gênero humano porque, não estando num acesso de furor como Clément, Chastel, Ravaillac e Damiens, parece que poderiam dar ouvidos à razão.

Não há outro remédio para essa doença epidêmica além do espírito filosófico, que, difundindo-se de um em um, acaba por abrandar os costumes dos homens, prevenindo os acessos do mal; pois, quando esse começa a se alastrar, é preciso fugir e esperar que o ar se purifique. As leis e a religião não bastam contra a peste das almas; a religião, ao invés de ser para elas um alimento salutar, transforma-se em veneno nos cérebros infectados. Esses miseráveis têm sempre em mente o exemplo de Aod, que assassina o rei Eglon; de Judite, que decapita Holofernes ao deitar-se com ele; de Samuel, que despedaça o rei Agague; do sacerdote Jeoiada, que assassina sua rainha junto à porta dos cavalos etc. etc. etc. Não percebem que esses exemplos, respeitáveis na antiguidade, são abomináveis nos tempos presentes: haurem seus furores na própria religião que os condena.

As leis ainda são muito impotentes contra esses acessos de ira: é como se lêsseis um decreto do conselho a um frenético. Essas pessoas estão convencidas de que o espírito santo que as penetra está acima das leis, que seu entusiasmo é a única lei que devem ouvir.

Que responder a alguém que diz preferir obedecer a Deus a obedecer aos homens, e que, por conseguinte, está certo de que merecerá o céu se vos matar?

Depois que o fanatismo gangrenou um cérebro, a doença é quase incurável. Vi convulsionários que, quando falavam dos milagres de "são Pâris", iam-se inflamando uns aos outros: seus olhos lançavam chamas, todo o corpo lhes tremia, o furor lhes desfigurava o rosto, e eles teriam matado quem quer que os contradissesse.

Sim, vi aqueles convulsionários, vi-os retorcer os membros e espumar. Gritavam: *Quero sangue*. Conseguiram mandar um lacaio assassinar seu rei, e acabaram por não fazer outra coisa além de bradar contra os filósofos.

São quase sempre embusteiros que conduzem fanáticos e põem o punhal em suas mãos; parecem-se àquele Velho da Montanha que, conforme se diz, fazia uns imbecis saborear as alegrias do paraíso e lhes prometia para toda a eternidade os prazeres de que lhes dera um antegosto, desde que fossem assassinar todos aqueles que ele indicasse. Só houve uma religião no mundo que não foi poluída pelo fanatismo: a dos letrados da China. As seitas dos filósofos não só estavam isentas dessa peste, como também eram seu remédio: pois o efeito da filosofia é tornar a alma tranquila, e o fanatismo é incompatível com a tranquilidade. Se nossa santa religião foi tantas vezes corrompida por esse furor infernal, é a loucura dos homens que devemos culpar.

Ainsi du plumage qu'il eut
Icare pervertit l'usage:
Il le reçut pour son salut,
Il s'en servit pour son dommage.
[Assim, da plumagem que teve
Ícaro perverteu o uso:
Recebeu-a para a salvação,
Usou-a para a danação.]
(Bertaud, bispo de Séez)

Terceira seção

Os fanáticos nem sempre *combatem os combates do Senhor*; nem sempre assassinam reis e príncipes. Há tigres entre eles, porém vemos mais raposas.

Que rede de embustes, calúnias e furtos urdida pelos fanáticos da corte de Roma contra os fanáticos da corte de Calvino; jesuítas contra jansenistas e vice-versa! E, se subirmos mais, veremos que a história eclesiástica, que é a escola das virtudes, também é a escola dos crimes cometidos por todas as seitas umas contra as outras. Todas usam a mesma venda nos olhos, seja quando incendeiam cidades e burgos de adversários, assassinam seus habitantes e os condenam aos suplícios, seja quando simplesmente enganam, enriquecem e dominam. O mesmo fanatismo os cega; acreditam fazer o bem: todo fanático é embusteiro de boa consciência, assim como é assassino de boa-fé pela boa causa.

Lede, se puderdes, os cinco ou seis mil volumes de admoestações trocadas por jansenistas e molinistas durante cem anos acerca de seus embustes, e dizei se Scapino e Trivellino[4] chegam perto disso.

---

4. Personagens da *Commedia dell'Arte*. (N. da T.)

Um dos bons embustes teológicos já cometidos, na minha opinião, é o de um pequeno bispo (garantem-nos que era um bispo biscainho; qualquer dia desses ainda descobrimos seu nome e seu bispado); tinha parte da diocese em Biscaia e parte na França.

Havia, na parte francesa, uma paróquia que foi habitada outrora por alguns mouros do Marrocos. O senhor da paróquia não é maometano; é ótimo católico, como todo o universo deve ser, visto que a palavra *católico* quer dizer universal.

O senhor bispo desconfiou que aquele senhor – que só cuidava de fazer o bem – tivera maus pensamentos, maus sentimentos no fundo do coração e não sei que odor de heresia. Acusou-o até de dizer brincando que há gente honesta no Marrocos como em Biscaia, e que um marroquino honesto não haveria de ser, apesar de marroquino, inimigo mortal do Ser supremo, que é pai de todos os homens.

Nosso fanático escreveu uma longa carta ao rei da França, senhor suserano daquele pobre pequeno senhor de paróquia. Nessa carta, rogou ao senhor suserano que transferisse a morada daquela ovelha infiel para a Baixa Bretanha ou para a Baixa Normandia, segundo aprouvesse a Sua Majestade, para que ele deixasse de infectar os bascos com suas brincadeiras de mau gosto.

O rei da França e seu conselho riram-se, com muita razão, daquele extravagante.

Nosso pastor biscainho, sabendo algum tempo depois que sua ovelha francesa estava doente, proibiu que a comungassem, a menos que ela desse um recibo de confissão no qual devia dizer-se que o moribundo não era circunciso, que condenava de todo o coração a heresia de Maomé e qualquer outra heresia desse tipo, tal como o calvinismo e o jansenismo, e que pensava exatamente como ele, bispo biscainho.

Os recibos de confissão estavam muito na moda então. O moribundo mandou chamar seu pároco, que era um beberrão imbecil, e ameaçou-o de fazer o parlamento de Bordeaux enforcá-lo, se ele não lhe desse imediatamente o viático, de que ele, moribundo, sentia extrema necessidade. O pároco teve medo; administrou o nosso-pai a meu homem, que, depois da cerimônia, declarou em alto e bom som, diante de testemunhas, que o pastor biscainho o acusara falsamente ao rei de gostar da religião muçulmana, que era bom cristão, e que o biscainho era um caluniador. Escreveu e assinou perante um notário; tudo foi feito à risca; ele melhorou e, sem peso na consciência, logo ficou inteiramente curado.

O pequeno biscainho, indignado porque um velho moribundo havia zombado dele, resolveu vingar-se; e eis aí o que fez.

Depois de quinze dias mandou forjar, no seu patoá, uma suposta profissão de fé que o pároco supunha ter ouvido. Fez o pároco e três ou quatro camponeses – que não haviam assistido à cerimônia – assiná-la. Depois, mandou autenticar o documento, como se isso fosse suficiente para torná-lo autêntico.

Um auto não assinado pela única parte interessada, um auto assinado por desconhecidos quinze dias após o acontecimento, um auto desmentido pelas verdadeiras testemunhas, era visivelmente um crime de falsificação; e, como se tratava de matéria de fé, tal crime levaria o pároco e suas falsas testemunhas às galés, neste mundo, e ao inferno no outro.

O senhor castelão, que era trocista e nada ruim, teve piedade da alma e do corpo daqueles miseráveis; não quis levá-los perante a justiça humana e contentou-se em levá-los ao ridículo. Mas declarou que, tão logo morresse, teria o prazer de mandar publicar toda aquela manobra de seu biscainho com as devidas provas, para divertir o pequeno número de leitores que gostam dessas histórias, e não para instruir o universo: pois há muitos autores que falam ao universo, que imaginam chamar a atenção do universo, que acreditam que o universo se preocupa com eles, enquanto este autor acredita que é lido por uma dúzia de pessoas no universo inteiro. Voltemos ao fanatismo.

Foi a sanha de proselitismo, o furor de levar os outros a beber de seu vinho, que levou os jesuítas Castel e Routh à presença do célebre Montesquieu quando ele morria. Aqueles dois energúmenos queriam gabar-se de tê-lo convencido dos méritos da atrição e da graça suficiente. Nós o convertemos, diziam; no fundo, era uma boa alma; gostava muito da Companhia de Jesus. Tivemos um pouco de trabalho para fazê-lo admitir certas verdades fundamentais, mas, como nesses momentos sempre se tem o espírito mais límpido, logo o convencemos.

Esse fanatismo de proselitista é tão forte, que o monge mais devasso deixaria a amante para ir converter uma alma do outro lado da cidade.

Vimos o padre Poisson, franciscano de Paris, arruinar seu convento para pagar mulheres da vida e ser preso por ter costumes depravados: era um dos pregadores mais procurados de Paris e um dos proselitistas mais pertinazes.

Era como o famoso vigário de Versailles, Fantin. Essa lista poderia ser longa; mas não devemos revelar as bambochatas de certas pessoas investidas em certos postos. Sabeis o que ocorreu com Cam por ter revelado a torpeza de seu pai: ficou preto como carvão.

Roguemos a Deus, ao nos levantarmos e nos deitarmos, que nos livre dos fanáticos, assim como os peregrinos de Meca oram a Deus para não encontrarem *rostos tristes* no caminho.

Quarta seção

Ludlow, entusiasta da liberdade, mais que fanático religioso, homem decente que tinha mais ódio por Cromwell do que por Carlos I, conta que as milícias do parlamento eram sempre derrotadas pelas tropas do rei, no começo da guerra civil, assim como no tempo da Fronda o regimento das portas de cocheira[5] não resistia ao grande Condé. Cromwell disse ao general Fairfax: "Como quereis que uns mariolas de Londres e uns amanuenses indisciplinados resistam a uma nobreza animada pelo fantasma da honra? Precisamos apresentar-lhes um fantasma maior, o fanatismo. Nossos inimigos só combatem pelo rei; devemos convencer nossos homens de que guerreiam por Deus. Dai-me uma patente, e formarei um regimento de irmãos matadores e vos responderei o que farei com os fanáticos invencíveis."

Não falhou, formou seu regimento de irmãos vermelhos com loucos melancólicos; transformou-os em tigres obedientes. Maomé não fora mais bem servido por seus soldados.

Mas, para inspirar esse fanatismo, é preciso que o espírito do tempo ajude. Um parlamento da França tentaria hoje em vão formar um regimento de portas de cocheiras; não amotinaria nem sequer dez regateiras.

Só os espertos conseguem criar fanáticos e conduzi-los; mas não basta ser safado e ousado, pois como vimos tudo depende de se vir ao mundo na hora certa.

Quinta seção

A geometria, portanto, nem sempre retifica o espírito. Em que precipícios ainda se cai nessas fronteiras da razão! Um famoso protestante[6], considerado um dos maiores matemáticos de nossos

---

5. Acreditamos encontrar a explicação dessa expressão no trecho seguinte da *História do parlamento* (cap. 55) de Voltaire. Depois de narrar os fatos que desencadearam a revolta popular (a prisão de alguns membros do parlamento) que redundou na Fronda, Voltaire conta de que modo o parlamento conseguiu formar um regimento: "Os conselheiros do parlamento se cotizaram e cada um deu quinhentas libras. Vinte membros da instituição que eram alvo do ódio dos confrades, porque haviam comprado seus cargos no tempo do cardeal Richelieu, deram quinze mil libras cada um, para obterem a benevolência do restante dos membros. A instituição cobrou cinquenta escudos de cada casa que tivesse *porta de cocheira*. Arrecadou até seiscentas mil libras nas casas dos partidários da corte. Com esse dinheiro extorquido pela rapina e por um decreto, criou regimentos de burgueses, e contra a corte houve mais tropas do que as que a corte tinha contra Paris." (N. da T.)
6. Fatio Duillier. (N. de Voltaire)

dias, que seguia as pegadas de Newton, Leibniz e Bernouilli, no começo deste século, resolveu extrair corolários bem esquisitos. Dizem que a fé remove montanhas, e ele, com uma análise inteiramente geométrica, diz a si mesmo: Tenho muita fé, portanto farei mais do que remover montanhas. Foi ele que vimos em Londres, no ano de 1707, acompanhado por alguns cientistas, e até cientistas inteligentes, anunciando publicamente que ressuscitariam um morto no cemitério que se escolhesse. Seus raciocínios eram sempre conduzidos pela síntese. Diziam: Os verdadeiros discípulos devem fazer milagres; nós somos os verdadeiros discípulos, logo faremos tudo o que quisermos. Meros santos da Igreja romana, que não eram geômetras, ressuscitaram muita gente honesta; com muito mais razão, nós, que reformamos os reformistas, ressuscitaremos quem bem quisermos.

Não há o que replicar a esses argumentos; eles obedecem à melhor forma do mundo. Aí está o que inundou a antiguidade de prodígios; aí está por que os templos de Esculápio em Epidauro e em outras cidades estavam cheios de *ex-votos*; suas abóbadas estavam ornadas de coxas endireitadas, de braços consertados, de criancinhas de prata: tudo era milagre.

Por fim, o famoso protestante geômetra de que estou falando tinha tão boa-fé, garantiu com tanta certeza que ressuscitaria os mortos, e essa afirmação plausível causou tanta impressão sobre o povo, que a rainha Ana foi obrigada a conceder-lhe dia, hora e cemitério à sua escolha, para fazer seu milagre legalmente e em presença da justiça. O santo geômetra escolheu a igreja catedral de Saint-Paul para fazer sua demonstração: o povo formou alas, postaram-se soldados para conter vivos e mortos em respeito, os magistrados tomaram seus assentos, o escrivão escreveu tudo em registros públicos: nunca é demais constatar os novos milagres. Foi desenterrado um corpo escolhido pelo santo; ele orou, rojou-se de joelhos e fez devotas contorções; seus companheiros o imitaram: o morto não deu sinal de vida e foi devolvido à cova; o ressuscitador e seus adeptos receberam uma punição leve. Depois disso encontrei um daqueles coitados; admitiu que um deles estava em pecado venial, e que o morto sofreu as consequências: não fosse isso, a ressurreição seria infalível.

Se fosse permitido revelar a torpeza de gente a quem devemos os mais sinceros respeitos, diria aqui que Newton, o grande Newton, descobriu no Apocalipse que o papa é o anticristo e muitas outras coisas dessa natureza; diria que ele era seriamente ariano. Sei que esse desvio de Newton está para o de meu outro geômetra assim como a unidade está para o infinito: não há termo de comparação. Mas que pobre espécie é o gênero humano, se o grande Newton acreditou encontrar no Apocalipse a história atual da Europa!

Parece que a superstição é uma doença epidêmica a que as almas mais fortes nem sempre estão imunes. Na Turquia há gente de muito bom-senso que se deixaria empalar por certas opiniões de Abubequer. Admitidos esses princípios, seguem-se raciocínios consequentes; *navariciens*, *radaristes* e *jabaristes* danam-se reciprocamente com argumentos muito sutis; todos extraem consequências plausíveis, mas nunca ousam examinar os princípios.

Alguém espalha pelo mundo que há um gigante de setenta pés de altura, e logo depois todos os doutores estão estudando de que cor devem ser seus cabelos, de que tamanho deve ser seu polegar, quais as dimensões de suas unhas: todos esbravejam, conspiram, brigam; quem afirma que o dedo mindinho do gigante só tem quinze linhas[7] de diâmetro manda queimar quem afirma que o dedo mindinho tem um pé de espessura. "Mas, senhores, vosso gigante existe mesmo?" pergunta humildemente um transeunte. "Que dúvida horrível! exclamam todos os litigantes; que blasfêmia! Que absurdo!" Então fazem todos uma pequena trégua para lapidar o transeunte; e, depois de tê-lo assassinado numa cerimônia, da maneira mais edificante, voltam a brigar uns com os outros, como de costume, por causa de dedinhos e unhas.

---

7. Antiga medida de comprimento equivalente a 1/12 de polegada. (N. da T.)

FANTASIA (Fantaisie)

Fantasia significava outrora *imaginação*, e essa palavra era usada praticamente apenas para expressar a faculdade da alma que recebe os objetos sensíveis.

Descartes, Gassendi e todos os filósofos do tempo dizem que *as espécies, as imagens das coisas são pintadas na fantasia*; daí vem a palavra *fantasma*. Mas, com o tempo, a maioria dos termos abstratos ganha sentido diferente do que tinha na origem, assim como os instrumentos que a indústria emprega têm usos novos.

Fantasia quer dizer hoje *desejo singular, gosto passageiro*: ele tem uma fantasia: ir à China; a fantasia do jogo, do baile, passou.

Um pintor faz um retrato de fantasia, quando não segue nenhum modelo. Ter fantasias é ter gostos excêntricos, que não duram. Fantasia, nesse sentido, é menos que *extravagância*, *capricho*.

Capricho pode significar *mudança súbita e irracional de comportamento*: alguém tem a fantasia de fazer música, mas enjoa da música por capricho.

Extravagância é palavra que dá ideia de inconsequência e mau gosto, coisa que *fantasia* não exprime: ele teve a fantasia de construir uma casa, mas a construiu num estilo extravagante.

Há ainda nuances entre ter fantasias e ser fantasista: o fantasista se aproxima muito mais do extravagante.

Essa palavra designa um caráter variável e imprevisível. A ideia de prazer está excluída da palavra *fantasista*, ao passo que há fantasias agradáveis.

Às vezes dizemos *requinte de fantasia*[8]; mas nunca se quis dizer, com essa expressão, *extravagâncias de homens de posição social superior, que ninguém ousa condenar*, como diz o *Dicionário de Trévoux*: ao contrário, é quando há condenação que as pessoas assim se expressam; e *requinte*, nessa situação, é um *expletivo* que aumenta a força da palavra, tal como se diz *rematado asno* ou *doido varrido*, para dizer que a burrice e a loucura são completas.

FASTO (Faste)

Sobre os diferentes significados dessa palavra

Fasto vem do latim *fasti*, dias de festa; é nesse sentido que Ovídio usa a palavra em seu poema intitulado *Fastos*.

Godeau, com base nesse modelo, faz os *Fastos da Igreja*, mas com menos sucesso: a religião dos romanos pagãos era mais própria à poesia do que a dos cristãos; a isso se pode acrescentar que Ovídio era melhor poeta que Godeau.

Os fastos consulares nada mais eram que a lista dos cônsules.

Os fastos dos magistrados eram os dias em que os pleitos eram permitidos; e os dias em que não havia pleitos chamavam-se nefastos, *nefasti*, porque então não se podia falar, *fari*, em justiça.

A palavra *nefastus*, nesse sentido, não significava *funesto*; ao contrário, *nefastus* e *nefandus* foram atributo dos dias malfadados em outro sentido, que significava dias sobre os quais não se deve falar, dias dignos de esquecimento; *ille nefasto te posuit die* (Horácio, od. XIII, liv. II, v. 1).

---

8. No original, *fantaisies musquées*. (N. da T.)

Havia entre os romanos outros fastos, *fasti urbis*, *fasti rustici*: era um calendário para uso da cidade e da região rural.

Nesses dias solenes sempre se procurou ostentar aparato nos trajes, no séquito, nos festins. Esse aparato, ostentado em outros dias, chamou-se *fasto*. Exprime tão somente a magnificência naqueles que, em virtude da posição social, precisam representar; exprime a vaidade nos outros.

Embora a palavra *fasto* nem sempre seja injuriosa, *fastuoso* sempre o é. Um religioso que ostente sua virtude põe fasto até mesmo na humildade.

FAVOR (Faveur)

O que se entende por essa palavra

Favor, da palavra latina *favor*, supõe mais um benefício do que uma recompensa.

Luta-se em silêncio por um favor; merece-se e pede-se alto e bom som uma recompensa.

O deus *Favor*, entre os mitologistas romanos, era filho da Beleza e da Fortuna.

Todo favor traz em si a ideia de algo gratuito: ele me fez o favor de introduzir-me, apresentar-me, recomendar meu amigo, corrigir minha obra.

O favor dos príncipes é resultado do gosto e da subserviência; o favor do povo às vezes pressupõe mérito; na maioria das vezes, um acaso feliz.

Favor difere muito de *graça*. Alguém que é favorecido por um rei pode não obter sua graça.

Diz-se *ter as boas graças de alguém*, mas não se diz *ter os bons favores de alguém* embora se diga *gozar dos favores*: é que o favor supõe um gosto habitual, e *obter graça de alguém* é obter benevolência ou perdão.

Obter graça é efeito de um momento; obter favor é efeito do tempo. No entanto, também se diz *solicito-lhe uma graça, solicito-lhe o favor* de recomendar meu amigo.

Em francês, as cartas de recomendação eram antigamente chamadas *lettres de faveur* [cartas de favor]. Severo diz na tragédia *Polieuto* (ato II, cena I):

Car je voudrais mourir plutôt que d'abuser
Des lettres de faveur que j'ai pour l'épouser.
[Pois preferiria morrer a abusar
das cartas de recomendação (*de faveur*) que tenho para desposá-la.]

Goza-se do favor, da benevolência, e não da graça, do príncipe e do poder público. Granjeia-se o favor do auditório com a modéstia, mas ele não concede sua graça ao autor prolixo demais.

Como a palavra *favor* significa uma benevolência gratuita que se procura obter do príncipe ou do poder público, encontra-se sua extensão na galanteria, com referência à indulgência das mulheres; e, embora não se diga: *ele goza dos favores do rei,* diz-se: *ele goza dos favores de uma dama.*

O equivalente dessa expressão não é conhecido na Ásia, onde as mulheres são menos rainhas.

Antigamente, dava-se o nome de *faveurs* [*favores*] a fitas, luvas, fivelas e laços dados por uma dama.

O conde de Essex levava no chapéu uma luva da rainha Elisabeth, que ele chamava de *favor da rainha*.

Em francês, a ironia se valeu dessa palavra para significar as consequências desagradáveis das relações casuais: *favores de Vênus, favores ardentes*.

FAVORITO E FAVORITA (Favori et favorite)

Do que se entende por essas palavras

Essas palavras têm sentido ora mais estrito, ora mais amplo. Às vezes *favorito* contém a ideia de poder; às vezes significa apenas que alguém agrada seu senhor.

Henrique III teve favoritos que eram "queridinhos"; houve alguns que governaram o Estado, como os duques de Joyeuse e de Épernon. Pode-se comparar um favorito com uma moeda de ouro, que vale o que o príncipe quer.

Um antigo diz: "Quem deve ser o favorito de um rei? O povo." Os bons poetas são chamados de *favoritos das musas*, assim como os felizardos são chamados *favoritos da fortuna*, porque se supõe que ambos receberam dádivas sem trabalho. Assim, um terreno fértil e bem situado é chamado *favorito da natureza*.

A mulher que agrada mais ao sultão é chamada, entre nós, de sultana favorita: escreveram-se histórias das *favoritas*, ou seja, das amantes dos maiores príncipes.

Vários príncipes da Alemanha têm casas de campo chamadas *favoritas*.

Favorito de uma dama é coisa que só se encontra nos romances e nas historietas do século passado.

FÉ (Foi ou Foy)

Primeira seção

O que é fé? Acreditar no que parece evidente? Não. É evidente a existência de um Ser necessário, eterno, supremo, inteligente: isso não é fé, é razão. Não há nenhum mérito em achar que esse Ser eterno e infinito, que conheço como virtude e bondade, quer-me bem e virtuoso. A fé consiste em acreditar não naquilo que parece verdadeiro, mas naquilo que parece falso para nosso entendimento. Os asiáticos só podem acreditar pela fé na viagem de Maomé aos sete planetas, nas encarnações do deus Fo, de Vishnu, Xaca, Brahma, Samonocodom etc. etc. etc. Subjugam o entendimento, temem o exame; não querem ser empalados nem queimados; então dizem: "Creio."

Não nos passa pela cabeça fazer aqui qualquer alusão à fé católica. Não só a veneramos, como a temos: só falaremos da fé mendaz das outras nações do mundo, da fé que não é fé, que só consiste em palavras.

Há fé para coisas espantosas e fé para coisas contraditórias e impossíveis.

Vishnu encarnou quinhentas vezes: isso é espantoso, mas, afinal, não é fisicamente impossível, pois, se Vishnu tem alma, pode ter posto sua alma em quinhentos corpos para rejubilar-se. O indiano, é verdade, não tem uma fé muito intensa; ele não está intimamente persuadido dessas metamorfoses, mas dirá a seu bonzo: "Tenho fé; o senhor quer que Vishnu tenha passado por quinhentas encarnações, isso lhe vale quinhentas rúpias de renda, então vá lá; sei que protestará, que me denunciará e arruinará o meu comércio se eu não tiver fé. Pois bem! Tenho fé e assim lhe dou mais dez rúpias." O indiano pode jurar ao bonzo que acredita, sem jurar em falso, pois, afinal de contas, nada demonstra que Vishnu não tenha vindo quinhentas vezes às Índias.

Mas, se o bonzo exigir que ele creia numa coisa contraditória e impossível, que dois e dois são cinco, que o mesmo corpo pode estar em mil lugares ao mesmo tempo, que ser e não ser são exatamente a mesma coisa, então o indiano, se disser que tem fé, estará mentindo; e, se jurar que acredita, será perjuro. Diz ele então ao bonzo: "Meu reverendo padre, não posso garantir que acredito nesses absurdos, mesmo que eles lhe valessem dez mil rúpias de renda, em vez de quinhentas."

– Meu filho, responde o bonzo, dê então vinte rúpias, e Deus lhe fará a graça de acreditar em tudo aquilo em que não crê.

Responde então o indiano:

– Como quer que Deus opere em mim aquilo que ele não pode operar em si mesmo? É impossível que Deus faça coisas contraditórias ou que nelas creia. Até gostaria de lhe dizer, para agradá-lo, que creio no que é obscuro; mas não posso dizer que creio no impossível. Deus quer que sejamos virtuosos, e não absurdos. Eu lhe dei dez rúpias e estou dando mais vinte; acredite em trinta rúpias, seja homem de bem se puder, e não me amole mais."

Não é isso o que ocorre com os cristãos: a fé que eles têm em coisas que não entendem baseia-se naquilo que entendem; eles têm motivos de credibilidade. Jesus Cristo fez milagres na Galileia; logo, devemos acreditar em tudo o que ele disse. Para saber o que ele disse, é preciso consultar a Igreja. A Igreja pronunciou que os livros que nos anunciam Jesus Cristo são autênticos: logo, é preciso crer nesses livros. Esses livros nos dizem que quem não dá ouvidos à Igreja deve ser considerado um publicano ou um pagão: logo, devemos dar ouvidos à Igreja para não sermos amaldiçoados como os arrecadadores de impostos; logo, devemos submeter-lhe a nossa razão, não por credulidade infantil ou cega, mas por crença dócil, autorizada pela própria razão. Assim é a fé cristã, sobretudo a romana, que é a fé por excelência. A fé luterana, calvinista, anglicana é uma fé ruim.

Segunda seção

A fé divina sobre a qual tanto se escreveu não passa, evidentemente, de incredulidade submissa: pois em nós certamente só a faculdade do entendimento pode crer, e os objetos da fé não são os objetos do entendimento. Só se pode crer naquilo que parece verdadeiro; e nada pode parecer verdadeiro se não por uma destas três maneiras: pela intuição, sentimento (*existo, vejo o Sol*), por probabilidades acumuladas que fazem as vezes da certeza (*há uma cidade chamada Constantinopla*) ou por meio de demonstração (*os triângulos que têm a mesma base e mesma altura são iguais*).

A fé, não sendo nada disso, não poderá ser crença ou persuasão, assim como não pode ser amarela nem vermelha. Logo, só poderá ser anulação da razão, silêncio adorador diante das coisas incompreensíveis. Assim, filosoficamente falando, ninguém acredita na *Trindade*, ninguém acredita que o mesmo corpo pode estar em mil lugares ao mesmo tempo; e quem diz: Creio nesses mistérios, se refletir em seu pensamento, verá que sem a menor dúvida essas palavras querem dizer: Respeito esses mistérios; submeto-me àqueles que os anunciam; pois eles convêm comigo que minha razão e a deles não crê nisso; ora, está claro que, quando minha razão não é persuadida, também não o sou: minha razão e eu não podemos ser dois seres diferentes. É absolutamente contraditório que o *eu* ache verdadeiro o que o entendimento do *eu* acha falso. A fé, portanto, não passa de incredulidade submissa.

Mas por que essa submissão na revolta invencível de meu entendimento? Todos sabem: é porque meu entendimento foi persuadido que os mistérios de minha fé foram propostos por Deus mesmo. Então, tudo o que posso fazer, na qualidade de ser racional, é calar e adorar. É a isso que os teólogos dão o nome de fé exterior, e essa fé exterior só é e só pode ser respeito por coisas incompreensíveis, em virtude da confiança que se tem naqueles que as ensinam.

Se o próprio Deus dissesse: O pensamento é cor de oliva, um número quadrado é amargo, eu certamente não entenderia; não poderia adotar essas palavras, nem como verdadeiras, nem como falsas. Mas eu as repetirei se ele assim ordenar, e farei que sejam repetidas mesmo correndo risco de vida. Isso é fé, apenas obediência.

Para fundamentar essa obediência, portanto, basta examinar os livros que a exigem; nosso entendimento deve examinar os livros do Antigo e do Novo Testamento tal como discute *Plutarco* e *Tito Lívio*; e, se vir nesses livros provas incontestáveis, provas acima de qualquer objeção, perceptíveis para todos os tipos de inteligência e admitidas em toda a terra, de que Deus mesmo é o autor daquelas obras, então deverá submeter seu entendimento ao jugo da fé.

Terceira seção

"Durante muito tempo ponderamos se deveríamos imprimir este verbete *Fé*, que encontramos num velho livro. Éramos retidos pelo respeito à cátedra de são Pedro. Mas, visto que alguns homens piedosos nos convenceram de que o papa Alexandre VI nada tinha em comum com são Pedro, decidimos afinal divulgar esse pequeno trecho, sem temor."

Um dia, o príncipe Pico della Mirandola encontrou o papa Alexandre VI em casa da cortesã Emília, enquanto Lucrécia, filha do santo padre, acabara de dar à luz, e não se sabia em Roma se a criança era do papa, de seu filho, duque de Valentinois, ou do marido de Lucrécia, Afonso de Aragão, que era tido por impotente. Entabulou-se uma conversa. O cardeal Bembo conta uma parte dela. "Pequeno Pico, disse o papa, quem achas que é o pai de meu neto? – Acho que é vosso genro, respondeu Pico. – Como podes crer nessa asneira? – Creio pela fé. – Mas não sabes que um impotente não faz filhos? – A fé consiste em crer nas coisas porque elas são impossíveis, respondeu Pico; além disso, exige a honra de vossa casa que o filho de Lucrécia não seja visto como fruto de um incesto. Vós me fazeis acreditar em mistérios mais incompreensíveis. Acaso não preciso convencer-me de que uma serpente falou, de que a partir de então todos os homens foram amaldiçoados, de que a burra de Balaão falou com a mesma eloquência e de que as muralhas de Jericó caíram ao som de trombetas?"

Pico foi desfiando toda a enfiada de coisas admiráveis em que acreditava. Alexandre arriou no sofá, de tanto rir. "Acredito em tudo como tu, dizia, pois sinto que só posso ser salvo pela minha fé e que não serei salvo por minhas obras. – Ah! Santo padre, disse Pico, Vossa Santidade não precisa de obras nem de fé; isso é coisa para os pobres profanos como nós; sendo vice-Deus, Vossa Santidade pode fazer tudo o que quiser e acreditar em tudo o que bem entender. Tem as chaves do céu, e decerto são Pedro não lhe dará com a porta na cara. Mas, quanto a mim, confesso que precisaria de poderosa proteção, caso, não passando de um pobre príncipe, tivesse me deitado com minha própria filha e tivesse recorrido ao punhal e à cantarela com a mesma frequência de Vossa Santidade." Alexandre VI aceitava brincadeiras. "Falando sério, disse ele ao príncipe della Mirandola. Dize que mérito pode haver em dizer a Deus que se está convencido de coisas das quais na verdade não se pode estar? Que prazer isso pode dar a Deus? Cá entre nós, dizer que se acredita naquilo em que é impossível acreditar é mentir."

Pico della Mirandola fez o sinal da cruz. "Ah! Deus pai, exclamou, perdão, mas Vossa Santidade não é cristão. – Não, mesmo, disse o papa. – Eu bem desconfiava, disse Pico della Mirandola."

FEBRE (Fièvre)

Não é na qualidade de médico, mas na de doente, que quero dizer algumas palavras sobre a febre. Às vezes é preciso falar dos inimigos: este me atacou durante mais de vinte anos. Fréron nunca lutou com mais sanha.

Peço desculpas a Sydenham, que define a febre como "um esforço da natureza, que trabalha com todas as forças para expulsar a matéria lesiva". Assim poderiam ser definidas coisas como varíola, sarampo, diarreia, vômitos, erupções da pele e dezenas de outras doenças. Mas aquele médico, mesmo definindo mal, atuava bem. Curava porque tinha experiência e sabia esperar.

Boerhaave, em seus *Aforismos*, diz: "A contração mais frequente e a resistência aumentada sobre os vasos capilares dão uma ideia absoluta de toda febre aguda."

Palavras de um grande mestre; mas ele começa por confessar que a natureza da febre é oculta.

Não diz qual é esse princípio secreto que se desenvolve em horas certas nas febres intermitentes; qual é esse veneno interno que se renova depois de um dia de trégua; onde está esse foco que se apaga e volta a acender-se pontualmente. Parece que todas as causas são feitas para ser ignoradas.

Sabe-se mais ou menos que a febre aparece depois de excessos, ou nas intempéries; sabe-se que a quinquina pode curá-la, quando oportunamente ingerida; não se sabe como isso ocorre. Li em algum lugar estes versinhos que me parecem dotados de uma filosofia bem-humorada:

Dieu mûrit à Moka, dans le sable arabique,
Ce café nécessaire aux pays des frimas:
Il met la fièvre en nos climats,
Et le remède en Amérique.
[Deus amadurece em Moka, na areia arábica,
O café necessário à terra da geada:
Põe a febre em nossos climas,
E o remédio na América.]

Todo animal que não morre de morte súbita morre de febre. Essa febre parece efeito inevitável dos licores que compõem o sangue, ou daquilo que faz as vezes do sangue. Por isso os metais, os minerais e as rochas duram tanto tempo, e os homens, tão pouco. Para os físicos, a estrutura de todos os animais é prova de que, em todos os tempos, estes devem ter vivido muito pouco. Os teólogos tiveram ou demonstraram outros sentimentos. Não nos cabe examinar essa questão. Físicos e médicos têm razão *in sensu humano*; e os teólogos têm razão *in sensu divino*. Diz-se no Deuteronômio (cap. XXVIII, v. 22) que "se os judeus não observarem a lei, cairão na pobreza, padecerão frio e calor e terão febre". Só o Deuteronômio e o *Médico à força* (ato II, cena V) ameaçaram as pessoas com a febre.

Parece impossível que a febre não seja um acidente natural dos corpos animados, nos quais circulam tantos licores, assim como é impossível que esses corpos animados deixem de ser esmagados pela queda de um rochedo.

O sangue cria vida. É ele que fornece a cada víscera, a cada membro, à pele, às extremidade dos pelos e das unhas os licores e os humores que lhes são próprios.

Esse sangue, graças ao qual o animal continua vivo, é formado pelo quilo. Esse quilo é passado da mãe para a criança durante a gravidez. O leite da ama produz esse quilo, assim que a criança nasce. Mas depois, quanto maior a quantidade de alimentos diferentes a criança ingerir, mais esse quilo poderá azedar-se. Como só ele forma o sangue, e como esse sangue é composto de tantos humores diferentes, tão sujeitos à corrupção, e como ele circula por todo o corpo humano mais de quinhentas e cinquenta vezes em vinte e quatro horas, com a rapidez de uma torrente, é de surpreender que o ser humano não tenha febre com mais frequência e que continue vivo. Em cada articulação, cada glândula, cada passagem, há um perigo de morte; mas há tantos socorros quantos são os perigos. Quase toda membrana se dilata e se contrai, de acordo com a necessidade. Todas as veias têm eclusas que se abrem e fecham, dando passagem ao sangue e opondo-se a um refluxo que destruiria a máquina. O sangue, dilatado em todos os seus canais, depura-se por si mesmo: é um rio que carrega mil imundícies e delas se livra pela transpiração, pelos suores, por todas as secreções e evacuações. A própria febre é um socorro; é uma cura, quando não mata.

O homem, usando a razão, acelera o tratamento, com amargos e, sobretudo, regime. Previne a recidiva dos acessos. A razão é um remo com o qual ele pode percorrer durante algum tempo os mares deste mundo, quando a doença não o engole.

Pergunta-se como a natureza pôde deixar os animais, sua obra, à mercê de tantas doenças horríveis, quase sempre acompanhadas pela febre; como e por que tanta desordem com tanta ordem, a destruição sempre ao lado da criação. Esse problema muitas vezes me dá febre; mas recomendo a leitura das *Cartas de Mêmio*: quem as ler talvez suspeite que o incompreensível artesão dos mundos, dos animais e dos vegetais, tendo feito tudo da melhor forma, não pôde fazer melhor.

FECUNDO (Fécond)

Fecundo é o sinônimo de *fértil*. No entanto, dizemos *fertilizar um terreno*, e não *fecundar um terreno*.

Existe uma máxima segundo a qual não existe sinônimo perfeito; isso quer dizer que não é possível usar as mesmas palavras em todas as ocasiões: assim, embora uma mulher possa ser fecunda ou fértil, um empreendimento é sempre fecundo, e não fértil.

Os ovos são fecundados ou fertilizados; a natureza não costuma ser fértil, e sim fecunda. Essas duas expressões às vezes são igualmente empregadas em sentido figurado e próprio: um espírito é fértil ou fecundo em grandes ideias.

No entanto, as nuances são tão delicadas, que se diz um orador fecundo, e não um orador fértil; fecundidade, e não fertilidade, de palavras; um método, um princípio, um tema é de grande fecundidade, e não de grande fertilidade; a razão disso é que um princípio, um tema e um método produzem ideias que nascem umas das outras, tal como seres sucessivamente gerados; tem relação com a procriação.

Bienheureux Scudéry dont la fertile plume...
[Venturoso Scudéry cuja fértil pluma...]
(BOILEAU, sat. II, 77)

A palavra *fértil* aí está bem empregada, porque essa pluma era usada, estendida a todos os tipos de temas.

A palavra *fecundo* convém mais ao gênio do que à pluma.

Há tempos fecundos em crimes, e não férteis em crimes.

O uso ensina todas essas pequenas diferenças.

FELIZ, FELIZMENTE (Heureux, heureuse, heureusement)

Essa palavra, evidentemente, vem de *heur* [fortuna], cuja origem é *heure* [hora] – daí as antigas expressões *à la bonne heure* [em boa hora][9], *à la mal-heure* [em má hora][10]. Ora, nossos pais tinham por filosofia apenas alguns prejulgamentos; nações mais antigas admitiam horas favoráveis ou funestas.

Vendo que a felicidade, em outros tempos, era apenas uma hora afortunada, poderíamos ter pelos antigos maior consideração do que merecem e concluir que eles viam a felicidade como algo muito passageiro, tal como é, de fato.

---

9. Em francês, *bonheur* = felicidade. (N. da T.)
10. Em francês, *malheur* = infelicidade. (N. da T.)

FELIZ, FELIZMENTE

O que se chama felicidade é uma ideia abstrata, composta de algumas ideias de prazer: pois quem só tem um momento de prazer não é feliz, assim como um momento de dor não faz ninguém infeliz. O prazer é mais rápido que a felicidade, e a felicidade é mais rápida que a bem-aventurança. Quem diz "Sou feliz neste momento" está abusando da palavra; isso só quer dizer "Tenho prazer". Quem tem prazeres um pouco repetidos pode, nesse espaço de tempo, dizer que é feliz. Quando essa felicidade dura um pouco mais, tem-se a bem-aventurança. Às vezes não há felicidade na prosperidade, assim como um doente com náuseas não come nada de um grande banquete preparado para ele.

O antigo adágio "Ninguém deve ser considerado feliz até a hora da morte" parece girar em torno de muitos princípios falsos. De acordo com essa máxima, parece que só se deveria qualificar de feliz aquele que fosse feliz constantemente, desde o nascimento até a hora derradeira. Essa série contínua de momentos agradáveis é impossível pela própria constituição de nossos órgãos, dos elementos dos quais dependemos e dos homens dos quais dependemos ainda mais. Pretender ser sempre feliz é a pedra filosofal da alma; para nós já é muito não ficar em estado de tristeza durante muito tempo. Mas aquele que, supostamente, tivesse gozado sempre de uma vida feliz e morresse miseravelmente decerto mereceria o qualificativo de feliz até a hora da morte, e seria possível dizer com coragem que ele foi o mais feliz dos homens. Pode ser que Sócrates tenha sido o mais feliz dos gregos, embora alguns juízes supersticiosos e absurdos, ou iníquos, ou tudo isso junto, o tenham envenenado judicialmente quando ele tinha a idade de setenta anos com base na suspeita de que ele acreditava num único Deus.

Essa máxima filosófica, tão repisada, *Nemo ante obitum felix*, parece, pois, absolutamente falsa em todos os sentidos; e, se quiser dizer que um homem feliz pode morrer de morte infeliz, só estará dizendo algo muito trivial.

O provérbio do povo "Feliz como um rei" é ainda mais falso. Basta viver para saber como o vulgo se engana.

Pergunta-se se existe uma condição mais feliz que a outra, se o homem em geral é mais feliz que a mulher. Seria preciso ter vivido em todas as condições, ter sido homem e mulher, como Tirésias e Ífis, para decidir essa questão; também seria preciso ter vivido em todas as condições com um espírito próprio a cada uma delas e ter passado por todos os possíveis estados do homem e da mulher, para julgar.

Pergunta-se ainda se, de dois homens, um é mais feliz que o outro. Está claro que aquele que tem cálculos e gota, que perde bens, honra, mulher e filhos e é condenado à forca imediatamente depois de ter sido espoliado, é menos feliz neste mundo, no final das contas, do que um jovem sultão vigoroso, ou do que o sapateiro de La Fontaine.

Mas quer-se saber qual é o mais feliz de dois homens igualmente sadios, ricos e de boa condição social. Está claro que o que decide é seu humor. O mais moderado, menos inquieto e mais sensível é o mais feliz; mas, infelizmente, o mais sensível é quase sempre o menos moderado. Não é a nossa condição, mas a têmpera de nossa alma que nos torna felizes. Essa disposição da alma depende dos nossos órgãos, e nossos órgãos foram organizados sem que tivéssemos a menor participação.

Ao leitor caberá fazer suas reflexões com base nisso. Há muitos assuntos sobre os quais se pode dizer mais do que se deve. Em questões de artes, devemos instruir o leitor; em questões de moral, deixá-lo pensar.

Há cães que acariciamos, escovamos, alimentamos com biscoitos, aos quais damos lindas cadelas. Há outros que ficam cobertos de sarna, morrem de fome, são escorraçados, surrados e lentamente dissecados por algum jovem cirurgião, depois de lhe terem enfiado quatro pregos nas patas. Terá dependido desses pobres cães o fato de serem felizes ou infelizes?

Diz-se: "ideia feliz, frase feliz, resposta feliz, fisionomia feliz, clima feliz." Essas ideias, essas frases felizes que nos acodem como inspirações súbitas, chegam-nos como luz entre os olhos, sem que as procuremos. Não estão em nosso poder, assim como a fisionomia feliz, ou seja, terna e nobre, tão independente de nós e tantas vezes enganosa. Clima feliz é aquele que a natureza favorece. Assim são as imaginações felizes, assim é o gênio feliz, ou seja, o grande talento. E quem pode proporcionar-se gênio? Quem, depois de receber algum raio dessa chama, pode conservá-lo sempre brilhante?

Uma vez que *heureux* [feliz] vem de *bonne heure* e *malheureux* [infeliz] de *mal-heure*, pode-se dizer que os que pensam, os que escrevem com inteligência, que são bem-sucedidos nas obras de bom gosto, escrevem *à la bonne heure*. A maioria é dos que escrevem *à la mal-heure*.

Se alguém disser "bandido feliz", estará querendo referir-se aos seus sucessos. *Felix Sylla*, Sila feliz, Alexandre VI e o duque de Borgia pilharam, traíram, envenenaram, devastaram, mataram com felicidade. Mas, se acreditaram ser bandidos, tudo indica que foram muito infelizes, ainda que não tivessem medo de seus semelhantes.

É bem possível que um bandido de má educação, um turco, por exemplo, a quem se dissesse que é permitido não honrar promessas feitas a cristãos, mandar apertar o pescoço de seus vizires com um cordão de seda, quando ricos, jogar no canal do mar Negro seus irmãos estrangulados ou massacrados e devastar cem léguas de terras para sua própria glória, é bem possível, dizia eu, que esse homem não tivesse mais remorsos que o seu mufti e que fosse muito feliz. Sobre isso, o leitor também pode pensar muito.

Havia antigamente planetas felizes e planetas infelizes; infelizmente, já não os há.

Quiseram privar o público deste útil *Dicionário*; felizmente, não conseguiram.

Almas imundas, fanáticos absurdos, todos os dias indispõem os poderosos e os ignorantes contra os filósofos. Se, infelizmente, fossem ouvidos, voltaríamos à barbárie da qual só os filósofos nos tiraram.

FERRARA (Ferrare)

O que temos para dizer aqui sobre Ferrara não tem relação alguma com a literatura, principal objeto de nossas questões, mas tem grande relação com a justiça, que é mais necessária do que as belas-letras e bem menos cultivada, sobretudo na Itália.

Ferrara era indubitavelmente um feudo do império, assim como Parma e Piacenza. O papa Clemente VIII despojou Cesare d'Este desse feudo por força das armas, em 1597. O pretexto dessa tirania era bem singular para um homem que se diz humilde vigário de Jesus Cristo.

O duque Alfonso d'Este, primeiro do nome, soberano de Ferrara, Modena, Este, Carpi e Rovigno, casara-se com uma simples cidadã de Ferrara, chamada Laura Eustochia, de quem teve três filhos antes do casamento, por ele reconhecidos solenemente perante a Igreja. Não faltou a esse reconhecimento nenhuma das formalidades prescritas pelas leis. Seu sucessor, Alfonso d'Este, foi reconhecido como duque de Ferrara. Casou-se com Giulia di Urbino, filha de Francesco, duque de Urbino, com quem teve aquele desventurado Cesare d'Este, herdeiro incontestável de todos os bens da casa e declarado herdeiro pelo último duque, que morreu em 27 de outubro de 1597. O papa Clemente VIII, cujo nome era Aldobrandini, originário de uma família de negociantes de Florença, ousou pretextar que a avó de Cesare d'Este não era suficientemente nobre, e os filhos que ela pusera no mundo deviam ser vistos como bastardos. A primeira razão é ridícula e escandalosa num bispo; a segunda é insustentável em todos os tribunais da Europa: pois, se o duque não era legítimo, deveria perder Modena e seus outros Estados; e, se não havia vício em seu nascimento, devia ficar com Ferrara, tal como ficara com Modena.

A conquista de Ferrara era tentadora demais para que o papa deixasse de impor todas as decretais e todas as decisões dos bravos teólogos que garantem que o papa pode tornar justo o que é injusto. Por conseguinte, excomungou Cesare d'Este; e como a excomunhão priva o homem necessariamente de todos os seus bens, o pai comum dos fiéis movimentou suas tropas contra o excomungado para arrebatar-lhe a herança em nome da Igreja. Aquelas tropas foram vencidas, mas o duque de Modena e Ferrara logo viu suas finanças esgotadas e seus amigos insensibilizados.

O mais deplorável de tudo isso foi que o rei da França, Henrique IV, viu-se na obrigação de apoiar o papa, para equilibrar o crédito de que gozava Filipe II na cúria de Roma. Foi assim que o bom rei Luís XII, menos escusável, se desonrara unindo-se ao monstro Alexandre VI e seu execrável bastardo, o duque Borgia. Foi preciso ceder: então o papa ordenou a invasão de Ferrara pelo cardeal Aldobrandini, que entrou naquela próspera cidade com mil cavaleiros e cinco mil infantes.

É bem triste que um homem como Henrique IV tenha se rebaixado a essa indignidade, que se chama *política*. Gente como Catão, Metelo, Cipião e Fabrício não teria traído assim a justiça para agradar a um padre? E que padre!

A partir de então, Ferrara ficou deserta; seu solo inculto cobriu-se de pântanos improdutivos. Aquele território, sob o governo da casa d'Este, fora um dos mais belos da Itália; o povo sempre sentiu saudade de seus antigos senhores. É verdade que o duque foi recompensado: recebeu a nomeação para um episcopado e uma cúria; chegou-se mesmo a fornecer-lhe algumas fangas de sal dos armazéns de Cervia. Mas nem por isso a casa de Modena deixa de ter direitos incontestáveis e imprescritíveis sobre o ducado de Ferrara, do qual foi tão indignamente despojada.

Agora, caro leitor, suponhamos que tal cena tivesse ocorrido no tempo em que Jesus Cristo ressuscitado aparecia a seus apóstolos, e que Simão Barjona, cognominado Pedro, quisesse apoderar-se dos Estados daquele pobre duque de Ferrara. Imaginemos que o duque fosse pedir justiça em Betânia ao Senhor Jesus; não seria de se supor que nosso Senhor mandasse chamar imediatamente Simão e lhe dissesse: "Simão, filho de Jonas, dei-te as chaves do reino dos céus; sabe-se como essas chaves são feitas; mas não te dei as da terra. Se alguém te disse que o céu envolve o globo, e que o conteúdo está no continente, imaginaste que os reinos deste mundo te pertencem, e que só precisas apoderar-te de tudo o que te convém? Já te proibi de empunhar arma. Tu me pareces um composto bem extravagante; segundo dizem, ora cortas uma orelha a Malco, ora me renegas: deves ser mais manso e honesto; não roubes bens nem orelhas, para que ninguém avance nas tuas."

FERTILIZAÇÃO (Fertilisation)

Primeira seção

1º Proponho uma visão geral sobre a fertilização. Não tratarei aqui do tempo em que é preciso semear nabos nos Pirineus ou em Dunquerque; não há camponês que não saiba desses detalhes melhor que todos os mestres e todos os livros. Não analisarei as vinte e uma maneiras de obter a multiplicação do trigo, entre as quais não há uma só que seja verdadeira, pois a multiplicação dos germes depende da preparação da terra, e não da preparação dos grãos. Ocorre com o trigo o que ocorre com todos os outros frutos: nada adianta pôr um caroço de pêssego em salmoura ou na lixívia: só terá bons pêssegos quem empregar abrigos e solo conveniente.

2º Em toda a zona temperada há solos bons, ruins e médios. O único meio, talvez, de melhorar os que já são bons, fertilizar os médios e tirar proveito dos ruins é a presença do dono das terras, que deve habitá-las.

Os solos médios e, sobretudo, os ruins nunca poderão ser corrigidos por rendeiros, que não têm recursos nem vontade para tanto; o arrendamento é feito por preço baixo, o proveito tirado das terras é pequeno, e estas são deixadas em pior estado do que quando foram arrendadas.

3º É preciso fazer grandes investimentos para melhorar campos extensos. Quem escreveu essas reflexões encontrou numa região muito ruim um vasto terreno inculto que pertencia a colonos. Disse-lhes: Eu poderia cultivá-lo para meu proveito por se tratar de terras devolutas; posso arroteá-lo para os senhores e para mim, à minha custa. Quando eu tiver transformado estas charnecas em pastos, engordaremos o gado; este pequeno cantão ficará mais rico e mais povoado.

Pode-se dizer o mesmo dos charcos, que espalham esterilidade e mortalidade por tantas regiões. Somente os donos podem destruir esses inimigos do gênero humano. E, se esses charcos são extensos demais, só o governo é suficientemente poderoso para empreender tais obras; há mais para ganhar do que numa guerra.

4º Durante muito tempo ainda só os proprietários de terras terão condições de empregar o semeador mecânico. Esse instrumento é caro; muitas vezes é preciso consertá-lo; nenhum operário rural tem condições de construir um; nenhum colono se encarregará disso; e, se forem incumbidos de usá-lo, economizarão semente demais e terão colheitas medíocres.

No entanto, esse instrumento, quando usado convenientemente, deve economizar cerca de um terço da semente, por conseguinte enriquecer o país em um terço; essa é a verdadeira multiplicação. Portanto, é muito importante utilizá-lo, e ainda por muito tempo só os ricos poderão empregá-lo.

5º Os proprietários podem arcar com os custos do crivo, que, quando é de boa manufatura, economiza braços e tempo. Em suma, está claro que se a terra não rende o que pode render é porque os agricultores simples não estão em condições de fazer investimentos. O cultivo da terra é uma verdadeira manufatura: para que a manufatura prospere é preciso que o proprietário seja rico.

6º A pretensa igualdade dos homens, que alguns sofistas põem na moda, é uma quimera perniciosa. Se não houvesse trinta trabalhadores rurais para um patrão, a terra não seria cultivada. Quem possui uma charrua precisa de dois empregados e de vários trabalhadores jornaleiros. Quanto mais homens houver cuja única fortuna sejam seus próprios braços, mais bem exploradas serão as terras. Mas, para empregar de maneira útil esses braços, é preciso que o proprietário esteja no local.

7º O proprietário que cultivar suas terras sob sua vigilância pessoal não deve esperar obter a fortuna de um fornecedor de hospitais ou do exército, mas viverá em honrosa abundância[11].

8º Se gastar com um garanhão, em quatro anos terá belos cavalos que não lhe custarão nada; ele e o Estado ganharão.

Enquanto o rendeiro, infelizmente, é obrigado a vender todos os seus novilhos para ficar em condições de pagar o rei e seu senhor, esse mesmo senhor estará criando novilhos. Ao cabo de três anos, terá rebanhos consideráveis, sem despesas. Todos esses detalhes produzem o útil e o agradável. O gosto decorrente dessas ocupações aumenta a cada dia; o tempo enfraquece quase todas as outras.

9º Se há más colheitas, prejuízos e perdas, o proprietário tem condições de repará-los. O rendeiro e o meeiro nem mesmo podem suportá-los. Portanto, é essencial para o Estado que os proprietários estejam frequentemente em seus domínios.

10º Os bispos residentes fazem bem às cidades. Se os abades comanditários residissem, fariam bem aos campos: sua ausência é nociva.

11º É necessário pensar nas riquezas da terra sobretudo porque as outras podem facilmente escapar de nossas mãos; a balança de comércio pode deixar de ser-nos favorável; nosso dinheiro pode passar para as mãos dos estrangeiros; os bens fictícios podem perder-se, a terra fica.

12º Nossas novas necessidades exigem de nós novos recursos. Os franceses e os outros povos, no tempo de Henrique IV, não tiveram a ideia de infectar os próprios narizes com um pó preto e

---

11. Ver Agricultura. (N. de Voltaire)

malcheiroso e de carregar nos bolsos panos cheios de sujeira, que teriam inspirado horror e nojo. Só esse artigo custa, pelo menos à França, seis milhões por ano. O almoço de nossos antepassados não era preparado pelos quatro cantos do mundo; eles prescindiam da erva e da terra da China, dos caniços que crescem na América e das favas da Arábia. Essas novas mercadorias e muitas outras, que pagamos com dinheiro vivo, podem arruinar-nos. Um grupo de negociantes que em quarenta anos nunca pôde dar um tostão de dividendos a seus acionistas sobre o produto de seu comércio, pagando-os apenas com uma parte dos proventos do rei, pode ter problemas no longo prazo. A agricultura, portanto, é o recurso indispensável.

13º Vários ramos desse recurso estão negligenciados. Há, por exemplo, pouquíssimas colmeias, enquanto se tem um consumo prodigioso de velas. Não há casa onde não se queime o equivalente a dois ou três escudos por dia. Só essa despesa manteria uma família econômica. Consumimos cinco ou seis vezes mais lenha do que nossos pais; portanto, precisamos dar mais atenção ao plantio e à sustentação de nossas plantas; isso o rendeiro não tem sequer o direito de fazer, e o proprietário fará sempre que dirigir pessoalmente suas propriedades.

14º Quando os proprietários de terras situadas nas fronteiras residem em suas propriedades, os trabalhadores braçais e os operários estrangeiros ali se estabelecem; o país se povoa sem perceber; formam-se raças vigorosas de homens. A maioria das manufaturas prejudica a compleição dos operários; sua raça se enfraquece. Os que trabalham com metais têm vida abreviada. Os trabalhos nos campos, ao contrário, fortificam e produzem gerações robustas, desde que a farra dos dias de festas não altere os benefícios produzidos pelo trabalho e pela sobriedade.

15º Sabe-se muito bem quais são as funestas consequências da ociosidade desbragada presente nesses dias que se acredita serem consagrados à religião, mas são consagrados apenas às tabernas. É conhecida a superioridade que os protestantes ganharam sobre nós com a abolição desses dias perigosos. Enfim, nossa razão começa a desenvolver-se a ponto de nos permitir perceber confusamente que a ociosidade e a farra não são tão valiosas para Deus como se acreditava. Vários bispos deram à terra, durante quarenta dias aproximadamente, a quantidade de homens que essa terra precisava para ser cultivada. Mas nas fronteiras, onde muitos de nossos domínios estão nas mãos de episcopados estrangeiros, é frequente que estes, por espírito de contradição ou por uma política infame, sintam prazer em vexar-nos com um fardo que os mais sábios de nossos prelados tiraram das costas de nossos agricultores, a exemplo do papa. O governo pode facilmente livrar-nos desse grande mal que os estrangeiros nos fazem. Eles têm o direito de obrigar nossos colonos a assistir à missa no dia de São Roque, mas, no fundo, não têm o direito de impedir que os súditos do rei cultivem depois da missa uma terra que pertence ao rei e de cujos frutos ele compartilha. E devem saber que a melhor maneira de cumprir o dever perante Deus é rezar pela manhã e no resto do dia obedecer à lei na qual ele nos impôs o trabalho.

16º Várias pessoas construíram escolas em suas terras; eu mesmo as construí, mas temo-as. Acho conveniente que algumas crianças aprendam a ler, a escrever e a contar, mas que a maioria, sobretudo filhos de trabalhadores braçais, saibam apenas cultivar, porque só há necessidade de uma pluma, enquanto se precisa de duzentos ou trezentos braços. O cultivo da terra requer uma compreensão básica; a natureza facilitou todos os trabalhos aos quais ela destinou o homem: portanto, é preciso empregar o máximo possível de homens nesses trabalhos fáceis e tornar tais trabalhos necessários a eles.

17º O único incentivo dos agricultores é o comércio das mercadorias. Impedir que o trigo saia do reino é dizer aos estrangeiros que carecemos dele e temos maus administradores. Às vezes há escassez de víveres na França, mas raramente carência absoluta. Abastecemos as cortes da Europa com dançarinos e cabeleireiros; seria melhor abastecê-las de frumento. Cabe à prudência do governo ampliar ou restringir esse grande produto de comércio. Não cabe ao particular que só conhece seu cantão propor opiniões àqueles que enxergam e abarcam o bem geral do reino.

18º O conserto e a manutenção de caminhos vicinais é coisa importante. O governo notabilizou-se pela construção de vias públicas, que conferem vantagens e beleza à França. Também baixou regulamentações muito úteis para os caminhos vicinais; mas essas regulamentações não são tão observadas quanto as que se referem às grandes estradas. O mesmo colono que transportava suas mercadorias de sua aldeia até a feira mais próxima em uma hora com um cavalo, hoje mal o faz em três horas com dois cavalos, porque ele não toma o cuidado de dar escoamento às águas, tapar buracos, colocar um pouco de cascalho; e esse pouco trabalho que ele deixou de realizar causa-lhe no fim muito mais trabalho e grandes prejuízos.

19º O número de mendigos é prodigioso, e, apesar das leis, deixa-se que esse câncer se dissemine. Eu sugeriria que todos os proprietários tivessem a permissão de dar trabalho por preço razoável a todos os mendigos robustos, fossem homens ou mulheres, que mendigassem em suas terras.

20º Se me fosse lícito tratar de aspectos mais gerais, eu repetiria aqui como é pernicioso o celibato. Não sei se seria oportuno aumentar em um terço a talha e a capitação de quem não se tenha casado aos vinte e cinco anos. Não sei se não seria útil isentar de impostos quem tivesse sete filhos varões, durante o tempo em que o pai e os sete filhos morassem juntos. O sr. Colbert isentou todos os que tivessem doze filhos; mas esse caso é tão raro, que a lei era inútil.

21º Escrevem-se muitos volumes sobre todas as vantagens que podem ser auferidas da atividade rural, bem como sobre melhorias, grãos, legumes, pastos, pecuária e milhares de segredos, quase todos quiméricos. O melhor segredo é cada um cuidar de sua propriedade.

Segunda seção
Por que certas terras são mal cultivadas

Passei um dia por belas terras, margeadas de um lado por uma floresta que nascia no sopé das montanhas e, do outro, por vasta massa de água limpa e clara, que alimentava excelentes peixes. É o mais belo espetáculo da natureza; ali terminam as fronteiras de vários Estados; a terra está cheia de animais, e ficaria cheia de flores e frutos o ano inteiro, não fossem os ventos e as geadas que desolam com frequência aquela região deliciosa, transformando-a numa Sibéria.

Na entrada daquela pequena região, vi uma casa bem construída, onde moravam sete ou oito homens bem-feitos e vigorosos. Disse-lhes: "Os senhores devem cultivar alguma herdade fértil neste belo lugar. – Nós? Nós nos rebaixando a tornar fértil a terra que deve alimentar o homem? Não somos feitos para esse trabalho indigno. Nós perseguimos os agricultores que transportam o fruto de seu trabalho de um lugar para outro; nós os agrilhoamos: nossa função é de heróis. Nesta região, que mede duas léguas por seis, temos catorze casas respeitáveis como esta, que se dedicam a essa atividade. A dignidade de que somos investidos distingue-nos dos outros cidadãos; e não pagamos nenhuma contribuição, porque só trabalhamos para impor o medo a quem trabalha."

Prossegui, muito confuso, até outra casa; vi, num jardim muito bem cuidado, um homem rodeado por numerosa família: achei que ele se dignava *cultivar seu jardim*; fiquei sabendo que seu cargo era o de supervisor do depósito de sal.

Mais adiante morava o diretor daquele depósito, cujos proventos eram provenientes das humilhações impostas àqueles que vinham comprar algo para dar um pouco de gosto à sopa. Havia juízes daquele depósito, onde se conserva a água do mar reduzida a figuras irregulares; eleitos cuja dignidade consistia em escrever os nomes dos cidadãos e aquilo que eles devem ao fisco; agentes que dividiam ganhos com os recebedores desse fisco; homens investidos de cargos de todas as espécies: uns, conselheiros do rei que nunca deram conselho algum; outros, secretários do rei, que nunca souberam do menor de seus segredos. Em meio àquela multidão que se pavoneava em nome do rei, havia grande número de homens que vestiam um traje ridículo e andavam carregados com uma grande sacola que faziam encher em nome de Deus.

Outros havia que vestiam trajes mais limpos e recebiam honorários mais regulares para não fazerem nada. Na origem, eram pagos para cantar no alvorecer, mas fazia séculos que só cantavam à mesa.

Por fim, vi ao longe alguns espectros seminus a esgaravatar, com paus tão descarnados quanto eles, um solo ainda mais magro; entendi por que a terra não era tão fértil quanto podia ser.

FESTAS (Fêtes)

Primeira seção

Um pobre fidalgo de Haguenau cultivava sua terrinha, e santa Ragunda ou Radegunda era padroeira de sua paróquia. No dia da festa de santa Radegunda foi preciso fazer uma semeadura na lavoura daquele pobre fidalgo, sem a qual tudo seria perdido. O dono, depois de assistir devotamente à missa com todo o seu pessoal, foi lavrar sua terra, da qual dependia o sustento de sua família; enquanto isso, o cura e os outros paroquianos foram beber, segundo o costume.

O cura, enquanto bebia, ficou sabendo do enorme escândalo que alguém ousava dar em sua paróquia com um trabalho profano; foi, vermelho de raiva e vinho, falar com o agricultor e lhe disse: "O senhor é bem insolente e ímpio, por ousar lavrar seus campos em vez de ir à taberna como os outros. – Concordo, disse o fidalgo, que é preciso beber em honra à santa, mas também é preciso comer, e minha família morreria de fome se eu não lavrasse. – Beba e morra, disse o cura. – Em que lei e em que concílio isso está escrito?, disse o agricultor. – Em Ovídio, disse o cura. – Digo que isso é um erro, disse o fidalgo. E que trecho de Ovídio o senhor leu que eu devo ir à taberna em vez de lavrar meu campo no dia de santa Ragunda?"

O leitor deve observar que tanto o fidalgo quanto o padre eram muito estudados. "Leia a metamorfose das filhas de Mineu, disse o cura. – Já li, disse o outro, e lembro que isso não tem relação nenhuma com o meu arado. – Que ímpio! Não se lembra que as filhas de *Mineu* foram transformadas em morcegos porque fiaram em dia de festa? – O caso é bem diferente, replicou o fidalgo; aquelas mocinhas não tinham feito nenhuma homenagem a Baco; eu não, já fui à missa de santa Ragunda; o senhor não tem por que me repreender; não vai me transformar em morcego. – Faço pior – disse o padre; cobro-lhe uma multa." E cobrou mesmo. O pobre fidalgo ficou arruinado; saiu do lugar com a família e os empregados; foi para o estrangeiro; virou luterano, e suas terras ficaram incultas vários anos.

Essa história foi contada a um magistrado de bom-senso e grande piedade. Vejamos as reflexões que ele fez a respeito de santa Ragunda.

"Sem dúvida foram os taberneiros que inventaram esse enorme número de festas: a religião dos camponeses e dos artesãos consiste em embriagar-se no dia de um santo que eles só conhecem graças a esse culto: é nesses dias de ócio e farra que se cometem todos os crimes; são as festas que enchem as prisões, sustentam beleguins, escrivães, intendentes e carrascos: essa é, entre nós, a única desculpa para as festas: as lavouras católicas ficam mal cultivadas, enquanto as lavouras dos hereges, cultivadas todos os dias, produzem grandes colheitas.

"Vá lá que os sapateiros frequentem a missa de são Crispim, porque *crepido* significa *gáspea*; que os fabricantes de escovas festejem santa Barba, sua padroeira; que os que sofrem dos olhos assistam à missa de santa Clara; que se festeje são C... em várias províncias; mas que, depois de se prestarem as devidas homenagens aos santos, se prestem serviços aos homens, que se vá do altar ao arado: é um exagero de barbárie e de insuportável subserviência consagrar dias e dias à ociosidade e ao vício. Sacerdotes, ordenai, se necessário, que se reze todas as manhãs a Roque, Eustáquio e Fiácrio; magistrados, ordenai que vossos campos sejam lavrados no dia de Fiácrio, Eustáquio e Roque. Necessário é o trabalho; e mais: santifica."

Segunda seção
Carta de um operário de Lyon aos integrantes da comissão estabelecida em Paris para reforma das ordens religiosas; impressa em documentos oficiais em 1766

Senhores,
sou operário da seda e trabalho em Lyon há dezenove anos. Minha paga diária foi aumentando insensivelmente, e hoje ganho trinta e cinco soldos. Minha mulher, que trabalha com passamanarias, ganharia quinze soldos, se pudesse dedicar todo o seu tempo a tal atividade; mas, como os cuidados com o lar, os partos ou outras doenças a afastam desse trabalho, reduzo os seus proventos para dez soldos, e assim a soma de nossas duas contribuições perfaz quarenta e cinco soldos por dia. Se deduzirmos do ano oitenta e dois dias, entre domingos ou feriados, teremos duzentos e oitenta e quatro dias úteis, que, a quarenta e cinco soldos por dia, perfazem seiscentas e trinta e nove libras. Essa é minha renda.

Vejamos as despesas:
Tenho oito filhos vivos, e minha mulher está para dar à luz o décimo primeiro, pois perdi dois. Sou casado há quinze anos. Assim, posso contar anualmente vinte e quatro libras para as despesas de parto e batismo, cento e oito libras por ano com duas amas, pois em geral tenho dois filhos sendo amamentados e às vezes até três. Pago cinquenta e sete libras de aluguel e quatorze de impostos. Meu lucro, portanto, fica reduzido a quatrocentas e trinta e seis libras, ou a vinte e cinco soldos e três denários por dia, com os quais preciso vestir a família, mobiliar a casa, comprar lenha, vela e sustentar mulher e seis filhos.

É com pavor que espero a chegada dos dias de festa. Devo confessar que pouco me falta para amaldiçoar a instituição desses dias. Como dizia eu, elas só podem ter sido instituídas por arrecadadores de impostos sobre bebidas, taberneiros e donos de baiúcas.

Meu pai me fez estudar na juventude e queria por força que eu fosse monge, fazendo-me entrever nisso um abrigo seguro contra as necessidades; mas sempre achei que todo homem deve seu tributo à sociedade, e que os monges são passam de vespas inúteis que devoram o trabalho das abelhas. No entanto, admito que, quando vejo que João C***, com quem estudei, o garoto mais preguiçoso do colégio, possui os primeiros postos entre os premonstratenses, não posso deixar de sentir algum remorso por não ter ouvido os conselhos de meu pai.

Estou no terceiro feriado do Natal, empenhei os poucos móveis que tinha, pedi uma semana adiantada ao meu patrão, não tenho pão, como passar o quarto feriado? Não é só isso; ainda prevejo outros quatro na semana que vem. Meu Deus! Oito feriados em quinze dias! Foram os senhores que ordenaram isso?

Há um ano dão-me a esperança de que os aluguéis diminuirão, graças à abolição de uma das casas dos capuchinhos e dos franciscanos. Quantas casas inúteis no centro de uma cidade como Lyon! Jacobinos, irmãs de são Pedro etc.: por que não são levadas para os subúrbios se forem consideradas necessárias? Quantos habitantes mais necessários ocupariam seu lugar!

Todas essas reflexões levaram-me a dirigir-me a V. Sas., que o rei escolheu para destruir abusos. Não sou o único que pensa assim; quantos operários em Lyon e em outras cidades, quantos lavradores no reino estão reduzidos à mesma necessidade que eu! Está claro que cada dia de festa custa vários milhões ao Estado. Diante dessas considerações, os senhores levarão a peito os interesses do povo, que são desdenhados em demasia.

Atenciosamente etc.
Bocen

Acreditamos que essa petição, que foi realmente apresentada, poderia figurar numa obra útil.

Terceira seção

Todos conhecem as festas que Júlio César e seus sucessores criaram para o povo romano. A festa das vinte e duas mil mesas, servidas por vinte e dois mil mordomos, os combates de navios nos lagos que eram formados da noite para o dia etc. não foram imitadas pelos senhores hérulos, lombardos ou francos, que também queriam que falassem deles.

Um gaulês chamado Cahusac não perdeu a oportunidade de escrever um longo artigo sobre essas festas no grande *Dicionário enciclopédico*. Diz ele que "o balé de *Cassandra* foi oferecido a Luís XIV pelo cardeal Mazarino, que tinha alegria no espírito, gosto pelos prazeres no coração, e, na imaginação, menos fasto que galanteria; o rei dançou nesse balé com a idade de treze anos, com as proporções marcantes e as atitudes com que a natureza o adornara". Esse Luís XIV, nascido com atitudes, e esse fasto da imaginação do cardeal Mazarino são coisas dignas do belo estilo que hoje está na moda. Nosso Cahusac acaba descrevendo uma festa encantadora, de um gênero novo e elegante, oferecida à rainha Maria Leczinska. Essa festa foi encerrada com o discurso engenhoso de um alemão bêbado, que diz: "Valerá a pena gastar tanto em velas para só se ver água?" A isso um gascão respondeu: "Ei, caramba! Estou morrendo de fome; vive-se de ar na corte dos reis de França?"

É triste que tenham sido inseridas semelhantes mediocridades num *Dicionário das artes e das ciências*.

FICÇÃO (Fiction)

A ficção que anuncia verdades interessantes e novas não é uma boa coisa? Quem não gosta do conto árabe do sultão que não queria acreditar que um pouco de tempo pudesse parecer muito demorado, e discutia sobre a natureza do tempo com seu dervixe? Para esclarecê-lo, este lhe pede que mergulhe a cabeça por alguns minutos na tina onde se lavava. Logo o sultão se vê transportado para um deserto medonho; é obrigado a trabalhar para ganhar a vida. Casa-se, tem filhos que crescem e o agridem. Por fim, ele volta para sua terra e seu palácio; lá reencontra o dervixe, que o fizera padecer tantos males durante mais de vinte e cinco anos. Quer matá-lo. E só se tranquiliza quando fica sabendo que tudo aquilo se passou no instante em que lavava o rosto com os olhos fechados.

Há quem prefira a ficção dos amores de Dido e Eneias, que representam o ódio imortal de Cartago a Roma, e a ficção que desenvolve no Eliseu o grande destino do império romano.

Mas quem não gosta, em Ariosto, da Alcina que tem a estatura de Minerva e a beleza de Vênus, que é tão sedutora para seus enamorados, que os embriaga de volúpias tão arrebatadoras, que reúne todos os encantos e todas as graças? Quando, enfim, ela é reduzida a si mesma, e o encantamento passa, o que se tem é apenas uma velhinha encarquilhada e repugnante.

Quanto às ficções que não representam nem ensinam nada, das quais nada resulta, não serão elas apenas mentiras? E, quando incoerentes e amontoadas sem critério, como tantas, não serão apenas sonhos?

No entanto, há quem diga que muitas antigas ficções são incoerentes, pouco engenhosas e bem absurdas, mas ainda admiradas. É preciso verificar se o que se admira não são as grandes imagens disseminadas por essas ficções, e não as invenções que carreiam essas imagens. Não quero discutir: mas quem quiser ser vaiado em toda a Europa e depois esquecido para sempre que apresente ficções semelhantes às que admira.

FIGURA, FORMA (Figure)

Quem quiser ficar instruído deverá ler com atenção todos os verbetes do grande *Dicionário da Enciclopédia* sobre a palavra *figure* [figura, forma].

Forma da Terra, do sr. d'Alembert: obra clara e profunda, na qual se encontra tudo o que é possível saber sobre o assunto.

Figura de retórica, de César Dumarsais: ensina a pensar e a escrever, levando a lamentar – como ocorre com muitos outros verbetes – que os jovens não tenham condições de ler coisas tão úteis. Esses tesouros, escondidos num *Dicionário* caríssimo de vinte e dois volumes in-fólio, deveriam estar ao alcance de todos os estudantes por trinta soldos.

Figura humana, em relação à pintura e à escultura; excelente lição dada pelo sr. Watelet a todos os artistas.

Figura, em fisiologia; verbete engenhoso, escrito pelo sr. d'Abbés de Caberoles.

Figura, em aritmética e álgebra, do sr. Mallet.

Figura, em lógica, metafísica e literatura, do sr. cavaleiro de Jaucourt, homem que está acima dos filósofos da antiguidade, por ter preferido o recolhimento, a verdadeira filosofia, o trabalho incansável a todas as vantagens que poderia auferir do nascimento, num país onde se prefere essa vantagem a qualquer outra, exceto ao dinheiro.

Forma da Terra

Como pôde ocorrer que, depois de Platão, Aristóteles, Eratóstenes, Posidônio e todos os geômetras da Ásia, do Egito e da Grécia terem reconhecido a esfericidade do nosso globo, tenhamos passado tanto tempo a acreditar que a Terra era um terço mais longa que larga, vindo-nos daí os graus de longitude e latitude (denominação que continua comprovando nossa antiga ignorância)?

O justo respeito pela Bíblia, que nos ensina tantas verdades mais necessárias e sublimes, foi a causa desse erro universal entre nós.

Lê-se no salmo CIII que Deus estendeu o céu sobre a Terra como uma pele; e, visto que uma pele costuma ser mais longa que larga, concluiu-se que o mesmo ocorreria com a Terra.

Santo Atanásio exprime-se com o mesmo calor contra os bons astrônomos como contra os partidários de Ário e Eusébio. Diz ele: "Devemos calar a boca desses bárbaros que, falando sem prova, ousam afirmar que o céu também se estende sob a Terra." Os Padres da Igreja consideravam que a Terra era uma grande nau cercada de água; a proa estava voltada para o oriente; a popa, para o ocidente.

Ainda se lê em Cosmas, monge do século IV, uma espécie de carta geográfica em que a Terra tem essa forma.

Tostato, bispo de Ávila, no fim do século XV, declara em seu *Comentário sobre o Gênese* que a fé cristã será abalada desde que se creia que a Terra é redonda.

Colombo, Vespúcio e Magalhães não temiam a excomunhão daquele douto bispo, e a Terra recobrou a redondez, contra a vontade dele.

Então ela foi percorrida de uma extremidade à outra; passou a ser considerada uma esfera perfeita. Mas o erro da esfera perfeita era um pequeno engano de filósofos, enquanto o erro da Terra chata e comprida era uma tolice de idiotas.

Assim que se começou a saber que nosso globo gira em torno de si mesmo em vinte e quatro horas, seria possível concluir disso que uma forma perfeitamente redonda não seria cabível. Não só a força centrífuga eleva consideravelmente as águas na região do equador, devido ao movimento de rotação em vinte e quatro horas, como também as águas são elevadas em cerca de vinte e cinco pés duas vezes por dia, devido às marés. Logo, seria impossível que as terras situadas no equador não fossem perpetuamente inundadas; mas não são; portanto, a região do equador é proporcionalmente muito mais elevada que o restante da Terra; portanto, a terra é um esferoide elevado no equador e não pode ser uma esfera perfeita. Essa prova tão simples escapou aos maiores gênios, porque um preconceito universal raramente permite exame.

Sabe-se que em 1672 Richer, numa viagem a Cayenne, perto do equador, feita por ordem de Luís XIV sob os auspícios de Colbert, pai de todas as artes, descobriu, entre muitas observações, que o pêndulo de seu relógio tinha deixado de oscilar na frequência com que oscilava na latitude de Paris, e que era preciso encurtá-lo em uma linha e mais de um quarto. A física e a geometria não eram então cultivadas tanto quanto hoje; quem poderia acreditar que daquela observação aparentemente tão insignificante e de uma linha a mais ou a menos pudessem decorrer grandes verdades físicas? Descobriu-se, em primeiro lugar, que, necessariamente, a gravidade só poderia ser menor no equador do que em nossa latitude, pois só a gravidade produz a oscilação do pêndulo. Por conseguinte, como o peso dos corpos é menor quando esses corpos estão mais distantes do centro da Terra, a região do equador só poderia estar muito mais distante do centro do que a nossa; assim, a Terra não podia ser uma esfera perfeita.

Muitos filósofos agiram diante dessas descobertas como agem todos os homens sempre que precisam mudar de opinião: discutiu-se a experiência de Richer; afirmou-se que nossos pêndulos não oscilavam tanto no equador apenas porque o calor dilatava o metal; mas viu-se que o calor do verão mais tórrido só o dilata uma linha em trinta pés de comprimento, e no caso havia uma linha e um quarto, uma linha e meia ou até duas linhas, numa haste de ferro de três pés e oito linhas de comprimento.

Alguns anos depois, os srs. Varin, Deshayes, Feuillée e Couplet repetiram a mesma experiência do pêndulo no equador; foi sempre preciso encurtá-lo, embora o calor muitas vezes fosse menor exatamente no equador do que a quinze ou vinte graus de lá. Essa experiência foi confirmada novamente pelos membros da Academia Real de Ciência enviados ao Peru por Luís XV; estes, em Quito, em montanhas geladas, foram obrigados a encurtar em duas linhas o pêndulo de segundos[12].

Mais ou menos na mesma época, os membros da Academia que foram medir um arco do meridiano ao norte descobriram que em Pello, além do círculo polar, é preciso encompridar o pêndulo para obter as mesmas oscilações que se têm em Paris. Por conseguinte, a gravidade é maior no círculo polar do que na França, assim como é maior aqui do que no equador. Se a gravidade é maior no norte, então o norte está mais próximo do centro da Terra do que o equador; logo, a Terra é achatada nos polos.

Nunca a experiência e o raciocínio estiveram tão concordes na confirmação de uma verdade. O célebre Huygens, por meio do cálculo das forças centrífugas, provara que a diminuição da gravidade disso resultante para uma esfera não era suficientemente grande para explicar os fenômenos e que, por conseguinte, a Terra devia ser um esferoide achatado nos polos. Newton, por meio dos princípios de atração, chegara mais ou menos às mesmas relações: cabe apenas observar que Huygens acreditava que essa força inerente aos corpos, capaz de dirigi-los para o centro do globo, essa gravidade primitiva é sempre a mesma. Não vira ainda as descobertas de Newton; logo, só considerava a diminuição da gravidade do ponto de vista da teoria das forças centrífugas. O efeito das forças centrífugas diminui a gravidade primitiva no equador. Quanto menores os círculos nos quais essa força centrífuga é exercida, mais ela cede à força da gravidade; assim, mesmo no polo, a força centrífuga, que é nula, deve possibilitar que a gravidade primitiva exerça toda a sua ação. Mas esse princípio de gravidade sempre igual cai por terra com a descoberta feita por Newton, da qual falamos alhures: um corpo transportado, por exemplo, a dez diâmetros do centro da Terra pesa cem vezes menos do que a um diâmetro.

---

12. Isso foi escrito em 1736. (N. de Voltaire)

Logo, é por meio das leis da gravidade, combinadas com as leis da força centrífuga, que se verifica realmente que forma a Terra deve ter. Newton e James Gregory estavam tão certos dessa teoria que não hesitaram em afirmar que as experiências com a gravidade eram mais seguras para se descobrir a forma da Terra do que qualquer outra medida geográfica.

Luís XIV notabilizara o seu reinado por aquele meridiano que atravessa a França; o ilustre Dominique Cassini lhe dera início com seu filho; em 1701, traçou do sopé dos Pirineus ao Observatório a linha mais reta que lhe foi possível, através de obstáculos quase intransponíveis, como a altura das montanhas, as mudanças na refração do ar e as alterações dos instrumentos, que se opunham incessantemente àquela empresa de grande magnitude e delicadeza; portanto, em 1701, ele mediu seis graus e dezoito minutos daquele meridiano. Mas, fosse qual fosse a origem do erro, concluiu que os graus perto de Paris, ou seja, ao norte, eram menores do que aqueles perto dos Pirineus, ou seja, ao sul; essa medida desmentia tanto a de Norvood quanto a nova teoria da Terra achatada nos polos. No entanto, essa nova teoria começou a ser tão aceita, que o secretário da Academia não hesitou em dizer, na sua história de 1701, que as novas medidas feitas na França provavam que a Terra é um esferoide de polos achatados. Na verdade, as medidas de Dominique Cassini implicavam conclusão totalmente contrária; mas, como a forma da Terra ainda não era objeto de discussão na França, ninguém deu destaque então àquela conclusão falsa. Os graus do meridiano, de Collioure a Paris, foram considerados exatos, e o polo, que, de acordo com essas medidas, devia ser necessariamente alongado, foi considerado achatado.

Um engenheiro chamado sr. des Roubais, admirado com a conclusão, demonstrou que, segundo as medidas tiradas na França, a Terra devia ser um esferoide oblongo, cujo meridiano que vai de um polo a outro é mais longo do que o equador, e cujos polos são alongados[13]. Mas nenhum dos físicos aos quais ele endereçou a dissertação quis mandar imprimi-la, porque achavam que a Academia havia se pronunciado, e parecia muita audácia um cidadão reclamar. Algum tempo depois, o erro de 1701 foi reconhecido; houve desmentidos, e a Terra foi alongada graças a uma conclusão correta extraída de um princípio falso. Com base nesse princípio, o meridiano foi continuado de Paris a Dunquerque; descobriu-se que seus graus sempre diminuíam em direção ao norte. Sempre houve erros no que se refere à forma da Terra, assim como os houve em relação à natureza da luz. Mais ou menos naquela época, alguns matemáticos que faziam as mesmas experiências na China ficaram admirados ao verem diferenças entre seus graus, que, segundo acreditavam, deviam ser iguais; depois de várias verificações, descobriram que eles eram menores em direção ao norte do que ao sul. Esse acordo entre os matemáticos da França e da China era mais uma forte razão para se acreditar no esferoide oblongo. Além disso, na França, foram medidos paralelos ao equador. É fácil compreender que, num esferoide oblongo, nossos graus de longitude devem ser menores do que numa esfera. O sr. de Cassini descobriu que o paralelo que passa por Saint-Malo é mil e trinta e sete toesas mais curto do que seria na hipótese de a Terra ser esférica. Esse grau, portanto, era incomparavelmente mais curto do que teria sido num esferoide de polos achatados.

Todas essas falsas medidas provaram que os graus haviam sido descobertos como bem se entendia: durante algum tempo, na França, puseram por terra a demonstração de Newton e de Huygens, e ninguém duvidou que os polos tivessem forma totalmente oposta à forma que lhes havia sido atribuída de início: ninguém mais sabia em que pé se estava.

Por fim, os novos membros da Academia Real de Ciência que foram ao círculo polar em 1736, vendo, por meio de outras medidas, que lá o grau era mais longo do que na França, ficaram em dúvida entre o que diziam e as afirmações do sr. Cassini. Mas, logo depois, deixaram de duvidar: os mesmos astrônomos que voltavam do polo examinaram mais uma vez os graus medidos

---

13. Sua monografia está no *Journal Littéraire*. (N. de Voltaire)

em 1677 por Picard no norte de Paris; verificaram que esse grau era cento e vinte e três toesas mais longo do que Picard estabelecera. Logo, se Picard, com suas precauções, chegara a um grau cento e vinte e três toesas mais curto, era bem provável que se tivesse chegado depois, nos graus do sul, a medidas mais longas do que deviam ser. Assim, o primeiro erro de Picard, que servia de fundamento às medidas do meridiano, também serviu de desculpa para os erros quase inevitáveis que ótimos astrônomos cometeram nessas operações.

Infelizmente, outros mensuradores descobriram, no cabo da Boa Esperança, que os graus do meridiano não concordavam com os nossos. Outras medidas, tomadas na Itália, também contradisseram as medidas francesas. E todas elas eram desmentidas pelas da China. Começou-se então de novo a duvidar, e desconfiou-se – com muita razão, na minha opinião – que a Terra era amassada.

Quanto aos ingleses, apesar de gostarem de viajar, eximiram-se dessa trabalheira e ativeram-se à sua teoria.

A diferença entre um eixo e outro é praticamente de apenas cinco léguas: diferença imensa para os que defendem um ponto de vista, mas imperceptível para aqueles que só consideram as medidas do globo pela utilidade que delas resulta. Um geógrafo dificilmente poderia dar a perceber essa diferença num mapa, e nenhum navegante poderia saber se sua rota é descrita sobre um esferoide ou uma esfera.

No entanto, houve quem ousasse afirmar que a vida dos navegantes dependia dessa questão. Charlatanismo! Até nos graus do meridiano?

Figurado, expresso como figura

Fala-se em *dança figurada* quando ela representa ou acredita-se que represente uma ação, uma paixão, uma estação, ou simplesmente forma figuras devido ao arranjo dos dançarinos aos pares ou em grupos de quatro; fala-se em *cópia figurada* quando expressa exatamente a ordem e a disposição do original; fala-se em *verdade figurada* em uma fábula, em uma parábola: a *Igreja figurada* pela jovem esposa do Cântico dos cânticos; *a antiga Roma figurada* pela Babilônia; fala-se em *estilo figurado* devido às expressões metafóricas que figuram as coisas, ou as desfiguram quando as metáforas não são pertinentes.

A imaginação ardente, a paixão e o desejo, frequentemente iludidos, produzem o estilo figurado. Não o admitimos em história, pois metáforas demais prejudicam a clareza; prejudicam até a verdade, falando a mais ou a menos.

As obras didáticas reprovam esse estilo. Ele é bem menos cabível num sermão do que numa oração fúnebre: porque o sermão é uma instrução na qual se anuncia a verdade, enquanto a oração fúnebre é uma declamação na qual se exagera.

A poesia entusiasta, como a epopeia e a ode, é o gênero que mais aceita esse estilo. É ele menos usado na tragédia, onde o diálogo deve ser natural e elevado; menos ainda na comédia, em que o estilo deve ser mais simples.

É o gosto que fixa os limites que devem ser impostos ao estilo figurado em cada gênero. Baltazar Gracián diz que "os pensamentos partem das vastas praias da memória, embarcam no mar da imaginação, chegam ao porto do espírito, para serem registrados na aduana do entendimento". É precisamente o estilo de Arlequim. Diz ele a seu senhor: "A bola de vossos mandamentos ricocheteia na raquete de minha obediência." Convenhamos que nisso há um estilo oriental que tentamos admirar.

Outro defeito do estilo figurado é o amontoamento de figuras incoerentes. Um poeta, ao falar de alguns filósofos, chamou-os[14]

---

14. Versos de uma epístola de Jean-Baptiste Rousseau a Louis Racine, filho de Jean Racine. (N. de Voltaire)

D'ambitieux pygmées,
Qui, sur leurs pieds vainement redressés,
Et sur des monts d'arguments entassés,
De jour en jour, superbes Encelades,
Vont redoublant leurs folles escalades.
[Ambiciosos pigmeus
Que, sobre seus pés em vão erguidos,
E sobre montes de argumentos empilhados,
Dia a dia, qual soberbos Encelados,
Vão redobrando suas insanas escaladas.]

Quem escreve contra os filósofos deveria escrever melhor. Como pigmeus ambiciosos, erguidos sobre seus pés, sobre montanhas de argumentos, continuam escalando? Que imagem falsa e ridícula! Que mediocridade rebuscada!

Numa alegoria do mesmo autor, intitulada *La Liturgie de Cythère* [A liturgia de Cítera], encontram-se estes versos:

De toutes parts, autour de l'inconnue
Il voit tomber comme grêle menue
Moissons de coeurs sur la terre jonchés,
Et des dieux même à son char attachés...
Oh! par Vénus nous verrons cette affaire.
Si s'en retourne aux cieux dans son sérail,
En ruminant comment il pourra faire
Pour attirer la brebis au bercail.
[De todos os lados, ao redor da desconhecida
Ele vê cair como granizo miúdo
Messes de corações sobre a terra disseminados,
E até deuses presos a seu carro...
Oh! Por Vênus veremos esse caso.
Quando retorna aos céus em seu serralho,
Ruminando o que poderá fazer
Para atrair a ovelha ao aprisco.]

"Messes de corações disseminados na terra como granizo miúdo; e, entre corações palpitantes no chão, deuses presos ao carro da desconhecida; o Amor, indo em nome de Vênus ruminar em seu serralho no céu um modo de atrair ao aprisco aquela ovelha cercada de corações disseminados!" Tudo isso constitui figuras tão falsas, pueris, grosseiras, incoerentes, repugnantes, extravagantes e expressas de modo tão enfadonho, que causa espécie o fato de um homem de bom gosto, que fazia bons versos de outra natureza, ter escrito algo tão ruim.

Maior surpresa ainda causa o fato de que esse estilo, herdado de Marot, tenha encontrado tantos admiradores durante algum tempo. Mas a surpresa acaba quando lemos as epístolas em versos desse autor; quase todas estão eivadas por essas figuras pouco naturais e contraditórias.

Há uma epístola a Marot que começa assim:

Ami Marot, honneur de mon pupitre,
Mon premier maître, acceptez cette épître
Que vous écrit un humble nourrisson

Qui sur Parnasse a pris votre écusson,
Et qui jadis en maint genre d'escrime
Vint chez vous seul étudier la rime.
[Amigo Marot, honra da minha escrivaninha,
Meu primeiro mestre, aceitai esta epístola
Que vos escreve um humilde fedelho
Que no Parnaso foi buscar vosso escudete,
E outrora em vários tipos de esgrima
Foi convosco estudar a rima.]

Boileau dissera em sua epístola a Molière:

Dans les combats d'esprit savant maître d'escrime.
[Nos combates intelectuais, hábil mestre esgrimista.]
(*Sát*. II, 6)

Pelo menos a figura era pertinente. Todos esgrimam num combate; mas ninguém estuda rima esgrimando. Ninguém é a honra da escrivaninha de alguém que esgrima. E no Parnaso ninguém vai buscar um *écusson* [escudete] para rimar com *nourrisson* [fedelho]. Tudo isso é incompatível, tudo destoa.

Figura muito mais viciosa é esta:

Au demeurant assez haut de stature,
Large de croupe, épais de fourniture,
Flanqué de chair, gabionné de lard,
Tel en un mot que la nature et l'art,
En maçonnant les remparts de son âme,
Songèrent plus au fourreau qu'à la lame.
[De resto, é mui grande de estatura,
Largo de garupa, espesso em aviamentos,
Flanqueado de carne, gabionado de toucinho,
Foi assim, em suma, que a natureza e a arte,
Na alvenaria das muralhas de sua alma,
Pensaram mais na bainha do que na espada.]
(Rousseau, alegoria intitulada *Midas*)

"A natureza e a arte fazem a alvenaria das muralhas da alma, muralhas que acabam por ser aviamentos de carne e gabiões de toucinho": sem dúvida, é o cúmulo do disparate. O pior dos carregadores da feira de Saint-Germain teria feito versos mais razoáveis. Mas, quando quem está mais a par das coisas se lembra de que esse amontoado de tolices foi escrito contra um dos homens mais proeminentes da França em nascimento, posição e gênio, homem que fora protetor desse versejador, que o ajudara com seu crédito e seu dinheiro, homem de engenho, eloquência e conhecimentos muito superiores aos de seu detrator, quem se lembra disso é tomado de indignação contra o miserável arranjador de palavras velhas e impróprias, juntadas em rimas ricas; e, elogiando-se o que ele tem de bom, detesta-se esse horrível abuso do talento.

Vejamos outra figura do mesmo autor, não menos falsa e não menos composta de imagens que se destroem mutuamente:

Incontinent vous l'allez voir s'enfler
De tout le vent que peut faire souffler,
Dans les fourneaux d'une tête échauffée,
Fatuité sur sottise greffée.
[Incontinenti o vereis inchar
Com todo o vento que pode ser soprado,
Nos fornos de uma cabeça inflamada,
Pela fatuidade sobre a tolice enxertada.]
(ROUSSEAU, *Epístola ao padre Brumoy*)

O leitor percebe que a fatuidade, transformada em árvore enxertada na árvore da tolice, não pode soprar com um fole, e que a cabeça não pode ser um forno. Todas essas contorções de alguém que se afasta assim da naturalidade certamente nada têm de semelhante à marcha decente, fácil e comedida de Boileau. Isso não é *Arte poética*.

Haverá amontoado de figuras mais incoerentes e disparatadas do que este outro trecho do mesmo poeta:

... Tout auteur qui veut, sans perdre haleine,
Boire à longs traits aux sources d'Hippocrène,
Doit s'imposer l'indispensable loi
De s'éprouver, de descendre chez soi,
Et d'y chercher ces semences de flamme
Dont le vrai seul doit embraser notre âme,
Sans quoi jamais le plus fier écrivain
Ne peut atteindre à cet essor divin.
[... Todo autor que queira, sem perder alento,
Beber em longos sorvos nas fontes de Hipocrene
Deve impor-se a indispensável lei
De ser provado, descer para dentro de si,
E procurar as sementes de chama
Cuja verdade apenas deve abrasar nossa alma;
Sem isso nunca o mais fero escritor
Poderá atingir esse divino motor.]
(*Epístola ao barão de Breteuil*)

Como! Para beber em longos sorvos é preciso descer para dentro de si e procurar sementes de fogo cuja verdade abrasa, e sem isso o mais fero escritor não atingirá um motor? Que monstruoso amontoado! Que algaravia inconcebível!

Numa alegoria, é possível deixar de empregar figuras, metáforas, dizer com simplicidade o que foi inventado com imaginação. Platão tem mais alegorias que figuras, e frequentemente as exprime com elegância e sem pompa.

Quase todas as máximas dos antigos orientais e gregos foram escritas em estilo figurado. Todas essas sentenças são metáforas, alegorias breves, e é então que o estilo figurado produz grande efeito, impressionando a imaginação e gravando-se na memória.

Vimos que Pitágoras diz *Na tempestade, adorai o eco*, para significar: "Nas conturbações civis, retirai-vos para o campo"; *Não atiçeis o fogo com a espada*, para dizer: "Não irriteis os espíritos inflamados."

Há em todas as línguas muitos provérbios comuns formulados em estilo figurado.

Figura, em teologia

É mais que certo – e os mais devotos convirão conosco – que as figuras e as alegorias foram levadas longe demais. Não se pode negar que é um abuso intelectual de quem quer encontrar mistério em tudo considerar como figura do sangue de Jesus Cristo o pedaço de pano vermelho posto pela cortesã Raabe na janela, para avisar os espiões de Josué; essa interpretação foi dada por alguns Padres da Igreja.

Não se pode negar que santo Ambrósio, em seu livro sobre *Noé e a Arca*, fez péssimo uso de seu gosto pela alegoria, dizendo que a portinha da arca era uma figura de nosso traseiro, por onde saem os excrementos.

Todas as pessoas sensatas perguntaram como é possível provar que as palavras hebraicas *maher-salal-hasbas*, "tomem logo os despojos", são uma figura de Jesus Cristo. Como Moisés, estendendo as mãos durante a batalha contra os madianitas, pode ser a figura de Jesus Cristo? Como Judá, prendendo o burrico à videira e lavando o manto no vinho, também é figura? Como Rute, deitando-se na cama de Booz, pode figurar a Igreja? Como Sara e Raquel são a Igreja, e Agar e Lia, a sinagoga? Como os beijos da sunamita na boca podem figurar o casamento da Igreja?

Seria possível escrever um volume inteiro com todos esses enigmas, que para os melhores teólogos dos últimos tempos pareceram mais rebuscados que edificantes.

O perigo desse abuso é perfeitamente reconhecido pelo abade Fleury, autor da *História eclesiástica*. É um resto de rabinismo, um defeito no qual o douto são Jerônimo nunca incidiu; parece com a explicação dos sonhos, com a *oniromancia*. Se uma moça sonhar com água lamacenta, fará um mau casamento; se sonhar com água límpida, terá um bom marido; aranha significa dinheiro etc.

Enfim, será possível que a posteridade esclarecida acredite nisso? Durante mais de quatro mil anos estuda-se seriamente a interpretação dos sonhos.

Figuras simbólicas

Todas as nações as utilizaram, como dissemos no verbete Emblema; mas quem começou? Os egípcios? Não parece. Acreditamos ter provado mais de uma vez que o Egito é um país novíssimo, e que foram necessários vários séculos para proteger a região das inundações e torná-la habitável. É impossível que os egípcios tenham inventado os signos do zodíaco, pois as figuras que designam os tempos de nossas semeaduras e de nossas colheitas não podem se coadunar com as deles. Quando cortamos nosso trigo, a terra deles está coberta de água; quando semeamos, eles estão chegando à época de colher. Assim, em nosso zodíaco, o boi e a moça carregada de espigas não podem provir do Egito.

Essa é uma prova evidente da falsidade do novo paradoxo, segundo o qual os chineses são colônia egípcia. Os caracteres não são os mesmos; os chineses marcam a trajetória do Sol com vinte e oito constelações, enquanto os egípcios, de acordo com os caldeus, contam doze constelações, assim como nós.

As figuras que designam os planetas na China e nas Índias são totalmente diferentes das do Egito e da Europa; os signos dos diferentes metais, a maneira de conduzir a mão na escrita não são menos diferentes. Portanto, nada parece mais quimérico do que enviar egípcios para povoar a China.

Todas essas fundações fabulosas feitas nos tempos fabulosos ocasionaram uma perda irreparável de tempo por parte de uma multidão prodigiosa de estudiosos, que se transviaram em suas laboriosas pesquisas e poderiam ter sido mais úteis ao gênero humano se exercessem artes verdadeiras.

Pluche, em sua *História*, ou melhor, em sua fábula do céu, afirma que Cam, filho de Noé, foi reinar no Egito, onde não havia ninguém; que seu filho Menés foi o maior dos legisladores, e Tot era seu primeiro-ministro.

Segundo ele e seus avalistas, esse Tot ou algum outro instituiu festas em honra ao dilúvio, e os gritos de alegria *Io Bacché*, tão famosos entre os gregos, eram lamentações entre os egípcios. *Bacché* vinha do hebraico *beke*, que significa *soluços*, isso num tempo em que o povo hebreu não existia. Com essa explicação, alegria quer dizer *tristeza*, e cantar significa *chorar*.

Os iroqueses são mais sensatos; não procuram saber o que aconteceu às margens do lago Ontário há alguns milhares de anos: vão à caça, em vez de ficar criando sistemas.

Os mesmos autores afirmam que as esfinges com que o Egito estava adornado significavam *superabundância*, porque alguns intérpretes alegaram que uma palavra hebraica *spang* queria dizer *excesso*, como se a língua hebraica, em grande parte derivada da fenícia, tivesse servido de lição ao Egito; e que relação haverá entre esfinge e abundância de água? Os escoliastas futuros algum dia afirmarão, com mais verossimilhança, que os mascarões que ornam as chaves de abóbada de nossas janelas são emblemas de nossas mascaradas, e que essas fantasias anunciariam que havia bailes em todas as casas decoradas com mascarões.

Figura, sentido figurado, alegórico, místico, tropológico, típico etc.

É muitas vezes a arte de ver nos livros coisa totalmente diferente do que a que está lá. Por exemplo, o fato de Rômulo mandar matar o irmão Remo significaria a morte do duque de Berry, irmão de Luís XI; Régulo, prisioneiro em Cartago, seria são Luís cativo em Mansurá.

Com oportunidade se observa no grande *Dicionário enciclopédico* que vários Padres da Igreja talvez tenham levado um pouco longe esse gosto pelas figuras alegóricas; eles são respeitáveis até nos exageros.

Se os santos Padres às vezes abusaram desse método, esses pequenos excessos da imaginação devem ser perdoados em nome de seu santo zelo.

O que também pode justificá-los é a antiguidade desse uso, cuja prática vemos nos primeiros filósofos. É verdade que as figuras simbólicas empregadas pelos Padres da Igreja são de um estilo diferente.

Por exemplo, santo Agostinho, quando quer encontrar as quarenta e duas gerações da genealogia de Jesus, anunciadas por são Mateus, que só descreve quarenta e uma, diz[15] que é preciso contar duas vezes Jeconias, porque Jeconias é a *pedra angular* que pertence a duas muralhas; que essas duas muralhas figuram a lei antiga e a nova, e que Jeconias, sendo assim *pedra angular*, figura Jesus Cristo, que é a *verdadeira pedra angular*.

O mesmo santo, no mesmo sermão, diz[16] que o número quarenta deve dominar e deixa de lado Jeconias e sua pedra angular contada por duas gerações. O número quarenta, diz ele, significa vida: pois o número dez é a perfeita beatitude, multiplicado por quatro, número que figura o tempo, contando-se as quatro estações.

Também no mesmo sermão, explica por que são Lucas atribui setenta e sete ancestrais a Jesus Cristo, cinquenta e seis até o patriarca Abraão e vinte e um de Abraão até Deus. É verdade que, segundo o texto hebreu, haveria apenas setenta e seis, pois a Bíblia hebraica não conta certo Cainã que é interpolado na Bíblia grega, chamada *dos Setenta*.

Eis o que diz santo Agostinho:

"O número setenta e sete figura a abolição de todos os pecados pelo batismo... o número dez significa justiça e beatitude resultantes da criatura, que é sete com a Trindade, que perfaz três. Por

---

15. Sermão XLI, art. IX. (N. de Voltaire)
16. Art. XXII. (N. de Voltaire)

essa razão, os mandamentos de Deus são em número de dez. O número onze significa pecado, porque transgride o dez... Esse número setenta e sete é produto de onze figuras do pecado multiplicadas por sete, e não por dez: pois o número sete é o símbolo da criatura. O número três representa a alma, que é alguma imagem da Divindade, e o quatro representa o corpo, por causa de suas quatro qualidades etc."[17]

Percebe-se nessas explicações um resquício dos mistérios da cabala e do quaternário de Pitágoras. Esse estilo esteve em voga durante muito tempo.

Santo Agostinho vai mais longe ao se referir às dimensões da matéria[18]. A largura é a dilatação do coração que realiza boas obras; o comprimento é a perseverança; a altura é a esperança das recompensas. Leva muito longe essa alegoria, aplicando-a à cruz e tirando daí importantes consequências.

O uso dessas figuras passara dos judeus para os cristãos, muito tempo antes de santo Agostinho. Não nos compete saber em que limites é preciso parar.

Os exemplos desse defeito são inúmeros. Quem fizer bons estudos não arriscará tais figuras no púlpito nem na escola. Não há exemplo disso nos romanos e nos gregos, nem mesmo em seus poetas.

Apenas nas *Metamorfoses* de Ovídio se encontram deduções engenhosas extraídas de fábulas, que são apresentadas como tais.

Pirra e Deucalião jogaram pedras para trás, por entre as pernas; daí nasceram homens. Ovídio diz (*Met.*, I, 414):

Inde genus durum sumus, experiensque laborum;
Et documenta damus qua simus origine nati.

Formés par des cailloux, soit fable ou vérité,
Hélas! le coeur de l'homme en a la dureté.
[Formados por pedras, seja fábula ou verdade,
O coração do homem herdou sua dureza.]

Apolo ama Dafne, e Dafne não ama Apolo; é que o amor tem duas espécies de flecha: uma de ouro e perfurante, outra de chumbo e obtusa. Apolo foi atingido no coração por uma flecha de ouro; Dafne, por uma de chumbo.

Deque sagittifera prompsit duo tela pharetra
Diversorum operum; fuget hoc, facit illud amorem.
Quod facit auratum est, et cuspide fulget acuta;
Quod fugat obtusum est, et habet sub arundine plumbum,
(Ovídio, *Met.*, I, 468)

Fatal Amour, tes traits sont différents:
Les uns sont d'or, ils sont doux et perçants,
Ils font qu'on aime; et d'autres, au contraire,
Sont d'un vil plomb qui rend froid et sévère.
O dieu d'amour, en qui j'ai tant de foi,
Prends tes traits d'or pour Aminte et pour moi.
[Fatal Amor, tuas setas são diferentes:
Umas são de ouro, macias e perfurantes,

---

17. Sermão XLI, art. 23. (N. de Voltaire)
18. Sermão LIII, art. 14. (N. de Voltaire)

Fazem amar; outras, ao contrário,
São de chumbo vil, que torna frio e severo.
Ó deus do amor, em quem tenho tanta fé,
Pega as tuas setas de ouro para Aminta e para mim.]

Todas essas figuras são engenhosas e não enganam ninguém. Quando se diz que Vênus, deusa da beleza, não deve andar sem as Graças, diz-se uma verdade encantadora. Essas fábulas, que estavam na boca de todos, essas alegorias tão naturais exercem tamanha influência, que os primeiros cristãos talvez tenham desejado combatê-las imitando-as. Colheram as armas da mitologia para destruí-la; mas não conseguiram usá-las com a mesma habilidade: não pensaram que a santa austeridade de nossa religião não permitia empregar esses recursos, e que a mão cristã tocaria mal a lira de Apolo.

No entanto, o gosto por essas figuras típicas e proféticas estava tão enraizado, que quase não houve príncipe, estadista, papa ou fundador de ordem ao qual não se aplicassem alegorias, alusões retiradas da Santa Escritura. A adulação e a sátira hauriram sobejamente na mesma fonte.

Dizia-se ao papa Inocêncio III: *Innocens eris a maledictione*, quando ele promoveu uma cruzada sangrenta contra o conde de Toulouse.

Quando Francisco Martorillo de Paula fundou a ordem dos mínimos, descobriu-se que ele fora previsto no Gênese: *Minimus cum patre nostro*.

O pregador que pregou diante de João da Áustria, depois da célebre batalha de Lepanto, tomou para seu texto: *Fuit homo missus a Deo, cui nomen erat Joannes*; e essa alusão era muito bonita, ainda que as outras fossem ridículas. Dizem que foi repetida para Jan Sobieski, depois da libertação de Viena; mas o pregador não passava de plagiário.

Por fim, tornou-se uso tão constante, que nenhum pregador de nossos dias jamais deixou de adotar uma alegoria em seu texto. Uma das mais felizes é o texto da *Oração fúnebre* do duque de Candale, proferida diante da irmã, considerada um modelo de virtude: *Dic quia soror mea es, ut mihi bene eveniat propter te*. – Dize que és minha irmã, para que eu seja bem tratado por tua causa.

Não é de surpreender que os franciscanos tenham levado tão longe essas figuras no favorecimento a são Francisco de Assis, no famoso e pouco conhecido livro *Conformidades de são Francisco de Assis com Jesus Cristo*. Nelas se veem sessenta e quatro predições do advento de são Francisco, tanto no Antigo Testamento quanto no Novo, e cada predição contém três figuras que significam a fundação da ordem dos franciscanos. Assim, aqueles padres estão previstos cento e noventa e duas vezes na Bíblia.

Desde Adão até são Paulo, tudo figurou o bem-aventurado Francisco de Assis. As Escrituras foram feitas para anunciar ao universo os sermões de Francisco aos quadrúpedes, aos peixes e aos pássaros, seus embates com sua mulher de neve, seus passatempos com o diabo, suas aventuras com irmão Elias e irmão Pacífico.

Houve quem condenasse esses devaneios piedosos que beiravam a blasfêmia. Mas a ordem de São Francisco não sofreu com isso; renunciou a tais extravagâncias, comuns demais nos séculos de barbárie.

FILOSOFIA (Philosophie)

Primeira seção

Escreva-se *filosofia* ou *philosophia*, a verdade é que ela é perseguida assim que aparece. Se apresentais aos cães um alimento de que não gostam, eles vos mordem.

Direis que me repito, mas é preciso pôr centenas de vezes diante dos olhos do gênero humano o fato de que a sagrada congregação condenou Galileu, e que os pedantes que declararam excomungados todos os bons cidadãos que se submetessem ao grande Henrique IV foram os mesmos que condenaram as únicas verdades que podiam ser encontradas nas obras de Descartes.

Todos os canichos da lama teológica, que ladram uns contra os outros, ladraram todos contra de Thou, La Mothe-Le-Vayer, Bayle. Quantas tolices foram escritas por pequenos escolares *Welches*[19] contra o sábio Locke!

Esses *Welches* dizem que César, Cícero, Sêneca, Plínio e Marco Aurélio podiam ser filósofos, mas que isso não é permitido entre os *Welches*. Respondem-lhes que isso não só é permitido como também é útil entre os franceses, que nada fez mais bem aos ingleses, e que está na hora de exterminar a barbárie.

Replicareis que ela não será vencida. Não, no povo e nos imbecis; mas, entre as pessoas de bem, a tarefa está cumprida.

Segunda seção

Um dos grandes males e uma das coisas mais ridículas do gênero humano é que em todos os países considerados civilizados, exceto talvez na China, os sacerdotes se encarregaram daquilo que só competia aos filósofos. Esses sacerdotes puseram-se a regrar o ano: diziam que era direito deles, pois era necessário que os povos conhecessem seus dias de festas. Assim, os sacerdotes caldeus, egípcios, gregos e romanos acreditaram-se matemáticos e astrônomos: mas que matemática e que astronomia! Eles estavam ocupados demais com sacrifícios, oráculos, adivinhações e augúrios, para estudar seriamente. Quem tiver feito da charlatanice uma profissão não poderá ter espírito justo e esclarecido. Eles foram astrólogos, nunca astrônomos[20].

Os próprios sacerdotes gregos de início fizeram o ano de trezentos e sessenta dias. Foi preciso que os geômetras lhes ensinassem que se enganavam em mais de cinco dias. Então reformaram o ano. Outros geômetras mostraram-lhes que se enganavam em seis horas. Ífito obrigou-os a modificar seu almanaque grego. Eles acrescentaram um dia a cada quatro anos a seu ano carente; e Ífito celebrou essa modificação com a instituição das olimpíadas.

Finalmente, foram obrigados a recorrer ao filósofo Méton, que, combinando o ano lunar com o ano solar, compôs seu ciclo de dezenove anos, ao cabo dos quais o Sol e a Lua voltavam ao mesmo ponto, com uma diferença de hora e meia. Esse ciclo foi gravado em ouro na praça pública de Atenas; e é esse o famoso *número de ouro* ainda hoje utilizado, com as correções necessárias.

Todos sabem que ridícula confusão os sacerdotes romanos introduziram no cômputo do ano.

Seus erros tinham sido tão grandes, que suas festas de verão ocorriam no inverno. César, o universal César, foi obrigado a chamar de Alexandria o filósofo Sosígenes para consertar os enormes equívocos dos pontífices.

Quando foi necessário outra vez reformar o calendário de Júlio César, no pontificado de Gregório XIII, procurou-se quem? Algum inquisidor? Não, um filósofo, um médico chamado Lilio.

Se o professor Cogé, reitor da universidade, fosse incumbido de fazer o livro *Conhecimento dos tempos*, ele nem sequer saberia do que se trata. Seria preciso recorrer ao sr. de Lalande, da academia das ciências, encarregado desse penoso e mal remunerado trabalho.

O reitor Cogé, portanto, cometeu um estranho erro, quando propôs para prêmio da universidade esse assunto enunciado de forma tão singular: *Non magis Deo quam regibus infensa est ista*

---

19. Ver nota no verbete Oração. (N. da T.)
20. Ver Astrologia. (N. de Voltaire)

quae vocatur hodie philosophia. "Aquilo que hoje se chama filosofia não é mais inimiga de Deus do que dos reis." Ele queria dizer *menos* inimiga. Confundiu *magis* com *minus*. E o pobre coitado deveria saber que nossas academias não são inimigas do rei nem de Deus[21].

Terceira seção

Se a filosofia honrou tanto a França na *Enciclopédia*, convenhamos que a ignorância e a inveja, que ousaram condenar essa obra, teriam coberto a França de opróbrio, se doze ou quinze convulsionários, que formaram uma cabala, pudessem ser vistos como órgãos representativos da França, eles que, de fato, não passavam de ministros do fanatismo e da sedição, eles que obrigaram o rei a expulsar o corpo que haviam seduzido. Suas manobras não foram tão violentas quanto no tempo da Fronda, mas não foram menos ridículas. Sua credulidade fanática pelas convulsões e pelos miseráveis prestígios de Saint-Médard era tão grande, que obrigaram um magistrado – aliás sábio e respeitável – a dizer em pleno parlamento que "os milagres da Igreja católica ainda subsistem". Só podemos entender por milagres, aí, os das convulsões. Sem dúvida não houve outros, a menos que se acredite nas criancinhas ressuscitadas por santo Ovídio. O tempo dos milagres passou; a Igreja triunfante já não precisa deles. Sinceramente, haveria um único perseguidor da *Enciclopédia* que tivesse entendido uma só palavra dos verbetes de astronomia, dinâmica, geometria, metafísica, botânica, medicina e anatomia, que enchem cada um dos volumes desse livro que se tornou tão necessário[22]? Que monte de imputações absurdas e calúnias grosseiras se acumulou contra esse tesouro de todas as ciências! Para eternizar sua vergonha, bastaria que fossem impressas como apêndice da *Enciclopédia*. É isso o que dá querer julgar uma obra que nem sequer se tem condições de estudar. Que covardes! Bradaram que a filosofia arruína o catolicismo. Como assim?! Em vinte milhões de homens terá havido um pelo menos que tenha perseguido algum frequentador de paróquia? Um único que tenha faltado ao respeito nas igrejas? Um único que tenha proferido publicamente contra nossas cerimônias uma só palavra que se aproximasse da virulência com que então se falava contra a autoridade régia?

Cumpre repetir que a filosofia nunca fez nenhum mal ao Estado, e que o fanatismo, aliado ao espírito de corpo, fez-lhe muito mal em todos os tempos.

Quarta seção
Resumo da filosofia antiga

Gastei cerca de quarenta anos de minha peregrinação por dois ou três recantos deste mundo a buscar aquela pedra filosofal que chamam de *verdade*. Consultei todos os adeptos da antiguidade, Epicuro e Agostinho, Platão e Malebranche, e continuei na minha pobreza. Talvez em todos esses crisóis dos filósofos haja uma ou duas onças de ouro; mas todo o resto é cabeça-morta[23], lama insípida, da qual nada pode nascer.

Parece-me que os gregos, nossos mestres, mais escreviam para mostrar inteligência do que usavam a inteligência para instruir-se. Não vejo um só autor da antiguidade que tenha um sistema coeso, metódico, claro, que vá de consequência em consequência.

---

21. Ver *Discours de m. l'avocat Belleguier* sobre esse assunto; é muito interessante. (N. de Voltaire)
22. Sabe-se muito bem que nem tudo é uniforme nessa obra imensa, e nem é possível que o seja. Os verbetes de Cahusac e outros intrusos semelhantes não podem igualar-se aos de Diderot, d'Alembert, Jaucourt, Boucher--d'Argis, Venelle, Dumarsais e tantos outros verdadeiros filósofos: mas, no frigir dos ovos, a obra é um serviço eterno prestado ao gênero humano; prova disso é que está sendo reeditada em toda parte. Seus detratores não são objeto da mesma honra. Teriam eles realmente existido? Só se sabe disso graças à menção que deles fazemos. (N. de Voltaire)
23. *Caput mortuum*, em alquimia, resíduo. (N. da T.)

Quando quis comparar e combinar os sistemas de Platão, do preceptor de Alexandre, de Pitágoras e dos orientais, eis aqui mais ou menos o que consegui extrair.

"Acaso" é palavra desprovida de sentido; nada pode existir sem causa. O mundo está organizado de acordo com leis matemáticas; logo, é organizado por uma inteligência.

Não foi um ser inteligente como eu que governou a formação deste mundo, porque eu não consigo formar um ácaro; logo, este mundo é obra de uma inteligência prodigiosamente superior.

Esse ser, que possui inteligência e poder em tão alto grau, existirá necessariamente? É preciso que exista; pois cumpre que tenha recebido o ser de outro, ou que seja por sua própria natureza. Se recebeu o ser de outro – o que é muito difícil de conceber –, haverei de recorrer a esse outro, e esse outro será o primeiro motor. Para onde quer que me dirija, precisarei, portanto, admitir um primeiro motor poderoso e inteligente, que assim é necessariamente por sua própria natureza.

Esse primeiro motor terá produzido as coisas do nada? Não é concebível; criar do nada é transformar o nada em algo. Não devo admitir tal produção, a menos que encontre razões irrefutáveis que me obriguem a admitir o que meu espírito nunca pôde compreender.

Tudo o que existe parece existir necessariamente, visto que existe. Pois, se hoje há uma razão para a existência das coisas, houve uma ontem, houve uma em todos os tempos; e essa causa deve sempre ter produzido seu efeito, sem o que ela teria sido, durante a eternidade, uma causa inútil.

Mas como as coisas terão sempre existido, visivelmente nas mãos do primeiro motor? Esse poder, portanto, deverá ter agido sempre, mais ou menos como não há sol sem luz, como não há movimento sem um ser que passe de um ponto do espaço para outro.

Logo, há um ser poderoso e inteligente que sempre agiu; e, se esse ser não tivesse agido, de que lhe teria servido sua existência?

Todas as coisas, portanto, são emanações eternas desse primeiro motor.

Mas como imaginar que a pedra e a lama sejam emanações do Ser eterno, inteligente e poderoso?

De duas uma: ou a matéria dessa pedra e dessa lama existem necessariamente por si mesmas, ou existem necessariamente por esse primeiro motor; não há meio-termo.

Assim, portanto, só há duas soluções: ou admitir a matéria eterna por si mesma, ou admitir a matéria a sair eternamente do Ser poderoso, inteligente e eterno.

Mas, subsistente por sua própria natureza ou emanada do Ser produtor, ela existe desde toda eternidade, pois existe e não há nenhuma razão pela qual não tenha existido antes.

Se a matéria é eternamente necessária, é portanto impossível, é portanto contraditório que não seja: mas que homem pode garantir que é impossível, que é contraditório que este seixo e esta mosca não tenham existência? Somos, porém, obrigados a engolir essa dificuldade, que mais espanta a imaginação do que contradiz os princípios do raciocínio.

De fato, se concebermos que tudo emanou do Ser supremo e inteligente, que nada dele emanou sem razão, que esse Ser sempre existente deve ter sempre agido, que, por conseguinte, todas as coisas devem ter eternamente saído do seio de sua existência, não haverá de nos repugnar a ideia de que a matéria que forma este seixo e esta mosca é uma produção eterna, assim como não nos repugna conceber a luz como emanação eterna do Ser todo-poderoso.

Como sou um ser extenso e pensante, minha extensão e meu pensamento, portanto, são produções necessárias desse Ser. É evidente que não posso dar-me extensão nem pensamento: logo, recebi ambos desse Ser necessário.

Poderá ele ter-me dado aquilo que não tem? Tenho inteligência e estou no espaço; logo, ele é inteligente e está no espaço.

Dizer que esse Ser eterno, esse Deus todo-poderoso, desde todos os tempos encheu necessariamente o universo com suas produções não é privá-lo de sua liberdade; ao contrário, pois liberdade é poder de agir. Deus sempre agiu plenamente; logo, Deus sempre usou a plenitude de sua liberdade.

A liberdade que se chama *indiferença* é uma palavra sem ideia, um absurdo; pois seria determinar-se sem razão, seria efeito sem causa. Portanto, Deus não pode ter essa pretensa liberdade, que é uma contradição nos termos. Logo, sempre agiu por essa mesma necessidade que faz sua existência.

Logo, é impossível que o mundo seja sem Deus, é impossível que Deus seja sem o mundo. Este mundo está cheio de seres que se sucedem; logo, Deus sempre produziu seres que se sucederam.

Essas asserções preliminares são a base da antiga filosofia oriental e da filosofia dos gregos. Cabe excetuar Demócrito e Epicuro, cuja filosofia corpuscular combateu esses dogmas. Mas observemos que os epicuristas se baseavam numa física inteiramente errônea, e que o sistema metafísico de todos os outros filósofos subsiste com todos os sistemas físicos. Toda a natureza, com exceção do vácuo, contradiz Epicuro; e nenhum fenômeno contradiz a filosofia que acabo de explicitar. Ora, uma filosofia que está de acordo com tudo o que ocorre na natureza e que satisfaz os espíritos mais atentos não será superior a qualquer outro sistema não revelado?

Depois das asserções dos antigos filósofos, que cotejei na medida do possível, o que nos resta? Um caos de dúvidas e quimeras. Não acredito que tenha havido um só filósofo criador de algum sistema que não tenha confessado, no fim da vida, que perdeu tempo. Convenhamos que os inventores das artes mecânicas foram muito mais úteis aos homens do que os inventores de silogismos: quem imaginou a lançadeira ganha longe de quem imaginou as ideias inatas.

FILÓSOFO (Philosophe)

Primeira seção

Filósofo, *amante da sabedoria*, ou seja, da *verdade*. Todos os filósofos tiveram esse duplo caráter; não houve nenhum na antiguidade que não tenha dado exemplo de virtude e lições de verdades morais. Podem ter todos cometido erros em física, mas ela é tão pouco necessária à conduta da vida, que os filósofos não precisavam dela. Foi preciso esperar vários séculos para conhecer uma parte das leis da natureza. A um sábio basta um só dia para conhecer os deveres do homem.

O filósofo não é entusiasta e não se arvora de profeta, não se diz inspirado pelos deuses; assim, não arrolarei com os filósofos nem o antigo Zoroastro, nem Hermes, nem o velho Orfeu, nem nenhum daqueles legisladores de que se gabavam as nações da Caldeia, da Pérsia, da Síria, do Egito e da Grécia. Os que se disseram filhos dos deuses eram pais da impostura; e, se usaram mentiras para ensinar verdades, eram indignos de ensiná-las; não eram filósofos: eram no máximo prudentíssimos mentirosos.

Por qual fatalidade, vergonhosa talvez para os povos ocidentais, será preciso ir aos confins do oriente para encontrar um sábio simples, sem fasto, sem impostura, que ensinava como viver feliz, seiscentos anos antes de nossa era, num tempo em que todo o Setentrião ignorava o uso das letras e os gregos mal estavam começando a distinguir-se pela sabedoria? Esse sábio é Confúcio, que, sendo legislador, nunca quis enganar os homens. Que regra de conduta mais bonita foi dada depois dele na terra inteira?

"Governai um Estado como se governásseis uma família; só se pode governar bem a família dando-lhe o exemplo.

"A virtude deve ser comum ao lavrador e ao monarca.

"Entrega-te ao cuidado de prevenir os crimes para diminuir o cuidado de puni-los.

"Sob os bons reis Yao e Xu, os chineses foram bons; sob os maus reis Kie e Chu, foram maus.

"Faze a outrem como se fizesses a ti mesmo.

"Ama os homens em geral, mas prefere os homens de bem. Esquece as injúrias, mas nunca os benefícios.

"Vi homens incapazes para as ciências; nunca vi homens incapazes para a virtude."

Convenhamos que não houve legislador que tivesse anunciado verdades mais úteis ao gênero humano.

Uma multidão de filósofos gregos, depois disso, ensinou moral tão pura quanto essa. Se tivessem se limitado a seus vãos sistemas de física, hoje o nome deles só seria pronunciado com escárnio. Se ainda são respeitados, é porque foram justos e ensinaram aos homens como ser justos.

Não é possível ler certos trechos de Platão, sobretudo o admirável exórdio das leis de Zaleuco, sem sentir no coração amor pelas ações honestas e generosas. Os romanos têm seu Cícero, que, sozinho, talvez valha todos os filósofos da Grécia. Depois dele vêm homens ainda mais respeitáveis, que quase desesperamos de imitar: é Epicteto na escravidão, são os Antoninos e os Julianos no trono.

Que cidadão entre nós se privaria, tal como Juliano, Antonino e Marco Aurélio, de todos os requintes de nossa vida mansa e efeminada? Quem como eles dormiria no chão duro? Quem se submeteria à frugalidade deles? Quem como eles marcharia descalço e descoberto à frente dos exércitos, exposto ora ao ardor do sol, ora à geada? Quem como eles dominaria todas as suas paixões? Entre nós há devotos; mas onde estão os sábios? Onde estão as almas inquebrantáveis, justas e tolerantes?

Na França houve filósofos de gabinete; todos, exceto Montaigne, foram perseguidos. Esse é – parece-me – o último grau da malignidade de nossa natureza: querer oprimir os mesmos filósofos que a querem corrigir.

Consigo imaginar que fanáticos sectários matem os entusiastas de outra seita, que os franciscanos odeiem os dominicanos e que um mau artista faça intrigas para arruinar outro que o supere: mas o fato de o sábio Charron ter sido ameaçado de morte, o douto e generoso Ramus ter sido assassinado, Descartes ter sido obrigado a fugir para a Holanda a fim de furtar-se à sanha dos ignorantes, Gassendi ter sido forçado várias vezes a retirar-se em Digne, para ficar longe das calúnias de Paris, eis aí o opróbrio eterno de uma nação.

Um dos filósofos mais perseguidos foi o imortal Bayle, honra da natureza humana. Alguém dirá que o nome de Jurieu, seu caluniador e perseguidor, tornou-se execrável: concordo; o do jesuíta Le Tellier também, mas os grandes homens por ele oprimidos terão por isso deixado de terminar seus dias no exílio e na penúria?

Um dos pretextos de que se lançava mão para oprimir Bayle e reduzi-lo à pobreza foi o verbete *Davi* em seu útil dicionário. Era reprovado por não ter louvado ações que em si mesmas são injustas, sanguinárias, atrozes, contrárias à boa-fé ou impudicas.

Bayle, na verdade, deixou de louvar em Davi o fato de ter reunido – segundo os livros hebreus – seiscentos vagabundos afundados em dívidas e crimes; de ter pilhado seus compatriotas no comando desses bandidos; de ter tencionado matar Nabal e toda a sua família, porque ele não quisera pagar as contribuições; de ter vendido seus serviços ao rei Aquis, inimigo de sua nação; de ter traído esse rei Aquis, seu benfeitor; de ter saqueado as aldeias aliadas desse rei Aquis; de ter massacrado nessas aldeias até as crianças de peito, para que um dia não surgisse ninguém que pudesse falar de suas depredações, como se uma criança de peito pudesse ter revelado seu crime; de ter matado todos os habitantes de algumas outras aldeias com serras, grades de arado, machados e em fornos de olaria; de ter tomado o trono a Isbosete, filho de Saul, com uma perfídia; de ter despojado e matado Mefibosete, neto de Saul e filho de seu amigo, de seu protetor Jônatas; de ter entregue aos gabaonitas dois outros filhos de Saul e cinco de seus netos, que morreram enforcados.

Isso para não citar a prodigiosa incontinência de Davi, suas concubinas, seu adultério com Betsabé e o assassinato de Urias.

O quê! Os inimigos de Bayle gostariam que ele tivesse elogiado todas essas crueldades e todos esses crimes? Ele deveria ter dito: "príncipes da terra, imitai o homem segundo o coração de

Deus; massacrai sem piedade os aliados de vosso benfeitor; matai ou mandai matar toda a família de vosso rei; deitai-vos com todas as mulheres, derramando o sangue dos homens: e sereis um modelo de virtude, desde que digam que fizestes salmos'"?

Porventura Bayle não estava coberto de razão quando disse que, se Davi foi segundo o coração de Deus, assim foi graças à sua penitência, e não a seus delitos? Bayle não estaria prestando um serviço ao gênero humano quando disse que Deus, que sem dúvida ditou toda a história judaica, não canonizou todos os crimes relatados nessa história?

No entanto, Bayle foi perseguido; e por quem? Por homens perseguidos em outros lugares, por fugitivos que em sua pátria teriam ido para a fogueira; e esses fugitivos eram combatidos por outros fugitivos chamados jansenistas, expulsos de seu país pelos jesuítas, que, por fim, foram também expulsos.

Assim, todos os perseguidores declararam-se guerra mortal, enquanto o filósofo, oprimido por todos, limitou-se a lastimá-los.

Nunca é demais saber que Fontenelle, em 1713, esteve a ponto de perder pensões, posto e liberdade, por ter redigido na França, vinte anos antes, o *Tratado dos oráculos* do douto Van Dale, do qual subtraíra, por precaução, tudo o que podia alarmar o fanatismo. Um jesuíta escrevera contra Fontenelle, este não se dignara responder; foi o suficiente para que o jesuíta Le Tellier, confessor de Luís XIV, acusasse Fontenelle de ateísmo ao rei.

Sem o sr. de Argenson, o digno filho de um falsário, procurador de Vire, também notório falsário, proscreveria a velhice do sobrinho de Corneille.

É tão fácil seduzir penitentes, que devemos dar graças a Deus por esse Le Tellier não ter feito mais mal. Há dois lugares no mundo onde não é possível resistir à sedução e à calúnia: a cama e o confessionário.

Sempre vimos filósofos perseguidos por fanáticos; mas será possível que os literatos também participem disso, afiando contra seus irmãos as armas com que são todos traspassados, um após outro?

Infelizes literatos! Caberá a vós a delação? Vede se alguma vez, entre os romanos, houve algum Garasse, Chaumeix, Hayer, acusando algum Lucrécio, Posidônio, Varrão ou Plínio.

Ser hipócrita é uma baixeza! Mas ser hipócrita e malvado é um horror! Nunca houve hipócritas na antiga Roma, que nos arrolava como pequena parcela de seus súditos. Havia embusteiros, admito, mas não hipócritas da religião, que são a espécie mais covarde e cruel de todas. Por que não são encontrados na Inglaterra, e por qual razão ainda os há na França? Filósofos, será fácil resolver esse problema.

Segunda seção

Esse belo nome foi ora honrado, ora desonrado, tal como o nome de poeta, matemático, monge, sacerdote e tudo o que depende da opinião.

Domiciano expulsou os filósofos; Luciano escarneceu deles. Mas que filósofos, que matemáticos foram exilados por aquele monstro Domiciano? Foram prestidigitadores, astrólogos, leitores de buena-dicha, miseráveis judeus que criavam filtros de amor e talismãs; gente dessa espécie, que exercia poder especial sobre espíritos malignos, que os evocavam, que os faziam entrar no corpo das moças com palavras ou sinais e os desalojavam com outros sinais e outras palavras.

Quais eram os filósofos que Luciano expunha ao escárnio público? Era a escória do gênero humano. Eram indigentes incapazes de exercer uma profissão útil, gente perfeitamente parecida com o *Pobre diabo*[24], de quem nos deram uma descrição tão verdadeira quanto cômica; homens

---
24. *Pauvre diable*, Voltaire, 1758. (N. da T.)

que não sabem se vestem libré ou se fazem o *Almanaque do ano maravilhoso*[25], se trabalham em algum jornal ou nas estradas, se viram soldados ou padres, e, enquanto não decidem, vão para os cafés dar sua opinião sobre a nova peça, sobre Deus, sobre o ser em geral e sobre os modos do ser; depois vêm vos pedir dinheiro emprestado e fazer uma acusação contra vós com o advogado Marchand, com o chamado Chaudon ou com o chamado Bonneval[26].

Não foi de semelhante escola que saíram Cícero, Ático, Epicteto, Trajano, Adriano, Antonino Pio, Marco Aurélio e Juliano.

Não foi lá que se formou aquele rei da Prússia que compôs livros filosóficos em número igual ao das batalhas que ganhou, e que derrubou tantos preconceitos quantos inimigos.

Uma imperatriz vitoriosa, que causa medo aos otomanos e governa com tanta glória um império mais vasto que o império romano, só foi grande legisladora porque foi filósofa. Todos os príncipes do Norte o são, e o Norte faz o Sul envergonhar-se. Se os confederados da Polônia tivessem um pouco de filosofia, não entregariam à pilhagem sua pátria, suas terras e suas casas; não ensanguentariam seu país, não se tornariam os mais infelizes dos homens; ouviriam a voz de seu rei filósofo, que lhes deu vãos exemplos e vãs lições de moderação e prudência.

O grande Juliano era filósofo quando escrevia a seus ministros e a seus pontífices aquelas belas cartas, cheias de clemência e sabedoria, que todos os verdadeiros homens de bem ainda hoje admiram, mesmo condenando seus erros.

Constantino não era filósofo quando assassinou os parentes, o filho e a mulher, e, encharcado do sangue de sua família, jurava que Deus lhe havia enviado o *Labarum* nas nuvens.

É um terrível salto ir de Constantino a Carlos IX e Henrique III, rei de uma das cinquenta grandes províncias do império romano. Mas, se esses reis tivessem sido filósofos, um não teria sido culpado da noite de São Bartolomeu, e o outro não teria feito procissões escandalosas com seus manteúdos, não se teria visto na necessidade de assassinar o duque de Guise e o cardeal seu irmão, nem teria sido, ele mesmo, assassinado por um jovem jacobino, por amor a Deus e à santa Igreja.

Se Luís, o Justo, décimo terceiro do nome, tivesse sido filósofo, não teria deixado que o virtuoso de Thou e o inocente marechal de Marillac fossem arrastados ao cadafalso; não teria permitido que sua mãe morresse de fome em Colônia; seu reinado não teria sido uma sucessão contínua de discórdias e de calamidades intestinas.

Comparai a tantos príncipes ignorantes, supersticiosos e cruéis, governados por suas próprias paixões ou pelas paixões de seus ministros, um homem como Montaigne ou Charron, ou o chanceler de l'Hôpital, ou o historiador de Thou, ou La Mothe-le-Vayer, Locke, Shaftesbury, Sydney, Herbert; e direis se preferis ser governados por aqueles reis ou por estes sábios.

Quando falo filósofos, não me refiro aos garotos que querem arremedar Diógenes, mas aos que imitam Platão e Cícero.

Cortesãos voluptuosos e homenzinhos investidos de algum empreguinho que vos dá um prestigiozinho em algum lugarzinho, vós bradais contra a filosofia: ora, sois *Nomentano* a invectivar Horácio, Cotin a desejar que se desprezе Boileau.

Terceira seção

O engomado luterano, o selvagem calvinista, o orgulhoso anglicano, o fanático jansenista, o jesuíta que acha estar sempre pontificando, mesmo no exílio e no cadafalso, o sorbonista que se acha Padre da Igreja num concílio, mais alguns orientados por toda essa gente, todos investem

---

25. Opúsculo de certo abade de Étrée, da aldeia de Étrée. (N. de Voltaire)
26. O advogado Marchand é autor do *Testament politique d'un académicien*. (N. de Voltaire)

contra o filósofo. São cães de diferentes espécies ladrando todos à sua maneira contra o belo cavalo que pasta na pradaria verde, que não compete pela carniça de que se alimentam e pela qual brigam uns com os outros.

Todos os dias mandam imprimir montes de teologia filosófica, dicionários filosófico-teológicos; aos seus velhos argumentos arrastados pelas ruas dão o nome de *demonstrações*; às suas tolices repisadas, o de *lemas* e *corolários*, tal como os falsários aplicam uma folha de prata sobre um escudo de chumbo.

Sentem-se desprezados por todos os homens que pensam, veem-se reduzidos a enganar algumas velhas imbecis. Esse estado é mais humilhante que o de ser expulso da França, da Espanha e de Nápoles. Tudo é digerível, menos o desprezo. Dizem que, quando o diabo foi vencido por Rafael (conforme está provado), aquele espírito-corpo tão soberbo consolou-se com facilidade, pois sabia que as armas são variáveis; mas, quando soube que Rafael escarnecia dele, jurou nunca mais perdoá-lo. Assim, os jesuítas nunca perdoaram Pascal, Jurieu caluniou Bayle até a morte e todos os tartufos investiram contra Molière até o momento de sua morte.

Em sua sanha, eles esbanjam imposturas, tal como em sua inépcia despejam argumentos.

Um dos mais expeditos caluniadores e dos mais pobres argumentadores que temos é um ex-jesuíta chamado Paulian, que mandou imprimir uma colcha de retalhos teológico-filosófica na cidade de Avignon, outrora papal, e talvez um dia ainda papal. Esse homem acusa os autores da *Enciclopédia* de terem dito:

"Que o homem, sendo por nascença sensível apenas aos prazeres dos sentidos, tem nesses prazeres, por conseguinte, seu único objeto de desejo;

"Que não existem, em si, nem vício, nem virtude, nem bem, nem mal moral, nem justo nem injusto;

"Que os prazeres dos sentidos produzem todas as virtudes;

"Que, para ser feliz, é preciso abafar os remorsos etc."

Em que lugares da *Enciclopédia*, da qual já foram iniciadas cinco edições novas, foram encontradas essas horríveis torpezas? Seria preciso citar. Levaste a insolência de teu orgulho e a demência de teu caráter a tal ponto que achas que acreditarão na tua palavra? Essas tolices podem ser encontradas nos casuístas, ou no *Portier des Chartreux* [Porteiro dos Chartreux], mas decerto não estão nos verbetes da *Enciclopédia*, escritos pelos srs. Diderot e d'Alembert, pelo cavaleiro de Jaucourt, pelo sr. de Voltaire. Não as viste nos verbetes do sr. conde de Tressan, nem nos dos srs. Blondel, Boucher-d'Argis, Marmontel, Venelle, Tronchin, d'Aubenton, d'Argenville e de tantos outros que se dedicaram tão generosamente a enriquecer o *Dicionário enciclopédico* e, assim, prestaram um serviço eterno à Europa. Nenhum deles certamente é culpado dos horrores de que os acusas. Só tu e o vinagreiro Abraham Chaumeix, convulsionário crucificado, seriam capazes de tão infame calúnia.

Misturas erro e verdade, porque não sabes distingui-los; queres que considerem ímpia esta máxima adotada por todos os publicistas: *todo homem é livre para escolher uma pátria*.

Como! Vil pregador da escravidão, então não seria permitido que a rainha Cristina viajasse para a França e vivesse em Roma? Casimir e Estanislau não poderiam terminar seus dias entre nós? Deveriam morrer na Polônia porque eram poloneses? Goldoni, Vanloo e Cassini ofenderam a Deus ao se estabelecerem em Paris? Todos os irlandeses que fizeram alguma fortuna na França cometeram com isso algum pecado mortal?

E fazes a asneira de imprimir tal extravagância, e Riballier faz a asneira de aprovar! E pões na mesma classificação Bayle, Montesquieu e o louco La Métrie! E percebeste que nossa nação é suficientemente branda e indulgente para só te votar desprezo.

Como! Ousas caluniar tua pátria (se é que jesuíta tem pátria)! Ousas dizer "que na França só se ouvem filósofos atribuir ao acaso a união e a desunião dos átomos que compõem a alma humana"! *Mentiris impudentissime*; desafio-te a mostrar um só livro escrito nos últimos trinta anos no qual se atribua alguma coisa ao acaso, que não passa de palavra vazia de sentido.

Ousas acusar o sábio Locke de ter dito "ser possível que a alma seja um espírito, mas não é certo que o seja, e não podemos decidir o que ela pode e não pode adquirir"!

Mentiris impudentissime. Locke, o respeitável Locke, diz expressamente em sua resposta ao chicanista Stillingfleet: "Estou firmemente convencido de que, embora não se possa demonstrar (apenas com a razão) que a alma é imaterial, isso não diminui em nada a evidência de sua imortalidade, porque a fidelidade de Deus é uma demonstração da verdade de tudo o que ele revelou[27], e a falta de outra demonstração não torna duvidoso o que já está demonstrado."

Veja-se, aliás, no verbete Alma, como Locke se exprime a respeito dos limites de nossos conhecimentos e da imensidade do poder do Ser supremo.

O grande filósofo lorde Bolingbroke declara que a opinião contrária à de Locke é uma blasfêmia.

Todos os Padres da Igreja dos três primeiros séculos viam a alma como uma matéria diáfana, e não a acreditavam menos imortal. E temos hoje bedéis de colégio que chamam de *ateus* aqueles que, como os Padres da Igreja, acham que Deus pode dar e conservar a imortalidade da alma, seja qual for a sua substância!

Tua audácia chega a tal ponto que vês ateísmo nestas palavras: "Quem faz o movimento na natureza? Deus. Quem faz todas as plantas vegetar? Deus. Quem faz o movimento nos animais? Deus. Quem faz o pensamento no homem? Deus."

Aqui não se pode dizer *Mentiris impudentissime*, mentes com grande impudência; mas deve-se dizer: Blasfemas contra a verdade impudentemente.

Para terminar, cumpre observar que o herói do ex-jesuíta Paulian é ex-jesuíta Patouillet, autor de uma instrução episcopal na qual todos os parlamentos do reino são insultados. Essa instrução foi queimada pelas mãos do carrasco. Só restava àquele ex-jesuíta Paulian tratar o ex-jesuíta Nonotte como Padre da Igreja e canonizar o jesuíta Malagrida, o jesuíta Guignard, o jesuíta Garnet, o jesuíta Oldcorn e todos os jesuítas que, pela graça de Deus, foram enforcados ou esquartejados: eram todos grandes metafísicos, grandes filósofo-teólogos.

Quarta seção

Os não pensantes frequentemente perguntam aos pensantes para que serviu a filosofia. Os pensantes responderão: para destruir, na Inglaterra, a sanha religiosa que levou à morte no cadafalso o rei Carlos I; para privar, na Suécia, um arcebispo do poder de derramar o sangue da nobreza, com uma bula do papa na mão; para manter na Alemanha a paz religiosa, tornando ridículas todas as disputas teológicas; para extinguir na Espanha todas as abomináveis fogueiras da Inquisição.

Welches, infelizes *Welches*[28], ela impede que tempos tenebrosos produzam uma segunda Fronda e um segundo Damiens.

Padres de Roma, ela vos obriga a suprimir vossa bula *In coena Domini*, esse monumento de impudência e de desvario.

Povos, ela abranda vossos costumes. Reis, ela vos instrui.

---

27. Tradução [fr.] de Coste. (N. de Voltaire)
28. Ver nota 1 do verbete Oração. (N. da T.)

Quinta seção

O filósofo é amante da sabedoria e da verdade: ser sábio é evitar os loucos e malvados. O filósofo, portanto, só deve conviver com filósofos.

Suponhamos que haja alguns sábios entre os judeus: se um desses sábios comer com alguns rabinos, se mandar servir um prato de enguias ou de lebre, se não puder abster-se de rir de algumas conversas supersticiosas de seus convivas, esse sábio estará perdido na sinagoga; o mesmo se deve dizer de um muçulmano, de um guebro, de um baneane.

Sei que se afirma que o sábio nunca deve permitir que os profanos lhe adivinhem as opiniões, que ele deve ser louco com os loucos, imbecil com os imbecis; mas ainda não se ousou dizer que ele deve ser trapaceiro com trapaceiros. Ora, se exigirmos que o sábio tenha sempre a opinião daqueles que enganam os homens, não estaremos pedindo que ele não seja homem de bem? Exigiremos, porventura, que um médico tenha sempre a opinião dos charlatães?

O sábio é um médico das almas; deve dar seus remédios àqueles que os pedem e fugir da companhia dos charlatães que o perseguirão infalivelmente. Portanto, se um louco da Ásia Menor ou um louco da Índia disser ao sábio: Meu amigo, tens cara de quem não acredita na égua Al-Borak ou nas metamorfoses de Vixnu; eu te denunciarei, impedirei que sejas *bustangi*, eu te desmentirei, te perseguirei; o sábio deve lastimá-lo e calar-se.

Se alguns ignorantes, nascidos com boa índole, querendo sinceramente instruir-se, interrogarem o sábio, perguntando: Devo acreditar que há quinhentas léguas da Lua a Vênus, a mesma distância de Mercúrio a Vênus e de Mercúrio ao Sol, como afirmam todos os principais sacerdotes muçulmanos, ao contrário do que dizem todos os astrônomos?; o sábio deve responder que os sacerdotes podem enganar-se. O sábio deve a todo momento avisá-los de que cem dogmas não valem uma boa ação, e que é melhor socorrer um infeliz do que conhecer a fundo o abolidor e o abolido.

Quando um campônio vê uma cobra prestes a dar-lhe o bote, deve matá-la; quando um sábio vê um supersticioso e um fanático, que fará? Deverá impedi-los de morder.

FIM DO MUNDO (Fin du monde)

A maioria dos filósofos gregos acreditou que o mundo é eterno em seu princípio e eterno em sua duração. Mas sobre esta pequena parte do mundo, este globo de pedra, lama, água, minerais e vapores que habitamos, não se sabia o que pensar: todos o achavam bem destrutível. Dizia-se até que foi revolucionado mais de uma vez e ainda o seria. Cada um julgava o mundo inteiro por sua própria terra, tal como uma bisbilhoteira julga todas as pessoas por seu bairro.

Essa ideia de fim e renovação do nosso pequeno mundo impressionou sobretudo os povos submetidos ao império romano, no horror das guerras civis de César e Pompeu. Virgílio, em suas *Geórgicas* (I, 468), faz alusão a esse temor tão disseminado no povo comum:

Impiaque aeternam timuerunt saecula noctem.

L'univers étonné, que la terreur poursuit,
Tremble de retomber dans l'éternelle nuit.
[Universo assombrado, pelo terror perseguido,
Teme retroceder à eterna noite.]

Lucano se exprime mais categoricamente quando diz:

Hos, Caesar, populos, si nunc non usserit ignis,
Uret cum terris, uret cum gurgite ponti.

FIM DO MUNDO

Communis mundo superest rogus....
(*Farsália*, VII, 812)

Qu'importe du bûcher le triste et faux honneur?
Le feu consumera le ciel, la terre, et l'onde;
Tout deviendra bûcher, la cendre attend le monde.
[Que importa da fogueira a triste falsa honra?
O fogo consumirá o céu, a terra e as águas;
Tudo será fogo, as cinzas aguardam o mundo.]

E Ovídio diz, na esteira de Lucrécio:

Esse quoque in fatis reminiscitur affore tempus
Quo mare, quo tellus, correptaque regia coeli
Ardeat, et mundi moles operosa laboret.
(*Metamorfoses*, I, 256)

Ainsi l'ont ordonné les destins implacables;
L'air, la terre, et les mers, et les palais des dieux,
Tout sera consumé d'un déluge de feux.
[Assim determinou o destino implacável;
O ar, a terra, os mares e os palácios dos deuses,
Tudo será consumido por um dilúvio de fogo.]

Consultemos o próprio Cícero, o sábio Cícero. Diz ele em seu livro *Sobre a natureza dos deuses*[29], talvez o melhor livro da antiguidade, excetuando-se aquele que trata dos deveres do homem, chamado *De Officiis*: *Ex quo eventurum nostri putant id, de quo Panaetium addubitare dicebant, ut ad extremum omnis mundus ignesceret; quum, humore consumpto neque terra ali posset, nec remearet aer, cujus ortus, aqua omni exhausta, esse non posset: ita relinqui nihil praeter ignem, a quo rursum animante ac Deo renovatio mundi fieret, atque idem ornatus oriretur.* – Segundo os estoicos, o mundo inteiro só será fogo; como a água será consumida, não haverá mais alimento para a terra; o ar não poderá mais se formar, pois é da água que ele recebe seu ser; assim, nada mais haverá senão fogo. Esse fogo, sendo Deus que reanima tudo, renovará o mundo e lhe devolverá sua primitiva beleza.

Essa física dos estoicos, como todas as antigas físicas, é bem absurda; mas prova que a expectativa do abrasamento geral era universal.

Pasme o leitor ainda mais: o grande Newton pensa como Cícero. Enganado por uma falsa experiência de Boyle[30], acredita que a umidade do globo secará com o tempo, e que Deus precisará intervir com mão corretora, *manum emendatricem*. Vemos então os dois maiores homens da antiga Roma e da Inglaterra moderna a acreditarem que um dia o fogo vencerá a água.

Essa ideia de um mundo que devia perecer e renovar-se estava enraizada nos corações dos povos da Ásia Menor, da Síria e do Egito, desde as guerras civis dos sucessores de Alexandre. As guerras dos romanos aumentaram o terror das nações que vitimavam. Estas esperavam a destruição da terra, na esperança de uma nova terra da qual não gozariam. Os judeus, encravados na Síria e, aliás, espalhados por toda parte, foram atingidos pelo temor comum.

---

29. *De Natura deorum*, liv. II, § 46. (N. de Voltaire)
30. Questão no fim de sua *Óptica*. (N. de Voltaire)

Por isso, não parece que os judeus tenham ficado surpreendidos quando Jesus lhes disse, segundo são Mateus e são Lucas[31]: *O céu e a terra passarão*. Dizia-lhes com frequência: *O reino de Deus se aproxima*. Pregava o Evangelho do reino.

São Pedro anuncia[32] que o Evangelho foi pregado aos mortos e que o fim do mundo se aproxima: *Esperamos novos céus e nova terra*.

São João, em sua primeira Epístola, diz[33]: "Há agora vários anticristos, o que significa que a última hora se aproxima."

São Lucas prediz com mais pormenores o fim do mundo e o juízo final. Eis suas palavras[34]:
"Haverá sinais no Sol, na Lua e nas estrelas, bramidos no mar, enquanto os homens desmaiarão de pavor, com medo das desgraças que sobrevirão ao mundo. As potências dos céus serão abaladas; então eles verão o Filho do Homem vir rodeado de uma nuvem, na plenitude do poder e da glória. Em verdade, vos digo que a geração presente não passará sem que tudo isso se cumpra."

Não negaremos que os incrédulos criticam essa predição. Querem que nos envergonhemos porque o mundo ainda existe. A geração passou, dizem, e nada disso aconteceu. Lucas, portanto, põe na boca de nosso Salvador aquilo que ele nunca disse, ou então seria preciso concluir que Jesus Cristo se enganou, o que seria uma blasfêmia. Calamos a boca desses ímpios, dizendo-lhes que essa predição, aparentemente tão falsa segundo a letra, é verdadeira segundo o espírito; que o universo inteiro significa a Judeia, e que o fim do universo significa o império de Tito e de seus sucessores.

São Paulo também explica com veemência o fim do mundo, em sua *Epístola aos tessalonicenses*: "Nós, que vivemos e falamos, seremos transportados nas nuvens para diante do Senhor, no meio do ar."

Segundo essas palavras expressas de Jesus e são Paulo, o mundo inteiro deveria acabar no tempo de Tibério ou, no mais tardar, de Nero. Essa predição de Paulo não se realizou, assim como a de Lucas.

Essas predições alegóricas decerto não eram para o tempo dos evangelistas e dos apóstolos. Eram para um tempo futuro, que Deus oculta a todos os homens.

Tu ne quaesieris (scire nefas) quem mihi, quem tibi
Finem di dederint, Leuconoe; nec Babylonios
Tentaris numeros. Ut melius, quidquid erit, pati!
[Não queiras descobrir (é proibido saber) que fim darão os deuses
A mim e a ti, Leucônoe; nem investigues as cifras babilônicas.
Seja lá o que for, é melhor suportar.]
(HORÁCIO, liv. I, od. XI, versos 1-3)

A verdade é que todos os povos então conhecidos esperavam o fim do mundo, uma nova terra, um novo céu. Durante mais de dez séculos viu-se uma miríade de doações aos monges que começavam com estas palavras: "*Adventante mundi vespero* etc. – Como o fim do mundo está próximo, eu, para remédio de minha alma e para não ser posto entre os bodes etc., dou tais terras a tal convento." O medo obriga os bobos a enriquecer os espertos.

Os egípcios marcavam essa grande época para depois de trinta e seis mil e quinhentos anos. Consta que Orfeu a fixara para cem mil e vinte anos.

O historiador Flávio Josefo afirma que, como Adão predisse que o mundo acabaria duas vezes, uma pela água e outra pelo fogo, os filhos de Sete quiseram advertir os homens desse desas-

---

31. Mateus, cap. XXIV; Lucas, cap. XVI. (N. de Voltaire)
32. Epístola de São Pedro, cap. IV. (N. de Voltaire)
33. João, cap. II, v. 18. (N. de Voltaire)
34. Lucas, cap. XXI. (N. de Voltaire)

tre. Gravaram observações astronômicas em duas colunas, uma de tijolos, para resistir ao fogo que deveria consumir o mundo, e outra de pedra, para resistir à água, que deveria inundá-lo. Mas o que pensariam os romanos, quando um escravo judeu lhes falava de certo Adão e de certo Sete desconhecidos para o universo inteiro? Riam.

Josefo acrescenta que a coluna de pedra ainda se via em seu tempo, na Síria.

Pode-se concluir de tudo o que dissemos que sabemos pouquíssimas coisas do passado, conhecemos mal o presente e nada sabemos do futuro; e que devemos nos reportar a Deus, senhor dos três tempos e da eternidade.

FINEZA, FINURA (Finesse)

Dos diferentes significados dessas palavras

Finesse não significa em sentido próprio nem em figurado *fino, leve, delgado,* de textura rala, fraca, tênue; esse termo expressa algo delicado e bem-acabado.

Um tecido leve, macio, uma renda frágil, um galão estreito nem sempre são finos.

Essa palavra tem relação com *finir* [acabar, terminar]; dela vêm as finezas da arte; por exemplo, a fineza do pincel de Vanderwerf, de Mieris; costuma-se dizer: um *cheval fin* [cavalo excelente], *or fin* [ouro fino, refinado], *diamant fin* [diamante autêntico]. Nesse sentido, o cavalo se opõe ao cavalo grosseiro; o diamante, ao diamante falso; o ouro, ao ouro em liga.

A *finesse* comumente se refere a coisas delicadas e à leveza da mão de obra. Embora se use *fin* para o cavalo, não se fala em *finesse* de um cavalo. Fala-se de *finesse* [finura] dos cabelos, da renda, de um tecido. Quando se quer com essa palavra expressar o defeito ou o mau emprego de alguma coisa, acrescenta-se o advérbio *demais*. Uma linha se quebrou porque era fina demais; aquele tecido é fino demais para a estação.

A finura, em sentido figurado, aplica-se à conduta, ao modo de falar, às obras intelectuais. Na conduta, finura expressa sempre algo delicado, como em artes a fineza; às vezes ela pode subsistir sem habilidade: é raro que não venha misturada a um pouco de espertezza; a política a admite, e a sociedade a reprova.

O provérbio *finesses cousues de fil blanc*[35] prova que essa palavra, no sentido figurado, vem do sentido próprio de *costura fina, tecido fino.*

Finura não é exatamente sutileza. É possível montar uma armadilha com finura, e dela se escapa com sutileza; uma conduta é fina, mas as peças pregadas são sutis. Inspira desconfiança quem sempre usa de finura; engana-se quase sempre quem ouve finura em tudo.

A fineza nas obras intelectuais, assim como na conversação, consiste na arte de não expressar diretamente o pensamento, mas em deixar que ele seja facilmente percebido; é um enigma cuja solução as pessoas inteligentes adivinham de chofre.

Quando certo chanceler ofereceu um dia sua proteção ao parlamento, o juiz presidente, voltando-se para os seus, disse: "Cavalheiros, agradeçamos ao senhor chanceler por nos dar mais do que pedimos": aí está uma resposta muito fina.

A finura no trato, nos textos, difere da delicadeza; a primeira se estende igualmente às coisas mordazes e às agradáveis, à censura e ao louvor, até às coisas indecentes, cobertas por um véu, através do qual as vemos sem rubor.

É possível dizer coisas insolentes com finura.

---

35. Literalmente, "finezas costuradas com linha branca": evidente demais para enganar alguém. [N. da T.]

A delicadeza expressa sentimentos doces e agradáveis, louvores finos: assim, a finura convém mais ao epigrama; a delicadeza, ao madrigal. A delicadeza faz parte dos ciúmes dos amantes; a finura, não.

Os louvores feitos por Despréaux a Luís XIV nem sempre foram delicados; suas sátiras nem sempre foram finas.

Em Racine, ao receber a ordem do pai de nunca mais ver Aquiles, Ifigênia exclamou:

Dieux plus doux, vous n'avez demandé que ma vie!
[Deuses mais amenos, o que me pedistes foi a vida!]
(Ato V, cena I)

O verdadeiro caráter desse verso é mais a delicadeza do que a fineza.

FIRMEZA (Fermeté)

Firmeza vem de *firme* e significa algo diferente de *solidez* e *dureza*: um tecido fechado e a areia batida têm firmeza, sem serem duros nem sólidos.

É sempre preciso lembrar-se de que as modificações da alma só podem ser expressas por imagens físicas: fala-se em *firmeza da alma e do espírito,* e isso tampouco significa *solidez* ou *dureza.*

Firmeza é o exercício da coragem do espírito; supõe uma resolução esclarecida: a obstinação, ao contrário, supõe cegueira.

Os que louvaram a firmeza do estilo de Tácito não estão tão errados quanto afirma o padre Bouhours: é um termo arriscado, mas bem colocado, que exprime a energia e a força dos pensamentos e do estilo.

Pode-se dizer que La Bruyère tem estilo firme e que outros escritores têm apenas estilo duro.

FLIBUSTEIROS (Flibustiers)

Não se sabe de onde vem a palavra *flibusteiro*; apesar disso, a geração passada conta-nos os prodígios que aqueles flibusteiros realizaram: falamos disso todos os dias; é algo que nos diz respeito. Quem quiser, que procure depois origens e etimologias; e quem acreditar que as encontrou, desconfie.

No tempo do cardeal Richelieu, quando os espanhóis e os franceses ainda se detestavam, porque Fernando, o Católico, zombara de Luís XII, e Francisco I fora preso na batalha de Pávia por um exército de Carlos V, quando aquele ódio era tão forte, que o falsário, autor do romance político e do tédio político, cognominado cardeal de Richelieu, não temia chamar os espanhóis de "nação insaciável e pérfida, capaz de tornar as Índias tributárias do inferno"; quando, enfim, a França se aliou à Holanda contra a Espanha em 1635; quando a França nada tinha na América, e os espanhóis cobriam os mares com seus galeões, então os flibusteiros começaram a aparecer. No começo, eram aventureiros franceses que tinham no máximo a qualidade de corsários.

Um deles, chamado O Grande, nativo de Dieppe, associou-se a cerca de cinquenta homens resolutos e foi tentar fortuna com um barco que nem sequer tinha canhão. Avistou, nas proximidades da ilha Hispaniola (Haiti), um galeão afastado da grande frota espanhola: aproximou-se, como um chefe de embarcação que fosse vender mercadorias, e embarcou no galeão seguido pelos seus; entrou no camarote do capitão – que estava jogando cartas – com o fuzil assestado, e o fez prisioneiro junto com sua tripulação; voltou a Dieppe com o galeão carregado de riquezas imensas. Essa aventura foi um sinal para quarenta anos de proezas inauditas.

Flibusteiros franceses, ingleses e holandeses iam formar associações nas cavernas do Haiti, das pequenas ilhas de São Cristóvão e da ilha Tortue. Escolhiam um chefe para cada expedição: é a primeira origem dos reis. Os agricultores nunca desejariam nenhum senhor; ninguém precisa deles para semear, bater e vender trigo.

Quando os flibusteiros obtinham um grande butim, compravam um pequeno navio e canhões. Um corso bem-sucedido produzia mais vinte. Se eram cem, pareciam mil. Era difícil escapar deles; muito mais difícil, segui-los. Eram aves de rapina a se precipitarem de todos os lados, a se esconderem em lugares inacessíveis: ora arrasavam quatrocentas a quinhentas léguas de costas, ora avançavam a pé ou a cavalo duzentas léguas terra adentro.

Atacaram de surpresa e pilharam as ricas cidades de Chagra, Mecaizabo, Vera Cruz, Panamá, Porto Rico, Campêche, a ilha Santa Catarina e os arredores de Cartagena.

Um daqueles flibusteiros, chamado Olonois, penetrou até as portas de Havana, seguido apenas por vinte homens. Depois, retirou-se em seu barco, e o governador mandou contra ele um vaso de guerra com soldados e um carrasco. Olonois apoderou-se do navio, cortou pessoalmente a cabeça aos soldados espanhóis que prendeu e mandou o carrasco de volta ao governador[36]. Nunca os romanos nem outros povos guerreiros cometeram ações tão espantosas. A viagem bélica do almirante Anson ao redor do mundo não passou de passeio aprazível em comparação com a passagem dos flibusteiros pelo mar do Sul e com aquilo que eles enfrentaram em terra firme.

Se tivessem uma política que se igualasse à coragem indômita que demonstravam, teriam fundado um grande império na América. Não tinham mulheres, mas, em vez de raptarem sabinas para com elas se casarem, como dizem que fizeram os romanos, mandaram buscá-las no hospital La Salpêtrière de Paris: assim, não constituíram progênie.

Eram mais cruéis com os espanhóis do que os israelitas jamais foram com os cananeus. Conta-se que um holandês chamado Roc pôs vários espanhóis no espeto e os serviu como refeição aos companheiros. Suas expedições foram excursões de ladrões, nunca campanhas de conquistadores: por isso, em todas as Índias ocidentais eram chamados de *los ladrones*. Quando atacavam de surpresa uma cidade e entravam na casa de um pai de família, submetiam-no à tortura para descobrir seus tesouros. Isso prova o que diremos no verbete Tortura, ou seja, que a tortura foi inventada por salteadores de estrada.

O que tornou inúteis todas as suas façanhas foi o fato de esbanjarem em farras insanas e monstruosas tudo o que haviam adquirido com a rapina e o assassinato. Por fim, deles só ficou o nome, e ainda assim, mal e mal. Esses foram os flibusteiros.

Mas que povo na Europa não foi flibusteiro? Godos, alanos, vândalos, hunos: eram algo diferente? Que mais eram Rollon, estabelecido na Normandia, e Guilherme Braço de Ferro, senão flibusteiros mais hábeis? Clóvis não terá sido um flibusteiro que chegou às Gálias vindo das margens do Reno?

FLORIDO (Fleuri)

Florido, em flor: árvore florida, roseira florida; quanto às flores, não se diz que florescem; isso é dito sobre as plantas e as árvores. *Teint fleuri* [tez florida], cuja carnação parece uma mistura de branco e cor-de-rosa. Diz-se por vezes: é um espírito *fleuri* [florido], para designar um homem de cultura leviana e imaginação alegre.

---

36. Esse Olonois depois foi apanhado e devorado pelos selvagens. (N. de Voltaire)

Um discurso florido está cheio de pensamentos mais agradáveis do que fortes, de imagens mais brilhantes do que sublimes, de termos mais rebuscados do que enérgicos: essa metáfora é justamente tomada das flores, que são vistosas, mas não têm solidez.

O estilo florido não destoa em arengas públicas, que não passam de cumprimentos: as belezas leves são cabíveis quando não se tem nada de sólido para dizer; mas o estilo florido deve ser banido de um pleito, de um sermão, de todo livro instrutivo.

Banindo-se o estilo florido, não se devem rejeitar as imagens amenas e alegres que caibam naturalmente no tema: algumas flores não são condenáveis, mas o estilo florido deve ser proscrito quando o tema é sólido.

Esse estilo convém às peças de puro entretenimento, aos idílios, às églogas, às descrições das estações, dos jardins: preenche com graça uma estrofe de alguma ode sublime, desde que se alterne com estrofes de beleza mais viril. Não combina muito com a comédia, que, sendo a imagem da vida comum, geralmente deve ser escrita no estilo da conversação ordinária. É ainda menos admissível na tragédia, que é o império das grandes paixões e dos grandes interesses; e, se às vezes é admitido no gênero trágico e no cômico, isso só ocorre em algumas descrições em que o coração não desempenha nenhum papel, que divertem a imaginação antes que a alma seja tocada ou tomada.

O estilo florido diminuiria o interesse na tragédia e enfraqueceria o ridículo na comédia. Está bem colocado nas óperas francesas, em que se costuma mais aflorar as paixões do que propriamente tratá-las.

O estilo florido não deve ser confundido com o estilo doce.

Ce fut dans ces vallons où, par mille détours,
Inachus prend plaisir à prolonger son cours;
  Ce fut sur son charmant rivage,
    Que sa fille volage
      Me promit de m'aimer toujours.
Le zéphyr fut témoin, l'onde fut attentive,
Quand la nymphe jura de ne changer jamais;
Mais le zéphyr léger et l'onde fugitive
Ont bientôt emporté les serments qu'elle a faits.
[Foi nestes vales onde, em mil meandros,
Ínaco se apraz a prolongar seu curso;
  Foi nestas belas margens,
    Que sua filha volúvel
      Prometeu amar-me para sempre.
O zéfiro testemunhou, as águas bem ouviram,
Quando a ninfa jurou que nunca mudaria;
Mas o zéfiro ligeiro e a onda fugidia
Logo carregaram as juras que ela fez.]
(*Ísis*, ato I, cena II)

Esse é um modelo de estilo florido. Poderiam ser dados como exemplo de estilo doce, que não é adocicado e não é menos agradável que o estilo florido, estes versos de outra ópera:

Plus j'observe ces lieux, et plus je les admire;
  Ce fleuve coule lentement,
Et s'éloigne à regret d'un séjour si charmant.
[Quanto mais observo este lugar, mais o admiro;

O rio corre devagar,
Pois lhe custa se afastar de paragens tão lindas.]
(*Armida*, ato II, cena III.)

O primeiro trecho é florido; quase todas as palavras são imagens ridentes; o segundo é mais desprovido dessas flores; é apenas doce.

FOGO (Feu)

Primeira seção

Não será o fogo tão somente um elemento que nos ilumina, aquece e queima?

Não será a luz sempre fogo, embora o fogo não seja sempre luz; e Boerhaave não terá razão?

O fogo mais puro, extraído de nossas matérias combustíveis, acaso não é sempre grosseiro, não está sempre carregado dos corpos que queima, não será muito diferente do fogo elementar?

Como o fogo se espalha para toda a natureza, constituindo sua alma?

Ignis ubique latet, naturam amplectitur omnem;
Cuncta parit, renovat, dividit, unit, alit.
[O fogo se mostra em toda parte, abraça toda a natureza;
Tudo produz, renova, divide, une, alimenta.]

Quem poderá conceber o modo como um pedaço de cera se inflama, nada restando que possamos ver, embora nada se tenha perdido?

Por que Newton, ao falar dos raios de luz, sempre diz *de natura radiorum lucis, utrum corpora sint necne non disputans* [não discutindo a natureza dos raios da luz, sejam os corpos o que forem], deixando de examinar se os raios de luz são corpos ou não?

Estaria falando como geômetra? Nesse caso, a dúvida era inútil. É evidente que ele duvidava da natureza do fogo elementar, e duvidava com razão.

O fogo elementar será um corpo tal como os outros, como a água e a terra? Se fosse um corpo dessa espécie, não gravitaria como toda a matéria? Escaparia em todos os sentidos do corpo luminoso em linha reta? Teria progressão uniforme? E por que a luz nunca se move em linha curva, se é livre em sua rápida trajetória?

O fogo elementar não poderia ter propriedades da matéria, que nós conhecemos tão pouco, e outras propriedades de substâncias que nos são inteiramente desconhecidas?

Não poderia ser um meio-termo entre a matéria e substâncias de outro tipo? E quem garante que não há milhares dessas substâncias? Não digo que assim seja, mas digo que não está provado que assim não possa ser.

Certa vez tive a paciência de olhar um ponto azul e outro vermelho numa tela branca, ambos na mesma linha, ambos a igual distância de meus olhos, ambos igualmente expostos à luz, ambos refletindo a mesma quantidade de raios e produzindo o mesmo efeito nos olhos de quinhentos mil homens. Necessariamente, todos esses raios haveriam de cruzar-se na trajetória até nós. Como poderiam caminhar sem cruzar-se? E, se se cruzavam, como posso enxergar? Minha solução era que eles passavam uns sobre os outros. O problema que formulei e a solução que dei foram adotados no *Dicionário enciclopédico*, verbete Luz. Mas não estou totalmente satisfeito com a minha solução, pois creio ser sempre lícito supor que os raios se cruzem todos na metade do caminho, devendo, por conseguinte, refletir-se todos, ou então são interpenetráveis. Portanto, tenho razões para desconfiar que os raios de luz se interpenetram e, nesse caso, são um tipo de coisa de natureza diferente da matéria. Essa desconfiança me assusta, confesso; não seria sem grandes remorsos que eu admitiria um ser que tivesse tantas outras propriedades dos corpos, e que fosse penetrável. Mesmo assim, não percebo como seria possível responder com clareza ao meu problema. Eu o proponho apenas como dúvida, como ignorância.

Era muito difícil acreditar, há cerca de cem anos, que os corpos agem uns sobre os outros, não só sem se tocar e sem nenhuma emissão, como também a distâncias assustadoras; no entanto, verificou-se que isso é verdade, e disso já ninguém mais duvida. Hoje é difícil acreditar que os raios do sol se interpenetram; mas quem sabe o que acontecerá?

Seja como for, rio da minha dúvida; e gostaria, em vista da raridade do fato, que essa incompreensível interpenetração pudesse ser admitida. A luz tem algo de tão divino, que seríamos tentados a fazer dela um degrau para subir a substâncias ainda mais puras.

Recorro à ajuda de Empédocles; à de Demócrito; que eles admirem as maravilhas da eletricidade; que vejam se aquelas faíscas capazes de atravessar milhares de corpos num piscar de olhos são matéria comum; que julguem se o fogo elementar não provoca contrações no coração e não lhe comunica o calor que dá vida; que julguem se esse ser não é a fonte de todas as sensações, e se essas sensações não são a única origem de todos os nossos mesquinhos pensamentos, embora alguns pedantes ignorantes e insolentes tenham condenado essa hipótese, tal como se condena um demandante a pagar multa.

Que me digam se o Ser supremo que preside toda a natureza não pode conservar para sempre essas mônadas elementares às quais concedeu dons tão preciosos.

Igneus est ollis vigor et coelestis origo.
[Elas têm um vigor ígneo e uma origem divina.]

O célebre Le Cat chama esse fluido vivificante[37] de "ser anfíbio, dotado por seu autor de um matiz superior, que o liga ao ser imaterial e assim o enobrece e eleva à natureza intermediária que o caracteriza e constitui a fonte de todas as suas propriedades".

Empédocles e Demócrito são da opinião de Le Cat; eu também seria, se ousasse, mas são tantos os tolos e maldosos, que não ouso. Só posso pensar baixinho, ao meu modo, no monte Krapack: os outros pensarão como puderem, seja em Salamanca, seja em Bérgamo.

Segunda seção
Daquilo que se entende por essa palavra em sentido figurado

Fogo, sobretudo em poesia, significa frequentemente *amor*, e é empregado com mais elegância no plural do que no singular. Corneille diz com frequência *un beau feu* [um belo fogo], para referir-se ao amor virtuoso e nobre. Um homem expressa-se com fogo; isso não quer dizer que suas ideias são brilhantes e luminosas, mas que suas expressões são vivas, animadas pelos gestos.

O fogo, nos textos, também não pressupõe necessariamente luz e beleza, mas vivacidade, figuras múltiplas, ideias céleres.

O fogo só é mérito na expressão e nas obras quando bem conduzido.

Diziam que os poetas eram animados por um fogo divino quando eram sublimes: não há gênio sem fogo, mas pode-se ter fogo sem gênio.

---

37. *Dissertation de Le Cat sur le fluide des nerfs*, p. 36. (N. de Voltaire)

FORÇA (Force)

Essa palavra foi transportada do sentido concreto para o figurado. *Força* é palavra empregada para todas as partes do corpo que estão em movimento, em atividade: força do coração, que segundo alguns é de quatrocentas libras e segundo outros, de três onças; força das vísceras, dos pulmões, da voz; força dos braços.

Por analogia, diz-se força das velas, dos remos; reunir forças; conhecer, medir suas forças; fazer algo acima de suas forças; o trabalho da *Enciclopédia* vai além das forças daqueles que se insurgiram contra esse livro. Na França, durante muito tempo, o tesourão era chamado de *forces*; por isso, nos estados da Liga, foi feita uma gravura do embaixador da Espanha a procurar, com lunetas, suas tesouras que estavam no chão, com uma inscrição constituída pelo seguinte trocadilho: *J'ai perdu mes forces* [Perdi minhas forças].

O estilo familiar admite ainda *force gens* [muita gente], *force gibier* [muita caça], *force fripons* [muitos canalhas], *force mauvais critiques* [muitos maus críticos].

Diz-se: à força de trabalhar ele se esgotou; o ferro se enfraquece à força de ser polido.

A metáfora, que transportou essa palavra para a moral, fez dela uma virtude cardeal. A força, nesse sentido, é a coragem para arrostar a adversidade e realizar coisas virtuosas e difíceis, *animi fortitudo*.

A força intelectual é a penetração e a profundidade, *ingenii vis*. É a natureza que a dá, tal como a do corpo: o trabalho moderado as aumenta, e o trabalho exagerado as diminui.

A força do raciocínio consiste numa exposição clara das provas evidenciadas e numa conclusão correta; não tem lugar nos teoremas matemáticos, porque uma demonstração não pode receber maior ou menor evidência, maior ou menor força; só pode avançar por um caminho mais longo ou mais curto, mais simples ou mais complicado. A força do raciocínio ocorre sobretudo nas questões problemáticas. A força da eloquência não é apenas uma sequência de raciocínios corretos e vigorosos, a desenrolarem-se com secura; essa força demanda robustez, imagens impressionantes, termos enérgicos. Assim, diz-se que os sermões de Bourdaloue tinham mais força, e os de Massillon, mais graça. Os versos podem ter força e carecer de todas as outras belezas. A força de um verso em francês provém principalmente de se dizer algo em cada hemistíquio:

Et monté sur le faîte, il aspire à descendre.
[E alcançado o cume, ele aspira a descer.]
(*Cina*, ato II, cena I)

L'Éternel est son nom; le monde est son ouvrage
[O Eterno é seu nome; o mundo é sua obra.]
(*Esther*, ato III, cena IV)

Esses dois versos, cheios de força e elegância, são o melhor modelo de poesia.

Força, em pintura, é a expressão dos músculos que pinceladas vigorosas fazem parecer ativos sob a carne que os cobre. Há força demais quando esses músculos são demasiadamente pronunciados. As atitudes dos combatentes têm muita força nas batalhas de Constantino desenhadas por Rafael e por Giulio Romano, bem como nas de Alexandre pintadas por Lebrun. A força exagerada é dura em pintura e empolada em poesia.

Alguns filósofos afirmaram que a força é uma qualidade inerente à matéria; que cada partícula invisível, ou melhor, mônada, é dotada de uma força ativa; mas é tão difícil demonstrar essa asserção quanto provar que a brancura é uma qualidade inerente à matéria, como diz o *Dicionário de Trévoux* no verbete Inerente.

A força de todo animal atinge o grau mais elevado depois que o animal acabou de crescer. Decresce quando os músculos deixam de receber alimento igual; e esse alimento deixa de ser igual quando os espíritos animais deixam de imprimir o movimento costumeiro a esses músculos. É provável que esses espíritos animais sejam fogo, pois os velhos vão carecendo de movimentos e de força à medida que vão carecendo de calor.

FORÇA FÍSICA (Force physique)

O que é força? Onde fica? De onde vem? Desaparece? Subsiste sempre igual?

Convencionou-se chamar de *força* a carga que um corpo exerce sobre o outro. Temos uma bala de duzentas libras; está sobre este assoalho; segundo dizem, pressiona-o com uma força de duzentas libras, e a isso se dá o nome de *força morta*. Ora, as palavras *força* e *morta* não são um pouco contraditórias? Não seria o mesmo que dizer morto vivo, sim e não?

Essa bala pesa: de onde vem esse peso? E esse peso é força? Se essa bala não fosse detida por coisa alguma, iria diretamente para o centro da terra. De onde lhe vem essa incompreensível propriedade?

Ela é sustentada por meu assoalho; dá-se a meu assoalho, liberalmente, o nome de força de inércia. Inércia significa *inatividade*, *impotência*. Ora, não é estranho dar-se à impotência o nome de *força*?

Qual é a força viva que age em nossos braços e nossas pernas? Qual é sua fonte? Como se pode supor que essa força subsista quando morremos? Ela vai para outro lugar, tal como um homem muda de casa quando a sua é destruída?

Como foi possível dizer que há sempre igualdade de força na natureza? Seria preciso, portanto, que sempre houvesse igual número de homens ou de seres ativos equivalentes.

Por que um corpo em movimento comunica sua força a um corpo com o qual se choca?

A geometria, a mecânica e a metafísica não respondem a essas perguntas. Quem quiser remontar ao primeiro princípio da força dos corpos e do movimento precisará remontar ainda a um princípio superior. Por que há alguma coisa?

Força mecânica

Todos os dias são apresentados projetos para aumentar a força das máquinas em uso, o alcance das balas de canhão com menos pólvora, para elevar fardos sem trabalho, para drenar charcos poupando tempo e dinheiro, para subir rapidamente rios sem cavalos, para elevar muita água com facilidade e para aumentar a atividade das bombas.

Todos esses criadores de projetos são os primeiros que se enganam, tal como Law foi enganado por seu sistema.

Um bom matemático, para prevenir esses contínuos erros, criou a seguinte regra:

Em toda máquina é preciso considerar quatro grandezas:

1ª A potência do primeiro motor, seja ele homem, cavalo, água, vento ou fogo;

2ª A velocidade desse primeiro motor num tempo dado;

3ª O peso ou a resistência da matéria que se quer movimentar;

4ª A velocidade dessa matéria em movimento, no mesmo tempo dado.

Dessas quatro grandezas, o produto das duas primeiras é sempre igual ao produto das duas últimas: esses produtos são as grandezas do movimento.

Como três dessas grandezas são conhecidas, procura-se sempre a quarta. Um construtor de máquinas, há alguns anos, apresentou à prefeitura de Paris o modelo em miniatura de uma bomba, garantindo que ele elevaria a cento e trinta pés de altura cem mil moios de água por dia. Um moio de água pesa quinhentas e sessenta libras; são cinquenta e seis milhões de libras para elevar em vinte e quatro horas e seiscentas e quarenta e oito libras por segundo.

O trajeto e a velocidade são de cento e trinta pés por segundo.

A quarta grandeza é o trajeto, ou a velocidade do primeiro motor.

Se esse motor for um cavalo, fará três pés por segundo no máximo.

Multiplicando-se esse peso de seiscentas e quarenta e oito libras por cento e trinta pés de altura, nos quais se deve elevar a água, teremos oitenta e quatro mil duzentos e quarenta, que, divididos pela velocidade, que é três, dão vinte e oito mil e oitenta.

Portanto, é preciso que o motor tenha uma força de vinte e oito mil e oitenta para elevar a água num segundo.

A força dos homens é avaliada em apenas vinte e cinco libras; a dos cavalos, em cento e setenta e cinco.

Ora, como é preciso elevar uma força de vinte e oito mil e oitenta por segundo, segue-se que, para construir a máquina proposta à prefeitura de Paris, seriam necessários cento e dez mil e vinte e três homens ou cento e sessenta cavalos; além disso, seria preciso supor que a máquina não tivesse atrito. Quanto maior a máquina, maiores os atritos: eles frequentemente equivalem a um terço da força motriz, mais ou menos; assim, segundo cálculo muito moderado, duzentos e treze cavalos, ou cento e quarenta mil e noventa e sete homens.

Não é só isso; homens e cavalos não podem trabalhar vinte e quatro horas sem comer e dormir. Logo, seria necessário pelo menos dobrar o número de homens, o que teria exigido dois mil novecentos e noventa e quatro homens, ou quatrocentos e vinte e seis cavalos.

Ainda não acabou: esses homens e esses cavalos, a cada doze horas, precisam de quatro para comer e descansar. Some-se então um terço; o inventor dessa bela máquina precisaria então do equilíbrio de quinhentos e sessenta e oito cavalos, ou três mil novecentos e noventa e dois homens.

O famoso marechal de Saxe incidiu no mesmo erro de cálculo, quando construiu uma galera para subir o rio Sena em vinte e quatro horas, por meio de dois cavalos que deviam movimentar os remos.

Encontram-se na *História antiga* de Rollin, aliás recheada de moral judiciosa, as seguintes palavras:

"Arquimedes acha-se no dever de satisfazer a justa e razoável curiosidade de seu parente e amigo Hierão, rei de Siracusa. Escolhe uma das galeras que estavam no porto, ordena que ela seja puxada para terra firme com muito trabalho e força por parte de homens, põe dentro dela sua carga costumeira e, além dessa carga, o máximo de homens que ela possa conter. Em seguida, pondo-se a alguma distância, sentado à vontade, sem trabalho nem esforço algum, apenas movimentando com a mão a extremidade de uma máquina formada por várias cordas e polias, previamente preparada, trouxe até si a galera, por terra, com a mesma suavidade e facilidade que ela teria demonstrado a sulcar as ondas."

Consideremos, depois dessa narrativa, que uma galera cheia de homens, com a carga de mastros, remos e seu peso ordinário, devia pesar pelo menos quatrocentas mil libras; que era preciso uma força superior para mantê-la em equilíbrio e colocá-la em movimento; que essa força devia ser de pelo menos quatrocentas e vinte mil libras; que os atritos podiam corresponder à metade da potência empregada para erguer peso semelhante; que, por conseguinte, a máquina devia ter cerca de seiscentas mil libras de força. Ora, ninguém faz tal máquina funcionar com um truque, *sem o menor esforço*.

Foi de Plutarco que o estimável autor da *História antiga* extraiu esse conto. Mas, quando Plutarco diz uma coisa absurda, por mais antigo que ele seja, um moderno não deve repeti-la.

FORNICAÇÃO (Fornication)

O *Dicionário de Trévoux* diz que se trata de um termo de teologia. Vem da palavra latina *fornix*, alcovas abobadadas nas quais ficavam as mulheres públicas em Roma. Esse termo foi empregado para significar *comércio entre pessoas livres*. Não é usado na conversação e hoje praticamente só é admitido no estilo herdado de Marot. A decência o baniu do púlpito. Os casuístas o empregavam muito, distinguindo-o em várias espécies. Foram traduzidas com a palavra *fornicação* as infidelidades do povo judeu com deuses estrangeiros, porque entre os profetas essas infidelidades são chamadas *impurezas, imundícies*. Pelo mesmo mecanismo de extensão diz-se que os judeus haviam prestado aos falsos deuses uma homenagem *adúltera*.

FRACO (Faible)

Fraco é o contrário de *forte*, e não de *duro* nem de *sólido*. É possível qualificar de fracos quase todos os seres. Muitas vezes o adjetivo é seguido da preposição *de*; *fraco* de rins; exército *fraco* de cavalaria; obra filosófica *fraca* de raciocínio etc.

O fraco de sentimentos não é o fraco de espírito; o fraco da alma não é o fraco de sentimentos. Uma alma fraca não tem impulso nem ação; deixa-se guiar por aqueles que a governam.

Os sentimentos fracos abrandam-se com facilidade, mudam facilmente de inclinação, não resistem à sedução, à influência que alguém queira exercer sobre eles; podem coexistir com um espírito forte, pois é possível pensar com força e agir com fraqueza. O espírito fraco recebe impressões e não as combate, abraça opiniões sem exame, amedronta-se sem causa, incide naturalmente na superstição.

Uma obra pode ser fraca em termos de pensamento ou de estilo: em termos de pensamento, quando estes são comuns demais ou quando, apesar de corretos, não são suficientemente aprofundados; em termos de estilo, quando é desprovido de imagens, expressões, figuras que chamem a atenção. As orações fúnebres de Mascaron são fracas, e seu estilo não tem vida, em comparação de Bossuet.

Todo sermão é fraco quando não é enfatizado por locuções engenhosas e expressões enérgicas; mas um arrazoado é fraco quando, apesar de todos os recursos da eloquência e de toda a veemência da ação, carece de razão. Nenhuma obra filosófica é fraca, apesar da fraqueza do estilo frouxo, quando o raciocínio é justo e profundo. Uma tragédia é fraca, mesmo que seu estilo seja forte, quando o interesse não é mantido. A comédia mais bem escrita será fraca, se carecer daquilo que os latinos chamavam *vis comica*, "força cômica": é o que César critica em Terêncio:

Lenibus atque utinam scriptis adjuncta foret vis Comica!

Foi esse o principal pecado em que incidiu frequentemente a chamada comédia *sentimental*. Fracos não são os versos que pecam contra as regras, mas sim contra o gênio; que, em sua mecânica, são sem variedade, sem escolha de termos e sem inversões felizes, e que, em sua poesia, conservam demais a simplicidade da prosa. A melhor maneira de sentir essa diferença é comparar os temas que Racine e Campistron, seu imitador, trataram.

FRANÇA, FRANÇOIS, LÍNGUA FRANCESA
(France, François, Français)

A Itália sempre conservou o nome, apesar do pretenso estabelecimento de Eneias, que deveria ter deixado alguns vestígios da língua, dos caracteres e dos usos da Frígia, se é que chegou mesmo com Acates, Cloanto e tantos outros às paragens de Roma, então quase desertas. Os godos, os lombardos, os francos e os alemães ou germanos que invadiram a Itália, um após outro, deixaram-lhe pelo menos o nome.

Tírios, africanos, romanos, vândalos, visigodos e sarracenos foram todos senhores da Espanha, uns após outros, mas o nome *Espanha* permaneceu. A Germânia sempre conservou o seu, e acrescentou apenas o de Alemanha, que não foi recebido de nenhum vencedor.

Os gauleses são quase o único povo do ocidente que perdeu o nome. Esse nome era *Walch* ou *Wuelch*; os romanos sempre substituíam o *W* pelo *G*, pois o *W* é bárbaro: de *Welche* fizeram *Galli*, *Gallia*. Foram distinguidas a Gália céltica, a bélgica e a aquitânica, que falavam jargões diferentes[38].

Quem eram e de onde vieram os francos, que em pequeníssimo número e pouquíssimo tempo se apoderaram de todas as Gálias que César só pudera submeter inteiramente em dez anos? Acabo de ler um autor que começa com estas palavras: *Os francos, dos quais descendemos.* Ei! Amigo, quem disse que você descende em linha reta de um franco? Hildvico ou Clodovico, que chamamos de *Clóvis*, provavelmente não tinha mais de vinte mil homens malvestidos e mal armados quando subjugou cerca de oito ou dez milhões de *welches* ou gauleses mantidos em servidão por três ou quatro legiões romanas. Não temos uma única família na França que possa apresentar já não digo uma prova, mas pelo menos alguma probabilidade, de ter um franco em sua origem.

Os piratas que vieram das costas do mar Báltico, em número de sete ou oito mil no máximo, conquistar a Normandia e transformá-la em feudo, fazendo da Bretanha um subfeudo, por acaso deixaram arquivos nos quais se pudesse ver que eles são os pais de todos os normandos de hoje?

Há muito tempo acreditou-se que os francos descendiam dos troianos. Amiano Marcelino, que vivia no século IV, diz[39]: "Segundo vários escritores, algumas tropas de troianos fugitivos estabeleceram-se às margens do Reno, então desertas." Pode-se aceitar isso no que se refere a Eneias: ele podia facilmente procurar asilo no extremo do Mediterrâneo; mas Franco, filho de Heitor, tinha muito caminho para percorrer até Dusseldorf, Worms, Ditz, Aldved, Solms, Ehrenbreistein etc.

Fredegário não duvida de que os francos tivessem inicialmente se retirado na Macedônia, e que tenham empunhado armas no tempo de Alexandre, depois de combaterem sob o comando de Príamo. O monge Vilfrid faz disso um elogio ao imperador Luís, o Germânico.

O geógrafo de Ravena, menos fabuloso, situa a primeira habitação da horda dos francos entre os cimbros, para além do Elba, às margens do mar Báltico. Aqueles francos bem poderiam ser resquícios daqueles bárbaros cimbros derrotados por Mário; e o douto Leibniz é dessa opinião.

O certo é que, no tempo de Constantino, havia além do Reno hordas de francos ou sicambros que exerciam o banditismo. Reuniam-se sob o comando dos capitães de bandidos, de chefes que os historiadores, ridiculamente, chamaram de *reis*; o próprio Constantino os perseguiu em seus refúgios, mandou vários para a forca e entregou alguns à fúria das feras no anfiteatro de Trier, para seu divertimento: dois de seus pretensos reis, chamados Ascárico e Merogaiso (Ragaise), pereceram nesse suplício; com isso, os panegiristas de Constantino se extasiam, coisa que não seria de espantar tanto.

A pretensa lei sálica, que, segundo dizem, foi escrita por esses bárbaros, é uma das mais absurdas quimeras com que já nos embalaram. Seria muito estranho que os francos tivessem escrito

---

38. Ver Língua. (N. de Voltaire)
39. Amiano Marcelino, liv. XII. (N. de Voltaire).

em seus pântanos um código considerável, e que os franceses só tivessem uma costumagem escrita no fim do reinado de Carlos VII. Seria o mesmo que dizer que os algonquinos e os *chickasaws* tinham lei escrita. Os homens só são governados por leis autênticas inscritas nos monumentos públicos depois de se reunirem em cidades, de terem uma administração regular, arquivos e tudo o que caracteriza uma nação civilizada. Sempre que se encontrar um código numa nação que era bárbara no tempo desse código, que só vivia de rapina e banditismo, que não tinha nenhuma cidade fechada, deve-se ter a certeza de que esse código é falso, de que foi feito em tempo bem posterior. Todos os sofismas e todas as falsificações nunca abalarão essa verdade no espírito dos sábios.

O mais ridículo é que nos apresentam essa lei sálica em latim, como se selvagens errantes de além-Reno tivessem aprendido a língua latina. Primeiramente, afirmou-se que ela havia sido redigida por Clóvis, que assim teria falado:

"Quando a nação ilustre dos francos ainda era considerada bárbara, os principais dessa nação ditaram a lei sálica. Entre eles foram escolhidos quatro dos principais, Visogast, Bodogast, Sologas, Vidogast etc."

É bom observar aqui esta fábula de La Fontaine:

Notre magot prit pour ce coup
Le nom d'un port pour un nom d'homme.
[Nosso mono tomou dessa vez
O nome de um porto por um nome de homem.]
(Liv. IV, fábula VII)

Esses são os nomes de alguns locais na região franca de Worms. Seja qual for a época em que as costumagens chamadas *lei sálica* foram redigidas com base em antiga tradição, o certo é que os francos não eram grandes legisladores.

O que queria dizer, na origem, a palavra *franc* [franco]? Prova de que nada se sabe a respeito é que centenas de autores tentaram adivinhar. O que queriam dizer as palavras *hun* [huno], *alain* [alano], *got* [godo], *welche* [gaulês], *picard* [picardo]? Que importa?

Os exércitos de Clóvis eram inteiramente compostos de francos? Não parece. Quilderico, o franco, fizera incursões até Tournai (Doornik). Dizem que Clóvis era filho de Quilderico e da rainha Bazine, mulher do rei Bazin. Ora, *Bazin* e *Bazine* não são certamente nomes alemães, e nunca se viu prova alguma de que Clóvis fosse filho deles. Todas as regiões da Germânia elegiam seus chefes; a dos francos decerto havia elegido *Clodovico* ou *Clóvis,* qualquer que fosse o seu pai. Ele realizou sua expedição às Gálias, como todos os outros bárbaros haviam realizado as suas ao império romano.

Será de crer que o hérulo Odo, cognominado *Acer* pelos romanos e conhecido entre nós com o nome de Odoacro, só tenha sido seguido por hérulos, e que Genserico só tenha levado vândalos à África? Todos os miseráveis sem profissão nem talento, que nada têm para perder e esperam ganhar muito, acaso não se associam sempre ao primeiro chefe de ladrões que erga o estandarte da destruição?

Assim que Clóvis teve algum sucesso, suas tropas foram engrossadas decerto por todos os belgas que quiseram participar do butim; e aquele exército nem por isso deixou de ser chamado de *exército dos francos*. A expedição era facílima. Os visigodos já haviam invadido um terço das Gálias, e os burgúndios, outro terço. O resto não resistiu a Clóvis. Os francos dividiram as terras dos vencidos, e os gauleses as lavraram.

Então a palavra *franc* [franco] passou a significar *possesseur libre* [possuidor livre], enquanto os outros eram escravos. Daí vieram as palavras *franchise* [franquia] e *affranchir* [libertar, alforriar]: *Je vous fais franc* [eu vos faço franco]: *je vous fais homme libre* [eu vos faço homem livre].

Donde *francalenus*, o que possui livremente; *franq aleu*, *franq dad*, *franq chamen* e tantos outros termos metade latinos, metade bárbaros, que compuseram durante muito tempo o horrível dialeto usado na França.

Donde o franco de prata ou ouro, para indicar a moeda do rei dos francos, o que só ocorreu muito tempo depois, mas lembrava a origem da monarquia. Ainda dizemos *vinte francos*, *vinte libras*, e isso nada significa em si; não dá nenhuma ideia do peso nem do título do dinheiro; não passa de expressão vaga com a qual os povos ignorantes quase sempre foram enganados, por não saberem quanto recebiam ou quanto pagavam realmente.

Carlos Magno não se considerava franco; nascera na Austrásia e falava a língua alemã. Sua origem vinha de Arnaldus, bispo de Metz, preceptor de Dagoberto. Ora, um homem escolhido para preceptor não era, provavelmente, franco. Eles todos se vangloriavam da mais profunda ignorância, e não conheciam outro ofício além das armas. Mas o que confere mais peso à opinião de que Carlos Magno considerava os francos estrangeiros é o artigo IV de um de seus capitulares sobre suas possessões: "Se os francos cometerem alguns delitos em nossos territórios, que sejam julgados de acordo com suas leis."

A raça carolíngia sempre foi vista como alemã; o papa Adriano IV, em sua carta aos arcebispos de Mogúncia, Colônia e Trier, expressa-se nestes termos notáveis: "O império foi transferido dos gregos para os alemães. Seu rei só foi imperador depois de ter sido coroado pelo papa [...] Tudo o que o imperador possui foi tirado de nós. E, assim como Zacarias deu o império grego aos alemães, nós podemos dar o dos alemães aos gregos."

No entanto, como a França foi dividida em oriental e ocidental, e como a oriental era a Austrásia, o nome *France* prevaleceu a tal ponto que, mesmo no tempo dos imperadores saxões, a corte de Constantinopla sempre os chamou de *pretensos imperadores francos*, como se vê nas cartas do bispo Luitprando, enviado de Roma em Constantinopla.

Sobre a nação francesa

Quando os francos se estabeleceram no território dos primeiros *welches*, que os romanos chamaram de *Gallia*, a nação passou a ser composta de antigos celtas ou gauleses subjugados por César, famílias romanas ali estabelecidas, germanos que já haviam emigrado, e francos, que se tornaram senhores do território sob o comando de seu chefe Clóvis. Enquanto subsistiu a monarquia que reuniu a Gália e a Germânia, todos os povos, desde a nascente do Weser até os mares das Gálias, receberam o nome de *francs*. Mas, em 843, quando, no congresso de Verdun, no tempo de Carlos, o Calvo, a Germânia e a Gália foram separadas, o nome *francs* ficou para os povos da França ocidental, única que recebeu o nome *France*.

Praticamente só se conheceu a palavra *français* [francês] por volta do século X. O interior da nação era composto de famílias gaulesas, e os traços de caráter dos antigos gauleses sempre subsistiram.

De fato, cada povo tem seu caráter, como cada homem; e esse caráter geral é formado de todas as semelhanças que a natureza e o hábito puseram entre os habitantes de uma mesma região, em meio às variedades que os distinguem. Assim, o caráter, o gênio e o espírito francês resultam daquilo que as diferentes províncias desse reino têm de semelhante entre si. Os povos da Guienne e os da Normandia diferem muito; no entanto, neles se reconhece o espírito francês, que dessas diferentes províncias forma uma nação e os distingue dos italianos e dos alemães. O clima e o solo, evidentemente, conferem aos homens, tal como aos animais e às plantas, marcas que não mudam. As que dependem do governo, da religião e da educação alteram-se. Aí está a explicação para o fato de os povos terem perdido uma parte de seu antigo caráter e conservado outra. O povo que outrora conquistou metade da terra já não é reconhecível hoje sob um governo sacerdotal: mas o fundo de sua antiga grandeza de alma subsiste, ainda que oculta sob a fraqueza.

O governo bárbaro dos turcos está enfraquecido, tal como o dos egípcios e dos gregos, mas isso não pôde destruir o fundo do caráter e a têmpera do espírito desses povos.

No fundo, o francês é hoje tal como César pintou o gaulês, pronto a decidir, ardente no combate, impetuoso no ataque, sendo facilmente rechaçado. César, Agatias e outros dizem que, de todos os bárbaros, o gaulês era o mais polido. É ainda, no tempo mais civilizado, o modelo da polidez entre os vizinhos, embora mostre, de tempos em tempos, resquícios de leviandade, petulância e barbárie.

Os habitantes das costas da França sempre foram dados à marinha: os povos da Guienne sempre compuseram a melhor infantaria: os que moram na zona rural de Blois e de Tours não são, como diz Tasso,

... *Gente robusta, o faticosa,*
Sebben tutta di ferro ella riluce.
La terra molle, lieta, e dilettosa
Simili a se gli abitator produce.
[Gente robusta, ou trabalhadora
Como se fosse de ferro, reluz.
A terra macia, alegre e prazerosa
Produz habitantes semelhantes a si.]
(*Gerus.*, liv., cant. I, estr. VI)

Mas como conciliar o caráter dos parisienses de nossos dias com o caráter que o imperador Juliano, primeiro entre os príncipes e os homens depois de Marco Aurélio, atribui aos parisienses de seu tempo? Diz ele em seu *Misopogon*: "Gosto desse povo porque ele é sério e severo como eu." Essa seriedade, que parece banida hoje de uma cidade imensa, transformada em centro dos prazeres, devia reinar numa cidade então pequena, desprovida de divertimentos: o espírito dos parisienses mudou nisso, apesar do clima.

A prosperidade, a opulência e a ociosidade do povo, que só pode ocupar-se com prazeres e artes, e não com o governo, conferiram um novo espírito a um povo inteiro.

Como explicar também os graus através dos quais esse povo passou dos furores que o caracterizaram no tempo dos reis João, Carlos VI, Carlos IX, Henrique III e até Henrique IV para a facilidade amena de costumes que a Europa aprecia nele? É porque as tormentas do governo e da religião impeliram a vivacidade dos espíritos para os arroubos da facção e do fanatismo, e essa mesma vivacidade, que sempre subsistirá, hoje só tem por alvo os prazeres da vida social. O parisiense é impetuoso em seus prazeres, como foi outrora em seu furor. O fundo do caráter, que decorre do clima, é sempre o mesmo. Se ele cultiva hoje todas as artes de que foi privado durante tanto tempo, não é por ter outro espírito, pois não tem outros órgãos, mas é por ter mais recursos; e esses recursos ele não adquiriu por si mesmo, como os gregos e os florentinos, para os quais as artes nasceram como frutos naturais de seu solo: o francês os recebeu de fora; mas cultivou com sucesso essas plantas estrangeiras; e, adotando tudo, aperfeiçoou quase tudo.

O governo dos franceses foi de início o governo de todos os povos do Norte: tudo era resolvido nas assembleias gerais da nação; os reis eram os chefes dessas assembleias; essa foi praticamente a única administração dos franceses nas duas primeiras raças, até Carlos, o Simples.

Quando a monarquia foi desmembrada, na decadência da raça carolíngia, quando se ergueu o reino de Arles, e as províncias foram ocupadas por vassalos pouco dependentes da coroa, o nome "francês" tornou-se mais restrito; no tempo de Hugo Capeto, Roberto, Henrique e Filipe, só eram chamados de franceses os povos situados aquém do Loire. Via-se então grande diversidade nos costumes e nas leis das províncias que haviam ficado com a coroa da França. Os senhores particulares, que se haviam tornado donos daquelas províncias, introduziram novos costumes em seus novos Estados. Bretões e flamengos, apesar da diferença de caráter, têm hoje alguma conformidade, decorrente do solo e do clima; mas então não tinham quase nada de semelhante.

Foi só depois de Francisco I que se viu alguma uniformidade nos costumes e nos usos. Só então a corte começou a servir de modelo para as províncias reunidas: mas, em geral, a impetuosidade na guerra e a pouca disciplina sempre foram o caráter dominante da nação.

A galanteria e a polidez começaram a distinguir os franceses no tempo de Francisco I. Os costumes se tornaram atrozes depois da morte de Francisco II. No entanto, em meio àqueles horrores, sempre houve na corte uma polidez que alemães e ingleses se esforçavam por imitar. Já então os franceses eram invejados no resto da Europa, e todos procuravam assemelhar-se a eles. Uma personagem de uma comédia de Shakespeare diz que *apesar de tudo é possível ser polido, sem ter vivido na corte da França*.

Embora a nação tenha sido tachada de leviana por César e por todos os povos vizinhos, esse reino, durante tanto tempo desmembrado e tantas vezes à beira de sucumbir, reuniu-se e sustentou-se principalmente graças à sabedoria das negociações, à habilidade e à paciência, mas sobretudo à divisão da Alemanha e da Inglaterra. A Bretanha só foi reunida ao reino devido a um casamento; a Borgonha, devido ao direito de enfeudação e à habilidade de Luís XI; o Delfinado, graças a uma doação, fruto da política; o condado de Toulouse, em decorrência de um acordo sustentado por um exército; a Provença, em virtude do dinheiro. Um tratado de paz deu a Alsácia; outro tratado deu a Lorena. Os ingleses foram expulsos da França outrora, apesar das suas assinaladas vitórias, porque os reis da França souberam contemporizar e aproveitar de todas as ocasiões favoráveis. Tudo isso prova que, se a juventude francesa é leviana, os homens maduros que a governam sempre foram muito prudentes. Ainda hoje a magistratura, em geral, tem costumes severos, como no tempo do imperador Juliano. Se os primeiros sucessos na Itália, no tempo de Carlos VIII, foram devidos à impetuosidade guerreira da nação, as desgraças que as seguiram decorreram da cegueira de uma corte que só se compunha de jovens. Francisco I só foi infeliz na juventude, quando tudo era governado por favoritos de sua idade; na maturidade, ele tornou seu reino próspero.

Os franceses sempre usaram as mesmas armas dos vizinhos e adotaram mais ou menos a mesma disciplina na guerra. Foram os primeiros que deixaram de usar lanças e piques. A batalha de Ivri começou a denegrir o uso das lanças, que logo foi abolido; no tempo de Luís XIV, os piques foram esquecidos. Os franceses usaram túnicas e togas até o século XVI. No tempo de Luís, o Jovem, deixaram de usar barba comprida, o que voltaram a fazer no tempo de Francisco I; só se começou a tosar inteiramente a barba no tempo de Luís XIV. Os trajes sempre mudaram; e os franceses, ao fim de cada século, podiam considerar os retratos de seus avós como retratos de estrangeiros.

François

Pronuncia-se hoje *français*, e alguns autores também escrevem desse modo; dizem eles que o fazem porque é preciso distinguir *François*, que significa uma *nação*, de *François*, que é um nome próprio, como *saint François* [são Francisco] ou *François Ier* [Francisco I].

Todas as nações, com o tempo, abrandam a pronúncia das palavras mais usadas; é a isso que os gregos dão o nome de *eufonia*. No começo do século XVI, o ditongo *oi* tinha pronúncia rude. A corte de Francisco I abrandou a língua, como abrandou os espíritos: por isso já não se diz *françois* com *o*, mas *français*; diz-se também *aimait, croyait*, e não *aimoit, croyoit* etc.

A língua francesa só começou a ganhar alguma forma por volta do século X; nasceu das ruínas do latim e do celta, misturadas a algumas palavras tudescas. Essa linguagem era, inicialmente, o *romanum rusticum*, romano rústico, e a língua tudesca foi a língua da corte até o tempo de Carlos, o Calvo; o tudesco permaneceu como a única língua da Alemanha, depois da grande época da divisão em 843. O romano rústico, chamado romance ou românico, prevaleceu na França ocidental; o povo da região de Vaud (Waadt), Valais, vale de Engadine e de alguns outros cantões ainda hoje conserva vestígios claros desse idioma.

No fim do século X formou-se o *francês*; escreveu-se em *francês* no começo do século XI, mas esse *francês* tinha mais do romano rústico do que do *francês* de hoje. O romance *Philomena*, escrito no século X em romano rústico, não está escrito numa língua muito diferente da língua das leis normandas. Ainda se percebem as origens celtas, latinas e alemãs. As palavras que significam as partes do corpo humano ou das coisas de uso diário, que nada têm em comum com o latim ou o alemão, são do antigo gaulês ou celta, como *tête* [cabeça], *jambe* [perna], *sabre* [sabre], *aller* [ir], *pointe* [ponta], *parler* [falar], *écouter* [escutar], *regarder* [olhar], *aboyer* [latir], *crier* [gritar], *coutume* [costume], *ensemble* [conjunto] e várias outras dessa espécie. A maioria dos termos de guerra era de origem franca ou alemã: *marche* [marcha], *halte* [alto], *maréchal* [marechal], *bivouac* [bivaque], *reître* [retre], *lansquenet* [lansquenê]. Quase todo o restante é latim, e as palavras latinas foram todas abreviadas, seguindo o uso e o espírito das nações do Norte: assim, *palatium* deu *palais* [palácio]; *lupus*, *loup* [lobo]; *Augustus*, *août* [agosto]; *Junius*, *juin* [junho]; *unctus*, *oint* [banha]; *purpura*, *pourpre* [púrpura]; *pretium*, *prix* [preço] etc. Mal restavam alguns vestígios da língua grega, que durante muito tempo foi falada em Marselha.

No século XII começaram a entrar na língua alguns termos da filosofia de Aristóteles, e, por volta do século XVI, foram expressas por termos gregos todas as partes do corpo humano, suas doenças e seus remédios: daí provieram as palavras *cardiaque* [cardíaco], *céphalique* [cefálico], *podagre* [podagra], *apoplectique* [apoplético], *asthmatique* [asmático], *iliaque* [ilíaco], *empyème* [empiema] e tantos outros. Embora o francês se enriquecesse então com o grego, e, depois, Carlos VIII tivesse extraído muitos recursos do italiano já aperfeiçoado, a língua ainda não ganhara consistência e regularidade. Francisco I aboliu o antigo uso de arrazoar em justiça, julgar e redigir contratos em latim, uso que comprovava a barbárie de uma língua que ainda não se ousava empregar nos atos públicos; uso pernicioso para os cidadãos, cujos destinos eram negociados numa língua que eles não entendiam. Foi então obrigatório o cultivo do *francês;* mas a língua não era nobre nem regular. A sintaxe estava entregue ao capricho. Como o espírito da conversação tendia à pilhéria, a língua tornou-se muito rica em expressões burlescas e ingênuas, e muito estéril em termos nobres e harmoniosos: por esse motivo, em nossos dicionários de rimas encontram-se dezenas de termos convenientes à poesia cômica para um só de uso mais elevado; essa é mais uma razão pela qual Marot nunca teve sucesso no estilo sério, e Amyot só conseguiu traduzir com ingenuidade a elegância de Plutarco.

O *francês* adquiriu vigor com a pluma de Montaigne, mas ainda não tinha elevação e harmonia. Ronsard estragou a língua ao transportar para a poesia francesa os compostos gregos que eram usados por filósofos e médicos. Malherbe corrigiu um pouco o erro de Ronsard. A língua tornou-se mais nobre e harmoniosa com o estabelecimento da Academia Francesa, adquirindo enfim, no século de Luís XIV, a perfeição a que podia ser levada em todos os gêneros.

O espírito dessa língua é a clareza e a ordem, pois cada língua tem seu espírito, e esse espírito consiste na facilidade dada pela linguagem de exprimir-se com maior ou menor felicidade, de empregar ou rejeitar expressões familiares às outras línguas. O *francês*, por não ter declinações e por estar sempre submetido aos artigos, não pode adotar as inversões gregas e latinas; obriga as palavras a organizar-se na ordem natural das ideias. Só se pode dizer de uma maneira "Plancus cuidou dos assuntos de César"; essa é a única organização que se pode dar a essas palavras em francês: expressa em latim, essa frase *Res Caesaris Plancus diligenter curavit* pode ser organizada de cento e vinte maneiras, sem prejudicar o sentido nem ferir a língua. Os verbos auxiliares, que alongam e enfraquecem as frases nas línguas modernas, também tornam a língua francesa pouco apropriada ao estilo lapidar. Os verbos auxiliares, os pronomes, os artigos, a falta de particípios declináveis e a marcha uniforme prejudicam o grande entusiasmo da poesia: ela tem menos recursos desse tipo do que o italiano e o inglês; mas esse embaraço e essa escravidão são exatamente o que a torna mais apropriada à tragédia e à comédia do que qualquer outra língua da Europa. A ordem natural na qual se é obrigado a expressar os pensamentos e a construir as frases confere a essa língua uma brandura e uma facilidade que agrada a todos os povos; e o espírito da nação, mesclando-se ao espírito da língua, produziu mais livros agradavelmente escritos do que se veem em qualquer outro povo.

Da liberdade e da facilidade da vida social, que durante muito tempo só foram conhecidas na França, a linguagem recebeu uma delicadeza de expressão e uma finura cheia de naturalidade que dificilmente se encontram em outros lugares. Às vezes essa finura foi exagerada, mas as pessoas de bom gosto sempre souberam reduzi-la a seus justos limites.

Várias pessoas acreditaram que a língua francesa se empobreceu desde o tempo de Amyot e de Montaigne: de fato, encontram-se nesses autores expressões que já não são aceitáveis; mas, na maioria dos casos, trata-se de termos familiares que foram substituídos por outros equivalentes. A língua enriqueceu-se com grande quantidade de termos nobres e enérgicos; e, sem falarmos aqui na eloquência das coisas, podemos dizer que ela adquiriu a eloquência das palavras. Foi no século de Luís XIV, como se disse, que essa eloquência atingiu o auge, e a língua foi fixada. Sejam quais forem as mudanças preparadas pelo tempo e pelo capricho, os bons autores dos séculos XVII e XVIII sempre servirão de modelo.

Não seria de esperar que os franceses se distinguissem em filosofia. Um governo por muito tempo gótico abafou toda e qualquer luz durante mais de mil e duzentos anos, enquanto alguns mestres de erros, pagos para embrutecer a natureza humana, adensavam ainda mais as trevas. No entanto, hoje há mais filosofia em Paris do que em qualquer cidade da terra, e talvez mais do que em todas as cidades juntas, com exceção de Londres. Esse espírito de razão está penetrando até mesmo nas províncias. Enfim, o espírito francês talvez seja hoje igual ao dos ingleses em filosofia; talvez superior a todos os outros povos, de oitenta anos a esta dada, em literatura; é o primeiro, sem dúvida, quanto às amenidades sociais, à polidez fácil e natural, a que se dá o nome impróprio de *urbanidade*.

Língua francesa

Não nos resta nenhum monumento da língua dos antigos *welches*, que, segundo dizem, constituíam uma parte dos povos celtas, espécie de selvagens dos quais só se conhece o nome, e que alguns quiseram em vão representar por meio de fábulas. Tudo o que se sabe é que os povos chamados de *Galli* pelos romanos – donde o nome gaulês – autodenominavam-se *Welches;* é esse o nome que ainda se dá aos franceses na baixa Alemanha, como se chamava essa Alemanha *Teutch*.

A província de Gales, cujo povo é uma colônia de gauleses, não tem outro nome senão o de *Welch*.

Um resto do antigo dialeto ainda é conservado entre alguns rústicos daquela província de Gales, na Baixa Bretanha, e em algumas aldeias da França.

Embora nossa língua seja uma corruptela da latina, misturada a algumas expressões gregas, italianas e espanholas, conservamos várias palavras cuja origem parece ser céltica. Eis um pequeno catálogo das que ainda estão em uso e que o tempo quase não alterou:

A.

Abattre [abater], *acheter* [comprar], *achever* [terminar], *affoler* [enlouquecer], *aller* [ir], *aleu* [alódio], *franc-aleu* [alódio].

B.

Bagage [bagagem], *bagarre* [briga], *bague* [anel], *bailler* [dar], *balayer* [varrer], *ballot* [fardo], *ban* [banimento], *banc* [banco], *banal* [banal], *barre* [barra], *barreau* [grade], *barrière* [barreira], *bataille* [batalha], *bateau* [barco], *battre* [bater], *bec* [bico], *bègue* [gago], *béguin* [touca, beguino], *béquée* [bicada], *béqueter* [bicar], *berge* [ribanceira], *berne* [manteação], *bivouac* [bivaque], *blêche* [tímido], *blé* [trigo], *blesser* [ferir], *bloc* [bloco], *blocaille* [cascalho], *blond* [loiro], *bois* [madeira, bosque], *botte* [bota, tonel], *bouche* [boca], *boucher* [tampar], *bouchon* [rolha], *boucle* [argola, cacho], *brigand* [bandido], *brin* [haste], *brise de vent* [brisa], *broche* [espeto], *brouiller* [confundir], *broussailes* [sarças], *bru* [nora] (mal traduzido por *belle-fille*).

C.

Cabas [cesto], *caille* [codorna], *calme* [calma], *calotte* [carapuça], *chance* [sorte], *chat* [gato], *claque* [palmada], *cliquetis* [tinido], *clou* [prego], *coi* [quieto], *coiffe* [coifa, touca], *coq* [galo], *couard* [covarde], *couette* [rabinho], *cracher* [cuspir], *craquer* [estalar], *cric* [macaco mecânico], *croc* [gancho], *croquer* [trincar].

D.

Da (*cavalo*, palavra que se conservou entre as crianças, *dada*), *d'abord* [em primeiro lugar], *dague* [adaga], *danse* [dança], *devis* [orçamento, conversa], *devise* [divisa], *deviser* [conversar], *digue* [dique], *dogue* [buldogue], *drap* [pano, lençol], *drogue* [droga], *drôle* [engraçado].

E.

Échalas [estaca], *effroi* [medo], *embarras* [estorvo], *épave* [destroço], *est* [leste], e também *ouest* [oeste], *nord* [norte] e *sud* [sul].

F.

Fifre [pífaro], *flairer* [farejar], *fleche* [flecha], *fou* [louco], *fracas* [estrondo], *frapper* [bater], *frasque* [travessura], *fripon* [canalha], *frire* [fritar], *froc* [capuz de frade].

G.

Gabelle [gabela], *gaillard* [alegre], *gain* [ganho], *galant* [galante], *galle* [galha], *garant* [fiador], *gare* [estação], *garder* [conservar], *gauche* [esquerda], *gobelet* [copo], *gober* [engolir], *gogue* [júbilo], *gourde* [cabaça], *gousse* [vagem], *gras* [gordo], *grelot* [guizo], *gris* [cinzento], *gronder* [resmungar], *gros* [grosso], *guerre* [guerra], *guetter* [espiar].

H.

Hagard [feroz], *halle* [mercado coberto], *halte* [parada], *hanap* [taça], *hanneton* [besouro], *haquenée* [hacaneia], *harasser* [exaurir], *hardes* [roupas velhas], *harnois* [arreios], *havre* [porto], *hazard* [acaso], *heaume* [elmo], *heurter* [colidir], *hors* [fora], *hucher* [chamar], *huer* [vaiar].

L.

Ladre [leproso], *laid* [feio], *laquais* [lacaio], *leude* (homem de pé) [vassalo], *logis* [morada], *lopin* [retalho], *lors* [então], *lorsque* [quando], *lot* [quinhão], *lourd* [pesado].

M.

Magasin [armazém], *maille* [malha], *maraud* [patife], *marche* [andar, degrau], *maréchal* [marechal], *marmot* [menino], *marque* [marca], *mâtin* [mastim], *mazette* [rocim], *mener* [levar, trazer], *meurtre* [assassínio], *morgue* [soberba], *mou* [mole], *moufle* [luva], *mouton* [carneiro].

N.

Nargue [desprezo], *narguer* [desprezar], *niais* [tolo].

O.

Osche ou *hoche* (pequeno talho que os padeiros ainda fazem nos pãezinhos para marcar o número de pães que fornecem, antiga maneira de contar tudo entre os celtas: é o que ainda se chama *taille*), *oui* [sim], *ouf* [ufa].

P.

Palefroi [palafrém], *pantois* [atônito], *parc* [parque], *piaffe* [ostentação], *piailler* [piar], *picorer* [ciscar].

R.

Race [raça], *racler* [raspar], *radoter* [disparatar], *rançon* [resgate] , *rat* [rato], *ratisser* [rastelar], *regarder* [olhar], *renifler* [fungar], *requinquer* [revigorar], *rêver* [sonhar], *rincer* [enxaguar], *risque* [risco], *rosse* [rocim], *ruer* [escoicear].

S.

Saisir [captar], *saison* [estação], *salaire* [salário], *salle* [sala], *savate* [chinelo], *soin* [cuidado], *sot*[tolo] (esse nome porventura não conviria aos que o consideraram derivado do hebraico, como se os *welches* tivessem outrora estudado em Jerusalém?), *soupe* [sopa].

T.

Talus [talude], *tanné* (cor) [pardo], *tantôt* [logo], *tape* [tapa], *tic* [tique], *trace* [vestígio], *trappe* [alçapão], *trapu* [atarracado], *traquer* (que houve quem considerasse vir do hebraico, uma vez que os judeus e nós fomos vizinhos em outros tempos) [encurralar], *triangle* [triângulo], *troc* [troca], *trognon* [caroço, talo], *trompe* [trompa], *trop* [demais], *trou* [buraco], *troupe* [bando], *trousse* [trouxa], *trouve* [acha].

V.

Vacarme [barulheira], *valet* [criado], *vassal* [vassalo].

De todas as palavras acima, e de todas as que podemos juntar a elas, há algumas que provavelmente não são da antiga língua gaulesa, mas da teutônica. Se pudermos provar a origem da metade, já é muito.

Mas, ainda que constatássemos a genealogia das palavras, que proveito tiraríamos disso? Não se trata de saber o que nossa língua foi, mas sim o que ela é. Pouco importa conhecer alguns restos daquelas ruínas bárbaras, algumas palavras de um jargão que, segundo disse o imperador Juliano, pareciam uivos de animais. Pensemos em conservar em sua pureza a bela língua que se falava no grande século de Luís XIV.

Acaso não começa ela a ser corrompida? Não é corromper uma língua atribuir significação nova aos termos empregados pelos bons autores? O que aconteceria se mudássemos assim o sentido de todas as palavras? Ninguém nos entenderia, nem a nós nem aos bons escritores do grande século.

Sem dúvida, é indiferente em si que uma sílaba signifique uma coisa ou outra. Admito até que, se reuníssemos um grupo de homens que tivessem mente e ouvidos afinados, no intuito de reformar a língua, que foi tão bárbara até o nascimento da Academia, a rudeza de várias expressões seria suavizada, dar-se-ia mais viço à secura de algumas outras e harmonia aos sons ríspidos. *Oncle, ongle, radoub, perdre, borgne* e várias palavras de terminação dura poderiam ser abrandadas. *Épieu, lieu, dieu, moyeu, feu, bleu, peuple, nuque, plaque, porche* poderiam tornar-se mais harmoniosas. Que diferença entre a palavra *Theos* e a palavra *Dieu*, entre *populus* e *peuple*, entre *locus* e *lieu*!

Quando começamos a falar a língua dos romanos, nossos conquistadores, nós a corrompemos. De *Augustus* fizemos *aoust, août*; de *pavo, paon*; de *Cadomum, Caen*; de *Junius, juin*; de *unctus, oint*; de *purpura, pourpre*; de *pretium, prix*. É próprio dos bárbaros abreviar todas as palavras. Assim, os alemães e os ingleses fizeram de *ecclesia, kirk, church*; de *foras, furth*; de *condemnare, damn*. Todos os números romanos tornaram-se monossílabos em quase todos os dialetos da Europa; e nossa palavra *vingt* [vinte], para *viginti*, não demonstra também a velha rusticidade de nossos pais? A maioria das letras que cortamos, que pronunciávamos duramente, são nossos antigos hábitos de selvagens: cada povo os tem de sobejo.

O mais insuportável resto da barbárie *welche* e gaulesa está em nossas terminações em *oin: coin, soin, oint, groin, foin, point, loin, marsouin, tintouin, pourpoint*. Aliás, uma linguagem precisa ter grandes encantos para que sejam perdoados esses sons, que lembram muito menos o homem do que a mais asquerosa espécie dos animais[40].

Mas, enfim, cada língua tem palavras desagradáveis que os homens eloquentes sabem colocar convenientemente, usando-as para ornar a rusticidade. É uma grande arte: a arte de nossos bons autores. Portanto, é preciso atentar para o uso que eles dão à língua que recebem.

Não há nada chocante na pronúncia de *oin* quando essas terminações são acompanhadas por sílabas sonoras. Ao contrário, há muita harmonia nestas duas frases: "*Les tendres soins que j'ai pris de votre enfance. Je suis loin d'être insensible à tant de vertus et de charmes.*" [Os ternos cuidados que tomei em sua infância. Estou longe de ser insensível a tantas virtudes e encantos.] Mas é preciso evitar, tal como na tragédia *Nicomedes* (ato II, cena III):

Non; mais il m'a surtout laissé ferme en ce point,
D'estimer beaucoup Rome, et ne la craindre point.
[Não, mas ele deixou-me seguro nesse ponto,
Estimar muito Roma, e não a temer.]

O sentido é belo; seria preciso exprimi-lo em versos mais melodiosos, pois as duas rimas *point* ferem os ouvidos. Ninguém se revoltou com esses versos de *Andrômaca*:

Nous le verrions encor nous partager ses soins;
Il m'aimerait peut-être: il le feindrait du moins.
Adieu, tu peux partir; je demeure en Épire.
Je renonce à la Grèce, à Sparte, à son empire,
A toute ma famille etc.

---

40. O grupo *-oin* é pronunciado ωε. [N. da T.]

[Nós o veríamos ainda dispensar-nos suas atenções;
Ele me amaria talvez: fingiria pelo menos.
Adeus, podes partir; fico no Épiro.
Renuncio à Grécia, a Esparta, a seu império,
A toda a minha família etc.]
(Ato V, cena III)

Veja-se como os últimos versos sustentam os primeiros, como espalham sobre eles a beleza de sua harmonia.

Pode-se criticar na língua francesa um número excessivamente grande de palavras simples que carecem do composto e de termos compostos que não têm o simples primitivo. Temos *architraves* [arquitraves], mas não *traves*; um homem é *implacable* [implacável], mas não é *placable*; há pessoas *inaimables* [inamáveis], no entanto *inaimable* é uma palavra que nunca se disse ainda.

Também é muito estranho que a palavra *garçon* [menino] seja muito usada, mas *garce* [prostituta] seja injúria grosseira; *Venus* [Vênus] é uma palavra encantadora; *venérien* [venéreo] passa uma ideia horrível.

O latim teve algumas singularidades semelhantes. Os latinos diziam *possível*, mas não diziam *impossível*. Tinham o verbo *providere*, mas não o substantivo *providentia*; Cícero foi quem primeiro o empregou como termo técnico.

Parece-me que, quando num século houve um número suficiente de bons escritores, que se tornaram clássicos, já não é permitido empregar outras expressões que não as deles, devendo-se dar a elas o mesmo sentido, caso contrário em pouco tempo o século corrente deixaria de entender o século anterior.

Em nenhum autor do século de Luís XIV encontraremos que Rigault tenha pintado retratos *au parfait* [perfeitamente], que Benserade tenha *persiflé* [ridicularizado] a corte, que o superintendente Fouquet tivesse *un goût decidé* [um gosto decidido] pelas belas-artes etc.

O ministério então assumia *engagements* [obrigações] e não *errements* [procedimentos]. *On tenait* [mantinham-se] promessas, *on accomplissait* [cumpriam-se] promessas, mas *on ne réalisait pas* [não se realizavam] promessas. *On citai* [citavam-se] os antigos, mas *on ne faisait pas de citations* [não se faziam citações]. As coisas tinham *rapport* [relação] umas com as outras, *ressemblances* [semelhanças], *analogies* [analogias], *conformités* [conformidades]; as pessoas as *rapprochaient* [comparavam], *en tiraient des inductions* [delas extraíam induções], *des conséquences* [consequências]; hoje escreve-se que um artigo de uma declaração do rei *a trait* [tem relação] com um decreto da *cour des aides*. Se perguntássemos a Pellisson, a Boileau, a Racine, o que é *avoir trait* eles não saberiam o que responder. As colheitas eram *recueillies*, hoje elas são *récoltées*. Um indivíduo era *exact* [exato], *sévère* [severo], *rigoureux* [rigoroso], até *minutieux* [minucioso]. Hoje é *strict* [estrito]. Uma opinião era *semblable* [semelhante] a outra; não era *différent* [diferente]; era-lhe *conforme* [conforme]; era *fondé sur les mêmes raisons* [baseada nas mesmas razões]; duas pessoas *étaient du même sentiment* [tinham o mesmo sentimento], *avaient la même opinion* [tinham a mesma opinião] etc., entendia-se. Leio em vinte memoriais novos que os estados tiveram opiniões *parallèles* [paralelas] à do parlamento; que o parlamento de Rouen não tem opinião *parallèle* à do parlamento de Paris, como se *parallèle* pudesse significar *conforme*, como se duas coisas paralelas não pudessem ter mil diferenças.

Nenhum autor do bom século usou a palavra *fixer* [fixar] a não ser para significar *arrêter* [deter], *rendre stable* [tornar estável], *invariable* [invariável].

Et fixant de ses voeux l'inconstance fatale,
Phèdre depuis longtemps ne craint plus de rivale.

[E fixando de seus desejos a inconstância fatal,
Fedra há muito já não teme rival.]
(*Phèdre,* ato I, cena I)

C'est à ce jour heureux qu'il fixa son retour.
[Foi naquele dia feliz que ele fixou sua volta.]
....
Égayer la chagrine, et fixer la volage.
[Alegrar a tristeza, e fixar a inconstância.]

Alguns gascões aventuraram-se a dizer: *J'ai fixé cette dame* [fixei essa mulher], no lugar de olhei-a fixamente, fixei meus olhos nela. Daí veio a moda de dizer: *Fixer une personne* [fixar uma pessoa]. Então já não se sabe se por essa expressão entende-se "tornei essa pessoa menos inconstante, menos volúvel" ou "observei-a, fixei nela meus olhares". Eis um novo sentido ligado a uma palavra conhecida e uma nova fonte de equívocos.

Quase nunca os Pelisson, Bossuet, Fléchier, Massillon, Fénelon, Racine, Quinault, Boileau, mesmo Molière e La Fontaine, que cometeram ambos muitos erros contra a língua, usaram o termo *vis-à-vis* a não ser para expressar uma posição de lugar. Dizia-se: A ala direita do exército de Cipião *vis-à-vis* [diante de] a ala esquerda de Aníbal. Quando Ptolomeu ficou *vis-à-vis* [diante] de César, ele tremeu.

Vis-à-vis é abreviatura de *visage à visage* [rosto a rosto], e é uma expressão que nunca se usa em poesia nobre nem em discurso oratório.

Hoje começam a dizer: *Coupable vis-à-vis de vous* [culpado diante de vós], *bienfaisant vis--à-vis de nous* [generoso diante de nós], *difficile vis-à-vis de nous* [difícil diante de nós], *mécontent vis-à-vis de nous* [descontente diante de nós], em vez de *coupable, bienfaisant envers nous* [culpado, generoso para conosco], *difficile avec nous* [difícil conosco], *mécontent de nous* [descontente conosco].

Li num escrito público: *Le roi mal satisfait vis-à-vis de son parlement* [o rei mal satisfeito diante de seu parlamento]. É um acúmulo de barbarismos. Não se pode estar mal satisfeito. *Mal* é o contrário de *satis*, que significa bastante. Pode-se estar *peu content* [pouco contente], *mécontent* [descontente]; é possível sentir-se *mal servi* [mal servido], *mal obéi* [mal obedecido]. Não se fica *satisfait* [satisfeito], nem *mal satisfait* [mal satisfeito], nem *content* [contente] nem *mécontent* [descontente], nem *bien* [bem] nem *mal obéi* [mal obedecido] *vis-à-vis* [diante] de ninguém, mas *de* [de, por, com] alguém. *Mal satisfait* [mal satisfeito] é do antigo estilo dos serviços públicos. Escritores pouco corretos permitiram-se esse erro.

Quase todos os escritos recentes estão contaminados pelo emprego vicioso da palavra *vis-à--vis.* Foram deixadas de lado expressões tão fáceis, tão adequadas, tão bem colocadas pelos bons escritores: *envers* [para com], *pour* [para], *à l'égard* [com respeito], *en faveur de* [a favor de].

Você me diz que um homem tem disposição favorável *vis-à-vis* de mim; que ele tem um ressentimento *vis-à-vis* de mim; que o rei quer conduzir-se como pai *vis-à-vis* da nação. Diga que esse homem tem boa disposição *pour moi* [por mim], *à mon égard* [a meu respeito], *en ma faveur* [a meu favor]; que ele tem ressentimento *contre moi* [contra mim]; que o rei quer conduzir-se *en père du peuple* [como pai do povo]; que ele quer agir *en père avec la nation* [como pai com a nação], *envers la nation* [para com a nação]: caso contrário você estará falando muito mal.

Alguns autores, falando um francês alóbroge, disseram *élogier* em vez de *louer* [louvar, elogiar] ou *faire un éloge* [fazer um elogio]; *par contre* em vez de *au contraire* [ao contrário]; *éduquer* por *élever* [educar] ou *donner de l'éducation* [dar educação]; *égaliser* as fortunas por *égaler* [igualar].

O que mais pode contribuir para estragar a língua, para mergulhá-la na barbárie, é empregar nos tribunais, nos conselhos de Estado, expressões góticas que eram utilizadas no século XIV:

Nous aurions reconnu [nós teríamos reconhecido]; *nous aurions observé* [nós teríamos observado]; *nous aurions statué* [nós teríamos estatuído]; *il nous aurait paru aucunement utile* [nos teria parecido de algum modo útil].

Ora, meus pobres legisladores! Quem lhes impede de dizer: *Nous avons reconnu* [nós reconhecemos]; *nous avons statué* [nós estatuímos]; *il nous a paru utile* [pareceu-nos útil].

O senado romano, já no tempo dos Cipiões, falava puramente, e teria sido vaiado um senador que pronunciasse um solecismo. Um parlamento acredita elevar-se ao dizer ao rei que ele não pode *obtempérer* [obtemperar]. As mulheres não podem ouvir essa palavra, que não é francesa. Há vinte maneiras de se expressar de modo inteligível.

É erro muito comum empregar termos estrangeiros para expressar o que eles não significam. Assim, de *celata*, que em italiano significa capacete, fez-se a palavra *salade* [salada] nas guerras da Itália; de *bowling-green*, gramado em que se joga bola, fez-se *boulingrin* [canteiro de grama]; *roastbeef,* assado de carne de boi, produziu entre nossos mordomos mundanos *boeufs rôtis d'agneau* [assados de carne de cordeiro], *boeufs rôtis de perdreaux* [assados de carne de perdiz]. Da roupa de montaria, *riding-coat*, fez-se *redingote* [redingote]; e do salão do sr. Devaux em Londres, chamado *vaux-hall*, fez-se um *facs-hall* em Paris. Se continuarmos, a língua francesa, tão polida, tornar-se-á bárbara. Nosso teatro já o é, por causa de imitações abomináveis. Nossa língua o será também. Os solecismos, os barbarismos, o estilo empolado, sobrecarregado, ininteligível, inundaram o palco desde Racine, que parecia os ter banido para sempre pela pureza de sua dicção sempre elegante. Não se pode dissimular que, com exceção de alguns trechos de *Électre* e principalmente de *Rhadamiste* , todo o resto das obras do autor é por vezes um amontoado de solecismos e de barbarismos, lançados ao acaso em versos que revoltam o ouvido.

Foi publicado, há alguns anos, um *Dicionário neológico* no qual se mostravam esses erros em tudo o que têm de ridículo. Mas infelizmente essa obra, mais satírica do que judiciosa, era feita por um homem um pouco grosseiro, que não tinha nem suficiente justeza de espírito nem suficiente equidade para deixar de misturar indiferentemente as boas e as más críticas.

Às vezes ele parodia muito grosseiramente os trechos mais refinados e os mais delicados elogios dos acadêmicos, pronunciados por Fontenelle; obra que em todos os sentidos honra a França. Em Crébillon, ele condena *fais-toi d'autres vertus* [faze-te outras virtudes] etc.; diz ele que o autor quer dizer *pratique d'autres vertus* [pratica outras virtudes]. Se o autor que ele retoma tivesse empregado a palavra *pratique*, teria sido muito raso. É belo dizer: *Je me fais des vertus conformes à ma situation* [faço-me virtudes conformes à minha situação]. Cícero disse: *Facere de necessitate virtutem*; daí nos veio o provérbio *faire de nécessité vertu* [fazer de necessidade virtude]. Racine disse em *Britannicus*:

> *Qui, dans l'obscurité nourissant sa douleur,*
> *S'est fait une vertu conforme à son malheur.*
> [Quem, na obscuridade que nutre sua dor,
> Fez-se uma virtude conforme a sua infelicidade.]
> (Ato II, cena III)

Assim, Crébillon imitara Racine; não cabia repreender em um o que se admira no outro.

Mas é verdade que seria preciso uma absoluta falta de gosto e de juízo para não retomar os versos seguintes, que pecam todos ou contra a língua, ou contra a elegância, ou contra o bom-senso.

> *Mon fils, je t'aime encor tout ce qu'on peut aimer.*
> [Meu filho, amo-te ainda tudo o que se pode amar.]
> (CRÉBILLON, *Pyrrhus*, ato III, cena V)

Tant le sort entre nous a jeté de mystére.
[Tanto a sorte entre nós lançou mistério.]
(*Idem*, ato III, cena IV)

Les dieux ont leur justice, et le trône a ses moeurs.
[Os deuses têm sua justiça, o trono tem seus costumes.]
(*Idem*, ato II, cena I)

Agénor inconnu ne compte point d'aïeux,
Pour me justifier d'un amour odieux.
[Agenor desconhecido não conta com ancestrais
Para me justificar de um amor odioso.]
(*Idem, Sémiramis*, ato I, cena V)

Ma raison s'arme en vain de quelques étincelles.
[Minha razão se arma em vão com algumas centelhas.]
(*Idem, ibid.*)

Ah! que les malheureux éprouvent des tourments!
[Ah! como os infelizes sofrem tormentos!]
(*Idem, Électre*, ato III, cena II)

    Un captif tel que moi
Honorerait ses fers même sans qu'il fût roi.
    [Um cativo como eu
Honraria seus grilhões mesmo que não fosse rei.]
(*Idem, Sémiramis*, ato II, cena II)

Un guérrier génereux, que la vertu couronne,
Vaut bien un roi formé par le secours des lois:
Le premier qui le fut n'eut pour lui que sa voix.
[Um guerreiro generoso coroado pela virtude
Bem vale um rei formado pela proteção das leis:
O primeiro que o fosse só teria por ele sua voz.]
(*Idem, Sémiramis*, ato II, cena III)

    A ce prix je deviendrai sa mére,
Mais je ne le suis pas; je n'en ressens du moins
Les entrailles, l'amour, les remords, ni les soins.
    [A esse preço tornar-me-ei sua mãe,
Mas não a sou; de mãe não sinto nem um pouco
As entranhas, o amor, os remorsos nem os cuidados.]
(*Idem, ibid.*, ato IV, cena VII)

    Je crois que tu n'es pas coupable;
Mais si tu l'es, tu n'es qu'un homme détestable.
    [Creio que não és culpado;
Mas se o és, não passas de um homem detestável.]
(CRÉBILLON, *Catilina*, ato IV, cena II)

Mais vous me payerez ses funestes appas.
C'est vous qui leur gagnez sur moi la préférence.
[Mas vós me pagareis seus funestos encantos
Sois vós que ganhais sobre mim sua preferência.]
(*Idem, ibid.,* ato II, cena I)

Seigneur, enfin la paix si longtemps attendue
M'est redonnée ici par le même héros
Dont la seule valeur nous causa tant de maux.
[Senhor, enfim a paz há tanto esperada
Me é devolvida aqui pelo mesmo herói
Cujo único valor tantos males nos causou.]
(*Idem, Pyrrhus,* ato V, cena III)

Autour du vase affreux par moi-même rempli
Du sang de Nonnius avec soin recueilli,
Au fond de ton palais j'ai ressemblé leur troupe.
[Em torno do vaso medonho que eu mesmo enchi
Com o sangue de Nonnius cuidadosamente recolhido,
No fundo de teu palácio reuni seu bando.]
(*Idem, Catilina,* ato IV, cena III)

Essas frases obscuras, esses termos impróprios, esses erros de sintaxe, essa linguagem ininteligível, esses pensamentos tão falsos e tão mal expressos; tantas outras tiradas em que só se fala dos deuses e dos infernos, porque não se sabe fazer os homens falarem; um estilo empolado e raso ao mesmo tempo, repleto de epítetos inúteis, de máximas monstruosas emitidas em versos dignos delas[41], isso foi o que sucedeu o estilo de Racine; e, para completar a decadência da língua e do gosto, essas peças visigodas e vândalas foram seguidas por peças mais bárbaras ainda.

---

41. Eis algumas dessas máximas detestáveis que nunca devem ser expostas no teatro:
    Cependant, sans compter ce qu'on appelle crime...,
    Et du joug des serments esclaves malheureux,
    Notre honneur dépendra d'un vain respect pour eux!
    Pour moi, que touche peu cet honneur chimérique,
    J'appelle à ma raison d'un joug si tyrannique.
    Me venger et régner, voilà mes souverains;
    Tout le reste pour moi n'a que des titres vains...
    De froids remords voudraient en vain y mettre obstacle:
    Je ne consulte plus que ce superbe oracle.
    (*Xerxes,* ato I, cena I)
    [Entretanto, sem contar o que chamamos crime...,
    E do jugo dos juramentos escravos infelizes
    Nossa honra dependerá de um vão respeito por eles!
    Por mim, a quem pouco toca essa honra quimérica,
    Interpelo minha razão sobre um jugo tão tirânico.
    Me vingar e reinar, eis meus soberanos;
    Todo o resto para mim só tem motivos vãos...
    Frios remorsos pretendem em vão colocar-lhe obstáculo:
    Já não consulto nada além desse magnífico oráculo.]
    Que atrocidades rasas e extravagantes! *Appeler à sa raison d'un joug; mes souverains sont me venger et régner* [meus soberanos são me vingar e reinar]; *de froids remords qui veulent mettre obstacle à ce superbe oracle* [frios remorsos que pretendem colocar obstáculo ao magnífico oráculo]! Que multidão de barbarismos e de ideias bárbaras! (N. de Voltaire)

A prosa não é menos decadente. Vê-se, em livros sérios e feitos para instruir, uma afetação que indigna qualquer leitor sensato.

Il faut mettre sur le compte de l'amour propre ce qu'on met sur le compte des vertus.
[Deve-se pôr na conta do amor-próprio o que se põe na conta das virtudes.]

L'esprit se joue à pure perte dans ces questions ou l'on a fait les frais de penser.
[O espírito se deleita inutilmente nas questões em que nos demos ao trabalho de pensar.]

Les eclipses étaient en droit d'effrayer les hommes.
[Os eclipses tinham o direito de apavorar os homens]

Épicure avait un extérieur à l'unisson de son âme.]
[Epicuro tinha um exterior em uníssono com sua alma.]

L'empereur Claudius renvia sur Auguste.
[O imperador Cláudio ia além de Augusto.]

La religion était en collusion avec la nature.
[A religião estava em colisão com a natureza.]

Cléopâtre était une beauté privilégiée.
[Cleópatra era uma beleza privilegiada.]

L'air de gaieté brillait sur les enseignes de l'armée.
[O ar de alegria brilhava sobre as insígnias do exército.]

Le triumvir Lépide se rendit nul.
[O triúnviro Lépido tornou-se nulo.]

Un cônsul se fit clef de meute dans la republique.
[Um cônsul se fez chave de matilha na república.]

Mécénas était d'autant plus éveillé qu'il affichait le sommeil.
[Mecenas estava tão mais desperto quanto mais ostentava o sono.]

Julie, affectée de pitié, élève à son amant ses tendres supplications.
[Julie, imbuída de piedade, eleva a seu amante sua ternas súplicas.]

Elle cultiva l'espérance.
[Ela cultivou a esperança.]

Son âme épuisée se fond comme l'eau.
[Sua alma exausta funde-se como a água.]

Sa philosophie n'est point parlière.
[Sua filosofia não é falante.]

Son amant ne veut pas mesurer ses maxims à sa toise, et prendre une âme aux livrées de la maison.
[Seu amante não quer medir suas máximas por sua toesa, e assumir uma alma pelas librés da casa.]

Tais são os excessos de extravagância em que caíram espíritos semicultos com mania de se singularizar.

Não encontramos em Rollin uma uma só frase que tenha algo desse jargão ridículo, e nisso ele é muito louvável, pois resistiu à torrente do mau gosto.

O defeito contrário à afetação é o estilo descuidado, frouxo e rasteiro, o emprego frequente de expressões populares e proverbiais.

Le general poursuivit sa pointe.
[O general tocou em frente.]

Les ennemis furent battus à plate couture.
[Os inimigos foram derrotados em cheio.]

Ils s'enfuirent à vauderoute.
[Eles fugiram aos trambolhões.]

Il se prêta à propositions de paix, après avoir chanté victoire.
[Ele se prestou a propostas de paz, depois de ter cantado vitória.]

Les légions vinrent au-devant de Drusus par manière d'acquit.
[As legiões se apresentaram diante de Drusus de qualquer jeito.]

Un soldat romain se donnant à dix as para jour, corps et âme.
[Um soldado romano se dando por um tostão por dia, de corpo e alma.]

La différence qu'il y avait entre eux était [a diferença que havia entre eles era] em vez de dizer, num estilo mais conciso, *la différence entre eux était* [a diferença entre eles era]. *Le plaisir qu'il y a à cacher ses démarches à son rival* [o prazer que há em esconder suas diligências de seu rival] em vez de dizer *le plaisir de cacher ses démarches à son rival* [o prazer de esconder suas diligências de seu rival].

Lors de la bataille de Fontenoy [quando da batalha de Fontenoy] em vez de dizer *dans le temps de la bataille, l'époque de la bataille* [no tempo, na época da batalha], *tandis, lorsque l'on donnait la bataille* [enquanto, quando se dava a batalha].

Por uma negligência mais imperdoável ainda, e por falta de buscar a palavra adequada, alguns escritores imprimiram: *Il l'envoya faire faire la revue des troupes* [ele o mandou mandar fazer a revista das tropas]. Seria tão fácil dizer: *il l'envoya passer les troupes en revue* [ele o mandou passar as tropas em revista]; *il lui ordonna d'aller faire la revue* [ele lhe ordenou que fosse fazer a revista].

Introduziu-se na língua um outro vício: empregar expressões poéticas no que deve ser escrito no mais simples dos estilos. Autores de jornais e até mesmo de algumas gazetas falam dos *forfaits d'un coupeur de bourse condamné à être fouetté dans ces lieux* [crimes de um ladrão condenado a ser fustigado neste local]. *Des janissaires ont mordu la poussière* [janízaros deram no pé]. *Les troupes n'ont pu résister à l'inclémence des airs* [as tropas não puderam resistir à inclemência dos ares]. Anuncia-se a história de uma cidadezinha de província, com provas e um sumário, elogiando a *magie du style de l'auteur* [a magia do estilo do autor]. Um boticário anuncia ao público que está vendendo uma nova droga a três libras a garrafa; ele diz que *il a interrogé la nature, et qu'il l'a forcée d'obéir à ses lois* [interrogou a natureza e a forçou a obedecer a suas leis].

Um advogado, a propósito de uma parede-meia, disse que o direito de sua parte *est éclairé du flambeau des présomptions* [é iluminado pela chama das presunções].

Um historiador, falando do autor de uma sedição, diz que *Il alluma le flambeau de la discorde* [ele acendeu a chama da discórdia]. Se descreve um pequeno combate, diz que *ces vaillants chevaliers descendaient dans le tombeau, en y précipitant leurs ennemis victorieux* [aqueles valentes cavaleiros desciam ao túmulo, nele precipitando seus inimigos vitoriosos].

Essas puerilidades empoladas não deveriam reaparecer depois do discurso do mestre Petit Jean em *Les plaideurs* [Os litigantes]. Mas, afinal, sempre haverá um pequeno número de espíritos bem formados que conservará as conveniências do estilo e o bom gosto, assim como a pureza da língua. O resto será esquecido.

FRANCISCO XAVIER (François Xavier)

Não seria ruim saber alguma verdade sobre o famoso Francisco Xavero, que nós chamamos Xavier, cognominado o apóstolo das Índias. Muita gente imagina ainda que ele estabeleceu o cristianismo em toda a costa meridional da Índia, em duas dezenas de ilhas e, sobretudo, no Japão. Há trinta anos apenas, mal era permitido duvidar-se disso na Europa.

Os jesuítas não viram dificuldade alguma em compará-lo a são Paulo. Suas viagens e seus milagres tinham sido escritos em parte por Torsellino e Orlandino, Lucena e Bartoli, todos jesuítas, mas pouquíssimo conhecidos na França: quanto menos se conheciam os pormenores, maior era a sua reputação.

Quando escreveu sua história, o jesuíta Bouhours era visto como um grande intelectual; convivia na melhor companhia em Paris; não falo da companhia de Jesus, mas da companhia das pessoas de bem, as que mais se distinguiam em termos de intelecto e cultura. Ninguém teve estilo mais puro e distante da afetação: na Academia Francesa chegou-se a propor desprezar as regras de sua instituição para receber o padre Bouhours em seu corpo[42].

Tinha ainda uma vantagem maior: o crédito de sua ordem, que então, de modo prodigioso, governava todos os príncipes católicos.

A crítica sã, é verdade, começava a estabelecer-se, mas seus progressos eram lentos: na época, em geral, tinha-se mais orgulho de escrever bem do que de escrever coisas verdadeiras.

Bouhours escreveu as biografias de santo Inácio e são Francisco Xavier sem quase angariar críticas; só se dá destaque à sua comparação entre santo Inácio e César, entre Francisco Xavier e Alexandre: esse rasgo foi visto como uma flor da retórica.

Vi no colégio dos jesuítas, na rua Saint-Jacques, um quadro de doze pés de largura por doze de altura, que representava Inácio e Xavier subindo ao céu, cada um num carro magnífico, puxado por quatro cavalos brancos; o Pai eterno estava no alto, ornado com uma bela barba branca, que lhe pendia até a cintura; Jesus Cristo e a Virgem Maria estavam a seu lado, com o Espírito Santo abaixo deles, em forma de pombo, e anjos de mãos dadas e cabeça baixa para receber o padre Inácio e o padre Xavier.

---

42. Sua reputação de bom escritor estava tão consagrada, que La Bruyère diz em seus *Caracteres* (cap. I): "Capys acredita que escreve como Bouhours ou Rabutin." (N. de Voltaire)

Se alguém tivesse zombado publicamente daquele quadro, o reverendo padre La Chaise, confessor do rei, não teria deixado de obter uma ordem régia para o escarnecedor sacrílego.

Cabe admitir que Francisco Xavier é comparável a Alexandre pelo fato de terem ido os dois para os lados das Índias, tal como Inácio se assemelha a César por ter estado na Gália; mas Xavier, vencedor do demônio, foi bem mais longe do que o vencedor de Dario. É um prazer vê-lo passar, na qualidade de catequista voluntário, da Espanha para a França, da França para Roma, de Roma para Lisboa, de Lisboa para Moçambique, depois de ter feito a volta da África. Fica durante muito tempo em Moçambique, onde recebe de Deus o dom da profecia; em seguida, vai para Melinda e discute o Alcorão com os maometanos[43], que provavelmente entendem a língua de Francisco Xavier tanto quanto este entende a deles; chega até a encontrar-se com caciques, embora estes só existam na América. O navio português chega à ilha Socotorá, que é, sem sombra de dúvida, a ilha das Amazonas; lá, ele converte todos os ilhéus; constrói uma igreja; dali, vai para Goa[44], onde vê uma coluna na qual santo Tomás pusera uma inscrição dizendo que um dia são Francisco Xavier ali iria restabelecer a religião cristã que florescera outrora na Índia. Xavier leu perfeitamente os antigos caracteres, hebraicos ou indianos, nos quais tal profecia estava escrita. Imediatamente, pega uma sineta, reúne todos os garotos em torno de si, explica-lhes o *Credo* e os batiza[45]. Seu grande prazer, principalmente, era casar os indianos com suas concubinas.

Depois disso, corre de Goa ao cabo Comorim, na costa de Pescaria, no reino de Travancor; assim que chega a qualquer lugar, sua principal preocupação é sair de lá: embarca na primeira caravela portuguesa que encontre; pouco importa o lugar para o qual a caravela aproe: desde que viaje, Xavier está contente; é recebido por caridade; volta duas ou três vezes a Goa, Cochim, Cori, Negapatão e Milapur. Se algum navio parte para Malaca, lá vai Xavier correndo para Malaca, com o coração despedaçado por não ter visto Sião, Pegu e Tonquim.

É visto na ilha de Sumatra, Bornéu, Macássar, nas ilhas Molucas e, sobretudo, em Ternate e Ambona. O rei de Ternate tinha, em seu imenso serralho, cem mulheres na qualidade de esposas e setecentas ou oitocentas concubinas. A primeira coisa que Xavier faz é expulsá-las todas. Deve-se notar, aliás, que a ilha de Ternate só tem duas léguas de diâmetro.

Ali, encontrando outra caravela portuguesa de partida para a ilha de Ceilão, volta para o Ceilão; faz várias viagens de Ceilão para Goa e para Cochim. Os portugueses já comerciavam no Japão; um navio parte para aquele país, e Xavier não perde a oportunidade de embarcar; percorre todas as ilhas do Japão.

Por fim, diz o jesuíta Bouhours, se somássemos todos os percursos de Xavier, haveria o suficiente para fazer várias vezes a volta ao mundo.

Observe-se que ele partira para suas viagens em 1542, e que morreu em 1552. Se teve tempo para aprender todas as línguas das nações que percorreu, tem-se um belo milagre; se tinha o dom das línguas, o milagre é maior ainda. Mas, infelizmente, em várias de suas cartas, ele diz que é obrigado a utilizar um intérprete, e em outras confessa que tem uma dificuldade imensa para aprender a língua japonesa, que ele não saberia pronunciar.

O jesuíta Bouhours, remetendo-se a algumas de suas cartas, não duvida nem um pouco de que são Francisco Xavier *tivesse o dom das línguas*[46]: mas admite que "nem sempre o tinha". Segundo diz, tinha-o em várias ocasiões pois, sem nunca ter aprendido a língua chinesa, pregava todas as manhãs em chinês em Amanguchi (que é a capital de uma província do Japão).

---

43. Tomo I, p. 86. (N. de Voltaire)
44. *Ibid.*, p. 92. (N. de Voltaire)
45. *Ibid.*, p. 102. (N. de Voltaire)
46. T. II, p. 59. (N. de Voltaire)

Ele só podia mesmo saber perfeitamente todas as línguas do oriente, visto que fazia canções nessas línguas, musicando o *Pai-nosso*, a *Ave-maria* e o *Credo* para a instrução de meninos e meninas⁴⁷.

O mais bonito é que esse homem, que precisava de turgimão, falava todas as línguas ao mesmo tempo como os apóstolos; e, quando falava português, língua na qual, segundo admite Bouhours, o santo se explicava muito mal, indianos, chineses, japoneses, habitantes do Ceilão e de Sumatra o entendiam perfeitamente⁴⁸.

Um dia, sobretudo, quando falava sobre a imortalidade da alma, o movimento dos planetas, os eclipses do Sol e da Lua, o arco-íris, o pecado, a graça, o paraíso e o inferno, foi entendido por vinte pessoas de nacionalidades diferentes.

Pergunta-se como tal homem pôde fazer tantas conversões no Japão. Cumpre responder, simplesmente, que não as fez, mas que outros jesuítas, permanecendo muito tempo no país, em virtude de tratados entre os reis de Portugal e os imperadores do Japão, converteram tanta gente, que, no final, houve uma guerra civil, a qual, segundo dizem, custou a vida de cerca de quatrocentos mil homens. Esse foi o prodígio mais conhecido que os missionários realizaram no Japão.

Mas os prodígios de Francisco Xavier não deixam de ter seu mérito.

Contam-se, na multidão de seus milagres, oito crianças ressuscitadas.

"O maior milagre de Xavier, diz o jesuíta Bouhours⁴⁹, não foi ressuscitar tantos mortos, mas não ter morrido de canseira."

Contudo, o mais engraçado de seus milagres ocorreu quando, deixando o seu crucifixo cair no mar perto da ilha de Baranura, que eu diria ser a ilha de Baratária⁵⁰, um caranguejo veio trazê-lo de volta entre as patas ao cabo de vinte e quatro horas.

O mais espantoso de todos, depois do qual não se deve mais falar de milagres, foi que, durante uma tempestade de três dias, ele esteve constantemente, ao mesmo tempo, em dois navios distantes cento e cinquenta léguas um do outro⁵¹, servindo de piloto nos dois; e esse milagre foi confirmado por todos os passageiros, que não podiam ser enganados nem enganadores.

Aí está, porém, aquilo que se escreveu seriamente e com sucesso no século de Luís XIV, século das *Cartas provinciais*, das tragédias de Racine, do *Dicionário de Bayle* e de tantas outras obras eruditas.

Seria uma espécie de milagre o fato de um homem inteligente, como Bouhours, ter conseguido publicar tantas extravagâncias, não fossem notórios os excessos a que o espírito de corpo e, sobretudo, o espírito monacal são capazes de levar os homens. Temos mais de duzentos livros escritos inteiramente segundo esse gosto, compilados por monges; o mais funesto, porém, é que os inimigos dos monges também compilam. Compilam de modo mais agradável, são lidos. Coisa bem deplorável é já não se ter pelos monges, em dezenove das vinte partes da Europa, o profundo respeito e a justa veneração que ainda se têm por eles em algumas aldeias de Aragão e da Calábria.

Seria muito difícil fazer alguma comparação entre os milagres de são Francisco Xavier, *Dom Quixote*, o *Romance cômico,* e os convulsionários de Saint-Médard.

Depois de falar de Francisco Xavier, seria inútil discutir a história dos outros Franciscos: quem quiser instruir-se a fundo deve ler as *Conformidades de são Francisco de Assis.*

Depois da bela *História de são Francisco Xavier* escrita pelo jesuíta Bouhours, tivemos a *História de são Francisco Régis* escrita pelo jesuíta Daubenton, confessor de Filipe V, rei da Es-

---

47. *Ibid.*, p. 317. (N. de Voltaire)
48. *Ibid.*, p. 56. (N. de Voltaire)
49. T. II, p. 313. (N. de Voltaire)
50. T. II, p. 237. (N. de Voltaire)
51. T. II, p. 157. (N. de Voltaire)

panha; mas é como beber vinho fraco depois de aguardente: não há um só morto ressuscitado na história do bem-aventurado Régis[52].

FRANCO, FRANQUIA, FRANQUEZA (Franchise)

Palavra que sempre dá a ideia de liberdade, seja lá o sentido que se considere; palavra vinda dos francos, que eram livres: é tão antiga, que, quando El Cid sitiou e tomou Toledo, no século XI, deu-se o nome de *franchis* ou *franchises* aos franceses que estavam naquela expedição e se estabeleceram em Toledo. Todas as cidades muradas tinham franquias, liberdades, privilégios, mesmo no auge da anarquia do poder feudal. Em todos os países, o soberano, ao subir ao trono, jurava manter suas franquias.

Esse nome, que foi dado geralmente aos direitos dos povos, às imunidades e aos asilos, foi mais particularmente atribuído aos quarteirões dos embaixadores em Roma. Era um terreno em torno dos palácios; e esse terreno era maior ou menor, de acordo com a vontade do embaixador. Todo aquele terreno era local de asilo para os criminosos; lá, estes não podiam ser perseguidos. No tempo de Inocêncio XI, essa franquia foi restringida ao recinto dos palácios. As igrejas e os conventos, na Itália, têm a mesma franquia, que não têm nos outros Estados. Há em Paris várias zonas francas, onde os devedores não podem ser presos pela justiça ordinária por causa de suas dívidas, onde os operários podem exercer seus ofícios sem precisar se tornar mestres. Os operários têm essa franquia no *faubourg* Saint-Antoine, mas não se trata de um asilo como o Temple.

Essa franquia, que geralmente exprime a liberdade de uma nação, de uma cidade, de uma corporação, logo depois passou a significar liberdade de palavras, de conselhos, de procedimentos em alguma questão: mas há uma grande diferença entre *falar com franqueza* e *falar com liberdade*. Na conversa com um superior, a liberdade é uma ousadia maior ou menor; a franqueza mantém-se mais dentro dos limites justos e é acompanhada por candura. Dizer a própria opinião com liberdade é nada temer; dizê-la com franqueza é comportar-se de maneira aberta e nobre. Falar com excessiva liberdade é demonstrar audácia; falar com excessiva franqueza é abrir demais o coração.

FRAUDE (Fraude)

Se cabe usar fraudes piedosas para com o povo[53]

Certo dia, o faquir Bambabef encontrou um dos discípulos de Confutze, que chamamos *Confúcio*, e esse discípulo se chamava Wang; Bambabef defendia que o povo precisa ser enganado, e Wang afirmava que nunca se deve enganar ninguém; vejamos um resumo da discussão.

BAMBABEF

É preciso imitar o Ser supremo, que não nos mostra as coisas como elas são; ele nos faz ver o Sol com um diâmetro de dois ou três pés, embora esse astro seja um milhão de vezes maior que a terra; ele nos faz ver a Lua e as estrelas pregadas a um mesmo fundo azul, ao passo que estão em profundidades diferentes. Quer que uma torre quadrada nos pareça redonda de longe; quer que o fogo nos pareça quente, embora não seja nem quente nem frio; enfim, cerca-nos de erros convenientes à nossa natureza.

---

52. Ver verbete Inácio de Loyola. (N. de Voltaire)
53. Esse verbete foi impresso várias vezes, mas aqui ele está muito mais correto. (N. de Voltaire)

WANG

Aquilo que o senhor chama de erro não é erro. O Sol, que está a milhões e milhões de lis[54] distante de nosso globo, não é aquele que vemos. Só percebemos realmente e só podemos perceber o sol que se reproduz em nossa retina, em determinado ângulo. Nossos olhos não nos foram dados para conhecermos os tamanhos e as distâncias; precisamos de outros recursos e de outras operações para conhecê-los.

(Bambabef pareceu muito surpreso com essas palavras. Wang, que era muito paciente, explicou-lhe a teoria da óptica, e Bambabef, que tinha entendimento, rendeu-se às demonstrações do discípulo de Confutze; depois, continuou a discussão nos termos abaixo.)

BAMBABEF

Se Deus não nos engana por meio de nossos sentidos, como eu acreditava, admita pelo menos que os médicos enganam sempre as crianças para seu próprio bem: dizem que vão dar-lhes açúcar e na verdade lhes dão ruibarbo. Portanto, eu, que sou faquir, posso enganar o povo, que é tão ignorante quanto as crianças.

WANG

Tenho dois filhos; nunca os enganei; quando ficaram doentes, eu lhes disse: Este remédio é muito amargo, é preciso ter coragem para tomá-lo; seria nocivo, se fosse doce. Nunca suportei que as aias e os preceptores lhes incutissem medo de espíritos, fantasmas, duendes, feiticeiros; com isso, criei jovens cidadãos corajosos e ajuizados.

BAMBABEF

O povo não nasceu tão bem-feito quanto os seus familiares.

WANG

Todos os homens são mais ou menos parecidos; nasceram com as mesmas disposições. Não se deve corromper a natureza dos homens.

BAMBABEF

Nós lhes ensinamos erros, admito, mas é para o bem deles. Nós os fazemos acreditar que, se não comprarem nossos pregos abençoados, se não expiarem seus pecados dando-nos dinheiro, em outra vida serão cavalos de posta, cães ou lagartos: isso os intimida, e eles se transformam em gente de bem.

WANG

Não está vendo que assim perverte essa pobre gente? No povo há muito mais pessoas que raciocinam do que se acredita, pessoas que riem de seus milagres, suas superstições, que percebem muito bem que não serão transformados em lagartos nem em cavalos de posta. O que acontece? Elas têm bom-senso suficiente para ver que o senhor lhes diz disparates, mas não têm bom-senso suficiente para voltar-se a uma religião pura e desprovida de superstição, tal como a

---

54. Um li mede 124 passos. (N. de Voltaire)

nossa. Suas paixões as levam a crer que não existe religião, porque a única que lhes ensinaram é ridícula; os senhores se tornam culpados de todos os vícios nos quais elas incidem.

BAMBABEF

De jeito nenhum, porque nós lhes ensinamos apenas a boa moral.

WANG

Os senhores seriam apedrejados pelo povo, caso lhe ensinassem uma moral impura. Os homens são feitos de tal modo que querem cometer bem o mal, mas não querem que o mal lhes seja pregado. Bastaria apenas que não se misturasse uma moral sensata com fábulas absurdas, porque os senhores, com imposturas das quais poderiam prescindir, enfraquecem essa moral que são obrigados a ensinar.

BAMBABEF

Como! O senhor acha que é possível ensinar a verdade ao povo sem sustentá-la com fábulas?

WANG

Acredito piamente. Nossos letrados são feitos da mesma massa que nossos alfaiates, nossos tecelões e nossos lavradores; eles adoram um Deus criador, recompensador e vingador; não conspurcam seu culto com sistemas absurdos, nem com cerimônias extravagantes; e há bem menos crimes entre os letrados do que entre o povo. Por que não querer instruir os operários como instruímos os letrados?

BAMBABEF

Com isso se cometeria uma grande tolice; é como se o senhor quisesse que eles tivessem a mesma polidez, que eles fossem jurisconsultos; isso não é possível nem conveniente. Os amos precisam de pão branco; os domésticos, de pão preto.

WANG

Admito que nem todos os homens devem ter a mesma ciência; mas há coisas necessárias a todos. É necessário que todos sejam justos; e a maneira mais segura de inspirar a justiça a todos os homens é inspirar-lhes a religião sem superstição.

BAMBABEF

É um belo projeto, mas impraticável. O senhor acha que basta os homens acreditarem num Deus que pune e recompensa? O senhor me disse que muitas vezes as pessoas mais sutis do povo se revoltam contra minhas fábulas; haverão de revoltar-se também contra sua verdade. Dirão: Quem me garante que Deus pune e recompensa? Onde está a prova disso? Qual é sua missão? Que milagre o senhor fez para que eu lhe dê crédito? Zombarão do senhor muito mais do que de mim.

WANG

Esse é o seu erro. Imagina que todos rejeitarão uma ideia honesta, verossímil e útil, uma ideia condizente com a razão humana, só porque rejeitam coisas desonestas, absurdas, inúteis e perigosas, que revoltam o bom-senso.

O povo está disposto a crer em seus magistrados: quando seus magistrados só lhe propõem uma crença razoável, o povo a abraça de bom grado. Não há necessidade de prodígios para se acreditar num Deus justo, que lê no coração do homem; essa ideia é natural e necessária demais para ser combatida. Não é necessário dizer precisamente como Deus punirá e recompensará; basta que se acredite na sua justiça. Garanto-lhe que vi cidades inteiras que quase não tinham outros dogmas, e foi nessas cidades que vi mais virtude.

BAMBABEF

Cuidado; nessas cidades, o senhor encontrará filósofos que negarão os castigos e as recompensas.

WANG

Admita que esses filósofos negarão com muito mais veemência as suas invencionices: assim, o senhor não leva vantagem nisso. Mesmo que houvesse filósofos que não concordassem com meus princípios, eles não deixariam de ser gente de bem; nem por isso deixariam de cultivar a virtude, que deve ser abraçada por amor, e não por temor. Além disso, afirmo que nenhum filósofo nunca teria certeza de que a Providência não reserva castigos para os maus e recompensas para os bons. Pois, se me perguntarem quem me disse que Deus pune, eu lhes perguntarei quem lhes disse que Deus não pune. Enfim, afirmo que os filósofos me ajudarão, em vez de me contradizerem. Quer ser filósofo?

BAMBABEF

Com prazer, mas não diga isso aos faquires.

WANG

Lembremos, acima de tudo, que um filósofo deve anunciar um Deus, se quiser ser útil à sociedade humana.

FRIO (Froid)

O que se entende por esse termo nas belas-letras e nas belas-artes

Dizem que um trecho de poesia, eloquência ou música, e um quadro são frios, quando se espera dessas obras uma expressão animada que nelas não se encontra. As outras artes não são tão suscetíveis a esse defeito. Assim, a arquitetura, a geometria, a lógica e a metafísica, tudo o que tem como único mérito a correção, não podem ser aquecidas nem resfriadas. O quadro da família de Dario, pintado por Mignard, é muito frio, em comparação com o quadro de Lebrun, porque não se encontra nas personagens de Mignard a mesma aflição que Lebrun soube expressar com tanta vivacidade no rosto e nas atitudes das princesas persas. Mesmo uma estátua pode ser fria. É preciso ver o medo e o horror nos traços de uma Andrômeda, o esforço de todos os músculos e o misto de cólera e audácia na atitude e na fronte de um Hércules que ergue Anteu.

Na poesia e na eloquência, os grandes sentimentos de paixão tornam-se frios, quando expressos em termos excessivamente comuns e despojados de imaginação. Por esse motivo, o amor, tão vivo em Racine, é langoroso em Campistron, seu imitador.

Os sentimentos que escapam à alma que quer ocultá-los, ao contrário, exigem expressões mais simples. Nada é tão vivo, tão animado, quanto estes versos de *El Cid*: "Não te odeio. Vai... Tu deves... Eu não posso." Esse sentimento se tornaria frio, se fosse expresso por termos estudados.

Por essa razão, nada é tão frio quanto o estilo empolado. Um herói, numa tragédia, diz que enfrentou uma tempestade e viu um amigo morrer em meio à borrasca; será comovente e interessante se falar com dor de sua perda, se estiver mais preocupado com o amigo do que com todo o resto; não será comovente, será frio, se fizer uma descrição da tempestade, se falar de "fonte de fogo a borbotar sobre as águas" e do "raio troando, ferindo em sulcos redobrados a terra e as águas". Assim, o estilo frio vem ora da esterilidade, ora da intemperança das ideias, frequentemente de uma enunciação excessivamente comum, às vezes de uma enunciação excessivamente rebuscada.

O autor que é frio porque vivaz no momento errado pode corrigir esse defeito da imaginação exuberante; mas aquele que é frio porque carece de alma não tem como se corrigir. Podemos moderar nosso fogo, mas não saberíamos adquiri-lo.

FRIVOLIDADE (Frivolité)

O que mais me convence da existência da Providência – dizia o profundo autor de *Bacha Bilboquet*[55] – é que, para nos consolar de nossas inúmeras misérias, a natureza nos fez frívolos. Ora somos bois ruminantes esmagados sob o cabresto, ora pombas dispersas a fugir de medo das garras do abutre, tintas do sangue de nossas companheiras; ora raposas perseguidas por cães, ora tigres a nos entredevorar. De repente somos borboletas que, a voltear, se esquecem de todos os horrores pelos quais passamos.

Se não fôssemos frívolos, quem conseguiria continuar morando, sem arrepios de horror, numa cidade onde se queimou viva a mulher de um marechal, dama de honra da rainha, alegando que ela matara um galo branco ao luar? Quem conseguiria continuar morando na mesma cidade onde o marechal de Marillac foi assassinado solenemente, com base numa sentença proferida por assassinos judiciais contratados por um padre em sua própria casa de campo, onde ficava acariciando Marion de Lorme como podia, enquanto bandidos togados executavam suas sanguinárias vontades?

Poderia alguém dizer sem tremer em todas as suas fibras e sem ter o coração confrangido de horror: Estou no mesmo local aonde foram trazidos, mortos ou moribundos, dois mil fidalgos assassinados perto do *faubourg* Saint-Antoine, porque um homem de túnica vermelha desagradou a alguns homens de túnica preta?

Quem poderia passar pela rua Ferronnerie sem verter lágrimas e sem ter convulsões de furor contra os princípios abomináveis e sagrados que mergulharam a faca no coração do melhor dos homens e do maior dos reis?

Não se poderia dar um passo nas ruas de Paris no dia de São Bartolomeu, sem dizer: Foi aqui que assassinaram um de meus ancestrais por amor a Deus; foi aqui que arrastaram um dos avós de minha mãe todo ensanguentado; foi aí que metade de meus compatriotas assassinou a outra metade.

Felizmente, os homens são tão levianos, tão frívolos, vivem tão imersos no presente e tão insensíveis ao passado, que em dez mil não há dois ou três que façam essas reflexões.

Quantos homens conheci que, depois de perderem filhos, mulheres, grande parte de seus bens e, por conseguinte, toda a consideração de que gozavam, depois de terem até perdido vários de seus dentes na humilhante operação das reiteradas fricções de mercúrio, depois de serem traídos,

---

55. Claude Cherrier. (N. da T.)

abandonados, ainda eram capazes de pôr cobro a alguma nova partida e, em jantares, contavam histórias que os outros achavam engraçadas! A solidez consiste na uniformidade das ideias. Dizem que os homens de bom-senso devem sempre pensar do mesmo modo: se fôssemos reduzidos a isso, melhor seria não termos nascido.

Os antigos não imaginaram nada melhor do que darem a água do rio Letes de beber àqueles que deviam ir morar nos Campos Elíseos.

Mortais, quereis tolerar a vida? Esquecei e gozai.

FRUTA-PÃO (Arbre à pain)

A fruta-pão cresce nas Filipinas, principalmente nas ilhas de Gaam e Tenian, assim como o coco cresce na Índia. Só essas duas árvores, se pudessem multiplicar-se nos outros climas, serviriam para matar a fome e a sede do gênero humano.

A fruta-pão dá numa árvore mais espessa e mais alta que nossas macieiras comuns; suas folhas são escuras, e o fruto é amarelo, com a dimensão da maçã maior de *calville*; sua casca é grossa e dura, e o miolo é uma espécie de pasta branca e macia que tem o sabor dos melhores pãezinhos de leite; mas é preciso comê-la fresca; só dura vinte e quatro horas; depois disso, resseca-se, azeda e torna-se desagradável; mas, em compensação, a árvore fica carregada oito meses no ano. Os nativos da região não têm outro alimento; são todos altos, robustos, bem-feitos, com pouca gordura; sua saúde é vigorosa, como a que deve ser propiciada pelo uso exclusivo de um alimento saudável, e foi aos negros que a natureza deu esse presente.

O viajante Dampierre foi o primeiro que falou dessa fruta. Ainda vivem alguns oficiais que comeram esse pão quando o almirante Anson ali fez escala; acharam que tinha um sabor superior. Se essa árvore fosse transplantada como a árvore do café, poderia ocupar em grande parte o lugar da invenção de Triptólemo, que exige tantos cuidados e tantos afãs. É preciso trabalhar um ano inteiro antes que o trigo possa ser transformado em pão, e algumas vezes todos esses trabalhos são inúteis.

O trigo não é o alimento da maior parte do mundo. O milho e a mandioca alimentam toda a América. Temos províncias inteiras em que os camponeses só comem pão de castanhas, mais nutritivo e saboroso que o pão de centeio ou de cevada, de que tantas pessoas se alimentam, sendo muito melhor que o pão de munição que se dá aos soldados. Todo o sul da África desconhece o pão. O imenso arquipélago das Índias, Sião, Laos, Pegu, Cochinchina, Tonquim, parte da China, o Japão, as costas de Malabar e de Coromandel e as margens do Ganges fornecem um arroz cuja cultura, sendo muito mais fácil que a do frumento, leva a negligenciá-lo. O trigo é absolutamente desconhecido no espaço de mil e quinhentas léguas das margens do mar Glacial. Esse alimento, ao qual estamos acostumados, é tão precioso para nós, que só o receio de não o ter causa sedições nos povos mais submissos. O comércio do trigo em todo lugar é uma das grandes questões tratadas pelo governo; é uma parte de nosso ser, e no entanto às vezes desperdiçamos ridiculamente essa mercadoria essencial.

Os fabricantes de amido empregam a melhor farinha para cobrir a cabeça de nossos jovens e de nossas mulheres.

O *Dicionário enciclopédico* observa, com muita razão, que o pão bento, que não se come e cuja maior parte se perde, perfaz na França quatro milhões de libras por ano. Assim, só por esse motivo, a Inglaterra, ao cabo de cada ano, tem uma riqueza de quatro milhões a mais que a França.

Os missionários algumas vezes se sentiram muito angustiados em países onde não havia pão nem vinho. Os habitantes lhes diziam por meio de intérpretes: "Quereis batizar-nos com algumas gotas de água num clima tórrido onde somos obrigados a mergulhar todos os dias em rios. Quereis nos confessar e não entendeis nossa língua; quereis nos comungar e não tendes dois ingredientes necessários, o pão e o vinho: é então evidente que vossa religião universal não pode ter sido feita para nós." Os missionários respondiam, com grande justiça, que basta a boa vontade, que os mergulhariam na água sem nenhum problema; que mandariam buscar pão e vinho em Goa; e que, quanto à língua, os missionários a aprenderiam em alguns anos.

FUNDIÇÃO (Fonte)

Não há fábula antiga ou velho absurdo que algum imbecil deixe de renovar, até com arrogância de mestre, desde que tais devaneios antigos tenham sido autorizados por algum autor clássico ou por algum teólogo.

Lícofron (pelo que me lembro) conta que uma horda de ladrões, que fora justamente condenado na Etiópia pelo rei Actisanes a perder o nariz e as orelhas, fugiu para as cataratas do Nilo e de lá penetrou até o deserto de areia, no qual construiu o templo de Júpiter-Âmon.

Lícofron e, depois dele, Teopompo contam que esses bandidos, reduzidos à mais extrema miséria, não tendo sandálias, roupas, móveis nem pão, tiveram a ideia de erigir uma estátua de ouro a um deus do Egito. Essa estátua foi encomendada ao anoitecer e feita durante a noite. Um membro da universidade, muito ligado a Lícofron e aos ladrões etíopes, afirma que nada era mais comum na venerável antiguidade do que fundir uma estátua de ouro em uma noite, reduzi-la depois a um pó impalpável jogando-a ao fogo e fazer que todo um povo a engolisse.

Mas onde aqueles pobres coitados, que não tinham calçados, puderam encontrar tanto ouro?

– Meu senhor – diz o erudito – como se esquece de que eles tinham roubado o suficiente para comprar toda a África, e que os brincos de suas mulheres valiam nove milhões e quinhentas mil libras no nosso dinheiro?

– Concordo, mas é preciso um pouco de preparo para fundir uma estátua; o sr. Lemoine demorou mais de dois anos para fazer a de Luís XV.

– Ah! Nosso Júpiter-Âmon tinha no máximo três pés de altura. Quem vai a um picheleiro não consegue que ele lhe faça seis pratos num só dia?

– Cavalheiro, uma estátua de Júpiter é mais difícil de fazer do que pratos de estanho, e duvido até que os seus ladrões tivessem material para fundir pratos com tanta rapidez, por mais hábeis e ladrões que fossem. Não é verossímil que tivessem o instrumental necessário a um picheleiro: para começar, precisavam ter farinha. Respeito o teu Lícofron, mas aquele grego profundo e seus comentadores ainda mais ocos que ele conheciam tão pouco as artes, eram tão versados em tudo o que é inútil, tão ignorantes em tudo o que diz respeito às necessidades da vida, às coisas de uso, às profissões, aos ofícios, aos trabalhos cotidianos, que aproveitaremos essa oportunidade para ensinar-lhes como se funde uma estátua de metal. Não encontrarão essa operação em Lícofron, Mâneton, Artapan e nem mesmo na *Suma* de santo Tomás.

1º Faz-se um modelo de barro.

2º Cobre-se esse modelo com um molde de gesso, ajustando os fragmentos de gesso uns aos outros.

3º É preciso tirar o molde de gesso por partes de cima do modelo de barro.

4º Ajusta-se o molde de gesso também por partes, pondo-se esse molde no lugar do modelo de barro.

5º Como esse molde de gesso se tornou uma espécie de modelo, joga-se dentro dele cera fundida, também por partes: ela entra em todos os ocos do molde.

6º Deve-se ter cuidado para que essa cera tenha, em todos os pontos, a espessura que se queira dar ao metal com que a estátua será feita.

7º Coloca-se esse molde ou modelo numa cavidade chamada *fossa*, que deve ser mais ou menos duas vezes mais profunda que a figura que se vai fundir.

8º É preciso pôr esse molde nessa cavidade sobre uma grade de ferro, elevada dezoito polegadas para uma estatueta de três pés, e instalar essa grade sobre uma base de alvenaria.

9º Prender fortemente sobre essa grade barras de ferro retas ou inclinadas, segundo as exigências da figura que será criada; essas barras de ferro ficam cerca de seis linhas distantes da cera.

10º Circundar cada barra de ferro com um arame, de tal modo que todo o vazio seja preenchido.

11º Preencher de gesso e de tijolos moídos todo o vazio que ficar entre as barras e a cera da figura, bem como o vazio que ficar entre a grade e a base de tijolos que a sustenta; a isso se dá o nome de *núcleo*.

12º Quando tudo estiver bem frio, o artista deverá retirar o molde de gesso que cobre a cera; a cera que ficar será acabada à mão, passando então a ser o modelo da figura; esse modelo é sustentado pela armadura de ferro e pelo núcleo de que falamos.

13º Terminados esses preparativos, cerca-se esse modelo de cera com bastões perpendiculares de cera, uns chamados *jitos*, e outros, *respiros*. Esses jitos e respiros descem um pé abaixo da figura e também são mais altos que ela, de tal maneira que os respiros são mais altos que os jitos. Esses jitos são entrecortados por pequenos rolos de cera, que se chamam *fornecedores*, colocados diagonalmente de baixo para cima entre os jitos e o modelo, ao qual são presos. Veremos no número 17 qual é o uso desses bastões de cera.

14º Passam-se sobre o modelo os respiros e os jitos quarenta a cinquenta camadas de um líquido espesso, compostos de um barro vermelho e excremento de cavalo macerado durante um ano inteiro; essas camadas endurecidas formam um envoltório de um quarto de polegada.

15º O modelo, os respiros e os jitos assim dispostos são envolvidos por um invólucro composto desse barro, areia vermelha, crina e excremento de cavalo, bem macerado, sendo tudo plasmado nesse líquido espesso. Esse revestimento forma um composto pastoso, mas consistente e resistente ao fogo.

16º Constrói-se em torno do modelo um muro de alvenaria ou tijolos, e entre o modelo e o muro deixa-se, embaixo, o espaço para o cinzeiro com profundidade proporcional à figura.

17º Esse cinzeiro é guarnecido de barras de ferro em grade. Sobre essa grade põem-se pequenos tampões de madeira, que são acendidos, o que forma uma fogueira ao redor do molde e derrete os bastões de cera cobertos de camadas do líquido espesso e da pasta de que falamos nos números 14 e 15; fundida a cera, restam canudos dessa pasta sólida: uns são os jitos e os outros são os respiros e os fornecedores. É pelos jitos e pelos fornecedores que o metal fundido entrará, e o ar, saindo pelos respiros, impedirá que a matéria inflamada destrua tudo.

18º Depois desses preparativos, funde-se na borda da fossa o metal com que se deve formar a estátua. Se for bronze, usa-se um forno de tijolos duplos; se for ouro, usam-se vários crisóis. Quando o metal estiver liquefeito pela ação do fogo, é vazado por um canal para a fossa preparada. Se, por infeliz circunstância, esse metal encontrar bolhas de ar ou de umidade, tudo se quebrará, e será preciso recomeçar várias vezes.

19º Esse rio de fogo, que desce para a cavidade da fossa, volta a subir pelos jitos e pelos fornecedores, entra no molde e preenche seus vazios. Esses jitos, fornecedores e respiros nada mais são que tubos formados por aquelas quarenta ou cinquenta camadas de líquido espesso e pela pasta de revestimento, formadas durante muito tempo com arte e paciência; é por eles que o metal liquefeito e incandescente vai alojar-se na estátua.

20º Depois que o metal esfriou bem, retira-se tudo. O que se tem é apenas uma massa informe cujas asperezas precisam ser retiradas, fazendo-se reparos com diversos instrumentos.

Omito muitos outros preparativos que os senhores enciclopedistas, sobretudo o sr. Diderot, explicaram bem melhor do que eu poderia explicar, em sua obra que deve eternizar todas as artes com sua glória. Mas, para ter uma ideia nítida das técnicas dessa arte, é preciso ver a sua realização. Isso ocorre com todas as artes, desde o fabricante de malhas até o lapidador. Nunca ninguém aprendeu em livros como fazer profissionalmente meias, lapidar diamantes e confeccionar tapeçarias de alto liço. Só se aprendem artes e ofícios por meio do exemplo e do trabalho.

Com o objetivo de erigir uma pequena estátua equestre do rei, feita de bronze, numa cidade construída num dos extremos do reino, perguntei, há não muito tempo, ao Fídias da França, sr. Pigalle, quanto tempo seria preciso para fazer apenas o cavalo de três pés de altura; ele me respondeu por escrito: "Preciso de seis meses, pelo menos." Tenho sua declaração datada de 3 de junho de 1770.

O sr. Guenée, ex-professor do colégio de Plessis, que provavelmente sabe mais que o sr. Pigalle sobre a arte de fundir figuras, escreveu contra essas verdades num livro intitulado *Cartas de alguns judeus portugueses e alemães, com reflexões críticas, e um pequeno comentário extraído de outro maior. Paris, Laurent Prault, 1769, com aprovação e privilégio do rei.*

Essas cartas foram escritas com o nome dos srs. judeus Joseph Ben Jonathan, Aaron Mathataï e David Winker.

Esse professor, secretário dos três judeus, diz em sua segunda carta: "Se os senhores entrarem no primeiro fundidor, direi que, se lhe fornecerem o material de que ele possa precisar, se o apressarem e lhe pagarem bem, ele fará obra semelhante em menos de uma semana. Não procuramos muito, e encontramos dois que pediam apenas três dias. É grande a diferença entre três dias e três meses, e não duvidamos de que, se procurarem bem, poderão encontrar um que o faça ainda mais depressa."

O sr. professor secretário dos judeus, ao que tudo indica, só consultou fundidores de pratos de estanho ou de outras pequenas obras fundidas em areia. Se tivesse falado com o sr. Pigalle ou com o sr. Lemoine, teria mudado um pouco de ideia.

É com o mesmo conhecimento das artes que esse senhor afirma que pulverizar ouro por meio do fogo, para torná-lo potável e dá-lo a beber a toda uma nação, é a coisa mais fácil do mundo e a mais comum em química. Vejamos como ele se exprime:

"Essa possibilidade de tornar o ouro potável foi repetida centenas de vezes desde Stahl e Sénac, nas obras e nas lições de vossos célebres químicos, como Baron, Macquer etc.; todos concordam nesse ponto. Temos atualmente diante de nós apenas a nova edição da *Química* de Lefèvre. Ele ensina isso como todos os outros e acrescenta que nada é mais certo, e que sobre o assunto não se deve ter a menor dúvida.

"O que acha o senhor? O testemunho dessas pessoas tão hábeis não têm o mesmo valor do de seus críticos? O que passa pela cabeça desses incircuncisos? Não sabem química e põem-se a falar; poderiam ter-se poupado desse ridículo.

"Mas o senhor, quando transcrevia essa fútil objeção, ignorava que o último dos químicos seria capaz de refutá-la? A química não é seu forte, logo se vê: por isso, a bile de Rouelle se aquece, seus olhos se acendem e sua raiva explode quando ele lê, por acaso, aquilo que o senhor diz em alguns trechos de suas obras. Faça versos, senhor, e deixe de lado a arte dos Pott e Margraff.

"Aí está, portanto, totalmente destruída a principal objeção de seus escritores, aquela que eles afirmavam com mais confiança."

Não sei se o sr. secretário da sinagoga entende de versos, mas sem dúvida não conhece o ouro. Ignoro se o sr. Rouelle fica com raiva quando alguém não compartilha a sua opinião, mas eu não ficarei com raiva do sr. secretário; direi com minha tolerância costumeira, da qual sempre farei profissão, que nunca lhe pedirei que me sirva de secretário, visto que ele faz os seus chefes, os srs. Joseph, Mathataï e David Winker, parecer ignorantes completos[56].

---

56. Ver verbete Judeus. (N. de Voltaire)

A questão era de saber se, sem milagres, seria possível fundir uma estatueta de ouro numa só noite e pulverizar essa estatueta no dia seguinte, pondo-a no fogo. Ora, sr. secretário, o senhor deve saber (o senhor e mestre Aliboron, seu digno panegirista) que é impossível pulverizar o ouro pondo-o no fogo; a extrema violência do fogo o liquefaz, mas não o calcina.

É disso que se trata, sr. secretário; frequentemente fiz uma pasta com ouro usando mercúrio, dissolvi-o com água régia, mas nunca o calcinei no fogo. Se o senhor disse que o sr. Rouelle calcina ouro no fogo, foi motivo de zombaria, ou então lhe disseram alguma asneira que o senhor não deveria ter repetido, como também não deveria ter repetido todas aquelas que transcreveu sobre o ouro potável.

Ouro potável é uma charlatanice; é um embuste de impostores que enganam o povo: são várias as suas espécies. Os que vendem seu ouro potável a imbecis não põem nem dois grãos de ouro em sua beberagem; ou, se põem um pouco, é dissolvido em água régia, e juram que é ouro potável sem ácido; despojam o ouro o máximo que podem de sua água régia e a saturam de óleo de alecrim. Essas preparações são muito perigosas: são verdadeiros venenos, e os que as vendem merecem ser reprimidos.

Aí está, meu senhor, o que é o seu ouro potável, aquele de que fala a esmo, assim como de todo o resto.

Este texto é um pouco veemente, mas é verdadeiro e útil. Às vezes é preciso abater a ignorância orgulhosa dessa gente que acredita poder falar de todas as artes só porque leu algumas linhas de santo Agostinho.

G

GALANTE (Galant)

Essa palavra vem de *gal*, que antes significava *gaité* [alegria] e *réjouissance* [júbilo], tal como vemos em Alain Chartier e em Froissard. No *Roman de la rose* [Romance da rosa] encontramos até mesmo *galandé*, com o sentido de *orné* [ornado], *paré* [enfeitado].

La belle fut bien atornée,
Et d'un filet d'or galandée.
[A beldade foi bem preparada,
e com um fio de ouro enfeitada.]

É provável que *gala* dos italianos e *galan* dos espanhóis sejam derivados da palavra *gal*, que tudo indica ser de origem celta; daí formou-se aos poucos *galant* [galante], que significa *um homem ansioso por agradar*. Essa palavra recebeu significado mais nobre nos tempos da cavalaria, em que esse anseio por agradar era manifestado em combates. *Se conduire galamment* [comportar-se galantemente], *se tirer d'affaire galamment* [sair-se galantemente] quer até dizer, também, *se conduire en homme de coeur* [comportar-se como homem de coração]. Um *homem galante*, para os ingleses, significa um *homem de coragem*; na França significa, além disso, um *homem de procedimentos nobres*. Um *homme galant* é bem diferente de um *galant homme*. Este último é, antes, o homem honesto, o primeiro se aproxima mais do jovem elegante, do homem vaidoso. *Être galant* [ser galante], geralmente, é tentar agradar por meio de atenções e lisonjas. *Il a été très-galant avec ces dames* [ele foi muito galante com aquelas senhoras] quer dizer apenas *ele mostrou algo mais do que polidez*; mas *être le galant d'une dame* [ser o galante de uma senhora] tem significado mais forte, significa *ser seu amante*; essa expressão quase já não se usa, a não ser em ditos informais. Um *galant* é não apenas um homem elegante, mas essa palavra traz em si uma ideia de ousadia, até mesmo de atrevimento; é nesse sentido que La Fontaine disse:

Mais un galant, chercheur de pucelage.
[Mas um galante, em busca de virgindade.]

Assim, a mesma palavra é tomada em vários sentidos. O mesmo ocorre com *galanterie* [galanteio, galantaria], que significa ora *coqueteria* de espírito, palavras lisonjeiras, ora presente de pequenas joias, ora intriga com uma ou com várias mulheres; e, desde há pouco, chegou a significar ironicamente *favores de Vênus*. Assim, *dire des galanteries* [dizer galanteios], *donner des galanteries* [dar galanteios], *avoir des galanteries* [ter galanteios], *attraper une galanterie* [obter um galanteio] são coisas completamente diferentes. Quase todos os termos que entram frequentemente nas conversas recebem assim muitos matizes difíceis de distinguir: as palavras técnicas têm significado mais preciso e menos arbitrário.

GARANTE (Garant)

Garante é aquele que se responsabiliza por alguma coisa diante de alguém e é obrigado a permitir que esse alguém usufrua da coisa. A palavra *garante* vem do celta e do tudesco *warrant*. Nós transformamos em *G* todos os *W* dos termos que conservamos dessas antigas linguagens. *Warrant* significa também, na maioria das nações do Norte, *garantia*; é nesse sentido que em inglês essa palavra significa *edito do rei*, com o sentido de *promessa do rei*. Na idade média, quando os reis faziam tratados, eram garantidos de ambos os lados por vários cavaleiros que juravam impor a observância do tratado e até mesmo o assinavam, quando, por acaso, sabiam escrever. Quando o imperador Frederico Barba-Roxa cedeu tantos direitos ao papa Alexandre III, no célebre congresso de Veneza, em 1177, o imperador pôs seu selo no instrumento que o papa e os cardeais assinaram. Doze príncipes do império garantiram o tratado por meio de um juramento sobre o Evangelho; mas nenhum deles assinou. Isso não quer diz que o doge de Veneza tivesse garantido essa paz, que foi firmada em seu palácio.

Quando Filipe Augusto firmou a paz com João, rei da Inglaterra, em 1200, os principais barões da França e os da Normandia juraram observá-la, com cauções, como garantes. Os franceses juraram combater o rei da França, se ele não cumprisse sua palavra; e os normandos, combater o seu soberano, caso não cumprisse a sua.

Quando firmou um tratado com certo conde de La Marche, em 1227, durante a minoridade de Luís IX, um condestável de Montmorency jurou pela alma do rei observar o tratado.

O uso de garantir os Estados de um terceiro era muito antigo, e tinha nome diferente. Os romanos garantiram assim as possessões de vários príncipes da Ásia e da África, ao tomá-los sob sua proteção, na expectativa de que eles se apoderassem das terras protegidas.

Deve-se ver como garantia recíproca a aliança antiga da França com Castela, feita de rei para rei, de reino para reino e de homem para homem.

Quase não se vê tratado em que a garantia dos Estados de um terceiro seja expressamente estipulada, antes do tratado firmado entre a Espanha e os Estados Gerais em 1609, com a mediação de Henrique IV. Ele conseguiu que o rei da Espanha, Filipe III, reconhecesse as Províncias Unidas como livres e soberanas. Assinou e até fez o rei da Espanha assinar a garantia dessa soberania das sete Províncias; e a república reconheceu que lhe devia a sua liberdade. Nos últimos tempos, os tratados de garantia têm sido mais frequentes. Infelizmente, essas garantias às vezes produziram rupturas e guerras, reconhecendo-se que a força é o melhor garante que se possa ter.

GARGANTUA (Gargantua)

Se alguma vez houve reputação fundamentada, essa foi a de Gargantua. No entanto, neste século filosófico e crítico, houve intelectos temerários que ousaram negar os prodígios desse grande homem e levaram o ceticismo a ponto de duvidar de que ele tenha existido.

Como pode acontecer – dizem – que no século XVI tenha havido um herói do qual nenhum contemporâneo, nem mesmo santo Inácio, o cardeal Cajetano, Galileu ou Guichardin jamais ouviram falar, sobre o qual nunca se encontrou a menor nota nos registros da Sorbonne?

Quem folhear as histórias da França, da Alemanha, da Inglaterra, da Espanha etc. não verá nem uma palavra sobre Gargantua. Sua vida inteira, do nascimento à morte, não passa de um tecido de prodígios inconcebíveis.

Sua mãe, Gargamelle, pariu-o pela orelha esquerda. Assim que ele nasceu, pediu algo para beber com uma voz terrível, que ressoou em Beauce e Vivarais. Foram necessárias dezesseis alnas de pano para uma única cueca e cem peles de vacas escuras para seus sapatos. Ainda não tinha doze anos quando venceu uma grande batalha e fundou a abadia de Telema. Deram-lhe por mulher a sra. Badebec, e ele provou que Badebec é palavra siríaca.

Dizem que engoliu seis peregrinos numa salada. Afirma-se que mijou o Sena, e que a ele, apenas, os parisienses devem esse belo rio.

Tudo isso parece antinatural a nossos filósofos, que não querem afirmar nem mesmo as coisas mais verossímeis, a não ser que elas estejam bem provadas.

Dizem estes que, se os parisienses sempre acreditaram em Gargantua, isso não é razão para que as outras nações acreditem; que, tivesse Gargantua cometido um único dos prodígios que lhe são atribuídos, toda a terra teria sabido deles, todas as crônicas teriam falado deles, centenas de monumentos os teriam certificado. Enfim, sem a menor cerimônia, tratam os parisienses que acreditam em Gargantua de parvos ignorantes, supersticiosos imbecis, entre os quais se infiltram hipócritas, que fingem acreditar em Gargantua para obterem algum priorado da abadia de Telema.

O reverendo padre Viret, franciscano de mangas compridas, confessor de moças e pregador do rei, respondeu a nossos céticos de maneira irretorquível. Prova ele, com grande erudição, que, se por um lado Rabelais foi o único escritor que falou dos prodígios de Gargantua, por outro nenhum historiador o contradisse; que o próprio sábio de Thou, que acredita em sortilégios, predições e astrologia, nunca negou os milagres de Gargantua. Não foram postos em dúvida nem mesmo por La Mothe Le Vayer. Mézeray os respeitou a tal ponto que não disse uma só palavra a respeito. Esses prodígios foram realizados diante dos olhos de todos. Rabelais foi testemunha deles; não podia ser enganado nem enganador. Caso ele se afastasse da verdade, todas as nações da Europa se insurgiriam contra ele; todos os gazeteiros, todos os fazedores de jornais teriam denunciado a fraude, a impostura.

Em vão os filósofos, que respondem a tudo, dizem que não havia jornais nem gazetas naquele tempo. Respondem-lhes que havia o equivalente, e isso basta. Tudo é impossível na história de Gargantua, e por isso mesmo ela é de uma verdade incontestável, pois, se não fosse verdadeira, nunca teriam ousado imaginá-la; e a grande prova de que é preciso acreditar nela é que ela é inacreditável.

Quem abrir os mercúrios e os jornais de Trévoux, obras imortais que servem de instrução ao gênero humano, não verá uma única linha em que se ponha em dúvida a história de Gargantua. Cabia a nosso século produzir monstros criadores de um ceticismo medonho, sob pretexto de serem um pouco matemáticos e de amarem a razão, a verdade e a justiça. Que lástima! Quero um só argumento para calá-los.

Gargantua fundou a abadia de Telema. Sua documentação não é encontrada, é verdade, nunca houve documentação; mas a abadia existe, possui dez mil moedas de ouro de renda. O rio Sena existe, é um monumento eterno do poder da bexiga de Gargantua. Ademais, que custa acreditar? Não será cabível abraçar o partido mais seguro? Gargantua pode propiciar dinheiro, honrarias e crédito. A filosofia só dará satisfação à alma: é bem pouco. Acreditai em Gargantua, digo; e, se fordes ganancioso, ambicioso e patife, tudo dará certo.

GAZETA (Gazette)

Relatório dos assuntos públicos. Foi no começo do século XVII que esse útil costume foi inventado em Veneza, no tempo em que a Itália ainda era o centro das negociações da Europa e Veneza ainda era refúgio da liberdade. Aquelas folhas, publicadas uma vez por semana, receberam o nome de *Gazetas*, em decorrência do nome *Gazetta*, pequena moeda equivalente a meio soldo da França, corrente em Veneza. Esse exemplo depois foi imitado em todas as grandes cidades da Europa.

Tais jornais já existiam na China desde tempos imemoriais; ali se imprime todos os dias a *Gazeta do Império*, por ordem da corte. Embora essa gazeta seja veraz, é de se crer que nem todas as verdades nela se encontrem; aliás, nem poderiam.

O médico Théophraste Renaudot publicou em 1631 as primeiras gazetas da França, e teve o privilégio dessa impressão, que ficou por muito tempo como patrimônio de sua família. Esse privilégio tornou-se importante em Amsterdam, e a maioria das gazetas das Províncias Unidas ainda propicia renda para várias famílias de magistrados, que pagam os escritores. Só a cidade de Londres tem mais de doze gazetas por semana. Estas só podem ser impressas em papel timbrado, o que não constitui uma taxa sem importância para o Estado.

As gazetas da China só dizem respeito àquele império; as da Europa abraçam o universo. Embora frequentemente estejam cheias de falsas notícias, podem fornecer bom material para a história, porque em geral os erros de uma gazeta são corrigidos pelas seguintes, e nelas se encontram quase todas as peças autênticas, que os próprios soberanos mandam inserir. As gazetas da França sempre foram revisadas pelo ministério. Por essa razão, os autores sempre empregaram certas fórmulas que não parecem fazer parte da etiqueta da sociedade, dando o título de *monsieur* apenas a certas pessoas, e o de *sieur* a outras; os autores esqueceram que não falavam em nome do rei. Esses jornais públicos, aliás, nunca foram conspurcados pela maledicência e sempre foram razoavelmente bem escritos.

Não se pode dizer o mesmo das gazetas estrangeiras; as de Londres, salvo a da corte, muitas vezes estão repletas da indecência autorizada pela liberdade da nação. As gazetas francesas feitas naquele país raramente foram escritas numa linguagem castiça, e não raro serviram para corromper a língua. Um dos grandes defeitos ali presentes é que os autores, vendo o teor das sentenças proferidas na França de acordo com antigas fórmulas, acreditaram que tais fórmulas se conformavam à nossa sintaxe e as imitaram em sua redação: é como se um historiador romano tivesse usado o estilo da lei das Doze Tábuas. Só no estilo das leis é permitido dizer: *O rei teria reconhecido, o rei teria estabelecido uma loteria*; mas o gazeteiro deve dizer: *Ficamos sabendo que o rei estabeleceu*, e não *teria estabelecido uma loteria etc.*; *ficamos sabendo que os franceses tomaram Minorca*, e não *teriam tomado Minorca*. O estilo desses textos deve obedecer à maior simplicidade possível; os epítetos são ridículos. Se o parlamento teve uma audiência do rei, não se deve dizer: "Esse augusto corpo teve uma audiência do rei; estes pais da pátria voltaram às cinco horas pontualmente." Nunca se devem esbanjar esses títulos, que só devem ser concedidos nas ocasiões em que são necessários. "Sua Alteza jantou com Sua Majestade; e depois Sua Majestade levou Sua Alteza à comédia; após isso, Sua Alteza jogou com Sua Majestade; e as outras Altezas e Suas Excelências os senhores embaixadores participaram da refeição que Sua Majestade ofereceu a Suas Altezas." Essa é uma afetação servil que se deve evitar. Não é necessário dizer que nunca devem ser empregados termos injuriosos, seja lá qual for o pretexto que se possa usar.

Por imitação das gazetas políticas, na França começou-se a imprimir gazetas literárias em 1665: pois os primeiros jornais não passaram de simples anúncios de livros novos publicados na Europa; logo depois, acrescentaram-se resenhas. Estas desagradaram vários autores, por mais moderadas que fossem. Aqui só falaremos das gazetas literárias que foram despejadas sobre o público, que já contava com numerosos jornais de todos os países da Europa, onde as ciências são cultivadas. Essas gazetas foram publicadas em torno do ano 1723, em Paris, com vários nomes diferentes: *Nouvelliste du Parnasse, Observations sur les Écrits Modernes* etc. A maioria tinha como único objetivo o ganho; e, como ninguém ganha dinheiro louvando autores, a sátira constituiu, em geral, o fundo desses escritos. Frequentemente neles atuaram personalidades odiosas, com desempenho proporcional à malignidade; mas, graças à razão e ao bom gosto, que sempre prevalecem com o tempo, eles passaram a ser desprezados e caíram no esquecimento.

GENEALOGIA (Généalogie)

Primeira seção

Os teólogos escreveram volumes na tentativa de conciliar são Mateus com são Lucas no que se refere à genealogia de Jesus Cristo. O primeiro só conta[1] vinte e sete gerações de Davi por Salomão, enquanto Lucas[2] conta quarenta e duas e o faz descender por Natã. Vejamos como o douto Calmet resolve dificuldade semelhante ao falar de Melquisedeque. Os orientais e os gregos, fecundos em fábulas e invencionices, forjaram uma genealogia na qual nos dão os nomes de seus antepassados. Mas, acrescenta o judicioso beneditino, como a mentira tem pernas curtas, uns contam a genealogia de uma maneira, outros, de outra. Há quem afirme que ele era de uma raça obscura e vergonhosa, e houve até quem quisesse fazê-lo passar por ilegítimo.

Tudo isso se aplica naturalmente a Jesus, de quem Melquisedeque era a figura, segundo o apóstolo[3]. De fato, o Evangelho de Nicodemo[4] diz expressamente que os judeus, diante de Pilatos, criticaram Jesus por ter nascido de fornicação. A respeito, o douto Fabricius observa que não é garantido por nenhum testemunho digno de fé que os judeus tenham objetado a Jesus Cristo, durante sua vida, nem aos apóstolos essa calúnia que depois espalharam por todos os cantos. No entanto, os Atos dos apóstolos[5] dão fé de que os judeus de Antioquia se opuseram, com blasfêmias, àquilo que Paulo lhes dizia sobre Jesus; e Orígenes[6] afirma que as seguintes palavras, transcritas no Evangelho de são João, "Não nascemos de fornicação, nunca servimos ninguém", por parte dos judeus, eram uma censura indireta feita a Jesus devido ao vício de nascimento e ao seu estado de servo; pois afirmavam, como nos diz esse Padre[7], que Jesus era oriundo de um pequeno povoado da Judeia, que sua mãe era uma pobre aldeã que vivia do trabalho e, acusada de cometer adultério com um soldado chamado Pantheras, foi expulsa pelo noivo, que era carpinteiro; que, depois dessa afronta, vagando miseravelmente de um lugar para o outro, ela deu Jesus à luz secretamente; este, passando por necessidades, foi obrigado a ir trabalhar como servo no Egito, de onde, depois de aprender alguns daqueles segredos que os egípcios tanto valorizam, voltou para sua terra e, orgulhoso dos milagres que sabia fazer, proclamou-se Deus.

Segundo uma antiquíssima tradição, o nome Pantheras, que ensejou o engano dos judeus, era o apelido de José, como garante santo Epifânio[8], ou então o nome do avô de Maria, conforme afirma são João Damasceno[9].

Quanto ao estado de servo, que censuram em Jesus, ele mesmo declara[10] que não viera para ser servido, mas para servir. Zoroastro, segundo os árabes, também fora servo de Esdras, e Epicteto também nascera na servidão; por isso, são Cirilo de Jerusalém tem muita razão quando diz[11] que ela não desonra ninguém.

No que se refere aos milagres, sabemos, na verdade, por Plínio, que os egípcios conheciam o segredo de tingir tecidos de diversas cores mergulhando-os na mesma tina; esse é um dos mila-

---

1. Cap. I. (N. de Voltaire)
2. Cap. III, v. 23. (N. de Voltaire)
3. Epístola aos hebreus, cap. VII, v. 3. (N. de Voltaire)
4. Art. 2. (N. de Voltaire)
5. Cap. XIII. (N. de Voltaire)
6. *Sobre são João*, cap. VIII, v. 41. (N. de Voltaire)
7. *Contra Celso*, cap. VIII. (N. de Voltaire)
8. *Heresia*, LXXVIII. (N. de Voltaire)
9. Livro IV, cap. XV, da *Fé*. (N. de Voltaire)
10. Mateus, cap. XX, v. 28. (N. de Voltaire)
11. *Sexta catequese*, art. XIV. (N. de Voltaire)

gres que o Evangelho da infância¹² atribui a Jesus, mas, como diz são Crisóstomo¹³, Jesus não fez nenhum milagre antes de ser batizado, e aqueles que lhe são atribuídos não passam de mentiras. A razão apresentada por esse Padre é que a sabedoria do Senhor não permitia que ele fizesse milagres durante a infância, pois estes seriam vistos como prestidigitação.

Em vão santo Epifânio¹⁴ afirma que negar os milagres que alguns atribuem a Jesus na infância seria dar aos hereges um pretexto especioso para dizer que ele só se tornou filho de Deus graças à efusão do Espírito Santo, que desceu sobre ele no batismo; aqui combatemos os judeus, e não os hereges.

O sr. Wagenseil apresentou a tradução latina de uma obra dos judeus, intitulada *Toldos Jeschu*, na qual se conta¹⁵ que, quando Jeschu estava em Belém de Judá, lugar de seu nascimento, começou a gritar: "Quem são esses homens malvados que afirmam que sou bastardo e de origem impura? Eles é que são bastardos e impuríssimos. Acaso não foi uma mãe virgem que me gerou? E entrei nela pelo alto da cabeça."

Esse testemunho pareceu ter peso tão grande ao sr. Bergier, que este douto teólogo não encontrou dificuldade em usar a fonte sem citá-la. Vejamos os seus próprios termos, da página 23 de *Certeza das provas do cristianismo*: "Jesus nasceu de uma virgem pela ação do Espírito Santo; o próprio Jesus disse isso várias vezes. É isso o que nos relatam os apóstolos." Na verdade, essas palavras de Jesus só se encontram no *Toldos Jeschu,* e a certeza dessa prova do sr. Bergier persiste, embora são Mateus¹⁶ aplique a Jesus este trecho de Isaías¹⁷: "Ele não altercará, não gritará, e ninguém ouvirá sua voz nas ruas."

Segundo são Jerônimo¹⁸, também faz parte de antiga tradição dos gimnosofistas da Índia o relato de que Buda, autor do dogma deles, nasceu de uma virgem que o gerou pelo lado. Assim nasceram Júlio César, Cipião, o Africano, Mânlio, Eduardo VI, rei da Inglaterra, e outros, por meio de uma operação que os cirurgiães chamam de cesariana, porque consiste em extrair a criança do útero por meio de uma incisão feita no abdome da mãe. Simão¹⁹, cognominado o Mago, e Manes também afirmavam que haviam nascido de uma virgem. Mas isso significava apenas que suas respectivas mães eram virgens quando os conceberam. Ora, para convencer-se das incertezas das marcas da virgindade, basta ler a glosa do célebre bispo do Puy-en-Velai, o sr. de Pompignan, sobre este trecho dos Provérbios²⁰: "Três coisas são difíceis de entender, e a quarta eu desconheço por inteiro: o caminho da águia no ar, o caminho da serpente no rochedo, o caminho do navio no mar, e o caminho do homem na mocidade." Para traduzir literalmente essas palavras, segundo aquele prelado, capítulo III, segunda parte de *Incredulidade convencida pelas profecias*, seria preciso dizer: *viam viri in virgine adolescentula*, o caminho do homem numa jovem *alma.* A tradução de nossa Vulgata, diz ele, introduz outro sentido, exato e verdadeiro em si mesmo, porém menos condizente com o texto original. Por fim, ele confirma a sua interessante interpretação pela analogia desse versículo com o seguinte: "Esse é o caminho da mulher adúltera, que, depois de comer, enxuga a boca e diz: 'Não cometi nenhum mal.'"

Seja como for, a virgindade de Maria ainda não era amplamente reconhecida no começo do século III. Várias pessoas eram da opinião, e são ainda, dizia são Clemente de Alexandria²¹, de

---

12. Art. XXXVII. (N. de Voltaire)
13. *Homilia* XX, sobre são João. (N. de Voltaire)
14. *Heresia* LI, n. 20. (N. de Voltaire)
15. P. 7. (N. de Voltaire)
16. Cap. XII, v. 19. (N. de Voltaire)
17. Cap. XLII, v. 2. (N. de Voltaire)
18. Livro I, *Contra Joviniano*. (N. de Voltaire)
19. *Reconhecimentos*, livro II, art. XIV. (N. de Voltaire)
20. Cap. XXX, v. 18. (N. de Voltaire)
21. *Stromata*, livro VII. (N. de Voltaire)

que Maria teve um filho sem que o parto produzisse nenhuma mudança em seu corpo; pois alguns dizem que uma parteira que a visitou após o parto encontrou nela todas as marcas da virgindade. Percebe-se que esse Padre quer falar do Evangelho da natividade de Maria, em que o anjo Gabriel lhe diz[22]: "Sem mistura de homem, virgem conceberás, virgem parirás, virgem alimentarás"; e do proto-Evangelho de Tiago, em que a parteira exclama[23]: "Que maravilha! Maria acaba de trazer um filho ao mundo e ainda tem todas as marcas da virgindade." Nem por isso esses dois Evangelhos deixaram de ser declarados apócrifos mais tarde, embora nesse ponto fossem condizentes com a opinião adotada pela Igreja: tiraram-se os andaimes depois que o edifício foi erguido.

O que Jeschu acrescenta – "Entrei nela pelo alto da cabeça" – também foi aceito pela Igreja[24]. O breviário dos maronitas diz que o verbo do Pai entrou pela orelha da mulher bendita. Santo Agostinho e o papa Félix dizem expressamente que a Virgem ficou grávida pela orelha. Santo Efrém diz o mesmo num hino, e Voisin, seu tradutor francês, observa que esse pensamento tem origem em Gregório de Neocesareia, cognominado *Taumaturgo*. Agobar[25] relata que a Igreja cantava em seu tempo: "O Verbo entrou pela orelha da Virgem e saiu pela porta dourada." Eutíquio também fala de Eliano, que assistiu ao concílio de Niceia e dizia que o Verbo entrou pela orelha da Virgem e saiu pelo caminho do parto. Esse Eliano era um corepíscopo, cujo nome se encontra na lista árabe dos Padres de Niceia, publicada por Selden.

Ninguém ignora que o jesuíta Sanchez indagou seriamente se a virgem Maria havia realmente fornecido alguma semente na encarnação de Cristo, e que se decidiu pela resposta afirmativa na esteira de outros teólogos; mas esses desvios de uma imaginação licenciosa devem ser postos no mesmo rol da opinião de Aretino, segundo a qual o Espírito Santo interveio na forma de pombo, assim como a fábula diz que Júpiter visitou Leda transformado em cisne; assim como os primeiros Padres da Igreja – tais como são Justino, Atenágoras, Tertuliano, são Clemente de Alexandria, são Cipriano, Lactâncio, santo Ambrósio e outros – acreditaram, na esteira dos judeus Fílon e Josefo, o historiador, que os anjos haviam conhecido carnalmente as mulheres e engendrado com elas. Santo Agostinho[26] acusa até os maniqueístas de ensinarem que belas moças e belos rapazes, aparecendo nus aos príncipes das trevas, que são os anjos maus, deixam escapar de seus membros relaxados pela concupiscência a substância vital, que aquele Padre chama de natureza de Deus. Evódio[27] dá nome aos bois e diz que a majestade divina encontra um meio de escapar pela genitália dos demônios.

É verdade que todos aqueles Padres acreditavam em anjos corpóreos[28]; mas, desde que as obras de Platão deram ideia da espiritualidade, explicou-se essa antiga opinião, da relação carnal entre anjos e mulheres, dizendo que o mesmo anjo que, transformado em mulher, recebera a semente de um homem, utilizava essa semente para engendrar com uma mulher, para a qual ele assumia aparência de homem. Os teólogos designam com os termos íncubo e súcubo esses diferentes papéis que fazem os anjos representar. Os curiosos poderão ler os detalhes desses devaneios asquerosos na página 225 das variantes do Gênese, de Othon Gualterius; livro II, capítulo XV de *Disquitiones magicae*, de Del Rio; e no capítulo XIII de *Discours des sorciers*, de Henri Boguet.

Segunda seção

Nenhuma genealogia, nem mesmo a que é transcrita em Moréri, chega aos pés da de Maomé ou Mohammed, filho de Abdallah, filho de Abd'all Moutaleb, filho de Ashem; Mohammed, este

---

22. Art. IX. (N. de Voltaire)
23. Art. XIX. (N. de Voltaire)
24. Assemani, *Bibliothèque orientale*, t. I p. 91. (N. de Voltaire)
25. Cap. VIII, da *Salmodia*. (N. de Voltaire)
26. Livro XX, *Contra Fausto*, cap. XLIV, da *Natureza do bem*. (N. de Voltaire)
27. Cap. XVII, da *Fé*. (N. de Voltaire)
28. Tertuliano, *Contra Praxée*, cap. VII. (N. de Voltaire)

que, na juventude, foi palafreneiro da viúva Cadisha, depois seu corretor, depois seu marido, depois profeta de Deus, depois condenado à forca, depois conquistador e rei da Arábia, para depois morrer de boa morte, saciado de glória e mulheres.

Os barões alemães só remontam Witikind, e nossos novos marqueses franceses mal podem apresentar títulos além de Carlos Magno. Mas a raça de Maomé ou Mohammed, que ainda subsiste, sempre apresentou uma árvore genealógica cujo tronco é Adão e cujos ramos se estendem de Ismael até os fidalgos que hoje ostentam o grande título de primos de Maomé.

Não há dúvidas sobre essa genealogia, discussões entre doutos, cálculos errados para retificar, contradições para solucionar, impossibilidades que precisem se tornar possíveis.

Vosso orgulho reclama da autenticidade desses títulos. Dizeis que descendeis de Adão tanto quanto o grande profeta, visto que Adão é o pai comum; mas, dizeis, esse Adão nunca foi conhecido por ninguém, nem mesmo pelos antigos árabes; esse nome só foi citado nos livros judeus; por conseguinte, acusais de falsidade os títulos de nobreza de Maomé ou Mohammed.

Acrescentais que, em todo caso, se houve um primeiro homem, fosse qual fosse o seu nome, vós descendeis dele tanto quanto o ilustre palafreneiro de Cadisha; e, se não houve primeiro homem, se o gênero humano sempre existiu, como afirmam tantos eruditos, sois fidalgo desde toda a eternidade.

A isso vos replicam que sereis plebeu desde toda a eternidade, se vossos pergaminhos não obedecerem a todas as formalidades.

Respondeis que os homens são iguais; que uma raça não pode ser mais antiga que outra; que os pergaminhos que têm um pedaço de cera pendurado são invenção recente; que não há razão alguma que vos obrigue a ceder à família de Mohammed, à de Confutze, à dos imperadores do Japão ou à dos secretários do rei do grande colégio. Não posso contestar vossa opinião por meio de provas físicas, metafísicas ou morais. Vós vos achais igual ao dairi do Japão, e eu concordo inteiramente convosco. A única coisa que posso aconselhar é que, se um dia precisardes concorrer com ele, sejais o mais forte.

GENEROSO, GENEROSIDADE (Généreux, générosité)

Generosidade é a dedicação aos interesses alheios: leva a sacrificar por eles as vantagens pessoais. Em geral, quando nos esquecemos de nossos direitos em favor de alguém, dando-lhe mais do que ele pode exigir, tornamo-nos generosos. A natureza, produzindo o homem por meio de seus semelhantes, prescreveu-lhe deveres que devem ser cumpridos para com eles. É na obediência a esses deveres que consiste a honestidade, e, quando alguém vai além desses deveres, torna-se generoso. Portanto, a alma generosa eleva-se acima da intenção que a natureza parecia ter quando a formou. Que felicidade o homem poder, assim, tornar-se superior a seu ser! E que preço deve ter a seus olhos a virtude proporcionada por essa vantagem! Logo, pode-se ver a generosidade como o mais sublime de todos os sentimentos, como o móbil de todas as boas ações e talvez como o germe de todas as virtudes; pois há poucas virtudes que consistem essencialmente no sacrifício de um interesse pessoal a um interesse alheio. Não se deve confundir grandeza de alma, generosidade, beneficência e humanidade: podemos ter grandeza de alma apenas para nós mesmos, ao passo que só somos generosos para com os outros; podemos ser beneficentes sem fazermos sacrifícios, ao passo que a generosidade sempre os pressupõe; em geral, só se exerce a humanidade para com os infelizes e os inferiores, ao passo que a generosidade é exercida a favor de todos. Daí se segue que a generosidade é um sentimento tão nobre quanto a grandeza de alma, tão útil quanto a beneficência e tão terna quanto a humanidade: é resultado da combinação dessas três virtudes; e, sendo mais perfeita do que qualquer uma delas, pode supri-las. Que belo plano seria o de um mundo onde todo o gênero humano fosse generoso! No mundo real, a generosidade é a virtude dos heróis; o restante dos homens limita-se a admirá-la. A generosidade é de todas as condições; é a virtude cuja prática mais satisfaz o amor-próprio. É uma arte ser generoso, e essa arte não é comum; consiste em ocultar o sacrifício que se faz. A generosidade não pode ter motivação mais bela do que o amor à pátria e o perdão às injúrias. A liberalidade nada mais é do que a generosidade restrita a um objeto pecuniário; no entanto, é uma grande virtude quando tem em vista o alívio dos infelizes. Mas há uma economia sábia e racional, que sempre deveria orientar os homens na oferta de seus benefícios. Vejamos uma característica dessa economia. Um príncipe[29] dá um valor em dinheiro para o sustento dos pobres de uma cidade, mas o faz de tal modo que essa soma cresça à medida que é usada e logo possa servir ao alívio de toda a província. Quanta felicidade haveria na terra se a generosidade dos soberanos sempre fosse dirigida segundo essa mesma visão!

A generosidade é para os amigos; a liberalidade, para os domésticos; as esmolas, para os pobres.

GÊNESE (Genèse)

Como o escritor sagrado se ateve às ideias aceitas, sem poder afastar-se delas, pois sem essa condescendência não seria entendido, só nos resta fazer algumas observações sobre a física daqueles tempos remotos: pois, quanto à teologia, afirmamos nosso respeito e nossa crença e nunca a atacamos.

"No princípio, Deus criou o céu e a terra."

É assim que se traduz; mas a tradução não é exata. Não há ninguém, por menos instruído que seja, que não saiba que o texto diz: "No princípio, os deuses fizeram *ou* os deuses fez o céu e a terra." Essa lição, aliás, está de acordo com a antiga ideia dos fenícios, segundo os quais Deus empregou deuses inferiores para ordenar o caos, o *chautereb*. Fazia tempo que os fenícios eram um povo poderoso, que tinha sua teogonia antes que os hebreus se apoderassem de alguns rincões de seu território. É bem natural acreditar que, quando finalmente conseguiram se instalar em pequeno número na região da Fenícia, os hebreus tenham começado a aprender sua língua. Então, os escritores puderam tomar de empréstimo a antiga física de seus mestres: essa é a marcha do espírito humano.

No tempo em que se costuma situar Moisés, porventura os filósofos fenícios sabiam o suficiente para considerar a terra um ponto, em comparação com a miríade de globos que Deus pôs na imensidão do espaço chamado *céu*? Essa ideia, antiga e falsa, de que o céu foi feito para a terra, quase sempre prevalece em povos ignorantes. É mais ou menos como dizer que Deus criou todas as montanhas e um grão de areia, e que essas montanhas foram feitas para esse grão de areia. É pouco possível que os fenícios, sendo bons navegantes, não tivessem alguns bons astrônomos; mas os velhos preconceitos prevaleciam, e esses velhos preconceitos precisaram ser poupados pelo autor do Gênese, que escrevia para ensinar os caminhos de Deus, e não física.

"A terra era sem forma e vazia; as trevas estavam sobre a face do abismo, e o espírito de Deus se movia sobre a face das águas."

Sem forma (*Tohu bohu*) significa precisamente caos, desordem; *tohu bohu* é uma dessas palavras imitativas que se encontram em todas as línguas, como vice-versa, zunzum, triquetraque, trovão, bomba. A terra ainda não estava formada como está; a matéria existia, mas o poder divino

---

29. O rei da Polônia, duque de Lorena, deu aos magistrados da cidade de Bar dez mil escudos, que devem ser usados na compra do trigo quando o seu preço é baixo, para revendê-lo aos pobres por preço módico sempre que ele se torne caro. Com esse sistema, a soma sempre aumenta, e logo será possível reparti-la nos outros lugares da província. (N. de Voltaire)

ainda não a organizara. Espírito de Deus significa, ao pé da letra, *sopro*, *vento*, que agitava as águas. Essa ideia é expressa nos fragmentos do autor fenício Sanconiaton. Os fenícios, como todos os outros povos, acreditavam na eternidade da matéria. Não há um único autor na antiguidade que jamais tenha dito que algo foi tirado do nada. Mesmo em toda a Bíblia não se encontra nenhum trecho no qual se diga que a matéria foi feita do nada: não que a criação a partir do nada não seja verdadeira, mas essa verdade não era conhecida pelos judeus materialistas.

Os homens sempre se dividiram em torno da questão da eternidade do mundo, mas nunca quanto à eternidade da matéria.

...Gigni
De nihilo nihilum, in nihilum nil posse reverti.
[... Nada pode nascer do nada, nada pode retornar ao nada.]
(PERS., *Sát.*, III, 83)

Essa é a opinião de toda a antiguidade.

"Deus disse: 'Haja luz', e houve luz; viu Deus que a luz era boa e fez a separação entre a luz e as trevas; chamou à luz *dia* e às trevas *noite*; e a noite e a manhã foram um dia. E Deus também disse: 'Que o firmamento seja feito no meio das águas, e haja separação entre águas e águas'; e Deus fez o firmamento; e fez a separação entre as águas que estavam em cima do firmamento e as águas que estavam embaixo do firmamento; e Deus chamou o firmamento de *céu*; e a noite e a manhã foram o segundo dia etc.; e Ele viu que aquilo era bom."

Comecemos por verificar se Huet, bispo de Avranches, Le Clerc etc. não têm razão quando se opõem àqueles que afirmam haver aí um rasgo de eloquência sublime.

Essa eloquência não é exibida em nenhuma história escrita pelos judeus. O estilo aqui é da maior simplicidade, como no resto da obra. Se um orador, para dar a conhecer o poder de Deus, empregasse apenas esta expressão: "Ele disse: 'Haja luz', e houve luz", teríamos o sublime. Isso ocorre neste trecho de um salmo: *Dixit, et facta sunt*. Trata-se de uma expressão que, sendo única nesse lugar e estando ali para produzir uma grande imagem, impressiona e arrebata o espírito. Mas aqui se tem uma narração muito simples. O autor judeu não fala da luz de modo diferente do modo como fala dos outros objetos da criação; também diz a cada versículo: *e Deus viu que aquilo era bom*. Tudo é sublime na criação, sem dúvida; mas a criação da luz não é mais sublime do que a criação da erva dos campos: sublime é aquilo que se eleva acima do resto, e o mesmo modo de expressar-se reina em todo esse capítulo.

Era também opinião bem antiga que a luz não vinha do Sol. Via-se a luz espalhada pelo ar antes do alvorecer e depois do pôr do sol; imaginava-se que o Sol só servia para intensificá-la. Por isso, o autor do Gênese adapta-se a esse erro popular e diz que o Sol e a Lua só foram criados quatro dias depois da luz. Era impossível que houvesse uma manhã e uma tarde antes que existisse um sol. O autor inspirado condescendia em descer aos preconceitos vagos e grosseiros da nação. Deus não pretendia ensinar filosofia aos judeus. Podia erguer o espírito deles até a verdade, mas preferia descer até eles. Nunca é demais repetir essa solução.

A separação entre a luz e as trevas não é de uma física diferente; parece que a noite e o dia estavam misturados como grãos de espécies diferentes, que separamos uns dos outros. Sabe-se que as trevas nada mais são do que privação da luz, e que só há luz à medida que nossos olhos recebem essa sensação; mas estava-se então bem longe de conhecer essas verdades.

A ideia de um firmamento também é da mais remota antiguidade. Imaginava-se que os céus eram muito sólidos, porque sempre se viam os mesmos fenômenos. Os céus rolavam sobre nossas cabeças, logo, eram de matéria duríssima. De que modo se poderia calcular quanta água as exalações da terra e dos mares podiam fornecer às nuvens? Não havia nenhum Halley que pudesse fazer esse cálculo. Por isso, imaginava-se a existência de reservatórios de água no céu. Esses reservatórios só podiam estar sustentados por uma boa abóbada; enxergava-se através dessa abóbada; logo, ela era de cristal. Para que as águas superiores caíssem dessa abóbada sobre a terra era necessário que houvesse comportas, eclusas, capazes de abrir-se e fechar-se. Essa era a astronomia de então; e, visto que se escrevia para judeus, era preciso adotar suas ideias grosseiras, tomadas dos outros povos um pouco menos grosseiros que eles.

"E Deus disse: 'Haja duas grandes luminárias, uma para presidir o dia, outra para a noite'; e também fez as estrelas."

Tem-se sempre, é verdade, a mesma ignorância sobre a natureza. Os judeus não sabiam que a Lua só ilumina por refletir a luz. O autor fala aqui das estrelas como pontos luminosos, como são vistas, embora sejam sóis, em torno dos quais giram vários mundos. O Espírito Santo, portanto, era proporcional ao espírito do tempo. Se ele tivesse dito que o Sol é um milhão de vezes maior que a Terra, e que a Lua é cinquenta vezes menor, não teria sido entendido: ambos nos parecem dois astros quase do mesmo tamanho.

Deus também disse: "Façamos o homem à nossa imagem, e que ele domine os peixes etc."

O que os judeus entendiam por *Façamos o homem à nossa imagem*? O que toda a antiguidade entendia:

Finxit in effigiem moderantum cuncta deorum.
[Modelou-o à imagem dos deuses, que governam todas as coisas.]
(OVÍDIO, *Metamorfoses*, I, 83.)

As imagens são sempre imagens de corpos. Nenhuma nação imaginou um deus sem corpo, e é impossível representá-lo de outro modo. Pode-se muito bem dizer: "Deus não é nada que conheçamos", mas não se pode ter nenhuma ideia daquilo que ele é. Os judeus sempre acreditaram num deus corpóreo, como todos os outros povos. Todos os primeiros Padres da Igreja também acreditaram num deus corpóreo, até abraçarem as ideias de Platão, ou melhor, até que as luzes do cristianismo se tornassem mais puras.

"E os criou macho e fêmea."

Se Deus ou os deuses secundários criaram o homem como macho e fêmea à sua semelhança, parece então que os judeus acreditavam que Deus e os deuses eram machos e fêmeas. Procurou-se saber se o autor quer dizer que o homem tinha no início os dois sexos ou se ele entende que Deus fez Adão e Eva no mesmo dia. O sentido mais natural é que Deus formou Adão e Eva ao mesmo tempo; mas esse sentido contradiria absolutamente a formação da mulher, feita de uma costela do homem muito depois dos sete dias.

"E ele repousou no sétimo dia."

Os fenícios, os caldeus e os indianos diziam que Deus fez o mundo em seis tempos, o que o antigo Zoroastro chama de seis *gahambârs*, tão famosos entre os persas.

É incontestável que todos aqueles povos tinham uma teologia antes que os judeus habitassem os desertos de Horebe e Sinai, antes que pudessem ter escritores. Vários eruditos acharam verossímil que a alegoria dos seis dias fosse uma imitação da alegoria dos seis tempos. Deus pode ter permitido que grandes povos tivessem essa ideia antes de inspirá-la ao povo judeu. Havia já permitido que outros povos inventassem as artes antes que os judeus tivessem alguma.

"E do lugar de volúpia saía um rio para regar o jardim, e dali se dividia em quatro; o nome do primeiro é Pisom, e ele rodeia toda a terra de Havilá, onde há ouro... O segundo se chama Giom, que rodeia a Etiópia... O terceiro é o Tigre, e o quarto, o Eufrates."

Segundo essa versão, o paraíso terrestre teria contido cerca de um terço da Ásia e da África. O Eufrates e o Tigre têm nascente a mais de sessenta léguas um do outro, em montanhas horríveis que pouco se assemelham a um jardim. O rio que margeia a Etiópia, que só pode ser o Nilo, começa a mais de mil léguas das nascentes do Tigre e do Eufrates; e, se o Pisom é o Fase, é surpreendente que se ponha no mesmo lugar a nascente de um rio da Cítia e a de um rio da África. Portanto, foi preciso buscar outra explicação e outros rios. Cada comentador criou o seu paraíso terrestre.

Dizem que o jardim do Éden se parece com aqueles jardins do Éden de Saana, na Arábia Feliz, famosa em toda a antiguidade; que os hebreus, povo muito recente, podiam ser uma horda árabe que se orgulhava do que havia de mais belo no melhor recanto da Arábia; que sempre empregaram em seu próprio favor antigas tradições das grandes nações no meio das quais estavam encravados. Mas nem por isso deixavam de ser guiados pelo Senhor.

"O Senhor tomou o homem e o pôs no jardim da volúpia para que ele o cultivasse."

É muito bom *cultivar o próprio jardim*, mas é difícil que Adão cultivasse um jardim de mil léguas de comprimento; ao que tudo indica, teve ajudantes. Portanto, mais uma vez, os comentadores precisam exercitar o seu talento de adivinhos. Por isso, a esses quatro rios foram dadas trinta posições diferentes.

"Não comereis o fruto da árvore do conhecimento do bem e do mal."

É difícil imaginar que tenha havido uma árvore capaz de ensinar o bem e o mal, assim como há pereiras e damasqueiros. Aliás, houve quem perguntasse por que Deus não quer que o homem conheça o bem e o mal. O contrário não parecerá (ousamos dizer) muito mais digno de Deus e muito mais necessário ao homem? Parece à nossa pobre razão que Deus devia ordenar que se comesse muito daquele fruto; mas devemos submeter nossa razão e concluir apenas que é preciso obedecer a Deus.

"Não o comereis, para que não morrais."

No entanto, Adão comeu e não morreu por isso. Ao contrário, viveu ainda novecentos e trinta anos. Vários Padres da Igreja consideraram tudo isso uma alegoria. De fato, seria possível dizer que os outros animais não sabem que morrem, mas o homem sabe, graças à sua razão. Essa razão é a árvore da ciência, que o faz prever seu fim. Essa explicação talvez fosse a mais razoável; mas não ousamos pronunciar-nos.

"O Senhor também disse: 'Não é bom que o homem esteja só, far-lhe-ei uma adjutora semelhante a ele.'"

Espera-se que o Senhor vá lhe dar uma mulher, mas, antes, ele lhe traz todos os animais. Talvez haja aí alguma transposição de copista.

"E o nome que Adão deu a cada um dos animais é seu verdadeiro nome."

O que se pode entender por verdadeiro nome de um animal seria um nome que designasse todas as propriedades de sua espécie, ou pelo menos as principais; mas isso não ocorre em nenhuma língua. Há em cada uma algumas palavras imitativas, como *coq* e *coucou* em celta, que designam um pouco o canto do galo e do cuco; *zunzum*, *triquetraque*; *alali* em grego, *lupus* em latim etc. Mas essas palavras imitativas são pouquíssimo numerosas. Ademais, se Adão tivesse assim conhecido todas as propriedades dos animais, era porque ou ele já havia comido o fruto da ciência, ou Deus não precisaria proibir-lhe esse fruto: ele já sabia mais do que a Sociedade Real de Londres e a Academia das Ciências da França.

Observe-se que essa é a primeira vez em que Adão é nomeado no Gênese. O primeiro homem, entre os antigos brâmanes, prodigiosamente anteriores aos judeus, chamava-se Adimo, filho da terra, e sua mulher era Pracriti, a vida; é o que dizem os Vedas, na segunda formação do mundo. Adão e Eva significavam essas mesmas coisas na língua fenícia: nova prova de que o Espírito Santo se adequava às ideias aceitas.

"Quando Adão estava adormecido, Deus tomou uma de suas costelas e pôs carne em seu lugar; e da costela que retirara de Adão construiu uma mulher, e levou a mulher a Adão."

O Senhor, um capítulo antes, criara o macho e a fêmea; por que então retirar uma costela do homem para com ela fazer uma mulher que já existia? Responde-se que o autor anuncia num lugar aquilo que é explicado no outro. Responde-se também que essa alegoria submete a mulher ao marido e exprime a união íntima dos dois. Muita gente, com base nesse versículo, acreditou que os homens têm uma costela a menos que as mulheres: mas isso é uma heresia, e a anatomia nos mostra que a mulher não é dotada de mais costelas do que seu marido.

"A serpente era o animal mais astuto da terra etc., disse à mulher etc."

Em todo esse livro não se faz nenhuma menção ao diabo; tudo nele é físico. A serpente era vista não só como o mais astuto dos animais por todas as nações orientais, como também era considerada imortal. Os caldeus tinham uma fábula que contava uma briga entre Deus e a serpente, e essa fábula fora conservada por Ferecides. Orígenes a cita em seu livro VI contra Celso. Levava-se uma serpente às festas de Baco. Os egípcios atribuíam uma espécie de divindade à serpente, de acordo com Eusébio, em sua *Preparação evangélica*, livro I, capítulo X. Na Arábia, nas Índias e mesmo na China, a serpente era vista como o símbolo da vida; por isso, os imperadores da China, anteriores a Moisés, sempre carregaram a imagem de uma serpente no peito.

Eva não se espanta quando ouve a serpente falar. Os animais falavam em todas as antigas histórias; foi por isso que, quando Pilpay e Loqman fizeram os animais falar, ninguém se admirou.

Toda essa aventura parece tão física e tão desprovida de alegorias que se explica por que a serpente rasteja desde então sobre o ventre, por que sempre procuramos esmagá-la, e por que ela sempre procura nos morder (pelo menos é isso o que se acha); precisamente como se explicava, nas antigas metamorfoses, por que o corvo, que era branco antigamente, hoje é preto, por que a coruja só sai da toca à noite, por que o lobo gosta de carne etc. Mas os Padres da Igreja acreditaram que se trata de uma alegoria manifesta e respeitável: o melhor é acreditar.

"Multiplicarei grandemente a tua dor e a tua concepção: com dor terás filhos; e o teu desejo será para teu marido, e ele te dominará."

Pergunta-se por que a multiplicação das gestações é uma punição. Ao contrário, dizem, trata-se de uma grande bênção, sobretudo entre os judeus. As dores do parto somente são grandes nas mulheres delicadas; as que estão acostumadas ao trabalho parem com facilidade, sobretudo nos climas quentes. Às vezes há animais que sofrem muito em seu parto; alguns até morrem. E, quanto à superioridade do homem sobre a mulher, trata-se de coisa inteiramente natural: é efeito da força física e mesmo da força intelectual. Os homens em geral têm órgãos mais aptos à atenção constante, sendo mais próprios a trabalhos da cabeça e dos braços. Mas, quando uma mulher tem os punhos e o intelecto mais fortes que os do marido, quem domina é ela: então, é o marido que se submete à mulher. Isso é verdade; mas pode ser que, antes do pecado original, não houvesse sujeição nem dor.

"O Senhor lhes fez túnicas de pele."

Este trecho prova que os judeus acreditavam num deus corpóreo. Um rabino chamado Eliezer escreveu que Deus cobriu Adão e Eva com a própria pele da serpente que os tentara; e Orígenes afirma que aquela túnica de pele era uma nova carne, um novo corpo que Deus fez para o homem. É melhor ater-se ao texto com respeito.

"E o Senhor disse: 'Eis que Adão se tornou como um de nós.'"

Parece que os judeus, no início, admiravam vários deuses. É mais difícil saber o que eles entendem pela palavra Deus, *Eloim*. Alguns comentadores afirmaram que essas palavras, *um de nós*, se referem à Trindade; mas não se fala em absoluto de Trindade na Bíblia. A Trindade não é um composto de vários deuses, é o mesmo Deus triplo; e nunca os judeus ouviram falar de um Deus em três pessoas. Por essas palavras, *semelhante a nós*, é provável que os judeus entendessem os anjos, *Eloim*. Isso levou vários doutos temerários a acreditar que esse livro só foi escrito quando eles adotaram a crença nesses deuses inferiores, mas é uma opinião condenada.

"O Senhor o expulsou do jardim da volúpia, para que ele cultivasse a terra."

Mas o Senhor, dizem alguns, o pusera no jardim de volúpia, *para que ele cultivasse o jardim*. Se Adão deixou de ser jardineiro para se tornar lavrador, dizem eles que seu estado não piorou muito nesse aspecto: um bom lavrador equivale a um bom jardineiro. Essa solução parece-nos bem pouco séria. Seria melhor dizer que Deus puniu a desobediência banindo-o da terra natal.

Segundo comentadores audazes demais, toda essa história em geral se relaciona com a ideia que todos os homens tinham e ainda têm, de que os primeiros tempos são melhores do que os novos. As pessoas sempre lamentaram o presente e gabaram o passado. Os homens, sobrecarregados de trabalhos, puseram a felicidade no ócio, sem pensarem que o pior dos estados é o do homem que não tem o que fazer. Vendo-se infeliz, o homem forjou a ideia de um tempo em que todos eram felizes. É mais ou menos como se dissessem: "Houve um tempo no qual nenhuma árvore morria, nenhum animal ficava doente ou fraco, nem era devorado por outro; tempo em que as aranhas não caçavam as moscas." Daí a ideia da idade de ouro, do ovo furado por Arimã, da serpente que roubou do asno a receita da vida feliz e imortal, que o homem pusera em sua carga; daí o combate entre Tífon e Osíris, o de Ofíon contra os deuses, bem como a famosa caixa de Pandora e todas as velhas fábulas, muitas engenhosas e nenhuma instrutiva. Mas devemos acreditar que as fábulas dos outros povos são imitações da história hebraica, porque temos a antiga história dos hebreus, enquanto quase todos os primeiros livros das outras nações se perderam. Ademais, os testemunhos a favor do Gênese são irrefragáveis.

"Ele pôs no jardim da volúpia um querubim com um gládio inflamado que girava ao redor, para guardar o acesso à árvore da vida."

A palavra *kerub* significa *boi*. Um boi armado de sabre inflamado, segundo dizem, é uma figura bem estranha para se pôr à porta. Mas os judeus passaram então a representar os anjos em forma de bois e gaviões, embora fossem proibidos de fazer qualquer figura. Está claro que copiaram esses bois e esses gaviões dos egípcios, dos quais imitaram tantas coisas. Os egípcios veneravam o boi como símbolo da agricultura, e o gavião, como símbolo dos ventos; mas nunca transformaram um boi em porteiro. Provavelmente é uma alegoria; e os judeus interpretavam *kerub* como natureza. Era um símbolo composto de uma cabeça de boi, uma cabeça de homem, corpo de homem e asas de gavião.

"E o Senhor pôs um sinal em Caim."

Que Senhor!, dizem os incrédulos. Ele aceita a oferenda de Abel e rejeita a de Caim, irmão mais velho, sem que se diga qual foi a razão. Com isso, o Senhor se torna a causa da inimizade entre os dois irmãos. Na verdade, é uma instrução moral, uma instrução extraída de todas as fábulas antigas, nas quais, tão logo o gênero humano começa a existir, um irmão assassina o outro; mas o que os sábios do mundo consideram contrário a qualquer moral, a qualquer justiça e a todos os princípios do senso comum é o fato de Deus ter condenado o gênero humano para toda a eternidade; de ter feito seu próprio filho morrer inutilmente por uma maçã e ter perdoado um fratricida. Que digo? Perdoado? Na verdade, ele põe o culpado sob sua proteção. Declara que quem vingar o assassinato de Abel será punido sete vezes mais do que Caim. E põe-lhe um sinal que lhe serve de salvaguarda. Dizem os ímpios que essa é uma fábula execrável e absurda. Que é o delírio de algum judeu infeliz, que escreveu essas inépcias infames imitando os contos que abundavam entre os povos vizinhos, na Síria. Esse judeu insano atribuiu tais devaneios atrozes a Moisés, num tempo em que nada era mais raro do que os livros. A fatalidade, que dispõe de tudo, fez que esse livro infeliz chegasse até nós: alguns patifes o exaltaram, e alguns imbecis nele acreditaram. Assim fala uma multidão de teístas que, adorando Deus, ousam condenar o Deus de Israel e julgam a conduta do Ser eterno segundo as regras de nossa moral imperfeita e de nossa justiça errônea. Admitem Deus para submetê-lo às nossas leis. Evitemos ser tão ousados e respeitemos, repito, aquilo que não podemos compreender. Brademos *ó altitudo!* com todas as nossas forças.

"Os deuses, Eloim, vendo que as filhas dos homens eram belas, tomaram por esposas aquelas que escolheram."

Isso também foi imaginado por todos os povos. Não há nenhuma nação, com exceção talvez da China, na qual algum deus não tenha vindo fazer filhos com filhas dos homens. Esses deuses corpóreos desciam amiúde na terra para visitar seus domínios; viam nossas moças e ficavam com as mais bonitas: os filhos nascidos da união desses deuses com mortais deviam ser superiores aos outros homens; por isso, o Gênese não deixa de dizer que esses deuses que se deitaram com nossas filhas produziram gigantes. Também nesse caso, refletem a opinião geral.

"Eis que trago um dilúvio de águas sobre a terra."

Aqui só observarei que santo Agostinho, em sua *Cidade de Deus,* nº 8, diz: *Maximum illud diluvium graeca nec latina novit historia*: nem a história grega nem a latina conhecem esse grande dilúvio. De fato, só eram conhecidos os dilúvios de Deucalião e de Ógigo, na Grécia. São eles considerados universais nas fábulas coligidas por Ovídio, mas totalmente ignorados na Ásia oriental. Santo Agostinho não se engana, portanto, ao dizer que a história não fala dele.

"Deus disse a Noé: 'Farei uma aliança contigo e com tua semente depois de ti, e com todos os animais.'"

Deus fazer aliança com os animais! Que aliança!, exclamam os incrédulos. Mas, se ele se alia com o homem, por que não com o animal? Este tem sentimentos, e há algo de divino no sentimento, assim como no pensamento mais metafísico. Aliás, há mais sentimentos nos animais do que pensamento na maioria dos homens. Ao que tudo indica, foi em virtude desse pacto que Francisco de Assis, fundador da ordem seráfica, dizia às cigarras e às lebres: "Canta, minha irmã cigarra; rói, minha irmã lebre." Mas quais foram as condições do tratado? Que todos os animais se entredevorariam; que se alimentariam de nossa carne, e nós, da carne deles; que, depois de tê-los comido, nós nos exterminaríamos com sanha, e só nos faltaria devorar nossos semelhantes mortos por nossas próprias mãos. Se houve um pacto desses, deveria ter sido feito com o diabo.

Provavelmente, todo esse trecho apenas quer dizer que Deus é igualmente senhor absoluto de tudo o que respira. Esse pacto só pode ser uma ordem, e a palavra *aliança* está ali por extensão. Portanto, não devemos nos amedrontar com termos, mas adorar o espírito e remontar ao tempo em que esse livro era escrito, livro que é escândalo para os fracos e edificação para os fortes.

"E porei meu arco nas nuvens, e ele será sinal de meu pacto etc."

Note-se que o autor não diz: "Pus meu arco nas nuvens"; diz: "Porei"; isso supõe, evidentemente, que a opinião comum não considerava o arco-íris como algo que sempre tivesse existido. Trata-se de um fenômeno causado, necessariamente, pela chuva; mas aqui ele é apresentado como algo sobrenatural, que adverte que a terra não será mais inundada. É estranho escolher-se o sinal da chuva para afirmar que não haverá inundação. Mas também se pode responder que, no perigo da inundação, o arco-íris traz a tranquilidade.

"O Senhor desceu para ver a cidade e a torre que os filhos de Adão construíam; e disse: 'Esse povo só tem uma língua. Começou a fazer isso, e não desistirá enquanto não terminar. Vamos, pois, desçamos, confundamos sua língua, para que ninguém entenda seu vizinho'.[30]"

Observe-se apenas, aqui, que o autor sagrado continua a adequar-se às opiniões populares. Ele sempre fala de Deus como se se tratasse de um homem que se informa daquilo que está ocorrendo, que quer ver com seus próprios olhos o que está sendo feito em seus domínios, que chama as pessoas de seu conselho para tomar decisões junto com ele.

"E Abraão, dividindo sua gente (trezentas e dezoito pessoas), investiu contra os cinco reis, derrotou-os e perseguiu-os até Hobá, à esquerda de Damasco."

---

30. Ver, sobre esse trecho, verbete Babel. (N. de Voltaire)

Da margem sul do lago de Sodoma até Damasco, contam-se oitenta léguas; e ainda é preciso transpor o Líbano e o Anti-Líbano. Os incrédulos tiram partido desse exagero. Mas, como o Senhor favorecia Abraão, nada é exagerado.

"E, ao cair da noite, os dois anjos chegaram a Sodoma etc."

Toda a história dos dois anjos, que os sodomitas quiseram violar, talvez seja a mais extraordinária já contada pela antiguidade. Mas cabe considerar que quase toda a Ásia acreditava na existência de demônios íncubos e súcubos; que, além de tudo, aqueles dois anjos eram criaturas mais perfeitas que os homens, devendo ser mais belos e despertar mais desejos do que homens comuns num povo corrompido. Pode ser que esse relato não passe de figura de retórica para expressar os horríveis desregramentos de Sodoma e Gomorra. Nós propomos essa solução aos eruditos, mas o fazemos com extrema insegurança.

Quanto a Ló, que oferece as duas filhas aos sodomitas, em substituição aos dois anjos, à mulher de Ló transformada em estátua de sal e a todo o restante dessa história, que ousaremos dizer? A antiga fábula arábica de Cinira e Mirra tem alguma relação com o incesto de Ló e de suas filhas; e a aventura de Filêmon e Báucis não deixa de ter semelhança com os dois anjos que apareceram para Ló e sua mulher. Quanto à estátua de sal, não sabemos com o que se assemelha: acaso à história de Orfeu e Eurídice?

Muitos eruditos acham, assim como o grande Newton e o douto Le Clerc, que o Pentateuco foi escrito por Samuel depois que os judeus aprenderam a ler e a escrever um pouco; acham também que todas essas histórias são imitações das fábulas sírias.

Mas basta que tudo isso esteja na Santa Escritura para que seja reverenciado, sem que procuremos ver nesse livro outra coisa senão aquilo que está escrito pelo Espírito Santo. Devemos sempre lembrar que aqueles tempos não eram os nossos, e não deixemos de repetir, assim como tantos grandes homens, que o Antigo Testamento é uma história verídica, e que tudo o que foi inventado pelo resto do universo é fabuloso.

Segundo afirmaram alguns eruditos, dos livros canônicos deveriam ser retiradas todas essas coisas incríveis, que escandalizam os fracos; mas houve quem dissesse que esses eruditos são corações corrompidos, homens dignos da fogueira, e que é impossível ser honesto todo aquele que não acredite que os sodomitas quiseram violar dois anjos. Assim raciocina uma espécie de monstro que quer dominar as mentes.

É verdade que vários Padres da Igreja, muito famosos, tiveram a prudência de transformar todas essas histórias em alegorias, a exemplo dos judeus, especialmente de Fílon. Alguns papas mais prudentes também quiseram impedir que esses livros fossem traduzidos em língua vulgar, para que os homens não tivessem condições de julgar aquilo que deviam adorar.

Disso se deve, com certeza, concluir que aqueles que entendem perfeitamente esse livro devem tolerar aqueles que não o entendem: pois se estes não o entendem, não é por culpa sua; mas aqueles que não o entendem também devem tolerar aqueles que entendem tudo.

Os eruditos, muito orgulhosos de sua ciência, afirmaram que seria impossível que Moisés tivesse escrito o Gênese. Uma de suas grandes razões é que, na história de Abraão, se diz que esse patriarca pagou a caverna para enterrar sua mulher, em *moedas de prata*, e que o rei de Gerar deu mil moedas de prata a Sara, quando a devolveu depois de tê-la raptado em virtude de sua beleza, quando ela tinha setenta e cinco anos. Dizem eles que consultaram todos os antigos autores, confirmando-se que não existia moeda de prata naquele tempo. Mas percebe-se que tudo isso não passa de chicana, pois a Igreja sempre acreditou firmemente que Moisés foi o autor do Pentateuco. Eles fortalecem todos os doutos criados por Aben-Hesra e por Baruc Espinosa. O médico Astruc, sogro do inspetor-geral Silhouette, em seu livro, que se tornou raríssimo, intitulado *Conjecturas sobre o Gênese*, soma novas objeções insolúveis para a ciência humana; mas não são insolúveis para a piedade humilde e submissa. Os eruditos ousam contradizer cada linha, e os simples reverenciam cada linha. Evitemos incidir na desgraça de acreditar em nossa razão; sejamos submissos de mente e coração[31].

"E Abraão disse que Sara era sua irmã; e o rei de Gerar a tomou para si."

Admitimos, como já dissemos no verbete Abraão, que Sara tinha então noventa anos; que já fora raptada por um rei do Egito; e que um rei daquele mesmo deserto horrendo de Gerar depois raptou a mulher de Isaque, filho de Abraão. Também falamos da serva Agar, em quem Abraão fez um filho, e da maneira como esse patriarca mandou embora a serva e seu filho. Sabe-se até que ponto os incrédulos tiram partido de todas essas histórias, com que sorriso desdenhoso falam delas; como põem bem abaixo das *Mil e uma noites* a história de um Abimeleque apaixonado por essa mesma Sara que Abraão apresentara como sua irmã, e de um outro Abimeleque apaixonado por Rebeca, que Isaque também apresentara como irmã. Nunca é demais repetir que o grande defeito de todos esses eruditos críticos é querer reduzir tudo aos princípios de nossa fraca razão e julgar antigos árabes como julgam a corte da França e da Inglaterra.

"E a alma de Siquém, filho do rei Hamor, uniu-se à alma de Diná; e ele aliviou sua tristeza com ternas carícias; foi ter com Hamor, seu pai, e disse-lhe: 'Dá-me essa moça por mulher'."

É aqui que os eruditos se revoltam mais do que nunca. Dizem eles: "Como! O filho de um rei quer dar à filha de um vagabundo a honra de casar-se com ela"; o casamento é feito; Jacó, o pai, e Diná, a filha, são cobertos de presentes; o rei de Siquém digna-se receber em sua cidade aqueles ladrões errantes chamados *patriarcas*; tem a bondade inacreditável, incompreensível, de deixar-se circuncidar; ele, o filho, a corte e o povo são circuncidados, para condescender à superstição daquela pequena horda, que não possui nem sequer meia légua de território! E, para pagar uma bondade tão espantosa, o que fazem nossos patriarcas sagrados? Esperam o dia em que a ferida da circuncisão costuma provocar febre. Simeão e Levi correm pela cidade de punhal na mão; massacram o rei, o príncipe seu filho e todos os habitantes. O horror daquela "noite de São Bartolomeu" só é menor porque ela é impossível. Trata-se de uma ficção abominável, mas, evidentemente, é uma ficção ridícula. É impossível que dois homens tenham matado tranquilamente todo um povo. Mesmo quem está um pouco incomodado com o prepúcio cortado pode defender-se de dois bandidos; é possível reunir-se, cercá-los e submetê-los aos suplícios que merecem.

Mas ainda existe uma impossibilidade mais palpável: segundo cálculos precisos do tempo, Diná, filha de Jacó, então só podia ter três anos de idade; forçando-se a cronologia, é possível dar-lhe cinco anos no máximo: isso é motivo de grandes críticas. Costuma-se dizer: "Que livro é esse, de um povo condenado, livro desconhecido durante tanto tempo em toda a terra, livro no qual a reta razão e os costumes são ultrajados a cada página; e querem que o aceitemos como irrefutável, santo, ditado por Deus mesmo? Não será uma impiedade acreditar nele? Não será furor de antropófagos perseguir homens sensatos e modestos que não acreditam nele?"

A isso respondemos: "A Igreja diz que acredita. Os copistas podem ter misturado absurdos revoltantes a histórias respeitáveis. Só à Santa Igreja cabe julgar. Os profanos devem deixar-se conduzir por ela. Esses absurdos, esses horrores não interessam ao fundo da nossa religião. O que seria dos homens, se o culto e a virtude dependessem daquilo que ocorreu outrora a Siquém e à pequena Diná?"

"Estes foram os reis que reinaram na terra de Edom antes que os filhos de Israel tivessem reis."

Esse é o famoso trecho que constituiu uma das grandes pedras de escândalo. Foi o que induziu o grande Newton, o piedoso e sábio Samuel Clarke, o profundo filósofo Bolingbroke, o douto Le Clerc, o erudito Fréret e uma multidão de outros estudiosos a afirmar a impossibilidade de Moisés ter sido o autor do Gênese.

Convenhamos que tais palavras só podem ter sido escritas no tempo em que os judeus tinham reis.

---

31. Ver verbete Moisés. (N. de Voltaire)

Foi principalmente esse versículo que levou Astruc a subverter todo o Gênese, e a supor textos nos quais o autor teria haurido. Seu trabalho é engenhoso e preciso, mas temerário. Um concílio a custo teria ousado realizá-lo. De que serviu esse trabalho ingrato e perigoso de Astruc? Serviu para adensar ainda mais as trevas que ele quis clarear. Esse é o fruto da árvore da ciência de que todos queremos comer. Por que os frutos da árvore da ignorância haverão de ser mais nutritivos e fáceis de digerir?

Mas o que importa, afinal, que esse versículo, que esse capítulo tenham sido escritos por Moisés, Samuel, pelo sacrificador que foi a Samaria, por Esdras ou por qualquer outro? Em que ponto nosso governo, nossas leis, nossa fortuna, nossa moral e nosso bem-estar podem ter alguma ligação com dirigentes desconhecidos de uma terra infeliz e bárbara, chamada *Edom* ou *Idumeia*, sempre habitada por ladrões? Aqueles árabes pobres, que nem camisas têm, nunca procuram saber se existimos; pilham caravanas e comem pão de cevada; e nós nos atormentamos para saber se houve régulos naquele recanto da Arábia Pétrea, antes que os houvesse em algum recanto vizinho, a oeste do lago de Sodoma!

O miseras hominum mentes! o pectora caeca!
[Ó infelizes mentes dos homens! Ó cegos corações!]
(LUCRÉCIO, II, v. 14)

GÊNIO (Génie)

Primeira seção

Gênio, *daímon*; falamos deles no verbete Anjo. Não é fácil saber ao certo se os *pèris* dos persas foram inventados antes dos demônios dos gregos; mas é bem provável.

Pode ser que as almas dos mortos, chamadas *sombras*, *manes*, tenham sido confundidas com demônios. Hércules, em Hesíodo, diz que um *daímon* ordenou-lhe seus trabalhos[32].

O *daímon* ou demônio de Sócrates tinha tanta reputação, que Apuleio, autor de *O asno de ouro*, que aliás era um mago de boa-fé, diz em seu Tratado sobre esse gênio de Sócrates que só podia ser *sem religião quem o negasse*. Percebe-se que Apuleio raciocinava exatamente como os frades Garasse e Berthier. "Não acreditas no que eu acredito, logo não tens religião." E os jansenistas dizem o mesmo ao irmão Berthier, e o resto do mundo não sabe de nada. Esses demônios, diz o mui religioso e mui obsceno Apuleio, são potências intermediárias entre o éter e nossa região baixa. Vivem em nossa atmosfera, levam nossas preces e nossos méritos aos deuses. Trazem de volta socorros e benefícios, como intérpretes e embaixadores. É por meio deles, como diz Platão, que ocorrem as revelações, os presságios, os milagres dos magos.

Caeterum sunt quaedam divinae mediae protestates, inter summum aethera, et infimas terras, in isto intersitae aeris spatio, per quas et desideria nostra et merita ad deos commeant. Hos graeco nomine δαίμονας *nuncupant. Inter terricolas coelicolasque vectores, hinc precum, inde donorum: qui ultro citroque portant, hinc petitiones, inde suppetias: ceu quidam utriusque interpretes, et salutigeri. Per hos eosdem, ut Plato in Symposio autumat, cuncta denuntiata, et magorum varia miracula, omnesque praesagiorum species reguntur.* (Apuleio, *De deo Socratis*.)

[Além disso, há algumas potestades divinas intermediárias, entre a parte mais alta do éter e as ínfimas terras, interpostas neste espaço do ar, por meio das quais chegam aos deuses não só nossas aspirações como também nossos méritos. Elas são designadas pelo nome grego de *daimo-*

---

32. *Escudo de Hércules*, v. 94. (N. de Voltaire)

nes. São as mensageiras entre os habitantes da terra e os habitantes do céu: daqui, das preces; de lá, dos favores; são elas que fazem o transporte para lá e para cá; daqui, dos pedidos; de lá, dos auxílios. De qualquer dos dois lados, são intérpretes e saudadoras. Por meio delas, como pretende Platão no *Banquete*, tudo é anunciado e são regidos os diversos prodígios dos magos e todas as espécies de presságios.]

Santo Agostinho dignou-se refutar Apuleio; eis aqui suas palavras[33]:

"Não podemos tampouco dizer que os demônios não são mortais nem eternos; pois tudo o que tem vida, ou vive eternamente, ou com a morte perde a vida de que é vivente; e Apuleio disse que, quanto ao tempo, os demônios são eternos. Que resta então, senão que os demônios, ocupando o meio, têm uma coisa das duas mais altas e uma coisa das duas mais baixas? Quando não estão no meio, incidem em uma das duas extremidades; e como, das duas coisas que estão de uma ou de outra parte, não pode ocorrer que eles deixem de ter duas, segundo demonstramos, para ocupar o meio, é mister que eles tenham uma coisa de cada uma; e, como a eternidade só lhes pode advir das mais baixas, onde ela não se encontra, é a única coisa que eles têm das mais altas; e assim, para concluir o meio que lhes pertence, que podem eles ter das mais baixas senão a miséria?"

Isso é que é raciocinar.

Como nunca vi gênios, demônios, *pèris* ou duendes, benfazejos ou malfazejos, não posso falar do assunto com conhecimento de causa e reporto-me às pessoas que os viram.

Entre os romanos, usava-se a palavra *genius* somente para exprimir, tal como nós, um raro talento; era o *ingenium*. Empregamos indiferentemente a palavra *gênio* quando falamos do demônio que mantinha uma cidade da antiguidade sob sua guarda, ou de um construtor de máquinas, ou de um músico.

Parece que esse termo *gênio* não dever designar, indistintamente, os grandes talentos, mas apenas aqueles nos quais entra a criatividade. Era sobretudo essa criatividade que parecia dom dos deuses, esse *ingenium quasi ingenitum*, uma espécie de inspiração divina. Ora, um artista, por mais perfeito que seja em seu gênero, se não tiver criatividade, se não for original, não será considerado gênio; será visto como alguém inspirado apenas pelos artistas seus predecessores, ainda que os supere.

Pode ser que várias pessoas joguem xadrez melhor do que o inventor do jogo, ganhando dele os grãos de trigo que o rei das Índias queria dar; mas aquele inventor era um gênio; e os que ganhassem podem não o ser. Le Poussin, já grande pintor antes de ver bons quadros, tinha o gênio da pintura. Lulli, que não viu nenhum bom músico na França, tinha o gênio da música.

O que é melhor: possuir sem mestre o gênio de uma arte, ou atingir a perfeição imitando e superando os mestres?

Se fizermos essa pergunta aos artistas, suas opiniões talvez se dividam; se a fizermos ao público, ele não hesitará. Preferes uma bela tapeçaria Gobelins a uma tapeçaria feita em Flandres nos primórdios da arte? Preferes as obras-primas modernas em estampas às primeiras gravuras de madeira? A música de hoje às primeiras árias que se assemelhavam ao canto gregoriano? A artilharia de hoje ao gênio que inventou os primeiros canhões? Todos responderão: Sim. Todos os compradores dirão: Admito que o inventor da lançadeira era mais genial do que o fabricante deste tecido; mas este tecido é melhor do que o do inventor.

Enfim, todos admitirão, desde que tenham consciência, que nós respeitamos os gênios iniciadores das artes, e que as mentes que as aperfeiçoaram são mais condizentes com nosso uso.

Segunda seção

O verbete Gênio foi tratado no grande *Dicionário* por homens que o tinham. Depois deles, ousaremos dizer pouco.

---

33. *Cidade de Deus*, liv. IX, cap. XII. (N. de Voltaire)

Como cada cidade e cada homem tinha outrora o seu gênio, imaginou-se que aqueles que faziam coisas extraordinárias eram inspirados por esse gênio. As nove musas eram nove gênios que deviam ser invocados; por isso Ovídio diz (*Fastos*, VI, 5):

Est deus in nobis, agitante calescimus illo.
[Há um deus em nós, é ele que nos anima.]

Mas, no fundo, gênio será diferente de talento? O que é o talento, senão a disposição para o sucesso numa arte? Por que falamos em gênio de uma língua? Porque cada língua, com suas desinências, seus artigos, seus particípios e suas palavras mais longas ou mais curtas, terá, necessariamente, propriedades que outras línguas não têm. O gênio da língua francesa será mais afeito à conversação, porque sua marcha, necessariamente simples e regular, nunca embaraçará a mente. O grego e o latim terão mais variedade. Observamos alhures que só podemos dizer de uma única maneira "Teófilo tomou conta dos assuntos de César", mas que, em grego e em latim, é possível transportar as cinco palavras que comporão essa frase para cento e vinte posições diferentes, sem atrapalhar o sentido.

O estilo lapidar pertencerá mais ao gênio da língua latina do que ao da francesa e ao da alemã.

Dá-se o nome de *gênio de uma nação* ao caráter, aos costumes, aos principais talentos, aos vícios mesmo que distinguem um povo de outro. Basta ver franceses, espanhóis e ingleses, para sentir essa diferença.

Dissemos que o gênio próprio de um homem nas artes outra coisa não é senão o seu talento; mas só se dá esse nome a um talento muito superior. Quantas pessoas tiveram algum talento para a poesia, a música e a pintura! No entanto, seria ridículo chamá-las de gênios.

O gênio conduzido pelo gosto nunca cometerá erro grosseiro: por isso, Racine, depois de *Andrômaca*, Le Poussin e Rameau nunca os cometeram.

O gênio sem gosto cometerá erros enormes; e o pior é que não os sentirá.

GÊNIOS (Génies)

A doutrina dos gênios, a astrologia judiciária e a magia encheram a terra. Quem remontar até o velho Zoroastro encontrará gênios estabelecidos. Toda a antiguidade está cheia de astrólogos e magos. Essas ideias, portanto, eram bem naturais. Hoje zombamos de muitos povos entre os quais elas prevaleceram; se estivéssemos no lugar deles, começando a cultivar as ciências como eles, faríamos o mesmo. Imaginemo-nos como pessoas inteligentes que começam a raciocinar sobre nosso ser e a observar os astros: a Terra, sem dúvida, está imóvel no meio do mundo; o Sol e os planetas só giram para ela, e as estrelas são feitas somente para nós; o homem, portanto, é o grande objeto de toda a natureza. Que fazer de todos aqueles globos unicamente destinados a nosso uso e da imensidão do céu? É bem verossímil que o espaço e os globos sejam povoados de substâncias; e, como somos os favoritos da natureza, colocados no centro do mundo, e como tudo é feito para o homem, essas substâncias, evidentemente, estão destinadas a velar sobre o homem.

O primeiro que pelo menos acreditar que isso é possível logo encontrará discípulos convencidos de que isso existe. Portanto, começou-se por dizer: "Podem existir gênios", e ninguém deve ter afirmado o contrário; pois onde está a impossibilidade de que os ares e os planetas sejam povoados? Em seguida, alguém disse: "Há gênios"; e, certamente, ninguém podia provar que eles não existem. Logo depois, alguns sábios viram esses gênios, e ninguém tinha o direito de lhes dizer: "Não os vistes"; eles haviam aparecido para homens consideráveis e fidedignos demais. Um vira o gênio do império, ou de sua cidade; o outro, o de Marte e Saturno; os gênios dos quatro elementos se manifestaram a vários filósofos; mais de um sábio viu seu próprio gênio; tudo isso, primeiramente, em sonhos; mas os sonhos eram símbolos da verdade.

Sabia-se positivamente como tais gênios eram feitos. Para virem ao nosso globo, eles só podiam ter asas; logo, as tinham. Nós só conhecemos corpos; logo, eles tinham corpos, porém corpos mais belos que os nossos, pois eram gênios, mais ligeiros, pois vinham de muito longe. Os sábios que tinham o privilégio de conversar com gênios inspiravam nos outros a esperança de atingir a mesma felicidade. Um cético teria sido bem-visto se lhes dissesse: Não vi gênios, logo eles não existem? Ter-lhe-iam respondido: Raciocinas bem mal; do fato de não conheceres uma coisa não se segue que ela não exista; não há nenhuma contradição na doutrina que ensina a natureza dessas potências aéreas, nenhuma impossibilidade de que elas nos visitem; elas se mostraram a nossos sábios, portanto se manifestarão para nós; não és digno de ver gênios.

Tudo é um misto de bem e mal, na terra; logo, há incontestavelmente bons e maus gênios. Os persas tiveram seus *pèris* e seus *dives*; os gregos, seus *daímons* e *cacodaimons*; os latinos, seus *bonos* e *malos genios*. O bom gênio devia ser branco; o mau, preto; exceto entre os negros, quando se teria essencialmente o contrário. Platão admite sem dificuldade um bom e um mau gênio para cada mortal. O mau gênio de Bruto apareceu-lhe e anunciou-lhe a morte antes da batalha de Filipos: não terá isso sido dito por graves historiadores? E a Plutarco teria ocorrido a infeliz ideia de garantir esse fato, se ele não fosse verdadeiro?

Consideremos também que fonte de festas, divertimentos, boas histórias e bons chistes constituía a crença nos gênios.

Scit genius, natale comes qui temperat astrum.[34]
[Tem conhecimentos o gênio, o companheiro que regula o astro natalício.]
(Horácio, Ep. 2, 2, 187)

Ipse suos genius adsit visurus honores,
Cui decorent sanctas mollia serta comas.[35]
[Que o próprio gênio compareça para presenciar suas honrarias,
Que delicadas grinaldas lhe enfeitem os santos cabelos.]
(Tibulo, 2, 2, 5-6)

Havia gênios machos e gênios fêmeas. Os gênios das senhoras, entre os romanos, chamavam-se *pequenas Junos*. Havia também o prazer de se assistir ao crescimento de seu gênio. Na infância, era uma espécie de Cupido com asas; na velhice do homem que ele protegia, usava barba comprida: às vezes era uma serpente. Em Roma existe um mármore no qual se vê uma bela serpente debaixo de uma palmeira, na qual estão dependuradas duas coroas; a inscrição diz: "Ao gênio dos Augustos"; era o emblema da imortalidade.

Que prova categórica temos hoje de que os gênios universalmente admitidos por tantas nações esclarecidas não passam de fantasmas da imaginação? Tudo o que se pode dizer se reduz a isto: "Nunca vi nenhum gênio; nenhuma pessoa que eu conheça viu nenhum; Bruto não deixou por escrito que o gênio dele lhe apareceu antes da batalha; Newton, Locke, Descartes (que se entregava à imaginação), nenhum rei, nenhum ministro de Estado jamais suspeitaram da hipótese de terem falado com seus respectivos gênios: logo, não acredito numa coisa da qual não haja a menor prova. Essa coisa não é impossível, admito; mas a possibilidade não é prova da realidade. É possível que haja sátiros, com rabinhos retorcidos e pés de cabra; no entanto, espero até ver vários deles, para acreditar em sua existência; porque, se visse apenas um, não acreditaria."

---

34. Horácio, liv. II, ep. II, 187. (N. de Voltaire)
35. Tibulo, II, elegia II, 5. (N. de Voltaire)

GEOGRAFIA (Géographie)

A geografia é uma daquelas ciências que sempre será preciso aperfeiçoar. Por maior que tenha sido o esforço, não foi possível até agora contar com uma descrição exata da Terra. Seria preciso que todos os soberanos se entendessem e prestassem ajuda mútua para essa grande obra. Mas quase sempre eles se empenharam mais em destruir do que em medir o mundo.

Ninguém ainda conseguiu fazer um mapa exato do Alto Egito, das regiões banhadas pelo mar Vermelho ou da vasta Arábia.

Da África só conhecemos as costas; todo o interior é tão ignorado hoje quanto no tempo de Atlas e Hércules. Não há um único mapa bem detalhado daquilo que os turcos possuem na Ásia. Tudo está colocado a esmo, com exceção de algumas grandes cidades cujos casebres ainda subsistem. Nos territórios do grão-mogol, a posição relativa de Agra e Delhi é um pouco conhecida; mas, daí até o reino de Golconda, tudo está situado sem nenhuma precisão.

Sabe-se mais ou menos que o Japão se estende em latitude norte aproximadamente de trinta a quarenta graus; e, salvo engano, dois graus perfazem cerca de cinquenta léguas; desse modo, qualquer piloto que confie em nossas melhores cartas poderá perder-se ou morrer.

No que se refere à longitude, os primeiros mapas dos jesuítas a determinaram entre cento e cinquenta e sete e cento e setenta e cinco graus; hoje, é determinada entre cento e quarenta e seis e cento e sessenta.

A China é o único país da Ásia do qual se tem medida geográfica, pois o imperador Kang-hi empregou jesuítas astrônomos para traçar mapas exatos; foi o que os jesuítas fizeram de melhor. Caso se tivessem limitado a medir a Terra, não seriam proscritos na Terra.

Em nosso ocidente, a Itália, a França, a Rússia, a Inglaterra e as principais cidades de outros Estados foram medidas pelo mesmo método empregado na China; mas faz pouquíssimos anos que se empreendeu na França uma topografia completa. Um grupo, extraído da Academia de Ciências, enviou engenheiros e agrimensores por todo o reino, para pôr em seus devidos lugares povoados, riachos, colinas e bosques, por menores que fossem. Antes desse tempo, a topografia era tão confusa, que, às vésperas da batalha de Fontenoi, foram examinados todos os mapas do país, e não se encontrou um só que fosse inteiramente desprovido de erros.

Se Versalhes tivesse dado uma ordem categórica a algum general pouco experiente de travar batalha, assumindo posições com base nas cartas geográficas (como às vezes ocorreu no tempo do ministro Chamillart), a batalha teria sido indefectivelmente perdida.

O general que travasse guerra na terra dos uscoques, dos morlacos, dos montenegrinos, tendo tais mapas como única fonte de conhecimento dos lugares, ficaria muito confuso, tal como se estivesse no centro da África.

Felizmente, *in loco* corrige-se tudo aquilo que os geógrafos tantas vezes traçaram fantasiosamente em seus gabinetes.

Em geografia como em moral, é bem difícil conhecer o mundo sem sair de casa.

O livro de geografia mais comum na Europa é o de Hubner. Está nas mãos de todas as crianças, desde Moscou até a nascente do Reno; os jovens em toda a Alemanha são formados apenas pela leitura de Hubner.

Logo de início, lê-se nesse livro que Júpiter se apaixonou por Europa mil e trezentos anos justos antes de Jesus Cristo.

Segundo ele, não há na Europa calor tórrido nem frio excessivo. No entanto, em alguns verões já se viu muita gente morrer de excesso de calor; e o frio muitas vezes é tão terrível no norte da Suécia e da Rússia, que o termômetro desce até trinta e quatro graus abaixo do ponto de gelo.

Hubner conta na Europa cerca de trinta milhões de habitantes; nisso se engana em mais de setenta milhões.

Diz ele que a Europa tem três línguas-mães, como se houvesse línguas-mães, e como se cada povo nunca tivesse tomado milhares de expressões de empréstimo a seus vizinhos.

Afirma que na Europa não se pode encontrar uma légua de território que não seja habitada; mas na Rússia ainda há desertos de trinta a quarenta léguas. O deserto das landas de Bordeaux é imenso. Tenho diante de meus olhos quarenta léguas de montanhas cobertas de neves eternas, sobre as quais nunca passou homem nem pássaro.

Há também na Polônia charcos de cinquenta léguas de extensão, no meio dos quais há miseráveis ilhas quase inabitadas.

Diz ele que Portugal tem, de leste a oeste, cem léguas da França; no entanto, só se encontram mais ou menos cinquenta de nossas léguas de três mil passos geométricos.

A crer-se em Hubner, o rei da França tem sempre quarenta mil suíços a seu soldo; mas o fato é que ele nunca teve mais do que onze mil, aproximadamente.

O castelo de Nossa Senhora da Guarda, perto de Marselha, parece-lhe uma fortaleza importante e quase inexpugnável. Ele não tinha visto aquela bela fortaleza:

Gouvernement commode et beau,
A qui suffit pour toute garde
Un suisse avec sa hallebarde
Peint sur la porte du château.
[Circunscrição cômoda e bela,
À qual basta como única guarda
Um suíço com sua alabarda
Pintado na porta do castelo.]
(*Voyage de Bachaumont et de Chapelle*)

Dá liberalmente à cidade de Rouen trezentas belas fontes públicas: Roma tinha apenas cento e cinco no tempo de Augusto.

Ficamos admirados quando vemos em Hubner que o rio Oise recebe as águas do Sarre, do Somme, do Authie e do Canche. O Oise corre a algumas léguas de Paris; o Sarre fica na Lorena, perto da baixa Alsácia, e deságua no Mosela, acima de Trier. O Somme nasce perto de Saint-Quentin e deságua no mar abaixo de Abbeville. O Authie e o Canche são riachos que não têm comunicação com o Oise, tanto quanto o Somme e o Sarre. Só pode haver algum erro do editor, pois não é possível que o autor se tenha enganado a tal ponto.

Presenteia o pequeno principado de Foix à casa de Bouillon, que não o possui.

O autor admite a fábula da realeza de Yvetot; copia exatamente todos os erros de nossas antigas obras de geografia, tal como se faz todos os dias em Paris; e é assim que, todos os dias, nos dão antigos erros com novos títulos.

Ele não perde a oportunidade de dizer que em Rodes se conserva um sapato da Virgem Santa, tal como se conserva na cidade do Puy-en-Vélai o prepúcio de seu filho.

Ninguém deixará de encontrar contos sobre turcos e cristãos. Diz ele que os turcos possuíam, em seu tempo, quatro ilhas no Arquipélago: possuíam todas.

Diz também que Amurat II, na batalha de Varna (em 1544), tirou do peito a hóstia consagrada que lhe fora dada como penhor, pedindo à hóstia vingança pela perfídia dos cristãos. Um turco – e um turco devoto como Amurat II – fazer sua prece a uma hóstia! Ele tirou o tratado do peito, pediu vingança a Deus e a obteve com seu sabre.

Garante ele que o czar Pedro I se tornou patriarca. Ele aboliu o patriarcado, e fez bem; mas tornar-se sacerdote, que ideia!

Diz que o principal erro da Igreja grega foi acreditar que o Espírito Santo só procede do Pai. Mas como ele sabe que isso é erro? A Igreja latina só passou a acreditar na processão do Espírito Santo pelo Pai e pelo Filho a partir do século IX; a grega, mãe da latina, data de mil e seiscentos anos: quem as julgará?

Afirma que a Igreja grega russa não reconhece Jesus Cristo como mediador, mas sim santo Antônio. Se pelo menos ele tivesse atribuído a coisa a são Nicolau, teria sido possível escusar essa confusão do vulgo.

No entanto, apesar de tantos absurdos, a geografia se aperfeiçoa sensivelmente em nosso século.

Não ocorre com esse conhecimento o que ocorre com a arte dos versos, da música e da pintura. As últimas obras desses gêneros muitas vezes são as piores. Mas nas ciências, que exigem exatidão mais que gênio, as últimas obras são sempre as melhores, desde que feitas com algum cuidado.

Uma das maiores vantagens da geografia, a meu ver, é o seguinte. Nossa vizinha tola e nosso vizinho ainda mais tolo nos criticam o tempo todo porque não pensamos como se pensa na rua Saint-Jacques. Dizem eles: "Vede a multidão de grandes homens que foram de nossa opinião, desde Pedro Lombardo até o abade Petit-Pied. Todo o universo acatou nossas verdades, elas reinam no *faubourg* Saint-Honoré, em Chaillot e Étampes, em Roma e entre os uscoques." Pegamos então um mapa-múndi e mostramos a essa gente a África inteira, os impérios do Japão, da China, das Índias, da Turquia, da Pérsia, da Rússia, mais vasto do que o império romano; fazemos que ela percorra, na ponta do nosso dedo, toda a Escandinávia, todo o norte da Alemanha, os três reinos da Grã-Bretanha, a melhor parte dos Países Baixos, a melhor da Helvécia, enfim, mostramos nos quatro cantos do globo e no quinto, que é ainda tão desconhecido quanto imenso, o prodigioso número de gerações que nunca ouviram falar dessas opiniões, que as combateram ou as abominam; assim oporemos o universo à rua Saint-Jacques.

Diremos que Júlio César, cujo poder se estendeu muito além daquela rua, não teve conhecimento de uma só palavra daquilo que eles acham tão universal; e seus ancestrais, que apanharam de Júlio César, tampouco as conheceram.

Talvez assim essa gente sinta alguma vergonha por ter achado que os órgãos da paróquia Saint-Severin dão o tom para o resto do mundo.

GEOMETRIA (Géométrie)

O finado sr. Clairaut imagina que é fácil ensinar aos jovens os elementos da geometria; quis remontar à fonte e seguir a marcha de nossas descobertas e das necessidades que as produziram.

Esse método parece agradável e útil, mas não foi seguido: exige que o mestre tenha uma flexibilidade intelectual capaz de adequar-se e um prazer que é raro naqueles que seguem a rotina de sua profissão.

Convenhamos que Euclides é um tanto maçante; um iniciante não pode adivinhar para onde está sendo levado. Euclides diz no primeiro livro que, "se uma reta for cortada em partes iguais e desiguais, os quadrados construídos sobre os segmentos desiguais serão o dobro dos quadrados construídos sobre a metade da reta inteira e sobre a pequena reta que vai da extremidade dessa metade até o ponto de intersecção".

É preciso uma figura para entender esse obscuro teorema; e, depois de entendê-lo, o estudante diz: Para que me serve isso, o que me importa? Ele se desagrada de uma ciência cuja utilidade não vê imediatamente.

A pintura começou com o desejo de desenhar grosseiramente numa parede os traços de uma pessoa querida. A música foi uma mistura grosseira de alguns sons que agradaram aos ouvidos, antes de se descobrir a oitava.

Observou-se o poente das estrelas antes que houvesse astrônomos. Parece que assim deveria ser guiada a marcha dos iniciantes em geometria.

Suponhamos que uma criança dotada de fácil entendimento ouça o pai dizer ao jardineiro: "Plante neste canteiro tulipas em seis linhas, todas a meio pé uma da outra." A criança quer saber quantas tulipas haverá. Corre até o canteiro com o preceptor. O canteiro está inundado: só aparece um dos lados mais longos da platibanda. Esse lado tem trinta pés de comprimento, mas não se sabe qual é sua largura. O mestre primeiro o faz compreender facilmente que as tais tulipas precisarão orlar o canteiro a seis polegadas de distância uma da outra: já são sessenta tulipas na primeira fileira daquele lado. Deve haver seis linhas: a criança percebe que haverá seis vezes sessenta, trezentas e sessenta tulipas. Mas de que largura será aquela platibanda que não se pode medir? Será, evidentemente, de seis vezes seis polegadas, que perfazem três pés.

Ela conhece o comprimento e a largura; quer conhecer a superfície. O mestre lhe diz: "Não é verdade que, se fizéssemos uma régua de três pés de comprimento e um pé de largura percorrer esta platibanda de uma extremidade à outra, ela a cobriria, sucessivamente, por inteiro?" Tem-se então a superfície: ela é de três vezes trinta. Este pedaço de terra tem noventa pés quadrados.

O jardineiro, alguns dias depois, estende uma cordinha de um ângulo ao oposto, no comprimento; essa cordinha divide o retângulo em duas partes iguais. Diz o discípulo:

"Essa cordinha tem o mesmo comprimento de um dos dois lados?

O MESTRE

Não, é mais comprida.

O DISCÍPULO

Como! Se eu passar algumas linhas sobre essa transversal que o senhor chama de *diagonal*, não encontrarei medida maior nela do que nas outras duas; portanto, são iguais. Como! Quando escrevo a letra N, o traço que liga as duas pernas não é da mesma altura delas?

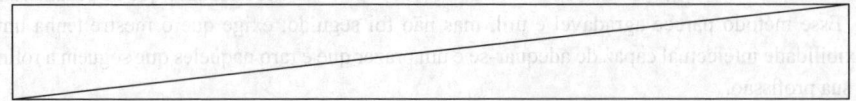

O MESTRE

É da mesma altura, mas não do mesmo comprimento, e isso se demonstra. Desça essa diagonal até o nível do solo, e verá que ela ultrapassa um pouco.

O DISCÍPULO

E ultrapassa precisamente em quanto?

O MESTRE

Há casos em que nunca se saberá, assim como não se saberá exatamente qual é a raiz quadrada de cinco.

O DISCÍPULO

Mas a raiz quadrada de cinco é dois, mais uma fração.

O MESTRE

Mas essa fração não pode ser expressa por um algarismo, pois o quadrado de um número mais uma fração não pode ser um número inteiro. Há até em geometria linhas cujas relações não podem ser expressas.

O DISCÍPULO

Aí está uma dificuldade que me embaraça. Como! Nunca vou saber a conta? Não existe nada que seja exato?

O MESTRE

É exato que essa linha atravessada divide o quadrilátero em duas partes iguais: mas não é surpreendente que esse restinho da linha diagonal não tenha medida comum com os lados, assim como não é surpreendente que não se possa encontrar a raiz quadrada de cinco em aritmética.

Nem por isso se deixa de conhecer o resultado da conta; pois, se algum aritmético lhe disser que lhe deve a raiz quadrada de cinco escudos, bastará transformar esses cinco escudos em miúdos, em vinténs, por exemplo, e se chegará a mil e duzentos, cuja raiz quadrada fica entre trinta e quatro e trinta e cinco; tem-se assim o resultado, com a diferença de um vintém. Não deve haver mistério em aritmética nem em geometria."

Esses primeiros vislumbres espicaçam a curiosidade do rapazinho. Depois de lhe dizer que a diagonal de um quadrado é incomensurável, imensurável em relação aos lados e às bases, o mestre lhe ensina que, com essa linha, cujo valor nunca se conhecerá, ele fará um quadrado que, conforme demonstrará, será o dobro do quadrado ABCD.

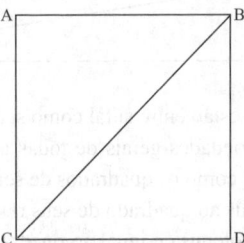

Para isso, mostra-lhe, primeiramente, que os dois triângulos que dividem o quadrado são iguais. Em seguida, traçando essa figura, demonstra à mente e aos olhos que o quadrado formado por essas quatro linhas pretas equivale aos dois quadrados pontilhados. Essa proposição logo servirá para demonstrar o famoso teorema que Pitágoras aprendeu com os indianos e já era conhecido então pelos chineses, segundo o qual o lado maior de um triângulo retângulo pode comportar uma figura qualquer que é igual às figuras semelhantes traçadas sobre os outros dois lados.

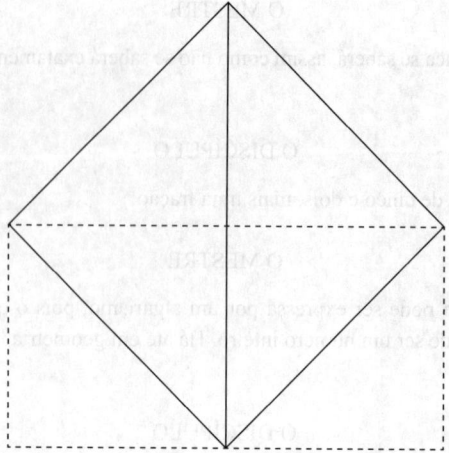

O rapaz desejará medir a altura de uma torre, a extensão de um rio dos quais não possa se aproximar; cada teorema tem imediatamente aplicação: ele aprende geometria na prática.

Se o mestre se limitasse a dizer-lhe que o produto dos extremos é igual ao produto dos meios, para ele isso não teria passado de problema estéril; mas ele sabe que a sombra desta vara está para a altura da vara tal como a sombra da torre vizinha está para a altura da torre. Logo, se ele tem uma vara de cinco pés, e sua sombra é de um pé, e se a sombra da torre é de doze pés, ele dirá: Assim como um está para cinco, doze está para a altura da torre; logo, ela tem sessenta pés.

Ele precisará conhecer as propriedades de um círculo; sabe que não se pode ter a medida exata de sua circunferência, mas a exatidão extrema é inútil na prática: o desenvolvimento de um círculo é sua medida.

Ele saberá que, sendo o círculo uma espécie de polígono, sua área é igual ao triângulo cujo lado menor é o raio do círculo, e cuja base é a medida de sua circunferência.

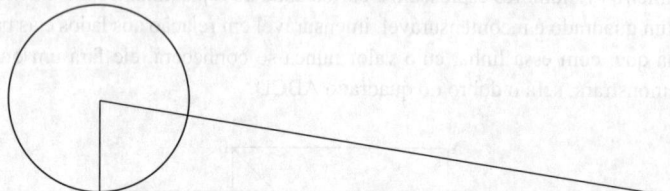

As circunferências dos círculos estão entre si tal como seus raios.

Como os círculos têm as propriedades gerais de todas as figuras retilíneas semelhantes, e como essas figuras estão entre si tal como os quadrados de seus lados correspondentes, os círculos também terão áreas proporcionais ao quadrado de seus raios.

Assim como o quadrado da hipotenusa é igual ao quadrado dos dois catetos, o círculo cujo raio for essa hipotenusa será igual a dois círculos que tenham por raio os outros dois lados. E esse conhecimento servirá facilmente para construir um tanque tão grande quanto outros dois tanques considerados juntos. Duplica-se exatamente o círculo, mesmo não sendo possível ter sua raiz quadrada exata.

Acostumado a perceber assim a vantagem das verdades geométricas, ele lerá, em alguns elementos dessa ciência, que, se traçarmos essa reta chamada *tangente*, que tocará o círculo em um ponto, nunca poderemos fazer outra reta passar entre ela e o círculo.

[Figura: círculo com tangente AB e ponto de contato C]

Isso é bem evidente, e talvez não valesse a pena dizer. Mas pode-se acrescentar que é possível passar uma infinidade de curvas por esse ponto de contato; isso o surpreende e surpreenderia também homens feitos. Ele é tentado a acreditar que a matéria é penetrável. Os livros lhe dizem que aí não se tem matéria, que se trata de linhas sem largura. Mas, se não têm largura, essas retas metafísicas passarão às miríades umas sobre as outras sem nada tocarem. Se têm largura, nenhuma curva passará. A criança já não sabe onde está; percebe-se transportada para um novo mundo que nada tem de comum com o nosso.

Como acreditar que aquilo que é impossível para a natureza pode ser verdadeiro?

Dirá ele a um professor de geometria transcendental: "Posso entender que todos os vossos círculos se encontrarão no ponto C, mas essa é a única coisa demonstrada; nunca podereis demonstrar que essas linhas circulares passam por esse ponto entre o primeiro círculo e a tangente.

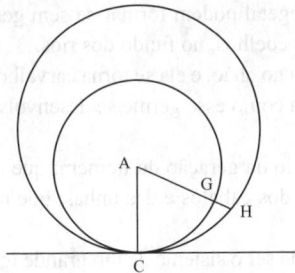

A secante AG é mais curta que a secante AGH, concordo; mas daí não se segue que vossas linhas curvas possam passar entre duas linhas que se tocam.

– Podem passar – responderá o mestre – porque GH é um infinitamente pequeno de segunda ordem.

– Não entendo o que é um infinitamente pequeno – diz a criança."

E o mestre é obrigado a confessar que também não entende. É aí que Malezieu se extasia em seus *Elementos de geometria*. Diz categoricamente que "há verdades incompatíveis". Não teria sido mais simples dizer que essas linhas só têm em comum esse ponto C, além e aquém do qual elas se separam?

Posso sempre dividir um número em pensamento; mas seguir-se-á daí que esse número é infinito? Por isso Newton, em seu cálculo integral e em seu diferencial, não usa essa grande palavra; e Clairaut evita ensinar, em seus *Elementos de geometria*, que é possível fazer um arco passar entre uma bola e a mesa sobre a qual essa bola está.

É preciso distinguir entre geometria útil e geometria curiosa.

Úteis são: o compasso de proporção inventado por Galileu, a medida dos triângulos, a medida dos sólidos, o cálculo das forças móveis. Quase todos os outros problemas podem esclarecer e fortalecer a mente; poucos terão utilidade palpável para o gênero humano. Façam-se quantas quadraturas de curvas se queiram, e assim se mostrará extrema sagacidade. Quem assim fizer se assemelhará ao aritmético que examina as propriedades dos números, em vez de calcular a sua fortuna.

Quando Arquimedes descobriu o peso específico dos corpos, prestou um grande serviço ao gênero humano; mas de que nos servirá encontrar três números tais, que a diferença dos quadrados de dois, somada ao cubo dos três, sempre produza um quadrado, e que a soma das três diferenças, somada ao mesmo cubo, produza um outro quadrado? *Nugae difficiles*.

GERAÇÃO (Génération)

Direi como ocorre a geração de um ser, quando alguém me ensinar como Deus fez para criar.

Mas haverá quem diga que toda a antiguidade, todos os filósofos, todos os cosmogonitas, sem exceção, ignoraram a criação propriamente dita. Fazer algo do nada pareceu contradição para todos os pensadores antigos. O axioma *Nada vem do nada* foi fundamento de toda a filosofia; e nós perguntamos, ao contrário, como alguma coisa pode produzir outra?

Respondo que para mim é tão impossível ver com clareza como um ser vem de outro, assim como é impossível compreender de que forma ele chegou do nada.

Percebo perfeitamente que uma planta e um animal engendram seu semelhante; mas nosso destino é saber perfeitamente como se mata um homem e ignorar como se faz para que ele nasça.

Nenhum animal e nenhum vegetal podem formar-se sem germe; não fosse assim, as carpas poderiam nascer em árvores, e os coelhos, no fundo dos rios.

Alguém vê uma bolota, joga-a no chão, e ela se torna carvalho. Mas saberá esse alguém como chegar ao conhecimento da forma como esse germe se desenvolve e se transforma em carvalho? Seria preciso ser Deus.

Procura-se descobrir o mistério da geração do homem; que me revelem, em primeiro lugar, apenas o mistério do nascimento dos cabelos e das unhas; que me digam como alguém mexe o dedo mindinho quando quer.

Há quem acuse meu sistema de ser o sistema de um grande ignorante: concordo, mas respondo com as palavras que Montmorin, bispo de Aire, dirigiu a alguns de seus confrades, quando lhes apresentou os dois filhos que tinha do tempo em que fora casado, antes de se ordenar; como eles rissem, disse: "Senhores, a diferença entre nós é que eu confesso os meus."

Quem quiser algo mais sobre geração e germes que leia ou releia o que eu li outrora numa daquelas pequenas brochuras que se perdem quando não estão inseridas em volumes de tamanho um pouco mais alentado.

GLÓRIA, GLORIOSO (Gloire, Glorieux)

Primeira seção

Glória é a reputação somada à estima; atinge o ponto máximo quando a isso se junta a admiração. Sempre supõe coisas brilhantes, em termos de ações, virtudes, talentos; também sempre supõe a superação de grandes dificuldades. César e Alexandre tiveram glória. Dificilmente se pode dizer que Sócrates a teve. Este provoca estima, veneração, piedade, indignação contra seus inimigos, mas o termo glória seria impróprio em relação a ele: sua memória é respeitável mais que gloriosa. Átila teve muito esplendor, mas não glória, porque a história, que pode enganar-se, não lhe dá virtudes. Carlos XII ainda tem glória, porque teve valor, desinteresse e liberalidade enormes. Os sucessos bastam para a reputação, mas não para a glória. A glória de Henrique IV aumenta todos os dias, porque o tempo dá a conhecer todas as suas virtudes, que eram incomparavelmente maiores que seus defeitos.

A glória também é o quinhão dos inventores nas belas-artes; os imitadores só têm aplausos. Ela também é concedida aos grandes talentos, mas nas artes sublimes. Pode-se falar em glória de Virgílio e de Cícero, mas não de Marcial e de Aulo Gélio.

Ousa-se falar em glória de Deus: Ele trabalha pela glória de Deus, Deus criou o mundo para sua glória; não que o Ser supremo possa ter glória, mas os homens, não tendo expressões que lhe convenham, empregam para ele as expressões que lhes são mais lisonjeiras.

A vanglória é uma pequena ambição que se contenta com aparências, que se exibe com grande fasto e nunca se eleva às grandes coisas. Viram-se soberanos que, tendo glória real, também apreciaram a vanglória, buscando excessivos louvores, amando em demasia o aparato da representação.

A falsa glória muitas vezes decorre da vanglória, mas frequentemente leva a excessos; e a vanglória está mais na pequenez. O príncipe que empenhar sua honra na vingança estará em busca de uma falsa glória, e não de uma vanglória.

Glorificar-se, envaidecer-se, sentir-se honrado são expressões às vezes tomadas no mesmo sentido e também com sentidos diferentes. Também se diz, ele se glorifica, se envaidece, sente-se honrado por seu luxo, por seus excessos: então glória significa falsa glória. Ele se glorifica no sofrimento por uma boa causa, não significa ele se envaidece. Ele se honra com o bem que faz não é o mesmo que ele se glorifica ou envaidece do bem que faz.

Render glória significa reconhecer, atestar. *Rendei glória à verdade,* reconhecei a verdade.

Au Dieu que vous servez, princesse, rendez gloire.
[Ao Deus a quem servis, princesa, rendei glória.]
(ATHALIE, ato III, cena IV)

Reconhecei o Deus a quem servis.
A glória é vista como o céu; ele é a morada da glória.

Où le conduisez-vous – À la mort. – À la gloire.
[Aonde o levais – à morte – à glória.]
(POLIEUTO, ato V, cena III)

Essa palavra só é usada para designar o céu em nossa religião. Não é lícito dizer que Baco e Hércules foram recebidos na glória, ao se falar de sua apoteose.

Glorioso, quando é epíteto de algo inanimado, é sempre um elogio; batalha, paz, questão gloriosa. Posição gloriosa significa posição elevada; não é posição que dá glória, mas na qual é possível adquiri-la. Homem glorioso, espírito glorioso é sempre uma injúria; significa aquele que dá a si mesmo aquilo que deveria merecer dos outros; assim, diz-se um reinado glorioso e não um rei glorioso. No entanto não seria erro dizer, no plural, os mais gloriosos conquistadores não valem um princípe benfeitor; mas não diremos os príncipes gloriosos para dizer os príncipes ilustres.

O glorioso não é exatamente o orgulhoso, nem o avantajado, nem o orgulhoso. O orgulhoso tem a ver com o arrogante ou com o desdenhoso e se comunica pouco. O avantajado abusa da menor deferência que se tenha por ele. O orgulhoso exibe o excesso de boa opinião que tem a respeito de si mesmo. O glorioso é mais cheio de vaidade; busca antes firmar-se na opinião dos homens; quer reparar pelo exterior o que de fato lhe falta. O orgulhoso acredita ser alguma coisa; o glorioso quer parecer alguma coisa. Os novos *parvenus* são, geralmente, mais gloriosos que os outros. Houve quem chamasse gloriosos os santos e os anjos, como habitantes da morada da glória.

Gloriosamente é sempre tomado como algo bom; ele reina gloriosamente; ele se saiu gloriosamente de um grande perigo, de um episódio ruim.

Glorificar-se ora tem sentido depreciativo, ora não, segundo o objeto de que se trata. Alguém se glorifica de uma desgraça que é fruto de seu talento e efeito da inveja. Diz-se que os mártires glorificavam Deus; isso quer dizer que sua constância tornava respeitável para os homens o Deus que eles anunciavam.

Segunda seção

O fato de Cícero amar a glória depois de ter debelado a conspiração de Catilina é perfeitamente escusável.

É de glorificar ainda mais o fato de Frederico, o Grande, rei de Prússia, pensar assim depois de Rosbach e Lissa e depois de ter sido legislador, historiador, poeta e filósofo de sua pátria; é também de glorificar o fato de ele amar apaixonadamente a glória e ter a habilidade de ser modesto.

Pelo fato de a imperatriz Catarina II ter sido forçada, pela brutal insolência de um sultão turco, a ostentar todo o seu gênio; de ter enviado, dos confins do Norte, quatro esquadras que atemorizaram Dardanelos e a Ásia Menor; e de, em 1770, ter resgatado quatro províncias que estavam nas mãos daqueles turcos que espalhavam o pavor pela Europa, por tudo isso todos acharão ótimo que ela goze de sua glória e se admirarão por vê-la falar de seus sucessos com a indiferença e a superioridade que mostram quem os merecem.

Em suma, a glória convém aos gênios dessa espécie, embora eles sejam da mesquinha raça mortal.

Mas, se, nos confins do ocidente, um burguês de uma cidade chamada Paris, perto de Gonesse, acredita ter atingido a glória quando é alvo da arenga de um regente da universidade, que lhe diz: Monsenhor, a glória que obtivestes no exercício de vosso cargo, vossos ilustres trabalhos, que repercutem por todo o universo etc., pergunto se há nesse universo assobios suficientes para celebrar a glória de meu burguês e a eloquência do pedante que veio zurrar essa arenga na residência de monsenhor.

Somos tão tolos, que fizemos Deus glorioso como nós.

Ben-al-Bétif, digno chefe dos derviches, dizia-lhes um dia: "Meus irmãos, é bom que utilizeis com frequência esta sagrada fórmula de nosso Alcorão, *em nome de Deus muito misericordioso*; pois Deus usa de misericórdia, e vós aprendeis a fazê-lo quando repetis as palavras que recomendam uma virtude sem a qual restariam poucos homens na terra. Mas, meus irmãos, não imiteis temerários que se gabam por qualquer motivo de trabalhar para a glória de Deus. O jovem imbecil que defende uma tese sobre as categorias, tese orientada por um ignorante togado, não deixa de escrever em letras grandes no cabeçalho de sua tese *Ek allah abron doxa: ad majorem Dei gloriam*. Um bom muçulmano manda caiar sua sala e grava essa tolice em sua porta; um saca carrega água para maior glória de Deus. É um uso ímpio, piedosamente em uso. Que diríeis de um pequeno *chiaoux* que, esvaziando a cadeira higiênica de nosso sultão, exclamasse: 'para maior glória de nosso invencível monarca'? Certamente, é maior a distância entre o sultão e Deus do que entre o sultão e o pequeno *chiaoux*.

"Que tendes em comum, miseráveis minhocas chamadas *homens*, com a glória do Ser infinito? Poderá ele amar a glória? Poderá ele receber glória de vós? Poderá ele apreciá-la? Até quando, animais bípedes e sem plumas, fareis Deus à vossa imagem? Como! Visto que sois vãos, que amais a glória, quereis que Deus a ame também! Se houvesse vários deuses, cada um deles talvez quisesse obter os sufrágios de seus semelhantes. Nisso estaria a glória de um deus. Se é que se pode comparar a grandeza infinita com a baixeza extrema, esse deus seria como que o rei Alexandre ou Sikander, que só queria entrar na liça com reis. Mas vós, pobres coitados, que glória podeis dar a Deus? Deixai de profanar esse nome sagrado. Um imperador, chamado Otávio Augusto, proibiu que o louvassem nas escolas de Roma, para que seu nome não fosse aviltado. Mas vós não podeis aviltar nem desonrar o Ser supremo. Anulai-vos, adorai e calai-vos."

Assim falava Ben-al-Bétif, e os derviches exclamaram: "Glória a Deus! Ben-al-Bétif falou bem."

Terceira seção
Colóquio com um chinês

Em 1723 havia um chinês na Holanda; esse chinês era letrado e negociante, duas coisas que não deviam ser incompatíveis, mas tornaram-se incompatíveis entre nós, graças ao respeito extremo que temos pelo dinheiro e à pouca consideração pelo mérito, que a espécie humana sempre manifestou e manifestará.

Esse chinês, que falava um pouco de holandês, encontrou-se numa livraria com alguns eruditos: pediu um livro e propuseram-lhe a *História universal* de Bossuet, mal traduzida. Ao ouvir as belas palavras *História universal*, ele disse:

"Estou muito feliz; vou ver o que dizem de nosso grande império, de nossa nação, que subsiste como povo há mais de cinquenta mil anos, daquela sequência de imperadores que nos governaram tantos séculos; vou ver o que pensam da religião dos letrados, do culto simples que prestamos ao Ser supremo. Que prazer ver como se fala, na Europa, de nossas artes, algumas das quais são mais antigas do que todos os reinos europeus! Creio que o autor se enganará quanto à história da guerra que tivemos, há vinte e dois mil quinhentos e cinquenta e dois anos, contra os povos belicosos de Tonquim e do Japão, bem como sobre a solene embaixada com a qual o poderoso imperador da Mongólia nos pediu leis, no ano do mundo 500000000000079123450000.

– Lamento! – disse-lhe um dos eruditos; nem sequer se fala dos senhores nesse livro –; os senhores significam pouquíssimo; quase tudo versa sobre a primeira nação do mundo, a única nação, o grande povo judeu!

– Judeu! – disse o chinês –, então esses povos são donos de três quartos da terra, pelo menos?

– Gabam-se de que um dia o serão – responderam-lhe –; mas, enquanto isso não acontece, são eles que têm a honra de ser nossos belchiores e de às vezes cercear moedas.

– Está brincando – disse o chinês –; essa gente alguma vez já teve um vasto império?

– Durante alguns anos possuíram um pequeno território – disse-lhe eu –; mas não é pela extensão dos Estados que se deve julgar um povo, assim como não é pelas riquezas que se deve julgar um homem.

– Mas não se fala de nenhum outro povo nesse livro? – perguntou o letrado.

– Sem dúvida – disse o erudito que estava ao meu lado e sempre tomava a palavra –; fala-se muito de um pequeno país de sessenta léguas de largura, chamado Egito, onde se afirma que havia um lago de cento e cinquenta léguas de perímetro, feito pela mão do homem.

– Caramba! – disse o chinês –, um lago de cento cinquenta léguas num território que tinha sessenta de largura! Essa é boa!

– Todos eram sábios naquele país – acrescentou o doutor.

– Que bons tempos eram aqueles! – disse o chinês. Mas é só isso?

– Não – replicou o europeu –; também se fala daqueles famosos gregos.

– Quem são esses gregos? – perguntou o letrado.

– Ah! – continuou o outro – trata-se daquela província mais ou menos do tamanho de dois centésimos da China, que fez tanto barulho em todo o universo.

– Nunca ouvi falar dessa gente, nem na Mongólia, nem no Japão, nem na Grande Tartária – disse o chinês com ingenuidade.

– Ah, ignorante! Ah, bárbaro! – exclamou educadamente o nosso erudito –, o senhor então não conhece Epaminondas, o Tebano, o porto do Pireu, não sabe o nome dos dois cavalos de Aquiles, do asno de Sileno? Não ouviu falar de Júpiter, Diógenes, Laís, Cibele nem de...

– Pois eu temo – replicou o letrado – que o senhor nada saiba sobre a aventura eternamente memorável do célebre Xixofu Concochigzamki, nem dos mistérios do grande Fi-psi-hi-hi. Mas, por favor, quais são as outras coisas desconhecidas de que trata essa história universal?"

Então o erudito falou quinze minutos seguidos sobre a república romana e, quando chegou a Júlio César, o chinês o interrompeu e disse:

"Esse aí eu acho que conheço; não era turco[36]?

– Como! – disse o erudito animado –, o senhor não sabe nem sequer a diferença que há entre pagãos, cristãos e muçulmanos? Não conhece Constantino e a história dos papas?

– Ouvimos falar vagamente de certo Maomé – respondeu o asiático.

– Não é possível que o senhor não conheça pelo menos Lutero, Zwinglio, Bellarmino, Ecolampádio – replicou o outro.

– Nunca vou gravar esses nomes – disse o chinês."

Saiu então e foi vender uma quantidade considerável de chá *pekoe* e de fino *grogram*, e com o dinheiro comprou duas belas moças e um grumete, que levou para sua pátria adorando o Tien e recomendando-se a Confúcio.

Quanto a mim, testemunha daquela conversa, percebi claramente o que é glória, e digo: "Como César e Júpiter são desconhecidos no reino mais belo, antigo, vasto, povoado e civilizado do universo, o que mais vos convém, ó governadores de alguns pequenos países, ó pregadores de pequenas paróquias, em pequenas cidades, ó doutores de Salamanca ou Bourges, ó pequenos autores, ó pesados comentadores, só vos convém a pretensão à reputação."

GOSTO (Goût)

Primeira seção

O gosto, um sentido, o dom de discernir os alimentos, produziu em todas as línguas conhecidas a metáfora que, com a palavra gosto, expressa o sentimento que se tem das belezas e dos defeitos em todas as artes: é um discernimento imediato, tal como o da língua e do paladar, que, como ele, antecede a reflexão; como ele, é sensível e voluptuoso em relação àquilo que é bom; tal como ele, rejeita o que é ruim com indignação; muitas vezes, tal como ele, é hesitante e perplexo, ignorando até se o que lhe apresentam deve agradá-lo, e tendo às vezes, tal como aquele, necessidade do hábito para se formar.

Em termos de gosto em arte, não basta ver, conhecer a beleza de uma obra; é preciso senti-la, ser impressionado por ela. Não basta sentir e ser impressionado de maneira confusa; é preciso discernir as diferentes nuances. Nada deve escapar ao imediato do discernimento; essa é mais uma semelhança entre esse gosto intelectual, artístico, e o gosto sensório, pois o *gourmet* sente e reconhece imediatamente a mistura de dois licores; o homem de gosto, o conhecedor, verá de um relance imediato a mistura de dois estilos; verá um defeito ao lado de uma qualidade; será tomado pelo entusiasmo diante deste verso dos *Horácios*:

---

36. Não faz muito tempo os chineses achavam que todos os europeus eram maometanos. (N. de Voltaire)

Que vouliez-vous qu'il fît contre trois? – Qu'il mourût!
[Que queríeis que fizesse contra três? – Que morresse!]

e sentirá aversão involuntária pelo verso seguinte:

Ou qu'un beau désespoir alors le secourût.
[Ou que um belo desespero então o socorresse.]
(Ato III, cena VI)

Assim como o mau gosto, no físico, consiste em agradar-se apenas de temperos excessivamente picantes e sofisticados, também o mau gosto nas artes é apreciar apenas ornamentos estudados, sem sentir a bela natureza.

O gosto depravado nos alimentos consiste em escolher aqueles que causam aversão nas outras pessoas; é uma espécie de doença. O gosto depravado nas artes consiste em deleitar-se com assuntos que revoltam os espíritos bem formados, em preferir o burlesco ao nobre, o precioso e afetado ao belo simples e natural: é uma doença do espírito. O gosto nas artes depende muito mais da formação do que o gosto sensório, pois no gosto físico, embora acabemos às vezes por gostar das coisas pelas quais antes tínhamos repugnância, quis a natureza que os homens só aprendessem a sentir aquilo que lhes é necessário. Mas o gosto intelectual requer mais tempo para se formar. Um jovem sensível, mas sem conhecimentos, não distingue de início as partes de um grande coro musical; seus olhos não distinguem logo de início, num quadro, as gradações, o claro-escuro, a perspectiva, a combinação de cores, a correção do desenho; mas, pouco a pouco, seus ouvidos vão aprendendo a ouvir, e seus olhos, a ver: ficará comovido com a primeira representação que vir de uma bela tragédia; mas não distinguirá o mérito das unidades, a delicada arte graças à qual nenhuma personagem entra nem sai sem motivo; tampouco distinguirá a arte ainda maior de concentrar diversos interesses em um só, nem perceberá as outras dificuldades superadas. Só com o hábito e com reflexões conseguirá sentir, com prazer, aquilo que ele não distinguia antes. O gosto vai se formando imperceptivelmente nas nações que não o tinham, porque aos poucos se vai assimilando o espírito dos bons artistas. As pessoas se acostumam a ver quadros com os olhos de Le Brun, Le Poussin, Le Sueur. Ouvem o recitativo das cenas de Quinault com o ouvido de Lulli; ouvem árias e sinfonias com o ouvido de Rameau. Leem livros com o espírito dos bons autores.

Quando uma nação se une, nos primeiros tempos do cultivo das belas-artes, no amor a autores cheios de defeitos, que são desprezados com o passar do tempo, é porque tais autores tinham belezas naturais que todos sentiam, e ainda não se estava em condições de distinguir suas imperfeições. Assim, Lucílio foi apreciado pelos romanos antes que Horácio os fizesse esquecê-lo; Regnier foi apreciado pelos franceses antes do aparecimento de Boileau; e, se alguns autores antigos, que tropeçam a cada passo, conservaram grande reputação, foi por não se ter encontrado nessas nações nenhum escritor puro e aprimorado que lhes abrisse os olhos, tal como houve um Horácio entre os romanos e um Boileau entre os franceses.

Dizem que gosto não se discute; é verdade, desde que se trate de gosto sensório, de repugnância que se tenha por algum alimento, de preferência por outro: não se discute porque não se pode corrigir defeitos de órgãos. Isso não ocorre com as artes: como estas têm belezas reais, há um bom gosto que as discerne e um mau gosto que as ignora; muitas vezes se corrige o defeito intelectual que confere um gosto arrevesado. Há também almas frias, espíritos falsos, que não se podem aquecer nem corrigir; com estas, não se deve discutir gosto, porque elas não o têm.

O gosto é arbitrário em várias coisas, tal como nos tecidos, nas joias, nos trajes, naquilo que não é da alçada das belas-artes, quando merece mais o nome de fantasia: o que produz tantas modas novas é mais a fantasia do que o gosto.

O gosto pode deteriorar-se numa nação; essa desgraça ocorre em geral depois de séculos de perfeição. Os artistas, temendo ser imitadores, procuram desvios, afastam-se da bela natureza que seus predecessores captaram: há mérito em seus esforços; esse mérito supera seus defeitos. O público, amante das novidades, segue tais artistas; depois, aborrece-se com eles, e então aparecem outros que fazem novos esforços para agradar; afastam-se da natureza ainda mais do que os primeiros: perde-se o gosto; ficam todos cercados por novidades que são rapidamente apagadas umas pelas outras; o público já não sabe o que quer e sente saudade dos tempos do bom gosto, que já não podem voltar: é um repositório que alguns bons intelectos conservam ainda, longe da turba.

Há imensos países aos quais o gosto nunca chegou: neles, a sociedade não se aperfeiçoou, homens e mulheres não se reúnem; certas artes, como a escultura e a pintura de seres animados, são proibidas pela religião. Quando há pouca vida social, o intelecto definha, embota-se, não há como formar-se o gosto. Quando faltam várias belas-artes, as outras raramente têm como sustentar-se, porque todas se dão as mãos e dependem umas das outras. Essa é uma das razões pela qual os asiáticos nunca tiveram obras bem-feitas em quase nenhum gênero, e o gosto foi quinhão de apenas alguns povos da Europa.

Segunda seção

Haverá bom e mau gosto? Sim, sem dúvida, embora as opiniões, os costumes e os usos difiram.

O melhor gosto em tudo consiste em imitar a natureza com o máximo de fidelidade, força e graça.

Mas a graça não é arbitrária? Não, pois consiste em dar vida e suavidade aos objetos representados.

De dois homens, um grosseiro e outro delicado, um haverá de ter mais gosto que o outro.

Antes que os bons tempos chegassem, Voiture, que em sua mania de florear ninharias, às vezes tinha muita delicadeza e graça, escreveu para o grande Condé sobre sua doença (*Epístola ao sr. príncipe, sobre seu retorno da Alemanha* em 1645):

Commencez doncques à songer
Qu'il importe d'être et de vivre;
Pensez mieux à vous ménager.
Quel charme a pour vous le danger,
Que vous aimiez tant à le suivre?
Si vous aviez, dans les combats,
D'Amadis l'armure enchantée,
Comme vous en avez le bras
Et la vaillance tant vantée,
De votre ardeur précipitée,
Seigneur, je ne me plaindrais pas.
Mais en nos siècles où les charmes,
Ne font pas de pareilles armes;
Qu'on voit que le plus noble sang,
Fût-il d'Hector ou d'Alexandre,
Est aussi facile à répandre
Que l'est celui du plus bas rang;
Que d'une force sans seconde
La mort sait ses traits élancer;

Et qu'un peu de plomb peut casser
La plus belle tête du monde;
Qui l'a bonne y doit regarder.
Mais une telle que la vôtre
Ne se doit jamais hasarder.
Pour votre bien et pour le nôtre,
Seigneur, il vous la faut garder....
Quoi que votre esprit se propose,
Quand votre course sera close,
On vous abandonnera fort.
Et, seigneur, c'est fort peu de chose
Qu'un demi-dieu quand il est mort.
[Começai, pois, a pensar
Que importa ser e viver;
Pensai bem em vos poupar.
Que encanto tem o perigo,
Para desejardes tanto segui-lo?
Se, nos combates, tivésseis
De Amadis a armadura encantada,
Tal como tendes o braço
E a gabada valentia,
De vosso ardor açodado,
Senhor, eu não lamentaria.
Mas nestes tempos em que o feitiço,
Não faz semelhantes armas;
Quando se vê que o mais nobre sangue,
Seja de Heitor ou de Alexandre,
É fácil de derramar
Quanto os de mais baixo valor;
Que com força sem igual
A morte lança seus dardos;
E um pouco de chumbo pode estourar
A mais bela cabeça do mundo;
Quem a tem boa deve pensar no caso.
Mas uma cabeça como a vossa
Nunca deve arriscar-se.
Por vosso bem e pelo nosso,
Senhor, deveis conservá-la...
Seja lá o que tenhais em mente,
Quando terminar vosso caminho,
Sereis abandonado.
E coisa de pouca valia, Senhor,
É um semideus depois de morto.]

Esses versos ainda hoje são considerados de bom gosto, entre os melhores de Voiture.

Na mesma época, L'Estoile, que era visto como um gênio; L'Estoile, um dos cinco autores que trabalhavam nas tragédias do cardeal Richelieu; L'Estoile, um dos juízes de Corneille, fazia estes versos que estão impressos na sequência de Malherbe e Racan:

> *Que j'aime en tout temps la taverne!*
> *Que librement je m'y gouverne!*
> *Elle n'a rien d'égal à soi.*
> *J'y vois tout ce que j'y demande;*
> *Et les torchons y sont pour moi*
> *De fine toile de Hollande.*
> [Gosto da taverna a qualquer tempo!
> Ali sou dono de mim!
> Nada há igual a ela.
> Nela encontro aquilo de que preciso;
> E os esfregões são para mim
> Fino tecido da Holanda.]

Não há leitor que não concorde que os versos de Voiture são os de um cortesão de bom gosto, enquanto os de L'Estoile são de um homem grosseiro sem engenho.

É pena que se possa dizer de Voiture: "Dessa vez ele teve gosto." Certamente o que se tem é um gosto detestável em mais de mil versos semelhantes a estes:

> *Quand nous fûmes dans Étampe,*
> *Nous parlâmes fort de vous;*
> *J'en soupirai quatre coups,*
> *Et j'en eus la goutte crampe.*
> *Étampe et crampe vraiment*
> *Riment admirablement.*
> ....
> *Nous trouvâmes prés Sercote*
> *(Cas étrange et vrai pourtant)*
> *Des boeufs qu'on voyait broutant*
> *Dessus le haut d'une motte,*
> *Et plus bas quelques cochons*
> *Et bon nombre de moutons etc.*
> [Quando estivemos em Étampe,
> Falamos muito de ti;
> Eu suspirei quatro vezes,
> Tive gota aguda (*goutte crampe*).
> *Étampe* e *crampe* realmente
> Rimam admiravelmente.
> ....
> Encontramos perto de Sercote
> (Caso estranho, mas verdadeiro)
> Alguns bois a ruminar
> No alto de um outeiro,
> E, abaixo, alguns porquinhos
> E bom número de carneiros etc.]
> (Voiture, *Chanson sur l'air du branle de Metz*)

A famosa *Carta da carpa ao linguado*, que lhe deu tanta reputação, não será uma brincadeira exagerada, longa demais e, em alguns trechos, bem pouco natural? Não se tratará de um misto de fineza e grosseria, verdade e falsidade? Caberia dizer ao grande Condé, chamado de *linguado* numa sociedade da corte, que, ouvindo seu nome, "as baleias do Norte suavam grossas gotas", e que os homens do imperador pensavam em fritá-lo e comê-lo com um grão de sal?

Será bom gosto escrever tantas cartas, só para mostrar um pouco do engenho que consiste em jogos de palavras e chistes?

Não é revoltante quando Voiture diz ao grande Condé, sobre a tomada de Dunquerque: "Creio que agarraríeis a Lua com os dentes!"

Parece que esse falso gosto foi inspirado a Voiture por Marini, que viera à França com a rainha Maria de Médici. Voiture e Costar o citam com frequência em suas cartas, como modelo. Admiram sua descrição da rosa, filha de abril, virgem e rainha, sentada num trono espinhoso, segurando majestosamente o cetro de flores, tendo por cortesão e ministros a família lasciva dos zéfiros, usando coroa de ouro e manto de escarlate:

Bella figlia d'aprile,
Verginella e reina,
Su le spineso trono
Del verde cespo assisa,
De' fior le scettro in maestà sostiene;
E corteggiata intorno
Da lasciva famiglia
Di Zefiri ministri,
Porta d'or' la corona e d'ostro il manto.
[Bela filha de Abril
Virgenzinha e rainha
Assentada no trono espinhoso
Do penacho verde.
Segura majestosamente o cetro de flores;
E cortejada ao redor
Por uma família lasciva
De Zafiras ministros.
Usa a coroa de ouro e o manto de púrpura.]

Voiture cita com prazer, em sua trigésima quinta carta a Costar, o som volante de Marini, a voz emplumada, o sopro vivo vestido de plumas, a pluma canora, o canto alado, o fantasminha da harmonia escondido em estreitas vísceras, tudo isso para dizer rouxinol.

Una voce pennuta, un suon volante,
E vestito di penne, un vivo fiato,
Una piuma canora, un canto alato,
Un spiritel' che d'armonia composto
Vive in si anguste viscere nascosto.
[Uma voz penífera, um som voador,
E trajado de penas, um fôlego vivo,
O mundo todo é feito como a nossa família,
Uma pluma canora, um canto alado,
Um espiritozinho que, composto de harmonia
Vive escondido nas entranhas tão angustas.]

Balzac tinha um mau gosto contrário; escrevia cartas familiares com estranha afetação. Escreve ao cardeal de La Valette que, nem nos desertos da Líbia, nem nos abismos do mar, nunca houve monstro tão furioso quanto a ciática; e, se os tiranos de odiosa memória tivessem contado com tais instrumentos de crueldade, seria a ciática que os mártires teriam de suportar pela religião.

Esses exageros enfáticos, esses longos períodos medidos, tão contrários ao estilo epistolar, essas declamações fastidiosas, abarrotadas de grego e latim, em torno de dois sonetos bem medíocres, que dividiam a corte e a cidade, e da deplorável tragédia *Herodes infanticida*, tudo isso pertenceu a um tempo em que o gosto ainda não estava formado. Nem mesmo *Cina* e as *Cartas provinciais* poliram a nação, apesar de a terem pasmado.

Os conhecedores distinguem, sobretudo, o tempo em que o gosto de um homem se formou, o tempo em que ele adquiriu perfeição, e o tempo em que ele começou a decair. Que pessoa que tenha um pouco de cultura não sentirá a extrema diferença entre os belos trechos de *Cina* e os do mesmo autor, nas últimas vinte tragédias?

> *Dis-moi donc, lorsque Othon s'est offert à Camille,*
> *A-t-il été contraint? a-t-elle été facile?*
> *Son hommage auprès d'elle a-t-il eu plein effet?*
> *Comment l'a-t-elle pris, et comment l'a-t-il fait?*
> [Dize-me: quando Óton se declarou a Camila,
> Estava contrafeito, ela foi fácil?
> A homenagem dele a ela surtiu efeito?
> Como ela reagiu, e o que ele fez?[37]]

Haverá entre os homens de letras algum que não reconheça o gosto apurado de Boileau em sua *Arte poética*, bem como seu gosto ainda não apurado, em sua *Sátira sobre os embaraços de Paris*, na qual ele fala dos gatos nos telhados?

> *L'un miaule en grondant comme un tigre en furie,*
> *L'autre roule sa voix comme un enfant qui crie;*
> *Ce n'est pas tout encor, les souris et les rats*
> *Semblent pour m'éveiller s'entendre avec les chats.*
> [Um mia e rosna como tigre enfurecido,
> Outro tem voz vibrante, como criança a chorar;
> E, como se fosse pouco, ratos e ratazanas
> Para me acordar, parecem ter feito pacto com os gatos.]
> (*Sátira*, VI, 7)

Se ele andasse em boa companhia, alguém o teria aconselhado a exercitar o talento com objetos mais dignos do que gatos, ratos e ratazanas.

Assim como um artista vai formando aos poucos o seu gosto, também uma nação forma o seu. Ela mofa séculos inteiros na barbárie; em seguida, nasce uma tênue aurora; por fim, surge o dia alto, depois do qual só se vê um longo e triste crepúsculo.

Todos nós concordamos, há muito tempo, que, apesar dos cuidados de Francisco I para que nascesse na França o gosto pelas belas-artes, esse bom gosto só conseguiu estabelecer-se às vésperas do século de Luís XIV; e começamos a nos queixar de que o século atual está degenerando.

Os gregos do Baixo Império concordavam que o gosto reinante no tempo de Péricles já estava perdido. Os gregos modernos admitem que não têm gosto algum.

---

37. Ver nota sobre os mesmos versos no verbete Extremo. (N. da T.)

Quintiliano reconhece que o gosto dos romanos começava a corromper-se em seu tempo.

Vimos, no verbete Arte dramática, como Lope de Vega se queixava do mau gosto dos espanhóis.

Os italianos foram os primeiros que perceberam a degeneração de tudo em seu meio, algum tempo depois de seu imortal *Seicento*, pois viam que a maioria das artes que haviam feito nascer estava morrendo.

Addison atacou com frequência o mau gosto de seus compatriotas em vários gêneros, quer zombando da estátua de um almirante de peruca, quer demonstrando desprezo pelos jogos de palavras empregados seriamente, quer condenando os saltimbancos introduzidos nas tragédias.

Portanto, se os melhores intelectos de um país convêm que faltou gosto em certos momentos à sua pátria, os vizinhos podem sentir o mesmo, como os compatriotas; e, assim como é evidente que entre nós alguns têm bom gosto e outros, mau gosto, pode também ser evidente que, de duas nações contemporâneas, uma tem gosto rude e grosseiro, e a outra, gosto fino e natural.

O problema é que, quando proferimos essa verdade, revoltamos toda a nação da qual falamos, assim como abespinhamos o homem de mau gosto quando queremos endireitá-lo.

O melhor, portanto, é esperar que o tempo e o exemplo instruam uma nação que peque no gosto. Foi assim que os espanhóis começaram a reformar seu teatro, e os alemães estão tentando formar um.

Sobre o gosto particular de uma nação

Há belezas de todos os tempos e de todos os países, mas também há belezas locais. A eloquência, em todos os lugares, deve ser persuasiva; a dor, comovente; a cólera, impetuosa; a sabedoria, tranquila; mas os detalhes que poderão agradar a um cidadão de Londres poderão deixar de produzir qualquer efeito sobre um habitante de Paris; os ingleses extrairão com mais felicidade da marinha suas comparações e metáforas, ao passo que isso não ocorrerá com os parisienses, que raramente veem navios. Tudo o que disser mais respeito à liberdade, aos direitos e aos usos do inglês causará mais impressão sobre ele do que sobre um francês.

A temperatura do clima introduzirá num país frio e úmido um gosto pela arquitetura, pela mobília e pelos trajes, que ali será considerado ótimo, mas não poderá ser aceito em Roma ou na Sicília.

Teócrito e Virgílio tiveram de gabar a sombra e o frescor das águas em suas églogas: Thomson, em sua descrição das estações, teve de fazer descrições totalmente contrárias.

Uma nação esclarecida, mas pouco sociável, não considerará ridículas as mesmas coisas consideradas por uma nação também culta, mas dada à vida social e até à indiscrição; e esses dois povos, consequentemente, não terão o mesmo tipo de comédia.

A poesia será diferente no povo que trancafia suas mulheres e no povo que lhes dá liberdade ilimitada.

Mas sempre será verdadeiro dizer que Virgílio pintou melhor seus quadros do que Thomson pintou os seus, e que houve mais gosto às margens do Tibre do que às margens do Tâmisa; que as cenas naturais do *Pastor fido* são incomparavelmente superiores ao pastoralismo de Racan; que Racine e Molière são divinos em relação aos autores dos outros teatros.

Sobre o gosto dos conhecedores

Em geral, o gosto refinado e seguro consiste na percepção imediata de uma beleza entre defeitos, e de um defeito entre belezas.

Gourmet é aquele que distingue a mistura de dois vinhos, que sente aquilo que domina num prato, enquanto os outros convivas só têm uma sensação confusa e vaga.

Haverá engano em quem disser que é um mal ter gosto delicado demais, ser conhecedor demais? Porque quem assim é choca-se intensamente com os defeitos e sensibiliza-se demais com as belezas; enfim, a exigência excessiva é um prejuízo. Ao contrário, não será verdade que só há realmente prazer para quem tem gosto? Tais pessoas veem, ouvem e sentem aquilo que escapa às outras, de organização menos sensível e menor prática.

O conhecedor de música, pintura, arquitetura, poesia, medalhas etc. tem sensações de que o vulgo nem desconfia; o próprio prazer de descobrir um erro deixa-o orgulhoso e lhe permite sentir mais as belezas. Essa é a vantagem da boa vista sobre a ruim. O homem de gosto tem olhos, ouvidos e tato diferentes dos do homem grosseiro. Fica chocado com o drapejado medíocre de Rafael, mas admira a nobre correção de seu desenho. Tem o prazer de perceber que os filhos de Laocoonte não apresentam nenhuma proporção em relação ao tamanho do pai, mas o grupo todo lhe causa emoção, enquanto outros espectadores ficam tranquilos.

O célebre escultor, homem de letras e de gênio, que fez a estátua colossal de Pedro I em Petersburgo, critica com razão a atitude do *Moisés* de Michelangelo, sua pequena túnica fechada, que não é de modo algum o traje oriental; ao mesmo tempo, extasia-se ao contemplar o aspecto de sua cabeça.

Exemplos de bom e mau gosto extraídos das tragédias francesas e inglesas

Não falarei aqui de alguns autores ingleses, que, depois de traduzirem peças de Molière, o insultaram em seus prefácios, nem daqueles que, com duas tragédias de Racine, fizeram uma e, ainda por cima, a encheram de novos incidentes, para terem o direito de censurar a nobre e fecunda simplicidade daquele grande homem.

De todos os autores que escreveram na Inglaterra sobre o gosto, o intelecto e a imaginação, com pretensões à crítica judiciosa, Addison é o mais autorizado: suas obras são muito úteis. Só seria desejável que ele não tivesse sacrificado tanto o seu próprio gosto ao desejo de agradar seu partido e de propiciar venda imediata dos exemplares do *Spectator*, que ele escrevia com Steele.

No entanto, muitas vezes ele tem coragem de preferir o teatro de Paris ao teatro de Londres; ele faz seu leitor sentir os defeitos da cena inglesa; e, quando escreveu seu *Catão*, evitou imitar o estilo de Shakespeare. Se soubesse tratar as paixões, se o calor de sua alma tivesse correspondido à dignidade de seu estilo, ele teria reformado sua nação. Como sua peça tinha uma função partidária, seu sucesso foi estrondoso. Mas, quando as facções foram extintas, na tragédia *Catão* sobraram apenas versos bonitos e frieza. Nada contribuiu tanto para a consolidação do império de Shakespeare. O vulgo, em nenhum país, entende de belos versos; e o vulgo inglês aprecia mais príncipes a injuriar-se, mulheres a rolar em cena, assassinatos, execuções criminosas, feiticeiros e palcos cheios de fantasmas, desprezando a eloquência nobre e sábia.

Collier sentiu muito bem os defeitos do teatro inglês; mas, sendo inimigo daquela arte, em virtude da superstição bárbara que o dominava, desagradou demais à nação para que ela se permitisse ser esclarecida por ele: foi odiado e desprezado.

Warburton, bispo de Glocester, comentou Shakespeare em concerto com Pope; mas seu comentário versa somente sobre as palavras. O autor dos três volumes de *Elementos de crítica* censura Shakespeare às vezes, mas censura muito mais Racine e nossos autores trágicos.

O grande reparo que todos os críticos ingleses nos fazem é que todos nossos heróis são franceses, personagens de romance, amantes iguais aos que se encontram em *Clélie*, *Astrée* e *Zaïde*. O autor de *Elementos de crítica*, sobretudo, repreende Corneille com severidade porque ele faz César falar assim a Cleópatra:

C'était pour acquérir un droit si précieux
Que combattait partout mon bras ambitieux;
Et dans Pharsale même il a tiré l'épée,

Plus pour le conserver que pour vaincre Pompée.
Je l'ai vaincu, princesse; et le dieu des combats
M'y favorisait moins que vos divins appas:
Ils conduisaient ma main, ils enflaient mon courage;
Cette pleine victoire est leur dernier ouvrage.
[Foi para adquirir direito tão precioso
Que sempre combateu meu braço ambicioso;
E mesmo em Farsália puxou a espada,
Mais para conservá-lo do que para vencer Pompeu.
Eu o venci, princesa; e o deus dos combates
Lá me protegia menos do que tua divina beleza:
Esta conduziu-me a mão, encheu-me de coragem;
Essa vitória plena é sua última obra.]
(*La mort de Pompée*, ato IV, cena III)

O crítico inglês acha essas galanterias ridículas e extravagantes; sem dúvida tem razão: os franceses sensatos disseram isso antes dele. Vemos como regra inviolável estes preceitos de Boileau:

Qu'Achille aime autrement que Tyrcis et Philène;
N'allez pas d'un Cyrus nous faire un Artamène.
[O amor de Aquiles deve ser diferente do de Tírcis e Fileno
E que ninguém de um Ciro nos faça um Artameno.]
(*Arte poética*, canto III, 99)

Sabemos muito bem que, se César de fato amou Cleópatra, Corneille deveria tê-lo feito falar de outra maneira, e, sobretudo, esse amor é muito insípido na tragédia *Morte de Pompeu*. Sabemos que Corneille, que sempre pôs amor em suas peças, nunca tratou convenientemente essa paixão, exceto em algumas cenas de *El Cid,* copiadas do espanhol. Mas todas as nações concordam conosco quando dizemos que ele demonstrou grande gênio, um senso profundo, força intelectual superior em *Cina,* em várias cenas dos *Horácios*, *Pompeu*, *Polieuto* e na última cena de *Rodoguna*.

Se o amor é insípido em quase todas as suas peças, somos os primeiros que o dizem; concordamos todos que seus heróis não passam de arrazoadores em suas quinze ou dezesseis últimas obras. Os versos dessas peças são duros, obscuros, sem harmonia, sem graça. Mas ele se elevou infinitamente acima de Shakespeare nas tragédias de seus bons momentos, e nunca caiu demais nas outras; e se, com infelicidade, ele faz César dizer que *vem enobrecer com o título de cativo o título de vencedor agora efetivo,* César não diz, nele, as extravagâncias que profere em Shakespeare. Seus heróis não fazem amor com "Catô" como o rei Henrique V; nele, não se vê nenhum príncipe exclamar como Ricardo II: "Ó terra de meu reino! Não alimentes meu inimigo; mas que as aranhas que sugam tua peçonha e os sapos graúdos se ponham em seu caminho; que ataquem os pés pérfidos que os espezinham com seus passos usurpadores. Para ele, produze apenas cardos fedorentos; e, quando quiser ele colher uma flor de teu seio, apresenta-lhe serpentes emboscadas."

Em Corneille não se vê um herdeiro do trono a conversar com um general do exército, ostentando a bela naturalidade que Shakespeare exibe no príncipe de Gales, que foi depois o rei Henrique IV[38].

O general pergunta ao príncipe que horas são. O príncipe responde: "Tens a mente entorpecida porque bebeste vinho da Espanha, te desabotoaste depois de cear, dormiste num banco após

---

38. Cena II do I ato de *Vida e morte de Henrique IV.* (N. de Voltaire)

o jantar, e por isso esqueces o que deverias saber. Que diabo te importam as horas, a menos que as horas sejam taças de vinho, que os minutos sejam fatias de capão, que os sinos sejam línguas de cavalinhas; os mostradores, letreiros de lupanares; e o próprio Sol, uma rameira vestida de tafetá rubro?"

Como Warburton não se envergonhou de comentar essas grosserias infames? Estaria a serviço da honra do teatro e da Igreja anglicana?

Raridade das pessoas de gosto

Ficamos aflitos quando consideramos, principalmente nos climas frios e úmidos, a multidão prodigiosa de pessoas que não têm a mínima centelha de bom gosto, que não apreciam nenhuma das belas-artes, que nunca leem; algumas delas, no máximo, folheiam um jornal uma vez por mês para ficar a par das coisas e ter condições de falar a esmo sobre assuntos dos quais só podem ter ideias confusas.

Quem entrar em alguma cidadezinha de província raramente encontrará um ou dois livreiros. Algumas delas não têm nenhum. Juízes, cônegos, bispo, subdelegado, representantes, recebedor da gabela, cidadãos abastados, ninguém tem livros, ninguém é culto; não se progrediu muito em relação ao século XII. Nas capitais das províncias, mesmo nas que têm academias, como é raro o gosto!

É preciso ir à capital de algum grande reino para estabelecer o domicílio do gosto; este é quinhão de pequeníssimo número de pessoas, e todo o populacho é desprovido dele. É ele desconhecido nas famílias burguesas, que estão continuamente ocupadas nos cuidados com a fortuna, nos detalhes domésticos e num ócio grosseiro, em que o divertimento é o jogo. Todos os postos ligados ao judiciário, às finanças e ao comércio fecham as portas às belas-artes. É uma vergonha para o intelecto humano o fato de o gosto, de ordinário, só se introduzir em meio à ociosidade opulenta. Conheci um amanuense de Versalhes, inteligente de nascença, que dizia: "Sou muito infeliz, não tenho tempo para ter gosto."

Numa cidade como Paris, com mais de seiscentos mil habitantes, não creio que haja três mil com gosto pelas belas-artes. Se for representada uma obra-prima dramática – o que é tão raro, e assim deve ser –, dirão: Toda Paris está encantada; mas são impressos três mil exemplares, no máximo.

Se percorrermos hoje a Ásia, a África e metade do Norte, onde veremos gosto por eloquência, poesia, pintura e música? Quase todo o universo é bárbaro.

Gosto, portanto, é como filosofia: pertence a um número reduzidíssimo de almas privilegiadas. A grande felicidade da França foi a de ter em Luís XIV um rei que nasceu com bom gosto.

... Pauci, quos aequus amavit
Jupiter, aut ardens evexit ad aethera virtus,
Dis geniti, potuere...
[Poucos descendentes dos deuses, que o benevolente
Júpiter amou, ou cujo ardente valor os levou aos céus,
Puderam (voltar).]
(Virgílio, *Eneida,* VI, 129-31)

Em vão Ovídio (*Metamorfoses*, I, 86) disse que Deus nos criou para olharmos o céu: *Erectos ad sidera tollere vultus*; quase todos os homens estão curvados para a terra.

Por que as estátuas informes, os maus quadros, com figuras estropiadas, nunca foram considerados obras-primas? Por que nenhuma casa miserável e sem proporção foi jamais vista como um belo monumento de arquitetura? Por que razão, em música, os sons ásperos e dissonantes nunca agradaram aos ouvidos de ninguém, e no entanto péssimas tragédias bárbaras, escritas num estilo de alóbrogo, tiveram sucesso mesmo depois das cenas sublimes vistas em Corneille, das tragédias comoventes de Racine e das poucas peças bem escritas que pôde haver depois desse elegante poeta? É só no teatro que às vezes vemos o sucesso de obras detestáveis, sejam elas trágicas ou cômicas.

Qual é a razão disso? É que a ilusão só reina no teatro; é que, nele, o sucesso só depende de dois ou três atores, às vezes de um só, e sobretudo de uma cabala que envida todos os esforços, enquanto as pessoas de bom gosto não se esforçam para nada. Essa cabala subsiste muitas vezes durante uma geração inteira. É muito ativa, principalmente porque seu objetivo é menos o de elevar um autor do que o de rebaixar outro. É preciso um século inteiro para dar às coisas o devido valor, somente nesse gênero.

São apenas as pessoas de bom gosto que, no longo prazo, governam o império das artes. Le Poussin foi obrigado a sair da França para deixar o lugar a um mau pintor. Le Moine matou-se de desespero. Vanloo dispôs-se a ir exercer seus talentos em outras paragens. Só os conhecedores puseram os três em seus devidos lugares. Com muita frequência, em todos os gêneros, vemos que as piores obras têm um sucesso prodigioso. Os solecismos, os barbarismos, os sentimentos mais falsos e a afetação ridícula deixam de ser percebidos durante algum tempo, porque a cabala e o tolo entusiasmo do vulgo causam uma embriaguez que impede a percepção. Só os conhecedores, com o tempo, põem o público no bom caminho: essa é a única diferença entre as nações mais esclarecidas e as mais grosseiras; pois o vulgo de Paris não é superior em nada a outro vulgo, mas há em Paris um número bastante considerável de intelectos cultos, para conduzir a multidão. Essa multidão é conduzida em um minuto nos movimentos populares, porém são necessários vários anos para depurar seu gosto nas artes.

GOVERNO (Gouvernement)

Primeira seção

O prazer de governar deve ser muito grande, visto que tanta gente quer fazer isso. Temos muito mais livros sobre o governo do que príncipes sobre a terra. Que Deus me livre de ensinar aqui os reis, os senhores seus ministros, os senhores seus criados, os senhores seus confessores e os senhores seus recebedores-gerais! Nada entendo e a todos reverencio. Só cabe ao sr. Wilkes pesar em sua balança inglesa aqueles que estão à testa do gênero humano. Ademais, seria bem estranho que, depois dos três ou quatro mil livros sobre governo, de Maquiavel, da *Política da Santa Escritura*, de autoria de Bossuet, do *Cidadão financista*, do *Guia das finanças*, do *Meio de enriquecer um Estado* etc., ainda houvesse alguém que não soubesse quais são exatamente todos os deveres dos reis e não conhecesse a arte de conduzir os homens.

O professor Puffendorf[39], ou barão Puffendorf, diz que o rei Davi, tendo jurado que nunca atentaria contra a vida de Semei, seu conselheiro particular, não traiu o juramento quando ordenou (segundo a história judaica) ao filho Salomão que mandasse assassinar Semei, "porque Davi só se comprometera pessoalmente a não matar Semei". O barão, que reprova com tanta habilidade as restrições mentais dos jesuítas, permite ao ungido Davi uma restrição mental que não será do agrado dos conselheiros de Estado.

Pesemos as palavras de Bossuet em sua *Politique de l'Écriture Sainte* [Política da Santa Escritura], dirigidas à sua excelência, o delfim. "Temos então a realeza vinculada por sucessão à

---

39. Puffendorf, liv. IV, cap. XI, art. 13. (N. de Voltaire)

casa de Davi e Salomão, e o trono de Davi consolidado para sempre[40] (embora esse banquinho chamado *trono* tenha durado tão pouco). Em virtude dessa lei, o primogênito devia suceder, em detrimento dos irmãos: por essa razão, Adonias, que era o primogênito, diz a Betsabé, mãe de Salomão: "Sabes que o reino era meu, e todo Israel reconheceu-me; mas o Senhor transferiu o reino para meu irmão Salomão." O direito de Adonias era incontestável; Bossuet diz isso expressamente no fim desse artigo. *O Senhor transferiu* não passa de expressão comum, que quer dizer perdi meus bens, roubaram meus bens. Adonias nascera de mulher legítima; o nascimento do irmão mais novo era fruto de duplo crime. Bossuet diz:

"A menos que ocorresse algo extraordinário, o primogênito devia ser o sucessor." Ora, esse algo extraordinário foi que Salomão, nascido de um casamento baseado em duplo adultério e num assassinato, ordenou o assassinato do irmão mais velho ao pé do altar; esse irmão era o rei legítimo, e seus direitos eram sustentados pelo pontífice Abiatar e pelo general Joabe. Depois disso, convenhamos que é mais difícil pensarmos em extrair lições sobre o direito das gentes e do governo na Santa Escritura, que foi ditada aos judeus e em seguida a nós visando aos interesses mais sublimes.

"Que a salvação do povo seja a lei suprema": essa é a máxima fundamental das nações, mas age-se de tal modo que a salvação do povo consiste em assassinar uma parte dos cidadãos em todas as guerras civis. A salvação do povo é matar os vizinhos e apoderar-se de seus bens em todas as guerras externas. Também aí é difícil encontrar um direito das gentes que seja salutar e um governo favorável à arte de pensar no bom convívio social.

Em geometria há figuras muito regulares e perfeitas em seu gênero; a aritmética é perfeita; muitos ofícios são exercidos de maneira sempre uniforme e boa; mas, quanto ao governo dos homens, poderá haver algum bom, se todos estão alicerçados no conflito de paixões?

Nunca houve convento de freira sem discórdia; logo, é impossível que a discórdia não exista nos reinos. Os governos não são apenas como os conventos, mas também como as famílias: nunca faltam brigas; e as brigas entre povos, entre príncipes, sempre foram sangrentas, e as brigas entre os súditos e seus soberanos muitas vezes não foram menos funestas: que fazer? Arriscar-se ou esconder-se.

Segunda seção

Vários povos desejam uma constituição nova: os ingleses gostariam de mudar de ministros a cada oito dias, mas não gostariam de mudar a forma de governo.

Os romanos modernos têm muito orgulho da igreja de são Pedro e de suas antigas estátuas gregas, mas o povo gostaria de estar mais bem alimentado, mais bem vestido, mesmo que fosse menos rico em bênçãos: os pais de família gostariam que a Igreja tivesse menos ouro, e que houvesse mais trigo em seus celeiros; têm saudade do tempo em que os apóstolos andavam a pé, e os cidadãos romanos iam de um palácio a outro de liteira.

Não se para de gabar as belas repúblicas da Grécia; é indubitável que os gregos prefeririam o governo de Péricles e de Demóstenes ao governo de um paxá; mas, nos tempos mais prósperos, sempre se queixavam; a discórdia e o ódio viviam do lado de fora, entre todas as cidades, e do lado de dentro, em cada cidade. Eles deram aos antigos romanos as leis que estes ainda não tinham, mas as suas eram tão ruins, que passavam o tempo a mudá-las.

Que governo era aquele, em que o justo Aristides era banido, Fócion executado, Sócrates condenado à cicuta, depois de ter sido escarnecido por Aristófanes? Governos nos quais vemos anfictiões entregando, estupidamente, a Grécia a Filipe, porque os foceenses tinham lavrado um campo que era do domínio de Apolo! Mas o governo das monarquias vizinhas era pior.

---

40. Liv. II, propos. IX. (N. de Voltaire)

Puffendorf promete verificar qual é a melhor forma de governo: diz[41] que muitos se pronunciam a favor da monarquia, enquanto outros, ao contrário, investem furiosamente contra os reis; e que está fora de seu tema examinar em pormenores as razões destes últimos.

Se algum leitor malsão espera que aqui lhe seja dito mais do que Puffendorf diz, está redondamente enganado.

Um suíço, um holandês, um nobre veneziano, um par da Inglaterra, um cardeal e um conde do império discutiam certo dia, em viagem, a preferência de seus governos; ninguém se entendeu, e cada um saiu com sua opinião, sem ter ideia bem definida; e voltaram todos para casa sem ter chegado a nenhuma conclusão, cada um a louvar a sua pátria por vaidade e a queixar-se dela por convicção.

Qual é então o destino do gênero humano? Quase nenhum grande povo é governado por si mesmo.

Quem partir do oriente para dar uma volta ao mundo verá que o Japão fechou seus portos aos estrangeiros, com o justo temor de uma revolução medonha.

A China passou por essa revolução; obedece a tártaros, misto de manchus e hunos; a Índia, a tártaros mongóis. O Eufrates, o Nilo, o Orontes, a Grécia e o Épiro ainda estão sob o jugo dos turcos. Não é uma raça inglesa que reina na Inglaterra: é uma família alemã, sucessora de um príncipe holandês, sucessor de uma família escocesa, sucessora de uma família angevina, que substituíra uma família normanda, que expulsara uma família saxônica e usurpadora. A Espanha obedece a uma família francesa, sucessora de uma raça austríaca; esta sucedeu a famílias que se gabavam de ser visigodas; estes visigodos tinham sido expulsos durante muito tempo por árabes, depois de terem sucedido aos romanos, que haviam expulsado os cartagineses.

A Gália obedece aos francos, depois de ter obedecido a prefeitos romanos.

As mesmas margens do Danúbio pertenceram a germanos, romanos, árabes, eslavos, búlgaros, hunos e a dezenas de famílias diferentes, quase todas estrangeiras.

E haverá algo mais estrangeiro a Roma do que tantos imperadores nascidos em províncias bárbaras e tantos papas nascidos em províncias não menos bárbaras? Governa quem pode. E quem consegue chegar ao comando governa como pode[42].

Terceira seção

Em 1769 um viajante contava o seguinte:

Vi em minhas viagens um país bem grande e povoado, no qual todos os cargos são comprados, não em segredo e para fraudar a lei, como em outros lugares, mas publicamente e para obedecer à lei. Mercadeja-se o direito de julgar soberanamente a honra, a fortuna e a vida dos cidadãos, tal como se vendem alguns arpentos de terra[43]. Há postos importantíssimos nos exércitos que são concedidos a quem oferece mais. O principal mistério de sua religião é celebrado por três sestércios; e, se o celebrante não receber esse salário, ficará sem fazer nada, como um mascate sem emprego.

As fortunas, nesse país, não são recompensa da agricultura, mas sim resultado de um jogo de azar que várias pessoas jogam assinando o próprio nome e fazendo esses nomes passar de mão em mão. Se perderem, voltarão para a lama de onde saíram e desaparecerão; se ganharem, conseguirão entrar na administração pública, casarão as filhas com mandarins, e seu filho também passará a pertencer à espécie dos mandarins.

---

41. Liv. VII, cap. V. (N. de Voltaire)
42. Ver verbete Leis. (N. de Voltaire)
43. Se o viajante tivesse passado por aquele país dois anos depois, teria visto que esse infame costume havia sido abolido, para encontrá-lo restabelecido quatro anos depois. (N. de Voltaire)

A subsistência de uma parte considerável dos cidadãos depende de uma casa que nada tem; e centenas de pessoas compraram, por cem mil escudos, o direito de receber e pagar o dinheiro devido a esses cidadãos com base no vínculo com esse palácio imaginário; direito que nunca exercem, por ignorarem totalmente o que deveria passar por suas mãos.

Às vezes se ouve apregoar pelas ruas que quem tiver um pouco de ouro no cofre deverá desfazer-se dele a fim de adquirir um admirável quadrado de papel, capaz de propiciar vida amena, cômoda e despreocupada. No dia seguinte, apregoa-se a ordem de trocar aquele papel por outro, que será bem melhor. No outro dia, somos ensurdecidos com pregões de um novo papel que anula os dois primeiros. Estamos arruinados; mas algumas boas cabeças nos consolam, garantindo que em quinze dias os pregoeiros da cidade apregoarão algo mais sedutor.

Quem viajar por uma província desse império comprará coisas necessárias para vestir-se, comer, beber e dormir. Se for para outra província, precisará pagar direitos sobre todas essas mercadorias, como se estivesse chegando da África. Se perguntar o motivo, ninguém responderá; ou, se alguém se dignar falar, dirá que a tal pessoa está chegando de uma província *considerada estrangeira* e, por conseguinte, precisa pagar para a conveniência do comércio. Quem ouve essa resposta tentará em vão compreender como províncias do reino são estrangeiras ao reino.

Há algum tempo, precisando mudar de cavalos e sentindo-me muito cansado, pedi um copo de vinho ao dono da posta. Disse-me ele: "Não posso servi-lo; os funcionários da repartição da sede, que são muito numerosos e estão sempre sóbrios, me obrigariam a pagar o *excedente bebido*, e isso me arruinaria.

– Mas sustentar-se com um copo de vinho não é beber em excesso, disse-lhe eu; e o que importa se foi o senhor ou fui eu quem tomou esse vinho?

– Senhor, replicou ele, nossas leis sobre a sede são muito mais belas do que imagina. Assim que fazemos a vindima, as autoridades do reino enviam médicos para examinar nossas adegas. Separam todo o vinho que considerem apropriado à nossa saúde; é o que nos deixam para beber. Voltam depois de um ano e, se acharem que excedemos em uma garrafa o que foi estabelecido, somos condenados a altíssima multa; e, se formos recalcitrantes, seremos mandados a Toulon, para beber água do mar. Se eu lhe desse o vinho que está pedindo, decerto seria acusado de beber demais: está vendo o risco que eu correria com os intendentes da nossa saúde."

Admirei o regime; mas não fiquei menos surpreso quando encontrei um demandante desesperado, porque acabava de perder, na outra margem do riozinho mais próximo, o mesmo processo que ganhara na margem de cá, no dia anterior. Soube por ele que há no país um número de códigos diferentes que é igual ao número de cidades. Suas palavras aguçaram a minha curiosidade. Disse-me ele: "Nossa nação é tão sábia, que nada foi regulamentado. Leis, costumes, direitos de corporações, situação social, preeminências, tudo é arbitrário, tudo está entregue à prudência da nação."

Estava ainda no país quando aquele povo entrou em guerra com alguns vizinhos. A guerra era chamada de *a ridícula*, porque havia muito que perder e nada a ganhar. Fui viajar para outro lugar e só voltei depois de firmada a paz. A nação, então, parecia estar em extrema miséria; perdera dinheiro, soldados, frotas, comércio. Pensei: "Chegou o seu último dia, tudo passa; esta é uma nação aniquilada: pena, pois uma grande parte deste povo era adorável, industriosa e alegre, apesar de ter sido outrora grosseira, supersticiosa e bárbara."

Fiquei admiradíssimo porque, ao cabo de dois anos, sua capital e suas principais cidades pareceram mais opulentas do que nunca; o luxo aumentara, e só se respirava prazer. Não conseguia entender esse prodígio. Por fim, só descobri a causa quando analisei o governo de seus vizinhos; percebi que estes eram tão mal governados quanto aquela nação, e que ela era mais industriosa que todos eles.

Um provinciano desse país de que estou falando queixava-se um dia de todas as vexações a que era submetido. Conhecia muito bem história; perguntaram-lhe se ele se consideraria mais feliz cem anos antes, quando em seu país, então bárbaro, se condenava um cidadão à força por ter comido carne gorda na quaresma. Balançou a cabeça. "Gostarias de viver nos tempos das guerras civis que começaram com a morte de Francisco II, ou nos tempos das derrotas de Saint-Quentin e Pávia, ou no tempo dos longos desastres das guerras contra os ingleses, ou durante a anarquia feudal, os horrores da segunda raça e as barbáries da primeira?" A cada pergunta ele ia ficando mais horrorizado. O governo dos romanos pareceu-lhe o mais intolerável de todos. Dizia: "Não há nada pior do que pertencer a senhores estrangeiros."

Chegou-se aos druidas. Ele exclamou: "Ah! Estava enganado; muito mais horrível é ser governado por sacerdotes sanguinários." Concluiu enfim, a contragosto, que o tempo em que vivia, afinal de contas, era o menos odioso.

Quarta seção

Uma águia governava os pássaros de todo o país de Ornitólia. É verdade que seu único direito era o do bico e das garras. Mas, enfim, depois de ter atendido à sua necessidade de comer e a seus prazeres, governou tão bem quanto qualquer outra ave de rapina.

Na velhice, foi assaltada por abutres famintos vindos dos confins do Norte para assolar todas as suas províncias. Apareceu então uma coruja-do-mato, nascida num dos mais miseráveis matagais do império, que durante muito tempo havia sido chamada de *lucifugax*. Era esperta; associou-se aos morcegos e, enquanto os abutres lutavam com a águia, nossa coruja e sua tropa entraram habilmente na liça, apresentando-se como pacificadores.

A águia e os abutres, depois de prolongada guerra, recorreram finalmente à coruja, que, com sua fisionomia sisuda, soube impor-se aos dois partidos.

Convenceu águia e abutres a permitirem que suas respectivas unhas fossem um pouco lixadas, e que lhes fosse cortada uma pontinha do bico, para que melhor ocorresse a reconciliação. Antes disso, a coruja sempre dissera aos pássaros: "Obedeçam à águia"; depois, passara a dizer: "Obedeçam aos abutres"; logo começou a dizer: "Obedeçam só a mim." Os pobres pássaros não sabiam como interpretar aquilo; foram depenados pela águia, pelo abutre, pela coruja e pelos morcegos. *Qui habet aures audiat* (são Mateus, XI, 15).

Quinta seção

"Tenho grande número de catapultas e bestas dos antigos romanos, que, na verdade, estão cheias de carunchos, mas ainda poderiam servir de amostra. Tenho muitos relógios de água, metade quebrada; lamparinas sepulcrais e o modelo antigo, de cobre, de uma quinquerreme; possuo também togas, pretextas, laticlavos de chumbo, e meus predecessores estabeleceram uma comunidade de alfaiates que confeccionam togas muito mal, tomando como modelo esses antigos monumentos. Em vista das causas que doravante nos movem, ouvido o relatório de nosso principal antiquário, ordenamos que todos esses veneráveis usos entrem em vigor para sempre, e que todas as pessoas, em toda a extensão de nossos territórios, passem a calçar-se e a pensar como se calçavam e pensavam as pessoas no tempo de Cnidus Rufillus, propretor da província a nós devoluta pelo direito de usucapião etc."

Alguém argumentou com o selador, que se aplicava ao serviço de selar esse edito, que todos os engenhos nele especificados se tornaram inúteis;

Que o espírito e as artes se aperfeiçoam dia a dia; que os homens devem ser conduzidos pelas bridas que têm hoje, e não pelas que tinham outrora;

Que ninguém subiria nas quinquerremes de Sua Alteza sereníssima;

Que não adiantava seus alfaiates confeccionarem laticlavos, pois ninguém compraria nenhum; e que era digno de sua sabedoria condescender um pouco com a atual maneira de pensar das pessoas de bem de seu país.

O selador prometeu falar sobre o assunto com um escrevente, que prometeu explicar as coisas ao referendário, que prometeu dizer uma palavra a Sua Alteza sereníssima, quando se apresentasse a ocasião.

Sexta seção
Quadro do governo inglês

Curioso é ver como um governo se estabelece. Não falarei aqui do grande Tamerlão, ou Timurleng, porque não sei precisamente qual é o mistério do governo do grão-mogol. Mas podemos ver com mais clareza a administração da Inglaterra; e prefiro examinar essa administração à da Índia, visto que, como se diz, na Inglaterra há homens, e não escravos, e na Índia se encontram muitos escravos e poucos homens.

Consideraremos, para começar, um bastardo normando que põe na cabeça que será rei da Inglaterra. Ele tinha tanto direito a isso quanto foi o direito que são Luís teve depois sobre o Cairo. Mas são Luís teve a infelicidade de não começar solicitando, juridicamente, uma adjudicação do Egito na cúria de Roma; e Guilherme, o Bastardo, não perdeu a oportunidade de tornar sua causa legítima e sagrada, obtendo do papa Alexandre II uma sentença que homologava o seu justo direito, sem sequer ter ouvido a parte contrária, mas apenas em virtude destas palavras: "Tudo o que ligares na terra será ligado nos céus." Como seu concorrente Haroldo, rei mui legítimo, estava também ligado por uma sentença emanada dos céus, Guilherme somou àquela virtude da sé universal uma virtude um pouco mais forte, ou seja, a vitória de Hastings. Reinou, pois, pelo direito do mais forte, assim como haviam reinado Pepino e Clóvis, na França, godos e lombardos, na Itália, visigodos e, em seguida, árabes, na Espanha, vândalos na África, bem como todos os reis deste mundo, uns após outros.

É preciso convir também que o nosso bastardo tinha um título tão justo quanto os saxões e os dinamarqueses, que haviam possuído título tão justo quanto o dos romanos. E o título de todos aqueles heróis era o título de *salteadores de estrada*, ou, se quiserem, o mesmo título das raposas e das fuinhas, quando estas fazem conquistas nos galinheiros.

Todos aqueles grandes homens eram tão perfeitamente salteadores de estradas, que, desde Rômulo até os flibusteiros, não se fala de outra coisa, senão de despojos, *opimes*, butim, pilhagem, vacas e bois roubados à mão armada. Na fábula, Mercúrio rouba as vacas de Apolo, e, no Antigo Testamento, o profeta Isaías denomina ladrão o filho que sua mulher está para pôr no mundo, e que deverá ser um belo tipo. Chama de Maher-salal-has-bas, *divide logo os despojos*. Já observamos que as palavras *soldado* e *ladrão* frequentemente foram sinônimas.

E eis que Guilherme logo se tornou rei por direito divino. Guilherme, o Ruivo, que usurpou a coroa do irmão mais velho, também foi rei por direito divino sem dificuldade; e esse mesmo direito divino pertenceu depois a Henrique, o terceiro usurpador.

Os barões normandos, que haviam arcado, juntos, com as despesas da invasão da Inglaterra, queriam recompensas: foi preciso atendê-los, torná-los grandes vassalos, altos oficiais da coroa; receberam as mais belas terras. É claro que Guilherme gostaria de ter ficado com tudo, transformando todos aqueles senhores em seus guardas e estafeiros; mas o risco seria grande demais. Foi então obrigado a compartilhar.

Quanto aos senhores anglo-saxões, não havia como matá-los todos, nem como reduzi-los todos à escravidão. Deixou-os com a dignidade de senhores castelães. Reportavam-se aos grandes vassalos normandos, que se reportavam a Guilherme.

Desse modo, tudo era mantido em equilíbrio, até o primeiro desentendimento.

E o resto da nação, como ficou? Como haviam ficado quase todos os povos da Europa: servos, plebeus.

Por fim, depois da loucura das cruzadas, os príncipes arruinados vendem a liberdade a servos de gleba, que haviam ganhado algum dinheiro com o trabalho e o comércio; as cidades são libertas; as comunas têm privilégios; os direitos dos homens renascem da própria anarquia.

Os barões, em toda parte, competiam com seus reis e entre si. Essa competição, em toda parte, constituía uma pequena guerra intestina, composta de centenas de guerras civis. Foi desse caos abominável e tenebroso que saiu uma luz fraca, capaz de iluminar o povo e melhorar o seu destino.

Os próprios reis da Inglaterra, por serem grandes vassalos da França, por meio da Normandia e, em seguida, da Guyenne e de outras províncias, copiaram facilmente os usos dos reis aos quais se reportavam. Os estados-gerais, durante muito tempo, tal como na França, foram compostos de barões e bispos.

A corte de chancelaria inglesa foi uma imitação do conselho de Estado presidido pelo chanceler da França. O *King's bench* [tribunal superior de justiça] foi criado com base no modelo do parlamento instituído por Filipe, o Belo. Os pleitos comuns eram como a jurisdição de Châtelet. O *exchequer* [corte do erário] assemelhava-se à corte da superintendência de finanças, que na França passou a ser a *cour des aides* [tribunal da ajuda].

O princípio de inalienabilidade do domínio monárquico também foi uma imitação clara do governo francês.

Os direitos do rei da Inglaterra, de obrigar os súditos a pagar seu resgate, caso se tornasse prisioneiro de guerra, e de exigir subsídio quando casasse a filha mais velha e quando tornasse o filho cavaleiro, tudo isso lembrava os antigos usos de um reino do qual Guilherme era o primeiro vassalo.

Assim que Filipe, o Belo, convocou o terceiro estado para os estados-gerais, o rei da Inglaterra, Eduardo, fez o mesmo, para equilibrar o grande poder dos barões, pois durante o reinado daquele príncipe está bem constatada a convocação da câmara dos comuns.

Observamos, portanto, que até o século XIV o governo inglês seguia *pari passu* o da França. As duas Igrejas são inteiramente semelhantes; era igual a sujeição à cúria de Roma; as mesmas exações de que todos se queixavam, mas sempre acabavam por pagar àquela cúria ávida; as mesmas disputas, de maior ou menor gravidade; as mesmas excomunhões; as mesmas doações aos monges; o mesmo caos; a mesma mistura de rapinas sagradas, superstições e barbáries.

Visto que a França e a Inglaterra foram administradas durante tanto tempo com base nos mesmos princípios, ou melhor, sem nenhum princípio, mas apenas com usos de todo semelhantes, por que razão esses dois governos se tornaram tão diferentes quanto são diferentes os governos de Marrocos e Veneza?

Será porque, sendo a Inglaterra uma ilha, o rei não precisa manter continuamente um forte exército, que seria empregado mais contra a nação do que contra os estrangeiros?

Será porque, em geral, os ingleses têm no espírito algo mais firme, refletido e obstinado do que alguns outros povos?

Será que, por essa razão, como sempre se queixaram da cúria de Roma, acabaram por sacudir inteiramente seu jugo vergonhoso, enquanto um povo mais leviano o carregava, fingindo rir dele e dançando com seus grilhões?

A situação daquele país, que tornou necessária a navegação, não lhes terá dado também costumes mais rígidos?

Essa rigidez de costumes, que faz daquela ilha um teatro de tantas e sangrentas tragédias, não terá contribuído também para inspirar-lhes uma franqueza generosa?

Não terá sido esse misto de qualidades contrárias a causa do derramamento de tanto sangue régio em combates e no cadafalso, nunca permitindo que eles lançassem mão do veneno em suas conturbações civis, ao passo que alhures, sob governos sacerdotais, o veneno era arma tão comum?

O amor à liberdade não se terá convertido no caráter dominante, à medida que os ingleses se tornavam mais esclarecidos e ricos? Não é possível que todos os cidadãos sejam igualmente poderosos, mas todos podem ser igualmente livres; foi isso o que os ingleses obtiveram com sua constância.

Ser livre é depender apenas das leis. Os ingleses, portanto, amaram as leis, tal como os pais amam os filhos, porque as fizeram ou acreditaram tê-las feito.

Tal governo só pôde estabelecer-se muito tarde, porque durante muito tempo precisou combater poderes respeitados: o poder do papa (o mais terrível de todos, porque baseado no preconceito e na ignorância), o poder monárquico (sempre pronto a exceder-se, precisando ser contido em seus limites), o poder do baronato (que era uma anarquia), o poder dos bispos (que, sempre misturando profano e sagrado, quiseram sobrepujar o baronato e os reis).

Pouco a pouco, a câmara dos comuns transformou-se no dique que contém todas essas torrentes.

A câmara dos comuns é de fato a nação, porque o rei, seu chefe, só age por si e por aquilo que se chama *sua prerrogativa*; pois os pares só estão no parlamento por si mesmos; pois os bispos também lá estão por si mesmos; mas a câmara dos comuns está pelo povo, visto que cada membro é deputado do povo. Ora, esse povo está para o rei como cerca de oito milhões estão para a unidade. Ele está para os pares e os bispos tal como oito milhões estão para duzentos, no máximo. E os oito milhões de cidadãos livres são representados pela câmara baixa.

Dessa ordem, diante da qual a república de Platão não passa de sonho ridículo, que até parece ter sido inventada por Locke, Newton, Halley ou Arquimedes, nasceram abusos tremendos, que horrorizam a natureza humana. Os inevitáveis atritos dessa grande máquina quase a destruíram no tempo de Fairfax e Cromwell. O fanatismo absurdo se introduzira nesse grande edifício, como incêndio devorador a consumir uma bela construção, feita apenas de madeira.

Foi ele reconstruído com pedras no tempo de Guilherme de Orange. A filosofia destruiu o fanatismo, que abala os Estados mais firmes. É de crer que uma constituição que regrou os direitos do rei, dos nobres e do povo, na qual todos encontram segurança, dure tanto quanto podem durar as coisas humanas.

É de crer também que todos os Estados que não se fundem sobre tais princípios passarão por revoluções.

A legislação inglesa, enfim, conseguiu levar todos os homens de volta aos seus direitos naturais, direitos dos quais estão despojados em quase todas as monarquias. São eles: liberdade integral de pessoa e de bens; falar à nação por meio de sua pluma; só poder ser julgado em questões criminais por um *júri* formado de homens independentes; só poder ser julgado, em todos os casos, segundo os termos precisos da lei; professar em paz a religião que quiser, renunciando aos empregos a que só têm direito os anglicanos. A isso se dá o nome de prerrogativas. E, de fato, tem prerrogativa superior a tantas nações o cidadão que, ao se deitar, tem certeza de que acordará no dia seguinte com a mesma fortuna que tinha na véspera, de que não será arrebatado aos braços da esposa e dos filhos no meio da noite, para ser levado a alguma torre ou a um deserto, de que, ao sair do sono, terá o poder de publicar tudo o que pensa, de que, se for acusado de ter agido, falado ou escrito mal, só será julgado de acordo com a lei. Essa prerrogativa se estende a tudo o que aporte na Inglaterra. Lá, um estrangeiro goza da mesma liberdade de propriedade e de pessoa; e, se for acusado, poderá pedir que metade dos jurados seja composta de estrangeiros.

Ouso dizer que, se reuníssemos o gênero humano para fazer leis, é assim que elas seriam feitas, para sua segurança. Por que então não são observadas em outros países? Será que essa pergunta equivale a indagar-se por que o coco amadurece nas Índias, mas não pega em Roma? Alguém responderá que esses cocos nem sempre amadureceram na Inglaterra; que lá só estão sendo cultivados há pouquíssimo tempo; que a Suécia, copiando o exemplo, plantou-os durante alguns anos, mas sem resultados; que seria possível trazer aqueles frutos para outras províncias, como a Bósnia e a Sérvia. Que se tente então plantá-los.

E, principalmente, pobre homem, se sois paxá, *efendi* ou *molah*, não sejais tão imbecil e bárbaro a ponto de apertar os grilhões de vossa nação. Pensai que, quanto mais pesado for o jugo que lhe impuserdes, mais escravos serão vossos filhos, que já não serão todos paxás. Como! Infeliz, pelo prazer de ser tirano subalterno durante alguns dias, expondes toda a vossa descendência a gemer nos ferros! Oh! Quanta distância há hoje entre um inglês e um bósnio!

Sétima seção

Oitava seção

Meu caro leitor saberá que na Espanha, nas costas de Málaga, no tempo de Filipe II, foi descoberto um pequeno povoado até então desconhecido, oculto em meio às montanhas de las Alpuxarras, e que essa cadeia de rochedos inacessíveis é entrecortada por vales maravilhosos; também não ignorará que esses vales são cultivados ainda hoje por descendentes de mouros, que, para sua felicidade, foram obrigados a tornar-se cristãos, ou pelo menos a parecer.

Entre aqueles mouros, como dizia eu, havia no tempo de Filipe II uma nação pouco numerosa que habitava um vale ao qual só se podia chegar por cavernas. Esse vale fica entre Pitos e Portugos; os habitantes daquelas paragens ignoradas eram quase desconhecidos dos próprios mouros; falavam uma língua que não era espanhol nem árabe, e que alguns acreditaram ser derivada do antigo cartaginês.

Aquele pequeno povo pouco se multiplicara. Afirmou-se que isso se deu porque seus vizinhos árabes e, antes deles, os africanos, iam buscar as moças daquele rincão.

Aquele povo miserável, mas feliz, nunca ouvira falar da religião cristã nem judaica; conhecia mal e mal a religião de Maomé e não ligava para ela. Desde tempos imemoriais oferecia leite e frutos a uma estátua de Hércules: essa era sua única religião. De resto, aqueles homens ignorados viviam na indolência e na inocência. Um íntimo da Inquisição finalmente os descobriu. O grande inquisidor ordenou que todos fossem queimados; esse é o único acontecimento de sua história.

Os motivos sagrados daquela condenação estavam no fato de que eles nunca haviam pago impostos, visto que nunca ninguém lhes pedira isso, e eles não conheciam moeda; no fato de que não haviam lido a Bíblia, visto que não entendiam latim, e ninguém se dera ao trabalho de batizá-los. Foram declarados feiticeiros e hereges, vestidos de *sambenito* e solenemente grelhados.

Está claro que é assim que devem ser governados os homens: nada contribui mais para as delícias da vida em sociedade.

GRAÇA (Grâce)

Nas pessoas e nas obras, graça significa não só o que agrada, mas também o que agrada com sedução. Por isso os antigos imaginaram que a deusa da beleza nunca devia aparecer sem as Graças. A beleza nunca desagrada, mas pode ser desprovida do encanto secreto que convida a olhá-la, que atrai, que enche a alma de suaves sentimentos. As graças do semblante, do porte, da ação ou das palavras dependem desse mérito que atrai. Uma pessoa bonita não terá graça no semblante, se a boca ficar fechada sem sorrir, se os olhos são tiverem ternura. A seriedade nunca é graciosa; não atrai; aproxima-se demais da severidade, que repele.

Um homem bem-feito, mas com porte inseguro ou tolhido, com andar precipitado ou pesado, gestos rudes, é desprovido de graça, porque não tem ternura, afabilidade exterior.

A voz de um orador que carecer de inflexão e doçura será desprovida de graça.

O mesmo ocorre em todas as artes. A proporção e a beleza podem não ser graciosas. Não se pode dizer que as pirâmides do Egito sejam graciosas. O mesmo pode ser dito do colosso de Rodes e da Vênus de Cnido. Tudo o que pertence apenas ao gênero forte e vigoroso tem um mérito que não é o da graça.

Conheceria pouco Michelangelo e Caravaggio quem lhes atribuísse as graças de Albano. O sexto livro da *Eneida* é sublime: o quarto tem mais graça. Algumas odes galantes de Horácio são cheias de graça, assim como algumas de suas epístolas são lições de razão.

Parece que, em geral, o pequeno e o bonito, em todos os gêneros, são mais propensos a ser graciosos do que o grande. Seria inadequado elogiar uma oração fúnebre, uma tragédia ou um sermão dando-lhes apenas o epíteto *gracioso*.

Não que haja um gênero único de obra que possa ser bom ao ser oposto às *graças*; pois o oposto de gracioso é rude, selvagem e seco. O Hércules Farnésio não devia ter a graça de Apolo do Belvedere e de Antínoo; mas não é rude, nem agreste. O incêndio de Troia, em Virgílio, não é descrito com as graças de uma elegia de Tibulo; deleita pelas belezas fortes. Uma obra, portanto, pode não ser graciosa, mas não deixar de ser agradável. O terrível, o horrível, a descrição e a pintura do monstro são coisas que exigem um distanciamento de tudo o que é gracioso, mas não se incorre assim apenas no oposto. Pois se um artista, seja qual for o gênero, só expressar coisas medonhas, se não as adoçar com contrastes agradáveis, causará repulsa.

A graça em pintura e em escultura consiste na suavidade dos contornos, numa expressão branda; e a pintura tem, mais que a escultura, a graça da união das partes, a graça das figuras que se animam mutuamente, trocando encantos por meio de seus atributos e seus olhares.

As graças da dicção, seja em eloquência, seja em poesia, dependem da escolha das palavras, da harmonia das frases e ainda mais da delicadeza das ideias e das descrições risonhas. O abuso da graça é a afetação, assim como o abuso do sublime é o empolado: toda perfeição está perto de um defeito.

Avoir de la grâce [ter graça] refere-se à coisa e à pessoa: *Cet ajustement, cet ouvrage, cette femme a de la grâce* [um traje, um trabalho, uma mulher tem graça]. *A bonne grâce* é pertinente apenas à pessoa: *Elle se présente de bonne grâce* [ela se apresenta com boa vontade]. *Il a fait de bonne grâce ce qu'on attendait de lui* [ele fez de boa vontade o que se esperava dele]. *Avoir des grâces* [ter dons, atributos]. *Cette femme a des grâces dans son maintien, dans ce qu'elle dit, dans ce qu'elle fait* [essa mulher agrada por seu porte, pelo que diz, pelo que faz].

Obtenir sa grâce, por metáfora, é obter perdão; *faire grâce* é perdoar. Alguém *fait grâce* de alguma coisa apropriando-se do resto: *Les commis lui prirent tons ses effets, et lui firent grâce de son argent* [Os oficiais tomaram todos os seus pertences, e concederam-lhe seu dinheiro, ou seja, os oficiais o pouparam de perder também o dinheiro]. *Faire des grâces, répandre des grâces* [fazer favores, distribuir favores] é o mais belo apanágio da soberania: é fazer o bem, mais que justiça. *Avoir les bonnes grâces de quelqu'un* [obter os favores de alguém, ser favorecido por alguém] só se diz com relação a um superior; *avoir les bonnes grâces d'une dame* [gozar dos favores de uma mulher] é ser seu amante favorito. *Être en grâce* [cair nas graças] se diz de um cortesão que esteve em "desgraça": não se deve fazer a própria felicidade depender de uma coisa nem a infelicidade da outra. Chamam-se *bonnes grâces* as meias-cortinas de uma cama que ficam dos dois lados da cabeceira. As *grâces* [graças] em grego, *carites*, termo que significa *amável*.

As Graças, divindades da antiguidade, são uma das mais belas alegorias da mitologia dos gregos. Como essa mitologia varia sempre, ora devido à imaginação dos poetas, que foram seus teólogos, ora devido aos usos dos povos, o número, os nomes e os atributos das Graças mudaram com frequência. Mas, finalmente, convencionou-se fixá-las em três e denominá-las Aglaia, Talia, Eufrósina, ou seja, *brilhante, flor, alegria*. Elas estavam sempre ao lado de Vênus. Nenhum véu devia cobrir seus encantos. Elas presidiam os benefícios, a concórdia, os júbilos, os amores, a própria eloquência; eram o emblema sensível de tudo o que pode tornar a vida agradável. Eram retratadas a dançar, de mãos dadas: só se entrava em seus templos com uma coroa de flores. Aqueles que condenaram a mitologia fabulosa deveriam pelo menos admitir o mérito dessas ficções risonhas, que anunciam verdades das quais resultaria a felicidade do gênero humano.

GRAÇA (SOBRE A) (Grâce [de la])

Primeira seção

Esse termo, que significa favor, privilégio, é empregado nesse sentido pelos teólogos. Chamam de graça uma ação particular de Deus sobre as criaturas, para torná-las justas e felizes. Alguns admitiram a graça universal que Deus oferece a todos os homens, embora o gênero humano, segundo eles, esteja votado às chamas eternas, com exceção de um pequeníssimo número; outros só admitem a graça para os cristãos de sua comunhão; outros, enfim, somente para os eleitos dessa comunhão.

É evidente que uma graça geral, que deixe o universo no vício, no erro e na infelicidade eterna, não é graça, favor, privilégio, mas uma contradição nos termos.

A graça particular, segundo os teólogos, é:

Suficiente, mas a ela se resiste: nesse caso, não é suficiente; assemelha-se ao perdão dado por um rei a um criminoso que nem por isso deixa de ser levado ao suplício;

Eficaz, e a ela nunca se resiste, embora se possa resistir; nesse caso, os justos se assemelham a convivas famintos aos quais se apresentam iguarias deliciosas: sem dúvida eles as comerão, embora em geral se suponha que eles possam deixar de comê-las;

Necessitante, da qual ninguém pode subtrair-se; outra coisa não é senão o encadeamento dos decretos eternos e dos acontecimentos.

Aqui nos absteremos de discorrer sobre os pormenores numerosos e repisados de todas as suas sutilezas e do amontoado de sofismas com que foram complicadas essas questões. O objetivo deste *Dicionário* não é ser o eco vão de tantas vãs disputas.

Santo Tomás chama a graça de forma substancial, e o jesuíta Bouhours a chama de *um não sei quê*: essa talvez tenha sido a melhor definição já dada.

Se os teólogos tivessem o objetivo de ridicularizar a Providência, não teriam feito nada diferente do que fizeram: por um lado, os tomistas garantem que o homem, ao receber a graça eficaz, não é livre no *sentido composto*, mas é livre no sentido *diviso*; por outro, os molinistas inventam a ciência média de Deus e o congruísmo; imaginam-se graças excitantes, prevenientes, concomitantes e cooperantes.

Deixemos de lado todas essas brincadeiras de mau gosto que os teólogos fizeram seriamente. Deixemos de lado todos os seus livros e passemos a consultar o senso comum; veremos que todos os teólogos se enganaram com sagacidade, porque todos raciocinaram a partir de um princípio evidentemente falso. Supôs-se que Deus age por caminhos particulares. Ora, um deus eterno, sem leis gerais, imutáveis e eternas, é um ser de razão, um fantasma, um deus da fábula.

Por que os teólogos foram obrigados, em todas as religiões que se gabam de raciocinar, a admitir essa graça que eles não entendem? Porque quiseram que a salvação só fosse para as suas respectivas seitas; também quiseram que essa salvação, em sua seita, só fosse destinada àqueles que se lhe submetessem. Trata-se de teólogos particulares, chefes de partido, divididos entre si. Os doutores muçulmanos têm as mesmas opiniões e as mesmas disputas, porque têm o mesmo interesse; mas o teólogo universal, ou seja, o verdadeiro filósofo, vê que é contraditório a natureza não agir pelos caminhos mais simples; que é ridículo Deus ocupar-se em obrigar uma pessoa a obedecer-lhe na Europa, deixando todos os asiáticos indóceis, lutar contra outro homem que ora cede, ora vence suas armas divinas; oferecer a outro um socorro sempre inútil. Assim, a graça, considerada em seu verdadeiro ponto de vista, é um absurdo. Esse prodigioso amontoado de livros escritos sobre o assunto frequentemente é o esforço do espírito e sempre a vergonha da razão.

Segunda seção

Toda a natureza, tudo o que existe, é uma graça de Deus; ele concede a todos os animais a graça de formá-los e alimentá-los. A graça de fazer uma árvore crescer setenta pés é concedida ao abeto e recusada ao caniço. Concede ao homem a graça de pensar, falar e conhecê-lo; concede-me a graça de não entender uma só palavra de tudo o que Tourneli, Molina, Soto etc. escreveram sobre a graça.

O primeiro que falou de graça eficaz e gratuita foi sem dúvida Homero. Isso poderia espantar um bacharel em teologia que só conhecesse santo Agostinho. Mas que ele leia o terceiro livro da *Ilíada*, e verá que Páris diz a seu irmão Heitor: "Se os deuses te deram o valor, e se me deram a beleza, não me censures os presentes da bela Vênus; nenhum dom dos deuses é desprezível, sua obtenção não depende dos homens."

Nada é mais categórico do que esse trecho. Se observarmos também que Júpiter, a seu bel-prazer, dá a vitória ora aos gregos, ora aos troianos, teremos mais uma nova prova de que tudo ocorre pela graça do alto.

Sarpedão e, em seguida, Pátroclo são bravos abandonados pela graça.

Houve filósofos que não abraçaram a opinião de Homero. Afirmaram que a Providência geral não se imiscuía diretamente em assuntos pessoais; que ela governava tudo por meio de leis universais; que Tersites e Aquiles eram iguais perante ela; e que nem Calcas nem Taltíbio nunca receberam graça versátil ou côngrua.

Segundo esses filósofos, o capim e o carvalho, o cupim e o elefante, o homem, os elementos e os astros, tudo obedece a leis invariáveis, que Deus, imutável como elas, estabelece desde toda a eternidade[44].

Esses filósofos não teriam admitido a graça salutar de santo Tomás nem a graça medicinal de Cajetan. Não poderiam ter explicado a exterior, a interior, a cooperante, a suficiente, a côngrua, a preveniente etc. Achariam difícil adotar a opinião daqueles segundo os quais o senhor absoluto dos homens dá um pecúlio a um escravo e recusa alimento a outro; que ordena a um maneta que amasse farinha; a um mudo, que leia para ele; e a um clunâmbulo, que seja seu mensageiro.

Acreditam que o eterno Demiurgo, que deu leis a tantos milhões de mundos que gravitam uns para os outros e transmitem uns aos outros a luz que deles emana, mantém todos esses mundos sob o império de suas leis gerais e não criará ventos novos para movimentar palha em algum recanto deste mundo.

Dizem que, se um lobo encontra pelo caminho um cabritinho para o jantar, enquanto outro lobo morre de fome, Deus não está ocupado a conceder ao primeiro lobo nenhuma graça particular.

Nós não tomamos partido entre esses filósofos e Homero, nem entre os jansenistas e os molinistas. Felicitamos aqueles que acreditam ter graças prevenientes; compadecemo-nos de todo o coração daqueles que se queixam de só terem graças versáteis; e nada entendemos de congruísmo.

Se um bergamasco recebe no sábado uma graça preveniente que o deleita a ponto de fazê-lo encomendar uma missa aos carmelitas por doze soldos, celebremos sua felicidade. Se no domin-

---

44. Ver verbete Providência. (N. de Voltaire)

go ele corre à taberna, abandonado pela graça, se bate na mulher, se for saltear na estrada, que seja enforcado. Que Deus nos conceda apenas a graça de não desagradarmos, em nossas questões, os bacharéis da universidade de Salamanca, os da Sorbonne e os de Bourges, que pensam de maneira tão diferente sobre essas matérias espinhosas e sobre tantas outras; de não sermos condenados por eles e, sobretudo, de nunca lermos seus livros.

Terceira seção

Se alguém surgisse do fundo dos infernos para nos dizer da parte do diabo: "Cavalheiros, aviso que nosso soberano senhor tomou para si todo o gênero humano, com exceção de um pequeníssimo número de pessoas que moram lá pelos lados do Vaticano e nos territórios que dele dependem", solicitaríamos a esse representante que tivesse a bondade de nos inscrever na lista dos privilegiados; perguntaríamos o que é preciso fazer para se obter essa graça.

Se ele nos respondesse: "Não podeis merecê-la, pois meu senhor fez a lista desde todos os tempos, só deu ouvidos a seu bel-prazer e está sempre ocupado a fazer uma infinidade de penicos e umas poucas dúzias de vasos de ouro. Se sois penico, azar o vosso."

Diante dessas belas palavras, mandaríamos o embaixador de volta para seu senhor a golpes de forcado.

No entanto, foi isso o que ousamos imputar a Deus, ao Ser eterno soberanamente bom.

Sempre repreendemos os homens por terem feito Deus à sua imagem. Condenamos Homero por ter transportado todos os vícios e todos os ridículos da terra para o céu. Platão, que lhe fez essa justa censura, não hesitou em chamá-lo de *blasfemador*. E nós, mil vezes mais inconsequentes, temerários e blasfemadores do que aquele grego, que não tinha segundas intenções, acusamos Deus devotamente de uma coisa da qual nunca acusamos o último dos homens.

O rei de Marrocos, Mulei-Ismael, segundo dizem, teve quinhentos filhos. Que diríeis se algum marabuto do monte Atlas vos contasse que o sábio e bom Mulei-Ismael, oferecendo um jantar a toda a família, falou assim, no fim da refeição:

"Sou Mulei-Ismael, que vos engendrou para minha glória; pois sou muito glorioso. Amo-vos a todos profundamente; cuido de vós como uma galinha choca cuida de seus pintinhos. Decretei que um de meus filhos mais novos teria o reino de Tafilalt, que outro possuiria Marrocos para sempre; e quanto a meus outros queridos filhos, em número de quatrocentos e noventa e oito, ordeno que metade morra na roda, e a outra metade seja queimada; pois sou o sr. Mulei-Ismael."

Sem dúvida acharíeis que o marabuto era o maior louco jamais produzido pela África.

Mas, se três ou quatro mil marabutos, lautamente sustentados às vossas custas, viessem repetir a mesma novidade, que faríeis? Não seríeis tentados a submetê-los a um regime de pão e água, até que eles recobrassem o juízo?

Alegais que minha indignação é bem razoável contra os supralapsários que acreditam que o rei de Marrocos só teve esses quinhentos filhos para sua glória, e que ele sempre teve a intenção de mandá-los morrer na roda e na fogueira, com exceção de dois, que estavam destinados a reinar.

Mas estou enganado, segundo dizeis, quando me insurjo contra os infralapsários, segundo os quais a primeira intenção de Mulei-Ismael não era suplicar seus filhos, mas que, prevendo que eles não valeriam nada, considerou oportuno, como bom pai de família, desfazer-se deles por meio da fogueira e da roda.

Ah! Supralapsários. Infralapsários, gratuitos, suficientes, eficacienses, jansenistas, molinistas, tornai-vos homens e deixai de perturbar a terra com tolices tão absurdas e abomináveis.

Quarta seção

Sagrados consultores de Roma moderna, ilustres e infalíveis teólogos, ninguém tem mais respeito do que eu por vossas divinas decisões; mas, se Paulo Emílio, Cipião, Catão, Cícero, César, Tito, Trajano e Marco Aurélio voltassem para essa Roma para a qual outrora granjearam algum crédito, convenhamos que ficariam um pouco surpresos com vossas decisões sobre a graça. Que diriam se ouvissem falar da graça salutar, segundo santo Tomás, e da graça medicinal, segundo Cajetan; da graça exterior e interior, da gratuita, da santificante, da atual, da habitual, da cooperante; da eficaz, que às vezes é sem efeito; da suficiente, que às vezes não basta; da versátil, da côngrua? Sinceramente, será que entenderiam tudo isso mais do que vós e eu?

Que necessidade teria aquela pobre gente de vossas sublimes instruções? Parece que os ouço dizer:

Reverendos padres, sois gênios terríveis: pensávamos, tolamente, que o Ser eterno nunca se pauta por leis particulares, tal como os vis humanos, mas sim por suas leis gerais, eternas como ele. Ninguém nunca imaginou, entre nós, que Deus fosse semelhante ao senhor insano que dá um pecúlio a um escravo e recusa alimento a outro; que ordena a um maneta que amasse farinha, a um mudo, que leia para ele, e a um clunâmbulo, que seja seu mensageiro.

Tudo é graça da parte de Deus; ele concedeu ao globo que habitamos a graça de formá-lo; às árvores, a graça de crescer; aos animais, a de alimentá-los; mas alguém dirá que, se um lobo encontra pelo caminho um cabritinho para o jantar, enquanto outro lobo morre de fome, Deus não está ocupado a conceder ao primeiro lobo nenhuma graça particular? Por uma graça preveniente, estará ele ocupado a fazer, preferencialmente, um carvalho crescer mais que outro ao qual faltou seiva? Se, em toda a natureza, todos os seres estão submetidos às leis gerais, como uma única espécie de animal não estaria submetida?

Por que o senhor absoluto de tudo ficaria mais ocupado a dirigir o interior de um único homem do que a conduzir o restante da natureza inteira? Por que cargas-d'água mudaria alguma coisa no coração de um curlandês ou de um biscainho, sem mudar nada nas leis que impôs a todos os astros?

Como é piedoso supor que ele faz, desfaz e refaz, continuamente, sentimentos em nós! E que audácia existe em nos acreditarmos uma exceção entre todos os seres! Além do mais, somente para os que se confessam todas essas mudanças são imaginadas. Um saboiano ou um bergamasco receberá, na segunda-feira, a graça de mandar rezar missa por doze soldos; na terça, irá à taberna, e a graça lhe faltará; na quarta, terá uma graça cooperante que o conduzirá ao confessionário, mas não terá a graça eficaz da contrição perfeita; na quinta, terá uma graça suficiente que não lhe bastará, como já dissemos. Deus trabalhará continuamente na cabeça desse bergamasco, ora com força, ora com fraqueza, e o resto da terra não significará nada! Ele não se dignará cuidar do interior de indianos e chineses! Se vos resta um pingo de juízo, reverendos padres, não achais esse sistema prodigiosamente ridículo?

Infelizes, olhai aquele carvalho que ergue a cabeça até as nuvens, e aquele caniço ao pé do carvalho; não dizeis que a graça eficaz foi concedida ao carvalho e faltou ao caniço. Erguei os olhos ao céu e vereis o eterno Demiurgo criando milhões de mundos que gravitam uns para os outros segundo leis gerais e eternas. Vede a mesma luz refletir-se do Sol para Saturno, e de Saturno para nós; e, nessa harmonia de tantos astros empolgados por um movimento célere, nessa obediência geral de toda a natureza, ousai acreditar, se puderdes, que Deus está ocupado a conceder uma graça versátil à irmã Teresa e uma graça concomitante à irmã Agnes.

Átomo, a quem um tolo átomo disse que o Eterno tem leis particulares para alguns átomos de tua vizinhança, que concede graça a um e a recusa a outro; que alguém, que não recebeu graça ontem, a receberá amanhã: não repitas essas tolices. Deus fez o universo e não vai criar ventos novos para mover palha num recanto desse universo. Os teólogos são como os guerreiros de Homero, que acreditavam que os deuses se armavam ora contra eles, ora a favor deles. Se Homero não fosse considerado poeta, seria considerado blasfemador.

Quem diz isso é Marco Aurélio, não sou eu; pois Deus, que vos inspira, concedeu-me a graça de acreditar em tudo o que dizeis, em tudo o que dissestes, em tudo o que direis.

GRACIOSO (Gracieux)

Gracieux é um termo que faltava à língua francesa; e devido a Ménage. Bouhours, admitindo que Ménage foi seu autor, afirma que ele foi quem a usou de maneira mais justa, dizendo:

Pour moi, de qui le chant n'a rien de gracieux.
[Para mim, cujo canto nada tem de gracioso.]

A palavra de Ménage nem por isso deixou de ter sucesso. Quer dizer mais do que agradável; indica vontade de agradar, maneiras graciosas, ar gracioso. Boileau, em sua ode sobre Namur, parece tê-la usado de modo impróprio, para significar menos altivo, humilde, modesto:

Et désormais gracieux,
Allez à Liége, à Bruxelles,
Porter les humbles nouvelles
De Namur pris à vos yeux.
[E agora, graciosos,
Ide a Liège, a Bruxelas,
Levar as humildes notícias
De Namur, tomada aos vossos olhos.]

A maioria dos povos do Norte diz: "Nosso gracioso soberano", aparentemente com o sentido de benevolente. De *gracieux* o francês fez *disgracieux*[45], assim como de *graça* se formou *desgraça*: palavras desagradáveis, acontecimento desagradável. O francês usa *disgracié*[46], mas não *gracié*. Começa-se a usar a palavra *gracieuser*, que significa receber, falar com cortesia; mas ela não é usada pelos bons escritores no estilo nobre.

GRANDE, GRANDEZA (Grand, grandeur)

O que se entende por essas palavras

Grande é uma das palavras que mais se empregam em sentido moral e com a menor circunspecção. Grande homem, grande gênio, grande intelecto, grande capitão, grande filósofo, grande orador, grande poeta: com essa expressão, fala-se de "qualquer um que, em sua arte, ultrapasse muito os limites ordinários". Mas, como é difícil estabelecer esses limites, muitas vezes se dá o nome de grande ao medíocre.

---

45. Desagradável, feio, sem graça, descortês. (N. da T.)
46. Disforme; feio; destituído. (N. da T.)

Enganam menos os significados físicos desse termo. Sabe-se o que é uma grande tempestade, uma grande desgraça, uma grande doença, grandes bens, grande miséria.

Às vezes o termo *gros* [gordo, volumoso] é empregado no sentido físico por *grand* [grande], mas nunca no sentido moral. Diz-se de *gros biens* [bens volumosos] para grandes riquezas, *une grosse pluie* [uma chuva volumosa] para uma chuva grande; mas não *gros capitaine* para *grand capitaine* [grande capitão], *gros ministre* para *grand ministre* [grande ministro]. *Grand financier* [grande financista] significa um homem que entende muito das finanças do Estado; *gros financier* significa apenas um homem que se enriqueceu na área financeira.

É mais difícil definir o grande homem do que o grande artista. Numa arte e numa profissão, aquele que vai muito além dos rivais, ou tem fama de ter ido muito além, é chamado grande em sua arte e parece ter precisado de um único mérito; mas o grande homem deve reunir méritos diferentes. Gonsalvo, cognominado o *gran capitán*, que dizia: "O tecido da honra deve ser grosseiramente urdido", nunca foi chamado de grande homem. É mais fácil enumerar aqueles aos quais devemos negar o epíteto de grande homem, do que encontrar aqueles aos quais devemos concedê-lo. Parece que essa denominação supõe algumas grandes virtudes. Todos concordam que Cromwell era o general mais intrépido de seu tempo, o político mais profundo e mais capaz de dirigir um partido, um parlamento, um exército; nenhum escritor, porém, lhe dá o título de grande homem, porque, mesmo tendo grandes qualidades, não teve nenhuma grande virtude.

Parece que esse título só é próprio a um pequeno número de homens cujas virtudes, trabalhos e sucessos se distinguiram muito. Os sucessos são necessários, porque se supõe que a constante infelicidade de um homem é causada por ele mesmo.

Grande, usado de forma absoluta, exprime apenas uma dignidade; na Espanha é um apelativo honorífico e distintivo que o rei dá às pessoas que ele queira honrar. Os grandes se cobrem diante do rei, antes de falar com ele, depois de ter falado, ou apenas quando assumem sua posição ao lado dos outros.

Carlos V outorgou a dezesseis principais senhores os privilégios da grandeza. Aquele imperador, rei da Espanha, concedeu as mesmas honras a muitos outros. Seus sucessores aumentaram cada vez mais esse número. Os grandes da Espanha durante muito tempo tiveram pretensões a receber o mesmo tratamento dispensado aos eleitores e aos príncipes da Itália. Na corte da França, têm as mesmas honras dos pares.

O título de grande sempre foi dado na França a vários primeiros-oficiais da coroa, como *grand-sénéchal* [grão-senescal], *grand-maître* [grão-mestre], *grand-chambellan* [camareiro-mor], *grand-écuyer* [estribeiro-mor], *grand-échanson* [escanção-mor], *grand-panetier* [padeiro-mor], *grand-veneur* [monteiro-mor], *grand-buvetier* [botequineiro-mor], *grand-fauconnier* [falcoeiro-mor]. Esses títulos eram dados por preeminência, para distingui-los daqueles que lhes eram subalternos. Não era dado ao condestável, ao chanceler e aos marechais, embora o condestável fosse o primeiro dos grandes oficiais, o chanceler fosse o segundo oficial do Estado, e o marechal, o segundo oficial do exército. Isso porque eles não tinham subalternos com o mesmo título, ou seja, subcondestáveis, submarechais, subchanceleres, mas seus subalternos eram oficiais com outra denominação, ao passo que havia *maîtres-d'hôtel* [mordomos, despenseiros] sob as ordens do *grand-maître*, *chambellans* sob as ordens do *grand-chambellan*, *écuyers* sob as ordens do *grand-écuyer* etc.

Grande, com o significado de grande senhor, tem sentido mais amplo e incerto. Damos esse título ao sultão dos turcos, que assume o título de padixá, que não corresponde a grande senhor. Fala-se de um grande, com referência a um homem que teve nascimento distinto, cercado de dignidades; mas só os pequenos o dizem. Um homem com algum nascimento ou que seja um pouco ilustre não dá esse título a ninguém. Como em geral se chama de grande senhor aquele que tem nascimento, dignidades e riquezas, a pobreza parece não justificar esse título. Assim, fala-se em fidalgo pobre, mas não em grande senhor pobre.

Grande é diferente de poderoso: é possível ser as duas coisas; mas poderoso indica posição importante, grande indica mais o exterior do que a realidade; o poderoso manda, o grande tem honras.

Tem-se grandeza de espírito, de sentimentos, de porte, de conduta. Essa expressão não é empregada para as pessoas de condição medíocre, mas para aquelas que, em decorrência de seu estado, são obrigadas a mostrar elevação. É bem verdade que o homem obscuro pode ter mais grandeza de alma do que um monarca, mas o uso não permite que se diga: "Esse mercador, esse rendeiro portou-se com grandeza", a menos que, em alguma circunstância especial e por oposição, se diga, por exemplo: "O famoso negociante que recebeu Carlos V em sua casa e acendeu a lenha de canela com uma obrigação de cinquenta mil ducados que recebera daquele príncipe, demonstrou mais grandeza de alma do que o imperador."

Antigamente se dava o título de grandeza aos homens investidos de dignidades. Os curas, ao escreverem aos bispos, chamavam-nos ainda Vossa Grandeza. Esses títulos, prodigalizados pela baixeza e recebidos pela vaidade, quase não são mais usados.

Altura muitas vezes é entendida como grandeza. Quem ostenta grandeza demonstra vaidade. Já se escreveu demais sobre a grandeza, de acordo com estas palavras de Montaigne: "Já que não podemos capturá-la, vinguemo-nos a difamá-la."

GRAVE, GRAVIDADE (Grave, gravité)

Grave, no sentido moral, continua tendo relação com o físico; exprime alguma coisa de peso; por isso se diz: *Um homem, um autor, máximas de peso*, para *homem, autor, máximas graves*. O grave está para o sério assim como o engraçado está para o divertido: há um grau a mais, e esse grau é considerável: pode-se ser sério por uma questão de humor e até por falta de ideias: ao passo que se é grave por decência ou pela importância das ideias que conferem gravidade. Há diferença entre ser grave e ser um homem grave. É um defeito ser grave fora de hora; quem é grave em sociedade raramente é procurado. Homem grave é aquele que adquiriu autoridade mais por sabedoria do que por comportamento.

...Pietate gravem ac meritis si forte virum quem.
[Se, por acaso (viram) um homem respeitável por seu valor e seus méritos...]
(Virgílio, *Eneida*, I, 155)

A decência é necessária sempre; mas a gravidade só é conveniente nas funções de um ministério importante, num conselho. Quando a gravidade não passa de aparência, como ocorre frequentemente, dizem-se inépcias com gravidade: essa espécie de ridículo inspira aversão. Ninguém perdoa quem queira se impor com esse ar de autoridade e presunção.

O duque de La Rochefoucauld disse que "a gravidade é um mistério do corpo, inventado para esconder os defeitos do espírito". Deixando de examinar se a expressão *mistério do corpo* é natural e justa, basta observar que essa reflexão é verdadeira para todos aqueles que afetam gravidade, mas não para aqueles que, na ocasião apropriada, têm uma gravidade conveniente à posição que ocupam, ao lugar onde estão, ao assunto tratado.

Autor grave é aquele cujas opiniões são acatadas nos assuntos contenciosos; não se diz isso a respeito de autores que tenham escrito sobre coisas indubitáveis. Seria ridículo chamar Euclides e Arquimedes de autores graves.

Existe gravidade no estilo. Tito Lívio e De Thou escreveram com gravidade; não se pode dizer o mesmo de Tácito, que buscou a precisão e deixa à mostra alguma malignidade; muito menos do cardeal de Retz, que às vezes põe em seus escritos uma alacridade fora de lugar, afastando-se às vezes das conveniências.

O estilo grave evita chistes e pilhérias: eleva-se às vezes ao sublime; se por vezes é comovente, logo volta à sabedoria, à simplicidade nobre que constitui seu caráter; tem força, mas pouca ousadia. Sua maior dificuldade é deixar de ser monótono.

Questão grave, caso grave, são coisas que se dizem a respeito de uma causa criminal, mais que de um processo civil. Doença grave supõe perigo.

GREGO (Grec)

Observações sobre o desaparecimento da língua grega em Marselha

É bem estranho que uma colônia grega tenha fundado Marselha e quase nenhum vestígio reste da língua grega na Provença, no Languedoc e em todas as regiões da França; pois não devem ser contados como gregos os termos que foram formados bem mais tarde, a partir do latim, termos que haviam sido recebidos dos gregos pelos romanos muitos séculos antes: nós os recebemos de segunda mão. Não temos nenhum direito de dizer que abandonamos a palavra *Got* para adotarmos *Theos* (Θεὸς), e não *Deus*, com o qual fizemos *Dieu* com uma desinência bárbara.

É evidente que os gauleses, por terem recebido a língua latina junto com as leis romanas e, depois, também a religião cristã dos mesmos romanos, tomaram destes todas as palavras referentes a essa religião. Aqueles mesmos gauleses só muito mais tarde conheceram as palavras gregas relativas à medicina, à anatomia e à cirurgia.

Depois de descartarmos todos esses termos originariamente gregos que nos chegaram pelos latinos e todas as palavras de anatomia e medicina, conhecidas tão tarde, quase nada restará. Não é ridículo dizer que *abréger* [abreviar] veio de *brachs*, e não de *abbreviare*; *acier* [aço], de *aki*, e não de *acies*; *acre* [acre], de *agros*, e não de *ager*; *aile* [asa], de *ili*, e não de *ala*?

Chegou-se a dizer que *omelette* [omelete] vem de *ameilaton*, porque *meli*, em grego, significa mel, e *ôon* significa ovo. Fizeram ainda mais, no *Jardim das raízes gregas*: afirmou-se que *dîner* [jantar] vem de *deipnein,* que significa cear.

Se nos limitarmos às expressões gregas que a colônia de Marselha conseguiu introduzir nas Gálias, independentemente dos romanos, a lista será curta:

Aboyer [latir], talvez de *bauzein.*
Affres [tormento], *affreux* [medonho], de *afronos.*
Agacer [irritar], talvez de *anaxein.*
Alali, do grito militar dos gregos.
Babiller [balbuciar], talvez de *babazo.*
Balle [bola], de *ballo.*
Bas [meia], de *bathys.*
Blesser [ferir], do aoristo de *blapto.*
Bouteille [garrafa], de *bouttis.*
Bride [brida], de *bryter.*
Brique [tijolo], de *bryké.*
Coin [canto], de *gonia.*
Colère [cólera], de *cholè.*
Colle [cola], de *colla.*
Couper [cortar], de *copto.*
Cuisse [coxa], talvez de *ischis.*
Entrailles [entranhas], de *entera.*
Ermite [eremita], de *eremos.*

Fier [orgulhoso, fero], de *fiaros*.
Gargariser [gargarejar], de *gargarizein*.
Idiot [idiota], de *idiotès*.
Maraud [canalha], de *miaros*.
Moquer [zombar], de *mokeuo*.
Moustache [bigode], de *mustax*.
Orgueil [orgulho], de *orgè*.
Page [pajem], de *païs*.
Siffler [assobiar], talvez de *siffloo*.
Tuer [matar], de *thuein*.

Surpreende-me que restem tão poucas palavras de uma língua que se falava em Marselha, no tempo de Augusto, em toda a sua pureza; e surpreende-me, sobretudo, que as palavras gregas conservadas na Provença sejam, em sua maioria, expressões de coisas inúteis, enquanto os termos que designavam as coisas necessárias foram absolutamente perdidos. Não temos nenhum dos termos que expressavam terra, mar, céu, sol, lua, rios, principais partes do corpo humano; palavras que pareciam dever perpetuar-se ao longo dos tempos. A causa disso talvez deva ser atribuída aos visigodos, aos borgonheses e aos francos, à horrível barbárie de todos os povos que devastaram o império romano, barbárie de que ainda restam tantos vestígios.

GREGÓRIO VII (Grégoire VII)

O próprio Bayle, admitindo que Gregório foi o incendiário da Europa, concede-lhe o título de grande homem. Diz ele: "O fato de a antiga Roma, que só se orgulhava de conquistas e da virtude militar, ter subjugado tantos outros povos, é belo e glorioso de acordo com o mundo; mas não ficamos surpresos quando refletimos um pouco. O motivo da surpresa é bem outro, quando vemos a nova Roma, que só se orgulha do ministério apostólico, adquirir uma autoridade diante da qual os maiores monarcas foram obrigados a dobrar-se. Pois pode-se dizer que quase não há imperador que tenha feito frente aos papas, sem acabar mal, devido a essa resistência. Ainda hoje os desentendimentos dos príncipes mais poderosos com a cúria de Roma quase sempre terminam com a humilhação daqueles."

Não concordo de modo algum com Bayle. Poderá haver muita gente que não concorde comigo; mas, eis minha opinião, e que a refute quem queira.

1º Não foi com a humilhação dos príncipes de Orange e das sete Províncias Unidas que terminaram suas pendências com Roma; e Bayle, zombando de Roma em Amsterdam, era um belo exemplo do contrário.

Os triunfos da rainha Elisabeth, de Gustavo Vasa na Suécia, dos reis da Dinamarca, de todos os príncipes do Norte da Alemanha, da mais bela parte da Helvécia e da pequena cidade de Genebra sobre a política da cúria romana são bons testemunhos de que é fácil resistir-lhe em questões de religião e governo.

2º O saque de Roma pelas tropas de Carlos V, a prisão do papa Clemente VII no castelo Sant'Angelo, Luís XIV obrigando o papa Alexandre VII a pedir-lhe perdão e erigindo em Roma um monumento da submissão do papa, e, em nossos dias, a fácil destruição dos jesuítas, importantíssima milícia papal, na Espanha, na França, em Nápoles, em Goa e no Paraguai, tudo isso prova que, quando os príncipes poderosos estão descontentes com Roma, a briga não termina com a humilhação deles: poderão deixar-se dobrar, mas não serão humilhados.

3º Quando os papas passaram por cima dos reis, quando coroaram por meio de bulas, parece-me que, naqueles tempos de sua grandeza, fizeram precisamente o que faziam os califas sucessores de Maomé no tempo de sua decadência. Estes e aqueles, na qualidade de sacerdotes, conferiam aos mais fortes, em cerimônia, a investidura dos impérios.

4º Maimbourg diz: "Gregório VII fez o que nenhum papa jamais havia feito: privou Henrique IV de sua dignidade de imperador e de seus reinos da Germânia e de Itália."

Maimbourg se engana. O papa Zacarias, muito tempo antes, pusera uma coroa na cabeça do austrasiano Pepino, usurpador do reino dos francos; depois, o papa Leão III declarou o filho daquele Pepino imperador do ocidente, privando com isso a imperatriz Irene de todo esse império; a partir de então, deve-se admitir que não houve um único clérigo da Igreja romana que não imaginasse que seu bispo dispunha de todas as coroas.

Esse princípio sempre vigorou quando foi possível; era visto como arma sagrada a repousar na sacristia de são João Latrão, empunhada solenemente em todas as ocasiões. Essa prerrogativa é tão bela, eleva tão alto a dignidade de um exorcista nascido em Velletri ou Civita Vecchia, que, se Lutero, Ecolampado, João Calvino e todos os profetas de Cévennes tivessem nascido numa miserável aldeia das cercanias de Roma e tivessem sido tonsurados, teriam defendido aquela Igreja com a mesma sanha que ostentaram para destruí-la.

5º Logo, tudo depende do tempo e do lugar onde se nasce, bem como das circunstâncias encontradas. Gregório VII nasceu num século de barbárie, ignorância e superstição; estava lidando com um imperador jovem, devasso, inexperiente, sem dinheiro, cujo poder era contestado por todos os grandes senhores da Alemanha.

Não se deve crer que, depois do austrasiano Carlos Magno, o povo romano tenha demonstrado disposição para obedecer a francos ou teutões; ele os odiava tanto quanto os antigos e verdadeiros romanos teriam odiado os cimbros, caso os cimbros tivessem dominado a Itália. Os Othons tinham deixado em Roma lembranças execráveis porque tinham sido poderosos; e, depois deles, sabe-se que a Europa viveu uma anarquia medonha.

Essa anarquia não foi mais bem administrada pelos imperadores da casa de Francônia. Metade da Alemanha se sublevou contra Henrique IV; a grã-duquesa-condessa Matilde, sua prima-irmã, mais poderosa que ele na Itália, era sua inimiga mortal. Possuía ela, como feudos do império ou como bens alodiais, todo o ducado da Toscana, as regiões de Cremona, Ferrara, Mântua, Parma, uma parte das marcas de Ancona, Reggio, Modena, Spoletto e Verona; tinha direitos, ou seja, pretensões, sobre as duas Borgonhas. A chancelaria imperial reivindicava aquelas terras, como era seu costume reivindicar tudo.

Convenhamos que Gregório VII teria sido um imbecil se não tivesse lançado mão do profano e do sagrado para governar aquela princesa e obter seu apoio contra os alemães. Tornou-se seu diretor de consciência e, de diretor, passou a herdeiro.

Não examinarei a hipótese de ter sido seu amante, de ter fingido sê-lo, de seus inimigos terem fingido que o era, ou de, em momentos de ócio, ter aquele homenzinho petulante e vivaz abusado às vezes de sua penitente, que era mulher, fraca e caprichosa: nada é mais comum na ordem das coisas humanas. Mas, como de ordinário, não se tem registro disso; como ninguém aceita testemunhas para essas pequenas intimidades entre diretores e dirigidas, como essa acusação só foi feita a Gregório por seus inimigos, não devemos tomá-la aqui por prova: basta afirmar que Gregório pretendeu a posse de todos os bens de sua penitente, sem assegurar que tenha pretendido também a posse de sua pessoa.

6º A doação que ele conseguiu em 1077 da condessa Matilde é mais que suspeita; e prova de que não se pode confiar nela é que esse documento não só nunca foi apresentado, como também, num segundo documento, se diz que o primeiro foi perdido. Afirmava-se que a doação fora feita na fortaleza de Canossa; no segundo documento, diz-se que ela fora feita em Roma[47]. Isso poderia muito bem confirmar a opinião de alguns estudiosos talvez escrupulosos demais, segundo os quais de cada mil títulos de propriedade daquela época (e é um período bem longo), mais de novecentos eram visivelmente falsos.

Houve duas espécies de usurpador em nossa Europa, principalmente na Itália: os bandidos e os falsários.

7º Bayle, apesar de conceder a Gregório o título de *grande homem*, admite que aquele desordeiro denegriu seu heroísmo com suas profecias. Teve ele audácia de criar um imperador, e nisso fez bem, pois o imperador Henrique IV havia criado um papa. Henrique o depôs, e ele depôs Henrique: até aí, nada há que dizer, os dois estão empatados. Mas Gregório teve a ideia de bancar o profeta; predisse a morte de Henrique IV para o ano 1080; mas Henrique IV venceu, e o pretenso imperador Rodolfo foi derrotado e morto em Turíngia pelo famoso Godofredo de Bolonha, que, ao que tudo indica, merecia mais do que todos eles o título de grande homem.

Na minha opinião, isso prova que Gregório era mais entusiasta que hábil.

Subscrevo de todo o coração o que diz Bayle: "Quando alguém se põe a prever o futuro, acaba angariando, acima de tudo, uma tremenda caradura e um inesgotável cabedal de equívocos. Mas seus inimigos zombam de seus equívocos; também têm caradura, mas tratam o outro de maroto insolente e incompetente".

8º Nosso grande homem acabou por tomar de assalto a cidade de Roma em 1083; foi sitiado num castelo que depois se chamou Sant'Angelo por aquele mesmo imperador Henrique IV que ele ousara destronar. Morreu na miséria e desprezado em Salerno, sob a proteção do normando Roberto Guiscardo.

Que a Roma moderna me perdoe, mas, quando leio a história de gente como Cipião, Catão, Pompeu e César, custa-me pôr ao lado deles um monge faccioso, que se tornou papa com o nome de Gregório VII.

Depois disso, deram um título mais bonito ao nosso Gregório; fizeram-no santo, pelo menos em Roma. Foi o famoso cardeal Coscia que realizou essa canonização no tempo do papa Bento XIII. Chegou-se a imprimir um ofício de são Gregório VII, no qual se diz que "aquele santo livrou os fiéis da fidelidade que haviam jurado a seu imperador".

Vários parlamentos do reino quiseram mandar os executores de suas altas justiças queimar aquela lenda, mas o núncio Bentivoglio – que tinha por amante uma cantora de ópera, chamada Constituição, e, dessa cantora, uma filha chamada Lenda –, homem, aliás, muito cortês e de agradável companhia, conseguiu que o ministério se limitasse a condenar a lenda de Gregório, revogá-la e rir dela.

GUERRA (Guerre)

Todos os animais estão perpetuamente em guerra; cada espécie nasceu para devorar uma outra. Não há nem mesmo carneiros e pombas que deixem de engolir certa quantidade prodigiosa de animais imperceptíveis. Os machos de uma mesma espécie guerreiam entre si pelas fêmeas, assim como Menelau e Páris. Ar, terra e água são terrenos de destruição.

Parece que, como Deus deu razão aos homens, essa razão deveria adverti-los a não rebaixar-se a imitar os animais, sobretudo porque a natureza não lhes deu armas para matar seus semelhantes nem instinto que os leve a sugar-lhes o sangue.

---

47. Ver verbete Doações. (N. de Voltaire)

Contudo, a guerra fratricida é o quinhão horrendo que os homens compartilham a tal ponto, que, à exceção de duas ou três nações, não existe uma só cujas antigas histórias deixem de representar exércitos a combater uns contra os outros. No Canadá, *homem* e *guerreiro* são sinônimos, e nós já vimos que em nosso hemisfério *ladrão* e *soldado* eram a mesma coisa. Maniqueístas, aí está a vossa escusa.

O mais determinado dos aduladores admitirá sem dificuldade que a guerra sempre arrasta um séquito de peste e fome, desde que tenha visto os hospitais dos exércitos da Alemanha e tenha passado por algumas aldeias onde se tenha cometido algum grande feito de guerra.

Sem dúvida há muita arte em arrasar plantações, destruir habitações e levar à morte em um ano quarenta mil homens em cem mil. Essa invenção foi de início cultivada por nações reunidas em vista do bem comum; por exemplo, a dieta dos gregos declarou à dieta da Frígia e dos povos vizinhos que partiria com mil barcos de pesca para ir exterminá-los se conseguisse.

O povo romano reunido achava que era de seu interesse ir lutar antes da colheita contra o povo de Veios ou contra os volscos. E alguns anos depois todos os romanos, com muita raiva de todos os cartagineses, combateram durante muito tempo por mar e terra. As coisas não são as mesmas hoje.

Um genealogista prova a um príncipe que ele descende em linha reta de um conde cujos pais fizeram um pacto de família há trezentos ou quatrocentos anos com uma casa de que já nem se tem memória. Essa casa tinha remotas pretensões sobre uma província cujo último senhor morreu de apoplexia: o príncipe e seu conselho consideram evidente o seu direito. Essa província, que fica a algumas centenas de léguas distante dele, protesta em vão que não o conhece, que não tem a menor vontade de ser governada por ele e que, para ditar leis aos povos, é preciso pelo menos ter o seu consentimento; esses discursos nem sequer chegam aos ouvidos do príncipe, cujo direito é incontestável. Ele encontra imediatamente um grande número de homens que nada têm para perder, veste-os com um grosso tecido azul de cento e dez soldos a alna, orla seus chapéus com um grosso fio branco, manda-os volver à direita e à esquerda e marcha para a glória.

Os outros príncipes, ouvindo falar desse cometimento, dele participam, cada um segundo seu poder, e cobrem uma nesga de terra com mais assassinos mercenários do que Gengis Khan, Tamerlão e Bajazé arrastaram atrás de si.

Povos bem distantes ouvem dizer que haverá uma batalha, e que podem ganhar cinco ou seis soldos por dia, se quiserem participar; logo se dividem em dois bandos, como segadores, e vão vender seus serviços a quem os queira empregar.

Essas multidões engalfinham-se, não só sem ter nenhum interesse no litígio, como também sem saber até de que se trata.

Veem-se ao mesmo tempo cinco ou seis potências beligerantes, ora três contra três, ora duas contra quatro, ora uma contra cinco, detestando-se todas igualmente umas às outras, unindo-se e atacando-se alternadamente, todas de acordo sobre um único ponto: o de fazer todo o mal possível.

O mais espantoso dessa empresa infernal é que cada comandante de assassinos manda benzer suas bandeiras e invoca Deus solenemente antes de ir exterminar seu próximo. O comandante que tiver a felicidade de causar a morte de apenas dois ou três mil homens não agradecerá a Deus; mas, quando extermina uns dez mil com ferro e fogo e, para cúmulo da felicidade, destrói alguma cidade de alto a baixo, então se canta a quatro vozes uma canção bem comprida, composta numa língua desconhecida de todos aqueles que combateram, e, além de tudo, recheada de barbarismos. A mesma canção serve para casamentos e nascimentos, assim como para assassinatos; e isso é imperdoável, sobretudo numa nação de grande fama por suas novas canções.

A religião natural impediu milhares de vezes que os cidadãos cometessem crimes. Uma alma bem-nascida não tem vontade de cometê-los, uma alma sensível abomina-os; para ela, Deus é justo e vingador. Mas a religião artificial incentiva todas as crueldades cometidas em grupo, conjurações, sedições, banditismos, emboscadas, tomadas de cidades, pilhagens, assassinatos. Todos marcham alegremente para o crime sob a bandeira de seu santo.

Paga-se em todo lugar certo número de oradores para celebrar essas jornadas homicidas; uns se vestem de gibão longo e preto, guarnecido de um manto curto; outros usam camisa por cima de uma túnica; outros ainda usam dois panos variegados pendentes sobre a camisa. Todos falam por muito tempo; citam o que se fez outrora na Palestina, para referir-se a um combate na Veterávia[48].

No resto do ano essas pessoas declamam contra os vícios. Provam em três pontos e por antítese que as senhoras que passam ligeira camada de carmim nas faces frescas serão alvo eterno das vinganças eternas do Eterno; que *Polieuto* e *Atália* são obras do demônio; que o homem que mandar servir à mesa, por duzentos escudos, peixe fresco em dia de quaresma, salvará sem falta a sua alma; e que o pobre que comer carneiro por dois soldos e meio irá para todos os diabos sem remissão.

Das cinco ou seis mil declamações dessa espécie, há três ou quatro, no máximo, compostas por um gaulês chamado Massillon, que um homem de bem pode ler sem náusea; mas, em todos esses discursos, mal se encontram dois nos quais o orador ousa proferir algumas palavras contra esse flagelo e esse crime da guerra, que contém todos os flagelos e todos os crimes. Os infelizes oradores falam o tempo todo contra o amor, que é a única consolação do gênero humano e a única maneira de corrigi-lo; nada dizem sobre os esforços abomináveis que envidamos para destruí-lo.

Fizestes um péssimo sermão sobre a impureza, ó Bourdaloue, mas nenhum sobre esses assassinatos cometidos de modos tão variados, sobre esses banditismos, essa rapina, essa sanha universal que devasta o mundo. Todos os vícios reunidos de todas as eras e de todos os lugares nunca se igualarão aos males produzidos por uma única campanha.

Miseráveis médicos das almas, vociferais durante uma hora e quinze minutos sobre pequenas ofensas e não dizeis nada sobre a doença que nos estraçalha! Filósofos moralistas, queimai todos os vossos livros. Enquanto o capricho de alguns homens matar licitamente milhões de nossos irmãos, a parcela do gênero humano consagrada ao heroísmo será o que de mais hediondo existe na natureza inteira.

Que me importam a humanidade, a beneficência, a humildade, a temperança, a mansidão, a sabedoria, a piedade, se meia libra de chumbo atirada de seiscentos passos de distância despedaça-me o corpo, e eu morro com vinte anos em tormentos inexprimíveis, em meio a cinco ou seis mil moribundos, se meus olhos, abrindo-se pela última vez, enxergam a cidade onde nasci destruída pelo ferro e pelo fogo, e se os últimos sons que chegam a meus ouvidos são gritos de mulheres e crianças que expiram sob ruínas, tudo pelos pretensos interesses de um homem que não conhecemos?

O pior é que a guerra é um flagelo inevitável. Se prestarmos atenção, veremos que todos os homens adoraram o deus Marte; Sabaoth entre os judeus significa deus das armas; mas Minerva, em Homero, chama Marte de deus furioso, insano e infernal.

O famoso Montesquieu, que era tido como humano, não obstante disse que é justo levar o ferro e o fogo aos vizinhos, quando tememos que eles façam negócios bons demais. Se é esse o espírito das leis, trata-se das leis de Borgia e Maquiavel. Se, infelizmente, ele estiver dizendo a verdade, é preciso escrever contra essa verdade, embora ela seja provada pelos fatos.

Vejamos o que diz Montesquieu[49]:

"Entre as sociedades o direito de defesa natural às vezes provoca a necessidade de atacar, quando um povo percebe que uma paz mais longa deixaria o outro em condições de destruí-lo, e que o ataque nesse momento é o único meio de impedir essa destruição."

---

48. Wetteraw. (N. da T.)
49. *Espírito das leis*, liv. X, cap. II. (N. de Voltaire)

Como o ataque em plena paz pode ser o único meio de impedir essa destruição? Precisareis, portanto, ter certeza de que esse vizinho causará a vossa destruição caso se torne poderoso. Para terdes essa certeza, será preciso que ele tenha feito já os preparativos para a destruição. Nesse caso, foi ele que começou a guerra, e não vós; vossa suposição é falsa e contraditória.

Se jamais houve alguma guerra evidentemente injusta, é essa que estais propondo; é ir matar o próximo para que o próximo (que não está atacando) não venha a ter condições de atacar: ou seja, é preciso arriscar-se a arruinar o próprio país na esperança de arruinar sem razão o país de um outro; isso, sem dúvida, não é honesto nem útil, pois nunca há certeza de sucesso; vós bem o sabeis.

Se vosso vizinho se tornar poderoso demais em tempos de paz, o que vos impede de tornar-vos poderoso como ele? Se ele fez alianças, fazei-as também. Se, por ter menos religiosos, ele tem mais manufatureiros e soldados, imitai-o nessa sábia economia. Se ele exercita melhor seus marinheiros, exercitai os vossos: tudo isso é muito justo. Mas expor vosso povo à mais horrível miséria, com a ideia tão frequentemente quimérica de subjugar vosso caro irmão, o sereníssimo príncipe limítrofe! Não cabia a um presidente honorário de uma sociedade pacífica dar-vos semelhante conselho.

HÁBIL, HABILIDADE (Habile, habilité)

Hábil, que é um adjetivo, como quase todos os outros tem acepções diversas, dependendo do modo como é empregado. Evidentemente, vem do latim *habilis*, e não do celta *habil*, como afirma Pezron. O mais importante, porém, é saber a significação das palavras, e não sua origem.

Em geral, hábil significa mais do que capaz, mais do que instruído, seja quando se fala de um artista, de um general, de um erudito ou de um juiz. Alguém pode ter lido tudo o que se escreveu sobre a guerra, pode até ter presenciado uma guerra, e não ser hábil para fazê-la. Pode ser capaz de comandar, mas, para adquirir o nome de general hábil, precisará ter comandado várias vezes com sucesso.

Um juiz pode conhecer todas as leis e não ser hábil para aplicá-las. O erudito pode não ser hábil para escrever nem para ensinar. O homem hábil, portanto, é aquele que faz grande uso daquilo que sabe; o capaz pode, o hábil executa. Essa palavra não convém às artes que dependem do puro gênio; não se diz um poeta hábil, um orador hábil; e, se isso alguma vez for dito de algum orador, será porque ele se esquivou com habilidade, destreza, de algum assunto espinhoso.

Por exemplo, Bossuet, precisando tratar, na oração fúnebre do grande Condé, das suas guerras civis, diz que há uma penitência tão gloriosa quanto a própria inocência. Esse trecho é manipulado com habilidade, e no resto ele fala com grandeza.

Diz-se que é hábil o historiador que hauriu informações em boas fontes, que comparou relatos, julgou com sensatez, enfim, trabalhou muito. Se também tiver o dom de narrar com a eloquência conveniente, será mais do que hábil, será grande historiador, como Tito Lívio, De Thou etc.

O qualificativo hábil convém às artes que dependem, ao mesmo tempo, do intelecto e das mãos, tal como a pintura e a escultura. Fala-se de pintor hábil, escultor hábil, porque essas artes pressupõem longo aprendizado, ao passo que se é poeta quase que de repente, como Virgílio, Ovídio etc., e é possível ser orador sem ter estudado muito, como ocorre com tantos pregadores.

Por que então se fala em pregador hábil? Porque se dá mais atenção à arte do que à eloquência; não é um grande elogio. Ninguém diz do sublime Bossuet: é um *hábil criador de orações fúnebres*. Um simples instrumentista é hábil: um compositor precisa ser mais do que hábil, precisa ter gênio. O empreiteiro trabalha com competência naquilo que um homem de gosto desenhou com habilidade.

No estilo cômico, hábil pode significar diligente, expedito. Molière põe na boca do sr. Loyal:

*Il vous faut être habile
A vider de céans jusqu'au moindre ustensile.*
   [O senhor deve ser hábil
Para esvaziar esta casa até o mínimo utensílio.]
(*Tartufo*, ato V, cena IV)

Um homem hábil nos negócios é bem informado, prudente e ativo: se lhe faltar um desses três méritos, ele não será hábil.

Hábil cortesão implica mais censura do que elogio: quer dizer, com frequência, hábil bajulador; também pode significar apenas um homem jeitoso, que não é vil nem malvado. A raposa, interrogada pelo leão sobre o odor exalado por seu palácio, responde que está resfriada: isso é ser hábil cortesão. A raposa que, para se vingar da calúnia do lobo, aconselha ao velho leão a pele de um lobo recém-escorchado, para aquecer Sua Majestade, é cortesão mais do que hábil. Em consequência disso, se dirá um malandro hábil, criminoso hábil.

Hábil, em jurisprudência, significa reconhecidamente capaz, de acordo com a lei; capaz, então, quer dizer ter direito ou poder ter direito. Alguém é hábil para suceder; as moças às vezes são hábeis para possuir um pariato, mas não são hábeis para suceder no trono.

Com essa palavra usam-se as preposições *em* e *para*. Diz-se hábil numa arte; hábil no manejo da tesoura; hábil para esse serviço.

Aqui não nos delongaremos a falar de moral, a tratar do perigo de querer ser hábil demais, ou de fazer-se de hábil; sobre os riscos a que se expõem as mulheres chamadas hábeis, quando querem governar a casa sem auxílio. Tememos inflar este dicionário com declamações inúteis. Aqueles que dirigem essa grande e importante obra devem tratar, ao longo dos verbetes, sobre artes e ciências que instruem o público; e aqueles a quem eles confiam composições de pequenos verbetes sobre literatura devem ter o mérito de ser breves.

Habilidade. Essa palavra está para a capacidade assim como hábil está para capaz: habilidade numa ciência, numa arte, na conduta.

Para exprimir uma qualidade adquirida, diz-se: ele tem habilidade. Para exprimir uma ação, diz-se: ele conduziu a questão com habilidade.

Habilmente tem as mesmas acepções: ele trabalha, joga, ensina habilmente; superou habilmente uma dificuldade. Não vale a pena falar mais sobre essas pequenas coisas.

HEMISTÍQUIO (Hémistiche)

Hemistíquio, ἡμιστίχιον, *s. m.*: metade de verso, meio verso, pausa no meio do verso. Este verbete, que, à primeira vista, parece uma minúcia, exige, porém, toda a atenção de quem quiser instruir-se. Essa pausa na metade de um verso é, propriamente, apanágio dos versos alexandrinos. A necessidade de sempre dividir esse verso em duas partes iguais e a necessidade, não menos importante, de evitar a monotonia, de observar essa pausa e de ocultá-la são grilhões que tornam a arte mais preciosa porque mais difícil.

Vejamos alguns versos técnicos que propomos (por mais fracos que sejam) para mostrar com que método se deve quebrar a monotonia que a lei do hemistíquio parece conter em si:

Observez l'hémistiche, et redoutez l'ennui
Qu'un repos uniforme attache auprès de lui.
Que votre phrase heureuse, et clairement rendue,
Soit tantôt terminée, et tantôt suspendue;
C'est le secret de l'art. Imitez ces accents
Dont l'aisé Jéliotte avait charmé nos sens.
Toujours harmonieux, et libre sans licence,
Il n'appesantit point ses sons et sa cadence.
Sallé, dont Terpsichore avait conduit les pas,
Fit sentir la mesure, et ne la marqua pás.
[Observai o hemistíquio e temei o enfado
Que uma pausa uniforme está sempre ensejando.

Que uma frase feliz, e claramente expressa,
Ora seja acabada, ora seja suspensa;
É o segredo da arte. Imitai os acentos
Com que o fácil Jeliote encantou nossos sensos.
Sendo sempre harmonioso e livre sem licença,
Não pesavam seus sons, nem a sua cadência.
Sallé, que Terpsichore havia orientado,
Fez sentir a medida, e nunca demarcou.]

Quem não tiver ouvidos pode apenas consultar os pontos e as vírgulas desses versos; verá que, apesar de estarem sempre divididos em duas partes iguais de seis sílabas cada uma, a cadência sempre varia; a frase está contida em meio verso, em um verso inteiro ou em dois. O sentido pode até mesmo ser completado no fim de seis ou oito versos; é essa mistura que produz uma harmonia notável, cuja causa poucos leitores percebem.

Vários dicionários dizem que hemistíquio é o mesmo que cesura, mas há uma grande diferença. O hemistíquio está sempre na metade do verso, ao passo que a cesura, que interrompe o verso, está em todo lugar onde a frase é interrompida.

Tiens, le voilà, marchons, il est à nous, viens, frappe.
[Olha, ei-lo, avante, ele é nosso, vem, fere.]

Quase cada palavra é uma cesura nesse verso.

Hélas! quel est le prix des vertus? la souffrance.
[Ai! A virtude tem que preço? O sofrimento.]

Aí a cesura está na nona sílaba.
No verso de cinco pés ou dez sílabas, não há hemistíquio, digam o que disserem os dicionários; só há cesuras: esses versos só podem ser divididos em duas partes iguais de dois pés e meio.

Ainsi partagés, – boiteux et mal faits,
Ces vers languissants – ne plairaient jamais.
[Cortados assim, – mancos, malfeitos,
Este verso frouxo – agradar não pode.]

Antigamente, quiseram fazer versos dessa espécie, no tempo em que se procurava harmonia, que só a duras penas foi encontrada. Afirmava-se que assim se imitavam os versos pentâmetros latinos, os únicos que têm, naturalmente, esse hemistíquio: mas não se pensava que os versos pentâmetros tinham variação proporcionada pelos espondeus e pelos dátilos, que seus hemistíquios podiam conter cinco, seis ou sete sílabas. Mas, como esse tipo de verso francês, ao contrário, só pode ter hemistíquios de cinco sílabas iguais, e como essas duas medidas são curtas e próximas demais, o resultado é, necessariamente, a uniformidade enfadonha que não pode ser rompida como nos versos alexandrinos. Ademais, o verso pentâmetro latino, vindo depois de um hexâmetro, produzia uma variedade que nos falta.

Esses versos de cinco pés e dois hemistíquios iguais podiam ser tolerados nas canções; foram inventados para a música por Safo, entre os gregos, e Horácio às vezes os imitou, quando o canto era somado à poesia, segundo sua primeira instituição. Entre nós, seria possível introduzir no canto essa medida que se aproxima da sáfica:

> *L'amour est un dieu – que la terre adore;*
> *Il fait nos tourments; – il sait les guérir:*
> *Dans un doux repos, – heureux qui l'ignore*
> *Plus heureux cent fois – qui peut le servir.*
> [Um deus é o amor – que a terra venera;
> Tormentos nos dá; – e os sabe curar:
> É muito feliz, – quem não o conhece
> Mais feliz porém – quem pode servi-lo.]

Mas esses versos não poderiam ser tolerados em obras de fôlego, devido à uniformidade da cadência. Os versos de dez sílabas ordinárias são de outra medida; a cesura sem hemistíquio está quase sempre no fim do segundo pé; desse modo, o verso muitas vezes tem duas medidas, uma de quatro, outra de seis sílabas. Mas muitas vezes ela também tem outra posição, tão necessária é a variedade.

> *Languissant, faible, et courbé sous les maux,*
> *J'ai consumé mes jours dans les travaux.*
> *Quel fut le prix de tant de soins? l'envie;*
> *Son souffle impur empoisonna ma vie.*
> [Lânguido, fraco e curvo sob os males,
> Eu consumi meus dias em trabalhos.
> Qual foi a paga desse afã? A inveja;
> Envenenou-me a vida o impuro alento.]

No primeiro verso, a cesura está depois da palavra *faible* [fraco]; no segundo, depois de *jours* [dias]; no terceiro, está ainda mais longe, depois de *soins* [afãs]; no quarto, depois de *impur* [vida, na tradução].

Nos versos de oito sílabas, não há hemistíquio nem cesura:

> *Loin de nous ce discours vulgaire,*
> *Que la nature dégénère,*
> *Que tout passe et que tout finit.*
> *La nature est inépuisable*
> *Et le travail infatigable*
> *Est un dieu qui la rajeunit.*
> [Deixe-se de fala vulgar,
> Que a natureza degenera,
> Que tudo passe e que termine.
> A natureza não se esgota;
> E o trabalhar infatigável
> É um deus que rejuvenesce.]

No primeiro verso, se houvesse cesura, seria na sexta sílaba. No terceiro, seria na terceira sílaba, *passe*, ou melhor, na quarta, *se*, que se confunde com a terceira, *pas*; mas, na verdade, não há cesura. A harmonia dos versos dessa medida consiste na escolha feliz das palavras e nas rimas cruzadas; mérito precário, sem os pensamentos e as imagens.

Os gregos e os latinos não tinham hemistíquios em seus versos hexâmetros. Os italianos não os têm em nenhuma de suas poesias:

> *Le donne, i cavalier, l'arme, gli amori,*
> *Le cortesie, l'audaci imprese io canto*
> *Che furo al tempo che passaro i Mori*
> *D'Africa il mare, e in Francia nocquer tanto etc.*
> [Damas e cavaleiros, armas, amores,
> Cortesias, ousadas empresas canto
> Dos tempos em que os mouros atravessaram
> Os africanos mares, e em França tanto etc.]
> (ARIOSTO, canto I, est. I)

Esses versos são contados em onze sílabas, e o gênio da língua italiana o exige. Se houvesse hemistíquio, ele precisaria cair no segundo pé e três quartos.

A poesia inglesa está no mesmo caso. Os grandes versos ingleses são de dez sílabas; não têm hemistíquios, mas têm cesuras marcadas:

> *At Tropington – not far from Cambridge, stood*
> *A cross, a pleasing stream – a bridge of wood,*
> *Near it a mill – in low and plashy ground,*
> *Where corn for all the neighbouring parts – was found.*
> [Em Tropington – não longe de Cambridge, havia
> Uma cruz, um riacho agradável – uma ponte de madeira,
> Perto dela um moinho – em terreno baixo e pantanoso
> Onde milho para toda a vizinhança – foi encontrado.]

As cesuras diferentes desses versos estão indicadas pelos travessões.

De resto, é ocioso dizer que esses versos estão no começo do antigo conto italiano sobre o berço, tratado depois por La Fontaine. Mas é útil que os amadores saibam que os ingleses e italianos não só estão livres das injunções do hemistíquio, como também se permitem *hiatos* que ferem nossos ouvidos; a essas liberdades eles somam a liberdade de alongar e abreviar as palavras segundo a necessidade, de mudar sua terminação, de lhes retirar letras; enfim, em suas peças dramáticas e em alguns poemas, eles sacudiram o jugo da rima: desse modo, é mais fácil fazer cem versos italianos e ingleses passáveis do que dez franceses, de igual qualidade.

Os versos alemães têm hemistíquio; os espanhóis não. Assim, difere o gênio de cada língua, que depende em grande parte do gênio das nações. Esse gênio, que consiste na construção de frases, nos termos de maior ou menor extensão, na facilidade das inversões, nos verbos auxiliares, na maior ou menor quantidade de artigos, na mistura mais ou menos feliz de vogais e consoantes, esse gênio, dizia eu, determina todas as diferenças que se encontram na poesia de todas as nações. O hemistíquio, evidentemente, depende desse gênio das línguas.

Pouca coisa é um hemistíquio. Essa palavra mal pareceria merecer um verbete; no entanto, fomos obrigados a nos delongar um pouco. Nada deve ser desprezado nas artes; as menores regras às vezes são de grande importância. Essa observação serve para justificar a imensidão deste *Dicionário* e deve inspirar reconhecimento, pelo prodigioso trabalho daqueles que empreenderam uma obra que deve rejeitar declamações, paradoxos e opiniões infundadas, mas exige que tudo seja aprofundado.

HERESIA (Hérésie)

Primeira seção

Palavra grega que significa *crença, opinião de escolha*. Não é motivo de orgulho para a razão humana o fato de ter havido tanto ódio, tanta perseguição, tantos massacres e tantas fogueiras por causa de opiniões escolhidas; mas o que é motivo de menos orgulho ainda para nós é o fato de essa mania nos ter sido peculiar, tal como a lepra o era aos hebreus, e outrora a sífilis aos caraíbas.

Sabemos muito bem, teologicamente falando, que, como a heresia se tornou crime, e a palavra, injúria; sabemos, repito, que, como só a Igreja latina podia ter razão, era seu direito reprovar todos aqueles que tivessem opinião diferente da sua.

Por outro lado, a Igreja grega tinha o mesmo direito[1]; por isso, reprovou os romanos, quando eles escolheram opinião diferente da dos gregos sobre a processão do Espírito Santo, as carnes da quaresma, a autoridade do papa etc. etc.

Mas com base em que fundamento quem era mais forte chegou ao ponto de mandar queimar aqueles que tinham opiniões de escolha? Estes eram decerto criminosos perante Deus, porque teimosos; logo, como ninguém duvida, deviam arder por toda a eternidade no outro mundo, mas por que os queimar em fogo brando neste mundo? Alegava-se que com isso se agia em lugar da justiça de Deus, que esse suplício era duro demais da parte dos homens, que, além disso, era inútil, pois uma hora de sofrimento somada à eternidade é como zero.

As almas piedosas respondiam a tais censuras que nada era mais justo do que colocar sobre brasas ardentes qualquer um que tivesse uma *opinião escolhida*; que era conformar-se a Deus mandar queimar aqueles que ele mesmo queimaria; enfim, como uma fogueira de uma hora ou duas é zero em relação à eternidade, pouco importava que se queimassem cinco ou seis províncias por opiniões de escolha, por heresias.

Hoje perguntamos em que povo antropófago essas questões foram discutidas, e essas soluções provadas pelos fatos: somos obrigados a confessar que foi entre nós mesmos, nas mesmas cidades onde se encontra quem faça ópera, comédias, balés, moda, amor.

Infelizmente, foi um tirano quem introduziu o método de matar hereges; não um daqueles tiranos equívocos que são vistos como santos por uma facção e monstros por outra: era um certo Máximo, concorrente de Teodósio I, tirano confirmado pelo império inteiro no rigor da palavra.

Mandou matar em Trier, pela mão dos carrascos, o espanhol Prisciliano e seus adeptos, cujas opiniões foram consideradas errôneas por alguns bispos da Espanha[2]. Aqueles prelados exigiram o suplício dos priscilianistas com uma devoção tão ardente, que Máximo não pôde recusar. Também não pôde negar-lhes a decapitação de são Martinho como herege. Ficou muito feliz quando pôde sair de Trier e voltar para Tours.

Basta um exemplo para que se estabeleça um uso. O primeiro dos citas que escarafunchou o cérebro do inimigo e fez uma taça com seu crânio foi seguido por tudo o que havia de mais ilustre entre os citas. Assim, ficou consagrado o costume de empregar carrascos para cortar *opiniões*.

Nunca se viu heresia entre as antigas religiões, porque elas só conheciam a moral e o culto. Assim que a metafísica foi um pouco associada ao cristianismo, começou-se a discutir; e da discussão nasceram diferentes correntes, como nas escolas de filosofia. Era impossível que aquela metafísica deixasse de misturar suas incertezas à fé devida a Jesus Cristo. Este não tinha deixado nada escrito, e sua encarnação era um problema que os novos cristãos, que não tinham sido ins-

---

1. Ver verbete Concílio, os concílios de Constantinopla. (N. de Voltaire)
2. *História da Igreja*, século IV. (N. de Voltaire)

pirados por ele mesmo, resolviam de várias maneiras diferentes. *Todos tomavam partido,* como dizia expressamente são Paulo[3]; *uns eram a favor de* Apolo, *outros, de* Cefas.

Os cristãos, em geral, durante muito tempo foram chamados de nazarenos; e mesmo os gentios quase não lhes deram outro nome durante os dois primeiros séculos. Mas logo surgiu uma escola de nazarenos que adotou um Evangelho diferente dos quatro canônicos. Chegou-se a dizer que aquele Evangelho diferia pouquíssimo do Evangelho de São Mateus, e que lhe era anterior. Para santo Epifânio e são Jerônimo, os nazarenos foram o berço do cristianismo.

Aqueles que se acharam mais doutos que os outros assumiram o título de gnósticos, os *conhecedores*; e, durante muito tempo, esse nome foi tão honroso, que são Clemente de Alexandria, em seus *Stromata*[4], sempre chama os bons cristãos de verdadeiros gnósticos. "Felizes aqueles que entraram na santidade gnóstica!"

"Aquele que merece o nome de gnóstico[5] resiste aos sedutores e dá a quem pede."

O quinto e o sexto livro de *Stromata* versam apenas sobre a perfeição do gnóstico.

Os ebionitas eram, incontestavelmente, do tempo dos apóstolos; esse nome, que significa *pobre*, tornou-lhes estimável a pobreza na qual Jesus nascera[6].

Cerinto também era antigo[7]; atribuíam-lhe o Apocalipse de são João. Acredita-se até que são Paulo e ele tiveram violentas discussões.

Parece a nosso fraco entendimento que seria de se esperar dos primeiros discípulos uma declaração formal, uma profissão de fé cabal e inalterável que pusesse fim a todas as disputas passadas e prevenisse todas as polêmicas futuras: Deus não permitiu que isso ocorresse. O chamado *símbolo dos apóstolos,* que é curto e no qual não se encontram a consubstancialidade, a palavra *trindade* nem os sete sacramentos, só apareceu no tempo de são Jerônimo, de santo Agostinho e de Rufino, célebre sacerdote de Aquileia. Segundo dizem, foi esse santo sacerdote, inimigo de são Jerônimo, que o redigiu.

As heresias tiveram tempo de multiplicar-se: contavam-se mais de cinquenta já no século V.

Sem ousar perscrutar os caminhos da Providência, que são impenetráveis para o espírito humano, e consultando, naquilo que nos é permitido, as fracas luzes de nossa débil razão, parece que, entre tantas opiniões sobre tantas questões, sempre houve alguma que deveria prevalecer. Esta era a ortodoxa, o *reto ensino.* Os outros grupos também se diziam ortodoxos, mas, sendo os mais fracos, só receberam o nome de *heréticos*.

Quando, com o passar do tempo, a Igreja cristã oriental, mãe da Igreja do ocidente, rompeu irremediavelmente com sua filha, cada uma se tornou soberana em seu território, tendo suas respectivas heresias nascidas da opinião dominante.

Os bárbaros do Norte, cristãos recentes, não puderam ter os mesmos sentimentos das regiões meridionais, porque não puderam adotar os mesmos usos. Por exemplo, durante muito tempo não puderam adorar imagens porque não tinham pintores nem escultores. Era bem perigoso batizar uma criança no inverno no Danúbio, no Weser e no Elba.

Não era fácil para os habitantes das costas do mar Báltico saber precisamente quais eram as opiniões das regiões de Milão e das Marcas de Ancona. Os povos do Sul e do Norte da Europa, portanto, tiveram *opiniões escolhidas* que eram diferentes entre si. Parece-me ser essa a razão pela qual Cláudio, bispo de Turim, conservou no século IX todos os usos e todos os dogmas aceitos nos séculos VIII e VII, desde as terras dos alóbrogos até o Elba e o Danúbio.

---

3. I Ep. aos Coríntios, cap. I, v. 11 e 12. (N. de Voltaire)
4. Liv. I, n. 7. (N. de Voltaire)
5. Liv. IV, n. 4. (N. de Voltaire)
6. Parece pouco provável que os outros cristãos os tivessem chamado *ebionitas* para dar a entender que eles eram *pobres de espírito.* Afirma-se que eles diziam que Jesus era filho de José. (N. de Voltaire)
7. Cerinto e seus adeptos diziam que Jesus só se tornara Cristo após o batismo. Cerinto foi o primeiro autor da doutrina do reino de mil anos, abraçada por tantos Padres da Igreja. (N. de Voltaire)

Tais dogmas e usos se perpetuaram nos vales, no sopé das montanhas e nas margens do Ródano, entre povos ignorados, que a depredação generalizada deixava em paz em seu retiro e sua pobreza, até que, no fim, eles apareceram no século XII com o nome de valdenses e, no século XIII, com o de albigenses. Sabe-se como suas *opiniões escolhidas* foram tratadas, como se rezou contra eles nas cruzadas, como foram massacrados e como, desde então até nossos dias, não houve um único ano de paz e tolerância na Europa.

É um grande mal ser herege; mas será um grande bem sustentar a ortodoxia com soldados e carrascos? Não valeria mais a pena que cada um comesse seu pão em paz à sombra de sua figueira? Essa é uma proposta que faço tremendo de medo.

Segunda seção
Da extirpação das heresias

Terceira seção

É de lamentar a perda de um relatório que Estratégio escreveu sobre as heresias, por ordem de Constantino. Amiano Marcelino[8] informa que aquele imperador, querendo saber exatamente as opiniões das seitas e não encontrando ninguém capacitado para lhe dar justos esclarecimentos a respeito, encarregou aquele oficial, que se desincumbiu tão bem, que Constantino quis que a partir de então lhe fosse dado o nome de Musoniano. O sr. de Valois, em suas notas sobre Amiano, observa que Estratégio, que foi prefeito do oriente, era dotado de saber, eloquência, moderação e brandura; é esse, pelo menos, o elogio feito por Libânio.

A escolha de um laico por parte daquele imperador prova que nenhum eclesiástico de então tinha as qualidades essenciais para uma tarefa tão delicada. De fato, santo Agostinho[9] observa que um bispo de Bresse, chamado Filástrio, cuja obra se encontra na Biblioteca dos Padres da Igreja, depois de somar até mesmo as heresias que apareceram entre os judeus antes de Jesus Cristo, enumerou vinte e oito daquelas e cento e vinte e oito depois de Jesus Cristo; por outro lado, santo Epifânio, somando os dois tipos, só chega a oitenta. A razão atribuída por santo Agostinho a essa diferença é que aquilo que parece heresia a um não parece a outro. Por isso, esse Padre diz aos maniqueístas[10]: "Nós nos abstemos de tratar-vos com rigor; deixamos que assim se comportem aqueles que não sabem do trabalho necessário para se encontrar a verdade, nem como é difícil garantir-se contra os erros; deixamos essa conduta para aqueles que não sabem de quantos suspiros e gemidos precisa aquele que queira adquirir um pouco de conhecimento sobre a natureza divina. Quanto a mim, devo suportar-vos, assim como me suportaram outrora, e demonstrar para convosco a mesma tolerância que foi demonstrada para comigo, quando eu estava perdido."

No entanto, se lembrarmos as imputações infames, sobre as quais dissemos algumas palavras no verbete Genealogia, e as abominações de que aquele padre acusava os maniqueístas na celebração de seus mistérios, como vemos no verbete Fervor, ficaremos convencidos de que a tolerância nunca foi virtude do clero. Já vimos no verbete Concílio as sedições que foram incitadas pelos eclesiásticos no tempo do arianismo. Eusébio conta[11] que houve lugares onde foram derrubadas estátuas de Constantino, porque este queria que os arianos fossem tolerados; e Sozomeno[12]

---

8. Liv. XV, cap. XIII. (N. de Voltaire)
9. Carta CCXXII. (N. de Voltaire)
10. Carta contra a de Manes, cap. II e III. (N. de Voltaire)
11. *Vida de Constantino*, liv. III, cap. IV. (N. de Voltaire)
12. *Idem*, liv. IV, cap. XXI. (N. de Voltaire)

diz que, com a morte de Eusébio de Nicomédia, o ariano Macedônio disputou a sé de Constantinopla com Paulo, o Católico, ocasião em que a conturbação e a confusão se tornaram tão grandes na Igreja da qual um queria expulsar o outro, que os soldados, acreditando que o povo se sublevava, investiu contra ele; houve luta, e mais de três mil pessoas morreram pela espada ou sufocadas. Macedônio subiu ao trono episcopal, logo se apoderou de todas as igrejas e perseguiu cruelmente os novacianos e os católicos. Foi para vingar-se destes últimos que ele negou a divindade do Espírito Santo, assim como reconheceu a divindade do Verbo, negada pelos arianos, para desafiar Constâncio, protetor deles, que o depusera.

O mesmo historiador acrescenta[13] que, com a morte de Atanásio, os arianos, apoiados por Valens, prenderam, agrilhoaram e mataram aqueles que continuavam ligados a Pedro, indicado por Atanásio para ser seu sucessor. Vivia-se em Alexandria como se a cidade tivesse sido tomada de assalto. Os arianos logo se apoderaram das igrejas, e ao bispo instalado pelos arianos deu-se o poder de banir do Egito todos os que continuassem ligados à fé de Niceia.

Lemos em Sócrates[14] que, depois da morte de Sisínio, a Igreja de Constantinopla se dividiu mais ainda em torno da escolha de seu sucessor, e Teodósio, o Jovem, investiu do poder patriarcal o fogoso Nestório. Em seu primeiro sermão, ele diz ao imperador: "Dai-me a terra expurgada de hereges, e eu vos darei o céu; ajudai-me a exterminar os hereges, e eu vos prometo socorro eficaz contra os persas." Em seguida, expulsou os arianos da capital, armou o povo contra eles, derrubou suas igrejas e obteve do imperador editos rigorosos para acabar de exterminá-los. Depois, utilizou-se de seu crédito para mandar deter, prender e chicotear os cabeças do povo que o tinham interrompido em meio a outro discurso, no qual pregava sua própria doutrina, que logo foi condenada no concílio de Éfeso.

Fócio conta[15] que, quando o sacerdote chegava ao altar, era costume na Igreja de Constantinopla o povo cantar: "Deus santo, Deus forte, Deus imortal"; era o que se chamava *trisagion*. Pedro, o Pisoeiro, acrescentara estas palavras: "Que fostes crucificado por nós, tende piedade de nós." Os católicos acreditaram que esse acréscimo continha o erro dos eutiquianos teopasquitas, segundo os quais a Divindade sofrera; no entanto, cantavam o *trisagion* com esse acréscimo, para não irritar o imperador Anastácio, que acabava de depor outro Macedônio e de pôr Timóteo em seu lugar, que ordenara o canto desse acréscimo. Mas, um dia, alguns monges entraram na igreja e, em vez desse acréscimo, cantaram um versículo do salmo; o povo logo exclamou: "Os ortodoxos vieram em boa hora." Todos os partidários do concílio de Calcedônia cantaram com os monges o versículo do salmo; os eutiquianos acharam ruim; o ofício é interrompido, briga-se na igreja, o povo sai, arma-se, incendeia a cidade e comete carnificinas; os ânimos só se apaziguam depois da morte de mais de dez mil pessoas[16].

No fim, o poder imperial estabeleceu em todo o Egito a autoridade daquele concílio de Calcedônia; contudo, mais de cem mil egípcios massacrados em diferentes ocasiões, por se terem recusado a reconhecer aquele concílio, haviam incutido no coração de todos os egípcios um ódio implacável dos imperadores. Uma parte dos inimigos do concílio refugiou-se no alto Egito; outros saíram das terras do império e foram para a África, viver entre os árabes, onde todas as religiões eram toleradas[17].

Já dissemos que, durante o reinado de Irene, o culto às imagens foi restabelecido e confirmado pelo segundo concílio de Niceia. Leão, o Armênio, Miguel, o Gago, e Teófilo fizeram de tudo

---

13. *Idem*, liv. VI, cap. XX. (N. de Voltaire)
14. Liv. VII, cap. XXIX. (N. de Voltaire)
15. *Biblioteca*, caderno CCXXII. (N. de Voltaire)
16. Evágrio, *Vida de Teodósio*, liv. III, cap. XXXIII, XLIV. (N. de Voltaire)
17. *História dos patriarcas de Alexandria*, p. 164. (N. de Voltaire)

para que ele fosse abolido, e essa contestação causou ainda mais conturbação no império de Constantinopla, até o reinado da imperatriz Teodora, que deu força de lei ao segundo concílio de Niceia, extinguiu a seita dos iconoclastas e empregou toda a sua autoridade contra os maniqueístas. Espalhou por todo o império a ordem de busca e extermínio de todos os que não se convertessem. Mais de cem mil morreram em diferentes tipos de suplício. Quatro mil, que escaparam às buscas e aos suplícios, refugiaram-se entre os sarracenos, uniram-se a eles, assolaram as terras do império, construíram praças-fortes nos locais onde os maniqueístas se haviam escondido por medo dos suplícios e constituíram um poder formidável em virtude do número e do ódio que nutriam pelos imperadores e pelos católicos. Foram vistos várias vezes a devastar as terras do império e a despedaçar seus exércitos[18].

Abreviaremos os detalhes desses massacres; os da Irlanda, onde mais de cento e cinquenta mil hereges foram exterminados em quatro anos[19], os dos vales de Piemonte, aqueles dos quais falaremos no verbete Inquisição, enfim, a noite de São Bartolomeu marcaram no ocidente o mesmo espírito de intolerância, contra o qual nada temos de mais sensato do que aquilo que se encontra nas obras de Salviano.

Vejamos como se expressa esse digno sacerdote de Marselha, cognominado mestre dos bispos, a respeito dos sequazes de uma das primeiras heresias; deplorava ele com tanta dor os desregramentos de seu tempo, que foi chamado de Jeremias do século V. Diz ele[20]: "Os arianos são hereges, mas não sabem disso: são hereges entre nós, mas não o são entre eles, pois se acreditam tão católicos, que nos tratam de hereges. Estamos convencidos de que eles têm um pensamento injurioso em relação à geração divina, por dizerem que o Filho é menos que o Pai. Creem eles que temos uma opinião injuriosa para com o Pai, porque dizemos que o Pai e o Filho são iguais: a verdade está do nosso lado, mas eles creem que ela está a favor deles. Nós rendemos a Deus a honra que lhe é devida, mas eles afirmam que fazem o mesmo em sua maneira de pensar. Não cumprem seu dever; mas, para eles, exatamente naquilo em que o descumprem consiste o maior dever da religião. São ímpios, mas exatamente nisso acreditam estar observando a verdadeira piedade. Enganam-se pois, mas por um princípio de amor a Deus, e embora não tenham a verdadeira fé, consideram a fé que abraçaram como o perfeito amor a Deus.

Só o soberano juiz do universo pode saber como eles serão punidos por seus erros no dia do juízo final. No entanto, suporta-os pacientemente, porque vê que, embora errem, erram com uma intenção piedosa."

HERMES, OU MERCÚRIO TRISMEGISTO, OU TOT
(Hermès, ou Mercure Trismégeste, ou Thot)

Esse antigo livro de *Mercúrio Trismegisto* é negligenciado, talvez não sem razão. Aos filósofos ele pareceu uma sublime algaravia; talvez por essa razão acreditou-se que era obra de um grande platônico.

Todavia, nesse caos teológico, quantas coisas há capazes de surpreender e subjugar o espírito humano! Deus, cuja tripla essência é sabedoria, poder e bondade; Deus, que formou o mundo por seu pensamento, por seu verbo; Deus, criador de deuses subalternos; Deus, ordenando a esses deuses que dirigissem os orbes celestes e presidissem o mundo; o sol filho de Deus; o homem

---

18. Dupin, *Bibliothèque*, século IX. (N. de Voltaire)
19. *Bibliothèque anglaise*, liv. II, p. 303. (N. de Voltaire)
20. Liv. V, *Do governo de Deus*, cap. II. (N. de Voltaire)

como imagem de Deus pelo pensamento; a luz, como principal obra de Deus, essência divina: todas essas imagens grandiosas e vivas ofuscaram a imaginação subjugada.

Resta saber se esse livro, tão célebre quanto pouco lido, foi obra de um grego ou de um egípcio.

Santo Agostinho não hesita em acreditar ser o livro de autoria de um egípcio[21], que se afirmava descendente do antigo Mercúrio, do antigo Tot, primeiro legislador do Egito.

É verdade que santo Agostinho conhecia o egípcio tão bem quanto o grego, mas no seu tempo não se devia duvidar de que o Hermes cuja teologia temos era um sábio do Egito, provavelmente anterior ao tempo de Alexandre, um dos sacerdotes que Platão foi consultar.

Sempre me pareceu que a teologia de Platão não se assemelhava em nada à dos outros gregos, a não ser à de Timeu, que viajara para o Egito, assim como Pitágoras.

O *Hermes Trismegisto* que temos está escrito num grego bárbaro, continuamente sujeito a inflexões estrangeiras. Isso é prova de que não passa de uma tradução na qual as palavras foram mais seguidas do que o sentido.

José Scaligero, que ajudou o sr. de Candale, bispo de Aire, a traduzir o *Hermes* ou *Mercúrio Trismegisto*, não duvida de que o original era egípcio.

A essas razões deve-se acrescentar que não é verossímil que um grego tivesse dirigido com tanta frequência a palavra a Tot. Não é muito natural falar com tanta efusividade a um estrangeiro; pelo menos não se vê nenhum exemplo disso na antiguidade.

O Esculápio egípcio, que fala nesse livro e talvez seja o seu autor, escreveu ao rei do Egito, Âmon[22]: "Não tolereis que os gregos traduzam os livros de nosso Mercúrio, de nosso Tot, porque eles o desfigurariam." Com certeza um grego não teria falado desse modo.

Todas as probabilidades, portanto, são de que esse famoso livro seja egípcio.

Há outra reflexão para se fazer: é que os sistemas de Hermes e de Platão conspiravam igualmente para estender-se até as escolas judaicas já no tempo dos Ptolomeus. Essa doutrina logo fez enormes progressos. Pode-se ver que está plenamente desenvolvida no judeu Fílon, erudito da moda naquele tempo.

Ele copia trechos inteiros do *Mercúrio Trismegisto* em seu capítulo sobre a formação do mundo. Diz ele: "Primeiramente, Deus fez o mundo inteligível, o céu incorpóreo e a terra invisível; depois, criou a essência incorpórea da água e do espírito; por fim, a essência da luz incorpórea, matriz do Sol e de todos os astros."

Essa é a doutrina de Hermes em sua pureza. Acrescenta ele que "o verbo ou o pensamento invisível e intelectual é a imagem de Deus".

Aí está, nitidamente expressa, a criação do mundo pelo verbo, pelo pensamento, pelo *logos*.

Vem em seguida a doutrina dos números, que passou dos egípcios para os judeus. Chama a razão de parente de Deus. O número sete é a perfeição de todas as coisas; por isso, diz ele, a lira só tem sete cordas.

Em suma, Fílon dominava toda a filosofia de seu tempo.

Engana-se, pois, quem crê que os judeus, durante o reinado de Herodes, estavam mergulhados na mesma espécie de ignorância de antes. É evidente que são Paulo era muito instruído: basta ler o primeiro capítulo de são João, que é tão diferente dos outros, para ver que o autor escreveu precisamente como Hermes e como Platão. "No princípio era o verbo, e o verbo, o *logos*, estava com Deus, e Deus era o *logos*; tudo foi feito por ele, e sem ele nada se fez do que foi feito. Nele estava a vida, e a vida era a luz dos homens."

Assim, são Paulo diz[23] que "Deus criou os séculos por seu filho".

---

21. *Cidade de Deus*, liv. VIII, cap. XXVI. (N. de Voltaire)
22. Prefácio do *Mercúrio Trismegisto*. (N. de Voltaire)
23. Epístola aos hebreus, cap. I, v. 2. (N. de Voltaire)

Desde o tempo dos apóstolos veem-se sociedades inteiras de cristãos que demonstram grande erudição, substituindo a simplicidade da fé por uma filosofia fantástica. Gente como Simão, Menandro e Cerinto ensinava precisamente os dogmas de Hermes. Seus éons outra coisa não eram senão deuses subalternos criados pelo grande Ser. Os primeiros cristãos, portanto, não foram homens iletrados, como se diz todos os dias, pois vários deles abusavam de suas letras, e até mesmo nos Atos o governador Festo diz a Paulo: "És louco, Paulo; perdeste o senso por excesso de letras."

Cerinto dogmatizava no tempo de são João Evangelista. Seus erros eram de uma metafísica profunda e sutil. Os defeitos que ele notava na construção do mundo levaram-no a pensar – como diz o dr. Dupin – que este não fora formado pelo Deus soberano, mas por uma virtude inferior a esse primeiro princípio, que não tinha conhecimento do Deus soberano. Isso era querer corrigir o sistema do próprio Platão; era enganar-se como cristão e filósofo. Mas era também demonstrar um espírito muito sutil e exercitado.

Existem mesmo cristãos primitivos chamados *quakers*, dos quais tanto falamos. Foram vistos como homens que só sabiam falar pelo nariz e não faziam nenhum uso da razão. No entanto, vários deles sabiam empregar todas as sutilezas da dialética. O entusiasmo nem sempre é companheiro da ignorância total; com frequência, é companheiro de uma ciência errônea.

HIPÁCIA (Hypatie)

Suponhamos que a sra. Dacier fosse a mulher mais bonita de Paris, e que, na querela entre antigos e modernos, os carmelitas tivessem afirmado que o poema *Magdeleine*, composto por um carmelita, era infinitamente superior a Homero, e que era uma grande impiedade preferir *a Ilíada* a versos de um monge; suponhamos que o arcebispo de Paris tivesse ficado ao lado dos carmelitas contra o governador da cidade, partidário da bela sra. Dacier, e que tivesse incitado os carmelitas a massacrar aquela bela senhora na igreja de Notre-Dame e a arrastá-la nua e ensanguentada pela praça Maubert; não haveria quem não dissesse que o arcebispo de Paris teria cometido uma péssima ação, da qual deveria penitenciar-se.

É essa, precisamente, a história de Hipácia. Ela ensinava Homero e Platão em Alexandria, no tempo de Teodósio II. São Cirilo desencadeou contra ela o populacho cristão: é isso o que nos contam Damáscio e Suidas: é o que provam cabalmente os homens mais eruditos do século, tais como Brucker, La Croze, Basnage etc.; é o que está exposto, judiciosamente, no grande *Dicionário enciclopédico*, no verbete Ecletismo.

Um homem, cujas intenções são sem dúvida muito boas, publicou dois volumes contra esse verbete da *Enciclopédia*.

Mais uma vez, meus amigos, dois volumes contra duas páginas é demais. Já disse centenas de vezes que multiplicais demais os seres sem necessidade. Duas linhas contra dois volumes: eis o que é preciso. Não escrevais nem mesmo essas duas linhas.

Limito-me a observar que são Cirilo era homem, e homem faccioso; que pode ter-se deixado empolgar por seu fervor; que, quando alguém despe uma bela mulher, não é para massacrá-la; que são Cirilo sem dúvida pediu perdão a Deus por aquela ação abominável, e que eu peço ao pai de misericórdia que tenha piedade de sua alma. Aquele que escreveu dois volumes contra o *Ecletismo* também me causa muita piedade.

HISTÓRIA (Histoire)

Primeira seção
Definição

História é o relato dos fatos dados como verdadeiros, ao contrário da fábula, que é a narrativa dos fatos dados como falsos.

Há a história das opiniões, que pouco mais é que a coletânea dos erros humanos.

A história das artes pode ser a mais útil de todas, quando ao conhecimento da invenção e do progresso das artes une a descrição de seus mecanismos.

A história natural, impropriamente chamada de *história*, é parte essencial da física. Dividiu-se a história dos acontecimentos em sagrada e profana; a história sagrada é uma sequência de realizações divinas e miraculosas, por meio das quais Deus houve por bem conduzir outrora a nação judia e exercitar hoje a nossa fé.

> *Si j'apprenais l'hébreu, les sciences, l'histoire,*
> *Tout cela, c'est la mer à boire.*
> [Se eu aprendesse hebraico, ciências e história,
> Tudo isso seria como beber o mar.]
> (La Fontaine, liv. VIII, fábula XXV)

Primeiros fundamentos da história

Os primeiros fundamentos de toda a história são as narrativas dos pais aos filhos, que se transmitem de uma geração à outra; na origem, são no máximo prováveis, quando não chocam o senso comum, e vão perdendo um grau de probabilidade a cada geração. Com o tempo, a fábula cresce e a verdade se perde: por esse motivo, todas as origens dos povos são absurdas. Assim, os egípcios foram governados pelos deuses durante muitos séculos; em seguida, foram governados pelos semideuses, e, enfim, tiveram reis durante onze mil trezentos e quarenta anos; e o Sol, nesse espaço de tempo, mudou quatro vezes do oriente para o ocidente.

Os fenícios, no tempo de Alexandre, afirmavam que estavam estabelecidos em seu território havia trinta mil anos; e esses trinta mil anos estavam tão cheios de prodígios quanto a cronologia egípcia. Confesso que é fisicamente muito possível que a Fenícia tenha existido não só trinta mil anos, mas trinta bilhões de séculos, e que, tal como o resto do globo, tenha passado por trinta milhões de revoluções. Mas não temos conhecimento disso.

Sabemos quantas coisas maravilhosas e ridículas reinaram na antiga história dos gregos.

Os romanos, por mais sérios que fossem, não deixaram de envolver em fábulas a história de seus primeiros séculos. Aquele povo, tão recente em comparação com as nações asiáticas, ficou quinhentos anos sem historiadores. Por isso, não é surpreendente que Rômulo tenha sido filho de Marte, que uma loba tenha sido sua nutriz, que ele tenha marchado com mil homens de sua aldeia de Roma contra vinte e cinco mil combatentes da aldeia dos sabinos; que, depois, tenha se tornado deus; que Tarquínio, o Velho, tenha cortado uma pedra com navalha, e que uma vestal, com seu cinto, tenha puxado um navio para a terra etc.

Os primeiros anais de todas as nossas nações modernas não são menos fabulosos. As coisas prodigiosas e improváveis às vezes devem ser relatadas, mas como provas da credulidade humana: entram na história das opiniões e das tolices, porém o campo é imenso demais.

Sobre os monumentos

Para conhecer com um pouco de certeza alguma coisa da história antiga, só há um meio, que é ver se restam alguns monumentos incontestáveis. Só temos três monumentos escritos que são incontestáveis: o primeiro é o conjunto de observações astronômicas feitas durante mil e novecentos anos seguidos na Babilônia e enviados por Alexandre à Grécia. Essa série de observações, que remonta a dois mil duzentos e trinta e quatro anos antes de nossa era, prova, irrefutavelmente, que os babilônios existiam como povo organizado vários séculos antes: pois as artes só podem ser obra do tempo, e a preguiça natural dos homens deixa-os durante milhares de anos sem outros conhecimentos e talentos além daqueles necessários a alimentar-se, defender-se das intempéries, e matar-se uns aos outros. Que se julgue pelos germanos e pelos ingleses do tempo de César, pelos tártaros de hoje, por dois terços da África e por todos os povos que encontramos na América, com exceção, sob alguns aspectos, dos reinos do Peru e do México e da república de Tlascala. Basta lembrar que em todo esse novo mundo ninguém sabia ler nem escrever.

O segundo monumento é o eclipse central do Sol, calculado na China dois mil cento e cinquenta e cinco anos antes da nossa era e reconhecido como verdadeiro por todos os nossos astrônomos. Cumpre dizer dos chineses o mesmo que se disse dos povos da Babilônia; eles compunham já, sem dúvida, um vasto império civilizado. Mas o que põe os chineses acima de todos os povos da terra é que suas leis, seus costumes e a língua falada por seus letrados não mudam há cerca de quatro mil anos. No entanto, a China e a Índia, as nações mais antigas de todas as que ainda subsistem, as que possuem o território mais vasto e belo, as que inventaram quase todas as artes antes que tivéssemos aprendido algumas delas, sempre foram omitidas, até nossos dias, em todas as nossas pretensas histórias universais. E, quando um espanhol e um francês faziam o censo das nações, nenhum dos dois deixava de chamar o seu país de primeira monarquia do mundo, e seu rei, de o maior rei do mundo, gabando-se de que seu rei lhe daria uma pensão assim que lesse seu livro.

O terceiro monumento, bem inferior aos outros dois, subsiste nos mármores de Arundel: a crônica de Atenas foi gravada duzentos e sessenta e três anos antes de nossa era; mas ela só remonta até Cécrope, mil trezentos e dezenove anos além da época em que foi gravada. Essas são, na história de toda a antiguidade, as únicas épocas incontestáveis que temos.

Prestemos toda a atenção àqueles mármores trazidos da Grécia pelo lorde Arundel. A crônica deles começa mil quinhentos e oitenta e dois anos antes de nossa era. Hoje, tem-se uma antiguidade de três mil trezentos e cinquenta e três anos, e não se encontra neles nem um único fato de cunho miraculoso, prodigioso. O mesmo ocorre com as olimpíadas; não é por eles que se deve dizer *Graecia mendax*, Grécia mentirosa. Os gregos sabiam perfeitamente fazer distinção entre história e fábula, fatos reais e contos de Heródoto: assim, em suas questões sérias, os seus oradores não extraíam nada dos discursos dos sofistas nem das imagens dos poetas.

A data da tomada de Troia é especificada nesses mármores; mas não se fala das flechas de Apolo, do sacrifício de Ifigênia, nem dos combates ridículos entre os deuses. A data das invenções de Triptólemo e Ceres está lá; mas Ceres não é chamada de *deusa*. Faz-se menção a um poema sobre o rapto de Prosérpina; não se diz que ela é filha de Júpiter e de uma deusa, nem que é mulher do deus dos infernos.

Hércules é iniciado nos mistérios de Elêusis, mas não se diz uma só palavra sobre seus doze trabalhos, sobre sua ida à África em sua taça, sobre sua divindade, nem sobre o grande peixe pelo qual foi engolido, ficando em sua barriga durante três dias e três noites, segundo Lícofron.

Entre nós, ao contrário, um anjo traz do céu um estandarte aos monges de Saint-Denis; um pombo traz uma garrafa de óleo a uma igreja de Reims; dois exércitos de serpentes travam batalha na Alemanha; um arcebispo de Mogúncia é cercado e devorado por ratos; e o cúmulo é que se tem o cuidado de marcar o ano dessas peripécias. E o abade Lenglet compila e compila essas impertinências; e os almanaques as repetem centenas de vezes; e é assim que se instrui a juventude; e todas essas bobagens entraram na educação dos príncipes.

Toda história é recente. Não é de surpreender que não se tenha história profana mais antiga do que quatro mil anos, aproximadamente. A causa disso são as revoluções deste globo, a prolongada e universal ignorância dessa arte, que transmite os fatos por meio da escrita. Ainda restam vários povos que não fazem nenhum uso dela. Essa arte só foi comum a um pequeníssimo número de nações civilizadas; além disso, estava em poucas mãos. Nada é mais raro entre os franceses e os germanos do que saber escrever; até o século XIV de nossa era, quase todos os atos eram atestados apenas por testemunhas. Na França, foi só durante o reinado de Carlos VII, em 1454, que se começou a redigir algumas costumagens. A arte de escrever era ainda mais rara entre os espanhóis, motivo pelo qual sua história é tão sucinta e incerta até o tempo de Fernando e Isabel. Por aí se vê como o pequeno número de homens que sabiam escrever podia impor-se, e como foi fácil levar-nos a crer nos maiores absurdos.

Há nações que subjugaram uma parte da terra sem dominarem o uso dos caracteres escritos. Sabemos que Gengis Khan conquistou uma parte da Ásia no começo do século XIII; mas não sabemos disso por ele nem pelos tártaros. A história deles, escrita pelos chineses e traduzida pelo padre Gaubil, diz que aqueles tártaros não conheciam então a arte de escrever.

Essa arte não deve ter sido menos desconhecida pelo cita Ogus-kan, chamado Madius por persas e gregos, que conquistou uma parte da Europa e da Ásia muito tempo antes do reinado de Ciro. É quase indubitável que então, de cada cem nações, havia apenas duas ou três que empregassem caracteres escritos. Pode ser que, em algum antigo mundo destruído, os homens tenham conhecido a escrita e as outras artes; mas, no nosso, essas coisas todas são muito recentes.

Restam monumentos de outra espécie, que servem para constatar apenas a antiguidade recuada de certos povos e precedem todas as épocas conhecidas e todos os livros; são os prodígios da arquitetura, como as pirâmides e os palácios do Egito, que resistiram ao tempo. Heródoto, que viveu há dois mil e duzentos anos e os viu, não conseguiu saber dos sacerdotes egípcios em que época eles haviam sido erigidos.

É difícil atribuir à mais antiga das pirâmides menos de quatro mil anos de antiguidade; mas é preciso considerar que aqueles esforços de ostentação dos reis só podem ter sido iniciados muito tempo depois do estabelecimento das cidades. No entanto, para construir cidades num território que é inundado todos os anos, observemos que fora necessário elevar o terreno nas cidades sobre pilotis naquele solo lodoso, tornando-as inacessíveis à inundação; fora necessário, antes de tomar essa atitude imprescindível e de estar em condições de empreender essas grandes obras, que os povos tivessem se habituado a recuar, durante a enchente do Nilo, para os rochedos que constituem duas cadeias de montanhas à direita e à esquerda daquele rio. Fora necessário que aqueles povos reunidos tivessem instrumentos de lavoura, de arquitetura, conhecimento de agrimensura, com leis e uma polícia. Tudo isso exige, necessariamente, um espaço de tempo prodigioso. Pelos demorados detalhes diariamente implicados por nossas empresas mais necessárias e pequenas, podemos ver como é difícil fazer grandes coisas, e que é preciso que haja não só uma obstinação incansável, mas também várias gerações animadas por essa obstinação.

No entanto, quer tenha sido Menés, Tot, Quéops ou Ramsés que construiu uma ou duas daquelas prodigiosas moles, o fato é que esse conhecimento não nos instruirá mais sobre a história antiga do Egito: a língua daquele povo está perdida. Portanto, nada sabemos, senão que antes dos mais antigos historiadores havia o suficiente para se fazer uma história antiga.

Segunda seção

Como já temos vinte mil obras, a maioria em vários volumes, apenas sobre a história da França, e um homem estudioso que vivesse cem anos não teria tempo de as ler, acho útil saber ter limites. Somos obrigados a somar ao conhecimento de nosso país o conhecimento da história de nossos vizinhos. Temos menos direito ainda de ignorar os grandes feitos dos gregos e dos romanos, bem como suas leis, que em grande parte ainda são as nossas. Mas, se a esse estudo quisermos somar o estudo de uma antiguidade mais remota, lembraríamos então alguém que deixasse de lado Tácito e Tito Lívio para estudar seriamente as *Mil e uma noites*. Todas as origens dos povos são, claramente, fábulas; a razão disso é que os homens precisaram viver durante muito tempo em sociedade e aprender a fazer pão e roupas (o que era difícil), antes de aprender a transmitir todos os seus pensamentos para a posteridade (o que era mais difícil ainda). A arte de escrever certamente não tem mais de seis mil anos entre os chineses; e, digam o que disserem os caldeus e os egípcios, nada indica que eles tenham aprendido antes a escrever e ler correntemente.

A história dos tempos anteriores, portanto, só pôde ser transmitida de memória; sabe-se muito bem como a lembrança das coisas passadas se altera de geração em geração. Foi só a imaginação que escreveu as primeiras histórias. Cada povo não só inventou sua origem, como também inventou a origem do mundo inteiro.

A crer em Sanconiaton, as coisas começaram com um ar espesso, que foi rarefeito pelo vento; daí nasceram o desejo e o amor, e da união do desejo com o amor foram formados os animais. Os astros só vieram depois, mas apenas para ornar o céu e alegrar a vista dos animais que viviam na terra.

O Knef dos egípcios, seu Oshireth e sua Isheth, que chamamos Osíris e Ísis, não são menos engenhosos e ridículos. Os gregos embelezaram todas essas ficções; Ovídio as reuniu e ornamentou com os encantos da mais bela poesia. É sublime o que ele diz sobre um deus que deslinda o caos e sobre a formação do homem:

Sanctius his animal mentisque capacius altae
Deerat adhuc, et quod dominari in cetera posset;
Natus homo est...
[Faltava ainda um animal, mais puro do que estes, mais capaz,
De mente altiva, e que pudesse dominar sobre todas as coisas;
E o homem nasceu...]
(*Metam.*, I, 76-8)

Pronaque quum spectent animalia cetera terram,
Os homini sublime dedit, coelumque tueri
Jussit, et erectos ad sidera tollere vultus.
[Enquanto os outros animais, inclinados para baixo, olham a terra,
Ele deu ao homem um rosto voltado para o alto e ordenou que contemplasse
O céu e erguesse seu vulto ereto para os astros.]
(*Metam.*, I, 84-6)

Hesíodo e todos os que escreveram muito tempo antes ficaram bem longe dessa sublimidade elegante. Mas, desde aquele belo momento em que o homem foi formado até o tempo das olimpíadas, tudo ficou mergulhado numa escuridão profunda.

Heródoto chega aos jogos olímpicos e conta histórias aos gregos reunidos, como as velhas contam histórias às crianças. Começa dizendo que os fenícios navegaram do mar Vermelho até o Mediterrâneo, o que pressupõe que aqueles fenícios dobraram o cabo da Boa Esperança, dando a volta à África.

Em seguida, vem o rapto de Io, depois a fábula de Giges e Candaulo, belas histórias de ladrões e a história da filha do rei do Egito, Quéops, que, exigindo uma pedra de cantaria de cada um de seus amantes, juntou pedras suficientes para construir uma das mais belas pirâmides.

Se somarmos a isso oráculos, prodígios, truques de sacerdotes, teremos a história do gênero humano.

Os primeiros tempos da história romana parecem escritos por Heródotos; nossos vencedores e legisladores só sabiam contar seus anos se um grão-sacerdote cravasse pregos numa muralha.

O grande Rômulo, rei de uma aldeia, é filho do deus Marte e de uma religiosa que fora buscar água com uma bilha. Tem um deus como pai, uma prostituta como mãe e uma loba como nutriz. Um escudo cai do céu expressamente para Numa. Encontram-se belos livros das sibilas. Um áugure corta uma pedra graúda com uma navalha, com permissão dos deuses. Uma vestal devolve à água um grande navio encalhado, puxando-o com um cinto. Castor e Pólux vêm lutar pelos romanos, e as pegadas de seus cavalos ficam impressas na pedra. Os gauleses ultramontanos vão saquear Roma: uns dizem que foram expulsos por gansos; outros, que levaram embora muito ouro e prata; mas é provável que naquele tempo, na Itália, houvesse muito menos prata do que gansos. Nós imitamos os primeiros historiadores romanos, pelo menos no gosto pelas fábulas. Temos nossa auriflama trazida por um anjo, a santa ampola, por um pombo; e, quando somamos a isso o manto de são Martinho, ficamos invencíveis.

Que história seria útil? A que nos ensinasse nossos deveres e nossos direitos, sem parecer ter pretensões a ensiná-los.

Muitas vezes se pergunta se a fábula do sacrifício de Ifigênia foi tomada da história de Jeftá, se o dilúvio de Deucalião foi inventado por imitação do dilúvio de Noé, se as aventuras de Filêmon e Báucis se inspiram nas de Loth e sua mulher. Os judeus admitem que não se comunicavam com os estrangeiros, que seus livros só foram conhecidos pelos gregos depois da tradução feita por ordem de Ptolomeu; mas os judeus, muito tempo antes, foram agentes e usurários entre os gregos de Alexandria. Os gregos nunca foram vender roupa velha em Jerusalém. Parece que nenhum povo imitou os judeus, e que estes tomaram muita coisa de babilônios, egípcios e gregos.

Todas as antiguidades judaicas são sagradas para nós, apesar de nosso ódio e de nosso desprezo por esse povo. Na verdade, não podemos acreditar nelas pela razão; mas nos submetemos aos judeus pela fé. Há cerca de oitenta sistemas sobre sua cronologia e um número muito maior de maneiras de explicar os acontecimentos de sua história: não sabemos qual é a verdadeira, mas lhe reservamos nossa crença para o tempo em que for descoberta.

Temos tantas coisas para crer acerca desse povo culto e magnânimo, que toda a nossa crença nisso se esgota, não nos restando mais nenhuma para os prodígios de que está cheia a história das outras nações. De nada adianta Rollin repetir os oráculos de Apolo e as maravilhas de Semíramis, transcrever tudo o que se disse sobre a justiça daqueles antigos citas que saquearam a Ásia com tanta frequência e devoraram seres humanos na ocasião: ele sempre encontrará um pouco de incredulidade nas pessoas honestas.

O que mais admiro em nossos modernos compiladores é a sabedoria e a boa-fé com que eles nos provam que tudo o que aconteceu antigamente nos maiores impérios do mundo só aconteceu para instruir os habitantes da Palestina. Se os reis da Babilônia, em suas conquistas, caem ao passarem sobre o povo hebreu, isso só acontece para corrigir esse povo de seus pecados. Se o rei que se chamou de Ciro se torna senhor da Babilônia, é para dar a alguns judeus a permissão de voltar para casa. Se Alexandre é vencedor de Dario, é para estabelecer adeleiros judeus em Alexandria. Quando os romanos somam a Síria a seus domínios e anexam o pequeno território da Judeia a seu império, também é para ensinar os judeus; os árabes e os turcos só vieram para corrigir aquele povo adorável. Convenhamos que esse povo teve uma educação excelente; nunca ninguém teve tantos preceptores: vejam só como a história é útil.

O que temos, porém, de mais instrutivo, é a justiça precisa que os clérigos fizeram a todos os príncipes com os quais não estavam contentes. Veja-se com que candura imparcial são Gregório de Nazianzo julga o imperador Juliano, o filósofo: declara que aquele príncipe, que não acreditava no diabo, tinha um pacto secreto com o diabo, e que um dia, quando os demônios lhe apareceram em chamas e com formas hediondas, ele os expulsou, fazendo sem querer o sinal da cruz.

Chama-o de *furioso* e *miserável*; afirma que Juliano imolava meninos e meninas todas as noites em porões. É assim que ele fala do mais clemente dos homens, que nunca se vingou das invectivas que aquele mesmo Gregório proferiu contra ele durante o seu reinado.

Um bom método de justificar as calúnias proferidas contra um inocente é fazer a apologia de um culpado. Com isso, tudo se compensa; e esse é o método empregado pelo próprio santo de Nazianzo. O imperador Constâncio, tio e predecessor de Juliano, em seu advento ao império matara Júlio, irmão de sua mãe, e os dois filhos deste; os três tinham sido declarados augustos; esse era o método que ele herdara de seu pai, o grande Constantino; em seguida, mandou assassinar Galo, irmão de Juliano. A mesma crueldade que demonstrou contra a família, ele usou contra o império: mas era devoto, a tal ponto que, na batalha decisiva travada contra Magnêncio, ele ficou rezando numa igreja durante todo o tempo em que os exércitos estiveram lutando. Esse era o homem cujo panegírico Gregório faz. Se os santos nos dão essa verdade a conhecer, que esperar dos profanos, sobretudo quando ignorantes, supersticiosos e apaixonados?

Às vezes se faz hoje um uso bastante estranho do estudo da história. Desenterram-se títulos de propriedade do tempo de Dagoberto, na maioria suspeitos e mal-intencionados, inferindo deles que costumes, direitos e prerrogativas subsistentes então devem ser reabilitados hoje. Aconselho a todos aqueles que estudam e raciocinam desse modo que digam ao mar: Estiveste outrora em Aigues-Mortes, Fréjus, Ravena e Ferrara: volta para lá imediatamente.

Terceira seção
Sobre a utilidade da história

Sua utilidade consiste sobretudo na comparação que um estadista ou um cidadão podem fazer entre as leis e os costumes estrangeiros e os de seu país; é isso o que estimula a emulação das nações modernas nas artes, na agricultura e no comércio.

Os grandes erros passados têm utilidade de todos os tipos; nunca seria demais pôr diante dos olhos dos leitores os crimes e as mazelas do passado. Digam o que disserem, pode-se prevenir ambas as coisas; a história do tirano Christiern pode impedir que uma nação confie o poder absoluto a um tirano; e o desastre de Carlos XII diante de Pultava adverte qualquer general a não penetrar na Ucrânia sem levar víveres.

Foi por ter lido os detalhes das batalhas de Crécy, Poitiers, Azincourt, Saint-Quentin, Gravelines etc., que o célebre marechal de Saxe decidiu desenvolver, o máximo possível, a questão dos postos.

Os exemplos produzem grande efeito sobre a mente do príncipe que lê com atenção. Verá ele que Henrique IV só empreendeu sua grande guerra, que devia modificar o sistema da Europa, depois de garantir-se do essencial da guerra, podendo sustentar-se vários anos sem nenhum novo socorro financeiro.

Verá que a rainha Elisabeth, só com os recursos do comércio e de uma economia sábia, resistiu ao poderoso Filipe II, e, de cada cem navios que ela pôs no mar contra a frota invencível, três quartos tinham sido fornecidos pelas cidades comerciantes da Inglaterra.

A França, não abalada durante o reinado de Luís XIV, depois de nove anos de uma guerra desastrosa, mostrará com clareza a utilidade das praças-fortes que ele construiu nas fronteiras. Em vão o autor de *Causas da queda do império romano* censura Justiniano por ter a mesma política; deveria censurar os imperadores que negligenciaram aquelas praças-fortes de fronteira e abriram as portas do império aos bárbaros.

Uma vantagem que a história moderna tem sobre a antiga é ensinar a todos os potentados que, desde o século XV, sempre houve união contra um poder excessivamente preponderante. Esse sistema de equilíbrio foi desconhecido pelos antigos, sendo a razão do sucesso do povo romano, que, formando uma milícia superior à dos outros povos, subjugou-os um após outro, do Tibre ao Eufrates.

É necessário trazer com frequência à memória as usurpações dos papas, as escandalosas discórdias de seus cismas, a demência das disputas polêmicas, as perseguições e as guerras geradas por essa demência, bem como os horrores que elas produziram.

Se não familiarizássemos os jovens com esse conhecimento, se não houvesse um pequeno número de estudiosos conhecedores desses fatos, o público seria tão imbecil quanto foi no tempo de Gregório VII. As calamidades daqueles tempos de ignorância renasceriam infalivelmente, porque ninguém tomaria nenhuma precaução para preveni-las. Todos sabem em Marselha da inadvertência que trouxe a peste do Levante, e previnem-se.

Elimine-se o estudo da história, e talvez se vejam noites de São Bartolomeu na França e outros Cromwell na Inglaterra.

Certeza da história

Toda certeza que não seja demonstração matemática não passa de extrema probabilidade: não há outro tipo de certeza histórica.

Quando Marco Polo falou pela primeira vez, mas sozinho, da grandeza e da população da China, ninguém acreditou nele, e ele não pôde exigir que acreditassem. Os portugueses, que entraram naquele vasto império vários séculos depois, começaram a tornar a coisa provável. Hoje ela é uma certeza, nascida da declaração unânime de milhares de testemunhas oculares de diferentes nações, sem que ninguém tenha contradito esses testemunhos.

Se dois ou três historiadores apenas tivessem escrito os feitos do rei Carlos XII, que, teimando em ficar nos territórios do sultão, seu benfeitor, contra a vontade deste, lutou ao lado de seus domésticos contra um exército de janízaros e tártaros, eu teria suspendido o meu juízo; mas, depois de conversar com várias testemunhas oculares, que nunca puseram em dúvida aquela ação, precisei acreditar; porque, afinal, embora tal ação não seja prudente nem comum, não é contrária às leis da natureza nem ao caráter do herói.

O que repugna o curso ordinário da natureza não deve merecer crédito, a menos que seja confirmado por homens visivelmente animados pelo espírito divino, de cuja inspiração seja impossível duvidar. Por isso, no verbete Certeza do *Dicionário enciclopédico*, há um grande paradoxo quando se diz que se deveria acreditar quando toda Paris afirmasse ter visto um morto ressuscitar, assim como se acredita quando toda Paris diz que se venceu a batalha de Fontenoy. Parece evidente que o testemunho de toda Paris sobre uma coisa improvável não poderia ser igual ao testemunho de toda Paris sobre uma coisa provável. Essas são noções básicas de boa lógica. Tal dicionário só deveria ser dedicado à verdade[24].

Incerteza da história

Os tempos são distinguidos em fabulosos e históricos. Mas os históricos deveriam ser distinguidos em verdades e fábulas. Não estou falando de fábulas reconhecidas hoje como tais; não é o caso, por exemplo, dos prodígios com que Tito Lívio embelezou ou estragou sua história: mas quantos motivos de dúvida há nos fatos mais aceitos!

Deve-se prestar atenção ao fato de que a república romana passou quinhentos anos sem historiadores; que o próprio Tito Lívio deplora a perda dos outros monumentos que pereceram,

---

24. Ver verbetes Certo, Certeza. (N. de Voltaire)

quase todos, no incêndio de Roma, *pleraque interiere*; pensemos que nos primeiros trezentos anos a arte de escrever era muito rara, *rarae per eadem tempora litterae*; será lícito, então, duvidar de todos os acontecimentos que não se enquadrem na ordem costumeira das coisas humanas.

Haverá alguma probabilidade de que Rômulo, neto do rei dos sabinos, tenha sido obrigado a raptar sabinas para ter mulheres? A história de Lucrécio será verossímil? Será fácil acreditar, com base na palavra de Tito Lívio, que o rei Porsena fugiu cheio de admiração pelos romanos, porque um fanático quis assassiná-lo? Não seríamos, ao contrário, levados a acreditar em Políbio, que viveu duzentos anos antes de Tito Lívio? Políbio diz que Porsena subjugou os romanos; isso é bem mais provável do que o episódio de Cévola, que se queimou inteiramente a mão porque ela se enganara. Eu desafiaria Poltrot a fazer o mesmo.

O episódio de Régulo, preso pelos cartagineses num tonel cheio de pontas de ferro, merecerá crédito? Políbio, que foi seu contemporâneo, não teria falado do assunto, caso fosse verdade? No entanto, não diz uma só palavra: não será de se supor que esse conto tenha sido inventado muito tempo depois, só para tornar os cartagineses odiosos?

Que o leitor abra o *Dicionário de Moréri*, no verbete Régulo; lerá que o suplício daquele romano está relatado em Tito Lívio: contudo, a década na qual Tito Lívio poderia ter falado do assunto está perdida; só se tem o suplemento de Freinshemius, e a verdade é que esse dicionário só citou um alemão do século XVII, acreditando citar um romano do tempo de Augusto. Seria possível escrever volumes imensos sobre todos os fatos célebres e aceitos que devem despertar dúvidas. Mas os limites deste verbete não permitem que nos estendamos.

Templos, festas, cerimônias anuais e até medalhas serão provas históricas?

Todos são naturalmente levados a crer que um monumento erigido por uma nação para celebrar um acontecimento constitui uma certeza: no entanto, se tais monumentos não tiverem sido erguidos por contemporâneos, se celebrarem alguns fatos pouco verossímeis, haverão de provar outra coisa senão que houve o desejo de consagrar uma opinião popular?

A coluna rostral, erigida em Roma pelos contemporâneos de Duílio, sem dúvida é uma prova da vitória naval deste: mas a estátua do áugure Névio, que cortou uma pedra com uma navalha, provará que Névio realmente realizou esse prodígio? As estátuas de Ceres e de Triptólemo, em Atenas, seriam testemunhas incontestes de que Ceres descera de não sei que planeta para vir ensinar agricultura aos atenienses? O famoso Laocoonte, que continua hoje tão inteiro, comprovará a verdade da história do cavalo de Troia?

As cerimônias e as festas anuais, estabelecidas por toda uma nação, não são melhor prova sobre a origem à qual são atribuídas. A festa de Aríon, carregado sobre um golfinho, era celebrada entre os romanos, assim como entre os gregos. A festa de Fauno lembrava sua aventura com Hércules e Ônfale, quando o deus, apaixonado por Ônfale, confundiu o leito de Hércules com o da amante.

A famosa festa das lupercais era estabelecida em honra da loba que amamentou Rômulo e Remo.

No que se fundava a festa de Órion, celebrada em cinco dos idos de maio? No seguinte. Hirieu recebeu em casa Júpiter, Netuno e Mercúrio; quando os hóspedes de despediram, o homenzinho, que não tinha mulher e queria ter um filho, falou de sua dor aos três deuses. Não ousamos repetir o que eles fizeram sobre o couro do boi que Hirieu lhes dera para comer; em seguida, cobriram o couro com um pouco de terra: dali nasceu Órion, ao cabo de nove meses.

Quase todas as festas romanas, sírias, gregas e egípcias fundavam-se em semelhantes contos, assim como os templos e as estátuas dos antigos heróis: eram monumentos que a credulidade consagrava ao erro.

Um de nossos mais antigos monumentos é a estátua de são Dionísio carregando a própria cabeça nos braços.

Uma medalha, mesmo contemporânea, às vezes não é prova. Quantas medalhas a adulação não cunhou sobre batalhas mais que duvidosas, qualificadas de vitórias, sobre cometimentos malogrados, que só foram levados a termo na lenda? Acaso não se terá recentemente, durante a guerra de 1740 dos ingleses contra o rei da Espanha, cunhado uma medalha que confirmava a tomada de Cartagena pelo almirante Vernon, enquanto aquele almirante levantava o cerco?

As medalhas são testemunhos irrepreensíveis apenas quando o acontecimento é comprovado por autores contemporâneos; então essas provas, sustentando-se mutuamente, confirmam a verdade.

Na história, devem-se inserir arengas e fazer retratos?

Se, em alguma ocasião importante, um general ou um estadista tiver falado de uma maneira interessante e veemente que caracterize seu gênio e o gênio de seu século, sem dúvida será preciso relatar seu discurso palavra por palavra: tais arengas talvez sejam a parte mais útil da história. Mas por que atribuir a alguém o que esse alguém não disse? Seria quase como lhe atribuir o que não fez. Seria uma ficção à imitação de Homero; mas o que é ficção num poema torna-se, rigorosamente, mentira num historiador. Vários antigos utilizaram esse método; isso só prova que vários antigos quiseram exibir eloquência à custa da verdade.

Retratos

Os retratos mostram também, com frequência, mais vontade de brilhar do que de instruir. Os contemporâneos têm direito de fazer o retrato dos estadistas com os quais negociaram, dos generais sob cujo comando lutaram. Mas é de se temer muito que o pincel seja guiado pela paixão! Parece que os retratos que encontramos em Clarendon são traçados com mais imparcialidade, gravidade e sabedoria do que os que lemos com prazer no cardeal de Retz.

Mas querer pintar os antigos, esforçar-se por discorrer sobre suas almas, ver os acontecimentos como caracteres com os quais se pode ler com segurança no fundo dos corações, eis aí uma empresa bem delicada que, em várias pessoas, é uma puerilidade.

Sobre a máxima de Cícero referente à história: o historiador não deve ousar dizer uma mentira nem esconder uma verdade

A primeira parte desse preceito é incontestável; cabe examinar a outra. Se uma verdade puder ter alguma utilidade para o Estado, o silêncio será condenável. Mas suponhamos que alguém escreva a história de um príncipe, e que este tenha confiado um segredo a seu historiador: este deverá revelá-lo? Deverá dizer à posteridade aquilo que não diria sem culpa em segredo a um único homem? O dever do historiador deverá sobrepujar um dever maior?

Suponhamos também que alguém tenha sido testemunha de uma fraqueza que não tenha influído nos assuntos públicos: deverá revelar essa fraqueza? Nesse caso, a história seria sátira.

Convenhamos que a maioria dos escritores de anedotas é mais indiscreta que útil. Mas que dizer dos compiladores insolentes que, considerando meritório maldizer, publicam e vendem escândalos tal como La Voisin vendia venenos?

A história satírica

Se Plutarco criticou Heródoto por não ter exaltado o bastante a glória de algumas cidades gregas e por ter omitido vários fatos dignos de memória, muito mais repreensíveis são hoje aqueles que, sem terem nenhum dos méritos de Heródoto, imputam a príncipes e a nações ações odiosas, sem o mais pálido indício de prova! A guerra de 1741 foi escrita na Inglaterra. Lê-se nessa história que na batalha de Fontenoy os franceses atiraram nos ingleses com balas envenenadas e arremessaram contra eles pedaços de vidro também envenenados; que o duque de Cumberland enviou ao rei da França uma caixa cheia desses pretensos venenos, encontrados nos corpos dos ingleses feridos. O mesmo autor acrescenta que os franceses perderam quarenta mil homens nessa batalha, e que por isso o parlamento de Paris baixou um decreto que proibia falar do assunto, sob pena de receber castigos corporais.

Textos falsos impressos recentemente com o nome da sra. de Maintenon estão cheios de semelhantes absurdos. Lê-se que, no cerco de Lille, os aliados jogavam bilhetes na cidade, redigidos nestes termos: "Franceses, conformem-se, pois a Maintenon não será sua rainha."

Quase todas as páginas estão conspurcadas por imposturas e termos ofensivos à família real e às principais famílias do reino, sem que se alegue a mais pálida verossimilhança que possa conferir alguma cor a essas mentiras. Isso não é escrever história, é escrever a esmo calúnias que merecem grilhões.

Imprimiu-se na Holanda, com o nome de *História*, grande quantidade de libelos escritos num estilo tão grosseiro quanto as injúrias, e os fatos são tão falsos quanto mal escritos. Conforme dizem, esse é um mau fruto da excelente árvore da liberdade. Mas, se os infelizes autores daquelas inépcias tiveram a liberdade de enganar os leitores, aqui precisamos lançar mão da liberdade de lhes abrir os olhos.

A sedução do vil metal, somada à insolência dos costumes abjetos, foi o único motivo que levou aquele refugiado protestante de Languedoc, chamado Langlevieux, vulgo La Beaumelle, a tentar a mais infame manobra que já desonrou a literatura. Vendeu ele, por dezessete luíses de ouro, ao livreiro Esslinger, de Frankfurt, em 1753, a *História do século de Luís XIV*, que não lhe pertence; e, fosse para levar a crer que era de fato seu proprietário, fosse para ganhar seu dinheiro, encheu o texto de notas abomináveis contra Luís XIV, seu filho, o duque de Borgonha e seu neto, que ele trata sem cerimônia de pérfido e traidor do avô e da França. Contra o duque de Orléans, regente, vomita as calúnias mais horríveis e absurdas; ninguém é poupado; no entanto, ele nunca conheceu ninguém. Sobre os marechais de Villars, de Villeroy, os ministros e as mulheres, conta historietas aprendidas em tabernas e fala dos maiores príncipes como se fossem seus demandantes. Exprime-se como juiz dos reis: "Deem-me um Stuart, e eu farei dele o rei da Inglaterra."

Esse enorme ridículo num homem obscuro não foi considerado: teria sido severamente punido num homem cujas palavras tivessem algum peso. Mas deve-se notar que, com frequência, essas obras tenebrosas têm curso na Europa; são vendidas nas feiras de Frankfurt e de Leipzig; todo o Norte está inundado por elas. Os estrangeiros pouco instruídos acreditam extrair desses libelos conhecimentos de história moderna. Os autores alemães nem sempre estão prevenidos contra esses textos e os utilizam como fonte; foi o que aconteceu com textos de Pontis, Montbrun, Rochefort e Vordac; com todos aqueles pretensos testamentos políticos de ministros de Estado, escritos por falsários; com *Dîme royale* [Dízimo régio] de Bois-Guillebert, descaradamente apresentado como de autoria do marechal de Vauban, e com tantas compilações e anedotários.

A história às vezes é ainda mais maltratada na Inglaterra. Como sempre há dois partidos bastante violentos que se encarniçam um contra o outro até que um perigo comum os una, os escritores de uma facção condenam tudo o que os outros aprovam. O mesmo homem é descrito como um Catão e como um Catilina. Como distinguir a verdade entre a adulação e a sátira? Talvez só haja uma regra segura, que consiste em acreditar no que de bom um historiador faccioso ouse dizer sobre heróis da facção contrária, e no que de mal ele ouse dizer sobre os chefes da sua, do que ele não venha a ter por que se queixar.

Em relação aos textos realmente escritos pelas personagens interessadas, tais como os de Clarendon, Ludlow e Burnet na Inglaterra, os de La Rochefoucauld e Retz na França, se estiverem de acordo, são verdadeiros; se discordarem, deve-se duvidar.

Quanto aos anedotários e às anedotas, somente um em cada cem pode conter alguma sombra de verdade.

Quarta seção
Sobre o método, a maneira e o estilo de se escrever história

Já se falou tanto sobre esse assunto, que aqui deveremos falar pouco. Sabe-se bem que o método, o estilo, a gravidade e a eloquência prudente de Tito Lívio se coadunam com a majestade da república romana; que Tácito é mais feito para pintar tiranos; Políbio, para dar lições da guerra; Dionísio de Halicarnasso, para discorrer sobre as antiguidades.

Mas, moldando-nos em geral por esses grandes mestres, hoje temos um fardo mais pesado que o deles para carregar. Exigem-se dos historiadores modernos mais detalhes, fatos mais comprovados, datas precisas, citações autorizadas, mais atenção aos usos, às leis, aos costumes, ao comércio, às finanças, à agricultura e à população: ocorre com a história o que ocorreu com a matemática e com a física; o percurso ficou prodigiosamente maior. Assim como é fácil fazer uma coleção de gazetas, é difícil hoje escrever história.

Daniel acreditou ser historiador porque transcreveu datas e narrativas de batalhas em que não se entende nada. Ele devia ensinar-me os direitos das nações, os direitos dos principais corpos dessa nação, suas leis, seus usos, seus costumes e o modo como mudaram. Esta nação tem o direito de lhe dizer: "Peço-vos minha história, mais do que a história de Luís, o Gordo, e de Luís, o Teimoso. Dizeis, de acordo com uma velha crônica escrita a esmo, que, sendo Luís VIII atacado por doença mortal, encontrando-se extenuado e moribundo, a ponto de sucumbir, os médicos ordenaram que aquele corpo cadavérico se deitasse com uma linda jovem para restabelecer-se, e que o santo rei rejeitou com veemência essa baixeza. Ah! Daniel, não conheceis então o provérbio italiano *Donna ignuda manda l'uomo sotto la terra* [Mulher nua manda o homem para baixo da terra]. Devíeis ter algum verniz de história política e história natural."

Exige-se que a história de um país estrangeiro não seja feita pelos mesmos moldes da história da própria pátria.

Quem escreve a história da França não é obrigado a descrever o trajeto do Sena e do Loire; mas quem publica as conquistas dos portugueses na Ásia é obrigado a apresentar uma topografia dos países descobertos. Todo leitor quer ser conduzido pela mão ao longo da África, das costas da Pérsia e da Índia; espera-se do autor informações sobre os costumes, as leis e os usos dessas nações novas para a Europa.

Temos dezenas de histórias sobre o estabelecimento dos portugueses nas Índias, mas nenhuma nos dá a conhecer os diversos governos daquele país, suas religiões, sua história antiga, os brâmanes, os discípulos de são João, os guebros, os baneanes. É verdade que se conservaram as cartas de Xavier e de seus sucessores. Contaram-nos histórias da Índia, feitas em Paris com base naqueles missionários que não conheciam a língua dos brâmanes. Repetem-nos em centenas de escritos que os indianos adoram o diabo. Capelães de uma companhia de mercadores partem com esse preconceito; e, assim que avistam figuras simbólicas nas costas de Coromandel, não perdem a oportunidade de escrever que se trata de retratos do diabo, que estão em seu império, que vão combatê-lo. Não pensam que somos nós que adoramos o diabo Mammon e que lhe vamos levar nossos ex-votos a seis mil léguas de nossa pátria para ganhar dinheiro.

Quanto àqueles que, em Paris, trabalham para algum livreiro da rua Saint-Jacques, aos quais se encomenda uma história do Japão, do Canadá, das ilhas Canárias, com base nas memórias de alguns capuchinhos, nada tenho para lhes dizer.

Basta sabermos que o método conveniente à história do próprio país não é apropriado para se descrever as descobertas do novo mundo; que não se deve escrever sobre uma pequena cidade como se escreve sobre um grande império; que não se deve fazer a história privada de um príncipe como se faz a da França ou da Inglaterra.

Quem não tiver outra coisa para dizer, a não ser que um bárbaro sucedeu a outro bárbaro às margens do Oxo e do Iaxarta, que utilidade terá para o público?

Essas regras são bem conhecidas, mas a arte de escrever bem história sempre será muito rara. Sabe-se que convém um estilo grave, puro, variado e agradável. Existem leis para se escrever história assim como leis para todas as artes intelectuais; muitos preceitos e poucos grandes artistas.

Quinta seção
História dos reis judeus e dos paralipômenos (crônicas)

Todos os povos escreveram sua história assim que aprenderam a escrever. Os judeus também escreveram a sua. Antes de terem reis, viviam numa teocracia; acreditavam ser governados por Deus.

Quando os judeus quiseram ter um rei, assim como os povos vizinhos, o profeta Samuel, muito interessado em não ter rei, declarou-lhes, da parte de Deus, que o que eles estavam rejeitando era o próprio Deus: assim, a teocracia terminou entre os judeus quando começou a monarquia.

Portanto, poderíamos dizer sem blasfemar que a história dos reis judeus foi escrita assim como a história dos outros povos, e que Deus não se deu o trabalho de ditar pessoalmente a história de um povo que ele já não governava.

Externamos essa opinião com a máxima desconfiança. O que poderia confirmá-la é que as Crônicas contradizem com frequência o livro dos Reis na cronologia e nos fatos, assim como nossos historiadores profanos às vezes se contradizem. Ademais, se Deus sempre escreveu a história dos judeus, cabe acreditar que continua escrevendo, pois os judeus continuam sendo seu povo eleito. Um dia haverão de se converter, e parece que então eles terão tanto direito de considerar sagrada a história de sua dispersão, como têm o direito de dizer que Deus escreveu a história de seus reis.

Pode-se também fazer uma reflexão: como Deus foi seu único rei durante muito tempo e passou a ser depois o seu historiador, devemos ter por todos os judeus o mais profundo respeito. Não há adeleiro judeu que não esteja infinitamente acima de César e Alexandre. Como não nos prostrarmos diante de um adeleiro que nos prove que sua história foi escrita pela própria Divindade, enquanto as histórias gregas e romanas só nos foram transmitidas por profanos?

Mesmo que o estilo da História dos reis e das Crônicas seja divino, ainda assim as ações narradas nessas histórias não são nada divinas. Davi assassina Urias. Isbosete e Mifibosete são assassinados. Absalão assassina Âmon; Joabe assassina Absalão; Salomão assassina Adonias, seu irmão; Baasa assassina Nadabe; Zambri assassina Ela; Amri assassina Zambri; Acabe assassina Nabote; Jeú assassina Acabe e Jorão; os habitantes de Jerusalém assassinam Amasias, filho de Joás; Selum, filho de Jabes, assassina Zacarias, filho de Jeroboão; Manaém assassina Selum, filho de Jabes; Faceia, filho de Romelias, assassina Faceias, filho de Manaém; Oseias, filho de Ela, assassina Faceia, filho de Romelias. Omitiremos muitos outros assassinatos menores. Convenhamos que, se o Espírito Santo escreveu essa história, não escolheu assunto nada edificante.

Sexta seção
Sobre as más ações consagradas ou escusadas na história

Nada é mais comum do que os historiadores louvarem homens muito malvados que tenham prestado serviço à seita dominante ou à pátria. Esses elogios talvez sejam de um cidadão zeloso, mas esse zelo ultraja o gênero humano. Rômulo assassina o irmão e é transformado em deus. Constantino mata o filho, estrangula a mulher, assassina quase toda a família; foi louvado nos concílios, mas a história deve detestar suas barbáries. É bom para nós que Clóvis tenha sido católico; é bom para a Igreja anglicana que Henrique VIII tenha acabado com os monges, mas deve-se convir que Clóvis e Henrique VIII eram monstros de crueldade.

O jesuíta Berruyer – que, embora jesuíta, era um tolo – teve a ideia de parafrasear o Antigo e o Novo Testamento em estilo de alcova, sem outra intenção, senão a de atrair leitores; assim, espargiu flores de retórica sobre a faca de dois gumes que o judeu Aode mergulhou até o cabo no ventre do rei Eglão, sobre o sabre com que Judite cortou a cabeça de Holofernes depois de prostituir-se com ele e sobre várias outras ações desse quilate. O parlamento, respeitando a Bíblia que conta essas histórias, condenou o jesuíta que as louvava e mandou queimar o Antigo e o Novo Testamento, quero dizer, os do jesuíta.

Mas, como os juízos humanos sempre são diferentes em casos semelhantes, ocorreu o mesmo com Bayle num caso exatamente contrário; foi ele condenado por não ter louvado todas as ações de Davi, rei da província de Judeia. Certo Jurieu, pregador refugiado na Holanda, e outros pregadores refugiados, quiseram obrigá-lo a retratar-se. Mas como se retratar de fatos consignados nas Escrituras? Bayle acaso não tinha alguma razão para acreditar que nem todos os fatos relatados nos livros judeus são ações santificadas? Que Davi, assim como outro qualquer, cometeu ações muito criminosas e, se é chamado de homem segundo o coração de Deus, só o é em virtude de sua penitência, e não de seus delitos?

Mas deixemos de lado os nomes para só tratar das coisas. Suponhamos que, durante o reinado de Henrique IV, um cura defensor da Liga tenha despejado secretamente uma garrafa de óleo sobre a cabeça de um pastor de Brie, que esse pastor vá à corte, que o cura o apresente a Henrique IV como um bom violinista que poderá dissipar sua melancolia, que o rei o torne seu escudeiro e lhe dê uma de suas filhas em casamento; que, em seguida, o rei brigue com o pastor, e este se refugie em casa de um príncipe da Alemanha, inimigo de seu sogro, que arme seiscentos bandidos afundados em dívidas e farras, que faça incursões com essa canalha, matando amigos e inimigos, exterminando até mulheres e crianças de peito, para que não sobre ninguém que possa transmitir a notícia daquela carnificina; suponhamos também que esse mesmo pastor de Brie venha a ser rei da França depois da morte de Henrique IV, e que mande assassinar o próprio neto depois de tê-lo convidado para comer à sua mesa, entregando a assassinos outros sete netos de seu rei; quem haverá de negar que esse pastor de Brie é um tanto duro?

Os comentadores concordam que o adultério de Davi e o assassinato de Urias são pecados que Deus perdoou. Pode-se então convir que os massacres acima também são pecados perdoados por Deus.

No entanto, não deram trégua a Bayle. Mas, recentemente, quando alguns pregadores de Londres compararam Jorge II com Davi, um dos servidores deste monarca mandou publicar um livrinho no qual se queixa dessa comparação. Ele examina toda a conduta de Davi, vai muito mais longe que Bayle, trata Davi com mais severidade do que Tácito trata Domiciano. Na Inglaterra esse livro não provocou murmúrios; todos os leitores perceberam que má ação é sempre má, que Deus pode perdoá-la quando a penitência é proporcional ao crime, mas que nenhum homem deve aprová-la.

Portanto, as pessoas são mais racionais na Inglaterra do que eram as do tempo de Bayle na Holanda. Percebe-se hoje que não se deve apresentar como modelo de santidade aquilo que é digno da pena de morte; e sabe-se que, assim como não se deve consagrar o crime, não se deve acreditar no absurdo.

HISTORIÓGRAFO (Historiographe)

Título bem diferente do de historiador. Costuma-se chamar de historiógrafo na França o homem de letras remunerado para escrever história. Alain Chartier foi historiógrafo de Carlos VII. Diz ele que interrogou os domésticos do príncipe e que os fez dizer sob juramento, segundo o dever de seu cargo, se Agnès Sorel era realmente amante de Carlos. Concluiu que nunca ocorreu nada de extraordinário entre aqueles amantes, e que tudo se reduziu a algumas carícias pudicas, das quais aqueles domésticos tinham sido inocentes testemunhas. No entanto, é indubitável – não aos historiógrafos, mas aos historiadores apoiados em documentos de família – que Carlos VII teve três filhas de Agnès Sorel, das quais a mais velha, casada com certo Brezé, foi apunhalada pelo marido. A partir de então, foi frequente a existência de historiógrafos oficiais na França, e o uso adotado foi de lhes dar patentes de conselheiros de Estado, com os proventos de seu cargo. Eram comensais da casa do rei. Matthieu teve tais privilégios no tempo de Henrique IV, e nem por isso escreveu melhor a sua história.

Em Veneza, é sempre um nobre do senado que tem esse título e essa função; o célebre Nani os exerceu com aprovação geral. É bem difícil que o historiógrafo de um príncipe não seja um mentiroso; o historiógrafo das repúblicas bajula menos, mas não diz todas as verdades. Na China, os historiógrafos são encarregados de coligir todos os acontecimentos e todos os títulos originais de uma dinastia. Vão jogando as folhas numeradas numa ampla sala, por um orifício semelhante à goela do leão na qual se jogam em Veneza as opiniões secretas que se queiram dar; quando a dinastia se extingue, abre-se a sala, e o material é redigido, compondo-se com ele uma história autêntica. O diário geral do império também serve para constituir o corpo da história; esse diário é superior às nossas gazetas, porque feito diante dos olhos dos mandarins de cada província e revisto por um tribunal supremo; cada peça contém uma autenticidade que dá fé nas matérias contenciosas.

Cada soberano escolhe seu historiógrafo. Vittorio Siri foi historiógrafo. Pellisson foi escolhido primeiramente por Luís XIV para escrever os acontecimentos de seu reinado e desincumbiu-se desse emprego com eloquência na *História do Franco-Condado*. Racine, o mais elegante dos poetas, e Boileau, o mais correto, depois substituíram Pellisson. Alguns curiosos coligiram alguns textos sobre a travessia do Reno, escritos por Racine. Por esse texto não se pode julgar se Luís XIV atravessou ou não o Reno com as tropas que cruzaram esse rio a nado. Esse exemplo demonstra bem como é raro que o historiógrafo ouse dizer a verdade. Por isso, várias pessoas que tiveram esse título abstiveram-se de escrever história; fizeram como Amyot, que afirmava estar ligado demais a seus senhores para escrever sua vida. O padre Daniel teve o título de historiógrafo depois de publicar sua *História da França*; só recebeu uma pensão de seiscentas libras, vista apenas como honorários adequados a um religioso.

É muito difícil atribuir às ciências, às artes e às obras literárias os seus verdadeiros limites. Talvez seja próprio do historiógrafo reunir materiais, e do historiador, dar-lhes aplicação. O primeiro pode amontoar tudo; o segundo, selecionar e organizar. O historiógrafo se assemelha mais ao analista simples, e o historiador parece ter um campo mais livre para a eloquência.

Nem é preciso dizer aqui que os dois devem dizer a verdade; mas podemos examinar a grande lei de Cícero, *Ne quid veri tacere audeat,* é preciso ousar não calar nenhuma verdade. Essa regra faz parte das leis que precisam ser comentadas. Suponhamos que um príncipe conte a seu historiógrafo um segredo importante, capaz de comprometer a honra desse príncipe, ou cuja revelação ponha em risco o bem do Estado; o historiógrafo ou o historiador deverão trair a fé depositada por seu príncipe? Deverão trair sua pátria para obedecer a Cícero? A curiosidade do público parece exigi-lo: a honra e o dever o impedem. Nesse caso talvez seja preciso renunciar a escrever história.

Se uma verdade desonra uma família, o historiógrafo ou o historiador deverão informá-la ao público? Não, sem dúvida; nenhum dos dois está encarregado de revelar a vergonha dos cidadãos, e história não é sátira.

Mas se essa verdade escandalosa tiver relação com os acontecimentos públicos, se fizer parte dos interesses do Estado, se produzir males cuja causa importa saber, então a máxima de Cícero deverá ser observada; pois essa lei é como todas as outras leis, que devem ser executadas, abrandadas ou descumpridas, conforme as conveniências.

Devemos prescindir desse respeito humano sempre que se tratar de erros públicos reconhecidos, prevaricações, injustiças que as calamidades do tempo arrancaram a corpos respeitáveis; faríamos bem em torná-los públicos: seriam como que faróis capazes de advertir os corpos ainda subsistentes a não baterem de novo contra os mesmos escolhos. Se um parlamento da Inglaterra condenou um homem de bem ao suplício, se uma assembleia de teólogos pediu o sangue de um infeliz que não pensava como eles, é dever do historiador inspirar a todos os séculos horror por tais assassinatos judiciários. Sempre foi preciso fazer os atenienses se envergonhar da morte de Sócrates.

Felizmente, mesmo os povos íntegros sempre acham bom que alguém lhes ponha diante dos olhos os crimes de seus pais; os descendentes gostam de condená-los, acreditam-se melhores que eles. O historiógrafo ou o historiador os encorajam nesses sentimentos e, rememorando as guerras da Fronda e as de religião, impedem que haja outras iguais.

HOMEM (Homme)

Para conhecer a espécie humana em seus aspectos físicos, é preciso ler as obras de anatomia, os verbetes do *Dicionário enciclopédico* escritos pelo sr. Venel ou então fazer um curso de anatomia.

Para conhecer o homem naquilo que se chama *moral*, é preciso sobretudo ter vivido e refletido.

Nem todos os livros de moral estão encerrados nestas palavras de Jó: *Homo natus de muliere, brevi vivens tempore, repletur multis miseriis; qui quasi flos egreditur et conteritur, et fugit velut umbra.* – O homem nascido da mulher vive pouco; está cheio de misérias; é como uma flor que desabrocha, murcha e é esmagada: passa como sombra.

Já vimos que a raça humana só vive cerca de vinte e dois anos, contando os que morrem sobre o peito de suas amas e aqueles que arrastam até cem anos os restos de uma vida imbecil e miserável.

É um belo apólogo aquela antiga fábula do primeiro homem, que estava destinado a viver vinte anos no máximo: o que se reduzia a cinco, contando-se uma vida pela outra. O homem estava desesperado; tinha junto de si uma lagarta, uma borboleta, um pavão, um cavalo, uma raposa e um macaco.

Prolonga minha vida, disse ele a Júpiter; sou melhor que todos esses animais: é justo que eu e meus filhos vivamos muito tempo para comandar todos os bichos. – Pois não, disse Júpiter, mas só tenho alguns dias para dividir entre todos os seres aos quais dei vida. Só posso dar-te mais tempo se o subtrair aos outros. Não imagines que, só por ser Júpiter, sou infinito e todo-poderoso: tenho minha natureza e minha medida. Olha, até quero dar-te alguns anos a mais, tirando-os desses seis animais que despertam teu ciúme, mas com uma condição: deverás passar, uma após outra, pelas maneiras que eles têm de ser. O homem será primeiro lagarta, arrastando-se como ela na primeira infância. Até os quinze anos terá a leveza de uma borboleta; na juventude, a vaidade de um pavão. Na idade adulta, deverá suportar os mesmos trabalhos que o cavalo. Por volta dos cinquenta anos, terá a esperteza da raposa; e na velhice, será feio e ridículo como o macaco. Esse é, de modo geral, o destino do homem.

Notai também que, apesar da bondade de Júpiter, compensando-se uma coisa com outra, esse animal só tem vinte e dois a vinte e três anos para viver, no máximo, se tomarmos o gênero humano em geral; além disso, é preciso subtrair um terço, que é o tempo do sono, durante o qual estamos mortos; restam quinze mais ou menos: desses quinze, podemos tirar pelo menos oito da primeira infância, que, como já se disse, é o primeiro vestíbulo da vida. O resultado líquido será sete anos; desses sete anos, a metade pelo menos é consumida em dores de todas as espécies; conta três anos e meio para trabalhar, entediar-se e ter um pouco de satisfação – quanta gente não tem nenhuma! Pois bem! Pobre animal, e ainda te mostras altivo?

Infelizmente, nessa fábula, Deus esqueceu-se de vestir esse animal, como vestira o macaco, a raposa, o cavalo, o pavão e até a lagarta. A espécie humana só recebeu uma pele pelada, que, continuamente exposta ao sol, à chuva e ao granizo, se torna gretada, curtida, manchada. O macho, em nosso continente, foi desfigurado por pelos espalhados pelo corpo, que o tornaram feiíssimo sem cobri-lo. O rosto foi escondido sob cabelos. As faces tornaram-se um solo escabroso, coberto por uma floresta de caules delgados, com raízes para cima e ramos para baixo. Foi nesse estado, à semelhança dessa imagem, que esse animal ousou pintar Deus, quando, com o passar do tempo, aprendeu a pintar.

A fêmea, por ser mais fraca, tornou-se ainda mais repugnante e horrenda na velhice: o objeto mais hediondo da terra é uma decrépita. Enfim, sem alfaiates e costureiras, a espécie humana nunca teria ousado mostrar-se aos outros. Mas, antes que ela tivesse roupas, antes mesmo que aprendesse a falar, passaram-se muitos séculos. Isso está provado; mas é preciso repetir muitas vezes.

Esse animal, quando não civilizado, quando entregue a si mesmo, deve ter sido o mais sujo e pobre de todos os animais.

> Mon cher Adam, mon gourmand, mon bon père,
> Que faisais-tu dans les jardins d'Éden?
> Travaillais-tu pour ce sot genre humain?
> Caressais-tu madame Ève ma mère?
> Avouez-moi que vous aviez tous deux
> Les ongles longs, un peu noirs et crasseux,
> La chevelure assez mal ordonnée,
> Le teint bruni, la peau rude et tannée.
> Sans propreté, l'amour le plus heureux
> N'est plus amour, c'est un besoin honteux.
> Bientôt lassés de leur belle aventure,
> Dessous un chêne ils soupent galamment
> Avec de l'eau, du millet, et du gland;
> Le repas fait, ils dorment sur la dure.
> Voilà l'état de la pure nature.
>
> [Meu caro e guloso Adão, meu bom pai,
> Que fazias nos jardins do Éden?
> Trabalhavas pelo tolo gênero humano?
> Acariciavas dona Eva, minha mãe?
> Confessai que tínheis os dois
> Unhas compridas, escuras e sujas,
> A cabeleira bem desgrenhada,
> A tez morena, a pele rude e curtida.
> Sem asseio, o amor mais bem-feito
> Não é amor, é necessidade obscena.
> Logo cansados da bela aventura,
> Sob um carvalho ceiam galantes
> Com água, milhã e glande;
> Depois de comer, dormem no chão duro.
> Esse é o estado da natureza pura.]

Não deixa de ser extraordinário que tenham fustigado, vilipendiado e espicaçado um estimável filósofo de nossos dias, o inocente, o bom Helvétius, por ter ele dito que, se não tivessem mãos, os homens não poderiam ter construído casas e trabalhado tapeçaria de alto liço. Aparentemente, quem condenou essa afirmação tem algum segredo para cortar pedras e madeiras e trabalhar a agulha com os pés.

Eu gostava do autor do livro *Do espírito*. Aquele homem valia mais que todos os seus inimigos juntos, mas nunca aprovei os erros de seu livro nem as verdades triviais que ele expõe com ênfase. Fiquei abertamente a seu lado, quando homens absurdos o condenaram por essas mesmas verdades.

Não tenho palavras para exprimir o grande desprezo que em mim despertam aqueles que, por exemplo, quiseram proscrever magistralmente esta afirmação: "Os turcos podem ser vistos como deístas." Mas que pernósticos! Queríeis que fossem vistos como? Como ateus, porque adoram um só Deus?

Condenais esta outra afirmação: "O homem atilado sabe que os homens são o que devem ser; que qualquer ódio entre eles é injusto; que de um tolo nascem tolices como de uma planta inculta nascem frutos amargos."

Ah! Pedantes plantas incultas, perseguis um homem porque ele não vos odeia.

Mas deixemos os pedantes e vamos em frente.

Razão, mãos industriosas, cabeça capaz de generalizar ideias, língua suficientemente flexível para exprimi-las: são esses os grandes benefícios concedidos pelo Ser supremo ao homem, com exclusão dos outros animais.

O macho, em geral, vive um pouco menos que a fêmea.

É sempre maior, guardadas as devidas proporções. O homem mais alto tem em geral duas ou três polegadas a mais que a mulher mais alta.

Sua força é quase sempre superior; ele é mais ágil e, como tem todos os órgãos mais fortes, é mais apto a concentrar-se por mais tempo. Todas as artes foram inventadas por ele, e não pela mulher. Deve-se notar que não foi a chama da imaginação, mas sim a meditação perseverante e a combinação das ideias que lhe permitiram inventar as artes, tais como as artes mecânicas, a pólvora, a imprensa, a relojoaria etc.

A espécie humana é a única que sabe que vai morrer, e só o sabe pela experiência. Uma criança criada sozinha, transportada para uma ilha deserta, não desconfiaria disso mais do que uma planta e um gato.

Um homem que gostava de excentricidades[25] publicou que o corpo humano é um fruto verde até a velhice, e na hora da morte está na maturidade. Estranha maturidade a podridão e as cinzas! A cabeça desse filósofo não estava madura. Até que ponto a sanha de dizer coisas novas leva a dizer coisas extravagantes!

As principais ocupações de nossa espécie são morada, alimentação e vestuário; todo o resto é acessório, e foi esse mísero acessório que produziu tantas mortes e devastações.

Diferentes raças de homens

Já vimos em outro texto quantas raças humanas diferentes tem este globo e quanto o primeiro negro e o primeiro branco que se encontraram devem ter-se admirado um com o outro.

É até provável que várias espécies de homens e animais, frágeis demais, tenham perecido. Por isso já não se encontram múrices, cuja espécie provavelmente foi devorada por outros animais que apareceram depois de vários séculos nas margens habitadas por aquela pequena concha.

---

25. Maupertuis. (N. de Voltaire)

São Jerônimo, em sua *História dos padres do deserto*, fala de um centauro que conversou com santo Antônio, o eremita. Depois narra uma conversa muito mais longa que o mesmo Antônio teve com um sátiro.

Santo Agostinho, em seu trigésimo terceiro sermão, intitulado *A seus irmãos no deserto*, diz coisas tão extraordinárias quanto Jerônimo: "Eu já era bispo de Hipona quando fui à Etiópia com alguns servidores de Cristo para pregar o Evangelho. Vimos naquele país muitos homens e mulheres sem cabeça, com dois olhos grandes no peito; vimos em regiões ainda mais meridionais um povo que só tinha um olho na testa etc."

Aparentemente, Agostinho e Jerônimo falavam por economia; aumentavam as obras da criação para manifestar mais as obras de Deus. Queriam espantar os homens com fábulas, para torná-los mais submissos ao jugo da fé.[26]

Podemos ser ótimos cristãos sem acreditar em centauros, homens sem cabeça, com um olho ou uma perna só etc. Mas não podemos duvidar que a estrutura interior de um negro é diferente da de um branco, pois a rede mucosa ou gordurosa é branca em uns e preta em outros. Já disse isso, mas sois surdos.

Os albinos e os *dariens*[27], os primeiros originários da África, e os segundos, do centro da América, são tão diferentes de nós quanto os negros. Há raças amarelas, vermelhas e pardas. Já vimos que todos os americanos são imberbes e sem pelo algum no corpo, exceto as sobrancelhas e os cabelos. Todos são igualmente homens, mas como um pinheiro, um carvalho e uma pereira são igualmente árvores; a pereira não vem do pinheiro, e o pinheiro não vem do carvalho.

Mas por que razão, no meio do oceano Pacífico, numa ilha chamada Taiti, os homens são barbados? É o mesmo que perguntar por que somos barbados, enquanto peruanos, mexicanos e canadenses não o são; é o mesmo que perguntar por que macaco tem rabo e por que a natureza nos negou esse ornamento, que pelo menos entre nós é de uma raridade extrema.

As inclinações e os caracteres dos homens diferem tanto quanto seus climas e governos. Nunca foi possível formar um regimento de lapões e samoiedos, ao passo que seus vizinhos siberianos se tornam soldados intrépidos.

Não conseguireis tampouco tornar bons granadeiros um pobre *darien* ou um albino. Não é porque têm olhos de perdiz, nem porque têm cabelos e sobrancelhas de finíssima e branquíssima seda, mas porque têm extrema fraqueza de corpo, portanto de coragem. Só mesmo um cego, e um cego teimoso, pode negar a existência de todas essas diferentes espécies. Diferença tão grande e notável quanto a que existe entre macacos.

Todas as raças de homens sempre viveram em sociedade

Todos os homens descobertos nas terras mais incultas e escabrosas vivem em sociedade, assim como os castores, as formigas, as abelhas e várias outras espécies de animais.

Nunca se viu lugar onde vivessem isolados, onde o macho só se unisse à fêmea por acaso e a abandonasse logo depois por inapetência; em que a mãe deixasse de reconhecer os filhos depois de tê-los criado; onde se vivesse sem família e sem nenhum tipo de sociedade. Certos gracejadores de mau gosto abusaram da espirituosidade e chegaram a aventurar o espantoso paradoxo de que o homem é originariamente feito para viver sozinho como um lobo-cerval, e que a sociedade depravou sua natureza. Equivale a dizer que, no mar, os arenques são originariamente feitos para nadar isolados, mas que, por excesso de corrupção, passaram a nadar em cardumes do mar Glacial até nossas costas; que antigamente os grous voavam pelo ar separadamente e que, violando o direito natural, decidiram passar a viajar em grupo.

---

26. Ver verbete Economia. (N. de Voltaire)
27. Os chocos, habitantes da floresta de Darién, no Panamá. (N. da T.)

Cada animal tem seu instinto, e o instinto do homem, fortalecido pela razão, leva-o à sociedade, assim como a comer e beber. Não foi de modo algum a necessidade da sociedade que degradou o homem; é o afastamento da sociedade que o degrada. Qualquer um que vivesse absolutamente só logo perderia a faculdade de pensar e exprimir-se; seria penoso para si mesmo; só conseguiria metamorfosear-se em bicho. O excesso de orgulho impotente, que se insurge contra o orgulho dos outros, pode levar uma alma melancólica a fugir do convívio humano. É então que se deprava. Pune apenas a si mesma: seu orgulho é seu suplício, e ela se rala na solidão do despeito secreto de ser desprezada e esquecida; entregou-se à mais horrível escravidão para ser livre.

Ultrapassou-se o limite da loucura comum e chegou-se a dizer que "não é natural um homem prender-se a uma mulher durante os nove meses de gravidez; satisfeito o apetite – diz o autor desses paradoxos –, o homem já não precisa da mulher, nem a mulher do homem; este não tem a menor ideia das consequências de seu ato, nem está preocupado com isso. Um vai para um lado, o outro, para outro; e só ao cabo de nove meses têm lembrança de se terem conhecido... Por que ele a socorreria depois do parto? Por que a ajudaria a criar um filho que ele nem sequer sabe se é seu?"

Tudo isso é execrável, mas, felizmente, nada é mais falso. Se essa indiferença bárbara fosse o verdadeiro instinto da natureza, a espécie humana quase sempre se teria comportado assim. O instinto é imutável; suas inconstâncias são raríssimas. O pai teria sempre abandonado a mãe, a mãe teria abandonado o filho, e haveria na terra bem menos homens do que animais carnívoros, pois as feras, mais bem providas, mais bem armadas, têm instinto mais pronto, meios mais seguros e alimentação mais garantida do que a espécie humana.

Nossa natureza é bem diferente do horrendo romance que esse energúmeno escreveu sobre ela. Com exceção de algumas almas bárbaras inteiramente embrutecidas, ou talvez de algum filósofo ainda mais embrutecido, os homens mais duros amam, por um instinto dominante, o filho que ainda não nasceu, o ventre que o carrega e a mãe que se excede de amor por aquele de quem recebeu em seu seio o germe de um ser semelhante a ela.

O instinto dos carvoeiros da Floresta Negra fala tão alto, anima-os com a mesma força em favor de seus filhos, quanto o instinto dos pombos e dos rouxinóis que os força a alimentar os filhotes. Portanto, perdeu tempo quem escreveu tais necedades abomináveis.

O grande defeito de todos esses livros cheios de paradoxos não é, porventura, sempre supor que a natureza é diferente do que é? Se as sátiras sobre o homem e a mulher, escritas por Boileau, não fossem pilhérias, cometeriam o pecado essencial de supor que todos os homens são loucos e todas as mulheres são impertinentes.

O mesmo autor, inimigo da sociedade, parecido com a raposa sem rabo, que queria que todos os seus confrades se cortassem o rabo, assim se exprime em tom magistral:

"O primeiro que, depois de cercar um terreno, resolveu dizer 'É meu' e encontrou gente suficientemente simplória para acreditar nisso foi o verdadeiro fundador da sociedade civil. Quantos crimes, quantas guerras, quantos assassinatos, quantas misérias e quantos horrores não teria poupado ao gênero humano aquele que, desenterrando as estacas ou enchendo o fosso, tivesse gritado a seus semelhantes: 'Não escuteis esse impostor; estareis perdidos se vos esquecerdes de que os frutos são de todos, e de que a terra não é de ninguém!'"

Assim, segundo esse belo filósofo, um ladrão, um destruidor teria sido o benfeitor do gênero humano; e teria sido preciso punir um homem honesto que tivesse dito a seus filhos: "Imitemos nosso vizinho; ele cercou seu campo, os animais já não virão devastá-lo, seu terreno se tornará mais fértil; trabalhemos o nosso como ele trabalhou o seu, ele nos ajudará e nós o ajudaremos; se cada família cultivar seu cercado, ficaremos mais bem alimentados, mais sadios, mais pacíficos, menos infelizes. Tentaremos estabelecer uma justiça distributiva que console nossa pobre espécie, e valeremos mais que as raposas e as fuinhas às quais esse extravagante quer que nos assemelhemos."

Esse discurso não seria mais sensato e honesto do que o discurso do louco selvagem que queria destruir o pomar do camponês?

Que espécie de filosofia é essa que leva a dizer coisas que o senso comum reprova desde os confins da China até o Canadá? Não será a mesma do mendigo para quem todos os ricos deveriam ser roubados pelos pobres, a fim de se estabelecer a união fraterna entre os homens?

É verdade que, se todos os arbustos, todas as florestas, todas as planícies estivessem cobertos de frutos nutritivos e deliciosos, seria impossível, injusto e ridículo tomar conta deles.

Se há algumas ilhas onde a natureza dá prodigamente e sem trabalho alimentos e todas as coisas necessárias, vamos lá viver, longe da confusão de nossas leis: mas, assim que as tivermos povoado, precisaremos voltar ao teu e ao meu, bem como a essas leis, frequentemente bem ruins, mas das quais não podemos prescindir.

O homem nasceu ruim?

Não parecerá demonstrado que o homem não nasceu perverso e filho do diabo? Se essa fosse a sua natureza, ele cometeria crueldades, barbaridades logo que começasse a andar; pegaria a primeira faca que encontrasse para ferir quem lhe desagradasse. Pareceria necessariamente um filhote de lobo ou de raposa, que começa a morder tão logo pode.

Ao contrário, em toda a terra ele tem a natureza dos cordeiros enquanto é criança. Então, por que e como se torna tantas vezes lobo e raposa? Não será porque, não sendo ele bom nem ruim, a educação, o exemplo e a orientação na qual é lançado e a ocasião, por fim, dirigem-no para a virtude ou para o crime?

Talvez a natureza humana não pudesse ser diferente. Talvez o homem não pudesse ter sempre pensamentos falsos nem ter sempre pensamentos verdadeiros, sentimentos sempre bons ou sempre cruéis.

Parece demonstrado que a mulher é melhor que o homem; vereis cem *irmãos inimigos* contra uma *Clitemnestra*.

Há profissões que tornam necessariamente a alma impiedosa: a de soldado, a de carrasco, a de esbirro, a de carcereiro e todos os ofícios baseados na desgraça alheia.

O esbirro, o satélite e o carcereiro, por exemplo, só são felizes quando produzem miseráveis. É verdade que são necessários contra os malfeitores e, por isso, úteis à sociedade; mas, em mil homens dessa espécie, não há um só que aja pelo bem público, ou mesmo saiba que está fazendo um bem público.

É muito interessante ouvi-los falar de suas proezas, o modo como contam o número de suas vítimas, suas artimanhas para apanhá-las, os sofrimentos que lhes impuseram e o dinheiro que ganharam com isso.

Quem tiver descido aos pormenores mais mesquinhos dos tribunais, quem tiver ouvido alguma conversa familiar entre advogados que se congratulam pelas misérias de seus clientes, poderá ter péssima opinião sobre a natureza.

Há profissões mais horríveis, contudo disputadas como um canonicato.

Existem algumas que transformam um homem honesto em embusteiro e o acostumam a mentir e enganar contra a vontade, sem que ele nem mesmo o perceba; a pôr-se uma venda diante dos olhos, a iludir-se por interesse e por vaidade social, a mergulhar sem remorsos a espécie humana numa cegueira estúpida.

As mulheres, sempre ocupadas com a educação dos filhos e limitadas aos cuidados domésticos, estão excluídas de todas essas profissões que pervertem a natureza humana e a tornam atroz. Em todos os lugares, são menos bárbaras que os homens.

O físico une-se ao moral para afastá-las dos grandes crimes; seu sangue é mais doce; elas amam menos os licores fortes que inspiram a ferocidade. Prova evidente é que, de cada mil vítimas da justiça, de cada mil assassinos executados, contais apenas quatro mulheres, conforme provamos em outro lugar. Acredito que na Ásia não haja nem dois exemplos de mulheres condenadas a um suplício público.

Parece, portanto, que nossos usos e costumes tornaram a espécie masculina muito ruim.

Se essa verdade fosse geral e sem exceção, essa espécie seria mais horrível do que, a nossos olhos, são as espécies das aranhas, dos lobos e das fuinhas. Mas, felizmente, as profissões que endurecem o coração e o enchem de paixões odiosas são muito raras. Observai que, numa nação com cerca de vinte milhões de habitantes, há no máximo duzentos mil soldados. É um soldado apenas para duzentos indivíduos. Esses duzentos mil soldados são mantidos em severa disciplina. Há entre eles gente muito honesta que volta para suas aldeias a fim de terminar a velhice como bons pais e bons maridos.

As outras profissões perigosas para os costumes são pouco numerosas.

Os lavradores, os artesãos e os artistas sempre estão ocupados demais para se entregarem com frequência ao crime.

A terra sempre produzirá malvados detestáveis. Os livros sempre exagerarão o seu número, que, embora muito grande, é menor do que se diz.

Se o gênero humano tivesse ficado sob o império do diabo, não haveria mais ninguém na terra.

Consolemo-nos; vimos e sempre veremos belas almas de Pequim a La Rochelle; e, digam o que disserem acadêmicos e bacharéis, Tito, Trajano, Antonino e Pierre Bayle foram gente muito decente.

Do homem no estado de natureza pura

O que seria o homem no chamado estado de *pura natureza*? Um animal bem abaixo dos primeiros iroqueses encontrados no norte da América.

Seria muito inferior àqueles iroqueses, pois eles sabiam acender fogo e fazer flechas. Passaram-se séculos até chegarem a essas duas artes.

O homem, entregue à pura natureza, só teria como linguagem alguns sons mal articulados; a espécie estaria reduzida a pequeníssimo número de indivíduos devido à dificuldade de obter alimentos e pela falta de socorros, pelo menos em nossos tristes climas. Não haveria conhecimento de Deus e da alma, assim como da matemática; suas ideias se limitariam à procura do alimento. A espécie dos castores seria bem preferível.

O homem então não passaria de criança robusta, e já se viram muitos homens que não estão muito acima desse estado.

Os lapões, os samoiedos, os habitantes de Kamtschatka, os cafres e os hotentotes, em relação ao homem em estado de natureza pura, são o que eram antigamente as cortes de Ciro e Semíramis em comparação com os habitantes de Cévennes. No entanto, esses habitantes de Kamtschatka e esses hotentotes de nossos dias, tão superiores ao homem inteiramente selvagem, são animais que vivem seis meses por ano em cavernas, onde comem aos montes os insetos asquerosos que os comem.

Em geral, a espécie humana não tem dois ou três graus a mais de civilização que os homens de Kamtschatka. A multidão de bestas brutas a que se dá o nome de *homens*, em comparação com o pequeno número daqueles que pensam, está pelo menos na proporção de cem para um em muitas nações.

É engraçado pensar, de um lado, no padre Malebranche, que conversa familiarmente com o Verbo, e, de outro, naqueles milhões de animais parecidos com ele que nunca ouviram falar de Verbo nem têm nenhuma ideia metafísica.

Entre os homens puramente instintivos e os homens geniais, flutua um número imenso ocupado unicamente em subsistir.

Essa subsistência custa penas tão prodigiosas, que muitas vezes, no norte da América, a imagem de Deus precisa percorrer cinco ou seis léguas para ter o que comer e, entre nós, a imagem de Deus precisa regar a terra com seu suor o ano todo para ter pão.

Acrescentai a esse pão ou a seu equivalente um casebre e uma roupa ruim, e teremos o homem tal qual é, em geral, de um extremo ao outro do universo. E foi só depois de muitíssimos séculos que ele conseguiu chegar a esse alto grau.

Por fim, após outros séculos, as coisas chegam ao ponto em que as vemos hoje. Aqui se representa uma tragédia musicada, acolá os homens se matam no mar de outro hemisfério com milhares de canhões de bronze; a ópera e um navio de guerra de primeira linha sempre impressionam minha imaginação. Duvido que se possa ir mais longe em algum dos globos cuja extensão esteja semeada. No entanto, mais da metade da terra habitável ainda está povoada por animais de dois pés que vivem nesse estado horrível, próximo da natureza pura, mal tendo com o que viver e vestir-se, mal usufruindo do dom da palavra, mal percebendo que são infelizes, vivendo e morrendo quase sem saber.

Exame de um pensamento de Pascal sobre o homem

"Posso conceber um homem sem mãos e sem pés; poderia até concebê-lo sem cabeça, não tivesse a experiência me ensinado que é com ela que ele pensa. Portanto, é o pensamento que faz o ser humano, e sem ele não é possível concebê-lo" (*Pensamentos* de Pascal, parte I, IV, 2).

Como conceber um homem sem pés, sem mãos e sem cabeça? Seria um ser tão diferente de um homem quanto de uma abóbora.

Se todos os homens fossem sem cabeça, como a vossa cabeça conceberia que eles são animais como vós, visto que nada teriam daquilo que constitui principalmente o vosso ser? A cabeça é alguma coisa: nela se encontram os cinco sentidos e também o pensamento. Um animal que se parecesse da nuca para baixo com o homem ou com um daqueles macacos que chamamos de *orangotango*, ou homem dos bosques, nada mais seria que um homem, um macaco ou um urso ao qual se tivesse cortado a cabeça e o rabo.

"Portanto, é o pensamento que faz o ser humano etc." Nesse caso, o pensamento seria sua essência, assim como a extensão e a solidez são a essência da matéria. O homem pensaria essencialmente e sempre, assim como a matéria é sempre extensa e sólida. Pensaria em sono profundo sem sonhos, no desfalecimento, na letargia, no ventre da mãe. Sei muito bem que nunca pensei em nenhum desses estados; admito-o com frequência e desconfio que os outros sejam como eu.

Se o pensamento fosse essencial ao homem, como a extensão à matéria, seguir-se-ia que Deus não pôde privar esse animal de entendimento, pois não pode privar a matéria de extensão; porque então já não seria matéria. Ora, se o entendimento é essencial ao homem, este é pensante por natureza, assim como Deus é Deus por natureza.

Se eu quisesse tentar definir Deus, do modo como um ser tão insignificante como nós pode defini-lo, diria que o pensamento é seu ser, sua essência. Mas o homem!

Temos a faculdade de pensar, andar, falar, comer, dormir, mas nem sempre usamos essas faculdades: isso não está em nossa natureza.

Em nós o pensamento não é um atributo? Tão atributo, que ora é fraco, ora forte, ora razoável, ora extravagante? Oculta-se, mostra-se; foge e volta; é nulo, é reproduzido. Essência é outra coisa: nunca varia, não conhece o mais ou o menos.

Qual seria então o animal sem cabeça suposto por Pascal? Um produto da especulação. Ele poderia ter suposto do mesmo modo uma árvore à qual Deus tivesse dado pensamento, tal como se diz que os deuses deram voz às árvores de Dodona.

Reflexão geral sobre o homem

São necessários vinte anos para que o homem vá do estado de planta em que está no ventre da mãe e do estado de puro animal, que é o de sua primeira infância, até o estado em que a maturidade da razão começa a apontar. Foram necessários trinta séculos para se conhecer um pouco a sua estrutura. Seria necessária a eternidade para se conhecer algo de sua alma. Basta um instante para matá-lo.

HOMENS DE LETRAS (Gens de Lettres)

Essa palavra corresponde à palavra *gramático* que, entre os gregos e os romanos, designava não só um homem versado em gramática propriamente dita, que é a base de todos os conhecimentos, mas também aquele que não era alheio à geometria, à filosofia, à história geral e particular e, sobretudo, fazia estudos de poesia e eloquência; são os nossos homens de letras de hoje. Não se dá esse nome àquele que, com poucos conhecimentos, cultiva apenas um gênero. Não será contado entre os homens de letras aquele que, só tendo lido romances, fizer somente romances, que, sem nenhuma literatura, compuser a esmo peças de teatro, que, desprovido de ciência, fizer alguns sermões. Esse título, em nossos dias, tem ainda mais amplitude do que a palavra *gramático* entre os gregos e os latinos. Os gregos limitavam-se à sua língua, e os romanos só aprendiam grego; hoje, o homem de letras frequentemente soma ao estudo do grego e do latim o estudo do italiano, do espanhol e, sobretudo, do inglês. O acervo da história é centenas de vezes maior do que para os antigos, e a história natural cresce à proporção da história dos povos. Não se exige que um homem de letras se aprofunde em todas essas matérias; a ciência universal já não está ao alcance do homem, mas os verdadeiros homens de letras põem-se em condições de dar alguns passos nesses diferentes terrenos, ainda que não possam cultivá-los todos.

Antigamente, no século XVI e já entrado o XVII, os literatos tratavam muito da crítica gramatical dos autores gregos e latinos; é ao trabalho deles que devemos os dicionários, as edições corretas e os comentários das obras-primas da antiguidade. Hoje, essa crítica é menos necessária; foi sucedida pelo espírito filosófico: é esse espírito filosófico que parece constituir o caráter dos homens de letras; e, quando se soma ao bom gosto, forma um literato perfeito.

Grande vantagem do nosso século é o grande número de homens instruídos que passam dos espinhos da matemática para as flores da poesia e julgam igualmente bem um livro de metafísica e uma peça de teatro. O espírito do século tornou a maioria deles tão apta para a sociedade quanto para o gabinete; nisso são superiores aos dos séculos anteriores. Ficaram afastados da sociedade até o tempo de Jean-Louis Guez de Balzac e Voiture; depois disso, começaram a desempenhar um papel que se tornou necessário. A razão profunda e depurada com que vários deles permearam sua conversação contribuiu muito para instruir e polir a nação: sua crítica não se esgotou em palavras gregas e latinas, mas, apoiada em sã filosofia, destruiu todos os preconceitos de que a sociedade estava infestada: predições de astrólogos, adivinhação de magos, sortilégios de toda espécie, ilusionismos, falsas maravilhas, usos supersticiosos. Relegaram para as escolas milhares de polêmicas pueris, que antes eram perigosas e agora são desprezíveis: com isso, prestaram serviço ao Estado. Às vezes causa espécie o fato de que aquilo que outrora subvertia o mundo já não o perturba hoje; devemos isso aos verdadeiros homens de letras.

Em geral, eles têm espírito mais independente que os outros homens; e os que nasceram sem fortuna encontram facilmente nas fundações de Luís XIV o suficiente para consolidar essa independência. Já não se veem, como antes, aquelas epístolas dedicatórias que o interesse e a baixeza ofereciam à vaidade.

Um homem de letras não é aquilo que se chama de *bel esprit* [engenho]: este supõe menos cultura, menos estudo e não exige filosofia; consiste principalmente na imaginação brilhante, no deleite da conversação, auxiliados por uma leitura comum. Um *bel esprit* pode não merecer o título de homem de letras, e o homem de letras pode não ter pretensões à engenhosidade.

Há muitos homens de letras que não são autores, e estes provavelmente são os mais felizes. Estão imunes aos dissabores que a profissão de autor acarreta às vezes, polêmicas originadas pela rivalidade, animosidades facciosas e falsos julgamentos; usufruem mais a sociedade; são juízes; os outros são julgados.

HONRA (Honneur)

O autor de *Sinônimos da língua francesa* diz que "é costume no discurso pôr a glória em antítese com o interesse, e o gosto, com a honra".

Mas acreditamos que essa definição só se encontre nas últimas edições, estragando o livro.

Lemos estes versos na sátira de Boileau sobre a honra:

Entendons discourir sur les bancs des galères
Ce forçat abhorré même de ses confrères;
Il plaint, par un arrêt injustement donné,
L'honneur en sa personne à ramer condamné.
[Ouçamos a falar nos bancos das galés
O forçado abominado até pelos confrades;
Lamenta, devido a uma sentença injusta,
A honra de sua pessoa, condenada a remar.]

Ignoramos se há muitos forçados que se queixam da pouca consideração dispensada à sua honra.

Esse termo pareceu-nos passível de várias acepções diferentes, assim como todas as palavras que exprimem ideias metafísicas e morais.

Mais je sais ce qu'on doit de bontés et d'honneur
A son sexe, à son âge, et surtout au malheur.
[Mas sei o que se deve de bondades e honra
Ao sexo, à idade e sobretudo à infelicidade.]

Honra aí significa *consideração, atenção,*

L'amour n'est qu'un plaisir, l'honneur est un devoir,
[O amor só é prazer; a honra é um dever,]
(*El Cid*, ato III, cena VI)

significa nesse trecho "é um dever vingar o pai".

"Ele foi recebido com muita honra": isso quer dizer com demonstrações de respeito.

"Defender a honra de uma corporação" é defender as preeminências, os privilégios de um corpo, uma companhia e às vezes suas quimeras.

"Portar-se com honra" é agir com justiça, franqueza e generosidade.

"Ter honra, ser honrado" é ter distinções, marcas de superioridade.

Mais l'honneur en effet qu'il faut que l'on admire,
Quel est-il, Valincour? pourras-tu me le dire?
L'ambitieux le met souvent à tout brûler...
Un vrai fourbe à jamais ne garder sa parole.
[Mas a honra que de fato deve ser admirada,
Qual é, Valincour? Podes dizer-me?
O ambicioso a põe amiúde em tudo incendiar...
Um embusteiro, a nunca cumprir a palavra.]
(*Sátira* XI, 49-51 e 54)

Como Boileau pôde dizer que, para um embusteiro, a honra consiste em enganar? Parece-nos que este vê interesse em faltar à palavra e honra em ocultar seus embustes.

O autor de *Espírito das leis* baseou seu sistema na ideia de que a virtude é o princípio do governo republicano, e a honra, o princípio dos governos monárquicos. Por acaso há virtude sem honra? E como uma república se estabelece na virtude?

Poremos diante dos olhos do leitor o que foi dito sobre o assunto num pequeno livro. As brochuras perdem-se em pouco tempo. A verdade não deve perder-se; é preciso registrá-la em obras de fôlego.

"Com certeza, nunca se formaram repúblicas por virtude. O interesse público se opôs à dominação de uma única pessoa; o espírito de propriedade e a ambição de cada cidadão foram freios para a ambição e o espírito de rapina. O orgulho de cada cidadão vigiou o orgulho do vizinho. Ninguém quis ser escravo dos caprichos de outro. É isso o que estabelece e conserva uma república. É ridículo imaginar que seja necessário mais virtude a um grisão do que a um espanhol.

"Não é menos quimérica a ideia de que a honra seja o princípio apenas das monarquias; e ele mesmo o demonstra, sem perceber. Diz ele no capítulo VII do livro III: *A natureza da honra é exigir preferências, distinções. Portanto, pela coisa mesma, faz parte do governo monárquico.*

"Certamente, pela coisa mesma, na república romana eram solicitados pretórios, consulados, ovações, triunfos: essas são preferências, distinções que equivalem aos títulos tão frequentemente comprados nas monarquias, nas quais a tarifa é fixada."

Essa observação prova, a nosso ver, que o livro *Espírito das leis,* embora cheio de espírito, embora notável pelo amor às leis e pelo ódio à superstição e à rapina, está inteiramente baseado em falácias[28].

Acresce que é precisamente nas cortes que há menos honra.

L'ingannare, il mentir, la frode, il furto,
E la rapina di pietà vestita,
Crescer col danno e precipizio altrui,
E far a se de l'altrui biasmo onore,
Son le virtù di quella gente infida.
[O engano, a mentira, a fraude, o furto,
A rapina de piedade vestida,
Crescer com o prejuízo e a perda alheia,
Ver como honra própria o que em outro é reprovável,
Essas são as virtudes dessa gente pérfida.]
(*Pastor Fido*, V, I)

---

28. Ver verbete Leis (Espírito das). (N. de Voltaire)

Quem não entender italiano poderá passar os olhos por estes quatro versos franceses, que são um resumo de todos os lugares-comuns já proferidos sobre as cortes há três mil anos:

Ramper avec bassesse en affectant l'audace,
S'engraisser de rapine en attestant les lois,
Étouffer en secret son ami qu'on embrasse,
Voilà l'honneur qui règne à la suite des rois.
[Rastejar com baixeza, afetando audácia,
Engordar com a rapina invocando as leis,
Sufocar em segredo o amigo que se abraça,
Essa é a honra que reina no séquito dos reis.]

É de fato nas cortes que homens sem honra alcançam tantas vezes as mais altas dignidades; é nas repúblicas que um cidadão desonrado nunca é nomeado pelo povo para os cargos públicos.

As célebres palavras do duque de Orléans, quando regente, bastam para destruir o fundamento de *Espírito das leis:* "É um perfeito cortesão: não tem humor nem honra."

Honorável, honestidade, honesto geralmente significam a mesma coisa que honra. *Uma honorável companhia*, pessoas honradas. Muitas honrarias lhe foram feitas, coisas honrosas lhe são ditas, ou seja, ele foi tratado de maneira a pensar honrosamente a respeito de si mesmo.

Honra deu origem a *honorário*. Para honrar uma profissão superior às artes mecânicas, paga-se a esse profissional um honorário, e não um salário, que ofenderia seu amor-próprio. Assim, *honra*, *honrar* significam fazer um homem acreditar que é alguma coisa, que é distinguido dos outros:

Il me vola, pour prix de mon labeur,
Mon honoraire en me parlant d'honneur.
[Roubou-me, como paga de meu labor,
Meus honorários, falando-me de honra.]

HUMILDADE (Humilité)

Os filósofos discutiram se a humildade é uma virtude; mas, virtude ou não, todos concordam que nada é mais raro. Entre os gregos, chamava-se ταπείνωσις ou ταπείνωμα. Ela é muito recomendada no quarto livro das *Leis* de Platão; ele não quer orgulhosos, quer humildes.

Epicteto prega a humildade em dezenas de lugares. – Se fores visto como uma pessoa importante por alguns, desconfia de ti mesmo. – Nada de soberba. – Não sejas nada a teus olhos. – Se procurares agradar, serás rebaixado. – Cede a todos os homens; prefere-os todos a ti; suporta-os.

Vê-se por essas máximas que capuchinho nenhum jamais foi tão longe quanto Epicteto.

Alguns teólogos, que tiveram a infelicidade de ser orgulhosos, afirmaram que a humildade não custava a Epicteto porque ele era escravo; e que ele era humilde por condição social, tal como um doutor ou um jesuíta podem ser orgulhosos por condição social.

Mas que dirão de Marco Antonino, que, no trono, recomenda humildade? Ele põe no mesmo nível Alexandre e seu cavalariço.

Diz ele que a vaidade das pompas não passa de osso atirado aos cães; que fazer o bem e ouvir calúnias é virtude de rei.

Assim, o senhor da terra conhecida quer que um rei seja humilde. Que alguém proponha a humildade a um músico, e verá como ele zomba de Marco Aurélio.

Descartes, em seu *Tratado das paixões da alma*, põe a humildade no rol destas. Ela não esperava ser vista como uma paixão.

Ele distingue humildade virtuosa e viciosa. Eis como Descartes raciocinava em metafísica e moral.

"Nada existe na generosidade que não seja compatível com a humildade virtuosa[29], nem nada, aliás, que possa mudar: isso faz que suas atitudes sejam firmes, constantes e sempre muito semelhantes a si mesmas. Mas estas não veem muito de surpresa, porque aqueles que se conhecem desse modo conhecem quais são as causas que os fazem estimar-se. Todavia, pode-se dizer que essas causas são tão maravilhosas (a saber, o poder de usar do livre-arbítrio, que faz cada um prezar-se a si mesmo e prezar as fraquezas do sujeito em quem está esse poder, o que faz que ele não se estime demais), que todas as vezes que no-las representamos de novo, elas sempre causam nova admiração."

Vejamos como ele fala da humildade viciosa:

"Consiste principalmente em sentir-se fraco e pouco resoluto, como se não se tivesse o uso integral do livre-arbítrio. Também não pode tal pessoa abster-se de fazer coisas das quais sabe que se arrependerá depois. Consiste também em acreditar-se ela incapaz de subsistir por si mesma e de prescindir de várias coisas cuja aquisição depende de outrem; assim, é diretamente oposta à generosidade etc."

Isso é que é raciocinar.

Deixamos que os filósofos mais eruditos se incumbam de esclarecer essa doutrina. Aqui nos limitaremos a dizer que a humildade é a modéstia da alma.

É o contraveneno do orgulho. A humildade não podia impedir Rameau de acreditar que ele conhecia mais música do que aqueles a quem dava aulas; mas podia levá-lo a concordar que ele não era superior a Lulli no recitativo.

O reverendo padre Viret, franciscano, teólogo e pregador, por mais humilde que seja, sempre acreditará firmemente que sabe mais do que aqueles que estão aprendendo a ler e a escrever; mas sua humildade cristã e sua modéstia de alma o obrigarão a convir, no fundo de seu coração, que ele só escreve tolices. Ó irmãos Nonotte, Guyon, Patouillet, escritores reles, sede humildes; tende sempre a modéstia da alma como a melhor recomendação.

---

29. Descartes, *Tratado das paixões*. (N. de Voltaire)

I

IDADE (Âge)

Não temos nenhum intuito de falar das idades do mundo; elas são tão conhecidas e uniformes! Também nos absteremos de falar da idade dos primeiros reis ou deuses do Egito, pelo mesmo motivo. Viviam uns duzentos anos: isso não nos diz respeito; mas o que nos interessa muito é a duração média da vida humana. Essa teoria está perfeitamente bem tratada no *Dicionário enciclopédico*, no verbete Vida, de acordo com Halley, Kerseboom e Deparcieux.

Em 1741, o sr. de Kerseboom comunicou-me seus cálculos sobre a cidade de Amsterdam; aqui estão os resultados:

De cada cem mil pessoas, eram casadas	34 500
Eram viúvos (homens) apenas	1 500
Eram viúvas	4 500

Isso não provaria que as mulheres vivem mais que os homens na proporção de quarenta e cinco para quinze, e que haveria três vezes mais mulheres que homens; mas provaria que os holandeses tinham ido morrer na Batávia ou na pesca da baleia em número três vezes superior ao das mulheres, que de ordinário ficam em casa; e esse cálculo continua prodigioso.

Solteiros, juventude e infância dos dois sexos	45 000
Domésticos	10 000
Viajantes	4 000
Soma total	99 500

Por seu cálculo, deveria haver, em um milhão de habitantes dos dois sexos, dos dezesseis aos cinquenta anos, cerca de vinte mil homens para servir como soldados, sem desorganizar as outras profissões. Mas vejamos os cálculos dos srs. Deparcieux, Saint-Maur e Buffon; eles são ainda mais precisos e instrutivos em alguns aspectos.

Essa aritmética não é favorável à mania de arregimentar grandes exércitos. Todo príncipe que arregimenta soldados demais pode arruinar seus vizinhos, mas sem dúvida arruína seu Estado.

Esse cálculo também desmente a conta, ou melhor, o conto de Heródoto, segundo o qual Xerxes chegou à Europa seguido de cerca de dois milhões de homens. Porque, se um milhão de habitantes dá vinte mil soldados, temos que Xerxes tinha cem milhões de súditos: o que não é de acreditar. No entanto, dizem que a China tem cem milhões de súditos, mas ela não tem um milhão de soldados: assim, o imperador da China é duas vezes mais sábio que Xerxes.

Em Tebas das cem portas, cidade da qual saíam dez mil soldados por porta, teria havido – de acordo com os cômputos holandeses – cinquenta milhões de cidadãos e de cidadãs. Fazemos um cálculo mais modesto no verbete Censo.

Como, há vinte anos, a idade do serviço militar vai até cinquenta anos, é preciso contar com uma prodigiosa diferença entre portar armas no estrangeiro e ser soldado na própria pátria.

Xerxes deve ter perdido dois terços de seu exército na viagem à Grécia. César diz que os suíços saíram de seu país em número de trezentos e oitenta e oito mil indivíduos, demandando algumas províncias das Gálias para matar ou despojar seus habitantes, e que teve tanto sucesso com eles, que só restaram cento e dez mil. Foram necessários dez séculos para repovoar a Suíça: pois hoje se sabe que não se fazem crianças a pedradas, como no tempo de Deucalião e Pirra, nem a penadas, como o jesuíta Pétau, que faz setecentos bilhões de seres humanos nascer de apenas um dos filhos de Noé, em menos de trezentos anos.

Carlos XII arregimentou o quinto homem na Suécia para fazer guerra em país estrangeiro e despovoou sua pátria.

Continuemos a percorrer as ideias e os números do calculador holandês, sem nada responder, porque é perigoso ser contador.

Cálculo da vida

Segundo ele, numa grande cidade, de cada vinte e seis casamentos ficam apenas cerca de oito filhos. Em cada mil legítimos, ele conta sessenta e cinco bastardos.

De setecentas crianças, ficam:

Ao fim de um ano, aproximadamente	560
Ao fim de dez anos	445
Ao fim de vinte anos	405
Com quarenta anos	300
Com sessenta anos	190
Ao fim de oitenta anos	50
Com noventa anos	5
Com cem anos, ninguém	0

Por aí se vê que, de setecentas crianças nascidas no mesmo ano, só há cinco chances de chegar a noventa anos. Em cento e quarenta, há apenas uma, e em número menor não há nenhuma.

Portanto, é só em meio a um enorme número de existências que podemos esperar que a nossa se estenda até noventa anos; e só podemos esperar viver um século em meio a um número bem maior.

Trata-se da sorte grande na loteria, com a qual não devemos contar, nem sequer desejar, se é que alguém deseje: não passa de uma longa morte.

Quantos velhos conhecemos que são chamados *felizes*, cuja felicidade consiste em não poder gozar de nenhum prazer da vida, em cumprir com grande dificuldade duas ou três funções asquerosas, em não distinguir sons nem cores, em não conhecer gozo nem esperança, cuja felicidade consiste por inteiro em saber confusamente que são um fardo da terra, batizados ou circuncidados há cem anos?

Sob nossos céus existe um em cem mil, no máximo.

Vede as listas de mortes a cada ano em Paris e em Londres; essas cidades, pelo que dizem, têm cerca de setecentos mil habitantes. É raríssimo encontrar nelas, na mesma época, sete centenários, e frequentemente não se encontra nenhum.

Em geral, a idade comum na qual a espécie humana é devolvida à terra, da qual sai, é de vinte e dois a vinte e três anos no máximo, segundo os melhores observadores.

De mil crianças nascidas num mesmo ano, umas morrem com seis meses, outras com quinze; este morre com dezoito anos, aquele com trinta e seis, alguns com sessenta; três ou quatro octogenários, banguelas e cegos, morrem depois de sofrer oitenta anos. Considerai um número médio: cada um carrega seu fardo vinte e dois ou vinte e três anos.

Com base nesse princípio, que é mais do que verdadeiro, é vantajoso para um Estado bem administrado, que tenha fundos de reserva, constituir muitas rendas vitalícias. Os príncipes bons administradores que queiram enriquecer a família ganham consideravelmente com isso; a cada ano a soma que devem pagar diminui.

O mesmo não ocorre num Estado endividado. Como ele paga juros maiores que os juros comuns, logo fica sem dinheiro; é obrigado a fazer novos empréstimos, e o que se tem é um círculo perpétuo de dívidas e preocupações.

As tontinas, invenção de um usurário chamado Tontino, são bem mais ruinosas. Não há alívio durante oitenta anos pelo menos. Pagam-se todas as rendas ao último sobrevivente.

Na última tontina feita na França em 1759, uma associação de calculadores escolheu uma categoria apenas: a de quarenta anos, porque se atribuía juro maior a essa idade do que às faixas etárias que iam de um ano a quarenta, e também porque há quase tantas chances de chegar de quarenta a oitenta anos quanto do berço a quarenta.

Davam-se dez por cento aos apostadores de quarenta anos, e o último sobrevivente herdaria de todos os mortos. É um dos piores negócios que o Estado pode fazer.

Acreditamos já ter sido observado que as pessoas que têm rendas vitalícias vivem um pouco mais que as outras; e com isso os pagadores muito se enfadam. Talvez porque a maioria das pessoas que vivem de renda tem bom-senso e sente que tem boa constituição; trata-se de beneficiários, celibatários preocupados unicamente consigo, que vivem como quem só quer viver muito tempo. Dizem: "Se eu comer demais, se cometer excessos, o rei será meu herdeiro: o emprestador que paga minha renda vitalícia e diz ser meu amigo vai rir no meu enterro." Isso os refreia; fazem regime; vegetam alguns minutos mais que as outras pessoas.

Para consolar os devedores, é preciso dizer-lhes que, seja qual for a idade em que lhes deem um capital com renda vitalícia, mesmo que para uma criança que está sendo batizada, seu negócio é sempre ótimo. Só a tontina é onerosa; por isso, os monges nunca a fizeram. Mas, no que se refere a dinheiro recebido como renda vitalícia, eles o ganhavam a mancheias, até o momento em que esse jogo lhes foi proibido. De fato, acaba o fardo de pagar ao cabo de trinta ou quarenta anos, e pagam-se rendimentos em bens de raiz durante toda a eternidade. Também foram proibidos de tomar capitais como rendas perpétuas; isso porque não se deseja que eles se distraiam de suas ocupações espirituais.

IDEIA (Idée)

Primeira seção

O que é ideia?

É uma imagem que se desenha em meu cérebro.

Todos os teus pensamentos então são imagens?

Sem a menor dúvida; pois as ideias mais abstratas não passam de sequências de todos os objetos que percebi. Em geral, só pronuncio a palavra *ser* porque conheci seres particulares. Só pronuncio o substantivo *infinito* porque vi limites e amplio o máximo que posso esses limites em meu entendimento; só tenho ideias porque tenho imagens na cabeça.

E qual é o pintor que desenhou esse quadro?

Não fui eu, não desenho assim tão bem; foi aquele que me fez, que fez minhas ideias.

E como sabes que as ideias não foram feitas por ti?

Porque elas me acodem frequentemente à minha revelia, quando estou acordado, e sempre à minha revelia quando sonho, adormecido.

Estás então convencido de que tuas ideias só te pertencem como te pertencem teus cabelos, que crescem, embranquecem e caem sem que possas interferir?

Nada é mais evidente; o máximo que posso fazer é frisá-los, cortá-los, empoá-los; mas não me cabe produzi-los.

Então serias da opinião de Malebranche, que dizia que vemos tudo em Deus?

Sem dúvida, sim, salvo que, se não vemos as coisas no grande Ser, nós as vemos por sua ação poderosa e presente.

E como essa ação se dá?

Já disse centenas de vezes em nossas conversas que não sei absolutamente nada, que Deus não contou o seu segredo a ninguém. Ignoro o que faz meu coração bater, meu sangue correr pelas veias; ignoro o princípio de todos os meus movimentos; e queres que eu diga como sinto e como penso! Isso não é justo.

Mas não sabes pelo menos se tua faculdade de ter ideias está unida à extensão?

Nem imagino. É bem verdade que Taciano, em seu discurso aos gregos, disse que a alma é claramente composta de um corpo. Irineu, em seu capítulo XXVI do segundo livro, disse que o Senhor ensinou que nossa alma conserva a forma de nosso corpo para conservar sua memória. Tertuliano garante, em seu segundo livro sobre *Alma*, que ela é um corpo. Não é outra a opinião de Arnóbio, Lactâncio, Hilário, Gregório de Nissa e Ambrósio. Afirma-se que outros Padres da Igreja garantem que a alma não tem nenhuma extensão, e nisso estão de acordo com Platão; o que é muito duvidoso. Quanto a mim, não ouso ter opinião alguma; só vejo incompreensibilidade em ambos os sistemas e, depois de ter cismado nisso toda a minha vida, avancei tanto quanto no primeiro dia.

Então não valia a pena pensar no assunto.

É verdade; quem goza sabe mais do que quem reflete, ou pelo menos sabe melhor, é mais feliz; mas que fazer? Não dependeu de mim aceitar nem rejeitar em meu cérebro todas as ideias que vieram para lutar umas contra as outras, apoderando-se de minhas células medulares para campo de batalha. Depois de toda a luta entre elas, só consegui recolher a incerteza em meio a seus despojos.

É bem triste ter tantas ideias e não saber ao certo a natureza das ideias.

Confesso que sim, mas é bem mais triste e muito mais tolo acreditar saber aquilo que não se sabe.

Mas, se não sabes positivamente o que é ideia, se ignoras de onde elas vêm, sabes pelo menos por onde elas chegam?

Sim, como os antigos egípcios, que, não conhecendo a nascente do Nilo, sabiam muito bem que suas águas lhes chegavam pelo leito do rio. Nós sabemos muito bem que as ideias nos chegam pelos sentidos, mas continuamos sem saber de onde partem. A nascente desse Nilo nunca será descoberta.

Se é indubitável que todas as ideias te são dadas pelos sentidos, por que a Sorbonne, que durante tanto tempo abraçou essa doutrina de Aristóteles, a condenou com tanta virulência em Helvétius?

Porque a Sorbonne é composta de teólogos.

Segunda seção
Tudo em Deus

In Deo vivimus, movemur, et sumus.
(São Paulo, Atos, cap. XVII, v. 28)
Em Deus vivemos, movemo-nos e somos.

Arato, citado e aprovado por são Paulo, fez essa profissão de fé entre os gregos.
O virtuoso Catão disse a mesma coisa.

Jupiter est quodcumque vides, quocumque moveris.
(LUCANO, *Farsália*, IX, 580)

Malebranche é comentador de Arato, são Paulo e Catão. Tem bons resultados no início, quando mostra os erros dos sentidos e da imaginação; mas, quando quis desenvolver esse grande sistema de que tudo está em Deus, todos os leitores disseram que o comentário é mais obscuro que o texto. Por fim, aprofundando-se nesse abismo, perdeu a cabeça. Teve conversas com o Verbo, ficou sabendo o que o Verbo fez nos outros planetas. Enlouqueceu totalmente. Isso deve servir de alerta para nós outros, seres medíocres que nos fazemos de entendidos.

Para conseguir pelo menos adentrar o pensamento de Malebranche no tempo em que ele tinha juízo, é preciso, para começar, só admitir o que concebemos claramente e rejeitar o que não entendemos. Não é ser imbecil explicar uma obscuridade com obscuridades?

Sinto, irreprimivelmente, que minhas primeiras ideias e minhas sensações me ocorreram à minha revelia. Concebo claramente que não posso dar-me nenhuma ideia. Não posso dar-me nada; recebi tudo. Os objetos que me cercam não podem dar-me ideias nem sensações por si mesmos, pois como seria possível que um pedaço de matéria tivesse em si a virtude de produzir pensamento em mim?

Portanto, sou levado a pensar, à minha revelia, que o Ser eterno, que dá tudo, me dá minhas ideias, seja lá como for.

Mas o que é ideia? O que é sensação, vontade etc.? Sou eu percebendo, sentindo, querendo.

Sabe-se, enfim, que existe um ser real chamado *ideia* tanto quanto existe um ser real chamado *movimento*; mas há corpos movidos.

Assim também, não há nenhum ser particular chamado *memória*, *imaginação*, *juízo*; mas nós lembramos, imaginamos e julgamos.

Tudo isso é de uma verdade trivial; mas é necessário repisar com frequência essa verdade, pois os erros contrários são mais triviais ainda.

Leis da natureza

Agora, como o Ser eterno e formador produziria todos esses modos em corpos organizados? Terá posto dois seres num grão de frumento, dos quais um fará o outro germinar? Terá posto dois seres num veado, dos quais um fará o outro correr? Não, sem dúvida. Tudo o que se sabe é que o grão é dotado da faculdade de vegetar, e o veado, da faculdade de correr.

Evidentemente, há uma matemática geral que dirige toda a natureza e opera todas essas produções. O voo dos pássaros, o nado dos peixes e a corrida dos quadrúpedes são efeitos demonstrados das conhecidas regras do movimento. *Mens agitat molem* [Um espírito move esta massa imensa].

As sensações e as ideias desses animais podem ser outra coisa senão efeitos mais admiráveis de leis matemáticas mais ocultas?

Mecânica dos sentidos e das ideias

É por essas leis que todo animal se move para procurar alimento. Deves então conjecturar que há uma lei pela qual ele tem a ideia do alimento, sem o que não iria procurá-lo.

A inteligência eterna fez que todas as ações do animal dependam de um princípio; logo, a inteligência eterna fez que as sensações que causam essas ações dependam do mesmo princípio.

O autor da natureza terá disposto com uma arte tão divina os instrumentos maravilhosos dos sentidos, terá posto relações tão espantosas entre os olhos e a luz, a atmosfera e os ouvidos, para que ainda haja necessidade de realizar sua obra por meio de outro socorro? A natureza sempre age pelos caminhos mais curtos. O prolongamento do processo é impotência; a multiplicidade dos socorros é fraqueza; logo, é de crer que tudo proceda de acordo com um mesmo mecanismo.

O grande Ser faz tudo

Não só não podemos nos dar nenhuma sensação, como também não podemos nem sequer imaginar sensações além daquelas que já sentimos. Se todas as academias da Europa propusessem um prêmio para aquele que imaginasse um novo sentido, esse prêmio nunca seria dado. Portanto, nada podemos puramente por nós mesmos, quer exista um ser invisível e intangível em nosso cerebelo ou espalhado por nosso corpo, quer não exista; e deve-se convir que, em todos os sistemas, o autor da natureza deu tudo o que temos: órgãos, sensações e ideias, que são sua consequência.

Visto que nascemos assim de suas mãos, Malebranche, apesar de todos os seus erros, teria razão ao dizer, filosoficamente, que somos em Deus, e que vemos tudo em Deus; assim como são Paulo o disse na linguagem da teologia, e Arato e Catão, na da moral.

Que podemos então entender por essas palavras: *ver tudo em Deus?*

Ou são palavras vazias de sentido, ou significam que Deus nos dá todas as nossas ideias.

Que quer dizer receber uma ideia? Não somos nós que a criamos quando a recebemos; logo, não é tão antifilosófico, como se pensa, dizer: "Foi Deus que fez ideias em minha cabeça, assim como faz o movimento em todo o meu corpo." Portanto, tudo é ação de Deus sobre as criaturas.

Como tudo é ação de Deus?

Na natureza só existe um princípio universal, eterno e agente; não podem existir dois, pois então seriam semelhantes ou diferentes. Se diferentes, destroem-se mutuamente; se semelhantes, é como se houvesse apenas um. A unidade de desígnio no grande todo infinitamente variado anuncia um único princípio; esse princípio deve agir sobre todo ser, ou não será princípio universal.

Se agir sobre todo ser, agirá sobre todos os modos de todo ser. Logo, não há um único movimento, um único modo, uma única ideia que não seja efeito imediato de uma causa universal sempre presente.

Portanto, a matéria do universo pertence a Deus, assim como as ideias, e as ideias, assim como a matéria.

Dizer que alguma coisa está fora dele seria dizer que há alguma coisa fora do grande todo. Sendo Deus o princípio universal de todas as coisas, todas existem, portanto, nele e por ele.

Esse sistema encerra o da *premoção física,* mas do mesmo modo que uma roda imensa encerra uma roda pequena que procura dela se afastar. O princípio que acabamos de expor é vasto demais para admitir visão particular.

Segundo a premoção física, o Ser universal se ocupa das mudanças que ocorrem na cabeça de um jansenista e de um molinista; mas, quanto a nós outros, o Ser dos seres se ocupa de nós apenas segundo as leis do universo. Segundo a premoção física, as cinco proposições de que uma irmã conversa tenha ouvido falar é assunto importantíssimo para Deus; para nós, Deus cuida de assuntos mais simples, como o arranjo de todos os mundos.

A premoção física baseia-se no princípio "à grega" de que, "se um ser pensante se desse uma ideia, esse ser aumentaria o seu ser". Ora, não sabemos o que é aumentar o ser; não entendemos nada disso. Dizemos que um ser pensante se daria novos modos, e não um acréscimo de existência. Assim também, quando danças, as *glissades*, os *entrechats* e as atitudes não te dão existência nova; isso nos pareceria absurdo. Só concordaremos com a premoção física desde que convencidos de que não nos damos nada.

Brada-se contra o sistema da premoção e contra o nosso, dizendo que privamos o homem de liberdade: Deus nos livre! Precisamos entrar num acordo sobre essa palavra *liberdade*: falaremos disso em seu devido lugar; enquanto isso, o mundo continuará como sempre foi, sem que tomistas e adversários, sem que todos os polemizadores do mundo possam mudar nada: e nós sempre teremos ideias, mesmo sem saber precisamente o que é ideia.

IDENTIDADE (Identité)

Esse termo científico nada mais significa que *a mesma coisa*; poderia ser traduzido em francês por *mêmeté* [mesmidade]. Esse assunto é bem mais interessante do que se pensa. Todos concordam que sempre se deve punir apenas a pessoa culpada, o mesmo indivíduo, e não outro. Mas um homem de cinquenta anos não é realmente o mesmo indivíduo que o homem de vinte; ele já não tem nenhuma das partes que compunham seu corpo; e, se tiver perdido a memória do passado, é certo que nada ligará sua existência atual a uma existência que se perdeu para ele.

Só és o mesmo graças ao sentimento contínuo daquilo que foste e daquilo que és; só tens o sentimento de teu ser passado graças à memória: portanto, é só pela memória que se estabelece a identidade, a mesmidade de tua pessoa.

De fato, somos, fisicamente, como um rio cujas águas correm num fluxo perpétuo. É o mesmo rio no leito, nas margens, na nascente, na foz, em tudo o que não é ele; mas, mudando a todo momento a sua água, que constitui o seu ser, não há identidade, mesmidade para esse rio.

Se havia um Xerxes que era aquele que chicoteava e algemava o Helesponto porque este lhe desobedecera, se o filho daquele Xerxes se afogou no Eufrates, e Xerxes quis punir o rio pela morte do filho, o Eufrates teria razão se lhe respondesse:

"Vinga-te das águas que corriam no tempo em que teu filho se banhou: aquelas águas não me pertencem; foram para o golfo Pérsico; uma parte delas ficou salgada, a outra se converteu em vapores e foi para as Gálias, levadas por um vento sudeste, entrando nas chicórias e nas alfaces que os gauleses comeram: apanha o culpado onde o encontrares."

Assim também ocorrerá com a árvore cujo galho quebrado pelo vento tiver fendido a cabeça de teu avô. Já não é a mesma árvore, todas as suas partes deram lugar a outras. O galho que matou o teu avô já não está nessa árvore; não existe mais.

Perguntou-se, portanto, como um homem, que tivesse perdido absolutamente a memória antes de morrer e cujos membros se tivessem transformado em outras substâncias, poderia ser punido por suas faltas ou recompensado por suas virtudes, já que não seria ele mesmo. Li num livro conhecido a pergunta e a resposta abaixo:

"*Pergunta*. Como poderei ser recompensado ou punido quando já não for, quando já nada mais restar daquilo que tiver constituído minha pessoa? É só graças à minha memória que eu sempre sou eu. Perco a memória na minha última doença; logo, será preciso um milagre após a minha morte para devolver-me a memória, para fazer-me voltar à existência perdida.

"*Resposta*. Isso significa que, se um príncipe tivesse assassinado a família para reinar, se tivesse tiranizado os súditos, estaria quite dizendo a Deus: 'Não fui eu, perdi a memória; enganai-vos, já não sou a mesma pessoa.' Achas que Deus se contentaria com esse sofisma?"

Essa resposta é bem louvável, mas não resolve inteiramente a questão.

Em primeiro lugar, é preciso saber se o entendimento e a sensação são faculdades dadas por Deus ao homem, ou se se trata de uma substância criada; e isso dificilmente pode ser decidido pela filosofia, que é muito fraca e incerta.

Em segundo lugar, é preciso saber se, sendo a alma uma substância e tendo ela perdido todo conhecimento do mal que pôde cometer, estando tão alheia a tudo o que fez com seu corpo quanto ao que fez com todos os outros corpos de nosso universo, pode e deve ela, segundo nossa maneira de raciocinar, responder em outro universo pelas ações de que não tem nenhum conhecimento; se não seria preciso um milagre para dar a essa alma a lembrança que ela já não tem, para colocá-la diante dos delitos anulados em seu entendimento, para torná-la a mesma pessoa que era na terra; ou então se Deus a julgaria mais ou menos como nós, na terra, condenamos um culpado, embora este tenha absolutamente esquecido os seus crimes manifestos. Ele já não se lembra desses crimes, mas nós nos lembramos por ele; nós o punimos para que sirva de exemplo. Mas Deus não pode punir um morto para que ele sirva de exemplo aos vivos. Ninguém sabe se esse morto foi condenado ou absolvido. Deus, portanto, só pode puni-lo porque ele sentiu e executou outrora o desejo de fazer o mal. Mas se, ao se apresentar morto perante o tribunal de Deus, já não tiver esse desejo, se o tiver esquecido inteiramente há vinte anos, se já não for de modo algum a mesma pessoa, quem Deus punirá nele?

Essas questões não parecem da alçada do espírito humano: parece que, em todos esses labirintos, é preciso recorrer apenas à fé; é sempre o nosso último asilo.

Lucrécio sentira em parte essas dificuldades quando descreveu, em seu terceiro livro, o homem que teme aquilo que lhe acontecerá quando já não for o mesmo homem:

> *Nec radicitus et vita se tollit et eicit;*
> *Sed facit esse sui quiddam super inscius ipse.*
> *Sa raison parle en vain; sa crainte le dévore,*
> *Comme si n'étant plus il pouvait être encore.*
> [Sua razão fala em vão; seu temor o devora,
> Como se, já não sendo, pudesse ainda ser.]

Mas não é a Lucrécio que devemos nos voltar para conhecer o futuro.

O célebre Toland, que fez seu próprio epitáfio, termina-o com estas palavras: *Idem futurus Tolandus nunquam*, "Ele nunca será o mesmo Toland". No entanto, é de crer que Deus saberia perfeitamente encontrá-lo, caso quisesse; mas é de crer também que o ser que existe necessariamente é necessariamente bom.

ÍDOLO, IDÓLATRA, IDOLATRIA (Idole, Idolatre, Idolatrie)

Ídolo, do grego εἶδος, figura; ἴδωλον, representação de uma figura; λατρεύειν, servir, reverenciar, *adorar*. A palavra *adorar*, como se sabe, tem muitas acepções diferentes: significa levar a mão à boca, falando-se com respeito, curvar-se, ajoelhar-se, saudar e, comumente, prestar culto supremo. Sempre equívocos.

É útil observar aqui que o *Dicionário de Trévoux* começa esse verbete dizendo que todos os pagãos eram idólatras e que os indianos ainda são povos idólatras. Primeiramente, ninguém era chamado de pagão antes de Teodósio, o Jovem. Esse nome foi dado então aos habitantes dos burgos da Itália, *pagorum incolae, pagani*, que conservaram a antiga religião. Em segundo lugar, o Industão é maometano; os maometanos são implacáveis inimigos de imagens e da idolatria. Em terceiro lugar, não devem ser chamados de idólatras muitos povos da Índia, que são da antiga religião dos parses, nem certas castas que não têm ídolos.

Primeira seção
Alguma vez houve governo idólatra?

Parece que nunca houve nenhum povo na terra que tenha assumido o nome de idólatra. Essa palavra é uma injúria, um termo ultrajante, tal como o nome *gavache*, que os espanhóis davam outrora aos franceses, e o de *maranes*, que os franceses davam aos espanhóis. Se alguém perguntasse ao senado de Roma, ao areópago de Atenas e à corte dos reis da Pérsia: "Sois idólatras?", eles mal teriam entendido a pergunta. Ninguém teria respondido: "Adoramos imagens, ídolos." Não se encontram as palavras *idólatra* e *idolatria* em Homero, Hesíodo, Heródoto e em nenhum autor da religião dos gentios. Nunca houve nenhum edito, nenhuma lei que ordenasse a adoração de ídolos, prescrevendo que eles fossem servidos como deuses, vistos como deuses.

Quando os capitães romanos e cartagineses firmavam algum tratado, invocavam os seus deuses. Diziam: "Em presença deles, juramos a paz." Ora, as estátuas de todos aqueles deuses, cuja lista era bem longa, não ficavam nas tendas dos generais. Estes consideravam ou fingiam que os deuses estavam presentes nas ações dos homens, como testemunhas, como juízes. E sem dúvida não era seu simulacro que constituía a Divindade.

Com que olhar então viam eles as estátuas de suas falsas divindades nos templos? Com o mesmo olhar, permitam-me dizer, com que os católicos veem as imagens, objetos de sua veneração. O erro não era adorar um pedaço de madeira ou de mármore, mas adorar uma falsa divindade representada por aquela madeira e aquele mármore. A diferença entre eles e os católicos não está em terem eles imagens, e os católicos não; a diferença é que as imagens deles representavam seres fantásticos numa religião falsa, enquanto as imagens cristãs representam seres reais numa religião verdadeira. Os gregos tinham a estátua de Hércules; nós temos a de são Cristóvão; eles tinham Esculápio e sua cabra; nós temos são Roque e seu cão; eles tinham Marte e sua lança; nós temos santo Antônio de Pádua e são Tiago de Compostela.

Quando o cônsul Plínio faz preces aos *deuses imortais*, no exórdio do panegírico de Trajano, não é a imagens que ele se dirige. Aquelas imagens não eram imortais.

Nem os últimos tempos do paganismo, nem os mais remotos contêm um único fato que possa levar à conclusão de que se adorava algum ídolo. Homero só fala dos deuses que habitam o alto Olimpo. O *palladium*, embora caído do céu, não passava de penhor sagrado da proteção de Palas; era Palas que se venerava no *palladium*: era como a santa ampola dos franceses.

Mas romanos e gregos ajoelhavam-se diante das estátuas, davam-lhes coroas, incenso, flores, carregavam-nas em triunfo pelas praças públicas. Os católicos santificaram esses costumes e não se dizem idólatras.

As mulheres, em tempos de seca, carregavam as estátuas dos deuses depois de fazerem jejum. Andavam descalças, de cabelos soltos; e logo chovia a cântaros, como disse Petrônio: *Itaque statim urceatim pluebat* [E assim, no mesmo momento, começou a chover a cântaros. (Pet., *Sat*. 44)] Não teremos consagrado esse uso, que era ilegítimo entre os gentios e legítimo entre os católicos? Em quantas cidades não se vê gente descalça a carregar carniça para, com sua intercessão, obter as bênçãos do céu? Se um turco ou um letrado chinês fossem testemunhas dessas cerimônias, poderiam, por ignorância, acusar os italianos de depositar confiança em simulacros que assim levam em procissão.

Segunda seção
Exame da idolatria antiga

No tempo de Carlos I a religião católica foi declarada idólatra na Inglaterra. Todos os presbiterianos estão convencidos de que os católicos adoram a um pão que comem e imagens que são obras de seus escultores e pintores. Aquilo que uma parte da Europa censura nos católicos estes censuram nos gentios.

É surpreendente o prodigioso número de declamações proferidas em todos os tempos contra a idolatria dos romanos e dos gregos; mais surpreendente ainda é ver, depois, que eles não eram idólatras.

Havia templos mais privilegiados que outros. A grande Diana de Éfeso tinha mais reputação que uma Diana de aldeia. Faziam-se mais milagres no templo de Esculápio em Epidauro do que em qualquer um dos seus outros templos. A estátua de Júpiter Olímpico atraía mais oferendas do que a de Júpiter da Paflagônia. Mas, como sempre devemos aqui opor os costumes de uma religião verdadeira aos de uma religião falsa, é de se perguntar se há vários séculos não temos demonstrado mais devoção a certos altares do que a outros.

Nossa Senhora de Loreto não terá sido preferida à Nossa Senhora das Neves, à de Ardens, à de Hall etc.? Isso não quer dizer que há mais virtude numa estátua em Loreto do que numa estátua da aldeia de Hall; mas tivemos mais devoção a uma do que a outra; acreditamos que aquela que era invocada aos pés de suas estátuas se dignava espalhar, do alto do céu, mais favores, a realizar mais milagres em Loreto do que em Hall. Essa multiplicidade de imagens da mesma pessoa prova até que o que se venera não são as imagens, que o culto é feito à pessoa representada; pois não é possível que cada imagem seja a própria coisa; há milhares de imagens de são Francisco que nem sequer se parecem com ele, nem se parecem entre si; mas todas indicam um único são Francisco, invocado no dia de sua festa por aqueles que lhe têm devoção.

Acontecia absolutamente a mesma coisa com os pagãos: imaginava-se uma única divindade, um único Apolo, e não tantos Apolos e tantas Dianas quantos eram seus templos e estátuas. Portanto, está provado, na medida em que é possível provar um dado histórico, que os antigos não acreditavam que uma estátua fosse uma divindade, que o culto não podia ser feito àquela estátua, àquele ídolo, e que, por conseguinte, os antigos não eram idólatras. Só falta saber se devemos aproveitar esse pretexto para nos acusar de idolatria.

Um populacho grosseiro e supersticioso, que não raciocinava, não sabia duvidar, negar nem acreditar, que ia ao templo por falta do que fazer e porque lá os pequenos são iguais aos grandes, que levava oferendas por costume, que falava continuamente de milagres sem nunca ter observado nenhum, que não estava muito acima das vítimas que levava àquele templo, esse populacho, dizia eu, diante da grande Diana e de Júpiter tonitruante, podia perfeitamente ser presa de terror religioso e adorar a própria estátua, sem saber o que fazia. Foi isso o que aconteceu às vezes em nossos templos com nossos camponeses grosseiros; e sempre houve quem lhes ensinasse que é aos bem-aventurados, aos mortais recebidos no céu que eles devem pedir intercessão, e não a figuras de madeira e pedra.

Os gregos e os romanos aumentaram o número de seus deuses com suas apoteoses. Os gregos divinizavam os conquistadores, como Baco, Hércules e Perseu. Roma erigiu altares a seus imperadores. Nossas apoteoses são de um tipo diferente; o número de nossos santos é infinitamente maior do que o número de seus deuses secundários, mas nós não consideramos coisas como hierarquia e conquistas. Erigimos templos a homens simplesmente virtuosos, que seriam ignorados na terra se não tivessem sido postos no céu. As apoteoses dos antigos são feitas por bajulação; as nossas, por respeito à virtude.

Cícero, em suas obras filosóficas, nem sequer permite que se desconfie que era possível tomar estátuas por deuses e confundi-las com os próprios deuses. Seus interlocutores atacam furiosamente a religião estabelecida, mas nenhum deles pensa em acusar os romanos de considerar o mármore e o bronze como divindades. Lucrécio não repreende ninguém por essa tolice, embora repreenda todos os supersticiosos. Portanto, repito que essa opinião não existia, que não se tinha nenhuma ideia dela; não havia idólatras.

Horácio faz uma estátua de Priapo falar, atribuindo-lhe as seguintes palavras: "Fui outrora um tronco de figueira; um carpinteiro, não sabendo se fazia de mim um deus ou um banco, decidiu afinal fazer um deus." O que concluir dessa brincadeira? Priapo era uma daquelas divindades subalternas, entregue aos gracejadores; e esse gracejo é a prova mais forte de que essa figura de Priapo, que era posta nos pomares para espantar os pássaros, não era lá muito reverenciada.

Dacier, dando asas ao espírito comentador, não deixou de observar que Baruque previra esse episódio, dizendo: "Eles serão aquilo que os operários quiserem"; mas ele também podia observar que o mesmo pode ser dito de todas as estátuas. Baruque teria tido alguma visão sobre as sátiras de Horácio?

De um bloco de mármore pode-se extrair tanto uma bacia quanto uma estátua de Alexandre, de Júpiter ou de alguma outra coisa mais respeitável. A matéria de que eram feitos os querubins do Santo dos santos também poderia ter servido para funções mais vis. Um trono ou um altar serão menos reverenciados só porque o operário poderia ter feito uma mesa de cozinha?

Dacier, em vez de concluir que os romanos adoravam a estátua de Priapo, e que Baruque predissera isso, deveria ter concluído que os romanos zombavam dela. Quem consultar todos os autores que falam das estátuas de seus deuses não encontrará nenhum que fale de idolatria; dizem expressamente o contrário. Vê-se em Marcial (liv. VIII, ep. XXIV):

Qui finxit sacros auro vel marmore vultus,
Non facit ille deos; qui rogat ille facit.
L'artisan ne fait point les dieux,
C'est celui qui les prie.
[Aquele que cinzela imagens sagradas em ouro ou mármore
Não cria deuses; aquele que lhes dirige preces o faz.]

Em Ovídio (*de Ponto*, II, ep. VIII, v. 62):

Colitur pro Jove forma Jovis.
Dans l'image de Dieu c'est Dieu seul qu'on adore.
[Cultua-se, em lugar de Júpiter, a imagem de Júpiter.]

Em Estácio (*Tebaida*, liv. XII, v. 503):

Nulla autem effigies, nulli commissa metallo
Forma Dei; mentes habitare et pectora gaudet.
Les dieux ne sont jamais dans une arche enfermés:
Ils habitent nos coeurs.
[Não há, entretanto, nenhuma efígie, nenhuma imagem da divindade,
Confiada a algum metal: ela se contenta em habitar as mentes e os corações.]

Em Lucano (liv. IX, v. 578):

Estne Dei sedes, nisi terra et pontus et aer?
L'univers est de Dieu la demeure et l'empire.
[Acaso existe outra morada da divindade a não ser a terra, o mar e o ar?]

Seria possível escrever um volume inteiro sobre todos os trechos que servem de prova de que as imagens não passavam de imagens.

Somente os casos em que as estátuas proferiam oráculos poderiam levar a pensar que elas tinham algo de divino. Mas, certamente, a opinião reinante era a de que os deuses tinham escolhido certos altares, certos simulacros para às vezes residir, para dar audiência aos homens e responder às suas perguntas. Em Homero e nos coros das tragédias gregas só vemos preces a Apolo, que profere seus oráculos no alto das montanhas, em certos templos ou cidades; em toda a antiguidade não há o menor vestígio de alguma prece dirigida a uma estátua; se a crença era a de que o espírito divino preferia alguns templos e algumas imagens, assim como se acreditava que ele preferia alguns homens, a coisa era certamente possível; não passava de erro de fato. E nós, quantas imagens miraculosas temos! Os antigos se gabavam de ter o que possuímos de fato; e, se não somos idólatras, com que direito diremos que eles o foram?

Aqueles que professavam a magia, que a viam como ciência ou fingiam acreditar que o fosse, afirmavam conhecer o segredo de fazer os deuses descer nas estátuas; não os grandes deuses, mas os deuses secundários, os gênios. É o que Mercúrio Trismegisto chamava de *fazer deuses*; é o que santo Agostinho refuta em sua *Cidade de Deus*. Mas isso mesmo mostra claramente que os simulacros não tinham nada de divino, pois era preciso que algum mago os animasse; parece que raramente se encontrava um mago suficientemente hábil para dar alma a uma estátua e fazê-la falar.

Em suma, as imagens dos deuses não eram deuses. Júpiter, e não sua imagem, lançava raios; não era a estátua de Netuno que erguia os mares; não era a de Apolo que dispensava luz. Gregos e romanos eram gentios, politeístas, mas não idólatras.

Nós lhes impingimos essa injúria quando não tínhamos estátuas nem templos, e continuamos nessa injustiça desde que pusemos a pintura e a escultura a serviço de nossas verdades, assim como entre eles elas eram postas a serviço dos erros.

Terceira seção
Se os persas, os sabeus, os egípcios, os tártaros e os turcos foram idólatras; e qual é a antiguidade da origem dos simulacros chamados ídolos. História de seu culto

Grande erro é chamar de idólatras os povos que cultuaram o Sol e as estrelas. Aquelas nações durante muito tempo não tiveram simulacros nem templos. Se se enganaram, foi por oferecerem aos astros o que deveriam oferecer ao criador dos astros. Mesmo o dogma de Zoroastro ou Zerdust, presente no *Sadder*, ensina que há um Ser supremo, vingador e recompensador, e isso está bem distante da idolatria. O governo da China nunca teve nenhum ídolo; sempre conservou o culto simples do senhor do céu King-tien.

Gêngis Khan, entre os tártaros, não era idólatra, e não havia nenhum simulacro. Os muçulmanos, que são numerosos na Grécia, na Ásia Menor, na Síria, na Pérsia, na Índia e na África, chamam os cristãos de idólatras, *giaur*, por acharem que os cristãos cultuam imagens. Quebraram várias estátuas que encontraram em Constantinopla, em Santa Sofia, na igreja dos Santos Apóstolos e em outras, que transformaram em mesquitas. A aparência os enganou, como sempre engana todos os homens, fazendo-os acreditar que templos dedicados a santos, outrora homens, que as imagens desses santos, que os homens reverenciavam de joelhos, que os milagres realizados naqueles templos eram provas irrefutáveis da mais rematada idolatria; no entanto, não é nada disso. Os cristãos só adoram um Deus e, nos bem-aventurados, só reverenciam a virtude de Deus, presente em seus santos. Os iconoclastas e os protestantes fizeram a mesma censura de idolatria à Igreja; merecem essa mesma resposta.

Como os homens raramente tiveram ideias precisas e muito menos expressaram suas ideias com palavras precisas e inequívocas, chamamos de idólatras os gentios e, sobretudo, os politeístas. Escreveram-se volumes imensos, externaram-se opiniões diversas sobre a origem desse culto prestado a Deus ou a vários deuses na forma de figuras palpáveis: essa multidão de livros e de opiniões só prova ignorância.

Não se sabe quem inventou as roupas e os sapatos, e há quem queira saber quem inventou os ídolos! Que importa um trecho de Sanconiaton, que viveu antes da guerra de Troia? O que nos ensina ele, quando diz que o caos, o espírito, ou seja, o *sopro*, amando seus princípios, deles extraiu o limo e tornou o ar luminoso; quando diz que o vento Colp e sua mulher Bau engendraram Éon; que Éon engendrou Genos; que Cronos, seu descendente, tinha dois olhos atrás, como na frente, e que se tornou deus, dando o Egito a seu filho Tot? Esse é um dos mais respeitáveis monumentos da antiguidade.

Orfeu não nos ensinará mais em sua *Teogonia*, conservada por Damáscio. Ele representa o princípio do mundo na forma de um dragão de duas cabeças, uma de touro e outra de leão, com um rosto no meio, chamado *rosto-deus*, e com asas douradas nos ombros.

Mas dessas ideias extravagantes é possível extrair duas grandes verdades: uma é que as imagens sensíveis e os hieróglifos são antiquíssimos; a outra é que todos os antigos filósofos reconheceram um primeiro princípio.

Quanto ao politeísmo, o bom-senso dirá que, desde que há homens, ou seja, animais fracos, capazes de razão e loucura, sujeitos a todos os acidentes, à doença e à morte, esses homens sentiram sua fraqueza e sua dependência; reconheceram facilmente que há alguma coisa mais poderosa que eles; sentiram uma força na terra, que fornece alimentos; uma força no ar, que frequentemente os destrói; uma no fogo, que consome; e na água, que submerge. O que haveria de mais natural nos homens ignorantes do que imaginar seres que presidissem a esses elementos? O que haveria de mais natural do que reverenciar a força invisível que faz o Sol e as estrelas brilharem para seus olhos? E, assim que quiseram conceber alguma ideia dessas potências superiores ao homem, o que haveria de mais natural do que representá-las de maneira palpável? Haveria como agir de outra forma? A religião judaica, que precedeu a nossa e foi dada por Deus, estava repleta dessas imagens com as quais Deus é representado. Este se digna falar numa sarça em linguagem humana; aparece no alto de uma montanha: os espíritos celestiais que ele envia vêm todos com forma humana; enfim, o santuário é coberto de querubins, que são corpos de homens com asas e cabeças de animais. Foi isso que deu ensejo ao erro de Plutarco, Tácito, Apiano e tantos outros, que censuraram os judeus por adorarem uma cabeça de asno. Deus, apesar de ter proibido que se pintassem ou esculpissem figuras, dignou-se descer à fraqueza humana que precisava de imagens que lhe falassem aos sentidos.

Isaías, no capítulo VI, vê o Senhor sentado num trono, e a cauda de sua veste enchia o templo. O Senhor estende a mão e toca a boca de Jeremias, no capítulo I desse profeta. Ezequiel, no capítulo I, vê um trono de safira, e Deus lhe aparece como um homem sentado nesse trono. Essas imagens não alteram a pureza da religião judaica, que nunca empregou quadros, estátuas e ídolos para representar Deus aos olhos do povo.

Os letrados chineses, os parses e os antigos egípcios não tiveram ídolos; mas logo Ísis e Osíris foram representados; logo Baal, na Babilônia, foi um imenso colosso; Brama foi um monstro estranho na península da Índia. Os gregos, sobretudo, multiplicaram os nomes dos deuses, as estátuas e os templos, mas sempre atribuindo o supremo poder a Zeus, chamado Júpiter pelos latinos, senhor dos deuses e dos homens. Os romanos imitaram os gregos. Aqueles povos sempre puseram todos os deuses no céu, mesmo não sabendo o que entendiam por céu[1].

Os romanos tiveram seus doze grandes deuses, seis masculinos e seis femininos, que chamavam de *Dii majorum gentium*: Júpiter, Netuno, Apolo, Vulcano, Marte, Mercúrio, Juno, Vesta, Minerva, Ceres, Vênus, Diana. Plutão foi esquecido; Vesta assumiu seu lugar.

Em seguida, viam os deuses *minorum gentium*, os deuses indígetes, os heróis, como Baco, Hércules e Esculápio; os deuses infernais, Plutão e Proserpina; os do mar, como Tétis, Anfitrite,

---

1. Ver verbete Céu dos antigos. (N. de Voltaire)

as Nereidas e Glauco; depois, as Dríades, as Náiades, os deuses dos jardins, os dos pastores: havia um para cada profissão, para cada ação da vida, para as crianças, as moças núbeis, as mulheres casadas, as parturientes; houve o deus Peta. Por fim, divinizaram-se os imperadores. Nem esses imperadores, nem o deus Peta, nem a deusa Pertunda, nem Priapo, nem Rumília, deusa dos tetuões, nem Estercúcio, o deus do guarda-roupa, nenhum deles foi visto como senhor do céu e da terra. Os imperadores às vezes tiveram templos, os pequenos deuses penates não os tiveram; mas todos tiveram sua representação, seu ídolo.

Eram bonequinhos com que se enfeitava o gabinete; eram divertimentos para velhas e crianças, não autorizados por nenhum culto público. Permitia-se que a superstição de cada um agisse à vontade. Ainda se encontram esses pequenos ídolos nas ruínas das antigas cidades.

Embora ninguém saiba quando os homens começaram a fazer ídolos, sabe-se que eles são antiquíssimos. Tera, pai de Abraão, fazia ídolos em Ur, na Caldeia. Raquel roubou os ídolos de seu padrasto Labão. Não é possível remontar a maior antiguidade.

Mas que noção precisa tinham as antigas nações sobre todos esses simulacros? Que virtude, que poder lhes atribuíam? Acreditariam que os deuses desciam do céu para esconder-se naquelas estátuas, que lhes comunicavam uma parte do espírito divino, ou que não lhes comunicavam coisa alguma? Também sobre isso se escreveu muito e inutilmente; está claro que cada um julgava de acordo com o seu grau de raciocínio, de credulidade ou de fanatismo. É evidente que os sacerdotes atribuíam o máximo de divindade que podiam às suas estátuas, para atraírem mais oferendas. Sabe-se que os filósofos reprovavam essas superstições, que os guerreiros zombavam delas, que os magistrados as toleravam e que o povo, sempre absurdo, não sabia o que estava fazendo. Em poucas palavras, essa é a história de todas as nações às quais Deus não se deu a conhecer.

Pode-se ter a mesma ideia sobre o culto que todo o Egito prestou a um boi, que várias cidades prestaram a um cão, a um macaco, a um gato, a cebolas. São fortes os indícios de que estes foram, inicialmente, emblemas. Depois, certo boi chamado Ápis e certo cão chamado Anúbis foram adorados; continuou-se comendo carne de boi e cebolas: mas é difícil saber o que as velhas do Egito pensavam sobre cebolas sagradas e sobre bois.

Os ídolos falavam com frequência. Em Roma, no dia da festa de Cibele, comemoravam-se as belas palavras que a estátua pronunciara quando transladada do palácio do rei Átalo:

Ipsa peti volui; ne sit mora, mitte volentem:
Dignus Roma locus quo deus omnis eat.
[Fui eu própria que desejei ser procurada; que não haja demora; atende a meu desejo:
Roma é um lugar digno de que qualquer deus para lá se dirija.]
(Ovídio, *Fastos*, IV, 269-70)

A estátua da Fortuna falara: gente como Cipião, Cícero e César, na verdade, não acreditava nisso; mas a velha a quem Encolpo deu um escudo para comprar gansos e deuses podia muito bem acreditar.

Os ídolos também proferiam oráculos, e os sacerdotes, escondidos no oco das estátuas, falavam em nome da divindade.

Como, em meio a tantos deuses, tantas teogonias diferentes e tantos cultos particulares, nunca houve guerra de religião entre os povos chamados *idólatras*? Aquela paz foi um bem que nasceu de um mal, do próprio erro, pois cada nação, reconhecendo vários deuses inferiores, achava bom que seus vizinhos também tivessem os seus. Com exceção de Cambises, criticado por ter matado o boi Ápis, não se vê na história profana nenhum conquistador que tenha maltratado os deuses de um povo vencido. Os gentios não tinham nenhuma religião excludente, e os sacerdotes só pensavam em multiplicar oferendas e sacrifícios.

As primeiras oferendas foram frutos. Logo depois foram necessários animais para a mesa dos sacerdotes; eles mesmos os matavam; tornaram-se carniceiros cruéis: por fim, introduziam o costume horrível de sacrificar vítimas humanas, sobretudo crianças e moças. Os chineses, os parses e os indianos nunca foram culpados dessas abominações; mas em Hierópolis, no Egito, segundo relata Porfírio, imolavam-se homens.

Na Táurida sacrificavam-se estrangeiros; felizmente, os sacerdotes da Táurida não deviam ter muitos fregueses. Os primeiros gregos, os cipriotas, os fenícios, os tírios e os cartagineses tiveram essa superstição abominável. Os próprios romanos incidiram nesse crime religioso, e Plutarco conta que imolaram dois gregos e dois gauleses para expiarem os namoros de três vestais. Procópio, contemporâneo do rei dos francos, Teodeberto, disse que os francos imolaram homens quando entraram na Itália com aquele príncipe. Gauleses e germanos cometiam com frequência esses horrendos sacrifícios. É difícil ler história sem sentir horror pelo gênero humano.

É verdade que, entre os judeus, Jeftá sacrificou a filha, e Saul esteve prestes a imolar o filho; é verdade que aqueles que eram votados ao Senhor por anátema não podiam ser resgatados como se resgatavam animais; precisavam perecer.

Falamos alhures das vítimas humanas sacrificadas em todas as religiões.

Para consolar o gênero humano desse horrível quadro, dessas devoções sacrílegas, é importante saber que, em quase todas as nações chamadas idólatras, havia a teologia sagrada e o erro popular, o culto secreto e as cerimônias públicas, a religião dos sábios e a do vulgo. Ensinava-se a existência de um único Deus aos iniciados nos mistérios: basta uma vista-d'olhos no hino atribuído ao antigo Orfeu, cantado nos mistérios de Ceres Eleusina, tão célebre na Europa e na Ásia. "Contempla a natureza divina, ilumina teu espírito, governa teu coração, anda no caminho da justiça, que o Deus do céu e da terra esteja sempre presente para teus olhos; ele é único, existe por si mesmo e dá existência a todos os seres; ele os sustém: nunca foi visto pelos mortais e vê todas as coisas."

Leia-se também este trecho do filósofo Máximo de Madaura, que já citamos: "Quem será bastante grosseiro e estúpido para duvidar de que haja um Deus supremo, eterno e infinito, que não engendrou nada semelhante a si mesmo e é o pai comum de todas as coisas?"

Há milhares de testemunhos de que os sábios abominavam não só a idolatria, como também o politeísmo.

Epicteto, modelo de resignação e paciência, homem tão grande em uma condição tão humilde, sempre só falou de um único Deus. Releia-se também esta máxima: "Deus criou-me, Deus está dentro de mim; eu o levo para onde vou. Poderia acaso sujá-lo com pensamentos obscenos, ações injustas, desejos infames? Meu dever é agradecer a Deus por tudo, louvá-lo por tudo e só deixar de abençoá-lo quando deixar de viver." Todas as ideias de Epicteto giram em torno desse princípio. Isso é ser idólatra?

Marco Aurélio, talvez tão grande no trono do império romano quanto Epicteto na escravidão, falou frequentemente dos deuses, é verdade, fosse para adequar-se à linguagem aceita, fosse para referir-se a seres intermediários entre o Ser supremo e os homens: mas são tantos os momentos em que ele demonstra só reconhecer um Deus eterno e infinito! Diz ele: "Nossa alma é uma emanação da Divindade. Meus filhos, meu corpo e meus espíritos vêm de Deus."

Estoicos e platônicos admitiam uma natureza divina e universal; os epicuristas a negavam. Os pontífices só falavam de um Deus nos mistérios. Onde estavam os idólatras? Todos os nossos declamadores bradam contra a idolatria tal como os cãezinhos latem quando ouvem um canzarrão ladrar.

De resto, esse é um dos maiores erros do *Dicionário de Moréri*, ou seja, dizer que no tempo de Teodósio, o Jovem, só restavam idólatras nos países mais recuados da Ásia e da África. Havia na Itália muitos povos ainda gentios, mesmo no século VII. O norte da Alemanha, desde o Weser, não era cristão no tempo de Carlos Magno. A Polônia e todo o Setentrião permaneceram, muito tempo depois dele, naquilo que se chama *idolatria*. Metade da África, todos os reinos além do Ganges, o Japão, o populacho da China e centenas de hordas de tártaros conservaram seus antigos cultos. Na Europa apenas alguns lapões, alguns samoiedos e alguns tártaros perseveraram na religião de seus ancestrais.

Terminaremos observando que, nos tempos que entre nós chamamos de Idade Média, dávamos à terra dos maometanos o nome de *Pagânia*; tratávamos de *idólatras, adoradores de imagens*, um povo que abomina imagens. Admitamos, mais uma vez, que os turcos têm mais justificativas para nos achar idólatras, quando veem nossos altares atulhados de imagens e estátuas.

Um fidalgo ligado ao príncipe Ragotski deu-me a sua palavra de que, entrando certa vez num café de Constantinopla, a proprietária ordenou que não o servissem, porque ele era idólatra. Ele era protestante; jurou-lhe então que não adorava hóstias nem imagem. Ela disse: "Ah! Se é assim, venha aqui todos os dias, e será servido de graça."

IGNORÂNCIA (Ignorance)

Primeira seção

Há muitas espécies de ignorância; a pior de todas é a dos críticos. Como se sabe, eles são obrigados a ter razão em dobro: quando afirmam e quando condenam. Portanto, são culpados em dobro quando se enganam.

Primeira ignorância

Por exemplo, um homem escreve dois volumes polpudos sobre algumas páginas de um livro útil que ele não entendeu. Começa examinando estas palavras:

"O mar cobriu terrenos imensos [...] Os grandes depósitos de conchas encontrados em Touraine e em outros lugares só podem ter sido formados pelo mar."

Sim, se esses depósitos de conchas realmente existirem, mas o crítico devia saber que o próprio autor descobriu, ou acreditou descobrir, que esses depósitos regulares de conchas não existem, que não há nenhum deles no meio das terras; mas o crítico, sabendo ou não sabendo, não devia imputar, de modo geral, depósitos de conchas supostamente regulares, postos uns sobre os outros, a um dilúvio universal que teria destruído qualquer regularidade: isso é ignorar totalmente a física.

Não devia ele dizer: "O dilúvio universal é contado por Moisés com o consentimento de todas as nações";

1º Porque o Pentateuco foi ignorado durante muito tempo, não só pelas nações, mas pelos próprios judeus;

2º Porque só se encontrou um exemplar da lei no fundo de um velho baú, no tempo do rei Josias;

3º Porque esse livro ficou perdido durante o cativeiro;

4º Porque foi restaurado por Esdras;

5º Porque sempre foi desconhecido por qualquer outra nação até o tempo da tradução dos Setenta;

6º Porque, mesmo a partir da tradução atribuída aos Setenta, não temos um único autor entre os gentios que cite um único trecho desse livro, até Longino, que vivia no tempo do imperador Aureliano;

7º Porque nenhuma outra nação nunca admitiu um dilúvio universal até as *Metamorfoses* de Ovídio; e, assim mesmo, em Ovídio, ele só abrange o Mediterrâneo;

8º Porque santo Agostinho admite, expressamente, que o dilúvio universal foi ignorado por toda a antiguidade;

9º Porque o primeiro dilúvio de que se fala entre os gentios é mencionado por Berósio e situado quatro mil e quatrocentos anos, aproximadamente, antes de nossa era; esse dilúvio só se estende até o Ponto Euxino;

10º Porque, enfim, não nos resta nenhum documento sobre um dilúvio universal em nenhuma nação do mundo.

Cabe somar a todas essas razões que o crítico nem sequer entendeu o cerne da questão. Trata-se apenas de saber se temos provas físicas de que o mar foi abandonando sucessivamente vários terrenos; sobre isso, o sr. abade François disse injúrias a homens que ele não pode conhecer nem entender. Melhor teria sido calar-se e não engrossar a multidão dos maus livros.

Segunda ignorância

O mesmo crítico, para apoiar velhas ideias universalmente desprezadas, mas que não têm a menor relação com Moisés, tem a ideia de dizer[2] que "Berósio está perfeitamente de acordo com Moisés no número de gerações antes do dilúvio".

Note o caro leitor que esse Berósio é aquele mesmo que nos diz que o peixe Oanes saía todos os dias do Eufrates para ir pregar aos caldeus, e que o mesmo peixe escreveu com uma de suas espinhas um belo livro sobre a origem das coisas. Aí está o escritor ao qual o sr. abade François recorre para abonar Moisés.

Terceira ignorância

[3]"Não será indubitável que grande número de famílias europeias, transplantadas para as costas da África, sem nenhuma miscigenação, se tornaram tão negras quanto os nativos da região?"

Senhor abade, indubitável é o contrário. O senhor ignora que os negros têm o *reticulum mucosum* negro, embora eu já tenha dito isso dezenas de vezes. Fique sabendo que o senhor, por mais filhos que fizesse na Guiné, sempre só faria gauleses que não teriam aquela bela pele negra e oleosa, aqueles lábios negros e carnudos, aqueles olhos redondos, nem aqueles cabelos lanosos na cabeça, que constituem a diferença específica dos negros. Fique o senhor sabendo que a sua família gaulesa, estabelecida na América, sempre terá barba, ao passo que nenhum americano a terá. Depois disso, resolva a dificuldade como puder, com Adão e Eva.

Quarta ignorância

[4]"O maior idiota não diz: 'Eu pé, eu cabeça, eu mão'; portanto, sente que há nele algo que se apropria de seu corpo."

Ai! Meu caro abade, esse idiota também não diz: "Eu alma."

Que poderão concluir o senhor e ele? Que ele diz "meu pé" porque pode ser privado dele: pois então deixaria de andar; que ele diz "minha cabeça" porque ela pode ser cortada, e então ele deixará de pensar. Então! O que se segue daí? Não é esta uma ignorância dos fatos.

---

2. P. 6. (N. de Voltaire)
3. P. 5. (N. de Voltaire)
4. P. 10. (N. de Voltaire)

Quinta ignorância

[5]"Quem era aquele Milcom que se apoderou das terras de Gade? Um deus engraçado que o Deus de Jeremias devia mandar raptar para ser levado ao cativeiro."

Ah! Ah! Senhor abade, engraçado é o senhor! Pergunta quem era aquele Milcom: direi. Melk ou Melkom significava senhor, assim como Adonai, Baal, Adad, Shadai, Eloim ou Eloá. Quase todos os povos da Síria davam tais nomes a seus deuses. Cada um tinha seu senhor, seu protetor, seu deus. O próprio nome Jeová era fenício e particular; testemunha disso é Sanconiaton, sem dúvida anterior a Moisés; outra testemunha é Diodoro.

Sabemos bem que Deus é igualmente deus e senhor absoluto de egípcios e judeus, de todos os homens e de todos os mundos; mas não é desse modo que é representado quando Moisés aparece diante do faraó. Moisés só fala em nome do Deus dos hebreus, assim como um embaixador transmite as ordens do rei, seu senhor. Fala tão pouco em nome do senhor de toda a natureza, que o faraó responde: "Não o conheço." Moisés realiza prodígios em nome desse Deus, mas os feiticeiros do faraó realizam precisamente os mesmos prodígios em nome dos deuses deles. Até aí, estão empatados: compete-se apenas para saber quem será mais poderoso, mas não para saber quem será o único poderoso. Por fim, o Deus dos hebreus leva de vencida; manifesta um poder muito maior, mas não um poder único. Assim, humanamente falando, a incredulidade do faraó parece perfeitamente escusável. É a mesma incredulidade de Montezuma diante de Cortez, de Atabaliba diante de Pizarro.

Quando Josué reúne os judeus, diz[6]: "Escolhei o que vos agradar, ou os deuses que vossos pais serviram na Mesopotâmia, ou os deuses dos amorreus, em cujas terras habitais: mas eu e minha casa serviremos Adonai."

O povo, portanto, adotara outros deuses e podia servir o deus que quisesse.

Quando a família de Micas, em Efraim, toma um sacerdote levita para servir um deus estrangeiro[7]; quando toda a tribo de Dã serve o mesmo deus que a família de Micas; quando um neto do próprio Moisés se torna sacerdote desse deus estrangeiro por dinheiro, ninguém reclama: cada um tem seu deus em paz; e o neto de Moisés é idólatra sem que ninguém tenha motivos para criticar; logo, na época, cada um escolhia seu deus local, seu protetor.

Os mesmos judeus, depois da morte de Gedeão, adoram Baal-Berito, que significa exatamente a mesma coisa que Adonai, *senhor*, *protetor*: eles mudam de protetor.

Adonai, no tempo de Josué, torna-se senhor das montanhas[8]; mas não pode vencer os habitantes dos vales, porque estes tinham carros armados de foices.

Haverá algo que se assemelhe mais a um deus local, que é poderoso em um lugar e não em outro?

Jeftá, filho de Galaade e de uma concubina, diz aos moabitas[9]: "O que vosso deus Quemós possui não é vosso de direito? E o que o nosso adquiriu com suas vitórias não deverá ser nosso?"

Portanto, está provado irrefutavelmente que os judeus grosseiros, conquanto eleitos pelo Deus do universo, apenas o consideravam um deus local, um deus particular, tal como o deus dos amonitas, o dos moabitas, o das montanhas, o dos vales.

Está claro que, infelizmente, era indiferente ao neto de Moisés servir o deus Micas ou o de seu avô. Está claro – e cumpre concordar – que a religião judaica não estava formada; que ela só se tornou uniforme depois de Esdras; também é preciso excetuar os samaritanos.

---

5. P. 20. (N. de Voltaire)
6. Josué, cap. XXIV, v. 15. (N. de Voltaire)
7. Juízes, cap. XVII e XVIII. (N. de Voltaire)
8. Josué, cap. XVII, v. 16. (N. de Voltaire)
9. Juízes, cap. XI. (N. de Voltaire)

O senhor agora pode saber o que era Milcom. Não estou do lado dele, Deus me livre; mas quando o senhor diz que ele era "um deus engraçado, que Jeremias ameaçava escravizar", respondo, senhor abade: quem tem telhados de vidro não deve jogar pedras no telhado do vizinho.

Eram os judeus os escravizados então na Babilônia; o bom Jeremias era então acusado de ter sido corrompido pela corte da Babilônia, de ter profetizado para ela; ele era o alvo do desprezo público e, segundo se crê, acabou sendo apedrejado pelos próprios judeus. Acredite: aquele Jeremias nunca foi visto como um brincalhão.

O Deus dos judeus – repito – é o Deus de toda a natureza. Estou dizendo isso de novo para que o senhor não alegue ignorância desse fato e acabe por me acusar perante o vosso juiz eclesiástico. Mas afirmo que os judeus grosseiros, frequentemente, só reconheceram um deus local.

Sexta ignorância

[10]"Não é natural atribuir as marés às fases da Lua. Não devemos atribuir as marés altas na lua cheia às fases desse planeta."

Essas são ignorâncias de outra espécie.

Certas pessoas às vezes se sentem tão envergonhadas do papel que desempenham no mundo, que ora querem disfarçar-se de intelectuais, ora de filósofos.

Em primeiro lugar, é preciso ensinar ao senhor abade que nada é mais natural do que atribuir um efeito àquilo que é sempre seguido por esse efeito. Se determinado vento é sempre seguido por chuva, é natural atribuir a chuva a esse vento. Ora, em todas as costas oceânicas, as marés são sempre mais altas nas sizígias da Lua do que em suas quadraturas. (Sabe o senhor o que é sizígia ou sizígio?) A Lua retarda todos os dias a sua aparição; a maré também se atrasa todos os dias. Quanto mais a Lua se aproxima de nosso zênite, mais alta é a maré; quanto mais a Lua se aproxima de seu perigeu, mais ainda a maré se eleva. Essas experiências e muitas outras, essas relações contínuas com as fases da Lua, portanto, foram o fundamento da opinião antiga e verdadeira de que esse astro é uma das principais causas do fluxo e do refluxo do mar.

Depois de tantos séculos, chegou o grande Newton. O senhor conhece Newton? Já ouviu dizer que, calculando o quadrado da velocidade da Lua em torno de sua órbita no espaço de um minuto e dividindo esse quadrado pelo diâmetro da órbita lunar, Newton descobriu que o quociente era de quinze pés; que, a partir daí, ele demonstrou que a Lua gravita para a Terra três mil e seiscentas vezes menos do que se estivesse perto da Terra; que, em seguida, demonstrou que sua força de atração é a causa de três quartos da elevação do mar no tempo do refluxo, e que a força do Sol é responsável pela elevação do outro quarto? Garanto que ficou bem espantado; que nunca leu nada semelhante no *Pedagogo cristão*. Daqui por diante, o senhor e os locadores de cadeiras de sua paróquia devem parar de falar em coisas sobre as quais não fazem a mais pálida ideia.

O senhor nem imagina como prejudica sua própria religião com essa ignorância e, mais ainda, com seus raciocínios. O senhor e seus semelhantes deveriam ser proibidos de escrever, para que se conserve o pouco de fé que resta neste mundo.

E eu o deixaria de olhos arregalados, caso lhe dissesse que aquele Newton estava convencido de que Samuel é o autor do Pentateuco e até escreveu isso. Não digo que o tenha demonstrado do mesmo modo como calculou a gravitação. Mas aprenda a duvidar e seja modesto. Ouça bem: creio no Pentateuco, mas creio que o senhor publicou tolices enormes.

Eu poderia transcrever aqui todas as suas ignorâncias e as de vários de seus confrades, compondo assim um grosso volume; não me darei esse trabalho. Continuemos com nossas questões.

---

10. P. 20. (N. de Voltaire)

Segunda seção
As ignorâncias

Ignoro como fui formado e como nasci. Durante um quarto de minha vida, ignorei absolutamente as razões de tudo o que vi, ouvi e senti; não passava de um papagaio a repetir outros papagaios.

Quando olhei ao redor de mim e dentro de mim, senti que alguma coisa existe desde toda a eternidade; e, como há seres que existem atualmente, concluí que há um ser necessário e necessariamente eterno. Assim, o primeiro passo que dei para sair de minha ignorância transpôs os limites de todos os séculos.

Mas, quando quis caminhar por esse caminho infinito que se abria diante de mim, não pude encontrar nem uma única senda, não pude descobrir plenamente um único objeto; e, do salto que dei para contemplar a eternidade, voltei a cair no abismo de minha ignorância.

Vi aquilo que se chama *matéria* desde a estrela Sirius, desde as estrelas da Via Láctea, tão distantes de Sirius quanto este de nós, até o último átomo que se pode ver com o microscópio, e ignoro o que é matéria.

A luz que me faz ver todos esses seres me é desconhecida: com a ajuda do prisma, posso anatomizar essa luz e dividi-la em sete feixes de raios, mas não posso dividir esses feixes; ignoro do que são compostos. A luz é da natureza da matéria, pois tem movimento e impressiona os objetos; mas não tende para um centro como todos os outros corpos: ao contrário, foge inelutavelmente do centro, enquanto toda matéria converge para seu centro. A luz parece penetrável; a matéria é impenetrável. Essa luz é ou não é matéria? O que é? Quais as inúmeras propriedades que pode ter? Ignoro.

Essa substância tão brilhante, rápida e desconhecida e as outras substâncias que nadam na imensidão do espaço são eternas assim como são infinitas? Não sei. Um ser necessário, soberanamente inteligente, criou-as do nada ou as organizou? Terá produzido essa ordem no tempo ou antes do tempo? Ai! O que é esse tempo de que estou falando? Não posso defini-lo. Ó Deus! Precisas instruir-me, pois não sou esclarecido pelas trevas dos outros homens nem pelas minhas.

Quem és tu, animal de dois pés e sem plumas, como eu, que vejo a rastejar como eu sobre este pequeno globo? Assim como eu, arrancas alguns frutos à lama que é nossa nutriz comum. Defecas e pensas! Estás sujeito a todas as doenças repugnantes e tens ideias metafísicas! Percebo que a natureza pôs na tua parte da frente duas espécies de protuberâncias que a mim ela negou; que abriu na parte de baixo do teu abdome um orifício tão feio, que és levado, naturalmente, a escondê-lo. Desse orifício ora sai a urina, ora saem animais pensantes; estes ficam nadando nove meses num líquido abominável entre esse esgoto e outra cloaca, cuja imundície, se acumulada, seria capaz de empestar a terra inteira; no entanto, são esses dois orifícios que produziram os maiores acontecimentos. Troia pereceu por um deles; Alexandre e Adriano erigiram templos ao outro. A alma imortal, portanto, tem berço entre essas duas cloacas! Dirá a senhora que esta descrição não se molda pelo gosto de Tibulo nem pelo de Quinault: concordo, minha cara, mas meu humor não me permite dizer-te galanterias.

Ratos e toupeiras também têm seus dois orifícios, pelos quais nunca cometeram semelhantes extravagâncias. Que importa ao Ser dos seres que haja animais como nós e como os ratos, neste globo que gira pelo espaço com tantos inúmeros globos?

Por que existimos? Por que existem seres?

O que é sentimento? Como o recebi? Que relação há entre o ar que impressiona meus ouvidos e a sensação do som? Entre aquele corpo e a sensação das cores? Ignoro profundamente e sempre ignorarei.

O que é pensamento? Onde reside? Como se forma? Quem me dá pensamentos enquanto durmo? Será que penso por virtude de minha vontade? Mas tenho ideias que não dependem de mim sempre durante o sono e frequentemente durante a vigília. Essas ideias, esquecidas por muito tempo, relegadas por muito tempo aos fundos do meu cérebro, saem dele sem que eu interfira e apresentam-se espontaneamente à minha memória, que fazia esforços inúteis para lembrá-las.

Os objetos exteriores não têm poder para formar ideias em mim, pois não se dá o que não se tem; sinto perfeitamente que não sou eu que as dou a mim mesmo, pois elas nascem sem minhas ordens. Quem as produz em mim? De onde vêm? Para onde vão? Fantasmas fugazes, que mão invisível vos produz e vos faz desaparecer?

Por que, entre todos os animais, o homem é o único que tem a sanha de dominar os seus semelhantes?

Por que e como, em cada cem bilhões de homens, houve mais de noventa e nove bilhões imolados por essa sanha?

Como a razão é um dom tão precioso, que não gostaríamos de perdê-lo por nada neste mundo? E como a razão só serviu para nos tornar quase sempre os mais infelizes de todos os seres?

Por que motivo, amando apaixonadamente a verdade, sempre nos rendemos às mais grosseiras imposturas?

Por que essa multidão de indianos enganada e subjugada por bonzos, esmagada pelo descendente de um tártaro, sobrecarregada de trabalho, gemendo na miséria, assaltada pelas doenças, às voltas com todos os flagelos, ainda ama a vida?

De onde vem o mal e por que ele existe?

Ó átomos de um dia! Ó meus companheiros de infinita pequenez, nascidos como eu para sofrer e ignorar tudo, haverá entre vós alguém suficientemente louco para acreditar que sabe tudo? Não, não há; não, no fundo de vosso coração sentis o vosso nada, assim como faço justiça ao meu. Mas sois bastante orgulhosos para quererdes que os outros abracem os vossos vãos sistemas; como não podeis ser tiranos de nossos corpos, pretendeis ser tiranos de nossas almas.

IGREJA (Église)

Resumo da história da Igreja cristã

Não voltaremos nosso olhar para as profundezas da teologia; Deus nos livre! Basta-nos a fé humilde. A única coisa que fazemos é relatar.

Nos primeiros anos que se seguiram à morte de Jesus Cristo, Deus e homem, havia entre os hebreus nove escolas, ou nove sociedades religiosas: fariseus, saduceus, essênios, judaítas, terapeutas, recabitas, herodianos, discípulos de João e discípulos de Jesus, chamados de *irmãos, galileus, fiéis*, que só assumiram o nome de *cristãos* em Antioquia, por volta do ano 60 de nossa era, conduzidos secretamente por Deus por caminhos desconhecidos aos homens.

Os fariseus admitiam a metempsicose, enquanto os saduceus negavam a imortalidade da alma e a existência dos espíritos, mas eram fiéis ao Pentateuco.

Plínio, o Naturalista[11] (aparentemente acreditando em Flávio Josefo), chama os essênios de *gens aeterna in qua nemo nascitur*, família eterna na qual ninguém nasce, porque os essênios raramente se casavam. Essa definição depois foi aplicada a nossos monges.

É difícil julgar se Josefo está falando dos essênios ou dos judaítas quando diz[12]: "Desprezam os males da terra; vencem os tormentos com a constância; preferem a morte à vida quando seu motivo é honroso. Suportam o ferro e o fogo e deixam que seus ossos sejam quebrados, mas não pronunciam uma só palavra contra seu legislador nem comem carnes proibidas."

---

11. Livro V, cap. XVII. (N. de Voltaire)
12. *Hist.*, cap. XII. (N. de Voltaire)

Parece que esse retrato se coaduna com os judaítas, e não com os essênios, pois são estas as palavras de Josefo: "Judas foi criador de uma nova seita, inteiramente diferente das outras três, ou seja, dos saduceus, dos fariseus e dos essênios." E continua: "São judeus de nascimento; vivem unidos e consideram a volúpia um vício." O sentido natural dessa frase leva a crer que o autor está falando dos judaítas.

Seja como for, esses judaítas foram conhecidos antes que os discípulos de Cristo começassem a constituir uma seita considerável no mundo. Muita gente honesta os tomou por hereges que adoravam Judas Iscariotes.

Os terapeutas eram uma sociedade diferente dos essênios e judaítas; assemelhavam-se aos gimnosofistas da Índia e aos brâmanes. Segundo Fílon: "Têm uma emoção provocada pelo amor celeste que os lança no entusiasmo das bacantes e dos coribantes, e os põe no estado de contemplação ao qual aspiram. Essa seita nasceu em Alexandria, que estava cheia de judeus, e disseminou-se muito pelo Egito."

Os recabitas ainda existem; faziam voto de abstinência de vinho; o exemplo deles talvez tenha levado Maomé a proibir essa bebida aos muçulmanos.

Os herodianos consideravam o primeiro Herodes um messias, um enviado de Deus, que reconstruíra o templo. É evidente que os judeus celebravam sua festa em Roma, no tempo de Nero, do que dão testemunho os versos de Pérsio: *Herodis venere dies* [Chegaram os dias de Herodes] etc. (*Sat*. V, v. 180).

Voici le jour d'Hérode où tout infâme Juif
Fait fumer sa lanterne avec l'huile ou le suif.
[Eis o dia de Herodes, em que todo infame judeu
Faz sua lanterna fumegar com óleo ou com sebo.]

Os discípulos de João Batista espalharam-se um pouco pelo Egito, mas principalmente pela Síria, pela Arábia e às margens do golfo Pérsico. Hoje em dia são conhecidos com o nome de *cristãos de são João*; também foram encontrados na Ásia Menor. Nos Atos dos apóstolos (cap. XIX), diz-se que Paulo encontrou vários deles em Éfeso; e lhes disse: "Recebestes o Espírito Santo?" Eles responderam: "Nem sequer ouvimos dizer que há um Espírito Santo." Ele perguntou: "Que batismo recebestes?" Eles responderam: "O batismo de João."

Os verdadeiros cristãos, porém, como se sabe, lançavam os fundamentos da única religião verdadeira.

Quem mais contribuiu para fortalecer essa sociedade nascente foi o mesmo Paulo que a perseguira com tanta violência. Ele nascera em Tarso, na Cilícia[13], e foi criado pelo famoso doutor fariseu Gamaliel, discípulo de Hilel. Os judeus afirmam que ele rompeu com Gamaliel, que se recusou a dar-lhe sua filha em casamento. Encontram-se alguns vestígios dessa história na sequência dos Atos de santa Tecla. Esses atos dizem que ele tinha fronte larga, era calvo, suas sobrancelhas eram juntas, tinha nariz aquilino, estatura baixa e gorda e pernas tortas. Luciano, em seu *Diálogo de Filopater*, parece pintar retrato bem semelhante. Houve quem duvidasse de que era cidadão romano, pois naquele tempo não se concedia esse título a nenhum judeu: eles haviam sido expulsos de Roma por Tibério, e Tarso só se tornou colônia romana cerca de cem anos depois, no tempo de Caracala, como observa Celário em sua *Geografia*, liv. III, e Grócio em seu *Comentário sobre os Atos*, únicos aos quais devemos nos remeter.

Deus, que descera à terra para ser exemplo de humildade e pobreza, permitia que sua Igreja fosse nascendo debilmente e a dirigia no mesmo estado de humilhação no qual ele quisera nascer. Todos os primeiros fiéis foram homens obscuros: todos eram trabalhadores manuais. O apóstolo

---

13. São Jerônimo diz que ele era de Giscala, na Galileia. (N. de Voltaire)

são Paulo diz que ganhava a vida a fazer tendas. São Pedro ressuscitou a costureira Gazela, que fazia as túnicas dos irmãos. A assembleia dos fiéis ocorria em Jope, na casa de um curtidor chamado Simão, conforme se vê no capítulo IX dos Atos dos apóstolos.

Os fiéis espalhavam-se secretamente pela Grécia, e alguns foram de lá para Roma, entre os judeus aos quais os romanos permitiam manter uma sinagoga. No início, não se separaram dos judeus; mantiveram o hábito da circuncisão, e, conforme já notamos em outro lugar, os quinze primeiros bispos secretos de Jerusalém foram todos circuncidados ou pelo menos os judeus de nascimento.

Quando o apóstolo Paulo levou consigo Timóteo, que era filho de um gentio, circuncidou-o pessoalmente na cidadezinha de Listre. Mas Tito, seu outro discípulo, não quis submeter-se à circuncisão. Os irmãos discípulos de Jesus ficaram unidos aos judeus até o tempo em que Paulo amargou um processo em Jerusalém, por ter levado estrangeiros ao templo. Era acusado pelos judeus de querer destruir a lei mosaica por meio de Jesus Cristo. Foi para livrá-lo dessa acusação que o apóstolo são Tiago propôs ao apóstolo Paulo que raspasse a cabeça e fosse purificar-se no templo com quatro judeus que haviam feito voto de raspar-se a cabeça. "Levai-os convosco", disse Tiago (cap. XXI, Atos dos apóstolos). "Purificai-vos com eles, e que todos saibam que o que dizem de vós é falso, e que continuais a observar a lei de Moisés." Assim, portanto, Paulo, que antes fora o perseguidor sanguinário da santa sociedade estabelecida por Jesus, Paulo, que depois quis dirigir aquela sociedade nascente, Paulo, cristão, judaíza "para que o mundo saiba que o caluniam quando dizem que ele já não segue a lei mosaica".

Nem por isso são Paulo deixou de ser acusado de impiedade e heresia, e seu processo criminal durou muito tempo; mas, mesmo pelas acusações feitas contra ele, percebe-se que ele fora a Jerusalém para observar os ritos judaicos.

Ele diz a Festo exatamente estas palavras (cap. XXV dos Atos): "Não pequei contra a lei judaica nem contra o templo."

Os apóstolos anunciavam Jesus Cristo como um justo indignamente perseguido, um profeta de Deus, um filho de Deus, enviado aos judeus para a reforma dos costumes.

"A circuncisão é útil", diz o apóstolo são Paulo (cap. II, Epístola aos romanos), "se observardes a lei; mas, se a violais, vossa circuncisão se tornará prepúcio. Se um incircunciso observar a lei, será como um circunciso. O verdadeiro judeu é aquele que é judeu interiormente."

Quando fala de Jesus Cristo em suas Epístolas, esse apóstolo não revela o mistério inefável de sua consubstancialidade com Deus. "Fomos libertados por ele (cap. V, Ep. aos rom.) da cólera de Deus. O dom de Deus derramou-se sobre nós pela graça dada a um único homem, que é Jesus Cristo. [...] A morte reinou pelo pecado de um só homem; os justos reinarão na vida por um só homem, que é Jesus Cristo."

E no cap. VIII: "Nós, herdeiros de Deus e co-herdeiros de Cristo." E no cap. XVI: "A Deus, que é o único sábio, honra e glória por Jesus Cristo [...] Sois de Jesus Cristo, e Jesus Cristo é de Deus (I aos Corint., cap. III)."

E (I aos Corint., cap. XV, v. 27): "Tudo lhe está submetido, com exceção de Deus, que lhe submeteu todas as coisas."

Houve alguma dificuldade para explicar o trecho da Epístola aos filipenses: "Nada façais por vanglória; crede mutuamente por humildade que os outros vos são superiores; tende os mesmos sentimentos de Cristo Jesus, que, tendo a marca de Deus, não considerou como sua presa a igualdade com Deus." Esse trecho parece muito bem aprofundado e esclarecido numa carta que nos ficou das igrejas de Vienne e Lyon, que, escrita no ano 117, é um precioso documento da antiguidade. Nessa carta louva-se a modéstia de alguns fiéis. Diz-se: "Eles não quiseram ganhar o grande título de mártires (por algumas tribulações) a exemplo de Jesus Cristo, que, tendo a marca de Deus, não acreditou que fosse sua presa a qualidade de igual a Deus." Orígenes também diz em seu *Comentário a João*: A grandeza de Jesus brilhou mais quando ele se humilhou "do que se tivesse feito sua presa ser igual a Deus". Com efeito, a explicação contrária pode parecer um contrassenso. O que significaria: "Crede que os outros são superiores a vós; imitai Jesus, que não acreditou que era uma presa, uma usurpação igualar-se a Deus?" Seria contradizer-se, seria dar um exemplo de grandeza como exemplo de modéstia; seria pecar contra a dialética.

A sabedoria dos apóstolos fundava assim a Igreja nascente. Essa sabedoria não foi alterada pela disputa que sobreveio entre os apóstolos Pedro, Tiago e João, de um lado, e Paulo, do outro. Essa contestação ocorreu em Antioquia. O apóstolo Pedro, ou Cefas, ou Simão Barjona, comia com os gentios convertidos e não observava com eles as cerimônias da lei nem a distinção das carnes; ele, Barnabé e outros discípulos comiam, indiferentemente, porco, carnes abafadas, animais que tinham o pé fendido e não ruminavam; mas vários judeus cristãos chegaram, e, com eles, são Pedro voltou a abster-se das carnes proibidas e a observar as cerimônias da lei mosaica.

Essa ação pareceu muito prudente; ele não queria escandalizar os judeus cristãos, seus companheiros, mas são Paulo insurgiu-se contra ele com certa dureza. Disse-lhe: "Eu me opus a ele abertamente, pois sua atitude era reprovável" (Epístola aos Gálatas, cap. II).

Essa discórdia parece mais extraordinária por partir de são Paulo, que, tendo sido antes perseguidor, deveria ser moderado; ademais, ele mesmo fora sacrificar no templo em Jerusalém, circuncidara seu discípulo Timóteo, cumprira os ritos judeus que então reprovava em Cefas. São Jerônimo afirma que essa discórdia entre Paulo e Cefas era fingida. Diz em sua primeira Homilia, tomo III, que agiram como dois advogados que se aquecem e se espicaçam no tribunal, para terem mais autoridade sobre seus clientes; diz que, como Pedro Cefas estava destinado a pregar aos judeus, e Paulo aos gentios, fingiram que brigavam, Paulo para ganhar os gentios, e Pedro para ganhar os judeus. Mas santo Agostinho não tem essa opinião. Diz ele em sua *Epístola a Jerônimo*: "Agasta-me que tão grande homem se torne o patrono da mentira, *patronum mendacii*."

Essa discórdia entre são Jerônimo e santo Agostinho não deve diminuir nossa veneração por eles, muito menos por são Paulo e são Pedro.

De resto, se Pedro estava destinado aos judeus judaizantes, e Paulo aos estrangeiros, parece provável que Pedro não veio a Roma. Os Atos dos apóstolos não fazem nenhuma menção da viagem de Pedro à Itália.

Seja como for, foi por volta do ano 60 de nossa era que os cristãos começaram a separar-se da comunhão judaica; foi o que lhes valeu tantas discórdias e perseguições por parte das sinagogas espalhadas por Roma, na Grécia, no Egito e na Ásia. Foram acusados de impiedade e ateísmo por seus irmãos judeus, que os excomungaram em suas sinagogas três vezes nos dias do sabá. Mas Deus sempre os sustentou em meio a perseguições.

Pouco a pouco, foram-se formando várias Igrejas, e completou-se a separação entre judeus e cristãos antes do fim do século I; essa separação era ignorada pelo governo romano. O senado de Roma e os imperadores não participavam dessas discórdias de um pequeno rebanho que Deus até então conduzira na obscuridade, elevando-o por graus imperceptíveis.

O cristianismo estabeleceu-se na Grécia e na Alexandria. Ali, os cristãos precisaram combater uma nova seita de judeus que se haviam tornado filósofos de tanto frequentarem os gregos; era a seita da gnose ou dos gnósticos; houve mistura de novos cristãos. Todas essas seitas gozavam então de inteira liberdade de dogmatizar, reunir-se e escrever, quando os atravessadores judeus estabelecidos em Roma e em Alexandria não os acusavam aos magistrados; mas, no tempo de Domiciano, a religião cristã começou a dar algumas preocupações ao governo.

O zelo de alguns cristãos, que não estava de acordo com a ciência, não impediu que a Igreja alcançasse o progresso a que Deus a destinava. No início, os cristãos celebraram seus mistérios em casas retiradas, em porões, durante a noite: daí lhes adveio o título de *lucifugaces*, segundo Minúcio Felix. Fílon os chama de *gesseanos*. Seus nomes mais comuns, nos quatro primeiros séculos, entre os gentios, eram galileus e nazarenos; mas o de cristãos prevaleceu a todos os outros.

Nem a hierarquia nem os usos foram estabelecidos de uma vez; os tempos apostólicos foram diferentes dos tempos que os seguiram.

A missa, que é celebrada pela manhã, era a ceia feita à noite; esses usos foram mudando à medida que a Igreja se fortaleceu. Uma sociedade mais numerosa exigia mais regras, e a prudência dos pastores adequou-se aos tempos e aos lugares.

São Jerônimo e Eusébio contam que, quando as Igrejas tomaram forma, foram-se distinguindo aos poucos cinco ordens diferentes: os vigilantes, *episcopoi*, que deram origem aos bispos; os anciães da sociedade, *presbyteroi*, os padres; *diaconoi*, os servidores ou diáconos; os *pistoi*, crentes, iniciados, ou seja, os batizados, que participavam das ceias dos ágapes; os catecúmenos, à espera do batismo, e os energúmenos, à espera de que os livrassem do demônio. Nenhuma dessas cinco ordens usava hábito diferente das outras; nenhuma era obrigada ao celibato, do que nos dão testemunho o livro de Tertuliano dedicado à sua mulher e o exemplo dos apóstolos. Não havia representação alguma, seja em forma de pintura, seja de escultura, em suas assembleias, durante os dois primeiros séculos; não havia altares, muito menos velas, incenso e água benta. Os cristãos escondiam cuidadosamente seus livros dos gentios: só os confiavam aos iniciados; os catecúmenos nem sequer tinham permissão de recitar a oração dominical.

Do poder de expulsar diabos dado à Igreja

O que mais distinguia os cristãos, e durou até nossos últimos tempos, era o poder de expulsar diabos com o sinal da cruz. Orígenes, em seu tratado contra Celso, no número 133 admite que Antinous, divinizado pelo imperador Adriano, fazia milagres no Egito por meio de encantamentos e prodígios; mas diz que os diabos saem do corpo dos possessos ao ouvirem o simples nome de Jesus.

Tertuliano vai mais longe e, dos confins da África onde estava, diz, em seu *Apologético*, no cap. XXIII: "Se vossos deuses não confessarem que são diabos em presença de um verdadeiro cristão, que vós derrameis o sangue desse cristão." Haverá demonstração mais clara?

De fato, Jesus Cristo enviou seus apóstolos para expulsar os demônios. Os judeus também, no seu tempo, tinham o dom de expulsá-los, porque, depois que Jesus livrou possessos e mandou os diabos para os corpos de dois mil porcos, depois de ter realizado outras curas parecidas, os fariseus disseram: "Ele expulsa os demônios com o poder de Belzebu." Responde Jesus: "Se é por Belzebu que os expulso, por quem vossos filhos os expulsam?" É incontestável que os judeus se gabavam desse poder: tinham exorcistas e exorcismos; invocavam o nome de Deus, de Jacó e de Abraão; punham ervas consagradas no nariz dos endemoninhados (Josefo relata uma parte dessas cerimônias). Esse poder sobre os diabos, que os judeus perderam, foi transmitido aos cristãos, que também parecem tê-lo perdido há algum tempo.

No poder de expulsar demônios estava incluído o de destruir obras de magia: pois a magia sempre vigorou em todas as nações. Todos os Padres da Igreja dão testemunho da magia. São Justino, em sua *Apologética*, livro III, diz que frequentemente são invocadas as almas dos mortos, e daí extrai um argumento a favor da imortalidade da alma. Lactâncio, no livro VII de suas *Instituições divinas*, diz que, "se alguém ousasse negar a existência das almas após a morte, seria logo convencido pelo mago que as faria aparecer". Irineu, Clemente de Alexandria, Tertuliano, o bispo Cipriano, todos afirmam a mesma coisa. É verdade que hoje tudo mudou, e que já não há magos nem endemoninhados. Mas é Deus que decide advertir os homens por meio de prodígios em certos tempos e fazê-los cessar em outros.

Dos mártires da Igreja

Quando as sociedades cristãs se tornaram um pouco numerosas e várias delas se insurgiram contra o culto do império romano, os magistrados começaram a reprimi-las, e os povos, sobretudo, as perseguiram. Não eram perseguidos os judeus que tinham privilégios particulares e se encerravam em suas sinagogas; a estes era permitido o exercício de sua religião, como se faz ainda hoje em Roma; eram tolerados todos os diversos cultos espalhados pelo império, embora o senado não os adotasse.

Mas os cristãos, ao se declararem inimigos de todos esses cultos e, principalmente, do culto do império, ficaram expostos várias vezes a cruéis provações.

Um dos primeiros e mais célebres mártires foi Inácio, bispo de Antioquia, condenado pelo próprio imperador Trajano, então na Ásia, e enviado a Roma em obediência a suas ordens, para ser exposto às feras, num tempo em que os outros cristãos não eram massacrados em Roma. Não se sabe exatamente de que foi ele acusado a esse imperador, cuja clemência, aliás, era famosa: santo Inácio havia de ter inimigos bem violentos. Seja como for, a história de seu martírio relata que se encontrou o nome de Jesus Cristo gravado no seu coração, em letras de ouro; foi daí que os cristãos ganharam, em alguns lugares, o nome de Teóforos, que o próprio Inácio adotara.

Ficou-nos uma carta dele[14], na qual pede aos bispos e aos cristãos que não se oponham a seu martírio: talvez porque os cristãos fossem suficientemente poderosos para livrá-lo, ou talvez porque entre eles houvesse alguns com bastante crédito para obter uma graça. O mais notável é que se permitia que os cristãos de Roma fossem ter com ele, quando levado para aquela capital; isso provaria claramente que nele se punia a pessoa, e não a seita.

As perseguições não foram contínuas. Orígenes, em seu livro III contra Celso, diz: "É fácil contar o número de cristãos que foram mortos por motivo de religião, porque poucos assim morreram, e apenas de tempos em tempos e a intervalos."

Deus teve tanto zelo por sua Igreja, que, apesar dos inimigos, ele permitiu que ela fizesse cinco concílios no primeiro século, dezesseis no segundo e trinta no terceiro, ou seja, assembleias secretas e toleradas. Essas assembleias foram às vezes proibidas, quando, por falsa prudência, os magistrados temiam que elas se tornassem tumultuosas. Ficaram-nos poucos autos dos procônsules e pretores que condenaram os cristãos à morte. Seriam os únicos atos com base nos quais seria possível constatar as acusações que eram feitas contra eles e seus suplícios.

Temos um fragmento de Dionísio de Alexandria, no qual ele relata o resumo de um arquivo de um procônsul do Egito, no tempo do imperador Valeriano.

Quando Dionísio, Fausto, Máximo, Marcelo e Queremão foram introduzidos na audiência, o prefeito Emiliano lhes disse: "Pelas conversas que tive convosco e por tudo o que vos escrevi, pudestes perceber como nossos príncipes têm demonstrado bondade para convosco; quero também repetir: segundo eles, vossa sobrevivência e vossa salvação depende de vós mesmos, e vosso destino está em vossas mãos. Só vos pedem uma coisa, que a razão exige de toda pessoa razoável: que adoreis os deuses protetores de seu império e que abandoneis esse outro culto, tão contrário à natureza e ao bom-senso."

Dionísio respondeu: "Nem todos têm os mesmos deuses, e cada um adora aqueles que acredita serem os verdadeiros."

O prefeito Emiliano retrucou: "Estou vendo que sois ingratos, que abusais da bondade que os imperadores têm para convosco. Pois bem! Não permanecereis nesta cidade, e eu vos envio a Cefro, nos confins da Líbia; esse será o lugar de vosso banimento, de acordo com a ordem que recebi de nossos imperadores: de resto, não penseis em lá realizar vossas assembleias nem em ir

---

14. Dupin, em sua *Bibliothèque ecclésiastique*, prova que essa carta é autêntica. (N. de Voltaire)

fazer vossas preces naqueles lugares que chamais de cemitérios; isso vos é absolutamente proibido, e não o permitirei a ninguém."

Nada contém mais características de verdade do que esses autos. Vê-se por eles que havia tempos em que as assembleias eram proibidas. Assim também, na França, os calvinistas são proibidos de reunir-se; algumas vezes foram até enforcados ou condenados à roda alguns ministros ou predicantes que faziam assembleias em desobediência às leis; a partir de 1745, seis deles foram enforcados. Assim também, na Inglaterra e na Irlanda são proibidas as assembleias de católicos romanos, e houve ocasiões em que os transgressores foram condenados à morte.

Apesar dessas proibições feitas pelas leis romanas, Deus inspirou em vários imperadores a indulgência para com os cristãos. O próprio Diocleciano, que os ignorantes consideram um perseguidor, Diocleciano, cujo primeiro ano de reinado ainda transcorre na época dos mártires, foi, por mais de dezoito anos, protetor declarado do cristianismo, a tal ponto que vários cristãos desempenharam altos cargos junto à sua pessoa. Ele até se casou com uma cristã; tolerou que em Nicomédia, lugar de sua residência, houvesse uma soberba igreja construída defronte a seu palácio.

O césar Galério, que foi deploravelmente prevenido contra os cristãos, dos quais acreditava ter do que se queixar, obrigou Diocleciano a mandar destruir a catedral de Nicomédia. Um cristão mais zeloso que sábio picou o edito do imperador, e daí nasceu aquela famosa perseguição, na qual houve mais de duzentas pessoas executadas no império romano, sem contar aqueles que, vítimas do furor do populacho, sempre fanático e bárbaro, pereceram de forma totalmente contrária aos procedimentos jurídicos.

Houve em diversas épocas um número tão grande de mártires, que é preciso ter o cuidado de evitar abalar a verdade histórica desses verdadeiros confessores de nossa santa religião com uma perigosa mistura de fábulas e falsos mártires.

O beneditino dom Ruinart, por exemplo, homem, aliás, tão instruído quanto respeitável e zeloso, deveria ter escolhido com mais discrição seus *Atos sinceros*. Não é suficiente que um manuscrito seja tirado da abadia de são Bento, às margens do Loire, ou de algum convento de celestinos de Paris, em conformidade com algum manuscrito dos *feuillants*[15], para que esse ato seja autêntico; é preciso que seja antigo, escrito por contemporâneos, e que, aliás, contenha todas as características de veracidade.

Ele poderia ter deixado de relatar a história do jovem Romanus, ocorrida em 303. Esse jovem *romano* obtivera perdão de Diocleciano em Antioquia. No entanto, ele diz que o juiz Asclepíades o condenou à fogueira: alguns judeus presentes a esse espetáculo zombaram do jovem são Romanus e repreenderam os cristãos porque o Deus deles deixava que eles fossem queimados, ele que livrara Sadraque, Mesaque e Abedenego da fornalha; ele que, em dia seréníssimo, desencadeou uma tormenta que apagou o fogo. O juiz então ordenou que cortassem a língua do jovem Romanus, e o primeiro médico do imperador, que se encontrava lá, cumpriu oficiosamente a função de carrasco e cortou-lhe a língua na raiz. Em seguida o jovem, que antes era gago, falou com muita desenvoltura; o imperador espantou-se porque alguém falava tão bem sem língua, e o médico, para comprovar a experiência, cortou imediatamente a língua de um transeunte, que morreu na hora.

Eusébio, de quem o beneditino Ruinart extraiu essa história, deveria respeitar os verdadeiros milagres realizados no Antigo e no Novo Testamento (dos quais ninguém jamais duvidará) e não lhes associar histórias tão suspeitas, que poderiam escandalizar os fracos.

Essa última perseguição não durou todo o tempo do império. Havia então na Inglaterra algum cristianismo, que logo se eclipsou para reaparecer depois, no tempo dos reis saxões. As Gálias meridionais e a Espanha estavam cheias de cristãos. O césar Constâncio Cloro protegeu-os muito

---

15. Religiosos pertencentes a uma congregação da ordem de Cîteaux, reformada por dom Jean de La Banière.

em todas as suas províncias. Ele tinha uma concubina que era cristã; é a mãe de Constantino, conhecida com o nome de santa Helena: pois nunca houve casamento oficial entre ambos, e ele até mesmo a abandonou no ano 292, quando se casou com a filha de Maximiano Hércules; mas ela continuava a exercer forte ascendência sobre ele e lhe inspirara grande afeição por nossa santa religião.

Do estabelecimento da Igreja no governo de Constantino

A divina Providência preparava assim, por caminhos aparentemente humanos, o triunfo de sua Igreja.

Constâncio Cloro morreu em 306 em York, na Inglaterra, num momento em que os filhos que tinha da filha de um césar eram pequenos e não podiam ter pretensões ao império. Constantino tomou a liberdade de se fazer eleger em York por cinco ou seis mil soldados, alemães, gauleses e ingleses na maioria. Nada indicava que aquela eleição, feita sem o consentimento de Roma, do senado e dos exércitos, pudesse prevalecer, mas Deus deu-lhe a vitória sobre Maxêncio, eleito em Roma, e o livrou enfim de todos os seus colegas. Não se pode negar que no início ele se tornou indigno dos favores do céu, devido ao assassinato de todos os seus parentes e, por fim, da mulher e do filho.

Pode-se duvidar do que Zózimo relata a respeito. Diz ele que Constantino, angustiado pelos remorsos depois de tantos crimes, perguntou aos pontífices do império se havia alguma expiação para ele, e eles lhe responderam que não conheciam nenhuma. É bem verdade que não houvera expiação para Nero, e que ele não ousara assistir aos sagrados mistérios na Grécia. No entanto existiam tauróbolos, e é muito difícil acreditar que um imperador todo-poderoso não conseguisse encontrar um sacerdote que quisesse conceder-lhe sacrifícios expiatórios. Talvez seja até menos crível que Constantino, ocupado com a guerra, com sua ambição, com seus projetos, e cercado de aduladores, tivesse tido tempo de sentir remorsos. Zózimo acrescenta que um sacerdote egípcio, proveniente da Espanha, que tinha acesso à sua casa, prometeu-lhe a expiação de todos os seus crimes na religião cristã. Desconfiou-se de que esse sacerdote fosse Ósio, bispo de Córdova.

Seja como for, Deus reservou Constantino para esclarecê-lo e para torná-lo protetor da Igreja. Esse príncipe mandou construir sua cidade de Constantinopla, que se tornou o centro do império e da religião cristã. Então a Igreja ganhou forma augusta. É de crer que, lavado pelo batismo e arrependido na hora da morte, obteve misericórdia, embora tenha morrido ariano. Seria muito duro se todos os partidários dos dois bispos Eusébio tivessem sido danados.

Já no ano 314, antes que Constantino fosse residir em sua nova cidade, a crueldade daqueles que haviam perseguido os cristãos foi por eles punida. Os cristãos atiraram a mulher de Maximiano no rio Orontes; mataram todos os seus parentes; massacraram no Egito e na Palestina os magistrados que mais se haviam declarado contra o cristianismo. A viúva e a filha de Diocleciano, que se esconderam na Tessalônica, foram reconhecidas, e seus corpos foram jogados no mar. Seria de desejar que os cristãos tivessem dado menos ouvidos ao espírito de vingança, mas Deus, que pune segundo sua justiça, quis que as mãos dos cristãos se tingissem do sangue de seus perseguidores, tão logo aqueles cristãos tiveram liberdade de agir.

Constantino convocou e reuniu em Niceia, diante de Constantinopla, o primeiro concílio ecumênico, presidido por Ósio. Ali se decidiu a grande questão que agitava a Igreja, em torno da divindade de Jesus Cristo[16].

Sabe-se muito bem que a Igreja, depois de combater durante trezentos anos os ritos do império romano, passou a combater contra si mesma, e foi sempre militante e triunfante.

---

16. Ver verbetes Arianismo, Cristianismo, segunda seção, e Concílios. (N. de Voltaire)

Com o transcorrer do tempo, quase toda a Igreja grega e toda a Igreja da África tornaram-se escravas dos árabes e depois dos turcos, que erigiram a religião maometana sobre as ruínas da cristã. A Igreja romana subsistiu, mas sempre banhada em sangue por mais de seiscentos anos de discórdias entre o império do ocidente e o sacerdócio. Esses conflitos a tornaram muito poderosa. Bispos e abades, na Alemanha, tornaram-se príncipes, e os papas obtiveram aos poucos domínio absoluto em Roma e numa região considerável. Assim, Deus pôs sua Igreja à prova com humilhações, conturbações, crimes e esplendor.

Essa Igreja latina, no século XVI, perdeu metade da Alemanha, a Dinamarca, a Suécia, a Inglaterra, a Escócia, a Irlanda, a melhor parte da Suíça e a Holanda; na América, graças às conquistas dos espanhóis, ganhou mais terreno do que perdeu na Europa; no entanto, com mais território, ela tem bem menos súditos.

A Providência divina parecia destinar o Japão, o Sião, a Índia e a China à obediência ao papa, para recompensá-lo pela perda da Ásia Menor, da Síria, da Grécia, do Egito, da África, da Rússia e de outros Estados de que falamos. São Francisco Xavier, que levou o santo Evangelho para as Índias Orientais e ao Japão, quando os portugueses lá foram buscar mercadorias, fez enorme número de milagres, todos comprovados pelos reverendíssimos padres jesuítas: dizem alguns que ele ressuscitou nove mortos; mas o reverendíssimo padre Ribadeneira, em sua *Flor dos santos*, limita-se a dizer que só ressuscitou quatro: é suficiente. Quis a Providência que em menos de cem anos houvesse milhares de católicos romanos nas ilhas do Japão, mas o diabo semeou sua cizânia no meio do bom trigo. Os jesuítas, ao que consta, formaram uma conjuração seguida de guerra civil, na qual todos os cristãos foram exterminados em 1638. Então a nação fechou seus portos a todos os estrangeiros, exceto aos holandeses, que eram vistos como mercadores, e não como cristãos; eles foram primeiro obrigados a andar sobre a cruz, para obterem a permissão de vender suas mercadorias, na prisão onde ficam quando aportam em Nagazaki.

A religião católica, apostólica e romana foi proscrita na China nos últimos tempos, mas de maneira menos cruel. Os reverendíssimos padres jesuítas, na verdade, não ressuscitaram mortos na corte de Pequim; lá, contentavam-se em ensinar a astronomia, fundir canhões e ser mandarins. Suas deploráveis disputas com dominicanos e outros escandalizaram a tal ponto o grande imperador Yong-Tching, que esse príncipe, que era a justiça e a bondade em pessoa, foi tão cego que não mais permitiu o ensino de nossa santa religião, em torno da qual nossos missionários não se entendiam. Expulsou-os com bondade paterna, fornecendo-lhes víveres e transporte até os confins de seu império.

Toda a Ásia, toda a África, metade da Europa, tudo o que pertence aos ingleses e aos holandeses, na América, todas as hordas americanas não dominadas, todas as terras austrais, que constituem um quinto do globo, ficaram nas garras do demônio, para concretizar estas santas palavras: "Muitos serão chamados, mas poucos serão escolhidos." (Mat., XX, 16.)

Do significado da palavra *igreja*.
Quadro da Igreja rimitiva. Degeneração. Estudo das sociedades que quiseram restabelecer a Igreja primitiva, especialmente dos primitivos chamados *quakers*

Essa palavra grega significava, entre os gregos, *assembleia do povo*. Quando os livros hebreus foram traduzidos para o grego, verteu-se a palavra sinagoga para igreja, e usou-se o mesmo substantivo para designar *sociedade judaica, congregação política, assembleia judaica, povo judeu*. Assim, diz-se em Números[17]: "Por que levastes a Igreja ao deserto?", e, no Deuteronô-

---

17. Cap. XX, v. 4. (N. de Voltaire)

mio[18]: "O eunuco, o moabita e o amonita não entrarão na Igreja; os idumeus e os egípcios só entrarão na Igreja na terceira geração."

Jesus Cristo diz em são Mateus[19]: "Se teu irmão pecar contra ti (ofender-te), repreende-o entre ti e ele. Toma, leva contigo uma ou duas testemunhas, para que tudo se esclareça pela boca de duas ou três testemunhas; e, se ele não te escutar, queixa-te à assembleia do povo, à Igreja; e, se ele não escutar a Igreja, que seja como um gentio, ou um recebedor de dinheiro público. Digo--vos, em verdade, que tudo o que tiverdes atado na terra será atado no céu, e o que tiverdes desatado na terra será desatado no céu" (alusão às chaves das portas, cuja correia se atava e desatava).

Trata-se aí de dois homens, dos quais um ofendeu o outro e persiste na ofensa. Não era possível levá-lo a comparecer perante a assembleia, a Igreja cristã, pois ela ainda não existia; esse homem, de quem o companheiro se queixava, não podia ser julgado por um bispo e pelos sacerdotes que ainda não existiam; ademais, nem os sacerdotes judeus nem os sacerdotes cristãos nunca foram juízes de litígios entre particulares: era um caso de polícia; os bispos só se tornaram juízes mais ou menos no tempo de Valentiniano III.

Os comentadores, portanto, concluíram que o escritor sagrado desse Evangelho põe nosso Senhor a falar por antecipação; que é uma alegoria, uma predição do que se concretizará quando a Igreja cristã se formar e estabelecer.

Selden faz uma observação importante sobre esse trecho[20]: é que, entre os judeus, os publicanos, os recebedores de dinheiro régio, não eram excomungados. O populacho podia detestá-los, mas, como eram funcionários necessários, nomeados pelo príncipe, nunca passou pela cabeça de ninguém separá-los da assembleia. Os judeus estavam então sob o domínio do procônsul da Síria, que estendia sua jurisdição até os confins da Galileia e até a ilha de Chipre, onde tinha representantes. Teria sido muito imprudente mostrar publicamente aversão aos funcionários legais do procônsul. À imprudência se somaria a injustiça, pois os cavaleiros romanos, cobradores do domínio público, os recebedores do dinheiro de César, eram autorizados pelas leis.

Santo Agostinho, em seu sermão LXXXI, pode apresentar reflexões para o entendimento desse trecho. Ele fala daqueles que alimentam ódio, que não querem perdoar. "*Coepisti habere fratrem tuum tanquam publicanum. Ligas illum in terra; sed ut juste alliges, vide: nam injusta vincula disrumpit justitia. Quum autem correxeris et concordaveris cum fratre tuo, solvisti eum in terra:* – Olhais vosso irmão como um publicano; é atá-lo na terra; mas cuidais de atá-lo com justiça, pois a justiça rompe os elos injustos; mas se corrigistes vosso irmão, se concordais com ele, vós o desatastes na terra."

Pela maneira como santo Agostinho explica, parece que o ofendido pôs o ofensor na prisão, e que devemos entender que, se ele é lançado nos laços na terra, também o é no céu; mas, se o ofendido for inexorável, ele mesmo será atado. Não se fala em Igreja na explicação de santo Agostinho; trata-se apenas de perdoar ou não perdoar uma injúria. Santo Agostinho não fala do direito sacerdotal de remir os pecados em nome de Deus. É um direito reconhecido alhures, um direito derivado do sacramento da confissão. Santo Agostinho, por mais profundo que seja nos tipos e nas alegorias, só vê esse famoso trecho como uma alusão à absolvição dada ou recusada pelos ministros da Igreja católica romana no sacramento da penitência.

Do nome *igreja* nas sociedades cristãs

Nos vários Estados cristãos só se reconhecem quatro Igrejas: grega, romana, luterana e a reformada ou calvinista. O mesmo ocorre na Alemanha; primitivos ou *quakers*, anabatistas, soci-

---

18. Cap. XXIII, v. 1, 2, 3. (N. de Voltaire)
19. Cap. XXVIII. (N. de Voltaire)
20. *In Synedris Hebraeorum*, liv. II. (N. de Voltaire)

nianos, menonitas, pietistas, morávios, judeus e outros não constituem igreja. A religião judaica conservou o título de sinagoga. As seitas cristãs toleradas só têm assembleias secretas, *conventículos*: o mesmo ocorre em Londres.

A Igreja católica não é reconhecida na Suécia, na Dinamarca, no norte da Alemanha, na Holanda, em três quartos da Suíça, nem nos três reinos da Grã-Bretanha.

Da Igreja primitiva e daqueles que acreditaram restabelecê-la

Os judeus, assim como todos os povos da Síria, foram divididos em várias pequenas congregações religiosas, conforme já vimos: todas tendiam à perfeição mística.

Um raio mais puro de luz animou os discípulos de são João, que ainda subsistem na região de Mosul. Por fim, veio para a terra o filho de Deus anunciado por são João. Seus discípulos mantiveram-se sempre iguais. Jesus lhes dissera expressamente[21]: "Não haverá entre vós primeiro nem último [...] Vim para servir, e não para ser servido [...] Aquele que quiser ser senhor dos outros os servirá."

Uma prova da igualdade é que os cristãos, nos primórdios, só usavam o nome de *irmãos*. Reuniam-se e esperavam o espírito; profetizavam quando estavam inspirados. São Paulo, em sua primeira epístola aos coríntios, diz[22]: "Se em vossa assembleia cada um de vós tem o dom do cântico, o da doutrina, o do apocalipse, o das línguas, o da interpretação, que tudo seja pela edificação. Se alguém fala a língua como dois ou três, e por partes, que haja um que interprete.

"Que dois ou três profetas falem, que os outros julguem; e, se alguma coisa for revelada a outro, que o primeiro se cale, pois podeis todos profetizar cada um à parte, para que todos aprendam e todos exortem; o espírito de profecia está submetido aos profetas: pois o Senhor é um Deus de paz [...] Assim, meus irmãos, competi todos na profecia, e não impeçais que se falem línguas."

Traduzi palavra por palavra, em respeito ao texto e para não entrar em discussões sobre palavras.

São Paulo, na mesma epístola, concorda que as mulheres podem profetizar, embora no capítulo XIV sejam proibidas de falar nas assembleias. Diz ele: "Toda mulher[23], orando ou profetizando sem véu na cabeça, suja sua cabeça: pois é como se estivesse calva."

Está claro, por todos esses trechos e por muitos outros, que os primeiros cristãos eram todos iguais, não apenas como irmãos em Jesus Cristo, mas como pessoas que compartilhavam em pé de igualdade. O espírito comunicava-se a todos igualmente; todos falavam igualmente diversas línguas; tinham igualmente o dom de profetizar, sem distinção de classe, idade e sexo.

Os apóstolos, que ensinavam os neófitos, tinham certamente sobre eles a preeminência natural que o preceptor tem sobre o escolar, mas jurisdição, poder temporal, aquilo que se chama *honras* do mundo, distinção no modo de vestir, marcas de superioridade, nada disso havia neles, sem dúvida, nem naqueles que lhes sucederam. Eles possuíam outra grandeza bem diferente: a persuasão.

Os irmãos comungavam o mesmo dinheiro[24]. Foram eles próprios que escolheram sete de sua comunidade para cuidar dos víveres e prover às necessidades comuns. Elegeram em Jerusalém aqueles que chamamos Estêvão, Filipe, Próyotro, Nicanor, Timão, Pármenas e Nicolau. Pode-se notar que, entre esses sete eleitos pela comunidade judaica, há seis gregos.

---

21. Mateus, cap. XX; e Marcos, cap. IX e X. (N. de Voltaire)
22. Cap. XIV, v. 26 ss. (N. de Voltaire)
23. Cap. XI, v. 5. (N. de Voltaire)
24. Atos dos apóstolos, cap. VI. (N. de Voltaire)

Depois dos apóstolos, não se encontra exemplo algum de cristão que tenha sobre os outros cristãos outro poder que não seja o de ensinar, exortar, expulsar os demônios do corpo dos energúmenos, fazer milagres. Tudo é espiritual; nada se ressente das pompas do mundo. Foi no século III que o espírito de orgulho, de vaidade, de interesse se manifestou de todos os lados entre os fiéis.

Os ágapes já eram grandes festins; havia quem reprovasse o luxo e a boa mesa. Tertuliano admite[25]: "Sim, temos boa mesa, mas nos mistérios de Atenas e do Egito não há boa mesa também? Por mais gastos que tenhamos, eles são úteis e piedosos, pois os pobres tiram proveito. – *Quantiscumque sumptibus constet, lucrum est pietatis, siquidem inopes refrigerio isto juvamus*."

Mesmo naquele tempo, sociedades de cristãos que ousavam dizer-se mais perfeitas que as outras – os montanistas, por exemplo –, que se gabavam de muitas profecias e de moral austera, que viam as segundas núpcias como adultério e a fuga à perseguição como apostasia, que tinham publicamente convulsões sagradas e êxtases, que afirmavam falar com Deus face a face, essas foram acusadas, segundo se afirma, de misturar o sangue de uma criança de um ano ao pão da eucaristia. Atraíram para os verdadeiros cristãos essa cruel acusação, que os expôs a perseguições.

Segundo santo Agostinho[26], eles picavam com alfinetes todo o corpo da criança e, com o sangue, amassavam a farinha e faziam o pão: se a criança morresse por isso, eles a homenageavam como mártir.

Os costumes estavam tão corrompidos, que os santos Padres da Igreja não paravam de queixar-se. Vejamos o que diz são Cipriano em seu livro sobre os *decaídos*[27]: "Cada sacerdote corre atrás de bens e honrarias com um furor insaciável. Os bispos não têm religião; as mulheres não têm pudor; reina a intrujice; jura-se e perjura-se; as animosidades dividem os cristãos; os bispos abandonam os púlpitos para correrem às feiras e enriquecer com negócios; enfim, agradamos somente a nós mesmos e desagradamos todo o mundo."

Antes desses escândalos, o padre Novaciano provocara um escândalo bem funesto para os fiéis de Roma: ele foi o primeiro antipapa. O episcopado de Roma, embora secreto e exposto à perseguição, era alvo de ambição e ganância devido às grandes contribuições dos cristãos e à autoridade do posto.

Não repetiremos aqui o que está consignado em tantos arquivos, aquilo que ouvimos todos os dias da boca de pessoas instruídas, o número prodigioso de cismas e guerras, seiscentos anos de conflitos sangrentos entre o império e o sacerdócio, o dinheiro das nações escoando por mil canais, ora para Roma, ora para Avignon, quando os papas ali fixaram domicílio durante setenta e dois anos, derramamento de sangue em toda a Europa, seja pelo interesse de uma tiara desconhecida por Jesus Cristo, seja por questões ininteligíveis das quais ele nunca falou. Nossa religião, porém, não é menos verdadeira, menos sagrada e menos divina, por ter sido conspurcada durante tanto tempo pelo crime e por ter mergulhado na carnificina.

Depois que o furor de dominar – terrível paixão do coração humano – chegou a seu excesso extremo, e o monge Hildebrando, eleito bispo de Roma contra as leis, arrebatou aquela capital aos imperadores e proibiu que todos os bispos do ocidente usassem o antigo nome de papa, para atribuí-lo somente a si mesmo, quando os bispos da Alemanha, seguindo seu exemplo, tornaram-se soberanos, e todos os bispos da França e da Inglaterra tentaram fazer o mesmo, desde aqueles tempos medonhos até nossos dias, surgiram sociedades cristãs que, com muitos nomes diferentes, quiseram restabelecer a igualdade primitiva no cristianismo.

---

25. Tertuliano, cap. XXXIX. (N. de Voltaire)
26. Agostinho, *De Haeresibus, haeres*, XXVI. (N. de Voltaire)
27. Ver *Oeuvres de saint Cyprien* e *Histoire ecclesiastique de Fleury*, t. II, p. 168, edição in-12, 1725. (N. de Voltaire)

Mas o que fora praticável numa pequena sociedade escondida do mundo não o era em grandes reinos. A Igreja militante e triunfante já não podia ser a Igreja ignorada e humilde. Os bispos, as grandes comunidades monásticas ricas e poderosas, que se reuniam sob os estandartes do pontífice da nova Roma, combateram então *pro aris et pro focis*, por seus altares e por seus lares. Cruzadas, exércitos, assédios, batalhas, rapinas, torturas, assassinatos pelas mãos de carrascos, assassinatos pelas mãos dos sacerdotes dos dois partidos, envenenamentos, devastações por ferro e fogo, tudo foi empregado para sustentar ou humilhar a nova administração eclesiástica, e o berço da Igreja primitiva ficou tão escondido debaixo do rio de sangue e dos ossos dos mortos que a custo pode ser encontrado.

Dos primitivos chamados *quakers*

Visto que as guerras religiosas e civis da Grã-Bretanha desolaram a Inglaterra, a Escócia e a Irlanda, no infeliz reinado de Carlos I, William Penn, filho de um vice-almirante, decidiu restabelecer o que ele chamava de *Igreja primitiva* nas costas da América do Norte, num clima ameno, que lhe pareceu feito para seus costumes. Sua seita chamava-se seita dos *tremedores*: denominação ridícula, mas por eles merecida, em vista dos tremores do corpo que ostentavam ao orar e por uma fanhosidade que, na Igreja romana, só se conheceu entre certos monges chamados *capuchinhos*. Mas, mesmo falando pelo nariz e sacudindo-se, é possível ser manso, frugal, modesto, justo, caridoso. Ninguém pode negar que essa sociedade de primitivos tenha dado exemplo de todas essas virtudes.

Penn via que os bispos anglicanos e os presbiterianos haviam causado uma guerra medonha por uma sobrepeliz, umas mangas de cambraia e uma liturgia; não quis liturgia, cambraia nem sobrepeliz: os apóstolos não tinham nada disso. Jesus Cristo não batizou ninguém; os adeptos de Penn não quiseram ser batizados.

Os primeiros fiéis eram iguais entre si: aqueles novos fiéis pretendiam ser o mais iguais possível. Os primeiros discípulos receberam o espírito e falavam na assembleia; não tinham altares, templos, ornamentos, círios, incensos, cerimônias: Penn e os seus gabavam-se de receber o espírito e renunciaram a toda e qualquer cerimônia, a todo e qualquer aparato. A caridade era preciosa aos discípulos do Salvador: os de Penn fizeram uma bolsa comum para socorrer os pobres. Assim, esses imitadores dos essênios e dos primeiros cristãos, embora errando nos dogmas e nos ritos, para todas as outras sociedades cristãs eram um espantoso modelo de moral e civilidade.

Por fim, aquele homem singular foi estabelecer-se com quinhentos seguidores no recanto então mais selvagem da América. A rainha Cristina da Suécia quisera ali fundar uma colônia, sem êxito; os primitivos de Penn tiveram mais sucesso.

Era às margens do rio Delaware, mais ou menos a quarenta graus de latitude. Aquela região só pertencia ao rei da Inglaterra porque não era reivindicada então por ninguém e porque os povos por nós chamados de *selvagens*, que poderiam tê-la cultivado, sempre haviam ficado bem longe de lá, embrenhados nas florestas. Se a Inglaterra só tivesse obtido aquela região por direito de conquista, Penn e seus primitivos sentiriam horror daquele asilo. Eles consideravam esse pretenso direito de conquista como uma violação do direito da natureza e uma rapina.

O rei Carlos II declarou Penn soberano de toda a região desértica por um ato da maior autenticidade, em 4 de março de 1681. Penn, já no ano seguinte, ali promulgou suas leis. A primeira foi a inteira liberdade civil, de modo que cada colono que possuísse cinquenta acres de terra era membro da legislação; a segunda era a proibição expressa de advogados e procuradores tomarem dinheiro; a terceira era a admissão de todas as religiões, com permissão para que cada habitante adorasse Deus em sua casa, sem nunca assistir a nenhum culto público.

Eis aqui a lei tal qual editada:

"Visto que a liberdade de consciência é um direito que todos os homens receberam da natureza quando nasceram e que todas as pessoas pacíficas devem manter, fica estabelecido que ninguém será obrigado a assistir a nenhum exercício público de religião.

"Mas dá-se a cada um, expressamente, a faculdade de exercer com liberdade, em público ou privadamente, sua própria religião, sem que ninguém possa por isso causar perturbação nem empecilho, sob pretexto algum, desde que cada um faça profissão de crer em um só Deus eterno, todo-poderoso, criador, conservador e governador do universo, e que cumpra todos os deveres da sociedade civil, aos quais são todos obrigados em respeito a seus compatriotas."

Essa lei é ainda mais indulgente, mais humana do que a que foi dada aos povos da Carolina por Locke, o Platão da Inglaterra, tão superior ao Platão da Grécia. Locke não permitiu mais religiões públicas do que as que fossem aprovadas por sete pais de família. É outra espécie de sabedoria, diferente da de Penn.

Mas o que é para sempre honroso nesses dois legisladores, o que deve servir de exemplo eterno ao gênero humano, é que essa liberdade de consciência não causou o menor transtorno. Parece até que, ao contrário, Deus derramou suas bênçãos mais visíveis sobre a colônia da Pensilvânia, que era de quinhentas pessoas em 1682 e, em menos de um século, chegou a cerca de trezentas mil: é uma proporção de cento e cinquenta por um. A metade dos colonos é da religião *quaker*; vinte outras religiões compõem a outra metade. Há doze belos templos na Filadélfia, e, aliás, cada casa é um templo. Essa cidade mereceu o nome de *amizade fraternal*. Sete outras cidades e um sem-número de povoados prosperam sob essa lei de concórdia. Trezentos navios partem do porto todos os anos.

Esse assentamento, que parece merecer durar por toda a eternidade, esteve a ponto de perecer na funesta guerra de 1755, quando de um lado os franceses, com seus aliados selvagens, e do outro os ingleses, com os seus, começaram a disputar alguns pedaços de gelo da Acádia[28].

Os *quakers*, fiéis a seu cristianismo pacífico, não quiseram empunhar armas. Os selvagens mataram alguns de seus colonos na fronteira: os *quakers* não recorreram a represálias; durante muito tempo recusaram-se até a pagar tropas; disseram ao general inglês exatamente estas palavras: "Os homens são pedaços de argila que se quebram uns contra os outros; por que os ajudaríamos a quebrar-se?"

Por fim, na assembleia geral pela qual tudo é regulado, as outras religiões ganharam; formaram-se milícias: os *quakers* contribuíram, mas não se armaram. Obtiveram aquilo que se haviam proposto, a paz com os vizinhos. Aqueles supostos selvagens disseram-lhes: "Mandem-nos algum descendente do grande Penn, que nunca nos enganou; nós trataremos com ele." Enviaram-lhe um neto daquele grande homem, e a paz foi concluída.

Vários *quakers* tinham escravos negros para cultivar suas terras; mas sentiram-se envergonhados por terem nisso imitado os outros cristãos: libertaram seus escravos em 1769.

Todas as outras colônias hoje os imitam no que se refere à liberdade de consciência: e, embora haja presbiterianos e gente da alta hierarquia eclesiástica, ninguém é incomodado em sua crença. Foi isso o que igualou o poder dos ingleses na América ao poderio da Espanha, que possui ouro e prata. Haveria um meio seguro de enfraquecer todas as colônias inglesas: estabelecer a Inquisição.

N.B. O exemplo dos primitivos chamados *quakers* produziu na Pensilvânia uma sociedade nova num recanto que ela chama de Eufrates: é a seita dos *dunkards*, ou *dumplers*, muito mais desapegada do mundo que a de Penn, espécie de religiosos hospitaleiros, que se vestem todos uniformemente; não permite que os casais morem na cidade de Eufrates; eles vivem no campo, que cultivam. O tesouro público supre todas as suas necessidades nos períodos de carestia. Essa

---

28. Atual Nova Escócia e parte de Novo Brunswick. (N. da T.)

sociedade só administra o batismo aos adultos; rejeita o pecado original como impiedade e a eternidade das penas como barbárie. A vida pura que levam não lhes permite imaginar que Deus possa atormentar suas criaturas cruel e eternamente. Perdidos num recanto do novo mundo, distantes do rebanho da Igreja católica, até agora, apesar desse erro deplorável, são os mais justos e inimitáveis dos homens.

Conflito entre a Igreja grega e a latina na Ásia e na Europa

As pessoas de bem lamentam, há cerca de catorze séculos, que as Igrejas grega e latina tenham sempre sido rivais, e que a túnica de Jesus Cristo, que não tinha costura, sempre tenha sido rasgada. Essa divisão é bem natural. Roma e Constantinopla odiavam-se; quando os mestres se detestam, seus capelães não se gostam. As duas comunhões competiam por questões de superioridade da língua, antiguidade das sedes, ciência, eloquência e poder.

É verdade que durante muito tempo os gregos tiveram todas as vantagens: gabavam-se de ter sido mestres dos latinos e de lhes ter ensinado tudo. Os Evangelhos foram escritos em grego. Não havia um dogma, um rito, um mistério, um uso que não fosse grego: desde a palavra *batismo* até a palavra *eucaristia*, tudo era grego. Não houve Padre da Igreja que não fosse grego até são Jerônimo, que nem sequer era romano, pois nascera na Dalmácia. Santo Agostinho, que veio logo depois de Jerônimo, era africano. Os sete grandes concílios ecumênicos foram realizados em cidades gregas; os bispos de Roma nunca apareceram, porque só sabiam seu latim, aliás já corrompido.

A inimizade entre Roma e Constantinopla veio à tona já em 452, durante o concílio de Calcedônia, reunido para decidir se Jesus Cristo tivera duas naturezas e uma pessoa, ou duas pessoas e uma natureza. Decidiu-se que a Igreja de Constantinopla era igual à de Roma em honras, e que o patriarca de uma era igual em tudo ao patriarca da outra. O papa são Leão subscreveu as duas naturezas, mas nem ele nem seus sucessores subscreveram a igualdade. Pode-se dizer que nessa disputa de hierarquia e preeminência se contrariavam frontalmente as palavras de Jesus Cristo, transcritas no Evangelho: "Não haverá entre vós nem primeiro nem último." Os santos são santos, mas o orgulho se esgueira em toda parte: o mesmo espírito que faz espumar de raiva um filho de pedreiro que se tornou bispo de aldeia, quando não o chamam *monsenhor*, foi o que perturbou o universo cristão.

Os romanos foram sempre menos disputadores, menos sutis que os gregos; mas foram bem mais políticos. Os bispos do oriente, argumentando, tornaram-se súditos; o de Roma, sem argumentos, soube estabelecer enfim o seu poder sobre as ruínas do império do ocidente; e dos papas era possível dizer o que Virgílio disse dos Cipiões e dos Césares:

> *Romanos rerum dominos gentemque togatam.*
> [Os romanos senhores dos fatos e gente togada.]
> (Virgílio, *Eneida*, I, 286)

verso digno de Virgílio, que se tornou cômico nas mãos de um de nossos velhos tradutores:

> *Tous gens en robe et souverains des rois.*
> [Indivíduos togados, senhores dos reis.]

O ódio tornou-se uma cisão no tempo de Fócio, pope ou sacerdote da Igreja bizantina, e Nicolau I, papa ou sacerdote da Igreja romana. Como, infelizmente, quase nunca houve querela eclesiástica sem episódios ridículos, o conflito começou com dois patriarcas que eram eunucos: Inácio e Fócio, que disputavam o púlpito de Constantinopla, eram ambos castrados. Essa mutilação impedia-lhes a verdadeira paternidade, e eles só podiam ser Padres da Igreja.

Dizem que os castrados são mexeriqueiros, maliciosos, intrigantes. Inácio e Fócio conturbaram toda a corte grega.

Como o latino Nicolau I tomasse o partido de Inácio, Fócio declarou que esse papa era herege, visto que admitia a processão do Espírito Santo do sopro de Deus, pelo Pai e pelo Filho, contra a decisão unânime de toda a Igreja, que o fizera proceder apenas do Pai.

Além dessa processão herética, Nicolau comia e permitia que comessem ovos e queijo na quaresma. Por fim, para cúmulo da infidelidade, o papa romano raspava a barba, o que era manifesta apostasia aos olhos dos popes gregos, visto que Moisés, os patriarcas e Jesus Cristo eram sempre pintados com barba pelos pintores gregos e latinos.

Quando, em 879, o patriarca Fócio foi reintegrado em seu posto pelo oitavo concílio ecumênico grego, composto de quatrocentos bispos, dos quais trezentos o haviam condenado no concílio ecumênico anterior, então o papa João VIII reconheceu-o como seu irmão. Dois legados, enviados por ele àquele concílio, uniram-se à Igreja grega e declararam Judas quem dissesse que o Espírito Santo procede do Pai e do Filho; mas, como persistisse o uso de raspar-se a cara e comer ovos na quaresma, as duas Igrejas continuaram divididas.

O cisma consumou-se inteiramente em 1053 e 1054, quando Miguel Cerulário, patriarca de Constantinopla, condenou publicamente o bispo de Roma, Leão IX, e todos os latinos, acrescentando a todas as reprimendas de Fócio o fato de ousarem utilizar pão ázimo na eucaristia, contrariando a prática dos apóstolos; de cometerem o crime de comer chouriço e de torcer, em vez de cortar, o pescoço dos pombos, para cozinhá-los. Foram fechadas todas as igrejas latinas no império grego, proibindo-se a convivência com quem quer que comesse chouriço.

O papa Leão IX negociou seriamente o caso com o imperador Constantino Monômaco e obteve algum abrandamento. Era exatamente a época em que aqueles famosos fidalgos normandos, filhos de Tancredo de Hauteville, zombando do papa e do imperador grego, depredavam tudo o que podiam na Apúlia e na Calábria, e comiam chouriço descaradamente. O imperador grego favoreceu o papa o máximo que pôde, mas nada reconciliou os gregos com nossos latinos. Os gregos viam os adversários como bárbaros que não sabiam uma só palavra de grego.

A irrupção das cruzadas, com o pretexto de libertar os lugares santos, mas na verdade para apoderar-se de Constantinopla, acabou por tornar os romanos odiosos.

Mas o poder da Igreja latina aumentou dia a dia, e os gregos foram sendo conquistados aos poucos pelos turcos. Os papas havia muito eram soberanos poderosos e ricos; toda a Igreja grega se tornou escrava a partir de Maomé II, exceto na Rússia, que era então um país bárbaro, cuja Igreja não contava.

Qualquer um que conheça um pouco as coisas do Levante sabe que o sultão confere o patriarcado dos gregos por meio da crossa e do anel, sem medo de ser excomungado, como os imperadores alemães foram excomungados pelos papas devido a essa cerimônia.

É bem verdade que a Igreja de Istambul conservou a aparência da liberdade na eleição de seu arcebispo, mas só elege quem for indicado pela Sublime Porta. Esse posto vale atualmente cerca de oitenta mil francos, que o eleito deverá recolher dos gregos. Se aparecer algum cônego credenciado que ofereça mais dinheiro ao grão-vizir, o titular será destituído, passando-se o posto a quem fez o melhor lance, precisamente como Marozia e Teodora conferiam a sede de Roma no século X. Se o patriarca titular resiste, dão-lhe cinquenta pauladas na planta dos pés e o exilam. Às vezes lhe cortam a cabeça, como aconteceu com o patriarca Lucas Cirilo, em 1638.

O Grão-Turco concede assim todos os outros bispados mediante dinheiro, e a soma com a qual cada bispado foi taxado no tempo de Maomé II é sempre expressa na patente; mas o suplemento que foi pago não é enunciado. Nunca se sabe com exatidão por quanto um sacerdote grego compra seu bispado.

Essas patentes são engraçadas: "Concedo a N***, sacerdote cristão, o presente mandato para perfeição de felicidade. Ordeno-lhe residir na cidade aqui referida, como bispo dos infiéis cristãos, segundo seu antigo uso e suas vãs e extravagantes cerimônias; desejando e ordenando que todos os cristãos desse distrito o reconheçam, e que nenhum padre ou monge se case sem a sua permissão (ou seja, sem pagar)."

A escravidão dessa Igreja é igual à sua ignorância, mas os gregos só têm o que mereceram; não faziam outra coisa além de discutir sobre a luz do Tabor e sobre a luz de seu umbigo, quando Constantinopla foi tomada.

No momento em que escrevemos estas dolorosas verdades, espera-se que a imperatriz da Rússia, Catarina II, devolva a liberdade aos gregos. Todos desejam que ela consiga devolver-lhes a coragem e o espírito que tinham no tempo de Milcíades e Temístocles, e que tenham bons soldados e menos monges no monte Atos.

Da atual Igreja grega

Se existe algo que pode nos dar uma boa ideia dos maometanos, é a liberdade que dão à Igreja grega. Pareceram dignos de suas conquistas, pois não abusaram. Mas deve-se convir que os gregos não mereceram muito a proteção que os muçulmanos lhes concedem; vejamos o que diz sobre isso o sr. Porter, embaixador da Inglaterra na Turquia:

"Gostaria de correr a cortina sobre essas disputas escandalosas entre gregos e romanos acerca de Belém e da Terra Santa, como a chamam. Os procedimentos iníquos, odiosos, que ocasionam entre eles são uma vergonha para o nome cristão. Em meio a esses debates, o embaixador encarregado de proteger a comunhão romana, apesar de sua dignidade eminente, torna-se realmente objeto de compaixão.

"Em todos os países de crença romana arrecadam-se somas imensas para sustentar, contra os gregos, pretensões equívocas à posse precária de um recanto de terra considerada sagrada e para conservar nas mãos dos monges de sua comunhão os restos de um velho estábulo em Belém, onde foi construída uma capela e onde, com base na autoridade incerta de uma tradição oral, se afirma que Cristo nasceu; assim como um túmulo, que pode ser e, mais provavelmente pode não ser, aquilo que se chama seu *sepulcro*: pois a situação exata desses dois locais é tão pouco certa quanto o lugar que contém as cinzas de César."

O que torna os gregos ainda mais desprezíveis aos olhos dos turcos é o milagre que fazem todos os anos na época da Páscoa. O infeliz bispo de Jerusalém encerra-se no pequeno jazigo que se finge ser o sepulcro de nosso Senhor Jesus Cristo, com pacotes de vela; então ele fere o lume na pederneira, acende uma daquelas velas e sai de seu jazigo gritando: "O fogo do céu desceu, e a santa vela se acendeu." Todos os gregos logo compram aquelas velas, e o dinheiro é dividido entre o comandante turco e o bispo.

Pode-se julgar só por esse fato o estado deplorável dessa Igreja sob a dominação turca.

A Igreja grega, na Rússia, nos últimos tempos ganhou consistência muito mais respeitável, desde que a imperatriz Catarina II a livrou da preocupação com rendas de benefícios; subtraiu-lhe quatrocentos mil escravos que possuía. Hoje ela é paga pelo tesouro imperial; inteiramente submetida ao governo, contida por leis sábias, só pode fazer o bem; todos os dias se torna douta e útil. Hoje tem um predicador chamado Platão, que já fez sermões que o velho Platão grego não teria renegado.

IGUALDADE (Égalité)

Primeira seção

É claro que são iguais todos os homens que gozam das faculdades inerentes à sua natureza; são iguais quando cumprem suas funções animais e quando exercem o entendimento. O rei da China, o Grão-Mogol e o padixá da Turquia não podem dizer ao último dos homens: proíbo-te de digerir, de ir à latrina, de pensar. Todos os animais de cada espécie são iguais entre si:

> *Un cheval ne dit point au cheval son confrère:*
> *Qu'on peigne mes beaux crins, qu'on m'étrille et me ferre.*
> *Toi, cours, et va porter mes ordres souverains*
> *Aux mulets de ces bords, aux ânes mes voisins;*
> *Toi, prépare les grains dont je fais des largesses*
> *A mes fiers favoris, à mes douces maîtresses;*
> *Qu'on châtre les chevaux désignés pour servir*
> *Les coquettes juments dont seul je dois jouir;*
> *Que tout soit dans la crainte et dans la dépendance:*
> *Et si quelqu'un de vous hennit en ma présence,*
> *Pour punir cet impie et ce séditieux,*
> *Qui foule aux pieds les lois des chevaux et des dieux;*
> *Pour venger dignement le ciel et la patrie,*
> *Qu'il soit pendu sur l'heure auprès de l'écurie.*
> [Um cavalo não diz ao outro, seu confrade:
> Penteia minha bela crina, põe-me arreios e ferros.
> Tu, corre, vai levar minhas ordens soberanas
> Aos mulos destas plagas, aos asnos meus vizinhos;
> Tu, prepara os grãos que dou com largueza
> A meus bravos favoritos, a minhas doces amantes;
> Castrem-se os cavalos destinados a servir
> As vaidosas éguas que só eu devo fruir;
> Que tudo se faça em temor e dependência:
> E se um de vós relinchar em minha presença,
> Para punir o ímpio, o sedicioso,
> Que pateia as leis dos cavalos e dos deuses;
> Para vingar dignamente o céu e a pátria,
> Que o enforque no ato junto ao estábulo.]

Os animais têm, naturalmente, sobre nós a vantagem da independência. Se um touro que corteja uma novilha é expulso a chifradas por um touro mais forte, ele vai procurar outra amante em outros pastos e vive livre. Um galo que apanhe de outro galo consola-se em outro galinheiro. Não é o que ocorre conosco: um reles vizir exila um *bustangi* em Lemnos; o vizir Azem exila o reles vizir em Tenedos; o padixá exila o vizir Azem em Rodes; os janízaros põem o padixá na prisão e elegem outro, que exilará os bons muçulmanos como bem entender; e ainda será preciso agradecer se ele se limitar a esse exercíciozinho de sua autoridade sagrada.

Se esta terra fosse aquilo que parece que deveria ser, se o homem nela encontrasse subsistência fácil e garantida, um clima conveniente à sua natureza, está claro que teria sido impossível um homem sujeitar o outro. Se o globo fosse coberto por frutos saudáveis, se o ar que deve contribuir para nossa vida não nos trouxesse doenças e morte prematura, se o homem só precisasse da morada e do leito que têm os cervos e os cabritos, então os Gêngis-Cãs e os Tamerlões só teriam como lacaios seus próprios filhos, que seriam bastante decentes para ajudá-los na velhice.

Nesse estado natural de que gozam todos os quadrúpedes não domesticados, os pássaros e os répteis, o homem seria tão feliz quanto eles; a dominação seria então uma quimera, um absurdo no qual ninguém pensaria, pois por que procuraria servidores quem não tivesse necessidade de serviços?

Se pela mente de algum indivíduo de cabeça tirânica e braços nervosos passasse a ideia de subjugar o vizinho menos forte, a coisa seria impossível: o oprimido estaria à beira do Danúbio antes que o opressor tivesse tomado suas medidas à beira do Volga.

Todos os homens, portanto, seriam necessariamente iguais, se não tivessem necessidades; a miséria inerente a nossa espécie subordina um homem a outro: a desigualdade não é o mal real, mas sim a dependência. Pouco importa se um homem é chamado de *sua alteza*, e outro, de *sua santidade*; o duro é um servir o outro.

Uma família numerosa cultivou um bom terreno; duas pequenas famílias vizinhas têm campos ingratos e rebeldes: as duas famílias pobres precisarão servir a família opulenta ou acabar com ela, isso não é difícil entender. Uma das duas famílias indigentes oferecerá a força de seus braços à família rica para ganhar o pão; a outra vai atacá-la e é vencida. A família que presta serviços dá origem aos trabalhadores domésticos e braçais; a família vencida dá origem aos escravos.

É impossível em nosso infeliz globo que os homens que vivem em sociedade não estejam divididos em duas classes: uma, de ricos que comandam; outra, de pobres que servem; e essas duas se subdividem em mil, e essas mil têm ainda matizes diferentes.

Depois que está tudo repartido, tu vens dizer: "Sou homem como vós, tenho duas mãos e dois pés, o mesmo orgulho e até mais que vós, um espírito tão perturbado pelo menos, tão inconsequente, tão contraditório quanto o vosso. Sou cidadão de San Marino, ou de Ragusa, ou de Vaugirard: dai-me meu quinhão da terra. Na parte conhecida de nosso hemisfério há cerca de cinquenta bilhões de arpentos para cultivar, tanto de terras aceitáveis quanto de terras estéreis. Somos cerca de um bilhão de animais de dois pés sem plumas sobre este continente: são cinquenta arpentos para cada um; fazei-me justiça: dai-me meus cinquenta arpentos."

Alguém lhe responde: "Vai pedi-los aos índios, aos hotentotes, aos samoiedos; acerta-te com eles amigavelmente; aqui, todas as partes já estão divididas. Se entre nós quiseres comer, vestir, morar e ter calor, trabalha para nós como teu pai; serve-nos ou diverte-nos, e serás pago: se não, serás obrigado a pedir esmolas, o que degradaria demais a sublimidade de tua natureza e impediria de verdade que fosses igual aos reis e até mesmo aos vigários de aldeia, conforme pretendia tua nobre altivez."

Segunda seção

Nem todos os pobres são infelizes. A maioria nasceu nesse estado, e o trabalho contínuo os impede de sentir demais a sua situação; mas, quando a sentem, surgem as guerras, como aquela do partido popular contra o partido do senado em Roma, as dos camponeses da Alemanha, da Inglaterra, da França. Todas essas guerras acabam cedo ou tarde subjugando o povo, porque os poderosos têm dinheiro, e o dinheiro é senhor de tudo num Estado: digo num Estado, pois não ocorre o mesmo nas diferentes nações. A nação que usar melhor o ferro sempre subjugará aquela que tiver mais ouro e menos coragem.

Todo homem nasce com um pendor bastante violento para a dominação, a riqueza e os prazeres, além de muito gosto pela preguiça; por conseguinte, todo homem gostaria de ter o dinheiro e as mulheres ou as filhas dos outros, ser seu senhor, sujeitá-los a todos os seus caprichos e não fazer nada, ou pelo menos não fazer nada desagradável. Podeis perceber que com essas belas disposições é tão impossível que os homens sejam iguais quanto é impossível que dois predicadores ou dois professores de teologia não tenham inveja um do outro.

O gênero humano, do modo como é, não sobrevive, a menos que haja uma infinidade de homens úteis que nada possuem: pois, certamente, ninguém vai deixar a comodidade de sua terra para ir lavrar a vossa; e, se precisardes de um par de sapatos, não será um conselheiro de Estado que o fará. Portanto, a igualdade é ao mesmo tempo a coisa mais natural e mais quimérica.

Como os homens são exagerados em tudo, quando podem, essa desigualdade foi exacerbada; consta que em vários países os cidadãos não tinham permissão para sair da região onde o acaso os fizera nascer; o sentido dessa lei é bem claro: "Este lugar é tão ruim e tão mal governado que nós proibimos todos os indivíduos de sair, para que não acabem saindo todos." Fazei coisa melhor: dai a todos os vossos súditos vontade de ficar em casa, e aos estrangeiros, vontade de vir.

Todo homem, no fundo de seu coração, tem o direito de acreditar-se inteiramente igual aos outros homens: daí não se segue que o cozinheiro de um cardeal deva mandar seu senhor fazer-lhe o jantar; o cozinheiro pode dizer: "Sou homem como meu senhor; nasci chorando como ele, e ele vai morrer como eu, com as mesmas angústias e as mesmas cerimônias. Nós dois temos as mesmas funções animais. Se os turcos tomarem Roma, e eu for cardeal, e ele cozinheiro, contratarei seus serviços." Todo esse discurso é razoável e justo: mas, enquanto o Grão-Turco não toma Roma, o cozinheiro precisa cumprir seu dever, ou toda a sociedade humana estará pervertida.

Quanto ao homem que não é cozinheiro de cardeal, nem está investido de nenhum outro cargo de Estado; quanto ao particular que não depende de nada, mas se irrita por ser recebido em toda parte com ar de proteção ou desprezo, que percebe claramente que vários *monsignori* não têm mais ciência nem mais inteligência nem mais virtude que ele, e se enfada por ter às vezes de ficar na antecâmara deles, que deve fazer esse homem? Ir embora.

IMAGINAÇÃO (Imagination)

Primeira seção

É o poder, sentido por cada ser sensível, de representar as coisas sensíveis em seu cérebro. Essa faculdade é dependente da memória. Vemos homens, animais, jardins: essas percepções entram pelos sentidos; a memória os retém; a imaginação os compõe. Por isso, os antigos gregos chamavam as musas de *filhas de memória*.

É essencial observar que essas faculdades de receber, reter e compor ideias pertencem ao rol das coisas que não podemos explicar. Essas molas invisíveis de nosso ser estão na mão da natureza, e não na nossa.

Talvez esse dom de Deus, a imaginação, seja o único instrumento com o qual compomos ideias, até mesmo as mais metafísicas.

Quem pronunciar a palavra *triângulo* só pronunciará um som, se não representar a imagem de um triângulo qualquer. E certamente só terá a ideia de triângulo por ter visto algum, desde que tenha olhos, ou por ter tocado algum, se for cego. Não se pode pensar no triângulo em geral, se a imaginação não se afigura, pelo menos confusamente, algum triângulo em particular. Calculamos, mas precisamos nos representar unidades redobradas; sem isso, só a nossa mão realizará a operação.

Pronunciamos termos abstratos: *grandeza, verdade, justiça, finito, infinito;* mas a palavra *grandeza* será algo diferente de um movimento de nossa língua a impressionar o ar, se não tivermos a imagem de alguma grandeza? O que querem dizer as palavras *verdade* e *mentira*, se não percebermos, por nossos sentidos, que uma coisa que nos disseram existir existe de fato, e que outra não existe? E dessa experiência não compomos a ideia geral de verdade e mentira? E, quando nos perguntam o que entendemos por essas palavras, podemos evitar afigurar-nos alguma imagem sensível, que nos faça lembrar que nos disseram às vezes o que existe e muitas vezes o que não existe?

Teremos noção de *justo* e *injusto* de alguma maneira que não seja por ações que nos tenham parecido justas ou injustas? Começamos na infância por aprender a ler com um mestre: temos vontade de soletrar bem e soletramos mal: o mestre nos bate, e isso parece muito injusto. Vimos que um salário é recusado a um operário e centenas de coisas semelhantes. A ideia abstrata do justo e injusto será outra coisa, senão esses fatos confusamente misturados em nossa imaginação?

O *finito* será, em nossa mente, algo diferente da imagem de alguma medida limitada? O *infinito* será algo diferente da imagem dessa mesma medida prolongada sem que se chegue ao fim? Todas essas operações não estarão em nós mais ou menos da mesma maneira como quando lemos um livro? Lemos as coisas e não prestamos atenção às letras do alfabeto, sem os quais, porém, não teríamos nenhuma noção dessas coisas: quem prestar um pouco de atenção perceberá essas letras por sobre as quais deslizava a sua visão. Assim, todos os nossos raciocínios e todos os nossos conhecimentos baseiam-se em imagens traçadas no cérebro. Não o percebemos, mas, se pararmos um momento para pensar, veremos que essas imagens são a base de todas as nossas noções. Cabe ao leitor pesar, estender e retificar essa ideia.

O célebre Addison, em seus *onze ensaios sobre a imaginação*, com que enriqueceu as folhas do *Spectator*, disse, para começar, que "o sentido da visão é o único que fornece ideias à imaginação". No entanto, deve-se admitir que os outros sentidos contribuem também. Um cego de nascença ouve em sua imaginação a harmonia que já não impressiona seus ouvidos; em sonho, ele se senta à mesa; os objetos que resistiram ou cederam a suas mãos ainda produzem o mesmo efeito em sua mente. É verdade que só o sentido da visão fornece as imagens; e, como é uma espécie de *tato* que se estende até as estrelas, seu imenso alcance enriquece mais a imaginação do que todos os outros sentidos juntos.

Há duas espécies de imaginação: uma consiste em reter uma simples impressão dos objetos; a outra organiza as imagens recebidas e as combina de milhares de maneiras. A primeira foi chamada de *imaginação passiva*; a segunda, de *ativa*. A passiva não vai muito além da memória; é comum a homens e animais. Por isso, o caçador e seu cão perseguem igualmente animais em sonho, ouvem do mesmo modo o ruído dos cornos, um grita, o outro late dormindo. Homens e animais fazem então mais do que recordar, pois os sonhos nunca são imagens fiéis. Essa espécie de imaginação compõe os objetos, mas não está nela o entendimento que age; está a memória que se engana.

Essa imaginação passiva certamente não precisa do socorro de nossa vontade, quer no sono, quer na vigília; ela desenha à nossa revelia aquilo que nossos olhos viram, ouve o que ouvimos e toca o que tocamos; faz isso aumentando ou diminuindo. É um sentido interior que age necessariamente: por isso, nada é mais comum do que ouvir dizer "Ninguém domina a própria imaginação."

É aí que devemos surpreender-nos e convencer-nos de nosso pouco poder. Como se explica que às vezes façamos em sonhos discursos coerentes e eloquentes, versos melhores do que os que fazemos sobre o mesmo tema quando acordados? Que até sejamos capazes de resolver problemas de matemática? Aí estão, certamente, ideias muito harmonizadas que não dependem de nós de maneira alguma. Ora, se é incontestável que ideias coerentes se formam em nós à nossa revelia enquanto dormimos, quem garantirá que elas não são produzidas também na vigília? Haverá algum homem que preveja a ideia que terá daí a um minuto? Não parece que elas nos são dadas como os movimentos de nossas fibras? E, se o padre Malebranche se tivesse limitado a dizer que todas as ideias são dadas por Deus, poderíamos discordar?

Essa faculdade passiva, independente da reflexão, é a fonte de nossas paixões e de nossos erros; em vez de depender da vontade, ela a determina, impele-nos para os objetos que desenha ou desvia-nos deles, dependendo da maneira como ela os representa. A imagem de um perigo inspira o medo; a imagem de um bem cria desejos violentos; só ela produz o entusiasmo da glória, o sectarismo, o fanatismo; foi ela que disseminou tantas doenças mentais, fazendo que cérebros fracos e fortemente impressionados imaginassem que seus respectivos corpos tinham sido transformados em outros corpos; foi ela que persuadiu tantos homens de que estavam obsedados ou enfeitiçados, de que iam efetivamente ao sabá, porque alguém dizia que iam. Essa espécie de imaginação servil, quinhão ordinário do povo ignorante, foi o instrumento do qual se serviu a imaginação forte de certos homens para dominar. Foi também essa imaginação passiva dos cérebros facilmente abaláveis que às vezes fez que passassem para os filhos as marcas evidentes da impressão que as mães receberam: os exemplos são inúmeros; e aquele que escreve este verbete viu alguns tão impressionantes, que não poderia desmentir seus olhos, duvidando deles. Esse efeito da imaginação é pouco explicável, mas nenhuma outra ação da natureza é mais explicável; não se explica melhor o modo como temos percepções, como as retemos, como as organizamos: há o infinito entre nós e as molas do nosso ser.

A imaginação ativa é aquela que soma reflexão e combinação à memória. Ela aproxima vários objetos distantes, separa os que se misturam, compondo-os e modificando-os; parece criar quando só organiza, pois ao homem não é dado criar ideias; ele só pode modificá-las.

Essa imaginação ativa, no fundo, é uma faculdade tão independente de nós quanto a imaginação passiva; e uma prova de que ela não depende de nós é que, se alguém propuser a cem pessoas igualmente ignorantes que imaginem determinada máquina nova, noventa e nove delas não imaginarão nada, por mais que se esforcem. Se a centésima imaginar alguma coisa, não será evidente que se trata de um dom particular que ela recebeu? A esse dom damos o nome de *gênio*; nele, reconheceu-se algo inspirado e divino.

Esse dom da natureza é imaginação inventiva nas artes, na disposição de um quadro, de um poema. Não pode existir sem a memória, mas a utiliza como se fosse um instrumento com o qual faz todas as suas obras.

Depois de ver que com um pau se ergue uma pedra impossível de movimentar com a mão, a imaginação ativa inventa as alavancas e, em seguida, as forças motrizes compostas, que não passam de alavancas disfarçadas; primeiro é preciso representar mentalmente as máquinas e seus efeitos para depois as executar.

Não é essa imaginação que o vulgo chama (assim como a memória) de inimiga do juízo. Ao contrário, ela só pode agir com um juízo profundo; ela combina incessantemente os seus quadros, corrige seus erros, ergue todos os seus edifícios com ordem. Há uma imaginação espantosa na matemática prática; e Arquimedes tinha pelo menos tanta imaginação quanto Homero. É graças a ela que os poetas criam personagens, dão-lhes caracteres e paixões, inventam fábulas, apresentando sua exposição, desdobrando seu entrecho, preparando seu desfecho; trabalho que também demanda profundo e sutilíssimo juízo.

Em todas essas imaginações inventivas e mesmo nos romances é preciso muitíssima arte. Os que dela carecem são desprezados pelos intelectos mais benfeitos. Nas fábulas de Esopo sempre reina um juízo sadio; elas serão sempre a delícia das nações. Há mais imaginação nos contos de fadas, mas essa imaginação fantástica, desprovida de ordem e bom-senso, não pode ser estimada; são elas lidas por fraqueza e condenadas pela razão.

A segunda parte da imaginação ativa é a do pormenor; é a ela que se costuma dar o nome de imaginação mundana. É ela que constitui o encanto da conversação, pois apresenta incessantemente à mente aquilo de que os homens mais gostam, objetos novos. Ela pinta com vivacidade aquilo que as mentes frias mal desenham; emprega as circunstâncias mais impressionantes; aduz exemplos: e esse talento, quando se mostra com a sobriedade que convém a todos os talentos, granjeia o domínio da sociedade. O homem é a tal ponto máquina, que o vinho às vezes confere essa imaginação, que é anulada pela embriaguez; existe aí motivo de humilhação, mas também de admiração. Como se explica que um pouco de certo licor, que impedirá a realização de cálculos, possa dar ideias brilhantes?

É sobretudo na poesia que essa imaginação do pormenor e da expressão deve reinar. Em outras circunstâncias, ela é agradável, mas aí ela é necessária. Quase tudo é imagem em Homero, Virgílio e Horácio, mesmo que não percebamos. A tragédia exige menos imagens, menos expressões pitorescas, grandes metáforas, alegorias do que o poema épico ou a ode, mas a maioria dessas belezas, bem organizadas, produzem efeito admirável na tragédia. Um homem que, não sendo poeta, ousa compor uma tragédia, leva Hipólito a dizer:

Depuis que je vous vois j'abandonne la chasse.
[Desde que vos vi, abandonei a caça.]
(PRADON, *Fedra e Hipólito*, ato I, cena II)

Mas Hipólito, falando no texto do verdadeiro poeta, diz:

Mon arc, mes javelots, mon char, tout m'importune.
[Arco, dardos, carro: tudo me importuna.]
(RACINE, *Fedra*, ato II, cena II)

Essas imaginações nunca devem ser forçadas, empoladas, gigantescas. Ptolomeu, falando num conselho, sobre uma batalha que não viu, batalha que ocorreu longe de onde ele estava, não deve descrever

Ces montagnes de morts privés d'honneurs suprêmes,
Que la nature force à se venger eux-mêmes,
Et dont les troncs pourris exhalent dans les vents
De quoi faire la guerre au reste des vivants.
[As montanhas de mortos privados das honras supremas,
Que a natureza força a vingar-se por si mesmos,
Cujos troncos apodrecidos exalam aos ventos
Algo capaz de fazer guerra ao restante dos vivos.]
(CORNEILLE, *Morte de Pompeu*, ato I, cena II)

Uma princesa não deve dizer a um imperador

La vapeur de mon sang ira grossir la foudre
Que Dieu tient déjà prête à le réduire en poudre.
[O vapor de meu sangue engrossará o raio
Que Deus já segura, pronto para pulverizá-lo.]
(*Heráclio*, ato I, cena III)

Percebe-se bem que a verdadeira dor não se diverte com uma metáfora tão rebuscada.

A imaginação ativa que faz os poetas lhes dá entusiasmo, ou seja, segundo a palavra grega, emoção íntima que agita o espírito e transforma o autor na personagem que ele faz falar; pois aí está o entusiasmo; consiste na emoção e nas imagens: então o autor diz precisamente as mesmas coisas que seriam ditas pela pessoa que ele introduz:

Je le vis, je rougis, je pâlis à sa vue;
Un trouble s'éleva dans mon âme éperdue.
Mes yeux ne voyaient plus, je ne pouvais parler.
[Eu o vi, corei, empalideci;
Conturbou-se toda a minha alma perplexa.
Meus olhos não enxergavam, eu não podia falar.]
(RACINE, *Fedra*, ato I, cena III)

A imaginação então, ardente e sábia, não amontoa figuras incoerentes; não diz, por exemplo, para descrever um homem espesso de carne e espírito, que ele é

Flanqué de chair, gabionné de lard;
[Flanqueado de carne, gabionado de toucinho.]

e que a natureza

En maçonnant les remparts de son âme,
Songea plutôt au fourreau qu'à la lame
[Na alvenaria das muralhas de sua alma,
Pensou mais na bainha do que na espada.]

Há imaginação nesses versos, mas ela é grosseira, é desregrada, é falsa: a imagem de muralha não pode ser aliada à de bainha; é como se disséssemos que um navio entrou no porto a toda brida.

A imaginação é menos permissível na eloquência do que na poesia. A razão disso é clara. O discurso comum deve afastar-se menos das ideias comuns. O orador fala a língua de todo mundo; o poeta tem como base de sua obra a ficção: por isso, a imaginação é a essência de sua arte, enquanto não passa de acessório no orador.

Alguns rasgos de imaginação, segundo dizem, contribuíram com grandes belezas para a pintura. Cita-se principalmente o artifício com que um pintor pôs um véu sobre a cabeça de Agamêmnon, no sacrifício de Ifigênia; artifício, porém, bem menos belo do que se o pintor tivesse dominado o segredo de mostrar no rosto de Agamêmnon a luta entre a dor do pai, a autoridade do monarca e o respeito aos deuses, assim como Rubens teve a arte de pintar no olhar e na atitude de Maria de Médici a dor do parto, a alegria de ter um filho e a satisfação com que vê a criança.

Em geral, a imaginação dos pintores, quando apenas engenhosa, faz mais honra à inteligência do artista do que contribui para a beleza da arte. Nem todas as composições alegóricas juntas valem a bela execução da mão, que constitui o valor dos quadros.

Em todas as artes a boa imaginação é sempre natural; falsa imaginação é aquela que reúne objetos incompatíveis; a imaginação extravagante pinta objetos que não têm analogia, alegoria nem verossimilhança, como gente que se joga de cabeça em combates de montanhas cobertas de árvores, que disparam o canhão para o céu e fazem um pavimento no caos; Lúcifer transforma-se em sapo; um anjo é cortado ao meio por um tiro de canhão, e as duas partes se reúnem imediatamente etc. A imaginação forte aprofunda-se nos objetos; a fraca os aflora; a doce repousa nas pinturas agradáveis; a ardente amontoa imagens sobre imagens; a sábia é a que emprega com discernimento todos os diferentes caracteres, mas admite, muito raramente, o excêntrico e sempre rejeita o falso.

Se a memória alimentada e exercitada é fonte de toda imaginação, essa mesma memória, quando sobrecarregada, mata a imaginação. Assim, aquele que se enche a cabeça de nomes e datas não conta com o repositório necessário para compor imagens. As pessoas que se ocupam com cálculos e negócios complicados em geral têm imaginação estéril.

Quando excessivamente ardente e tumultuosa, a imaginação pode degenerar em demência; mas já se notou que essa doença dos órgãos do cérebro é bem mais frequente nas imaginações passivas, limitadas a receber a marca profunda dos objetos, do que nas imaginações ativas e laboriosas que reúnem e combinam ideias; pois a imaginação ativa sempre precisa do juízo, enquanto a outra é independente dele.

Talvez não seja inútil acrescentar a este ensaio que, com as palavras *percepção*, *memória*, *imaginação* e *juízo*, não nos referimos a órgãos distintos, dos quais um tenha o dom de sentir, o outro de recordar-se, um terceiro de imaginar e um quarto de julgar. As pessoas são mais inclinadas do que se pensa a acreditar que se trata de faculdades diferentes e separadas. No entanto, é o mesmo ser que realiza todas essas operações que só conhecemos por seus efeitos, mas nada podemos conhecer desse ser.

Segunda seção

Os animais têm imaginação como nós; prova disso é o cão, que caça em sonho.

"As coisas se desenham na fantasia", disse Descartes, como os outros. Sim, mas o que é fantasia? E como as coisas se desenham? Com matéria sutil? *Que sei eu?* é a resposta a todas as perguntas referentes aos primeiros móbeis.

Nada chega ao entendimento sem uma imagem. Para adquirirmos a confusa ideia de espaço infinito, precisamos ter recebido a imagem de um espaço de alguns pés. Para termos uma ideia de Deus, é preciso que a imagem de algo mais poderoso do que nós tenha agitado nosso cérebro durante muito tempo.

Não criamos nenhuma ideia e nenhuma imagem; desafio que me provem o contrário. Ariosto só fez Astolfo viajar para a Lua muito tempo depois de ter ouvido falar de Lua, de são João e dos paladinos.

Não fazemos imagem alguma; nós as reunimos e as combinamos. As extravagâncias das *Mil e uma noites* e dos *Contos de fadas* etc. etc. não passam de combinações.

Aquele que retira mais imagens do repositório da memória é quem tem mais imaginação.

A dificuldade não é reunir essas imagens com prodigalidade e sem seletividade. Poderíamos passar um dia inteiro a representar sem esforço e sem quase nenhuma atenção um belo velhinho de barba branca e longa, vestido de túnica ampla, carregado em meio às nuvens por crianças bochechudas, ornadas de belos pares de asas ou por uma águia enorme; todos os deuses e todos os animais em torno dele; tripés de ouro correndo, para alcançarem seu conselho; rodas girando sozinhas e que, enquanto giram, vão andando, com quatro faces, cobertas de olhos, orelhas, línguas e narizes; entre esses tripés e essas rodas, uma multidão de mortos sendo ressuscitados pelo ruído do trovão; as esferas celestes dançando e produzindo um concerto harmonioso etc. etc.; os hospícios estão cheios de tais imaginações.

Disso se distingue a imaginação que dispõe os acontecimentos de um poema, um romance, uma tragédia ou uma comédia; que atribui caracteres e paixões às personagens; é isso que exige profundo juízo e conhecimento sutil do coração humano: talentos necessários, com os quais, porém, ainda nada se fez; tem-se apenas a planta do edifício.

Imaginação que dá a todas essas personagens a eloquência que é própria a seu estado e conveniente à sua situação: nisso consiste a grande arte, e não é só isso.

A imaginação na expressão, graças à qual cada palavra desenha uma imagem na mente, sem aturdir, como em Virgílio:

Remigium alarum...
[O movimento remiforme das asas.]
(Eneida, VI, 19)
Moerentem abjungens fraterna morte juvencum.
[Desatrelando o novilho, abatido com a morte do parceiro.]
(Geórgicas, III, 518)
[...] Velorum pandimus alas.
[Abrimos as asas das velas.]
(Eneida, III, 520)
Pendent circum oscula nati...
[Os filhos se erguem à procura de seus beijos.]
(Geórgicas, II, 523)
Immortale jecur tundens, fecundaque poenis
Viscera [...]
[Roendo-lhe, como castigo, o fígado
Imortal e as esplêndidas vísceras]
(Eneida, VI, 598)
Et caligantem nigra formidine lucum.
[No bosque densamente nevoento
Que causa um medo tenebroso.]
(Geórgicas, IV, 468)
Fata vocant, conditque natantia lumina somnus.
[Os destinos me chamam e o sono
Fecha meus olhos que pestanejam.]
(Geórgicas, IV, 496)

Virgílio está cheio dessas expressões pitorescas com que enriqueceu a bela língua latina e que são tão difíceis de traduzir bem para os nossos jargões da Europa, filhos corcundas e coxos de um grande homem de belo porte, mas que não deixam de ter seu mérito e de fazer ótimas coisas em seu gênero.

Existe uma imaginação espantosa na matemática. É preciso começar representando com nitidez na mente a figura ou a máquina que se inventa, suas propriedades ou seus efeitos. Havia muito mais imaginação na cabeça de Arquimedes do que na de Homero.

Assim como a imaginação de um grande matemático deve ter exatidão extrema, a de um grande poeta deve ser muito burilada. Ele nunca deve apresentar imagens incompatíveis, incoerentes, exageradas, inconvenientes ao tema.

Pulquéria, na tragédia *Heráclio*, diz a Foca:

La vapeur de mon sang ira grossir la foudre
Que Dieu tient déjà prête à le réduire en poudre.
[O vapor de meu sangue irá engrossar o raio
Que Deus segura, já pronto para pulverizá-lo.]
(Ato I, cena III)

Esse exagero forçado não parece conveniente a uma jovem princesa: supondo-se que ela tenha ouvido dizer que o trovão se forma das exalações da terra, não deverá presumir que o vapor de um pouco de sangue derramado numa casa irá formar o raio. É o poeta que fala, e não a jovem princesa. Racine não tem essas imaginações fora de lugar. No entanto, como é preciso pôr tudo em seu lugar, não se deve ver essa imagem exagerada como um defeito insuportável: é apenas a frequência dessas figuras que pode estragar inteiramente uma obra.

Seria difícil não rir destes versos:

Quelques noires vapeurs que puissent concevoir
Et la mère et la fille ensemble au désespoir,
Tout ce qu'elles pourront enfanter de tempêtes,
Sans venir jusqu'à nous, crèvera sur nos têtes;
Et nous érigerons, dans cet heureux séjour,
De leur haine impuissante un trophée à l'Amour.
[Por mais que sejam negros os vapores concebidos
Por mãe e filha, juntas no desespero,
Tudo o que elas puderem parir de tempestades,
Não chegará até nós, rebentará sobre nossas cabeças;
E nós erigiremos, nesta feliz morada,
Com seu ódio impotente um troféu ao Amor.]
(CORNEILLE, *Teodora*, ato I, cena I)

"Esses vapores de mãe e filha que parem tempestades, essas tempestades que não chegam até Plácido e arrebentam sobre as cabeças para erigir um troféu de ódio" sem dúvida são imaginações incoerentes, estranhas e mal expressas. Racine, Boileau, Molière e os bons autores do século de Luís XIV nunca incidem nesse defeito pueril.

O grande defeito de alguns autores que surgiram depois do século de Luís XIV é querer ter sempre imaginação e cansar o leitor com essa abundância viciosa de imagens rebuscadas, bem como com rimas redobradas, metade das quais, pelo menos, é inútil. É isso o que relega ao esquecimento tantos poemetos, como *Vert-Vert*, *Chartreuse*, *Ombres*, que estiveram na moda durante algum tempo.

Omne supervacuum pleno de pectore manat.
[Tudo que é supérfluo escapa da mente muito saturada.]
(HORÁCIO, *Arte poética*, 337)

No grande *Dicionário enciclopédico* fez-se uma distinção entre a imaginação ativa e a passiva. A ativa é aquela de que tratamos; é o talento de formar quadros novos com todos os que já temos na memória.

A passiva quase nada mais é do que a memória, mesmo num cérebro vivamente impressionado. A pessoa dotada de imaginação ativa e dominante, um pregador da Liga na França ou dos puritanos na Inglaterra, discursa para o populacho com voz tonitruante, olhos inflamados e gesto de energúmeno; representa Jesus Cristo a pedir justiça ao Pai Eterno pelas novas chagas que lhe foram infligidas pelos realistas, pelos pregos que aqueles ímpios acabam de cravar-lhe pela segunda vez nos pés e nas mãos. Vingai, Deus pai, vingai o sangue de Deus filho, marchai sob a bandeira do Espírito Santo; outrora, era uma pomba; hoje, é uma águia a trazer o raio. As imaginações passivas, abaladas por essas imagens, pela voz, pela ação desses charlatães sanguinários, saem correndo do sermão e da pregação para matar e enforcar os realistas.

As imaginações passivas comovem-se ora nos sermões, ora nos espetáculos, ora diante dos patíbulos, ora no sabá.

ÍMPIO (Impie)

Quem é o ímpio? É aquele que dá barba branca, pés e mãos ao Ser dos seres, ao grande Demiurgo, à inteligência eterna pela qual a natureza é governada. Mas esse é um ímpio escusável, um pobre ímpio contra o qual não devemos nos revoltar.

Mesmo que ele pinte o grande Ser incompreensível carregado por nuvens, que nada podem carregar, se ele for suficientemente estúpido para pôr Deus em meio a brumas, debaixo da chuva ou sobre uma montanha, rodeado de carinhas redondas, bochechudas, rosadas, acompanhadas de duas asas, eu rio e o perdoo de todo o meu coração.

O ímpio que atribui predições irracionais e injustiças ao Ser dos seres despertaria a minha irritação, não fosse a razão com que me presenteou esse grande Ser, razão capaz de reprimir a cólera. Esse tolo fanático repete, copiando outros, que não nos cabe julgar o que é razoável e justo no grande Ser, que sua razão não é como a nossa, que sua justiça não é como a nossa. Ei! Como queres, louco energúmeno, que eu julgue a justiça e a razão por noções diferentes das que tenho? Queres que eu ande com algo que não sejam meus pés, que eu fale com algo que não seja minha boca?

O ímpio que supõe o grande Ser ciumento, orgulhoso, malicioso e vingativo é mais perigoso. Não gostaria de dormir sob o mesmo teto com essa pessoa.

Mas como trataríeis o ímpio que vos dissesse: "Vê apenas por meus olhos, não penses; eu te anuncio um Deus tirano que me fez para ser teu tirano; sou seu bem-amado; ele atormentará por toda a eternidade milhões de suas criaturas que ele detesta para me rejubilar; serei teu senhor neste mundo e rirei de teus suplícios no outro"?

Não sois assaltado pela comichão de dar uma sova nesse ímpio cruel? E, se nascestes manso, não correreis com todas as vossas forças para o ocidente sempre que esse bárbaro despejar seus sonhos atrozes para o oriente?

Quanto aos ímpios que deixam de lavar-se o cotovelo nas redondezas de Alepo ou de Ierevã, ou que não se ajoelham diante de uma procissão de capuchinhos em Perpignan, esses sem dúvida são culpados, mas acho que não devem ser empalados.

IMPOSTO (Impôt)

Primeira seção

Escreveram-se tantas obras filosóficas sobre a natureza do imposto, que cabe aqui dizer algumas palavras. É verdade que nada é menos filosófico do que essa matéria, mas ela pode fazer parte da filosofia moral, mostrando a um superintendente das finanças ou a um *tefterdar* turco que não condiz com a moral universal tomar dinheiro do próximo, e que todos os recebedores, agentes aduaneiros, fiscais das rendas e da gabela são amaldiçoados no Evangelho.

Por mais amaldiçoados que sejam, deve-se convir que é impossível a uma sociedade subsistir se cada um de seus membros deixar de pagar alguma coisa para custear essa sociedade; e, como todos devem pagar, é necessário que haja quem receba. Não entendemos por que esse recebedor haverá de ser amaldiçoado e visto como idólatra. Sem dúvida, não há idolatria nenhuma em receber dinheiro dos convivas para pagar a ceia.

Nas repúblicas e nos Estados que, apesar de terem o nome de *reino*, são repúblicas de fato, cada cidadão é tributado segundo suas forças e segundo as necessidades da sociedade.

Nos reinos despóticos, ou – para falar com mais polidez – nos Estados monárquicos, as coisas não são exatamente assim. Tributa-se a nação sem consultá-la. Um agricultor que tem mil e duzentas libras de renda assusta-se quando lhe pedem quatrocentas. Existem vários que são até obrigados a pagar mais da metade daquilo que colhem.

Em que era empregado todo esse dinheiro? O mais honesto seria dá-lo a outros cidadãos.

O agricultor pergunta por que lhe tiram metade dos bens para pagar soldados, se a centésima parte bastaria; respondem-lhe que, além dos soldados, é preciso pagar as artes e o luxo, que nada se perde, que entre os persas os impostos pagavam os cintos, as chinelas e os alfinetes da rainha das cidades e das aldeias.

Ele replica que quem diz isso não conhece a história da Pérsia e afirma que está muito zangado porque lhe tomam metade dos bens por um cinto, alfinetes e sapatos, que ele os forneceria por preço bem menor, e que aquilo é uma verdadeira extorsão.

É então obrigado a recobrar a razão quando o metem numa masmorra e vendem todos os seus bens. Se ele resistir aos exatores, condenados pelo Novo Testamento, será mandado para a forca, e isso torna todos os seus vizinhos infinitamente acomodatícios.

Se todo esse dinheiro só fosse empregado para trazer especiarias da Índia, café de Moca, cavalos ingleses e árabes, sedas do Levante, bibelôs da China, está claro que em poucos anos não restaria nem um tostão no reino. Portanto, o imposto precisa servir para manter manufaturas, e o que foi depositado nos cofres do príncipe precisa voltar para os agricultores. Estes se queixam e sofrem; as outras parcelas do Estado também se queixam e sofrem, mas, no fim do ano, todos trabalharam muito e, bem ou mal, viveram.

Se, por acaso, o homem do campo vai para a capital e vê, com seus próprios olhos perplexos, uma bela dama num vestido de seda recamado de ouro, passando numa carruagem magnífica puxada por dois cavalos valiosos, seguida por quatro lacaios vestidos com panos de vinte francos a alna, se disser a um dos lacaios dessa bela dama: "Excelência, onde essa senhora arranja tanto dinheiro para arcar com tamanha despesa?", o lacaio dirá: "Meu amigo, o rei lhe dá uma pensão de quarenta mil libras." O agricultor dirá: "Ai de mim! É minha aldeia que paga essa pensão." E o lacaio responderá: "Sim, mas a seda que colheste e vendeste serviu para a confecção do tecido que a veste; o meu tecido é, em parte, lã de teus carneiros; meu padeiro fez meu pão com o teu trigo; vendeste ao mercado os frangos que comemos: assim, a pensão desta senhora voltou para ti e para teus camaradas."

O camponês não concorda totalmente com os axiomas daquele lacaio filósofo; no entanto, uma prova de que há algo de verdade em sua resposta é que a aldeia subsiste, que lá se fazem filhos, que estes, queixando-se, também farão filhos que também se queixarão.

Segunda seção

Se fôssemos obrigados a ter todos os editos dos impostos e todos os livros escritos contra eles, esse seria o imposto mais pesado de todos.

Sabe-se que as taxas são necessárias e que a maldição proferida no Evangelho contra os publicanos só deve dizer respeito àqueles que abusam do emprego para vexar o povo. O copista talvez tenha esquecido uma palavra, como o epíteto *pravus* [depravado]. Teria sido possível dizer *pravus publicanus* [publicano corrupto]; essa palavra era mais necessária porque essa maldição genérica é uma contradição formal com as palavras atribuídas a Jesus Cristo: "Dai a César o que é de César." Certamente aquele que cobra os direitos de César não deve ser abominado; isso significaria insultar a ordem dos cavaleiros romanos e o próprio imperador: teria sido uma péssima ideia.

Em todos os países civilizados, os impostos são muito onerosos, porque os encargos do Estado são muito pesados. Na Espanha, os objetos de comércio enviados a Cadiz e de lá para a América pagam mais de trinta por cento antes que se tenha feito essa conta.

Na Inglaterra, todos os impostos sobre a importação são consideráveis: no entanto, todos pagam sem reclamar; considera-se até mesmo honroso pagar. Um negociante se gaba de ser responsável pela entrada de quatro a cinco mil guinés por ano no tesouro público.

Quanto mais rico um país, mais pesados os impostos. Os especuladores gostariam que os impostos só incidissem sobre os produtos rurais. Mas como! Eu semeei uma plantação de linho que me renderá duzentos escudos, e um grande manufatureiro ganhará duzentos mil escudos convertendo meu linho em renda; esse manufatureiro não pagará nada, e minha terra pagará tudo, porque tudo vem da terra! A mulher desse manufatureiro abastecerá a rainha e as princesas com belo ponto de Alençon; terá proteção; seu filho se tornará intendente de justiça, polícia e finanças e aumentará a minha talha em minha miserável velhice! Ah! Senhores especuladores, vossos cálculos estão errados; sois injustos.

O ponto capital seria que um povo inteiro não fosse despojado por um exército de aguazis, para que algumas dezenas de sanguessugas da corte ou da cidade vivessem do sangue dele.

O duque de Sully relata, em suas *Economias políticas*, que, em 1585, havia justamente vinte fidalgos que praticavam o arrendamento de seus bens, a quem os adjudicatários pagavam três milhões e duzentos e quarenta e oito mil escudos.

Pior foi no tempo de Carlos IX e de Francisco I; pior ainda, no de Luís XIII; não houve menos depreciação durante a minoridade de Luís XIV. A França, apesar de tantos golpes, está viva. Sim, mas se não os tivesse recebido sua saúde seria melhor. É o que ocorre com vários outros Estados.

Terceira seção

É justo que aqueles que gozam as vantagens do Estado arquem com seus encargos. Por essa razão, os eclesiásticos e os monges, que possuem grandes bens, deveriam contribuir com impostos em todos os países, como os outros cidadãos.

Nos tempos que chamamos *bárbaros*, os grandes benefícios e as abadias foram taxados na França em um terço de sua renda[29].

Por meio de uma ordenança do ano 1188, Filipe Augusto tributou em um décimo as rendas de todos os benefícios.

Filipe, o Belo, obrigou a pagar um quinto; depois, a quinquagésima parte e, por fim, a vigésima de todos os bens do clero.

O rei João, por meio de uma ordenança de 12 de março de 1355, taxou em um décimo as rendas de todos os benefícios e do patrimônio de bispos, abades, capítulos e, em geral, todos os eclesiásticos[30].

O mesmo príncipe confirmou essa taxa por meio de duas outras ordenanças, uma de 3 de março e outra de 28 de dezembro de 1358[31].

Nas cartas patentes de Carlos V, de 22 de junho de 1372, estatui-se que os bens da Igreja pagarão as talhas e os outros impostos reais e pessoais[32].

Essas cartas patentes foram ratificadas por Carlos VI em 1390.

Como essas leis foram abolidas, enquanto se conservavam tantos costumes monstruosos e ordenanças sanguinárias?

O clero, na verdade, paga uma taxa com o nome de *doação gratuita*; como se sabe, quem paga essa taxa é principalmente a parte mais útil e pobre da Igreja, os curas. Mas por que essa

---

29. Aimoin, liv. V, cap. LIV. Le Bret, arraz. II. (N. de Voltaire)
30. Ord. do Louvre, t. IV. (N. de Voltaire)
31. *Ibid.* (N. de Voltaire)
32. *Ibid.*, t. V. (N. de Voltaire)

diferença e essa desigualdade de contribuições entre os cidadãos de um mesmo estado? Por que aqueles que usufruem as maiores prerrogativas e às vezes são inúteis ao bem público pagam menos do que o lavrador, que é tão necessário?

A república de Veneza acaba de baixar sobre o assunto regulamentos que parecem feitos para servir de exemplo aos outros Estados da Europa

Quarta seção

Não só os eclesiásticos pretendem ficar isentos de impostos, como também encontraram, em várias províncias, um meio de impor taxas ao povo e de obrigá-lo a pagar tais taxas como se fosse um direito legítimo.

Em algumas regiões, como os monges se apoderaram dos dízimos em prejuízo dos curas, os camponeses foram obrigados a pagar taxas por iniciativa própria, para suprir à subsistência de seus pastores; assim, em várias aldeias, sobretudo no Franco-Condado, além de pagarem o dízimo a monges ou a capítulos, os paroquianos também pagam três ou quatro medidas de trigo por lar a seus curas.

A essa taxa se dá o nome de *direito de messe* em algumas províncias, e de *alqueiramento*, em outras.

Sem dúvida é justo que os curas sejam bem pagos, mas muito melhor do que sobrecarregar pobres camponeses seria devolver-lhes uma parte do dízimo que os monges lhes roubaram.

Desde que o rei da França fixou as porções côngruas com um edito do mês de maio de 1768 e encarregou os dizimeiros de pagá-las, parece que os camponeses deveriam deixar de ser obrigados a pagar um segundo dízimo a seus curas; esta era uma taxa a cujo pagamento eles se haviam obrigado voluntariamente, no tempo em que o crédito e a violência dos monges haviam subtraído aos pastores todos os meios de subsistência.

O rei aboliu esse segundo dízimo em Poitou por meio de cartas patentes do mês de julho de 1769, registradas no parlamento de Paris em 11 do mesmo mês.

Seria bem digno da justiça e da beneficência de Sua Majestade criar uma lei semelhante para as outras províncias que se encontram no mesmo caso da província de Poitou, como o Franco-Condado etc.

(Escrito pelo sr. Christin, advogado de Besançon)

IMPOTÊNCIA (Impuissance)

Começo com a seguinte pergunta favorável aos pobres impotentes, *frigidi et maleficiati* [fúgidos e prejudiciais], como dizem as *Decretais*: haverá algum médico ou alguma parteira experiente que possa assegurar que um jovem bem conformado, que não tenha dado filhos à sua mulher, não poderá dá-los um dia? Quem sabe disso é a natureza, mas certamente os homens não sabem nada a respeito. Portanto, se é impossível decidir que o casamento não será consumado, por que dissolvê-lo?

Entre os romanos, esperavam-se dois anos. Justiniano, em suas *Novelas*[33], exige que se esperem três. Mas, quando se dão três anos à natureza para curar-se, por que não quatro, dez ou mesmo vinte?

Sabe-se de mulheres que durante dez anos inteiros receberam os abraços do marido sem nenhuma sensibilidade, e que depois passaram a sentir estímulos violentíssimos. Pode haver homens na mesma situação; já houve alguns exemplos.

---

33. *Collat.* IV, tit. I, novela XXII, cap. IV. (N. de Voltaire)

IMPOTÊNCIA

Em nenhuma de suas operações a natureza é tão extravagante quanto na copulação da espécie humana; ela é muito mais uniforme na dos outros animais.

Somente no homem o físico é dirigido e corrompido pela moral; a variedade e a singularidade de seus apetites e de suas aversões é prodigiosa. Soube-se de um homem que desfalecia ao ver o que desperta desejos nos outros homens. Em Paris ainda existem pessoas que foram testemunhas desse fenômeno.

Um príncipe, herdeiro de uma grande monarquia, só gostava dos pés. Dizem que na Espanha esse gosto fora muito comum. As mulheres, empenhadas em ocultá-los, acabaram por atrair para eles a imaginação de vários homens.

Essa imaginação passiva produziu singularidades cujos pormenores mal podem ser compreendidos. Muitas vezes uma mulher, com sua falta de complacência, causa repulsa no marido e lhe transvia a natureza. Esse homem, que seria um Hércules com facilidade, torna-se um eunuco com a rejeição. Nesse caso, é a mulher que merece censura. Ela não tem o direito de acusar o marido de impotência, se é sua causa. O marido pode dizer-lhe: se me amas, deves fazer-me as carícias de que preciso para perpetuar minha raça; se não me amas, por que te casaste comigo?

Aqueles que eram chamados de *maleficiados* muitas vezes eram considerados enfeitiçados. Esses feitiços eram antiquíssimos. Existiam alguns destinados a destruir a virilidade dos homens; havia outros que, ao contrário, pretendiam devolvê-la. Em Petrônio, Crises acredita que Polieno, que não podia possuir Circe, sucumbiu aos feitiços de magas chamadas *Manicae*; e uma velha quer curá-lo com outros sortilégios.

Essa ilusão perpetuou-se por muito tempo entre nós; exorcizava-se, em vez de desenfeitiçar; e, quando o exorcismo não dava certo, desfazia-se o casamento.

Houve uma grande polêmica no direito canônico sobre os maleficiados. Um homem impedido por sortilégios de consumar o casamento com sua mulher casava-se com outra e tornava-se pai. Caso viesse a perder essa segunda mulher, poderia voltar a casar-se com a primeira? Venceu a resposta negativa, de acordo com todos os grandes canonistas, Alexandre de Nevo, André Alberico, Turrecremata, Soto, Ricard, Henriquez, Rozella e dezenas de outros.

É admirável a sagacidade com que os canonistas, sobretudo religiosos de costumes irrepreensíveis, conseguiram esquadrinhar os mistérios do prazer. Não há singularidade que eles não tenham adivinhado. Discutiram todos os casos em que um homem podia ser impotente em dada situação e não o ser em outra. Rebuscaram tudo o que a imaginação podia inventar para favorecer a natureza; e, com a intenção de esclarecer o que é permitido e o que não o é, acabaram por desvendar, de boa-fé, tudo o que devia ficar oculto no segredo das noites. Seria possível dizer sobre eles *Nox nocti indicat scientiam* [uma noite indica a outra o conhecimento].

Sanchez, sobretudo, coligiu e divulgou todos os casos de consciência que, por mais ousada que fosse, uma mulher só confiaria corando à parteira mais discreta. Pesquisou cuidadosamente:

Utrum liceat extra vas naturale semen emittere. – De altera femina cogitare in coitu cum sua uxore. – Seminare consulto separatim. – Congredi cum uxore sine spe seminandi. – Impotentiae tactibus et illecebris opitulari. – Se retrahere quando mulier seminavit. – Virgam alibi intromittere dum in vase debito semen effundat etc. [Se acaso seja lícito soltar o sêmen fora do vaso natural. – Durante a relação sexual com a esposa, pensar em outra mulher. – Procriar de propósito separadamente. – Encontrar-se, sem esperança de procriar, com a esposa. – Trazer socorro, por meio de toques e carícias, à impotência. – Retirar-se quando a mulher procriou. – Introduzir a vara em outro lugar durante o tempo em que derramaria no devido vaso o sêmen etc.]

Cada uma dessas questões enseja outras; por fim, Sanchez chega a ponto de discutir: *Utrum virgo Maria semen emiserit in copulatione cum Spiritu Sancto* [Se acaso a Virgem Maria teria lançado o sêmen na cópula com o Espírito Santo].

Essas espantosas pesquisas nunca foram feitas em nenhum lugar do mundo, apenas por nossos teólogos; e as demandas em torno da impotência só começaram no tempo de Teodósio. Foi só com a religião cristã que os tribunais começaram a ser agitados por brigas entre mulheres ousadas e maridos envergonhados.

No Evangelho, só se fala de divórcio por causa de adultério. A lei judaica permitia que o marido repudiasse aquela que, entre suas mulheres, o desagradasse, sem especificar a causa[34]. "Se ele deixar de olhá-la favoravelmente, é o que basta." É a lei do mais forte; é o gênero humano em sua pura e bárbara natureza. Mas de impotência nunca se fala nas leis judaicas. Parece, diz um casuísta, que Deus não podia permitir que houvesse impotentes num povo sagrado que devia multiplicar-se como as areias do mar, ao qual Deus prometera por juramento dar o território imenso que fica entre o Nilo e o Eufrates, ao qual seus profetas acenavam com a esperança de um dia obter o domínio de toda a terra. Para que se cumprissem essas promessas divinas, era necessário que todo judeu digno se dedicasse sem descanso à grande obra da propagação da espécie. Certamente há maldição na impotência; não chegara ainda o tempo de tornar-se eunuco para o reino dos céus.

Como, com o passar do tempo, o casamento foi elevado à dignidade de sacramento, mistério, os eclesiásticos, sem que se percebesse, passaram a ser juízes de tudo o que ocorresse ou deixasse de ocorrer entre marido e mulher.

As mulheres tiveram a liberdade de apresentar petição para serem *ocupadas*: essa era a palavra que usavam em gaulês, pois em outros lugares as causas eram impetradas em latim. Clérigos atuavam como advogados; padres julgavam. Mas julgavam o quê? Coisas que deviam ignorar, e as mulheres faziam queixas que não deviam proferir.

Esses processos sempre versavam sobre dois temas: feiticeiros que impediam algum homem de consumar o casamento, ou mulheres que queriam casar-se de novo.

O que parece extraordinário é o fato de todos os canonistas concordarem que um marido, sobre o qual alguém tenha lançado um feitiço capaz de causar a impotência[35], não pode, em sã consciência, desfazer esse feitiço, nem pedir a um mago que o desfaça. No tempo dos feiticeiros, era preciso, absolutamente, exorcizar. Trata-se de cirurgiões que, tendo sido recebidos em Saint--Côme, têm o privilégio exclusivo de aplicar emplastros e declarar que todo aquele que for curado pela mão que o feriu morrerá. Melhor teria sido começar verificando se os feiticeiros têm o poder de privar um homem da virilidade. Também caberia outra observação. Houve muitas imaginações fracas que temiam muito o feiticeiro porque depositava poucas esperanças no exorcista. O feiticeiro enfeitiçava, e a água benta não desenfeitiçava. Era maior o respeito imposto pelo diabo do que a tranquilidade oferecida pelo exorcismo.

Nos casos de impotência, em que não havia interferência do diabo, os juízes eclesiásticos não ficavam menos embaraçados. Nas Decretais encontramos o famoso título *de frigidis et maleficiatis*, que é muito interessante, mas nada esclarecedor.

O primeiro caso discutido por Brocardié não deixa nenhuma dúvida; as duas partes concordam que uma delas é impotente: sentencia-se o divórcio.

O papa Alexandre III decide uma questão mais delicada[36]. Uma mulher casada fica doente. *Instrumentum ejus impeditum est* [o instrumento dela fica impedido]. Sua doença é natural, os médicos não podem aliviá-la: "Damos ao marido a liberdade de tomar outra mulher." Essa decretal parece ser de um juiz mais preocupado com as necessidades da população do que com a indissolubilidade do casamento. Por que essa lei papal é tão pouco conhecida? Como se explica que os maridos não a saibam de cor?

A decretal de Inocêncio III só ordena visitas de parteira à mulher que, segundo declaração do marido em juízo, seja estreita demais para recebê-lo. Talvez por essa razão a lei não está em vigor.

---

34. Deuteronômio, cap. XXIV, v. 1. (N. de Voltaire)
35. Ver Pontas, *Impedimento da impotência*. (N. de Voltaire)
36. Decretais, liv. IV, tit. XV. (N. de Voltaire)

Honório III ordena que a mulher que se queixe da impotência do marido deve ficar com ele oito anos antes do divórcio.

Não se fez tanta cerimônia para declarar impotente o rei de Castela, Henrique IV, no tempo em que ele estava cercado de amantes e tinha, da mulher, uma filha herdeira de seu reino. Mas quem proferiu essa sentença foi o arcebispo de Toledo: o papa não teve nada com isso.

Não recebeu melhor tratamento o rei Afonso, de Portugal, em meados do século XVII. Aquele príncipe só era conhecido pela ferocidade, devassidão e força física prodigiosa. Seus furores excessivos revoltaram a nação. A rainha, sua mulher, princesa de Nemours, que queria destroná-lo e casar-se com o infante dom Pedro, seu irmão, percebeu como seria difícil casar-se com os dois irmãos, um após o outro, depois de ter se deitado publicamente com o mais velho. O exemplo de Henrique VIII da Inglaterra a intimidava; resolveu então obter a declaração da impotência do marido por parte do capítulo da catedral de Lisboa, em 1667; depois disso, casou-se o mais depressa possível com o cunhado, antes mesmo de obter uma dispensa do papa.

A maior prova à qual foram submetidas as pessoas acusadas de impotência foi o "congresso". O presidente Bouhier afirma que esse combate em liça foi imaginado no século XIV, na França. É certo que só foi conhecido na França.

Essa prova, que causou tanta celeuma, não era o que se imagina. Todos estão convencidos de que os cônjuges cumpriam, caso pudessem, seu dever matrimonial diante dos olhos de médicos, cirurgiões e parteiras; mas não era isso o que acontecia: em geral, ficavam em sua própria cama, com as cortinas fechadas; os inspetores, recolhidos a um gabinete vizinho, só eram chamados depois da vitória ou da derrota do marido. Portanto, não passava, no fundo, de uma visita da mulher no momento mais apropriado ao julgamento do mérito da questão. É verdade que um marido vigoroso podia combater e vencer em presença de testemunhas; mas poucos tinham essa coragem.

Se o marido saísse vitorioso, está claro que sua virilidade ficava demonstrada: se não fosse bem-sucedido, é evidente que nada ficava decidido. Pois ele poderia ganhar um segundo combate; e, se o perdesse, podia ganhar um terceiro e assim por diante, até o centésimo.

Todos conhecem o famoso processo do marquês de Langeais, julgado em 1659 (por recurso à câmara do edito, porque ele e a mulher, Marie de Saint-Simon, eram da religião protestante); ele solicitou o congresso. A arrogância e a rejeição da mulher provocaram sua derrota. Ele lançou um segundo desafio. Os juízes, cansados da grita dos supersticiosos, das queixas das puritanas e das pilhérias dos espirituosos, recusaram essa segunda tentativa, que seria direito natural seu: uma vez que se havia organizado uma liça, tudo indica que não se podia, legitimamente, recusar outra.

A câmara declarou impotente o marquês e nulo o casamento, proibiu-o para sempre de se casar e permitiu que sua mulher se casasse com outro.

A câmara podia impedir um homem, que não pudera ser excitado pela mulher, de ser excitado por outra? Era o mesmo que proibir um conviva que não conseguira comer uma perdiz cinzenta de tentar comer uma vermelha. Apesar da sentença, ele se casou com Diane de Navailles e com ela teve sete filhos.

Quando sua primeira mulher morreu, o marquês impetrou recurso extraordinário na grande câmara, contra a sentença que o declarara impotente e o condenara a pagar as custas. A grande câmara, percebendo o ridículo de todo aquele processo e de sua sentença de 1659, homologou o novo casamento que ele contraíra com Diane de Navailles, contrariando a corte, declarou-o potentíssimo, negou as custas, mas aboliu o congresso.

Portanto, para julgar a impotência dos maridos, só restou a antiga cerimônia da visita dos peritos, prova deficiente sob todos os aspectos, pois uma mulher pode ter sido deflorada sem que se percebam indícios disso, assim como pode ser virgem, apesar das pretensas marcas da defloração. Os jurisconsultos, durante mil e quatrocentos anos, julgaram causas sobre a virgindade assim como julgaram as de sortilégios e tantas outras: sem conhecerem nada do assunto.

O presidente Bouhier publicou uma apologia do congresso depois que este caiu em desuso; afirmou que os juízes só cometeram o erro de aboli-lo porque haviam cometido o erro de recusar uma segunda oportunidade ao marquês de Langeais.

Mas, se aquele congresso pode deixar de surtir efeito, se o exame da genitália do homem e da mulher pode não provar coisa alguma, a que testemunho recorrer na maioria dos processos de impotência? Não caberia responder: "a nenhum"? Não seria possível, como em Atenas, prorrogar a causa em cem anos? Esses processos são vergonhosos para as mulheres, ridículos para os maridos e indignos dos juízes. O melhor seria não os tolerar. Mas teremos casamentos sem progênie! Que desgraça! Enquanto isso, temos na Europa trezentos mil monges e oitenta mil freiras que anulam a sua posteridade.

INÁCIO DE LOYOLA (Ignace de Loyola)

Se quiseres ter um grande nome e ser um fundador, precisarás ser completamente louco, mas de uma loucura que convenha a teu século. Precisarás ter em tua loucura um fundo de razão que possa servir para orientar as tuas extravagâncias; e deverás ser extremamente obstinado. Pode ser que venhas a ser enforcado, mas, se não fores, poderás ter altares.

Em sã consciência, terá havido jamais algum homem mais digno do hospício do que santo Inácio ou santo Inigo, o Biscainho (pois esse é seu verdadeiro nome)? Perde a cabeça quando lê a *Lenda dourada*, assim como dom Quixote de la Mancha a perdeu quando leu romances de cavalaria. E eis que o meu biscainho primeiro se torna cavaleiro da Virgem e faz a vigília de armas em honra de sua dama. A Virgem Santa lhe aparece e aceita seus serviços: volta várias vezes e lhe traz seu filho. O diabo, que está à espreita e prevê todo o mal que os jesuítas lhe farão um dia, vai fazer uma tremenda algazarra na casa, quebra todos os vidros: o biscainho o expulsa com um sinal da cruz; o diabo foge, atravessando o muro, onde deixa uma grande abertura, que era mostrada ainda aos curiosos cinquenta anos depois desse belo acontecimento.

Sua família, vendo-lhe o desvario, quer trancafiá-lo e submetê-lo a um regime; ele se livra da família e do diabo, fugindo sem saber para onde ir. Encontra um mouro e discute com ele sobre a Imaculada Conceição. O mouro, que o toma pelo que é, foge dele o mais depressa que pode. O biscainho não sabe se mata o mouro ou reza por ele; deixa que seu cavalo tome a decisão, e este, mais ajuizado que o dono, toma o caminho do estábulo.

Meu homem, depois dessa aventura, decide ir para Belém, mendigar o pão: sua loucura aumenta no caminho; os dominicanos se apiedam dele em Manresa, dão-lhe asilo durante alguns dias e o mandam de volta sem conseguir curá-lo.

Ele embarca para Barcelona e desembarca em Veneza: é expulso de Veneza; volta para Barcelona, sempre mendigando o pão, sempre tendo êxtases e vendo frequentemente a Virgem Santa e Jesus Cristo.

Por fim, dão-lhe a entender que, para ir à Terra Santa converter turcos, cristãos gregos, armênios e judeus, precisava começar por estudar um pouco de teologia. Meu biscainho não quer outra coisa, mas, para ser teólogo, é preciso saber um pouco de gramática e um pouco de latim: isso não é problema para ele; começa a frequentar o colégio com a idade de trinta e três anos; riem dele e ele não aprende nada.

Estava desesperado por não poder ir converter infiéis, e dessa vez o diabo teve piedade dele: apareceu-lhe e deu-lhe palavra de cristão de que queria dedicar-se a ele; tornou-o o homem mais douto da Igreja de Deus. Inácio não hesitou em se submeter à disciplina de tal mestre: voltou à sala de aula; apanhou algumas vezes e nem por isso ficou mais sabido.

Expulso do colégio de Barcelona, perseguido pelo diabo, que o punia quando ele era desobediente, abandonado pela Virgem Maria, que não se dava o trabalho de socorrer seu cavaleiro, ele não desanima; começa a percorrer o país com peregrinos de são Tiago; prega nas ruas, de cidade em cidade. Vai parar nas prisões da Inquisição. Libertado da Inquisição, vai para a prisão em Alcalá; depois, foge para Salamanca e lá é preso. Por fim, vendo que não era profeta em sua terra, Inácio toma a resolução de ir estudar em Paris: faz a viagem a pé, precedido de um asno que carregava sua bagagem, seus livros e seus escritos. Dom Quixote, pelo menos, teve um cavalo e um escudeiro; mas Inácio não tinha nem um nem outro.

Em Paris sofre as mesmas humilhações que sofreu na Espanha; no colégio de Santa Bárbara, abaixam-lhe as calças e querem chicoteá-lo solenemente. Sua vocação o chama, finalmente, para Roma.

Como foi possível que um excêntrico desses tivesse gozado de alguma consideração em Roma, que tivesse conseguido discípulos e tivesse sido fundador de uma ordem poderosa, na qual houve homens estimáveis? Foi por ter sido obstinado e entusiasta. Encontrou entusiastas como ele, aos quais se associou. Aqueles, usando mais o raciocínio do que ele, fizeram-no recobrar um pouco do seu: ele se tornou mais ajuizado no fim da vida e chegou a comportar-se com alguma habilidade.

Maomé talvez tenha começado a ser tão louco quanto Inácio nas primeiras conversas que teve com o anjo Gabriel; e Inácio, no lugar de Maomé, talvez tivesse feito coisas tão grandiosas quanto o profeta, pois era tão ignorante, visionário e corajoso quanto ele.

Costuma-se dizer que essas coisas só acontecem uma vez; no entanto, não faz muito tempo que um aldeão inglês, mais ignorante que o espanhol Inácio, criou a sociedade que se chama *quakers*, sociedade muito superior à de Inácio. O conde de Sinzendorf, em nossos dias, fundou a seita dos morávios; e os convulsionários de Paris estiveram a ponto de fazer uma revolução. Todos foram loucos, mas não tão obstinados.

INALIENÁVEL (Inaliénation, Inaliénable)

Como o domínio dos imperadores romanos era inalienável, tratava-se de um domínio sagrado; os bárbaros vieram, e ele passou a ser alienado. O mesmo ocorreu com o domínio imperial grego.

Depois da restauração do império romano na Alemanha, o domínio sagrado foi declarado inalienável pelos juristas, de tal modo que hoje não resta nem um escudo de domínio aos imperadores.

Todos os reis da Europa, que imitaram os imperadores ao máximo, tiveram domínio inalienável. Francisco I, resgatando a liberdade por meio da concessão da Borgonha, só contou com o expediente de obter a declaração de que aquela mesma Borgonha era inalienável; e teve a sorte de poder violar seu tratado e descumprir sua palavra de honra impunemente. Segundo essa jurisprudência, como cada príncipe pode adquirir o domínio de outrem, mas nunca pode perder nem um pouco do seu, todos, no fim, teriam os bens dos outros: coisa absurda; logo, a lei irrestrita também é absurda. Os reis da França e da Inglaterra quase nada mais têm de domínio particular; as contribuições são seu verdadeiro domínio, mas com formas muito diferentes.

INCESTO (Inceste)

Diz o *Espírito das leis*: "Os tártaros podem casar-se com as filhas, mas nunca com as mães."

Ninguém sabe de que tártaros o autor pretende falar. Frequentemente, cita a esmo. Não conhecemos hoje nenhum povo, desde a Criméia até as fronteiras da China, que tenha por uso casar-se com filhas. E, se à filha fosse permitido casar-se com o pai, não entendemos por que seria proibido ao filho casar-se com a mãe.

Montesquieu cita um autor chamado Priscus. Chamava-se Priscus Panetes. Era um sofista que vivia no tempo de Átila e disse que Átila se casou com a filha Esca, segundo uso dos citas. Aquele Priscus nunca foi impresso; seu manuscrito apodreceu na biblioteca do Vaticano, e o único que o menciona é Jornandes. Não convém estabelecer a legislação dos povos sobre tais autoridades. Nunca ninguém conheceu essa Esca; nunca ninguém ouviu falar de seu casamento com o pai, Átila.

Admito que a lei que proíbe tais casamentos é uma lei de bons costumes; por isso, nunca acreditei que os persas se casassem com as filhas. No tempo dos césares, alguns romanos os acusavam disso para torná-los odiosos. Pode ser que algum príncipe da Pérsia tenha cometido um incesto, imputando-se à nação inteira a torpeza de uma única pessoa. Talvez seja o caso de dizer:

Quidquid delirant reges, plectuntur Achivi.
[Em tudo que os reis deliram, os aquivos são castigados.]
(HORÁCIO, liv. I, ep. II, 14)

Quero crer que os antigos persas tinham permissão de casar-se com suas respectivas irmãs, tal como os atenienses, os egípcios, os sírios e até mesmo os judeus. Daí talvez se tenha concluído que era comum o casamento com o pai e a mãe: mas o fato é que o casamento entre primos é proibido pelos guebros hoje em dia; e estes, segundo dizem, conservaram a doutrina dos pais com o mesmo escrúpulo dos judeus. Que veja Tavernier quem quiser reportar-se a Tavernier.

Direis que tudo é contradição neste mundo, que a lei judaica proibia que um homem se casasse com duas irmãs, que isso era muito indecente, mas que, apesar disso, Jacó se casou com Raquel enquanto sua irmã mais velha ainda estava viva, e que essa Raquel, evidentemente, representa a Igreja católica, apostólica e romana. Tendes razão; mas isso não impede que o indivíduo que se deitasse na Europa com duas irmãs fosse severamente censurado. Quanto aos poderosos investidos de alguma dignidade, estes podem, para o bem de seus Estados, tomar todas as irmãs de suas mulheres e mesmo suas próprias irmãs de pai e mãe, a seu bel-prazer.

Bem pior é a relação com a comadre ou a madrinha; tratava-se de crime irremissível de acordo com os *Capitulares* de Carlos Magno. A isso se dá o nome de incesto espiritual.

Certa Andovera, que era chamada rainha da França por ser mulher de certo Quilperico, régulo de Soissons, foi vilipendiada pela justiça eclesiástica, censurada, degradada e divorciada, por ter segurado seu próprio filho sobre a pia batismal, tornando-se assim comadre de seu próprio marido. Foi um pecado mortal, um sacrilégio, um incesto espiritual: por tal motivo perdeu o leito conjugal e a coroa. Isso contradiz um tanto aquilo que eu dizia há pouco, ou seja, que tudo é permitido aos poderosos em matéria de amor; mas eu estava falando dos tempos atuais, e não dos tempos de Andovera.

Quanto ao incesto carnal, leia-se o advogado Vouglans, parte VIII, título III, capítulo IX; é seu desejo terminante que sejam mandados para a fogueira o primo e a prima que tenham vivido um momento de fraqueza. Como é rigoroso esse advogado Vouglans! Que gaulês terrível!

ÍNCUBOS (Incubes)

Houve realmente íncubos e súcubos? Todos os nossos doutos jurisconsultos demonógrafos admitiam a existência de ambos.

Afirmavam que o diabo, sempre alerta, inspirava sonhos lascivos a mancebos e donzelas; que não deixava de recolher o resultado dos sonhos masculinos, levando-o ainda quente e da maneira apropriada para o reservatório feminino que lhe é destinado por natureza. Foi isso o que produziu tantos heróis e semideuses na antiguidade.

O diabo dava-se com isso um trabalho bem supérfluo; bastava-lhe deixar a coisa por conta de mancebos e donzelas, e eles saberiam perfeitamente abastecer o mundo de heróis sem ele.

Imaginamos os íncubos graças a essa explicação do grande Del Rio, Boguet e outros estudiosos da feitiçaria; mas ela não dá conta dos súcubos. Uma moça pode levar a crer que se deitou com um gênio ou um deus, e que este deus gerou nela uma criança. A explicação de Del Rio lhe é muito favorável. O diabo depositou nela o material para a formação de uma criança, retirado do sonho de um mancebo; a moça fica grávida e pare, sem que lhe caiba nenhuma censura; o diabo foi seu íncubo. Mas, se o diabo se faz de súcubo, a coisa é bem diferente: é preciso que seja diaba, é preciso que a semente do homem entre nela; então, é a diaba a enfeitiçada por um homem, é nela que geramos um filho.

Era bem mais clara e nobre a maneira como agiam os deuses e as deusas da antiguidade! Júpiter em pessoa fora íncubo de Alcmena e de Sêmele. Tétis em pessoa fora súcubo de Peleu, e Vênus, súcubo de Anquises, sem precisarem recorrer a todos os subterfúgios de nossa diabame.

Observemos apenas que os deuses muitas vezes se disfarçavam para se aproveitarem de nossas donzelas; ora se transformavam em águia, ora em pombo ou em cisne, em cavalo ou em chuva de ouro; mas as deusas nunca se disfarçavam; só precisavam mostrar-se para agradar. Ora, afirmo que os deuses, caso se metamorfoseassem para entrar sem escândalo nas casas de suas amantes, reassumiam sua forma natural assim que eram admitidos. Júpiter não pôde desfrutar Dânae quando era feito todo de ouro e teria encontrado sérias dificuldades com Leda, e ela com ele, se conservasse a forma de cisne; mas voltou a ser deus, ou seja, um belo rapagão, e gozou o amor.

Quanto à nova maneira de engravidar moças pela ação do diabo, não podemos duvidar; pois a Sorbonne decidiu a coisa já no ano de 1318.

"Per tales artes et ritus impios et invocationes daemonum, nullus unquam sequatur effectus ministerio daemonum, error"[37] – É erro acreditar-se que tais artes mágicas e tais invocações dos diabos não surtam efeito.

Ela nunca revogou essa sentença; assim, devemos acreditar em íncubos e súcubos, pois nossos mestres sempre acreditaram.

Há muitos outros mestres: Bodin, em seu livro sobre os feiticeiros, dedicado a Christophe de Thou, primeiro presidente do parlamento de Paris, conta que Jeanne Hervilier, nativa de Verberie, foi condenada por aquele parlamento a ser queimada viva por ter prostituído a filha com o diabo, homem alto e negro, cujo sêmen era de gelo. Isso parece contrário à natureza do diabo: mas, enfim, nossa jurisprudência sempre admitiu que o esperma do diabo é frio; e o número prodigioso de bruxas que mandou queimar durante tanto tempo sempre corroborou essa verdade.

O célebre Pico della Mirandola (um príncipe não mente) disse[38] que conheceu um velho de oitenta anos que metade da vida se deitara com uma diaba, bem como um outro de setenta, que cometera a mesma proeza. Os dois foram queimados em Roma. Ele não diz o que aconteceu com os filhos deles.

Aí estão, demonstrados, os íncubos e os súcubos.

É impossível pelo menos provar que não existam, pois, quando se dá fé de que há diabos que entram em nosso corpo, o que impedirá que eles nos sirvam de mulheres e que entrem em nossas donzelas? Se há diabos, provavelmente há diabas. Assim, para sermos coerentes, devemos crer que os diabos masculinos geram filhos em nossas moças, e que nós os geramos em diabas femininas.

Nunca houve império mais universal do que o do diabo. Quem o destronou? A razão[39].

---

37. P. 104, edição in-quarto. (N. de Voltaire)
38. Em *De Promotione*. (N. de Voltaire)
39. Ver verbete Bekker. (N. de Voltaire)

INFERNO (Enfer)

Inferum, subterrâneo: os povos que enterravam os mortos os puseram no subterrâneo; sua alma estava ali, com eles. Essa é a primeira física e a primeira metafísica de egípcios e gregos.

Os indianos, muito mais antigos, inventores do dogma engenhoso da metempsicose, nunca acreditaram que as almas fossem para o subterrâneo.

Japoneses, coreanos, chineses, os povos da vasta Tartária oriental e ocidental não conheceram uma só palavra da filosofia do subterrâneo.

Os gregos, com o tempo, fizeram do subterrâneo um vasto reino que entregaram liberalmente a Plutão e a Prosérpina, sua mulher. Designaram-lhes três conselheiros de Estado, três governantas, chamadas *Fúrias*, três parcas para fiar, dobar e cortar o fio da vida dos homens; e, como na antiguidade cada herói tinha seu cão para guardar a porta, deram a Plutão um canzarrão de três cabeças: pois tudo era de três. Dos três conselheiros de Estado – Minos, Éaco e Radamanto –, um julgava a Grécia, outro a Ásia Menor (pois os gregos não conheciam então a grande Ásia), e o terceiro era para a Europa.

Os poetas, que inventaram esses infernos, foram os primeiros que dele zombaram. Virgílio ora fala seriamente dos infernos na *Eneida*, porque então a seriedade convém a seu assunto, ora fala com desprezo em suas *Geórgicas* (II, v. 490 ss.):

Felix qui potuit rerum cognoscere causas,
Atque metus omnes et inexorabile fatum
Subjecit pedibus, strepitumque Acherontis avari!
Heureux qui peut sonder les lois de la nature,
Qui des vains préjugés foule aux pieds l'imposture;
Qui regarde en pitié le Styx et l'Achéron,
Et le triple Cerbère, et la barque à Caron.
[Feliz de quem pode sondar as leis da natura,
Quem dos preconceitos espezinha a impostura;
Quem olha com dó o Estige e o Aqueronte,
O triplo cérbero e a barca de Caronte.]

No teatro de Roma declamavam-se estes versos da *Tróada* (coro do ato II), aplaudidos por quarenta mil mãos:

... Taenara et aspero
Regnum sub domino, limen et obsidens
Custos non facili Cerberus ostio,
Rumores vacui, verbaque inania,
Et par sollicito fabula somnio.
Le palais de Pluton, son portier à trois têtes,
Les couleuvres d'enfer à mordre toujours prêtes,
Le Styx, le Phlégéton, sont des contes d'enfants,
Des songes importuns, des mots vides de sens.
[O palácio de Plutão, seu porteiro tricéfalo,
As cobras do inferno sempre prontas ao bote,
Estige, Flegetonte, contos de criança,
Sonhos importunos, palavras sem sentido.]

Lucrécio e Horácio exprimem-se com a mesma força; Cícero e Sêneca falam da mesma maneira em vários lugares. O grande imperador Marco Aurélio raciocina ainda mais filosoficamente que todos eles[40]. "Quem teme a morte teme ou ser privado de todos os sentidos ou sentir outras sensações. Mas, se já não tiveres teus sentidos, não estarás sujeito a nenhuma pena, a nenhuma miséria; se tiveres sentidos de outra espécie, serás outra criatura."

Não havia palavra para responder a esse raciocínio na filosofia profana. No entanto, devido à contradição inerente à espécie humana, que parece constituir a base de nossa natureza, ao mesmo tempo que Cícero dizia publicamente "Não há velha que acredite nessas inépcias", Lucrécio admitia que essas ideias impressionam muito os espíritos: segundo diz, vem para destruí-las:

> ... *Si certam finem esse viderent*
> *Ærumnarum homines, aliqua ratione valerent*
> *Relligionibus atque minis obsistere vatum.*
> *Nunc ratio nulla est restandi, nulla facultas:*
> *Æternas quoniam poenas in morte timendum.*
> (LUCRÉCIO, I, v. 108 ss.)
> *Si l'on voyait du moins un terme à son malheur,*
> *On soutiendrait sa peine, on combattrait l'erreur,*
> *On pourrait supporter le fardeau de la vie;*
> *Mais d'un plus grand supplice elle est, dit-on, suivie:*
> *Après de tristes jours on craint l'éternité.*
> [Se víssemos o fim das desditas,
> Aguentaríamos a dor, combateríamos o erro,
> Poderíamos suportar o fardo da vida;
> Mas dizem-nos que depois dela vem maior suplício:
> Depois de tristes dias, teme-se a eternidade.]

Portanto, era verdade que entre o povo mais humilde havia os que riam do inferno e os que o temiam. Uns consideravam Cérbero, as Fúrias e Plutão como fábulas ridículas; outros não deixavam de levar oferendas aos deuses infernais. Era tudo exatamente como agora:

> *Et quocumque tamen miseri venere, parentant,*
> *Et nigras mactant pecudes, et Manibu' divis*
> *Inferias mittunt, multoque in rebus acerbis*
> *Acrius advertunt animos ad relligionem.*
> (LUCRÉCIO, III, v. 51-54)
> *Ils conjurent ces dieux qu'ont forgés nos caprices;*
> *Ils fatiguent Pluton de leurs vains sacrifices;*
> *Le sang d'un bélier noir coule sous leurs couteaux:*
> *Plus ils sont malheureux, et plus ils sont dévots.*
> [Conjuram os deuses que nossos caprichos forjaram;
> Cansam Plutão com seus vãos sacrifícios;
> O sangue de um carneiro preto corre em seus cutelos:
> Quanto mais infelizes, mais devotos são.]

---

40. Liv. VIII, n. 62. (N. de Voltaire)

Vários filósofos que não acreditavam nas fábulas dos infernos queriam que o populacho fosse contido por essa crença. Assim foram Timeu de Locres e o político e historiador Políbio. Diz ele: "O inferno é inútil para os sábios, mas necessário ao populacho insano."

Sabe-se perfeitamente que a lei do Pentateuco nunca anunciou inferno algum[41]. Todos os homens estavam mergulhados naquele caos de contradições e incertezas quando Jesus Cristo veio ao mundo. Ele confirmou a doutrina antiga do inferno; não a doutrina dos poetas pagãos, não a dos sacerdotes egípcios, mas a que foi adotada pelo cristianismo, à qual tudo deve ceder. Anunciou um reino que viria e um inferno que não teria fim.

Disse expressamente em Cafarnaum na Galileia[42]: "Quem chamar seu irmão de *raça* será condenado pelo sinédrio; mas aquele que o chamar de *louco* será condenado aos *gehenei eimom*, geena do fogo."

Isso prova duas coisas: a primeira é que Jesus Cristo não queria que dissessem injúrias, pois só cabia a ele, como mestre, chamar os prevaricadores fariseus de *raça de víboras*; a segunda é que quem diz injúrias ao próximo merece o inferno, pois a geena do fogo ficava no vale de Ennom, onde antigamente se queimavam vítimas para Moloch; e essa geena representa o fogo do inferno.

Diz em outro lugar[43]: "Todo aquele que provocar a queda dos fracos que creem em mim, seria melhor que lhe pusessem ao pescoço uma grande mó e o lançassem ao mar.

"E, se tua mão te provoca a queda, corta-a; mais vale entrares maneta na vida do que ir para a geena do fogo inextinguível, onde o verme não morre e o fogo não se extingue.

"E, se teu pé te leva à queda, corta o pé; é melhor entrar coxo na vida eterna do que ser lançado com os dois pés na geena inextinguível, onde o verme não morre e o fogo não se extingue.

"E, se teu olho te levou à queda, arranca o olho; mais vale entrar zarolho no reino de Deus do que ser lançado com os dois olhos na geena do fogo, onde o verme não morre e o fogo não se extingue.

"Pois cada um será salgado pelo fogo, e toda vítima será salgada pelo sal.

"O sal é bom; mas, se o sal enfraquecer, com que salgareis?

"Tendes o sal em vós, conservai a paz entre vós."

Diz em outro lugar, a caminho de Jerusalém[44]: "Quando o pai de família entrar e fechar a porta, ficareis para fora e batereis, dizendo: Senhor, abri; e ele vos responderá: *Nescio vos*, donde sois? E então começareis a dizer: Comemos e bebemos contigo, e tu ensinaste em nossas praças; e ele vos responderá: *Nescio vos*, donde sois? Obreiros de iniquidades! E haverá choro e ranger de dentes quando virdes Abraão, Isaac, Jacó e todos os profetas, e estareis lançados fora."

Apesar das outras declarações positivas emanadas do Salvador do gênero humano, que garantem a danação eterna de quem quer que não esteja em nossa Igreja, Orígenes e alguns outros não acreditaram na eternidade das penas.

---

41. No *Dicionário enciclopédico*, o autor do verbete teológico Inferno parece fazer uma estranha confusão ao citar o Deuteronômio, cap. XXXII, v. 22 ss.; lá não se fala de inferno nem de casamento e dança. Lá Deus diz o seguinte: "Provocaram-me com aquele que não é seu Deus, e irritaram-me com suas vanidades; e eu os provocarei com aquele que não é meu povo, e os irritarei com uma nação idiota. – Um fogo acendeu-se em meu furor, e queimará até a beira do subterrâneo, devorará a terra com seus germes, queimará as raízes das montanhas. – Acumularei males sobre eles; atirarei sobre eles minhas flechas; fá-los-ei morrer de fome; os pássaros os devorarão com mordedura amarga; enviarei contra eles os dentes das feras com o furor dos répteis e das serpentes. O gládio os devastará por fora, e o pavor por dentro, eles, os rapazes e as virgens, as criancinhas de peito e os velhos." Haverá aí, se mal pergunto, algo que designe castigos após a morte? Relva seca, serpentes mordendo, virgens e crianças morrendo assemelham-se ao inferno? Não é vergonhoso truncar um trecho para encontrar nele o que não está? Se o autor se enganou, é perdoável; se quis enganar, é imperdoável. (N. de Voltaire)

42. Mateus, cap. V, v. 22. (N. de Voltaire)
43. Marcos, cap. IX, v. 41 ss. (N. de Voltaire)
44. Lucas, cap. XIII, v. 25 ss. (N. de Voltaire)

Os socinianos as rejeitam, mas estão fora da grei. Os luteranos e os calvinistas, ainda que desgarrados e fora da grei, admitem um inferno sem fim.

Desde que os homens começaram a viver em sociedade, precisaram perceber que vários culpados escapavam à severidade das leis: puniam-se os crimes públicos, mas era preciso estabelecer um freio para os crimes secretos; só a religião podia ser esse freio. Persas, caldeus, egípcios e gregos imaginaram punições após a vida; e, de todos os povos antigos que conhecemos, os judeus, como já observamos, foram os únicos que só admitiram castigos temporais. É ridículo acreditar ou fingir acreditar, com base em alguns trechos muito obscuros, que o inferno era admitido pelas antigas leis dos judeus, por seu Levítico, por seu Decálogo, se o autor dessas leis não diz uma única palavra que possa ter a menor relação com os castigos da vida futura. Caberia dizer ao redator do Pentateuco: Sois um homem inconsequente, sem probidade, desprovido de razão, indigno do nome de legislador que vos arrogais! Como?! Conheceis um dogma tão repressor, tão necessário ao povo como o do inferno, e não o anunciais expressamente? E, enquanto ele é admitido em todas as nações que vos cercam, limitai-vos a deixar que esse dogma seja adivinhado por alguns comentadores que virão quatro mil anos depois de vós, que torturarão algumas de vossas palavras para delas arrancar o que não dissestes? Ou sois ignorante, pois não sabeis que essa crença era universal no Egito, na Caldeia e na Pérsia, ou sois um homem muito inconsiderado, se, conhecendo esse dogma, não fizestes dele a base de vossa religião.

Os autores das leis judaicas podiam no máximo responder: confessamos que somos excessivamente ignorantes, que aprendemos a escrever muito tarde, que nosso povo era uma horda selvagem e bárbara, admitimos, que errou cerca de meio século por desertos inóspitos, que, enfim, usurpou uma pequena região, cometendo as rapinas mais odiosas e as crueldades mais detestáveis de que a história já fez menção. Não tínhamos nenhum comércio com as nações civilizadas: como quereis que nós, os mais terrenos dos homens, inventássemos um sistema totalmente espiritual?

Só utilizamos a palavra que corresponde a *alma* para significar *vida*; só conhecemos nosso Deus e seus ministros, seus anjos, como seres corpóreos: a distinção entre alma e corpo e a ideia de vida após a morte só podem ser fruto de longa meditação e de refinada filosofia. Perguntai aos hotentotes e aos negros, que habitam uma região cem vezes mais extensa que a nossa, se conhecem a vida futura. Achamos que fizemos muito em convencer nosso povo de que Deus pune os malfeitores até a quarta geração, seja com a lepra, seja com mortes súbitas, seja com a perda dos poucos bens possuídos.

A essa apologia poder-se-ia responder: inventastes um sistema obviamente ridículo; pois o malfeitor que se comportasse bem e cuja família prosperasse devia necessariamente zombar de vós.

O apologista da lei judaica responderia então: enganai-vos, pois para cada criminoso que raciocinasse corretamente haveria cem que não raciocinariam. Aquele que tivesse cometido um crime e não se sentisse punido em seu corpo nem no de seu filho temeria por seu neto. Além disso, se hoje ele não tivesse nenhuma úlcera malcheirosa, a que estávamos todos sujeitos, viria a tê-la em alguns anos: há sempre males numa família, e seria fácil levar a crer que tais males eram enviados pela mão divina, que castiga as faltas secretas.

Seria fácil replicar a essa resposta, dizendo: vossa desculpa de nada vale, pois todos os dias muita gente honesta perde a saúde e os bens; e, se não há família que não seja acometida por desgraças, se essas desgraças são castigos de Deus, todas as vossas famílias, portanto, eram famílias de embusteiros.

O sacerdote judeu ainda poderia replicar; diria que há desgraças inerentes à natureza humana e outras que são enviadas expressamente por Deus. Mas nós mostraríamos a esse respondão como é ridículo achar que a febre e o granizo ora são punição divina, ora efeito natural.

Por fim, os fariseus e os essênios, entre os judeus, admitiram a crença num inferno à sua moda: esse dogma já passara dos gregos aos romanos e foi adotado pelos cristãos.

Vários Padres da Igreja não acreditaram nas penas eternas; parecia-lhes absurdo que um pobre queimasse toda a eternidade por ter roubado uma cabra. Não adiantava Virgílio dizer, em seu sexto canto da *Eneida* (v. 617 e 618):

... *Sedet aeternumque sedebit*
Infelix Theseus.
[(...) Está assentado e eternamente estará assentado
O infeliz Teseu.]

Ele afirma em vão que Teseu está sentado para sempre numa cadeira, e que essa postura é seu suplício. Outros acreditavam que Teseu é um herói que não está sentado no inferno, que está nos Campos Elíseos.

Não faz muito tempo um teólogo calvinista, chamado Petit-Pierre, pregou e escreveu que um dia os condenados teriam graça. Os outros ministros disseram-lhe que não queriam saber daquilo. A polêmica aqueceu-se; dizem que o rei, seu soberano, mandou-lhes dizer que, se eles queriam ser condenados sem apelação, ele achava muito bom e até daria uma mãozinha. Os condenados da igreja de Neufchâtel depuseram o pobre Petit-Pierre, que tomara o inferno pelo purgatório. Alguém escreveu que um deles lhe disse: "Meu amigo, tampouco eu acredito no inferno eterno; mas é bom que tua criada, teu alfaiate e, principalmente, teu procurador acreditem."

Acrescentarei, para *ilustração* desse trecho, uma pequena exortação aos filósofos que negam terminantemente o inferno em seus escritos. Direi a eles: Senhores, nós não passamos a vida com Cícero, Ático, Catão, Marco Aurélio, Epicteto, o chanceler de l'Hôpital, La Mothe Le Vayer, Des Yveteaux, René Descartes, Newton, Locke, nem com o respeitável Bayle, que estava acima do destino; nem com o virtuoso e incredulíssimo Espinosa, que, mesmo nada tendo, devolveu aos filhos do grão-pensionário De Wit uma pensão de trezentos florins que lhe era passada pelo grande De Wit, cujo coração os holandeses comeram, embora nada houvesse para ganhar comendo-o. Todos aqueles com quem temos de tratar não são como Des Barreaux, que pagava a demandantes o valor do processo que ele esquecera de relatar. Nem todas as mulheres são Ninon Lenclos, que guardava religiosamente os depósitos em dinheiro, enquanto personalidades mais austeras os violavam. Em resumo, senhores, nem todos são filósofos.

Temos de lidar com muitos embusteiros que pouco refletiram; com uma multidão de pessoas medíocres, brutais, beberronas, ladras. Dizei-lhes, se quereis, que não há inferno, e que a alma é mortal. Quanto a mim, gritarei a seus ouvidos que serão condenadas se me roubarem: imitarei aquele pároco de aldeia que, depois de ser covardemente roubado por suas ovelhas, disse-lhes no sermão dominical: "Não sei onde Jesus Cristo estava com a cabeça quando morreu por canalhas como vós."

O Pedagogo cristão é um excelente livro para os parvos; foi composto pelo reverendo padre Outreman, da Companhia de Jesus, e aumentado por reverendo Coulon, pároco de Villejuif-lez--Paris. Graças a Deus, temos cinquenta e uma edições desse livro, no qual não há uma página em que se encontra algum vestígio de senso comum.

Frei Outreman afirma (p. 157, edição in-quarto) que um ministro de Estado da rainha Elisabeth, chamado barão de Honsden, que nunca existiu, predisse ao secretário de Estado Cecil e a outros seis conselheiros de Estado que seriam condenados, e ele também; e que isso ocorreu e ocorre a todo herege. É provável que Cecil e os outros conselheiros não tenham acreditado no barão de Honsden, mas, se esse pretenso barão tivesse falado a seis burgueses, talvez eles acreditassem.

Hoje em dia, quando nenhum burguês de Londres acredita no inferno, que fazer? Que freios teremos? O da honra, o das leis, até mesmo o da Divindade, que sem dúvida nos quer justos, haja inferno ou não.

INFERNOS (Enfers)

Nosso confrade que fez o verbete Inferno não falou da descida de Jesus Cristo aos infernos; é um artigo de fé muito importante: está expressamente especificado no símbolo de que já falamos. Pergunta-se de onde foi tirado esse artigo de fé, pois isso não se encontra em nenhum de nossos quatro Evangelhos; e o símbolo intitulado *dos apóstolos*, como observamos, é apenas do tempo dos sábios padres Jerônimo, Agostinho e Rufino.

Considera-se que essa descida de nosso Senhor aos infernos foi tomada originariamente do Evangelho de Nicodemo, um dos mais antigos.

Nesse Evangelho, o príncipe do tártaro e Satã, após longa conversa com Adão, Enoque, Elias, o tesbita, e Davi, "ouvem uma voz tonitruante e uma voz como uma tempestade". Davi diz ao príncipe do tártaro: "Agora, vil e sujo príncipe do inferno, abre tuas portas para que entre o rei glorioso" etc. Ao serem ditas tais palavras ao príncipe, surgiu o Senhor de majestade em forma de homem, iluminou as trevas eternas e rompeu os liames indissolúveis; e, com uma virtude invencível, visitou aqueles que estavam sentados nas trevas profundas dos crimes e na sombra da morte dos pecados.

Jesus Cristo apareceu com são Miguel; venceu a Morte; tomou Adão pela mão: o bom ladrão o seguia, carregando sua cruz. Tudo isso ocorreu no inferno em presença de Carino e Lêntio, que ressuscitaram expressamente para dar testemunho do fato aos pontífices Aás e Caifás e ao doutor Gamaliel, então mestre de são Paulo.

Esse Evangelho de Nicodemo há muito tempo não tem autoridade alguma. Mas encontra-se uma confirmação dessa descida aos infernos na primeira Epístola de são Pedro, no fim do capítulo III: "Porque Cristo morreu uma vez por nossos pecados, o justo pelos injustos, a fim de nos oferecer a Deus, morto em carne, mas ressuscitado em espírito, por meio do qual foi pregar aos espíritos que estavam aprisionados."

Vários Padres da Igreja tiveram impressões diferentes acerca desse trecho, mas todos convieram que, no fundo, Jesus descera aos infernos depois de morrer. Criaram-se a respeito disso dificuldades inúteis. Na cruz ele dissera ao bom ladrão: "Hoje estareis comigo no paraíso." Portanto, faltou-lhe com a palavra quando foi ao inferno. A essa objeção responde-se facilmente dizendo que ele o levou primeiro ao inferno e depois ao paraíso.

Eusébio de Cesareia diz[45] que "Jesus deixou o corpo sem esperar que a Morte o viesse buscar; que, ao contrário, ele segurou a Morte, que, trêmula, abraçava seus pés e queria fugir; que a deteve, quebrou as portas das masmorras onde estavam encerradas as almas dos santos; que os retirou de lá, ressuscitou-os, ressuscitou também e os levou em triunfo para aquela Jerusalém celeste, *que descia do céu todas as noites* e foi vista por são Justino".

Discutiu-se muito para saber se todos aqueles ressuscitados morreram de novo antes de subir ao céu. Santo Tomás garante em sua *Suma*[46] que remorreram. Essa é a impressão do refinado e judicioso Calmet. Diz ele em sua dissertação sobre essa grande questão: "Sustentamos que os santos que ressuscitaram depois da morte do Salvador morreram de novo para ressuscitar um dia."

Deus permitira antes que os profanos gentios imitassem por antecipação aquelas verdades sagradas. A fábula imaginara que os deuses ressuscitaram Pélope; que Orfeu tirou Eurídice dos

---

45. Evangelho, cap. II. (N. de Voltaire)
46. Parte III, quest. LIII. (N. de Voltaire)

infernos, pelo menos por um tempo; que Hércules livrou deles Alceste; que Esculápio ressuscitou Hipólito etc. etc. Cabe sempre fazer a distinção entre fábula e verdade e submeter nosso espírito a tudo o que o espanta, assim como ao que lhe parece em conformidade com suas fracas luzes.

INFINITO (Infini)

Primeira seção

Quem me dará uma ideia clara do infinito? Sempre tive apenas uma ideia muito confusa sobre o assunto. Será porque sou excessivamente finito?

O que é não parar de andar e nunca avançar? Não parar de contar e não fazer conta nenhuma? Não parar de dividir e nunca chegar à última parcela?

Parece que a noção de infinito é, no fundo, um tonel das Danaides.

No entanto, é impossível que não haja infinito. Está demonstrado que transcorreu uma duração infinita.

Começo do ser é absurdo; pois o nada não pode começar uma coisa. Visto que um átomo existe, cumpre concluir que há algum ser desde toda a eternidade. Temos então a demonstração rigorosa de uma duração infinita. Mas o que é um infinito passado, um infinito que detenho em minha mente no momento em que quero? Digo: eis aí uma eternidade transcorrida; passemos a outra. Distingo duas eternidades: uma antes e outra depois.

Quando penso nisso, parece-me ridículo. Percebo que disse uma tolice ao pronunciar estas palavras: "Uma eternidade passou; entro numa eternidade nova."

Pois, no momento em que falava desse modo, a eternidade durava, o fluxo do tempo corria. Eu não podia acreditá-la parada. A duração não pode separar-se. E, se alguma coisa sempre foi, alguma coisa é e será sempre.

O infinito em duração, portanto, está ligado por uma cadeia ininterrupta. Esse infinito perpetua-se no próprio instante em que digo que ele passou. O tempo começou e terminará para mim; mas a duração é infinita.

Eis aí já encontrado um infinito, porém não podemos ter dele uma noção clara.

Apresentam-nos um infinito espacial. O que entendeis por espaço? É um ser? É nada?

Se um ser, de que espécie? Não podeis dizer. Se nada, esse nada não tem nenhuma propriedade: e dizeis que ele é penetrável, imenso! Fico tão embaraçado, que não posso chamá-lo nada, nem chamá-lo alguma coisa.

No entanto, não conheço coisa alguma que tenha mais propriedades do que o nada, coisa nenhuma. Pois, partindo dos limites do mundo, se é que o há, podemos passear pelo nada, pensar nele, construir nele, se tivermos materiais; e esse nada não poderá se opor a nada do que queiramos fazer; pois, não tendo nenhuma propriedade, não pode opor-nos nenhum empecilho. Mas, assim como ele não pode nos prejudicar, também não pode servir-nos.

Afirma-se que foi assim que Deus criou o mundo, no nada e do nada: isso é abstruso; melhor, sem dúvida, é pensar que o espaço é infinito.

Mas somos curiosos, e há um espaço. Nosso espírito não pode descobrir a natureza desse espaço, nem seu fim. Dizemos que ele é *imenso*, porque não podemos medi-lo. O que resulta de tudo isso? Que pronunciamos palavras.

Étranges questions, qui confondent souvent
Le profond S'Gravesande et le subtil Mairan.
[Estranhas questões, que amiúde confundem
O profundo Gravesande e o sutil Mairan.]

Sobre o infinito numérico

Por mais que indiquemos o infinito aritmético com um laçarote como este ∞, nunca teremos uma ideia mais clara desse infinito numérico. Esse infinito, tal como os outros, não passa de impotência para se encontrar o fim. Chamamos de *infinito em tamanho grande* um número qualquer que ultrapasse algum número que não possamos supor.

Quando procuramos o infinitamente pequeno, nós dividimos; e chamamos de infinita uma quantidade menor do que alguma quantidade determinável. Esse é mais um nome que damos à nossa impotência.

Será a matéria divisível ao infinito?

Essa pergunta equivale precisamente à nossa incapacidade de encontrar o último número. Poderíamos continuar dividindo em pensamento um grão de areia, mas só em pensamento; e a incapacidade de continuar dividindo esse grão se chama infinito.

Não se pode negar que a matéria seja sempre divisível pelo movimento, que pode continuar a triturá-la ininterruptamente. Mas, se o movimento dividisse o último átomo, este não seria o último, pois seria dividido ainda em dois. E, se fosse o último, não seria mais divisível. E, se fosse divisível, onde estariam os germes, onde estariam os elementos das coisas? Isso também é muito abstruso.

Sobre o universo infinito

O universo é limitado? Sua extensão é imensa? Os sóis e os planetas são inúmeros? Que privilégio teria o espaço que contivesse certa quantidade de sóis e globos sobre outra parte do espaço que não os contivesse? A considerar o espaço como um ser ou como nada, que dignidade teve o espaço em que estamos para ser preferido a outros?

O nosso universo material, se não for infinito, não passará de ponto na extensão. Se for infinito, o que é um infinito atual que eu posso sempre aumentar em pensamento?

Sobre o infinito em geometria

Admite-se em geometria, como indicamos, não só grandezas infinitas, ou seja, maiores do que qualquer grandeza determinável, mas também infinitos infinitamente maiores uns que os outros. Isso de início nos transtorna o cérebro, que, nas maiores cabeças, tem apenas umas seis polegadas por cinco de largura e três de altura. Mas isso só quer dizer que um quadrado maior do que qualquer quadrado determinável prevalece sobre uma linha que se conceba com maior comprimento que qualquer linha determinável, e não lhe é comparável.

É outra maneira de operar, é a manipulação da geometria, e a palavra *infinito* é sua insígnia.

Sobre o infinito em poder, ação, sabedoria, bondade etc.

Assim como não podemos ter nenhuma ideia positiva de um infinito em duração, número e extensão, não podemos ter uma ideia de infinito em poder físico ou mesmo moral.

Concebemos facilmente que um ser poderoso organizou a matéria, pôs mundos a circular no espaço, formou os animais, os vegetais e os metais. Somos levados a essa conclusão quando vemos a impotência de todos esses seres para organizar-se espontaneamente. Somos obrigados a convir que esse grande Ser existe eternamente por si mesmo, pois não pode ter saído do nada: mas tampouco descobrimos seu infinito em extensão, poder e atributos morais.

Como conceber uma extensão infinita num ser que dizem ser simples? E, se é simples, que noção podemos ter de uma natureza simples? Conhecemos Deus por seus efeitos, não podemos conhecê-lo em sua natureza.

Se é evidente que não podemos ter ideia de sua natureza, não será evidente que não podemos conhecer seus atributos?

Quando dizemos que ele é infinito em poder, teremos alguma outra ideia, senão a de que seu poder é muito grande? Mas do fato de haver pirâmides de seiscentos pés de altura seguir-se-á que foi possível construir alguma de seiscentos bilhões de pés de altura?

Nada pode limitar o poder do Ser eterno, existente necessariamente por si mesmo. Concordo, não pode haver antagonista que o detenha, mas como provareis que ele não é circunscrito por sua própria natureza?

Tudo o que foi dito sobre esse grande objeto está bem provado?

Falamos de seus atributos morais, mas sempre os imaginamos com base no modelo dos nossos, e é impossível fazermos outra coisa. Nós só lhe atribuímos justiça, bondade etc. em consonância com as ideias da pouca justiça e bondade que percebemos em torno de nós.

Mas, no fundo, que relação há entre algumas de nossas qualidades tão incertas e variáveis e as qualidades do Ser supremo e eterno?

Nossa ideia de justiça outra coisa não é senão o respeito ao interesse alheio por parte do nosso interesse. O pão que uma mulher amassou com a farinha feita do trigo semeado por seu marido lhe pertence. Um selvagem faminto rouba-lhe o pão; a mulher grita que aquela é uma injustiça enorme, e o selvagem diz, tranquilamente, que nada é mais justo, e que ele e sua família não haveriam de morrer de fome por amor a uma velha.

Pelo menos parece que dificilmente podemos atribuir a Deus uma justiça infinita, semelhante à justiça contraditória dessa mulher e desse selvagem. No entanto, quando dizemos "Deus é justo", só podemos pronunciar essas palavras de acordo com nossas ideias de justiça.

Não conhecemos virtude mais agradável do que a franqueza, a cordialidade. Mas, se admitíssemos franqueza e cordialidade infinitas em Deus, correríamos o risco de dizer uma grande tolice.

Temos noções tão confusas sobre os atributos do Ser supremo, que algumas escolas admitem nele presciência e previsão infinitas, o que exclui todo acontecimento contingente; outras escolas admitem uma previsão que não exclui a contingência.

Enfim, desde que a Sorbonne declarou que Deus pode fazer que um pedaço de pau não tenha duas pontas, que uma coisa pode ser e não ser ao mesmo tempo, não se sabe mais o que dizer. Tememos sempre incorrer em heresia[47].

O que se pode afirmar sem temor é que Deus é infinito e que o espírito do homem é bem limitado.

O espírito do homem é tão pouca coisa, que Pascal disse: "Achais impossível que Deus seja infinito e sem partes? Quero mostrar-vos uma coisa infinita e indivisível: um ponto matemático a mover-se por toda parte com uma velocidade infinita, pois está em todos os lugares e por inteiro em cada lugar."

Nunca se disse nada de mais completamente absurdo; no entanto, foi o autor das *Cartas provinciais* quem disse essa enorme tolice. Isso deve causar arrepios em qualquer homem de bom-senso.

Segunda seção
História do infinito

Os primeiros geômetras perceberam, decerto a partir da décima primeira ou décima segunda proposição, que, se andassem sem nenhum desvio, chegariam à beira de um abismo, e que as

---

47. *História da universidade*, Duboullay. (N. de Voltaire)

pequenas verdades incontestáveis que descobriam estavam cercadas de infinito. Era possível entrever isso quando se pensava que um lado de um quadrado nunca pode medir o mesmo que a diagonal, ou que circunferências de círculos diferentes sempre passarão entre um círculo e sua tangente etc. Quem procurasse descobrir a raiz do número seis chegaria a um número entre dois e três; mas, qualquer que fosse a divisão feita, era possível aproximar-se dessa raiz, porém nunca chegar exatamente a ela. Se considerássemos uma reta que cortasse outra reta perpendicularmente, veríamos que se cortam em um ponto indivisível; mas, se elas se cortassem obliquamente, seríamos obrigados a admitir um ponto maior que outro, ou nada compreenderíamos sobre a natureza dos pontos e sobre o começo de qualquer grandeza.

O simples exame de um cone causava admiração: pois sua base, que é um círculo, contém um número infinito de linhas. Seu vértice é algo que difere infinitamente da linha. Se cortássemos esse cone paralelamente a seu eixo, teríamos uma figura cada vez mais próxima dos lados do triângulo formado pelo cone, mas nunca chegaríamos a ele. O infinito estava em toda parte: como conhecer a área de um círculo? E a de uma curva qualquer?

Antes de Apolônio, o círculo só fora estudado como medida dos ângulos, como algo que podia dar algumas médias proporcionais: isso prova que os egípcios, que haviam ensinado geometria aos gregos, foram geômetras medíocres, embora tivessem sido bons astrônomos. Apolônio estuda com detalhes as seções cônicas. Arquimedes considerou o círculo uma figura que tinha uma infinidade de lados e expôs a relação entre o diâmetro e a circunferência do modo como o espírito humano pode fazê-lo. Calculou a quadratura da parábola; Hipócrates de Quios, a das lúnulas do círculo.

A duplicação do cubo e a trissecção do ângulo, inabordáveis pela geometria comum, e a quadratura do círculo, impossível para qualquer geometria, constituíram o objeto inútil das pesquisas dos antigos. Nesse percurso, descobriram alguns segredos, tal como aqueles que procuravam a pedra filosofal. Todos conhecem a cissoide de Díocles, que se aproxima de sua diretriz mas nunca a atinge, a concoide de Nicomedes, que está no mesmo caso, a espiral de Arquimedes. Tudo isso foi descoberto sem álgebra, sem esse cálculo que ajuda tanto o espírito humano e parece conduzi-lo sem esclarecer. Digo "sem o esclarecer" porque, se dois aritméticos, por exemplo, tiverem de fazer uma conta, e o primeiro a fizer de cabeça, tendo sempre os números em mente, e o outro trabalhar no papel, segundo uma regra rotineira e segura que lhe mostre a verdade procurada só depois de atingido o resultado, tal como se a ela tivesse chegado de olhos fechados, teremos mais ou menos a diferença que há entre um geômetra sem cálculo, que considera figuras e vê suas relações, e um algebrista que busca essas relações por meio de operações que não falam ao espírito. Mas não se pode ir longe com o primeiro método: este talvez esteja reservado para seres superiores a nós. Precisamos de socorro que ajude e comprove nossa fraqueza. À medida que a geometria se estendeu, tornou-se necessário um número maior desses socorros.

Harriot, inglês, Viette, francês de Poitou, e principalmente o famoso Descartes empregaram sinais, letras. Descartes submeteu as curvas à álgebra e reduziu tudo a equações algébricas.

No tempo de Descartes, Cavallero, religioso de uma ordem dos jesuítas que já não existe, publicou em 1635 a *Geometria dos indivisíveis*: geometria novíssima, na qual os planos são compostos de uma infinidade de linhas, e os sólidos, de uma infinidade de planos. É verdade que ele não ousava pronunciar a palavra *infinito* em matemática, assim como Descartes não a pronunciava em física; ambos recorreram a um termo mais brando: *indefinido*. No entanto, Roberval, na França, tinha as mesmas ideias, e em Bruges havia um jesuíta que estava caminhando com passos gigantescos nesse sentido, mas por um caminho diferente. Era Grégoire de Saint-Vincent, que, mirando um erro e acreditando ter encontrado a quadratura do círculo, encontrou na verdade coisas admiráveis. Reduziu o próprio infinito a relações finitas; conheceu o infinito em tamanho pequeno e grande. Mas suas pesquisas estavam afogadas em três in-fólio: careciam de método e – o que é pior – um erro visível, que terminava o livro, prejudicava todas as verdades que ele continha.

Sempre se procurava calcular a quadratura de curvas. Descartes recorria a tangentes; Fermat, conselheiro de Toulouse, empregava sua regra *de maximis et minimis*, regra que merecia mais justiça do que a que Descartes lhe fez. Wallis, inglês, em 1655, apresentou com audácia a *Aritmética dos infinitos, e sequências infinitas em número*.

Milorde Brounker utilizou essa sequência para calcular a quadratura da hipérbole. Mercator de Holstein teve grande participação nessa invenção; mas o intuito era fazer com todas as curvas aquilo que o lorde Brounker tentara com tanta felicidade. Buscava-se um método geral para sujeitar o infinito à álgebra, assim como Descartes sujeitara o finito: foi esse o método encontrado por Newton com a idade de vinte e três anos, feito tão admirável quanto o de nosso jovem Clairault, que, com treze anos, acaba de publicar um *Tratado da medida das curvas de dupla curvatura*. O método de Newton tem duas partes: o cálculo diferencial e o cálculo integral.

O diferencial consiste em descobrir uma quantidade menor do que qualquer quantidade determinável, que, tomada uma infinidade de vezes, iguale a quantidade dada; é o que na Inglaterra se chama método dos fluxos.

O integral consiste em tomar a soma total das quantidades diferenciais.

O célebre filósofo Leibniz e o profundo matemático Bernouilli reivindicaram o cálculo diferencial e o cálculo integral; é preciso ser capaz de inventar coisas assim sublimes para ousar reivindicar a honra de tê-las inventado. Por que três grandes matemáticos, que procuravam a verdade, não a teriam encontrado? Torricelli, La Loubère, Descartes, Roberval, Pascal não demonstraram todos, cada um de seu lado, as propriedades da cicloide, chamada então *roulette* [rodinha]? Acaso já não vimos tantos oradores que, tratando do mesmo assunto, empregaram os mesmos pensamentos com termos diferentes? Os sinais que Newton e Leibniz utilizavam eram diferentes, mas os pensamentos eram os mesmos.

Seja como for, o infinito começou então a ser abordado pelo cálculo. Sem perceber, todos se acostumaram a ir recebendo infinitos que iam sendo sempre maiores que os outros. Esse edifício tão ousado assustou um dos arquitetos. Leibniz ousou chamar esses infinitos apenas de incomparáveis; mas o sr. de Fontenelle acaba de estabelecer essas diferentes ordens de infinitos sem nenhuma reserva, e deverá estar muito seguro do que faz para tê-lo ousado.

INFLUÊNCIA (Influence)

Tudo o que nos cerca influi sobre nós em termos físicos e morais; todos sabem disso.

Será possível influenciar um ser sem o tocar, sem mexer com ele?

Finalmente ficou demonstrada essa espantosa propriedade da matéria, de gravitar sem contato, de agir a distâncias imensas.

Uma ideia influencia uma ideia: coisa não menos compreensível.

Não tenho no monte Krapack o livro *Império do Sol e da Lua*, escrito pelo célebre médico Mead, que se pronuncia Mid; mas sei bem que esses dois astros são causadores das marés, e não é tocando as ondas do oceano que eles realizam esse fluxo e refluxo; está demonstrado que o fazem pelas leis da gravitação.

Mas, quando temos febre, o Sol e a Lua influirão nos acessos de febre? As mulheres não têm regras somente no quarto crescente da Lua? As árvores que cortamos na lua cheia apodrecem mais cedo do que se fossem cortadas na minguante? Não que eu saiba; mas a madeira cortada quando a seiva ainda circulava apodreceu mais depressa que as outras; e, se por acaso tivessem sido cortadas na lua cheia, diríamos: É a lua cheia que causou todo o mal.

Uma mulher terá seus mênstruos no crescente; mas sua vizinha os terá no quarto minguante.

Os dias críticos da febre que temos quando comemos demais ocorrem mais ou menos no quarto crescente: nosso vizinho terá os seus no minguante.

Tudo o que age sobre os animais e sobre os vegetais haverá de agir enquanto a Lua está em marcha.

Se uma mulher de Lyon observa que três ou quatro vezes teve regras nos dias em que a diligência chegava de Paris, seu boticário, homem dado a sistemas, terá o direito de concluir que a diligência de Paris exerce uma influência admirável sobre os canais excretórios daquela senhora?

Houve um tempo em que os habitantes dos portos marítimos estavam convictos de que ninguém morria quando a maré subia e que a morte sempre esperava o refluxo.

Vários médicos não deixaram de encontrar fortes razões para explicar esse fenômeno indubitável. O mar, subindo, comunica aos corpos a força que o eleva. Traz consigo partículas vivificantes que reanimam todos os doentes. É salgado, e o sal protege da podridão própria da morte. Mas, quando o mar se abaixa e retorna, tudo se abaixa como ele; a natureza definha, o doente deixa de ser vivificado e parte com a maré. Tudo isso está bem explicado, como se vê, mas não é verdade.

Os elementos, o alimento, a vigília, o sono, as paixões, tudo isso exerce influências contínuas sobre nós. Enquanto essas influências exercem seu império sobre nosso corpo, os planetas estão em marcha e as estrelas brilham. Direis que a marcha e a luz deles são a causa de vosso resfriado, de vossa indigestão, de vossa insônia, da cólera ridícula que desencadeastes contra algum respondão, da paixão que sentis por uma mulher?

Mas a gravitação do Sol e da Lua tornou a Terra um pouco achatada no polo e eleva duas vezes o oceano entre os trópicos em vinte e quatro horas; portanto, pode determinar vosso acesso de febre e governar toda a vossa máquina. Mas esperai que isso seja provado para afirmá-lo.

O Sol age muito sobre nós por meio de seus raios, que nos tocam e entram por nossos poros: é essa uma influência certíssima e benigna. Parece-me que não devemos admitir em física nenhuma ação sem contato, até que tenhamos descoberto algum poder bem reconhecido capaz de agir à distância, tal como o da gravitação e como o de vossos pensamentos sobre os meus, quando me dais ideias. Afora isso, só vejo até agora influências da matéria que toca a matéria.

O peixe de minha lagoa e eu existimos, cada um em nosso meio. A água que o toca da cabeça à cauda age continuamente sobre ele. A atmosfera que me cerca e me pressiona age sobre mim. Não devo atribuir à Lua, que está a noventa mil léguas de mim, nada do que devo naturalmente atribuir ao que toca minha pele o tempo todo. Isso é pior do que tentar responsabilizar a corte da China por um processo que eu tivesse na França. Nunca devemos ir longe quando o que procuramos está tão perto.

Vejo que o douto sr. Menuret expressa opinião contrária na *Enciclopédia*, no verbete Influência. Isso me obriga a desconfiar de tudo o que acabo de propor. O abade de Saint-Pierre dizia que nunca devemos afirmar que temos razão, mas dizer: "Essa é minha opinião, por enquanto."

Influência das paixões das mães sobre os fetos

Acredito, por enquanto, que as violentas comoções das mulheres grávidas às vezes produzem prodigioso efeito sobre o embrião que elas carregam no útero e acredito que acreditaram sempre nisso; a razão é que presenciei um fato desses. Se a única garantia para minha opinião fosse o testemunho dos historiadores que relatam o exemplo de Maria Stuart e seu filho Jaime I, eu suspenderia meu juízo, porque há duzentos anos entre mim e esse episódio, o que enfraquece minha crença; porque posso atribuir a impressão deixada no cérebro de Jaime a outras causas, que não a imaginação de Maria. Assassinos régios, comandados por seu marido, entram de espada em punho no gabinete onde ela ceia com o amante e o matam diante de seus olhos: a revolução súbita que ocorre em suas entranhas passa para seu fruto, e Jaime I, homem de muita coragem, sentiu durante toda a vida um frêmito involuntário quando alguém tirava a espada da bainha. Podia ser que, afinal, aquele pequeno movimento em seus órgãos tivesse outra causa.

Mas, em minha presença, alguém traz ao quintal de uma mulher grávida um saltimbanco que põe a dançar um cãozinho que usa uma espécie de toca vermelha: a mulher grita, pedindo que retirem de lá aquela figura; diz que seu filho ficará marcado por ela; chora, nada a tranquiliza. Diz ela: "É a segunda vez que me ocorre essa desgraça. Meu primeiro filho traz a marca de um terror que senti; sou fraca, sinto que serei atingida por uma desgraça." Ela tinha razão. Deu à luz uma criança que se assemelhava àquela figura que tanto a assustara. Com touca, principalmente, era muito fácil reconhecer; aquele animalzinho viveu dois dias.

No tempo de Malebranche, ninguém duvidava do caso que ele conta sobre a mulher que, vendo um malfeitor morrer na roda, deu à luz um filho cujos membros estavam quebrados nos mesmos lugares em que o condenado fora atingido. Todos os físicos concordavam então que a imaginação daquela mãe exercera uma influência funesta sobre o feto.

Depois disso, as pessoas se acharam mais refinadas; negaram essa influência. Houve quem dissesse: "Como quereis que as emoções de uma mãe desarranjem os membros do feto?" Não sei; mas vi. Filósofos novos, procurais em vão descobrir como uma criança se forma e quereis que eu saiba como ela se deforma.

INICIAÇÃO (Initiation)

Antigos mistérios

A origem dos antigos mistérios não estaria na mesma fraqueza que entre nós cria as confrarias e estabelecia congregações sob a direção dos jesuítas? Não será a necessidade de associar-se que forma tantas assembleias secretas de artesãos, das quais praticamente só nos resta a dos franco-maçons? Até mesmo os mendigos tinham suas confrarias, seus mistérios, seu jargão particular; vi um pequeno dicionário deles, impresso no século XVI.

Essa inclinação natural a associar-se, isolar-se, distinguir-se dos outros, garantir-se contra eles, provavelmente produziu todos os bandos particulares, todas as iniciações misteriosas que depois fizeram tanto alarde, para finalmente caírem no esquecimento, onde tudo cai com o tempo.

Que os deuses cabiras, os hierofantes da Samotrácia, Ísis, Orfeu e Ceres Eleusina me perdoem, mas desconfio que os segredos sagrados, no fundo, não mereciam mais curiosidade do que o interior dos conventos de carmelitas e capuchinhos.

Como aqueles mistérios eram sagrados, seus participantes logo passaram a ser também sagrados; e, enquanto seu número foi pequeno, eles foram respeitados; quando seu número cresceu demais, a consideração de que gozaram não foi maior do que a dos barões alemães, depois que o mundo se encheu de barões.

A iniciação era paga, assim como se paga o ingresso em qualquer sociedade, mas não era permitido falar só porque se pagava. Em todos os tempos, constituía grande crime revelar o segredo daquelas momices religiosas. Tal segredo provavelmente não merecia ser conhecido, pois a assembleia não era uma sociedade de filósofos, mas de ignorantes, dirigidos por um hierofante. Jurava-se silêncio, e todo juramento sempre foi um elo sagrado. Ainda hoje, nossos pobres franco-maçons juram não falar sobre seus mistérios. Esses mistérios são bem insignificantes, mas quase nunca se comete perjúrio.

Diágoras foi proscrito pelos atenienses por ter transformado o hino secreto de Orfeu em tema de conversa[48]. Aristóteles informa que Ésquilo quase foi esquartejado pelo povo, ou pelo menos

---

48. *Suidas, Athenagoras, J. Meursii Eleusinia.* (N. de Voltaire)

levou uma grande surra, por ter dado em uma de suas peças alguma ideia sobre aqueles mesmos mistérios nos quais quase todos então estavam iniciados.

Parece que Alexandre não fazia muito caso daquelas facécias reverenciadas; estão elas bem sujeitas ao desprezo dos heróis. Ele revelou o segredo à sua mãe Olímpia, mas recomendou-lhe que nada dissesse, a tal ponto a superstição acorrenta os próprios heróis!

Diz Heródoto[49]: "Na cidade de Busíris, os homens e as mulheres apanham depois do sacrifício, mas não me é permitido dizer onde apanham." Mas bem que dá a entender.

Acredito enxergar uma descrição dos mistérios de Ceres Eleusina no poema de Claudiano, o *Rapto de Prosérpina*, muito mais do que no sexto livro da *Eneida*. Virgílio vivia no tempo de um príncipe que a todas a suas maldades somava a de querer ser visto como devoto, que provavelmente se iniciara para impor-se ao povo, e que não teria tolerado essa pretensa profanação. Note-se que Horácio, seu favorito, vê essa revelação como um sacrilégio:

    ... Vetabo qui Cereris sacrum
Vulgarit arcanae, sub iisdem
    Sit trabibus, fragilemve mecum
Solvat phaselum...
(Liv. III, od. II, 26 ss.)
Je me garderai bien de loger sous mes toits
Celui qui de Cérès a trahi les mystères.
[Eu evitaria alojar sob meu teto
Aquele que de Ceres traiu os mistérios.]

Aliás, a sibila de Cumas e aquela descida aos infernos, imitada de Homero, muito menos que embelezada, bem como a bela predição dos destinos dos césares e do império romano não têm relação alguma com as fábulas de Ceres, Prosérpina e Triptólemo. Por isso, é muito provável que o sexto livro da *Eneida* não seja uma descrição dos mistérios. Se eu disse isso, desdigo-me; mas sustento que Claudiano os revelou ao longo do tempo. Claudiano vicejava num tempo em que era permitido divulgar os mistérios de Elêusis e todos os mistérios do mundo. Vivia sob o governo de Honório, na decadência total da antiga religião grega e romana, na qual Teodósio I já infligira golpes mortais.

Horácio não teria então medo de morar sob o mesmo teto com um revelador de mistérios. Claudiano, na qualidade de poeta, era daquela antiga religião, mais afeiçoada à poesia do que a nova. Ele descreve as facécias dos mistérios de Ceres do modo como eles eram ainda representados com reverência na Grécia até Teodósio II. Era uma espécie de ópera em pantomimas, daquelas engraçadas, algumas das quais vimos, onde eram representadas todas as diabruras do dr. Fausto, o nascimento do mundo e o de Arlequim, ambos saídos de um grande ovo sob os raios do sol. Desse modo, toda a história de Ceres e Prosérpina era representada por todos os mistagogos. O espetáculo era bonito; devia custar caro, e não é de surpreender que os iniciados pagassem os atores. Todos precisam viver de seu ofício.

Vejamos os versos empolados de Claudiano (*De raptu Proserpinae, I*):

Inferni raptoris equos, afflataque curru
Sidera taenario, caligantesque profundae
Junonis thalamos, audaci prodere cantu
Mens congesta jubet. Gressus removete, profani!

---

49. Heródoto, liv. II, cap. LXI. (N. de Voltaire)

1022 INICIAÇÃO

Jam furor humanos de nostro pectore sensus
Expulit, et totum spirant praecordia Phoebum.
Jam mihi cernuntur trepidis delubra moveri
Sedibus, et claram dispergere culmina lucem,
Adventum testata dei: jam magnus ab imis
Auditur fremitus terris, templumque remugit
Cecropium, sanctasque faces attollit Eleusis:
Angues Triptolemi strident, et squammea curvis
Colla levant attrita jugis, lapsuque sereno
Erecti roseas tendunt ad carmina cristas.
Ecce procul ternas Hecate variata figuras
Exoritur, lenisque simul procedit Iacchus,
Crinali florens hedera, quem Parthica velat
Tigris, et auratos in nodum colligit ungues.

Je vois les noirs coursiers du fier dieu des enfers;
Ils ont percé la terre, ils font mugir les airs.
Voici ton lit fatal, ô triste Proserpine!
Tous mes sens ont frémi d'une fureur divine:
Le temple est ébranlé jusqu'en ses fondements;
L'enfer a répondu par ses mugissements;
Cérès a secoué ses torches menaçantes:
D'un nouveau jour qui luit les clartés renaissantes
Annoncent Proserpine à nos regards contents.
Triptolème la suit. Dragons obéissants,
Traînez sur l'horizon son char utile au monde;
Hécate, des enfers fuyez la nuit profonde;
Brillez, reine des temps; et toi, divin Bacchus,
Bienfaiteur adoré de cent peuples vaincus,
Que ton superbe thyrse amène l'allégresse.
[Vejo os negros ginetes do fero deus dos infernos;
Penetraram na terra, fazem troar os ares.
Eis teu leito fatal, ó triste Prosérpina!
Todos os meus sentidos fremiram com um furor divino:
O templo é abalado até os alicerces;
O inferno respondeu com seu fragor;
Ceres sacudiu suas tochas ameaçadoras:
De um novo dia que luz o clarão renascente
Anuncia Prosérpina a nosso olhar contente.
Triptólemo a segue. Dragões obedientes,
Puxai pelo horizonte seu carro útil ao mundo;
Hécate, foge da noite profunda dos infernos;
Brilha, rainha dos tempos; e tu, divino Baco,
Benfeitor adorado de cem povos vencidos,
Que teu soberbo tirso traga a alegria.]

Cada mistério tinha suas cerimônias próprias; mas todos admitiam vigílias, em que rapazes e moças não perdiam tempo; foi isso o que, em parte, acabou levando ao descrédito aquelas cerimônias noturnas, instituídas para a santificação. Essas cerimônias de encontro foram abolidas na Grécia no tempo da guerra do Peloponeso: em Roma, foram abolidas na juventude de Cícero, dezoito anos antes de seu consulado. Eram tão perigosas, que, em *Aulularia* de Plauto, Licônides diz a Euclião: "Confesso que, durante uma vigília de Ceres, fiz um filho em tua filha."

Nossa religião, que purificou muitos institutos pagãos ao adotá-los, santificou o nome iniciado, as festas noturnas e as vigílias, que durante muito tempo estiveram em uso, mas finalmente precisaram ser proibidas, quando no governo da Igreja foi introduzido um poder policial, que por muito tempo esteve por conta da piedade e da devoção.

A principal fórmula de todos os mistérios era: *Fora, profanos*. Os cristãos também usaram essa fórmula nos primeiros séculos. O diácono dizia: "Fora, catecúmenos, possessos e não iniciados."

Foi ao falar do batismo dos mortos que são Crisóstomo disse: "Gostaria de me explicar claramente, mas só posso explicá-lo aos iniciados. Ficamos muito embaraçados. Precisamos ser ininteligíveis ou publicar os segredos que devem ser ocultados."

Impossível falar com mais clareza da lei do segredo e da iniciação. Tudo mudou tanto, que, se alguém falasse hoje de iniciação à maioria dos padres e de seus paroquianos, ninguém entenderia, com exceção daqueles que por acaso tivessem lido este capítulo.

Encontram-se em Minúcio Félix as acusações abomináveis que os pagãos faziam aos mistérios cristãos. Os iniciados eram criticados porque se chamavam mutuamente irmãos e irmãs, só para profanar esse nome sagrado[50]; segundo diziam, eles beijavam a genitália de seus padres, tal como se faz ainda com os santos da África; sujavam-se com todas as torpezas com que depois foram denegridos os templários. Estes e aqueles eram acusados de adorar uma espécie de cabeça de asno.

Vimos que as primeiras sociedades cristãs acusavam-se mutuamente das mais inconcebíveis infâmias. O pretexto daquelas calúnias mútuas era o segredo inviolável em que cada sociedade convertia seus mistérios. Por isso, em Minúcio Félix, Cecílio, acusador dos cristãos, exclama: "*Cur occultare et abscondere quidquid colunt magnopere nituntur? Quum honesta semper publico gaudeant, scelera secreta sint* – Por que escondem com tanto zelo aquilo que fazem e adoram? A honestidade sempre é pública, só os crimes são secretos."

Não é de duvidar que tais acusações, disseminando-se, tenham valido muitas perseguições aos cristãos. Sempre que uma associação, seja ela qual for, é acusada pela voz pública, por mais que se verifique uma impostura, todos acham meritório perseguir os acusados.

Como não sentir horror pelos primeiros cristãos, se o próprio santo Epifânio lhes faz as mais execráveis acusações? Afirma ele que os cristãos fibionitas ofereciam a trezentos e sessenta e cinco anjos o sêmen que espalhavam sobre moças e rapazes[51], e que, depois de terem realizado setecentas e trinta vezes essa torpeza, exclamavam: "Sou o Cristo."

Segundo ele, aqueles mesmos fibionitas, os gnósticos e os estratiotistas (homens e mulheres), espalhando seus sêmens nas mãos uns dos outros, o ofereciam a Deus em seus mistérios, dizendo: "Nós vos oferecemos o corpo de Jesus Cristo."[52] Depois o engoliam e diziam: "É o corpo de Cristo, é a páscoa." As mulheres que estivessem menstruadas enchiam as mãos com seu mênstruo e diziam: "É o sangue do Cristo."

Os carpocracianos, segundo o mesmo Padre da Igreja[53], cometiam o pecado de sodomia em suas assembleias e abusavam de todas as partes do corpo das mulheres; depois disso, realizavam operações mágicas.

---

50. Minúcio Félix, p. 22, edição in-quarto. (N. de Voltaire)
51. Epifânio, edição de Paris, 1754, p. 40. (N. de Voltaire)
52. P. 38. (N. de Voltaire)
53. Folha 46, verso. (N. de Voltaire)

Os cerintianos não se entregavam a essas abominações[54], mas estavam convencidos de que Jesus Cristo era filho de José.

Os ebionitas, em seu Evangelho, afirmavam que são Paulo quisera casar-se com a filha de Gamaliel e, não conseguindo, fizera-se cristão por raiva, estabelecendo o cristianismo para vingar-se[55].

De início, essas acusações não chegaram ao governo. Os romanos deram pouca atenção às brigas e às críticas mútuas daquelas pequenas sociedades de judeus, gregos, egípcios escondidos em meio ao populacho, assim como hoje, em Londres, o parlamento não se preocupa com o que é feito por menonitas, pietistas, anabatistas, milenaristas, morávios e metodistas. Dá-se atenção a assuntos mais prementes e só se atenta para essas acusações secretas quando elas parecem perigosas por se tornarem públicas.

Com o tempo, tais coisas chegaram aos ouvidos do senado, por meio dos judeus, que eram inimigos implacáveis dos cristãos, ou por meio dos próprios cristãos; por esse motivo, foram imputados a todas as sociedades cristãs os crimes de que algumas eram acusadas; por isso, suas iniciações foram caluniadas durante tanto tempo, e daí advieram as perseguições sofridas. E essas perseguições os obrigaram a maior circunspecção; isolaram-se, uniram-se, passaram a mostrar seus livros apenas a seus iniciados. Nenhum magistrado romano, nenhum imperador nunca teve o menor conhecimento deles, como já se provou. A Providência, durante três séculos, aumentou seu número e suas riquezas, até que, no fim, Constâncio Cloro os protegeu abertamente, e seu filho Constantino abraçou a religião deles.

No entanto, as palavras *iniciados* e *mistérios* subsistiram e foram ocultadas aos gentios o máximo que se pôde. Quanto aos mistérios dos gentios, duraram até o tempo de Teodósio.

INOCENTES (Inocents)

Sobre o massacre dos inocentes

Quando se fala do massacre dos inocentes, não se faz referência às vésperas sicilianas, às matinas de Paris, conhecidas com o nome de noite de São Bartolomeu, aos habitantes do Novo Mundo, massacrados porque não eram cristãos, nem aos autos de fé da Espanha e de Portugal etc. etc.; em geral, faz-se referência às criancinhas que foram mortas nos arredores de Belém por ordem de Herodes, o Grande, e depois transportadas para Colônia, onde ainda estão.

Toda a Igreja grega afirmou que eram catorze mil crianças.

As objeções opostas pelos críticos quanto a essa questão histórica foram todas resolvidas por sábios e sapientes comentadores.

Argumentou-se contra a estrela que conduziu os magos dos confins do oriente a Jerusalém. Alegou-se que, como a viagem era longa, a estrela devia ter ficado muitíssimo tempo no horizonte; que, apesar disso, nenhum historiador, exceto são Mateus, nunca falou daquela estrela extraordinária; que, se tivesse brilhado por muito tempo no céu, Herodes, toda a sua corte e toda Jerusalém deveriam tê-la avistado, assim como aqueles três magos ou três reis; que, por conseguinte, Herodes não poderia ter se *informado diligentemente com aqueles reis para saber em que tempo haviam visto aquela estrela*; que, se aqueles três reis tivessem dado presentes de ouro, mirra e incenso ao recém-nascido, seus pais deviam ter ficado riquíssimos; que Herodes não poderia ter acreditado que aquela criança, nascida num estábulo de Belém, era rei dos judeus, pois aquele reino pertencia aos romanos e era de César; que, se três reis das Índias viessem hoje à França,

---

54. P. 49. (N. de Voltaire)
55. Folha 62, verso. (N. de Voltaire)

conduzidos por uma estrela, e parassem em casa de uma mulher de Vaugirard, ninguém nunca conseguiria convencer o rei que estivesse no poder de que o filho daquela aldeã era rei da França.

Respondeu-se plenamente a essas dificuldades, que são as preliminares do massacre dos inocentes, mostrando-se que o que é impossível aos homens não é impossível a Deus.

Em relação à carnificina das criancinhas, quer o número delas tenha sido catorze mil, ou mais ou menos, demonstrou-se que aquele horror medonho e único no mundo não era incompatível com o caráter de Herodes; que, na verdade, visto que confirmado como rei da Judeia por Augusto, ele não podia ter medo de uma criança nascida de pais obscuros e pobres, numa aldeola; mas que, sofrendo então da doença que o matou, podia estar com o sangue tão corrompido, que teria perdido a razão e a humanidade; que, enfim, todos esses acontecimentos incompreensíveis, que preparavam mistérios mais incompreensíveis ainda, eram dirigidos por uma Providência impenetrável.

Objeta-se que o historiador Josefo, quase contemporâneo, apesar de ter contado todas as crueldades de Herodes, não falou do massacre dos pequeninos mais do que da estrela dos três reis; que Fílon, o Judeu, e qualquer outro judeu ou romano nada disseram a respeito; que mesmo três evangelistas guardaram profundo silêncio sobre esses assuntos importantes. Responde-se que são Mateus os anunciou, e que o testemunho de um homem inspirado é mais forte que o silêncio de toda a terra.

Os censores não se renderam; ousaram repreender o próprio são Mateus por ter dito que aquelas crianças foram massacradas "para que se cumprissem as palavras de Jeremias. Ouviu-se uma voz em Ramá, uma voz de pranto e gemidos, Raquel chorando seus filhos, não se consolando, porque eles já não são".

Essas palavras históricas, dizem, cumpriram-se ao pé da letra na tribo de Benjamim, descendente de Raquel, quando Nabuzardan mandou matar uma parte da tribo nos arredores da cidade de Ramá. Não eram predição, dizem, tanto quanto não o eram estas palavras: "Ele será chamado Nazareno. E veio morar numa cidade chamada Nazaré, para que se cumprisse o que foi dito pelos profetas: 'Será chamado Nazareno.'" E alegam que essas palavras não estão em nenhum profeta, assim como alegam que Raquel, chorando os habitantes de Benjamim em Ramá, não tem relação alguma com o massacre dos inocentes no tempo de Herodes.

Ousam afirmar que essas duas alusões, sendo visivelmente falsas, constituem prova manifesta da falsidade dessa história; concluem que não houve massacre de crianças, estrela nova nem viagem de três reis.

Vão bem mais longe: acreditam encontrar uma contradição tão grande entre a narrativa de são Mateus e a de são Lucas, quanto entre as duas genealogias expostas por eles. São Mateus diz que José e Maria levaram Jesus para o Egito, para que ele não fosse morto no massacre. São Lucas, ao contrário, diz que "depois de cumprirem todas as cerimônias da lei, José e Maria voltaram a Nazaré, sua cidade, e iam todos os anos a Jerusalém para comemorar a páscoa".

Ora, eram necessários trinta dias para que uma puérpera se purificasse e cumprisse todas as cerimônias da lei. Isso significaria expor a criança, durante trinta dias, ao risco de morrer na proscrição geral. E, se foram a Jerusalém cumprir as prescrições da lei, os pais não podem ter ido ao Egito.

Aí estão as principais objeções dos incrédulos. São suficientemente refutadas pela crença das Igrejas grega e latina. Se fosse necessário esclarecer sempre as dúvidas de todos os que leem a Escritura, seria preciso passar a vida inteira a discutir todos os assuntos. Por isso, recorramos a nossos mestres, à Universidade de Salamanca, quando estivermos na Espanha, à de Coimbra, se em Portugal, à Sorbonne, na França, à sagrada Congregação, em Roma. Submetamo-nos sempre de coração e espírito ao que é exigido de nós para nosso bem.

INQUISIÇÃO (Inquisition)

Primeira seção

É uma jurisdição eclesiástica erigida pela sé de Roma na Itália, na Espanha, em Portugal e nas próprias Índias, para investigar e extirpar infiéis, judeus e hereges.

Para que não nos acusem de buscar na mentira motivos para tornar odioso esse tribunal, apresentaremos aqui o resumo de uma obra latina sobre a origem e o progresso do ofício da santa Inquisição, que Luís de Páramo, inquisidor no reino da Sicília, publicou em 1598, na tipografia régia de Madri.

Sem remontar à origem da Inquisição, que Páramo afirma descobrir na maneira como Deus teria procedido contra Adão e Eva, aqui nos limitaremos à nova lei: segundo ele, Jesus Cristo teria sido seu primeiro inquisidor. Teria exercido essas funções a partir do décimo terceiro dia de vida, ao mandar que os três reis magos anunciassem à cidade de Jerusalém sua vinda ao mundo; depois, ao fazer Herodes morrer devorado por vermes, ao expulsar os vendilhões do templo e, finalmente, ao entregar a Judeia a tiranos que a pilharam, como punição de sua infidelidade.

Depois de Jesus Cristo, são Pedro, são Paulo e os outros apóstolos exerceram o ofício de inquisidores, transmitindo-o a seus sucessores, papas e bispos. São Domingos, vindo à França com o bispo de Osma, onde era arquidiácono, insurgiu-se com fervor contra os albigenses e granjeou as simpatias de Simão, conde de Montfort. Sendo nomeado inquisidor em Languedoc pelo papa, lá fundou sua ordem, que foi aprovada em 1216 por Honório III; sob os auspícios de santa Madalena, o conde de Montfort tomou de assalto a cidade de Béziers e mandou massacrar todos os seus habitantes; em Laval, foram queimados, de uma só vez, quatrocentos albigenses. "Em todos os historiadores da inquisição que li", diz Páramo, "nunca vi um ato de fé tão célebre, nem espetáculo tão solene." Na aldeia de Gazeras foram queimados sessenta e em outro lugar, cento e oitenta.

A Inquisição foi adotada pelo conde de Toulouse em 1229 e confiada aos dominicanos pelo papa Gregório IX em 1233; Inocêncio IV, em 1251, a estabeleceu em toda a Itália, exceto em Nápoles. No começo, é verdade, na região de Milão os hereges não eram submetidos à pena de morte, de que são, porém, tão dignos, porque os papas não eram suficientemente respeitados pelo imperador Frederico, que possuía aquele Estado; mas, pouco tempo depois, os hereges passaram a ser queimados em Milão como em outros lugares da Itália, e nosso autor observa que, no ano 1315, como alguns milhares de hereges se espalharam por Cremasco, pequena comuna encravada na região de Milão, os frades dominicanos mandaram queimar a maior parte e, com o fogo, detiveram os males dessa peste.

Como o primeiro cânone do concílio de Toulouse, já no ano 1229, ordenara que os bispos escolhessem em cada paróquia um padre e dois ou três leigos de boa reputação para procurarem, sob juramento e com precisão e frequência, os hereges em casas, porões e em todos os lugares onde pudessem esconder-se, avisando imediatamente o bispo, o senhor do lugar ou seu bailio (depois de tomarem as devidas precauções para que os hereges descobertos não fugissem), os inquisidores puderam agir de concerto com os bispos. As prisões do bispo e da Inquisição muitas vezes eram as mesmas; e, embora pudesse agir em seu nome no decorrer do processo, o inquisidor não podia submeter a interrogatório, pronunciar a sentença definitiva, condenar à prisão perpétua etc. sem a intervenção do bispo. As frequentes disputas entre bispos e inquisidores a propósito dos limites de sua autoridade, dos despojos dos condenados etc. obrigaram o papa Sixto IV, em 1473, a tornar as inquisições independentes e separadas dos tribunais episcopais. Criou um inquisidor geral para a Espanha, munido do poder de nomear inquisidores particulares; e Fernando V, em 1478, fundou e dotou as inquisições.

Por solicitação do irmão Turrecremata, grande inquisidor na Espanha, o mesmo Fernando V, cognominado o Católico, baniu todos os judeus do reino, concedendo-lhes três meses a contar da publicação de seu edito; depois disso, era-lhes proibido, sob pena de morte, permanecer em terras de dominação espanhola. Tinham permissão para sair do reino com os haveres e as mercadorias que tivessem comprado, mas não de levar consigo nenhuma espécie de ouro ou prata.

O irmão Turrecremata apoiou esse edito, na diocese de Toledo, proibindo todos os cristãos, sob pena de excomunhão, de dar o que quer que fosse aos judeus, mesmo coisas de primeira necessidade.

Depois dessas leis, saíram da Catalunha, do reino de Aragão, do reino de Valência e de outros países submetidos à dominação de Fernando cerca de um milhão de judeus, a maioria dos quais morreu na miséria; por isso, costumam eles comparar os males que sofreram na época às calamidades que enfrentaram no tempo de Tito e de Vespasiano. Aquela expulsão dos judeus rejubilou todos os reis católicos.

Alguns teólogos censuraram aqueles editos do rei da Espanha; suas principais razões eram de que não devemos obrigar os infiéis a abraçar a fé de Jesus Cristo, e que essas violências são a vergonha de nossa religião.

Mas tais argumentos são bem fracos, e sustento, diz Páramo, que o edito é piedoso, justo e louvável, que a violência com que se exige que os judeus se convertam não é uma violência absoluta, mas condicional, pois eles podiam livrar-se dela saindo da pátria. Se não, podiam corromper os judeus recém-convertidos e os próprios cristãos; ora, segundo o que disse são Paulo[56]: "Que comunhão poderá haver entre a justiça e a iniquidade, entre a luz e as trevas, entre Jesus Cristo e Belial?"

Quanto ao confisco de seus bens, nada há de mais justo, pois eles os haviam adquirido praticando a usura com os cristãos, que assim apenas estavam retomando o que lhes pertencia.

Enfim, com a morte de nosso Senhor, os judeus se tornaram escravos; ora, tudo o que um escravo possui pertence a seu senhor: que isso seja dito de passagem contra os injustos censores da piedade e da justiça irrepreensível e da santidade do rei católico.

Em Sevilha, visto que se procurava algum exemplo de severidade para dar aos judeus, Deus – que sabe extrair o bem do mal – permitiu que um jovem, enquanto esperava uma moça, enxergasse pelas fendas de um tabique uma reunião de judeus e os denunciasse. Grande número daqueles infelizes foi preso e punido como merecia. Em virtude dos diversos editos dos reis da Espanha e dos inquisidores gerais e particulares estabelecidos naquele reino, em pouquíssimo tempo cerca de dois mil hereges também foram queimados em Sevilha, mais de quatro mil de 1482 a 1520. Uma infinidade de outros foi condenada à prisão perpétua ou submetida a penitências de diferentes tipos. Houve uma emigração tão grande, que lá se contavam quinhentas casas vazias e três mil na diocese; ao todo, houve mais de cem mil hereges mortos, punidos de alguma outra maneira ou voluntariamente expatriados para fugir ao castigo. Assim, aqueles padres piedosos realizaram grande carnificina de hereges.

O estabelecimento da Inquisição de Toledo foi uma fonte fecunda de bens para a Igreja católica. No curto espaço de dois anos, ela mandou queimar cinquenta e dois hereges obstinados, e duzentos e vinte foram condenados por contumácia: por aí se pode imaginar a grande utilidade que essa Inquisição teve desde que se estabeleceu, visto que em tão pouco tempo fizera tão grandes coisas.

A partir do início do século XV, o papa Bonifácio IX tentou em vão estabelecer a Inquisição no reino de Portugal, onde investiu Vicente de Lisboa, provincial dos dominicanos, das funções de inquisidor geral. Quando, alguns anos depois, Inocêncio VII nomeou o mínimo Didacus da

---

56. II Corint., cap. VI, v. 14 e 15. (N. de Voltaire)

Sylva como inquisidor, o rei João I escreveu-lhe dizendo que o estabelecimento da Inquisição naquele reino era contrário ao bem de seus súditos, a seus próprios interesses e talvez mesmo aos da religião.

O papa, tocado pelas palavras de um príncipe indulgente demais, revogou todos os poderes concedidos aos inquisidores recém-estabelecidos e autorizou Marcos, bispo de Sinigaglia, a absolver os acusados, o que foi feito. Foram restabelecidos em seus cargos e dignidades todos os que haviam sido deles privados, livrando-se muitas pessoas do medo de ter os bens confiscados.

Mas como o Senhor é admirável em seus caminhos!, continua Páramo; o que os soberanos pontífices não haviam obtido com tantas instâncias, o rei João III concedeu espontaneamente a um velhaco esperto, de que Deus se serviu para essa boa obra. Ocorre que os malvados muitas vezes são instrumentos úteis dos desígnios de Deus, que não reprova o que eles fazem de bem; foi por isso que[57], quando João disse a nosso Senhor Jesus Cristo: "Mestre, vimos um homem que não é vosso discípulo expulsando demônios em vosso nome e o impedimos de fazê-lo", Jesus respondeu: "Não o impeçais, pois aquele que faz milagres em meu nome não falará mal de mim, e aquele que não é contra vós é por vós."

Páramo conta, em seguida, que viu na biblioteca de são Lourenço, no Escorial, um escrito do próprio punho de Saavedra, no qual aquele velhaco explica com detalhes que, forjando uma falsa bula, entrou em Sevilha na qualidade de legado, com um cortejo de cento e vinte e seis domésticos; que tirou treze mil ducados dos herdeiros de um rico senhor do lugar durante os vinte dias em que ficou no palácio do arcebispo, criando uma obrigação falsa em que aquele senhor reconhecia que tomara de empréstimo uma soma semelhante do legado durante sua permanência em Roma; que, chegando a Badajoz, o rei João III, ao qual apresentou falsas cartas do papa, permitiu-lhe estabelecer tribunais de Inquisição nas principais cidades do reino.

Aqueles tribunais logo começaram a exercer sua jurisdição, havendo grande número de condenações e execuções de hereges relapsos e absolvições de hereges penitentes. Passados seis meses, reconheceu-se a veracidade das palavras do Evangelho[58]: "Nada do que é oculto deixa de se descobrir." O marquês de Villanueva de Barcarrota, nobre espanhol, auxiliado pelo governador de Mora, raptou o espertalhão e levou-o a Madri. Foi obrigado a comparecer perante Juan de Tavera, arcebispo de Toledo. Este prelado, admirado com tudo o que ficou sabendo sobre os embustes e a habilidade do falso legado, enviou todos os autos do processo ao papa Paulo III, bem como os autos das inquisições que Saavedra estabelecera, em virtude dos quais parecia que já tinha havido condenação e julgamento de grande número de hereges, além da extorsão de mais de trezentos mil ducados por aquele embusteiro.

O papa não pôde deixar de reconhecer em tudo isso a mão de Deus e um milagre de sua providência; por isso, formou a congregação daquele tribunal com o nome de Santo Ofício, em 1545; e Sixto V a confirmou em 1588.

Todos os autores concordam com Páramo sobre esse estabelecimento da Inquisição em Portugal; apenas Antônio de Souza, em seus *Aforismos dos inquisidores*, põe em dúvida a história de Saavedra, pretextando que ele pode muito bem ter se acusado sem ser culpado, considerando a glória que daí auferiria e na esperança de viver na memória dos homens. Mas o próprio Souza, ao tentar substituir a narrativa de Páramo pela sua, torna-se suspeito de má-fé por citar duas bulas de Paulo III e outras duas do mesmo papa ao cardeal Henrique, irmão do rei, bulas que Souza não imprimiu em sua obra e não se encontram em nenhuma das coleções de bulas apostólicas: duas razões decisivas para rejeitar sua opinião e aceitar a de Páramo, Ilescas, Salazar, Mendoza, Fernandez, Placentinus etc.

---

57. Marcos, cap. IX, v. 37, 39. (N. de Voltaire)
58. Mateus, cap. X, v. 26; Marcos, cap. IV, v. 22; Lucas, cap. VIII, v. 17. (N. de Voltaire)

Quando os espanhóis entraram na América, levaram a Inquisição consigo; os portugueses a introduziram nas Índias assim que ela foi autorizada em Lisboa: isso leva Luís de Páramo a dizer em seu prefácio que aquela árvore florida e verde estendeu raízes e ramos pelo mundo inteiro, levando seus dulcíssimos frutos.

Para termos atualmente alguma ideia da jurisprudência da Inquisição e da forma como procedia, desconhecida pelos tribunais civis, percorramos o *Manual dos inquisidores*, que Nicolau Eymeric, grande inquisidor do reino de Aragão, escreveu em latim em meados do século XIV e dirigiu aos inquisidores de seus confrades, em virtude da autoridade de seu cargo.

Pouco tempo depois da invenção da imprensa, surgiu em Barcelona (em 1503) uma edição dessa obra, que logo foi divulgada por todas as inquisições do mundo cristão. Surgiu uma segunda edição em Roma, no ano de 1578, in-fólio, com escólios e comentários de Francisco de Peña, doutor em teologia e canonista.

Vejamos o elogio que esse editor faz dela em sua epístola dedicatória ao papa Gregório XIII: "Enquanto todos os príncipes cristãos estão ocupados a combater pelas armas os inimigos da religião católica, derramando o sangue de seus soldados para manter a unidade da Igreja e a autoridade da sé apostólica, também há escritores zelosos que trabalham na obscuridade, refutando as opiniões dos inovadores ou armando e dirigindo o poder das leis contra aqueles, a fim de que a severidade das penas e a grandeza dos suplícios, contendo-os nos limites do dever, produzam sobre eles o que o amor à virtude não pôde produzir.

"Mesmo ocupando o último lugar entre esses defensores da religião, sou animado pelo mesmo zelo para reprimir a audácia ímpia dos inovadores e sua horrível maldade. O trabalho que vos apresento aqui sobre o *Manual dos inquisidores* será prova disso. Esta obra de Nicolau Eymeric, respeitável pela antiguidade, contém um resumo dos principais dogmas da fé e uma instrução muito coerente e metódica, aos tribunais da santa inquisição, sobre os meios que devem ser empregados para conter e extirpar os hereges. Por isso acreditei-me no dever de com ela fazer uma homenagem a Vossa Santidade, como dirigente da república cristã."

Em outro ponto, declara que a reeditou para a instrução dos inquisidores; que a obra é tão admirável quanto respeitável, e que nela se ensinam com piedade e erudição os meios de conter e extirpar os hereges. Admite, porém, que há muitas outras práticas úteis e sábias, a cujo uso remete, por serem capazes de instruir melhor que as lições, mesmo porque nesse tipo de coisas há algumas que é importante não divulgar, mas que são bastante conhecidas dos inquisidores. Aqui ou lá cita uma infinidade de escritores que observaram a doutrina do *Manual*; queixa-se até de que vários deles tiravam proveito da obra sem fazerem honra a Eymeric das belas coisas que lhe roubavam.

Devemos esquivar-nos de censura semelhante, indicando com exatidão o que tomaremos de empréstimo ao autor e ao editor. Eymeric diz na página 58: "A comiseração pelos filhos do culpado que reduzimos à mendicância não deve abrandar essa severidade, pois, de acordo com leis divinas e humanas, os filhos são punidos pelos erros dos pais."

Página 123: "Se uma acusação for desprovida de indícios de verdade, nem por isso o inquisidor deverá apagá-la de seu livro, porque o que não se descobre num momento descobre-se em outro."

Página 291: "O inquisidor precisa opor sua astúcia à dos hereges, a fim de lhes calar a boca e poder dizer, como disse o apóstolo[59]: 'Mas, astucioso com sou, peguei-vos pela astúcia.'"

Página 296: "Podem-se ler os autos do processo para o acusado, suprimindo-se absolutamente os nomes dos denunciadores; caberá ao acusado conjecturar sobre quem são aqueles que formularam tais acusações contra ele, recusando ou infirmando seus testemunhos: esse é o método

---

59. II Corint., cap. XII, v. 16. (N. de Voltaire)

que em geral se observa. Os acusados não devem imaginar que será facilmente admitida a recusa das testemunhas em matéria de heresia, pois não importa se as testemunhas são pessoas de bem ou infames, cúmplices do mesmo crime, excomungadas, hereges, culpadas seja lá do que for ou perjuras etc. Foi isso o que se estabeleceu em favor da fé."

Página 302: "O recurso interposto por um acusado ao inquisidor não impede que este continue sendo seu juiz em causas oriundas de outras acusações."

Página 313: "Embora se tenha suposto, na fórmula da sentença de tortura, que, para aplicar esse tipo de interrogatório, deveria ter havido variação nas respostas do acusado e, por outro lado, indícios suficientes, não é necessário que as duas condições ocorram juntas; cada uma delas é suficiente sem a outra."

Peña informa, no escólio 118, livro III, que os inquisidores em geral só empregam cinco espécies de tortura no interrogatório, embora Marsilius mencione catorze espécies, chegando a acrescentar que imaginou outras, como a subtração do sono, no que foi aprovado por Grillandus e Locatus.

Eymeric continua, na página 319: "Deve-se evitar inserir na fórmula de absolvição que o acusado é inocente, dizendo-se apenas que não há provas suficientes contra ele; essa precaução é tomada para que depois, se o acusado absolvido voltar a ser processado, a absolvição recebida não possa lhe servir de defesa."

Página 324: "Às vezes se prescrevem, juntas, a abjuração e a purgação canônica. Isso é feito quando à má reputação de um homem em termos de doutrina se somam indícios consideráveis, que, se fossem um pouco mais fortes, tenderiam a condená-lo por ter efetivamente dito ou feito alguma coisa contra a fé. O acusado que está nesse caso é obrigado a abjurar de qualquer heresia em geral; então, se reincidir em qualquer heresia, mesmo diferente daquelas de que era antes suspeito, será punido como relapso e entregue ao braço secular."

Página 331: "Os relapsos, confirmada a reincidência, devem ser entregues à justiça secular, por mais que protestem mudanças futuras e por mais arrependimento que demonstrem. O inquisidor então deverá advertir a justiça secular de que em determinado dia, hora e lugar, lhe será confiado um herege; deve-se anunciar ao povo que ele deve comparecer à cerimônia, porque o inquisidor fará um sermão sobre a fé, e os presentes ganharão as indulgências costumeiras."

Essas indulgências são anunciadas da seguinte maneira, depois da fórmula da sentença contra o herege penitente: "O inquisidor concederá quarenta dias de indulgência a todos os presentes, três anos àqueles que contribuíram para a captura, a abjuração, condenação etc. do herege; por fim, três anos também, da parte de nosso Santo Padre, o papa, a todos os que denunciarem algum outro herege."

Página 332: "Quando o culpado for entregue à justiça secular, esta pronunciará sua sentença, e o criminoso será conduzido ao lugar do suplício: será acompanhado por pessoas piedosas que o incluirão em suas preces, rezarão com ele e não o deixarão enquanto ele não entregar a alma ao Criador. Mas deverão abster-se de dizer ou fazer qualquer coisa que possa apressar o momento de sua morte, para não incidirem na irregularidade. Assim, não se deve exortar o criminoso a subir no cadafalso, a apresentar-se ao carrasco, nem instar este último a dispor dos instrumentos do suplício de tal maneira que a morte ocorra mais depressa, e que o condenado não sofra, sempre em virtude da irregularidade."

Página 335: "Caso o herege, no momento de ser amarrado ao poste para ser queimado, dê a entender que se converteu, talvez seja possível acatá-lo por graça singular e encerrá-lo em quatro muralhas, como herege penitente, embora não se deva dar muita fé a semelhante conversão e essa indulgência não seja autorizada por nenhuma disposição do direito; mas isso é muito perigoso: vi um exemplo em Barcelona. Um sacerdote, condenado com outros dois hereges impenitentes, já em meio às chamas, gritou, pedindo que o retirassem de lá, pois queria converter-se: foi retirado, de fato, já queimado de um lado; não digo que isso tenha sido bem ou malfeito; o que sei é que, catorze anos depois, percebeu-se que ele ainda dogmatizava e que havia corrompido muitas pessoas; por isso, foi novamente entregue à justiça e queimado."

Ninguém duvida, diz Peña, no escólio 47, de que é preciso condenar os hereges à morte; mas pode-se perguntar que tipo de suplício convém empregar. Afonso de Castro, no livro II, sobre a *justa punição dos hereges*, diz achar que é indiferente que eles morram pela espada, pelo fogo ou por qualquer outro suplício; mas Hostiensis, Godofredus, Covarruvias, Simancas, Rojas etc. afirmam que é absolutamente necessário queimá-los. Isso porque, como diz muito bem Hostiensis, o suplício do fogo é a pena devida à heresia. Lê-se em são João[60]: Aquele que não permanecer em mim será jogado fora, como o sarmento, e secará; depois, serão juntados, jogados ao fogo e queimarão. Peña continua, dizendo que o costume universal da república cristã respalda essa opinião. Simancas e Rojas decidem que é preciso queimá-los vivos, mas que é preciso tomar uma precaução antes de queimá-los: arrancar-lhes a língua ou fechar-lhes a boca, para que eles não escandalizem os assistentes com suas impiedades.

Por fim, na página 369, Eymeric ordena que, em matéria de heresia, o processo transcorra com simplicidade, sem gritarias de advogados e sem tantas solenidades nos julgamentos, ou seja, que ele seja o mais breve possível, abolindo-se os retardamentos inúteis, trabalhando na instrução da causa, mesmo nos dias em que os outros juízes suspendem seus trabalhos, rejeitando qualquer recurso que só sirva para adiar o julgamento, não admitindo uma multidão inútil de testemunhas etc.

Essa jurisprudência revoltante restringiu-se à Espanha e a Portugal, ao passo que a própria Inquisição acaba de ser inteiramente abolida em Milão.

Segunda seção

A Inquisição, como se sabe, é uma invenção admirável e totalmente cristã para tornar o papa e os monges mais poderosos e tornar todo um reino hipócrita.

Em geral, são Domingos é visto como o criador dessa santa instituição. De fato, ainda temos um alvará, concedido por esse grande santo, que contém as seguintes palavras: "Eu, frei Domingos, reconcilio com a Igreja Rogério de Tal, portador do presente, contanto que ele seja chicoteado por um padre três domingos seguidos desde a entrada da cidade até a porta da igreja, que se abstenha de carne por toda a vida, que jejue três quaresmas por ano, nunca beba vinho, use o sambenito com cruzes, recite o breviário todos os dias, dez pais-nossos por dia e vinte à meia-noite; que a partir de agora observe a continência e que se apresente todos os meses ao seu pároco etc., tudo isso sob pena de ser tratado como herege, perjuro e impenitente."

Embora Domingos seja o verdadeiro fundador da Inquisição, Luís de Páramo, um dos mais respeitáveis escritores e das mais brilhantes luzes do Santo Ofício, conta, no segundo título de seu segundo livro, que Deus foi o primeiro instituidor do Santo Ofício e exerceu o poder dos frades pregadores contra Adão. Primeiro, Adão é citado a comparecer perante o tribunal: *Adam, ubi es?* E, de fato, acrescenta ele, o vício de citação teria tornado nulo o processo de Deus.

As roupas de pele que Deus fez para Adão e Eva foram o modelo do sambenito que o Santo Ofício obriga os hereges a usar. É verdade que, com esse argumento, se prova que Deus foi o primeiro alfaiate, mas não é menos evidente que foi o primeiro inquisidor.

Adão foi privado de todos os bens imóveis que possuía no paraíso terrestre: por isso, o Santo Ofício confisca os bens de todos os que ele condena.

Luís de Páramo observa que os habitantes de Sodoma foram queimados como hereges, porque a sodomia é uma heresia formal. Daí, ele passa à história dos judeus e em toda parte encontra o Santo Ofício.

---

60. Cap. XV, v. 6. (N. de Voltaire)

Jesus Cristo é o primeiro instituidor da nova lei; os papas foram inquisidores por direito divino e, afinal, transmitiram seu poder a são Domingos.

Em seguida, ele faz o rol de todos aqueles que a Inquisição condenou à morte; vai muito além de cem mil.

Seu livro foi impresso em 1598, em Madri, com a aprovação dos doutores, os elogios do bispo e o privilégio do rei. Hoje não conseguimos imaginar horrores tão extravagantes e abomináveis; mas então nada parecia mais natural e edificante. Todos os homens se assemelham a Luís de Páramo quando são fanáticos.

Aquele Páramo era um homem simples, muito exato nas datas; não omitia nenhum fato interessante e calculava com minúcia o número de vítimas humanas que o Santo Ofício imolou em todos os países.

Conta com a maior ingenuidade o estabelecimento da Inquisição em Portugal e está totalmente de acordo com outros quatro historiadores. Vejamos o que dizem eles, unanimemente.

Estabelecimento curioso da Inquisição em Portugal

Fazia muito tempo que o papa Bonifácio IX, no começo do século XV, nomeara irmãos pregadores, que iam de uma cidade a outra de Portugal, queimando hereges, muçulmanos e judeus; mas eram ambulantes, e os próprios reis se queixaram às vezes de suas vexações. O papa Clemente VII quis dar-lhes um estabelecimento fixo em Portugal, como o tinham em Aragão e Castela. Houve dificuldades entre a cúria de Roma e a corte de Lisboa; os humores se abespinharam; a Inquisição sofreu com isso e não ficou plenamente estabelecida.

Em 1539 aparece em Lisboa um legado do papa, que, segundo dizia, ia para estabelecer a santa Inquisição sobre alicerces inabaláveis. Leva ao rei dom João III cartas do papa Paulo III. Tinha outras cartas de Roma para os principais oficiais da corte; suas credenciais de legado estavam devidamente seladas e assinadas: mostrou os poderes mais amplos de nomear um grande inquisidor e todos os juízes do Santo Ofício. Era um embusteiro chamado Saavedra, que sabia falsificar todos os escritos, forjar e aplicar falsos selos e falsos sinetes. Aprendera esse ofício em Roma e o aperfeiçoara em Sevilha, de onde chegava com outros dois embusteiros. Seu séquito era magnífico, compunha-se de mais de cento e vinte domésticos. Para custear aquela enorme despesa, ele e seus confidentes tomaram em Sevilha empréstimos imensos, em nome da câmara apostólica de Roma; tudo estava ajustado com o artifício mais deslumbrante.

O rei de Portugal primeiro ficou admirado que o papa lhe enviasse um legado *a latere*, sem o prevenir. O legado respondeu, com altivez, que, numa coisa tão premente como o estabelecimento fixo da Inquisição, Sua Santidade não podia tolerar atrasos, e que o rei estava tendo o privilégio de receber um legado como primeiro mensageiro da notícia enviada pelo Santo Padre. O rei não ousou replicar. O legado, naquele dia mesmo, nomeou um grande inquisidor, mandou cobrar dízimos por toda parte e, antes que a corte pudesse receber respostas de Roma, já mandara queimar duzentas pessoas e recolhera mais de duzentos mil escudos.

No entanto, o marquês de Villanueva, senhor espanhol de quem o legado tomara emprestada, em Sevilha, uma soma considerável com base em letras falsas, julgou oportuno fazer-se pagar por suas próprias mãos, em vez de ir comprometer-se com o embusteiro em Lisboa. O legado viajava então pelas fronteiras da Espanha. O marquês marcha para lá com cinquenta homens armados, rapta-o e leva-o para Madri.

O embuste logo foi descoberto em Lisboa; o conselho de Madri condenou o legado Saavedra a ser vergastado e a cumprir dez anos de galés; o mais admirável, porém, foi o papa Paulo IV ter confirmado depois tudo o que fora estabelecido por aquele embusteiro; retificou, com a plenitude de seu poder divino, todas as pequenas irregularidades dos processos e tornou sagrado o que havia sido puramente humano.

Qu'importe de quel bras Dieu daigne se servir?
[Que importa o braço que Deus se digna utilizar?]
Zaíra, II, I.

Foi assim que a Inquisição se estabeleceu de vez em Lisboa, e todo o reino admirou a Providência.

De resto, todos conhecem bem os procedimentos daquele tribunal; sabe-se como eles se opõem à falsa equidade e à cega razão de todos os outros tribunais do universo. Prende-se com base em simples denúncias de pessoas mais infames; um filho pode denunciar o pai; uma mulher, o marido; o acusado nunca é acareado com os acusadores; os bens são confiscados em favor dos juízes: foi assim, pelo menos, que a Inquisição se comportou até nossos dias; nisso há algo de divino, pois é incompreensível que os homens tenham sofrido esse jugo pacientemente...

Finalmente, o conde Aranda foi abençoado pela Europa inteira quando aparou as garras e limou os dentes do monstro; mas este ainda está respirando.

INSTINTO (Instinct)

Instinctus, impulsus, impulsão; mas que poder nos impulsiona?
Todo sentimento é instinto.
A conformidade secreta de nossos órgãos com os objetos constitui nosso instinto.

É apenas por instinto que fazemos mil movimentos involuntários, assim como é por instinto que somos curiosos, corremos atrás da novidade, nos assustamos com uma ameaça, nos irritamos com o desprezo, somos acalmados por uma expressão submissa e enternecidos pelo pranto.

Somos governados pelo instinto, tal como os gatos e as cabras. Essa é mais uma semelhança que temos com os animais: semelhança tão incontestável quanto a do sangue, das necessidades, das funções do corpo.

Nosso instinto nunca é tão ativo quanto o deles; nem chega perto. Assim que nasce, o bezerro e o cordeiro correm para as tetas da mãe: a criança morreria, caso sua mãe não lhe desse o peito, segurando-a nos braços.

Nunca mulher alguma, quando grávida, foi determinada irresistivelmente pela natureza a preparar com suas próprias mãos um belo berço de vime para o filho, tal como a toutinegra faz com o bico e as patas. Mas o dom que temos de refletir, unido às duas mãos industriosas com que a natureza nos presenteou, eleva-nos até o instinto dos animais, e, com o tempo, nos põe infinitamente acima deles, seja no bem, seja no mal: proposição esta condenada pelos senhores do antigo parlamento e pela Sorbonne, grandes filósofos naturalistas, que muito contribuíram, como se sabe, para a perfeição das artes.

Nosso instinto, em primeiro lugar, nos leva a surrar um irmão que nos importune, se ficarmos com raiva e se nos sentirmos mais fortes que ele. Depois, nossa razão sublime nos leva a inventar a flecha, a espada, a lança e, finalmente, o fuzil, com os quais matamos nosso próximo.

Só o instinto nos leva, com igualdade, a fazer amor, *amor omnibus idem* [o amor é o mesmo para todos]; mas Virgílio, Tibulo e Ovídio o cantam.

É só pelo instinto que um jovem trabalhador braçal para com admiração e respeito diante da carruagem dourada de um recebedor das finanças. Depois, esse trabalhador adquire raciocínio; torna-se fiscal; refina-se; rouba; torna-se poderoso, por sua vez, e espirra lama nos antigos camaradas, folgadamente deitado num carro mais dourado do que aquele que antes admirava.

Que instinto é esse que governa todo o reino animal e em nós é fortalecido pela razão ou reprimido pelo hábito? Será *divinae particula aurae* [partícula da aura divina]? Sim, sem dúvida é algo divino; pois tudo o é. Tudo é o efeito incompreensível de uma causa incompreensível. Tudo é determinado pela natureza. Raciocinamos sobre tudo e não nos damos nada.

INTERESSE (Intérêt)

Nada ensinamos aos homens, nossos irmãos, quando lhes dizemos que fazem tudo por interesse. Como! Será por interesse que aquele infeliz faquir fica nu ao sol, carregado de ferros, morrendo de fome, sendo devorado por vermes e a devorá-los? Sim, claro, já dissemos isso em outro lugar; ele espera ir para o décimo oitavo céu e olha com piedade aquele que só será recebido no nono céu.

O interesse da malabarense que se deixa queimar sobre o corpo do marido é reencontrá-lo no outro mundo e ser mais feliz ainda do que aquele faquir. Pois, com a sua metempsicose, os indianos têm outro mundo; são como nós, admitem contradições.

O leitor terá conhecimento de algum rei ou de alguma república que tenha feito guerra ou paz, editos ou convenções por algum motivo que não seja o interesse?

INTOLERÂNCIA (Intolérance)

Leia-se o verbete Intolerância no grande *Dicionário enciclopédico*. Leia-se o *Tratado da tolerância*, escrito por ocasião do hediondo assassinato de Jean Calas, cidadão de Toulouse; e o leitor que, depois disso, admitir a perseguição religiosa deverá comparar-se a Ravaillac. Todos sabem que aquele Ravaillac era muitíssimo intolerante.

Esta é a substância de todos os discursos proferidos pelos intolerantes:

Como! Monstro, arderás para todo o sempre no outro mundo, e eu te farei arder neste assim que puder; tens a insolência de ler de Thou e Bayle, que estão no índex em Roma! Quando, da parte de Deus, eu te disse em sermão que Sansão matou mil filisteus com uma queixada de asno, tua cabeça, mais dura que o arsenal de onde Sansão tirou suas armas, deu-me a conhecer, por um ligeiro movimento da esquerda para a direita, que não acreditavas. E, quando eu te disse que o diabo Asmodeu, que, por ciúme, torceu o pescoço dos sete maridos de Sarai entre os medas, estava acorrentado no Egito, vi uma pequena contração de teus lábios, que em latim se chama *cachinnus*, querendo dizer que, no fundo da alma, a história de Asmodeu era ridícula.

E vós, Isaac Newton; Frederico, o Grande, rei da Prússia, eleitor de Brandeburgo; John Locke; imperatriz da Rússia, vencedora dos otomanos; John Milton; beneficente monarca da Dinamarca; Shakespeare; sábio rei da Suécia; Leibniz; augusta casa de Brunsvick; Tillotson; imperador da China; parlamento da Inglaterra; conselho do grão-mogol: todos vós, enfim, que não acreditais em uma palavra do que ensinei em meus cadernos de teologia, eu vos declaro que vos vejo todos como pagãos ou como fiscais alfandegários, o que já disse tantas vezes, para gravar em vossos cérebros duros. Sois bandidos contumazes; ireis todos para a geena, onde o verme não morre e o fogo não se extingue; pois eu tenho razão, e vós todos estais errados; pois eu tenho a graça, e vós não a tendes. Confesso três devotas de meu bairro, e vós não confessais nenhuma. Fiz cartas pastorais, e vós não fizestes nenhuma; eu proferi injúrias de mercador contra os filósofos, e vós os protegestes, imitastes ou igualastes; eu escrevi piedosos libelos difamatórios, recheados das mais infames calúnias, e vós nunca os lestes. Rezo missa todos os dias em latim por doze soldos, e vós não assistis às minhas missas, assim como Cícero, Catão, Pompeu, César, Horácio e Virgílio não assistiram: por conseguinte, mereceis que vos cortem as mãos, que vos arranquem a língua, que vos torturem e vos queimem em fogo lento; pois Deus é misericordioso.

Essas são, sem tirar nem pôr, as máximas dos intolerantes, o resumo de todos os seus livros. Convenhamos que é muito prazeroso conviver com essa gente.

INUNDAÇÃO (Inondation)

Terá havido um tempo em que o globo esteve inteiramente inundado? Isso é fisicamente impossível.

Pode ser que o mar tenha coberto, sucessivamente, todos os terrenos, um após o outro; e isso só pode ter ocorrido numa gradação lenta, ao longo de uma quantidade prodigiosa de séculos. O mar, em quinhentos anos, retirou-se de Aigues-Mortes, Fréjus e Ravenna, que eram grandes portos, deixando cerca de duas léguas de terreno seco. Com essa progressão, é evidente que precisaria de dois milhões e duzentos e cinquenta mil anos para fazer o giro do globo. O mais interessante é que esse período é muito próximo do período necessário para o eixo da Terra se erguer e coincidir com o equador; movimento muito provável, de que há cinquenta anos se começou a suspeitar, e que só pode realizar-se no espaço de dois milhões e mais de trezentos mil anos.

Os depósitos de conchas, descobertos a algumas léguas do mar, são prova incontestável de que este foi depositando, aos poucos, as suas produções marítimas sobre terrenos que outrora eram costas oceânicas; mas a presença de água sobre todo o globo ao mesmo tempo é uma quimera absurda em física, que as leis da gravitação, as leis dos fluidos e a insuficiência de água provam ser impossível. Não que queiramos lançar qualquer dúvida sobre a grande veracidade do dilúvio universal, relatado no Pentateuco; ao contrário, trata-se de um milagre; logo, é preciso acreditar; é um milagre, logo, não pode ter sido executado pelas leis físicas.

Tudo é milagre na história do dilúvio: milagre que quarenta dias de chuva tenham inundado os quatro cantos da terra e que a água se tenha elevado quinze côvados acima de todas as montanhas mais altas; milagre que tenha havido eclusas, comportas, aberturas no céu; milagre que todos os animais tenham ido para a arca, vindos de todas as partes do mundo; milagre que Noé tenha encontrado com que os alimentar durante dez meses; milagre que todos os animais tenham cabido na arca com suas provisões; milagre que a maioria não tenha morrido; milagre que tenham encontrado alimento ao saírem da arca; milagre também, mas de outra espécie, certo Le Pelletier ter acreditado que explicara como todos os animais puderam caber e alimentar-se naturalmente na arca de Noé.

Ora, como a história do dilúvio é a coisa mais miraculosa de que já se ouviu falar, seria insensato explicá-la: são mistérios nos quais se acredita pela fé, e a fé consiste em acreditar no que a razão não acredita: o que também é outro milagre.

Assim, a história do dilúvio é como a história da torre de Babel, da burra de Balaão, da queda de Jericó ao som de trombetas, das águas transformadas em sangue, da travessia do mar Vermelho e de todos os prodígios que Deus se dignou realizar para favorecer os eleitos de seu povo. São profundezas que o espírito humano não pode sondar.

INVEJA (Envie)

É bem conhecido tudo o que a antiguidade disse sobre essa paixão vergonhosa e o que os modernos repetiram. Hesíodo foi o primeiro autor clássico que falou dela:

"O oleiro tem inveja do oleiro; o artesão, do artesão; até o pobre, do pobre; o músico, do músico (ou, se quisermos dar outro sentido às palavra Aoidos, o poeta, do poeta)."

Muito tempo antes de Hesíodo, Jó disse: "A inveja mata os pequenos."

INVEJA

Acredito que Mandeville, autor da *Fábula das abelhas*, foi quem primeiro quis provar que a inveja é coisa muito boa, paixão muito útil. Sua primeira razão é que a inveja é tão natural ao homem quanto a fome e a sede; que é vista em todas as crianças, assim como nos cavalos e nos cães. Quem quiser que dois irmãos se odeiem, que acaricie um mais do que o outro: a receita é infalível.

Ele afirma que a primeira coisa que duas jovens fazem quando se encontram é procurar ridicularizar; a segunda, lisonjear.

Acredita que, sem a inveja, as artes seriam mediocremente cultivadas, e que Rafael não teria sido um grande pintor se não tivesse invejado Michelangelo.

Mandeville talvez tenha confundido emulação com inveja; talvez, também, emulação não passe de inveja contida dentro dos limites da decência.

Michelangelo podia dizer a Rafael: Tua inveja apenas te levou a trabalhar melhor ainda que eu; não me difamaste, não intrigaste contra mim junto ao papa, não tentaste fazer que me excomungassem por ter posto zarolhos e aleijados no paraíso e cardeais gorduchos com belas mulheres nuas em pelo no inferno, em meu quadro do juízo final. Ora, ora, tua inveja é muito louvável; és um bom invejoso, sejamos amigos.

Mas se o invejoso é um miserável sem talento, ciumento do mérito, tal como os mendigos o são dos ricos; se, premido pela indigência e pela torpeza de caráter, ele vos fizer *Nouvelles du Parnasse* [Novidades do Parnaso], *Lettres de madame la comtesse* [Cartas da senhora condessa], *Année litteraire* [Ano literário], esse animal estará demonstrando uma inveja que não serve para nada e cuja apologia Mandeville nunca poderá fazer.

Pergunta-se por que os antigos acreditavam que o olho do invejoso enfeitiçava as pessoas que olhassem para ele. Quem é enfeitiçado é o invejoso.

Descartes diz que "a inveja impele a bile amarela que vem da parte inferior do fígado e a bile negra que vem do baço, que se espalha do coração para as artérias etc.". Mas, como nenhuma espécie de bile se forma no baço, Descartes, falando assim, parecia não merecer muito que sentíssemos inveja da sua física.

Certo Voët ou Voëtius, malandro em teologia, que acusou Descartes de ateísmo, sofria muito de bile negra, mas sabia menos ainda do que Descartes como a sua detestável bile se espalhava no sangue.

A sra. Pernelle tem razão:

Les envieux mourront, mais non jamais l'envie.
[Os invejosos morrerão, mas a inveja nunca.]
(*Tartufo*, V ato, cena III)

Mas um bom provérbio é aquele que diz que é melhor causar inveja que piedade. Portanto, causemos inveja o máximo que pudermos.

J

JAPÃO (Japon)

Não falo sobre o Japão para saber se aquele aglomerado de ilhas é muito maior do que a Inglaterra, a Escócia, a Irlanda e as Órcades juntas; se o imperador do Japão é mais poderoso que o imperador da Alemanha, e se os bonzos japoneses são mais ricos que os monges espanhóis.

Admitirei até, sem hesitar, que, por mais relegados que estejamos aos limites do ocidente, temos mais gênio que eles, apesar de serem eles favorecidos pelo sol nascente. Nossas tragédias e nossas comédias são consideradas melhores; avançamos mais em astronomia, matemática, pintura, escultura e música. Além disso, eles não têm nada que se aproxime de nossos vinhos de Borgonha e de Champagne.

Mas por que, durante tanto tempo, nós lhes solicitamos permissão para entrar em seu país e nunca nenhum japonês sentiu sequer vontade de fazer uma viagem ao nosso? Corremos a Meako, à terra de Yesso, à Califórnia; iríamos à Lua com Astolfo, caso tivéssemos um hipogrifo. Será curiosidade, inquietação? Será necessidade real?

Desde que os europeus dobraram o cabo da Boa Esperança, a propaganda houve por bem subjugar todos os povos vizinhos dos mares orientais e convertê-los. O comércio com a Ásia só foi feito com espada em punho; e cada nação do nosso ocidente mandou, um após outro, comerciantes, soldados e padres.

Gravemos em nossos cérebros turbulentos estas memoráveis palavras do imperador Yong-tching, quando expulsou todos os missionários jesuítas e outros de seu império; que elas sejam escritas nas portas de todos os nossos conventos: "Que diríeis se, a pretexto de comerciar em vossos países, fôssemos dizer a vossos povos que vossa religião não vale nada, e que é absolutamente necessário abraçar a nossa?"

Foi isso, porém, que a Igreja latina fez por toda a terra. Custou caro ao Japão, que esteve a ponto de ser imerso por ondas de sangue, como o México e o Peru.

Havia nas ilhas do Japão doze religiões que conviviam pacificamente. Alguns missionários chegaram de Portugal; pediram permissão para criar uma décima terceira; responderam-lhes que eles seriam muito bem-vindos e que religião nunca era demais.

Logo os monges se estabeleceram no Japão com o título de *bispos*. Assim que sua religião foi admitida como décima terceira, quis ser a única. Um daqueles bispos, encontrando no caminho um conselheiro de Estado, disputou com ele a passagem[1]; afirmou que pertencia ao primeiro escalão do Estado, e que o conselheiro, por só pertencer ao segundo, devia-lhe muito respeito. O caso provocou celeuma. Os japoneses são muito mais altivos do que indulgentes: o monge bispo e alguns cristãos foram expulsos já no ano de 1586. Logo a religião cristã foi proscrita. Os missionários se humilharam, pediram perdão, obtiveram graça e abusaram.

Por fim, em 1637, num navio espanhol que zarpava do Japão para Lisboa, capturado pelos holandeses, foram encontradas as cartas de certo Moro, cônsul da Espanha em Nagasaki. Tais cartas continham o plano de uma conspiração dos cristãos do Japão para se apoderarem do país.

---

1. Esse fato é confirmado por todos os relatos. (N. de Voltaire)

Nelas se especificava o número de navios que deviam vir da Europa e da Ásia para apoiar a empresa.

Os holandeses não perderam a oportunidade de enviar as cartas ao governo. Moro foi preso, obrigado a reconhecer sua caligrafia e condenado judicialmente à fogueira.

Todos os neófitos dos jesuítas e dos dominicanos então empunharam armas, em número de trinta mil. Houve uma guerra civil medonha. Aqueles cristãos foram todos exterminados.

Os holandeses, como paga pelo seu serviço, obtiveram, como se sabe, o monopólio da liberdade de comerciar no Japão, desde que nunca cometessem nenhum ato de cristianismo; a partir de então, foram fiéis à sua promessa.

Permitam-me perguntar a tais missionários que sanha os dominava, para, depois de terem servido à destruição de tantos povos na América, quererem ir fazer o mesmo no extremo do oriente, para maior glória de Deus.

Se fosse possível que os diabos saíssem do inferno para virem destruir a terra, fariam algo diferente? Então é esse o comentário ao *obrigá-los a entrar*? É assim que a mansidão cristã se manifesta? É esse o caminho da vida eterna?

Que os leitores acrescentem esse episódio a tantos outros, reflita e julgue.

JEFTÁ (Jephté)

Primeira seção

É evidente, pelo texto do livro dos *Juízes*, que Jeftá prometeu sacrificar a primeira pessoa que saísse de sua casa para ir felicitá-lo por sua vitória sobre os amonitas. Sua filha única foi ao seu encontro; ele rasgou as vestes dela e a imolou, depois de lhe permitir ir chorar sobre as montanhas a dor de morrer virgem. Por muito tempo, as moças judias celebraram esse episódio, chorando a filha de Jeftá durante quatro dias[2].

Qualquer que seja a época em que essa história foi escrita, quer seja imitação da história grega de Agamêmnon e Idomeneu, quer seja seu modelo, seja ela anterior ou posterior a tais histórias assírias, nada disso será examinado aqui; atenho-me apenas ao seu texto: Jeftá prometeu a filha em holocausto e cumpriu a promessa.

Era expressamente ordenada pela lei judaica a imolação dos homens consagrados ao Senhor. "Nenhum homem consagrado poderá ser resgatado, mas será morto sem remissão." A Vulgata traduz: *Non redimetur, sed morte morietur*.[3]

Foi em virtude dessa lei que Samuel despedaçou o rei Agague, que, como já dissemos, havia sido perdoado por Saul; e foi exatamente por poupar Agague que Saul foi reprovado pelo Senhor e perdeu o reino.

Aí estão, portanto, claramente estabelecidos os sacrifícios de sangue humano; não há nenhum ponto de história tão bem constatado; só se pode julgar uma nação por seus arquivos e por aquilo que ela diz de si mesma.

Segunda seção

Portanto, há gente a quem nada custa, gente que falsifica descaradamente um trecho da Escritura, como se estivesse transcrevendo suas próprias palavras; e, com base em suas mentiras, que não

---

2. Ver cap. XI dos *Juízes*, v. 40. (N. de Voltaire)
3. *Levítico*, cap. XXVII, v. 29. (N. de Voltaire)

podem deixar de ser reconhecidas, espera enganar os homens. E, se hoje existem embusteiros desse tipo, é de presumir que, antes da invenção da imprensa, houvesse um número cem vezes maior.

Um dos mais impudentes falsificadores foi o autor de um infame libelo intitulado *Dicionário antifilosófico*, título justo. Os leitores me dirão: "Não te zangues tanto assim: que importa um mau livro?" – Senhores, trata-se de Jeftá: trata-se de vítimas humanas; é do sangue dos homens sacrificados a Deus que quero falar.

O autor, seja ele qual for, traduz assim o versículo trinta e nove do capítulo II da *História de Jeftá*:

"Ela voltou para a casa de seu pai, que fez a consagração que prometera; e sua filha permaneceu no estado de virgindade."

Sim, falsificador de Bíblia, estou zangado; mas o senhor mentiu ao Espírito Santo e deve saber que isso não se perdoa.

Há na *Vulgata*: *Et reversa est ad patrem suum, et fecit ei sicut voverat quae ignorabat virum. Exinde mos increbuit in Israel, et consuetudo servata est, ut post anni circulum conveniant in unum filiae Israel, et plangant filiam Jephte Galaaditae, diebus quatuor.* – Ela voltou para seu pai, e ele fez como havia prometido, a ela que não conhecera homem. E daí proveio o uso, costume que se conservou, de as moças de Israel se reunirem todos os anos para chorar a filha de Jeftá, o galaadita, durante quatro dias.

Ora, dizei-nos, homem antifilósofo, se alguém chora uma moça todos os anos durante quatro dias porque ela foi consagrada.

Dizei-nos se havia religiosas num povo que via a virgindade como opróbrio.

Dizei-nos o que significa: "Ele lhe fez o que havia prometido", *fecit ei sicut voverat*? O que prometera Jeftá? O que jurara fazer? Matar a filha, imolá-la em holocausto; e a matou.

Lede a dissertação de Calmet sobre a temeridade da promessa de Jeftá e sobre seu cumprimento; lede a lei que ele cita, aquela lei terrível do Levítico, no capítulo XXVII, segundo a qual tudo o que for votado ao Senhor não será resgatado, mas morrerá de morte: *non redimetur, sed morte morietur.*

Vede os exemplos inumeráveis que comprovam essa verdade espantosa; vede os amalecitas e os cananeus; o rei de Arade e todos os seus, submetidos a esse voto; o sacerdote Samuel matar com suas próprias mãos o rei Agague e despedaçá-lo tal como um carniceiro despedaça um boi em seu açougue. E depois corrompei, falsificai, negai a Escritura santa, para sustentar vosso paradoxo; insultai aqueles que a reverenciam, por mais espantosa que a considerem. Desmenti o historiador Josefo, que a transcreveu e disse positivamente que Jeftá imolou a filha. Amontoai injúria sobre mentira e calúnia sobre ignorância; os sábios rirão, e eles hoje são numerosos. Ó, se soubésseis como eles desprezam gente como Routh, quando corrompem a Santa Escritura e se gabam de ter discutido com o sr. Montesquieu em sua hora derradeira e de tê-lo convencido de que é preciso pensar como os irmãos jesuítas!

JEOVÁ (Jéova)

Jeová, antigo nome de Deus. Nenhum povo nunca pronunciou *Geová*, como nós; diziam *Iëvo*; é assim que se encontra escrito em Sanconiaton, citado por Eusébio (*Prep.*, liv. X), em Diodoro (liv. II) e em Macróbio (*Sat.*, liv. I etc.): todas as nações pronunciaram *ïe*, e não *g*. É com o nome de quatro vogais, *i, e, o, u*, que se forma esse nome sagrado no oriente. Uns pronunciavam *ië o a*, aspirando: *ï, e, o, ya*; outros, *yeau*. Era sempre preciso quatro letras.

Já observamos que, segundo Clemente de Alexandria, quem dominasse a verdadeira pronúncia desse nome poderia matar um homem: Clemente conta um exemplo.

Muito tempo antes de Moisés, Sete pronunciara o nome de *Jeová*, como se diz no Gênese (cap. IV); e, segundo o hebraico, Sete chamou-se *Jeová*. Abraão jurou por *Jeová* ao rei de Sodoma (cap. XIV, v. 22).

Da palavra *ïova* os latinos fizeram *iov*, *Jovis*, *Jovispiter*, *Júpiter*. Na sarça, o Eterno diz a Moisés: "Meu nome é *Ioüa*." Nas ordens que ele dá para a corte do faraó, diz: "Apareci a Abraão, Isaque e Jacó, no Deus poderoso, e não lhes revelei meu nome Adonai, e fiz um pacto com eles."[4]

Os judeus não pronunciam esse nome há muito tempo. Ele era comum aos fenícios e aos egípcios. Significava o que é; daí, provavelmente, provém a inscrição de Ísis: "Sou tudo o que é."

JESUÍTAS ou ORGULHO (Jésuites, ou Orgueil)

Já se falou tanto de jesuítas, que, depois de terem ocupado a Europa durante duzentos anos, eles acabam por entediá-la, seja quando escrevem, seja quando se escreve a favor ou contra essa singular sociedade, na qual, cabe admitir, viram-se e ainda se veem homens de raro mérito.

Em seis mil volumes, criticou-se a sua moral relaxada, que não era mais relaxada que a dos capuchinhos; também foi criticada a sua doutrina sobre a segurança da pessoa dos reis, doutrina que, afinal, não chega perto do cabo de chifre da faca de Jacques Clément, nem da hóstia polvilhada que serviu tão bem ao irmão Anjo de Montepulciano, outro jacobino, e envenenou o imperador Henrique VII.

Não foi a graça versátil que os arruinou, não foi a falência fraudulenta do reverendo padre Lavalette, prefeito das missões apostólicas. Não se expulsa uma ordem inteira da França, da Espanha e das Duas Sicílias porque nessa ordem há um falido. Não foram as travessuras do jesuíta Guyot-Desfontaines, nem do jesuíta Fréron, nem do reverendo padre Marsy, que, com seus enormes talentos, estropiou uma criança encantadora da primeira nobreza do reino: todos fecharam os olhos para essas imitações gregas e latinas de Anacreonte e Horácio.

O que então os arruinou? O orgulho.

Como! Os jesuítas eram mais orgulhosos que os outros monges? Sim, eram orgulhosos a tal ponto que obtiveram uma ordem régia contra um eclesiástico que os chamara de *monges*. O irmão Croust, o mais brutal da sociedade, irmão do confessor da segunda delfina, esteve a ponto de surrar, em minha presença, o filho do sr. de Guyot, depois pretor régio em Estrasburgo, porque este lhe disse que iria falar com ele em seu convento.

Era uma coisa incrível o desprezo que tinham por todas as universidades às quais não pertenciam, por todos os livros que não tinham escrito, por qualquer eclesiástico que não fosse *um homem de qualidade*; disso fui testemunha centenas de vezes. Assim se exprimem eles em seu libelo intitulado *É tempo de falar*: "Que dizer a um magistrado que diz que os jesuítas são orgulhosos, que é preciso humilhá-los?"[5] Eles eram tão orgulhosos que não queriam que ninguém lhes censurasse o orgulho.

De onde lhes vinha esse pecado da soberba? Do fato de o irmão Guignard ter sido enforcado. É a mais pura verdade.

Deve-se notar que, depois do suplício daquele jesuíta, durante o reinado de Henrique IV e depois de seu banimento do reino, eles só foram repatriados com a condição de haver sempre na corte um jesuíta que respondesse pela conduta dos outros. Coton, portanto, foi posto como refém junto a Henrique IV; e este bom rei, que não deixava de ter suas pequenas sutilezas, acreditou ganhar o papa tornando esse refém seu confessor.

---

4. Êxodo, cap. VI, v. 3. (N. de Voltaire)
5. P. 341. (N. de Voltaire)

A partir de então, cada irmão jesuíta se acreditou, solidariamente, confessor do rei. Esse posto de primeiro médico da alma do monarca tornou-se ministério no reinado de Luís XIII e, sobretudo, no de Luís XIV. O irmão Vadblé, camareiro do padre de La Chaise, dava proteção aos bispos da França; e o padre Le Tellier governava com cetro de ferro aqueles que quisessem ser assim governados. Era impossível que a maioria dos jesuítas não ficasse inchada de orgulho por causa desses dois homens, e que não fosse tão insolente quanto os lacaios do marquês de Louvois. Houve entre eles muitos eruditos, homens eloquentes e geniais: esses foram modestos; mas os medíocres, que constituíam a maioria, foram atingidos pelo orgulho próprio da mediocridade e do espírito de corpo.

A partir do seu padre Garasse, quase todos os seus livros polêmicos transpiravam uma soberba indecente que revoltou toda a Europa. Essa soberba frequentemente caiu na baixeza de enorme ridículo; de modo que eles descobriram o segredo de ser, ao mesmo tempo, alvo de inveja e de desprezo. Vejamos, por exemplo, como eles se expressavam a respeito do famoso Pasquier, advogado geral do tribunal de contas:

"Pasquier é um lixo, um patife de Paris, galanteador bufão, farsante; vendedorzinho de lorotas, simples pau-mandado que não merece ser criadinho de lacaio; biltre, tratante que arrota, peida e vomita, muito suspeito de heresia ou mesmo herege; ou, bem pior, um sátiro sujo e ruim, um arquimestre idiota de nascença, idiota em sustenido e bemol, idiota em todos os tons, idiota de triplo solado, idiota de duas tintas e pintado de carmesim, idiota em todos os tipos de idiotice."

Depois poliram o estilo; mas o orgulho, nem por ser menos grosseiro, deixou de ser revoltante.

Perdoa-se tudo, menos o orgulho. Eis por que todos os parlamentos do reino, cujos membros, na maioria, haviam sido seus discípulos, aproveitaram a primeira oportunidade para acabar com eles, e a terra inteira se rejubilou com a sua queda.

Esse espírito de orgulho era tão enraizado neles, que se punha à mostra com um furor indecente mesmo na época em que eles estavam no chão, sob o guante da justiça, e sua sentença ainda não fora proferida. Bastará ler o famoso texto intitulado *É tempo de falar*, impresso em Avignon em 1762, com o nome falso de Antuérpia. Começa com uma petição irônica aos dirigentes da corte do parlamento. Nessa petição, falam com o desdém que usariam se dirigissem uma repreensão a amanuenses de procurador. Tratam, continuamente, o ilustre sr. de Montclar, procurador-geral, oráculo do parlamento da Provença, de *maître Ripert*, falando-lhe como um catedrático falaria a um escolar cabeçudo e ignorante. A audácia chega a ponto de dizerem[6] que o sr. de Montclar *blasfemou* ao prestar conta do instituto dos jesuítas.

Em seu texto intitulado *Tudo será dito*, eles insultam com maior desfaçatez o parlamento de Metz, sempre no estilo que se aprende nas escolas.

Conservaram o mesmo orgulho sob as cinzas nas quais a França e a Espanha os enterraram. A serpente cortada em pedaços ainda levantou a cabeça do fundo das cinzas. Viu-se não sei que miserável, chamado Nonotte, arvorar-se em crítico de seus mestres, e esse homem, feito para pregar à canalha em cemitérios, falou a torto e a direito sobre coisas de que não tinha a mínima noção. Outro insolente dessa sociedade, chamado Patouillet, insultava, em suas cartas pastorais, cidadãos e oficiais da casa do rei, com palavras que os lacaios não teriam suportado.

Uma de suas principais vaidades consistia em introduzir-se em casa de nobres quando houvesse doenças letais, como embaixadores de Deus, que iam abrir-lhes as portas do céu, sem os fazer passar pelo purgatório. No reinado de Luís XIV não era de bom-tom morrer sem passar pelas mãos de um jesuíta; e o velhaco depois ia gabar-se a suas devotas de ter convertido um duque e par que, sem sua proteção, teria a alma danada.

O moribundo poderia dizer: "Com que direito, excremento de colégio, vens à minha casa quando estou morrendo? Por acaso alguém me vê ir à tua cela quando tens fístula ou gangrena, e

---

6. T. II, p. 399. (N. de Voltaire)

teu corpo imundo está prestes a ser devolvido à terra? Deus por acaso deu à tua alma alguns direitos sobre a minha? Terei preceptor com a idade de setenta anos? Acaso trazes as chaves do paraíso no cinto? Ousas dizer que és embaixador de Deus; mostra-me tuas credenciais; e, se não as tens, deixa-me morrer em paz. Nenhum beneditino, cartuxo ou premonstratense vem perturbar meus últimos momentos: eles não erguem um troféu a seu orgulho sobre o leito de um agonizante, ficam em suas celas; fica na tua; o que há entre mim e ti?"

Foi uma coisa cômica, em triste ocasião, a pressa com que aquele jesuíta inglês chamado Routh foi monopolizar a hora extrema do célebre Montesquieu. Disse ele que tinha ido restituir aquela alma virtuosa à religião, como se Montesquieu não tivesse conhecido a religião melhor que uma pessoa como Routh, como se Deus quisesse que Montesquieu pensasse como Routh. Foi expulso do quarto e saiu gritando por toda a Paris: "Converti aquele homem ilustre: obriguei-o a jogar no fogo as suas *Cartas persas* e seu *Espírito das leis*." Teve-se o cuidado de imprimir o relato da conversão de Montesquieu pelo reverendo padre Routh, naquele libelo intitulado *Antifilosófico*.

Outro orgulho dos jesuítas consistia em criar missões nas cidades, como se estivessem entre índios e japoneses. Faziam-se seguir nas ruas pela magistratura inteira. Uma cruz era carregada à frente deles e plantada em praça pública; destituíam o pároco e se tornavam os donos da cidade. Um jesuíta chamado Aubert criou uma missão dessa em Colmar e obrigou o advogado geral do conselho soberano a queimar a seus pés seu exemplar de *Bayle*, que lhe custara cinquenta escudos: eu teria preferido queimar o irmão Aubert. Imagine-se como o orgulho daquele Aubert se enalteceu com aquele sacrifício, como ele se gabou desse feito à noite, com os confrades, como escreveu a seu geral.

Ó monges! Ó monges! Sede modestos, já vos disse; sede moderados, se não quereis que vos ocorra alguma desgraça.

JÓ (Job)

Bom dia, amigo Jó; és um dos mais antigos originais a que os livros fazem menção; não eras judeu: sabe-se que o livro que tem teu nome é mais antigo que o Pentateuco. Se os hebreus, que o traduziram do árabe, usaram a palavra Jeová para significar Deus, foi porque tomaram essa palavra aos fenícios e egípcios, como não duvidam os verdadeiros eruditos. A palavra Satã não era hebraica, era caldeia; sabe-se bem disso.

Moravas nos confins da Caldeia. Alguns comentadores, dignos da profissão que exercem, afirmam que acreditavas na ressurreição, porque, deitado em tua esterqueira, disseste, em teu capítulo XIX, que *um dia te reerguerias*. Um doente que espere a cura nem por isso espera a ressurreição; mas quero falar-te de outras coisas.

Admite que eras um grande tagarela, mas teus amigos não ficavam atrás. Dizem que possuías sete mil carneiros, três mil camelos, mil bois e quinhentos asnos. Vou fazer a conta.

Sete mil carneiros, a três libras e dez soldos cada um, perfazem vinte e duas mil e quinhentas libras tornesas	22 500
Avalio os três mil camelos em cinquenta escudos cada um	450 000
Mil bois não podem ser avaliados, um pelo outro, por menos de	80 000
E quinhentos asnos, a vinte francos cada um	10 000
Ao todo	562 500 libras

Sem contar imóveis, joias e anéis.

Já fui muito mais rico do que tu; e, embora tenha perdido grande parte de meus bens e esteja doente como tu, não reclamei de Deus, coisa que teus amigos parecem às vezes censurar em ti.

Não estou nem um pouco contente com Satã, que, para te induzir ao pecado e para te levar a esquecer Deus, pede permissão para privar-te de teus bens e encher-te de sarna. É nesse estado que os homens sempre recorrem à Divindade: são os felizes que a esquecem. Satã não conhecia muito bem o mundo: formou-se nele depois; e, quando quer garantir-se de alguém, faz dele um recebedor geral ou coisa melhor, se é que é possível. Foi o que nosso amigo Pope mostrou claramente na história do cavaleiro Balaão.

Tua mulher era uma impertinente, mas teus pretensos amigos Elifas, nativo de Teman, na Arábia, Baldade, de Suez, e Sofar de Naamat, eram bem mais insuportáveis do que ela. Exortavam à paciência de uma maneira que impacientava o homem mais calmo do mundo: faziam longos sermões, mais enfadonhos do que os do embusteiro V... e, em Amsterdam, e Le... etc.

É verdade que não sabias o que estavas dizendo quando exclamaste: "Meu Deus! Serei eu um mar ou uma baleia para ter sido encerrado por vós como numa prisão?" Mas teus amigos não sabiam muito mais quando te responderam que "o junco não pode reverdecer sem umidade, e a relva dos prados não pode crescer sem água". Nada é menos consolador do que esse axioma.

Sofar de Naamat acusa-te de ser um tagarela; mas nenhum daqueles bons amigos te empresta um só escudo. Eu não te trataria assim. Nada é mais comum do que conselheiros; nada é mais raro do que alguém que socorra. Não vale a pena ter três amigos se não se recebe uma só gota de caldo quando se está doente. Imagino que, quando Deus te devolveu riquezas e saúde, aquelas pessoas loquazes não ousaram aparecer na tua frente: por isso, os *amigos de Jó* se tornaram proverbiais.

Deus ficou muito descontente com eles e lhes disse com franqueza, no capítulo XLII, que eles *são enfadonhos e imprudentes*; e os condena a uma multa de sete touros e sete cabritos por terem dito asneiras. Eu os teria condenado por não terem socorrido um amigo.

Peço que me digas se é verdade que viveste cento e quarenta anos depois dessa aventura. Gosto de saber que os honestos vivem muito tempo; mas os homens de hoje só podem mesmo ser grandes embusteiros, já que têm vida tão curta!

De resto, o livro de Jó é um dos mais preciosos de toda a antiguidade. É evidente que esse livro foi escrito por um árabe que viveu antes do tempo em que situamos Moisés. Diz ele que Elifas, um dos interlocutores, é de Teman, antiga cidade da Arábia. Baldade era de Suez, outra cidade da Arábia. Sofar era de Naamat, região da Arábia muito mais oriental.

Mais notável, porém, o que demonstra que essa fábula não pode ter sido escrita por um judeu, é o fato de se falar das três constelações que hoje chamamos Ursa, Órion e Híadas. Os hebreus nunca tiveram o menor conhecimento de astronomia, nem sequer tinham palavra para significar essa ciência; tudo o que diz respeito às artes do intelecto lhes era desconhecido, até o termo *geometria*.

Os árabes, ao contrário, habitando em tendas, estando sempre em condições de observar os astros, talvez tenham sido os primeiros que determinaram a divisão em anos pelo exame do céu.

Observação mais importante é que nesse livro só se fala de um Deus. Trata-se de erro absurdo imaginar que os judeus fossem o único povo monoteísta; essa era a doutrina de quase todo o oriente; e, nisso, os judeus nada mais foram do que plagiários, como o foram em tudo.

Deus, no capítulo XXXVIII, fala pessoalmente a Jó, do meio de um turbilhão; e isso depois foi imitado no Gênese. Nunca é demais repetir que os livros judeus são muito recentes. A ignorância e o fanatismo gritam que o Pentateuco é o livro mais antigo do mundo. Evidentemente, os de Sanconiaton, os de Tot, anteriores em oitocentos anos aos de Sanconiaton, os do primeiro Zoroastro, o Shasta, o Vedas dos indianos, que ainda temos, os cinco Kings dos chineses e o livro de Jó são muito mais antigos que qualquer livro judeu. Está demonstrado que aquele pequeno povo só pôde ter anais quando teve governo estável; que só tiveram esse tipo de governo quando tiveram reis; que o jargão que falavam só se formou com o tempo, de uma mistura de fenício e árabe. Há provas incontestáveis de que os fenícios cultivavam as letras muito tempo antes deles.

Sua profissão foi o banditismo e a corretagem; foram escritores por acaso. Perderam-se os livros dos egípcios e dos fenícios; chineses, brâmanes, guebros e judeus conservaram os seus. Todos esses monumentos são curiosos, mas não passam de monumentos da imaginação humana, nos quais não se pode aprender uma única verdade, seja ela física ou histórica. Não há hoje nenhum livrinho de física que não seja mais útil do que todos os livros da antiguidade.

O bom Calmet ou dom Calmet (pois os beneditinos querem que ele seja tratado por dom), ingênuo compilador de tantos devaneios e imbecilidades, homem que, em sua simplicidade, se tornou tão útil a qualquer um que queira rir das tolices antigas, relata fielmente as opiniões daqueles que quiseram adivinhar a doença de que Jó sofria, como se Jó tivesse sido uma personagem real. Ele não hesita em dizer que Jó sofria de sífilis e amontoa trechos, como é seu costume, para provar o que não é. Não leu a história da sífilis, escrita por Astruc: pois, como Astruc não é padre nem doutor de Salamanca, mas sim médico erudito, o bom Calmet nem sequer poderia saber da existência dele: os monges compiladores são uns coitados!

(*De um doente das termas de Aix-la-Chapelle*)

JOSÉ (Joseph)

A história de José, se considerada apenas como objeto de curiosidade e de literatura, constitui um dos mais preciosos monumentos da antiguidade que já chegaram até nós. Parece ser modelo para todos os escritores orientais; é mais comovente do que a *Odisseia* de Homero, pois o herói que perdoa comove mais do que o herói que se vinga.

Consideramos os árabes como os primeiros autores dessas ficções engenhosas que passaram para todas as línguas, mas não encontro neles nenhuma aventura comparável à de José. Quase tudo nela é maravilhoso, e o fim pode arrancar lágrimas de emoção. Trata-se de um jovem de dezesseis anos invejado pelos irmãos; é vendido por eles a uma caravana de mercadores ismaelitas, levado para o Egito e comprado por um eunuco do rei. Aquele eunuco tinha uma mulher, o que não chega a ser espantoso; o Kislar Agha, eunuco perfeito, de quem se cortou tudo, tem hoje um serralho em Constantinopla: deixaram-lhe os olhos e as mãos, e a natureza não perdeu seus direitos no seu coração. Os outros eunucos, aos quais só foram cortados os dois acompanhamentos do órgão da procriação, ainda empregam com frequência esse órgão; e Putifar, a quem José foi vendido, podia perfeitamente pertencer ao rol desses eunucos.

A mulher de Putifar apaixona-se pelo jovem José, que, fiel a seu amo e benfeitor, não cede às instâncias daquela mulher. Isso a irrita, e ela acusa José de tentar seduzi-la. É a história de Hipólito e Fedra, Belerofonte e Estenebeia, Hebro e Damasipa, Tântis e Peribeia, de Mirtilo e Hipodâmia, de Peleu e Astidamia.

É difícil saber qual é o original de todas essas histórias; mas, entre os antigos autores árabes, há um fato muito engenhoso sobre a aventura de José e da mulher de Putifar. O autor conta que Putifar, indeciso entre a mulher e José, não considerou a túnica de José, que a mulher rasgara, como uma prova do atentado do rapaz. Havia uma criança no berço, no quarto da mulher; José dizia que ela lhe havia rasgado e tirado a túnica na presença da criança. Putifar consulta a criança, que era muito adiantada para a idade; a criança diz a Putifar: "Olha se a túnica está rasgada na frente ou atrás: se estiver rasgada na frente, é prova de que José quis tomar tua mulher à força, e de que ela se defendeu; se atrás, é prova de que tua mulher estava correndo atrás dele." Putifar, graças ao gênio da criança, reconhece a inocência do escravo. Assim se conta essa aventura no *Alcorão*, de acordo com o antigo autor árabe. E ele não hesita em informar a quem pertence a criança que julgou com tanto discernimento: era filho da mulher de Putifar, José não era o primeiro que aquela mulher desejara.

Seja como for, segundo o Gênese, José é preso e posto em companhia do escanção e do padeiro do rei do Egito. Os dois prisioneiros de Estado sonham uma noite: José explica-lhes os sonhos; prediz que, em três dias, o escanção voltará a ter as graças do seu senhor e que o padeiro será enforcado: dito e feito.

Dois anos depois, o rei do Egito também sonha; seu escanção lhe diz que na prisão há um jovem judeu que é o melhor do mundo na interpretação dos sonhos: o rei manda chamar o jovem, que lhe prediz sete anos de abundância e sete de esterilidade.

Interromperemos um pouco o fio da história para comentar a prodigiosa antiguidade da interpretação dos sonhos. Jacó vira em sonho a escada misteriosa em cujo topo estava Deus: aprendeu em sonho um método para multiplicar o rebanho, método que só deu certo para ele. O próprio José soubera, num sonho, que um dia dominaria seus irmãos. Abimeleque, muito tempo antes, fora avisado em sonho de que Sara era mulher de Abraão.

Voltemos a José. Assim que explicou o sonho do faraó, passou a ser seu primeiro-ministro. Hoje em dia, duvida-se de que possa haver algum rei, mesmo na Ásia, que desse tal cargo pela explicação de um sonho. O faraó casou José com uma filha de Putifar. Consta que aquele Putifar era grão-sacerdote de Heliópolis; portanto, não era o eunuco, seu primeiro amo; ou, se era, certamente ele também tinha outro título, além de grão-sacerdote, e sua mulher fora mãe várias vezes.

No entanto, a fome chegou, tal qual José previra; e José, para merecer as boas graças de seu rei, obrigou todo o povo a vender suas terras ao faraó; e toda a nação se tornou escrava para ter trigo: essa é, ao que tudo indica, a origem do poder despótico. Convenhamos que nunca rei nenhum fez negócio melhor; e o povo também tinha poucos motivos para bendizer o primeiro-ministro.

Finalmente, o pai e os irmãos de José precisaram de trigo, pois "a fome desolava então toda a terra". Não vale a pena contar aqui como José recebeu os irmãos, como os perdoou e os enriqueceu. Nessa história se encontra tudo o que constitui um poema épico interessante: exposição, trama, reconhecimento, peripécias e prodígio; nada é mais característico do gênio oriental.

O que o bom Jacó, pai de José, respondeu ao faraó deve impressionar todos os que saibam ler. "Que idade tens?", perguntou o rei. E o velhinho respondeu: "Cento e trinta anos e ainda não tive um só dia feliz nesta curta peregrinação."

JUDEIA (Judée)

Não estive na Judeia, graças a Deus, e nunca irei lá. Conheci gente de todas as nacionalidades que de lá voltaram: todos me disseram que a situação de Jerusalém é horrível; que toda a região ao redor é pedregosa; que as montanhas são nuas; que o famoso rio Jordão não tem mais de quarenta e cinco pés de largura; que o único recanto agradável daquele território é Jericó: enfim, falam todos como falava são Jerônimo, que viveu tanto tempo em Belém e pinta a região como o rebotálio da natureza. Disse que no verão não há nem sequer água para beber. No entanto, aquelas paragens deviam parecer aos judeus um lugar de delícias, em comparação com os desertos de onde tinham vindo. Os miseráveis que saíssem das Landas para habitar algumas montanhas de Lampourdan gabariam o novo domicílio; e, se tivessem a esperança de penetrar até as belas regiões do Languedoc, achariam que elas eram a terra prometida.

Essa é, precisamente, a história dos judeus: Jericó e Jerusalém são Toulouse e Montpellier, e o deserto do Sinai é a região que fica entre Bordeaux e Bayonne.

Mas se Deus, que conduzia os judeus, queria dar-lhes uma boa terra, se aqueles infelizes tinham de fato morado no Egito, por que não os deixava no Egito? A isso só se responde com frases teológicas.

Dizem que a Judeia era a terra prometida. Deus disse a Abraão: "Eu te darei todo este território desde o rio do Egito até o Eufrates."[7]

Que pena! Meus amigos, nunca tivestes aquelas margens férteis do Eufrates e do Nilo. Brincaram convosco. Os donos do Nilo e do Eufrates foram, um após outro, vossos amos. Quase sempre fostes escravos. Prometer e cumprir são duas coisas diferentes, meus pobres judeus. Tendes um velho rabino que, lendo as sábias profecias que anunciam uma terra de mel e leite, exclamou que vos haviam prometido mais manteiga que pão. Sabeis que, se o grão-turco me oferecesse hoje a posse de Jerusalém, eu não aceitaria?

Frederico III, vendo aquele lugar detestável, disse publicamente que Moisés teve uma ideia péssima, quando levou para lá o seu bando de leprosos: "Por que não foi para Nápoles?", dizia Frederico. Adeus, meus caros judeus, sinto muito que terra prometida seja terra perdida.

(*Do barão de Broukana*)

JUDEUS (Juifs)

Primeira seção

A senhora ordena que eu trace um quadro fiel do espírito dos judeus e de sua história; e, sem enveredar pelos inefáveis caminhos da Providência, procura a senhora, nos costumes desse povo, a fonte dos acontecimentos que essa Providência preparou.

É certo que a nação judaica é a mais estranha que já se viu no mundo. Embora seja a mais desprezível aos olhos da política, em muitos aspectos é digna de consideração aos olhos da filosofia.

Os guebros, os baneanes e os judeus são os únicos povos que subsistem dispersos, que, não se mesclando com nenhuma nação, se perpetuam em meio às nações estrangeiras e ficam sempre apartados do restante do mundo.

Os guebros foram outrora infinitamente mais consideráveis que os judeus, por serem remanescentes dos antigos persas, que mantiveram os judeus sob sua dominação; mas hoje estão espalhados apenas por uma parte do oriente.

Os baneanes, que descendem dos antigos povos dos quais Pitágoras hauriu sua filosofia, só existem nas Índias e na Pérsia; mas os judeus se dispersaram sobre a face de toda a terra; e, caso se reunissem, constituiriam uma nação muito mais numerosa do que foi no curto período em que eles dominaram a Palestina. Quase todos os povos que escreveram a história de sua própria origem quiseram realçá-la com prodígios: tudo é milagre neles; seus oráculos só lhes predisseram conquistas; aqueles que de fato se tornaram conquistadores não tiveram dificuldade em acreditar nos antigos oráculos, que eram justificados pelos acontecimentos. O que distingue os judeus das outras nações é que seus oráculos são os únicos verdadeiros: não nos é permitido duvidar deles. Esses oráculos, que eles só entendem em sentido literal, predisseram centenas de vezes que eles seriam os senhores do mundo; no entanto, nunca possuíram mais do que um pequeno recanto durante alguns anos; hoje, não possuem sequer uma aldeia. Portanto, precisam acreditar que um dia suas predições se cumprirão e que eles terão o império da terra.

São o último dos povos entre muçulmanos e cristãos, e se acreditam o primeiro. Esse orgulho na humilhação é justificado por uma razão irretorquível: eles são, realmente, pais de cristãos e muçulmanos. As religiões cristãs e muçulmanas reconhecem a judaica como mãe; e, graças a uma contradição singular, têm pela mãe respeito e horror, ao mesmo tempo.

---

7. Gênese, cap. XV, v. 18. (N. de Voltaire)

Não cabe aqui repetir a sequência contínua de prodígios que surpreendem a imaginação e exercitam a fé. Cabe apenas comentar alguns acontecimentos puramente históricos, para os quais não houve o concurso celeste nem os milagres que Deus, durante tanto tempo, dignou-se realizar a favor desse povo.

No começo, vê-se no Egito uma família de setenta pessoas produzir, ao cabo de duzentos e quinze anos, uma nação na qual se contam seiscentos mil combatentes, o que perfaz, com mulheres, velhos e crianças, mais de dois milhões de almas. Não há exemplo na terra de povoamento tão prodigioso: essa multidão, saindo do Egito, ficou quarenta anos nos desertos da Arábia Pétrea, e o povo diminuiu muito naquele território medonho.

O que sobrou da nação avançou um pouco para o norte daqueles desertos. Parece que adotavam os mesmos princípios depois adotados pelos povos da Arábia Pétrea e Deserta: massacrar sem misericórdia os habitantes dos pequenos povoados sobre os quais tivessem vantagem, preservando apenas as moças. O interesse da população sempre foi o objetivo principal destes e daqueles. Sabe-se que, quando os árabes conquistaram a Espanha, impuseram nas províncias tributos consistentes em moças núbeis; e hoje os árabes do deserto não firmam nenhum tratado sem estipular que querem receber algumas moças e alguns presentes.

Os judeus chegaram a uma terra arenosa, cheia de montanhas, onde havia algumas aldeias habitadas por um pequeno povo chamado *madianitas*. Numa só pastagem de madianitas, pegaram seiscentos e setenta e cinco mil carneiros, setenta e dois mil bois, sessenta e um mil asnos e trinta e duas mil donzelas. Todos os homens, todas as mulheres e todas as crianças do sexo masculino foram massacrados: as moças e o butim foram repartidos entre o povo e os sacrificadores.

Em seguida, apoderaram-se, na mesma região, da cidade de Jericó; mas, votando seus habitantes ao anátema, massacraram tudo, até as moças, e só perdoaram uma cortesã chamada Raabe, que os havia ajudado a surpreender a cidade.

Os eruditos discutiram se os judeus de fato sacrificavam seres humanos à Divindade, como tantas outras nações. É uma questão de nome: aqueles que esse povo consagrava ao anátema não eram mortos sobre um altar com ritos religiosos; mas nem por isso deixavam de ser imolados, sem que se permitisse perdoar um único. O Levítico proíbe expressamente, no versículo 27 do capítulo XXIX, o resgate daqueles que tivessem sido consagrados; diz em suas próprias palavras: *precisam morrer*. Foi em virtude dessa lei que Jeftá consagrou e matou a filha, que Saul quis matar seu filho e que o profeta Samuel esquartejou o rei Agague, prisioneiro de Saul. Não há dúvida de que Deus é senhor da vida dos homens, e que não nos cabe analisar suas leis: devemos limitar-nos a crer nesses fatos e a respeitar em silêncio os desígnios de Deus, que os permitiu.

Também se pergunta que direitos tinham estrangeiros como os judeus sobre a terra de Canaã: responde-se que tinham o direito que Deus lhes dera.

Assim que tomaram Jericó e Laís, tiveram uma guerra civil na qual a tribo de Benjamim foi quase toda exterminada, homens, mulheres e crianças: só sobraram seiscentos varões; mas o povo, não querendo que uma das tribos fosse aniquilada, para resolver a questão, teve a ideia de passar a ferro e fogo uma cidade inteira da tribo de Manassés, matando todos os homens, todos os velhos, todas as crianças, todas as mulheres casadas e todas as viúvas e raptando seiscentas virgens, que deram aos seiscentos sobreviventes de Benjamim, para refazer aquela tribo, a fim de completar o número de suas doze tribos.

No entanto, os fenícios, povo poderoso, estabelecido nas costas marítimas desde tempos imemoriais, alarmados com as depredações e as crueldades daqueles recém-chegados, muitas vezes os castigaram: os príncipes vizinhos se reuniram para combatê-los, e sete vezes foram eles reduzidos à servidão durante mais de duzentos anos.

Por fim, criam um rei, sorteando um nome. Esse rei não devia ser muito poderoso, pois na primeira batalha que os judeus travaram sob seu comando contra os filisteus, seus senhores, só contavam com uma espada e uma lança em todo o exército e não tinham um único instrumento de ferro. Mas seu segundo rei, Davi, guerreou com vantagem. Tomou a cidade de Salém, depois tão famosa com o nome de Jerusalém; e então os judeus começaram a ser mais significativos nos arredores da Síria. Seu governo e sua religião assumem uma forma mais augusta. Até então, não tinham conseguido ter um templo, quando todas as nações vizinhas os tinham. Salomão construiu um templo soberbo e reinou sobre esse povo por cerca de quarenta anos.

O tempo de Salomão é não apenas o tempo mais próspero dos judeus; mas todos os reis da terra, juntos, não podiam ostentar um tesouro que se aproximasse do de Salomão. Seu pai, Davi, cujo predecessor não tinha nem mesmo ferro, legou a Salomão, em dinheiro vivo, vinte e cinco bilhões seiscentos e quarenta e oito milhões de libras da França, em moeda de hoje. Suas frotas, que iam a Ofir, traziam-lhe por ano sessenta e oito milhões em ouro puro, sem contar o dinheiro e a pedraria. Ele tinha quarenta mil estábulos e outras tantas cocheiras para seus carros, doze mil estábulos para sua cavalaria, setecentas mulheres e trezentas concubinas. No entanto, não tinha madeira nem operários para construir seu palácio e o templo: tomou-os de empréstimo a Hirão, rei de Tiro, que forneceu até ouro; e Salomão deu vinte cidades como pagamento a Hirão. Os comentadores confessaram que esses fatos precisam de explicação e desconfiaram de algum erro nos números dos copistas, únicos que podem ter se enganado.

Com a morte de Salomão, as doze tribos que compunham a nação se dividem. O reino é desfeito; separa-se em duas pequenas províncias, uma chamada Judá, e outra, Israel. Nove tribos e meia compõem a província israelita; duas e meia apenas constituem a de Judá. Houve então entre esses dois pequenos povos um ódio implacável, sobretudo porque eram parentes e vizinhos e tiveram religiões diferentes; pois em Siquém, na Samaria, adorava-se Baal, dando-se a Deus um nome sidônio, enquanto em Jerusalém se adorava Adonai. Em Siquém eram consagrados dois bezerros, e em Jerusalém, dois querubins, que eram dois animais alados com duas cabeças, colocados no santuário: como cada facção tinha seus reis, seu deus, seu culto e seus profetas, nasceu entre elas uma guerra cruel.

Enquanto guerreavam, os reis da Assíria, que conquistaram a maior parte da Ásia, precipitaram-se sobre os judeus como águias que arrebatassem dois lagartos em luta. As nove tribos e meia de Samaria e Siquém foram arrebatadas e dispersas irremissivelmente, sem que nunca se soubesse precisamente para que lugares foram levadas como escravas.

Há apenas vinte léguas entre a cidade de Samaria e Jerusalém, e seus territórios eram limítrofes; assim, quando uma dessas cidades era esmagada por poderosos conquistadores, a outra não aguentava por muito tempo. Por isso, Jerusalém foi saqueada várias vezes; foi tributária dos reis Hazael e Razin, escrava de Tiglate-Pileser, três vezes tomada por Nabucodonosor, ou Nebucodon-asser, e por fim destruída. Sedecias, que fora investido como rei ou governador por aquele conquistador, foi levado com todo o seu povo como cativos para a Babilônia; de modo que, de judeus, só restaram na Palestina algumas famílias de camponeses escravos, para semear as terras.

No que se refere à pequena região de Samaria e de Siquém, mais fértil que a de Jerusalém, foi repovoada por colônias estrangeiras, enviadas pelos reis assírios, assumindo o nome de *samaritanos*.

As duas tribos e meia, escravas na Babilônia e nas cidades vizinhas, durante setenta anos, tiveram tempo de aprender os usos dos senhores; enriqueceram sua língua com a mistura da língua caldeia. Os judeus, desde então, passaram a conhecer apenas o alfabeto e os caracteres caldeus; esqueceram até mesmo o dialeto hebraico, em favor da língua caldeia: isso é incontestável. O historiador Josefo disse que, de início, escreveu em caldeu, que é a língua de seu país. Parece que os judeus aprenderam poucas coisas da ciência dos magos: dedicaram-se aos ofícios de corretores, cambistas e adeleiros; com isso, tornaram-se necessários, como ainda o são, e enriqueceram.

Com o que ganharam, criaram condições de obter a liberdade, no tempo de Ciro, e de reconstruir Jerusalém; mas, quando foi preciso voltar à pátria, aqueles que se tinham enriquecido na

Babilônia não quiseram trocar terras tão belas pelas montanhas da Celessíria, nem as margens férteis do Eufrates e do Tigre pela torrente de Cedrom. Somente a parte mais vil da nação voltou com Zorobabel. Os judeus da Babilônia contribuíram apenas com esmolas para a reconstrução da cidade e do templo; assim mesmo, a coleta foi medíocre, e Esdras conta que só foi possível juntar setenta mil escudos para reerguer aquele templo, que deveria ser o templo do universo.

Os judeus continuaram súditos dos persas; também o foram de Alexandre, e, quando esse grande homem (o mais escusável dos conquistadores), nos primeiros anos de suas vitórias, começou a construir Alexandria e a fazer dela o centro comercial do mundo, os judeus para lá acorreram em multidão, a fim de exercerem o ofício de corretor, e seus rabinos finalmente aprenderam alguma coisa das ciências dos gregos. A língua grega tornou-se absolutamente necessária a todos os judeus comerciantes.

Depois da morte de Alexandre, esse povo ficou submetido aos reis da Síria em Jerusalém e aos reis do Egito em Alexandria; e, quando esses reis guerreavam entre si, esse povo sempre tinha o destino dos súditos, pertencendo aos vencedores.

Depois do cativeiro da Babilônia, Jerusalém não teve mais governantes especiais que assumissem o título de reis. Os pontífices ficaram com a administração interior, e tais pontífices eram nomeados por seus senhores: às vezes compravam por preço bem alto essa dignidade, tal como o patriarca grego de Constantinopla compra a sua.

No tempo de Antíoco Epifânio, revoltaram-se; a cidade foi mais uma vez pilhada, e os muros, demolidos.

Depois de uma série de desastres semelhantes, obtiveram afinal, pela primeira vez, por volta do ano cento e cinquenta antes de nossa era, a permissão para cunhar moeda; esse privilégio lhes foi dado por Antíoco Sideta. Tiveram então chefes que assumiram o título de reis e até usavam diadema. Antígono foi o primeiro condecorado com esse ornamento, que é pouco honroso sem o poder.

Os romanos, naquele tempo, começavam a ser temidos pelos reis da Síria, senhores dos judeus: estes ganharam o senado de Roma com submissão e presentes. As guerras dos romanos na Ásia Menor pareciam capazes de dar certo alívio àquele povo infeliz; mas, assim que usufruiu de alguma sombra de liberdade, Jerusalém foi dilacerada por guerras civis, que, com seus simulacros de reis, a tornaram muito mais digna de lástima do que jamais fora em tão longa sequência de diferentes escravidões.

Em suas conturbações intestinas, tomaram os romanos como juízes. A maioria dos reinos da Ásia Menor, do norte da África e três quartos da Europa já reconheciam os romanos como árbitros e senhores.

Pompeu foi à Síria julgar as nações e depor vários tiranetes. Enganado por Aristóbulo, que disputava a realeza de Jerusalém, vingou-se dele e seu partido. Tomou a cidade, pôs na cruz alguns sediciosos (sacerdotes e fariseus) e, muito tempo depois, condenou Aristóbulo, rei dos judeus, ao extremo suplício.

Os judeus, sempre infelizes, sempre escravos e sempre revoltados, continuaram atraindo sobre si a força das armas romanas. Foram punidos por Crasso e Cássio, e Metelo Cipião mandou crucificar um filho do rei Aristóbulo, chamado Alexandre, autor de todas as conturbações.

Sob o domínio do grande César, foram inteiramente submetidos e apaziguados. Herodes, famoso entre eles e entre nós, durante muito tempo simples tetrarca, obteve de Antônio a coroa da Judeia, que pagou caro: mas Jerusalém não quis reconhecer aquele novo rei, porque descendia de Esaú, e não de Jacó, e não passava de um idumeu: era precisamente sua qualidade de estrangeiro que garantira a sua escolha pelos romanos, que queriam refrear mais aquele povo.

Os romanos protegeram o rei que haviam nomeado com um exército. Jerusalém foi outra vez tomada de assalto, saqueada e pilhada.

Herodes, protegido depois por Augusto, tornou-se um dos mais poderosos príncipes entre os régulos da Arábia. Restaurou Jerusalém, reconstruiu a fortaleza que cercava aquele templo tão caro aos judeus, que ele construiu também de novo, mas não pôde terminar: faltaram-lhe dinheiro e operários. Essa é uma prova de que, afinal, Herodes não era rico, e os judeus, que amavam seu templo, amavam muito mais seu dinheiro.

O título de rei não passava de favor feito pelos romanos: não era um título de sucessão. Logo depois da morte de Herodes, a Judeia foi governada como província romana subalterna pelo procônsul da Síria, embora de vez em quando se concedesse o título de rei ora a um judeu, ora a outro, mediante alto pagamento, como foi feito com o judeu Agripa no tempo do imperador Cláudio.

Uma das filhas de Agripa foi Berenice, célebre por ter sido amada por um dos melhores imperadores de que Roma se gaba. Foi ela que, devido às injustiças que amargou por parte de seus compatriotas, atraiu a vingança dos romanos sobre Jerusalém. Ela pediu justiça. Esta lhe foi negada pelas facções da cidade. O espírito sedicioso daquele povo entregou-se a novos excessos; seu caráter em todos os tempos consistia na crueldade; seu destino, na punição.

Vespasiano e Tito fizeram aquele cerco memorável, que terminou com a destruição da cidade. Josefo, o exagerado, afirma que durante aquela breve guerra mais de um milhão de judeus foram massacrados. Não é de espantar que um autor que põe quinze mil homens em cada aldeia mate um milhão. O que restou foi exposto nos mercados públicos, e cada judeu foi vendido mais ou menos pelo mesmo preço do animal imundo que eles não ousam comer.

Nessa última dispersão, continuaram à espera de um libertador; e, na época de Adriano, que eles amaldiçoam em suas preces, certo Barcoquebas se insurgiu, dizendo-se um novo Moisés, um Shilo, um Cristo. Reunindo muitos daqueles infelizes sob seus estandartes (que eles acreditaram sagrados), ele pereceu com todos os seus seguidores: para aquela nação, foi o último golpe, o que a derrubou. Foi conservada pela opinião firme de que a esterilidade é uma vergonha. Os judeus consideraram seus dois grandes deveres ter filhos e ganhar dinheiro.

Desse esboço resulta que os hebreus quase sempre foram errantes, bandoleiros, escravos ou sediciosos: ainda hoje vagam pela terra, abominados pelos homens, afirmando que o céu, a terra e todos os homens foram criados apenas para eles.

Da situação da Judeia e do gênio desse povo, vê-se que ele deveria ser sempre subjugado. Estava cercado por nações poderosas e belicosas pelas quais sentia aversão. Assim, não podia aliar-se com elas nem ser protegido por elas. Foi-lhe impossível tirar sustento do mar, pois logo perdeu o porto que tinha no tempo de Salomão, no mar Vermelho, e o próprio Salomão sempre utilizou os tírios para construir casas e navios, bem como para erigir seu palácio e o templo. Logo, está claro que os hebreus não tinham nenhuma indústria, que não podiam constituir um povo próspero. Nunca tiveram exército continuamente reunido sob uma bandeira, tal como assírios, medas, persas, sírios e romanos. Os artesãos e os agricultores empunhavam armas nas ocasiões necessárias, não podendo, portanto, formar tropas aguerridas. Suas montanhas, ou melhor, seus rochedos não têm altura suficiente nem são bastante contíguos para defenderem os acessos ao território. A parcela mais numerosa da nação, transportada para a Babilônia, a Pérsia e a Índia, ou estabelecida em Alexandria, estava ocupada demais com o comércio e a corretagem para pensar em guerra. Seu governo civil, ora republicano, ora pontifical, ora monárquico e muito frequentemente anárquico, não parece melhor do que sua disciplina militar.

Pergunta a senhora qual era a filosofia dos hebreus; a resposta é breve: não tinham nenhuma. Nem mesmo seu legislador fala expressamente, em lugar algum, sobre imortalidade da alma e recompensas em outra vida. Josefo e Fílon acreditam que a alma é material; seus doutores admitiam anjos corpóreos; e, na sua permanência na Babilônia, deram a tais anjos os nomes que eram dados pelos caldeus: Miguel, Gabriel, Rafael, Uriel. O nome Satã é babilônio; é, de alguma maneira, o Arimã de Zoroastro. O nome Asmodeu também é caldeu; e Tobias, que morava em Nínive, foi quem primeiro o empregou. O dogma da imortalidade da alma só se desenvolveu com o passar do tempo, na convivência com os fariseus. Os saduceus sempre negaram essa espiritualidade, essa imortalidade, bem como a existência dos anjos. No entanto, os saduceus tiveram contato ininterrupto com os fariseus; tiveram até mesmo soberanos pontífices de sua seita. Essa prodigiosa diferença entre as opiniões desses dois grandes grupos não causou nenhuma perturbação. Nos últimos tempos de sua permanência em Jerusalém, os judeus só eram escrupulosamente apegados às suas cerimônias legais. Quem comesse chouriço ou coelho seria lapidado; quem negasse a imortalidade da alma podia ser grão-sacerdote.

Costuma-se dizer que o horror dos judeus pelas outras nações provinha de seu horror pela idolatria; mas é bem mais provável que a maneira como eles exterminaram, no início, alguns pequenos povos de Canaã e o ódio que as nações vizinhas passaram a nutrir por eles foram as causas dessa aversão irreprimível que eles sentiram por elas. Visto que os únicos povos que conheciam eram seus vizinhos, acreditaram que, abominando-os, detestariam toda a terra e acostumaram-se assim a ser inimigos de todos os homens.

Prova de que a idolatria das nações não era a causa daquele ódio é que, pela história dos judeus, percebe-se que eles foram frequentemente idólatras. O próprio Salomão oferecia sacrifícios a deuses estrangeiros. Depois dele, não se encontra quase nenhum rei na pequena província de Judá que deixe de permitir o culto a esses deuses, que não lhes ofereça incenso. A província de Israel conservou seus dois bezerros e suas madeiras sagradas, ou adorou outras divindades.

Essa idolatria, criticada em tantas nações, ainda é coisa bem pouco esclarecida. Talvez não fosse difícil expungir dessa mácula a teologia dos antigos. Todas as nações civilizadas tiveram conhecimento de um deus supremo, senhor de deuses subalternos e dos homens. Os próprios egípcios reconheciam um primeiro princípio ao qual davam o nome de *Knef*, ao qual todo o resto estava subordinado. Os antigos persas adoravam o bom princípio chamado *Aúra-Masda* e estavam muito longe de oferecer sacrifícios ao mau princípio *Arimã*, que viam mais ou menos como vemos o diabo. Os guebros ainda hoje conservam o dogma sagrado da unidade de Deus. Os antigos brâmanes reconheciam um único Ser supremo: os chineses não associaram nenhum ser subalterno à Divindade e não tiveram nenhum ídolo até os tempos em que o culto de Fo e as superstições dos bonzos seduziram o populacho. Os gregos e os romanos, apesar da multidão de deuses que tinham, reconheciam em Júpiter o soberano absoluto do céu e da terra. O próprio Homero, nas mais absurdas ficções da poesia, nunca se afastou dessa verdade. Ele sempre representa Júpiter como único e onipotente, capaz de enviar o bem e o mal para a terra, aquele que, com um movimento dos sobrolhos, faz deuses e homens tremer. Erigiam-se altares e ofereciam-se sacrifícios a deuses subalternos, dependentes do deus supremo. Não há um único monumento da antiguidade em que o título de *soberano do céu* seja dado a um deus secundário, Mercúrio, Apolo ou Marte. O raio sempre foi atributo do senhor.

A ideia de um ser soberano, de sua providência e de seus decretos eternos está em todos os filósofos e em todos os poetas. Por fim, talvez seja tão injusto acreditar que os antigos equiparavam heróis, gênios e deuses inferiores àquele que eles chamam de *pai e senhor dos deuses*, quanto seria ridículo acreditar que associamos a Deus os bem-aventurados e os anjos.

A seguir, pergunta a senhora se os antigos filósofos e os legisladores se abeberaram nos judeus, ou se estes naqueles. Cumpre remeter-se a Fílon: ele admite que, antes da tradução dos *Setenta*, os estrangeiros não tinham nenhum conhecimento dos livros de sua nação. Os grandes povos não podem extrair leis e conhecimentos de um pequeno povo obscuro e escravizado. Os judeus nem sequer tinham livros no tempo de Osias. No reinado deste, encontrou-se por acaso o único exemplar da lei que existia. Esse povo, a partir do cativeiro da Babilônia, só conheceu o alfabeto caldeu: nunca teve nomeada por nenhuma arte, por manufatura de espécie alguma; e, mesmo na época de Salomão, foi obrigado a pagar caro por operários estrangeiros. Dizer que egípcios, persas e gregos foram instruídos pelos judeus é como dizer que os romanos aprenderam as artes com os baixos-bretões. Os judeus nunca foram físicos, geômetras nem astrônomos. Não tinham escolas públicas para a educação da juventude; sua língua nem sequer contava com um termo para exprimir essa instituição. Os povos do Peru e do México calculavam bem melhor o ano do que eles. O tempo que passaram na Babilônia e em Alexandria, durante o qual vários de seus membros puderam instruir-se, só formou o povo na arte da usura. Nunca souberam cunhar moedas; e, quando Antíoco Sideta permitiu que tivessem moeda própria, mal puderam tirar proveito dessa permissão durante quatro ou cinco anos; mesmo assim, há quem afirme que tais moedas foram cunhadas em Samaria. Essa é a razão de as moedas judias serem tão raras e quase todas falsas. Por fim, neles só se encontra um povo ignorante e bárbaro, que desde muito tempo soma a mais sórdida ganância à mais detestável superstição e ao mais irreprimível ódio por todos os povos que os toleram e os enriquecem. *Nem por isso é preciso queimá-los.*

Segunda seção
Sobre a lei dos judeus

A qualquer povo civilizado a lei dos judeus deve parecer tão excêntrica quanto sua conduta; se não fosse divina, pareceria uma lei de selvagens que começam a constituir uma sociedade; e, sendo divina, não se entende por que não existiu sempre, para eles e para todos os homens.

O mais estranho é que a imortalidade da alma não é sequer insinuada nessa lei intitulada: *Vaïcra* e *Haddebarim*, Levítico e Deuteronômio.

É proibido comer enguia, porque ela não tem escamas; lebre, porque (como diz o *Vaicra*) a lebre rumina e não tem pés fendidos. No entanto, a verdade é que a lebre tem pés fendidos e não rumina; tudo indica que os judeus tinham lebres diferentes das nossas. O grifo é imundo; os pássaros de quatro patas são imundos; na verdade, são animais um tanto raros. Quem tocar um rato ou uma toupeira será impuro. As mulheres estão proibidas de deitar-se com cavalos e asnos. As mulheres judias deviam ser sensíveis a tais galanterias. Os homens são proibidos de oferecer sua semente a Moloque, e a *semente*, no caso, não é termo metafórico, que signifique filhos; esclarece-se que se trata do próprio sêmen do macho. O próprio texto chama essa oferenda de *fornicação*. E nisso esse livro do *Vaicra* é muito curioso. Parece que nos desertos da Arábia era costume oferecer esse singular presente aos deuses, tal como (conforme se diz) é uso em Cochim e em algumas outras regiões da Índia as moças entregarem a virgindade a um Priapo de ferro em algum templo. Essas duas cerimônias provam que o gênero humano é capaz de tudo. Os cafres, que se cortam um testículo, constituem também um exemplo bem mais ridículo dos excessos da superstição.

Lei não menos estranha entre os judeus é a prova do adultério. A mulher acusada pelo marido deve ser apresentada aos sacerdotes; dão-lhe para beber uma água que é uma mistura de absinto e pó. Se for inocente, a água a tornará mais bonita e fértil; se culpada, seus olhos saltarão das órbitas, seu ventre inchará, e ela rebentará diante do Senhor.

Aqui não trataremos dos detalhes de todos aqueles sacrifícios que não passam de operações de carniceiros em cerimônia; mas é muito importante notar outra espécie de sacrifício bastante comum naqueles tempos bárbaros. É expressamente ordenado no capítulo XXVII do Levítico que fossem imolados os homens oferecidos em anátema ao Senhor. "Não haverá resgate; a vítima prometida precisa morrer", diz o texto. Aí está a origem da história de Jeftá, quer sua filha tenha sido realmente imolada, quer essa história seja uma cópia da história de Ifigênia; essa é também a origem da promessa de Saul, que teria imolado o filho, se o exército, menos supersticioso que ele, não tivesse salvo a vida do jovem inocente.

Portanto, está fora de dúvida que os judeus, seguindo suas leis, sacrificavam vítimas humanas. Esse ato de religião está de acordo com seus costumes; mesmo seus livros os representam a matar sem misericórdia tudo o que encontram, preservando apenas as moças para seu uso.

É muito difícil – e deveria ser pouco importante – saber em que tempo essas leis foram redigidas na forma como as temos. Basta saber que são muito antigas, para perceber como os costumes naqueles tempos eram grosseiros e ferozes.

Terceira seção
Sobre a dispersão dos judeus

Afirmou-se que a dispersão desse povo fora prevista como punição por terem eles se negado a reconhecer Jesus Cristo como messias, fingindo esquecer-se de que ele já se dispersara por toda a terra conhecida muito tempo antes de Jesus Cristo. Os livros que nos restam dessa nação singular não fazem nenhuma menção ao retorno das dez tribos transportadas para além do Eufrates por Tiglate-Pileser e por Salmanasar, seu sucessor; e, mesmo cerca de seis séculos depois de Ciro, que trouxe de volta a Jerusalém as tribos de Judá e Benjamim, levadas por Nabucodonosor para as províncias de seu império, os Atos dos apóstolos dão fé de que, cinquenta e três dias depois da morte de Jesus Cristo, havia judeus de todas as nações existentes na face da terra reunidos em Jerusalém para a festa de Pentecostes. São Tiago escreveu às doze tribos dispersas, e, segundo Josefo e Fílon, é grande o número de judeus em todo o oriente.

É verdade que, se pensarmos nas carnificinas de judeus ocorridas durante o governo de alguns imperadores romanos e nas que se repetiram tantas vezes em todos os Estados cristãos, ficaremos surpresos pelo fato de esse povo ainda subsistir e de não ser menos numeroso hoje do que foi outrora. Esse número deve ser atribuído à isenção de portar armas, a seu ardor pelo casamento, ao costume de contraírem matrimônio bem cedo em suas famílias, à lei do divórcio, ao tipo de vida sóbrio e regrado, às suas abstinências, ao trabalho e aos exercícios que praticam.

Seu firme apego ao aspecto do seu templo e à lei mosaica não é menos notável, sobretudo se considerarmos suas frequentes apostasias, quando viviam sob o governo de reis e juízes. De todas as religiões do mundo, o judaísmo é a mais raramente abjurada; isso, em parte, é fruto das perseguições sofridas. Seus seguidores, mártires perpétuos de sua crença, consideraram-se cada vez mais fontes de santidade, vendo-nos apenas como judeus rebeldes que mudaram a lei de Deus, supliciando aqueles que a receberam de suas próprias mãos.

De fato os judeus, embora às vezes expulsos da pátria pelas vicissitudes dos impérios enquanto Jerusalém subsistia com seu templo, foram dispersados com muito mais frequência por um zelo cego, em todos os países nos quais se instalaram depois dos progressos do cristianismo e do maometismo. Por isso, comparam sua religião a uma mãe ferida por suas duas filhas, a cristã e a maometana. Mas, por mais maltratada que tenha sido, não deixa de se glorificar por tê-las gerado. Serve-se de ambas para abarcar o universo, enquanto sua velhice venerável abarca todos os tempos.

O mais singular é que os cristãos alegaram cumprir as profecias tiranizando os judeus que as haviam transmitido. Já vimos como a Inquisição ordenou o banimento dos judeus da Espanha. Obrigados a vagar de terra em terra, de mar em mar, para ganhar a vida, considerados incapazes de possuir bens de raiz ou empregos em qualquer lugar, foram forçados a dispersar-se por vários locais e a não se fixar em nenhum território, por falta de apoio e poder para neles se manter, por falta de conhecimentos na arte militar. O comércio, profissão durante tanto tempo desprezada pela maioria dos povos da Europa, foi seu único recurso naqueles séculos bárbaros; e, como inevitavelmente se enriqueceram, foram tratados de usurários infames. Os reis, não podendo vasculhar a bolsa de seus súditos, decretaram a tortura dos judeus, que eles não viam como cidadãos.

O que ocorreu na Inglaterra nesse sentido pode dar alguma ideia das vexações que eles sofreram nos outros países. O rei João, precisando de dinheiro, mandou prender os judeus ricos de seu reino. A um deles arrancaram sete dentes, um após outro, para conseguirem seus bens; no oitavo, ele deu mil marcos. Henrique III arrancou de Aaron, judeu de York, catorze mil marcos e dez mil para a rainha. Vendeu os outros judeus de seu país ao irmão Ricardo, durante o prazo de um ano, para que o conde estripasse aqueles que o rei já havia esfolado, como disse Matthieu Pâris.

Na França, eram presos, roubados, vendidos e acusados de praticar magia, sacrificar crianças, envenenar nascentes; eram expulsos do reino, mas sua entrada era permitida por dinheiro; e, na mesma época em que eram tolerados, eram distinguidos dos outros habitantes por marcas infamantes. Finalmente, o mais estranho e incompreensível foi que, enquanto eles eram queimados em outros lugares para abraçarem o cristianismo, na França eram confiscados os bens dos judeus que se tornavam cristãos. Carlos VI, num edito baixado em Basville em 4 de abril de 1392, revogou esse costume tirânico, que, segundo o beneditino Mabillon, fora introduzido por duas razões.

Em primeiro lugar, para pôr à prova a fé daqueles novos conversos, pois era muito comum os integrantes daquela nação fingirem submissão ao Evangelho, por algum interesse temporal, sem que houvesse mudança de crença em seu íntimo.

Em segundo lugar, porque, como a maioria de seus bens provinha da usura, a pureza da moral cristã parecia exigir que houvesse um reembolso geral; e isso era executado pelo confisco.

Mas a verdadeira razão desse uso, que o autor de *Espírito das leis* tão bem desenvolveu, era uma espécie de direito de amortização, para o príncipe ou para os senhores, das taxas que eles cobravam dos judeus como servos submetidos ao regime de mão-morta, aos quais sucediam. Ora, esses príncipes ou senhores se viam privados desse benefício quando os judeus se convertiam à fé cristã.

Finalmente, proscritos incessantemente de cada país, eles encontraram um meio engenhoso de salvar a fortuna e garantir para sempre sua aposentadoria. Expulsos da França durante o reinado de Filipe, o Longo, em 1318, refugiaram-se na Lombardia, onde entregaram aos negociantes letras pagáveis por aqueles aos quais eles haviam confiado seus haveres ao partirem, e essas letras foram quitadas. A admirável invenção das letras de câmbio nasceu no seio da desesperança, e então apenas o comércio pôde eludir a violência e manter-se em todo o mundo.

Quarta seção
Resposta a algumas objeções

Primeira carta
Aos srs. Joseph Ben Jonathan, Aaron Mathai e David Wincker

Senhores,

Quando o sr. Medina, seu compatriota, provocou em Londres uma falência de vinte mil francos, há quarenta e quatro anos, disse-me que não era culpa sua, que ele era um infeliz, que nunca foi filho de Belial, que sempre tentara viver como filho de Deus, ou seja, como homem honesto, bom israelita. Fiquei comovido, abracei-o, louvamos a Deus juntos, e meu prejuízo foi de oitenta por cento.

Os senhores devem saber que nunca odiei sua nação. Não odeio ninguém, nem mesmo Fréron.

Ao contrário, sempre a lastimei. Se às vezes fui um tanto brincalhão, tal como era o bom papa Lambertini, meu protetor, nem por isso deixo de ser sensível. Aos dezesseis anos de idade chorei quando me disseram que em Lisboa haviam mandado mãe e filha para a fogueira por terem comido em pé um pouco de carneiro cozido com alfaces no décimo quarto dia da lua vermelha; posso garantir que a extrema beleza que gabavam naquela moça contribuiu para a quantidade das lágrimas que verti, embora devesse ter aumentado nos espectadores o horror pelos assassinos e a piedade pela vítima.

Não sei como me ocorreu fazer um poema épico aos vinte anos de idade. (Sabem o que é poema épico? Eu mesmo não sabia, então.) O legislador Montesquieu ainda não tinha escrito suas

Cartas persas, por cujo comentário os senhores me censuram, e eu já dissera sozinho, falando de um monstro que os seus ancestrais conheceram muito bem e ainda hoje tem alguns devotos:

> Il vient; le Fanatisme est son horrible nom,
> Enfant dénaturé de la Religion;
> Armé pour la défendre, il cherche à la détruire;
> Et, reçu dans son sein, l'embrasse et le déchire.
> C'est lui qui dans Raba, sur les bords de l'Arnon,
> Guidait les descendants du malheureux Ammon,
> Quand à Moloch, leur Dieu, des mères gémissantes
> Offraient de leurs enfants les entrailles fumantes.
> Il dicta de Jephté le serment inhumain;
> Dans le coeur de sa fille il conduisit sa main:
> C'est lui qui, de Calchas ouvrant la bouche impie,
> Demanda par sa voix la mort d'Iphigénie.
> France, dans tes forêts il habita longtemps.
> A l'affreux Teutatès il offrit ton encens.
> Tu n'as point oublié ces sacrés homicides,
> Qu'à tes indignes dieux présentaient tes druides.
> Du haut du Capitole il criait aux païens:
> Frappez, exterminez, déchirez les chrétiens.
> Mais lorsqu'au fils de Dieu Rome enfin fut soumise,
> Du Capitole en cendre il passa dans l'Église;
> Et dans les coeurs chrétiens inspirant ses fureurs,
> De martyrs qu'ils étaient, les fit persécuteurs.
> Dans Londres il a formé la secte turbulente
> Qui sur un roi trop faible a mis sa main sanglante;
> Dans Madrid, dans Lisbonne, il allume ses feux,
> Ces bûchers solennels où des Juifs malheureux
> Sont tous les ans en pompe envoyés par des prêtres,
> Pour n'avoir point quitté la foi de leurs ancêtres.
> [Ele vem; Fanatismo é seu horrível nome,
> Filho desnaturado da Religião;
> Armado para defendê-la, procura destruí-la;
> E, acolhido em seu seio, ele a abraça e lacera.
> Foi ele que em Rabá, às margens do Arnon,
> Guiava os descendentes do infeliz Amon,
> Quando a Moloque, seu Deus, mães lamuriantes
> Ofereciam dos filhos as entranhas fumegantes.
> Ele ditou de Jeftá o juramento desumano;
> Ao coração de sua filha conduziu-lhe a mão:
> Foi ele que de Calcas abrindo a boca ímpia
> Pediu com sua voz a morte de Ifigênia.
> França, em tuas florestas ele morou muito tempo.
> Ao medonho Teutates ofertou teu incenso.
> Não esqueceste aqueles sagrados homicidas,
> Que a teus indignos deuses apresentavam os druidas.
> Do alto do Capitólio ele gritava aos pagãos:

Feri, exterminai, lacerai os cristãos.
Mas, quando ao filho de Deus Roma enfim se curvou,
Do Capitólio em cinzas passou para a Igreja;
E, nos corações cristãos inspirando furor,
De mártires que eram os fez perseguidores.
Em Londres formou a seita turbulenta
Que sobre um frágil rei impôs a mão sangrenta;
Em Madri e Lisboa acende fogueiras,
Labaredas solenes aonde judeus infelizes
São todos os anos em pompa enviados por padres,
Por não terem largado a fé dos ancestrais.]
(*Henríada,* canto V)

Os senhores sabem que desde então eu já era servidor, amigo e irmão de V. Sas., ainda que meu pai e minha mãe me tivessem deixado com o prepúcio.

Sei que o instrumento, com ou sem prepúcio, causou conflitos bem funestos. Sei o que ele custou a Páris, filho de Príamo, e a Menelau, irmão de Agamêmnon. Li o suficiente de seus livros para não ignorar que Siquém, filho de Hemor, violentou Diná, filha de Lia, que tinha cinco anos no máximo, mas já era bem desenvolvida para a idade. Ele quis desposá-la; os filhos de Jacó, irmãos da violentada, deram-lhe a mão dela em casamento, desde que ele se deixasse circuncidar, ele e todo o seu povo. Feita a operação, quando todos os siquemitas estavam de cama, sofrendo as dores daquela trabalheira, os santos patriarcas Simão e Levi os mataram todos, um após outro. Mas, afinal de contas, acho que hoje o prepúcio não deve produzir horrores tão abomináveis: e acho, principalmente, que os homens não devem odiar-se, detestar-se, amaldiçoar-se, danar-se reciprocamente aos sábados e domingos por um naco de carne a mais ou a menos.

Se eu disse que alguns desprepuçados cercearam moedas em Metz, Frankfurt no Oder e Varsóvia (coisa de que não me lembro), peço perdão; pois, às vésperas de terminar a minha peregrinação, não quero desavenças com Israel.

Tenho a honra de subscrever-me, como se diz,
Atenciosamente etc.

Segunda carta
Sobre a antiguidade dos judeus

Senhores,
À medida que lia alguns livros de história para me divertir, fui admitindo que os senhores constituem uma nação bem antiga, que data de época anterior a teutões, celtas, gauleses, sicambros, bretões, eslavos, ingleses e huronianos. Vejo que se reuniram como povo numa capital chamada ora Hershalaim, ora Shaheb, no monte Moriá e no monte Sião, ao lado de um deserto, em solo pedregoso, perto de um riacho que fica seco seis meses no ano.

Quando começaram a firmar-se naquele recanto (não direi de terra, mas de pedras), fazia cerca de dois séculos que Troia fora destruída pelos gregos:

Medonte era arconte de Atenas;
Equéstrato reinava na Lacedemônia;
Latino Sílvio reinava no Lácio;
Osocor, no Egito.
As Índias eram prósperas havia muitos séculos.
Era o tempo mais ilustre da China, e o imperador Tchin-wang reinava com glória sobre aque-

le vasto império; nele, todas as ciências eram cultivadas, e nos anais públicos constava que o rei da Cochinchina fora cumprimentar aquele imperador Tchin-wang e recebera de presente uma bússola. Essa bússola poderia ter servido a Salomão para as frotas que ele enviava à bela terra de Ofir, que nunca ninguém conheceu.

Assim, depois de caldeus, sírios, persas, fenícios, egípcios, gregos, indianos, chineses, latinos e toscanos, os senhores são o primeiro povo da terra que tiveram alguma forma de governo conhecido.

Os baneanes e os guebros, tal como os senhores, são os únicos povos que se dispersaram e, fora da pátria, conservaram seus antigos ritos; pois não conto as pequenas tropas egípcias chamadas de *zingari* na Itália, *gipsies* na Inglaterra, *Bohêmes* na França, que conservaram as antigas cerimônias do culto de Ísis, o cistre, os címbalos, as castanholas, a dança de Ísis, a profecia e a arte de roubar galinhas nos quintais. Essas tropas sagradas começam a desaparecer da face da terra, enquanto suas pirâmides ainda pertencem aos turcos, que talvez não continuem sendo os seus donos, nem tampouco de Hershalaim: tamanha são as mudanças na face deste mundo!

Os senhores dizem que se estabeleceram na Espanha desde os tempos de Salomão. Acredito; e até ouso achar que os fenícios podem ter levado para lá alguns judeus muito tempo antes, quando os senhores foram escravos na Fenícia, depois dos horríveis massacres que, segundo dizem, foram cometidos pelo bandido Josué e pelo bandido Calebe.

Seus livros dizem, de fato[8], que os senhores foram reduzidos à servidão na época de Cusã--Risataim, rei de Arã-Naaraim, durante oito anos, e no tempo de Eglom[9], rei de Moabe, durante dezoito anos; depois, no tempo de Jabim[10], rei de Canaã, durante vinte anos; depois, no pequeno rincão de Midiã, do qual haviam chegado e onde viveram em cavernas durante sete anos.

Depois em Galaade durante dezoito anos[11], embora Jair, seu príncipe, tivesse trinta filhos, cada um deles montado num belo asno.

Depois sob os fenícios, que os senhores chamavam de filisteus, durante quarenta anos, até que enfim o sr. Adonai enviou Sansão, que amarrou trezentas raposas uma a uma pela cauda e matou mil fenícios com uma queixada de asno, da qual brotou uma bela nascente de água pura, que foi muito bem representada na comédia italiana.

Conforme admitido pelos senhores, temos noventa e seis anos de cativeiro na terra prometida. Ora, é muito provável que os tírios, que eram agentes comerciais de todas as nações e navegavam até o oceano, tenham comprado vários escravos judeus, levando-os para Cadiz, por eles fundada. Estão vendo os senhores que são muito mais antigos do que pensavam. É muito provável, de fato, que tenham morado na Espanha vários séculos antes de romanos, godos, vândalos e mouros.

Eu não só lhes sou amigo e irmão, mas também genealogista.

Peço-lhes a bondade de acreditar que nunca achei, não acho e não acharei que os senhores descendem daqueles salteadores de estrada a quem o rei Actisanes mandou cortar orelhas e narizes, enviando-os, segundo relato de Diodoro da Sicília[12], para o deserto que fica entre o lago Sirbon e o monte Sinai, deserto medonho onde faltam água e todas as coisas necessárias à vida.

---

8. Juízes, cap. III. (N. de Voltaire)
9. Foi esse mesmo Eglom, rei de Moabe, que foi santamente assassinado em nome do Senhor por Aode, o ambidestro, que lhe fizera juramento de fidelidade; esse mesmo Aode foi com muita frequência citado em Paris pelos pregadores da Liga. *Precisamos de um Aode, precisamos de um Aode*: tanto gritaram, que encontraram um. (N. de Voltaire)
10. Foi no tempo de Jabim que a bondosa Jael assassinou o capitão Sísera, metendo-lhe um prego nos miolos, prego que o pregou com força no chão. Que senhor prego e que senhora mulher aquela Jael! A ela só se pode comparar Judite; mas Judite parece bem superior, pois cortou a cabeça do amante na cama, depois de lhe conceder seus ternos favores. Nada mais heroico e edificante. (N. de Voltaire)
11. Juízes, cap. X. (N. de Voltaire)
12. Diodoro da Sicília, liv. I, sec. II, cap. XII. (N. de Voltaire)

Eles armaram redes para prender codornas, que os alimentaram durante algumas semanas, no tempo da passagem dos pássaros.

Alguns eruditos afirmaram que aquela origem condiz perfeitamente com sua história. Os senhores mesmos dizem que habitavam aquele deserto, que lá não tinham água e viviam de codornas, que de fato são muito abundantes no lugar. O fundo de suas narrativas parece confirmar o que é dito por Diodoro da Sicília; mas eu só acredito no Pentateuco. O autor não conta o corte do nariz e das orelhas. Parece-me até (pelo que posso lembrar, pois não tenho Diodoro nas mãos) que só lhes cortaram o nariz. Não me lembro onde li que as orelhas também entraram na história; não sei se foi em alguns fragmentos de Máneton, citado por santo Efrém.

O secretário que me honrou escrevendo em nome dos senhores em vão dirá que os senhores roubaram mais de nove milhões em ouro, na forma de moeda ou de objetos de ourivesaria, para fazerem o tabernáculo no deserto; afirmam que só levaram o que lhes pertencia legitimamente, contando os juros de quarenta por cento, que era a taxa legítima.

Seja como for, afirmo que os senhores são de grande nobreza, e que eram donos de Hershalaim muito tempo antes de se falar, no mundo, das casas de Suábia, Anhalt, Saxe e Baviera.

Pode ser que os negros de Angola e da Guiné sejam muito mais antigos que os senhores, e que tenham adorado uma bela serpente antes que os egípcios tivessem conhecido sua Ísis e que os senhores tivessem habitado as margens do lago Sirbon; mas os negros ainda não nos transmitiram seus livros.

Terceira carta
Sobre as desgraças que atingiram o povo de Deus

Nunca acusei os senhores, sempre os vi com compaixão. Permitam-me lembrar aqui o que li no discurso preliminar do *Ensaio sobre os costumes e o espírito das nações* e sobre a história geral. Lá encontramos duzentos e trinta e nove mil e vinte judeus mortos uns pelos outros, desde a adoração do bezerro de ouro até a tomada da arca pelos filisteus, que custou a vida a cinquenta mil e setenta judeus, por terem ousado olhar para a arca, ao passo que aqueles que a tomaram de modo tão insolente durante a guerra safaram-se em troca de hemorroidas e com a oferta aos sacerdotes de cinco ratos de ouro e cinco ânus de ouro[13]. Convenhamos que duzentos e trinta e nove mil e vinte homens massacrados por seus compatriotas, sem contar tudo o que os senhores perderam nas alternâncias de guerra e servidão, deviam causar grande prejuízo a uma colônia nascente.

Como poderia deixar de lastimá-los vendo dez de suas tribos absolutamente aniquiladas ou talvez reduzidas a duzentas famílias que, segundo se diz, são encontradas na China e na Tartária?

Quanto às outras duas tribos, os senhores sabem o que lhes aconteceu. Aceitem, portanto, minha compaixão e não me acusem de má vontade.

Quarta carta
Sobre a mulher de Mica

Permitam que lhes peça aqui alguns esclarecimentos sobre um fato singular de sua história; ele é pouco conhecido pelas senhoras de Paris e pelas pessoas de bom-tom.

---

13. Vários teólogos, que são a luz do mundo, fizeram comentários sobre esses ratos de ouro e esses ânus de ouro. Diziam que os artífices filisteus eram muito hábeis; que é dificílimo esculpir no ouro um orifício anal identificável sem a junção das duas nádegas, e que era muito estranho fazer ao Senhor a oferenda de um orifício anal. Outros teólogos dizem que era aos sodomitas que eles deviam fazer aquela oferenda. Mas, afinal, desistiram da discussão. Hoje estão preocupados com convulsões, recibos de confissão e extrema-unção dada na ponta da baioneta. (N. de Voltaire)

Ainda não fazia trinta e oito anos que Moisés morrera, quando a mulher de Mica, da tribo de Benjamim, perdeu mil e cem siclos, que, segundo dizem, valeriam cerca de seiscentas libras de nossa moeda. Esse dinheiro foi devolvido por seu filho[14], sem que o texto informe se ele os havia roubado. Imediatamente, a bondosa judia o utiliza na feitura de ídolos e para eles constrói uma capelinha ambulante, segundo era uso. Um levita de Belém se oferece para servi-la, pelo que solicita que lhe pague dez francos por ano, lhe faça duas túnicas e permita que ele *coma à tripa forra*, como se dizia antigamente.

Uma tribo então, que depois foi chamada de *Tribo de Dã*, passou ao lado da casa de Mica, em busca de algo para pilhar na vizinhança. A gente de Dã, sabendo que a mulher de Mica tinha em casa um sacerdote, um vidente, um adivinho, foi até ele perguntar se sua viagem seria feliz, se haveria algum bom golpe para dar. O levita prometeu-lhes pleno sucesso. Eles começaram roubando a capela da mulher de Mica e lhe tomaram até o levita. Pouco adiantou Mica e a mulher gritarem: *Roubaram meus deuses, roubaram meu sacerdote*; calaram-lhes a boca e, por devoção, passaram tudo a ferro e fogo na aldeola de Dã, cujo nome a tribo tomara.

Aqueles flibusteiros ficaram muito reconhecidos aos deuses da mulher de Mica, que os haviam servido tão bem. Aqueles ídolos foram colocados num belo tabernáculo. A multidão de devotos aumentou, foi preciso um novo sacerdote: apareceu um.

Quem não conhece a história nunca adivinhará quem foi aquele capelão. Os senhores sabem, era o próprio neto de Moisés, chamado Jônatas, filho de Gerson, filho de Moisés e da filha de Jetro.

Convenhamos que a família de Moisés era um tanto singular. Seu irmão, com a idade de cem anos, funde um bezerro de ouro e o adora; seu neto se torna capelão dos ídolos por dinheiro. Isso não provaria que sua religião ainda não estava feita e que os senhores tatearam muito tempo antes de se tornarem os perfeitos israelitas que são hoje?

Os senhores responderão a essa pergunta dizendo que nosso são Pedro, Simão Barjona, fez o mesmo e começou seu apostolado renegando seu mestre. Nada tenho que replicar, a não ser que devemos sempre desconfiar de nós mesmos. E desconfio tanto de mim mesmo, que termino minha carta protestando toda a minha indulgência e pedindo-lhes o mesmo.

Quinta carta
Assassinatos judeus. Os judeus foram antropófagos? Suas ancestrais se deitavam com bodes? Os pais e as mães imolaram seus filhos? Sobre algumas outras boas ações do povo de Deus

Senhores,
Repreendi um pouco o seu secretário: não faz parte da boa educação repreender os criados dos outros diante de seus senhores; mas a ignorância orgulhosa é revoltante num cristão que se torna criado de um judeu. Dirijo-me diretamente aos senhores, para não ter mais de lidar com librés.

Calamidades judaicas e grandes assassinatos

Permitam-me, inicialmente, que me compadeça de todas as suas calamidades; pois, além dos duzentos e trinta e nove mil e vinte israelitas mortos por ordem do Senhor, vejo a filha de Jeftá imolada pelo pai. *Ele fez o que havia prometido*. Qualquer que seja o sentido para o qual nos voltemos, ainda que torçamos o texto, discutamos contra os Padres da Igreja, ele fez o que havia prometido; e havia prometido matar a filha para dar graças ao Senhor. Bela ação de graças!

Sim, os senhores imolaram vítimas humanas; mas consolem-se: já disse várias vezes que nossos gauleses e todas as nações fizeram o mesmo outrora. Aí está o sr. de Bougainville voltan-

---
14. Juízes, cap. XVII. (N. de Voltaire)

do da ilha de Taiti, aquela ilha de Citera cujos habitantes pacatos, mansos, humanos, hospitaleiros, oferecem aos viajantes tudo o que está em seu poder, frutos deliciosos e as moças mais lindas e mais dóceis da terra. Mas aqueles povos têm seus farsantes, e esses farsantes os obrigam a sacrificar seus filhos a momos que eles chamam de deuses.

Vejo setenta irmãos de Abimeleque esmagados sobre uma mesma pedra por aquele Abimeleque, filho de Gedeão e de uma rameira. Esse filho de Gedeão era mau pai, e aquele Gedeão, amigo de Deus, era bem devasso.

Vejo um levita indo a Gabaão montado num asno, os gabaonitas querendo violentá-lo, sua pobre mulher violentada em seu lugar e morrendo; a guerra civil que daí decorre, toda a tribo de Benjamim exterminada, com exceção de seiscentos homens; tudo isso me dá um dó que não consigo exprimir.

Os senhores perdem de repente cinco belas cidades que o Senhor lhes destinava no extremo do lago de Sodoma, e isso devido a um atentado inconcebível contra o pudor de dois anjos. Na verdade, é bem pior do que aquilo de que são acusadas as suas antepassadas, com os bodes. Como não sentir grande piedade dos senhores quando vejo assassinatos, sodomia e bestialidade constatados em seus ancestrais, que são nossos primeiros pais espirituais e nossos parentes próximos pela carne? Pois, afinal, se os senhores descendem de Sem, nós descendemos de seu irmão Jafé: somos, evidentemente, primos.

Régulos e *melchim* judeus

Samuel bem tinha razão de não querer que os senhores tivessem régulos: pois quase todos aqueles régulos foram assassinos, a começar de Davi, que assassina Mifibosete, filho de Jônatas, seu grande amigo, "que ele amava de um amor maior que o amor das mulheres"; que assassina Urias, marido de Betsabé; que assassina até as crianças de peito, nas aldeias aliadas a seu protetor Aquis; que, morrendo, ordena que se assassine Joabe, seu general, e Semei, seu conselheiro; a começar, dizia eu, por aquele Davi e por Salomão, que assassina o próprio irmão Adonias abraçado em vão ao altar; e a terminar por Herodes, o Grande, que assassina o cunhado, a mulher, todos os seus parentes, inclusive as crianças.

Não vou falar das catorze mil criancinhas que aquele régulo, o grande Herodes, mandou matar na aldeia de Belém; elas estão enterradas, como sabem, em Colônia, com nossas onze mil virgens; e ainda se vê uma daquelas crianças inteirinha. Os senhores não acham que essa história é autêntica, porque ela não está em seus cânones, e Flávio Josefo não a conta. Não vou falar dos um milhão e cem mil homens mortos apenas na cidade de Jerusalém durante o cerco de Tito.

Sinceramente, a nação eleita é uma nação bem infeliz.

Se os judeus comeram ou não carne humana

Entre as calamidades que tantas vezes me deram arrepios, sempre contei a infelicidade de comer carne humana. Os senhores dizem que isso só aconteceu nas grandes ocasiões, que não eram os convidados do Senhor para o banquete em que se comeriam o cavalo e o cavaleiro, e que os convivas eram os pássaros; quero crer.

Se as senhoras judias se deitaram ou não com bodes

Os senhores afirmam que suas avós não se deitaram com bodes, e que seus avôs não se deitaram com cabras. Mas digam-me por que seriam o único povo da terra cujas leis já fizeram semelhante proibição. Algum legislador teria jamais a ideia de promulgar essa lei extravagante, caso o delito não tivesse sido comum?

Se os judeus imolaram ou não seres humanos

Os senhores ousam afirmar que não imolavam vítimas humanas; o que é então o assassinato da filha de Jeftá, realmente imolada, conforme já provamos com base em seus próprios livros?

Como explicarão o anátema das trinta e duas virgens, que foram o quinhão do Senhor quando trinta e duas mil virgens e sessenta e um mil asnos foram tomados aos madianitas? Não direi aqui que, segundo essas contas, não havia dois asnos por virgem; mas perguntarei o que significava aquele quinhão do Senhor. Segundo o livro dos Números, houve dezesseis mil moças para seus soldados, dezesseis mil moças para seus sacerdotes; da parte dos soldados foram retiradas trinta e duas moças para o Senhor. O que foi feito com elas? Os senhores não tinham religiosas. O que é o quinhão do Senhor em todas essas guerras, senão sangue?

O sacerdote Samuel não terá despedaçado o régulo Agague, cuja vida fora salva pelo régulo Saul? Não terá ele sido sacrificado como quinhão do Senhor?

De duas uma: ou renunciam a seus livros, nos quais creio firmemente, segundo decisão da Igreja, ou confessam que seus ancestrais ofereceram rios de sangue humano a Deus, mais do que qualquer outro povo do mundo.

Sobre as trinta e duas mil virgens, os setenta e cinco mil bois e o fértil deserto de Midiã

Peço que o secretário dos senhores deixe de tergiversar e causar confusão sobre os campos e as aldeias dos madianitas. Estou bastante preocupado em saber se foi num campo ou numa aldeia daquela pequena região miserável e deserta que seu sacerdote-carniceiro Eleazar, general dos exércitos judeus, encontrou setenta e dois mil bois, sessenta e um mil asnos, seiscentas e setenta e cinco mil ovelhas, sem contar os carneiros e os cordeiros!

Ora, se os senhores tomaram trinta e duas mil mocinhas, tudo indica que havia o mesmo número de meninos, de pais e de mães. Isso provavelmente perfaria cento e vinte e oito mil cativos, num deserto onde só se bebe água salobra, onde faltam víveres, onde só moram alguns árabes errantes, no máximo uns dois ou três mil. Notem, aliás, que aquelas terras medonhas não têm mais de oito léguas de comprimento e de largura nos mapas.

Mas se esse deserto é ou não grande, fértil e povoado como a Normandia ou a região de Milão é coisa que não me importa: atenho-me ao texto, segundo o qual o quinhão do Senhor foi de trinta e duas moças. Confunda-se quanto se queira Midiã perto do mar Vermelho com Midiã perto de Sodoma, e eu continuarei pedindo contas das trinta e duas virgens.

O secretário dos senhores terá sido encarregado de calcular quantos bois e quantas moças as belas terras de Midiã podem alimentar?

Moro num lugar que não é a terra prometida; mas temos um lago muito mais bonito do que o de Sodoma. Nosso solo é de qualidade mediana. O secretário dos senhores disse-me que um arpento de Midiã pode alimentar três bois; afirmo que onde moro um arpento só alimenta um boi. Se esse secretário quiser triplicar o rendimento de minhas terras, pago-lhe um bom ordenado, e não pagarei em rescrições contra os recebedores gerais. Em todo o território de Midiã ele não encontrará condições melhores do que na minha região. Mas, infelizmente, esse homem não entende mais de bois do que de bezerros de ouro.

Em relação às trinta e duas mil virgindades, ele está em maus lençóis. Nossa pequena região tem a superfície de Midiã e contém cerca de quatro mil bêbados, uma dúzia de procuradores, dois intelectuais e quatro mil pessoas do belo sexo, nem todas bonitas. Tudo isso perfaz cerca de oito mil pessoas, supondo-se que o escrivão que me fez essas contas não tenha exagerado em metade, segundo o costume. Seus sacerdotes e os nossos teriam muita dificuldade para encontrar em minha terra trinta e duas mil virgens, para seu uso. É isso o que me faz ver com escrúpulos os censos do povo romano, no tempo em que seu império se estendia quatro léguas além da rocha Tarpeia, e os romanos tinham um punhado de feno na ponta de uma vara como insígnia. Talvez os senhores não saibam que os romanos passaram quinhentos anos pilhando os vizinhos, antes que tivessem algum historiador, e que neles os censos são tão suspeitos quanto os milagres.

Quanto aos sessenta e um mil asnos, prêmio das conquistas dos senhores em Midiã, chega de falar de asnos.

Sobre as crianças judias imoladas pelas próprias mães

Digo-lhes que seus ancestrais imolavam os filhos, aduzindo para tanto o testemunho de seus profetas. Isaías reprova esse crime de canibais[15]: "Imolais aos deuses vossos filhos em rios, sob pedras."

Os senhores dirão que não era a Adonai que as mulheres sacrificavam os frutos de suas entranhas, mas a algum outro deus. Realmente é importante que os senhores tenham dado o nome de Melkom, Sadai, Baal ou Adonai àquele a quem imolavam seus filhos; o que importa é que os senhores foram parricidas. Dizem-me que o sacrifício era feito a ídolos estrangeiros: pois bem, lastimo-os muito mais por descenderem de ancestrais parricidas e idólatras. Lamentarei com os senhores o fato de seus pais sempre terem sido idólatras durante quarenta anos no deserto de Sinai, conforme dizem expressamente Jeremias, Amós e santo Estêvão.

Os senhores eram idólatras no tempo dos juízes; e o neto de Moisés era sacerdote da tribo de Dã, inteiramente idólatra, como já vimos; pois é preciso insistir e inculcar, pois sem isso tudo se esquece.

Os senhores eram idólatras no tempo dos reis; só foram fiéis a um único Deus depois que Esdras restaurou os livros. Foi então que teve início o verdadeiro culto ininterrupto. E, em virtude de uma providência incompreensível do Ser supremo, os senhores foram os mais infelizes de todos os homens a partir do momento em que se tornaram os mais fiéis, no tempo dos reis da Síria, dos reis do Egito, de Hérodes Idumeu, dos romanos, dos persas, dos árabes, dos turcos e até o momento em que me dão a honra de escrever-me e eu tenho a honra de responder-lhes.

Sexta carta
Sobre a beleza da terra prometida

Não me acusem de não gostar dos senhores: gosto tanto, que me agradaria sabê-los em Hershalaim, e não os turcos, que devastam as terras que são suas e construíram, porém, uma belíssima mesquita sobre as fundações de seu templo e sobre a plataforma construída por Herodes.

Os senhores cultivariam aquele terrível deserto como cultivaram outrora; levariam terra para os cumes de suas montanhas áridas; não teriam muito trigo, mas teriam quantidade suficiente de boas vinhas, algumas palmeiras, oliveiras e pastos.

Embora a Palestina não seja igual à Provença, e Marselha sozinha seja superior a toda a Judeia, que não tinha porto; embora a cidade de Aix esteja em situação incomparavelmente melhor que Jerusalém, os senhores poderiam fazer de seu território mais ou menos o que os provençais fizeram com o deles. E poderiam executar à vontade sua detestável música em seu detestável dialeto.

É verdade que não teriam cavalos, porque na região de Hershalaim só se encontram asnos e lá nunca houve nada além de asnos. Frequentemente careceriam de frumento, mas iriam buscá-lo no Egito ou na Síria.

---

15. Isaías, cap. LVII, v. 5. (N. de Voltaire)

Poderiam carregar mercadorias para Damasco e Saida na garupa de seus asnos ou mesmo sobre camelos, que os senhores nunca conheceram nos tempos dos *Melchim*, mas que lhes dariam grande ajuda. Por fim, o trabalho assíduo, para o qual o homem nasceu, tornaria fértil aquelas terras que os senhores de Constantinopla e da Ásia Menor negligenciam.

É bem ruim aquela terra prometida. Conhecem são Jerônimo? Era um padre cristão; os senhores não leem livros desse tipo de gente. No entanto, ele morou muito tempo nas terras dos senhores; era uma pessoa muito douta, pouco paciente, é verdade, e pródigo em injúrias quando contradito, mas conhecia sua língua melhor que os senhores, porque era bom gramático. O estudo era sua principal paixão; a cólera era apenas a segunda. Tornara-se padre com seu amigo Vicente, com a condição de nunca dizerem missa nem vésperas[16], para que seus estudos não fossem demasiadamente interrompidos: pois, sendo diretores espirituais de senhoras e senhoritas, caso fossem também obrigados a dedicar-se a obras presbiteriais, não lhes restariam nem duas horas por dia para o grego, o caldeu e o idioma judaico. Enfim, para ter mais tempo, Jerônimo recolheu-se totalmente entre os judeus, em Belém, assim como o bispo de Avranches, Huet, se recolheu entre os jesuítas, na casa professa da rua Saint-Antoine, em Paris.

É verdade que Jerônimo se desentendeu com o bispo de Jerusalém, chamado João, com o célebre padre Rufino e com vários amigos seus: pois, conforme já disse, Jerônimo era colérico e cheio de amor-próprio; e santo Agostinho o acusa de ser inconstante e leviano[17]; mas nem por isso era menos santo nem menos douto; nem por isso é menos crível o seu testemunho sobre a natureza da miserável região na qual fora confinado pelo amor ao estudo e pela melancolia.

Tenham a gentileza de ler a carta dele a Dárdano, escrita no ano 414 de nossa era, que, segundo o cômputo judeu, é o ano 4000, 4001, 4003 ou 4004 do mundo, como se queira.

[18]"Peço àqueles que afirmam que o povo judeu, depois de sair do Egito, tomou posse destas terras, que, devido à paixão e à ressurreição do Salvador, se tornaram para nós uma verdadeira terra prometida, peço, repito, que nos mostrem o que aquele povo possuiu. Todo o seu domínio só se estendia de Dã até Beersheba, ou seja, num espaço de cento e sessenta milhas de comprimento. A Santa Escritura não dá mais do que isso a Davi e a Salomão [...] Sinto vergonha de dizer qual é a largura da terra prometida, temendo que isso dê ensejo aos pagãos de blasfemar. Contam-se apenas quarenta e seis milhas de Jope até a nossa cidadezinha de Belém, após a qual só se encontra um horrível deserto."

Leiam também a carta escrita a uma de suas devotas, em que ele diz que de Jerusalém a Belém só há pedras e não se encontra água potável; porém, mais longe, às margens do Jordão, os senhores teriam bons vales naquele território semeado de montanhas nuas. Era realmente uma terra de leite e mel, como diziam os senhores, em comparação com o abominável deserto de Horebe e do Sinai, do qual os senhores se originaram. A sórdida Champagne é terra prometida se comparada a certos terrenos das landas de Bordeaux. As margens do Aar são a terra prometida em comparação com os pequenos cantões suíços. Toda a Palestina tem um solo péssimo em comparação com o Egito, de onde os senhores dizem que saíram, depois de roubarem; mas é um lugar delicioso, se comparado aos desertos de Jerusalém, Nazaré, Sodoma, Horebe, Sinai, Cades-Barneia etc.

Voltem para a Judeia o mais rápido possível. Peço que deixem apenas duas ou três famílias hebraicas para estabelecerem no monte Krapack, onde moro, um pequeno comércio de primeira necessidade. Pois os senhores, embora sejam teólogos ridículos (e nós também), são inteligentíssimos comerciantes, o que não somos.

---

16. Significa que nunca desempenhariam nenhuma função sacerdotal. (N. de Voltaire)
17. Como recompensa, Jerônimo escreve a Agostinho em sua carta CXIV: "Não critiquei suas obras, pois nunca as li; e, se quisesse criticá-las, poderia mostrar-lhe que o senhor não entende os Padres gregos... Nem sequer sabe sobre o que está falando." (N. de Voltaire)
18. Carta importantíssima de Jerônimo. (N. de Voltaire)

Sétima carta
Sobre a caridade que o povo de Deus e os cristãos devem ter uns pelos outros

Minha afeição pelos senhores só tem mais uma palavra para dizer. Nós os enforcamos entre dois cães durante séculos; nós lhes arrancamos os dentes para obrigá-los a nos dar dinheiro; nós os expulsamos várias vezes por cobiça e os chamamos de volta por cobiça e burrice; ainda os obrigamos a pagar, em várias cidades, pela liberdade de respirar; nós os oferecemos em sacrifício a Deus em vários reinos; nós os queimamos em holocaustos: pois não quero, a exemplo dos senhores, fingir que não oferecemos a Deus sacrifícios de sangue humano. A grande diferença é que nossos padres os mandaram para as fogueiras por meio dos laicos, limitando-se a aplicar o dinheiro dos senhores para proveito próprio, ao passo que os sacerdotes dos senhores sempre imolaram as vítimas humanas com suas próprias mãos sagradas. Os senhores foram monstros de crueldade e de fanatismo na Palestina; nós o fomos em toda a Europa; esqueçamos tudo isso, meus amigos.

Querem viver em paz? Imitem os baneanes e os guebros: eles são muito mais antigos que os senhores, também se dispersaram e tampouco têm pátria. Sobretudo os guebros, antigos persas, são escravos como os senhores depois de terem sido seus amos durante muito tempo. Nada dizem; imitem-nos. Os senhores são animais calculadores; tentem ser animais pensantes.

JULIANO (Julien)

Primeira seção

Segunda seção

Suponhamos por um momento que Juliano tenha abandonado os falsos deuses pela religião cristã; examinemos então nele o homem, o filósofo e o imperador, procurando o príncipe que ousaríamos preferir-lhe. Tivesse ele vivido apenas dez anos a mais, tudo indica que teria conferido à Europa uma forma totalmente diferente da que ela tem hoje.

A religião cristã dependeu de sua vida: os esforços que ele envidou para destruí-la tornaram execrável o seu nome para os povos que a abraçaram. Os padres cristãos, seus contemporâneos, o acusaram de quase todos os crimes, porque ele cometera o maior de todos, na opinião deles: o de rebaixá-los. Não faz muito tempo, *Apóstata* era o epíteto que acompanhava seu nome; esse apelido injurioso talvez tenha deixado de designá-lo por efeito de um grande esforço da razão. Os bons estudos trouxeram o espírito de tolerância para os estudiosos. Quem acreditaria que, em certo número do *Mercure* de Paris, do ano 1741, o autor repreenda veementemente um escritor por ter faltado ao decoro mais comezinho ao chamar esse imperador Juliano de *Apóstata*? Há cem anos, quem não o tratasse de apóstata seria tratado de ateu.

O mais interessante e verdadeiro é que, se abstrairmos as disputas entre pagãos e cristãos, nas quais ele tomou partido, se não observarmos esse imperador nas igrejas cristãs nem nos templos idólatras, mas em casa, nos campos, nas batalhas, nos costumes, na conduta, nos escritos, veremos que em tudo ele se igualava a Marco Aurélio. Assim, esse homem, que é pintado como um ser abominável, talvez seja o primeiro dos homens, ou pelo menos o segundo. Sempre sóbrio e moderado, sem amantes, dormindo sobre uma pele de urso, à qual dava poucas e choradas horas de sono, dividindo seu tempo entre estudos e negócios, generoso, amistoso, inimigo do fasto, seria ele um homem admirado, caso não fosse homem público.

Se o virmos como herói, sempre o encontraremos à frente das tropas, restabelecendo a disciplina militar sem rigor, amado pelos soldados, contendo-os, conduzindo quase sempre a pé seus exércitos, servindo-lhes de exemplo de todas as labutas, sempre vitorioso em todas as suas expedições, até o último momento da vida, morrendo, enfim, quando punha em fuga os persas. Sua morte foi de herói, e suas últimas palavras, de filósofo: "Submeto-me com alegria aos decretos eternos do céu, convicto de que quem se apega à vida quando precisa morrer é mais covarde do que quem gostaria de morrer quando é preciso viver." Em sua última hora, fala de imortalidade da alma; não lamenta, não fraqueja; só fala de sua submissão à Providência. Pensemos que quem assim morre é um imperador de trinta e dois anos: veja-se se é lícito insultar sua memória.

Se o considerarmos como imperador, veremos que ele recusou o título de *dominus* exibido por Constantino, deu alívio aos povos, diminuiu os impostos, incentivou as artes, reduziu para setenta onças os presentes de coroas de ouro de trezentos a quatrocentos marcos, que seus predecessores exigiam de todas as cidades, impôs a observância das leis, conteve oficiais e ministros e preveniu a corrupção.

Dez soldados cristãos conspiram para assassiná-lo; são descobertos, e Juliano os perdoa. Do povo de Antioquia, que somava insolência à volúpia e ao insulto, ele só se vinga com sagacidade e, podendo fazer aquele povo sentir o poder imperial, só o faz sentir a superioridade de seu gênio. Compare-se essa conduta com os suplícios que Teodósio (que quase virou santo) impôs a Antioquia, o assassinato de todos os cidadãos de Tessalônica por motivo mais ou menos semelhante: e faça-se a escolha entre esses dois homens.

Alguns escritores chamados Padres da Igreja (Gregório de Nazianzo e Teodoreto) acharam que era preciso caluniá-lo, porque ele abandonara a religião cristã. Não pensaram que o triunfo dessa religião era sobrepujar um grande homem e mesmo um sábio, depois de ter resistido aos tiranos. Um disse que ele inundou Antioquia de sangue, numa vingança bárbara. Como um fato tão notório teria escapado a todos os outros historiadores? Sabe-se que em Antioquia ele só derramou o sangue das vítimas. Outro ousa afirmar que, antes de expirar, ele lançou o seu sangue contra o céu e exclamou: "Venceste, Galileu!" Como uma história tão insípida pôde ter crédito? Por acaso era contra cristãos que ele lutava? Essa ação e essas palavras faziam parte de seu caráter?

Pessoas mais sensatas que os detratores de Juliano perguntarão como um estadista como ele, um homem tão inteligente, um verdadeiro filósofo, pôde abandonar o cristianismo no qual fora criado, pelo paganismo, cujo absurdo e ridículo ele devia sentir. Parece que Juliano, se deu ouvidos à sua razão contra os mistérios da religião cristã, devia ter dado muito mais ouvidos a essa mesma razão mais esclarecida contra as fábulas dos pagãos.

Observando-se o curso de sua vida e o seu caráter, talvez se descubra o que lhe inspirou tanta aversão ao cristianismo. O imperador Constantino, seu tio-avô, que pusera a nova religião no trono, maculara-se com o assassinato da esposa, do filho, do cunhado, do sobrinho e do sogro. Os três filhos de Constantino iniciaram seu funesto reinado matando o tio e os primos. A seguir, só se viram guerras civis e assassinatos. O pai, o irmão mais velho de Juliano, todos os seus parentes e ele mesmo, ainda criança, foram condenados à morte por Constâncio, seu tio. Ele escapou ao massacre geral. Seus primeiros anos foram passados no exílio; por fim, só deveu a vida, a fortuna e o título de césar à imperatriz Eusébia, mulher de seu tio Constâncio, que, depois de ter cometido a crueldade de proscrever sua infância, cometeu a imprudência de fazê-lo césar e depois a imprudência ainda maior de persegui-lo.

Ele foi testemunha da insolência com que um bispo tratou Eusébia, sua benfeitora: era um homem chamado Leôncio, bispo de Trípoli. Este mandou dizer à imperatriz que "não iria falar com ela, a não ser que ela o recebesse de maneira condizente com seu caráter episcopal, que fosse encontrá-lo na porta, recebesse sua bênção curvando-se e ficasse em pé até que ele lhe permitisse sentar-se". Os pontífices pagãos não agiam desse modo com as imperatrizes. Vaidade tão brutal deve ter causado impressões profundas no espírito de um jovem, já amante da filosofia e da simplicidade.

Se estava numa família cristã, era uma família famosa por parricídios; se via bispos na corte, eram audaciosos e intrigantes que se amaldiçoavam uns aos outros; as facções de Ário e Anastácio enchiam o império de confusão e massacres. Os pagãos, ao contrário, nunca haviam brigado por religião. Logo, é natural que Juliano, criado por filósofos pagãos, fortalecesse em seu coração e em suas palavras a aversão que devia ter pela religião cristã. Não é mais estranho ver Juliano abandonar o cristianismo por falsos deuses do que ver Constantino abandonar os falsos deuses pelo cristianismo. É muito provável que ambos tenham feito a troca por interesses de Estado, e que esses interesses tenham se misturado, na mente de Juliano, à altivez indócil de uma alma estoica.

Os sacerdotes pagãos não tinham dogmas; não obrigavam ninguém a acreditar no inacreditável; só pediam sacrifícios, e esses sacrifícios não eram obrigatórios sob penas rigorosas; não se diziam pertencentes ao primeiro escalão do Estado, não formavam um Estado dentro do Estado e não se imiscuíam no governo. Esses são motivos suficientes para levar um homem do caráter de Juliano a declarar-se por eles. Ele precisava de um partido; e, se só tivesse dado mostras de ser estoico, teria contra si os sacerdotes das duas religiões e todos os fanáticos de ambas. O povo então não poderia admitir que um príncipe se limitasse à adoração pura de um ser puro e à observância da justiça. Foi preciso optar entre dois partidos que se combatiam. É então de crer que Juliano tenha se submetido às cerimônias pagãs, tal como a maioria dos príncipes e dos nobres vai aos templos: para lá são levados pelo próprio povo, sendo muitas vezes obrigados a parecer aquilo que não são, sendo em público os primeiros escravos da credulidade. O sultão dos turcos deve bendizer Omar, o sufi da Pérsia deve bendizer Ali: o próprio Marco Aurélio se iniciou nos mistérios de Elêusis.

Portanto, não é de surpreender que Juliano tenha rebaixado sua razão descendo a práticas supersticiosas; mas só podemos sentir indignação contra Teodoreto, único historiador que relata ter ele sacrificado uma mulher no templo da Lua em Carrès. Essa historieta infame deve ser posta ao lado daquele conto absurdo de Amiano, segundo o qual o gênio do império apareceu a Juliano antes de sua morte; e também ao lado daquele outro conto não menos ridículo, segundo o qual, quando Juliano quis reconstruir o templo de Jerusalém, da terra surgiram globos de fogo que incendiaram todas as obras e os operários.

Iliacos intra muros peccatur et extra.
[Cometem-se erros dentro e fora dos muros troianos.]
(Hor., liv. I, ep. II, 16)

Cristãos e pagãos contaram fábulas sobre Juliano; mas as fábulas dos cristãos, seus inimigos, eram todas caluniosas. Quem poderá jamais acreditar que um filósofo tenha imolado uma mulher à Lua e rasgado suas entranhas com as próprias mãos? Um tal horror fará parte do caráter de um estoico rígido?

Nunca mandou matar nenhum cristão: não lhes concedia favores, mas não os perseguia. Permitia que gozassem seus bens como imperador justo e escrevia contra eles como filósofo. Proibia-lhes ensinar nas escolas os autores profanos que pretendiam denegrir: isso não é ser perseguidor. Permitia-lhes o exercício de sua religião; impedia que eles se dilacerassem em suas disputas sangrentas: isso era protegê-los. Portanto, a única censura que lhe deveriam fazer era a de tê-los abandonado, a de não ter a opinião deles: no entanto, acharam o meio de tornar execrável para a posteridade um príncipe cujo nome teria sido prezado por todo o universo, não fosse a mudança de religião.

Terceira seção

Embora já tenhamos falado de Juliano no verbete Apóstata, embora tenhamos, a exemplo de todos os sábios, deplorado a grande infelicidade de não ter ele sido cristão, e tenhamos, aliás, feito justiça a todas as suas virtudes, somos ainda obrigados a dizer mais algumas palavras.

Trata-se de uma impostura absurda e atroz que lemos, por acaso, num desses pequenos dicionários que inundam hoje a França e, infelizmente, são fáceis de fazer. Esse dicionário teológico é de um ex-jesuíta chamado Paulian; nele repete a fábula desacreditada de que o imperador Juliano, mortalmente ferido no combate contra os persas, lançou seu sangue contra o céu, exclamando: *Venceste, Galileu!*; fábula que se destrói por si mesma, pois Juliano foi vencedor no combate, e Jesus Cristo decerto não era deus dos persas.

No entanto, Paulian ousa afirmar que o feito é incontestável. E com base em que faz essa afirmação? No fato de que Teodoreto, autor de tantas insignes mentiras, faz esse relato; além do mais, faz esse relato como se fosse um boato: usa a palavra *dizem*[19]. Essa história é digna dos caluniadores que escreveram que Juliano sacrificou uma mulher à Lua e que, depois de sua morte, foi encontrado um grande cofre cheio de cabeças, entre seus haveres.

Essa não é a única mentira nem a única calúnia de que esse ex-jesuíta Paulian se tornou culpado. Se esses infelizes soubessem o prejuízo que causam à nossa santa religião, procurando apoiá-la com imposturas e injúrias grosseiras vomitadas contra homens respeitáveis, seriam menos audaciosos e menos entusiastas: mas não é a religião que eles querem defender: querem ganhar dinheiro com seus libelos; e, sem a esperança de serem lidos pelos seculares, compilam, compilam, compilam uma mixórdia teológica, na esperança de que seus opúsculos tenham sucesso nos seminários.

Pedimos, sinceramente, perdão aos leitores de bom-senso por termos falado de um ex-jesuíta chamado Paulian, de um ex-jesuíta chamado Nonotte e de um ex-jesuíta chamado Patouillet; mas, depois de termos esmagado serpentes, não será lícito também esmagar pulgas?

JUROS (Intérêt)

No que se refere ao juros, cabe consultar o grande *Dicionário enciclopédico* no verbete *Intérêt*, escrito pelo sr. d'Alembert, para informações sobre seu cálculo; quanto à sua jurisprudência, consulte-se o texto do sr. Boucher d'Argis. Aqui ousaremos acrescentar algumas reflexões.

1º O ouro e o dinheiro são mercadoria? Sim; o autor de *Espírito das leis* não pensa assim quando diz[20]: "O dinheiro, que é o preço das coisas, é locado e não comprado."

É locado e comprado. Compro ouro com dinheiro e dinheiro com ouro; e seu preço muda todos os dias em todas as nações que fazem comércio.

A lei da Holanda é que se devem pagar as letras de câmbio em moeda do país, e não em ouro, se o credor o exigir. Então, compro moeda e pago em ouro, em tecidos, em trigo ou em diamantes.

Preciso de moeda, trigo ou diamantes para um ano; o comerciante de trigo, moeda ou diamantes me diz: "Poderia, durante este ano, vender com vantagem minha moeda, meu trigo e meus diamantes. Avaliemos a quatro, cinco ou seis por cento, segundo o uso do país, aquilo que o senhor me fará perder. No fim do ano, o senhor me devolverá, por exemplo, vinte e um quilates de diamantes pelos vinte que lhe empresto; vinte e um sacos de trigo pelos vinte que lhe empresto; vinte e um mil escudos pelos vinte mil que lhe empresto: isso é juro. É estabelecido em todas as

---

19. Teodoreto, cap. XXV. (N. de Voltaire)
20. Liv. XXII, cap. XIX. (N. de Voltaire)

nações pela lei natural; a taxa depende da lei particular do país. Em Roma, empresta-se com garantia a dois e meio por cento, segundo a lei, e os objetos dados em garantia serão vendidos, caso o devedor não pague no tempo estabelecido. Não empresto com garantias, e só peço os juros usuais na Holanda. Se eu estivesse na China, eu lhe pediria o juro usado em Macau e em Cantão."

2º Enquanto fazemos esse negócio em Amsterdam, chega um jansenista de Saint-Magloire (e o fato é verdadeiro, ele se chamava abade des Issarts); esse jansenista diz ao negociante holandês:

"Cuidado, sua alma será condenada; dinheiro não pode produzir dinheiro, *nummus nummum non parit*. Só é permitido receber juros pelo dinheiro quando se quer perder o fundo. O modo de ser salvo é fazer um contrato com esse senhor e, pelos vinte mil escudos que nunca receberá, o senhor e seus herdeiros receberão mil escudos por ano durante toda a eternidade."

"O senhor está brincando", responde o holandês. "Está me propondo uma usura, que é justamente um infinito de primeira ordem. Eu e os meus teremos recebido meu capital ao cabo de vinte anos, o dobro em quarenta, o quádruplo em oitenta; perceba que é uma série infinita. Aliás, só posso emprestar por doze meses e me contento com mil escudos de ressarcimento."

O ABADE DES ISSARTS

Estou muito ressentido com essa sua alma holandesa. Deus proibiu os judeus de emprestar a juros; e o senhor deve perceber que um cidadão de Amsterdam deve obedecer estritamente às leis do comércio ditadas num deserto a fugitivos errantes que não praticavam comércio algum.

O HOLANDÊS

Isso está claro, todos devemos ser judeus, mas parece-me que a lei permitiu à horda hebraica uma usura altíssima com os estrangeiros; e aquela horda fez ótimos negócios desde então.

Aliás, a proibição de praticar juros de judeu para judeu logo caiu em desuso, pois nosso Senhor Jesus, pregando em Jerusalém, disse expressamente que o juro em seu tempo era de cem por cento; pois na parábola dos talentos ele disse que o servidor que recebera cinco talentos ganhara outros cinco com eles em Jerusalém, que aquele que recebera dois ganhara dois, e que o terceiro ganhara apenas um, pois não o pusera para valorizar; esse foi posto numa masmorra pelo seu senhor, por não ter feito seu dinheiro trabalhar entre os cambistas. Ora, aqueles cambistas eram judeus: logo, era de judeu para judeu que se praticava a usura em Jerusalém: portanto, essa parábola, extraída dos costumes do tempo, indica claramente que a usura era de cem por cento. Leia-se são Mateus, capítulo XXV; ele entendia do assunto, fora fiscal da alfândega na Galileia. Deixe-me concluir esse meu negócio, meu senhor, e não me faça perder dinheiro nem tempo.

O ABADE DES ISSARTS

Tudo isso é muito bom e bonito, mas a Sorbonne decidiu que o empréstimo a juros é pecado mortal.

O HOLANDÊS

O senhor está zombando de mim, meu amigo, ao citar a Sorbonne para um negociante de Amsterdam. Não há um só daqueles argumentadores que deixe de aplicar seu dinheiro, quando pode, a cinco ou seis por cento, comprando títulos da Fazenda, ações da companhia das Índias, rescrições, títulos do Canadá. O clero da França em peso toma empréstimos a juros. Em várias províncias da França estipulam-se os juros e o principal. Aliás, a universidade de Oxford e a de

Salamanca proferiram decisão contrária à da Sorbonne; disso eu fiquei sabendo em minhas viagens. Assim, temos deuses contra deuses. Repito: não me amole mais.

O ABADE DES ISSARTS

Meu senhor, os malvados têm sempre boas razões para alegar. O senhor está perdendo a alma, repito, pois o abade de Saint-Cyran, que não fez milagres, e o abade Pâris, que fez em Saint-Médard...

3º Então o comerciante, perdendo a paciência, expulsou o abade des Issarts de seu estabelecimento e, depois de ter emprestado lealmente o seu dinheiro a cinco por cento, foi relatar a sua conversa aos magistrados, que proibiram aos jansenistas de propagar uma doutrina tão perniciosa ao comércio. Disse-lhes o primeiro almotacé:

"Os senhores são donos da graça eficaz tanto quanto lhes aprouver, da predestinação tanto quanto quiserem, da comunhão tanto quanto lhes agradar, mas não ponham as mãos nas leis de nosso Estado."

JUSTIÇA (Justice)

Não é de hoje que se diz que a justiça muitas vezes é injusta: *Summum jus, summa injuria* é provérbio bem antigo. Há várias maneiras hediondas de ser injusto: por exemplo, a de mandar para a roda o inocente Calas com base em indícios equívocos e a de se tornar culpado pelo derramamento de sangue inocente em razão da crença excessiva em vãs presunções.

Outra maneira de ser injusto é condenar ao suplício extremo um homem que merecesse no máximo três meses de prisão: essa é a espécie de injustiça dos tiranos e sobretudo dos fanáticos, que sempre se tornam tiranos, desde que tenham o poder de fazer o mal.

Não podemos demonstrar melhor essa verdade do que com a carta que um célebre advogado do conselho escreveu, em 1766, ao sr. marquês de Beccaria, um dos mais célebres professores de jurisprudência da Europa.

JUSTO E INJUSTO (Juste [du] et de l'injuste)

Quem nos deu o senso de justo e injusto? Deus, que nos deu cérebro e coração. Mas quando nossa razão ensina que há vício e virtude? Quando ensina que dois e dois são quatro. Não há conhecimento inato, pela mesma razão pela qual não há árvore que, ao sair da terra, já tenha folhas e frutos. Não existe aquilo que se chama inato, ou seja, desenvolvido ao nascer; mas cabe repetir, Deus nos faz nascer com órgãos que, à medida que crescem, vão nos fazendo sentir tudo o que nossa espécie deve sentir para a sua conservação.

Como ocorre esse mistério contínuo? Respondei, habitantes amarelos do arquipélago de Sonda, negros africanos, imberbes canadenses e vós, Platão, Cícero e Epicteto. Todos sentis igualmente que é melhor dar o supérfluo de vosso pão, vosso arroz, vossa mandioca ao pobre que o peça com humildade, do que furar-lhe os dois olhos. Está claro para toda a terra que uma boa ação é mais honesta que um ultraje, que a brandura é preferível à cólera.

Portanto, a questão não está em usarmos a razão para discernir as nuances do honesto e do desonesto. Bem e mal são frequentemente vizinhos; nossas paixões os confundem: quem nos esclarecerá? Nós mesmos, quando estamos tranquilos. Quem tiver escrito sobre nossos deveres escreveu bem em todos os países do mundo, porque só escreveu com a razão. Todos disseram o mesmo: Sócrates, Epicuro, Confúcio, Cícero, Marco Antonino e Amurath II tiveram a mesma moral.

Cumpre repetir todos os dias a todos os homens: "A moral é uma, vem de Deus; os dogmas são diferentes, vêm de nós."

Jesus não ensinou nenhum dogma metafísico; não escreveu cadernos teológicos; não disse: Sou consubstancial; tenho duas vontades e duas naturezas com uma só pessoa. Deixou por conta de franciscanos e jacobinos, que deviam surgir mil e duzentos anos depois, a tarefa de argumentar para saber se sua mãe foi concebida no pecado original; ele nunca disse que o casamento é o sinal visível de uma coisa invisível; não disse nenhuma palavra sobre a graça concomitante; não instituiu monges nem inquisidores; não ordenou nada do que vemos hoje.

Deus dera o conhecimento do justo e do injusto em todos os tempos que precederam o cristianismo. Deus não mudou nem pode mudar: o fundo de nossa alma, nossos princípios racionais e morais serão eternamente os mesmos. Qual a utilidade para a virtude de distinções teológicas, dogmas baseados nessas distinções, perseguições baseadas nesses dogmas? A natureza, horrorizada e revoltada com todas essas invenções bárbaras, grita a todos os homens: Sede justos, e não sofistas perseguidores.

Lemos no *Sadder*, que é o resumo das leis de Zoroastro, esta sábia máxima: "Na dúvida sobre a justiça ou injustiça de uma ação que te propõem, abstém-te." Quem jamais proferiu regra mais admirável? Que legislador falou melhor? Não é esse o sistema das opiniões prováveis, inventado por gente que se chamava *sociedade de Jesus*.

L

LÁGRIMAS (Larmes)

As lágrimas são a linguagem muda da dor. Mas por quê? Que relação há entre uma ideia triste e esse líquido límpido e salgado, filtrado por uma pequena glândula no canto externo do olho, que umedece a conjuntiva e os pequenos pontos lacrimais, de onde desce para o nariz e a boca pelo reservatório chamado saco lacrimal e por seus condutos?

Por que nas crianças e nas mulheres, cujos órgãos formam uma rede frágil e delicada, as lágrimas são mais facilmente provocadas pela dor do que nos homens adultos, cujos tecidos são mais firmes?

A natureza terá desejado provocar compaixão em nós, diante da visão dessas lágrimas que nos comovem, levando-nos a socorrer aqueles que as vertem? A mulher selvagem é tão propensa a socorrer a criança que chora quanto uma mulher da corte, ou mais, por ter menos distrações e paixões.

Tudo decerto tem uma finalidade no corpo animal. Os olhos, sobretudo, têm relações matemáticas tão evidentes, tão demonstradas e tão admiráveis com os raios luminosos; essa mecânica é tão divina, que eu seria tentado a considerar vítima de febres delirantes quem tivesse a audácia de negar as causas finais da estrutura de nossos olhos.

O uso das lágrimas não parece ter uma finalidade tão determinada e evidente, mas seria belo que a natureza as fizesse correr para nos incitar à piedade.

Acusam-se certas mulheres de chorarem sempre que queiram. Esse talento não me surpreende. Uma imaginação viva, sensível e terna poderá fixar-se em algum objeto, em alguma recordação dolorosa e representá-los com cores tão vivas que arranquem lágrimas. É o que ocorre com vários atores e, principalmente, com atrizes, no palco.

As mulheres que as imitam no interior dos lares somam a esse talento o pequeno engodo de parecerem chorar pelo marido, enquanto de fato choram pelo amante. As lágrimas são verdadeiras, mas o objeto é falso.

É impossível fingir pranto sem motivo, como fazemos com o riso. É preciso estar sensibilizado para forçar a glândula lacrimal a comprimir-se e a espalhar seu líquido pela órbita; mas basta querer rir para rir.

Pergunta-se por que a mesma pessoa que assiste sem lágrimas a acontecimentos atrozes, que até cometeria crimes a sangue-frio, chora no teatro diante da representação desses acontecimentos e desses crimes. É porque não os vê com os mesmos olhos, e sim com os olhos do autor e do ator. Não é mais o mesmo homem; era bárbaro, estava agitado por paixões furiosas quando assistiu ao assassinato de uma mulher inocente, quando se maculou com o sangue do amigo; volta a ser um ser humano no espetáculo. Sua alma estava cheia de tumulto tempestuoso; agora está tranquila, vazia; a natureza volta a ela; ele então verte lágrimas virtuosas. Esse é o verdadeiro mérito, o grande bem dos espetáculos; aí está algo que nunca pode ser feito pelas frias declamações de algum orador contratado para entediar todo um auditório durante uma hora.

David, o magistrado municipal de Toulouse que, sem se comover, mandou executar e viu o inocente Calas na roda, teria derramado rios de lágrimas se visse seu próprio crime numa tragédia bem escrita e bem representada.

Assim, Pope diz no prólogo de *Catão*, de Addison:

Tirants no more their savage nature kept;
And foes to virtue wondered how they wept.
De se voir attendris les méchants s'étonnèrent.
Le crime eut des remords, et les tyrans pleurèrent.
[De ver-se comovidos os maus se admiraram.
O crime se arrependeu, e os tiranos choraram.]

LEIS (ESPÍRITO DAS) Lois (Esprit de)

Seria desejável que, de todos os livros escritos sobre as leis por Bodin, Hobbes, Grócio, Puffendorf, Montesquieu, Barbeyrac e Burlamaqui, tivesse resultado alguma lei útil, adotada em todos os tribunais da Europa, seja sobre sucessões, seja sobre contratos, sobre finanças, sobre delitos etc. Mas nem as citações de Grócio, nem as de Puffendorf, nem as do *Espírito das leis* nunca produziram uma só sentença do Châtelet de Paris ou do *Old Bailey* de Londres. Tornamo-nos graves com Grócio, passamos alguns momentos agradáveis com Montesquieu e, se temos um processo, corremos ao advogado.

Já se disse que a letra mata e o espírito vivifica: mas no livro de Montesquieu o espírito desencaminha, e a letra nada ensina.

Das citações falsas no *Espírito das leis*, das consequências falsas
que o autor delas extrai e de vários erros que é importante descobrir

Diz ele que Dionísio de Halicarnasso declarou que, segundo Isócrates, "Sólon ordenou que os juízes fossem escolhidos nas quatro classes dos atenienses". – Dionísio de Halicarnasso não diz uma só dessas palavras; eis aqui suas palavras: "Isócrates, em sua oração, relata que Sólon e Clístenes não haviam dado poder algum aos celerados, mas à gente de bem." Que importa, aliás, se numa declamação Isócrates disse ou deixou de dizer uma coisa tão pouco digna de ser relatada? E que legislador poderia ter ditado esta lei: *Os celerados terão poder?*

"Em Gênova, o banco de San Giorgio é administrado pelo povo, o que lhe confere grande influência." Esse banco é administrado por seis classes de nobres chamadas *magistraturas*.

Um inglês, um newtoniano não aprovaria isto: "Sabe-se que o mar, que parece querer cobrir a terra, é detido pela relva e por minúsculos seixos" (liv. II, cap. IV). Ninguém sabe disso; sabe-se que o mar é detido pelas leis da gravidade, que não são cascalho nem relva, e que a Lua age três vezes mais que o Sol sobre as marés.

"Os ingleses, para favorecerem a liberdade, eliminaram todos os poderes intermediários que constituíam sua monarquia" (liv. II, cap. IV). – Ao contrário, consagraram a prerrogativa da câmara alta e conservaram a maioria das antigas jurisdições que formam poderes intermediários.

"Num Estado despótico, o estabelecimento de um vizir é uma lei fundamental" (liv. II, cap. V). – Um crítico judicioso observou que é como se alguém dissesse que o cargo de mordomo-mor do rei é uma lei fundamental. Constantino era mais que despótico e não teve nenhum grão-vizir. Luís XIV era um pouco despótico e não teve primeiro-ministro. Os papas são bastante despóticos e raramente os têm. Não os há na China, que o autor considera um império despótico:

o czar Pedro I não os teve, e ninguém foi mais despótico que ele. O turco Amurat II não tinha grão-vizir. Gêngis-Cã nunca os teve.

Que diremos desta estranha máxima: "A venalidade dos cargos é boa nos Estados monárquicos, porque leva a exercer como profissão de família aquilo que ninguém gostaria de empreender por virtude" (liv. V, cap. XIX)? – Será mesmo Montesquieu quem escreveu essas linhas vergonhosas? Como! Só porque as loucuras de Francisco I haviam desorganizado suas finanças, ele precisava vender a jovens ignorantes o direito de decidir a sorte, a honra e a vida dos homens! Como! Esse opróbrio é bom na monarquia, e o posto de magistrado torna-se profissão de família! Se essa infâmia fosse tão boa, teria pelo menos sido adotada por alguma outra monarquia além da França. Não há um único Estado na terra que tenha ousado cobrir-se com tal opróbrio. Esse monstro nasceu da prodigalidade de um rei que se tornou indigente e da vaidade de alguns burgueses cujos pais tinham dinheiro. Sempre se atacou esse infame abuso com brados impotentes, porque teria sido preciso reembolsar os cargos vendidos. Diz um grande jurisconsulto: "Teria sido mil vezes melhor vender o tesouro de todos os conventos e a prata de todas as igrejas do que vender a justiça." Quando Francisco I tomou o locutório de prata de Saint-Martin, não fez mal a ninguém; são Martinho não reclamou: passa muito bem sem seu locutório; mas vender o posto de juiz e fazer esse juiz jurar que não o comprou é uma baixeza sacrílega.

Deploremos Montesquieu por ter desonrado sua obra com tais paradoxos; mas é desculpável. O tio dele comprara um cargo de presidente de tribunal na província, e ele o herdou. O homem está em toda parte. Nenhum de nós é isento de fraqueza.

"Augusto, ao restabelecer as festas lupercais, não quis que os jovens corressem nus" (liv. XXIV, cap. XV). E cita Suetônio. Mas aqui está o texto de Suetônio: *Lupercalibus vetuit currere imberbes*: proibiu que nas lupercais corressem jovens imberbes. É exatamente o contrário do que Montesquieu afirma.

"Quanto às virtudes, Aristóteles não pode acreditar que tenha havido virtudes próprias aos escravos" (liv. IV, cap. III). – Aristóteles diz expressamente: "É preciso que tenham as virtudes necessárias a seu estado: temperança e vigilância" (*Da República*, liv. I, cap. XIII).

"Vejo em Estrabão que na Lacedemônia, quando uma irmã desposava o irmão, recebia como dote a metade do quinhão do irmão" (liv. V, cap. V). – Estrabão (liv. X) fala dos cretenses, e não dos lacedemônios.

Segundo ele, Xenofonte diz que "em Atenas qualquer homem rico estaria perdido se acreditassem que ele dependia do magistrado". (liv. V, cap. VII). – Xenofonte nesse lugar não fala de Atenas. Aqui estão suas palavras: "Nas outras cidades, os poderosos não querem que desconfiem que eles temem os magistrados."

"As leis de Veneza proíbem que os nobres comerciem" (liv. V, cap. VIII). – "Os antigos fundadores de nossa república e nossos legisladores tiveram o cuidado de nos exercitar nas viagens e no tráfego marítimo. A primeira nobreza tinha costume de navegar, tanto para a prática do comércio quanto para o aprendizado."[1] Sacredo diz a mesma coisa. É em razão dos costumes, e não das leis, que hoje em dia os nobres da Inglaterra e de Veneza quase não se dedicam ao comércio.

"Vede com que empenho o governo moscovita procura sair do despotismo etc." (liv. V, cap. XIV). – Será que isso é feito abolindo-se o patriarcado e a milícia inteira dos *strelitz*, tornando-se senhor absoluto das tropas, das finanças e da Igreja, cujos serventuários são pagos inteiramente pelo tesouro imperial, e criando leis que tornam esse poder sagrado e forte? É triste que, em tantas citações e em tantos axiomas, a verdade quase sempre esteja no contrário do que diz o autor. Alguns leitores instruídos perceberam; os outros se deixaram deslumbrar, e diremos por quê.

---

1. Ver *História de Veneza*, do nobre Paolo Paruta. (N. de Voltaire)

"O luxo dos que tiverem apenas o necessário será igual a zero. Quem tiver o dobro terá um luxo igual a um. Quem tiver o dobro dos bens deste último terá um luxo igual a três etc." (liv. VII, cap. I). – Terá três além do necessário do outro, mas disso não se segue que terá três de luxo: pois poderá ter três de avareza; poderá pôr esses três no comércio: poderá investi-lo para casar as filhas. Não se devem submeter tais proposições à aritmética: isso é miserável charlatanice.

"Em Veneza, as leis forçam os nobres à economia. Estão tão acostumados a poupar, que só as cortesãs conseguem arrancar-lhes dinheiro" (liv. VII, cap. III). – Como?! O espírito das leis em Veneza consistiria em só gastar com mulheres! Quando Atenas era rica, teve muitas cortesãs. O mesmo ocorreu em Veneza e em Roma, nos séculos XIV, XV e XVI. Hoje elas gozam de menos crédito porque há menos dinheiro. Isso é espírito das leis?

"Os suiões, da nação germânica, prestam honras às riquezas, o que os leva a viver sob o governo de um único homem. Isso significa que o luxo é próprio das monarquias, e que não há necessidade de leis suntuárias" (liv. VII, cap. IV). – Os suiões, segundo Tácito, eram habitantes de uma ilha do oceano para além da Germânia: *Suionum hinc civitates ipso in Oceano*. Guerreiros valorosos e bem armados, também têm frotas. *Praeter viros armaque classibus valent*. Os ricos são considerados: *Est... et opibus honos*. Só têm um governante: *eosque unus imperitat*.

Aqueles bárbaros, que Tácito não conhecia, que, em seu pequeno país, só tinham um governante e preferiam quem possuísse cinquenta vacas a quem só possuísse doze, terão alguma relação com nossas monarquias e nossas leis suntuárias?

"Os samnitas tinham um *belo* costume, que devia produzir admiráveis efeitos. O jovem que fosse declarado o melhor tomava por mulher a moça que quisesse. O seguinte nos sufrágios também escolhia, e assim por diante" (liv. VII, cap. XVI). – O autor confundiu os sunitas, povos da Cítia, com os samnitas, vizinhos de Roma. E cita um fragmento de Nicolau de Damasco, coligido por João de Stóboi; mas Nicolau de Damasco é abonação segura? Esse belo costume, aliás, seria muito prejudicial em qualquer Estado avançado: pois se o rapaz declarado o melhor tivesse enganado os juízes, se a moça não o quisesse, se ele não tivesse bens, se desagradasse ao pai e à mãe, quantos inconvenientes e quantas consequências funestas!

"Quem ler a admirável obra de Tácito sobre os costumes dos germanos verá que deles os ingleses extraíram a ideia de seu governo político. Aquele belo sistema foi descoberto nos bosques" (liv. XI, cap. VI). – A câmara dos pares, a câmara dos comuns e o tribunal de equidade descobertos nos bosques! Quem diria! Obviamente os ingleses também devem suas esquadras e seu comércio aos costumes dos germanos, e os sermões de Tillotson àquelas devotas bruxas germanas que sacrificavam os prisioneiros e julgavam o sucesso de uma campanha pela maneira como seu sangue corria. Também é de supor que devem suas belas manufaturas ao louvável costume dos germanos, que preferiam viver de rapina a trabalhar, como diz Tácito.

"Aristóteles arrola com as monarquias o império dos persas e o reino de Lacedemônia. Mas quem não vê que um era um Estado despótico e o outro era uma república?" (liv. XI, cap. IX). – Quem não vê, ao contrário, que a Lacedemônia teve um único rei durante quatrocentos anos e depois dois reis até a extinção da raça dos Heráclidas, o que faz um período de cerca de mil anos? Sabe-se muito bem que nenhum rei era despótico por direito, nem mesmo na Pérsia, mas que todo príncipe dissimulado e ousado, que tem dinheiro, se torna despótico em pouco tempo, na Pérsia e na Lacedemônia; eis por que Aristóteles distingue das repúblicas todo Estado que tem governantes perpétuos e hereditários.

"Um antigo uso dos romanos proibia executar moças que não fossem núbeis" (liv. XII, cap. XIV). – Engana-se. *More tradito nefas virgines strangulare:* proibido estrangular moças, núbeis ou não.

"Tibério recorreu ao expediente de mandar o carrasco violentá-las" (*ibid.*). – Tibério não ordenou que o carrasco violentasse a filha de Sejano. E, se for verdade que o carrasco de Roma cometeu essa infâmia na prisão, nada prova que o tenha feito em obediência a alguma carta régia de Tibério. Que necessidade tinha ele de tal horror?

"Na Suíça não se pagam tributos, mas sabe-se por quê [...]. Naquelas montanhas estéreis, os víveres são tão caros, e as terras tão povoadas, que um suíço paga quatro vezes mais à natureza do que um turco ao sultão" (liv. XIII, cap. XII). – Tudo isso é falso. Não há nenhum imposto na Suíça, mas todos pagam as dízimas, os censos e os tributos de transmissão *inter vivos* que eram pagos aos duques de Zurique e aos monges. As montanhas, exceto as geleiras, são pastagens férteis; são fontes de riqueza para o país. A carne lá custa cerca de metade do que custa em Paris. Não se sabe o que o autor quer dizer quando afirma que um suíço paga quatro vezes mais à natureza do que um turco ao sultão. O suíço pode beber quatro vezes mais que o turco, pois tem o vinho da Côte e o excelente vinho de Vaux.

"Os povos dos países quentes são tímidos como os velhos; os dos países frios são corajosos como os jovens" (liv. XIV, cap. II). – É preciso ter cuidado com essas afirmações genéricas. Nunca se conseguiu levar à guerra um lapão ou um samoiedo; e os árabes em oitenta anos conquistaram mais terras do que as possuídas pelo império romano. Os espanhóis, em pequeno número, na batalha de Mulberg derrotaram os soldados do norte da Alemanha. Esse axioma do autor é tão falso quanto todos os do clima.

"Lopes da Gama diz que os espanhóis encontraram perto de Santa Marta cestos onde os habitantes haviam posto algumas mercadorias, como caranguejos, caracóis e gafanhotos. Os vencedores escandalizaram-se. O autor admite que nisso se fundou o direito dos espanhóis de escravizar os americanos, além do fato de fumarem tabaco e de não fazerem a barba à espanhola" (liv. XV, cap. III). – Não há nada em Lopes da Gama que dê a menor ideia dessa tolice. É ridículo demais inserir numa obra séria semelhantes frases, que não seriam suportáveis nem mesmo nas *Cartas persas*.

"Foi na ideia da religião que os espanhóis fundaram o direito de escravizar tantos povos; pois aqueles bandidos, que faziam questão de ser bandidos e cristãos, eram muito devotos" (liv. XV, cap. IV). – Portanto, não foi porque os americanos não faziam a barba à espanhola e fumavam tabaco; portanto, não foi porque tinham alguns cestos de caracóis e gafanhotos.

Essas contradições frequentes custam pouquíssimo ao autor.

"Luís XIII contristou-se muito com a lei que tornava escravos os negros de suas colônias; mas, quando lhe inculcaram que aquele era o caminho mais seguro para convertê-los, ele consentiu" (*ibid.*). – Onde a imaginação do autor terá ido buscar essa anedota? A primeira concessão para o tráfico dos negros é de 11 de novembro de 1673. Luís XIII morreu em 1643. Essa história parece a da recusa de Francisco I de ouvir Cristóvão Colombo, que descobriu as ilhas Antilhas antes de Francisco I nascer.

"Perry diz que os moscovitas se vendem facilmente. Sei muito bem por quê: é que a liberdade deles nada vale" (liv. XV, cap. VI). – Como já notamos, no verbete Escravidão, Perry não diz uma só palavra de tudo o que o autor de *O espírito das leis* lhe atribui.

"Em Aceh todos procuram vender-se" (*ibid.*). – Também observamos que nada é mais falso. Todos esses exemplos, tomados a esmo entre os povos de Aceh, Bentam, Ceilão, Bornéu, das ilhas Molucas, das Filipinas, todos copiados de viajantes muito mal informados e todos falsificados, sem exceção de um só, não deveriam de modo algum entrar num livro em que se promete discorrer sobre as leis da Europa.

"Nos Estados maometanos, não se é senhor apenas da vida e dos bens das mulheres escravas, mas também daquilo que se chama sua virtude ou honra" (liv. XV, cap. XII). – Onde ele foi buscar essa estranha asserção, da maior falsidade? A sura ou capítulo XXIV do Alcorão, intitulado *A Luz*, diz expressamente: "Tratai bem vossos escravos e, se virdes neles algum mérito, partilhai com eles as riquezas que Deus vos deu. Não obrigueis vossas escravas a prostituir-se convosco etc."

LEIS (ESPÍRITO DAS)

Em Constantinopla, punia-se com a morte o senhor que matava seu escravo, a menos que ficasse provado que o escravo erguera a mão contra ele. Uma escrava que prove que seu amo a violentou é declarada livre com indenização.

"Em Patan, a lubricidade das mulheres é tão grande, que os homens são obrigados a usar certos acessórios para proteger-se de suas investidas" (liv. XVI, cap. X). – Será possível relatar seriamente essa impertinente extravagância? Que homem não conseguiria defender-se dos assaltos de uma mulher devassa sem se armar de um cadeado? Que lástima! E cabe notar que o viajante chamado Sprinkel, único que relata esse conto absurdo, diz com suas próprias palavras que "os maridos de Patan têm extremo ciúme de suas mulheres e não permitem nem que os melhores amigos as vejam, nem elas nem suas filhas".

Que espírito das leis, uns rapagões pondo cadeados nos calções para não serem apalpados pelas mulheres na rua!

"Os cartagineses, segundo relato de Diodoro, encontraram tanto ouro e prata nos Pirineus, que os puseram nas âncoras de seus navios" (liv. XXI, cap. XI). – O autor cita o sexto livro de Diodoro, e esse sexto livro não existe. Diodoro, no quinto, fala dos fenícios, e não dos cartagineses.

"Nunca ninguém percebeu competição nos romanos em relação ao comércio. Foi como nação rival, e não como nação comerciante, que eles atacaram Cartago" (liv. XXI, cap. XIV). – Foi como nação comerciante e guerreira, conforme prova o douto Huet em seu *Tratado sobre o comércio dos antigos*. Prova que, muito tempo antes da primeira guerra púnica, os romanos já se dedicavam ao comércio.

"Vê-se, no tratado que põe fim à primeira guerra púnica, que Cartago teve principalmente a preocupação de manter o império marítimo, e Roma, a de manter o terrestre" (liv. XXI, cap. XI). – Esse tratado é do ano 510 de Roma. Lá se diz que os cartagineses não poderiam navegar nas costas de nenhuma ilha próxima da Itália, e que deveriam sair da Sicília. Assim, os romanos tiveram o império marítimo, pelo qual haviam lutado. E Montesquieu vai exatamente ao arrepio de uma verdade histórica mais que constatada.

"Hanon, na negociação com os romanos, declarou que os cartagineses não tolerariam que os romanos nem sequer lavassem as mãos nos mares da Sicília" (*ibid.*). – O autor comete aí um anacronismo de vinte e dois anos. A negociação de Hanon é do ano 488 de Roma, e o tratado de paz de que fala é de 510[2].

"Não se permitiu que os romanos navegassem além do belo promontório. Foram proibidos de comerciar na Sicília, na Sardenha e na África, exceto em Cartago" (*ibid.*). – O autor comete aí um anacronismo de duzentos e sessenta e cinco anos. É segundo Políbio que o autor relata esse tratado concluído no ano 245 de Roma, sob o consulado de Júnio Bruto, imediatamente depois da expulsão dos reis; suas condições também não estão fielmente transcritas. *Carthaginem vero, et in caetera Africae loca quae cis pulchrum promontorium erant; item in Sardiniam atque Siciliam, ubi Carthaginienses imperabant, navigare mercimonii causa licebat.* – Permitiu-se que os romanos navegassem por comércio a Cartago, por todas as costas da África, aquém do promontório, bem como nas costas da Sardenha e da Sicília obedientes aos cartagineses.

Somente a palavra *mercimonii causa, por razão de comércio*, demonstra que os romanos estavam interessados em comércio desde o nascimento da república.

N.B. Tudo o que o autor diz sobre o comércio antigo e moderno é extremamente errôneo.

Omito um número prodigioso de erros crassos sobre esse assunto, por mais importantes que sejam, porque um dos mais famosos negociantes da Europa trata de arrolá-los num livro que será muito útil.

"A esterilidade do solo da Ática ali estabeleceu o governo popular; e a fertilidade de solo da Lacedemônia, o governo aristocrático" (liv. XVIII, cap. I). – Onde ele foi buscar essa quimera?

---

2. Ver *Obras de Políbio*, liv. III, cap. XXIII. (N. de Voltaire)

Ainda hoje extraímos da Atenas escrava algodão, seda, arroz, trigo, azeite e couro; e da região da Lacedemônia nada. Atenas era vinte vezes mais rica que a Lacedemônia. Em relação à qualidade do solo, teria sido preciso estar lá para apreciá-la. Mas nunca ninguém atribuiu a forma de um governo à maior ou à menor fertilidade de um solo. Veneza tinha pouquíssimo trigo quando os nobres governaram. Gênova certamente não tem solo fértil, e é uma aristocracia. Genebra está mais próxima do Estado popular e não tem de sua lavra o suficiente para alimentar-se quinze dias. A Suécia pobre esteve muito tempo sob o jugo da monarquia, enquanto a Polônia fértil foi uma aristocracia. Não concebo como alguém pode estabelecer assim pretensas regras, continuamente desmentidas pela experiência. Convenhamos que quase todo o livro está baseado em suposições que seriam destruídas por uma atenção mínima.

"O feudalismo é algo que ocorreu uma vez no mundo e talvez nunca mais ocorra etc." (liv. XXX, cap. I). – Encontramos feudalismo, benefícios militares estabelecidos por Alexandre Severo, pelos reis lombardos, por Carlos Magno, no império otomano, na Pérsia, na Mongólia, no Pegu; por fim, Catarina II, imperatriz da Rússia, deu a Moldávia, conquistada por seus exércitos, como feudo temporário. Enfim, não se deve dizer que o governo feudal não voltará, quando a dieta de Ratisbona está reunida.

"Entre os germanos, havia vassalos, mas não feudos [...]. Os feudos eram cavalos de batalha, armas, alimentos" (liv. XXX, cap. III). – Que ideia! Não existe vassalagem sem terra. Um oficial que recebesse comida de seu general nem por isso seria seu vassalo.

"No tempo do rei Carlos IX, havia vinte milhões de homens na França" (liv. XXIII, cap. XXIV). – Cita Puffendorf como abonação dessa asserção: Puffendorf chega a vinte e nove milhões, e copiara esse exagero de um de nossos autores, que se enganava em cerca de catorze a quinze milhões. A França não contava então entre suas províncias a Lorena, a Alsácia, o Franco-Condado, metade de Flandres, Artésia, Cambrésis, Roussillon e Béarn; hoje, que possui todas essas regiões, não tem vinte milhões de habitantes, segundo recenseamento feito exatamente em 1751. No entanto, nunca foi tão povoada, o que é provado pela quantidade de terrenos explorados a partir de Carlos IX.

"Na Europa, os impérios nunca conseguiram subsistir" (liv. XVII, cap. VI). – No entanto, o império romano manteve-se quinhentos anos, e o império turco domina desde 1453.

"A causa da duração dos grandes impérios na Ásia é a existência de grandes planícies" (*Ibid.*). – Ele não se lembrou das montanhas que cortam a Natólia e a Síria, as do Cáucaso, de Taurus, de Ararat, de Imaús, do Saron, cujas ramificações cobrem a Ásia.

"Na Espanha, foram proibidos os tecidos de ouro e prata. Semelhante decreto seria comparável a algum que os Estados da Holanda baixassem, se proibissem o consumo de canela" (liv. XXI, cap. XXII). – Não é possível fazer uma comparação mais falsa, nem dizer coisa menos política. Os espanhóis não tinham manufaturas; seriam obrigados a comprar esses tecidos do estrangeiro. Os holandeses, ao contrário, são os únicos possuidores da canela. O que era razoável na Espanha teria sido absurdo na Holanda.

Não entrarei na discussão do antigo governo dos francos, vencedores dos gauleses, daquele caos de costumes bizarros e contraditórios, no exame daquela barbárie, daquela anarquia que durou tanto tempo, sobre as quais há sentimentos tão diferentes quanto os que temos em teologia. Já se perdeu tempo demais descendo àqueles abismos de ruínas, e o autor de *O espírito das leis* deve ter-se perdido como os outros.

Passo a tratar da grande polêmica entre o abade Dubos, digno secretário da Academia Francesa, e o presidente Montesquieu, digno membro dessa Academia. O membro escarnece do secretário e o vê como um visionário ignorante. Parece-me que o abade Dubos é muito douto e circunspecto; parece-me sobretudo que Montesquieu lhe atribui palavras que ele nunca disse, tudo segundo seu costume de citar a esmo e falsamente.

Eis aqui a acusação feita por Montesquieu contra Dubos:

LEIS (ESPÍRITO DAS)

"O sr. abade Dubos quer dissipar qualquer espécie de ideia de que os francos entraram nas Gálias como conquistadores. Segundo ele, nossos reis, chamados pelos povos, apenas tiveram de assumir seus postos e suceder aos imperadores romanos" (liv. XXX, cap. XXIV).

Um homem mais informado que eu notou antes de mim que Dubos nunca afirmou que os francos tivessem saído dos confins de sua terra para vir tomar posse do império das Gálias, com autorização dos povos, como quem vem assumir uma sucessão. Dubos diz o contrário: prova que Clóvis empregou armas, negociações, tratados e até mesmo concessões dos imperadores romanos, residentes em Constantinopla, para apoderar-se de terras abandonadas. Não as arrebatou aos imperadores romanos, mas aos bárbaros, que, comandados por Odoacro, haviam destruído o império.

Dubos diz que em alguma parte das Gálias, nas vizinhanças de Borgonha, desejava-se a dominação dos francos; mas isso é exatamente registrado por Gregório de Tours: *Cum jam terror Francorum resonaret in his partibus, et omnes eos amore desiderabili cuperent regnare, sanctus Aprunculus, Lingonicae civitatis episcopus, apud Burgundiones coepit baberi suspectus; cumque odium de die in diem cresceret, jussum est ut clam gladio feriretur* [Quando o medo dos francos já ecoava nestes lugares, e todos, com um apaixonado desejo, quisessem domina-los, santo Aprúnculo, bispo de uma cidade lingônica, começou a ser considerado suspeito entre os burgúndios; e, como o ódio crescesse dia dia, foi condenado a ser morto secretamente pela espada] (Greg. Tur. Hist., liv. II, cap. XXIII).

Montesquieu reprova Dubos porque ele não poderia demonstrar a existência da república armórica: no entanto, Dubos provou-a incontestavelmente por meio de vários documentos, sobretudo com aquela citação exata do historiador Zózimo, liv. VI: *Totus tractus armoricus, coeteraeque Gallorum provinciae Britannos imitatae, consimili se modo liberarunt, ejectis magistratibus romanis, et sua quadam republica pro arbitrio constituta.* [Tendo sido Armorico afastado, as demais províncias gaulesas, imitando os britanos, se libertaram de modo semelhante, sendo expulsos os magistrados romanos e constituída a república de acordo com seu arbítrio.]

Montesquieu considera grande erro de Dubos a afirmação de que Clóvis sucedeu a Quilderico, seu pai, no cargo de mestre da milícia romana na Gália: mas Dubos nunca disse isso. Eis aqui suas palavras: "Clóvis tornou-se rei dos francos com a idade de dezesseis anos, e essa idade não impediu que ele fosse investido pouco depois das dignidades militares do império romano que Quilderico exercera, e que, ao que tudo indica, constituíam postos na milícia." Dubos limita-se aqui a uma conjectura que depois é apoiada por provas evidentes.

De fato, havia muito tempo os imperadores estavam acostumados à triste necessidade de opor bárbaros a bárbaros, para tentar exterminá-los uns com os outros. O próprio Clóvis teve no fim a dignidade de cônsul: sempre respeitou o império romano, mesmo se apossando de uma de suas províncias. Não mandou cunhar moeda em seu próprio nome; todas as moedas que temos de Clóvis são de Clóvis II, e os novos reis francos só se atribuíram essa marca de poder independente depois que Justiniano, para obter sua aliança e para usá-los contra os ostrogodos da Itália, lhes fez uma cessão formal das Gálias.

Montesquieu condena severamente o abade Dubos em relação à famosa carta de Remigio, bispo de Reims, que sempre se entendeu com Clóvis e depois o batizou. Aqui está essa importante carta:

"Ficamos sabendo que sois encarregado da administração dos assuntos da guerra, e não me surpreende ver que sois o que vossos pais foram. Trata-se agora de corresponder às disposições da Providência, que recompensa vossa moderação, elevando-vos a cargo tão eminente. É o fim que coroa a obra. Tomai, portanto, para conselheiros pessoas cuja escolha honre vosso discernimento. Não imponhais tributos para vosso benefício militar. Não disputeis a precedência com os bispos cujas dioceses se situam em vosso departamento e acatai seus conselhos nos momentos necessários. Enquanto viverdes em entendimento com eles, encontrareis toda espécie de facilidade no exercício de vosso cargo etc."

Vê-se claramente por essa carta que Clóvis, jovem rei dos francos, era oficial do imperador Zenão; que era grão-mestre da milícia imperial, cargo que corresponde ao de nosso coronel-general; que Remigio queria prepará-lo, aliar-se a ele, conduzi-lo e valer-se dele como de um protetor contra os padres eusebianos da Borgonha; por conseguinte, Montesquieu está errado ao escarnecer tanto do abade Dubos e de dar a impressão de desprezá-lo. Mas finalmente chega o tempo em que a verdade se esclarece.

Depois de termos visto que em *O espírito das leis* há erros como em outros lugares, depois de todos terem admitido que esse livro carece de método, que ele não tem plano nem ordem, e que, quando acabamos de lê-lo, não sabemos bem o que lemos, é preciso procurar saber qual é seu mérito e qual é a causa de sua grande reputação.

Primeiramente, porque é escrito com muito espírito, enquanto todos os outros livros sobre essa matéria são enfadonhos. Por isso já fizemos notar que uma senhora, que tinha tanto espírito quanto Montesquieu, dizia que seu livro era *espírito nas leis*. Ninguém nunca o definiu melhor.

Razão ainda mais forte é que esse livro cheio de grandiosas visões ataca a tirania, a superstição e as exações, três coisas que os homens detestam. O autor consola escravos lastimando seus grilhões, e os escravos o abençoam.

O que lhe valeu aplausos da Europa também lhe valeu invectivas dos fanáticos.

Um de seus inimigos mais encaniçados e absurdos, que mais contribuiu com seu furor para que o nome de Montesquieu fosse respeitado na Europa, foi o gazeteiro dos convulsionários. Ele o tratou de *espinosista* e *deísta*, ou seja, acusou-o de não acreditar em Deus e de acreditar em Deus.

Reprova-o por ter elogiado Marco Aurélio, Epicteto e os estoicos, e de nunca ter louvado Jansênio, o abade de Saint-Cyran e o padre Quesnel.

Considera crime irremissível o fato de ele ter dito que Bayle é um grande homem.

Afirma que *O espírito das leis* é uma dessas obras monstruosas que inundam a França desde a bula *Unigenitus*, que corrompeu todas as consciências.

Esse desavergonhado, que de sua mansarda ganhava pelo menos trezentos por cento sobre sua *Gazette ecclésiastique* [Gazeta eclesiástica], bradou como um ignorante contra os juros às taxas do rei. Foi secundado por alguns pedantes de sua espécie: acabaram por parecer-se com os escravos que estão aos pés da estátua de Luís XIV: são esmagados e mordem-se as mãos.

Montesquieu quase sempre erra com os eruditos, porque não o era; mas sempre tem razão contra os fanáticos e contra os preconizadores da escravidão: a Europa deve-lhe por isso eternos agradecimentos.

Perguntam-nos por que, afinal, indicamos tantos enganos em sua obra. Respondemos: porque amamos a verdade, à qual devemos o maior respeito. Acrescentamos que os fanáticos ignorantes que escreveram contra ele com tanto azedume e insolência não conheceram nenhum de seus verdadeiros erros, e que, assim como todas as pessoas de bem da Europa, reverenciamos todos os trechos atrás dos quais aqueles cães do cemitério de Saint-Médard latiram.

LEI NATURAL (Loi naturelle)

Diálogo

B

O que é lei natural?

A

É o instinto que nos faz sentir a justiça.

B

O que o senhor chama de justo e injusto?

A

O que parece justo e injusto ao universo inteiro.

B

O universo é composto de muitas cabeças. Dizem que na Lacedemônia os gatunos eram aplaudidos, enquanto em Atenas eles eram condenados a trabalhar nas minas.

A

Abuso de palavras, logomaquia, equívoco; não se podia furtar em Esparta, quando tudo era comum. O que o senhor chama de *roubo* era a punição pela ganância

B

O casamento entre irmãos era proibido em Roma, mas, entre os egípcios, os atenienses e até os judeus, era permitido casar-se com a irmã por parte de pai. É com pesar que cito esse infeliz e pequeno povo judeu, que não deve servir de regra para ninguém e (religião à parte) nunca passou de um povo de bandoleiros ignorantes e fanáticos. Mas, enfim, segundo os livros deles, a jovem Tamar, antes de se fazer violentar pelo irmão Amon, disse-lhe: "Meu irmão, não faças tolices comigo, mas pede-me em casamento a meu pai, e ele não recusará."

A

Leis convencionadas são essas, usos arbitrários, modas passageiras; o essencial sempre fica. Mostre-me um país onde seja honesto roubar o fruto do trabalho alheio, descumprir as promessas, mentir para prejudicar os outros, caluniar, assassinar, envenenar, ser ingrato para com o benfeitor, surrar pai e mãe que dão de comer.

B

O senhor se esquece de que Jean-Jacques, um dos Padres da Igreja moderna, disse: "O primeiro que ousou cercar e cultivar um terreno *foi inimigo* do gênero humano"; disse também que era preciso exterminá-lo, e que "os frutos são de todos, e a terra não é de ninguém"? Acaso já não examinamos juntos essa bela proposição, tão útil à sociedade?

A

Quem é esse Jean-Jacques? Com certeza não é Jean-Baptiste nem João Evangelista, nem Tiago, o Maior, nem Tiago, o Menor: só pode ter sido algum huno intelectualizado quem escreveu essa impertinência abominável; ou algum *buffo magro* que, com brincadeiras de mau gosto, queria fazer o mundo inteiro rir daquilo que ele tem de mais sério. Pois, em vez de ir danificar o terreno do vizinho sábio e industrioso, bastaria imitá-lo; e, se cada pai de família seguisse esse exemplo, logo se formaria uma linda aldeia. O autor desse trecho parece-me um animal bem insociável.

B

O senhor então acha que, ultrajando e roubando o indivíduo que rodeou o jardim e o galinheiro com uma cerca viva, ele faltou com seu dever para com a lei natural?

A

Acho, sim, repito; há uma lei natural, e ela consiste em não se fazer o mal a outrem e em não se folgar com o mal feito a outrem.

B

Imagino que o homem só ame e só faça o mal para obter vantagem. Mas tanta gente é levada a obter vantagem com a desgraça alheia; a vingança é uma paixão tão violenta, há exemplos tão funestos; a ambição, mais fatal ainda, inundou a terra de tanto sangue, que, quando rememoro seu horrível quadro, sou tentado a admitir que o homem é muito diabólico. De nada adianta ter eu no coração a noção do justo e injusto; um Átila, cortejado por são Leão, um Focas, adulado por são Gregório com baixeza e covardia, um Alexandre VI maculado por tantos incestos, tantos homicídios, tantos envenenamentos, com quem o fraco Luís XII, chamado o *bom*, faz a mais indigna e estreita das alianças; um Cromwell, cuja proteção o cardeal Mazarino busca, expulsando da França os herdeiros de Carlos I, primos-irmãos de Luís XIV etc. etc.; centenas de exemplos confundem-me as ideias, e já não sei onde estou.

A

Pois bem! As tempestades nos impedem de gozar hoje o sol bonito? O terremoto que destruiu metade da cidade de Lisboa impediu-o de fazer com mais comodidade sua viagem a Madri? Se Átila foi um bandido, e o cardeal Mazarino foi um velhaco, não haverá príncipes e ministros honestos? Não se terá observado que, na guerra de 1701, o conselho de Luís XIV era composto de homens virtuosos, como o duque de Beauvilliers, o marquês de Torcy, o marechal de Villars, Chamillart, enfim, que foi visto como incapaz, mas nunca como desonesto? A ideia da justiça não continua subsistindo? É nela que se baseiam todas as leis. Os gregos as chamavam *filhas do céu*; isso só quer dizer filhas da natureza.

Não há leis em seu país?

B

Há, umas boas, outras ruins.

A

De onde teria o senhor tirado essa ideia, a não ser das noções de lei natural, que todo homem tem dentro de si, quando tem o espírito benfeito? Elas só podem ter sido tiradas daí e de nenhum outro lugar.

B

Tem razão, há uma lei natural; mas também é mais natural a muita gente esquecê-la.

A

Também é natural ser zarolho, corcunda, manco, aleijado, doente; mas todos preferem as pessoas benfeitas e sadias.

B

Por que há tantos espíritos zarolhos e aleijados?

A

Paz! Veja o verbete Onipotência.

LEI SÁLICA (Loi Salique)

Aquele que disse que a lei sálica foi escrita com uma pluma das asas da águia de duas cabeças, pelo capelão Faramundo, no verso da doação de Constantino, poderia não estar enganado.

Trata-se da lei fundamental do império francês, dizem brilhantes jurisconsultos. O grande Jérôme Bignon, em seu livro *Excelência da França*, diz[3] que essa lei provém da lei natural, segundo o grande Aristóteles, porque "nas famílias era o pai que governava e não se dava dote às filhas, como se lê a respeito do pai, da mãe e dos irmãos de Rebeca".

Afirma[4] que o reino da França é tão excelente, que conservou preciosamente essa lei recomendada por Aristóteles e pelo Antigo Testamento. E, para provar essa excelência da França, observa que o imperador Juliano achava admirável o vinho de Surène.

Mas, para demonstrar a excelência da lei sálica, remete-se a Froissard, segundo o qual "os doze pares de França dizem que o reino da França é de tão grande nobreza, que não deve passar à mulher por sucessão".

Deve-se convir que essa decisão é bem incivil perante a Espanha, a Inglaterra, Nápoles, a Hungria e sobretudo a Rússia, que viu em seu trono quatro imperatrizes seguidas.

O reino da França é de grande nobreza: concordo; mas o da Espanha, o do México e o do Peru também são de grande nobreza; e grande nobreza também há na Rússia.

Alegou-se que se diz na Santa Escritura que *os lírios não fiam*: daí se concluiu que as mulheres não devem reinar na França. Isso é que é raciocinar: mas esquecem que os leopardos, que são (não se sabe por quê) os brasões da Inglaterra, fiam tanto quanto os lírios, que são (não se sabe por quê) os brasões da França. Em suma, do fato de nunca se ter visto um lírio fiar, não se segue que a exclusão das mulheres seja uma lei fundamental das Gálias.

Das leis fundamentais

É lei fundamental de todo e qualquer país semear o trigo, se se quiser ter pão; cultivar o linho e o cânhamo, se se quiser ter pano; ser cada um o dono de seu campo, quer esse dono seja homem ou mulher; o gaulês semibárbaro matar francos inteiramente bárbaros, que cheguem das margens do Main, que não sabem cultivar, para roubar suas colheitas e seus rebanhos, sem o que o gaulês se tornará servo do franco ou será por ele assassinado.

É sobre essas fundações que o edifício assenta. Alguém constrói suas fundações na rocha, e a casa dura; o outro, na areia, e ela desmorona. Mas uma lei fundamental, nascida da vontade mutável e ao mesmo tempo irrevogável dos homens, é uma contradição nos termos, um ser abstrato, uma quimera, um absurdo: quem faz as leis pode mudá-las. A Bula de ouro foi chamada de lei *fundamental do império*. Ordenou-se que nunca deveria haver mais do que sete eleitores tudescos, pela razão peremptória de que um certo candelabro judeu só teve sete braços, e que são sete os dons do Espírito Santo. Essa lei fundamental foi qualificada de *eterna* pela onipotência e segura ciência de Carlos IV. Deus não achou bom que o pergaminho de Carlos ganhasse o nome de eterno. Permitiu que outros imperadores germanos, com toda a sua onipotência e segura ciência, acrescentassem dois braços ao candelabro e dois presentes aos sete dons do Espírito Santo. Assim, o número de eleitores é nove.

Era muito fundamental a lei segundo a qual os discípulos do Senhor Jesus não deveriam ter nenhuma propriedade. Em seguida, foi ainda mais fundamental a lei segundo a qual os bispos de Roma deviam ser muito ricos e escolhidos pelo povo. A última lei fundamental diz que eles

---

3. Pp. 288 ss. (N. de Voltaire)
4. P. 9. (N. de Voltaire)

são soberanos e eleitos por um pequeno número de homens, vestidos de escarlate, que eram absolutamente desconhecidos no tempo de Jesus. Se o imperador, rei dos romanos, sempre augusto, fosse senhor de Roma de fato, tal como o é pelo estilo de sua chancelaria, o papa seria seu capelão-mor, enquanto não chegasse alguma outra lei irrevogável e eterna, que seria destruída por outra.

Suponhamos (o que pode perfeitamente ocorrer) que um imperador da Alemanha só tenha uma filha, e que ele seja um bom homem que não entenda nada de guerra; suponhamos que, se Catarina II não destruir o império turco (que ela abalou muito em 1771, quando escrevo estes devaneios), o turco venha atacar meu bom príncipe, muito querido pelos nove eleitores; que sua filha se ponha à frente das tropas com dois jovens eleitores apaixonados por ela; que ela vença os otomanos, como Débora venceu o capitão Sísera e seus trezentos mil soldados, com seus três mil carros de guerra, num pequeno campo pedregoso ao pé do monte Tabor; que minha princesa expulse os muçulmanos para além de Andrinopla; que seu pai morra de alegria ou de qualquer outra coisa; que os dois enamorados de minha princesa encorajem seus sete confrades a coroá-la; que todos os príncipes do Império e das cidades concordem: que será da lei fundamental e eterna segundo a qual o santo império romano não pode cair da lança à roca, a águia de duas cabeças não fia, e quem não veste calções não pode sentar-se no trono imperial? Todos rirão dessa velha lei, e minha princesa reinará com muita glória.

Como se estabeleceu a lei sálica

Não se pode contestar o costume transformado em lei, segundo o qual as mulheres não podem herdar a coroa da França enquanto houver um varão de sangue real. Essa questão está decidida faz muito tempo, a ela está aposto o selo da antiguidade. Se tivesse descido do céu, não seria mais reverenciada na nação francesa. Não combina bem com a galanteria da nação, mas é porque estava em vigor antes que a nação se tornasse galante.

O presidente Hénault repete em sua *Crônica* aquilo que se dissera a esmo antes dele, ou seja, que Clóvis redigiu a lei sálica em 511, no mesmo ano de sua morte. Quero crer que ele redigiu essa lei, que sabia ler e escrever, assim como quero crer que ele tinha quinze anos quando começou a conquistar as Gálias; mas gostaria que me mostrassem, na biblioteca de Saint-Germain des Près ou de Saint-Martin, o cartulário da lei sálica assinado Clóvis, ou Clodovico, ou Hildovico; com isso pelo menos ficaríamos sabendo o seu verdadeiro nome, coisa que ninguém sabe.

Temos duas edições dessa lei sálica, uma de certo Hérold, outra de François Pithou; ambas são diferentes, o que não é bom sinal. Quando o texto de uma lei é transcrito de modos diferentes em duas versões, não só fica claro que uma das duas é falsa, como também é bem provável que as duas o sejam. Nenhuma costumagem dos francos foi escrita nos nossos primeiros séculos: seria muito estranho se a lei dos sálios o tivesse sido. Essa lei está em latim; e nada indica que Clóvis e seus predecessores falassem latim nas suas charnecas, entre a Suábia e a Batávia.

Supõe-se que essa lei diga respeito aos reis da França; e todos os estudiosos convêm que os sicambros, os francos e os sálios não tinham reis, nem mesmo chefe hereditário.

O título da lei sálica começa com estas palavras: *In Christi nomine*. Portanto, foi feita fora das terras sálicas, pois Cristo não era mais conhecido por aqueles bárbaros do que pelo restante da Germânia e de todos os países do Norte.

Segundo consta, essa lei sálica foi redigida por quatro grandes jurisconsultos francos; na edição de Hérold, eles se chamam Visogast, Arogast, Salegast e Vindogast. Na edição de Pithou, esses nomes são um pouco diferentes. Infelizmente, percebe-se que esses nomes são os velhos nomes disfarçados de alguns cantões da Alemanha.

Notre magot prend pour ce coup
Le nom d'un port pour un nom d'homme.
[Nosso momo confunde então
Um nome de porto com um nome de homem.]
(La Fontaine, liv. IV, fábula VII)

Seja qual for a época em que essa lei tenha sido redigida em mau latim, lê-se, no artigo referente aos alódios, que "nenhuma porção de terra sálica deve passar à mulher". Está claro que essa pretensa lei não foi seguida. Primeiramente, vê-se pelas fórmulas de Marculfo que um pai podia deixar seus alódios para a filha, renunciando a *certa lei sálica, ímpia e abominável*.

Em segundo lugar, se essa lei for aplicada aos feudos, ficará claro que os reis da Inglaterra, que não eram da raça normanda, só tinham seus grandes feudos na França por meio de suas filhas.

Em terceiro lugar, se afirmarmos que é necessário um feudo ficar nas mãos de um homem, porque ele deve lutar por seu senhor, isso prova que a lei não podia ser entendida como direitos ao trono. Todos os senhores feudais teriam lutado tanto por uma rainha quanto por um rei. A rainha não era obrigada a vestir couraça, cobrir-se de escarcelas e braçais e trotar para o inimigo montada num grande cavalo de tiro, como foi moda durante muito tempo.

Portanto, está claro que, originalmente, a lei sálica não podia dizer respeito à coroa, nem como alódio nem como feudo dominante.

Mézerai diz que a *imbecilidade do sexo não permite reinar.* Mézerai não fala como homem inteligente nem educado. A história o desmente. A rainha Ana da Inglaterra, que humilhou Luís XIV; a imperatriz rainha da Hungria, que resistiu ao rei Luís XV, a Frederico, o Grande, ao eleitor da Baviera e a tantos outros príncipes; Elisabeth da Inglaterra, que impediu que nosso grande Henrique sucumbisse; a imperatriz da Rússia, de que já falamos: todas elas mostram que Mézerai não é veraz nem honesto. Ele devia saber que a rainha Blanche reinou demais na França por trás do nome de seu filho, e Ana da Bretanha, por trás do de Luís XII.

Velly, último escritor da história da França, exatamente por essa razão, deveria ser o melhor, pois tinha todo o material de seus antecessores; mas nem sempre soube aproveitar suas vantagens. Lança invectivas contra o sábio e profundo Rapin de Thoyras; quer provar-lhe que nunca princesa alguma sucedeu à coroa enquanto houvesse varões capazes disso. Sabe-se disso muito bem, e Thoyras nunca disse o contrário.

Naquele longo período de barbárie, quando na Europa só se pensava em usurpar e sustentar as usurpações, convenhamos que os reis, com muita frequência, eram chefes de quadrilha ou guerreiros armados contra essas quadrilhas; não era possível submeter-se a uma mulher; qualquer um que tivesse um grande cavalo de batalha só queria partir para a rapina e o assassinato sob o estandarte de outro homem que, como ele, estivesse montado num grande cavalo. Um escudo ou um couro de boi servia de trono. Os califas governavam pelo Alcorão, supunha-se que os papas governassem pelo Evangelho. No Sul mulher alguma reinou até Joana de Nápoles, que só deveu sua coroa à afeição que os povos nutriam por seu avô, o rei Roberto, e ao ódio por André, seu marido. Aquele André, na verdade, era de sangue real, mas nascera na Hungria, então bárbara. Revoltou os napolitanos com seus costumes grosseiros, sua bebedeira e sua devassidão. O bom rei Roberto foi obrigado a contrariar o uso imemorial e declarar Joana como única rainha, em seu testamento aprovado pela nação.

No Norte, não se vê nenhuma mulher reinar sozinha até Margarida de Waldemar, que governou alguns meses em seu próprio nome, em torno do ano 1377.

A Espanha não teve nenhuma rainha que reinasse em seu próprio nome até a hábil Isabel, em 1461.

Na Inglaterra, a cruel e supersticiosa Maria, filha de Henrique VIII, foi a primeira que herdou o trono, assim como a fraca e culpada Maria Stuart, na Escócia, no século XVI.

O vasto território da Rússia nunca teve soberana até a viúva de Pedro, o Grande.

Toda a Europa – mas que digo? –, toda a terra era governada por guerreiros no tempo em que Filipe de Valois defendeu seu direito contra Eduardo III. Esse direito de um varão suceder a outro parecia ser lei de todas as nações. Sois neto de Filipe, o Belo, por parte de mãe, dizia Valois a seu concorrente; mas, assim como sobrepujaria a mãe, sobrepujo com mais razão o filho. Vossa mãe não pode ter-vos transmitido um direito que não tinha.

Reconheceu-se, portanto, na França, que o príncipe de sangue real mais distante seria herdeiro da coroa, em detrimento da filha do rei. É uma lei sobre a qual ninguém discute hoje. As outras nações, depois disso, adjudicaram o trono a princesas: a França manteve o antigo uso. O tempo deu força de lei santa a esse uso. Seja qual for a época em que a lei sálica tenha sido feita ou interpretada, não importa; ela existe, é respeitável, é útil, e sua utilidade a tornou sagrada.

Se as mulheres, em todos os casos, estão privadas ou não de qualquer hereditariedade por força da lei sálica

Dei o império a uma mulher, a despeito da Bula de ouro: não terei trabalho em gratificar uma mulher com o reino da França. Tenho mais direito de dispor desse Estado do que o papa Júlio II, que dele despojou Luís XII e o transferiu, com sua autoridade privada, para o imperador Maximiliano. Estou mais autorizado a falar a favor das mulheres da casa da França do que o papa Gregório XIII e o franciscano Sisto V a excluir do trono nossos príncipes de sangue real, com o pretexto – era o que diziam esses bons sacerdotes – de que Henrique IV e os príncipes de Condé eram uma *raça bastarda e detestável de Bourbon*; belas e santas palavras de que deveremos lembrar-nos para sempre, convencendo-nos daquilo que devemos aos bispos de Roma. Posso dar meu voto nos estados gerais, onde nenhum papa pode ter sufrágio. Portanto, dou meu voto sem dificuldade, em trezentos ou quatrocentos anos, a uma mulher da França que ficasse como única descendente em linha direta de Hugo Capeto. Eu a faço rainha, desde que seja de boa criação, que tenha espírito de justiça e não seja carola. Interpreto em seu favor essa lei que diz que *a filha não deve suceder*. Entendo que ela não herdará enquanto houver varão; mas, desde que faltem varões, provo que o reino é dela, porque a natureza o ordena, para o bem da nação.

Convido todos os bons franceses a demonstrar o mesmo respeito pelo sangue de tantos reis. Creio que esse é o único meio de prevenir as facções que desmembrariam o Estado. Proponho que ela reine em seu próprio nome e que se case com algum bom príncipe, que assumirá o nome e as armas e, em seu próprio nome, poderá possuir algum território que seja anexado à França, assim como se uniram Maria Teresa da Hungria e Francisco, duque de Lorena, o melhor príncipe do mundo. Que gaulês se recusará a reconhecê-la, a menos que se desenterre alguma outra bela princesa oriunda de Carlos Magno, cuja família tenha sido expulsa por Hugo Capeto, a despeito da lei sálica; ou a menos que se encontre alguma princesa mais bela ainda, descendente indubitável de Clóvis, cuja família tenha sido anteriormente expulsa por seu criado Pepino, sempre a despeito da lei sálica?

Certamente não precisarei de intrigas para sagrar a minha princesa em Reims, em Chartres ou na capela do Louvre, pois tudo dá na mesma; ou até para não a sagrar, pois reina-se, com ou sem sagração, tal como os reis e as rainhas da Espanha, que não observam essa cerimônia.

Entre todas as famílias dos secretários do rei, não se encontra ninguém que dispute o trono com essa princesa capetiana. As mais ilustres casas são tão invejosas umas das outras, que preferem obedecer a uma filha de rei a obedecer a seus iguais.

Facilmente reconhecida por toda a França, ela receberá a homenagem de todos os seus súditos com uma graça majestosa, que lhe granjeia amor e reverência; e todos os poetas fazem versos em honra de minha princesa.

LEIS (Lois)

Primeira seção

Dificilmente haverá alguma nação que viva sob boas leis. Isso não ocorre apenas porque elas são obra dos homens, pois estes já fizeram ótimas coisas, e aqueles que inventaram e aperfeiçoaram as artes poderiam imaginar um corpo de jurisprudência tolerável. Mas as leis foram estabelecidas em quase todos os Estados pelos interesses do legislador, pela necessidade do momento, pela ignorância, pela superstição. Foram sendo feitas aos poucos, a esmo, irregularmente, tal como se construíam as cidades. Basta ver em Paris o Quartier des Halles, Saint-Pierre-aux-Boeufs, a rua Brise-Miche, a rua Pet-au-Diable, em contraste com o Louvre e as Tulherias: essa é a imagem de nossas leis.

Londres só se tornou digna de ser habitada depois que foi incinerada. As ruas, desde então, foram alargadas e alinhadas: Londres se transformou em cidade porque foi incendiada. Quem quiser ter boas leis deverá queimar as que tem e fazer outras.

Os romanos ficaram trezentos anos sem leis fixas; foram obrigados a ir pedi-las aos atenienses, e estes lhes deram leis tão ruins, que logo quase todas foram revogadas. Como a própria Atenas teria uma boa legislação? Foi necessário abolir a de Drácon, e a de Sólon logo morreu.

A costumagem de Paris é interpretada de maneiras diferentes por vinte e quatro comentários; logo, está provado vinte e quatro vezes que ela é mal elaborada. Contradiz cento e quarenta outras costumagens, todas com força de lei na mesma nação, e todas se contradizem entre si. Portanto, numa única província da Europa, entre os Alpes e os Pirineus, há mais de cento e quarenta pequenos povos que se chamam *compatriotas* e na realidade são estrangeiros uns para os outros, tal como Tonquim o é para a Cochinchina.

Ocorre o mesmo em todas as províncias da Espanha. Bem pior é na Alemanha; ninguém sabe quais são os direitos do comandante nem dos comandados. O habitante das margens do Elba só está ligado ao agricultor da Suábia porque os dois falam mais ou menos a mesma língua, que é um tanto rude.

A nação inglesa tem mais uniformidade; mas, como saiu da barbárie e da servidão a intervalos e aos trancos e barrancos, e como em sua liberdade ela conservou várias leis promulgadas outrora por grandes tiranos que disputavam o trono, ou por pequenos tiranos que invadiam prelazias, formou-se um corpo bastante robusto, sobre o qual ainda se percebem muitas feridas cobertas por emplastros.

O espírito da Europa fez mais progressos de cem anos para cá do que o mundo inteiro desde Brama, Fu-Hsi, Zoroastro e o Tot do Egito. Por que o espírito da legislação fez tão poucos progressos?

Éramos todos selvagens desde o século V. Tais são as revoluções do globo: bandidos saqueadores, agricultores saqueados, era isso o que compunha o gênero humano, desde os confins do mar Báltico até o estreito de Gibraltar; e, quando os árabes apareceram no Sul, o desolamento da devastação foi universal.

Em nosso canto de Europa, como a minoria era composta de temerários ignorantes, vencedores armados dos pés a cabeça, e a maioria, de escravos ignorantes e desarmados, não sabendo quase nenhum ler nem escrever, nem mesmo Carlos Magno, naturalmente a Igreja romana, com sua pluma e suas cerimônias, passou a governar aqueles que passavam a vida montados em cavalos, de lança em riste e morrião na cabeça.

Os descendentes de sicambros, borgonheses, ostrogodos, visigodos, lombardos, hérulos etc. sentiram que precisavam de alguma coisa que se parecesse com leis. Foram buscá-las onde elas existiam. Os bispos de Roma sabiam fazê-las em latim. Os bárbaros as acataram com mais respeito porque não as entendiam. As decretais dos papas, umas verdadeiras, outras descaradamente falsas, tornaram-se o código dos novos *regas, leuds*, barões, que tinham partilhado as terras entre si. Eram lobos que se deixavam agrilhoar por raposas. Conservaram a ferocidade, mas subjugada pela credulidade e pelo medo que a credulidade produz. Aos poucos, a Europa, com exceção da Grécia e daquilo que ainda pertencia ao império do oriente, viu-se sob o império de Roma, de tal modo que foi possível dizer pela segunda vez:

> *Romanos rerum dominos gentemque togatam.*
> [Os romanos, senhores do mundo, o povo vestido com toga.]
> (VIRG., *Eneida*, I, 281)

[5]Como quase todas as convenções eram acompanhadas por um sinal da cruz e por um juramento, frequentemente feito sobre relíquias, tudo passou a ser da alçada da Igreja. Roma, como metrópole, foi juiz supremo dos processos do Quersoneso címbrico e dos da Gasconha. Como milhares de senhores feudais vincularam seus usos ao direito canônico, o resultado foi essa jurisprudência monstruosa de que restam ainda tantos vestígios.

O que teria sido melhor: não ter lei nenhuma ou ter leis como essas?

Foi vantajoso para um império mais vasto que o romano passar muito tempo no caos, pois, como tudo estava por fazer, era mais fácil construir um edifício do que reformar um cujas ruínas deveriam ser respeitadas.

A tesmofória do Norte reuniu, em 1767, deputados de todas as províncias, que contavam cerca de um milhão e duzentas mil léguas quadradas. Havia pagãos, maometanos de Ali, maometanos de Omar, cristãos de cerca de doze seitas diferentes. Cada lei era proposta a esse novo sínodo; e, se ela parecesse conveniente ao interesse de todas as províncias, recebia a sanção da soberana e da nação.

A primeira lei apresentada foi a tolerância, para que o sacerdote grego nunca esquecesse que o sacerdote latino é um ser humano; para que o muçulmano suportasse seu irmão pagão, e o romano não fosse tentado a sacrificar seu irmão presbiteriano.

A soberana escreveu de próprio punho, naquele grande conselho de legislação: "Entre tantas crenças diversas, o pecado mais nocivo seria a intolerância."

Convencionou-se por unanimidade que só existe um poder, que é sempre preciso dizer poder civil e disciplina eclesiástica, e que a alegoria dos dois gládios é dogma de discórdia.

Começou por alforriar os servos de seu domínio particular.

Alforriou todos os do domínio eclesiástico e assim criou seres humanos.

Os prelados e os monges passaram a ser pagos pelo tesouro público.

As penas passaram a ser proporcionais aos delitos e assim se tornaram úteis; a maioria dos culpados foi condenada a trabalhos públicos, visto que os mortos não servem para nada.

A tortura foi abolida, porque ela significa punir antes de conhecer, e é absurdo punir para conhecer; porque os romanos só torturavam escravos; porque a tortura é o meio de salvar o culpado e condenar o inocente.

Estava-se nesse ponto quando Mustafá III, filho de Mahmud, obrigou a imperatriz a interromper seu código para lutar contra ele.

Segunda seção

Tentei descobrir algum raio de luz nos tempos mitológicos da China anteriores a Fu-Hsi e tentei em vão.

---

5. Ver verbete Abuso. (N. de Voltaire)

Mas, atentando para Fu-Hsi, que viveu cerca de três mil anos antes da era nova e vulgar de nosso ocidente setentrional, já vi leis brandas e sábias, estabelecidas por um rei benfazejo. Os antigos livros dos cinco Kings, consagrados pelo respeito de tantos séculos, falam de suas instituições agrícolas, da economia pastoral, da economia doméstica, da astronomia simples que regra as estações, da música que, com modulações diferentes, chama os homens às suas diversas funções. Aquele Fu-Hsi incontestavelmente viveu há cinco mil anos. Por aí se pode aquilatar a antiguidade que devia ter um povo imenso, instruído por um imperador acerca de todas as coisas que podiam constituir a sua felicidade. Nessas leis nada vejo que não seja brando, útil e agradável.

Em seguida, mostraram-me o código de um pequeno povo que aparece, dois mil anos depois, vindo de um deserto medonho situado às margens do Jordão, num território apertado entre montanhas. Suas leis chegaram até nós: elas nos são apresentadas todos os dias como modelo de sabedoria. Vejamos algumas:

"Nunca comer pelicano, águia-pescadora, grifo, ixíon, enguia nem lebre, porque a lebre rumina e não tem o pé fendido.

"Não se deitar com a própria mulher quando ela tem suas regras, sob pena de morte para ambos.

"Exterminar sem misericórdia todos os pobres habitantes da terra de Canaã, que não os conheciam; matar tudo, massacrar tudo, homens, mulheres, velhos, crianças e animais, para maior glória de Deus.

"Imolar ao Senhor tudo o que for votado em anátema ao Senhor, e matá-lo sem possibilidade de remissão.

"Queimar as viúvas que, não podendo casar-se com seus respectivos cunhados, se tenham consolado com algum outro judeu à beira da estrada ou alhures etc. etc. etc."[6]

Um jesuíta, outrora missionário entre os canibais, no tempo em que o Canadá ainda pertencia ao rei da França, contava-me um dia que, enquanto explicava essas leis judias a seus neófitos, um francesinho imprudente, que assistia ao catecismo, teve a ideia de gritar: "Ora vejam, leis de canibais!" Um dos cidadãos lhe respondeu: "Moleque, fique sabendo que somos gente honesta: nunca tivemos leis dessas. E, se não fôssemos gente de bem, arranjaríamos um cidadão de Canaã para lhe ensinar a falar."

Fica claro, da comparação entre o primeiro código chinês e o código hebraico, que as leis seguem de perto os costumes das pessoas que as fizeram. Se os abutres e os pombos tivessem leis, elas decerto seriam diferentes.

Terceira seção

Os cordeiros vivem pacificamente em sociedade; o caráter deles é considerado muito bonachão, porque não enxergamos a prodigiosa quantidade de animais que eles devoram. É de crer até que os comem inocentemente, sem saberem, como quando comemos um queijo de Sassenage. A república dos cordeiros é a imagem fiel da idade de ouro.

Um galinheiro é sem dúvida o Estado monárquico mais perfeito. Não há rei comparável ao galo. Se ele anda orgulhoso pelo meio de seu povo, não é por vaidade. Se o inimigo se aproxima, ele não manda seus súditos morrer pela reta ciência e pelos poderes plenos dele; vai pessoalmente e, com as galinhas em formação atrás de si, luta até a morte. Se vencer, é ele que canta o *Te Deum*. Na vida civil, não há nada tão galante, honesto e desinteressado. Ele tem todas as virtudes.

---

6. Foi o que ocorreu a Tamar, que, violentada, deitou-se à beira da estrada com seu sogro Judá, que não a reconheceu. Ela engravidou. Judá a condenou a ser queimada. A sentença era cruel, principalmente porque, se tivesse sido executada, nosso Salvador, que descende em linha direta de Judá e Tamar, não teria nascido, a menos que todos os acontecimentos do universo tivessem sido postos em outra ordem. (N. de Voltaire)

Se porventura em seu bico régio houver um grão de trigo, uma minhoquinha, ele a dá à primeira de suas súditas que se apresentar. Enfim, Salomão em seu serralho não chegaria aos pés de um galo em seu galinheiro.

Se for verdade que as abelhas são governadas por uma rainha com quem todos os súditos fazem amor, tem-se um governo mais perfeito ainda.

Considera-se que as formigas têm excelente democracia. Esta está acima de todos os outros Estados, pois nela todos são iguais, e cada um trabalha para a felicidade de todos.

A república dos castores é ainda superior à das formigas, pelo menos a julgarmos por suas obras de alvenaria.

Os macacos se parecem mais com histriões do que com um povo civilizado; não parecem reunir-se sob leis fixas e fundamentais, como as espécies acima.

Nós nos parecemos mais com os macacos do que com qualquer outro animal, nos dotes de imitação, na leviandade das ideias e na inconstância, que nunca nos permitiu ter leis uniformes e duradouras.

Quando a natureza formou nossa espécie, deu-nos alguns instintos, o amor-próprio para a nossa conservação, a benevolência para a conservação dos outros, o amor que é comum a todas as espécies e o dom inexplicável de combinar mais ideias do que todos os animais juntos; depois de nos ter assim dado esse quinhão, disse-nos: "Façam o que puderem."

Não há nenhum bom código em nenhum país. A razão disso é evidente; as leis foram sendo feitas aos poucos, segundo os tempos, os lugares, as necessidades etc.

Quando as necessidades mudaram, as leis que ficaram se tornaram ridículas. Assim, a lei que proibia de comer porco e beber vinho era razoável na Arábia, onde o porco e o vinho são perniciosos; é absurda em Constantinopla.

A lei que dá todos os feudos ao primogênito é muito boa num tempo de anarquia e de pilhagens. Então, o primogênito é o capitão do castelo que os bandidos assaltarão mais cedo ou mais tarde; os irmãos mais novos serão seus primeiros oficiais; os agricultores, seus soldados. Tudo o que se deve temer é que o caçula assassine ou envenene o senhor sálico, seu irmão, para tornar-se, por sua vez, o senhor da casa; mas esses casos são raros, porque a natureza combinou de tal modo nossos instintos e nossas paixões, que o horror de assassinar o irmão mais velho é maior do que a vontade de tomar o seu lugar. Ora, essa lei, conveniente para donos de torreões no tempo de Quilperico, é detestável quando se trata de partilhar rendas numa cidade.

Para vergonha dos homens, sabe-se que as regras do jogo são as únicas leis justas, claras, invioláveis e executadas em todos os lugares. Por que o indiano que fez as regras do jogo de xadrez é obedecido de bom grado em toda a Terra, enquanto as decretais dos papas, por exemplo, são abominadas e desprezadas hoje em dia? Porque o inventor do xadrez combinou tudo com acerto, para satisfação dos jogadores, enquanto os papas, em suas decretais, só tiveram em vista sua própria vantagem. O indiano quis ao mesmo tempo exercitar a inteligência dos homens e dar-lhes prazer; os papas quiseram embrutecer a inteligência dos homens. Por isso, o fundo do jogo de xadrez continua o mesmo há cinco mil anos; ele é comum a todos os habitantes da Terra; as decretais são conhecidas apenas em Spoletto, Orvietto, Loretto, onde o mais ínfimo jurisconsulto as detesta e despreza em segredo.

Quarta seção

No tempo de Vespasiano e de Tito, enquanto os romanos estripavam os judeus, um israelita riquíssimo, não querendo ser estripado, fugiu com todo o ouro que havia ganho em seu ofício de usurário e levou para Eziongeber toda a sua família, constituída pela velha mulher, um filho e uma filha; também tinha dois eunucos, dos quais um servia como cozinheiro e o outro era lavrador e vinhateiro. Um bom essênio, que sabia o Pentateuco de cor, servia-lhe de capelão: tudo isso embarcou no porto de Eziongeber, atravessou o mar que se chama Vermelho, mas não é, e entrou no golfo Pérsico, à procura das terras de Ofir, sem saber onde elas ficavam. Acreditem, ocorreu uma terrível tempestade, que arremessou a família hebraica nas costas da Índia; o navio naufragou numa das ilhas Maldivas, chamada hoje Padrabranca, então deserta.

O velho rico e a velha afogaram-se; o filho, a filha, os dois eunucos e o capelão salvaram-se; tiraram como puderam algumas provisões do barco, construíram cabanas na ilha e passaram a viver lá com bastante comodidade. Os senhores sabem que a ilha de Padrabranca dista cinco graus do equador, e que lá se encontram os maiores cocos e os melhores abacaxis do mundo; era muito bom viver lá no tempo em que nos outros lugares o restante da nação era massacrada: mas o essênio lamentava, pensando que talvez só restassem eles de judeus na terra, e que a semente de Abraão se extinguiria.

O jovem judeu disse:

– O senhor pode ressuscitá-la: case-se com minha irmã.

– Até gostaria – disse o capelão –, mas a lei o impede. Sou essênio; fiz voto de nunca me casar: a lei diz que o voto precisa ser comprido; a raça judia acabará se quiser, mas sem dúvida não me casarei com sua irmã, por mais bonita que ela seja.

– Meus dois eunucos não podem ter filhos com ela – continuou o judeu. – Terei eu, então; por favor, o senhor deverá abençoar o casamento.

– Prefiro mil vezes ser estripado pelos soldados romanos – disse o capelão – a servir de instrumento para que o senhor cometa um incesto: se fosse sua irmã por parte de pai, ainda passa, a lei o permite; mas ela é irmã por parte de mãe, e isso é abominável.

O jovem respondeu:

– Entendo que isso seria crime em Jerusalém, onde eu encontraria outras moças; mas, na ilha de Padrabranca, onde só vejo cocos, abacaxis e ostras, acho que a coisa é permitida.

O judeu então se casou com a irmã e teve uma filha, apesar dos protestos do essênio: foi esse o único fruto do casamento que um achava legítimo e o outro, abominável.

Ao cabo de catorze anos, a mãe morreu; o pai disse ao capelão:

– O senhor finalmente se livrou de seus antigos preconceitos? Quer casar-se com minha filha?

– Deus me livre! – disse o essênio.

– Ah, bom! Então, caso-me eu, dê no que dê – disse o pai. – Não quero que a semente de Abraão desapareça.

O essênio, assustado com aquelas horríveis palavras, não querendo continuar ao lado de um homem que transgredia a lei, fugiu. Por mais que o recém-casado lhe gritasse: "Fique, meu amigo; estou observando a lei natural, servindo a pátria, não abandone os amigos!", o outro o deixava gritar e, com a lei na cabeça, fugia a nado para a ilha vizinha.

Era a grande ilha de Atole, muito povoada e civilizada; assim que chegou, foi escravizado. Aprendeu a balbuciar a língua de Atole, queixou-se amargamente do modo inóspito como havia sido recebido; disseram-lhe que era a lei, e que, desde os tempos em que a ilha estivera a ponto de ser surpreendida pelos habitantes da ilha de Ada, tinha-se estabelecido sabiamente que todos os estrangeiros que chegassem a Atole seriam escravizados.

– Não pode ser lei – disse o essênio –, pois não está no Pentateuco.

Responderam-lhe que estava no Digesto do país, e ele continuou escravo; felizmente, tinha um amo bom e riquíssimo, que o tratou bem e ao qual ele se apegou muito.

Um dia, chegaram uns assassinos para matar seu amo e roubar-lhe os tesouros; perguntaram aos escravos se ele estava em casa e se ele tinha muito dinheiro. Os escravos disseram:

– Juramos que não há dinheiro e que ele não está em casa.

Mas o essênio disse:

– A lei não me permite mentir; juro que ele está em casa e que tem muito dinheiro.

Assim, o amo foi roubado e morto. Os escravos denunciaram o essênio perante os juízes, dizendo que ele traíra o patrão; o essênio disse que não queria mentir e que não mentiria por nada no mundo; foi enforcado.

Contaram-me essa história e muitas outras semelhantes na última viagem que fiz das Índias à França. Quando cheguei, fui a Versalhes tratar de alguns negócios, e vi uma bela mulher, seguida por várias belas mulheres.

– Quem é essa bela mulher? – perguntei a meu advogado do parlamento, que fora comigo, pois eu tinha um processo no parlamento de Paris, devido a certas roupas que me haviam feito nas Índias, e eu sempre queria ter um advogado ao lado.

– É a filha do rei – disse-me ele. – É encantadora e bondosa; é pena que, em caso nenhum, ela possa vir a ser rainha da França.

– Como! – disse eu. – Se tivéssemos a infelicidade de perder todos os seus parentes e os príncipes de sangue real (Deus nos livre disso!), ela não poderia herdar o reino do pai?

– Não – disse o advogado. – A lei sálica se opõe formalmente a isso.

– E quem fez essa lei sálica? – perguntei ao advogado.

– Não sei – disse ele –, mas dizem que um antigo povo chamado sálios, que não sabia ler nem escrever, tinha uma lei escrita segundo a qual na terra sálica nenhuma moça herdaria um alódio; e essa lei foi adotada na terra não sálica.

Eu disse:

– Pois eu a transgrido. O senhor me disse que essa princesa é encantadora e bondosa; portanto, deveria ter o direito incontestável à coroa, caso ocorresse a desgraça de não haver mais ninguém, senão ela, de sangue real: minha mãe herdou de seu pai, e eu quero que essa princesa herde do pai dela.

No dia seguinte, meu processo foi julgado numa câmara do parlamento, e eu perdi por unanimidade; meu advogado me disse que eu teria ganho a causa por unanimidade em outra câmara.

– Isso é bem cômico – disse eu. – Então, cada câmara, cada sentença.

– Sim – disse ele. – Há vinte e cinco comentários sobre a costumagem de Paris, ou seja, provou-se vinte e cinco vezes que a costumagem de Paris é equívoca; e, se houvesse vinte e cinco câmaras de juízes, haveria vinte e cinco jurisprudências diferentes. Temos a quinze léguas de Paris uma província chamada Normandia, onde o senhor teria sido julgado de maneira completamente diferente.

Isso me deu vontade de conhecer a Normandia. Fui para lá com um de meus irmãos: na primeira hospedaria, conhecemos um jovem que estava desesperado; perguntei qual era a sua desgraça, e ele me respondeu que era o fato de ter um irmão mais velho.

– Mas por que ter um irmão é uma grande desgraça? – perguntei eu. – Tenho um irmão mais velho com quem me dou muito bem.

– Ai! Aqui, a lei dá tudo aos mais velhos e não deixa nada aos mais novos – disse ele.

– Tem razão para estar zangado – disse eu. – Na minha terra, a partilha é feita por igual, e às vezes os irmãos nem por isso se gostam mais.

Essas pequenas aventuras me obrigaram a fazer belas e profundas reflexões sobre as leis, e percebi que elas são como nossas roupas: em Constantinopla, precisei usar dólmã e, em Paris, gibão justo.

Se todas as leis humanas são convencionadas, dizia eu, basta fazer bons acordos. Os burgueses de Delhi e Agra dizem que fizeram um péssimo acordo com Tamerlão; os burgueses de Londres regozijam-se por terem feito um ótimo acordo com o rei Guilherme de Orange. Um cidadão de Londres dizia-me um dia:

– O que faz as leis é a necessidade; o que as faz observar é a força.

Perguntei-lhe então se a força também não fazia leis de vez em quando, e se Guilherme, bastardo e conquistador, não lhes havia dado ordens sem fazer acordo nenhum com eles.

– Sim, éramos uns bois na época, e Guilherme nos impôs um cabresto e nos fez andar à força de aguilhoadas – disse ele. – Depois disso, fomos transformados em homens, mas ficaram os chifres, e com estes atacamos qualquer um que queira nos obrigar a lavrar para ele, e não para nós.

Imbuído de todas essas reflexões, fiquei pensando que há uma lei natural independente de todas as convenções humanas: o fruto de meu trabalho deve ser meu; devo honrar pai e mãe; não tenho direito algum sobre a vida de meu próximo, e meu próximo não tem direito sobre a minha etc. Mas, quando pensei que, desde Quedorlaomer até Mentzel, coronel dos hussardos, cada um mata e pilha lealmente o próximo com uma licença na algibeira, fiquei muito aflito.

Disseram-me que entre os ladrões há leis, mesmo durante a guerra. Perguntei que leis da guerra são essas. Disseram-me:

– É a lei de enforcar um bravo oficial que tenha resistido em um mau posto e sem canhão a um exército régio; é a de mandarmos enforcar um prisioneiro, caso tenham enforcado um dos nossos; é a de passar a ferro e fogo as aldeias que não tenham trazido todos os seus mantimentos no dia marcado, segundo as ordens do gracioso soberano das redondezas.

– Bom – disse eu –, aí está o *Espírito das leis*.

Depois de ter sido bem informado, descobri que há leis sábias em virtude das quais um pastor é condenado a nove anos de galés por ter dado um pouco de sal estrangeiro a seus carneiros. Meu vizinho arruinou-se num processo porque mandou cortar em seu bosque dois carvalhos que lhe pertenciam, porque não pôde observar uma formalidade que não podia conhecer: a mulher dele morreu na miséria, e o filho se arrasta numa vida mais infeliz ainda. Confesso que essas leis são justas, embora sua execução seja um pouco dura; mas não tenho tão boa vontade para com as leis que autorizam cem mil homens a ir legalmente massacrar cem mil vizinhos. Pareceu-me que a maioria dos homens recebeu da natureza senso comum suficiente para fazer leis, mas nem todos têm justiça suficiente para fazer boas leis.

Se, de um extremo ao outro da Terra, reunirmos os agricultores simples e tranquilos, todos concordarão facilmente que cada um deve ter permissão de vender ao vizinho o excedente de seu trigo, e que a lei contrária é desumana e absurda; que as moedas representativas das mercadorias não devem ser mais alteradas do que os frutos da terra; que um pai de família deve ser rei em sua casa; que a religião deve congregar os homens para uni-los, e não para fazer deles fanáticos perseguidores; que aqueles que trabalham não devem privar-se do fruto de seu trabalho para dá-lo à superstição e ao ócio: em uma hora, eles farão trinta leis dessa espécie, todas úteis ao gênero humano.

Mas, se Tamerlão chegar e subjugar a Índia, só se verão leis arbitrárias. Uma subjugará uma província para enriquecer um publicano de Tamerlão; outra transformará em crime de lesa-majestade o fato de falar mal da amante do primeiro camareiro de um rajá; uma terceira roubará metade da colheita do agricultor e contestará o resto; por fim, haverá leis em virtude das quais um meirinho tártaro virá arrebatar crianças no berço, fazendo da mais robusta um soldado e da mais fraca um eunuco, e deixando o pai e a mãe sem socorro nem consolo.

Ora, o que é melhor: ser o cão ou o súdito de Tamerlão? Está claro que a condição de ser seu cão é muito superior.

LEIS CIVIS E ECLESIÁSTICAS (Lois civiles et ecclésiastiques)

Nos papéis de um jurisconsulto foram encontradas estas notas, que talvez mereçam um pouco de exame.

Nenhuma lei eclesiástica deve ter força, a não ser quando tenha sanção expressa do governo. Por esse motivo, Atenas e Roma nunca tiveram lutas religiosas.

Essas lutas são o apanágio das nações bárbaras ou que se tornaram bárbaras.

Só o magistrado deve ter o poder de permitir ou proibir o trabalho em feriados, porque não cabe a sacerdotes proibir os homens de cultivar seus campos.

Tudo o que se refere a casamentos depende unicamente do magistrado, e os sacerdotes devem restringir-se à augusta função de abençoá-los.

O empréstimo a juros é objeto puramente da lei civil, porque só ela rege o comércio.

Todos os eclesiásticos devem ser submetidos, em todos os casos, ao governo, porque são súditos do Estado.

Nunca ninguém deve ser submetido ao vergonhoso ridículo de pagar a um sacerdote estrangeiro o primeiro ano dos rendimentos de uma terra que alguns cidadãos deram a um sacerdote seu patrício.

Nenhum sacerdote nunca deve privar um cidadão de qualquer prerrogativa, a pretexto de que esse cidadão seja pecador, porque o sacerdote pecador deve orar pelos pecadores, e não julgá-los.

Os magistrados, os lavradores e os sacerdotes devem pagar igualmente os encargos do Estado, porque todos pertencem igualmente ao Estado.

Deve haver um peso, uma medida, uma costumagem.

Os suplícios dos criminosos devem ser úteis. Um homem enforcado não serve para nada, e um homem condenado a prestar serviços públicos ainda serve a pátria e é uma lição viva.

Toda lei deve ser clara, uniforme e precisa: interpretá-la quase sempre é corrompê-la.

Nada deve ser infame, senão o vício.

Os impostos devem ser sempre proporcionais.

A lei nunca deve contradizer o uso: pois, se o uso é bom, a lei de nada vale[7].

LEIS CRIMINAIS (Lois criminelles)

Não passa ano sem que alguns juízes da província condenem a uma morte medonha algum pai de família inocente; e isso é feito com tranquilidade e até alegria, como se estivessem matando um peru no quintal. Algumas vezes isso foi visto também em Paris.

LEPRA E SÍFILIS (Lèpre et vérole)

Trata-se de duas grandes divindades, uma antiga e outra moderna, que reinaram em nosso hemisfério. O reverendo padre dom Calmet, grande antiquário, ou seja, grande compilador daquilo que se disse antigamente e daquilo que se repetiu em nossos dias, confundiu sífilis com lepra. Afirma que Jó sofria de sífilis e supõe, de acordo com um solene comentador chamado Pineda, que sífilis e lepra são exatamente a mesma coisa. Não que Calmet seja médico; não que raciocine, mas cita; e, em seu ofício de comentador, as citações sempre substituíram as razões. Cita, entre outros, o cônsul Ausônio, nascido gascão e poeta, preceptor do infeliz imperador Graciano, e que alguns acreditaram ter sido bispo.

Calmet, em sua dissertação sobre a doença de Jó, remete o leitor ao seguinte epigrama de Ausônio sobre uma senhora romana chamada Crispa:

Crispa pour ses amants ne fut jamais farouche;
Elle offre à leurs plaisirs et sa langue et sa bouche;

---

7. Ver o poema da *Lei natural*. (N. de Voltaire)

> *Tous ses trous en tout temps furent ouverts pour eux:*
> *Célébrons, mes amis, des soins si généreux.*
> [Crispa para os amantes nunca foi feroz;
> Oferece a seus prazeres a língua e a boca;
> Todos os seus orifícios sempre estiveram abertos para eles:
> Celebremos, amigos, cuidados tão generosos.]
> (Ausônio, epigr. XXI)

Não percebemos o que esse pretenso epigrama tem em comum com aquilo que se imputa a Jó, que, aliás, nunca existiu, não passando de personagem alegórica de uma fábula árabe, conforme vimos.

Quando Astruc, em sua *História da sífilis*, aduz autoridades para provar que ela veio do Haiti, e que os espanhóis a trouxeram da América, suas citações são mais concludentes.

Na minha opinião, duas coisas provam que devemos a sífilis à América: a primeira é a grande quantidade de autores, médicos e cirurgiões do século XVI que confirmam essa verdade; a segunda é o silêncio de todos os médicos e todos os poetas da antiguidade, que nunca conheceram essa doença e nunca pronunciaram seu nome. Considero o silêncio dos médicos e dos poetas como uma prova igualmente demonstrativa. Os primeiros, a começar por Hipócrates, não teriam deixado de descrever essa doença, de caracterizá-la, de lhe dar nome, de procurar remédios. Os poetas, que têm de maliciosos o que os médicos têm de laboriosos, teriam falado, em suas sátiras, do mal de coito, do venéreo, do mal de franga, de tudo o que precede esse mal medonho e de todas as suas sequelas: não se encontra um único verso em Horácio, Catulo, Marcial e Juvenal que tenha a mínima relação com a sífilis, embora todos eles se demorem muito na descrição de todos os efeitos da devassidão.

É indubitável que a varíola só foi conhecida pelos romanos no século VI, e que a sífilis americana só foi trazida para a Europa no fim do século XV, enquanto a lepra é tão estranha a essas duas doenças quanto a paralisia o é à dança de são Vito ou de são Guido.

A lepra era uma sarna de uma espécie horrível. Os judeus foram atacados por ela mais do que qualquer outro povo das regiões quentes, porque não tinham panos nem banhos domésticos. Aquele povo era tão sujo que seus legisladores foram obrigados a baixar uma lei para forçá-los a lavar-se as mãos.

Tudo o que ganhamos com nossas cruzadas foi essa sarna; e, de tudo o que pegamos, foi a única coisa que nos restou. Foi preciso construir leprosários por toda parte, para trancafiar os infelizes atacados por uma sarna pestilenta e incurável.

A lepra, assim como o fanatismo e a usura, fora o caráter distintivo dos judeus. Como aqueles infelizes não tinham médicos, os sacerdotes se arvoraram em donos da lepra, fazendo dela assunto de religião. É isso o que leva alguns temerários a dizer que os judeus eram verdadeiros selvagens, dirigidos por seus ilusionistas. Seus sacerdotes, na verdade, não curavam a lepra, mas separavam os leprosos da sociedade e com isso adquiriam um poder prodigioso. Toda pessoa atingida por esse mal era presa como se fosse ladrão; de modo que a mulher que quisesse livrar-se do marido só precisava ganhar um sacerdote; o marido era preso: tratava-se de uma espécie de ordem régia do tempo. Os judeus e aqueles que os governavam eram tão ignorantes, que confundiram com lepra a traça que rói as roupas e o mofo as muralhas. Imaginaram, portanto, lepra de casas e de roupas; desse modo, o povo, seus andrajos e suas cabanas, tudo ficou sob o báculo sacerdotal.

Prova de que, no tempo da descoberta da sífilis, não havia nenhuma relação entre esse mal e a lepra é que os poucos leprosos que ainda restavam no fim do século XV não quiseram fazer nenhuma espécie de comparação com os sifilíticos.

De início, alguns sifilíticos foram postos nos hospitais dos leprosos, mas estes os receberam com indignação. Fizeram uma petição para serem separados deles, tal como as pessoas presas por dívidas ou por questões de honra não querem ser confundidas com a canalha criminosa.

Já dissemos que, em 6 de março de 1496, o parlamento de Paris proferiu uma sentença segundo a qual todos os sifilíticos que não fossem burgueses de Paris deveriam sair em vinte e quatro horas, sob pena de enforcamento. A sentença não era cristã, legal, nem sensata; e temos muitas desse tipo: mas isso prova que a sífilis era vista como um flagelo novo, que nada tinha em comum com a lepra, pois não eram enforcados os leprosos que dormissem em Paris, ao passo que os sifilíticos eram.

Os seres humanos podem contrair lepra devido à sujeira, assim como certa espécie de animal com a qual a canalha muito se assemelha; mas, quanto à sífilis, foi a natureza que a presenteou à América. Já fizemos a essa natureza, tão boa e tão ruim, tão esclarecida e tão cega, a censura de ter contrariado seu próprio objetivo, envenenando a fonte da vida; e ainda sofremos por não termos encontrado a solução para esse problema terrível.

Vimos em outro local que o homem em geral, considerando-se um pelo outro, só vive cerca de vinte e dois anos; e, durante esses vinte e dois anos, está sujeito a mais de vinte e dois mil males, vários dos quais incuráveis.

Nessa horrível condição, ainda nos pavoneamos, fazemos amor com o risco de apodrecermos, intrigamos, fazemos guerra e projetos, como se tivéssemos de viver mil séculos em delícias.

LETRAS, GENTE DE LETRAS OU LETRADOS
(Lettres, Gens de lettres ou Lettrés)

Nos nossos tempos bárbaros, quando francos, germanos, bretões, lombardos e moçárabes espanhóis não sabiam ler nem escrever, instituíram-se escolas e universidades, quase todas compostas de eclesiásticos que só ensinaram o único dialeto que conheciam a quem quisesse aprendê-lo; as academias só apareceram muito tempo depois; desprezaram as tolices das escolas, mas nem sempre ousaram insurgir-se contra elas, porque há tolices que se respeitam, visto que decorrem de coisas respeitáveis.

Os homens de letras que prestaram mais serviços ao pequeno número de seres pensantes espalhados pelo mundo foram os letrados isolados, os verdadeiros eruditos fechados em seus gabinetes, que não argumentaram em bancos de universidades nem disseram coisas pela metade nas academias; desses, quase todos foram perseguidos. Nossa miserável espécie é feita de tal modo, que aqueles que andam pelo caminho já trilhado sempre atiram pedras naqueles que ensinam um caminho novo.

Montesquieu disse que os citas furavam os olhos de seus escravos para que se distraíssem menos enquanto batiam manteiga; é o que faz a Inquisição, e quase todos são cegos nos países nos quais reina esse monstro. As pessoas têm dois olhos há mais de cem anos na Inglaterra; os franceses estão começando a abrir um, mas às vezes se encontram homens no poder que não querem permitir que os outros sejam pelo menos zarolhos.

Esses pobres homens no poder são como o dr. Baluardo da comédia italiana, que só quer ser servido pelo balordo Arlequim e se queixa de ter um lacaio excessivamente intrometido.

Quem fizer odes elogiosas a monsenhor Superbus Fadus e madrigais à sua amante, quem dedicar a seu porteiro um livro de geografia será bem recebido; quem esclarecer os homens será esmagado.

Descartes é obrigado a abandonar a pátria; Gassendi é caluniado; Arnauld arrasta-se no exílio; todo filósofo é tratado como os profetas entre os judeus.

Quem haveria de crer que no século XVIII um filósofo seria levado perante os tribunais seculares e tratado de ímpio pelos tribunais eclesiásticos, por ter dito que os homens não poderiam exercer as artes se não tivessem mãos? Não acho impossível que logo se condene às galés o primeiro que tiver a insolência de dizer que o homem não pensaria se não tivesse cabeça. Pois, como lhe dirá algum bacharel, "a alma é um espírito puro, e a cabeça não passa de matéria; Deus pode situar a alma no calcanhar, assim como no cérebro; portanto, eu vos denuncio como ímpio".

A maior infelicidade de um homem de letras talvez não seja ser alvo do ciúme dos confrades, vítima de intrigas e do desprezo dos poderosos do mundo; é ser julgado por idiotas. Os idiotas às vezes vão longe, sobretudo quando o fanatismo se soma à inépcia e à inépcia se soma o espírito de vingança. Outra grande infelicidade de um homem de letras geralmente é não estar vinculado a nada. Um burguês compra um pequeno cargo e é defendido por seus confrades. Se alguém lhe faz uma injustiça, ele logo encontra defensores. O homem de letras não tem socorro; parece-se aos peixes voadores: eleva-se um pouco, e os pássaros o devoram; mergulha, e os peixes o comem.

Todo homem público paga tributo à maldade, mas é pago com juros e honras.

LIBELO (Libelle)

Dá-se o nome de *libelo* ao opúsculo injurioso. Esses livros são pequenos, porque os autores, tendo poucas razões para apresentar, não escrevem para instruir e, querendo ser lidos, são obrigados a ser breves. Raramente assinam, porque os assassinos temem ser apanhados com armas proibidas.

Há libelos políticos. Foram abundantes nos tempos da Liga e da Fronda. Cada polêmica na Inglaterra produz centenas deles. Escreveu-se contra Luís XIV um número de libelos capaz de encher uma vasta biblioteca.

Temos libelos teológicos há cerca de mil e seiscentos anos: isso é bem pior; trata-se de injúrias sagradas em linguagem de feira. Basta ver como são Jerônimo trata Rufino e Vigilântio. Mas, depois dele, os polemizadores foram além. Os últimos libelos foram os dos molinistas contra os jansenistas; contam-se milhares deles. De toda essa mixórdia, hoje só restam as *Cartas provinciais*.

Os homens de letras poderiam rivalizar com os teólogos. Boileau e Fontenelle, que se digladiavam com epigramas, diziam que os libelos com que haviam sido criticados não caberiam em seus quartos. Tudo isso cai como folhas no outono. Houve gente que chamou de libelo todas as injúrias que foram ditas por escrito ao próximo.

Segundo essas pessoas, as ofensas que os profetas disseram às vezes aos reis de Israel eram libelos difamatórios para sublevar os povos contra eles. Mas, como o populacho nunca leu em nenhum país do mundo, é de crer que essas sátiras, declamadas clandestinamente, não faziam muito mal. Quando se fala ao povo reunido é que se provocam sedições, e não quando se escreve. Por isso, a primeira medida tomada por Elisabeth, chefe da Igreja anglicana e defensora da fé, quando subiu ao trono da Inglaterra, foi ordenar que ninguém pregasse durante seis meses sem sua permissão expressa.

O *Anti-Catão* de César era um libelo; mas César fez mais mal a Catão com a batalha de Farsália e com a de Tapso do que com suas diatribes.

As *Filípicas* de Cícero são libelos; mas as proscrições dos triúnviros foram libelos mais terríveis.

São Cirilo e são Gregório de Nazianzo fizeram libelos contra o grande imperador Juliano, mas tiveram a generosidade de só os publicar depois da morte dele.

Nada se assemelha mais a libelos do que certos manifestos de soberanos. Os secretários do gabinete de Mustafá, imperador dos osmanlis, transformaram em libelo a sua declaração de guerra.

Deus os puniu por isso, a eles e a seu mandante. O mesmo espírito que animou César, Cícero e os secretários de Mustafá domina todos os malandros que escrevem libelos em seus sótãos. *Natura est semper sibi consona* [a natureza é sempre a si mesma conveniente]. Quem haveria de acreditar que as almas de Garasse, do cocheiro de Vertamon, de Nonotte, de Paulian, de Fréron, de Langleviel, vulgo La Beaumelle, fossem, nesse sentido, da mesma têmpera das almas de César, Cícero, são Cirilo e do secretário do imperador dos osmanlis? No entanto, nada é mais verdadeiro.

LIBERDADE (Liberté)

Ou estou muito enganado, ou Locke, o definidor, definiu a liberdade muito bem como *poder*. Ou também me engano, ou Collins, célebre magistrado de Londres, foi o único filósofo que aprofundou essa ideia, enquanto Clarke só lhe respondeu como teólogo. Mas de tudo o que se escreveu na França sobre a liberdade, o pequeno diálogo abaixo é o que me pareceu mais claro.

A

Uma bateria de canhões atira perto de nossos ouvidos; temos a liberdade de ouvir ou não ouvir?

B

Sem dúvida, não posso abster-me de ouvir.

A

Quer que esse canhão arranque sua cabeça, a de sua mulher e a de sua filha, que passeiam com o senhor?

B

Que proposta é essa? Eu, como pessoa de índole pacífica, não posso querer uma coisa dessas; isso é impossível.

A

Bom. O senhor ouve, necessariamente, esse canhão e quer, necessariamente, não morrer com sua família de um canhonaço, enquanto passeia; mas não tem o poder de deixar de ouvi-lo, nem o poder de querer ficar aqui.

B

Isso está claro[8].

A

Por conseguinte, o senhor deu uns trinta passos para se pôr a salvo do canhão, teve o poder de andar comigo esses poucos passos.

---

8. Um pobre de espírito, num pequeno texto honesto, polido e, sobretudo, bem fundamentado, objeta que, se um príncipe ordenar a B. que fique exposto ao canhão, B. ficará exposto ao canhão. Sim, sem dúvida, se ele tiver mais coragem, ou melhor, mais medo da vergonha do que amor à vida, como ocorre com muita frequência. Em primeiro lugar, tem-se aí um caso diferente. Em segundo lugar, quando o instinto do medo da vergonha supera o instinto da autoconservação, o homem é tão obrigado a ficar exposto ao canhão, como é obrigado a fugir quando não tem vergonha de fugir. O pobre de espírito era obrigado a fazer objeções ridículas e a dizer injúrias; e os filósofos se sentem obrigados a rir um pouco dele e a perdoá-lo. (N. de Voltaire)

LIBERDADE

B

Isso também está bem claro.

A

Se o senhor fosse paralítico, não poderia ter evitado ficar exposto a essa bateria, não teria o poder de estar onde está; teria, necessariamente, ouvido e recebido um canhonaço; e estaria necessariamente morto.

B

Nada é mais verdadeiro.

A

Em que consiste então sua liberdade, a não ser no poder exercido por sua pessoa no sentido de fazer aquilo que sua vontade exigia com uma necessidade absoluta?

B

O senhor me confunde; a liberdade, então, nada mais é que o poder de fazer o que quero?

A

Reflita e veja se a liberdade pode ser entendida de outra maneira.

B

Nesse caso, meu cão de caça é tão livre quanto eu; ele tem, necessariamente, vontade de correr quando vê uma lebre e o poder de correr se não tem dor nas pernas. Portanto, não tenho nada mais que meu cão; o senhor me reduz ao estado dos animais.

A

Esses são míseros sofismas dos míseros sofistas que o instruíram. O senhor fica zangado porque é livre como seu cão. Por acaso não come, não dorme e não se reproduz como ele, mudando-se apenas a posição? Gostaria de ter faro por outros meios, que não pelo nariz? Por que gostaria de ter liberdade por meios diferentes que o seu cão?

B

Porque eu tenho uma alma que raciocina muito, enquanto meu cão quase não raciocina. Ele tem praticamente só ideias simples, e eu tenho mil ideias metafísicas.

A

Pois bem, o senhor é mil vezes mais livre do que ele, ou seja, o senhor tem mil vezes mais poder de pensar do que ele, mas não é livre de um modo diferente do dele.

B

Como! Não tenho a liberdade de querer o que quero?

A

O que quer dizer com isso?

B

Quero dizer o que todo mundo quer dizer. Não se diz todo dia que a vontade é livre?

A

Provérbio não é razão; explique-se melhor.

B

Entendo que tenho a liberdade de querer como bem quiser.

A

Com licença, isso não tem sentido; não vê que é ridículo dizer quero querer? O senhor quer necessariamente, em consequência das ideias que se lhe apresentaram. Quer casar-se ou não?

B

Mas, e se eu dissesse que não quero uma coisa nem outra?

A

Responderia como aquele que dissesse: "Uns acreditam que o cardeal Mazarino está morto, outros acreditam que está vivo; eu não acredito nem numa coisa nem noutra."

B

Pois bem, quero casar-me.

A

Ah! Isso sim é resposta. Por que quer casar-se?

B

Porque estou apaixonado por uma moça que é bonita, meiga, bem-educada, mais ou menos rica, canta muito bem, os pais dela são muito honestos, e eu me gabo de ser amado por ela e muito bem recebido em sua família.

A

Aí está uma razão. O senhor vê que não pode querer sem razão. Declaro que tem a liberdade de se casar, ou seja, que tem o poder de assinar o contrato, de realizar as bodas e de se deitar com sua mulher.

B

Como! Não posso querer sem razão? E o que é deste outro provérbio: *Sit pro ratione voluntas*; minha vontade é minha razão, quero porque quero?

A

Isso é absurdo, meu caro amigo; haveria no senhor um efeito sem causa.

B

Como! Quando jogo par ou ímpar, tenho alguma razão para escolher par e não ímpar?

A

Claro.

B

E qual é essa razão, faça-me o favor?

A

É que o que se apresentou à sua mente foi a ideia de par, e não a ideia oposta. Seria muito engraçado se houvesse casos em que o senhor quisesse porque há uma causa para querer e casos em que quisesse sem causa. Quando quer se casar, percebe a razão dominante com clareza, mas não a percebe quando aposta no par ou ímpar; no entanto, é preciso que haja uma razão para isso.

B

Mas, insisto: então não sou livre?

A

Sua vontade não é livre, mas suas ações são. O senhor tem a liberdade de fazer quando tem o poder de fazer.

B

Mas e todos os livros que li sobre a liberdade de indiferença...

A

O que entende o senhor por liberdade de indiferença?

B

Entendo cuspir para a direita ou para a esquerda, dormir do lado direito ou do lado esquerdo, dar quatro voltas ou cinco quando vou passear.

A

Essa realmente seria uma liberdade engraçada! Deus lhe teria dado um belo presente! É mesmo uma grande vantagem! De que lhe serviria um poder que só seria exercido em ocasiões tão fúteis? Mas o fato é que é ridículo supor a vontade de querer cuspir para a direita. Não só essa vontade de querer é absurda, como é certo que várias pequenas circunstâncias o forçariam a esses atos que o senhor chama de indiferentes. O senhor não é mais livre nesses atos do que nos outros. Mas, insisto: o senhor é livre o tempo todo e em todo lugar, desde que faça o que quer fazer.

B

Desconfio que o senhor tem razão. Vou pensar no caso.

LIBERDADE DE IMPRENSA (Liberté d'imprimer)

Que mal pode fazer à Rússia a profecia de Jean-Jacques? Nenhum; permita-se que ele explique essa profecia em sentido místico, típico ou alegórico, segundo o uso. As nações que destruirão os russos serão as letras, a matemática, o espírito social e a polidez, que degradam o homem e pervertem sua natureza.

Na Holanda foram publicadas cinco a seis mil brochuras contra Luís XIV; nenhuma contribuiu para fazê-lo perder as batalhas de Blenheim, Turim e Ramillies.

Em geral, faz parte do direito natural valer-se da pluma, tal como nos valemos da língua, com todos os seus perigos, riscos e acasos. Conheço muitos livros que enfadaram, não conheço nenhum que tenha causado algum mal real. Alguns teólogos, ou pretensos políticos, gritam: "A religião será destruída e o governo estará perdido, se os senhores publicarem certas verdades ou certos paradoxos.

Nunca tenham a ideia de pensar, a não ser depois de pedirem licença a um monge ou a um fiscal. É contrário à boa ordem um homem pensar por si mesmo. Homero, Platão, Cícero, Virgílio, Plínio e Horácio nunca publicaram nada sem a aprovação dos doutores da Sorbonne e da Santa Inquisição.

"Vejam em que horrível decadência a liberdade de imprensa lançou a Inglaterra e a Holanda. É verdade que elas dominam o comércio do mundo inteiro, e que a Inglaterra é vitoriosa no mar e em terra; mas essa é uma falsa grandeza, uma falsa opulência: ambas marcham a passos largos para a ruína. Um povo esclarecido não pode subsistir."

Impossível raciocinar com mais acerto, meus amigos; mas vejamos, por favor, que Estado foi arruinado por um livro. O mais perigoso e pernicioso de todos é o de Espinosa. Ele não só atacou o Novo Testamento na qualidade de judeu, como também destruiu o Velho na qualidade de erudito; seu sistema de ateísmo é mil vezes mais coerente e mais bem fundamentado do que os de Estratão e Epicuro. É preciso ter profunda sagacidade para responder aos argumentos com que ele tenta provar que uma substância não pode formar outra.

Também detesto o livro dele e talvez o entenda melhor que os senhores, que responderam insatisfatoriamente a ele; mas por acaso esse livro terá mudado a face do mundo? Algum pregador terá perdido um só florim de sua pensão devido à divulgação das obras de Espinosa? Algum bispo terá sofrido alguma diminuição em suas rendas? Ao contrário, seus proventos dobraram desde então; todo o mal restringiu-se a um pequeno número de leitores pacíficos, que analisaram os argumentos de Espinosa em seus gabinetes e escreveram obras pouquíssimo conhecidas a favor ou contra.

Os senhores mesmos são pouco coerentes, porque publicaram, *ad usum Delphini*, o ateísmo de Lucrécio (como já se criticou), e disso não decorreu perturbação nem escândalo algum; por isso, deixou-se em paz Espinosa na Holanda, assim como se deixou Lucrécio sossegado em Roma.

Mas, quando entre os senhores aparece algum livro novo cujas ideias se chocam um pouco com as suas (supondo-se que os senhores tenham ideias), e cujo autor seja de uma facção contrária à sua ou – o que é pior – de nenhuma facção, então os senhores fazem grande estardalhaço; é uma celeuma, um escândalo, uma algazarra universal no rincão onde os senhores morem. Aí está um homem abominável, que publicou que, se não tivéssemos mãos, não poderíamos fazer meias nem sapatos: que blasfêmia! As devotas gritam, os doutores togados se reúnem, os alarmes correm de colégio em colégio, de casa em casa; corporações inteiras se movimentam, e por quê? Por cinco ou seis páginas das quais já não se falará depois de três meses. Se um livro os desagrada, refutem-no; se os enfada, não o leiam.

Ora, dirão os senhores, os livros de Lutero e de Calvino destruíram a religião romana em metade da Europa. Por que não dizem também que os livros do patriarca Fócio destruíram essa religião romana na Ásia, na África, na Grécia e na Rússia?

Enganam-se redondamente quando dizem que foram arruinados por livros. O império da Rússia tem duas mil léguas de extensão, e não há lá meia dúzia de homens que estejam a par dos fatos controversos entre a Igreja grega e a latina. Se o monge Lutero, se o cônego João Calvino e o pároco Zwinglio tivessem se limitado a escrever, Roma ainda subjugaria todos os Estados que perdeu; mas aquela gente e seus adeptos corriam de cidade em cidade, de casa em casa, amotinavam mulheres, eram sustentados por príncipes. A fúria que agitava Amata e a surrava como se fosse um tamanco, conforme disse Virgílio, não era mais turbulenta. Saibam que um capuchinho entusiasta, faccioso, ignorante, maleável, veemente e emissário de algum ambicioso, pregando, confessando, comungando e intrigando, subverterá uma província inteira em menos tempo do que cem autores demorariam para esclarecê-la. Não foi o Alcorão que garantiu o sucesso de Maomé; foi Maomé que fez o sucesso do Alcorão.

Não, Roma não foi vencida por livros: foi vencida por ter revoltado a Europa com suas rapinas, com a venda pública das indulgências, por ter insultado os homens, por ter desejado governá-

-los como animais domésticos, por ter abusado de seu poder a tal ponto que é de espantar que lhe tenha restado uma única aldeia. Henrique VIII, Elisabeth, o duque de Saxe, o landgrave de Hesse, os príncipes de Orange, os Condé e os Coligny fizeram tudo, e os livros, nada. As trombetas nunca ganharam batalhas, e os únicos muros que derrubaram foram os de Jericó.

Os senhores temem os livros como certas aldeias temem os violinos. Deixem que leiam, deixem que dancem; esses dois divertimentos nunca farão mal ao mundo.

LIBERDADE DE PENSAMENTO (Liberté de penser)

Por volta de 1707, época em que os ingleses ganharam a batalha de Saragoça, deram proteção a Portugal e, durante algum tempo, deram um rei à Espanha, milorde Boldmind, oficial-general, que fora ferido, estava nas termas de Barèges. Encontrou-se com o conde Medroso[9], que, tendo caído do cavalo atrás do fogo de barragem, a uma légua e meia do campo de batalha, também fora àquelas termas. Era este dado à Inquisição; milorde Boldmind só era dado à conversação: um dia, depois de beber, teve a seguinte conversa com Medroso.

BOLDMIND

Então o senhor é aguazil dos dominicanos? Que servicinho desagradável!

MEDROSO

É verdade; mas preferi ser lacaio deles a ser sua vítima, preferi a desgraça de queimar o próximo à de ser queimado.

BOLDMIND

Que horrível alternativa! Os senhores estavam cem vezes mais felizes sob o jugo dos mouros, que os deixavam ir vivendo, livremente, com todas as suas superstições; mesmo sendo vencedores, não se arrogavam o espantoso direito de agrilhoar almas.

MEDROSO

Que fazer? Não temos permissão para escrever, falar e nem mesmo para pensar. Se falamos, é fácil que interpretem nossas palavras, quanto mais nossos escritos. Enfim, como não podem nos condenar num auto de fé por nossos pensamentos secretos, ameaçam-nos com a fogueira eterna por ordem de Deus, se não pensarmos como os jacobinos. Estão convencidos no governo de que, se tivéssemos senso comum, todo o Estado estaria pegando fogo, e a nação seria a mais infeliz da terra.

BOLDMIND

Acha que somos tão infelizes, nós outros ingleses que cobrimos os mares de naus e acabamos de ganhar, para os senhores, batalhas nos confins da Europa? Por acaso os holandeses, que lhes arrebataram quase todas as suas descobertas na Índia e hoje se qualificam como seus protetores, são amaldiçoados por Deus porque deram inteira liberdade à imprensa e praticam o intercâmbio de pensamentos entre os homens? O império romano terá sido menos poderoso porque Túlio Cícero escreveu com liberdade?

MEDROSO

Quem é esse Túlio Cícero? Nunca ouvi pronunciar esse nome lá na santa Irmandade.

---

9. Voltaire usa aqui a palavra portuguesa. (N. da T.)

BOLDMIND

Era um bacharel da universidade de Roma, que escrevia o que pensava, assim como Júlio César, Marco Aurélio, Tito Lucrécio Caro, Plínio, Sêneca e outros doutores.

MEDROSO

Não os conheço; mas disseram-me que a religião católica, basca e romana está perdida, se começamos a pensar.

BOLDMIND

O senhor não tem de acreditar nisso, pois está seguro de que sua religião é divina, de que as portas do inferno não podem prevalecer contra ela. Se assim é, nada poderá destruí-la.

MEDROSO

Não, mas pode ser reduzida a pouca coisa; foi porque pensaram que a Suécia, a Dinamarca, toda a sua ilha e metade da Alemanha gemem na assustadora calamidade de já não serem súditas do papa. Dizem até que, se os homens continuarem seguindo suas falsas luzes, logo se limitarão à simples adoração de Deus e à virtude. Se as portas do inferno prevalecerem jamais, que será do Santo Ofício?

BOLDMIND

Se os primeiros cristãos não tivessem tido a liberdade de pensar, não é verdade que não teria havido cristianismo?

MEDROSO

Que quer dizer? Não estou entendendo.

BOLDMIND

Acredito. Quero dizer que, se Tibério e os primeiros imperadores tivessem jacobinos que impedissem os primeiros cristãos de ter plumas e tinta, se ele não tivesse permitido durante muito tempo, no império romano, que se pensasse livremente, teria sido impossível aos cristãos estabelecer seus dogmas. Portanto, se o cristianismo só se formou graças à liberdade de pensamento, não será contradição e injustiça querer ele hoje aniquilar essa liberdade na qual ele mesmo se fundamentou? Quando alguém lhe propõe algum negócio interessante, o senhor não pensa sobre ele durante muito tempo antes de tomar uma decisão? Que interesse poderá ser maior no mundo do que a felicidade ou a infelicidade eterna? Há centenas de religiões na terra; todas elas danam aqueles que queiram acreditar nos dogmas dos senhores, que elas chamam de absurdos e ímpios; examine bem esses dogmas.

MEDROSO

Como posso examiná-los? Não sou jacobino.

BOLDMIND

É homem, e isso basta.

MEDROSO

Ai! O senhor é bem mais homem que eu.

BOLDMIND

Só depende do senhor aprender a pensar; nasceu com inteligência; é um pássaro na gaiola da Inquisição; o Santo Ofício lhe cortou as asas; mas elas podem voltar a crescer. Quem não sabe geometria pode aprendê-la; todo homem pode instruir-se: é vergonhoso deixar a própria alma nas mãos daqueles a quem não confiaríamos o próprio dinheiro; ouse pensar por si mesmo.

MEDROSO

Dizem que, se todos pensarem por si mesmos, haverá uma tremenda confusão.

BOLDMIND

É exatamente o contrário. Quando assistimos a um espetáculo, cada um diz livremente o que pensa, e a paz não é perturbada; mas, se algum protetor insolente de algum mau poeta quisesse obrigar as pessoas de bom gosto a achar bom o que lhes parece ruim, então se ouviriam vaias, e as duas partes poderiam atirar-se maçãs uma contra a outra, tal como aconteceu uma vez em Londres. Foram esses tiranos do espírito que causaram uma parte das desgraças do mundo. Só somos felizes na Inglaterra desde que cada um passou a gozar livremente do direito de dizer sua opinião.

MEDROSO

Também estamos muito tranquilos em Lisboa, onde ninguém pode dizer a sua.

BOLDMIND

Estão tranquilos, mas não felizes; é a tranquilidade dos galés, que remam em cadência e em silêncio.

MEDROSO

O senhor acha que minha alma é de galé?

BOLDMIND

Sim; e eu gostaria de libertá-la.

MEDROSO

Mas, e se eu me sentir bem nas galés?

BOLDMIND

Nesse caso, merece estar lá.

LIMITES DO ESPÍRITO HUMANO (Bornes de l'esprit humain)

Certo dia perguntaram a Newton por que ele andava quando tinha vontade e como seu braço e sua mão se mexiam quando ele queria. Ele respondeu galhardamente que não sabia. Mas pelo menos, disseram-lhe, o senhor, que conhece tão bem a gravitação dos planetas, dirá por que razão eles giram em um sentido e não em outro; e ele confessou de novo que não sabia.

Aqueles que ensinaram que o oceano é salgado para não apodrecer e que as marés são feitas para conduzir nossos navios aos portos ficaram um tanto sem jeito quando lhes replicaram que o Mediterrâneo tem portos, mas não marés. O próprio Musschenbroeck incorreu nessa inadvertência.

Alguém alguma vez já pôde dizer com precisão como uma acha se transforma em brasa na lareira e que mecanismo faz a cal inflamar-se com água fresca?

O primeiro princípio do movimento do coração nos animais será conhecido? Por acaso se sabe com clareza como ocorre a procriação? Haverá alguém adivinhado o que nos dá as sensações, as ideias e a memória? Não conhecemos a essência da matéria mais do que as crianças que lhe tocam a superfície.

Quem nos ensinará que mecanismo faz o grão de trigo que atiramos na terra erguer-se para produzir um canudo carregado com uma espiga, e como o mesmo solo produz uma maçã no alto de uma árvore e uma castanha na árvore vizinha? Vários doutores disseram: o que não sei? Montaigne dizia: o que sei eu?

Decididor impiedoso, pedagogo sentencioso, argumentador mal-intencionado, procura os limites do teu espírito. Eles estão na ponta de teu nariz.

Parle: m'apprendras-tu par quels subtils ressorts
L'éternel artisan fait végéter les corps? etc.
[Fala: ensinarás por quais sutis mecanismos
O eterno artífice faz os corpos vegetar? etc.]

Nossos limites estão em toda parte; apesar disso, somos orgulhosos como *paons* [pavões], que pronunciamos *pans*.

LÍNGUAS (Langues)

Primeira seção

Dizem que os indianos começam quase todos os seus livros com as seguintes palavras: *Bendito seja o inventor da escrita*. Poderíamos também começar nossos discursos abençoando o inventor da linguagem.

No verbete Alfabeto, reconhecemos que nunca existiu língua primitiva da qual todas as outras tenham derivado.

Vemos que a palavra *Al* ou *El*, que significava Deus para alguns orientais, não tem relação alguma com a palavra *Gott*, que quer dizer Deus na Alemanha. *House*, *huis*, não pode vir do grego *domos*, que significa casa.

Nossas mães e as chamadas línguas-mãe têm muita semelhança. Ambas têm filhos que se casam no país vizinho, alterando-lhes a linguagem e os costumes. Essas mães têm outras mães cuja origem os genealogistas não conseguem deslindar. A terra está coberta de famílias que disputam em nobreza, sem saberem de onde vêm.

Sobre as palavras mais comuns e mais naturais em todas as línguas

A experiência ensina que as crianças não passam de imitadoras; que, se ninguém lhes dissesse nada, elas nada falariam e se limitariam a gritar.

Em quase todos os países conhecidos as primeiras coisas que lhes dizem são *babá*, *papá*, *mamá*, *mamã*, ou palavras próximas, fáceis de pronunciar; e elas repetem. No entanto, nas cercanias do monte Krapack, onde moro, como se sabe, as crianças chamam o pai de *dadá*, e não de *papá*, como na França. Em algumas províncias, dizem *bibi*.

Publicou-se um pequeno vocabulário chinês no fim do primeiro volume de *Memórias sobre a China*. Leio nesse dicionário resumido que *fu*, pronunciado de um modo para nós estranho, significa pai; as crianças que não conseguem pronunciar a letra *f* dizem *u*. Há muita diferença entre *u* e *papai*.

Quem quiser saber que palavra corresponde ao nosso *papai* em japonês, tártaro, no dialeto de Kamtschatka e na baía de Hudson que tenha a bondade de viajar para esses países, a fim de nos ensinar.

Corremos o risco de incidir em grandes erros quando, às margens do Sena ou do Saona, damos lições sobre línguas de países aos quais não fomos. Então, é preciso confessar ignorância; é preciso dizer: Li isto em Vachter, Ménage, Bochart, Kircher e Pezron, que não sabiam mais do que eu; tenho muitas dúvidas; acredito, mas estou disposto a deixar de acreditar etc. etc.

Um recoleto, chamado Sagart Théodat, que pregou durante trinta anos para os iroqueses, os algonquinos e os huronianos, deu-nos um pequeno dicionário huroniano, impresso em Paris por Denis Moreau, em 1632. Essa obra deixou de nos ser útil desde que a França se livrou do fardo do Canadá. Diz ele que em huroniano pai é *aystan*; e em canadense, *notui*. Também é grande a diferença entre *notui* e *aystan*, por um lado, e *pater* e *papai*, de outro. Evitai os sistemas, é o que vos digo, meus caros gauleses.

Sobre um sistema das línguas

O autor de *Mecânica da linguagem* assim explica o seu sistema:
"A terminação latina *urire* é apropriada a designar um desejo vivo e ardente de fazer alguma coisa; *micturire*, *esurire*; por isso, parece que foi fundamentalmente formada a partir da palavra *urere* e do radical *ur*, que em tantas línguas significa fogo. Assim, a terminação *urire* era apropriada para designar desejo ardente."

No entanto, não percebemos que essa terminação em *ire* seja apropriada ao desejo vivo e ardente em *ire*, *exire*, *abire*, ir, sair, ir embora; em *vincire*, ligar; *scaturire*, brotar, jorrar; *condire*, condimentar; *parturire*, parir; *grunnire*, grunhir, palavra que exprime tão bem a voz do porco.

Convenhamos, sobretudo, que esse *ire* não é apropriado a nenhum desejo muito vivo, em *balbutire*, balbuciar; *singultire*, soluçar; *perire*, perecer. Ninguém tem vontade de balbuciar, soluçar e, muito menos, perecer. Esse sisteminha é muito deficiente; mais uma razão para desconfiar dos sistemas.

O mesmo autor parece ir longe demais quando diz: "Projetamos os lábios para fora e, por assim dizer, puxamos a ponta de cima dessa corda para fazer soar o *u* [ü], vogal típica do francês, que outras nações não têm."

É verdade que o preceptor do *Burguês fidalgo* lhe ensina a fazer um pouco de biquinho para pronunciar o *u* [ü]; mas não é verdade que as outras nações não fazem biquinho também.

O autor decerto não está falando do espanhol, do inglês, do alemão e do holandês; reportou-se a antigos autores que não sabiam essas línguas mais do que as línguas do Senegal e do Tibete, que, no entanto, o autor cita. Os espanhóis dizem *su padre*, *su madre*, com um som que não é exatamente o *u* dos italianos; pronunciam *mui* de um modo que está um pouco mais próximo do *ü* do que do *u*; não pronunciam com força o *usted*: não é o *furiale sonans u* dos romanos.

Os alemães se acostumaram a trocar um pouco o *ü* pelo *i*; por isso sempre pedem *ékis* aos franceses, em vez de *écus*. Vários alemães pronunciam hoje *flûte* como os franceses; antigamente pronunciavam *flaûte*. Os holandeses conservaram o *ü*; prova disso é a comédia *Madame Alikruc*, e o seu *u diener*. Os ingleses, que corromperam todas as vogais, não abandonaram o *ü*; sempre pronunciam *wi*, e não *ui*, que mal articulam. Dizem *vertiu* e *tru*, e não *virtue* e *true*.

Os gregos sempre deram ao *ípsilon* o som de *ü*, como admitem Calepino e Scapula, na letra *ípsilon*, e como disse Cícero, em *De Oratore*.

O mesmo autor também se engana quando diz que as palavras inglesas *humour* e *spleen* não são traduzíveis. Achou alguns franceses pouco instruídos. Os ingleses tomaram o seu *humour*, que entre eles significa jocosidade natural, da palavra francesa *humeur*, usada com esse sentido nas primeiras comédias de Corneille e em todas as comédias anteriores. Em seguida, os franceses passaram a dizer *belle humeur*. D'Assoucy apresentou o seu *Ovide en belle humeur*; e depois os franceses usaram essa palavra para expressar o contrário do que os ingleses entendem. *Humeur* hoje significa tristeza entre nós. Os ingleses se apoderaram, assim, de quase todas as nossas expressões. Estas dariam um livro.

Quanto a *spleen*, sua tradução exata em francês é *rate* [baço]. Os franceses, há não muito tempo, dizem *vapeurs de rate* [vapores do baço].

> *Veut-on qu'on rabatte*
> *Par des moyens doux*
> *Les vapeurs de rate*
> *Qui nous minent tous?*
> *Qu'on laisse Hippocrate,*
> *Et qu'on vienne à nous.*
> [Quem quiser aplacar
> Por meios suaves
> Os vapores do baço
> Que a todos nos minam
> Que deixe Hipócrates,
> E venha até nós.]
> (Molière, *Amor médico*, ato III, cena VIII)

Nós, franceses, abolimos o baço e nos limitamos aos vapores.

O mesmo autor diz[10] que "os franceses se comprazem muito com aquilo que chamam de *avoir de l'esprit* [ter espírito]. Essa expressão é própria de sua língua, e não se encontra em nenhuma outra". Em inglês nada é mais comum do que *wit*, *witty*, que são precisamente a mesma coisa. O conde de Rochester sempre chama o rei Carlos II de *witty king*; segundo ele, era um rei que dizia lindas coisas, sem fazer nenhuma. Os ingleses afirmam que são eles que dizem os chistes e que quem ri são os franceses.

E o que será do *ingegnoso* dos italianos, da *agudeza* dos espanhóis, de que já falamos no verbete Espírito, terceira seção?

O mesmo autor observa judiciosamente[11] que um povo, quando selvagem, é simples, e suas expressões também. "O povo hebreu era semisselvagem; o livro de suas leis trata sem rodeios de coisas naturais, que nossas línguas têm o cuidado de velar. Isso é sinal de que, entre eles, esses modos de falar nada tinham de licenciosos, pois ninguém teria escrito um livro de leis de maneira contrária aos costumes etc."

Demos um exemplo notável dessa simplicidade, que hoje seria mais do que cínica, quando citamos as aventuras de Aolá e de Aolibá, bem como as de Oseias; e, embora seja lícito mudar de opinião, esperamos continuar com a opinião do autor de *Mecânica da linguagem*, ainda que vários doutos não o sejam.

Mas não podemos pensar como o autor dessa *Mecânica* quando ele diz[12]:

"No ocidente a ideia obscena está vinculada à união dos sexos; no oriente, ao uso do vinho; em algum outro lugar, poderia estar vinculada ao uso do ferro ou do fogo. Entre os muçulmanos, aos quais o vinho é proibido pela lei, a palavra *cherab*, que significa em geral xarope, licor, calda, porém mais especificamente vinho, bem como as outras palavras relativas a esta, são vistas pelos excessivamente religiosos como termos obscenos, ou pelo menos livres demais para estarem na

---

10. O presidente De Brosses, t. I, p. 73. (N. de Voltaire)
11. T. II, p. 146. (N. de Voltaire)
12. P. 147. (N. de Voltaire)

boca de uma pessoa de bons costumes. O preconceito sobre a obscenidade nas palavras ganhou tanta força, que não deixa de existir, mesmo quando a ação à qual se vincula a ideia é decorosa e legítima, permitida e prescrita, de tal modo que é sempre obsceno dizer aquilo que muitas vezes é decoroso fazer.

"Na verdade, a decência aí se limitou a um pequeníssimo sacrifício. Sempre deve parecer esquisito que a obscenidade esteja nas palavras, e não nas ideias etc."

O autor parece mal informado sobre os costumes de Constantinopla. Deveria interrogar o sr. de Tott, que lhe dirá que a palavra *vinho* não é absolutamente obscena entre os turcos. Seria até impossível que o fosse, pois os gregos são autorizados a vender vinho entre eles. Nunca, em nenhuma língua, a obscenidade deixou de estar vinculada a certos prazeres que quase nunca são permitidos diante de testemunhas, porque são fruídos apenas por órgãos que é preciso esconder. Ninguém esconde a boca. Entre os muçulmanos é pecado jogar dados, não se deitar com a própria mulher às sextas-feiras, tomar vinho, comer durante o ramadã antes do pôr do sol; mas não é obscenidade.

Ademais, cumpre observar que todas as línguas têm termos diversos, que dão ideias bem diferentes da mesma coisa. Matrimônio, *sponsalia*, exprime compromisso legal. Consumar o matrimônio, *matrimonio uti*, apresenta apenas a ideia de dever cumprido. *Membrum virile in vaginam intromittere* [introduzir na vagina o membro viril] não passa de expressão de anatomia. *Amplecti amorose juvenem uxorem* [abraçar amorosamente a jovem esposa] é uma ideia voluptuosa. Outras palavras são imagens que escandalizam o pudor.

Cabe acrescentar que, se nos primeiros tempos de uma nação simples, dura e grosseira, são utilizados apenas os termos conhecidos para exprimir o ato da procriação, como o autor observou muito bem nos semisselvagens judeus, outros povos empregam as palavras obscenas depois que se tornam mais refinados e polidos. Oseias só utiliza o termo correspondente ao *fodere* [furar] dos latinos; mas Augusto arrisca, descaradamente, as palavras *futuere* [foder] e *mentula* [membro viril] em seu infame epigrama contra Fúlvia. Horácio esbanja *futuo, mentula, cunnus* [eu fodo, membro viril, boceta]. Inventaram-se até as expressões vergonhosas *crissare, fellare, irrumare, cevere, cunnilinguis* [enrolar-se, praticar a felação, ser chupado, balançar as nádegas, com cunilínguas]. São encontradas com frequência em Catulo e Marcial. Representam torpezas mal e mal conhecidas entre nós: por isso, não possuímos termos para traduzi-las.

A palavra *gabaoutar*, inventada em Veneza no século XVI, exprimia uma infâmia desconhecida nas outras nações.

Não há língua que possa traduzir certos epigramas de Marcial, tão apreciados pelos imperadores Adriano e Lúcio Vero.

Gênio das línguas

Chama-se *gênio de uma língua* a sua aptidão para dizer da maneira mais breve e harmoniosa aquilo que as outras linguagens exprimem com menos felicidade.

O latim, por exemplo, é mais apropriado ao estilo lapidar do que as línguas modernas, porque estas têm verbos auxiliares que prolongam as inscrições e as enfraquecem.

O grego, com sua mistura melodiosa de vogais e consoantes, é mais favorável à música do que o alemão e o holandês.

O italiano, com suas vogais muito mais repetidas, talvez sirva ainda mais à música efeminada.

O latim e o grego, únicas línguas que têm verdadeira quantidade, são mais propícias à poesia do que todas as outras línguas do mundo.

O francês, pela progressão natural de todas as suas construções e também por sua prosódia, é mais propício que qualquer outra língua à conversação. Os estrangeiros, por essa razão, entendem com mais facilidade os livros franceses do que os dos outros povos. Apreciam, nos livros filosóficos franceses, uma clareza de estilo que raramente encontram em outras línguas.

Foi isso o que levou a preferir-se o francês ao italiano, que, com suas obras imortais do século XVI, tinha condições de dominar na Europa.

O autor de *Mecanismo da linguagem* acredita despojar o francês dessa ordem e dessa clareza que constituem sua principal vantagem. Chega a citar autores pouco credenciados e até Pluche, para levar a crer que as inversões do latim são naturais, e que a construção natural do francês é que é forçada. Transcreve este exemplo extraído de *Maneira de estudar as línguas*. Nunca li esse livro, mas o exemplo é o seguinte[13]: *Goliathum proceritatis inusitatae virum David adolescens impacto in ejus frontem lapide prostravit, et allophylum cum inermis puer esset ei detracto gladio confecit*. – O jovem Davi derrubou com um tiro de funda no meio da testa de Golias, homem de tamanho prodigioso, e matou esse estrangeiro com seu próprio sabre que ele lhe arrancou: pois Davi era uma criança desarmada.

Em primeiro lugar, admito que não conheço latim mais trivial, nem francês mais trivial, nem exemplo mais mal escolhido. Por que escrever na língua de Cícero um trecho da história judaica e deixar de tomar alguma frase do próprio Cícero como exemplo? Por que transformar esse gigante Golias num *Goliathum*? Esse *Goliathus* era, segundo diz ele, de tamanho *inusitado*, *proceritatis inusitatae*. Não se diz *inusitado* em nenhum país, a não ser para coisas de uso que dependam dos homens: uma frase inusitada, uma cerimônia inusitada, um ornamento inusitado; mas falar em altura inusitada é como se Goliathus estivesse usando naquele dia um tamanho mais alto que o usual, é coisa que me parece muito inusitada.

Cícero disse a Quinto, seu irmão: *Absurdae et inusitate scriptae epistolae;* suas cartas são absurdas e de um estilo inusitado. Não será esse o caso de Pluche?

In ejus frontem; Tito Lívio e Tácito teriam usado esse frio *ejus*? Não teriam dito simplesmente *in frontem*?

Que quer dizer *impacto lapide*? Isso não expressa um tiro de funda.

Et allophylum quum puer inermis esset: aí está uma antítese engraçada; ele derrubou o estrangeiro, embora estivesse desarmado; estrangeiro e desarmado não criam uma bela oposição? Além do mais, nessa frase, qual dos dois estava desarmado? Há algum indício de que era Golias, visto que o pequeno Davi o matou com tanta facilidade. *Puer* não designa Davi com tanta clareza: o gigante podia ser tão jovem quanto ele.

Não tratarei aqui do modo como se derruba, com uma pedrinha lançada de baixo para cima, um guerreiro cuja fronte está armada de elmo; limito-me ao latim de Pluche.

O francês não vale mais que o latim. Vejamos como um jovem escolar acaba de refazê-lo:

"Davi, mal entrado na adolescência, sem outra arma além de uma simples funda, derruba o gigante Golias com uma pedrada no meio da testa; arranca-lhe a espada e corta-lhe a cabeça com seu próprio gládio."

A seguir, para nos convencer da obscuridade da língua francesa e da inversão que ela faz das ideias, citam-nos os paralogismos de Pluche[14].

"Na progressão que se impõe à frase francesa, *emborca-se* inteiramente a ordem das coisas relatadas; e, no que se refere ao gênio, ou melhor, à pobreza de nossas línguas vulgares, despedaçamos o quadro da natureza. Em francês, o jovem *emborca* antes que se saiba que há alguém para *emborcar*; o grande Golias já está no chão, e ainda não se fez nenhuma menção à funda nem à pedra que deu o golpe; e só depois que o estrangeiro está de cabeça rachada é que o jovem encontra uma espada, em vez de funda, para acabar com ele. Isso nos leva a uma verdade notável, ou seja, engana-se quem acha, como é costume, que há inversão ou *emborcação* na frase dos antigos, ao passo que a desordem está realmente na nossa língua moderna."

Aqui, vejo exatamente o contrário; ademais, vejo em cada parte da frase francesa um sentido acabado que me leva a esperar um novo sentido, uma nova ação. Se eu disser, como o latim:

---

13. T. I, p. 76. (N. de Voltaire)
14. T. I, p. 76. (N. de Voltaire)

"Golias, homem de proceridade inusitada, o adolescente Davi", só verei um gigante e uma criança; não verei começo de ação; talvez a criança peça ao gigante que lhe derrube nozes; e pouco me importa. Mas, em "Davi, mal entrado na adolescência, sem outras armas além de uma simples funda", temos já um sentido completo, uma criança com uma funda: que vai fazer com ela? Derruba. O quê? Um gigante. Como? Ferindo-lhe a testa. Arranca-lhe o grande sabre. Para quê? Para cortar a cabeça do gigante. Haverá gradação mais marcada?

Mas não seriam esses exemplos que o autor de *Mecanismo da linguagem* devia propor. Por que não transcreve belos versos de Racine? Por que não comparar a sintaxe natural com as inversões admitidas em todas as nossas antigas poesias?

> *Jusqu'ici la Fortune et la Victoire mêmes*
> *Cachaient mes cheveux blancs sous trente diadèmes.*
> *Mais ce temps-là n'est plus...*
> [Até aqui a Fortuna e a Vitória mesma
> Escondiam meus cabelos brancos sob trinta diademas.
> Mas esse tempo já foi...]
> (*Mitridates*, ato III, cena V)

Façamos a transposição dos termos de acordo com o gênio do latim, à maneira de Ronsard: "Sob diademas trinta escondiam meus cabelos brancos Fortuna e Vitória mesmas. Mas já foi esse tempo feliz!"

Era assim que escrevíamos antes; bastaria que quiséssemos continuar: mas sentimos que essa construção não convinha ao gênio de nossa língua, que é sempre bom consultar. Esse gênio, que é o gênio do diálogo, triunfa na tragédia e na comédia, que não passam de diálogo contínuo; agrada em tudo o que exige ingenuidade, amenidade, na arte de narrar, de explicar etc. Talvez se adapte pouco à ode, que, conforme se diz, exige uma espécie de embriaguez e desordem e outrora exigia música.

Seja como for, devemos conhecer bem o gênio de nossa língua; e quem tiver gênio que conheça um pouco das línguas estrangeiras, sobretudo das orientais, a menos que se tenha vivido trinta anos em Alepo.

Segunda seção

> *Sans la langue, en un mot, l'auteur le plus divin*
> *Est toujours, quoi qu'il fasse, un méchant écrivain.*
> [Sem a língua, em suma, o autor mais divino
> Sempre será, por mais que faça, um mau escritor.]
> (Boileau, *Arte poética*, I, 161)

Três coisas são absolutamente necessárias: regularidade, clareza e elegância. Com as duas primeiras consegue-se não escrever mal; com a terceira, escreve-se bem.

Essas três qualidades, que foram absolutamente ignoradas na Universidade de Paris desde sua fundação, quase sempre estiveram juntas nos textos de Rollin, antigo professor. Antes dele, não se sabia escrever nem pensar em francês; ele prestou um serviço eterno à juventude.

O que pode parecer surpreendente é que os franceses não têm autor mais esmerado na prosa do que o foram Racine e Boileau na poesia; pois é ridículo considerar erros algumas nobres ousadias da poesia, que são verdadeiras belezas e enriquecem a língua, em vez de desfigurá-la.

Corneille pecou frequentemente contra a língua, embora tenha escrito na época mesma em que ela se aperfeiçoava. Sua infelicidade foi ter sido educado na província, compondo lá suas melhores peças. Nele se encontram com frequência impropriedades, solecismos, barbarismos e obscuridades; apesar disso, em seus belos trechos, ele muitas vezes é puro e sublime.

Aquele que comentou Corneille com tanta imparcialidade, que em seu *Comentário* falou com tanto calor sobre os belos trechos de suas tragédias, e que só tomou a iniciativa de fazer o comentário para conseguir estabelecer melhor a neta desse grande homem, notou que não há um único erro de linguagem na grande cena de Cina e Emília, em que Cina relata sua entrevista com os conjurados, e que a custo encontra um ou dois erros naquela outra cena imortal em que Augusto delibera se abdica do império.

Por estranha fatalidade, as cenas mais frias de suas outras peças são aquelas em que se encontram mais vícios de linguagem. Como não são animadas por sentimentos verdadeiros e interessantes, estando cheias tão somente de raciocínios alambicados, quase todas essas cenas pecam tanto na forma quanto no próprio fundo. Nada nelas é claro, nada se mostra com clareza; não se pode negar a veracidade do que diz Boileau (*Arte poét.*, I, 53):

Ce que l'on conçoit bien s'énonce clairement.
[O que é bem concebido é claramente enunciado.]

A impropriedade dos termos é o defeito mais comum nas obras ruins.

Harmonia das línguas

Conheci vários ingleses e vários alemães que não viam harmonia em suas respectivas línguas. A língua russa, que é a eslava misturada a várias palavras gregas e a algumas tártaras, parece melodiosa aos ouvidos russos.

No entanto, o alemão e o inglês que tiverem ouvido e gosto ficarão mais contentes com *ouranos* do que com *heaven* e *himmel*; com *anthropos* do que com *man*; com *Theos* do que com *God* ou *Gott*; com *aristos* do que com *goud*. Dátilos e espondeus serão mais agradáveis a seus ouvidos do que as sílabas uniformes e pouco sensíveis de todas as outras línguas.

Todavia, conheci grandes escoliastas que se queixavam muito de Horácio. Dizem: Essa gente que é vista como modelo de melodia não só provoca choques contínuos entre vogais – o que nos é expressamente proibido –, não só alongam ou abreviam palavras ao modo grego, de acordo com a necessidade, como também dividem audaciosamente uma palavra em duas, pondo metade no fim de um verso e a outra metade no começo do verso seguinte:

Redditum Cyri solio Phraaten
Dissidens plebi numero beato-
Rum eximit uirtus etc.
[A virtude, divergindo da plebe,
Nega a Fraate, que retornou ao trono de Ciro,
Um lugar no número dos homens afortunados.]
(Hor., liv. II, od. II, 17)

É como se escrevêssemos numa ode em francês:

Défions-nous de la fortu-
ne, et n'en croyons que la vertu.
[Desconfiemos da fortu-
na, e só creiamos na virtude.]

Horácio não se limitava a essas pequenas liberdades; põe no fim de seu verso a primeira letra da palavra que começa o verso seguinte:

Jove non probante u-
xorius amnis.
(HOR., liv. I, od. II, 19-20)
Ce dieu du Tibre ai-
mait beaucoup sa femme.
[O deus do Tibre a-
mava muito a mulher.]

Que diremos destes versos harmoniosos:

Septimi, Gades aditure mecum, et
Cantabrum indoctum juga ferre nostra, et...
(HOR., liv. II, od. VI, 1-2)
Septime, qu'avec moi je mène à Cadix, et
Qui verrez le Cantabre ignorant du joug, et...
[Septímio, que levo comigo a Cadiz, e
Que vereis o cântabro ignorante do jugo, e...]

Horácio tem cinquenta versos desse tipo, e Píndaro está cheio deles.

"Tudo é nobre em Horácio", diz Dacier em seu prefácio. Não teria sido melhor dizer: Horácio ora tem nobreza, ora delicadeza e jocosidade etc.?

O erro dos comentadores de todos os tipos, ao que me parece, é nunca ter ideias precisas e proferir palavras grandiosas que nada significam. O sr. e a sra. Dacier estavam muito sujeitos a isso, apesar de todo o seu mérito.

Não percebemos que nobreza e que grandeza pode haver nestas ordens que Horácio dá a seu lacaio em versos qualificados com o nome de ode. Com exceção de algumas palavras, utilizo a própria tradução de Dacier.

"Lacaio, não estou para a magnificência dos persas. Não posso suportar as coroas recurvadas com tirinhas de tília. Por isso, para de perguntar onde poderias encontrar rosas tardias. Quero o simples mirto, sem mais requintes. O mirto cai bem a um lacaio como tu; e também a mim, que bebo sob uma parreira."

Seus versos contra pobres velhas e bruxas parecem-me ainda menos nobres que a ode a seu lacaio.

Mas voltemos àquilo que depende unicamente da língua. Parece evidente que os romanos e os gregos tomavam liberdades que entre nós seriam consideradas licenças intoleráveis.

Por que vemos tantas metades de palavras no fim dos versos das odes de Horácio e nenhum exemplo dessa licença em Virgílio?

Não será porque as odes eram feitas para serem cantadas, e a música anulava esse defeito? Só pode ser isso, pois em Píndaro se veem tantas palavras divididas em duas, na passagem de um verso ao outro, enquanto isso não é visto em Homero.

Mas, dirão, os rapsodos cantavam os versos de Homero. Cantavam-se trechos da *Eneida* em Roma, tal como se cantam estâncias de Ariosto e Tasso na Itália. Está claro, pelo exemplo de Tasso, que não se tratava de um canto propriamente dito, mas de uma declamação sustentada, mais ou menos como alguns trechos melodiosos do canto gregoriano.

Os gregos tomavam outras liberdades que nos são rigorosamente interditas: por exemplo, repetir com frequência na mesma página epítetos, meios versos e até versos inteiros; isso prova que eles não estavam adstritos às mesmas regras de correção que nós. O πόδας ὠκυς Ἀχιλλεὺς ὀλύμπια δώματα ἔκχοντες, ὁ ἔκζολον Ἀτόλλοωνα etc. agradam os ouvidos. Mas se, em nossas línguas modernas, rimássemos com tanta frequência "Aquiles de pés ligeiros, flechas de Apolo, moradas celestes", não seríamos tolerados.

Se fizéssemos uma personagem repetir as mesmas palavras que outra personagem lhe disse, esse duplo emprego seria mais insuportável ainda.

Se Tasso tivesse usado ora o dialeto bergamasco, ora o do Piemonte, ora o de Gênova, não seria lido por ninguém. Os gregos, portanto, valiam-se em sua poesia de facilidades que nenhuma outra nação se permitiu. E, de todos os povos, o francês é aquele que se submeteu às injunções mais rigorosas.

Terceira seção

Nenhuma língua é completa; nenhuma pode exprimir todas as nossas ideias e nossas sensações; suas nuances são imperceptíveis e numerosas demais. Ninguém pode dar a conhecer com precisão o grau do sentimento que experimenta. Somos obrigados, por exemplo, a designar com o nome geral *amor* e *ódio* mil amores e mil ódios diferentes; o mesmo ocorre com nossas dores e nossos prazeres. Assim, todas as línguas são imperfeitas como nós.

Todas foram sendo feitas sucessiva e gradualmente, segundo nossas necessidades. Foi o instinto comum a todos os homens que constituiu as primeiras gramáticas, sem que percebêssemos. Os lapões e os negros, assim como os gregos, tiveram necessidade de expressar passado, presente e futuro; e o fizeram: mas, como nunca houve uma assembleia de lógicos que formasse uma língua, nenhuma delas conseguiu atingir um plano absolutamente regular.

Todas as palavras, em todas as línguas possíveis, são necessariamente imagens das sensações. Os homens sempre só puderam exprimir o que sentiam. Assim, tudo se tornou metáfora; em todos os lugares a alma é iluminada, o coração arde, o espírito vê, compõe, une, divide, desgarra-se, recolhe-se, dispersa-se.

Todas as nações são concordes em chamar de *sopro*, *espírito*, *alma* o entendimento humano cujos efeitos sentem, mas não veem, depois de terem chamado de *vento*, *sopro*, *espírito* a agitação do ar que não veem.

Para todos os povos, o infinito foi a negação do finito; imensidade, negação de medida. É evidente que foram os nossos cinco sentidos que produziram todas as línguas, assim como todas as nossas ideias.

As menos imperfeitas são como as leis: aquelas nas quais há menos arbitrariedade são as melhores.

As mais completas são necessariamente as dos povos que mais cultivaram as artes e a sociedade. Assim, a língua hebraica devia ser uma das línguas mais pobres, tal como o povo que a falava. Como os hebreus poderiam ter termos de marinha, se, antes de Salomão, não tinham barcos? Como teriam termos de filosofia, se ficaram mergulhados em tão profunda ignorância até o tempo em que começaram a aprender alguma coisa em sua transmigração para a Babilônia? A língua dos fenícios, da qual os hebreus extraíram seu dialeto, devia ser muito superior, porque era o idioma de um povo industrioso, comerciante, rico, que se espalhara por toda a terra.

A língua mais antiga que se possa conhecer deve ser a da nação que se tenha reunido antes como povo organizado. Também deve ser a do povo que tenha sido menos subjugado, ou que, mesmo o sendo, tenha civilizado seus conquistadores. Nesse sentido, é indubitável que o chinês e o árabe são as línguas mais antigas de todas as línguas faladas hoje em dia.

Não existe língua-mãe. Todas as nações fazem empréstimos de suas vizinhas: mas foi dado o nome de *língua-mãe* àquelas das quais derivaram alguns idiomas conhecidos. Por exemplo, o latim é língua-mãe em relação ao italiano, ao espanhol e ao francês; mas derivou do toscano, e o toscano, do celta e do grego.

LÍNGUAS

A língua mais bela deve ser aquela que seja, ao mesmo tempo, a mais completa, sonora e variada em suas locuções; a que seja mais regular em sua marcha, a que tenha mais palavras compostas, aquela cuja prosódia expresse melhor os movimentos lentos ou impetuosos da alma, a que mais se assemelhe à música.

O grego tem todas essas vantagens; não tem a rudeza do latim, no qual tantas palavras terminam em *um, ur, us*. Tem toda a pompa do espanhol e a doçura do italiano. Acima de todas as línguas vivas do mundo, ele tem a expressão da música, graças às sílabas longas e breves e ao número e à variedade de suas inflexões. Assim, por mais desfigurada que esteja hoje na Grécia, ainda pode ser vista como a mais bela língua do universo.

A mais bela língua não pode ser a mais difundida, se o povo que a fala é oprimido, pouco numeroso, sem comércio com as outras nações, e quando essas outras nações cultivaram suas próprias línguas. Assim, o grego deve ser menos difundido que o árabe e até que o turco.

De todas as línguas da Europa, a francesa deve ser a mais difundida, porque é a mais apropriada à conversação: extraiu seu caráter do povo que a fala.

Os franceses, há cerca de cento e cinquenta anos, têm sido o povo que mais cultiva a sociedade, o primeiro que se desfez de suas injunções, o primeiro que deu às mulheres mais liberdade e até soberania, enquanto em outros lugares elas não passavam de escravas. A sintaxe dessa língua sempre uniforme, que não admite inversões, também é uma facilidade que quase não se encontra em outras línguas; é uma moeda mais corrente que as outras, mesmo lhe faltando peso. A quantidade prodigiosa de livros agradáveis e frívolos que essa nação produziu é mais uma razão do favor de que sua língua goza em todas as nações.

Livros profundos não darão difusão a uma língua: serão traduzidos; aprende-se a filosofia de Newton, mas não se aprende inglês para entendê-la.

O que torna o francês ainda mais comum é a perfeição a que o teatro chegou nessa língua. É a *Cina*, a *Fedra* e ao *Misantropo* que ela deveu a sua voga, e não às conquistas de Luís XIV.

Não é tão exuberante e flexível como o italiano, tão majestosa como o espanhol, nem tão enérgica como o inglês; no entanto, teve mais sucesso que essas três línguas, simplesmente porque tem mais comércio e porque nela foram escritos mais livros agradáveis do que em outras: assim como os cozinheiros da França, teve mais sucesso porque agradou mais o gosto geral.

O mesmo espírito que levou as nações a imitar os franceses no mobiliário, na distribuição dos aposentos, nos jardins, na dança e em tudo o que constitui graça, levou-as também a falar sua língua. A grande arte dos bons escritores franceses é precisamente a arte das mulheres dessa nação, que se vestem melhor que as outras da Europa e que, mesmo não sendo as mais belas, parecem sê-lo graças à arte da indumentária, aos acessórios nobres e simples que adotam com tanta naturalidade.

À força de polidez, essa língua conseguiu desfazer-se dos traços de sua antiga barbárie. Tudo mostraria essa barbárie a quem quisesse olhá-la de perto. Veria que o número *vingt* [vinte] vem de *viginti*, e que antigamente o *g* e o *t* eram pronunciados com a rudeza própria a todas as nações setentrionais; do mês de *Augustus*, fez-se o mês de *août* [agosto].

Não faz muito tempo um príncipe alemão, acreditando que na França não se pronunciava de outro modo o termo *Auguste* [Augusto], chamava o rei Augusto da Polônia de rei Août.

De *pavo* fizemos *paon*; nós o pronunciávamos como *phaon*, e hoje dizemos *pan*.

De *lupus* fizera-se *loup* [lobo], pronunciado com um *p* que tinha uma dureza insuportável. Todas as letras que depois foram retiradas na pronúncia, mas conservadas na escrita, são nossos antigos hábitos de selvagens.

Foi quando os costumes se abrandaram que a língua também se abrandou: ela era agreste como nós, antes que Francisco I chamasse as mulheres para a sua corte. Tanto teria valido falar o antigo celta quanto o francês no tempo de Carlos VIII e Luís XII: o alemão não era mais duro. Todos os imperfeitos tinham um som horroroso; todas as sílabas eram pronunciadas em *aimaient*, *faisaient, croyaient*; dizia-se *croy-oi-ent*; era uma grasnada de corvos, como disse o imperador Juliano sobre a língua celta, e não uma língua de homens.

Foram necessários vários séculos para acabar com essa ferrugem. As imperfeições que restam ainda seriam intoleráveis, não fosse o cuidado contínuo de evitá-las, tal como um hábil cavaleiro evita as pedras do caminho.

Os bons escritores ficam atentos no combate às expressões viciosas que a ignorância do povo põe em voga e que, adotadas pelos maus autores, passam para as gazetas e os escritos públicos. Assim, da palavra italiana *celata*, que significa *elmo, capacete,* os soldados franceses fizeram na Itália a palavra *salade*: de modo que, quando diziam *il a pris sa salade*, não se sabia se aquele de quem se falava tomara do *elmo* ou comera *alfaces*. Os gazeteiros traduziram a palavra *ridotto* por *redoute*, que significa uma espécie de fortificação: mas o francês que conheça sua língua sempre conservará a palavra *assemblée*. *Roastbeef* significa em inglês carne de boi assada, e nossos mordomos nos falam hoje de *roastbeef* de carneiro. *Ridingcoat* quer dizer *casaca de cavalgar*; daí se fez *redingote*, e o povo acha que se trata de uma antiga palavra da língua. Foi preciso adotar essa expressão com o povo, porque ela significa uma coisa de uso.

O povo mais baixo, no que se refere aos termos de artes e ofícios e às coisas necessárias, subjuga a corte, permitam-nos dizer; é o que acontece com a religião: aqueles que desprezam mais o vulgo são obrigados a falar e a dar a impressão de que pensam como ele.

Não é falar errado dar às coisas o nome que o povo baixo lhes impôs; mas se reconhece um povo naturalmente mais engenhoso que outro pelos nomes que ele dá a cada coisa.

É só por falta de imaginação que um povo adapta a mesma expressão a centenas de ideias diferentes. É de uma esterilidade ridícula não conseguir exprimir de outra forma *braços de mar*, *braços de balança, braço da poltrona*; é indigência intelectual dizer, igualmente, *cabeça de prego* e *cabeça de exército*. Em francês, encontra-se a palavra *cul*[15] em todo lugar, da maneira desazada: uma rua sem saída não se parece em nada a um *cul de sac* [fundo de saco]; um francês pudico poderia chamar esse tipo de rua de *impasse*; o populacho as chamou de *culs*, e as rainhas foram obrigadas a chamá-las assim. O fundo de uma alcachofra e a ponta que termina abaixo de uma lamparina são coisas que não têm mais semelhança com um *cul* do que as ruas sem saída: no entanto, em francês se diz *cul d'artichaut* e *cul de lampe*, porque o povo que fez a língua era então grosseiro. Os italianos, que teriam mais direito do que os franceses de usar essa palavra, abstiveram-se. O povo da Itália, que nasceu com mais engenho que seus vizinhos, formou uma língua muito mais rica que a nossa.

O grito de cada animal deveria ter um termo distintivo em francês. É de uma indigência insuportável carecer de expressões para designar a voz de um pássaro e a de uma criança, usando a mesma palavra para designar coisas diferentes. A palavra *vagissement* [vagido], derivada do latim *vagitus,* teria exprimido muito bem o grito das crianças de berço.

A ignorância introduziu um outro uso em todas as línguas modernas. Milhares de termos deixaram de significar o que deviam significar. *Idiota* queria dizer *solitário*, hoje quer dizer *tolo*; *epifania* significava *superfície*, e hoje é a festa dos três reis; *batizar* é mergulhar na água, e nós dizemos *batizar com o nome* de João ou José.

A esses defeitos de quase todas as línguas somam-se irregularidades bárbaras. Em francês, *garçon* [rapaz], *courtisan* [cortesão], *coureur* [corredor], são palavras decorosas, ao passo que seus femininos, *garce* [prostituta], *courtisane* [cortesã], *coureuse* [prostituta], são injúrias. *Vênus* é um nome encantador; *venéreo* é abominável.

Outro efeito da irregularidade dessas línguas construídas ao acaso em tempos grosseiros é a quantidade de palavras compostas, cuja origem simples já não existe. São como filhos que perderam o pai. O francês tem *architraves,* mas não *traves; architectes*, mas não *tectes; soubassements*,

---

15. Essa palavra provém do latim *culus*, ânus. Em francês, além desse significado, tem vários outros. (N. da T.)

mas não *bassements*; há coisas *ineffables*, mas não *effables*. Alguém é *intrépide*, mas não *trépide*; *impotent*, mas não *potent*; um fundo é *inépuisable*, sem poder ser *épuisable*. Há *impudents*, *insolents*, mas não *pudents* e *solents*: *nonchalant* significa *preguiçoso*, mas *chaland* é o freguês.

Todas as línguas contêm defeitos desses em maior ou menor número; são terrenos irregulares, dos quais a mão do artista hábil sabe tirar vantagem.

Nas línguas sempre se introduzem outros defeitos que mostram o caráter de uma nação. Na França, as modas entram nas expressões como nos penteados. Um doente ou um médico de bom-tom terá a ideia de dizer que tem um *soupçon* [suspeita] de febre, para significar que teve uma ligeira febre; e logo toda a nação tem *soupçons* de cólicas, *soupçons* de ódio, de amor, de ridículo. Os pregadores dizem no púlpito que é preciso ter pelo menos um *soupçon* de amor a Deus. Ao cabo de alguns meses, essa moda passa, para dar lugar a outra. *Vis-à-vis* é usado em tudo. Está em todas as conversas *vis-à-vis* [a respeito] de gostos e interesses. Os cortesãos estão em boa ou má situação *vis-à-vis* [perante] o rei; os ministros, embaraçados *vis-à-vis d'eux-mêmes* [uns com os outros]; o parlamento em peso lembra à nação que foi o sustentáculo das leis *vis-à-vis* [contra] o arcebispo; e os homens, no púlpito, estão *vis-à-vis* [em relação] a Deus em estado de perdição.

O que mais prejudica a nobreza da língua não é essa moda passageira que logo enjoa, não são os solecismos da boa sociedade, nos quais os bons autores não incidem: é a afetação dos autores medíocres que falam de coisas sérias em estilo de conversação. Leremos em novos livros de filosofia que não se deve fazer *à pure perte les frais de penser* [não se deve fazer em vão o esforço de pensar]; que os eclipses *sont en droit d'effrayer le peuple* [têm o direito de assustar o povo]; que Epicuro tinha um exterior *à l'unisson de son âme* [em uníssono com sua alma]; que Cláudio *renvie sur Auguste* [avançou mais que Augusto]; e mil outras expressões semelhantes, dignas do lacaio de *Preciosas ridículas*, de Molière.

O estilo das ordenanças dos reis e das sentenças proferidas nos tribunais só serve para mostrar a barbárie de que partimos. Satiriza-se isso na comédia *Les plaideurs* [Os demandantes] (ato II, cena IX):

Lequel Hiérôme, après plusieurs rébellions,
Aurait atteint, frappé, moi sergent à la joue.
[O qual Hierônimo, após várias rebeldias,
Teria atingido, ferido, a mim aguazil na face.]

No entanto, alguns gazeteiros e fazedores de jornais adotaram essa incongruência; por isso, lemos em documentos públicos: "Soube-se que a frota fez-se à vela em 7 de março, e que teria dobrado as Sorlingas."

Tudo conspira para corromper uma língua um pouco difundida; os autores que corrompem o estilo por afetação, os que escrevem em terras estrangeiras e quase sempre misturam expressões estrangeiras à língua materna, os negociantes que introduzem na conversação termos de sua atividade e que dizem que a Inglaterra está armando uma frota, mas que *par contre* [em compensação] a França está equipando navios. As pessoas cultas dos países estrangeiros, que não conhecem o uso, dizem ao francês que um jovem príncipe foi bem *éduqué* [educado], em vez de dizer que recebeu uma *bonne éducation* [boa educação].

Toda língua é imperfeita, mas disso não decorre que deva ser mudada. É preciso, absolutamente, ater-se à maneira como os bons autores falaram; e, com um número suficiente de autores aprovados, a língua está fixada. Assim, não se pode mudar mais nada no italiano, no espanhol, no inglês, no francês, sem que essas línguas sejam corrompidas; a razão disso é clara: logo se tornariam ininteligíveis os livros que constituem a instrução e o prazer das nações.

LITERATURA (Littérature)

Literatura; essa palavra é um dos termos vagos tão frequentes em todas as línguas: é como o termo *filosofia*, com o qual se designam ora as buscas de um metafísico, ora as demonstrações de um geômetra, ora a sabedoria de um homem desenganado do mundo etc. O mesmo ocorre com a palavra *espírito*, prodigalizada de maneira indiferente em francês, sempre com a necessidade de uma explicação que delimite seu sentido; assim também são todos os termos genéricos, cuja acepção exata não é determinada em nenhuma língua, a não ser pelos objetos aos quais são aplicados.

A literatura é exatamente aquilo que para gregos e romanos era a gramática; a palavra *letra* no início só significava *gramma*. Mas, como as letras do alfabeto são o fundamento de todos os conhecimentos, com o tempo passaram a ser chamados de gramáticos não só aqueles que ensinavam língua, como também aqueles que se dedicavam à filologia, ao estudo dos poetas e dos oradores, aos escólios e às discussões de fatos históricos.

Deu-se, por exemplo, o nome de gramático a Ateneu, que vivia no tempo de Marco Aurélio, autor do *Banquete dos filósofos*, amontoado, agradável então, de citações e de fatos verdadeiros ou falsos. Aulo Gélio, que vivia no tempo de Adriano, está no rol dos gramáticos por causa de suas *Noites áticas*, nas quais se encontra grande variedade de críticas e pesquisas; as *Saturnais* de Macróbio, no século IV, obra dotada de uma erudição instrutiva e agradável, foram chamadas também de obra de um bom gramático.

A literatura, que é essa gramática de Aulo Gélio, Ateneu e Macróbio, designa em toda a Europa um conhecimento das obras de valor artístico, com vernizes de história, poesia, eloquência e crítica.

O homem que conhecer bem os autores antigos, que tiver comparado suas traduções e os comentários às suas obras, conhece mais literatura do que aquele que, com mais gosto, se limitou aos bons autores de seu país, tendo como preceptor apenas o prazer fácil.

A literatura não é uma arte particular: é uma luz adquirida sobre as belas-artes, luz frequentemente enganosa. Homero era um gênio; Zoilo, um literato. Corneille era um gênio; o jornalista que faz a resenha de suas obras-primas é um conhecedor de literatura. Não se distinguem as obras de um poeta, um orador e um historiador com o termo vago *literatura*, embora seus autores possam demonstrar conhecimentos muito variados e dominar tudo o que se entende pela palavra *letras*. Racine, Boileau, Bossuet e Fénelon, que conheciam mais literatura do que seus críticos, seriam erroneamente chamados de homens de letras, de literatos, assim como não poderíamos limitar-nos a dizer que Newton e Locke são intelectuais.

Pode-se conhecer literatura sem ser aquilo que se chama *erudito*. Quem tiver lido com proveito os principais autores latinos em sua língua materna conhecem literatura; mas a erudição exige estudos mais vastos e aprofundados. Não seria suficiente dizer que o *Dicionário* de Bayle é uma coletânea de literatura; também não seria suficiente dizer que é uma obra erudita, porque o caráter distintivo e superior desse livro é a dialética profunda, e, se ele não fosse uma obra de reflexão, mais do que de fatos e de observações, na maioria inúteis, não teria essa reputação adquirida com tanta justiça, que sempre lhe caberá. Forma literatos e está acima deles.

Chama-se literatura artística aquela que se relaciona com objetos que têm *beleza*, com a poesia, a eloquência e a história bem escrita. A simples crítica, a polimatia, as diversas interpretações dos autores, as opiniões dos antigos filósofos e a cronologia não são literatura artística, porque essas pesquisas *não têm beleza*. Como se convencionou chamar de *belo* todo objeto que inspire sentimentos agradáveis sem esforço, aquilo que só é exato, difícil e útil não pode ter pretensões à beleza. Assim, não se diz um escólio belo, uma crítica bela, uma discussão bela, como se diz um texto belo de Virgílio, Horácio, Cícero, Bossuet, Racine e Pascal. Uma dissertação bem-feita, elegante e exata, que espalhe flores sobre um assunto espinhoso, ainda pode ser chamada de uma *bela* peça de literatura, embora numa categoria muito subordinada em relação às obras geniais.

Entre as artes liberais, chamadas de belas-artes pela simples razão de que quase deixam de ser arte tão logo deixam de ter beleza, assim que não atingem o grande objetivo de agradar, há muitas que não são objeto de literatura: é o que ocorre com a pintura, a arquitetura, a música etc.; essas artes, por si mesmas, não têm relação com as letras, com a arte de exprimir pensamentos: assim, as palavras *obra de literatura* não convêm a um livro que ensine arquitetura, música, fortificações, castrametação etc.; é uma obra técnica: mas quando se escreve a história dessas artes...

LIVRE-ARBÍTRIO (Franc arbitre)

Desde que os homens começaram a raciocinar, os filósofos embaralharam esse assunto, mas os teólogos o tornaram ininteligível com suas absurdas sutilezas sobre a graça. Locke talvez tenha sido o primeiro que usou um fio nesse labirinto, pois foi o primeiro que, sem a arrogância de acreditar que estava partindo de um princípio geral, examinou a natureza humana por meio da análise. Discute-se há três mil anos se a vontade é livre ou não; Locke[16] mostra, para começar, que a indagação é absurda, e que a liberdade não pode pertencer à vontade tanto quanto a cor e o movimento.

Que querem dizer as palavras *ser livre*? Quer dizer *poder*, ou então não têm sentido. Ora, dizer que a vontade *pode* é tão ridículo no fundo quanto dizer que ela é amarela ou azul, redonda ou quadrada. Vontade é querer, e liberdade é poder. Precisamos olhar passo a passo a cadeia daquilo que ocorre em nós, sem nos ofuscar o espírito com termos escolásticos nem com nenhum princípio antecedente.

Alguém nos propõe montar a cavalo, precisamos, absolutamente, fazer uma escolha, pois está bem claro que iremos ou não. Não há meio-termo. Portanto, é de necessidade absoluta que queiramos o sim ou o não. Até aí está demonstrado que a vontade não é livre. Queremos montar a cavalo; por quê? O ignorante dirá: Porque quero. Essa resposta é um idiotismo; nada é feito nem pode ser feito sem razão, sem causa: nosso querer, portanto, tem uma causa. Que causa? A ideia agradável de montar a cavalo que se apresenta em nosso cérebro, ideia dominante, ideia determinante. Alguém dirá: Mas não posso resistir a uma ideia que me domine? Não; pois qual seria a causa dessa resistência? Nenhuma. Só será possível obedecer, por nossa vontade, a uma ideia que domine mais.

Ora, recebemos todas as nossas ideias; recebemos, portanto, o nosso querer, queremos necessariamente: a palavra *liberdade* não pertence, pois, de maneira alguma à vontade.

Alguém me pergunta como o pensar e o querer se formam em nós. Respondo que não sei. Não sei como se fazem ideias, e não sei como o mundo foi feito. Só nos cabe procurar saber, tateando, o que ocorre em nossa incompreensível máquina.

A vontade, portanto, não é uma faculdade que possa ser qualificada de livre. Vontade livre são palavras absolutamente desprovidas de sentido; e o que os escolásticos chamaram de vontade de indiferença, ou seja, de querer sem causa, é uma quimera que não merece ser combatida.

Onde então estará a liberdade? No poder de fazer o que se quer. Quero sair do meu gabinete; a porta está aberta, sou livre para sair.

Mas, dirá alguém, se a porta estiver fechada e eu quiser ficar em casa, fico livremente. Expliquemo-nos. Exerceis então o poder que tendes de ficar; tendes esse poder, mas não o de sair.

A liberdade, sobre a qual se escreveram tantos volumes, reduzida a seus justos termos, portanto, não passa de poder de agir.

Em que sentido se deve então pronunciar as palavras *O homem é livre*? No mesmo sentido em que se pronunciam as palavras saúde, força, felicidade. O homem não é sempre forte, saudável e feliz.

---

16. Ver *Ensaio sobre o entendimento humano*, capítulo sobre *o poder*. (N. de Voltaire)

Uma grande paixão ou um grande obstáculo lhe tolhem a liberdade, o poder de agir.

A palavra *liberdade, livre-arbítrio*, portanto, é abstrata, genérica, tal como beleza, bondade, justiça. Esses termos não dizem que todos os homens são sempre belos, bons e justos; por isso, não são sempre livres.

Podemos ir mais longe: como essa liberdade não passa de poder de agir, qual é esse poder? É o efeito da constituição e do estado atual de nossos órgãos. Leibniz quer resolver um problema de geometria, tem uma apoplexia e, certamente, não tem a liberdade de resolver o seu problema. Um jovem vigoroso, perdidamente apaixonado, que tem a amante nos braços, será livre para dominar essa paixão? Não, provavelmente: tem o poder de usufruir, mas não o de abster-se. Locke, portanto, teve muita razão ao chamar a liberdade de *poder*. Quando esse jovem poderá abster-se, a despeito da violência de sua paixão? Quando uma ideia mais forte dirigir os impulsos de sua alma e de seu corpo para um sentido diferente.

Mas, então, os outros animais terão a mesma liberdade, o mesmo poder? Por que não? Têm sentidos, memória, sentimentos, percepções, como nós; agem com espontaneidade, como nós: devem então ter também, como nós, o poder de agir em virtude de suas percepções, da ação de seus órgãos.

Alguém dirá: Se assim é, tudo não passa de máquina, tudo no universo está sujeito a leis eternas. Mas que quereis? Que tudo ocorresse ao sabor de uma miríade de caprichos cegos? Ou tudo é consequência da necessidade da natureza das coisas, ou tudo é efeito da ordem eterna de um senhor absoluto: em qualquer um dos casos, não passamos de rodas da máquina do mundo.

Exercício intelectual vão, verdadeiro lugar-comum, é dizer que, sem a pretensa liberdade da vontade, as penas e as recompensas são inúteis. Quem raciocinar chegará à conclusão contrária.

Se, quando um bandido for executado, seu cúmplice que o vir morrer tiver a liberdade de não se amedrontar com o suplício, se sua vontade se autodeterminar, ele sairá de perto do cadafalso para ir assassinar alguém na estrada; se os seus órgãos, impressionados pelo horror, o fizerem sentir um medo insuperável, ele deixará de roubar. O suplício do companheiro só lhe será útil e trará segurança à sociedade à medida que sua vontade não for livre.

A liberdade, portanto, não é e não pode ser nada mais do que o poder de fazer aquilo que se quer. É isso o que a filosofia nos ensina. Mas, se considerarmos a liberdade no sentido teológico, teremos algo tão sublime, que o olhar profano não ousa elevar-se até ela.

LIVROS (Livres)

Primeira seção

Vós, que viveis mergulhados nas vaidades da ambição e na busca de prazeres ou na ociosidade, odiais os livros; mas pensai que todo o universo conhecido é governado por livros, excetuando-se as nações selvagens. Toda a África até a Etiópia e a Nigrícia obedece ao livro chamado Alcorão, depois de ter se dobrado sob o livro chamado Evangelho. A China é regida pelo livro moral de Confúcio; grande parte da Índia, pelo livro dos Vedas. A Pérsia foi governada durante séculos pelos livros de um dos Zoroastros.

Se tiverdes de responder a um processo, vossos bens, vossa honra e até vossa vida dependem da interpretação de um livro que nunca lestes.

Roberto, o Diabo, os *Quatro filhos de Aymon*, as *Imaginações do sr. Oufle* também são livros; mas com os livros ocorre o mesmo que com os homens: a minoria desempenha um grande papel; o resto se confunde na multidão.

Quem conduz o gênero humano nos países civilizados? Aqueles que sabem ler e escrever. Não conheceis Hipócrates, Boerhaave nem Sydenham, mas vosso corpo está nas mãos daqueles que os leram. Entregais a alma àqueles que são pagos para ler a Bíblia, embora não haja cinquenta entre eles que a tenham lido inteira e com atenção.

Os livros governam tanto o mundo, que aqueles que hoje mandam na cidade dos Cipiões e dos Catões quiseram que os livros de sua lei só fossem deles; é seu cetro: decretaram que cometerá um crime de lesa-majestade o súdito que tocar neles sem permissão expressa. Em outros países, proibiu-se de pensar por escrito sem um alvará.

Há nações nas quais os pensamentos são considerados puros objetos de comércio. As operações do entendimento humano lá são avaliadas a dois soldos a folha. Se, por acaso, o livreiro quiser um privilégio para a sua mercadoria, quer esteja vendendo Rabelais, quer os Padres da Igreja, o magistrado concede o privilégio sem responsabilidades sobre o que o livro contém.

Em outro país, a liberdade de se explicar por meio de livros é uma das prerrogativas mais invioláveis. Imprime-se tudo o que se queira, sob pena de entediar o leitor ou de ser punido, caso se abuse demais desse direito natural.

Antes da admirável invenção da imprensa, os livros eram mais raros e caros do que as pedras preciosas. Quase não houve livros em nossas nações bárbaras até Carlos Magno e, depois dele, até o rei francês Carlos V, chamado *o Sábio*; e, depois desse Carlos até Francisco I, a carência é extrema.

Só os árabes tiveram livros do século VIII de nossa era até o século XIII.

A China estava cheia deles quando ainda não sabíamos ler nem escrever.

Os copistas foram muito empregados no império romano, desde o tempo dos Cipiões até a invasão dos bárbaros.

Os gregos dedicaram-se muito a transcrever nos tempos de Amintas, Filipe e Alexandre; continuaram nesse mister sobretudo em Alexandria.

Trata-se de ingrato mister. Os comerciantes de livros sempre pagaram mal os autores e os copistas. Um copista precisava de dois anos de trabalho assíduo para transcrever bem a Bíblia em velino. Quanto tempo e que labuta para copiar corretamente em grego e latim as obras de Orígenes, Clemente de Alexandria e de todos os outros escritores chamados *Padres*!

São Hieronymos, ou Hieronymus, que chamamos Jerônimo, disse em uma de suas cartas satíricas contra Rufino[17] que se arruinou comprando as obras de Orígenes, contra quem escreveu com tanto azedume e cólera. Diz ele: "Sim, li Orígenes; se for crime, confesso que sou culpado e que esvaziei toda a minha bolsa para comprar suas obras em Alexandria."

As sociedades cristãs tiveram nos três primeiros séculos cinquenta e quatro Evangelhos, dos quais somente dois ou três exemplares chegaram às mãos dos romanos, desde a antiga religião até o tempo de Diocleciano.

Era crime irremissível entre os cristãos mostrar os Evangelhos aos gentios; não os emprestavam nem mesmo aos catecúmenos.

Quando Luciano conta, em seu *Philopatris* (insultando nossa religião, que ele conhecia muito pouco), que "uma tropa de mendigos o levou para um quarto andar, onde se invocava o pai e o filho e se prediziam desgraças para o imperador e o império", não diz que lhe tenham mostrado algum livro. Nenhum historiador, nenhum autor romano fala dos Evangelhos.

Quando um cristão, infelizmente temerário e indigno de sua santa religião, rasgou e pisoteou em público um edito do imperador Diocleciano, atraindo para o cristianismo a perseguição que se sucedeu à maior tolerância, os cristãos foram obrigados a entregar seus Evangelhos e outros escritos aos magistrados; coisa que nunca fora feita até então. Os que entregaram seus livros por medo da prisão ou mesmo da morte foram vistos pelos outros cristãos como apóstatas sacrílegos; receberam o apodo de *traditores*, donde veio a palavra *traidores*; e vários bispos afirmaram que era preciso rebatizá-los, o que causou um cisma assombroso.

---

17. Carta de Jerônimo a Psamaco. (N. de Voltaire)

Os poemas de Homero foram, durante muito tempo, tão pouco conhecidos, que Pisístrato foi o primeiro que os pôs em ordem e os mandou transcrever em Atenas, mais ou menos quinhentos anos antes de nossa era.

Talvez não haja hoje nem uma dúzia de exemplares dos Vedas e do Zend-Avesta em todo o oriente.

Não seria possível encontrar um único livro em toda a Rússia em 1700, exceto *Missais* e algumas Bíblias em casa de alguns popes beberrões.

Hoje nos queixamos demais: mas não cabe aos leitores queixar-se; o remédio é fácil, nada os obriga a ler. Também não cabe aos autores: aqueles que fazem parte da multidão não devem reclamar se os apertam. Apesar da grande quantidade de livros, pouquíssima gente lê! E, se quem lesse aproveitasse, ainda veríamos as deploráveis asneiras às quais o vulgo se entrega todos os dias?

O que multiplica os livros, a despeito da lei segundo a qual não se devem multiplicar os seres sem necessidade, é que com livros se fazem livros. Com vários volumes já impressos fabrica-se uma nova história da França ou da Espanha, sem acrescentar nada de novo. Todos os dicionários são feitos com dicionários; quase todos os livros novos de geografia são repetições de livros de geografia. A *Suma* de santo Tomás produziu dois mil polpudos volumes de teologia; e as mesmas raças de vermes que corroeram a mãe também corroem os filhos.

Écrive qui voudra, chacun à ce métier
Peut perdre impunément de l'encre et du papier.
[Escreva quem quiser, cada um, nesse mister,
Pode perder impune tinta e papel.]
(BOILEAU, sát. IX, 105)

Segunda seção

Às vezes é bem perigoso fazer um livro. Silhouette, antes que pudesse desconfiar de que um dia seria inspetor geral das finanças, publicara um livro sobre a concordância entre religião e política; seu sogro, o médico Astruc, publicou uma monografia da qual o autor do Pentateuco poderia ter extraído todas as coisas espantosas que haviam ocorrido tanto tempo antes dele.

No mesmo dia em que Silhouette foi empossado, algum bom amigo foi procurar um exemplar dos livros do sogro e do genro, para apresentá-los ao parlamento e obter sua condenação ao fogo, segundo era uso. Os dois recolheram todos os exemplares que havia no reino: por isso, são eles tão raros hoje em dia.

Quase não há livro filosófico ou teológico no qual não se possam encontrar heresias e impiedades, desde que se torçam um pouco as palavras.

Teodoro de Mopsueto ousava chamar o Cântico dos cânticos de *coletânea de impurezas*; Grócio as particulariza, causando horror; Chatillon chama-o de *obra escandalosa*.

Seria de acreditar que o dr. Tamponet dissesse a vários doutores: "Eu me gabaria de ter encontrado uma carrada de heresias no pai-nosso, caso não se soubesse de que boca divina saiu essa prece, se fosse um jesuíta que a tivesse imprimido pela primeira vez?

"Vejam o que eu faria.

"Pai nosso que estais no céu. Frase que cheira a heresia, pois Deus está em toda parte. Pode-se até encontrar nesse enunciado o fermento do socinianismo, pois que nela nada se diz sobre a Trindade.

"Venha a nós o vosso reino, seja feita a vossa vontade assim na terra como no céu. Frase que cheira ainda mais a heresia, pois já se disse centenas de vezes na Escritura que Deus reina eternamente. Ademais, é temerário pedir que sua vontade se realize, visto que nada se faz nem se pode fazer a não ser pela vontade de Deus.

"O pão nosso de cada dia dai-nos hoje. Frase diretamente contrária àquilo que emanou da boca de Jesus Cristo[18]: 'Não digais *que comeremos, que beberemos?*, como fazem os gentios etc. Pedi apenas o reino dos céus, e todo o resto vos será dado.'

"Perdoai as nossas dívidas assim como nós perdoamos os nossos devedores. Frase temerária, que compara o homem a Deus, que destrói a predestinação gratuita, e ensina que Deus é obrigado a agir conosco assim como agimos com os outros. Ademais, quem disse ao autor que nós perdoamos os nossos devedores? Nunca lhes perdoamos um só escudo. Não há convento na Europa que tenha jamais feito graça de um soldo a seus rendeiros. Ousar dizer o contrário é uma heresia formal.

"Não nos deixeis cair em tentação. Frase escandalosa, manifestamente herética, visto que só o diabo é tentador, e que se diz expressamente na Epístola de são Tiago[19]: 'Deus não é tentador dos maus; ele não tenta ninguém.' *Deus enim intentator malorum est; ipse autem nenimem tentat."*

"Estão vendo", diz o dr. Tamponet, "que nada existe de tão respeitável que não possa vir a ter um mau sentido."

Qual será então o livro que estará a salvo da censura humana, se podemos atacar até mesmo o pai-nosso, interpretando diabolicamente todas as palavras divinas que o compõem? Quanto a mim, sinto pavor de escrever um livro. Graças a Deus, nunca imprimi nada; tampouco tive nenhuma peça representada em teatro, como fizeram os irmãos La Rue, Du Cerceau e Folard; isso é muito perigoso.

> *Un clerc, pour quinze sous, sans craindre le holà,*
> *Peut aller au parterre attaquer Attila;*
> *Et si le roi des Huns ne lui charme l'oreille,*
> *Traiter de visigoths tous les vers de Corneille.*
> [Um amanuense, por quinze soldos, sem temer nenhum basta,
> Pode ir à plateia atacar Átila;
> E, se o rei dos hunos não lhe encantar os ouvidos,
> Tratar de visigóticos os versos de Corneille.]
> (BOILEAU, sát. IX, 77)

Se publicardes algo, um frequentador de paróquia vos acusará de heresia, um pedante vos denunciará, um homem que não sabe ler vos condenará; o público zombará de vós; vosso livreiro vos abandonará; vosso vinhateiro não vos fará mais fiado. Sempre acrescento a meu pai-nosso: "Meu Deus, livrai-me da sanha de escrever livros!"

Ó vós, que como eu pondes o preto no branco e rabiscais papel, lembrai-vos destes versos que li outrora, e que deveriam ter-nos corrigido:

> *Tout ce fatras fut du chanvre en son temps;*
> *Linge il devint par l'art des tisserands;*
> *Puis en lambeaux des pilons le pressèrent;*
> *Il fut papier. Cent cerveaux à l'envers*
> *De visions à l'envi le chargèrent;*
> *Puis on le brûle, il vole dans les airs,*
> *Il est fumée aussi bien que la gloire.*
> *De nos travaux voilà quelle est l'histoire.*
> *Tout est fumée, et tout nous fait sentir*
> *Ce grand néant qui doit nous engloutir.*

---

18. Mateus, cap. VI, v. 31 e 33. (N. de Voltaire)
19. Cap. I, v. 13. (N. de Voltaire)

[Toda essa mixórdia foi cânhamo em seu tempo;
Linho tornou-se por arte de tecelões;
Depois, como trapo, foi moído por pilões;
Virou papel. Cem cérebros arrevesados
De visões à porfia o encheram;
Depois foi queimado, está voando pelos ares,
É fumaça, tal como a glória.
De nossos trabalhos essa é a história.
Tudo é fumaça, e tudo nos faz sentir
O grande nada que nos deve engolir.]

Terceira seção

Os livros se multiplicaram a tal ponto, que não só é impossível ler todos eles, como até saber seu número e conhecer seus títulos. Felizmente, não somos obrigados a ler tudo o que se publica; e o plano de Caramuel, que se propunha escrever cem volumes in-fólio e empregar todo o poder espiritual e temporal dos príncipes para obrigar os súditos a lê-los, não foi posto em prática. Ringelberg já concebera a ideia de compor cerca de mil volumes diferentes; mas, mesmo que vivesse o suficiente para publicá-los, não teria chegado perto de Hermes Trismegisto, que, segundo Jâmblico, escreveu trinta e seis mil quinhentos e vinte e cinco livros. Supondo-se que isso seja verdade, os antigos não tinham menos razão que os modernos para queixar-se da grande quantidade de livros.

Por isso, de modo geral, um pequeno número de livros seletos deve bastar. Alguns propõem que nos limitemos à Bíblia e à Santa Escritura, tal como os turcos se restringem ao Alcorão: há, porém, uma grande diferença entre os sentimentos de respeito que os maometanos têm por seu Alcorão e os que os cristãos têm pela Escritura. Impossível imaginar algo maior que a veneração manifestada por aqueles quando falam do Alcorão. Dizem eles: "É o maior dos milagres, e nem todos os homens juntos são capazes de fazer algo que se aproxime dele; o mais admirável é que o autor não era estudado nem lera livro algum. O Alcorão sozinho equivale a sessenta mil milagres (é mais ou menos o número de versículos que contém): a ressurreição de um morto não seria maior prova da verdade de uma religião do que a composição do Alcorão. Ele é tão perfeito, que deve ser visto como uma obra incriada."

Os cristãos dizem, na verdade, que sua Escritura foi inspirada pelo Espírito Santo; mas, além do fato de os cardinais Cajetan[20] e Bellarmino[21] admitirem que neles se introduziram alguns erros, devido à negligência ou à ignorância dos livreiros e dos rabinos que acrescentaram os pontos, ela é vista como um livro perigoso para a maioria dos fiéis. É isso o que se expressa com a quinta regra do *Índex*, ou da congregação do índex, encarregada em Roma de examinar os livros que devem ser proibidos. Ei-la[22]:

"Tendo a experiência demonstrado que se a tradução da Bíblia para a língua vulgar fosse permitida indiferentemente a todos, a temeridade dos homens daria ensejo a mais males do que bem, queremos que todos recorram ao julgamento do bispo ou do inquisidor que, com base em parecer do pároco ou do confessor, poderão dar permissão de leitura da Bíblia, traduzida por autores católicos para a língua vulgar, àqueles que eles julgarem que não sofrerão nenhum dano com essa leitura. Precisarão ter essa permissão por escrito; não serão absolvidos se antes não tiverem entregue sua Bíblia ao ordinário; quanto aos livreiros que tiverem vendido Bíblias em língua vulgar àqueles que não tenham permissão escrita, ou que de alguma outra maneira as tenham entregue a

---

20. *Comentário sobre o Antigo Testamento*. (N. de Voltaire)
21. Liv. II, cap. II, da *Palavra de Deus*. (N. de Voltaire)
22. Starti, parte IV, p. 5. (N. de Voltaire)

tais pessoas, perderão o preço de seus livros, valor que o bispo empregará em obras piedosas; além disso, serão punidos com outras penas arbitrárias: os regulares também não poderão ler nem comprar esses livros sem a permissão de seus superiores."

O cardeal Du Perron afirmava também que a Escritura[23] é uma faca de dois gumes nas mãos dos simples, faca que poderia feri-los; que, para evitar isso, melhor seria que o povo simples a ouvisse da boca da Igreja com as soluções e as interpretações dos trechos que deem a impressão de estar cheios de absurdos e contradições, em vez de a ler sem nenhuma ajuda de soluções ou interpretações. Em seguida, fazia uma longa enumeração desses absurdos, em termos tão pouco cuidadosos, que o ministro Jurieu não receou dizer que não se lembrava de ter jamais lido nada tão assustador nem tão escandaloso num autor cristão.

Jurieu, que invectivava com tanta veemência o cardeal Du Perron, sofreu censuras semelhantes da parte dos católicos. Disse Papin[24], sobre ele: "Vi esse ministro ensinando ao público que todos os caracteres da Santa Escritura nas quais os pretensos reformadores haviam baseado a convicção de sua divindade não lhe pareciam suficientes. Dizia ele: Não se diga que quero diminuir a força e a luz dos caracteres da Escritura, mas ouso afirmar que não há um só deles que possa ser eludido pelos profanos. Não há um só que represente uma prova e ao qual não se possa responder algo; e, considerados em conjunto, embora tenham mais força do que separadamente para constituírem uma demonstração moral, ou seja, uma prova capaz de fundamentar uma certeza que exclua qualquer dúvida, confesso que nada parece mais oposto à razão do que dizer que esses caracteres, por si mesmos, são capazes de produzir tal certeza."

Portanto, não é de surpreender que os judeus e os primeiros cristãos, que, como se vê pelos Atos dos apóstolos[25], se limitavam em suas reuniões à leitura da Bíblia, se tenham dividido em diversas seitas, como dissemos no verbete Heresia. Depois, essa leitura foi substituída pela de várias obras apócrifas, ou pelo menos pela dos excertos destes últimos escritos. O autor da Sinopse da Escritura, que está entre as obras de santo Atanásio[26], reconhece expressamente que há nos livros apócrifos coisas muito verdadeiras e inspiradas por Deus, que foram escolhidas e extraídas para a leitura dos fiéis.

LOCKE (Locke)

Primeira seção

Segunda seção

Não há filósofo que não amargue ultrajes e calúnias. Para cada homem capaz de responder com razões, há cem que só têm injúrias para dizer, e cada um paga com sua moeda. Ouço todos os dias martelando em meus ouvidos: "Locke nega a imortalidade da alma, Locke destrói a moral"; e o mais surpreendente (se é que algo pode surpreender) é que, de todos aqueles que condenam a moral de Locke, poucos o leram, pouquíssimos o entenderam e ninguém há a quem não devamos desejar as virtudes daquele homem tão digno do nome de sábio e de justo.

Gosta-se de ler Malebranche em Paris; saíram numerosas edições de seu romance metafísico; mas reparei que são lidos quase que apenas os capítulos referentes aos erros dos sentidos e da imaginação. Pouquíssimos leitores examinam as coisas abstratas desse livro. Quem conhecer a

---
23. *Espírito do sr. Arnauld*, t. II, p. 119. (N. de Voltaire)
24. *Tratado da natureza e da graça. As consequências da tolerância*, p. 12. (N. de Voltaire)
25. Cap. XV, v. 21. (N. de Voltaire)
26. T. II, p. 134. (N. de Voltaire)

nação francesa acreditará em mim se eu disser que, se o padre Malebranche tivesse suposto os erros dos sentidos e da imaginação como erros conhecidos pelos filósofos e tivesse abordado imediatamente a matéria, não teria encontrado nenhum seguidor e contaria apenas com leitores. Ele impressionou a razão daqueles que já tinham gostado do seu estilo. As pessoas acreditaram nas coisas que não entendiam, porque ele começara tendo razão nas coisas que elas entendiam; seduziu porque era agradável, assim como Descartes, porque era ousado. Locke era apenas sábio: por isso, a primeira edição de seu livro *Sobre o entendimento humano*, feita na Holanda, demorou vinte anos para ser esgotada em Paris. Até hoje ninguém foi menos lido e mais condenado entre nós do que Locke. Os ecos da calúnia e da ignorância repetem todos os dias: "Locke não acreditava na imortalidade da alma, portanto, não tinha probidade." Deixo que outros tenham o trabalho de desfazer o horror dessa mentira; limito-me aqui a mostrar a impertinência da conclusão. O dogma da imortalidade da alma foi, durante muito tempo, ignorado em toda a terra. Os primeiros judeus o ignoravam: não havia gente honesta entre eles? A lei judaica, que não ensinava nada sobre a natureza e a imortalidade da alma, não ensinava a virtude? Mesmo que a fé não nos assegurasse hoje de que somos imortais, mesmo que tivéssemos a demonstração de que tudo perece com o corpo, nem por isso deveríamos deixar de adorar o Deus que nos fez e de seguir a razão que ele nos deu. Mesmo que nossa vida e nossa existência só durassem um dia, é indubitável que, para passarmos esse dia com felicidade, precisaríamos ser virtuosos; e é indubitável que, em todos os países e em todos os tempos, ser virtuoso outra coisa não é senão "fazer aos outros o que queremos que nos façam". É essa virtude verdadeira, filha da razão, e não do medo, que conduziu tantos sábios na antiguidade; é ela que em nossos dias pautou a vida de um Descartes, esse precursor da física; de um Newton, intérprete da natureza; de um Locke, único que ensinou o espírito humano a conhecer-se bem; de um Bayle, juiz imparcial e esclarecido, tão estimável quanto caluniado: pois, cabe dizer para a honra das letras, a filosofia torna honesto o coração, assim como a geometria torna justo o intelecto. Mas Locke não só era virtuoso, não só acreditava que a alma é imortal, como nunca afirmou que a matéria pensa; disse apenas que a matéria pode pensar, se Deus o quiser, e que é um absurdo temerário negar que Deus tenha poder para tanto.

Mas suponhamos que ele tenha dito, e que outros tenham dito como ele que, de fato, Deus deu pensamento à matéria; seguir-se-á daí que a alma é mortal? A escola brada que um composto retém a natureza daquilo que o compõe, que a matéria é perecível e divisível, que, portanto, a alma seria perecível e divisível como ela. Tudo isso também é falso.

É falso que, se Deus quisesse fazer a matéria pensar, o pensamento seria um composto da matéria; pois o pensamento seria um dom de Deus somado ao ser desconhecido que chamamos matéria, assim como Deus lhe somou a atração das forças centrípetas e o movimento, atributos independentes da divisibilidade.

É falso que, mesmo no sistema das escolas, a matéria seja divisível ao infinito. Consideramos, é verdade, a divisibilidade ao infinito em geometria; mas o único objeto dessa ciência são nossas ideias, e, supondo-se linhas sem largura e pontos sem extensão, supõe-se também uma infinidade de círculos passando entre uma tangente e um círculo dado.

Mas, quando vamos examinar a natureza como ela é, a divisibilidade ao infinito desvanece-se. A matéria, é verdade, continua divisível para sempre no pensamento, mas ela é necessariamente indivisa: e essa mesma geometria, que me demonstra que um pensamento dividirá eternamente a matéria, também me demonstra que há na matéria partes indivisas perfeitamente sólidas. Vejamos a demonstração disso.

Visto que é preciso supor a existência de poros em cada ordem de elementos nos quais imaginamos a matéria dividida ao infinito, o que restar de matéria sólida será, pois, expresso pelo produto de uma sequência infinita de termos menores uns que os outros; ora, tal produto é necessariamente igual a zero; logo, se a matéria fosse fisicamente divisível ao infinito, não haveria matéria. Isso mostra, de passagem, que o sr. de Malezieu, em seus *Elementos de geometria* para o sr.

duque de Borgonha, está errado quando se surpreende com a pretensa incompatibilidade existente entre unidades e partes divisíveis ao infinito; engana-se duplamente: por não considerar que uma unidade é o objeto de nosso pensamento, e a divisibilidade é outro objeto de nosso pensamento, objetos que não são incompatíveis, pois posso fazer uma unidade de uma centena e posso fazer uma centena de uma unidade, e também por não considerar a diferença que há entre matéria divisível pelo pensamento e matéria divisível de fato.

O que provo com tudo isso?

Que há partes de matéria imperecíveis e indivisíveis; que Deus todo-poderoso, criador delas, poderá, quando quiser, somar o pensamento a uma dessas partes e conservá-lo para sempre. Não digo que uma razão me ensine que Deus assim fez; digo apenas que ela me ensina que ele pode fazê-lo. Digo com o sábio Locke que não cabe a nós, que nascemos ontem, ousar impor limites ao poder do Criador, do Ser infinito, do único Ser necessário e imutável.

O sr. Locke disse que é impossível à razão provar a espiritualidade da alma: eu acrescento que não há ninguém na terra que não esteja convencido dessa verdade.

É indubitável que quem estivesse convencido de que seria mais livre e feliz saindo de casa sairia imediatamente; ora, ninguém pode crer que a alma é espiritual sem acreditar que ela está na prisão do corpo, onde ela costuma ficar, se não infeliz, pelo menos inquieta e enfadada: logo, devemos nos sentir enlevados por sairmos dessa prisão; mas quem se sentirá enlevado morrendo por esse motivo?

Quod si immortalis nostra foret mens,
Non jam se moriens dissolvi conquereretur;
Sed magis ire foras, vestemque relinquere, ut anguis,
Gauderet, praelonga senex aut cornua cervus.
[Pois se nossa mente fosse imortal
Não deploraria tanto que se dissolvesse, morrendo;
Antes preferiria sair para fora e despir-se da veste, como a serpente,
Ou como o velho cervo, de seus longos chifres.]
(LUCRÉCIO, III, 611-4)

Precisamos tentar saber não o que os homens disseram sobre esse assunto, mas o que nossa razão pode nos revelar, independentemente das opiniões dos homens.

LOUCURA (Folie)

O que é loucura? É ter pensamentos e comportamentos incoerentes. Se o mais sensato dos homens quiser conhecer a loucura, que reflita sobre a marcha de suas ideias durante o sonho. Se tiver digestão difícil durante a noite, será agitado por mil ideias incoerentes; parece que a natureza nos pune por termos ingerido alimentos demais, ou por termos escolhido mal o que comemos, dando-nos pensamentos; pois, dormindo, quase sempre só pensamos quando temos má digestão. Os sonhos agitados são realmente uma loucura passageira.

A loucura durante a vigília é também uma doença que impede a pessoa de pensar e agir como as outras. Não podendo administrar seus bens, é interdita; não podendo ter ideias adequadas à sociedade, é excluída; se perigosa, é trancafiada; se furiosa, é amarrada. Às vezes é curada com banhos, sangrias e regime.

Essa pessoa não é desprovida de ideias; tem ideias como todas as outras durante a vigília e muitas vezes durante o sono. Pode-se perguntar como sua alma espiritual e imortal, alojada em seu cérebro, apesar de receber todas as ideias nítidas e distintas por meio dos sentidos, nunca faz sobre elas nenhum juízo sadio. Vê os objetos tal como a alma de Aristóteles, Platão, Locke e Newton os via; ouve os mesmos sons, tem o mesmo sentido do tato; como então, recebendo as percepções que os mais sensatos recebem, faz com elas uma montagem extravagante, sem poder evitá-lo?

Essa substância simples e eterna, se, para agir, tem os mesmos instrumentos com que contam as almas dos cérebros mais sensatos, então ela deve raciocinar como estes. Quem pode impedi-lo? Imagino que, se o louco vê vermelho onde os sensatos veem azul, se ouve o zurro de um asno quando os sensatos ouvem música, se acredita estar na comédia quando eles estão no sermão, se entende não quando eles entendem sim, então é porque sua alma deve pensar ao revés das outras. Mas esse louco tem as mesmas percepções que os outros têm: não há nenhuma razão aparente pela qual sua alma, recebendo pelos sentidos todo o seu instrumental, deixe de fazer uso dele. Dizem que ela é pura; que não está sujeita, por si mesma, a nenhuma enfermidade; conta com todos os socorros necessários: aconteça o que acontecer com seu corpo, nada poderá mudar sua essência; no entanto, ela é levada, dentro de seu estojo, para o hospício.

Essa reflexão pode levar a desconfiar que a faculdade de pensar, dada por Deus ao homem, está sujeita a desarranjos, tal como os outros sentidos. Um louco é um doente que sofre do cérebro, tal como o gotoso é um doente que sofre dos pés e das mãos; pensava com o cérebro, tal como andava com os pés, sem nada conhecer de seu poder incompreensível de andar nem de seu poder não menos incompreensível de pensar. Tem-se gota no cérebro, tal como nos pés. Enfim, depois de mil raciocínios, talvez somente a fé possa convencer-nos de que uma substância simples e imaterial pode adoecer.

Os doutos ou os doutores dirão ao louco: "Meu amigo, embora tenhas perdido o senso comum, tua alma é tão espiritual, pura e imortal quanto a nossa; mas nossa alma está bem alojada, e a tua, mal; as janelas da casa estão tapadas para ela: falta-lhe ar, ela está sufocando." O louco, nos momentos de lucidez, responderia: "Os amigos, segundo é seu costume, estão fazendo pressuposições sobre o assunto. Minhas janelas se encontram tão abertas quanto as suas, pois enxergo os mesmos objetos e ouço as mesmas palavras: logo, minha alma só pode estar fazendo mau uso de seus sentidos, ou então talvez minha própria alma não passe de um sentido viciado, de uma qualidade depravada. Em suma, ou minha alma é louca por si mesma, ou não tenho alma."

Um dos doutores poderá responder: "Meu confrade, Deus talvez tenha criado almas loucas, assim como criou almas sensatas." O louco replicará: "Se eu acreditasse nisso, seria mais louco do que sou. Por favor, os senhores que sabem tantas coisas, digam por que sou louco." Se os doutores ainda tiverem um pouco de juízo, responderão: "Não sei." Não compreenderão por que um cérebro tem ideias incoerentes; não compreenderão também por que outro cérebro tem ideias regulares e conexas. Acreditarão que são ajuizados, e serão tão loucos quanto o outro.

Se o louco tiver um momento de lucidez, dirá: "Pobres mortais, que não conseguis conhecer a causa do meu mal, nem curá-lo; ai de vós, que podeis vir a ser inteiramente semelhantes a mim e até ultrapassar-me. Não sois de melhor família do que o rei da França Carlos VI, o rei da Inglaterra Henrique VI e o imperador Venceslau, que perderam a faculdade de raciocinar no mesmo século. Não tendes mais engenho que Blaise Pascal, Jacques Abbadie e Jonathan Swift, que morreram loucos. Pelo menos o último deles fundou um hospital para nós: quereis que lá reserve um lugar para vós?"

N.B. Muito me irrita que Hipócrates tenha prescrito sangue de burra para a loucura, e mais me irrita que o *Manual das irmãs de caridade* diga que se cura a loucura pegando sarna. Receitas engraçadas, que até parecem inventadas pelos próprios doentes.

LUGARES-COMUNS EM LITERATURA
(Lieux communs en littérature)

Assim que se civiliza, uma nação se maravilha de ver a aurora abrir com seus dedos rosados as portas do oriente e semear de topázios e rubis o caminho da luz; Zéfiro acaricia Flora, e o Amor esquiva as armas de Marte.

Todas as imagens desse gênero, que agradam pela novidade, desagradam pelo hábito. Os primeiros que as usaram foram vistos como inventores; os últimos não passam de papagaios.

Há fórmulas em prosa que têm a mesma sorte. "O rei faltaria com o dever e consigo mesmo se... O fanal da experiência conduziu esse grande boticário pelos caminhos tenebrosos da natureza. – Com a mente enganada pelo coração, ele abriu os olhos tarde demais, à beira do abismo. Quanto mais sinto minha insuficiência, mais percebo vossa beneficência; mas, iluminado por vossas luzes, sustentado por vossos exemplos, serei digno de vós."

A maioria das peças de teatro transforma-se, no fim, em lugares-comuns, tal como as orações fúnebres e os discursos de boas-vindas. Tão logo uma princesa é amada, adivinha-se que encontrará uma rival. Se combater a paixão, está claro que sucumbirá. Se o tirano tiver usurpado o trono de um pupilo, pode-se ter certeza de que, no quinto ato, haverá justiça, e o usurpador morrerá de morte violenta.

Se um rei e um cidadão romano aparecem em cena, é de apostar cem contra um que o rei será tratado pelo romano com mais indignidade do que os ministros de Luís XIV pelos holandeses em Gertruydenberg.

Todas as situações trágicas estão previstas; todos os sentimentos que essas situações provocam podem ser adivinhados; mesmo as rimas frequentemente são pronunciadas pela plateia antes de o serem pelo ator. É difícil ouvir no fim de um verso falar-se de uma *carta*, sem ter certeza de que é preciso que ela logo *parta*. A heroína quase não pode manifestar seu *desencanto*, sem que logo se ponha a verter seu *pranto*. Será possível que um verso termine com *Mário* sem que ouçamos falar dos *legionários*?

Chega um momento em que nos cansamos desses lugares-comuns de amor, política, grandeza e de versos alexandrinos. A ópera cômica toma o lugar de Ifigênia e Erifila, de Xifares e de Mônimo. Com o tempo, essa ópera cômica se torna lugar-comum também, e só Deus sabe a que se recorrerá então!

Temos os lugares-comuns da moral. Esses estão tão repisados, que cumpriria restringir-se aos bons livros escritos sobre esse assunto em cada língua. O *Spectator* inglês aconselha todos os pregadores da Inglaterra a recitar os excelentes sermões de Tillotson ou Smalridge. Os pregadores da França poderiam perfeitamente limitar-se a recitar Massillon ou excertos de Bourdaloue. Alguns de nossos jovens oradores do púlpito aprenderam declamação com Le Kain, mas todos se parecem com Dancourt, que só queria representar suas próprias peças.

Os lugares-comuns da controvérsia saíram totalmente de moda, e é provável que nunca mais voltem; mas os da eloquência e da poesia poderão renascer depois de terem sido esquecidos. Por quê? Porque a controvérsia é o abafador e o opróbrio do espírito humano, enquanto a poesia e a eloquência são seu fanal e sua glória.

LUXO (Luxe)

Primeira seção

Numa terra em que todos andavam descalços, o primeiro que se fez um par de sapatos tinha luxo? Não seria ele um homem muito sensato e industrioso?

Não se poderia dizer o mesmo daquele que usou a primeira camisa? Quanto àquele que a alvejou e passou a ferro, acho que foi um gênio dotado de grandes recursos, capaz de governar um Estado.

No entanto, aqueles que não estavam acostumados a usar camisas brancas devem tê-lo visto como um ricaço afeminado corruptor da nação.

– Abstende-vos do luxo – dizia Catão aos romanos –; subjugastes a província de Fase, mas não deveis comer faisões. Conquistastes a terra onde cresce o algodão, mas deveis dormir no chão duro. Roubastes ouro, prata e pedras preciosas à mão armada de dezenas de nações, mas não cometais a asneira de usá-los. Privai-vos de tudo depois de terdes tudo pilhado. É mister que os salteadores de estrada sejam virtuosos e livres.

Luculo respondeu: "Meu amigo, deves fazer votos para que Crasso, Pompeu, César e eu gastemos tudo em luxo. É mister que os grandes salteadores lutem pela partilha dos despojos. Roma há de ser subjugada, mas sê-lo-á bem mais cedo e com muito mais certeza por um de nós, se como tu aplicarmos o nosso dinheiro e não o gastarmos em superfluidades e prazeres. Deseja que Pompeu e César fiquem pobres o bastante para não pagarem exércitos."

Não faz muito tempo, um norueguês criticava o luxo de um holandês. Dizia ele:

– O que é daqueles tempos felizes em que um negociante, saindo de Amsterdam para as Grandes Índias, deixava um quarto de boi defumado na cozinha e o encontrava na volta? Onde estão vossas colheres de madeira e vossos garfos de ferro? Não será vergonhoso um sábio holandês deitar-se em leito de damasco?

– Vai para a Batávia – respondeu o homem de Amsterdam. – Ganha, como eu, dez toneladas de ouro e vê se não terás vontade de andar bem-vestido, bem alimentado e de morar em boa casa.

Depois dessa conversa, escreveram-se dezenas de volumes sobre o luxo, e esses livros não o diminuíram nem o aumentaram.

Segunda seção

Declama-se contra o luxo há dois mil anos, em verso e prosa, mas sempre se gostou dele.

O que se disse dos primeiros romanos! Quando aqueles bandidos devastaram e pilharam colheitas; quando, para aumentar sua pobre aldeia, eles destruíram as pobres aldeias dos volscos e dos samnitas, eram homens desinteressados e virtuosos: ainda não tinham conseguido roubar ouro, prata e pedraria porque isso não existia nos burgos que saquearam. Seus bosques e suas charnecas não produziam perdizes nem faisões; louva-se a temperança deles.

Quando, de povo em povo, eles foram pilhando e roubando tudo, do fundo do golfo Adriático até o Eufrates, e quando passaram a ter inteligência suficiente para usufruir suas rapinas, quando passaram a cultivar as artes, a gozar todos os prazeres e até a fazer os vencidos apreciá-los, deixaram de ser sábios e honrados – é o que dizem.

Todas essas declamações reduzem-se a provar que um ladrão nunca deve comer o jantar que pilhou, usar a roupa que furtou nem se enfeitar com o anel que roubou. Dizem que tudo deveria ser jogado no rio, para que as pessoas vivessem honestamente; mais valeria dizer que não se deve roubar. Condenai os bandidos quando roubam, mas não os trateis de insensatos quando usufruem. Sinceramente[27], quando um grande número de marinheiros ingleses se enriqueceu com a tomada de Pondichéry e de Havana, estariam errados em ter prazer em Londres, como pagamento do trabalho que tiveram nos confins da Ásia e da América?

Os declamadores gostariam que enterrássemos as riquezas acumuladas pela ventura das armas, pela agricultura, pelo comércio e pela indústria. Citam a Lacedemônia; por que não citam

---

27. O pobre de espírito que já citamos, lendo este trecho numa edição ruim onde havia um ponto depois da palavra *sinceramente*, acreditou que o autor queria dizer que os ladrões gozavam sinceramente. Sabemos que esse pobre de espírito é maldoso, mas, sinceramente, não pode ser perigoso. (N. de Voltaire)

também a república de São Marinho? Que bem Esparta fez à Grécia? Alguma vez teve gente como Demóstenes, Sófocles, Apeles, Fídias? O luxo de Atenas fez grandes homens de todos os tipos; Esparta teve alguns capitães, assim mesmo em número menor do que as outras cidades. Mas ainda bem que uma república tão pequena como a Lacedemônia conservou sua pobreza. Chega-se à morte tanto carecendo de tudo quanto gozando-se daquilo que pode tornar a vida agradável. O selvagem do Canadá subsiste e chega à velhice como o cidadão da Inglaterra que tem cinquenta mil guinéus de renda. Mas quem jamais haverá de comparar o país dos iroqueses à Inglaterra?

Se a república de Ragusa e o cantão de Zug fizerem leis suntuárias, terão razão, pois é preciso que o pobre não gaste mais do que pode; mas eu li em algum lugar:

Sachez surtout que le luxe enrichit
Un grand État, s'il en perd un petit.
[Sabei, sobretudo, que o luxo enriquece
Um grande Estado, se arruína um pequeno.]

Se por luxo se entender excesso, sabe-se que o excesso é sempre pernicioso, tanto na abstinência quanto na gula, na economia como na liberalidade. Não sei como em minhas aldeias, onde a terra é ingrata, os impostos são pesados e a proibição de exportar o trigo semeado é intolerável, quase não há colono que não tenha uma boa casaca e que não esteja bem calçado e bem alimentado. Se esse colono lavrar com sua bela casaca, com roupas brancas, os cabelos frisados e empoados, certamente teremos luxo, grande e inoportuno; mas, se um burguês de Paris ou de Londres for assistir a um espetáculo vestido como aquele camponês, ter-se-á a sovinice mais grosseira e ridícula.

Est modus in rebus, sunt certi denique fines,
Quos ultra citraque nequit consistere rectum.
[Existe uma medida nas coisas, existem limites certos, em suma,
Além ou aquém dos quais não se pode encontrar o que é direito.]
(Hor., liv. I, sát. I, v. 106)

Quando foram inventadas as tesouras, que certamente não são de remotíssima antiguidade, o que não se terá dito contra os primeiros que se apararam as unhas e cortaram um pedaço dos cabelos que lhes caíam sobre o nariz? Certamente foram tratados de pedantes e pródigos, capazes de comprar caro um instrumento de vaidade, para destruir a obra do Criador. Que pecado enorme encurtar o tecido córneo que Deus faz crescer na ponta de nossos dedos! Era um ultraje à Divindade. Foi bem pior quando inventaram as camisas e as meias. Sabe-se com que furor os conselheiros, que nunca as tinham vestido, bradaram contra os jovens magistrados que se entregaram a esse luxo funesto[28].

---

28. Se entendermos por luxo tudo o que está além do necessário, o luxo será uma consequência natural dos progressos da espécie humana; e, para raciocinar coerentemente, todo inimigo do luxo deverá acreditar, como Rousseau, que o estado de felicidade e de virtude para o homem não é o do selvagem, mas sim o do orangotango. Percebe-se que seria absurdo ver como um mal comodidades de que todos os homens gozariam; por isso, geralmente só se dá o nome de luxo às superfluidades das quais só um pequeno número de indivíduos pode gozar. Nesse sentido, o luxo é uma consequência necessária da propriedade, sem a qual nenhuma sociedade pode subsistir, e de uma grande desigualdade entre as fortunas, que não é consequência do direito de propriedade, mas das más leis. Portanto, são as más leis que dão origem ao luxo, e são as boas leis que podem destruí-lo. Os moralistas devem dirigir seus sermões aos legisladores, e não aos particulares, porque faz parte da ordem das coisas possíveis um homem virtuoso e esclarecido poder criar leis razoáveis, e não faz parte da natureza humana que todos os ricos de um país renunciem por virtude a obter, por dinheiro, gozos, prazer e vaidades. (N. de Voltaire)

M

MAGIA (Magie)

A magia ainda é uma ciência bem mais plausível que a astrologia e a doutrina dos gênios. Assim que se começou a pensar que há no homem um ser totalmente distinto da máquina, e que o entendimento subsiste depois da morte, deu-se a esse entendimento um corpo diáfano, sutil, aéreo, semelhante ao corpo no qual estava alojado. Duas razões totalmente naturais deram ensejo a essa opinião: a primeira é que em todas as línguas a alma se chamava *espírito, sopro, vento*: esse espírito, esse sopro, esse vento, portanto, era alguma coisa muito tênue e diáfana. A segunda é que, se a alma de um homem não retivesse uma forma semelhante à que ele possuía em vida, depois da morte não seria possível distinguir a alma de um homem da de outro. Essa alma, essa sombra, que subsistia separada do corpo, podia muito bem mostrar-se quando necessário, rever os lugares onde morara, visitar os pais, os amigos, falar com eles, dar-lhes informações; em tudo isso não havia incompatibilidade alguma. O que existe pode aparecer.

As almas podiam muito bem ensinar às pessoas que elas vinham visitar a maneira de invocá-las, e não deixaram de fazê-lo; a palavra *Abraxas*, pronunciada com alguma cerimônia, tornava visíveis as almas com as quais se quisesse falar. Suponhamos que um egípcio tivesse dito a um filósofo: "Descendo em linha direta dos magos do faraó, que transformaram varas em serpentes e as águas do Nilo em sangue; um de meus ancestrais casou-se com a pitonisa de Endor, que invocou a sombra de Samuel na prece do rei Saul; ela transmitiu seus segredos ao marido, que lhe comunicou os seus: "possuo essa herança de pai e mãe; minha genealogia é bem comprovada; comando as sombras e os elementos"; o filósofo não teria outra coisa para fazer, senão lhe pedir proteção, pois, se esse filósofo quisesse negar e discutir, o mago lhe calaria a boca, dizendo: "O senhor não pode negar os fatos; meus ancestrais foram incontestavelmente grandes magos, coisa de que o senhor não duvida; e não tem razão alguma para acreditar que sou de condição inferior à deles, sobretudo quando um homem honrado como eu garante que é feiticeiro." O filósofo poderia dizer-lhe: "Faça-me o favor de invocar uma sombra, fazer-me falar com uma alma, transformar esta água em sangue, esta vara em serpente." O mago poderia responder: "Não trabalho para filósofos; mostrei sombras a damas respeitabilíssimas, a pessoas simples, que não ficam discutindo: o senhor deve pelo menos acreditar que é bem possível que eu domine esses segredos, pois é obrigado a admitir que meus ancestrais os dominaram; o que foi feito outrora pode ser feito hoje, e o senhor deve acreditar na magia, sem que eu seja obrigado a praticar minha arte na sua frente."

Essas razões são tão boas, que todos os povos tiveram feiticeiros. Os maiores feiticeiros eram pagos pelo Estado para ver com clareza o futuro no coração e no fígado de um boi. Por que então durante muito tempo os outros foram punidos com a morte? Faziam coisas mais maravilhosas; portanto, deviam ser honrados, devia-se, sobretudo, temer seu poder. Nada é mais ridículo do que condenar um verdadeiro mago à fogueira, pois dever-se-ia presumir que ele seria capaz de apagar o fogo e de torcer o pescoço de seus juízes. O máximo que se poderia fazer seria dizer-lhe: "Meu amigo, nós não vamos queimá-lo como feiticeiro de verdade, mas como feiticeiro de mentira, porque o senhor se gaba de uma arte admirável que não domina; vamos tratá-lo como homem que produz moeda falsa; quanto mais gostamos da boa, mais punimos aqueles que fazem a falsa; sabemos muito bem que houve antigamente magos veneráveis, mas temos razões para crer que o senhor não é um, pois que se deixa queimar como um tolo."

É verdade que o mago, sem saída, poderia dizer: "Minha ciência não chega ao ponto de apagar fogueiras sem água e de matar meus juízes com palavras; posso apenas invocar almas, ler o futuro, transformar certas matérias em outras: meu poder é limitado; mas nem por isso o senhor deve queimar-me em fogo brando; é como se quisesse enforcar um médico que tivesse curado uma febre, mas não pudesse curar uma paralisia." Mas os juízes lhe replicariam: "Mostre-nos então algum segredo de sua arte, ou tenha a bondade de concordar em ser queimado."

MALVADO[1] (Méchant)

Bradam-nos que a natureza humana é essencialmente perversa, que o homem nasceu filho do diabo e malvado. Nada é mais despropositado, pois, meu amigo, tu que pregas que todos nasceram perversos, estás avisando que nasceste assim e que é preciso desconfiar de ti como se desconfia de uma raposa ou de um crocodilo. Ah, nada disso! dizes, eu estou regenerado, não sou herege nem infiel, todos podem confiar em mim. Mas o resto do gênero humano, que é herege ou o que chamas de infiel, não passará, portanto, de um amontoado de monstros; e todas as vezes em que falares com um luterano ou com um turco, deverás ter certeza de que te roubarão e assassinarão, pois são filhos do diabo, nasceram malvados; um não está regenerado, e o outro está degenerado. Seria bem mais razoável, bem mais bonito dizer aos homens: "Todos nascestes bons; vede como seria horrível corromper a pureza de vosso ser." Seria preciso agir com o gênero humano como se age com todos os homens em particular. Um cônego leva vida escandalosa, e alguém lhe diz: "Será possível que desonreis a dignidade do canonicato?" Alguém lembra a um togado que ele tem a honra de ser conselheiro do rei, e que deve dar o exemplo. Diz-se a um soldado para infundir-lhe coragem: "Pensa que és do regimento de Champagne." Seria de se dizer a cada indivíduo: "Lembra-te de tua dignidade de homem."

E, de fato, por maiores que sejam as dúvidas, retornamos sempre ao mesmo ponto, pois o que querem dizer as palavras tão frequentes em todas as nações: *Volta-te para ti mesmo*? Se tivésseis nascido filhos do diabo, se vossa origem fosse criminosa, se vosso sangue tivesse sido formado com um líquido infernal, as palavras *Volta-te para ti mesmo* significariam: Consulta, segue tua natureza diabólica, sê impostor, ladrão, assassino, é a lei de teu pai.

O homem não nasce malvado; torna-se malvado, assim como se torna doente. Se os médicos disserem "Nasceste doente", não haverá dúvida de que esses médicos, digam o que disserem, façam o que fizerem, não curarão a doença inerente àquela natureza: e quem assim argumenta está muito doente.

Reuni todas as crianças do universo e vereis nelas nada mais que inocência, docilidade e temor; se tivessem nascido malvadas, malfeitoras e cruéis, mostrariam tais coisas com algum sinal, assim como os filhotes de serpente procuram morder, e os filhotes de tigre, agadanhar. Mas, como a natureza não deu ao homem mais armas ofensivas do que as que deu aos pombos e aos coelhos, não pôde dar-lhe um instinto que o leve a destruir.

O homem, portanto, não nasceu mau; por que então vários deles são infectados pela peste da maldade? Porque aqueles que estão à sua cabeça pegaram a doença e a transmitiram ao restante dos homens, tal como uma mulher atacada pelo mal que Cristóvão Colombo trouxe da América espalha essa peçonha de uma ponta à outra da Europa. O primeiro ambicioso corrompeu a terra.

---

1. *Dicionário filosófico*, 1764.

Direis que esse primeiro monstro disseminou o germe do orgulho, da rapina, da fraude e da crueldade que está em todos os homens. Admito que, em geral, a maioria de nossos irmãos pode adquirir essas qualidades; mas será que todos sofrem de tifo, pedras e cálculos só porque todos estão expostos a tais males?

Há nações inteiras que não são malvadas: os *quakers* e os baneanes nunca mataram ninguém. Os chineses, os povos de Tonquim, Lao, Sião e até do Japão, há mais de cem anos, não sabem o que é guerra. Mal se vê em dez anos algum daqueles grandes crimes que assombram a natureza humana, nas cidades de Roma, Veneza, Paris, Londres e Amsterdam, cidades onde, no entanto, é extrema a cupidez, mãe de todos os crimes.

Se os homens fossem essencialmente malvados, se nascessem todos subjugados por um ser malfazejo e infeliz que, para vingar-se de seu suplício, lhes inspirasse todos os seus furores, todas as manhãs veríamos maridos assassinados por suas mulheres e os pais por seus filhos, assim como ao alvorecer se encontram galinhas mortas por fuinhas que vieram sugar seu sangue.

Se houver um bilhão de homens na terra, é muito; isso perfaz mais ou menos quinhentos milhões de mulheres que cosem, fiam, alimentam os filhos, limpam a casa ou a choupana e reclamam um pouco das vizinhas. Não vejo que grande mal essas pobres inocentes fazem na terra. Entre esses habitantes do globo, há duzentos milhões de crianças pelo menos, que certamente não matam nem roubam, e um número semelhante de idosos ou doentes que não têm forças para tanto. Sobrarão no máximo cem milhões de jovens robustos e capazes de cometer crimes. Desses cem milhões há noventa milhões continuamente ocupados a vencer a terra com um trabalho prodigioso, fornecer aos outros alimento e roupas; esses quase não têm tempo de fazer o mal.

Nos dez milhões restantes estarão incluídos os ociosos da alta sociedade, que querem levar vida mansa, os talentosos ocupados com suas profissões, os magistrados e os sacerdotes, visivelmente interessados em levar vida pura, pelo menos na aparência. Portanto, como verdadeiros malvados sobrarão apenas alguns políticos, seculares ou regulares, que sempre desejam perturbar o mundo, e alguns milhares de vagabundos que vendem seus serviços a esses políticos. Ora, nunca se viu um milhão dessas feras em atividade ao mesmo tempo; e nesse número incluo os salteadores de estrada. Tereis na terra, portanto, nos tempos mais sombrios, no máximo um homem em mil que pode ser chamado de malvado, mesmo assim ele não é sempre malvado.

Portanto, há infinitamente menos mal na terra do que se diz e crê. Ainda há mal demais, por certo; veem-se desgraças e crimes horríveis; mas o prazer de queixar-se e exagerar é tão grande, que, diante do menor arranhão, grita-se que a terra está inundada de sangue. Para quem foi enganado todos os homens são perjuros. Um melancólico que tenha sofrido uma injustiça vê o universo coberto de danados, tal como um jovem voluptuoso que ceia com sua mulher, ao sair da ópera, não imagina que possa haver desafortunados.

MAOMETANOS (Mahométans)

Digo-vos mais uma vez, ignorantes imbecis, convencidos por outros ignorantes de que a religião maometana é voluptuosa e sensual, que isso é mentira; fostes enganados sobre isso como sobre tantas outras coisas.

Cônegos, monges e até párocos, se vos impusessem a lei de não comer nem beber desde as quatro horas da manhã até as dez horas da noite, durante o mês de julho, quando a quaresma caísse nessa época, se vos proibissem de jogar qualquer jogo de azar sob pena de danação, se o vinho vos fosse vedado sob a mesma pena, se precisásseis fazer uma peregrinação para desertos tórridos, se vos obrigassem a dar pelo menos dois e meio por cento de vossos rendimentos aos pobres, se, acostumados a ter dezoito mulheres, vos tirassem catorze de uma só vez, sinceramente, ousaríeis chamar essa religião de sensual?

Os cristãos latinos têm tantas vantagens sobre os muçulmanos, não digo em termos de guerra, mas em termos de doutrina, os cristãos gregos impuseram-lhes tantas derrotas desde 1769 até 1773, que não vale a pena divulgar críticas injustas sobre o islamismo.

Deveríeis tentar retomar dos maometanos tudo aquilo que eles tivessem invadido; mas é mais fácil caluniá-los.

Odeio tanto a calúnia, que não quero que imputem tolices nem mesmo aos turcos, embora os deteste como tiranos de mulheres e inimigos das artes.

Não sei por que o historiador do Baixo Império afirma[2] que Maomé fala no Alcorão de sua viagem ao céu: Maomé não disse nenhuma palavra a respeito, e isso nós já provamos.

É preciso lutar o tempo todo. Depois que destruímos um erro, algum sempre ressuscita[3].

MARIA MADALENA (Marie Magdeleine)

Confesso que não sei onde o autor de *História crítica de Jesus Cristo*[4] foi buscar que santa Maria Madalena tivera *afeição criminosa* pelo Salvador do mundo. Diz, na página 130, linha 11 da nota, que essa é uma afirmação dos albigenses. Nunca li essa horrível blasfêmia nem na história dos albigenses nem em suas profissões de fé. Isso faz parte do grande número de coisas que ignoro. Sei que os albigenses tinham a infelicidade funesta de não serem católicos romanos; mas parece-me que, em outros aspectos, tinham o mais profundo respeito pela pessoa de Jesus.

Esse autor da *História crítica de Jesus Cristo* remete à *Cristíada*, espécie de poema em prosa, supondo-se que haja poemas em prosa. Fui, portanto, obrigado a consultar o lugar dessa *Cristíada* onde se faz essa acusação. É o canto ou livro IV, página 335, nota 1; o poeta da *Cristíada* não cita ninguém. É verdade que num poema épico é possível poupar citações; mas em prosa é preciso ter grandes abonações, quando se trata de um fato tão grave, que arrepia os cabelos de qualquer cristão.

Tenham ou não os albigenses afirmado tal impiedade, o fato é que o autor da *Cristíada* em seu canto IV chega às raias do crime. Imita um pouco o famoso sermão de Menot. Põe em cena Maria Madalena, irmã de Marta e de Lázaro, que ostenta todos os encantos da juventude e da beleza, arde de todos os desejos e está mergulhada em todas as volúpias. Segundo ele, é uma dama da corte, cujas riquezas se igualam ao nascimento; seu irmão Lázaro era conde de Betânia, e ela, marquesa de Magdalet. Marta recebeu um grande apanágio, mas ele não diz onde eram suas terras. Segundo o autor: "Ela tinha cem domésticos e uma multidão de amantes; teria atentado contra a liberdade de todo o universo. Riquezas, dignidades, grandezas ambiciosas nunca foram tão caras a Madalena quanto o erro sedutor que lhe valeu o cognome de pecadora. Era ela a beleza dominante na capital, quando o jovem e divino herói chegou, vindo dos confins da Galileia[5]. Suas outras paixões, acalmadas, cedem à ambição de submeter o herói de que lhe falaram."

Então o autor imita Virgílio. A marquesa de Magdalet exige que a irmã apanagista ajude a pôr em execução seus planos de conquista do jovem herói, assim como Dido usou sua irmã Ana para conquistar o honesto Eneias.

Ela vai assistir ao sermão de Jesus no templo, embora ele nunca tenha ali pregado.[6] "Seu coração voa ao encontro do herói que ela adora, e ela só espera um olhar favorável para triunfar e fazer daquele senhor dos corações um cativo submisso."

---

2. Vol. XII, p. 209. (N. de Voltaire)
3. Ver Arot e Marot e Alcorão. (N. de Voltaire)
4. *Histoire critique de Jésus-Christ*, ou *Analyse raisonnée des Évangiles*, p. 130, nota 3. (N. de Voltaire)
5. Não era muito longe (N. de Voltaire)
6. P. 10, t. III (N. de Voltaire)

Por fim, ela vai vê-lo em casa de Simão, o leproso, homem riquíssimo, que lhe oferecia um grande jantar, embora nunca as mulheres entrassem assim nos festins, muito menos entre os fariseus. Ela derrama um grande frasco de perfume sobre as pernas dele, enxuga-as com seus belos cabelos loiros e as beija.

Deixo de examinar se o quadro que o autor descreve dos santos arroubos de Madalena é mais mundano que devoto, se os beijos são dados com o devido decoro, se os belos cabelos loiros com que ela enxuga as pernas de seu herói não se assemelham muito com Trimálquio, que no banquete enxugava as mãos nos cabelos de uma jovem e bela escrava. Ele mesmo deve ter pressentido que os outros poderiam achar suas descrições lascivas demais. Adianta-se à crítica, transcrevendo alguns trechos de um sermão de Massillon sobre Madalena. Eis uma passagem:

"Madalena sacrificara sua reputação ao mundo[7]; o pudor e o nascimento de início a defenderam contra os primeiros impulsos de sua paixão; é de crer que aos primeiros ímpetos sofridos ela opôs a barreira do pudor e da altivez; mas, depois de dar ouvidos à serpente e de consultar sua própria sabedoria, seu coração se abriu a todos os rasgos da paixão. Madalena amava o mundo e por isso nada deixou de sacrificar a esse amor; nem a altivez que vem do nascimento, nem o pudor que constitui o ornamento do sexo, nada foi poupado nesse sacrifício; nada pode retê-la, nem as pilhérias dos mundanos, nem a infidelidade de seus amantes insanos aos quais ela quer agradar, mas pelos quais não consegue fazer-se estimar, pois só a virtude é digna de estima; nada pode envergonhá-la e, tal como a prostituta do Apocalipse, trazia na fronte o nome *mistério*, ou seja, ela erguera o véu e só era conhecida pelo caráter de sua louca paixão."

Procurei esse trecho nos *Sermões de Massillon*; não há dúvida de que não está na edição que tenho. Ouso até dizer mais: não é seu estilo.

O autor da *Cristíada* deveria ter informado onde pescou essa rapsódia de Massillon, assim como deveria ter dito onde leu que os albigenses ousavam imputar a Jesus uma relação indigna dele com Madalena.

De resto, não se fala mais da marquesa no restante da obra. O autor nos poupa sua viagem a Marselha com Lázaro e o resto de suas aventuras.

Quem pode ter induzido um homem douto e às vezes eloquente, como parece ser o autor da *Cristíada*, a compor esse pretenso poema? Foi o exemplo de Milton; é o que ele mesmo diz em seu prefácio, mas sabemos como os exemplos são enganosos. Milton, que aliás não arriscou esse monstrengo de um poema em prosa, Milton, que espalhou belíssimos versos brancos em seu *Paraíso perdido*, em meio à grande quantidade de versos duros e obscuros de que ele está cheio, só podia agradar a *whigs* fanáticos, como disse o abade Grécourt,

> *En chantant l'univers perdu pour une pomme,*
> *Et Dieu pour le damner créant le premier homme.*
> [Cantando o universo perdido por uma maçã,
> E Deus, para puni-lo, criando o primeiro homem.]

Ele pôde alegrar presbiterianos pondo o Pecado a dormir com a Morte, atirando no céu com canhões de vinte e quatro libras, pondo o seco a lutar com o úmido, o frio com o quente, cortando ao meio anjos que se reconstituíam imediatamente, construindo uma ponte sobre o caos, representando o Messias a pegar num armário do céu um grande compasso para circunscrever a terra etc. etc. etc. Virgílio e Horácio talvez tivessem achado essas ideias um pouco estranhas. Mas, embora elas tivessem sucesso na Inglaterra graças a alguns versos muito felizes, o autor da *Cristíada* enganou-se ao esperar sucesso de seu romance, sem o sustentar com belos versos, que na verdade são muito difíceis de fazer.

---

7. *Christiade*, t. II, p. 321, n. 1. (N. de Voltaire)

– Mas – diz o autor – certo Jerônimo Vida, bispo de Alba, fez há muito tempo uma importante *Cristíada* em versos latinos, na qual transcreveu muitos versos de Virgílio. – Pois bem, meu amigo, por que fizeste a tua em prosa francesa? Por que não imitaste Virgílio também?

– Mas o finado sr. de Escorbiac, de Toulouse, também fez uma *Cristíada*. – Ah! infeliz, por que arremedaste o finado sr. de Escorbiac?

– Mas Milton também fez seu romance do Novo Testamento: *o Paraíso reconquistado*, em versos brancos, que frequentemente lembram a pior prosa. – Vai, vai, deixa que Milton ponha Satã sempre às turras com Jesus. A ele somente cabe pôr em versos grandiosos uma manada de dois mil porcos, na Galileia, conduzida por uma legião de diabos, ou seja, pôr seis mil e setecentos diabos que se apoderam desses porcos (a três diabos e sete vinte avos por porco) e os afogam num lago. Só em Milton fica bem o diabo propor a Deus um belo jantar [8]. O diabo, em Milton, pode cobrir a mesa de verdelhas, perdizes, linguados e esturjões, e mandar Hebe e Ganimedes servir bebida a Jesus Cristo. O diabo pode levar Deus para o cume de um morro, de onde lhe mostra o Capitólio, as ilhas Molucas e a cidade das Índias onde nasceu a bela Angélica, que virou a cabeça de Orlando. Depois disso o diabo oferece-se para dar tudo aquilo a Deus, desde que Deus concorde em adorá-lo. Mas, apesar de tudo, zombaram de Milton; zombaram do pobre frei Berruyer, o jesuíta; zombam de ti, precisas ter paciência.

MÁRTIRES (Martyrs)

Primeira seção

Mártir, testemunha; *martírio*, testemunho. A sociedade cristã nascente deu primeiramente o nome de *mártires* àqueles que anunciavam novas verdades aos homens, que davam testemunho a Jesus, que professavam Jesus, assim como foi dado o nome de *santos* aos presbíteros, aos vigilantes da sociedade e às mulheres que a beneficiavam; por isso são Jerônimo, em suas cartas, muitas vezes chama sua afilhada Paula de santa Paula. E todos os primeiros bispos chamavam-se *santos*.

O nome *mártir*, depois, só foi dado aos cristãos mortos ou atormentados nos suplícios, e as pequenas capelas para eles erigidas receberam o nome de *martyrion*.

Grande questão é saber por que o império romano autorizou sempre em seu seio a seita judaica, mesmo depois das duas horríveis guerras de Tito e Adriano, por que tolerou o culto a Ísis em várias ocasiões e por que perseguiu com frequência o cristianismo. É evidente que os judeus, que pagavam altos preços por suas sinagogas, denunciavam os cristãos, seus inimigos mortais, e sublevavam os povos contra eles. Também é evidente que os judeus, ocupados nos ofícios de atravessador e de usurário, não pregavam contra a antiga religião do império, e que os cristãos, totalmente empenhados na controvérsia, pregavam contra o culto público, queriam aniquilá-lo, frequentemente incendiavam os templos, quebravam as estátuas consagradas, como fizeram são Teodoro em Amasia e são Polieuto em Mitilene.

Os cristãos ortodoxos, seguros de que sua religião era a única verdadeira, não toleravam nenhuma outra. Então também não eram tolerados. Alguns foram supliciados e morreram pela fé; esses foram os mártires.

Esse nome é tão respeitável que não deve ser desperdiçado; não é permitido adotar o nome e as armas de uma casa à qual não se pertence. Foram estabelecidas penas muito severas contra

---

8. "Anda logo, filho de Deus, senta-te à mesa e come."
   What doubt'st thou, son of God? sit down and eat.
   (*Paradise regain'd*, book II) (N. de Voltaire)

aqueles que ousam condecorar-se com a cruz de Malta ou de são Luís sem serem cavaleiros dessas ordens.

O douto Dodwell, o hábil Middleton, o judicioso Blondel, o preciso Tillemont, o perquiridor Launoy e muitos outros, todos zelosos da glória dos verdadeiros mártires, riscaram de sua lista uma multidão de desconhecidos aos quais se dava esse nome grandioso. Observamos que tais estudiosos tinham a seu favor a admissão formal de Orígenes, que, em sua *Refutação a Celso*, confessa que houve poucos mártires, e que eles foram esporádicos, sendo fácil contá-los.

No entanto, o beneditino Ruinart, que se intitula dom Ruinart, embora não seja espanhol, opôs-se a muitas personagens doutas. Deu-nos com candura muitas histórias de mártires que pareceram muito suspeitas aos críticos. Vários eruditos duvidaram de algumas histórias referentes às legendas relatadas por dom Ruinart, da primeira à última.

1º *Santa Sinforosa e seus sete filhos*

Os escrúpulos começam com santa Sinforosa e seus sete filhos martirizados com ela, o que parece, já de início, excessiva imitação dos sete macabeus. Não se sabe de onde vem essa legenda, e esse já é um grande motivo de dúvida.

Conta-se que o imperador Adriano quis interrogar pessoalmente a desconhecida Sinforosa, para saber se ela era cristã. Os imperadores raramente se davam esse trabalho. Isso seria ainda mais extraordinário do que se Luís XIV tivesse submetido um huguenote a um interrogatório. Deveis notar também que Adriano foi o maior protetor dos cristãos, ao invés de seu perseguidor.

Teve ele, então, uma longa conversa com Sinforosa e, encolerizando-se, disse-lhe: "Vou sacrificar-te aos deuses"; como se os imperadores romanos sacrificassem mulheres em suas devoções. Em seguida, mandou que a jogassem no Anio, o que não era um sacrifício comum. Depois, mandou cortar um de seus filhos ao meio, da testa ao púbis; outro de lado a lado; supliciou na roda um terceiro, o quarto só foi transpassado no estômago, o quinto direto no coração, o sexto na garganta, e o sétimo morreu com um pacote de agulhas enfiado no peito. O imperador Adriano gostava de variar. Ordenou que fossem sepultados junto ao templo de Hércules, embora não se enterrasse ninguém em Roma, muito menos junto a templos, o que teria sido uma horrível profanação. "O pontífice do templo", acrescenta o hagiógrafo, "denominou o lugar da sepultura como os Sete Biotanatos."

Se já era raro erigir-se um monumento em Roma para gente assim tratada, não menos raro era um grande sacerdote encarregar-se da inscrição e esse sacerdote romano fazer um epitáfio grego. Mais extraordinária ainda, porém, é a afirmação de que a palavra *biotanatos* significa "os sete supliciados". *Biotanatos* é uma palavra forjada que não se encontra em autor algum, e esse significado só pode ser atribuído por um jogo de palavras, abusando-se da palavra *thenon*. Quase não há fábula tão mal construída. Os hagiógrafos sempre souberam mentir, mas nunca souberam mentir com arte.

O douto La Croze, bibliotecário do rei da Prússia, Frederico, o Grande, dizia: "Não sei se Ruinart é sincero, mas temo que seja imbecil."

2º *Santa Felicidade e – outra vez – sete filhos*

Essa legenda é extraída de Surius. Esse Surius é um tanto desacreditado por seus absurdos. Tem-se aí um monge do século XVI contando os martírios do século II, como se os tivesse presenciado.

Afirma que aquele homem malvado, o tirano Marco Aurélio Antonino Pio, ordenou ao prefeito de Roma que processasse santa Felicidade, que a executasse com seus sete filhos, porque corria o boato de que era cristã.

O prefeito instalou seu tribunal no campo de Marte (que, no entanto, só servia para a revista das tropas) e a primeira coisa que fez foi mandar dar-lhe uma bofetada em plena assembleia.

Os longos discursos do magistrado e dos acusados são dignos do historiador. Este acaba por matar os sete irmãos em suplícios diferentes, como os filhos de santa Sinforosa. Trata-se apenas de uma duplicata. Mas santa Felicidade é deixada de lado, dela não se diz uma só palavra.

3º *São Policarpo*

Eusébio conta que são Policarpo, ao saber por sonhos que seria queimado em três dias, avisou os amigos. O hagiógrafo acrescenta que o tenente de polícia de Esmirna, chamado Herodes, mandou seus esbirros prendê-lo, e que ele foi entregue às feras no anfiteatro, que o céu se abriu, e uma voz celeste gritou-lhe: "Coragem, Policarpo"; que, como passara da hora de soltar os leões no anfiteatro, saíram pelas casas pegando lenha para o queimar; que o santo orou ao Deus dos *arcanjos* (embora a palavra *arcanjo* ainda não fosse conhecida); que, então, as chamas se arranjaram em torno dele em forma de arco de triunfo sem o tocar; que seu corpo tinha cheiro *de um pão assado*; mas que, embora resistisse ao fogo, não pôde defender-se de um sabraço; que seu sangue apagou a fogueira e de lá saiu uma pomba voando direto para o céu. Não se sabe exatamente para qual planeta.

4º *São Ptolomeu*

Estamos seguindo a ordem de dom Ruinart; mas não queremos pôr em dúvida o martírio de são Ptolomeu, extraído da Apologética de são Justino.

Poderíamos opor alguns obstáculos quanto à mulher que, acusada de ser cristã pelo marido, antecipou-se pedindo o divórcio. Poderíamos perguntar por que, nessa história, já não se fala dessa mulher. Poderíamos mostrar que, no tempo de Marco Aurélio, não se permitia que as mulheres tomassem a iniciativa de repudiar os maridos, que essa permissão só lhes foi dada no tempo do imperador Juliano, e que a história repisada dessa cristã que repudiou o marido (enquanto nenhuma pagã ousara chegar a tal ponto) poderia não passar de fábula; mas não queremos criar polêmicas espinhosas. Por menor que seja a verossimilhança na compilação de dom Ruinart, respeitamos demais o assunto de que ele trata para lhe fazer objeções.

Tampouco objetaremos à carta das Igrejas de Vienne e de Lyon, embora ainda haja nela vários pontos obscuros; mas não deixaremos de defender a memória do grande Marco Aurélio, ultrajada na Vida de santo Sinforiano da cidade de Autun, provavelmente parente de santa Sinforosa.

5º *São Sinforiano de Autun*

A legenda, cujo autor é ignorado, começa assim: "O imperador Marco Aurélio acabava de provocar uma tormenta medonha contra a Igreja, e seus editos fulminantes atacavam de todos os lados a religião de Jesus Cristo, enquanto são Sinforiano vivia em Autun com toda a pompa que podem conferir o alto nascimento e a rara virtude. Era de família cristã, uma das mais consideráveis da cidade etc."

Marco Aurélio nunca baixou edito sangrento contra os cristãos. É uma calúnia condenável. O próprio Tillemont admite "que ele foi o melhor príncipe que os romanos jamais tiveram; que seu reinado foi um século de ouro, e que ele confirmou o que frequentemente dizia, de acordo com Platão, que os povos só seriam felizes quando os reis fossem filósofos".

De todos os imperadores, foi o que promulgou as melhores leis; protegeu todos os sábios e não perseguiu nenhum cristão, além de ter muitos deles a seu serviço.

O hagiógrafo conta que, como são Sinforiano se recusara a adorar Cibele, o juiz da cidade perguntou: "Quem é aquele homem?" Ora, é impossível que o juiz de Autun não conhecesse o homem mais considerado de Autun.

A sentença declara-o culpado de lesa-majestade *divina e humana*. Os romanos nunca usaram essa fórmula, e só isso já tiraria a credibilidade do pretenso martírio de Autun.

Para rechaçar melhor a calúnia contra a memória sagrada de Marco Aurélio, passemos os olhos pelo discurso de Melitão, bispo de Sardes, a esse excelente imperador, transcrito literalmente por Eusébio[9].

"A sucessão de felizes acontecimentos para o império, sem que essa felicidade tenha sido perturbada por desgraça alguma, desde que nossa religião, nascida com ele, cresceu em seu seio, é prova evidente de que esta contribui notavelmente para sua grandeza e sua glória. Entre os imperadores, somente Nero e Domiciano, enganados por certos impostores, espalharam contra nós calúnias que, segundo o costume, encontraram algum crédito entre o povo. Mas vossos piedosíssimos predecessores corrigiram a ignorância desse povo e reprimiram com editos públicos a audácia daqueles que tentavam dispensar-nos maus-tratos. Adriano, vosso avô, escreveu a Fundano, governador da Ásia, e a vários outros em nossa defesa. O imperador vosso pai, no tempo em que dividíeis com ele os afãs do governo, escreveu aos habitantes de Larissa, Tessalônica e Atenas, bem como a todos os povos da Grécia, para reprimir as sedições e os tumultos incitados contra nós."

Esse trecho de um bispo piedoso, sábio e veraz basta para dissipar de uma vez todas as mentiras dos compiladores de legendas, equivalentes à literatura de cavalaria em roupagem cristã.

6º *Outra santa Felicidade e santa Perpétua*

Se alguém quisesse desmentir a legenda de Felicidade e de Perpétua, não seria difícil achar motivos para suspeitas. Essas mártires de Cartago são conhecidas apenas por um texto sem data da Igreja de Salzburgo. Ora, é grande a distância entre essa parte da Baviera e La Goulette. Não se diz qual era o imperador quando Felicidade e Perpétua receberam a coroa do extremo suplício. As visões prodigiosas de que essa história está cheia não refletem um historiador circunspecto. Uma escada de ouro orlada de lanças e espadas, um dragão no alto da escada, um grande jardim ao lado do dragão, ovelhas mungidas por um ancião, um reservatório de água, uma garrafa de água na qual se bebia sem que a água diminuísse, santa Perpétua lutando nua com um egípcio ignóbil, belos jovens nus defendendo-a; a transformação dela em homem atlético e vigoroso: essas me parecem invencionices que não deveriam fazer parte de uma obra respeitável.

Há ainda uma reflexão muito importante: o estilo de todas essas narrativas de martírios ocorridos em tempos tão diferentes é sempre semelhante, sempre pueril e empolado. Encontram-se as mesmas expressões, as mesmas frases na história de um martírio ocorrido no tempo de Domiciano e de algum outro do tempo de Galério. São sempre os mesmos qualificativos, os mesmos exageros. Basta conhecer um pouco de estilo para perceber que todos eles foram redigidos pela mesma mão.

Não pretendo aqui escrever um livro contra dom Ruinart; e, sempre respeitando, admirando e invocando os verdadeiros mártires com a santa Igreja, limito-me a mostrar, com um ou dois exemplos impressionantes, como é perigoso misturar o que é ridículo com o que deve ser venerado.

7º *São Teódoto da cidade de Ancira e as sete virgens, escrito por Nilus, testemunha ocular, extraído de Bollandus*

Vários críticos, eminentes em sabedoria e em verdadeira piedade, mostraram-nos que a legenda de Teódoto, o taberneiro, é uma profanação e uma espécie de impiedade, que deveria ter

---

9. Eusébio, p. 187, trad. [fr.] de Cousin, in-4°. (N. de Voltaire)

sido suprimida. Eis aí a história de Teódoto. Empregaremos com frequência as próprias palavras dos *Atos sinceros*, coligidos por dom Ruinart.

"Seu ofício de taberneiro propiciou-lhe os meios de exercer suas funções episcopais. Taberna ilustre, consagrada à piedade e não à devassidão [...] Ora Teódoto era médico, ora fornecia iguarias aos fiéis. E assim, para os cristãos, uma taverna passou a ser o que a arca de Noé foi para aqueles que Deus quis salvar do dilúvio."[10]

Quando esse taberneiro Teódoto passava perto do rio Hális com seus convivas em direção a um burgo vizinho à cidade de Ancira, "um relvado fresco e macio apresentava-lhes um leito delicioso; uma nascente que brotava a alguns passos dali, no sopé de um rochedo, e, por um caminho coroado de flores, vinha até junto deles para desalterá-los, oferecia-lhes água clara e pura. Árvores frutíferas misturadas a árvores silvestres davam-lhes sombra e frutos, e um bando de hábeis rouxinóis, aos quais se alternavam cigarras a intervalos, criavam um encantador concerto etc.".

Depois da chegada do vigário do lugar, chamado Frontão, o taberneiro bebeu com ele sobre a relva, "cujo verde nascente se alternava com matizes diversos do diverso colorido das flores", e disse ao vigário: " – Ah! padre, que prazer seria construir aqui uma capela! – Sim – disse Frontão –, mas é preciso começar tendo relíquias. – Ora, ora – respondeu são Teódoto –, tu as terás em breve, dou minha palavra; aqui está meu anel, que te dou como penhor; constrói logo a capela."

O taberneiro tinha o dom da profecia e sabia muito bem o que estava dizendo. Vai para a cidade de Ancira, enquanto o vigário Frontão começa a construir. Lá encontra horrível perseguição, iniciada havia muitíssimo tempo. Sete virgens cristãs (a mais nova tinha setenta anos) acabavam de ser condenadas, segundo o uso, a perder a virgindade graças aos ofícios de todos os jovens da cidade. A rapaziada de Ancira, que provavelmente tinha afazeres mais urgentes, não se apressou a executar a sentença. Não houve um só que obedecesse à justiça. Ele vai ter com santa Tecusa e a leva para um aposento com uma valentia impressionante. Tecusa abraça seus joelhos e lhe diz: "Por Deus, meu filho, um pouco de vergonha; olha estes olhos apagados, esta carne semimorta, estas rugas cheias de sujeira, que setenta anos sulcaram em minha fronte, este rosto terroso. [...] Abandona pensamentos tão indignos de um jovem como tu; é Jesus Cristo que a isso te conjura por minha boca; é ele que o pede como graça, e se a concederes poderás esperar tudo de seu reconhecimento." Essas palavras da velha e seu rosto de repente fizeram o executor refletir. As sete virgens não foram defloradas.

O governador, irritado, procurou outro suplício; mandou que elas fossem imediatamente iniciadas nos mistérios de Diana e Minerva. É verdade que haviam sido instituídas grandes festas em honra àquelas divindades, mas na antiguidade não se conhecem mistérios de Minerva e Diana. São Nilo, íntimo amigo do taberneiro Teódoto, autor dessa história maravilhosa, não estava a par.

Segundo ele, as sete belas donzelas foram postas nuas num veículo que carregava a grande Diana e a sábia Minerva até as margens de um lago vizinho. O Tucídides são Nilo parece estar, mais uma vez, bem mal informado. As sacerdotisas sempre estavam cobertas por véu, e os magistrados romanos nunca fizeram que a deusa da castidade e a deusa da sabedoria fossem servidas por moças que mostrassem aos povos a vanguarda e a retaguarda.

São Nilo acrescenta que o carro era precedido por dois coros de mênades empunhando o tirso. São Nilo confundiu aí as sacerdotisas de Minerva com as de Baco. Ele não era versado na liturgia de Ancira.

O taberneiro, ao entrar na cidade, vê aquele funesto espetáculo: o governador, as mênades, a carroça, Minerva, Diana e as sete virgens. Corre fazer orações numa cabana com um sobrinho de santa Tecusa. Roga ao céu que aquelas sete senhoras sejam mortas, mas que não continuem nuas.

---

10. O que está entre aspas é palavra por palavra o que está nos *Atos sinceros*; todo o restante está em inteira conformidade. Só foi abreviado para evitar o tédio do estilo declamatório desses Atos. (N. de Voltaire)

Sua prece é atendida; ele fica sabendo que as sete donzelas, ao invés de serem defloradas, foram jogadas no lago, com uma pedra no pescoço, por ordem do governador. Sua virgindade está salva. "Ao saber dessa notícia, o santo se ergueu e, ficando de joelhos, voltou os olhos para o céu e, entre as diversas emoções de amor, alegria e reconhecimento que sentiu, disse: – Dou-vos graças, Senhor, por não terdes deixado de atender à súplica de vosso servidor."

"Adormeceu, e, enquanto dormia, santa Tecusa, a mais jovem das afogadas, apareceu-lhe. – Como! Meu filho Teódoto – diz ela –, estás dormindo sem pensar em nós! Logo esqueceste o cuidado que tive com tua juventude? Meu caro Teódoto, não permitas que nossos corpos sejam devorados pelos peixes. Vai ao lago, mas cuidado com um traidor."

Esse traidor era o próprio sobrinho de santa Tecusa.

Omito aqui um sem-número de aventuras miraculosas que ocorreram ao taberneiro, para tratar da mais importante. Um cavaleiro celeste, com armadura da cabeça aos pés, precedido por um facho celeste, desce do alto do empíreo, conduz o taberneiro ao lago, em meio a tempestades, afasta todos os soldados que guardam as margens e dá tempo a Teódoto de pescar as sete velhas e enterrá-las.

O sobrinho de Tecusa, infelizmente, foi contar tudo. Teódoto foi preso; durante três dias tentou-se em vão matá-lo com todos os tipos de suplício, mas isso só foi conseguido quando lhe cortaram a cabeça, operação à qual os santos nunca resistem.

Faltava enterrá-lo. Seu amigo, o vigário Frontão, a quem Teódoto, na qualidade de taberneiro, dera dois odres de bom vinho, embriagou os guardas e levou embora o corpo. Então Teódoto apareceu em corpo e alma ao vigário: "– E então, meu amigo – disse ele –, eu não te disse que terias relíquias para tua capela?"

É isso o que conta são Nilo, testemunha ocular, que não podia enganar nem ser enganado; é isso o que transcreve dom Ruinart como um ato sincero. Ora, todo homem sensato, todo cristão de bom-senso perguntará se não seria possível fazer mais nada para desonrar a religião mais santa e mais augusta da terra, para ridicularizá-la.

Não falarei das onze mil virgens; não discutirei a fábula da legião tebana, composta, segundo o autor, de seis mil e seiscentos homens, todos cristãos vindos do oriente pelo monte são Bernardo, martirizada em 286, em tempos da mais profunda paz da Igreja, e num desfiladeiro onde é impossível pôr trezentos homens de frente; fábula escrita mais de quinhentos e cinquenta anos depois do acontecimento; fábula na qual se fala de um rei de Borgonha que não existia; fábula que todos os estudiosos que não perderam a razão reconhecem como absurda.

Limito-me ao pretenso martírio de são Romano.

8º *Martírio de são Romano*

São Romano estava viajando para Antioquia quando ficou sabendo que o juiz Asclepíades mandava matar os cristãos. Vai ter com ele e o desafia a matá-lo. Asclepíades entrega-o aos carrascos: eles não conseguem. Por fim, decide-se queimá-lo. Trazem a lenha. Alguns judeus que por ali passavam zombam dele; dizem que Deus tirou Sadraque, Mesaque e Abedenego da fornalha, mas que Jesus Cristo deixa que seus servidores sejam queimados; logo começa a chover, e a fogueira se apaga.

O imperador, que entretanto estava em Roma, e não em Antioquia, diz "que o céu se declara favorável a são Romano, e que ele não quer briga com o Deus do céu". E o nosso hagiógrafo[11] continua: "nosso Ananias é então libertado do fogo como ocorrera com o dos judeus. Mas Asclepíades, homem sem honra, tanto fez com suas vis adulações, que conseguiu a ordem de cortar a

---

11. O hagiógrafo não sabe o que está dizendo com seu *Ananias*. (N. de Voltaire)

língua a são Romano. Um médico, que estava por lá, corta a língua do jovem e a leva para casa devidamente embrulhada num pedaço de seda.

"A anatomia ensina, e a experiência confirma, que o homem não pode viver sem língua.

"Romano foi levado para a prisão. Leram-nos várias vezes que o Espírito Santo desceu como língua de fogo; mas são Romano, que gaguejava como Moisés, enquanto tivera apenas uma língua de carne, começou a falar distintamente depois que deixou de tê-la.

"Foram contar o milagre a Asclepíades quando ele estava com o imperador. O príncipe achou que o médico o enganara; o juiz ameaçou o médico de executá-lo. Este disse: – Senhor, ainda tenho em casa a língua que cortei daquele homem; ordenai que me deem outro homem que não esteja, como esse, sob proteção especial de Deus; permiti que lhe corte a língua até o lugar onde aquela foi cortada; se ele não morrer, consinto em morrer. – Diante disso, mandaram vir um homem condenado à morte, e o médico, depois de medir a língua de Romano, cortou na mesma medida a língua do criminoso; mas, assim que retirou a faca, o criminoso caiu morto. Assim se confirmou o milagre, para glória de Deus e consolo dos fiéis."

Aí está uma história que dom Ruinart conta seriamente. Supliquemos a Deus pelo bom-senso de dom Ruinart.

Segunda seção

Como é que, no século esclarecido em que estamos, ainda se encontrem escritores que, apesar de eruditos e úteis, continuam seguindo a torrente dos velhos erros e arruinando as verdades com fábulas correntes? Contam também a era dos mártires do primeiro ano do império de Diocleciano, que então estava bem distante de martirizar alguém. Esquecem-se que sua mulher, Prisca, era cristã; que os principais servidores de sua casa eram cristãos, que ele os protegeu constantemente durante dezoito anos; que em Nicomédia os cristãos construíram uma igreja mais suntuosa que seu palácio, e que nunca teriam sido perseguidos se não tivessem ultrajado o césar Galério.

Será possível que alguém ainda ouse dizer que Diocleciano *morreu de raiva, desespero e miséria*, ele que, conforme viram todos, deixou a vida como filósofo, do mesmo modo como deixara o império; ele que, diante do pedido de retomar o poder supremo, preferiu cultivar seus belos jardins de Salona a voltar a reinar sobre o universo então conhecido?

Ó compiladores! Não deixareis de compilar? Empregastes utilmente vossos três dedos: empregai com mais serventia a vossa razão.

Como! Repetis que são Pedro reinou sobre os fiéis em Roma durante vinte e cinco anos, e que Nero mandou matá-lo no último ano de seu império, junto com são Paulo, para vingar a morte de Simão, o mago, cujas pernas eles haviam quebrado com preces!

Contar tais fábulas é insultar o cristianismo, ainda que com boas intenções.

Os pobres coitados que ainda repetem essas tolices são copistas que transcrevem em in-8º ou em in-12º antigos in-fólio que as pessoas decentes já não leem, copistas que nunca abriram um livro de boa crítica. Repisam as velhas histórias da Igreja e não conhecem Middleton, Dodwell, Brucker, Dumoulin, Fabricius, Grabe, nem mesmo Dupin e nenhum daqueles que há algum tempo trouxeram um pouco de luz às trevas.

Terceira seção

Ludibriam-nos com mártires que fazem morrer de rir. Pintam-nos Tito, Trajano e Marco Aurélio – modelos de virtude – como monstros cruéis. Fleury, abade de Loc-Dieu, desonrou sua história eclesiástica com contos que nenhuma velha de bom-senso impingiria a seus netos.

Será possível que alguém repita seriamente que os romanos condenaram sete virgens de setenta anos cada uma a passar pelas mãos de todos os jovens da cidade de Ancira, romanos que puniam vestais à morte pelo mínimo galanteio?

Ao que tudo indica, foi para agradar os taberneiros que se imaginou um taberneiro cristão, chamado Teódoto, que rogou a Deus que fizesse aquelas sete virgens morrerem em vez de as expor a perder as velhíssimas virgindades. Deus atendeu o taberneiro pudibundo, e o procônsul mandou que as sete senhoritas fossem afogadas num lago. Mas, tão logo afogadas, foram elas queixar-se a Teódoto da partida que lhes haviam pregado, suplicando-lhe instantemente que ele impedisse que os peixes as devorassem. Teódoto leva consigo três frequentadores de sua taverna, vai até o lago com eles, precedido por um facho celeste e por um cavaleiro celeste, para pescar as sete velhas e enterrá-las, pelo que acaba sendo decapitado.

Diocleciano conhece um rapagote chamado são Romano, que era gago; quer mandá-lo para a fogueira porque era cristão; três judeus passam por lá e começam a rir porque Jesus Cristo permite que queimem um rapagote que lhe pertence; bradam que a religião deles é melhor que a cristã, pois Deus livrou Sadraque, Mesaque e Abedenego da fornalha ardente; imediatamente, as chamas que cercavam o jovem Romano, sem molestá-lo, separam-se e vão queimar os três judeus.

O imperador, assustado, diz que não quer brigar com Deus, mas um reles juiz, menos escrupuloso, condena o gaguinho a perder a língua. O primeiro médico do imperador é bastante honesto para fazer pessoalmente a operação; assim que cortam a língua ao pequeno Romano, ele começa a tagarelar com uma volubilidade que deslumbra toda a assembleia admirada.

Encontram-se centenas de histórias desse tipo nos martirológios. Quem acreditou com isso tornar odiosos os antigos romanos acabou tornando-se ridículo. Desejais boas barbáries bem atestadas, bons massacres bem constatados, rios de sangue que de fato correram, pais, mães, maridos, mulheres, crianças de peito, seres humanos realmente massacrados e amontoados uns sobre os outros? Monstros perseguidores, deveis buscar essas verdades em vossos anais, e os encontrareis nas cruzadas contra os albigenses, nos massacres de Mérindol e de Cabrières, na assombrosa noite de São Bartolomeu, nos massacres da Irlanda, nos vales valdenses. Fica-vos bem, bárbaros, imputar ao melhor dos imperadores crueldades extravagantes, vós que inundastes a Europa de sangue e a cobristes de corpos moribundos, para provar que o mesmo corpo pode estar em mil lugares ao mesmo tempo, e que o papa pode vender indulgências! Parai de caluniar os romanos, vossos legisladores, e pedi perdão a Deus pelas abominações de vossos padres.

Dizeis que não é o suplício que faz o martírio, e sim a causa. Pois bem, concordo que vossas vítimas não devem ser chamadas de mártires, que significa testemunha; mas que nome daremos a vossos carrascos? Faláris e Busíris foram homens brandos em comparação convosco: vossa inquisição, que persiste ainda, não faz tremer a razão, a natureza e a religião? Santo Deus! Quem incinerasse esse tribunal infernal causaria desagrado a vosso olhar justiceiro?

MASSACRES (Massacres)

(Verbete do sr. Treuchard)

Talvez seja tão difícil quanto inútil saber se *mazzacrium*, palavra da baixa latinidade, deu massacre, ou se massacre deu *mazzacrium*.

Massacre significa morte de certo número de pessoas. "Ontem houve um grande massacre perto de Varsóvia, perto de Cracóvia." Não se diz: "Houve o massacre de um homem"; no entanto, diz-se: "Um homem foi massacrado"; nesse caso, entende-se que ele foi morto com vários golpes bárbaros.

A poesia utiliza a palavra *massacrado* para dizer morto, assassinado:

Que par sa propre main mon père massacré.
[Que por sua própria mão meu pai massacrado.]
(CORNEILLE, *Cinna*, ato I, cena I)

Um inglês fez um levantamento de todos os massacres perpetrados por motivo de religião desde os primeiros séculos de nossa era.

Fiquei muito tentado a escrever contra esse autor inglês, mas, como o seu trabalho não me pareceu exagerado, contive-me. De resto, espero que não haja mais por que fazer semelhantes cálculos. Mas a quem seremos gratos por isso?

MATÉRIA (Matière)

Primeira seção

Diálogo cordial entre um energúmeno e um filósofo

ENERGÚMENO

Sim, inimigo de Deus e dos homens, que acredita que Deus é todo-poderoso e capaz de atribuir o dom do pensamento a todo e qualquer ser que ele escolha, vou denunciar-te ao senhor inquisidor, mando-te para a fogueira; toma cuidado, aviso pela última vez.

FILÓSOFO

São esses vossos argumentos? É assim que ensinais os homens? Admiro vossa mansidão.

ENERGÚMENO

Vamos lá, quero descansar um pouquinho enquanto espero a lenha. Responde: o que é o espírito?

FILÓSOFO

Não sei.

ENERGÚMENO

O que é a matéria?

FILÓSOFO

Sobre isso não sei grande coisa. Acredito que seja extensa, sólida, resistente, gravitante, divisível, móvel; Deus pode ter-lhe dado mil outras qualidades que ignoro.

ENERGÚMENO

Mil outras qualidades, traidor! Sei muito bem aonde queres chegar: vais dizer que Deus pode animar a matéria, que ele deu instinto aos animais, que ele é senhor de tudo.

FILÓSOFO

Mas seria bem possível que ele de fato tivesse dado a essa matéria muitas propriedades que não poderíeis compreender.

ENERGÚMENO

Que eu não poderia compreender, infame!

FILÓSOFO

Sim, o poder dele é muito maior que vosso entendimento.

ENERGÚMENO

O poder dele! O poder dele! Verdadeiro discurso de ateu.

FILÓSOFO

No entanto, tenho a meu favor o testemunho de vários santos Padres da Igreja.

ENERGÚMENO

Vai, vai, nem Deus, nem eles nos impedirão de queimar-te vivo; é com esse suplício que punimos os parricidas e os filósofos que não comungam nossa opinião.

FILÓSOFO

Quem inventou essa maneira de argumentar: tu ou o diabo?

ENERGÚMENO

Miserável possesso, ousas pôr-me no mesmo nível do diabo!
(Aqui o energúmeno dá um bofetão no filósofo, que o devolve com juros.)

FILÓSOFO

A mim os filósofos!

ENERGÚMENO

A mim a santa Hermandad!

(Aqui chega uma meia dúzia de filósofos de um lado, enquanto do outro acorrem cem dominicanos com cem partidários da Inquisição e cem alguazis. Não é possível resistir ao adversário.)

Segunda seção

Os sábios, a quem se pergunte o que é alma, respondem que não sabem. Se lhes perguntarmos o que é matéria, darão a mesma resposta. É verdade que alguns professores e, principalmente, alguns estudantes sabem perfeitamente tudo isso; e, depois de repetirem que a matéria é extensa e divisível, acreditam que disseram tudo; mas, quando lhe pedem que digam o que é essa coisa extensa, ficam confusos. É composta de partes – dizem. E essas partes são compostas de quê? Os elementos dessas partes são divisíveis? Então, ou ficam mudos ou falam muito, o que também é suspeito. Esse ser quase desconhecido, a que se dá o nome de matéria, é eterno? Toda a antiguidade acreditou que sim. Tem força ativa por si mesma? Vários filósofos acharam que sim. Os que o negam têm direito de fazê-lo? Vós não concebeis que a matéria possa ter algo por si mesma. Mas como podeis garantir que ela não tenha por si mesma as propriedades que lhe são necessárias? Ignorais qual é sua natureza, e lhe negais modos que estão em sua natureza; pois, afinal, visto que ela é, é necessário que seja de certo modo, que seja configurada; e, visto que é necessariamente configurada, será impossível que não haja outros modos inerentes à sua configuração? A matéria existe, vós só a conheceis por meio das sensações. De que servem todas as sutilezas do espírito a partir do momento em que argumentamos? A geometria nos ensinou muitas verdades, a metafísica, pouquíssimas. Nós pesamos, medimos e decompomos a matéria; e, se não quisermos dar mais passo algum para além dessas operações grosseiras, permaneceremos em nossa impotência, e, diante de nós, um abismo.

Perdoai, por favor, o universo inteiro, que se enganou achando que a matéria existe por si mesma. Ele poderia fazer outra coisa? Como imaginar que o que não tem sucessão não existiu sempre? Se não fosse necessária a existência da matéria, por que ela existiria? E se fosse necessário que existisse, por que não teria existido sempre? Nenhum axioma nunca foi mais universalmente admitido que este: "Nada se faz do nada." De fato, o contrário é incompreensível. Para todos os povos, o caos precedeu a organização do mundo inteiro feita por uma mão divina. Para nenhum povo, a eternidade da matéria prejudicou o culto da Divindade. A religião nunca se chocou com o fato de um Deus eterno ser reconhecido como senhor de uma matéria eterna. Hoje nos sentimos felizes por sabermos, pela fé, que Deus extraiu a matéria do nada; mas nenhuma nação recebeu esse dogma; os próprios judeus o ignoraram. O primeiro versículo do Gênese diz que os deuses, Eloim, e não Eloí, fizeram o céu e a terra; não diz que o céu e a terra foram criados do nada.

Fílon, que viveu na única época em que os judeus tiveram alguma erudição, diz em seu capítulo sobre a criação: "Deus, sendo bom por natureza, não se enciumou da substância, da matéria, que por si mesma nada tinha de bom, que por sua natureza só tem inércia, confusão e desordem. De má que era, ele a tornou boa."

A ideia do caos organizado por um Deus está em todas as antigas teogonias. Hesíodo repetia o pensamento do oriente, quando dizia em sua teogonia: "O caos foi o que existiu primeiro." Ovídio era intérprete de todo o império romano, quando dizia:

Sic ubi dispositam, quisquis fuit ille Deorum,
Congeriem secuit [...]
[Assim, quando, quem quer que tenha sido aquele deus, ele desfaz o caos, ordenando-o...]
(Ovid., *Met.*, I, 32-33)

A matéria, portanto, era vista nas mãos de Deus como a argila no torno do oleiro, se for lícito utilizar essas imagens fracas para exprimir seu divino poder.

A matéria, se fosse eterna, deveria ter propriedades eternas, como configuração, força de inércia, movimento e divisibilidade. Mas essa divisibilidade é apenas consequência do movimento; pois sem movimento nada se divide, se separa nem se organiza. Via-se, portanto, o movimento como essencial à matéria. O caos fora um movimento confuso, e a organização do universo, um movimento regular imprimido a todos os corpos pelo senhor do mundo. Mas, como a matéria teria movimento por si mesma? Assim como, segundo todos os antigos, ela tem extensão e impenetrabilidade.

Mas ela não pode ser concebida sem extensão, ao passo que pode ser concebida sem movimento. A isso respondiam: "É impossível que a matéria não seja permeável; ora, sendo permeável, é preciso que alguma coisa passe continuamente por seus poros; para que haver passagens se nada houver para passar?"

De réplica em réplica, nunca se acabaria; o sistema da matéria eterna apresenta grandes dificuldades, como todos os sistemas. O da matéria formada a partir do nada não é menos incompreensível. Cabe admiti-lo, e não se gabar de saber explicá-lo; a filosofia não explica tudo. Quantas coisas incompreensíveis não somos obrigados a admitir, mesmo em geometria? Como conceber duas linhas que se aproximam sempre e nunca se encontram?

Os geômetras, na verdade, dirão: "As propriedades das assímptotas são demonstradas; não é possível deixar de admiti-las; mas a criação não é demonstrada: por que admiti-la? Que dificuldade haverá em acreditar, como toda a antiguidade, na matéria eterna?" Por outro lado, o teólogo insistirá e dirá: "Quem crê na matéria eterna reconhecerá, portanto, dois princípios: Deus e a matéria, e assim se incide no erro de Zoroastro, de Mani."

Nada responderemos aos geômetras, pois essa gente só conhece suas linhas, suas superfícies e seus sólidos; mas poderemos dizer ao teólogo: "Em que sou maniqueísta? Essas são pedras que o arquiteto não fez; com elas, ele ergueu um edifício imenso; não admito dois arquitetos; as pedras brutas obedeceram ao poder e ao gênio."

Felizmente, seja qual for o sistema abraçado, não há prejuízo para a moral; pois que importa se a matéria foi feita ou organizada? Deus, de qualquer modo, é nosso senhor absoluto. Devemos ser virtuosos tanto com um caos organizado quanto com um caos criado do nada; quase nenhuma dessas questões metafísicas influi sobre a conduta da vida: há discussões como há conversa fiada à mesa; depois do jantar, cada um esquece o que disse e vai para onde seus interesses e seu gosto o chamam.

MÉDICOS (Médecins)

É verdade que regime é melhor que remédio. É verdade que há muito tempo de cada cem médicos há noventa e oito charlatães. É verdade que Molière teve razão de zombar deles. É verdade que nada é mais ridículo do que ver o número infinito de mulherzinhas e de homens não menos mulhericos que, depois de terem comido, bebido, folgado demais e dormido de menos, chamam o médico por uma dor de cabeça, invocam-no como um deus, pedem-lhe o milagre da coexistência da intemperança com a saúde e dão um escudo a esse deus que se ri da fraqueza deles.

Não é menos verdade que um bom médico pode salvar-nos a vida[12] em centenas de ocasiões e devolver-nos o uso dos membros. Se um homem é atingido por uma apoplexia, não será um capitão da infantaria nem um juiz do tribunal de contas que o haverá de curar. Se nos meus olhos se formarem cataratas, não será minha vizinha que as removerá. Aqui não distingo médico e cirurgião, duas profissões que por muito tempo foram inseparáveis.

Homens que se dedicassem a devolver a saúde a outros homens unicamente por princípio de humanidade e beneficência estariam muito acima de todos os poderosos da terra; teriam algo da Divindade. Conservar e consertar é quase tão belo quanto fazer.

12. Não que nossos dias não estejam contados. É bem certo que tudo acontece por uma necessidade invencível, sem a qual tudo andaria ao acaso, o que é absurdo. Nenhum homem pode aumentar o número de seus cabelos nem o número de seus dias; nem um médico, nem um anjo podem acrescentar um minuto aos minutos que a ordem eterna das coisas nos destina irrevogavelmente: mas aquele que está destinado a ser atingido em certo tempo por uma apoplexia também está destinado a encontrar um médico sensato que, com sangrias e purgações, permite que ele viva até o momento fatal. O destino deu-nos a sífilis e o mercúrio, a febre e a quinquina. (N. de Voltaire)

O povo romano passou mais de quinhentos anos sem médicos. Aquele povo então só cuidava de matar e não dava importância alguma à arte de conservar a vida. O que então se fazia em Roma quando alguém tinha tifo, fístula no ânus, bubonocele, pneumonia? Morria-se.

O pequeno número de médicos gregos que entraram em Roma era composto de escravos. Por fim, o médico tornou-se entre os nobres um objeto de luxo, tal como um cozinheiro. Todo rico tinha em casa perfumistas, encarregados dos banhos, ciganos e médicos. O célebre Musa, médico de Augusto, era escravo; foi alforriado e feito cavaleiro romano; então os médicos se tornaram personagens consideráveis.

Quando o cristianismo já estava tão bem estabelecido, e nos sentíamos bastante felizes por termos monges, estes foram expressamente proibidos por vários concílios de exercer a medicina. Era exatamente o contrário que deveriam ter feito, caso quisessem ser úteis ao gênero humano.

Quanto bem haveria em obrigar aqueles monges a estudarem medicina e curarem nossos males por amor a Deus! Não tendo nada para ganhar além do céu, eles nunca teriam sido charlatães. Ter-se-iam esclarecido mutuamente sobre nossas doenças e seus remédios. Seria a mais bela das vocações, e foi a única que não tiveram. Alguém objetará que eles poderiam ter envenenado os ímpios; mas até isso teria sido vantajoso para a Igreja. Lutero talvez nunca tivesse subtraído metade da Europa católica a nosso santo padre, o papa, pois na primeira febre renitente que tivesse o agostiniano Lutero, algum dominicano poderia ter-lhe dado umas pílulas. Alguém dirá que ele não as teria tomado; mas, enfim, com um pouco de habilidade, haveria como fazê-lo tomar. Continuemos.

Por fim, mais ou menos em 1517, encontrou-se um cidadão chamado João, que era animado por um zelo caridoso; não é de João Calvino que estou falando, é de um João cognominado de Deus, que instituiu os Irmãos dos Enfermos. Ao lado dos religiosos da redenção dos cativos, esses são os únicos monges úteis. Por isso, não são arrolados nas ordens. Dominicanos, franciscanos, cistercienses, premonstratenses e beneditinos não reconhecem os Irmãos dos Enfermos. Nem sequer se fala deles na continuação da *História eclesiástica* de Fleury. Por quê? Porque fizeram curas, e não milagres. Serviram, não cabalaram. Curaram mulheres pobres, e não as orientaram nem as seduziram. Por fim, visto que sua instituição era a caridade, era justo que fossem desprezados pelos outros monges.

Sendo, portanto, uma profissão mercenária no mundo, como ocorre em alguns lugares com a justiça, a medicina ficou sujeita a estranhos abusos. Mas haverá algo mais digno de apreço no mundo do que o médico que, depois de estudar na juventude a natureza, de conhecer os mecanismos do corpo humano, os males que o atormentam, os remédios que podem dar-lhe alívio, exerce sua arte desafiando-os, cuida com igualdade pobres e ricos, recebe honorários lamentando e usa esses honorários para socorrer o indigente? Tal homem não será um pouco superior ao geral dos capuchinhos, por mais respeitável que seja esse geral?

MENDIGOS (Gueux, mendiant)

Todo país onde a mendicância é profissão é mal governado. A mendicância, como disse antes, é um parasita que se prende à opulência; sim, mas é preciso livrar-se dela. É preciso que a opulência ponha a pobreza para trabalhar, que os hospitais se destinem aos doentes e aos velhos, e as oficinas, para a juventude saudável e vigorosa.

Vejamos um trecho de um sermão que um pregador fez, há dez anos, para a paróquia de Saint--Leu e Saint-Gilles, que é a paróquia dos mendigos e dos convulsionários: *Pauperes evangelizantur* (são Mateus, cap. XI, 5) – os pobres são evangelizados.

Mendigos, irmãos meus, o que quer dizer Evangelho? Quer dizer *boa-nova*. Portanto, é uma boa-nova o que lhes ensinarei; e que nova é essa? É que, se vocês forem preguiçosos, vão morrer num esterqueiro. Saibam que antigamente existiram reis preguiçosos; pelo menos é o que se diz; acabaram por não encontrar nem um asilo sequer. Se trabalharem, serão tão felizes quanto as outras pessoas.

Os senhores pregadores de Saint-Eustache e Saint-Roch podem fazer aos ricos belíssimos sermões em estilo florido, capazes de propiciar aos ouvintes digestão fácil e suave adormecimento, além de render mil escudos ao orador; eu não, eu falo para gente que não consegue dormir de fome. Trabalhem para comer, é o que digo, pois a Escritura disse: "Quem não trabalha não merece comer." Nosso confrade Jó, que passou algum tempo nesse estado em que estão vocês agora, disse que o homem nasceu para trabalhar, assim como o pássaro nasceu para voar. Vejam essa cidade imensa; todos estão ocupados: os juízes se levantam às quatro horas da madrugada para sentenciá-los e mandá-los todos para as galés, caso a preguiça os leve a roubar com pouca habilidade.

O rei trabalha: assiste todos os dias à reunião de seu conselho; participa de campanhas bélicas. Dirão vocês que nem por isso ficou mais rico: concordo, mas não é por culpa dele. Os financistas sabem melhor do que vocês e eu que nos seus cofres não entra metade da sua receita; ele foi obrigado a vender sua própria louça para nos defender de nossos inimigos: nós, por nossa vez, precisamos ajudá-lo. O *Amigo dos homens* só lhe concede setenta e cinco milhões por ano: outro amigo lhe dá todos os anos, de uma só vez, setecentos e quarenta. Mas, de todos esses amigos de Jó, não há um só que lhe empreste um escudo. É preciso inventar mil expedientes engenhosos para reter em nossos bolsos esse escudo que só chega no dele pela metade.

Portanto, trabalhem, meus caros irmãos, para seu próprio proveito, pois aviso que, se não cuidarem de si mesmos, ninguém cuidará; serão tratados tal como o rei é tratado nas moções de censura do parlamento. Alguém lhes dirá: "Deus cuide de vós!"

– Sairemos pelas nossas províncias – responderão vocês. – Seremos sustentados pelos donos de terras, pelos rendeiros, pelos curas. – Não esperem, meus irmãos, comer à mesa deles; na maioria, alimentam-se a duras penas, apesar do *Método para enriquecer depressa com agricultura* e de centenas de obras dessa espécie, publicadas todos os dias em Paris para uso do campo, que os autores nunca cultivaram.

Vejo entre vocês alguns jovens dotados de algum intelecto; dizem eles que farão versos, escreverão livros, como Chiniac, Nonotte, Patouillet; que trabalharão para *Nouvelles ecclésiastiques*; que escreverão folhas para Fréron, orações fúnebres para bispos, canções para o Opéra-Comique. Pelo menos é uma ocupação; quem faz o *Année littéraire* não assalta nas estradas, só assalta os seus credores. Mas façam coisa melhor, meus irmãos em Cristo, meus caros mendigos, que se arriscam a ir para as galés por passarem a vida mendigando: entrem para uma das quatro ordens mendicantes, e serão ricos e honrados.

MESSIAS (Messie)

Advertência

"Este verbete é do sr. Polier de Bottens, de uma antiga família da França, estabelecida há duzentos anos na Suíça. É o primeiro pastor de Lausanne. Sua ciência equipara-se à sua piedade. Escreveu este verbete para o grande *Dicionário enciclopédico*, no qual foi inserido. Foram suprimidos apenas alguns trechos, de que, segundo os revisores, alguns católicos menos eruditos e devotos que o autor poderiam abusar. Foi recebido com aplausos por todos os sábios.

"Foi impresso ao mesmo tempo em outro pequeno dicionário e, na França, foi atribuído a um homem que ninguém se constrangia de molestar. Supôs-se que o verbete era ímpio, porque supunham que era de um laico, e todos invectivaram contra a obra e contra o pretenso autor. O homem acusado limitou-se a rir dessa confusão. Via com compaixão diante de seus olhos esse exemplo de erro e injustiça que os homens cometem todos os dias em seus juízos, pois ele tinha o manuscrito do sábio e sapiente sacerdote, escrito inteiramente de seu punho. E ainda o tem. Ele será mostrado a quem queira examiná-lo. Nele se verão até mesmo as rasuras feitas então por aquele laico, para prevenir as interpretações malsãs.

"Portanto, transcrevemos aqui esse verbete em sua integridade original. Retiramos algumas coisas, para não repetirmos o que já foi impresso em outro lugar, mas não acrescentamos uma só palavra.

"O bom de toda essa história é que um confrade do respeitável autor escreveu as coisas mais ridículas do mundo contra esse verbete de seu confrade, acreditando estar escrevendo contra um inimigo comum. Isso está parecendo briga no escuro, quando os camaradas se batem sem se ver.

"Milhares de vezes os polemistas condenaram trechos de santo Agostinho e são Jerônimo, sem saberem que eram daqueles Padres da Igreja. Anatematizariam uma parte do Novo Testamento, se não tivessem ouvido dizer de quem é esse livro. É assim que se julga vezes sem conta."

Messias: esse termo vem do hebraico; é sinônimo da palavra grega *Cristo*. Ambos são termos consagrados na religião, atribuídos hoje apenas ao ungido por excelência, o soberano libertador que o antigo povo judeu esperava, por cuja vinda ainda anseia, e que os cristãos veem na pessoa de Jesus, filho de Maria, que consideram o ungido do Senhor, Messias prometido para a humanidade: os gregos também usam a palavra *Eleimmenos*, que significa o mesmo que *Christos*.

Vemos no Antigo Testamento que a palavra *Messias* não era específica do libertador por cuja vinda o povo de Israel ansiava, nem sequer dos verdadeiros e fiéis servidores de Deus, mas era o nome frequentemente dado aos reis e aos príncipes idólatras, que, nas mãos do Eterno, eram instrumento de seus castigos ou da execução dos desígnios de sua sabedoria. É assim que o autor do Eclesiástico diz que Eliseu[13], *qui ungis reges ad poenitentiam*, ou, conforme traduzido pelos Setenta, *ad vindictam*. "Ungis os reis para exercer a vingança do Senhor." Foi por isso que enviou um profeta para ungir Jeús, rei de Israel. Anunciou a unção sagrada a Hazael, rei de Damasco e da Síria[14], sendo esses dois príncipes os Messias do Altíssimo para punir os crimes e as abominações da casa de Acabe.

Mas no capítulo XLV de Isaías, versículo 1, o nome Messias é expressamente dado a Ciro. "Disse o Eterno a Ciro, seu ungido, seu Messias, cuja mão direita tomei, para abater as nações diante dele etc."

Ezequiel, no capítulo XXVIII de suas revelações, versículo 14, dá o nome de Messias ao rei de Tiro, que também chama de querubim, e fala dele e de sua glória em termos enfáticos, nos quais é mais fácil captar a beleza do que o sentido. "Filho do homem", diz o Eterno ao profeta, "pronuncia em voz alta uma lamentação sobre o rei de Tiro e diz-lhe: Assim disse o Senhor, o Eterno, eras o selo da semelhança de Deus, cheio de sabedoria e perfeito em belezas; foste o jardim do Éden do Senhor (ou, segundo outras versões, eras todas as delícias do Senhor); tua coberta era de pedras preciosas de todas as espécies, sardônica, topázio, jaspe, crisólita, ônix, berilo, safira, carbúnculo, esmeralda e ouro. Aquilo que teus tambores e tuas flautas sabiam fazer esteve em ti; estavam prontos no dia em que foste criado; foste um querubim, um Messias para servir de proteção; eu te havia estabelecido; estiveste na santa montanha de Deus; andaste entre as pedras flamejantes, foste perfeito em teus caminhos, desde o dia em que foste criado, até que em ti se encontrou a perversidade."

De resto, o nome *Messiah*, em grego *Cristo*, era dado a reis, profetas e grandes sacerdotes dos hebreus. Lemos no livro I dos Reis, capítulo XII, versículo 5: "O Senhor e seu Messias são testemunhas", ou seja, "o Senhor e o rei por ele estabelecido." E em outro ponto: "Não toqueis em meus

---

13. Eclesiástico, cap. XLVIII, v. 8. (N. de Voltaire)
14. III dos Reis, cap. XIX, v. 15 e 16. (N. de Voltaire)

ungidos e não façais mal algum a meus profetas." Davi, animado pelo espírito de Deus, dá em mais de um lugar a Saul, seu sogro e perseguidor, que não tinha motivos para amar, dava àquele rei reprovado, do qual o espírito do Eterno se havia retirado, o nome e a qualidade de ungido, Messias do Senhor. "Deus me guarde", diz ele frequentemente, "de pôr a mão sobre o ungido do Senhor, sobre o Messias de Deus."

Se o belo nome de Messias, de ungido do Eterno, foi dado a reis idólatras, a príncipes cruéis e tirânicos, foi também muito empregado em nossos antigos oráculos para designar verdadeiramente o ungido do Senhor, o Messias por excelência, objeto do desejo e da expectativa de todos os fiéis de Israel. Assim, Ana, mãe de Samuel, conclui seu cântico com estas palavras notáveis, que não podem ser aplicadas a nenhum rei[15], pois todos sabem que no momento os hebreus não tinham rei: "O Senhor julgará as extremidades da terra, dará o império a seu rei, ele elevará a trombeta de seu Cristo, de seu Messias." Encontra-se essa mesma palavra nos seguintes oráculos: salmo II, versículo 2; salmo XXVII, versículo 8; Jeremias (Lamentações), IV, versículo 20; Daniel, IX, versículo 26; Habacuc, III, versículo 13.

Comparemos todos esses diversos oráculos e, em geral, todos os que costumam ser aplicados ao Messias, e resultarão contrastes de algum modo inconciliáveis, que até certo ponto justificam a obstinação do povo ao qual foram dados esses oráculos.

De fato, como conceber, antes que o acontecimento justificasse tudo na pessoa de Jesus, filho de Maria, como conceber, repito, uma inteligência de algum modo divina e humana ao mesmo tempo, um ser grande e humilde que triunfasse do diabo, que fosse tentado, arrebatado e carregado pelo espírito infernal, pelo príncipe dos poderes do ar, contra a sua vontade, ser que é mestre e servidor, rei e súdito, sacrificador e vítima ao mesmo tempo, mortal e vencedor da morte, rico e pobre, conquistador glorioso cujo reinado eterno não terá fim, que deverá submeter toda a natureza com seus prodígios e no entanto será um homem de dor, privado das comodidades, muitas vezes até do absolutamente necessário nesta vida da qual ele se diz rei, vida que ele vem encher de glória e honra, terminando uma vida inocente, infeliz, incessantemente contradita e empeçada, com um suplício também vergonhoso e cruel, encontrando até mesmo nessa humilhação, nesse rebaixamento extraordinário, a fonte de uma elevação única que o conduz ao mais alto ponto de glória, poder e felicidade, ou seja, ao plano da primeira das criaturas?

Todos os cristãos são concordes em encontrar essas características, aparentemente tão incompatíveis, na pessoa de Jesus de Nazaré, que chamam Cristo; seus seguidores davam-lhe esse título por excelência, não porque ele tivesse sido ungido de maneira sensível e material, como o foram antes alguns reis, profetas e sacrificadores, mas porque o espírito divino o designara para essas grandes missões, e ele recebera a unção espiritual necessária para tanto.

(A[16]) Estávamos nesse ponto de um verbete tão importante, quando um predicador holandês, mais célebre por essa descoberta do que pelas medíocres produções de um gênio fraco e pouco instruído, nos mostrou que nosso Senhor Jesus era Cristo, o Messias de Deus, por ter sido ungido nas três principais épocas de sua vida, para ser nosso rei, nosso profeta e nosso sacrificador.

Ao ser batizado, a voz do soberano mestre da natureza declara-o seu filho único e bem-amado, por isso mesmo seu representante.

No monte Tabor, transfigurado, associado a Moisés e a Elias, essa mesma voz sobrenatural o anuncia à humanidade como o filho daquele que anima e envia os profetas, devendo ser ouvido acima de qualquer outro.

Em Getsêmani, um anjo desce do céu para apoiá-lo nas angústias extremas a que o levou a aproximação do suplício; fortalece-o contra o medo cruel de uma morte que ele não pode evitar

---

15. Reis, cap. II, v. 10. (N. de Voltaire)
16. No *Dicionário* (de A a B), foi suprimido todo o parágrafo referente ao predicador holandês, por ter sido considerado sem ligação com o restante do texto. (N. de Voltaire)

e o põe em condições de ser um sacrificador excelente porque vítima inocente e pura que ele mesmo oferecerá.

O judicioso predicador holandês, discípulo do ilustre Cocceius, vê o óleo sacramental dessas diversas unções celestes nos sinais visíveis que o poder de Deus fez aparecer no ungido: no batismo, *a sombra da pomba* que representava o Espírito Santo a descer sobre ele; no monte Tabor, *a nuvem milagrosa* que o cobriu; em Getsêmani, o *suor de sangue* com que todo o seu corpo foi coberto.

Depois disso, só quem levar a incredulidade ao extremo não reconhecerá nesses traços o ungido do Senhor por excelência, o Messias prometido, e só se poderia deplorar a cegueira inconcebível do povo judeu, se ele não tivesse entrado no plano da infinita sabedoria de Deus e, em suas visões misericordiosas, não tivesse sido essencial ao cumprimento de sua obra e à salvação da humanidade. (B)

Mas também é preciso convir que, no estado de opressão em que gemia o povo judeu, depois de todas as gloriosas promessas que o Eterno lhe fizera com tanta frequência, ele devia ansiar pela vinda de um Messias, considerá-lo a era de sua bem-aventurada libertação; por isso, é de algum modo escusável que não tenha desejado reconhecer esse libertador na pessoa do Senhor Jesus, principalmente porque é típico do homem ater-se mais ao corpo que ao espírito e ser mais sensível às necessidades presentes do que lisonjeado pelas vantagens vindouras, por isso mesmo sempre incertas.

De resto, é de crer que Abraão e, depois dele, um número bem pequeno de patriarcas e profetas puderam ter uma ideia da natureza do reino espiritual do Messias; mas essas ideias precisaram ficar no pequeno círculo dos inspirados; e não é de espantar que, desconhecidas para a multidão, essas noções se tenham alterado tanto que, quando o Salvador apareceu na Judeia, o povo e seus doutores, seus príncipes mesmo, esperassem um monarca, um conquistador que, com a rapidez de suas conquistas, sujeitasse todo o mundo; e como conciliar essas ideias lisonjeiras com o estado abjeto e aparentemente miserável de Jesus Cristo? Por isso, escandalizados quando viram que ele se anunciava como o Messias, perseguiram-no, rejeitaram-no e o fizeram morrer no suplício extremo. Desde aquele tempo, não vendo nada que encaminhe para o cumprimento de seus oráculos e não querendo renunciar a eles, entregam-se a todas as espécies de ideias, umas mais quiméricas que as outras.

Assim, quando viram o triunfo da religião cristã, quando sentiram que era possível explicar espiritualmente e aplicar a Jesus Cristo a maioria de seus antigos oráculos, resolveram, contrariando o sentimento de seus pais, negar que os trechos por nós aduzidos devessem ser interpretados como referentes ao Messias, torcendo assim nossas Santas Escrituras, para sua própria ruína.

Alguns afirmam que seus oráculos foram mal entendidos; que é vão ansiar pela vinda do Messias, pois ele já veio na pessoa de Ezequias. Era o que achava o famoso Hillel. Outros, menos rigorosos ou cedendo politicamente ao tempo e às circunstâncias, afirmam que a crença na vinda de um Messias não é artigo fundamental de fé e que, negando-se esse dogma, não se perverte a lei, ela é apenas um pouco ferida. Assim, o judeu Albo dizia ao papa que negar a vinda do Messias era apenas cortar um ramo da árvore sem tocar na raiz.

O famoso rabino Salomon Jarchi ou Raschi, que viveu no começo do século XII, diz, em suas *Talmúdicas*, que os antigos hebreus acreditaram que o Messias nasceu no dia da última destruição de Jerusalém pelos exércitos romanos; como se diz, isso é chamar o médico depois da morte.

O rabino Kimchi, que também viveu no século XII, anunciava que o Messias, cuja vinda se acreditava estar muito próxima, expulsaria da Judeia os cristãos que então a possuíam; é verdade que os cristãos perderam a Terra Santa, mas quem os venceu foi Saladino; uma vez que esse conquistador protegeu os judeus e se declarou favorável a eles, é provável que, em seu entusiasmo, eles o tenham feito seu Messias.

Os autores sagrados e nosso senhor Jesus muitas vezes comparam o reino do Messias e a eterna beatitude a dias de núpcias, a festins; mas os talmudistas abusaram estranhamente dessas parábolas: segundo eles, o Messias dará a seu povo, reunido na terra de Canaã, uma ceia cujo vinho será o mesmo que Adão fez no paraíso terrestre, conservado em vastos celeiros cavados pelos anjos no centro da terra.

Como entrada, será servido o famoso peixe chamado grande Leviatã, que devora de uma só vez um peixe menor que ele, que não deixa de ter trezentas léguas de comprimento; toda a massa das águas é posta sobre Leviatã. Deus, no começo, criou um macho e uma fêmea, mas, para que eles não entornassem a terra e enchessem o universo com seus semelhantes, Deus matou a fêmea e salgou-a para o festim do Messias.

Os rabinos acrescentam que para essa ceia será morto o touro Beemote, tão grande que todo dia come o feno de mil montanhas: a fêmea desse touro foi morta no começo do mundo, para que uma espécie tão prodigiosa não se multiplicasse, o que só poderia prejudicar as outras criaturas; mas garantem que o Eterno não a salgou, porque vaca salgada não é tão gostoso como fêmea de Leviatã. Os judeus ainda prestam tão boa-fé a todas essas fantasias rabínicas, que muitas vezes juram pela sua parte do boi Beemote, assim como alguns cristãos ímpios juram por sua parte do paraíso.

Depois de ideias tão grosseiras sobre a vinda do Messias e seu reinado, será de espantar que os judeus antigos e modernos, bem como até vários dos primeiros cristãos, infelizmente imbuídos de todas essas fantasias, não tenham conseguido elevar-se à ideia da natureza divina do ungido do Senhor e não tenham atribuído a qualidade de deus ao Messias? Vede como os judeus se expressam sobre isso na obra intitulada *Judaei Lusitani Quaestiones ad Christianos*[17]. Dizem eles: "Reconhecer um Deus-homem é iludir-se, forjar um monstro, um centauro, o bizarro composto de duas naturezas que não poderiam aliar-se." Acrescentam que os profetas não ensinam que o Messias seja Deus-homem, que fazem distinção expressa entre Deus e Davi, declarando que o primeiro é senhor, e o segundo, servidor etc.

Quando o Salvador apareceu, as profecias, embora claras, foram infelizmente obscurecidas pelos preconceitos recebidos de mistura com o leite. Jesus Cristo mesmo, fosse para poupar ou para não revoltar os espíritos, parece extremamente reservado quanto à sua divindade. Diz são Crisóstomo: "Ele queria acostumar aos poucos seus ouvintes a crer num mistério tão acima da razão." Se ele assume uma autoridade de Deus perdoando os pecados, essa ação eleva todos os que a testemunham; seus milagres mais evidentes não podem convencer de sua divindade nem mesmo aqueles em favor dos quais os faz. Quando, diante do tribunal do soberano sacrificador, confessa, com modesto circunlóquio, que é o filho de Deus, o grande sacerdote rasga-lhe a túnica e acusa-o de blasfêmia. Antes da chegada do Espírito Santo, os apóstolos nem sequer suspeitam da divindade de seu caro mestre; ele os interroga sobre o que o povo pensa dele, e lhe respondem que uns o têm por Elias, outros por Jeremias ou por algum outro profeta. São Pedro precisa de uma revelação especial para reconhecer que Jesus é Cristo, filho do Deus vivo.

Os judeus, revoltados contra a divindade de Jesus Cristo, recorreram a todas as espécies de meios para destruir esse grande mistério; torcem o sentido de seus próprios oráculos, ou não os aplicam ao Messias; afirmam que o nome de Deus, Eloí, não é específico da divindade e é dado até mesmo pelos autores sagrados aos juízes, aos magistrados e em geral aos de elevada autoridade; citam grande número de trechos das Santas Escrituras que justificam essa observação, mas não atentam contra os termos expressos dos antigos oráculos que dizem respeito ao Messias.

Por fim, afirmam que, se o Salvador e, depois dele, os evangelistas, os apóstolos e os primeiros cristãos chamam Jesus de filho de Deus, esse termo augusto não significava, nos tempos evan-

---

17. *Quaest*. I, II, XXIII etc. (N. de Voltaire)

gélicos, nada mais que o oposto de filho de Belial, ou seja, homem de bem, servidor de Deus, em oposição a malvado, homem que teme Deus.

Além de contestarem a qualidade de Messias e a divindade de Jesus Cristo, os judeus nada pouparam que pudesse torná-lo desprezível e lançar sobre seu nascimento, sua vida e sua morte todo o ridículo e o opróbrio que sua criminosa pertinácia pudesse imaginar.

De todas as obras produzidas pela cegueira dos judeus, não há nenhuma mais odiosa e extravagante que o livro antigo intitulado *Sepher Toldos Jeschut*, desenterrado pelo sr. Vagenseil no segundo tomo de sua obra intitulada *Tela ignea Satanae* etc.

É nesse *Sepher Toldos Jeschut* que se lê uma história monstruosa da vida de nosso Salvador, forjada com a maior paixão e má-fé possível. Assim, por exemplo, ousaram escrever que certo Pantera ou Pandera, habitante de Belém, apaixonara-se por uma jovem casada com Jokanan. Desse comércio impuro nasceu um filho que recebeu o nome de Jesua ou Jesu. O pai dessa criança foi obrigado a fugir para Babilônia. Quanto ao jovem Jesu, foi enviado para as escolas, mas – acrescenta o autor – teve a insolência de levantar a cabeça e descobrir-se diante dos sacrificadores, em vez de aparecer diante deles de cabeça abaixada e rosto coberto, como era costume: audácia que foi vivamente admoestada; isso deu ensejo ao exame de seu nascimento, que se descobriu ser impuro, expondo-o de imediato à ignomínia.

Esse detestável livro *Sepher Toldos Jeschut* era conhecido desde o segundo século; Celso cita-o com confiança, e Orígenes o refuta no capítulo nono.

Há um outro livro também intitulado *Toldos Jeschut*, publicado no ano 1705 pelo sr. Huldric, que segue mais de perto o Evangelho da infância, mas a todo momento comete os anacronismos mais grosseiros; segundo ele, Jesus Cristo nasce e morre no reinado de Herodes, o Grande; afirma que a esse príncipe foram feitas as queixas do adultério de Pantera e Maria, mãe de Jesus.

O autor, que assume o nome de Jônatas, afirmando que é contemporâneo de Jesus Cristo e morador de Jerusalém, afirma que Herodes consultou sobre o caso de Jesus Cristo os senadores de uma cidade na terra de Cesareia: não seguiremos um autor tão absurdo em todas as suas contradições.

No entanto, acatando todas essas calúnias, os judeus nutrem ódio implacável contra os cristãos e o Evangelho; não pouparam esforços para alterar a cronologia do Antigo Testamento e para disseminar dúvidas e dificuldades sobre o tempo da vinda de nosso Salvador.

Ahmed-ben-Cassum-la-Andacusi, mouro de Granada, que viveu em fins do século XVI, cita um antigo manuscrito árabe que foi encontrado com dezesseis lâminas de chumbo, gravadas em caracteres árabes, numa gruta das proximidades de Granada. O próprio dom Pedro y Quinones, arcebispo de Granada, foi testemunha disso. Essas lâminas de chumbo, chamadas lâminas de Granada, foram depois levadas a Roma, onde, após um exame que durou vários anos, foram condenadas como apócrifas no pontificado de Alexandre VII; só contêm histórias fabulosas sobre a vida de Maria e de seu filho.

O nome Messias, acompanhado do epíteto falso, também é dado àqueles impostores que, em diversas épocas, procuraram enganar a nação judia. Houve falsos messias antes mesmo da vinda do verdadeiro ungido de Deus. O sábio Gamaliel fala[18] de certo Teudas, cuja história se lê nas antiguidades judaicas de Josefo, livro XX, capítulo II. Ele se gabava de atravessar o Jordão a pé; atraiu muitos seguidores, mas os romanos caíram sobre seu pequeno bando e o dissiparam, cortaram a cabeça do infeliz chefe e a expuseram em Jerusalém.

Gamaliel também fala de Judas, o galileu, provavelmente o mesmo a que Josefo faz menção no décimo segundo capítulo do segundo livro da guerra dos judeus. Diz que esse falso profeta reunira cerca de trinta mil homens, mas a hipérbole faz parte do caráter do historiador judeu.

---

18. Atos Apóst., cap. V, v. 34, 35, 36. (N. de Voltaire)

Já nos tempos apostólicos, viu-se que Simão, cognominado o mago[19], soubera seduzir os habitantes de Samária a tal ponto que eles o consideravam como *a virtude de Deus*.

No século seguinte, nos anos 178 e 179 da era cristã, sob o império de Adriano, surgiu o falso messias Barcoquebas à frente de um exército. O imperador mandou contra ele Júlio Severo, que, depois de vários recontros, cercou os revoltosos na cidade de Bither; houve uma resistência obstinada ao cerco, mas a cidade foi vencida: Barcoquebas foi preso e morto. Adriano acreditou que a melhor forma de prevenir as contínuas revoltas dos judeus era proibi-los, por meio de um edito, de ir a Jerusalém; chegou a pôr guardas nas portas da cidade, para impedir a entrada do que restava do povo de Israel.

Em Sócrates, historiador eclesiástico[20], lê-se que no ano 434 apareceu na ilha de Cândia um falso messias que se chamava Moisés. Dizia-se o antigo libertador dos hebreus, ressuscitado para libertá-los outra vez.

Um século depois, em 530, houve na Palestina um falso messias chamado Juliano; anunciava-se como grande conquistador que, à cabeça de sua nação, destruiria com armas todo o povo cristão; seduzidos por suas promessas, os judeus armados mataram vários cristãos. O imperador Justiniano enviou tropas contra ele; houve combate contra o falso Cristo, ele foi preso e condenado ao suplício máximo.

No começo do século VIII, Sereno, judeu espanhol, apresentou-se como messias, pregou, teve discípulos e morreu, como eles, na miséria.

Surgiram vários falsos messias no século XII. Apareceu um na França, no reinado de Luís, o Jovem; foi enforcado com seus seguidores, sem que jamais tenham sido conhecidos os nomes do mestre e dos discípulos.

O século XIII foi fértil em falsos messias; contam-se sete ou oito surgidos na Arábia, na Pérsia, na Espanha e na Morávia: um deles, que se denominava *David el Re*, segundo consta foi um grande mago; seduziu os judeus e acabou encabeçando considerável facção; mas esse messias foi assassinado.

Tiago Zieglerne, da Morávia, que viveu em meados do século XVI, anunciava a próxima manifestação do Messias, nascido, conforme afirmava, quatorze anos antes; dizia que o vira em Estrasburgo e que guardava com cuidado uma espada e um cetro para entregar-lhe assim que ele atingisse a idade de ensinar.

Em 1624, outro Zieglerne confirmou a predição do primeiro.

Em 1666, Sabatei-Sevi, nascido em Alepo, diz que é o Messias anunciado pelos Zieglerne. Começou pregando nas estradas e nos campos; os turcos zombavam dele, enquanto seus discípulos o admiravam. Parece que não granjeou de início o grosso da nação judia, pois os chefes da sinagoga de Esmirna o condenaram à morte; mas livrou-se dela em troca do medo e do banimento.

Casou-se três vezes, e dizem que não consumou nenhum dos casamentos, afirmando que aquilo estava abaixo dele. Associou-se a certo Natã-Levi, que representou a personagem do profeta Elias, que devia preceder o Messias. Foram a Jerusalém, e lá Natã anunciou Sabatei-Sevi como o libertador das nações. O populacho judeu os apoiou, mas os que tinham alguma coisa para perder os anatematizaram.

Sevi, para escapar ao desastre, fugiu para Constantinopla e, de lá, para Esmirna; Natã-Levi enviou-lhe quatro embaixadores, que o reconheceram e o saldaram publicamente como messias; essa embaixada o impôs ao povo e mesmo a alguns doutores, que declararam Sabatei-Sevi messias e rei dos hebreus. Mas a sinagoga de Esmirna condenou seu rei a ser empalado.

---

19. Id., cap. VIII, v. 9, 10. (N. de Voltaire)
20. Sócrates, *Hist. ecl.*, liv. II, cap. XXXVIII. (N. de Voltaire)

Sabatei obteve a proteção do cádi de Esmirna e logo teve consigo todo o povo judeu; mandou erigir dois tronos, um para ele e outro para sua esposa favorita; assumiu o nome de rei dos reis e deu a José Sevi, seu irmão, o título de rei de Judá. Prometeu aos judeus a conquista do império otomano. Levou a insolência ao ponto de mandar retirar da liturgia judaica o nome do imperador e substituí-lo pelo seu.

Mandaram prendê-lo em Dardanelos; os judeus divulgaram que sua vida só era poupada porque os turcos sabiam muito bem que ele era imortal. O governador de Dardanelos enriqueceu-se com os presentes que os judeus lhe deram para poderem visitar seu rei, seu messias prisioneiro, que nos grilhões conservava toda a dignidade e deixava que lhe beijassem os pés.

No entanto, o sultão, cuja corte ficava em Andrinopla, quis acabar com aquela comédia; mandou chamar Sevi e disse-lhe que, se ele fosse mesmo messias, deveria ser invulnerável; Sevi concordou. O Grande Senhor mandou que ele servisse de alvo para as flechas de seus icoglãs; o messias confessou que não era invulnerável e defendeu-se dizendo que Deus só o enviara para dar testemunho à santa religião muçulmana. Fustigado pelos ministros da lei, tornou-se maometano, vivendo e morrendo desprezado tanto por judeus quanto por muçulmanos, o que desacreditou tanto a profissão de falso messias, que Sevi foi o último deles.

METAFÍSICA (Métaphysique)

Trans naturam, além da natureza. Mas o que está além da natureza é alguma coisa? Por natureza entende-se, portanto, matéria, e metafísica é o que não é matéria.

Por exemplo, vosso raciocínio, que não é longo nem largo nem alto nem sólido nem pontudo;

Vossa alma, que desconheceis, que produz vosso raciocínio;

Os espíritos, de que sempre se falou, aos quais durante muito tempo se atribuiu um corpo tão tênue que já não era corpo, e aos quais, por fim, foi subtraído qualquer vislumbre de corpo, sem que se soubesse o que lhes restava;

A maneira como esses espíritos sentem, sem o empecilho dos cinco sentidos, a maneira como pensam sem cabeça, como comunicam seus pensamentos sem palavras e sem sinais;

Por fim, Deus, que conhecemos por suas obras, mas que nosso orgulho quer definir; Deus, cujo poder imenso sentimos; Deus, entre o qual e nós está o abismo do infinito, e cuja natureza ousamos sondar;

São esses os objetos da metafísica.

Poderíamos ainda acrescentar-lhes os próprios princípios da matemática, dos pontos sem extensão, das linhas sem largura, das superfícies sem profundidade, das unidades divisíveis ao infinito etc.

O próprio Bayle acreditava que esses objetos são entidades abstratas, mas na realidade são apenas coisas materiais consideradas em suas massas, superfícies e simples comprimentos ou larguras, nos extremos desses simples comprimentos ou larguras. Todas as medidas são corretas e demonstradas, e a metafísica nada tem a ver com a geometria.

Por isso, pode-se ser metafísico sem ser geômetra. A metafísica é mais divertida; muitas vezes é o romance do espírito. Em geometria, ao contrário, é preciso calcular e medir. É um aborrecimento interminável, e muitas inteligências preferiram sonhar tranquilamente a cansar-se.

METAMORFOSE, METEMPSICOSE
(Métamorphose, Métempsycose)

Não será natural que todas as metamorfoses de que a terra está coberta tenham levado a imaginar no oriente, onde se imaginou de tudo, que nossa alma passa de um corpo para outro? Um ponto quase imperceptível torna-se um verme, este transforma-se em borboleta; uma glande transforma-se em carvalho, um ovo em pássaro; a água torna-se nuvem e trovão; a madeira se converte em fogo e cinzas; tudo enfim parece metamorfoseado na natureza. Logo se atribuiu às almas, vistas como figuras diáfanas, aquilo que era possível perceber nos corpos mais grosseiros. A ideia da metempsicose talvez seja o mais antigo dogma do universo conhecido e ainda reina em grande parte da Índia e da China.

Também é muito natural que todas as metamorfoses de que somos testemunhas tenham produzido aquelas antigas fábulas que Ovídio coligiu em sua admirável obra. Os próprios judeus tiveram suas metamorfoses. Se Niobe foi transformada em mármore, Edite, mulher de Ló, foi transformada em estátua de sal. Se Eurídice ficou nos infernos por ter olhado para trás, foi pela mesma indiscrição que a mulher de Ló se viu privada da natureza humana. O burgo onde moravam Báucis e Filêmon na Frígia transformou-se em lago; a mesma coisa ocorre a Sodoma. As filhas de Ânio convertiam água em óleo; temos na Escritura uma metamorfose mais ou menos semelhante, porém mais verdadeira e sagrada. Cadmo foi transformado em serpente; a vara de Aarão também se tornou serpente.

Os deuses muitas vezes se transformavam em homens; os judeus sempre viram os anjos apenas na forma humana: os anjos comeram com Abraão. Paulo, em sua Epístola aos Coríntios, diz que o anjo de Satã lhe deu umas bofetadas: *Angelos Satana me colaphiset*.

MILAGRES (Miracles)

Primeira seção

Um milagre, segundo a energia da palavra, é uma coisa admirável; nesse caso, tudo é milagre. A ordem prodigiosa da natureza, a rotação de cem milhões de globos em torno de um milhão de sóis, a atividade da luz, a vida dos animais são milagres perpétuos.

Segundo as ideias correntes, chamamos de milagre a violação dessas leis divinas e eternas. Se houver eclipse do Sol durante a lua cheia, se um morto caminhar duas léguas carregando a cabeça nos braços, diremos que são milagres.

Vários físicos afirmam que, nesse sentido, não há milagre, e seus argumentos são os seguintes.

Milagre é a violação das leis matemáticas, divinas, imutáveis, eternas. Só por isso, um milagre é uma contradição nos termos: uma lei não pode ser ao mesmo tempo imutável e violada. Mas – dirão – se a lei é estabelecida por Deus, não poderá ser suspensa por seu autor? Eles têm a ousadia de responder que não, e que é impossível que o Ser infinitamente sábio tenha feito leis para as violar. Dizem: Ele só poderia desarranjar sua máquina para fazê-la funcionar melhor; ora, é claro que, sendo Deus, fez essa imensa máquina da melhor maneira que pôde: se viu que havia alguma imperfeição resultante da natureza da matéria, consertou-a já no começo; por isso, nunca mudará nada.

Além disso, Deus não pode nada fazer sem razão; ora, que razão o levaria a desfigurar sua própria obra por algum tempo?

Dirão: É em favor dos homens. E os outros respondem: Então pelo menos em favor de todos os homens; pois é impossível conceber que a natureza divina trabalhe para alguns homens em particular, e não para todo o gênero humano; e o gênero humano mesmo é bem pouca coisa: ele é muito menos que um pequeno formigueiro em comparação com todos os seres que enchem a imensidão. Ora, não será a mais absurda das loucuras imaginar que o Ser infinito inverteria o jogo eterno desses mecanismos imensos que põem todo o universo em movimento, para favorecer três ou quatro centenas de formigas, que andam sobre este montinho de lama?

Mas suponhamos que Deus tenha desejado distinguir um pequeno número de homens com favores especiais: será preciso mudar o que estabeleceu para todos os tempos e para todos os lugares? Sem dúvida, ele não tem necessidade alguma dessa mudança, dessa circunstância, para favorecer suas criaturas; seus favores fazem parte de suas próprias leis. Ele previu tudo, arranjou tudo para elas; todas obedecem irrevogavelmente à força que ele imprimiu para sempre na natureza.

Por que Deus faria um milagre? Para atingir certo desígnio em alguns seres vivos! Então ele diria: Pelo modo como o universo está construído, por meus decretos divinos, por minhas leis eternas, não consegui cumprir certo objetivo; vou mudar minhas eternas ideias, minhas leis imutáveis, para tentar executar o que não pude fazer com elas. Essa seria uma confissão de fraqueza, e não de poder; seria, parece, a mais inconcebível contradição. Portanto, ousar supor milagres em Deus é realmente insultá-lo (se é que os homens podem insultar Deus). É o mesmo que lhe dizer: Sois um ser fraco e inconsequente. Logo, é absurdo acreditar em milagres; é desonrar de algum modo a Divindade.

Insistem e dizem aos filósofos: É inútil exaltar a imutabilidade do Ser supremo, a eternidade de suas leis, a regularidade de seus mundos infinitos; nosso montinho de lama foi coberto de milagres; a história está tão cheia de prodígios quanto de acontecimentos naturais. As filhas do grande sacerdote Ânio transformavam tudo o que queriam em trigo, vinho ou azeite; Atálide, filha de Mercúrio, ressuscitou várias vezes; Esculápio ressuscitou Hipólito; Hércules arrebatou Alceste à morte; Er voltou ao mundo depois de passar quinze dias nos infernos; Rômulo e Remo nasceram de um deus e de uma vestal; o paládio caiu do céu na cidade de Troia; a cabeleira de Berenice transformou-se numa constelação; a cabana de Báucis e Filêmon foi transformada em soberbo templo; a cabeça de Orfeu proferia oráculos depois que ele morreu; as muralhas de Tebas construíram-se por si mesmas ao som da flauta, diante dos gregos; as curas feitas no templo de Esculápio eram inúmeras, e ainda temos monumentos cheios de nomes das testemunhas oculares dos milagres de Esculápio.

Citai um povo no qual não tenham ocorrido prodígios incríveis, sobretudo nos tempos em que ele mal sabia ler e escrever.

Os filósofos só respondem a essas objeções rindo e dando de ombros; mas os filósofos cristãos dizem: Acreditamos nos milagres feitos em nossa santa religião; acreditamos pela fé, e não pela razão, que nos abstemos de ouvir; pois, quando a fé fala, sabe-se que a razão deve calar: temos uma crença firme e íntegra nos milagres de Jesus Cristo e dos apóstolos, mas permiti que duvidemos um pouco de vários outros; tolerai, por exemplo, a suspensão de nosso juízo sobre o que é narrado por um homem simples ao qual se deu o nome de grande. Ele garante que um mongezinho estava tão acostumado a fazer milagres, que o prior acabou por proibi-lo de exercer seu talento. O mongezinho obedeceu; mas, ao ver um pobre telhador caindo de um telhado, hesitou entre o desejo de salvar-lhe a vida e a santa obediência. Limitou-se a mandar o telhador ficar no ar até segunda ordem e foi correndo pôr o prior a par das coisas. O prior deu-lhe a absolvição do pecado que cometera ao começar um milagre sem permissão, e consentiu que o terminasse, desde que parasse por ali e não fizesse mais aquilo. Todos convêm com os filósofos que é preciso desconfiar um pouco dessa história.

Mas como ousareis negar, dizem eles aos filósofos, que são Gervásio e são Protásio apareceram em sonho a santo Ambrósio e lhe informaram em que lugar estavam as relíquias deles? Que santo Ambrósio as desenterrou e que elas curaram um cego? Santo Agostinho estava então em

Milão, e conta esse milagre, *immenso populo teste*, conforme diz em sua *Cidade de Deus*, livro XXII. Aí está um dos milagres mais bem constatados. Os filósofos dizem que não acreditam, que Gervásio e Protásio não apareceram a ninguém, que pouco importa ao gênero humano saber onde estão os restos de suas carcaças, que não acreditam nesse cego mais do que acreditam no de Vespasiano, que esse é um milagre inútil, que Deus não faz nada inútil; e batem pé em seus princípios. Meu respeito por são Gervásio e são Protásio não me permite concordar com esses filósofos; apenas exponho sua incredulidade. Dão muita importância a um trecho de Luciano que se encontra na morte de Peregrino: "Quando um bom prestidigitador se torna cristão, é certeza que fica rico." Mas, como é autor profano, Luciano não deve ter autoridade entre nós.

Esses filósofos não conseguem acreditar nos milagres realizados no século II. Não adianta as testemunhas oculares escreverem que, quando o bispo de Esmirna, são Policarpo, foi condenado à fogueira, depois que o lançaram às chamas, ouviu-se a voz do céu gritando: "Coragem, Policarpo, força, mostra que és homem", e então as chamas se afastaram de seu corpo e formaram um pavilhão de fogo acima de sua cabeça, e, do meio da fogueira, saiu uma pomba; por fim, foi preciso arrancar a cabeça de Policarpo. De que serve esse milagre?, perguntam os incrédulos; por que as chamas mudaram de natureza e por que o machado do carrasco não mudou? Por que motivo tantos mártires saíram sãos e salvos do óleo fervente e não conseguiram resistir ao gume do gládio? Respondem que é a vontade de Deus. Mas os filósofos gostariam de ver tudo isso com seus próprios olhos antes de acreditarem.

Os que fortalecem o raciocínio com a ciência dirão que os próprios Padres da Igreja confessaram com frequência que já não se faziam milagres em seus tempos. São Crisóstomo diz expressamente: "Os dons extraordinários do Espírito eram dados até mesmo aos indignos, porque então a Igreja precisava de milagres; mas hoje eles não são dados nem mesmo aos dignos, porque a Igreja não mais precisa deles." Depois, admite que já não há ninguém que ressuscite mortos nem que cure doentes.

O próprio santo Agostinho, apesar do milagre de Gervásio e Protásio, diz em *Cidade de Deus*: "Por que os milagres feitos outrora já não ocorrem hoje?", e aduz a mesma razão: *Cur, inquiunt, nunc illa miracula quae praedicatis facta esse non fiunt? Possem quidem dicere necessaria prius fuisse quam crederet mundus, ad hoc ut crederet mundus* [Por que motivo, perguntam, não se realizam agora os milagres que proclamais que já foram realizados? Eu poderia, sem dúvida, dizer que eles foram necessários antes que o mundo cresse, a fim de que o mundo cresse].

Objetam aos filósofos que santo Agostinho, apesar dessa afirmação, fala de um velho sapateiro de Hipona que, perdendo as roupas, foi orar na capela dos vinte mártires; na volta, encontrou um peixe em cujo corpo havia um anel de ouro; o cozinheiro que cozeu o peixe disse-lhe: "Aqui está o que os vinte mártires te dão."

A isso os filósofos respondem que nada há nessa história que contradiga as leis da natureza, que a física não é lesada pelo fato de um peixe ter engolido um anel de ouro, e de um cozinheiro ter dado aquele anel ao sapateiro; que aí não há milagre algum.

Se lembram a esses filósofos que são Jerônimo diz, em sua *Vida do eremita Paulo*, que este conversou várias vezes com sátiros e com faunos, que, durante trinta anos, um corvo lhe levou meio pão para jantar e um pão inteiro no dia em que santo Antônio foi visitá-lo, eles poderão responder que nada disso contraria absolutamente a física, que podem ter existido sátiros e faunos e que, em todo caso, se esse conto é uma puerilidade, isso nada tem em comum com os verdadeiros milagres do Salvador e de seus apóstolos. Vários bons cristãos rebateram a história de são Simeão, o Estilita, escrita por Teodoreto; muitos milagres, considerados autênticos na Igreja grega, foram postos em dúvida por vários latinos, assim como alguns milagres latinos pareceram suspeitos à Igreja grega; os protestantes apareceram depois e maltrataram bastante os milagres de ambas as Igrejas.

Um erudito jesuíta, que pregou muito tempo nas Índias, queixa-se de que nem seus confrades nem ele nunca puderam fazer milagres. Xavier, em várias cartas, lamenta-se de não ter o dom das línguas; diz que, entre os japoneses, não passa de uma estátua muda, ao passo que os jesuítas escreveram que ele ressuscitara oito mortos; é muito, mas também é preciso considerar que os ressuscitava a seis mil léguas daqui. Depois disso houve quem afirmasse que a abolição dos jesuítas na França é milagre muito maior que os de Xavier e Inácio.

Seja como for, todos os cristãos admitem que os milagres de Jesus Cristo e dos apóstolos são verdades incontestáveis, mas que se pode duvidar totalmente de alguns milagres realizados nos últimos tempos, que não tiveram autenticidade indubitável.

Para que um milagre fosse bem constatado, seria desejável, por exemplo, que fosse feito perante a Academia de Ciências de Paris ou da Sociedade Real de Londres e da Faculdade de Medicina, com a presença de um destacamento do regimento de guardas, para conter a multidão, que, com sua indiscrição, poderia impedir a execução do milagre.

Perguntaram um dia a um filósofo o que ele diria se visse o Sol parar, ou seja, se o movimento da Terra em torno desse astro cessasse, se todos os mortos ressuscitassem e se todas as montanhas fossem lançar-se juntas ao mar, tudo para provar alguma verdade importante, por exemplo, a graça versátil. "O que eu diria?" – respondeu o filósofo. "Eu me tornaria maniqueísta, diria que há um princípio que desfaz o que o outro fez."

Segunda seção

Digo que precisais definir os termos, ou nunca nos entenderemos. *Miraculum, res miranda, prodigium, portentum, monstrum.* Milagre, coisa admirável; *prodigium*, que anuncia uma coisa espantosa; *portentum*, portador de novidades; *monstrum*, coisa que deve ser mostrada por ser rara.

São essas as primeiras ideias que de início se teve dos milagres.

Assim como tudo é refinado, também essa definição o foi; chamou-se de milagre o que é impossível para a natureza, mas ninguém pensou que era o mesmo que dizer que todo milagre é realmente impossível. Pois o que é natureza? Entendeis com essa palavra a ordem eterna das coisas. Um milagre seria, pois, impossível nessa ordem. Nesse sentido, Deus não poderia fazer milagres.

Se entenderdes por milagre um efeito cuja causa não podeis ver, nesse sentido tudo é milagre. A atração e a orientação do ímã são milagres contínuos. Um caracol recobrar uma cabeça é um milagre. O nascimento de cada animal e a produção de cada vegetal são milagres de todos os dias.

Mas estamos tão acostumados a esses prodígios, que eles perderam o nome de admirável e miraculoso. O canhão já não assusta os índios.

Portanto, fizemos outra ideia de milagre. Segundo a opinião vulgar, é o que nunca aconteceu e nunca mais acontecerá. Foi essa a ideia feita da queixada de asno de Sansão, da fala da burra de Balaão, da conversa da serpente com Eva, dos quatro cavalos que carregaram Elias, do peixe que guardou Jonas setenta e duas horas na barriga, das dez pragas do Egito, das muralhas de Jericó, do Sol e da Lua parados ao meio-dia etc. etc. etc. etc.

Para acreditar num milagre, não é suficiente tê-lo visto, pois todos podem enganar-se. Dá-se a um tolo o nome de *testemunha de milagres*; e não só muita gente acha que viu o que não viu, que ouviu o que não lhes foi dito, não apenas são testemunhas de milagres, mas também são alvo de milagres. Ora adoeceram, ora se curaram graças a algum poder sobrenatural. Viraram lobo, atravessaram os ares num cabo de vassoura, foram íncubos e súcubos.

É preciso que o milagre tenha sido perfeitamente visto por grande número de pessoas muito sensatas, com boa saúde e sem interesse algum na coisa. Principalmente, é preciso que tenha sido solenemente confirmado por tais pessoas; pois, se precisamos de formalidades autênticas para os atos mais simples, tais como a compra de uma casa, um contrato de casamento, um testamento, porque não precisaríamos de formalidades para constatar coisas naturalmente impossíveis, das quais deve depender o destino da terra?

Mesmo quando ocorre um milagre autêntico, nada ainda está provado, pois a Escritura diz em dezenas de lugares que os impostores podem fazer milagres, e que, se depois de fazer algum milagre, algum homem anunciar outro Deus que não seja o Deus dos judeus, esse homem deve ser apedrejado.

Exige-se, pois, que a doutrina seja apoiada pelos milagres, e os milagres, pela doutrina.

Isso ainda não é suficiente. Visto que um embusteiro pode pregar excelente moral para seduzir com mais facilidade, e considerando-se que os embusteiros podem fazer milagres – como os feiticeiros do faraó –, é preciso que esses milagres sejam anunciados por profecias.

Para ter certeza da verdade dessas profecias, é preciso ter ouvido claramente seu anúncio e ter visto realmente a sua realização[21]. É preciso ter perfeito domínio da língua na qual estão conservadas.

Tampouco é suficiente testemunhar a sua realização miraculosa, pois todos podem ser enganados por falsas aparências. É necessário que o milagre e a profecia sejam juridicamente constatados pelos indivíduos mais proeminentes da nação; e ainda assim haverá quem duvide. Pois pode acontecer que a nação tenha interesse em impingir uma profecia e um milagre; e, sempre que houver mistura de interesse, é melhor não contar com nada. Se um milagre previsto não for tão público e verificado quanto um eclipse anunciado no almanaque, podeis estar seguros de que esse milagre não passa de truque ou de história da carochinha.

Terceira seção

Um governo teocrático só pode fundamentar-se em milagres; tudo deve ser divino. O grande soberano fala aos homens apenas por meio de prodígios; esses são seus ministros e suas cartas patentes. Suas ordens são transmitidas pelo oceano, que cobre toda a terra para submergir as nações, ou abre o fundo de seu abismo para dar-lhes passagem.

Por isso, vê-se que na história judaica tudo é milagre, desde a criação de Adão e a formação de Eva, formada de uma costela de Adão, até o *melch* ou régulo Saul.

No tempo desse Saul, a teocracia ainda divide o poder com a realeza. Por conseguinte, ainda há milagres de tempos em tempos, mas não na sucessão maravilhosa de prodígios que surpreendem continuamente a natureza. Não se repetem as dez pragas do Egito, e o Sol e a Lua já não param em pleno meio-dia para que um capitão tenha tempo de exterminar alguns fujões já esmagados por uma chuva de pedras caídas das nuvens. Nenhum Sansão extermina mais mil filisteus com uma queixada de asno. As burras já não falam, as muralhas já não ruem ao som da trombeta, as cidades já não são submersas em lagos pelo fogo do céu, a raça humana já não é destruída pelo dilúvio. Mas o dedo de Deus ainda se manifesta; o espectro de Saul aparece para uma maga. Deus promete a Davi que levará os filisteus para Baal Farasim.

"Deus reúne seu exército celeste no tempo de Acabe e pede aos espíritos[22]: Quem enganará Acabe e o fará travar guerra contra Ramote em Galgala? E um espírito adianta-se diante do Senhor e diz: Eu o enganarei." Mas somente o profeta Miqueias foi testemunha dessa conversa, e ainda recebeu uma bofetada de outro profeta chamado Zedequias, por ter anunciado esse prodígio.

Milagres realizados diante dos olhos de toda a nação, capazes de mudar as leis da natureza inteira, quase não são vistos até o tempo de Elias, a quem o Senhor enviou um carro de fogo e

---

21. Ver Profecias. (N. de Voltaire)
22. Reis, liv. III, cap. XXII. (N. de Voltaire)

cavalos de fogo que levaram Elias das margens do Jordão ao céu, mas não se sabe para que lugar do céu.

A partir do começo dos tempos históricos, ou seja, das conquistas de Alexandre, deixa-se de ver milagres entre os judeus.

Quando Pompeu vai tomar Jerusalém, quando Crasso pilha o templo, quando Pompeu entrega o rei judeu Alexandre às mãos do carrasco, quando Antônio dá a Judeia ao árabe Herodes, quando Tito toma Jerusalém de assalto, quando ela é arrasada por Adriano, não ocorre milagre algum. Isso ocorre com todos os povos da terra. Começa-se pela teocracia, acaba-se nas coisas puramente humanas. Quanto mais as sociedades aperfeiçoam os conhecimentos, menos prodígios há.

Sabemos muito bem que a teocracia dos judeus era a única verdadeira, e que as dos outros povos eram falsas; mas com estes ocorreu a mesma coisa que entre os judeus.

No Egito, no tempo de Vulcano e de Ísis e Osíris, tudo escapava às leis da natureza; tudo voltou ao domínio dessas leis no tempo dos Ptolomeus.

Nos séculos de Fos, Crisos e Efestos, deuses e mortais conversavam familiarmente na Caldeia. Um deus avisa o rei Sisutre de que haverá um dilúvio na Armênia, e ele precisa construir depressa um navio de cinco estádios de comprimento por dois de largura. Essas coisas não acontecem a Dario e Alexandre.

O peixe Oanes antigamente saía todos os dias do Eufrates para ir pregar às suas margens. Hoje em dia já não existem peixes pregadores. É bem verdade que santo Antônio de Pádua pregou aos peixes, mas esse é um fato que ocorre tão raramente, que não cria precedentes.

Numa tinha longas conversas com a ninfa Egéria; não se sabe que César as tivesse com Vênus, embora dela descendesse em linha direta. Dizem que o mundo sempre se vai refinando um pouco.

Mas, depois de se safar de um atoleiro por algum tempo, cai em outro; a séculos de civilidade sucedem-se séculos de barbárie. Essa barbárie em seguida é eliminada para depois reaparecer: é a alternância contínua de dia e noite.

Quarta seção

Daqueles que tiveram a ímpia temeridade de negar absolutamente a realidade dos milagres de Jesus Cristo

Entre os modernos, Thomas Woolston, doutor de Cambridge, foi o primeiro – parece-me – que ousou admitir nos Evangelhos apenas um sentido típico, alegórico, inteiramente espiritual, sustentando atrevidamente que nenhum dos milagres de Jesus realmente ocorreu. Escreveu sem método, sem arte, em estilo confuso e grosseiro, mas não sem vigor. Seus seis discursos contra os milagres de Jesus Cristo eram vendidos publicamente em Londres, em sua própria casa. Em dois anos, de 1727 a 1729, fez três edições de vinte mil exemplares, e hoje é difícil encontrar algum em livreiros.

Nunca cristão algum atacou com mais audácia o cristianismo. Poucos escritores respeitaram menos o público, e nenhum sacerdote se declarou mais abertamente inimigo dos sacerdotes. Ele ousou até mesmo justificar esse ódio com o ódio que Jesus Cristo votava a fariseus e escribas; dizia que, ao contrário dele, não seria sua vítima, porque nascera em tempos mais esclarecidos.

Na verdade, quis justificar sua audácia recorrendo ao sentido místico; mas emprega expressões tão desdenhosas e injuriosas que ofendem qualquer ouvido cristão.

A acreditar-se nele[23], o diabo enviado por Jesus Cristo para o corpo de dois mil porcos foi um roubo ao proprietário daqueles animais. Se o mesmo fosse dito sobre Maomé, este seria visto

---

23. T. I, p. 38. (N. de Voltaire)

como um feiticeiro malvado, *a wizard*, um escravo jurado do diabo, *a sworn slave to the devil*. E, se, quando Jesus foi preso, o dono dos porcos e os vendedores de animais para os sacrifícios[24] no vestíbulo do templo (que foram expulsos por Jesus a vergastadas) fossem pedir justiça, é evidente que ele deveria ser condenado, pois não haveria jurado na Inglaterra que deixasse de declará-lo culpado.

Ele lê a buena-dicha à samaritana como um cigano nômade[25]; só isso bastaria para bani-lo, como fazia Tibério com os adivinhos. Diz ele: Espanta-me que os ciganos de hoje, os *gipsies*, não se proclamem verdadeiros discípulos de Jesus, já que prestam o mesmo serviço. Mas folgo em saber que ele não extorquiu dinheiro da samaritana, como nossos padres modernos, que se fazem pagar prodigamente por suas adivinhações[26].

Sigo a numeração das páginas. O autor passa daí à entrada de Jesus Cristo em Jerusalém. Diz ele que não se sabe[27] se estava montado num burro, numa burra, num burrico ou nos três ao mesmo tempo.

Compara Jesus tentado pelo diabo a são Dunstan, que puxou o nariz do diabo[28], motivo pelo qual dá preferência a são Dunstan.

No episódio do milagre da figueira que ele secou porque não deu figos fora do tempo, diz: Era um andarilho[29], um mendigo, como um frade mendicante, *a wanderer, a mendicant, like a friar*, que, antes de se tornar pregador de estrada, não passara de um miserável oficial carpinteiro, *no better than a journey-man carpenter*. É surpreendente que a corte de Roma não tenha entre suas relíquias alguma obra de sua lavra, um banquinho, um quebra-nozes[30]. Em resumo, é difícil blasfemar mais.

Ele se diverte com a piscina probática de Betsaida, cujas águas eram movidas por um anjo todos os anos. Pergunta como é possível que Flávio Josefo e Fílon não tenham falado desse anjo, por que são João é o único que conta esse milagre anual, em virtude de que outro milagre nenhum romano nunca viu esse anjo, nem dele ouviu falar.

A água transformada em vinho nas bodas de Caná, segundo ele, provoca o riso e o desdém de todos os homens que não estejam embrutecidos pela superstição.

E exclama:[31] "Como! João diz expressamente que os convivas já estavam bêbados, mequsqwsi, e Deus na terra faz seu primeiro milagre para que eles bebam mais ainda!"

Deus feito homem começa sua missão assistindo a um casamento de aldeia. Não está confirmado que Jesus e sua mãe estivessem bêbados como o restante da companhia:[32] *Whether Jesus and his mother themselves were all cut, as were others of the company, it is not certain.* Embora a familiaridade daquela senhora com um soldado leve a presumir que ela era dada à garrafa, parece que o filho estava meio tocado, pois lhe respondeu irritado e mal-humorado[33], *waspishly and snappishly:* Mulher, que tenho eu contigo? Por essas palavras, parece que Maria não era virgem, e que Jesus não era seu filho, caso contrário não teria insultado assim o pai e a mãe, violando um dos mais sagrados mandamentos da lei. Apesar disso, faz o que a mãe lhe pede, enche dezoito bilhas de água e com ela faz um ponche. Essas são exatamente as palavras de Thomas Woolston. Elas enchem de indignação qualquer alma cristã.

---

24. P. 39. (N. de Voltaire)
25. P. 52. (N. de Voltaire)
26. P. 55. (N. de Voltaire)
27. P. 65. (N. de Voltaire)
28. P. 66. (N. de Voltaire)
29. Terceiro discurso, p. 8. (N. de Voltaire)
30. T. 1, p. 60. (N. de Voltaire)
31. Quarto discurso, p. 31. (N. de Voltaire)
32. P. 32. (N. de Voltaire)
33. P. 34. (N. de Voltaire)

É com pesar e comoção que transcrevo esses trechos; mas saíram sessenta mil exemplares desse livro, todos com o nome do autor e todos vendidos publicamente em sua casa. Ninguém poderá dizer que o calunio.

O maior alvo de seus ataques são os mortos ressuscitados por Jesus Cristo. Ele afirma que um morto ressuscitado teria sido objeto da atenção e do assombro do universo; que toda a magistratura judia e sobretudo Pilatos teriam feito os mais autênticos relatórios a respeito; que Tibério ordenaria a todos os procônsules, pretores e presidentes das províncias que o informassem exatamente de tudo; que teriam interrogado Lázaro, que ficara morto quatro dias inteiros, que todos gostariam de saber o que acontecera com sua alma durante todo aquele tempo.

Com que ávida curiosidade Tibério e todo o senado de Roma o teriam interrogado; e não apenas Lázaro, mas também a filha de Jairo e o filho de Naim? Três mortos devolvidos à vida teriam sido três testemunhas da divindade de Jesus, que num instante tornariam o mundo inteiro cristão. Mas, ao contrário, todo o universo ignora durante mais de dois séculos essas provas espantosas. Somente ao cabo de cem anos alguns homens obscuros mostram uns aos outros, no maior segredo, os escritos que contêm esses milagres. Noventa e nove imperadores, contando aqueles que só receberam o título de *tiranos*, nunca ouvem falar dessas ressurreições que deveriam pegar a natureza de surpresa. Nem o historiador judeu Flávio Josefo, nem o douto Fílon, nem nenhum historiador grego ou romano fazem menção a esses prodígios. Por fim, Woolston tem a impudência de dizer que a história de Lázaro está tão cheia de absurdos, que são João desatinava quando a escreveu: *Is so brimful of absurdities, that saint John, when he wrote it, had liv'd beyond his senses* (p. 38, t. II).

Suponhamos, diz Woolston[34], que hoje Deus enviasse um embaixador a Londres para converter o clero mercenário, e que esse embaixador ressuscitasse mortos: que diriam nossos sacerdotes?

Woolston blasfema contra a encarnação, a ressurreição e a ascensão de Jesus Cristo, seguindo os mesmos princípios[35]. Diz que esses milagres são a impostura mais manifesta e descarada que já se praticou no mundo. *The most manifest, and the most bare-faced imposture that ever was put upon the world.*

O mais estranho, talvez, é cada um de seus discursos ser dedicado a um bispo. Evidentemente, não são dedicatórias à francesa, pois nelas não há cumprimentos nem adulação: ele lhes censura o orgulho, a ganância, a ambição e as intrigas; ri por vê-los submissos às leis do Estado, como os outros cidadãos.

No fim, aqueles bispos, cansados de ser ultrajados por um simples membro da Universidade de Cambridge, recorreram contra ele à força das leis às quais estão sujeitos. Impetraram-lhe processo no tribunal régio, perante o *lord-justice* Raymond, em 1729. Woolston foi preso, condenado a pagar uma multa e a dar uma caução de cento e cinquenta libras esterlinas. Seus amigos se encarregaram da caução, e ele não morreu na prisão, como se diz em alguns de nossos dicionários feitos a esmo. Morreu em casa, em Londres, depois de pronunciar estas palavras: *This is a pass that every man must come to.* "É uma passagem que todo homem deve fazer." Pouco antes de sua morte, uma carola, cruzando com ele na rua, cuspiu-lhe no rosto; ele se enxugou e a cumprimentou. Seus costumes eram simples e calmos: apaixonou-se demais pelo sentido místico e blasfemou contra o sentido literal; mas é de crer que se arrependeu ao morrer, e que Deus teve misericórdia dele.

Naquele mesmo tempo foi publicado na França o testamento de Jean Meslier, pároco de But e Étrepigny, em Champagne, do qual já falamos no verbete Contradição.

---

34. T. II, p. 47. (N. de Voltaire)
35. T. II, discurso VI, p. 27. (N. de Voltaire)

Era espantoso e triste ver dois padres escrever ao mesmo tempo contra a religião cristã. O pároco Meslier é ainda mais apaixonado que Woolston; ousa dizer que o transporte de Nosso Salvador à montanha, feito pelo diabo, que as bodas de Caná, os pães e os peixes são contos absurdos, injuriosos à Divindade, que ficaram ignorados durante trezentos anos por todo o império romano e que, por fim, passaram da canalha ao palácio dos imperadores, quando a política os obrigou a adotar os desvarios do povo para subjugá-lo melhor. As declamações do sacerdote inglês não chegam perto das do sacerdote de Champagne. Woolston às vezes faz concessões; Meslier, não: é um homem tão profundamente ferido pelos crimes de que foi testemunha, que responsabiliza a religião cristã por eles, esquecendo-se de que ela os condena. Não há milagre que deixe de ser objeto de desdém e horror para ele; não há profecia que ele não compare às de Nostradamus. Chega a comparar Jesus Cristo a Dom Quixote, e são Pedro a Sancho Pança: e o mais deplorável é que ele escreveu essas blasfêmias contra Jesus Cristo nos braços da morte, momento em que os mais dissimulados não ousam mentir e os mais intrépidos tremem. Afetado demais por algumas injustiças de seus superiores, impressionado demais com as grandes dificuldades que via nas Escrituras, investiu contra elas com mais veemência do que Acosta e todos os judeus, do que o famoso Porfírio, Celso, Jâmblico, Juliano, Libânio, Máximo, Símaco, e todos os partidários da razão humana jamais investiram contra nossas incompreensibilidades divinas. Foram impressos vários resumos de seu livro, mas felizmente aqueles que têm a autoridade nas mãos deram-lhes fim sempre que puderam.

Um pároco de Bonne-Nouvelle, nas proximidades de Paris, também escreve sobre o assunto; desse modo, ao mesmo tempo que o abade Becheran e os outros convulsionários faziam milagres, três padres escreviam contra os milagres verdadeiros.

O livro mais forte contra os milagres e as profecias é o do milorde Bolingbroke[36]. Mas, por sorte, é tão volumoso e desprovido de método, seu estilo é tão verboso, suas frases tão longas, que é preciso extrema paciência para lê-lo.

Houve mentes tão encantadas com os milagres de Moisés e de Josué, que não tiveram a devida veneração pelos de Jesus Cristo; essas imaginações, exaltadas pelo grande espetáculo do mar abrindo seus abismos e suspendendo suas vagas para dar passagem à horda hebraica, pelas dez pragas do Egito, pelos astros interrompendo seu curso sobre Gabaão e Ajalão etc., já não conseguem rebaixar-se a pequenos milagres, tais como a água transformada em vinho, a figueira seca e os porcos afogados no lago.

Vagenseil dizia com impiedade que era o mesmo que ouvir uma canção de aldeia ao sair de um grande concerto.

O Talmude afirma que houve muitos cristãos que, ao compararem os milagres do Antigo Testamento aos do Novo, acabaram por abraçar o judaísmo: achavam que não era possível o Senhor da natureza ter feito tantos prodígios por uma religião que ele quisesse aniquilar. Diziam: Como pode ter havido, durante séculos, uma sucessão de milagres espantosos a favor de uma religião verdadeira que se tornará falsa! Como Deus terá escrito que essa religião nunca morrerá, e que devem ser lapidados todos os que quiserem destruí-la, para depois enviar seu próprio filho, que é ele mesmo, para aniquilar aquilo que ele edificou durante tantos séculos!

E continuam: E há mais: esse filho, esse Deus eterno, ao fazer-se judeu, liga-se à religião judaica por toda a vida; cumpre todas as suas funções, frequenta o templo judeu, nada anuncia que contrarie a lei judaica, todos os seus discípulos são judeus, todos observam as cerimônias judaicas. Certamente não foi ele que estabeleceu a religião cristã; foram alguns judeus dissidentes que se uniram a platônicos. Não há um só dogma do cristianismo que tenha sido ditado por Jesus Cristo.

---

36. Em seis volumes. (N. de Voltaire)

Assim raciocinam esses temerários que, tendo ao mesmo tempo engenho falaz e audacioso, ousam julgar as obras de Deus e só admitem os milagres do Antigo Testamento para rejeitarem os do Novo.

Entre eles, infelizmente, estava aquele desditoso padre de Pont-à-Mousson, na Lorena, chamado Nicolas Antoine – não se lhe conhece outro nome. Como ele tivesse recebido aquilo a que na Lorena se dá o nome de *les quatre mineurs*[37], o predicador Ferry, de passagem por Pont-à-Mousson, despertou nele grandes apreensões e convenceu-o de que os *quatre mineurs* eram o sinal da besta. Antoine, desesperado por portar o sinal da besta, pediu a Ferry que o apagasse, abraçou a religião protestante e tornou-se seu ministro em Genebra, aproximadamente em 1630.

Imbuído da leitura dos rabinos, acreditou que, se os protestantes eram superiores aos papistas, os judeus eram muito superiores a todas as seitas cristãs. Da aldeia de Divonne, onde era pastor, foi até Veneza para converter-se ao judaísmo, com um pequeno aprendiz de teologia que ele havia convencido, mas que depois o abandonou, por não ter vocação para o martírio.

De início o ministro Nicolas Antoine absteve-se de pronunciar o nome de Jesus Cristo em seus sermões e suas preces: mas pouco depois, inflamado e encorajado pelo exemplo dos santos judeus que professavam o judaísmo com ousadia diante dos príncipes de Tiro e Babilônia, foi descalço a Genebra para confessar, diante dos juízes e dos empregados do mercado, que só existe uma religião na terra, porque só existe um Deus, que essa religião é a judaica, que é preciso absolutamente ser circuncidado, que é um crime horrível comer toucinho e chouriço. Exortou pateticamente todos os genebrinos ali aglomerados a deixarem de ser filhos de Belial, a serem bons judeus, para merecerem o reino dos céus. Foi preso e amarrado.

O pequeno conselho de Genebra, que então nada fazia sem consultar o conselho dos predicadores, pediu o parecer destes. Os mais sensatos daqueles sacerdotes opinaram que era preciso fazer uma sangria na veia cefálica de Nicolas Antoine, banhá-lo e alimentá-lo com uns bons caldos e depois acostumá-lo insensivelmente a pronunciar o nome de Jesus Cristo, ou pelo menos ouvir esse nome sem ranger os dentes, como sempre ocorria. Acrescentaram que as leis toleravam os judeus, que havia oito mil deles em Roma, que muitos mercadores são verdadeiros judeus, e que, como Roma admitia oito mil frequentadores da sinagoga, Genebra podia muito bem tolerar um. Ao ouvirem a palavra *tolerância*, os outros pastores (em maior número), rangendo os dentes muito mais do que Antoine rangia ao ouvir o nome de Jesus Cristo e, aliás, felicíssimos por terem a oportunidade de mandar um homem para a fogueira – o que ocorria raramente –, foram absolutamente favoráveis a queimá-lo. Decidiram que nada seria mais útil para fortalecer o verdadeiro cristianismo; que os espanhóis só haviam granjeado tanto prestígio no mundo porque queimavam judeus todos os anos; e que, afinal, se o Antigo Testamento tivesse de sobrepujar o Novo, Deus não deixaria de vir pessoalmente apagar a fogueira, como fez em Babilônia com Sadraque, Mesaque e Abedenego; que, nesse caso, todos voltariam ao Antigo Testamento, mas que, enquanto isso não acontecesse, era imprescindível queimar Nicolas Antoine. Portanto, concluíram que deviam *eliminar o malvado*, segundo suas próprias palavras.

O síndico Sarrasin e o síndico Godefroi, que eram inteligentíssimos, acharam admirável o raciocínio do sinédrio genebrino e, sendo os mais fortes, condenaram Nicolas Antoine, o mais fraco, a morrer da morte de Calano[38] e do conselheiro Dubourg. Isso foi executado em 20 de abril de 1632 num belíssimo recanto campestre chamado Plain-Palais, em presença de vinte mil homens que bendiziam a nova lei e o grande discernimento do síndico Sarrasin e do síndico Godefroi.

---

37. Provavelmente, referência ao mito maçom dos quatro coroados. (N. da T.)
38. Gimnosofista indiano que, seguindo os preceitos de sua seita, armou uma fogueira sobre a qual havia um leito onde se deitou calmamente para morrer. (N. da T.)

O Deus de Abraão, Isaac e Jacó não repetiu o milagre da fornalha de Babilônia para salvar Antoine.

Abauzit, homem veraz, relata em suas notas que ele morreu perseverante, e que na fogueira persistiu em seus sentimentos. Não se irou contra os juízes quando foi atado ao poste; não demonstrou orgulho nem baixeza; não chorou, não gemeu; resignou-se. Nunca nenhum mártir consumou seu sacrifício com fé mais viva; nunca filósofo algum enfrentou morte tão horrível com mais firmeza. Isso, evidentemente, prova que sua loucura nada mais era que forte convicção. Roguemos ao Deus do Antigo e do Novo Testamento que tenha misericórdia dele.

Digo o mesmo do jesuíta Malagrida, mais louco ainda que Nicolas Antoine, do ex-jesuíta Patouillet e do ex-jesuíta Paulian, se um dia forem queimados.

Grande número de escritores que tiveram a desdita de ser mais filósofos que cristãos foi suficientemente audacioso para negar os milagres de Nosso Senhor; mas, depois dos quatro sacerdotes de que falamos, não é preciso citar mais ninguém. Lamentemos esses quatro infelizes, enceguecidos por suas luzes enganosas e animados por sua melancolia, que os precipitou em abismo tão funesto.

MISSA (Messe)

A missa, na linguagem comum, é a maior e mais augusta das cerimônias da Igreja. Dão-lhe apelidos diferentes, segundo os ritos usados nos diversos países onde ela é celebrada, tais como a missa moçárabe ou gótica, a missa grega, a missa latina. Durandus e Eckius chamam de missa *seca* aquela na qual não se faz nenhuma consagração, tal como a que se reza em particular para os aspirantes ao sacerdócio; e o cardeal Bona[39] conta, com base em Guilherme de Nangis, que são Luís, em sua viagem além-mar, mandava rezá-la desse modo, para que, com a agitação do navio, não se corresse o risco de derramar o vinho consagrado. Cita também Genebrardo, que disse ter assistido em Turim, no ano de 1587, a uma missa semelhante, celebrada tarde numa igreja depois do jantar, para os funerais de um nobre.

Pierre le Chantre também fala da missa de duas, três e até quatro faces, quando o sacerdote celebrava a missa do dia ou da festa até o ofertório e depois recomeçava uma segunda, uma terceira e às vezes uma quarta missa, até o mesmo ponto, para em seguida dizer tantas secretas quantas haviam sido as missas começadas; mas em todas ele só recitava uma vez o cânone e no fim juntava tantas coletas quantas haviam sido as missas reunidas[40].

Foi só em fins do século IV que a palavra *missa* começou a significar celebração da eucaristia. O erudito Beato Renano, em suas notas sobre Tertuliano[41], observa que santo Ambrósio consagrou essa expressão do povo, que nasceu porque os catecúmenos eram postos para fora depois da leitura do Evangelho.

Encontra-se nas *Constituições apostólicas*[42] uma liturgia com o nome de são Tiago; por ela, parece que a Igreja primitiva, em vez de invocar os santos no cânone da missa, orava por eles. O celebrante dizia: "Nós vos oferecemos, Senhor, este pão e este cálice para todos os santos que vos foram agradáveis desde o começo dos séculos, para os patriarcas, os profetas, os justos, os apóstolos, os mártires, os confessores, os bispos, os sacerdotes, os diáconos, os subdiáconos, os leitores, os chantres, as virgens, as viúvas, os leigos e todos aqueles cujos nomes vos são conhecidos."

---

39. Liv. I, cap. XV, sobre a liturgia. (N. de Voltaire)
40. Bingham, *Origin. ecclés.*, t. VI, liv. XV, cap. IV, Arte. (N. de Voltaire)
41. Liv. IV, contra Marcião. (N. de Voltaire)
42. Liv. VIII, cap. XII. (N. de Voltaire)

Mas são Cirilo de Jerusalém, que vivia no século IV, substitui esse trecho por esta explicação[43]: "Depois disso, fazemos comemoração daqueles que morreram antes de nós; primeiramente, de patriarcas, apóstolos e mártires, para que Deus receba nossas preces com a intercessão deles." Isso prova, como diremos no verbete Relíquias, que o culto dos santos começou então a introduzir-se na Igreja.

Noel Alexandre[44] cita os atos de santo André, em que este apóstolo teria dito: "Imolo todos os dias sobre o altar do único Deus verdadeiro, não a carne do touro, nem o sangue do bode, mas o cordeiro imaculado, que continua inteiro e vivo depois de sacrificado e depois que todo o povo fiel tenha ingerido sua carne"; mas esse douto dominicano confessa que essa peça só é conhecida depois do século VIII. Quem primeiro a citou foi Etério, bispo de Osma, na Espanha, que escreveu contra Elipando em 788.

Abdias[45] conta que são João, advertido pelo Senhor do fim de seu percurso, preparava-se para a morte e recomendou sua Igreja a Deus. Depois, tomando o pão que mandara buscar, elevou os olhos ao céu, abençoou-o, partiu-o e o distribuiu a todos os presentes, dizendo: Que meu quinhão seja o vosso, e que o vosso seja o meu. Essa maneira de celebrar a eucaristia, que quer dizer ação de graças, é mais condizente com a instituição dessa cerimônia.

De fato, são Lucas[46] diz que Jesus, depois de distribuir pão e vinho a seus apóstolos que ceavam com ele, disse: Fazei isso em minha memória. São Mateus[47] e são Marcos[48] dizem também que Jesus cantou um hino. São João, que não fala no seu Evangelho nem da distribuição do pão e do vinho, nem do hino, estende-se bastante sobre este último ponto em seus atos, cujo texto, citado pelo segundo concílio de Niceia, é o seguinte[49]:

"– Antes que fosse preso pelos judeus – disse esse apóstolo bem-amado de Jesus –, o Senhor nos reuniu e nos disse: Cantemos um hino em honra ao Pai para depois cumprirmos os desígnios que concebemos. Ordenou que fizéssemos uma roda e nos déssemos as mãos; depois, pondo-se no meio da roda, disse: *Amém,* acompanhem-me. Então ele começou o cântico e disse: Glória vos seja feita, ó Pai! Nós todos respondemos: *Amém.* Jesus continuava dizendo: Glória ao verbo etc., glória ao espírito etc., glória à graça, os apóstolos respondiam sempre: *Amém.*

"Depois de algumas outras doxologias, Jesus disse: – Quero ser salvo e salvar-vos: *Amém.* Quero ser desatado e desatar-vos: *Amém.* Quero ser ferido e ferir-vos: *Amém.* Quero nascer e engendrar: *Amém.* Quero consumir e ser consumido: *Amém.* Quer ser ouvido e ouvir: *Amém.* Quero ser compreendido no espírito, por ser tudo espírito e inteligência: *Amém.* Quero ser lavado e lavar: *Amém.* A graça conduz a dança, quero tocar flauta; dançai todos: *Amém.* Quero cantar canções lúgubres, lamentai-vos: *Amém.*"

Santo Agostinho, que comenta uma parte desse hino em sua epístola[50] a Ceretius, conta também o que segue: "Quero ornar e ser ornado. Sou uma lâmpada para aqueles que me veem e me conhecem. Sou a porta para todos os que queiram bater. Vós, que vedes o que faço, abstende-vos de falar."

Essa dança de Jesus e dos apóstolos é claramente imitada da dança dos terapeutas do Egito, que, terminada a ceia, dançavam em suas reuniões, primeiro divididos em dois coros, depois com homens e mulheres reunidos, após terem tomado grande quantidade de vinho celeste, como na festa de Baco, segundo palavras de Fílon[51].

---

43. Quinta catequese. (N. de Voltaire)
44. Século I, p. 109. (N. de Voltaire)
45. *Hist. Apostólica.* liv. V, art. XXII e XXIII. (N. de Voltaire)
46. Cap. XXII, v. 19. (N. de Voltaire)
47. Cap. XXVI, v. 30. (N. de Voltaire)
48. Cap. XIV, v. 26. (N. de Voltaire)
49. Col. 358. (N. de Voltaire)
50. Epístola CCXXXVII. (N. de Voltaire)
51. *Tratado da vida contemplativa.* (N. de Voltaire)

Sabe-se, aliás, que, segundo a tradição dos judeus, depois da saída do Egito e da passagem do mar Vermelho (donde decorre o nome da solenidade de Páscoa[52]), Moisés e sua irmã reuniram dois coros, um composto de homens e outro, de mulheres; esses coros, dançando, cantaram um cântico de ações de graças. Os instrumentos, reunidos imediatamente, os coros, arranjados com tanta prontidão, a facilidade com que os cantos e a dança foram executados, tudo isso pressupõe um hábito dos dois exercícios muito anterior ao momento da execução.

Esse uso se perpetuou depois entre os judeus[53]. As moças de Silo, segundo o costume, dançavam na festa solene do Senhor, quando os jovens da tribo de Benjamim, aos quais elas haviam sido recusadas em casamento, as raptaram seguindo o conselho dos anciãos de Israel. Ainda hoje, na Palestina, as mulheres reunidas junto aos túmulos dos parentes dançam de maneira lúgubre e emitem gritos lamentosos[54].

Sabe-se também que os primeiros cristãos faziam ágapes ou refeições de caridade, em memória da última ceia que Jesus celebrou com seus apóstolos; os pagãos se valeram de tais ágapes para fazer-lhes odiosas críticas; então, para privá-los de qualquer sombra de licenciosidade, os pastores proibiram que o beijo da paz, com que terminava a cerimônia, fosse trocado entre pessoas de sexo diferente[55]. Mas diversos outros abusos, dos quais são Paulo[56] já se queixava, que o concílio de Gangres tentou em vão reformar no ano 324, acabaram por eliminar os ágapes no ano 397, com o terceiro concílio de Cartago, cujo cânone quarenta e um ordena celebrar os santos mistérios em jejum.

Não restará dúvida de que a dança acompanhava aqueles festins, se atentarmos para o fato de que, segundo Scaligero, os bispos, na Igreja latina, só foram denominados *praesules, a praesiliendo* [guias da dança], porque davam início à dança. Pierre Hélyot, em sua História sobre as ordens monásticas, também diz que, durante as perseguições que perturbaram a paz dos primeiros cristãos, formaram-se congregações de homens e mulheres que, a exemplo dos terapeutas, refugiavam-se nos desertos; lá, reuniam-se em cabanas aos domingos e em feriados, dançando e cantando piedosamente as orações da Igreja.

Em Portugal, na Espanha e em Roussillon, ainda hoje se executam danças solenes em honra aos mistérios do cristianismo. Em todas as vigílias das festas da Virgem, as moças se reúnem diante da porta das igrejas que lhes são dedicadas e passam a noite dançando em roda e cantando hinos e cânticos em sua honra. O cardeal Ximenes restabeleceu em seu tempo, na catedral de Toledo, o antigo uso das missas moçárabes, durante as quais se dança no coro e na nave, com ordem e devoção. Na França mesmo, viam-se ainda em meados do século passado os sacerdotes e todo o povo de Limoges dançar em roda na colegiada, cantando: *Sant Marcian, pregas per nous, et nous epingaren per bous*; ou seja: São Marcial, ora por nós, e nós dançaremos para vós.

Enfim, o jesuíta Ménestrier, no prefácio de seu *Tratado sobre as danças*, publicado em 1682, disse que também vira cônegos de algumas igrejas, na Páscoa, dar a mão às crianças do coro e dançar com elas, cantando hinos de júbilo. O que dissemos no verbete Calendas sobre danças extravagantes da festa dos loucos revela uma parte dos abusos que acabaram por obrigar a retirar a dança das cerimônias da missa; tais cerimônias, quanto mais sérias são, mais respeito impõem aos simples.

---

52. Êxodo, cap. XV; e Fílon, *Vida de Moisés*, livro I. (N. de Voltaire)
53. Juízes, cap. XXI, v. 21. (Voltaire)
54. *Viagem de Le Brun*. (Voltaire)
55. Thomassin, *Discipl. da Igreja*, part. III, cap. XLVII, n° 1. (N. de Voltaire)
56. Coríntios, I, cap. XI. (N. de Voltaire)

MISSÕES (Missions)

Não é sobre o fervor de nossos missionários e sobre a verdade de nossa religião que falaremos aqui; essas coisas são bem conhecidas e respeitadas na nossa Europa cristã.

Só quero falar das cartas curiosas e edificantes dos reverendos padres jesuítas, que não são tão respeitáveis. Assim que chegaram à Índia, começaram a pregar, a converter milhares de indianos e a fazer milhares de milagres. Deus me livre de desmenti-los! Todos sabem como é fácil a um biscainho, a um bergamasco, a um normando aprender a língua indiana em poucos dias e pregar em indiano.

No que se refere aos milagres, nada é mais fácil do que fazê-los a seis mil léguas de nós, visto que tantos foram feitos em Paris na paróquia de Saint-Médard. A graça suficiente dos molinistas sem dúvida pôde operar às margens do Ganges tanto quanto a graça eficaz dos jansenistas às margens do rio Gobelins. Mas já falamos tanto de milagres que nada mais diremos sobre eles.

Um reverendo padre jesuíta chegou ano passado a Delhi, à corte do Grão-Mogol: não era um jesuíta matemático e intelectual, ali chegado para corrigir o calendário e ficar rico; era um desses pobres jesuítas de boa-fé, um desses soldados enviados por seu general, que obedecem sem raciocinar.

O sr. Audrais, meu recoveiro, perguntou-lhe o que foi fazer em Delhi; ele respondeu que tinha ordens do reverendo padre Ricci para livrar o Grão-Mogol das garras do diabo e converter toda a sua corte. E disse: "Já batizei mais de vinte crianças na rua sem que elas percebessem, jogando-lhes algumas gotas de água na cabeça. São anjos, desde que tenham a felicidade de morrer imediatamente. Curei a enxaqueca de uma pobre velha fazendo o sinal da cruz atrás dela. Espero em pouco tempo converter os maometanos da corte e os incréus do povo. Vereis em Delhi, Agra e Benares tanto bons católicos adoradores da virgem Maria quanto idólatras adoradores do demônio.

SR. AUDRAIS

Acreditais, portanto, reverendo padre, que os povos destas terras imensas adoram ídolos e o diabo?

JESUÍTA

Sem dúvida, pois não são de minha religião.

SR. AUDRAIS

Muito bem. Mas, quando houver na Índia tantos católicos quantos idólatras, não temeis que haja luta entre eles, que o sangue corra por muito tempo, que todo o país seja abalado? Isso já ocorreu em todo lugar onde pusestes os pés.

JESUÍTA

Fazeis-me pensar; nada seria mais salutar. Os católicos assassinados iriam para o paraíso (para o jardim), e os incréus para o inferno eterno, criado para eles por toda a eternidade, segundo a grande misericórdia de Deus e para sua grande glória; pois Deus é excessivamente glorioso.

SR. AUDRAIS

Mas, e se fôsseis denunciado e levásseis umas chibatadas?

JESUÍTA

Seria também para sua glória; mas conjuro-vos a guardar meu segredo e poupar-me a felicidade do martírio."

MOISÉS (Moïse)

Primeira seção

A filosofia, cujos limites foram às vezes ultrapassados, as pesquisas da antiguidade, o espírito de controvérsia e crítica chegaram a tal extremo, que no fim vários eruditos duvidaram de que alguma vez tenha havido algum Moisés e desconfiaram que esse homem talvez tivesse sido um ser fantástico, como provavelmente foram Perseu, Baco, Atlas, Pentesileia, Vesta, Rea Sílvia, Ísis, Samonocodom, Fo, Mercúrio Trismegisto, Odin, Merlin, Francus, Roberto, o Diabo e tantos outros heróis de romances dos quais se escreveram vida e proezas.

Dizem os incrédulos que não é verossímil que tenha existido um homem cuja vida inteira foi um prodígio contínuo.

Não é verossímil que ele tenha feito tantos milagres espantosos no Egito, na Arábia e na Síria, e que eles não tenham repercutido por toda a terra.

Não é verossímil que nenhum escritor egípcio ou grego tenha transmitido esses milagres à posteridade. No entanto, a eles só fazem menção os judeus; e, seja qual for o tempo em que essa história foi escrita por eles, nenhuma nação a conheceu até o século II. O primeiro autor que cita expressamente os livros de Moisés é Longino, ministro da rainha Zenóbia, do tempo do imperador Aureliano.[57]

Deve-se notar que o autor de *Mercúrio Trismegisto*, que certamente era egípcio, não diz uma única palavra sobre esse Moisés.

Se um único autor antigo tivesse relatado um único milagre desses, Eusébio sem dúvida teria tirado grande proveito desse testemunho, tanto em sua *História* quanto em sua *Preparação evangélica*.

Ele reconhece, é verdade, autores que citaram seu nome, mas nenhum que tenha citado seus prodígios. Antes dele, os judeus Josefo e Fílon, que tanto celebraram sua própria nação, pesquisaram todos os escritores nos quais o nome de Moisés se encontrava, mas não acharam nenhum que fizesse a menor menção às ações maravilhosas que lhe são atribuídas.

Diante desse silêncio geral do mundo inteiro, vejamos como raciocinam os incrédulos, cuja temeridade serve para refutá-los.

Os judeus são os únicos que tiveram o Pentateuco atribuído a Moisés. Em seus próprios livros diz-se que esse Pentateuco só foi conhecido no tempo de seu rei Josias, trinta e seis anos antes da primeira destruição de Jerusalém e do cativeiro; não se encontrou um único exemplar deles com o pontífice Helcias[58], que o desenterrou do fundo de um baú enquanto contava dinheiro. O pontífice mandou-o ao rei por meio de seu escriba Safã.

Dizem eles que isso poderia obscurecer a autenticidade do Pentateuco.

De fato, teria sido possível que, se o Pentateuco fosse conhecido por todos os judeus, Salomão, o sábio Salomão, inspirado por Deus, ao lhe construir um templo em obediência à sua ordem, tivesse ornado esse templo com tantas figuras, contrariando a lei expressa de Moisés?

Todos os profetas judeus que haviam profetizado em nome do Senhor, desde Moisés até aquele rei Josias, não teriam usado todas as leis de Moisés para apoiar suas pregações? Não teriam citado milhares de vezes suas próprias palavras? Não as teriam comentado? Nenhum deles, porém, cita nem sequer duas linhas, nenhum deles lembra o texto de Moisés; são até mesmo contrários a ele em vários lugares.

Segundo esses incrédulos, os livros atribuídos a Moisés só foram escritos entre os babilônios, durante o cativeiro, ou imediatamente depois, por Esdras. De fato, só se veem terminações persas

---

57. Longino, *Tratado do sublime*. (N. de Voltaire)
58. IV Reis, cap. XXIII, e Paralipôm., II, cap. XXXIV. (N. de Voltaire)

e caldeias nos escritos judeus: *Babel*, porta de deus; *Fegor-beel* ou *Beel-fegor*, deus do precipício; *Zebuth-beel* ou *Beel-zebuth*, deus dos insetos; *Bethel*, casa de deus; *Daniel*, juízo de deus; *Gabriel*, homem de deus; *Jael*, afligido por deus; *Jaiel*, vida de deus; *Israel*, vendo deus; *Oziel*, força de deus; *Rafael*, socorro de deus; *Uriel*, fogo de deus.

Assim, tudo é estrangeiro na nação judia, ela mesma estrangeira na Palestina: circuncisão, cerimônias, sacrifícios, arca, querubim, bode Hazazel, batismo de justiça, batismo simples, provações, adivinhação, explicação dos sonhos, encantamento de serpentes, nada veio desse povo, nada foi inventado por ele.

O célebre milorde Bolingbroke não acredita de modo algum que Moisés tenha existido: acredita ver no Pentateuco um sem-número de contradições e erros espantosos de cronologia e geografia; nomes de várias cidades que ainda não tinham sido construídas; preceitos dados aos reis num tempo em que os judeus não só não tinham reis, como também não era provável que jamais os tivessem, pois viviam em tendas no deserto, à maneira dos árabes beduínos.

O que lhe parece sobretudo contradição das mais palpáveis é o presente de quarenta e oito cidades com seus subúrbios, feito aos levitas numa região onde não havia uma só aldeia: é principalmente com referência a essas quarenta e oito cidades que ele importuna Abbadie, sendo tão duro a ponto de tratá-lo com a aversão e o desprezo de um senhor da câmara alta e ministro de Estado por um padreco estrangeiro que quer bancar o respondão.

Tomarei a liberdade de fazer notar ao visconde de Bolingbroke e a todos os que pensam como ele que não só a nação judia sempre acreditou na existência de Moisés e na de seus livros, mas que também Jesus Cristo lhe rendeu seu tributo. Os quatro evangelistas e os Atos dos apóstolos reconhecem sua existência; são Mateus diz expressamente que Moisés e Elias apareceram a Jesus Cristo na montanha, durante a noite da transfiguração, e são Lucas diz o mesmo.

Jesus Cristo declara, em são Mateus, que não veio para abolir essa lei, mas para cumpri-la. Frequentemente, no Novo Testamento, remete-se à lei de Moisés e aos profetas; a Igreja inteira sempre acreditou no Pentateuco escrito por Moisés; e, das mais de quinhentas seitas diferentes que por muito tempo desde então se estabeleceram no cristianismo, nenhuma jamais duvidou da existência desse grande profeta: precisamos, portanto, submeter nossa razão, como tantos homens submeteram a sua.

Sei muito bem que não conseguirei dobrar o espírito do visconde nem de seus semelhantes. Eles estão convencidos demais de que os livros judeus só foram escritos muito tarde, que só foram escritos durante o cativeiro das duas tribos que restavam. Mas teremos o consolo de ver que a Igreja está ao nosso lado.

Se quereis instruir-vos e divertir-vos com a antiguidade, lede a vida de Moisés no verbete Apócrifos.

Segunda seção

Em vão vários eruditos acreditaram que o Pentateuco não pode ter sido escrito por Moisés[59]. Dizem que, segundo a própria Escritura, o primeiro exemplar conhecido foi encontrado no tempo do rei Josias, e que esse único exemplar foi levado ao rei pelo secretário Safã. Ora, entre Moisés

---

59. Será mesmo verdade que houve um Moisés? Se entre os egípcios tivesse existido um homem que comandasse a natureza inteira, tais acontecimentos tão prodigiosos não teriam constituído a parte principal da história do Egito? Sanconiáton, Mâneton, Megastenes e Heródoto não teriam falado dele? O historiador Josefo coligiu todos os testemunhos possíveis em favor dos judeus, mas não ousa dizer que algum dos autores por ele citados tenha dito uma única palavra sobre os milagres de Moisés. Como! O Nilo foi transformado em sangue, um anjo matou todos os primogênitos no Egito, o mar se abriu, suas águas foram suspensas à direita e à esquerda, e nenhum autor falou do assunto?! E as nações se esqueceram desses prodígios; e só um pequeno povo de escravos bárbaros nos contou essas histórias, milhares de anos após o acontecimento!

e essa aventura do secretário Safã, há mil cento e sessenta e sete anos, pelo cômputo hebraico. Pois Deus apareceu a Moisés na sarça ardente no ano 2213 do mundo, e o secretário Safã publicou o livro da lei no ano 3380 do mundo. Esse livro encontrado no reinado de Josias ficou desconhecido até o retorno do cativeiro de Babilônia; e dizem que foi Esdras, inspirado por Deus, que trouxe a lume todas as Santas Escrituras.

Mas tenha esse livro sido redigido por Esdras ou por outro, é absolutamente indiferente, visto que o livro é inspirado. No Pentateuco não se diz que Moisés é seu autor: portanto, seria lícito atribuí-lo a outro homem a quem o Espírito divino o tivesse ditado, caso a Igreja não houvesse decidido que o livro é de Moisés.

Alguns contraditores acrescentam que nenhum profeta citou os livros do Pentateuco, que deles não se fala nos salmos, nos livros atribuídos a Salomão, em Jeremias, em Isaías, nem em nenhum livro canônico dos judeus. As palavras que correspondem a Gênese, Êxodo, Números, Levítico e Deuteronômio não se encontram em nenhum outro escrito reconhecido por eles como autênticos.

Outros, mais ousados, fizeram as seguintes perguntas:

1º Em que língua Moisés teria escrito num deserto selvagem? Só podia ser em egípcio, pois nesse livro mesmo se lê que Moisés e todo o seu povo nasceram no Egito. É provável que não falassem outra língua. Os egípcios ainda não usavam papiro; os hieróglifos eram gravados em mármore ou madeira. Diz-se até que as tábuas dos mandamentos foram gravadas em pedras polidas, o que demandava esforço e tempo prodigiosos.

2º Será verossímil que, num deserto onde o povo judeu não tinha sapateiro nem alfaiate e onde o Deus do universo era obrigado a fazer um milagre contínuo para conservar as velhas roupas e os velhos calçados dos judeus, houvesse homens suficientemente hábeis para gravar os cinco livros do Pentateuco em mármore ou madeira? Haverá quem diga que houve operários para construir um bezerro de ouro em uma noite e reduzir em seguida o ouro em pó, operação impossível para a química comum, ainda não inventada; operários que construíram o tabernáculo, que o ornaram com trinta e quatro colunas de bronze com capitéis de prata; que urdiram e bordaram véus de linho, jacinto, púrpura e escarlate; mas é exatamente isso o que fortalece a opinião dos contraditores. Eles respondem que não teria sido possível, num deserto onde tudo faltava, fazer obras tão rebuscadas; que teria sido preciso começar fazendo calçados e túnicas; que quem carece do necessário não se entrega ao luxo; e que é contradição evidente dizer que havia fundidores, gravadores e bordadores, se não havia roupas nem pão.

3º Se Moisés tivesse escrito o primeiro capítulo do Gênese, os jovens teriam sido proibidos de ler esse primeiro capítulo? O legislador teria sido tão pouco respeitado? Se Moisés tivesse dito que Deus pune a iniquidade dos pais até a quarta geração, Ezequiel teria ousado dizer o contrário?

4º Se Moisés tivesse escrito o Levítico, poderia ter-se contradito no Deuteronômio? O Levítico proscreve o casamento com a mulher do irmão; o Deuteronômio prescreve-o.

5º Moisés teria falado em seu livro de cidades que não existiam em seu tempo? Teria dito que algumas cidades, para ele situadas a leste do Jordão, situavam-se a oeste?

Quem é, pois, esse Moisés desconhecido da terra inteira até o tempo em que – dizem – certo Ptolomeu teve a curiosidade de mandar traduzir os escritos dos judeus para o grego? Havia muitos séculos, as fábulas orientais atribuíam a Baco tudo o que os judeus disseram de Moisés. Baco atravessara o mar Vermelho a pé, Baco transformara as águas em sangue, Baco realizara milagres diários com seu cajado: todos esses fatos eram cantados nas orgias de Baco antes que houvesse o menor contato com os judeus, antes de se saber pelo menos se aquele pobre povo tinha livros. Não será extremamente provável que esse povo tão novo, errante por muito tempo, conhecido tão tarde, estabelecido tardiamente na Palestina, tenha adotado, com a língua fenícia, as fábulas fenícias, exagerando-as mais, como fazem todos os imitadores grosseiros? Um povo tão pobre, ignorante e alheio a todas as artes poderia fazer outra coisa além de copiar seus vizinhos? Acaso não se sabe que até o nome *Adonai*, *Ihaho*, *Eloí* ou *Eloá*, que significava Deus na nação judia, tudo era fenício? (N. de Voltaire)

6º Teria concedido aos levitas quarenta e oito cidades numa região onde nunca houve dez cidades e num deserto por onde sempre errou sem ter casa?

7º Teria prescrito regras para reis judeus, quando aquele povo não só não tinha reis, como também os abominava, sendo provável que nunca os viesse a ter? Como! Moisés teria ditado preceitos para a conduta de reis que só vieram cerca de quinhentos anos depois dele e não teria dito nada aos juízes e pontífices que lhe sucederam? Essa reflexão não levará a crer que o Pentateuco foi composto no tempo dos reis, e que as cerimônias instituídas por Moisés não eram mais que tradição?

8º Seria possível que ele dissesse aos judeus: "Tirei-vos em número de seiscentos mil combatentes das terras do Egito, sob a proteção de vosso Deus", sem que os judeus lhe respondessem: "Deveis ser bem tímido para não nos conduzirdes contra o faraó do Egito"? E diriam: "Ele não poderia opor contra nós um exército de duzentos mil homens. Nunca o Egito teve tantos soldados a pé; nós os teríamos vencido sem dificuldade, seríamos os senhores de seu país. Como?! O deus que vos fala matou, para fazer-nos um favor, todos os primogênitos do Egito, e, se neste país houver trezentas mil famílias, serão trezentos mil homens mortos em uma noite para nos vingar, e vós não secundastes vosso deus! E não nos destes estas terras férteis que nada podia defender! Fizestes-nos sair do Egito como ladrões e covardes, para nos fazer perecer nos desertos, entre precipícios e montanhas! Podíeis pelo menos levar-nos pelo caminho reto para essa terra de Canaã à qual não temos direito algum, terra que nos prometestes e na qual ainda não pudemos entrar.

"Seria natural que da terra de Gessen rumássemos para Tiro e Sidon ao longo do Mediterrâneo; mas vós nos fizestes passar o istmo de Suez quase inteiro, entrar de novo no Egito, subir até além de Mênfis, para acabarmos em Beel-Sefon, à beira do mar Vermelho, dando as costas para a terra de Canaã, depois de marchar oitenta léguas por aquele Egito que queríamos evitar correndo o risco de perecer entre o mar e o exército do faraó!

"Se quisésseis nos entregar a nossos inimigos, teríeis tomado outro caminho e outras medidas? Deus salvou-nos por milagre – dizeis; o mar abriu-se para nos deixar passar; mas, depois de tamanho favor, precisáveis fazer-nos morrer de fome e canseira nos desertos horríveis de Etam, Cades-Barne, Mara, Elim, Horeb e Sinai? Todos os nossos antepassados pereceram naqueles ermos horrendos, e, depois de quarenta anos, vindes dizer que Deus dispensou cuidados especiais a nossos pais!"

Eis o que aqueles judeus rabugentos, filhos injustos de judeus vagabundos, mortos nos desertos, poderiam ter dito a Moisés, se alguém lhes tivesse lido o Êxodo e o Gênese. E o que não deveriam ter dito e feito com referência ao bezerro de ouro? "Como! Ousais contar que vosso irmão fez um bezerro para nossos pais, enquanto estáveis com Deus na montanha, vós que ora dizeis que falastes com Deus face a face, ora que só o pudestes ver por trás! Mas, afinal, enquanto estais com esse Deus, vosso irmão funde um bezerro de ouro em um único dia e o entrega à nossa adoração; e, ao invés de punir vosso irmão indigno, vós o tornais nosso pontífice e ordenais a vossos levitas que matem vinte e três mil homens de vosso povo! Nossos pais teriam aguentado isso? Deixar-se-iam abater como vítimas por sacerdotes sanguinários? Dizeis que, não contente com essa incrível carnificina, também mandastes matar vinte e quatro mil de vossos pobres seguidores, porque um deles se deitara com uma madianita, ao passo que vós mesmo vos casastes com uma madianita; e acrescentais que sois o mais brando de todos os homens! Mais umas ações assim brandas, e não teria sobrado ninguém.

"Não, se tivésseis sido capaz de tal crueldade, se a tivésseis posto em prática, seríeis o mais bárbaro de todos os homens, e todos os suplícios não bastariam para expiar crime tão incompreensível."

Essas são, aproximadamente, as mesmas objeções que os doutos fazem a quem acha que Moisés é o autor do Pentateuco. Mas respondem-lhes que os caminhos de Deus não são os dos homens; que Deus pôs à prova, conduziu e abandonou seu povo com uma sabedoria que nos é desconhecida; que os próprios judeus, há mais de dois mil anos, acreditam que Moisés é autor desses livros; que a Igreja, sucessora da sinagoga e infalível como ela, decidiu essa controvérsia, e que os doutos devem calar-se quando a Igreja fala.

Terceira seção

Não se pode duvidar de que tenha havido um Moisés legislador do povo judeu. Examinaremos aqui sua história apenas segundo as regras da crítica: o divino não se submete a exame. Portanto, precisaremos limitar-nos ao provável; os homens só podem julgar como homens. Em primeiro lugar, é muito natural e provável que uma nação árabe tenha habitado junto às fronteiras do Egito, do lado da Arábia desértica, que tenha sido tributária ou escrava dos reis egípcios e que, depois, tenha procurado estabelecer-se em outro lugar; mas o que a razão desamparada não poderia admitir é que essa nação, composta de setenta pessoas no máximo, na época de José, tenha crescido em duzentos e quinze anos, de José a Moisés, até o número de seiscentos mil combatentes, segundo o livro do Êxodo; pois seiscentos mil homens em condições de portar armas supõem uma multidão de aproximadamente dois milhões, contando-se velhos, mulheres e crianças. Certamente não é em obediência ao curso da natureza que uma colônia de setenta pessoas, entre homens e mulheres, pode produzir em dois séculos dois milhões de habitantes. Os cálculos dessa progressão, feitos por homens pouquíssimo versados nas coisas deste mundo, são desmentidos pela experiência de todas as nações e de todos os tempos. Como se diz, não se fazem filhos com uma penada. Não pensarão que, por essa conta, um povoado de dez mil pessoas produziria em duzentos anos muito mais habitantes do que o globo da terra poderia alimentar?

Também não é provável que esses seiscentos mil combatentes, favorecidos pelo Senhor da natureza, que por eles fazia tantos prodígios, se limitassem a errar pelos desertos onde morreram, em vez de procurar apoderar-se do fértil Egito.

Estabelecidas essas primeiras regras de uma crítica humana e racional, é de convir que Moisés, provavelmente, tirou um povo pouco numeroso das fronteiras do Egito. Havia entre os egípcios uma antiga tradição, relatada por Plutarco em seu tratado de Ísis e Osíris, segundo a qual Tífon, pai de Jerossalaim e de Judecus, fugira do Egito montado num asno. Por esse trecho, está claro que os ancestrais dos judeus habitantes de Jerusalém eram considerados fugitivos do Egito. Uma tradição não menos antiga e mais difundida é que os judeus haviam sido expulsos do Egito, ou como um grupo de bandidos impossíveis de disciplinar, ou como um povo infectado pela lepra. A verossimilhança dessa dupla acusação provinha da própria terra de Gessen por eles habitada, terra vizinha aos árabes errantes, onde a doença da lepra, específica dos árabes, devia ser comum. Segundo a própria Escritura, parece que aquele povo saíra do Egito contra a vontade. O décimo sétimo capítulo do Deuteronômio proíbe que os reis pensem em levar os judeus de volta para o Egito.

A uniformidade entre vários costumes egípcios e judeus fortalece ainda mais a opinião de que aquele povo era uma colônia egípcia, e o que lhe confere maior grau de probabilidade é a festa da páscoa, ou seja, da fuga ou da passagem, instituída para comemorar a evasão. Essa festa, em si, não seria prova, pois em todos os povos houve solenidades criadas para celebrar acontecimentos fabulosos e incríveis: assim era a maioria das festas dos gregos e dos romanos; mas uma fuga de um país para outro é muitíssimo comum e merece crença. A prova extraída dessa festa da páscoa é ainda mais fortalecida pela prova dos tabernáculos, para comemorar o tempo em que os judeus habitavam nos desertos ao sair do Egito. Essas verossimilhanças, reunidas com tantas outras, provam que, de fato, uma colônia saiu do Egito e se estabeleceu por algum tempo na Palestina.

Quase todo o resto é de um gênero tão maravilhoso, que escapa à sagacidade humana. Tudo o que se pode fazer é procurar saber em que tempo a história dessa fuga, ou seja, o livro do Êxodo, pode ter sido escrita, e deslindar as opiniões reinantes então, opiniões cuja prova está nesse mesmo livro, comparado com os antigos usos das nações.

Em relação aos livros atribuídos a Moisés, as regras mais comuns da crítica não permitem que se acredite em sua autoria.

1º Nada indica que ele tenha dado aos lugares de que fala nomes que só lhes foram impostos muito tempo depois. Faz-se menção nesse livro às cidades de Jair, e todos concordam que elas só foram assim chamadas muito tempo depois da morte de Moisés; fala-se do país de Dan, e a tribo de Dan ainda não dera seu nome àquela região da qual não era dona.

2º Como Moisés teria citado o livro das guerras do Senhor, se essas guerras e esse livro perdido lhe são posteriores?

3º Como Moisés poderia ter falado da suposta derrota de um gigante chamado Og, rei de Basã, vencido no deserto no último ano de seu governo? E como poderia ter acrescentado que ainda se vê seu leito de ferro de nove côvados em Rabá? Essa cidade de Rabá era a capital dos amonitas; os hebreus ainda não haviam penetrado naquela região: não será evidente que tal trecho é de um escritor posterior, traído pela sua própria inadvertência? Quer usar como testemunho da vitória sobre um gigante o leito que se dizia estar ainda em Rabá, e esquece-se de que é Moisés que ele está pondo a falar.

4º Como Moisés poderia ter dito que se situavam além do Jordão cidades que, em relação a ele, estavam aquém do rio? Não estará claro que o livro que lhe atribuem foi escrito muito tempo depois que os israelitas atravessaram aquele riozinho Jordão, que eles nunca atravessaram sob seu comando?

5º Será verossímil que Moisés tenha dito a seu povo que, no último ano de seu governo, tomou no pequeno recanto de Argobe – região estéril e horrível da Arábia Pétrea – sessenta grandes cidades cercadas de altas muralhas fortificadas, sem contar um número infinito de cidades abertas? Não será muito provável que esses exageros tenham sido escritos depois por alguém que quisesse exaltar uma nação grosseira?

6º É ainda menos verossímil que Moisés tenha narrado os milagres de que essa história está cheia.

É fácil convencer um povo feliz e vitorioso de que Deus lutou por ele; mas não é da natureza humana um povo acreditar que viu centenas de milagres a seu favor, quando todos esses prodígios só conseguem fazê-lo morrer num deserto. Examinemos alguns milagres relatados no Êxodo.

7º Parece contraditório e injurioso para a essência divina que Deus, tendo criado um povo para ser o único depositário de suas leis e dominar todas as nações, mande um homem desse povo pedir a um rei, seu opressor, permissão para ir sacrificar a seu Deus no deserto, a fim de que esse povo possa fugir pretextando esse sacrifício. Nossas ideias comuns só podem associar uma ideia de baixeza e embuste a essa manobra, ao invés de nela reconhecer a majestade e o poder do Ser supremo.

Quando, imediatamente depois, lemos que Moisés transforma o cajado em serpente diante do rei, converte todas as águas do reino em sangue, dá nascimento a rãs que cobrem a terra, que faz toda a poeira virar piolho, que enche os ares de peçonhentos insetos alados, que atinge todos os homens e todos os animais do país com úlceras atrozes, que chama o granizo, as tempestades e o raios para arruinar toda a região, que a cobre de gafanhotos, que a mergulha em trevas densas durante três dias, e que, por fim, um anjo exterminador leva à morte todos os primogênitos de homens e animais do Egito, a começar pelo filho do rei, quando, depois, vemos esse povo marchando através das vagas do mar Vermelho, suspensas em montanhas de água à direita e à esquerda, vagas que depois caem sobre o exército do faraó e o engole, quando, repito, lemos todos esses milagres, a primeira ideia que nos acode é dizer: "Esse povo, para o qual Deus fez coisas tão assombrosas de certo vai ser dono do Universo." Mas não: o fruto de tantas maravilhas é sofrer necessidades e fome nas areias áridas; e, de prodígio em prodígio, tudo morre antes de ver o pequeno rincão onde seus descendentes a seguir se estabelecem e ficam por alguns anos. Sem dúvida é perdoável que não se acredite nesse amontoado de maravilhas, das quais a menor já revolta a razão.

Essa razão, entregue a si mesma, não pode convencer-se de que Moisés tenha escrito coisas tão incompreensíveis. Como alguém pode impingir a uma geração tantos milagres inutilmente feitos por ela, além de todos aqueles que, segundo dizem, foram realizados no deserto? Que papel atribuem a essa Divindade, que se dedica a conservar as roupas e os sapatos daquele povo durante quarenta anos, depois de ter armado em seu favor toda a natureza!

É, portanto, muito natural achar que toda essa história prodigiosa foi escrita muito tempo depois de Moisés, assim como os romances de Carlos Magno foram forjados três séculos depois dele e as origens de todas as nações foram escritas em tempos nos quais essas origens, perdidas de vista, deixavam a imaginação livre para inventar. Quanto mais grosseiro e infeliz é um povo, mais ele procura exaltar sua antiga história: e que povo foi, durante tanto tempo, mais miserável e bárbaro que o povo judeu?

Não é de crer que, não tendo com que fazer sapatos em seus desertos, sob a dominação de Moisés, houvesse muita vontade de escrever. É de presumir que os infelizes nascidos naqueles desertos não receberam uma educação lá muito brilhante, e que a nação só começou a ler e a escrever quando teve algum contato com os fenícios. Foi, provavelmente, nos primórdios da monarquia que os judeus dotados de algum gênio registraram o Pentateuco por escrito e ajustaram suas tradições como puderam. Alguém teria feito Moisés recomendar aos reis que lessem e até escrevessem sua lei, no tempo em que ainda não havia reis? Não será provável que o décimo sétimo capítulo do Deuteronômio tenha sido escrito para moderar o poder da realeza, e que é de autoria de sacerdotes do tempo de Saul?

É provavelmente nessa época que deve ser situada a redação do Pentateuco. As frequentes escravidões a que tal povo fora submetido não parecem propícias a estabelecer a literatura numa nação e a tornar os livros muito comuns; e, quanto mais raros tiverem sido esses livros em seus primórdios, mais os autores serão audaciosos em enchê-los de prodígios.

O Pentateuco atribuído a Moisés é muito antigo, sem dúvida, se redigido no tempo de Saul e de Samuel; é mais ou menos o tempo da guerra de Troia, e é um dos mais curiosos documentos da maneira de pensar dos homens daquele tempo. Percebe-se que todas as nações conhecidas tinham por prodígios uma paixão proporcional à sua ignorância. Tudo era feito então pela intervenção celeste no Egito, na Frígia, na Grécia, na Ásia.

Os autores do Pentateuco dão a entender que cada nação tem seus deuses, e que esses deuses, com poucas exceções, têm igual poder.

Se Moisés transforma o cajado em serpente em nome de seu Deus, os sacerdotes do faraó fazem o mesmo; se transforma em sangue todas as águas do Egito, inclusive a água dos vasos, os sacerdotes fazem imediatamente o mesmo prodígio, e não podemos imaginar com que águas esses sacerdotes realizam essa metamorfose, a menos que tenham criado novas águas expressamente para isso. O escritor judeu prefere até incorrer necessariamente nesse absurdo a permitir a desconfiança de que os deuses do Egito não tivessem o poder de transformar água em sangue assim como o Deus de Jacó.

Mas, quando este consegue encher de piolhos toda a terra do Egito, transformar poeira em piolho, então sua superioridade se mostra por inteiro; os magos não conseguem imitá-lo, e assim fala o Deus dos judeus: "O faraó saberá que nada é semelhante a mim." Essas palavras, postas em sua boca, marcam um ser que se acredita apenas mais poderoso que seus rivais: ele foi igualado na metamorfose de cajado em serpente e na das águas em sangue; mas ganha a partida com a história dos piolhos e nas seguintes.

Essa ideia do poder sobrenatural dos sacerdotes de todos os países é marcada em vários pontos da Escritura. Quando Balaão, sacerdote do pequeno Estado de um régulo chamado *Balaque*, situado no meio dos desertos, está prestes a maldizer os judeus, o Deus deles aparece a esse sacerdote para impedi-lo. Parece que era de temer muito a maldição de Balaão. As palavras de Deus nem chegam a ser suficientes para conter esse sacerdote, e ele lhe envia um anjo com uma espada e, ainda por cima, faz que o anjo lhe fale por sua burra. Todas essas precauções certamente comprovam a opinião de que a maldição de um sacerdote, qualquer que fosse ele, acarretava efeitos funestos.

Essa ideia de um Deus apenas superior aos outros deuses, ainda que ele tivesse feito o céu e a terra, estava tão arraigada em todas as mentes, que Salomão, em sua última prece, exclama: "Ó meu Deus! Não há deus algum semelhante a ti na terra nem no céu." Era essa opinião que tornava os judeus tão crédulos em relação a todos os sortilégios, a todos os encantamentos das outras nações. Foi isso que deu ensejo à história da pitonisa de Endor, que teve o poder de evocar o espectro de Samuel. Cada povo teve seus prodígios e seus oráculos, e não ocorreu a nenhuma nação duvidar dos milagres e das profecias das outras. Cada uma se contentava em opor às outras armas semelhantes; parecia que os sacerdotes, negando os prodígios das nações vizinhas, tinham medo de desacreditar os seus. Essa espécie de teologia prevaleceu durante muito tempo em toda a terra.

Não cabe aqui tratar em pormenores de tudo o que se escreveu sobre Moisés. Fala-se de suas leis em mais de um lugar desta obra. Aqui nos limitaremos a notar como é espantoso ver um legislador inspirado por Deus, um profeta que faz Deus falar e não propõe aos homens uma vida futura. Não há uma só palavra no Levítico que possa levar a desconfiar da imortalidade da alma. A essa grave dificuldade responde-se que Deus se ajustava à grosseria dos judeus. Que miserável resposta! Cabia a Deus elevar os judeus até os conhecimentos necessários, e não rebaixar-se a seu nível. Se a alma é imortal, se há recompensas e penas em outra vida, é necessário que os homens sejam disso informados. Se Deus fala, cumpre que ensine esse dogma fundamental. Que legislador e que Deus são esses que só propõem a seu povo vinho, azeite e leite! Que Deus é esse que sempre encoraja seus crentes como um chefe de bandidos encoraja seu bando com a esperança de rapina! É bem perdoável, mais uma vez, que a razão humana só veja em tal história a grosseria bárbara dos primeiros tempos de um povo selvagem. O homem, faça o que fizer, não pode raciocinar de outro modo; mas, se Deus de fato é autor do Pentateuco, cabe-nos a submissão sem argumentos.

MONSTROS (Monstres)

Definir os monstros é mais difícil do que se pensa. Daremos esse nome a um animal enorme, a um peixe, a uma serpente de quinze pés de comprimento? Mas existem serpentes de vinte, de trinta pés, perto das quais as primeiras seriam pouca coisa.

Há monstros por privação. Mas, se faltarem os quatro dedinhos dos pés e das mãos a um homem bem-feito e de aparência graciosa, será ele um monstro? Os dentes lhe são mais necessários. Vi um homem que nasceu sem nenhum dente; ele era muito agradável. A privação dos órgãos da reprodução, bem mais necessários, não constitui um animal monstruoso.

Há monstros por excesso; mas quem tem seis dedos, o sacro alongado em forma de pequena cauda, três testículos, dois orifícios no pênis não é considerado monstro.

A terceira espécie é daqueles que teriam membros de outros animais, como um leão com asas de avestruz, uma cobra com asas de águia, tal como o grifo e o ixião dos judeus. Mas todos os morcegos têm asas; os peixes voadores as têm e nem por isso são monstros.

Reservaremos, portanto, esse nome para os animais cujas deformidades nos causam horror.

Contudo, o primeiro negro foi um monstro para as mulheres brancas, e a maior de nossas beldades foi um monstro aos olhos dos negros.

Se Polifemo e os ciclopes tivessem existido, as pessoas que tivessem olhos dos dois lados da raiz do nariz teriam sido declaradas monstros na ilha de Lípara e nas vizinhanças do Etna.

Vi uma mulher na feira que tinha quatro mamas e um rabo de vaca no peito. Sem dúvida era um monstro quando mostrava os seios, mas era mulher comum quando os escondia.

Os centauros e os minotauros teriam sido monstros, mas monstros bonitos. Um corpo de cavalo bem proporcionado, que servisse de base para a parte superior de um homem, teria sido uma obra-prima na terra; assim também, imaginamos como obras-primas do céu os espíritos que chamamos de *anjos*, e que pintamos e esculpimos em nossas igrejas ora ornados de duas asas, ora de quatro e até de seis.

Já perguntamos, assim como o sábio Locke, qual é o limite entre a figura humana e a animal, qual é o ponto de monstruosidade no qual devemos fixar-nos para não batizarmos uma criança, para não a incluirmos em nossa espécie, para não lhe atribuirmos alma. Vimos que esse limite é tão difícil de fixar quanto é difícil saber o que é alma, pois só os teólogos sabem disso.

Por que os sátiros vistos por são Jerônimo, nascidos de mulheres e macacos, teriam sido considerados monstros? Não se considerariam eles, ao contrário, mais bem aquinhoados que nós? Não teriam mais força e agilidade? Não zombariam de nossa espécie, à qual a cruel natureza negou vestes e caudas? Um mulo nascido de duas espécies diferentes, um jumardo – filho de touro com égua – e um pintassilgo – que, como se diz, é cruzamento de canário com pintarroxo – não são monstros.

Mas como os mulos, os jumardos, os pintassilgos etc., que são engendrados, não engendram? E como os seministas, os ovistas e os animalculistas[60] explicam a formação desses mestiços?

Respondo que não explicam. Os seministas nunca souberam de que modo a semente de um asno só transmite ao mulo as orelhas e um pouco do traseiro do asno. Os ovistas não nos ensinam nem aprenderam que espécie de arte faz uma égua ter em seu ovo algo que não seja um cavalo. E os animalculistas não entendem como um pequeno embrião de asno vai pôr suas orelhas no útero de uma potra.

O autor de *Vénus physique*, ao dizer que todos os animais e todos os monstros se formam por atração, consegue explicar, ainda menos que os outros, esses fenômenos tão comuns e surpreendentes.

Que pena! Meus amigos, nenhum de vós sabe como se fazem crianças: ignorais os segredos da natureza no homem e quereis adivinhá-los no mulo!

Apesar de tudo, podereis dizer de um monstro por privação: Nem toda a semente necessária chegou a seu lugar, ou então o vermículo espermático perdeu algo de sua substância, ou então o ovo se quebrou. Vendo um monstro por excesso, podereis imaginar que algumas partes supérfluas do esperma foram surperabundantes, que, de dois vermes espermáticos reunidos, um conseguiu animar apenas um membro do animal, e esse membro ficou em excesso; que dois ovos se misturaram, e um deles só produziu um membro, que se juntou ao corpo do outro.

Mas que direis de tantas monstruosidades por acréscimo de partes animais estranhas? Como explicareis um caranguejo no pescoço de uma menina? Um rabo de rato numa coxa e, principalmente, as quatro tetas de vaca com um rabo que vimos na feira de Saint-Germain? Sereis obrigados a supor que a mãe dessa mulher era da família de Pasífae.

Vamos, coragem, digamos juntos: Que sou eu?

---

60. Seministas, espermaticistas ou animalculistas eram os que acreditavam que o esperma contém todos os elementos essenciais do embrião. Os ovistas eram partidários da teoria biológica segundo a qual o ovo contém todos os germes dos indivíduos que vão nascer. (N. da T.)

MONTANHA (Montagne)

Diz uma fábula bem antiga e universal que uma montanha, depois de assustar todo o país com seus clamores de trabalho de parto, foi vaiada por todos os assistentes quando pariu nada mais que um rato. A plateia não era filósofa. Os que vaiavam deviam admirar. Era tão bonito uma montanha parir um rato quanto um rato parir uma montanha. O rochedo que produz um rato é algo muito prodigioso, e a terra nunca viu nada que se aproxime de tal milagre. Nem todos os globos do universo juntos poderiam dar vida a uma mosca. O vulgo ri daquilo que o filósofo admira; e este ri quando o vulgo arregala os olhos estúpidos de espanto.

MORAL (Morale)

Pregadores tagarelas, controversistas extravagantes, tentai lembrar-vos de que vosso senhor nunca anunciou que o sacramento era o sinal visível de uma coisa invisível; ele só admitiu quatro virtudes cardeais e três teologais; nunca tentou descobrir se sua mãe tinha vindo ao mundo maculada ou imaculada; nunca disse que as criancinhas que morressem sem batismo seriam danadas. Deixai de atribuir-lhe coisas nas quais ele não pensou. Ele disse, de acordo com uma verdade tão antiga quanto o mundo: Amai a Deus e a vosso próximo. Limitai-vos a isso, miseráveis polemistas; pregai a moral, e nada mais. Mas observai essa moral: que os tribunais deixem de trepidar com vossos processos; deixai de arrancar, usando as garras de um procurador, o pouco de farinha da boca da viúva e do órfão; deixai de disputar um pequeno benefício com o mesmo furor com que se disputou o papado no grande cisma do ocidente. Monges, deixai (na medida do possível) de obrigar todo o universo a vos pagar contribuições; e então poderemos crer em vós.

Acabo de ler estas palavras numa declamação em catorze volumes, intitulada *História do Baixo Império*:

"Os cristãos tinham uma moral, mas os pagãos não tinham nenhuma."

Ah! sr. Le Beau, autor desses catorze volumes, onde encontrou essa tolice? Ei! Então qual é a moral de Sócrates, Zaleuco, Carondas, Cícero, Epicteto e Marco Antonino?

Só existe uma moral, sr. Le Beau, assim como só existe uma geometria. Mas, dirão, a maioria dos homens ignora a geometria. Sim, mas, se prestarem um pouco de atenção, todos concordarão. Agricultores, operários e artistas, ninguém fez curso de moral; não leram o *De Finibus* de Cícero, nem as *Éticas* de Aristóteles; mas, assim que refletem, tornam-se discípulos de Cícero sem saberem: o tintureiro indiano, o pastor tártaro e o marujo inglês conhecem o justo e o injusto. Confúcio não inventou um sistema de moral tal como se construiu um sistema de física. Ele a encontrou no coração de todos os homens.

Essa moral estava no coração do pretor Festo quando os judeus o instaram a condenar Paulo à morte, por ter levado estrangeiros para o templo. Disse ele: "Nunca os romanos condenaram ninguém sem ouvi-lo" (Atos dos apóstolos, XXV, 16).

Se aos judeus faltava moral ou se eles faltavam com a moral, os romanos a conheciam e a glorificavam.

A moral não está na superstição, não está nas cerimônias, não tem nada em comum com os dogmas. Nunca é demais repetir que todos os dogmas são diferentes, e que a moral é a mesma em todos os homens que fazem uso da razão. Logo, a moral vem de Deus, assim como a luz. Nossas superstições não passam de trevas. Que o leitor reflita e ouça essa verdade, tirando suas conclusões.

MOVIMENTO (Mouvement)

Um filósofo das cercanias do monte Krapack dizia-me que o movimento é essencial à matéria.

– Tudo se move – dizia ele. – O Sol gira continuamente em torno do seu próprio eixo, os planetas fazem o mesmo; cada planeta tem vários movimentos diferentes, e em cada planeta tudo transpira, tudo é crivo, tudo está crivado; o metal mais duro está vazado por uma infinidade de poros, pelos quais escapa continuamente uma torrente de vapores que circulam pelo espaço. O universo nada mais é do que movimento; logo, o movimento é essencial à matéria.

– Senhor – disse eu –, alguém não poderia responder-lhe: "Este bloco de mármore, este canhão, esta casa, esta montanha não se mexem, logo o movimento não é essencial"?

– Mexem-se – respondeu ele. – Vão pelo espaço com a Terra, em seu movimento comum; e mexem-se também (embora imperceptivelmente) com o seu movimento próprio, de tal forma que, daqui a alguns séculos, nada restará de suas massas, das quais a cada instante se destacam partículas.

– Mas, cavalheiro, posso conceber a matéria em repouso: logo, o movimento não é de sua essência.

– Realmente, é importantíssimo que o senhor conceba ou não a matéria em repouso. Digo-lhe que ela não pode ficar em repouso.

– Afirmação ousada essa; e o caos, se me permite?

– Ah, ah! O caos! Se quisermos falar do caos, eu direi que tudo nele estava, necessariamente, em movimento, e que "o sopro de Deus estava sobre as águas"; que, visto que se reconhecia a existência do elemento água, os outros elementos também existiam; que, por conseguinte, o fogo existia; que não há fogo sem movimento; que o movimento é essencial ao fogo. O caos o senhor não levou de vencida.

– Ai! Mas quem pode levar de vencida todos esses temas de discussão? O senhor, que sabe tanto, diga-me por que um corpo empurra o outro.

– Porque a matéria é impenetrável; porque dois corpos não podem estar juntos no mesmo lugar; porque em todo tipo de coisa o mais fraco é impelido pelo mais forte.

– Essa sua última razão é mais engraçada do que filosófica. Ninguém nunca pôde adivinhar a causa da comunicação do movimento.

– Isso não significa que ele não seja essencial à matéria. Ninguém pôde adivinhar a causa do sentimento nos animais; no entanto, esse sentimento lhes é tão essencial, que, se eliminarmos a ideia de sentimento, anularemos a ideia de animal.

– Pois bem, admito por um momento que o movimento seja essencial à matéria (por um momento, pelo menos, pois não quero brigar com os teólogos). Diga-me então como uma bola faz a outra se movimentar.

– O senhor é curioso demais; quer que eu diga o que nenhum filósofo ainda pôde informar.

– É engraçado conhecermos as leis do movimento e ignorarmos o princípio da comunicação do movimento.

– Isso ocorre com tudo; sabemos as leis do raciocínio e não sabemos o que raciocina em nós. Os canais pelos quais nosso sangue e nossos líquidos correm nos são bem conhecidos, no entanto ignoramos o que forma nosso sangue e nossos líquidos. Estamos vivos e não sabemos o que nos dá vida.

– Diga-me pelo menos se, visto que o movimento é essencial, é sempre igual a quantidade de movimento no mundo.

– Essa é uma antiga quimera de Epicuro, repetida por Descartes. Não entendo por que essa igualdade de movimento no mundo é mais necessária do que uma igualdade de triângulos. É essencial que um triângulo tenha três ângulos e três lados; mas não é essencial que sempre haja um número igual de triângulos no globo.

– Mas não haverá sempre igualdade de forças, como dizem outros filósofos?

– É a mesma quimera. Seria preciso, nesse caso, que sempre houvesse um número igual de homens, animais e seres moventes: e isso é absurdo.

– A propósito, o que é força de um corpo em movimento?

– É o produto de sua massa por sua velocidade num tempo dado. A massa de um corpo é quatro, sua velocidade é quatro, a força de seu choque será dezesseis; um outro corpo é dois, sua velocidade é dois, sua força é quatro: esse é o princípio de todas as mecânicas. Leibniz anunciou enfaticamente que esse princípio é deficiente. Ele afirma que seria preciso medir essa força, esse produto, pela massa multiplicada pelo quadrado da velocidade. Não passava de chicana, equívoco indigno de um filósofo, baseado no abuso da descoberta do grande Galileu, de que os espaços percorridos no movimento uniformemente acelerado são como os quadrados dos tempos e das velocidades. Leibniz não considerava o tempo que era preciso considerar. Nenhum matemático inglês adotou o sistema de Leibniz. Ele foi acatado durante algum tempo na França por um pequeno número de geômetras. Infestou alguns livros, até mesmo as *Instituições físicas* de uma pessoa ilustre. Maupertuis trata Mairan muito mal, num opúsculo intitulado *A B C*, como se quisesse ensinar o abecê àquele que seguia o antigo e verdadeiro cálculo. Mairan tinha razão; ele defendia a antiga medida da massa multiplicada pela velocidade. Voltou-se finalmente a ele; desapareceu o escândalo matemático, e mandou-se para os espaços imaginários o charlatanismo do quadrado da velocidade, com as mônadas, que são o espelho concêntrico do universo, e com a harmonia preestabelecida.

MUDANÇAS OCORRIDAS NO GLOBO
(Changements arrivés dans le globe)

Depois de vermos com os próprios olhos uma montanha avançar sobre uma planície, ou seja, um imenso rochedo dessa montanha destacar-se e cobrir vários campos, um castelo inteiro afundado na terra, um rio engolido que depois sai de seu abismo, marcas indubitáveis de que uma vasta massa de água inundava outrora um território hoje habitado, bem como centenas de vestígios de outras transformações, ficamos mais dispostos a acreditar nas grandes mudanças que alteraram a face do mundo do que uma dama de Paris que só saiba que o lugar onde está construída a sua casa era antes uma lavoura. Mas uma dama de Nápoles, que viu sob a terra as ruínas de Herculano, está ainda menos sujeita ao preconceito que nos leva a acreditar que tudo sempre foi como é hoje.

Terá havido um grande abrasamento no tempo de Faetonte? Nada é mais verossímil; mas não foi nem a ambição de Faetonte nem a cólera de Júpiter fulminante que causaram a catástrofe; assim como em 1755 não foram as fogueiras acesas com tanta frequência em Lisboa pela Inquisição que atraíram a vingança divina, que acenderam os fogos subterrâneos e destruíram metade da cidade: pois Meknés, Tetuan e hordas consideráveis de árabes foram ainda mais maltratados que Lisboa, e não havia Inquisição naquelas regiões.

A ilha de Saint-Domingue[61], completamente devastada há pouco tempo, não incidira no desagrado do grande Ser mais do que a ilha de Córsega. Tudo está submetido a leis físicas eternas.

O enxofre, o betume, o nitro e o ferro encerrados na terra, misturando-se e explodindo, devastaram milhares de cidades, abriram e fecharam milhares de voragens; e nós somos ameaçados todos os dias por esses acidentes vinculados à maneira como este mundo está construído, assim como somos ameaçados em várias regiões por lobos e tigres famintos durante o inverno.

---

61. Atualmente, Haiti. (N. da T.)

Se o fogo, que Demócrito acreditava ser o princípio de tudo, transformou radicalmente uma parte da terra, o primeiro princípio de Tales, a água, causou mudanças nas mesmas dimensões.

Metade da América ainda está inundada pelos antigos transbordamentos do rio Marañon, do rio de la Plata, do rio Saint-Laurent, do Mississippi e de todos os pequenos rios perpetuamente aumentados pelas neves eternas das montanhas mais altas da terra, que atravessam aquele continente de um extremo ao outro. Tais dilúvios, acumulados, produziram vastos charcos em quase todos os lugares. As terras vizinhas se tornaram inabitáveis; e a terra, que as mãos dos homens deveriam ter fertilizado, produziu venenos.

A mesma coisa aconteceu com a China e com o Egito; foi preciso um número imenso de séculos para abrir canais e drenar as terras. Somem-se a esses longos desastres as irrupções do mar, os terrenos por ele invadidos e abandonados, as ilhas por ele destacadas do continente, e se verá que ele devastou mais de oitenta mil léguas quadradas do oriente ao ocidente, do Japão até o monte Atlas.

A submersão da ilha Atlântida pelo oceano pode ser vista, com igual razão, como história ou como fábula. A pequena profundidade do oceano Atlântico até as Canárias poderia ser prova desse grande acontecimento; e as ilhas Canárias poderiam ser perfeitamente restos de Atlântida.

Platão, em seu *Timeu*, afirma que os sacerdotes do Egito, que ele visitou, conservavam antigos registros que comprovavam a destruição daquela ilha, afundada no mar. Aquela catástrofe, diz Platão, aconteceu nove mil anos antes dele. Ninguém acreditará nessa cronologia com base apenas na palavra de Platão; mas, apesar disso, ninguém poderá apresentar nenhuma prova física contra ela, nem mesmo nenhum testemunho histórico extraído dos escritores profanos.

Plínio, em seu livro III, diz que em todos os tempos os povos das costas espanholas meridionais acreditaram que o mar havia aberto uma passagem entre Calpe e Abila: *Indigenœ columnas Herculis vocant, creduntque perfossas exclusa antea admisisse maria et rerum naturœ mutasse faciem.* [Os nativos invocam as colunas de Hércules, e creem que os mares expulsos as admitiram perfuradas e mudaram a face da natureza]

O viajante atento pode convencer-se com seus próprios olhos de que as Cíclades e as Espórades, outrora parte do continente da Grécia, e a Sicília, sobretudo, estavam unidas à Apúlia. Os dois vulcões, Etna e Vesúvio, que têm os mesmos fundamentos sob o mar, a pequena voragem de Caribde, único lugar profundo daquele mar, e a perfeita semelhança dos dois solos são testemunhos irrecusáveis: os dilúvios de Deucalião e de Ógigo são bem conhecidos, e as fábulas inventadas com base nessa verdade ainda são o sustento de todo o ocidente.

Os antigos fizeram menção a vários outros dilúvios na Ásia. O dilúvio de que fala Berose ocorreu, segundo ele, na Caldeia cerca de quatro mil e trezentos ou quatrocentos anos antes de nossa era; e a Ásia foi inundada de fábulas a respeito desse dilúvio, assim como o foi pelos transbordamentos do Tigre e do Eufrates, bem como de todos os rios que correm para o Ponto Euxino[62].

É verdade que esses transbordamentos só podem cobrir os campos com alguns pés de água; mas a esterilidade que provocam, a destruição das casas e das pontes e a morte dos animais são perdas que requerem quase um século para serem reparadas. Sabe-se o que isso custou à Holanda; ela perdeu mais da metade de seu território desde o ano 1050. Ainda precisa combater todos os dias a água do mar, que a ameaça, e nunca empregou tantos soldados para resistir a seus inimigos quantos são os trabalhadores que emprega para se defender continuamente dos assaltos de um mar sempre prestes a engoli-la.

O caminho por terra do Egito à Fenícia, margeando o lago Sirbon, antes era perfeitamente praticável; já não é há muito tempo. Não passa de areia movediça impregnada de uma água estagnada. Em resumo, uma parte da terra não passaria de vasto charco envenenado e habitado por monstros, não fosse o trabalho assíduo da raça humana.

---

62. Ver o verbete Dilúvio universal. (N. de Voltaire)

Não falaremos aqui do dilúvio universal de Noé. Basta ler as Santas Escrituras com submissão. O dilúvio de Noé é um milagre incompreensível, realizado sobrenaturalmente pela justiça e pela bondade de uma Providência inefável, que queria destruir todo o gênero humano culpado e constituir um novo gênero humano inocente. Se a nova raça humana foi mais malvada que a primeira, se se tornou mais criminosa a cada século, a cada reforma, tem-se aí mais um efeito dessa Providência, cujas profundezas é impossível sondar e cujos inconcebíveis mistérios adoramos como devemos, mistérios transmitidos aos povos do ocidente, há alguns séculos, pela tradução latina dos *Setenta*. Nunca entramos nesses santuários temíveis; e em nossas *Questões* só examinamos a simples natureza.

MULHER (Femme)

Do ponto de vista físico e moral

Em geral, ela é bem menos forte que o homem, menos alta, menos capaz de exercer trabalhos demorados; seu sangue é mais aquoso, sua carne é menos compacta, seus cabelos, mais longos, seus membros, mais torneados, os braços, menos musculosos, a boca, menor, as nádegas, mais altas, as ancas, mais largas, o ventre, mais amplo. Essas características distinguem as mulheres em toda a terra, em todas as espécies, desde a Lapônia até as costas de Guiné, na América tal como na China.

Plutarco, em seu terceiro livro de *Simposíaca,* afirma que o vinho não as embriaga com tanta facilidade quanto aos homens, e vejamos como ele justifica o que não é verdade. Recorro à tradução de Amyot:

"A natural temperatura das mulheres é muito úmida, o que torna tão macia, lisa e luzidia a sua carnação, com suas purgações menstruais. Quando, portanto, o vinho cai em tão grande umidade, sendo vencido, perde a cor e a força e torna-se descorado e fraco; podemos extrair alguma coisa sobre isso das próprias palavras de Aristóteles: pois ele diz que aqueles que bebem em longos sorvos, sem tomarem fôlego – o que os antigos chamavam de *amusizein* –, não se embriagam com tanta facilidade, porque o vinho quase não fica dentro de seu corpo; assim, premido e empurrado à força, ele atravessa o corpo e sai. Ora, no mais das vezes vemos que as mulheres bebem assim, sendo, portanto, verossímil que seu corpo, devido à contínua atração entre os humores, que são carregados por suas purgações menstruais, esteja cheio de condutos diversos e seja atravessado por vários tubos e recessos, nos quais o vinho cai e dos quais sai com rapidez e facilidade, sem poder aderir às partes nobres e principais, que, uma vez perturbadas, ocorre a embriaguez."

Essa física é totalmente digna dos antigos.

As mulheres vivem um pouco mais que os homens, ou seja, em uma geração encontram-se mais velhas do que velhos. Foi o que puderam observar na Europa todos aqueles que fizeram levantamentos exatos de nascimentos e mortes. É de crer que o mesmo ocorre na Ásia e entre as negras, as vermelhas e as pardas, tal como entre as brancas. *Natura est semper sibi consona* [a natureza é sempre a si mesma conveniente].

Transcrevemos alhures um excerto de um diário da China, segundo o qual, no ano 1725, a mulher do imperador Yong-tching fez doações às mulheres pobres da China com mais de setenta anos[63], e só na província de Cantão, entre as mulheres que receberam esses presentes, contavam-se noventa e oito mil duzentas e vinte duas mulheres de mais de setenta anos, quarenta mil oitocentas e noventa e três com mais de oitenta e três mil quatrocentas e cinquenta e três com cerca de cem

---
63. Carta instrutiva do jesuíta Constantin ao jesuíta Souciet, décima nona coletânea. (N. de Voltaire)

anos. Os que gostam das causas finais dizem que a natureza lhes dá vida mais longa que a dos homens para recompensá-las das fadigas que enfrentam de carregarem filhos no ventre durante nove meses, por dá-los à luz e nutri-los. Não é de acreditar que a natureza dê recompensas, mas é provável que, como o sangue das mulheres é mais doce, suas fibras se endureçam mais devagar.

Nenhum anatomista, nenhum físico jamais puderam conhecer a maneira como elas concebem. Por mais que Sanchez afirmasse: *Mariam et Spiritum sanctum emisisse semen in copulatione, et ex semine amborum natum esse Jesum* [Maria e o Espírito Santo produziram sêmen em sua cópula, e do sêmen de ambos Jesus nasceu], essa sua abominável impertinência, aliás doutíssima, não é adotada hoje por nenhum naturalista.

Os fluxos periódicos de sangue que sempre enfraquecem as mulheres durante essa época, as doenças que nascem do desaparecimento de tais fluxos, os períodos de gravidez, a necessidade de amamentar e de velar continuamente pelos filhos, a delicadeza de seus membros, tudo isso as torna pouco próprias às fadigas da guerra e ao furor dos combates. É verdade, como dissemos, que, em todos os tempos e em quase todos os países, viram-se mulheres às quais a natureza deu coragem e forças extraordinárias, mulheres que combateram com homens e suportaram trabalhos prodigiosos; mas, ao fim e ao cabo, esses exemplos são raros. Remetemos ao verbete Amazonas.

O físico sempre governa o moral. Como as mulheres são mais fracas de corpo do que nós, como têm mais habilidade nos dedos, que são muito mais flexíveis que os nossos, como não podem trabalhar a contento nas pesadas obras da alvenaria, carpintaria, metalurgia e agricultura, como são necessariamente incumbidas dos pequenos trabalhos mais leves do interior da casa e, sobretudo, do cuidado com os filhos, como levam vida mais sedentária, devem ter caráter mais doce do que a raça masculina; devem conhecer menos os grandes crimes, e isso é tão verdadeiro, que, em todos os países civilizados, há sempre pelo menos cinquenta homens condenados à morte para uma única mulher.

Montesquieu, em seu *Espírito das leis*[64], prometendo falar da condição das mulheres nos diversos governos, afirma que "entre os gregos as mulheres não eram vistas como seres dignos de participar do verdadeiro amor, e o amor, para eles, tinha apenas uma forma que não ouso descrever". Cita Plutarco como prova.

Esse é um engano pouco perdoável para uma inteligência como a de Montesquieu, sempre arrebatada pela rapidez das ideias, frequentemente incoerentes.

Plutarco, em seu capítulo *Sobre o amor*, introduz vários interlocutores; e ele mesmo, com o nome de Dafneu, refuta com grande veemência as palavras de Protogenes a favor da devassidão dos rapazes.

É nesse mesmo diálogo que ele chega a dizer que no amor das mulheres há algo de divino; compara esse amor ao Sol, que anima a natureza; põe a maior felicidade no amor conjugal e termina com o magnífico elogio à virtude de Eponina.

Essa memorável aventura ocorreu diante dos olhos de Plutarco, que viveu algum tempo em casa de Vespasiano. Essa heroína, sabendo que o marido Sabino, vencido pelas tropas do imperador, se escondera numa caverna profunda entre o Franco Condado e Champagne, encerrou-se sozinha com ele naquela caverna, serviu-o, alimentou-o durante vários anos, teve filhos com ele. Por fim, ao ser presa com o marido e apresentada a Vespasiano, que se admirou com a grandeza de sua coragem, ela lhe disse: "Vivi mais feliz debaixo da terra, nas trevas, do que tu à luz do sol e no ápice do poder." Plutarco afirma, portanto, precisamente o contrário do que Montesquieu lhe atribui; chega a pronunciar-se a favor das mulheres com um entusiasmo comovente.

Não é de surpreender que em todos os países o homem se tenha tornado senhor da mulher, visto que tudo se baseia na força. Em geral, é grande a sua superioridade devido à força do corpo e mesmo do espírito.

---

64. Liv. VII, cap. IX. Ver o verbete Amor socrático, no qual já se indicou esse engano. (N. de Voltaire)

Já se viram mulheres muito doutas, assim como as houve guerreiras; mas nunca se viu mulher inventora.

Seu maior dote costuma ser o espírito de sociedade e de amabilidade. Em geral, parece que elas são feitas para abrandar os costumes dos homens.

Em nenhuma república tiveram elas a menor participação no governo; nunca reinaram nos impérios puramente eletivos, mas reinam em quase todos os reinos hereditários da Europa: Espanha, Nápoles, Inglaterra, vários países do Norte, vários grandes feudos que são chamados de *femininos*.

O costume a que se dá o nome de *lei sálica* as excluiu do reino da França; e, como diz Mézerai, não foi por serem incapazes de governar, pois quase sempre lhes foi concedida a regência.

Afirma-se que o cardeal Mazarino admitia que várias mulheres eram dignas de governar um reino, acrescentando que sempre seria de temer que elas se deixassem subjugar *por amantes incapazes de governar doze galinhas*. No entanto, Isabel em Castela, Elisabeth na Inglaterra e Maria Teresa na Hungria desmentiram esse pretenso chiste atribuído ao cardeal Mazarino. E hoje vemos no Norte uma legisladora tão respeitada quanto são pouco estimados os soberanos da Grécia, da Ásia Menor, da Síria e do Egito.

A ignorância afirmou durante muito tempo que entre os maometanos as mulheres são escravas a vida toda, e que, depois de mortas, não entram no paraíso. Esse são dois grandes erros, como outros que sempre foram propalados sobre o maometismo. As esposas não são de modo algum escravas. A sura ou capítulo IV do Alcorão atribui-lhes um dote. A filha deve ter metade dos bens herdados pelo irmão. Se só houver mulheres, elas repartem entre si dois terços da sucessão, e o resto pertence aos pais do morto; cada uma das duas linhas receberá um sexto, e a mãe do morto também tem direito na sucessão. As esposas são tão pouco escravas, que têm permissão para pedir divórcio, o que lhes é concedido quando suas queixas são consideradas legítimas.

Os muçulmanos não têm permissão de se casar com a cunhada, com a sobrinha, com a irmã de leite, com a enteada criada sob a guarda da própria mulher; também não têm permissão de se casar com duas irmãs. Nisso, são bem mais severos do que os cristãos, que todos os dias compram em Roma o direito de contrair tais casamentos, que poderiam fazer de graça.

Poligamia

Maomé reduziu a quatro o número antes ilimitado de esposas. Mas, como é preciso ser extremamente rico para sustentar quatro mulheres em condições dignas, só os maiores senhores podem valer-se de tal privilégio. Assim, a pluralidade das esposas não acarreta nos Estados muçulmanos os danos que lhe atribuímos com tanta frequência; além disso, não os despovoa, como se repete todos os dias em tantos livros escritos a esmo.

Os judeus, por meio de um antigo uso que, segundo seus livros, foi estabelecido desde os tempos de Lameque, sempre tiveram a liberdade de ter várias mulheres ao mesmo tempo. David teve dezoito, e, a partir de então, os rabinos determinaram que esse deveria ser o número de mulheres dos reis, embora se diga que Salomão teve até setecentas.

Os maometanos, hoje, não concedem publicamente aos judeus a possibilidade de ter várias mulheres: não os acham dignos dessa vantagem; mas o dinheiro, sempre mais forte que a lei, às vezes obtém para os judeus ricos do oriente e da África a permissão que a lei lhes recusa.

Contou-se seriamente que Lélio Cina, tribuno do povo, depois da morte de César publicou que este ditador quisera promulgar uma lei que dava às mulheres o direito de ter tantos maridos quantos quisessem. Que pessoa sensata não vê que essa é uma história popular e ridícula, inventada para tornar César odioso? Assemelha-se a outra história, segundo a qual um senador romano havia proposto em pleno senado dar permissão a César de deitar-se com todas as mulheres que ele quisesse. Inépcias como essas desonram a história e são nocivas àqueles que nelas acreditam. É triste que Montesquieu tenha dado fé a essa fábula.

Não ocorre o mesmo com o imperador Valentiniano I, que, dizendo-se cristão, casou-se com Justina enquanto Severa, sua primeira mulher, mãe do imperador Graciano, ainda estava viva. Ele era bastante rico para sustentar várias mulheres.

Na primeira linhagem dos reis francos, Gontrão, Chariberto, Sigeberto e Quilperico tiveram várias mulheres ao mesmo tempo. Gontrão teve em seu palácio Veneranda, Mercatrude e Ostregila, reconhecidas como mulheres legítimas. Chariberto teve Merofleda, Marcovesa e Teodogila.

É difícil entender como o ex-jesuíta Nonotte, em sua ignorância, pôde ter a audácia de negar esses fatos, chegando a dizer que os reis dessa primeira linhagem não foram polígamos e até desfigurando, em seu libelo feito em dois volumes, mais de uma centena de verdades históricas, com a segurança de um professor que dita lições no colégio. Livros desse tipo não deixam de ser vendidos durante algum tempo nas províncias, onde os jesuítas ainda têm partidários; seduzem algumas pessoas pouco instruídas.

O padre Daniel, mais culto e judicioso, admite a poligamia dos reis francos sem nenhuma dificuldade; não nega as três mulheres de Dagoberto I; diz expressamente que Teodeberto se casou com Deutéria, embora tivesse outra mulher, chamada Visigalda, e embora Deutéria tivesse um marido. Acrescenta que, nisso, imitou o tio Clotário, que se casou com a viúva de seu irmão Clodomiro, embora já tivesse três mulheres.

Todos os historiadores fazem as mesmas afirmações. Como, depois desses testemunhos, tolerar a desfaçatez de um ignorante que fala como mestre e ousa dizer, proferindo tamanhas tolices, que o faz pela defesa da religião; como se, numa questão histórica, estivesse em jogo nossa religião venerável e sagrada, que caluniadores desprezíveis põem a serviço de suas imposturas ineptas!

Da poligamia permitida por alguns papas e por alguns reformadores

O abade Fleury, autor da *História eclesiástica*, faz mais justiça à verdade em tudo o que diz respeito às leis e aos usos da Igreja. Admite que Bonifácio, apóstolo da baixa Alemanha, consultando o papa Gregório II em 726, para saber em que caso um marido pode ter duas mulheres, teve como resposta, no dia 22 de novembro daquele mesmo ano, estas palavras: "Se uma mulher for atacada por uma doença que a torne pouco apropriada ao dever conjugal, o marido poderá casar-se com outra, mas deve dar à mulher doente o socorro necessário." Essa decisão parece conformar-se à razão e à política; favorece a população, que é o objetivo do casamento.

Mas o que não parece conformar-se à razão, à política e à natureza é a lei que proíbe a mulher separada de corpo e bens do marido de ter outro esposo, e o marido de ter outra mulher. É evidente que essa é uma raça perdida para a povoação, e que, se tais esposos separados tiverem um temperamento indomável, estarão necessariamente expostos e obrigados a cometer pecados contínuos, pelos quais os legisladores devem ser responsáveis perante Deus, se...

As decretais dos papas nem sempre trataram daquilo que é conveniente ao bem dos Estados e dos cidadãos. Essa mesma decretal do papa Gregório II, que permite a bigamia em certos casos, priva para sempre da sociedade conjugal os rapazes e as moças que tenham sido destinados à Igreja pelos pais na mais tenra infância. Essa lei parece bárbara e injusta: isso é aniquilar famílias, comprometer a vontade dos seres humanos antes que eles tenham vontade, escravizar os filhos para sempre com um voto que eles não fizeram, destruir a liberdade natural, ofender a Deus e ao gênero humano.

A poligamia de Filipe, landgrave de Hesse, na comunhão luterana, em 1539, é bem notória. Conheci um dos soberanos do império da Alemanha cujo pai, casado com uma luterana, teve permissão do papa para casar-se com uma católica e ficou com as duas mulheres.

Todos sabem na Inglaterra – e seria inútil tentar negar – que o chanceler Cowper se casou com duas mulheres que viveram juntas em sua casa, numa concórdia singular, que notabilizou os três. Vários curiosos ainda têm o livrinho que aquele chanceler escreveu a favor da poligamia.

É preciso desconfiar dos autores que dizem que em alguns países as leis permitem que as mulheres tenham vários maridos. Os homens, que fizeram as leis em todos os lugares, nasceram com amor-próprio demais, são ciosos demais de sua autoridade e em geral têm um temperamento ardente demais, em comparação com o das mulheres, para imaginarem tal jurisprudência. O que não se conforma à feição ordinária da natureza raramente é verdade. Mas o que é muito comum, sobretudo entre os antigos viajantes, é tomar um abuso por lei.

O autor de *Espírito das leis* afirma[65] que na costa do Malabar, na casta dos naires, os homens só podem ter uma mulher, e a mulher, ao contrário, pode ter vários maridos; cita autores suspeitos, principalmente Pirard. Só deveria falar desses costumes estranhos aquele que tivesse sido testemunha ocular deles por muito tempo. Caso se faça menção a eles, que seja em tom de dúvida: mas que intelecto sagaz sabe duvidar?

Diz ele[66]: "A lubricidade das mulheres é tão grande em Patan, que os homens são obrigados a usar certos acessórios para defender-se de suas investidas."

O sr. Montesquieu nunca foi a Patan. O sr. Linguet observou, judiciosamente, que quem publicou essa história foram viajantes enganados ou desejosos de zombar de seus leitores. Sejamos justos, amemos a verdade, não nos deixemos seduzir, julguemos pelas coisas, e não pelos nomes.

Uma série de reflexões sobre a poligamia

Parece que foi o poder, e não a convenção, que fez todas as leis, sobretudo no oriente. É lá que se encontram os primeiros escravos, os primeiros eunucos e o tesouro do príncipe composto daquilo que se tirou do povo.

Quem pode vestir, alimentar e divertir várias mulheres guarda-as numa jaula e manda nelas despoticamente.

Ben-Abul-Kiba, em seu *Espelho dos fiéis*, conta que um dos vizires do grande Solimão disse estas palavras a um agente do grande Carlos V:

"Cão cristão, por quem, aliás, tenho uma estima especial, acaso podes censurar-me por ter quatro mulheres de acordo com nossas santas leis, enquanto esvazias doze barris por ano, e eu não bebo nem um copo de vinho? Que bem fazes ao mundo passando à mesa mais horas do que eu passo na cama? Posso dar quatro crianças por ano para o serviço de meu augusto mestre; tu mal podes fornecer uma. E o que é o filho de um beberrão? Seu cérebro será ofuscado pelos vapores do vinho que o pai tiver bebido. Aliás, o que queres que eu faça quando duas de minhas mulheres estiverem de resguardo? Não me caberá servir duas outras, tal como comanda a minha lei? Que fazes tu, que papel desempenhas nos últimos meses da gravidez de tua única mulher, durante o período de resguardo e nas suas doenças? Precisas ficar numa ociosidade vergonhosa ou procurar outra mulher. E assim estás, necessariamente, entre dois pecados mortais que, depois da morte, te farão cair sem falta da ponte estreita ao fundo do inferno.

"Suponhamos que em nossas guerras contra os cães cristãos percamos cem mil soldados: temos, portanto, cem mil moças para suprir. Não competirá aos ricos tomar conta delas? Coitado do muçulmano que for tão pouco fervoroso a ponto de deixar de dar guarida em sua casa a quatro belas moças na qualidade de suas legítimas esposas, deixando de tratá-las como merecem!

"Como são feitos em tua terra a trombeta do dia, que chamas *galo*, o honesto cabrito, príncipe dos rebanhos, o touro, soberano das vacas? Cada um deles não tem o seu harém? Realmente,

---

65. Liv. XVI, cap. V. (N. de Voltaire)
66. Liv. XVI, cap. X. (N. de Voltaire)

assenta-te bem censurar minhas quatro mulheres, enquanto nosso grande profeta teve dezoito, Davi, o judeu, teve outras tantas, e Salomão, o judeu, teve setecentas, com trezentas concubinas! Podes ver que sou modesto. Para de acusar de glutão um sábio que faz refeições tão frugais. Permito que bebas; permite que eu ame. Tu trocas de vinho, tolera que eu troque de mulheres. Que cada um deixe o outro viver de acordo com a moda de sua terra. Teu chapéu não é feito para ditar leis a meu turbante; teu rufo e teu mantel não devem mandar no meu dólmã. Acaba de tomar café comigo e vai acariciar a tua alemã, pois estás reduzido a ela somente."

Resposta do alemão

"Cão muçulmano, por quem nutro profunda veneração, antes de terminar meu café, quero refutar tuas palavras. Quem possui quatro mulheres possui quatro harpias, sempre prontas a caluniar-se, prejudicar-se, brigar: o lar é o antro da Discórdia. Nenhuma delas pode te amar: cada uma delas só tem um quarto da tua pessoa e poderia dar-te no máximo um quarto do seu coração. Nenhuma pode tornar agradável a tua vida; são prisioneiras que, nunca tendo visto coisa alguma, nada têm para te dizer. Elas só a ti conhecem: por isso, tu as enfadas. És senhor absoluto delas: por isso, te odeiam. És obrigado a deixá-las sobre a guarda de um eunuco, que as chicoteia quando fazem barulho demais. Ousas comparar-te a um galo! Mas galo algum jamais mandou um capão chicotear suas galinhas. Tomas os exemplos dos animais; podes parecer-te com eles quanto quiseres: eu, ao contrário, quero amar como homem; quero dar todo o meu coração e quero que me deem o seu. Hoje à noite contarei esta conversa à minha mulher e espero que ela fique contente. Quanto ao vinho, que censuras em mim, fica sabendo que, se é condenável tomá-lo na Arábia, na Alemanha esse hábito é muito louvável. Adeus."

NATAL (Noël)

Ninguém ignora que é a festa do nascimento de Jesus. A mais antiga festa celebrada na Igreja depois das festividades da Páscoa e de Pentecostes foi a do batismo de Jesus. Só havia essas três festas quando são Crisóstomo proferiu sua homilia sobre Pentecostes. Não falamos das festas dos mártires, que eram de uma ordem bem inferior. À festa do batismo de Jesus deu-se o nome de Epifania, a exemplo dos gregos, que davam esse nome às festas celebradas em memória da aparição ou manifestação dos deuses na terra, porque foi só depois do batismo que Jesus começou a pregar o Evangelho.

Não se sabe se em fins do século IV essa festa era celebrada na ilha de Chipre em 6 de novembro; mas santo Epifânio[1] afirmava que Jesus fora batizado nessa data. São Clemente de Alexandria[2] informa que os basilidianos faziam essa festa em 15 de *tybi*[3], enquanto outros a comemoravam no dia 11 do mesmo mês, ou seja, uns no dia 10 de janeiro, e os outros no dia 6: esta última opinião é a que se acata ainda hoje. No que se refere a seu nascimento, como não se sabiam com precisão dia, mês e ano, não era festejada.

Segundo as observações postas no fim das obras do mesmo padre, daqueles que haviam pesquisado com mais empenho o dia em que Jesus nasceu, uns diziam que era 25 do mês egípcio *pachon*, ou seja, 20 de maio, enquanto outros diziam ser 24 ou 25 de *pharmuthi*, dias que correspondem a 19 ou 20 de abril. O estudioso sr. de Beausobre[4] acredita que esses últimos eram os valentinianos. Seja como for, o oriente e o Egito comemoravam a festa da natividade de Jesus em 6 de janeiro, o mesmo dia de seu batismo, sem que se possa saber, pelo menos com certeza, quando esse costume começou e qual foi sua verdadeira razão.

A opinião e a prática dos ocidentais foram totalmente diferentes das do oriente. Os Centuriadores de Magdeburgo[5] citam um trecho de Teófilo de Cesareia segundo o qual as Igrejas das Gálias assim se teriam expressado: "Visto que se celebra o nascimento de Jesus Cristo em 25 de dezembro, seja qual for o dia da semana em que caia esse dia 25, deve-se também celebrar a ressurreição de Jesus Cristo em 25 de março, seja qual for o dia da semana, porque o Senhor ressuscitou nesse dia."

Se o fato é verdadeiro, convenhamos que os bispos das Gálias eram bem prudentes e razoáveis. Convencidos, como toda a antiguidade, de que Jesus foi crucificado em 23 de março e ressuscitado no dia 25, comemoravam a páscoa de sua morte no dia 23 e a de sua ressurreição no dia 25, sem o trabalho de ficar observando a lua cheia, o que, no fundo, era uma cerimônia judaica, sem restringir-se ao domingo. Se a Igreja os tivesse imitado, teria evitado as disputas prolongadas

---

1. Heresia 51, n. 17 e 19. (N. de Voltaire)
2. *Stromata*, liv. I, p. 340. (N. de Voltaire)
3. Quinto mês egípcio. (N. da T.)
4. *Histoire du Manichéisme*, t. II, p. 692. (N. de Voltaire)
5. Cent. 2, col. 118. (N. de Voltaire)

e escandalosas que por pouco não dividem o oriente e o ocidente e que, depois de durarem um século e meio, só terminaram no primeiro concílio de Niceia.

Alguns doutos conjecturam que os romanos escolheram o solstício de inverno para o nascimento de Jesus, porque é então que o Sol começa a aproximar-se de nosso hemisfério. Desde o tempo de Júlio César, o solstício civil político foi fixado em 25 de dezembro. Em Roma, era o dia de uma festa em que se celebrava o retorno do Sol: esse dia era chamado *bruma*, como observa Plínio[6], que o fixa, assim como Sérvio[7], em 8 das calendas de janeiro. Pode ser que esse pensamento tenha exercido algum papel na escolha do dia, mas não foi sua origem. Um trecho de Josefo, evidentemente falso, três ou quatro erros dos antigos e uma explicação muito mística sobre algumas palavras de são João Batista foram sua causa, conforme nos informa Guiseppe Scaligero.

Diz esse douto crítico[8] que aos antigos foi agradável supor, primeiramente, que Zacarias era soberano sacrificador quando Jesus nasceu. Nada é mais falso, e já não há ninguém que acredite nisso, pelo menos entre aqueles que têm alguns conhecimentos.

Em segundo lugar, depois os antigos supuseram que Zacarias estava no lugar santíssimo, fazendo oferendas de incenso, quando o anjo lhe apareceu e anunciou o nascimento de um filho.

Em terceiro lugar, como o soberano sacrificador só entrava no santuário uma vez por ano, no dia das expiações (10 do mês judaico *tisri*, que corresponde em parte ao mês de setembro), os antigos supuseram que foi no dia 27 e depois 23 ou 24 que Isabel, mulher de Zacarias, concebeu João Batista depois que o marido voltou para casa da festa. Por isso a festa da concepção desse santo foi posta nesses dias. Como as mulheres costumam ter gestação de duzentos e setenta ou duzentos e setenta e quatro dias, foi preciso situar o nascimento de são João no dia 24 de junho. Essa é a origem da festa de são João: vejamos a do Natal, que dela depende.

Em quarto lugar, supõe-se que se passaram seis meses inteiros entre a concepção de João Batista e a de Jesus, embora o anjo diga simplesmente a Maria[9] que aquele era o sexto mês de gravidez de Isabel. Por conseguinte, a concepção de Jesus foi situada em 25 de março, concluindo-se dessas diversas suposições que Jesus deve ter nascido em 25 de dezembro, nove meses precisamente após sua concepção.

Há muita coisa admirável nesses arranjos. Não é das coisas menos admiráveis o fato de os quatro pontos cardeais do ano, que são os dois equinócios e os dois solstícios, conforme situados então, serem marcados pela concepção e pelo nascimento de João Batista e Jesus. Mas há outra maravilha bem mais digna de nota. É que o solstício em que Jesus nasceu é a época do crescimento dos dias, ao passo que o solstício em que João Batista veio ao mundo é a época de sua diminuição. Foi o que o santo precursor insinuou de maneira muito mística com estas palavras, quando, ao falar de Jesus, disse[10]: "É preciso que ele cresça e eu diminua."

É a isso que Prudêncio alude num hino sobre a natividade do Senhor. No entanto, são Leão[11] diz que em seu tempo havia em Roma gente em cuja opinião o que tornava a festa venerável não era tanto o nascimento de Jesus, mas o retorno e, como diziam, o novo nascimento do Sol. Santo Epifânio[12] garante ser seguro que Jesus nasceu em 6 de janeiro; mas são Clemente de Alexandria, bem mais antigo e douto que ele, situa esse nascimento em 18 de novembro do ano 28 de Augusto. Segundo observação do jesuíta Petau sobre santo Epifânio, isso é deduzido destas palavras de

---

6. *História natural*, liv. XVIII, cap. XXV. (N. de Voltaire)
7. Sobre o verso 720 do VII livro da *Eneida*. (N. de Voltaire)
8. *Can. Isagog*, liv. III, p. 305. (N. de Voltaire)
9. Lucas, cap. I, v. 36. (N. de Voltaire)
10. João, cap. III, v. 30. (N. de Voltaire)
11. Sermão XXI, t. II, p. 148. (N. de Voltaire)
12. Heresia 51, n. 29. (N. de Voltaire)

são Clemente[13]: "Desde o nascimento de Jesus Cristo até a morte de Cômodo, há ao todo cento e noventa e quatro anos, um mês e treze dias." Ora, segundo Petau, Cômodo morreu no último dia de dezembro do ano 192 da nossa era; portanto, de acordo com Clemente, Jesus deve ter nascido um mês e treze dias antes do último dia de dezembro e, por conseguinte, no dia 18 de novembro do ano 28 de Augusto. Sobre isso cabe observar que são Clemente só conta os anos de Augusto a partir da morte de Antônio e da tomada de Alexandria, porque foi então que esse príncipe se tornou único senhor do império.

Assim, tem-se tão pouca certeza sobre o ano quanto sobre o dia e o mês desse nascimento. Embora são Lucas declare[14] que se informou exatamente de todas essas coisas desde o seu início, deixa bem claro que não sabia com exatidão a idade de Jesus, quando diz[15] que ele tinha cerca de trinta anos quando foi batizado. De fato, esse evangelista[16] diz que Jesus nasceu no ano de um recenseamento feito, segundo ele, por Quirino ou Cirênio, governador da Síria, ao passo que ele foi feito por Sêncio Satúrnio, a acreditar-se em Tertuliano[17]. Mas Satúrnio já saíra da província no último ano de Herodes, deixando como sucessor Quintílio Varo, conforme vemos em Tácito[18]; Públio Sulpício Quirino ou Cirênio, de quem aparentemente são Lucas quer falar, só sucedeu a Quintílio Varo cerca de dez anos após a morte de Herodes, quando Arquelau, rei de Judeia, foi relegado por Augusto, como diz Josefo em suas *Antiguidades judaicas*[19].

É verdade que Tertuliano[20] e, antes dele, santo Agostinho[21] remetiam os pagãos e os hereges de seu tempo aos arquivos públicos onde eram conservados os registros daquele pretenso recenseamento; mas Tertuliano também remetia aos arquivos públicos para lá se encontrar a noite que desceu em pleno meio-dia no momento da paixão de Jesus, como dissemos no verbete Eclipse, no qual observamos a pouca exatidão desses dois Padres da Igreja e de seus pares ao citarem documentos públicos, quando falamos da inscrição de uma estátua que são Justino garantia ter visto em Roma, dizendo ser ela dedicada a Simão, o mago, mas que era dedicada a um deus dos antigos sabinos.

De resto, não nos surpreenderão essas incertezas, se atentarmos para o fato de que Jesus só ficou conhecido por seus discípulos depois de ser batizado por João. É a começar desse batismo que Pedro afirma expressamente que o sucessor de Judas deve dar testemunho de Jesus; e, segundo os Atos dos apóstolos[22], Pedro quer com isso dizer o tempo todo que Jesus viveu com eles.

NATUREZA (Nature)

Diálogo entre o filósofo e a natureza

FILÓSOFO

Quem és, natureza? Vivo em ti; há cinquenta anos te busco e ainda não consegui te encontrar.

---

13. *Stromata*, liv. I, p. 340. (N. de Voltaire)
14. Cap. I, v. 3. (N. de Voltaire)
15. Cap. III, v. 23. (N. de Voltaire)
16. Cap. II, v. 2. (N. de Voltaire)
17. Liv. IV, cap. XIX, contra Marcião. (N. de Voltaire)
18. Hist., liv. V, seção IX. (N. de Voltaire)
19. Liv. XVII, cap. XV. (N. de Voltaire)
20. Liv. IV, cap. VI, contra Marcião. (N. de Voltaire)
21. Segunda Apologia. (N. de Voltaire)
22. Cap. I, v. 22. (N. de Voltaire)

NATUREZA

Os antigos egípcios, que, segundo dizem, viviam uns duzentos anos, repreenderam-me do mesmo modo. Chamavam-me Ísis; puseram-me um grande véu na cabeça e disseram que ninguém poderia erguê-lo.

FILÓSOFO

Por isso dirijo-me a ti. Consegui medir alguns de teus globos, conhecer seus trajetos, estabelecer as leis do movimento, mas não consegui saber quem és.

Estás sempre atuando? Estás sempre passiva? Teus elementos se organizaram por si mesmos, assim como a água se coloca sobre a areia, o óleo sobre a água, o ar sobre o óleo? Tens um espírito que dirige todas as tuas operações, assim como os concílios são inspirados tão logo se reúnam, embora seus membros às vezes sejam ignorantes? Por gentileza, dize-me a palavra de teu enigma.

NATUREZA

Sou o grande todo. Não sei mais que isso. Não sou matematicista; e tudo em mim está arranjado de acordo com leis matemáticas. Adivinha se puderes como tudo isso se fez.

FILÓSOFO

Sem dúvida, visto que teu grande todo não sabe matemática, e tuas leis são a mais profunda geometria, deve haver um eterno geômetra a dirigir-te, uma inteligência suprema a presidir tuas operações.

NATUREZA

Tens razão; sou água, terra, fogo, atmosfera, metal, mineral, pedra, vegetal, animal. Sinto muito bem que em mim há uma inteligência; tu tens uma, mas não a vês. Tampouco vejo a minha; sinto esse poder invisível; não posso conhecê-lo: por que tu, que és apenas uma pequena parte de mim, queres saber o que não sei?

FILÓSOFO

Somos curiosos. Gostaria de saber como, apesar de seres tão bruta nas montanhas, nos desertos e nos mares, te mostras tão industriosa nos animais e nos vegetais.

NATUREZA

Meu pobre filho, queres que te diga a verdade? É que me deram um nome que não me convém; chamam-me *natureza*, e sou arte.

FILÓSOFO

Essa palavra desorganiza todas as minhas ideias. Como! A natureza não passaria de arte?

NATUREZA

Sim, claro. Não sabes que há uma arte infinita nos mares e nos montes que achas tão brutos? Não sabes que todas essas águas gravitam em direção ao centro da terra e só se elevam em obediência a leis imutáveis; que essas montanhas que coroam a terra são os imensos reservatórios de neves eternas que produzem incessantemente nascentes, lagos e rios sem os quais meu gênero animal e meu gênero vegetal pereceriam? E, quanto àquilo que chamam de meus reinos animal, vegetal e mineral, só vês três, mas fica sabendo que tenho milhões deles. E, se considerares a formação de um inseto, de uma espiga de trigo, do ouro e do cobre, tudo te parecerá maravilhas da arte.

FILÓSOFO

É verdade. Quanto mais penso nisso, mais percebo que és a arte de não sei que grande ser poderoso e industrioso, que se esconde e te põe à mostra. Todos os pensadores, desde Tales e, provavelmente, desde muito tempo antes, brincaram de cabra-cega contigo; disseram: "Peguei-te", e pegaram nada. Todos nós nos parecemos com Ixião: ele achava que estava abraçando Juno, e sua fonte de prazer era uma nuvem.

NATUREZA

Visto que sou tudo o que é, de que modo um ser como tu, que és uma pequena parte de mim, poderia apreender-me? Contentai-vos, átomos filhos meus, em enxergar alguns átomos que vos cercam, em beber algumas gotas de meu leite, em vegetar alguns momentos sobre meu seio e em morrer sem ter conhecido vossa mãe e nutriz.

FILÓSOFO

Minha cara mãe, dize-me pelo menos por que existes, por que alguma coisa existe.

NATUREZA

Responderei o que respondo há tantos séculos a todos os que me interrogam sobre os primeiros princípios: "Nada sei."

FILÓSOFO

O nada seria melhor que essa infinidade de existências feitas para serem continuamente dissolvidas, essa multidão de animais nascidos e reproduzidos para devorar outros animais e para serem devorados, essa multidão de seres sensíveis formados por tantas sensações dolorosas, essa outra multidão de inteligências que tão raramente entendem a razão? De que serve tudo isso, natureza?

NATUREZA

Oh! Vai perguntar àquele que me fez.

NECESSÁRIO (Nécessaire)

OSMIN

O senhor não diz que tudo é necessário?

SALIM

Se tudo não fosse necessário, seguir-se-ia que Deus teria feito coisas inúteis.

OSMIN

Quer dizer que era necessário à natureza divina fazer tudo o que fez?

SALIM

Acredito que sim, ou pelo menos desconfio. Há gente que pensa de outro modo: eu não entendo essa gente; talvez tenha razão. Receio discussões sobre esse assunto.

OSMIN

É de outro necessário que quero falar.

SALIM

Do quê? Daquilo que é necessário para um homem honesto viver? Da desgraça a que somos reduzidos quando carecemos do necessário?

OSMIN

Não, pois o que é necessário a um nem sempre é necessário a outro: a um indiano o arroz é necessário; a um inglês, a carne; um russo precisa de peles; um africano, de gaze; um homem acredita que doze cavalos de tiro lhe são necessários, enquanto outro se limita a um par de sapatos e um outro ainda anda descalço: quero falar daquilo que é necessário a todos os homens.

SALIM

Parece-me que Deus deu tudo o que era preciso a essa espécie: olhos para enxergar, pés para andar, boca para comer, esôfago para engolir, estômago para digerir, cérebro para raciocinar, órgãos para produzir seus semelhantes.

OSMIN

Por que então às vezes alguns homens nascem privados de uma parte dessas coisas necessárias?

SALIM

Porque as leis gerais da natureza comportam acidentes que dão origem a monstros; mas, em geral, o homem é provido de todo o necessário para viver em sociedade.

OSMIN

Haverá noções comuns a todos os homens, que sirvam para fazê-los viver em sociedade?

SALIM

Há. Viajei com Paul Lucas[23] e por todo lugar por onde andei vi que todos respeitavam pai e mãe, que se acreditavam obrigados a cumprir o que prometiam, que tinham piedade dos inocentes oprimidos, que detestavam a perseguição, que consideravam a liberdade de pensamento como um direito natural e os inimigos dessa liberdade como inimigos do gênero humano; os que pensam de modo diferente pareceram-me criaturas mal organizadas, monstros, como os que nascem sem olhos e sem mãos.

---

23. *Voyage Du Sieur Paul Lucas fait en 1714 par ordre de Louis XIV dans La Turquie...* etc. (N. da T.)

OSMIN

Essas coisas são necessárias em todos os tempos e em todos os lugares?

SALIM

Sim, sem isso, não seriam necessárias à espécie humana.

OSMIN

Assim, uma crença nova não seria necessária a essa espécie. Os homens poderiam perfeitamente viver em sociedade e cumprir seus deveres para com Deus, antes de acreditarem que Maomé manteve frequentes conversas com o anjo Gabriel.

SALIM

Nada é mais evidente: seria ridículo acreditar que nenhum ser humano poderia cumprir seus deveres antes que Maomé viesse ao mundo; não era absolutamente necessário à espécie humana acreditar no Alcorão: o mundo andava antes de Maomé exatamente como anda hoje. Se o maometismo tivesse sido necessário ao mundo, teria existido em todos os lugares; Deus, que nos deu a ambos dois olhos para ver seu sol, ter-nos-ia dado a ambos inteligência para ver a verdade da religião muçulmana. Essa seita, portanto, é como as leis positivas que mudam de acordo com os tempos e os lugares, como as modas, as opiniões dos físicos, que se sucedem umas às outras.

A seita muçulmana não podia, portanto, ser essencialmente necessária ao ser humano.

OSMIN

Mas, se ela existe, foi porque Deus a permitiu!

SALIM

Sim, como permite que o mundo esteja cheio de tolices, erros e calamidades. Isso não quer dizer que todos os homens são essencialmente feitos para serem tolos e infelizes. Ele permite que alguns homens sejam devorados por serpentes, mas não se pode dizer: o homem foi feito para ser devorado por serpentes.

OSMIN

O que pretende dizer quando afirma: Deus permite? Nada pode ocorrer sem as ordens dele? Permitir, querer e fazer, para ele, não são a mesma coisa?

SALIM

Ele permite o crime, mas não o faz.

OSMIN

Cometer um crime é agir contra a justiça divina, é desobedecer a Deus. Ora, Deus não pode desobedecer a si mesmo, não pode cometer crimes; mas fez o homem de tal modo, que o homem os comete em grande quantidade: por que isso?

SALIM

Há gente que sabe, mas eu não sei. Só sei que o Alcorão é ridículo, embora de vez em quando tenha muitas boas coisas. Certamente, o Alcorão não era necessário ao homem; limito-me a isso: vejo claramente o que é falso e sei pouquíssimo o que é verdadeiro.

OSMIN

Pensei que o senhor fosse instruir-me, mas não me ensina nada.

SALIM

Não será muito saber quais são as pessoas que o enganam e os erros grosseiros e perigosos que lhe impingem?

OSMIN

Eu teria motivos para me queixar do médico que me fizesse uma exposição de plantas nocivas e não me mostrasse nenhuma salutar.

SALIM

Não sou médico, e o senhor não está doente; mas parece-me que eu lhe daria uma ótima receita se lhe dissesse: desconfie de todas as invencionices dos charlatães; adore a Deus; seja honesto; creia que dois e dois são quatro.

NEWTON E DESCARTES (Newton et Descartes)

Primeira seção

Segunda seção

Newton havia sido destinado à Igreja. Começou sendo teólogo, coisa de que lhe ficaram marcas por toda a vida. Abraçou seriamente a doutrina de Ário contra Atanásio; foi até um pouco mais longe que Ário, assim como todos os socinianos. Há hoje na Europa muitos cientistas dessa opinião; não digo desse credo, pois não constituem um corpo; estão até divididos, e vários deles reduzem seu sistema ao puro deísmo, adaptado à moral de Cristo. Newton não fazia parte destes últimos; só diferia da Igreja anglicana quanto à consubstancialidade e acreditava em todo o resto.

Uma prova de sua boa-fé é seu comentário do Apocalipse. Ali descobre claramente que o papa é o anticristo e, aliás, explica esse livro como todos os que por ele se interessaram. Aparentemente, quis com esse comentário consolar a raça humana da superioridade que ele tinha sobre ela.

Muitas pessoas, ao lerem o pouco de metafísica que Newton inseriu no fim de seus *Princípios matemáticos*, encontraram lá algo tão obscuro quanto o Apocalipse. Metafísicos e teólogos assemelham-se muito com aquele tipo de gladiador que era obrigado a lutar com os olhos vendados; mas, quando Newton trabalhou de olhos abertos na matemática, sua visão alcançou os confins do mundo.

Inventou o chamado cálculo do *infinito*; descobriu e demonstrou um novo princípio que movimenta toda a natureza. Não se conhecia a luz antes dele, e dela só havia ideias confusas e falsas. Ele disse: "Conheça-se a luz", e a luz foi conhecida.

Os telescópios refletores foram inventados por ele. O primeiro foi feito por suas próprias mãos; além disso, mostrou por que não é possível aumentar a força e o alcance dos telescópios comuns. Foi na ocasião da invenção de seu novo telescópio que um jesuíta alemão tomou Newton por um operário, por um fazedor de lunetas, *artifex quidam nomine Newton*, diz ele num livrinho. A posteridade o vingou. Na França faziam-lhe mais injustiça: era visto como um fazedor de experiências que se enganara; e, como Mariotte usou prismas ruins, as descobertas de Newton foram rejeitadas.

Foi admirado por seus compatriotas desde que começou a escrever e atuar. Só ficou bem conhecido na França depois de quarenta anos. Mas, em compensação, tínhamos a matéria canelada e a matéria ramosa de Descartes, bem como os turbilhõezinhos flácidos do reverendo padre Malebranche e o sistema do sr. Privat de Molières, que não vale, porém, Poquelin de Molière.

De todos aqueles que conviveram um pouco com o cardeal de Polignac, não há ninguém que não o tenha ouvido dizer que Newton era peripatético, e que seus raios coloríficos e, sobretudo, sua atração cheiravam a ateísmo. O cardeal de Polignac somava a todas as vantagens que recebera da natureza uma imensa eloquência; fazia bem versos latinos com uma facilidade espantosa, mas só sabia a filosofia de Descartes e decorou os raciocínios dele como decoramos datas. Não se tornou geômetra e não nasceu filósofo. Podia julgar as *Catilinárias* e a *Eneida*, mas não Newton e Locke.

Se considerarmos que Newton, Locke, Clarke e Leibniz teriam sido processados na França, presos em Roma e queimados em Lisboa, o que pensar da razão humana? Ela nasceu neste século na Inglaterra. No tempo da rainha Maria, houve grande perseguição por causa da maneira de pronunciar o grego, e os perseguidores se enganavam. Os que obrigaram Galileu a penitenciar-se enganavam-se ainda mais. Todo inquisidor deveria envergonhar-se até o fundo da alma, só em ver uma esfera de Copérnico. No entanto, se Newton tivesse nascido em Portugal, e um dominicano tivesse visto uma heresia na razão inversa do quadrado das distâncias, o cavaleiro Isaac Newton teria sido investido de um *sambenito* num *auto de fé*.

Muitas vezes se perguntou por que aqueles cujo ministério obriga a ser doutos e indulgentes foram tantas vezes ignorantes e impiedosos. Foram ignorantes porque estudaram muito tempo, e foram cruéis porque sentiam que seus maus estudos eram desprezados pelos sábios. É certo que os inquisidores que tiveram a desfaçatez de condenar o sistema de Copérnico não apenas como herético, mas também como absurdo, nada tinham que temer desse sistema. Ainda que a Terra fosse carregada ao redor do Sol como os outros planetas, eles não perderiam seus rendimentos nem suas honras. O próprio dogma está sempre em segurança, quando combatido apenas por filósofos: todas as academias do universo não modificarão em nada a crença do povo. Qual então é o princípio dessa raiva que tantas vezes animou os Anitos contra os Sócrates? É que os Anitos dizem no fundo do coração: "Os Sócrates nos desprezam."

Na juventude acreditei que Newton fizera fortuna graças a seu grande mérito. Imaginava que a corte e a cidade de Londres o haviam nomeado, por aclamação, grão-mestre das moedas do reino. Nada disso. Isaac Newton tinha uma sobrinha muito simpática, chamada sra. Conduit, que caiu nas graças do grande tesoureiro-mor Halifax. O cálculo infinitesimal e a gravitação de nada lhe teriam servido sem uma sobrinha bonita.

Terceira seção

Da cronologia revista por Newton, que rejuvenesce o mundo em quinhentos anos

NOVO, NOVIDADES (Nouveau, nouveautés)

Parece que as primeiras palavras das *Metamorfoses* de Ovídio, *In nova fert animus*, são o lema do gênero humano. Ninguém se encanta com o admirável espetáculo do Sol nascendo, ou melhor, parecendo nascer todos os dias, ao passo que todos correm para ver um ínfimo meteoro que apareça por um momento na massa de vapores que rodeiam a Terra, a que se dá o nome de céu:

Vilia sunt nobis quaecumque prioribus annis
Vidimus, et sordet quidquid spectavimus olim.
[Todas as coisas que vimos em anos anteriores nos parecem
De pouco valor; e tudo que contemplamos no passado é desprezível.]

Um bufarinheiro não carregará Virgílio ou Horácio, mas sim livros novos, mesmo que detestáveis. Ele vos chama à parte e diz: "Senhor, quereis livros da Holanda?"

Desde que o mundo é mundo, as mulheres se queixam das infidelidades de que são vítimas por causa do primeiro objeto novo que se apresente; objeto cujo único mérito muitas vezes é o de ser novo. Várias senhoras (é preciso convir, apesar do respeito infinito que se lhes voto) trataram os homens exatamente como se queixam de ser tratadas; e a história de Gioconda é muito mais antiga que Ariosto.

Talvez esse gosto universal pela novidade seja uma dádiva da natureza. Bradam-nos: "Contentai-vos com o que tendes, não desejeis nada além de vossa condição social, reprimi a curiosidade, dominai as inquietações do espírito." São ótimas máximas; mas, se as tivéssemos seguido sempre, ainda estaríamos comendo frutos silvestres, dormindo à luz das estrelas, sem termos Corneille, Racine, Molière, Poussin, Le Brun, Le Moine nem Pigalle.

NUDEZ (Nudité)

Por que prender o homem ou a mulher que andassem nus pelas ruas? E por que ninguém se choca com estátuas absolutamente nuas, com as pinturas de Madalena e Jesus que vemos em algumas igrejas?

É provável que o gênero humano tenha vivido muito tempo sem se vestir.

Em mais de uma ilha e no continente da América foram encontrados povos que não conheciam roupas.

Os mais civilizados escondiam os órgãos da procriação com folhas, juncos entrelaçados, penas.

Qual a origem dessa espécie de pudor? Seria o instinto de acender desejos velando o que se gostaria de pôr a descoberto?

Será verdade mesmo que em nações um pouco mais civilizadas, tais como os judeus e os semijudeus, houve seitas inteiras que só adoravam Deus tirando todas as roupas? Segundo se diz, isso ocorreu com adamitas e abelianos. Reuniam-se nus para cantar louvores a Deus: santo Epifânio e santo Agostinho dizem isso. É bem verdade que não eram contemporâneos e moravam bem longe da terra deles. Mas, afinal, é uma loucura possível; nem chega a ser mais extraordinária ou mais louca que centenas de outras loucuras cometidas ao redor do mundo, uma após outra.

Vimos no verbete Emblema que mesmo hoje em dia os maometanos têm santos loucos, que andam nus como macacos. Pode ser que alguns energúmenos tenham acreditado ser melhor apresentar-se à Divindade no estado em que ela nos criou do que dentro das fantasias inventadas pelos homens. Pode ser que tenham mostrado tudo por devoção. Há tão pouca gente bem-feita nos dois sexos, que a nudez poderia inspirar a castidade, ou quiçá aversão, em vez de aumentar desejos.

Dizem que os abelianos renunciavam ao casamento. Se entre eles havia belos rapazes e belas raparigas, pelo menos eles seriam comparáveis a santo Adelmo e ao bem-aventurado Roberto de Arbrisselle, que se deitavam com as mulheres mais belas, para maior vitória da sua continência.

Mas confesso que acharia muito engraçado ver uma centena de Helenas e Páris entoando antífonas, trocando beijos das pazes e fazendo ágapes.

Tudo isso mostra que não houve excentricidade, extravagância ou superstição que não tenha passado pela cabeça dos homens. Devemos nos dar por felizes quando essas superstições não perturbam a sociedade e não a transformam em cenário de discórdias, ódio e furor! Melhor rezar nu do que sujar altares e praças públicas com sangue humano.

NÚMERO (Nombre)

Euclides teria razão ao definir o número como coleção de unidades da mesma espécie?

Quando Newton diz que o número é uma relação abstrata de uma quantidade com outra da mesma espécie, não estará fazendo referência ao uso dos números em aritmética e geometria?

Wolf diz: "Número é aquilo que tem com a unidade a mesma relação que uma reta tem com outra reta." Não será isso uma propriedade atribuída ao número, e não uma definição?

Se ousasse, definiria o número simplesmente como a ideia de várias unidades.

Vejo o branco e tenho uma sensação, uma ideia de branco. Vejo o verde ao lado. Não me importa se essas duas coisas são ou não da mesma espécie, posso contar duas ideias. Vejo quatro homens e quatro cavalos, e tenho a ideia de oito: assim também, três pedras e seis árvores me dão a ideia de nove.

Somar, multiplicar, subtrair e dividir são operações de minha faculdade de pensar, recebidas do Senhor da natureza; mas não são propriedades inerentes ao número. Posso elevar três ao quadrado ou ao cubo, mas na natureza certamente não há número algum que seja quadrado ou cúbico.

Posso conceber muito bem o que é um número par ou ímpar, mas nunca conceberei o que é um número perfeito ou imperfeito.

Os números não podem ter nada por si mesmos.

Que propriedades, que virtude poderiam ter dez seixos, dez árvores, dez ideias, apenas pelo fato de serem dez? Que superioridade terá um número divisível em três pares sobre outro divisível em dois pares?

Dizem que Pitágoras foi o descobridor das virtudes divinas dos números. Duvido que tenha sido o primeiro, pois viajara ao Egito, à Babilônia e à Índia, e de lá deve ter voltado com muitos conhecimentos e devaneios. Os indianos, sobretudo, inventores desse jogo elaborado e complicado que é o xadrez e daqueles algarismos tão cômodos, que os árabes aprenderam e nos comunicaram depois de tantos séculos, os indianos, dizia eu, somavam estranhas quimeras a suas ciências; os caldeus tinham-nas em maior número, e os egípcios, mais ainda. Sabe-se que a quimera faz parte de nossa natureza. Feliz de quem consegue abster-se dela! Feliz de quem, depois de alguns acessos dessa febre da alma, consegue recobrar uma saúde tolerável!

Porfírio, na *Vida de Pitágoras*, diz que o número dois é funesto. Seria possível dizer que, ao contrário, ele é o mais favorável de todos. Triste daquele que está sempre sozinho! Triste da natureza, se a espécie humana e a dos animais não andassem frequentemente aos pares!

Se o dois era de mau agouro, em compensação o três era admirável, o quatro era divino, mas os pitagóricos e seus imitadores se esqueciam de que esse misterioso número quatro, tão divino, era composto de duas vezes dois, número diabólico. O seis tinha seu mérito, porque os primeiros estatuários haviam dividido suas figuras em seis módulos; vimos que, segundo os caldeus, Deus criara o mundo em seis *gahambârs*. Mas o sete era o número mais maravilhoso, pois só havia então sete planetas; cada planeta tinha seu céu, e isso compunha sete céus, apesar de não se saber o que queria dizer essa palavra *céu*. Toda a Ásia contava por semanas de sete dias. A vida do homem era dividida em sete idades. Quantas razões favoráveis a esse número!

Os judeus, com o tempo, recolheram alguns restolhos dessa filosofia. Ela passou para os primeiros cristãos de Alexandria, com os dogmas de Platão. E manifestou-se principalmente no Apocalipse de Cerinto, atribuído a João, *o batista*.

Vê-se grande exemplo disso no número da besta[24].

"Não se pode comprar nem vender, a menos que se tenha o caráter da besta, ou seu nome, ou seu número. Aqui está a ciência. Que aquele que tem entendimento conte o número da besta, pois seu nome é de homem, e seu número é 666."

Sabe-se que trabalho tiveram todos os grandes doutores para adivinhar a palavra do enigma. Esse número, composto de três vezes dois a cada algarismo, significaria três vezes funesto à terceira potência? Havia duas bestas, e não se sabe ainda de qual delas o autor quis falar. Vimos que o bispo Bossuet, menos feliz em aritmética do que em orações fúnebres, demonstrou que Diocleciano é a besta, porque em algarismos romanos chega-se a 666 nas letras de seu nome, subtraindo-se as letras que estorvariam essa operação. Mas, ao recorrer aos algarismos romanos, ele não se lembrou de que o Apocalipse foi escrito em grego. Um homem eloquente pode incorrer nesse engano[25].

O poder dos números foi muito respeitado entre nós principalmente porque ninguém entendia nada do assunto.

No verbete Figura, caro leitor, pudestes observar as refinadas alegorias que Agostinho, bispo de Hipona, extraiu dos números.

Esse gosto durou tanto tempo, que triunfou no concílio de Trento. Foram-lhe dedicados os mistérios, chamados *Sacramentos* na Igreja latina, porque os dominicanos, entestados por Soto, alegaram haver sete coisas principais que contribuem para a vida, sete planetas, sete virtudes, sete pecados mortais, seis dias de criação e um de repouso – que perfazem sete –, mais sete pragas do Egito e sete bem-aventuranças; mas, infelizmente, os Padres da Igreja esqueceram que o Êxodo conta *dez* pragas, e que as bem-aventuranças são oito em são Mateus, e quatro em são Lucas. Mas os doutos aplanaram essa pequena dificuldade, subtraindo de são Mateus as quatro bem-aventuranças de são Lucas; restam seis: basta somar a unidade a essas seis, e teremos sete. Consultai Fra Paolo Sarpi no segundo livro de sua *História do Concílio*.

---

24. Apocalipse, cap. XIII, v. 17 e 18. (N. de Voltaire)
25. Ver o verbete Apocalipse, segunda seção. (N. de Voltaire)

OCULTOS (Ocultes)

Qualidades ocultas

Durante muito tempo zombou-se das qualidades ocultas; caberia zombar daqueles que não acreditam nelas. Vale a pena repetir centenas de vezes que todo princípio, todo primeiro móbil de qualquer obra do grande Demiurgo, está oculto e escondido para sempre aos mortais.

O que é força centrípeta, força da gravitação, que age sem contato a distâncias imensas?

Qual poder faz nosso coração e suas aurículas contraírem-se sessenta vezes por minuto? Que outro transforma capim em leite nas tetas da vaca, pão em sangue, carne e ossos na criança que vai crescendo à medida que come, até atingir o ponto determinado que fixa sua estatura, sem que nenhuma arte possa jamais acrescentar-lhe uma só linha?[1]

Vegetais, minerais, animais, que é de vosso primeiro princípio? Está nas mãos daquele que faz o Sol girar em torno de seu eixo e o revestiu de luz.

O chumbo nunca se tornará prata; a prata nunca será ouro; o ouro nunca será diamante; assim como a palha nunca se tornará limoeiro ou abacaxizeiro.

Que física corpuscular, que átomos determinam assim sua natureza? Nada sabeis; a causa será eternamente oculta para vós. Tudo o que vos cerca, tudo o que está em vós é um enigma, e ao homem só é dado adivinhar a palavra.

Esses ignorantes vestidos de doutor acham que sabem alguma coisa quando dizem que os animais têm uma alma vegetativa e uma sensitiva, e que os homens têm a alma vegetativa, a sensitiva e a intelectual.

Pobre homem feito de orgulho, que só pronunciaste palavras, acaso já viste uma alma, sabes como ela é feita? Falamos muito de alma em nossas *Questões* e sempre confessamos nossa ignorância. Ratifico hoje essa confissão com mais veemência ainda, porque, depois de ter lido muito mais durante esse tempo, de ter mais meditado e mais me informado, tenho mais condições de afirmar que não sei nada.

ONAN, ONANISMO (Onan, Onanisme)

No verbete Amor socrático prometemos falar de Onan e do onanismo, embora esse onanismo nada tenha em comum com o amor socrático e seja, antes, um efeito desordenado do amor-próprio.

A raça de Onan tem grandes singularidades. Seu pai, o patriarca Judá, como se sabe, deitou-se com sua nora Tamar, a fenícia, numa estrada. Jacó, pai de Judá, fora ao mesmo tempo marido de duas irmãs, filhas de um idólatra, e enganara o pai e o sogro. Ló, tio-avô de Jacó, deitara-se com suas duas filhas. Salmon, um dos descendentes de Jacó e Judá, casou-se com Raabe, a cana-

---

1. Antiga medida de comprimento equivalente ao duodécimo de uma polegada. (N. da T.)

neia, prostituta. Booz, filho de Salmon e de Raabe, recebeu em sua cama Rute, a madianita, e foi bisavô de Davi. Davi roubou Betsabé ao capitão Urias, seu marido, e mandou assassiná-lo para ter mais liberdade em seus amores. Por fim, nas duas genealogias de nosso Senhor Jesus Cristo, tão diferentes em vários pontos, mas inteiramente semelhantes nesses, vemos que ele nasceu dessa imensa quantidade de fornicações, adultérios e incestos. Nada é mais capaz de envergonhar a prudência humana, humilhar nosso espírito limitado e nos convencer de que os caminhos da providência não são os nossos.

O reverendo padre dom Calmet faz essa reflexão a propósito do incesto de Judá com Tamar e do pecado de Onan, capítulo XXXVIII do Gênese. Diz ele: "A Escritura apresenta em pormenores uma história que, no primeiro sentido que nos impressiona o espírito, não parece muito apropriada à edificação; mas o sentido oculto e misterioso que ela encerra é elevado na mesma medida em que a letra parece baixa aos olhos da carne. Não sem boas razões o Espírito Santo permitiu que a história de Tamar, Raabe, Rute e Betsabé se misturassem à genealogia de Jesus Cristo."

Seria desejável que dom Calmet desenvolvesse essas boas razões; teria esclarecido as dúvidas e acalmado as apreensões de todas as almas honestas e timoratas, que gostariam de entender como o Ser eterno, o criador dos mundos, pôde nascer numa aldeia judia, de uma raça de ladrões e prostitutas. Esse mistério, que não é o menos inconcebível de todos os mistérios, certamente seria digno de explicação por um douto comentador. Mas limitemo-nos aqui ao onanismo.

Todos sabem muito bem qual é o crime do patriarca Judá, assim como se conhece o crime dos patriarcas Simeão e Levi, seus irmãos, cometidos em Siquém, além do crime de todos os outros patriarcas, cometidos contra seu irmão José; mas é difícil saber precisamente qual era o pecado de Onan. Judá casara seu filho mais velho, Her, com aquela fenícia Tamar. Her morreu *por ter sido malvado*. O patriarca quis que seu segundo filho, Onan, se casasse com a viúva, segundo a antiga lei de egípcios e fenícios, seus vizinhos: isso se chamava *suscitar filhos ao irmão*. O primogênito do segundo casamento recebia o nome do defunto, e era isso o que Onan não queria. Odiava a memória do irmão, e, para não fazer um filho que tivesse o nome *Her*, dizem que *jogava sua semente no chão*.

Ora, resta saber se era na copulação com a mulher que ele assim enganava a natureza, ou se era por meio da masturbação que se esquivava ao dever conjugal; o Gênese não nos informa essa particularidade. Mas hoje aquilo que se chama comumente *pecado de Onan* é abusar de si mesmo com o uso da mão, vício bastante comum nos rapazinhos e mesmo nas raparigas com excessivo temperamento.

Já notamos que a espécie dos homens e a dos macacos são as únicas que incidem nessa falta contrária aos desígnios da natureza.

Na Inglaterra, um médico escreveu contra esse vício um pequeno volume intitulado *Do onanismo*, que conta cerca de oitenta edições, supondo-se que esse número prodigioso não seja um artifício de livreiro para atrair leitores, o que é comuníssimo.

O sr. Tissot, famoso médico de Lausanne, também fez seu *Onanismo*, mais aprofundado e metódico que o da Inglaterra. Essas duas obras expõem as consequências funestas desse malfadado hábito: perda das forças, impotência, degeneração do estômago e das vísceras, tremores, vertigens, embrutecimento e muitas vezes morte prematura. Há exemplos assustadores.

O sr. Tissot descobriu, pela experiência, que a quinquina é o melhor remédio contra essas doenças, desde que se fuja absolutamente desse hábito vergonhoso e funesto, tão comum em estudantes, pajens e jovens monges.

Mas ele percebeu que era mais fácil tomar quinquina do que vencer aquilo que se tenha tornado uma segunda natureza.

Somem-se as sequelas do onanismo à sífilis, e veremos como a espécie humana é ridícula e infeliz.

Para consolar essa espécie, o sr. Tissot apresenta exemplos de doentes por repleção e de doentes por emissão; e esses exemplos são encontrados entre as mulheres, assim como entre os homens. Não existe argumento mais forte contra os temerários votos de castidade. De fato, que esperais que ocorra com um líquido precioso, formado pela natureza para a propagação do gênero humano? Se ele for prodigalizado de maneira indiscreta, poderá matar; se for retido, também poderá matar. Já se observou que a poluição noturna é frequente nas pessoas não casadas dos dois sexos, porém muito mais nos jovens religiosos do que nas reclusas, porque o temperamento dos homens é mais dominante. Daí se concluiu que é enorme loucura condenar-se a essas torpezas, e que é uma espécie de sacrilégio as pessoas sadias prostituírem assim a dádiva do Criador e renunciar ao casamento, expressamente ordenado por Deus mesmo. É assim que pensam protestantes, judeus, muçulmanos e tantos outros povos; mas os católicos têm outras razões a favor dos conventos. Direi dos católicos o que o profundo Calmet diz do Espírito Santo: decerto têm boas razões.

OPINIÃO (Opinion)

Qual é a opinião de todas as nações do norte da América e das que margeiam o estreito da Sonda sobre o melhor governo, a melhor religião, o direito público eclesiástico, a maneira de escrever história, a natureza da tragédia, da comédia, da ópera, da égloga, do poema épico, sobre as ideias inatas, a graça concomitante e os milagres do diácono Pâris? Está claro que todos esses povos não têm opinião alguma sobre as coisas das quais não têm ideia.

Têm um sentimento confuso de seus costumes e não passam desse instinto. Assim são os povos que habitam as costas do mar Glacial no espaço de mil e quinhentas léguas; assim são os habitantes de três quartos da África e os de quase todas as ilhas da Ásia, de vinte hordas de tártaros e de quase todos os homens que se ocupam unicamente do cuidado penoso e sempre renovado de obter a subsistência; assim são, a dois passos de nós, a maioria dos morlacos e dos uscocos, muitos saboianos e alguns burgueses de Paris.

Quando começam a civilizar-se, as nações passam a ter algumas opiniões, todas falsas. Acreditam em assombrações, feiticeiros, encantamento de serpentes, na imortalidade delas, nas possessões demoníacas, nos exorcismos, nos arúspices. Convencem-se de que as sementes precisam apodrecer na terra para germinar, e que as fases da lua são as causas dos acessos de febre.

Um talapão convence seus devotos de que o deus Samonocodom passou algum tempo em Sião, e que cortou todas as árvores de uma floresta que o impediam de empinar pipa, sua brincadeira favorita. Essa opinião cria raízes nas mentes, e, no fim, o homem de bem que duvidasse dessa aventura de Samonocodom correria o risco de ser apedrejado. É preciso séculos para destruir uma opinião popular.

Seu nome é *rainha do mundo*; e é mesmo, tanto que, quando a razão a combate, a razão é condenada à morte. E precisa renascer dezenas de vezes das próprias cinzas para expulsar enfim, de mansinho, a usurpadora.

OPORTUNO, OPORTUNIDADE (À propos, l'apropos)

O *apropos* [à + *propos* = a propósito, oportuno] é como *avenir* [à + *venir*], *atour* [à + *tour*], *ados* [à + *dos*] e vários outros termos semelhantes que hoje compõem apenas uma palavra e que, em outros tempos, eram duas. Se dizemos *A propos j'oubliais de vous parler de cette affaire* [A propósito, ia me esquecendo de lhe falar sobre esse assunto], então são duas palavras e *à* se torna uma preposição. Mas, se dizemos *Voilà un apropos heureux* [Eis uma oportunidade bem feliz], *apropos* já é apenas uma palavra.

La Motte disse numa de suas odes:

Le sage, le prompt Apropos,
Dieu qu'à tort oublia la fable.
[A sábia, a pronta oportunidade,
Deus que por engano esqueceu a fábula.]

Todos os acontecimentos felizes, de todos os tipos, baseiam-se em coisas ditas ou feitas oportunamente.

Arnaldo de Brescia, João Hus e Jerônimo de Praga não vieram no momento oportuno: os três foram queimados; os povos ainda não estavam bastante esclarecidos: a invenção da imprensa ainda não pusera diante dos olhos de todas as pessoas os abusos de que se queixavam. Mas, depois que as pessoas começaram a ler, depois que o populacho, que não queria ir para o purgatório, mas também não queria pagar caro pelas indulgências, começou a abrir os olhos, os reformadores do século XVI surgiram *oportunamente* e tiveram sucesso.

Uma das frases mais *oportunas* que a história menciona é de Pierre Danez, no concílio de Trento. Um homem que não tivesse bastante espírito não teria respondido ao frio jogo de palavras do bispo italiano: "Esse galo canta bem: *Iste gallus bene cantat.*"[2] Danez respondeu com esta terrível réplica: "Quisera Deus que Pedro se arrependesse ao ouvir o galo cantar!"

A maioria das coletâneas de chistes está cheia de respostas frias. A do marquês Maffei, embaixador de Sicília junto ao papa Clemente XI, não é fria, nem injuriosa, nem picante, mas muito oportuna. O papa se queixava com lágrimas nos olhos de terem aberto, contra sua vontade, as igrejas da Sicília sobre as quais ele lançara um interdito. Maffei respondeu: "Chorai, santo padre, quando forem fechadas."

Os italianos chamam de *sproposito* aquilo que é dito inoportunamente. Palavra que falta à língua francesa.

Grande lição, em Plutarco, são estas palavras: "Dizes coisas boas em más horas." Esse defeito se encontra em muitas de nossas tragédias, nas quais os heróis proferem boas máximas em si mesmas, que se tornam falsas no lugar onde elas são colocadas.

A oportunidade faz tudo nos grandes negócios, nas revoluções de Estado. Já se disse que Cromwell, no reinado de Elisabeth ou de Carlos II, e o cardeal de Retz, durante o governo de Luís XIV por ele mesmo, teriam sido homens comuns.

César, nascido no tempo de Cipião, o Africano, não teria subjugado a república romana; e, se Maomé voltasse hoje, seria no máximo xerife de Meca. Mas, se Arquimedes e Virgílio renascessem, um seria de novo o melhor matemático e o outro, o melhor poeta, de sua terra.

ORAÇÃO, PRECE PÚBLICA, AÇÃO DE GRAÇAS ETC.
(Oraison, prière publique, action de grâces etc.)

Restam pouquíssimas fórmulas de preces públicas dos povos antigos.

Só temos o belo hino de Horácio para os jogos seculares dos antigos romanos. Essa prece tem o ritmo e a medida que os outros romanos imitaram muito tempo depois, no hino *Ut queant laxis resonare fibris.*

---

2. As damas que porventura lerem este trecho deverão saber que *gallus* significa gaulês e galo. (N. de Voltaire)

O *Pervigilium Veneris* é feito segundo um gosto rebuscado, que talvez não seja digno da nobre simplicidade do reinado de Augusto. Esse hino a Vênus pode ter sido cantado nas festas da deusa; mas não há dúvida de que se cantou o poema de Horácio com a maior solenidade.

Convenhamos que o poema secular de Horácio é uma das mais belas peças da antiguidade, e que o hino *Ut queant laxis* é uma das obras mais medíocres que temos dos tempos bárbaros da decadência da língua latina. A Igreja católica, naqueles tempos, cultivava mal a eloquência e a poesia. Sabe-se que Deus prefere maus versos recitados com um coração puro a belíssimos versos bem cantados por ímpios: mas, enfim, bons versos nunca fizeram mal, e todas as coisas, de resto, são iguais.

Entre nós nunca houve nada semelhante aos jogos seculares que eram celebrados a cada cento e dez anos; nosso jubileu não passa de cópia malfeita. Eram construídos três altares magníficos às margens do Tibre; Roma inteira ficava iluminada durante três noites; quinze sacerdotes distribuíam água lustral e círios aos romanos e às romanas, que deviam cantar as preces. Ofereciam-se sacrifícios primeiramente a Júpiter, como grande deus, senhor dos deuses, e depois a Juno, Apolo, Latona, Diana, Ceres, Plutão, Prosérpina e às Parcas, como potências subalternas. Cada uma dessas divindades tinha seu hino e suas cerimônias. Havia dois coros, um de vinte e sete rapazes, outro de vinte e sete moças, para cada um dos deuses. Por fim, no último dia, os rapazes e as moças, coroados de flores, cantavam a ode de Horácio.

É verdade que, nas casas, cantavam-se à mesa suas outras odes para o pequeno Ligurino, Licisco e outros malandretes, que não inspiravam grande devoção: mas há tempo para tudo; *pictoribus atque poetis* [aos pintores e aos poetas]. Carracci, que desenhou as figuras de Aretino, também pintou santos; e em todos os nossos colégios toleramos em Horácio o que os senhores do império romano toleravam sem dificuldade.

Quanto às fórmulas de preces, só contamos com leves fragmentos da que era feita nos mistérios de Ísis. Já a citamos alhures e a transcrevemos outra vez aqui, porque não é longa e é bela.

"Os poderes celestes servem-te, os infernos te são submissos, o universo gira sob tua mão, teus pés pisam o tártaro, os astros respondem à tua voz, as estações voltam quando ordenas, os elementos te obedecem."

Também repetiremos a fórmula atribuída ao antigo Orfeu, que nos parece até superior à de Ísis:

"Andai pelo caminho da justiça, adorai o único senhor do universo: ele é uno, é único por si mesmo; todos os seres lhe devem a existência; ele age neles e por eles; tudo vê, e nunca foi visto por olhos mortais."

O mais extraordinário é que no Levítico e no Deuteronômio dos judeus não há uma única prece pública, uma única fórmula. Parece que os levitas só se preocuparam em dividir a carne que lhes ofereciam. Não se vê uma única prece instituída para suas grandes festas da páscoa, de pentecostes, das trombetas, dos tabernáculos, da expiação geral e das neomênias.

Os estudiosos são unânimes em afirmar que não houve preces formais entre os judeus, que, quando foram escravos na Babilônia, adquiriram um pouco desses costumes e aprenderam algumas ciências com aquele povo tão civilizado e poderoso. Copiaram tudo dos caldeus persas, até a língua, os caracteres, os algarismos; e, acrescentando alguns costumes novos a seus antigos ritos egipcíacos, tornaram-se um povo novo, porém mais supersticioso e que, ao sair de uma longa escravidão, continuou na dependência de seus vizinhos.

... In rebus acerbis
Acrius advertunt animos ad relligionem.
[... Nas situações angustiantes
Voltam o espírito para a religião mais ardentemente.]
(Lucrécio, III, 53-54)

Quanto às outras dez tribos que haviam sido dispersadas antes, é de crer que não tinham preces públicas, assim como as outras duas, e que nem sequer tinham ainda uma religião bem fixada e determinada, visto que a abandonaram com tanta facilidade e esqueceram até seu próprio nome; o que não ocorreu com o pequeno número de pobres coitados que foram reconstruir Jerusalém.

Foi então, portanto, que essas duas tribos, ou melhor, essas duas tribos e meia pareceram apegar-se a ritos invariáveis que escreveram, e que passaram a ter preces formais. Foi só então que se começou a ver neles fórmulas de preces. Esdras ordenou duas preces por dia e acrescentou uma terceira para o dia do sabá: diz-se até que instituiu dezoito preces (para serem escolhidas); a primeira começa assim:

"Sê bendito, Senhor Deus de nossos pais, Deus de Abraão, Isaac e Jacó, grande Deus, poderoso, temível, altíssimo, distribuidor generoso dos bens, plasmador e dono do mundo, que lembras as boas ações e mandas um libertador a seus descendentes pelo amor de teu nome. Ó rei, nosso socorro, nosso Salvador, nosso escudo, sê bendito, Senhor, escudo de Abraão!"

Afirma-se que Gamaliel, contemporâneo de Jesus Cristo, que teve tão grandes desentendimentos com são Paulo, instituiu uma décima nona prece, que aqui está:

"Concede paz, benefícios, bênçãos, graças, benignidade e piedade a nós e a Israel teu povo. Abençoa-nos, ó nosso pai! Abençoa-nos todos juntos pela luz de tua face; pois pela luz de tua face nos deste, Senhor Nosso Deus, a lei de vida, o amor, a benignidade, a equidade, a bênção, a piedade, a vida e a paz. Abençoa em todos os tempos e em todos os momentos teu povo de Israel, concedendo-lhe a paz. Sê bendito, Senhor, que abençoas teu povo de Israel, dando-lhe paz. *Amém*."

Há uma coisa bastante importante para observar nas várias preces: é que cada povo sempre pediu exatamente o contrário daquilo que pedia seu vizinho.

Os judeus, por exemplo, pediam a Deus que exterminasse sírios, babilônios e egípcios; estes pediam a Deus que exterminasse os judeus: por isso foram exterminados, assim como as dez tribos que se haviam confundido entre tantas nações; e estes foram ainda mais infelizes, pois, teimando em permanecer separados de todos os outros povos, apesar de viverem no meio dos povos, não puderam usufruir de nenhuma vantagem da sociedade humana.

Em nossos dias, nas guerras tão frequentemente travadas para obterem algumas cidades ou aldeias, os alemães e os espanhóis, quando eram inimigos dos franceses, rogavam à Virgem Santa do fundo do coração que vencesse os *Welches*[3] e os *Gavaches*, que, por seu lado, suplicavam à Virgem Santa que destruísse os marranos e os teutões[4].

Na Inglaterra, a Rosa Vermelha fazia as mais ardentes preces a são Jorge, para que todos os partidários da Rosa Branca fossem lançados ao fundo do mar: a Rosa Branca respondia com súplicas semelhantes. Pode-se imaginar como são Jorge devia ficar confuso; e, se Henrique VII não tivesse vindo em seu socorro, Jorge nunca teria saído da enrascada.

ORÁCULOS (Oracles)

Primeira seção

Desde que a seita dos fariseus, do povo judeu, conheceu o diabo, alguns de seus argumentadores passaram a acreditar que esse diabo e seus companheiros inspiravam os sacerdotes e as estátuas que proferiam oráculos em todas as outras nações. Os saduceus não acreditavam nisso, não admi-

---

3. Do alemão *Welsch*, estrangeiro; provém do latim *gallicus*, que também deu gaulês. Voltaire a emprega com frequência para referir-se aos franceses ignorantes e cheios de preconceitos. (N. da T.)
4. Para os franceses da época, esse termo era pejorativo. (N. da T.)

tiam nem anjos nem demônios. Parece que eram mais filósofos que os fariseus, por conseguinte menos aptos a terem crédito junto ao povo.

O diabo fazia de tudo entre o populacho judeu no tempo de Gamaliel, de João, *o batista*, de Tiago Oblia e de Jesus, seu irmão, que foi nosso Salvador Jesus Cristo. Por isso, vedes que o diabo transporta Jesus ora para o deserto, ora para o píncaro do templo, ora para uma colina vizinha, de onde se avistam todos os reinos da terra; o diabo entra no corpo de jovens e animais.

Os cristãos, embora inimigos mortais dos fariseus, adotaram tudo o que os fariseus haviam imaginado sobre o diabo, assim como os judeus haviam outrora imitado os costumes e as cerimônias dos egípcios. Nada é tão comum quanto imitar os inimigos e usar suas armas.

Logo os Padres da Igreja atribuíram ao diabo todas as religiões que dividiam entre si a terra, todos os pretensos prodígios, todos os grandes acontecimentos, os cometas, as pestes, o mal-caduco, as escrófulas etc. Esse pobre-diabo, que diziam torrado num buraco debaixo da terra, ficou bem espantado quando se viu senhor do mundo. Seu poder depois cresceu maravilhosamente graças à instituição dos monges.

O lema de todos esses recém-chegados era: Dai-me dinheiro, e vos livrarei do diabo. O poder celeste e terrestre desses monges acabou recebendo terrível golpe da mão de seu confrade Lutero, que, brigando com eles por questões de dinheiro, pôs à mostra todos os mistérios. Hondorff, testemunha ocular, conta que, quando os reformistas expulsaram os monges de um convento de Eisenach, na Turíngia, ali encontraram uma estátua da virgem Maria e do menino Jesus feita com tal arte, que, quando se punham oferendas sobre o altar, a virgem e o menino inclinavam a cabeça em sinal de agradecimento e davam as costas àqueles que vinham de mãos vazias.

Foi bem pior na Inglaterra, quando, por ordem de Henrique VIII, foi feita uma investigação jurídica de todos os conventos: metade das religiosas estava grávida, e não por obra do diabo. O bispo Burnet conta que, em cento e quarenta e quatro conventos, os autos dos comissários do rei atestaram abominações diante das quais as de Sodoma e Gomorra eram insignificantes. De fato, os monges da Inglaterra deviam ser mais devassos que os sodomitas, pois eram mais ricos. Possuíam as melhores terras do reino. O território de Sodoma e Gomorra, ao contrário, como não produzia trigo, frutos e legumes, e como carecia de água potável, só podia ser um deserto pavoroso, habitado por miseráveis ocupados demais com suas necessidades para conhecer volúpias.

Por fim, depois que aqueles soberbos asilos da preguiça foram eliminados por um ato do parlamento, foram expostos em praça pública todos os instrumentos de suas piedosas fraudes: o famoso crucifixo de Boksley, que se mexia e andava como uma marionete; frascos de licor vermelho, que era impingido como sangue vertido às vezes por estátuas de santos, quando estavam descontentes com a corte; moldes de folha de flandres nos quais eram postas continuamente velas acesas, para levar o povo a crer que se tratava sempre da mesma vela que nunca se apagava; tubos que iam da sacristia até a abóbada da igreja, pelos quais vozes celestes às vezes se faziam ouvir por devotas pagas para dar-lhes ouvido; enfim, tudo o que o embuste já inventou para subjugar a imbecilidade.

Então, vários doutos da Europa, convictos de que os monges, e não os diabos, haviam posto em uso todos aqueles piedosos estratagemas, começaram a acreditar que o mesmo ocorrera nas antigas religiões; que todos os oráculos e milagres, tão gabados na antiguidade, não passavam de truques de charlatães; e que o diabo nunca se meteu em nada, mas apenas que os sacerdotes gregos, romanos, sírios e egípcios foram mais hábeis que nossos monges.

O diabo, portanto, perdeu muito de seu crédito, até que Bekker, cujo verbete podeis consultar, escreveu seu aborrecido livro contra o diabo e provou com centenas de argumentos que ele não existe. O diabo não respondeu, mas os ministros do santo Evangelho, como vistes, responderam; puniram o bom Bekker por ter divulgado o segredo deles e tiraram-lhe a paróquia; de modo que Bekker foi vítima da nulidade de Belzebu.

A Holanda estava fadada a produzir os maiores inimigos do diabo. O médico Van Dale, filósofo humano, estudioso profundíssimo, cidadão cheio de caridade, espírito ousado, porque fundamentado na virtude, decidiu enfim esclarecer os homens, sempre escravos dos antigos erros e sempre engrossando a venda que lhes cobre os olhos, até que algum forte raio de luz lhes mostre uma nesga de verdade, a maioria das quais muito indigna. Ele provou, num livro cheio de refinada erudição, que os diabos nunca haviam proferido oráculo algum, não haviam feito nenhum prodígio, nunca haviam participado de nada, e que os únicos verdadeiros demônios eram os trapaceiros que haviam enganado os homens. O diabo nunca haverá de ludibriar um médico douto. Todos os que conhecem um pouco a natureza são muito perigosos para os fazedores de prodígios. Aconselho ao diabo procurar sempre as faculdades de teologia, e nunca as faculdades de medicina.

Van Dale, portanto, provou com um sem-número de documentos não só que os oráculos dos pagãos não haviam passado de truques de sacerdotes, mas também que aquelas trapaças consagradas em todo o universo não terminaram no tempo de João, *o batista*, e de Jesus Cristo, como se acreditava piamente. Nada era mais verdadeiro, palpável e demonstrado do que essa verdade anunciada pelo médico Van Dale; e não há hoje nenhum homem honesto que a ponha em dúvida.

O livro de Van Dale talvez não seja bem metódico, mas é um dos mais interessantes já feitos. Pois nada é esquecido, desde as grosseiras trapaças do pretenso Histaspes e das sibilas, da história apócrifa da viagem de Simão Barjona a Roma e dos cumprimentos que Simão, o mago, mandou seu cão fazer-lhe, desde os milagres de são Gregório Taumaturgo e, sobretudo, da carta que esse santo escreveu ao diabo e foi levada a seu endereço, até os milagres dos reverendos padres jesuítas e dos reverendos padres capuchinhos. O império da impostura e da burrice é desmascarado nesse livro diante dos olhos de todos os homens que sabem ler, mas que são poucos.

Faltava muito para que esse império fosse destruído então na Itália, na França, na Espanha, nos Estados austríacos e principalmente na Polônia, onde os jesuítas dominavam. As possessões do diabo e os falsos milagres inundavam ainda metade da Europa embrutecida. Vejamos o que conta Van Dale sobre um oráculo singular que foi proferido no seu tempo em Terni, nos Estados do papa, por volta do ano 1650, cujo relato foi impresso em Veneza por ordem da senhoria.

Um eremita, chamado Pasquale, ouvindo dizer que Jacovello, burguês de Terni, era muito avaro e rico, foi a Terni fazer suas orações na igreja frequentada por Jacovello; logo fez amizade com ele, lisonjeou-o em sua paixão e o convenceu de que era obra muito agradável a Deus aplicar seu dinheiro; disse também que isso era até expressamente recomendado no Evangelho, pois o servidor negligente, que não multiplicou o dinheiro de seu senhor em quinhentos por cento, é lançado nas trevas exteriores.

Nas conversas que o eremita teve com Jacovello, falou várias vezes de belas palavras proferidas por vários crucifixos e por certa quantidade de boas virgens da Itália. Jacovello concordava que as estátuas dos santos às vezes falavam aos homens e dizia que se acharia predestinado se alguma vez pudesse ouvir uma dessas imagens falar.

O bom Pasquale respondeu que tinha a esperança de lhe dar essa satisfação em pouco tempo; que estava esperando de Roma a chegada iminente de uma cabeça de morto que o papa dera de presente a um eremita seu confrade; que essa cabeça falava como as árvores de Dodona e como a burra de Balaão. E de fato mostrou-lhe a cabeça quatro dias depois. Pediu a Jacovello a chave de um pequeno compartimento subterrâneo e de um aposento situado acima, para que ninguém fosse testemunha do mistério. O eremita Pasquale, depois de passar pelo porão um tubo que entrava na cabeça e de ajeitar tudo, começou a orar com seu amigo Jacovello; a cabeça então falou deste modo: "Jacovello, Deus quer recompensar teu zelo. Aviso-te que há um tesouro de cem mil escudos debaixo de um teixo na entrada de teu jardim. Morrerás de morte súbita, se procurares esse tesouro antes de colocares diante de mim um caldeirão cheio de dez marcos de ouro em moedas."

Jacovello foi correndo ao cofre e trouxe para diante do oráculo seu caldeirão e os dez marcos. O bom eremita tomara a precaução de munir-se de um caldeirão semelhante cheio de areia. Substituiu por ele, cuidadosamente, o caldeirão de Jacovello quando este estava de costas e deixou o bom Jacovello com uma cabeça de morto a mais e dez marcos de ouro a menos.

Era mais ou menos assim que se proferiam todos os oráculos, a começar pelo de Júpiter Âmon e a terminar pelo de Trofônio.

Um dos segredos dos sacerdotes da antiguidade, assim como dos nossos, era a confissão nos mistérios. Era então que se punham a par de todas as questões familiares e ficavam em condições de dar respostas para a maioria daqueles que iam interrogá-los. Com isso se relacionam aquelas palavras que Plutarco celebrizou. Quando um sacerdote quis confessar um iniciado, este lhe perguntou: "– A quem me confessarei? A ti ou a Deus? – A Deus – respondeu o sacerdote. – Então sai daqui, homem, e deixa-me com Deus."

Não terminaria nunca, se relatasse todas as coisas interessantes com que Van Dale enriqueceu o seu livro. Fontenelle não o traduziu, mas extraiu aquilo que acreditou ser mais conveniente à sua nação, que prefere amenidades a ciência. Tornou-se lido por aqueles que na França são chamados de boa sociedade; e Van Dale, que escrevera em latim e em grego, só fora lido por eruditos. O diamante bruto de Van Dale brilhou muito quando lapidado por Fontenelle; o sucesso foi tão grande, que os fanáticos se alarmaram. De pouco adiantou Fontenelle atenuar as expressões de Van Dale e explicar-se às vezes em normando: só foi bem entendido pelos monges, que não gostam que lhes digam que seus confrades foram embusteiros.

Certo Baltus, jesuíta nascido em Metz, que era um desses eruditos que sabem consultar velhos livros, falsificá-los e citá-los indevidamente, alinhou-se com o diabo contra Van Dale e Fontenelle. O diabo não conseguiria escolher um advogado mais impertinente: seu nome hoje é conhecido apenas pela honra que teve de escrever contra dois homens famosos que tinham razão.

Baltus, na qualidade de jesuíta, intrigou com seus confrades, cujo crédito então era tão grande quanto foi depois o opróbrio em que caíram. Os jansenistas, por sua vez, mais energúmenos que os jesuítas, gritaram mais alto que eles. Por fim, todos os fanáticos foram convencidos de que a religião cristã estaria perdida caso o diabo não conservasse seus direitos.

Pouco a pouco, os livros dos jansenistas e dos jesuítas foram caindo no esquecimento. O livro de Van Dale ficou com os eruditos, e o de Fontenelle com os homens de engenho.

Quanto ao diabo, assim como jesuítas e jansenistas, está perdendo o crédito cada vez mais.

Segunda seção

Algumas histórias surpreendentes de oráculos, que pareciam só poder ser atribuídas a gênios, levaram os cristãos a pensar que eles haviam sido proferidos pelos demônios, e que haviam cessado com a vinda de Jesus Cristo: com isso, deixava-se de entrar na discussão dos fatos, que teria sido longa e difícil; ademais, parecia que se confirmava a religião que ensina a existência dos demônios, atribuindo-lhes esses acontecimentos.

No entanto, as histórias contadas sobre os oráculos devem ser muito suspeitas[5]. A de Tamus, à qual Eusébio deu fé e que Plutarco é o único a relatar, é seguida no mesmo historiador por outro conto tão ridículo que bastaria para desacreditá-lo; além disso, porém, ela não pode receber um sentido racional. Se aquele grande Pã era um demônio, por acaso os demônios não poderiam comunicar a morte uns aos outros sem o emprego de Tamus? Se aquele grande Pã era Jesus Cristo, como ninguém se desiludiu do paganismo e não passou a pensar que o grande Pã era Jesus Cristo morto na Judeia, se era Deus mesmo que obrigava os demônios a anunciar essa morte aos pagãos?

---

5. Ver para as citações a obra latina do douto Anton van Dale, da qual este excerto é extraído. (N. de Voltaire)

A história de Túlis, cujo oráculo é positivo em relação à Trindade, só é relatada por Suidas. Esse Túlis, rei do Egito, sem dúvida não era um dos Ptolomeus. Que será de todo o oráculo de Serápis, se é certo que Heródoto não fala desse deus, enquanto Tácito conta tintim por tintim como e por que um dos Ptolomeus mandou vir de Ponto o deus Serápis, que então só era conhecido ali?

O oráculo dado a Augusto sobre a criança hebreia à qual todos os deuses obedecem não pode ser ocultado. Cedrenus cita isso a partir de Eusébio, e hoje já não podemos encontrá-lo. Não seria impossível que Cedrenus citasse algo falso ou alguma obra falsamente atribuída a Eusébio; mas como os primeiros apologistas do cristianismo terão todos silenciado sobre um oráculo tão favorável à sua religião?

Os oráculos que Eusébio extrai de Porfírio, homem ligado ao paganismo, não são mais desorientadores que os outros. Eusébio os apresenta despojados de tudo o que os acompanhava nos escritos de Porfírio. Saberemos lá se aquele pagão os refutava ou não? De acordo com o interesse de sua causa, devia refutá-los; e, se não o fez, decerto tinha alguma intenção oculta, tal como a de os apresentar aos cristãos no intuito de zombar da credulidade deles, caso os aceitassem como verdadeiros e apoiassem sua religião em semelhantes fundamentos.

Aliás, alguns antigos cristãos admoestaram os pagãos por serem ludibriados por seus sacerdotes. Eis como fala Clemente de Alexandria: "Podes gabar, se quiseres, esses oráculos cheios de loucura e impertinência, os de Claros, Apolo Pítio, Dídimo e Anfíloco; podes somar a isso os áugures e os interpretadores de sonhos e prodígios. Põe também diante de Apolo Pítio aquela gente que faz adivinhações com farinha ou cevada, bem como aqueles que foram tão prezados porque falavam com o ventre. Que os segredos dos templos egípcios e a necromancia dos etruscos permaneçam nas trevas; todas essas coisas certamente não passam de imposturas extravagantes e de puros engodos semelhantes aos dos jogos de dados. As cabras adestradas para adivinhar e os corvos instruídos para proferir oráculos não passam, por assim dizer, de sócios dos charlatães que trapaceiam todos os homens."

Eusébio, por sua vez, expõe excelentes razões para provar que os oráculos só podem ter sido imposturas; e, se os atribui aos demônios, é por efeito de um preconceito lamentável e pelo respeito forçado pela opinião comum. Os pagãos não tinham a menor intenção de convir que seus oráculos não passavam de artifício dos sacerdotes; acreditou-se então – por um mau raciocínio – que seria possível ganhar alguma coisa na competição concedendo que, conquanto seus oráculos fossem sobrenaturais, essa obra não era da Divindade, mas dos demônios.

Já não se trata de adivinhar as sutilezas dos sacerdotes por meios que também poderiam parecer sutis demais. Houve um tempo em que elas foram postas por todos os lados diante dos olhos da terra; foi quando a religião cristã triunfou inegavelmente sobre o paganismo, com os imperadores cristãos.

Teodoreto diz que Teófilo, bispo de Alexandria, mostrou aos habitantes da cidade as estátuas ocas nas quais os sacerdotes se introduziam por caminhos escondidos para proferir oráculos. Quando, por ordem de Constantino, foi derrubado o templo de Esculápio em Eges, na Cilícia, diz Eusébio, na *Vida* desse imperador, que de lá não se expulsou um deus ou um demônio, mas o trapaceiro que durante muito tempo se impusera à credulidade dos povos. A isso ele acrescenta em geral que, nos simulacros dos deuses derrubados, se encontrou de tudo, menos deuses ou demônio, nem sequer alguns infelizes espectros obscuros e tenebrosos, mas apenas feno, palha e ossos de mortos.

A maior dificuldade, no que se refere aos oráculos, foi superada desde que reconhecemos que os demônios não deviam ter participação na coisa. Não se tem mais nenhum interesse em dizer que eles acabaram precisamente com a chegada de Jesus Cristo. Aliás, eis aqui várias provas de que os oráculos duraram mais de quatrocentos anos após Jesus Cristo, e que se tornaram totalmente mudos só com a inteira destruição do paganismo.

Suetônio, em *Vida de Nero*, diz que o oráculo de Delfos advertiu Nero de que ele devia tomar cuidado com os setenta e três anos; que Nero acreditou que só deveria morrer nessa idade, e não pensou no velho Galba que, contando setenta e três anos, lhe subtraiu o império.

Filóstrato, em *Vida de Apolônio de Tiana*, que conheceu Domiciano, diz que Apolônio visitou todos os oráculos da Grécia, o de Dodona, de Delfos e de Anfiarau.

Plutarco, que viveu no tempo de Trajano, diz que o oráculo de Delfos ainda estava em pé, embora reduzido a uma só sacerdotisa, depois de ter contado com duas ou três.

No tempo de Adriano, Díon Crisóstomo conta que consultou o oráculo de Delfos; e relata uma resposta que lhe pareceu bastante confusa, e é mesmo.

No tempo dos Antoninos, Luciano garante que um sacerdote de Tiana foi perguntar àquele falso profeta Alexandre se os oráculos proferidos então em Dídimo, Claros e Delfos eram realmente respostas de Apolo ou imposturas. Alexandre mostrou-se respeitoso por aqueles oráculos, que eram da natureza do seu, e respondeu ao sacerdote que não era permitido sabê-lo. Mas, quando aquele hábil sacerdote perguntou o que seria depois de morrer, responderam-lhe com ousadia: "Serás camelo, depois cavalo, depois filósofo, depois um profeta tão grande quanto Alexandre."

Depois dos Antoninos, três imperadores disputaram o império. Consultou-se Delfos, diz Espartiano, para saber qual dos três a república devia desejar. E o oráculo respondeu com um verso: "O negro é o melhor; o africano é bom; o branco é o pior." Por negro entendeu-se Pescênio Níger; por africano, Severo Sétimo, que era da África; e por branco, Cláudio Albino.

Díon, que termina sua *História* no oitavo ano de Alexandre Severo, ou seja, em 230, conta que no seu tempo Anfíloco ainda proferia oráculos em sonhos. Diz também que na cidade de Apolônia havia um oráculo no qual o futuro era visto pela maneira como o fogo pegava no incenso que era jogado sobre um altar.

No tempo de Aureliano, por volta do ano 272, os palmirenos revoltados consultaram um oráculo de Apolo de Sarpedo, na Cilícia, e também o de Vênus afacita.

Licínio, segundo diz Sozomeno, quando quis recomeçar a guerra contra Constantino, consultou o oráculo de Apolo de Dídimo e teve como resposta dois versos de Homero, cujo sentido é: "Infeliz velho, não cabe a ti combater contra jovens; não tens forças, e a idade te abate."

Um deus bastante desconhecido, chamado Besa, segundo Amiano Marcelino, ainda proferia oráculos com bilhetes em Abidos, no extremo da Tebaida, sob o império de Constâncio.

Por fim, Macróbio, que vivia no tempo de Arcádio e Honório, filho de Teodósio, fala do deus de Heliópolis da Síria e de seu oráculo, bem como das Fortunas de Âncio, em termos que mostram claramente a persistência de tudo isso ainda em seu tempo.

Note-se que não importa se todas essas histórias são verdadeiras, nem se esses oráculos de fato deram as respostas que lhes são atribuídas. Basta saber que foram atribuídas falsas respostas a oráculos que se sabia subsistirem ainda; além disso, as histórias que tantos autores relatam sobre eles provam que não haviam desaparecido, tanto quanto o paganismo.

Constantino derrubou poucos templos; assim mesmo, só ousou derrubá-los usando como pretexto os crimes que neles se cometiam. Assim, mandou derrubar o de Vênus afacita e o de Esculápio, que ficava em Eges, na Cilícia, ambos templos com oráculos; mas proibiu que se fizessem sacrifícios aos deuses e, com esse edito, começou a tornar os templos inúteis.

Ainda restavam muitos oráculos quando Juliano assumiu o império; ele restabeleceu alguns que estavam em ruínas e até quis ser profeta do templo de Dídimo. Joviano, seu sucessor, começou a dedicar-se com zelo à destruição do paganismo; mas, em sete meses de reinado, não conseguiu fazer grandes progressos. Teodósio, para ter êxito, ordenou o fechamento de todos os templos dos pagãos. Por fim, o exercício dessa religião foi proibido sob pena de morte por uma constituição dos imperadores Valentiniano e Marciano, no ano 451 de nossa era, e o paganismo carreou, necessariamente, os oráculos em sua ruína.

Essa maneira de acabar não tem nada de surpreendente; era a consequência natural do estabelecimento de um novo culto. Os fatos miraculosos, ou melhor, que querem apresentar como tais, diminuem numa falsa religião ou à medida que ela se estabelece, porque já não precisa deles, ou, à medida que enfraquece, porque eles já não têm crédito. O desejo intenso e inútil de conhecer o futuro deu origem aos oráculos; a impostura os impingiu, e o fanatismo selou tudo isso: pois um meio infalível de fazer fanáticos é convencer, em vez de ensinar. A pobreza dos povos que não tinham mais nada para dar, a trapaça descoberta em vários oráculos e concluída nos outros, bem como os editos dos imperadores cristãos foram as verdadeiras causas do estabelecimento e da cessação desse tipo de impostura; circunstâncias contrárias levaram ao seu desaparecimento; assim, os oráculos foram submetidos à vicissitude das coisas humanas.

Todos se limitam a dizer que o nascimento de Jesus Cristo foi a primeira época de sua cessação; mas por que certos demônios fugiram, enquanto outros ficaram? Aliás, a história antiga prova indubitavelmente que vários oráculos haviam sido destruídos antes desse nascimento; todos os oráculos brilhantes da Grécia já não existiam, ou quase, e às vezes o oráculo era interrompido pelo silêncio de um sacerdote honesto que não queria enganar o povo. Lucano diz que o oráculo de Delfos ficou mudo a partir do momento em que os príncipes começaram a temer o futuro; eles proibiram os deuses de falar, e os deuses obedeceram.

ORDENAÇÃO (Ordination)

Se um militar encarregado pelo rei da França de conferir a ordem de São Luís a outro militar não tivesse a intenção de torná-lo cavaleiro ao lhe dar a cruz, aquele que a recebesse seria por isso menos cavaleiro de São Luís? – Não, sem dúvida.

Por que, então, diversos padres quiseram ser novamente ordenados depois da morte do famoso Lavardin, bispo de Mans? Aquele estranho prelado, que estabelecera a *ordre des coteaux* [ordem dos outeiros][6], teve a ideia de cometer uma chalaça pouco comum às portas da morte. Era conhecido como uma das inteligências mais veementes do século de Luís XIV, e vários daqueles que haviam sido ordenados por ele tinham criticado publicamente suas opiniões. É natural que, à beira da morte, uma alma sensível e timorata voltasse à religião que abraçara em seus primeiros anos. Somente o decoro exigia que o bispo, morrendo, edificasse os diocesanos que ele em vida escandalizara; mas, agastado com o seu clero, declarou que nenhum dos padres ordenados por ele era padre de fato, que todos os seus atos sacerdotais eram nulos, e que ele nunca tivera a intenção de dar nenhum sacramento.

Isso, parece-me, é raciocinar como beberrão; os padres de Mans poderiam responder-lhe: necessária não é a sua intenção, mas a nossa. Tínhamos o desejo resoluto de ser padres; fizemos tudo o que é preciso para sê-lo; agimos de boa-fé: se o senhor não a teve, pouco se nos dá. A máxima é: *Quidquid recipitur, ad modum recipientis recipitur* [O que se recebe é recebido à maneira de quem recebe], e não *ad modum dantis* [à maneira de quem dá]. Quando nosso mercador de vinhos nos vende uma quartola, nós a bebemos, mesmo que ele tivesse a intenção secreta de nos impedir de bebê-la; seremos padres, a despeito de seu testamento.

Essas razões teriam sido ótimas; no entanto, a maioria dos que haviam sido ordenados pelo bispo Lavardin não se acreditou ordenada e quis ordenar-se pela segunda vez. Mascaron, pregador medíocre e famoso, convenceu-os, com discursos e exemplos, a repetir a cerimônia. Foi um grande escândalo em Mans, Paris e Versalhes. Mas foi logo esquecido, como tudo.

---

6. Era a ordem dos glutões. Os bêbados estavam então na moda; o bispo de Mans os comandava. (N. de Voltaire)

ORGULHO (Orgueil)

Cícero, numa de suas cartas, diz familiarmente ao amigo: Dize-me a quem queres que eu mande dar as Gálias. Em outra, queixa-se de estar cansado das cartas nas quais não se sabe que príncipes o agradecem por ter transformado suas províncias em reinos, e acrescenta que nem sequer sabe onde esses reinos estão situados.

Pode ser que Cícero, que frequentemente vira o povo romano, povo rei, aplaudi-lo e obedecer-lhe e que recebia os agradecimentos de reis que não conhecia, tivesse demonstrado algum orgulho e vaidade.

Embora esse sentimento não seja nada conveniente a um animal tão insignificante como o homem, um Cícero, um César e um Cipião poderiam ser perdoados; mas o fato de, nos confins de uma de nossas províncias de semibárbaros, um homem que comprou um reles cargo e mandou imprimir versos medíocres resolver ser orgulhoso é coisa que nos faz rir sem parar.

ORIGINAL (PECADO) (Originel [Péché])

Primeira seção

Aí está o pretenso triunfo dos socinianos ou unitários. Chamam esse fundamento da religião cristã de seu *pecado original*. Dizem eles que é um ultraje a Deus, uma acusação de barbárie absurda, ousar dizer que ele criou todas as gerações de homens para atormentá-las em suplícios eternos, a pretexto de que seu primeiro pai comeu um fruto em um jardim. Essa sacrílega imputação é mais inescusável nos cristãos, porque não há uma única palavra sobre essa invencionice do pecado original no Pentateuco, nos Profetas, nos Evangelhos – tanto os apócrifos quanto os canônicos – nem em nenhum dos escritores que são chamados de *os primeiros Padres da Igreja*.

Nem sequer se conta no Gênese que Deus tenha condenado Adão à morte por ter comido uma maçã. Ele lhe diz: "Morrerás no dia em que a comeres"; mas esse mesmo Gênese diz que Adão viveu novecentos e trinta anos depois dessa refeição criminosa. Os animais e as plantas, que não tinham comido aquele fruto, morreram no tempo prescrito pela natureza. O homem nasceu para morrer, como todo o resto.

Por fim, a punição de Adão não cabia de maneira alguma na lei judaica. Adão não era judeu, nem persa ou caldeu. Os primeiros capítulos do Gênese (seja lá qual for a época em que foram compostos) foram vistos por todos os eruditos judeus como uma alegoria e até mesmo como uma fábula muito perigosa, pois proibiu-se a sua leitura antes dos vinte e cinco anos de idade.

Em suma, os judeus conheceram o pecado original tanto quanto as cerimônias chinesas, e, embora os teólogos encontrem tudo o que querem na Escritura, ou *totidem verbis*, ou *totidem litteris*, pode-se garantir que um teólogo sensato nunca encontrará ali esse mistério surpreendente.

Convenhamos que santo Agostinho foi o primeiro que impingiu essa estranha ideia, digna da cabeça quente e romanesca de um africano, devasso e arrependido, maniqueísta e cristão, indulgente e perseguidor, que passou a vida a contradizer-se.

"Que horror", exclamam os unitários rígidos, "caluniar o autor da natureza a ponto de lhe imputar milagres contínuos para danar eternamente homens que ele fez nascer por tão pouco tempo! Ou ele criou as almas desde toda a eternidade, e, segundo esse sistema, sendo infinitamente mais antigas que o pecado de Adão, com ele não têm nenhuma relação, ou essas almas são criadas a cada momento que um homem dorme com uma mulher, e nesse caso Deus está continuamente à espreita de todos os *rendez-vous* do universo para criar espíritos que ele tornará eternamente infelizes, ou então Deus é a alma de todos os homens, e, segundo esse sistema, dana-se a si mesmo. Qual é a mais horrível e insana dessas três suposições? Não existe uma quarta, pois a opinião de que Deus espera seis semanas para criar uma alma danada num feto equivale à ideia segundo a qual ele a cria no momento da cópula: que importam seis semanas a mais ou a menos?"

Relatei a opinião dos unitários, e os homens chegaram a tal ponto de superstição que, ao fazer esse relato, assombrei-me.

Segunda seção

Convenhamos que, antes de santo Agostinho e são Jerônimo, não conhecemos nenhum Padre da Igreja que tenha ensinado a doutrina do pecado original. São Clemente de Alexandria, homem tão douto na antiguidade, ao invés de falar em um único lugar dessa corrupção que infectou o gênero humano e o tornou culpado ao nascer, diz estas exatas palavras[7]: "Que mal pode fazer uma criança que acaba de nascer? Como pode ter prevaricado? Como aquele que ainda nada fez pode ter incidido na maldição de Adão?"

E notai que ele não diz essas palavras para combater a opinião rigorosa do pecado original, que ainda não estava desenvolvida, mas apenas para mostrar que as paixões, que podem corromper todos os homens, ainda não podem ter exercido influência alguma sobre essa criança inocente. Ele não diz: "Essa criatura de um dia não será danada se morrer hoje", pois ninguém ainda supusera que ela seria danada. São Clemente não podia combater um sistema absolutamente desconhecido.

O grande Orígenes é ainda mais categórico que são Clemente de Alexandria. Ele admite que o pecado entrou no mundo por meio de Adão, em sua explicação da Epístola de são Paulo aos romanos, mas afirma que o que entrou foi o pendor para o pecado, que é muito fácil cometer o mal, mas isso não significa que ele será cometido sempre por nós, e que seremos culpados já ao nascermos.

Por fim, o pecado original, em Orígenes, só consistia na infelicidade de se tornar semelhante ao primeiro homem ao pecar como ele.

O batismo era necessário; era o selo do cristianismo; lavava todos os pecados, mas ninguém dissera ainda que lavasse em alguém os pecados que essa pessoa não cometeu; ninguém afirmava ainda que uma criança seria danada e queimaria nas chamas eternas por ter morrido dois minutos depois de nascer. E prova sem réplica está no fato de que se passou muito tempo antes que prevalecesse o costume de batizar as crianças. Tertuliano não queria que fossem batizadas. Ora, recusar-lhes esse banho sagrado teria sido o mesmo que entregá-las à danação, se todos estivessem convencidos de que o pecado original (do qual aqueles pobres inocentes não podiam ser culpados) as tornaria réprobas e as faria sofrer suplícios infinitos para toda a eternidade, por um fato do qual seria impossível que tivessem o menor conhecimento. As almas de todos os carrascos, reunidas, não poderiam ter imaginado nada que se aproximasse de um horror tão execrável. Em resumo, é indubitável que as crianças não eram batizadas; portanto, está demonstrado que nem se pensava em daná-las.

Há bem mais: Jesus Cristo nunca disse "a criança não batizada será danada"[8]. Ao contrário, ele viera para expiar todos os pecados, para resgatar o gênero humano com seu sangue: portanto, as criancinhas não podiam ser danadas. As crianças de berço, com mais razão, eram privilegiadas. Nosso divino Salvador nunca batizou ninguém. Paulo submeteu seu discípulo Timóteu à circuncisão, mas não se diz que o batizou.

---

7. *Stromata*, liv. III. (N. de Voltaire)
8. Em São João, Jesus diz a Nicodemo, cap. III, que o vento, o espírito, sopra para onde quer, que ninguém sabe para onde ele vai, que é preciso renascer, que não se pode entrar no reino de Deus sem renascer pela água e pelo espírito; mas não fala das crianças. (N. de Voltaire)

Em suma, nos dois primeiros séculos, o batismo de crianças não foi costume; portanto, não se acreditava que as crianças fossem vítimas do pecado de Adão. Ao cabo de quatrocentos anos, passou-se a acreditar que a salvação delas estava em perigo, e todos se sentiram muito inseguros.

Por fim, surgiu Pelágio no século V; tratou a opinião do pecado original como coisa monstruosa. Segundo ele, esse dogma fundamentava-se num equívoco, como todas as outras opiniões.

Deus dissera a Adão no jardim do Éden: "No dia em que comeres o fruto da árvore da ciência, morrerás." Ora, ele não morreu, e Deus o perdoou. Por que então não teria poupado sua raça até a milésima geração? Por que entregaria a tormentos infinitos e eternos os filhos inocentes de um pai ao qual concedera graça?

Pelágio via Deus não só como senhor absoluto, mas também como um pai que, deixando os filhos em liberdade, recompensava-os para além de seus méritos e os punia aquém de suas faltas.

Ele e seus discípulos diziam: "Se todos os homens nascem objeto da cólera eterna daquele que lhes dá a vida, se antes de pensar são culpados, então é um crime medonho trazê-los ao mundo, o casamento é o mais horrível dos delitos. O casamento, nesse caso, não passa de emanação do mau princípio dos maniqueístas; isso já não é adorar a Deus, é adorar o diabo."

Pelágio e os seus defendiam essa doutrina na África, onde santo Agostinho tinha um crédito imenso. Ele fora maniqueísta; era obrigado a insurgir-se contra Pelágio. Este não pôde resistir nem a Agostinho nem a Jerônimo, e, por fim, de questão em questão, a disputa foi tão longe, que Agostinho baixou seu decreto de danação contra todas as crianças nascidas e por nascer no universo, nestes exatos termos: "A fé católica ensina que todos os homens nascem tão culpados, que as próprias crianças serão certamente danadas se morrerem sem ter sido regeneradas em Jesus."

Teria sido uma saudação bem triste a uma rainha da China, do Japão, da Índia, da Cítia ou da Gótia, que acabasse de perder o filho no berço, dizer-lhe: "Minha senhora, consolai-vos; o príncipe real está agora nas garras de quinhentos diabos, que o viram e reviram numa grande fornalha por toda a eternidade, enquanto seu corpo embalsamado repousa ao lado de vosso palácio."

A rainha, assustada, pergunta por que aqueles diabos tostam assim, para sempre, seu querido filho, o príncipe real. Respondem-lhe que é porque seu bisavô outrora comeu o fruto do conhecimento num jardim. Imaginai o que devem pensar o rei, a rainha, todo o conselho e todas as belas damas.

Como esse decreto pareceu um tanto duro a alguns teólogos (pois há boas almas em todo lugar), foi mitigado por certo Pedro Crisólogo, ou Pedro Fala de Ouro, que imaginou um subúrbio do inferno chamado *limbo*, para ali colocar todos os menininhos e todas as menininhas que morressem sem batismo. É um lugar onde esses inocentes ficam vegetando sem nada sentir, sede da apatia; é isso o que se chama *paraíso dos tolos*. Encontrais ainda essa expressão em Milton, *the paradise of fools*. Ele o situa pelos lados da Lua. Coisa totalmente digna de um poema épico.

Explicação do pecado original

A dificuldade do limbo continua sendo a mesma do inferno. Por que esses pobres pequeninos estão no limbo? Que fizeram? Como a sua alma, que eles possuíram por apenas um dia, era culpada de uma gula de seis mil anos?

Santo Agostinho, que os dana, para explicar, diz que, como as almas de todos os homens são a mesma de Adão, é provável que tenham sido suas cúmplices. Mas, como a Igreja depois decidiu que as almas são feitas quando o corpo tem início, então esse sistema caiu, a despeito do nome de seu autor.

Outros disseram que o pecado original fora transmitido de alma a alma por via de emanação, e que uma alma que vem de outra chega a este mundo com toda a corrupção da alma-mãe. Essa opinião foi condenada.

Depois que os teólogos largaram mão, os filósofos começaram a tentar. Leibniz, brincando com suas mônadas, divertiu-se a reunir em Adão todas as mônadas humanas com seus corpinhos monádicos. Superava santo Agostinho. Mas essa ideia, digna de Cyrano de Bergerac, não teve sucesso em filosofia.

Malebranche explica a coisa pela influência da imaginação das mães. Eva teve o cérebro tão furiosamente atacado pela vontade de comer o fruto, que seus filhos tiveram a mesma vontade, mais ou menos como aquela mulher que, vendo um homem ser morto na roda, deu à luz um filho nas mesmas condições.

Nicole reduz a coisa a "certa inclinação, certo pendor à concupiscência, que recebemos de nossa mãe. Essa inclinação não é um ato; torna-se ato um dia". Muito bem, coragem, Nicole: mas, mesmo assim, por que me danar? Nicole não toca nem um pouco na dificuldade de se saber como nossa alma de hoje, formada há pouco, pode responder pela falta de outra alma que viveu há tanto tempo.

Meus mestres, que caberia dizer sobre essa matéria? Nada. Por isso, não dou minha explicação, não digo nada.

ORTOGRAFIA (Orthographe)

A ortografia da maioria dos livros franceses é ridícula. Quase todos os impressores ignorantes imprimem *Wisigoths, Westphalie, Wirtemberg, Wétéravie* etc.

Não sabem que o duplo V alemão, escrito W, é o nosso V consoante, e que na Alemanha se pronuncia *Vétéravie, Virtemberg, Vestphalie, Visigoths*.

Imprimem Altona em vez de Altena, porque não sabem que em alemão o O encimado por dois pontos vale E.

Não sabem que na Holanda *oe* é *ou*[9]; e sempre cometem erros quando imprimem esse ditongo. Os erros cometidos todos os dias por nossos tradutores de livros são inúmeros.

Quanto à ortografia puramente francesa, só o hábito pode tolerar sua incongruência. *Emploi--e-roi-ent, octroi-e-roi-ent*, pronunciados *octroieraient, emploieraient*[10]; *pa-on* que se pronuncia *pan, fa-on* que se pronuncia *fan, La-on* que se pronuncia *lan*, além de centenas de outras barbáries semelhantes que levam a dizer:

Hodieque manent vestigia ruris.
[E hoje ainda permanecem vestígios da rusticidade.]
(Horácio, liv. II, ep. I, verso 160)

Isso não impede que Racine, Boileau e Quinault encantem os ouvidos, e que La Fontaine agrade para sempre.

Os ingleses são bem mais inconsequentes: perverteram todas as vogais e as pronunciam de modo diferente de todas as outras nações. É em ortografia que se pode dizer deles com Virgílio (*Égl.* I, verso 67):

Et penitus toto divisos orbe Britannos.
[E os britanos, completamente separados de todo o mundo.]

---

9. Em português, *u*. (N. da T.)
10. No tempo de Voltaire o ditongo *oi*, hoje pronunciado *ua*, em alguns casos, como no apontado por ele, era pronunciado *é*. Assim, os dois ditongos *oi* dessas duas palavras seriam pronunciados de formas diferentes: o primeiro como *ua*, e o segundo como *é*. (N. da T.)

No entanto, mudaram sua ortografia há cem anos: já não escrevem *loveth*, *speaketh*, *maketh*, mas *loves*, *speaks*, *makes*.

Os italianos eliminaram todos os seus *H*. Fizeram várias inovações favoráveis à suavidade de sua língua.

A escrita é a pintura da voz: quanto mais semelhante, melhor.

OSEIAS (Osée)

Relendo ontem, com edificação, o Antigo Testamento, topei com este trecho de Oseias, capítulo XIV, versículo 1: "Que Samária pereça, porque causou amargor a seu Deus! Que os samaritanos morram pelo gládio! Que seus filhos sejam esmagados, e que se fenda o ventre das mulheres grávidas!"

Achei essas palavras um pouco duras; fui consultar um doutor da universidade de Praga, que estava então em sua casa de campo, no monte Krapack; ele me disse: "Isso não deve espantar-vos. Os samaritanos eram cismáticos que queriam oferecer sacrifícios em casa e não mandar dinheiro para Jerusalém; mereciam pelo menos os suplícios aos quais o profeta Oseias os condena. A cidade de Jericó, assim tratada, depois que suas muralhas foram derrubadas ao som da trombeta, era menos culpada. Os trinta e um reis que Josué mandou enforcar não eram cismáticos. Os quarenta mil efraimistas massacrados por terem pronunciado *siboleth* em vez de *schiboleth* não tinham caído no abismo do cisma. Sabei, meu filho, que o cisma é o que há de mais execrável. Quando, em 1724, os jesuítas mandaram enforcar jovens estudantes em Thorn, foi porque aquelas pobres crianças eram cismáticas. Não duvideis que nós, católicos, apostólicos, romanos e boêmios, sejamos obrigados a passar pelo fio da espada todos os russos que encontremos desarmados, a esmagar seus filhos sobre a pedra, a eventrar suas mulheres grávidas e a arrancar de sua matriz dilacerada e ensanguentada seus fetos meio formados. Os russos são da religião grega cismática; não levam seu dinheiro a Roma; portanto, devemos exterminá-los, pois está demonstrado que os hierosolimitas deviam exterminar os samaritanos. Foi assim que tratamos os hussitas, que também queriam ficar com seu dinheiro. Assim pereceu ou precisou perecer, assim foi eventrada ou precisou ser eventrada toda mulher ou moça cismática."

Tomei a liberdade de contestá-lo; ele se zangou; a discussão se prolongou, e foi preciso jantar em sua casa; ele me envenenou: mas não morri.

OVÍDIO (Ovide)

Os doutos não deixaram de escrever volumes para nos informar com certeza para que rincão de terra Ovídio Nasão foi exilado por Otávio Cépias, cognominado Augusto. Tudo o que se sabe é que nasceu em Sulmona, foi criado em Roma e passou dez anos à margem direita do Danúbio, nas vizinhanças do mar Negro. Embora aquela região fosse chamada de *bárbara*, não se deve imaginar que fosse uma terra de selvagens. Lá se faziam versos. Cótis, régulo de uma parte da Trácia, fez versos getas para Ovídio. O poeta latino aprendeu o geta e também fez versos nessa língua. Seria de esperar que se ouvissem versos gregos na antiga pátria de Orfeu, mas aquelas terras estavam então povoadas por povos do Norte, que provavelmente falavam um dialeto tártaro, língua próxima ao antigo eslavônio. Ovídio não parecia destinado a fazer versos tártaros. A região de Tomos, onde ficou exilado, constituía uma parte da Mésia, província romana, entre o monte Hemo e o Danúbio. Situa-se a quarenta e quatro graus e meio de latitude, nas mais belas paragens da França; mas as montanhas situadas ao sul, os ventos de norte e leste que sopram do Ponto Euxino, o frio e a umidade das florestas e do Danúbio tornavam a região insuportável para um homem nascido na Itália: por isso, Ovídio não viveu lá por muito tempo; morreu com a idade de sessenta anos. Em suas elegias queixa-se do clima, não dos habitantes:

Quos ego, quum loca sim vestra perosus, amo.
[(Vós) que eu amo, embora deteste vosso país.]
(*P IV*, 14, 24)

Aqueles povos o coroaram de louros e deram-lhe privilégios que não o impediram de ter saudades de Roma. Era grande exemplo da escravidão dos romanos e da extinção de todas as leis o fato de um homem nascido de uma família equestre, como Otávio, exilar um homem de família equestre, e de um cidadão de Roma mandar, com uma palavra, outro cidadão viver entre os citas. Antes, era preciso um plebiscito, uma lei da nação, para privar um romano de sua pátria. O exílio de Cícero, fruto de uma intriga, pelo menos obedecera às formas da lei.

O crime de Ovídio fora incontestavelmente ter visto algo de vergonhoso na família de Otávio:

Cur aliquid vidi, cur noxia lumina feci?
[Por que eu vi isso? Por que tornei meus olhos culpados?]
(*Trist.* II, 5, 103)

Os doutos não concluíram se ele vira Augusto com algum rapaz mais bonito que aquele Mânio que Augusto disse não ter desejado por ser feio demais, se vira algum escudeiro nos braços da imperatriz Lívia, que Augusto desposara grávida de outro, se vira o imperador Augusto ocupado com a filha ou a neta, ou, enfim, se vira o imperador Augusto fazendo alguma coisa pior, *torva transuera, tuentibus hircis* [com os bodes olhando de través]. É grande a probabilidade de Ovídio ter surpreendido Augusto num incesto. Um autor quase contemporâneo, chamado Minuciano Apuleio, disse: *Pulsum quoque in exilium quod Augusti incestum vidisset* [Foi também expulso, em exílio, porque talvez tivesse presenciado um incesto de Augusto].

Otávio Augusto usou como pretexto o livro inocente *Arte de amar*, livro escrito com muita decência, no qual não há uma só palavra obscena, para mandar um cavaleiro romano para o mar Negro. O pretexto era ridículo. Como Augusto, de quem ainda temos versos imundos, podia exilar seriamente Ovídio em Tomos, por ter dado aos amigos, vários anos antes, cópias da *Arte de amar*? Como tinha a desfaçatez de censurar em Ovídio uma obra escrita com algum pudor, no tempo em que aprovava os versos em que Horácio esbanja todos os termos da mais infame prostituição, como *futuo, mentula* [eu fodo, membro viril] e *cunnus* [boceta]? Onde propõe indiferentemente *uma mulher lasciva, um belo rapaz atando a longa cabeleira, uma escrava* ou *um lacaio*: para ele, tudo é igual. Só lhe falta o bestialismo. Sem dúvida, há impudência em censurar-se Ovídio enquanto se tolera Horácio. Está claro que Otávio alegava uma razão irreal, por não ousar falar da real. Prova de que se tratava de algum estupro, de algum incesto, de alguma aventura secreta da sagrada família imperial é que o bode de Cápreas, Tibério, imortalizado pelas medalhas de suas devassidões, Tibério, monstro de lascívia e de dissimulação, não chamou Ovídio de volta. Não lhe adiantou pedir graça ao autor das proscrições e ao envenenador de Germânico: continuou às margens do Danúbio.

Se um fidalgo holandês, polonês, sueco, inglês ou veneziano tivesse visto, por acaso, um *stathouder*, um rei da Grã-Bretanha, da Suécia ou da Polônia, ou um doge cometer algum grande pecado, se até nem tivesse visto por acaso, e sim procurado a ocasião, se, enfim, cometesse a indiscrição de falar no assunto, certamente o *stathouder*, o rei ou o doge não teriam o direito de exilá-lo.

Pode-se fazer a Ovídio uma crítica quase tão grande quanto a que se faz a Augusto e a Tibério: ele os louvou. Os elogios que lhes prodigaliza são tão exagerados, que ainda hoje provocariam indignação, caso os tivesse feito a príncipes legítimos seus benfeitores; mas os fazia a tiranos, a seus tiranos. É perdoável louvar um pouco demais algum príncipe favorecedor, mas não de tratar como deus um príncipe perseguidor. Teria sido cem vezes melhor navegar pelo mar Negro e ir refugiar-se na Pérsia, passando pelos pauis da Meotida, do que fazer seus *Tristes, de Ponto*. Teria aprendido persa com a mesma facilidade com que aprendeu geta e poderia pelo menos ter esquecido o senhor de Roma junto ao senhor de Ecbátana. Algum espírito inflexível dirá que havia outra medida para tomar: entrar secretamente em Roma, procurar alguns parentes de Bruto e de Cássio e cometer a décima segunda conspiração contra Otávio; mas isso não combinava com o gosto elegíaco.

Coisa estranha o louvor! Está claro que no fundo do coração Ovídio desejava que algum Bruto livrasse Roma de seu Augusto, mas lhe desejava a imortalidade em versos!

Só reprovo em Ovídio seus *Tristes*. Bayle o recrimina pela sua filosofia do caos, tão bem exposta no início das *Metamorfoses*:

Ante mare et terras, et quod tegit omnia coelum,
Unus erat toto naturae vultus in orbe.
[Antes que houvesse o mar e as terras e o céu que cobre todas as coisas,
A face da natureza era uma só em todo o mundo.]

Bayle traduz assim esses primeiros versos: "Antes que houvesse céu, terra e mar, a natureza era um todo homogêneo." Há em Ovídio: "A face da natureza era a mesma em todo o universo." Isso não quer dizer que tudo fosse homogêneo, mas que esse todo heterogêneo, esse amontoado de coisas diferentes, parecia o mesmo: *unus vultus*.

Bayle critica todo o caos. Ovídio, que em seus versos é apenas o cantor da antiga filosofia, diz que as coisas moles e duras e as leves e as pesadas estavam misturadas:

Mollia cum duris, sine pondere habentia pondus.
[As coisas moles com as duras, as sem peso com as que têm peso.]
(Ovídio, *Met.*, I, v. 20)

E eis como Bayle argumenta contra ele:
"Não há nada mais absurdo que supor um caos que foi homogêneo durante toda uma eternidade, embora tivesse as qualidades elementares, tanto as chamadas qualidades *alteradoras*, que são o calor, o frio, a umidade e a secura, quanto as chamadas *motrizes*, que são a leveza e o peso: aquela provoca movimento para cima; esta, movimento para baixo. Uma matéria dessa natureza não pode ser homogênea e deve conter necessariamente todas as espécies de heterogeneidade. O calor e o frio e a umidade e a secura não podem ficar juntos sem que sua ação e reação os temperem e convertam em outras qualidades que constituem a forma dos corpos mistos; e, como esse temperamento pode ser feito segundo as diversidades inumeráveis de combinações, foi preciso que o caos encerrasse uma quantidade incrível de espécies de compostos. O único meio de concebê-lo homogêneo seria dizer que as qualidades alteradoras dos elementos se modificaram no mesmo grau em todas as moléculas da matéria, de modo que havia em todo lugar precisamente a mesma tepidez, a mesma moleza, o mesmo odor, o mesmo sabor etc. Mas isso seria derrubar com uma das mãos o que foi construído pela outra; seria, numa contradição nos termos, chamar de *caos* a obra mais regular, mais maravilhosamente simétrica, mais admirável em matéria de proporções que se possa imaginar. Concordo que o gosto do homem se ajusta mais a uma obra diversificada do que a uma obra uniforme; mas nossas ideias não deixam de nos ensinar que a harmonia das qualidades contrárias, conservada uniformemente em todo o universo, seria uma perfei-

ção tão maravilhosa quanto a divisão desigual que sucedeu ao caos. Que ciência, que poder exigiria essa harmonia uniforme espalhada por toda a natureza? Não bastaria introduzir em cada mistura a mesma quantidade de cada um dos quatro ingredientes; seria preciso acrescentar uns mais, outros menos, uma vez que a força de uns é maior ou menor para agir e para resistir: pois se sabe que os filósofos repartem em graus diferentes a ação e a reação às qualidades elementares. No fim das contas, ver-se-ia que a causa que metamorfoseou o caos não o teria tirado de um estado de confusão e guerra, como se supõe, mas sim de um estado de justeza, que era a coisa mais bem-feita do mundo e que, pela redução ao equilíbrio das forças contrárias, o mantinha num repouso equivalente à paz. Portanto, é evidente que, se quiserem justificar a homogeneidade do caos, os poetas precisarão apagar tudo o que acrescentam sobre essa confusão bizarra das sementes contrárias, essa mistura indigesta e esse combate perpétuo entre princípios opostos.

"Deixemos de lado essa contradição e encontraremos matéria suficiente para combatê-los em outros pontos. Recomecemos o ataque à eternidade. Não há nada mais absurdo que admitir a mistura das partes imperceptíveis dos quatro elementos durante um tempo infinito; pois, a partir do momento em que se supõem, nessas partes, a atividade do calor, a ação e a reação das quatro primeiras qualidades e, além disso, o movimento para o centro nas partículas de terra e água, e o movimento para a circunferência nas de fogo e ar, estabelece-se um princípio que separará necessariamente essas quatro espécies de corpos umas das outras, e, para tanto, só precisará de certo tempo limitado. Consideremos um pouco aquilo que se chama *frasco dos quatro elementos*. Nele se encerram pequenas partículas metálicas e três líquidos, uns muito mais leves que os outros. Misturando-se tudo, deixa-se de discernir as quatro misturas; as partes de cada uma se confundem com as partes das outras; mas, se o frasco for deixado em repouso durante algum tempo, ver-se-á que cada uma recobra sua situação: todas as partículas metálicas se juntam no fundo do frasco; as do líquido mais leve se juntam em cima; as do líquido menos leve que esse e menos pesado que o outro acomodam-se no terceiro estágio; as do líquido mais pesado que esses dois, porém menos pesado que as partículas metálicas, põem-se no segundo estágio; e, assim, as situações encontradas são diferentes das que havia quando se sacudiu o frasco: não é preciso ter paciência; um tempo bem curto é suficiente para rever a imagem da situação que a natureza deu no mundo aos quatro elementos. Comparando-se o universo a esse frasco, pode-se concluir que, se a terra reduzida a pó tivesse sido misturada com a matéria dos astros e com a do ar e da água, de tal modo que tivesse havido mistura até das partículas imperceptíveis de cada um desses elementos, tudo teria de início se esforçado por separar-se, e, ao cabo de um tempo prefixado, as partes da terra teriam formado uma massa, as do fogo, outra, e assim por diante, proporcionalmente ao peso e à leveza de cada espécie de corpo."

Nego que a experiência do frasco pudesse ser feita no tempo do caos. Digo que Ovídio e os filósofos entendiam por coisas pesadas e leves aquelas que assim se tornaram depois que um deus pôs a mão sobre elas. Digo a Bayle: Supondes que a natureza pudesse arranjar-se sozinha, conferir peso por si mesma. Seria preciso que começásseis por provar-me que a gravidade é uma qualidade essencialmente inerente à matéria, e isso nunca se pôde provar. Descartes, em seu romance, afirmou que os corpos só se tornaram pesados depois que seus turbilhões de matéria sutil começaram a empurrá-los para um centro. Newton, em sua verdadeira filosofia, não diz que a gravitação, a atração, seja uma qualidade essencial à matéria. Se Ovídio pudesse ter adivinhado os *Princípios matemáticos* de Newton, vos diria: "A matéria não era pesada nem estava em movimento no meu caos; foi preciso que Deus lhe imprimisse essas duas qualidades: meu caos não conteria a força que supondes: *nec quidquam nisi pondus iners*", não passava de massa impotente; *pondus* aqui não significa *peso*, significa *massa*.

Nada podia pesar antes que Deus tivesse imprimido à matéria o princípio da gravitação. Com que direito um corpo tenderia para o centro de outro, seria atraído por outro, empurraria outro, se o artesão supremo não lhe tivesse comunicado essa virtude inexplicável? Assim, Ovídio seria não só bom filósofo, como também razoável teólogo.

Dizeis: "Um teólogo escolástico conviria facilmente que, se os quatro elementos tivessem existido independentemente de Deus com todas as faculdades que têm hoje, teriam formado sozinhos essa máquina do mundo e a manteriam no estado em que a vemos. Ele deve, portanto, reconhecer dois grandes defeitos na doutrina do caos: um – o principal – é não atribuir a Deus a criação da matéria e a produção das qualidades próprias do fogo, do ar, da terra e do mar; o outro é que, depois de ter deixado de lhe atribuir isso, essa doutrina o traz de volta sem necessidade ao teatro do mundo para distribuir os lugares aos quatro elementos. Nossos novos filósofos, que rejeitaram as qualidades e as faculdades da física peripatética, encontrariam as mesmas deficiências na descrição do caos de Ovídio; pois o que eles chamam de *leis gerais do movimento, princípios de mecânica, modificações da matéria, configuração, situação e arranjo dos corpúsculos* não compreende outra coisa além dessa virtude ativa e passiva da natureza, que os peripatéticos exprimem com as palavras *qualidades alteradoras e motrizes dos quatro elementos*. Visto que, segundo a doutrina destes, esses quatro corpos situados de acordo com sua leveza e seu peso natural são um princípio que basta a todas as gerações, os cartesianos, os gassendistas e os outros filósofos modernos devem afirmar que o movimento, a situação e a configuração das partes da matéria bastam para a produção de todos os efeitos naturais, sem exceção nem mesmo do arranjo geral que pôs a terra, o ar, a água e os astros onde os vemos. Assim, a verdadeira causa do mundo e dos efeitos que nele ocorrem não é diferente da causa que conferiu movimento às partes da matéria, quer ela tenha conferido a cada átomo uma configuração determinada, como querem os gassendistas, quer tenha apenas conferido a partes totalmente cúbicas uma impulsão que, com a duração do movimento reduzido a certas leis, lhes imprimiria, a seguir, todas as espécies de configuração. É a hipótese dos cartesianos. Ambos devem convir, por conseguinte, que, se a matéria tivesse sido como Ovídio afirma antes da geração do mundo, teria sido capaz de sair do caos por suas próprias forças e de assumir a forma de mundo sem assistência de Deus. Eles, portanto, devem acusar Ovídio de ter cometido dois erros crassos: um foi supor que a matéria, sem ajuda da Divindade, teria contado com as sementes de todos os mistos, o calor, o movimento etc.; o outro foi dizer que, sem a assistência de Deus, ela não teria saído do estado de confusão. Isso é dar demais a um e de menos a outro; é dispensar socorro quando mais se precisa dele, e pedi-lo quando não é necessário."

Ovídio também poderá responder: "Supondes erroneamente que meus elementos tinham todas as qualidades que têm hoje; eles não tinham nenhuma delas; o sujeito existia nu, informe e impotente; e, quando eu disse que em meu caos o quente estava misturado ao frio, o seco ao úmido, só pude empregar essas expressões, que significavam que não havia frio nem quente, seco nem úmido. São qualidades que Deus pôs em nossas sensações, e que não estão na matéria. Não cometi os erros de que me acusais. São vossos cartesianos e vossos gassendistas que cometem erros com seus átomos e suas partes cúbicas; e as invencionices deles não são mais verdadeiras que minhas metamorfoses. Prefiro Dafne transformada em loureiro e Narciso em flor à matéria sutil transformada em sóis, à matéria ramosa convertida em terra e água. Apresentei-vos fábulas como fábulas, e vossos filósofos apresentam fábulas como verdades."

P

PAIS, MÃES, FILHOS (Pères, mères, enfants)

Seus deveres

Muito se protestou na França contra a Enciclopédia, porque fora feita na França e era motivo de honra para ela; não se protestou nos outros países: ao contrário, todos se apressaram a imitá-la ou estragá-la, pela simples razão de que havia a possibilidade de ganhar algum dinheiro.

Quanto a nós, que não trabalhamos para a glória, como os enciclopedistas de Paris, nós que não estamos expostos, como eles, à inveja, nós que, com nossa pequena sociedade, nos escondemos em Hesse, Wirtemberg, na Suíça, entre os grisões, no monte Krapack, nós que não tememos ter de polemizar com o doutor da Comédia italiana ou com algum doutor da Sorbonne, nós que não vendemos nossas folhas a um livreiro, nós que somos seres livres e só pomos o preto no branco depois de examinarmos, na medida do possível, se esse preto pode ser útil ao gênero humano, nós, enfim, que amamos a virtude, nós exporemos com coragem o nosso pensamento.

Honra pai e mãe, se queres viver muito tempo.

Eu ousaria dizer: Honra pai e mãe, mesmo que tiveres de morrer amanhã.

Ama com ternura e serve com alegria a mãe que te carregou no ventre e te alimentou com seu leite, suportando todos os incômodos de tua primeira infância. Cumpre esses mesmos deveres para com teu pai, que te criou.

Que os séculos vindouros julguem um franco chamado Luís XIII, que com a idade de dezesseis anos começou murando a porta dos aposentos da mãe e a mandou para o exílio sem lhe dar a menor explicação, mas apenas porque esse era o desejo de seu favorito.

"Mas, meu senhor, sou obrigado a confessar que meu pai é um bêbado que me fez um dia por acaso, sem pensar em mim, que não me deu nenhuma educação, a não ser a das surras diárias, quando voltava bêbado para casa. Minha mãe era uma sirigaita, que só se preocupava em namorar. Sem minha ama, que sentia grande afeição por mim e, depois da morte de seu filho, recebeu-me em casa por caridade, eu teria morrido na miséria."

"Então, dá amor à tua ama; cumprimenta teu pai e tua mãe quando os encontrares. Está escrito na Vulgata: *Honora patrem tuum et matrem tuam,* e não *dilige*."

"Muito bem. Amarei pai e mãe se eles me fizerem o bem; eu os honrarei se eles me fizerem o mal; sempre pensei assim, desde que comecei a pensar, e o senhor confirma esses meus princípios."

"Adeus, meu filho; estou vendo que prosperarás, pois tens um grão de filosofia na cabeça."

"Mais uma palavrinha: se meu pai se chamasse Abraão, e eu, Isaque, e se meu pai me dissesse: 'Meu filho, estás grande e forte, pega aquela lenha no alto dessa montanha para te servir de fogueira quando eu cortar tua cabeça, pois foi Deus que me ordenou fazer isso esta manhã, quando veio falar comigo', o que o senhor me aconselharia a fazer nessa situação melindrosa?"

"Bem melindrosa, de fato. Mas tu, o que farias? Pois me pareces ter boa cabeça."

"Confesso que lhe pediria a ordem por escrito; faria isso por amizade a ele. Diria: 'Meu pai, o senhor está vivendo entre estrangeiros que não permitem o assassinato de um filho sem permissão expressa de Deus, devidamente legalizada e certificada. Veja o que aconteceu com aquele pobre Calas na cidade meio francesa, meio espanhola de Toulouse. Foi morto na roda; e o procurador-geral Riquet resolveu mandar para a fogueira a sra. Calas, a mãe, tudo com base na simples suspeita, muito mal concebida, de que eles tinham enforcado o filho Marc-Antoine Calas por amor a Deus. Temo que ele possa tomar alguma decisão semelhante contra o senhor e contra sua irmã ou sua sobrinha, a sra. Sara, minha mãe. Mostre-me, repito, alguma ordem régia para cortar-me o pescoço, assinada pela mão de Deus e homologada por Rafael, Miguel ou Belzebu, sem o que, passe bem: vou morar com o faraó egipcíaco ou com o rei do deserto de Gerar, que já estiveram apaixonados por minha mãe e decerto serão bondosos comigo. Corte o que quiser, o pescoço do meu irmão Ismael, mas o meu eu garanto que o senhor não vai conseguir."

"Como! Isso é raciocinar como verdadeiro sábio. O *Dicionário enciclopédico* não falaria melhor. Vais longe, garanto; admiro-te por não teres proferido a menor injúria contra teu pai Abraão e por não teres sido tentado a surrá-lo. Mas, dize-me, e se fosses aquele Cram, que o pai Clotário, rei franco, mandou queimar num celeiro; ou dom Carlos, filho daquela raposa do Filipe II; ou então aquele pobre Alexis, filho do czar Pedro, meio herói, meio tigre?"

"Ah! Meu senhor, não me fale desses horrores; o senhor me faria detestar a natureza humana."

PAIXÕES (Passion)

Sua influência sobre o corpo e a influência do corpo sobre elas

Dize-me, doutor (com isso não me refiro a um doutor em medicina, que sabe alguma coisa, que durante muito tempo examinou as sinuosidades do cerebelo, que estudou se os nervos têm um suco circulante, que vasculhou em vão as matrizes para descobrir como nelas se forma um ser pensante e que conhece tudo o que se pode conhecer de nossa máquina; não, refiro-me a um doutor em teologia), adjuro-te pela razão, cujo nome te assusta: dize-me por que, quando viste tua criada fazer um movimento da esquerda para a direita e da direita para a esquerda, com o músculo glúteo e vasto externo, imediatamente tua imaginação se acendeu, dois músculos eretores, que partem do ísquio, imprimiram um movimento perpendicular a teu falo. Seus corpos cavernosos se encheram de sangue e introduziste teu *balanus intra vaginam* de tua criada, e teu *balanus*, friccionando *suum clitorida*, deu a ela e a ti um prazer de um ou dois segundos, cuja causa nem ela nem ti jamais conhecerão, mas do qual nascerá um ser pensante, podre de pecado original. Que relação, se me fazes o favor, existe entre toda essa ação e um movimento do músculo glúteo da tua criada? Não adiantará ler Sanchez e Tomás de Aquino, Scot e Boaventura: nunca saberás nada sobre essa mecânica incompreensível, por meio da qual o eterno arquiteto dirige-te ideias, desejos e ações, fazendo nascer um bastardinho de padre, predestinado à danação por toda a eternidade.

Na manhã seguinte, depois de tomares teu chocolate, tua memória te traz de volta a imagem do prazer que sentiste na véspera, e começa tudo de novo. Acaso imaginas, meu grande autômato, o que é essa memória que tens em comum com todos os animais? Sabes porventura quais fibras rememoram tuas ideias e pintam em teu cérebro as volúpias da véspera com um sentimento continuado, que dormiu e acordou contigo? O doutor me responde, de acordo com Tomás de Aquino, que tudo isso é uma produção de sua alma vegetativa, de sua alma sensitiva e de sua alma intelectual, que compõem uma alma que, não sendo extensa, age evidentemente sobre um corpo extenso.

Pelo seu jeito embaraçado, vejo que ele balbuciou palavras das quais não faz nenhuma ideia; e eu lhe digo enfim: Doutor, se, mesmo sem querer, concordas que não sabes o que é alma e que falaste a vida inteira sem entender do assunto, por que não o confessas honestamente? Por que não concluis o que é preciso concluir da premoção física do dr. Boursier e de certos trechos de

Malebranche e sobretudo daquele sábio Locke, tão superior a Malebranche? Por que não concluis, repito, que tua alma é uma faculdade dada por Deus, que não te disse seu segredo, assim como ele te deu tantas outras? Fica sabendo que vários polemistas afirmam que só existem, propriamente, o poder desconhecido do divino Demiurgo e suas leis desconhecidas que operam tudo em nós; e, para falar ainda melhor, nunca saberemos do que se trata.

Meu interlocutor se zanga; o sangue lhe sobe ao rosto. Ele me daria uma surra, se fosse mais forte que eu e se não fosse contido pelas conveniências. Seu coração se enche; a sístole e a diástole se tornam irregulares; seu cerebelo se comprime, ele tem uma apoplexia. Que relação havia então entre esse sangue, esse coração, esse cerebelo e uma velha opinião do doutor que era contrária à minha? Uma inteligência pura, intelectual, tem uma síncope quando alguém não tem a sua opinião? Eu emiti sons; ele emitiu sons; e aí está ele apoplético, aí está ele morto.

Estou à mesa, eu e minha alma, na Sorbonne, na *prima mensis*, com cinco ou seis doutores, *socii sorbonici*. Servem-nos um mau vinho falsificado: de início nossa alma enlouquece; meia hora depois nossa alma se torna estúpida, nula; e no dia seguinte nossos mesmos doutores baixam um belo decreto segundo o qual a alma, não ocupando espaço e sendo absolutamente imaterial, aloja-se materialmente no corpo caloso; dizem isso para cortejar o cirurgião La Peyronie.

Um conviva está alegre à mesa. Trazem-lhe uma carta que lhe inspira espanto, tristeza e medo. No mesmo instante os músculos de seu ventre se contraem e se relaxam, o movimento peristáltico dos intestinos aumenta, o esfíncter do reto abre-se com uma pequena convulsão, e meu homem, em vez de terminar o jantar, evacua copiosamente. Dize-me que conexão secreta a natureza pôs entre uma ideia e as fezes?

De todos aqueles que sofreram trepanação, sempre há vários que ficam imbecis. Nesse caso foram lesadas as fibras pensantes de seu cérebro: mas onde estão as fibras pensantes? Ó Sanchez! Ó magistral De Grillandis, Tamponet, Riballier! Ó Cogé *pecus*, regente de colégio e reitor da universidade, dai-me a razão clara de tudo isso, se puderdes.

Enquanto escrevia essas coisas no monte Krapack, trouxeram para minha instrução pessoal o livro *Medicina do espírito* do dr. Camus, professor de medicina da universidade de Paris. Tive a esperança de encontrar lá a solução de todas as minhas dificuldades. O que encontrei? Nada. Ah, sr. Camus, não fizestes com espírito a *Medicina do espírito*. É ele que recomenda veementemente o sangue de burrico, tirado de trás da orelha, como medicamento específico contra a loucura. Diz ele: "Essa virtude do sangue de asno reintegra a alma em suas funções." Afirma também que os loucos são curados com a administração de fungão. Garante também que, para ter memória, é preciso comer capão, lebracho e calhandras, abstendo-se principalmente de cebolas e manteiga. Isso foi impresso em 1769, com aprovação e privilégio do rei. E havia quem pusesse a saúde nas mãos de mestre Camus, professor de medicina! Por que não teria ele sido primeiro médico do rei?

Pobres marionetes do eterno Demiurgo, que não sabemos nem por que nem como uma mão invisível põe em movimento nossos cordéis, para depois nos jogar amontoados na caixa! Repitamos mais do que nunca com Aristóteles: *Tudo é qualidade oculta.*

PAPISMO (Papisme)

O papista e o tesoureiro

PAPISTA

O senhor príncipe tem em seu principado luteranos, calvinistas, *quakers*, anabatistas e até judeus; e quereis que ele admita unitários!

TESOUREIRO

Se esses unitários vos trazem indústria e dinheiro, que mal nos farão? Tereis melhores proventos.

PAPISTA

Concordo que a subtração de meus proventos seria mais dolorosa que a admissão desses senhores; mas acontece que eles não acreditam que Jesus Cristo é filho de Deus.

TESOUREIRO

Que importa, desde que vos permitam acreditar nisso, que estejais bem alimentado, bem vestido e bem alojado? Os judeus não acreditam nem de longe que ele é filho de Deus, no entanto agrada-vos muito encontrar aqui judeus com quem aplicais vosso dinheiro com juros de seis por cento. São Paulo mesmo nunca falou da divindade de Jesus Cristo; ele o chama abertamente de *homem*. Diz ele: "A morte entrou no mundo pelo pecado de um único *homem*. [...] O dom de Deus espalhou-se pela graça de um único *homem*, que é Jesus." E noutro ponto: "Sois de Jesus, e Jesus é de Deus. [...]" Todos os vossos primeiros Padres da Igreja pensaram como são Paulo: é evidente que, durante trezentos anos, Jesus se contentou com sua humanidade; imaginai-vos cristão dos três primeiros séculos.

PAPISTA

Mas, meu senhor, eles não acreditam na eternidade das penas.

TESOUREIRO

Nem eu: podeis ser danado para sempre, se quereis; eu não pretendo ser.

PAPISTA

Ah, meu senhor! É bem duro não poder danar à vontade todos os hereges deste mundo! Mas a mania que os unitários têm de um dia tornar as almas felizes não é a única coisa que me aflige. Sabeis que aqueles monstros não acreditam na ressurreição dos corpos, tanto quanto os saduceus; dizem que somos todos antropófagos, que as partículas que compunham vosso avô e vosso bisavô se dispersaram necessariamente pela atmosfera, transformando-se em cenouras e aspargos, e que é impossível que não tenhais engolido alguns pedacinhos de vossos ancestrais.

TESOUREIRO

Pois que seja: meus netos farão o mesmo comigo; esse será o troco; e o mesmo acontecerá com os papistas. Não é razão para que vos expulsem dos Estados de nosso príncipe, tampouco é razão para que ele expulse os unitários. Ressuscitai como vos for possível; pouco me importa se os unitários ressuscitam ou não, desde que eles nos sejam úteis em vida.

PAPISTA

E que direis, senhor, do pecado original que eles negam descaradamente? Não ficais escandalizado quando afirmam que o Pentateuco não diz uma só palavra a respeito; que o bispo de Hipona, santo Agostinho, foi quem primeiro ensinou positivamente esse dogma, embora seja evidentemente indicado por são Paulo?

TESOUREIRO

Juro que, se o Pentateuco não falou do assunto, a culpa não é minha; por que não acrescentais uma palavrinha sobre o pecado original no Antigo Testamento, como acrescentastes outras coisas, segundo dizem? Não entendo dessas sutilezas. Meu ofício é pagar regularmente vossos proventos quando tenho dinheiro.

PARAÍSO (Paradis)

Há poucas palavras cuja significação se tenha afastado mais da etimologia. Sabe-se que, originariamente, significava lugar plantado com árvores frutíferas; depois esse nome foi dado a jardins plantados com árvores sombrosas. Assim foram na antiguidade os jardins de Saana, perto do Éden, na Arábia Feliz, conhecidos muito tempo antes que as hordas dos hebreus invadissem uma parte da Palestina.

A palavra *paraíso* é célebre entre os judeus apenas no Gênese. Alguns autores judeus canônicos falam de jardins, mas nenhum diz uma só palavra do jardim chamado *paraíso terrestre*. Como se explica que nenhum escritor judeu, nenhum profeta judeu, nenhum cântico judeu jamais tenha citado esse paraíso terrestre do qual falamos todos os dias? Isso é quase incompreensível. Foi o que levou vários estudiosos audaciosos a crer que o Gênese só foi escrito muito tarde.

Nunca os judeus tomaram esse pomar, esse arvoredo, esse jardim com relva ou flores, pelo céu.

São Lucas foi o primeiro que aludiu ao céu com a palavra *paraíso*, quando Jesus Cristo diz ao bom ladrão[1]: "Estarás hoje comigo no Paraíso."

Os antigos deram o nome de céu às nuvens: esse nome não era conveniente, visto que as nuvens estão ligadas à terra pelos vapores de que são formadas, e o céu é uma palavra vaga que significa o espaço imenso no qual há tantos sóis, planetas e cometas; isso não se assemelha em nada a um pomar.

Santo Tomás diz que há três paraísos: o terrestre, o celeste e o espiritual. Não entendo muito a diferença que ele faz entre o espiritual e o celeste. O pomar espiritual, segundo ele, é a visão beatífica[2]. Mas é precisamente o que constitui o paraíso celeste, é a fruição de Deus. Não tomo a liberdade de disputar contra o "Anjo da Escola". Digo apenas: Feliz de quem pode estar sempre num desses três paraísos!

Alguns estudiosos curiosos acreditaram que o jardim das Hespérides, guardado por um dragão, era uma imitação do jardim do Éden guardado por um boi alado ou por um querubim. Outros, mais temerários, ousaram dizer que o boi era uma cópia ruim do dragão, e que os judeus nunca passaram de grosseiros plagiários: mas isso é blasfemar, e essa ideia não é sustentável.

Por que se deu o nome de paraíso a pátios quadrados situados na frente das igrejas?

Por que os franceses deram o nome de paraíso à galeria dos teatros? Terá sido porque aqueles assentos eram menos caros que os outros, e se acreditou que haviam sido feitos para os pobres, já que se afirma que no outro paraíso há muito mais pobres que ricos? Terá sido porque aqueles assentos ficavam no alto, que lhes deram um nome que também significa céu? No entanto, há certa diferença entre subir ao céu e subir às galerias dos teatros.

Que pensaria um estrangeiro que chegasse a Paris e ouvisse um parisiense dizer: "Quer ir comigo ver *Pourceaugnac* no paraíso?"

---

1. Lucas, cap. XXIII, v. 43. (N. de Voltaire)
2. Parte I, questão CII. (N. de Voltaire)

Quantas incongruências, quantos equívocos em todas as línguas! Tudo manifesta a fraqueza humana!

Vede o verbete Paraíso, no grande *Dicionário enciclopédico*; sem dúvida é melhor que este.

Aos benfeitores o Paraíso, dizia sempre o abade de Saint-Pierre.

PARLAMENTO DA FRANÇA (Parlement de France)

Desde Filipe, o Belo, até Carlos VII

Parlamento sem dúvida vem de *parler* [falar], e afirma-se que *parler* vem da palavra celta *paler*, com a qual os cântabros e outros espanhóis fizeram *palabra*. Outros garantem que foi de *parábola* que se fez parlamento. Aí está, sem dúvida, uma erudição bem inútil.

Há, pelo menos, algum indício de doutrina mais séria em quem diz que nós ainda só conseguimos descobrir monumentos nos quais se encontra a palavra bárbara *parlamentum* no tempo das primeiras cruzadas.

Pode-se responder: o termo *parlamentum* estava em uso então para significar as assembleias da nação; portanto, estava em uso muito tempo antes. Nunca se inventou um termo novo para coisas comuns.

Filipe III, na carta daquele estabelecimento em Paris, fala de antigos parlamentos. Temos sessões de parlamento judiciário desde 1254; e uma prova de que se usava com frequência a palavra genérica *parlamento*, para designar as assembleias da nação, é que demos esse nome a essas assembleias assim que começamos a escrever em francês; e os ingleses, que copiaram todos os nossos costumes, chamaram de *parlamento* as suas assembleias de pares.

Essa palavra, fonte de tantos equívocos, foi usada para vários outros órgãos: de oficiais municipais das cidades, de monges, de escolas; mais uma prova de uso antigo. Não repetiremos aqui o modo como o rei Filipe, o Belo, que destruiu e construiu tantas coisas, construiu uma câmara de parlamento em Paris, para julgar naquela capital os grandes processos levados outrora para todos os lugares onde se encontrasse a corte, nem o modo como essa câmara, que só tinha sessões duas vezes por ano, foi assalariada pelo rei por cinco soldos ao dia para cada conselheiro-juiz. Essa câmara era, necessariamente, composta de membros amovíveis, pois todos tinham outros empregos: de modo que quem era juiz em Paris no dia de Todos os Santos comandava tropas no dia de Pentecostes.

Não repetiremos que essa câmara não julgou nenhum processo criminal durante muito tempo; que os amanuenses ou os diplomados, inquiridores instituídos para relatar os processos aos senhores conselheiros-juízes, e não para votar, logo foram postos no lugar daqueles juízes militares, que raramente sabiam ler e escrever.

Sabe-se que, por uma fatalidade espantosa e funesta, o primeiro processo criminal julgado por aqueles novos conselheiros diplomados foi o de Carlos VII, seu rei, então delfim da França, que eles declararam (sem nomeá-lo) destituído do direito à coroa; que, alguns dias depois, aqueles mesmos juízes, subjugados pela facção inglesa dominante, condenaram o delfim, descendente de são Luís, ao banimento perpétuo em 3 de janeiro de 1420, sentença esta incompetente e infame, monumento eterno do opróbrio e da desolação em que a França estava mergulhada, coisa que o presidente Hénault em vão tentou paliar em seu *Abrégé* [Compêndio] tão estimável quanto útil. Mas tudo sai dos eixos em tempos conturbados. A demência do rei Carlos VI, o assassinato do duque de Borgonha cometido pelos amigos do delfim, o tratado solene de Troyes, a defecção de toda a Paris e de três quartos da França, as vitórias, a glória, o espírito e a felicidade de Henrique V, solenemente declarado rei da França, tudo parecia escusar o parlamento.

Após a morte de Carlos VI, em 1422, dez dias depois de suas exéquias, todos os membros do parlamento de Paris juraram sobre um missal, na grande câmara, obediência e fidelidade ao jovem rei da Inglaterra, Henrique VI, filho de Henrique V; e aquele tribunal condenou à morte uma burguesa de Paris que tivera a coragem de amotinar vários cidadãos para receber seu rei legítimo em sua capital. Essa respeitável burguesia foi executada com todos os cidadãos fiéis que o parlamento pôde apanhar. Carlos VII erigiu outro parlamento em Poitiers; tinha poucos membros, pouco poder e nenhum pagamento.

Alguns membros do parlamento de Paris, revoltados com os ingleses, nele se refugiaram. No fim, quando Carlos tomou Paris e deu anistia geral, os dois parlamentos foram reunidos.

Parlamento – o âmbito de seus direitos

Maquiavel, em suas observações políticas sobre Tito Lívio, diz que os parlamentos são a força do rei da França. Nesse sentido, estava coberto de razão. Maquiavel, que era italiano, via o papa como o monarca mais perigoso da cristandade. Todos os reis o cortejavam; todos queriam empenhá-lo em suas próprias disputas; e, quando exigia demais, quando um rei da França não ousava lhe recusar algo diretamente, contava com o parlamento, sempre disposto a declarar que as pretensões do papa eram contrárias às leis do reino, extorsivas, abusivas e absurdas. O rei então se desculpava com o papa, dizendo que não podia dominar o seu parlamento.

Pior ainda era quando o rei e o papa brigavam. Então, as decisões do parlamento eram mais fortes que todas as bulas, e a tiara era derrubada pela mão da justiça. Mas esse órgão nunca constituiu a força dos reis quando eles precisaram de dinheiro. Como esse é o único instrumento que lhes dá a certeza de que sempre comandarão, os reis sempre queriam mais. De início, foi preciso pedi-lo aos estados-gerais. O tribunal do parlamento de Paris, permanente e instituído para proferir a justiça, nunca se imiscuiu nas finanças até Francisco I. A famosa resposta do primeiro presidente Jean de La Vaquerie ao duque de Orléans (depois, Luís XII) é prova cabal disso: "O parlamento existe para fazer justiça ao povo; finanças, guerra e governo não são de sua alçada."

É imperdoável que o presidente Hénault tenha deixado de transcrever essa frase, que durante tanto tempo serviu de base para o direito público na França, supondo-se que esse país tenha conhecido algum direito público.

Parlamento – direito de registrar

Registro, memorial, diário, livro-razão. Esse uso sempre foi observado pelas nações civilizadas, tendo sido negligenciado pelos bárbaros que vieram derrubar o império romano. O clero de Roma foi mais atento; registrou tudo, sempre para sua própria vantagem. Visigodos, vândalos, borguinhões, francos e todos os outros selvagens não tinham registros nem sequer de casamentos, nascimentos e óbitos. É verdade que os imperadores mandaram registrar por escrito seus tratados e seus decretos; estes eram conservados em algum castelo, e, quando esse castelo era tomado por algum bandido, perdia-se o registro. Praticamente só os antigos acordos conservados na Torre de Londres subsistiram. Em outros lugares, tais registros só foram encontrados com os monges, que frequentemente supriram com sua indústria a grande carência de documentos públicos.

Que confiança se pode depositar nesses antigos documentos depois da aventura das falsas decretais que foram tão respeitadas quanto o Evangelho e até mais, durante quinhentos anos; depois de tantos falsos martirológios, falsas lendas e falsas convenções? Durante muito tempo nossa Europa foi composta de uma multidão de bandidos que pilhavam tudo e de um pequeno número de falsários que enganaram aqueles bandidos ignorantes, além de um populacho embrutecido e indigente, que se curvava para a terra o ano inteiro, a fim de alimentar toda aquela gente.

Afirma-se que Filipe Augusto perdeu cartulário e títulos; não se sabe bem em que ocasião, como e por que ele expunha às agressões do ar pergaminhos que devia guardar cuidadosamente sob chaves.

Acredita-se que Étienne Boileau, preboste de Paris no tempo de são Luís, foi o primeiro que manteve um diário, no que foi imitado por Jean de Montluc, escrivão do parlamento de Paris em 1313, e não em 1256, erro de distração, no grande dicionário, no verbete Registro.

Aos poucos, os reis se acostumaram a fazer o parlamento registrar vários de seus decretos, sobretudo as leis que o parlamento era obrigado a observar.

Opinião comum é que o primeiro decreto registrado foi o de Filipe de Valois, referente a seus direitos de regalia, em 1332, no mês de setembro, registro que foi feito apenas em 1334. Nenhum edito sobre as finanças foi registrado por aquela corte, por esse rei nem por seus sucessores até Francisco I.

Carlos V compareceu a uma sessão solene do parlamento em 1374, para obter o registro da lei que fixa a maioridade dos reis em catorze anos.

Observação interessante é que a construção de quase todos os parlamentos do reino não foi apresentada ao parlamento de Paris para registro e homologação.

Os tratados de paz algumas vezes foram registrados, porém na maioria das vezes não. Nada era estável e permanente, nada era uniforme. Não se registrou o tratado de Utrecht, que pôs fim à funesta guerra da sucessão da Espanha; registraram-se os editos que estabeleceram e aboliram cargos de aferidor de lenha, analistas de manteiga e medidores de carvão.

Moções de censura dos parlamentos

Toda sociedade, todo cidadão tem o direito de apresentar suas queixas ao soberano, em virtude da lei natural que nos permite gritar quando sofremos. As primeiras moções de censura do parlamento de Paris foram dirigidas a Luís XI por encomenda expressa do rei, que, descontente com o papa, quis que o parlamento censurasse publicamente os excessos da cúria de Roma. Foi obedecido; o parlamento estava em seu meio; defendia as leis contra as rapinas. Mostrou que a cúria romana extorquira em trinta anos quatro milhões, seiscentos e quarenta e cinco mil escudos da França. Aquelas múltiplas simonias, aqueles roubos reais cometidos por trás do nome de piedade começavam a causar horror. Mas Luís XI, depois de apaziguado e seduzido pela cúria romana, acabou calando aqueles mesmos que antes fizera falar. Não houve nenhuma moção de censura a respeito das finanças, no tempo de Luís XI, de Carlos VIII e de Luís XII, pois não se deve qualificar de *moção solene de censura* a recusa de um empréstimo ao rei Carlos VIII por esse órgão, no valor de cinquenta mil francos para a malfadada expedição da Itália, em 1496. O rei enviou-lhe o sr. de Albret, o sr. de Rieux, governador de Paris, o sr. de Graville, almirante da França, e o cardeal de Maine, para solicitar que seus membros se cotizassem para lhe emprestar esse dinheiro. Estranha deputação! Dos registros consta que o parlamento representou "a necessidade e a indigência do reino, e o caso tão lastimável, *quod non indiget manu scribenti* [o que não tem necessidade da mão do escrevente]". Deixar de gastar o próprio dinheiro não era uma daquelas moções públicas de censura em nome da França.

Fez uma dessas moções em virtude da grade de prata de são Martinho, que Francisco I comprou dos cônegos, devendo pagar os juros e o principal com seus domínios. Essa foi a primeira moção de censura por questões pecuniárias.

A segunda foi pela venda de vinte cargos de novos conselheiros ao parlamento de Paris, e de trinta nas províncias. Foi o chanceler cardeal Duprat que prostituiu desse modo a justiça. Essa vergonha durou e se estendeu para toda a magistratura da França de 1515 a 1771, num período de duzentos e cinquenta e cinco anos, até que um outro chanceler começou a lavar essa mancha.

Desde então o parlamento fez moções de censura sobre todos os tipos de coisa. Tinha sido autorizado pelo edito paterno de Luís XII, pai do povo: "Que sempre se observe a lei, a despeito das ordens contrárias à lei que a inoportunidade possa arrancar ao monarca."

Depois de Francisco I, o parlamento esteve em contínua disputa com o ministério, ou pelo menos em posição de desconfiança. As calamitosas guerras de religião aumentaram seu crédito; e, quanto mais necessário foi, mais empreendedor se mostrou. Considerava-se tutor dos reis desde o tempo de Francisco II. Foi isso o que Carlos IX criticou nele, no tempo de sua maioridade, com as seguintes palavras:

"Ordeno-vos não agir com um rei maior como agíeis durante a sua minoridade; não vos imiscuais em assuntos que não são de vossa alçada; lembrai-vos que esse organismo só foi estabelecido pelos reis para fazer justiça de acordo com os decretos do soberano. Deixai que o rei e seu conselho cuidem dos assuntos do Estado; emendai-vos do erro de vos considerardes como tutores dos reis, como defensores do reino e como guardiães de Paris."

As calamidades do período puseram o parlamento ao lado da Liga, contra Henrique III. Apoiou os Guises a tal ponto que, após o assassinato de Henrique de Guise e de seu irmão cardeal, abriu processos contra Henrique III e nomeou dois conselheiros, Pichon e Courtin, para a instrução.

Depois da morte de Henrique III, ele se declarou contra Henrique, o Grande. Metade daquele organismo era influenciada pela facção da Espanha, e a outra, por um falso zelo religioso.

Henrique IV teve outro pequeno parlamento junto a si, assim como Carlos VII. Como este, entrou em Paris mais por meio de negociações secretas do que pela força, e reuniu os dois parlamentos assim como Carlos VII.

Todo o ministério do cardeal de Richelieu foi marcado por resistências frequentes desse organismo: resistências que se mostravam mais firmes porque aprovadas pela nação.

Todos conhecem bem a guerra da Fronda, na qual o parlamento foi arruinado por facciosos. A rainha regente o transferiu para Pontoise, por meio de uma declaração do rei, seu filho, já maior, datada de 3 de julho de 1652. Mas apenas três presidentes e catorze conselheiros obedeceram.

Luís XIV, em 1655, depois da anistia, foi à grande câmara de chicote na mão, defender as assembleias das câmaras. Em 1657, ordenou o registro de todos os editos e só permitiu moções de censura nos oito dias seguintes ao registro. Tudo ocorreu tranquilamente em seu reinado.

Reinado de Luís XV

O parlamento de Paris, já no tempo da Fronda, estabelecera o uso de deixar de fazer justiça quando ele se acreditasse lesado pelo governo. Era um meio que deveria obrigar o ministério a dobrar-se às suas vontades, sem que ninguém pudesse censurá-lo por rebelião, como na ocasião da minoridade de Luís XIV.

Ele empregou esse recurso em 1718, na minoridade de Luís XV. O duque de Orléans, regente, exilou-o em Pontoise em 1720.

A malfadada bula *Unigenitus* algumas vezes provocou desentendimentos entre ele e o cardeal de Fleury.

Encerrou também suas funções em 1751, durante as pequenas conturbações provocadas por Christophe de Beaumont, arcebispo de Paris, a respeito dos recibos de confissão e das recusas de sacramentos.

Nova cessação das funções em 1753. Todo o organismo foi exilado em várias cidades de sua alçada; a grande câmara foi para Pontoise. Esse exílio durou mais de quinze meses, de 10 de maio de 1753 a 27 de agosto de 1754. O rei, nesse período, ordenou que os conselheiros de Estado e os referendários se encarregassem da justiça. Pouquíssimas causas foram movidas perante esse novo tribunal. A maioria dos envolvidos em processos preferiu fazer acordo ou esperar o retorno do parlamento. Parecia que a chicana se tinha exilado com aqueles que tinham sido instituídos para reprimi-la.

Finalmente, o parlamento foi chamado de volta às suas funções e retornou sob aclamações de toda a França.

Dois anos depois de seu retorno, os ânimos estavam mais exaltados do que nunca, e o rei foi realizar uma sessão solene no parlamento de Paris em 1756, no dia 13 de dezembro. Aboliu duas câmaras do parlamento e criou vários regulamentos para introduzir uma nova política naquele organismo. Assim que ele saiu, todos os conselheiros se demitiram, com exceção dos presidentes, do escrivão-mor e de dez conselheiros da grande câmara.

A corte não acreditava então que pudesse estabelecer um novo tribunal em seu lugar. Houve muitas animosidades e grandes incertezas de todos os lados.

O atentado inconcebível de Damiens parece ter reconciliado por algum tempo o parlamento e a corte. Aquele infeliz, não menos insensato que culpado, acusou os sete membros do parlamento numa carta que ele ousou dirigir ao próprio rei, e que lhe foi entregue. Essa acusação absurda não impediu que o rei encarregasse o próprio parlamento do julgamento de Damiens, que foi condenado ao mesmo suplício de Ravaillac pelo que restava da grande câmara. Vários pares e príncipes de sangue real opinaram.

Depois da terrível execução do criminoso, ocorrida em 28 de março de 1757, o ministério, empenhado numa guerra ruinosa e funesta, negociou com aqueles mesmos oficiais do parlamento que tinham apresentado demissão; os exilados foram chamados de volta.

Aquele organismo, à força de ter sido humilhado pela corte, adquiriu mais autoridade do que nunca.

Afirmou essa autoridade quando aboliu, com uma sentença, a ordem dos jesuítas da França, confiscando todos os seus bens (decisão de 6 de agosto de 1762), o que lhe granjeou a estima da nação. Nisso, foi perfeitamente secundado por todos os parlamentos do reino e por toda a França.

De fato, unia-se aos outros parlamentos na intenção de constituir com eles um único corpo do qual seria o principal membro. Todos se chamavam então *classes do parlamento*: o de Paris era a primeira classe; cada classe fazia suas moções de censura a editos, e não os registrava. Houve alguns desses corpos que processaram judicialmente os comandantes provinciais enviados a eles pelo rei para obrigar ao registro. Algumas classes chegaram a expedir mandados de prisão contra aqueles oficiais. Se esses mandados tivessem sido executados, o resultado teria sido estranho. É dos domínios reais que se retiram os recursos com que são pagos os custos da justiça; desse modo, o rei teria pago de seus próprios domínios as decisões proferidas por aqueles que lhe desobedeciam contra os oficiais de primeira hierarquia que haviam executado suas ordens.

A mais singular das sentenças proferidas contra os comandantes provinciais e, de alguma maneira, contra o próprio rei, foi a do parlamento de Toulouse contra o duque de Fitz-James Berwick, datada de 17 de dezembro de 1763: "Ordena que o referido duque de Fitz-James seja detido e preso em qualquer lugar do reino em que se encontre": ou seja, que os meirinhos de Toulouse podiam prender o duque de Fitz-James até mesmo na câmara do rei ou na capela de Versalhes. A corte dissimulou por muito tempo essa afronta e por isso amargou outras.

Essa espantosa anarquia não podia continuar: ou a coroa recobrava a autoridade, ou os parlamentos prevaleceriam.

Numa conjuntura tão crítica havia necessidade de um chanceler corajoso como L'Hospital: ele foi encontrado. Era preciso modificar toda a administração da justiça no reino, e ela foi modificada.

O rei começou tentando remover o parlamento de Paris; convocou-o para uma sessão solene do parlamento que instalou em Versalhes em 7 de dezembro de 1770, com príncipes, pares e altos oficiais da coroa. Lá, proibiu-o de usar os termos *unidade, indivisibilidade* e *classes*; de enviar aos outros parlamentos documentos outros que não os especificados pelos decretos régios; de suspender as funções, a não ser nos casos previstos por esses mesmos decretos; de demitir-se em massa; de proferir sentenças que retardassem os registros, tudo sob pena de cassação.

Como o parlamento, depois desse edito solene, tivesse suspendido novamente as funções, o rei lhe enviou ordem de registro; eles desobedeceram. Novas ordens de registro, nova desobediência. Por fim, o monarca, irritado, fez uma última tentativa em 20 de janeiro de 1771, às quatro horas da madrugada: mosqueteiros levaram a cada membro um papel para ser assinado. Esse papel continha apenas uma ordem: era preciso declarar obediência ou recusa. Vários quiseram interpretar a vontade do rei; os mosqueteiros disseram que tinham ordens de evitar comentários: era preciso um sim ou um não.

Quarenta membros assinaram *sim*, os outros se abstiveram. Os que haviam assinado *sim*, indo ao parlamento no dia seguinte com seus colegas, pediram-lhes perdão por terem aceitado, e assinaram *não*; todos foram exilados.

Novamente a justiça foi administrada pelos conselheiros de Estado e pelos referendários, como ocorrera em 1753, mas isso foi provisório. Logo se extraiu um acordo útil desse caos.

Primeiramente, o rei se rendeu ao desejo dos povos, que se queixavam havia séculos de dois agravos, um ruinoso e outro vergonhoso e dispendioso. O primeiro era a competência excessiva do parlamento de Paris, que obrigava os cidadãos a vir de distâncias de cento e cinquenta léguas, gastando em custas o que muitas vezes excedia o capital em jogo. A segunda era a venalidade dos cargos judiciários, venalidade que introduzira a elevada contribuição dos litigantes exigida pelos juízes.

Para reformar esses dois abusos, foram instituídos seis novos parlamentos em 23 de fevereiro do mesmo ano, com o nome de *conselhos superiores*, obrigados a administrar a justiça gratuitamente. Esses conselhos foram estabelecidos em Arras, Blois, Chalons, Clermont, Lyon, Poitiers (em ordem alfabética). Depois foram criados outros.

Era preciso constituir um novo parlamento em Paris, que seria pago pelo rei sem compra de cargos e sem que nada se cobrasse dos demandantes. Isso ocorreu em 13 de abril de 1771. O opróbrio da venalidade, com que Francisco I e o chanceler Duprat haviam sujado a França, foi lavado por Luís XV e pela obra do chanceler de Maupeou, segundo com esse nome. Encerrou-se com a reforma de todos os parlamentos, esperando-se a reforma da jurisprudência. Ledo engano: nada foi reformado. Luís XVI restabeleceu com sabedoria os parlamentos que Luís XV havia cassado com justiça. O povo assistiu a seu retorno com grande júbilo.

PÁROCO RURAL (Curé de campagne)

Primeira seção

Um pároco, mas que digo? Um pároco? Mesmo um imã, um talapão e um brâmane devem ter sustento honesto. O sacerdote, em qualquer país, deve ser sustentado pelo altar, pois serve à república. E que nenhum fanático patife venha dizer aqui que ponho o pároco e o brâmane no mesmo nível, que associo a verdade à impostura. Estou apenas comparando os serviços prestados à sociedade; comparo o trabalho e o salário.

Digo que qualquer um que exerça uma função trabalhosa deve ser bem pago por seus concidadãos; não digo que ele deve nadar nas riquezas, cear como Luculo, ser insolente como Clódio. Lamento a sorte do pároco rural que é obrigado a disputar um feixe de trigo com seu infeliz paroquiano, mover ação contra ele, exigir o dízimo de lentilhas e ervilhas, ser odiado e odiar, consumir a miserável vida em querelas contínuas, que aviltam e envenenam a alma.

Lamento ainda mais o pároco que recebe pensão côngrua, a quem os monges, chamados *grandes dizimadores*, ousam pagar um salário de quarenta ducados para que ele, durante todo o ano, de dia, de noite, com sol, chuva ou neve, exerça funções desagradabilíssimas e muitas vezes inúteis a duas ou três milhas de sua casa. No entanto, o abade, grande dizimador, bebe seu vinho de Volnay, Beaune, Chambertin, Sillery, come suas perdizes e seus faisões, dorme num colchão de penas com a vizinha e constrói um palácio. A desproporção é grande demais.

No tempo de Carlos Magno, imaginou-se que o clero, além de suas terras, devia possuir o dízimo das terras alheias; e esse dízimo é de pelo menos um quarto, contando-se os custos de cultivo. Para garantir esse pagamento, estipulou-se que era de direito divino. E como era de direito divino? Deus teria descido à terra para dar um quarto de meus bens ao abade de monte Cassino, ao abade de Saint-Denis, ao abade de Fulda? Não, que eu saiba; mas descobriu-se que certa vez, no deserto de Etam, Horebe, Cades-Barneia, os levitas haviam recebido quarenta e oito cidades e um décimo de tudo o que a terra produzisse.

Pois bem! Grande dizimador, ide a Cades-Barneia; morai nas quarenta e oito cidades que existem naquele deserto inabitável; cobrai o dízimo em seixos que a terra produz, e fazei bom proveito!

Mas Abraão, depois de combater por Sodoma, deu o dízimo a Melquisedeque, sacerdote e rei de Salém. – Pois bem! Combatei por Sodoma; mas que Melquisedeque não me venha tomar o trigo que semeei.

Num país cristão de um milhão e duzentas mil léguas quadradas, em todo o norte, em metade da Alemanha, na Holanda e na Suíça, paga-se o clero com dinheiro do tesouro público. Os tribunais não estão cheios de processos movidos por nobres e párocos, entre o grande e o pequeno dizimador, entre o pastor demandante e a ovelha intimada, em consequência do terceiro concílio de Latrão, do qual a ovelha nunca ouviu falar.

O rei de Nápoles, neste ano de 1772, acaba de abolir o dízimo em uma de suas províncias: os párocos são mais bem pagos, e a província o bendiz.

Os sacerdotes egípcios, segundo dizem, não cobravam dízimo. – Não, mas há quem garanta que possuíam um terço de todo o Egito. Que milagre! Que coisa difícil de acreditar, para dizer o mínimo! Tinham um terço do país e não conquistaram logo os outros dois!

Não acrediteis, caro leitor, que os judeus, povo cabeça-dura, nunca se tenha queixado do imposto do dízimo.

Basta dar-se o trabalho de ler o Talmude da Babilônia; e quem não entender caldeu pode ler a tradução feita por Gilbert Gaulmin, com notas, tudo impresso por Fabricius. Lá se verá a aventura de uma pobre viúva com o grão-sacerdote Aarão, como a desgraça daquela viúva foi a causa da briga entre Datã, Corá e Abirão, de um lado, e Aarão, de outro.

"Uma viúva tinha só uma ovelha[3]; quis tosá-la: Aarão vai até lá e toma a lã para si. – Ela me pertence – diz – por lei: 'Darás as primícias da lã a Deus.' A viúva implora aos prantos a proteção de Corá. Corá vai falar com Aarão. Suas súplicas são inúteis; Aarão responde que, por lei, a lã é dele. Corá dá algum dinheiro à mulher e vai embora indignado.

"Algum tempo depois, a ovelha tem um filhote; Aarão volta e se apodera do cordeiro. A viúva vai outra vez chorar a Corá, que tenta em vão dobrar Aarão. O grão-sacerdote responde: Está escrito na lei: 'Todo primeiro filhote macho de teu rebanho pertencerá a teu Deus'; comeu o cordeiro, e Corá retirou-se enfurecido.

"A viúva, desesperada, mata a ovelha. Aarão volta outra vez; fica com a espádua e o ventre; Corá vai de novo queixar-se. Aarão responde: Está escrito: 'Darás o ventre e a espádua aos sacerdotes.'

---

3. P. 165, nº 297. (N. de Voltaire)

"A viúva, não podendo conter a dor, anatematiza a ovelha. Aarão então diz à viúva: Está escrito: 'Tudo o que for anátema em Israel será teu', e levou a ovelha inteira."

O que não é tão engraçado, mas muito interessante, é que num processo entre o clero de Reims e alguns burgueses, esse exemplo, extraído do Talmude, foi citado pelo advogado dos cidadãos. Gaulmin garante que foi testemunha. No entanto, pode-se responder que os dizimadores não tiram tudo do povo; os coletores de impostos não iriam tolerar. Todos compartilham, como é justo. De resto, achamos que nem Aarão nem nenhum de nossos párocos se apoderaram das ovelhas e dos cordeiros das viúvas de nosso pobre país.

A melhor maneira de terminar este verbete honesto do pároco rural é com este diálogo, que já tem uma de suas partes publicada.

Segunda seção

PÁTRIA (Patrie)

Primeira seção

Segundo nosso costume, aqui nos limitaremos a propor algumas questões que não conseguimos resolver.

Um judeu tem pátria? Se nasceu em Coimbra, está no meio de um bando de ignorantes absurdos que argumentarão contra ele e aos quais daria respostas absurdas, se ousasse responder. É vigiado por inquisidores que o mandarão para a fogueira se souberem que ele não come toucinho e que todos os seus bens lhes pertencerão. Sua pátria fica em Coimbra? Ele pode amar Coimbra? Poderá ele dizer, como nos *Horácios* de Pierre Corneille (ato I, cena I, e ato II, cena III):

Albe, mon cher pays et mon premier amour...
Mourir pour le pays est un si digne sort
Qu'on briguerait en foule une si belle mort.
[Alba, minha terra e meu primeiro amor...
Morrer pela pátria é tão digna sorte
Que todos competiriam por tão bela morte.]

– Essa é boa!

Sua pátria é Jerusalém? Ele ouviu dizer vagamente que outrora seus ancestrais, fossem eles quais fossem, moraram naquele território pedregoso e estéril, cercado por um deserto abominável, e que os turcos hoje são donos daquele pequeno país, do qual não extraem quase nada. Jerusalém não é sua pátria. Ele não tem pátria; não tem na terra um pé quadrado que lhe pertença.

O guebro, mais antigo e cem vezes mais respeitável que o judeu, escravo dos turcos, dos persas ou do grão-mogol, poderá contar como pátria alguns pireus por ele erguidos em segredo nas montanhas?

O baneane e o armênio, que passam a vida a percorrer todo o oriente, exercendo o ofício de atravessadores, poderão dizer: "Minha querida pátria, minha querida pátria?" Eles não têm pátria, além da bolsa e do livro de contas.

Em nossas nações da Europa, todos esses assassinos que alugam seus serviços e vendem o sangue ao primeiro rei que os queira pagar terão pátria? Têm bem menos pátria que uma ave de rapina que volta todas as noites ao buraco do rochedo onde a mãe fez o ninho.

Os monges ousariam dizer que têm pátria? Dizem: "Ela está no céu"; ótimo, mas neste mundo não sei de nenhuma.

PÁTRIA

Essa palavra *pátria* será conveniente na boca de um grego, que ignora se alguma vez existiu Milcíades ou Agesilau, e que só sabe que é escravo de um janísaro que é escravo de um agá que é escravo de um paxá que é escravo de um vizir que é escravo de um padixá, que em Paris chamamos de *Grão-Turco*?

O que é então pátria? Não seria por acaso uma boa plantação, cujo dono, alojado comodamente numa casa bem cuidada, pudesse dizer: "Este campo que cultivo, esta casa que construí me pertencem; vivo sob a proteção das leis, que não podem ser infringidas por nenhum tirano. Quando aqueles que, como eu, possuem campos e casas se reúnem para cuidar de seus interesses comuns, tenho voz nessa assembleia, sou uma parte do todo, uma parte da comunidade, uma parte da soberania: eis minha pátria"? Tudo o que não é essa habitação de homens não será às vezes um estábulo dominado por um cavalariço que, quando bem entende, dá chicotadas nos cavalos? Tem-se pátria sob um bom rei, não sob um mau rei.

Segunda seção

Certo jovem confeiteiro, que frequentara o colégio e ainda sabia algumas frases de Cícero, um dia bravateava amor à pátria. Perguntou-lhe um vizinho: "O que entendes por pátria? Será esse teu forno? Será a aldeia onde nasceste e que nunca viste de novo? Será a rua onde moravam teu pai e tua mãe, que se arruinaram e te reduziram a enfornar pasteizinhos para viver? Será o Paço Municipal, onde nunca serás ajudante de inspetor de bairro? Será aquela igreja de Nossa Senhora, onde não conseguiste ser menino de coro, enquanto um homem absurdo é arcebispo e duque com renda de vinte mil luíses de ouro?"

O jovem confeiteiro não soube responder. Um pensador que ouvia a conversa concluiu que, numa pátria de certo tamanho, muitas vezes há vários milhões de homens sem pátria.

Tu, voluptuoso parisiense, que nunca fizeste nenhuma grande viagem, além da ida a Dieppe para comer peixe fresco, tu que só conhecesses tua lustrosa casa da cidade, tua bela casa de campo e teu camarote na Ópera, onde o restante da Europa insiste em entediar-se, tu que falas agradavelmente tua língua porque não sabes outra, tu amas tudo isso, amas também as moças que sustentas, o vinho de Champagne que recebes de Reims, os proventos que o Paço Municipal te paga a cada seis meses, e dizes que amas tua pátria!

Em sã consciência, um financista ama espontaneamente a pátria?

O oficial e o soldado que devastarem seu quartel de inverno, se for permitido que o façam, amarão os camponeses que arruinam?

Onde era a pátria do duque de Guise[4]? Em Nancy, Paris, Madri ou Roma?

Que pátria tínheis, cardeais La Balue, Duprat, de Lorena e Mazarino?

Onde foi a pátria de Átila e de centenas de heróis desse tipo, que, sempre a correr, nunca deixavam de estar a caminho?

Gostaria muito que me dissessem qual era a pátria de Abraão.

Quem primeiro escreveu que a pátria é onde estamos bem foi, creio, Eurípides em seu *Faetonte*:

Ὦ; πανταχοῦ γε πατρὶς ἡ βόσκουσα γῆ.

Mas o primeiro homem que saiu do lugar onde nasceu para buscar alhures o bem-estar já havia dito isso antes dele.

---

4. Trata-se de Henrique I, conde de Guise, cognominado "le Balafré", ou seja, "o marcado por gilvaz". (N. da T.)

Terceira seção

Pátria é um composto de várias famílias; e, assim como costumamos apoiar nossa família por amor-próprio, quando não temos algum interesse contrário, também por amor-próprio apoiamos nossa cidade ou nossa aldeia, que chamamos pátria.

Quanto maior se torna essa pátria, menos a amamos; pois o amor dividido enfraquece. É impossível amar profundamente uma família numerosa demais, que mal conhecemos.

Todo aquele que arde de ambição de ser edil, tribuno, pretor, cônsul ou ditador brada que ama a pátria, mas só ama a si mesmo. Todos querem ter a certeza de que poderão dormir em casa, sem que outro homem se arrogue o poder de mandá-lo dormir em outro lugar; todos querem ter certeza da fortuna e da vida. Do fato de todos terem assim os mesmos desejos decorre que o interesse particular se torna interesse geral: faz votos pela república quem os faz para si mesmo.

É impossível haver na terra um Estado que não tenha sido governado inicialmente como república; essa é a marcha natural da natureza humana. Algumas famílias se reúnem de início para defender-se de ursos e lobos; aquela que tem grãos fornece-os em escambo àquela que só tem madeira.

Quando descobrimos a América, encontramos todos os povos divididos em repúblicas; só havia dois reinos em toda aquela parte do mundo. De mil nações só encontramos duas subjugadas.

Era o que ocorria no mundo antigo; tudo era república na Europa, antes dos régulos da Etrúria e de Roma. Ainda hoje se veem repúblicas na África. Trípoli, Túnis, Argel, mais para o norte, são repúblicas de bandidos. Os hotentotes, mais para o sul, ainda vivem como se diz que o homem vivia nas primeiras idades do mundo: livres, iguais entre si, sem senhores, sem súditos, sem dinheiro e quase sem necessidades. A carne de seus carneiros os alimenta, a pele deles os veste, cabanas de madeira e terra são seus refúgios: são os mais fedorentos de todos os homens, mas não sentem; vivem e morrem mais tranquilamente que nós.

Restam na Europa oito repúblicas sem monarcas: Veneza, Holanda, Suíça, Gênova, Lucca, Ragusa, Genebra e São Marinho[5]. Pode-se considerar que a Polônia, a Suécia e a Inglaterra são repúblicas com rei; mas a Polônia é a única que adota esse nome.

Agora, o que é melhor: que vossa pátria seja um Estado monárquico ou um Estado republicano? Há quatro mil anos discute-se essa questão. Pedi a solução aos ricos: todos preferem a aristocracia; interrogai o povo: ele quer a democracia; só os reis preferem a realeza. Como então é possível que quase toda a terra seja governada por monarcas? Perguntai aos ratos que propuseram dependurar um sininho no pescoço do gato. Mas, na realidade, a verdadeira razão é que, como já se disse, os homens raramente são dignos de autogovernar-se.

É triste que muitas vezes, para sermos bons patriotas, sejamos inimigos do restante dos homens. O velho Catão, aquele bom cidadão, dizia sempre ao opinar no senado: "Minha opinião é que Cartago deve ser destruída." Ser bom patriota é desejar que sua cidade enriqueça com o comércio, que seja poderosa nas armas. É claro que um país não pode ganhar sem que outro perca, e não pode vencer sem fazer infelizes.

Portanto, a condição humana é tal, que desejar a grandeza do próprio país é desejar o mal aos vizinhos. Aquele que quisesse que sua pátria nunca fosse maior, nem menor, nem mais rica, nem mais pobre seria o cidadão do universo.

---

5. Isso foi escrito em 1764. (N. de Voltaire)

PAULO (Paul)

PRIMEIRA PARTE

Questões sobre Paulo

Paulo era cidadão romano como se gabava? Se era de Tarso, na Cilícia, Tarso só foi colônia romana cem anos depois dele; todos os estudiosos da antiguidade concordam nisso. Se era da cidadezinha ou do povoado de Giscala, como acreditava são Jerônimo, essa cidade ficava na Galileia, e, sem dúvida, os galileus não eram cidadãos romanos.

Será verdade que Paulo só entrou na sociedade nascente dos cristãos, que eram então semijudeus, porque Gamaliel, de quem ele era discípulo, lhe recusou a filha em casamento? Parece-me que essa acusação só se encontra nos Atos dos apóstolos aceitos pelos ebionitas, atos relatados e refutados pelo bispo Epifânio, em seu capítulo XXX.

Será verdade que santa Tecla foi encontrar-se com são Paulo disfarçada de homem? E os Atos de santa Tecla serão aceitáveis? Tertuliano, em seu livro do batismo, capítulo XVII, afirma que essa história foi escrita por um sacerdote ligado a Paulo. Jerônimo e Cipriano, refutando a fábula do leão batizado por santa Tecla, afirmam a veracidade desses Atos. É lá que se encontra um retrato bastante interessante de são Paulo: "Era gordo, baixo, espadaúdo; as sobrancelhas negras uniam-se acima do nariz aquilino; as pernas eram tortas, a cabeça, calva, e ele estava cheio da graça do Senhor."

É mais ou menos essa a descrição feita no *Philopatris* de Luciano, menos a graça do Senhor, de que Luciano, infelizmente, não tinha nenhum conhecimento.

Caberá escusar Paulo por ter repreendido Pedro, que judaizava, se ele mesmo foi judaizar oito dias no templo de Jerusalém?

Quando Paulo foi levado perante o governador da Judeia pelos judeus, por ter introduzido estrangeiros no templo, terá ele feito bem em dizer àquele governador que "estava sendo processado por causa da ressurreição dos mortos" se não se tratava da ressurreição dos mortos?[6]

Paulo terá feito bem em circuncidar seu discípulo Timóteo, depois de ter escrito aos gálatas: "Se vos fizerdes circuncidar, Jesus de nada vos servirá"?

Terá feito bem em escrever aos coríntios, capítulo IX: "Não teremos o direito de viver a vossas custas e de levar conosco uma mulher? etc." Terá feito bem em escrever aos coríntios na segunda Epístola: "Não perdoarei nenhum daqueles que tenha pecado, nem os outros"? Que pensaríamos hoje de um homem que quisesse viver à nossa custa, ele e sua mulher, que pretendesse julgar-nos, punir-nos e confundir culpado e inocente?

Que entender do arrebatamento de Paulo para o terceiro céu? O que é terceiro céu?

Afinal, o que é mais verossímil (humanamente falando): que Paulo tenha se tornado cristão por ter sido derrubado do cavalo por uma forte luz com o sol a pino, e que uma voz celeste lhe tenha bradado: "Saulo, Saulo, por que me persegues?", ou que Paulo tenha ficado irritado com os fariseus porque Gamaliel se recusou a lhe dar a filha, ou por qualquer outra razão?

Em qualquer outra história, a recusa de Gamaliel não pareceria mais natural do que uma voz celeste, se não fôssemos obrigados a acreditar nesse milagre?

Todas essas perguntas eu só faço para instruir-me, e exijo de quem quiser instruir-me que fale sensatamente.

---

6. Atos, cap. XXIV. (N. de Voltaire)

SEGUNDA PARTE

As Epístolas de são Paulo são tão sublimes, que muitas vezes é difícil alcançá-las.

Vários jovens bacharéis perguntam o que significam precisamente as seguintes palavras[7]: "Todo homem que ora e profetiza com um véu na cabeça macula sua cabeça."

O que querem dizer estas[8]: "Eu recebi do Senhor que na noite em que foi traído comeu pão"?

Como pode ter sabido isso de Jesus Cristo, com quem nunca havia falado, tendo sido seu mais cruel inimigo sem nunca tê-lo visto? Terá sido por inspiração? Pela narrativa de seus discípulos? Quando a luz celeste o derrubou do cavalo? Ele não nos esclarece a respeito.

E estas também[9]: "A mulher será salva se fizer filhos"?

Sem dúvida isso é que é incentivar a proliferação; parece que Paulo não fundou conventos de moças.

Ele trata de ímpios[10], impostores, diabólicos, consciências gangrenadas, aqueles que pregam o celibato e a abstinência de carnes.

Essa é a maior. Parece que ele proscreve monges, freiras e dias de jejum. Expliquem-me isso, tirem-me da dúvida.

Que dizer dos trechos em que ele recomenda aos bispos que só tenham uma mulher[11]? *Unius uxoris virum.*

Isso é positivo. Ele nunca permitiu que um bispo tivesse duas mulheres, ao passo que os sumos pontífices judeus podiam ter várias.

Ele diz categoricamente: "O juízo final ocorrerá em seu tempo, Jesus descerá das nuvens como anunciou em são Lucas[12], ele, Paulo, subirá ao ar para ir ter com Jesus ao lado dos habitantes de Tessalônica."

A coisa aconteceu? Será uma alegoria, uma figura? Acreditaria ele realmente que faria essa viagem? Acreditaria ter feito a do terceiro céu? O que é terceiro céu? Como ele subirá ao ar? Ele esteve lá?

"Que Deus de nosso Senhor Jesus Cristo[13], pai de glória, vos dê o espírito de sabedoria."

Será isso reconhecer Jesus como o mesmo Deus que o pai?

"Ele mostrou seu poder sobre Jesus ressuscitando-o e pondo-o à sua direita."

Isso é constatar a divindade de Jesus?

"Tornastes Jesus pouco inferior aos anjos coroando-o de glória."[14] Se é inferior aos anjos, é Deus?

"Se, pelo delito de um único, vários morreram[15], a graça e as dádivas de Deus foram mais abundantes pela graça de um único homem, que é Jesus Cristo."

Por que o chamar sempre de homem, e nunca de Deus?

"Se, por causa do pecado de um único homem, a morte reinou, a abundância de graças reinará muito mais por causa de um único homem, que é Jesus Cristo."

Sempre homem, nunca Deus, exceto num lugar contestado por Erasmo, Grócio, Leclerc etc.

---

7. Coríntios, cap. IX, v. 4. (N. de Voltaire)
8. Coríntios, cap. XI, v. 23. (N. de Voltaire)
9. 1 Timóteo, cap. II. (N. de Voltaire)
10. 1 Timóteo, cap. IV. (N. de Voltaire)
11. Timóteo, cap. III; e em Tito, cap. I. (N. de Voltaire)
12. 1 Tessalonicences, cap. IV. (N. de Voltaire)
13. Aos efésios, cap. I. (N. de Voltaire)
14. Aos hebreus, cap. II. (N. de Voltaire)
15. Aos romanos, cap. V. (N. de Voltaire)

"Somos filhos de Deus[16] e co-herdeiros de Jesus Cristo."

Não será isso considerar Jesus como um de nós, embora superior a nós pelas graças de Deus?

"A Deus único sábio, honra e glória por Jesus Cristo."

As palavras *Deus único* não parecem excluir Jesus da Divindade?

Como entender todas essas passagens ao pé da letra sem o temor de ofender Jesus Cristo? Como as entender num sentido mais elevado sem o temor de ofender Deus pai?

Várias afirmações dessa espécie provocaram a mente dos eruditos. Os comentadores se confrontaram; e nós não pretendemos trazer luz para o que eles deixaram na escuridão. Nós nos submetemos sempre de coração e boca à decisão da Igreja.

Também tivemos alguma dificuldade para penetrar os seguintes trechos:

"Vossa circuncisão será proveitosa se observardes a lei judaica[17], mas, se fordes prevaricadores da lei, vossa circuncisão se tornará prepúcio."

"Sabemos que tudo o que a lei diz àqueles que estão na lei, ela diz para que toda boca seja obstruída[18], e que todos estão submetidos a Deus porque nem toda carne será justificada perante ele pelas obras da lei, pois pela lei vem o conhecimento do pecado. Pois um único Deus justifica a circuncisão pela fé, e o prepúcio pela fé. Destruiremos então a lei pela fé? Não queira Deus!"

"Pois se Abraão foi justificado por suas obras, tem sua glória, mas não em Deus."[19]

Ousamos dizer que o próprio dom Calmet, engenhoso e profundo, não nos deu a luz que dissipasse todas as nossas trevas acerca desses trechos um tanto obscuros. Provavelmente é culpa nossa se não entendemos os comentadores e se fomos privados da compreensão inteira do texto, que só é dada às almas privilegiadas; mas, desde que a explicação venha da cátedra da verdade, entenderemos tudo perfeitamente.

TERCEIRA PARTE

Acrescentamos este pequeno suplemento ao verbete Paulo. Mais vale edificar-se com as epístolas desse apóstolo do que ressequir a religiosidade a calcular o tempo em que elas foram escritas. Os doutos procuram em vão saber em que ano e em que dia são Paulo prestou seus serviços lapidando santo Estêvão e ficando com os mantos dos carrascos.

Discutem acerca do ano em que ele foi derrubado do cavalo por uma luz refulgente com o sol a pino e da época de seu arrebatamento pra o terceiro céu.

Não chegam a um acordo tampouco quanto ao ano em que ele foi levado preso para Roma, nem quanto ao ano em que ele morreu.

Não se conhece a data de nenhuma de suas epístolas.

Acredita-se que a Epístola aos hebreus não seja dele. É rejeitada a Epístola aos laodicenos, embora ela tenha sido admitida com base nos mesmos fundamentos que as outras.

Não se sabe por que ele trocou o nome Saulo por Paulo, nem o que significava tal nome.

São Jerônimo, em seu comentário sobre a Epístola a Filêmon, disse que Paulo significava embocadura de flauta.

As cartas de são Paulo a Sêneca e de Sêneca a Paulo foram consideradas pela Igreja primitiva tão autênticas quanto todos os outros escritos cristãos. Quem o afirma é são Jerônimo, que cita trechos de tais cartas em seu catálogo. Santo Agostinho não duvida disso em sua centésima quin-

---

16. *Ibid.*, cap. VIII, v. 17. (N. de Voltaire)
17. Epístola aos judeus de Roma, chamados *romanos*, cap. II. (N. de Voltaire)
18. Cap. III. (N. de Voltaire)
19. Cap. IV. (N. de Voltaire)

quagésima terceira carta a Macedônio[20]. Temos treze cartas desses dois grandes homens, Paulo e Sêneca, que, segundo se afirma, foram unidos por estreita amizade na corte de Nero. A sétima carta de Sêneca a Paulo é muito interessante. Ele lhe diz que os judeus e os cristãos eram frequentemente condenados ao suplício como incendiários de Roma. *"Christiani et Judaei, tanquam machinatores incendii, supplicio affici solent."* De fato, é bem provável que judeus e cristãos, que se odiavam mortalmente, se acusassem uns aos outros de incendiários da cidade, e que o desprezo e o horror de todos pelos judeus, que não eram distinguidos dos cristãos, acabassem por deixar estes e aqueles à mercê da vingança pública.

Somos obrigados a confessar que a troca epistolar entre Sêneca e Paulo é feita num latim ridículo e bárbaro; que os assuntos tratados nessas cartas parecem tão inoportunos quanto o estilo; que hoje elas são vistas como falsificações. Mas como ousar contradizer o testemunho de são Jerônimo e de santo Agostinho? Se esses monumentos, atestados por eles, não passarem de vis imposturas, que segurança teremos sobre os outros escritos mais respeitáveis? Essa é a grande objeção de várias e doutas personalidades. Dizem tais pessoas: Se nos enganaram indignamente acerca das cartas de Paulo e Sêneca, das Constituições Apostólicas e dos Atos de São Pedro, por que não nos terão enganado também acerca dos Atos dos apóstolos? O julgamento da Igreja e a fé são as respostas peremptórias a todas essas perquirições da ciência e a todos os raciocínios da mente.

Não se sabe com base em que fundamento Abdias, primeiro bispo de Babilônia, disse em sua *História dos apóstolos* que são Paulo mandou o povo lapidar são Tiago, o Menor. Mas, antes de se converter, é bem possível que ele tenha perseguido são Tiago assim como perseguiu santo Estevão. Ele era muito violento; também se diz nos Atos dos Apóstolos[21] que ele respirava sangue e matança. Por isso, Abdias tem o cuidado de observar que "o autor da sedição na qual são Tiago foi tratado com tanta crueldade era aquele mesmo Paulo que Deus depois chamou ao ministério do apostolado"[22].

Esse livro atribuído ao bispo Abdias não é admitido no cânone; no entanto, Júlio, o africano, que o traduziu para o latim, acredita que ele seja autêntico. Uma vez que a Igreja não o admitiu, não devemos admiti-lo. Limitemo-nos a bendizer a Providência e a desejar que todos os perseguidores se transformem em apóstolos caridosos e compassivos.

PEDRO (Santo) (Pierre [Saint])

Por que os sucessores de são Pedro tiveram tanto poder no ocidente e nenhum no oriente? É o mesmo que perguntar por que os bispos de Würzburg e de Salzburg se arrogaram direitos soberanos nos tempos de anarquia, enquanto os bispos gregos sempre permaneceram súditos. O tempo, a ocasião e a ambição de uns, a fraqueza dos outros, tudo isso fez e fará tudo neste mundo. Nós sempre fazemos abstração do que é divino.

A essa anarquia somou-se a opinião, e a opinião é a rainha dos homens. Não que eles tenham uma opinião bem definida, mas as palavras ocupam o lugar delas.

"Eu te darei as chaves do reino dos céus." Os partidários extremados do bispo de Roma afirmaram, por volta do século XI, que quem dá o muito dá o pouco, que os céus envolvem a terra, e que Pedro, tendo as chaves do continente, haveria de ter também as chaves do conteúdo. Se entendermos por céus todas as estrelas e todos os planetas, é evidente – segundo Tomásio – que as chaves dadas a Simão Barjona, cognominado Pedro, eram chaves mestras. Se entendermos por

---

20. Edição dos Beneditinos, e em *Cidade de Deus*, livro VI. (N. de Voltaire)
21. Cap. IX, v. I. (N. de Voltaire)
22. *Apostolica Historia*, liv. VI. pp. 595 e 506, *Fabric. codex*. (N. de Voltaire)

céus as nuvens, a atmosfera, o éter, o espaço no qual giram os planetas, dificilmente haverá um serralheiro – segundo Meursius – que possa fazer uma chave para essas portas. Mas brincadeira não é razão.

As chaves na Palestina eram uma cavilha de madeira que se amarrava com uma correia. Jesus disse a Barjona: "O que atares na terra será atado no céu." Os teólogos do papa concluíram que os papas haviam recebido o direito de atar e desatar os povos do juramento de fidelidade feito a seus reis e de dispor à vontade de todos os reinos. Magnífica conclusão. Os comuns, nos estados-gerais da França em 1302, dizem, em sua petição ao rei, que "Bonifácio VIII era um b***** que impunha a crença de que Deus atava e prendia no céu o que aquele Bonifácio atava na terra". Um famoso luterano da Alemanha (era Melanchton) não podia tolerar que Jesus tivesse dito a Simão Barjona, Cefa ou Cefas: "És Pedra, e sobre essa pedra construirei minha assembleia, minha Igreja." Ele não podia imaginar que Deus tivesse empregado semelhante jogo de palavras, um trocadilho tão extravagante, e que o poder do papa fosse baseado num gracejo. Esse pensamento só é permitido a um protestante.

Achou-se que Pedro tinha sido bispo de Roma, mas sabe-se muito bem que, naquela época e durante muito tempo depois, não houve nenhum bispado particular. A sociedade cristã só assumiu forma em meados do século II. Pode ser que Pedro tenha viajado para Roma; pode ser até que tenha sido posto na cruz de cabeça para baixo, embora isso não fosse costumeiro; mas não se tem prova alguma dessas coisas. Temos uma carta assinada com seu nome, na qual ele diz que está na Babilônia: alguns canonistas judiciosos afirmaram que, por Babilônia, ele devia querer dizer Roma. Assim, supondo-se que a tivesse datado de Roma, poderíamos concluir que a carta fora escrita na Babilônia. Durante muito tempo chegou-se a conclusões como essas, e assim o mundo foi governado.

Havia um santo homem que fora obrigado a pagar caro por um benefício em Roma, algo que se chama simonia; perguntaram-lhe se ele acreditava que Simão Pedro tinha estado na região; ele respondeu: "Não acredito que Pedro tenha estado ali, mas tenho certeza quanto a Simão."

Quanto à pessoa de são Pedro, deve-se convir que Paulo não foi o único que se escandalizou com sua conduta; muitos resistiram a ele; a ele e a seus sucessores. São Paulo o criticava acerbamente por comer carnes proibidas, ou seja, porco, chouriço, lebre, enguias, ixíon e grifo; Pedro defendia-se dizendo que vira o céu aberto na sexta hora, e que uma grande toalha descia dos quatro cantos do céu, toalha que estava cheia de enguias, quadrúpedes e aves, e que a voz de um anjo gritara: "Mata e come." Aparentemente, foi essa mesma voz que gritou para tantos pontífices: "Mata tudo e come a substância do povo", disse Wollaston; mas essa crítica é um pouco forte demais.

Casaubon não pode aprovar a maneira como Pedro tratou Ananias e Safira, sua mulher. Com que direito, diz Casaubon, um judeu escravo dos romanos ordenava ou tolerava a venda das herdades de todos aqueles que acreditavam em Jesus, para que seu produto fosse levado a seus pés? Se algum anabatista em Londres mandasse levar até seus pés todo o dinheiro de seus irmãos, não seria preso como sedutor sedicioso, como ladrão, que não se deixaria de mandar para Tyburn? Não é horrível fazer Ananias morrer porque, depois de vender suas propriedades e de dar o dinheiro a Pedro, retivera, sem dizer, para si e para a mulher alguns escudos capazes de custear suas necessidades? Assim que Ananias morreu, sua mulher chegou. Pedro, em vez de adverti-la caridosamente de que acabara de fazer seu marido morrer de apoplexia por ter ficado com alguns óbolos e de lhe dizer que tomasse cuidado, faz que ela caia na armadilha. Pergunta se o marido havia dado todo o dinheiro aos santos. A boa mulher responde que sim e morre imediatamente. Que dureza!

Conringius pergunta por que Pedro, que assim matava todos os que haviam lhe dado esmolas, não ia matar todos os doutores que haviam condenado Jesus Cristo à morte e que o haviam mandado chicotear várias vezes. Ó Pedro, disse Conringius, dás a morte a dois cristãos que te deram esmolas e deixas em vida aqueles que crucificaram teu Deus!

No tempo de Henrique IV e de Luís XIII, tivemos um advogado-geral do parlamento de Provença, homem de fidalguia, chamado Doraison de Torame, que, num livro sobre a *Igreja militante*, dedicado a Henrique IV, escreveu um capítulo inteiro sobre as sentenças proferidas por são Pedro em questões criminais. Diz que a sentença proferida por Pedro contra Ananias e Safira foi executada por Deus mesmo, *nos termos da jurisdição espiritual*. Todo o seu livro é escrito nesse estilo. Conringius, como se vê, não pensa como nosso advogado provençal. Tudo indica que Conringius não vivia num país que tivesse Inquisição quando fazia essas perguntas ousadas.

Erasmo, referindo-se a Pedro, notava uma coisa muito interessante: é que o chefe da religião cristã começou seu apostolado renegando Jesus Cristo, e o primeiro pontífice dos judeus começara seu ministério construindo um bezerro de ouro para adorar.

Seja como for, Pedro nos é pintado como um pobre que catequizava pobres. Assemelha-se àqueles fundadores de ordens, que viviam na indigência e cujos sucessores se tornaram grandes senhores.

O papa, sucessor de Pedro, ora ganhou, ora perdeu; mas lhe restam ainda cerca de cinquenta milhões de homens na terra, submetidos em várias coisas às suas leis, além de seus súditos imediatos.

Acatar um senhor que mora a trezentas ou quatrocentas léguas de casa; esperar, para pensar, que esse homem pareça ter pensado; só ousar julgar em última instância um processo entre alguns dos próprios compatriotas por intermédio de comissários nomeados por esse estrangeiro; não ousar assumir a posse de plantações e vinhas recebidas do próprio rei sem pagar uma soma considerável a esse senhor estrangeiro; transgredir as leis do próprio país que proíbem casar-se com a sobrinha e desposá-la legitimamente dando a esse senhor estrangeiro uma soma ainda mais considerável; não ousar cultivar sua plantação no dia em que esse estrangeiro quer que se celebre a memória de um desconhecido que ele pôs no céu por decisão própria: tudo isso é apenas parte do que significa admitir um papa; aí estão as liberdades da Igreja galicana, a crermos em Dumarsais.

Há alguns outros povos que levam mais longe essa submissão. Nós tivemos em nossos dias um soberano que pediu ao papa permissão para levar a julgamento em seu tribunal régio alguns monges acusados de regicídio; ele não obteve essa permissão e não ousou julgá-los.

Sabe-se que outrora os direitos dos papas iam mais longe; eles estavam muito acima dos deuses da antiguidade, pois aqueles deuses eram vistos apenas como seres capazes de dispor dos impérios; os papas dispunham deles realmente.

Sturbinus disse que merecem perdão aqueles que duvidam da divindade e da infalibilidade do papa, quando se faz a seguinte reflexão:

Quarenta cismas profanaram a cátedra de são Pedro, e vinte e sete a ensanguentaram;

Estevão VII, filho de um padre, desenterrou o corpo de Formoso, seu predecessor, e mandou arrancar a cabeça do cadáver;

Sérgio III, acusado de assassinato, teve um filho de Marozia, filho que herdou o papado;

João X, amante de Teodora, foi estrangulado na cama;

João XI, filho de Sérgio III, só ficou conhecido por suas canalhices;

João XII foi assassinado em casa da amante;

Bento IX comprou e revendeu o pontificado;

Gregório VII foi iniciador de quinhentos anos de guerras civis mantidas por seus sucessores;

Enfim, entre tantos papas ambiciosos, sanguinários e devassos, houve um Alexandre VI, cujo nome não é pronunciado sem o mesmo horror que causam os nomes de Nero e Calígula.

Prova da divindade do caráter deles – dizem – é que o papado tenha sobrevivido a tantos crimes. Portanto, se os califas tivessem demonstrado conduta mais medonha, seriam ainda mais divinos. É assim que raciocina Dérmio; deram-lhe uma resposta. Mas a melhor resposta está no poder mitigado que os bispos de Roma exercem hoje com sabedoria; na prolongada posse que os imperadores os deixam usufruir, porque não podem despojá-los dela; no sistema de equilíbrio geral, que é o espírito de todas as cortes.

Recentemente se afirmou que só dois povos poderiam invadir a Itália e esmagar Roma. São os turcos e os russos; mas eles são necessariamente inimigos entre si; além disso...

Je ne sais point prévoir les malheurs de si loin.
[Não sei prever as desgraças de tão longe.]
(RACINE, *Andrômaca*, ato I, cena II)

PEDRO, O GRANDE, E J.-J. ROUSSEAU
(Pierre le Grand et J.-J. Rousseau)

Primeira seção

"O czar Pedro... não era dotado do verdadeiro gênio, aquele que cria e faz tudo do nada. Algumas das coisas que fez eram boas; a maioria estava fora do lugar. Ele viu que seu povo era bárbaro, e não viu que não estava maduro para a civilização; quis civilizá-lo quando só precisava aguerri-lo. Quis já fazer alemães e ingleses, quando precisava começar por fazer russos; impediu para sempre que seus súditos se tornassem o que poderiam ser, convencendo-os de que eram o que não eram. É assim que um preceptor francês forma seu discípulo para brilhar por um momento na infância e depois não ser nada. Os tártaros, seus súditos ou vizinhos, se tornarão senhores deles e nossos: essa revolução parece-me infalível; todos os reis da Europa trabalham em concerto para acerelá-la" (*Do contrato social*, liv. II, cap. VIII).

Essas palavras são extraídas de uma brochura intitulada *Contrato social*, ou insocial, do pouco sociável Jean-Jacques Rousseau. Não é de espantar que, havendo feito milagres em Veneza, ele fizesse profecias sobre Moscou; mas, como sabe muito bem que o bom tempo dos milagres e das profecias passou, ele deve acreditar que sua previsão contra a Rússia não é tão infalível quanto lhe pareceu em seu primeiro acesso. É gostoso prenunciar a queda dos grandes impérios; isso nos consola de nossa pequenez. Será um grande lucro para a filosofia, quando virmos os tártaros nogais, que, acredito, podem pôr até doze mil homens em campanha, vir subjugar a Rússia, a Alemanha, a Itália e a França. Mas tenho certeza de que o imperador da China não vai tolerar isso; ele já conseguiu a paz perpétua, e, como já não tem jesuítas em casa, não incomodará a Europa. Jean-Jacques, que, como se acredita, é dotado de verdadeiro gênio, acha que Pedro, o Grande, não era.

Um senhor russo, homem muito talentoso que às vezes se diverte a ler brochuras, disse que, lendo essa, se lembrou de alguns versos de Molière, que citou muito a propósito:

Il semble à trois gredins, dans leur petit cerveau,
Que pour être imprimés et reliés en veau,
Les voilà dans l'État d'importantes personnes,
Qu'avec leur plume ils font le destin des couronnes.
[A três borra-papéis, em seu cerebrozinho,
Parece que, por serem impressos e encardenados,
Já estão no nível de pessoas importantes,
Que, com sua pluma, fazem o destino das coroas.]

Diz Jean-Jacques: "Os russos nunca serão civilizados." Eu pelo menos conheci alguns muito polidos, dotados de espírito justo, refinado, agradável, culto e até coerente, o que Jean-Jacques achará muitíssimo extraordinário.

Como ele é muito galante, não deixará de dizer que esses foram educados na corte da imperatriz Catarina, que o exemplo dela os influenciou, mas que isso não impede que ele tenha razão, e que aquele império logo será destruído.

Esse homenzinho garante, em uma de suas modestas obras, que devemos erigir-lhe uma estátua. Provavelmente, não será em Moscou nem em Petersburgo que alguém se apressará a esculpir Jean-Jacques.

De modo geral, eu preferiria que quem, do alto de sua mansarda, emitisse juízos acerca das nações fosse mais honesto e circunspecto. Qualquer pobre coitado pode dizer o que bem quiser sobre atenienses, romanos e antigos persas. Pode enganar-se impunemente a respeito dos tribunatos, dos comícios e da ditadura. Pode governar na imaginação duas ou três mil léguas de terras, ao mesmo tempo que é incapaz de governar sua criada. Num romance, pode receber um beijo acre de sua Julie e aconselhar um príncipe a casar-se com a filha de um carrasco. Há tolices sem consequências; há outras que podem ter resultados desagradáveis.

Os bobos da corte eram muito sensatos; em suas bufonarias só insultavam os fracos e respeitavam os poderosos: os bobos de aldeia hoje são mais ousados.

Alguém responderá que Diógenes e Aretino foram tolerados; concordo: mas uma mosca, vendo certo dia uma andorinha carregar, em seu voo, uma teia de aranha, quis fazer o mesmo e ficou presa.

Segunda seção

Sobre esses legisladores que governam o universo por dois soldos a folha e que de seus casebres dão ordens a todos os reis, não poderíamos dizer o que Homero diz de Calcas?

Ὃς ἤδη τά τ' ἐόντα, τά τ' ἐσσόμενα, νρό τ' ἐόντα.
Ele conhece o passado, o presente, o futuro.
(*Ilíada*, I, 10)

É pena que o autor do pequeno parágrafo que acabamos de citar não tenha conhecido nenhum dos três tempos de que fala Homero.

Diz ele: "Pedro, o Grande, não era dotado do gênio que faz tudo do nada." Realmente, Jean--Jacques, concordo, pois dizem que só Deus tem essa prerrogativa.

"Ele não viu que seu povo não estava maduro para a civilização"; nesse caso, o czar é admirável por tê-lo feito amadurecer. Parece-me que Jean-Jacques foi quem não viu que era preciso antes utilizar alemães e ingleses para fazer russos.

"Impediu para sempre que seus súditos se tornassem o que poderiam ser etc."

No entanto, esses mesmos russos se tornaram vencedores dos turcos e dos tártaros, conquistadores e legisladores da Crimeia e de dezenas de povos diferentes; sua soberana deu leis a nações das quais a Europa não sabia sequer o nome.

Quanto à profecia de Jean-Jacques, pode ser que ele tenha exaltado sua alma e conseguido ler o futuro; ele tem tudo o que é preciso para ser profeta; mas convenhamos que do passado e do presente ele nada entende. Desconfio que a antiguidade nada tem de comparável à audácia de mandar quatro esquadras para os confins do mar Báltico, para os mares da Grécia, dominar ao mesmo tempo o mar Egeu e o ponto Euxino, levar o terror à Cólquida e a Dardanelos, subjugar a Táurida e obrigar o vizir Azem a fugir das margens do Danúbio até as portas de Andrinopla.

Se Jean-Jacques acha que nada valem tantas grandiosas ações que assombram a terra atenta, precisa pelo menos admitir que há alguma generosidade num conde de Orloff que, depois de capturar um navio que transportava toda a família e todos os tesouros de um paxá, devolveu a este a família e os tesouros.

Se os russos não estavam maduros para a civilização no tempo de Pedro, o Grande, convenhamos que estão maduros hoje para a grandeza de alma, e que Jean-Jaques não está nem um pouco maduro para a verdade e para o raciocínio.

No que se refere ao futuro, saberemos deles quando tivermos Ezequiéis, Isaías, Habacucs, Miqueias. Mas o tempo deles passou, e, ousamos dizer, é de temer que não volte mais.

Confesso que essas *mentiras impressas* sobre o tempo presente sempre me espantam. Se há quem tome essa liberdade num século em que milhares de livros, gazetas e jornais podem desmentir, que fé poderemos depositar nos historiadores dos antigos tempos que recolhiam todos os vagos rumores, que não consultavam arquivo algum, que punham por escrito o que tinham ouvido de suas avós na infância, certíssimos de que nenhum crítico apontariam seus erros?

Durante muito tempo tivemos nove Musas; a crítica sadia é a décima Musa, que chegou bem tarde. Ela não existia no tempo de Cécrope, Baco, Sanconiáton, Thaut, Brama etc. etc. Escrevia-se então impunemente tudo o que se queria: hoje é preciso ser um pouco mais cauteloso.

PERSEGUIÇÃO (Persécution)

Não chamarei Diocleciano de perseguidor, pois durante dezoito anos inteiros ele foi protetor dos cristãos; e, se nos últimos tempos de seu império ele não os defendeu dos ressentimentos de Galério, foi por ter sido um príncipe seduzido e induzido pelas intrigas que se impuseram a seu caráter, como ocorreu com tantos outros.

Muito menos chamarei de perseguidores pessoas como Trajano e os Antoninos; acredito que assim proferiria uma blasfêmia.

Quem é o perseguidor? É aquele cujo orgulho ferido e cujo fanatismo enfurecido instigam o príncipe ou os magistrados contra homens inocentes, cujo único crime é não compartilhar a sua opinião. Impudente, adoras um Deus, pregas e praticas a virtude; serviste e consolaste os homens; deste casa à órfã, socorreste o pobre, transformaste em campos férteis, povoados por famílias felizes, os desertos onde alguns escravos viviam vida miserável; mas descobri que me desprezas e que nunca leste meu livro de controvérsia; sabes que sou um patife, que falsifiquei a caligrafia de G***, que roubei ****; poderias dizer isso. Mas estou avisando: irei falar com o confessor do primeiro-ministro ou com o podestade; vou queixar-me com eles, curvando o pescoço e torcendo a boca, que tens opinião errônea sobre as celas onde ficaram fechados os Setenta, que falaste há dez anos de maneira pouco respeitosa sobre o cão de Tobias (disseste que era um cão-d'água, ao passo que eu provava tratar-se de um galgo); eu te denunciarei como inimigo de Deus e dos homens. Essa é a linguagem do perseguidor; e, se essas palavras não saem exatamente desse modo de sua boca, estão assim gravadas em seu coração com o buril do fanatismo mergulhado no fel da inveja.

Foi assim que o jesuíta Le Tellier ousou perseguir o cardeal de Noailles, e que Jurieu perseguiu Bayle.

Quando os protestantes começaram a ser perseguidos na França, não foram Francisco I, Henrique II e Francisco II que espionaram aqueles infelizes, que se armaram contra eles com furor premeditado e os entregaram às fogueiras para exercerem sobre eles as suas vinganças. Francisco I estava ocupado demais com a duquesa de Étampes; Henrique II, com sua velha Diane; Francisco II era criança demais. Por que a perseguição começou? Porque alguns padres invejosos armaram os preconceitos dos magistrados e a política dos ministros.

Se os reis não tivessem sido enganados, se tivessem previsto que a perseguição produziria cinquenta anos de guerras civis, e que uma metade da nação exterminaria a outra, teriam apagado com suas lágrimas as primeiras fogueiras que deixaram acender.

Ó Deus de misericórdia! Se algum homem pode assemelhar-se a esse ser malfazejo que nos pintam, ocupado incessantemente a destruir tuas obras, não será ele o perseguidor?

PLÁGIO (Plagiat)

Dizem que essa palavra teve origem no latim *plaga*, que significava punição pelo chicote daqueles que tivessem vendido homens livres como escravos. Isso nada tem em comum com o plágio dos autores, que não vendem homens, escravos ou livros. Vendem-se somente a si mesmos, às vezes por um pouco de dinheiro.

Quando um autor vende os pensamentos de outro como se fossem seus, dá-se a esse furto o nome de *plágio*. Poderíamos chamar de *plagiadores* todos os compiladores, todos os fazedores de dicionários que apenas repetem erroneamente e através de opiniões os erros, as imposturas e as verdades já impressas em dicionários anteriores; mas esses são pelo menos plagiadores de boa-fé, que não se arrogam o mérito da invenção. Nem sequer pretendem o mérito de terem desenterrado dos antigos o material que reuniram; apenas copiaram os laboriosos compiladores do século XVI. Vendem em in-4º o que já tínhamos em in-fólio. Podeis chamá-los, se quiserdes, de *livreiros*, e não de autores. Melhor incluí-los na classe dos alfarrabistas do que na dos plagiadores.

Verdadeiro plágio é apresentar como próprias obras alheias, alinhavar em colchas de retalho longos trechos de um bom livro com algumas pequenas modificações. Mas o leitor esclarecido, vendo esse pedaço de ouro sobre uma veste de burel, logo reconhece o ladrão desajeitado.

Ramsay, que, depois de ter sido presbiteriano em sua aldeia da Escócia, anglicano em Londres, *quaker* em seguida, e de convencer o célebre Fénelon, arcebispo de Cambrai, de que era católico e até tinha muita vocação pelo amor puro, esse Ramsay, digo eu, escreveu as *Viagens de Ciro*, porque seu mestre pusera Telêmaco a viajar. Até aí só há imitação. Nessas viagens, ele copia as frases e os raciocínios de um antigo autor inglês que introduz um jovem solitário a dissecar sua cabra morta e a admoestar Deus por sua cabra. Isso se parece muito com plágio. Mas, ao levar Ciro ao Egito, utiliza, para descrever aquele país singular, as mesmas expressões empregadas por Bossuet; copia-o palavra por palavra sem o citar. Aí está um plágio em todas as formas. Um amigo meu certo dia chamou-lhe a atenção por isso; Ramsay respondeu-lhe que era possível haver coincidência de pensamentos, e que não era de espantar que ele pensasse como Fénelon e se exprimisse como Bossuet. É isso que se chama *ser altivo como um escocês*.

O mais interessante de todos os plágios talvez seja o do padre Barre, autor de uma grande história da Alemanha, em dez volumes. Acabava de ser publicada a *História de Carlos XII*, e ele inseriu mais de duzentas páginas em sua obra. Põe na boca de um duque de Lorena exatamente o que é dito por Carlos XII.

Ele atribui ao imperador Arnulfo o que ocorreu ao monarca sueco.

Diz do imperador Rodolfo o que foi dito do rei Estanislau.

Valdemar, rei da Dinamarca, faz e diz precisamente as mesmas coisas que Carlos faz e diz em Bandar etc. etc.

O mais engraçado dessa história foi que um jornalista, percebendo essa prodigiosa semelhança entre as duas obras, não deixou de imputar o plágio ao autor da *História de Carlos XII*, que tinha escrito vinte anos antes do padre Barre.

É principalmente em poesia que as pessoas se permitem muitas vezes o plágio, e, de todos os furtos, esse sem dúvida é o menos perigoso para a sociedade.

PLATÃO (Platon)

Primeira seção

Do *Timeu* de Platão e de algumas outras coisas

Os Padres da Igreja dos quatro primeiros séculos foram todos gregos e platônicos; não encontrais um só romano que tenha escrito a favor do cristianismo que tivesse o mais leve verniz de filosofia. Observarei aqui, de passagem, que é bem estranho que aquela Igreja de Roma, que não contribuiu em nada para aquele grande estabelecimento, tenha sido a única a gozar suas vantagens. Ocorreu com aquela revolução o que se deu com todas as que nasceram de guerras civis: quem primeiro abala um Estado sempre trabalha, sem saber, para outros, e não para si mesmo.

A escola de Alexandria, fundada por certo Marcos, ao qual sucederam Atenágoras, Clemente e Orígenes, foi o centro da filosofia cristã. Platão era visto por todos os gregos de Alexandria como o mestre da sabedoria, como o intérprete da Divindade. Se os primeiros cristãos não tivessem abraçado os dogmas de Platão, nunca teriam contado com nenhum filósofo, nenhum intelecto em sua facção. Deixo de lado a inspiração e a graça, que estão acima de qualquer filosofia, e só falo da feição ordinária das coisas humanas.

Segundo dizem, foi no *Timeu* de Platão, principalmente, que os padres gregos se instruíram. Esse *Timeu* é considerado a obra mais sublime de toda a filosofia antiga. Pode-se dizer que foi a única não traduzida por Dacier, e acredito que não o foi porque ele não a entendia e temia mostrar a leitores clarividentes o rosto dessa divindade grega que só é adorada porque velada.

Platão, nesse belo diálogo, começa apresentando um sacerdote egípcio que ensina a Sólon a antiga história da cidade de Atenas, fielmente conservada havia nove mil anos nos arquivos do Egito.

Diz o sacerdote: Atenas era então a mais bela cidade da Grécia e a mais afamada do mundo devido às artes da guerra e da paz; resistiu sozinha aos guerreiros daquela famosa ilha de Atlântida, que chegaram em inumeráveis navios para subjugar grande parte da Europa e da Ásia. Atenas teve a glória de libertar tantos povos vencidos e de defender o Egito da servidão que nos ameaçava: mas, após essa ilustre vitória e esse serviço prestado ao gênero humano, um pavoroso tremor de terra engoliu em vinte e quatro horas o território de Atenas e toda a grande ilha de Atlântida. Essa ilha hoje não passa de um vasto mar, que os destroços daquele antigo mundo e o lodo misturado às suas águas tornam inavegável.

É isso o que aquele sacerdote contou a Sólon; é assim que Platão começa a nos explicar a formação da alma, as ações do verbo e sua trindade. Não é fisicamente impossível que tenha existido uma ilha de Atlântida, que já não existia havia nove mil anos, ilha que teria sido destruída por um tremor de terra, tal como ocorreu com Herculano e tantas outras cidades: mas nosso sacerdote, ao acrescentar que o mar que banha o monte Atlas é inacessível aos navios, torna a história um pouco suspeita.

Pode ter ocorrido, afinal, que depois de Sólon, ou seja, há três mil anos, as ondas tenham limpado o lodo da antiga ilha de Atlântida e tornado o mar navegável; mas, enfim, é sempre surpreendente que se comece com essa ilha para falar do verbo.

Talvez, começando com essa história do sacerdote ou da carochinha, Platão tenha desejado insinuar coisa diferente das vicissitudes que modificaram tantas vezes a face do globo. Talvez tenha desejado dizer apenas o que Pitágoras e Timeu de Locres haviam dito muito tempo antes dele e o que nossos olhos nos dizem todos os dias, ou seja, que tudo perece e se renova na natureza. A história de Deucalião e Pirra, a queda de Faetonte são fábulas; mas inundações e incêndios são verdades.

Platão parte de sua ilha imaginária para dizer coisas que os melhores filósofos de nossos dias não renegariam: "O que é produzido tem necessariamente uma causa, um autor. É difícil encontrar o autor deste mundo; e, depois de encontrá-lo, é perigoso dizê-lo ao povo."

Nada é mais verdadeiro ainda hoje. Que um sábio, de passagem por Nossa Senhora de Loreto, resolva dizer a um sábio seu amigo que Nossa Senhora de Loreto, com seu rostinho escuro, não governa o universo inteiro: se alguma boa senhora ouvir essas palavras e as repetir a outras boas senhoras de Marca de Ancona, o sábio será lapidado como Orfeu. Esse é precisamente o caso em que acreditavam estar os primeiros cristãos que não falavam bem de Cibele e Diana. Só isso já devia ligá-los a Platão; as coisas ininteligíveis que ele profere em seguida não deviam repugná-los.

Não criticarei Platão por ter dito em seu *Timeu* que *o mundo é um animal*, pois ele sem dúvida quer dizer que os elementos em movimento animam o mundo, e não entende por *animal* um cão e um homem andando, sentindo, comendo, dormindo e gerando. Sempre se deve explicar um autor no sentido mais favorável; só quando acusamos as pessoas de heresia, ou quando denunciamos seus livros, é que temos o direito de interpretar maldosamente todas suas palavras e de envenená-las: não é isso o que farei com Platão.

Em primeiro lugar, há nele uma espécie de trindade, que é a alma da matéria; eis suas palavras: "Da substância indivisível, sempre semelhante a si mesma, e da substância divisível, ele compôs uma terceira substância que tem características da mesma e da outra."

Em seguida, vêm números no estilo pitagórico, que tornam a coisa ainda mais ininteligível e, por conseguinte, mais respeitável. Que munição para quem começa uma guerra de pluma!

Amigo leitor, um pouco de paciência, por favor, e um pouco de atenção. "Depois que Deus formou a alma do mundo com essas três substâncias, essa alma lançou-se do meio do universo para as extremidades do ser, espalhando-se por toda parte para fora e dobrando-se sobre si mesma; assim, ela formou em todos os tempos uma origem divina da sabedoria eterna."

E algumas linhas depois:

"Assim, a natureza desse animal imenso que se chama mundo é eterna."

Platão, a exemplo de seus predecessores, introduziu, portanto, o Ser supremo, artesão do mundo, que formou este mundo antes dos tempos; de modo que Deus não podia existir sem o mundo, nem o mundo sem Deus, assim como o Sol não pode existir sem espalhar luz no espaço, nem essa luz pode voar para o espaço sem o Sol.

Omito muitas ideias de feição grega, ou melhor, oriental, por exemplo, que há quatro espécies de animal: deuses celestes, pássaros do ar, peixes e animais terrestres dos quais temos a honra de ser.

Apresso-me a passar para uma segunda trindade: "O ser engendrado, o ser que engendra e o ser que se assemelha ao engendrado e ao engendrador." Essa trindade é bastante formal; e os Padres da Igreja puderam tirar proveito dela.

Essa trindade é seguida por uma teoria um tanto singular sobre os quatro elementos. A terra está fundada sobre um triângulo equilátero; a água, sobre um triângulo retângulo; o ar, sobre um escaleno; o fogo, sobre um isósceles. Depois disso, ele prova demonstrativamente que só pode haver cinco mundos, porque só há cinco corpos sólidos regulares, e no entanto só há um mundo redondo.

Convenhamos que não houve filósofo no manicômio que tenha raciocinado com tanta pujança. Esperais, amigo leitor, ouvir-me falar daquela outra famosa trindade de Platão, que seus comentadores tanto gabaram: o Ser eterno, formador eterno do mundo; seu verbo, ou inteligência, ou ideia; e o bem daí resultante. Garanto que a procurei muito bem nesse *Timeu* e nunca a encontrei; ela pode estar nele *totidem litteris*, mas não está *totidem verbis*, ou muito me engano.

Depois de ter lido todo Platão, para meu grande pesar, percebi alguma sombra da trindade com que tanto o honram. Está no sexto livro de sua *República quimérica*, quando diz: "Falemos do filho, produção maravilhosa do bem, e sua perfeita imagem." Mas, infelizmente, essa perfeita imagem de Deus é o Sol. Daí se conclui que era o Sol inteligível, que, com o verbo e o pai, compunha a trindade platônica.

Há em *Epínomis* de Platão algaravias muito curiosas; vejamos uma que traduzo da maneira mais razoável que consigo, para comodidade do leitor:

"Sabei que há oito virtudes no céu; eu as observei, o que é fácil para todos. O Sol é uma dessas virtudes, a Lua é outra, a terceira é a reunião das estrelas; os cinco planetas perfazem, com essas três virtudes, o número de oito. Não deveis acreditar que essas virtudes, ou aqueles que estão nelas e as animam – quer avancem por si mesmos, quer sejam levados em veículos –, não deveis acreditar, repito, que uns sejam deuses e outros não, que uns sejam dignos de adoração, e que há outros que não devemos adorar nem invocar. Eles são todos irmãos, cada um tem seu quinhão, nós lhes devemos a todos as mesmas honras, eles cumprem todos as tarefas que o verbo lhes designou quando formou o universo visível."

Aí está o verbo já encontrado; falta agora encontrar as três pessoas. Elas estão na segunda epístola de Platão a Dionísio. Essas cartas, evidentemente, não são falsas. O estilo é o mesmo que se encontra em seus Diálogos. Muitas vezes ele diz a Dionísio e a Díon coisas de difícil compreensão, que parecem cifradas, mas também diz coisas muito claras e que se mostraram verdadeiras muito tempo depois. Por exemplo, eis como ele se exprime em sua sétima epístola a Díon:

"Fiquei convencido de que todos os Estados são muito mal governados; quase não há boas instituições nem boas administrações. Neles se vive, por assim dizer, o dia a dia, e tudo corre ao sabor do acaso, mais do que ao sabor da sabedoria."

Depois dessa curta digressão sobre os assuntos temporais, voltemos aos espirituais, à trindade. Platão diz a Dionísio:

"O rei do universo está cercado por suas obras, tudo é efeito de sua graça. As mais belas coisas têm nele a causa primeira; as segundas em perfeição têm nele uma segunda causa; e ele é também a terceira causa das obras do terceiro grau."

Poderíamos deixar de reconhecer nessa epístola a trindade tal qual a admitimos; mas já seria muito ter, num autor grego, uma garantia dos dogmas da Igreja nascente. Toda a Igreja grega, portanto, foi platônica, assim como toda a Igreja latina foi peripatética desde o começo do século XIII. Assim, dois gregos que nunca entendemos foram mestres do nosso pensar, até o tempo em que os homens, ao cabo de dois mil anos, começaram a pensar por si mesmos.

Segunda seção

Questões sobre Platão e sobre algumas outras bagatelas

Platão, ao dizer aos gregos o que tantos filósofos de outras nações haviam dito antes dele, ao afirmar que uma inteligência suprema organizou o universo, estaria querendo dizer que essa inteligência suprema reside em um só lugar, como um rei do oriente em seu serralho? Ou será que acreditava que essa pujante inteligência se espalha por todos os lugares como a luz, ou como um ser ainda mais refinado, pronto, ativo e penetrante do que a luz? O deus de Platão, em resumo, está na matéria? Está separado da matéria? Ó vós, que lestes Platão atentamente, ó vós, sete ou oito sonhadores escondidos em algumas mansardas da Europa, se porventura estas indagações chegarem até vós, tende a bondade de responder.

A ilha bárbara dos cassitérides, onde os homens viviam em bosques no tempo de Platão, produziu, por fim, filósofos que estão acima dele tanto quanto ele estava acima de seus contemporâneos que não raciocinavam.

Entre esses filósofos, Clarke talvez seja o mais profundo, claro, metódico e forte de todos os que falaram do Ser supremo.

Depois que ele publicou seu excelente livro, apareceu um jovem fidalgo da província de Glocester que lhe fez, com candura, objeções tão vigorosas quanto suas demonstrações. Estas podem ser vistas no fim do primeiro volume de Clarke; não era sobre a existência necessária do Ser supremo que ele polemizava, mas sim sobre sua infinidade e sua imensidade.

De fato, não parece que Clarke tenha provado que há um ser que penetra intimamente tudo o que existe, e que esse ser, cujas propriedades não podem ser concebidas, tem a propriedade de estender-se além de qualquer limite imaginável.

O grande Newton demonstrou que há vácuo na natureza; mas que filósofo poderá demonstrar-me que Deus está nesse vácuo, que toca esse vácuo, que enche esse vácuo? De que modo, limitados como somos, poderemos conhecer essas profundezas? Não nos bastará a prova de que existe um senhor supremo? Não nos é dado saber o que ele é nem como é.

Parece que Locke e Clarke receberam as chaves do mundo inteligível. Locke abriu todos os aposentos nos quais se pode entrar; mas Clarke não terá desejado penetrar um pouco demais para além do edifício?

Como um filósofo tal qual Samuel Clarke, depois de tão admirável obra sobre a existência de Deus, pôde fazer obra tão lastimável sobre coisas de fato?

Como Benedito Espinosa, que tinha tanta profundidade de espírito quanto Samuel Clarke, depois de se ter elevado à metafísica mais sublime, pôde deixar de aperceber-se que uma inteligência suprema preside obras visivelmente organizadas com suprema inteligência (se é verdade, afinal, que nisso esteja o sistema de Espinosa)?

Como Newton, o maior dos homens, pôde ter comentado o Apocalipse, conforme já observamos?

Como Locke, depois de ter desenvolvido tão bem o entendimento humano, pôde ter degradado seu entendimento em outra obra?

Acredito estar diante de águias que, depois de terem alçado voo até as nuvens, vão pousar num monturo.

PODER, ONIPOTÊNCIA (Puissance, Toute-puissance)

Suponhamos que quem ler este verbete está convencido de que este mundo é formado com inteligência, e que basta um pouco de astronomia e de anatomia para admirarmos essa inteligência universal e suprema.

Mais uma vez, *Mens agitat molem* [a mente ajusta a massa] (Virg., *Eneida*, VI).

Poderá ele saber por si mesmo se essa inteligência é onipotente, ou seja, todo-poderosa? Terá ele alguma mínima noção de infinito para compreender o que é um poder infinito?

O célebre historiador e filósofo David Hume disse[23]: "Um peso de dez onças é elevado na balança por outro peso; portanto, esse outro peso é superior a dez onças; mas não se pode explicar por que ele deve ser de cem."

Pode-se dizer também: Reconheces uma inteligência suprema suficientemente forte para formar-te, conservar-te por um tempo limitado, recompensar-te, punir-te. Saberás o suficiente para demonstrar que ela tem mais poder?

Como poderás provar, com a razão, que esse Ser pode mais do que fez?

A vida de todos os animais é curta. Poderia ele fazê-la mais longa?

Todos os animais servem de pasto uns aos outros, sem exceção: tudo nasce para ser devorado. Poderia ele formar sem destruir?

---

23. *Particular Providence*, p. 359. (N. de Voltaire)

Ignoras qual é sua natureza. Portanto, não podes saber se sua natureza não o forçou a só fazer as coisas que fez.

Esse globo não passa de vasto campo de destruição e de carnificina. Ou o grande Ser pôde fazer dele uma morada eterna de delícias para todos os seres sensíveis, ou não pôde. Se pôde e não fez, deves temer ter de enxergá-lo como malfazejo; mas, se não pôde, não temas enxergá-lo como um grande poder, circunscrito por sua natureza em seus limites.

Que esse poder seja infinito ou não, não importa. É indiferente a um súdito se seu senhor possui quinhentas léguas de território ou cinco mil; nem por isso ele deixará de ser súdito.

O que seria mais injurioso a esse Ser inefável: dizer "Ele fez infelizes sem poder evitá-lo" ou "Ele os fez por prazer"?

Várias seitas o representam como cruel; outras, para não admitirem um Deus malvado, têm a audácia de negar sua existência. Não seria melhor dizer que, provavelmente, a necessidade de sua natureza e a necessidade das coisas determinaram tudo?

O mundo é o teatro do mal moral e do mal físico; isso é muito perceptível; o *Tudo é bem* de Shaftesbury, Bolingbroke e Pope não passa de paradoxo de intelectual, de brincadeira de mau gosto.

Os dois princípios de Zoroastro e de Mani, tão repisados por Bayle, são uma brincadeira de pior gosto. Como já observamos, são os dois médicos de Molière; um diz ao outro: "Receita-me o emético, e eu te receito a sangria." O maniqueísmo é absurdo; por isso teve tantos adeptos.

Confesso que não fui esclarecido por tudo o que Bayle diz sobre os maniqueístas e os paulicianos. É controvérsia; preferiria pura filosofia. Por que falar de nossos mistérios a Zoroastro? A partir do momento que ousais tratar de nossos mistérios, que só demandam fé, e não raciocínio, estais abrindo precipícios.

A confusão de nossa teologia escolástica nada tem a ver com a confusão dos devaneios de Zoroastro.

Por que discutir com Zoroastro o pecado original? Só se falou disso no tempo de santo Agostinho. Zoroastro nunca ouviu falar dele, assim como nenhum legislador da antiguidade.

Se discutis com Zoroastro, deixai guardados o Antigo e o Novo Testamento, que ele não conhecia e que é preciso reverenciar sem querer explicar.

Que teria eu dito a Zoroastro? Minha razão não pode admitir dois deuses a se combaterem; isso só pode ser bom num poema em que Minerva briga com Marte. Minha fraca razão fica bem mais contente com um único e grande Ser, cuja essência consistia em fazer, e que de fato fez, tudo o que sua natureza lhe permitiu; ela não se satisfaz com dois grandes Seres, que estragam as obras um do outro. Vosso princípio ruim, Arimã, não conseguiu estragar uma única lei astronômica e física do princípio bom Aúra-masda; tudo caminha com a maior regularidade nos céus. Por que o mau Arimã só teria poder sobre este pequeno globo da terra?

Se eu fosse Arimã, teria atacado Aúra-masda em suas belas e grandes províncias de tantos sóis e estrelas. Não me teria limitado a travar-lhe guerra numa aldeia.

Há muito mal nessa aldeia: mas como sabemos que esse mal não era inevitável?

Sois obrigado a admitir uma inteligência que está espalhada pelo universo; mas:

1º Sabeis, por exemplo, se esse poder chega ao ponto de prever o futuro? Já o afirmastes milhares de vezes, mas nunca pudestes provar nem compreender. Não podeis saber como um ser qualquer enxerga o que não existe. Ora, o futuro não existe; portanto, nenhum ser pode enxergá-lo. Estais reduzido a dizer que ele prevê; mas prever é conjecturar[24].

---

24. Esse é o pensamento dos socinianos. (N. de Voltaire)

Ora, um Deus que, segundo vós, conjectura pode enganar-se. E realmente se enganou em vosso sistema; pois, se tivesse previsto que seu inimigo envenenaria todas as suas obras aqui na terra, não as teria produzido; não teria preparado por si mesmo a vergonha de ser continuamente vencido.

2º Não será bem mais honroso para ele se dissermos que ele fez tudo devido à necessidade de sua natureza, honra que não lhe prestais quando lhe suscitais um inimigo que desfigura, conspurca e destrói todas as suas obras?

3º Não é ter uma ideia indigna de Deus dizer que, tendo formado bilhões de mundos onde a morte e o mal não habitam, foi preciso que o mal e a morte habitassem neste.

4º Não é rebaixar Deus dizer que ele não podia formar o homem sem lhe dar amor-próprio; que esse amor-próprio não podia conduzi-lo sem quase sempre fazê-lo perder-se; que suas paixões são necessárias mas funestas; que a multiplicação da espécie não pode ocorrer sem desejos; que esses desejos não podem animar o homem sem conflitos; que esses conflitos redundam necessariamente em guerras etc.

5º Ao ver uma parte das combinações dos reinos vegetal, animal e mineral, e este globo perfurado como uma peneira, por onde escapam tantas exalações, qual será o filósofo bastante ousado ou o escolástico bastante imbecil para ver claramente que a natureza podia deter os efeitos dos vulcões, as intempéries da atmosfera, a violência dos ventos, as pestes e todos os flagelos destruidores?

6º É preciso ser bem poderoso, forte e industrioso para criar leões que devoram touros e produzir homens que inventam armas para matar de uma só vez não só touros e leões, mas também uns aos outros. É preciso ser muito poderoso para dar vida a aranhas que armam redes para prender moscas; mas isso não é ser onipotente, infinitamente poderoso.

7º Se o grande Ser tivesse sido infinitamente poderoso, não há razão alguma pela qual ele não poderia ter feito os animais sensíveis infinitamente felizes; não fez, portanto não pôde.

8º Todas as seitas dos filósofos encalharam no escolho do mal físico e moral. Só resta admitir que Deus, agindo pelo melhor, não pôde agir melhor.

9º Essa necessidade resolve todas as dificuldades e acaba com todas as disputas. Não temos o descaramento de dizer: *Tudo é bem*; dizemos: "Tudo é o menor mal possível."

10º Por que tantas vezes as crianças morrem no ventre da mãe? Por que a outras, que, tendo a infelicidade de nascer, são reservados tormentos que duram toda a vida e terminam com uma morte medonha?

Por que a fonte da vida foi envenenada em toda a terra desde a descoberta da América? Por que, desde o século VII de nossa era, a varíola mata a oitava parte do gênero humano? Por que em todos os tempos a bexiga esteve sujeita a ser uma verdadeira jazida de pedras? Por que peste, guerra, fome e inquisição? Voltai-vos para todos os lados, e não vereis outra solução, a não ser a de que tudo foi necessário.

Falo aqui apenas aos filósofos, e não aos teólogos. Nós sabemos muito bem que a fé é o fio do labirinto. Sabemos que a queda de Adão e Eva, o pecado original, o poder imenso dado aos diabos, a predileção do grande Ser pelo povo judeu e o batismo que substituiu a amputação do prepúcio são as respostas que esclarecem tudo. Nós só argumentamos contra Zoroastro, e não contra a universidade de Conimbra ou Coimbra, à qual submetemos todos nossos verbetes. (Vede as *Cartas de Mêmio a Cícero* e respondei se puderdes.)

PODER (Puissance)

Os dois poderes

Primeira seção

Quem estiver segurando o cetro e o incensório terá as duas mãos bem ocupadas. Ele poderá ser visto como homem hábil, se comandar povos dotados de senso comum; mas, se estiver lidando com imbecis e selvagens, poderá ser comparado ao cocheiro de Bernier, encontrado por seu senhor, certo dia numa esquina de Delhi a discursar para o populacho e vender-lhe certo eletuário. "Como, Lapierre", disse-lhe Bernier, "viraste médico?" Sim, senhor, respondeu-lhe o cocheiro; tal povo, tal charlatão."

O dairo dos japoneses e o dalai-lama do Tibete poderiam ter dito o mesmo. O próprio Numa Pompílio, com sua Egéria, teria dado a mesma resposta a Bernier. Melquisedeque provavelmente estava no mesmo caso, assim como aquele Ânio de que Virgílio fala no terceiro canto da *Eneida*:

Rex Anius, rex idem hominum Phoebique sacerdos,
Vittis et sacra redimitus tempora lauro.
(v. 80, 81)

Não sei que tradutor do século XVI traduziu assim esses versos de Virgílio:

Anius, qui fut roi tout ainsi qu'il fut prêtre,
Mange à deux râteliers, et doublement est maître.
[Ânio, que foi rei e sacerdote,
Come em dois pratos e manda duplamente.]

Esse charlatão Ânio era rei apenas da ilha de Delos, reino bem medíocre que, depois do de Melquisedeque e de Yvetot, era um dos menos consideráveis da terra; mas o culto de Apolo dera-lhe grande reputação: basta um santo para dar crédito a todo um país.

Três eleitores alemães são mais poderosos que Ânio e, como ele, têm direito à mitra e à coroa, embora subordinados, pelo menos na aparência, ao imperador romano, que é imperador só da Alemanha. Mas de todos os países, o lugar onde a plenitude do sacerdócio e a plenitude da realeza constituem o poder mais pleno que se possa imaginar é Roma moderna.

Na parte da Europa católica, o papa é visto como o primeiro dos reis e o primeiro dos sacerdotes. O mesmo ocorreu na Roma que se chama *pagã*: Júlio César era ao mesmo tempo grande pontífice, ditador, guerreiro, vencedor, muito eloquente, muito galante, em tudo o primeiro dos homens, a quem nenhum moderno pôde ser comparado, a não ser numa epístola dedicatória.

O rei da Inglaterra possui mais ou menos as mesmas dignidades do papa, na qualidade de chefe da Igreja.

A imperatriz da Rússia também é senhora absoluta de seu clero no império mais vasto da terra. A ideia de que podem existir dois poderes opostos num mesmo Estado lá é vista pelo próprio clero como uma quimera absurda e perniciosa.

Devo mencionar, a respeito, uma carta que a imperatriz da Rússia, Catarina II, dignou-se escrever-me ao monte Krapack, em 22 de agosto de 1765, que ela me permitiu utilizar se preciso:

"Dos capuchinhos tolerados em Moscou (pois a tolerância é geral neste império), só os jesuítas não são aceitos; como teimassem, neste inverno, em não enterrar um francês que morrera subitamente, pretextando que ele não recebera os sacramentos, Abraham Chaumeix redigiu um libelo contra eles, para provar que deviam enterrar um morto. Mas nem esse libelo nem duas requisições do governador conseguiram obediência daqueles padres. No fim, pediram-lhes que escolhessem: ou passavam a fronteira, ou enterravam o francês. Foram embora, e mandei daqui agostinianos mais dóceis, que, vendo que não podiam brincar, fizeram tudo o que queríamos. Eis, portanto, que Abraham Chaumeix, na Rússia, se torna razoável; opõe-se à perseguição. Se ganhasse alento, faria os mais incrédulos acreditarem em milagres; mas nem todos os milagres do mundo apagarão sua vergonha de ter sido delator da *Enciclopédia*...

"Os súditos da Igreja que sofriam vexações muitas vezes tirânicas, para as quais as frequentes mudanças de senhor muito contribuíam, revoltaram-se no fim do reinado da imperatriz Isabel; quando subi ao trono eram mais de cem mil homens armados. Foi isso o que, em 1762, me fez executar o projeto de mudar inteiramente a administração dos bens do clero e de fixar seus proventos. Arsênio, bispo de Rostov, se opôs, incitado por alguns de seus confrades, que não acharam oportuno mostrar-se. Ele mandou dois memorandos nos quais queria estabelecer o princípio absurdo dos dois poderes. Já fizera essa tentativa no tempo da imperatriz Isabel, e então todos se limitaram a impor-lhe silêncio; mas sua insolência e sua insensatez redobraram, ele foi julgado pelo metropolitano de Novegorod e pelo sínodo inteiro, condenado como fanático, culpado de ações contrárias à fé ortodoxa e ao poder soberano, destituído de sua dignidade e do sacerdócio e entregue ao braço secular. Eu lhe fiz graça e limitei-me a reduzi-lo à condição de monge."

São essas suas próprias palavras; por aí se vê que ela sabe sustentar e conter a Igreja; que respeita a humanidade tanto quanto a religião; que protege o lavrador tanto quanto o sacerdote; que todas as ordens do Estado devem abençoá-la.

Farei mais uma indiscrição e transcreverei aqui um trecho de uma de suas cartas (28 de novembro de 1765):

"A tolerância está estabelecida entre nós; é uma lei do Estado; é proibido perseguir. É verdade que temos fanáticos que, na falta da perseguição, ateiam fogo às próprias vestes; mas, se os fanáticos dos outros países fizessem o mesmo, o mal não seria tão grande, o mundo seria mais tranquilo, e Calas não teria morrido na roda."

Não acrediteis que ela escreva assim por entusiasmo passageiro e fútil, desmentido depois na prática, nem mesmo pelo louvável desejo de obter na Europa o apoio dos homens que pensam e ensinam a pensar. Ela põe esses princípios na base de seu governo. Ela escreveu de seu próprio punho, no conselho legislativo, estas palavras que é preciso gravar nas portas de todas as cidades:

"Num grande império, que estende seu domínio sobre povos tão diferentes quanto são diferentes as crenças entre os homens, a falta mais perniciosa seria a intolerância."

Notai que ela não hesita em pôr a intolerância na categoria das faltas, e eu quase disse dos delitos. Assim, uma imperatriz despótica destrói a perseguição e a escravidão no Norte, enquanto no Sul...

Julgai por aí[25], senhor, se haverá um só homem de bem na Europa que não esteja pronto a assinar o panegírico no qual pensais. Essa princesa não só é tolerante, como também quer que seus vizinhos o sejam. Essa é a primeira vez que se impôs o poder supremo para estabelecer a liberdade de consciência. É a maior época que conheço na história moderna.

Foi mais ou menos assim que os antigos persas proibiram os cartagineses de imolar homens.

Quis Deus que, em vez dos bárbaros que outrora desceram das planícies da Cítia e das montanhas de Imaus e do Cáucaso em direção aos Alpes e aos Pirineus, para destruírem tudo, hoje descessem exércitos para derrubar o tribunal da inquisição, tribunal mais horrível que os sacrifícios de sangue humano tão reprovados em nossos ancestrais!

---

25. Extraído de uma carta do cidadão do monte Krapack, na qual se encontra o excerto da carta da imperatriz. (N. de Voltaire)

Por fim, esse gênio superior quer que os seus vizinhos entendam o que se começa a compreender na Europa, que as opiniões metafísicas ininteligíveis, filhas do absurdo, são mães da discórdia; e que a Igreja, em vez de dizer: Venho trazer o gládio, e não a paz, deve dizer alto e bom som: Trago a paz, e não o gládio. Por isso, a imperatriz só quer desembainhar a espada contra aqueles que querem oprimir os dissidentes.

Segunda seção

Conversa entre o reverendo padre Bouvet, missionário da Companhia de Jesus, e o imperador Kang-Hi, em presença do irmão Attiret, jesuíta, extraído dos arquivos secretos da missão em 1772

PADRE BOUVET[26]

Sim, Sagrada Majestade, assim que tiverdes a felicidade de ser batizado por mim, como espero, ficareis aliviado da metade do fardo imenso que vos esmaga. Falei-vos da fábula de Atlas, que carregava o céu nos ombros. Hércules aliviou-o e carregou o céu. Sois Atlas, e Hércules é o papa. Haverá dois poderes em vosso império. Nosso bom Clemente XI será o primeiro. Assim, gozareis o maior dos bens, que é o de ficar ocioso durante a vida e ser salvo depois da morte.

IMPERADOR

De fato, sou muito grato a esse prezado papa que digna dar-se esse trabalho: mas como poderá ele governar meu império, que fica a seis mil léguas de onde mora?

PADRE BOUVET

Nada é mais simples, Sagrada Majestade Imperial. Nós somos seus vigários apostólicos; ele é vigário de Deus; assim, sereis governado por Deus.

IMPERADOR

Que prazer! Não percebo simplicidade. Vosso vice-Deus então dividirá comigo as receitas do império? Pois todo trabalho merece salário.

PADRE BOUVET

Nosso vice-Deus é tão bom, que só costuma ficar com um quarto, no máximo, exceto em casos de desobediência. Nosso pé de altar não passará de dois milhões, setecentas e cinquenta mil onças de prata pura. É um valor bem modesto em comparação com os bens celestes.

IMPERADOR

Sim, uma bagatela. Vossa Roma aparentemente aufere o mesmo do grão-mogol, meu vizinho, do império do Japão, meu outro vizinho, da imperatriz da Rússia, outra boa vizinha, do império da Pérsia, do da Turquia?

PADRE BOUVET

Ainda não; mas assim será um dia, graças a Deus e a nós.

---

26. *Bouvet* significa "guilherme", espécie de plaina. (N. da T.)

IMPERADOR

E quanto vos toca, a vós outros?

PADRE BOUVET

Não temos honorários fixos, mas somos como a atriz principal de uma comédia de certo conde de Caylus, meu compatriota: tudo o que eu... é para mim.

IMPERADOR

Mas dizei-me se vossos príncipes cristãos da Europa pagam a vosso italiano uma taxa proporcional à minha.

PADRE BOUVET

Não, a metade da Europa separou-se dele, não o paga; a outra metade paga o mínimo que pode.

IMPERADOR

Dizíeis, faz alguns dias, que ele era senhor de belíssimo território.

PADRE BOUVET

Sim, mas esse domínio produz pouco; são terrenos incultos.

IMPERADOR

Coitado! Não sabe cultivar suas terras e pretende governar as minhas!

PADRE BOUVET

Uma vez, num de nossos concílios, quer dizer, num de nossos senados de padres, que ocorreu numa cidade chamada Constança, nosso santo padre propôs uma nova taxa para sustentar sua dignidade. A assembleia respondeu que bastava mandar lavrar suas terras, mas ele não ligou; preferiu viver do produto daqueles que lavram noutros reinos. Pareceu-lhe que essa maneira de viver tinha mais grandeza.

IMPERADOR

Muito bem! Ide dizer-lhe que eu não só mando lavrar minhas terras, como as lavro eu mesmo; e duvido muito que para ele.

PADRE BOUVET

Ah! Santa Virgem Maria! Tomaram-me por cristo.

IMPERADOR

Ide logo, já fui muito indulgente.

IRMÃO ATTIRET AO PADRE BOUVET

Bem vos disse que o imperador, apesar de bondoso, tem mais inteligência que nós dois juntos.

POETAS (Poètes)

Um jovem, ao sair do colégio, decide que será advogado, médico, teólogo ou poeta; que cuidará de nossa fortuna, de nossa saúde, de nossa alma ou de nossos prazeres. Já falamos dos advogados e dos médicos; falaremos da fortuna prodigiosa que às vezes um teólogo ganha.

O teólogo que se torna papa não tem só lacaios teólogos, cozinheiros, escanções, porta-toalhas, médicos, cirurgiões, varredores, fazedores de *Agnus Dei*, confeiteiros e pregadores; tem também seu poeta. Não sei que louco era o poeta de Leão X, como Davi foi durante algum tempo o poeta de Saul.

De todos os empregos que se pode ter numa grande casa, esse é sem dúvida o mais inútil. Os reis da Inglaterra, que conservaram em sua ilha muitos dos antigos costumes desaparecidos no continente, têm um poeta oficial, como se sabe. Este é obrigado a compor todos os anos uma ode em louvor a santa Cecília, que tocava outrora cravo ou saltério tão maravilhosamente, que um anjo desceu do nono céu para ouvi-la mais de perto, visto que a harmonia do saltério só chega em surdina até o país dos anjos.

Moisés foi o primeiro poeta que conhecemos. É de crer que, muito tempo antes dele, egípcios, caldeus, sírios e indianos já conhecessem poesia, pois tinham música. Mas, enfim, o belo cântico que ele cantou com sua irmã Maria ao saírem do fundo do mar Vermelho é o primeiro monumento poético em versos hexâmetros que temos. Não compartilho a opinião de certos biltres ignorantes e ímpios, como Newton, Leclerc e outros, que provam que tudo isso só foi escrito mais ou menos oitocentos anos depois do acontecimento, dizendo com insolência que Moisés não pode ter escrito em hebraico, pois a língua hebraica não passa de dialeto novo do fenício, e Moisés não podia saber fenício. Não me aterei ao exame, como o erudito Huet, de como Moisés podia cantar, se era gago e não conseguia falar.

Segundo vários desses senhores, Moisés seria bem menos antigo que Orfeu, Museu, Homero e Hesíodo. Logo à primeira vista se vê como essa opinião é absurda. Como um grego pode ser mais antigo que um judeu?

Tampouco responderei àqueles outros impertinentes que suspeitam que Moisés não passa de personagem imaginária, fabulosa imitação da fábula do antigo Baco, e que se cantavam nas orgias todos os prodígios de Baco atribuídos depois a Moisés, antes que se soubesse da existência de judeus no mundo. Tal ideia refuta-se por si mesma. O bom-senso nos mostra a impossibilidade de ter existido um Baco antes de um Moisés.

Temos mais um excelente poeta judeu, realmente muito anterior a Horácio: é o rei Davi; e sabemos muito bem que o *Miserere* está infinitamente acima do *Justum ac tenacem propositi virum* [... um homem justo e seguro de suas intenções].

Mas o que espanta é que legisladores e reis tenham sido nossos primeiros poetas. Hoje se encontram pessoas bastante boas para serem poetas de reis. Virgílio, na verdade, não tinha o cargo de poeta de Augusto, nem Lucano o de poeta de Nero; mas admito que eles aviltaram um pouco a profissão quando trataram ambos de deuses.

Pergunta-se como a poesia, sendo tão pouco necessária ao mundo, ocupa posição tão elevada entre as belas-artes. Pode-se fazer a mesma pergunta em relação à música. A poesia é a música da alma, sobretudo das almas grandes e sensíveis.

Um mérito da poesia, de que muita gente nem desconfia, é que ela diz mais do que a prosa e em menos palavras.

Quem poderá jamais traduzir este verso latino com a mesma brevidade com que saiu do cérebro do poeta:

Vive memor leti, fugit hora, hoc quod loquor inde est.
[Vive, lembrando-te da morte, os minutos voam, o que eu estou dizendo já é do passado.]
(Pérs., V, 153)

Não falo dos outros encantos da poesia, que são bem conhecidos; mas insistirei no grande preceito de Horácio, *sapere est et principium et fons* [O saber não é só o princípio mas também a fonte (Hor., Ep. II, 3,309)]. Não há verdadeira poesia sem grande sabedoria. Mas como combinar essa sabedoria com o entusiasmo? Como César, que concebia um plano de batalha com prudência e combatia com furor.

Houve poetas um pouco loucos; sim, porque eram péssimos poetas. Um homem que só tem dátilos e espondeus ou rimas na cabeça raramente é um homem de bom-senso; mas Virgílio é dotado de uma razão superior.

Lucrécio era um miserável físico; isso ele tinha em comum com toda a antiguidade. A física não se aprende com espírito; trata-se de uma arte que só pode ser exercida com instrumentos, e os instrumentos ainda não haviam sido inventados. É preciso ter lunetas, microscópios, bombas de vácuo, barômetros etc., para ter algum início de ideia das operações da natureza.

Descartes não a conhecia muito mais que Lucrécio, quando suas chaves abriram o santuário; e caminhamos cem vezes mais desde Galileu, melhor físico que Descartes, até nossos dias do que desde o primeiro Hermes até Lucrécio, e desde Lucrécio até Galileu.

Toda a física antiga é coisa de escolar absurdo. O mesmo não ocorre com a filosofia da alma e com o bom-senso, que, ajudado pela coragem do espírito, leva a sopesar com acerto as dúvidas e as verossimilhanças. Esse é o grande mérito de Lucrécio; seu terceiro canto é uma obra-prima de raciocínio; ele disserta como Cícero, exprime-se às vezes como Virgílio; devemos admitir que, quando nosso ilustre Polignac refuta esse terceiro canto, só o refuta como cardeal.

Quando digo que o poeta Lucrécio raciocina como metafísico excelente nesse terceiro canto, não digo que ele tenha razão; é possível argumentar com um juízo vigoroso e enganar-se, quando não se é instruído pela revelação. Lucrécio não era judeu; e os judeus, como se sabe, eram os únicos homens na terra que tinham razão no tempo de Cícero, Posidônio, César e Catão. Em seguida, no tempo de Tibério, os judeus deixaram de ter razão, e só os cristãos passaram a ter senso comum.

Assim, era impossível que Lucrécio, Cícero e César não fossem imbecis em comparação com os judeus e conosco; mas devemos admitir que, para o restante do gênero humano, eles eram grandes homens.

Admito que Lucrécio se matou, que Catão também, e que Cássio e Bruto também; mas alguém pode muito bem se matar e ter raciocinado com inteligência durante toda a vida.

Em todo autor devemos distinguir o homem e suas obras. Racine escreveu como Virgílio, mas tornou-se jansenista por fraqueza e morreu de tristeza por uma fraqueza não menor, porque outro homem, passando por uma galeria, não o olhou: isso me agasta, mas o papel de Fedra não deixa de ser admirável por esse motivo.

PÓLIPOS (Polypos)

Em termos de ceticismo, há muito tempo dei asas à minha vocação. Duvidei, quando quiseram convencer-me de que as pedras em forma de língua que apareciam nas minhas plantações tinham sido outrora línguas de tubarões; que a cal usada em meu celeiro era composta apenas de conchas; que os corais eram produto do excremento de certos peixinhos; que o mar, com suas correntes, formou o monte Cenis e o monte Taurus, e que Níobe foi transformada em mármore.

PÓLIPOS

Não que não goste de coisas extraordinárias, maravilhosas, tanto quanto qualquer viajante e qualquer sistemático; mas, para acreditar totalmente, quero enxergar com meus olhos, tocar com minhas mãos, e várias vezes. Nem isso basta; também quero ser ajudado pelos olhos e pelas mãos dos outros.

Dois companheiros meus, que, como eu, levantam questões sobre a *Enciclopédia*, divertiram-se durante muito tempo comigo na consideração, em todos os sentidos, de várias daquelas hastezinhas que crescem nos lamaçais, ao lado das lentilhas-d'água. Aquela relva leve, chamada *pólipo de água doce*, tem várias raízes, donde o nome que lhe deram, *pólipo*. Essas pequenas plantas parasitas não passaram de plantas até o começo do nosso século. Leuwenhoek teve a ideia de fazê-las elevar-se à categoria de animais. Não sabemos se elas ganharam muito com isso.

Achamos que, para ter o tratamento de animal, é preciso ter sensações. Que comecem então por nos mostrar que esses pólipos de água doce têm sentimento, para lhes darmos esse direito de cidadania.

Não ousamos conceder essa dignidade à sensitiva, que parecia ter maiores pretensões a ela: por que a daríamos a uma espécie de junquinho? Será porque se enraíza como uma estaca? Mas essa propriedade é comum a todas as árvores que crescem à beira da água, a salgueiros, choupos, faias etc. Isso mesmo demonstra que o pólipo é vegetal. E é tão leve, que muda de lugar com qualquer movimento da gota de água que o contém; disso se concluiu que ele anda. Poderíamos supor também que as ilhotas flutuantes dos charcos de Saint-Omer são animais, pois mudam de lugar com frequência.

Houve quem dissesse: As raízes são pés, o caule é corpo, os ramos são braços; o tubo que compõe o caule é aberto em cima: é a boca. Há nesse tubo uma levíssima medula branca, muito apreciada por alguns animálculos quase imperceptíveis; eles entram no oco desse pequeno junco e o fazem curvar-se, devorando aquela pasta leve; é o pólipo que prende esses animais com seu focinho e deles se alimenta, ainda que não haja aparência alguma de cabeça, boca e estômago.

Examinamos esse jogo da natureza com toda a atenção de que somos capazes. Pareceu-nos que essa produção chamada *pólipo* se assemelha muito menos a animal do que uma cenoura ou um aspargo. Em vão opusemos a nossos olhos todos os raciocínios que lemos antes; o testemunho de nossos olhos venceu.

É triste perder uma ilusão. Sabemos como seria interessante ter um animal que se reproduzisse por si mesmo e por estaca, animal que, tendo toda a aparência de planta, reunisse o reino animal ao reino vegetal.

Seria bem mais natural atribuir a categoria de animal à planta recentemente descoberta na América inglesa, à qual se deu o interessante nome de *Vênus papa-moscas* [dioneia]. É uma espécie de sensitiva espinhosa cujas folhas se fecham. As moscas ficam presas nas folhas e morrem com mais certeza do que numa teia de aranha. Se algum de nossos físicos quiser chamar essa planta de animal, só depende dele; terá partidários.

Mas se quiserem algo mais extraordinário, algo mais digno da observação dos filósofos, olhem para o caracol, que anda um mês ou dois inteiros, depois de lhe cortarem a cabeça, para em seguida ganhar uma nova cabeça, munida de todos os órgãos que a primeira possuía. Essa verdade, de que todas as crianças podem ser testemunhas, vale mais que a ilusão dos pólipos de água doce. Que é feito do sensório, da memória, do repositório de ideias, da alma, quando lhe cortam a cabeça? Como tudo isso volta? Alma que renasce é fenômeno bem curioso! Não, isso não é mais estranho que alma produzida, alma que dorme e acorda, alma destruída.

POLITEÍSMO (Polythéisme)

A pluralidade dos deuses é a grande censura que hoje se faz a romanos e gregos. Mas mostrem-me um único fato em toda a história deles, uma única palavra em todos os seus livros, de que se possa inferir a existência de vários deuses supremos; e, se não se encontrarem esse fato nem essa palavra, se, ao contrário, tudo estiver cheio de monumentos e de textos que atestam um Deus soberano, superior a todos os outros deuses, admitamos que julgamos os antigos com a mesma temeridade com que tantas vezes julgamos nossos contemporâneos.

Lê-se em milhares de lugares que Zeus, Júpiter, é o senhor dos deuses e dos homens. *Jovis omnia plena*. E são Paulo dá este testemunho dos antigos: *In ipso vivimus, movemur et sumus, ut quidam vestrorum poetarum dixit*. "Nele vivemos, nos movemos e somos, como disse um de vossos poetas." Depois dessa confissão, ousaremos acusar nossos mestres de não terem reconhecido um Deus supremo?

Não cuidaremos aqui de examinar se houve outrora um Júpiter rei de Creta, se dele fizeram um deus; se os egípcios tinham doze ou oito grandes deuses, entre os quais estava aquele que os latinos chamaram Júpiter. O cerne da questão consiste apenas em saber se os gregos e os romanos reconheciam um ser celeste, senhor dos outros seres celestes. Isso eles dizem sem parar; logo, é preciso acreditar.

Veja-se a admirável carta do filósofo Máximo de Madaura a santo Agostinho: "Há um Deus sem começo, pai comum de tudo, que nunca engendrou nada semelhante a si mesmo: que homem é bastante estúpido e grosseiro para duvidar?" Esse pagão do século IV depõe assim por toda a antiguidade.

Se eu quisesse erguer o véu dos mistérios do Egito, encontraria Knef, que produziu tudo e preside a todas as outras divindades; encontraria Mitra entre os persas, Brama entre os indianos; e talvez mostrasse que toda nação civilizada admitia um Ser supremo com divindades subalternas. Não falo dos chineses, cujo governo, o mais respeitável de todos, sempre reconheceu apenas um Deus desde cerca de quatro mil anos. Mas limitemo-nos aos gregos e aos romanos, que são objeto de minhas pesquisas aqui; eles tiveram milhares de superstições: quem duvida? Adotaram fábulas ridículas; todos sabem disso; e acrescento que eles mesmos se ridicularizavam: mas o fundo de sua mitologia era muito razoável.

Em primeiro lugar, o fato de os gregos terem posto heróis no céu como prêmio por suas virtudes é o ato de religião mais sábio e útil que existe. Que recompensa melhor poderiam receber e que esperança mais bela poderiam dar-lhes? Caberá a nós achar ruim? A nós que, esclarecidos pela verdade, consagramos santamente esse uso que os antigos imaginaram? O número de nossos bem-aventurados (em cuja honra erigimos templos) é cem vezes maior que o de heróis e semideuses de gregos e romanos: a diferença é que eles rendiam apoteose às ações mais esplêndidas, e nós, às virtudes mais modestas. Mas seus heróis divinizados não se sentavam no trono de Zeus, do Demiurgo, do senhor eterno; eram admitidos em sua corte, gozavam de seus favores. Que há nisso de insensato? Não será isso uma ligeira sombra de nossa hierarquia celeste? Nada é moralmente mais salutar, e a coisa não é fisicamente impossível por si mesma; não há por que zombar das nações de quem recebemos nosso alfabeto.

O segundo alvo de nossas críticas é a multidão de deuses admitidos no governo do mundo; Netuno preside o mar; Juno, o ar; Éolo, os ventos; Plutão ou Vesta, a terra; Marte, os exércitos. Deixemos de lado as genealogias de todos esses deuses, tão falsas quanto as que se publicam todos os dias sobre homens; condenemos todas as suas aventuras dignas das *Mil e uma noites*, aventuras que nunca constituíram o fundo da religião grega e romana; sinceramente, onde estará a estupidez de adotar seres de segunda ordem, com algum poder sobre nós, que talvez sejamos da centésima milésima ordem? Haverá nisso má filosofia, má física? Não teremos nós nove coros de espíritos celestes mais antigos que o homem? Esses nove coros não têm nove nomes diferentes? Os judeus não tomaram a maioria desses nomes dos persas? Vários anjos não têm funções determinadas? Havia um anjo exterminador que combatia pelos judeus; o anjo dos viajantes que conduzia Tobias. Miguel era o anjo particular dos hebreus; segundo Daniel, ele combate o anjo dos persas, conversa com o anjo dos gregos. Um anjo de ordem inferior narra a Miguel, no livro de Zacarias, o estado em que encontrara a terra. Cada nação tinha seu anjo. A versão dos Setenta diz no Deuteronômio que o Senhor fez a partilha das nações segundo o número de anjos. São Paulo, em Atos dos apóstolos, fala ao anjo da Macedônia. Esses espíritos celestes são frequentemente chamados de *deuses* na Escritura, *Eloim*. Pois, para todos os povos, a palavra que corresponde a *theos*, *deus*, nem sempre significa senhor absoluto do céu e da terra; significa frequentemente ser celeste, ser superior ao homem, mas dependente do soberano da natureza: é até mesmo dado, às vezes, a príncipes, a juízes.

Logo, uma vez que para nós é verdadeira e real a existência das substâncias celestes encarregadas de cuidar de homens e impérios, os povos que admitiram essa verdade sem revelação são bem mais dignos de estima que de desprezo.

Portanto, o ridículo não está no politeísmo, e sim no seu abuso, nas fábulas populares, na multidão de divindades descabidas que cada um forjava a seu talante.

A deusa das tetas, *dea Rumilia*; a deusa da ação do casamento, *dea Pertunda*; o deus da cadeira furada, *deus Stercutius*; o deus Peido, *deus Crepitus*, sem dúvida não são veneráveis. Essas puerilidades, divertimento das velhas e crianças de Roma, servem apenas para provar que a palavra *deus* tinha acepções bem diferentes. Não há dúvida de que o *deus Crepitus*, o deus Peido, não passava a mesma ideia do *deus divum et hominum sator*, fonte dos deuses e dos homens. Os pontífices romanos não admitiam aqueles pequenos momos com que as boas mulheres enchiam seus aposentos. A religião romana, no fundo, era muito séria, muito severa. Os juramentos eram invioláveis. Não se podia começar uma guerra sem que o colégio dos feciais a tivesse antes declarado justa. Uma vestal acusada de violar o voto de castidade era condenada à morte. Tudo isso indica um povo austero, e não um povo ridículo.

Limito-me aqui a provar que o senado não raciocinava como imbecil, adotando o politeísmo. É de se perguntar como esse senado, do qual dois ou três deputados nos deram ferros e leis, podia tolerar tantas extravagâncias no povo e autorizar tantas fábulas entre os pontífices. Não seria difícil responder a essa pergunta. Os sábios de todos os tempos se serviram dos insanos. O povo que fique com suas lupercais e suas saturnais, desde que obedeça; não se põem no espeto os frangos sagrados que prometeram a vitória dos exércitos. Nunca nos deve surpreender o fato de governos esclarecidos permitirem costumes e fábulas insensatas. Esses costumes e fábulas existiam antes que o governo se formasse; ninguém quer demolir uma cidade imensa e irregular para reconstruí-la no prumo.

Como se explica, perguntam, que de um lado se vejam tanta filosofia e tanta ciência, e de outro, tanto fanatismo? É que a ciência e a filosofia tinham nascido um pouquinho antes de Cícero, e o fanatismo ocupava seu lugar fazia séculos. A política diz então à filosofia e ao fanatismo: Vamos conviver da melhor maneira possível.

POLÍTICA DE ESPETÁCULOS (Police des spectacles)

Antigamente excomungavam-se os reis da França; de Filipe I a Luís VIII, todos foram solenemente excomungados; o mesmo aconteceu com os imperadores, desde Henrique IV até Luís da Baviera, inclusive. Os reis da Inglaterra também receberam uma parcela bem razoável desses presentes da cúria romana. Era a loucura do tempo, e essa loucura custou a vida de quinhentos ou seiscentos mil homens. Atualmente, as excomunhões se limitam aos representantes dos monarcas: não é aos embaixadores que me refiro, mas aos atores, que são reis e imperadores três ou quatro vezes por semana e governam o universo para ganhar a vida.

Que eu saiba, hoje só essa profissão e a dos feiticeiros recebem essa honra. Mas, como os feiticeiros sumiram há cerca de sessenta ou oitenta anos, desde que a boa filosofia passou a ser conhecida pelos homens, não restam mais vítimas, senão Alexandre, César, Atalia, Polieuto, Andrômaca, Bruto, Zaíra e Arlequim.

A principal razão apresentada é que esses senhores e essas senhoras representam paixões. Mas, se a pintura do coração humano merece tão horrível estigma, dever-se-ia usar de maior rigor com os pintores e os escultores. Há muitos quadros licenciosos vendidos publicamente, ao passo que não se representa um único poema dramático que não se enquadre na mais pura decência. A Vênus de Ticiano e a de Correggio estão nuas e são perigosas em todos os tempos para nossa juventude pudica; mas os atores só recitam os versos admiráveis de *Cina* durante cerca de duas horas, com a aprovação do magistrado e sob a autoridade do rei. Por que então essas personagens vivas no palco são mais condenadas do que os atores mudos na tela? *Ut pictura poesis* [A poesia é como a pintura (Hor., *Ep*. II, 3, 361)]. Que teriam dito Sófocles e Eurípides, se tivessem previsto que um povo que só deixou de ser bárbaro quando os imitou marcaria um dia com essa mancha o teatro que no tempo deles foi marcado por tão elevada glória?

Esopo e Róscio não eram senadores romanos, é verdade, mas o flâmine não os declarava infames, e ninguém duvidava que a arte de Terêncio era uma arte semelhante à de Locusto. O grande papa, o grande príncipe Leão X, a quem se deve o renascimento da boa tragédia e da boa comédia na Europa, em cujo palácio se representaram tantas peças de teatro com tanta magnificência, não poderia adivinhar que um dia, numa parte da Gália, alguns descendentes de celtas e godos se achassem no direito de denegrir o que ele honrava. Se o cardeal de Richelieu estivesse vivo, ele que construiu a sala do Palais-Royal, ele a quem a França deve o teatro, não teria tolerado por muito tempo que se ousasse cobrir de ignomínia aqueles que ele empregava para recitar suas próprias obras.

Foram os hereges, cabe admitir, que começaram a atacar com violência a mais bela de todas as artes. Leão X ressuscitava a tragédia; era o que bastava para que os pretensos reformadores bradassem contra a obra de Satã. Por isso, a cidade de Genebra e vários ilustres povoados da Suíça passaram cento e cinquenta anos sem ter de aguentar um único violino. Os jansenistas, que hoje dançam sobre o túmulo de são Páris, para grande edificação do próximo, proibiram no século passado que certa princesa de Conti, que eles orientavam, contratasse aulas de dança para seu filho, visto que a dança é profana demais. No entanto, era preciso ter graça e saber dançar minueto; não queriam violinos, e o diretor só a muito custo tolerou, por concessão, que se ensinasse dança ao príncipe de Conti com castanholas. Alguns católicos um tanto visigóticos de aquém-montes, temendo as críticas dos reformadores, gritaram tão alto quanto eles; assim, aos poucos foi-se estabelecendo em nossa França a moda de difamar César e Pompeu e de recusar certas cerimônias a certas pessoas vinculadas ao rei, que trabalhavam sob as vistas do magistrado. Ninguém teve a ideia de reclamar contra esse abuso, pois quem gostaria de brigar com homens poderosos, homens do tempo presente, por Fedra e por heróis dos séculos passados?

Todos, portanto, se limitaram a achar absurdo esse rigor e a continuar admirando as obras-primas do nosso teatro.

Roma, de quem aprendemos nosso catecismo, não faz o que fazemos; ela sempre soube temperar as leis de acordo com os tempos e as necessidades; soube distinguir saltimbancos insolentes, censurados outrora com razão, das peças de teatro de Trissino e de vários bispos e cardeais que ajudaram a ressuscitar a tragédia. Hoje mesmo, representam-se em Roma, publicamente, comédias em casas religiosas. As senhoras as frequentam sem escândalo; ninguém acredita que diálogos recitados em palcos sejam uma infâmia diabólica. Assistiu-se até mesmo à peça *George Dandin* representada em Roma por religiosas, na presença de uma multidão de eclesiásticos e de senhoras. Os sábios romanos se abstêm de excomungar aqueles senhores que cantam como soprano nas óperas italianas; pois, na verdade, já é demais ser castrado neste mundo, para ser também danado no outro.

Nos bons tempos de Luís XIV sempre havia, nos espetáculos por ele apresentados, um banco que era chamado *banco dos bispos.* Fui testemunha de que durante a minoridade de Luís XV o cardeal de Fleury, então bispo de Fréjus, foi muito instado a reavivar esse costume. Novos tempos, novos costumes; ao que tudo indica, estamos bem mais comportados do que nos tempos em que a Europa inteira vinha admirar nossas festas, em que Richelieu reavivou o teatro na França, em que Leão X reavivou na Itália o século de Augusto. Mas tempo virá em que nossos netos, vendo a impertinente obra do padre Le Brun contra a arte dos Sófocles e as obras de nossos grandes homens, impressa na mesma época, exclamarão: Será possível que os franceses pudessem contradizer-se desse modo, e que a mais absurda barbárie tenha feito tantas cabeças se voltar orgulhosas contra as mais belas produções do espírito humano?

Santo Tomás de Aquino, cujos costumes equivaliam aos de Calvino e do padre Quesnel, santo Tomás, apesar de nunca ter visto nenhuma boa comédia e de só conhecer infelizes histriões, adivinha que o teatro pode ser útil. Teve bom-senso e justiça suficientes para perceber o mérito dessa arte, por mais informe que ela fosse; permitiu-a e aprovou-a. São Carlos Borromeu examinava pessoalmente as peças que eram apresentadas em Milão, apondo-lhes sua aprovação e seu selo.

Quem serão, depois disso, os visigodos que desejarão tratar de envenenadores Rodrigo e Ximena? Aprouvera a Deus que esses bárbaros, inimigos da mais bela das artes, tivessem a piedade de Polieuto, a clemência de Augusto, a virtude de Pirro e que terminassem como o marido de Alzira.

POLÍTICA (Politique)

A política humana consiste, inicialmente, em tentar igualar-se aos animais aos quais a natureza deu alimentos, roupas e teto.

Esses primórdios são demorados e difíceis.

Como alcançar bem-estar e ficar ao abrigo do mal? Nisso está todo o homem.

Esse mal está em toda parte. Os quatro elementos conspiram para formá-lo. A esterilidade de um quarto do globo, as doenças, a multidão de animais inimigos, tudo nos obriga a trabalhar sem parar para afastar o mal.

Nenhum ser humano pode, sozinho, garantir-se contra o mal e alcançar o bem; precisa de socorros. A sociedade, portanto, é tão antiga quanto o mundo.

Essa sociedade ora é numerosa demais, ora escassa demais. As transformações deste globo frequentemente destruíram raças inteiras de homens e de outros animais em vários lugares, multiplicando-as em outros.

Para multiplicar uma espécie, é preciso um clima e um solo toleráveis; e mesmo com essas vantagens também é possível ficar reduzido a andar nu, passar fome, carecer de tudo e morrer na miséria.

Os homens não são como os castores, as abelhas e os bichos-da-seda: não têm um instinto seguro que lhes propicie o necessário.

De cada cem varões mal se encontra um que tenha gênio; de cada quinhentas mulheres mal se encontra uma.

É só com gênio que se inventam as artes que, com o tempo, vão propiciando um pouco desse bem-estar, único objetivo de toda política.

Para tentar desenvolver essas artes, é preciso contar com recursos, auxílios e inteligências abertas o bastante para entender e dóceis o bastante para obedecer. Antes que se encontre e se reúna tudo isso, milhares de séculos transcorrem na ignorância e na barbárie, milhares de tentativas abortam. Por fim, esboçada uma arte, ainda são necessários milhares de séculos para aperfeiçoá-la.

Política externa

Quando uma nação descobre a metalurgia, é indubitável que vencerá os vizinhos e os escravizará.

Tendes flechas e sabres, nascestes num clima que vos tornou robustos; somos fracos, só temos maças e pedras: vós nos matais; e, se pouparedes nossa vida, será para que lavremos vossos campos, edifiquemos vossas casas; nós vos cantamos algumas árias grosseiras quando vos enfadais, se tivermos voz, ou sopramos em alguns tubos para obter de vós roupas e pão. Nossas mulheres e filhas são belas: vós as tomais. Vosso filho tira proveito dessa política estabelecida; soma novas descobertas a essa arte nascente. Seus servidores cortam os testículos de meus filhos; ele lhes dá a honra de guardar suas esposas e amantes. Essa foi e ainda é a política, a grande arte de fazer os outros homens servir para o bem-estar do poderoso, na maior parte da Ásia.

Alguns pequenos povos subjugaram assim vários outros pequenos povos; os vitoriosos combatem com espadas pela partilha dos despojos. Cada pequena nação alimenta e paga soldados. Para encorajar e conter esses soldados, cada uma tem deuses, oráculos e predições; cada uma alimenta e paga adivinhos e sacrificadores carniceiros. Esses adivinhos começam por adivinhar a favor do governante da nação; depois, adivinham para si mesmos e compartilham o governo. O mais forte e hábil acaba subjugando os outros após séculos de carnificinas pavorosas e de safadezas risíveis: é esse o complemento da política.

Enquanto essas cenas de banditismo e de fraudes ocorrem numa parte do globo, outros pequenos povos, refugiados nas cavernas das montanhas, em recantos cercados por charcos inacessíveis, em algumas pequenas regiões habitáveis no meio de desertos de areia, em penínsulas ou em ilhas, defendem-se dos tiranos do continente. Quando, enfim, todos os homens têm mais ou menos as mesmas armas, o sangue se espalha de um extremo ao outro do mundo.

Nem sempre se pode matar; nesse caso, vive-se em paz com o vizinho, até que se fique suficientemente forte para recomeçar a guerra. Os que sabem escrever redigem esses tratados de paz. Os dirigentes de cada povo, para enganarem melhor os inimigos, falam em nome dos deuses que criaram; inventam-se os juramentos de eterna convivência em harmonia: um faz promessas em nome de *Samonocodom*; outro, em nome de *Júpiter*; e, na primeira ocasião, massacram em nome de *Júpiter* e de *Samonocodom*.

Nos tempos mais refinados, o leão de Esopo faz um trato com três animais vizinhos. Trata-se de dividir uma presa em quatro partes iguais. O leão, por boas razões que ele deduzirá no seu devido tempo e lugar, fica com três partes e ameaça estrangular quem ousar tocar na quarta. Essa é a sublimidade da política.

Política interna

Trata-se de obter, no país, o máximo de poder, honrarias e mais prazeres. Para tanto, é preciso muito dinheiro.

Isso é muito difícil numa democracia: cada cidadão é rival do outro. Uma democracia só pode subsistir num pequeno território. De pouco adianta ficar rico com algum comércio pessoal ou por herança de antepassados: a riqueza granjeará muitos invejosos e pouquíssimos devotados. Se uma casa rica governa em alguma democracia, não é por muito tempo.

Numa aristocracia é mais fácil obter honrarias, prazeres, poder e dinheiro; mas é preciso ser muito discreto. Quem abusar demais deve temer revoluções.

Assim na democracia todos os cidadãos são iguais. Esse governo hoje é raro e mirrado, embora natural e sábio.

Na aristocracia, a desigualdade e a superioridade se fazem sentir; mas, quanto menos arrogante for, maiores serão as garantias de seu bem-estar.

Falta a monarquia: nela todos os homens são feitos para um único. Este acumula todas as honras com que quiser ser agraciado, saboreia todos os prazeres que quiser usufruir, exerce um poder absoluto; tudo isso, desde que tenha muito dinheiro. Se não o tiver, será infeliz dentro e fora; logo perderá poder, prazeres, honras e, talvez, a vida.

Enquanto esse homem tiver dinheiro, não só ele usufruirá, mas também seus parentes e seus principais servidores; e uma multidão de mercenários trabalha o ano inteiro para eles na vã esperança de um dia usufruir em suas cabanas o repouso que seu sultão e seus paxás parecem usufruir em seus serralhos. Mas vejamos, aproximadamente, o que acontece.

Era uma vez um agricultor grande e gordo que possuía um vasto terreno com campos, prados, vinhas, vergéis e florestas. Cem trabalhadores cultivavam para ele; ele jantava com a família, bebia e dormia. Seus principais domésticos, que o roubavam, jantavam depois dele e comiam quase tudo. Os trabalhadores chegavam e comiam muito mal. Reclamaram, queixaram-se e perderam a paciência; no fim, comeram o jantar do patrão e o expulsaram de casa. O patrão disse que aqueles malandros eram filhos rebeldes que surravam o pai. Os trabalhadores disseram que haviam seguido a lei sagrada da natureza, que o outro havia transgredido. Procurou-se, afinal, um adivinho da vizinhança, que era visto como homem inspirado. Aquele santo homem apodera-se da propriedade e deixa os domésticos e o ex-patrão morrerem de fome, até ser expulso, por sua vez. Essa é a política interna.

Foi isso o que se viu mais vezes; e alguns efeitos dessa política subsistem ainda com toda a sua força. Será preciso esperar que, em dez ou doze mil séculos, quando os homens forem mais esclarecidos, os grandes donos das terras, tornando-se mais políticos, tratem melhor seus trabalhadores e não se deixem subjugar por adivinhos e feiticeiros.

POPULAÇÃO (Population)

Primeira seção

Houve pouquíssimas lagartas na minha região no ano passado. Nós matamos quase todas; neste ano, Deus as mandou em número maior do que o das folhas.

Não é isso, mais ou menos, o que ocorre com os outros animais, sobretudo com a espécie humana? A fome, a peste, a guerra e as duas irmãs que chegaram da Arábia e da América destroem os homens num lugar, e todos se espantam por vê-lo repovoado cem anos depois.

Admito que é um dever sagrado povoar este mundo, e que todos os animais são forçados pelo prazer a cumprir esse desígnio do grande *Demiurgo*.

Por que esses povos na terra? E para que formar tantos seres destinados a se entredevorar, bem como o animal homem, que parece ter nascido para massacrar o semelhante de um extremo ao outro da terra? Afirmam que um dia conhecerei esse segredo; espero que sim, na qualidade de curioso.

Está claro que devemos povoar o máximo possível; caso contrário, que faríamos com nossa matéria seminal? Ou sua superabundância nos faria mal, ou sua emissão nos faria culpados; a alternativa é triste.

Os sábios árabes, ladrões do deserto, fazem tratos com todos os viajantes, nos quais sempre se estipula que estes lhes darão moças. Quando conquistaram a Espanha, impuseram um tributo em moças. A terra de Medeia paga os turcos com moças. Os flibusteiros apoderaram-se de uma pequena ilha e mandaram buscar moças em Paris; e conta-se que Rômulo, num belo espetáculo que ofereceu aos sabinos, lhes roubou trezentas moças.

Não consigo entender por que os judeus – que, aliás, reverencio – mataram tudo em Jericó, inclusive as moças, e por que dizem em seus salmos que será muito bom exterminar *as crianças de peito*, sem excetuar, em especial, as moças.

Todos os outros povos, fossem eles tártaros, canibais, teutões ou gauleses, sempre tiveram as moças em alta conta.

Com esse feliz instinto, parece que a terra deveria estar coberta de animais de nossa espécie. Vimos que o padre Petau contava cerca de setecentos bilhões deles em duzentos e oitenta anos, depois da aventura do dilúvio. No entanto, não foi na sequência das *Mil e uma noites* que ele mandou imprimir esse belo censo.

Conto hoje em nosso glóbulo cerca de novecentos milhões de coirmãos de ambos os sexos. Wallace calcula um bilhão. Um de nós dois se engana; talvez os dois: mas um décimo é pouca coisa, e em toda a aritmética dos historiadores o engano é bem maior.

Causa-me alguma surpresa o nosso aritmético Wallace, que eleva o número de nossos concidadãos a um bilhão, afirmar na mesma página que, no ano 966 da criação, o número de nossos antepassados era um bilhão e seiscentos e dez milhões.

Primeiramente, gostaria que me dissessem com certeza qual foi a época da criação; e, visto termos no ocidente cerca de oitenta sistemas sobre esse acontecimento, é difícil chegar ao certo.

Em segundo lugar, como egípcios, caldeus, persas, indianos e chineses têm cálculos ainda mais diferentes, é mais complicado ainda entrar em acordo com eles.

Em terceiro lugar, por que em novecentos e sessenta e seis anos o mundo teria sido mais povoado do que em nossos dias?

Para explicar esse absurdo, dizem-nos que antigamente as coisas não eram como hoje; que a espécie era bem mais vigorosa; que se digeria melhor; que, por conseguinte, era-se bem mais prolífico e se vivia muito mais. Por que não dizem também que o Sol era mais quente, e a Lua, mais bonita?

Alegam que no tempo de César, embora os homens começassem a degenerar para valer, o mundo era um formigueiro de bípedes como nós, mas que agora é um deserto. Montesquieu, que sempre exagerou e que sacrificou tudo à comichão de mostrar grande espírito, ousa acreditar, ou quer fazer acreditar, em suas *Cartas persas* que o mundo era trinta vezes mais povoado no tempo de César do que hoje.

Wallace admite que esse cálculo, feito a esmo, é demais. Mas sabem que razão apresenta? Diz que, antes de César, o mundo tivera mais habitantes do que nos dias mais brilhantes da república romana. Remonta ao tempo de Semíramis e exagera mais ainda que Montesquieu, se é que é possível.

Em seguida, prevalecendo-se do gosto pela hipérbole, que sempre se atribuiu ao Espírito Santo, não perde a oportunidade de aduzir como prova os cento e dez milhões e sessenta mil homens de elite que marchavam briosamente sob os estandartes do grande Josafá, rei da província de Judá. Conte, conte, sr. Wallace; o Espírito Santo não pode estar enganado; mas seus procuradores e copistas calcularam e numeraram mal. Nem toda a sua Escócia poderia fornecer cento e dez milhões e sessenta mil almas para assistir às suas preces; e o reino de Judá não perfazia nem a vigésima parte da Escócia. Veja, repito, o que disse são Jerônimo sobre aquela pobre Terra Santa, onde ele morou tanto tempo. Terá o senhor calculado direito o que o grande rei Josafá precisaria fazer para pagar, alimentar, vestir e armar cento e dez milhões e sessenta mil soldados de elite?

É justamente assim que se escreve a história.

O sr. Wallace vai de Josafá a César e conclui que, a partir daquele ditador de curta duração, a terra se despovoou visivelmente. Diz ele: vejam-se os suíços; segundo César, seu número era de trezentos e sessenta e oito mil, quando saíram sabiamente de seu país para tentar fortuna, a exemplo dos cimbros.

Basta-me esse exemplo para mandar para casa os partidários um tanto extremados do talento de engendrar com que gratificam os antigos em detrimento dos modernos. O cantão de Berna, de acordo com um censo exato, possui apenas o número de habitantes que, saindo da Helvécia, deixaram-na deserta no tempo de César. A espécie humana, portanto, mais que dobrou na Helvécia depois desse episódio.

Creio até que a Alemanha, a França e a Inglaterra são bem mais povoadas do que eram então. Minha razão é a prodigiosa derrubada das florestas e o número das grandes cidades construídas e aumentadas de oitocentos anos a esta data, bem como o número proporcionalmente maior de artes. Acredito ser essa uma resposta precisa a todas as declamações vagas que se repetem todos os dias em livros nos quais se negligencia a verdade a favor das sutilezas, que se tornam inúteis à força de espirituosidade.

O *Amigo dos homens* supõe que, no tempo de César, havia cinquenta e dois milhões de seres humanos na Espanha; Estrabão disse que ela sempre foi pouco povoada, porque o centro de seu território carece de água. Estrabão parece ter razão, e o *Amigo dos homens* parece estar enganado.

Mas assusta-nos quem nos pergunta o que foi feito com aquelas multidões prodigiosas de hunos, alanos, ostrogodos, visigodos, vândalos e lombardos que se espalharam como torrentes sobre a Europa no século V.

Desconfio dessas multidões; ouso supor que bastariam trinta ou quarenta mil animais ferozes, no máximo, para espalhar o pavor pelo império romano, governado por certa Pulquéria, eunucos e monges. Bastaria que dez mil bárbaros tivessem atravessado o Danúbio, para que em cada paróquia se dissesse no sermão que havia mais bárbaros que gafanhotos nas pragas do Egito; que se tratava de um flagelo de Deus; que era preciso fazer penitência e dar dinheiro aos conventos. O medo dominava todos os habitantes e eles fugiam em massa. Basta ver o medo que um lobo provocou em Gévaudan no ano de 1766.

Mandrin, seguido por cinquenta indigentes, fez uma cidade inteira pagar-lhe tributo. Assim que entrou por uma porta, espalhou-se, na outra, que ele tinha vindo com quatro mil combatentes e canhão.

Se Átila por acaso comandava cinquenta mil assassinos famintos, reunidos de província em província, atribuíam-lhe quinhentos mil.

Os milhões de homens que seguiam gente como Xerxes, Ciro, Tômiris, os trinta ou trinta e quatro milhões de egípcios e a Tebas das cem portas

> [...] *E quidquid Graecia mendax*
> *Audet in historia,*
> [(...) E tudo que a mentirosa Grécia
> Ousar contar em sua história,]

assemelham-se muito aos quinhentos mil homens de Átila. Teria sido muito difícil alimentar esse grupo de viajantes em caminho.

Aqueles hunos vinham da Sibéria, que seja; daí concluo que vinham em pequeníssimo número. A Sibéria certamente não era mais fértil então do que agora. Duvido que, durante o reinado de Tômiris, tenha havido uma cidade como Tobolsk, e que aqueles desertos medonhos pudessem ter alimentado grande número de habitantes.

As Índias, a China, a Pérsia e a Ásia Menor eram muito povoadas; não me custa acreditar nisso, e talvez não o sejam menos em nossos dias, apesar da sanha destrutiva das invasões e das guerras. Em todo lugar onde a natureza pôs pastagens, o touro se casa com a novilha, o carneiro com a ovelha, e o homem com a mulher.

Os desertos de Barca, da Arábia, de Horebe, de Sinai, de Jerusalém, de Cobi etc. nunca foram, não são e nunca serão povoados, a menos que ocorra alguma grande transformação que torne lavráveis aquelas horríveis planícies de areia e pedras.

O território da França é bastante bom, está suficientemente coberto de consumidores, pois em todas as coisas há mais postulantes que postos, visto que há duzentos mil ociosos mendigando de um extremo ao outro do país, sustentando sua detestável vida às expensas dos ricos; enfim, visto que a França alimenta cerca de oitenta mil monges, dos quais nenhum usou as próprias mãos para produzir uma espiga sequer de trigo.

Segunda seção

Refutação de um verbete da *Enciclopédia*

Leem-se no grande *Dicionário enciclopédico*, verbete População, estas palavras, nenhuma das quais verdadeira:

"A França cresceu, com a incorporação de várias grandes províncias muito povoadas; no entanto, o número de seus habitantes é um quinto menor do que antes dessas anexações: e suas belas províncias, que a natureza parece ter destinado a abastecer toda a Europa, são incultas."

1º Se algumas províncias muito povoadas foram incorporadas a um reino, como esse reino poderia ter população um quinto menor? Terá sido assolado pela peste? Se tiver perdido esse quinto, o rei deverá ter perdido um quinto de sua receita. No entanto, a receita anual da coroa subiu a cerca de trezentos e quarenta milhões de libras ao ano, a quarenta e nove libras e meia o marco. Essa soma volta aos cidadãos por meio de pagamento de rendas e despesas e ainda não pode supri-las.

2º Como o autor pode afirmar que a França perdeu um quinto de seus habitantes em homens e mulheres, desde a aquisição de Estrasburgo, se está provado, pelas pesquisas de três intendentes, que a população aumentou nos últimos vinte anos em suas comarcas?

As guerras, que são o mais horrível flagelo da humanidade, deixam viva a espécie fêmea, que a repara. Daí provém que os bons países estão sempre mais ou menos igualmente povoados.

As emigrações de famílias inteiras são mais funestas. A revogação do edito de Nantes e as dragonadas criaram uma chaga cruel na França, mas essa chaga está cicatrizada, e o Languedoc, província da qual mais saíram protestantes, hoje é a província francesa mais povoada, depois da Île-de-France e da Normandia.

3º Como se pode dizer que as belas províncias da França estão incultas? Na verdade, isso é achar-se danado no paraíso. Basta ter olhos para convencer-se do contrário. Mas, sem entrarmos aqui em muitos pormenores, consideraremos Lyon, que contém cerca de cento e trinta mil habitantes, ou seja, o mesmo que Roma, e não duzentos mil, como disse o abade de Caveyrac em sua Apologia da dragonada e da noite de São Bartolomeu[27]. Não há cidade onde se coma melhor. De

---

27. Caveyrac copiou esse exagero de Pluche, mas sem dar-lhe essa honra. Pluche, em sua *Concordância* (ou discordância) da *geografia*, p. 152, dá, liberalmente, um milhão de habitantes a Paris, duzentos mil a Lyon, duzentos

onde vem essa opulência de excelentes alimentos, se não das lavouras vizinhas? Essas lavouras, portanto, estão muito bem cultivadas, são ricas. Direi o mesmo de todas as cidades da França. O estrangeiro se admira com a abundância que nelas encontra, vendo-se servido em vasilhas de prata em mais de uma casa.

Há solos indomáveis, como as landas de Bordeaux, a parte da Champagne chamada *pouilleuse* [estéril]. Sem dúvida não foi a má administração que causou a esterilidade daquelas podres terras: elas não eram melhores no tempo dos druidas.

Causa grande prazer queixar-se e censurar, concordo. É gostoso, depois de comer carneiro engordado nos pastos do litoral, bezerro normando, pato de Rouen, tarambola do Deufinado, franga ou tetraz do Franco-Condado, depois de beber vinho de Chambertin, Silleri, Aï, Frontignan; é gostoso, repito, queixar-se com uma digestão um tanto laboriosa da sorte das lavouras, que fornecem por alto preço todas essas delícias. Viajem, cavalheiros, e verão se lá fora comerão, beberão, se alojarão, se vestirão e se locomoverão melhor.

Acredito que a Inglaterra, a Alemanha protestante e a Holanda são proporcionalmente mais povoadas. A razão disso é evidente: naqueles países não há monges que juram a Deus que serão inúteis para os homens. Os sacerdotes, não tendo muito o que fazer, ocupam-se em estudar e propagar-se. Fazem filhos robustos e lhes dão educação melhor do que a dos filhos dos marqueses franceses e italianos.

Roma, ao contrário, estaria deserta sem os cardeais, os embaixadores e os viajantes. Não passaria de um monumento ilustre, como o templo de Júpiter-Âmon. No tempo dos primeiros Césares, contavam-se milhões de seres humanos naquele território estéril, fertilizado pelos escravos e pelo esterco. Era uma exceção à lei geral, segundo a qual a população costuma ser proporcional à boa qualidade do solo.

A vitória havia fertilizado e povoado aquela terra ingrata. A espécie mais estranha e contraditória de governo que já impressionou os homens devolveu ao território de Rômulo a sua primeira natureza. Todo o país está despovoado de Orvieto a Terracina. Roma, reduzida a seus cidadãos, estaria, diante de Londres, na proporção de um para doze; e, em termos de dinheiro e comércio, perante as cidades de Amsterdam e de Londres, não chegaria à proporção de um para mil.

O que Roma perdeu a Europa recuperou; além disso, a população triplicou em todo lugar desde Carlos Magno.

Digo triplicou e é muito, porque a propagação não se dá em progressão geométrica. Todos os cálculos feitos sobre essa pretensa multiplicação não passam de quimeras absurdas.

Se uma família de homens ou de macacos se multiplicasse desse modo, ao cabo de duzentos anos a terra não teria como os alimentar.

A natureza provê tudo de tal modo que conserva e restringe as espécies. Ela se parece com as parcas, que fiavam e cortavam o tempo todo. Só está ocupada com nascimentos e destruições.

Se deu ao animal homem mais ideias e mais memória do que aos outros, se o tornou capaz de generalizar e combinar suas ideias, se lhe deu a vantagem do dom da palavra, não lhe deu o dom da multiplicação como aos insetos. Há mais formigas numa légua quadrada de charnecas do que homens em todos os tempos no globo.

Quando um país possui grande número de ociosos, pode-se ter certeza de que está bastante povoado, pois esses ociosos são alojados, alimentados, vestidos, recreados e respeitados por aqueles que trabalham.

---

mil a Lille, que não tem a metade, cem mil a Nantes, Marselha e Toulouse. Diz essas mentiras impressas com a mesma confiança com que fala do lago Sirbon e demonstra o dilúvio. E o espírito da juventude é alimentado com essas extravagâncias! (N. de Voltaire)

Se há habitantes demais, se todos os postos estão ocupados, vai-se trabalhar e morrer no Haiti, na Martinica, na Filadélfia, em Boston.

O ponto principal não é ter supérfluo em homens, mas tornar esse supérfluo o menos infeliz possível.

Devemos agradecer a natureza por nos ter dado vida na zona temperada, povoada por um número mais que suficiente de habitantes que cultivam todas as artes; e tentemos não estragar essa felicidade com nossas tolices.

Terceira seção

Fragmento sobre a população

Quarta seção

Sobre a população da América

A descoberta da América, objeto de tanta cobiça e ambição, tornou-se também objeto da filosofia. Um número prodigioso de escritores esforçou-se para provar que os americanos eram uma colônia do velho mundo. Alguns metafísicos modestos disseram que o mesmo poder que fez a relva crescer nos campos da América também pode ter lá posto homens; mas esse sistema nu e simples não foi ouvido.

Quando o grande Colombo desconfiou da existência daquele novo universo, disseram-lhe que isso era impossível; Colombo foi visto como um visionário. Depois que ele fez a descoberta, disseram que aquele novo mundo era conhecido muito tempo antes.

Afirmou-se que Martin Beheim, nativo de Nuremberg, partira de Flandres por volta do ano 1460, para procurar aquele mundo desconhecido, e que foi até o estreito de Magalhães, deixando mapas anônimos; mas, como Martin Beheim não povoara a América, e como era absolutamente necessário que um dos tetranetos de Noé tivesse feito isso, foi-se buscar na antiguidade tudo o que pudesse ter relação com alguma viagem longa e aplicou-se isso à descoberta dessa quarta parte de nosso globo. Levaram os navios de Salomão até o México, e de lá se extraiu o ouro de Ofir para aquele príncipe, que era obrigado a pedi-lo emprestado ao rei Hirão. Descobriu-se a América em Platão. Houve quem honrasse com ela os cartagineses; a respeito desse fato, citou-se um livro de Aristóteles que ele não escreveu.

Hornius afirmou encontrar alguma conformidade entre a língua dos hebreus e a dos caraíbas. O padre Lafitau, jesuíta, não perdeu a oportunidade de seguir por tão bela trilha. Os mexicanos, em meio às suas grandes aflições, rasgavam-se as vestes; alguns povos da Ásia faziam o mesmo outrora, logo eram ancestrais dos mexicanos. Poderíamos acrescentar que se dança muito em Languedoc, que os huronianos dançam também em seus momentos de júbilo; logo, o povo do Languedoc descende dos huronianos, ou estes daquele.

Os autores de uma terrível *História universal* afirmam que todos os americanos são uma colônia de tártaros. Garantem que essa é a opinião mais aceita entre os eruditos; mas não dizem que é entre os eruditos que pensam. Segundo eles, algum descendente de Noé não teve nada mais importante para fazer do que ir estabelecer-se no delicioso território de Kamtschatka, ao norte da Sibéria. Sua família, que não tinha nada para fazer, foi visitar o Canadá, equipando frotas, andando por prazer pelas geleiras ou por alguma faixa de terra que não foi encontrada até nossos dias. Em seguida, começaram a fazer filhos no Canadá e, como aquele belo país não podia mais alimentar a multidão prodigiosa de seus habitantes, eles foram povoar o México, o Peru e o Chile; e suas tetranetas pariram gigantes lá pelo estreito de Magalhães.

Como se encontram animais ferozes em alguns países quentes da América, esses autores supõem que os Cristóvãos Colombos de Kamtschatka os levaram ao Canadá para se divertirem, tomando o cuidado de escolher todos os indivíduos daquelas espécies que não se encontrassem mais em nosso continente.

Mas os kamtschatkianos não foram os únicos que serviram para povoar o novo mundo; foram caritativamente ajudados por tártaros manchus, hunos, chineses e japoneses.

Os tártaros manchus são incontestavelmente os ancestrais dos peruanos, pois Mango-Capak é o primeiro inca do Peru. Mango assemelha-se a Manco; Manco, a Mancu; de Mancu a manchu, é um pulinho. Nada está mais bem demonstrado.

Quanto aos hunos, construíram na Hungria uma cidade que se chamava Cunadi; ora, trocando *cu* por *ca*, tem-se Canadi, donde o Canadá claramente extraiu seu nome.

Uma planta parecida com o ginseng dos chineses cresce no Canadá; logo, os chineses a levaram para lá, antes mesmo que se tornassem senhores de parte da Tartária chinesa, onde cresce o ginseng; aliás, os chineses são tão grandes navegantes que outrora mandaram frotas para a América, sem nunca manterem o menor contato com suas colônias.

Em relação aos japoneses, o povo mais próximo da América, da qual estão separados por apenas mil e duzentas léguas, sem dúvida estiveram lá outrora; mas depois deixaram de dar importância a essa viagem.

No entanto, é isso o que se ousa escrever em nossos dias. Que responder a esses sistemas e a tantos outros? Nada.

POR QUÊS (Pourquoi [les])

Por que quase nunca se faz um décimo do bem que se poderia fazer?

Está claro que, se uma nação situada entre os Alpes, os Pirineus e o mar tivesse usado em melhorias e embelezamento do seu território um décimo do dinheiro que perdeu na guerra de 1741 e metade dos homens que morreram inutilmente na Alemanha, o Estado teria prosperado mais. Por que isso não foi feito? Por que preferir uma guerra, que a Europa via como injusta, às felizes obras da paz, que teriam unido o útil ao agradável?

Por que Luís XIV, que tinha tanto gosto pelos grandes monumentos, por fundações e belas-artes, perdeu oitocentos milhões na moeda de hoje para assistir à travessia do Reno a nado por seus couraceiros e sua casa, para não tomar Amsterdam, para revoltar quase toda a Europa? O que se teria feito com seus oitocentos milhões!

Por que, reformando a justiça, ele só a reformou pela metade? Tantos antigos usos baseados nas decretais e no direito canônico deveriam subsistir? Era mesmo necessário que, em tantas das chamadas causas *eclesiásticas*, que no fundo são civis, se recorresse ao bispo, do bispo ao metropolitano, do metropolitano ao primaz, do primaz a Roma *ad apostolos*, como se os apóstolos tivessem sido outrora os juízes de última instância das Gálias?

Por que, quando Luís XIV foi ultrajado pelo papa Alexandre VII, Chigi, zombando, mandou um legado à França para pedir desculpas frívolas e erigiu em Roma uma pirâmide cujas inscrições só diziam respeito aos guardas da ronda de Roma (pirâmide que mandou demolir logo depois)? Não seria melhor abolir para sempre a simonia, em virtude da qual todo bispo e todo abade das Gálias paga à câmara apostólica italiana metade do que ganha?

Por que o mesmo monarca, bem mais ultrajado por Inocêncio XI, Odescalchi, que contra ele se aliava ao príncipe de Orange, se limitou à defesa de quatro moções em suas universidades e recusou os votos de toda a magistratura, que solicitava uma ruptura eterna com a cúria romana?

Por que, ao criar leis, ele se esqueceu de reunir todas as províncias do reino sob uma lei uniforme, deixando que subsistissem cento e quarenta costumagens, cento e quarenta e quatro medidas diferentes?

Por que as províncias daquele reino foram sempre consideradas estrangeiras umas em relação às outras, de tal modo que as mercadorias da Normandia, transportadas por terra à Bretanha, pagam direitos como se viessem da Inglaterra?

Por que não era permitido vender na Picardia o trigo colhido na Champagne, sem permissão expressa, assim como se obtém em Roma, por três júlios, permissão para ler livros proibidos?

Por que se deixou durante muito tempo a França maculada pelo opróbrio da venalidade? Parecia incumbir a Luís XV a abolição desse uso de comprar o direito de julgar os homens, tal como se compra uma casa de campo, e de obrigar o demandante a pagar contribuições ao juiz, assim como é preciso pagar ingressos à porta do teatro.

Por que instituir num reino os cargos e dignidades de

Conselheiros do rei...
Inspetores de bebidas,
Inspetores de matadouros,
Escrivães de inventários,
Fiscais de multas,
Inspetores de suínos,
Equalizadores de talhas,
Aferidores de lenha,
Ajudantes de aferidores de lenha,
Empilhadores de lenha,
Descarregadores de madeira nova,
Fiscais de madeira para construção,
Marcadores de madeira para construção,
Medidores de carvão,
Peneiradores de cereais,
Inspetores de bovinos,
Fiscais de aves,
Arqueadores de tonéis,
Provadores de aguardente,
Provadores de cerveja,
Descarregadores de pipas,
Estivadores de feno,
Carpinteiros-encaixotadores,
Medidores de tecidos,
Inspetores de perucas?

Esses cargos, que sem dúvida constituem a prosperidade e o esplendor de um império, formavam comunidades numerosas, cada uma com seu síndico. Tudo isso foi abolido em 1719, mas para dar lugar a outras de espécie semelhante com o passar do tempo.

Não seria melhor abolir o fasto e o luxo da grandeza do que sustentá-los miseravelmente por meios tão sórdidos e vergonhosos?

Por que um reino, apesar de frequentemente reduzido aos últimos recursos e ao rebaixamento, se manteve, por mais esforços que tenham feito para esmagá-lo? Porque a nação é ativa e industriosa. Assemelha-se às abelhas: tomam-lhes a cera e o mel e, no momento seguinte, já estão trabalhando para fazer mais.

Por que na metade da Europa as moças rezam em latim, que não entendem?

Por que quase todos os papas e todos os bispos do século XVI, pais notórios de tantos bastardos, se obstinaram em proscrever o casamento dos padres, enquanto a Igreja grega continuou ordenando que os seus tivessem mulher?

Por que na antiguidade nunca houve disputa teológica e nunca se distinguiu nenhum povo por nomes de seitas? Os egípcios não eram chamados isíacos, osiríacos; os povos da Síria não tinham o nome de cibelianos. Os cretenses tinham uma devoção especial por Júpiter, mas nunca se intitularam jupiterianos. Os antigos latinos eram muito ligados a Saturno, mas não houve nenhuma aldeia do Lácio que fosse chamada de saturniana. Ao contrário, os discípulos do Deus de verdade, assumindo o título de seu mestre e chamando-se *ungidos* como ele, assim que puderam declararam guerra eterna a todos os povos que não fossem ungidos e durante mais de mil e quatrocentos anos travaram guerra entre si, assumindo nomes como *arianos, maniqueístas, donatistas, hussitas, papistas, luteranos, calvinistas*. E até recentemente o maior ressentimento de jansenistas e molinistas foi não terem conseguido entrematar-se em formação de batalha. Por que isso?

Por que um livreiro nos vende publicamente o curso de ateísmo do grande poeta Lucrécio, impresso para uso do Delfim, filho único de Luís XIV, por ordem e supervisão do sábio duque de Montausier e do eloquente Bossuet, bispo de Meaux, e do douto Huet, bispo de Avranches? É lá que se encontram as sublimes impiedades, os versos admiráveis contra a Providência e contra a imortalidade da alma que passam de boca em boca ao longo de todos os séculos por vir:

Ex nihilo nihil, in nihilum nil posse reverti.
Nada do nada vem, nada ao nada retorna.
(Pers., Sát. III, v. 84)

Tangere enim et tangi nisi corpus nulla potest res.
Somente o corpo toca e governa o corpo.
(Lucr, liv. I, v. 305)

Nec bene promeritis capitur, nec tangitur ira (Deus).
Lisonjas não aceita, e a ira não o toca (Deus).
(*Id.*, I, 62)

Tantum relligio potuit suadere malorum!
Consegue a religião induzir a tanto mal!
(*Id.*, I, 102)

Mortale aeterno jungere, et una
Consentire putare et fungi mutua posse,
Desipere est.
Insensato há de ser quem ouse reunir
O que p'ra sempre dura e o que deve morrer.
(Lucr., III, 801-3)

Nil igitur mors est, ad nos neque pertinet hilum.
A morte nada é; pouca coisa nos cabe.
(*Id.*, III, 842)

Mortalem tamen esse animam feteare necesse est.
Não, inferno não há, e a noss'alma é mortal.
(*Id.*, III, 542)

Hinc Acherusia fit stultorum denique vita.
Os velhos loucos são em sua superstição.
(*Id.*, III, 1036)

e centenas de outros versos que deleitam todas as nações; produções imortais de um espírito que se acreditou mortal.

Não só esses versos latinos são vendidos na rua Saint-Jacques e no Quai des Augustins, como também é possível comprar tranquilamente as traduções feitas para todos os dialetos derivados da língua latina, traduções ornadas de notas doutas que esclarecem a doutrina do materialismo, reúnem todas as provas contra a Divindade e a aniquilariam, caso ela pudesse ser destruída. Esse livro é encontrado com encadernação de marroquim nas belas bibliotecas de grandes príncipes devotos, cardeais, chanceleres, arcebispos e presidentes de tribunais, mas os dezoito primeiros livros da história do sábio de Thou foram condenados tão logo publicados. Um pobre filósofo gaulês ousa imprimir, em seu próprio nome, que, se tivessem nascido sem dedos, os seres humanos nunca poderiam ter trabalhado a tapeçaria, e imediatamente outro gaulês, investido de uma magistratura paga, exige a queima do livro e do autor.

Por que os espetáculos são anatematizados por certas pessoas que se dizem do primeiro escalão do Estado, enquanto os espetáculos são necessários a todos os escalões do Estado, enquanto são pagos pelo soberano do Estado, contribuem para a glória do Estado, e as leis do Estado os mantêm com seu esplendor e com regularidade?

Por que ficam entregues ao desprezo, à humilhação, à opressão e à rapina todos esses homens laboriosos e inocentes que cultivam a terra todos os dias do ano para que possais comer todos os seus frutos; enquanto, ao contrário, respeita-se, poupa-se e corteja-se o homem inútil e muitas vezes malvado que vive do trabalho deles e só é rico graças à miséria deles?

Por que, durante tantos séculos, entre tantos seres humanos que produzem o trigo de que nos alimentamos, nunca surgiu nenhum que demonstrasse o erro ridículo, segundo o qual o trigo precisa apodrecer para germinar e morrer para renascer, erro que produziu tantas asserções descabidas, tantas falsas comparações, tantas opiniões ridículas?

Por que, se os frutos da terra são tão necessários à conservação de homens e animais, faltam eles tantas vezes em tantos lugares?

Por que a terra está coberta de venenos em metade da África e da América?

Por que não há um só território onde não haja muito mais insetos que seres humanos?

Por que um pouco de secreção esbranquiçada e fedorenta forma um ser que terá ossos duros, desejos e pensamentos? E por que esses seres se perseguirão mutuamente para sempre?

Por que existe tanto mal, se tudo foi formado por um Deus que todos os teístas dizem unanimemente ser *bom*?

Por que, se nos queixamos o tempo todo de nossos males, estamos sempre ocupados a redobrá-los?

Por que, sendo tão miseráveis, imaginamos que deixar de ser é um grande mal, enquanto está claro que não era um mal não sermos ainda antes de nascermos?

Por que chove todos os dias no mar, enquanto tantos desertos precisam de chuva e estão sempre áridos?

Por que e como sonhamos dormindo, se não temos alma? E como esses sonhos são sempre tão incoerentes e extravagantes se a temos?

Por que os astros circulam do ocidente ao oriente, e não ao contrário?

Por que existimos? Por que existe algo?

POSSESSOS (Possédés)

De todos aqueles que se gabam de ter relações com o diabo, só aos possessos nunca se tem nada de bom para replicar. Se alguém disser: "Sou possesso", será preciso acreditar em sua palavra. Esses não são obrigados a fazer coisas muito extraordinárias; e, quando fazem, é só por superabundância de direito. Que responder a alguém que gira os olhos, torce a boca e diz que está com o diabo no corpo? Todos sentem o que ele sente. Antigamente o mundo estava cheio de possessos; pode muito bem havê-los ainda. Se têm a ideia de agredir os outros, levam uma tunda e ficam bem-comportados. Mas, a um pobre possesso que se limite a algumas convulsões e não faça mal a ninguém, não temos o direito de fazer mal. Quem discutir com ele infalivelmente perderá; ele dirá: "O diabo entrou em mim na forma tal; desde então tenho uma cólica sobrenatural, que os boticários todos do mundo não conseguem aliviar." Com essa pessoa certamente não há outra solução, senão o exorcismo ou a entrega ao diabo.

É pena que hoje já não existam possessos, magos, astrólogos e gênios. Impossível imaginar a força que tinham, há cem anos, todos esses mistérios. Toda a nobreza vivia então em seus castelos. As noites de inverno são longas; todos morreriam de tédio sem esses nobres divertimentos. Quase não havia castelo aonde alguma fada não fosse em datas marcadas, tal como a fada Merlusina no castelo de Lusignan. O grande monteiro, homem magro e preto, caçava com uma matilha de cães pretos na floresta de Fontainebleau. O diabo torcia o pescoço do marechal Fabert. Cada aldeia tinha seu feiticeiro ou sua bruxa; cada príncipe tinha seu astrólogo; todas as senhoras tinham quem lhes lesse a sorte; os possessos percorriam os campos; competia-se para saber quem tinha visto o diabo ou quem o veria; tudo isso era assunto de conversas inesgotáveis, que deixavam todos sem fôlego. Atualmente, joga-se; é muito sem graça; perdemos muito ao perdermos as ilusões.

PRECES (Prières)

Não conhecemos nenhuma religião sem preces; até mesmo os judeus as tinham, embora não tivessem fórmulas públicas até o tempo em que começaram a cantar seus cânticos nas sinagogas, o que ocorreu só muito tarde.

Todos os homens, em seus desejos e temores, invocaram o socorro de uma divindade. Alguns filósofos, mais respeitosos para com o Ser supremo e menos condescendentes com a fraqueza humana, só quiseram a resignação como prece. De fato, é apenas isso o que parece convir entre a criatura e o criador. Mas a filosofia não é feita para governar o mundo; ela se eleva acima demais do vulgo, fala uma linguagem que este não pode entender. Seria o mesmo que propor aos mercadores de peixes que estudassem as seções cônicas.

Mesmo entre os filósofos, acredito que somente Máximo de Tiro tenha tratado do assunto; vejamos a substância das ideias de Máximo.

O Eterno tem seus desígnios desde toda a eternidade. Se a prece estiver de acordo com suas vontades imutáveis, será inútil pedir-lhe o que ele está resolvido a fazer. Se lhe pedirmos que faça o contrário do que resolveu, será o mesmo que pedir-lhe que seja fraco, leviano e inconstante; e acreditar que ele é assim é escarnecê-lo. Ou então lhe pedimos uma coisa justa: nesse caso, ele deve fazê-la, e ela será feita sem que peçamos; é desconfiar dele insistir; ou então a coisa é injusta, e nesse caso o ultrajamos. Somos dignos ou indignos da graça que imploramos: se dignos, ele sabe melhor que nós; se indignos, cometemos mais um crime pedindo o que não merecemos.

Em resumo, só fazemos preces a Deus porque o fizemos à nossa imagem. Nós o tratamos como um paxá, como um sultão que pode irritar-se ou ser apaziguado.

Enfim, todas as nações fazem preces: os sábios resignam-se e obedecem.

Oremos com o povo e resignemo-nos com os sábios.

Já falamos das preces públicas de várias nações e também da dos judeus. Esse povo tem uma prece desde tempos imemoriais, que merece toda a nossa atenção, devido à sua conformidade com nossa prece ensinada por Jesus Cristo. Essa oração judaica chama-se *Kadish*; começa com estas palavras: "Ó Deus! Que vosso nome seja glorificado e santificado; fazei reinar o vosso reino; que a redenção floresça e que o Messias venha prontamente!"

Por ser recitado em caldeu, acreditou-se que esse *Kadish* data do cativeiro, e que então aquele povo começou a esperar um messias, um libertador, que a partir de então pediram nos tempos de calamidades.

Essa palavra *messias*, que se encontra nessa antiga prece, ocasionou muitas discussões sobre a história desse povo. Se essa prece for do tempo da transmigração para a Babilônia, estará claro que então os judeus deviam desejar e esperar um libertador. Mas por que razão, em tempos mais funestos ainda, depois da destruição de Jerusalém por Tito, nem Josefo nem Fílon falam da espera de um messias? Há obscuridades na história de todos os povos, mas a dos judeus é um caos perpétuo. Causa tristeza em todos os que queiram instruir-se o fato de os caldeus e os egípcios terem perdido seus arquivos, ao passo que os judeus conservaram os seus.

Vejamos a seguir uma história interessante sobre a prece, que não parecerá deslocada depois do que acabamos de dizer neste verbete. Trata-se de um ato jurídico, cuja cópia, que garantem ser fidelíssima, chegou às nossas mãos há pouco. Foi redigido por ordem de um bom senhor picardo, que provavelmente nunca lera os escritos de Máximo de Tiro, mas cujas ideias não deixam de ter grande analogia com as daquele filósofo grego. Cabe ao leitor apreciá-las: nós nos limitamos a transcrever o texto.

"Em 30 de setembro de mil setecentos e sessenta e três, conforme petição do sr. conde de Créqui-Canaple, batizado Hugues, sr. de Quatrequine, da castelania de Orville etc. etc. domiciliado antes em Port e agora em suas terras de Orville, comunique-se nos devidos termos à Sua Senhoria Jean-Baptiste-Laurent Vichery, cura da paróquia de Orville, nela domiciliado, que ele deve abster-se, no que lhe diz respeito, do costume de citar o senhor de Orville nas preces públicas da Igreja, porque Deus, sendo justo, concede infalivelmente o que é justo, sem que seja preciso pedi-lo, assim como recusa tudo o que é injusto, mesmo quando pedido. Também porque está claro que a prece procede do desejo de ser obedecido, que, por conseguinte, se ofende com a recusa da obediência, o que é precisamente a negação do verdadeiro culto, pois o desejo do homem deve conformar-se ao desejo divino, e não o desejo divino ao desejo do homem; daí se segue que a prece é um ato de rebeldia contra a Divindade, pois tende a conformar o desejo divino ao desejo do homem. Consequentemente, o referido senhor de Créqui-Canaple, sem considerar o uso da Europa inteira e até de todas as nações em termos de preces, declara à Sua Senhoria o cura de Orville que não autoriza ninguém a rezar por ele, nem ele mesmo reza pelos vivos ou pelos mortos, confiando inteiramente na onisciência e na onipotência da Divindade em seus juízos; analogamente, não consente que o referido cura de Orville o cite nas preces públicas, opondo-se formalmente a isso; para que não se alegue ignorância, lavra-se este ato. Assinado etc.; comunicado etc.; certificado etc. etc."

PRECONCEITOS (Préjugés)

Preconceito é uma opinião sem julgamento. Assim, em toda a terra, incutem-se nas crianças todas as opiniões que se queiram, antes que elas possam julgar.

Há preconceitos universais, necessários, criadores de virtude até. Em todo lugar as crianças são ensinadas a reconhecer um Deus remunerador e punidor, a respeitar e amar pai e mãe, a considerar o roubo como crime e a mentira interesseira como vício, antes que elas possam adivinhar o que são vício e virtude.

Portanto, há preconceitos ótimos; são esses que o juízo ratifica quando raciocinamos.

Sentimento não é simples preconceito; é algo bem mais forte. A mãe não ama o filho porque lhe disseram que precisa amá-lo: gosta dele à revelia. Não é por preconceito que acudimos uma criança desconhecida que esteja prestes a cair num precipício ou a ser devorada por uma fera.

Mas é por preconceito que respeitaremos o homem que, coberto por certos trajes, anda e fala com gravidade. Nossos pais nos disseram que devemos nos inclinar diante desse homem; nós o respeitamos antes de sabermos se ele merece nosso respeito: crescemos em idade e conhecimentos; percebemos que esse homem é um charlatão cheio de orgulho, interesse e artifício; desprezamos o que reverenciávamos, e o preconceito cede ao julgamento. Acreditamos por preconceito nas fábulas com que foi embalada a nossa infância; disseram-nos que os titãs guerrearam contra os deuses, e que Vênus se apaixonou por Adônis; aos doze anos, tomamos tais fábulas por verdades; aos vinte, nós as veremos como alegorias engenhosas.

Examinemos em poucas palavras os diferentes tipos de preconceito, a fim de pormos ordem nas coisas. Talvez sejamos como aqueles que, no tempo do sistema de Law, perceberam que tinham calculado riquezas imaginárias.

Preconceitos dos sentidos

Não será engraçado que nossos olhos nos enganem sempre, mesmo quando enxergamos bem, e que nossos ouvidos, ao contrário, nunca nos enganem? Se vossos ouvidos bem-feitos ouvirem *És bela, eu te amo*, está claro que não vos disseram *Eu te odeio, és feia*. Mas vedes um espelho liso, e está demonstrado que vos enganais: trata-se de uma superfície áspera. Vedes o Sol com cerca de dois pés de diâmetro, e está demonstrado que ele é um milhão de vezes maior que a Terra.

Parece que Deus nos pôs a verdade nos ouvidos e o erro nos olhos; mas estudai óptica e vereis que Deus não vos enganou, e que é impossível que os objetos vos pareçam diferentes do que vedes no estado presente das coisas.

Preconceitos físicos

O Sol nasce, a Lua também; a Terra está imóvel: esses são preconceitos físicos naturais. Mas que caranguejo seja bom para o sangue, porque fica vermelho quando cozido, que enguia cure paralisia, porque se movimenta rapidamente, que a Lua influa em nossas doenças, porque um dia se observou um doente cuja febre se exacerbou na minguante, tudo isso e milhares de outras ideias foram erros de antigos charlatães que julgaram sem raciocinar e, enganando-se, enganaram os outros.

Preconceitos históricos

Na maioria das histórias se acreditou sem exame, e essa crença é preconceito. Fábio Píctor conta que, vários séculos antes dele, uma vestal da cidade de Alba, indo buscar água com sua bilha, foi violentada e deu à luz Rômulo e Remo; que estes foram alimentados por uma loba etc. O povo romano acreditou nessa fábula, não procurou saber se naquele tempo havia vestais no Lácio, se era verossímil que a filha de um rei saísse de seu convento com uma bilha, se era provável que uma loba amamentasse duas crianças em vez de comê-las, e o preconceito se estabeleceu.

Um monge escreveu que Clóvis, correndo grande perigo na batalha de Tolbiac, prometeu tornar-se cristão caso escapasse; mas será natural que alguém faça uma promessa a um deus estrangeiro em tal ocasião? Não será então que a religião na qual fomos criados age com mais força? Qual é o cristão que, numa batalha contra os turcos, não prefira rezar à Virgem Maria, em vez de rezar a Maomé? Acrescenta-se que um pombo trouxe a santa ampola no bico para ungir Clóvis, e que um anjo trouxe a auriflama para conduzi-lo; o preconceito acreditou em todas as historietas desse gênero. Os que conhecem a natureza humana sabem muito bem que o usurpador Clóvis e o usurpador Rolon ou Rol se tornaram cristãos para governar cristãos com mais segurança, assim como os usurpadores turcos se tornaram muçulmanos para governar os muçulmanos com mais segurança.

Preconceitos religiosos

Se vossa ama vos disser que Ceres preside o trigo, ou que Vixnu e Xaca se tornaram homens várias vezes, ou que Samonocodom veio cortar uma floresta, ou que Odin vos espera em sua sala de Jutlândia, ou que Maomé ou outro fez uma viagem ao céu, enfim, se vosso preceptor vier depois nos inculcar no cérebro o que vossa ama ali gravou, vós vos apegareis a tais coisas para o resto da vida. Vosso juízo quer insurgir-se contra esses preconceitos, mas vossos vizinhos e, sobretudo, vossas vizinhas bradam que sois ímpio e vos assustam; vosso dervixe, temendo que suas rendas diminuam, vos denunciam ao cádi, e esse cádi vos manda empalar, se puder, pois quer comandar tolos e acredita que os tolos obedecem mais que os outros: isso vai durar até que vossos vizinhos, o dervixe e o cádi comecem a entender que a tolice não serve para nada, e que a perseguição é abominável.

PREGO (Clou)

Não nos deteremos em observar que a barbárie selvagem que formou *clou* [prego] de *clavus*, e *Cloud* de *Clodoaldus* [Clodoaldo], e *clou* de *girofle* [cravo], embora o cravo se pareça bem pouco com um prego, e *clou,* doença dos olhos, e *clou*, tumor de pele etc. Essas expressões provêm da negligência e da esterilidade da imaginação; é a vergonha de uma língua.

Aqui pedimos licença aos censores de livros para transcrever o que o missionário Labat, dominicano, provedor do Santo Ofício, escreveu sobre os pregos da cruz, na qual é mais que provável que nenhum prego tenha sido jamais pregado[28].

"O religioso italiano que nos conduzia teve crédito suficiente para nos mostrar, entre outras coisas, um dos pregos com que nosso Senhor foi pregado à cruz. Pareceu-me bem diferente daquele que os beneditinos mostram em Saint-Denis. O de Sant-Denis talvez tenha servido para os pés, devendo ser maior que o das mãos. No entanto, os das mãos precisariam ser bastante grandes e fortes para sustentar todo o peso do corpo. Mas os judeus só podem ter usado mais de quatro pregos, ou então os pregos que são expostos à veneração dos fiéis não são muito autênticos: pois a história conta que santa Helena jogou um deles no mar para acalmar uma tempestade furiosa que agitava seu navio. Constantino usou outro deles para fazer o morso da brida de seu cavalo. Em Saint-Denis, na França, mostra-se um inteiro e há outro também inteiro em Santa Cruz de Jerusalém, em Roma. Um autor romano de nosso século, muito famoso, afirma que a coroa de ferro com que se coroam os imperadores na Itália é feita com um desses pregos. Em Roma e em Carpentras há dois morsos de brida também feitos com esses pregos, e mostram-se desses pregos

---

28. *Voyages du jacobin Labat*, tomo VIII, pp. 34 e 35. (N. de Voltaire)

também em outros lugares. É bem verdade que sobre alguns deles se diz com prudência ora que é a ponta, ora a cabeça."

O missionário fala no mesmo tom de todas as relíquias. Diz no mesmo lugar que quando o corpo do primeiro diácono, santo Estêvão, foi levado de Jerusalém a Roma e posto no túmulo do diácono são Lourenço, em 557, "são Lourenço afastou-se espontaneamente para ceder a direita a seu hóspede; ação que lhe valeu o apelido de espanhol educado"[29].

Diante desses trechos só nos cabe uma reflexão: se algum filósofo se tivesse expressado na *Enciclopédia* como o missionário dominicano Labat, uma multidão de Patouillets, Nonottes, Chiniacs, Chaumeix e outros moleques teriam bradado *deísta, ateu, geômetra*.

> *Selon ce que l'on peut être*
> *Les choses changent de nom.*
> [Conforme aquilo que se é
> As coisas mudam de nome.]
> (*Anfitrião*, Prólogo)

PREPÚCIO (Prépuce)

Sempre se fala de prepúcio no livro dos judeus. O trecho mais desconcertante sobre o prepúcio é o do primeiro capítulo dos Macabeus. O autor fala de vários judeus que pediram permissão ao rei Antíoco para viver à grega, permissão que lhes foi dada com grande facilidade. Isso porque, nos banhos públicos e nos exercícios em que precisavam aparecer nus, sentiam vergonha de mostrar aos gregos as marcas de sua circuncisão. O texto diz que eles fizeram prepúcios para si e transgrediram o santo Testamento: *Fecerunt sibi praeputia, et recesserunt a Testamento sancto* [Restabeleceram seus prepúcios e renegaram a aliança sagrada].

Como se faz um prepúcio? Ele não nasce de novo como as unhas. Trata-se, na verdade, de cortar apenas uma beirada da capinha da glande; mas esse pedaço de carne não renasce mais, tanto quanto um pedaço do nariz.

Os rabinos afirmaram que há uma maneira de restabelecer esse prepúcio; mas raciocinavam como rabinos. Em vão o médico Bartholin quis defender que essa opinião é ridícula. Há apenas uma maneira fácil de disfarçar um pouco a amputação do prepúcio: é prendê-lo um pouco na ponta com um fio, quando o pênis não está em estado de intumescência; mas tal paliativo não poderia durar muito tempo. De resto, a carne cortada a hebreus e muçulmanos é tão pouca, que é preciso ter bons olhos para perceber o que está faltando.

---

29. Esse mesmo missionário Labat, dominicano, provedor do Santo Oficio, que não perde a oportunidade de desancar as relíquias e os milagres dos outros monges, só fala com nobre segurança de todos os prodígios e de todas as preeminências da ordem de são Domingos. Jamais um escritor monástico levou tão longe o vigor do amor-próprio conventual. É de se ver como trata os beneditinos e o padre Martène. "Ingratos beneditinos!... Ah! Padre Martène!... Negra ingratidão que nem toda a água do dilúvio pode lavar! Dais tanto valor às *Cartas provinciais* e defendeis o bem dos jacobinos!...Tremei, reverendos beneditinos da congregação de Saint-Vannes... Se o padre Martène não está contente, que fale." É bem pior quando ele pune o judicioso e engraçado viajante Misson por não ter excetuado os jacobinos do grupo de monges por ele ridicularizados. Labat trata Misson de *bufão ignorante que só pode ser lido pela canalha inglesa*. O mais interessante é que esse monge faz de tudo para ser mais atrevido e engraçado que Misson. Além do mais, foi ele um dos mais descarados catequistas que tivemos; mas, na qualidade de viajante, ele se parece com todos os outros, que acreditam que todo o universo tem os olhos voltados para todas as tabernas onde dormiram e para as suas brigas com os empregados da alfândega. (N. de Voltaire)

Não foi menos difícil explicar um trecho bastante singular de Jeremias:

"Visitarei quem tiver o prepúcio cortado, o Egito, Judá, Edom, os filhos de Amon e de Moabe, e todos aqueles que têm cabelos curtos e habitam no deserto, pois todas essas nações têm prepúcio; mas os israelitas são incircuncisos de coração."

Acreditou-se que o profeta Jeremias se contradizia, pois está claro que, na maioria, os povos de que ele falava eram circuncidados; por isso, as opiniões estão muito divididas no que diz respeito ao sentido desse trecho.

Nos primeiros tempos do cristianismo, essa era uma questão muito delicada: cabia abolir ou conservar a circuncisão? Jesus Cristo fora circuncidado. Os irmãos repreenderam são Pedro por ter se comunicado com aqueles que possuíam prepúcio: *Quare introisti ad viros praeputium habentes?* [Por que te comunicaste com homens que conservam o prepúcio?] (Atos apost., cap. II.) São Paulo diz: "A circuncisão é útil se cumpres a lei; mas, se prevaricas, a circuncisão se torna prepúcio" (Epist. rom., cap. I). E essas palavras ainda são objetos de discussão. São Paulo e seus companheiros de apostolado tinham alguns discípulos circuncisos, e outros não. Os cristãos, há muito tempo, abominam a circuncisão; no entanto, os católicos se gabam de possuir o prepúcio de nosso Salvador; está ele em Roma, na igreja de São João Latrão, a mais antiga daquela capital; também está em São Tiago de Compostela, na Espanha; em Antuérpia; na abadia de Saint-Corneille em Compiègne; em Notre-Dame de la Colombe, na diocese de Chartres; na catedral de Puy-en-Velai; e em vários outros lugares. Talvez haja um pouco de superstição nessa piedade mal-entendida.

PRETENSÕES (Prétentions)

Não há na Europa um único príncipe que não se intitule *soberano* de um país possuído pelo vizinho. Essa mania política é desconhecida no restante do mundo: nunca um rei de Butão disse que era *imperador da China*; nunca o *conteish* tártaro assumiu o título de *rei do Egito*.

As mais belas pretensões sempre foram as dos papas: duas chaves em aspa lhes davam a clara posse do reino dos céus; eles atavam e desatavam tudo na terra. Essa atadura os tornava senhores do continente; e as redes de são Pedro lhes davam o domínio dos mares.

Vários eruditos teólogos acreditaram que aqueles deuses diminuíram por si mesmos alguns itens de suas pretensões, quando foram ferozmente atacados pelos titãs chamados *luteranos*, *anglicanos*, *calvinistas* etc. É bem verdade que vários deles se tornaram mais modestos, que sua corte celeste teve mais decência; no entanto, suas pretensões se renovaram em todas as ocasiões. Tomo como prova apenas a conduta de Aldobrandini, Clemente VIII, para com o grande Henrique IV, quando foi preciso dar-lhe uma absolvição sem utilidade para ele, que estava absolvido pelos bispos de seu reino e era vitorioso.

Aldobrandini resistiu de início durante um ano inteiro e não quis reconhecer o duque de Nevers como embaixador da França. No fim, concordou em abrir a porta do reino dos céus para Henrique, com as seguintes condições:

1º Henrique devia pedir perdão por ter pedido que as portas lhe fossem abertas por subporteiros, como bispos, em vez de se dirigir ao porteiro-mor;

2º Devia confessar-se destituído do trono da França até que Aldobrandini o reabilitasse com a plenitude de seu poder;

3º Devia fazer-se sagrar e coroar uma segunda vez, visto que a primeira era nula, pois se dera sem a ordem expressa de Aldobrandini;

4º Devia expulsar todos os protestantes de seu reino, o que não era honesto nem possível. Não era honesto porque os protestantes haviam derramado seu sangue para torná-lo rei da França; não era possível porque o número daqueles dissidentes era dois milhões;

5º Devia declarar, o mais depressa possível, guerra ao Grão-Turco, o que não era tampouco honesto nem possível, pois o Grão-Turco o reconhecera rei no tempo em que Roma não o reconhecia, e Henrique não tinha tropas, dinheiro nem navios para ir travar guerra como um louco contra aquele Grão-Turco, seu aliado;

6º Devia receber, totalmente deitado de bruços, a absolvição do senhor legado, de acordo com as formalidades costumeiras, ou seja, seria fustigado pelo senhor legado;

7º Devia chamar de volta os jesuítas expulsos do reino pelo parlamento, devido ao assassinato cometido por Jean Chastel, aluno deles.

Omito várias outras pequenas pretensões. Henrique conseguiu abrandar várias delas. Conseguiu, sobretudo, a duras penas só ser chicoteado por procuração, e pela própria mão de Aldobrandini.

Direis que Sua Santidade era obrigada a exigir condições tão extravagantes por imposição do velho demônio do Sul, Filipe II, que em Roma tinha mais poder que o papa. Comparareis Aldobrandini a um soldado covarde, levado à trincheira pelas pauladas do coronel.

Responderei que, de fato, Clemente VIII temia Filipe II, mas que nem por isso deixava de estar vinculado aos direitos de sua tiara; que era muito prazeroso para o neto de um banqueiro chicotear um rei da França, e Aldobrandini, por nada no mundo, gostaria de renunciar a isso.

Replicareis que o papa que quisesse reivindicar hoje tais pretensões, que quisesse chicotear o rei da França, o da Espanha, o de Nápoles ou o duque de Parma, por ter expulsado os reverendos padres jesuítas, correria o risco de ser tratado como Clemente VII foi tratado por Carlos V e de sofrer humilhações muito maiores; que é preciso sacrificar as pretensões à utilidade; que se deve ceder ao tempo; que o xerife de Meca deve proclamar Alibeg rei do Egito, se vitorioso e consolidado. Respondo que tendes razão.

Pretensões do império, extraídas de Glafey e Schweder

Sobre Roma (nula). Carlos V, mesmo depois de tomar Roma, não exigiu direito de domínio útil.

Sobre os patrimônios de são Pedro, desde Viterbo até Civita-Castellana, terras da condessa Matilde, mas cedidas solenemente por Rodolfo de Habsburgo.

Sobre Parma e Piacenza, domínio supremo como parte da Lombardia; invadidas por Júlio II, doadas por Paulo III a seu bastardo Farnese; homenagem sempre prestada desde então ao papa; suserania sempre reclamada pelos senhores da Lombardia; direito de suserania inteiramente dado ao imperador nos tratados de Cambrai, Londres e na paz de 1737.

Sobre a Toscana, direito de suserania exercido por Carlos V; Estado do império pertencente hoje ao irmão do imperador.

Sobre a república de Lucca, elevada a ducado por Luís da Baviera em 1328; senadores declarados depois representantes do império por Carlos IV. O imperador Carlos VI, na guerra de 1701, exerceu, porém, seu direito de soberania, cobrando-lhe muito dinheiro.

Sobre o ducado de Milão, cedido pelo imperador Venceslau a Galeazzo Visconti, mas visto como feudo do império.

Sobre o ducado de Mirandola, anexado à casa da Áustria em 1711 por José I.

Sobre o ducado de Mântua, elevado a ducado por Carlos V, anexado também em 1708.

Sobre Guastalla, Novellaria, Bozzolo, Castiglione, também feudos do império, desligados do ducado de Mântua.

Sobre todo o Montferrat, cuja investidura o duque de Savoia recebeu em Viena no ano de 1708.

Sobre o Piemonte, cuja investidura o imperador Sigismundo deu ao duque de Savoia, Amedeo VIII.

Sobre o condado de Asti, dado por Carlos V à casa de Savoia: os duques de Savoia, sempre representantes do império na Itália desde o imperador Sigismundo.

Sobre Gênova, outrora do domínio dos reis lombardos: Frederico Barba-Roxa deu-a como feudo desde Mônaco até Porto-Venere; fica livre sob Carlos V em 1529; mas do ato consta: *In civitate nostra Genua, et salvis Romani imperii juribus* [Em nossa cidade de Gênova, e nos incólumes direitos do Império Romano].

Sobre os feudos de Langhe, cujo domínio direto é dos duques de Savoia.

Sobre Pádua, Vicenza e Verona, direitos que caducaram.

Sobre Nápoles e Sicília, direitos mais caducos ainda. Quase todos os Estados da Itália são ou foram vassalos do império.

Sobre a Pomerânia e Mecklenburgo, cujos feudos foram dados por Frederico Barba-Roxa.

Sobre a Dinamarca, outrora feudo do império: Óton I deu sua investidura.

Sobre a Polônia, para as terras junto ao Vístula.

Sobre a Boêmia e a Silésia, unidas ao império por Carlos IV em 1355.

Sobre a Prússia, no tempo de Henrique VII; o grande senhor da Prússia reconhecido como membro do império em 1500.

Sobre a Livônia no tempo dos cavaleiros da espada.

Sobre a Hungria, desde o tempo de Henrique II.

Sobre a Lorena, pelo tratado de 1542; reconhecido como Estado do império, pagando taxa para a guerra contra os turcos.

Sobre o ducado de Bar, até o ano 1311, quando Filipe, o Belo, sendo vitorioso, exigiu homenagem.

Sobre o ducado de Borgonha, em virtude dos direitos de Maria de Borgonha.

Sobre o reino de Arles e a Borgonha além-Jura, que Conrado, o Sálico, possuiu por intermédio de sua mulher.

Sobre o Deufinado, como parte do reino de Arles, visto que o imperador Carlos IV foi coroado em Arles em 1365 e tornou o delfim da França seu representante.

Sobre a Provença, como membro do reino de Arles, com que Carlos de Anjou fez homenagem ao império.

Sobre o principado de Orange, como subfeudo do império.

Sobre Avignon, pela mesma razão.

Sobre a Sardenha, que Frederico II elevou a reino.

Sobre a Suíça, como membro dos reinos de Arles e da Borgonha.

Sobre a Dalmácia, da qual grande parte pertence hoje inteiramente aos venezianos; e outra parte pertence à Hungria.

PRIVILÉGIOS, CASOS PRIVILEGIADOS (Privilèges, cas privilégiés)

Quis o uso – que quase sempre prevalece à razão – que recebessem o nome de privilegiados os delitos dos eclesiásticos e dos monges contra a ordem civil, o que, porém, é muito comum; quis também que fossem denominados delitos comuns aqueles que só dizem respeito à disciplina eclesiástica, casos dos quais as instituições civis não cuidam, sendo de incumbência da hierarquia sacerdotal.

Como a Igreja só tem a jurisdição que lhe é concedida pelos soberanos, e como, portanto, os juízes da Igreja não passam de juízes privilegiados pelo soberano, deviam ser chamados de casos privilegiados aqueles que são de sua competência, e de delitos comuns aqueles que devem ser punidos pelos funcionários do príncipe. Mas os canonistas, que raramente são precisos em suas expressões – sobretudo quando se trata de jurisdição régia –, considerando que o sacerdote chamado *official* [juiz eclesiástico] é, de direito, o único juiz dos clérigos, qualificaram de privilégio o que incumbe de direito comum aos tribunais laicos, e as ordenanças dos reis adotaram essa expressão na França.

Se é preciso adaptar-se a esse uso, somente o juiz eclesiástico conhece do delito comum; mas só conhece dos casos privilegiados em conjunto com o juiz régio. Este atua no tribunal eclesiástico, mas apenas como assessor de seu juiz. Ambos são assistidos por seu escrivão; cada um redige separadamente, mas diante do outro, os autos do processo. O *official* que preside é o único que interroga o acusado; se o juiz régio tiver perguntas para fazer, deverá requerer ao juiz da Igreja que as faça. Terminada a instrução conjunta, cada juiz profere separadamente a sua sentença.

Esse procedimento está cheio de formalidades e acarreta demoras que não deveriam ser admitidas na jurisprudência criminal. Os juízes da Igreja, que não fizeram um estudo especializado das leis e das formalidades, praticamente não instruem processos criminais sem dar motivo para recursos por abuso de poder, que arruínam o réu, fazem-no penar em grilhões ou retardam sua punição, se for culpado.

Aliás, os franceses não têm nenhuma lei precisa que pelo menos determine quais são os casos privilegiados. Um infeliz pena frequentemente um ano inteiro nas masmorras antes de saber quais serão seus juízes.

Os padres e os monges estão no Estado e são súditos do Estado: é muito estranho que, quando perturbam a sociedade, não sejam julgados como os outros cidadãos, apenas pelos funcionários do soberano.

Entre os judeus, nem mesmo os sumos sacerdotes tinham esse privilégio, que nossas leis concederam a simples paroquianos. Salomão depôs o grande pontífice Abiatar, sem remetê-lo à sinagoga para ser processado[30]. Jesus Cristo, acusado perante um juiz secular e pagão, não recusou sua jurisdição. São Paulo, citado perante o tribunal de Félix e de Festo, não o declinou.

O imperador Constantino foi quem primeiro concedeu esse privilégio aos bispos; Honório e Teodósio, o Jovem, estenderam-no a todos os clérigos, e Justiniano o confirmou.

Ao redigir a ordenança criminal de 1670, o conselheiro de Estado Pussort e o presidente Novion opinaram[31] a favor da abolição do processo conjunto, dando-se apenas aos juízes régios o direito de julgar os clérigos acusados de casos privilegiados; mas esse parecer razoável foi combatido pelo primeiro presidente de Lamoignon e pelo subprocurador-geral Talon; e uma lei que estava sendo feita para reformar nossos abusos ratificou o mais ridículo de todos eles.

Uma declaração do rei de 26 de abril de 1657 proíbe o parlamento de Paris de continuar o processo movido contra o cardeal de Retz, acusado de crime de lesa-majestade. A mesma declaração quer que os processos de cardeais, arcebispos e bispos do reino que sejam acusados de crime de lesa-majestade sejam instruídos e julgados pelos juízes eclesiásticos, como é ordenado pelos cânones.

Mas essa declaração, contrária aos usos do reino, não foi registrada em nenhum parlamento e não seria acatada. Nossos livros contêm várias decisões que decretaram prisões, depuseram, confiscaram bens e condenaram a multas e outras penas cardeais, arcebispos e bispos. Essas penas foram cominadas:

Contra o bispo de Nantes, por decisão de 25 de junho de 1455;
Contra Jean de La Balue, cardeal e bispo de Angers, por sentença de 29 de julho de 1469;
Contra Jean Hébert, bispo de Constance, em 1480;
Contra Louis de Rochechouart, bispo de Nantes, em 1481;
Contra Geoffroi de Pompadour, bispo de Périgueux, e Georges d'Amboise, bispo de Montauban, em 1488;
Contra Geoffroi Dintiville, bispo de Auxerre, em 1531;

---

30. Liv. III dos Reis, cap. II, v. 26 e 27. (N. de Voltaire)
31. Relatório da ordenança, pp. 43 e 44. (N. de Voltaire)

Contra Bernard Lordat, bispo de Pamiers, em 1537;
Contra o cardeal de Châtillon, bispo de Beauvais, em 19 de março de 1569;
Contra Geoffroi de la Martonie, bispo de Amiens, em 9 de julho de 1594;
Contra Gilbert Genebrard, arcebispo de Aix, em 26 de janeiro de 1596;
Contra Guillaume Rose, bispo de Senlis, em 5 de setembro de 1598;
Contra o cardeal de Sourdis, arcebispo de Bordeaux, em 17 de novembro de 1615.

O parlamento de Paris decretou a prisão do cardeal de Bouillon e embargou seus bens por sentença de 20 de junho de 1710.

O cardeal de Mailly, arcebispo de Reims, em 1717, emitiu uma carta pastoral que tendia a destruir a paz eclesiástica estabelecida pelo governo: o carrasco queimou publicamente a carta pastoral em obediência a uma sentença do parlamento.

Como o sr. Languet, bispo de Soissons, afirmasse que não podia ser julgado pela justiça do rei, mesmo por crime de lesa-majestade, foi condenado a dez mil libras de multa.

Nas vergonhosas conturbações provocadas pelas recusas de sacramento, o simples *presidial* de Nantes condenou o bispo da cidade a uma multa de seis mil francos, por ter negado a comunhão àqueles que a pediam.

Em 1764, o arcebispo de Auch, chamado Montillet, foi condenado a uma multa; sua carta pastoral, vista como um libelo difamatório, foi queimada pelo carrasco em Bordeaux.

Esses exemplos foram muito frequentes. O princípio de que os eclesiásticos estão inteiramente submetidos à justiça do rei, tal como os outros cidadãos, prevaleceu em todo o reino. Não há lei expressa que o ordene, mas a opinião de todos os jurisconsultos, a grita unânime da nação e o bem do Estado são lei.

PROFECIAS (Prophéties)

Primeira seção

Essa palavra, em sua acepção comum, significa previsão do futuro. É nesse sentido que Jesus[32] dizia a seus discípulos: "É necessário que se cumpra tudo o que foi escrito sobre mim na lei de Moisés, nos profetas e nos salmos." E o evangelista acrescenta: "Então ele lhes abriu o espírito para que compreendessem as Escrituras."

Todos sentirão a necessidade indispensável de ter o espírito aberto para compreender as profecias, desde que se atente para o fato de que os judeus, que eram seus depositários, nunca conseguiram reconhecer Jesus como o messias, e de que há dezoito séculos nossos teólogos discutem com eles para estabelecer o sentido de algumas profecias que eles tentam aplicar a Jesus. São elas: a de Jacó[33]: "O cetro não se apartará de Judá, nem o bastão de comando de entre seus pés, até que venha aquele que deve ser enviado"; a de Moisés[34]: "O Senhor teu Deus suscitará um profeta como eu, de tua nação e entre teus irmãos; é a ele que dareis ouvidos"; a de Isaías[35]: "Eis que uma virgem conceberá e dará à luz um filho que será chamado Emanuel"; a de Daniel[36]: "Foram estabelecidas setenta semanas em favor de vosso povo etc." Nosso objetivo aqui não é tratar de pormenores teológicos.

---

32. Lucas, cap. XXIV, v. 44 e 45. (N. de Voltaire)
33. Gênese, cap. XLIX, v. 10. (N. de Voltaire)
34. Deuter., cap. XVIII, v. 15. (N. de Voltaire)
35. Cap. VII, v. 14. (N. de Voltaire)
36. Cap. IX, v. 24. (N. de Voltaire)

Observemos apenas que nos Atos dos apóstolos[37], ao darem um sucessor a Judas, e em outras ocasiões, eles se propunham expressamente cumprir as profecias; mas os próprios apóstolos às vezes citavam profecias que não se encontram nas Escrituras dos judeus, tal como a alegada por são Mateus[38]: Jesus veio morar numa cidade chamada Nazaré, para que fosse cumprida esta predição dos profetas: "Ele será chamado nazareno."

São Judas, em sua Epístola, também cita uma profecia do livro de Enoque, que é apócrifo; e o autor da obra imperfeita sobre são Mateus, falando da estrela vista no oriente pelos magos, exprime-se nestes termos: "Contaram-me, segundo testemunho de não sei que Escritura, que não é realmente autêntica, mas que dá regozijo à fé, ao invés de destruí-la, que nas costas do oceano oriental há uma nação que possuía um livro que tem o nome de Set e no qual se fala da estrela que deveria aparecer aos magos, bem como dos presentes que os magos deveriam oferecer ao filho de Deus. Essa nação, instruída por esse livro, escolheu doze pessoas das mais religiosas, e as encarregou da tarefa de observar quando a estrela aparecesse. Quando alguma dessas pessoas morria, era substituída por um dos filhos ou dos parentes. Chamavam-se magos em sua língua, porque serviam a Deus no silêncio e em voz baixa."

Esses magos, portanto, todos os anos, depois da colheita do trigo, iam para o alto de uma montanha que existe em sua terra, chamada monte da Vitória, que é muito agradável, por causa das fontes que a irrigam e das árvores que a cobrem. Há também um antro escavado na rocha, e lá, depois de se lavarem e se purificarem, ofereciam sacrifícios e oravam em silêncio durante três dias.

Não haviam interrompido essa santa prática durante grande número de gerações, quando, finalmente, a ditosa estrela desceu sobre sua montanha. Nela se via a figura de uma criancinha, sobre a qual havia a figura de uma cruz. Ela lhes falou e disse que deveriam ir para a Judeia. Eles partiram no mesmo instante, com a estrela sempre a caminhar em sua frente, e ficaram dois anos a caminho.

Essa profecia do livro de Set assemelha-se à de Zorodascht ou Zoroastro, com a diferença de que a figura que devia ser vista na estrela era a de uma virgem jovem; por isso, Zoroastro não diz que ela teria uma cruz. Essa profecia, citada no Evangelho da infância[39], é assim contada por Abulfaradj[40]: Zoroastro, senhor dos *magush*, instruiu os persas sobre a futura manifestação de nosso Senhor Jesus Cristo e ordenou-lhes que lhe oferecessem presentes quando ele nascesse. Avisou-os de que, nos últimos tempos, uma virgem conceberia sem a ação de homem algum, e que, quando pusesse seu filho no mundo, apareceria uma estrela que brilharia em pleno dia e em cujo centro eles veriam a figura de uma jovem virgem. E Zoroastro acrescentou: "Sereis vós, meus filhos, que a avistareis antes de todas as nações. Assim que virdes aparecer essa estrela, ide aonde ela vos conduzir. Adorai essa criança que nasceu; oferecei-lhe vossos presentes, pois é o Verbo que criou o céu."

O cumprimento dessa profecia é narrado na *História natural* de Plínio[41], mas, além de a aparição da estrela ter precedido o nascimento de Jesus em cerca de quarenta anos, esse trecho parece muito suspeito aos estudiosos; não seria o primeiro nem o único interpolado para favorecer o cristianismo. Eis aqui o seu resumo: "Em Roma, durante sete dias, apareceu um cometa tão brilhante, que mal se suportava vê-lo; em seu centro avistava-se um deus em forma humana; foi interpretado como a alma de Júlio César, que acabava de morrer, e ele foi adorado num templo particular."

O sr. Assemani, em sua *Biblioteca oriental*[42], também fala de um livro de Salomão, metropolitano de Bassora, intitulado *A abelha,* no qual há um capítulo sobre essa predição de Zoroastro.

---

37. Cap. I, v. 16; e cap. XIII, v. 47. (N. de Voltaire)
38. Cap. II, v. 23. (N. de Voltaire)
39. Art. VII. (N. de Voltaire)
40. Dinast., p. 82. (N. de Voltaire)
41. Liv. II, cap. XXV. (N. de Voltaire)
42. T. III, 1ª parte, p. 316. (N. de Voltaire)

Hornius, que não duvidava de sua autenticidade, afirmou que Zoroastro era Balaão, e com verossimilhança, porque Orígenes, em seu primeiro livro contra Celso, diz[43] que os magos tinham por certo as profecias de Balaão, cujas palavras se encontram em Números[44]: "Uma estrela se erguerá de Jacó, e um homem sairá de Israel." Mas Balaão não era mais judeu que Zoroastro, pois diz que veio de Aram, das montanhas do oriente[45].

Aliás, são Paulo fala expressamente a Tito[46] de um profeta cretense, e são Clemente de Alexandria[47] reconhece que, assim como Deus, para salvar os judeus, deu-lhes profetas, também suscitou os mais excelentes homens entre os gregos, aqueles que estavam mais aptos a receber suas graças; separou-os do vulgo, para que fossem os profetas dos gregos e os instruíssem em sua própria língua. Diz ele[48] também: "Platão não terá predito de alguma maneira a economia salutar, quando, em seu segundo livro da *República*, imitou estas palavras da Escritura[49]: 'Livremo-nos do justo, pois ele nos incomoda', e exprimiu-se nestes termos: 'O justo será vergastado, será atormentado; arrancar-lhe-ão os olhos, e, depois de ter sofrido todas as espécies de males, ele será crucificado'?"

São Clemente poderia ter acrescentado que, se não arrancaram os olhos de Jesus, contrariando a profecia de Platão, tampouco lhe quebraram os ossos, embora se diga num salmo[50]: "Enquanto me quebram os ossos, meus inimigos, que me perseguem, me oprimem com suas censuras." Ao contrário, são João[51] afirma que os soldados quebraram as pernas dos outros dois que foram crucificados com ele, mas que não quebraram as de Jesus, para que se cumprissem estas palavras da Escritura[52]: "Não quebrareis nenhum de seus ossos."

Essa Escritura, citada por são João, entendia literalmente o cordeiro pascal que os israelitas deviam comer; mas, como João Batista chamou[53] Jesus de cordeiro de Deus, essa palavra não só lhe foi depois aplicada, como também se afirmou até que sua morte fora predita por Confúcio. Spizeli cita a *História da China*, escrita por Martini, na qual se conta que no ano 39 do reinado de Kingi, alguns caçadores mataram fora das portas da cidade um animal raro que os chineses chamam de *kilin*, ou seja, cordeiro de Deus. Ouvindo essa notícia, Confúcio bateu-se no peito, suspirou profundamente e exclamou várias vezes: "Kilin, quem disse que tinhas vindo?" E acrescentou: "Minha doutrina tende a acabar, já não terá utilidade depois que apareceres."

Encontra-se outra profecia do mesmo Confúcio em seu segundo livro, também aplicada a Jesus, embora nela não seja designado com o nome de cordeiro de Deus. Ei-la: "Só se deve temer que, quando o Santo, o esperado das nações vier, não lhe prestem à virtude toda a honra que lhe é devida. Suas obras serão conformes às leis do céu e da terra."

Essas profecias contraditórias, tomadas nos livros dos judeus, parecem escusar a obstinação destes e podem explicar as dificuldades de nossos teólogos nas controvérsias com eles. Ademais, as profecias dos outros povos, que acabamos de citar, provam que o autor dos Números, os apóstolos e os Padres da Igreja reconheciam profetas em todas as nações. É o que também afirmam os

---

43. Cap. XII. (N. de Voltaire)
44. Cap. XXIV, v. 17. (N. de Voltaire)
45. Números, cap. XXIII, v. 7. (N. de Voltaire)
46. Cap. I, v. 12. (N. de Voltaire)
47. Stromata, liv. VI, p. 638. (N. de Voltaire)
48. *Ibid.*, liv. V, p. 601. (N. de Voltaire)
49. *Sabedoria*, cap. II, v. 12. (N. de Voltaire)
50. Salmo XLII, v. 11. (N. de Voltaire)
51. Cap. XIX, v. 32 e 36. (N. de Voltaire)
52. Êxodo, cap. XII, v. 46; e Números, cap. IX, v. 12. (N. de Voltaire)
53. João, cap. I, v. 29 e 36. (N. de Voltaire)

árabes[54], que contam cento e vinte e quatro mil profetas desde a criação do mundo até Maomé e acreditam que cada um deles foi enviado a uma nação particular.

Falaremos das profetizas no verbete *Sibila*.

Segunda seção

Ainda há profetas: tivemos dois em Bicêtre em 1723; ambos se diziam Elias. Receberam umas chicotadas, e não se falou mais no assunto.

Antes dos profetas de Cévennes, que davam tiros de espingarda atrás das cercas em nome do Senhor no ano de 1704, a Holanda teve o famoso Pedro Jurieu, que publicou *O cumprimento das profecias*. Mas que a Holanda não se orgulhe muito. Ele nasceu na França, numa cidadezinha chamada Mer, sendo cidadão de Orléans. No entanto, cumpre concordar que foi só em Roterdã que Deus o chamou à profecia.

Esse Jurieu viu claramente, assim como muitos outros, no Apocalipse, que o papa era a besta[55], que ela segurava *poculum aureum plenum abominationum*, a taça de ouro cheia de abominações; que as quatro primeiras letras dessas quatro palavras latinas compõem a palavra *papa*; que, por conseguinte, seu reinado terminaria, que os judeus voltariam a Jerusalém, que dominariam o mundo inteiro durante mil anos, após os quais viria o anticristo, e Jesus, sentado numa nuvem, depois julgaria os vivos e os mortos.

Jurieu profetiza expressamente[56] que o tempo da grande revolução e da total queda do papismo "ocorrerá justamente no ano 1689, que, estima ele, será o tempo da vindima apocalíptica, pois as duas testemunhas ressuscitarão nesse tempo. Depois disso, a França deve romper com o papa antes do fim do século ou do começo do outro, e o resto do império anticristão será abolido em toda parte."

Essa partícula disjuntiva *ou*, esse sinal de dúvida não era coisa de um homem hábil. Um profeta não pode hesitar. Pode ser obscuro, mas deve ser seguro do que faz.

Como a revolução do papismo não ocorreu em 1689, conforme Pedro Jurieu previra, ele mandou fazer bem depressa uma nova edição na qual garante que tudo isso ocorreria em 1690. O mais espantoso é que essa edição foi imediatamente seguida por outra. O sucesso do *Dicionário* de Bayle ficou muito longe disso; mas a obra de Bayle permaneceu, enquanto Pedro Jurieu nem sequer foi colocado na *Biblioteca azul*, com Nostradamus.

Não havia profeta que chegasse. Um presbiteriano inglês, que estudava em Utrecht, combateu tudo o que Jurieu dizia sobre os sete candeeiros e as sete trombetas do Apocalipse, sobre o reino de mil anos, sobre a conversão dos judeus e até mesmo sobre o anticristo. Cada um se valia da autoridade de Cocceius, Coterus, Drabicius, Comenius, grandes profetas precedentes, e da profetisa Cristina. Os dois campeões limitaram-se a escrever; esperavam-se bofetões, como o que Zedequias deu em Miqueias, dizendo-lhe: "Adivinha como o espírito divino passou da minha mão à tua face." Ao pé da letra, "como o espírito passou de mim a ti". O público não teve essa satisfação, que pena!

Terceira seção

Só cabe à Igreja infalível estabelecer o verdadeiro sentido das profecias; pois os judeus sempre afirmaram, com sua costumeira obstinação, que nenhuma profecia podia dizer respeito a Jesus Cristo; e os Padres da Igreja não podiam polemizar contra eles com vantagem, pois, afora

---

54. *História dos árabes*, cap. XX, de Abraham Echellensis. (N. de Voltaire)
55. T. I, p. 187. (N. de Voltaire)
56. T. II, pp. 133 e 134. (N. de Voltaire)

santo Efrém, o grande Orígenes e são Jerônimo, nunca houve Padre da Igreja que soubesse uma palavra de hebreu.

Foi só no século IX que Rábano Mauro, depois bispo de Mogúncia, aprendeu a língua judaica. Seu exemplo foi seguido por alguns outros, e então começou-se a discutir com os rabinos sobre o sentido das profecias.

Rábano ficou assustado com as blasfêmias que eles proferiam contra nosso Salvador, pois o chamavam de *bastardo*, *ímpio*, *filho de Pantera*, e diziam que não era possível orar a Deus sem maldizê-lo[57]: *Quod nulla oratio posset apud Deum accepta esse nisi in ea Dominum nostrum Jesum Christum maledicant. Confitentes eum esse impium et filium impii, id est, nescio cujus aethnici quem nominant Panthera, a quo dicunt matrem Domini adulteratam.* [Pelo fato de que junto a Deus nenhuma oração pudesse ter sido aceita, exceto naquela que maldizem o Senhor nosso Jesus Cristo. Os que confessam ser este um ímpio e filho de ímpio, isto é, não sei de que étnico ao qual denominam Pantera, do qual dizem ter sido adulterada (falsificada) a mãe do Senhor.]

Essas horríveis profanações estão em vários trechos do Talmude, nos livros de Nizzachon, na disputa de Rittangel, nas de Jechiel e de Nachmanides, intituladas *Muralha da fé*, e sobretudo na abominável obra de Toldos Jeschut.

É em especial na pretensa *Muralha da fé* do rabino Isaac que se interpretam todas as profecias que anunciam Jesus Cristo, aplicando-as a outras pessoas.

Lá se afirma que a Trindade não está representada em nenhum livro hebreu, e que neles não se encontra o mais leve vestígio de nossa santa religião. Ao contrário, aduzem centenas de lugares nos quais, segundo eles, se diz que a lei mosaica deve durar eternamente.

O famoso trecho, que deve confundir os judeus e levar ao triunfo a religião cristã, segundo todos os nossos grandes teólogos, é o de Isaías: "Uma virgem ficará grávida, dará à luz um filho, e seu nome será Emanuel; comerá manteiga e mel até que saiba rejeitar o mal e escolher o bem. [...] E antes que a criança saiba rejeitar o mal e escolher o bem, a terra que detestas será abandonada por seus dois reis. [...] E o Eterno assobiará para as moscas dos regatos do Egito e para as abelhas que estão na terra de Assur. [...] E nesse dia o Senhor raspará com uma navalha o rei de Assur, a cabeça e os pelos da genitália, e também fará a barba. [...] E o Eterno me diz: 'Toma um grande rolo e escreve com uma vara em grandes caracteres que todos se apressem a pilhar, tomai logo os despojos. [...] Portanto, tenho comigo fiéis testemunhas, a saber, Urias, o sacrificador, e Zacarias, filho de Jeberecia. [...] E deitei-me com a profetisa; ela concebeu e deu à luz um menino; e o Eterno me disse: Chama a criança Maher-salal-has-bas. Pois, antes que a criança aprenda a dizer meu pai e minha mãe, será destruído o poder de Damasco, e o butim de Samária diante do rei de Assur.'"

O rabino Isaac afirma, com todos os outros doutores de sua lei, que a palavra hebraica *alma* significa ora uma virgem, ora mulher casada; que Rute é chamada de *alma* sendo já mãe; que até uma mulher adúltera às vezes é chamada de *alma*; que aí só se trata da mulher do profeta Isaías; que seu filho não se chama *Emanuel*, mas *Maher-salal-has-bas*; que, quando esse filho comer manteiga e mel, os dois reis que têm sede em Jerusalém serão expulsos de lá etc.

Assim, esses intérpretes cegos de sua própria religião e de sua própria língua combatem a Igreja e dizem obstinadamente que essa profecia não pode dizer respeito a Jesus Cristo de maneira alguma.

Em nossas línguas modernas, a explicação deles foi refutada milhares de vezes. Foram usadas a força, a forca, a roda, as chamas; apesar disso, eles não se rendem.

"Ele carregou nossas doenças, aguentou nossas dores e nós acreditamos que ele estava cheio de chagas, castigado e afligido por Deus."

---

57. *Wagenselius in prœmio*, p. 53. (N. de Voltaire)

Por mais impressionante que essa predição possa parecer, aqueles judeus obstinados dizem que ela não tem relação alguma com Jesus Cristo, e que só pode dizer respeito aos profetas que eram perseguidos devido aos pecados do povo.

"E meu servidor prosperará, será honrado e exaltado."

Dizem também que isso não diz respeito a Jesus Cristo, mas a Davi; que aquele rei, de fato, prosperou, mas que Jesus, que eles não reconheceram, não prosperou.

"E farei um novo pacto com a casa de Israel e com a casa de Judá."

Dizem que esse trecho, segundo a letra e segundo o sentido, nada mais diz senão que: "Renovarei meu pacto com Judá e Israel." No entanto, o pacto não foi renovado; não é possível fazer negócio pior do que eles fizeram. Não importa, eles são teimosos.

"E tu, Belém Efrata, que és pequena nas milhares de Judá, sairá para ti um dominador em Israel, e sua saída será desde o começo até o dia de sempre."

Também ousam negar que essa profecia seja para Jesus Cristo. Dizem ser evidente que Miqueias fala de algum capitão nativo de Belém, que trará alguma vantagem na guerra contra os babilônios, pois no momento seguinte fala da história da Babilônia e dos capitães que elegeram Dario. E, se alguém demonstra que se trata do Messias, eles não querem concordar.

Esses judeus enganam-se grosseiramente sobre Judá, que deveria ser como um leão, e que foi como um asno sob os persas, Alexandre, os selêucidas, os Ptolomeus, os romanos, os árabes e os turcos.

Não sabem o que estão dizendo quando falam em *Shilo*, *cajado* e *coxa de Judá*. O cajado só existiu em Judá durante tempo muito curto; eles dizem bobagens; mas o abade Houteville não diz menos bobagem com suas frases, seu neologismo e sua eloquência de retórico, que sempre põe palavras no lugar das coisas, e que se propõe objeções dificílimas para respondê-las apenas com palavrório?

Tudo isso, portanto, é trabalho perdido; e, mesmo que o abade François fizesse um livro mais alentado, mesmo que o somasse aos cinco ou seis mil volumes que temos sobre essa matéria, ficaríamos mais cansados e não avançaríamos um único passo.

Estamos, portanto, mergulhados num caos do qual a fraqueza do espírito humano jamais poderá livrar-se. Precisamos, mais uma vez, de uma Igreja infalível que julgue sem apelação. Pois, afinal, se um chinês, um tártaro ou um africano, reduzido à infelicidade de só contar com seu bom-senso, lesse todas essas profecias, estaria impossibilitado de aplicá-las a Jesus Cristo, aos judeus ou seja lá quem for. Ficaria perplexo, incerto, nada conceberia, não teria uma única ideia clara. Não poderia dar um só passo nesse abismo; precisaria de um guia. Por isso, tomemos a Igreja como nosso guia, é o modo de caminhar. Com esse guia, chegamos não só ao santuário da verdade, como também a bons canonicatos, a polpudas comendas, a opulentas abadias com báculos e mitras, onde o abade é chamado de *monsenhor* por seus monges e camponeses, a bispados que dão o título de *príncipe*; goza-se na terra, com a certeza de possuir o céu de pleno direito.

PROFETAS (Prophètes)

O profeta Jurieu foi vaiado, os profetas de Cévennes foram enforcados ou mortos na roda, os profetas de Languedoc e do Delfinado a Londres foram para o pelourinho, os profetas anabatistas foram condenados a diversos suplícios, o profeta Savonarola foi cozido em Florença. E, se for lícito juntar a todos esses os verdadeiros profetas judeus, veremos que seu destino não foi menos desditoso; o maior de seus profetas, são João Batista, foi decapitado.

Dizem que Zacarias foi assassinado, mas, felizmente, não provam. O profeta Jeddo ou Addo, que foi enviado a Betel com a condição de não comer nem beber, infelizmente comeu um pedaço de pão e, por sua vez, foi comido por um leão; encontraram seus ossos na estrada, entre o tal leão e seu jumento. Jonas foi engolido por um peixe; é verdade que ficou na barriga desse peixe apenas três dias e três noites, mas é sempre passar setenta e duas horas de maneira bem desconfortável.

Habacuc foi transportado no ar, puxado pelos cabelos, até Babilônia. Na verdade não é uma grande desgraça, mas o meio de transporte é bem incômodo. Deve ser um grande sofrimento ficar suspenso pelos cabelos durante trezentas milhas. Eu teria preferido um par de asas, a égua Al--Borak ou o hipogrifo.

Miqueias, filho de Jamila, depois de ver o Senhor sentado em seu trono com os exércitos do céu à direita e à esquerda, depois que o Senhor pediu que alguém fosse enganar o rei Acabe, e o diabo se apresentou ao Senhor e se encarregou da tarefa, Miqueias contou, em nome do Senhor, essa aventura celeste ao rei Acabe. É bem verdade que, como recompensa, só ganhou um enorme bofetão dado pela mão do profeta Zedequias; é verdade que só ficou numa masmorra por alguns dias: mas, enfim, é desagradável, para um homem inspirado, ser esbofeteado e enfiado numa enxovia.

Acredita-se que o rei Amasias mandou arrancar os dentes do profeta Amós para impedi-lo de falar. Não é que não se consiga absolutamente falar sem dentes; já vimos velhas banguelas muito tagarelas: mas as profecias precisam ser proferidas com grande clareza, e um profeta banguela não é ouvido com o devido respeito.

Baruque aguentou muitas perseguições. Ezequiel foi apedrejado pelos seus companheiros de escravidão. Não se sabe bem se Jeremias foi apedrejado ou serrado ao meio.

Quanto a Isaías, dizem com certeza que foi serrado por ordem de Manassés, régulo de Judá.

Convenhamos que ser profeta é uma profissão perigosa. Para um único que, como Elias, vai passear de planeta em planeta numa bela carruagem de luz, puxada por quatro cavalos brancos, há cem que andam a pé e são obrigados a pedir comida de porta em porta. São muito parecidos com Homero, que, segundo dizem, foi obrigado a mendigar nas sete cidades que depois brigaram pela honra de o terem visto nascer. Seus comentadores atribuíram-lhe uma infinidade de alegorias nas quais ele nunca havia pensado. Frequentemente se presta a mesma homenagem aos profetas. Não discordo que tenha havido alhures gente a par do futuro. Basta dar à alma certo grau de exaltação, como muito bem imaginou um talentoso filósofo ou louco de nossos dias, que queria abrir um buraco para chegar aos antípodas e lambuzar os doentes de pez resinosa.

Os judeus exaltaram tão bem sua alma, que viram com toda a clareza todas as coisas futuras: mas é difícil adivinhar se por Jerusalém os profetas sempre entendem a vida eterna, se Babilônia significa Londres ou Paris, se quando falam de um grande jantar é preciso interpretá-lo como jejum, se vinho tinto significa sangue, se um manto vermelho significa fé e um manto branco, caridade. A inteligência dos profetas é o esforço do espírito humano.

Há mais uma grande dificuldade no que diz respeito aos profetas judeus; é que vários deles eram hereges samaritanos. Oseias era da tribo de Issacar, território samaritano; Elias e Eliseu eram de lá: mas é fácil responder a essa objeção. Todos sabem que o espírito sopra para onde quer, e que a graça cai sobre o solo árido assim como sobre o solo fértil.

PROPRIEDADE (Propriété)

Liberty and property é o grito inglês. É melhor do que *Saint George et mon droit, Saint Denys et Mont-joie*: é o grito da natureza.

Da Suíça à China os camponeses possuem terras próprias. Só o direito de conquista conseguiu, em alguns países, despojar os homens de um direito tão natural.

A vantagem geral de uma nação é a do soberano, do magistrado e do povo, em tempos de paz e de guerra. Essa posse das terras dadas aos camponeses será também útil ao trono e aos súditos em todos os tempos? Para que seja útil ao trono, é preciso que ela possa produzir rendas mais consideráveis e mais soldados.

Portanto, é preciso ver se o comércio e a população aumentarão. É certo que o proprietário de um terreno cultivará muito melhor a sua herdade do que a de outrem. O espírito de propriedade duplica a força do homem. Ele trabalha para si e para a família com mais vigor e prazer do que para um senhor. O escravo que está em poder de outro tem pouca inclinação para o casamento. Frequentemente teme fazer escravos como ele. Sua industriosidade é abafada, sua alma é embrutecida, e suas forças nunca se exercem com toda a sua flexibilidade. O proprietário, ao contrário, deseja uma mulher que compartilhe sua felicidade, filhos que o ajudem no trabalho. A esposa e os filhos constituem suas riquezas. As terras desse lavrador podem tornar-se dez vezes mais férteis do que antes, nas mãos de uma família laboriosa. O comércio geral será fomentado; o tesouro do príncipe auferirá proveito; os campos fornecerão mais soldados. Logo, é uma evidente vantagem do príncipe. A Polônia seria três vezes mais povoada e rica se os camponeses não fossem escravos.

Não é menor a vantagem dos senhores. O senhor que possuir dez mil arpentos de terra cultivados por escravos só extrairá desses dez mil arpentos uma pequena renda, frequentemente absorvida por reparos e anulada pelas intempéries. O que ocorrerá se sua propriedade for mais vasta, e se o solo for ingrato? Ele será senhor de um vasto ermo. Só será realmente rico se os seus vassalos o forem. Sua felicidade depende da felicidade destes. Quando essa felicidade se ampliar a ponto de tornar as terras povoadas demais, quando faltarem terras a tantas mãos laboriosas (ao passo que antes faltavam mãos às terras), então o excedente de lavradores necessários se espalhará pelas cidades, pelos portos marítimos, pelos ateliês dos artistas e pelos exércitos. A população terá produzido esse grande bem; e a posse das terras concedidas aos agricultores, em termos de um foro que enriqueceu os senhores, terá produzido essa população.

Há outra espécie de propriedade não menos útil: é a propriedade que não deve foros, pagando apenas os tributos gerais impostos pelo soberano, para o bem e a manutenção do Estado. Foi essa propriedade que mais contribuiu para a riqueza da Inglaterra, da França e das cidades livres da Alemanha. Os soberanos que franquearam os terrenos que antes compunham seus domínios começaram obtendo uma grande vantagem, pois tais franquias foram compradas por alto preço; é maior ainda sua vantagem hoje, sobretudo na Inglaterra e na França, em virtude dos progressos da indústria e do comércio.

A Inglaterra deu um grande exemplo no século XVI, quando franqueou as terras dependentes da Igreja e dos monges. Era odioso e prejudicial ao Estado o fato de alguns homens que haviam feito voto de humildade e pobreza terem se tornado senhores das mais belas terras do reino e tratarem os outros homens, seus irmãos, como animais de carga, feitos para carregar seus fardos. A grandeza daquele pequeno número de sacerdotes vexava a natureza humana. Suas riquezas particulares empobreciam o resto do reino. O abuso foi destruído, e a Inglaterra enriqueceu.

Em todo o restante da Europa, o comércio só prosperou, as artes só foram promovidas, as cidades só cresceram e se embelezaram quando servos da coroa e da Igreja se tornaram proprietários de terras. E o que se deve notar com atenção é que, se a Igreja com isso perdeu direitos que não lhe pertenciam, a coroa ganhou extensão em seus direitos legítimos, pois a Igreja, cuja primeira obrigação é imitar o seu legislador humilde e pobre, não foi feita para engordar com o fruto do trabalho alheio; e o soberano, que representa o Estado, deve economizar o fruto desses mesmos trabalhos para o bem do Estado e para o esplendor do trono. Sempre que o povo trabalha para a Igreja, o Estado é pobre; sempre que o povo trabalha para si e para o soberano, o Estado é rico.

É então que o comércio estende seus ramos para todos os lados. A marinha mercante torna-se escola da marinha militar. Formam-se grandes companhias de comércio. O soberano, nos tempos difíceis, encontra recursos antes desconhecidos. Assim, nos Estados austríacos, na Inglaterra e na

França, vemos o príncipe pedir facilmente a seus súditos empréstimos cem vezes maiores do que podia arrancar pela força quando os povos se arrastavam na servidão.

Nem todos os camponeses serão ricos, nem é preciso que o sejam. Precisa-se de homens que só tenham seus próprios braços e sua boa vontade. Mas esses homens, que parecem o rebotalho da fortuna, participarão da felicidade dos outros. Terão a liberdade de vender seu trabalho a quem pagar melhor. Essa liberdade neles ocupará o lugar da propriedade. A esperança justa de um salário justo os sustentará. Eles criarão famílias com alegria, por meio de seus ofícios laboriosos e úteis. É sobretudo essa classe de homens, tão desprezíveis aos olhos dos poderosos, que constitui o viveiro dos soldados. Assim, desde o cetro até a foice e a enxada, tudo se anima, tudo prospera, tudo ganha nova força apenas com esse impulso.

Depois de se ver como é vantajoso para o Estado que os agricultores sejam proprietários, resta verificar até onde essa concessão pode se estender. Em vários reinos, viu-se que o servo alforriado, enriquecendo com o próprio trabalho, ocupou o lugar de seus antigos senhores, empobrecidos pelo luxo. Comprou suas terras, tomou-lhes o nome. A antiga nobreza foi aviltada, e a nova só foi invejada e desprezada. Tudo se confundiu. Os povos que sofreram essas usurpações tornaram-se joguetes das nações que se preservaram desse flagelo.

Os erros de um governo podem ser uma lição para os outros, que tiram proveito do que aquele fez e evitam o mal em que ele incidiu.

É tão fácil opor o freio das leis à cupidez e ao orgulho dos novos-ricos, fixar a extensão dos terrenos que os plebeus podem comprar, proibir-lhes a aquisição de grandes terras senhoriais, que um governo firme e prudente nunca poderá se arrepender de ter abolido a servidão e de ter enriquecido a indigência. Um bem só produz um mal quando esse bem é levado a um excesso vicioso e assim deixa de ser bem. Os exemplos das outras nações servem de advertência; isso faz que os povos que atingiram a civilização em último lugar acabem muitas vezes ultrapassando os mestres que lhes deram tais lições.

PROVAS, ORDÁLIOS (Épreuve)

Todos os absurdos que aviltam a natureza humana vieram da Ásia, com todas as ciências e todas as artes! Foi na Ásia, no Egito, que se ousou fazer a vida e a morte de um acusado depender de um lance de dados ou coisa equivalente, ou da água fria, da água quente, do ferro incandescente, de um pedaço de pão de cevada etc. Consta que superstição mais ou menos semelhante ainda existe nas Índias, nas costas de Malabar, e no Japão.

Passou para o Egito e para a Grécia. Havia em Trezena um templo muito famoso, no qual todo perjuro morria imediatamente de apoplexia. Hipólito, na tragédia *Fedra*, fala assim à sua amante Arícia:

> *Aux portes de Trézène, et parmi ces tombeaux*
> *Des princes de ma race antiques sépultures,*
> *Est un temple sacré, formidable aux parjures.*
> *C'est là que les mortels n'osent jurer en vain;*
> *Le perfide y reçoit un châtiment soudain;*
> *Et, craignant d'y trouver la mort inévitable,*
> *Le mensonge n'a point de frein plus redoutable.*
> [Às portas de Trezena, entre aquelas tumbas,
> Dos príncipes de minha raça antigas sepulturas,
> Há um templo sagrado, fatal para os perjuros.

É lá que os mortais não ousam jurar em vão;
Lá o pérfido recebe castigo imediato;
E, temendo encontrar a morte inevitável,
A mentira não tem freio mais temível.]

O douto comentador do grande Racine faz esta observação sobre as provas de Trezena:
"O sr. de Lamotte disse que Hipólito devia propor ao pai ir ouvir sua defesa naquele templo onde ninguém ousava jurar em vão. É verdade que então Teseu não poderia ter duvidado da inocência daquele jovem príncipe; mas teve prova bastante convincente contra *a virtude* de Fedra, e era o que Hipólito não queria fazer. O sr. de Lamotte deveria duvidar um pouco de seu gosto, quando suspeitou do gosto de Racine, que parece ter previsto sua objeção. Isso porque Racine supõe que Teseu está tão prevenido contra Hipólito, que não quer nem mesmo aceitar que ele se justifique por juramento."

Devo dizer que a crítica de Lamotte foi feita pelo finado marquês de Lassai, durante um jantar em casa do sr. de La Faye, onde estava eu com o finado sr. de Lamotte, que prometeu usá-la; e, de fato, em seus discursos sobre a tragédia[58], ele elogia essa crítica do sr. marquês de Lassai. Essa reflexão me pareceu muito judiciosa, assim como pareceu ao sr. de La Faye e a todos os convivas, que, com exceção deste que vos fala, eram os melhores conhecedores que havia em Paris. Mas todos concordamos que seria Arícia quem deveria pedir a Teseu a prova do templo de Trezena, principalmente porque Teseu, logo depois, fala durante muito tempo com essa princesa, que se esquece da única coisa que poderia esclarecer o pai e justificar o filho. Esse esquecimento parece-me inescusável. Nem o sr. de Lassai nem o sr. de Lamotte deveriam duvidar de seu gosto nessa ocasião. É em vão que o comentador objeta que Teseu declarou ao filho que não acreditaria em seus juramentos:

Toujours les scélérats ont recours au parjure.
[Os celerados sempre recorrem ao perjúrio.]
(*Fedra*, IV, II)

Há uma prodigiosa diferença entre um juramento feito num aposento qualquer e um juramento feito num templo onde os perjuros são punidos com a morte súbita. Se Arícia tivesse dito uma palavra, Teseu não teria desculpa alguma para não levar Hipólito àquele templo; mas então não haveria catástrofe.

Hipólito, portanto, não devia falar da virtude do templo de Trezena a Arícia; ele não tinha necessidade de lhe fazer juramento de amor; ela estava convencida desse amor. É um erro ligeiro que escapou ao tragediógrafo mais sábio, elegante e apaixonado que tivemos.

Depois dessa pequena digressão, volto à bárbara loucura das provas chamadas ordálios. Não foram elas admitidas na república romana. Não se pode considerar como uma das provas de que estamos falando o costume de fazer os grandes cometimentos depender da maneira como os galos sagrados comiam favas. Neste caso, não temos homens postos à prova. Nunca ninguém propôs a Mânlio, Camilo ou Cipião que provasse sua inocência pondo a mão em água fervente sem se queimar.

Essas inépcias bárbaras não foram admitidas no tempo dos imperadores. Mas nossos tártaros, que vieram destruir o império (pois a maioria daqueles depredadores tinha origem na Tartária), encheram nossa Europa com essa jurisprudência que eles receberam dos persas. Não foi ela conhecida no império do oriente até Justiniano, apesar da detestável superstição reinante então;

---

58. Lamotte, t. IV, p. 308. (N. de Voltaire)

mas, a partir daí, as provas de que falamos passaram a ser acatadas. Essa maneira de julgar os homens é tão antiga, que a vemos estabelecida entre os judeus em todos os tempos.

Corá, Datã e Abirão disputam o pontificado com o grão-sacerdote Aarão no deserto; Moisés lhes ordena que tragam duzentos e cinquenta incensórios, dizendo que Deus escolherá entre seus incensórios e o de Aarão. Assim que os revoltosos apareceram para se submeter a essa prova, foram engolidos pela terra, e o fogo do céu precipitou-se sobre duzentos e cinquenta companheiros deles[59]; depois disso, o Senhor ainda matou catorze mil e setecentos homens da mesma facção. Nem por isso acabou a briga pelo sacerdócio entre os dirigentes de Israel e Aarão. Recorreu-se então à prova das varas: cada um apresentou a sua, e a de Aarão foi a única que floresceu.

Depois que derrubou os muros de Jericó ao som das trombetas, o povo de Deus foi vencido pelos habitantes da aldeia de Ai. Essa derrota não pareceu natural a Josué, que consultou o Senhor; este respondeu que Israel pecara, que alguém se apropriara de uma parte do que era alvo de anátema em Jericó. De fato, todo o espólio devia ter sido queimado, junto com homens, mulheres, crianças e animais, e quem quer que tivesse salvo ou roubado alguma coisa devia ser exterminado[60]. Josué, para descobrir o culpado, submeteu todas as tribos à prova da sorte. O primeiro sorteio contemplou a tribo de Judá, depois a família de Zerá, em seguida a casa onde morava Zabdi e, finalmente, sobre o neto de Zabdi, chamado Acã.

A Escritura não explica como aquelas tribos errantes tinham casas então; não diz tampouco de que tipo de sorteio se tratava, mas fica claro, pelo texto, que Acã, acusado de ter se apropriado de uma pequena lâmina de ouro, de um manto de escarlate e de duzentos siclos de prata, foi queimado com seus filhos, suas ovelha, seus bois, seus asnos e até sua tenda, no vale de Acor.

A terra prometida foi dividida por sorteio[61]. Escolhiam-se por sorteio os dois bodes expiatórios para saber qual dos dois seria oferecido em sacrifício[62], enquanto o outro era mandado para o deserto.

Quando foi preciso eleger Saul como rei[63], fez-se um sorteio, que designou primeiro a tribo de Benjamin, a família de Metri nessa tribo e, em seguida, Saul, filho de Cis, na família de Metri.

O sorteado foi Jônatas, que devia ser punido por ter comido um pouco de mel na ponta de uma vara[64].

Os marinheiros de Jope tiraram a sorte para saber de Deus qual era a causa da tempestade[65]. O sorteio informou que era Jonas, e eles o jogaram no mar.

Todas essas provas por sorteio, que não passavam de superstições profanas nas outras nações, eram a voz de Deus para seu povo eleito, e de tal modo era a voz de Deus, que os apóstolos sortearam o lugar do apóstolo Judas[66]. Os dois concorrentes eram são Matias e Barsabás. A Providência declarou-se por são Matias.

O papa Honório, terceiro do nome, por meio de uma decretal, proibiu que se continuasse usando esse método para eleger bispos. Era bastante comum: a isso os pagãos davam o nome de *sortilegium*, sortilégio. Catão diz na *Farsália* (IX, 581):

Sortilegis egeant dubii...
[Os indecisos precisam de sortilégios...]

---

59. Números, cap. XVI. (N. de Voltaire)
60. Josué, cap. VII. (N. de Voltaire)
61. Josué, cap. XIV. (N. de Voltaire)
62. Levit., cap. XVI. (N. de Voltaire)
63. Liv. I dos reis, Cap. X. (N. de Voltaire)
64. Liv. I dos reis, Cap. XIV, v. 42. (N. de Voltaire)
65. Jonas, cap. I. (N. de Voltaire)
66. Atos dos apóstolos, cap. I. (N. de Voltaire)

Havia outras provas, tiradas em nome do Senhor entre os judeus, como a água do ciúme[67]. A mulher suspeita de adultério devia beber dessa água misturada com cinza e consagrada pelo grão-sacerdote. Se fosse culpada, incharia imediatamente e morreria. Foi com base nessa lei que todo o ocidente cristão estabeleceu os ordálios nas acusações jurídicas, não sabendo que o que era ordenado por Deus no Antigo Testamento não passava de superstição absurda no Novo.

O duelo foi uma dessas provas e durou até o século XVI. Aquele que matava o adversário sempre tinha razão.

A prova mais terrível de todas consistia em carregar, pelo espaço de nove passos, uma barra de ferro incandescente sem se queimar. Por isso, a história da Idade Média, por mais fabulosa que seja, não relata nenhum exemplo dessa prova, nem da prova que consistia em andar sobre nove relhas inflamadas de charrua. É possível duvidar de todas as outras, ou explicar os truques de charlatanice usados para enganar os juízes. Por exemplo, era muito fácil passar na prova da água fervente e sair incólume: era possível apresentar uma tina com água fria pela metade e nela verter, juridicamente, água quente; assim, o acusado mergulhava a mão em água morna até o cotovelo e pegava, no fundo, o anel bendito que ali havia sido jogado.

Também se podia ferver óleo com água; o óleo começa a subir, a espocar, parecendo ferver quando a água começa a borbulhar; esse óleo, então, terá adquirido pouquíssimo calor. Assim, a mão parece ter sido mergulhada na água fervente, mas está umedecida com um óleo que a preserva.

Um campeão pode facilmente tornar-se resistente a ponto de poder segurar durante alguns segundos um anel posto no fogo, sem que fiquem grandes marcas de queimadura.

Passar entre duas fogueiras sem se queimar não é um grande truque quando se passa muito depressa, depois de besuntar o rosto e as mãos com uma boa camada de pomada. Foi o que fez aquele terrível Pedro Aldobrandini, Petrus Igneus (supondo-se que essa história seja verídica), quando passou entre duas fogueiras em Florença, para demonstrar, com a ajuda de Deus, que seu arcebispo era um malandro e um devasso. Charlatães! Charlatães, desaparecei da história.

Prova engraçada era aquela que consistia em engolir um pedaço de pão de cevada, que devia sufocar o homem, se ele fosse culpado. Prefiro Arlequim, interrogado pelo juiz sobre um roubo de que é acusado pelo dr. Balouard. O juiz estava à mesa, bebendo um excelente vinho, quando Arlequim aparece; pega a garrafa e o copo do juiz; esvazia a garrafa e lhe diz: "Excelência, quero que esse vinho me sirva de veneno, se eu fiz aquilo de que me acusam."

PROVIDÊNCIA (Providence)

Estava no locutório quando ouvi irmã Ancuda dizer a irmã Beata: "A Providência toma conta de mim; sabes que gosto muito de meu pardal; ele teria morrido, se eu não tivesse rezado nove ave-marias para obter sua cura. Deus ressuscitou meu pardal; devemos agradecer à Virgem Santa."

Um metafísico lhe diz: "Irmã, não há nada tão bom quanto umas ave-marias, principalmente quando rezada em latim por uma moça num subúrbio de Paris; mas acho que Deus não se preocupa muito com vosso pardal, por mais bonito que ele seja; deveis pensar que ele tem outras preocupações. Ele precisa dirigir continuamente a trajetória de dezesseis planetas e do anel de Saturno, em meio aos quais está posto o Sol, que tem o tamanho de um milhão de nossas terras. Ele tem bilhões e bilhões de outros sóis, planetas e cometas para governar. Suas leis imutáveis e sua eterna intervenção movimentam a natureza inteira; tudo está ligado a seu trono por uma cadeia infinita que não pode ter nenhum elo fora de lugar. Se umas ave-marias tivessem feito o pardal de irmã Ancuda viver um só instante a mais do que ele deveria viver, essas

---

67. Números, cap. V, v. 17. (N. de Voltaire)

ave-marias teriam violado todas as leis estabelecidas desde toda a eternidade pelo grande Ser; teríeis desarranjado o universo; precisaríeis de um novo mundo, um novo Deus, uma nova ordem de coisas."

IRMÃ ANCUDA

Pois então acreditais que Deus faz tão pouco caso de irmã Ancuda?

METAFÍSICO

Lamento dizer que vós, como eu, não passais de um pequeno elo imperceptível da cadeia infinita; que vossos órgãos, os órgãos de vosso pardal e os meus estão destinados a subsistir por um número determinado de minutos neste subúrbio de Paris.

IRMÃ ANCUDA

Se é assim, eu estava predestinada a rezar um número determinado de ave-marias.

METAFÍSICO

Sim, mas elas não obrigaram Deus a prolongar a vida de vosso pardal além de seu termo. Na constituição do mundo constava que, neste convento, em certo momento, repetiríeis como um papagaio certas palavras em certa língua que não entendeis; que esse pássaro, nascido como vós pela ação irresistível das leis gerais, depois de ficar doente, recobraria a saúde; que vós imaginaríeis tê-lo curado com palavras, e que nós teríamos esta conversa.

IRMÃ ANCUDA

Senhor, esse seu discurso cheira a heresia. Meu confessor, o reverendo padre de Menou, concluirá que não acreditais na Providência.

METAFÍSICO

Acredito na Providência geral, minha cara irmã, aquela da qual emanou desde toda a eternidade a lei que regra todas as coisas, tal como a luz brota do Sol; mas não acredito que uma Providência particular modifique a economia do mundo em favor de vosso pardal ou de vosso gato.

IRMÃ ANCUDA

No entanto, e se meu confessor vos disser, como me disse, que Deus modifica todos os dias as suas vontades para favorecer as almas devotas?

METAFÍSICO

Ele me dirá a maior burrice que um confessor de moças pode dizer a um homem que pensa.

IRMÃ ANCUDA

Meu confessor, um burro! Santa Virgem Maria!

METAFÍSICO

Não estou dizendo isso: estou dizendo que ele só poderia justificar com uma burrice enorme os falsos princípios que insinuou, talvez espertamente, para vos guiar.

IRMÃ ANCUDA

Bom! Vou pensar nisso; isso merece reflexão.

PTÉRELA (Térélas)

Ptérela era filho de Táfio. E eu com isso? direis. Daqui a pouco sabereis. Esse Ptérela tinha cabelos de ouro, dos quais dependiam os destinos de sua cidade de Tafos. Mais ainda: os cabelos tornavam Ptérela imortal; Ptérela não podia morrer enquanto tivesse cabelos na cabeça; por isso, nunca se penteava, para que eles não caíssem. Mas uma imortalidade presa a um fio de cabelo não é coisa muito garantida.

Anfitrião, general da república de Tebas, cercou Tafos. A filha do rei Ptérela apaixonou-se perdidamente por Anfitrião, quando o viu passar perto das muralhas. Foi, durante a noite, cortar os cabelos do pai, para dá-los de presente ao general. Tafos foi tomada, Ptérela foi morto. Alguns estudiosos garantem que foi a mulher de Ptérela que lhe pregou essa peça. Baseiam-se em grandes autoridades: esse seria tema de uma dissertação útil. Confesso que eu estaria um tanto inclinado para a opinião desses estudiosos: parece-me que as mulheres em geral são menos medrosas que as moças.

O mesmo ocorreu com Niso, rei de Mégara. Minos cercava aquela cidade. Cila, filha de Niso, apaixonou-se loucamente por Minos. Seu pai, na verdade, não tinha cabelos de ouro, mas tinha um fio de púrpura, e sabe-se que desse fio estava pendente a duração de sua vida e da vida do império megárico. Cila, para obter a gratidão de Minos, cortou esse fio fatal e o presenteou ao amante.

"Toda a história de Minos é verdadeira, disse o profundo Banier[68], e comprovada por toda a antiguidade." Acho-a tão verdadeira quanto a de Ptérela, mas fico em dúvida entre o profundo Calmet e o profundo Huet. Calmet acha que a história do cabelo de Niso, presenteado a Minos, e a do cabelo de Ptérela, oferecido a Anfitrião, são, sem dúvida, extraídas da história verídica de Sansão, juiz de Israel. Por outro lado, Huet, o demonstrador, demonstra que Minos sem dúvida é Moisés, pois um desses nomes é sem dúvida o anagrama do outro, retirando-se as letras *n* e *e*.

Mas, apesar da demonstração de Huet, estou inteiramente do lado do delicado dom Calmet e daqueles que acham que tudo o que se refere aos cabelos de Ptérela e de Niso deve referir-se aos cabelos de Sansão. A mais convincente de minhas triunfantes razões é que, sem falar da família de Ptérela, de cuja metamorfose não estou a par, é certo que Cila foi transformada em cotovia, e que seu pai Niso foi transformado em gavião. Ora, como Bochart acha que gavião em hebraico é *neis*, concluo que toda a história de Ptérela, Anfitrião, Niso e Minos é cópia da história de Sansão.

Sei que em nossos dias já surgiu uma seita abominável, abominada por Deus e pelos homens, que ousa afirmar que as fábulas gregas são mais antigas que a história judaica; que os gregos não ouviram falar de Sansão assim como não ouviram falar de Adão, Eva, Abel, Caim etc. etc.; que esses nomes não são citados em nenhum autor grego. Dizem, como insinuado modestamente nos verbetes Baco e Judeus, que os gregos não podem ter tomado nada aos judeus, e que os judeus podem ter tomado alguma coisa aos gregos.

Respondo, com o dr. Hayer, o dr. Gauchat, o ex-jesuíta Patouillet, o ex-jesuíta Nonotte e o ex-jesuíta Paulian, que essa heresia é a opinião mais condenável que já saiu do inferno; que ela outrora foi amaldiçoada em pleno parlamento num arrazoado e condenada, segundo palavras do sr. P...; que, se nossa indulgência chegar a ponto de tolerar aqueles que criam esses sistemas medonhos, não haverá mais segurança no mundo, e sem dúvida o anticristo virá, se é que já não veio.

---

68. *Mitologia* de Banier, liv. II, p. 151, t. III, edição in-4°. *Comentários literários sobre Sansão*, cap. XVI. (N. de Voltaire)

PURGATÓRIO (Purgatoire)

É muito interessante que as Igrejas protestantes se tenham juntado para bradar que o purgatório foi invenção de monges. É bem verdade que eles inventaram a arte de arrancar dinheiro dos vivos orando a Deus pelos mortos; mas o purgatório existia antes dos monges.

O que pode ter induzido os doutos em erro é o fato de – segundo dizem – a festa dos mortos ter sido instituída pelo papa João XVI em meados do século X. Disso apenas concluo que antes se rezava por eles; pois, se começaram a rezar por todos, é de crer que já se rezava por alguns, assim como se inventou a festa de todos os santos porque durante muito tempo já haviam sido festejados vários bem-aventurados. A diferença entre o dia de Todos os Santos e o dia dos mortos é que, no primeiro, invocamos e, no segundo, somos invocados; no primeiro recomendamo-nos a todos os bem-aventurados, e no segundo os desventurados se recomendam a nós.

Mesmo os mais ignorantes sabem como essa festa foi instituída em Cluny, que era então território do império alemão. Será preciso repetir "que santo Odilon, abade de Cluny, era useiro e vezeiro de livrar muitas almas do purgatório com suas missas e suas preces, e que certo dia um cavaleiro ou um monge, voltando da Terra Santa, foi lançado pela tempestade numa pequena ilha onde encontrou um eremita, que lhe disse haver ali perto grandes labaredas e furiosos incêndios, onde os mortos eram atormentados, e que ele muitas vezes ouvia os diabos queixar-se do abade Odilon e de seus monges, que todos os dias livravam alguma alma; que era preciso pedir a Odilon que continuasse, para aumentar a alegria dos bem-aventurados no céu e a dor dos diabos no inferno"?

É assim que irmão Girard, jesuíta, conta a coisa em sua *Flor dos santos*[69], segundo o irmão Ribadeneira. Fleury difere um pouco dessa legenda; mas conservou-lhe o essencial.

Essa revelação levou santo Odilon a instituir em Cluny o dia dos mortos, que depois foi adotado pela Igreja.

Foi a partir de então que o purgatório passou a valer tanto dinheiro para aqueles que tinham o poder de abrir suas portas. Foi em virtude desse poder que o rei da Inglaterra João, grande terra-tenente cognominado *sem terra*, declarando-se lígio do papa Inocêncio III e submetendo-lhe seu reino, obteve a absolvição da alma de um de seus antepassados que estava excomungado: *pro mortuo excommunicato pro quo supplicant consanguinei*.

A chancelaria romana criou até uma tarifa para a absolvição dos mortos; houve muitos altares privilegiados, onde cada missa rezada nos séculos XIV e XV, por seis *liards*, salvava uma alma. De nada adiantava a reprovação dos hereges, segundo os quais, na verdade, os apóstolos haviam recebido o direito de desatar tudo o que estava atado na terra, mas não debaixo da terra, pois investiam contra eles como se fossem bandidos que ousavam duvidar do poder das chaves do paraíso; e, de fato, é de notar que, quando o papa quer remir alguém de quinhentos ou seiscentos anos no purgatório, está fazendo graça de pleno poder: *pro potestate a Deo accepta concedit*.

Da antiguidade do purgatório

Afirma-se que, em tempos imemoriais, o purgatório era reconhecido pelo famoso povo judeu; e usa-se como base o segundo livro dos Macabeus, que diz expressamente que, "encontrando sob as vestes dos judeus (na batalha de Odolam) coisas consagradas aos ídolos de Jâmnia, ficou manifesto que aquela era a razão de terem perdido; e, recolhendo doze mil dracmas em dinheiro[70], ele, que pensava muito e religiosamente na ressurreição, mandou o dinheiro a Jerusalém para oferecer sacrifício pelos pecados dos mortos".

---

69. T. II, p. 445. (N. de Voltaire)
70. Liv. II, cap. XII, v. 40 e 43. (N. de Voltaire)

PURGATÓRIO

Visto termos assumido o dever de relatar as objeções dos hereges e dos incrédulos, a fim de refutá-los com suas próprias opiniões, relataremos aqui suas dificuldades relativas aos doze mil francos enviados por Judas e ao purgatório.

Dizem eles:

1º Que doze mil francos – em nossa moeda – era demais para Judas, que sustentava uma guerra de canichos contra um grande rei;

2º Que se pode enviar um presente a Jerusalém pelos pecados dos mortos, a fim de atrair as bênçãos de Deus sobre os vivos;

3º Que naquele tempo ainda não se falava em ressurreição; que é sabido que essa questão só foi discutida entre os judeus no tempo de Gamaliel, um pouco antes das pregações de Jesus Cristo;

4º Que, como a lei dos judeus, consistente em Decálogo, Levítico e Deuteronômio, nunca falara de imortalidade da alma nem de tormentos do inferno, era ainda mais impossível que anunciasse um purgatório.

5º Os hereges e os incrédulos fazem os últimos esforços para demonstrar à sua maneira que todos os livros dos Macabeus são evidentemente apócrifos. São estas suas pretensas provas:

Os judeus nunca reconheceram como canônicos os livros dos Macabeus: por que nós os reconheceríamos?

Orígenes declara formalmente que a história dos macabeus deve ser rejeitada. São Jerônimo considera esses livros não fidedignos.

O concílio de Laodiceia, ocorrido em 367, não os admitiu entre os livros canônicos; os Atanásios, os Cirilos e os Hilários os rejeitaram.

As razões para tratar esses livros como romances – e romances bem ruins – são as seguintes:

O autor ignorante começa com a falsidade mais óbvia para todos. Diz[71]: "Alexandre chamou os jovens nobres que haviam sido criados com ele desde a infância e dividiu entre eles seu reino enquanto ainda vivia."

Mentira tão tola e grosseira não pode provir de um escritor sagrado e inspirado.

O autor de Macabeus, ao falar de Antíoco Epifano, diz: "Antíoco marchou para Elimaida; quis tomá-la e pilhá-la[72], mas não pôde, porque suas palavras haviam sido conhecidas pelos habitantes; e eles se insurgiram e combateram contra ele. E ele se foi com grande tristeza, retornando para a Babilônia. E, enquanto ainda estava na Pérsia, ficou sabendo que seu exército em Judá fugira; então ficou de cama e morreu em 149."

O mesmo autor[73], em outro lugar, diz exatamente o contrário. Diz que Antíoco Epifano quis pilhar Persépolis, e não Elimaida; que caiu de seu carro, que contraiu uma chaga incurável; que foi devorado pelos vermes; que pediu perdão ao Deus dos judeus; que quis tornar-se judeu; e aí se encontra aquele versículo que os fanáticos aplicaram tantas vezes a seus inimigos: *Orabat scelestus ille veniam quam non erat consecuturus*, "o celerado pedia um perdão que não devia obter". Essa frase é bem judia; mas não é lícito que um autor inspirado se contradiga tão indignamente.

Não é só isso: há outra contradição e outro equívoco. O autor faz Antíoco Epifano morrer de um terceiro modo[74]; pode-se escolher. Ele afirma que aquele príncipe foi apedrejado no templo de Nânea. Quem quer escusar essa burrada afirma que ele está falando de Antíoco Eupátor; mas nem Epifano nem Eupátor foram apedrejados.

Em outro lugar, o autor diz[75] que outro Antíoco (o grande) foi aprisionado pelos romanos, e que estes entregaram as Índias e a Média a Eumenes. Seria o mesmo que dizer que Francisco I

---

71. Liv. I, cap. I, v. 7. (N. de Voltaire)
72. Cap. VI, v. 3 ss. (N. de Voltaire)
73. Liv. II, cap. IX. (N. de Voltaire)
74. Liv. II, cap. I, v. 13. (N. de Voltaire)
75. Liv. I, cap. VIII, v. 7 e 8. (N. de Voltaire)

aprisionou Henrique VIII e deu a Turquia ao duque de Savoia. É insultar o Espírito Santo imaginar que ele tenha ditado absurdos tão repugnantes.

O mesmo autor diz[76] que os romanos haviam conquistado os gálatas; mas só conquistaram a Galácia mais de cem anos depois. Portanto, o infeliz romancista estava escrevendo mais de um século depois do tempo em que se supõe que escreveu; isso ocorre com quase todos os livros judeus, a crer no que dizem os incrédulos.

O mesmo autor diz[77] que os romanos nomeavam todos os anos um chefe do senado. Mas que homem instruído! Não sabia simplesmente que Roma tinha dois cônsules. Que fé se pode dar – perguntam os incrédulos – a essas mixórdias de contos pueris, amontoados sem ordem e sem critério pelos homens mais ignorantes e imbecis do mundo? Que vergonha acreditar neles! Que barbárie de canibais perseguir homens sensatos para obrigá-los a fazer de conta que acreditavam em nescidades pelas quais sentiam o mais profundo desprezo! Assim se exprimem certos autores audaciosos.

Nossa resposta é que alguns enganos, provavelmente criados por copistas, não impedem que o fundo não seja verdadeiro; que o Espírito Santo inspirou o autor, e não os copistas; que, embora o concílio de Laodiceia tenha rejeitado o livro dos Macabeus, estes foram admitidos pelo concílio de Trento, no qual houve até jesuítas; que eles são aceitos em toda a Igreja romana, e que, por conseguinte, devemos acatá-los com submissão.

Da origem do purgatório

É certo que quem admitiu o purgatório na Igreja primitiva foi tratado de herege; condenaram-se os simonianos, que admitiam a purgação das almas, Ψυκήν καθαρόν[78].

Santo Agostinho condenou depois os origenistas, que defendiam esse dogma.

Mas os simonianos e os origenistas teriam copiado esse purgatório de Virgílio, Platão e dos egípcios?

Ele está claramente enunciado no sexto livro de Virgílio, conforme já observamos; e o mais interessante é que Virgílio retrata umas almas suspensas no ar, outras queimadas, outras afogadas:

... *Aliae panduntur inanes*
Suspensae ad ventos; aliis sub gurgite vasto
Infectum eluitur scelus, aut exuritur igni.
(VIRG., *Eneida*, VI, 740)

O abade Pellegrin traduz assim esses versos:

On voit ces purs esprits branler au gré des vents,
Ou noyés dans les eaux, ou brûlés dans les flammes;
C'est ainsi qu'on nettoie et qu'on purge les âmes.
[Vemos esses espíritos balouçando ao vento,
Ou afogados nas águas, ou queimados nas chamas;
É assim que se limpam e purgam as almas.]

---

76. Liv. I, cap. VIII, v. 2 e 3. (N. de Voltaire)
77. *Ibid.*, v. 15 e 16. (N. de Voltaire)
78. Livro das Heresias, cap. XXII. (N. de Voltaire)

PURGATÓRIO

E o mais interessante ainda é que o papa Gregório, cognominado *o grande*, não só adotou essa teologia de Virgílio, como também, em seus diálogos, introduziu várias almas chegadas do purgatório, depois de lá terem ficado dependuradas ou afogadas.

Platão falara do purgatório em seu *Fédon*; é fácil convencer-se, com a leitura de *Mercúrio Trismegisto*, que Platão tomou dos egípcios tudo o que não extraiu de Timeu de Locres.

Tudo isso é bem recente, tudo isso é de ontem, em comparação com os antigos brâmanes. Foram eles – cabe admitir – que inventaram o purgatório, assim como também inventaram a revolta e a queda dos gênios, dos animais celestes.[79]

É em seu *Shasta*, ou *Shastabad*, escrito três mil e cem anos antes da era vulgar, que meu caro leitor encontrará o purgatório. Aqueles anjos rebeldes, cuja história é copiada pelos judeus, no tempo do rabino Gamaliel, haviam sido condenados pelo Eterno e por seu filho a mil anos de purgatório; depois disso, Deus os perdoou e os fez homens. Já vos dissemos, caro leitor, já vos mostramos que os brâmanes acharam dura demais a eternidade dos suplícios; pois, afinal, eternidade é o que nunca acaba. Os brâmanes pensavam como o abade de Chaulieu.

> *Pardonne alors, Seigneur, si, plein de tes bontés,*
> *Je n'ai pu concevoir que mes fragilités,*
> *Ni tous ces vains plaisirs qui passent comme un songe,*
> *Pussent être l'objet de tes sévérités;*
> *Et si j'ai pu penser que tant de cruautés*
> *Puniraient un peu trop la douceur d'un mensonge.*
> [Perdoa, então, Senhor, se, imbuído da tua bondade,
> Não pude conceber que minhas fraquezas
> E todos os vãos prazeres que passam como um sonho
> Podiam ser alvo de tua severidade;
> E se pude pensar que tantas crueldades
> Puniriam demais a brandura de uma mentira.
> (*Epístola sobre a morte*, ao marquês de La Fare)

---

79. Ver o verbete Brâmanes. (N. de Voltaire)

QUAKERS (*Quakers*)

Quaker, *quacre, primitivo, membro da primitiva igreja cristã ou filadelfiano*

De todos esses títulos, o que eu prefiro é filadelfiano, *amigo dos irmãos*. Há muitos tipos de vaidade, porém a mais bela é aquela que, não se arrogando nenhum título, torna quase todos os outros ridículos.

Acostumo-me depressa ao bom filadelfiano que me trate de amigo e irmão; essas palavras reanimam a caridade em meu coração, que se esfria com excessiva facilidade. Mas o fato de dois monges se tratarem, por escrito, de Vossa Reverência, de exigirem que lhes beijem a mão na Itália e na Espanha, eis aí o último grau de um orgulho demencial; é o último grau da tolice em quem a beija; é o último grau da surpresa e do riso em quem testemunha essas parvoíces. A simplicidade do filadelfiano é a sátira contínua dos bispos que se monsenhorizam.

"Não tem vergonha, dizia um leigo ao filho de um trabalhador braçal, que se tornou bispo, de se intitular monsenhor e príncipe? Foi isso o que fizeram Barnabé, Filipe e Juda? – Vá, vá, diz o prelado, se Barnabé, Filipe e Juda pudessem, teriam feito; e a prova é que seus sucessores o fizeram assim que puderam."

Um outro, que certo dia tinha à mesa vários gascões, dizia: "É preciso que eu seja monsenhor, visto que todos esses senhores são marqueses." *Vanitas vanitatum*.

Já falei dos *quakers* no verbete Igreja primitiva, e é por isso que quero falar mais um pouco. Peço-lhe, caro leitor, que não diga que me repito; pois, se há duas ou três páginas repetidas neste *Dicionário*, a culpa não é minha, é dos editores. Estou doente no monte Krapack, não posso estar com os olhos em tudo. Tenho associados que trabalham como eu na vinha do Senhor, que procuram inspirar paz e tolerância, horror ao fanatismo, à perseguição, à calúnia, à rigidez de costumes e à ignorância insolente.

Direi, sem me repetir, que gosto dos *quakers*. Sim, se o mar não me fizesse um mal insuportável, seria em teu seio, ó Pensilvânia, que eu iria terminar o resto de meus dias, se é que há resto. Estás situada a quarenta graus, no clima mais ameno e favorável que existe; teus campos são férteis, tuas casas são construídas com conforto; teus habitantes são industriosos e tuas manufaturas os honram. Uma paz eterna reina entre teus cidadãos; os crimes são quase desconhecidos, e só há um único exemplo de banimento da região. O banido o merecia: era um sacerdote anglicano que, depois de se tornar *quaker*, foi indigno de sê-lo. O infeliz decerto foi possuído pelo diabo, pois ousou pregar a intolerância: chamava-se George Keith; foi expulso; não sei para onde foi, mas oxalá todos os intolerantes fossem com ele!

Por isso, de trezentos mil habitantes que vivem felizes em teu seio, há duzentos mil estrangeiros. Com doze guinéus, pode-se adquirir cem arpentos de ótima terra; e nesses cem arpentos é possível ser realmente rei, pois lá todos são livres, são cidadãos; não podeis fazer mal a ninguém, e ninguém pode fazer-vos mal; cada um pensa o que quer e diz o que quer sem ser perseguido;

não se conhece o fardo dos impostos continuamente dobrados; não é preciso cortejar ninguém, nem temer a insolência de um subalterno importante. É verdade que no monte Krapack vivemos mais ou menos como lá; mas só devemos essa tranquilidade às montanhas cobertas de neves eternas e aos horrendos precipícios que cercam nosso paraíso terrestre. Assim mesmo, o diabo às vezes transpõe, como em Milton, esses precipícios e esses montes assustadores, para vir infectar com seu hálito envenenado as flores do nosso paraíso. Satã se disfarçou de sapo para vir enganar duas criaturas que se amavam. Veio uma vez à nossa casa com sua própria aparência para trazer a intolerância. Nossa inocência venceu todo o furor do diabo.

QUARESMA (Carême)

Primeira seção

Nossas questões sobre a quaresma só dirão respeito à administração pública. Parece útil haver um período no ano em que matamos menos bois, bezerros, carneiros, aves. Ainda não temos frangos e pombos em fevereiro e em março, quando ocorre a quaresma. É bom interromper a matança durante algumas semanas nos países onde as pastagens não são tão gordas quanto as da Inglaterra e da Holanda.

Os magistrados civis, com muita sabedoria, determinaram que a carne ficasse um pouco mais cara em Paris, durante esse tempo, e que o lucro fosse destinado aos hospitais. É um tributo quase imperceptível pago pelo luxo e pela gula à indigência, pois são os ricos que não têm força para observar a quaresma, enquanto os pobres jejuam o ano inteiro.

Há pouquíssimos camponeses que comem carne uma vez por mês. Se por acaso a comessem todos os dias, não haveria carne suficiente para o reino mais próspero. Vinte milhões de libras de carne por dia dariam sete bilhões e trezentos milhões de libras por ano. Esse cálculo é assustador.

O pequeno número de ricos, financistas, prelados, principais magistrados, grandes senhores, grandes damas, que se dignam servir peixe nos dias magros[1], jejuam durante seis semanas comendo linguados, salmões, aranhuços, rodovalhos, esturjões.

Um de nossos mais famosos financistas tinha mensageiros que lhe traziam todos os dias cem escudos de peixes frescos do mar a Paris. Esse gasto sustentava os correios e os alquiladores que vendiam seus cavalos, os pescadores que forneciam o peixe, os fabricantes de redes (que em alguns lugares são chamados *redeiros*), os construtores de barcos etc., os merceeiros dos quais eram compradas as especiarias refinadas que conferem ao peixe um sabor superior ao da carne. Luculo não teria feito uma quaresma com mais volúpia.

Cabe notar que o peixe fresco do mar, ao entrar em Paris, paga ao Estado um imposto considerável.

O secretário do homem rico, seus camareiros, as damas de companhia da senhora, o chefe da cozinha etc. comem o manjar de Creso e jejuam tão deliciosamente quanto ele.

Não é o que ocorre com os pobres. Estes, se comerem por quatro soldos uma carne de carneiro dura como uma sola, não só estarão cometendo um grande pecado, como também procurarão em vão esse miserável alimento. Que comerão então? Só terão castanhas, pão de centeio, queijos que tiverem feito com o leite de suas vacas, cabras ou ovelhas e um pouco de ovos de suas galinhas.

Há Igrejas nas quais se tem o hábito de proibir o consumo de ovos e laticínios. O que lhes restaria para comer? Nada. Eles concordam em jejuar, mas não concordam em morrer. É absolu-

---

1. Por que chamar de *magros* os dias em que se comem peixes mais gordos que galinhas, e que provocam terríveis indigestões? (N. de Voltaire)

tamente necessário que vivam, senão por outro motivo, pelo menos para lavrar as terras dos beneficiados e dos monges.

Perguntamos, portanto, se não compete unicamente aos magistrados civis do reino, encarregados de velar pela saúde dos habitantes, dar-lhes permissão para comer os queijos que suas mãos moldaram e os ovos que suas galinhas puseram?

Parece que o leite, os ovos, o queijo, tudo o que pode alimentar o camponês, é da alçada da justiça, e não uma cerimônia religiosa.

Não sabemos que Jesus Cristo tenha proibido seus apóstolos de comer omeletes; ao contrário, ele lhes disse: *Comei o que vos for dado*[2].

A santa Igreja ordenou a quaresma, mas, na qualidade de Igreja, só tem poder sobre o coração; só pode infligir penas espirituais; não pode mandar hoje em dia para a fogueira, como antigamente, um coitado que, só tendo um toucinho ranço, ponha um pouco desse toucinho numa fatia de pão preto no dia seguinte à terça-feira gorda.

Às vezes, na província, certos curas, excedendo-se em seus deveres e esquecendo os direitos da magistratura, metem-se a ir às hospedarias, às casas de pasto, para ver se encontram algumas onças de carne nas panelas, algumas galinhas velhas no gancho ou alguns ovos num armário, visto que é proibido comer ovos na quaresma. Então eles intimidam o povo pobre; chegam até a usar de violência com infelizes que não sabem que só cabe à magistratura a função de policiar. É uma inquisição odiosa e digna de punição.

Só os magistrados podem estar informados ao certo dos víveres com que o pobre povo das províncias pode contar em maior ou menor quantidade para alimentar-se. O clero tem ocupações mais sublimes. Não caberia, portanto, aos magistrados a função de regular o que o povo pode comer na quaresma? Quem se incumbirá da inspeção dos alimentos de um país, senão a polícia desse país?

Segunda seção

Os primeiros que resolveram jejuar terão, por acaso, se submetido a esse regime por prescrição médica, por terem sofrido alguma indigestão?

Teria sido a falta de apetite que sentimos quando estamos tristes a origem primeira dos dias de jejum prescritos nas religiões tristes?

Terão os judeus copiado o costume de jejuar dos egípcios, cujos ritos imitaram, até mesmo a flagelação e o bode expiatório?

Por que Jesus jejuou quarenta dias no deserto, aonde foi levado pelo diabo, pelo *Knathbull*? São Mateus escreve que, depois dessa quaresma, sentiu fome; então ele não tinha fome durante essa quaresma?

Por que nos dias de abstinência a Igreja romana considera crime comer animais terrestres e acha que é bom servir linguados e salmões? O rico papista que, por quinhentos francos, tiver peixe à mesa será salvo, enquanto o pobre que, morrendo de fome, comer carne de porco salgada por quatro soldos será condenado!

Por que é preciso pedir permissão ao bispo para comer ovos? Um rei que ordenasse a seu povo nunca comer ovos não seria visto como o mais ridículo dos tiranos? Que estranha aversão os bispos têm por omeletes?

É possível acreditar que entre os papistas houve tribunais suficientemente imbecis, covardes e bárbaros para condenar à morte pobres cidadãos cujo único crime foi comer carne de cavalo na quaresma? Esse fato é verdadeiro: tenho nas mãos uma sentença dessa espécie. O

---
2. Lucas, cap. X, v. 8. (N. de Voltaire)

mais estranho é que os juízes que proferiram semelhantes sentenças se achavam superiores aos iroqueses.

Padres idiotas e cruéis! A quem ordenais guardar a quaresma? Aos ricos? Esses se abstêm de observá-la. Aos pobres? Esses fazem quaresma o ano todo. O lavrador infeliz quase nunca come carne e não tem dinheiro para comprar peixe. Sois uns loucos; quando vos emendareis de vossas leis absurdas?

QUISQUIS DE PETRUS RAMUS
(Quisquis (du) de Ramus ou La Ramée)

Com algumas observações úteis sobre perseguidores, caluniadores e autores de libelos

Importa pouco ao caro leitor que uma das mais violentas perseguições promovidas no século XVI contra Ramus tenha tido por alvo a maneira como se devia pronunciar *quisquis* e *quanquam*.

Essa grande discussão dividiu por muito tempo todos os diretores de colégio e os professores de internatos do século XVI, mas está adormecida hoje e provavelmente nunca mais despertará.

Se o leitor quiser saber[3] se "o sr. Gallandius Torticolis superava o sr. Ramus, seu inimigo, na arte oratória, ou se o sr. Ramus superava o sr. Gallandius Torticolis", poderá satisfazer a curiosidade consultando Thomas Freigius, *in vita Rami*; pois Thomas Freigius é um autor que pode ser útil aos curiosos, diga o que disser Banosius.

Mas o fato de esse *Ramus* ou *La Ramée*, fundador de uma cátedra de matemática no colégio real de Paris, bom filósofo num tempo em que mal se contavam três – Montaigne, Charron e de Thou, o historiador –, o fato de Ramus, homem virtuoso num século de crimes, homem sociável e até, se quiseres, talentoso, o fato de tal homem, repito, ter sido perseguido durante toda a sua vida e de ter sido assassinado por professores e alunos da Universidade, de seu corpo ter sido arrastado aos pedaços ensanguentados para as portas de todos os colégios, como justa reparação feita à glória de Aristóteles, o fato de esse horror, repito outra vez, ter sido cometido para a edificação de almas católicas e piedosas, ó franceses, convenhamos que é muita ignorância.

Disseram-me que desde aqueles tempos as coisas mudaram bastante na Europa, que os costumes se abrandaram, que ninguém mais é perseguido até a morte. É mesmo! Não teremos nós já observado neste *Dicionário* que o respeitável Barneveldt, primeiro homem da Holanda, morreu no cadafalso devido à mais disparatada e impertinente disputa que jamais perturbou os cérebros teológicos?

Que o processo criminal do infeliz Théophile nasceu apenas de quatro versos de uma ode que os jesuítas Garasse e Voisin lhe imputaram, perseguindo-o com violentíssimo furor e tenebrosos artifícios, até obterem que sua efígie[4] fosse queimada?

Que em nossos dias aquele outro processo de La Cadière só foi movido devido ao ciúme que um jacobino tinha de um jesuíta que polemizara com ele a respeito da graça?

Que uma miserável discussão sobre literatura num café foi a origem daquele famoso processo de Jean-Baptiste Rousseau, o poeta; processo no qual um filósofo inocente esteve a ponto de sucumbir sob manobras criminosas?

Por acaso não vimos o abade Guyot Desfontaines denunciar o pobre abade Pellegrin como

---

3. Ver Brantôme, *Homens ilustres*, t. II. (N. de Voltaire)
4. Ver o verbete Théophile, no capítulo Ateísmo. (N. de Voltaire)

autor de uma peça de teatro e obter a supressão de sua permissão para rezar missa, que era seu ganha-pão?

O fanático Jurieu acaso não perseguiu sem trégua o filósofo Bayle? E, quando finalmente conseguiu que ele fosse despojado de sua pensão e de seu posto, não teve a infâmia de continuar a persegui-lo?

O teólogo Lange por acaso não acusou Wolf não só de não crer em Deus, mas também de ter insinuado em seu curso de geometria que ninguém deveria alistar-se a serviço do segundo rei da Prússia? E, com base nessa delação, o rei acaso não deu ao virtuoso Wolf a possibilidade de optar entre sair de seu território em vinte e quatro horas e ser enforcado? Enfim, a intriga jesuítica não quis arruinar Fontenelle?

Eu poderia citar centenas de exemplos dos furores do ciúme pedantesco; e ouso afirmar, para vergonha dessa indigna paixão, que, se todos os que perseguiram homens célebres não os trataram do mesmo modo como os colegiais trataram Ramus, foi porque não puderam.

É principalmente na canalha da literatura e na lama da teologia que essa paixão explode com mais raiva.

Meu caro leitor, darei aqui alguns exemplos.

Exemplos de perseguições que alguns homens de letras desconhecidos provocaram ou tentaram provocar contra homens de letras conhecidos

O catálogo dessas perseguições seria bem longo; é preciso adotar alguns limites.

O primeiro que desencadeou a tormenta contra o mui estimável e saudoso Helvétius foi um pequeno convulsionário.

Se aquele infeliz tivesse sido um verdadeiro homem de letras, poderia ter indicado com honestidade os defeitos do livro.

Poderia ter notado que a palavra *esprit*, sozinha, não significa entendimento humano, título conveniente ao livro de Locke; que, em francês, a palavra *esprit* em geral quer dizer apenas pensamento brilhante. Assim, a maneira de bem pensar nas obras de espírito significa, no título desse livro, a maneira de dar correção às obras agradáveis, às obras da imaginação. O título *Esprit*, sem nenhuma explicação, podia, portanto, parecer equívoco; e essa era, sem dúvida, uma falha bem pequena.

Em seguida, examinando esse livro, teria sido possível observar:

O fato de os macacos terem as mãos diferentes das nossas não implica que eles tenham menos pensamento, pois suas mãos são como as nossas;

Não é verdade que o homem seja o animal que mais se multiplicou na terra, pois em cada casa há duas ou três mil vezes mais moscas do que gente;

É falso que no tempo de Nero se reclamava da doutrina do outro mundo, recém-introduzida, doutrina que enfraquecia a coragem; pois essa doutrina fora introduzia havia muito tempo[5];

É falso que as palavras nos recordem imagens ou ideias: pois imagens são ideias; caberia dizer ideias simples ou compostas;

É falso que a Suíça tenha proporcionalmente mais habitantes que a França e a Inglaterra;

É falso que a palavra *livre* seja sinônimo de *esclarecido*: leia-se o capítulo de Locke sobre o poder;

É falso que os romanos tenham concedido a César, com o nome de *imperator*, aquilo que eles lhe recusavam com o nome de *rex*, pois o nomearam ditador perpétuo, e quem ganhasse uma batalha era *imperator*: Cícero era *imperator*;

---

5. Ver Cícero, Lucrécio, Virgílio etc. (N. de Voltaire)

É falso que a ciência não passe de lembrança das ideias de outrem, pois Arquimedes e Newton inventavam;

É falso e descabido dizer que Lecouvreur e Ninon tiveram tanto "espírito" quanto Aristóteles e Sólon; pois Sólon fez leis, Aristóteles fez alguns livros excelentes e nós nada temos dessas duas senhoritas;

É falso concluir que o "espírito" seja o primeiro dos dons do fato de a inveja permitir que cada um seja o panegirista de sua probidade, mas não é permitido gabar o próprio "espírito", pois, em primeiro lugar, só é lícito falar da própria probidade quando ela é atacada; em segundo lugar, o "espírito" é um ornamento cuja vanglória é descabida, enquanto a probidade é coisa necessária, da qual é abominável prescindir;

É falsa a afirmação de que nos tornamos estúpidos assim que deixamos de ser apaixonados, pois, ao contrário, uma paixão violenta torna a alma estúpida em relação a todos os outros objetos;

É falso que todos os homens tenham nascido com os mesmos talentos, pois em todas as escolas de artes e ciências, tendo todos os mesmos mestres, sempre são pouquíssimos os que têm sucesso;

Enfim, sem ir mais longe, essa obra, aliás estimável, é um pouco confusa; falta-lhe método, e ela é estragada por historietas indignas de um livro de filosofia.

Aí está o que um verdadeiro homem de letras poderia ter observado. Mas gritar contra o deísmo e o ateísmo ao mesmo tempo, recorrer indignamente a essas duas acusações contraditórias, fazer intrigas para arruinar um homem de grande mérito, para destituí-lo do cargo e desapossar o seu aprovador, requerer contra ele não só à Sorbonne, que não pode lhe fazer mal algum por si mesma, mas também ao parlamento, que podia fazer muito mal, tudo isso constituiu uma manobra covarde e cruel: e foi isso o que fizeram dois ou três homens cheios de fanatismo, orgulho e inveja.

Sobre o gazeteiro eclesiástico

Quando foi publicado o *Espírito das leis*, o gazeteiro eclesiástico não deixou de ganhar dinheiro, como já observamos, acusando em duas folhas absurdas o presidente Montesquieu de ser deísta e ateu. Fosse outro o governo, Montesquieu estaria perdido. Mas as folhas do gazeteiro, que, é verdade, foram bem vendidas porque eram caluniosas, também lhe valeram vaias e a abominação pública.

Sobre Patouillet

Um ex-jesuíta, chamado *Patouillet*, teve a ideia de emitir, em 1764, uma carta pastoral com o nome de um prelado, na qual ele também acusava dois conhecidos homens de letras de deísmo e ateísmo, segundo o louvável costume desses senhores. Mas, como essa carta pastoral também atacava todos os parlamentos do reino, sendo, aliás, escrita em estilo de colégio, praticamente só chegou ao conhecimento do procurador-geral, que a encaminhou aos tribunais, e do carrasco, que a queimou.

Sobre o jornal cristão

Alguns escritores fundaram um Jornal cristão, como se os outros jornais fossem idólatras. Esse cristianismo era vendido por vinte soldos por mês, depois foi ofertado por quinze, caiu para doze e desapareceu para sempre. Aquela boa gente, em 1760, tinha reiterado a acusação costumeira de deísmo e ateísmo contra o sr. de Saint-Foix, por ocasião de alguns fatos verdadeiros, relatados nos *Ensaios sobre Paris*. Dessa vez depararam com um autor que se defendia melhor do que Ramus: ele lhes moveu um processo criminal no Châtelet. Aqueles cristãos foram obrigados a retratar-se, e, depois disso, reduziram-se ao seu nada.

Sobre Nonotte

Outro ex-jesuíta, chamado *Nonotte*, sobre o qual já falamos algumas vezes, para torná-lo conhecido, recorreu também à mesma manobra em dois volumes e repetiu as acusações de deísmo e ateísmo contra um homem bem conhecido. Sua grande prova era que esse homem, cinquenta anos antes, traduzira numa tragédia dois versos de Sófocles, nos quais se diz que os sacerdotes pagãos se enganaram com frequência. Nonotte mandou seu livro a Roma, para o secretário dos breves; esperava um benefício, que não recebeu; mas obteve a honra inestimável de receber uma carta do secretário dos breves.

O engraçado é que todos esses cães raivosos ainda têm vaidade. Esse Nonotte, diretor de colégio e pregador de aldeia, o mais ignorante dos pregadores, publicara em seu libelo que Constantino foi de fato muito afetuoso e honesto com a família; que, por conseguinte, o *Labarum* se lhe mostrou no céu; que Diocleciano passara toda a vida a massacrar cristãos por prazer, embora os tenha protegido ininterruptamente durante dezoito anos; que Clóvis nunca foi cruel; que os reis de então nunca tiveram várias mulheres ao mesmo tempo; que os confessionários entraram em uso já nos primeiros séculos da Igreja; que foi ação muito meritória promover uma cruzada contra o conde de Toulouse, chicoteá-lo e despojá-lo de seus territórios.

O sr. Damilaville dignou-se indicar os erros de Nonotte, e o advertiu de que não era educado dizer grandes injúrias, sem nenhuma razão, ao autor de *Ensaio sobre os costumes e o espírito das nações*; que um crítico é obrigado a ter sempre razão, e que Nonotte raramente observara essa lei.

Como! exclama Nonotte. Não teria eu sempre razão, já que sou jesuíta, ou pelo menos fui? Poderia enganar-me, eu que fui diretor de colégio na província e até preguei! E aí está Nonotte, fazendo mais um alentado volume, para provar ao universo que, se se enganou, foi por dar fé a alguns jesuítas, e que, por conseguinte, deve-se acreditar nele. E ele vai amontoando erro sobre erro, para queixar-se ao universo da injustiça que lhe fizeram, para esclarecer o universo pouco instruído da vaidade de Nonotte e de seus erros.

Todas essas pessoas sempre acham ruim que alguém ouse defender-se delas. Parecem com o Scaramuccia, da antiga comédia italiana, que tentava roubar um colarinho de renda de Mezzetino; quando este, para defender-se, rasgou um pouco a renda, Scaramuccia disse: "Insolente! Rasgaste meu colarinho!"

Sobre Larcher, antigo repetidor do colégio Mazarin

Outro luminar de colégio, chamado Larcher, sem ser um homem ruim, conseguia fazer um livro ruim de crítica, no qual parece convidar todas as belas senhoras de Paris a ir à igreja de Notre--Dame deitar-se por dinheiro com todos os carroceiros e bateleiros, e isso por devoção. Ele afirma que os jovens parisienses estão muito sujeitos à sodomia: cita, em seu apoio, um autor grego seu favorito. Delonga-se com complacência sobre a bestialidade e fica muito zangado porque numa errata de seu livro foi posto por engano: *Bestialidade*, leia-se *besteira*.

Mas esse mesmo Larcher começa seu livro como os de seus confrades, querendo mandar o abade Bazin para a fogueira. Acusa-o de deísmo e ateísmo, por ter dito que os flagelos que afligem a natureza vêm todos da Providência. E, depois disso, o sr. Larcher se espanta porque zombaram dele.

Agora que todas as imposturas desses senhores são conhecidas, que os delatores por questões religiosas se tornaram o opróbrio do gênero humano, que seus livros, quando encontram dois ou três leitores, só provocam risada, é muito engraçado ver como toda essa gente imagina que o universo tem os olhos voltados para ela; como essas pessoas acumulam brochuras, nas quais chamam todo o público a testemunhar seus inúmeros esforços para inspirar bons costumes, moderação e piedade.

Sobre os libelos de Langleviel, vulgo La Beaumelle

Já se observou que todos esses escritores subalternos de libelos difamatórios são um misto de ignorância, orgulho, maldade e demência. Uma de suas loucuras é sempre falar de si mesmos, já que por tantas razões são obrigados a esconder-se.

Um dos mais inconcebíveis heróis dessa espécie é certo Langleviel de La Beaumelle, que declara publicamente que escreveram incorretamente o seu nome. Disse ele, numa de suas imortais produções: "Chamo-me Langleviel, e não Langlevieux; portanto, tudo aquilo de que me acusam é falso, e não pode recair sobre mim."

Em outra carta, eis como ele fala ao universo atento: "No dia seis do mesmo mês foi publicada a minha ode: todos a acharam muito bonita; foi bonita para Copenhague, aonde a enviei, assim como para Berlim, onde talvez haja menos gosto do que em Copenhague. Tinha a intenção de publicar os clássicos franceses, mas fui dissuadido disso em 27 de janeiro por um episódio de galanteria que teve consequências funestas. Fui roubado pelo capitão Cocchius, cuja mulher me fizera alguns dengos na Ópera. Fui condenado sem ser interrogado nem passar por acareação, e fui levado para Spandau. Escrevi ao rei. Creio que Darget interceptou minhas cartas. Ele escreveu ao engenheiro Lefebvre, dizendo que estavam procurando pôr-me em maus lençóis. Os senhores veem que Darget não me dizia com muita sutileza que seu senhor tinha impressões desagradáveis sobre mim."

Ei, pobre coitado! Quem no mundo estará interessado em saber se fizeste alguma galanteria à sra. Cocchius, ou se a sra. Cocchius a fez? O que importa se foste roubado pelo sr. Cocchius, ou se o roubaste? Que importa se Darget zombou de ti? Quem jamais saberá em Copenhague que um nativo de Cévennes fez uma ode?

Em todo lugar se encontra a mosca de Esopo, que, do fundo de uma carroça, por um caminho poeirento, exclamou: "Quanta poeira estou levantando!"

O orgulho dos pequenos consiste em falar sempre de si mesmos: o orgulho dos grandes é nunca falar de si. Este último orgulho é infinitamente mais nobre, mas às vezes é um pouco insultante para a sociedade. Ele quer dizer: Não vale a pena procurar ser estimado por vós.

Todo ser humano tem orgulho; todo ser humano é sensível. O mais hábil é aquele que mais sabe esconder seu jogo.

Há um caso em que somos, infelizmente, obrigados a falar de nós mesmos, e até por muito tempo; é quando nos movem um processo. Então, é preciso instruir bem os juízes: é um dever dar-lhes boa opinião sobre nós. Cícero, ao atuar *pro domo sua*, foi obrigado de lembrar seus serviços à república; Demóstenes fora reduzido à mesma necessidade numa arenga contra Ésquines. Afora isso, calai-vos e deixai que vosso mérito fale, se o tiverdes.

A mãe do marechal de Villars dizia ao filho: "De ti só fala ao rei; de tua mulher, a ninguém."

Perdoamos o alfaiate que nos traz a casaca e quer nos convencer de que é um ótimo operário: sua fortuna depende da opinião que nos inspire.

Era lícito a Du Belloy gabar um pouco os versos duros e malfeitos de seu *Siège de Calais* [Cerco de Calais]; toda a sua existência baseava-se naquela peça, insípida e pomposa. Se Racine tivesse falado daquele modo de *Iphigénie* [Efigênia], teria revoltado os leitores.

É quase sempre por orgulho que alguém ataca grandes nomes. La Beaumelle, em um de seus libelos, insulta os srs. de Erlach, Sinner, Diesbach, Vatteville etc. e justifica-se dizendo que é uma obra de política. Mas nesse mesmo libelo, que ele chama de livro de política, diz com estas exatas palavras[6]: "Uma república fundada por Cartouche teria mais leis sábias do que a república de Sólon." Que respeito esse homem tem pelos ladrões!

---

6. Núm. XXXIII. (N. de Voltaire)

"⁷O rei da Prússia só deve seu cetro ao abuso de poder cometido pelo imperador e à covardia dos outros príncipes." Que juiz de reis e reinos!

"⁸Por que abominaríamos o regicídio de Carlos I? Ele já estaria morto hoje." Que razão, ou melhor, que execrável demência! Sem dúvida, ele estaria morto hoje, pois aquele horrível regicídio foi cometido em 1649. Portanto, segundo Langleviel, não se deve detestar Ravaillac, porque o grande Henrique IV foi assassinado em 1610.

"⁹Cromwell e Richelieu se parecem." Essa semelhança é difícil de perceber, mas a loucura atroz do autor é fácil de reconhecer.

Ele fala dos srs. Maurepas, Chauvelin, Machault e Berrier, dando-lhes seus respectivos nomes, não antecedidos pela palavra *senhor*; fala num tom de autoridade que provoca riso.

Em seguida, escreveu o romance das *Memórias de madame de Maintenon*, no qual ultraja as casas de Noailles, Richelieu e todos os ministros de Luís XIV, bem como todos os generais do exército, sacrificando sempre a verdade à ficção, para divertimento dos leitores.

O que parece sua obra-prima no gênero é sua resposta a um de nossos escritores, que dissera sobre a França:

"Desafio alguém a me mostrar alguma monarquia na terra na qual as leis, a justiça distributiva e os direitos da humanidade tenham sido menos achincalhados."

Vejamos como esse senhor refuta essa asserção, que é da mais exata verdade.

"Não consigo reler esse trecho sem indignação, quando me lembro de todas as injustiças gerais e particulares cometidas pelo finado rei. Como! Luís XIV era justo, quando reduzia tudo a si mesmo, quando esquecia (e esquecia sempre) que a autoridade só é confiada a um só para a felicidade de todos? Era ele justo quando armava cem mil homens[10] para vingar a afronta feita por um louco[11] a um de seus embaixadores; quando, em 1667, declarou guerra à Espanha para aumentar seus Estados, apesar da legitimidade de uma renúncia solene e livre[12]; quando invadiu a Holanda unicamente para humilhá-la; quando bombardeou Gênova para puni-la de não ser sua aliada[13]; quando teimava em arruinar totalmente a França para pôr um de seus netos num trono estrangeiro?[14]

"Era justo, respeitava as leis, estava imbuído dos direitos da humanidade, quando oprimia seu povo com impostos[15]; quando, para sustentar cometimentos imprudentes, imaginava mil novas espécies de tributos, tais como o do papel marcado, que provocou uma revolta em Rennes e em Bordeaux; quando, em 1691[16], arruinou com oitenta editos fiscais oitenta mil famílias; quando, em 1692[17], extorquiu dinheiro dos súditos por meio de cinquenta e cinco editos; quan-

---

7. *Ibid.*, CLXXXIII. (N. de Voltaire)
8. *Ibid.*, CCX. (N. de Voltaire)
9. *Ibid.*, CCX. (N. de Voltaire)
10. De onde esse ignorante tirou que Luís XIV arregimentou um exército de cem mil homens em 1662, no desentendimento entre os embaixadores da França e da Espanha em Londres? (N. de Voltaire)
11. De onde ele tirou que o barão de Batteville, embaixador da Espanha, era louco? (N. de Voltaire)
12. De onde ele tirou que a renúncia de uma menor é livre? Aliás, ele ignora a lei de devolução que adjudicava Flandres ao rei da França. (N. de Voltaire)
13. Não foi para puni-la de não ser sua aliada, mas de ter socorrido seus inimigos, sendo sua aliada. (N. de Voltaire)
14. Estará ele esquecido dos direitos do rei da Espanha, do testamento de Carlos, dos desejos da nação, da embaixada que foi pedir a Luís XIV o seu neto como rei? Langleviel desejará destronar os soberanos da Espanha, de Nápoles, da Sicília e de Parma? (N. de Voltaire)
15. Anistiou quatro milhões de impostos em 1662 e forneceu trigo aos pobres à sua própria custa. (N. de Voltaire)
16. Ele não criou nenhum imposto para o povo em 1691, no auge de uma guerra ruinosa. Criou títulos públicos de renda no valor de um milhão, aumentos de salários, novos cargos e nenhuma taxa sobre agricultores e comerciantes. Sua receita, naquele ano, não chegou a cento e doze milhões, duzentas e cinquenta e uma mil libras. (N. de Voltaire)
17. Mesmo erro. (N. de Voltaire)

do, em 1693[18], ele esgotava a paciência de seus súditos e aumentava sua miséria com mais sessenta editos?

"Protegia ele as leis, observava a justiça distributiva, respeitava os direitos da humanidade, fazia grandes coisas para o bem público, punha a França acima de todas as monarquias da terra, quando, para destruir pelas raízes um edito concedido a um quinto da nação, ele suspendeu por três anos, em 1676, as dívidas dos prosélitos?[19]"

Esse não é o único texto no qual esse senhor insulta com brutalidade a memória de um de nossos grandes reis, que é tão cara a seu sucessor. Ele ousou dizer que Luís XIV envenenara o marquês de Louvois, seu ministro[20]; que o regente envenenara a família real[21], e que o pai do príncipe de Condé de hoje assassinara Vergier; que a casa da Áustria tem envenenadores pagos.

Uma vez, teve a ideia de bancar o engraçado numa brochura contra a *História de Henrique IV*. Que engraçado!

"Leio com deleite infinito, na *História do Mogol*[22], que o neto do Xá Abbas foi embalado durante sete anos por mulheres; que, em seguida, foi embalado durante oito anos por homens; que desde cedo foi acostumado a adorar-se e a acreditar-se formado por um barro diferente daquele que formara seus súditos; que tudo o que o cercava tinha ordem de lhe poupar o penoso trabalho de agir, pensar e querer, tornando-o incapaz de todas as funções do corpo e da alma; que, por conseguinte, um sacerdote o dispensava do trabalho de orar com sua própria boca ao grande Ser; que certos funcionários estavam incumbidos de mastigar nobremente, como diz Rabelais, as poucas palavras que ele devia pronunciar; que outros funcionários lhe palpavam o pulso três ou quatro vezes ao dia, como se agonizasse; que, quando se levantava e se deitava, trinta senhores acudiam, um para desatar-lhe os cadarços, outro para desconstipá-lo, este para ataviá-lo com uma camisa, aquele para armá-lo com uma cimitarra, cada um para tomar conta do membro cuja superintendência lhe cabia. Essas particularidades me agradam, porque me dão uma ideia nítida do caráter dos indianos, permitindo-me, aliás, entrever bastante bem o caráter do neto do Xá Abbas, para me eximir de ler tantos volumes espessos que os indianos escreveram sobre os feitos e os gestos daquele imperador autômato."

Esse homem está bem pouco instruído sobre a educação dos príncipes mogóis. Com três anos, são entregues a eunucos, e não a mulheres. Não há senhores para ajudá-los a levantar-se e a deitar-se; ninguém lhes desata os cadarços. Percebe-se quem o autor quer designar. Mas será possível reconhecer nesse retrato o fundador dos Inválidos, do Observatório, de Saint-Cyr; o protetor generoso de uma família real desafortunada; o conquistador do Franco Condado, da Flandres francesa, fundador da marinha, remunerador esclarecido de todas as artes úteis ou agradáveis; o legislador da França que recebeu o reino na mais horrível desordem e o levou ao auge da glória e da grandeza; enfim, o rei que dom Ustariz, estadista tão estimado, chama de homem prodigioso, apesar dos defeitos inseparáveis da natureza humana?

Será possível reconhecer nesse retrato o triunfador de Fontenoy e de Laufeldt, que pacificou os inimigos ao se tornar vitorioso; o fundador da Escola militar que, a exemplo de seu avô, nunca deixou de reunir seu conselho? Onde está esse neto autômato do Xá Abbas?

---

18. Mesmo erro. Portanto, está demonstrado que esse ignorante é o mais infame dos caluniadores. E quem ele calunia? Seus reis. (N. de Voltaire)
19. Essa graça concedida aos prosélitos não onerava o Estado: vê-se apenas nessa observação a audácia de um huguenotezinho, que foi aprendiz de predicador em Genebra e, não imitando a sabedoria de seus confrades, tornou-se indigno da proteção que encontrou na França. (N. de Voltaire)
20. T. III, pp. 269 e 270 de *Século de Luís XIV*, que ele falsificou e vendeu, cheio de notas infames, a um livreiro de Frankfurt, chamado Esslinger, conforme teve a desfaçatez de confessar. (N. de Voltaire)
21. T. III, p. 323. (N. de Voltaire)
22. Pp. 24, 25. (N. de Voltaire)

Quem não vê a delicada alusão a esse homem de bem, assim como a profunda ciência desse grande escritor? Ele acredita que o Xá Abbas era mogol, mas era um persa da casta sufi. Chama a esmo o seu neto de autômato; e esse neto era Abbas, segundo filho de Sain Mirza, que conta quatro vitórias sobre os turcos e depois travou guerra contra os mogóis.

Foi assim que esse pobre homem escreveu todos os seus libelos; foi assim que ele escreveu o lastimável romance *Madame de Maintenon*, falando de tudo a torto e a direito, com uma presunção que não seria aceita no maior erudito da Europa.

Que indignação nos assalta quando vemos um miserável que escapou de Cévennes, criado por caridade e conspurcado por ações infames, ousar falar assim dos reis, deixar-se levar por uma licenciosidade desbragada, abusar a tal ponto do desprezo que todos têm por ele e da indulgência que se teve quando ele foi condenado a apenas seis meses de masmorra!

Ninguém sabe como tais horrores prejudicam a literatura. No entanto, aí está o que lhe acarreta rigorosos entraves. São esses abomináveis libelistas, dignos da forca, que criam tantas dificuldades para os bons livros.

Acaba de ser publicada uma dessas obras tenebrosas[23]; nela, desde o monarca até o último dos cidadãos, todos são insultados com furor; nela, a calúnia mais atroz e absurda destila um veneno medonho sobre tudo o que mais se respeita e ama. O autor se furtou à execração pública, mas La Beaumelle se expôs.

Oxalá os jovens estouvados que sejam tentados a seguir tais exemplos, que, sem talento nem ciência, tenham a sanha de escrever, percebam aquilo a que os expõe tal frenesi! Quem é conhecido arrisca-se à forca; quem não o é vive na lama e no medo. A vida de um forçado é preferível à vida de um fazedor de libelos; pois aquele pode ter sido condenado injustamente às galés, ao passo que este as merece.

Observações sobre todos esses libelos difamatórios

Oxalá todos aqueles que sejam tentados a escrever tais infâmias digam: Não há exemplo de libelo que tenha feito o menor bem a seu autor; nunca ninguém colheu proveito nem glória nessa carreira vergonhosa. De todos esses libelos contra Luís XIV, não houve um único que hoje seja livro de biblioteca, que não tenha caído em esquecimento profundo. De cem batalhas mortíferas travadas numa guerra, batalhas que parecem capazes de decidir o destino de um Estado, apenas três ou quatro deixam boa lembrança; os acontecimentos vão caindo uns sobre os outros como folhas no outono, para desaparecerem na terra; e um patife gostaria que seu libelo obscuro permanecesse na memória dos homens! O patife responde: Todos se lembram dos versos de Horácio contra Pantólabo e contra Nomentano, bem como dos versos de Boileau contra Cotin e o abade de Pure. Replica-se ao patife: Esses não são libelos; se quiseres molestar teus adversários, tenta imitar Boileau e Horácio; mas, quando tiveres um pouco do bom-senso e da genialidade deles, já não farás libelos.

Errata e suplemento ao verbete Langleviel de Questões sobre a Enciclopédia

Langleviel não é o nome da pessoa de que se trata nesse verbete; ele se chama *Angliviel* e é cognominado La Beaumelle pelos motivos abaixo.

O finado sr. d'Avéjan, bispo de Alais, fundou nesta cidade um colégio com vinte e cinco bolsas para vinte e cinco jovens filhos de pai e mãe protestantes, a fim de educá-los na religião católica. N... Angliviel estava entre eles. Era filho de um soldado irlandês que se casara com uma protes-

---

23. *Le Gazetier cuirassé*. (N. de Voltaire)

tante em Valerogues, grande burgo da diocese de Alais; aí está por que seu filho, que ele deixou órfão em tenra idade, estava entre aqueles vinte e cinco: o senhor bispo não queria que ele sugasse com o leite os erros da mãe. Fez bons estudos naquele colégio, que era então muito bem composto. Distinguiu-se com alguns prêmios e mais ainda com pequenas malandragens. O sr. Puech era então o principal do colégio. Com o nome dele eram assinados os pequenos distintivos conferidos aos escolares, chamados *isenções*. O sr. Puech assinara ao mesmo tempo vários desses distintivos; uma folha continha sessenta e quatro deles; o sr. Angliviel roubou alguns e os vendeu aos escolares por dois ou três soldos cada. Quando esses distintivos se esgotaram, visto que aquele comércio era muito lucrativo, o referido senhor roubou outros ou os comprou do tipógrafo. Faltava a assinatura do sr. Puech; isso não foi obstáculo; a assinatura foi imitada com tanta perfeição, que o próprio sr. Puech se enganou, e o comércio continuou funcionando. Aquela habilidade inspirou novas ideias ao referido Angliviel. Este utilizou aquela assinatura para obter junto a certo Portalier, pasteleiro, o suficiente para comer lautamente durante certo tempo. Isso foi, finalmente, descoberto, e Angliviel, que acabava de terminar seus estudos de retórica, foi vergonhosamente expulso do colégio, embora precisasse ficar ainda dois anos. Isso ocorreu em 1744 ou 1745, não posso dar a data precisa. Então Angliviel explicou à mãe protestante que havia sido expulso porque dera a impressão de ter feito contra a vontade a primeira comunhão ao modo católico. A mãe, imbuída de um fervor pelo calvinismo que a perseguição ainda inflamava naquele tempo, forneceu-lhe meios para expatriar-se e ir para Genebra, onde ele poderia tornar-se ministro do santo Evangelho. Angliviel partiu; mas, como já se acreditava importante, imaginou que o governo estava de olho nele, em vista do lugar, do objeto e do tipo de educação que recebera; consequentemente, assumiu o nome La Beaumelle para furtar-se às investigações que ninguém tinha vontade de fazer. Em Genebra, Angliviel aliou-se ao sr. Baulacre, que era então bibliotecário. A srta. Baulacre, sua sobrinha, dirigia um pequeno grupo de contadores de histórias no pátio do colégio. La Beaumelle foi admitido nele; e, participando da conversa de mulheres, ficou a par da crônica escandalosa de Genebra: era muito mais do que ele precisava para alimentar sua malevolência natural; em primeiro lugar, porém, era preciso fazer um nome. Vejamos como o fez. O sr. de La Visclède, secretário perpétuo da academia de Marselha, acabava de escrever uma *Ode sobre a morte*, que fora premiada no concurso literário *Jeux floraux*; o autor não se dera a conhecer. La Beaumelle conseguiu uma cópia, que mandou imprimir em páginas avulsas e em in-8°, na casa Duvillard, dedicando essa ode ao sr. Lullin, então professor de história eclesiástica; assim, teve a glória de, aos vinte e um anos mais ou menos, ser autor de uma ode em que havia boas estrofes. Gostou da celebridade; mas precisava sentir o prazer da sátira[24]. Consequentemente, com base no que colhera da maledicência feminina, compôs um catálogo de livros no qual ultrajou toda Genebra. Só me lembro de um artigo: *Incompatibilidade de gênios, ópera cômica, de sr. e sra. Gallatin*. Todos os outros seguiam esse estilo. A coisa se tornou notória, ele foi vilipendiado, brigou com todos, partiu para a Dinamarca etc. etc. etc.

Já não posso responder pela veracidade dos fatos ocorridos depois dessa época.

---

24. *Nota*. Em Genebra ele morava na casa do sr. Giraudeau, o mais velho, autor de *La Banque rendue facile etc*. Ali armou uma grande confusão e pôs tudo a perder; traduziu o catecismo teológico do sr. Ostervald; escreveu alguns fragmentos satíricos, que foram publicados no *Mercure suisse*: não me lembro do ano nem do mês, mas um deles tem como epígrafe estes dois versos do sr. de Voltaire, com um hemistíquio de pé quebrado: *Courons après la gloire, amis*. L'ambition / Est du coeur des humains la grande passion. [*Corramos atrás da glória, amigos*. A ambição é no coração humano a grande paixão]. (N. de Voltaire)

RAIO, TROVÃO, RELÂMPAGO (Tonnerre)

Primeira seção

*Vidi et crudeles dantem Salmonea poenas,
Dum flammas Jovis et sonitus imitatur Olympi, etc.*
(VIRG., *Eneida.*, liv. VI, v. 585)

*A d'éternels tourments je te vis condamnée,
Superbe impiété du tyran Salmonée.
Rival de Jupiter, il crut lui ressembler,
Il imita la foudre, et ne put l'égaler;
De la foudre des dieux il fut frappé lui-même, etc.*
[A eternos tormentos te vi condenada,
Soberba impiedade do tirano Salmoneu.
Rival de Júpiter, acreditou se lhe assemelhar,
Imitou o raio, e não o pôde igualar;
E pelo raio dos deuses foi ele fulminado etc.]

Aqueles que inventaram e aperfeiçoaram a artilharia são outros Salmoneus. Um canhão de calibre vinte e quatro muitas vezes pode fazer e já fez mais estragos do que cem raios; no entanto nenhum artilheiro até agora foi fulminado por Júpiter, por ter desejado imitar o que acontece na atmosfera.

Vimos que Polifemo, numa peça de Eurípides, se gaba de fazer mais barulho que o raio de Júpiter depois de comer bem. Boileau, mais pudico que Polifemo, diz em sua primeira sátira (v. 161):

*Pour moi, qu'en santé même un autre monde étonne,
Qui crois l'âme immortelle, et que c'est Dieu qui tonne...*
[Quanto a mim, a quem, mesmo com saúde, um outro mundo amedronta,
Creio que a alma é imortal, e que é Deus quem trovoa...]

Não sei por que ele se amedronta com outro mundo, pois toda a antiguidade acreditava nele. *Amedrontar* não era a palavra apropriada, mas sim *assustar*. Ele acredita que Deus trovoa, mas ele trovoa assim como graniza, como chove e faz bom tempo, assim como faz tudo; não é por estar zangado que manda o trovão e a chuva. Os antigos descreviam Júpiter segurando um raio composto de três flechas flamejantes, na pata de sua águia, e lançando esse raio sobre aqueles de quem não gostava. A sã razão não está de acordo com essas ideias poéticas.

O raio, como todo o resto, é efeito necessário das leis da natureza, prescritas por seu autor; não passa de um grande fenômeno elétrico: Franklin o obriga a descer tranquilamente para a terra; ele cai sobre o professor Richman assim como sobre rochedos e igrejas; e, se fulminou Ajax, filho de Oileu, sem dúvida não foi porque Minerva estava irritada com ele.

Se tivesse caído sobre Cartouche ou sobre o abade Desfontaines, não teriam deixado de dizer: É assim que Deus pune os ladrões e os sodomitas. Mas é útil o preconceito de fazer os perversos temer o céu.

Por isso, todos os nossos poetas trágicos, quando querem rimar alguma coisa com *poudre* [pólvora, pó] ou *résoudre* [resolver], utilizam, infalivelmente *foudre* [raio] e fazem *tonnerre* [trovão] troar quando se trata de rimar com *terre* [terra].

Teseu, em *Fedra*, diz ao filho (ato IV, cena II):

Monstre qu'a trop longtemps épargné le tonnerre,
Reste impur des brigands dont j'ai purgé la terre
[Monstro que por muito tempo foi poupado pelos raios,
Resto impuro dos bandidos de que purguei a terra.]

Severo, em *Polieuto*, sem sequer precisar rimar, quando fica sabendo que sua amante se casou, diz ao amigo Fabiano (ato II, cena I):

Soutiens-moi, Fabian, ce coup de foudre est grand.
[Ampara-me, Fabiano, fui fulminado por um raio.]

Para diminuir a horrível ideia de uma trovoada, que não tem nenhuma semelhança com a recém-casada, ele acrescenta que aquela trovoada

Le frappe d'autant plus, que plus il le surprend.
[É mais pungente porque surpreendente.]

Diz em outro lugar ao mesmo Fabiano (ato IV, cena VI):

Qu'est-ce ci, Fabian? quel nouveau coup de foudre
Tombe sur mon espoir, et le réduit en poudre?
[O que é isso, Fabiano? Que novo raio fulmina
E pulveriza a minha esperança?]

Uma *esperança pulverizada* devia assombrar a plateia.
Lusignan, em *Zaíra*, reza:

Que la foudre en éclats ne tombe que sur lui.
[Que o raio, a relampaguear, só caia sobre ele.]

Agenor, falando da irmã, começa por dizer que:

Pour lui livrer la guerre
Sa vertu lui suffit au défaut du tonnerre.
[Para lhe fazer guerra
Basta-lhe a virtude que cairá como um raio.]

O Atreu do mesmo autor diz, falando do irmão:

Mon coeur, qui sans pitié lui déclare la guerre,
Ne cherche à le punir qu'au défaut du tonnerre.
[Meu coração, que sem piedade lhe declara guerra,
Só procura puni-lo como um raio.]

Se Tiestes sonha, diz que

... Ce songe a fini par un coup de tonnerre.
[... Esse sonho terminou com uma trovoada.]

Se Tideu consulta os deuses no antro de um templo, o antro só lhe responde a poder de trovões.

Enfin j'ai vu partout le tonnerre et la fondre
Mettre les vers en cendre et les rimes en poudre.
[Enfim vi por toda parte o trovão e o raio
Incinerar versos e pulverizar rimas.]

Seria bom tentar relampaguear menos.
Nunca entendi bem a fábula de Júpiter e dos Trovões em La Fontaine (VIII, 20):

Vulcain remplit ses fourneaux
De deux sortes de carreaux.
L'un jamais ne se fourvoie,
Et c'est celui que toujours
L'Olympe en corps nous envoie.
L'autre s'écarte en son cours,
Ce n'est qu'aux monts qu'il en coûte;
Bien souvent même il se perd,
Et ce dernier en sa route
Nous vient du seul Jupiter.
[Vulcano enche as fornalhas
Com duas espécies de raios.
Um nunca se desvia,
É esse mesmo que sempre
O Olimpo em peso nos envia.
O outro foge da rota,
Por isso pagam os montes;
Muitas vezes até se perde,
E este último em seu caminho
Nos vem direto de Júpiter.]

Terão dado a La Fontaine o tema dessa fábula ruim, que ele pôs em versos ruins, tão afastados de seu gênero? Seria a intenção dizer que os ministros de Luís XIV eram inflexíveis, enquanto o rei perdoava?

Crébillon, em seus discursos acadêmicos em versos estranhos, diz que o cardeal de Fleury é um sábio repositório:

Usant en citoyen du pouvoir arbitraire,
Aigle de Jupiter, mais ami de la paix,

Il gouverne la foudre, et ne tonne jamais.
[Usando como cidadão do poder arbitrário,
Águia de Júpiter, mas amigo da paz,
Governa o raio, e não troa jamais.]

Diz que o marechal de Villars:

*Fit voir qu'à Malplaquet il n'avait survécu
Que pour rendre à Denain sa valeur plus célèbre,
Et qu'un foudre de moins Eugène était vaincu.*
[Mostrou em Malplaquet que só lhe sobrevivera
Para tornar mais célebre o valor de Denain,
E que, um raio a menos, e Eugène estava vencido.]

Assim, a águia Fleury governava o trovão sem trovejar, e Eugène, o trovão, estava vencido; quanto trovão.

Segunda seção

Horácio, ora devasso, ora moralista, diz (liv. I, ode III, v. 38):

*Coelum ipsum petimus stultitia...
Nous portons jusqu'au ciel notre folie.*
[Levamos até o céu nossa estultícia.]

Pode-se dizer hoje: Levamos até o céu nossa sabedoria, se é que se pode chamar de *céu* esse conjunto azul e branco de exalações que constitui os ventos, a chuva, a neve, o granizo e os raios. Decompusemos o raio, assim como Newton desteceu a luz. Reconhecemos que aqueles raios outrora carregados pela águia de Júpiter na verdade não passam de fogo elétrico; que, enfim, se pode subtrair o raio, carregá-lo, dividi-lo, domá-lo, assim como fazemos os raios de luz passar por um prisma, assim como canalizamos as águas que caem do céu, ou seja, da altura de meia légua de nossa atmosfera. Enfia-se na terra um tronco alto de abeto sem ramos, cujo cimo é revestido com um cone de ferro. As nuvens que formam o raio são elétricas; sua eletricidade se comunica a esse cone, e um fio de latão, a ele preso, conduz a matéria do raio para onde se quiser. Um físico engenhoso chama essa experiência de *inoculação do raio*.

É verdade que a inoculação da varíola, que conservou em vida tantos mortais, matou alguns outros, aos quais se transmitiu a varíola de maneira estouvada; assim, a inoculação do raio, quando malfeita, seria perigosa. Há grandes senhores dos quais não devemos nos aproximar sem extremas precauções. O raio é um deles. Sabe-se que Richman, professor de matemática, morreu em Petersburgo no ano de 1753, fulminado pelo raio que ele mesmo atraíra para o seu quarto; *arte sua periit*. Como era filósofo, um professor teólogo não deixou de escrever que ele fora fulminado como Salmoneu, por ter usurpado os direitos de Deus e por ter desejado lançar o raio.

Mas, se o físico tivesse dirigido o fio de latão para fora da casa, e não para seu quarto fechado, sua sorte não teria sido igual à de Salmoneu, de Ajax, filho de Oileu, do imperador Caro, do filho de um ministro de Estado da França e de vários monges nos Pirineus.

Quem colocar o seu *condutor* a alguma distância da casa, e não em seu quarto, não terá nada que temer.

Mas nas cidades as casas estão encostadas umas às outras; é preciso escolher praças, cruzamentos, jardins, átrios de igrejas, cemitérios, supondo-se uma cidade que tenha conservado o abominável costume de manter esses depósitos de carniça.

RARO (Rare)

Raro é o oposto de comum.

O que provoca admiração é o raro. Ninguém admira o que é comum, apenas o usufrui.

Um curioso acha-se superior ao restante dos míseros mortais, quando tem em seu gabinete uma medalha rara que não serve para nada, um livro raro que ninguém teve coragem de ler, uma velha estampa de *Albert-Dure*, mal desenhada e mal impressa; sente-se vitorioso se tem no jardim alguma árvore mirrada que veio da América. Esse curioso não tem gosto; só tem vaidade. Ouviu dizer que o belo é raro; mas deveria saber que nem tudo o que é raro é belo.

O belo é raro em todas as obras da natureza e nas de arte.

Embora se tenha falado muito mal das mulheres, afirmo que é mais raro encontrar mulheres perfeitamente belas do que razoavelmente boas.

Encontrareis nos campos dez mil mulheres apegadas ao lar, laboriosas, sóbrias, que alimentam, criam e instruem os filhos; e mal encontrareis uma única que se possa mostrar nos espetáculos de Paris, Londres, Nápoles ou nos jardins públicos e que se possa considerar uma beldade.

Assim também, nas obras de arte, tendes dez mil borrões para uma obra-prima.

Se tudo fosse belo e bom, está claro que não admiraríamos nada; usufruiríamos de tudo. Mas teríamos prazer nisso? Boa pergunta.

Por que os belos trechos de *El Cid*, *Horácios*, *Cina* tiveram sucesso tão prodigioso? Foi porque, na densa noite em que estavam todos mergulhados, viu-se repentinamente o brilho de uma luz nova que não se esperava; foi porque aquele belo era a coisa mais rara do mundo.

Os bosquetes de Versalhes eram uma beleza única no mundo, assim como, então, certos trechos de Corneille. São Pedro de Roma é única, e há quem venha do fim do mundo para extasiar-se diante dela.

Mas suponhamos que todas as igrejas da Europa se igualem a São Pedro de Roma, que todas as estátuas sejam Vênus de Médicis, que todas as tragédias sejam tão belas quanto a *Ifigênia* de Racine, que todas as obras poéticas sejam tão bem-feitas quanto a *Arte poética* de Boileau, que todas as comédias sejam tão boas quanto *Tartufo*, e assim por diante: teríeis acaso, ao fruir obras-primas que se tornaram comuns, o mesmo prazer que tínheis ao fruí-las quando eram raras? Ouso dizer que não; e acredito então que a antiga escola tem razão, ela que a tem raramente: *Ab assuetis non fit passio*, "o hábito não faz paixão".

Mas, meu caro leitor, o mesmo ocorreria com as obras da natureza? Ficaríeis enfadados se todas as moças fossem tão belas como Helena? E vós, senhoras, se todos os rapazes fossem Páris? Suponhamos que todos os vinhos sejam excelentes: teríeis menos vontade de beber? Se todos os perdigões, os faisões e as franguinhas forem comuns o tempo todo, tereis menos apetite? Outra vez ouso dizer que não, apesar do axioma da escola: *o hábito não faz paixão*; e o motivo disso, como sabeis, é que todos os prazeres que a natureza nos dá são necessidades que sempre renascem, gozos necessários, enquanto os prazeres das artes não são necessários. Não é necessário que um homem tenha bosquetes onde a água brote, até cem pés, da boca de uma figura de mármore, e que, ao sair desses bosquetes, vá assistir a uma bela tragédia. Mas os dois sexos são sempre necessários um ao outro. Cama e mesa são coisas necessárias. O hábito de estar, alternadamente, sobre um desses dois tronos não vos enfadará nunca.

Quando os pequenos saboianos mostraram pela primeira vez *a raridade, a curiosidade*, nada era, de fato, mais raro. Era uma obra-prima de óptica inventada, segundo dizem, por Kircher, mas aquilo não era necessário, e já não há por que esperar sucesso dessa grande arte.

Em Paris admirou-se um rinoceronte há alguns anos. Se em alguma província houvesse dez mil rinocerontes, só se correria atrás deles para matá-los. Mas, se houver cem mil belas mulheres, sempre se correrá atrás delas para... honrá-las.

RAVAILLAC[1] (Ravaillac)

Na infância conheci um cônego de Péronne que tinha noventa e dois anos e fora criado por um dos mais furiosos burgueses da Liga[2]. Sempre dizia: *O falecido sr. de Ravaillac.* Aquele cônego conservara vários manuscritos muito interessantes daqueles tempos apostólicos, ainda que eles não trouxessem muita honra a seu partido; aqui está um que ele deixou para meu tio.

Diálogo entre um pajem do duque de Sully e o mestre Filesac, doutor da Sorbonne, um dos dois confessores de Ravaillac

MESTRE FILESAC

Graças a Deus, meu filho, Ravaillac morreu como um santo. Ouvi-o em confissão; arrependeu-se de seu pecado e decidiu firmemente não o cometer de novo. Queria receber a santa comunhão, mas aqui o uso não é o mesmo de Roma: a penitência ocupou seu lugar, e é certo que ele está no paraíso.

PAJEM

Ele no paraíso? No Éden? Ele! Aquele monstro!

MESTRE FILESAC

Sim, meu filho, no Éden, no céu; é a mesma coisa.

PAJEM

Gostaria de acreditar, mas ele enveredou por um mau caminho para chegar lá.

MESTRE FILESAC

Falas como jovem huguenote. Fica sabendo que o que te digo é digno de fé. Ele teve a atrição; e essa atrição, em conjunto com o sacramento da confissão, infalivelmente produz a salvação, que leva diretamente ao paraíso, onde ele está agora orando a Deus por ti.

PAJEM

Não quero de jeito nenhum que ele fale a Deus sobre mim. Que ele vá ao diabo com suas preces e sua atrição!

---

1. Ravaillac foi o assassino de Henrique IV. (N. da T.)
2. Confederação dos católicos franceses. (N. da T.)

MESTRE FILESAC

No fundo era uma boa alma. Foi arrebatado pelo fervor, agiu mal; mas não foi por má intenção. Pois, em todos os seus interrogatórios, ele respondeu que só assassinou o rei porque ele ia guerrear contra o papa, e que isso era guerrear contra Deus. Seus sentimentos eram muito cristãos. Está salvo, garanto; estava atado, e eu o desatei.

PAJEM

Juro que, quanto mais vos ouço, mais me parece que deveríeis ser atado. Estou horrorizado.

MESTRE FILESAC

Porque ainda não estás no bom caminho: estarás um dia. Sempre te disse que não estavas longe do reino dos céus; mas o momento ainda não chegou.

PAJEM

Nunca chegará o momento em que me fareis acreditar que mandastes Ravaillac para o paraíso.

MESTRE FILESAC

Assim que te converteres, conforme espero, acreditarás nisso como eu; mas, enquanto isso, fica sabendo que tu e o duque de Sully, teu senhor, sereis condenados para toda a eternidade com Judas Iscariotes e o mau rico, ao passo que Ravaillac está no seio de Abraão.

PAJEM

Como, patife!

MESTRE FILESAC

Nada de injúrias, filhinho; é proibido chamar o irmão de raca. Quem o faz é condenado à geena ou geena do fogo. Deixa-me doutrinar-te sem zangas.

PAJEM

Vá lá, tu me pareces tão raca, que não me zangarei mais.

MESTRE FILESAC

Dizia-te, portanto, que é de se crer que serás condenado; infelizmente, nosso caro Henrique IV já foi, conforme a Sorbonne sempre previu.

PAJEM

Meu caro mestre danado! Espera, espera, bandido; um pau, um pau!

MESTRE FILESAC

Calma, filhinho, prometeste escutar-me com paciência. Por acaso não é verdade que o grande Henrique morreu sem confissão? Não é verdade que ele estava em pecado mortal, visto que ainda estava apaixonado pela sra. princesa de Condé, e que não teve tempo de pedir o sacramento da penitência, pois Deus permitiu que ele fosse atingido na aurícula esquerda do coração, e que o sangue o sufocasse num instante? Sem dúvida não encontrarás nenhum bom católico que te diga essas mesmas verdades.

PAJEM

Cala-te, mestre louco: se eu acreditasse que teus doutores ensinam doutrina tão abominável, iria imediatamente queimá-los em seus gabinetes.

MESTRE FILESAC

Mais uma vez: não te irrites; prometeste. O sr. marquês de Conchini, que é um bom católico, saberia como impedir-te de ser sacrílego a ponto de maltratar meus confrades.

PAJEM

Mas, com sinceridade, mestre Filesac, é verdade mesmo que se pensa assim no teu partido?

MESTRE FILESAC

Podes ter certeza; é nosso catecismo.

PAJEM

Escuta, devo confessar que um dos teus sorboniqueiros quase me seduziu no ano passado. Fez-me ter esperanças de receber uma pensão com base num benefício. "Visto que o rei, dizia-me ele, ouviu missa em latim, vós, que não passais de pequeno fidalgo, poderíeis muito bem ouvi-la também sem perder os direitos de nobreza. Deus cuida de seus eleitos; dá-lhes mitras, báculos e quantidade prodigiosa de dinheiro. Vossos reformados andam a pé e só sabem escrever." Enfim, fiquei abalado; mas, depois do que acabas de dizer-me, prefiro mil vezes tornar-me maometano a pertencer à tua seita.

Aquele pajem estava errado. Ninguém deve fazer-se maometano por desespero; mas é preciso perdoar um jovem sensível que gostava tanto de Henrique IV. Mestre Filesac falava de acordo com sua teologia, e o pequeno pajem, de acordo com seu coração.

RAZÃO (Raison)

No tempo em que toda a França delirava com o sistema de Lass, e ele era inspetor-geral, um homem que sempre tinha razão foi dizer-lhe, diante de grande assembleia:

"Senhor, sois o maior louco, o maior tolo ou o maior trapaceiro que já surgiu entre nós; é um exagero, vede como vos provo. Imaginastes que é possível decuplicar a riqueza de um Estado com papel; mas, como esse papel só pode representar dinheiro, que é representativo das verdadeiras riquezas, que são as produções da terra e das manufaturas, deveríeis ter começado por nos dar dez vezes mais trigo, vinho, panos e tecidos etc. E não é suficiente, pois seria preciso estar seguro da produção. Ora, vós fazeis dez vezes mais notas do que aquilo que temos em dinheiro e mercadorias; portanto, sois dez vezes mais extravagante, inepto ou trapaceiro que todos os inspetores ou superintendentes que vos precederam. Essa é a maneira como provo minha premissa maior."

Mal tinha ele começado sua premissa maior e já foi levado a Saint-Lazare.

Quando saiu de Saint-Lazare, onde estudou muito e fortificou a razão, foi para Roma; e pediu uma audiência pública ao papa, com a condição de que não interrompessem sua arenga, e falou-lhe nestes termos:

"Santo Padre, sois um anticristo, e vou prová-lo a Vossa Santidade. Chamo de anticristo, segundo a força da palavra, aquele que faz exatamente o contrário do que Cristo fez e mandou fazer. Ora, Cristo foi pobre, e sois muito rico; ele pagou o tributo, e vós cobrais tributos; ele foi submisso aos poderosos, e vós vos tornastes poderoso; ele andava a pé, e vós ides a Castel Gandolfo numa carruagem suntuosa; ele comia o que lhe quisessem dar, e vós quereis fazer-nos comer peixe às sextas e aos sábados, mesmo morando longe do mar e dos rios; ele proibiu que Simão Barjona usasse espada, e vós tendes espadas a vosso serviço etc. etc. etc. Portanto, nesse sentido Vossa Santidade é anticristo. Reverencio-vos em qualquer outro sentido e vos peço uma indulgência *in articulo mortis*."

Meu homem foi levado ao castelo Sant'Angelo.

Quando saiu do castelo Sant'Angelo, correu para Veneza e pediu audiência ao doge.

Disse-lhe: "Vossa Serenidade só pode ser mesmo muito extravagante, casando-se todos os anos com o mar: pois, em primeiro lugar, só nos casamos uma vez com a mesma pessoa; em segundo lugar, vosso casamento se assemelha ao de Arlequim, feito pela metade, visto que só faltava o consentimento da noiva; em terceiro lugar, quem garante que qualquer dia desses outros poderes marítimos não vos declararão incapaz de consumar o casamento?"

Dito isso, ele foi preso na torre de San Marco.

Quando saiu da torre de San Marco, foi para Constantinopla; teve audiência com o mufti e falou-lhe nestes termos: "Vossa religião, embora tenha boas coisas, como a adoração do grande Ser e a necessidade de ser justo e caridoso, não passa de judaísmo requentado e de um amontoado enfadonho de contos da carochinha. Se o arcanjo Gabriel tivesse trazido de algum planeta as folhas do Alcorão a Maomé, toda a Arábia teria visto Gabriel descer: ninguém viu; portanto, Maomé não passava de um impostor audacioso que enganou imbecis."

Mal tinha pronunciado essas palavras, foi empalado. No entanto, sempre esteve com a razão.

REI (Roi)

"Rei, basileus, tyrannos, rex, dux, imperator, melch, baal, bel, faraó, eli, shadai, adoni, shak, sofi, padixá, bogdan, chazan, kan, krall, king, kong, koenig" etc. etc., todas são expressões que parecem significar a mesma coisa, mas exprimem ideias completamente diferentes.

Na Grécia, *basileus* e *tyrannos* nunca deram ideia de poder absoluto. Tomava esse poder quem podia, mas só a contragosto se deixava que ele fosse tomado.

Está claro que entre os romanos os reis não foram despóticos. O último Tarquínio mereceu ser expulso e foi. Não temos nenhuma prova de que os chefetes da Itália pudessem, quando bem entendessem, presentear o primeiro homem de Estado com um baraço, como faz hoje um turco imbecil em seu serralho, coisa que alguns escravos bárbaros e vis, muito mais imbecis, aceitam sem murmurar.

Não vemos nenhum rei para além dos Alpes nem ao Norte, nos tempos em que começamos a conhecer essa vasta parte do mundo. Os cimbros, que marcharam rumo à Itália e foram exterminados por Mário, eram lobos famintos que saíam de suas florestas com suas lobas e seus lobachos. Mas, entre aqueles animais, a noção que se tinha a respeito de cabeças coroadas, ordens baixadas por secretários de Estado, intendentes do vinho, logotetas era a mesma que se tinha sobre missas e óperas; o mesmo ocorria com impostos, taxas arbitrárias, fiscais aduaneiros, editos tributários.

Não há dúvida de que o ouro e a prata, em moeda ou não, constituem uma receita infalível para pôr aquele que não os tem sob a dependência absoluta de quem descobriu o segredo de acumulá-los. É com isso que este último consegue postilhões, altos oficiais da coroa, guardas, cozinheiros, moças, mulheres, carcereiros, capelães, pajens e soldados.

Teria grande dificuldade em fazer-se obedecer quem só tivesse para dar carneiros e gibões. Por isso, é bem provável que, depois de todas as transformações pelas quais passou nosso globo, tenha sido a arte de fundir metais a responsável pela criação dos reis, assim como hoje são os canhões que os mantêm.

César tinha muita razão quando dizia que com ouro se têm homens, e que com homens se tem ouro. Aí está todo o segredo.

Esse segredo já era conhecido fazia muito tempo na Ásia e no Egito. Os príncipes e os sacerdotes compartilhavam o máximo que podiam.

O príncipe dizia ao sacerdote: Pegue este ouro, mas precisas consolidar meu poder e profetizar em meu favor; serei ungido, serás ungido. Profere oráculos, faze milagres, serás bem pago, desde que eu continue sendo o senhor. O sacerdote recebia terras e moeda e profetizava para si mesmo, proferia oráculos para si mesmo e com muita frequência expulsava o soberano e punha--se em seu lugar. Assim eram os *choen* ou *chotim* do Egito, os magos da Pérsia, os caldeus da Babilônia, os *chazin* da Síria (se me enganei no nome, não importa muito); toda essa gente queria dominar. Houve frequentes guerras entre o trono e o altar em todos os países, até na miserável nação judia.

Sabemos disso há mil e duzentos anos, nós, habitantes da zona temperada da Europa. Nosso espírito não se parece muito com essa temperatura; sabemos o que isso nos custou. E o ouro e a prata são a tal ponto o móbil de tudo, que vários reis da Europa ainda hoje mandam ouro e prata para Roma, onde alguns sacerdotes os dividem assim que os recebem.

Quando, nesse eterno conflito de jurisdição, os dirigentes das nações se tornaram poderosos, cada um deles manifestou sua preeminência a seu modo. Era crime, dizem, escarrar na presença do rei dos medas. Deve-se bater a testa no chão nove vezes diante do rei da China. Certo rei da Inglaterra teve a ideia de nunca beber um copo de cerveja sem que alguém lho desse de joelhos. Um outro exige que lhe beijem o pé direito. As cerimônias diferem, mas em todos os tempos desejou-se ter o dinheiro dos povos. Há países onde o *krall*, o *chazan* recebem pensão, como na Polônia, na Suécia e na Grã-Bretanha. Em outro lugar, basta um papel para que o *bogdan* tenha todo o dinheiro que deseje.

Depois, escrevei sobre direito das gentes, teoria tributária, tarifas, *foderum mansionaticum, viaticum* [dos direitos o "mansionático", o viático]; fazei belos cálculos sobre a talha proporcional; provai com profundos raciocínios a máxima tão nova de que o pastor deve tosar seus carneiros, e não esfolá-los.

Quais são os limites da prerrogativa dos reis e da liberdade dos povos? Aconselho-vos a ir pensar no assunto com calma na prefeitura de Amsterdam.

RELIGIÃO (Religion)

Primeira seção

Os epicuristas, que não tinham religião, recomendavam distância dos negócios públicos, o estudo e a concórdia. Aquela seita era uma sociedade de amigos, pois seu principal dogma era a amizade. Ático, Lucrécio, Mêmio e alguns homens dessa têmpera podiam viver decentemente juntos, e isso se vê em todos os países. Filosofai quanto quiserdes entre vós. Parece-me ouvir amantes da música dando um concerto de música erudita e refinada; mas abstende-vos de executar esse concerto diante do vulgo ignorante e brutal; ele poderia arrebentar-vos os instrumentos na cabeça. Se tendes um vilarejo para governar, é preciso que ele tenha uma religião.

Não estou falando da nossa; ela é a única boa, necessária, comprovada e a segunda revelada.

Teria sido possível ao espírito humano admitir nem digo uma religião que se aproximasse da nossa, mas que fosse menos ruim do que todas as outras religiões do universo juntas? E qual seria essa religião?

Não seria aquela que nos propusesse a adoração do Ser supremo, único, infinito, eterno, criador, motor e vivificador do mundo, *cui nec simile nec secundum* [não há ninguém semelhante a ele nem alguém que o siga]; aquela que nos reunisse a esse Ser dos seres como prêmio de nossas virtudes e que dele nos separasse como castigo por nossos crimes?

Aquela que admitisse pouquíssimos dogmas inventados pela demência orgulhosa, eternos motivos de disputa; aquela que ensinasse uma moral pura, sobre a qual nunca se discutisse?

Aquela que não fizesse a essência de seu culto consistir em vãs cerimônias, tais como a de vos escarrar na boca, de vos arrancar um pedaço do prepúcio ou de vos cortar um testículo, visto que todos os deveres da sociedade podem ser cumpridos com dois testículos e um prepúcio inteiro, e sem que ninguém vos escarre na boca?

A religião de servir ao próximo por amor a Deus, ao invés de persegui-lo, de matá-lo em nome de Deus; aquela que tolerasse todas as outras e que, merecendo assim a benevolência de todas, fosse a única capaz de fazer do gênero humano um povo de irmãos?

Aquela que tivesse cerimônias augustas pelas quais o vulgo fosse tocado, sem ter mistérios que pudessem revoltar os sábios e irritar os incrédulos?

Aquela que oferecesse aos homens mais incentivo às virtudes sociais do que expiações pelas perversidades?

Aquela que garantisse a seus ministros rendimentos suficientemente honrosos para que eles subsistissem com decência, e nunca deixasse que eles usurpassem dignidades e poderes que pudessem transformá-los em tiranos? Aquela que estabelecesse aposentadorias cômodas para a velhice e a doença, mas nunca para a preguiça?

Grande parte dessa religião já está no coração de vários príncipes e será dominante a partir do momento que os artigos de paz perpétua propostos pelo abade de Saint-Pierre forem assinados por todos os potentados.

Segunda seção

Estava meditando esta noite, absorto na contemplação da natureza; admirava a imensidade, o percurso e as relações desses globos infinitos que o vulgo não sabe admirar.

Admirava ainda mais a inteligência que preside esses vastos mecanismos. E me dizia: "Só pode ser cego quem não se deslumbre com esse espetáculo; só pode ser estúpido quem não reconheça seu autor; só pode ser louco quem não o adore. Que tributo de adoração devo prestar-lhe? Esse tributo não deverá ser o mesmo em toda a extensão do espaço, visto ser o mesmo poder supremo que reina nessa extensão? Um ser pensante que habite uma estrela da Via Láctea não lhe deve a mesma homenagem que o ser pensante deste pequeno globo onde estamos? A luz é uniforme para o astro de Sirius e para nós; a moral deve ser uniforme. Se um animal senciente e pensante em Sirius nascer de pais carinhosos que tenham cuidado de sua felicidade, ele lhes deverá tanto amor e atenção quanto devemos aqui a nossos pais. Se alguém, na Via Láctea, vir um indigente estropiado e não o socorrer, mesmo podendo, será culpado perante todos os globos. O coração tem em toda parte os mesmos deveres: sobre os degraus do trono de Deus, se ele tiver um trono; no fundo do abismo, se houver abismo."

Estava mergulhado nessas ideias, quando um daqueles gênios que enchem os intermúndios desceu em minha direção. Reconheci aquela mesma criatura aérea que me apareceu um dia para ensinar-me como os juízos de Deus diferem dos nossos e como é preferível uma boa ação a uma controvérsia[3].

Ele me transportou para um deserto todo coberto de ossadas empilhadas, e entre aqueles montes de mortos havia aleias de árvores virentes, e, ao fim de cada aleia, um homem alto, de aspecto augusto, a olhar com compaixão aqueles tristes restos.

– Ai, arcanjo – disse-lhe eu – aonde me trouxestes?

– Para a desolação – respondeu-me.

– E quem são aqueles belos patriarcas que vejo imóveis e enternecidos nas pontas dessas aleias verdes, parecendo chorar por essa multidão inumerável de mortos?

– Saberás, pobre criatura humana – replicou-me o gênio dos intermúndios – mas antes precisas chorar.

Começou pelo primeiro monte. Disse:

– Estes são os vinte e três mil judeus que dançaram diante de um bezerro de ouro, com os vinte e quatro mil que foram mortos sobre moças madianitas. O número de massacrados por delitos ou equívocos semelhantes sobe a cerca de trezentos mil. Nas aleias seguintes estão os carneiros dos cristãos mortos uns pelos outros por disputas metafísicas. Estão divididos em vários montes de quatro séculos cada um. Se fosse apenas um, teria chegado até o céu; foi preciso reparti-los.

– Então – exclamei – foi assim que os irmãos se trataram! E eu tenho a infelicidade de pertencer a essa confraria!

– Aqui estão – disse o espírito – os doze milhões de americanos mortos em sua própria pátria porque não eram batizados.

– Ai, meu Deus! Por que não deixastes essas ossadas medonhas secar no hemisfério onde nasceram seus corpos e onde foram submetidos a tantas mortes diferentes? Por que reunir aqui todos esses monumentos abomináveis da barbárie e do fanatismo?

– Para instruir-te.

– E, visto que queres instruir-me – disse eu ao gênio – ensina-me se houve outros povos, além de cristãos e judeus, que, por fervor e religiosidade desgraçadamente transformada em fanatismo, tenham sido inspirados a tantas crueldades horríveis.

– Sim – disse-me ele – os maometanos sujaram-se com as mesmas desumanidades, porém raramente; e, quando lhes pedem *amman*, misericórdia, e lhes oferecem o tributo, eles perdoam. Quanto às outras nações, não houve nenhuma, desde que o mundo é mundo, que tenha feito uma guerra puramente de religião. Segue-me agora.

Eu o segui.

Um pouco além daquelas pilhas de mortos, encontramos outras pilhas; eram sacos de ouro e prata, e cada uma tinha sua etiqueta: "Patrimônio dos hereges massacrados no século XVIII, no XVII, no XVI", e assim por diante. "Ouro e prata dos americanos assassinados etc. etc." E todas aquelas pilhas estavam encimadas por cruzes, mitras, báculos, tiaras ornadas de pedraria.

– Então, caro gênio, foi para ter essas riquezas que se acumularam esses mortos?

– Sim, meu filho.

Chorei; e, depois de, chorando, ter merecido ir ao fim das aleias verdes, ele me conduziu até lá.

– Contempla – disse-me ele – os heróis da humanidade que foram os benfeitores da terra e se reuniram para banir do mundo, tanto quanto puderam, a violência e a rapina. Interroga-os.

Corri ao primeiro do grupo; tinha uma coroa na cabeça e um pequeno incensório na mão; perguntei-lhe humildemente o nome.

---

3. Ver o verbete Dogma. (N. de Voltaire)

– Sou Numa Pompílio – disse-me ele –; sucedi a um bandido e tinha de governar bandidos: ensinei-lhes a virtude e o culto a Deus; depois de mim, esqueceram ambas as coisas mais de uma vez; proibi que nos templos houvesse qualquer simulacro, porque a Divindade que anima a natureza não pode ser representada. No meu reinado os romanos não tiveram guerras nem sedições, e minha religião só fez o bem. Todos os povos vizinhos vieram honrar meus funerais, e isso só aconteceu comigo.

Beijei-lhe a mão e fui até o segundo; era um belo ancião de aproximadamente cem anos, vestido com uma túnica branca: punha o dedo médio sobre os lábios e com a outra mão ia jogando favas atrás de si. Reconheci Pitágoras. Ele me garantiu que nunca tivera nenhuma coxa de ouro, e que nunca fora galo; mas que tinha governado os crotoniates com a mesma justiça com que Numa governara os romanos, mais ou menos no seu tempo, e que essa justiça é a coisa mais necessária e mais rara do mundo. Fiquei sabendo que os pitagóricos faziam exame de consciência duas vezes por dia. Que honestos! E como estamos longe deles! Mas nós, que durante mil e trezentos anos não fomos mais que assassinos, nós dizemos que aqueles sábios eram orgulhosos.

Não disse nenhuma palavra a Pitágoras para agradá-lo, e passei a Zoroastro, que estava ocupado a concentrar o fogo celeste no foco de um espelho côncavo, no meio de um vestíbulo com cem portas, todas dando para a sabedoria. Na porta principal[4], li estas palavras, que resumem toda a moral e abreviam todas as disputas dos casuístas:

– Se não souberes se uma ação é boa ou má, abstêm-te.

– Decerto – disse eu a meu gênio – os bárbaros que imolaram todas as vítimas cujas ossadas vimos não leram essas belas palavras.

Vimos em seguida os Zaleucos, os Tales, os Anaximandros e todos os sábios que procuraram a verdade e praticaram a virtude.

Quando chegamos a Sócrates, reconheci bem depressa o seu nariz esparramado[5].

– Ora, ora – disse-lhe eu – aqui estais vós entre os confidentes do Altíssimo! Todos os habitantes da Europa, exceto os turcos e os tártaros da Crimeia, que não sabem nada, pronunciam vosso nome com respeito. Esse grande nome é tão reverenciado e amado, que se quis saber o nome de vossos perseguidores. Melito e Anito são conhecidos por vossa causa, assim como Ravaillac é conhecido por causa de Henrique IV: mas só conheço esse nome Anito, e não sei precisamente quem era aquele celerado que vos caluniou e conseguiu condenar-vos à cicuta.

– Nunca pensei nesse homem desde aqueles acontecimentos – respondeu-me Sócrates. Mas, como me fazeis lembrá-lo, muito o deploro. Era um mau sacerdote que fazia secretamente comércio de couros, considerado vergonhoso entre nós. Mandou seus dois filhos à minha escola. Os outros discípulos lhes censuraram o pai correeiro; foram obrigados a sair. O pai, irritado, não descansou enquanto não rebelou contra mim todos os sacerdotes e todos os sofistas. Convenceram o conselho dos quinhentos de que eu era um ímpio que não acreditava que a Lua, Mercúrio e Marte eram deuses. De fato, eu achava, assim como agora, que só há um Deus, senhor de toda a natureza. Os juízes me entregaram ao envenenador da república, e ele encurtou minha vida em alguns dias: morri tranquilamente com a idade de setenta anos e, desde então, levo vida venturosa com todos esses grandes homens que estais vendo, entre os quais sou o menor.

Depois de ter usufruído por algum tempo a companhia de Sócrates, dirigi-me com meu guia para um bosquete situado acima de um arvoredo onde todos aqueles sábios da antiguidade pareciam entregar-se a suave repouso.

Vi um homem de rosto meigo e simples, que aparentava uns trinta e cinco anos. De longe, lançava olhares de compaixão sobre aquele amontoado de ossos alvacentos, entre os quais me

---

4. Os preceitos de Zoroastro são chamados *portas*, e seu número é de cem. (N. de Voltaire)
5. Ver Xenofonte. (N. de Voltaire)

haviam feito passar para chegar à morada dos sábios. Surpreendeu-me vê-lo com pés e mãos inchados e ensanguentados, o flanco transpassado e as costas esfoladas por chicotadas.

— Ai, meu Deus! – disse-lhe eu. Será possível que um justo, um sábio esteja nesse estado? Acabo de ver um que foi tratado de maneira bem odiosa; mas não há comparação entre o suplício dele e o vosso. Maus sacerdotes e maus juízes o envenenaram; foram também sacerdotes e juízes que vos assassinaram tão cruelmente?

Ele me respondeu *sim* com muita afabilidade.

— E quem eram os monstros?

— Hipócritas.

— Ah! Disse tudo. Entendo só com essa palavra que eles devem ter-vos condenado ao último suplício. Deveis ter-lhes provado, tal qual Sócrates, que a Lua não é uma deusa, e que Mercúrio não é um deus.

— Não, a questão não era com esses planetas. Meus compatriotas nem sequer sabiam o que é um planeta; eram todos francos ignorantes. Suas superstições eram bem diferentes das dos gregos.

— Então quisestes ensinar-lhes uma nova religião?

— Nada disso; eu simplesmente lhes dizia: "Amai a Deus de todo o vosso coração, e ao próximo como a vós mesmos, pois nisso está todo o homem." Dizei se esse preceito não é tão antigo quanto o universo; dizei se eu lhes estava oferecendo algum culto novo. Eu não parava de dizer-lhes que não tinha vindo para abolir a lei, mas para cumpri-la; observava todos os seus ritos; circunciso como todos eles, batizado como os mais fervorosos deles, eu pagava, como eles, o corbã[6]; como eles, festejava a páscoa, comendo em pé um cordeiro cozido em alfaces. Eu e meus amigos íamos orar no templo; meus amigos até frequentaram esse templo depois que morri; em resumo, cumpri todas as suas leis sem exceção de nenhuma.

— Como! Aqueles miseráveis não podiam nem sequer se queixar de que vos afastastes de suas leis!

— Não, não podiam.

— Por que então vos puseram no estado em que vos vejo?

— Que posso dizer? Eram muito orgulhosos e interesseiros. Perceberam que eu os conhecia; perceberam que eu os mostrava aos cidadãos; eram os mais fortes; tiraram-me a vida, e seus semelhantes sempre farão o mesmo, se puderem, a quem quer que lhes faça justiça.

— Mas não dissestes, não fizestes nada que pudesse servir-lhes de pretexto?

— Tudo serve de pretexto aos malvados.

— Acaso não lhes dissestes uma vez que tínheis vindo para trazer o gládio, e não a paz?

— Aquilo foi erro de copista; eu disse que trazia a paz, e não o gládio. Nunca escrevi nada; foi possível modificar o que eu havia dito sem má intenção.

— Portanto, não contribuístes com vossos discursos, mal transcritos ou mal interpretados, para aquelas pilhas medonhas de ossos que vi pelo caminho, quando vinha vos consultar?

— Vi com horror aqueles que se tornaram culpados de todos esses crimes.

— E aqueles monumentos de poder e riqueza, orgulho e ganância, aqueles tesouros, ornamentos, sinais de grandeza, que vi amontoados à beira do caminho enquanto buscava a sabedoria: aquilo tudo vem de vós?

— Impossível. Eu e os meus vivemos na pobreza e na humildade: minha grandeza estava apenas na virtude.

Estava a ponto de suplicar-lhe a bondade de dizer-me exatamente quem era. Meu guia advertiu-me a não o fazer. Disse-me que eu não estava feito para compreender aqueles mistérios sublimes. Conjurei-o a me dizer pelo menos em que consiste a verdadeira religião.

---

6. Oferenda ao Senhor (Marcos, VII, 11). (N. da T.)

– Já não vos disse? Amai a Deus e ao próximo como a vós mesmo.
– Como! Amando a Deus, pode-se comer gordura às sextas-feiras?
– Sempre comi o que me deram, pois eu era pobre demais para dar de comer a alguém.
– Amando a Deus, sendo justos, não poderíamos ser bastante prudentes para não confiar todas as vicissitudes de nossa vida a um desconhecido?
– Foi isso o que sempre fiz.
– Fazendo o bem, não poderia dispensar-me de fazer peregrinação a São Tiago de Compostela?
– Nunca fui a esse lugar.
– Eu precisaria confinar-me num retiro, com alguns tolos?
– De minha parte, sempre fiz pequenas viagens de cidade em cidade.
– Eu precisaria optar pela Igreja grega ou pela latina?
– Não fiz diferença alguma entre o judeu e o samaritano quando estive no mundo.
– Pois bem, se é assim, eu vos tomo como meu único mestre.

Então ele me acenou com a cabeça, o que me encheu de consolo. A visão desapareceu, ficou-me a consciência tranquila.

Terceira seção

Questões sobre a religião

Primeira questão

Warburton, bispo de Worcester, autor de uma das obras mais eruditas já escritas, assim se exprime na página 8, tomo I: "A religião e a sociedade que não se fundarem na crença em outra vida deverão ser sustentadas por uma providência extraordinária. O judaísmo não se fundou na crença em outra vida; portanto, o judaísmo foi sustentado por uma providência extraordinária."

Vários teólogos se insurgiram contra ele; e, como se costuma retorquir a todos os argumentos, retorquiu-se ao dele. Disseram:

"Toda religião que não é fundada no dogma da imortalidade da alma e nas penas e recompensas eternas é necessariamente falsa: ora, o judaísmo não conheceu esses dogmas; portanto, o judaísmo, em vez de ser sustentado pela Providência, era, segundo vossos princípios, uma religião falsa e bárbara que atacava a Providência."

Aquele bispo teve alguns outros adversários que afirmaram que a imortalidade da alma era conhecida pelos judeus, no próprio tempo de Moisés, mas ele provou, com clareza, que o Decálogo, o Levítico e o Deuteronômio não disseram uma só palavra sobre essa crença, e que é ridículo querer torcer e adulterar alguns trechos dos outros livros para extrair uma verdade que não está anunciada no livro da lei.

O senhor bispo, depois de escrever quatro volumes para demonstrar que a lei judaica não propunha penas nem recompensas após a morte, nunca conseguiu responder a seus adversários de maneira satisfatória. Estes diziam: "Ou Moisés conhecia esse dogma e enganou os judeus deixando de manifestá-lo, ou não o conhecia e, nesse caso, não sabia o suficiente para fundar uma boa religião. De fato, se a religião dele tivesse sido boa, por que teria sido abolida? Religião verdadeira deve ser para todos os tempos e todos os lugares; deve ser como a luz do Sol, que ilumina todos os povos e todas as gerações."

Aquele prelado, por mais esclarecido que fosse, teve muita dificuldade para se safar de todas essas objeções: mas que sistema está imune a isso?

Segunda questão

Outro erudito muito mais filósofo, um dos mais profundos metafísicos de nossos dias, apresenta fortes razões para provar que o politeísmo foi a primeira religião dos homens, e que se começou por acreditar em vários deuses, antes que a razão se tornasse suficientemente esclarecida para reconhecer apenas um Ser supremo.

Ouso acreditar, ao contrário, que se começou por reconhecer um único Deus e que, depois, a fraqueza humana adotou vários; eis como concebo tais coisas:

É indubitável que houve vilarejos antes da construção de grandes cidades, e que todos os homens se dividiam em pequenas repúblicas antes de se terem reunido em grandes impérios. É bem natural que um vilarejo assustado com trovões, afligido com a perda de suas colheitas, maltratado pelo vilarejo vizinho, sentindo todos os dias sua fraqueza, sentindo por toda parte um poder invisível, logo tenha dito: Há algum ser acima de nós que nos faz bem e mal.

Parece-me impossível que tenha dito: Há dois poderes. Pois por que vários? Em tudo se começa pelo simples, em seguida vem o composto, e muitas vezes se volta ao simples graças a luzes superiores. Essa é a marcha do espírito humano.

Que ser foi esse inicialmente invocado? Terá sido o Sol? A Lua? Não creio. Examinemos o que ocorre com as crianças; elas são mais ou menos como os homens ignorantes. Não se impressionam nem com a beleza nem com a utilidade do astro que anima a natureza, nem com os socorros que a Lua nos dá, nem com as variações regulares de seu curso; não pensam nisso, estão acostumadas demais a tais coisas. Adora-se, invoca-se, quer-se apaziguar apenas o que se teme; todas as crianças veem o céu com indiferença; mas, se o trovão troar, elas se assustarão e se esconderão. Os primeiros homens provavelmente agiram da mesma maneira. Só os filósofos podem ter notado o curso dos astros, podem ter levado os outros a admirá-los e adorá-los; mas os lavradores simples e sem esclarecimento não sabiam o suficiente sobre eles para abraçarem erro tão nobre.

Uma aldeia, portanto, ter-se-á limitado a dizer: "Há um poder que troa, que graniza sobre nós, que mata nossos filhos; precisamos apaziguá-lo: mas como? Vemos que, com presentinhos, acalmamos a cólera das pessoas irritadas; logo, devemos dar presentinhos a esse poder. Precisamos também dar-lhe um nome." O primeiro que se apresenta é o de *chefe*, *mestre*, *senhor*; esse poder, portanto, é chamado de *meu senhor*. Provavelmente, é por isso que os primeiros egípcios chamaram seu deus de *Knef*; os sírios, de *Adoni*; os povos vizinhos, de *Baal*, *Bel*, *Melch* ou *Moloch*; os citas, de *Papeu*; todas essas palavras significam *senhor*, *mestre*.

Por isso se encontrou quase toda a América dividida num sem-número de pequenos povoados, todos com seu deus protetor. Os próprios mexicanos e os peruanos, que eram grandes nações, só tinham um deus: uns adoravam Manco Kapak, outros o deus da guerra. Os mexicanos davam a seu deus guerreiro o nome de *Vitzliputzli*, assim como os hebreus haviam dado a seu Senhor o nome *Sabaoth*.

Não foi por nenhuma razão superior e cultivada que todos os povos começaram assim a reconhecer uma única divindade; se tivessem sido filósofos, teriam adorado o deus de toda a natureza, e não o deus de uma aldeia; teriam examinado as relações infinitas entre todos os seres, que provam a existência de um ser criador e conservador; mas nada examinaram: sentiram. É esse o progresso de nosso fraco entendimento; cada vilarejo sentia sua própria fraqueza e a necessidade de um protetor forte. Imaginava esse ser tutelar e terrível residente na floresta vizinha, ou na montanha, ou numa nuvem. Só imaginava um, porque o vilarejo só tinha um chefe para a guerra. Imaginava-o corpóreo, porque era impossível representá-lo de outra maneira. Não podia acreditar que o vilarejo vizinho não tivesse seu deus também. É por isso que Jefté diz aos habitantes de Moabe: "Possuís legitimamente o que vosso deus Quemós vos permitiu conquistar; deveis deixar-nos gozar o que nosso deus nos deu com suas vitórias" (Juízes, XI, 24).

Esse discurso, proferido por um estrangeiro a outros estrangeiros, é muito notável. Os judeus e os moabitas haviam desapossado os habitantes naturais da região: ambos só tinham o direito dado pela força, e um diz ao outro: Teu deus te protegeu em tua usurpação, permite que meu deus me proteja na minha.

Jeremias e Amós perguntam "por que razão o deus Milcom se apoderou de Gade". Parece evidente, por esses trechos, que a antiguidade atribuía a cada região um deus protetor. Ainda se encontram vestígios dessa teologia em Homero.

É bem natural que, com a excitação da imaginação e a aquisição de conhecimentos confusos, os homens logo tenham multiplicado seus deuses e atribuído protetores aos elementos, aos mares, às florestas, às nascentes, às plantações. Quanto mais examinavam os astros, mais admirados ficavam. Como não adorar o Sol, quando se adora a divindade de um regato? Dado o primeiro passo, a terra logo se cobriu de deuses; e, por fim, desce-se dos astros aos gatos e às cebolas.

No entanto, é mister que a razão se aperfeiçoe; por fim, o tempo forma filósofos capazes de enxergar que nem as cebolas, nem os gatos, nem mesmo os astros, organizaram a ordem da natureza. Todos esses filósofos – babilônicos, persas, egípcios, cotas, gregos e romanos – admitem um Deus supremo, recompensador e punidor.

Não o dizem de imediato aos povos, pois quem falasse mal de cebolas e gatos diante de velhas e sacerdotes seria apedrejado; quem censurasse certos egípcios por devorar seus deuses teria sido devorado: de fato, Juvenal relata que um egípcio foi morto e devorado cru numa briga gerada por controvérsia.

Mas o que se fez? Orfeu e outros estabelecem mistérios que os iniciados, com juramentos execráveis, prometem não revelar, e o principal desses mistérios é a adoração de um único Deus. Essa grande verdade penetra em metade da terra; o número de iniciados torna-se imenso: é verdade que a antiga religião subsiste, mas, como não é contrária ao dogma da unidade de Deus, deixa-se que subsista. E por que seria abolida? Os romanos reconhecem o *Deus optimus maximus*; os gregos têm seu *Zeus*, seu Deus supremo. Todas as outras divindades não passam de seres intermediários: heróis e imperadores são postos no plano dos deuses, ou seja, dos bem-aventurados; mas é certo que Cláudio, Otávio, Tibério e Calígula não são vistos como criadores do céu e da terra.

Em resumo, parece comprovado que, no tempo de Augusto, todos os que tinham uma religião reconheciam um Deus superior e eterno, bem como várias ordens de deuses secundários, cujo culto foi depois chamado *idolatria*.

As leis dos judeus nunca tinham favorecido a idolatria, pois, embora eles admitissem malaquins, anjos e seres celestes de uma ordem inferior, sua lei não ordenava que essas divindades secundárias tivessem culto. Adoravam os anjos, é verdade, ou seja, prosternavam-se quando os viam, mas, como isso não acontecia com tanta frequência, não havia cerimonial nem culto legal estabelecido para eles. Os querubins da arca não recebiam homenagens. É indubitável que os judeus, pelo menos a partir de Alexandre, adoravam abertamente um único Deus, tal como a multidão inumerável de iniciados o adoravam secretamente em seus mistérios.

Terceira questão

Foi no momento em que o culto de um Deus supremo estava universalmente estabelecido entre todos os sábios da Ásia, da Europa e da África que a religião cristã nasceu.

O platonismo ajudou muito no entendimento de seus dogmas. O *Logos*, que, em Platão, significava sabedoria, razão do Ser supremo, entre nós tornou-se o Verbo e uma segunda pessoa de Deus. Uma metafísica profunda e superior à inteligência humana foi um santuário inacessível no qual a religião se envolveu.

Não repetiremos aqui como Maria foi depois declarada mãe de Deus, como se estabeleceu a consubstancialidade do Pai e do Verbo, a processão do *Pneuma* – órgão divino do divino Logos –, duas naturezas e duas vontades resultantes da hipóstase e, por fim, a manducação superior, a alma nutrida do corpo, dos membros e do sangue do Homem-Deus adorado e manducado em forma de pão, presente aos olhos, sensível ao gosto e, no entanto, anulado. Todos os mistérios foram sublimes.

Já no século II, começou-se a expulsar demônios em nome de Jesus: antes eles eram expulsos em nome de Jeová ou Ihaho, pois são Mateus conta que, quando os inimigos de Jesus disseram que ele expulsava os demônios em nome do príncipe dos demônios, ele respondeu: "Se é em nome de Belzebu que expulso os demônios, em nome de quem vossos filhos os expulsam?"

Não se sabe em que momento os judeus reconheceram Belzebu, que era um deus estrangeiro, como príncipe dos demônios, mas sabe-se (e é Josefo quem o diz) que em Jerusalém havia exorcistas encarregados de expulsar os demônios do corpo dos possessos, ou seja, de pessoas atacadas por doenças estranhas, que então, em grande parte da terra, eram atribuídas a gênios malignos.

Portanto, aqueles demônios eram expulsos com a verdadeira pronúncia de *Jeová*, hoje perdida, e com outras cerimônias hoje esquecidas.

Aquele exorcismo em nome de *Jeová* ou com outros nomes de Deus ainda estava em uso nos primeiros séculos da Igreja. Orígenes, polemizando contra Celso, diz, nº 262: "Se, invocando Deus ou jurando por ele, lhe for dado o nome do Deus de Abraão, Isaac e Jacó, serão feitas certas coisas com esses nomes, cuja natureza e cuja força são tais que os demônios se submetem àqueles que os pronunciam; mas, se receberem outro nome, tal como Deus do mar estrepitoso, suplantador, esses nomes não terão virtude. O nome de Israel traduzido para o grego não poderá realizar nada; mas, se pronunciado em hebraico, com as outras palavras exigidas, realiza-se a conjuração."

O mesmo Orígenes, no nº 19, diz estas palavras notáveis: "Há nomes que têm virtude natural, tais como os utilizados pelos sábios no Egito e pelos magos da Pérsia, pelos brâmanes da Índia. Aquilo a que se dá o nome de magia não é uma arte vã e quimérica, conforme afirmam os estoicos e os epicuristas: os nomes Sabaoth e Adonai não foram feitos para seres criados, mas pertencem a uma teologia misteriosa que se relaciona com o Criador: daí provém a virtude desses nomes, quando dispostos e pronunciados segundo as regras etc."

Orígenes, ao dizer isso, não expõe sua opinião particular, mas apenas repete a opinião geral. Todas as religiões então conhecidas admitiam alguma espécie de magia; e distinguia-se magia celeste de magia infernal, necromancia de teurgia; tudo era prodígio, adivinhação, oráculo. Os persas não negavam os milagres dos egípcios, nem os egípcios, os dos persas. Deus permitia que os primeiros cristãos se convencessem com os oráculos atribuídos às sibilas e consentia também em alguns erros pouco importantes, que não comprometiam o fundo da religião.

Outra coisa muito notável é que os cristãos dos dois primeiros séculos abominavam templos, altares e simulacros. É o que Orígenes afirma no nº 347. Tudo mudou depois com a disciplina, quando a Igreja ganhou forma constante.

Quarta questão

Depois que uma religião é estabelecida legalmente num Estado, todos os tribunais cuidam de impedir que se renove a maioria das coisas que eram feitas nessa religião antes de ser publicamente admitida. Os fundadores reuniam-se em segredo, contrariando os magistrados; só se permitem assembleias públicas sob os olhares da lei, e todas as associações que se furtam à lei são proibidas. A antiga máxima era que mais vale obedecer a Deus do que aos homens; a máxima oposta é hoje admitida, ou seja, obedecer a Deus é acatar as leis do Estado. Só se ouvia falar de obsessões e possessões; o diabo estava então solto na terra; o diabo hoje já não sai de casa. Prodígios e predições eram então coisas necessárias; hoje já não são admitidas: quem predissesse calamidades em praça pública seria levado ao manicômio. Os fundadores recebiam secretamente dinheiro dos fiéis; hoje, quem recolhesse dinheiro para seu uso, sem ser autorizado pela lei, se veria às voltas com a justiça. Assim, já não é utilizado nenhum dos arcabouços que serviram para erigir o edifício.

Quinta questão

Depois de nossa santa religião, que sem dúvida é a única boa, qual seria a menos ruim?

Não seria a mais simples? Não seria a que ensinasse muita moral e poucos dogmas? A que tendesse a tornar os homens justos, sem os tornar absurdos? A que não ordenasse a crença em coisas impossíveis, contraditórias, injuriosas à Divindade e perniciosas ao gênero humano, que não ousasse ameaçar com penas eternas quem fosse dotado de senso comum? Não seria a que não sustentasse sua crença com carrascos e não inundasse a terra de sangue com sofismas ininteligíveis? Aquela na qual um equívoco, um jogo de palavras e dois ou três títulos de propriedade falsos não transformassem em soberano e deus um sacerdote muitas vezes incestuoso, homicida e envenenador? Aquela que não submetesse os reis a esse sacerdote? Aquela que só ensinasse adoração a um Deus, justiça, tolerância e humanidade?

Sexta questão

Dizem que a religião dos gentios era absurda em vários pontos, contraditória e perniciosa, mas não lhe terão imputado mais mal do que ela fez e mais tolices do que pregou?

> *Car de voir Jupiter taureau,*
> *Serpent, cygne, ou quelque autre chose,*
> *Je ne trouve point cela beau,*
> *E ne m'étonne pas si parfois on en cause.*
> [Pois ver Júpiter como touro,
> Serpente, cisne ou outra coisa,
> Não acho nada bonito,
> E não me espanta que às vezes se fale disso.]
> (MOLIÈRE, *Prologue d'Amphitryon*)

Sem dúvida isso é muito impertinente; mas que me mostrem em toda a antiguidade um templo dedicado a Leda deitada com um cisne ou um touro. Terá havido algum sermão em Atenas ou em Roma para incentivar as moças a gerar filhos com os cisnes do seu quintal? As fábulas coligidas e enfeitadas por Ovídio são religião? Não se assemelharão à nossa *Legenda dourada*, à nossa *Flor dos santos*? Se algum brâmane ou algum dervixe viesse objetar a história de santa Maria Egipcíaca, que, não tendo como pagar os marujos que a haviam levado ao Egito, deu a cada um deles o que chamamos favores, à guisa de moeda, diríamos ao brâmane: Reverendo padre, enganai-vos, nossa religião não é a *Legenda dourada*.

Reprovamos nos antigos seus oráculos e prodígios: se eles voltassem ao mundo e fosse possível contar-lhes os milagres de Nossa Senhora do Loreto e de Nossa Senhora de Éfeso, em favor de qual dos dois penderia a balança?

Os sacrifícios humanos foram estabelecidos por quase todos os povos, mas raríssimamente usados. Entre os judeus só temos a filha de Jefté e o rei Agague imolados, pois Isaac e Jônatas não o foram. A história de Ifigênia não é bem comprovada entre os gregos. Os sacrifícios humanos são muito raros entre os antigos romanos; em resumo, a religião pagã derramou pouquíssimo sangue, e a nossa cobriu a terra de sangue. A nossa, sem dúvida, é a única boa, a única verdadeira: mas fizemos tanto mal por meio dela, que, quando falamos das outras, devemos ser modestos.

Sétima questão

Se alguém quiser persuadir estrangeiros ou compatriotas de sua religião, não deverá fazê-lo com a mais insinuante mansidão e com a moderação mais convincente? Se começar dizendo que o que ele anuncia está demonstrado, encontrará uma multidão de incrédulos; se ousar dizer que eles só rejeitam sua doutrina porque ela condena suas paixões, que o coração lhes corrompeu o espírito, que a razão deles é falsa e orgulhosa, provocará revolta e os incitará contra si, arruinando exatamente o que quer estabelecer.

Se a religião que anuncia for verdadeira, o arroubo e a insolência a tornarão mais verdadeira? Encolerizai-vos ao dizer que é preciso ser manso, paciente, benfazejo, justo e cumprir todos os deveres da sociedade? Não, pois nem todos têm a mesma opinião. Por que então injuriar o irmão ao pregar-lhe uma metafísica misteriosa? Porque seu senso irrita vosso amor-próprio. Tendes o orgulho de exigir que vosso irmão submeta sua inteligência à vossa: orgulho humilhado produz cólera; não é outra a sua fonte. Um homem atingido por dezenas de tiros numa batalha não se encoleriza, mas um doutor ferido pela recusa de um sufrágio torna-se furioso e implacável.

Oitava questão

Não caberá distinguir cuidadosamente religião de Estado e religião teológica? A religião de Estado exige que os imãs mantenham registros dos circuncisos, e os vigários ou pastores, registros dos batizados; que haja mesquitas, igrejas, templos e dias consagrados à adoração e ao repouso, ritos estabelecidos pela lei; que os ministros desses ritos tenham consideração sem poder; que ensinem bons costumes ao povo, e que os ministros da lei velem sobre os costumes dos ministros dos templos. Essa religião de Estado não pode, em tempo algum, causar conturbações.

Não é o que ocorre com a religião teológica; esta é fonte de todas as tolices e conturbações imagináveis; é a mãe do fanatismo e da discórdia civil; é inimiga do gênero humano. Um bonzo afirma que Fo é um deus, que ele foi previsto por faquires, que nasceu de um elefante branco, que cada bonzo pode fazer um Fo com caretas. Um talapão diz que Fo era um santo homem cuja doutrina foi corrompida pelos bonzos, e que Samonocodom é o verdadeiro deus. Depois de centenas de argumentos e centenas de desmentidos, as duas facções concordam em recorrer ao dalai-lama, que mora a trezentas léguas dali, é imortal e até infalível. As duas facções enviam-lhe uma embaixada solene. O dalai-lama começa, segundo seu divino uso, por passar entre eles sua cadeira furada.

As duas seitas rivais a recebem com igual respeito, põem seu conteúdo a secar ao sol e o engastam em pequenos rosários que beijam devotamente: mas, assim que o dalai-lama e seu conselho se pronunciam a favor de Fo, o partido condenado atira os rosários na cara do vice-deus e quer açoitá-lo. O outro partido defende seu lama, do qual recebeu boas terras; ambos brigam por muito tempo, e, quando se cansam de exterminar-se, assassinar-se e envenenar-se reciprocamente, ainda proferem grandes injúrias, enquanto o dalai-lama se ri e continua dando sua cadeira furada a quem tiver a bondade de receber os dejetos do bom pai lama.

RELÍQUIAS (Reliques)

São designados com esse nome os restos ou as partes restantes do corpo ou do hábito de alguém que, após a morte, foi posto pela Igreja no rol dos bem-aventurados.

É claro que Jesus só condenou a hipocrisia dos judeus, quando disse[7]: Ai de vós, escribas e fariseus hipócritas, que construís sepulcros para os profetas e decorais os monumentos dos justos! Por isso, os cristãos ortodoxos têm igual veneração pelas relíquias e pelas imagens dos santos; e, embora não sei que doutor, chamado Henri, tenha ousado dizer que, depois que os ossos ou outras relíquias se transformaram em vermes, não se deve adorar esses vermes, o jesuíta Vasquez[8] decidiu que a opinião de Henri é absurda e inútil, pois não importa de que maneira ocorre a corrupção. Por conseguinte, diz ele, podemos adorar as relíquias, tanto na forma de vermes quanto na de cinzas.

Seja como for, são Cirilo de Alexandria[9] admite que a origem das relíquias é pagã; e eis a descrição feita de seu culto por Teodoreto, que viveu no começo da era cristã. Diz o douto bispo[10]: Acorre-se aos templos dos mártires para pedir-lhes conservação da saúde, cura das doenças, fecundidade para as mulheres estéreis. Depois de conseguirem filhos, essas mulheres pedem sua conservação. Os que fazem viagens conjuram os mártires a acompanhá-los e guiá-los. Quando voltam, vão demonstrar-lhes reconhecimento. Não os adoram como deuses, mas os honram como homens divinos e os conjuram a ser seus intercessores.

As oferendas dependuradas em seus templos são provas públicas de que aqueles que pediram com fé tiveram seus votos atendidos e suas doenças curadas. Uns dependuram olhos, outros, pés, mãos, ouro e prata. Esses monumentos demonstram a virtude daqueles que estão enterrados naqueles túmulos, assim como sua virtude demonstra que o Deus pelo qual sofreram é o verdadeiro Deus; por isso, os cristãos tiveram o cuidado de dar a seus filhos os nomes dos mártires, para colocá-los em segurança sobre sua proteção.

Por fim, Teodoreto acrescenta que os templos dos deuses foram demolidos, e que seu material serviu para a construção dos templos dos mártires: Pois o Senhor, diz ele aos pagãos, substituiu vossos deuses pelos seus mortos; mostrou a futilidade daqueles e transferiu a estes as honras que eram feitas aos primeiros. É disso que se queixa amargamente o famoso sofista de Sardes, ao deplorar a ruína do templo de Serápis em Canopo, demolido por ordem do imperador Teodósio I, em 389.

Eunápio diz: Gente que nunca tinha ouvido falar de guerra mostrou-se muito valente contra as pedras daquele templo, principalmente contra as ricas oferendas de que estava cheio. Aqueles lugares santos foram dados a monges, gente infame e inútil que, desde que vestissem hábito negro e sujo, ganhavam autoridade tirânica sobre o espírito dos povos; e, em lugar dos deuses que eram vistos pelas luzes da razão, aqueles monges ofereciam à adoração cabeças de bandidos punidos por seus crimes, cabeças conservadas em sal.

O povo é supersticioso, e pela superstição é agrilhoado. Os milagres forjados com relíquias transformaram-se num ímã que atraía de todas as partes riquezas para as igrejas. O embuste e a credulidade chegaram a tal ponto, que, em 386, o mesmo Teodósio foi obrigado a ditar uma lei que proibia o transporte de corpos sepultados, a separação das relíquias de cada mártir e o seu comércio.

Durante os três primeiros séculos do cristianismo, todos se contentaram em celebrar o dia da morte dos mártires, chamado o seu dia natal, reunindo-se nos cemitérios onde repousavam seus

---

7. Mateus, cap. XXIII, v. 29. (N. de Voltaire)
8. Liv. II, *Da adoração*, disp. III, cap. 8. (N. de Voltaire)
9. Liv. X, *Contra Juliano*. (N. de Voltaire)
10. Questão 51 sobre o Êxodo. (N. de Voltaire)

corpos, para orar por eles, como observamos no verbete Missa. Não se pensava então que, com o tempo, os cristãos lhes erigiriam templos, transportariam suas cinzas e seus ossos de um lugar para outro, os exporiam em relicários e acabariam por fazer com tais coisas um comércio que excitaria a ganância de encher o mundo de falsas relíquias.

Mas o terceiro concílio de Cartago, ocorrido em 397, ao inserir no cânone das Escrituras o Apocalipse de são João, cuja autenticidade fora até então contestada, com este trecho do capítulo VI: "Vi sob os altares as almas daqueles que foram mortos pela palavra de Deus", autorizou o costume de ter relíquias de mártires sob os altares; e essa prática logo passou a ser considerada tão essencial, que santo Ambrósio, apesar das instâncias do povo, não quis consagrar uma igreja onde não havia relíquias; e em 692 o concílio de Constantinopla, *in Trullo*, ordenou até que fossem demolidos todos os altares sob os quais não houvesse relíquias. Um outro concílio de Cartago, ao contrário, ordenara em 401 que os bispos mandassem derrubar os altares que estavam sendo erigidos em todos os campos e estradas em homenagem aos mártires, cujas pretensas relíquias estavam sendo desenterradas aqui e acolá, com base em sonhos e vãs revelações de todas as espécies de gente.

Santo Agostinho[11] conta que, por volta do ano 415, Luciano, padre e pároco de um burgo chamado Cafargamata, distante algumas milhas de Jerusalém, viu em sonho até três vezes o dr. Gamaliel a declarar-lhe que seu corpo, o de seu filho Abibas, o de santo Estevão e o de Nicodemo estavam enterrados num lugar de sua paróquia que ele indicou. Recomendou-lhe, da parte deles e em seu nome, que não os deixasse por muito tempo no túmulo abandonado onde estavam havia alguns séculos, e que fosse dizer a João, bispo de Jerusalém, que os tirasse de lá imediatamente, se quisesse evitar as desgraças que ameaçavam todos. Gamaliel acrescentou que esse traslado deveria ocorrer no episcopado de João, que morreu cerca de um ano depois. A ordem do céu era de que o corpo de santo Estevão fosse transportado para Jerusalém.

Luciano ou ouviu mal ou não teve sorte; mandou cavar e nada achou, o que obrigou o doutor judeu a aparecer a um monge muito simples e inocente, para indicar com mais precisão o lugar onde repousavam as benditas relíquias. Luciano ali encontrou o tesouro que buscava, segundo a revelação que Deus lhe fizera. Havia naquele túmulo uma pedra onde estava gravada a palavra *cheliel*, que significa coroa em hebraico, como *stephanos* em grego. Quando o ataúde de Estevão foi aberto, a terra tremeu; sentiu-se um odor excelente, e grande número de doentes foram curados. O corpo do santo estava em cinzas, exceto os ossos, que foram transportados a Jerusalém e postos na igreja de Sião. Na mesma hora, caiu uma chuvarada, no lugar onde até então houvera forte seca.

Avito, padre espanhol que estava então no oriente, traduziu para o latim essa história que Luciano escrevera em grego. Como era amigo de Luciano, o espanhol conseguiu um punhadinho das cinzas do santo, alguns ossos cheios de um unguento que era prova visível de sua santidade, pois superava os perfumes frescos e os odores mais agradáveis. Aquelas relíquias, levadas por Orósio para a ilha de Minorca, ali converteram, em oito dias, quinhentos e quarenta judeus.

Em seguida, por meio de diversas visões, chegou a informação de que alguns monges do Egito tinham relíquias de santo Estevão, levadas por desconhecidos. Visto que os monges – que então não eram sacerdotes – ainda não tinham igrejas próprias, foi-se lá pegar aquele tesouro e transportá-lo para uma igreja que ficava perto de Usala. Imediatamente algumas pessoas viram acima da igreja uma estrela que parecia vir encontrar-se com o santo mártir. As relíquias não ficaram muito tempo naquela igreja; o bispo de Usala, achando que com elas poderia enriquecer sua igreja, foi buscá-las e transportou-as sentado num carro e acompanhado por grande multidão, que cantava louvores a Deus, e por grande número de círios e luminárias.

---

11. *Cidade de Deus*, liv. XXII, cap. VIII. (N. de Voltaire)

Assim, as relíquias foram transportadas para um lugar elevado da igreja e postas sobre um trono ornado de tapeçarias. Em seguida, foram postas sobre um coxim ou uma cama, num lugar fechado a chave, deixando-se uma pequena janela para que as pessoas pudessem tocar os tecidos, que serviam para curar diversos males. Um pouco de pó juntado sobre o relicário curou de repente um paralítico. Algumas flores apresentadas ao santo e aplicadas aos olhos de um cego devolveram-lhe a visão. Houve até sete ou oito mortos ressuscitados.

Santo Agostinho[12], que tenta justificar esse culto, distinguindo-o da adoração, que só é devida a Deus, é obrigado a convir[13] que conhece pessoalmente vários cristãos que adoram sepulcros e imagens. E acrescenta: Conheço vários que bebem muitíssimo sobre os túmulos e que, dando festins aos cadáveres, se enterram sobre os que estão enterrados.

De fato, recém-saídos do paganismo e felicíssimos por encontrarem homens deificados na Igreja cristã – ainda que com outros nomes –, os povos os homenageavam do mesmo modo que haviam homenageado seus falsos deuses; e seria erro grosseiro julgar as ideias e as práticas do populacho pelas dos bispos esclarecidos e dos filósofos. Sabe-se que os sábios, entre os pagãos, faziam as mesmas distinções feitas por nossos santos bispos. Hiérocles dizia[14]: É preciso reconhecer e servir os deuses, de tal modo que se tenha o cuidado de distingui-los bem do Deus supremo, que é seu autor e pai. Tampouco se deve exaltar demais sua dignidade; por fim, o culto que lhes é prestado deve remeter-se a seu único criador, que podeis chamar propriamente de Deus dos deuses, porque é o senhor de todos e o mais excelente de todos. Porfírio[15], que, como são Paulo[16], qualifica o Deus supremo de Deus que está acima de todas as coisas, acrescenta que não se deve sacrificar-lhe nada sensível, material, porque, sendo um espírito puro, tudo o que é material é impuro para ele. Ele só pode ser dignamente honrado pelo pensamento e pelos sentimentos de uma alma que não esteja maculada por nenhuma paixão viciosa.

Em resumo, santo Agostinho[17], ao declarar com ingenuidade que não ousa falar livremente sobre vários abusos semelhantes, para não provocar escândalo entre pessoas piedosas ou desordeiras, mostra com clareza que, para converter os pagãos, os bispos usavam com eles da mesma conivência recomendada por são Gregório dois séculos depois para converter a Inglaterra. Esse papa, consultado pelo monge Agostinho sobre alguns resquícios de cerimônias, meio civis, meio pagãs, às quais os ingleses, recém-conversos, não queriam renunciar, respondeu-lhe: "Não é possível eliminar de espíritos duros todos os seus hábitos ao mesmo tempo; não atingimos o cume de um rochedo escarpado de um salto, mas arrastando-nos passo a passo."

Não é menos notável a resposta do mesmo papa a Constantina, filha do imperador Tibério Constantino e esposa de Maurício, que lhe pedia a cabeça de são Paulo, para colocá-la num templo que ela construíra em honra àquele apóstolo. São Gregório[18] manda dizer a essa princesa que os corpos dos santos fulguram com tantos milagres, que ninguém ousa aproximar-se de seus túmulos para rezar sem ser tomado de terror. Diz que seu predecessor (Pelágio II), desejando retirar dinheiro que estava sobre o túmulo de são Pedro, para pô-lo à distância de quatro pés, viu sinais aterrorizantes. Que ele, Gregório, precisou fazer alguns reparos no monumento de são Paulo e, sendo preciso cavar um pouco adiante, quem cuidava do lugar teve a ousadia de retirar uns ossos, que nem eram do túmulo do apóstolo, a fim de transportá-los para outro local; apareceram-lhe também sinais terríveis, e ele morreu imediatamente. Que seu predecessor também quisera fazer

---

12. *Contra Fausto*, liv. XX, cap. IV. (N. de Voltaire)
13. *Dos costumes da Igreja*, cap. XXXIX. (N. de Voltaire)
14. *Sobre os versos de Pitágoras*, p. 10. (N. de Voltaire)
15. Da abstinência, liv. II, artigo XXXIV. (N. de Voltaire)
16. Epístola aos romanos, cap. IX, v. 5. (N. de Voltaire)
17. *Cidade de Deus*, liv. XXII, cap. VIII. (N. de Voltaire)
18. Carta XXX, XII, liv. III. (N. de Voltaire)

uns consertos no túmulo de são Lourenço, que imprudentemente se descobriu o féretro onde estava o corpo do mártir e, embora os que ali trabalhavam fossem monges e funcionários do templo, morreram todos em dez dias, porque tinham visto o corpo do santo. Que, quando os romanos dão relíquias, nunca tocam nos corpos sagrados, mas limitam-se a pôr alguns panos numa caixa e aproximá-los dos corpos. Que esses panos têm a mesma virtude das relíquias e fazem os mesmos milagres. Que, como certos gregos duvidassem desse fato, o papa Leão mandou trazer uma tesoura e ao cortar, em presença deles, aqueles panos que haviam sido aproximados dos corpos santos, os panos verteram sangue. Que em Roma, no ocidente, é um sacrilégio tocar nos corpos dos santos, e, se alguém faz isso, pode ter certeza de que seu crime não ficará impune. Que por isso ele não consegue entender como os gregos têm o costume de transportar as relíquias. Que alguns gregos que ousaram desenterrar durante a noite alguns corpos nas proximidades da igreja de São Paulo, com o intuito de transportá-los para seu país, foram imediatamente descobertos, o que o convence de que as relíquias assim transportadas são falsas. Que alguns orientais, afirmando que os corpos de são Pedro e são Paulo lhes pertenciam, vieram a Roma para levá-los de volta à sua pátria, mas, ao chegarem às catacumbas onde repousavam aqueles corpos e ao desejarem pegá-los, relâmpagos súbitos e trovões assustadores dispersaram a multidão aterrorizada e os obrigaram a desistir da empresa. Que quem sugeriu a Constantina que lhe pedisse a cabeça de são Paulo só teve o intuito de privá-la de suas boas graças.

São Gregório termina com estas palavras: Minha confiança em Deus dá-me a certeza de que não sereis privada do fruto de vossa boa vontade nem da virtude dos santos apóstolos que amais de todo o coração e de toda a alma; e que, embora não tenhais sua presença física, sempre gozareis de sua proteção.

No entanto, a história eclesiástica dá-nos fé de que os traslados de relíquias eram frequentes tanto no ocidente quanto no oriente; ademais, o autor das notas sobre essa carta observa que o mesmo são Gregório, em seguida, deu diversos corpos santos, e que outros papas deram até seis ou sete deles a um só indivíduo.

Depois disso será de espantar o favor de que gozaram as relíquias entre povos e reis? Os juramentos mais comuns dos antigos franceses eram feitos pelas relíquias dos santos. Foi assim que os reis Gontrão, Sigeberto e Chilperico repartiram os Estados de Clotário e combinaram usufruir de Paris em comum. Juraram pelas relíquias de são Polieuto, santo Hilário e são Martinho. No entanto, Chilperico pôs-se em campanha e só tomou a precaução de obter um relicário com grande quantidade de relíquias que mandou carregar como salvaguarda à frente de suas tropas, na esperança de que a proteção daqueles novos patronos o salvasse das penas em que incorrera pelo perjúrio. Por fim, o catecismo do concílio de Trento aprovou o costume de jurar pelas relíquias.

Note-se também que os reis da França, pertencentes à primeira e à segunda linhagem, guardavam em seu palácio grande número de relíquias, sobretudo a capa e o manto de são Martinho, que eram levados por seu séquito e até pelos exércitos. As relíquias eram enviadas pelo palácio às províncias, sempre que fosse preciso prestar juramento de fidelidade ao rei ou concluir algum tratado.

RELÓGIO (Horloge)

Relógio de Acaz

Todos sabem que tudo é prodígio na história dos judeus. O milagre realizado a favor do rei Ezequias em seu relógio, chamado o *relógio de Acaz*, é um dos maiores prodígios já operados. Deve ter sido percebido por toda terra, deve ter desorganizado para sempre a trajetória dos astros, principalmente nos momentos de eclipse do Sol e da Lua; deve ter embaralhado todas as efemérides. Foi a segunda vez que esse prodígio ocorreu. Josué tinha parado o Sol ao meio-dia sobre Gabaão, e a Lua sobre Ajalão, para ter tempo de matar uma tropa de amorreus já esmagada por uma chuva de pedras caída do céu.

O Sol, em vez de parar para o rei Ezequias, voltou atrás; a proeza é semelhante, mas com um arranjo diferente.

Primeiro, Isaías diz a Ezequias, que estava doente: "Eis o que o Senhor Deus te diz: 'Põe tuas coisas em ordem, pois morrerás, e então não mais viverás.'"

Ezequias chorou. Deus teve pena. Mandou Isaías dizer-lhe que viveria mais quinze anos, e que em três dias iria ao templo. "Então Isaías mandou pedir um cataplasma de figos: este foi aplicado sobre as úlceras do rei, e o rei se curou; *et curatus est*."

Ezequias pediu um sinal de que estaria curado. Isaías lhe disse: "Queres que a sombra do Sol avance dez graus, ou que recue dez graus?" Ezequias disse: "É fácil a sombra avançar dez graus; quero que ela recue." O profeta Isaías invocou o Senhor, e ele recuou a sombra no relógio de Acaz, nos dez graus pelos quais ela já havia descido.

Pergunta-se o que poderia ser aquele *relógio de Acaz*, se era confeccionado por algum relojoeiro chamado Acaz ou se era um presente dado outrora a um rei assim chamado. Isso é apenas curiosidade. Muito se discutiu sobre esse relógio: os eruditos provaram que os judeus nunca conheceram relógio nem gnômon antes do cativeiro da Babilônia, único período em que aprenderam alguma coisa dos caldeus e em que o grosso da nação começou, segundo dizem, a ler e a escrever. Sabe-se até que em sua língua eles não tinham termo algum para expressar o relógio, gnômon, geometria, astronomia; e, no texto do livro dos Reis, o *relógio de Acaz* é chamado *hora da pedra*.

Mas a grande questão é saber como o rei Ezequias, dono daquele gnômon, daquela *hora da pedra*, podia dizer que era fácil avançar o Sol em dez graus. Com certeza é tão difícil fazê-lo avançar em oposição à ordem do movimento ordinário quanto fazê-lo recuar.

A proposta do profeta parece tão estranha quanto a proposta do rei. Queres que a sombra avance neste momento ou que recue dez horas? Isso teria sido cabível em alguma cidade da Lapônia, onde o dia mais longo do ano tivesse vinte horas; mas em Jerusalém, onde o dia mais longo do ano tem aproximadamente catorze horas e meia, isso é absurdo. O rei e o profeta enganavam-se redondamente. Não negamos o milagre, acreditamos que ele seja verdadeiro; observamos apenas que Ezequias e Isaías não diziam o que deviam dizer. Fosse qual fosse a hora então, teria sido impossível que desse na mesma recuar ou avançar a sombra do gnômon em dez horas. Se fossem duas horas da tarde, o profeta poderia, sem dúvida, fazer a sombra recuar para as quatro da madrugada. Mas, nesse caso, não podia fazê-la avançar dez horas, pois então teria sido meia-noite, e à meia-noite é raro que haja sombra do Sol.

É difícil adivinhar o tempo em que essa história foi escrita, mas só pode ser mais ou menos no tempo em que os judeus aprenderam confusamente que havia gnômons. Ora, o fato é que eles tiveram um conhecimento muito imperfeito dessas ciências na Babilônia.

Há também outra grande dificuldade: os judeus não contavam por horas, como nós; nisso os comentadores não pensaram.

O mesmo milagre ocorrera na Grécia, no dia em que Atreu serviu os filhos de Tiestes na ceia ao próprio pai.

O mesmo milagre ocorreu, de modo muito mais perceptível, quando Júpiter se deitou com Alcmena. Era preciso uma noite que fosse o dobro da noite natural para formar Hércules. Essas aventuras são comuns na antiguidade, mas raríssimas em nossos dias, em que tudo degenera.

RESSURREIÇÃO (Résurrection)

Primeira seção

Conta-se que os egípcios só construíram suas pirâmides para servirem de túmulos, e que os corpos, embalsamados por dentro e por fora, ficavam à espera das almas, que voltariam para reanimá-los ao cabo de mil anos. Mas, se os corpos deviam ressuscitar, por que a primeira operação dos embalsamadores era a de furar o crânio com um gancho e retirar o cérebro? A ideia de ressuscitar sem cérebro leva a desconfiar (se é que se pode usar essa palavra) que os egípcios pouco cérebro tinham em vida; mas cabe considerar que a maioria dos antigos acreditava que a alma fica no peito. E por que a alma está no peito e não em outro lugar? Porque, de fato, em todos os nossos sentimentos um pouco violentos, sentimos uma dilatação ou um aperto na região do coração, o que levou a pensar que nele fica a sede da alma. Essa alma era alguma coisa aérea; era uma figura diáfana que passeava por onde podia, até que reencontrasse seu corpo.

A crença na ressurreição é muito mais antiga que os tempos históricos. Atalide, filho de Mercúrio, podia morrer e ressuscitar quando quisesse; Esculápio devolveu a vida a Hipólito; Hércules, a Alceste. Pélops, depois de ser despedaçado pelo pai, foi ressuscitado pelos deuses. Platão conta que Er ressuscitou por quinze dias apenas.

Os fariseus, entre os judeus, só adotaram o dogma da ressurreição muito tempo depois de Platão.

Nos Atos dos apóstolos há fato bem singular e digno de atenção. São Tiago e vários de seus companheiros aconselham são Paulo a ir ao templo de Jerusalém cumprir todas as cerimônias da antiga lei, por mais que fosse cristão, "para que todos soubessem que tudo o que se dizia dele era falso, e que ele continuava observando a lei de Moisés". Isso equivale a dizer claramente: Vai mentir, jurar em falso, renegar publicamente a religião que ensinas.

São Paulo, portanto, foi durante sete dias ao templo, mas no sétimo foi reconhecido. Acusaram-no de lá ter ido com estrangeiros e de tê-lo profanado. Eis como ele se safou:

"Paulo, sabendo que uma parte dos que ali estavam eram saduceus, e a outra, fariseus, gritou para a assembleia: 'Irmãos, sou fariseu e filho de fariseu; é porque tenho esperança em outra vida e na ressurreição dos mortos que querem condenar-me.'"[19] Não se falara de ressurreição dos mortos em toda aquela história; Paulo só dizia aquilo para incitar fariseus e saduceus uns contra os outros.

V. 7. "Depois que Paulo falou desse modo, nasceu a discórdia entre fariseus e saduceus, e a assembleia se dividiu."

V. 8. "Pois os saduceus dizem que não há ressurreição, nem anjo, nem espírito, enquanto os fariseus reconhecem ambos etc."

Houve quem dissesse que Jó, muito antigo, conhecia o dogma da ressurreição. Citam estas palavras: "Sei que meu redentor está vivo, e que um dia sua redenção se erguerá sobre mim, ou eu me erguerei do pó, minha pele se regenerará e verei Deus outra vez em minha carne."

Mas vários comentadores entendem por essas palavras que Jó espera recobrar-se logo da doença e não continuar deitado no chão, como estava. A sequência prova que essa explicação é verdadeira, pois no momento seguinte diz a seus falsos e duros amigos: "Por que dizeis *vamos persegui-lo*?", ou então, "porque direis: porque o perseguimos". Isso não quererá dizer: "Vós vos arrependereis de ter-me ofendido, quando me virdes de novo em meu antigo estado de saúde e opulência"? Um doente que diz: "Eu me erguerei" não diz "Ressuscitarei". Forçar o sentido de trechos claros é a melhor maneira de nunca entender, ou melhor, de ser visto como gente de má-fé pela gente honesta.

---

19. Atos dos apóstolos, cap. XXIII, v. 6. (N. de Voltaire)

São Jerônimo situa o nascimento da seita dos fariseus pouquíssimo tempo antes de Jesus Cristo. O rabino Hillel é considerado o fundador da seita farisaica, e esse Hillel era contemporâneo de Gamaliel, mestre de são Paulo.

Vários daqueles fariseus acreditavam que só os judeus ressuscitariam, e que o restante dos homens não valia a pena. Outros afirmavam que só havia ressurreição na Palestina, e que os corpos daqueles que tivessem sido enterrados em outros lugares seriam secretamente transportados para as proximidades de Jerusalém, com o fim de ali se reencontrarem com suas respectivas almas. Mas são Paulo, escrevendo aos habitantes de Tessalônica, diz "que o segundo advento de Jesus Cristo é para eles e para ele, que serão suas testemunhas".

V. 16. "Pois tão logo o arcanjo e a trombeta de Deus derem o sinal, o Senhor descerá do céu, e os que tiverem morrido em Jesus Cristo serão os primeiros que ressuscitarão."

V. 17. "Depois nós, que estamos vivos e permanecemos até então, seremos levados com eles para as nuvens e nos apresentaremos ao Senhor em pleno ar, e assim viveremos para sempre com o Senhor."[20]

Esse trecho importante não provará que os primeiros cristãos esperavam ver o fim do mundo, conforme é previsto em são Lucas, no tempo em que ele mesmo ainda vivesse? Se não viram o fim do mundo e se ninguém ressuscitou então, o que é adiado não está perdido.

Santo Agostinho acredita que as crianças, mesmo as que morreram ao nascer, ressuscitarão na idade madura. Orígenes, Jerônimo, Atanásio e Basílio acharam que as mulheres não deviam ressuscitar com seu sexo.

Enfim, sempre se discutiu o que fomos, o que somos e o que seremos.

Segunda seção

O padre Malebranche prova a ressurreição recorrendo às lagartas, que se tornam borboletas. Essa prova, como se vê, é tão tênue quanto as asas dos insetos de que ele se vale. Alguns pensadores que calculam opõem objeções aritméticas a essa verdade tão bem provada. Dizem que os homens e os outros animais realmente extraem alimento e crescimento da substância de seus predecessores. O corpo de um homem que, depois de reduzido a pó e espalhado pelo ar, volta à superfície da terra transforma-se em legume ou trigo. Assim, Caim comeu uma parte de Adão, Enoque alimentou-se de Caim, Irade de Enoque, Meujael de Irade, Matusalém de Meujael; e percebe-se que nenhum de nós deixou de engolir um bocadinho de nosso primeiro pai. Por isso se diz que éramos todos antropófagos. Nada é mais perceptível depois de uma batalha: nós não só matamos nossos irmãos, como também, ao cabo de dois ou três anos, já os teremos comido depois de fazermos a colheita no campo de batalha; e também, evidentemente, seremos comidos quando chegar nossa vez. Ora, quando for preciso ressuscitar, como devolveremos a cada um o corpo que lhe pertencia sem perdermos parte do nosso?

É o que dizem os que desconfiam da ressurreição; mas os ressuscitadores responderam-lhes com muita pertinência.

Um rabino chamado Samai demonstra a ressurreição com este trecho do Êxodo: "Apareci a Abraão, Isaac e Jacó e lhes jurei dar-lhes a terra de Canaã." Ora, Deus, apesar do juramento, diz esse grande rabino, não lhes deu aquela terra; logo, eles ressuscitarão para usufruir dela, a fim de que o juramento seja cumprido.

O profundo filósofo dom Calmet vê nos vampiros uma prova bem mais concludente. Ele viu aqueles vampiros que saem dos cemitérios para irem sugar o sangue das pessoas adormecidas; é claro que não poderiam sugar o sangue dos vivos, se ainda estivessem mortos; portanto, estavam ressuscitados: prova peremptória.

---

20. I Epístola aos Tess., cap. IV. (N. de Voltaire)

Mais uma coisa indubitável é que todos os mortos, no dia do juízo final, andarão debaixo da terra como toupeiras, conforme diz o Talmude, e aparecerão no vale de Josafá, que fica entre a cidade de Jerusalém e o monte das Oliveiras. Todos ficarão apertados nesse vale, mas é só reduzir os corpos proporcionalmente, tal como os diabos de Milton na sala do Pandemônio.

Essa ressurreição ocorrerá ao som da trombeta, conforme diz são Paulo. Haverão de ser muitas as trombetas, pois nem mesmo os trovões são ouvidos a mais de três ou quatro léguas ao redor. Perguntou-se quantas trombetas haverá: os teólogos ainda não fizeram esse cálculo; mas farão.

Os judeus dizem que a rainha Cleópatra, que provavelmente acreditava na ressurreição como todas as senhoras de seu tempo, perguntou a um fariseu se as pessoas ressuscitariam nuas. O doutor respondeu-lhe que todos estariam muito bem vestidos, pela simples razão de que o trigo que semeamos, depois de morto no chão, ressuscita como espiga, com camisa e barbas. Aquele rabino era excelente teólogo: raciocinava como dom Calmet.

Terceira seção

Da ressurreição dos antigos

Afirmou-se que o dogma da ressurreição era muito corrente entre os egípcios, e que essa foi a origem de seus embalsamamentos e de suas pirâmides; eu mesmo acreditei nisso um dia. Uns diziam que se ressuscitaria ao cabo de mil anos; outros queriam que fosse depois de três mil. Essa diferença em suas opiniões teológicas parece provar que eles não estavam muito seguros do fato. Aliás, não vemos nenhum homem ressuscitado na história do Egito, mas temos alguns entre os gregos. Portanto, é com os gregos que devemos nos informar sobre essa invenção de ressuscitar.

Mas os gregos frequentemente cremavam os corpos, e os egípcios os embalsamavam, para que a alma, figurinha aérea, encontrasse pronta sua antiga morada quando para ela voltasse. Seria ótimo, se reencontrasse seus órgãos; mas o embalsamador começava por retirar o cérebro e as entranhas. Como as pessoas poderiam ressuscitar sem intestinos e sem a parte medular pela qual pensam? Onde recuperar o sangue, a linfa e outros humores?

Direis que era ainda mais difícil ressuscitar entre os gregos, pois só sobrava uma libra de cinzas no máximo, e ainda por cima misturada à cinza da madeira, dos aromas e dos tecidos.

Vossa objeção é consistente, e, como vós, considero a ressurreição uma coisa muito extraordinária; mas isso não impede que Atalide, filho de Mercúrio, tenha morrido e ressuscitado várias vezes. Os deuses ressuscitaram Pélops, embora tenha sido refogado e Ceres lhe tenha comido uma espádua. Sabeis que Esculápio devolveu a vida a Hipólito; esse era um fato atestado, do qual os mais incrédulos não duvidavam: o nome *Virbius* dado a Hipólito era prova convincente disso. Hércules havia ressuscitado Alceste e Pirítoo. Er, em Platão, na verdade só ressuscitou durante quinze dias, mas sempre era uma ressurreição, e o tempo em nada muda a questão.

Vários escoliastas solenes veem com clareza purgatório e ressurreição em Virgílio. Quanto ao purgatório, sou obrigado a convir que ele está expresso no sexto livro. Isso poderá desagradar os protestantes, mas não posso fazer nada.

Non tamen omne malum miseris, nec funditus omnes
Corporeae excedunt pestes [...].
[Nem todo o mal, entretanto, se afasta completamente dos infelizes,
Nem todas as misérias corpóreas.]
(*Eneida,* VI, 736-37)

Les coeurs les plus parfaits, les âmes les plus pures,
Sont aux regards des dieux tout chargés de souillures;
Il faut en arracher jusqu'au seul souvenir.
Nul ne fut innocent: il faut tous nous punir.
Chaque âme a son démon, chaque vice a sa peine;
Et dix siècles entiers nous suffisent à peine
Pour nous former un coeur qui soit digne des dieux.
[Os corações mais perfeitos, as almas mais puras,
São, em vista dos deuses, cheios de imundícies;
É preciso arrancar-lhes até mesmo a lembrança.
Ninguém foi inocente: devemos todos nos punir.
Cada alma tem seu demônio, cada vício sua pena;
E dez séculos inteiros mal nos bastarão
Para formar um coração digno dos deuses.]

Aí estão mil anos de purgatório nitidamente expressos, sem que vossos antepassados pudessem obter dos sacerdotes do tempo alguma indulgência que abreviasse o sofrimento em troca de dinheiro vivo. Os antigos eram muito mais severos e menos simoníacos que nós, eles que, por outro lado, imputavam tantas tolices a seus próprios deuses. Que fazer? Toda a sua teologia era feita de contradições, tal como a nossa, segundo dizem os maliciosos.

Terminado o purgatório, aquelas almas iam beber água do Lete e pediam instantemente o reingresso em novos corpos e o reencontro com a luz do dia. Mas isso será ressurreição? De jeito nenhum: é assumir um corpo inteiramente novo, e não retomar o antigo; é uma metempsicose sem nenhuma relação com a maneira como nós ressuscitamos.

As almas dos antigos faziam péssimo negócio voltando ao mundo, convenhamos, pois o que significa voltar à terra para ficar setenta anos no máximo e sofrer outra vez tudo o que sabeis que sofremos em setenta anos de vida, para em seguida passar mais mil anos a receber disciplina? A meu ver, não há alma que não se canse dessa eterna vicissitude de uma vida tão curta e de tão longa penitência.

Quarta seção

Da ressurreição dos modernos

Nossa ressurreição é bem diferente. Cada homem retomará exatamente o mesmo corpo que teve; e todos esses corpos arderão por toda a eternidade, com exceção de um em cem mil no máximo. É bem pior que um purgatório de dez séculos para voltar a viver aqui alguns anos.

Quando chegará o grande dia dessa ressurreição geral? Não se sabe com certeza; os doutos estão muito divididos. Também não sabem como cada um reencontrará seus membros. Veem muitas dificuldades nesse assunto.

1º Dizem eles que nosso corpo passa por mudanças contínuas durante toda a vida; com cinquenta anos não temos nada do corpo no qual se alojava nossa alma aos vinte.

2º Um soldado bretão vai para o Canadá: por circunstâncias bem comuns, falta-lhe comida; ele então é obrigado a comer um iroquês que matou na véspera. Aquele iroquês alimentara-se de jesuítas durante dois ou três meses; grande parte de seu corpo já se tornara jesuíta. Temos então o corpo desse soldado composto de iroquês, jesuíta e tudo o que ele comeu antes. Como cada um recuperará exatamente o que lhe pertence? E o que lhe pertence realmente?

3º Uma criança morre no ventre da mãe, exatamente no momento em que acaba de receber uma alma: ressuscitará feto, criança ou homem feito? Se feto, para quê? Se criança ou homem, de onde lhe virá a substância?

4º A alma chega a outro feto antes que ele tenha definido se será menino ou menina; ressuscitará menina, menino ou feto?

5º Para ressuscitardes, para serdes a mesma pessoa que fostes, precisareis ter a memória bem fresca e pronta; é a memória que faz a identidade: se perdestes a memória, como sereis a mesma pessoa?

6º Só certo número de partículas terrestres pode constituir um animal. Areia, pedra, mineral e metal não servem para isso. A terra não é própria para tanto; só os solos favoráveis à vegetação são favoráveis ao gênero animal. Quando, ao cabo de vários séculos, o mundo precisar ressuscitar, onde encontrar terra própria para formar todos os corpos?

7º Suponhamos uma ilha cuja parte vegetal possa alimentar ao mesmo tempo mil homens e cinco ou seis mil animais para a alimentação e o serviço desses mil homens; ao cabo de cem mil gerações, teremos um bilhão de homens para ressuscitar. Evidentemente faltará material.

Materies opus est ut crescant postera saecla.
[A matéria é necessária para que se formem as gerações seguintes.]
(Lucrécio, III, 980)

8º Por fim, depois de se provar ou de se acreditar provar que é preciso um milagre tão grande quanto o dilúvio universal ou as dez pragas do Egito para realizar a ressurreição do gênero humano no vale de Josafá, pergunta-se o que ficaram fazendo todas as almas daqueles corpos enquanto esperavam o momento de voltar ao estojo.

Poderíamos fazer cinquenta perguntas um tanto espinhosas, mas os doutores responderão facilmente a todas.

RIMA (Rime)

A rima não teria sido inventada para ajudar a memória e acertar o canto e a dança? A repetição dos mesmos sons servia para trazer à lembrança imediatamente palavras intermediárias entre as duas rimas. Essas rimas advertiam ao mesmo tempo o cantor e o dançarino; indicavam o compasso. Assim, os versos foram em todos os lugares a linguagem dos deuses.

Pode-se, portanto, incluir no rol das opiniões prováveis, ou seja, incertas, a hipótese de que a rima tenha sido de início uma cerimônia religiosa; pois, afinal, pode ser que alguém tenha feito versos e canções para a amante antes de fazê-los para os deuses; e os amantes apaixonados dirão que dá tudo na mesma.

Certo rabino, falando-me do hebraico, que nunca consegui aprender, citava-me um dia vários salmos rimados que – dizia ele – tínhamos traduzido de forma lastimável. Lembro-me de dois versos:

[21]*Hibbitu clare vena haru*
Uph nehem al jech pharu.
Si on le regarde on en est illuminé,
Et leurs faces ne sont point confuses.
[Quando o olhamos, somos por ele iluminados,
E suas faces não são confusas.]

---

21. Salmo XXXIII, 6. (N. de Voltaire)

Não há rima mais rica do que a desses dois versos; em vista disso, raciocino assim:

Os judeus, que falavam um jargão meio fenício, meio siríaco, rimavam; logo, as grandes nações nas quais estavam encravados também deviam rimar. É de crer que os judeus, que, como dissemos tantas vezes, tomaram tudo de seus vizinhos, também tenham tomado a rima.

Todos os orientais rimam: eles são fiéis a seus usos; vestem-se como se vestiam há cinco ou seis mil anos; portanto, é de crer que rimem desde aquele tempo.

Alguns doutos afirmam que os gregos, nos primórdios, rimavam, quer para seus deuses, quer para seus heróis, quer para suas amantes; mas que, depois, sentindo melhor a harmonia de sua língua, conhecendo melhor sua prosódia, refinando sua melodia, fizeram aqueles belos versos não rimados, que os latinos imitaram e muitas vezes superaram.

Quanto a nós, descendentes de godos, vândalos, hunos, gauleses, francos e borgonheses, nós, bárbaros, que não podemos ter a melodia grega e latina, somos obrigados a rimar. Os versos brancos de todos os povos modernos nada mais são que prosa sem medida; só se distingue da prosa ordinária por certo número de sílabas iguais e monótonas, que se convencionou chamar de *versos*.

Dissemos alhures que aqueles que escreveram em versos brancos só o fizeram porque não sabiam rimar; os versos brancos nasceram da impotência de vencer a dificuldade e da vontade de terminar mais depressa.

Observamos que Ariosto fez quarenta e oito mil rimas seguidas em seu *Orlando*, sem entediar ninguém. Observamos como a poesia francesa em versos rimados acarreta obstáculos, e que o prazer nasce desses mesmos obstáculos. Sempre estivemos convictos de que é preciso rimar para os ouvidos e não para os olhos; e expusemos nossas opiniões sem autossuficiência, tendo em vista nossa insuficiência.

Mas toda a nossa moderação desaparece quando ouvimos as funestas notícias que nos mandam de Paris ao monte Krapack. Ficamos sabendo do surgimento de uma pequena seita de bárbaros que defende a composição, doravante, de tragédias apenas em prosa. Só faltava esse último golpe a nossas dores: é a abominação da desolação no templo das Musas. Imaginamos que, como Corneille versificou a *Imitação de Jesus Cristo*, algum gracejador de mau gosto poderia ameaçar o público com a encenação de alguma tragédia em prosa de Floridor e Mondori; mas, como esse projeto foi executado seriamente pelo abade de Aubignac, sabe-se o sucesso que teve. Sabe-se do descrédito em que caiu a prosa do *Édipo* de La Motte-Houdart; foi quase tão grande quanto o do seu *Édipo* em versos. Que infeliz visigodo, depois de *Cina* e *Andrômaca*, pode ousar banir os versos do teatro? Foi, portanto, a esse cúmulo de opróbrio que chegamos depois do grande século! Ah! Bárbaros, ide de redingote assistir à representação dessa tragédia no Faxhall e depois vinde comer rosbife de carneiro e beber cerveja forte.

Que teriam dito Racine e Boileau se lhes tivessem anunciado essa terrível notícia? *Bone Deus!* De que alturas caímos, em que lamaçal estamos!

É verdade que a rima torna mortalmente maçantes os versos medíocres. O poeta então é como mau mecânico que não consegue abolir o ruído chocante de cordas e polias: seus leitores sentem o mesmo cansaço que ele sentiu ao rimar; seus versos não passam de um tilintar vão de sílabas fastidiosas. Mas, se o seu pensamento for elegante, sua rima também o será, ele sentirá e transmitirá um grande prazer, que só é saboreado pelas almas sensíveis e pelos ouvidos harmoniosos.

RIOS (Fleuves)

Os rios não correm para o mar com a mesma velocidade com que os homens correm para o erro. Não faz muito tempo reconheceu-se que todos os rios são produzidos pelas neves eternas que cobrem os cumes das altas montanhas, que essas neves são produzidas pelas chuvas; essas chuvas, pelos vapores da terra e dos mares, e assim tudo está interligado na natureza.

Ouvi na infância a tese de que os rios e todas as nascentes provêm do mar. Essa era a opinião de toda a antiguidade. Esses rios passariam por grandes cavernas e, daí, se distribuiriam por todas as partes do mundo.

Quando Aristeu vai chorar a perda de suas abelhas para Cirene, sua mãe, deusa do riacho Enipeu na Tessália, o riacho se separa e forma duas montanhas de água à direita e à esquerda para recebê-lo segundo o antigo costume; depois disso, ele vê aquelas grutas belas e longas pelas quais passam todos os rios da terra; o Pó, que desce do monte Viso, no Piemonte, e atravessa a Itália; o Tibre, que vem dos Apeninos; o Fase, que desce do Cáucaso até o mar Negro etc.

Virgílio adotava assim uma estranha física que deveria ser autorizada apenas aos poetas.

Essas ideias sempre tiveram tanto crédito, que Tasso, mil e quinhentos anos depois, imitou inteiramente Virgílio em seu décimo quarto canto, enquanto, felizmente, imitava Ariosto. Um velho mago cristão leva para debaixo da terra os dois cavaleiros que devem levar Rinaldo de volta aos braços de Armida, tal como Melissa subtraíra Ruggero às carícias de Alcina. O bom velhinho manda Rinaldo descer à sua gruta, de onde partem todos os rios que irrigam nossa terra: é pena que os rios da América não estejam incluídos; mas basta que o Nilo, o Danúbio, o Sena, o Jordão e o Volga nasçam nessa caverna. O que se coaduna ainda mais à física dos antigos é que essa caverna fica no centro da terra. Era lá que Maupertuis queria ir fazer turismo.

Depois de admitirmos que os riachos vêm das montanhas, e que estas e aqueles são peças essenciais à grande máquina, abstenhamo-nos dos sistemas que se fazem todos os dias.

Quando Maillet imaginou que o mar formara as montanhas, devia ter dedicado seu livro a Cyrano de Bergerac. Quem diz que as grandes cadeias de montanhas se estendem do oriente ao Ocidente, e que a maior parte dos rios também sempre corre para o ocidente, consultou muito mais o espírito de sistema do que a natureza.

No que se refere às montanhas, quem desembarcar no cabo da Boa Esperança verá uma cadeia de montanhas que vai do sul ao norte até o Monomotapa. Pouca gente teve o prazer de ver aquela região e de viajar pela África, abaixo do equador. Mas Calpe e Ábila estão voltadas diretamente para o norte e para o sul. De Gibraltar ao rio Guadiana, em linha reta para o norte, existem montanhas adjacentes. Castela Nova e Castela Velha estão cobertas por tais montanhas, que sempre se estendem do sul para o norte, tal como as montanhas de toda a América. No que se refere aos rios, estes correm em todos os sentidos, dependendo da disposição do terreno.

O Guadalquivir vai diretamente para o sul a partir de Villanueva até San-Lucar; o Guadiana faz o mesmo a partir de Badajoz. Todos os riachos no golfo de Veneza, com exceção do Pó, deságuam no mar correndo para o sul. É essa a direção do Ródano, de Lyon à foz. A direção do Sena é norte-noroeste. O Reno, a partir de Basileia, corre direto para o norte; o Mosa faz o mesmo a partir de sua nascente até as terras inundadas; o Escalda, idem.

Por que então procurar enganar-se para ter o prazer de criar sistemas e enganar alguns ignorantes? Qual é a vantagem de fazer algumas pessoas acreditar por algum tempo que todos os rios e todas as montanhas se dirigem do oriente para o ocidente, ou do ocidente para o oriente; que todos os montes são cobertos de ostras (o que, sem dúvida, não é verdadeiro); que foram encontradas âncoras no cume das montanhas da Suíça; que essas montanhas foram formadas pelas correntes do oceano; que as pedras de cal outra coisa não são senão conchas? Como! Caberá hoje tratar a física como os antigos tratavam a história?

Voltando aos rios e aos riachos, melhor seria prevenir as inundações; criar riachos novos, ou seja, canais, desde que isso seja exequível. Esse é um dos maiores serviços que se possa prestar a uma nação. Os canais do Egito eram tão necessários quanto eram inúteis as pirâmides.

Em relação à quantidade de água que os leitos dos rios carreiam e a tudo o que diz respeito a esse cálculo, leia-se o verbete Rio do sr. d'Alembert; como tudo o que ele faz, trata-se de um texto claro, preciso, veraz, escrito no estilo apropriado ao assunto: não recorre ao estilo do *Telêmaco* para falar de física.

RISO (Rire)

Quem já riu não duvida de que o riso é sinal de alegria, assim como o pranto é sintoma de dor. Os que procuram as causas metafísicas do riso não são alegres; os que sabem por que essa espécie de alegria que provoca o riso repuxa para as orelhas o músculo zigomático, um dos treze músculos da boca, esses são bem sabidos. Os animais têm esse músculo como nós, mas não riem de alegria, assim como não derramam lágrimas de tristeza. Dos olhos do veado pode escorrer uma espécie de humor quando ele está encurralado; do cão também, quando é dissecado vivo; mas não choram por amantes e amigos, como nós; não gargalham, como nós, diante de algo cômico: o homem é o único animal que chora e ri.

Assim como só choramos do que nos aflige, só rimos do que nos alegra: os contestadores afirmaram que o riso nasce do orgulho, que quem ri se acredita superior àquele de quem está rindo. É verdade que o homem, que é um animal risível, também é um animal orgulhoso; mas o orgulho não faz rir; uma criança que ri do fundo do coração não se entrega a esse prazer porque se acredita acima daqueles que a fazem rir; se ri quando lhe fazem cócegas, decerto não é porque está sujeita ao pecado mortal do orgulho. Eu tinha onze anos quando li sozinho, pela primeira vez, o *Anfritrião* de Molière; ri tanto que caí de costas: era por orgulho? Ninguém tem orgulho quando está sozinho. Será por orgulho que o dono do asno de ouro começou a rir quando viu o asno comer sua ceia? Quem ri sente alegria nesse momento, sem outro sentimento.

Nem toda alegria faz rir; os grandes prazeres são sérios: os prazeres do amor, da ambição, da cobiça nunca fizeram ninguém rir.

O riso às vezes chega à convulsão: dizem até que algumas pessoas morreram de rir; custa-me acreditar, e certamente há mais gente que morreu de tristeza.

Os vapores violentos que ora provocam lágrimas, ora os sintomas do riso, na verdade puxam os músculos da boca, mas esse não é um riso verdadeiro, é uma convulsão, um tormento. As lágrimas podem então ser verdadeiras, porque quem as verte está sofrendo; mas o riso não o é; é preciso dar-lhe outro nome e por isso é chamado de riso *sardônico*.

O riso maldoso, o *perfidum ridens*, é outra coisa: é a alegria pela humilhação alheia; persegue-se com a risota, com a casquinada (*cachinnum*) aquele que nos prometeu maravilhas e só fez asneiras: isso é mais apupar do que rir. Nosso orgulho então zomba do orgulho daquele que se nos impingiu. Brindamos nosso amigo Fréron em *L'Écossaise* [A escocesa] mais com apupos do que com risos; sempre gosto de falar do amigo Fréron porque assim eu rio.

ROMA, CÚRIA DE ROMA (Rome, cour de Rome)

Antes de Constantino, para os magistrados romanos, que ignoravam nossa santa religião, o bispo de Roma não passava de chefe de uma facção secreta, muitas vezes tolerada pelo governo e às vezes punida com o suplício extremo. Os nomes dos primeiros discípulos que haviam nascido judeus e de seus sucessores, que governaram o pequeno rebanho oculto na grande cidade de Roma, foram absolutamente ignorados por todos os escritores latinos. Sabe-se que tudo mudou, e que tudo mudou com Constantino.

O bispo de Roma, protegido e enriquecido, sempre foi súdito dos imperadores, assim como o bispo de Constantinopla, Nicomédia e todos os outros bispos, sem pretensões ao menor vestígio de autoridade soberana. A fatalidade, que dirige todas as coisas deste mundo, estabeleceu enfim o poder da cúria eclesiástica romana pelas mãos dos bárbaros que destruíram o império.

A antiga religião, sob a qual os romanos haviam sido vitoriosos durante tantos séculos, ainda subsistia nos corações, apesar da perseguição, quando Alarico foi sitiar Roma no ano 408 de nossa era, e o papa Inocêncio I não impediu sacrifícios aos deuses no Capitólio e nos outros templos, para obter socorro do céu contra os godos. Mas aquele papa Inocêncio estava entre os deputados enviados a Alarico, a crer-se em Zózimo e em Orósio. Isso prova que o papa já era uma personalidade considerável.

Quando Átila foi assolar a Itália em 452, valendo-se do mesmo direito que os romanos haviam exercido sobre tantos povos, do direito de Clóvis, dos godos, dos vândalos e dos hérulos, o imperador enviou o papa Leão I, assistido por duas personalidades consulares, para negociar com Átila. Não duvido que são Leão tenha ido acompanhado por um anjo armado de espada flamejante que apavorou o rei dos hunos, embora não creia em anjos, nem acredite que uma espada lhe causasse medo. Esse milagre está muito bem pintado no Vaticano, e todos sabem muito bem que ele nunca teria sido pintado se não fosse verdadeiro. A única coisa que me amofina é que esse anjo permitiu que a Aquileia e toda a Ilíria fossem tomadas e saqueadas, não impedindo, depois, que Genserico pilhasse Roma durante catorze dias: ao que tudo indica, não era o anjo exterminador.

No tempo dos exarcas, o crédito dos papas aumentou, mas eles ainda não tinham nenhum poder civil. O bispo romano eleito pelo povo pedia, de acordo com o protocolo do *Diarium romanum*, a proteção do bispo de Ravena junto ao exarca, que concedia ou recusava a confirmação ao eleito.

Quando o exarcado foi destruído pelos lombardos, os reis lombardos também quiseram tornar-se senhores da cidade de Roma: nada mais natural.

Pepino, o usurpador da França, não tolerou que os lombardos usurpassem aquela capital e se tornassem poderosos demais; nada mais natural também.

Afirma-se que Pepino e seu filho Carlos Magno deram aos bispos romanos várias terras do exarcado, que foram chamadas de *Justiças* de são Pedro. Foi essa a origem de seu poder temporal. Parece que naquele tempo aqueles bispos pensavam em obter algo mais considerável que tais justiças.

Temos uma carta do papa Adriano I a Carlos Magno, em que ele diz: "A piedosa liberalidade de Constantino, o Grande, imperador de santa memória, elevou e exaltou a santa Igreja romana no tempo do bem-aventurado pontífice romano Silvestre e conferiu-lhe poder nessa parte da Itália."

Vê-se que já então se começava a querer levar a crer na doação de Constantino, o que foi a partir daí visto durante quinhentos anos, não como artigo de fé, mas como verdade incontestável. Foi ao mesmo tempo crime de lesa-majestade e pecado mortal nutrir dúvidas sobre essa doação[22].

A partir da morte de Carlos Magno, o bispo foi aumentando sua autoridade em Roma dia após dia; mas passaram-se séculos até que ele fosse visto como soberano. Durante muito tempo Roma teve um governo patrício municipal.

João XII, que o imperador alemão Óton I fez depor numa espécie de concílio, em 963, sob a acusação de simonia, incesto, sodomia, ateísmo e pacto com o diabo, João XII, repito, era o primeiro homem da Itália na qualidade de patrício e cônsul, antes de ser bispo de Roma; apesar de todos esses títulos, apesar do crédito da famosa Marozia, sua mãe, sua autoridade era muito contestada.

Gregório VII, que, passando de monge a papa, quis depor reis e criar impérios, em vez de ser senhor de Roma, na verdade morreu como protegido, ou melhor, prisioneiro daqueles príncipes normandos conquistadores das Duas Sicílias, das quais ele se acreditava senhor suserano.

No grande cisma do ocidente, os papas que disputaram o império do mundo muitas vezes viviam de esmolas.

Fato extraordinário é que os papas só ficaram ricos a partir da época em que deixaram de ousar mostrar-se em Roma.

---

22. Ver o verbete Doações. (N. de Voltaire)

Bertrando de Gotha, Clemente V, o bordelês, que passou a vida na França, vendia publicamente os benefícios e deixou tesouros imensos, segundo Villani.

João XXII, seu sucessor, foi eleito em Lyon. Afirma-se que era filho de um sapateiro de Cahors. Inventou mais maneiras de extorquir dinheiro da Igreja do que as que os tratantes jamais inventaram para extorquir impostos.

O mesmo Villani afirma que, ao morrer, ele deixou vinte e cinco milhões de florins de ouro. O patrimônio de são Pedro certamente não lhe teria fornecido essa soma.

Em resumo, até Inocêncio VIII, que se tornou senhor do castelo Sant'Angelo, os papas nunca gozaram de soberania verdadeira em Roma.

Sua autoridade espiritual sem dúvida foi fundamento da temporal; mas, caso se tivessem limitado a imitar a conduta de são Pedro, cujo lugar ocupavam, como estavam todos convencidos, só teriam adquirido o reino dos céus. Sempre souberam impedir que os imperadores se estabelecessem em Roma, apesar do belo nome de *rei dos romanos*. A facção guelfa sempre venceu na Itália a facção gibelina. Preferia-se obedecer a um sacerdote italiano a um rei alemão.

Nas guerras civis provocadas pela luta entre o império e o sacerdócio durante mais de quinhentos anos, vários senhores obtiveram soberanias, ora na qualidade de representantes do império, ora na de representantes da Santa Sé. Foi o que aconteceu com os príncipes de Este em Ferrara, os Bentivoglio na Polônia, os Malatesta em Rimini, os Manfredi em Faenza, os Baglione em Perúsia, os Ursini em Anguillara e Serveti, os Colonna em Óstia, os Riario em Forli, os Montefeltro em Urbino, os Varano em Camerino, os Gravina em Sinigaglia.

Todos esses senhores tinham tantos direitos às terras que possuíam quantos eram os direitos que os papas tinham sobre o patrimônio de são Pedro; estes e aqueles baseavam-se em doações.

Sabe-se que o papa Alexandre VI se valeu de seu bastardo César Borgia para invadir todos esses principados.

O rei Luís XII obteve daquele papa a anulação de seu casamento, depois de dezoito anos de vida conjugal, sob a condição de ajudar o usurpador.

Os assassinatos cometidos por Clóvis, para apoderar-se dos Estados dos régulos vizinhos, não chegam aos pés dos horrores cometidos por Alexandre VI e seu filho.

A história de Nero é bem menos abominável: o pretexto da religião não aumentava a atrocidade de seus crimes. Observe-se que, ao mesmo tempo, os reis da Espanha e de Portugal pediam a esse papa, respectivamente, a América e a Ásia, e esse monstro as concedia em nome de Deus, que ele representava. Observe-se que cem mil peregrinos acorriam a seu jubileu e adoravam sua pessoa.

Júlio II terminou o que Alexandre VI começara. Luís XII, nascido para ser enganado por todos os vizinhos, ajudou Júlio a tomar a Polônia e Perúsia. Aquele rei infeliz, como recompensa de seus serviços, foi expulso da Itália e excomungado por aquele mesmo papa, que o arcebispo de Auch, seu embaixador em Roma, chamava de *Vossa Maldade*, em vez de Vossa Santidade.

Para cúmulo da humilhação, Ana da Bretanha, sua mulher, tão devota quanto imperiosa, dizia-lhe que ele penaria no inferno por ter guerreado contra o papa.

Embora tenham perdido tantos Estados que se desvincularam da comunhão papal, Leão X e Clemente VII continuaram senhores absolutos nas províncias fiéis à fé católica.

A cúria romana excomungou Henrique III e declarou Henrique IV indigno de reinar.

Ainda extrai muito dinheiro de todos os Estados católicos da Alemanha, da Hungria, da Polônia, da Espanha e da França. Seus embaixadores têm precedência sobre todos os outros; já não tem poderio bastante para a guerra, e sua fraqueza é sua salvação. O Estado eclesiástico é o único que sempre gozou as comodidades da paz desde o saque de Roma pelas tropas de Carlos V. Parece que os papas foram frequentemente tratados como aqueles deuses dos japoneses, que ora recebem oferendas de ouro, ora são jogados no rio.

S

SACERDOTES (Prêtres)

Os sacerdotes num Estado são mais ou menos aquilo que são os preceptores nas casas dos cidadãos: feitos para ensinar, orar e dar exemplos; não podem ter nenhuma autoridade sobre os donos da casa, a menos que se prove que quem paga deve obedecer àquele a quem paga. De todas as religiões, a que mais categoricamente exclui qualquer autoridade civil dos sacerdotes é sem dúvida a de Jesus: *Dai a César o que é de César. – Não haverá entre vós nem primeiro nem último. – Meu reino não é deste mundo.*

Portanto, as lutas entre o império e o sacerdócio, que ensanguentaram a Europa durante mais de seis séculos, da parte dos sacerdotes não passaram de rebeliões contra Deus e os homens e de um pecado contínuo contra o Espírito Santo.

Desde Calcas, que assassinou a filha de Agamêmnon, até Gregório XII e Sixto V, dois bispos de Roma que quiseram privar o grande Henrique IV do reino da França, o poder sacerdotal foi fatal para o mundo.

Prece não é dominação; exortação não é despotismo. Um bom sacerdote deve ser médico de almas. Se Hipócrates tivesse receitado heléboro aos doentes, ameaçando com a forca quem não o tomasse, Hipócrates teria sido mais louco e mais bárbaro que Faláris e teria poucos clientes. O sacerdote que diz: Amai a Deus, sede justos, indulgentes e compassivos, é um ótimo médico. Quando diz: Crede em mim, ou sereis queimados, é um assassino.

O magistrado deve apoiar e conter o sacerdote, assim como o pai de família deve tratar com consideração o preceptor de seus filhos e impedir que ele abuse. O *acordo entre o sacerdócio e o império* é o sistema mais monstruoso que existe, pois quando se busca esse acordo é porque necessariamente se supõe a divisão; é preciso dizer: *a proteção dada pelo império ao sacerdócio.*

Mas nos países em que o sacerdócio obteve o império, como em Salém, onde Melquisedeque era sacerdote e rei, como no Japão, onde o dairi foi imperador durante muito tempo, que fazer? Respondo que os sucessores de Melquisedeque e dos dairis foram destituídos.

Os turcos são sábios nesse ponto. Na verdade, viajam para Meca; mas não permitem que o xerife de Meca excomungue o sultão. Não vão a Meca comprar permissão para deixar de observar o ramadã e para casar-se com primas e sobrinhas; não são julgados por imãs delegados pelo xerife; não dão o primeiro ano de suas rendas ao xerife. Quantas coisas se podem dizer sobre tudo isso! Cabe ao senhor leitor dizê-las.

SACERDOTES PAGÃOS (Prêtres des païens)

Dom Navarrete, numa de suas cartas a dom Juan da Áustria, relata este discurso do dalai-lama a seu conselho privado:

"Meus veneráveis irmãos, vós e eu sabemos muito bem que não sou imortal; mas é bom que os povos creiam nisso. Os tártaros do grande e do pequeno Tibete são um povo de pescoço duro e de luzes curtas, que precisam de jugo pesado e erros crassos. Convencei-os de minha imortalidade, cuja glória se derrama sobre vós e vos propicia honras e riquezas.

"Quando chegar o tempo em que os tártaros serão mais esclarecidos, será possível confessar-lhes que os grandes lamas não são imortais, mas que seus predecessores o foram; que o que era necessário à fundação deste divino edifício deixa de sê-lo quando o edifício está firme sobre fundações inabaláveis.

"De início, tive algum trabalho para distribuir entre os vassalos de meu império os enfeites de minha cadeira furada, apropriadamente engastados em cristais ornados de cobre dourado; mas essas relíquias foram recebidas com tanto respeito, que foi preciso continuar esse uso, que, afinal, em nada contraria os bons costumes e traz muito dinheiro para nosso sagrado tesouro.

"Se algum dia qualquer contestador ímpio convencer o povo de que nosso traseiro não é tão divino como nossa cabeça, se alguém se revoltar contra nossas relíquias, vós afirmareis o seu valor o máximo que puderdes. E, se fordes obrigados, enfim, a desistir da santidade de nosso cu, conservareis sempre na mente dos contestadores o profundo respeito que se deve a nosso cérebro, assim como num tratado com os mongóis cedemos uma província ruim para sermos donos sossegados das outras.

"Enquanto os tártaros do grande e do pequeno Tibete não souberem ler nem escrever, enquanto forem grosseiros e devotos, podereis surripiar-lhes o dinheiro, deitar-vos com suas mulheres e suas filhas e ameaçá-los com a cólera do deus Fo, se ousarem reclamar.

"Quando chegar o tempo do raciocínio (pois que um dia os homens haverão de raciocinar), tereis então comportamento de todo oposto e direis o contrário do que vossos predecessores disseram; pois deveis modificar a brida à medida que os cavalos se tornam mais difíceis de governar. Vossa aparência exterior deverá ser mais grave; vossas intrigas, mais misteriosas; vossos segredos, mais bem guardados; vossos sofismas, mais impressionantes; vossa política, mais sagaz. Sois então os pilotos de uma nau que faz água de todos os lados. Tende sob vosso comando subalternos que estão continuamente ocupados a bombear, calafetar e tapar todos os buracos. Tereis mais trabalho para navegar, mas, enfim, navegareis e jogareis na água ou no fogo – o que for mais conveniente – todo aquele que quiser verificar se querenastes bem o navio.

"Se os incrédulos forem o príncipe dos khalkas, o *conteish* dos calmucos, um príncipe de Qasan ou algum outro grande senhor que, infelizmente, tenha intelecto demais, abstende-vos de brigar com eles. Respeitai-os, dizei-lhes sempre que tendes a esperança de que eles voltem ao bom caminho. Mas, quanto aos simples cidadãos, nunca os poupeis; quanto mais honestos forem, mais deveis trabalhar para exterminá-los, pois são as pessoas honradas as que maior perigo representam para vós.

"Tereis a simplicidade do pombo, a prudência da serpente e as garras do leão, de acordo com o lugar e com o tempo."

O dalai-lama acabara de proferir essas palavras, e a terra tremeu, correram relâmpagos de um polo ao outro, troaram trovões e uma voz celeste se fez ouvir: Adorai a Deus, e não ao grande lama.

Todos os pequenos lamas afirmaram que a voz dissera: "Adorai a Deus e ao grande lama." Acreditou-se nisso durante muito tempo no reino do Tibete; agora não se acredita mais.

SALOMÃO (Salomon)

Vários reis foram grandes intelectuais e escreveram bons livros. O rei da Prússia, Frederico o Grande, é o último exemplo que temos. Será pouco imitado; não se deve presumir que se encontrem muitos monarcas alemães que fazem versos franceses e escrevem a história de seu país.

Jaime I, na Inglaterra, e mesmo Henrique VIII escreveram. Na Espanha, é preciso remontar ao rei Afonso X, e ainda assim é duvidoso que tenha posto a mão nas *Tábuas Afonsinas*.

A França não pode gabar-se de ter tido rei autor. O império da Alemanha não tem nenhum livro do punho de seus imperadores, mas o império romano glorifica-se com César, Marco Aurélio e Juliano. Na Ásia contam-se vários escritores entre os reis. O atual imperador da China, Kien-Long, é visto sobretudo como grande poeta; mas Salomão, ou Soleimã, o hebreu, tem ainda mais reputação que Kien-Long, o chinês.

O nome de Salomão sempre foi reverenciado no oriente. As obras que se acredita serem dele, os anais dos judeus e as fábulas dos árabes levaram sua fama até as Índias. Seu reinado foi a grande época dos hebreus.

Ele era o terceiro rei da Palestina. O primeiro livro dos Reis diz que sua mãe, Betsabé, conseguiu que Davi coroasse seu filho Salomão em lugar de Adonias, que era mais velho. Não é de surpreender que uma mulher, cúmplice da morte do primeiro marido, tivesse suficiente ardil para fazer a herança ser dada ao fruto de seu adultério e fazer que o filho legítimo – e mais velho – fosse deserdado.

Coisa muito notável é que o profeta Natã, que fora repreender Davi por seu adultério, pela morte de Urias e pelo casamento que se seguiu a essa morte, foi o mesmo que depois ajudou Betsabé a pôr no trono Salomão, que nascera daquele casamento sanguinário e infame. Essa conduta, se raciocinarmos apenas segundo *a carne*, provaria que aquele profeta Natã tinha, conforme a ocasião, dois pesos e duas medidas. O livro mesmo não diz que Natã tivesse recebido alguma missão especial de Deus para deserdar Adonias. Se houvesse alguma, seria preciso respeitá-la, mas só podemos admitir o que encontramos escrito.

Grande questão em teologia é saber se Salomão é mais afamado pelo dinheiro, pelas mulheres que teve ou pelos livros que compôs. O que me entristece é que ele tenha começado o reinado à turca, matando o irmão.

Adonias, excluído do trono por Salomão, pediu-lhe o único favor de lhe permitir casar-se com Abisague, aquela jovem que fora dada a Davi para aquecer-lhe a velhice. A Escritura não diz se Salomão disputava com Adonias a concubina de seu pai, mas diz que Salomão, diante apenas do pedido de Adonias, mandou assassiná-lo. Aparentemente, Deus, que lhe deu o espírito de sabedoria, recusou-lhe então o de justiça e humanidade, assim como lhe recusou depois o dom da continência.

No mesmo livro dos Reis se diz que ele era senhor de um grande reino que se estendia do Eufrates ao mar Vermelho e ao Mediterrâneo; mas, infelizmente, também se diz que o rei do Egito conquistara as terras de Gezer em Canaã, e que deu a cidade como dote à sua filha, que, segundo dizem, Salomão desposou; diz-se que havia um rei em Damasco; os reinos de Sidom e de Tiro prosperavam: cercado de Estados poderosos, ele sem dúvida demonstrou sabedoria ao viver em paz com todos eles. A abundância extrema que enriqueceu seu país só podia ser fruto dessa sabedoria profunda, pois no tempo de Saul não havia um só operário do ferro na região. Conforme já notamos, os que querem argumentar acham difícil que Davi, sucessor de Saul vencido pelos filisteus, pudesse ter fundado um vasto império em sua administração.

As riquezas que ele deixou para Salomão são ainda mais maravilhosas; deu-lhe cento e três mil talentos de ouro e um milhão e treze mil talentos de prata. Segundo Arbuthnot, o talento de ouro hebraico vale seis mil libras esterlinas; o talento de prata, cerca de quinhentas. A soma total do legado em dinheiro vivo, sem a pedraria e outros rendimentos, e sem a receita comum decerto gerada por esse tesouro, montava, segundo esse cálculo, a um bilhão cento e dezenove milhões e quinhentas mil libras esterlinas, ou a cinco bilhões e quinhentos e noventa e sete milhões de escudos da Alemanha, ou a vinte e cinco bilhões e seiscentos e quarenta e oito milhões dos da França. Não havia então tantas moedas circulantes no mundo inteiro. Alguns eruditos avaliam esse tesouro um pouco mais modestamente, porém a soma é sempre bem alta para a Palestina.

Depois disso, não se entende por que Salomão se atormentava tanto em enviar suas frotas às terras de Ofir para buscar ouro. Adivinha-se ainda menos como aquele poderoso monarca não tinha em seus vastos territórios um único homem que soubesse trabalhar com madeira na floresta do Líbano. Foi obrigado a pedir a Hirão, rei de Tiro, que lhe emprestasse carpinteiros e operários para usá-la. Convenhamos que essas contradições exercitam o gênio dos comentadores.

Para o jantar e a ceia de sua casa, eram servidos por dia cinquenta bois e cem carneiros, além de quantidade proporcional de aves e veação; o que pode significar, por dia, um peso de sessenta mil libras de carne: é um belo pé-de-meia.

Acresce que ele tinha quarenta mil estrebarias e outras tantas cocheiras para seus carros de guerra, mas apenas doze mil estrebarias para sua cavalaria. É carro demais para um território montanhoso; e grande aparato para um rei cujo predecessor só tivera uma mula em sua coroação e para um solo que só alimentava jumentos.

Ninguém iria querer que um príncipe com tantos carros se limitasse a pequeno número de mulheres; dão-lhe setecentas, que tinham o nome de *rainhas*; e o mais estranho é que ele só tinha trezentas concubinas, contrariando o costume dos reis, que de ordinário têm mais amantes que mulheres.

Mantinha quatrocentos e doze mil cavalos, certamente para passear com elas à beira do lago de Genesaré ou perto do lago de Sodoma, ou então pelos lados do rio Cedrom, que seria um dos lugares mais deliciosos da terra, se aquele rio não ficasse seco nove meses por ano e o solo não fosse horrivelmente pedregoso.

Quanto ao templo que mandou construir, considerado pelos judeus a mais bela obra do universo, se Bramante, Michelangelo e Palladio o tivessem visto, não o teriam admirado. Era uma espécie de fortim quadrado a encerrar um pátio, no qual havia um edifício de quarenta côvados de comprimento e outro de vinte; dizem apenas que esse segundo edifício, o templo propriamente dito, oráculo e santo dos santos, tinha vinte côvados de largura e de comprimento, e vinte de altura. O sr. Soufflot não ficaria muito contente com essas proporções.

Os livros atribuídos a Salomão duraram mais que seu templo.

Só o nome do autor tornou esses livros respeitáveis: deviam ser bons, pois eram de um rei, e esse rei era considerado o mais sábio dos homens.

A primeira obra que lhe atribuem é a dos Provérbios. Trata-se de uma coletânea de máximas que a nossos espíritos refinados às vezes parecem triviais, baixas, incoerentes, sem gosto, sem discernimento e sem propósito. Estes não conseguem convencer-se de que um rei esclarecido tivesse composto uma coletânea de sentenças nas quais não se encontra uma única que diga respeito à maneira de governar, à política, aos costumes dos cortesãos e aos usos de uma corte. Surpreendem-se quando veem capítulos inteiros nos quais só se fala de rameiras que vão convidar transeuntes nas ruas.

Revoltam-se com sentenças feitas segundo este gosto: "Há três coisas insaciáveis, e uma quarta que nunca diz *basta*: o sepulcro, o útero, a terra que nunca está saciada de água, e o fogo, que é a quarta e nunca diz *basta*.

"Há três coisas difíceis e desconheço a quarta: o caminho da águia no ar, o caminho da cobra na pedra, o caminho do barco no mar e o caminho de um homem numa mulher.

"Há quatro coisas que são as menores da terra e mais sábias que os sábios: as formigas, pequeno povo que prepara sua alimentação durante a colheita; as lebres, povo fraco que dorme sobre pedras; os gafanhotos, que, não tendo reis, viajam em bando; a lagartixa, que trabalha com as mãos e pode ser encontrada nos palácios dos reis."

Dizem eles: "É a um grande rei, o mais sábio dos mortais, que ousam imputar tais bobagens?" Essa crítica é pesada; é bom falar com mais respeito.

SALOMÃO

Os Provérbios foram atribuídos a Isaías, a Hilquias, a Sebna, a Eliaquim, a Joaquim e a vários outros; mas, seja quem for que tenha compilado essa coletânea de sentenças orientais, não parece que quem se deu esse trabalho foi um rei. Teria dito que "o terror do rei é como o rugido do leão"? Desse modo fala um súdito ou um escravo assustado diante da cólera de seu amo. Salomão teria falado tanto da mulher impudica? Teria dito: "Não contemples o vinho quando se mostra claro e sua cor brilha no copo"?[1]

Duvido muito que houvesse copos no tempo de Salomão; é uma invenção bem recente; toda a antiguidade bebia em taças de madeira ou de metal; só esse trecho talvez indique que essa coleção judia foi composta em Alexandria, assim como tantos outros livros judeus[2].

O Eclesiastes, que se costuma pôr na conta de Salomão, é de tipo e gosto completamente diferentes. Quem fala nessa obra parece estar desenganado das ilusões da grandeza, cansado de prazeres e aborrecido com a ciência. Foi considerado um epicurista que repete a cada página que o justo e o ímpio estão sujeitos aos mesmos acidentes, que o homem nada tem a mais que o animal, que não vale a pena nascer nem existir, que não existe outra vida e que nada há de bom e razoável, a não ser gozar em paz o fruto do trabalho ao lado da mulher amada.

Pode ser que Salomão tenha dito tais coisas a algumas de suas mulheres: dizem que se trata de objeções que ele fez a si mesmo; mas essas máximas, que têm um tom algo libertino, não se parecem nem um pouco com objeções; quem entende num autor o contrário do que ele diz está zombando do mundo.

Houve quem acreditasse ver um materialismo ao mesmo tempo sensual e enfadado, que parecia pôr no último versículo uma palavra edificante sobre Deus, para diminuir o escândalo que um livro desses devia causar.

De resto, vários Padres da Igreja afirmaram que Salomão fizera penitência; assim, pode ser perdoado.

Aos críticos custa convencer-se de que esse livro seja de Salomão; e Grócio afirma que foi escrito no tempo de Zorobabel. Não é natural que Salomão tenha dito: "Pobre da terra que tem um rei criança!" Entre os judeus ainda não houvera tais reis.

Não é natural que ele tenha dito: "Observo o rosto do rei." É bem mais verossímil que o autor tenha desejado pôr Salomão a falar, e que, em virtude da alienação de espírito que se observa em tantos rabinos, tenha esquecido várias vezes no corpo do livro que punha as palavras na boca de um rei.

O que lhes parece surpreendente é o fato de essa obra ter sido consagrada entre os livros canônicos. Dizem eles: Se coubesse estabelecer hoje o cânone da Bíblia, o Eclesiastes talvez não fosse incluído; mas foi inserido num tempo em que os livros eram muito raros, em que eram mais admirados que lidos. Tudo o que se pode fazer hoje é paliar na medida do possível o epicurismo que reina nessa obra. Fez-se com o Eclesiastes como se faz com tantas outras coisas que revoltam muito mais. São coisas estabelecidas em tempos de ignorância; e, para vergonha da razão, somos obrigados a mantê-las em tempos esclarecidos, disfarçando seu caráter absurdo ou hediondo por meio de alegorias. Esses críticos são ousados demais.

O Cântico dos cânticos também é atribuído a Salomão, porque o nome de rei está em dois ou três lugares, porque alguém diz à amante que ela é bela *como os couros de Salomão*, pois a amante diz que é *negra*; por isso, acreditou-se que Salomão falava de sua mulher egípcia.

Essas três razões não convenceram.

---

1. A palavra usada em francês é *verre*, que significa copo e vidro. (N. da T.)
2. Um pedante acreditou encontrar um erro nesse trecho; afirmou que houvera má tradução ao se usar a palavra *vidro* para traduzir o copo que, segundo ele, era de madeira ou metal: mas como o vinho teria brilhado num copo de metal ou madeira? Além disso, que importa? (N. de Voltaire)

1º Quando a amante, falando ao amante, diz: "O rei levou-me para seus celeiros", está claramente falando de outro, e não do amante; portanto, o rei não é esse amante: é ao rei do festim, ao paraninfo, ao dono da casa que ela se refere; e essa judia está tão distante de ser a amante de um rei, que, em toda a obra, é uma pastora, uma moça dos campos, que vai procurar o amante pelo campo e pelas ruas da cidade, sendo presa às suas portas pelos guardas que lhe roubam a roupa.

2º *Sou bela como os couros de Salomão* é expressão de uma aldeã que diria: Sou bela como as tapeçarias do rei; e é precisamente porque o nome de Salomão se encontra na obra que ela não poderia ser de sua autoria. Que monarca faria uma comparação tão ridícula? "Vede", diz a amante no terceiro capítulo, "vede o rei Salomão com o diadema com que sua mãe o coroou no dia do casamento." Quem não reconhece essas expressões como comparação feita de ordinário pelas moças do povo quando falam de seus amantes? Elas dizem: Ele é belo como um príncipe, parece um rei etc.

3º É verdade que essa pastora que se põe a falar nesse cântico amoroso diz-se bronzeada pelo sol, *morena*. Ora, se fosse filha do rei do Egito, não seria tão bronzeada. As moças de alta posição no Egito são brancas. Cleópatra era branca; e, em suma, essa personagem não pode ser ao mesmo tempo aldeã e rainha.

Pode ser que um monarca que tivesse mil mulheres tenha dito a uma delas: "Que ela me beije com um beijo de sua boca, pois vossas tetas são melhores que o vinho."[3] Um rei e um pastor, em se tratando de beijo na boca, podem exprimir-se da mesma maneira. Na verdade, é muito estranho afirmar que nesse trecho quem falava era uma moça a elogiar as tetas do amante.

Afirma-se também que um rei galante foi capaz de fazer sua amante dizer: "Meu bem-amado é como um ramalhete de mirra, ficará entre meus seios."

Que lhe tenha dito: "Teu umbigo é como uma taça na qual há sempre algo para beber; teu ventre é como um montão de trigo; teus seios são como crias de cabrito; teu nariz é como a torre do monte Líbano."

Convenhamos que as églogas de Virgílio têm outro estilo, mas cada um tem o seu, e um judeu não é obrigado a escrever como Virgílio.

Não foi aprovado este belo lance da eloquência oriental: "Nossa irmã ainda é pequena, não tem peitos; que faremos de nossa irmã? Se for um muro, edificaremos sobre ela; se for uma porta, fechá-la-emos."

Vá lá que Salomão, o mais sábio dos homens, tenha falado assim quando estivesse meio alegre; mas vários rabinos afirmaram que essa pequena égloga voluptuosa não só não é do rei Salomão como não é autêntica. Teodoro de Mopsuéstia também pensava assim; e o célebre Grócio chama o Cântico dos cânticos de livro libertino, *flagitiosus*. No entanto, está consagrado e é visto como uma alegoria perpétua do casamento de Jesus Cristo com sua Igreja. Convenhamos que é uma alegoria um bocado forte, e não se percebe o que a Igreja poderia entender quando o autor diz que sua irmãzinha não tem peitos.

No fim das contas, esse cântico é um texto precioso da antiguidade; é o único livro de amor que nos ficou dos hebreus. Nele se fala com frequência de prazer. É uma égloga judia. O estilo é igual ao de todas as obras de eloquência dos hebreus: sem coesão, sem coerência, cheia de repetições, confusa, ridiculamente metafórica; mas há trechos que transpiram ingenuidade e amor.

O livro da Sabedoria obedece a um gosto mais sério; mas tampouco é de Salomão, assim como o Cântico dos cânticos. Costuma ser atribuído a Jesus, filho de Siraque, ou a Fílon de Bi-

---

3. A Bíblia Teb (edições Loyola-Paulinas, São Paulo, 1995) diz: "Que ele me beije com boca ardorosa! Pois tuas carícias são melhores que o vinho..." A Bíblia traduzida por João Ferreira de Almeida (Rio de Janeiro: Impressora Bíblica Brasileira, 1993) diz: "Beije-me ele com os beijos da sua boca; porque melhor é o seu amor do que o vinho." (N. da T.)

blos: mas, seja qual for o autor, houve quem acreditasse que em seu tempo ainda não houvesse Pentateuco; pois, no capítulo X, se diz que Abraão quis imolar Isaac no tempo do dilúvio e, em outro lugar, ele fala do patriarca José como rei do Egito: pelo menos é o sentido mais natural.

O pior é que o autor, no mesmo capítulo, afirma que em seu tempo se via a estátua de sal na qual a mulher de Ló foi transformada. O que os críticos acham pior ainda é que o livro lhes parece um amontoado muito enfadonho de lugares-comuns; mas devem considerar que tais obras não são feitas para seguir as vãs regras da eloquência. São escritas para edificar, e não para agradar; devemos, sim, lutar contra o enfado para as ler.

Há forte indício de que Salomão era rico e sábio para o tempo e o povo. O exagero, companheiro inseparável da grosseria, atribui-lhe riquezas que ele não pode ter possuído e livros que não pode ter feito. O respeito pela antiguidade depois consagrou esses erros.

Mas que nos importa se esses livros foram escritos por um judeu? Nossa religião cristã está fundada na religião judaica, mas não em todos os livros que os judeus fizeram.

Por que o Cântico dos cânticos, por exemplo, seria mais sagrado para nós do que as fábulas do Talmude? Segundo dizem, é porque o incluímos no cânone dos hebreus. E o que é esse cânone? É uma coletânea de obras autênticas. Pois bem! Pelo fato de ser autêntica uma obra é divina? Uma história dos régulos de Judá e de Siquém, por exemplo, será algo mais que uma história? Eis aí um estranho preconceito. Abominamos os judeus e queremos que tudo o que foi escrito por eles e coligido por nós contenha a marca da Divindade. Nunca houve contradição tão palpável.

SAMONOCODOM (Samonocodom)

Lembro que Samonocodom, deus dos siameses, nasceu de uma virgem e foi criado numa flor. Assim, a avó de Gêngis foi engravidada por um raio de sol. Assim, o imperador da China Kien-long, hoje gloriosamente reinante, garante categoricamente em seu belo poema *Mukden* que sua bisavó era uma linda virgem, que se tornou mãe de uma raça de heróis por ter comido cerejas. Assim, Dânae foi mãe de Perseu, Rea Sílvia foi mãe de Rômulo. Assim, Arlequim tinha toda a razão quando dizia, ao ver tudo o que acontecia no mundo: *Tutto il mondo è fatto come la nostra famiglia* [O mundo todo é feito como a nosssa família].

A religião daquele siamês prova que nunca legislador algum ensinou má moral. Veja o leitor que a moral de Brama, Zoroastro, Numa, Tot, Pitágoras, Maomé e até do peixe Oanes é absolutamente a mesma. Já disse várias vezes que apedrejaria aquele que viesse pregar uma moral indecente, e eis por que os próprios jesuítas tiveram pregadores tão austeros.

As regras que Samonocodom ditou a seus discípulos talapões são tão severas quanto as de são Basílio e são Bento.

"Fugi de cantos, danças, reuniões, tudo o que possa enfraquecer a alma.

"Não tenhais ouro nem prata.

"Falai apenas de justiça e trabalhai apenas para ela.

"Dormi pouco, comei pouco e tende uma única veste.

"Nunca zombeis.

"Meditai em segredo e refleti frequentemente sobre a fragilidade das coisas humanas."

Que fatalidade, que fúria terá levado, em todos os países, a desonrar-se a excelência de uma moral tão santa e necessária com historietas extravagantes, prodígios mais ridículos do que todas as fábulas das *Metamorfoses*? Por que não existe uma única religião cujos preceitos não sejam de um sábio e cujos dogmas não sejam de um insano? (Perceba-se que isento a nossa, que em todos os sentidos é infinitamente sábia.)

Não será porque os legisladores se limitaram a dar preceitos razoáveis e úteis, que os discípulos dos primeiros discípulos e os comentadores quiseram enriquecer? Disseram: Não seremos suficientemente respeitados, se nosso fundador não tiver nada de sobrenatural e divino. É absolutamente necessário que nosso Numa tenha se encontrado com a ninfa Egéria; que uma das coxas de Pitágoras tenha sido de ouro puro; que a mãe de Samonocodom tenha sido virgem quando ele nasceu; que ele tenha nascido sobre uma rosa e que tenha se tornado deus.

Os primeiros caldeus só nos transmitiram preceitos morais honestíssimos; isso não bastou: é muito mais bonito que esses preceitos tenham sido anunciados por uma solha que saía duas vezes por dia do fundo do Eufrates para vir fazer sermão.

Aqueles infelizes discípulos, detestáveis comentadores, não perceberam que estavam pervertendo o gênero humano. Todas as pessoas sensatas dizem: Aí estão ótimos preceitos; eu teria dado preceitos semelhantes; mas essas doutrinas são impertinentes, absurdas, revoltantes, capazes de desdourar os melhores preceitos. O que acontece? Essas pessoas sensatas têm paixões tanto quanto os talapões; e, quanto mais fortes essas paixões, mais essas pessoas ousam dizer bem alto: "Meus talapões me enganaram na doutrina; podem muito bem ter-me enganado nos princípios que contradizem minhas paixões." Então sacodem o jugo, porque ele foi imposto sem habilidade; deixam de acreditar em Deus, porque percebem que Samonocodom não é deus. Já adverti o caro leitor sobre essas questões em alguns lugares, quando estive em Sião; eu o conclamei a acreditar em Deus, a despeito dos talapões.

O reverendo padre Tachard, que tanto se divertiu no navio com o jovem Destouches, guarda da marinha e depois autor da ópera *Issé*, sabia muito bem que o que eu digo é verdade.

Sobre um irmão mais novo do deus Samonocodom

Que o leitor veja se estou errado ao exortá-lo tantas vezes a definir os termos, a evitar equívocos. Uma palavra estrangeira, mal traduzida pela palavra *Deus*, faz-nos incorrer milhares de vezes em erros grosseiros. Deus é essência suprema, inteligência suprema, alma da natureza, grande Ser, eterno geômetra que arranjou tudo com ordem, peso e medida. Mas, quando se dá o mesmo nome a Mercúrio, aos imperadores romanos, a Priapo, à divindade dos mamilos, à divindade das nádegas, ao deus Peta, ao deus da cadeira furada, ninguém mais se entende, ninguém mais sabe onde está. Um juiz judeu, uma espécie de bailio, é chamado de deus em nossas Santas Escrituras. Um anjo chamado deus. Deu-se o nome de deuses aos ídolos das pequenas nações vizinhas da horda judia.

Samonocodom não é deus propriamente dito; e prova disso é que ele se tornou deus e tinha um irmão chamado Tevatat, que foi enforcado e danado.

Ora, não é raro que numa família haja um homem hábil que faça fortuna e outro estouvado que seja delinquente. Samonocodom tornou-se santo, foi canonizado à moda siamesa, e seu irmão, um velhaco crucificado, foi para o inferno, onde ainda está.

Nossos viajantes relataram que, quando quisemos falar aos siameses sobre um deus crucificado, eles zombaram de nós. Disseram que a cruz podia ser suplício para o irmão de um deus, mas não para um deus. Essa razão parecia bastante plausível, mas não é convincente em boa lógica; pois, uma vez que o verdadeiro Deus deu a Pilatos o poder de crucificá-lo, com mais razão podia dar o poder de crucificar seu irmão. De fato, Jesus Cristo tinha um irmão, são Tiago, que foi lapidado. Nem por isso deixava de ser Deus. As más ações imputadas a Tevatat, irmão do deus Samonocodom, ainda eram um argumento fraco contra o abade de Choisi e o padre Tachard; pois era perfeitamente possível que Tevatat tivesse sido enforcado injustamente, e que tivesse merecido o céu, em vez das penas do inferno: tudo isso é muito melindroso.

De resto, pergunta-se como o padre Tachard pôde aprender tão bem siamês em tão pouco tempo para discutir com os talapões.

Responde-se que Tachard entendia a língua siamesa assim como Francisco Xavier entendia a língua indiana.

SAMOTRÁCIA (Samothrace)

Que a famosa ilha de Samotrácia fique na foz do Hebro, como dizem tantos dicionários, que ela fique a vinte milhas dessa foz, como é verdade, é coisa de que não tratarei aqui.

Essa ilha foi durante muito tempo a mais célebre de todo o arquipélago e até mesmo de todas as ilhas. Seus deuses cabiras, seus hierofantes, seus mistérios deram-lhe a mesma reputação que tinha há não muito tempo o buraco de São Patrício na Irlanda[4].

Aquela Samotrácia, que hoje se chama Samandrachi, é um rochedo coberto com um pouco de terra estéril, habitado por pescadores pobres. Estes ficariam bem surpresos se lhes dissessem que sua ilha teve outrora tanta glória; diriam: O que é glória?

Pergunto quem eram e de onde vieram aqueles hierofantes (eles e seus deuses cabiras), aqueles franco-mações sagrados que celebravam seus mistérios antigos da Samotrácia.

Não é verossímil que aqueles pobres coitados tivessem chegado da Fenícia, como disse Bochart, com suas etimologias hebraicas, e como disse depois dele o abade Banier. Não é assim que os deuses se estabelecem; eles são como os conquistadores que só subjugam os povos de um em um. É grande demais a distância entre a Fenícia e aquela pobre ilha para que os deuses da rica Sidon e da soberba Tiro tenham ido confinar-se naquele ermo: os hierofantes não são tão tolos.

O fato é que havia deuses cabiras, sacerdotes cabiras, mistérios cabiras, naquela ilha tacanha e estéril. Não é só Heródoto que fala do assunto, mas o fenício Sanconiaton, tão anterior a Heródoto, também fala em seus fragmentos, felizmente conservados por Eusébio. E, o que é pior, Sanconiaton, que certamente vivia antes do tempo em que se costuma situar Moisés, cita o grande Tot, o primeiro Hermes, o primeiro Mercúrio do Egito; e esse grande Tot viveu oitocentos anos antes de Sanconiaton, segundo admite esse fenício.

Os cabiras eram, portanto, cultuados dois mil e trezentos ou quatrocentos anos antes de nossa era.

Agora, se quisermos saber de onde vinham aqueles deuses cabiras estabelecidos na Samotrácia, não será mais verossímil considerar que tenham vindo da Trácia, região mais vizinha, e que aquela pequena ilha lhes tenha sido dada para que representassem suas farsas e ganhassem algum dinheiro? Seria perfeitamente possível que Orfeu fosse um famoso menestrel dos deuses cabiras.

Mas quem eram aqueles deuses? Eram aquilo que foram todos os deuses da antiguidade, fantasmas inventados por embusteiros grosseiros, esculpidos por operários mais grosseiros ainda e adorados por brutos chamados homens.

Eram três cabiras, pois, como já observamos, na antiguidade tudo era três.

Orfeu só pode ter aparecido muito tempo depois da invenção desses três deuses, pois só admite um em seus mistérios. Eu consideraria Orfeu como um sociniano rígido.

Vejo os antigos deuses cabiras como os primeiros deuses dos trácios, sejam quais forem os nomes gregos que lhes tenham sido dados depois.

Mas vejamos alguma coisa bem mais curiosa sobre a história da Samotrácia. Todos sabem que a Grécia e a Trácia foram outrora afligidas por várias inundações. Todos sabem dos dilúvios de Deucalião e de Ógigo. A ilha de Samotrácia gabava-se de um dilúvio mais antigo, e seu dilúvio teria ocorrido nos tempos em que se afirma que vivia aquele antigo rei da Trácia chamado Xissutre, do qual falamos no verbete Ararat.

---

4. Esse buraco de São Patrício, ou Saint Patrick, é uma das portas para o purgatório. As cerimônias e as provas a que os monges submetiam os peregrinos que iam visitar aquele temível buraco assemelhavam-se muito às cerimônias e às provas dos mistérios de Ísis e da Samotrácia. O amigo leitor que quiser aprofundar-se um pouco na maioria de nossas questões perceberá com muita felicidade que os mesmos embustes e as mesmas extravagâncias deram volta ao mundo: tudo para ganhar honras e dinheiro. Ver *Excerto do purgatório de são Patrício*, de Sinner. (N. de Voltaire)

Todos podem lembrar que os deuses de Xixutru ou Xissutre, que provavelmente eram os cabiras, lhe ordenaram que construísse um navio com cerca de trinta mil pés de comprimento por mil e duzentos de largura; que aquele navio vogou por muito tempo sobre as montanhas da Armênia durante o dilúvio; que, embarcando consigo pombos e muito outros animais domésticos, ele soltou os pombos para saber se as águas se tinham retirado, e os pombos voltaram cheios de lama, o que levou Xissutre a decidir sair de seu grande navio.

Todos estranharão que Sanconiaton não tenha falado dessa aventura. Responderei que não podemos decidir se ele a inseriu ou não em sua história, visto que Eusébio, que só transcreveu alguns fragmentos desse antigo historiador, não tinha nenhum interesse em contar a história do navio e dos pombos. Mas Berósio a conta e a enche de prodígios, como era costume de todos os antigos.

Os habitantes da Samotrácia erigiram monumentos desse dilúvio.

O mais espantoso, já ressaltado em parte por nós, é que a Grécia, a Trácia e nenhum outro povo nunca conheceram o verdadeiro dilúvio, o grande dilúvio, o dilúvio de Noé.

Como, repetimos, um acontecimento tão terrível como o da submersão de toda a terra pode ter sido ignorado pelos sobreviventes? Como o nome de nosso pai Noé, que repovoou o mundo, pode ter sido desconhecido de todos aqueles que lhe deviam a vida? O mais espantoso de todos os prodígios é que, entre tantos netos, nenhum tenha falado do avô.

Dirijo-me a todos os doutos, dizendo-lhes: Acaso lestes alguma vez algum livro grego, toscano, árabe, egípcio, caldeu, indiano, persa ou chinês em que se encontre o nome de Noé? Todos responderam que não. Continuo confuso.

Mas o fato de a história dessa inundação universal estar numa página de um livro escrito num deserto por fugitivos e de essa página ter sido desconhecida para o resto do mundo até mais ou menos o ano 900 da fundação de Roma é o que mais me petrifica; não me recobro. Meu caro leitor, gritemos bem alto: *O altitudo ignorantiarum*!

SANSÃO (Samson)

Na qualidade de pobres compiladores por ordem alfabética, de repisadores de anedotas, de coca-bichinhos, de trapeiros catadores de andrajos nas esquinas, nós nos gabaremos, com todo o orgulho devido a nossas sublimes ciências, de termos descoberto que no fim do século XVI foi representada na cidade de Rouen a tragédia *Le fort Samson*, impressa por Abraham Couturier. John Milton, mestre-escola em Londres durante muito tempo e depois secretário para o latim no parlamento chamado *rabadilha*[5]; Milton, autor do *Paraíso perdido* e do *Paraíso reconquistado*, fez a tragédia *Samson Agonistes*; é bem cruel não poder dizer em que ano.

Mas sabemos que foi impressa com um prefácio, no qual é muito elogiado um de nossos confrades comentadores, chamado Paraeus, primeiro que percebeu, graças à força do gênio, que o Apocalipse é uma tragédia. Em virtude dessa descoberta, dividiu o Apocalipse em cinco atos e inseriu coros dignos da elegância e da beleza natural da peça. O autor desse mesmo prefácio fala das belas tragédias de são Gregório de Nazianzo. Garante que uma tragédia nunca deve ter mais de cinco atos; e, para provar isso, cita *Samson Agonistes*, de Milton, que só tem um ato. Quem gostar de longas declamações ficará satisfeito com essa peça.

Uma comédia chamada *Sansão* foi representada por muito tempo na Itália. Foi traduzida em Paris no ano de 1717 por certo Romagnesi; foi representada no teatro francês da comédia pretensamente italiana, antigamente o palácio dos duques da Borgonha. Foi impressa e dedicada ao duque de Orléans, regente da França.

---

5. *The Rump Parliament*. (N. da T.)

SANSÃO

Nessa peça sublime, Arlequim, lacaio de Sansão, lutava com um peru, enquanto seu senhor carregava as portas da cidade de Gaza nas costas.

Em 1732, quiseram representar na Ópera de Paris uma tragédia chamada *Sansão*, musicada pelo célebre Rameau, mas não foi permitido. Não havia arlequim nem peru, e a coisa pareceu séria demais: aliás, todos se alegraram em humilhar Rameau, que tinha grande talento. Contudo, na mesma época foram encenadas a ópera de *Jefté*, extraída do Antigo Testamento, e a comédia *O filho pródigo*, extraída do Novo.

Há uma antiga edição de *Samson Agonistes*, de Milton, precedida por um resumo da história desse herói; vede a tradução desse resumo.

Os judeus, a quem Deus prometera todas as terras situadas entre o regato do Egito e o Eufrates, e que, devido a seus pecados, nunca tiveram essas terras, foram, ao contrário, reduzidos à servidão; essa escravidão durou quarenta anos. Ora, havia um judeu da tribo de Dã, chamado Manuá ou Manoá; a mulher desse Manoá era estéril; apareceu um anjo a essa mulher e lhe disse: "Terás um filho, desde que ele nunca beba vinho, nunca coma carne de lebre e nunca lhe cortem os cabelos."

O anjo depois apareceu para o marido e a mulher; deram-lhe um cabrito para comer; ele não quis e desapareceu no meio da fumaça; a mulher disse: "Decerto morreremos, pois vimos um deus." Mas não morreram.

O escravo Sansão nasceu, foi consagrado nazareno; assim que cresceu, a primeira coisa que fez foi ir à cidade fenícia ou filisteia de Tamnala para cortejar uma das filhas de um de seus senhores, com que se casou.

A caminho da casa de sua amante, deparou com um leão e o estraçalhou com as mãos desarmadas, como se fosse um cabritinho. Alguns dias depois, encontrou um enxame de abelhas na goela daquele leão morto, com um favo de mel, embora as abelhas nunca pousem sobre carniça.

Então ele propôs o seguinte enigma aos companheiros: "Do comedor saiu comida, e o doce saiu do duro. Se adivinhardes, eu vos darei trinta túnicas e trinta mudas de roupas; se não adivinhardes, vós me dareis trinta mudas de roupa e trinta túnicas." Como seus companheiros não conseguissem adivinhar o fato em que consistia a palavra do enigma, conquistaram a jovem mulher de Sansão; ela arrancou o segredo do marido, e ele foi obrigado a dar-lhes trinta túnicas e trinta mudas de roupas. E lhes disse: "Se não tivésseis lavrado com a minha novilha, não teríeis adivinhado."

Logo o sogro de Sansão deu outro marido à sua filha.

Sansão, irado por ter perdido a mulher, foi imediatamente pegar trezentas raposas, uniu-as pela cauda com tochas acesas, e elas foram atear fogo nos campos de trigo dos filisteus.

Os judeus escravos, não querendo ser punidos por seus senhores devido aos atos de Sansão, foram surpreendê-lo na caverna onde ele morava, ataram-no com cordas grossas e o entregaram aos filisteus. Assim que se viu no meio deles, rompeu as cordas e, encontrando uma queixada de jumento, matou com ela mil filisteus de uma só vez. Como tamanho esforço o tivesse deixado com muito calor, ele estava morrendo de sede. Deus imediatamente abriu uma nascente com um dos dentes da queixada de jumento. Sansão, depois de beber água, foi para Gaza, cidade filisteia; imediatamente se apaixonou por uma mulher da vida. Quando ele estava dormindo com ela, os filisteus fecharam as portas da cidade e cercaram a casa; ele se levantou, arrancou as portas e levou-as embora. Os filisteus, desesperados de dar cabo daquele herói, procuraram outra mulher da vida chamada Dalila, com a qual ele andava dormindo. Esta, finalmente, arrancou-lhe o segredo de sua força. Bastaria tosá-lo para que ele se tornasse igual aos outros homens; foi tosado e ficou fraco; furaram-lhe os olhos e o puseram a girar mó e tocar violino[6]. Um dia, enquanto tocava num templo filisteu, entre duas colunas do templo, ficou indignado porque os filisteus tinham templos

---

6. Alusão ao fato de os cegos tocarem violino para pedir esmolas. (N. da T.)

com colunas, ao passo que os judeus só tinham um tabernáculo carregado sobre quatro bastões. Percebeu que os cabelos começavam a crescer de novo. Arrebatado por santo fervor, derrubou as duas colunas; o templo ruiu; os filisteus foram esmagados, e ele também.

Esse é o prefácio, palavra por palavra.

Essa história é o tema da peça de Milton e de Romagnesi: foi feita para a farsa italiana.

SEITA (Secte)

Primeira seção

Toda seita, seja qual for seu tipo, é a aliança da dúvida com o erro. Escotistas, tomistas, reais, nominais, papistas, calvinistas, molinistas, jansenistas não passam de nomes de guerra.

Não há seita em geometria; não se diz um euclidiano, um arquimediano.

Quando a verdade é evidente, é impossível criar partidos e facções. Nunca se discutiu se há luz ao meio-dia.

Conhecida a parte da astronomia que determina o curso dos astros e o retorno dos eclipses, já não há disputas entre os astrônomos.

Na Inglaterra não se diz: "Sou newtoniano, sou lockiano, halleyano"; por quê? Porque quem tiver lido não poderá negar assentimento às verdades ensinadas por esses três grandes homens. Quanto mais Newton é reverenciado, menos há quem se intitule newtoniano; essa palavra suporia que há antinewtonianos na Inglaterra. Talvez ainda tenhamos alguns cartesianos na França; apenas porque o sistema de Descartes é um tecido de imaginações errôneas e ridículas.

O mesmo ocorre com o pequeno número de verdades de fato já bem constatadas. Como os atos da torre de Londres foram autenticamente coligidos por Rymer, não há rymerianos, porque ninguém tem a ideia de combater essa coletânea. Nela não se encontram contradições, absurdos nem prodígios; nada que revolte a razão, nada, portanto, que sectários tentem sustentar ou derrubar com raciocínios absurdos. Todos concordam, portanto, que os *Atos* de Rymer são dignos de fé.

Sois maometano: logo, há quem não o seja; logo, poderíeis estar errado.

Qual seria a religião verdadeira, se o cristianismo não existisse? Aquela na qual não haja seitas; aquela na qual todos os espíritos concordem necessariamente.

Ora, em que dogma todos os espíritos concordaram? Na adoração de um deus e na probidade. Todos os filósofos da terra que tiveram alguma religião disseram em todos os tempos: "Há um Deus, e devemos ser justos." Eis pois a religião universal estabelecida em todos os tempos e em todos os homens.

O ponto em torno do qual todos concordam, portanto, é verdadeiro, e os sistemas nos quais diferem, portanto, são falsos.

"Minha seita é a melhor", me diz um brâmane. "Mas, meu amigo, se tua seita for boa, será necessária; pois, se não fosse absolutamente necessária, concordarás que seria inútil: e, se for absolutamente necessária, sê-lo-á a todos os homens; como, então, todos os homens não têm o que lhes é absolutamente necessário? Como pode o resto da terra zombar de ti e de teu Brama?"

Quando Zoroastro, Hermes, Orfeu, Minos e todos os grandes homens dizem: Adoremos a Deus e sejamos justos, ninguém ri; mas toda a terra vaiará quem afirmar que só agrada a Deus quem segurar um rabo de vaca ao morrer, quem disser que é preciso cortar uma ponta de prepúcio, quem consagrar crocodilos e cebolas, quem vincular a salvação eterna da alma a ossos de mortos carregados debaixo da camisa ou a uma indulgência plenária comprada em Roma por dois soldos e meio.

De onde vêm esses risos e vaias que afluem universalmente de um extremo ao outro do universo? As coisas de que o mundo zomba não podem ser verdades evidentes. Que diremos de um secretário de Sejano, que dedicou a Petrônio um livro de estilo empolado, intitulado: *A verdade dos oráculos sibilinos, provada pelos fatos*?

Esse secretário prova em primeiro lugar a necessidade de Deus mandar para a terra várias sibilas, uma após outra, pois não havia outros meios de instruir os homens. Está demonstrado que Deus falava àquelas sibilas, pois a palavra *sibila* significa *conselho de Deus*. Elas deviam viver por muito tempo, pois o mínimo que se espera é que as pessoas que falam com Deus tenham esse privilégio. Houve doze delas, pois esse número é sagrado. Sem dúvida haviam predito todos os acontecimentos do mundo, pois Tarquínio Suberbo comprou três livros delas por cem escudos de uma velha. E o secretário acrescenta: "Que incrédulo ousará negar todos esses fatos evidentes que ocorreram num local diante de toda a terra? Quem poderá negar o cumprimento de suas profecias? O próprio Virgílio não terá citado as predições das sibilas? Se não temos os primeiros exemplares dos livros sibilinos, escritos num tempo em que não se sabia ler nem escrever, acaso não temos suas cópias autênticas? A impiedade só pode calar-se diante dessas provas." Assim falava Houttevillus a Sejano. Esperava ter um posto de áugure que lhe renderia cinquenta mil libras, e não teve nada.

"O que minha seita ensina é obscuro, concordo", diz um fanático; "e justamente em virtude dessa obscuridade é que se deve acreditar nela; pois ela mesma diz que está cheia de obscuridades. Minha seita é extravagante, portanto é divina: pois como o que parece tão insensato teria sido abraçado por tantos povos, se não tivesse algo de divino? É precisamente como o Alcorão, que os sunitas dizem ter um rosto de anjo e um de animal; não vos escandalizeis do focinho do animal, e reverenciai a face de anjo." Assim fala esse insensato; mas um fanático de outra seita responde a esse fanático: "És tu o animal, e eu o anjo."

Ora, quem julgará essa causa? Quem decidirá entre esses dois energúmenos? O homem racional, imparcial, conhecedor de uma ciência que não é a das palavras; o homem desprovido de preconceitos e amante da verdade e da justiça; o homem, enfim, que não é animal e não acredita ser anjo.

Segunda seção

Seita e *erro* são sinônimos. Tu és peripatético, e eu, platônico; nós dois, portanto, estamos errados; pois tu só combates Platão porque as quimeras dele te revoltaram, e eu só me afasto de Aristóteles porque me parece que ele não sabe o que está dizendo. Se um deles tivesse demonstrado a verdade, não haveria seita. Declarar-se favorável à opinião de um homem e contrário à de outro é tomar partido, como numa guerra civil. Não há seita em matemática, em física experimental. Um homem que examina a relação entre um cone e uma esfera não é da seita de Arquimedes; quem vê que o quadrado da hipotenusa de um triângulo retângulo é igual aos quadrados dos outros dois lados não é da seita de Pitágoras.

Quando dizeis que o sangue circula, que o ar pesa, que os raios do sol são feixes de sete raios refrangíveis, não sois da seita de Harvey, de Torricelli ou de Newton; apenas concordais com verdades demonstradas por eles, e o universo inteiro terá para sempre a vossa opinião.

É esse o caráter da verdade; ela é de todos os tempos; ela é para todos os homens; basta mostrar-se para ser reconhecida; não se pode argumentar contra ela. Longas disputas significam: "Os dois lados estão errados."

SENHOR (Maître)

Primeira seção

"Como eu sou infeliz por ter nascido!", dizia Ardassan Ugli, jovem icoglã do grande padixá dos turcos. "Se pelo menos eu só dependesse do grande padixá... mas estou submetido ao chefe de meu *oda*, ao *capigi bachi*, e quando quero receber meu pagamento preciso prosternar-me diante de um funcionário do *tefterdar*, que me rouba a metade. Eu não tinha ainda sete anos quando, contra a minha vontade, cortaram-me a ponta do prepúcio numa cerimônia, e fiquei doente quinze dias. O dervixe que nos faz a prece é meu senhor; um imã é mais senhor ainda; o mulá é mais senhor ainda que o imã. O cádi é outro senhor; o *kadeslesker*, mais ainda; o mufti, muito mais que todos eles juntos. O *kiaia* do grão-vizir, com uma só palavra, pode me mandar para o fundo do canal; e o grão-vizir, finalmente, pode mandar alguém me apertar o pescoço quanto quiser e empalhar meu couro cabeludo, sem que ninguém sequer perceba.

"Quantos senhores, meu Deus! Mesmo que eu tivesse tantos corpos e tantas almas quantos são os deveres que devo cumprir, não daria conta. Ó Alá! Por que não me fizeste coruja? Eu viveria livre na minha toca, comendo camundongos à vontade, sem senhores nem lacaios. Sem dúvida, esse é o verdadeiro destino do homem; ele só tem senhores desde que se perverteu. Nenhum homem foi feito para servir continuamente outro homem. Cada um teria caridosamente ajudado o próximo, se as coisas estivessem em ordem. O clarividente teria conduzido o cego, o lépido teria servido de muleta ao clunâmbulo. Este mundo teria sido o paraíso de Maomé; mas ele é o inferno que se encontra exatamente debaixo da ponte estreita."

Assim falava Ardassan Ugli, depois de ter recebido chicotadas da parte de um de seus senhores.

Ardassan Ugli, ao cabo de alguns anos, tornou-se paxá de três caudas. Ganhou uma fortuna prodigiosa e passou a crer firmemente que todos os homens, com exceção do grão-turco e do grão-vizir, tinham nascido para servi-lo, e que todas as mulheres tinham vindo ao mundo para dar-lhe prazer segundo sua vontade.

Segunda seção

Como um homem pôde tornar-se senhor de outro homem, e por que espécie de magia incompreensível pôde tornar-se senhor de vários outros homens? Sobre esse fenômeno, escreveu-se grande número de bons volumes, mas dou preferência a uma fábula indiana porque ela é curta e porque as fábulas disseram tudo.

Ádimo, pai de todos os indianos, teve dois filhos e duas filhas de sua mulher Procriti. O mais velho era um gigante vigoroso; o mais novo era um anão corcunda; as duas filhas eram bonitas. Assim que o gigante percebeu a força que tinha, deitou-se com as duas irmãs e fez se servir pelo corcundinha. Das duas irmãs, uma foi sua cozinheira, e a outra, sua jardineira. Quando o gigante queria dormir, começava por acorrentar o irmãozinho corcunda a uma árvore; e, quando este fugia, ele o alcançava com quatro pernadas e lhe dava vinte relhadas.

O corcunda tornou-se submisso, o melhor súdito do mundo. O gigante, satisfeito por vê-lo cumprir seus deveres de súdito, permitiu que ele se deitasse com uma das irmãs, de quem desgostara. Os filhos que nasceram desse casamento não eram totalmente corcundas, mas tiveram uma altura bem insuficiente. Foram criados no temor a Deus e ao gigante. Receberam excelente educação; ensinaram-lhes que seu tio-avô era gigante de direito divino, que podia fazer com toda a família o que bem entendesse; que, se tivesse alguma sobrinha ou sobrinha-neta bonita, esta lhe seria destinada sem discussão, e que alguém só podia se deitar com ela quando ele não a quisesse mais.

Quando o gigante morreu, seu filho, apesar de nem de longe ser forte e alto como ele, achou que era gigante como o pai, por direito divino. Pretendia fazer todos os homens trabalhar para ele, bem como se deitar com todas as moças. A família uniu-se contra ele, ele foi surrado e proclamou-se a república.

Os siameses, ao contrário, afirmavam que a família começara por ser republicana, e que o gigante só viera depois de um grande número de anos e de dissensões; mas todos os autores de Benares e de Sião concordam que os homens viveram uma infinidade de séculos antes de terem inteligência para fazer leis; e provam isso com uma razão sem réplica: é que mesmo hoje, quando todos se gabam de ter inteligência, não se descobre uma maneira de fazer duas dúzias de leis razoavelmente boas.

Questão insolúvel na Índia ainda é, por exemplo, se as repúblicas foram estabelecidas antes ou depois das monarquias, se a confusão pareceu mais horrível que o despotismo. Ignoro o que aconteceu na ordem dos tempos, mas, na ordem da natureza, convenhamos que, como os homens nascem todos iguais, a violência e a habilidade fizeram os primeiros senhores; as leis fizeram os últimos.

SENSAÇÃO (Sensation)

Dizem que as ostras têm dois sentidos; as toupeiras, quatro; os outros animais, como os homens, têm cinco: algumas pessoas admitem um sexto, mas é evidente que a sensação voluptuosa a que se referem se reduz ao sentimento do tato, e que cinco sentidos são nosso quinhão. É impossível imaginar algo além, e desejá-lo.

Pode ser que em outros globos haja sentidos de que nem fazemos ideia; pode ser que o número dos sentidos aumente de globo para globo, e que o ser que tenha sentidos inumeráveis e perfeitos seja o termo de todos os seres.

Mas nós outros, com nossos cinco órgãos, que poder temos? Sentimos sempre sem querer, nunca querendo; é impossível não termos a sensação que nossa natureza nos destina, quando o objeto nos atinge. O sentimento está em nós, mas não pode depender de nós. Nós o recebemos: e como o recebemos? Sabe-se muito bem que não há relação alguma entre o ar agitado, as palavras que alguém canta e a impressão que essas palavras produzem em meu cérebro.

Admiramo-nos com o pensamento; mas o sentimento também é maravilhoso. Um poder divino brilha na sensação do último dos insetos, assim como no cérebro de Newton. No entanto, se mil animais morrerem diante de nossos olhos, não nos preocupará saber o que será de sua faculdade de sentir, embora essa faculdade seja obra do Ser dos seres; nós os veremos como máquinas da natureza, nascidas para perecer e dar lugar a outras.

Por que e como a sensação deles subsistiria depois que eles deixam de existir? Que necessidade o autor de tudo o que existe teria de conservar propriedades cujo sujeito foi destruído? Seria como dizer que o poder da planta chamada sensitiva, de retirar as folhas para os galhos, subsiste depois que a planta deixou de existir. Decerto perguntareis como, se a sensação dos animais perece com eles, o pensamento do homem não perecerá. Não posso responder a essa pergunta, não sei o suficiente para resolvê-la. Só o autor eterno da sensação e do pensamento sabe como ele a dá e como a conserva.

Toda a antiguidade afirmou que nada do que está em nosso entendimento deixou de passar antes por nossos sentidos. Descartes, em seus romances, afirmou que temos ideias metafísicas antes de conhecermos a teta de nossa ama; uma faculdade de teologia proscreveu esse dogma, não porque fosse um erro, mas porque era novidade: depois adotou esse erro, porque havia sido destruído por Locke, filósofo inglês, e era mister que um inglês estivesse errado. Por fim, depois de mudar tantas vezes de opinião, voltou a proscrever essa antiga verdade, de que os sentidos são as portas do entendimento. Fez como os governos endividados, que ora dão curso a certas notas, ora as descredenciam; mas faz tempo que ninguém quer notas dessa faculdade.

Nem todas as faculdades do mundo, juntas, jamais impediram que os filósofos vejam que começamos sentindo, e que nossa memória nada mais é que uma sensação continuada. O homem que nascesse desprovido dos cinco sentidos estaria privado de ideias, se pudesse viver. As noções metafísicas só chegam pelos sentidos: pois como medirá um círculo ou um triângulo quem nunca tenha visto ou tocado um círculo e um triângulo? Como ter uma ideia imperfeita do infinito, a não ser afastando limites? E como afastar limites sem os ter visto ou sentido?

A sensação envolve todas as nossas faculdades, diz um grande filósofo[7].

Que concluir de tudo isso? Vós, que ledes e pensais, tirai vossas conclusões.

Os gregos haviam inventado a faculdade *Psykhé* para as sensações, e a faculdade *Noûs* para os pensamentos. Nós, infelizmente, ignoramos o que são essas duas faculdades; nós as temos, mas sua origem não é mais conhecida para nós do que para a ostra, a anêmona-do-mar, o pólipo, os vermes e as plantas. Por qual mecânica inconcebível o sentimento está em todo o meu corpo, e o pensamento apenas em minha cabeça? Se nos cortarem a cabeça, tudo indica que não conseguiremos resolver um problema de geometria; e, no entanto, a glândula pineal, o corpo caloso, nos quais se aloja nossa alma, subsiste muito tempo sem alteração; a cabeça cortada está tão cheia de espíritos animais, que muitas vezes salta depois de ter sido separada do tronco: parece que naquele momento tem ideias muito vivas, parecendo a cabeça de Orfeu, que continuava fazendo música e decantando Eurídice depois de arremessada às águas do Hebro.

Se não pensamos quando já não temos cabeça, por que o coração ainda bate e parece sentir depois de arrancado?

Dizeis que sentimos porque todos os nervos têm origem no cérebro; no entanto, quem for trepanado e tiver o cérebro queimado não sentirá nada. É bem sabido quem conhece as razões de tudo isso.

SENSO COMUM (Sens commun)

Às vezes, nas expressões comuns, há uma imagem do que se passa no fundo do coração de todos os homens. Entre os romanos, *sensus comunis* significava não só senso comum, mas humanidade, sensibilidade. Como não valemos como os romanos, entre nós essas palavras só dizem metade do que diziam entre eles. Significam apenas bom-senso, razão grosseira, razão rudimentar, primeira noção das coisas ordinárias, estado intermediário entre a estupidez e o discernimento. "Esse homem não tem senso comum" é uma grande injúria. "Esse homem tem senso comum" também é uma injúria: quer dizer que ele não é totalmente estúpido, e que lhe falta o que se chama engenho. Mas de onde vem essa expressão *senso comum*, se não de *sensus*, sentido? Os homens, quando inventaram essa palavra, admitiram que nada entrava na alma a não ser pelos sentidos; não fosse isso, teriam usado a palavra *sensus* para indicar o raciocínio comum?

Às vezes se diz: "O senso comum é raríssimo." O que significa essa frase? Que em vários homens a razão rudimentar interrompeu seu progresso devido a alguns preconceitos; que determinado homem, capaz de julgar com clareza numa questão, sempre se enganará redondamente em outra. Certo árabe, bom calculador, químico exímio, astrônomo exato, acreditará, apesar disso, que Maomé pôs metade da Lua na manga.

Por que ele vai além do senso comum nas três ciências de que falo e fica aquém do senso comum quando se trata daquela metade de Lua? É que nos primeiros casos viu com os próprios olhos, aperfeiçoou sua inteligência; no segundo, viu com os olhos alheios, fechou os próprios, perverteu o senso comum que há nele.

---

7. Condillac, *Tratado das sensações*. (N. de Voltaire)

Como pode ocorrer essa estranha subversão do espírito? Como as ideias, que caminham no cérebro com passos tão regulares e firmes quando se trata de grande número de objetos, podem claudicar de maneira tão lastimável em coisas mil vezes mais palpáveis e mais fáceis de compreender? Esse homem tem sempre em si os mesmos princípios de inteligência; logo, deverá haver algum órgão viciado, assim como às vezes o gastrônomo mais refinado pode ter o gosto depravado em alguma espécie particular de alimento.

De que modo o órgão do árabe que vê metade da Lua na manga de Maomé está viciado? Pelo medo. Disseram-lhe que, se não acreditasse naquela manga, sua alma, imediatamente após a morte, ao passar pela ponte estreita, cairia para sempre no abismo; disseram-lhe coisa bem pior: "Se alguma vez duvidares dessa manga, um dervixe dirá que és ímpio; outro provará que és um insano que, apesar de ter todos os motivos possíveis para crer, não quis submeter a razão soberba à evidência; um terceiro te denunciará ao pequeno divã de uma pequena província, e serás legalmente empalado."

Tudo isso desperta terror pânico no bom árabe, em sua mulher, em sua irmã e em toda a pequena família. Eles têm bom-senso em todo o resto, mas nesse assunto sua imaginação está ferida, como a de Pascal, que via o tempo todo um precipício ao lado de seu sofá. Mas nosso árabe acredita de fato na manga de Maomé? Não; faz esforço para acreditar. Diz: "É impossível, mas verdadeiro; acredito no que não acredito." Em sua cabeça, forma-se acerca dessa manga um caos de ideias que ele teme deslindar; e é realmente não ter senso comum.

SENTENÇAS DE MORTE (Arrêts de mort)

Lendo a história e vendo a sequência quase ininterrupta de calamidades inumeráveis, amontoadas neste globo, que alguns chamam de *melhor dos mundos possíveis*, o que mais me impressionou foi a grande quantidade de homens consideráveis no Estado, na Igreja e na sociedade, que foram mortos como salteadores de estrada. Deixo de lado os assassinatos e os envenenamentos; falo apenas dos massacres com forma jurídica, realizados com rigor e cerimônia. Começo pelos reis e pelas rainhas. Só a Inglaterra já fornece uma lista bem grande. Mas, para chanceleres, cavaleiros e escudeiros, seria preciso muitos volumes.

De todos os que pereceram assim por justiça, acredito que só uns quatro em toda a Europa teriam cumprido a sentença, caso o processo tivesse durado algum tempo mais, caso as partes contrárias tivessem morrido de apoplexia durante a instrução.

Se a fístula tivesse gangrenado alguns meses antes o *reto* do cardeal Richelieu, de Thou, Cinq-Mars e tantos outros estariam em liberdade. Se Barnevelt tivesse tido como juízes um número de arminianos igual ao de gomaristas, teria morrido na cama.

Se o condestável de Luynes não tivesse pedido o confisco da mulher do marechal de Ancre, ela não teria sido queimada como bruxa. Se alguém que seja realmente criminoso, assassino, salteador, envenenador ou regicida for preso, e se seu crime for provado, é indubitável que, sejam quais forem os seus juízes, em algum tempo ele será condenado; mas não ocorre o mesmo com estadistas; basta que lhes deem outros juízes, ou que se espere o tempo da mudança dos interesses, do arrefecimento das paixões e do advento de novos sentimentos, para que sua vida seja salva.

Imaginemos a rainha Elisabeth morrendo de indigestão na véspera da condenação de Maria Stuart: então Maria Stuart subirá ao trono da Escócia, da Inglaterra e da Irlanda, em vez de morrer nas mãos de um carrasco, num quarto forrado de negro. Bastaria que Cromwell ficasse doente, e ninguém cortaria a cabeça de Carlos I. Esses dois assassinatos que, não sei como, revestiram as formas da lei, quase não cabem no rol das injustiças ordinárias. Imaginai salteadores de estrada que, depois de amarrar e roubar dois viajantes, se deem ao luxo de nomear na tropa um procurador-geral, um presidente, um advogado e conselheiros, e que, depois de assinarem uma sentença, mandem enforcar solenemente os dois viajantes; foi assim que a rainha da Escócia e seu neto foram julgados.

Mas, das sentenças ordinárias, proferidas pelos juízes competentes contra príncipes ou autoridades, haveria uma só que teria sido executada ou mesmo pronunciada, se fosse possível escolher outro momento? Haveria um só dos condenados, dos imolados no governo do cardeal Richelieu que não tivesse sido favorecido caso seu processo se prolongasse até a regência de Ana da Áustria? O príncipe de Condé é preso no reinado de Francisco II; é condenado à morte por seus representantes; Francisco II morre, e o príncipe de Condé volta a ser um homem poderoso.

Esses exemplos são inúmeros. Cabe, sobretudo, considerar o espírito do tempo. Vanini foi queimado por uma acusação vaga de ateísmo. Se hoje existisse alguém suficientemente pedante e tolo para escrever os livros de Vanini, eles no máximo não seriam lidos.

Um espanhol passa por Genebra em meados do século XVI; o picardo Jean Chauvin fica sabendo que esse espanhol está alojado numa hospedaria; lembra-se de que aquele espanhol discutiu com ele sobre um assunto de que nem um nem outro entendiam. Meu teólogo Jean Chauvin manda prender o viajante, a despeito de todas as leis divinas e humanas, a despeito do direito das gentes aceito por todas as nações; manda enterrá-lo numa masmorra, manda queimá-lo em fogo lento, com lenha verde, para que o suplício dure mais tempo. Decerto essa manobra infernal não ocorreria hoje a ninguém; e, se aquele louco de Servet tivesse aparecido na hora certa, nada teria que temer.

Aquilo que se chama de *justiça*, portanto, é tão arbitrário quanto a moda. Há épocas de horror e loucura, assim como há épocas de peste; e esse contágio deu volta ao mundo.

SENTENÇAS NOTÁVEIS (Arrêts notables)

Sobre a liberdade natural

Em vários países, sobretudo na França, foram feitas coletâneas com os assassinatos jurídicos que a tirania, o fanatismo ou mesmo o erro e a fraqueza cometeram com o gládio da justiça.

Houve sentenças de morte que anos inteiros de vingança mal poderiam expiar e que farão tremer todos os séculos futuros. Tais são as sentenças proferidas contra o legítimo rei de Nápoles e da Sicília pelo tribunal de Carlos de Anjou; contra João Hus e Jerônimo de Praga por padres e monges; contra o rei da Inglaterra Carlos I pelos burgueses fanáticos.

Depois desses enormes atentados, cometidos solenemente, vêm os assassinatos jurídicos cometidos pela covardia, pela estupidez e pela superstição; e esses são inúmeros. Falaremos de alguns em outros capítulos.

Nessa classe é preciso incluir, principalmente, os processos por sortilégios e nunca esquecer que, ainda em nossos dias, em 1750, a justiça sacerdotal do bispo de Würzburg condenou ao suplício do fogo, por bruxaria, uma religiosa, moça de qualidade. E, para que não seja esquecido, repito aqui esse episódio do qual já falei alhures. Todos esquecem tudo, com demasiada rapidez.

Gostaria que todos os dias do ano um pregoeiro público, em vez de apregoar a hora, como na Alemanha e na Holanda (pois a hora se sabe muito bem sem ele), gritasse: Foi hoje que, nas guerras de religião, Magdeburgo e todos os seus habitantes foram reduzidos a cinzas. Foi no dia 14 de maio, às quatro e meia da tarde, que Henrique IV foi assassinado pela simples razão de não se ter submetido ao papa; foi no dia tal que se cometeu em vossa cidade aquela abominável crueldade com o nome de *justiça*.

Esses avisos contínuos seriam muito úteis.

Mas seria preciso gritar, mais alto ainda, os julgamentos proferidos a favor da inocência, contra os perseguidores. Por exemplo, proponho que todos os anos as duas gargantas mais poderosas que puderem ser encontradas em Paris e Toulouse pronunciem em todas as esquinas estas palavras: "Foi em dia semelhante a este que cinquenta magistrados do Conselho reabilitaram a memória de Jean Calas, por unanimidade, e obtiveram para sua família liberalidades do próprio rei, em nome do qual Jean Calas fora injustamente condenado ao mais horrível suplício."

Não seria ruim se à porta de todos os ministros houvesse outro pregoeiro dizendo a todos os que fossem pedir ordens régias para apoderar-se dos bens de parentes, aliados ou dependentes:

Senhores, evitai seduzir o ministro com falsas razões e abusar do nome do rei. É perigoso usá-lo em vão. Há no mundo certo sr. Gerbier que defende a causa de viúvas e órfãos oprimidos pelo peso de um nome sagrado. Foi também ele que obteve do parlamento de Paris a abolição da Sociedade de Jesus. Escutai com atenção a lição que ele deu à Sociedade de São Bernardo, em conjunto com o sr. Loiseau, outro protetor das viúvas.

Deveis saber em primeiro lugar que os reverendos padres bernardinos de Clairvaux possuem dezessete mil arpentos de bosques, sete grandes forjas, catorze grandes plantações, grande quantidade de feudos, benefícios e até direitos em países estrangeiros. O rendimento do convento chega a duzentas mil libras. O tesouro é imenso: o palácio abacial é principesco; nada mais justo: trata-se de um preço pequeno pelos grandes serviços que os bernardinos prestam continuamente ao Estado.

Ocorre que um jovem de dezessete anos, chamado Castille, cujo nome de batismo era Bernard, acreditou, por essa razão, que deveria tornar-se bernardino; é assim que se raciocina aos dezessete anos, e às vezes aos trinta: foi fazer o noviciado em Lorena, na abadia de Orval. Quando lhe cabia proferir os votos, faltou-lhe a graça; ele não os assinou, foi embora e voltou a ser homem. Estabeleceu-se em Paris e, ao cabo de trinta anos, depois de amealhar pequena fortuna, casou-se e teve filhos.

O reverendo padre procurador de Clairvaux, chamado Mayeur, digno procurador, irmão do abade, ao saber em Paris, por uma mulher da vida, que aquele Castille fora outrora bernardino, conspira para obter sua qualificação de desertor, embora ele não estivesse realmente alistado; para que sua mulher fosse considerada uma concubina e seus filhos fossem internados no asilo como bastardos. Associa-se a outro vigarista para dividir os despojos. Ambos vão para o gabinete das ordens régias, fazem suas queixas em nome de são Bernardo, obtêm a ordem, vão prender Bernard Castille, com a mulher e os filhos, apoderam-se de todos os seus bens e vão devorá-los onde bem sabeis.

Bernard Castille é trancafiado em Orval, numa masmorra onde morre ao cabo de seis meses, para que não possa pedir justiça. Sua mulher é levada para outra masmorra em Sainte-Pélagie, prisão para mulheres dissolutas. Dos três filhos, um morre no asilo.

As coisas ficam nesse estado durante três anos. Depois desse tempo, a sra. Castille obtém a soltura. Deus é justo; dá um segundo marido a essa viúva. Esse marido, chamado Launai, mostra que é um homem inteligente e desfaz todas as fraudes, todos os horrores e todas as perfídias usadas contra sua mulher. Os dois abrem um processo contra os monges[8]. É verdade que frei Mayeur, chamado dom Mayeur, não foi enforcado; mas o convento de Clairvaux foi: em quarenta mil escudos; e não existe convento que não prefira ver seu procurador na forca a ver seu dinheiro perdido.

Que essa história vos ensine, senhores, a ter muita sobriedade em termos de ordens régias. Sabei que o sr. Élie de Beaumont, célebre defensor da memória de Calas, e o sr. Target, outro protetor da inocência oprimida, obrigaram ao pagamento de uma multa de vinte mil francos[9]

---

8. A sentença é de 1764. (N. de Voltaire)
9. A sentença é de 1770. Há outras sentenças semelhantes, proferidas pelos parlamentos das províncias. (N. de Voltaire)

aquele que, por meio de intrigas, arrancara uma ordem régia para sequestrar a condessa de Lancize, moribunda, arrebatá-la à sua família e roubar-lhe todos os títulos.

Quando os tribunais proferem tais sentenças, ouvem-se palmas no fundo da grande câmara, às portas de Paris. Cuidado, senhores; não peçais levianamente ordens régias.

Um inglês, ao ler este texto, perguntou: "O que é ordem régia?" Nunca conseguiram explicar-lhe.

SEPULTAMENTO (Enterrement)

Lendo, por grande acaso, os cânones de um concílio de Braga, ocorrido em 563, observo que o décimo quinto cânone proíbe sepultamentos nas igrejas. Alguns doutos garantem-me que vários outros concílios fizeram a mesma proibição. Daí concluo que, já naqueles primeiros séculos, alguns burgueses tiveram a vaidade de confundir templos com sepulturas para apodrecerem com distinção: posso enganar-me, mas não conheço nenhum povo da antiguidade que tenha escolhido os lugares sagrados, onde se adorava a Divindade, para transformá-los em cloacas de mortos.

Os egípcios amavam ternamente pai e mãe, bem como os velhos pais destes – que nós suportamos com bondade e pelos quais raramente sentimos grande paixão –, e achavam muito agradável transformá-los em múmias e muito nobre ter um séquito de antepassados em carne e em osso em suas coleções. Dizem até que muitas vezes se penhorava o corpo do pai e do avô. Não há atualmente país no mundo onde se obtenha um só escudo com semelhante ato; mas como se podia penhorar a múmia paterna e ir enterrá-la do outro lado do lago Méris, transportado-a na barca de Caronte, depois de quarenta juízes, que se encontravam oportunamente às suas margens, terem decidido que a múmia vivera honestamente e era digna de atravessar na barca, mediante pagamento de um soldo que ela tinha o cuidado de levar na boca? Um morto não pode ao mesmo tempo fazer um passeio de barco e ficar na coleção de seu herdeiro ou na casa do usurário. Essas são daquelas pequenas contradições da antiguidade que o respeito impede de examinar escrupulosamente.

Seja como for, é certo que nenhum templo do mundo foi conspurcado por cadáveres; não havia sepultamentos nem sequer nas cidades. Pouquíssimas famílias de Roma tiveram o privilégio de erigir mausoléus, a despeito da lei das Doze Tábuas, que o proibia expressamente.

Hoje, alguns papas têm seus mausoléus em São Pedro, mas não empesteiam a igreja, porque são muito bem embalsamados, encerrados em belos caixões de chumbo e recobertos com espessas lápides de mármore, através das quais o morto não pode transpirar.

Em Roma e no resto da Itália não se vê nenhum desses abomináveis cemitérios em torno das igrejas; a podridão não se encontra ao lado da magnificência, e os vivos não caminham sobre mortos.

Esse horror só precisa ser tolerado nos países onde a sujeição aos usos mais indignos permite que subsista um resto de barbárie, que é a vergonha da humanidade.

Se entramos na gótica catedral de Paris, andamos sobre horríveis pedras mal rejuntadas, que não estão no nível; foram levantadas mil vezes para que debaixo delas fossem jogados caixões de defunto.

Passai pelo carneiro que se chama *Saint-Innocent*: é um vasto recinto consagrado à peste; os pobres, que frequentemente morrem de doenças contagiosas, são ali enterrados de cambulhada; de vez em quando aparecem cachorros para roer as ossadas; de lá sobe um vapor espesso, cadaveroso, infectado; é pestilencial no calor do verão, após as chuvas; e quase ao lado desse monturo está o teatro de ópera, o Palais-Royal, o Louvre dos reis.

As imundícies das casas privadas são levadas a uma légua da cidade, e há mil e duzentos anos enterram-se na mesma cidade os corpos apodrecidos com os quais essas imundícies eram produzidas.

O decreto baixado pelo parlamento de Paris em 1774, o edito do rei de 1775 contra esses abusos, tão perigosos quanto infames, não puderam ser executados, tão grande é a força do hábito e da estupidez contra a razão e contra as leis! Em vão o exemplo de tantas cidades da Europa envergonha Paris; a cidade não se corrige. Paris será ainda por muito tempo uma mistura esquisita de magnificência requintada e barbárie repugnante.

Versalhes acaba de dar um exemplo que deveria ser seguido por todos. Um pequeno cemitério de uma paróquia muito populosa infectava a igreja e as casas vizinhas. Um simples cidadão reclamou contra esse costume abominável; com isso, estimulou os concidadãos; enfrentou os gritos da barbárie; foi apresentada uma petição ao conselho. Por fim, o bem público prevaleceu sobre o uso antiquado e pernicioso: o cemitério foi transferido para um lugar que fica a uma milha de distância.

SERPENTE (Serpent)

"Certifico que diversas vezes matei várias serpentes, molhando um pouco com minha saliva um pau ou uma pedra e dando, no meio do corpo da serpente, uma batidinha que mal poderia causar uma pequena contusão. 19 de janeiro de 1772. Figuier, *cirurgião*."

Quando esse cirurgião me deu esse certificado, duas testemunhas que o viram matar serpentes assim atestaram-me o que haviam visto. Também gostaria de ter visto, pois, conforme confessei em vários trechos de nossas *Questões*, adotei por patrono são Tomé, que só acreditava vendo.

Há mil e oitocentos anos essa opinião se perpetua entre os povos; e ela talvez tivesse dezoito mil anos de idade, se o Gênese não nos informasse com certeza a data de nossa inimizade com a serpente. E pode-se dizer que, se Eva tivesse cuspido quando a serpente estava junto a seu ouvido, teria poupado muitos males ao gênero humano.

Lucrécio, no livro IV (versos 642-643), conta essa maneira de matar as serpentes como coisa bem conhecida:

Est utique ut serpens hominis contacta salivis
Disperit, ac sese mandendo conficit ipsa.

Crachez sur un serpent, sa force l'abandonne;
Il se mange lui-même, il se dévore, il meurt.
[Cospe numa serpente, e sua força a abandona;
Ela se come, se devora e morre.]

Há um pouco de contradição em retratá-la a definhar e a devorar-se ao mesmo tempo. Por isso, meu cirurgião Figuier não afirma que as serpentes que matou se comeram. O Gênese diz que as matamos com o calcanhar, mas não com saliva.

Estamos no inverno, 19 de janeiro: é o tempo em que as serpentes ficam recolhidas. Não posso encontrar nenhuma no monte Krapack; mas exorto todos os filósofos a cuspirem em todas as serpentes que encontrarem pelo caminho, na primavera. É bom saber até onde chega o poder da saliva humana.

É certo que Jesus Cristo mesmo usou saliva para curar um homem surdo-mudo.[10]

Chamou-o de lado, pôs os dedos em suas orelhas, cuspiu-lhe na língua e, olhando para o céu, suspirou e exclamou: *Effeta*. Imediatamente, o surdo-mudo começou a falar.

---

10. Marcos, cap. VII. (N. de Voltaire)

Pode ser, de fato, que Deus tenha permitido que a saliva humana matasse as cobras; mas também pode ter permitido que meu cirurgião atordoasse as cobras com pedradas e pauladas, e é até provável que elas tenham morrido disso, quer o sr. Figuier tenha cuspido, quer não.

Peço, portanto, a todos os filósofos que examinem a coisa com atenção. Quando Fréron passar pela rua, por exemplo, pode-se cuspir no nariz dele; se ele morrer, o fato estará comprovado, a despeito de todos os argumentos dos incrédulos.

Aproveito a ocasião para também pedir aos filósofos que cortem o maior número possível de cabeças de caracóis; pois garanto que vários caracóis que cortei muito bem voltaram a ter cabeça. Mas não é suficiente que eu faça a experiência: é preciso que outras pessoas a façam também, para que a coisa adquira algum grau de probabilidade; pois, se duas vezes essa minha experiência teve sucesso, malogrei trinta vezes: o êxito depende da idade do caracol, do tempo no qual lhe cortamos a cabeça, do lugar onde ela é cortada, do lugar onde ele é guardado até que ele recobre a cabeça.

Se é importante saber que se pode matar cuspindo, é bem mais essencial saber que é possível recobrar cabeças. O homem vale mais que o caracol; e não duvido que, em tempos nos quais todas as artes se aperfeiçoam, se acabe por descobrir a arte de dar uma boa cabeça a alguém que não a tenha.

SIBILA (Sibylle)

A primeira mulher que teve a ideia de proferir oráculos em Delfos chamava-se *Sibylla*. Seu pai era Júpiter, de acordo com Pausânias, e a mãe, Lâmia, filha de Netuno; viveu muitíssimo tempo antes do cerco de Troia. Por esse motivo, com o nome *sibila* designam-se todas as mulheres que, não sendo sacerdotisas nem estando vinculadas a um oráculo em especial, anunciavam o futuro e se diziam inspiradas. Diferentes países e diferentes tempos tiveram suas sibilas; conservavam-se as predições que recebiam seus nomes, formando-se com elas verdadeiras coleções.

O maior problema dos antigos era explicar graças a que feliz privilégio aquelas sibilas tinham o dom de predizer o futuro. Os platônicos encontravam a causa na união íntima que a criatura, atingindo certo grau de perfeição, podia ter com a Divindade. Outros relacionavam essa virtude divinatória das sibilas com os vapores e as exalações das cavernas onde elas moravam. Outros, enfim, atribuíam o espírito profético das sibilas a seu humor sombrio e melancólico ou a alguma doença em especial.

São Jerônimo[11] afirmou que aquele dom era a recompensa por sua castidade; mas houve pelo menos uma, muito célebre, que se gabava de ter tido mil amantes, sem ter sido casada. Teria sido mais fácil e sensato, por parte de são Jerônimo e dos outros Padres da Igreja, negar o espírito profético das sibilas e dizer que, à força de proferir predições a esmo, elas podem ter acertado às vezes, sobretudo com a ajuda de algum comentário favorável com o qual se ajustavam palavras ditas ao acaso a fatos que elas nunca poderiam ter previsto.

O estranho é que suas predições foram colecionadas depois do acontecimento. A primeira coleção de versos sibilinos, comprada por Tarquínio, continha três livros; a segunda foi compilada depois do incêndio do Capitólio, mas não se sabe quantos livros continha; a terceira é aquela que temos em oito livros, na qual não é de duvidar que o autor tenha inserido várias predições da segunda. Essa coleção é fruto da piedosa fraude de alguns cristãos platônicos mais zelosos que hábeis, que, quando a compuseram, acreditaram estar dando armas à religião cristã e pondo seus defensores em condições de combater o paganismo com maior vantagem.

---

11. Contra Joviniano. (N. de Voltaire)

Essa compilação informe de profecias diferentes foi impressa pela primeira vez em 1545, com base em manuscritos, e publicada várias vezes a partir de então com amplos comentários, sobrecarregados de uma erudição frequentemente trivial e quase sempre estranha ao texto, que raramente é esclarecido por tais comentários. As obras compostas pró e contra a autenticidade desses livros sibilinos são muito numerosas, algumas até muito eruditas, mas nelas reina tão pouca ordem e crítica, e os autores eram tão desprovidos de espírito filosófico, que quem tivesse coragem de as ler só obteria tédio e fadiga.

A data dessa compilação está claramente indicada nos livros quinto e oitavo. Atribui-se à sibila a afirmação de que o império romano terá quinze imperadores, dos quais catorze são designados pelo valor numérico da primeira letra de seu nome no alfabeto grego. Acrescenta ela que o décimo quinto, que será – dizem – um homem de cabeça branca, terá o nome de um mar vizinho de Roma: o décimo quinto dos imperadores romanos é Adriano, e o golfo Adriático é o mar do qual foi extraído seu nome.

Desse príncipe, continua a sibila, sairão outros três que regerão o império ao mesmo tempo; mas, no fim, só um deles continuará de posse do império. Esses três rebentos são Antonino, Marco Aurélio e Lúcio Vero. A sibila faz alusão às adoções e às associações que os uniram. Marco Aurélio ficou como único senhor do império com a morte de Lúcio Vero, no começo do ano 169, e governou sem nenhum companheiro até o ano 177, quando se associou a seu filho Cômodo. Como não existe nada que possa ter alguma relação com esse novo companheiro de Marco Aurélio, está claro que a coleção deve ter sido feita entre os anos 169 e 177 da nossa era.

O historiador Josefo[12] cita uma obra da sibila, em que se falava da torre de Babel e da confusão das línguas mais ou menos como no Gênese[13]: isso prova que os cristãos não são os primeiros autores da falsificação dos livros sibilinos. Como Josefo não transcreve as próprias palavras da sibila, já não temos condições de verificar se o que é dito sobre esse mesmo acontecimento em nossas coleções era extraído da obra citada por Josefo; mas o certo é que vários dos versos atribuídos à sibila na exortação que se encontra entre as obras de são Justino, na obra de Teófilo de Antioquia, em Clemente de Alexandria e em alguns outros Padres não são lidos em nossa coletânea; e, como a maioria desses versos não apresenta nenhum caráter cristão, poderiam ter sido obra de algum judeu platônico.

Já nos tempos de Celso as sibilas tinham algum crédito entre os cristãos, como se percebe em dois trechos da resposta de Orígenes. Mas, em seguida, como os versos sibilinos parecessem favoráveis ao cristianismo, foram empregados comumente nas obras de controvérsia, com muita confiança porque os próprios pagãos, que reconheciam as sibilas como mulheres inspiradas, insistiam em dizer que os cristãos tinham falsificado seus escritos: essa questão de fato só podia ser decidida por uma comparação entre diferentes manuscritos, coisa que pouquíssima gente estava em condição de fazer.

Enfim, foi de um poema da sibila de Cumas que se extraíram os principais dogmas do cristianismo. Constantino, no belo discurso que proferiu diante da reunião dos santos, mostrou que a quarta écloga de Virgílio não passa de descrição profética do Salvador, e que, se este não foi objeto imediato do poeta, foi da sibila, de quem o poeta extrai suas ideias; a sibila, plena do espírito de Deus, anunciara o nascimento do Redentor.

Acreditou ele ver nesse poema o milagre do nascimento de Jesus de uma virgem, a abolição do pecado pela pregação do Evangelho, a abolição do sofrimento pela graça do Redentor. Acreditou-se ver nele a antiga serpente vencida e a peçonha mortal com que ela envenenou a natureza humana inteiramente amortecida. Acreditou-se ver que a graça do Senhor, por mais poderosa que

---

12. *Antiguidade judaica*, liv. XX, cap. XVI. (N. de Voltaire)
13. Cap. XI. (N. de Voltaire)

fosse, deixaria subsistir nos fiéis restos e vestígios do pecado; em resumo, acreditou-se ver Jesus Cristo anunciado com o grande caráter de filho de Deus.

Há nessa écloga grande quantidade de outras características que parecem copiadas dos profetas judeus e que se aplicam a Jesus Cristo; pelo menos essa é a opinião da Igreja[14]. Santo Agostinho[15] convenceu-se disso como os outros e afirmou que só a Jesus Cristo podem ser aplicados os versos de Virgílio. Enfim, os mais hábeis modernos defendem a mesma opinião[16].

SICLO (Siclo)

Peso e moeda dos judeus. Mas, como eles nunca cunharam moeda e sempre usaram com vantagem a moeda dos outros povos, toda moeda de ouro que pesasse cerca de um guinéu e toda moeda de prata que pesasse como um pequeno escudo da França eram chamadas *siclo*; e esse siclo era o peso do santuário e o peso do rei.

Diz-se nos livros dos Reis[17] que Absalão tinha lindos cabelos, e que todos os anos os cortava em parte. Vários grandes comentadores afirmam que ele os cortava todos os meses, e que seus cabelos valiam duzentos siclos. Se fossem siclos de ouro, a cabeleira de Absalão valeria exatamente dois mil e quatrocentos guinéus por ano. Há poucas senhorias que rendem hoje a receita que Absalão tirava de sua cabeça.

Diz-se que, quando Abraão comprou uma caverna em Hebron do cananeu Efrom, para enterrar sua mulher, Efrom vendeu-lhe aquela caverna por quatrocentos siclos de prata, moeda válida e corrente[18], *probatae monetae publicae*.

Observamos que não havia moeda naquele tempo. Assim, esses quatrocentos siclos de prata deviam ser quatrocentos siclos de peso, que valeriam hoje três libras e quatro soldos a peça, que perfazem duzentas e oitenta libras da França.

O pequeno campo que foi vendido com aquela caverna só podia ser de excelente qualidade para ser tão caro.

Quando Eliezer, servidor de Abraão, encontrou a bela Rebeca, filha de Batuel, carregando uma bilha de água nas costas, e ela deu água a ele e a seus camelos, ele a presenteou com brincos de ouro que pesavam dois siclos[19] e braceletes de ouro que pesavam dez. Era um presente de vinte e quatro guinéus.

Entre as leis do Êxodo, diz-se que, se um touro der uma chifrada num escravo ou numa escrava, o dono do touro pagará trinta siclos de prata ao senhor do escravo, e o touro será apedrejado. Ao que tudo indica, estava subentendido que o touro teria causado um ferimento grave; não fosse isso, trinta e dois escudos teriam constituído uma soma um tanto exagerada lá pelo monte Sinai, onde o dinheiro não era comum. Isso leva várias pessoas sérias, porém temerárias, a desconfiar que o Êxodo e o Gênese só foram escritos em tempos posteriores.

O que corroborou sua opinião errônea é que se diz no mesmo Êxodo[20]: "Tomai excelente mirra com peso de quinhentos siclos, duzentos e cinquenta de cinamomo, duzentos e cinquenta de cálamo, duzentos e cinquenta de canela, quatro pintas e um hin de azeite de oliva, para ungir

---

14. *Remarques de Valois sur Eusèbe*, p. 267. (N. de Voltaire)
15. Carta CLV. (N. de Voltaire)
16. Noel Alexandre, século I. (N. de Voltaire)
17. Liv. II, cap. XIV, v. 26. (N. de Voltaire)
18. Gênese, cap. XXIII, v. 16. (N. de Voltaire)
19. Gênese, cap. XXIV, v. 22. (N. de Voltaire)
20. Êxodo, cap. XXX, v. 23 ss. (N. de Voltaire)

o tabernáculo; e deverá morrer quem se ungir com tal composição, ou quem ungir com ela um estrangeiro."

Acrescenta-se que a todos esses aromas serão adicionados estoraque, ônix, gálbano e incenso puro, e que com tudo isso se deve fazer uma mistura segundo a arte do perfumista.

Mas não percebo o que deve ter revoltado tanto os incrédulos nessa composição. É natural pensar que os judeus, que, de acordo com o texto, roubaram dos egípcios tudo o que puderam, também tenham roubado incenso puro, gálbano, ônix, estoraque, azeite de oliva, canela, cálamo, cinamomo e mirra. Também tinham roubado, sem dúvida, muitos siclos; e vimos que um dos mais fervorosos partidários dessa horda hebraica avalia em nove milhões aquilo que eles roubaram apenas em ouro. Não faço cálculos depois dele.

SÍMBOLO OU CREDO (Symbole, ou Credo)

Não nos parecemos com a srta. Duclos, célebre atriz, a quem alguém disse: "Aposto que não sabes o Credo. – Ah, ah, respondeu ela, não sei o Credo! Vou recitar. *Pai nosso que*... Ajuda-me, não me lembro do resto." Eu recito o Pater e o Credo todas as manhãs; não sou como Broussin, sobre quem Reminiac dizia:

Broussin, dès l'âge le plus tendre,
Posséda la sauce-Robert,
Sans que son précepteur lui pût jamais apprendre
Ni son Credo *ni son* Pater.
[Broussin, desde a mais tenra idade,
Era puro molho picante,
E o preceptor nunca lhe pôde ensinar
Nem o *Credo* nem o *Pai-nosso*]

Símbolo, ou *creio-em-deus-pai,* vem da palavra *symbolein*, e a Igreja latina adotou-a como copiou tudo da Igreja grega. Os teólogos um pouco instruídos sabem que esse chamado símbolo *dos apóstolos* não é dos apóstolos.

Chamavam-se *símbolo*, entre os gregos, as palavras e os sinais pelos quais os iniciados nos mistérios de Ceres, Cibele e Mitra se reconheciam[21]; os cristãos, com o tempo, tiveram seu símbolo. Se existisse no tempo dos apóstolos, é de crer que são Lucas teria falado dele.

Atribui-se a santo Agostinho uma história do símbolo em seu sermão 115; segundo consta, ele disse em seu sermão que Pedro começara o símbolo dizendo: *Creio em Deus-pai todo-poderoso*; João acrescentou: *Criador do céu e da terra*; Tiago acrescentou: *Creio em Jesus Cristo, seu filho, nosso Senhor*; e assim por diante. Essa fábula foi excluída da última edição de Agostinho. Reporto-me aos reverendos padres beneditinos para saber ao certo se era preciso ou não eliminar esse trechinho curioso.

O fato é que ninguém ouviu falar desse Credo durante mais de quatrocentos anos. O povo diz que o mundo não foi feito em um dia; o povo muitas vezes tem razão em seus provérbios. Os apóstolos tiveram nosso símbolo no coração, mas não o transcreveram. Criou-se um, no tempo de santo Ireneu, que não se parece com o que recitamos. Nosso símbolo, como está hoje, é sem dúvida do século V. É posterior ao de Nicéia. A parte que diz que Jesus desceu aos infernos e a que

---

21. Arnóbio, liv. V, *Symbola quae rogata sacrorum* etc. Ver também Clemente de Alexandria, em seu sermão protréptico, ou *Cohortatio ad gentes*. (N. de Voltaire)

fala da comunhão dos santos não estão nos símbolos que precederam o nosso. E, de fato, nem os Evangelhos nem os Atos dos apóstolos dizem que Jesus desceu ao inferno. Mas era opinião estabelecida desde o século III que Jesus descera ao Hades, ao tártaro, palavras que traduzimos por inferno. O inferno, nesse sentido, não é a palavra hebraica *scheol*, que quer dizer subterrâneo, fossa. Por isso, santo Atanásio ensinou depois como nosso Salvador descera aos infernos. Diz ele que sua humanidade não foi inteira para o sepulcro, nem inteira para o inferno. Foi para o sepulcro segundo a carne, e para o inferno segundo a alma.

Santo Tomás garante que os santos que ressuscitaram com a morte de Jesus Cristo morreram de novo para ressuscitarem depois com ele: é a opinião mais aceita. Todas essas opiniões são absolutamente estranhas à moral: é preciso ser homem de bem, tenham os santos ressuscitado duas vezes, tenham sido ressuscitados por Deus apenas uma. Nosso símbolo foi feito tardiamente, concordo; mas a virtude é de toda a eternidade.

Se me for permitido citar os modernos em matéria tão solene, mencionarei aqui o Credo do abade de Saint-Pierre, escrito de próprio punho em seu livro sobre a pureza da religião, que não foi impresso e que copiei fielmente.

"Creio em um só Deus e o amo. Creio que ele ilumina toda alma que vem ao mundo, tal como diz são João. Com isso entendo toda alma que o busca de boa-fé.

"Creio em um só Deus, porque só pode haver uma alma do grande todo, um único ser vivificante, um formador único.

"Creio em Deus-pai todo-poderoso, porque ele é pai comum da natureza e de todos os homens, que são igualmente seus filhos. Creio que aquele que os fez nascer todos igualmente, que dispôs os mecanismos de nossa vida da mesma maneira, que lhes deu os mesmos princípios de moral, percebida por eles tão logo reflitam, não pôs diferença alguma entre seus filhos, a não ser a diferença entre crime e virtude.

"Creio que o chinês justo e benfazejo é mais valioso diante dele do que um doutor da Europa pontilhoso e arrogante.

"Creio que, como Deus é nosso pai comum, nós devemos ver todos os homens como nossos irmãos.

"Creio que o perseguidor é abominável, e que vem imediatamente depois do envenenador e do parricida.

"Creio que as disputas teológicas são ao mesmo tempo a farsa mais ridícula e o flagelo mais medonho da terra, imediatamente depois da guerra, da peste, da fome e da sífilis.

"Creio que os eclesiásticos devem ser pagos e bem pagos, como servidores públicos, preceptores de moral, mantenedores dos registros das crianças e dos mortos; mas que não devem receber as riquezas dos coletores gerais, nem a posição de príncipe, porque ambas as coisas corrompem a alma, e nada é mais revoltante que ver homens tão ricos e altivos fazendo seus prepostos, que só recebem cem escudos de salário, pregar humildade e amor à pobreza.

"Creio que todos os padres que servem uma paróquia poderiam ser casados como na Igreja grega, não só para terem uma mulher honesta que cuide de seu lar, mas também para serem cidadãos melhores, darem bons súditos ao Estado e terem muitos filhos bem educados.

"Creio que é absolutamente necessário devolver vários monges à sociedade, o que é servir a pátria e a eles mesmos. Dizem que são homens que Circe transformou em porcos; o sábio Ulisses deve devolver-lhes a forma humana."

Aos benfeitores o paraíso!

Transcrevemos historicamente esse símbolo do abade de Saint-Pierre, sem aprová-lo. Só o vemos como uma singularidade curiosa; e nos limitamos, com a fé mais respeitosa, ao verdadeiro símbolo da Igreja.

SISTEMA (Système)

Entendemos por sistema uma suposição: em seguida, quando essa suposição é provada, já não se tem um sistema, mas uma verdade. No entanto, ainda dizemos por hábito o *sistema celeste*, embora entendamos com isso a posição real dos astros.

Acredito ter acreditado outrora que Pitágoras aprendera com os caldeus o verdadeiro sistema celeste; não acredito mais nisso. À medida que avanço em idade, duvido de tudo.

No entanto, Newton, Gregory e Keil honram Pitágoras e aqueles caldeus com o sistema de Copérnico; e, nos últimos tempos, o sr. Lemonnier é da mesma opinião. Tenho o atrevimento de não ser mais.

Uma de minhas razões é que, se os caldeus tivessem conhecimento dele, uma descoberta tão bonita e importante nunca se teria perdido; teria sido transmitida de um século ao outro, tal como as belas demonstrações de Arquimedes.

Outra razão é que seria preciso ter instrução mais profunda que a dos caldeus para contradizer os olhos de todos os homens e todas as aparências celestes; que teria sido preciso não só fazer experiências muito refinadas, como também empregar matemática profunda, recorrer aos indispensáveis telescópios, sem os quais era impossível descobrir as fases de Vênus, que demonstram seu percurso em torno do Sol, sem os quais também era impossível ver as manchas do Sol, que demonstram sua rotação em torno de seu eixo quase imóvel.

Razão não menos forte é que nenhum daqueles que atribuíram a Pitágoras esses belos conhecimentos disse positivamente do que se trata.

Diógenes de Laércio, que viveu cerca de novecentos anos depois de Pitágoras, informa que, segundo aquele grande filósofo, o número um era o primeiro princípio, e que de dois nascem todos os números; que os corpos têm quatro elementos: fogo, água, ar e terra; que a luz e as trevas, o frio e o quente, o úmido e o seco existem em igual quantidade; que não devemos comer favas; que a alma está dividida em três partes; que Pitágoras fora outrora Etálides, depois Euforbo, depois Hermotimo, e que esse grande homem estudou a magia a fundo. Nosso Diógenes não diz uma palavra sobre o verdadeiro sistema do mundo atribuído a Pitágoras; convenhamos que é grande a distância entre sua pretensa aversão a favas e as observações e os cálculos que demonstram hoje o curso dos planetas e da Terra.

O famoso ariano Eusébio, bispo de Cesareia, em sua *Preparação evangélica*, assim se exprime[22]: "Todos os filósofos afirmam que a Terra está em repouso; mas Filolau, o peripatético, acha que ela se move em torno do fogo num círculo oblíquo, assim como o Sol e a Lua."

Essa algaravia nada tem em comum com as sublimes verdades que nos ensinaram Copérnico, Galileu, Kepler e, sobretudo, Newton.

Quanto ao pretenso Aristarco de Samos, que, conforme se diz, desenvolveu as descobertas dos caldeus sobre o percurso do planeta Terra e de outros, é ele tão obscuro, que Wallis foi obrigado a comentá-lo de ponta a ponta para tentar torná-lo inteligível.

Enfim, é muito duvidoso que o livro atribuído a Aristarco de Samos seja dele. Houve fortes suspeitas de que os inimigos da nova filosofia forjaram essa falsa peça a favor de sua causa perdida. Não foi só no campo dos antigos títulos de propriedade que tivemos falsários bem-intencionados. Aristarco de Samos é ainda mais suspeito porque Plutarco o acusa de ter sido um carola, um tremendo hipócrita, imbuído da opinião contrária. Vejamos as palavras de Plutarco em sua mixórdia intitulada *A face do redondo da Lua*: Aristarco de Samos dizia que os gregos deviam "punir Cleantes de Samos, que desconfiava de que o céu é imóvel e de que a Terra se move em torno do zodíaco, girando ao redor de seu eixo".

---

22. P. 850, edição in-fólio de 1624. (N. de Voltaire)

Mas, dirá alguém, isso mesmo prova que o sistema de Copérnico já estava na cabeça daquele Cleantes e de muitos outros. Que importa que Aristarco de Samos tenha compartilhado a opinião de Cleantes de Samos ou que tenha sido o seu delator, tal como o jesuíta Skeiner foi depois o delator de Galileu? De qualquer modo, fica evidente que o verdadeiro sistema de hoje era conhecido pelos antigos.

Respondo que não, que uma pequeníssima parte desse sistema foi vagamente vislumbrada por algumas cabeças mais bem organizadas do que as outras. Respondo que nunca foi aceito, nunca foi ensinado nas escolas, nunca foi um corpo de doutrina. Quem ler atentamente essa *face da Lua* de Plutarco verá, se quiser, a doutrina da gravitação. O verdadeiro autor de um sistema é aquele que o demonstra.

Não devemos invejar a honra da descoberta de Copérnico. Três ou quatro palavras desenterradas em algum velho autor, que possam ter alguma relação distante com seu sistema, não devem destituí-lo da glória da invenção.

Admiremos a grande regra de Kepler, de que os quadrados das revoluções dos planetas ao redor do Sol são proporcionais aos cubos de suas distâncias.

Admiremos ainda mais a profundidade, a correção e a inventividade do grande Newton, único que descobriu as razões fundamentais dessas leis desconhecidas por toda a antiguidade, descortinando um céu novo para os homens.

Sempre se encontram pequenos compiladores que ousam ser inimigos de seu século; esses amontoam, amontoam trechos de Plutarco e Ateneu, para tentar provar que não devemos nenhuma obrigação a gente como Newton, Halley e Bradley. Convertem-se em trombetas da glória dos antigos. Afirmam que aqueles antigos disseram tudo e são suficientemente imbecis para acreditar que compartilham da glória deles, porque a publicam. Torcem uma frase de Hipócrates para levar a crer que os gregos conheciam a circulação do sangue melhor do que Harvey. Por que não dizem também que os gregos tinham melhores fuzis, canhões maiores que nós, que lançavam bombas mais longe, que tinham livros mais bem impressos, estampas mais bonitas etc. etc.? Que eram excelentes na pintura a óleo, que tinham espelhos de cristal, telescópios, microscópios e termômetros? Por acaso não houve quem afirmasse que Salomão, que não possuía nenhum porto marítimo, mandara frotas para a América? Etc. etc.

Um dos maiores detratores de nossos últimos séculos foi alguém chamado *Dutens*. Ele acabou fazendo um libelo tão infame quanto insípido contra os filósofos de nossos dias. Esse libelo intitula-se *O rebate*; mas pouco lhe adiantou tocar seu sino, ninguém acudiu, e ele apenas engrossou o número dos Zoilos que, nada podendo produzir, espalharam sua peçonha sobre aqueles que imortalizaram a pátria e serviram o gênero humano com suas produções.

SOBERBO (Hautain)

Soberbo é o grau máximo do altivo e do altaneiro. Usa-se em geral para a espécie humana: pode-se dizer em poesia,

Un coursier plein de feu levant sa tête altière;
....
J'aime mieux ces forêts altières;
[Um ginete fogoso, erguendo a cabeça soberba; [...]
Prefiro estas florestas soberbas;]

mas não se pode dizer *floresta soberba, cabeça soberba* de um ginete. Foram criticados em Malherbe, parece que erroneamente, estes versos tão conhecidos:

Et dans ces grands tombeaux où leurs âmes hautaines
    Font encore les vaines,
    Ils sont mangés des vers.
[E naquelas grandes tumbas, onde suas almas soberbas
    Ainda agem futilmente,
    Eles são devorados pelos vermes.]
(Paráfrase do salmo 145)

Afirmou-se que o autor não falou com propriedade sobre as almas naqueles sepulcros; mas era de se lembrar que, para os poetas antigos, havia duas espécies de alma: uma era o entendimento, e a outra era a sombra diáfana, o simulacro do corpo. Esta última às vezes ficava nos túmulos, ou vagando em torno deles. A teologia antiga é sempre a teologia dos poetas, porque é fruto da imaginação. Acreditamos necessária esta pequena observação.

Soberbo é sempre pejorativo. É o orgulho que se mostra por um exterior arrogante; é o modo mais seguro de se granjear ódio, o defeito que devemos corrigir com mais cuidado nas crianças. Pode-se ser altaneiro, eventualmente. Um príncipe pode e deve rejeitar com altivez heroica propostas humilhantes, mas não com ar soberbo, com tom soberbo, com palavras soberbas. Os homens às vezes perdoam as mulheres que são soberbas, porque admitem tudo nelas; mas as mulheres não as perdoam.

A alma altaneira é a alma elevada: a soberba é arrogante. Pode-se ter o coração altaneiro com muita modéstia, mas não se podem ter disposições soberbas sem um pouco de insolência; o insolente está para o soberbo, assim como o soberbo está para o imperioso. São nuances que se sucedem, e essas nuances destroem os sinônimos.

Fizemos este verbete o mais curto possível, pelas mesmas razões expostas no verbete Hábil. O leitor percebe como seria fácil e tedioso ficar declamando sobre esses assuntos.

SÓCRATES (Socrate)

Quebrou-se o molde em que eram feitos aqueles que amavam a virtude por ela mesma, como Confúcio, Pitágoras, Tales, Sócrates? Havia no tempo deles multidões de devotos para seus pagodes e suas divindades, gente amedrontada pela ideia de Cérbero e das Fúrias, que acorria para iniciações, peregrinações e mistérios, arruinando-se com oferendas de ovelhas negras. Todos os tempos viram infelizes como estes de que fala Lucrécio (III, 51-54):

Et quocumque tamen miseri venere, parentant,
Et nigras mactant pecudes, et manibu' divis
Inferias mittunt; multoque in rebus acerbis
Acrius advertunt animos ad relligionem.
[... e, embora infelizes, aonde quer que cheguem, sacrificam
Aos parentes mortos e imolam reses negras e fazem
Oferendas fúnebres aos divinos manes; e nas situações angustiantes
Voltam o espírito para a religião mais ardentemente.]

As macerações estavam em moda; os sacerdotes de Cibele deixavam-se castrar para guardar continência. Por que motivo, entre todos esses mártires da superstição, a antiguidade não conta nenhum grande homem, nenhum sábio? É que o medo nunca conseguiu produzir a virtude. Os grandes homens foram os entusiastas do bem moral. A sabedoria era sua paixão dominante; eles eram sábios assim como Alexandre era guerreiro, como Homero era poeta, e Apeles, pintor: devido a uma força e a uma natureza superior; talvez seja só isso o que se deva entender pelo demônio de Sócrates.

Um dia dois cidadãos de Atenas, voltando da capela de Mercúrio, avistaram Sócrates na praça pública. Um disse ao outro:

– Não é aquele bandido que diz que se pode ser virtuoso sem ir todos os dias fazer oferendas de carneiros e gansos?

– Sim – disse o outro –, é aquele sábio que não tem religião; é aquele ateu que disse que só existe um Deus.

Sócrates aproximou-se deles com seu ar simples, seu demônio e sua ironia, que a sra. Dacier tanto exaltou, e disse:

– Meus amigos, uma palavrinha, por favor. Que nome daríeis ao homem que faça preces à Divindade, que a adore, que procure assemelhar-se a ela tanto quanto permite a fraqueza humana e que faça todo o bem de que é capaz?

– É uma alma muito religiosa – disseram.

– Muito bem: seria então possível adorar o Ser supremo e ter religião?

– É possível – disseram os dois atenienses.

– Mas acreditais – prosseguiu Sócrates – que o divino arquiteto do mundo, quando organizou todos esses globos que giram sobre vossas cabeças, quando imprimiu movimento e vida a tantos seres diferentes, se serviu do braço de Hércules, da lira de Apolo ou da flauta de Pan?

– É provável que não – disseram eles.

– Mas, se não é verossímil que tenha se socorrido de outrem para construir o que vemos, não é de crer que conserve tudo isso por meio de outros, e sim por si mesmo. Se Netuno fosse o senhor absoluto do mar, Juno, do ar, Éolo, dos ventos, Ceres, das colheitas, querendo um calmaria quando o outro quer vento e chuva, podeis perceber que a ordem da natureza não subsistiria como é. Admiti que é necessário que tudo dependa daquele que tudo fez. Dais quatro cavalos brancos ao Sol e dois cavalos negros à Lua: mas não será melhor que o dia e a noite sejam efeito do movimento transmitido aos astros pelo senhor dos astros, e não produto da ação de seis cavalos?

Os dois cidadãos se olharam e não responderam. Sócrates terminou por lhes provar que era possível ter colheitas sem dar dinheiro aos sacerdotes de Ceres e ir caçar sem oferecer estatuetas de prata à capela de Diana; provou que Pomona não dava frutos, que Netuno não dava cavalos, e que era preciso agradecer o soberano que fez tudo.

Seu discurso se pautava pela mais estrita lógica. Xenofonte, seu discípulo, homem que conhecia o mundo e depois fez sacrifícios ao vento na retirada dos dez mil, puxou Sócrates pela manga e lhe disse:

– Teu discurso é admirável; falaste bem melhor que um oráculo; estás perdido. Um desses homens distintos a quem falaste é um carniceiro que vende carneiros e gansos para os sacrifícios; o outro é um ourives que ganha muito fazendo estatuetas de deuses de prata e cobre para as mulheres; eles te acusarão de impiedade por quereres diminuir seus ganhos; deporão contra ti diante de Melito e Anito, teus inimigos, que juraram tua perda: cuidado com a cicuta! Teu demônio familiar deveria ter-te avisado que não deves dizer a um carniceiro e a um ourives o que só devias dizer a Platão e Xenofonte.

Algum tempo depois, os inimigos de Sócrates obtiveram sua condenação pelo conselho dos quinhentos. Houve duzentos e vinte votos a seu favor. Isso leva a presumir que havia duzentos e vinte filósofos naquele tribunal; mas também mostra que em todo grupo o número de filósofos é sempre minoria.

Sócrates, portanto, tomou cicuta por ter falado a favor da unidade de Deus; e depois os atenienses consagraram uma capela a Sócrates, àquele que se insurgira contra as capelas dedicadas aos seres inferiores.

SOFISTA (Sophiste)

Um geômetra um tanto duro assim falava: Haverá na literatura algo mais perigoso do que retóricos sofistas? Entre esses sofistas terá havido jamais algum menos inteligível e digno de ser entendido do que o divino Platão?

A única ideia útil que talvez se possa encontrar nele é a da imortalidade da alma, já estabelecida em todos os povos civilizados. Mas como ele prova essa imortalidade?

Nunca é demais contemplar essa prova para apreciar bem esse famoso grego.

Em seu *Fédon*, ele diz que a morte é o contrário da vida, que o morto nasce do vivo, e o vivo do morto; que, por conseguinte, as almas vão para debaixo da terra depois da morte.

Se é verdade que o sofista Platão, que se apresenta como inimigo de todos os sofistas, raciocina quase sempre assim, o que eram então aqueles pretensos grandes homens? O que serviam?

O grande defeito de toda a filosofia platônica foi tomar ideias abstratas por coisas reais. Um homem só pode ter cometido uma bela ação porque há um belo realmente existente, ao qual essa ação se conforma!

Não se pode cometer nenhuma ação sem ter a ideia dessa ação; logo, essas ideias existem não sei onde, e é preciso consultá-las!

Deus tinha a ideia do mundo antes de criá-lo; era seu logos, logo o mundo era a produção do logos!

Quantas polêmicas, ora vãs, ora sangrentas, essa maneira de argumentar acabou provocando na terra! Platão nem desconfiava que sua doutrina podia um dia dividir uma Igreja que ainda não nascera.

Para conceber o justo desprezo que merecem todas essas vãs sutilezas, deve-se ler Demóstenes e procurar ver se, em algum de seus discursos, ele usa um só desses ridículos sofismas. É prova bem clara de que em assuntos sérios já não se fazia caso dessas chicanas, que o conselho de Estado não faz teses de teologia.

Não encontrareis um único desses sofismas nas *Orações* de Cícero. Era um jargão da escola, inventado para distrair o ócio: era o charlatanismo do espírito.

SOLDADO (Soldat)

O ridículo falsário que fez o Testamento do cardeal de Richelieu, do qual falamos muito mais do que merece, considera um belo segredo de Estado alistar cem mil soldados quando se quer cinquenta mil.

Se eu não receasse ser tão ridículo quanto esse falsário, diria que, em vez de alistar cem mil maus soldados, é preciso arregimentar cinquenta mil bons; que seria preciso tornar honrosa a profissão deles; que é preciso ambicioná-la, e não fugir dela; que cinquenta mil guerreiros sujeitos à severidade da disciplina são bem mais úteis do que cinquenta mil monges;

Que esse número é suficiente para defender um Estado do tamanho da Alemanha, da França, da Espanha ou da Itália;

Que o pequeno número de soldados cuja honra e paga forem aumentadas não desertará;

Que o Estado que aumentar o soldo e diminuir o número de alistados deverá ser imitado pelos vizinhos como aquele que, em primeiro lugar, prestou esse serviço ao gênero humano;

Que, quando uma multidão de homens perigosos for devolvida à cultura da terra ou aos ofícios, tornando-se útil, cada Estado se tornará mais próspero.

O sr. marquês de Monteynard, em 1771, deu um exemplo à Europa; ofereceu um abono e honrarias aos soldados que continuassem servindo depois do período de alistamento. É assim que se devem conduzir os homens.

SONÂMBULOS E SONHOS (Somnambules et songes)

Primeira seção

Vi um sonâmbulo, mas ele se limitava a levantar-se, vestir-se, fazer reverência, dançar um minueto com grande correção, para depois despir-se, voltar a deitar e continuar a dormir.

Não se parece com o sonâmbulo da *Enciclopédia*. Era um jovem seminarista que se levantava para compor um sermão dormindo, escrevia tudo corretamente, relia o texto de cabo a rabo – ou pelo menos acreditava reler –, fazia correções, rasurava algumas linhas, substituindo-as por outras, introduzia alguma palavra esquecida; também compunha música, fazia as notações com exatidão, depois de ter pautado o papel com uso da bengala, e punha as palavras sob as notas sem se enganar etc. etc.

Dizem que um arcebispo de Bordeaux foi testemunha de todas essas operações e de muitas outras também espantosas. Seria desejável que aquele prelado tivesse dado pessoalmente um atestado assinado por seus grandes vigários ou no mínimo pelo senhor seu secretário.

Mas, supondo que aquele sonâmbulo tenha feito tudo o que lhe atribuem, eu lhe faria sempre as mesmas perguntas que faria a um simples sonhador. Diria: Sonhaste com mais força que outros, mas segundo o mesmo princípio; os outros só têm febre, mas tu tens cérebro contaminado pelos humores. Enfim, recebeste ambas as ideias, sensações que não esperavas, e fizeste tudo o que não tinhas vontade nenhuma de fazer.

De duas pessoas adormecidas, uma não tem nenhuma ideia, enquanto a outra tem milhares; uma é insensível como mármore, a outra sente desejos e prazeres. Um amante, sonhando, faz uma canção para a amante, que, em seu delírio, acredita escrever-lhe uma carta carinhosa e recita em voz alta suas palavras.

Scribit amatori meretrix; dat adultera munus [...]
In noctis spatio miserorum vulnera durant.
[A meretriz escreverá ao amante: a adúltera dá um presente [...]
Durante a noite as feridas dos infelizes subsistem.]
(PETRÔNIO, cap. CIV, versos 14 e 16)

Durante esse sonho que tanto poder exerce sobre ti, terá ocorrido em tua máquina algo diferente do que ocorre todos os dias em tua máquina desperta?

Tu, senhor seminarista, nascido com o dom da imitação, ouviste centenas de sermões, teu cérebro exaltou-se no desejo de fazê-los; tu os escreveste desperto, impelido pelo talento imitativo, e os escreves também dormindo. Como te tornaste pregador em sonho, deitado sem nenhuma vontade de pregar? Recorda-te da primeira vez em que transcreveste acordado o esboço de um sermão. Não estavas pensando naquilo quinze minutos antes; estavas no quarto, entregue a um devaneio vago, sem nenhuma ideia determinada; tua memória te lembra, sem que tua vontade interfira, de certa festa: essa festa te lembra de que nesse dia se faz pregação; lembras-te de um texto, e esse texto contém um exórdio; tens à mão tinta e papel, e escreves coisas que não pensavas nunca escrever.

Foi isso precisamente o que te aconteceu em teu ato de noctâmbulo.

Em ambas as operações, acreditaste que fazias o que querias, e, sem saberes, foste dirigido por tudo o que precedeu a escritura desse sermão.

Do mesmo modo, quando, saindo das vésperas, te fechaste em tua célula para meditar, não tinhas intenção alguma de preocupar-te com tua vizinha, mas a sua imagem se te apresentou quando não pensavas nela; tua imaginação acendeu-se sem que tivesses pensado num extintor; sabes bem o que veio depois.

Passaste pela mesma aventura enquanto dormias.

Que participação tiveste em todas essas modificações de teu indivíduo? A mesma que tens na circulação do sangue pelas artérias e pelas veias de teu corpo, na irrigação de teus vasos linfáticos, no batimento de teu coração e de teu cérebro.

Li o verbete Sonho no *Dicionário enciclopédico*, e não entendi nada. Mas, quando procuro a causa de minhas ideias e de minhas ações no sono e na vigília, também não entendo.

Sei muito bem que o polemista que quisesse provar que, quando estou desperto e não estou frenético nem bêbado, sou um animal agente não deixaria de me embaraçar.

Mas eu o embaraçaria muito mais, ao lhe provar que, quando dorme, ele é inteiramente paciente, puro autômato.

Ora, dize-me o que é um animal que, sendo absolutamente máquina metade da vida, muda de natureza duas vezes em vinte e quatro horas.

Segunda seção

Terceira seção

Dos sonhos

Somnia, quae mentes ludunt volitantibus umbris,
Non delubra deum nec ab aethere numina mittunt.
Sed sibi quisque facit.
[Os sonhos que enganam as mentes com sombras esvoaçantes
Não os enviam, do éter, nem os santuários dos deuses nem as divindades;
Cada um os cria por sua conta.]
(Petrônio, cap. CIV, versos 1-3)

Mas, se todos os sentidos estão mortos no sono, como existe algum sentido interno que continua vivo? Como, se nossos olhos não enxergam e nossos ouvidos não ouvem, nós vemos e ouvimos em sonho? O cão, sonhando, caça, late, segue a presa, avança sobre o encarne. O poeta faz versos dormindo. O matemático vê figuras; o metafísico raciocina bem ou mal: existem exemplos impressionantes.

O que está em ação são apenas os órgãos da máquina? Será que a alma pura, desembaraçada do império dos sentidos, goza de seus direitos em liberdade?

Se só os órgãos produzem os sonhos da noite, por que não produzirão sozinhos as ideias do dia? Se a alma pura, tranquila no repouso dos sentidos, agindo por si mesma, é a única causa, o sujeito único de todas as ideias que temos dormindo, por que todas essas ideias são quase sempre irregulares, irracionais, incoerentes? Pois sim! No momento em que essa alma está menos perturbada há mais perturbação em todas as suas imaginações! Ela está em liberdade e está em desvario! Se tivesse nascido com ideias metafísicas (como disseram tantos escritores que sonhavam acordados), suas ideias puras e luminosas do ser, do infinito, de todos os primeiros princípios, deveriam despertar nela com maior energia quando o corpo está adormecido: só seríamos bons filósofos sonhando.

Seja qual for o sistema abraçado, sejam quais forem os vãos esforços para provar que a memória nos revolve o cérebro e que o cérebro nos revolve a alma, é preciso convir que todas as nossas ideias nos vêm durante o sono sem nossa participação e a despeito de nós: nossa vontade em nada contribui. Portanto, é certo que podemos pensar sete ou oito horas seguidas, sem termos a menor vontade de pensar e sem nem mesmo estarmos seguros de que pensamos. Pesai tudo isso e tentai adivinhar o que é o composto do animal.

Os sonhos sempre foram grande objeto de superstição; nada mais natural. Um homem, vivamente afligido pela doença da amante, sonha que ela está morrendo; ela morre no dia seguinte; portanto, os deuses lhe predisseram sua morte.

Um general sonha que ganha uma batalha, e de fato a ganha; os deuses avisaram que ele seria vencedor.

Só levamos em consideração os sonhos que se realizam; esquecemos os outros. Os sonhos participam muito da história antiga, tanto quanto os oráculos.

A Vulgata traduz assim o fim do versículo 26 do capítulo XIX do Levítico: "Não observareis os sonhos." Mas a palavra *sonho* não está no hebraico; e seria muito estranho reprovar-se a observação dos sonhos no mesmo livro em que se diz que José se tornou benfeitor do Egito e de sua família por ter explicado três sonhos.

A explicação dos sonhos era coisa tão comum, que as pessoas não se limitavam a isso; às vezes, também era preciso adivinhar o que um outro homem havia sonhado. Quando Nabucodonosor esqueceu um sonho que tivera, ordenou que seus magos o adivinhassem e os ameaçou de morte, caso não conseguissem; mas o judeu Daniel, que era da escola dos magos, salvou-lhes a vida adivinhando e interpretando o sonho do rei. Essa história e muitas outras poderiam servir para provar que a lei dos judeus não proibia a oniromancia, ou seja, a ciência dos sonhos.

Quarta seção

Lausanne, 25 de outubro de 1757

Uma vez sonhei que estava ceando com o sr. Touron e fazendo letra e música para os versos que ele nos cantava. Fiz-lhe estes quatro versos no sonho:

> *Mon cher Touron, que tu m'enchantes*
> *Par la douceur de tes accents!*
> *Que tes vers sont doux et coulants!*
> *Tu les fais comme tu les chantes.*
> [Meu caro Touron, tu me encantas
> Com tuas doces inflexões!
> Teus versos são doces e fluentes!
> Tu os fazes como os cantas.]

Em outro sonho, eu recitava o primeiro canto da *Henríada* de modo totalmente diferente do que é. Ontem sonhei que alguém nos recitava versos na ceia. Alguém afirmava que eram engenhosos demais; eu respondia que os versos são uma festa que damos para a alma, e que as festas precisam de ornamentos.

Portanto, sonhando, eu disse coisas que dificilmente teria dito acordado; logo, tive reflexões à revelia, sem a menor participação. Eu não tinha vontade nem liberdade, contudo combinava ideias com sagacidade e até com algum gênio. Que serei então, a não ser máquina?

SUICÍDIO OU AUTOCÍDIO (Suicide, ou Homicide de soi-même)

Há alguns anos um inglês chamado Bacon Morris, ex-oficial e homem de grande engenho, foi visitar-me em Paris. Estava sendo afligido por uma doença cruel cuja cura ele não ousava esperar. Após algumas visitas, entrou um dia em minha casa com um saco e dois papéis na mão. Disse: "Um destes dois papéis é meu testamento; o outro é meu epitáfio; e este saco está cheio de dinheiro para despesas de meu enterro. Resolvi experimentar durante quinze dias o poder dos remédios e do regime para tornar-me a vida menos insuportável; se não conseguir, resolvi me matar. Mandai enterrar-me onde quiserdes; meu epitáfio é curto." Li-o. Só havia estas duas palavras de Petrônio: "*Valete, curae*", adeus, cuidados.

Felizmente para ele e para mim, que gostava dele, ele se curou e não se matou. Sem dúvida teria feito o que prometia. Fiquei sabendo que, antes de viajar para a França, ele havia passado por Roma no momento em que, embora sem razão, se temia algum atentado por parte dos ingleses contra um príncipe respeitável e desventurado. Suspeitou-se que meu Bacon Morris fora à cidade santa com péssimas intenções. Estava lá havia quinze dias quando o governador mandou chamá-lo, para dizer-lhe que ele devia retornar em vinte e quatro horas. O inglês respondeu: "Parto imediatamente, pois este ar não serve para um homem livre; mas por que me expulsais?" "Nós vos pedimos a bondade de retornar", retrucou o governador, "porque tememos que atenteis contra a vida do pretendente ao trono." "Podemos combater príncipes, vencê-los e depô-los", redarguiu o inglês; "mas em geral não somos assassinos: ora, senhor governador, há quanto tempo achais que estou em Roma?" "Há quinze dias", disse o governador. "Portanto, há quinze dias eu teria matado a pessoa de quem falais, se tivesse vindo para isso; e digo o que teria feito. Primeiro, construiria um altar a Múcio Cévola; depois, mataria o pretendente no primeiro golpe, entre vós e o papa, e em seguida me mataria; mas nós só matamos em combate. Adeus, senhor governador." E, depois de dizer essas exatas palavras, voltou para casa e partiu.

Em Roma, que, no entanto, é a terra de Múcio Cévola, isso é considerado ferocidade bárbara; em Paris, loucura; em Londres, grandeza de alma.

Aqui farei pouquíssimas reflexões sobre o homicídio de si mesmo; não examinarei se o falecido sr. Chreech teve razão em escrever à margem de seu *Lucrécio*: "*Nota bene* que, quando terminar meu livro sobre Lucrécio, preciso me matar", e se fez bem em pôr em execução essa resolução. Não quero dissecar os motivos de meu ex-prefeito, o padre Biennassès, jesuíta, que se despediu de nós à noite e na manhã seguinte, após rezar missa e selar algumas cartas, jogou-se do terceiro andar. Cada um tem suas razões para o que faz.

Tudo o que ouso dizer com certeza é que nunca se deverá temer que essa loucura de matar-se acabe virando doença epidêmica, pois a natureza cuidou muito bem disso; a esperança e o temor são os poderosos instrumentos de que ela se serve para quase sempre deter a mão do infeliz prestes a ferir-se.

Não adianta dizer que houve países onde se estabeleceu um conselho para dar permissão de matar-se aos cidadãos que tinham razões válidas para tanto; respondo que ou isso não é verdade, ou aqueles magistrados pouco tinham o que fazer.

Por que então Catão, Bruto, Cássio, Antônio, Oto e tantos outros se mataram com tanta resolução, e nossos chefes de facção se deixaram enforcar ou deixaram que sua miserável velhice se arrastasse numa prisão? Alguns espíritos engenhosos dizem que aqueles antigos não tinham verdadeira coragem; que Catão cometeu uma ação covarde ao se matar, e que haveria bem mais grandeza de alma em rastejar abaixo de César. Isso fica bem numa ode ou numa figura de retórica. É mais que certo que não deixa de haver coragem em dar-se tranquilamente uma morte sangrenta, que é preciso alguma força para vencer assim o mais poderoso instinto da natureza, e que uma ação dessas demonstra mais ferocidade que fraqueza. Quando um doente está frenético, não se deve dizer que ele não tem força; deve-se dizer que sua força é a de um frenético.

A religião pagã proibia o suicídio, assim como a cristã; havia até lugares nos infernos para quem se matava.

SUPERSTIÇÃO (Superstition)

Primeira seção

Eu vos ouvi dizer algumas vezes: Já não somos supersticiosos; a reforma do século XVI nos tornou mais prudentes; os protestantes nos ensinaram a viver.

Então o que é o sangue de certo são Januário que liquefazeis todos os anos aproximando-o da cabeça dele? Não seria melhor fazer mil mendigos ganhar a vida, ocupando-os em trabalhos úteis, do que pôr o sangue de um santo a ferver para diverti-los? Melhor seria pôr o caldeirão deles a ferver.

Por que em Roma ainda abençoais cavalos e mulos em Santa-Maria-Maggiore?

Que querem, na Itália e na Espanha, aqueles bandos de flagelantes que vão cantando e batendo-se com a disciplina na frente das senhoras? Acharão que só se chega ao paraíso à força de chicotadas?

Aqueles pedaços da santa cruz que dariam para construir um navio de cem canhões, tantas relíquias reconhecidamente falsas, tantos falsos milagres serão monumentos de piedade esclarecida?

A França se gaba de ser menos supersticiosa do que se costuma ser em São Tiago de Compostela e Nossa Senhora de Loreto. No entanto, em quantas sacristias ainda se encontram peças da roupa da Virgem Maria, garrafinhas de seu leite, aparas de seus cabelos! E não haverá ainda na igreja do Puy-en-Velai o prepúcio de seu filho preciosamente conservado?

Conheceis todos a abominável farsa representada desde os albores do século XIV na capela de São Luís, no Palácio de Paris, na noite de toda quinta para sexta-feira santa. Os possessos do reino se encontram naquela igreja; as convulsões de Saint-Médard não chegam perto das horríveis micagens, dos berros assustadores, das proezas que fazem aqueles infelizes. Dão-lhes para beijar um pedaço da santa cruz, engastada em três pés de ouro e ornada de pedraria. Então os gritos e as contorções redobram. O diabo é acalmado dando-se alguns soldos aos energúmenos; mas, para contê-los melhor, há na igreja cinquenta esbirros, de baioneta no cano do fuzil.

A mesma comédia execrável é representada em Saint-Maur. Eu citaria dezenas de exemplos semelhantes; envergonhai-vos e corrigi-vos.

Alguns sábios dizem que se deve deixar o povo com suas superstições, assim como é deixado com suas baiucas etc.;

Que o povo sempre amou os prodígios, os ledores de buena-dicha, as peregrinações e os charlatães; que na antiguidade mais remota festejava-se Baco salvo das águas, portando chifres, fazendo brotar de um rochedo uma fonte de vinho com um golpe de varinha, atravessando o mar Vermelho a pé com todo o seu povo, detendo o Sol e a Lua etc.;

Que em Lacedemônia, dependurados da abóbada de um templo, eram conservados os dois ovos que Leda deu à luz; que em algumas cidades da Grécia os sacerdotes mostravam a faca com a qual Ifigênia fora imolada etc.

Outros sábios dizem: Nenhuma dessas superstições produziu o bem; várias delas causaram grandes males: portanto, devem ser abolidas.

Segunda seção

Peço ao caro leitor que dê uma vista-d'olhos no milagre que acaba de ocorrer na Baixa Bretanha, no ano de 1771 de nossa era. Nada é mais autêntico; esse impresso obedeceu a todas as formas legais. Lede.

Narrativa surpreendente da aparição visível e miraculosa de Jesus Cristo no santo Sacramento do altar, que se deu graças à onipotência de Deus, na igreja paroquial de Paimpole, perto de Tréguier, na Baixa Bretanha, no dia de Reis

Em 6 de janeiro de 1771, dia de Reis, durante os cantos da exposição do Santíssimo Sacramento, todos viram que dele saíam raios de luz e no mesmo instante avistou-se Nosso Senhor Jesus Cristo em tamanho natural, que se mostrou mais brilhante que o Sol e foi visto por meia hora, tempo durante o qual surgiu um arco-íris sobre o pináculo da igreja. Os pés de Jesus ficaram impressos sobre o tabernáculo, onde ainda são vistos e onde ocorrem todos os dias vários milagres. Às quatro horas da tarde, depois que Jesus desapareceu de cima do tabernáculo, o cura da referida paróquia aproximou-se do altar e lá encontrou uma carta deixada por Jesus: quis pegá-la, mas não conseguiu levantá-la. O cura, junto com o vigário, foi avisar o bispo de Tréguier, que ordenou a todas as igrejas da cidade preces de quarenta horas durante oito dias, período em que o povo ia em multidão ver aquela santa carta. Ao cabo dos oito dias, o bispo foi até lá em procissão, acompanhado por todo o clero secular e regular da cidade, depois de três dias de jejum de pão e água. Quando a procissão entrou na igreja, o bispo ajoelhou-se nos degraus do altar e, depois de pedir a Deus a graça de pegar a carta, subiu no altar e a pegou sem dificuldade: voltando-se em seguida para o povo, leu-a em voz alta e recomendou a todos os que sabiam ler que lessem aquela carta todas as primeiras sextas-feiras de cada mês, e aos que não sabiam, que rezassem cinco padres-nossos e cinco ave-marias em honra às cinco chagas de Jesus Cristo, para obterem as graças prometidas aos que a lerem devotamente, bem como a conservação dos bens da terra. As mulheres grávidas, para terem bom parto, devem rezar nove padres-nossos e nove ave-marias em favor das almas do purgatório, para que seus filhos tenham a felicidade de receber o santo sacramento do batismo.

Todo o conteúdo daquele relato foi aprovado pelo bispo, pelo lugar-tenente da referida cidade de Tréguier e por várias pessoas de distinção que haviam presenciado o milagre.

Cópia da carta encontrada sobre o altar, quando da aparição miraculosa de nosso Senhor Jesus Cristo ao Santíssimo Sacramento do altar, no dia de Reis de 1771

"Eternidade de vida, eternidade de castigos, eternas delícias; nada pode dispensar: é preciso escolher um lado, ou o de ir para a glória, ou marchar para o suplício. O número de anos que os homens passam na terra em todas as espécies de prazeres sensuais e devassidões excessivas, usurpações, luxo, homicídios, furtos, maledicências e impurezas, blasfemando e jurando em vão por meu santo nome, além de mil outros crimes, não permitindo aguentar mais por muito tempo que criaturas criadas à minha imagem e semelhança, resgatadas pelo preço de meu sangue na árvore da cruz, onde suportei a morte e a paixão, me ofendam continuamente transgredindo meus mandamentos e abandonando minha lei divina; eu vos advirto que, se continuardes vivendo no pecado e eu não vir em vós remorsos, contrição nem uma sincera e verdadeira confissão e satisfação, eu vos farei sentir o peso de meu braço divino. Se não fossem as súplicas de minha cara mãe, eu já teria destruído a terra, pelos pecados que cometeis uns contra os outros. Eu vos dei seis dias para trabalhar e o sétimo para descansar, santificar meu santo nome, assistir à santa missa e empregar o resto do dia a serviço de Deus meu pai. Ao contrário, só se veem blasfêmia e embriaguez; e o mundo está tão transbordado, que não se vê nada mais que vaidades e mentiras. Os cristãos, em vez de terem compaixão dos pobres que veem em suas portas e que são meus membros, para alcançarem o reino celeste, preferem mimar cães e outros animais, deixando morrer de fome e sede esses objetos, entregando-se inteiramente a Satã, por ganância, gula e outros vícios: em vez de ajudarem os pobres, preferem sacrificar tudo a seus prazeres e devassidões. É assim que me declaram guerra. E vós, pais e mães, cheios de iniquidades, tolerais que vossos filhos jurem e blasfemem em meu santo nome: em vez de lhes dardes boa educação, juntais para eles, por ganância, bens que são dedicados a Satã. Eu vos digo, pela boca de Deus meu pai, de minha cara mãe, de todos os querubins e serafins, e por são Pedro, chefe de minha Igreja, que, se não vos emendais, eu vos mando doenças extraordinárias que perecerá tudo; sentireis a justa cólera de Deus meu pai; sereis reduzidos a tal estado, que não tereis conhecimento uns dos outros. Abri os olhos e contemplai minha cruz, que vos deixei como arma contra o inimigo do gênero humano e para vos servir de guia para a glória eterna: olhai minha cabeça coroada de espinhos, meus pés e minhas mãos cravejados: derramei até a última gota de meu sangue para vossa redenção, por um amor puro de pai por filhos ingratos. Fazei obras que possam atrair sobre vós a minha misericórdia; não jureis por meu santo nome; rogai-me devotamente; jejuai com frequência; e, principalmente, dai esmolas aos pobres, que são meus membros: pois de todas as boas obras essa é a que mais me agrada; não desprezeis a viúva nem o órfão; devolvei o que não vos pertence; fugi de todas as ocasiões de pecar; observai atentamente meus mandamentos; honrai Maria, minha caríssima mãe.

"Aqueles ou aquelas que não aproveitarem os avisos que estou dando, que não acreditarem em minhas palavras, atrairão com sua obstinação o meu braço vingador sobre sua cabeça; serão esmagados pelas desgraças, precursoras de seu fim último e infeliz, depois do qual serão precipitados nas chamas eternas, onde sofrerão penas sem fim, que são o justo castigo reservado para seus crimes.

"Ao contrário, aqueles ou aquelas que fizerem santo uso das advertências de Deus que lhes são dadas nesta carta, aplacarão sua cólera e obterão dele, depois de uma confissão sincera de suas faltas, a remissão de seus pecados, por maiores que sejam."

É preciso guardar cuidadosamente esta carta, em honra de nosso Senhor Jesus Cristo.

Com permissão. Bourges, 30 de julho de 1771. De Beauvoir, lugar-tenente de polícia.

N. B. Cabe notar que essa tolice foi impressa em Bourges, sem que tenha havido em Tréguier ou em Paimpol o menor pretexto que pudesse ensejar semelhante impostura. No entanto, suponhamos que, nos séculos futuros, algum pedante milagreiro queira provar alguma questão de teologia com a aparição de Jesus Cristo no altar de Paimpol: não se achará no direito de citar a própria carta de Jesus, impressa em Bourges com permissão? Não tratará de ímpios aqueles que duvidarem dela? Não provará com fatos que Jesus fazia milagres em todo lugar, neste nosso século? Aí está um terreno promissor para os Houttevilles e Abbadies.

Terceira seção

Novo exemplo da mais horrível superstição

Haviam comungado no altar da Virgem Santa e jurado à Virgem Santa que matariam seu rei: eram os trinta conjurados que se lançaram sobre o rei da Polônia na noite de 3 de novembro do ano corrente de 1771.

Ao que tudo indica, algum dos conjurados não estava em total estado de graça quando recebeu no estômago o corpo do próprio filho da Virgem Santa, com aparência de pão, e seu sangue, jurando matar seu rei enquanto tinha seu Deus na boca, pois só dois domésticos do rei foram mortos. Os tiros de fuzil e pistola dados contra Sua Majestade não acertaram o alvo; o rei foi atingido por um tiro de raspão no rosto e por vários sabraços não mortais.

Ele teria perdido a vida, se a humanidade não tivesse, enfim, combatido a superstição no coração de um dos assassinos, chamado Kosinski. Que momento aquele, em que o infeliz disse ao príncipe ensanguentado: "No entanto, sois meu rei!" "Sim", respondeu Estanislau Augusto, "e vosso bom rei que nunca vos fez mal." "É verdade", disse o outro; "mas jurei que vos mataria."

Haviam jurado diante da imagem milagrosa da Virgem de Czentoshova. Eis aqui a fórmula daquele belo juramento: "Nós que, incitados por um fervor santo e religioso, resolvemos vingar a Divindade, a religião e a pátria, ultrajadas por Estanislau Augusto, detrator das leis divinas e humanas etc., protetor de ateus e hereges etc., juramos e prometemos, diante da imagem sagrada e miraculosa da mãe de Deus etc., extirpar da terra aquele que a desonra espezinhando a religião etc. Deus nos ajude!"

Era assim que os assassinos dos Sforza, dos Médici e tantos outros santos assassinos mandavam rezar missas ou as rezavam pessoalmente pelo sucesso de seu cometimento.

A carta de Varsóvia que relata em pormenores esse atentado acrescenta: "Os religiosos que empregam seu ardor devoto a derramar sangue e assolar a pátria conseguiram, na Polônia como em outros lugares, inculcar em seus adeptos a ideia de que é lícito matar reis."

De fato, os assassinos ficaram escondidos em Varsóvia, durante três dias, no domicílio dos reverendos padres dominicanos; e, quando perguntaram àqueles monges cúmplices por que haviam recolhido trinta homens armados sem avisar o governo, responderam que aqueles homens tinham ido lá fazer suas devoções e cumprir uma promessa.

Ó tempos de Jean Chastel, Guignard, Ricodovis, Poltrot, Ravaillac, Damiens, Malagrida, estais de volta! Santa Virgem e vós, seu digno filho, impedi que abusem de vossos sagrados nomes para cometer o mesmo crime!

O sr. Jean-George Le Franc, bispo de Puy-en-Velai, diz em sua imensa pastoral aos habitantes de Puy, nas páginas 258 e 259, que sediciosos são os filósofos. E quem ele acusa de sedição? Leitores, é de pasmar: Locke, o sábio Locke em pessoa; diz que ele é "cúmplice dos perniciosos desígnios do conde de Shaftesbury, um dos heróis do partido filosofista".

Ah! Senhor Jean-George, quantos enganos em tão poucas palavras! Primeiramente, tomais o neto pelo avô. O conde de Shaftesbury, autor de *Características de homens, costumes, opiniões e tempos* e de *Investigações sobre a virtude*, esse herói do partido *filosofista*, morto em 1713, cultivou toda a vida às letras no mais profundo recolhimento. Em segundo lugar, o grande chanceler Shaftesbury, seu avô, a que atribuís delitos, é considerado na Inglaterra um verdadeiro patriota. Em terceiro lugar, Locke é reverenciado em toda a Europa como sábio.

Eu vos desafio a mostrar um único filósofo, de Zoroastro a Locke, que tenha incitado uma sedição, que tenha participado de algum atentado contra a vida dos reis, que tenha perturbado a sociedade; e, infelizmente, encontrarei mil supersticiosos, de Aod a Kosinski, que se mancharam do sangue dos reis e dos povos. A superstição põe o mundo inteiro em chamas; a filosofia as extingue.

Talvez esses pobres filósofos não sejam bastante devotos à Virgem Santa; mas o são a Deus, à razão e à humanidade.

Poloneses, se não sois filósofos, pelo menos não vos mateis. Franceses e *Welches*[23], sede felizes e não vivais em conflito.

Espanhóis: que os nomes *Inquisição* e *Santa hermandad* deixem de ser pronunciados entre vós. Turcos que subjugastes a Grécia, monges que a embrutecestes, desaparecei da face da terra.

Quarta seção

Capítulo extraído de Cícero, Sêneca e Plutarco

Quase tudo o que vai além da adoração de um Ser supremo e da submissão do coração a suas ordens eternas é superstição. Uma muito perigosa é o perdão dos crimes vinculado a certas cerimônias.

---

23. Ver n. 1 do verbete Oração. (N. da T.)

Et nigras mactant pecudes, et manibu' divis
Inferias mittunt.
[E imolam reses negras e fazem
Oferendas fúnebres aos divinos manes.]
(LUCRÉCIO, III, 52-53)

Ah! nimium faciles qui tristia crimina caedis,
Fluminea tolli posse putatis aqua!
[Ah! Com quanta facilidade julgais que a água dos rios
Pode apagar os tristes crimes dos assassínios!]
(OVÍDIO, *Fast.,* II, 45-46)

O assassino acha que seu homicídio será esquecido por Deus, se ele tomar banho num rio, imolar uma ovelha negra, se alguém pronunciar certas palavras. Um segundo homicídio será, portanto, perdoado pelo mesmo preço, tal como o terceiro, e no centésimo o custo será de apenas cem ovelhas negras e cem abluções! Seria melhor, miseráveis seres humanos, que não houvesse homicídios nem ovelhas negras.

Que ideia infame imaginar que um sacerdote de Ísis e de Cibele, tocando címbalo e castanholas, poderá promover a reconciliação com a Divindade! E quem é esse sacerdote de Cibele, esse eunuco errante que vive das fraquezas alheias, para arvorar-se de mediador entre o céu e vós? Que patentes recebeu de Deus? Recebe dinheiro para resmungar palavras, e achais que o Ser dos seres ratifica as palavras desse charlatão!

Há superstições inocentes; dança-se nos dias de festas em honra a Diana, Pomona ou algum daqueles deuses secundários que enchem o calendário: ótimo. A dança é muito agradável, útil ao corpo; alegra a alma, não faz mal a ninguém; mas que não se pense que Pomona e Vertumno ficam muito gratos a quem dançou em sua honra e punem quem não dançou. Não há outra Pomona nem outro Vertumno além da enxada e do enxadão do jardineiro. Que ninguém seja bastante imbecil para acreditar que seu jardim será destruído pelo granizo, se deixar de dançar a *pírrica* ou o *córdax*.

Talvez haja uma superstição perdoável e até capaz de incentivar a virtude; é a de pôr entre os deuses os grandes homens que foram benfeitores do gênero humano. Certamente seria melhor limitar-se a vê-los apenas como homens veneráveis e, sobretudo, tentar imitá-los. É bom venerar sem culto um Sólon, um Tales, um Pitágoras, mas não adorar um Hércules por ter limpado os estábulos de Augias e por ter deitado com cinquenta mulheres numa noite.

Evite-se, principalmente, estabelecer cultos para patifes que não tiveram outro mérito além da ignorância, do entusiasmo e da sujeira; que assumiram como dever e glória o ócio e a mendicância: aqueles que foram no mínimo inúteis em vida merecem a apoteose depois de mortos?

Note-se que os tempos mais supersticiosos sempre foram tempos dos crimes mais horríveis.

Quinta seção

O supersticioso está para o trapaceiro assim como o escravo está para o tirano. Há mais: o supersticioso é governado pelo fanático e torna-se fanático. A superstição, nascida no paganismo e adotada pelo judaísmo, infectou a Igreja cristã desde os primeiros tempos. Todos os Padres da Igreja, sem exceção, acreditaram no poder da magia. A Igreja sempre condenou a magia, mas sempre acreditou nela: não excomungou os feiticeiros como loucos que se enganavam, mas como pessoas que realmente tinham relações com os diabos.

Hoje, metade da Europa acredita que a outra metade foi muito tempo e ainda é supersticiosa. Os protestantes veem as relíquias, as indulgências, as mortificações, as preces pelos mortos, a água benta e quase todos os ritos da Igreja romana como demência supersticiosa. A superstição, segundo eles, consiste em tomar práticas inúteis por práticas necessárias. Entre os católicos romanos, existem pessoas que, sendo mais esclarecidas que seus ancestrais, renunciaram a muitos desses usos outrora sagrados; defendem-se em relação aos outros usos que conservaram, dizendo: Eles são inócuos, e o que é inócuo não pode ser um mal.

É difícil fixar as fronteiras da superstição. Um francês que viaje para a Itália acha quase tudo supersticioso, e pouco se engana. O arcebispo de Cantuária afirma que o arcebispo de Paris é supersticioso; os presbiterianos fazem a mesma crítica ao arcebispo da Cantuária e, por sua vez, são tratados de supersticiosos pelos *quakers*, que são os mais supersticiosos de todos, na opinião dos outros cristãos.

Portanto, nas sociedades cristãs não há acordo sobre o que é superstição. A seita que parece menos atacada por essa doença do espírito é a que tem menos ritos. Mas, se, com poucas cerimônias, ela se prende fortemente a uma crença absurda, essa crença absurda equivale, por si só, a todas as práticas supersticiosas observadas desde Simão, o mago, até o pároco Gauffridi.

Portanto, é evidente que o que uma seita vê como superstição é o fundo da religião de uma outra seita.

Os muçulmanos acusam de supersticiosas todas as sociedades cristãs, e estas lhes fazem a mesma acusação. Quem julgará nesse grande processo? Será a razão? Mas cada seita afirma ter a razão de seu lado. Então o juiz será a força, enquanto a razão não penetrar em número suficientemente grande de cabeças para desarmar a força.

Por exemplo, houve um tempo na Europa cristã em que não se permitia que os recém-casados usufruíssem os direitos do casamento sem antes comprar esses direitos do bispo e do pároco.

Quem não deixasse, por testamento, uma parte de seus bens à Igreja era excomungado e privado de sepultura. Isso se chamava morrer *inconfesso*, ou seja, sem confessar a religião cristã. E, quando um cristão morria *intestado*, a Igreja livrava o morto da excomunhão fazendo um testamento por ele, estipulando e recebendo o legado que o defunto deveria ter feito.

Foi por isso que o papa Gregório IX e são Luís, após o concílio de Narbona, ocorrido em 1235, determinaram que seria nulo todo e qualquer testamento para o qual não se tivesse chamado um padre; e o papa decretou que o testador e o notário seriam excomungados.

A taxa dos pecados foi ainda mais escandalosa, se é que isso é possível. Era a força que sustentava todas essas leis às quais se submetia a superstição dos povos; e só depois de muito tempo a razão conseguiu abolir essas vergonhosas vexações, enquanto deixava subsistir tantas outras.

Até que ponto a política permite que se destrua a superstição? Essa questão é muito espinhosa; é o mesmo que perguntar até que ponto se deve fazer a punção em um hidrópico, que pode morrer na operação. Depende do tino do médico.

Poderá existir algum povo livre de todos os preconceitos supersticiosos? É o mesmo que perguntar: pode existir algum povo de filósofos? Dizem que não há superstição na magistratura da China. É provável que não sobre nenhuma na magistratura de algumas cidades da Europa.

Então esses magistrados impedirão que a superstição do povo seja perigosa. O exemplo desses magistrados não esclarecerá a canalha, mas os principais burgueses a conterão. Talvez não haja um único tumulto, um único atentado religioso em que os burgueses não tenham outrora mergulhado, porque esses burgueses eram, então, a canalha; mas a razão e o tempo os terão modificado. Seus costumes abrandados abrandarão os costumes do mais vil e feroz populacho; temos notáveis exemplos disso em mais de um país. Em suma, quanto menos superstição, menos fanatismo; e, quanto menos fanatismo, menos desgraças.

SUPLÍCIOS (Supplices)

Primeira seção

Sim, repetimos: Um enforcado não serve para nada. Provavelmente algum carrasco, tão charlatão quanto cruel, terá impingido aos imbecis de seu bairro que gordura de enforcado cura epilepsia.

O cardeal de Richelieu, ao ir para Lyon gozar do prazer de mandar executar Cinq-Mars e De Thou, ficou sabendo que o carrasco quebrara uma perna: "Que pena!", disse ele ao chanceler Seguier. "Não temos carrasco." Concordo que era bem triste; faltava um florão à sua coroa. Mas, finalmente, encontrou-se um bom velhinho que arrancou a cabeça do inocente e sábio De Thou com doze sabraços. Qual a necessidade daquela morte? Que bem podia fazer o assassinato jurídico do marechal de Marillac?

Direi mais: se o duque Maximilien de Sully não tivesse obrigado o bom Henrique IV a mandar executar o marechal de Biron, coberto dos ferimentos sofridos no serviço do rei, talvez o próprio Henrique não tivesse sido assassinado; talvez um ato de clemência, tão oportuno após a condenação, tivesse aplacado os ânimos da Liga, que ainda eram muito violentos; talvez não tivessem bradado incessantemente aos ouvidos do povo: O rei sempre protege os hereges, o rei maltrata os bons católicos, o rei é ganancioso, o rei é um velho devasso que, com a idade de cinquenta e sete anos, está apaixonado pela jovem princesa de Condé, obrigando seu marido a fugir do reino com a mulher. Todas essas chamas do descontentamento geral não teriam incendiado o cérebro do fanático Ravaillac.

Quanto àquilo a que de ordinário se dá o nome de *justiça*, ou seja, o costume de matar um homem porque ele roubou um escudo de seu senhor, ou então de queimá-lo, como se fez a Simon Morin, por dizer que conversou com o Espírito Santo, e como se queimou o velho e louco jesuíta chamado Malagrida, por ter impresso os colóquios que a santa virgem Maria tivera com sua mãe santa Ana, quando ainda em seu ventre etc., esse uso, convenhamos, não é humano nem racional, e não pode ter a menor utilidade.

Já perguntamos que vantagem poderia advir para o Estado da morte de um pobre coitado conhecido com o nome de *louco de Verberi*, que, num jantar com monges, proferira palavras desconexas e foi enforcado, em vez de ser purgado e sangrado.

Perguntamos também se era de fato necessário que outro louco, pertencente à guarda do rei, que se fez alguns cortes leves com uma faca (a exemplo dos charlatães), para obter alguma recompensa, fosse também enforcado em cumprimento de sentença do parlamento. Era um grande crime? A sociedade sofria um grande perigo se aquele homem continuasse vivo?

Qual a necessidade de cortar a mão e a língua do cavaleiro de La Barre? De submetê-lo à tortura ordinária e extraordinária e de queimá-lo vivo? Foi essa a sua sentença, pronunciada pelos Sólons e Licurgos de Abbeville. Do que se tratava? Ele tinha, por acaso, assassinado pai e mãe? Temia-se que ele incendiasse a cidade? Acusavam-no de algumas irreverências tão secretas que nem a própria sentença as articulou. Dizem que cantara uma velha canção que ninguém conhece; e que vira passar de longe uma procissão de capuchinhos sem saudá-la.

Certos povos devem mesmo ter o prazer de matar o próximo em cerimonial, como diz Boileau, e achar que submetê-lo a tormentos medonhos é um agradável divertimento. Esses povos moram a quarenta e nove graus de latitude; é precisamente a posição dos iroqueses. É de esperar que um dia alguém os civilize.

Sempre há, nessa nação de bárbaros, duas ou três mil pessoas muito amáveis, de gosto delicado e ótimo trato, que no fim polirão as outras.

Gostaria de perguntar aos que adoram erigir patíbulos, cadafalsos e fogueiras, e mandar dar tiros de arcabuz no cérebro alheio, se estão sempre em tempos de fome, se matam assim seus semelhantes por medo de haver bocas demais para alimentar.

Certo dia fiquei assombrado ao ver a lista de desertores em apenas oito anos; eram sessenta mil. Eram sessenta mil compatriotas que deviam ter a cabeça arrebentada ao som de tambores; com eles, seria possível conquistar uma província, se tivessem sido bem alimentados e comandados.

Também perguntaria a alguns desses Drácons subalternos se, em sua terra, não há estradas e caminhos para construir, terrenos incultos para desbravar, e se os enforcados e os arcabuzados não poderiam prestar-lhes esse serviço.

Nem falarei de humanidade, mas de utilidade; infelizmente, eles às vezes não entendem nenhuma das duas. E, quando o sr. Beccaria foi aplaudido na Europa por ter demonstrado que as penas devem ser proporcionais aos delitos, logo apareceu, entre os iroqueses, um advogado, comprado por um padre, para defender que torturar, enforcar, matar na roda e queimar é sempre o melhor em todos os casos.

Segunda seção

Foi na Inglaterra, mais do que em qualquer outro país, que se destacou o tranquilo furor de matar homens com o pretenso gládio da lei. Sem falarmos do número prodigioso de senhores de sangue real, de pares do reino de ilustres cidadãos que morreram sobre um cadafalso em praça pública, bastaria refletir sobre o suplício da rainha Ana Bolena, da rainha Catarina Howard, da rainha Joana Grey, da rainha Maria Stuart, do rei Carlos I, para justificar aquele que disse que cabia ao carrasco escrever a história da Inglaterra.

Depois dessa ilha, afirma-se que a França é o país onde os suplícios foram mais comuns. Não direi nada sobre o da rainha Brunilda, pois não acredito nele. Passo ao largo de milhares de cadafalsos e paro no do conde de Montecucolli, esquartejado diante de Francisco I e de toda a corte, porque o delfim Francisco morrera de pleurisia.

Esse acontecimento é de 1536. Carlos V, vitorioso em todas as plagas europeias e africanas, assolava ao mesmo tempo a Provença e a Picardia. Durante aquela campanha, que começava com vantagem para ele, o jovem delfim, com dezoito anos, aqueceu-se a jogar pela na cidadezinha de Tournon. Encharcado de suor, bebe água gelada e morre de pleurisia cinco dias depois. Toda a corte, toda a França brada que o imperador Carlos V mandou envenenar o delfim da França. Essa acusação, tão horrível quanto absurda, é repetida até nossos dias. Malherbe diz numa de suas odes:

> *François, quand la Castille, inégale à ses armes,*
>   *Lui vola son dauphin,*
> *Semblait d'un si grand coup devoir jeter des larmes*
>   *Qui n'eussent jamais fin.*
> [Francisco, quando Castela, inferior a suas armas,
>   Lhe roubou o delfim,
> Parecia que de tal golpe verteria
>   Lágrimas sem fim.]
> (*Ode a Duperrier*)

Nem é preciso verificar se o imperador era inferior às armas de Francisco I porque saiu da Provença depois de tê-la depauperado, ou se envenenar um delfim é roubá-lo, ou se vertemos de golpe lágrimas que não têm fim. Esses maus versos só mostram que o envenenamento do delfim Francisco por Carlos V sempre foi considerado na França uma verdade incontestável.

Daniel não absolve o imperador. Hénault diz em seu *Abrégé*: "Delfim Francisco, morto envenenado."

Assim, todos os escritores se copiam uns aos outros. Por fim, o autor da história de Francisco I ousa, como eu, discutir o fato.

É verdade que o conde Montecucolli, que estava a serviço do delfim, foi condenado por comissários a ser esquartejado como culpado de ter envenenado o príncipe.

Os historiadores dizem que Montecucolli era seu escanção. Os delfins não têm escanção. Mas digamos que os tivessem então; como aquele fidalgo poderia ter misturado, imediatamente, veneno num copo de água fresca? Será que ele sempre trazia veneno pronto no alforje para o momento em que seu senhor pedisse água? Ele não estava sozinho com o delfim, que era enxugado ao sair do jogo de pela. Os cirurgiões que abriram seu corpo disseram (segundo se afirma) que o príncipe tomara arsênico. O príncipe, ao engolir arsênico, teria sentido dores insuportáveis na garganta; a água teria ficado colorida; ele não teria sido tratado de pleurisia. Os cirurgiões eram ignorantes que diziam o que queriam que eles dissessem: isso é muito comum.

Que interesse teria aquele oficial em provocar a morte de seu senhor? Que mais poderia ele esperar da sorte?

Mas, segundo dizem, ele tinha a intenção também de envenenar o rei. Nova dificuldade e nova improbabilidade.

Quem o pagaria por aquele duplo crime? Respondem que seria Carlos V. Outra improbabilidade não menos forte. Por que começar com uma criança de dezoito anos e meio, que, aliás, tinha dois irmãos? Como chegar ao rei, cuja mesa Montecucolli não servia?

Carlos V não ganharia nada levando à morte aquele jovem delfim que nunca havia desembainhado a espada e teria vingadores. Teria sido um crime vergonhoso e inútil. Se ele não temia o pai, que era o mais bravo cavaleiro de sua corte, havia de temer o filho, que estava saindo da infância!

Mas dizem-nos que Montecucolli, numa viagem a Ferrara, sua pátria, foi apresentado ao imperador, e que este lhe pediu notícias da magnificência com a qual o rei era servido à mesa, bem como da ordem que mantinha em sua casa. Claro que aí está uma bela prova de que o italiano foi subornado por Carlos V para envenenar a família real!

Oh! Não foi o imperador que acertou pessoalmente o crime com ele; foram seus generais, Antônio de Leiva e o marquês de Gonzaga. Quem? Antônio de Leiva, com oitenta anos, um dos mais virtuosos cavaleiros da Europa! Aquele ancião teve a indiscrição de propor-lhe aqueles envenenamentos, ao lado de um príncipe de Gonzaga! Outros citam o marquês del Vasto, que dizeis du Guast. Entrai em acordo, pobres impostores. Dizeis que Montecucolli confessou aos juízes. Vistes os autos originais do processo?

Afirmais que aquele infeliz era químico. São vossas únicas provas; as únicas razões pelas quais ele foi submetido ao mais pavoroso dos suplícios. Era italiano, era químico, Carlos V era odiado; e sua glória era vergonhosamente vingada. Como! Vossa corte esquarteja um homem de qualidade com base em simples suspeitas, na vã esperança de desonrar um imperador poderoso demais!

Algum tempo depois, vossas suspeitas – sempre levianas – acusam desse envenenamento Catarina de Médici, esposa de Henrique II, delfim e depois rei da França. Dizeis que, para reinar, ela mandou envenenar aquele primeiro delfim, que estava entre o trono e seu marido. Impostores! Mais uma vez: entrai num acordo. Por acaso pensais que Catarina de Médici só tinha então dezessete anos?

Dizem que foi o próprio Carlos V que imputou essa morte a Catarina, e cita-se o historiador Vera. Engano; aqui estão suas palavras:[24]

"En este ano avia muerto en Paris el delfin de Francia con señales evidentes de veneno. Attribuyeronlo los suyos a diligencia del marques del Basto, y Antonio de Leiva, y costó la vida al conde de Montecuculo, Frances con quien se correspondian: indigna sospecha de tan genorosos

---

24. P. 166, edição de Bruxelas, 1656, in-4º. (N. de Voltaire)

hombres, y inutil; puesto que, con matar al delfin, se grangeava poco; porque no era nada valeroso, ni sin hermanos que le sucediessen. Brevemente se passó desta presuncion a otra mas fundada, que avia sido la muerte per orden de su hermano el duque de Orliens, a persuasion de Catalina de Médicis su muger, ambiciosa de llegar a ser reyna, como lo fue. Y nota bien un autor que la muerte desgraciada que tuvo despues este Enrico, la permitió Dios en castigo de la alevosa que dio (si la dió) al inocente hermano: costumbre mas que medianamente introducida en principes, deshazerse a poca costa de los que por algun camino los embaraçan; pero siempre son visiblemente castigados de Dios."

"Naquele ano morreu em Paris o delfim da França com sinais evidentes de veneno. Os seus o atribuíram às ordens do marquês del Vasto e de Antônio de Leiva, o que custou a vida ao conde de Montecuculo, francês, com quem se correspondiam: indigna suspeita contra homens tão generosos, e ademais inútil, pois com matar o delfim pouco se granjeava; porque ele não era ainda conhecido por seu valor, nem ele nem os irmãos que deveriam suceder-lhe[25]. Dessa presunção passou-se a outra[26]; afirmou-se que esse assassinato havia sido cometido por ordem do duque de Orléans, persuadido por Catarina de Médici, sua mulher, que tinha a ambição de ser rainha, como foi. E um autor observa muito bem que a morte funesta desse duque de Orléans, depois Henrique II, foi punição divina pelo veneno que dera ao irmão (se é que o deu): costume muito comum dos príncipes desfazer-se por pouco custo daqueles que estorvam seu caminho, mas, com frequência, visivelmente punido por Deus."

O *señor* de Vera não é, como se vê, um Tácito. Aliás, considera Montecucolli ou Montecuculo francês. Diz que o delfim morreu em Paris, mas foi em Tournon. Fala de marcas evidentes de veneno com base em boato público; mas é evidente que só atribui aos franceses a acusação contra Catarina de Médici.

Essa acusação é tão injusta e extravagante quanto a que foi feita contra Montecuculo.

O resultado é que essa leviandade própria aos franceses em todos os tempo produz catástrofes bem funestas. Se remontarmos do suplício injusto de Montecucolli ao dos templários, veremos uma sucessão de suplícios atrozes, baseados nas mais frívolas presunções. Rios de sangue correram na França, porque a nação muitas vezes é pouco circunspecta e muito pronta em seus julgamentos. Assim, tudo serve para perpetuar as desgraças da terra.

Diremos algumas palavras sobre o infeliz prazer que os homens, sobretudo os espíritos fracos, sentem intimamente ao falar dos suplícios, assim como o sentem ao falar de milagres e sortilégios. Encontrareis no *Dicionário da Bíblia* de Calmet várias belas estampas de suplícios correntes entre os hebreus. Aquelas figuras arrepiam qualquer homem de bem. Aproveitaremos a ocasião para dizer que nem os judeus nem nenhum outro povo jamais tiveram a ideia de crucificar com pregos, e que não há exemplo algum disso. É uma fantasia de pintor que se estabeleceu com base numa opinião bem errônea.

Terceira seção

Homens sábios de toda a terra (pois que os há), bradai com todas as vossas forças, com o sábio Beccaria, que é preciso tornar as penas proporcionais aos delitos.

Que, se arrebentarem a cabeça de um jovem de vinte anos que tenha passado seis meses com a mãe ou com a amante, em vez de se integrar ao regimento, ele não poderá mais servir a pátria.

Que aquela jovem criada que enforcastes na praça de Terreaux[27] por ter roubado doze guardanapos da patroa poderia ter dado à vossa cidade uma dúzia de filhos que estais matando; não

---

25. Essa é a tradução de Voltaire. O espanhol diz: "pois não era nada valoroso nem sem irmãos que lhe sucedessem". (N. da T.)
26. Em espanhol: "em breve se passou a outra presunção mais fundada". (N. da T.)
27. O caso ocorreu em Lyon em 1772. (N. de Voltaire)

há proporção alguma entre doze guardanapos e a vida, e, assim, incentivais o roubo doméstico, porque nenhum patrão será bárbaro a ponto de mandar para a forca o cocheiro que lhe tenha roubado um pouco de aveia, mas que ele mandaria punir para corrigir, caso a pena fosse proporcional à falta.

Que os juízes e os legisladores são culpados da morte de todas as crianças que pobres moças seduzidas abandonam, deixam morrer ou asfixiam pela mesma fraqueza que as fez nascer.

E por isso quero contar-vos o que acaba de acontecer na capital de uma república sábia e poderosa que, mesmo sendo sábia, tem a infelicidade de ter conservado algumas leis bárbaras daqueles tempos antigos e selvagens que chamam de tempo dos bons costumes.

Perto dessa capital encontra-se um recém-nascido morto; suspeita-se que certa moça é sua mãe; ela é posta na masmorra; interrogada, responde que não pode ter feito aquela criança, pois está grávida. Mandam que ela seja examinada por umas parteiras, umas comadres. Aquelas imbecis atestam que não está grávida, que sua matéria fecal retida lhe inchara o ventre. A infeliz é ameaçada de tortura; o medo perturba-lhe o espírito: ela confessa que matou o pretenso filho; é condenada à morte. Dá à luz enquanto lhe estão lendo a sentença. Seus juízes aprendem que não se deve pronunciar sentenças de morte com leviandade.

Sobre o sem-número de suplícios com os quais fanáticos imbecis mataram tanto outros fanáticos imbecis, já não falarei, embora nunca seja demais falar.

Nas estradas da Itália já não se cometem roubos sem assassinatos, porque a pena de morte é a mesma para ambos os crimes.

Sem dúvida o sr. de Beccaria fala disso em seu *Tratado dos delitos e das penas*.

T

T (T)

Observações sobre essa letra

A eufonia, que sempre abranda a linguagem e sobrepuja a gramática, fez que na pronúncia francesa o *t* fosse frequentemente transformado em *c*. Os franceses pronunciam *ambicieux*, *akcion*, *parcial*, pois o *t*, quando seguido por *i* e por outra vogal, parece ter som um tanto duro. Os italianos transformaram esse mesmo *t* em *z*. A mesma razão acostumou os franceses imperceptivelmente a escrever e a pronunciar um *t* no fim de certos tempos verbais: *"il aima"*, mas *"aima-t-il?"*; *"il arriva"*, mas *"arriva-t-il?"*; *"il s'éleva"*, mas *"s'éleva-t-il?"*; *"on raisonne"*, mas *"raisonne-t-on?"*; *"il écrira"*, mas *"écrira-t-il?"*; *"il joue"*, mas *"joue-t-il?"*.

Assim, portanto, quando a terceira pessoa do presente, do pretérito e do futuro em francês termina em vogal e é seguida por um pronome oblíquo ou pela partícula *on* que funciona como pronome oblíquo, quer o uso que se coloque sempre esse *t*. Antigamente esse uso era extenso; pronunciava-se esse *t* no fim de todos os pretéritos em *a*: *il aima à aller* dizia-se *il aima-t-à aller*; essa pronúncia conservou-se em algumas províncias. O uso de Paris a tornou muito viciosa.

Não é verdade que, para tornar a pronúncia mais suave, se transforma o *b* em *p* diante de *t*, e que se diz *optenir* por *obtenir*. Seria, ao contrário, endurecer a pronúncia. O *t* também é posto depois do imperativo: *va*, *va-t'en*.

Ta, pronome possessivo feminino; *ta mère, ta vie, ta haine*. A mesma eufonia, que abranda sempre a linguagem, transformou *ta* em *ton* diante de todas as vogais: *ton adresse, son adresse, mon adresse*, e não *ta, sa, ma adresse*; *ton épée*, e não *ta épée*; *ton industrie, ton ignorance*, e não *ta industrie, ta ignorance*; *ton ouverture*, e não *ta ouverture*. A letra *h*, quando não é aspirada e funciona como vogal, também exige a transformação de *ta, ma, sa*, em *ton, mon, son*: *ton honnêteté*, e não *ta honnêteté*.

Ta, assim como *ton*, tem o plural *tes*; *tes peines sont inutiles*.

A repetição da palavra *ta* significa uma repreensão por rapidez excessiva: *ta ta ta, voilà bien instruire une affaire!* Mas não é um termo da língua, é uma espécie de exclamação arbitrária. Por isso, nas salas de armas dizia-se que alguém era um *tata*, para designar que era brigão.

TABACO (Tabac)

Tabaco, substantivo masculino. Em 1560, dava-se esse nome a uma erva descoberta na ilha de Tabago. Os nativos da Flórida chamavam-na *petun*; na França recebeu o nome de *nicotiane*, de *herbe à la reine* [erva da rainha] e diversos outros. Há várias espécies de tabaco; cada uma recebe o nome do lugar onde a planta cresce, onde é manufaturada, do porto principal ou da região de onde parte a mercadoria. Quando, na França, o povinho começou a tomar tabaco pelo nariz, foi um escândalo que as mulheres também adquirissem esse hábito. Por isso Boileau disse na sátira das mulheres (v. 672):

Fait même à ses amants, trop faibles d'estomac,
Redouter ses baisers pleins d'ail et de tabac.
[Faz até seus amantes, de estômago muito fraco,
Temer seus beijos cheios de alho e tabaco.]

Diz-se *fumar tabaco*, e entende-se a mesma coisa quando se diz apenas *fumar*.

TABARIN (Tabarin)

Tabarin, nome próprio, que se tornou apelativo. Tabarin, lacaio de Mondor, charlatão de Pont-Neuf do tempo de Henrique IV, foi quem levou a dar-se esse nome aos bufões grosseiros.

Et sans honte à Térence allier Tabarin.
[E sem pudor a Terêncio aliar Tabarin.]
(BOILEAU, *Arte poética*, canto III, 398)

Tabarine não é usado nem deve sê-lo, porque as mulheres são sempre mais decentes que os homens.
Tabarinage e, principalmente, *tabarinique*, encontrado no *Dicionário de Trévoux*, também são proscritos.

TABI (Tabis)

Tabi, tecido de seda lisa e ondeada, passado na calandra sob um cilindro que lhe imprime as desigualdades ondulantes gravadas no próprio cilindro. É o que se chama impropriamente de *chamalote*, em francês *moire*, de duas palavras inglesas *mo hair*, pelo de cabra selvagem. O verdadeiro chamalote não admite fio de seda.

Où sur l'ouate molle éclate le tabis.
[Onde sobre o algodão macio brilha o tabi.]
(BOILEAU, *Lutrin*, cap. IV, 44)

Tabizar, passar na calandra. Tafetá, cheio de tours *tabizado*.

TABLER

Tabler, verbo nominal. Vem do jogo de gamão. Dizia-se *tabler* (fechar a casa) quando se punham duas peças na mesma casa; hoje isso se chama *caser*, e a palavra *tabler*, que já não é usada em sentido próprio, conservou-se com sentido figurado, confiar, apostar: *confiar num acordo, confiar numa notícia*. No século passado, era costume dzier *tabler* para *tenir table* (oferecer uma refeição).

Allez tabler jusqu'à demain.
[Ficai à mesa até amanhã.]
(MOLIÈRE, *Anfitrião*, ato III, cena VI)

TABOR (Tabor, ou Thabor)

Montanha famosa na Judeia; esse nome entra frequentemente no discurso familiar. É errôneo dizer que essa montanha está uma légua e meia acima da planície, como consta em vários dicionários; não há montanha dessa altura. O Tabor não tem mais de seiscentos pés de altura, mas parece muito elevado, porque está situado numa vasta planície.

O Tabor da Boêmia ainda é muito famoso pela resistência de Ziska aos exércitos imperiais; foi lá que se deu o nome de *tabor* às trincheiras feitas com carroças.

Os taboritas, seita mais ou menos semelhante à dos hussitas, também receberam o nome dessa montanha.

TACANHO (Taquin, taquine)

Tacanho, adjetivo, termo popular que significa avaro nas pequenas coisas, sovina nos seus gastos; alguns também o usam no estilo familiar para indicar uma pessoa carrancuda e teimosa, como se se supusesse que todo avaro está sempre de mau humor. É pouco usado.

TALISMÃ (Talisman)

Talismã, substantivo masculino, termo de origem árabe, que significa propriamente *consagração*; é a mesma coisa que *telesma* ou *filactério*; protetor, figura, caráter de que a superstição se serviu em todos os tempos e em todos os povos. É, em geral, uma espécie de medalha fundida e cunhada sob certas constelações. O famoso talismã de Catarina de Médici ainda existe.

TALMUDE (Talmud)

Antiga coletânea de leis, costumes, tradições e opiniões dos judeus, compilada por seus doutores. Está dividido em duas partes, *gemara* e *mishná*, posteriores alguns séculos à nossa era. Essa palavra é comum a todas as nações.

Talmudista, apegado às opiniões do Talmude.
Talmúdico, relativo ao Talmude.

TAMARINEIRO (Tamarin)

Tamarineiro, substantivo masculino, árvore das Índias e da África, cujo córtex se assemelha ao da nogueira, as folhas, ao feto, e as flores, às da laranjeira; seu fruto é uma pequena vagem que encerra uma polpa preta bastante semelhante à cássia, mas com um gosto um tanto ácido. O fruto tem o nome de *tamarindo*.

TAMARIZ (Tamaris)

Tamariz, substantivo masculino, arbusto cujos frutos têm alguma semelhança com os do tamarineiro, mas têm uma virtude mais detersiva e mais atenuante.

TAMBOR (Tambour)

Tambor, substantivo masculino, termo imitativo que exprime o som desse instrumento guerreiro desconhecido pelos romanos, que nos veio dos árabes e dos mouros. Trata-se de uma caixa redonda, perfeitamente fechada em cima e embaixo por um espesso pergaminho de carneiro, estendido à força sobre uma tripa de carneiro. O tambor, entre nós, só serve para a infantaria; é com ele que os soldados são reunidos, exercitados e conduzidos. *Battre le tambour, le tambour bat, il bat aux champs, il appelle, il rappelle, il bat la générale; ta garnison marche, sort tambour battant* [bater o tambor, o tambor bate, bate para homenagear, chama, mobiliza, bate a chamada geral; tua guarnição marcha, sai ao som do tambor].

TANT ([Tanto, tão etc.])

Advérbio de quantidade que às vezes se torna conjunção.

É advérbio quando ligado ao verbo, quando modifica seu sentido. *Il aima tant la patrie! Vous connaissez les coquettes? oh tant! Il a tant de finesse dans l'esprit, qu'il se trompe presque toujours* [Ele amou tanto a pátria! Conhece as coquetes? Tanto! Ele tem tanta sutileza de espírito, que quase sempre se engana].

Tant é conjunção quando significa *tandis que* [enquanto]. *Elle sera aimée tant qu'elle sera jolie* [Ela sera amada enquanto for bonita].

Tant, quando seguido de alguma palavra cuja quantidade designa, sempre pede genitivo; *tant d'amitié, tant de richesses, tant de crimes* [tanta amizade, tantas riquezas, tantos crimes].

Nunca se liga a um simples adjetivo. Não se diz *tant vertueux, tant méchant, tant libéral, tant avare*; mas *si vertueux, si méchant, si libéral, si avare* [tão virtuoso, tão malvado, tão liberal, tão avarento].

Depois de verbo ativo ou neutro, sem auxiliar, sempre se deve usar *tant*: *il travaille tant, il pleut tant* [ele trabalha tanto, chove tanto]. Quando há um verbo auxiliar uno ao verbo ativo, coloca-se o *tant* entre um e outro: *il a tant travaillé, il a tant plu, ils ont tant écrit* [ele trabalhou tanto, choveu tanto, eles escreveram tanto]; e nunca se usa *si*: *il a si plu, ils ont si écrit*; seria um barbarismo. Mas, com o verbo na voz passiva, *tant* é substituído por *si*. Vejamos em que caso. Quando é preciso expressar um sentimento pessoal com um verbo na voz passiva, como *je suis si touché, si ému, si courroucé, si animé* [estou tão comovido, tão emocionado, tão encolerizado, tão animado]; não se pode dizer *je suis tant ému, tant touché, tant courroucé, tant animé*, porque essas palavras funcionam como epítetos; mas, quando se trata de uma ação, de um fato, emprega-se a palavra *tant*: *cette affaire fut tant débattue, les accusations furent tant renouvelées, les juges tant sollicités, les témoins tant confrontés* [esse assunto foi tão debatido, as acusações foram tão reiteradas, os juízes tão solicitados, as testemunhas tão acareadas]; e não *si confrontés, si sollicités, si renouvelées, si débattue*. Isso porque esses particípios expressam fatos e não podem ser considerados epítetos.

Não se diz *cette femme tant belle*, porque *belle* é epíteto; mas pode-se dizer, sobretudo em versos, *cette femme autrefois tant aimée* [essa mulher outrora tão amada], ainda melhor que *si aimée*; mas, quando se acrescenta por quem ela foi amada, é preciso dizer *si aimée de vous, de lui*, e não *tant aimée de vous, de lui*, porque então se designa um sentimento pessoal. *Cette personne autrefois tant célébrée par vous* [Essa pessoa outrora tão celebrada por vós]; celebrar é um fato. *Cette personne autrefois si estimée par vous* [Essa pessoa outrora tão estimada por vós]; é um sentimento.

Est-ce là cette ardeur tant promise à sa cendre? [É esse o ardor tão prometido às suas cinzas?]

Quel crime a donc commis ce fils tant condamné? [Que crime afinal cometeu esse filho tão condenado?]

Condenado, prometido expressam fatos.

Tant pode ser considerado partícula de exclamação: *tant il est difficile de bien écrire! tant les oreilles sont délicates!* [como é difícil escrever bem! como os ouvidos são delicados!].

Tant pode ser usado em lugar de *autant*: *tant plein que vide*, para dizer *autant plein que vide* [tanto cheio quanto vazio]; *tant vaut l'homme, tant vaut sa terre* [o homem vale tanto quanto vale sua terra] por *autant vaut l'homme, autant vaut sa terre*. *Tant tenu, tant payé*, ou seja, ele será compensado na medida em que for servido.

Já não se diz *tant plus*, *tant moins*, porque *tant* então é inútil. *Plus on la pare, moins elle est belle* [quanto mais a enfeitam, menos bonita ela fica]. De que serviria *tant plus on la pare tant moins elle est belle*?

Não ocorre o mesmo com *tant pis* e *tant mieux* [pior (para ele, ela etc.)!; Melhor!] *pis* e *mieux*, sozinhos, não teriam sentido suficientemente completo. *Il se croit sür de la victoire, tant pis; il se défie de sa bonne fortune, tant mieux* [Ele acredita que a vitória é certa: pior para ele; ele não confia na sorte, melhor assim]. *Tant* então significa *d'autant, il fait d'autant mieux* [Ele age melhor.]

Tant que ma vue peut s'étendre [tanto quanto minha vista pode alcançar], por *autant que ma vue peut s'étendre*.

Tant et si peu qu'il vous plaira [o pouco que lhe aprouver], em vez de dizer *autant et si peu qu'il vous plaira*.

TAPEÇARIA (Tapisserie, tapissier)

Tapeçaria, substantivo feminino, obra feita em tear ou com agulha, para cobrir as paredes de um aposento. As tapeçarias feitas em tear são de alto ou baixo liço: para fabricar as de alto liço, o operário olha para a urdidura que fica em pé; nas de baixo liço, a urdidura fica deitada, e o artesão a desenrola à medida que vai precisando: ambos trabalham com naveta. A tapeçaria feita com agulha é chamada de *tapeçaria bordada*. A tapeçaria de ponto grande é aquela cujos pontos são mais separados, mais grosseiros; a de ponto pequeno é o contrário. As tapeçarias de Gobelins, Flandres e Beauvais são de alto liço. Antigamente, nesses locais eram empregados fios de ouro e seda, mas o ouro fica esbranquiçado, e a seda desbota. As cores duram muito mais tempo na lã.

As tapeçarias bordadas com ponto da Hungria são feitas de pontos frouxos e enfiadas longas, que formam pontos de diversas cores; são comuns e baratas.

As tapeçarias com motivos vegetais podem admitir algumas poucas figuras humanas; mesmo assim conservam o nome *verdure*. Oudry pôs em voga as tapeçarias com motivos animais. As tapeçarias com figuras humanas são as mais apreciadas. As tapeçarias de Gobelins são obras-primas feitas sobre motivos dos maiores pintores. As tapeçarias são distinguidas e vendidas por peças; e o valor é calculado pelo preço da alna. Várias peças que forram um aposento são chamadas *tenture* [forração]. São estendidas, retiradas, pregadas, despregadas.

As guarnições estreitas hoje são mais apreciadas que as largas.

Todos os tipos de tecido podem servir de tapeçaria: damasco, cetim, veludo, sarja. Até mesmo ao couro dourado se dá o nome de *tapeçaria*. Com ponto pequeno, alto ou baixo liço, fazem-se lindos sofás e magníficos canapés.

Tapeceiro, substantivo masculino, é o manufatureiro; é chamado assim também em Flandres. Também é o operário que instala as tapeçarias numa casa, que reveste os sofás. Há camareiros que são tapeceiros.

TARIFA (Tarif)

Tarifa, substantivo feminino, palavra de origem árabe, que significa *tabela, catálogo, avaliação*. *Tarifa de preços de mercadorias*; *tarifa alfandegária, tarifa monetária*. O edito das tarifas, na minoridade de Luís XIV, revoltou o parlamento e causou a insana guerra da Fronda. Pagou-se mil vezes mais pela guerra civil do que teria custado a tarifa.

TARTÁRICO, TARTAROSO (Tartareux)

Tartárico, tartaroso, adjetivo, palavra empregada em química: *sedimento tartaroso, licor tartárico*, ou seja, carregado de sal de tártaro.

TÁRTARO (Tartare)

Tártaro, substantivo e adjetivo masculino e feminino; habitante da Tartária. Essa palavra foi usada muitas vezes para significar bárbaro.

Et ne voyez-vous pas, par tant de cruautés,
La rigueur d'un Tartare à travers ses bontés.
[E não vedes, com tantas crueldades,
O rigor de um tártaro através das bondades?]

Na França, durante muito tempo foram chamados de *tártaros* os escudeiros da casa do rei, porque pilhavam enquanto seus senhores lutavam.
A língua tártara, os costumes tártaros.
Tártaro, substantivo masculino; inferno dos gregos e dos romanos, imitado do tártaro egípcio, que significa *morada eterna*. Essa palavra entra com grande frequência na poesia, nas odes, nas óperas: *as penas do tártaro, os rios do tártaro*.

Qu'entends-je? le Tartare s'ouvre.
Quels cris! quels douloureux accents!
[Que ouço? O tártaro se abre
Que gritos! Que dolorosas vozes!]
(LAMOTTE, *Descida aos infernos,* sát. 4)

Tártaro, substantivo masculino; sal formado pela fermentação da uva nos vinhos turvos; prende-se às paredes dos tonéis como cristais.
O tártaro calcinado chama-se *sal de tártaro*; é o álcali fixo vegetal; é empregado em artes e medicina. Com a umidade, resolve-se num líquido chamado *óleo de tártaro*.
O *tártaro vitriólico* é esse mesmo óleo misturado com o espírito de vitríolo.
Cristal ou *creme de tártaro*; é o tártaro purificado e reduzido à forma de cristal. É formado por um ácido particular e pelo sal de tártaro, ou álcali fixo, com grande abundância de ácido.
O *tártaro emético* é uma combinação de sulfeto de antimônio fundido e creme de tártaro.
O *tártaro foliado* é uma combinação de sal de tártaro e vinagre.

TARTUFO, TARTUFICE (Tartufe, tartuferie)

Tartufo, substantivo masculino, nome inventado por Molière e adotado hoje em todas as línguas da Europa para designar os hipócritas, os embusteiros que se valem do manto da religião: *é um tartufo, um verdadeiro tartufo.*

Tartufice, substantivo feminino, palavra nova derivada de *tartufo*; ação do hipócrita, comportamento hipócrita, embuste de falso devoto; foi muito usada nas disputas em torno da bula *Unigenitus*.

TÁTICA (Tactique)

Tática, substantivo feminino, significa propriamente *ordem, arranjo*; mas essa palavra está consagrada desde muito tempo à ciência da guerra. A tática consiste em organizar as tropas em formação de batalha, em fazer as evoluções, em dispor as tropas, em prevalecer-se com vantagem das máquinas de guerra. A arte de acampar bem recebe outro nome, que é *castrametação*. Iniciada a batalha, quando o sucesso só depende do valor das tropas e do golpe de vista do general, o termo *tática* já não convém, porque então já não se trata de ordem nem de arranjo.

TAURICIDAR (Tauricider)

Tauricidar, verbo nominal, combater touros; expressão familiar que se encontra com frequência em Scarron, Bussy e Choisy[1].

TAURÓBOLO (Taurobole)

Tauróbolo, sacrifício de expiação, comuníssimo nos séculos III e IV: o touro era morto sobre uma grande pedra escavada e vazada; sob essa pedra ficava um fosso, no qual o expiado recebia sobre o corpo e o rosto o sangue do animal imolado. Juliano, o filósofo, concordou em submeter-se a essa expiação, para reconciliar-se com os sacerdotes dos gentios.

TAURÓFAGO (Taurophage)

Taurófago, substantivo masculino, comedor de touro; nome que se dava a Baco e a Sileno.

TAXA (Taxe)

O papa Pio II, numa epístola a João Peregal[2], admite que a cúria romana nada faz sem dinheiro; mesmo a imposição das mãos e os dons do Espírito Santo são vendidos; a remissão dos pecados só é concedida aos ricos.

---

1. Vale lembrar que o português tem *tauricídio* e *tauricida*. (N. da T.)
2. Epístola LXVI. (N. de Voltaire)

Antes dele, santo Antonino, arcebispo de Florença³, observara que no tempo de Bonifácio IX, que morreu em 1404, a cúria romana estava tão maculada pela simonia, que os benefícios eram conferidos menos por mérito do que por muito dinheiro. Acrescenta que aquele papa encheu o universo de indulgências plenas, de tal modo que as pequenas igrejas, nos dias de festas, as obtinham por preço módico.

Teodorico de Niem⁴, secretário daquele pontífice, informa que, de fato, Bonifácio mandou mendicantes a diversos reinos para vender a indulgência àqueles que lhes oferecessem a quantia de dinheiro que teriam despendido no caminho caso tivessem feito, para tanto, a viagem a Roma; desse modo, remetiam todos os pecados de quem se confessasse, mesmo sem penitência, e, mediante pagamento, dispensavam tais pessoas de todos os tipos de irregularidade, dizendo que para tanto tinham o poder que Cristo outorgara a Pedro, de atar e desatar tudo neste mundo⁵.

O mais singular é que o preço de cada crime é taxado numa obra latina impressa em Roma por ordem de Leão X, em 18 de novembro de 1514, na casa Marcel Silber, no campo de Flora, com o título *Taxas da sagrada chancelaria e da sagrada penitenciaria apostólica*.

Entre várias outras edições desse livro, feitas em diferentes países, a edição in-4° de Paris, do ano 1510, da casa Toussaint Denys, rua Saint-Jacques, Croix-de-Bois, Saint-Yves, com privilégio do rei por três anos, traz no frontispício as armas da França e as da casa de Médici, à qual pertencia Leão X. Isso deve ter enganado o autor de *Quadro dos papas*⁶, que atribui a Leão X o estabelecimento dessas taxas, embora Polidoro Virgílio⁷ e o cardeal de Ossat⁸ estejam de acordo em situar a invenção da taxa de chancelaria no tempo de João XXII, por volta do ano 1320, e o início da taxa da penitenciaria dezesseis anos mais tarde, no tempo de Bento XII.

Para termos uma ideia dessas taxas, copiaremos aqui alguns artigos do capítulo sobre as absolvições.

A absolvição⁹ para quem conheceu carnalmente a mãe, a irmã etc. custa cinco grossos.

A absolvição para quem deflorou uma virgem, seis grossos.

A absolvição para quem revelou a confissão de outra pessoa, sete grossos.

A absolvição¹⁰ para quem matou o pai, a mãe etc., cinco grossos; o mesmo para os outros pecados, como veremos logo: mas no fim do livro os preços são avaliados em ducados.

Falou-se também de uma espécie de carta chamada *confessional*, por meio da qual o papa permite que se escolha, às portas da morte, um confessor que dê pleno perdão de qualquer pecado: por isso, essas cartas somente são concedidas aos príncipes, e mesmo com grande dificuldade. Esse detalhe está na página 32 da edição de Paris.

A cúria de Roma, em seguida, sentiu vergonha desse livro e o suprimiu na medida do possível; chegou a incluí-lo no índex expurgatório do concílio de Trento, com base na falsa alegação de que os hereges o haviam corrompido.

É verdade que Antoine Dupinet, fidalgo do Franco Condado, mandou imprimir em Lyon, no ano de 1564, um excerto in-8°, cujo título é: *Taxas das partes casuais do gabinete do papa, em latim e francês, com anotações feitas a partir de decretos, concílios e cânones, antigos e modernos, para a verificação da disciplina antigamente observada na Igreja; da autoria de A.D.P.* Mas, embora não avise que sua obra não passa de resumo de outra, em vez de corromper o seu original,

---

3. Crônica, parte III, título 22. (N. de Voltaire)
4. Liv. I, *Do cisma*, cap. LXVIII. (N. de Voltaire)
5. Mateus, cap. XVI, v. 19. (N. de Voltaire)
6. P. 154. (N. de Voltaire)
7. Liv. VIII, cap. II de *Inventores das coisas*. (N. de Voltaire)
8. Carta CCCIII. (N. de Voltaire)
9. P. 38. (N. de Voltaire)
10. P. 36. (N. de Voltaire)

ele retira alguns dados odiosos, tais como o que se lê na página 23, linha 9, embaixo, na edição de Paris; ei-lo: "Note-se com atenção que esse tipo de graça e de dispensa não é concedido aos pobres, porque, não tendo haveres, não podem ser consolados."

É verdade também que Dupinet avalia essas taxas em tornesas, ducados e carlinos; mas, como observa na página 42 que os carlinos e os grossos têm o mesmo valor, substituir a taxa de cinco, seis, sete grossos etc., que está em seu original, pela de um número igual de carlinos não é falsificar. Prova disso está nos quatro artigos já citados do original.

A absolvição, diz Dupinet, para aquele que conhece carnalmente a mãe, a irmã ou alguma outra parenta ou afim, ou sua comadre de batismo, é taxada em cinco carlinos.

A absolvição para aquele que desvirgina uma moça é taxada em seis carlinos.

A absolvição para aquele que revela a confissão de algum penitente é taxada em sete carlinos.

A absolvição para aquele que matou o pai, a mãe, o irmão, a irmã, a mulher ou algum outro parente ou afim, laico porém, é taxada em cinco carlinos: pois, se o morto fosse eclesiástico, o homicida seria obrigado a visitar os lugares santos.

Transcreveremos alguns outros.

A absolvição, continua Dupinet, para qualquer ato de impudicícia, cometido por um clérigo, seja ele com uma religiosa no claustro ou fora dele, com suas parentas e afins, com sua filha espiritual (sua pupila) ou com quaisquer outras mulheres, custa trinta e seis tornesas e três ducados.

A absolvição para um padre que tenha concubina, vinte e uma tornesas, cinco ducados e seis carlinos.

A absolvição de um laico por todas as espécies de pecado da carne é dada ao foro íntimo por seis tornesas e dois ducados.

A absolvição de um laico pelo crime de adultério, dada ao foro íntimo, custa quatro tornesas; e, se houver adultério e incesto, é preciso pagar por cabeça seis tornesas. Se, além desses crimes, se pedir absolvição do pecado contra a natureza ou da bestialidade, o preço será de noventa tornesas, doze ducados e seis carlinos; mas, se for solicitada apenas a absolvição do crime contra a natureza ou da bestialidade, o preço será de apenas trinta e seis tornesas e nove ducados.

A mulher que tomar uma beberagem para abortar, ou o pai que a obrigar a tomá-la, pagará quatro tornesas, um ducado e oito carlinos; e, se quem dera a beberagem for estrangeiro, pagará quatro tornesas, um ducado e cinco carlinos.

O pai, a mãe ou qualquer outro parente que asfixie uma criança pagará quatro tornesas, um ducado e oito carlinos; e, se o marido e a mulher a tiverem matado juntos, pagarão seis tornesas e dois ducados.

A taxa concedida pelo datário para se contrair casamento fora do tempo permitido é de vinte carlinos; e no tempo permitido, se os contraentes forem de segundo ou terceiro grau, ela é ordinariamente de vinte e cinco ducados e de quatro para a expedição das bulas; se de quarto grau, será de sete tornesas, um ducado e seis carlinos.

A dispensa do jejum para um laico nos dias marcados pela Igreja e a permissão de comer queijo são taxadas em vinte carlinos. A permissão de comer carne e ovos nos dias proibidos é taxada em doze carlinos; e a permissão de comer laticínios, em seis tornesas para uma pessoa, e em doze tornesas, três ducados e seis carlinos para toda a família e vários parentes.

A absolvição de um apóstata e de um desgarrado que queira retornar ao seio da Igreja custa doze tornesas, três ducados e seis carlinos.

A absolvição e a reabilitação do culpado do sacrilégio de roubo, incêndio, rapina, perjúrio e semelhantes é taxada em trinta e seis tornesas e nove ducados.

A absolvição para o criado que ficar com os bens do senhor falecido, para pagamento de seus salários, e que, advertido, não proceda à restituição, desde que os bens retidos não excedam o valor de seus salários, é taxada apenas, no foro íntimo, em seis tornesas e dois ducados.

Por modificar as cláusulas de um testamento, a taxa ordinária é de doze tornesas, três ducados e seis carlinos.

A permissão para trocar de nome custa nove tornesas, dois ducados e nove carlinos; e, para trocar o sobrenome e a maneira de o assinar, é preciso pagar seis tornesas e dois ducados.

A permissão para ter um altar portátil para uma única pessoa é taxada em dez carlinos; a permissão para ter uma capela doméstica, devido à distância da igreja paroquial, e para nela estabelecer fontes batismais e capelães, trinta carlinos.

Por fim, a permissão para transportar mercadorias uma vez ou várias para as terras dos infiéis e, em geral, comerciar e vender sua mercadoria sem ser obrigado a obter permissão dos senhores temporais de quaisquer lugares, sejam eles reis ou imperadores, com todas as cláusulas derrogatórias muito amplas, é taxada em apenas vinte e quatro tornesas e seis ducados.

Essa permissão, que supre a dos senhores temporais, é uma nova prova das pretensões papais de que já falamos no verbete Bula. Sabe-se, aliás, que todos os rescritos ou expedições para os benefícios ainda são pagos em Roma de acordo com a taxa estabelecida; e esse encargo sempre recai sobre os laicos, em virtude dos valores exigidos pelo clero subalterno. Só falaremos aqui das taxas cobradas para casamentos e sepultamentos.

Uma decisão do parlamento de Paris, de 19 de maio de 1409, proferida num processo movido pelos habitantes e almotacés de Abbeville, dita que todos poderão deitar-se com sua respectiva mulher logo depois da celebração do casamento, sem esperarem a licença do bispo de Amiens e sem pagarem as taxas exigidas por aquele prelado para suspender a proibição por ele feita de se consumar o casamento nas três primeiras noites depois das núpcias. Os monges de Saint-Étienne de Nevers foram privados do mesmo direito por uma outra decisão de 27 de setembro de 1591. Alguns teólogos alegaram que isso se baseava no quarto concílio de Cartago, que ditara essa ordem, para reverenciar a bênção matrimonial. Mas, como aquele concílio não estabelecera que era possível esquivar-se a essa proibição pagando, é mais provável que essa taxa fosse uma continuação do costume infame de dar a certos senhores a primeira noite das recém-casadas de seus vassalos. Buchanan acredita que esse uso começara na Escócia, no tempo do rei Even.

Seja como for, o sr. de Prellei e o sr. de Parsanni, no Piemonte, chamavam esse direito de *carragio*; mas como se recusassem a comutá-lo por serviços honestos, seus vassalos revoltados aliaram-se a Amadeu VI, décimo quarto conde de Savoia.

Conservou-se uma ata lavrada pelo sr. Jean Fraguier, auditor da câmara de contas de Paris em virtude da sentença por esta proferida em 7 de abril de 1507, para a avaliação do condado de Eu, que passou à guarda do rei devido à minoridade dos filhos do conde de Nevers e de Charlotte de Bourbon, sua mulher. No capítulo referente à receita da baronia de Saint-Martin-le-Gaillard, dependente do condado de Eu, está dito: *Item,* ao referido senhor, no referido lugar de Saint-Martin, direito de *culage* quando alguém se casa.

Os srs. de Sonloire tinham outrora um direito semelhante, mas, como o omitiram na homenagem declarada ao sr. de Montlevrier, seu suserano, a homenagem foi censurada; no entanto, por meio de um ato de 15 de dezembro de 1607, o sr. de Montlevrier renunciou formalmente a esses direitos vergonhosos, que foram convertidos em prestações de serviços módicos, chamadas *marchetta*.

Ora, nossos prelados, quando tiveram feudos, segundo observação do judicioso Fleury, acreditaram ter como bispos aquilo que só tinham como senhores; e os curas, como seus vavassalos, imaginaram a bênção do leito nupcial, que lhes valia uma pequena taxa com o nome de *prato de núpcias*, ou seja, um jantar em forma de dinheiro ou em espécie. Eis a quadrinha que um cura da província pôs nessa ocasião debaixo do travesseiro de um juiz provecto, que se casava com uma jovem donzela chamada La Montagne; fazia ele alusão aos chifres de Moisés, de que se fala no Êxodo[11]:

Le président à barbe grise
Sur la montagne va monter;
Mais certes il peut bien compter
D'en descendre comme Moïse.
[O juiz de barba grisalha
Na montanha vai subir;
Mas com certeza pode contar
Dela descer como Moisés.]

Devemos dizer também algumas palavras sobre os direitos exigidos pelo clero para as sepulturas dos laicos. Antigamente, quando alguém morria, os bispos pediam o exame dos testamentos e proibiam que se desse sepultura àqueles que tivessem morrido sem deixar nenhum legado para a Igreja, a menos que os parentes procurassem o juiz eclesiástico, que indicaria um padre ou algum outro eclesiástico para reparar o erro do defunto e deixar um legado em seu nome. Os curas também se opunham à ordenação dos que quisessem tornar-se monges, até que estes pagassem os direitos de suas sepulturas: diziam que, como morriam para o mundo, era justo que quitassem aquilo que ficariam devendo caso tivessem sido enterrados.

Mas os frequentes debates ocasionados por tais vexações obrigaram os magistrados a fixar a taxa desses singulares direitos. Eis um resumo de um regulamento desse tipo, ditado por François de Harlai de Chanvallon, arcebispo de Paris, em 30 de maio de 1693 e homologado no tribunal do parlamento em 10 de junho seguinte.

Casamentos	Livro	Sols
Publicação das proclamas	1	10
Noivados	2	10
Celebração do casamento	6	10
Certificado da publicação das proclamas e permissão para que o noivo se case na paróquia da noiva	5	10
Honorários da cerimônia de casamento	1	10
Vigário		10
Oficiante	1	10
Bênção do leito nupcial	1	10
Exéquias		
De crianças menores de sete anos, quando não vai um grupo de clérigos		
Cura	1	10
Cada padre	1	10
Grupo de clérigos		
Direito curial	4	10
Presença do cura	2	10

---

11. Cap. XXXIV, v. 29. (N. de Voltaire)

Cada padre	2	10
Vigário	1	10
Cada criança de coro, quando carregam o corpo	1	8
Quando não carregam	1	5
E assim sobre os jovens de sete anos até doze.		
Sobre as pessoas com mais de doze anos		
Direito curial	6	5
Assistência do cura	4	5
Vigário	2	5
Cada padre	1	5
Cada criança do coro	1	10
Cada um dos padres que velarão o corpo durante a noite, gorjeta etc.	3	10
E durante o dia para cada um	2	10
Celebração da missa	1	10
Serviço extraordinário, chamado serviço completo, ou seja, vigílias e as duas missas do Espírito Santo e da Virgem Maria	4	10
Para cada um dos padres que carregarem o corpo	1	10
Transporte da cruz alta	1	10
Porta-caldeirinha	1	5
Transporte da cruz pequena	1	5
Celebrante do funeral	1	5
O transporte dos corpos de uma igreja a outra será pago pela metade mais os direitos acima.		
Recepção dos corpos transportados		
Cura	6	5
Vigário	1	10
Cada padre	1	15

TÉCNICO (Technique)

Técnico, adjetivo masculino e feminino; artificial: *versos técnicos*, que encerram preceitos; *versos técnicos* para ensinar história. Os versos de Despautère[12] são *técnicos*.

"*Mascula sunt pons, mons, fons.*"

Não são versos no estilo de Virgílio.

---

12. Despautère é o nome afrancesado de J. van Pauteren (gramático flamengo. 1480?-1520), cuja obra *Comentarii gramatici* (1537), confusa e cheia de absurdos, foi muito difundida na Europa entre os séculos XVI e XVII. Deu origem ao nosso "despautério". (N. da T.)

TEÍSMO (Théisme)

O teísmo é uma religião disseminada em todas as religiões; é um metal que se liga a todos os outros e cujos veios se estendem por debaixo da terra aos quatro cantos do mundo. Essa mina é mais descoberta e mais trabalhada na China; em todos os outros lugares, ela é oculta, e seu segredo está apenas nas mãos dos adeptos.

Não há país onde haja mais desses adeptos do que na Inglaterra. Havia, no século passado, muitos ateus naquele país, assim como na França e na Itália. O que o chanceler Bacon disse é literalmente verdadeiro: um pouco de filosofia torna o homem ateu, e muita filosofia leva ao conhecimento de um Deus. Quando, como Epicuro, se acreditava que o acaso faz tudo, ou, como Aristóteles e até vários dos antigos teólogos, que tudo nasce por corrupção, e que, com matéria e movimento, o mundo anda sozinho, então era possível deixar de acreditar na Providência. Mas, a partir do momento que se entreviu a natureza, que os antigos não viam, que se percebeu que tudo é organizado e tem seu germe, que se soube que tanto um cogumelo quanto todos os mundos são obra de uma sabedoria infinita, então os que pensam passaram a adorar na mesma medida em que seus predecessores blasfemaram. Os físicos tornaram-se arautos da Providência: o catequista anuncia Deus às crianças; Newton demonstra-o aos sábios.

Muita gente pergunta se o teísmo, considerado à parte e sem nenhuma outra cerimônia religiosa, é uma religião. A resposta é fácil: aquele que só reconhece um Deus criador, que só considera em Deus um ser infinitamente poderoso e vê suas criaturas como máquinas admiráveis, é tão religioso perante ele quanto um europeu admirador do rei da China é súdito desse príncipe. Mas quem achar que Deus criou uma relação entre si e os homens, que os fez livres, capazes do bem e do mal, e deu a todos o bom-senso que é o instinto humano e sobre o qual se funda a lei natural, esse sem dúvida tem uma religião, uma religião muito melhor que todas as seitas que estão fora de nossa Igreja; pois todas essas seitas são falsas, e a lei natural é verdadeira. Nossa religião revelada nada mais é nem podia ser que essa lei natural aperfeiçoada. Assim, o teísmo é o bom-senso ainda não instruído pela revelação, e as outras religiões são o bom-senso pervertido pela superstição.

Todas as seitas são diferentes, porque vêm dos homens; a moral é a mesma em todo lugar, porque vem de Deus.

Pergunta-se por que, de quinhentas ou seiscentas seitas, quase não há nenhuma que não tenha causado derramamento de sangue, enquanto os teístas, tão numerosos em toda parte, nunca causaram o menor tumulto. É que eles são filósofos. Ora, os filósofos podem fazer maus raciocínios, mas nunca fazem intrigas. Por isso, quem persegue um filósofo, pretextando que suas opiniões podem ser perigosas para o público, são tão absurdos quanto aqueles que temessem que o estudo da álgebra encarecesse o pão no mercado: cabe lastimar um ser pensante que se extravia; o perseguidor é insano e horrível. Somos todos irmãos; se algum irmão meu, cheio de respeito e amor filial, animado por caridade fraterna, não saúda nosso pai comum com as mesmas cerimônias que eu, devo matá-lo e arrancar-lhe o coração?

O que é um verdadeiro teísta? É aquele que diz a Deus: *Eu vos adoro e vos sirvo*; é aquele que diz ao turco, ao chinês, ao indiano e ao russo: *Eu vos amo*.

Ele talvez duvide que Maomé tenha viajado para a Lua e posto metade dela na manga; não quer que, depois de sua morte, sua mulher se queime viva por devoção; às vezes é tentado a não acreditar na história das onze mil virgens, na de santo Amável, que teve o chapéu e as luvas transportados por um raio de sol de Auvergne a Roma. Mas, fora isso, é um homem justo. Noé o teria posto na arca, e Numa Pompílio, em seus conselhos; teria subido no carro de Zoroastro; teria filosofado com Platão, Aristipo, Cícero, Ático; mas não teria bebido cicuta com Sócrates?

TEÍSTA (Théiste)

O teísta é um homem firmemente convencido da existência de um Ser supremo bom e poderoso, que formou todos os seres extensos, vegetantes, sencientes e reflexivos; que perpetua sua espécie, pune sem crueldade os crimes e recompensa com bondade as ações virtuosas.

O teísta não sabe como Deus pune, como favorece, como perdoa: pois não é tão temerário a ponte de se gabar de saber como Deus age; mas sabe que Deus age, e que é justo. As dificuldades contra a Providência não lhe abalam a fé, porque são apenas grandes dificuldades, e não provas; ele se submete a essa Providência, embora só perceba alguns de seus efeitos e exterioridades; e, julgando as coisas que não vê pelas que vê, acha que essa Providência se estende para todos os lugares e todos os séculos.

Reunido nesse princípio com o resto do universo, não abraça nenhuma das seitas, pois todas se contradizem. Sua religião é a mais antiga e a mais ampla: pois a adoração simples de um Deus precedeu todos os sistemas do mundo. Ele fala uma língua que todos os povos entendem, enquanto não se entendem entre si. Tem irmãos de Pequim a Caiena e considera todos os sábios seus irmãos. Acredita que a religião não consiste nas opiniões de uma metafísica ininteligível nem em vãos aparatos, mas na adoração e na justiça. Fazer o bem é seu culto; ser submisso a Deus é sua doutrina. O maometano lhe brada: "Ai de ti se não fizeres a peregrinação a Meca!" O recoleto: "Pobre de ti, se não fizeres uma viagem a Nossa Senhora de Loreto!" Ele se ri de Loreto e de Meca; mas socorre o indigente e defende o oprimido.

TEJO (Tage)

Tejo, substantivo masculino. Embora seja apenas o nome próprio de um rio, o uso frequente que dele foi feito deve justificar um lugar no *Dicionário da Academia*. Os tesouros de Pactolo e do Tejo são comuns em poesia: houve a suposição de que nas águas desses dois rios corria grande quantidade de ouro; o que não é verdade.

TEOCRACIA (Théocratie)

Governo de Deus ou dos deuses

Todos os dias me engano, mas desconfio que os povos que cultivaram as artes viveram todos sob uma teocracia. Excetuo sempre os chineses, que parecem sábios já ao formarem uma nação. Quando a China é reino, eles já não têm superstições. É pena que, elevando-se de início tão alto, tenham permanecido, em ciências, no nível em que estão há muito tempo. Parece que receberam da natureza uma grande dose de bom-senso e uma dose bem pequena de indústria: mas mesmo a sua indústria se desenvolveu bem mais cedo que a nossa.

Os japoneses, seus vizinhos, cuja origem é totalmente desconhecida (mas que origem é conhecida?), foram incontestavelmente governados por uma teocracia. Seus primeiros soberanos, bem reconhecidos, eram os dairis, os grão-sacerdotes de seus deuses; essa teocracia está bem atestada. Aqueles sacerdotes reinaram despoticamente por cerca de mil e oitocentos anos. Em meados do nosso século XII um capitão, um imperador, um xogum, dividiam com eles a autoridade; e, no nosso século XVI, os capitães a assumiram por inteiro e a conservaram. Os dairis continuaram sendo os chefes da religião; eram reis, e passaram a ser apenas santos: organizam as festas, conferem títulos sagrados, mas não podem criar uma companhia de infantaria.

Os brâmanes da Índia conheceram por muito tempo o poder teocrático, ou seja, tiveram o poder soberano em nome de Brama, filho de Deus; e, no aviltamento em que estão hoje, ainda acreditam nesse caráter indelével. Essas são as duas grandes teocracias mais indubitáveis.

Os sacerdotes da Caldeia, da Pérsia, da Síria, da Fenícia e do Egito eram tão poderosos, tinham participação tão grande no governo, impunham com tanta força o incensório ao cetro, que se pode dizer que o império de todos esses povos era dividido entre teocracia e realeza.

O governo de Numa Pompílio foi claramente teocrático. Quando alguém diz: Dito-vos leis em nome dos deuses, e não em meu nome; é um deus que vos fala, então Deus é o rei, e quem assim fala é seu lugar-tenente.

Entre os celtas, que só tinham chefes elegíveis, e não reis, os druidas e suas feiticeiras governavam tudo. Mas não ouso dar o nome de *teocracia* à anarquia daqueles selvagens.

A pequena nação judia merece aqui ser considerada politicamente apenas pela prodigiosa revolução ocorrida no mundo, de que ela foi causa obscura e ignorante.

Só consideraremos o histórico daquele estranho povo. Ele tem um condutor que deve guiá-lo em nome de seu Deus para a Fenícia, que ele chama de Canaã. O caminho era reto e unido desde as terras de Gosen até Tiro, sul e norte; não havia perigo algum para seiscentos e trinta mil combatentes, capitaneados por um general como Moisés, que, segundo Flávio Josefo[13], já vencera um exército de etíopes e até um exército de serpentes.

Em vez de tomar esse caminho fácil e curto, ele conduz seu povo de Ramessés a Baal-Sefon, exatamente o oposto, bem pelo meio do Egito, indo direto para o sul. Atravessa o mar e marcha durante quarenta anos por ermos atrozes, onde não há nenhuma nascente, nenhuma árvore, nenhuma plantação: há só areia e rochedos horríveis. É evidente que só um Deus poderia fazer os judeus tomar aquele caminho por milagre e sustentá-los com milagres contínuos.

O governo judeu foi então, portanto, uma verdadeira teocracia. No entanto, Moisés não era pontífice; e Aarão, que era, não foi chefe e legislador.

A partir daí não se vê nenhum pontífice reinar: Josué, Jefté, Sansão e os outros chefes do povo, com exceção de Helias e Samuel, não foram sacerdotes. A república judaica, tantas vezes submetida à servidão, era anárquica, mais que teocrática.

Sob os reis de Judá e de Israel, o que se teve foi apenas uma longa sucessão de assassinatos e guerras civis. Aqueles horrores só foram interrompidos pela extinção total de dez tribos e, depois, pela escravidão de outras duas e pela ruína da cidade, em meio à fome e à peste. Isso não é governo divino.

Quando os escravos judeus voltaram a Jerusalém, foram submetidos aos reis da Pérsia, ao conquistador Alexandre e a seus sucessores. Parece que, então, Deus não reinava diretamente sobre aquele povo, pois um pouco antes da invasão de Alexandre o pontífice João assassinou o sacerdote Jesus, seu irmão, no templo de Jerusalém, assim como Salomão assassinara seu irmão Adonias no altar.

A administração era ainda menos teocrática quando Antíoco Epifano, rei da Síria, se serviu de vários judeus para punir aqueles que considerava rebeldes[14]. Proibiu-os de circuncidar os filhos sob pena de morte[15]; mandou sacrificar porcos no templo deles, queimar as portas, destruir o altar, e os espinheiros encheram todo o recinto.

Matatias pôs-se contra ele à testa de alguns cidadãos, mas não foi rei. Seu filho Judas Macabeu, tratado de Messias, morreu depois de alguns esforços gloriosos.

A essas guerras sangrentas sucederam-se guerras civis. Os jerosolimitas destruíram Samária, que os romanos reconstruíram depois com o nome de Sebasta.

---

13. Josefo, liv. II, cap. V. (N. de Voltaire)
14. Liv. VII. (N. de Voltaire)
15. Liv. XI. (N. de Voltaire)

Naquele caos de revoluções, Aristóbulo, da raça dos macabeus, filho de um grande sacerdote, fez-se rei mais de quinhentos anos depois da ruína de Jerusalém. Marcou seu reinado como alguns sultões turcos, matando o irmão e mandando matar a mãe. Seus sucessores o imitaram até os tempos em que os romanos puniram todos aqueles bárbaros. Nada disso é teocrático.

Se alguma coisa dá uma ideia da teocracia, convenhamos que é o pontificado de Roma[16]: ele só se explica em nome de Deus, e seus súditos vivem em paz. Há muito tempo o Tibete goza das mesmas vantagens sob o grande lama; mas é erro grosseiro que procura imitar a verdade sublime.

Os primeiros incas, ao se dizerem descendentes em linha direta do Sol, estabeleceram uma teocracia; tudo era feito em nome do Sol.

Deveria haver teocracia em todo lugar; pois todo homem – príncipe ou bateleiro – deve obedecer às leis naturais e eternas que Deus lhe deu.

TEODÓSIO (Théodose)

Todo príncipe que se põe à cabeça de um partido e tem sucesso está certo de que será louvado durante toda a eternidade, se o partido durar todo esse tempo; e seus adversários podem ter certeza de que serão tratados por oradores, poetas e pregadores como titãs revoltados contra os deuses. Foi o que ocorreu a Otávio Augusto, quando sua boa sorte o livrou de Bruto, Cássio e Antônio.

Esse foi o destino de Constantino, quando Maxêncio, legítimo imperador eleito pelo senado e pelo povo romano, caiu na água e se afogou.

Teodósio teve a mesma vantagem. Ai dos vencidos! Benditos sejam os vitoriosos! Essa é a divisa do gênero humano.

Teodósio era um oficial espanhol, filho de um militar de carreira espanhol. Assim que se tornou imperador, passou a perseguir os anticonsubstancialistas. Imaginai os aplausos, as bênçãos e o elogios pomposos da parte dos consubstancialistas! Seus adversários quase não sobrevivem; suas queixas e seus clamores contra a tirania de Teodósio se extinguiram com eles; e o partido dominante continua prodigalizando a esse príncipe os atributos de piedoso, justo, clemente, sábio e grande.

Um dia, aquele príncipe piedoso e clemente, que gostava furiosamente de dinheiro, resolve cobrar duríssimo imposto da cidade de Antioquia, então a mais bela da Ásia Menor; o povo, desesperado, depois de pedir ligeira diminuição sem a obter, encolerizou-se e chegou a quebrar algumas estátuas, entre as quais uma do soldado pai do imperador. São João Crisóstomo, ou boca de ouro, pregador e um tanto adulador de Teodósio, não deixou de chamar essa ação de detestável sacrilégio, visto que Teodósio era a imagem de Deus, e seu pai era quase tão sagrado quanto ele. Mas, se aquele espanhol se assemelhava a Deus, devia pensar que os antioquienses também se assemelhavam a ele, e que, antes de haver imperadores, houve homens:

Finxit in effigiem moderantum cuncta deorum.
[Modelou-o à imagem dos deuses, governadores de todas as coisas.]
(Ovídio, *Met.* I, 83)

---

16. *Rome encore aujourd'hui, consacrant ces maximes, / Joint le trône à l'autel par des noeuds légitimes* [Roma ainda hoje, consagrando essas máximas, / Une o trono ao altar com laços legítimos]. Jean-George Le Franc, bispo de Puy-en-Velai, afirma que isso é raciocinar mal; é verdade que seria possível negar os *laços legítimos*. Mas ele mesmo poderia estar raciocinando mal. Não vê que o papa só se tornou soberano abusando de seu título de *pastor*, transformando o báculo em cetro; ou melhor, ele não quer ver isso. Em comparação com a paz dos romanos modernos, é a tranquilidade da apoplexia. (N. de Voltaire)

Teodósio envia imediatamente uma carta régia ao governador, com ordem de torturar as principais imagens de Deus que haviam participado daquela sedição passageira, condenando-as à morte: umas com golpes de cordas armadas de bolas de chumbo, outras na fogueira e outras ainda pela espada. Isso foi executado com o esmero de todo governador que cumpre seu dever de cristão, que presta bem suas homenagens ao soberano e quer fazer carreira. O Oronte não levou ao mar senão cadáveres, durante vários dias; depois dos quais, Sua Graciosa Majestade Imperial perdoou os antioquenses com sua clemência costumeira e duplicou os impostos.

Que fizera o imperador Juliano na mesma cidade, da qual recebera um ultraje mais pessoal e grave? Não fora uma estátua ruim de seu pai que se abatera: era a ele mesmo que os antioquenses visavam; haviam feito contra ele violentíssimas sátiras. O imperador filósofo respondeu-lhes com uma sátira leve e engenhosa. Não os privou da vida nem da bolsa. Limitou-se a ter mais engenho que eles. Era esse o homem que são Gregório de Nazianzo e Teodoreto – que não eram de sua comunhão – ousavam caluniar, chegando a dizer que ele sacrificava mulheres e crianças à Lua, enquanto aqueles que eram da comunhão de Teodósio sobreviveram até nossos dias, copiando-se uns aos outros, repetindo de centenas de modos que Teodósio foi o mais virtuoso dos homens e querendo transformá-lo em santo.

Sabe-se bem qual foi a mansidão daquele santo no massacre de quinze mil súditos na Tessalônica. Seus panegiristas reduzem o número dos mortos a sete ou oito mil; é pouco para eles. Mas elevam aos céus a terna piedade daquele bom príncipe que se privou da missa, assim como seu cúmplice, o detestável Rufino. Concordo mais uma vez que é uma bela expiação, um grande ato de devoção deixar de ir à missa: mas, afinal, isso não devolve a vida a quinze mil inocentes trucidados a sangue-frio por uma perfídia abominável. Se um herege se tivesse sujado com semelhante crime, com que prazer todos os historiadores deitariam falação contra ele! Com que cores seriam pintados nos púlpitos e nas declamações de colégio!

Suponhamos que o príncipe de Parma tivesse entrado em Paris, depois de obrigar nosso caro Henrique IV a levantar o sítio; suponhamos que Filipe II tivesse dado o trono da França à sua filha católica e ao jovem duque católico de Guise: quantas plumas e quantas vozes teriam amaldiçoado para sempre Henrique IV e a lei sálica! Ambos seriam esquecidos, e os Guises seriam os heróis do Estado e da religião.

Et cole felices, miseros fuge.
[Cultua os afortunados, foge dos miseráveis.]

Hugo Capeto, destituindo o herdeiro legítimo de Carlos Magno, transforma-se no tronco de uma raça de heróis. Sucumbindo, pode ser tratado como o irmão de são Luís tratou depois Conradino e o duque da Áustria, e com muito mais razão.

Pepino, rebelde, destrona a raça merovíngia e encerra seu rei num claustro; mas, se malogra, sobe ao cadafalso.

Se Clóvis, primeiro rei cristão da Gália Belga, é derrotado em sua invasão, corre o risco de ser condenado às feras, tal como um de seus ancestrais foi condenado por Constantino. Assim marcha o mundo, sob o império da Fortuna, que outra coisa não é senão a necessidade, a fatalidade invencível. *Fortuna saevo laeta negotio* [A fortuna satisfeita com suas cruéis atribuições]. Ela nos faz jogar como cegos o seu jogo terrível, e nós nunca vemos o outro lado das cartas.

TEOLOGIA (Théologie)

É o estudo, e não a ciência, de Deus e das coisas divinas; houve teólogos entre todos os sacerdotes da antiguidade, ou seja, filósofos que, deixando para os olhos e os espíritos do vulgo toda a parte exterior da religião, pensavam de maneira mais sublime sobre a Divindade e a origem das festas e dos mistérios; guardavam tais segredos para si mesmos e para os iniciados. Assim, nas festas secretas dos mistérios de Elêusis, eram representados o caos e a formação do universo, e o hierofante cantava este hino: "Livrai-vos dos preconceitos que vos afastariam do caminho da vida imortal a que aspirais; elevai vossos pensamentos para a natureza divina; pensai que estais andando diante do senhor do universo, diante do único ser que é por si mesmo." Assim, na festa da autopse, reconhecia-se apenas um Deus.

Assim, tudo era misterioso nas cerimônias do Egito; e o povo, contente com o exterior de um aparato imponente, não se acreditava feito para atravessar o véu que lhe ocultava o que era muito mais venerável.

Esse costume, naturalmente introduzido em toda a terra, não ofereceu alimento ao espírito de controvérsia. Os teólogos do paganismo não tiveram opiniões para defender em público, pois o mérito de suas opiniões era o seu caráter oculto; e todas as religiões foram pacíficas.

Se os teólogos cristãos tivessem feito isso, teriam sido alvo de mais respeito. O povo não é feito para saber se o verbo engendrado é consubstancial a seu engendrador; se é uma pessoa com duas naturezas, ou uma natureza com duas pessoas, ou uma pessoa e uma natureza; se desceu ao inferno *per effectum* e ao limbo *per essentiam*; se comemos seu corpo apenas com os acidentes do pão, ou com a matéria do pão; se sua graça é versátil, suficiente, concomitante, necessitante no sentido composto ou no sentido dividido. Nove em dez homens que ganham a vida do trabalho de suas próprias mãos pouco entendem essas questões; os teólogos, que tampouco as entendem – pois as esgotam há tantos anos e não entram em acordo e ainda estão discutindo –, sem dúvida teriam agido melhor pondo um véu entre si e os profanos.

Com menos teologia e mais moral, teriam sido veneráveis para os povos e os reis; mas, tornando públicas suas disputas, transformaram em seus senhores aqueles mesmos povos que queriam conduzir. Pois o que aconteceu? Como aquelas infelizes polêmicas dividiram os cristãos, o interesse e a política acabaram por, necessariamente, misturar-se a elas. Como cada Estado (mesmo em tempos de ignorância) têm interesses diferentes, nenhuma Igreja pensa exatamente como a outra, e várias se opõem diametralmente. Assim, um doutor de Estocolmo não deve pensar como um doutor de Genebra; o anglicano, em Oxford, deve diferir de ambos; àquele que recebe o barrete em Paris não é lícito defender certas opiniões que o doutor de Roma não pode desprezar. As ordens religiosas, enciumadas umas das outras, dividiram-se. Um franciscano deve acreditar na imaculada conceição; um dominicano é obrigado a rejeitá-la e, para o franciscano, é um herege. O espírito geométrico que se disseminou tanto pela Europa acabou por aviltar a teologia. Os verdadeiros filósofos não puderam esquivar-se de mostrar o mais profundo desprezo por disputas quiméricas nas quais nunca se definiram os termos, disputas que giram em torno de palavras tão ininteligíveis quanto o fundo. Entre os próprios doutores há muitos realmente doutos que lastimam sua profissão: são como os áugures, que, segundo Cícero, não podiam encontrar-se sem rir.

TEÓLOGO (Théologien)

Primeira seção

O teólogo sabe perfeitamente que, segundo santo Tomás, os anjos são corpóreos em relação a Deus; que a alma recebe seu ser no corpo; que o homem tem alma vegetativa, sensitiva e intelectiva;

Que a alma está toda em tudo, e toda em cada parte;

Que ela é a causa eficiente e formal do corpo;

Que ela é suprema na nobreza das formas;
Que o apetite é um poder passivo;
Que os arcanjos ficam no meio, entre os anjos e os principados;
Que o batismo regenera por si mesmo e por acidente;
Que o catecismo não é sacramento, mas sacramental;
Que a certeza vem da causa e do sujeito;
Que a concupiscência é o apetite pela deleitação sensitiva;
Que a consciência é um ato, e não uma potência.

O anjo da escola escreveu cerca de quatro mil belas páginas nesse estilo. Um jovem tonsurado passa três anos a enfiar-se no cérebro esses sublimes conhecimentos, para depois receber o barrete de doutor da Sorbonne, e não do Manicômio!

Se é homem de condição ou filho de rico, intrigante e feliz, torna-se bispo, arcebispo, cardeal, papa.

Se é pobre e sem crédito, torna-se teólogo de um deles; argumenta por eles, relê santo Tomás e Scot para eles, faz mandamentos para eles, decide por eles nos concílios.

O título de teólogo é tão importante, que os padres do concílio de Trento o deram a seus cozinheiros, *cuoco celeste, gran teologo*. Sua ciência é a primeira das ciências, sua condição é a primeira das condições, e eles são os primeiros dos homens: tão grande é o império da verdadeira doutrina! A tal ponto a razão governa o gênero humano!

Quando, graças a seus argumentos, um teólogo se torna príncipe do santo Império, arcebispo de Toledo ou um dos setenta príncipes vestidos de vermelho, sucessores dos humildes apóstolos, então os sucessores de Galeno e Hipócrates trabalham para eles. Eram seus pares quando estudavam na mesma universidade, recebiam os mesmos diplomas, o mesmo barrete de doutor. A Fortuna muda tudo; e aqueles que descobriram a circulação do sangue, os vasos quilíferos e o canal torácico são lacaios daqueles que aprenderam o que é graça concomitante e esqueceram.

Segunda seção

Conheci um teólogo de verdade; dominava as línguas do oriente e tinha o máximo de informações possível sobre os antigos ritos das nações. Brâmanes, caldeus, ignícolas, sabeus, sírios, egípcios, todos lhe eram tão conhecidos quanto os judeus; as diversas interpretações da Bíblia eram-lhe familiares; durante trinta anos, tentara conciliar os Evangelhos e estabelecer um acordo entre os Padres da Igreja. Procurou saber em que época, precisamente, foi redigido o símbolo atribuído aos apóstolos e aquele cujo autor se diz ser Atanásio; como foram sendo instituídos os sacramentos, uns após os outros; qual foi a diferença entre a sinaxe e a missa; como a Igreja cristã foi dividida em diferentes partidos desde sua origem, e como a sociedade dominante considerou heréticas todas as outras. Sondou as profundezas da política que sempre se misturou a essas polêmicas, e fez a distinção entre política e sabedoria, entre o orgulho, que quer subjugar os espíritos, e o desejo de esclarecimento, entre fervor e fanatismo.

A dificuldade de organizar na cabeça tantas coisas cuja natureza é a confusão e de lançar um pouco de luz sobre tantas nuvens muitas vezes o enfadou; mas, como em tais pesquisas consistia o dever de seu estado, a elas se dedicou apesar do enfado. Chegou, por fim, a conhecimentos ignorados pela maioria de seus confrades. Quanto mais realmente douto se tornava, mais desconfiava de tudo o que sabia. Enquanto viveu, foi indulgente; e, ao morrer, confessou que consumira inutilmente a vida.

TERRA (Terre)

Terra, substantivo feminino, propriamente o limo que produz as plantas; se é pura ou mista, não importa: é chamada de *terra homogênea* quando desprovida, no que é possível, de partes heterogêneas; quando se rompe facilmente e tem pouca mistura de argila e areia, é *terra vegetal*; se for tenaz e viscosa, é *terra argilosa*.

Recebe denominações diferentes de todos os corpos de que está mais ou menos cheia: *terra pedregosa, arenosa, saibrosa, aquosa, ferruginosa, mineral* etc.

Recebe diversos nomes, de acordo com diversas qualidades: *terra gorda, magra, fértil, estéril, úmida, seca, quente, fresca, movediça, pisada, solta, compacta, friável, fofa, argilosa, pantanosa. Terra virgem*, ou seja, que ainda não foi revolvida, que ainda não produziu; *terra esgotada* etc.

Com os modos em que se apresenta: *cultivada, revolvida, escavada, esburacada, estercada, acrescida, destorroada, beneficiada, peneirada* etc.

Com os usos que dela se fazem: a *terra para olaria*, argila branca, compacta, mole, cozida em fornos, com que se fazem telhas, tijolos, vasilhas, louças. *Terra de pisão*, espécie de argila gordurosa ao tato, que serve para preparar os tecidos. *Terra sigilada*, argila decorada de Lemnos em forma de pastilhas gravadas de um sinete árabe; levou-se a acreditar que era um antídoto.

Terra-de-siena, espécie de giz castanho extraído no Levante. *Argila vidrada, esmaltada*; é aquela que, quando sai do torno do oleiro, recebe uma camada de chumbo calcinado: louça esmaltada.

Nessa significação própria do nome *terra* não se pode incluir nenhum outro corpo, ainda que terrestre. Quem tiver na mão ouro, sal, diamante ou flor não dirá: *Tenho terra na mão*; quem estiver sobre um rochedo ou uma árvore não dirá: *estou sobre um pedaço de terra*.

Não cabe aqui examinar se a terra é um elemento ou não; primeiro seria preciso saber o que é elemento.

O nome *terra* é dado, por extensão, a partes do globo, a extensões de território; *as terras do turco, do mogol*; *terra estrangeira, terra inimiga, terras austrais, terras árticas*; *Terra-Nova*, ilha do Canadá; *terra dos Papuas*, perto das Molucas; *terras da Companhia*, ou seja, da companhia das Índias Orientais da Holanda, ao norte do Japão; *terra de Harnem, de Iesso*; *terra de Labrador*, ao norte da América, perto da baía de Hudson, assim chamada porque a lavoura lá é ingrata; *Terra di Lavoro*, perto de Gaeta, assim chamada pelo motivo contrário, é *a Campania Felice*. *Terra Santa*, parte da Palestina onde Jesus Cristo realizou seus milagres e, por extensão, toda a Palestina. *A terra da Promissão* é essa mesma Palestina, pequeno território nos confins da Arábia Pétrea e da Síria, que Deus prometeu a Abraão, nascido no belo território da Caldeia.

Terras, propriedade particular. *Terras senhoriais, terras tituladas, terras em subenfiteuse, terras desmembradas, terras em feudo, em subfeudo*. A palavra *terra* nesse sentido não convém aos domínios que perdem a nobreza; eles são chamados *domaine* [domínio], *métairie* [terra explorada a meias], *fonds* [bem fundiário], *héritage* [herdade], *campagne* [campo]: neles cultiva-se a terra, arrenda-se uma parcela de terra; mas não é permitido dizer de uma propriedade como essa *ma terre* [minha terra], *mes terres* [minhas terras], sob pena de cair no ridículo, a não ser que se entenda o terreno, o solo; assim, *ma terre est sablonneuse, marécageuse* etc. [minha terra é arenosa, pantanosa etc.]. *Terras devolutas*, que ninguém reclama. *Terras abandonadas*, que podem ser reclamadas, mas foram deixadas incultas; o senhor ainda tem o direito de cultivá-las para seu proveito.

Terra arroteada, recentemente desbravada.

Terra, por extensão, o globo terrestre ou o globo terráqueo. *A Terra*, pequeno planeta que faz uma revolução anual em torno do Sol em trezentos e sessenta e cinco dias, seis horas e alguns minutos e gira em torno de si mesma em vinte e quatro horas. É nessa acepção que se diz *mesurer la terre* [medir a Terra] quando se mediu apenas um grau em longitude ou em latitude. *Diâmetro da Terra, circunferência da Terra*, em graus, léguas, milhas e toesas.

TERRA

Os climas da Terra, a gravitação da Terra em torno do Sol e dos outros planetas, a atração da Terra, seu paralelismo, seu eixo, seus polos.

Terra firme, parte do globo distinto das águas, seja continente, seja ilha. *Terra firme,* em geografia, opõe-se a *ilha*; e esse abuso tornou-se uso.

Entende-se também por *terra firme* a Castilla Negra, grande território da América do Sul; e os espanhóis também deram o nome de *Tierra Firme* ao istmo do Panamá.

Magalhães deu a primeira volta ao redor da Terra, ou seja, do globo.

Uma parte do globo é entendida em sentido figurado por toda a terra: diz-se que os antigos romanos conquistaram a terra, embora só possuíssem a vigésima parte dela.

É nesse sentido figurado, hiperbólico, que um homem conhecido em dois ou três países é considerado famoso em toda a terra. *Toda a terra fala do senhor* muitas vezes quer dizer apenas *alguns burgueses desta cidade falam do senhor.*

> *Or donc ce de La Serre,*
> *Si bien connu de vous et de toute la terre*
> [Ora, pois, esse de La Serre,
> Tão conhecido por vós e por toda a terra.]
> (REGNARD, *Le Joueur,* ato III, cena IV)

La terre et l'onde [a terra e a onda], expressão muito comum em poesia para expressar o império da terra e do mar.

> *Cet empire absolu, sur la terre et sur l'onde,*
> *Ce pouvoir souverain que j'ai sur tout le monde,*
> [Esse império absoluto, sobre a terra e sobre a onda,
> Esse poder soberano que tenho sobre todo o mundo]
> (CORNEILLE, *Cinna,* ato II, cena I)

Céu e terra, expressão vaga com a qual o povo entende a terra e o ar; em sentido figurado, *esquecer o céu pela terra; os bens terrenos são desprezíveis, deve-se sonhar apenas com os do céu.*

Vento de terra, ou seja, que sopra da terra, e não do mar.

Toucher la terre [tocar a terra]. Um navio que *touche la terre* [toca a terra] naufraga, ou está correndo o risco de quebrar.

Prendre terre [tomar terra], abordar. *Perdre terre* [perder terra; perder o chão], afastar-se ou não conseguir tocar o fundo na água; no sentido figurado, não conseguir mais seguir suas ideias, perder-se em seus raciocínios.

Raser la terre [passar rente à terra], navegar perto da margem; os barcos podem facilmente *raser la terre,* os pássaros *rasent la terre* quando se aproximam da terra ao voar; e, no sentido figurado, um autor *rase la terre* quando lhe falta elevação. *Aller terre à terre* [ir terra a terra], quase não se afastar da costa; e, no sentido figurado, não se aventurar. *Marcher terre à terre* [andar terra a terra], não tentar se elevar, não ter ambição. *Cet auteur ne s'élève jamais de terre [*este autor nunca se ergue da terra].

En terre [em terra], *peu enfoncé en terre* [pouco mergulhado na terra]; *porter en terre* [levar à terra], ou seja, à sepultura.

Sous terre [debaixo da terra, sob a terra]; *il y a longtemps qu'il est sous terre* [faz muito tempo que ele está debaixo da terra], que ele está enterrado. *Chemin sous terre* [caminho sob a terra]; e, no sentido figurado, *travailler sous terre* [trabalhar por baixo da terra; trabalhar por baixo do pano], *agir sous terre* [agir por baixo da terra; agir por baixo do pano], ou seja, fazer intrigas, tramar secretamente.

A palavra *terra* produziu várias fórmulas proverbiais.

Que a terra te seja leve, antiga fórmula para sepulturas de gregos e romanos.

Não há terra sem senhor, princípio de direito feudal. *Quem tem terra tem guerra. É uma terra de promissão*, provérbio tomado da opinião de que a Palestina era muito fértil. *Tant vaut l'homme, tant vaut sa terre* [O que vale o homem vale sua terra]. *Cette parole n'est pas tombée par terre* [Essas palavras não caíram por terra].

Il va tant que la terre peut le porter [ele avança, enquanto a terra consegue levá-lo]. *Quitter une terre pour le cens* [deixar uma terra para o censo] é abandonar alguma coisa mais onerosa que lucrativa. *Faire perdre terre à quelqu'un* [fazer alguém perder terreno] é atrapalhá-lo na disputa. *Faire de la terre le fossé* [fazer da terra o fosso] é servir-se de uma coisa para dela fazer outra. *Il fait nuit, on ne voit ni ciel ni terre* [é noite, não se vê céu nem terra]. *Bonne terre, méchant chemin* [boa terra, mau caminho]. *Baiser la terre* [beijar a terra; beijar o chão]; *donner du nez en terre* [dar com o nariz no chão]. *Il ne saurait s'élèver de terre* [ele não pode se erguer da terra; ele não consegue levantar do chão]. *Il voudrait être vingt pieds, cent pieds sous terre* [ele queria estar vinte pés, cem pés debaixo da terra; ele queria se enfiar debaixo do chão], ou seja, ele queria se esconder de vergonha ou está desgostoso da vida. *Le faible qui s'attaque au puissant est pot de terre contre pot de fer* [o fraco que se opõe ao poderoso é o vaso de barro contra o vaso de ferro]. *Cet homme vaudrait mieux en terre qu'en pré* [esse homem mais valeria na terra que no campo], provérbio grosseiro e odioso, para desejar a morte de alguém. *Entre deux selles le cul à terre* [entre dois assentos, a bunda no chão], outro provérbio muito grosseiro que significa duas vantagens perdidas ao mesmo tempo, duas oportunidades perdidas. Um homem que havia brigado com dois reis, escrevia divertido: *Je me trouve entre deux rois le cul à terre* [encontro-me entre dois reis com a bunda no chão].

TESTÍCULOS (Testicules)

Primeira seção

Essa palavra é científica e um pouco obscena; significa *pequena testemunha*. Vejam-se no grande *Dicionário enciclopédico* as condições de um bom testículo, doenças e tratamentos. Sisto V, franciscano que se tornou papa, declarou em 1587, numa carta de 25 de junho a seu núncio na Espanha, que era preciso descasar todos os que não tivessem testículos. Por essa ordem, que foi cumprida por Filipe II, parece que havia na Espanha vários maridos desprovidos desses dois órgãos. Mas como um homem que fora franciscano podia ignorar que muitos homens têm os testículos escondidos no abdome e nem por isso deixam de estar aptos à atividade conjugal? Vimos na França três irmãos de elevado nascimento, dos quais um possuía três testículos, outro só tinha um, e o terceiro não tinha nenhum aparente; este último era o mais vigoroso dos irmãos.

O doutor angélico, que não passava de jacobino, decide[17] que dois testículos são *de essencia matrimonii*, da essência do casamento; nisso é seguido por Richardus, Scotus, Durandus e Sylvius.

Quem não conseguir ver a defesa que o advogado Sébastien Rouillard, em 1600, fez dos testículos de seu cliente, enfiados no epigástrio, consulte pelo menos o *Dicionário de Bayle*, no verbete Quellenec, e verá que a malvada mulher do cliente de Sébastien Rouillard queria que seu casamento fosse declarado nulo com base no fato de que o marido não tinha testículos à mostra. O

---

17. IV. Dist. XXXIV, quest. (N. de Voltaire)

marido dizia que cumprira perfeitamente seu dever. Alegava penetração e ejaculação e oferecia-se para prová-lo em presença das câmaras reunidas. A malandra respondia que essa prova ofendia demais a sua pudicícia, que essa tentativa era supérflua, pois os testículos, com toda a evidência, não estavam presentes na intimidade, e que os cavalheiros ali presentes sabiam muito bem que os testículos são necessários à ejaculação.

Ignoro qual foi o desfecho do processo; ouso desconfiar que o pedido do marido foi indeferido e que ele perdeu a causa, embora muito bem munido de provas, por não ter conseguido mostrá-las todas.

O que me inclina a acreditar nisso é que o mesmo parlamento de Paris, em 8 de janeiro de 1665, proferiu uma sentença sobre a necessidade de dois testículos aparentes, declarando que sem eles não era possível contrair matrimônio. Isso mostra que então nenhum membro daquele corpo tinha suas duas testemunhas no ventre, ou então uma só testemunha; se houvesse, teria mostrado aos colegas que eles estavam julgando sem conhecimento de causa.

É possível consultar Pontas no que diz respeito aos testículos, assim como sobre muitas outras coisas: era ele um subpenitencieiro que decidia todos os casos; às vezes se parece muito com Sanchez.

Segunda seção

E por falar em hermafroditas

Há muito tempo insinuou-se um preconceito na Igreja latina, segundo o qual não se pode rezar missa sem testículos, sendo necessário pelo menos tê-los guardados em sua bolsa. Essa antiga ideia teve início no concílio de Niceia[18], que proíbe a ordenação daqueles que se tenham mutilado. O exemplo de Orígenes e de alguns entusiastas provocou essa proibição, que foi ratificada no segundo concílio de Arles.

A Igreja grega nunca exclui do altar aqueles que tenham feito a operação de Orígenes sem o seu consentimento.

Os patriarcas de Constantinopla – Nicetas, Inácio, Fócio, Metódio – eram eunucos. Hoje, esse ponto disciplinar parece sem definição na Igreja latina. No entanto, a opinião mais comum é de que o eunuco reconhecido que se apresentasse para ser ordenado padre precisaria de uma dispensa.

O banimento dos eunucos do serviço dos altares parece contrário ao próprio espírito de pureza e castidade que esse serviço exige. Parece, principalmente, que os eunucos que confessassem belos rapazes e belas moças estariam menos expostos às tentações; mas outras razões de decência e decoro determinaram aqueles que fizeram as leis.

No Levítico são excluídos do altar todos os defeitos físicos: cegos, corcundas, manetas, coxos, zarolhos, sarnentos, tinhosos, narigudos e de nariz achatado. Não se fala de eunucos; não os havia entre os judeus: os que serviram como eunucos nos serralhos de seus reis eram estrangeiros.

Pergunta-se se um animal, um homem, por exemplo, pode ter ao mesmo tempo testículos e ovários, ou glândulas tomadas por ovários, pênis e clitóris, prepúcio e vagina, em suma, se a natureza pode produzir verdadeiros hermafroditas, e se um hermafrodita pode ter filho com uma mulher e ser engravidado por um homem. Respondo, como de costume, que não sei e que não conheço um centésimo de milésimo das coisas que a natureza pode fazer. Creio que nunca na Europa se viu nascer nenhum verdadeiro hermafrodita. Por isso, ela nunca produziu elefantes, zebras, girafas, avestruzes e nenhum desses animais que povoam a Ásia, a África e a América. É temerário dizer: Nunca vimos esse fenômeno; portanto é impossível que exista.

---

18. Cânone IV. (N. de Voltaire)

Quem consultar a *Anatomia* de Cheselden, página 34, verá a figura muito bem desenhada de um animal macho e fêmea, negro e negra da Angola, levado a Londres na infância e cuidadosamente examinado por aquele célebre cirurgião, tão conhecido por sua probidade e seu esclarecimento. A gravura desenhada tem o título de *Partes de um hermafrodita negro, de vinte e seis anos, que tinha os dois sexos*. Eles não eram absolutamente perfeitos, mas sim uma mistura espantosa de ambos.

Cheselden assegurou-me várias vezes da veracidade daquele prodígio, que talvez não seja único em certas regiões da África. Os dois sexos não estavam completos naquela criatura, mas quem garantirá que outros negros, amarelos ou vermelhos não sejam às vezes inteiramente machos e fêmeas? Eu gostaria muito de dizer que não podemos fazer estátuas perfeitas, por termos visto apenas estátuas defeituosas. Há insetos que têm os dois sexos: por que não haveria uma raça de homens que os tivesse também? Nada afirmo, Deus me livre! Apenas duvido.

Quantas coisas há no animal homem das quais é preciso duvidar: desde a glândula pineal até o baço, cujo uso é desconhecido; e desde o princípio do pensamento e das sensações até os espíritos animais, dos quais todos falam, e que ninguém viu!

TIRANIA (Tyrannie)

Chama-se tirano o soberano que só conhece por lei o seu capricho, que toma os bens de seus súditos e em seguida os recruta para irem tomar os bens dos vizinhos. Não há desses tiranos na Europa.

Costuma-se fazer a distinção entre "tirania de um só" e "tirania de vários". Essa tirania de vários seria a de um corpo que usurpasse os direitos dos outros corpos, exercendo o despotismo a favor das leis corrompidas por ele. Já não há dessa espécie de tirano na Europa.

Sob qual tirania preferiríeis viver? Sob nenhuma. Mas, se fosse preciso escolher, detestaria menos a tirania de um só que a de vários. Um déspota sempre tem alguns bons momentos; uma assembleia de déspotas nunca os tem. Se um tirano me faz uma injustiça, posso desarmá-lo por meio de sua amante, de seu confessor ou de seu pajem; mas um pelotão de grandes tiranos é inacessível a todas as seduções. Quando não é injusto, é pelo menos duro; e nunca concede graças.

Se houver um déspota apenas, só precisarei encostar-me num muro quando o vir passar, ou então prosternar-me, ou bater a testa no chão, segundo o costume da terra; mas, se houver um pelotão de cem déspotas, estarei exposto a repetir essa cerimônia cem vezes por dia; com o tempo, isso será muito aborrecido para quem tenha as canelas endurecidas. Se tenho uma pequena propriedade nas vizinhanças de um de nossos senhores, sou esmagado; se movo alguma ação contra algum parente dos parentes de um de nossos senhores, estou arruinado. Que fazer? Temo que neste mundo estejamos reduzidos a ser bigorna ou martelo; feliz de quem escapa a essa alternativa!

TIRANO (Tyran)

Τύραννος antigamente designava aquele que soubera atrair para si a principal autoridade; assim como rei, βασιλεὺς, designava aquele que estava encarregado de relatar as coisas ao senado.

As acepções das palavras mudam com o tempo. Ἰδιώτης, no começo, só queria dizer solitário, homem isolado: com o tempo, veio a ser sinônimo de tolo.

TIRANO

Hoje se dá o nome de tirano a um usurpador ou a um rei que comete ações violentas e injustas.

Cromwell era um tirano nesses dois aspectos. Um burguês que usurpa a autoridade suprema, que, a despeito de todas as leis, suprime a câmara dos pares, sem dúvida é um tirano usurpador. Um general que manda cortar o pescoço de seu rei, prisioneiro de guerra, viola ao mesmo tempo aquilo a se dá o nome de leis da guerra, as leis das nações e as leis da humanidade. É tirano, assassino e regicida.

Carlos I não era tirano, embora a facção vitoriosa lhe desse esse nome: era, segundo dizem, teimoso, fraco e mal aconselhado. Não posso afirmar tais coisas, pois não o conheci; mas garanto que foi muito infeliz.

Henrique VIII era tirano no governo e na família; banhou-se no sangue de duas esposas inocentes e no sangue de um dos mais virtuosos cidadãos: merece a execração da posteridade. No entanto, não foi punido; e Carlos I morreu no cadafalso.

Elisabeth cometeu uma ação de tirania, e seu parlamento, uma de covardia infame, ao mandar um carrasco assassinar a rainha Maria Stuart. Mas, no restante de seu governo, não foi tirânica; foi hábil e atriz, mas prudente e forte.

Ricardo III foi um tirano bárbaro; mas foi punido.

O papa Alexandre VI foi um tirano mais execrável que todos esses; e foi feliz em todos os seus cometimentos.

Cristiano II foi um tirano tão malvado quanto Alexandre VI, e foi castigado; mas não o suficiente.

Se contarmos os tiranos turcos, os gregos e os romanos, encontraremos tanto tiranos que foram felizes quanto tiranos que foram infelizes. Quando digo felizes, falo de acordo com o preconceito comum, segundo a acepção ordinária da palavra, segundo as aparências; pois que tenham sido felizes realmente, que sua alma tenha sido contente e tranquila, é coisa que me parece impossível.

Constantino, o Grande, evidentemente foi um tirano por duas razões. Usurpou, no norte da Inglaterra, a coroa do império romano, no comando de algumas legiões estrangeiras, a despeito de todas as leis, do senado e do povo que elegeram legitimamente Maxêncio. Passou toda a vida no crime, na volúpia, na fraude e na impostura. Não foi punido; mas foi feliz? Sabe Deus. E eu sei que seus súditos não o foram.

O grande Teodósio era o mais abominável dos tiranos quando, a pretexto de dar uma festa, mandava trucidar no circo quinze mil cidadãos romanos, mais ou menos, com mulheres e filhos, somando a esse horror a facécia de passar uns meses sem ir amolar-se na missa cantada. Quase puseram esse tal Teodósio no rol dos bem-aventurados; mas eu ficaria muito aborrecido se ele tivesse sido venturoso na terra. Em todo caso, sempre será bom garantir aos tiranos que eles nunca serão felizes neste mundo, assim como é bom levar nossos mordomos e nossos cozinheiros a acreditar que terão a danação eterna se nos roubarem.

Os tiranos do baixo império grego foram quase todos destronados e assassinados uns pelos outros. Todos aqueles grandes pecadores foram, sucessivamente, os executores da vingança divina e humana.

Entre os tiranos turcos, há os que foram depostos e os que foram mortos no trono.

Quanto aos tiranos subalternos, monstros executores de ordens, que fizeram subir até seus senhores a execração pública de que foram acusados, o número desses Amans e Sejanos é infinito de primeira ordem[19].

---

19. "A equação $ay = x^2$ representa esta $y/x = x/a$, que mostra que a relação de y para x vai aumentando sempre à medida que x cresce, de tal maneira que podemos considerar x tão grande, que a relação de y para x seja maior que qualquer quantidade dada: é o que quero dizer quando digo que, sendo x infinito da primeira ordem, y é infinito de segunda ordem..." D'Alembert, ver Infinito da *Enciclopédia*. (N. da T.)

TOFETE (Topheth)

Tofete era e é ainda um precipício perto de Jerusalém, no vale de Enon. Esse vale é um lugar medonho onde só há pedras. Foi naquela solidão horrível que os judeus imolaram seus filhos ao Deus que chamavam então de *Moloque*; mas já observamos que eles sempre deram a Deus apenas nomes estrangeiros. Shadai era sírio; Adonai, fenício; Jeová, também fenício; Eloí, Eloim, Eloá, caldeu, assim como todos os nomes de seus anjos foram caldeus ou persas. Foi isso o que observamos com atenção.

Todos esses nomes diferentes significavam igualmente Senhor no dialeto das pequenas nações da região da Palestina. A palavra *Moloque*, evidentemente, vem de Melk. É a mesma coisa que Melcom ou Millcon, que era a divindade das mil mulheres do serralho de Salomão, a saber, setecentas mulheres e trezentas concubinas. Todos esses nomes significavam senhor, e cada aldeia tinha o seu.

Alguns doutos afirmam que Moloque era, particularmente, senhor do fogo, e que, por essa razão, os judeus queimavam seus filhos na concavidade da própria estátua de Moloque. Era uma grande estátua de cobre, a mais hedionda possível para os judeus. Punham aquela estátua para incandescer em fogo forte, embora tivessem pouquíssima madeira, e atiravam as criancinhas no ventre daquele deus, assim como nossos cozinheiros atiram caranguejos vivos na água fervente de seus caldeirões.

Assim eram os antigos gauleses e os antigos tudescos, quando queimavam crianças e mulheres em honra a Teutates e Irminsul: essas eram as virtudes gaulesas e a franqueza germânica.

Jeremias quis em vão dissuadir o povo judeu de praticar esse culto diabólico; em vão o repreendeu por ter construído uma espécie de templo a Moloque naquele vale abominável. *Aedificaverunt excelsa Topheth quae est in valle filiorum Ennom, ut incenderent filios suos et filias suas igni*[20]. – Edificaram alturas em Tofete, que fica no vale dos filhos de Enon, para lá queimarem filhos e filhas no fogo.

Os judeus desconsideraram as censuras de Jeremias, que também os repreendia alto e bom som por se terem vendido ao rei da Babilônia, por terem sempre pregado a favor dele, por terem traído a pátria; e, de fato, ele foi punido com a morte dos traidores, foi lapidado.

O livro dos Reis informa que Salomão construiu um templo a Moloque; mas não diz que tivesse sido no vale de Tofete: foi nas vizinhanças, no monte das Oliveiras[21]. As paragens eram mais bonitas, se é que podia haver algo bonito no horrendo território de Jerusalém.

Alguns comentadores afirmam que Acaz, rei de Judá, mandou queimar seu filho em honra a Moloque, e que o rei Manassés cometeu a mesma barbárie[22]. Outros comentadores afirmam[23] que aqueles reis do povo de Deus se limitaram a atirar seus filhos nas chamas, mas que não os queimaram totalmente. Espero; mas é bem difícil que uma criança deixe de se queimar quando posta numa fogueira em labaredas.

Aquele vale de Tofete era como o *Clamart* de Paris; era lá que se jogava toda a imundície, toda a carniça da cidade. Era naquele vale que se atirava o bode expiatório; era o depósito de lixo onde apodrecia a carniça dos supliciados. Foi lá que jogaram os corpos dos dois ladrões supliciados com o próprio Filho de Deus. Mas nosso Salvador não permitiu que seu corpo, sobre o qual dera tanto poder aos carrascos, fosse jogado no monturo de Tofete, como era costume. É verdade que ele podia ressuscitar tanto em Tofete quanto no Calvário; mas um bom judeu chamado José,

---

20. Jeremias, cap. VII. (N. de Voltaire)
21. Liv. III, cap. XI. (N. de Voltaire)
22. Liv. IV, cap. XVI, v. 3. (N. de Voltaire)
23. Cap. XXI, v. VI. (N. de Voltaire)

nativo de Arimateia, que preparara um sepulcro para si mesmo no monte Calvário, pôs ali o corpo do Salvador, segundo testemunho de são Mateus. Não era permitido enterrar ninguém nas cidades; o próprio túmulo de Davi não ficava em Jerusalém.

José de Arimateia era rico, *quidam homo dives ab Arimathia*, para que se cumprisse a profecia de Isaías: "Destinaram-lhe[24] uma sepultura entre os maus, entre os ricos está seu túmulo" (cap. LIII, v. 9).

TOLERÂNCIA (Tolérance)

Primeira seção

Vi na história tantos exemplos horríveis de fanatismo, desde as divisões entre atanasianos e arianos até o assassinato de Henrique, o Grande, e o massacre de Cévennes; vi com meus próprios olhos tantas calamidades públicas e particulares causadas pelo furor partidário e pela sanha entusiasta, desde a tirania do jesuíta Le Tellier até a demência dos convulsionários e dos recibos de confissão, que muitas vezes me perguntei: *A tolerância seria um mal tão grande quanto a intolerância? E a liberdade de consciência será um flagelo tão bárbaro quanto as fogueiras da inquisição?*

Falo a contragosto dos judeus: em muitos aspectos, é a nação mais detestável que já sujou a terra. Mas, por mais absurda e atroz que fosse, a seita dos saduceus foi pacífica e honrada, embora não acreditasse na imortalidade da alma, ao passo que os fariseus acreditavam. A seita de Epicuro nunca foi perseguida entre os gregos. Quanto à morte injusta de Sócrates, nunca pude encontrar outro motivo, senão o ódio dos pedantes. Ele mesmo admite que passara a vida a mostrar-lhes que eram absurdos; ofendeu seu amor-próprio, e eles se vingaram com a cicuta. Os atenienses pediram-lhe perdão depois de o terem envenenado e lhe erigiram uma capela. É um fato único que não tem relação alguma com a intolerância.

Sabe-se que os romanos, quando senhores da mais bela parte do mundo, toleraram todas as religiões, ainda que não as admitissem; e parece-me demonstrado que foi graças a essa tolerância que o cristianismo se estabeleceu, pois os primeiros cristãos eram quase todos judeus. Os judeus, como hoje, tinham sinagogas em Roma e na maioria das cidades comerciantes. Os cristãos, que se originaram nesse grupo, de início se aproveitaram da liberdade de que os judeus gozavam.

Não tratarei aqui das causas das perseguições que sofreram depois: basta lembrar que, se entre tantas religiões os romanos quiseram proscrever apenas uma, eles certamente não eram perseguidores.

Ao contrário, cabe admitir que entre nós todas as Igrejas quiseram exterminar todas as Igrejas de opinião contrária à sua. Durante muito tempo correu sangue por causa de argumen-

---

24. O famoso rabino Isaac, em sua *Muralha da fé*, no capítulo XXIII, entende todas as profecias, em especial essa, de maneira completamente contrária ao modo como as entendemos. Mas quem não percebe que os judeus estão seduzidos pelo interesse que têm em se enganar? Em vão respondem eles que têm tanto interesse na verdade quanto nós; que a salvação tem tanto valor para eles quanto para nós; que seriam mais felizes nesta vida e na outra, se encontrassem essa verdade; que, se entendem suas próprias escrituras diferentemente de nós, é porque elas estão em sua própria língua, muito antiga, e não em nossos idiomas novos; que um hebreu deve conhecer melhor a língua hebraica do que um basco ou um francês; que sua religião é dois mil anos mais antiga que a nossa; que toda a sua Bíblia anuncia as promessas de Deus, feitas com juramento de nunca modificar nada na lei; que ela faz ameaças terríveis a quem ouse alterar uma única de suas palavras; que quer, até, que seja condenado à morte qualquer profeta que prove outra religião por meio de milagres; que, enfim, eles são da casa, e nós somos estranhos que lhes roubamos os despojos. Logo se vê que essas são razões infundadas que não merecem sequer ser refutadas. (N. de Voltaire)

tos teológicos, e só a tolerância conseguiu estancar o sangue que corria de um extremo ao outro da Europa.

Segunda seção

O que é tolerância? É o apanágio da humanidade. Somos todos feitos de fraquezas e erros; perdoar-nos, reciprocamente, as tolices é a primeira lei da natureza.

Se, na bolsa de Amsterdam, Londres, Surat ou Bassora, o guebro, o baneane, o judeu, o maometano, o deícola chinês, o brâmane, o cristão grego, o cristão romano, o cristão protestante e o cristão *quaker* comerciarem juntos, um jamais levantará o punhal contra o outro, a fim de ganhar almas para a sua religião. Por que então nos trucidamos quase sem interrupção desde o primeiro concílio de Niceia?

Constantino começou baixando um edito que permitia todas as religiões; acabou por persegui-las. Antes dele, só houve repressão aos cristãos quando eles começaram a constituir um partido dentro do Estado. Os romanos permitiam todos os cultos, até o dos judeus, até o dos egípcios, pelos quais tinham tanto desprezo. Por que Roma tolerava esses cultos? Porque nem os egípcios, nem mesmo os judeus procuravam exterminar a antiga religião do império, não corriam terras e mares para fazer prosélitos; só pensavam em ganhar dinheiro: mas é incontestável que os cristãos queriam que sua religião fosse a religião dominante. Os judeus não queriam a estátua de Júpiter em Jerusalém, mas os cristãos não a queriam no Capitólio. Santo Tomás tem a boa-fé de confessar que, se os cristãos não destronaram os imperadores, foi porque não podiam. Na sua opinião, toda a terra deveria ser cristã. Portanto, necessariamente, eles eram inimigos de toda a terra, até que ela se converteu.

Eram inimigos entre si no que se referia a todos os pontos da controvérsia. Deve-se considerar Jesus Cristo como Deus? Os que o negam são anatematizados com o nome de ebionitas, que, por sua vez, anatematizam os adoradores de Jesus.

Alguns querem que todos os bens sejam comuns, conforme se afirma que foram nos tempos dos apóstolos? Seus adversários os chamam de nicolaítas e os acusam dos mais infames crimes. Outros têm pretensão a uma devoção mística? São chamados de gnósticos e alvo de grande furor. Marcião discute a Trindade: é tratado de idólatra.

Tertuliano, Praxeas, Orígenes, Novato, Novaciano, Sabélio e Donato são todos perseguidos por seus irmãos antes de Constantino; tão logo Constantino estabelece o reino da religião cristã, atanasianos e eusebianos começam a trucidar-se, e a partir de então a Igreja cristã é inundada de sangue, até nossos dias.

Convenhamos que o povo judeu era um povo bem bárbaro. Matava sem piedade todos os habitantes de infelizes lugarejos sobre os quais tinha tanto direito quanto o que tem sobre Paris e Londres. No entanto, quando Naamã se cura da lepra por ter mergulhado sete vezes no Jordão, quando, para demonstrar gratidão a Eliseu, que lhe ensinara o segredo, ele diz que adorará o deus dos judeus em reconhecimento, mas também gostaria de ter a liberdade de adorar o deus de seu rei, e pede permissão a Eliseu, o profeta não hesita em dar-lhe permissão. Os judeus adoravam seu Deus, mas nunca se surpreenderam pelo fato de cada povo ter o seu. Achavam bom que Quemós tivesse dado certo distrito aos moabitas, contanto que seu deus lhes desse um também. Jacó não hesitou em casar as filhas de um idólatra. Labão tinha seu deus, assim como Jacó tinha o seu. Aí estão vários exemplos de tolerância no povo mais intolerante e cruel de toda a antiguidade: nós o imitamos em seus furores absurdos, e não em sua indulgência.

Está claro que todo indivíduo que persegue alguém por não ter sua opinião é um monstro; isso não oferece dificuldade: mas de que modo o governo, os magistrados e os príncipes agirão com aqueles que têm culto diferente do seu? Se forem estrangeiros poderosos, é indubitável que o príncipe fará aliança com eles. O cristianíssimo Francisco I se unirá aos muçulmanos contra o catolicíssimo Carlos V. Francisco I dará dinheiro aos luteranos da Alemanha para apoiá-los na revolta contra o imperador, mas, segundo o uso, mandará queimar os luteranos em casa. Paga-os na Saxônia por questões políticas; queima-os por questões políticas em Paris. Mas o que ocorrerá? As perseguições criam prosélitos, e logo a França estará cheia de novos protestantes: no início se deixarão enforcar, mas depois enforcarão. Haverá guerras civis, depois virá a noite de São Bartolomeu, e aquele recanto do mundo será pior do que tudo o que foi jamais dito por antigos e modernos a respeito do inferno.

Insanos, que nunca conseguistes prestar um culto puro ao Deus que vos fez! Infelizes, que nunca pudestes ser conduzidos pelo exemplo dos noaquitas, dos letrados chineses, dos parses e de todos os sábios! Monstros, que precisais de superstições assim como a goela dos corvos precisa de carniça! Já vos foi dito, e não há outra coisa para dizer: se tendes duas religiões em casa, elas se degolam; se tendes trinta, elas vivem em paz. Vede o Grão-Turco: ele governa guebros, baneanes, cristãos gregos, nestorianos, romanos. O primeiro que quiser criar tumulto será empalado; e todos vivem tranquilos.

Terceira seção

De todas as religiões, a cristã é, por certo, a que deve inspirar mais tolerância, embora até este momento os cristãos tenham sido os mais intolerantes de todos os homens.

Jesus, por ter-se dignado nascer na pobreza e na humildade, assim como seus irmãos, nunca se dignou praticar a arte de escrever. Os judeus tinham uma lei escrita com todos os pormenores, e nós não temos uma só linha do punho de Jesus. Os apóstolos divergiram em vários pontos. São Pedro e são Barnabé comiam carnes proibidas com os novos cristãos estrangeiros e delas se abstinham com os cristãos judeus. São Paulo reprovava esse comportamento; aquele mesmo são Paulo, fariseu, discípulo do fariseu Gamaliel, o mesmo são Paulo que perseguira os cristãos com furor e, rompendo com Gamaliel, tornou-se cristão, mas logo depois foi oferecer sacrifícios no templo de Jerusalém, no templo de seu apostolado. Ele cumpriu publicamente, durante oito dias, todas as cerimônias da lei judaica, à qual renunciara; somou-lhes até mesmo devoções, purificações, que excediam o necessário: judaizou-se inteiramente. O maior apóstolo dos cristãos fez durante oito dias as mesmas coisas pelas quais grande parte dos povos cristãos condena à fogueira.

Teudas e Judas se haviam denominado messias antes de Jesus. Dositeu, Simão e Menandro denominaram-se messias depois de Jesus. A partir do século I da Igreja, antes mesmo que o nome cristão ficasse conhecido, houve umas vinte seitas na Judeia.

Os gnósticos contemplativos, os dositeanos e os cerintianos existiam antes que os discípulos de Jesus assumissem o nome de cristãos. Logo havia trinta Evangelhos, cada um pertencente a uma sociedade diferente; a partir do fim do século I é possível contar trinta seitas de cristãos na Ásia Menor, na Síria, em Alexandria e até mesmo em Roma.

Todas essas seitas, desprezadas pelo governo romano e escondidas em sua obscuridade, perseguiam-se mutuamente nos subterrâneos pelos quais rastejavam; ou seja, diziam-se injúrias: era só isso que podiam fazer em sua abjeção; eram quase todas compostas de gente da ralé.

Quando, por fim, alguns cristãos abraçaram os dogmas de Platão e misturaram um pouco de filosofia à sua religião, separando-a da judaica, foram-se tornando, insensivelmente, mais consideráveis, porém sempre divididos em várias seitas, sem que nunca tenha havido um só momento em que a Igreja cristã estivesse unida. Ela nasceu em meio às divisões entre judeus, samaritanos, fariseus, saduceus, essênios, judaítas, discípulos de João, terapeutas. Dividiu-se já no berço, esteve dividida mesmo durante as perseguições que algumas vezes enfrentou nos tempos dos primeiros imperadores. Muitas vezes o mártir era visto como um apóstata por seus irmãos, e o cristão carpocraciano expirava sob o gládio dos carrascos romanos, excomungado pelo cristão ebionita, e esse ebionita era anatematizado pelo sabeliano.

Essa horrível discórdia, que dura há tantos séculos, é impressionante lição de que devemos perdoar-nos mutuamente os erros; a discórdia é o grande mal do gênero humano, e a tolerância é seu único remédio.

Não há quem não admita essa verdade, seja meditando com sangue-frio em seu gabinete, seja examinando pacificamente a verdade com os amigos. Por que então os mesmos homens que admitem pessoalmente a indulgência, a benevolência e a justiça se insurgem em público, com tanto furor, contra essas virtudes? Por quê? Porque seu deus é o interesse, e eles sacrificam tudo a esse monstro que adoram.

Sou dono de uma autoridade e de um poder fundados na ignorância e na crueldade; piso nas cabeças dos homens que se prostram a meus pés: se eles se erguerem e me olharem de frente, estarei perdido; por isso, é preciso mantê-los presos ao chão com cadeias de ferro.

Assim raciocinaram homens que séculos de fanatismo tornaram poderosos. Têm abaixo de si outros poderosos, e estes têm outros ainda; todos enriquecem com os despojos do pobre, engordam com seu sangue e riem de sua imbecilidade. Todos detestam a tolerância, assim como os arrematadores do Estado, enriquecidos à custa do público, temem prestar contas, assim como os tiranos temem a palavra *liberdade*. Ainda por cima, pagam fanáticos para gritarem em altos brados: Respeitai os absurdos de meu senhor, temei, pagai e calai-vos.

Foi o que se fez durante muito tempo em grande parte da terra; mas hoje, que tantas seitas se equilibram em termos de poder, que partido tomar? Toda seita, como se sabe, é um título de erro; não há seita de geômetras, algebristas ou aritméticos, porque todas as proposições de geometria, álgebra e aritmética são verdadeiras. Em todas as outras ciências é possível errar. Que teólogo tomista ou escotista ousaria dizer seriamente que tem certeza do que diz?

Se há seita que lembra os tempos dos primeiros cristãos, é sem dúvida a dos *quakers*. Nada se assemelha mais aos apóstolos. Os apóstolos recebiam o espírito; os *quakers* recebem o espírito. Três ou quatro apóstolos ou discípulos falavam ao mesmo tempo na assembleia reunida no terceiro andar; os *quakers* fazem o mesmo no térreo. Segundo são Paulo, permitia-se que as mulheres pregassem e, segundo o mesmo são Paulo, isso lhes era vedado; as *quakers* pregam em virtude da primeira permissão.

Os apóstolos e os discípulos juravam pelo sim e pelo não; os *quakers* não juram de outro modo.

Não há diferença de autoridade e modo de vestir entre discípulos e apóstolos; os *quakers* usam mangas sem botões, e todos se vestem da mesma maneira.

Jesus Cristo não batizou nenhum de seus apóstolos; os *quakers* não são batizados.

Seria fácil levar mais longe o paralelo; seria ainda mais fácil mostrar como a religião cristã de hoje difere da religião que Jesus praticou. Jesus era judeu, e nós não somos judeus. Jesus se abstinha de porco, porque porco é imundo, e de coelho, porque coelho rumina e não tem pé fendido; nós comemos porco intrepidamente, porque para nós ele não é imundo, e comemos coelho que tem pé fendido e não rumina.

Jesus era circuncidado, e nós ficamos com o prepúcio. Jesus comia cordeiro pascal com alfaces, celebrava a festa dos tabernáculos, e nós não fazemos nada disso. Guardava o sabá, e nós o modificamos; oferecia sacrifícios, e nós não oferecemos sacrifícios.

Jesus sempre escondeu o mistério de sua encarnação e de sua dignidade; não disse que era igual a Deus. São Paulo diz expressamente em sua Epístola aos hebreus que Deus criou Jesus inferior aos anjos; e, apesar de todas as palavras de são Paulo, Jesus foi considerado Deus no concílio de Niceia.

Jesus não deu ao papa Marca de Ancona nem o ducado de Spoletto; no entanto, o papa os possui por direito divino.

Jesus não transformou o casamento e o diaconato em sacramentos; e entre nós diaconato e casamento são sacramentos.

Se prestarmos bastante atenção, veremos que a religião católica, apostólica e romana, é, em todas as suas cerimônias e em todos os seus dogmas, o oposto da religião de Jesus.

Ora essa! Precisaremos nos judaizar porque Jesus judaizou durante toda a vida?

Se for permitido raciocinar coerentemente em termos de religião, será claro que deveríamos todos nos tornar judeus, visto que Jesus Cristo, nosso Salvador, nasceu judeu, viveu judeu, morreu judeu e disse expressamente que cumpria, que observava a religião judaica. Mas também será mais claro que devemos nos tolerar mutuamente, porque somos todos fracos, inconsequentes, sujeitos à mutabilidade e ao erro; um caniço deitado na lama pelo vento acaso dirá ao caniço vizinho deitado em sentido contrário: "Rasteja a meu modo, miserável, senão faço petição para que te arranquem e queimem?"

Quarta seção

Meus amigos, depois que pregarmos a tolerância em verso e prosa em alguns púlpitos e em todas as nossas sociedades; depois que tivermos feito soar essas verdadeiras vozes humanas[25] nos órgãos de nossas igrejas, teremos servido a natureza, restabelecido os direitos da humanidade; e não há hoje um ex-jesuíta ou um ex-jansenista que ouse dizer: Sou intolerante.

Haverá sempre bárbaros e embusteiros para fomentar a intolerância; mas não confessarão; e isso já é lucro.

Lembremos sempre, amigos, repitamos (pois é preciso repetir, para que não esqueçam), repitamos as palavras do bispo de Soissons, não Languet, mas Fitzjames-Stuart, em sua instrução episcopal de 1757: "Devemos ver os turcos como nossos irmãos."

Pensemos que, em toda a América inglesa, que constitui mais ou menos um quarto do mundo conhecido, está estabelecida a total liberdade de consciência; desde que se acredite em um Deus, toda e qualquer religião é bem recebida, e graças a isso o comércio prospera e a população aumenta.

Pensemos sempre que a primeira lei do império da Rússia, maior que o império romano, é a tolerância de toda e qualquer seita.

O império turco e o persa sempre tiveram a mesma indulgência. Maomé II, ao tomar Constantinopla, não obrigou os gregos a abandonar sua religião, embora os visse como idólatras. Cada pai de família grego livrou-se com cinco ou seis escudos por ano. Ficaram com várias prebendas e vários bispados; e mesmo hoje o sultão turco investe cônegos e bispos, enquanto o papa nunca investiu nenhum imã ou mulá.

Amigos, só alguns monges e alguns protestantes, tão parvos e bárbaros quanto esses monges, ainda são intolerantes.

Fomos tão infectados por esse furor, que em nossas viagens de longo curso o levamos para a China, para Tonquim e para o Japão. Empestamos aqueles bons climas. Conosco, homens mais indulgentes aprenderam a ser inflexíveis. Para pagar sua acolhida, já fomos dizendo: Sabei que somos os únicos que têm razão na terra, e que devemos ser os senhores em todos os lugares. Então nos expulsaram para sempre; isso custou rios de sangue: essa lição deveria ter-nos corrigido.

Quinta seção

O autor do verbete anterior é um homem bom que gostaria de comer com um *quaker*, um anabatista, um sociniano, um muçulmano etc. Eu quero levar mais longe a bondade; direi a meu

---

25. Há um registro de órgão chamado *vozes humanas*, que se combina com registros de flautas. (N. de Voltaire)

irmão turco: "Vamos comer juntos uma boa galinha com arroz invocando Alá; tua religião me parece muito respeitável, só adoras um Deus, és obrigado a dar todos os anos como esmola um quarto de teus rendimentos e a reconciliar-te com os inimigos no dia do bairã. Nossos carolas que caluniam a terra disseram milhares de vezes que tua religião só malogrou porque é sensual. Mentiram, coitados; tua religião é muito austera, ordena que se façam preces cinco vezes por dia, impõe rigorosíssimo jejum, proíbe os vinho e os licores que nossos orientadores espirituais saboreiam; e, permitindo apenas quatro mulheres aos que as podem sustentar (o que é bem raro), condena com essa restrição a incontinência judia que permitia dezoito mulheres ao homicida Davi e setecentas a Salomão, assassino do irmão, sem incluir as concubinas."

Direi a meu irmão chinês: "Vamos comer juntos, sem cerimônias, pois não gosto de rapapés; mas gosto da tua lei, a mais sábia de todas e talvez a mais antiga." Direi mais ou menos a mesma coisa a meu irmão indiano.

Mas que direi a meu irmão judeu? Vou oferecer-lhe alguma ceia? Vou, desde que, durante a refeição, o asno de Balaão não resolva zurrar; que Ezequiel não misture seu almoço à nossa ceia; que nenhum peixe venha engolir algum dos comensais para ficar com ele três dias na barriga; que nenhuma serpente se intrometa na conversa para seduzir minha mulher; que nenhum profeta tenha a ideia de dormir com ela depois da ceia, como fez nosso amigo Oseias, por quinze francos e um alqueire de cevada; e, principalmente, que nenhum judeu dê a volta em minha casa tocando trombeta e me derrube as paredes, e que nenhum deles me mate, nem mate meu pai, minha mãe, minha mulher, meus filhos, meu gato e meu cão, segundo o antigo uso dos judeus. Vamos lá, amigos: paz! Rezemos o *benedicite*.

TORMENTO, TORTURA (Question, torture)

Sempre presumi que o tormento, a tortura foram inventados por ladrões que, entrando em casa de um avarento e não encontrando seu tesouro, o submeteram a mil tormentos até que o descobrissem.

Já se disse com frequência que a tortura é um meio de salvar um culpado robusto e condenar um inocente fraco; que entre os atenienses só se metia alguém a tormento quando se tratasse de crimes de Estado; que os romanos nunca torturaram nenhum cidadão romano para descobrir seu segredo;

Que o tribunal abominável da inquisição renovou esse suplício e, por conseguinte, deve ser abominado por toda a terra;

Que é tão absurdo infligir tortura para chegar ao conhecimento de um crime quanto era absurdo ordenar outrora o duelo para julgar um culpado: pois muitas vezes o culpado saía vencedor e muitas vezes o culpado vigoroso e obstinado resiste à tortura, enquanto o inocente frágil sucumbe;

Que, apesar disso, o duelo era chamado *julgamento de Deus*, e só falta chamar a tortura de *julgamento de Deus*;

Que a tortura é um suplício mais longo e doloroso que a morte e, assim, pune o acusado antes de se ter certeza de seu crime e pune com mais crueldade do que a morte;

Que milhares de exemplos funestos deveriam ter aberto os olhos dos legisladores para a hediondez desse uso;

Que esse uso foi abolido em vários países da Europa, havendo um número menor de grandes crimes nesses países do que no nosso, onde a tortura é praticada.

Pergunta-se depois disso por que a tortura continua sendo admitida entre os franceses, que são vistos como um povo cortês e agradável.

Responde-se que esse uso hediondo ainda subsiste porque está estabelecido; confessa-se que há muitas pessoas cortesas e agradáveis na França, mas nega-se que o povo seja humano.

Quando se mete a tormento gente como Jacques Clément, Jean Chastel, Ravaillac e Damiens, ninguém reclama; trata-se da vida de um rei e da salvação de todo o Estado. Mas, se alguns juízes de Abbeville condenam à tortura um jovem oficial para saber quais foram as crianças que cantaram com ele uma velha canção, que passaram diante de uma procissão de capuchinhos sem tirar o chapéu, ouso quase dizer que esse horror perpetrado num tempo de luzes e paz é pior que os massacres da noite de São Bartolomeu, cometidos nas trevas do fanatismo.

Já insinuamos tais coisas e gostaríamos de gravá-las profundamente em todos os cérebros e em todos os corações.

TORTURA (Torture)

Embora haja poucos verbetes de jurisprudência nessas honestas reflexões alfabéticas, é preciso dizer uma palavra sobre a tortura, em outros termos, *tormento*. Trata-se de uma estranha maneira de interrogar os seres humanos. No entanto, não foram simples curiosos que a inventaram; tudo indica que essa parte de nossa legislação deve sua origem a um salteador de estrada. A maioria daqueles senhores ainda cultiva o costume de prensar dedos, queimar pés e interrogar com outros tormentos aqueles que se recusam a lhes dizer onde guardaram o dinheiro.

Os conquistadores, quando sucederam àqueles ladrões, acharam a invenção utilíssima a seus interesses: puseram-na em uso quando desconfiaram que alguém nutria más intenções contra eles, por exemplo, a de ser livre; era esse um crime de lesa-majestade divina e humana. Era preciso conhecer os cúmplices; e, para tanto, submetia-se a mil mortes aquele de quem se suspeitava, porque, segundo a jurisprudência daqueles primeiros heróis, era digno da morte quem fosse apenas suspeito de ter tido algum pensamento pouco respeitoso sobre eles. E, desde que alguém tenha assim merecido a morte, pouco importa que a ela se somem tormentos medonhos de vários dias e até de várias semanas; isso tem até algo da Divindade. A Providência às vezes nos mete a tormento, usando cálculos renais e biliares, gota, escorbuto, lepra, sífilis, varíola, laceração de entranhas, convulsões nervosas e outros executores das vinganças da Providência.

Ora, como os primeiros déspotas, segundo admitem todos os seus cortesãos, foram imagens da Divindade, só podiam imitá-la o máximo possível.

O mais interessante é que nunca se falou de tortura nos livros judeus. É pena que uma nação tão branda, honesta e compassiva não tenha conhecido esse modo de saber a verdade. Na minha opinião, a razão é que não precisavam dela. Deus sempre a deu a conhecer a seu povo dileto. Ora se descobria a verdade num lance de dados, e o culpado suspeito sempre tinha parelhas de seis, ora se procurava o grão-sacerdote, que consultava Deus imediatamente por meio do *urim* e *tumim*. Outras vezes se procurava o vidente, o profeta, e é de crer que o vidente e profeta descobrissem as coisas mais ocultas tanto quanto o *urim* e o *tumim* do grão-sacerdote. O povo de Deus não estava reduzido, como nós, a interrogar, conjecturar; assim, a tortura não poderia ser usada por ele. Essa foi a única coisa que faltou aos costumes do povo santo. Os romanos só infligiram tortura a escravos, mas os escravos não eram considerados seres humanos. Nada indica tampouco que um conselheiro La Tournelle considere como seu semelhante o homem que lhe entregam macilento, pálido, magérrimo, com os olhos mortiços, a barba comprida e suja, coberto pelos vermes que o corroeram numa masmorra. Então ele tem o prazer de aplicar a tortura ordinária e extraordinária em presença de um cirurgião que lhe palpa o pulso, até que ele corra risco de vida, e depois disso se recomeça; e, como disse muito bem a comédia *Les Plaideurs* [Os litigantes]: "Com isso sempre matamos uma hora ou duas."

O grave magistrado que comprou por algum dinheiro o direito de fazer essas experiências com o próximo contará, durante o almoço, à sua mulher aquilo que aconteceu durante a manhã. Na primeira vez, a senhora se revolta; na segunda, toma gosto, porque, afinal, todas as mulheres são curiosas; depois, a primeira coisa que ela lhe diz quando ele volta vestido de sua toga é: "Coraçãozinho, hoje não meteste ninguém a tormento?"

Os franceses que, não sei por quê, são vistos como um povo humaníssimo, admiram-se que os ingleses, que tiveram a desumanidade de nos tomarem todo o Canadá, tenham renunciado ao prazer de torturar.

Quando o cavaleiro de La Barre, neto de um general de divisão dos exércitos, jovem de grande talento e muito promissor, mas dotado de todo o estouvamento de uma juventude desbragada, foi considerado culpado de cantar canções ímpias e até de passar diante de uma procissão de capuchinhos sem tirar o chapéu, os juízes de Abbeville, gente comparável aos senadores romanos, ordenaram que não só lhe arrancassem a língua, como também lhe cortassem a mão e lhe queimassem o corpo em fogo brando; e ainda o torturaram para saber precisamente quantas canções ele havia cantado e quantas procissões vira passar com o chapéu na cabeça.

Não foi no século XIII ou XIV que ocorreu esse episódio; foi no XVIII. As nações estrangeiras julgam a França pelos espetáculos, pelos romances, pelos lindos versos, pelas moças da Ópera, que têm costumes brandos, por nossos dançarinos da Ópera, que têm graça, pela srta. Clairon, que declama versos lindamente. Não sabem que, no fundo, não há nação mais cruel que a francesa.

Os russos eram vistos como bárbaros em 1700; estamos apenas em 1769; uma imperatriz acaba de dar àquele vasto Estado leis que teriam honrado Minos, Numa e Sólon, se estes tivessem sido dotados de inteligência suficiente para inventá-las. A mais notável é a tolerância universal; a segunda é a abolição da tortura. A justiça e a humanidade conduziram-lhe a pluma; ela reformou tudo. Pobre da nação que, civilizada há muito tempo, ainda seja conduzida por antigos usos atrozes! Por que mudaríamos nossa jurisprudência? Diz ela: a Europa se serve de nossos cozinheiros, de nossos alfaiates, de nossos cabeleireiros; logo, nossas leis são boas.

TOUPEIRA (Taupe)

Toupeira, pequeno quadrúpede, um pouco maior que o camundongo; habita debaixo da terra. A natureza lhe deu olhos extremamente pequenos, encovados e recobertos de pequenos pelos, para que a terra não os ferisse e o animal fosse advertido por um pouco de luz quando se expusesse; sua audição é muito aguçada, as patas da frente são largas, armadas de unhas cortantes, ambas em plano inclinado, para que a terra que vai sendo escavada e elevada seja lançada para a direita e para a esquerda, na formação de caminhos e na construção da toca. Esse animal alimenta-se das raízes das ervas. Como é considerada cega, La Fontaine teve razão ao dizer:

Lynx envers nos pareils, et taupes envers nous.
[Linces para nossos semelhantes, toupeiras para nós mesmos.]
(Fábula VII do liv. I)

Obscuro como uma toupeira, buraco de toupeira, pegar toupeiras. Fazem-se belos casacos de pele com pele de toupeira. Ele foi para o reino das toupeiras, para dizer que ele morreu, proverbialmente e grosseiramente.

TOURO (Taureau)

Touro, substantivo masculino; quadrúpede provido de chifres, com cascos fendidos, pernas fortes, marcha lenta, corpo espesso, pele dura, cauda menos longa que a do cavalo, com alguns pelos longos na ponta. Seu sangue já foi considerado veneno, mas não o é mais do que o dos outros animais; os antigos que escreveram que Temístocles e outros se envenenaram com sangue de touro falsificavam ao mesmo tempo a história e a natureza. Luciano, que critica Júpiter por ter posto os chifres do touro acima dos olhos, faz-lhe uma censura muito injusta, pois o touro, como tem olhos grandes, redondos e bem abertos, enxerga muito bem onde bate; e, se seus olhos tivessem sido postos no alto da cabeça, acima dos chifres, não poderiam ver a relva que rumina.

Touro banal é o touro pertencente ao senhor; a esse touro os vassalos são obrigados a levar suas vacas.

Touro de Faláris, ou *touro de bronze*, é a estátua de um touro, descoberta na Sicília; supôs-se que Faláris o usava para encerrar e queimar aqueles que queria punir, espécie de crueldade que não é absolutamente verossímil.

Touros de Medeia, que guardavam o tosão de ouro.

Touro de Maratona, amansado por Hércules.

Touro que carregou Europa; *touro de Mitra*; *touro de Osíris*; *touro*, signo do zodíaco; *olho do touro*, estrela de primeira grandeza. *Touradas*, comuns na Espanha. *Touro veado*, antílope bubal, animal selvagem da Etiópia. *Ameixa-touro*, ameixa coração-de-boi, espécie de ameixa que tem a polpa seca.

TRANSUBSTANCIAÇÃO (Transsubstantiation)

Os protestantes, sobretudo os filósofos protestantes, veem a transubstanciação como o cúmulo do descaramento dos monges e da imbecilidade dos leigos. Eles não observam em nenhuma medida essa crença que chamam de monstruosa; acham até que não há um único homem de bom-senso que, depois de refletir muito bem, possa abraçá-la seriamente. Dizem que ela é tão absurda, tão contrária a todas as leis da física, tão contraditória, que nem Deus poderia fazer essa operação, pois supor que Deus tenha feito contraditórios é o mesmo que o anular. Um deus num pão e, não só isso, um deus no lugar do pão; cem mil migalhas de pão que num instante se tornam cem mil deuses, essa multidão inumerável de deuses constituindo um único deus; brancura sem corpo branco; redondez sem corpo redondo; vinho transformado em sangue, mas com gosto de vinho; pão transformado em carne e fibras, mas com gosto de pão: tudo isso inspira tanto horror e desprezo aos inimigos da religião católica, apostólica e romana, que esse excesso de horror e desprezo às vezes se transforma em furor.

Seu horror aumenta, quando lhes dizem que todos os dias, nos países católicos, se veem padres e monges que, saindo de um leito incestuoso, sem se lavarem as mãos imundas de impurezas, vão fazer deuses às centenas, comem e bebem seu deus, cagam e mijam seu deus. Mas, quando refletem que essa superstição, cem vezes mais absurda e sacrílega que todas as superstições dos egípcios, valeu a um sacerdote italiano quinze a vinte milhões de renda e a dominação de um país de cem milhas de comprimento e largura, querem todos ir, armados, expulsar aquele sacerdote que se apoderou do palácio dos césares. Não sei se participarei dessa viagem, pois gosto de paz; mas, quando eles estiverem estabelecidos em Roma, sem dúvida irei fazer-lhes uma visita.

(De sr. Guillaume, ministro protestante)

TRIGO (Blé ou Bled)

Primeira seção

Origem da palavra e da coisa

É preciso ser cético demais para duvidar que *pão* veio de *panis*. Mas, para fazer pão, é preciso trigo. Os gauleses tinham trigo no tempo de César; onde tinham ido buscar a palavra *blé*? Dizem que em *bladum*, palavra empregada na latinidade bárbara medieval pelo chanceler Desvignes, *De Vineis*, cujos olhos, segundo afirmam, o imperador Frederico II mandou arrancar.

Mas as palavras latinas daqueles séculos bárbaros não passavam de antigas palavras celtas ou tudescas latinizadas. *Bladum* vinha, pois, de *blead*, e não *blead* de *bladum*. Os italianos diziam *biada*, e nas regiões onde a antiga língua românica se conservou ainda se diz *blia*.

Essa ciência não é infinitamente útil, mas haveria sempre a curiosidade de saber onde os gauleses e os teutões haviam encontrado trigo para semear. Respondem-nos que os tírios o haviam levado para a Espanha; os espanhóis, para a Gália; os gauleses, para a Germânia. E onde os tírios haviam apanhado esse trigo? Com os gregos, provavelmente, em troca do alfabeto.

Quem teria dado esse presente aos gregos? Ceres, decerto; e, depois de remontarmos a Ceres, já não podemos ir muito mais além. Ceres só pode ter descido expressamente do céu para nos dar frumento, centeio, cevada etc.

Mas, como está muito baixo hoje o crédito de Ceres, que deu o trigo aos gregos, e de Isheth ou Ísis, que com ele gratificou o Egito, continuamos na incerteza quanto à origem do trigo.

Sanconiaton garante que Dagon ou Dagan, um dos netos de Tot, era o responsável pelo trigo na Fenícia. Ora, seu Tot é mais ou menos da época de nosso Jarede. Segue-se daí que o trigo é antiquíssimo, tão antigo quanto a relva. Esse Dagon talvez tenha sido quem primeiro fez pão, mas isso não está demonstrado.

Coisa estranha! Sabemos sem sombra de dúvida que devemos o vinho a Noé, mas não sabemos a quem devemos o pão. E – coisa ainda mais estranha – somos tão ingratos a Noé, que temos mais de duas mil canções em honra a Baco e mal cantamos uma única em honra a Noé, nosso benfeitor.

Um judeu garantiu-me que o trigo nascia espontaneamente na Mesopotâmia, assim como as maçãs, as peras selvagens, as castanheiras e as nêsperas no ocidente. Acredito até prova em contrário, pois, afinal, o trigo haverá de crescer em algum lugar.

Transformou-se ele em alimento costumeiro e indispensável nos mais belos climas e em todo o Norte.

Grandes filósofos, cujos talentos estimamos e cujos sistemas não adotamos, afirmaram, na *Histoire naturelle du chien* [História natural do cão], página 195, que os homens fizeram o trigo; que nossos pais, à força de semearem ervilhaca e grama, transformaram-nas em frumento. Como esses filósofos não compartilham nossa opinião sobre as conchas, tomaremos a liberdade de não acatar a deles sobre o trigo. Não acreditamos que alguma vez se tenha feito jasmins com tulipas. Achamos que o germe do trigo é totalmente diferente do germe da ervilhaca, e não acreditamos em transmutação alguma. Quando isso nos for demonstrado, nos retrataremos.

Já vimos no verbete Fruta-pão que não se come pão em três quartos da Terra. Dizem que os etíopes zombavam dos egípcios, que viviam de pão. Mas, afinal, como se trata de nosso principal alimento, o trigo se tornou um dos maiores objetos do comércio e da política. Escreveu-se tanto sobre o assunto, que o lavrador que semeasse trigo na quantidade dos volumes que escrevemos sobre essa mercadoria poderia esperar enorme colheita e se tornaria mais rico do que aqueles que, em seus salões de verniz e dourado, ignoram os extremos de dor e miséria em que ele vive.

Segunda seção

Riqueza do trigo

Assim que se começa a aprender o bê-á-bá da economia política, faz-se como todos os vizinhos e vizinhas das ruas, que perguntam: quanto ele ganha de renda, como vive, quanto a filha vai receber no casamento etc.? Na Europa se pergunta: A Alemanha tem mais trigo que a França? A Inglaterra recolhe (e não colhe) melhores messes do que a Espanha? O trigo da Polônia produz tanta farinha quanto o da Sicília? A grande questão é saber se um país puramente agrícola é mais rico que um puramente comerciante.

A superioridade dos países produtores de trigo é demonstrada pelo livro pequeno mas substancioso do sr. Melon, o primeiro homem que raciocinou na França, por meio da imprensa, imediatamente após o desvario universal do sistema de Law. O sr. Melon pode ter incidido em alguns erros apontados por outros escritores bem informados, cujos erros, por sua vez, também foram apontados. Enquanto não apontam os meus, vamos aos fatos.

O Egito tornou-se a melhor terra produtora de frumento do universo quando, depois de vários séculos, que é difícil contar com precisão, seus habitantes descobriram o segredo de pôr a serviço da fecundidade do solo um rio destruidor que sempre inundara a região e só era útil aos ratos, aos insetos, aos répteis e aos crocodilos do Egito. Sua própria água, que vinha misturada a um lodo preto, não dessedentava nem lavava os habitantes. Foram necessárias obras imensas e um tempo prodigioso para dominar o rio, dividi-lo em canais, fundar cidades em terrenos antes movediços e transformar as cavernas dos rochedos em vastas construções.

Tudo isso é mais espantoso que as pirâmides; feito isso, tem-se um povo certo de que se alimentará com o melhor trigo do mundo, sem nem mesmo precisar lavrá-lo. Tem-se um povo que cria e engorda aves superiores às de Caux. Um povo que se veste com o mais belo linho no clima mais temperado. Que, portanto, não tem necessidade real dos outros povos.

Seus vizinhos árabes, ao contrário, não colhem nem um sesteiro de trigo desde o deserto que cerca o lago de Sodoma e vai até Jerusalém, até as vizinhanças do Eufrates, ao Iêmen e à terra de Gade, o que compõe um território quatro vezes mais extenso que o Egito. Dizem eles: Temos vizinhos que possuem todo o necessário; vamos à Índia buscar o supérfluo; levemos-lhes açúcar, aromas, especiarias e curiosidades; sejamos aqueles que abastecem suas fantasias, e eles nos darão farinha. Dizem o mesmo dos babilônicos; estabelecem-se como corretores daquelas duas nações opulentas, repletas de trigo; e, permanecendo sempre como seus servidores, continuam sempre pobres. Mênfis e Babilônia gozam, e os árabes servem; a terra que produz trigo continua sendo a única rica; o excedente de seu frumento atrai metais, perfumes, obras da indústria. O dono do trigo, portanto, sempre impõe a lei àquele que precisa de pão; e Midas teria dado todo o seu ouro a um lavrador da Picardia.

A Holanda, atualmente, parece ser uma exceção, mas não é. As vicissitudes deste mundo subverteram tudo a tal ponto, que os habitantes de um charco, atormentados pelo oceano, que ameaçava afogá-los, e pela inquisição, que trazia lenha para queimá-los, foram até o fim do mundo apoderar-se das ilhas que produzem especiarias, coisa que se tornou tão necessária aos ricos quanto o pão aos pobres. Os árabes vendiam mirra, bálsamo e pérolas a Mênfis e à Babilônia; os holandeses vendem de tudo à Europa e à Ásia, e ditam o preço de tudo.

Não têm trigo, direis; têm mais trigo que a Inglaterra e a França. Quem realmente possui o trigo? É o comerciante que o compra do lavrador. Não era o simples agricultor da Caldeia ou do Egito que tirava grande proveito do seu frumento. Era o mercador caldeu ou o egípcio esperto que o amontoava e vendia aos árabes; obtinha assim aromas, pérolas e rubis, que vendia caro aos ricos. Assim é o holandês; compra em todo lugar e revende em todo lugar; para ele, não existe má colheita; ele está sempre pronto a socorrer por dinheiro aqueles que carecem de farinha.

Que três ou quatro negociantes entendidos, livres e sóbrios, não sofrendo nenhum tipo de perseguição e estando isentos de medo, se estabeleçam num porto; que seus navios sejam bons, que sua tripulação saiba viver de queijo gordo e pouca cerveja; que mandem comprar barato frumento em Dantzig e em Túnis; que saibam guardá-lo e esperar: farão exatamente o que fazem os holandeses.

Terceira seção

História do trigo na França

Nos antigos governos ou antigas anarquias bárbaras, houve sabe-se lá que senhor ou rei de Soissons que cobrava tantos impostos a lavradores, debulhadores e moleiros, que todos fugiram e o deixaram sem pão, a reinar sozinho e à vontade[26].

O que se fez para obter trigo quando os normandos, que não o tinham, vieram assolar a França e a Inglaterra; quando as guerras feudais acabaram de destruir tudo; quando aquele banditismo feudal se misturou às invasões dos ingleses; quando Eduardo III destruiu as colheitas de Filipe de Valois, e Henrique V, as de Carlos VI; quando os exércitos do imperador Carlos V e os de Henrique VIII comiam a Picardia; enfim, enquanto os bons católicos e os bons protestantes cortavam o trigo na raiz e matavam pais, mães e filhos, para saberem se era mister comer pão fermentado ou pão ázimo aos domingos?

O que se fez? O povo não comia a metade do que precisava: todos se alimentavam muito mal; morria-se de fome; a população era pequena; algumas cidades estavam desertas.

No entanto, ainda se veem pretensos historiadores a repetirem que a França possuía vinte e nove milhões de habitantes na época da noite de São Bartolomeu.

Parece que é com base nesse cálculo que o abade de Caveyrac fez a apologia dessa noite: afirmou ele que o massacre de setenta mil pessoas, mais ou menos, era uma bagatela num reino então florescente, povoado por vinte e nove milhões de pessoas que nadavam na abundância.

No entanto, a verdade é que a França tinha poucos habitantes e pouco trigo, que era excessivamente miserável, assim como a Alemanha.

No curto espaço do reinado, afinal tranquilo, de Henrique IV, durante a administração da economia pelo duque de Sully, os franceses, em 1597, tiveram abundante colheita, coisa que não viam desde que tinham nascido. Logo venderam todo o trigo aos estrangeiros, que não haviam feito colheitas tão felizes, não duvidando de que o ano de 1598 seria melhor ainda que o anterior. Foi péssimo, e o povo fez como a srta. Bernard, que vendera suas camisas e seus lençóis para comprar um colar, e depois foi obrigada a vender o colar com prejuízo para poder comprar lençóis e camisas. O povo sofreu mais. Comprou de volta, a preço alto, o mesmo trigo que havia vendido por preço medíocre.

Para prevenir tal imprudência e tal desgraça, o ministério proibiu a exportação, e essa lei não foi revogada. Mas, no reinado de Henrique IV, no de Luís XIII e no de Luís XIV, essa lei foi frequentemente transgredida; além disso, o governo, quando era informado de que os celeiros estavam bem cheios, expedia permissões particulares com base naquilo que lhe descreviam sobre o estado das províncias. Essas permissões muitas vezes causaram insatisfação entre o povo; os comerciantes de trigo passaram a ser detestados, sendo vistos como monopolizadores que queriam fazer a província passar fome. Quando ocorria carência de alimentos, esta era sempre seguida por algum sedição. Acusava-se o ministério, e não a seca nem a chuva.

No entanto, em anos comuns, a França tinha com o que se alimentar e às vezes o que vender. Sempre houve queixas (e precisamos queixar-nos para que nos suguem um pouco menos), mas a

---

26. Trata-se de Quilperico. Essas coisas aconteceram no ano 562. (N. de Voltaire)

França, desde 1661 até o início do século XVIII, esteve no auge de sua grandeza. Não era a venda de seu trigo que a tornava tão poderosa; eram: o excelente vinho de Borgonha, de Champagne e de Bordeaux, a produção de aguardente em todo o Norte, de azeite, frutos, sal, panos, fazendas, magníficos tecidos de Lyon e até de Tours, fitas, modas de todas as espécies; enfim, os progressos da indústria. O país é tão bom, o povo tão laborioso, que a revogação do edito de Nantes não conseguiu arruinar o Estado. Talvez não haja prova mais convincente de sua força.

O trigo continuou barato: a mão de obra, por conseguinte, não foi cara; o comércio prosperou, e continuou-se a reclamar da dureza do tempo.

A nação não morreu por causa da terrível carestia de 1709; ficou muito doente, mas escapou. E só estamos falando aqui do trigo, que faltou absolutamente; os franceses precisaram comprá-lo até de seus inimigos; só os holandeses e os turcos o forneceram.

Quer a França fosse atingida por catástrofes, quer tivesse sucesso, quer as vinhas se congelassem, quer produzissem uvas como na Jerusalém celestial, o preço do trigo se mantinha uniforme, e, em anos comuns, um sesteiro de trigo sempre pagou quatro pares de sapato desde os tempos de Carlos Magno.

Por volta de 1750, a nação, farta de versos, tragédias, comédias, óperas, romances, histórias romanescas, reflexões morais mais romanescas ainda e disputas teológicas sobre a graça e as convulsões, finalmente começou a raciocinar sobre o trigo.

Chegou-se a esquecer as vinhas, falando-se apenas de frumento e centeio. Escreveram-se coisas úteis sobre a agricultura: todos as leram, menos os agricultores. Houve quem supusesse, na saída do Opéra-Comique, que a França tinha uma quantidade prodigiosa de trigo para vender. Finalmente, a grita da nação obteve do governo, em 1764, a liberdade de exportação.

Imediatamente, exportou-se. Ocorreu precisamente o que se havia visto no tempo de Henrique IV; vendeu-se um pouco demais; sobreveio um ano estéril; e, pela segunda vez, a srta. Bernard precisou revender o colar para recuperar os lençóis e as camisas. Então alguns queixosos passaram de um extremo ao outro. Bradaram contra a exportação que haviam reivindicado: isso mostra como é difícil agradar a gregos e troianos.

Gente de grande intelecto e de boa vontade desinteressada escreveu com sagacidade e coragem a favor da liberdade ilimitada do comércio dos grãos. Gente que tinha pureza de intelecto e visão escreveu com o intuito de limitar essa liberdade; e o sr. abade Galiani, napolitano, divertiu a nação francesa tratando da exportação do trigo; descobriu o segredo de fazer, mesmo em francês, diálogos tão engraçados quanto nossos melhores romances e tão instrutivos quanto nossos melhores livros sérios. Essa obra, se não baixou o preço do pão, deu bastante prazer à nação, o que vale muito mais para ela. Os partidários da exportação ilimitada responderam-lhe vigorosamente. O resultado foi que os leitores ficaram sem saber o que pensar: a maioria começou a ler romances, à espera de três ou quatro anos seguidos de abundância que lhes dessem condições de julgar. As senhoras já não sabiam distinguir frumento de centeio. Os frequentadores de paróquias continuaram acreditando que o grão deve morrer e apodrecer na terra para germinar.

Quarta seção

Sobre o trigo da Inglaterra

Os ingleses, até o século XVII, foram povos caçadores e pastores, mais que agricultores. Metade da nação perseguia raposas com albarda e bridão, enquanto a outra alimentava carneiros e preparava lãs. Os assentos dos pares ainda não passavam de sacos grosseiros de lã, para lembrá-los de que deviam proteger a principal mercadoria do reino. Começaram a perceber, no tempo da restauração, que também tinham excelentes terras para o frumento. Até então praticamente só tinham lavrado para atender às suas necessidades. Três quartos da Irlanda se alimentavam de batatas, chamadas então *potatoes*, pelos franceses *topinambous* e depois *pommes de terre*. Metade da Escócia não conhecia o trigo. Corria uma espécie de provérbio em versos ingleses bastante engraçados, cujo sentido era o seguinte:

> *Si l'époux d'Ève la féconde*
> *Au pays d'Écosse était né,*
> *A demeurer chez lui Dieu l'aurait condamné,*
> *Et non pas à courir le monde.*
> [Se o esposo de Eva, a fecunda,
> Em terras de Escócia nascesse,
> Deus o condenaria a ficar em casa,
> E não a correr o mundo.]

A Inglaterra foi o único dos três reinos que desbravou alguns campos, mas em pequena quantidade. É verdade que aqueles ilhéus comem o máximo de carne, o máximo de legumes e o mínimo de pão que podem. O trabalhador braçal de Auvergne e de Limousin devora quatro libras de pão embebido em água, enquanto o trabalhador braçal inglês come apenas uma com queijo e bebe uma cerveja tão nutritiva quanto repugnante, que o engorda.

Pode-se também, sem pilhérias, somar a essas razões a enorme quantidade de farinha com que os franceses encheram a cabeça durante muito tempo. Usavam perucas volumosas, com meio pé de altura na testa, descendo-lhes até as ancas. Dezesseis onças de amido polvilhavam dezesseis onças de cabelos estranhos, que em sua espessura ocultavam o busto de um homenzinho, de tal modo que em certa farsa, quando um professor de canto da alta sociedade, chamado *M. des Soupirs*[27], sacudia a peruca em cena, todos ficavam mergulhados durante uns quinze minutos numa nuvem de pó. Essa moda entrou na Inglaterra, mas os ingleses dispensaram o amido.

Para voltarmos ao essencial, é preciso saber que em 1689, primeiro ano do reinado de Guilherme e Maria, um ato do parlamento destinou uma gratificação a quem exportasse, com os navios da nação, trigo e até aguardentes ruins feitas de grãos.

Vejamos como foi concebido esse ato, favorável à navegação e à cultura:

Quando uma medida chamada *quarter*, igual a vinte e quatro alqueires de Paris, não excedia, na Inglaterra, o valor de duas libras esterlinas e oito xelins no mercado, o governo pagava ao exportador desse *quarter* cinco xelins – cinco libras e dez soldos da França; ao exportador de centeio, quando ele só valia uma libra esterlina e doze xelins, davam-se como recompensa três xelins e seis soldos – três libras e doze soldos da França. O resto, numa proporção bastante exata.

Quando o preço dos grãos subia, já não cabia gratificação; quando estavam mais caros, a exportação deixava de ser permitida. Esse regulamento sofreu algumas variações, mas, no fim, o resultado foi um lucro imenso. Viu-se, por um extrato da exportação de grãos, apresentado à câmara dos comuns em 1751, que a Inglaterra vendera às outras nações em cinco anos cerca de 7.405.786 de libras esterlinas, que perfazem cento e setenta milhões e trezentas e trinta e três mil e setenta e oito libras da França. E, sobre essa soma, que a Inglaterra tirou da Europa em cinco anos, a França pagou cerca de dez milhões e meio.

A Inglaterra devia sua fortuna à sua cultura, que durante muito tempo negligenciara; mas também a devia a seu solo. Quanto mais seu solo passou a valer, mais melhorou. Houve mais cavalos, bois e esterco. Enfim, houve quem dissesse que uma colheita abundante pode alimentar a Inglaterra durante cinco anos, enquanto a mesma colheita pode alimentar a França durante apenas dois anos.

---

27. Sr. dos Suspiros. (N. da T.)

Mas a França tem quase o dobro de habitantes; e, nesse caso, a Inglaterra é apenas um quinto mais rica em trigo, para alimentar a metade a menos de seres humanos: o que é bem compensado pelas outras mercadorias e pelas manufaturas da França.

Quinta seção

Breve monografia sobre os outros países

A Alemanha é como a França, tem umas províncias férteis em trigo e outras estéreis; as regiões vizinhas do Reno e do Danúbio, bem como a Boêmia, são as mais bem aquinhoadas. Praticamente só há grande comércio de grãos no interior.

Para a Turquia nunca falta trigo; ela o vende em pequena quantidade. A Espanha às vezes carece de trigo e nunca o vende. As costas da África o têm e o vendem em parte. A Polônia sempre é bem abastecida, mas nem por isso é rica.

As províncias meridionais da Rússia o têm em abundância; ele é transportado para as províncias do norte com muito custo; pode-se fazer grande comércio por Riga.

A Suécia só colhe frumento em Escânia; o resto só produz centeio; as províncias setentrionais, nada.

A Dinamarca, pouco.

A Escócia, menos ainda.

Flandres austríaca é bem aquinhoada.

Na Itália, todas as cercanias de Roma, desde Viterbo até Terracina, são estéreis. A região de Bolonha, de que os papas se apoderaram porque ela lhes convinha, é quase a única província que lhes dá pão em abundância.

Os venezianos, de produção própria, mal têm para suprir suas necessidades e muitas vezes são obrigados a comprar firmãs em Constantinopla, ou seja, permissões para comer. São abastecidos pelos inimigos e vencedores.

A região de Milão é a terra prometida, supondo-se que a *terra prometida* tivesse frumento.

A Sicília continua lembrada de Ceres; mas afirma-se que ali não se cultiva tão bem a terra quanto nos tempos de Hierão, que dava tanto trigo aos romanos. O reino de Nápoles é bem menos fértil que a Sicília, e a carestia ali se faz sentir às vezes, a despeito de San Gennaro.

O Piemonte é uma das melhores regiões.

A Savoia sempre foi pobre e continuará sendo.

A Suíça não é muito mais rica; tem pouco frumento: há cantões que carecem absolutamente dele.

Os comerciantes de trigo podem basear-se nessa pequena monografia; e ficarão arruinados, a menos que se informem com precisão sobre a colheita do ano e a necessidade do momento.

Resumo

Deve-se seguir o preceito de Horácio e ter sempre a safra de um ano de trigo à frente; *provisæ frugis in annum*.

Sexta seção

Trigo. Gramática moral

Costuma-se dizer proverbialmente: "Não há maior amigo que julho com seu trigo; nem erva no trigo, nem suspeita no amigo; com vento se limpa o trigo, e os vícios com o castigo." Mas de todos os provérbios que essa produção da natureza e de nossos cuidados propiciou, há um que merece mais atenção dos legisladores:

"Não nos devolvas à glande se já temos o trigo."

Isso significa uma infinidade de boas coisas, por exemplo:

Não nos governes no século XVIII como se governava no tempo de Albuíno, Gondebaldo, Clodovico, chamado em latim *Clodovæus*;

Não fales mais das leis de Dagoberto, quando temos as obras do chanceler D'Aguesseau, os discursos dos srs. Montclar, Servan, Castillon, La Chalotais, Dupaty etc.;

Não cites mais os milagres de santo Amável, cujas luvas e cujo chapéu foram carregados no ar durante toda a viagem que ele fez a pé dos confins de Auvergne a Roma;

Deixa apodrecer todos os livros cheios de semelhantes inépcias, pensa no século em que vivemos;

Se algum dia assassinarem a tiros um marechal de Ancre, não mandes queimar sua mulher na qualidade de bruxa, a pretexto de que seu médico italiano lhe prescreveu um caldo de galo branco, morto ao luar, para curar seus vapores;

Distingue sempre os honestos pensantes do populacho, que não é feito para pensar;

Se os costumes te obrigarem a realizar alguma cerimônia ridícula a favor dessa canalha e se, no caminho, encontrares gente pensante, faze um sinal de cabeça, de olhos, para mostrar-lhe que pensas como ela, mas que não se deve rir;

Abranda aos poucos todas as superstições antigas e não introduzas nenhuma nova;

As leis devem ser para todos, mas deixa que cada um acate ou rejeite, à vontade, aquilo que só se baseie em algum uso indiferente;

Se a criada de Bayle morrer em teus braços, não lhe fales como se falasses a Bayle, nem a Bayle como se falasses à criada dele;

Se os imbecis ainda quiserem glande, deixa que a comam; mas não aches ruim se lhes oferecerem pão.

Em resumo, esse provérbio é excelente em mil ocasiões.

TRINDADE (Trinité)

Quem primeiro falou da Trindade entre os ocidentais foi Timeu de Locres, em sua obra *Alma do mundo*.

Em primeiro lugar está a ideia, exemplar perpétuo de todas as coisas engendradas; é o primeiro verbo, o verbo interno e inteligível.

Depois vem a matéria informe, segundo verbo ou verbo proferido.

Depois, o filho ou o mundo sensível, ou o espírito do mundo.

Essas três qualidades constituem o mundo inteiro, mundo que é filho de Deus, μονογενὴς. Ele tem alma, razão, é ἔμψυχος, λογικὸς.

Deus, desejando fazer um Deus muito belo, fez um Deus engendrado: τοῦτον ἐποίει θεὸν γεννητόν.

É difícil entender bem esse sistema de Timeu, que talvez o tenha extraído dos egípcios, talvez dos brâmanes. Não sei se o entendiam bem naquele tempo. São como aquelas medalhas desgastadas e enferrujadas, com legenda apagada. Antigamente podia ser lida, hoje é adivinhada na medida do possível.

Não me parece que essa sublime algaravia tenha feito muito sucesso até Platão. Ficou enterrada no esquecimento, e Platão a ressuscitou. Construiu seu edifício no ar, mas sobre o modelo de Timeu.

Admitiu três essências divinas: o pai, supremo, produtor: o pai dos outros deuses é a primeira essência.

A segunda é o Deus visível, ministro do Deus invisível, o verbo, o entendimento, o grande demônio.

A terceira é o mundo.

É verdade que Platão muitas vezes diz coisas bem diferentes e até contrárias; isso é privilégio dos filósofos gregos, e Platão aproveitou esse direito mais que qualquer um dos antigos e modernos.

Um vento grego empurrou essas nuvens filosóficas de Atenas para Alexandria, cidade prodigiosamente obsedada por duas coisas: dinheiro e quimeras. Em Alexandria havia judeus que, depois de fazerem fortuna, puseram-se a filosofar.

O bom da metafísica é que não exige estudos preliminares maçantes. É aí que se pode saber tudo sem nunca ter aprendido nada; e quem tiver engenho um tanto sutil e muito falaz pode ter certeza de que vai longe.

Fílon, o judeu, foi um filósofo dessa espécie: era contemporâneo de Jesus Cristo; mas teve a infelicidade de não o conhecer, tal como Josefo, o historiador. Esses dois homens consideráveis, enfronhados no caos dos negócios de Estado, ficaram afastados demais da luz nascente. O tal Fílon tinha uma cabeça totalmente metafísica, alegórica, mística. Foi ele quem disse que Deus devia fazer o mundo em seis dias, tal como fez, segundo Zoroastro, em seis tempos[28], "porque três é metade de seis, e dois é um terço, e esse número é macho e fêmea".

Esse mesmo homem, obsedado pelas ideias de Platão, ao falar de embriaguez diz que Deus e a sabedoria se casaram, e que a sabedoria deu à luz um filho bem-amado: esse filho é o mundo.

Chama os anjos de verbos de Deus, e o mundo, de verbo de Deus, λόγον τοῦ θεοῦ.

Flávio Josefo, por sua vez, era um militar que nunca ouvira falar do Logos e se limitava aos dogmas dos fariseus, unicamente vinculados a suas tradições.

Essa filosofia platônica passou pelos judeus da Alexandria e seguiu até os de Jerusalém. Logo toda a escola de Alexandria, que era a única douta, se tornou platônica; e os cristãos que filosofavam só falavam do Logos.

Sabemos de que eram feitas as disputas daqueles tempos, assim como as de nossos tempos. A um trecho mal entendido costurava-se um trecho ininteligível que não tinha relação alguma com ele, supunha-se um segundo e com eles se falsificava um terceiro; urdiam-se livros inteiros, que eram atribuídos a autores respeitados pelo rebanho. Vimos vários exemplos disso no verbete Apócrifo.

Peço ao caro leitor que dê uma olhada, por favor, neste trecho de Clemente de Alexandria[29]: "Quando Platão diz que é difícil conhecer o pai do universo, não apenas mostra que o mundo foi engendrado, mas que foi engendrado como filho de Deus." Entendeis essas logomaquias, esses equívocos? Enxergais alguma mínima luz nesse caos de expressões obscuras?

Ó Locke, Locke! Vinde, defini os termos. Não acredito que, de todos aqueles polemistas platônicos, houvesse um só que se entendesse. Distinguiram-se dois verbos; ο Λόγος ενδιαθετος, verbo no pensamento, e o verbo produzido, Λόγος προφορικός. Tivemos a eternidade de um verbo e a prolação, a emanação, de outro verbo.

O livro *Constituições apostólicas*[30], antigo monumento da fraude, mas também antigo repositório dos dogmas informes daqueles tempos obscuros, assim se exprime:

"O pai, que é anterior a toda e qualquer geração, a todo e qualquer começo, tendo criado tudo por seu filho único, engendrou sem intermédio esse filho por sua vontade e seu poder."

---

28. P. 4, edição de 1719. (N. de Voltaire)
29. *Stromata*, liv. V. (N. de Voltaire)
30. Liv. VIII, cap. XLII. (N. de Voltaire)

Em seguida, Orígenes afirmou[31] que o Espírito Santo foi criado pelo filho, pelo verbo.

Depois veio Eusébio de Cesareia, que ensinou[32] que o espírito, paracleto, não é Deus nem filho.

O advogado Lactâncio medrou naquele tempo. "O filho de Deus", diz ele[33], é o verbo, assim como os outros anjos são os espíritos de Deus. O verbo é um espírito proferido por uma voz significativa, o espírito procedente do nariz e a palavra da boca. Segue-se que há diferença entre o filho de Deus e os outros anjos, pois estes emanaram como espíritos tácitos e mudos. Mas o filho, sendo espírito, saiu da boca com som e voz para pregar ao povo."

Convenhamos que o advogado Lactâncio defendia sua causa de estranha maneira. Era raciocinar à Platão; era raciocinar inteligentemente.

Foi mais ou menos nessa época que, entre as violentas disputas sobre a Trindade, inseriu-se na primeira epístola de são João este famoso versículo: "Há três que dão testemunho em terra: o espírito, ou vento, a água e o sangue; e esses três são um." Quem afirma que esse versículo é realmente de são João tem mais problemas que quem o nega: pois precisa explicar.

Santo Agostinho diz que vento significa o Pai; água, o Espírito Santo; e sangue quer dizer Verbo: essa explicação é bonita, mas ainda deixa alguns problemas.

Santo Irineu vai bem mais longe; diz[34] que Raabe, a prostituta de Jericó, ao esconder em casa três espiões do povo de Deus, escondeu o Pai, o Filho e o Espírito Santo: essa é boa, mas não dá para entender.

Por outro lado, o grande, o douto Orígenes nos confunde de outra maneira. Aqui está um de seus trechos, entre muitos outros: "O Filho está abaixo do Pai assim como ele e o Espírito Santo estão acima das mais nobres criaturas."[35]

Depois disso, que dizer? Como não concluir, dolorosamente, que ninguém se entendia? Como não convir que, desde os primeiros cristãos ebionitas, homens tão mortificados e piedosos, que sempre reverenciaram Jesus, embora o acreditassem filho de José, até a grande disputa de Atanásio, o platonismo da Trindade nunca passou de assunto de polêmica? Era absolutamente necessário um juiz supremo para decidir; ele finalmente foi encontrado no concílio de Niceia; mas mesmo esse concílio produziu novas facções e guerras.

Explicação da Trindade

Segundo Abauzit

"Só se pode falar com exatidão da maneira como se dá a união de Deus com Jesus Cristo mencionando as opiniões que existem a respeito e refletindo sobre cada uma delas."

Visão dos ortodoxos

"A primeira visão é a dos ortodoxos. Eles estabelecem: 1º uma distinção de três pessoas na essência divina antes da vinda de Jesus Cristo ao mundo; 2º que a segunda dessas pessoas se uniu à natureza humana de Jesus Cristo; 3º que essa união é tão estreita, que graças a ela Jesus Cristo é Deus, é possível atribuir-lhe a criação do mundo e todas as perfeições divinas, e é possível adorá-lo com um culto supremo."

---

31. Parte I sobre são João. (N. de Voltaire)
32. Teol., liv. II, cap. VI. (N. de Voltaire)
33. Liv. IV, cap. VIII. (N. de Voltaire)
34. Liv. IV, cap. XXXVII. (N. de Voltaire)
35. Liv. XXIV, sobre são João. (N. de Voltaire)

Visão dos unitários

"A segunda visão é a dos unitários. Não concebendo distinção entre as pessoas na Divindade, estabelecem, 1º que a Divindade se uniu à natureza humana de Jesus Cristo; 2º que essa união é tal que se pode dizer que Jesus Cristo é Deus, atribuir-lhe a criação e todas as perfeições divinas e adorá-lo com um culto supremo."

Visão dos socinianos

"A terceira visão é a dos socinianos, que, assim como os unitários, não concebendo distinção entre as pessoas na Divindade, estabelecem, 1º que a Divindade se uniu à natureza humana de Jesus Cristo; 2º que essa união é muito estreita; 3º que ela não permite que se chame Jesus Cristo de Deus, nem que lhe sejam atribuídas as perfeições divinas e a criação, nem que seja adorado com um culto supremo; e acreditam ser possível explicar todos os trechos da Escritura sem a obrigação de admitir nenhuma dessas coisas."

Reflexões sobre a primeira visão

"Na distinção feita entre as três pessoas na Divindade, fica-se ou não com a ideia comum de pessoas. Se ficarmos com a ideia comum de pessoas, teremos três deuses, não há dúvida. Se não ficarmos com a ideia comum de três pessoas, não teremos mais que uma distinção de propriedades, o que equivale à segunda visão. Ou, se não quisermos dizer que não há uma distinção de pessoas propriamente ditas, nem uma distinção de propriedades, estabeleceremos uma distinção da qual não se tem nenhuma ideia. E nada indica que, para fazer suspeitar-se em Deus uma distinção da qual não se pode ter nenhuma ideia, a Escritura queira expor os homens ao risco de tornar-se idólatras, multiplicando a Divindade. Aliás, é surpreendente que essa distinção de pessoas, que sempre houve, só tenha sido revelada depois da vinda de Jesus Cristo, e seja necessário conhecê-las."

Reflexões sobre a segunda visão

"Na verdade, de acordo com a segunda visão não é tão grande o perigo de lançar os homens na idolatria quanto com a primeira; mas é preciso convir que ela não está inteiramente isenta desse risco. De fato, uma vez que, pela natureza da união que estabelece entre a Divindade e a natureza humana de Jesus Cristo, é possível chamar Jesus Cristo de Deus e adorá-lo, temos aí dois objetos de adoração: Jesus Cristo e Deus. Dizem, é verdade, que em Jesus Cristo só se deve adorar Deus; mas quem não conhece a grande inclinação que os homens têm de transformar os objetos invisíveis de culto em objetos perceptíveis pelos sentido, ou pelo menos pela imaginação: inclinação a que eles cederão aqui com menos escrúpulo, visto dizer-se que a Divindade está pessoalmente unida à humanidade de Jesus Cristo?"

Reflexões sobre a terceira visão

"A terceira visão, além de ser muito simples e conformar-se às ideias da razão, não está sujeita a nenhum perigo semelhante de lançar os homens na idolatria: embora, segundo essa visão, Jesus Cristo não passe de simples homem, não se deve temer que, por isso, seja confundido com os profetas ou os santos de primeira ordem. Segundo essa visão, sempre há uma diferença entre eles. Assim como se pode imaginar quase infinitos graus de união entre a Divindade e um homem, também se pode conceber que a união da Divindade com Jesus Cristo, em particular, tem um grau tão alto de conhecimento, poder, felicidade, perfeição e dignidade, que sempre houve uma distância imensa entre ele e os maiores profetas. Basta verificar se essa visão pode conciliar-se com a Escritura, e se é verdade que o título de Deus, as perfeições divinas, a criação e o culto supremo nunca foram atribuídos a Jesus Cristo nos Evangelhos."

Cabia ao filósofo Abauzit ver tudo isso. Quanto a mim, submeto-me de coração, boca e pena a tudo o que a Igreja católica decidiu e decidirá acerca de qualquer dogma. Só acrescentarei uma palavra sobre a Trindade; é que temos uma decisão de Calvino sobre esse mistério. É esta:

"Caso alguém seja heterodoxo e tenha escrúpulos em usar as palavras Trindade e Pessoa, não acreditamos haver aí razão para rejeitar esse homem; devemos suportá-lo sem o expulsar da Igreja e sem o expor a nenhuma censura como herege."

Foi depois de uma declaração assim solene que Jean Chauvin, dito Calvino, filho de um toneleiro de Noyen, mandou queimar em Genebra, em fogo brando, com lenha verde, Miguel Servet de Villa-Nueva. Não fica bem.

U

UNIVERSIDADE (Université)

Du Boulay, em sua *História da Universidade de Paris*, adota as velhas tradições incertas, para não dizer fabulosas, segundo as quais sua origem remonta ao tempo de Carlos Magno. É verdade que essa é a opinião de Gaguin e de Gilles de Beauvais; mas, além de os autores da época, tais como Eginardo, Alémon, Reginon e Sigeberto, não fazerem menção alguma desse estabelecimento, Pasquier e Du Tillet afirmam expressamente que ele teve início no século XII, sob os reinados de Luís, o Jovem, e de Filipe Augusto.

Aliás, os primeiros estatutos da Universidade só foram redigidos por Robert de Corcéon, legado da Santa Sé, em 1215; prova de que ela teve no começo a mesma forma que tem hoje é que uma bula de Gregório IX, do ano de 1231, faz menção a professores de teologia, de direito, a físicos (era assim que se chamavam então os médicos) e a artistas. O nome universidade vem da suposição de que esses quatro corpos, chamados faculdades, constituíam a universidade dos estudos, ou seja, compreendiam todos os estudos que podem ser feitos.

Os papas, por meio desses estabelecimentos cujas decisões julgavam, tornaram-se senhores da instrução dos povos; e o mesmo espírito que levava a ver como favor a permissão dada aos membros do parlamento de Paris de serem enterrados com hábitos de franciscano, conforme vimos no verbete Coleta, ditou as sentenças proferidas por aquela corte soberana contra quem ousasse insurgir-se contra uma escolástica ininteligível, que, conforme admite o abade Trithemius, não passava de falsa ciência que estragara a religião. De fato, o que Constantino apenas insinuara ao se referir à sibila de Cumas foi dito expressamente sobre Aristóteles. O cardeal Pallavicini cita a máxima de não sei que monge Paulo, que brincava dizendo que, sem Aristóteles, a Igreja ficaria desprovida de alguns de seus artigos de fé.

Por isso, o célebre Ramus, depois de publicar duas obras nas quais combatia a doutrina de Aristóteles ensinada pela Universidade, teria sido imolado pelo furor de seus ignorantes rivais, não tivesse o rei Francisco I avocado a si o processo que corria no parlamento de Paris entre Ramus e Antonio Govea. Uma das principais acusações contra Ramus era a maneira como fazia seus discípulos pronunciar a letra Q.

Ramus não foi o único perseguido por essas graves frioleiras. Em 1624, o parlamento de Paris baniu de sua jurisdição três homens que quiseram defender publicamente teses contra a doutrina de Aristóteles; vedou a qualquer pessoa publicar, vender e proferir as proposições contidas nessas teses, sob pena de castigo corporal, bem como de ensinar quaisquer máximas contra os antigos autores aprovados, sob pena de morte.

As representações da Sorbonne, com base nas quais o mesmo parlamento proferiu uma condenação aos químicos no ano de 1629, afirmavam que não é possível contrariar os princípios da filosofia de Aristóteles sem contrariar os da teologia escolástica aceita na Igreja. Contudo, como, em 1566, a faculdade criara um decreto para proibir o uso do antimônio, e o parlamento confirmara esse decreto, Paulmier de Caen, grande químico e célebre médico de Paris, por não se ter conformado ao decreto da faculdade e à sentença do parlamento, foi apenas degradado no ano de

1609. Por fim, visto que o antimônio foi depois inserido no livro dos medicamentos, composto por ordem da faculdade em 1637, esta permitiu seu uso em 1666, um século depois de tê-lo proibido, e o parlamento também autorizou esse novo decreto. Assim, a Universidade seguiu o exemplo da Igreja, que fez proscrever, sob pena de morte, a doutrina de Ário e aprovou a palavra *consubstancial* que antes condenara, como vimos no verbete Concílios

O que acabamos de dizer sobre a Universidade de Paris pode nos dar uma ideia das outras universidades a que ela serviu de modelo. De fato, imitando-a, oitenta universidades baixaram um decreto que a Sorbonne baixou no século XIV: quando um doutor recebe o barrete, é obrigado a jurar que defenderá a imaculada conceição da Virgem Maria. Contudo, não a vê como artigo de fé, mas como opinião piedosa e católica.

V

VAMPIROS (Vampires)

Como?! Vampiros em nosso século XVIII! Depois do reinado de Locke, Shaftesbury, Trenchard, Collins e durante o reinado de d'Alembert, Diderot, Saint-Lambert, Duclos há quem acredite em vampiros, e o reverendo padre dom Agostin Calmet, beneditino da congregação de Saint-Vannes e Saint-Hidulphe, abade de Sénones – abadia de cem mil libras de renda, vizinha a outras duas abadias com o mesmo rendimento –, imprimiu e reimprimiu a história dos vampiros com a aprovação da Sorbonne assinada por Marcilly!

Esses vampiros eram mortos que saíam à noite dos cemitérios para vir sugar o sangue dos vivos, na garganta ou na barriga, para depois voltarem às suas covas. Os vivos sugados emagreciam, empalideciam e caíam em consunção; e os mortos sugadores engordavam, ganhavam cores vermelhas, ficavam completamente apetitosos. Era na Polônia, na Hungria, na Silésia, na Morávia, na Áustria e na Lorena que os mortos faziam esse rega-bofe. Não se ouve falar de vampiros em Londres, nem mesmo em Paris. Convenhamos que nessas duas cidades houve agiotas, financistas e negociantes que sugaram o sangue do povo em plena luz do dia; mas não estavam mortos, embora podres. Esses sugadores de verdade não moravam nos cemitérios, mas em palácios agradabilíssimos.

Quem diria que a moda dos vampiros nos veio da Grécia? Não a Grécia de Alexandre, Aristóteles, Platão, Epicuro e Demóstenes, mas a Grécia cristã, desgraçadamente cismática.

Há muito tempo os cristãos do rito grego imaginam que os corpos dos cristãos do rito latino, enterrados na Grécia, não apodrecem, porque são excomungados. É exatamente o contrário de nós outros, cristãos do rito latino. Acreditamos que os corpos que não se corrompem são marcados pelo selo da beatitude eterna. E, depois de pagarmos cem mil escudos a Roma para lhes dar um diploma de santo, nós os adoramos com adoração de dulia.

Os gregos estão convencidos de que esses mortos são feiticeiros; chamam-nos *broucolacas* ou *vroucolacas*, dependendo do modo como pronunciem a segunda letra do alfabeto. Esses mortos gregos vão para as casas sugar o sangue das criancinhas, comer a comida dos pais delas, beber-lhes o vinho e quebrar todos os móveis. Só criam juízo quando são queimados, desde que sejam apanhados. Mas é preciso ter o cuidado de só os pôr no fogo depois de lhes arrancar o coração, que deve ser queimado à parte.

O famoso Tournefort, mandado ao Levante por Luís XIV, assim como tantos outros virtuosos[1], foi testemunha de todas as partidas atribuídas a um desses *broucolacas* e dessa cerimônia.

Depois do mexerico, nada se comunica mais depressa que a superstição, o fanatismo, o sortilégio e as histórias de assombração. Houve *broucolacas* na Valáquia, na Moldávia e logo entre os poloneses, que são do rito romano. Faltava-lhes essa superstição; e passou para todo o leste da Alemanha. De 1730 a 1735 só se ouvia falar de vampiros: eram espreitados, tinham o coração arrancado e eram queimados; pareciam os antigos mártires: quanto mais eram queimados, mais apareciam.

---

1. Tournefort, t. I, p. 155 ss. (N. de Voltaire)

Calmet, por fim, tornou-se seu historiógrafo e tratou os vampiros como tratara o Antigo e o Novo Testamento: transcrevendo fielmente tudo o que fora dito antes dele.

Muito interessantes, na minha opinião, são os autos referentes a todos os mortos saídos dos túmulos para sugar os menininhos e as menininhas da vizinhança. Calmet conta que na Hungria dois oficiais designados pelo imperador Carlos VI, assistidos pelo bailio do lugar e pelo carrasco, foram fazer o inquérito de um vampiro que, morto havia seis semanas, andava sugando toda a vizinhança. Ele foi achado no caixão, fresco, fagueiro, de olhos abertos e pedindo comida. O bailio proferiu a sentença. O carrasco arrancou o coração do vampiro e o queimou; depois disso, o vampiro parou de comer.

Que alguém, depois disso, ouse duvidar dos mortos ressuscitados, de que estão cheias nossas antigas legendas, e de todos os milagres contados por Bollandus e pelo sincero e reverendo dom Ruinart!

Encontram-se histórias de vampiros até nas *Cartas judias* daquele D'Argens, que os jesuítas autores do *Journal de Trévoux* acusaram de não acreditar em nada. Era ver como eles se gabavam da história do vampiro da Hungria; como agradeciam a Deus e à Virgem Maria por terem, finalmente, convertido aquele pobre D'Argens, camarista de um rei que não acreditava em vampiros.

Diziam: "Vejam só aquele famoso incrédulo que ousou duvidar da aparição do anjo à Virgem Santa, da estrela que conduziu os magos, da cura dos possessos, da submersão de dois mil porcos num lago, do eclipse do Sol na lua cheia, da ressurreição dos mortos que passearam por Jerusalém: seu coração se abrandou, seu espírito se esclareceu; ele acredita em vampiros!"

Só faltava verificar se todos aqueles mortos tinham ressuscitado por virtude própria ou pelo poder de Deus, ou do diabo. Vários grandes teólogos de Lorena, da Morávia e da Hungria expuseram suas opiniões e sua ciência. Citou-se tudo que santo Agostinho, santo Ambrósio e tantos outros santos disseram de mais ininteligível sobre os vivos e os mortos. Citaram-se todos os milagres de santo Estêvão que se encontram no sétimo livro das obras de santo Agostinho; aqui está um dos mais interessantes. Na cidade de Aubzal, na África, um jovem foi esmagado pelas ruínas de uma muralha; a viúva foi imediatamente invocar santo Estêvão, de quem era muito devota: santo Estêvão o ressuscitou. Perguntaram-lhe o que ele havia visto no outro mundo. Ele respondeu: "Quando minha alma deixou o corpo, encontrou uma infinidade de almas que me faziam mais perguntas sobre este mundo do que agora fazeis sobre o outro. Estava indo não sei para onde, quando encontrei santo Estêvão, que me disse: 'Devolve o que recebeste.' Eu respondi: 'Que quereis que devolva? Nunca me destes nada.' Ele repetiu três vezes: 'Devolve o que recebeste.' Então entendi que ele queria falar do Credo. Recitei o Credo e ele imediatamente me ressuscitou."

Foram citadas sobretudo as histórias relatadas por Sulpício Severo na vida de são Martinho. Provou-se que são Martinho ressuscitara, entre outros, um danado.

Mas todas essas histórias, por mais verdadeiras que possam ser, nada tinham em comum com os vampiros que iam sugar o sangue dos vizinhos para depois voltarem a seus caixões. Procurou-se ver se no Antigo Testamento ou na mitologia se encontrava algum vampiro que pudesse servir de exemplo: nada se encontrou. Mas provou-se que os mortos comem e bebem, pois em tantas nações antigas punham-se víveres sobre seus túmulos.

A dificuldade era saber se era a alma ou o corpo do morto que comia. Decidiu-se que eram ambos. As iguarias delicadas e pouco sustanciosas, como merengues, creme batido e os frutos macios eram para a alma; os rosbifes eram para o corpo.

Dizem que os reis da Prússia foram os primeiros que pediram comida depois de mortos. Quase todos os reis de hoje os imitam; mas são os monges que lhes comem o jantar e a ceia, que bebem seu vinho. Assim, os reis não são vampiros propriamente ditos. Os verdadeiros vampiros são os monges que comem à custa dos reis e dos povos.

É verdade que santo Estanislau comprara um terreno de tamanho considerável de um fidalgo polonês e não pagara; processado perante o rei Boleslau pelos herdeiros, ressuscitou o fidalgo, mas só para quitar a dívida. Não consta que tenha dado pelo menos um pote de vinho ao vendedor, que voltou para o outro mundo sem comer nem beber.

Muitas vezes se discute esta grande questão: pode-se ou não absolver um vampiro que morreu excomungado. Isso já é mais importante.

Não sou muito versado em teologia para dar minha opinião sobre esse assunto; no entanto, seria mais pela absolvição, porque em todos os casos duvidosos sempre devemos tomar a decisão mais branda:

> *Odia restringenda, favores ampliandi.*
> [Os ódios devem ser restringidos, os favores ampliados.]

O resultado de tudo isso é que grande parte da Europa foi infestada de vampiros durante cinco ou seis anos, e agora já não os há; que tivemos convulsionários na França durante mais de vinte anos, e agora já não os há; que tivemos possessos durante mil e setecentos anos, e agora já não os há; que sempre se ressuscitaram mortos desde Hipólito, e agora já ninguém os ressuscita; que tivemos jesuítas na Espanha, em Portugal, na França e nas duas Sicílias, e agora já não os temos.

VAPORES, EXALAÇÕES (Vapeurs, exhalaisons)

VARA (Verge)

Vara de condão

Os teurgistas e os antigos sábios tinham uma vara com a qual operavam.

Segundo consta, Mercúrio foi o primeiro que fez prodígios com a vara. Afirma-se que Zoroastro tinha uma grande vara. A vara do antigo Baco era o tirso, com o qual ele separou as águas do Orontes, do Hidaspes e do mar Vermelho. A vara de Hércules era seu bastão, sua maça. Pitágoras sempre foi representado com uma vara. Dizem que era de ouro; não é de surpreender que, tendo coxa de ouro, tivesse vara do mesmo metal.

Ábaris, sacerdote de Apolo Hiperbóreo, que, segundo consta, foi contemporâneo de Pitágoras, teve muito mais fama por sua vara; era apenas de madeira, mas ele cortava os ares montado nela. Porfírio e Jâmblico afirmam que esses dois grandes teurgistas, Ábaris e Pitágoras, mostraram-se amigavelmente suas respectivas varas.

A vara foi, em todos os tempos, instrumento dos sábios e sinal de superioridade. Os conselheiros feiticeiros do faraó fizeram primeiro tantos prodígios com suas varas quantos fez Moisés com a dele. O judicioso Calmet informa, em sua dissertação sobre o Êxodo, que "as operações dos magos não eram milagres propriamente ditos, mas uma metamorfose singularíssima e dificílima, que não contraria nem sobrepuja as leis da natureza". A vara de Moisés teve a superioridade que devia ter sobre a daqueles *chotims* do Egito.

A vara de Aarão não só compartilhou da honra dos prodígios de seu irmão Moisés, como também realizou alguns muito admiráveis por conta própria. Ninguém ignora que, entre treze varas, a de Aarão foi a única que floresceu, que deu botões, flores e amêndoas.

O diabo, que, como se sabe, é um mau arremedador das obras dos santos, também quis ter sua vara, sua varinha, com que gratificou os feiticeiros. Medeia e Circe sempre estiveram armadas com esse instrumento misterioso. Por isso, nenhuma maga aparece na Ópera sem essa vara, e esses papéis são chamados de *papéis com varinha*.

Nenhum prestidigitador faz seus truques de ilusionismo sem vara, sem varinha.

Encontram-se nascentes de água, tesouros, com o uso de uma vara, de uma varinha de aveleira, que não deixa de exercer certa pressão sobre a mão do imbecil que a aperte demais e gira facilmente na mão do embusteiro. O sr. Fourmey, secretário da academia de Berlim, explica esse fenômeno com o fenômeno do ímã no grande *Dicionário enciclopédico*. Todos os feiticeiros do século passado acreditavam que iam ao sabá montados numa varinha mágica ou num cabo de vassoura, que fazia suas vezes; e os juízes, que não eram feiticeiros, mandavam estes últimos para a fogueira.

As varas de bétula são um punhado de brotos usados para surrar as costas dos malfeitores. É vergonhoso e abominável infligir semelhante castigo às nádegas de rapazes e moças. Antigamente, era o suplício de escravos. Vi, em colégios, bárbaros que ordenavam que as crianças fossem quase inteiramente despidas, e uma espécie de carrasco, muitas vezes bêbado, lhes rasgava as carnes com varinhas compridas, ensanguentando-lhes as virilhas, que inchavam desmesuradamente. Outros ordenavam que os golpes fossem leves, o que dava origem a outro inconveniente: os dois nervos que vão do esfíncter ao púbis, quando irritados, causam certas poluções, ocorridas com frequência a moças.

Graças a uma política incompreensível, os jesuítas do Paraguai chicoteavam os pais e as mães de família nas nádegas nuas[2]. Se, para expulsar os jesuítas, só se precisasse dessa razão, já seria suficiente[3].

VENALIDADE (Vénalité)

Aquele falsário de quem tanto falamos, que fez o Testamento de Richelieu, disse no capítulo IV que "é melhor a permanência da venalidade e do direito anual do que a abolição dessas duas instituições, difíceis de mudar de repente sem abalar o Estado".

Toda a França repetia e achava estar repetindo o cardeal de Richelieu, quando dizia que a venalidade dos cargos judiciários era muito vantajosa.

O abade de Saint-Pierre foi o primeiro que, acreditando ainda que o pretenso Testamento fosse do cardeal, ousou dizer em suas observações sobre o capítulo IV: "O cardeal enveredou por mau caminho, quando afirmou que atualmente a venalidade dos cargos pode ser vantajosa ao Estado. É verdade que não é possível reembolsar todos os cargos."

Assim, esse abuso parecia a todos não só irreformável, como também útil: todos estavam tão acostumados com aquele opróbrio, que já não o sentiam; ele parecia eterno; um único homem, em poucos meses, soube aniquilá-lo.

Repetiremos, portanto, que é possível fazer qualquer coisa, corrigir tudo; que o grande defeito de quase todos os que governam é só ter meias vontades e meios recursos. Se Pedro, o Grande, não tivesse desejado com força, duas mil léguas de seu país ainda seriam bárbaras.

Como abastecer de água trinta mil casas de Paris que não a têm? Como pagar as dívidas do Estado? Como se subtrair à tirania reverenciada de uma potência estrangeira que não é uma potência, à qual pagamos em tributo os nossos primeiros frutos? Ousai querer e levareis tudo isso a cabo com mais facilidade do que quando extirpastes os jesuítas e expurgastes o teatro de seus almofadinhas.

---

2. Ver *Viagem do sr. coronel de Bougainville* e *Cartas sobre o Paraguai*. (N. de Voltaire)
3. Na época da revogação do edito de Nantes, as religiosas em cujos conventos eram encerradas as moças arrancadas aos braços de seus pais não deixavam de chicoteá-las vigorosamente quando estas não queriam assistir à missa de domingo: quando não eram suficientemente fortes para isso, as religiosas pediam ajuda à guarnição; e a execução era feita por granadeiros, em presença de um oficial. Ver *História da revogação do edito de Nantes*. (N. de Voltaire)

VENEZA (Venise)

E, a propósito, sobre a liberdade

Nenhuma potência pode censurar os venezianos de terem conquistado a liberdade por meio da revolta; ninguém pode dizer-lhes: "Eu vos libertei, aqui está a vossa certidão de alforria."

Eles não usurparam seus direitos como os césares usurparam o império e como tantos bispos, a começar pelo de Roma, usurparam os direitos de regalia: eles são senhores de Veneza assim como Deus é senhor da terra, porque a fundaram (se ousarmos utilizar essa audaciosa comparação).

Átila, que nunca adotou o título de *flagelo de Deus*, assolou a Itália. Tinha tanto direito de fazer isso como o tiveram depois Carlos Magno, o Austrasiano, Arnoldo, o Bastardo, Guido, duque de Spoletto, Berengário, marquês de Friuli, e os bispos que queriam tornar-se soberanos.

Naquele tempo de banditismos militares e eclesiásticos, Átila é visto como um abutre, e os venezianos fogem para o mar como alcíones. Ninguém os protege, além de si mesmos; fazem seu ninho em meio às águas; esse ninho cresce, é povoado, é defendido, enriquecido. Pergunto se é possível imaginar posse mais justa. Nosso pai Adão, que supostamente viveu no belo território da Mesopotâmia, não era senhor e jardineiro do paraíso terrestre com mais justiça.

Li o *Squittinio della libertà di Venezia* [Escrutínio sobre a liberdade de Veneza] e fiquei indignado.

Como! Veneza não seria originariamente livre, porque os imperadores gregos, supersticiosos, malvados, fracos e bárbaros, dizem: "Essa nova cidade foi construída em nosso antigo território"; porque alguns alemães, que têm o título de imperadores do ocidente, dizem: "Essa cidade, por estar no ocidente, é nosso domínio"?

Tenho a impressão de ver um peixe voador perseguido ao mesmo tempo por um falcão e por um tubarão e escapando aos dois.

Sannazaro bem que tinha razão de dizer, quando comparava Roma e Veneza (epigr. *de mirabili urbe Venetiis* [admirável cidade de Veneza]):

Illam homines dices, hanc posuisse deos.
[Dirás que os homens edificaram aquela (cidade) (Roma); os deuses, esta (Veneza).]

Roma arruinada por César, ao cabo de quinhentos anos, sua liberdade adquiria por Bruto; Veneza conservou a sua durante onze séculos, e aposto que conservará sempre.

Gênova, por que te glorificas de mostrar um diploma de certo Berengário, que te deu privilégios no ano 958? Sabe-se que as concessões de privilégios não passam de títulos de servidão. Ademais, que belo título é um documento de um tirano transitório que nunca foi perfeitamente reconhecido na Itália e foi expulso dois anos depois desse título!

O verdadeiro título de liberdade é a independência sustentada pela força. É com a ponta da espada que se assinam os diplomas que garantem essa prerrogativa natural. Perdeste mais de uma vez teu privilégio e teu cofre-forte. Conserva um e outro a partir de 1748.

Feliz Helvécia! A que edital deves tua liberdade? À tua coragem, à tua firmeza, às tuas montanhas.

— Mas sou teu imperador.
— Mas não quero que o sejas.
— Mas teus pais foram escravos de meu pai.
— É por isso mesmo que os filhos dele não querem servir-te.
— Mas o meu direito decorre de minha dignidade.
— E os nossos direitos decorrem da natureza.

Quando as sete Províncias Unidas tiveram esse direito incontestável? Quando se uniram; a partir daí, rebelde foi Filipe II. Grande homem aquele Guilherme, príncipe de Orange! Encontrou escravos e os transformou em homens livres.

– Por que a liberdade é tão rara?
– Porque é o primeiro dos bens.

VENTRES PREGUIÇOSOS (Ventres paresseux)

São Paulo disse que os cretenses são sempre "mentirosos, animais ferozes, ventres preguiçosos". O médico Hecquet entendia por *ventres preguiçosos* que os cretenses raramente defecavam, e assim a matéria fecal, refluindo para o sangue, dava-lhes um mau humor que os tornava animais ferozes. Grande verdade é que aquele que não consegue expulsar suas fezes estará mais sujeito à cólera do que qualquer outro; a bile não circula, fica recozida, e o sangue, adusto.

Quando, de manhã, tiverdes de pedir algum favor a algum ministro ou a algum secretário de ministro, procurai saber direitinho se ele já aliviou o ventre. É sempre preciso aproveitar os *mollia fandi tempora* [flexíveis tempos do que se pode falar].

Ninguém ignora que nosso caráter e nosso modo de pensar dependem inteiramente da latrina. O cardeal Richelieu só era sanguinário porque tinha hemorroidas internas que lhe tomavam o reto e endureciam a matéria fecal. A rainha Ana da Áustria sempre o chamou de *cu podre*. Esse apelido redobrou o amargor de sua bile e provavelmente custou a vida ao marechal de Marillac e a liberdade ao marechal de Bassompierre. Mas não entendo por que os constipados seriam mais mentirosos que os outros; não há nenhuma analogia entre o esfíncter anal e a mentira, assim como há uma analogia bem perceptível entre os intestinos e nossas paixões, nossa maneira de pensar, nossa conduta.

Portanto, tenho razões para crer que são Paulo entendia por *ventres preguiçosos* gente voluptuosa, algum tipo de prior, cônego, abade comendador, prelado riquíssimo, gente que ficava na cama a manhã inteira para se refazer das devassidões da véspera, como disse Marot (epig. 86):

Un gros prieur son petit-fils baisoit
Et mignardoit au matin en sa couche,
Tandis rôtir sa perdrix on faisoit etc. etc.
[Um gordo prior seu netinho beijava
E mimava de manhã na cama,
Enquanto alguém a sua perdiz assava etc. etc.]

Mas pode-se perfeitamente passar a manhã na cama e não ser mentiroso nem animal feroz. Ao contrário, os voluptuosos indolentes, na maioria das vezes, são de boa convivência e de ótimo trato.

Seja como for, irrita-me que são Paulo tenha injuriado toda uma nação: nesse trecho (humanamente falando) não há polidez, habilidade nem verdade. Ninguém ganha os outros dizendo-lhes que são animais ferozes; e, sem dúvida, ele teria encontrado homens de mérito em Creta. Por que ultrajar assim a pátria de Minos, que o arcebispo Fénelon (bem mais polido que são Paulo) elogia pomposamente em seu *Telêmaco*?

São Paulo acaso não era intratável, de humor desabrido, um espírito fero, um caráter duro e imperioso? Se eu fosse um dos apóstolos, ou apenas discípulo, teria infalivelmente brigado com ele. Parece-me que era ele o errado naquela polêmica com Pedro Simão Barjona. Tinha a sanha da dominação; sempre se gaba de ser apóstolo e de ser mais apóstolo que os confrades; ele, que ajudara a lapidar santo Estêvão! Ele, que fora um lacaio perseguidor sob Gamaliel, e que deveria lamentar seus crimes durante muito mais tempo do que são Pedro lamentou sua fraqueza (sempre humanamente falando)!

Gaba-se de ser cidadão romano nascido em Társis; e são Jerônimo afirma que ele era um judeu pobre da província, nascido em Giscala, na Galileia[4]. Em suas cartas ao pequeno rebanho de irmãos, sempre fala como mestre rígido. Escreve ele a alguns coríntios: "Virei e julgarei tudo por duas ou três testemunhas; não perdoarei os que tiverem pecado, nem os outros." Esse *nem os outros* é um pouco demais.

Muita gente ficaria hoje do lado de são Pedro contra são Paulo, não fosse o episódio de Ananias e de Safira, que intimidou as almas propensas a dar esmolas.

Mas volto a meu texto dos cretenses mentirosos, animais ferozes e ventres preguiçosos; aconselho todos os missionários a nunca abordarem nenhum povo dizendo-lhe injúrias.

Não que eu ache que os cretenses são os mais justos e respeitáveis dos homens, como disse a fabulosa Grécia. Não pretendo conciliar sua pretensa virtude com seu pretenso touro, por quem a bela Pasífae foi tão apaixonada, nem com a arte do fundidor Dédalo, que esculpiu uma vaca de bronze na qual Pasífae se postou com tanta habilidade, que seu terno amante com ela fez um minotauro, ao qual o piedoso e equitativo Minos sacrificava todos os anos (e não a cada nove anos) sete rapagões e sete mocetonas de Atenas.

Não que eu creia nas cem grandes cidades de Creta; digamos, cem reles aldeias, estabelecidas naquele rochedo comprido e estreito, com duas ou três cidades. É sempre irritante que Rollin, em sua elegante compilação de *História antiga*, tenha repetido tantas velhas fábulas sobre a ilha de Creta e Minos, bem como sobre o resto.

Quanto aos pobres gregos e aos pobres judeus que hoje habitam as montanhas escarpadas daquela ilha, sob o governo de um paxá, pode ser que sejam mentirosos e animais ferozes. Ignoro se têm ventre preguiçoso e espero que tenham o que comer.

VERDADE (Vérité)

"Pilatos então lhe disse: 'És rei?' Jesus respondeu: 'És tu que dizes que sou rei, foi por isso que nasci e vim ao mundo, para dar testemunho da verdade; todo aquele que é da verdade ouve minha voz.'

"Pilatos lhe disse: 'Que é verdade?' E, dizendo isso, saiu etc." (João, cap. XVIII.)

É lamentável, para o gênero humano, que Pilatos tenha saído sem esperar a resposta; nós saberíamos o que é a verdade. Pilatos era bem pouco curioso. O acusado levado diante dele diz que é rei, que nasceu para ser rei, e ele não se informa como isso pode ser. É juiz supremo em nome de César, tem o poder do gládio; seu dever era aprofundar-se no sentido daquelas palavras. Devia dizer: Ensina-me o que entendes por ser rei. Como nasceste para ser rei e para dar testemunho da verdade? Dizem que ela só chega a grande custo aos ouvidos dos reis. Eu, que sou juiz, sempre tive enorme dificuldade para descobri-la. Ensina-me, enquanto teus inimigos gritam lá fora contra ti; tu me prestarás o maior serviço que já se prestou a um juiz; e acho melhor aprender a conhecer a verdade do que condescender ao pedido tumultuário dos judeus que querem que eu te condene à morte.

Claro que não procuraremos saber o que o autor de toda a verdade poderia ter dito a Pilatos.

Teria ele dito: "A verdade é uma palavra abstrata que a maioria dos homens usa indiferentemente em seus livros e em seus juízos, em lugar de erro e mentira"? Essa definição teria calhado

---

4. Já o dissemos alhures e repetimos aqui: por quê? Porque os jovens gauleses ignorantes, para cuja edificação escrevemos, leem correndo e esquecem o que leem. (N. de Voltaire)

maravilhosamente a todos os fazedores de sistemas. Assim, a palavra *sabedoria* muitas vezes é usada em lugar de loucura, e *engenho* em lugar de tolice.

Humanamente falando, definamos a verdade, na falta de melhor, como *o que é enunciado tal qual é*.

Suponhamos que passássemos apenas seis meses a ensinar as verdades da lógica a Pilatos, ele decerto teria construído este silogismo decisivo: Não se deve tirar a vida a um homem que só pregou uma boa moral; ora, aquele que me foi enviado, segundo opinião até de seus inimigos, muitas vezes pregou uma moral excelente; logo, ele não deve ser condenado à morte.

Poderia também ter extraído este outro argumento:

Meu dever é dissipar as aglomerações de um povo sedicioso que pede a morte de um homem sem razão e sem formalidades jurídicas; ora, é o que os judeus estão fazendo nesta ocasião: logo, devo mandá-los embora e acabar com essa assembleia.

Supomos que Pilatos sabia aritmética; por isso, não falaremos dessa espécie de verdade.

Quanto às verdades matemáticas, acredito que seriam necessários três anos pelo menos, para que ele pudesse ser posto a par da geometria transcendente. As verdades da física, combinadas com as da geometria, teriam exigido mais de quatro anos. Gastamos seis, geralmente, a estudar teologia; Pilatos precisaria de doze, visto que era pagão, e que seriam necessários seis anos para desarraigar todos os seus velhos erros e mais seis para deixá-lo em condições de receber o barrete de doutor.

Se Pilatos tivesse uma cabeça bem organizada, eu só pediria dois anos para lhe ensinar as verdades metafísicas; e, como essas verdades estão necessariamente ligadas às da moral, garanto que em menos de nove anos Pilatos se teria tornado um verdadeiro erudito e perfeito homem da sociedade.

Verdades históricas

Em seguida teria dito a Pilatos: As verdades históricas não passam de probabilidades. Se combateste na batalha de Filipos, essa é uma verdade que conheces por intuição, por sentimento. Mas, para nós, que moramos bem perto do deserto da Síria, isso não passa de coisa muito provável, que conhecemos por ouvir dizer. Quantos ouvir-dizer são necessários para constituir uma persuasão igual à de um homem que, tendo visto a coisa, pode gabar-se de ter uma espécie de certeza?

Quem tiver ouvido a coisa de doze mil testemunhas oculares só tem doze mil probabilidades, iguais a uma forte probabilidade, que não é igual à certeza.

Quem ouve a coisa de uma só testemunha nada sabe; deve duvidar. Se a testemunha morreu, deve duvidar mais ainda, pois já não poderá tirar as dúvidas; se de várias testemunhas mortas, o caso é o mesmo.

Se ouviu daqueles a quem as testemunhas falaram, a dúvida deve ser maior ainda.

De geração em geração, a dúvida aumenta, e a probabilidade diminui; e logo a probabilidade está reduzida a zero.

Dos graus de verdade segundo os quais se julgam os acusados

Alguém pode ser citado em justiça por fatos ou por palavras.

Se por fatos, é mister que estes sejam tão seguros quanto será o suplício ao qual se condenará o culpado: pois, se, por exemplo, só houver vinte probabilidades contra ele, essas vinte probabilidades não podem equivaler à certeza de sua morte. Se quiserdes ter probabilidades suficientes para garantir que não será derramado o sangue de um inocente, elas precisarão nascer de testemunhos unânimes de depoentes que não tenham interesse algum em depor. Desse concurso de probabilidades se formará uma opinião muito forte que poderá servir para justificar o julgamento. Mas, como nunca tereis certeza total, não podereis vos gabar de conhecer perfeitamente a verdade. Por conseguinte, deveis sempre pender mais para a clemência que para o rigor.

Se forem fatos que não tenham acarretado morte nem mutilação humana, é evidente que não deveis condenar o acusado à morte nem à mutilação.

Se só se tratar de palavras, é ainda mais evidente que não deveis mandar à força um de vossos semelhantes em razão da maneira como ele deu com a língua nos dentes; pois, visto que todas as palavras do mundo não passam de ar em movimento, se tais palavras não tiverem incitado ao assassínio, será ridículo condenar um homem à morte por ter movimentado o ar. Ponde numa balança todas as palavras ociosas que já foram ditas e noutra balança o sangue de um homem: o sangue pesará mais. Ora, se aquele que foi levado diante de vós for acusado apenas de algumas palavras que seus inimigos tomaram em certo sentido, o máximo que poderíeis fazer seria também dizer-lhe palavras que ele tomará no sentido que quiser; mas entregar um inocente ao mais cruel e ignominioso suplício por palavras que seus inimigos não entendem é bárbaro demais. Não dais mais importância à vida de um homem que à vida de uma lagartixa, e juízes demais se assemelham a vós.

VERSOS E POESIA (Vers et poésie)

É fácil ser prosador; dificílimo e raro ser poeta. Muitos prosadores fizeram de conta que desprezavam a poesia. É preciso lembrá-los frequentemente dessas palavras de Montaigne: "O que não podemos atingir menoscabamos por vingança."

Já observamos que Montesquieu, não tendo sucesso com versos, teve a ideia de, em suas *Cartas persas*, não admitir nenhum mérito em Virgílio e Horácio. O eloquente Bossuet tentou fazer alguns versos e os fez detestáveis; mas absteve-se de declamar contra os grandes poetas.

Fénelon fez poucos versos melhores que Bossuet; mas sabia de cor quase todas as belas poesias da antiguidade: seu espírito está cheio delas; ele as cita com frequência em suas cartas.

Parece-me que nunca houve homem realmente eloquente que não tenha amado a poesia. Citarei como exemplos apenas César e Cícero: um fez a tragédia *Édipo* e do outro temos trechos poéticos que podiam ser considerados os melhores feitos antes de Lucrécio, Virgílio e Horácio.

Nada é mais fácil do que fazer maus versos em francês; nada é mais difícil do que fazê-los bons. Três coisas tornam essa dificuldade quase insuperável: as injunções da rima, o pequeníssimo número de rimas nobres e felizes, a privação das inversões de que abundam o grego e o latim. Por isso, temos pouquíssimos poetas que sejam sempre elegantes e corretos. Na França talvez só Racine e Boileau sejam continuamente elegantes. Mas deve-se notar que os belos trechos de Corneille são sempre bem escritos, excetuando-se algumas pequenas falhas. Pode-se dizer o mesmo das melhores cenas em versos de Molière, das óperas de Quinault, das boas fábulas de La Fontaine. Esses são os únicos gênios que ilustraram a poesia na França no grande século. Quase todos os outros careceram de naturalidade, variedade, eloquência, elegância, correção e de uma lógica secreta que deve guiar todos os pensamentos sem nunca aparecer; quase todos pecaram contra a língua.

Às vezes, no teatro, os espectadores ficam deslumbrados com uma tirada em versos pomposos, recitados com ênfase. Quem não tem discernimento aplaude; quem tem gosto condena. Mas como quem tem gosto poderá explicar ao outro que os versos aplaudidos por ele não valem nada? Salvo engano, vejamos qual é o método mais seguro.

Se despojarmos os versos da cadência e da rima, sem nada mais mudarmos, veremos que a fraqueza e a falsidade do pensamento, a impropriedade dos termos, os solecismos, os barbarismos ou a pomposidade se manifestam em toda a sua torpeza.

Basta que façamos essa experiência com todos os versos da tragédia de *Ifigênia* ou de *Armida*, com todos os da *Arte poética*, não encontraremos nenhum desses defeitos, nenhuma palavra viciosa, nenhuma palavra fora do lugar. Veremos que o autor sempre expressou seu pensamento com felicidade, e que as injunções da rima não prejudicaram o sentido.

Tomemos ao acaso qualquer outra peça em versos, por exemplo, a tragédia *Dido*, que me veio agora às mãos. Eis as palavras proferidas por Iarbas, na primeira cena:

> *Tous mes ambassadeurs irrités et confus*
> *Trop souvent de la reine ont subi les refus.*
> *Voisin de ses États, faibles dans leur naissance,*
> *Je croyais que Didon, redoutant ma vengeance,*
> *Se résoudrait sans peine à l'hymen glorieux*
> *D'un monarque puissant, fils du maître des dieux.*
> *Je contiens cependant la fureur qui m'anime;*
> *Et, déguisant encor mon dépit légitime,*
> *Pour la dernière fois en proie à ses hauteurs,*
> *Je viens sous le faux nom de mes ambassadeurs,*
> *Au milieu de la cour d'une reine étrangère,*
> *D'un refus obstiné pénétrer le mystère;*
> *Que sais-je?... n'écouter qu'un transport amoureux,*
> *Me découvrir moi-même, et déclarer mes feux.*
> [Todos os meus embaixadores irritados e confusos
> Amiúde da rainha sofreram recusas.
> Vizinho de seus Estados, fracos de nascimento,
> Acreditava que Dido, temendo minha vingança,
> Sem custo se resolvesse ao himeneu glorioso
> De um monarca poderoso, filho do senhor dos deuses.
> Contenho, porém, o furor que me anima;
> E disfarçando ainda meu despeito legítimo
> Pela última vez presa de sua altivez,
> Venho com o falso nome de meus embaixadores,
> Em meio à corte de uma rainha estrangeira,
> De uma recusa obstinada penetrar o mistério;
> Que sei?... Escutar apenas um arroubo amoroso,
> Revelar-me, eu mesmo, e declarar meu ardor.]

Se tirarmos a rima, todos ficarão revoltados por *sofrerem uma recusa*, porque recebemos uma recusa e sofremos uma dor. *Sofrer uma recusa* é barbarismo.

"Acreditava que Dido, temendo minha vingança, sem custo se resolvesse." Se ela só se resolvesse por temer vingança, está claro que não se resolveria sem custo, mas com muito custo e dor. Ela se resolveria a contragosto; tomaria uma decisão forçada. Iarbas, falando assim, cria um contrassenso.

Ele diz que "é presa da altivez da rainha". Pode-se ser vítima da altivez, mas não se pode ser presa da altivez, como se é presa da cólera, da vingança, da crueldade. Por quê? Porque a crueldade, a vingança e a cólera de fato perseguem o objeto de seu ressentimento: e esse objeto é visto como sua presa; mas a altivez não persegue ninguém; a altivez não tem presa.

"Ele vem sob o falso nome de seus embaixadores. Todos os seus embaixadores sofreram recusas." É impossível ir sob o falso nome de tantos embaixadores ao mesmo tempo. Um homem só pode ter um nome e, se assume o nome de um embaixador, ele não pode assumir o falso nome desse embaixador, ele assume o verdadeiro nome daquele ministro. Iarbas diz, portanto, exatamente o contrário do que queria dizer, e o que diz não faz nenhum sentido.

"Ele quer penetrar o mistério de uma recusa." Mas, se foi recusado com tanta altivez, não há nenhum mistério nessa recusa. Ele quer dizer que procura penetrar as razões dessa recusa. Mas há muita diferença entre razão e mistério. Sem a palavra própria, nunca se exprime bem aquilo que se pensa.

"Que sei?... Só escutar um arroubo amoroso, revelar-me, eu mesmo, e declarar meu ardor."

Essas palavras *que sei?* levam a esperar que Iarbas se entregue ao furor de sua paixão. Nada disso: ele diz que talvez fale de amor à bem-amada; e isso nada tem de extraordinário, perigoso ou trágico; é o que ele já deveria ter feito. Observe-se também que, se ele se revelar, só pode ser ele mesmo: esse *ele mesmo* é um pleonasmo.

Não é assim que em *Andrômaca* Racine faz Orestes falar; este se encontra mais ou menos na mesma situação.

Diz ele:

Je me livre en aveugle au transport qui m'entraîne.
J'aime, je viens chercher Hermione en ces lieux,
La fléchir, l'enlever, ou mourir à ses yeux.
[Entrego-me cego ao arroubo que me arrasta.
Amo, venho buscar Hermíone neste lugar,
Dobrá-la, raptá-la, ou morrer diante dela.]
(RACINE, *Andrômaca*, ato I, cena I)

É assim que deve exprimir-se um caráter fogoso e apaixonado, como se pinta Iarbas.

Quantos erros naqueles poucos versos desde a primeira cena! Quase cada palavra é um defeito. E, se quiséssemos examinar assim todas as nossas obras dramáticas, haveria pelo menos uma que pudesse suportar uma crítica severa?

Inês de Castro de Lamotte sem dúvida é uma peça comovente, ninguém pode assistir ao último ato sem derramar lágrimas. O autor tinha um talento imenso, justo, esclarecido, delicado e fecundo; mas, desde o começo da peça, a versificação é fraca, langorosa, descosturada, obscura; além disso, é grande a impropriedade dos termos!

Mon fils ne me suit point: il a craint, je le vois,
D'être ici le témoin du bruit de ses exploits.
Vous, Rodrigue, le sang vous attache à sa gloire;
Votre valeur, Henrique, eut part à sa victoire.
Ressentez avec moi sa nouvelle grandeur.
Reine, de Ferdinand voici l'ambassadeur.
[Meu filho não me segue: receia, estou vendo,
De ser aqui testemunha do rumor de seus feitos.
Tu, Rodrigo, o sangue te prende à sua glória;
Teu valor, Henriques, participou de sua vitória.
Ressenti comigo sua nova grandeza.
Rainha, de Fernando eis aqui o embaixador.]

Em primeiro lugar, não se sabe que personagem está falando, com quem está falando, onde está, de que vitória se trata; isso é pecar contra a grande regra de Boileau e contra o bom-senso.

Le sujet n'est jamais assez tôt expliqué:
Que le lieu de la scène y soit fixe et marqué.

[Nunca é cedo demais para explicar o motivo:
Que o lugar da cena seja fixo e marcado.]
(BOILEAU, *Arte poética*, canto III, 37)

Que dès les premiers vers l'action préparée
Sans peine du sujet aplanisse l'entrée.
[Que já nos primeiros versos a ação preparada
Facilmente do tema aplane a entrada.]
(*Ibid.*, v. 27)

Em seguida, observe-se que ninguém é testemunha de um rumor de feitos. Essa expressão é viciosa. O autor entende que aquele filho modesto demais talvez tema gozar sua nomeada e quer esquivar-se às honrarias que todos se apressam a prestar-lhe. Essas expressões seriam mais justas e nobres. Trata-se de uma embaixada enviada para felicitar o príncipe. Não é um rumor de feitos.

Tu, Rodrigo. – Tu, Henriques. Parece que o rei vai dar ordens a Rodrigo e Henriques: nada disso, não ordena nada, não informa nada. Interrompe-se para dizer apenas: *Ressenti comigo a nova grandeza de meu filho.* Ninguém ressente uma grandeza. Esse termo é absolutamente impróprio; é uma espécie de barbarismo. O autor poderia ter dito: *compartilhai seu triunfo e sua felicidade.*

O rei também se interrompe para dizer: *Rainha, de Fernando eis aqui o embaixador*, sem informar ao público quem é esse Fernando e de que país esse embaixador veio. Logo o embaixador chega. Fica-se sabendo que vem de Castela, que a personagem que acaba de falar é rei de Portugal, e que o embaixador vem cumprimentá-lo pelas vitórias do infante seu filho. O rei de Portugal responde ao cumprimento do embaixador de Castela, dizendo que vai enfim casar seu filho com a irmã de Fernando, rei de Castela.

Allez; de mes desseins instruisez la Castille;
Faites savoir au roi cet hymen triomphant
Dont je vais couronner les exploits de l'infant.
[Ide; de meus intuitos informai Castela;
Comunicai ao rei esse himeneu triunfante
Com que vou coroar os feitos do infante.]

Fazer um himeneu é seco e sem elegância. *Um himeneu triunfante* é impróprio e vicioso, porque esse himeneu não triunfa.

Coroar os feitos com um himeneu é trivial demais e está fora de lugar, porque aquele casamento fora acertado antes dos triunfos do infante. Erro maior é dizer secamente ao embaixador: *Ide*, como quem fala a um mensageiro; é ferir a etiqueta. Quando Pirro dá audiência a Orestes em *Andrômaca* e rejeita suas propostas, diz:

Vous pouvez cependant voir la fille d'Hélène.
Du sang qui vous unit je sais l'étroite chaîne.
Après cela, seigneur, je ne vous retiens plus.
[Podeis, porém, ver a filha de Helena.
Do sangue que vos une conheço os laços estreitos.
Depois disso, senhor, já não vos retenho.]
(RACINE, *Andrômaca*, ato I, cena II)

Todas as conveniências são observadas no discurso de Pirro; é uma regra que nunca se deve violar.

Depois que o embaixador se despediu, o rei de Portugal disse à mulher (cena III):

[...] *(Mon fils) est enfin digne que la princesse*
Lui donne avec sa main l'estime et la tendresse.
[(...) (Meu filho) é enfim digno de que a princesa
Lhe dê com a mão estima e afeição.]

Eis aí um solecismo intolerável, ou melhor, um barbarismo. Não se dá estima e afeição assim como se dá bom-dia. O pronome possessivo, em francês, é absolutamente necessário aí; as inteligências mais grosseiras sentem essa necessidade. Nunca um burguês, por mais mal-educado que seja, dirá à amante *accordez-moi l'estime* [concedei-me a estima], mas sim *votre estime* [vossa estima]. Isso porque todos os nossos sentimentos nos pertencem. Alguém provoca a *minha* cólera, e não a cólera; a *minha* indignação, e não a indignação, a menos que se entenda indignação, cólera pública. Diz-se em francês *vous avez l'estime et l'amour du peuple* [tendes a estima e o amor do povo]; *vous avez mon amour et mon estime* [tendes meu amor e minha estima]. O verso de Lamotte não é francês; e talvez nada seja mais raro do que falar francês em nossa poesia.

Mas, dirá alguém, a despeito dessa má versificação, *Inês de Castro* teve sucesso; sim, teria cem vezes mais sucesso se fosse bem escrita; estaria no nível das peças de Racine, cujo principal mérito é o estilo, sem a menor dúvida.

Não há verdadeira reputação senão aquela que é formada com o tempo pelo sufrágio unânime dos conhecedores rigorosos. Aqui só falo com base neles; não critico nenhuma palavra, nenhuma frase, sem apresentar uma razão evidente. Abstenho-me de portar-me como certos regateiros insolentes da literatura, fazedores de notas a tanto por folha, que usurpam o nome de jornalistas; esses acreditam lisonjear a malevolência do público dizendo: Isto é ridículo, isto é lastimável, sem discutir e provar nada. A única razão que emitem são injúrias, sarcasmos e calúnias. Eles mantêm guichês de maledicência, quando podiam abrir escolas onde fosse possível encontrar instrução.

Quem expõe livremente sua opinião, sem ultrajes nem pilhérias amargas, quem raciocina com o leitor e procura seriamente depurar a língua e o gosto merece pelo menos a indulgência de seus concidadãos. Há mais de sessenta anos estudo a arte dos versos e talvez tenha o direito de dizer o que penso. Digo, pois, que, para ser bom, o verso deve ser semelhante ao ouro, ter seu peso, seu título e seu som: o peso é o pensamento; o título é a pureza elegante do estilo; o som é a harmonia. Se faltar uma dessas três qualidades, o verso não vale nada.

Afirmo, com ousadia e sem temor de ser desmentido por qualquer um que tenha gosto, que há várias peças de Corneille nas quais não se encontram nem seis versos seguidos que sejam irrepreensíveis. Entre estas incluo *Teodora, Dom Sanchez, Átila, Berenice, Agesilau*; poderia aumentar muito essa lista. Não digo isso para depreciar o gênio viril e pujante de Corneille, mas para mostrar como a versificação francesa é difícil e escusar aqueles que o imitaram em seus defeitos, em vez de condená-los. Quem ler *El Cid, Os Horácios, Cina, Pompeu* e *Polieuto* com o mesmo espírito de crítica encontrará amiúde doze versos seguidos não só bem-feitos, como também admiráveis.

Todos os homens de letras sabem que, quando a tragédia *Radamisto* foi levada ao severo Boileau, ele não conseguiu terminar sua leitura e jogou fora o livro na metade do segundo ato. Disse: "Pessoas como Pradon, de quem tanto zombamos, eram verdadeiros sóis em comparação com esta gente." O abade Fraguier e o abade Gédoin estavam presentes com Le Verrier, que lia a peça. Eu os ouvi mais de uma vez contar esse episódio; e Racine, o filho, faz menção a ele na Biografia de seu pai. O abade Gédoin dizia que o que mais os revoltara era a obscuridade da exposição feita em maus versos. Dizia ele: Na verdade, nunca conseguimos compreender estes versos de Zenóbia:

A peine je touchais à mon troisième lustre,
Lorsque tout fut conclu pour cet hymen illustre.
Rhadamiste déjà s'en croyait assuré,
Quand son père cruel, contre nous conjuré,
Entra dans nos États suivi de Tyridate,
Qui brûlait de s'unir au sang de Mithridate:
Et ce Parthe, indigné qu'on lui ravît ma foi,
Sema partout l'horreur, le désordre et l'effroi.
Mithridate, accablé par son indigne frère,
Fit tomber sur le fils les cruautés du père.
[Mal chegava eu a meu terceiro lustro,
Quando tudo foi acertado para o himeneu ilustre.
Radamisto já se achava seguro,
Quando seu pai cruel, contra nós conjurado,
Entrou em nossos Estados seguido por Tiridates,
Que ansiava por unir-se ao sangue de Mitridates:
Aquele parta, indignado por lhe arrebatarem minha fé,
Semeou por toda parte horror, desordem e pavor.
Mitridates, oprimido por seu indigno irmão,
Fez cair sobre o filho as crueldades do pai.]
(CRÉBILLON, *Radamisto e Zenóbia*, ato I, cena I)

Sentimos todos, disse o abade Gédoin, que o *himeneu ilustre* só estava lá para rimar com *terceiro lustro*; que *o pai cruel contra nós conjurado* e *entrando em nossos Estados seguido de Tiridates, que ansiava por unir-se ao sangue de Mitridates* eram palavras ininteligíveis para os ouvintes, que não sabiam ainda quem era Tiridates nem quem era Mitridates; que *aquele parta semeando por toda parte horror, desordem e pavor* são expressões vagas, repisadas, que nada informam de positivo; que *as crueldades do pai, recaindo sobre o filho* constituem uma ambiguidade: não se sabe se foi o pai que perseguiu o filho, ou se foi Mitridates que se vingou sobre o filho das crueldades do pai.

O restante da exposição não é muito mais clara. Esse defeito devia chocar muito Boileau e seus discípulos, mas principalmente Boileau, que dissera em sua *Poética*:

Je me ris d'un acteur, qui, lent à s'exprimer,
De ce qu'il veut d'abord ne sait pas m'informer;
Et qui, débrouillant mal une pénible intrigue,
D'un divertissement me fait une fatigue.
[Rio-me do ator que, exprimindo-se devagar,
Daquilo que deseja não sabe me informar;
E, deslindando mal uma penosa intriga,
De um divertimento me faz uma fadiga.]
(BOILEAU, *Arte poética*, canto III, 29)

O abade Gédoin acrescentava que Boileau arrancara a peça das mãos de Le Verrier e a atirara ao chão ao ler estes versos:

Eh! que sais-je, Hiéron? furieux, incertain,
Criminel sans penchant, vertueux sans dessein,

Jouet infortuné de ma douleur extrême,
Dans l'état où je suis me connais-je moi-même?
Mon coeur, de soins divers sans cesse combattu,
Ennemi du forfait sans aimer la vertu etc.
[Eh! Que sei eu, Hierão? Furioso, incerto,
Criminoso sem pendor, virtuoso sem intento,
Joguete desgraçado de minha dor extrema,
No estado em que estou conheço-me eu mesmo?
Meu coração, por cuidados diversos constantemente combatido,
Inimigo do delito sem amar a virtude etc.]
(Crébillon, *Radamisto e Zenóbia*, ato II, cena I)

Essas antíteses, de fato, nada mais formam do que um contrassenso ininteligível. O que significa *criminoso sem pendor*? Cumpriria, pelo menos, dizer sem pendor para o crime. Cumpriria compará-los a estes belos versos de Quinault:

Le destin de Médée est d'être criminelle:
Mais son coeur était fait pour aimer la vertu.
[O destino de Medeia é ser criminosa:
Mas seu coração era feito para amar a virtude.]
(*Teseu*, ato II, cena I)

Virtuoso sem intento: sem que intento? Sem intento de ser virtuoso? É impossível extrair desses versos um sentido razoável.

Como alguém que acaba de dizer que é virtuoso, embora sem intento, poderá dizer que não ama a virtude? Convenhamos que tudo isso é uma estranha algaravia, e que Boileau tinha razão.

Par un don de César je suis roi d'Arménie,
Parce qu'il croit par moi détruire l'Ibérie.
[Por dádiva de César eu sou rei da Armênia,
Porque ele crê por mim destruir a Ibéria.]
(Crébillon, *Radamisto e Zenóbia*, ato II, cena I)

Boileau dissera:

Fuyez des mauvais sons le concours odieux.
[Fugi dos sons ruins à odiosa união.]
(Boileau, *Arte poética*, canto I, 110)

É verdade que estes versos: *Parce qu'il croit par moi* devia ferir seus ouvidos.

A rejeição e a impaciência daquele grande crítico, portanto, eram escusáveis. Mas, se tivesse ouvido o restante da peça, teria descoberto belezas, interesse, pateticismo, novidades e vários versos dignos de Corneille.

É verdade que, numa obra de fôlego, é preciso perdoar alguns versos malfeitos, alguns atentados contra a língua; mas, em geral, um estilo puro e castiço é absolutamente necessário. Nunca nos cansamos de citar a *Arte poética*; esse livro é o código não só dos poetas, mas até mesmo dos prosadores:

Mon esprit n'admet point un pompeux barbarisme,
Ni d'un vers ampoulé l'orgueilleux solécisme.
Sans la langue, en un mot, l'auteur le plus divin
Est toujours, quoi qu'il fasse, un méchant écrivain.
[Meu intelecto não admite um pomposo barbarismo,
Nem de um verso empolado o altivo solecismo.
Sem a língua, em resumo, o autor mais divino
Em tudo o que faz é sempre um mau escritor.]
(BOILEAU, *Arte poética,* canto I, 159)

Sem dúvida, quem escreve bem pode ser enfadonho; mas muito mais enfadonho é quem escreve mal.

Não devemos esquecer de dizer que um estilo frio, mortiço, descosido, sem graça e sem força, desprovido de gênio e de variedade é muito pior do que mil solecismos. Por esse motivo, em cada cem poetas mal se encontra um que se possa ler. Pensemos em todos os poemas que enchem os nossos jornais há cem anos, e veremos se, em dez mil, haverá dois que nos ficaram na memória. Temos cerca de quatro mil peças de teatro: pouquíssimas escaparam do eterno esquecimento!

Será possível que, depois dos versos de Racine, alguns bárbaros tenham ousado forjar versos como estes:

Le lac, où vous avez cent barques toutes prêtes,
Lavant le pied des murs du palais, où vous êtes,
Vous peut faire aisément regagner Tézeuco;
Ses ports nous sont ouverts. D'ailleurs à Tabasco...
Vous le savez, seigneur, l'ardeur était nouvelle,
Et d'un premier butin l'espérance étant belle...
Ne le bravons donc pas, risquons moins, et que Charle
En maître désormais se présente et lui parle...
Ce prêtre d'un grand deuil menace Tlascala,
Est-ce assez? Sa fureur n'en demeure pas là.
Nous saurons les serrer. Mais dans un temps plus calme
Le myrte ne se doit cueillir qu'après la palme.
Il apprit que le trône est l'autel éminent
D'où part du roi des rois l'oracle dominant,
Que le sceptre est la verge etc.
[O lago onde tendes cem barcos prontos,
Lavando o pé dos muros do palácio em que estais,
Podem fazer-vos facilmente voltar a Tezeuco;
Seus portos nos estão abertos. Aliás, para Tabasco...
Sabeis, senhor, o ardor era novo,
E sendo bela a esperança de um primeiro butim...
Não o desafiemos, arrisquemos menos, e que Carlos
Como senhor agora se apresente e lhe fale...
Tal sacerdote com o luto ameaça Tlascala,
Basta? Seu furor não para aí.
Nós saberemos guardá-los. Mas em hora mais calma
O mirto só se deve colher depois da palma.
Ele soube que o trono é o altar eminente

Donde parte do rei dos reis o oráculo dominante,
Que o cetro é a vara etc.]

Terá sido no palco de Ifigênia e Fedra, entre os huronianos ou os illinois que esses versos rufaram e foram impressos?

Às vezes há versos que à primeira vista parecem menos ridículos, mas o são ainda mais, desde que examinados por um crítico experiente.

CATILINA

Quoi! madame, aux autels vous devancez l'aurore!
Eh! quel soin si pressant vous y conduit encore?
Qu'il m'est doux cependant de revoir vos beaux yeux,
Et de pouvoir ici rassembler tous mes dieux!

TULLIE

Si ce sont là les dieux à qui tu sacrifies,
Apprends qu'ils ont toujours abhorré les impies;
Et que si leur pouvoir égalait leur courroux,
La foudre deviendrait le moindre de leurs coups.

CATILINA

Tullie, expliquez-moi ce que je viens d'entendre.
[CATILINA: Como! Senhora, nos altares vos antecipais à aurora!
Ei! Que cuidados prementes vos conduzem ainda?
Como é bom, porém, rever vossos belos olhos,
E poder aqui reunir todos os meus deuses!
TÚLIA: Se aí estão os deuses aos quais sacrificas,
Sabe que eles sempre abominaram os ímpios;
E que, se em poder, se igualassem à sua ira,
O raio seria o menor de seus castigos.
CATILINA: Túlia, explicai-me o que acabo de ouvir.]
(CRÉBILLON, *Catilina*, ato I, cena III)

Ele tem toda razão de pedir que Túlia explique toda essa algaravia.

Une femme qui devance l'aurore aux autels,
Et qu'un soin pressant y conduit encore.
Ses beaux yeux qui s'y rassemblent avec tous les dieux,
Ces beaux yeux qui abhorrent les impies,
Ces yeux dont la foudre deviendrait le moindre coup,
Si leur pouvoir égalait le courroux de ces yeux etc.
[Uma mulher que se antecipa à aurora nos altares,
E é conduzida ainda por cuidados prementes.
Seus belos olhos que se reúnem com todos os deuses,
Esses belos olhos que abominam os ímpios,
Esses olhos dos quais o raio viria ser o castigo menor,
Se seu poder se igualasse à ira desses olhos etc.]

Tiradas como essa (numerosíssimas) são piores ainda que o lago que pode levar facilmente de volta a Tezeuco e cujos portos, aliás, estão abertos para Tabasco. O que podemos dizer de um século que assistiu à representação de tragédias inteiramente escritas nesse estilo bárbaro?

Repito: apresento esses exemplos a todos, para mostrar aos jovens os excessos incríveis nos quais podemos incorrer quando nos entregamos ao furor de rimar sem pedir conselhos. Devo exortar os artistas a abeberar-se no estilo de Racine e Boileau, para impedir que o século caia na mais ignominiosa barbárie.

Quem quiser que diga que tenho ciúmes dos belos olhos reunidos aos deuses, cujo menor castigo é o raio. Respondo que tenho horror a versos ruins, e que tenho direito de dizer isso.

Certo abade Trublet publicou que não conseguia ler um poema de uma vez. Ei! Senhor abade, o que podemos ler, ouvir e fazer durante muito tempo e de uma vez?

VIAGEM DE SÃO PEDRO A ROMA (Voyage de saint Pierre à Rome)

A famosa discussão sobre se Pedro viajou para Roma ou não não será no fundo tão frívola quanto a maioria das outras grandes discussões? As rendas da abadia de Saint-Denis na França não dependem da veracidade da viagem de são Dionísio, o areopagita, de Atenas ao centro das Gálias, nem de seu martírio em Montmartre; tampouco depende de outra viagem que ele fez depois da morte, de Montmartre a Saint-Denis, carregando a cabeça nos braços e beijando-a a cada parada.

Os cartuxos têm grandes bens, sem que haja a menor veracidade na história do cônego de Paris que se ergueu do caixão três dias seguidos para informar os presentes de que sua alma fora condenada.

Do mesmo modo, não há dúvida de que as rendas e os direitos do pontífice romano podem subsistir, quer Simão Barjona, cognominado Cefas, tenha ido a Roma, quer não. Todos os direitos dos metropolitanos de Roma e de Constantinopla foram estabelecidos no concílio de Calcedônia, em 451 de nossa era; e nesse concílio não se tratou de nenhuma viagem feita por um apóstolo a Bizâncio ou a Roma.

Os patriarcas de Alexandria e de Constantinopla seguiram a sorte de suas províncias. Os dirigentes eclesiásticos das duas cidades imperiais e do opulento Egito deviam ter, naturalmente, mais privilégios, autoridade e riquezas do que os bispos das pequenas cidades.

Se a residência de um apóstolo numa cidade tivesse determinado tantos direitos, o bispo de Jerusalém sem dúvida teria sido o primeiro bispo da cristandade. Ele era, evidentemente, o sucessor de são Tiago, irmão de Jesus Cristo, reconhecido como fundador dessa Igreja e chamado desde então o primeiro de todos os bispos. Acrescentaríamos que, de acordo com o mesmo raciocínio, todos os patriarcas de Jerusalém deveriam ser circuncidados, pois os quinze primeiros bispos de Jerusalém, berço do cristianismo e túmulo de Jesus Cristo, tinham recebido a circuncisão[5].

É indubitável que as primeiras liberalidades de Constantino para com a Igreja de Roma não tiveram a menor relação com a viagem de são Pedro.

1º A primeira igreja erigida em Roma foi a de São João: ainda é sua verdadeira catedral. É certo que teria sido dedicada a são Pedro, caso ele tivesse sido seu primeiro bispo: essa é a mais forte de todas as presunções; sozinha, poderia encerrar a disputa.

2º A essa forte conjectura somam-se provas negativas convincentes. Se Pedro tivesse estado em Roma com Paulo, os Atos dos apóstolos teriam falado disso, mas não dizem uma só palavra.

---

5. "Foi preciso que quinze bispos de Jerusalém fossem circuncidados, e que todos pensassem como eles, cooperassem com eles." (Santo Epifânio, heres. LXX.)
"Fiquei sabendo, por monumentos antigos, que até o cerco de Jerusalém por Adriano houve quinze bispos seguidos, oriundos dessa cidade." (Eusébio, liv. IV.) (N. de Voltaire)

3º Se são Pedro tivesse ido pregar o Evangelho em Roma, são Paulo não teria dito, em sua Epístola aos gálatas: "Quando viram que o Evangelho do prepúcio me fora confiado, e a Pedro, o da circuncisão, deram-me as mãos, a mim e a Barnabé, e consentiram que fôssemos ter com os gentios, e Pedro com os circuncisos."

4º Nas cartas que Paulo escreveu de Roma, nunca fala de Pedro; logo, é evidente que Pedro não estava lá.

5º Nas cartas que Paulo escreveu a seus irmãos de Roma, não há o menor cumprimento a Pedro, a menor menção a ele; logo, Pedro não viajou para Roma quando Paulo estava preso naquela capital, nem quando estava fora.

6º Nunca se conheceu nenhuma carta de são Pedro datada de Roma.

7º Alguns, como Paulo Orósio, espanhol do século V, afirmam que ele esteve em Roma nos primeiros anos de Cláudio; e os Atos dos apóstolos dizem que ele estava então em Jerusalém, enquanto as Epístolas de Paulo dizem que ele estava em Antioquia.

8º Só pretendo provar, humanamente falando e de acordo com as regras da crítica profana, que Pedro dificilmente podia viajar de Jerusalém a Roma se não sabia falar a língua latina e nem mesmo a grega, que são Paulo falava, ainda que mal. Consta que os apóstolos falavam todas as línguas do universo; por isso me calo.

9º Enfim, a primeira noção que se teve sobre a viagem de são Pedro a Roma provém de certo Papias, que viveu mais ou menos cem anos depois de são Pedro. Esse Papias era frígio, escrevia na Frígia; afirmou que são Pedro fora a Roma com base naquilo que ele fala sobre a Babilônia em uma de suas cartas. De fato, existe uma carta atribuída a são Pedro, escrita naqueles tempos tenebrosos, na qual está dito: "A Igreja que fica na Babilônia, minha mulher e meu filho Marcos vos saúdam." Alguns tradutores resolveram traduzir a palavra que significa *minha mulher*, por *consorte*, Babilônia, a consorte, isso é que é traduzir com muito sentido.

Papias, que era (cumpre admitir) um dos grandes visionários daqueles séculos, imaginou que Babilônia queria dizer Roma. No entanto, era naturalíssimo que Pedro saísse de Antioquia para visitar os irmãos da Babilônia. Sempre houve judeus na Babilônia, onde desempenharam, ininterruptamente, os ofícios de corretor e carregador; é de crer que vários discípulos ali se refugiaram, e que Pedro foi encorajá-los. Há tanta razão em imaginar-se que Babilônia significa Roma quanto em supor que Roma significa Babilônia. Que ideia extravagante supor que Pedro escrevesse uma exortação aos camaradas como hoje se escreve em código! Será que ele temia a abertura de sua carta pelo correio? Por que Pedro temeria que os outros tomassem conhecimento de suas cartas judias, tão inúteis do ponto de vista mundano, se era impossível que os romanos lhes dessem a menor atenção? O que o levaria a mentir tão inutilmente? Que sonho pode ter sonhado quem achava que, quando se escrevia Babilônia, devia-se ler Roma?

E, segundo essas provas concludentes, o judicioso Calmet conclui que a viagem de são Pedro a Roma é provada pelo próprio são Pedro, que marca expressamente que escreveu sua carta de Babilônia, ou seja, de Roma, como explicamos, de acordo com os antigos. Repito que isso é raciocinar muito bem; ele provavelmente aprendeu essa lógica com os vampiros.

O douto arcebispo de Paris, Marca, Dupin, Blondel e Spanheim não são dessa opinião; mas, enfim, essa era a opinião de Papias, que raciocinava como Calmet e foi seguido de uma multidão de escritores tão apaixonados pela sublimidade de seus princípios, que negligenciaram às vezes a crítica sã e a razão.

É uma grande derrota dos partidários da viagem dizer que os Atos dos apóstolos se destinam à história de Paulo, e não à de Pedro, e que, se omitem a permanência de Simão Barjona em Roma, é porque *os atos e feitos* de Paulo eram o único objeto do autor.

Os Atos falam muito de Simão Barjona, cognominado Pedro. É ele que propõe dar um sucessor a Judas. É ele que dá morte súbita a Ananias e à mulher, que lhe haviam dado seus bens, mas, infelizmente, não tinham dado tudo. É ele que ressuscita sua costureira Dorcas no correeiro Simão, em Jope. Tem uma briga em Samaria com Simão, cognominado o Mago; vai para Lippa, em Cesareia, Jerusalém: que custava fazê-lo ir a Roma?

É muito difícil que Pedro tenha ido a Roma, seja no tempo de Tibério, no de Calígula, no de Cláudio ou no de Nero. A viagem no tempo de Tibério só se baseia em pretensos fastos da Sicília, apócrifos[6].

Outro apócrifo, intitulado Catálogo de bispos, apressa-se a transformar Pedro em bispo de Roma, imediatamente depois da morte de seu mestre.

Não sei que conto árabe o manda para Roma no tempo de Calígula. Eusébio, trezentos anos depois, leva-o para Roma no tempo de Cláudio, conduzido por mão divina, mas não diz em que ano.

Lactâncio, que escrevia no tempo de Constantino, é o primeiro autor confirmado que diz que Pedro foi para Roma no tempo de Nero e lá foi crucificado.

Convenhamos que, se em algum processo, uma das partes só produzisse provas como essas, não ganharia a causa; seria aconselhada a limitar-se à prescrição, ao *uti possidetis*; foi o que Roma fez.

Mas dizem que, antes de Eusébio e de Lactâncio, o exato Papias já contara a aventura de Pedro e Simão Virtude-de-Deus, que ocorreu em presença de Nero; o parente de Nero, semirressuscitado por Simão Virtude-de-Deus e inteiramente ressuscitado por Pedro, os cumprimentos de seus cães, o pão dado por Pedro aos cães de Simão, o mago que voa, o cristão que o derruba com um sinal da cruz, quebrando-lhe as pernas, Nero mandando cortar a cabeça de Pedro para pagar as pernas de seu mago etc. etc. O grave Marcelo repete essa história autêntica, e o grave Hegesipo a repete também; outros a repetem depois deles; e eu repito que, se alguma vez tiverdes de pleitear algum prado, mesmo que perante o juiz de Vaugirard, jamais ganhareis vossa causa com base em semelhantes provas.

Não duvido de que a cátedra episcopal de São Pedro ainda esteja em Roma, na bela igreja; não duvido de que são Pedro tenha usufruído o episcopado de Roma durante vinte e cinco anos, um mês e nove dias, como se diz; mas ouso dizer que isso não está cabalmente demonstrado e acrescento que é de crer que os bispos romanos de hoje vivem mais comodamente do que os daqueles tempos passados, tempos um tanto obscuros, que é muito difícil deslindar.

VIDA (Vie)

Encontram-se as seguintes palavras em *Sistema da natureza*, página 84, edição de Londres: "Seria preciso definir a vida antes de raciocinar sobre a alma; mas isso eu considero impossível."

Isso eu ouso considerar muito possível. Vida é organização com capacidade de sentir. Assim, diz-se que todos os animais têm vida. Diz-se o mesmo das plantas apenas por extensão, por uma espécie de metáfora ou catacrese. Elas são organizadas, vegetam; mas, como não são capazes de ter sentimentos, não têm propriamente vida.

Pode-se ter vida sem ter um sentimento atual; pois nada sente quem é acometido por apoplexia completa, letargia, sono profundo e sem sonhos; mas ainda tem o poder de sentir. Várias pessoas, como se sabe muito bem, foram enterradas vivas como vestais; isso aconteceu em todos os campos de batalha, sobretudo em países frios; o soldado que esteja sem movimento e sem respiração pode recobrá-los se for socorrido; mas, na pressa, é enterrado.

O que é essa capacidade de sentir? Antigamente, vida e alma eram consideradas a mesma coisa, e uma não é mais conhecida que a outra; no fundo são mais conhecidas hoje?

---

6. Ver Spanheim, *Sacrae antiq.*, liv. III. (N. de Voltaire)

Nos livros sagrados judeus, alma é sempre empregada por vida.

⁷*Dixit etiam Deus, producant aquae reptile animae viventis.* – E Deus disse: Que as águas produzam répteis de alma vivente.

Creavit Deus cete grandia et omnem animam viventem atque mutabilem quam produxerant aquae. – Ele criou também grandes dragões (*tannitim*) e todo animal que tem vida e movimento, e as águas os haviam produzido.

É difícil explicar como Deus criou aqueles dragões produzidos pelas águas; mas a coisa é assim, e a nós cabe a submissão.

⁸*Producat terra animam viventem in genere suo, jumenta et reptilia.* – Que a terra produza alma vivente segundo sua espécie, animais grandes e répteis.

⁹*Et in quibus est anima vivens, ad vescendum.* – E a toda alma vivente para se alimentar.

¹⁰*Et inspiravit in faciem ejus spiraculum vitae, et factus est homo in anmam viventem.* – E soprou em suas narinas o sopro da vida, e o homem teve o sopro da vida (segundo o hebraico).

*Sanguinem enim animarum vestrarum requiram de manu cunctarum bestiarum, et de manu hominis etc.*¹¹ – Porei vossas almas nas mãos das feras e dos homens. *Almas* significa aqui *vidas*, evidentemente. O texto sagrado não pode entender que as feras terão devorado a alma dos homens, mas sim seu sangue, que é sua vida. Quanto às mãos que esse texto dá às feras, entende-se que se trata de suas garras.

Em resumo, há mais de duzentos trechos em que a alma é entendida como a vida dos animais e dos homens; mas não há nenhum em que se diga o que é vida e alma.

Se é a capacidade de sentir, de onde vem essa capacidade? A essa pergunta todos os doutores respondem com sistemas, e esses sistemas são destruídos uns pelos outros. Mas por que quereis saber de onde vem a sensação? É tão difícil conceber a causa que faz todos os corpos tender para seu centro comum, como conceber a causa que torna o animal sensível. A direção do ímã para o polo ártico, a trajetória dos cometas, milhares de outros fenômenos são também incompreensíveis.

Há propriedades evidentes da matéria cujo princípio nunca será conhecido por nós. O da sensação, sem a qual não há vida, é e continuará sendo ignorado como tantos outros.

Pode-se viver sem ter sensações? Não. Suponhamos uma criança que morre depois de ter vivido sempre em letargia: ela existiu, mas não viveu.

Mas suponhamos um imbecil que nunca tenha tido ideias complexas e tenha tido sentimentos: certamente viveu sem pensar; mas só teve ideias simples de suas sensações.

O pensamento é necessário à vida? Não, pois aquele imbecil não pensou e viveu.

Por isso alguns pensadores acreditam que o pensamento não é a essência do homem; dizem que há muitos idiotas não pensantes que são homens, e são tão homens que engendram homens, embora não possam engendrar um raciocínio.

Os doutores que acreditam pensar respondem que esses idiotas têm ideias fornecidas por suas sensações.

Os ousados pensadores lhes replicam que um cão de caça aprendeu muito bem o seu ofício, tem ideias muito mais coerentes e é muito superior àqueles idiotas. Daí nasce uma grande discussão em torno da alma. Não falaremos disso; já falamos o suficiente no verbete Alma.

---

7. Gênese, cap. I, v. 20. (N. de Voltaire)
8. Cap. I, v. 24. (N. de Voltaire)
9. Cap. I, v. 30. (N. de Voltaire)
10. Cap. II, v. 7. (N. de Voltaire)
11. Cap. IX, v. 5. (N. de Voltaire)

VIRTUDE (Vertu)

Primeira seção

Dizem que Marcos Bruto, antes de se matar, proferiu estas palavras: "Ó virtude! Acreditei que eras alguma coisa, mas não passas de vão fantasma!"

Terias razão, Bruto, se visses virtude em ser chefe de partido e assassino de teu benfeitor, de teu pai, Júlio César; mas, se para ti ela consistisse em só fazer o bem a quem dependesse de ti, não a terias chamado de fantasma e não te terias matado de desesperança.

"Sou muito virtuoso, diz aquele excremento de teologia, pois tenho as quatro virtudes cardeais e as três teologais." Um cavalheiro lhe pergunta: "O que é virtude cardeal?" O outro responde: "Força, prudência, temperança e justiça."

CAVALHEIRO

Se és justo, disseste tudo; força, prudência e temperança são qualidades úteis. Se as tens, melhor para ti; mas, se és justo, melhor para os outros. Ser justo não basta, é preciso ser benfazejo; isso sim é cardeal de verdade. E tuas virtudes teologais, o que são?

EXCREMENTO

Fé, esperança e caridade.

CAVALHEIRO

Acreditar é virtude? Ou aquilo em que acreditas te parece verdadeiro, e nesse caso não há mérito algum em acreditar, ou te parece falso, e então é impossível acreditares. A esperança não poderia ser virtude, tanto quanto o medo: tememos ou esperamos, segundo nos tenham feito uma promessa ou uma ameaça. Quanto à caridade, não será aquilo que os gregos e os romanos entendiam por humanidade, amor ao próximo? Esse amor não será nada, se não for atuante; a beneficência, portanto, é a única virtude verdadeira.

EXCREMENTO

Que tolo! Isso mesmo: vou me matar de servir os homens sem tirar nenhum proveito! Todo trabalho merece salário. Não pretendo cometer ação honesta alguma, a menos que esteja certo do paraíso.

Quis enim virtutem amplectitur ipsam
Praemia si tollas?
(JUVENAL, sát. x, verso 141)

Quem poderá seguir a virtude
Se tirares o prêmio?

CAVALHEIRO

Ah, mestre! Ou seja, que se não esperas o paraíso e não temes o inferno, não farás nenhuma boa obra. Citas versos de Juvenal, para provar que só tens em vista teu próprio interesse. Eis aqui uns de Racine, que poderão mostrar pelo menos que é possível encontrar já neste mundo a recompensa enquanto se espera coisa melhor.

Quel plaisir de penser et de dire en vous-même:
Partout en ce moment on me bénit, on m'aime!
On ne voit point le peuple à mon nom s'alarmer;
Le ciel dans tous leurs pleurs ne m'entend point nommer;
Leur sombre inimitié ne fuit point mon visage,
Je vois voler partout les coeurs à mon passage!
Tels étaient vos plaisirs.
[Que prazer pensar e dizer a vós mesmo:
"Agora em toda parte sou bendito e amado!
Ninguém vê o povo alarmar-se com meu nome;
O céu não ouve meu nome em nenhum de seus lamentos;
Sua sombria inimizade não se esquiva à minha face,
Todos os corações se alegram quando passo!"
Tais eram vossos prazeres.]
(RACINE, *Britannicus*, ato IV, cena II)

Acredita, mestre, há duas coisas que merecem ser amadas por si mesmas: Deus e a virtude.

EXCREMENTO

Ah, senhor! És fenelonista.

CAVALHEIRO

Sou, mestre.

EXCREMENTO

Vou denunciar-te ao juiz eclesiástico de Meaux.

CAVALHEIRO

Podes ir.

Segunda seção

O que é virtude? Fazer bem ao próximo. Posso chamar de virtude outra coisa senão o que me faz bem? Sou indigente, és liberal; estou em perigo, tu me socorres; enganam-me, tu me dizes a verdade; desprezam-me, tu me consolas; sou ignorante, tu me instruis: não há por que não te chamar de virtuoso. Mas que é das virtudes cardeais e teologais? Algumas ficarão nas escolas.

Que me importa se és temperante? É um preceito de saúde que observas; tu passarás melhor, dou-te parabéns. Tens fé e esperança, e te dou mais parabéns ainda: elas te darão a vida eterna. Tuas virtudes teologais são dons celestes; tuas virtudes cardeais são excelentes qualidades que servem para te conduzir, mas não são virtudes em relação ao próximo. O prudente faz bem a si mesmo, o virtuoso faz bem aos homens. São Paulo teve razão ao dizer que a caridade é superior à fé e à esperança.

Mas, então, não se admitirão outras virtudes além das que são úteis ao próximo? E como posso admitir outras? Vivemos em sociedade; por isso, não há nada realmente bom para nós senão aquilo que faz bem à sociedade. Um solitário é sóbrio, piedoso e usa cilício: pois bem, é um santo; mas só direi que é virtuoso quando tiver praticado algum ato virtuoso de que os outros homens tenham tirado proveito. Enquanto está sozinho, não é benfazejo nem malfazejo; para nós, não é nada. Se são Bruno instaurou a paz nas famílias, se socorreu os indigentes, foi virtuoso; se jejuou, rezou na solidão, foi um santo. A virtude entre os homens é um comércio de beneficências; quem não participa desse comércio não deve ser contado. Se esse santo vivesse em sociedade, decerto faria o bem; mas, enquanto não estiver, a sociedade terá razão em não lhe dar o nome de virtuoso; ele será bom para si mesmo, e não para nós.

Mas – dizeis – o solitário que é guloso, bêbado e dado à devassidão secreta é depravado; será virtuoso se tiver as qualidades contrárias. Com isso não posso concordar: será um homem bem desprezível se tiver os defeitos de que falais; mas não depravado, malvado, punível em relação à sociedade, à qual suas infâmias não fazem mal algum. É de presumir que, se voltar à sociedade, fará o mal, será depravado; e a probabilidade de que será um malvado é até maior do que a certeza de que o outro solitário temperante e casto venha a ser um homem de bem; pois na sociedade os defeitos aumentam e as boas qualidades diminuem.

Existe uma objeção bem mais forte; Nero, o papa Alexandre VI e outros monstros dessa espécie realizaram atos beneficentes; ouso responder que foram virtuosos no dia em que o fizeram.

Alguns teólogos dizem que o divino imperador Antonino não era virtuoso; que era um estoico teimoso que, não contente de comandar os homens, ainda queria ser estimado por eles; que ele mesmo se beneficiava do bem que fazia ao gênero humano; que durante toda a vida foi justo, laborioso e benfazejo por vaidade, e que só enganou os homens com suas virtudes; exclamo então: Meu Deus, dai-nos sempre embusteiros desse tipo!

VISÃO (Vision)

Quando falo de visão, não me refiro à maneira admirável como nossos olhos enxergam os objetos, quando os quadros de tudo o que vemos são pintados na retina: pintura divina, desenhada de acordo com todas as leis da matemática, que, por conseguinte, assim como todo o resto, é feita pela mão do eterno geômetra, a despeito daqueles que se fazem de entendidos e fingem acreditar que o olho não está destinado a ver, a orelha, a ouvir, e o pé, a andar. Esse assunto foi tratado com tanta erudição por tantos grandes gênios, que já não há grãos para colher depois de suas messes.

Não pretendo falar da heresia de que foi acusado o papa João XXII, segundo o qual os santos só gozariam da visão beatífica depois do juízo final. Deixo de lado essa visão.

Meu objeto é a multidão inumerável de visões com que tantas santas personalidades foram agraciadas ou atormentadas, que tantos imbecis acreditaram ter e com as quais tantos embusteiros e embusteiras enganaram o mundo, seja para obter reputação como beatos ou beatas, o que é muito lisonjeiro, seja para ganhar dinheiro, o que é ainda mais lisonjeiro para todos os charlatães.

Calmet e Lenglet fizeram grandes coletâneas dessas visões. A meu ver, a mais interessante e a que produz mais efeitos – pois serviu para a reforma de três quartos da Suíça – é a do jovem jacobino Yetzer, com a qual já entretive meu caro leitor. Esse Yetzer, como todos sabem, viu várias vezes a Virgem Maria e santa Bárbara, que lhe imprimiram os estigmas de Jesus Cristo. Ninguém ignora como ele recebeu de um prior jacobino uma hóstia polvilhada de arsênico e como o bispo de Lausanne quis mandá-lo para a fogueira, porque ele se queixou de ter sido envenenado. Todos viram que essas abominações foram uma das causas da desgraça de os bernenses terem deixado de ser católicos, apostólicos e romanos.

Lamento muito não poder falar de visões com essa força.

No entanto, convenhamos que a visão dos reverendos frades franciscanos de Orléans, em 1534, é a que mais se aproxima disso, embora fique longe. O processo criminal a que deu origem ainda está em manuscrito na Biblioteca do rei da França, nº 1770.

A ilustre casa de Saint-Mesmin fizera grandes benefícios para o convento dos franciscanos e tinha sua sepultura na igreja deles. Quando a mulher de um senhor de Saint-Mesmin, preboste de Orléans, morreu, o marido, acreditando que seus ancestrais se tinham empobrecido dando esmolas aos monges, deu àqueles frades um presente que não lhes pareceu bastante considerável. Os bons franciscanos tiveram a ideia de desenterrar a defunta, para forçar o viúvo a mandar reenterrar a finada na igreja deles, pagando mais. O projeto não era sensato, pois o sr. de Saint-Mesmin não teria deixado de inumá-la em outro lugar. Mas é frequente que do embuste faça parte a loucura.

Primeiro, a alma da sra. de Saint-Mesmin só apareceu a dois frades. Disse-lhes[12]: "Minha alma está penando como a de Judas, porque meu marido não deu esmolas suficientes." Os dois malandrinhos que transmitiram essas palavras não perceberam que elas mais prejudicariam do que ajudariam o convento. O objetivo do convento era extorquir dinheiro do sr. de Saint-Mesmin para o descanso da alma de sua mulher. Ora, se a alma da sra. de Saint-Mesmin estava penando, nem todo o dinheiro do mundo poderia salvá-la; não cabia dar nada, e os franciscanos perdiam sua contribuição.

Havia naquele tempo pouquíssimo bom-senso na França. A nação havia sido embrutecida pela invasão dos francos e, em seguida, pela invasão da teologia escolástica; mas encontravam-se em Orléans algumas pessoas que raciocinavam. Estas duvidaram de que o Grande Ser houvesse permitido que a alma da sra. de Saint-Mesmin aparecesse para os dois franciscanos; não era natural que aquela alma se declarasse *penada como a de Judas*. Essa comparação pareceu-lhes descabida. Aquela senhora não vendera nosso Senhor Jesus Cristo por trinta denários; ela não se enforcara; seus intestinos não lhe saíram do ventre: não havia nenhum pretexto para compará-la a Judas. Isso despertou suspeitas, e o rumor foi maior ainda em Orléans, porque já havia hereges que não acreditavam em certas visões e, apesar de admitirem princípios absurdos, não deixavam de extrair conclusões bastante boas. Os franciscanos, portanto, trocaram de bateria e puseram a finada senhora no purgatório.

Portanto, ela apareceu de novo e declarou que o purgatório era seu quinhão; mas pediu que a desenterrassem. Não era costume exumar purgatorianos, mas esperava-se que o sr. de Saint-Mesmin evitasse essa afronta extraordinária dando algum dinheiro. Aquele pedido de ser posta fora da Igreja aumentou as desconfianças. Sabia-se que as almas apareciam com frequência, mas não mandam dizer que querem ser desenterradas.

A alma, a partir de então, deixou de falar, mas ficou perturbando todo o mundo no convento e na igreja. Os irmãos franciscanos a exorcizaram. O frade Pierre d'Arras, para conjurá-la, lançou mão de meios que não eram hábeis. Ele lhe dizia: "Se és a alma da finada sra. de Saint-Mesmin, dá quatro pancadas"; e ouviam-se as quatro pancadas. "Se estás penando, dá seis pancadas"; e as seis pancadas eram dadas. "Se ainda estás mais atormentada no inferno porque teu corpo está enterrado na igreja, dá mais seis pancadas"; e aquelas outras seis pancadas foram ouvidas mais distintamente ainda[13]. "Se nós desenterrarmos teu corpo e pararmos de rezar por ti, penarás menos? Dá cinco pancadas para confirmar"; e a alma confirmava com cinco pancadas.

Esse interrogatório da alma, feito por Pierre d'Arras, foi assinado por vinte e dois franciscanos, encabeçados pelo reverendo padre provincial. Aquele padre provincial, no dia seguinte, fez as mesmas perguntas e recebeu as mesmas respostas.

Alguém dirá que, visto que a alma declarara estar no purgatório, os franciscanos não deviam supor que ela estivesse no inferno; mas não tenho culpa se os teólogos se contradizem.

---

12. Extraído de um manuscrito da biblioteca do bispo de Blois, Caumartin. (N. de Voltaire)
13. Todas essas particularidades estão pormenorizadas na *História das aparições e visões*, do abade Lenglet. (N. de Voltaire)

O sr. de Saint-Mesmin apresentou queixa ao rei contra os franciscanos. Eles apresentaram queixa, por sua vez; o rei nomeou os juízes, sendo o principal deles Adrien Fumée, referendário.

O procurador-geral da comissão requereu que os referidos franciscanos fossem para a fogueira; mas a decisão final só os condenou à confissão pública com uma tocha em punho e ao banimento do reino. Essa decisão é de 18 de fevereiro de 1534.

Depois de tal visão, é inútil narrar outras: elas são todas do gênero do embuste ou do gênero da loucura. As visões do primeiro gênero são da alçada da justiça; as do segundo ou são visões de loucos doentes ou visões de loucos saudáveis. As primeiras são da alçada da medicina; as segundas, dos hospícios.

VISÃO DE CONSTANTINO (Vision de Constantin)

Teólogos sérios não deixaram de aduzir razões especiosas para defender a veracidade da aparição da cruz no céu; mas nós veremos que seus argumentos não são suficientemente convincentes para excluir a dúvida; os testemunhos que eles citam a seu favor não eram persuasivos nem estavam de acordo entre si.

Primeiramente, as testemunhas apresentadas eram cristãos, cujo depoimento pode ser suspeito nesse caso, em se tratando de um fato que provaria a divindade de sua religião. Como nenhum autor pagão fez menção dessa maravilha, que todo o exército de Constantino também presenciara? Não é surpreendente o fato de Zózimo – que parece ter assumido a tarefa de diminuir a glória de Constantino – não ter dito nada; mas o que parece estranho é o silêncio do autor do *Panegírico de Constantino*, pronunciado em sua presença, em Trier, no qual o panegirista se exprime em termos magníficos sobre toda a guerra contra Maxêncio, que aquele imperador vencera.

Nazário, outro retórico que, em seu panegírico, disserta com tanta eloquência sobre a guerra contra Maxêncio, a clemência de Constantino depois da vitória e a libertação de Roma, não diz uma só palavra sobre essa aparição, embora diga que por todas as Gálias haviam sido vistos exércitos celestes, pretensamente enviados para socorrer Constantino.

Aquela visão surpreendente não só foi desconhecida pelos autores pagãos, como também por três escritores cristãos que tiveram excelentes ocasiões para falar dela. Optaciano Porfírio menciona várias vezes o monograma de Cristo, por ele chamado de sinal celeste no *Panegírico de Constantino*, que escreveu em versos latinos; mas não se encontra nenhuma palavra sobre a aparição da cruz no céu.

Lactâncio nada diz em seu *Tratado da morte dos perseguidores*, composto por volta do ano 314, dois anos depois da visão de que falamos. No entanto, devia estar perfeitamente a par de tudo o que dissesse respeito a Constantino, por ter sido preceptor de Crispo, filho daquele príncipe. Relata apenas[14] que Constantino foi instruído em sonho a pôr nos escudos de seus soldados a divina imagem da cruz e travar batalha; mas, ao contar um sonho cuja veracidade não tinha outro respaldo além do testemunho do imperador, ele silencia sobre um prodígio que tivera todo o exército como testemunha.

Há mais: o próprio Eusébio de Cesareia, que deu o tom a todos os outros historiadores cristãos sobre esse assunto, não fala dessa maravilha em toda a sua *História eclesiástica*, embora se estenda demoradamente nos feitos de Constantino contra Maxêncio. Somente na biografia do imperador ele se exprime nos seguintes termos[15]: "Constantino, decidido a adorar o deus de Constâncio, seu pai, implorou a proteção de tal deus contra Maxêncio. Enquanto orava, teve uma visão mara-

---

14. Cap. XLIV. (N. de Voltaire)
15. Liv. I, caps. XXVIII, XXXI e XXXII. (N. de Voltaire)

vilhosa, que talvez parecesse inacreditável se fosse narrada por outro; mas, como a ouvimos do próprio imperador vitorioso, que a contou muito tempo depois, quando conhecemos aquele príncipe e fomos objeto de suas boas graças, ocasião em que confirmou o que dizia com um juramento, quem poderia duvidar, sobretudo porque o acontecimento confirmou a verdade.

"Ele afirmava que à tarde, quando o sol baixava, viu uma cruz luminosa acima do sol, com a seguinte inscrição em grego: *Com este signo vencerás*; que esse espetáculo o deixou extremamente admirado, ocorrendo o mesmo com todos os soldados que o seguiam, testemunhas do milagre; que, enquanto ele estava totalmente absorto naquela visão, procurando entender o seu sentido, a noite chegou, e Jesus Cristo lhe apareceu em sonho, com o mesmo signo que lhe havia mostrado durante o dia no ar, ordenando-lhe que fizesse um estandarte com aquela forma e o levasse para as batalhas, a fim de proteger-se do perigo. Constantino, levantando-se ao alvorecer, contou aos amigos o sonho que tivera; e, mandando chamar ourives e lapidários, sentou-se no meio deles e explicou-lhes a figura do signo que vira, encomendando-lhes um semelhante de ouro e pedras preciosas: e nós nos lembramos de tê-lo visto alguma vez."

Eusébio acrescenta em seguida que Constantino, assombrado por tão admirável visão, mandou chamar os padres cristãos e, instruído por estes, dedicou-se à leitura de nossos livros sagrados, concluindo que devia adorar com profundo respeito o Deus que lhe aparecera.

Como imaginar que uma visão tão admirável, observada por tantos milhares de pessoas e tão apropriada a justificar a veracidade da religião cristã, tenha sido desconhecida por Eusébio, historiador tão meticuloso na busca de tudo o que pudesse contribuir para honrar o cristianismo, chegando a citar falsos monumentos profanos, como já vimos no verbete Eclipse? E como nos convencermos de que ele só foi informado vários anos depois, apenas pelo testemunho de Constantino? Não havia cristãos no exército que se enaltecessem publicamente de terem visto semelhante prodígio? Teriam eles tão pouco interesse pela causa que defendiam, a ponto de silenciar sobre um milagre tão grande? Depois disso, será de surpreender que Gelásio de Cízico, um dos sucessores de Eusébio na sé de Cesareia no século V, tenha dito que muita gente desconfiava de que aquilo não passava de fábula inventada para favorecer a religião cristã?[16]

Essa suspeita será bem mais forte, se prestarmos atenção ao pouco acordo que há entre as testemunhas no que se refere às circunstâncias dessa maravilhosa aparição. Quase todos garantem que a cruz foi vista por Constantino e por todo o seu exército; Gelásio fala apenas de Constantino. Discordam sobre o momento da visão. Filostórgio, em sua *História eclesiástica*, cujo excerto foi conservado por Fócio, diz[17] que a visão se deu depois que Constantino venceu Maxêncio; outros afirmam que foi antes, enquanto Constantino fazia preparativos para atacar o tirano e estava em marcha com seu exército. Artêmio, citado por Metafrasto e Súrio, em 20 de outubro, diz que era meio-dia; outros, à tarde, quando o sol declinava.

Os autores não estão de acordo nem mesmo sobre a própria visão; a maioria só reconhece uma, e ainda assim em sonho; somente Eusébio, seguido por Filostórgio e Sócrates[18], falam de duas, uma vista por Constantino durante o dia e outra em sonho, que servia para confirmar a primeira; Nicéforo Calisto[19] fala em três.

A inscrição também apresenta diferenças. Eusébio diz que era em grego; outros não falam de inscrição. Segundo Filostórgio e Nicéforo, estava em caracteres latinos; os outros nada dizem e com sua narrativa parecem supor que os caracteres eram gregos. Filostórgio garante que a inscrição era formada por um conjunto de estrelas; Artêmio diz que as letras eram douradas. O autor

---

16. *História dos atos do concílio de Niceia*, cap. IV. (N. de Voltaire)
17. Liv. I, cap. VI. (N. de Voltaire)
18. *Hist. ecl.*, liv. I, cap. II. (N. de Voltaire)
19. *Ibid.*, liv. VIII, cap. III. (N. de Voltaire)

citado por Fócio[20] as representa como se fossem compostas da mesma matéria luminosa da cruz; segundo Sozomeno[21], não havia inscrição, e foram os anjos que disseram a Constantino: *Obtém a vitória com este signo.*

Enfim, o relato dos historiadores é oposto no que se refere às consequências dessa visão. Se nos ativermos a Eusébio, Constantino, ajudado por Deus, obteve sem muito custo a vitória sobre Maxêncio; mas, de acordo com Lactâncio, a vitória foi muito disputada: ele chega a dizer que as tropas de Maxêncio tiveram alguma vantagem antes que Constantino aproximasse seu exército das portas de Roma. A acreditar em Eusébio e Sozomeno, a partir dessa época Constantino sempre foi vitorioso, opondo o signo salutar da cruz a seus inimigos, como uma muralha impenetrável. No entanto, um autor cristão, cujos fragmentos o sr. Valois reuniu na esteira de Amiano Marcelino[22], conta que nas duas batalhas travadas em Licínio por Constantino a vitória foi duvidosa e Constantino chegou a ser levemente ferido na coxa; e Nicéforo[23] diz que, depois daquela primeira aparição, ele combateu duas vezes os bizantinos sem lhes opor a cruz e não se lembraria mais dela se não tivesse perdido nove mil homens e não tivesse tido mais duas vezes a mesma visão. Na primeira, as estrelas estavam organizadas de modo que formavam estas palavras de um salmo[24]: *Invoca-me no dia do desamparo, eu te livrarei e tu me honrarás*; e a inscrição da última, muito mais clara e nítida, era: *Com este signo vencerás todos os teus inimigos.*

Filostórgio garante que a visão da cruz e a vitória sobre Maxêncio levaram Constantino a abraçar a fé cristã; mas Rufino, que traduziu para o latim a *História eclesiástica* de Eusébio, diz que ele já favorecia o cristianismo e honrava o verdadeiro Deus. No entanto, sabe-se que só foi batizado poucos dias antes de morrer, como dizem expressamente Filostórgio[25], santo Atanásio[26], santo Ambrósio[27], são Jerônimo[28], Sócrates[29], Teodoreto[30] e o autor da *Crônica de Alexandria*[31]. Esse costume, comum então, baseava-se na crença de que, visto que o batismo apaga todos os pecados daquele que o recebe, morria-se certo da salvação da alma.

Poderíamos limitar-nos a essas reflexões gerais; mas, como o que abunda não prejudica, discutiremos a autoridade de Eusébio como historiador, e a de Constantino e Artêmio como testemunhas oculares.

Quanto a Artêmio, achamos que ele não deve ser posto no rol das testemunhas oculares, pois seu discurso está baseado apenas em seus Atos, relatados por Metafrasto, autor fabuloso. Atos que Barônio afirma erroneamente poder defender, ao mesmo tempo que confessa que foram interpolados.

Quanto ao discurso de Constantino relatado por Eusébio, é sem dúvida muito espantoso que o imperador temesse não ser digno de crédito a menos que fizesse um juramento, e que Eusébio não tenha respaldado seu testemunho no testemunho de algum dos oficiais ou dos soldados do exército. Mas, sem adotarmos aqui a opinião de alguns eruditos, que duvidam que Eusébio seja o autor da biografia de Constantino, não será ele uma testemunha que, em toda essa obra, se mostra mais

---

20. *Bibl.*, caderno 256. (N. de Voltaire)
21. *Hist. ecl.*, liv. I, cap. III. (N. de Voltaire)
22. Pp. 473 e 475. (N. de Voltaire)
23. Liv. VII, cap. XLVII. (N. de Voltaire)
24. Salmo XLIX, v. 16. (N. de Voltaire)
25. Liv. VI, cap. VI. (N. de Voltaire)
26. P. 917, *sobre o Sínodo*. (N. de Voltaire)
27. *Oração sobre a morte de Teodósio*. (N. de Voltaire)
28. *Crôn.*, ano 337. (N. de Voltaire)
29. Liv. II, cap. XLVII. (N. de Voltaire)
30. Cap. XXXII. (N. de Voltaire)
31. P. 684. (N. de Voltaire)

com o caráter de panegirista do que com o de historiador? Não será ele um escritor que suprimiu cuidadosamente tudo o que pudesse ser desvantajoso e pouco honroso para seu herói? Em resumo, não mostrará ele parcialidade quando diz em sua *História eclesiástica*[32] que Maxêncio, depois de usurpar o poder soberano em Roma, para agradar o povo fingiu abraçar a religião cristã, como se fosse impossível que Constantino tivesse lançado mão de falsidade semelhante, fingindo essa visão, assim como Licínio, algum tempo depois, para encorajar os soldados a enfrentar Maximino, fingiu que um anjo lhe ditara em sonho uma prece que ele deveria recitar com seu exército?

Como Eusébio tem coragem de considerar cristão um príncipe que manda reconstruir às suas expensas o templo da Concórdia, conforme está provado por uma inscrição que se lia no tempo de Lelio Giraldi, na basílica de Latrão? Um príncipe que manda matar Crispo, seu filho, já condecorado com o título de césar, com base na ligeira suspeita de ter relações com Fausta, sua madrasta; que mandou afogar, num banho excessivamente aquecido, aquela mesma Fausta, sua esposa, à qual devia a conservação de seus próprios dias; que mandou estrangular o imperador Maximiano Hercúlio, seu pai adotivo; que tirou a vida do jovem Licínio, seu sobrinho, que demonstrava ter ótimas qualidades; que, enfim, se desonrou com tantos assassinatos, que o cônsul Ablávio dizia que aqueles tempos eram neronianos? Seria possível acrescentar que menos confiança deveria merecer o juramento de Constantino porque ele não teve o menor escrúpulo de perjurar, mandando estrangular Licínio, cuja vida jurara conservar. Eusébio omite todas essas ações de Constantino, que são relatadas por Eutrópio[33], Zózimo[34], Orósio[35], são Jerônimo[36] e Aurélio Vítor[37].

Não haverá motivos para achar, depois disso, que a aparição da pretensa cruz no céu não passa de fraude imaginada por Constantino para favorecer o sucesso de seus ambiciosos cometimentos? As medalhas desse príncipe e de sua família, encontradas em Banduri e na obra intitulada *Numismata imperatorum romanorum*, o arco do triunfo de que fala Barônio[38], em cuja inscrição o senado e o povo romano diziam que Constantino, pelo instinto da Divindade, vingara a república contra o tirano Maxêncio e toda sua facção, e a estátua que o próprio Constantino mandou erigir em Roma, em que ele segurava uma lança terminada por uma travessa em forma de cruz, com a inscrição transcrita por Eusébio[39]: *Com este signo salutar, livrei vossa cidade do jugo da tirania*, tudo isso, dizia eu, somente comprova o orgulho desmedido daquele príncipe artificioso, que queria espalhar por toda parte o rumor de seu pretenso sonho e perpetuar a lembrança que se tivesse deste.

No entanto, para escusar Eusébio, é preciso compará-lo a um bispo do século XVII, que La Bruyère não hesitava em chamar de Padre da Igreja. Bossuet, *ao mesmo tempo* que se insurgia com furor tão implacável contra as visões do elegante e sensível Fénelon, comentava, na *Oração fúnebre* de Anne de Gonzague de Clèves, as duas visões que haviam provocado a conversão daquela princesa palatina. Foi um sonho admirável; dizia o prelado: ela acreditou que, andando sozinha por uma floresta, encontrara um cego numa pequena cabana. Compreendeu que falta um sentido aos incrédulos, assim como ao cego; e, *ao mesmo tempo*, em meio de um sonho tão misterioso, ela aplicou a bela comparação do cego às verdades da religião e da outra vida.

Na segunda visão, Deus continuou a instruí-la como José fez com Salomão; e, durante o torpor que o abatimento lhe causou, Deus lhe pôs no espírito essa parábola tão semelhante à do

---

32. Liv. VIII, cap. XIV. (N. de Voltaire)
33. Liv. X, cap. IV. (N. de Voltaire)
34. Liv. II, cap. XXIX. (N. de Voltaire)
35. Liv. VII, cap. XXVIII. (N. de Voltaire)
36. *Crôn.*, ano 321. (N. de Voltaire)
37. *Epítome*, cap. I. (N. de Voltaire)
38. T. III, p. 296. (N. de Voltaire)
39. Liv. I, cap. IV. (N. de Voltaire)

Evangelho. Ela vê surgir o que Jesus Cristo não se dignou nos dar como imagem de sua ternura[40]; uma galinha que se tornou mãe, solícita ao redor dos filhotes que ia conduzindo. Um deles se desgarrou, e a doente o vê sendo engolido por um cão ávido. Corre e arranca-lhe o inocente animal. *Ao mesmo tempo* gritam-lhe de outro lado que ela precisava devolvê-lo ao raptor. "Não", diz ela, "não o devolvo nunca." Nesse momento, acorda, e a aplicação da figura que lhe fora mostrada ocorre em um instante em seu espírito.

VONTADE (Volonté)

Alguns gregos sutilíssimos consultaram uma vez o papa Honório I, para saber se Jesus, quando estava no mundo, tinha uma vontade ou duas vontades quando decidia realizar alguma ação, como quando queria dormir ou acordar, comer ou ir à latrina, andar ou sentar-se.

– Que importa isso? – respondeu o sapientíssimo Honório, bispo de Roma. – Hoje ele certamente tem a vontade de que sejais gente de bem; isso deve bastar; ele não tem vontade nenhuma de que sejais sofistas tagarelas, que fiqueis brigando o tempo todo de lana-caprina e pela sombra do asno. Aconselho-vos a viver em paz e a não perder em disputas inúteis um tempo que poderíeis empregar em boas obras.

– Santo padre, de nada adiantam vossas palavras, pois essa é a questão mais importante do mundo. Já ateamos fogo na Europa, na Ásia e na África para saber se Jesus tinha duas pessoas e uma natureza, ou uma natureza e duas pessoas, ou então duas pessoas e duas naturezas, ou uma pessoa e uma natureza.

– Meus caros irmãos, fizestes mal: devíeis ter dado caldo aos doentes e pão aos pobres.

– Trata-se mesmo de socorrer os pobres! Por acaso o patriarca Sérgio não acaba de decidir, num concílio de Constantinopla, que Jesus tinha duas naturezas e uma vontade? E o imperador, que não entende nada, é da mesma opinião.

– Então, sede vós também dessa opinião; acima de tudo, defendei-vos melhor dos maometanos, que todos os dias vos dão puxões de orelhas e têm péssima vontade em relação a vós.

– Tendes razão; mas aí estão os bispos de Túnis, Trípoli, Argel e Marrocos, que defendem firmemente as duas vontades. É preciso ter uma opinião; qual é a vossa?

– Minha opinião é que sois uns loucos que arruinais a religião cristã, que estabelecemos a duras penas. Fareis tanto com vossas tolices, que Túnis, Trípoli, Argel e Marrocos, de que falais, se tornarão muçulmanos, e não haverá uma única capela cristã na África. Enquanto isso não acontecer, estou com o imperador e com o concílio, até que tenhais convosco algum outro concílio e outro imperador.

– Isso não nos satisfaz. Acreditais em duas vontades ou em uma?

– Escutai: se essas duas vontades forem semelhantes, é como se só houvesse uma; se forem contrárias, aquele que tiver duas vontades ao mesmo tempo fará duas coisas contrárias ao mesmo tempo, o que é absurdo; por conseguinte, sou por uma só vontade.

– Ah! Santo padre, sois monotelista. Heresia! Heresia! O diabo! Excomunhão, deposição! Um concílio, depressa, outro concílio, outro imperador, outro bispo de Roma, outro patriarca!

– Meu Deus! Como esses pobres gregos são loucos com todas as suas vãs e intermináveis disputas. Meus sucessores farão bem se pensarem em ser poderosos e ricos!

Mal Honório proferira essas palavras, ficou sabendo que o imperador Heráclio tinha morrido depois de ser fragorosamente derrotado pelos maometanos. Sua viúva Martina envenenou o en-

---

40. Mateus, cap. XXIII, v. 37. (N. de Voltaire)

teado; o senado mandou cortar a língua de Martina e o nariz de outro filho do imperador. Todo o império grego nadava em sangue.

Não teria sido melhor não discutir as duas vontades? E aquele papa Honório, contra o qual os jansenistas tanto escreveram, não era um homem muito sensato?

VOTOS (Voeux)

Fazer um voto para toda a vida é fazer-se escravo. Como se pode suportar a pior de todas as escravidões num país onde a escravidão está proscrita?

Prometer a Deus, em juramento, que dos quinze anos até a morte se será jacobino, jesuíta ou capuchinho é afirmar que se pensará sempre como capuchinho, jacobino ou jesuíta. É engraçado prometer para toda a vida o que ninguém está seguro de que cumprirá na manhã seguinte.

Como os governos puderam ser tão inimigos de si mesmos, tão absurdos, para autorizar os cidadãos a alienar a própria liberdade numa idade em que ninguém tem permissão para dispor da mínima parcela de sua fortuna? Como todos os magistrados, convencidos que estão da enormidade dessa tolice, não lhe põem cobro?

Não é assustador pensar que há mais monges que soldados?

Não nos causa dó descobrir os segredos dos claustros, as torpezas, os horrores e os tormentos aos quais são submetidas as infelizes crianças que passam a detestar sua situação de forçados quando se tornam homens, debatendo-se com um desespero inútil contra as cadeias impostas por sua própria loucura?

Conheci um jovem que foi induzido pelos pais a tornar-se capuchinho aos quinze anos e meio; amava perdidamente uma moça que tinha mais ou menos essa idade. Assim que aquele infeliz fez seus votos a Francisco de Assis, o diabo o fez lembrar-se dos votos que ele havia feito à bem-amada, para quem assinara uma promessa de casamento. Por fim, como o diabo se tornasse mais forte que são Francisco, o jovem capuchinho sai do claustro e corre à casa da bem-amada; dizem-lhe que ela entrou para um convento e ordenou-se.

Ele corre ao convento, diz que quer falar com ela e fica sabendo que ela morreu de desespero. Essa notícia deixa-o sem sentidos, e ele cai quase sem vida. É levado para um convento de homens situado nas proximidades, não com o fito de receber os socorros necessários, que podem no máximo salvar-lhe o corpo, mas para ter a felicidade de receber, antes da morte, a extrema-unção que infalivelmente lhe salvará a alma.

A casa para onde foi levado o pobre rapaz desmaiado era justamente um convento de capuchinhos. Foi deixado, caridosamente, à porta deles durante mais de três horas, até que enfim foi reconhecido por um dos reverendos padres, que o vira no mosteiro de onde ele saíra. Levaram-no para uma cela e dispensaram-lhe algum cuidado, no intuito de conservar-lhe a vida e santificá-la por meio de salutar penitência.

Assim que ele recobrou as forças, foi conduzido bem amarrado ao seu convento, onde recebeu exatamente o tratamento que se descreve abaixo. Logo que chegou, foi posto num fosso profundo, em cuja base havia uma pedra imensa em que se prendia uma corrente de ferro. Foi ele amarrado a essa corrente por um dos pés; ao seu lado, depositaram um pão de cevada e uma bilha de água; depois disso, o fosso foi fechado com uma grande laje de granito, que obstruía a entrada pela qual ele descera.

Ao cabo de três dias foi tirado do fosso para comparecer diante dos capuchinhos. Queriam saber se havia cúmplices da evasão; e, para obrigá-lo a confessar, meteram-no a tormento, conforme era uso no convento. Esse tormento preparatório foi infligido com cordas que apertavam os membros do paciente, impondo-lhe uma espécie de estirão como o do polé.

Depois de submetido a esses tormentos, foi condenado a ficar preso durante dois anos em sua masmorra, saindo de lá três vezes por semana para receber no corpo inteiramente nu a disciplina com correntes de ferro.

Seu temperamento resistiu dezesseis meses inteiros a esse suplício. Por fim, teve a felicidade de escapar, favorecido por uma briga que surgiu entre os capuchinhos. Quando estes começaram a esmurrar-se, o prisioneiro aproveitou para fugir.

Escondendo-se durante algumas horas na mata, arriscou-se a caminhar ao pôr do sol, premido pela fome e mal podendo ficar em pé. Um samaritano que passava por ali teve pena daquele espectro e o levou para casa, socorrendo-o. Foi o próprio rapaz infeliz que me contou suas desventuras diante de seu libertador. Aí está o que os votos produzem!

Pergunta interessante é se os horrores cometidos todos os dias pelos monges mendicantes são mais revoltantes do que as riquezas perniciosas dos outros monges, que reduzem tantas famílias ao estado de mendicantes.

Todos fizeram votos de viver às nossas expensas, de ser um fardo para sua pátria, de prejudicar a população, de trair seus contemporâneos e a posteridade. E nós toleramos isso!

Outra pergunta interessante para os funcionários:

Pergunta-se por que se permite que os monges recuperem um de seus monges que se tornou soldado e não se permite que um capitão recupere um desertor que se tornou monge.

XAVIER (Xavier)

São Francisco Xavier, cognominado o apóstolo das Índias, foi um dos primeiros discípulos de santo Inácio de Loyola.

Alguns escritores modernos, enganados pelo equívoco do nome, imaginaram que os apóstolos são Bartolomeu e são Tomé tivessem pregado nas Índias Orientais. Mas Abdias[1] observa muito bem que os antigos fazem menção a três Índias: a primeira, situada na região da Etiópia; a segunda, próxima dos medas; a terceira, no extremo do continente.

Os indianos a quem são Bartolomeu pregou são os árabes do Iêmen, chamados por Filostórgio[2] de indianos interiores e por Sofrônio[3] de indianos afortunados: esses são os habitantes da Arábia Feliz.

A Índia que fica próxima dos medas é, evidentemente, a Pérsia e as províncias vizinhas, que foram inicialmente submetidas pelos partas. Ora, foi nessa região, no império dos partas, que, segundo testemunho dos historiadores eclesiásticos[4], são Tomé pregou o Evangelho. Por isso, o metropolitano da Pérsia se gaba, há vários séculos, de ser sucessor de são Tomé. O autor das viagens desse apóstolo e o da história de Abdias nisso estão de acordo com os nossos outros escritores.

Finalmente, a terceira Índia, no extremo do continente, compreende as costas de Coromandel e de Malabar; nessa Xavier foi o apóstolo.

Chegou a Goa no ano de 1542, sob a proteção de dom João III, rei de Portugal; apesar dos milagres que realizou, afirmava – segundo diz o missionário dominicano Navarrete[5] – que nunca se estabeleceria nenhum cristianismo duradouro entre os pagãos a menos que os ouvintes estivessem ao alcance de um mosquete. O jesuíta Tellez, em sua *História da Etiópia*[6], faz a mesma afirmação. Diz ele: Essa sempre foi a opinião que nossos religiosos tiveram sobre a religião católica: ela não poderia ser duradoura na Etiópia, a menos que tivesse o apoio das armas.

De fato, a experiência vem em apoio dessa opinião. Foi pelas armas que se converteu a América; e Bartolomé de Las Casas, monge e bispo de Chiapas, escreveu em língua castelhana a *História admirável das horríveis insolências, crueldades e tiranias exercidas pelos espanhóis nas Índias ocidentais*. Essa testemunha ocular afirma[7] que, nas ilhas e em terra firme, eles levaram à morte mais de doze milhões de pessoas em quarenta anos. Faziam patíbulos compridos e baixos, de tal maneira que os pés quase tocavam o chão, cada um para treze, em honra e reverência de nosso Redentor e de seus doze apóstolos, como diziam, e, ateando fogo,

---

1. Liv. VIII, art. I. (N. de Voltaire)
2. *História eclesiástica*, liv. II, cap. VI. (N. de Voltaire)
3. São Jerônimo, no catálogo. (N. de Voltaire)
4. Eusébio, liv. III, cap. I; e *Pseudo-Clementinas*, liv. IX, art. I. (N. de Voltaire)
5. Tratado VI, p. 436, col. 6. (N. de Voltaire)
6. Liv. IV, cap. III. (N. de Voltaire)
7. P. 6 e 10 da tradução francesa de Jacques de Miggrode. (N. de Voltaire)

queimavam assim vivos aqueles que ali estivessem amarrados. Pegavam as pequenas criaturas pelos pés, arrancando-as do peito das mães, e lhes esmigalhavam a cabeça contra os rochedos. Las Casas se esquece de observar que o salmista[8] chama de feliz aquele que possa tratar assim as criancinhas.

De resto, é preciso repetir aqui, como no verbete Relíquias: Jesus condenou a hipocrisia dos judeus quando disse[9]: "Ai de vós, escribas e fariseus hipócritas, que percorreis mar e continentes para granjear um só prosélito, e, quando o conquistais, o tornais duas vezes mais digno da geena do que vós.

XENÓFANES (Xénophanes)

Bayle usou como pretexto o verbete Xenófanes para fazer o panegírico do diabo, tal como outrora Simonides, aproveitando o ensejo em que um lutador ganhara o prêmio nos jogos olímpicos, cantou numa bela ode louvores a Castor e Pólux. Mas, no fundo, que nos importam os devaneios de Xenófanes? O que aprenderemos quando soubermos que ele via a natureza como um ser infinito, imóvel e composto de uma infinidade de corpúsculos, pequenas mônadas dotadas de força motriz, pequenas moléculas orgânicas; que ele, aliás, pensava mais ou menos como pensou depois Espinosa, ou melhor, tentou pensar, contradizendo-se várias vezes, o que era próprio dos antigos filósofos?

Se Anaxímenes ensinou que a atmosfera era Deus; se Tales atribuiu à água a formação de todas as coisas, só porque o Egito era fecundado por suas inundações; se Ferecides e Heráclito deram ao fogo tudo o que Tales dava à água, que bem extraímos de todas essas imaginações quiméricas?

Admito que Pitágoras tenha expressado com números relações muito mal conhecidas, acreditando que a natureza tenha construído o mundo segundo regras de aritmética; aceito que Ocelo Lucano e Empédocles tenham organizado tudo com forças motrizes antagonistas: que fruto extraio disso? Que noção clara terá entrado em meu espírito fraco?

Vinde, divino Platão, com vossas ideias arquetípicas, vossos andróginos e vosso verbo; estabelecei esses belos conhecimentos em prosa poética na vossa república nova, onde não pretendo ter casa, tanto quanto na Salento de Telêmaco; mas, em vez de ser um de vossos cidadãos, eu vos enviarei, para construirdes vossa cidade, toda matéria sutil, globulosa e ramosa de Descartes, que será levada por Cyrano de Bergerac[10].

Bayle, porém, exercitou toda a sagacidade de sua dialética nessas antigas fantasias; mas foi porque ele sempre tirava proveito dessas coisas para rir das tolices que lhes sucederam.

Ó filósofos! Experiências de física bem constatadas, artes e ofícios: eis a verdadeira filosofia. Meu sábio é aquele que maneja meu moinho, que capta bem o vento, enche minhas sacas de trigo, despeja-o na tremonha e o mói uniformemente, fornecendo a mim e aos meus uma alimentação fácil. Meu sábio é aquele que, com a naveta, cobre minhas paredes de quadros de lã ou seda, esplendorosos com as mais ricas cores; ou então aquele que põe em meu bolso a medida do tempo feita de cobre e ouro. Meu sábio é o estudioso da história natural. Aprende-se mais apenas com as experiências do abade Nollet do que com todos os livros da antiguidade.

---

8. Salmo CXXXCI, v. 9. (N. de Voltaire)
9. Mateus, cap. XXIII, v. 15. (N. de Voltaire)
10. Autor de brincadeiras de mau gosto e um tanto louco. (N. de Voltaire)

XENOFONTE (Xénophon)

E a retirada dos dez mil

Se a amizade com Sócrates fosse seu único mérito, Xenofonte já seria um homem recomendável; mas era guerreiro, filósofo, poeta, historiador, agricultor, pessoa de ótimo trato; e houve muitos gregos que reuniram todos esses méritos.

Mas por que aquele homem livre comandou uma tropa, paga pelo jovem Cosru, chamado Ciro pelos gregos? Ciro era irmão mais novo e súdito do imperador da Pérsia Artaxerxes Mnêmon, que, conforme se disse, não esquecia nada, só as injúrias. Ciro já quisera assassinar o irmão no mesmo templo no qual era realizada a cerimônia de sua sagração (pois os reis da Pérsia foram os primeiros que tiveram esse tipo de cerimônia); Artaxerxes não só teve a clemência de perdoar aquele bandido, como também teve a fraqueza de dar-lhe o governo absoluto de grande parte da Ásia Menor, que ele recebeu do pai e da qual merecia pelo menos ser despojado.

Como paga de tão espantosa clemência, assim que pôde sublevar-se em sua satrapia contra o irmão, somou esse segundo crime ao primeiro. Declarou num manifesto que "era mais digno do trono da Pérsia do que o irmão, porque era melhor mago e bebia mais vinho que ele".

Não creio que essas fossem as razões que lhe valeram a aliança dos gregos. Assoldadou treze mil homens, entre os quais estava o jovem Xenofonte, que então não passava de um aventureiro. Cada soldado recebeu de início um dárico por mês. O dárico valia cerca de um guinéu ou um luís de ouro de nosso tempo, como bem disse o sr. cavaleiro de Jaucourt, e não dez francos, como disse Rollin.

Quando Ciro os convidou a pôr-se em marcha com suas outras tropas, para ir combater o irmão às margens do Eufrates, eles pediram um dárico e meio, e foi preciso concedê-lo. Eram trinta e seis libras por mês, por conseguinte o maior soldo jamais pago. Os soldados de César e Pompeu só recebiam vinte soldos por dia na guerra civil. Além desse soldo exorbitante e da exigência de quatro meses de adiantamento, Ciro lhes fornecia quatrocentas carroças de farinha e vinho.

Os gregos, portanto, eram precisamente o que são hoje os helvécios, que vendem préstimos e coragem aos príncipes vizinhos, mas por uma soma três vezes mais módica do que aquela.

É evidente, digam o que disserem, que eles não perguntavam se a causa pela qual combatiam era justa; bastava que Ciro pagasse bem.

A maior parte dessas tropas era composta de lacedemônios. Nisso, estes violavam seus tratados solenes com o rei da Pérsia.

O que era feito da antiga aversão de Esparta por ouro e prata? Onde estava a boa-fé nos tratados? Onde estava sua virtude altiva e incorruptível? Era Clearco, um espartano, que comandava o grosso daqueles bravos mercenários.

Não entendo nada das manobras de guerra de Artaxerxes e Ciro; não entendo por que Artaxerxes, que vinha ao encontro do inimigo com um milhão e duzentos mil combatentes, começou por traçar linhas de doze léguas de comprimento entre Ciro e ele; e não entendo nada de ordem de batalha. Entendo menos ainda como Ciro, seguido por seiscentos cavaleiros apenas, atacou no entrevero os seis mil cavaleiros do imperador, que, aliás, era seguido por um exército numeroso. No fim, ele é morto pela própria mão de Artaxerxes, que, ao que tudo indica, tendo tomado menos vinho do que o rebelde ingrato, lutou com mais sangue-frio e habilidade do que aquele beberrão. Está claro que venceu completamente a batalha, apesar do valor e da resistência de treze mil gregos, pois a vaidade grega é obrigada a admitir que Artaxerxes lhes mandou dizer que depusessem as armas. Eles responderam que não fariam nada disso, mas que, se o imperador quisesse pagá-los, eles lhe prestariam serviços. Portanto, era-lhes indiferente combater para um ou outro, desde que fossem pagos. Não passavam, pois, de assassinos de aluguel.

Além da Suíça, há províncias da Alemanha que fazem o mesmo. Não importa àqueles bons cristãos se por dinheiro matam ingleses, franceses ou holandeses, ou se são mortos por eles. Recitam suas preces e correm à matança como os operários correm para suas oficinas. Pessoalmente, prefiro aqueles que correm para a Pensilvânia cultivar a terra com simples e equitativos *quakers*, constituindo colônias na morada da paz e do trabalho. Matar e ser morto por seis soldos diários não requer habilidade; mas requer muita habilidade fazer prosperar a república dos *dunkards*, esses novos terapeutas, nas fronteiras de regiões selvagens.

Artaxerxes considerou aqueles gregos apenas como cúmplices da revolta do irmão, e, na verdade, nada mais eram que isso. Acreditava-se traído por eles e os traiu, segundo afirma Xenofonte: porque, depois que um de seus capitães jurou em seu nome que lhes permitiria a retirada e lhes forneceria víveres, depois que Clearco e outros cinco comandantes gregos se puseram em suas mãos para organizar a marcha, ele mandou decapitá-los, e foram mortos todos os gregos que os haviam acompanhado naquela entrevista, a acreditar-se no que diz Xenofonte.

Esse ato do rei mostra-nos que o maquiavelismo não é coisa nova; mas também será verdade que Artaxerxes prometeu não castigar os chefes mercenários que se haviam vendido ao irmão? Não lhe era permitido punir aqueles que ele acreditava tão culpados?

É aí que começa a famosa retirada dos dez mil. E, se não entendi nada da batalha, entendo muito menos a retirada.

O imperador, antes de mandar decapitar os seis generais gregos e sua comitiva, havia jurado que deixaria aquele pequeno exército de dez mil homens voltar para a Grécia. A batalha fora travada no caminho do Eufrates; portanto, os gregos deveriam voltar pela Mesopotâmia ocidental, pela Síria, pela Ásia Menor, pela Jônia. Nada disso: passaram para o leste, sendo obrigados a atravessar o Tigre por barcos que lhes foram fornecidos; em seguida, subiam de volta pelo caminho da Armênia, quando seus comandantes foram supliciados. Se alguém entender essa marcha, durante a qual eles voltavam as costas à Grécia, que me faça o favor de explicar.

De duas uma: ou os próprios gregos tinham escolhido aquele caminho e, nesse caso, não sabiam para onde iam nem o que queriam, ou Artaxerxes os obrigava a marchar para onde não queriam (o que é bem mais provável), e, nesse caso, por que não os exterminava?

Só podemos solucionar essas dificuldades supondo que o imperador persa se vingou pela metade; que se limitou a punir os principais chefes mercenários que haviam vendido as tropas gregas a Ciro; que, tendo feito um tratado com aquelas tropas fugitivas, não queria aviltar-se com a sua transgressão; que, na certeza de que um terço daqueles gregos errantes pereceria no caminho, ele deixava aqueles infelizes entregues à própria sorte. Não vejo outra luz para iluminar o espírito do leitor acerca das obscuridades daquela marcha.

Todos se espantaram com a retirada dos dez mil; mais espantoso, porém, devia ser o fato de Artaxerxes, vencedor à frente de um milhão e duzentos mil combatentes (pelo menos é o se diz), permitir que viajassem para o norte de seus vastos territórios dez mil fugitivos que ele podia esmagar em cada aldeia, em cada travessia de rio, em cada desfiladeiro, ou deixar morrer à míngua.

No entanto, como vimos, ele lhes forneceu vinte e sete barcaças nos arredores da cidade de Itace[11] para que pudessem atravessar o Tigre, como se o intuito fosse levá-los para as Índias. De lá, foram escoltados em marcha para o norte, durante vários dias, pelo deserto onde é hoje Bagdá. Atravessam também o rio Zapatas[12], e é aí que chegam as ordens do imperador de punir os cabeças. Está claro que seria possível exterminar o exército com a mesma facilidade com que os comandantes haviam sido justiçados. Logo, é bem provável que não tenha sido esse o seu desejo.

---

11. Sitace, na região denominada Sitacena. (N. da T.)
12. Rio Zab. (N. da T.)

Portanto, devemos considerar os gregos perdidos naqueles territórios selvagens como viajantes desgarrados, aos quais o imperador tinha a bondade de permitir que terminassem o caminho como pudessem.

Há outra observação, que não parece honrosa para o governo persa. Era impossível que os gregos não tivessem conflitos constantes com todos os povos pelos quais deviam passar, por causa de víveres. Pilhagens, devastações e assassinatos eram a consequência inevitável dessas desordens; e tanto isso é verdade que, num trajeto de seiscentas léguas, pelo qual sempre marcharam a esmo, os gregos, que não estavam sendo escoltados nem perseguidos por nenhuma grande tropa persa, perderam quatro mil homens em luta com os camponeses ou por doença. Por que Artaxerxes não ordenou que eles fossem escoltados depois da travessia do rio Zapatas, como haviam sido do campo de batalha até aquele rio?

Como um soberano tão sábio e bondoso cometeu um erro tão essencial? Talvez tenha ordenado a escolta; talvez Xenofonte, aliás um tanto declamador, a omita, para não diminuir o cunho maravilhoso da retirada dos dez mil; talvez a escolta tenha sido obrigada a marchar a grande distância da tropa grega, devido à dificuldade de obtenção de víveres. Seja como for, parece indubitável que Artaxerxes usou de extrema indulgência, e que os gregos lhe deveram a vida, porque não foram exterminados.

Consta no *Dicionário enciclopédico*, verbete Retirada, que a retirada dos dez mil ocorreu sob o comando de Xenofonte. É um engano; ele nunca comandou; somente no fim da marcha esteve à frente de uma divisão de mil e quatrocentos homens.

Percebo que aqueles heróis, tão logo chegaram às costas do Ponto Euxino, depois de tantas fadigas, pilharam amigos e inimigos para recuperar-se. Xenofonte embarcou sua pequena tropa para a Heracleia, entabulando novos acordos com um rei da Trácia que ele não conhecia. Aquele ateniense, em vez de ir socorrer a pátria então subjugada pelos espartanos, vende-se mais uma vez a um pequeno déspota estrangeiro. Foi mal pago, admito; e essa é mais uma razão para concluir que devia ter ido socorrer sua pátria.

De tudo o que observamos, resulta que o ateniense Xenofonte, não passando de jovem voluntário, alistou-se nas tropas de um capitão lacedemônio, um dos tiranos de Atenas, a serviço de um rebelde e assassino; e, passando a comandar mil e quatrocentos homens, pôs-se a soldo de um bárbaro.

O pior é que não foi a necessidade que o obrigou a essa servidão. Ele mesmo diz que deixara sob custódia, no templo da famosa Diana de Éfeso, grande parte do ouro ganho a serviço de Ciro.

Observe-se que, ao receber a paga de um rei, ele se expunha a ser condenado à morte, caso aquele estrangeiro não ficasse contente com ele. Veja-se o que ocorreu com o major Doxat, homem que nasceu livre. Vendeu-se ao imperador Carlos VI, que ordenou a sua decapitação porque ele entregara aos turcos uma praça forte que não conseguia defender.

Rollin, ao falar da retirada dos dez mil, diz que "aquele feito bem-sucedido encheu os povos da Grécia de desprezo por Artaxerxes, mostrando-lhes que o ouro, a prata, a luxúria, o luxo e um numeroso serralho constituíam todo o mérito do grande rei etc."

Rollin podia considerar que os gregos não deviam desprezar um soberano que vencera cabalmente uma batalha, que, tendo perdoado um irmão, vencera como herói; que, tendo o poder de exterminar dez mil gregos, permitira que continuassem vivos e voltassem para casa; e que, podendo assoldadá-los, desdenhara seus serviços. Acresce que esse príncipe depois vendeu os lacedemônios e seus aliados, impondo-lhes leis humilhantes; acresce que, numa guerra contra alguns citas chamados cadúsios, às margens do mar Cáspio, ele suportou fadigas e perigos como o mais reles soldado. Viveu e morreu cheio de glória; é verdade que teve um serralho, mas nem por isso sua coragem deixa de ser mais apreciável. Evitemos declamações colegiais.

Se eu ousasse atacar o preconceito, ousaria preferir a retirada do marechal de Belle-Isle à retirada dos dez mil. Ele foi interceptado em Praga por sessenta mil homens e só tinha treze mil.

Adotou medidas com tanta habilidade, que saiu de Praga durante rigorosíssimo inverno com exército, víveres, bagagem e trinta canhões, sem que os assediadores desconfiassem. Completou duas marchas antes que estes se apercebessem. Foi perseguido sem trégua por um exército de trinta mil combatentes ao longo de trinta léguas. Fez face a tudo; não sofreu baixas; enfrentou, doente, intempéries, falta de víveres e inimigos. Só perdeu os soldados que não puderam resistir ao extremo rigor da estação. O que lhe faltou? Um percurso mais longo e elogios exagerados à grega.

Y

YAJURVEDA (Ézour-Veidam)

O que é esse Yajurveda que está na Biblioteca do rei da França? É um antigo comentário, composto, antes da época de Alexandre, por um antigo brâmane sobre os antigos Vedas, por sua vez bem menos antigos que o livro do Shasta.

Digo que devemos respeitar todos esses antigos indianos. Eles inventaram o jogo de xadrez, e os gregos iam aprender geometria com eles.

Esse Yajurveda foi, em último lugar, traduzido por um brâmane, correspondente da malfadada Companhia Francesa das Índias. Trouxeram-me um ao monte Krapack, onde observo a neve há muito tempo; e eu o enviei à grande Biblioteca Real de Paris, onde está em melhor lugar do que em minha casa.

Quem quiser consultá-lo verá que, depois de várias transformações produzidas pelo Eterno, quis este formar um homem que se chamava *Adimo*, e uma mulher cujo nome correspondia ao nome da vida.

Essa historieta indiana terá sido extraída dos livros judeus? Os judeus terão copiado os indianos? Ou será possível dizer que ambos a escreveram originalmente, e que as almas afins se encontram?

Não se permitia que os judeus achassem que seus escritores haviam extraído algo dos brâmanes, dos quais eles não tinham ouvido falar. Não nos é permitido pensar sobre Adão de modo diferente dos judeus. Por conseguinte, calo-me e não penso.

YVETOT (Yvetot)

É o nome de um burgo da França a seis léguas de Rouen, na Normandia, qualificado de reino durante muito tempo, segundo Robert Gaguin, historiador do século XVI.

Esse escritor relata que Galtério ou Valtério, senhor de Yvetot, oficial da câmara do rei Clotário I, perdendo as graças de seu senhor em decorrência de calúnias que nunca são poupadas na corte, baniu-se espontaneamente, transferiu-se para territórios estrangeiros, onde, durante dez anos, travou guerra contra os inimigos da fé; que, ao cabo desse prazo, convicto de que a cólera do rei se aplacara, tomou o caminho de volta da França; que passou por Roma, onde falou com o papa Agapeto, do qual obteve cartas de recomendação para o rei, que estava então em Soissons, capital de seus Estados. O sr. de Yvetot chegou numa sexta-feira santa e aproveitou o momento em que Clotário estava na igreja para lançar-se a seus pés, suplicando-lhe graça pelo mérito daquele que, em semelhante dia, havia derramado seu sangue pela salvação dos homens; mas Clotário, príncipe feroz e cruel, reconhecendo-o, varou-lhe o corpo com a espada.

Gaguin acrescenta que o papa Agapeto, tomando conhecimento de uma ação tão indigna, ameaçou o rei com a condenação da Igreja, caso ele não reparasse o seu erro; e que Clotário, intimidado com razão, para reparar o assassinato de seu súdito, elevou a senhoria de Yvetot a reino, favorecendo assim os herdeiros e os sucessores de Galtério; que expediu cartas assinadas de seu próprio punho e seladas com seu próprio sinete; que foi a partir de então que os srs. de Yvetot passaram a ter o título de reis: E concluo, com base em autoridade sólida e indubitável, continua Gaguin, que acontecimento tão extraordinário ocorreu no ano da graça de 536.

Lembraremos, a propósito dessa narrativa de Gaguin, a observação que já fizemos sobre o que ele disse da fundação da universidade de Paris; nenhum dos historiadores contemporâneos faz menção a um acontecimento singular que, segundo ele, consistiu na elevação da senhoria de Yvetot a reino; e, como observaram muito bem Claude Malingre e o abade de Vertot, Clotário I, que se supõe ter sido soberano do burgo de Yvetot, não reinava naquela região; os feudos então não eram hereditários; e os atos não eram datados como ano da graça, conforme relata Robert Gaguin; por fim, o papa Agapeto já tinha morrido. Acrescentemos que o direito de elevar um feudo a reino cabia exclusivamente ao imperador.

Isso não quer dizer, porém, que a condenação da Igreja não fosse já usual no tempo de Agapeto. Sabe-se que são Paulo[1] excomungou o incestuoso de Corinto; encontram-se também, nas cartas de são Basílio, alguns exemplos de censuras gerais já no século IV. Uma dessas cartas é contra um raptor. O santo prelado ordena que a moça seja devolvida aos pais, que o raptor seja excluído das preces e declarado excomungado, com seus cúmplices e toda a sua família, durante três anos; ordena também que seja excluído das preces todo o povo da aldeia que acolheu a pessoa raptada.

Um bispo jovem, chamado Auxílio, excomungou a família inteira de Claciciano; e, embora santo Agostinho tenha reprovado essa conduta e o papa são Leão tenha estabelecido os mesmos princípios de santo Agostinho numa de suas cartas aos bispos da província de Vienne, para falar aqui só da França, quando Pretextato, bispo de Rouen, foi assassinado em 586 em sua própria igreja, Leudovaldo, bispo de Bayeux, não deixou de proferir um interdito para todas as igrejas de Rouen, proibindo que lá fosse celebrado o ofício divino até que se encontrasse o autor do crime.

No ano 1141, como Luís, o Jovem, se recusasse a consentir com a eleição de Pierre de La Châtre, que o papa nomeara para ocupar o lugar de Alberico, arcebispo de Bourges, morto no ano anterior, Inocêncio II pôs toda a França sob interdito.

No ano 1200, Pedro de Cápua, encarregado de obrigar Filipe Augusto a deixar Agnes e a voltar para Ingerburga, diante do insucesso dessa tentativa, publicou em 15 de janeiro sentença de interdito sobre todo o reino, que havia sido proferida pelo papa Inocêncio III. Esse interdito foi observado com extremo rigor. A crônica anglicana, citada pelo beneditino Martenne[2], diz que todo e qualquer ato de cristianismo, exceto o batismo das crianças, foi interdito na França, e as igrejas foram fechadas; os cristãos eram delas enxotados como cães; não havia mais ofício divino nem sacrifício da missa, sepulturas eclesiásticas para os defuntos, e os cadáveres, abandonados ao léu, disseminavam a mais horrenda infecção, enchendo de horror aqueles que lhes sobreviviam.

A crônica de Tours faz a mesma descrição; acrescenta apenas um dado notável, confirmado pelo abade Fleury e pelo abade de Vertot[3]: dessa privação das coisas santas foram excetuados o santo viático e o batismo das crianças. O reino passou nove meses nessa situação; Inocêncio III, depois de algum tempo, permitiu apenas as pregações e o sacramento de confirmação. O rei ficou tão irado, que expulsou os bispos e todos os eclesiásticos de seus castelos, confiscando-lhes os bens.

Estranho, porém, é que os próprios soberanos às vezes pediam aos bispos que proferissem um interdito sobre as terras de seus vassalos. Por cartas do mês de fevereiro de 1356, confirmativas

1. I Coríntios, cap. V, v. 5. (N. de Voltaire)
2. T. V, p. 868. (N. de Voltaire)
3. Liv. I, p. 148. (N. de Voltaire)

das cartas de Guido, conde de Nevers, e de Matilde, sua mulher, a favor dos burgueses de Nevers, Carlos V, regente do reino, pedia aos arcebispos de Lyon, Bourges e Sens, bem como aos bispos de Autun, Langres, Auxerre e Nevers que proferissem excomunhão contra o conde de Nevers e interdito sobre suas terras, caso ele não honrasse o acordo que fizera com seus habitantes. Encontram-se, também, na coletânea das ordenanças da terceira raça, várias cartas semelhantes do rei João, que autorizam os bispos a proferir em interdito sob os lugares cujo senhor tentasse infringir os privilégios.

Enfim, o que parece incrível é o que o jesuíta Daniel relata: no ano 998, o rei Roberto foi excomungado por Gregório V, por ter-se casado com uma parenta de quarto grau. Todos os bispos que haviam assistido às bodas foram interditos da comunhão até que fossem a Roma dar satisfações à Santa Sé. O povo e os próprios cortesãos afastaram-se do rei; só lhe restaram dois domésticos que purificavam no fogo todas as coisas que ele tocara. O cardeal Damiano e Romualdo chegam a dizer que certa manhã, indo Roberto, segundo seu costume, rezar à porta da igreja de São Bartolomeu (pois não ousava entrar), foi ele abordado por Abbon, abade de Fleury, e duas mulheres do palácio que traziam uma grande bandeja de *vermeil* coberta por um pano, e este lhe anunciou que Berta tinha acabado de dar à luz; e, descobrindo a bandeja, disse: "Vede os efeitos de vossa desobediência aos decretos da Igreja e o selo do anátema sobre o fruto de vosso amor." Roberto olhou e viu um monstro com pescoço e cabeça de pato. Berta foi repudiada, e a excomunhão foi finalmente cancelada.

Urbano II, ao contrário, excomungou em 1092 Filipe I, neto de Roberto, por ter abandonado sua parenta. Esse papa proferiu a sentença de excomunhão no próprio território governado pelo rei, em Clermont, Auvergne, aonde Sua Santidade ia buscar asilo; naquele mesmo concílio, em que foi preconizada a cruzada, deu-se pela primeira vez o nome de papa ao bispo de Roma, com exclusão dos outros bispos, que antes o tinham.

Percebe-se que essas penas canônicas foram de início mais medicinais que mortais; mas Gregório VII e alguns de seus sucessores ousaram afirmar que um soberano excomungado estava privado de seus Estados, e que seus súditos deixavam de lhe dever obediência. No entanto, supondo-se que um rei possa ser excomungado em certos casos graves, a excomunhão, que não passa de pena puramente espiritual, não poderia dispensar seus súditos da obediência que lhe devem como alguém que recebeu autoridade de Deus mesmo. Foi isso o que reconheceram continuamente os parlamentos e mesmo o clero da França, nas excomunhões de Bonifácio VIII contra Filipe, o Belo, de Júlio II contra Luís XII, de Sixto V contra Henrique III, de Gregório XIII contra Henrique IV, bem como a doutrina da famosa assembleia do clero de 1682.

Z

ZELO (Zèle)

O zelo religioso é uma dedicação pura e esclarecida à manutenção e ao progresso do culto que se deve à Divindade; mas, quando esse zelo se torna perseguidor, cego e falso, transforma-se no maior flagelo da humanidade.

Eis como o imperador Juliano fala[1] do fervor dos cristãos de seu tempo: "Os galileus suportaram exílio e prisões sob meu predecessor; aqueles que se chamam de hereges massacraram-se reciprocamente. Chamei de volta os exilados e soltei os prisioneiros; devolvi os bens aos proscritos, obriguei-os a viver em paz, mas é tamanho o furor inquieto dos galileus, que eles se queixam de não poderem se entredevorar."

Esse retrato não parecerá exagerado, se prestarmos atenção às calúnias atrozes com que os cristãos se difamavam reciprocamente. Por exemplo, santo Agostinho[2] acusa os maniqueístas de obrigar seus eleitos a receber a eucaristia depois de a terem regado de sêmen. Antes dele, são Cirilo de Jerusalém[3] os acusara da mesma infâmia nos seguintes termos: "Não ousarei dizer em que aqueles sacrílegos embebem seus *ischas*, que eles dão a seus infelizes seguidores, expõem no centro de seu altar, servindo para que o maniqueísta suje a boca e a língua. Que os homens pensem naquilo que costuma ocorrer-lhes em sonho, e as mulheres, no tempo de suas regras." O papa são Leão, em um de seus sermões[4], também chama o sacrifício dos maniqueístas de torpeza. Por fim, Suidas[5] e Cedreno[6] também corroboraram essa calúnia, afirmando que os maniqueístas faziam reuniões noturnas, e que, depois de se apagarem as tochas, cometiam as mais enormes impudicícias.

Observemos, para começar, que os primeiros cristãos foram acusados dos mesmos horrores que imputaram depois aos maniqueístas, e que a justificação de uns pode servir a outros. Para terem pretextos de nos perseguir, dizia Atenágoras em sua apologia para os cristãos[7], acusam-nos de fazer festins detestáveis e de cometer incestos em nossas reuniões. Esse é um velho artifício que foi usado em todos os tempos para denegrir a virtude. Assim, Pitágoras foi queimado com trezentos discípulos seus; Heráclito foi expulso pelos efésios; Demócrito, pelos abderitanos; Sócrates, condenado pelos atenienses.

Atenágoras mostra, em seguida, que os princípios e os costumes dos cristãos eram suficientes para destruir as calúnias espalhadas contra eles; as mesmas razões militam a favor dos maniqueístas. Por que, aliás, santo Agostinho, que é tão categórico em seu livro sobre as *Heresias,* no livro

---

1. Carta LII. (N. de Voltaire)
2. Cap. XLVI, *das Heresias.* (N. de Voltaire)
3. N. XIII da sexta catequese. (N. de Voltaire)
4. Quinto Sermão, *Sobre o jejum do décimo mês.* (N. de Voltaire)
5. Sobre Manes. (N. de Voltaire)
6. *Anais,* p. 260. (N. de Voltaire)
7. P. 35. (N. de Voltaire)

sobre os *Costumes dos maniqueístas*, ao falar da horrível cerimônia em pauta, limita-se a dizer[8]: "Suspeita-se que [...] Tem-se essa opinião sobre eles [...] Se não fazem o que lhes imputam [...] A fama que têm é muito ruim, mas eles afirmam que se trata de mentiras"?

Por que não sustentou essa acusação em sua disputa contra Fortunato, que o interpelava em público nos seguintes termos: "Somos acusados de falsos crimes; e, como Agostinho assistiu ao nosso culto, eu lhe peço que declare diante de todo o povo se esses crimes são verdadeiros ou não." Santo Agostinho respondeu: "É verdade que assisti a vosso culto; mas uma coisa é a questão da fé, outra, de costumes; foi a da fé que propus. No entanto, se as pessoas aqui presentes preferirem que discutamos a questão de vossos costumes, não me oporei."

Fortunato, dirigindo-se à assembleia, disse: "Quero, acima de tudo, ser inocentado para as pessoas que nos acreditam culpados, e que Agostinho testemunhe agora diante de vós e algum dia perante o tribunal de Jesus Cristo se alguma vez viu ou ouviu dizer, seja lá como for, que as coisas que nos imputam são realmente cometidas entre nós." Santo Agostinho respondeu também: "Estais fugindo ao assunto; o que propus foi discutir a fé, e não os costumes." Por fim, Fortunato, continuando a instar que santo Agostinho se explicasse, este o faz nos seguintes termos: "Reconheço que na prece a que assisti, não vos vi cometer nada impuro."

O mesmo santo Agostinho, em seu livro *Da utilidade da fé*[9], justifica os maniqueístas quando diz ao amigo Honorato: "Naquele tempo, quando eu estava comprometido com o maniqueísmo, vivia desejoso e esperançoso de casar-me com uma bela mulher, adquirir riquezas, obter honrarias e desfrutar das outras volúpias perniciosas da vida. Pois, quando escutava com assiduidade os doutores maniqueístas, ainda não renunciara ao desejo e à esperança de todas essas coisas. Não atribuo isso à doutrina deles, pois devo-lhes o testemunho de que eles exortam os homens escrupulosamente a abster-se dessas mesmas coisas. Era isso o que me impedia de prender-me totalmente à seita e o que me mantinha no nível daqueles que eles chamam de ouvintes. Eu não queria renunciar às esperanças e aos afazeres da vida mundana." E, no último capítulo desse livro, em que ele descreve os doutores maniqueístas como homens soberbos, que tinham espírito grosseiro e corpo magro e descarnado, não diz uma única palavra sobre suas pretensas infâmias.

Mas em que provas estavam então baseadas aquelas acusações? A primeira aduzida por santo Agostinho é que tais impudicícias eram consequência do sistema de Maniqueu sobre os meios utilizados por Deus para arrancar aos príncipes das trevas as partes de sua substância. Já falamos disso no verbete Genealogia; são horrores que nos eximimos de repetir. Basta dizer aqui que o trecho do sétimo livro *Tesouro de Maniqueu*, que santo Agostinho cita em vários lugares, é evidentemente falsificado. O heresiarca diz – a acreditarmos nele – que essas virtudes celestiais que ora se transformam em belos rapazes, ora em belas moças, nada mais são que Deus pai. Isso é falso. Manes nunca confundiu as virtudes celestiais com Deus pai. Santo Agostinho, que não entendeu a expressão siríaca *virgem de luz* que significava *luz virgem*, supõe que Deus mostra aos príncipes das trevas uma bela virgem para excitar seu ardor brutal; não é disso que tratam os antigos autores, mais sim da causa das chuvas.

"O grande príncipe", diz Tirbão citado por santo Epifânio[10], "extrai de sua cólera nuvens negras que obscurecem todo o mundo; ele se agita, se atormenta, se transforma em água, e é isso o que causa a chuva, que nada mais é do que o suor do grande príncipe." Santo Agostinho deve ter sido enganado por alguma tradução ou por algum excerto infiel do *Tesouro de Maniqueu*, do qual citou apenas dois ou três trechos. Por isso, o maniqueísta Secundino o criticava por não entender nada dos mistérios de Maniqueu e só combatê-los por meio de puros paralogismos. Diz o

---

8. Cap. XVI. (N. de Voltaire)
9. Cap. I. (N. de Voltaire)
10. *Heresias* LXVI, cap. XXV. (N. de Voltaire)

douto sr. de Beausobre, aqui resumido[11]: "Como santo Agostinho poderia ter ficado tantos anos numa seita na qual se ensinavam publicamente tais abominações? E como teria ele a coragem de defendê-la contra os católicos?"

Dessa prova racional, passemos às provas de fato e de testemunho, aduzidas por santo Agostinho, e vejamos se são mais sólidas. Continua ele[12]: "Dizem que alguns deles confessaram esse fato em julgamentos públicos, não só na Paflagônia, mas também nas Gálias, como ouvi certo católico dizer em Roma."

Semelhantes ouvir-dizer merecem tão pouca atenção, que santo Agostinho não ousou usar isso em sua conferência com Fortunato, embora fizesse sete ou oito anos que ele saíra de Roma; parece até que havia esquecido o nome do católico que fizera esse relato. É verdade que em seu livro *Heresias* o mesmo santo Agostinho fala das confissões de duas moças, chamadas Margarida e Eusébia, bem como de alguns maniqueístas que, descobertos em Cartago e levados para a igreja, confessaram (dizia-se) o horrível fato em pauta.

Ele acrescenta que certo Viator declarou que aqueles que cometiam tais infâmias chamavam-se cataristas ou purgadores, e que, interrogados sobre a Escritura em que apoiavam aquela horrenda prática, alegaram o trecho do *Tesouro de Maniqueu*, cuja falsificação foi demonstrada. Mas nossos hereges, em vez de usá-lo, tê-lo-iam desautorizado alto e bom som como obra de algum impostor que queria arruiná-los. Só isso já torna suspeitos todos esses atos de Cartago que *Quod-vult-Deus* enviara a santo Agostinho; e aqueles miseráveis, descobertos e levados à igreja, tinham todo o jeito de gente contratada para confessar tudo o que lhe pedissem.

No capítulo XLVII de *Natureza do bem*, santo Agostinho admite que, quando tais hereges eram repreendidos pelos crimes em questão, respondiam que um de seus eleitos desertara de sua seita, tornara-se inimigo deles e introduzira aquela prática. Mesmo sem examinarmos a real existência daquela seita que Viator chamava de catarista, basta observar aqui que os primeiros cristãos imputavam também aos gnósticos os horríveis mistérios de que eram acusados pelos judeus e pelos pagãos; e, se essa apologia é boa em sua boca, por que não o seria na dos maniqueístas?

Contudo, foram tais rumores populares que o sr. de Tillemont, que se gaba de ser exato e fiel, ousou converter em fatos indubitáveis. Diz ele[13] que os maniqueístas tinham sido obrigados a confessar essas infâmias em julgamentos públicos na Paflagônia, nas Gálias e, diversas vezes, em Cartago.

Pesemos também o testemunho de são Cirilo de Jerusalém, cujo relato é bem diferente do de santo Agostinho, e consideremos que o fato é tão incrível e absurdo, que seria difícil acreditar nele, mesmo que cinco ou seis testemunhas jurassem tê-lo presenciado. São Cirilo está sozinho, não presenciou os fatos, relata-os numa pregação popular, onde toma a liberdade[14] de atribuir a Maniqueu um discurso na conferência de Cascar, do qual não se encontra uma só palavra nos Atos de Arquelau, conforme o sr. Zaccagni[15] é obrigado a admitir; e não poderíamos alegar, em defesa de são Cirilo, que ele considerou apenas o sentido de Arquelau, e não os termos, pois ali não se encontram nem os termos, nem o sentido. Aliás, o estilo desse padre mais se parece com o de um historiador, a citar as próprias palavras de seu autor.

No entanto, em defesa da honra e da boa-fé de são Cirilo, o sr. Zaccagni e, depois dele, o sr. de Tillemont supõem, sem nenhuma prova, que o tradutor ou o copista omitiram o trecho dos Atos aduzido por aquele padre; e os jornalistas de Trévoux imaginaram dois tipos de Atos de

---

11. *Hist. do Man.*, liv. IX, caps. VIII e IX. (N. de Voltaire)
12. Cap. XLVII, da *Natureza do bem*. (N. de Voltaire)
13. *Maniq.*, art. XII, p. 795. (N. de Voltaire)
14. N. XV. (N. de Voltaire)
15. Prefácio, n° XIII. (N. de Voltaire)

Arquelau: uns autênticos (que Cirilo copiou), outros falsificados no século V por algum nestoriano. Quando provarem essa suposição, examinaremos suas razões.

Tratemos, finalmente, do testemunho do papa Leão acerca das abominações maniqueístas. Disse ele em seus sermões[16] que as conturbações ocorridas em outros países haviam levado para a Itália maniqueístas cujos mistérios eram tão abomináveis, que não podiam ser expostos aos olhos do público sem ferir a decência; que, para conhecê-los, ele havia chamado eleitos e eleitas daquela seita a uma assembleia composta de bispos, padres e alguns leigos, homens nobres; que aqueles hereges haviam revelado muitas coisas sobre seus dogmas e as cerimônias de suas festas, confessando um crime que ele não podia dizer qual era, mas do qual não se podia duvidar depois da confissão dos culpados: uma jovem que só tinha dez anos, duas mulheres que a haviam preparado para a horrível cerimônia da seita, o jovem que fora seu cúmplice, o bispo que ordenara e presidira a cerimônia. Remete os ouvintes que quisessem saber mais às informações contidas na segunda carta que ele enviara aos bispos da Itália.

Esse testemunho parece mais preciso e decisivo do que o de santo Agostinho; mas é insuficiente para provar um fato desmentido pelos protestos dos acusados e pelos princípios indubitáveis de sua moral. De fato, que provas existem de que as pessoas infames interrogadas por Leão não foram pagas para depor contra aquela seita?

Será possível responder que a piedade e a sinceridade daquele papa nunca permitirão que se acredite na sua participação em tal fraude. Mas o mesmo são Leão, que foi capaz de afirmar (como dissemos no verbete Relíquias) que alguns pedaços de pano e fitas, postos numa caixa introduzida no sepulcro de alguns santos, espalharam sangue quando cortados, poderia, sem nenhum escrúpulo, pagar ou mandar pagar mulheres perdidas e algum bispo maniqueísta para que estes, com garantias de receber sua graça, se confessassem culpados de crimes que podiam ser verdadeiros para eles em particular, mas não para uma seita de cuja sedução são Leão queria defender o seu povo. Em todos os tempos os bispos se acharam autorizados a usar essas fraudes piedosas, tendentes à salvação das almas. Os textos forjados e apócrifos são prova disso; e a facilidade com que os padres davam fé a essas más obras mostra que, se eles não eram cúmplices da fraude, não tinham escrúpulos de tirar proveito dela.

Finalmente, são Leão pretende confirmar os crimes secretos dos maniqueístas com um argumento que os destrói. Diz ele: [17]"Esses execráveis mistérios que, quanto mais impuros, mais cuidadosamente são ocultados, são comuns aos maniqueístas e aos priscilianistas. Por toda parte, o mesmo sacrilégio, a mesma obscenidade, a mesma torpeza. Tais crimes e infâmias são os mesmos descobertos outrora nos priscilianistas, de que toda a terra foi informada."

Os priscilianistas nunca foram culpados dos crimes pelos quais pereceram. Encontra-se nas Obras de santo Agostinho[18] o instrutivo memorando entregue àquele padre por Orósio, no qual este sacerdote espanhol afirma que colheu todas as plantas de perdição que medram na seita dos priscilianistas; que não se esqueceu do menor ramo, da menor raiz; que expõe ao médico todas as doenças dessa seita, a fim de que ele trabalhe em sua cura. Orósio não diz nenhuma palavra sobre os mistérios abomináveis de que fala Leão: demonstração cabal de que ele não duvidava de que se tratava de puras calúnias. São Jerônimo[19] diz também que Priscilano foi oprimido pela facção, pelas maquinações dos bispos Itácio e Idácio. É assim que se fala de um homem culpado de profanar a religião com as mais infames cerimônias? No entanto, Orósio e são Jerônimo não ignoravam esses crimes, de que toda a terra foi informada.

---

16. Sermão IV, *Sobre a natividade e a epifania.* (N. de Voltaire)
17. Carta CXIII, cap. XVI. (N. de Voltaire)
18. T. VIII, col. 430. (N. de Voltaire)
19. No catálogo. (N. de Voltaire)

São Martinho de Tours e santo Ambrósio, que estavam em Trier quando Prisciliano foi julgado, também deviam estar informados. Contudo, solicitaram instantemente graça para ele e, não podendo obtê-la, recusaram-se a comungar com os acusadores e sua facção. Sulpício Severo conta a história das desditas de Prisciliano. Latroniano, Eufrosina, viúva do poeta Delfídio, sua filha e algumas outras pessoas foram executados com ele em Trier, em obediência às ordens do tirano Máximo e das instâncias de Itácio e Idácio, dois bispos viciosos que, como paga por sua injustiça, morreram excomungados, alvo do ódio de Deus e dos homens.

Os priscilianistas eram acusados, assim como os maniqueístas, de doutrinas obscenas, nudez e impudicícias religiosas. Como foram condenados? Prisciliano e seus cúmplices confessaram em meio a tormentos, conforme se diz. Três pessoas vis, Tertúlio, Potâmio e João, os confessaram sem aguardarem a tortura. Mas a ação movida contra os priscilianistas devia estar fundada em outros testemunhos proferidos contra eles na Espanha. No entanto, as últimas informações foram rejeitadas por grande número de bispos, eclesiásticos estimáveis; e o bom velho Higimis, bispo de Córdova, que fora o delator dos priscilianistas, acreditou depois que eles eram tão inocentes dos crimes de que os acusavam, que os recebeu em comunhão e acabou assim sendo envolvido na perseguição que eles enfrentaram.

Essas horríveis calúnias, ditadas por um zelo cego, pareciam justificar a reflexão do imperador Juliano, relatada por Amiano Marcelino[20]: "As feras não são mais temíveis para os homens do que os cristãos o são uns para os outros quando divididos em crenças e sentimentos."

O mais deplorável em tudo isso é quando o zelo é hipócrita e falso; não são raros os exemplos. Conta certo doutor da Sorbonne que, ao sair de uma sessão da faculdade, Tournely, ao qual estava bastante ligado, disse-lhe em voz baixa: "Está vendo que defendi com calor aquela opinião durante duas horas. Pois bem! Garanto que não há uma só palavra de verdade em tudo o que eu disse."

Sabe-se também da resposta de um jesuíta que trabalhara durante vinte anos nas missões do Canadá e, não crendo em Deus, como admitia ao pé do ouvido de um amigo, enfrentara dezenas de vezes a morte pela religião que ele pregava com sucesso aos selvagens. Ao amigo que lhe demonstrava a inconsequência de seu zelo ele respondeu: "Ah! Você não tem ideia do prazer que dá ser ouvido por vinte mil homens e convencê-los daquilo em que não acreditamos."

É assustador ver que tantos abusos e tantas desordens nasceram da ignorância profunda em que a Europa ficou mergulhada durante tanto tempo; os soberanos que finalmente percebem como é importante ser esclarecido tornam-se benfeitores da humanidade, após favorecerem o progresso dos conhecimentos, que são o sustento da tranquilidade e da felicidade dos povos, a mais sólida muralha contra as investidas do fanatismo.

ZOROASTRO (Zoroastre)

Se foi Zoroastro o primeiro que anunciou aos homens esta bela máxima: "Quem duvidar se uma ação é boa ou má deve abster-se", Zoroastro foi o primeiro dos homens depois de Confúcio.

Se essa bela lição de moral só se encontrar nas cem Portas do Sadder, muito tempo depois de Zoroastro, devemos abençoar o autor do Sadder. É possível ter dogmas e ritos muito ridículos com uma moral excelente.

Quem era Zoroastro? Esse nome tem algo de grego, e dizem que ele era meda. Os parses de hoje o chamam de Zerdust, Zerdast, Zaradast ou Zarathrust. Não consta que tenha sido o primeiro com esse nome. Fala-se de dois outros Zoroastros, o primeiro dos quais com nove mil anos de antiguidade; é muito para nós, embora seja pouquíssimo para o mundo.

---

20. Liv. XXII. (N. de Voltaire)

ZOROASTRO

Só conhecemos o último Zoroastro.

Os viajantes franceses Chardin e Tavernier informam alguma coisa sobre esse grande profeta, por meio dos guebros ou parses, que ainda estão espalhados pela Índia e pela Pérsia e são excessivamente ignorantes. O dr. Hyde, professor de árabe em Oxford, deu mil vezes mais informações sem sair de casa. Precisou adivinhar, no oeste da Inglaterra, a língua que era falada pelos persas do tempo de Ciro e confrontá-la com a língua moderna dos adoradores do fogo.

É principalmente a ele que devemos aquelas cem Portas do Sadder, que contêm todos os principais preceitos dos piedosos ignícolas.

Pessoalmente, confesso que sobre seus antigos ritos o que encontrei de mais interessante foram estes dois versos persas de Sadi, transcritos por Hyde:

Qu'un Perse ait conservé le feu sacré cent ans,
Le pauvre homme est brûlé quand il tombe dedans.
[Que um persa conserve o fogo sagrado cem anos,
O pobre homem se queima quando cai nesse fogo.]

Há poucos anos, as doutas pesquisas de Hyde acenderam, no coração de um jovem francês, o desejo de aprender sozinho os dogmas dos guebros.

Viajou às Grandes Índias, para aprender em Surat, entre os pobres parses modernos, a língua dos antigos persas e ler nessa língua os livros daquele famoso Zoroastro, supondo-se que ele de fato os tenha escrito.

Outrora os Pitágoras, os Platões e os Apolônios de Tiana foram buscar no oriente a sabedoria que não estava lá. Mas ninguém correu atrás dessa divindade oculta submetendo-se a mais trabalho e perigo do que o novo tradutor francês dos livros atribuídos a Zoroastro. Nada – doenças, guerra, obstáculos novos a cada passo, a pobreza mesmo (primeiro e maior obstáculo) –, nada quebrantou sua coragem.

É glorioso para Zoroastro que um inglês tenha escrito sua vida depois de tantos séculos e que, em seguida, um francês a tenha escrito de maneira totalmente diferente. O mais bonito, porém, é termos entre os biógrafos antigos do profeta dois principais autores árabes, que anteriormente escreveram sua história; e essas quatro histórias se contradizem maravilhosamente. *Não foi feito de concerto*, e nada é mais capaz de levar ao conhecimento da verdade.

O primeiro historiador árabe, Abu-Mohamed Mustafá, afirma que o pai de Zoroastro se chamava Espintaman; mas também diz que Espintaman não era seu pai, mas seu trisavô. Quanto à mãe, não há duas opiniões: ela se chamava Dogdo, ou Dodo, ou Dodu: era uma belíssima rapariga; está muito bem desenhada no livro do dr. Hyde.

Bundari, o segundo historiador, conta que Zoroastro era judeu, e que fora lacaio de Jeremias; que mentiu a seu senhor; que Jeremias, para puni-lo, deu-lhe uma lepra; que o lacaio, para livrar-se das crostas, foi pregar uma nova religião na Pérsia, mandando adorar o Sol, em vez das estrelas.

Vejamos o que conta o terceiro historiador, e o que o inglês Hyde transcreveu com bastantes pormenores:

"Como o profeta Zoroastro viesse do paraíso para pregar sua religião em casa do rei da Pérsia Gustaf, o rei disse ao profeta: 'Dá-me um sinal.' Logo o profeta fez nascer diante da porta do palácio um cedro tão grosso e alto, que nenhuma corda podia envolvê-lo nem atingir seu topo. No alto do cedro ele instalou um belo gabinete aonde ninguém conseguia chegar. Impressionado com aquele milagre, Gustaf acreditou em Zoroastro.

"Quatro magos ou quatro sábios (é a mesma coisa), gente invejosa e malvada, pediram do porteiro real a chave do quarto do profeta durante sua ausência e jogaram entre seus livros ossos de cães e gatos, unhas e cabelos de mortos, ingredientes, como se sabe, com que os magos trabalharam todos os tempos. Depois foram acusar o profeta de ser feiticeiro e envenenador. O rei mandou o porteiro abrir o quarto. Encontrou os malefícios, e, assim, o enviado do céu é condenado à forca.

"Quando se ia enforcar Zoroastro, o mais belo cavalo do rei fica doente; as quatro patas entram no corpo, de tal modo que deixam de ser vistas. Zoroastro fica sabendo disso; promete que vai curar o cavalo, desde que não o enforquem. Feito o acordo, faz uma das patas sair da barriga do cavalo e diz: 'Majestade, só vos devolverei a segunda pata se adotardes minha religião.' 'Feito', diz o monarca. O profeta, depois de fazer a segunda pata aparecer, quis que os filhos do rei se tornassem zoroastrianos; e se tornaram. As outras patas fizeram prosélitos em toda a corte. Enfocaram os quatro sábios malvados no lugar do profeta, e toda a Pérsia acatou a fé."

O viajante francês conta mais ou menos os mesmos milagres, mas respaldados e embelezados por vários outros. Por exemplo, a infância de Zoroastro não podia deixar de ser miraculosa; Zoroastro riu ao nascer – pelo menos é o que dizem Plínio e Solino. Havia então, como todos sabem, grande número de mágicos poderosíssimos; e eles sabiam muito bem que um dia Zoroastro saberia mais que eles e superaria sua magia. O príncipe dos mágicos foi ver a criança e quis cortá-la ao meio, mas sua mão secou imediatamente. Zoroastro foi então jogado no fogo, que se converteu em banho de água de rosas. Quiseram esmagá-lo sob as patas dos touros selvagens; mas um touro mais forte assumiu sua defesa. Foi jogado aos lobos, e os lobos foram imediatamente procurar duas ovelhas que lhe deram de mamar a noite toda. Por fim, foi devolvido à mãe Dogdo, ou Dodo, ou Dodu, mulher excelente entre todas as mulheres, ou moça admirável entre todas as moças.

Essas foram, em toda a terra, todas as histórias dos antigos tempos. Prova daquilo que dissemos tantas vezes, que a fábula é a irmã mais velha da história.

Gostaria que, para nosso prazer e instrução, todos esses grandes profetas da antiguidade, Zoroastro, Mercúrio Trismegisto, Abari e até Numa etc. etc. etc. voltassem hoje para a terra e conversassem com Locke, Newton, Bacon, Shaftesbury, Pascal, Arnauld, Bayle; que digo? Com os filósofos menos doutos de nossos dias, que não são os menos sensatos. Que a antiguidade me desculpe, mas acho que fariam um papelão.

Que pena! Pobres charlatães! Não venderiam suas mezinhas em Pont-Neuf. No entanto, repetimos, sua moral é boa. É que moral não é mezinha. Como explicar que Zoroastro tenha juntado enormes asneiras a esse belo preceito de nos abstermos quando tivermos dúvida de fazer o bem ou o mal? É que os homens são sempre feitos de contradições.

Acrescenta-se que Zoroastro, depois de consolidar sua religião, tornou-se perseguidor. Que pena! Não há sacristão nem varredor de igreja que não perseguiria, se pudesse.

Não é possível ler duas páginas da abominável mixórdia atribuída a esse Zoroastro sem ter pena da natureza humana. Nostradamus e o médico da urina são racionais em comparação com esse energúmeno; no entanto, fala-se dele e ainda se falará. O que parece estranho é haver, no tempo desse Zoroastro que conhecemos e, provavelmente, antes dele, fórmulas instituídas de preces públicas e particulares. Devemos ao viajante francês a gratidão de tê-las traduzido. Havia tais fórmulas na Índia; não conhecemos coisa parecida no Pentateuco.

Mais importante ainda é que os magos, assim como os brâmanes, admitiram um paraíso, um inferno, uma ressurreição, um diabo[21]. Está demonstrado que a lei dos judeus não conheceu nada disso. Foram retardatários em tudo. É uma verdade de que nos convencemos desde que nos aprofundemos nos conhecimentos orientais.

---

21. O diabo, em Zoroastro, é *Arimã* ou *Arimane*: ele foi criado. Originariamente, era tudo como entre nós: ele não era príncipe; só obteve a dignidade de príncipe malvado com o tempo. Em Zoroastro, o diabo é uma serpente que produziu quarenta e cinco mil invejas. O número delas cresceu depois; e foi depois desse tempo que em Roma, Paris, nas cortes, nos exércitos e entre os monges passamos a ver tantos invejosos. (N. de Voltaire)